縮刷版

Encyclopedia of
Basic Books
in Sociology

社会学文献事典

編集委員 ▶
見田宗介・上野千鶴子・内田隆三・佐藤健二・吉見俊哉・大澤真幸

弘文堂

序

　社会学を学ぶ者にとって，また現代の社会のさまざまな分野の問題と取り組む者にとって，有効に参照することのできる文献の所在は今日，広い範囲に渉っております。とりわけこの30年余りの間，社会学，および関連の諸分野の社会研究は，間断することのない旺盛な知的増殖の展開を維持しつづけ，新鮮な地層の分厚い蓄積を形成してまいりました。この現代の視点から，また遡って，新しくその触発力を見出されて蘇った古典も少なくありません。社会学，関連諸学の学生の諸君からだけでなく，教育と研究に従事する方々からも，また社会の各分野の前線に立つ方々からも，深く精読すべき文献を探索して選択するという予備作業のための，的確に内容の骨子を紹介した文献解題の事典を要望する声が聞かれて久しくなりました。国際的には，英語圏の標準的な "Sociological Abstracts" 等，すでにこのような情報要約のシステムが存在しますが，日本語圏の社会学関連文献については，未だこのような基礎作業がなされていません。本事典は，日本におけるこのようなシステムの基底版として，まず古典を含めての単行本について，その解題のガイドブックを提供することを目的として企画されました。

　本事典では，文献解題の基本的な理念ともいうべきものとして，それぞれの文献の内容紹介は，著者自身による要約（"Sociological Abstracts" でいう "AA" = author abstract）を記載するという原則を立てました。このことによって，要約自体に，ある種の本原性を確保しうると考えることができるからです。日本語圏の場合，事実上重要文献の大半を占める翻訳文献については，著者に準ずる者として，翻訳者の要約によることを原則としました。ただし古典等，歴史上の人物によるものの場合や，他分野の著作であって，社会学，社会研究の視点から重要な点を記載する必要のある場合，等々は，現代日本のその分野の代表的な研究者の方々に，要記を依頼することとしました。以上の原

則から，本事典は，現代日本の代表的な社会学者・社会科学者の方々に，直接に執筆をお願いするという，非常に贅沢な企画となりました。

このように過分に贅沢な原則に立った企画が，幸いにして多くの著作者，翻訳者，一線の研究者の方々の熱意あふれる御賛同を結晶することを得てここに実現することができました。本事典が，広くかつ長期にわたって，多くの研究者，学生，社会人の方々の，研究と学習と教養と業務のための，強力かつ適切な道具の一端として活用されつづけるものとなることを確信いたします。

1997年秋

『社会学文献事典』編集委員
見田宗介・上野千鶴子・内田隆三
佐藤健二・吉見俊哉・大澤真幸

『社会学文献事典』縮刷版刊行によせて

『社会学文献事典』は，社会学および関連分野の基本文献，重要文献について，その著者自身，あるいは日本語への翻訳者自身が要約を記すことを原則とする，という独自の編集方針によって，最も正確にそれぞれの文献の企図と要点を記載するものとして，広く研究者，学生，実務家諸氏の信頼を寄せられて来た。

近年絶版状態にあり，ある種「貴重本」として遇されるに至ったけれども，今回出版社より復刊されることとなり，この間の物故者の没年を加える等データを更新し，ハンディな「縮刷版」という型式をとることとなったのでさらに新しく研究者，学生，実務家諸氏によっていっそう自由に縦横に活用されることを期待したいと思う。

2014年3月

編　者

編 集 方 針

1）この文献事典は社会学を学ぶひとおよび，社会の各分野の問題と取り組むひとのために編集された。現代社会学のアクチュアルな問題意識にとって重要な著作論考の範囲は広い。19世紀の古典から現代まで，すでに200年に近い厚みで，国際的に蓄積してきている。また哲学から経済学，政治学，歴史学，文化人類学，言語学，精神医学，教育学，心理学，文学批評等々にいたる，関連分野もいままでにもまして広範になり，また密接な知的交流がおこなわれている。この事典の基本目的は，こうした基本文献・重要文献の広大な森を，自分で探検するさいの有効なガイドブックの役割を果たすことにある。

2）基本コンセプトの第1は，文献を索くという新しいスタイルの実現にある。これまでの社会学の分野でつかわれてきた事典のほとんどが，専門用語（テクニカル・ターム）を知るための，いわゆる辞書であったのに対して，この文献事典は著作として刊行された文献の概略をつかむために，見出し項目を書名のレベルにおいている。さらに，主題分野別索引機能を兼ね備えた社会学文献表の他，著者・訳者をふくむ人名索引，文献名のなかの用語をふくむ主題・事項索引，項目解説文などをも検索対象にふくみこんだ書名索引など，日本語と外国語の双方からさまざまな索引を整備することによって，索く事典としての機能を高めている。

3）基本コンセプトの第2として，読む事典と調べる事典という二つの役割を果たしたいと願った。そのため，収録文献の解題の全体を，100点の「基本文献」と，約900点の「重要文献」という2部に分け，第Ⅲ部に講座や全集の内容の一覧をつけくわえた。文献表は，主題から調べるための工夫である。

4）基本文献では，社会学の骨格をつくってきたまさしく基本的な著作を解説し，重要文献では，今日的な観点から古典として，あるいは新しいスタンダードとして意義のある文献をとりあげている。具体的には，1988年に刊行した『社会学事典』（弘文堂）机上版の分野別文献表を出発点に，若い世代のワーキンググループに新しい社会学の文献を加えてもらい，編者がさらに他の社会学関連の事典での言及文献などを参考にしつつ増補したなかから，項目を選んだ。その意味では，『社会学事典』と対になる文献事典である。そこにおける達成を引き継ぎ，さらに現代的観点から増補を施している。

5）「基本文献」において，時系列の配列をとったのは，読む事典という目的をはたすためである。ひとつひとつ独自に書かれた項目ではあるが，それを時系列にならべることで，ベーシックな社会学の発展を，読んで理解するということが可能になると考えたからである。それぞれの項目は3200字にそろえ，その文献の，①内容の概略についての適切な紹介，②学説史的な意味についての簡潔な解説，③今日の社会学研究にとってもっている意味を，できうるかぎり平明に項目記述にもりこんでいる。

6）「重要文献」において，著者の50音順でならべるという方針をとった意味は，索くという事典のもうひとつの目的を重視したためである。テーマ的にも多様で重層的な展開をつづけてきた現代社会学にとって，分野別という形式において全体を重複なく，一元的に配列することは不可能である。その時代の問題意識において読みなおされるであろう厚みのあるテクストを，できるかぎり特別な意味の方向づけなしに網羅的に並べる手段としては，著者の50音順が適当ではないかと判断した。それぞれの項目は800字にそろえ，その文献の内容の客観的な紹介を中心としながら，必要な場合，その意義にもふれている。

7）第Ⅲ部では，単独の著作としては項目を解説しにくい，著作集や全集，シリーズという文献群について，社会学の立場から参考になるものを集めた。巻構成や収録論文の題名，執筆者などの情報一覧で，解題を単行本に限った本事典の限定を補うものである。

8）見出し項目の範囲は，原則として単行本にかぎり，論文単位での項目だてをしなかった。単行本として刊行された文献だけでも，このサイズの事典でカバーするのは限界があるという判断にくわえて，社会学の専門研究者だけでなく，一般読者のアクセスの実際を重視した結果である。同じように，海外文献の収録範囲を，翻訳書が刊行されているものにかぎっている。大学の図書館や書店など，学ぼうとする者の身近で比較的入手しやすい文献を重視したからである。この文献事典は，社会学を学ぼうとする一般読者をも対象としている。まずは近代日本の旺盛な翻訳文化のなかで，すでに蓄積されてきた文献環境の地図づくりからはじめたのである。

9）書誌データについては，社会科学分野での研究者の利用にたえうるような充実をめざした。その書物が最初に刊行された版や，別の出版社から再版されたものなどをふくめ，増補改訂についての情報もあわせてわかるように掲載している。翻訳書のばあい，原則として原著の初版の発行年を第一に掲げたが，その翻訳が底本にした版や改訂の情報についても可能なかぎり補っている。

【例】David Riesman, *The Lonely Crowd: a study of changing American character,* with N. Glazer & R. Denney, 1950（『孤独なる群衆』佐々木徹郎・鈴木幸

寿・谷田部文吉訳，みすず書房，1955); rev. ed., 1961 (『孤独な群衆』加藤秀俊訳，1964).

対応する原著のない編訳については，便宜的に訳書の題名と刊行年をとった。
【例】鈴木広編訳『都市化の社会学』誠信書房，1965 (増補版，1978).

なお「基本文献」「重要文献」ともに，訳書名を見出しにとるという原則を採用した。翻訳書においては，原著名と大きくイメージが異なる題名で刊行されているばあいも存在する。ここでは学生および一般読者が文献をさがしだしやすい便宜のために，翻訳としてじっさいに刊行されている書物の題名を尊重するという方針を採用した。
【例】トマス＆ズナニエツキの『生活史の社会学』桜井厚抄訳，御茶の水書房，1983 と William I.Thomas & Florian Znaniecki, *The Polish Peasant in Europe and America,* five-volume edition, University of Chicago Press (first two vol.), 1918; Badger Press (last three vol.), 1919-20; Two-volume edition, Knopf, 1927; Reprinted, Dover, 1958. など

10) 項目執筆者として，著者自身もしくは著者に準ずるものとして翻訳者自身にお願いすることを基本方針とした。そのことによって，事典の項目そのものにある種の本原性が確保されると考えられるからである。しかしながら古典や歴史上の人物による著作，他の分野であって社会学の視点からの意義を述べた方がのぞましい場合，現代的な問題関心からの再評価をつけくわえたい場合などについて，執筆依頼者の範囲を広げている。

11) こうした事典の刊行の意義と編集方針を理解したうえで，ワーキンググループとして本書の基本的作業に貢献してくれた，大谷卓史，尾上正人，葛山泰央，加藤まどか，菊池哲彦，酒井千絵，佐藤恵，清水洋行，水津嘉克，田渕六郎，富山英彦，芳賀学，橋本努，堀川三郎，松本三和夫，森川美絵，弓山達也の諸氏に，あらためて感謝の意を表したい。

目　　次

第 Ⅰ 部

配列：刊行年順

刊行年		項目執筆者	
1651	ホッブズ『リヴァイアサン』	（長尾龍一）	2*l*
1762	ルソー『社会契約論』	（水林　章）	4*l*
1776	スミス，A.『国富論』	（杉浦克己）	6*l*
1807	ヘーゲル『精神現象学』	（加藤尚武）	8*l*
1821	ヘーゲル『法哲学要綱』	（加藤尚武）	10*l*
1844	マルクス『経済学・哲学草稿』	（城塚　登）	12*l*
1867-94	マルクス『資本論』	（今村仁司）	14*l*
1887	テンニース『ゲマインシャフトとゲゼルシャフト』	（廳　茂・厚東洋輔）	16*l*
1890	ジンメル『社会分化論』	（居安　正）	18*l*
1893	デュルケーム『社会分業論』	（宮島　喬）	20*l*
1895	デュルケーム『社会学的方法の規準』	（宮島　喬）	22*l*
1895-39	フロイト，S.『文化論』	（新宮一成・椿田貴史）	24*l*
1897	デュルケーム『自殺論』	（宮島　喬）	26*l*
1899	ヴェブレン『有閑階級の理論』	（吉見俊哉）	28*l*
1900	ジンメル『貨幣の哲学』	（居安　正）	30*l*
1900	フロイト，S.『夢判断』	（椿田貴史・新宮一成）	32*l*
1902	クーリー『社会と我』	（船津　衛）	34*l*
1904-05	ウェーバー『プロテスタンティズムの倫理と資本主義の精神』	（厚東洋輔）	36*l*
1908	ジンメル『社会学』	（居安　正）	38*l*
1912	デュルケーム『宗教生活の原初形態』	（対馬路人）	40*l*
1917	ウェーバー『社会学および経済学の「価値自由」の意味』	（廳　茂・厚東洋輔）	42*l*
1917	マッキーヴァー『コミュニティ』	（中　久郎）	44*l*
1918-20	トマス & ズナニエツキ『生活史の社会学』	（桜井　厚）	46*l*
1921	ウェーバー『社会学の根本概念』	（厚東洋輔）	48*l*
1921-22	ウェーバー『支配の社会学』	（厚東洋輔）	50*l*
1925	パーク & バージェス & マッケンジー『都市』	（町村敬志）	52*l*
1929	マンハイム『イデオロギーとユートピア』	（徳永　恂）	54*l*
1929	リンド夫妻『ミドゥルタウン』	（中村八朗）	56*l*
1930	オルテガ・イ・ガセット『大衆の反逆』	（奥井智之）	58*l*
1931	柳田国男『明治大正史世相篇』	（佐藤健二）	60*l*
1932	シュッツ『社会的世界の意味構成』	（佐藤嘉一）	62*l*
1934	ミード，G.H.『精神・自我・社会』	（船津　衛）	64*l*

年	著者・書名	執筆者	頁
1936	ベンヤミン『複製技術時代の芸術作品』	（多木浩二）	66
1937	パーソンズ『社会的行為の構造』	（高城和義）	68
1938	ホイジンガ『ホモ・ルーデンス』	（井上　俊）	70
1939	エリアス『文明化の過程』	（奥村　隆）	72
1940	鈴木榮太郎『日本農村社会学原理』	（森岡清志）	74
1941	フロム『自由からの逃走』	（日高六郎）	76
1943	有賀喜左衞門『日本家族制度と小作制度』	（中野　卓）	78
1943	ホワイト, W. F.『ストリート・コーナー・ソサイエティ』	（寺谷弘壬）	80
1944	ポランニー, K.『大転換』	（丸山真人）	82
1946	ベネディクト『菊と刀』	（米山俊直）	84
1947	ホルクハイマー & アドルノ『啓蒙の弁証法』	（徳永　恂）	86
1949	バタイユ『呪われた部分　Ⅰ消尽』	（湯浅博雄）	88
1949	ボーヴォワール『第二の性』	（西川直子）	90
1949	マートン『社会理論と社会構造』	（中　久郎）	92
1949	レヴィ=ストロース『親族の基本構造』	（橋爪大三郎）	94
1950	アドルノ他『権威主義的パーソナリティ』	（矢澤修次郎）	96
1950	モース『社会学と人類学』	（上野千鶴子）	98
1950	リースマン『孤独な群衆』	（加藤秀俊）	100
1951	パーソンズ『行為の総合理論をめざして』	（高城和義）	102
1951	パーソンズ『社会体系論』	（高城和義）	104
1953	マルクス『経済学批判要綱（草稿）』	（今村仁司）	106
1955	大塚久雄『共同体の基礎理論』	（中野敏男）	108
1955	ラドクリフ=ブラウン『未開社会における構造と機能』	（赤堀雅幸）	110
1956	マルクーゼ『エロス的文明』	（南　博）	112
1956	ミルズ『パワー・エリート』	（矢澤修次郎）	114
1956-57	丸山真男『現代政治の思想と行動』	（森　政稔）	116
1957	エリアーデ『聖と俗』	（対馬路人）	118
1957	バタイユ『エロティシズムの歴史』『エロティシズム』	（湯浅博雄）	120
1958	カイヨワ『遊びと人間』	（西村清和）	122
1958	ガルブレイス『ゆたかな社会』	（鈴木哲太郎）	124
1959	エリクソン『自我同一性』	（西平　直）	126
1959	ゴフマン『行為と演技』	（安川　一）	128
1960	アリエス『〈子供〉の誕生』	（杉山光信）	130
1960	サルトル『弁証法的理性批判』	（三宅芳夫）	132
1960	サルトル『方法の問題』	（三宅芳夫）	134
1961	神島二郎『近代日本の精神構造』	（神島二郎）	136
1961	フーコー『狂気の歴史』	（内田隆三）	138
1962	クーン, T. S.『科学革命の構造』	（中山　茂）	140
1962	スメルサー『集合行動の理論』	（塩原　勉）	142
1962	ハーバーマス『公共性の構造転換』	（辰巳伸知）	144
1962	マクルーハン『グーテンベルクの銀河系』	（浜日出夫）	146

年	文献	執筆者	頁
1962	レヴィ＝ストロース『野生の思考』	(渡辺公三)	148*l*
1963	ゴフマン『スティグマの社会学』	(安川 一)	150*l*
1964	中野卓『商家同族団の研究』	(中野 卓)	152*l*
1964	メルロ＝ポンティ『眼と精神』	(滝浦静雄)	154*l*
1965	アルチュセール & バリバール & ランシエール & マシュレー & エスタブレ『資本論を読む』(全2巻)	(今村仁司)	156*l*
1966	バーガー, P. & ルックマン『日常世界の構成』	(山口節郎)	158*l*
1966	フーコー『言葉と物』	(内田隆三)	160*l*
1967	ガーフィンケル『エスノメソドロジー』	(山田富秋)	162*l*
1967	バルト『モードの体系』	(鈴村和成)	164*l*
1969	モラン『オルレアンのうわさ』	(杉山光信)	166*l*
1970	ブルデュー & パスロン『再生産』	(宮島 喬)	168*l*
1970	ボードリヤール『消費社会の神話と構造』	(内田隆三)	170*l*
1972	作田啓一『価値の社会学』	(作田啓一)	172*l*
1972	ドゥルーズ & ガタリ『アンチ・オイディプス』	(市倉宏祐)	174*l*
1973	イリイチ『コンヴィヴィアリティのための道具』	(山田梨佐)	176*l*
1974-89	ウォーラーステイン『近代世界システム』	(川北 稔)	178*l*
1975	フーコー『監獄の誕生』	(内田隆三)	180*l*
1976-84	フーコー『性の歴史』	(神崎 繁)	182*l*
1978	サイード『オリエンタリズム』	(姜尚中)	184*l*
1979	ブルデュー『ディスタンクシオン』	(石井洋二郎)	186*l*
1981	イリイチ『シャドウ・ワーク』	(栗原 彬)	188*l*
1981	ハーバーマス『コミュニケーション的行為の理論』	(宮本真也)	190*l*
1981	真木悠介『時間の比較社会学』	(真木悠介)	192*l*
1982	オング『声の文化と文字の文化』	(桜井直文)	194*l*
1982	ベンヤミン『パサージュ論』	(多木浩二)	196*l*
1983	アンダーソン, B.『想像の共同体』	(白石 隆)	198*l*
1984	ルーマン『社会システム理論』	(正村俊之)	200*l*

第 II 部

配列：著者の五十音順

刊行年 項目執筆者

ア 行

刊行年	項目	執筆者	頁
1980	青井和夫『小集団の社会学』	（青井和夫）	204l
1971	青井和夫・松原治郎・副田義也編『生活構造の理論』	（青井和夫）	204r
1990	青木保『「日本文化論」の変容』	（青木 保）	205l
1985	赤坂憲雄『異人論序説』	（赤坂憲雄）	205r
1971	秋元律郎『現代都市の権力構造』	（秋元律郎）	206l
1989	秋元律郎『都市社会学の源流』	（秋元律郎）	206r
1979	アギュロン『フランス共和国の肖像』	（佐藤卓己）	207l
1984	アクセルロッド『つきあい方の科学』	（織田輝哉）	207r
1986	アグニュー『市場と劇場』	（中里壽明）	208l
1983	浅田彰『構造と力』	（田崎英明）	208r
1977	アタリ『ノイズ』	（金塚貞文）	209l
1949	アドルノ『新音楽の哲学』	（三島憲一）	209r
1955	アドルノ『プリズメン』	（三島憲一）	210l
1966	アドルノ『否定弁証法』	（三島憲一）	210r
1962	アドルノ他『ソシオロジカ』	（三島憲一）	211l
1983	天野郁夫『試験の社会史』	（天野郁夫）	211r
1992	天野義智『繭の中のユートピア』	（天野義智）	212l
1978	網野善彦『無縁・公界・楽』	（山本幸司）	212r
1973	アミン『不均等発展』	（山崎カヲル）	213l
1979	アミン『階級と民族』	（山崎カヲル）	213r
1980	アメリカ合衆国政府調査会『西暦2000年の地球』	（青柳みどり）	214l
1977	アリエス『死を前にした人間』	（杉山光信）	214r
	アリストテレス『政治学』	（大澤真幸）	215l
	アリストテレス『ニコマコス倫理学』	（大澤真幸）	215r
1950	アルヴァクス『集合的記憶』	（三浦耕吉郎）	216l
1976	有賀喜左衛門『一つの日本文化論』	（中野 卓）	216r
1965	アルチュセール『マルクスのために』	（今村仁司）	217l
1970	アルチュセール『イデオロギーと国家のイデオロギー装置』	（今村仁司）	217r
1938	アルトー『演劇とその分身』	（宇野邦一）	218l
1931	アレン『オンリー・イエスタデイ』	（藤久ミネ）	218r
1951	アーレント『全体主義の起原』	（川崎 修）	219l
1958	アーレント『人間の条件』	（川崎 修）	219r
1951	アロー『社会的選択と個人的評価』	（志田基与師）	220l
1962	アロン『変貌する産業社会』	（杉山光信）	220r
1990	アンダーソン，B．『言語と力』	（白石 隆）	221l

年	文献	執筆者	頁
1984	飯島伸子『環境問題と被害者運動』	(飯島伸子)	221r
1993	飯島伸子編『環境社会学』	(飯島伸子)	222l
1966	イエイツ『記憶術』	(松枝 到)	222r
1969	イエイツ『世界劇場』	(松枝 到)	223l
1900	イェリネク『一般国家学』	(小林孝輔)	223r
1982	イーグルトン『クラリッサの凌辱』	(大橋洋一)	224l
1991	イーグルトン『イデオロギーとは何か』	(大橋洋一)	224r
1992	石川准『アイデンティティ・ゲーム』	(石川 准)	225l
1970	石田雄『日本の政治文化』	(石田 雄)	225r
1988	石弘之『地球環境報告』	(石 弘之)	226l
1969	石牟礼道子『苦海浄土』	(栗原 彬)	226r
1953	磯村英一『都市社会学』	(磯村英一)	227l
1954	磯村英一『社会病理学』	(磯村英一)	227r
	補説(磯村英一『都市社会学』『社会病理学』)	(奥田道大)	228l
1987	伊谷純一郎『霊長類社会の進化』	(伊谷純一郎)	228r
1975	市川浩『精神としての身体』	(大澤真幸)	229l
1953	伊藤整『近代日本人の発想の諸形式』	(井上 俊)	229r
1984	伊藤俊治『写真都市』	(伊藤俊治)	230l
1973	稲上毅『現代社会学と歴史意識』	(稲上 毅)	230r
1981	稲上毅『労使関係の社会学』	(稲上 毅)	231l
1973	井上俊『死にがいの喪失』	(井上 俊)	231r
1977	井上俊『遊びの社会学』	(井上 俊)	232l
1989	井上輝子+女性雑誌研究会『女性雑誌を解読する』	(井上輝子)	232r
1988	今井賢一・金子郁容『ネットワーク組織論』	(今井賢一)	233l
1986	今田高俊『自己組織性』	(今田高俊)	233r
1941	今西錦司『生物の世界』	(米本昌平)	234l
1991	今福龍太『クレオール主義』	(今福龍太)	234r
1985	今村仁司『排除の構造』	(今村仁司)	235l
1970	イリイチ『脱学校の社会』	(栗原 彬)	235r
1975	イリイチ『脱病院化社会』	(栗原 彬)	236l
1983	イリイチ『ジェンダー』	(栗原 彬)	236r
1984	イリガライ『性的差異のエチカ』	(田崎英明)	237l
1973	色川大吉『新編明治精神史』	(色川大吉)	237r
1985	岩井克人『ヴェニスの商人の資本論』	(岩井克人)	238l
1993	岩井克人『貨幣論』	(岩井克人)	238r
1963	岩井弘融『病理集団の構造』	(岩井弘融)	239l
1989	岩崎信彦他編『町内会の研究』	(岩崎信彦)	239r
1977	イングルハート『静かなる革命』	(三宅一郎)	240l
1986	ウィークス『セクシュアリティ』	(赤川 学)	240r
1971-72	宇井純編『公害原論』	(宇井 純)	241l
1951	ウィトゲンシュタイン『哲学探究』	(藤本隆志)	241r

年	項目	著者	頁
1948	ウィーナー『サイバネティックス』	(今田高俊)	242*l*
1958	ウィリアムズ『文化と社会』	(吉見俊哉)	242*r*
1973	ウィリアムズ『田舎と都市』	(吉見俊哉)	243*l*
1982	ウィリアムズ『夢の消費革命』	(吉見俊哉)	243*r*
1982	ウィリアムスン『広告の記号論』	(山崎カヲル)	244*l*
1977	ウィリス『ハマータウンの野郎ども』	(吉見俊哉)	244*r*
1970	ウィルソン, B.『セクト』	(山口素光)	245*l*
1975	ウィルソン, B.『カリスマの社会学』	(山口素光)	245*r*
1975	ウィルソン, E.『社会生物学』	(伊藤嘉昭)	246*l*
1985	上野千鶴子『構造主義の冒険』	(上野千鶴子)	246*r*
1990	上野千鶴子『家父長制と資本制』	(上野千鶴子)	247*l*
1994	上野千鶴子『近代家族の成立と終焉』	(上野千鶴子)	247*r*
1982	上野千鶴子編『主婦論争を読む・全資料』Ⅰ・Ⅱ	(上野千鶴子)	248*l*
1913	ウェーバー『理解社会学のカテゴリー』	(浜日出夫・厚東洋輔)	248*r*
1916	ウェーバー『儒教と道教』	(厚東洋輔)	249*l*
1916	ウェーバー『ヒンドゥー教と仏教』	(厚東洋輔)	249*r*
1917	ウェーバー『古代ユダヤ教』	(厚東洋輔)	250*l*
1919	ウェーバー『職業としての学問』	(厚東洋輔・鹽 茂)	250*r*
1921	ウェーバー『音楽社会学』	(厚東洋輔)	251*l*
1921-22	ウェーバー『都市の類型学』	(厚東洋輔)	251*r*
1922	ウェーバー『宗教社会学』	(厚東洋輔)	252*l*
1949	ヴェーユ『根をもつこと』	(平山満紀)	252*r*
1951	ヴェーユ『労働と人生についての省察』	(黒木義典)	253*l*
1972	ヴェンチューリ & ブラウン & アイゼナワー『ラスベガス』	(若林幹夫)	253*r*
1983	ウォーカー『マスメディア時代のアート』	(柏木 博)	254*l*
1963	ヴォーゲル『日本の新中間階級』	(佐々木徹郎)	254*r*
1975	ウォード & サムナー『社会進化論』	(友枝敏雄)	255*l*
1983	ウォーラーステイン『史的システムとしての資本主義』	(川北 稔)	255*r*
1981	ヴォルフェンスベルガー『ノーマリゼーション』	(石川 准)	256*l*
1989	ウォルフレン『日本/権力構造の謎』上・下	(橋爪大三郎)	256*r*
1974	宇沢弘文『自動車の社会的費用』	(宇沢弘文)	257*l*
1953	内田義彦『経済学の生誕』	(中野敏男)	257*r*
1987	内田隆三『消費社会と権力』	(内田隆三)	258*l*
1995	内田隆三『柳田国男と事件の記録』	(内田隆三)	258*r*
1997	内田隆三『テレビCMを読み解く』	(内田隆三)	259*l*
1950-52	宇野弘蔵『経済原論』	(杉浦克己)	259*r*
1988	海野道郎他編『数理社会学の展開』	(海野道郎)	260*l*
1967	梅棹忠夫『文明の生態史観』	(梅棹忠夫)	260*r*
1900-20	ヴント『民族心理学』	(奥井智之)	261*l*
1940	エヴァンズ=プリチャード『ヌアー族』	(向井元子)	261*r*
1927	エヴレイノフ『生の劇場』	(吉見俊哉)	262*l*

年	項目	著者	頁
1961	エチオーニ『組織の社会学的分析』	(高瀬武典)	262r
1985	江原由美子『女性解放という思想』	(江原由美子)	263l
1985	江原由美子『生活世界の社会学』	(江原由美子)	263r
1991	江原由美子『ラディカル・フェミニズム再興』	(江原由美子)	264l
1969	エリアス『宮廷社会』	(奥村 隆)	264r
1949	エリアーデ『永遠回帰の神話』	(対馬路人)	265l
1950	エリクソン『幼児期と社会』	(西平 直)	265r
1974	エルダー『大恐慌の子どもたち』	(大久保孝治)	266l
1913	エールリッヒ『法社会学の基礎理論』	(河上倫逸)	266r
1845	エンゲルス『イギリスにおける労働者階級の状態』	(小林一穂)	267l
1880	エンゲルス『空想から科学へ』	(小林一穂)	267r
1884	エンゲルス『家族，私有財産および国家の起源』	(小林一穂)	268l
1962	エンツェンスベルガー『意識産業』	(石黒英男)	268r
1967	及川宏『同族組織と村落生活』	(中野 卓)	269l
1981	OECD『福祉国家の危機』	(武川正吾)	269r
1949	オーウェル『一九八四年』	(若林幹夫)	270l
1813-14	オーエン『社会にかんする新見解』	(土方直史)	270r
1820	オーエン『ラナーク州への報告』	(土方直史)	271l
1940	大河内一男『社会政策の基本問題』	(天木志保美)	271r
1952	大河内一男『黎明期の日本労働運動』	(天木志保美)	272l
1988	大澤真幸『行為の代数学』	(大澤真幸)	272r
1990-92	大澤真幸『身体の比較社会学』Ⅰ・Ⅱ	(大澤真幸)	273l
1996	大澤真幸『虚構の時代の果て』	(大澤真幸)	273r
1993	大沢真理『企業中心社会を超えて』	(大沢真理)	274l
1991	大塚英志『たそがれ時に見つけたもの』	(大塚英志)	274r
1944	大塚久雄『近代欧州経済史序説』	(中野敏男)	275l
1948	大塚久雄『近代化の人間的基礎』	(中野敏男)	275r
1966	大塚久雄『社会科学の方法』	(中野敏男)	276l
1990	大平健『豊かさの精神病理』	(大平 健)	276r
1981	大室幹雄『劇場都市』	(大室幹雄)	277l
1988	小川博司『音楽する社会』	(小川博司)	277r
1979	小木新造『東京庶民生活史研究』	(小木新造)	278l
1976	荻野恒一『文化精神医学入門』	(高橋涼子)	278r
1977	荻野恒一『過疎地帯の文化と狂気』	(高橋涼子)	279l
1983	奥田道大『都市コミュニティの理論』	(奥田道大)	279r
1985	奥田道大『大都市の再生』	(奥田道大)	280l
1993	奥田道大『都市と地域の文脈を求めて』	(奥田道大)	280r
1991	奥田道大・田嶋淳子編『池袋のアジア系外国人』	(田嶋淳子)	281l
1974	オークレー『家事の社会学』	(桂 容子)	281r
1974	オークレー『主婦の誕生』	(桂 容子)	282l
1960	オースティン『言語と行為』	(橋元良明)	282r

1976	オズーフ『革命祭典』	(立川孝一) 283*l*
1941	尾高邦雄『職業社会学』	(松島静雄) 283*r*
1956	尾高邦雄編『鋳物の町』	(松島静雄) 284*l*
1996	小田亮『性』	(小田 亮) 284*r*
1989	落合恵美子『近代家族とフェミニズム』	(落合恵美子) 285*l*
1987	オッフェ『後期資本制社会システム』	(壽福眞美) 285*r*
1987	オートナー他『男は文化で,女は自然か?』	(山崎カヲル) 286*l*
1985	オームス『徳川イデオロギー』	(黒住 真) 286*r*
1928	折口信夫『大嘗祭の本義』	(大澤真幸) 287*l*
1929	折口信夫『国文学の発生』	(大澤真幸) 287*r*
1981	折原浩『デュルケームとウェーバー』上・下	(中野敏男) 288*l*
1988	折原浩『マックス・ウェーバー基礎研究序説』	(中野敏男) 288*r*
1965	オルソン『集合行為論』	(数土直紀) 289*l*
1978	オールティック『ロンドンの見世物』	(小池 滋) 289*r*
1942	オルポート『心理科学における個人的記録の利用法』	(福岡安則) 290*l*
1954	オルポート『偏見の心理』	(福岡安則) 290*r*
1946	オルポート & ポストマン『デマの心理学』	(南 博) 291*l*

カ 行

1943	戒能通孝『入会の研究』	(森 謙二) 291*r*
1988	梶田孝道『エスニシティと社会変動』	(梶田孝道) 292*l*
1979	柏木博『近代日本の産業デザイン思想』	(柏木 博) 292*r*
1989	春日キスヨ『父子家庭を生きる』	(春日キスヨ) 293*l*
1972	カステル『都市問題』	(町村敬志) 293*r*
1978	カステル『都市・階級・権力』	(町村敬志) 294*l*
1983	カステル & メラー & フィッシャー『都市の理論のために』	(広田康生) 294*r*
1962	カーソン『沈黙の春』	(宇井 純) 295*l*
1960	ガダマー『真理と方法』	(轡田 收) 295*r*
1977	ガタリ『分子革命』	(亘 明志) 296*l*
1980	カーチス & ホーガン『原子力』	(高木仁三郎) 296*r*
1955	カッツ & ラザースフェルド『パーソナル・インフルエンス』	(竹内郁郎) 297*l*
1975	カップ『環境破壊と社会的費用』	(柴田徳衛) 297*r*
1956	加藤周一『雑種文化』	(加藤周一) 298*l*
1994	加藤典洋『日本という身体』	(加藤典洋) 298*r*
1965	加藤秀俊『見世物からテレビへ』	(加藤秀俊) 299*l*
1980	加藤秀俊・前田愛『明治メディア考』	(佐藤健二) 299*r*
1979	加納実紀代編『女性と天皇制』	(加納実紀代) 300*l*
1987	加納実紀代『女たちの〈銃後〉』	(加納実紀代) 300*r*
1972	鹿野政直『日本近代化の思想』	(鹿野政直) 301*l*
1983	鹿野政直『戦前・「家」の思想』	(鹿野政直) 301*r*
1973	鎌田慧『自動車絶望工場』	(鎌田 慧) 302*l*

年	著者・書名	執筆者	頁
1978	柄谷行人『マルクスその可能性の中心』	(秋元健太郎)	302r
1980	柄谷行人『日本近代文学の起源』	(李孝德)	303l
1967	ガルブレイス『新しい産業国家』	(鈴木哲太郎)	303r
1982	河合隼雄『昔話と日本人の心』	(河合隼雄)	304l
1992	河合雅雄『人間の由来』	(河合雅雄)	304r
1994	川崎賢一『情報社会と現代日本文化』	(川崎賢一)	305l
1948	川島武宜『日本社会の家族的構成』	(千田有紀)	305r
1957	川島武宜『イデオロギーとしての家族制度』	(千田有紀)	306l
1976	川田順造『無文字社会の歴史』	(川田順造)	306r
1991	川村邦光『巫女の民俗学』	(川村邦光)	307l
1983	カーン『空間の文化史』	(浅野敏夫)	307r
1983	カーン『時間の文化史』	(浅野敏夫)	308l
1986	姜尚中『マックス・ウェーバーと近代』	(姜尚中)	308r
1996	姜尚中『オリエンタリズムの彼方へ』	(姜尚中)	309l
1781	カント『純粋理性批判』	(坂部 恵)	309r
1787	カント『実践理性批判』	(坂部 恵)	310l
1790	カント『判断力批判』	(坂部 恵)	310r
1957	カントロヴィッツ『王の二つの身体』	(小林 公)	311l
1973	ギアツ『文化の解釈学』	(小泉潤二)	311r
1980	ギアツ『ヌガラ』	(小泉潤二)	312l
1983	ギアツ『ローカル・ノレッジ』	(小泉潤二)	312r
1923	北一輝『日本改造法案大綱』	(岡本幸治)	313l
1976	喜多野清一『家と同族の基礎理論』	(中野 卓)	313r
1957	きだみのる『日本文化の根底に潜むもの』	(佐藤健二)	314l
1948	ギーディオン『機械化の文化史』	(柏木 博)	314r
1973	ギデンズ『先進社会の階級構造』	(森元大輔)	315l
1976	ギデンズ『社会学の新しい方法基準』	(森元大輔)	315r
1992	ギデンズ『親密性の変容』	(森元大輔)	316l
1970	木村敏『自覚の精神病理』	(木村 敏)	316r
1972	木村敏『人と人との間』	(木村 敏)	317l
1994	喜安朗『フランス近代民衆の〈個と共同性〉』	(喜安 朗)	317r
1940	キャントリル『火星からの侵入』	(藤竹 暁)	318l
1942	ギュルヴィッチ『法社会学』	(壽里 茂)	318r
1950	ギュルヴィッチ『社会学の現代的課題』	(壽里 茂)	319l
1968	京極純一『政治意識の分析』	(京極純一)	319r
1983	京極純一『日本の政治』	(京極純一)	320l
1849	キルケゴール『死にいたる病』	(吉澤伝三郎)	320r
1948	キンゼイ他『人間に於ける男性の性行為』	(赤川 学)	321l
1953	キンゼイ他『人間女性における性行動』	(赤川 学)	321r
1930	九鬼周造『「いき」の構造』	(米谷匡史)	322l
1928	草間八十雄『浮浪者と売笑婦の研究』	(佐藤健二)	322r

年	著者・書名	担当者	頁
1936	草間八十雄『どん底の人達』	(佐藤健二)	323l
1984	久慈利武『交換理論と社会学の方法』	(久慈利武)	323r
1967	クーパー『反精神医学』	(高橋涼子)	324l
1932	クライン『児童の精神分析』	(内藤朝雄)	324r
1832-34	クラウゼヴィッツ『戦争論』	(西谷 修)	325l
1962	蔵内数太『社会学』	(六車進子)	325r
1947	クラカウアー『カリガリからヒットラーへ』	(長谷正人)	326l
1951	クラーク『経済進歩の諸条件』	(友枝敏雄)	326r
1990	倉沢進・秋元律郎編『町内会と地域集団』	(倉沢 進)	327l
1974	クラストル『国家に抗する社会』	(渡辺公三)	327r
1960	クラッパー『マス・コミュニケーションの効果』	(藤竹 暁)	328l
1953	グラムシ『グラムシ 獄中からの手紙』	(古城利明)	328r
1964	グラムシ『現代の君主』	(古城利明)	329l
1909	クーリー『社会組織論』	(船津 衛)	329r
1974	クリステヴァ『詩的言語の革命』	(枝川昌雄)	330l
1980	クリステヴァ『恐怖の権力』	(枝川昌雄)	330r
1981	栗原彬『やさしさのゆくえ=現代青年論』	(栗原 彬)	331l
1982	栗原彬『管理社会と民衆理性』	(栗原 彬)	331r
1982	栗原彬『歴史とアイデンティティ』	(栗原 彬)	332l
1982	クリプキ『ウィトゲンシュタインのパラドックス』	(黒崎 宏)	332r
1980	グリーンブラット『ルネサンスの自己成型』	(髙田茂樹)	333l
1955	グールドナー『産業における官僚制』	(矢澤修次郎)	333r
1970	グールドナー『社会学の再生を求めて』	(矢澤修次郎)	334l
1915	クローチェ『歴史の理論と歴史』	(奥井智之)	334r
1955	クロポトキン『相互扶助論』	(大澤正道)	335l
1978	クーン & ウォルフ編『マルクス主義フェミニズムの挑戦』	(姫岡とし子)	335r
1936	ケインズ『雇用・利子および貨幣の一般理論』	(根井雅弘)	336l
1835	ケトレー『人間について』	(松原 望)	336r
1758	ケネー『経済表』	(松原 望)	337l
1925	ケルゼン『一般国家学』	(長尾龍一)	337r
1945	ケルゼン『法と国家の一般理論』	(長尾龍一)	338l
1982	香内三郎『活字文化の誕生』	(香内三郎)	338r
1977	厚東洋輔『ヴェーバー社会理論の研究』	(厚東洋輔)	339l
1991	厚東洋輔『社会認識と想像力』	(厚東洋輔)	339r
1992	紅野謙介『書物の近代』	(紅野謙介)	340l
1974	コーエン『二次元的人間』	(山川偉也)	340r
1963	コシーク『具体的なものの弁証法』	(花崎皋平)	341l
1984	コックス『世俗都市の宗教』	(大島かおり)	341r
1961	ゴットマン『メガロポリス』	(町村敬志)	342l
1961	ゴフマン『アサイラム』	(安川 一)	342r
1961	ゴフマン『出会い』	(安川 一)	343l

1963	ゴフマン『集まりの構造』	(安川　一) 343r
1982	小松和彦『憑霊信仰論』	(小松和彦) 344l
1985	小松和彦『異人論』	(小松和彦) 344r
1965	ゴーラー『死と悲しみの社会学』	(市野川容孝) 345l
1967	ゴルツ『困難な革命』	(上杉聰彦) 345r
1975-77	ゴルツ『エコロジスト宣言』	(高橋祐智) 346l
1984	ゴールドソープ編『収斂の終焉』	(稲上　毅) 346r
1955	ゴルドマン『隠れたる神』	(川俣晃自) 347l
1964	ゴルドマン『小説社会学』	(川俣晃自) 347r
1982	コルバン『においの歴史』	(山田登世子) 348l
1822	コント『社会再組織の科学的基礎』	(霧生和夫) 348r
1839	コント『社会静学と社会動学』	(霧生和夫) 349l
1847-49	コンドルセ『人間精神進歩の歴史』	(友枝敏雄) 349r
1959	コーンハウザー『大衆社会の政治』	(奥井智之) 350l
1930-31	今和次郎・吉田謙吉編『モデルノロヂオ(考現学)』『考現学採集〔モデルノロヂオ〕』	(佐藤健二) 350r

サ行

1947	サイモン『経営行動』	(高瀬武典) 351l
1950	サイモン & スミスバーグ & トンプソン『組織と管理の基礎理論』	(高瀬武典) 351r
1976	坂部恵『仮面の解釈学』	(坂部　恵) 352l
1967	作田啓一『恥の文化再考』	(作田啓一) 352r
1981	作田啓一『個人主義の運命』	(作田啓一) 353l
1993	作田啓一『生成の社会学をめざして』	(作田啓一) 353r
1984	桜井哲夫『「近代」の意味』	(桜井哲夫) 354l
1984	佐藤郁哉『暴走族のエスノグラフィー』	(佐藤郁哉) 354r
1987	佐藤健二『読書空間の近代』	(佐藤健二) 355l
1994	佐藤健二『風景の生産・風景の解放』	(佐藤健二) 355r
1995	佐藤健二『流言蜚語』	(佐藤健二) 356l
1990	佐藤毅『マスコミの受容理論』	(佐藤　毅) 356r
1971	佐藤勉『社会学的機能主義の研究』	(佐藤　勉) 357l
1966	佐藤慶幸『官僚制の社会学』	(佐藤慶幸) 357r
1906	サムナー『フォークウェイズ』	(青柳清孝) 358l
1972	サーリンズ『石器時代の経済学』	(山本真鳥) 358r
1985	サーリンズ『歴史の島々』	(山本真鳥) 359l
1969	サール『言語行為』	(橋元良明) 359r
1943	サルトル『存在と無』	(三宅芳夫) 360l
1952	サルトル『聖ジュネ』	(三宅芳夫) 360r
1823-24	サン=シモン『産業者の教理問答』	(森　博) 361l
1977	シヴェルブシュ『鉄道旅行の歴史』	(吉見俊哉) 361r

1983	シヴェルブシュ『闇をひらく光』	(吉見俊哉) 362*l*
1901-02	ジェイムズ『宗教的経験の諸相』	(対馬路人) 362*r*
1961	ジェコブス『アメリカ大都市の死と生』	(若林幹夫) 363*l*
1871	ジェボンズ『経済学の理論』	(橋本 努) 363*r*
1964	シェリフ,M. & シェリフ,C.W.『準拠集団』	(井上 俊) 364*l*
1976	塩原勉『組織と運動の理論』	(塩原 勉) 364*r*
1977	篠田浩一郎『形象と文明』	(篠田浩一郎) 365*l*
1983	柴田三千雄『近代世界と民衆運動』	(柴田三千雄) 365*r*
1966	シブタニ『流言と社会』	(橋元良明) 366*l*
1981	シブレイ『都市社会のアウトサイダー』	(細井洋子) 366*r*
1965	島崎稔『日本農村社会の構造と論理』	(似田貝香門) 367*l*
1992	島薗進『現代救済宗教論』	(島薗 進) 367*r*
1987	清水昭俊『家・身体・社会』	(清水昭俊) 368*l*
1937	清水幾太郎『流言蜚語』	(藤竹 暁) 368*r*
1948	清水幾太郎『社会學講義』	(藤竹 暁) 369*l*
1966	清水幾太郎『現代思想』	(藤竹 暁) 369*r*
1965	シャー『被害者なき犯罪』	(畠中宗一) 370*l*
1983	社会福祉調査研究会編『戦前日本の社会事業調査』	(武川正吾) 370*r*
1949	シャノン & ウィーバー『コミュニケーションの数学的理論』	(西垣 通) 371*l*
1987	シャルチエ『読書と読者』	(宮下志朗) 371*r*
1985	シャルチエ編『書物から読書へ』	(宮下志朗) 372*l*
1965	ジャンセン編『日本における近代化の問題』	(友枝敏雄) 372*r*
1963-70	シュー(許烺光)『比較文明社会論』	(濱口惠俊) 373*l*
1958	シュヴァリエ『労働階級と危険な階級』	(喜安 朗) 373*r*
1918-22	シュペングラー『西洋の没落』	(奥井智之) 374*l*
1973	シューマッハー『人間復興の経済』	(斎藤志郎) 374*r*
1922	シュミット『政治神学』	(田中 浩) 375*l*
1932	シュミット『政治的なものの概念』	(田中 浩) 375*r*
1949	シュラム『マス・コミュニケーション』	(藤竹 暁) 376*l*
1979	シュルフター『近代合理主義の成立』	(嘉目克彦) 376*r*
1978	シュルロ編『女性とは何か』	(西川祐子) 377*l*
1912	シュンペーター『経済発展の理論』	(根井雅弘) 377*r*
1942	シュンペーター『資本主義・社会主義・民主主義』	(根井雅弘) 378*l*
1975	庄司興吉『現代日本社会科学史序説』	(庄司興吉) 378*r*
1977	庄司興吉『現代化と現代社会の理論』	(庄司興吉) 379*l*
1960	ショウバーク『前産業型都市』	(倉沢 進) 379*r*
1969	ショエ『近代都市』	(若林幹夫) 380*l*
1976	ジョージ『なぜ世界の半分が飢えるのか』	(西川 潤) 380*r*
1975	ショーター『近代家族の形成』	(落合恵美子) 381*l*
1961	ジラール『欲望の現象学』	(富永茂樹) 381*r*
1972	ジラール『暴力と聖なるもの』	(富永茂樹) 382*l*

年	著者・書名	執筆者	頁
1985	陣内秀信『東京の空間人類学』	(陣内秀信)	382r
1968	新明正道『綜合社会学の構想』	(細谷 昂)	383l
1917	ジンメル『社会学の根本問題』	(居安 正)	383r
1942	スウィージー『資本主義発展の理論』	(山田信行)	384l
1982	杉本良夫 & マオア, R. 編『日本人論に関する12章』	(杉本良夫)	384r
1988	スコット『ジェンダーと歴史学』	(荻野美穂)	385l
1957	鈴木榮太郎『都市社会学原理』	(森岡清志)	385r
1970	鈴木広『都市的世界』	(鈴木 広)	386l
1986	鈴木広『都市化の研究』	(鈴木 広)	386r
1965	鈴木広編『都市化の社会学』	(鈴木 広)	387l
1961	スタイナー『悲劇の死』	(喜志哲雄)	387r
1981	スタベンハーゲン『開発と農民社会』	(山崎春成)	388l
1971	スタロバンスキー『ジャン=ジャック・ルソー』	(天野義智)	388r
1973	スタロバンスキー『フランス革命と芸術』	(井上堯裕)	389l
1986	ストリブラス & ホワイト『境界侵犯』	(本橋哲也)	389r
1977	ストーン『家族・性・結婚の社会史』	(北本正章)	390l
1987	スピヴァック『文化としての他者』	(荻野昌弘)	390r
1677	スピノザ『エチカ』	(柴田寿子)	391l
1977	スペクター & キツセ『社会問題の構築』	(中河伸俊)	391r
1876-96	スペンサー『社会学の原理』	(友枝敏雄)	392l
1759	スミス, A.『道徳感情論』	(杉浦克己)	392r
1982	スミス, R. & ウィスウェル『須恵村の女たち』	(河村 望)	393l
1963	住谷一彦『共同体の史的構造論』	(住谷一彦)	393r
1995	盛山和夫『制度論の構図』	(盛山和夫)	394l
1972	瀬川清子『若者と娘の民俗』	(上野千鶴子)	394r
1970	セネット『無秩序の活用』	(吉見俊哉)	395l
1980	セルトー『日常的実践のポイエティーク』	(山田登世子)	395r
1982	セン『合理的な愚か者』	(川本隆史)	396l
1980	ソコロフ『お金と愛情の間』	(江原由美子)	396r
1916	ソシュール『一般言語学講義』	(前田英樹)	397l
1978	園田恭一『現代コミュニティ論』	(園田恭一)	397r
1908	ソレル『暴力論』	(今村仁司)	398l
1977	ソンタグ『写真論』	(遠藤知巳)	398r
1978	ソンタグ『隠喩としての病い』	(市野川容孝)	399l
1902-28	ゾンバルト『近代資本主義』	(奥井智之)	399r

タ行

年	著者・書名	執筆者	頁
1859	ダーウィン『種の起原』	(丹治 愛)	400l
1919	高田保馬『社会学原理』	(稲上 毅)	400r
1922	高田保馬『社会学概論』	(稲上 毅)	401l
1940	高田保馬『勢力論』	(下平好博)	401r

1979	高取正男『神道の成立』	(井上順孝) 402*l*
1987	高橋徹『現代アメリカ知識人論』	(栗原 彬) 402*r*
1995	高橋哲哉『記憶のエチカ』	(高橋哲哉) 403*l*
1983	高畠通敏『政治の発見』	(高畠通敏) 403*r*
1982	多木浩二『眼の隠喩』	(多木浩二) 404*l*
1984	多木浩二『生きられた家』	(多木浩二) 404*r*
1984	多木浩二『「もの」の詩学』	(多木浩二) 405*l*
1988	多木浩二『天皇の肖像』	(多木浩二) 405*r*
1877-82	田口卯吉『日本開化小史』	(奥井智之) 406*l*
1966	ダグラス『汚穢と禁忌』	(塚本利明) 406*r*
1975	竹内敏晴『ことばが劈かれるとき』	(竹内敏晴) 407*l*
1983	竹内好『近代の超克』	(子安宣邦) 407*r*
1981	竹内芳郎『文化の理論のために』	(竹内芳郎) 408*l*
1992	武川正吾『福祉国家と市民社会』	(武川正吾) 408*r*
1983	竹田青嗣『〈在日〉という根拠』	(竹田青嗣) 409*l*
1986	竹田青嗣『意味とエロス』	(竹田青嗣) 409*r*
1986	竹田青嗣『陽水の快楽』	(竹田青嗣) 410*l*
1989	竹山昭子『玉音放送』	(竹山昭子) 410*r*
1962	多田道太郎『複製芸術論』	(永井良和) 411*l*
1969	ターナー『儀礼の過程』	(梶原景昭) 411*r*
1974	ターナー『象徴と社会』	(梶原景昭) 412*l*
1981	田中克彦『ことばと国家』	(田中克彦) 412*r*
1972	田中美津『いのちの女たちへ』	(上野千鶴子) 413*l*
1974	田中義久『私生活主義批判』	(田中義久) 413*r*
1986	ダラ・コスタ『家事労働に賃金を』	(伊田久美子) 414*l*
1961	ダール『統治するのはだれか』	(高畠通敏) 414*r*
1971	ダール『ポリアーキー』	(高畠通敏) 415*l*
1901	タルド『世論と群集』	(稲葉三千男) 415*r*
1959	ダーレンドルフ『産業社会における階級および階級闘争』	(富永健一) 416*l*
1984	ダーントン『猫の大虐殺』	(海保眞夫) 416*r*
1956	中鉢正美『生活構造論』	(寺出浩司) 417*l*
1975	中鉢正美『現代日本の生活体系』	(寺出浩司) 417*r*
1916-21	津田左右吉『文学に現はれたる我が国民思想の研究』	(米倉匡史) 418*l*
1984	筒井清忠『昭和期日本の構造』	(筒井清忠) 418*r*
1974	鶴見和子・市井三郎編『思想の冒険』	(色川大吉) 419*l*
1967	鶴見俊輔『限界芸術論』	(川本隆史) 419*r*
1982	鶴見俊輔『戦時期日本の精神史1931～1945年』	(川本隆史) 420*l*
1984	鶴見俊輔『戦後日本の大衆文化史1945～1980年』	(川本隆史) 420*r*
1961-64	鶴見俊輔他編『日本の百年』全10巻	(安田常雄) 421*l*
1982	鶴見良行『バナナと日本人』	(宮内泰介) 421*r*
1975	デイヴィス『愚者の王国異端の都市』	(近藤和彦) 422*l*

年	著者・書名	執筆者	頁
1980	デイヴィドソン『行為と出来事』	(柴田正良)	422r
1974	ディクソン『オルターナティブ・テクノロジー』	(田中　直)	423l
1958	ティトマス『福祉国家の理想と現実』	(武川正吾)	423r
1751-72	ディドロ & ダランベール『百科全書』	(鷲見洋一)	424l
1911	テイラー『科学的管理法』	(佐藤　厚)	424r
1883	ディルタイ『精神科学序説』	(鷹　茂)	425l
1637	デカルト『方法序説』	(小泉義之)	425r
1972	デュヴェルジェ『ヤヌス』	(宮島　喬)	426l
1983	デュモン『個人主義論考』	(渡辺公三)	426r
1922	デュルケーム『教育と社会学』	(宮島　喬)	427l
1925	デュルケーム『道徳教育論』	(宮島　喬)	427r
1967	デリダ『エクリチュールと差異』	(高橋哲哉)	428l
1967	デリダ『グラマトロジーについて』	(高橋哲哉)	428r
1967	デリダ『声と現象』	(高橋哲哉)	429l
1958	ドーア『都市の日本人』	(青井和夫)	429r
1976	ドーア『学歴社会新しい文明病』	(天野郁夫)	430l
1971	土居健郎『「甘え」の構造』	(土居健郎)	430r
1934-61	トインビー『歴史の研究』	(三宅正樹)	431l
1977	トゥアン『空間の経験』	(山本　浩)	431r
1982	ドゥ・ヴァール『政治をするサル』	(上原重男)	432l
1978	ドゥオーキン『権利論』	(小林　公)	432r
1987	ドゥオーキン『インターコース』	(寺沢みづほ)	433l
1961-92	統計数理研究所国民性調査委員会編『日本人の国民性』	(秋山登代子)	433r
1967	ドゥボール『スペクタクルの社会』	(木下　誠)	434l
1968	ドゥルーズ『差異と反復』	(宇野邦一)	434r
1986	ドゥルーズ『フーコー』	(宇野邦一)	435l
1980	ドゥルーズ & ガタリ『千のプラトー』	(宇野邦一)	435r
1969	トゥレーヌ『脱工業化の社会』	(梶田孝道)	436l
1974	トゥレーヌ『社会学へのイマージュ』	(梶田孝道)	436r
1978	トゥレーヌ『声とまなざし』	(梶田孝道)	437l
1976	ドーキンス『利己的な遺伝子』	(日高敏隆)	437r
1835-40	トクヴィル『アメリカの民主政治』	(佐藤俊樹)	438l
1935	戸坂潤『日本イデオロギー論』	(米谷匡史)	438r
1933	戸田貞三『社会調査』	(千田有紀)	439l
1937	戸田貞三『家族構成』	(千田有紀)	439r
1982	トドロフ『他者の記号学』	(落合一泰)	440l
1947	トーニー『宗教と資本主義の興隆』	(佐藤俊樹)	440r
1965	富永健一『社会変動の理論』	(富永健一)	441l
1986	富永健一『社会学原理』	(富永健一)	441r
1996	富永茂樹『都市の憂鬱』	(富永茂樹)	442l
1990	冨山一郎『近代日本社会と「沖縄人」』	(冨山一郎)	442r

年	文献	著者	頁
1991	トムリンソン『文化帝国主義』	(片岡 信)	443l
1957	ドラッカー『変貌する産業社会』	(高橋武則)	443r
1984	鳥越皓之・嘉田由紀子編『水と人の環境史』	(鳥越皓之)	444l
1972	ドルフマン & マトゥラール『ドナルド・ダックを読む』	(山崎カヲル)	444r
1977	ドンズロ『家族に介入する社会』	(牟田和恵)	445l

ナ 行

年	文献	著者	頁
1909	内務省衛生局編『東京市京橋区月島に於ける実地調査報告第一輯』	(佐藤健二)	445r
1959	中井正一『美学的空間』	(杉山光信)	446l
1887	中江兆民『三酔人経綸問答』	(筒井清忠)	446r
1971	中岡哲郎『工場の哲学』	(中岡哲郎)	447l
1985	中川清『日本の都市下層』	(中川 清)	447r
1967	中根千枝『タテ社会の人間関係』	(中根千枝)	448l
1975	中野収・平野秀秋『コピー体験の文化』	(中野 収)	448r
1977	中野卓『口述の生活史』	(中野 卓)	449l
1993	中村桂子『自己創出する生命』	(中村桂子)	449r
1973	中村八朗『都市コミュニティの社会学』	(中村八朗)	450l
1979	中村雄二郎『共通感覚論』	(中村雄二郎)	450r
1994	波平恵美子『医療人類学入門』	(波平恵美子)	451l
1974	西川潤『飢えの構造』	(西川 潤)	451r
1992	西川長夫『国境の越え方』	(西川長夫)	452l
1995	西川長夫・松宮秀治編『幕末・明治期の国民国家形成と文化変容』	(西川長夫)	452r
1911	西田幾多郎『善の研究』	(鷲田清一)	453l
1993	似田貝香門・蓮見音彦『都市政策と市民生活』	(似田貝香門)	453r
1954	ニーダム, J.『中国の科学と文明』	(中山 茂)	454l
1962	ニーダム, R.『構造と感情』	(吉田禎吾)	454r
1872	ニーチェ『悲劇の誕生』	(吉澤伝三郎)	455r
1883-85	ニーチェ『ツァラトゥストラ』	(吉澤伝三郎)	456l
1886	ニーチェ『善悪の彼岸』	(吉澤伝三郎)	456r
1887	ニーチェ『道徳の系譜』	(吉澤伝三郎)	457l
1929	ニーバー『アメリカ型キリスト教の社会的起源』	(柴田史子)	457r
1975-80	日本放送協会放送世論調査所編『日本人の意識』	(秋山登代子)	458l
1965	ニューカム他『社会心理学』	(古畑和孝)	458r
1980	ノエル=ノイマン『沈黙の螺旋理論』	(池田謙一)	459l
1974	ノージック『アナーキー・国家・ユートピア』	(嶋津 格)	459r
1992	野田正彰『喪の途上にて』	(野田正彰)	460l
1940	ノーマン『日本における近代国家の成立』	(西川長夫)	460r
1930	野呂榮太郎『日本資本主義発達史』	(山田信行)	461l

ハ 行

年	文献	著者	頁
1949-78	ハイエク『市場・知識・自由』	(嶋津 格)	461r

1973-79	ハイエク『法と立法と自由』I - III	（嶋津　格）462*l*
1981	パイク『近代文学と都市』	（若林幹夫）462*r*
1927	ハイデガー『存在と時間』	（高田珠樹）463*l*
1976	ハイト『ハイト・レポート』	（赤川　学）463*r*
1973	ハーヴェイ『都市と社会的不平等』	（吉原直樹）464*l*
1963	バーガー, P.『社会学への招待』	（水野節夫）464*r*
1967	バーガー, P.『聖なる天蓋』	（山口節郎）465*l*
1973	バーガー, P. & バーガー, B. & ケルナー『故郷喪失者たち』	（山口節郎）465*r*
1941	バーク『文学形式の哲学』	（森　常治）466*l*
1945	バーク『動機の文法』	（森　常治）466*r*
1926-52	パーク『実験室としての都市』	（町村敬志）467*l*
1965	朴慶植『朝鮮人強制連行の記録』	（福岡安則）467*r*
1986	ハーグリーブス『スポーツ・権力・文化』	（佐伯聰夫）468*l*
1968	橋川文三『ナショナリズム』	（大澤真幸）468*r*
1994	橋川文三『昭和ナショナリズムの諸相』	（筒井清忠）469*l*
1985	橋爪大三郎『言語ゲームと社会理論』	（橋爪大三郎）469*r*
1934	バシュラール『新しい科学的精神』	（金森　修）470*l*
1957	バシュラール『空間の詩学』	（金森　修）470*r*
1670	パスカル『パンセ』	（内田隆三）471*l*
1970	蓮見音彦『現代農村の社会理論』	（蓮見音彦）471*r*
1988	蓮實重彦『凡庸な芸術家の肖像』	（若林幹夫）472*l*
1956	パーソンズ & スメルサー『経済と社会』	（富永健一）472*r*
1956	パーソンズ & ベールズ他『核家族と子どもの社会化』（合本『家族』）	（橋爪貞雄）473*l*
1976	バタイユ『至高性, 呪われた部分 III』	（湯浅博雄）473*r*
1980	バダンテール『プラス・ラブ』	（石井素子）474*l*
1861	バッハオーフェン『母権論』	（河上倫逸）474*r*
1961	ハート『法の概念』	（橋爪大三郎）475*l*
1993	花崎皋平『アイデンティティと共生の哲学』	（花崎皋平）475*r*
1938	バーナード『新訳経営者の役割』	（奥山敏雄）476*l*
1939	バナール『科学の社会的機能』	（柿原　泰）476*r*
1954	バナール『歴史における科学』	（中山　茂）477*l*
1968	ハーバーマス『イデオロギーとしての技術と学問』	（德永　恂）477*r*
1973	ハーバーマス『晩期資本主義における正統化の諸問題』	（辰巳伸知）478*l*
1971	ハーバーマス & ルーマン『批判理論と社会システム理論』	（山口節郎）478*r*
1978	バブコック編『さかさまの世界』	（井上兼行）479*l*
1929	バフチン『マルクス主義と言語哲学』	（桑野　隆）479*r*
1963	バフチン『ドストエフスキーの詩学』	（桑野　隆）480*l*
1965	バフチン『フランソワ・ラブレーの作品と中世・ルネッサンスの民衆文化』	（桑野　隆）48

年	著者・書名	執筆者	頁
1977	濱口恵俊『「日本らしさ」の再発見』	(濱口恵俊)	481*l*
1982	ハムフェリー & バトル『環境・エネルギー・社会』	(満田久義)	481*r*
1986	林知己夫,鈴木達三『社会調査と数量化』	(林知己夫)	482*l*
1924	バラージュ『視覚的人間』	(中村秀之)	482*r*
1987	原広司『空間〈機能から様相へ〉』	(若林幹夫)	483*l*
1980	バランディエ『舞台の上の権力』	(渡辺公三)	483*r*
1932	バーリ & ミーンズ『近代株式会社と私有財産』	(北島忠男)	484*l*
1830-39	バルザック『風俗研究』	(山田登世子)	484*r*
1957	バルト『神話作用』	(鈴村和成)	485*l*
1964	バルト『エッセ・クリティック』	(鈴村和成)	485*r*
1980	バルト『明るい部屋』	(鈴村和成)	486*l*
1916	パレート『一般社会学大綱』	(川﨑嘉元)	486*r*
1984	ハント『フランス革命の政治文化』	(松浦義弘)	487*l*
1932	ピアジェ『児童道徳判断の発達』	(滝沢武久)	487*r*
1947	ピアジェ『知能の心理学』	(滝沢武久)	488*l*
1946	ピカート『われわれ自身のなかのヒトラー』	(佐野利勝)	488*r*
1920	ピグー『ピグウ厚生経済学』	(橋本 努)	489*l*
1977	ビックヴァンス編『都市社会学』	(町村敬志)	489*r*
1939	ヒックス『価値と資本』	(橋本 努)	490*l*
1986	ヒューム『征服の修辞学』	(岩尾龍太郎)	490*r*
1974	ビュルガー『アヴァンギャルドの理論』	(浅井健二郎)	491*l*
1969	平田清明『市民社会と社会主義』	(高橋洋児)	491*r*
1971	平田清明『経済学と歴史認識』	(高橋洋児)	492*l*
1910	ヒルファディング『金融資本論』	(奥井智之)	492*r*
1927	ピレンヌ『中世都市』	(若林幹夫)	493*l*
1973	廣重徹『科学の社会史』	(松本三和夫)	493*r*
1969	廣松渉『マルクス主義の地平』	(今村仁司)	494*l*
1972	廣松渉『世界の共同主観的存在構造』	(野家啓一)	494*r*
1974	廣松渉『資本論の哲学』	(吉田憲夫)	495*l*
1982-93	廣松渉『存在と意味』	(熊野純彦)	495*r*
1947	ビンスワンガー『現象学的人間学』	(宮本忠雄)	496*l*
1970	ファイアストーン『性の弁証法』	(林 弘子)	496*r*
1975	ファイヤーアーベント『方法への挑戦』	(村上陽一郎)	497*l*
1962	ブーアスティン『幻影の時代』	(後藤和彦)	497*r*
1952	ファノン『黒い皮膚・白い仮面』	(冨山一郎)	498*l*
1987	フィスク『テレビジョンカルチャー』	(藤田真文)	498*r*
1987	フィッシュマン『ブルジョワ・ユートピア』	(若林幹夫)	499*l*
1967	フェアリス『シカゴ・ソシオロジー 1920-1932』	(奥井道大)	499*r*
1953	フェーヴル『歴史のための闘い』	(長谷川輝夫)	500*l*
1958	フェーヴル & マルタン『書物の出現』	(長谷川輝夫)	500*r*
1983	フォスター編『反美学』	(室井 尚)	501*l*

年	著者・書名	担当者	頁
1983	フォックス & リアーズ編『消費の文化』	(内田隆三)	501r
1986	フォーティ『欲望のオブジェ』	(柏木 博)	502l
1944	フォン・ノイマン & モルゲンシュテルン『ゲームの理論と経済行動』	(志田基与師)	502r
1993	福岡安則『在日韓国・朝鮮人』	(福岡安則)	503l
1997	福岡安則・金明秀『在日韓国人青年の生活と意識』	(福岡安則)	503r
1875	福沢諭吉『文明論之概略』	(奥井智之)	504l
1949	福武直『日本農村の社会的性格』	(似田貝香門)	504r
1958	福武直『社会調査』	(似田貝香門)	505l
1959	福武直『日本村落の社会構造』	(似田貝香門)	505r
1977	福武直『戦後日本の農村調査』	(似田貝香門)	506l
1963	フーコー『臨床医学の誕生』	(市野川容孝)	506r
1969	フーコー『知の考古学』	(内田隆三)	507l
1966	藤田省三『天皇制国家の支配原理』	(森 政稔)	507r
1954	フッサール『ヨーロッパ諸学の危機と超越論的現象学』	(野家啓一)	508l
1988	舩橋晴俊・長谷川公一・畠中宗一・梶田孝道『高速文明の地域問題』	(舩橋晴俊)	508r
1985	舩橋晴俊・長谷川公一・畠中宗一・勝田晴美『新幹線公害』	(舩橋晴俊)	509l
1864	フュステル・ド・クーランジュ『古代都市』	(若林幹夫)	509r
1956	ブラウ『現代社会の官僚制』	(間場寿一)	510l
1964	ブラウ『交換と権力』	(間場寿一)	510r
1984	ブラウン他『地球白書』	(田中 直)	511l
1983	ブラマー『生活記録の社会学』	(川合隆男)	511r
1951	フランカステル『絵画と社会』	(大島清次)	512l
1978	フランク『従属的蓄積と低開発』	(吾郷健二)	512r
1971	ブランケンブルク『自明性の喪失』	(木村 敏)	513l
1968	プーランザス『資本主義国家の構造』	(田口富久治)	513r
1950	ブランショ『文学空間』	(西谷 修)	514l
1808	フーリエ『四運動の理論』	(森 政稔)	514r
1983	フリス『サウンドの力』	(細川周平)	515l
1963	フリーダン『新しい女性の創造』	(寺澤恵美子)	515r
1972	フリードベルグ『組織の戦略分析』	(舩橋晴俊)	516l
1980	ブルデュー『実践感覚』	(福井憲彦)	516r
1969	ブルーマー『シンボリック相互作用論』	(船津 衛)	517l
1981	ブルンヴァン『消えるヒッチハイカー』	(重信幸彦)	517r
1970	フレイレ『被抑圧者の教育学』	(小沢有作)	518l
1898	フレーザー『金枝篇』	(蔵持不三也)	518r
1916	ブレンターノ『近代資本主義の起源』	(奥井智之)	519l
1900-33	フロイト, S.『自我論』	(椿田貴史・新宮一成)	519r
1905	フロイト, S.『性欲論三篇』	(椿田貴史・新宮一成)	520l
1916-17	フロイト, S.『精神分析入門』	(椿田貴史・新宮一成)	520r

1954-59	ブロッホ『希望の原理』全3巻	(山下　肇) 521*l*
1979	ブローデル『物質文明・経済・資本主義／15－18世紀』	(村上光彦) 521*r*
1972	ベイトソン『精神の生態学』	(佐藤良明) 522*l*
1942	ベヴァリジ『ベヴァリジ報告社会保険および関連サービス』	(武川正吾) 522*r*
1627	ベーコン『ニュー・アトランティス』	(平山朝治) 523*l*
1963	ベッカー『アウトサイダーズ』	(村上直之) 523*r*
1967	ベッテルハイム『自閉症・うつろな砦』	(天野義智) 524*l*
1976	ベッテルハイム『昔話の魔力』	(今泉文子) 524*r*
1690	ペティ『政治算術』	(松原　望) 525*l*
1934	ベネディクト『文化の型』	(米山俊直) 525*r*
1979	ヘブディジ『サブカルチャー』	(吉見俊哉) 526*l*
1879	ベーベル『婦人論』	(井上輝子) 526*r*
1957	ベラー『徳川時代の宗教』	(対馬路人) 527*l*
1985	ベラー他『心の習慣』	(島薗　進) 527*r*
1929	ペリー『近隣住区論』	(倉田和四生) 528*l*
1960	ベル『イデオロギーの終焉』	(岡田直之) 528*r*
1973	ベル『脱工業社会の到来』	(若林直樹) 529*l*
1976	ベル『資本主義の文化的矛盾』	(若林直樹) 529*r*
1907	ベルクソン『創造的進化』	(安川慶治) 530*l*
1932	ベルクソン『道徳と宗教の二源泉』	(安川慶治) 530*r*
1976	ベルセ『祭りと叛乱』	(松平　誠) 531*l*
1968	ベルタランフィ『一般システム理論』	(長野　敬) 531*r*
1789	ベンサム『道徳と立法の諸原理序説』	(森　政稔) 532*l*
1956	ベンディクス『産業における労働と権限』	(下平好博) 532*r*
1960	ベンディクス『マックス・ウェーバー』	(大川清丈) 533*l*
1971	ベン＝デービッド『科学の社会学』	(小川慎一) 533*r*
1928	ベンヤミン『ドイツ悲劇の根源』	(高橋順一) 534*l*
1990	宝月誠『逸脱論の研究』	(宝月　誠) 534*r*
1985	ボウルビー『ちょっと見るだけ』	(高山　宏) 535*l*
1957	ホガート『読み書き能力の効用』	(香内三郎) 535*r*
1938-71	ボガトゥイリョフ『民衆演劇の機能と構造』	(桑野　隆) 536*l*
1990	ポスター『情報様式論』	(室井　尚) 536*r*
1981	細川周平『ウォークマンの修辞学』	(細川周平) 537*l*
1979	細谷昂『マルクス社会理論の研究』	(細谷　昂) 537*r*
1951	ホッファー『大衆運動』	(塩原　勉) 538*l*
1968	ボードリヤール『物の体系』	(内田隆三) 538*r*
1975	ボードリヤール『象徴交換と死』	(内田隆三) 539*l*
1981	ボードリヤール『シミュラークルとシミュレーション』	(内田隆三) 539*r*
1945	ポパー『開かれた社会とその敵』	(内田詔夫) 540*l*
1983	ポープ『説得のビジネス』	(難波功士) 540*r*
1983	ホブズボーム＆レンジャー編『創られた伝統』	(吉見俊哉) 541*l*

1950	ホマンズ『ヒューマン・グループ』	(高瀬武典) 541r
1966	ポランニー, K.『経済と文明』	(丸山真人) 542l
1977	ポランニー, K.『人間の経済』	(丸山真人) 542r
1967	ポランニー, M.『暗黙知の次元』	(佐藤敬三) 543l
1971	ホーリー『都市社会の人間生態学』	(矢崎武夫) 543r
1966	ホール『かくれた次元』	(日高敏隆) 544l
1947	ホルクハイマー『理性の腐蝕』	(德永 恂) 544r
1974	ホルクハイマー『哲学の社会的機能』	(德永 恂) 545l
1934	ボルケナウ『封建的世界像から市民的世界像へ』	(水田 洋) 545r
1986	ボワイエ『レギュラシオン理論』	(山田鋭夫) 546l
1956	ホワイト, W. H.『組織のなかの人間』	(奥井智之) 546r
1925	ホワイトヘッド『科学と近代世界』	(村上陽一郎) 547l
1992	ボンス『江戸から東京へ』	(神谷幹夫) 547r
1982	本田和子『異文化としての子ども』	(本田和子) 548l

マ 行

1924	マイネッケ『近代史における国家理性の理念』	(奥井智之) 548r
1973	前田愛『近代読者の成立』	(小森陽一) 549l
1982	前田愛『都市空間のなかの文学』	(小森陽一) 549r
1532	マキアヴェッリ『君主論』	(佐々木毅) 550l
1977	真木悠介『現代社会の存立構造』	(真木悠介) 550r
1993	真木悠介『自我の起原』	(真木悠介) 551l
1983	マクウェール『マス・コミュニケーションの理論』	(竹内郁郎) 551r
1951	マクルーハン『機械の花嫁』	(浜日出夫) 552l
1964	マクルーハン『メディア論』	(浜日出夫) 552r
1981	正岡寛司『家族』	(正岡寛司) 553l
1890	マーシャル『経済学原理』	(橋本 努) 553r
1970	マズロー『人間性の心理学』	(小口忠彦) 554l
1958	マーチ & サイモン『オーガニゼーションズ』	(土屋守章) 554r
1994	町村敬志『「世界都市」東京の構造転換』	(町村敬志) 555l
1959	松下圭一『現代政治の条件』	(松下圭一) 555r
1971	松下圭一『シビル・ミニマムの思想』	(松下圭一) 556l
1962	松島静雄『労務管理の日本的特質と変遷』	(松島静雄) 556r
1990	松平誠『都市祝祭の社会学』	(松平 誠) 557l
1893	松原岩五郎『最暗黒之東京』	(成田龍一) 557r
1996	松原謙一・中村桂子『ゲノムを読む』	(中村桂子) 558l
1976	松原治郎・似田貝香門編『住民運動の論理』	(似田貝香門) 558r
1969	松本三之介『天皇制国家と政治思想』	(松本三之介) 559l
1974	マテラルト『多国籍企業としての文化』	(山崎カヲル) 559r
1980	マトゥラーナ & ヴァレラ『オートポイエーシス』	(河本英夫) 560l
1949	マードック『社会構造』	(山本真鳥) 560r

年	著者・書名	担当者	頁
1946	マートン『大衆説得』	(藤竹 暁)	561l
1975	マネー & タッカー『性の署名』	(赤川 学)	561r
1973	マラン『ユートピア的なもの』	(梶野吉郎)	562l
1922	マリノフスキー『西太平洋の遠洋航海者』	(山本真鳥)	562r
1926	マリノフスキー『未開社会における犯罪と慣習』	(山本真鳥)	563l
1927	マリノフスキー『未開社会における性と抑圧』	(山本真鳥)	563r
1929	マリノフスキー『未開人の性生活』	(山本真鳥)	564l
1852	マルクス『ルイ・ボナパルトのブリュメール十八日』	(今村仁司)	564r
1859	マルクス『経済学批判』	(今村仁司)	565l
1871	マルクス『フランスの内乱』	(今村仁司)	565r
1952	マルクス『資本主義的生産に先行する諸形態』(草稿)	(今村仁司)	566l
1845-46	マルクス & エンゲルス『ドイツ・イデオロギー』	(今村仁司)	566r
1848	マルクス & エンゲルス『共産党宣言』	(今村仁司)	567l
1964	マルクーゼ『一次元的人間』	(三沢謙一)	567r
1798	マルサス『人口論』	(岩澤美帆)	568l
1981	丸山圭三郎『ソシュールの思想』	(亘 明志)	568r
1984	丸山圭三郎『文化のフェティシズム』	(亘 明志)	569l
1952	丸山真男『日本政治思想史研究』	(森 政稔)	569r
1961	丸山真男『日本の思想』	(森 政稔)	570l
1953	丸山真男他『日本のナショナリズム』	(森 政稔)	570r
1714	マンデヴィル『蜂の寓話』	(橋本 努)	571l
1964	マンドルー『民衆本の世界』	(二宮宏之)	571r
1940	マンハイム『変革期における人間と社会』	(德永 恂)	572l
1922	マンフォード『ユートピアの系譜』	(川端香男里)	572r
1938	マンフォード『都市の文化』	(若林幹夫)	573l
1967	マンフォード『機械の神話』	(若林幹夫)	573r
1939-46	三木清『構想力の論理』	(米谷匡史)	574l
1988	ミース他『世界システムと女性』	(古田睦美)	574r
1965	見田宗介『現代日本の精神構造』	(見田宗介)	575l
1966	見田宗介『価値意識の理論』	(見田宗介)	575r
1967	見田宗介『近代日本の心情の歴史』	(見田宗介)	576l
1979	見田宗介『現代社会の社会意識』	(見田宗介)	576r
1996	見田宗介『現代社会の理論』	(見田宗介)	577l
1990	ミッテラウアー『歴史人類学の家族研究』	(若尾祐司)	577r
1977	ミッテラウアー & ジーダー『ヨーロッパ家族社会史』	(若尾祐司)	578l
1928	ミード, M.『サモアの思春期』	(山本真鳥)	578r
1949	ミード, M.『男性と女性』	(山本真鳥)	579l
1965	南博＋社会心理研究所『大正文化』	(南 博)	579r
1973	三橋修『差別論ノート』	(三橋 修)	580l
1967	三宅一郎・木下富雄・間場寿一 『異なるレベルの選挙における投票行動の研究』	(三宅一郎)	580r

1977	宮島喬『デュルケム社会理論の研究』	(宮島　喬)	581*l*
1994	宮島喬『文化的再生産の社会学』	(宮島　喬)	581*r*
1989	宮台真司『権力の予期理論』	(宮台真司)	582*l*
1993	宮台真司・石原英樹・大塚明子『サブカルチャー神話解体』	(宮台真司)	582*r*
1970	宮田登『ミロク信仰の研究』	(宮田　登)	583*l*
1989	宮本憲一『環境経済学』	(宮本憲一)	583*r*
1960	宮本常一『忘れられた日本人』	(赤坂憲雄)	584*l*
1960	ミュルダール『福祉国家を越えて』	(武川正吾)	584*r*
1969	ミリバンド『現代資本主義国家論』	(田口富久治)	585*l*
1859	ミル『自由論』	(関口正司)	585*r*
1951	ミルズ『ホワイト・カラー』	(矢澤修次郎)	586*l*
1959	ミルズ『社会学的想像力』	(鈴木　広)	586*r*
1970	ミレット『性の政治学』	(藤枝澪子)	587*l*
1929	ミンコフスキー『精神分裂病』	(椿田貴史・新宮一成)	587*r*
1981	ミンジオーネ『都市と社会紛争』	(藤田弘夫)	588*l*
1969-72	村上信彦『明治女性史』	(牟田和恵)	588*r*
1975	村上泰亮『産業社会の病理』	(松原隆一郎)	589*l*
1984	村上泰亮『新中間大衆の時代』	(松原隆一郎)	589*r*
1992	村上泰亮『反古典の政治経済学』上，下	(松原隆一郎)	590*l*
1979	村上泰亮・公文俊平・佐藤誠三郎『文明としてのイエ社会』	(平山満治)	590*r*
1975	村上陽一郎『近代科学と聖俗革命』	(村上陽一郎)	591*l*
1933	メイヨー『産業文明における人間問題』	(鈴木春男)	591*r*
1972	メドウズ他『成長の限界』	(田中　直)	592*l*
1945	メルロ＝ポンティ『知覚の現象学』	(鷲田清一)	592*r*
1964	メルロ＝ポンティ『見えるものと見えないもの』	(滝浦静雄)	593*l*
1968	メンミ『差別の構造』	(好井裕明)	593*r*
1516	モア『ユートピア』	(川端香男里)	594*l*
1983	MORE編集部編『モア・リポート』	(赤川　学)	594*r*
1975	モッセ『大衆の国民化』	(佐藤卓己)	595*l*
1962	森岡清美『真宗教団と「家」制度』	(森岡清美)	595*r*
1973	森岡清美『家族周期論』	(森岡清美)	596*l*
1965	森崎和江『第三の性』	(上野千鶴子)	596*r*
1973	森嶋通夫『マルクスの経済学』	(森嶋通夫)	597*l*
1877	モルガン『古代社会』	(笠原政治)	597*r*
1748	モンテスキュー『法の精神』	(森　政稔)	598*l*

ヤ 行

1967	ヤウス『挑発としての文学史』	(轡田　收)	598*r*
1960	安田三郎『社会調査ハンドブック』	(佐藤健二)	599*l*
1974	安丸良夫『日本の近代化と民衆思想』	(安丸良夫)	599*r*
1910	柳田国男　『遠野物語』	(内田隆三)	600*l*

1926	柳田国男『山の人生』	(内田隆三)	600r
1929	柳田国男『都市と農村』	(佐藤健二)	601l
1934	柳田国男『民間伝承論』	(佐藤健二)	601r
1939	柳田国男『木綿以前の事』	(佐藤健二)	602l
1946	柳田国男『先祖の話』	(佐藤健二)	602r
1947	柳田国男『口承文芸史考』	(佐藤健二)	603l
1961	柳田国男『海上の道』	(佐藤健二)	603r
1982	山口節郎『社会と意味』	(山口節郎)	604l
1975	山口昌男『道化の民俗学』	(山口昌男)	604r
1997	山之内靖『マックス・ヴェーバー入門』	(佐藤俊樹)	605r
1981	山本武利『近代日本の新聞読者層』	(山本武利)	605r
1996	山本泰・山本真鳥『儀礼としての経済』	(山本 泰)	606l
1982	ユーウエン, S. & ユーウエン, E.『欲望と消費』	(平野秀秋)	606r
1920	ユング『タイプ論』	(林 道義)	607l
1954	ユング『元型論』	(林 道義)	607r
1899	横山源之助『日本之下層社会』	(成田龍一)	608l
1993	吉澤夏子『フェミニズムの困難』	(吉澤夏子)	608r
1997	吉澤夏子『女であることの希望』	(吉澤夏子)	609l
1990	吉田民人『情報と自己組織性の理論』	(志田基与師)	609r
1991	吉田民人『主体性と所有構造の理論』	(志田基与師)	610l
1983	吉原直樹『都市社会学の基本問題』	(吉原直樹)	610r
1987	吉見俊哉『都市のドラマトゥルギー』	(吉見俊哉)	611l
1992	吉見俊哉『博覧会の政治学』	(吉見俊哉)	611r
1994	吉見俊哉『メディア時代の文化社会学』	(吉見俊哉)	612l
1992	吉見俊哉・若林幹夫・水越伸『メディアとしての電話』	(若林幹夫)	612r
1965	吉本隆明『言語にとって美とはなにか』	(高橋順一)	613l
1968	吉本隆明『共同幻想論』	(上野千鶴子)	613r
1984	吉本隆明『マス・イメージ論』	(森反章夫)	614l
1989	米本昌平『遺伝管理社会』	(米本昌平)	614r

ラ行

1991	ライシュ『ザ・ワーク・オブ・ネーションズ』	(中谷 巌)	615l
1932	ライヒ『性道徳の出現』	(中尾ハジメ)	615r
1945	ライヒ『性と文化の革命』	(中尾ハジメ)	616l
1979	ラヴロック『地球生命圏』	(星川 淳)	616r
1970	ラカトシュ他編『批判と知識の成長』	(森 博)	617l
1966	ラカン『エクリ』	(赤岡啓之)	617r
1981	ラカン『精神病』	(赤岡啓之)	618l
1985	ラクラウ & ムフ『ポスト・マルクス主義と政治』	(山崎カヲル)	618r
1944	ラザースフェルド他『ピープルズ・チョイス』	(児島和人)	619l
1935	ラスキ『国家』	(田口富久治)	619r

1985	良知力『青きドナウの乱痴気』	(喜安　朗) 620*l*
1965	ラパポート他『囚人のディレンマ』	(廣松　毅) 620*r*
1981	ラバン『住むための都市』	(若林幹夫) 621*l*
1973	ラブージュ『ユートピアと文明』	(巖谷國士) 621*r*
1960	ランテルナーリ『虐げられた者の宗教』	(中牧弘允) 622*l*
1929	ランドバーグ『社会調査』	(川端　亮) 622*r*
1979	リオタール『ポスト・モダンの条件』	(小林康夫) 623*l*
1817	リカード『経済学と課税の原理』	(杉浦克己) 623*r*
1964	リースマン『何のための豊かさ』	(内田隆三) 624*l*
1961	リーチ『人類学再考』	(赤堀雅幸) 624*r*
1976	リーチ『文化とコミュニケーション』	(赤堀雅幸) 625*l*
1922	リップマン『世論』	(掛川トミ子) 625*r*
1959	リプセット ＆ ベンディクス『産業社会の構造』	(鈴木　広) 626*l*
1960	リンチ『都市のイメージ』	(若林幹夫) 626*r*
1959	ルイス『貧困の文化』	(奥村　隆) 627*l*
1961	ルイス『サンチェスの子供たち』	(上野千鶴子) 627*r*
1923	ルカーチ『歴史と階級意識』	(城塚　登) 628*l*
1981	ル・ゴッフ『煉獄の誕生』	(渡辺香根夫) 628*r*
1947	ル・コルビュジエ『輝く都市』	(若林幹夫) 629*l*
1755	ルソー『人間不平等起源論』	(水林　章) 629*r*
1762	ルソー『エミール，あるいは教育について』	(水林　章) 630*l*
1967	ルックマン『見えない宗教』	(対馬路人) 630*r*
1934	ルフェーヴル，G.『革命的群衆』	(二宮宏之) 631*l*
1957	ルフェーブル，H.『日常生活批判序説』	(田中仁彦) 631*r*
1970	ルフェーブル，H.『都市革命』	(吉見俊哉) 632*l*
1895	ル・ボン『群衆心理』	(穐山貞登) 632*r*
1972	ルーマン『法社会学』	(正村俊之) 633*l*
1975	ルーマン『権力』	(正村俊之) 633*r*
1964-65	ルロワ＝グーラン『身ぶりと言葉』	(亘　明志) 634*l*
1960	レイン『ひき裂かれた自己』	(笠原　嘉) 634*r*
1961	レイン『自己と他者』	(笠原　嘉) 635*l*
1964	レイン他『狂気と家族』	(笠原　嘉) 635*r*
1971	レイン『家族の政治学』	(笠原　嘉) 636*l*
1955	レヴィ＝ストロース『悲しき熱帯』上・下	(渡辺公三) 636*r*
1958	レヴィ＝ストロース『構造人類学』	(橋爪大三郎) 637*l*
1962	レヴィ＝ストロース『今日のトーテミスム』	(橋爪大三郎) 637*r*
1985	レヴィ＝ストロース『やきもち焼きの土器つくり』	(渡辺公三) 638*l*
1961	レヴィナス『全体性と無限』	(合田正人) 638*r*
1974	レヴィナス 『存在するとは別の仕方で　あるいは存在することの彼方へ』	(合田正人) 639*l*
1910	レヴィ＝ブリュール『未開社会の思惟』	(加藤　泰) 639*r*

目　次

1951	レヴィン『社会科学における場の理論』	(杉万俊夫)	640*l*
1941	レスリスバーガー『経営と勤労意欲』	(鈴木春男)	640*r*
1940	レーデラー『大衆の国家』	(青井和夫)	641*l*
1917	レーニン『国家と革命』	(富田　武)	641*r*
1976	レルフ『場所の現象学』	(高野岳彦)	642*l*
1901	ロウントリー『貧乏研究』	(寺出浩司)	642*r*
1962	ロジャーズ『技術革新の普及過程』	(藤竹　暁)	643*l*
1960	ロストウ『経済成長の諸段階』	(友枝敏雄)	643*r*
1983	ロック，G．『マグリットと広告』	(難波功士)	644*l*
1689	ロック，J．『統治論―第二篇』	(辻　康夫)	644*r*
1977	ロビンズ『ソフト・エネルギー・パス』	(田中　直)	645*l*
1972	ロベール『起源の小説と小説の起源』	(遠藤知巳)	645*r*
1971	ロールズ『正義論』	(嶋津　格)	646*l*
1967	ローレンス＆ローシュ『組織の条件適応理論』	(高瀬武典)	646*r*
1963	ローレンツ『攻撃』	(日高敏隆)	647*l*

ワ行

1992	若林幹夫『熱い都市　冷たい都市』	(若林幹夫)	647*r*
1989	鷲田清一『モードの迷宮』	(鷲田清一)	648*l*
1928	ワース『ゲットー』	(好井裕明)	648*r*
1935	和辻哲郎『風土』	(米谷匡史)	649*l*
1874-77	ワルラス『純粋経済学要論』	(橋本　努)	649*r*
1941	ワロン『子どもの精神発達』	(滝沢武久)	650*l*
1983	ワロン『身体・自我・社会』	(滝沢武久)	650*r*

第Ⅲ部

配列：刊行年順

刊行年

1927-30	明治文化研究会編『明治文化全集』	652*l*
1948-55	田邊壽利編『社会学大系』	662*l*
1954-55	清水幾太郎・城戸又一・南博・二十世紀研究所編『マス・コミュニケーション講座』	662*r*
1956-60	ガードナー & リンゼイ編（清水幾太郎, 日高六郎, 池内一, 高橋徹監修）『社会心理学講座』	662*r*
1957-58	福武直編『講座 社会学』	663*l*
1958-60	ギュルヴィッチ & ムーア編『二十世紀の社会学』	665*r*
1958-61	尾高邦雄・小保内虎夫・兼子宙・川島武宜・岸本英夫・相良守次・戸川行男・宮城音弥監修／編集『現代社会心理学』	666*l*
1959	南博編『応用社会心理学講座』	666*r*
1959-61	伊藤整・家永三郎・小田切秀雄・加藤周一・亀井勝一郎・唐木順三・久野収・清水幾太郎・隅谷三喜男・竹内好・丸山真男編『近代日本思想史講座』	666*r*
1959-91	マルクス & エンゲルス『マルクス＝エンゲルス全集』	668*l*
1961-63	清水幾太郎・日高六郎・南博監修『マス・レジャー叢書』	668*l*
1962-69	『今日の社会心理学』	668*l*
1962-71	柳田國男『定本柳田國男集』	669*l*
1963-64	福武直・日高六郎監修『現代社会学講座』	672*l*
1965	北川隆吉・芥川集一・田中清助編『講座 現代社会学』	672*r*
1965-67	橋本憲三編『高群逸枝全集』	672*r*
1966-71	中野卓・柿崎京一・米地実編『有賀喜左衛門著作集』	673*l*
1968-77	笹森秀雄・富川盛道・藤木三千人・布施鉄治編『鈴木榮太郎著作集』	673*l*
1969-75	バタイユ『ジョルジュ・バタイユ著作集』	673*r*
1969-81	川村二郎・野村修他編『ヴァルター・ベンヤミン著作集』	674*l*
1969-90	日高六郎・岩井弘融・中野卓・浜島朗・田中清助・北川隆吉編『現代社会学大系』	674*l*
1970-75	細野武男・堀喜望・中野清一・野久尾徳美・真田是編『講座 現代の社会学』	674*r*
1971-75	岩村忍・入矢義高・岡本清造監修『南方熊楠全集』	675*l*
1972-73	江藤文夫・鶴見俊輔・山本明編『講座・コミュニケーション』	675*l*
1972-73	川島武宜編『法社会学講座』	675*r*
1972-75	富永健一・塩原勉編『社会学セミナー』	675*r*
1972-76	福武直監修『社会学講座』	677*r*
1972-73	北川隆吉・高木教典・田口富久治・中野収編『講座 現代日本のマス・コミュニケーション』	680*l*
1973-74	青山道夫・竹田旦・有地亨・江守五夫・松原治郎編『講座 家族』	680*l*

1973-74	内川芳美・岡部慶三・竹内郁郎・辻村明編 『講座 現代の社会とコミュニケーション』	680r
1974-75	権田保之助『権田保之助著作集』	680r
1974-77	堀一郎監修『エリアーデ著作集』	680r
1975-76	清水義弘監修『現代教育社会学講座』	681l
1975-76	福武直『福武直著作集』	681l
1975-81	ジンメル『ジンメル著作集』	681r
1976-93	新明正道『新明正道著作集』	682l
1977-79	山根常男・森岡清美・本間康平・竹内郁郎・高橋勇悦・天野郁夫編 『テキストブック 社会学』	682r
1980-81	安田三郎・塩原勉・富永健一・吉田民人編『基礎社会学』	682r
1981	副田義也編『講座 老年社会学』	683r
1981-82	青地晨・井上靖・梅棹忠夫・扇谷正造・草柳大蔵・永井道雄・三鬼陽之助編 『大宅壮一全集』	684l
1981-86	仲村優一・佐藤進・小倉襄二・一番ヶ瀬康子・三浦文夫編『講座 社会福祉』	684r
1985-	上子武次・北川隆吉・斎藤吉雄・作田啓一・鈴木広・高橋徹・十時厳周企画 『リーディングス 日本の社会学』	685l
1987-88	森博編訳『サン‐シモン著作集』	694l
1991-92	上野千鶴子・鶴見俊輔・中井久夫・中村達也・宮田登・山田太一編 『シリーズ 変貌する家族』	695l
1992	倉沢進・町村敬志・森岡清志・松本康・金子勇・園部雅久編 『都市社会学のフロンティア』	695r
1993	河合隆男監修『戸田貞三著作集』	696l
1995-97	井上俊・上野千鶴子・大澤真幸・見田宗介・吉見俊哉編 『岩波講座 現代社会学』	696r

執筆者・協力者

間場寿一	磯村英一	宇井　純	小川慎一
青井和夫	伊田久美子	上杉聰彦	小川博司
青木　保	伊谷純一郎	上野千鶴子	小木新造
青柳清孝	市倉宏祐	上原重男	荻野昌弘
青柳みどり	市野川容孝	宇沢弘文	荻野美穂
赤川　学	伊藤俊治	内田詔夫	奥井智之
赤坂憲雄	伊藤嘉昭	内田隆三	奥田道大
赤堀雅幸	稲上　毅	宇野邦一	小口忠彦
赤間啓之	稲葉三千男	海野道郎	奥村　隆
秋元健太郎	井上兼行	梅棹忠夫	奥山敏雄
秋元律郎	井上　俊	枝川昌雄	小沢有作
穐山貞登	井上尭裕	江原由美子	織田輝哉
秋山登代子	井上輝子	遠藤知巳	小田　亮
吾郷健二	井上順孝	大川清丈	落合恵美子
浅井健二郎	今井賢一	大久保孝治	落合一泰
浅野敏夫	今泉文子	大澤真幸	尾上正人
天木志保美	今田高俊	大澤正道	海保眞夫
天野郁夫	今福龍太	大沢真理	柿原　泰
天野義智	今村仁司	大島かおり	掛川トミ子
飯島伸子	居安　正	大島清次	笠原政治
池田謙一	色川大吉	大谷卓史	笠原　嘉
石井素子	岩井克人	大塚英志	梶田孝道
石井洋二郎	岩井弘融	大橋洋一	梶野吉郎
石川　准	岩尾龍太郎	大平　健	柏木　博
石黒英男	岩崎信彦	大室幹雄	梶原景昭
石田　雄	岩澤美帆	岡田直之	春日キスヨ
石　弘之	巖谷國士	岡本幸治	片岡　信

葛山泰央	菊池哲彦	小松和彦	柴田史子
桂　容子	喜志哲雄	小森陽一	柴田正良
加藤周一	北島忠男	子安宣邦	柴田三千雄
加藤典洋	北本正章	近藤和彦	島薗　進
加藤尚武	木下　誠	斎藤志郎	嶋津　格
加藤秀俊	木村　敏	佐伯聰夫	清水昭俊
加藤まどか	喜安　朗	酒井千絵	清水洋行
加藤　泰	京極純一	坂部　恵	下平好博
金森　修	霧生和夫	作田啓一	壽福眞美
金塚貞文	久慈利武	桜井　厚	庄司興吉
加納実紀代	轡田　收	桜井哲夫	白石さや
鹿野政直	熊野純彦	桜井直文	白石　隆
鎌田　慧	倉沢　進	佐々木毅	城塚　登
神島二郎	倉田和四生	佐々木徹郎	新宮一成
神谷幹夫	蔵持不三也	佐藤　厚	陣内秀信
川合隆男	栗原　彬	佐藤郁哉	水津嘉克
河合隼雄	黒木義典	佐藤　恵	杉浦克己
河合雅雄	黒崎　宏	佐藤敬三	杉万俊夫
河上倫逸	黒住　真	佐藤健二	杉本良夫
川北　稔	桑野　隆	佐藤卓己	杉山光信
川崎　修	小池　滋	佐藤　毅	壽里　茂
川崎賢一	小泉潤二	佐藤　勉	鈴木哲太郎
川﨑嘉元	小泉義之	佐藤俊樹	鈴木春男
川田順造	香内三郎	佐藤良明	鈴木　広
川端　亮	合田正人	佐藤嘉一	鈴村和成
川端香男里	厚東洋輔	佐藤慶幸	数土直紀
川俣晃自	紅野謙介	佐野利勝	住谷一彦
川村邦光	児島和人	塩原　勉	鷲見洋一
河村　望	後藤和彦	重信幸彦	盛山和夫
川本隆史	小林　公	志田基与師	関口正司
河本英夫	小林一穂	篠田浩一郎	千田有紀
神崎　繁	小林孝輔	柴田德衛	園田恭一
姜尚中	小林康夫	柴田寿子	高城和義

高木仁三郎	丹治 愛	中野 卓	畠中宗一
高瀬武典	廳 茂	中野敏男	花崎皋平
高田茂樹	塚本利明	中 久郎	濱口惠俊
高田珠樹	対馬路人	中牧弘允	浜日出夫
高野岳彦	辻 康夫	中村桂子	林知己夫
高橋順一	土屋守章	中村八朗	林 弘子
高橋武智	筒井清忠	中村秀之	林 道義
高橋武則	椿田貴史	中村雄二郎	土方直史
高橋哲哉	寺澤恵美子	中山 茂	日高敏隆
高橋洋児	寺沢みづほ	波平恵美子	日高六郎
高橋涼子	寺谷弘壬	成田龍一	姫岡とし子
高畠通敏	寺出浩司	難波功士	平野秀秋
高山 宏	土居健郎	西垣 通	平山朝治
滝浦静雄	徳永 恂	西川 潤	平山満紀
多木浩二	富田 武	西川直子	広田康生
滝沢武久	富永健一	西川長夫	廣松 毅
田口富久治	富永茂樹	西川祐子	福井憲彦
竹内郁郎	冨山一郎	西谷 修	福岡安則
竹内敏晴	冨山英彦	西平 直	藤枝澪子
竹内芳郎	友枝敏雄	西村清和	藤竹 暁
武川正吾	鳥越皓之	似田貝香門	藤田弘夫
竹田青嗣	内藤朝雄	二宮宏之	藤田真文
竹山昭子	永井良和	根井雅弘	藤久ミネ
田崎英明	中岡哲郎	野家啓一	藤本隆志
田嶋淳子	中尾ハジメ	野田正彰	船津 衛
立川孝一	長尾龍一	芳賀 学	舩橋晴俊
辰巳伸知	中川 清	橋爪貞雄	古城利明
田中克彦	中河伸俊	橋爪大三郎	古田睦美
田中 直	中里壽明	橋本 努	古畑和孝
田中仁彦	中谷 巌	橋元良明	宝月 誠
田中 浩	中根千枝	蓮見音彦	星川 淳
田中義久	中野 収	長谷川輝夫	細井洋子
田渕六郎	長野 敬	長谷正人	細川周平

細谷　昂	宮島　喬	山口昌男	渡辺公三
堀川三郎	宮台真司	山崎カヲル	亘　明志
本田和子	宮田　登	山崎春成	
前田英樹	宮本憲一	山下　肇	
真木悠介	宮本真也	山田鋭夫	
正岡寛司	宮本忠雄	山田富秋	
正村俊之	向井元子	山田登世子	
町村敬志	六車進子	山田信行	
松浦義弘	牟田和恵	山田梨佐	
松枝　到	村上直之	山本幸司	
松下圭一	村上光彦	山本武利	
松島静雄	村上陽一郎	山本　浩	
松平　誠	室井　尚	山本真鳥	
松原　望	本橋哲也	山本　泰	
松原隆一郎	森岡清志	湯浅博雄	
松本三之介	森岡清美	弓山達也	
松本三和夫	森川美絵	好井裕明	
丸山真人	森　謙二	吉澤伝三郎	
三浦耕吉郎	森嶋通夫	吉澤夏子	
三沢謙一	森　常治	吉田禎吾	
三島憲一	森反章夫	吉田憲夫	
水田　洋	森　博	吉原直樹	
水野節夫	森　政稔	吉見俊哉	
水林　章	森元大輔	嘉目克彦	
見田宗介	矢崎武夫	米谷匡史	
満田久義	矢澤修次郎	米本昌平	
南　博	安川慶治	米山俊直	
三橋　修	安川　一	李孝徳	
宮内泰介	安田常雄	若尾祐司	
三宅一郎	安丸良夫	若林直樹	
三宅正樹	山川偉也	若林幹夫	
三宅芳夫	山口節郎	鷲田清一	
宮下志朗	山口素光	渡辺香根夫	

使用の手引

I. 項目について

項目は3部から成っている。
- 第I部：基本文献
- 第II部：重要文献
- 第III部：講座・叢書・シリーズ・全集・著作集

第I部と第III部は刊行年順，第II部は著者名の表音式50音順の配列である。全項目について，巻頭の目次で刊行年・著者名・書名・執筆者名・出現頁を通覧できる。

項目の構成要素は，つぎの4つの部分から成り立っている。

1) 見出し　　　著者名・原綴（外国人の場合）・生（没）年・書名・初版刊行年。
2) 本文　　　　新かな・常用漢字を原則とした。
　　　　　　　暦年は，原則として西暦表記とし，必要に応じて日本年号などを使用した。
3) 執筆者名　　その項目の執筆者を示す。著者自身による執筆の場合は著者要約，訳者による執筆の場合は訳者要約などとし，第三者による執筆の場合は執筆者名を載せた。その他，著者や訳者が複数の場合は，執筆者名がわかるようにした。
4) 書誌データ　項目として取り上げた文献の書誌情報。著者名・書名・副題・発行所・初版刊行年など。翻訳書の場合は翻訳書名・翻訳者名・発行所・刊行年も併記してある。

II. 社会学文献表について

文献目録は，これまでの社会学の蓄積を一覧するひとつの手段である。本事典の「文献表」は年表的な機能をあわせもつ文献目録として，刊行年・著者名・文献名・発行所の4つの基本要素から成っている。本文で解説されている文献については，その出現頁が付されており，索引としても利用できるようになっている。また，全体は26の主題分野から成り立っている。（細かい凡例については文献表凡例を参照）

III. 索引について

索引は，独立項目（書名・人名）＋本文中の重要事項を主要な対象範囲とする重要なアクセス手段である。本事典の索引は，つぎの7つの部分から成り立っている。（細かな凡例については索引凡例を参照）

1) 和文書名索引

　独立項目，本文中にあらわれた重要書名の索引。表音式かな50音順に配列。

2）**外国語書名索引**

　書誌データに記載された外国語書名および本文中にあらわれた外国語書名の索引。アルファベット順に配列。

3）**和文主題・事項索引**

　本文中にあらわれた重要な主題・事項の索引。表音式かな50音順に配列。

4）**外国語主題・事項索引**

　本文中にあらわれた外国語の重要な主題・事項の索引。アルファベット順に配列。

5）**和文人名索引**

　独立項目，本文中にあらわれた重要人名の索引。表音式かな50音順に配列。

6）**外国語人名索引**

　独立項目，本文中にあらわれた外国語人名の索引。アルファベット順に配列。

7）**執筆者索引**

　執筆者＋執筆項目見出しの出現ページを示す。執筆者名の表音式かな50音順に配列。

第 I 部

基本文献

［項目の配列は,刊行年順］

ホッブズ Thomas Hobbes (1588-1679)
『リヴァイアサン』*1651年刊

本書は、トマス・ホッブズの政治哲学・国家論を集大成した作品。『法の基礎（Elements of Law）』(1640)、『国民論（Decive）』(1642) などで概説された理論を、いっそう詳細に、かつ宗教論にも力点をおいて、展開したものである。

［著者について］英西戦争（アルマダ海戦）の年ブリストル郊外に生れる。父と生別し、工場主であった叔父に育てられ、オクスフォード大卒後、貴族の家庭教師として生涯を送る。ギリシャ・ローマの古典に造詣が深く、1629年トゥキュディデス『戦史』を英訳、30年代のフランス旅行を契機にメルセンヌ、ガッサンディ、デカルトなどのフランス思想家と交流したほか、イタリアに晩年のガリレオを訪問。40年議会対王権の対立が始まると、パリに亡命。45年チャールズ皇太子がパリに亡命宮廷を開くと、その数学教師となる。48年頃より重病にかかり、教師の地位を休職ないし辞職。49年のチャールズ１世処刑、50年皇太子が帰国して革命軍との戦闘を指揮し、51年敗北してパリに戻るが、その直前の51年夏、本書『リヴァイアサン』をロンドンで刊行。パリ宮廷周辺の聖職者たちより無神論的であると非難され、また忠誠心を疑われて、亡命宮廷への出入りを禁止される。51年冬、63歳の老齢で、密かに馬上の雪中旅行により英国に帰国。帰国後クロムウェルの支配下で、非政治的学究生活を送るが、いくつかの論争で敵を作る。58年クロムウェルが死亡、60年王政復古によりチャールズが帰国、チャールズ２世となる。その後も聖職者たちの敵視のなかで、著述を重ねつつ91歳の長い生涯を終えた。

［『リヴァイアサン』］(1)（書名と口絵）リヴァイアサン（ヘブライ語リヴィアタン）は旧約聖書『ヨブ記』(41：33) に「地上に並ぶ者なし」と形容された海の怪獣。副題「聖的にして俗的な団体の質料と形相と力」は、国家における聖権・俗権結合の必然性を意味し、また質料・形相・力は、ホッブズにおけるスコラ的思考の残存を示唆するという。原著に付された口絵には、無数の人間によって構成された巨人が右手に剣、左手に笏杖をもって平和な都市を護っている様子が描かれ、剣の下には５種の世俗的権力手段、笏杖の下には５種の宗教的手段が描かれている。これは、人民の構成する国家が、聖俗の手段によって国家の平和を維持することの象徴である。

(2)（序文）神が人間を自動機械のようなものとして創造したように、人間も巨大な人間としての国家を創造する。主権はその魂、官僚はその関節、賞罰は神経、平和は健康、叛乱は病い、そして内戦は死に相当する。この国家の素材も製作者も人間であるが、人間を理解する第１の鍵は自己認識で、それなしに人間界を知ろうとするのは、鍵なしに暗号を解読しようとするようなものである、と、本書の概要と方法的綱領が述べられる。

(3)（人間論）人間の有する諸能力を、感覚を出発点とし、理性と情念の対比を骨格としつつ叙述する。情念のなかで基本的なものは、生命欲と自己欺瞞的自尊心（vain glory）で、後者の極限が「死に至って初めて終熄する権力意志」である。この人間認識を基礎とし、幾何学的な推論を通じて、科学的国家学を構築すべきであるとする。

(4)（自然状態）人間の欲望の重複と自尊心の対立から「万人の万人に対する闘争」という自然状態が生ずる。アメリカ先住民の世界や国際社会は現在でも自然状態にある。その恐怖と悲惨を脱却する社会契約への道は「死の恐怖」「快適な生活への欲望」「勤労によりそれを獲得する希望」という情念と、理性の助言する自然法によって示される。

(5)（自然法）理性の発見する自然法として、19の自然法規範が列記されているが、それを一言にして要約すれば「己の欲せざることを他人に施すな」という黄金律であるという。

しかしこの19の規範を検討してみると、①生命防衛権とそれに発する平和追求義務、②契約遵守義務、③黄金律という3つの層に分かれている。この自然法は「内面の法廷」において義務づける道徳規範であるが、それを守って相手の餌食になる危険がある場合には、外的行為としてそれを守る必要はない。国家法への服従は、国家契約によって具体化した自然法の命令である。

(6)（国家契約）Aが「Bの行為を自分の行為として承認する」ことを約するとき、B（代表 actor）の行為はA（本人 author）の行為とみなされる。自然状態にある人々が集まり、全員が、「自分を支配する権利をBに譲渡し、以後Bの行為を自分の行為と認める」と契約する。ここにBを主権者とする国家（リヴァイアサン）という「可死の神」(mortal god) が生成する。この契約は多数決であるが、反対投票した者も、この契約に拘束される。この拘束を拒否する者と国家との関係は「自然状態」である。ただし征服者への恐怖によって被治者が服従に同意（暗黙の同意を含む）した場合でも、結果は同一である。

(7)（主権者の権利）このような契約を結んだ以上、主権者の決定は国民各人の決定であり、それを非難したり、それに抵抗したりすることは許されない。主権者は立法・司法・行政の諸権や、和戦の決定権をもつ。主権の分割は、内戦（国家の死）に連なるから認められない。いかなる絶対的権力も、内戦の悲惨にはまさる。

(8)（政体論）君主制と民主制のいずれがすぐれているかは、原理的問題でなく、便宜の問題である。ただ、人は公益と私益の相剋に際しては後者を選ぶのが常であるが、君主においては公益と私益が一致するから（なぜなら君主の力は国民の力であるから）、君主制の方がまさる。

(9)（自由）国民の自由は、主権者の法が規制しなかった領域にのみ存在するが、自己の生命・身体への権利は原理上譲渡できないものであるから、敗れれば死刑になることが確実な内乱集団は、団結して自分たちを防衛する権利がある。死にたくない臆病者は、徴兵に際し他人を身代わりに立てることも許される。

(10)（宗教と政治）パウロは「僕よ、何事においても主人に従え」（コロサイ3・22）と言っており、上なる権威の命令に従えば、永遠の救済を受けられる。そして主権者は世俗的事項においても、宗教的事項においても、人の外面的行為 (external actions) を規制する権利を神より与えられているから、異教徒の主権者の命令でも、それに従わなければならない。唯一救済を得るために内面から信仰すべき箇条は「イエスはキリストなり」（神がかつて予言した救世主はイエスなのだ）という命題である。カトリック教会は、この主権者の権利に干渉して、国家に混乱をもたらす「暗黒の王国」である。

［解釈の対立］ホッブズの思想については、多様な解釈が対立している。政治哲学においては絶対主義者か民主思想の先駆者か、彼は抵抗権を認めたか、倫理学においては無規範主義者か規範主義者か、法哲学においては自然法論者か法実証主義者か、宗教思想においては無神論者かキリスト者か、全体として近代的思想家か古代的ないし中世的思想家か、など根源的な点で対立がある。社会学においては、フェルディナント・テンニースがホッブズ研究者としても重要で、「ホッブズこそゲゼルシャフト的社会観を徹底的な形で定式化した最初の人物である」と彼の思想を性格づけている。

長尾龍一

［書誌データ］Thomas Hobbes, *Leviathan: the matter, form and power of a common-wealth ecclesiasticall and civill*, 1651（『リヴァイアサン〈国家論〉』世界の大思想13, 水田洋・田中浩訳, 河出書房, 1966).

ルソー Jean-Jacques Rousseau (1712-78)
『**社会契約論**』＊1762年刊

　ルソーの思索の根底に見いだされるのは，近代国家の生成と市場的経済関係の展開というふたつの契機を内包する「文明化の過程」（エリアス）の刻印を深く受けた，彼の生きた時代に対する激しいいらだちである。判断の基準を，神話的古典古代と重ね合わせられた『学問・技芸についての論考』(1750)における「かつて」から『人間不平等起源論』(1755)における「自然状態」へと転移させつつ，ルソーは文明化した「社会」に対するよりいっそう研ぎ澄まされた批判的視線を獲得した。およそルソーの政治思想には，同時代の社会に対する批判，歴史哲学ないしは社会的秩序の系譜学，正当な政治社会＝国家の基本原理の純理論的な探究，そしてこの基本原理の現実的・具体的社会への応用という4つの契機が存在するが，このうちの第3の契機をになう書物が『社会契約論』である。文明化された社会，すなわち経済的不平等と同時に人間の相互的交流を不可能にする意識の断絶——存在と外観の乖離によって特徴づけられる社会の告発，そしてそのような社会がどのようにして歴史的に生成するのかを明らかにする系譜学（『人間不平等起源論』）のあとに来るべき作業は，決して自然状態へと後戻りすることのできない人間にとっていかなる社会の構成が正当なものであるか，いかなる政治社会によって人間は自然的存在を取り戻すことができるのかを問うことでなければならなかったのである。

　ここで注意すべきは，『社会契約論』がかかる本源的な問いに対してルソーが与えた3つの解答の1つだという点である。他のふたつの解答は『エミール』と『新エロイーズ』によってもたらされた。しかし，思弁の緊張と想像力の飛翔によって可能となったこれら3つの解答のいずれによっても彼自身の生が救済されるわけではないことが意識されたとき，彼は自伝的作品のなかでみずからを自然的存在として描出する作業に乗り出したのであった。

　『社会契約論』は4編から成る。まず第1編では，政治社会という法的秩序は力によって生み出されるのではなく，諸構成員の自由な意志の一致（社会契約）によってのみ構成されることが示される。第2編は立法をめぐる考察にあてられている。政治社会が社会契約によって創出されるとすれば，それを持続させるのは法である。法とは政治社会を生み出した主体としての人民が行う主権の行使であり，一般意志の具体的表現にほかならない。第3編の対象は統治形態の理論である。3つの政府の形態（君主制，貴族制，民主制）が検討されるが，どの場合においてもそれが一般意志の表現であることが示される。第4編では政治の現実がいかようであろうとも一般意志は決して破壊しえないことが再び強調され，さらに，共同体の維持に必要な教義に限られた市民宗教の必要が説かれている。

　『社会契約論』の核が第1編にあることは，以上の梗概からも明らかであろう。第1編に特別の注意が必要なのは，自然状態を離れた人間に自然的な存在としての生存を可能にする政治社会の本質規定がそこに見いだされるからである。それでは，自然的な存在としての人間とはどのようなものか。それは他者との関係を欠いているという一事によって孤立的自然人が享受している根源的な「自由」である。この「自由」こそが人間を人間として特徴づけているものであるがゆえに，それを放棄するような事態はいかなる場合にも認められない，とルソーは言う。自然法の名において支配・服従の関係を正当化する理論家たち（グロチウス，プーフェンドルフなど）が激しく批判されているのは，そのためである。ルソーが探究したのは，したがって，「各構成員の身体と財産を，共同の力のすべてをあげて守り保護するような結合の一形式」，「それによって各人がすべての人々と結びつきながら，しかも自分自身にしか服従せず，以前と同じように自由である」ような結合のあり

方にほかならなかった。社会契約とはこの結合のあり方のことを言うのである。自然状態から社会状態への不可避な移行が想定され，その際に社会契約による政治社会が出現するわけだが，それは共同体とその君主となるべき一構成員のあいだで交される服従契約にもとづくものとは異なり，全構成員が全構成員に対して相互的にみずからをその権利とともに全面的に譲渡した結果として立ち現われる。だれもが等しくおのれの「身体と力のすべてを共同のものとして一般意志の最高の指導のもとに」おいたことの結果として，各構成員は自分自身を共同体の一部として受け取るのである。社会契約によって生み出された「人為的で複合的な団体」についてルソーが記した驚嘆すべき言葉に耳を傾けよう。「すべての人々の結合によって形成されるこの公的な人格は，かつては都市国家 (cité) という名前を持っていたが，今では共和国 (République) または政治体 (Corps politique) という名前を持っている。それは，受動的には，構成員から国家 (Etat) とよばれ，能動的には主権者 (Souverain)，同種のものと比べるときは主権的権力 (Puissance) とよばれる。構成員についていえば，集合的には人民＝政治社会の構成員 (Peuple) という名を持つが，個々には，主権に参加するものとしては市民 (Citoyen)，政治社会の法律に服従するものとしては公民 (Sujet) とよばれる」。自然状態から社会状態への推移の結果として出現した政治社会が，視点の取り方によってさまざまに呼び代えられていることに注目されたい。各人はいかなる他者の支配も受けていない。みずから定立した法律に従うという自由を自然的自由の社会状態における保存形態として享受しているがゆえに，人は「自分自身にしか服従せず，以前（自然状態）と同じように自由」なのである。『社会契約論』の政治社会が支配なき国家と言われもするのは，このような意味においてである。

最後に指摘しておくべき重要な論点は，「人民」，「市民」，「すべての人々」などといった表現の使用にもかかわらず，『社会契約論』の政治社会＝国家を構成しているのは決して「すべての人々」ではないという点である。ルソーの念頭にある「国家」は，近代の市場的交換が展開する社会の上に屹立する国家（統治機構としての国家）ではなく，ヨーロッパの国制の長い伝統に根差した，家長によって担われる「共同体としての国家」にほかならない。ルソーは機構としての国家と市場社会に引き裂かれた二元的な編制の「市民社会」に，古くからある「共同体としての国家」の理念を対置したのである。この書物の正式のタイトルが『社会契約論，すなわち政治社会の法 (droit politique) の諸原理について』であることを思い起こそう。ポリティークの領域とはポリスのそれであり，家権力の担い手としての家長たちが家（オイコス）の領域（エコノミーク）の外で共同的に形成する公共的空間である。ルソーは「各人がすべての人々と結びつきながら，しかも自分自身にしか服従せず，以前と同じように自由である」ことを実現する形式として社会契約を考え，自然状態における自然との無媒介的な関係を，社会契約を通じて生み出される政治社会のもとでの法との無媒介的な関係に止揚し，放棄された自然的自由を新たな市民的自由として再生させる仕組みを構想した。しかし，個人に服従ではなく自由を保証するこの政治社会＝国家は，実は男性家長のみを成員とする共同体であり，各家長に率いられるオイコスの成員たちはその埒外に追いやられているのである。『社会契約論』は徹頭徹尾男の世界である。それは『人間不平等起源論』の描く自然人のイメージが完全に男性的なものであることと表裏をなしている。ポリスの領域の手前に位置するオイコス的世界に光をあてたのは，小説『新エロイーズ』(1761) であった。　　　　　　　　　　　　　　木林　章

［書誌データ］Jean-Jacques Rousseau, *Du contrat social ou principes du droit politique*, 1762. *Œuvres complètes* de Jean-Jacques Rousseau, Bibliothèque de la Pléiade, Gallimard, 1964（『社会契約論』桑原武夫・前川貞次郎訳, 岩波文庫, 1954).

スミス, A. Adam Smith (1723-90)
『**国富論**』*1776年刊

本書は,経済学を学問として確立した書であるが,スミスの包括的な学の一環をなす。スミスは,『道徳感情論』初版の末尾で,道徳感情に基づいて法的行為の起源を明らかにしたことを受けて,続く著作において,法と統治の一般原理および正義,行政,公収入,軍備の歴史を説くと述べている。この課題はまさにスミスが,グラスゴー大学において行った『法学講義』に相当する。そして,死の直前に改訂された『道徳感情論』で,行政,公収入,軍備については『国富論』出版により約束を果たしたと述べている。スミスが,『道徳感情論』,『法学講義』を含む包括的な体系の一環として『国富論』を用意していたことは確かである。

倫理学,法学,経済学を包括する体系ということになると,人間の行動原理を倫理学や法学については公共性,経済学については利己性と割り振ってすむわけではない。スミスは,経済学でも倫理学同様に,いかに自己中心的であっても互いに共感を持ってコミュニケートする人間を想定する。ただし,富の獲得という領域については,フェアプレーのルールに従って己のために競争すべきであるとみていたので,ここに経済行為の合理性が求められることになる。このことが経済学の確立の原点をなす。

『国富論』では,諸国民の富の性質と原因を研究することが主題である。国民の富というのは,個々の国民が消費する生活必需品・便益品のことである。それを供給するのは国民の年々の労働である。国民が消費するのは,労働の直接の生産物か,それによって他の国民から購買したものである。この源泉たる(1人当たりの)労働の生産物の大きさは,労働生産力(労働における熟練,技巧および判断)ならびに国民のうちの生産的労働者(生産物の生産に携わる有用労働従事者)の割合によって決定されるが,より重要なのは前者である。野蛮民族は生産的労働者の割合が高くても困窮しているのに,文明国民は生産的労働者の割合が低いのに最下層の職人にすら生活必需品・便益品が豊かに供給されているからである。

本書は5編からなる。第1編ではまず,労働の生産力を高める原因としての分業 division of labour について検討する。スミスは,分業の生産力向上効果を示し,それが交換によって達成されることを確認する。そして,この交換・分業を引き起こす原理として,人間に共通の交換性向をあげ,自愛心を動因として交換がなされるという。ここで,人間は,交換性向というコミュニケーションの原理を基礎として経済合理性を発揮する存在である。分業によって人々は大きな利益を得るので,自分に必要なものが交換によって獲得されることが確実になれば,特定の職業への専業が進み,それが人々の後天的な才能を育てる。最も異質な天分こそが相互に有用であって,それこそ共同資材といえるものなのである。こうした分業の成立にともなって,人々は交換によって生活し,つまりある程度商人になり,また社会そのものも適切に言えば1つの商業社会 commercial society になる。

さて,貨幣が発生し,売買として交換が行われる。価格メカニズムにより分業関係が調整されるのだが,スミスはこのことを,商業社会における交換を支配する法則の問題として解明していく。それは,スチュアートまでの重商主義経済学が,最終的には政府による調整を必須の要因としていたのに対して,商業社会と名付けた市場経済が,それ自体で存立しうることを理論的に示すことになった。まず交換価値が使用価値から区別され,商品の交換価値の実質価格,その構成部分,その自然率,さらには自然価格と市場価格との関係が明らかにされる。価格の構成を通じて,生産物が,労働者,資本家,地主という3大階級の間に分配される秩序が明らかにされ,

社会の進歩的・停滞的・衰退的状態に応じて，下層労働者階級の境遇が改善・停滞・衰退することが明らかにされる。

第2編においては，生産的労働者の割合を資本蓄積との関わりで検討する。資本として蓄積され，労働者を雇用し，生産物に体現される資本資財の増殖にともなって，労働の生産力がどのようなものであっても，国民のうち有用な労働に従事するものが増えて，年々の生活必需品・便益品が潤沢に供給されるというのである。節倹による蓄積という古典派経済学の基本命題が提示されているのである。この第2編においては，資本蓄積のほかに，貨幣および信用についても古典的な議論が示される。たとえば，銀行が，死んだ資財である金属貨幣に代えて，紙幣を流通させるならば，空中に車道を施設して公道を畑に代え社会的に効率を増進すると主張する。

以上のように，第1，2編は，後に経済学の理論に包摂されてくる基本的な諸概念を，諸国民の富の性質と原因の究明を軸としながら，論理的に展開したものとなっている。ただし，その詳細についてみてみると，価値論，価格構成論，生産的労働論など，曖昧さを残し，対立する理論に継承されるなど，議論の厳密さと論理の一貫性に欠けるところがあった。しかしスミスの場合には経済制度や経済概念の論理的配置が主たる関心対象であって，リカード以降の経済学とは究明の目標に大きな違いがあったのである。

次に第3，4，5編では，後に経済史，経済学史，財政学といわれるにいたる領域が扱われている。第3編における主題は，富裕の自然的進歩のあり方は農村の発展から都会の発展へという順序であるのにもかかわらず，残存した風俗習慣のゆえに農業が阻害され，都会の産業が奨励されることが多かったことが批判的に分析されている。第4編では，商業の体系，農業の体系として重商主義，重農主義の経済学説が批判されるが，その根拠として自由主義の思想が有名な見えざる手 invisible hand の命題として説かれている。第5編では，『法学講義』における行政，公収入，軍備に関する部分が，商業社会の上にそびえる国家の財政施策のあり方として論じられている。小さな政府，いわゆる夜警国家観が提示されているといってよいが，スミスの議論は抽象論理的に提示されているのではない。

これまで紹介してきたように，本書は経済学を学として確立した著作であるが，それは他の領域から孤立することによってではなく，倫理学，法学を包み込む社会科学体系の一環として実現されていたのである。それまでの重商主義，重農主義の経済思想を批判的に継承して，経済知識の体系化を図ったことも評価されるが，それと並んでホッブズ，プーフェンドルフ，ヒュームなどの社会哲学の課題を，共感概念を軸とする商業社会の重層的規定として提起したこともきわめて重要な成果であった。

リカード以降の経済学は，きわめて演繹的な性格の強いものに再編され，新古典派経済学を経過して，論理一貫性をよりフォーマルに展開しうる体系として発展した。しかし，今日，そうした経済学の思考方法の拡張に対して反省が生じている。第2次大戦後，ケインズ主義から新自由主義への経済思想の交替があって，スミスも見直されるに至っているが，こうした思想的興亡には必ずしも帰着できない学問のあり方のうねりのなかでスミスが見直されていることは重要である。社会学は，デュルケーム，ウェーバー，パーソンズにおけるように，より包括的な総合社会科学として発展してきたが，こうした性格を生かすうえで，スミスの社会科学体系は大きな意味を持つといえよう。

杉浦克己

[書誌データ] Adam Smith, *An Inquiry into the Nature and Causes of the Wealth of Nations*, London, 1776 (邦訳は多数．『富国論』石川暎作訳 (一部嵯峨正作との分訳), 1884-88；『全訳富国論』竹内謙二訳, 1921-23；『諸国民の富』大内兵衛・松川七郎訳, 1959-66；『国富論』大河内一男編訳, 1968など).

ヘーゲル
Georg Wilhelm Friedrich Hegel (1770-1831)
『精神現象学』 *1807年刊

『精神現象学』は、精神はさまざまな段階に分かれて現象するので、その現象を統合すると精神の本当の自己認識が生まれるという考えに基づいて構成されている。意識のさまざまな形態を、もっとも直接的な「いま」、「ここ」、「これ」というような、何の前提も働いていない初発の地点からはじめて、知覚、悟性、理性、精神というように辿っていく。人間の精神にさまざまな段階や次元があるという考え方は、プラトンにもカントにもある。伝統的なキリスト教文学のなかにも「ヤコブの梯子」という主題があり、遍歴、経歴を重ねて精神が成長するという物語形式は、ゲーテの「教養小説」(Bildungsroman) を含めてかずかずある。しかし、感性が理性に「発展」したり、「成長」したりするという見方は、シェリングの『先験的観念論の体系』(1800) などの他にはなかった。

A「意識」の内容は、Ⅰ「感覚的確信」で「いま」、「ここ」、「これ」という話題がでてくる。Ⅱ「知覚」では、食塩の話題が出てくる。Ⅲ「悟性」では感覚世界と叡智的世界という「二世界論」の構図がでてくる。だいたいここまでは伝統的な認識論と重なり合う領域で、話題がつながっている。「感覚的確信」、「知覚」、「悟性」は、主観と客観という関係を形づくるので、この三者を本来の「意識」ということがある。

知覚の場合を例として考えてみよう。ここに食塩がある。白い、辛い、水溶性である、電気分解すると水素と塩素が発生する、結晶体になるなどなどたくさんの性質がある。多数の性質が、食塩という単一の実体の性質だと見なされている。食塩という１つの心棒を中心として、多様な性質という花が広がっている。つまり「食塩」というもののとらえ方は、花束の形をしている。１つ１つの花は、感覚的な経験の所産である。しかし、「単一の心棒」は、感覚的な経験に置き換えられない。もしも、置き換えられたならば、その心棒もまた、花の１つになってしまう。どの花（感覚的な経験）にも置き換えられないからこそ、心棒の役目を果たすのである。

この心棒の役目を果たす「実体的な単一性」のカテゴリーは、すでに先行する経験の結果として出てきたものなのだ。その経験は「いま」、「ここ」、「これ」というような内容の経験である。「いま」というのは、「その言葉を語った時のその瞬間を指示しています」と約束がなりたっているとしても、その「いま」は、いつでも「いま」と言えるのである。朝でも夜でも、いまはいまなのだ。すると、「この時だけ」を指示するという約束でできあがっている「いま」という経験でさえも、あらゆる「いま」を含む心棒という役目を果たしていることがわかる。「さざさまの多様性を貫いて、そのなかで単一であるもの」というカテゴリーが、このような経験で成立しているから、「白い結晶」であっても、「水に溶けて電導性をしめすもの」であっても、同一の「食塩」という心棒に結びつけることができる。ある段階での経験の結果が、次の段階ではア・プリオリのカテゴリーとなって、もっと高次の経験を成立させる。

B「自己意識」となると場面が急に人間臭くなる。前半（A）はマルクスやコジェーブに大きな影響を与えた「主人と奴隷」の話で、いわば人間関係の原型が展開されている。支配者と被支配者の自然を媒介とする関係が逆転するという論理が示されている。社会契約説と構造的に似ているところがあって、中心となる「承認」の概念はフィヒテの『自然法の基礎』(1796) から採ったのだが、ホッブズの『リヴァイアサン』と関連づける解釈もある。後半（B）は、背景が突然ローマ時代という歴史的な場面となって、ストア主義、懐疑主義、原始キリスト教が扱われる。中心となる主題は、自己意識が絶対的なものと同化できるかどうかということである。

C（AA）理性のA「観察する理性」では，自然観察，「論理と心理」の観察，骨相学などの観察というように，観察をめぐる話題を集めているが，骨相学などについての頁数が非常に大きくて，ヘーゲルが独立の論文を用意していて，それを『精神現象学』にねじ込んでしまったような印象がある。ここでは「精神は骨である」という判断が，最終章の伏線になっている。

　理性のB「理性的自己意識の自己自身による実現」は急に小説的な場面になり，ファウスト第一のマルガレーテ悲劇とドン・キホーテが主題になる。Cでは，まるでフランスの知的サロンを風刺したかのように，批評したり評価したりする人間集団の在り方が，哲学的に描写されている。

　（AA）理性が個人的な精神であるのに対して，（BB）精神は社会的な文化（さまざまの時代精神）を扱っている。ドラマティックな題材が多く，ギリシャ悲劇の『アンティゴネー』，ローマの散文的な法支配の社会，フランス啓蒙思想での宗教批判，ディドロの『ラモーの甥』，フランス革命，ドイツの道徳哲学，ドイツのロマン派というように大体は精神史の出来事をたどる形で，ヘーゲルの同時代の精神にまで到達する。

　（CC）宗教になると，歴史がふたたび振り出しに戻って，東洋の宗教，ギリシャの宗教，キリスト教という描写になる。

　『精神現象学』は，第1に意識の経験の道程であり，第2に人類文化の精神史であり，第3にカテゴリーの導入と演繹を一石二鳥で解決するカテゴリー論である。

　この著作は混乱に満ちている。市場に出た刊本の扉が2種類ある。序文が2つついている。目次の内容が不統一である。「学の体系第一部」という性格づけをあとでヘーゲルが撤回した。初版に異常なほど誤植が多い。主たる原因は，制作過程の混乱や，ヘーゲルが印税が欲しくて頁数を無理に増やそうとしたとかいう外面的な事情による。もっと本質的な混乱もある。

　①体系が完全に自己完結ならば，体系への予備過程が成立しない。ヘーゲルは，後に体系の自己完結性を強調する態度に移って，「体系第一部」という特徴づけを撤回した。

　②体系構想も，そのなかでの論理学の構想もまだ固まっていなくて，『精神現象学』に無理な加筆をしたために，論理的カテゴリーとの対応が崩れている。

　③意識の最高形態に実質が伴わない。「絶対知」は，過去の形態の総括に過ぎないので，実質的にそれ以前の意識形態で「絶対的な知」が成立していなくてはならない。それはキリスト教（啓示宗教）であるはずなのに，「絶対者を自己の彼岸に表象する意識」は，まだ最後の真理にまで到達していない。

　④青年時代のギリシャ崇拝からすれば，キリスト教文化は否定的にしか評価されず，歴史は近代に向かって下り坂となる。意識の経験は「感覚」から「絶対知」に向かって上昇する。ナポレオンのイエナ占領のさなかに書かれたこの書物では，フランス革命以後の精神文化の特質は見極めようがなく，歴史像の骨格ができていなかった。

　『精神現象学』は，深淵のような混乱や動揺を抱えた完成度の低い著作である。それはヘーゲルの苦闘の軌跡であるかもしれないが，体系の完成を前提にした，安心できる手引き書ではない。知のなかに絶対的なものを樹立することがどれほど困難であるかということの貴重なドキュメントが，『精神現象学』なのである。

加藤尚武

［書誌データ］Georg Wilhelm Friedrich Hegel, *Phänomenologie des Geistes*, 1807（樫山欽四郎訳『精神現象学』河出書房，1966；『精神の現象学』上・下，ヘーゲル全集，金子武蔵訳，1978-79；『精神の現象学』加藤尚武監訳，河出書房，1998）.

ヘーゲル
Georg Wilhelm Friedrich Hegel (1770-1831)
『法哲学要綱』*1821年刊

原題は直訳すると『権利の哲学の基本線，もしくは自然法と国家学の要綱』となる。「法」とか「権利」とか訳される Recht は，ヘーゲルの時代にはまだ「権利」という意味には充分定着はしていなかった。「正義」という意味もあるが，「法律」(Gesetz) という意味はない。「法」(のり)，「義しさ」(ただしさ) というような，法律，慣習，個人のもつ所有権の根底にある普遍的な価値についての哲学的考察という意味である。副題についている「自然法と国家学の要綱」という言葉は，当時の大学の正式の授業科目名であって，ヘーゲルの執筆の狙いとは無関係である。

「理性的なものは現実的であり，現実的なものは理性的である」，「ここがロードスだ」，「ミネルヴァの梟は迫ってくる夕暮れをまって飛び立つ」という名文句の散りばめられた序文の書かれたのが，1820年6月で，前の年にメッテルニヒが「カールスバート決議」を出してブルシェンシャフト (学生連盟) の反政府的な運動の取り締まりに乗り出した後で，ヘーゲルの弟子が幾人か逮捕されているので，それを意識して原稿を国家主義的に書き直したという説 (イルティング) もある。

所有権を扱う第1部の表題は「I. 抽象的な権利」で，「抽象的」というのは，「個体化されている」という意味だから「個人の権利」という意味である。「道徳性」が第2部である。これは個人と個人の関係を表している。そして第3部が「共同体」を表す「人倫」で，家族，市民社会，国家が扱われる。個人の権利→道徳→共同体という全体構成になっている。抽象的な要素である個体から出発して，本当の実在である国家に到達するという叙述の順番は，存在の順番の逆になっている。この叙述の最後の段階になって，出発点になる個人の権利が，結局は国家の一部であり，国家によって支えられていることが分かる。「個人そのものは国家の一員であることによってのみ，客観性，真理，人倫性を持つ。」(258節)

ヘーゲルは「法」哲学で，第1に内面的な自由，第2に自分の欲望を実現する行動的な自由，第3に他の人間との共同生活のなかに自分の本当のあり方を見いだす社会的な自由という3つの側面に従って考察している。次の文にヘーゲル「法」哲学の全体が要約されている。

「人倫的な実体性のなかには，個人が特殊的なものにかんして持つ権利が含まれている。その特殊性に人倫的なものが外面的に現われて，現に存在しているからである。普遍意志と特殊意志がこのように1つになっている場合には，義務と権利は同じものに帰着する。①抽象的な権利では，私がある権利を持ち，他人がその権利に対する義務を持つ。②道徳では，私が思いどおりのことをして幸福になる権利は義務と1つになり，客観的にならなければならないとされただけである。人間は③人倫的なものを通じて，義務を持つ限りで権利を持ち，権利を持つ限りで義務をもつ。」(154，155節，本文)

私は生命，身体，財産を持つ。しかし他人から見たとき，私とは私の身体に他ならない。身体の外部に私という主体が実在するわけではない。生命も財産も，私の存在を支える私の実体である。財産 (Eigentum) とは，私に固有の (eigen) ものという意味である。私の究極の実体は国家である。スピノザでは，自然の全体である神のみが実体で，個体は実体の属性とみなされたが，この関係をヘーゲルは国家 (実体) と個人 (属性) に当てはめる。しかし，人間はあらゆるものから離脱することができる。「人間だけが全てを放棄することができる。自分の生命まで放棄することができる。人間は自殺することができる。」(§5) 自分の生命を放棄する可能性があるから自分の生命にたいして自己決定という自由を行使することができる。生命に対してま

で所有の主体になれる。私が自分の所有を放棄することができる限りで、私は所有をはなれた独立の主体、所有主体である。

「個人の権利」という抽象体に現実性をあたえているのは、商品交換である。商品交換のなかには「権利の相互承認」が働いている。お互いに所有権を認め合うから商品として交換する。逆に交換するから権利が存在するようになるとも言える。他人を自分の生存の手段にするという市民社会・分業と交換を通じた相互依存の関係で、「権利」という抽象的な観念が現実に生きて働く。市民社会は所有権の相互承認にもとづく商品交換という慣習を生み、そこでは権利という抽象観念が生活の現実に必要なものとなる。

「欲求とそのための労働との相互関係の相関性が、さしあたり自己内反省をもつのは、一般に無限の人格性、抽象的な権利においてである。」(209節)つまり、分業による生産と商品交換による流通という「相互関係の相関性」が、内面化され、観念化されることによって、「人格性」とか個人の「権利」とかいう、純粋で無限の価値をもつ抽象体(イデア)が社会的に妥当するようになる。

この市民社会に内在する権利を自覚、制度的に保証するものが国家である。国家こそが一人立ちした存在、すなわち実体である。精神(文化的統一体)としての国家が「本当の存在」、すなわち実体なのである。国家は理想社会ではない。問題は悪を絶滅することではなくて、犯罪者を正しく取り扱うことである。ちょうど生命体が、外部から取り入れた異物を絶えず同化し、同化できないものを排泄しながらバランスを保つようにして、さまざまな取引や犯罪や刑罰という偶然的なものを媒介として実体は現象する。国家はまるでバッカス祭の踊りの輪のようなものである。個人は出たり、入ったりするが、輪そのものはまるで静止したように存在し続ける。市民社会もそのなかに包み込まれている。

市民社会という経済社会を、国家から明確に区別して概念化したことはヘーゲルの大きな功績である。家族、市民社会、国家という3段階が、「人倫」という共同体の共時的な要素になる。この「市民社会」を通時的な段階に読みかえると、歴史そのものが家族的社会、市民社会、真の共同体という段階を進むというマルクスの構想になる。

ヘーゲルの哲学体系には、「歴史哲学」という独立の部門がない。「歴史哲学」と呼ばれるのは、「法」哲学の最後の部分の詳述にすぎない。19世紀の国家モデルはあくまでも、完全な自立存在という結晶化をもとめるが、現実の独立国家の地盤は流失しはじめている。植民は国家体制の枠をはみ出して流出する。商品もまた国家の敷居をいたるところでくぐり抜けて通る。国家の内部が緊密な結晶構造になればなるほど、国家と国家の間には野生の風が吹き荒れる。国家と国家の間の仲裁者は原理的に存在しない。それはただ歴史という世界審判者に委ねられるだけである。

ヘーゲルは、国家の外部に吹き荒れる歴史という風のなかには、ただ全くの偶然の暴力が存在するだけだという観念にたいして、「歴史の中にすら理性がある」と言う。「国家が存在するということは、世界における神の歩みなのだ。国家の根拠は、自分を意志として現実化する理性の止むに止まれぬ力である。」(258節、補遺)

加藤尚武

[書誌データ] この書名で刊行されている書物には、①ヘーゲルの執筆した本文、②ヘーゲルの執筆したノート、③講義の聴講生のノートを弟子のガンスが再編集した「補遺」、④最近になって刊行された各種の聴講生のノート(一部の邦訳は雑誌『ヘーゲル研究』ヘーゲル研究会刊に掲載)という4種類がある。
Georg Wilhelm Friedrich Hegel, *Grundlinien der Philosophie des Rechts oder Naturrecht und Staatswissenschaft im Grundrisse*, 1821 (『法の哲学』藤野渉・赤沢正敏訳、中央公論社、1967 (①②③の訳) ; 『法の哲学』高峰一愚訳、論創社、1983 (①③の訳) ; 『法権利の哲学』三浦和男・檜井正義・永井建晴・浅見正吾訳、未知谷、1991 (①の訳) ; 『法の哲学』上妻精訳、岩波書店、近刊).

マルクス Karl Marx (1818-83)
『経済学・哲学草稿』*1844年刊

これはマルクスが1844年を中心とするパリ時代に書いた草稿である。「手稿」とも訳される。そこではアダム・スミス，リカード，セイらのイギリスおよびフランスの古典派経済学者の学説の研究成果を「疎外された労働」という観点からまとめ，同時にヘーゲル弁証法と哲学に対する批判を展開している。この草稿の全体は1932年に初めて公開され，大きな反響を引き起こした。この草稿は3つの束からなり，そのほかにヘーゲルの『精神現象学』の「絶対知」の章からの抜き書きがある。

第1草稿の最初の部分は，国民所得の3源泉といわれる労賃，資本の利潤，地代について国民経済学者（古典派経済学者のこと）が記述していることを，マルクスがまとめたものである。したがってこの部分ではマルクス自身の見解は直接には示されていない。

つぎに「疎外された労働」という表題を編者がつけた部分があるが，ここではマルクス自身の見解が述べられている。彼はまず，前の部分で確認されたことを次のようにまとめる。「労働者が商品に，しかももっとも惨めな商品へ転落すること，労働者の窮乏が彼の生産の強さと大きさとに反比例すること，競争の必然的な結果は少数の手中への資本の蓄積であり，したがっていっそう恐るべき独占の再現であること，最後に資本家と地主との区別も，耕作農民とマニュファクチュア労働者との区別と同様に消滅して，全社会は有産者と無産の労働者という二階級に分裂しないではおかないこと」。国民経済学者はこのような事実を記述しているが，なぜそれが生じてくるかを解明していない，と批判したうえで，マルクスはその根本的原因を解明しようとする。彼はそれを，資本主義社会においては「労働者が彼の労働の生産物に対して一つの疎遠な対象として関係するということ」のなかに見いだす。もともと生産物は労働の対象化されたもの，対象において固定された労働にほかならないから，当然，労働の主体である労働者のものであるはずであり，労働者に属すべきものである。ところが，資本主義社会においては，生産物は労働者にとって疎遠なものとして外部に存在するばかりでなく，独立した力として彼に敵対するものとなっている。それはなぜか。労働者は生産手段も生活手段ももっていない。したがって生活するためには自分の労働力を生産手段の所有者（資本家・経営者）に商品として売り，労賃を得てそれで生活手段を買うことになる。資本家は，買った労働力と所有している生産手段とを結びつけて生産物を産みだすから，その生産物は資本家に属することになる。したがって労働者は生産物から疎外されざるをえないのである。

労働者が生産物から疎外されるということは，生産そのものが，つまり生産の行為，労働が疎外的構造をもっていることを意味している。「労働は労働者にとって外的である。すなわち，労働者の本質に属していない。それゆえ労働者は彼の労働において自分を肯定しないで否定する。幸福と感ぜずにかえって不幸と感じる。」買われた労働力は資本家・経営者によって管理されているのである。

この生産物および生産活動からの人間の疎外は，類的存在からの人間の疎外をもたらす。なぜなら，生産物を生産することを通じて，人間は他の人間たちとの社会的共同性（類的連帯）を確保してきたからである。さらにまた，類的存在から人間が疎外されることは，必然的に人間が他の人間から疎外され，人間的本質から疎外されることを意味している。

このような「疎外された労働」を克服する運動を，マルクスは「共産主義」として示すが，それは第3草稿のなかの［私有財産と共産主義］という表題を編者がつけた部分に含まれている。私有財産（私的所有）を積極的に止揚する共産主義は，マルクスによると3

つの段階に区別される。第1段階は「粗野な共産主義」と呼ばれる。これは私有財産を普遍化し、共同の財産とすることに熱中して、私有財産として万人に所有されえないもの、たとえば才能などをすべて無視しようとする。この「粗野な共産主義」の秘密が暴露されるのは、女性共有の主張においてである。女性を人間（人格）として見ず一個の財産とみなして、そのうえで万人共通の財産とすることを主張するのである。

第2段階の共産主義は「a．民主的にせよ専制的にせよ、まだ政治的な性質をもっている共産主義、b．国家の止揚をともなうが、しかし同時にまだ不完全で、まだ相変わらず私有財産すなわち人間の疎外に影響されている本質をもっている共産主義。」に区別されるが、まだ私有財産にとらわれており、その本質を理解していない。

第3段階の共産主義はマルクスのめざすものであり、それは次のように示される。「人間の自己疎外としての私有財産の積極的止揚としての共産主義、それゆえにまた人間による人間のための人間的本質の現実的な獲得としての共産主義。それゆえに、社会的すなわち人間的な人間としての人間の、意識的に生まれてきた、またいままでの発展の全成果の内部で生まれてきた完全な自己還帰としての共産主義。この共産主義は完成した自然主義として＝人間主義であり、完成した人間主義として＝自然主義である。」

まだきわめて抽象的な表現であるが、人間の社会的な連帯を実現するとともに、自然と人間の共生をめざす方向が示されている。

第3草稿の[ヘーゲル弁証法と哲学一般との批判]という表題を編者がつけた部分では、ヘーゲル弁証法の抽象性、主観性を批判するとともに、マルクス自身の人間観を提示している。彼によると、人間は直接的には生きている自然存在、活動的な自然存在である。そして生きるためには、自分の外部にある自然物、対象を摂取することが必要であり、自分の活動を実現するためには、外部にある自然物、対象を必要とする。このように自然存在としての人間は、自分の外部にある自然物、対象との実践的交流関係を保持しているのである。

しかし人間は、自然存在であるばかりではなく、人間的な自然存在でもある。すなわち、人間は自己自身に対してある対自存在であり、類的存在である。人間は生産物を生産することを通じて他の人間との社会的共同性、類的連帯を確保しているのであり、対象の諸性質に応じて、自覚的に対象に働きかける存在なのである。

この『草稿』の研究によって、1950年代からアメリカのマルクーゼやフロム、ドイツのシュミットやティアー、ポーランドのシャフらによって人間の自己疎外の問題が提起され、現代資本主義への批判だけでなく、全体主義的な官僚制化した社会主義への批判を生むことになった。

この『草稿』の問題点としては、人間の歴史的・社会的規定の前提として、人間の本質的ありかたが把握されており、『ドイツ・イデオロギー』以後のマルクスの人間観と異なっていること、資本主義社会の分析が不十分であること、「疎外された労働」が私有財産（私的所有）の原因でもあり結果でもあるという、論理の循環があることなどが指摘されている。

訳者（城塚 登）要約

[書誌データ] Karl Marx, *Ökonomisch-philosophische Manuskripte aus dem Jahre*, 1844; Karl Marx, Friedrich Engels historisch-kritische Gesamtausgabe, im Auftrage des Marx-Engels-Instituts, Moskau, Herausgegeben von V. Adoratskij, Erste Abteilung, Bd.3, Marx-Engels-Verlag G. M. B. H, Berlin, 1932（『経済学・哲学草稿』城塚登・田中吉六訳、岩波文庫、1964）．

■**マルクス** Karl Marx (1818-83)
■『**資本論**』＊第1巻1867年刊，第2巻1893年刊，第3巻1894年刊

1．成立過程。厳密に言えば『資本論』は未完の著作である。マルクス自身が決定稿を作り出版したのは第1巻「資本の生産過程」だけである。第2巻「資本の流通過程」と第3巻「資本制生産の総過程」は，マルクスが残した膨大な草稿をもとにしてエンゲルスが編集し出版した。マルクスの生存中にフランス語版が出版されたが，ロワによる仏訳作業のなかでマルクスはドイツ語版と異なる叙述様式を採用し，部分的には新しい理論的展開を盛り込んだ。だからフランス語版は「原本とは別に1つの科学的価値をもっている」とマルクスは述べている。マルクスは存命中に『資本論』全体を完成することができないと判断し，またこの著作がもつ政治的重要性を考慮して，彼は『資本論』第1巻のなかに本来の計画外の要素を盛り込んだ決定稿を作成した。つまり第2巻と第3巻で叙述されるべきいくつかの内容が第1巻のなかに移動させられることになった。その意味では『資本論』第1巻は経済学批判の理論体系の精髄を提示する著作ともいえる。しかし他方では，体系的編集に関わる諸問題が続出することになった。とくに未定稿からエンゲルスが作成した第2巻と第3巻の編集に疑義が出されることになる。編集問題はまだ完全には決着がついていない。

2．副題「経済学批判」について。マルクスは1840年代に経済学研究を開始して以来ずっと書物の表題として「経済学批判」を採用してきた。だからこのタイトルは重要な意味をもっている。彼の意図は「経済学」を建設することではない。反対に，「経済学」とは異なる社会と歴史の科学を構築することこそ彼の本来の目的であった。*Zur Kritik der Politischen Ökonomie* というタイトルの意味は二重である。第1に，それは現存する政治経済的現実の批判を意味する。第2に，それは政治経済的現実のイデオロギー的知である「経済学」を批判するという意味である。だからマルクスの理論的叙述のスタイルは現実は解剖すると同時に，現実に関するイデオロギー的知のよってきたる根拠をあばきだし批判するという複雑な手続きになる。たとえば『資本論』の冒頭が例証するように，価値形式の地平に媒介された事物の関係の叙述は，人間の「意識（知識）」の動きの叙述と同時進行する。ここにマルクス独自の「現象学的」叙述様式を見ることができる。事物の分析と意識の分析が「現実」全体の分析的叙述になるという構想のゆえに，マルクスは『経済学批判』以来一貫して「学説史」を資本論体系の不可欠の構成要素とみなしてきた。だから草稿にとどまったが『剰余価値に関する諸理論』（全3巻）は厳密には『資本論』の第4巻であり，この体系は4巻編成というべきである。

3．価値形式論。第1巻の商品論のなかに価値形式論が登場することは経済学批判の理論にとって決定的に重要である。古典経済学は価値量を分析したが，価値形式の概念をついに思いつくことはできなかった。特定の事物を商品のごとき価値存在に転形する構造的メカニズムの解明こそ，価値形式論の課題である。また価値形式の論理によって，商品群からの貨幣の発生もまた明らかになる。また理論的には価値形式論を先行させることで，現実の交換過程（「市場」）の意味もまた明らかになる。加えて，価値形式論は，前に指摘したような，事物（価値関係）の分析と意識（転倒した知識）の分析を同時的に実現する典型的な場所でもある。意識の物象化とフェティシズムは価値形式論によってはじめてあばきだすことができる。価値現象は特定の意識への事物の現出様式であり，意識と価値現象の内的連関がフェティシズムを産出する。資本主義的生産様式は商品・貨幣・資本という価値形式の複合的に編成された運動体だとすれば，価値形式はこの生産様式の原初的に

して原理的な構造分析論であるといえよう。『資本論』は冒頭の商品論から最終の諸階級論までこの価値形式論の地平で展開される。

4．貨幣の資本への転化と原始的蓄積論。商品と貨幣の単純流通から資本の生産過程への「移行」の問題は，理論的にして歴史的な，二重の側面をもつ。この重大な問題はすでに『経済学批判要綱』のなかで着手されていた。資本制生産が開始するためには，あるいは単なる貨幣が資本に転形するためには，貨幣は労働力を購入しなくてはならない。資本制生産様式がすでに自立展開しているかぎりでは，貨幣は自明のように労働力を買うことができる。しかしこの単純な事実のなかには，理論と歴史の難問がひそんでいる。いつでも購入可能な労働力はどこから出てきたのか。労働力を購入できる貨幣財産はどこからきたのか。2つの要素（貨幣と労働力）の出現問題は歴史の問題であるが，同時にそれは構造成立の基本条件であるかぎりで，構造論の問題でもある。資本制生産様式構造は，貨幣と労働力の結合として成立する。ここに，2つの要素の歴史的出現条件と結合としての構造形成という二重の問題が提起される。結合のための要素の歴史的出現問題は，『資本論』第1巻第24章の原蓄論で答えられ，結合による構造化の形式的解明は第4章「貨幣の資本への転化」で行われる。2つの章は一対として読まれるべきである。一般に，構造は，構造以前の，構造に外在的な出現条件を内部化し，しかもそれを不断に再生産し反復することで自律的になる。これが構造と時間（と歴史）の関連に関するマルクス的解決である。

5．資本制生産様式の構造。生産様式は事物を作る技術様式のことではない。それは1857年の「序説」が「生産一般」の用語で名指そうとしたもの，つまり社会的構造を意味する。『資本論』第1巻の労働過程論と価値増殖過程論は生産様式の構造の定義である。労働過程は労働力／労働手段／原料の結合であり，それは生産諸力の構造と定義できる。価値増殖過程は，労働過程一般を特定の生産関係（ここでは資本と労働の階級関係）によってもう一度結合しなおす。それは労働者／生産諸手段／非労働者の結合であり，生産関係の構造と定義できる。資本制生産様式は構造の構造という二重結合から構成される。マルクス的社会構造は，原理的に複合的構造であり，その論理はすべての経済現象を貫徹する。これは商品の二重性（使用価値と交換価値）にも，生産力の展開にも，生産手段と商品手段の2部門分割体制にもとづく再生産表式にもつらぬく。

6．再生産論。資本論体系では再生産論は2つのタイプをもっている。第1巻における再生産論は資本蓄積を叙述する。搾取される剰余価値が蓄積され，それが再投資されるメカニズムは，原則的には単独の資本の運動として記述される。しかし第2巻の再生産論は，複数の資本を前提にし，社会における2つの資本類型間の不均衡を通じた均衡体制を問題にする。これこそが本来の資本制生産様式の再生産構造論である。第1の資本類型は生産手段生産部門の資本であり，第2の資本類型は消費手段生産部門の資本である。生産財部門がつねに優位にたつから，この再生産過程は不均衡の拡大再生産として展開する。社会構造の概念は厳密には第2巻において確立する。

最後に第3巻の内容は複雑で錯綜しているためにここでは割愛する。しかし次の論点は確認しておこう。資本／利潤，土地／地代，労働／賃金のイデオロギー的三位一体が社会の表面で成立するとき，マダム・ラテール（土地夫人）とムッシュー・ルカピタル（資本氏）が怪しげなロンドを踊るといったファンタスマゴリー（幻影）の世界が完全に成立する。それは経済合理性のみかけのもとに「魔術にかけられた転倒した世界」の到来を告げている。これをつきつけることこそが第3巻の真実の狙いであった。

今村仁司

［書誌データ］Karl Marx, *Das Kapital*, Bd., 1, 2, 3, 1867-94（『マルクス・エンゲルス全集』第23・24・25巻，岡崎次郎・杉本俊朗訳，大月書店，1965；『資本論』1-9，向坂逸郎，岩波文庫，1969-70）．

テンニース Ferdinand Tönnies (1855-1936)
『ゲマインシャフトとゲゼルシャフト』
＊1887年刊

社会学の分野では、社会関係あるいは社会集団に関する極類型を極めて明確な形で提示した書物として著名な本書は、社会主義思想やロマン主義的な民俗共同体論など、多方面に大きな影響を与えた社会思想史上の古典である。原型は1880-81年の同じ表題の初期構想論文にあるが、これを大幅に修正した1887年の第1版以降は、第8版（1935）に至るまで、何点かの重大な付言の追加を別とすれば、構成と内容はほぼ変わっていない。3つのパートから構成されている。

第1篇「主要概念の一般的規定」では、ゲマインシャフトとゲゼルシャフトという対立概念の定義が試みられている。ゲマインシャフトは、人間の有機的で自生的な感情的一体性に基づく結合であり、人々はここでパーソナルで全人格的な結びつきをしている。共同性の源泉は、①感情の了解的一体性、②慣習や習俗の共有性、③信頼と信仰の共有性からなるが、この共同性の3つの形態は、それぞれ、①家族、②村落と自治共同体、③（中世）都市と教会、という3種の集団に対応している。他方ゲゼルシャフトは、孤立した個人の、作為的で機械的な結合であり、ここで人々はインパーソナルで打算的な結びつきをしている。このタイプの結合の基礎をなしているのは、①利害の相補性に基づく契約、②規制と立法による利害の調停、③知的、概念的な教説への準拠、という紐帯で、これら相互性の3つの形態は、それぞれ、①大都市、②国民国家、③知識人の共和国、という3種の集団を生み出す源泉をなしている。

第2篇「本質意志と選択意志」では、社会結合の基底にある心理学的意志として、本質意志と選択意志という2つの極類型が定式化されている。本質意志はゲマインシャフトの、選択意志はゲゼルシャフトの内面的な基礎をなす。本質意志は、人間の自然な身体的本質に根拠を持ち、他者に対して一体化を求める肯定的で友愛的な構えをもつ。他者との感情的一体性に「快」を見いだす心情は、正直、好意、誠実の源をなす。選択意志は、知性的思考に基づいて他者に対し自己の利害充足のための手段とみなす功利的態度をとることを求め、そこでの知的活動は、打算的利害追求、合理的な計算、整合的な客観的な認識、といった形をとる。

第3篇「自然法の社会学的基礎」では、理論的な1篇2篇とは異なり、人間の文化発展に関する歴史哲学的なスケッチが試みられている。テンニースによれば「法」こそ社会意志の中心的な表出形態であり、法の社会史的な発展を導きの糸として、人類史の歴史哲学的な考察が示されている。取り上げられる論題は、個々人の主体性と自由のあり方が意志類型にしたがってどのように異なるかに始まって、所有権の形態、親族法、債権法など多岐にわたるが、こうした議論を通じてH. S. メーンの「身分から契約へ」という法制史上の発展図式に従い、ゲマインシャフトからゲゼルシャフトへの変化は、歴史哲学的「発展」としてとらえられ、自然法の意義を自覚する必要性が語られる。

社会学において本書は、第2版の副題「純粋社会学の根本概念」に即して読み解かれるのが通例であるが、実際読んでみると、社会学の原理論としては、ずいぶん「よけいな」議論が多いような気がする。たとえばL. v. ヴィーゼ『一般社会学体系』などと読み比べてみると、この点は明らかだろう。展開されている議論の筋道を見通すことさえ、そう容易ではない。というのは、テンニースのもともとの意図は、社会学の基礎概念を手際よく提示することよりはむしろ、合理主義と歴史主義との対立を何とかして総合するところにおかれていたからである。

テンニースが帰依していた社会観はホッブズ、スピノザなどの初期啓蒙思想家に由来するものであった。「文化哲学の公理」という

副題を持つ初期構想論文では、「平和的結合」という啓蒙思想の理想が継承されていた。平和的結合の理想は、近代自然法の抽象的理性だけではとうてい実現することはできない。理想を現実化させるために、ロマン主義の共同体論やL．v．シュタイン以降のドイツ・ゲゼルシャフト学の国家観を換骨奪胎した新しいゲマインシャフト概念によって近代自然法を補うことが試みられている。科学観として彼が目指していたのは合理主義的なもので、心理学に基づく演繹的な公理系の樹立に邁進していた。人間の共同生活の現実とそのあるべき理想とを対応づけ結び合わせるために、心理学のなかに歴史的ダイナミクスに対応するような要素が組み込まれる。テンニースが「文化哲学」と呼んだのは、心理学による現実と倫理の和解の試みのことであった。社会観と科学観の双方において合理主義と歴史主義を総合しようとするこの企図は、W．ディルタイ、H．リッカートとは逆に、あくまで合理主義を基礎とするものであった。ゲマインシャフトの唱導にもかかわらず、科学による啓蒙、自由と平等を擁護する立場から、非合理な直観知や中世主義に反対し続けたのは、このためである。当時の民族学、人類学、歴史学の成果を駆使して、「文化哲学の公理」と歴史との対応づけを図り、それを基礎に共産主義と社会主義が妥当する限界を正確に見定めることができるのではないか、こうしたもくろみに従い第1版は書き上げられている。第1版にはこうした基本モチーフが込められているがゆえに、「経験的文化形式としての共産主義と社会主義」という副題が付されているのだろう。テンニースの「純粋社会学」は合理主義と歴史主義の総合として構想されている。

一方では、「心理学」に文化哲学の要としての位置を割り当て、他方において、歴史的現実と概念とが対応していることを強調するために「社会学」の立場が前面に押し出されている。心理学と社会学、あるいは合理的な概念システムと歴史的な現実、という対立項によってテンニースの思考は組み立てられているために、さまざまな矛盾を抱え込むことになった。たとえば本質意志と選択意志という意志の2つの類型は、人間の意志に併存する2つの普遍的要素といわれている一方、意志の歴史的な変遷過程を示すものとみなされている。同様な事情は、ゲマインシャフトとゲゼルシャフトについても言うことができる。ゲマインシャフトは人間のあらゆる共同生活に通底する基礎的な構造的要素なのか、それとも歴史的発展のひとつの段階なのか、歴史段階とするなら、それはすでに生命力の燃えつきた過去の現実を反映したひとつの段階なのか、それとも「平和的結合」のように人類の来るべき未来を指し示すことのできるような、理念的な段階なのか、こうした二者択一を用意してあらためて読み直すと、テンニースの議論は両義的であることがわかる。

この作品の継承史は、社会学的と文化哲学的という2つの方向に分かれて進んだ。社会学では、ゲマインシャフトとゲゼルシャフトの両概念に込められていた形而上学的、歴史哲学的含意をはずしてこれをウェーバー的な「理念型」として受け取るという前提のもと、伝統社会と近代社会の特性を最も早く、最も鋭く、最も体系的に、対比的に定式化した「科学的」社会学の古典として声望を享受し続けた。他方哲学の分野では、ゲマインシャフトの問題は現象学の我々意識の本質論や他者経験論の文脈で継承されてきたが、とくに現代では、実践哲学やコミュニターリアン的立場に親和する考え方が発掘され、科学と哲学、人間学と社会学の総合にもとづいて合理主義と歴史主義、啓蒙の理念とロマン主義的文化批判の調停をめざしたテンニースの共同体論の原モチーフそのものが再評価されつつある。

厩 茂・厚東洋輔

[書誌データ] Ferdinand Tönnies, *Gemeinschaft und Gesellschaft*, 1887; Wissenschaftliche Buchgesellschaft, 8 Aufl., 1979(『ゲマインシャフトとゲゼルシャフト』上・下, 杉之原寿一訳, 岩波書店, 1957).

ジンメル Georg Simmel (1858-1918)
『**社会分化論**』＊1890年刊

ゲオルク・ジンメルの最初の社会学書。コント以降の総合社会学を批判し，専門科学としての社会学へのひとつの方向を示した。

1871年のドイツ帝国の成立はドイツ社会の産業化を促し，ドイツは第2次産業革命の先端に立ち，急速に社会の大衆化を出現させた。まさに政治や経済ではなく社会が問題となりつつあった。この状況にジンメルはいち早く「社会における個人」を問題としたが，これはドイツの伝統的な国家学と歴史派経済学では問題とならず，社会学を選びとった。しかし当時のドイツでは社会学は外来の科学として未公認であり，ために社会学の正当化から出発しなければならなかった。第1章「序説―社会科学の認識論のために」はこれにあてられ，大きくは2つの部分に分かれ，前半は社会学の研究対象をめぐる認識論的な問題を考察し，後半は社会概念の検討にあてられる。まず社会学の研究対象である社会現象は，すでに他の社会科学の対象となっているから，社会学に必要なのは「新しい観点」であることが力説され，多くの諸要素からなる複雑な社会を全体として科学の対象とすることは，原因と結果の認識についての誤謬へおちいるから不可能であるとして，「社会的な発展の法則について語ることはできない」と，コントやスペンサーの研究成果を否定する。

後半は社会学の研究対象である社会の概念について，社会実在論と社会名目論はかつての静的な時代の不完全な思考習慣の産物であると批判し，「近代の精神生活一般」は「固定的なものや自己同一であるものを，機能や力や運動に分解」する方向にあるとし，これにそって彼は「規制的な世界原理」として「すべてのものはすべてのものと何らかの相互作用の状態にあり……」，「社会」もまた「諸部分の相互作用」にほかならず，「それはただそのような相互作用が確定される程度に応じて適用されるにすぎない」と，社会も動的に把握され相対化される。この観点からすれば「社会という統一体がまず存在し，その統一的な性格からその諸部分の性質や関係や変化が生じるのではなく，むしろ諸要素の関係と活動とがあり，これにもとづいてはじめて統一体について語ることができる」。

ここに示された相互作用の第一次性の強調が，社会の微視過程への方向を開拓することになった。これと関係する彼の独特の用語を説明すれば，この相互作用を彼は「（社会的な）糸」，「個人」を「糸の交点」，この交点を中心とする糸の範囲を「（社会）圏」や「関心圏」などと表現する。ただし「（社会）圏」は集団と同義に使用されることもある。この序説の最後に本書の目的が次のように述べられる。「社会学的な思考に最初の客体として提供される集団全体の運動とは逆に，以下の考察は……相互作用によって，いかにして個人のその地位と運命とがあたえられるかを示そうとするものである」。この個人の問題は彼の社会学の一貫した問題となる。

書名の示す「社会分化」の考察に入れば，第2章「集合的責任」は集合的責任の解消を論じる。個人の犯した損傷行為の責任が，かつては個人の属する集団に帰せられたが，「集団の増大は，それに応じてまた分化を要求し」，この分化によって集団から個人が独立し，行為の責任は個人に，さらには個人の全体から個人の一面に帰せられる。この分化の過程は集団の種類と集団への個人の融合と集団の対外関係の相違などによって異なり，これを一般化すれば，第3章「集団の拡大と個性の発達」となろう。

第3章の要旨は次の文章に示される。「われわれがそのなかで活動し，われわれの関心の的となる圏が拡大すれば，われわれの個性の発達のためのより多くの余地が，そのなかに存在するようになる。しかし，われわれがこの圏全体の部分としてもつ特性はより僅かとなり，この圏全体は，社会集団としてはより個性の乏しいものとなる」。狭少な集団は

未分化な成員を融合して同質的であるが，それが拡大して分化すれば成員の個性化によって異質化し，それぞれの集団は個性を弱めるが，個性化した成員は集団の限界をこえて類似の個性と関心をもつ者と結合する。この方向の思想的な頂点が「個人主義と世界市民主義の両極端」の結合であるが，現実には個人と世界社会とのあいだにはさまざまな集団が存在し，それらが互いにいかに関連し，いかに個性の発達に影響するかが考察される。

集団の拡大は個性の発達とともに特殊化と個別化によって，社会に「新しいもの」や「稀なもの」をもたらし，これらは従来からの「古いもの」や「一般的なもの」にたいして「価値あるもの」として高く評価される。ここに前者と後者とのあいだに社会的な評価の水準の差が生じる。第4章「社会的水準」の問題はこれである。すなわち現代社会は諸集団の拡大と分化とによって集団の限界を曖昧にし，一方では少数の優れた人びとを出現させ，他方では大衆を出現させる。ここに出現した大衆は彼らに共通な「古いもの」「一般的なもの」を基礎とし，彼らの示す社会的水準は低いままである。もちろん社会分化の進行は多くの人びとの水準をも上昇させ，いくらかは社会的水準の上昇をもたらす。しかしそれはけっして社会的水準と傑出した才能の水準との差を減少させず，かえって拡大させる。ここでは大衆あるいは群衆は「原始的な感情において結合し」して非合理性を示すことが指摘され，また大衆の扇動や大衆の急進主義，社会主義や流行なども考察される。

ところが社会分化は個人の個性化とともに自由を増大させ，個人の自由な活動とともに多様な諸集団を噴出させ，個人はさまざまな要求をみたすために多数の集団に所属する。こうして「個人の属しているさまざまな圏の数は，文化の程度をはかる尺度のひとつである」。では個人にとってこの状態がなにを意味するか。第5章「社会圏の交差」はこの問題を考察する。相互作用が「糸」，個人が「糸の交点」であり，交点がそこに交差する糸によって「規定」されるとすれば，相互作用の「糸」が増大すればするほど，それらが「ひとつの点で交わることは，ますますありそうにもなく」，まさに個人は個性となる。もちろん「糸」はたんに「規定」のみでなく，また「要求」をも意味し，糸の交差は「交差圧力」でもある。しかしそれも結局は個性の強化となろう。「人格は社会圏に自らをゆだねてそのなかに自らを没却しながら，自らのなかで社会圏を個別的に交差させることによって，自らの個性をとりもどす」。他にこれとの関連で集団や圏の個人にとっての在り方や重要性の相違についても考察される。

最後の第6章「分化と力の節約の原理」は，社会分化が経済的な分業とともに，目的達成のために力を著しく節約する傾向をもつことがさまざまな生活領域において示される。しかし分化そのものが葛藤をうみ，力の浪費をひきおこし，あるいは分裂をはらみ，また対立と闘争をもたらし，多様な様相を呈し，さまざまな問題を提起する。そのうち重要なものをひとつだけ紹介すれば「社会集団の分化」と「個人の分化」の対立の問題がある。集団の分化が要求するのは個人の「一面的な」「ひとつの課題」への没頭であるが，分化した個人が要求するのは「この一面性の廃棄である」。そしてこの問題をどう解決するかは「文化の課題」であるという。

残された問題のその後の発展を見ておく。まずジンメルは社会を人びとの相互作用と考え，相互作用に「形式」と「内容」とを区別しながらも，この明確な区別にもとづく「形式社会学」の立場へはまだ到達していない。この立場は1894年の論文「社会学の問題」をへて1908年の『社会学』において確立される。またここでの主題「社会分化」は，それが力の節約によって多くの成果をあげることを示しながら，その具体的な全貌を示してはいない。これはやがて1900年に『貨幣の哲学』に示される。

〈訳者要約〉

［書誌データ］ Georg Simmel, *Über soziale Differenzierung. Soziologische und psychologische Untersuchungen*, 1890 (『社会分化論―社会学』居安正訳，青木書店，1970).

デュルケーム Emile Durkheim (1858-1917)
『**社会分業論**』*1893年刊

「諸高級社会の組織についての研究」と副題されているように、デュルケームにおける社会構造の近代化論、あるいは近代社会構造論であるといってよいだろう。博士学位請求論文として執筆され、公刊されたものである。

分業の問題についてはアダム・スミス以来多くの論者（主に経済学者）が考察を加えてきたが、本書は、「社会（的）」の形容を冠してこの問題を扱い、その序文では、「個人がますます自立的になりつつあるのに、いよいよ密接に社会に依存するようになるのは、いったいどうしてであるか、個人は、なぜいよいよ個人的になると同時にますます連帯的になりうるのか」という問いを立てている。分業は経済の分野のみの現象ではなく、政治、行政、司法、さらに科学にまで及ぶような広範な社会現象であり、分業は純然たる経済的な機能にとどまるのではなく、それ固有の社会的・道徳的秩序を確立することができるというのが、デュルケームの見方である。

[第1編　分業の機能]

分業は独特の社会的連帯を生みだすわけであるが、このことの検証のためには、可視的な象徴としての法に着目することができる。そして、社会的連帯の象徴としての法規則を分類し、それに対応する連帯の類型を打ち立て、次いで法の類型の交替をたどればよい。

抑止的法律に対応する社会的連帯の絆は、それを破った場合に諸個人すべての感情を傷つけ、強烈な反作用（刑罰）を引き起こす。刑法がその例で、刑法の定める規定は、人々の社会的類似を想定している。すなわち、類似による連帯、言い換えると機械的連帯（solidarité mécanique）であり、これは分業が未発達で人々が同質的である段階の連帯のあり方である。それにたいし、復原的法律の制裁は、事物を現状に回復し、阻害された関係をその正常な形態に取り戻すことにある。その制裁は強い共同意識の反応を引き起こすことはなく、個人を間接的に個人に結び付けるにすぎない。だが、この法律に対応する積極的な協同もあり、それは分業から生じている。ここに機械的連帯とは異なる連帯、有機的連帯（solidarité organique）が生じるわけで、それは相違による連帯である。

とするならば、分業が未発達で社会的類似が大きいほど抑止的法律が優越することになるが、事実、原始諸民族の法、ヘブライの法、インドの法などは抑止的性格をもつ。しかし現代では復原的法律、協同的法律が優勢であるということは、現実に、分業から生じる社会的紐帯が多くなっているからである。有機的連帯が優越し、その結果として、機械的連帯に対応していた環節的社会類型は弱まっていく（完全に消滅するわけではない）。現代では契約的関係が発達するのは間違いない。しかし同時に非契約的な関係も発達するのであって、そのことは家族法がより広範かつ複雑なものとなることや、契約への規制がますます増大していることに示されている。

[第2編　原因と条件]

分業の進歩の原因と条件はなにか。経済学者たちはよく人々のいだく幸福増大への欲求をあげるが、もしそうだとすると分業の進展はもっぱら個人的、心理的要因にもとづくことになる。それに対しデュルケームは、分業の原因は社会環境の多様な要素のなかに求めなければならず、①社会の動的ないし道徳的密度（densité dynamique ou morale とり交わされる相互作用、それによる凝集）の増大、②より二次的であるが、社会の容積の増大（人口の大きさ等）、の2つが重要であるとする。それゆえ、分業は組織的に構成された社会においてのみ生じるのである。

一方、分業は個人的変異が増大してこそ進展をみるというのも事実である。人々がより個性化し、その性向を多様な方向に発達させる環境が生まれるほど、分業は促進される。ところで、この個人的変異の増大は、超個人

的，伝統的な共同意識の後退によって可能とされるのであり，共同意識の後退を促すものとしては，社会環境の拡大，環節的社会類型の消滅などの要因があげられる。
[第3編　異常形態]

しかし，社会の現状では，連帯を創出することのないさまざまな分業の異常形態がみられる。分業をこのように本来の方向から逸脱させるものが何かを探究することは重要である。デュルケームは「異常」「例外」というカテゴリーで，分業社会の現状に診断を加える。

異常形態の第1は「無規制的分業」(division du travail anomique) である。これは労働の分割につれて頻発する産業恐慌，労働と資本の対立などに現れているもので，専門化による他への無関心，相互間連係の欠如が特徴である。同じことは，専門化の著しい科学の領域にもみられるのであって，コントはすでにこのことを問題としていた。デュルケームは，ここで無規制（アノミー）という概念を，諸器官の関係が規制されていない状態という意味で用いている。

第2の異常形態は「拘束的分業」(division du travail contrainte) である。各人が自発的に自分の機能に応じて分業へと進む場合はともかく，分業が各人の社会的力を自由に発揮するのを妨げる拘束の結果である場合，それは社会的連帯を生まない。今日市民たちの間に平等の拡大は正しいという信念が広まっているが，分業の進歩は逆に人々の処遇の不平等の増大を含意すると考えれば，ここで言われる平等とは，競争，闘争の外在的条件の平等にほかならないだろう。ここから言えることは，外在的不平等（たとえば富の世襲的伝達）は拘束的分業の因をなし，有機的連帯を危うくするということである。

結論として著者が主張するのは，道徳とは人をして自己および他者を尊重するように強いるものすべてで，これが連帯の源泉となるのであるが，こうした連帯は分業からこそ生まれるということである。分業は個人をより専門化し，互いを比較するならより異質化するが，同時に個人をより自立化し，また緊密な連帯のなかにおく。それゆえ，分業は，正常に進むならば，道徳的秩序の根底となりうる。
[第2版序文　職業集団にかんする若干の考察]　1902年，本書の第2版が著されるさいデュルケームは，「初版のさいには分明でなかったひとつの観念」をあらためて明確化する，として長大な序文を冒頭においた。それは，上述の分業の異常形態の1つである無規制的分業が深刻な問題を現下の西欧で生み出していることに照らして，職業集団の役割を再評価しなければならないと考えたからである。

現在，経済生活の分野では法的・道徳的アノミーが支配し，絶え間なき闘争，そして無秩序が現出している。ここでは職業道徳は存在するにしてもきわめて初歩的なものにとどまっている。そこで，さまざまな経済的職業が，共通道徳をもち，戦闘ではなく，協同するためには職業集団として組織化される必要がある。歴史上の同業組合 (corporation) は，存在理由を失った単なる消滅物とみられがちだが，必ずしもそうとは言い切れない。それは経済的機能よりも，道徳的影響力という面から捉えなおす必要がある。雇主と職人の相互の義務，雇い主の相互の義務，あるいは職業的廉直さなどへの影響力がそれである。かつての同業組合の再現は問題となりえないが，その機能を現代社会に順応させ，職業集団の枠組みをつくり出し，国家と個人の間にあって経済世界の道徳的再組織化や立法にたずさわる機関たらしめるべきである。

以上の第2版序文をみるかぎり，分業の発展と道徳および連帯の型の変遷の関係を問うという著者の当初の問題意識が，分業の無規制への対応をめぐり，実践的な関心へと強く引きつけられていったことが分かる。　　宮島　喬

［書誌データ］Emile Durkheim, *De la division du travail social*, Félix Alcan, 1893（『社会分業論』現代社会学大系2，田原音和訳，青木書店，1971；『社会分業論』上・下，井伊玄太郎訳，講談社学術文庫，1989）．

デュルケーム Emile Durkheim (1858-1917)
『社会学的方法の規準』 *1895年刊

　デュルケームによる社会学的方法の定式化の書であり，フランスの実証主義の流れを受け継ぎつつ，社会的事実とは何かを問い，その観察や説明の規準をより明確化し，哲学や心理学から区別された社会学の方法を定礎しようとしたものである。

　そのオリジナルは『哲学雑誌』(Revue Philosophique) に1894年に分載された同名の論文であり，これらを一書にまとめ，序文等を付して，公刊したものである。同書の第2版 (1901) に付け加えられた新たな序文も，初版の内容に寄せられたさまざまな批判に答えて，著者の見解を再度展開したものであり，これも重要な意義をもっている。

　社会学の研究の対象となる社会的事実とは何かを問い，デュルケームはこれを個人意識にたいする外在性，拘束性という特徴を示す一種独特の *sui genris* 実在である，と規定した。この社会的事実には，人口配置，交通路，居住形態，社会単位間の融合度のように比較的固定的なものもあれば，政治信念，世論，流行，集会のなかで醸成される雰囲気や感情のようにより柔軟で，かつ変化しやすいものもある。だが，それらのいずれも，個人がそれに逆らって行為しようとすればそれなりの抵抗を示すように，外在性，拘束性という特徴をもたないわけではない。これらを区別するのに存在様式，行為様式という語が使われているが，著者においてはこの2つは社会的事実の相対的な区別にほかならないのである（第1章）。

　この社会的事実の研究に際しての観察の規準は，著者によれば「社会的諸事実を物のように (comme de choses) 考察すること」にある。この「物」という表現には多くの読者，論者から疑念が寄せられたが，上述の「第2版序文」では，「物」とは「知性にとってごく自然には洞察しえないようないっさいの認識の対象」であると注釈されている。この規準は，科学としての社会学からあらゆる予断を斥けることを要請するものであり，また社会的事実を「精神の1つの見方」に従属させようとする観念論を戒めるものである（第2章）。

　第3章は社会的事実の「正常」と「病理」についての規準を扱っている。デュルケームがこの問題を取り上げたのは，社会学の実践性を重視するからであり，扱おうとする社会現象について正常‐病理の判断をもつことは実践の導きとなるからである。その判断規準として著者は，ある1つの社会的事実が特定の進化段階の特定の種の社会のなかで，その社会の集合生活の一般的諸条件によって生じているとき，当の社会類型にたいして正常とみるべきである，としている。たとえば19世紀フランスにおいて犯罪が大幅に増加していても，それがこの社会の集合生活の条件と緊密に結びついている以上，正常とみなすべきである（とはいえ，犯罪者が個人として正常であると主張するものでは断じてないと著者はいう）。

　コントは人間社会の進歩を単一の民族の進歩と一なるものと考えたが，社会学においてはさまざまな社会種 (espèce sociale) の存在を無視してはならない。ホルドという単関節社会を想定し，そのさまざまな複合，合成によって社会種を構成し，さらに関節の融合の度合によってさまざまな変種を区別するという方法をとることができる。社会的諸類型を構成し，分類することを任とする社会学の部門は「社会形態学」(morphologie sociale) と呼ばれる（第4章）。

　第5章は，社会的事実の説明に関する諸規準を論じる。デュルケームはここでは，まず通常社会的事実について行われがちな目的論的な説明に批判を加え，当の事実が「なにに役立っているか」を言明することと社会学的説明は異なるとする。社会現象を説明しようとするとき，それを生み出す作用原因とそれ

が果たす機能は，別個に探究されなければならない。また，心理的説明方法も同じくしりぞけられなければならない。社会的事実は個人意識の諸状態からではなく，それに先行して存在している社会的諸事実のうちに探究されなければならないのである。これが後にデュルケームにおける「社会学主義」として方法的に議論をよぶものであるが，その意図は目的論や心理主義的説明への警戒にあったのである。説明にあたって重視すべき社会的要因として，「内的社会環境」があげられていて，そのなかでもとくに中心をなすのは社会の容積（諸単位の数，社会の規模の大小）および動的密度（諸関節間の融合の度合）である。この面から見るとき，たとえばフランス社会とイギリス社会の違いが明らかになる。両者の内的社会環境は異なっているのであり，イギリスは物的な条件ではフランスに勝っていながら，地方的生活の根強い残存が示すように諸関節の融合度ではフランスよりもはるかに遅れている。

説明においては証明の実施手続きが必要である。一現象の因果関係を社会学的説明によって確定するには，比較という方法が不可欠であり，これがいわば間接的実験にあたる。この意味で，社会学とは比較社会学であるといっても過言ではない。さらに比較的方法のなかでは，共変法（méthode des variations concomitantes）がもっともすぐれており，2つの現象が変化しつつ示す値の間にある並行関係が認められ，かつそれが十分な事例において確認されるならば，両者の間に一つの関係があることの証拠とみてまちがいない。たとえば十分な長期間にわたって自殺の増減のカーヴを，地方，農村-都市，階級，性，年齢，身分，等々の変化と比すれば，それらの間の因果関係を打ち立てることができるはずである。

以上にみるデュルケームの社会学方法論は，一にあげて社会的事実の特有の性質の論証にあてられていて，そこによくも悪くも彼の特徴が示されている。社会は確かに個人から構成されている。しかし個々人の生理的，心理的な特質から社会的な現象を説明するという方法——生理・心理的還元主義——はとるべきではない。こうした方法に彼ははっきり反対したわけで，社会的な現象は心理的，生理的，物理的，等々の事実のレベルに引き下ろして説明することのできない独自の平面をなしているとする。これは，今日の社会学のいう社会現象の「創発的特性」への社会学史上初めての体系的論及として注目されてよい。

けれども，その社会的事実を観察し説明する方法として定式化されたものは，自然主義的ともいうべく，自然科学的な，かつ単純化された因果関係観を表しており，人間行為の意味やその内的理解というものを重視する観点からは不適切との批判が寄せられている。また，「正常」-「病理」の区別や社会類型の構成も，そのねらいは了解されるとしても，規準の提示は十分に練られたものとはいいがたく，議論の余地がある。本書の全体の主張が『自殺論』や『宗教生活の原初形態』のような後続の研究によってとられた方法と果たして整合しているかどうかについても検討の必要はあろう。

訳者要約

［書誌データ］Emile Durkheim, *Les règles de la méthode sociologique*, Félix Alcan, 1895（『社会学的方法の規準』宮島喬訳，岩波書店，1979）．

フロイト, S. Sigmund Freud (1856-1939)
『**文化論**』 *1895-1939年刊

　フロイトには「文化論」という提題の論文はないが、文化を扱った主要な諸論文から彼の文化論の概要を再構成してみたい。

　(1)象徴論：フロイトの文化論の萌芽は、『ヒステリー研究』においてすでに見られる。たとえば症例チェチーリエ・M夫人の場合、「それは顔面を一打ちされたような気持でした」という分析中の告白以来、顔面神経痛の発作が消失した。フロイトは症状形成を、人間の身体が文化的構造のなかに囚われてゆく過程として観察していた。続く『夢判断』においては、フロイトは、類型夢とそれが表わしている意味との間に成立している「象徴関係」に着目し、それが「発生史的（歴史的）性質のもの」であり、「大昔にはおそらく概念的同一性や言語的同一性によって結合され」ていたとし、そこに、個々の言語共同体を超えた広汎な言語構造を見出している。

　象徴関係の成立を古代言語のなかに求めるフロイトの象徴論は、『原始言語における単語の意味の相反性について』でさらに明確になる。彼は、言語学者K.アーベルの古代言語に関する研究を参照し、否定や矛盾を知らない夢の作業は、ちょうど古代言語が互いに正反対の意味を同一の語で表わしたのと同じ原理に従っていることを指摘し、夢のなかでの思考表現が退行的性格を帯びることの根拠をここに求めている。後にバンヴェニストがアーベルの議論の誤りを指摘したとはいえ、夢や症状を解読する象徴論を言語の論理構造を範として探り当てようとしたフロイトの方法論的貢献は大きい。

　(2)文化起源論：夢や症状のなかに古い時代の人間の精神を読み取ったフロイトは、『トーテムとタブー』で、文化の起源を論じ、人間がまだ獣と区別されない時代に、女たちを独占していた原父を、息子たちが一致団結して殺害し、その肉を食べたという事件を再構成した。近代人には理解しがたいトーテムのなかに、フロイトは幼児の恐怖症において観察されるのと同じアンビヴァレンツがあることを指摘した。つまり、恐怖症の対象を幼児が恐れ、殺害し、そして愛撫するのと同じように、未開民族においてもトーテム動物を恐れると同時に生け贄として捧げ、食べるのである。祭事における生け贄は、死せる父からの、もう一度彼を殺すようにという命令に答えるものである。すなわち、「種族神の前での生け贄の場面には、父が事実上二重に含まれている」とフロイトが指摘するように、象徴的な水準で命令を下す父なるものを確認しつつ、父なるトーテムを再び殺害するのである。

　フロイトは「宗教、道徳、社会、芸術の起源がエディプス・コンプレックスにおいて出会う」と述べている。父殺害の衝動と母との近親相姦の欲望からなるこのコンプレックスは、いわば、文化の起源と自分自身の起源との交差点に位置するもので、文化の所産を神経症のようにフロイトが分析するのもこの観点から理解される。

　フロイトは『集団心理学と自我の分析』で、集団における社会的紐帯の発生を上述の成果から考察する。集団の形成において、集団の中心となる対象と成員との間には、原始群族の原父と息子たちの関係と同じアンビヴァレントな関係がある。最も小さな集団である「催眠」による関係を見ると、そこには「不気味なもの」が認められるが、これは、催眠術者と被術者との間に原始群族の父と個人との関係が現われるためである。この「不気味なもの」は、特定の他者が集団の自我理想として現前するときにその他者へと降臨した原父の影に由来するものであり、より大きな社会の発生に関してもこれが同様の働きをする。

　宗教については、それが原父殺害という事件に由来する人類の神経症であるという観点から、『人間モーセと一神教』において、自民族の宗教であるユダヤ教の絶対神の起源を、

モーセの殺害という出来事のなかに見出すことになった。すなわち、モーセ殺害事件の忘却から一神教の成立までが、抑圧と抑圧されたものの回帰という神経症的機制によって把握された。また、ユダヤ教からキリスト教への変化についても、前者を父の回帰によって成立した父親宗教、後者を原父殺害の罪意識によって成立した息子の宗教としている。

(3)幻想論：フロイトは、『不気味なもの』において、「我々の無意識は今でも、昔と同じように、自分自身が死ぬことを、ほとんど表象し得ない」と書いている。幼年時代に存在していた父による「永生の保証」は、嫌々ながら抑圧されただけであり、人間は永遠の生命や死後の世界での再生という幻想を捨てることができない。フロイトは、原父の殺害という文化の起源と向き合うために、反復強迫という現象を直視し、これを、自身の死を見出そうとする死の欲動に由来するものであるとした。

『ある幻想の未来』では、宗教が来世の救済を唱えることによって、苦渋の現世を生きなければならぬ人間に幻想を与えるとして、痛烈に批判する。寄る辺ない現実から身を守ってくれる父なる神は「人類が必然的に欲望するもの」ではあろうが、そのような神による救済という幻想は、神経症的な反応であり、現代人はこれを克服すべきであるというのがフロイトの考えであった。

これに対してロマン・ロランは、宗教感情は無制約的な「大洋感情」であるとする手紙をフロイトによこした。フロイトは、『文化の中の居心地悪さ』でそれに答えて、大洋感情は、無制限なナルシシズムの復活を目指すものであって、宗教的欲求の起源にはなり得ないと述べる。続いて、人生の目的である幸福の獲得が、文化のなかでは必ずしも平坦な道のりではないことを精神分析の経験から指摘し、文化のなかに生きる人間の居心地悪さを考察する。たとえば、「お前の隣人をお前自身のように愛せ」というカントの道徳論にも登場する聖書の命令について、フロイトは率直に、そんなことが可能であるのか、と疑問を投げかける。彼は皮肉に、人間がこのような命令とはまったく正反対の攻撃欲動に身を浸しているからこそ、このような命令の存在意義もあるのだと言う。自らの起源に父殺しという暴力を蔵しておりながらそれを認めようとしない文化そのものの自己矛盾的構造をフロイトは懸命に告発している。芸術論に目を転じると、フロイトの芸術論は単に作家と作品を論じるのではなく、その作品がなぜ受け手に感動を及ぼすのかということを追究するところに特徴がある。彼は『ミケランジェロのモーセ像』において「私はそれらの作品に共感する。自分が圧倒されたのを感ずる。が、それらが何を表わしているのかを言うことができないのである。」と述べている。フロイトの情熱は、なぜ鑑賞者がそれほどにも強い印象を受けるのかという謎を解こうとするところにあった。ここでもフロイトは、鑑賞者の内に、殺害された父親との関係が復活してくることを指摘している。

新宮一成・椿田貴史

[書誌データ] (G. W.＝Gesammelte Werke, 著＝人文書院版フロイト著作集) Sigmund Freud, *Studien über Hysterie* (1895), Verlag Franz Deuticke, G. W. Ⅰ, S. Fischer, 1952, 著Ⅶ ; *Die Traumdeutung* (1900), Verlag Franz Deuticke, G. W. Ⅱ/Ⅲ, S. Fischer, 1942, 著Ⅱ ; *über den Gegensinn der Urworte* (1910), Verlag Franz Deuticke, G. W. Ⅷ, 1945, 著Ⅹ ; *Totem und Tabu* (1913), Verlag Hugo Heller & Cie., G. W. Ⅸ, S. Fischer, 1944, 著Ⅲ ; *Der Moses des Michelangelo* (1914), "Imago", Band Ⅲ, G. W. Ⅹ, S. Fischer, 1946, 著Ⅲ ; *Das Unheimliche* (1919), "Imago", Band Ⅴ, G. W. Ⅻ, S. Fischer, 1947, 著Ⅲ ; *Massenpsychologie und Ich-Analyse* (1921), Internationaler Psychoanalytischer Verlag, G. W. ⅩⅢ, S. Fischer, 1940, 著Ⅵ ; *Die Zukunft einer Illusion* (1927), Internationaler Psychoanalytischer Verlag, G. W. ⅩⅣ, 1948, 著Ⅺ ; *Das Unbehangen in der Kultur* (1930), Internationaler Psychoanalytischer Verlag, Gesammelte Werke ⅩⅣ, 1948, 著Ⅲ ; *Der Mann Moses und monotheitische Religion* (1939), Verlag Allert de Lange, G. W. ⅩⅥ, 1950, Ⅺ.

デュルケーム Emile Durkheim (1858-1917)
『自殺論』 *1897年刊

「社会学研究」と副題されているように，本書は自殺という人間行為を社会的要因と関わらせ，社会学的方法により明らかにしようとするもので，方法的にも注目される。19世紀後半西欧における自殺の増大はすでに論者の注目を呼び，医師や犯罪学者（エスキロル，モルセッリ，ルゴワ等）の研究を生んだが，そこでは自殺を身体的・精神的病理の現れとみる見方が支配的だった。それに対し本書は，自殺を個体的病理性の現れとする見方をしりぞけ，当人自身の行為から生じる，予知された結果としての死と形式的に定義し，自殺は種々の日常的行為とかけ離れたものではなく，社会学的に解明されるべきものであるとした。各社会は歴史の各時点で一定の自殺への傾向を示すとの確認に立ち，著者は，社会または集団の条件と結びついて生じる自殺傾向（社会的自殺率）を社会学の究明の対象と規定する。

それゆえ，先行する多くの自殺研究は社会学的には容認しがたい臆説，一般化に立っている。デュルケームはこれら先行研究を，1）自殺の精神病理的説明，2）人種，遺伝による説明，3）宇宙的要因（気候等の自然的要因）による説明，4）模倣による説明，に分け，各々に批判的検討を加え，棄却している［以上，第１編］。

では，社会的原因と自殺をどのように結びつけるか。自殺とは単一の行動傾向ではなく，社会構造や集合意識に関わる多様な原因に対応するものであるから，自殺も種々のタイプに区別される。デュルケームは近代社会の構造，規範状況に関わらせて次の２つのタイプを定式化する。

自己本位的自殺（suicide egoïste）：伝統的な社会的紐帯が衰退し，社会の統合が弱まり，人々の個人化が過度に進むような状況で生じやすい自殺タイプ。プロテスタント社会や小規模家族地域で自殺率が高いという事実は，このタイプの増加によって説明されるとした。

アノミー的自殺（suicide anomique）：欲望の際限のない拡大，その無規制が引き起こす苦痛から生じる自殺。具体的には経済の急速な発展による人々の欲求の昂進や，不安定な家族の下で生じがちな性愛欲求の無規制が，このタイプの自殺を増加させているとした。

しかし伝統的社会，伝統的規範の支配する集団においても自殺が生じないわけではない。このタイプの自殺は「集団本位的自殺」（suicide altruiste）と呼ばれ，個の人格の価値よりも集団の存在，特定の理念，理想状態（涅槃など）が重視され，人が生命を絶つことを要求または奨励される結果，容易に生と訣別することが行われるという事態を指す。また，欲望の不充足が関係してくる点でアノミー的自殺と類縁性をもつ自殺タイプに「宿命的自殺」（suicide fataliste）があるが，これは強圧的な規制によって閉塞状況に置かれた人々の図る自殺である（歴史上みられた奴隷の自殺など）。ただし，現代ではあまり重要性をもたないと考えられる。

これらの自殺タイプは，個々人の具体的な行為においてはどのような意識を伴うのか。デュルケームは，仮説的にその諸形態を描出している。すなわち，自己本位的自殺は，孤独，懐疑，虚無感といったものを心理的基調とし，しばしば知的な性質を呈し，個人主義，知性の優位という近代の傾向と関わりをもっている。集団本位的自殺はむしろ反対に，強烈な義務感，集合意識への熱烈な参入という，外へと向かう動的な行為として特徴づけられる。一方，アノミー的自殺は，同じく動的ではあるが，集団本位的自殺とは異なり，倦怠，幻滅，疲労といった諸心理を伴っており，欲望，感性の肥大化という点で，（知性の肥大をその特徴とする）自己本位的自殺からも区別される。なお，いくつかのタイプが１つの

自殺のなかで結びつき，複合的タイプの自殺を生み出すこともありうるので，それらも同様に観察の対象とすべきである［以上，第2編］。

自殺と社会との関わりをあらためて考えてみると，社会のかかげる規範（道徳的理想）と人々の自殺とは無関係でないことが想起される。社会には自己本位主義，集団本位主義，進歩と完全化の道徳が，比重の大小はあれ，併存している。これらの規範が適当なバランスを保っていればよいのであるが，それらの1つが度を越して強まると，自殺を生じるものとなる。

歴史的にみると，自殺の社会的な評価は時代，社会により違っていたことが分かる。古代ギリシア，ラテンの都市国家では，自殺は国家の許可を得ないでおこなわれた場合にのみ，不当とされた。ところがキリスト教社会の成立とともに自殺は厳禁され，自殺者にたいしては財産没収，埋葬の拒否などの厳しい罰が課せられた。フランス革命は自殺を法的な犯罪リストから取り除いたが，キリスト教社会では自殺は依然として道徳的に非難される行為をなしており，ロシアのように今日なお自殺の厳罰の法的規定を残している国もある。

今日の自殺にたいして社会はどのような態度をとるべきか。デュルケームはこれを論じるにあたり，西欧における自殺の現状を正常とみるべきか，異常とみるべきかを明らかにしなければならないと考える。近代社会では個人主義や進歩の道徳はある程度許容されねばならないし，そうなると，ある割合で自殺が生じることは避けられず，したがってある範囲の自殺の発生は正常といえる。しかし，現下の自殺は，その急増ぶりからみても正常の範囲を超えており，社会の病理を現しているとみなければならない。

では，どのような社会的対応が可能か。教育の役割に期待する者，宗教の復活を唱える者，家族の自殺抑止力を称揚する者などがいるが，いずれも有効とはみなしがたい。自己本位主義，アノミーの双方に働きかけ，これを抑えるのに有効なのは，むしろ職業生活の組織化であり，職業集団の建設である。職業集団は国家と個人の間を媒介し，人々を身近に包みこみ，精神的孤立から人々を引き出し，また中庸と義務の観念を想起させることができる。これが自殺の急増に見舞われている病める社会への，急がれる実践的対応策なのである［以上，第3編］。

『自殺論』は方法上いくつかの難点を示している。社会学的方法を優先させるあまり心理学的，精神医学的方法を等閑に付したこと，自殺の動機や方法の解明を軽視したこと，共変法による自殺統計の処理が大雑把なものにとどまっていること，などがそれである。しかし，自殺と近代社会の構造との関連如何という問題に初めて正面から取り組み，大規模な統計データの使用およびそこからの推論により社会学的実証の先鞭を付け，さらに自殺の行為の考察を通して自らを社会学的行為論の先駆者の一人となした点などは，正当に評価されるべきであり，それらの意味で社会学の古典としての同書の意義は揺るぎないものがある。

訳者要約

［書誌データ］Emile Durkheim, *Le suicide: Etude de sociologie*, Félix Alcan, 1897（『自殺論』宮島喬訳，中公文庫，1985）．

ヴェブレン Thorstein Veblen (1857-1929)
『有閑階級の理論』 *1899年刊

　ソースタイン・ヴェブレンは，アメリカが南北戦争を境に急速な経済発展を経験する直前の19世紀半ば，中北部の農場の子として生まれ，1929年8月，大恐慌が起こる直前の繁栄に浮かれるアメリカで不遇のうちに生涯を閉じた。このことは，彼が一生手放すことのなかった信条とアメリカ社会の間の微妙な関係を象徴的に示しているようにも見える。彼は終生，繁栄に向かうアメリカ社会の金銭的趣味になじむことができなかった。本書は，そうした著者の同時代への不信感を根底としながらも，当時の経済学，人類学，社会学，社会主義についての豊富な知識を駆使して「有閑階級」の発生と成長の過程や習慣，生活様式について包括的な展望を示した古典である。今日に至るまで，消費社会について初めての本格的分析として名をとどめている。

　本書が登場した19世紀末のアメリカには，ヴェブレンの辛辣な消費社会批判が歓呼のうちに迎えられる社会的土壌が存在した。というのも，欧米ではすでに19世紀後半から，デパートや大衆ジャーナリズム，ファッションの変化，海浜リゾートやパック旅行，スポーツや音楽の大衆化など，様々な消費社会的な変容が起こり始めていた。これと並行して，大衆消費がもたらす秩序の混乱，現実感の希薄化，本物らしさの喪失などへの嫌悪感も広まりを見せていた。こうした中で，衒示的消費に流れるブルジョアジーの欲望の欺瞞性を徹底的に暴く本書の視点は，ちょうど「金ぴか時代」の消費文化の蔓延に嫌悪感を強めていた人々に大きな衝撃を与えていったのである。本書は，最初は専門家たちによる散々の悪評，次いで急進派の知識人や大学生の間での熱烈な歓呼という対照的な受けとめられ方をしていった。東部の専門家は本書を「間違いだらけ」の衒示的な文章と見なして怒りをあらわにしたが，ニューヨークの知識人の間では本書を引用するのが流行となった。

　ヴェブレンの消費論は，たしかに古典派経済学の功利主義から離れ，消費社会の人間像に近づいていた。彼の観点からするならば，「未開」の原始社会から「野蛮」な文明社会への進化のなかで起こる階級分化の根底には，見せびらかしの競争という契機がある。この契機は，有閑支配層の男性が女性を所有し，私有財産制を確固たるものにし，富を蓄積し，それらを衒示的に消費するよう促す。この競争は，「上下の比較を基礎とする名声のための競争」であるから，「いかなる個人の場合にも，飽満するということはめったにない」。有閑階級の人々は，高価な贈り物をし，豪華な宴会を催すことで，競争相手と見栄を競い合うのである。近代社会は，文明社会に広く見られる有閑階級のこうした消費行動を全階級に拡散させる。そこでは「上層階級によって課せられる名声の規範は，ほとんどなんら障害なしに，社会構造全体を通じて最低の階層にいたるまで，その強制的な影響力を及ぼ」していくのである。

　現代における衒示的消費を典型的に示すのは衣服である。衣服のための金銭支出の大部分は，身体の保護よりも外観のためのものである。我々は通常，金のかかった手作りの服飾品は，安価な模造品よりも好ましいと考える。その模造品がどれほど精巧なものであっても，模造のため安価であるということ自体から，品質や美的価値の点でも劣ると考えてしまうのである。「優雅な衣服は，それが高価であるという点で優雅の目的に役立つばかりでなく，またそれが閑暇の刻印であるがためにも，それに役立つのである。それは，その着用者が比較的多額のものを消費しうることを示すばかりでなく，それと同時に彼が生産をせずに消費することを証明する」。

　厳密には，ヴェブレンは衒示的な余暇と消費を，つまり見せびらかしのための時間の消費と物財の消費を区別している。伝統的な社会では，衒示的余暇は財の衒示的消費をはる

かに凌ぐ地位を保っていた。余暇が名声の手段として早くから優越していたことは、労働を下賤な行為と見なす古代的な観念に由来する。しかし、やがて人々の生産的労働に対する態度が変化し、「製作本能」が産業の基礎をなすようになると、無目的に見える余暇が軽蔑されるようになっていった。こうして近代には、一方で有閑階級の衒示的余暇に「もっともらしい進歩改善の目的を、その表向きの肩書きや名称のなかに示した」諸団体が設立され、有意義な仕事という体裁が整えられていく。同時に、財貨の衒示的浪費が無目的の余暇を圧倒してしまうのである。しかも現代では、「その人の日常生活をまるで知っていない大勢の人の集まりに出席する機会もずっと多い。……ゆきずりの観察者に印象を与え、彼らから見られて自己満足を感じるためには、その人の金銭的実力の刻印が、走りながらでも読めるような文字で書いてなくてはならない。それゆえに現在の発展傾向は、余暇に比べて衒示的消費の効用を高めるような方向にむかっている」と彼は述べる。

衒示的消費をめぐるヴェブレンの議論の意義は、彼が消費を、モノの使用価値に関わる経済学的な現象という以上に、消費する者の社会的地位にかかわる人類学的な現象であると認識していたことに求められる。彼は同時代の民族誌データから、消費を生産に従属する現象としてではなく、文明化の過程で現れる階級的差異化の戦略として把握したのだ。それにもかかわらず、ヴェブレンの議論は19世紀的な功利主義を決して脱却してはいなかった。彼は、消費がモノの使用価値だけに還元できない現象であることを理解したが、この使用価値への従属に代え、すべての消費の意味を文明社会の全段階における見栄の競い合いという別の目的に従属させていったのである。それは、古典派経済学とは異なるものではあれ、やはり消費に関する機能主義的見解に違いなかった。そして、このような目的論的還元ゆえに、ヴェブレンは、様々なタイプの衒示的消費を、異なる個人や集団の間で織りなされていく表象の戦略として把握するには至らなかった。彼はあくまで、消費を寄生的な有閑階級による上から下への破壊的な影響と考えるにとどまったのである。

ヴェブレンの議論が現代の消費社会を考えるのにどこまで有効かについてはいくつかの疑問も提出されてきた。リースマンは、ヴェブレンの思想が近代産業に対する嫌悪と肯定の間が揺れ動く矛盾に満ちたものであり、その根底に古代的な共同生活に対する過剰な理想化と、近代の産業労働に対する過度の単純化も見られることを指摘した。またアドルノは、ヴェブレンの議論がアメリカ流のプラグマティズムとサン・シモンやコント、スペンサーに連なる実証主義、それに通俗的なマルクス主義の巧妙なアマルガムであり、本質的にはダーウィン流の進化論で彩られていると論じた。たしかに彼の消費概念には、商品の物神性をめぐるマルクスの議論に通ずる面があるのだが、これも結局社会進化論的な実用主義に還元されてしまう。「彼の社会像は、生活の充実というあのあいまいな言葉にもかかわらず、幸福をではなく、労働を基準として考えられている。彼は、彼自身の意に反して清教徒である」とアドルノは批判した。衒示的消費の理論の限界を乗り越えていくためには、19世紀の西欧中心の思考に基づいて民族誌を読み取っていくのではなく、もっと脱中心化された視座のなかで「消費」を理論化する必要がある。しかし、このような仕事が具体的に現れてくるのは、本書から半世紀以上も後のことであった。

吉見俊哉

[書誌データ] Thorstein B. Veblen, *The Theory of Leisure Class: An Economic Study in the Evolution of Institutions*, Macmillan, 1899(『有閑階級の理論』小原敬士訳、岩波文庫、1961).

ジンメル Georg Simmel (1858-1918)
『**貨幣の哲学**』 *1900年刊

　ゲオルク・ジンメルの現代社会論。彼は『社会分化論』において現代社会を分化社会と把握し、これを個人との関係において考察した。しかし1894年に「社会学の問題」において「社会において『社会であるもの』」を「社会化の形式」に求め、これを研究対象とする「形式社会学」の立場を提唱するや、社会分化を進行させた現代社会はその複雑性から、個別科学としての社会学の対象とはできなくなる。そこで「貨幣」を対象とする哲学的な研究によって現代社会を考察しようとしたのが本書である。ここで哲学的な研究というのは、複雑な現象が個別科学の一面的な抽象によっては把握できないため、「実証的知識のつねに断片的な内容が、究極的諸概念によってひとつの世界像にまで仕上げられ」、諸科学の成果を動員して問題を総合的に把握するものであり、現在では学際研究とか総合研究と呼ばれるものを指し、したがって『貨幣の哲学』は「現代社会論」と理解してよい。

　ところで本書がなぜ「貨幣」の哲学であるのか。ここでは「貨幣」が問題の叙述のための「たんなる手段、素材あるいは例証」にすぎないとして、理由を明示していない。しかし『分化論』によれば貨幣は「分化過程より生じたもの」であり、「潜在性の意味での分化のもっとも完全な並存」であり、貨幣は社会分化の所産であるとともに社会分化を促進する。とすればマルクスにとって資本主義社会の階級対立を分析するのに「資本」が考察の対象にふさわしかったように、ジンメルにとっては現代社会の社会分化を考察するには「貨幣」がふさわしかった。本書の「根本意図」が「史的唯物論に基礎をほどこすこと」であると書いていることも注意したい。史的唯物論の「説明価値を認め」るが、しかしその一面性を「精神的文化」と「経済生活」との相互作用によって補わなければならないという。この点で本書に言及されている唯一の書物が『資本論』であることも注目される。

　『共産党宣言』が丁度イギリスで第1次産業革命の終了したときに書かれ、『資本論』とともにその後の資本主義の発展の理解にとって不可欠の書物であったとすれば、本書は第2次産業革命の終了時に、その先端を歩んだドイツで書かれ、「豊かな」現代社会を理解するに不可欠な「現代の古典」といえる。

　本書は大きくは前後の両編に分かれ、それぞれが3章からなる。前編3章は「貨幣の本質を一般的生活の諸条件と諸関係から理解させようとし、後編3章は「逆に一般的生活の本質と形成を貨幣のはたらきから理解させようとする」。いわば前編は分化した社会からその所産としての貨幣を理解し、後編は貨幣がいかに社会分化を促進するかを考察する。そして前後の両編のそれぞれの3章はまたそれぞれが3節に分かれ、ジンメルには珍しく整然とした形式を示す。というのも彼については「非体系的、断片的」という批判がなされ、「体系にたいする嫌悪」が語られるが、しかし逆にいえば本書にこめた彼の意気込みがここにはうかがわれ、本書は彼にとって重要であるとともに、それゆえまた社会科学史にとっても重要である。

　それだけに本書のかなり多様で複雑な内容は簡単には説明できない。以下は各章の題目の説明といった程度にとどめざるをえない。

　前編第1章「貨幣と価値」は、認識の世界にたいする実践の世界を特色づける「価値」が、人間と人間の欲求対象との分離（分化）と両者の距離を前提として、この距離の克服において成立するとされ、この距離の克服が交換によってなされるばあい、経済的価値とともにそれを媒介する「貨幣」が成立し、逆に貨幣を媒介にして経済的価値が交換されることによって「経済の世界」が成立する。これらの関連とも関係する相対主義の立場が明示される。そして第2章「貨幣の実体価値」は貨幣が、経済的価値の測定と交換と表現の機能をはたすためにはそれ自体が価値をもた

なければならないかどうかが問題とされ，貨幣が必ずしも実体価値をもつ必要のないことが理論的にも歴史的にも示される。そして「経済の世界」を成立させるのが通常考えられているように「利害打算」ではなく，「経済圏にたいする信頼」であり，「人間相互のあいだの信頼が存在しなければ，そもそも社会というものは崩壊してしまう」とまでいう。

第3章「目的系列における貨幣」は，人間は「目的を立てる動物」としてまた手段を選択するが，「経済の世界」の発展とともに手段系列が延長し，交換手段としての貨幣は「絶対的な手段」として意義を増大させる。ここでは目的と手段との複雑な関係，「絶対的な手段」の目的化による「守銭」や「吝嗇」，これを裏返しにした「浪費」や「冷笑」や「倦怠」などとともに，手段的意義を増大させた貨幣のさまざまな機能が論じられる。

後編に入って第4章「個人的自由」は貨幣経済による社会圏の拡大と社会分化の進展にともなって個人が他者と所有物から分化し解放され，個性と自由とを増大させ，逆に個性によって自由に他者と事物とに結合し，分業体制を創出し，豊穣な経済の世界を成立させる。個人は全体としてのこの経済の世界にますます依存せざるをえないが，しかしこれによって特定の個人と事物からますます自由となり個性を発達させる。

第5章「人格的価値の貨幣等価物」は，殺人賠償金や売春などの考察によって人格が貨幣によっていかに評価されたかを考察する。貨幣の普及によって一般に人格は貨幣には換算されない独自の価値をもつと考えられるようになった。いわば貨幣は他の商品から人格価値を独自のものとして分化させた。しかしここで興味があるのは，人格が貨幣には換算不可能と考えられ，それによって「人間の購入」である売春や収賄が，当事者を貶下の対象とするようになったが，高級売春婦や政治家のばあい，買収貨幣額の高さがかえって当事者の価値を高めるという。なおここでは人格の独自性と関係して啓蒙の「抽象的な個人主義」にたいして19世紀にはロマン主義と結びついて「新しい個人主義」が出現し，これが「質的な特殊化」をめざすという。

第6章「生活の様式」は，貨幣経済の発展とそれにともなう知性の優位とは生活に「精密性と厳格性と正確性」と「数的な計算可能性の理想をもたらし，未曾有の文化の繁栄と生活の向上とを出現させたが，この客観的文化の繁栄にもかかわらず，個人がそれを吸収した主観的文化はそれに比例しては向上せず，ここに「主観的文化と客観的文化の齟齬的な関係」が問題となる。そしてこれをもたらした分業は「人格を萎縮させ」，さらに「労働手段からの労働者の分離」を出現させ，これは「労働そのものの労働者からの分離」をもたらし，生産物を生産者に「疎遠な性質をもつ客体」として対立させるが，この分離は「発展の一般的図式」であるとして，「研究者の研究手段からの分離」があげられる。

以上において『貨幣の哲学』を概観した。これはジンメルの『社会分化論』における「現代分化社会と個人」の問題のより徹底的な考察であった。このことは第4章「個人的自由」はいうまでもなく，第5章の問題が貨幣に換算不可能な人格価値であり，第6章の中心問題が「主観的文化と客観的文化の齟齬的な関係」にあったことに示される。そしてここで深められた問題は，ジンメルを生と文化との哲学的考察へと導き，社会学的な考察を深化させ，この深化した認識の成果が社会学では『社会学の根本問題』(1917)に最終的な結実を示した。

なお本書の影響について付言すれば，刊行直後にはM. ウェーバーやG. ルカーチなどに大きな影響をあたえたが，さらに1978年の英訳が関心を拡大させ，フランス語やイタリア語にも訳され，すでにふれたようにまさに「現代の古典」としてたんに社会学や哲学や経済学のみでなく，社会科学をつうじて広く国際的に関心をあつめつつある。　　　訳者要約

［書誌データ］Georg Simmel, *Philosophie des Geldes*, 1900; 6. Auf., 1958 (『貨幣の哲学』居安正訳，白水社，1997).

フロイト, S. Sigmund Freud (1856-1939)
『夢判断』＊1900年刊

「天上の神々を動かしえざりせば，冥界を動かさむ」という印象深いヴェルギリウスの言葉をエピグラフに持つ本書は，精神分析について知りたいと思う者が初めに手にする書物であろう。本書執筆までのフロイトは催眠研究と精神神経症の治療実践によって，意識から隔てられた心的表象が症状を形成する中心的な要因であることを見出し，それらの表象が無意識からやってくるという仮説を臨床的に構成していた。「夢判断」は夢という普遍的な現象によってこのような精神の構造的な仮説を基礎づける試みである。この試みは『心理学草稿』(1895) から引き継がれたものであるが，本書ではとくにエディプス・コンプレックスの概念化と自身の夢による自己分析の遂行とによって新しい飛躍がもたらされている。「夢判断」において方法論的に重要なのは，見た夢とそれに伴って現れる記憶を本人が想起し，この想起の過程そのものを分析する作業である。フロイトは第1章のレヴューワークにおいて，それまでの夢研究は，夢と覚醒時の意識状態との間に意味の連関を認めなかったり，また，認めていてもその連関を見出すための方法論が欠けていることを指摘している。ここで既に「精神にとりついたものは決して失われない」(第1章B) というショルツやデルベフの見解を挙げて，フロイトにとっては臨床的な事実であった過去の記憶と夢との深い関係が示唆されている。フロイトは夢判断によってこのような記憶についての認識を精錬し，「夢とは失われた幼年時代の生活の記憶をその源泉にもつ」(第1章B) というテーゼを定式化するに至った。すなわち我々の「歴史以前の時期」である幼年期の記憶は「ただそれ自身において再生を切望し，その反復を願望の充足とし」(第5章D)，この力が夢を生じさせるのである。

フロイトは本書第4章以下において，夢形成のメカニズムを解明する。分析によって夢というものは，その一見荒唐無稽な顕在的内容を通じて，抑圧されつつも常に表現されることを求めている潜在的な願望を妥協形成的に充足させる精神的な現象であることがわかる。願望は望まれざる願望であるから直接表現されない。それは「潜在思考」であるに留まる。その願望が夢に現れるには，願望を構成する表象に「圧縮」と「移動」を中心とする「夢の仕事」が加えられて，その願望に荒唐無稽な外観が与えられねばならないのである。さらに「表現可能性への顧慮」や「二次加工」の仕事が加えられ，こうして「顕在内容」が整ってから願望は検閲を通過する。フロイトの夢判断の精神科学的な功績は，この検閲のメカニズムを記述したことであり，それによってちょうど光をプリズムで屈折させて構成要素を分析するように，夢を分析する方法を確立したことである。さらに彼の分析は，夢が誰に対してどのような状況で語られるかということまでを射程に入れており，夢は言語活動一般の構造のなかで考察されることになったのである。

さて，これらの潜在思考の多くは比較的最近の生活に関わる自己中心的な願望である。ところが，このような願望を現すことそれ自体が夢の機能なのではない。それらの願望が現れるのは，上に述べた幼児期由来の無意識の欲望がその背景にあるからなのである。この欲望の再生が本来の夢の機能なのだ。すなわち「夢の中には欲望を抱いた昔のままの子供が生き続けている」のであり，それが夢の源泉である (第5章B)。幼児期の欲望とは何であるか？ それは母親によって与えられた原初的な満足の記憶に由来している。「乳房において飢えと愛とが出会う」という言葉に象徴されるように，生命を育む乳房のような何かを幼児は欲望するのである。フロイトの小さな甥が昼間嫌々ながら手放した「桜ん坊」を「白い兵隊」が食べたという夢が挙げられている。すなわちこの幼児は「桜ん坊」

という対象を白い兵隊として食べるのである。発達とともに，欲望の対象が近親相姦的なものにまで高められたとき，エディプス・コンプレックスが始まる。近親者が死ぬ夢はこの愛を妨げた者への仮借なき復讐であるとされる。「夢は願望充足である」とフロイトがいうときの願望は，幼児期における欲望を原点に持っている。夢の複雑さは原初において禁じられた欲望の対象に対する，自我の関係の複雑さを反映しているといえる。

歴史以前の時期の欲望の成就をめざす夢は，幼年時代の自己と夢を見る者との間にある存在の切れ目をつながりへと変換させようとする。しかし，夢からはかならず醒めることからわかるように，その存在の切れ目は現実的につながることは決してない。不可能なことを幻覚的に再現する夢は我々にとって一体どのような意味があるのだろうか。無意識における真実を自分自身の夢分析によって捉えようとし続けたフロイトは，本書全体を通じてこの問いに答えようとしている。フロイトが夢分析を通じて見いだした答えを炙り出してみるならば，以下のごとくであろう。

まず，夢のなかでは，フロイトが幼児性欲論において展開した「失われた対象」が姿を表している。ところがそれは部分的な対象であれ，エディプス的な対象であれ，常に消失したり，死んだ不気味なものとして示されているということは見逃せない。第4章にあるフロイトの女性ヒステリー患者による「薫製の鮭」の夢では，患者は，夫の誉めそやす友人に，薫製の鮭という対象を与えない。フロイトはここで，この患者は友人と同一化し，他者の立場から対象の喪失を再現することによって己の願望を充足していると述べている。つまり我々は夢のなかではひとりの他者として対象を求めるのである。また，対象が既に生命ではなく，不気味なものへと変容してしまっている夢がある。第2章で分析されるフロイトの「イルマの注射の夢」では，フロイトはイルマの口のなかに，「妙な縮れた形のもの」を見出す。フロイトは不気味なこの場面を分析がそれ以上進まない「夢の臍」であるとしている。これは「我々の存在の核」（第7章E）というべきものであり（ラカン），フロイト自身の死を象徴するこの不気味なものは，別の夢でも反復されている。フロイトが小麦で拵えた何かを食べようとして食べられず，台所の女中はもたもた団子を捏ねている，という夢がある。生命のようなものはここでは口に入らない。この団子の由来はかつて母が「人間は土によって作られる」ということを手の垢をこすって幼いフロイトに示したという記憶であった。こうしてフロイトは夢において，幼年時代に母のもとで生きていたはずの自分という対象がもはや生きていなかった (non vixit) ことを知らされ，自分自身の存在の核が土という非生命的なものとして示されることを見いだしたのである。夢が示すように，それは食べることによって生命のなかに組み込もうとしても食べられないものなのだ。夢を見る意義はこのような自身の死との対面であろう。

それでは，夢は願望充足ではないではないか，という批判もあるかもしれない。しかし，本書全体には夢の主題を示す「自分自身の事柄こそが問題である」（第6章G）という言葉，そして，夢が巡回する運命を示す「幼年時代はもうない」（第5章A）という言葉が響きわたっている。つまり，「あらゆる夢は自分自身を問題とする」（第6章C）のであり，それは幼年時代に満ちていた自己の生の痕跡によって，現在において欠如している自己の死を見いだそうとするものなのであれば，それもまた願望充足であるといわねばならないだろう。フロイトは既にこの著作の段階から「快感原則の彼岸」を見据えていたのである。

椿田貴史・新宮一成

[書誌データ] Sigmund Freud, *Die Traumdeutung*, Franz Deuticke, Leipzig und Wien, 1900; Gesammelte Werke, Ⅱ/Ⅲ, Fischer Verlag, 1942（『夢判断』フロイト著作集2，高橋義孝訳，人文書院，1969；『夢判断 上・下』フロイド選集11・12，高橋義孝訳，日本教文社，1969／1970；『夢判断 上・下』高橋義孝訳，新潮文庫，1957）．

クーリー Charles Horton Cooley (1864-1929)
『社会と我』 *1902年刊

本書(原題『人間性と社会秩序』)は『社会組織論』(1909)、『社会過程論』(1912)と並ぶクーリーの3部作のひとつである。本書において、クーリーは個人と社会を区分する従来の見方を否定し、社会は個人あっての社会であり、個人は社会あっての個人であることを強調する。そこから、かれは従来の自我論を批判して、自我の社会理論を展開する。

クーリーはデカルトの「ワレ思う、故にワレあり」がきわめて不満足な表現であると考え、ワレ意識が最初から存在するわけではなく、人間の成長がかなり進んだ段階においてはじめて現われてくるものであるとする。ここから、ワレワレ的、社会的側面を排除してワレ的、個人的側面を強調することは一面的であり、また個人主義的であると批判して、「ワレワレ思う、故にワレあり」として、ワレワレ的自我、社会的自我を解明すべきであると主張する。

クーリーが自分の子供の言語発達を観察したところ、ボクとかワタシというような人称に関する言葉はなかなか現われてこない。子供がその言葉を使うことはかなり難しく、すぐに用いることができない。これに対して、人形とか犬とかいうような事物に関する言葉は容易であり、比較的早く用いられる。それは大人の使った言葉をそのまま模倣すればよいからである。しかし、人称に関する言葉は単なる模倣によるだけでは意味をなさない。「キミは誰ですか」と聞かれて「キミは」で答えるわけにはいかず、その場合は「キミは」ではなく、「ボク(ワタシ)は」に変えて答えなければならない。このことができるようになるにはかなりの期間が必要であり、そのために子供は相手の立場に立って、相手との関連において自分を位置づける能力を獲得しなければならない。

そして、クーリーによれば、子供が自己主張するには他者を認識することが前提とされる。自己主張は他者に向かってなされ、他者によって理解されなければならない。ここにおいて子供のうちに自我の観念が生じてくる。自分の意志や感情を相手に伝えようとするときにボクやワタシが用いられるようになる。ボクやワタシという言葉は社会的な概念であり、それは他者とのかかわりにおける自我を表わすものである。人間の自己主張はこのように常に他者を考慮に入れるものでなければならない。そして、人間の自我は孤立した存在ではなく、他の人間とのかかわりにおいて社会的に形成されるものである。

このように、クーリーは自我の社会性についてG. H. ミードより早く、W. ジェイムズ以上に明確化した。ジェームズにおいて、自我は「知られるものとしての自我」である「客我」(Me)と「知るものとしての主我」(I)とに分けられ、さらに前者は「物質的自我」、「社会的自我」、「精神的自我」の3つに分けられている。そして、「社会的自我」は人間が他の人間から受ける認識によって形づくられる自我を意味し、自分を認め、心のなかでイメージをもつ他の人間と同数の「社会的自我」があると指摘している。ジェームズにおいては自我の社会性は「社会的自我」に関して問題とされているが、クーリーはそれを自我全体に押し広げ、またその内容を詳しく明らかにした。

そして、おそらくA. スミスに影響されて、クーリーは「鏡に映った自我」(looking-glass self)の概念を作り出している。スミスによると、どんなに利己的な人間でも他の人間に関心を持つものであり、とりわけ、自分の容姿や外見について他の人間の評価を気にしており、自分の身体を他の人々の目から見るように努力し、他の人間の評価によって自分のあり方を決めているものである。

クーリーによれば、人間は自分の顔や姿を自分で直接に知ることができない。しかし、鏡に映すことによって、自分自身の顔や姿の

具体的ありさまを知り，それによって喜んだり，悲しんだりする。このことと同じように，人間は他の人間のうちに自分を見る。他の人間のうちにイメージされている自分の姿，マナー，目的，行為，性格を想像を通じて自分自身が認識し，それによって自己の自我を形づくる。自我は「鏡に映った自我」として具体的に現われるものである。

そして，このような自我の他者とのかかわりは3つの側面において存在している。第1に，他の人間がどのように認識しているかについての想像によって，第2に他の人間がいかに評価しているかについての想像を通じて（これは鏡の比喩によっては知られないものである），そして第3は，これらに対して自分が感じる誇りや屈辱などの感情である。人間の自我はこのように他の人間の認識，評価，それに対する自分の感情からなっている。自我はこのような形において他者との関連において社会的に形成される。

したがって，クーリーにおいて，人間の自我認識の前提として他者の認識が必要とされる。そして，その他者の認識は自己の他者への「共感」（sympathy）を通じて行なわれる。他者の思考や感情を自分自身の思考や感情の助けを借りて理解することが「イントロスペクション」（introspection）であるから，それは「共感的イントロスペクション」（sympathetic introspection）と名付けられる。「共感的イントロスペクション」によって，人間は他者を知り，それを通じて自己を知りうるようになる。このような「共感」にもとづくコミュニケーションを通じて自己と他者とが結び付き，その過程において自我が具体的に形づくられることになる。

このように，クーリーは「鏡に映った自我」の概念でもって自我の社会性を的確に表現し，それによって従来の観念論的，個人主義的自我論を批判し，近代的自我論を乗り越える新しい自我の社会理論の出発点を形づくった。しかし，他方，クーリーにおいては，自我が自己感情に限定され，また，他者や社会が人間の主観的世界のなかに存在するものとされている。

クーリーによると，他者や社会は人間の観念あるいは想像のうちに位置を占めている。社会は私とか，トーマスとか，またヘンリー，スーザン，ブリジットなどと呼ばれる一連の観念が接触し，相互に影響し合うものとして，私のマインドのなかにあるものである。それはまた，同じような集合として，あなたのマインドのなかにも存在しており，同様に，あらゆる人間のマインドのなかに存在しているものである。そして，クーリーがいうには，人々が互いについて持っている想像が社会というものの確固たる事実なのである。クーリーにおいて，社会とは個人の思考の集合的側面となっている。

E. デュルケームの「モノとしての社会」という観念とはきわめて対照的に，クーリーにおいて社会は「メンタルなもの」とされ，人間のマインドのうちに存在しているものである。ここから，クーリーの社会観はG. H. ミードによってきびしく批判される。ミードによると，クーリーは自我を他者や社会との関連において明らかにしようとした点で大いに評価されるが，その場合の他者は想像によってとらえられた他者であり，他者についての観念を意味している。また，社会は人間の意識のなかの事象として「メンタルなもの」と考えられてしまっている。自我も他者も，そして社会も意識のレベル，マインドのなかにおいて考えられており，したがって，クーリーの考え方は主観主義的，観念論的，そして独我論的なものとなっている。

このようなクーリーの思考は，しかし，その後の社会学の発展に大きな影響を与えており，ミードの役割取得による自我形成論やH. ベッカーのラベリング・セオリーなどとして展開され，また，最近は，感情の社会学や認知理論からクーリーの理論の再評価の動きが出てきている。

[書誌データ] Charles Horton Cooley, *Human Nature and the Social Order*, Charles Scribner's Sons, 1902（『社会と我―人間性と社会秩序』納武津訳，日本評論社，1921）.

船津 衛

■ウェーバー Max Weber (1864-1920)
■『プロテスタンティズムの倫理と資本主義の精神』*1904-05年刊

　「宗教」を手がかりに「社会」現象を解明する視座の有効性を説得的に明らかにし、「社会学」をひとつの専門学科として確立させた。近代社会を成り立たす構造的要素を「資本主義の精神」と名づけ、次に「資本主義の精神」の核心を「職業観念」という価値意識、あるいは「職業人」という人間類型へと理論的に抽象化し、さらにこの「職業観念」(「職業人」)の歴史的起源を求めて、「プロテスタンティズムの倫理」の内包する「禁欲的合理主義」の決定的意義を究明する。

　資本主義という「俗なる」経済システムを解明するため、プロテスタンティズムという「聖なる」宗教倫理が引照され、議論は理論的な逆説という形をとる。「系譜学的な」議論の展開法は、近代の端緒の遡及的な確定が同時に、近代の行き着く先の見定めを可能にし、モダンの本質と変容を問う現代社会論に明確な答えが与えられる。このプロテスタンティズム研究は「世界宗教の経済倫理」と呼ばれる一連の比較社会学的研究を生み出すパン種となり、宗教を解き口に西欧文明・文化の特有性が印象的に描き出されている。本書は、理論社会学、現代社会論、比較社会学といった分野において決定的な影響を与え続けてきた現代に生きる古典といえよう。

　本書は「問題の提起」と「禁欲的プロテスタンティズムの職業倫理」という2つの章よりなる。第1章第1節「信仰と社会階層」では、プロテスタンティズム、カトリック、ユダヤ教といった宗教の相違によって、学歴達成、職業階層がどのように異なるかが、統計表を用いて議論される。高学歴の者および高い威信の職業従事者のなかには、プロテスタントの比率が統計的に有意なほど多いのはなぜなのか？　第2節「資本主義の『精神』」では、フランクリンの自伝を用いて「資本主義の精神」の素描が企てられる。近代社会は「資本主義」社会であるので、資本主義に適合的な生活態度（エートス）を内面化したもののみが高い地位につくことができる。「資本主義の精神」とは、つねに最高の利得（効用の極大化）を目指す人間一般を指すわけではない。こうしたエゴイスティックな人間は、高利貸しに見られるように、人類史が始まって以来、世界各地に棲息し、なにも近代西欧に特有な人間類型ではない。ウェーバーの規定する資本主義の「精神」とは、資本を増加させることを「義務」とみなし、合理的な選択を行わない人を愚鈍であるにとどまらず義務忘却者として「倫理的に」非難するような生活態度である。営利は物質的欲望を満たすための手段ではなく、それ自体が人生の目的となる。人間的幸福や快楽の一切を拒絶しひたむきに貨幣の獲得を追求する人々が作り上げるのが、近代に特有な「市民的」で「合理的な」資本主義である。こうしたタイプの資本主義は西欧近代に初めて生誕した。人間的自然を基準にすれば倒錯し無意味にしか思えないこうした価値観はいかにして成立したのか。第3節「ルターの職業観念─研究の課題」によれば、その起源はルターの「職業」Beruf観念に求めることができるという。ルターは世俗的職業に励むことこそ、宗教的使命であると断言する。「職業」は神の命令＝「天職」にほかならない。ルターは宗教改革の立役者であるが、ルター派よりもプロテスタンティズムの本質は、カルヴィニズム、敬虔派、メソジスト、再洗礼派およびゼクテといった諸宗派の中に典型的な形で現れている。

　第2章第1節「世俗内的禁欲の宗教的基盤」では、プロテスタンティズムの宗教信仰がいかなる職業倫理を生み出すかが立ち入って検討される。一切を上げて「使命としての職業」に邁進する生活態度は、宗教倫理として見れば、「世俗内的禁欲」と規定することができる。この世俗内的禁欲という生活態度の含意する宗教的意味が、とりわけカルヴィニズムの「恩恵による選びの教説」のなかで、

極めて印象的に浮き彫りにされる。最後の第2章第2節「禁欲と資本主義の精神」では，プロテスタンティズムの禁欲という宗教倫理が，歴史的経過の中で，「資本主義の精神」というまったく世俗的な倫理へと転変していったありさまが，リチャード・バクスターの説教本などを用いて，概括的にたどられる。世俗的な職業は，かつては，自己の信仰を証し立てるために人々に必要であった道具立に過ぎない。一切は神の栄光を増大させるという宗教的光により判断されていた。職業の成功は，しだいに，自分が救われていることを自分や他人に示すための「実在根拠」と取り扱われるようになる。職業的な成功者は，いまや，宗教的な成功者＝神に最も近い者と見なされる。職業生活のあり方が宗教状況を決定するのである。宗教は経済活動を正当化するための手段に成り下がるが，依然として正当化のための必須不可欠の資源をなす。宗教性と世俗性とはあいかわらずメダルの両面をなすが，重要度は逆転する。この局面で生ずるのが「資本主義の精神」である。

宗教観念の世俗化が一層進行すると，人が「職業人」となるために，宗教的な意味づけを一切必要としなくなる。自然的欲望を断念して職業に邁進するのは，そうしないと社会の落伍者になるからである。外的強制ゆえに人々は職業人になる。禁欲はかつての宗教的意味づけを失い，「現世支配の合理主義」の一こまとして正当化される。禁欲が要請されるのは，効率的で確実な目標達成を可能にする重要な特性だからである。職業は，効率性や確実性を競うスポーツのようなものとなる。私たちが生きているのは，もはや禁欲の意味が詮索されない禁欲的な文明の時代である。職業の倫理的支柱が取り払われ，「精神のない専門人あるいは心情のない享楽人」がこの世を支配する――こうした悲観的展望の中で議論は閉じられる。

本書は，1904年から05年にかけてまず雑誌論文として書かれたが，その後，1920年に『宗教社会学論集』に収録し刊行される際，「世界宗教の経済倫理」と呼ばれる一連の研究成果を組み込む形で，大幅に増補改訂されている。改訂に際しとりわけ注が大幅に書き足されている。「資本主義」にかわり「合理主義」がキーワードにされ，プロテスタンティズムのはらむ合理主義の個性が，アジアの世界宗教との比較およびキリスト教の歴史社会学という複合的視角から，詳しく論じられている。注の量の膨大さ，内容的な高度さは読者を圧倒し，本文の行論をしばしば見失わさせる。『宗教社会学論集』全3巻のなかで本書と最も密接な関連を持つのは『プロテスタンティズムの教派と資本主義の精神』である。タイトルも改訂時期も類似した『ゼクテ論文』と略称されているこの論文は，プロテスタンティズムの内包する政治的・社会的な倫理をアメリカ合衆国を舞台に描き出す点で，内容的にちょうど相補的な位置にある。両者は一対のものとなって，『儒教と道教』『ヒンドゥー教と仏教』『古代ユダヤ教』といった一連の研究の出発点を形作っている。

読み手の座標軸が，「プレ・モダンvsモダン」から「モダンvsポスト・モダン」へと移り変わるにしても，本書で展開されているモダンのバランスシート（射程と限界）に関する透徹した議論は，依然として有効であろう。
厚東洋輔

[書誌データ] Max Weber, *Die protestantische Ethik und 〉Geist〈 des Kapitalismus*, 1904-05, Archiv für Sozialwissenschaft und Sozialpolitik, Bd. 20-21; in Gesammelte Aufsätze zur Religionssoziologie, I, J. C. B. Mohr, 1920（『プロテスタンティズムの倫理と資本主義の精神』梶山力・大塚久雄訳，上・下，岩波文庫，1955；大塚久雄訳，岩波書店，1989；梶山力訳・安藤英治編，未来社，1994）．

ジンメル Georg Simmel (1858-1918)
『**社会学**』＊1908年刊

　ゲオルク・ジンメルの「形式社会学」を示す代表作。彼の社会学上の最初の著作『社会分化論』については社会学的な観点の不明瞭性を指摘する批判もあり，彼は当時の文化科学や経済学の方法論をめぐる論議の影響のもと，1894年に「社会学の問題」によって「社会において『社会であるもの』」を「社会化の形式」に求め，社会学はこれを研究対象として個別科学となることができると主張した。これが社会学界に歓迎され，彼はこれを具体的に示す研究に従事し，これらの研究が集大成されたのが本書であるが，彼は新しい「形式社会学」の開拓者として，当時は一般に理解されなかった社会化の形式を「主題をできるだけ異質的にえら」んで示すという方法をとり，そこから多種多様な問題が考察される。それをよく示すのは本書の次の目次である。

第1章　社会学の問題
　　　　いかにして社会は可能であるかの問題についての補説
第2章　集団の量的規定
第3章　上位と下位
　　　　多数決についての補説
第4章　闘争
第5章　秘密と秘密結社
　　　　装身具についての補説
　　　　文通についての補説
第6章　社会圏の交差
第7章　貧者
　　　　集合的な行動様式の否定性についての補説
第8章　社会集団の自己保存
　　　　世襲官職についての補説
　　　　社会心理学についての補説
　　　　誠実と感謝についての補説
第9章　空間と社会の空間的秩序
　　　　社会的環境づけについての補説
　　　　感覚の社会学についての補説
　　　　異郷人についての補説
第10章　集団の拡大と個性の発達
　　　　貴族についての補説
　　　　個人心理学的関係と社会学的関係との類似についての補説

　以上のそれぞれが古典的業績として，これまで多くの人によって考察されてきた。そこで全体について注意すべき点のみをみれば，第1章「社会学の問題」は，形式社会学の立場を明らかにする。彼によれば広義の社会は人びとの相互作用，すなわち社会化過程からなるが，分析的にはそれが示す社会化の形式と，この形式によって実現される内容とに分けられる。たとえば同じような上下関係の形式が企業と政党にみられ，企業と政党とがそれぞれの目的を時に競争の形式により，時に協力の形式により達成するなどであり，これらの形式のみが「社会を社会とするもの」，つまり狭義の社会であり，これを対象にすることによって社会学は個別科学となることができる。これは幾何学がさまざまな質料からなる物体から抽出した形式のみを対象とするのと同じである。こうして社会学は対象を社会化の形式へ限定することによって，相互作用の微視過程に注目し，微視社会学への道を開くことになった。これはわれわれには周知であるが，巨視経過の把握が主流をなした当時では彼は「心理学的な顕微鏡」を必要とし，「直感的な処置」もやむをえないとした。

　ところで相互作用は後に「心的相互作用」と表現されるように，当事者の相互の心的な作用であり，そこから当事者のあいだに意味の世界が展開される。これについてのジンメルの「心理学的な顕微鏡」や「直感的な処置」によるすぐれた考察は，今日では一部からは方法的には「現象学的」，内容からいえば「モデルネの社会学」と評価されている。

　第2章以下の目次をみれば，ここには通常の社会学の概論書にみられる家族や企業や国家などの具体的な集団はまったくみられない。これらも文中では例として言及されてはいるが，考察の対象としてあげられていないこと

は，社会学の研究の「社会化形式」への限定がここにつらぬかれていることが示される。したがって第2章と第10章の「集団」も，相互作用の結晶としての集団であり，内容は問題とされない。この点では第5章の「秘密結社」も，「秘密」という相互作用の形式を共通にする人びとの結社であり，秘密の内容や結社の目的などは問題とされていない。

次に第1章を含めてここに集められた論文は，多くはこれまでに雑誌に発表され，独立の論文として読まれ，それだけに本書全体は論文集として理解され，補説を含めての多彩な題目に，「すぐれたエッセイスト」の評価とともに「断片的」で「体系を欠く」という批判をまねいた。しかしジンメルの純然たる論集のばあい，たとえば『哲学的文化』(邦訳名『文化の哲学』)には章や節の区分がない。したがって章別はたんに論文の順序を示すのみでなく，内的な関連を示すものと理解される。この観点から見ると第2章以下は基礎的な社会化形式から複雑な集団を含む問題へ展開し，カントの直感形式の時間と空間の問題を経過し，第10章「集団の拡大と個性の発達」に終わる。この章名は第6章とともに『社会分化論』の同名の章の拡充であり，さらに第2章「集団の量的規定」は名称は異なるが『分化論』第2章の拡充とも読め，これらに注目すれば本書は『分化論』の問題の継承と発展としても読むことができる。

もちろん社会学の対象を社会化の形式とすることによって「上位と下位」や「闘争」などと考察の対象は拡大した。しかし第2章は関係や集団の成員数が，当事者と相互作用と集団にどう関係するかを検討し，考察が単独者から2人結合と3人集団をへて小集団と大集団との対比へ進み，そこで「大きな圏は……より大きな自由と可動性と個性化とに関連」すると読むとき，明確に終章「集団の拡大と個性の発達」と対応し，詳細に説明する紙面はないが他の各章も，対象とする社会化形式の類型のなかに，いかに個性が分化してあらわれるかを中心に，終章へとつながる考察が含まれている。もちろんそれぞれの章は独立の論文としても読むことができるが，しかしそれらはそれぞれの独立の大河が海へ注ぐように終章へ収斂する。したがって本書はやはり『分化論』の発展とも理解できる。なお各章の補説は本文の補説であるが，これまた多くは独立の論文として発表され，逆に独立の論文として読むことができる。

ところでM.ウェーバーが研究対象の特性を理想型によって示そうとしたが，ジンメルはそれを極端に表現している現実の実例によって示そうとした。たとえばだれにも見られる自己隠蔽と自己誇示とを「秘密」と「装身具」に考察し，われわれが集団において占める「内と外」の二重の地位を「異郷人」や「貧者」に見るといった例であり，このことは多くはそれらの分析において説明されているが，ウェーバーの理想型のようにまとまった説明がなく，それぞれがすぐれた分析であるため独立の業績として読まれてもいる。

彼の理論はドイツでは「ドイツ形式社会学」に継承され，アメリカのシカゴ学派に大きな影響をあたえた。最近は彼の「現象学的」な「モデルネの社会学」が注目されつつあることはすでにみたが，他の主な影響をみれば，彼は微視社会学の開拓者として「小集団の社会学」の先駆とされ，「相互作用は交換とみなすことができる」という見解によって「交換理論」の創始者とされ，また闘争の遍在性の認識によってマルクスとともに「闘争理論」の代表ともみなされる。さらに彼は「社会のなかのもっとも重要な結合力」としての信頼Glaubenを重視し，本書や『貨幣の哲学』の各所に信頼について論じ，この信頼が絶対者にむかうばあい「信仰Glauben」となり，宗教が成立するとして「宗教の社会学のために」(1898)という論文を書き，さらにこれを『宗教』(1912)に詳論したことはあまり知られていない。いわば彼は「宗教社会学」の創始者のひとりでもあった。　訳者要約

［書誌データ］Georg Simmel, *Soziologie. Untersuchungen über die Formen der Vergesellschaftung*, 1908; 5. Aufl (『社会学』上・下，居安正訳，白水社，1994).

デュルケーム Emile Durkheim (1858-1917)
『宗教生活の原初形態』*1912年刊

本書はデュルケームが在世中に単行本として刊行した著作としては、『社会分業論』、『社会学的方法の規準』、『自殺論』に続く第4作目の、そして最後の作品にあたる。デュルケーム晩年の大著であり、彼の社会学の総決算的な位置を占めている研究である。また、ここでは宗教が社会学的主題として正面から取り上げられるが、宗教社会学という学問分野にとっても、(その内容はある意味で対照的であるが) M. ウェーバーの『宗教社会学論集』(全3巻)と並んで、その学問的基礎を作った意義深い業績である。

この著作で分析の俎上にのせられるのは、オーストラリアの先住民・アボリジニーにみられるトーテミズムと呼ばれる宗教現象である。当時の人類学では、その生活様式からみて、アボリジニーは現存する世界の民族のなかで最も原始的な民族の1つとされていた。デュルケームがアボリジニーの社会を研究対象に選んだのは、こうした最も原始的な民族のなかに最も原始的な宗教の姿をみることができると考えたからである。ではなぜ最も原始的な宗教を研究しようとしたかといえば、それはそうした宗教のなかにこそ宗教の本質がはっきりと表れていると考えた為である。この著作はアボリジニーのトーテミズムに関するかなり詳細な記述と分析から成るが、目的はけっして特殊な一民族の特殊な一宗教の個性を記述することにはない。むしろその社会学的分析を通して、一挙に宗教そのものの本質、さらにいえば、社会そのものの本質の解明を目指すのである。

本書は「探求の対象」と題された「序論」、宗教の定義を下すとともに、従来の宗教起源説を批判した「第一編、前提問題」、トーテム的信念とその起源を論じた「第二編、原初的信念」、トーテミズムに関する儀礼について体系的に分類し分析した「第三編、主要な儀礼的態度」、そして最後の「結論」から構成されている。

第一編でまず彼は、従来の宗教の定義を批判しつつ、自らの宗教の定義を試みる。宗教の定義にしばしば用いられる「超自然」の概念は、知的文化が一定程度発達してから生じたと彼はいう。また、「神性」の観念については、仏教のようにそれを欠く宗教があると指摘する。むしろ世界を「聖」と「俗」の2つの領域に分けるところに宗教の特質があるという。この2領域の関係は、聖物は俗物から禁止によって隔離されるという点で絶対的異質性のそれである。さらに宗教には、個人的顧客を相手にする呪術と異なり、信者どうしを共通の信仰によって結び付ける働きがあるという。かくして「宗教とは、聖すなわち分離され禁止された事物と関連する信念と行事との連帯的な体系、教会と呼ばれる同じ道徳的共同社会に、これに帰依する全ての者を結合させる信念と行事である」という有名な宗教の定義が導かれる。従来主流だった主知主義的な宗教の定義に対し、禁止や分離といった行動的側面が重視されていること、また、教会といった宗教の集団的な働きや側面を重視しているところが特徴的である。

第二編からトーテミズムの分析に入り、まずその信念の内容の解明を試みる。トーテミズムでは、一般的に何らかの生物種(トーテム)と氏族などの社会集団の間に、祖先と子孫といった特別の親族的関係があると考えられ、その成員には自分達のトーテムを殺したり、食べたりすることが禁止が課せられる。このように各トーテム種はそれを戴く集団にとって聖なる存在とされるが、しかしなぜそうなるのかはそれ自身の持つ性質からは説明が困難である。そこでデュルケームはトーテムは他の何か聖なるものの記号、象徴として崇拝されていると解釈する。そしてそれは社会そのものの象徴、いわば「氏族の旗」に他ならないと結論づける。つまりそれぞれの氏族たちはトーテムという互いを区別する徴を

通して，実は自分たちの社会そのものを崇拝していると解釈する。神は社会であるというのである。実際，社会は我々に永遠の依存，道徳的権威など，神が信者に呼び覚ます感覚を全て備えているではないか，と彼はその解釈の根拠を説明する。

第三編では上述の観点から儀礼の意義が分析される。デュルケームは儀礼を分析上，タブーなど聖と俗を分離する消極的儀礼，祝祭など信徒を聖に接近させるための積極的儀礼，葬儀など悲哀のなかでおこなわれる贖罪的儀礼に分類する。なかでも成員の心に聖なる存在としての社会というものをしっかりと定着させる上で，積極的儀礼の役割が重視される。アボリジニーは普段は小さな集団に分かれて生活している。その俗なる期間のあいだ，彼らは氏族や部族全体のことは考えない。ところが休祭日になると，彼らは集まってきて，高揚した集団祭儀の生活にはいる。こうした聖なる期間，彼らの意識は共通の信念，共通の伝承，先祖の追憶などの集団の理想や，豊かな収穫，順調な天候，動物の繁殖などの公共の利益の観念に強く支配されるようになる。このように社会が社会としての働きを保つためには，それは定期的に成員の集合感情を盛り上げる必要がある。そしてそれは季節ごとの宗教的祭儀の集団的高揚（「集合沸騰」）のなかで達成されるのである。ここでは宗教祭儀のもつ社会創出，社会統合のダイナミックな働きが強調されている。

結論ではそれまでのトーテミズムに即した議論が，宗教一般，社会一般に関する議論に拡張される。そこでは，科学のカテゴリー，技術，道徳と法律などほとんど全ての社会制度が宗教から生まれたこと，宗教はけっして幻想でなく，社会という一種独特な実在に基礎を置くこと，近代にみられる個人的礼拝は社会の集合力が個人の内面に個別化したものと理解すべきであり，ここでの主張と矛盾しないことなどが述べられている。

本書で展開されたデュルケームの宗教社会学理論は宗教の社会統合の機能を強調した代表的議論として，宗教の社会変革の働きに注目したM．ウェーバーの議論としばしば対比される。また一般的に宗教の存在理由をその社会秩序への貢献に求める機能主義的な宗教理論に強い影響を与えたと評価されている。ただ彼自身は単に宗教が社会統合の働きをもつと述べたのではなく，それ以上のことを主張している。宗教は彼にとって社会の道徳的統合の力そのものなのである。もっともその論証はいささか強引である。また，その断定的表現は宗教の社会還元論であるとの批判を受けてきた。だがあえて弁護するなら，むしろ彼は社会というものが人間が生物的あるいは利己的自己を超越する有力な媒体となると主張したのだと解釈できる。つまり宗教の社会性だけでなく，社会の宗教性，聖性に鋭く目を向けたのである。T．ルックマンなど，そうした観点から本書を再評価する動きもある。実際それが個人を越える「社会的なるもの」の本質を窮めようとした彼の生涯の研究テーマに即した理解のしかただと考えられる。

他方，デュルケームの聖概念のうち，道徳秩序創出的側面よりも，熱狂，興奮，浪費，破壊など俗なる日常性からの逸脱の側面をクローズアップし，展開をはかろうとしたのが，R．カイヨワ，G．バタイユらであった。彼らは祭，戦争，消費（消尽），全体主義的権力などの現代的諸問題をその「聖の社会学」という枠組みで解剖しようとした。

また，デュルケームは本書でトーテムを差異を表す記号として解釈するなど，記号論的アプローチの先駆ともいえる考え方を提示している。記号論や構造主義の台頭とともに，レヴィ＝ストロースの『野生の思考』や『今日のトーテミスム』にみられるように，彼のこうした側面を継承する動きもある。　対馬路人

[書誌データ] Emile Durkheim, *Les formes élémentaires de la vie religieuse: le système totémique en Australie*, Felix Alcan, 1912（『宗教生活の原初形態』古野清人訳，岩波書店，1941-42；改訳：1975）．

ウェーバー Max Weber (1864-1920)
『社会学および経済学の「価値自由」の意味』*1917年刊

　1913年の社会政策学会委員会のために提出された価値判断についての討論意見書に加筆したもの。ウェーバーは社会政策学会における価値判断論争に，価値判断排除派の中心人物として，積極的に関与した。この関与には，ウェーバーの学問観そのものからくる必然性があった。彼の学問観の前提となっていたのは，客観的な統一的意味の崩壊と文化価値諸領域の自立化，そしてこれらの帰結としての価値の多神教的状況の認識であった。このことは，認識の背後に自明のごとく客観的意味の存立を想定することで認識と価値の一体性を前提していた19世紀の科学観の成立を根本的に不可能にしてしまう。それゆえウェーバーにおける19世紀の歴史主義と自然主義の批判，ならびにそれらにかわる新しい人間科学の構想は，なによりも「認識と価値」の区別と関係の再定式化を主眼として展開された。その意味で，社会政策学会における価値判断論争は，彼の学問観のこの要点にかかわるものとして，看過しえない重大な事柄であったのである。

　論文は，大学の教壇での価値判断の排除をめぐるいわゆる教団禁欲論と，学問の論理学的公準としての価値自由論の2つの論述から組み立てられている。

　教壇は，本来，社会的，実践的な公共の場の一種であって，ここで価値判断を控えるべきか否かは，それ自体一個の価値評価の問題である。とすると，ウェーバーはなぜ教壇禁欲という倫理的要請をつよく主張したのであろうか。ここで前提となっているのは，まずドイツの大学の権威主義的性格である。そこでの教室は，討論不能の，国家によって権威を認定された特殊な空間である。このような空間において，教師は，いわば恣意的な裁量権をもったヘル（主人）として君臨する。ウェーバーは，このような権威主義的空間において教師がそれ自体まったく個人的，主観的でしかない価値判断を披瀝することを，強く否定する。彼は教壇をあくまで専門的事実認識の教授と学問的訓練の場として（のみ）規定しようとするのである。なぜか。それは，教師の教壇での価値判断が，それが提示される場の権威主義的性格により，結果として無防備で未熟な学生たちの人格としての倫理的決定権を致命的に蹂躙してしまうおそれがあるからである。つまりウェーバーがその教壇禁欲論の主張において，同時に問題としていたのは，いかにして人格の倫理的決定主体としての権限と尊厳を守り育てるか，ということであった。彼はこの尊厳の保証のためにこそ，教師は教壇において価値評価を抑制すべきであり，仮にどうしてもそれができないときには，事実認識と価値判断の区別をそのつど学生に明示すべきであると考えたのである。

　認識の論理学的位相において要請される価値自由の原理的意味は，まず第1に事実命題と規範命題の論理的相違のことである。ウェーバーは人間の歴史・社会的行為の学の構想にさいし，H.リッカートの価値関係論を前提としており，対象選択や概念形成の指導原理として価値関心の関与を認めていた。それゆえ科学が実質的な認識過程において価値と密接に結合していることは，彼にとって自明のことであった。だからこそ，彼にとって認識の客観性を確保するため2つの命題の論理的相違が重要となったのである。ウェーバーにとり，科学とは，方法の規律化による因果的な事実認識である。科学の職務のこのような限定は，倫理的決定権の主体への還元の主張と表裏であり，これは教壇禁欲論のばあいと同じ論理である。ところで科学の方法的規律の順守は，それを実行する主体側の習練を必要とする。つまり方法の規律化は人格の規律化，換言すればエートスを前提とする。その意味でウェーバーのいう価値自由は，存在と当為の論理的区別の承認であると同時に，さらに科学という固有の文化価値領域を実現

しようとする主体的態度の要請でもある。

このような価値自由の基本的意味は，論文においてその表題にもかかわらず，じつは主題的にまとまって論じられているわけではない。というのも，それは，論文のポレミカルな性格にあわせて，認識と価値評価をめぐる当時の何点かの具体的争点を論評することを通して，断片的に語られているからである。これらの争点のうち，とくに次の2点の議論が重要である。

(1)発展傾向への適応や歴史の進歩といった科学的とされる流行の諸概念の是非をめぐって。現実の発展傾向への適応を語る議論にたいしては，ウェーバーは，心情倫理的行動の可能性を示すことで，適応の名のもとに特定の行為を暗黙のうちに正当化することの似非科学的欺瞞性を指摘する。他方，適応概念と同様に評価的契機を含蓄する進歩概念をめぐっては，彼は，心的機能の分化を主体の美学的洗練ととる立場や芸術史への進歩概念の適用への批判的検討を通じて，価値自由な事実認識に限定された進歩概念ははたしてありうるのかを問う。彼によれば，それは唯一，技術的，合理的な意味でならば可能である。ウェーバーは，自己の合理化論を念頭におきつつ，この「整合的」な合理的行為が，価値観点形成ならびに発見法的な理論構成においてはたす決定的に重要な意義を語る。

(2)価値自由の科学は人間の主観的価値評価を研究対象とはしえないという主張をめぐって。ウェーバーはこれを素朴な誤解として退けるが，その議論を通して，経験的学科がその限界内でなしうる価値をめぐっての認識が，いかなる積極的意義を持ちうるかを論じようとする。ウェーバーは，W. ディルタイの理解論を批判的に修正して受け入れることで，これを人間の行為の概念的で因果的な説明の論理に組み入れた。それゆえ彼にとっての歴史・社会認識は，人間や文化の価値や意味を，不可欠の研究対象とするのである。この経験科学的な価値認識は，ウェーバーにおいて，人間学的，認識論的の2つの局面において意義づけられる。(a)人間学的意義：この価値認識は，人間を現実と価値の二元的緊張のなかにおくことで，彼が倫理的責任主体であることを援助しうる。ウェーバーは，この意義を価値議論とよぶ。価値議論とは，具体的には，行為の不可避な手段と副次的結果の明示，ならびにそのつどの行為が仕える究極の価値とその一貫した帰結の教示からなる。(b)認識論的意義：この価値認識は，価値関係の実質的前提である，対象において実現されている可能的な文化意義の考察に貢献しうる。ウェーバーは，この意義を価値解釈とよぶ。彼は，普遍的価値哲学を要請したリッカートとちがって，価値関係を徹底して主観的な価値関心に依存するものと考えていた。

ウェーバーの以上の教壇禁欲論と価値自由論は，その後非合理主義的，美学主義的な知の革新論やマルクス主義，フランクフルト学派などによって，科学の技術主義的正当化によって科学を近代文明とその支配者層に奉仕せしめるものとして，きびしく断罪されつづけてきた。しかし彼の議論の本来の主眼は，認識の技術的応用の素朴な科学主義的絶対化にあったのではなく，科学を価値自由な因果的事実認識に限定することで，同時に責任をもった倫理的人格性を保証し促進するという点にこそあった。このような「認識と人格」という問題そのものは，過剰に合理化された社会機構のなかで個々人が主体的な人格性を保持しえないという近代社会の最も重大な矛盾の克服の方途にかかわる問題として，今日でも依然として重要な思想的論題である。

厘　茂・厚東洋輔

[書誌データ]　Max Weber, Der Sinn der 》Wertfreiheit《 der soziologischen und ökonomischen Wissenschaften, Logos, Bd. Ⅶ, 1917, 40-88; in: *Gesammelte Aufsätze zur Wissenschaftslehre*, 1. Aufl., 1922, Mohr, 4. Aufl., 1973（『社会学・経済学の「価値自由」の意味』木本幸造監訳，日本評論社，1972；『社会学および経済学の「価値自由」の意味』松代和郎訳，創文社，1976）.

マッキーヴァー
Robert M. MacIver (1882-1970)
『コミュニティ』*1917年刊

学説史上はじめてコミュニティの本義をアソシエーションとの対比により主題とした社会学の大著。マッキーヴァーは，同書で体系づけられた理論により社会学の一般＝基礎理論を構成し，それにもとづき国家や政府，政治権力，さらに社会病理や福祉，ソーシャルワーク等について該博な理論展開を行った。とりわけ本書には国家論や政治学にたいし社会学的な転換を促す重要な意義がある。

本書はコミュニティという，今日もなおきわめて多義的かつ不明確でもある語の意味を原義にかえって問い直し，現代的に重要な意義を確かめようとするとき必読すべき原典ともいえる。コミュニティ（＝ゲマインシャフト（独），あるいは共同体）の研究は，ごく大まかに(A)それを社会論または歴史理論を構成する1つの鍵概念とする系譜と，(B)地域社会研究の系譜とに分けられるとすれば，マッキーヴァーのコミュニティ論には(A)から(B)への関心の比重の変化がみられたとはいえ，基本的にその本領は本書にみる(A)の独自の理論化のうちに発揮されている。そのユニークさが集約された本書には同時に，その社会理論により個別的な社会諸科学を包括するコミュニティ科学として社会学を原理的に体系づけようとする総合学的狙いがある。本書でのコミュニティの概念の核は「共同生活の領域」である。その領域で人々は(1)共同生活の基本的諸条件を分有し，(2)活発かつ自発的に相互に関係し合い，(3)その領域で生活の一切が包括的に充足される。(4)個人サイドからすれば，その領域はムラであり，マチさらにクニ（country-nation）であり，その所属にかんしては同心円的である。その構成は社会的には全体として複合的で重層的である。そのような全体性が選択的に強調されれば，コミュニティは全体社会であり基礎社会であるともいうことができる。

しかし，本書において強調されるコミュニティの特徴は同時に，(イ)コミュニティの概念の意味の基本が「地域性」というよりも「共同性」にあるということである。しかも(ロ)その共同性は「生活」のそれが基本的と考えられ，さらに(ハ)その「共同」の意味のうち諸個人の「共＝協」が「同＝同一化」よりも重視されることに特徴がある。そうして(ニ)共同に生きる「人間」を「意志」や，さらに「生」全体の深みにおいて問題とするところに格別のユニークさがある。しかし(ホ)その意志はテンニースにおけるような「本質意志」というのではない。「意志」は，意志主体として諸個人を互いに関係させる活動源泉として重視される。共同性は，そのような関係の連鎖と，その領域の「共同性化」の程度と範囲により識別されうる在りよう＝共同的な関連様態，すなわち共同態である。

本書では，そのような関係が諸個人の何らかの関心（interest）の充足過程であることが強調される。その関心には類似 - 共同関心と，特殊 - 分有関心とが区別できる。前者には，人間がみな有機体として基本的に生き，有機体の生存上の諸条件に規定されながらもその条件づけを超えようとする人間の精神的関心 - 活動や心的関心などが重視される。

この考えから，生活の共同性化には，そのような関心の類似 - 共通性にもとづき人々が，共同関心を互いに実現し充足しようとする相互化的諸活動が不可欠であるとされる。そのような共同関心の充足過程を前提として，人々は，それぞれに特殊 - 個別的諸関心により機能的にさまざまなアソシエーション（association）＝機能集団を組織し，それらに各様にいわば分属することになるのであるが，重要なことは，人々はコミュニティの成員としてアソシエーションをつくり成員となるのであり，いずれかのアソシエーションの成員としてコミュニティに属するのではないということである。

本書では，そのように諸個人の諸関心が共

同的に，そうして，その共同性のもとに各自個別 - 特殊的に充足されるような関心による関係の網が「無限に拡張可能」であることが強調される。そこで重要なことは「世界の果てにまで拡がる」コミュニティの領域として特定の社会関連の網の諸核が識別されなければならないのであって，その識別の指標として客観的な「地域性」と，主観的な「コミュニティ＝共同 - 共属感情」＝われわれ感情があげられる。このうち基本は「共同生活」により可能な主観的な共同性である。同じ地域に近接して居住し共棲はしていても，互いのあいだの生活の共同性化による共属の感情や共感がみられなければ，その地域はコミュニティとはいえないからである。要するに，地域社会即コミュニティではないのである。コミュニティ化の程度や範囲はさまざまであり，それは自然に生じるのが普通であろうが，重要なのはコミュニティをつくろうとする人々による主導的「意図的な試み」である。

本書のおよそ5分の1は，コミュニティの発達の基本法則の論述に当てられている。その狙いは，宝石が鉱石の不純物から純化されて取り出されるように，コミュニティの本質も歴史的な社会変化 - 進化のなかから顕現され，その本質が社会的現実の構成のうちから不断に更新される力となる過程を論証しようとするところにある。マッキーヴァーは，その本質を日常的な「関係」のなかでの「人格」を中心に考え，「人格」は人々の個性化と社会化とが相互に密接に依存し合い，また，それぞれがその度合いを増すなかで個性と社会性とを要素とするパーソナリティが発達し，そのなかでコミュニティが発達すると説く。コミュニティの発達はパーソナリティの発達を促すことになるのであり，個性化とは，人々がより自律的となり一段と独自のパーソナリティが形成されることを言う。社会化とは人間が社会的に一層の関連を深め社会関係がより複雑かつ広範囲になる過程，つまり人々が対人的な関連を増大させ発達させることにより，その過程を通じて生活の充実性を高める過程をいうのである。コミュニティの発達は同時に，分化と拡大という視点からも論証される。分化は，コミュニティ内に機能を異にしたアソシエーションがそれぞれに独自性をもって無数に現れる過程により特徴づけられるのであり，パーソナリティの成長も，その過程と相関的である。アソシエーションの分化と拡大により，より大きなコミュニティの形成も可能とされ，それは全世界にまでグローバルに拡がる。コミュニティの本義が，それの世界的な拡大過程のなかで論述されているところに他の類書にない本書のユニークさがある。

本書の中心主題は，このように個人化と社会性が相互密接に依存し合う社会発達の基本法則と同時に，国家が何であり，国家や政府が社会全体の構造あるいは枠組みを構成する他の諸アソシエーション＝諸組織にたいし，いかに関係するかの論究にある（第4版序）。その論及のなかで，まず新ヘーゲル派の国家論がギリシア都市をモデルとし狭い領域内の民主主義をもって現代国家を論じたことに批判を加える。同派の議論には国家とコミュニティ＝社会とが区別されないことにも問題がある。

マッキーヴァーは，本書の論旨にもとづき国家絶対主義による主権国家論を批判し，民主主義社会の成立基盤として多元的国家論を主張した。その主張に関しては個人主義的でリベラルな国家論者のラスキやコール等とも考えは同じである。しかしマッキーヴァーの考える国家はアソシエーションの連合態というのではない。彼はコミュニティの共同意志の表現「器官」としての国家の社会的機能を強調し，福祉国家的な国家観を論策した。さらに政府や政治権力，文化等々の問題についても他の著作において論じたが，いずれも論拠は本書に求められる。　監訳者（中 久郎）要約

［書誌データ］Robert M. MacIver, *Community: A Sociological Study*, Macmillan, 1917（『コミュニティ』中久郎・松本通晴監訳，ミネルヴァ書房，1975）.

トマス William Isaac Thomas (1863-1947),
ズナニエツキ Florian Znaniecki (1882-1958)
『生活史の社会学』*1918-20年刊

　自伝を含む個人的記録を利用し，資料と理論との統合をはかろうとしたアメリカにおける経験的社会学研究の古典。社会学をそれまでの抽象的理論や文献研究ではなく経験的世界の研究としてとらえ，しかもたんなるモノグラフの記述にとどまらない理論化への指向を独自の方法論で探った。本書（原書）は2244頁にも及ぶ大著で，第1部「第一次集団組織」，第2部「ポーランドにおける解体と再組織化」，第3部「アメリカにおける組織化と解体」，第4部「ある移民の生活記録」の4部構成になっている。第1部の冒頭には，価値・態度の理論，4つの願望説で有名な「方法論ノート」が付されている。

　本書の内容と意義を，理論，調査方法論，実践的・理論的な影響という3点から順にみていく。まず，理論的なまとめとしての「方法論ノート」は，社会現象の説明を個人ではなく社会的なるものに求めようとしたデュルケームの『社会学的方法の規準』を意識し，それに批判的な意図で書かれている。著者は，社会生活の客観的文化的要素を「社会的価値」，集団成員の主観的特徴を「態度」に概念化し，社会学的説明は価値と態度の組み合わせ，すなわち客観的組織と主観的経験の相互作用に求められると説く。この価値と態度を行為者が反省的にとらえなおして行為に移す際に「状況定義（状況規定）」がおこなわれる。さらに，個人の欲求と社会の規制を分類する重要な概念として4つの願望をあげる。新しい経験，安全，応答（「方法論ノート」では〈支配〉，自伝の脚注では〈応答〉が使われている。『不適応少女』(1923)のなかで〈応答〉として明確に規定された)，認知を求める4つの欲求をもとにした気質によって性格的態度が形成され，社会的パーソナリティの特質が決定される。その過程も価値と態度の相互作用をとおしてである。シカゴ学派で方法論について公表されたものが少ないなかにあって，本書の「方法論ノート」は異彩を放っている。著者は方法論的には，帰納的，分析的，分類的，法則定立的であることを目指していた。その成否は，「方法論ノート」より，むしろ経験の資料に基づいて実質的な分析と解釈がおこなわれている，各論に付された序論と脚注に示されている。

　こうした著者たちの理論的志向を押し進めたのが独自な調査方法論による人間の記録の収集である。彼らは，農民社会の精神的，社会的，経済的，政治的生活をうかがうことができる膨大な記録資料を収集した。手紙，生活史（自伝），身近な新聞記事，裁判記録，社会機関の記録などである。第1部では，産業化による農民の第1次集団（家族と地域社会）の変化を，アメリカへの移民と故郷の人びととの間で交わされた私的な手紙をもとに描き出した。764通の手紙を家族，夫婦，それ以外の関係という50系統にわけ，それぞれに理論的な紹介を入れ詳細な脚注を付している。手紙を社会学的資料として利用する最初の試みだった。

　第2部から第3部にかけては，「社会解体」と「再組織化」の問題が主に新聞記事や裁判記録，社会機関の記録をもとに論じられる。社会組織は集団の規制と個人の態度の一致をもとにしているが，著者は家族集団に典型的にみられる「社会解体」が集団による統制から個人を解き放ち，個人の自律性，新しい家族形態，合理的な協同を押し進める契機になると考えていた。移民が合理的（目的意識的）行為によって，社会的世界を再組織化する過程を具体的に明らかにし，態度と価値のレベルで社会変動が進む過程の一般理論を構築することを意図していた。

　第4部では著者が「完璧な社会学的資料」と呼ぶ自伝が利用されている。自伝が，態度と価値の抽出，社会法則の確定，態度の発生経路，社会的パーソナリティの決定にもっとも適した資料と考えられていたからである。

彼らは手紙の収集の際に出会ったポーランド人移民，ヴワデック・ヴィシニエフスキに自伝を書くことを依頼する。収録された自伝はもとの約半分に縮められたが，それでも312頁におよぶ。自伝には序論と結論が添えられ，詳細な脚注がほどこされている。結論ではボヘミアン，フィリスティン（俗物），創造的人間という3種の社会的パーソナリティ類型が構成され，社会過程にともなうヴワデックのパーソナリティ類型の変化が分析された。

経験データから帰納的に本書の理論が構成されたという著者の主張にもかかわらず，本書を批判的に検討したH．ブルーマーは，すぐれた業績であることを評価しながらも，各論におさめられた序論や脚注の説明は，経験データに基づくというより彼らの方法論をあてはめたものにすぎないと批判した。また本書は，とりわけ手紙と自伝という一人称で書かれた個人的記録を利用した点で，社会調査の方法論としては画期的であった。しかし，データの代表性，適合性，信頼性，解釈の妥当性において不明確，不適切という批判も免れることはできなかった。もちろん，こうした批判は1930年代に「態度」の計量化がすすんだ例からもわかるように，その後の統計的調査法の発達を伏線としていたことは注意しておきたい。他方で，彼らはインタビューによるライフストーリーの資料収集には懐疑的だったことも言い添えておく。そうした資料は調査者が語り手を操作しがちであること，応答に間違いが多いことなどから信頼性に欠けると考えていたようだ。

当時の社会問題の研究に，本書は経験的な研究とその位置づけについて新しい考え方をもたらした。20世紀初頭には，シカゴを中心に南欧や東欧からの移民が多く，移民の適応／不適応をはじめとする諸問題は焦眉の急となっていた。とくにポーランド系移民はシカゴで36万人を数えた。当時の移民問題の研究では，人種・民族の差違に基づく生物学的な理論が支配的だった。それに対し，本書は社会学的・社会心理学的カテゴリーで経験的に研究するという新しい方法論を提示した。また改革者や理想主義者の実践的な役割とも距離をおき，社会学的研究は実践的な課題の直接の解決をめざすものではないとして，経験科学の自律性を唱えたのである。

本書は1920年代，R．E．パークやE．W．バージェスに指導されたシカゴ学派の研究のモデルとなった。彼らはいくつかの方向へ研究を発展させた。まず他の人種・民族集団へ応用され，黒人やアジア系にまでおよぶ新しい移民のアメリカ社会への適応の問題に研究範囲が広まった。また社会解体の概念は移民問題を越えて逸脱研究へと発展し，非行少年やホボの研究などがおこなわれた。さらに理論的には態度・価値の概念や状況定義の概念は，主体の観点から経験世界を研究するという考えとも相まって，その後もシンボリック相互行為論などに受け継がれ，重要な方法論上の視座となった。シカゴ大学では，社会的行為論の基本的な研究を，G．H．ミードがゼミ室で，彼らは経験的研究の場でおこなったのだともいえよう。今日では，社会学における意味学派の台頭によってライフストーリーも含めた個人的記録の利用という調査方法に再び注目が集まりつつあり，本書は生活史研究，社会史研究における基本図書と目されている。

なお，原書の正式名称は『ヨーロッパとアメリカにおけるポーランド農民』である。邦訳書には，原書の第1部の「方法論ノート」と個人的記録（手紙，自伝）に関連する第1部の「農民手紙の形式と機能」，第4部の「移民の生活記録」の序論・結論が収められている。また，H．ブルーマーによる方法論への批判的検討も合わせて収録されている。

訳者要約

［書誌データ］ William I. Thomas & Florian Znaniecki, *The Polish Peasant in Europe and America*, five-volume edition, University of Chicago Press (first two vol.), 1918; Badger Press (last three vol.), 1919-20; Two-volume edition. Knopf, 1927; Reprinted, Dover, 1958（『生活史の社会学』桜井厚抄訳，御茶の水書房, 1983）．

ウェーバー Max Weber (1864-1920)
『社会学の根本概念』 *1921年刊

　理解社会学の立場から、社会学の基礎概念を定義し直した書物で、行為から出発して、社会関係、集団などをへて、最後には国家や教会まで、概念的に一歩一歩積み上げる形で定義が繰り返されている。方法論的個人主義を代表する社会学の原論書。また、ウェーバーの提唱した「理解社会学」の最終形態を知るための重要な文献。というのは、本書はウェーバーの死後に出版されたが、彼自身が校正し、そのできばえに満足することができた最後の仕事だからである。

　1910年頃にウェーバーは『社会経済学講座』の編集を引き受け、その基本プランを作成した。この講座は「経済」を世界の合理化の一こまとして理解することを目指し、その中の重要な1巻を彼自身執筆することにしていた。それが彼の死後『経済と社会』というタイトルで刊行された業績である。その冒頭において、理解社会学の原理について概括的に述べた序章が本書である。

　1913年に発表された『理解社会学のカテゴリー』は、本書の前身をなす『経済と社会』の序論部とみなされる。ヴィンケルマンが編集した版に従えば、第2部に集められた諸章は、1911年から13年にかけて書き上げられたもので、『理解社会学のカテゴリー』はそうした草稿群の方法論的序説として発表された。しかし、本体部分は、第1次世界大戦の勃発のために、結局出版されなかった。戦争の終結後ウェーバーはこうした草稿群の改訂にとりかかるが、その一部を終えることができたに過ぎなかった。彼の突然の死が完成を妨げたのである。戦後に書き改められた草稿が第1部に集められた諸章で、本書はその第1章をなす。

　本書は、短い「はしがき」に続く17の小節よりなる。理解社会学の方法と対象について述べた第1節の冒頭で「理解社会学」は、「社会的行為を解釈によって理解することによって、その過程および結果を因果的に説明しようと企てるひとつの科学」として簡明に規定されている。この定義によってウェーバーは、ディルタイ以来の「意味理解を目ざす精神科学 vs 因果説明を目ざす自然科学」という対立を乗り越え、新しい形の科学一元論を構築する。さらにまたウェーバーは、同時代のリッケルトの提唱した「法則定立科学 vs 個性記述科学」という二元論をもまた、「類型的経過を理解する」理解社会学の立場によって乗り越えようとする。

　理解社会学の対象は、行為者の主観的な意味が結びつけられた「行為」である。行為の担い手は、意味付けの主体となりうる個人だけで、国家や教会などの一切の社会形象は、諸個人の行為に分解される。この立場は後に「方法論的個人主義」と呼ばれた。動機は、主観的な意味として行為の意味連関に属する一方、他方では、行為の原因として、因果連関にも属している。行為の意味連関の理解と因果連関の説明を同時に行おうとする理解社会学にとって、「意味適合性」と「因果適合性」は共に達成されるべき目標となる。行為と動機の両端を、意味適合的かつ因果適合的に結び合わせるためには、適合性の基準を提供する「理念型」がどうしても必要となる。第2節以下は、社会的行為（＝他者の行為に主観的な意味が関係づけられている行為）に関する理念型を展開する試みといえる。

　社会的行為は、主観的意味に従って、4つに分類される。「目的合理的」行為とは、他者や事物を自己の目的を達成するための条件や手段として利用する行為。「価値合理的」行為とは、結果を度外視して、行為そのもののもつ価値にもとづいてなされる行為。「感情的」行為は感情に従って、また「伝統的」行為は習慣に従って行われるような、「非合理的な」行為のことである。

　社会的行為が互いに相手に向けられると「社会関係」が成立する。「秩序がある」とい

う場合，特定の行為が事実的に繰り返される規則性という意味と，行為を規制する規則が存在するという2つの意味がある。「規則性」は慣れ親しんだ習慣にあるいは利害の調整や結合に由来するのに対して，「規則」は，特定のパターンの行為が人々によって「正当である」とみなされることによって生ずる。秩序が「正当的秩序」の形態をとると社会関係は格段と安定化する。というのは，正当的秩序は，その存立のために，内的にも外的にも保障を受けることができるからである。内的な保障形態は，行為類型論を用いて分類されるのに対し（伝統的／感情的・価値合理的／合法性信仰に由来する），外的な保障は，秩序維持に定位したスタッフが存在するか否かによって分類されている（強制スタッフありが「法」／なしが「習律」）。

行為類型を組み合わせて，テンニースに由来する「ゲマインシャフト／ゲゼルシャフト」という類型論の再構成が行なわれる。感情的または伝統的な共属感に基づく「ゲマインシャフト関係」，目的合理的あるいは価値合理的な利害の調整や結合に由来する「ゲゼルシャフト関係」という形で，簡潔に定義され直す。さらに社会関係は，外部に対して開放的か閉鎖的かによっても，分類分けされる。閉鎖化は，異分子の排除といった感情あるいは伝統的な動機に由来することもあるが，自己の内的・外的な利害関心の増大に目的合理的に，あるいは価値合理的に志向した「合理的」閉鎖化のケースも多い。閉鎖化という契機は社会関係に新しい特性を刻印する。ここに生まれるのが「集団」という位相である。ウェーバーは集団性の位相を「団体」（＝外部に対して閉鎖され，秩序が強制スタッフによって保障されているような社会関係）と名づけ，さまざまな角度から類型化を試みる。とりわけ重視されるのは秩序が作り出されるやり方である。秩序形成の仕方は，自由な協定によって作り出されるケースと，正当的な権力によって授与され，正当的秩序であるが故に服従されるケースとに対極化される。自由な協定に由来する団体が「結社」であり，出生地・居住地などの一定の指標に当てはまる人々に秩序が授与されるような団体は「アンシュタルト」と呼ばれる。

政治と宗教は支配の2つの典型をなし，物理的強制によってある地理的領域内の秩序が保障されている支配団体が「政治団体」，また救権財の分配を手段とする心理的強制によって秩序が保障されている支配団体が「教権制団体」である。その各々が合理化されると「国家」と「教会」が生ずる。すなわち「国家」が，正当的な物理的強制の独占を要求する「アンシュタルト」だとすれば，「教会」とは，正当的な教権制的権力の独占を求める「アンシュタルト」のことである。第2節の有名な行為の4類型の提示に始まる本論は，第17節の「国家」と「教会」という極類型の提示をもって一応締めくくられる。

本書は，国家や教会，資本主義や官僚制などの集合概念の魔法をとき，それらを無数の人々の社会的行為や関係に解体しさることによって，人間的英雄が活躍するための条件を整備する。こうした「否定の舞台」の上で上演されるのが，『経済と社会』の後続の諸章であり，あるいはまた『宗教社会学論集』に収録されている「世界宗教の経済倫理」と呼ばれる一連の研究である。　　浜日出夫・厚東洋輔

［書誌データ］Max Weber, Soziologische Grundbegriffe, in, *Wirtschaft und Gesellschaft*, Marianne Weber, Hg., 1 Aufl., J. C. B. Mohr, 1921; J. Winckelmann, Hg., 4 Aufl., J. C. B. Mohr, 1956（『社会学の基礎概念』阿閉吉男・内藤莞爾訳，角川文庫，1953；同，恒星社厚生閣，1987；『社会学の基礎概念』濱島朗訳，ウェーバー『社会学論集』青木書店，1971；『社会学の根本概念』清水幾太郎訳，岩波文庫，1972）．

ウェーバー Max Weber (1864-1920)
『支配の社会学』 *1921-22年刊

本書は、合法的／伝統的／カリスマ的という支配の3つの類型論、あるいは「合理的な官僚制」によって描き出された「公式的」組織の理念型など、政治社会学や組織社会学ばかりでなく社会学原論において議論される論点の典拠としてしばしば言及されるが、ウェーバー自身の手によって単独の著作として刊行されたものではない。『経済と社会』と呼びならわされてきた著作のなかの1つの長大な章として書きあげられたものである。ヴィンケルマンの編集した第4版の構成に従えば、『支配の社会学』は、第2部「経済と社会的な秩序および力」の第9章に位置付けられている。しかし同じ書物の第1部「社会学的範疇論」の第3章の『支配の諸類型』のテーマも正当支配の3類型論であり、2つの章は内容的に重なる部分が多い。「ウェーバーの支配の社会学によれば」といった場合、特定の1冊の著作よりは研究のひとつの分野が意味されることが多い。その際『支配の諸類型』の方が念頭におかれていたり、両者が区別されることもなく一括され思い浮かべられたりすることもしばしばである。

2つの章のうち、まず『支配の社会学』が書かれ、次にそれをベースに『支配の諸類型』が執筆されたと考えられているが、なぜ、2つの章が書かれたのか、2つの章の間にはどのような性格上の相違があるのかなどが、近年問題にされることも多い。分量的に見ると、『支配の社会学』は『支配の諸類型』の6倍もあり、取り上げられている歴史的事例も豊富である。『支配の諸類型』は『支配の社会学』の縮刷版かというと、そうではなく、政党や代表制など第2部の第8章「政治共同体」で論じられている問題も新たに取り込まれており、論点の拡充も見られる。また『支配の社会学』は、フランス革命を念頭に置いた「理性のカリスマ的神聖化は、カリスマがその波乱に満ちた道程をたどっていたりついた最後の形式である」といった印象的な一節で締めくくられている一方、『支配の諸類型』ではカリスマ支配の現代的形態である「指導者民主制」について一節が割かれている。こうした点を踏まえて、『支配の社会学』は〈歴史学的〉で、『支配の諸類型』は〈社会学的〉である、と対比されることもあるが、正当支配の3つの類型を説明する仕方が、いずれの章においても、「合法的」に始まり「伝統的」を経由して「カリスマ的」で終わるという順序をとっていることからうかがえるように、支配形態を発生の順序に沿ってではなく、類型学的に論じようとした点には変わりはない。支配の社会学の2つのヴァージョンの非連続性をあまりに強調するのは、ウェーバーの真意をゆがめることになるだろう。

『支配の社会学』は7つの節よりなる長大な章で、その第1節では支配現象を分析するための基本枠組みが提示される。支配現象は2つの面からアプローチされる。ひとつは「正当性」の視角（被支配者の服従がいかなる根拠に基づき要求されるかを問う）、もうひとつが「組織」の視角（支配者とスタッフの間で命令権力がどのように配分されているかを問う）という2つで、支配は服従と強制の両面から社会学的に研究されることになる。第2節「正当支配の3つの純粋型」では、正当性に着目し有名な3類型が定式化される。形式的に正しい手続きで定められた制定規則は正当である、という信念に基づき服従するのが「合法支配」、昔から存在する秩序と権力を神聖と信じて服従するのが「伝統支配」、支配者の人格と、その人が持つ天与の資質とに対する情緒的な帰依によるのが「カリスマ支配」である。「組織（＝命令権力の配分）」の視角からは、2つの極類型が対比される。1人の支配者（ヘル）に権力が集中されるケースが「単一支配制」、逆にヘルとスタッフ（行政幹部）の間に権力が分有されるケースが「権力分割（あるいは合議制）」である。

正当性の違いが権力配分にどのような影響を与えるかを検討することが、ウェーバーの議論のポイントとなっている。こうした総論を受けて3つの類型に即して議論が展開されている。

第3節「官僚制支配の本質、前提、展開」では、合法支配の最も純粋な型である「合理的＝近代的な官僚制的支配」が取り上げられる。ウェーバーの官僚制論は、「機械」とのアナロジーで近代の公式組織の本質を明らかにした点で、「組織社会学」の端緒をなし、また機械のように隅々まで計算されつくし、人々を1個の歯車に化してしまう管理システムが社会全体を覆う現代的趨勢を明らかにし「管理社会論」の古典として不動の位置を占めている。官僚制は単一支配制の最も純粋な型をなす。官僚制は正当性と組織の両面において、ウェーバーの支配論の原点をなす。

第4節「家父長制支配と家産制支配」では伝統支配が詳論される。伝統支配の発祥の地は「家（オイコス）」にあり、その典型が家父のもとに権力が集中している「家父長制」である。家支配の原理が、家族成員以外にも及ぼされるようになると「家産制」が成立する。家原理の拡張に伴い、スタッフへの権力委譲が始まり、家父権力は分散し弱体化する。続く第5節「封建制、身分制国家および家産制」では、家権力の分散傾向の帰結が追究される。スタッフが支配力をわがものとして専有するようになると「封建制」が生成してくる。スタッフのヘルに対する独立性は身分的な特権として主張されるので、権力の分散化の動きは「家産制から身分制へ」と特徴づけることもできる。「レーエン封建制」に至りつくと、スタッフは、自己の支配力を、自らに属する固有の権力として保有し、自己をヘルと同等な支配者（アイゲン・ヘル）とみなし、権力は極限にまで分散化する。封建制がこうした「レーエン」制の形態を取ることができたのはただ西欧の中世においてのみで、それは「個人主義」が開花するための物質的基盤を提供した。

西欧中世の貴族はカリスマ性を身にまとうことによってアイゲン・ヘルになり得た。「レーエン封建制」はカリスマ支配のひとつの形態でもある。第6節「カリスマ支配とその変形」では、カリスマ的権威がいかに成立し、それが「日常化」という余儀ないプロセスを通していかに変形されていくかが追究される。カリスマは、発生期においてはすべての権力はカリスマに集中し単一支配の形式をとるが、日常化するにしたがって分権化が始まる。カリスマが存立し得るのは、自己のカリスマを証し立てることができる限りにおいてであり、その限りで、カリスマ的権威は究極的には大衆の「合意（歓呼賛同）」に由来している、とも言うことができる。民主制の本来の故郷は、合法支配ではなくカリスマ支配にあるといえよう。第7節「政治的支配と教権制的支配」では、カリスマが日常化する際に支配のための永続的制度が確立されたケース（こうした体制は教権制と呼ばれている）が詳論されている。宗教権力のさまざまな支配形態が取り上げられているが、議論の筋道を形作っているのは、単一支配の極である「教会」と分権制の極である（万人祭司制の）「ゼクテ」との対比である。

西洋合理主義の社会史という観点から読めば、近代社会の骨格は「近代官僚制」に求められ、その成立条件として、「レーエン封建制」と教権的支配の「教会」的形態という、西欧中世を聖俗二面において特徴づける構造的特性が、印象深く浮き彫りにされている。

厚東洋輔

[書誌データ] Max Weber, Soziologie der Herrschaft, Die Typen der Herrschaft, 1 Aufl., hg. Marianne Weber, 1921-22; in, J. Winckelmann, hg., *Wirtschaft und Gesellschaft*, 4 aufl., Mohr, 1956（『支配の社会学』世良晃志郎訳、Ⅰ：1960；Ⅱ：1962；『支配の諸類型』1970、いずれも創文社）.

パーク Robert E. Park (1864-1944),
バージェス Ernest W. Burgess (1886-1966),
マッケンジー
Roderick D. McKenzie (1885-1940)
『**都市**』 *1925年刊

19世紀終わりから20世紀初めにかけて、フルスピードで拡大を続けていた近代の資本制社会は、工業化や国際労働力移動、メディア・消費文化の発達などに対応した、独特な社会統合の形を世界各地で模索していた。階級・階層、人種・民族、大衆・群衆など多様な社会的分化のラインを内部に組み込みながら再編されつつあった同時代の「社会」を、どのような位相において認識し理解していくか。近代の社会学に共通したこのもっとも基本的な課題に対して、「都市」という認識の枠組みを用意したのが、シカゴ学派社会学であり、またそのマニフェストとなったのが本書『都市』である。

なぜ、多くの異なる社会現象を集約するキーワードとして「都市」が浮上してきたのか。なぜ、こうした「社会」認識が、資本制社会のいわば本家である西欧都市ではなく、場末としか言いようのないシカゴにおいて、磨かれることになったのか。そして、いったん生まれた「都市」認識が、なぜ今度は逆に世界へと広まっていったのか。これらの問いかけに答えることなしには、シカゴ学派都市社会学を正当に評価することはできない。

本書の最大の特色は、近代産業社会の解体と再統合のダイナミクスを、「都市」という場に託して一貫して説明しようとする点にある。そしてそのために彼らが採用したのが、人間生態学という方法であった。なぜ、人間生態学だったのか。それを理解するひとつの鍵は、シカゴという都市自体のもつ特色にある。当時のシカゴは、大陸横断交通の要衝として、農産物集散の中心地として、また急速な発展を遂げつつあった工業の拠点として、著しい人口増加を記録しつつあった。1890年には110万人だった人口が、1920年には270万人に達する。しかも、本書のなかで繰り返し描かれるように、国際・国内を問わない人口移動によって都市住民の人種・民族的構成は多彩を極めつつあった。東欧や南欧からの膨大な新移民の波に加え、南部農村地帯に集中していた黒人層の北上が、第1次世界大戦勃発とともに次第に本格化していた。

拡大する産業社会の地理的な周辺部に位置していた当時のシカゴでは、社会変動はまず人間の絶えざる移動と適応の営みとして姿を現す。歴史的特性をはじめ多くの要因があらかじめ統制されたシカゴの社会においては、社会がエコロジカルな容貌をもって人々の前に現れてきても不思議はない。その意味で都市シカゴは、単なる比喩ではなく、まさに文字通り「実験室」としての役割を果たしたのである。こうしたなかで、本書は、社会秩序の再構成される現場としての「都市」の可能性を徹底して追及しようとしている。

本書は全体で10章からなっており、そのうち6つの章をパークが執筆している。なかでもとりわけ、その後の都市研究にとくに大きな影響を及ぼしたのが、パークの執筆した第1章「都市―都市環境における人間行動研究のための若干の提案」と、バージェスの執筆した第2章「都市の発展―調査計画序論」である。

このうち第1章には、*American Journal of Sociology* 誌 (1916) に発表されたパークの同名の論文「都市」が、収められている。タイトルにもあるとおりこの論文の目的は、何らかの仮説を検証することではなく、都市という環境に即して人間行動を理解するための研究プログラムを提示することにある。パークによれば都市とは、近隣住区や産業など物的組織化であると同時に、道徳的組織化の形態、あるいは心的状態である。こうした都市が、いかにして解体状況にある社会に秩序を産み出していくのか。たとえば個人の結合形態が、対面的な第1次的関係から間接的な第2次的関係へと移行していくにつれ、新た

に統合を維持するため，さまざまな社会統制の形態が生まれる。成文化された規則，広告，世論，新聞などがそれである。また，移動性の増大にともなって個人間の「道徳的距離」が拡大した結果，都市にはモザイク的小世界が叢生する。その結果，都市は，どのようなタイプの人間にとっても自らの気質・心性や生活様式にふさわしい「道徳地域」を見つけ出せる場として，多くの人々を引きつけるようになる。

本書に収められたパークの他の論文，「新聞発達史」（第4章），「コミュニティ・オーガニゼイションと少年非行」（第5章），「コミュニティ・オーガニゼイションとロマンチックな気質」（第6章），「魔術，心性および都市の生活」（第7章），「ホボの心：心性と移動の関係についての考察」（第9章）は，いずれもこの研究プログラムを自ら実践した成果として位置づけられる。

バージェスの執筆した第2章「都市の発展」は，同心円型という都市構造論のもっとも基本的な範型を定式化した論文として，今日に至るまで広く影響力をもち続けている。行政単位を越えて都市がメトロポリタン・エリアとして拡大していくにつれ，都市の内部には，都心からの距離に応じた同心円状の地帯が形成される。都心周辺のインナーエリアには，流入してきた移民が最初に集住する遷移地帯（Zone in Transition）がまず生まれる。その外には，遷移地帯を抜け出した移民二世の労働者住宅地帯，一戸建ての家族住宅地帯，そして通勤による郊外住宅地帯が順に広がる。バージェスはこうした分化を，解体と再組織化を通じた都市のメタボリズム（新陳代謝）の実現という論理で説明しようとする。

なお，バージェスは第8章「近隣住区事業は科学的基礎をもち得るか」において，コミュニティを作り上げる要因として，生態学的勢力に加え，文化的勢力や政治的勢力にも言及している。

マッケンジーの第3章「ヒューマン・コミュニティ研究への生態学的接近」は，自然生態学の発想を人間社会に持ち込んだもっとも典型的な論文であり，人間生態学的アプローチの利点と限界をともに示すひとつの事例となっている。最終の第10章には，L. ワースがまとめた都市コミュニティ関係の文献一覧が収められている。訳書では割愛されているが，現在も参照に値する。

本書が提示した方向性は，都市を対象とするその後の社会学的研究にきわめて大きな影響を及ぼした。なかでもパークやバージェスが提示したプログラムに基づいて，「自然的地域」（natural area）における解体と再組織化のミクロ過程を描く多数のモノグラフが，相次いでシカゴ学派の中から産み出された。このなかにはアンダーソンの『ホボ』，ワースの『ゲットー』，ゾーボーの『ゴールドコーストとスラム』などが含まれる。またモザイク的小世界で展開する社会を記述するための試みのなかから，方法としてのエスノグラフィーが導き出される。

だが，こうしたアプローチのもつ限界もやがて露呈してくる。産業社会を構成する諸力のなかには，実際には資本制のような経済システム，国家のような政治システムなど，多様な要因が含まれる。ところが，都市に視点を絞るアプローチは，しばしばそうした外部に向かう回路を閉じてしまう。認識枠組みとしての「都市」の可能性を引き出す試みはつねに，他の構造的要因を隠蔽する効果をなにがしか伴いながら実現される。後にカステルが指摘したように，シカゴ学派には，こうした都市イデオロギーとしての側面が萌芽として存在していた。

町村敬志

[書誌データ] Robert E. Park, Ernest W. Burgess, Roderick D. McKenzie, *The City*, University of Chicago Press, 1925（『都市―人間生態学とコミュニティ論』大道安次郎・倉田和四生訳，鹿島出版会，1972）.

マンハイム Karl Mannheim (1893-1947)
『イデオロギーとユートピア』 *1929年刊

マンハイムの代表作であり，知識社会学あるいはイデオロギー論の金字塔として名高い本書が出版されたのは，1929年のことである。あらゆる著作は，それが書かれた，もしくは受けとられた，時代的背景と切り離すことはできないが，本書はそれ自身「時代診断」的色彩を持ち，同時代の状況との思想的な対決の書であるだけに，なおのこと時代的背景を無視するわけにいかない。

マンハイムはふつうドイツの社会学者として知られているが，本来はハンガリー人であり，ユダヤ系のハンガリー人を父とし，ユダヤ系ドイツ人を母として1893年ブダペストで生れた。同地の大学を了えた後，当時のハンガリー知識層の習慣にしたがってドイツに留学，1913年から15年にかけてベルリン大学でジンメル，カッシーラー，トレルチらの講義を聞いている。帰国後はかねてから私淑していた先輩ルカーチを中心とする若い知識人グループ「日曜サークル」や「精神科学自由学院」に参加，1919年のハンガリー革命に当っては，ルカーチが加わった革命政権の下でブダペスト大学の教授となる。だが数カ月で革命が瓦壊するに及び，同年末ウィーンに脱出，やがてドイツに居を定めるが，33年にはナチスの台頭でふたたびロンドンに亡命，47年に没するまで長い亡命の生涯を外国で送ることになる。こういう経歴はマンハイムの思想や学問にも深い刻印をしるさずにはいなかった。ドイツではハイデルベルクに住んで，マックス・ウェーバー亡き後のマリアンネ・サロンに出入りするとともに，アルフレート・ウェーバーの下で本格的な文化社会学の研究に従事，22年以後かつてのベルリン時代の学位論文「認識論の構造分析」を手始めに，陸続と各種の論文をドイツ語で発表，ハイデルベルク大学の講師に，やがて29年にはフランクフルト大学の社会学教授に招かれることになる。

そしてこの年に『イデオロギーとユートピア』が出版されたのだった。それは，これまで20年代に書かれた「歴史主義」「保守主義」等の論文，「知的領域における対立競争の意義」等の学会報告によって，一部社会学者の間で注目されていたとはいえ，一般には無名と言っていい亡命学者を，一躍一般思想界に，それも国際的舞台に押し上げる衝撃的なデビュー作となった。それはドイツで言えばワイマール共和国末期，国際的にはアメリカに端を発した経済大恐慌，ナチス登場前夜の危機的状況のなかでいっぱいに緊張を孕んでいたイデオロギー的対立を，相対化し克服する知的可能性を示すかに見え，その期待をめぐって激しい論議を呼び起したからである。「知的領域における対立競争」をそれぞれの立場の視野が社会的に制約されていること（存在拘束性）を示すことによって相対化し，何らかの形で総合するようなより広い視点の呈示が「知識社会学」の課題とするものであった。

『イデオロギーとユートピア』は，3つの相対的に独立した論文から構成されている。第1論文「イデオロギーとユートピア」，第2論文「政治学は学問として成り立ちうるか」，第3論文「ユートピア的意識」。ただし執筆の順序から言うと，第2・第3論文が先に書かれ，第1論文が両者を結ぶ総論として書かれ，その表題がそのまま著作全体のタイトルとされている。しかし第1論文ではユートピアの問題はあまり扱われておらず，もっぱらイデオロギー論が扱われており，そのせいもあって，この本全体が「イデオロギー論」のレベルで受けとられてきた。「イデオロギー」という言葉は，本来はイデアについての学，「観念」の起源が経験的なのか先天的なものかを問う「観念学（イデオロジー）」というフランス語に由来すると言われているが，この言葉を社会科学の用語として定着させたのは，マルクスの『ドイツイデオロギー』だったろう。彼はあらゆる意識は存在によって規定されているとする基本的考えに基

づいて，経済的下部構造の反映としての観念形態をイデオロギーと名付けた。それには何らかの意味で現実を正しくは捉えていない「虚偽意識」という意味が付着している。マンハイムはこの言葉の名付け親，デステュット・ド・トラシー以来のイデオロギー概念の「意味変化」の歴史を辿ったうえで，イデオロギー概念の「部分的把握」と「全体的把握」を区別する。前者は相手の主張の一部が利害関係に基づく心理によって歪められている場合であり，後者は相手の主張の全体が，その論理構造，カテゴリー装置の枠組に関して社会的に制約されている場合である。思想のイデオロギー性を後者のように全体的に把握したのは，マンハイムによればマルクス主義の功績であった。しかし彼はマルクス主義が思想の「存在拘束性」をただ相手側，敵側にのみ認めて，その自己適用を怠るところにマルクス主義の独善性があると考える。相手だけでなく自らの立場そのものの存在拘束性をも認めつつ，可能なかぎり視野の拡大をはかり「動的総合」をめざすところにイデオロギーの「普遍的把握」が成り立つ。こういう形でイデオロギーの普遍的な把握をめざす学問が「知識社会学」にほかならない。それはたんに中立的・没評価的にさまざまの思想の存在拘束性を比較するだけでなく，それらの優劣を「評価」することができるとマンハイムは考えた。その根拠は，知識社会学の認識主体が，特定の階級的利害に基づく存在拘束性には縛られない「自由に浮動する」知識層に属する点に求められている。しかしそういう基礎づけは真理性の保証としては薄弱さを免れず，マンハイムは以後知識社会学の学問的整備をめざして，「知識社会学の問題」等の論文で「相関主義（Relationismus）」による認識論的基礎づけを企てるが，こういうレベルでは，結局「相対主義」であるとの批判を免れることはできなかった。

『イデオロギーとユートピア』は，出版後新しい思想研究の方法として華やかな脚光を浴びるとともに，また各方面からの激しい非難を浴びた。それはマルクス主義の唯一真理性に対するマンハイムの懐疑に反発するマルクス主義者たち，診断するだけで批判をしないマンハイムの徹温的中立性を衝くフランクフルト学派の人々，高級文化の社会的制約性の指摘に憤るクルチウスのような文化的保守主義者たちまでさまざまであった。しかしそういう十字砲火を浴びたこと自体，本書が時代のアクチュアルな問題を深く広く体現していたことの表われと見ることができよう。マンハイムは同時代の思想家たちとの対決と距離を置いた摂取を通じて，いわば時代状況の見取り図を画いたと言えよう。第1論文はルカーチ，第2論文はカール・シュミット，第3論文はエルンスト・ブロッホとの対決と見ることができる。マンハイムは年来の尊敬する郷土の先輩ルカーチ，とくにその『歴史と階級意識』からの独立をめざし，トレルチの「現代的文化総合」の理念にしたがって，20年代末の時代状況を敏感に，問題史的に画き出した。それは，後のマンハイムの言葉によれば「時代診断」である。通例社会学界では，本書は知識社会学の成立過程という文脈で読まれているが，けっしてそれに尽きるものではない。マンハイムが与えた診断は，第3論文の末尾が「ユートピアの消失」で結ばれているようにけっして明るくはない。33年以降イギリスに亡命して以後，彼は「自由のための計画」に民主主義社会の再建の方向を見出していく。それは必ずしも本書で格闘した諸問題の延長線上でそれらに解答を与えるものとは言いがたいが，今日の変化したイデオロギー状況の下では，むしろ「文化多元主義」を先取りする国際的な亡命知識人の柔軟な姿勢を読みとることができよう。　　　　　訳者要約

［書誌データ］Karl Mannheim, *Ideologie und Utopie*, Schulte Bulmke, 1929（『イデオロギーとユートピア』徳永恂訳『世界の名著』第56巻, 中央公論社, 1971）.

リンド夫妻 Robert Staughton Lynd (1892-1970), Helen Merrell Lynd (1896-1982)
『ミドゥルタウン』 *1929年刊

リンド夫妻はアメリカ中西部に位置する人口3万6000人の小都市に1924年1月から翌年6月まで滞在し，人類学的調査法である参与観察に基づいてこの都市の調査を行い，その結果を『ミドゥルタウン』という題名の著書で報告したが，住民の生活の実態を多側面にわたって詳細に扱っているこの報告書はたちまち高い評価を呼び，後の社会学研究に多くの影響を与えるようになった。この調査の数年後アメリカでは深刻な不況が始まり，それは当然調査地にも襲ってきたのであるが，この不況が住民に与えた衝撃について夫妻は1935年に前と同様な現地調査を実施し，この方の報告書は『変貌期のミドゥルタウン』として刊行された。以上2冊の著書は地域社会研究 community study のあり方について優れたモデルを提示しているところから今日でも古典的地位を占めている。加えてアメリカ社会の近現代史研究においてもしばしば引用される文献となっている。

ミドゥルタウンというのは著者が調査に協力した現地住民に迷惑をかけまいとして調査地に与えた仮名であり，後に実際はインディアナ州マンシー Muncie であったと知られるようになったが，この仮名にはそこがアメリカの中道 middle-of-the-road を行く都市であり，当時のアメリカ社会の平均像を提示していることを読者に暗示しようという意図が含まれていた。調査地選定諸条件も，それを満たしておればこのような都市が選ばれるはずのものであり，条件の1つが人口2万5000から5万の小都市ということにあったのは，その程度の都市であれば，相互に関連しあって1つの統一体を形成している住民の生活の諸側面についてそのそれぞれの面を多角的に分析できるという理由に基づいていた。

選定されたミドゥルタウンにおける住民の生活は3つの基本視点から報告されている。

(1)調査時点1925年の実状を，それより35年遡った1890年時点の状況と比較して理解しようとする歴史的認識。

(2)住民の生活は①生活費獲得，②家庭づくり，③青少年の訓育，④余暇利用，⑤宗教的慣行への参加，⑥地域活動への参加という6つの側面に区分できる主要基幹活動から成るものとして，これら6側面のそれぞれから進められる地域社会の照射。

(3)生活費獲得のために，人を相手にしているか物を相手にしているかによって住民を業務階層と労務階層に分け，上記6側面のいずれの記述においても絶えず試みられる両階層の比較——この視点は後に盛んになった社会成層研究の布石となる。

報告の初めの部分で扱われているミドゥルタウンの歴史によれば，この都市では1885年に突然天然ガスが噴出し，それまでの牧歌的雰囲気が一変して工場が次々に進出した。しかし数年後天然ガスはたちまち涸渇し撤退する工場も出たのであるが，ただしそのまま残って定着した工場もあったところから工業が中心となり，人口も1900年にはガス噴出以前の6000人から2万人へと急速な増加を始めていた。このようにして調査時点に至ったミドゥルタウン住民の生活が前記のように35年間の変化と業務・労務両階層の比較という視点から6側面のそれぞれにわたって扱われているが，限られたスペースではそれらすべての側面に関する内容の紹介は困難であり，ここではそれがどのようなものかを推測してもらえる程度に纏めることとする。

まず生活費獲得は他のいずれの側面にも影響する基本的側面となっているが，この面では過去35年の間に労務階層には激しい変化が生じていた。それは工場生産における機械導入によって触発されたのであるが，工場労働者が大部分を占める労務階層の間では，導入後は若年の未経験者でも「1週間で一人前に仕上げられる」ようになると，熟練に対する以前の高い評価，それから得られる誇りと満

足感が消滅し，加えて熟練工が組織していた職能別組合もかつての連帯性を喪失している。そうなると仕事は単に給与を得るための手段に過ぎなくなり，金銭万能的価値観が支配的になるが，さらにそうなった仕事に関しても，自分の熟練が機械に置き換えられようとしている年輩労働者は現在の地位には安住できなくなり，他の労働者も間欠的に襲ってくる不況の際にはレイ・オフを覚悟しなければならず，収入の不安が常に彼らに付きまとっている。一方業務階層の場合はこれらの脅威を一切免れているうえに，労務階層の窮状にはほとんど無感覚のままである。

両階層の違いが家庭づくりの面でよく現れているのは住宅である。所得の格差のため，業務階層の住宅は外観もよく内部の家具，調度も見事であるのに対し，労務階層では外観も内部もみすぼらしい。他方両者に現れている時代の変化の1つとして，高校在学の子供に対する親の監視が困難になっている。子供は夜間外出時間も長く異性との接触も開放的になっているが，乗用車の普及とともに子供は親の目の届かない遙か遠方にまで行動空間を拡大させており，多くの親にはこのような子供をいかに扱うべきかについて困惑状態に陥っている。35年前はまだ馬の時代であっただけに，乗用車の登場は余暇利用の面でも影響を与えるようになっている。以前より遠距離からの通勤者が増えるとか，余暇にはドライブに熱中して教会の礼拝や労働組合の会合にも出席しなくなり，地域の年間行事にも参加しない者が増えている。

地域活動への参加の側面に移ると，地方政治に関し業務階層は共和党支持に固まっているが，それでも労務階層と同様に政治的関心は希薄になっている。かつての田舎町の時代のように有権者と候補者が個人的に知り合うことも当市の都市的発達に伴って不可能になり，同時に行政機構が複雑になり理解が困難になったことなどがその理由である。加えて，それに関与しては得られる報酬が低く，党利党略が支配し汚職も伴っている政治に対しては，業務階層の有能な人々は軽蔑感を懐いて近寄らなくなっている。

結論部分では6側面の生活分野のそれぞれに起きている変動の間では速度がさまざまに異なっており，最も急速な変動は生活費獲得の分野で起きていると指摘される。さらに社会問題はこの生活費獲得面の変動から他の側面のそれが常に遅滞することから発生しており，この不一致が生じないよう他の側面での制度的改革が必要という診断が下されている。

以上『ミドゥルタウン』についてきわめて断片的な紹介に止めたが，それでも『変貌期のミドゥルタウン』に移ってさらに紹介を続ける余裕はない。とはいえ同書3章の「X家の一族」はとくに注目すべき事実を伝えており，最後にそれだけには触れておく。

X家はガラス瓶製造工場を所有する一族であるが，不況が続くと多くの家庭では家計節約法の1つとして食品を瓶詰めにしておく習慣が広まったところからガラス瓶の需要が増大し，それがX家の工場に多くの利潤をもたらし，同家は巨大な富を得たのであった。この富を利用してその一族は金融，小売り，不動産，食品，報道の分野に事業を拡大し，他方では政治，宗教，福祉，市民活動に積極的に寄付，献金を行ったことから，住民の生活のあらゆる分野に君臨する支配的地位を掌握するに至っていた。1つの都市にこのような一族が出現したことは驚異的とさえ感じられるが，同書のこれを扱った部分は後に展開された都市の権力構造 community power 研究の前触れとなるものであった。　　　　訳者要約

［書誌データ］ Robert Staughton Lynd & Helen Merrell Lynd, *Middletown: A Study in Modern American Culture*, Harcourt, Brace & World, 1929 (『リンド　ミドゥルタウン』現代社会学大系9，中村八朗抄訳，青木書店，1990）；Robert Staughton Lynd & Helen Merrell Lynd, *Middletown in Transition: A Study in Cultural Conflict*, Harcourt, Brace & World, 1937 (抄訳，同上訳書〈この訳書では，『ミドゥルタウン』から研究の意図，調査地の選定とその歴史，生活費獲得，家庭づくり，余暇利用，地域活動への参加，結論，調査法の各部分を，『変貌期のミドゥルタウン』から序章，生活費獲得，X家の一族までの最初の3章を訳出〉）．

オルテガ・イ・ガセット
José Ortega y Gasset (1883-1955)
『大衆の反逆』＊1930年刊

スペインの哲学者オルテガ・イ・ガセットの『大衆の反逆』は本来，第1次世界大戦と第2次世界大戦の間のヨーロッパを舞台として書かれたものである。しかしそれは，他のすぐれた著作と同様に歴史的・地理的な制約を超えた射程をもっている。はたして社会学の基本文献としての，本書の理論的・思想的な射程はいかなるものであろうか。

本書の冒頭オルテガは，今日のヨーロッパの最大の危機として，「大衆が社会的権力の座に上った」ことをあげている。それが危機であるというのは，「大衆は自分自身を指導することもできなければ，ましてや社会を支配することなど及びもつかない」からである。本書の表題である「大衆の反逆」とは，このことに対応している。

ここでオルテガが使う「大衆」という言葉には，特有の含意がある。

オルテガはまず，「密集の事実」に着目する。それは都市・汽車・街路・劇場・海浜などの空間に，人々が密集している事態をさす。オルテガはそれを，「群衆」という概念によって理解しようとする。人々は本来，小さな集団のなかで生活していた。その際人々は，社会という舞台の背景に潜んでいた（その際舞台の前面に出ていたのは，少数者の集団であった）。しかし人々が，大集団として舞台の前面に出てきた（そして少数者の集団は，舞台の背景に逐われた）というのがそこでのオルテガの「群衆」の概念である。

オルテガはそこで，「群衆」という概念を量的なものであるといっている。しかしそれは，すでに質的な概念であるといってよい。それは本書以前に書かれた，ル・ボンの『群衆心理』(1895)やタルドの『世論と群衆』(1901)における「群衆」の概念がそうであるのと同様である。しかしまたオルテガの「大衆」の概念は，「群衆」の概念をより質的に理解したものとして固有の意味をもつ。

本来「大衆」（英語では mass）は，かたまりを意味する言葉である。そしてそれは，大量や多数などの量的な意味とともに集団や集積などの質的な意味をもつ。本書でオルテガは，社会を「少数者と大衆という2つの要素からなるダイナミックな統一体」と規定する。そして少数者を「特別な資質を備えた個人もしくは個人の集団」として，大衆を「特別な資質を備えない人々の総体」として，それぞれ規定する。大衆とは「平均人」のことである，というのがそこでのオルテガの「大衆」の概念である。それは「自分が他人と同じであることに喜びを感じる人々の総体」とも，そこで表現されている。

その際オルテガは，「大衆」が必ずしも下層階級をさす言葉ではないことを強調している。かれは「大衆」を，（社会的階級ではなく）人間的な階級であるといっている。そして上層階級と下層階級のそれぞれのなかに，真の大衆と真の少数者の区分があるといっている。これは本書のなかで，のちに今日の科学者は「大衆人」の典型であると主張されることの1つの前提となっている。

ともあれ『大衆の反逆』は，本来少数者の領域が大衆によって占拠されていることを問題にしている。さきにあげた「密集の事実」は，その端的な事例である。そして本書のなかで，とくに問題にされている「大衆の反逆」は政治の領域におけるものである。

オルテガは近年の政治的変革を，大衆の政治的支配以外のなにものでもないという。旧来のデモクラシーはリベラリズムを原則とする，少数者のデモクラシーであった。そこでは少数者の政治的権利が，多数者から保護されていた。しかし今日のデモクラシーは，大衆のデモクラシーの様相を呈している。そこでは多数者によって，少数者の政治的権利が圧殺されているというのがそこでのオルテガの時代診断である。

大衆のデモクラシーの批判はすでに，バー

ク『フランス革命についての省察』(1790)、トクヴィル『アメリカのデモクラシー』(1835-40)、J.S.ミル『自由論』(1859)などに見られる（もちろんデモクラシーそのものの批判は、プラトン『国家』などにすでに見られる）。オルテガの『大衆の反逆』は大衆のデモクラシーの批判として、これらの著作の系譜に連なるものである。

その際オルテガは、同時代的にサンディカリズムとファシズムという政治的運動を念頭においていた。一般にサンディカリズムとは、1900年前後のフランスの労働組合運動をさす。それは労働組合の直接行動（ストライキ、サボタージュ、ボイコットなど）による社会革命を目標にしたもので、ヨーロッパ各国の労働運動に影響を与えていた。1922年のムッソリーニの組閣に始まるイタリアのファシズムについて、ここで改めて述べる必要はないであろう。それに類する運動はサンディカリズムと同様に、ヨーロッパ各国で台頭しつつあった。

本書でオルテガは、サンディカリズムとファシズムを大衆のデモクラシーの典型としてとらえている。かれはそこに、「大衆人」に特有の知的閉鎖性を見て取っている。それは暴力を最初の手段とする、そこでの「直接行動」に端的に示されている（これに反してオルテガは、暴力を最後の手段とする「間接行動」の典型としてリベラル・デモクラシーをあげている）。

「大衆人」の知的閉鎖性は必ずしも、政治の領域だけに見られるものではない。

たとえば本書のなかでは、科学者・技術者・財政家などの専門家集団の今日的傾向が問題にされている。とりわけそこでは、科学者の「専門主義」が問題とされている。オルテガは今日の専門家集団を代表する、科学者が「大衆人」の典型であるという。それは今日の科学者が、自分の専門とする特定の分野についての知識しかもっていないからである。かれはそこに、「大衆人」に特有の知的閉鎖性を見て取っている。

本書のなかでオルテガは、19世紀の文明はリベラル・デモクラシーと科学技術によって代表されるものととらえている。そしてそれらが、今日の「大衆人」を自動的に生み出したという。オルテガはそれを、「文明」から「野蛮」への後退ともいう。その意味では本書は、シュペングラーの『西洋の没落』(1918-22)などに通じる一面をもつ。

しかしまたオルテガは、数世紀間世界を支配してきたヨーロッパの将来に大きな期待をもっていた。

本書のなかでオルテガは、第1次世界大戦後の世界におけるアメリカとロシア（ソヴィエト）の存在に大きな関心をもっている。しかしかれは、アメリカとロシアがヨーロッパに代わる存在であるとは認めていない。かれはヨーロッパ各国の没落を通じて、「ヨーロッパ合衆国」を実現するという構想をもっていた。このオルテガの構想は今日のEU（欧州連合）などを見るとき、一定の現実性をもっていたということができる。

ヨーロッパへの深い愛着を背景に現代社会の政治的・文化的退廃を鋭く批判した、20世紀の全体を代表する社会学的著作である。

奥井智之

［書誌データ］José Ortega y Gasset, *La Rebelión de las Masas*, 1930（『大衆の蜂起』樺俊雄訳、創元社、1953；『大衆の叛逆』佐野利勝訳、筑摩書房、1953；『大衆の反逆』神吉敬三訳、角川文庫、1967；『オルテガ著作集』第2巻、桑名一博訳、白水社、1969；世界の名著56『マンハイム・オルテガ』寺田和夫訳、中央公論社、1971；桑名一博訳、白水社、1975；中公バックス世界の名著68『マンハイム・オルテガ』中央公論社、1979；白水社、新装版、1985).

柳田国男 (1875-1962)
『明治大正史世相篇』*1931年刊

　朝日新聞社の明治大正史のシリーズの第4巻として刊行された，書き下ろしの一冊。全体は15章にわけられ，8枚の写真を有する。明治大正の歴史を政治的事件によって区切られる年表のなかに押しこめず，生活史として再構成した社会史の方法と記述の実験。

　最初に置かれた3つの章は，衣・食・住のそれぞれを分担するとともに，感覚の方法性をも論ずる複合的な問題設定であった。第1章「目に映ずる世相」は，身にまとう衣の領域を取り上げている。それは方法的な意味あいからすれば，観察者の感受性「視覚」を，日常生活の領域と重ねあわせたテーマ設定にほかならない。色彩のタブーに対し，朝顔と木綿という2つの技術の，色つくり実験が人々の興味を解放すると同時に，非日常性に区切られていた興奮を混乱させ細片化していったと説く。具体的な生活技術の考察を核としながら，衣生活の背後にある深層の変貌を描く。新たな仕事着の未確立という現実的な課題指摘が行われている点も重要である。第2章「食物の個人自由」は，香りという嗅覚的な記述を導入部としながら，食のテーマを論ずる。単に食べるという狭い局面にかぎらず，火や醱酵による素材変換過程の総体を論ずる問題設定において整理し，温かく柔らかく甘くの食物の変化や，火の分裂という次の章にもつづく論点を導きだす。と同時に，小鍋立をその原点とする個人意識の発生や調味料の分立，保存の衰退などの変容を見，外食の課題に触れる。第3章「家と住心地」は，住まうという領域を縦横に論ずる。家には大きくて念入りに作った常住まいの本拠と，特定の必要に基づいた臨時の仮屋との2つの類型があって，明治大正に増加した都市の住まいが仮屋・小屋の伝統に連なるとみたことは，住宅問題に対する歴史的な問題源の指摘であった。さらに障子紙やガラス窓の導入，燃料の革命が絡みつつ，家をしだいに明るくするとともに，住空間には中じきりが発生し，それぞれの「心の小座敷」が分かれる。火の機能的・空間的な分裂は，その点において人間主体そのものにかかわる大きな変動であった。

　第4章「風光推移」は，広い意味での自然とのコミュニケーションをとりあげ，風景という概念じしんが明治大正の発明にかかるとの卓見のもとに，その興味の解放とそこからすでに排除された野獣たちの運命にふれ，人が関わり作りあげてきた環境の変貌を説く。第5章「故郷異郷」は，近代になって経験した村生活における社会的緊張の増加の諸相を，町村合併や入会整理，新職業の増加や道路の改造，情報の流入，交際法の変化，地方と地方との抗争において論じ，第6章「新交通と文化輸送者」は，主に間－共同体の現象に焦点をあてながら，鉄道の興隆，水路の変化といった交通技術の変革力を語るとともに，一定の異郷知識をささえてきた旅の経験の衰退を論ずる。この3つのマクロな鳥瞰につづいて，今度は人間間の現象に焦点をあて，第7章「酒」は，コミュニケーション実践の制度ともいうべき宴会や祭に，不可欠の存在をとりあげ，そこに込められた心意の変容を軸に，酒の濫用のメカニズムや女性の管理能力の喪失の問題を語る。酒屋の発生などという近世史からの説明だけでなく，税制度の近代や禁酒運動という社会運動にまでふれる用意は，この世相分析の特質。第8章「恋愛技術の消長」は，同じくヒトとヒトとの関係の問題だが，婚姻様式にテーマをしぼり，配偶者選択の不自由や仲人の不均等な機能，内縁の増加という現象を論じつつ，近代の婚姻様式の整理されすぎたためにかえって抑圧された選択を論ずる。これが家をヨコの関係，すなわち婚姻・夫婦・性の側面で切ったものとすれば，第9章「家永続の願い」は，むしろタテの関係で論じたもの。すなわち，先祖・親子・他界とのつながりにおいて，家を基体とする宗教意識の近代における変容の諸要素に焦点を

あてている。これらは，広い意味での家族社会学の領域と重なる。

次の3章ではいわば産業社会を対象とし，第10章「生産と商業」は，家業と区別せられた職業の問題に焦点をあて，職を技術によった生き方ととらえるところから，農の内部からの職の発生をみる。職業の専門化の功罪にふれるとともに，一方において流通の領域の発達において起こりはじめた，生産の無計画の帰結や消費の従属について論じている。第11章「労力の配賦」では，労働の問題をとりあげ，出稼ぎ労働者を軸に，近世の農業社会にあった季節的慣習から女工，植民移民にまで拡げてとらえている。親方制度の果たしてきた役割と限界とが検討される点で，職業社会学・労働社会学的な問題発見の原点でもあった。第12章「貧と病」とは，明治大正において救済事業や社会事業という言葉で論じられ，あるいは衛生問題として考察された社会問題のテーマ領域に焦点をあて，前の2つの章に接続する社会分析を展開している。

第13章「伴を慕う心」では，組合や講，青年団などの諸集団形成の局面にあらわれる団結のメカニズムの重層に注意をそそぐとともに，その自治の背後にある変動にメスを入れる。第14章の「群を抜く力」は，前章の群れ形成との対応で，団結の核となる英雄，選手，指導者，親分，そして政治家などの代表制度の新しい経験と混乱とを観察し，その明暗を論評している。そして最後の「生活改善の目標」では，学問と広い意味での教育（社会教育）に触れ，知ることを通じての漸進主義的改善を説く。

歴史社会学の先駆ともいうべき構想と方法意識は，序に明らかである。第1に「現代生活の横断面」に現れる細かな事実の分析において歴史を記述することができるという構想は，文化の重層構造を前提とした社会認識。集蔵体という言葉を使わずとも，具体的な文化の累積する地層を多次元的にたどる方法意識は，たとえば衣の色を論じて木綿の染色の自由におよび，朝顔園芸の近世的な興味に遡り，さらに素材の触感におよび身ぶりやしぐさを満たす感性におよび記述に明らかである。その方法意識は，メディア論的である。第2に，「化石」ともいうべき文書記録もまた，昔のわれわれの社会の観察として解読するとともに，新たな目の前のフィールドに対する観察採集の実践を説く。その方法意識はまさしく社会調査の実証性そのもの。『世相篇』は，資料・データを集め標本を調製する「採集と整理と分類と比較との方法」さえ正しければ，われわれは社会史を，自然史のような共同の認識において描きうるはずである，と構想する。第3に，固有名詞の拒否という意識的な記述の戦略も，一定の普遍性を生み出す方法として重要。『世相篇』が批判した「伝記式」の歴史記述の多くは，まさしく名を残した英雄や政治家たちの事跡，大事件を時系列に連ねただけで歴史を僭称する粗野な実証主義にすぎなかった。これに対し，日常生活の基本は名付けがたいさまざまな共通経験の構造のうえに成り立つ。歴史をその普通名詞の水準において構造化し，物語化することを自らに強制する。

しかしこの構想は完遂されたとはいいがたく，自序は自らの『世相篇』を不手際な失敗作と語る。「失敗」の内実の解釈はさまざまだが，自序は，明治大正におこった社会現象の「進化の経路」すなわち変貌のメカニズムを，明晰な分類と比較との提示をつうじて一目瞭然に明らかにはできなかったこと，とりあげた問題の「密度」が足りず，とりわけ地方の日常生活の内部に及ぶ記述を構成できなかったこと，そのためにけっきょく説明のゆきとどかぬ「暗示の書」のようになってしまったことを挙げている。しかしながら失敗という評価よりも，方法をも含めた未完成とととらえなおす新しい解読が大切であろう。まだ日常生活史上の近代は，いまだ多くの不可視と言説化されていない課題を有していることを，想像力豊かに知らせてくれる書物である。

佐藤健二

［書誌データ］ 柳田国男『明治大正史世相篇』朝日新聞社，1931（柳田國男全集26，ちくま文庫，1990）．

シュッツ Alfred Schütz (1899-1959)
『社会的世界の意味構成』 *1932年刊

　アルフレッド・シュッツの最初にして生前唯一の著作。人間存在の行為や意味の契機を分析の戦略点として選び社会的世界の意味的生成と構造化の問題が論じられる。マックス・ウェーバーの理解社会学を検討の素材としながら，同時代の支配的な潮流である新カント学派の価値哲学に基づく社会科学方法論議から距離をとり，ベルクソンの生の哲学やフッサールの現象学の影響を介して独自の社会（科）学的基礎理論を構築している点が本書の特色である。

　本書は5章50節からなる。第1章「予備的考察」では，ウェーバー社会学の対象規定に準拠しつつ，本書全体を通して解明される主要な問題点が指摘される。「社会的行為の理解と説明の科学」としてのウェーバー社会学は，出来事の「説明」をその出来事にかかわった諸行為者の行為とその思念された意味の「理解」にまで遡って解明する点にその特徴がある。しかし分析の基礎となる行為者の「主観的に思念された意味」概念が，ウェーバーの場合，シュッツによれば以下の4つの点でことごとく曖昧なままに放置されている。(1)行為者がその行為に意味を結びつけるという言明は，何を意味するのか（本書第2章「自己自身における有意味的な体験の構成」の主要テーマ），(2)どのようにして他我は有意味的な存在として自我に与えられるのか（本書第3章「他者理解の大要」の主要テーマ），(3)どのようにして自我は他者の行動をその主観的に思念された意味に従って理解するか（本書第4章「社会的世界の構造分析」の主要テーマ），(4)社会的世界を適切に調べるためには社会科学はどのような方法を用いなければならないのか（本書第5章「理解社会学の根本問題」）である。

　第2章における(1)の考察では，私自身の意識体験の内部に(a)経過中の体験作用において境なく相互に移行しあっている体験（「内的持続現象」）と(b)「流れ去った，生成し去った体験」がみられることに注目し，(a)の「持続の流れ」から(b)の体験が現象するのは，反省とよばれる自己自身の「持続の流れ」に対する振り返り，「過去把持と再生」とよばれる「意識の志向性」の働きにあることが突き止められる。過去把持と再生は自己自身の意識体験における「意味」の発生の基盤である。過去把持は，持続の経過における「いまだなお」意識という時間的特性を帯びた体験の第1次記憶，再生は想起とともに過去把持の変様した第2次記憶（「過去完了時制的思考」）である。この時間的特性と対極に「なにかが起こることは予期されながら，なにが起こるかは未確定にとどまる」未来把持と「やがてきたらんとするもの」を「未来完了時制的思考」によって「反省的先取り」する予想ないし投企が区別される。たとえば，ウェーバーのいう「行為者自身の有意味的根拠」としての「動機」概念も，将来の出来事に対する行為の方向づけとしての「目的の動機」を指すのか，過去の出来事に対する行為の遡及関係を指す「理由の動機」であるのか，いずれかでその意味は相違する。このように自己の「注目のまなざし」が自己の持続流という生との緊張関係のうちにさまざまな有意味的体験をつむぎ出す。自我が構成する「意味」は，単純なものであると複雑なものであるとを問わず，自我による意識体験への「注目のまなざし」という意識の志向的働きに還元される。それゆえ，注目のまなざしの働きの諸相と可能的条件が意味の諸相と可能的条件を規定する。

　第3章における(2)の考察では「孤独な自我」の意識体験の世界から「汝と出会う社会的世界」へと問題がひろげられる。シュッツは「自然的見方における他我の一般定立」からこの問題の解明に向かう。この他我の一般定立とは，われわれが日常生活を営んでいる場合，(1)において吟味した「自己自身の持続

における有意味的な体験の構成」が「汝」の場合にも同様に当てはまること, 汝も私と同様に意識をもち, その意識は持続し, 汝の持続流は私の持続流とまったく同じ原形式を示していること, 私と同様に, 汝も汝の意識の志向的働きによってのみ汝の体験を知るということを日常人は当然のこととしているという意味である。この定立の妥当性が「他者理解」の具体的ケースに即して論考される。(a)私と「一緒にいる人間」(＝汝)についての私自身の体験の自己解釈, (b)汝の身体として認識されるものの経過についての私自身の体験の自己解釈, (c)汝の身体に知覚される経過を一般に汝の意識にとっての1つの体験と解釈すること, (d)汝によってこの体験が組み入れられる意味のコンテキスト, これらはそれぞれ「他者理解」と呼ばれるが, その意味あいは異なる。これらの「他者理解」の構造連関を調べると, それは解釈者の側の解釈の視座と常に相関していることが判明する。また生命ある他者の身体とその身体に知覚される他我の意識体験の関係は「しるしとしるしづけられるもの」の対関係にあることに着眼し, そこから表現や記号や言語やシンボル等の「付帯現前」に関する現象学的考察が「他者理解」を推し進めるうえで重要な役割を果たすことが指摘される。

第4章における(3)のテーマでは前章を承けて, 中心としての〈自我〉の周りに他者とともにある社会的世界は千差万別の親密性と匿名性において系統立てられていること, 社会的世界は決して同質的世界として現象せず, 直接世界, 共時世界, 前世界, 後世界として, 分節されて現象すること, 社会的世界の諸領域・諸分野のいずれもが「他者の意識体験の特殊なあり方」であると同時に, それは本来他者理解の特殊な技法であることが詳述される。直接世界では自我の最も近傍にある他者, 汝との面対面の「われわれ関係」(「時間と場所の共同態」的関係)が展開される。汝の身振り, 歩きぶり, 顔の表情などが直接観察できるばかりでなく, これらのものが汝の意識体験のしるしや証拠として生きた現在において把握される。類のない状況における類のない個体としての「他者」の世界。しかし「共時世界」では「われわれ関係」が間接的な「彼ら関係(君ら関係)」に変様する。汝は生身の姿の親密な汝に代わって間接的な「君らのような人々, 君らと同じような人々」として「類型化された」他者となり, 汝の行為は「類型化された行為」となる。このように直接世界における豊かな汝理解を一方の極とし, 匿名的な類型的な他者理解を他方の極として, その中間に多様な種類の他者理解を挟みながら, 日常人は社会的世界の「第1次的意味構成」を定立するさまが明らかにされる。

第5章における(4)の考察では社会的現実を研究する理解社会学の分析方法やフレームが解明される。他者に関する前科学的な意味理解のなかに経験科学としての社会科学的認識の方法の萌芽(共時世界における類型的把握)がみられ, これら第1次的意味構成の世界を基礎として, その上に社会科学は「第2次的意味構成」の世界を構築する。ウェーバーの理念型, ケルゼンの純粋法学, ミーゼスの経済学などをパラダイムにあげて社会科学的認識の基礎理論が展開される。

シュッツの上記の著作の特徴は, 分析の視座が〈自我論理的〉であり, その方法が〈反省的〉である点に求められる。意味の発生と意味の構造との連関がそのような視点から検討され, 「つくりつつ, つくられる」人間と社会の相互関係の解明に迫る「現象学的社会学」の基礎が構築される。彼の没後1960年代以降, アメリカの象徴的相互行為論, ルックマンの知識社会学, バーガーの宗教社会学, エスノメソドロジー(ガーフィンケル)等に強い影響を及ぼしたばかりでなく, ルーマンの社会システム論やハーバーマスの社会哲学(「生活世界論」)の展開にも影響を与えている。

訳者要約

[書誌データ] Alfred Schütz, *Der sinnhafte Aufbau der sozialen Welt*, Springer-Verlag, 1932(『社会的世界の意味構成』佐藤嘉一訳, 木鐸社, 1982).

ミード, G. H.
George Herbert Mead (1863-1931)
『精神・自我・社会』*1934年刊

　本書はミード独自の社会行動主義の観点から自我の社会的形成を具体的に明らかにしたものであり，自我論の古典的業績のひとつとなっている。ミードの社会行動主義は人間の経験を「行為 (conduct) の見地, とくに（すべてではないが）他者によって観察されうる行為の見地から」研究するアプローチである。しかし，それは個人の内的経験を無視するJ．ワトソンの行動主義と同じものではない。それとは反対に，人間の内的側面の解明を何よりの目的とし，内的なものが他者とのかかわりにおいて社会的に形成されるメカニズムを明らかにしようとするものである。

　ミードは人間の内的側面もまた行為の一部であり，行為の初めの部分に当たる内的行為であると考える。そして，内的行為は人間が障害や妨害また禁止などによって習慣的行為を遂行できなくなる「問題的状況」において，状況をイメージに描き，問題点を明らかにし，解決策を講じるようになる。内的行為によって問題的状況が克服され，新しい状況が現われてくることになる。

　このような「内的なもの」について，ミードは当初，それを行為における機能の観点からとらえる機能主義心理学の確立を試みたが，やがて，その個人的性格に不満を抱くようになり，「内的なもの」が他の人間とのかかわりにおいて形成されると考えるようになった。そして，「内的なもの」の社会性を明らかにすべく，ミードは自己の立場を「社会行動主義」と規定して，関心を自我の社会性の問題に移行させていった。

　ミードにおいて，人間の自我は孤立したものではなく，社会的経験と社会的活動の過程において他の人間とのかかわりで生まれ，発達するものである。このような自我のイメージは，W．ジェイムズの「社会的自我」やC．H．クーリーの「鏡に映った自我」の概念をミードが知ることによって生み出された。そして，クーリーにおいて他者が想像によってとらえられた他者になっていると批判して，他者を具体的，現実的に考察することを行なう。ミードによると，子供の自我は父，母，兄弟姉妹，友達などの「意味のある他者」(significant other) の期待との関連において形づくられる。そして人間は他者の期待の取り入れ，つまり「役割取得」(role taking) によって自我が形成される。

　ミードは子供の自我形成に関して2つの段階に分けて考察する。第1の段階はままごとなどのごっこ遊びの「プレイ」段階である。そこにおいて，子供はお母さんやお父さん，また先生やお巡りさんなどの役割を演じることによって，親や大人の態度や期待を自己に結びつけて，それを通じて自分のあり方を理解するようになる。そして，子供は成長するにつれて，多くの人間にかかわり，複数の他者の多様な期待に直面するようになる。そこで，複数の他者の期待をまとめあげ，組織化し，一般化することが行なわれる。そこに生み出されるのが「一般化された他者」(generalized other) の期待である。このような期待が野球やサッカーなどのゲーム遊びにおいて形づくられることから，この第2の段階は「ゲーム」段階と呼ばれる。

　そして，ミードは大人の自我形成も同様に考え，そこでは「一般化された他者」は「コミュニティ」全体の態度を表わすものとされる。この場合の「コミュニティ」は単に地域社会に限定されず，国民社会，そして国際社会にまで広げられる。そして，他者は空間的な広がりのみならず，時間的な広がりもまた有している。ミードはこのようにして他者の拡大によって自我の発展がなされ，他者が最大限に拡大されると自我の社会性は最高段階に達すると主張した。

　ミードはこのような自我の社会性とともに，他方に，人間の主体性をとらえようとする。ミードによると，人間の自我には2つの側面があり，ひとつは「主我」(I)，もうひとつは「客我」(Me) である。「客我」は他者の

期待をそのまま内在化したものであり,「主我」とはその「客我」に対する反応である。そして,「主我」は自我の積極的側面を表わし,それは人間の個性や独自性を示し,新しいものを生み出すものである。

しかし,ミードにおいて,「主我」が具体的に何であるのかそれほど明確ではない。「主我」理解に関して,人間の本能あるいは衝動を表わすという衝動説や「客我」以外の残りのものすべてを表わすという残余説が生み出されている。しかし,ミードのいうように「主我」が自由,イニシアティブ,自発性のセンスを示し,新奇性,革新性,創造性を意味するものであるならば,それは人間の「創発的内省性」(emergent reflectivity) を表わすといえる。「創発的内省性」とは,他の人間の目を通じて客観的に自分の内側を振り返ることによって,そこになにか新しいものが生み出されることである。「創発的内省性」の出現によって,自我が新しく生まれ変わるとともに,他の人間も変わり,また集団や社会も変わるようになる。

そして,ミードの思考のユニークさは自我の他者との関連をコミュニケーション過程において明らかにしたところにある。コミュニケーションに関して,ミードはジェスチュアの問題を出発点として,C. ダーウィンやW. ヴントの見解を検討しながら,ジェスチュアを情動の単なる外的表現でもなく,また内的な感情や思考の外的対応物でもないと主張する。ミードにおいてジェスチュアとは個体が行為しようとする構え,行為しようとして,いまだ行為していない人々の態度を表わしている。そして,ジェスチュアはひとつの刺激として他者に一定の反応を引き起こすときに「意味」を持つ。そして,人間はこのジェスチュアの「意味」を意識している。人間は他者の反応を予測してジェスチュアを行ない,同時に,自己の反応についても意識している。他者の反応と自己の反応,およびその間の関係を意識していることが「意味の意識」である。そして,「意味の意識」が存在するのは,人間が「音声ジェスチュア」(vocal gesture) を用いることができるからである。

人間は自分が発する音声を他者に聞かれるだけでなく,自分自身もまた聞くことができる。そのことによって,人間は自分の音声が相手に対してどのような反応を引き起こすのかを考えうるようになる。つまり,他者のうちに引き起こすのと同一の反応を自己のうちに引き起こすことができる。このようなジェスチュアを指して,ミードは「意味のあるシンボル」(significant symbol) と呼ぶ。この「意味のあるシンボル」によって行為者の間に意味の共有がなされ,そこに共通の意味世界が生まれ,「社会性」(sociality) がもたらされるようになる。

他方,人間は「意味のあるシンボル」を通じて自己とも会話を行なう。そこにおいて「内的コミュニケーション」が行なわれる。内的コミュニケーション過程において内在化した他者の態度の表示と解釈,つまり,意味の選択や評価がなされ,その修正や再構成が行なわれ,新たなものが創発されるようになる。

このように,ミードは「意味のあるシンボル」を媒介とするコミュニケーションの果たす役割を検討して,「意味のあるシンボル」による共有意味世界の形成,そして,そこにおける社会性の成立について明らかにし,さらに,人間の内的コミュニケーションの存在をクローズ・アップして,その内的コミュニケーションが既成の意味を越える新たなものを創出するという事実を解明した。

このような人間のコミュニケーションのあり方によって,自我の社会性は固定したものではなく,変化・変容し,常に新たなものを生み出し,また,それによって自らを再構成していくものとなり,そして,社会は固定したものではなく,変化・変動するダイナミックな過程となる。 船津 衛

[書誌データ] George Herbert Mead, *Mind, Self and Society* (Charles W. Morris, ed.), University of Chicago Press, 1934(『精神・自我・社会』稲葉三千男・滝沢正樹・中野収訳,青木書店,1973;『精神・自我・社会』河村望訳,人間の科学社,1995).

ベンヤミン Walter Benjamin (1892-1940)
『複製技術時代の芸術作品』 *1936年刊

　この論考はベンヤミンの作品のなかでもっともよく知られ、きわめて同時代的に理解しやすいものとして受け取られている。複製技術の発達に伴うオリジナルとコピーの差異の消失など、ここで論じられているいくつかのテーゼは現在ではほとんど常識化していて目新しさはない。この論考はすでに日常化して新鮮さを失ったのだろうか。時代の制約があるのは当然として、驚くほどのラジカルな芸術論である。この有名な論考も『パサージュ論』の進行する過程（第2ステージ）でその周辺に生じた先鋭な問題意識から出発している。そこにいたる過程を一瞥しておくのは無意味ではない。

　『複製技術時代の芸術作品』なる論考の成立過程でもっとも重要なのは、『写真小史』（1931）と『生産者としての作家』（1934）である。さらに付け加えるならブレヒトの影響のあらわれた『破壊的性格』（1931）。『写真小史』には『複製技術時代の芸術作品』以後、流行語となる「アウラ」がはじめて登場する。写真とともに芸術は一回性ではありえなくなった。そのとき失ったものをベンヤミンは「アウラ」と呼んだ。しかし写真もはじめから「アウラ」を失っていたのではない。むしろ初期の写真は個人や家族のアウラをたっぷり含んでいた。アジェの写真が出現して写真はようやく「アウラ」から解放された。「われわれの時代の知覚メディアの変化がアウラ消滅の結果であると考えられる以上、その社会的条件も自ずから解明されうる」。

　『生産者としての作家』の場合は、作品は生きた生産関係のなかに組み込まれ、この生産関係のなかで果たす機能、作品生産における作家の「技術」に直接むけられねばならないことが論じられる。この技術に複製技術が入ったとき芸術の性格は根本的に変化する。つまり『複製技術時代の芸術作品』はベンヤミンの論考のなかでは史的唯物論の影響をもっとも受けている。しかしプロレタリアート芸術や無階級社会の芸術を扱ったのではなく「現在の生産条件のもとにある芸術の発展傾向」に問題を限定している。この論考の重要さは生産条件の発展に伴う社会関係のなかでの芸術の変質を問題にしたことにある。

　いかなる変質か。真に革命的であった複製技術＝写真の登場によって芸術が危機状態に陥り、やがて芸術は「ラール・プール・ラール」なる神学的教義に逃げ込んで社会的機能を拒否し、また具体的主題を拒否した純粋芸術になっていった。だが芸術を技術的に複製することから、芸術は「世界史上はじめて儀式への寄生から解放される」ようになる。儀式に代わって登場するのは政治である。芸術の価値にたいする2つの態度のうち、展示価値が礼拝価値を押し退けはじめた。彼は1910年代以後のベルリンにおける芸術の爆発（表現派、ダダ等）を見ながら、これまでの芸術の価値秩序の崩壊を感じていた。その事態をあたらしい時代の到来として確信をもって受け取っていたか、それとも芸術の危機として受け取っていたか。多分、20〜30年代にはベンヤミンは危機の深淵に張られたロープを渡っていたのではないか。ベンヤミンはこの冒険から芸術全体の性格の変化を汲み取っていた。ベンヤミンの洞察ではあたらしい芸術の問題は絵画と写真の間の闘争では解決できず映画の登場によって解決される。

　『複製技術時代の芸術作品』の「VII章」以後は周到にして大胆な映画論になる。簡単にいうと、これまで生身で観客に向かって演技していた舞台俳優とことなり、カメラの方が演技し、さらに個々に分解されたフィルムの断片は、編集者の手で自在に繋ぎあわされる。まったく別の機会に撮った驚愕の瞬間をある箇所に挿入することもできる。「長いあいだ、芸術が栄えうる唯一の場となっていた〈美しい仮象〉の王国から、芸術がすでに抜け出てしまっていることを、これほどあざや

かにものがたる事実はほかにあるまい」。さらに映画は「これまで知覚の幅ひろいながれとともに押し流されていた無意識的なものを分析可能にした」。ベンヤミンは映画の技法自体がフロイト的な世界に容易に入ることを可能にしたと言うのである。クローズアップによってわれわれを封じ込めていた空間を広げ，高速度撮影によって運動を拡張し，無意識な視覚の世界を知るようになる。

映画のもうひとつの特徴は「芸術作品が大衆を求めはじめたことから引き起こされた」ことにある。「芸術が大衆を求める」——これが『複製技術時代の芸術作品』が提出した，最も驚くべき芸術変化への洞察である。これは映画で代表されるとは言え，全面的な芸術の変化の徴候である。かつての芸術，いまだに自律性を持っている特権的芸術から大衆が享受する芸術への移行である。この変化が芸術のあたらしい性格をどのように形成しうるか。それは容易ではない。「芸術がそのもっとも困難かつ重大な課題に立ち向かうのは，芸術が大衆を動員できる場所においてである」。こうして複製技術による芸術の性格の変化から考察しはじめた『複製技術時代の芸術作品』は芸術を鑑賞する大衆の知覚的態度を含め，映画において芸術が実験に立ち向かうことになるというところまで到達したのである。

この論考にはさまざまな破綻と時代的制約があらわれている。しかしそうした破綻は論考の意義を失わせない。第1に彼が特殊なる用語「アウラ」を使うことで問題は曖昧になってしまった。この言葉は多義的で，たえず消えたり現れたりしている。またベンヤミンが極端で性急な議論を進めていることは否定できない。彼にはかつての芸術の価値秩序を無視しても認識すべき歴史があり，それがいかに彼の哲学を構成するかが問題である。ベンヤミンには，もはや機能を失った芸術の清算の衝動がある。このことはブレヒトの影響であり，またかつて『破壊的性格』を書いたことに通じる。

第2に彼の提出した問題は，歴史の転換期には知覚の変化があるが，その知覚は「実際型の姿勢のなかで，散漫な経験により習慣化をとおして，次第に解決される」ということになる。おそらくこのテーゼの方が，この論文のなかで一般化できる重要な主張を含んでいる。建築，写真，映画，広告など近代の知覚メディアがこのような条件に相当する。それによって大衆を求めはじめた芸術の方向が解決される。『パサージュ論』のなかでも技術について述べた項目に「歴史的に見てもっとも早く芸術という概念から抜け出たのが建築」（F3.1）であると記している。この思い切りのよい「清算」にたいしてアドルノは「自律的芸術」だからと言って一概に斥けていいものではないと，異論を述べている。

第3にこの論考は未来派が戦争を賛美し，イタリア，ドイツを支配しはじめたファシズムが広がっていく時代の雰囲気のなかで書かれていたことが挙げられる。ファシズムが狙いをつけて組織するのもあたらしい芸術が求めていたのと同じ大衆である。あるいは技術によって変化した人間の知覚を芸術的に満足させることも，技術だけの議論からは防止できない。複製技術時代の芸術作品と言うかぎり，かつての儀礼に相当するものとして政治があると言うだけでは，ファシズム革命とプロレタリア革命の両方の可能性は免れない。この困難な時代にあって，一方でかつての価値秩序が崩壊し，芸術が大衆を求めはじめた以上，芸術の清算を唱えながら，他方でベンヤミンは社会関係に階級ないしは所有関係を導入してそれがファシズムや戦争に繋がる政治の審美化に到達してしまうことを防がねばならなかったのである。

多木浩二

［書誌データ］Walter Benjamin, *Gesammelte Schriften* Band 1, 2, Suhrkamp, 1936（『複製技術時代の芸術作品』ヴァルター・ベンヤミン著作集2，高木久雄・高原宏平訳，晶文社，1970；『ボードレール他五篇』ベンヤミンの仕事2，野村修編訳，岩波文庫，1994；『ベンヤミン・コレクション1』浅井健二郎編訳，ちくま学芸文庫，1995）．

パーソンズ Talcott Parsons (1902-79)
『社会的行為の構造』 *1937年刊

本書は、パーソンズが公刊した最初の大著（原書で、800頁をこえる）であり、「主意主義的行為理論」の方向を確立したものとして、いまや古典とされている書物である。パーソンズ没後の1987年、アメリカ社会学会が「『社会的行為の構造』出版50周年記念シンポジウム」を開催しているのは、本書の「古典的地位」を、端的に物語っている。近年、チャールズ・カミックは、本書を、アメリカ社会学の「憲章」にあたるものと位置づけ、精力的にその内容分析に努めている。

本書は、ヨーロッパ思想の二大潮流（①英米型＝実証主義的潮流、②ドイツ型＝理想主義的潮流）の理論史的検討のなかから、新たな社会理論の方向を、行為理論として提示しようとした理論的著作である。本書を貫いている理論問題は、パーソンズ畢生の学問的課題となった、「秩序の問題」にほかならない。自己の行為を自由に選択することのできる諸個人が、相互に平等な関係におかれている近代社会において、社会秩序はいかにして可能か、これが秩序の問題である。家父長制社会や封建社会において、社会秩序は、よかれ悪しかれ、権威的・権力的に制度化され伝統化されている。ところが近代社会において、秩序は自明でない。この問題は、ホッブズが『リヴァイアサン』において、はじめて鋭角的に提起した問題として、「ホッブズ問題」とも呼ばれている。パーソンズが生涯追究しつづけたこの「秩序の問題」は、こんにち、ロールズ（『正議論』1971）やルーマンをはじめとして、なお多数の社会理論家によって、追究されつづけられている。

パーソンズは本書において、この「秩序の問題」の理論的解決を求めて、ヨーロッパ思想を検討した結果、実証主義的思想が、宗教や価値理念のもつ行為への力を適切に考察しえないのにたいして、他方理想主義的思想は、行為をめぐる客観的諸条件を適切に考慮にいれていない、という結論に達した。両者を相互補完的に総合することによってはじめて、秩序の問題解決のみとおしをうることができる。こう考えたパーソンズは、行為の主観的要素と客観的条件とをともに分析しうる、「目的－手段図式」を構想し、それを「主意主義的行為理論」と命名する。人間行為の主体的・主観的要素に着目しつつ、新たな秩序形成論を構築しようとしたからである。このような初期パーソンズの企図は、かつて、イギリス経験論と大陸合理論とを総合しようとしたカントの作業の、20世紀段階での、しかも社会科学的な再来であるとみることができる。

だが「主意主義的行為理論」は、ひとりパーソンズが机上で考案したものではない。パーソンズのみるところ、世紀転換期のヨーロッパにおいて、4人の理論家が、それぞれ独自に主意主義的行為理論の方向に歩みだしていた。実証主義的伝統から出発して、理想主義の方向に歩みだしたマーシャル、パレート、デュルケーム、理想主義的伝統から出発しつつ、実証主義との架橋をめざしたウェーバー、この4人の歩みを総括するならば、主意主義的行為理論が浮き彫りにされる。こう考えたパーソンズは、本書において、この4人の収斂の軌跡を、丹念に描きだそうとしている。

したがって、本書は、つぎのような構成をとっている。まず「第Ⅰ部 行為の実証主義的理論」では、英米で支配的な実証主義と功利主義とにたいする、厳しい批判が提出される。そのうえで、「第Ⅱ部 実証主義的伝統からの主意主義的行為理論の出現」で、マーシャル、パレート、デュルケームの思想形成過程が検討され、「第Ⅲ部 理想主義的伝統からの主意主義的行為理論の出現」では、ウェーバーが分析されている。当時、経済学者マーシャルは、社会理論の世界ではほとんど顧みられなかったし、ほかの3人は、英語圏でほとんど知られていなかった。それゆえ本書は、英語圏における初めての本格的なパレート研究、デュルケーム研究、ウェーバー研

究として，またマーシャルをも同じ土俵のうえに位置づけた作業として，「古典的地位」を確立するにいたる。

パーソンズが「秩序の問題」を終生追求しつづけた基礎には，戦間期の，とりわけ世界大恐慌とナチズムの登場とに象徴される不安定な時代状況のなかで，人間の意識的コントロールによって，「よき社会」を実現しようとする，ピュウリタン以来の使命感がおかれていた。パーソンズの学問的営為は，たとえそれが高度に抽象的な理論展開という姿を示しているときでさえも，つねに烈々たる現実的・経験的問題関心に裏打ちされていた。本書において，4人の理論家の理論史的検討に集中しているときでさえも，各理論家が資本主義の性格をどのように把握しているかという，経験的・具体的問題群に照準がおかれている。本書をめぐって，現象学的社会理論家であるアルフレッド・シュッツとパーソンズとのあいだで，私的書簡を通じて論争が展開されたとき，パーソンズは，シュッツの議論のなかに，経験的問題への言及が欠けていることを，最大の不満と感じていたほどである（『シュッツ＝パーソンズ往復書簡集』1978）。われわれは，ステレオタイプ化されたパーソンズ像にとらわれることなく，現実的・経験的社会理論家としてのパーソンズに接する必要がある。

このようなパーソンズの学問的態度には，若きパーソンズの社会主義への志向と，ウェーバーの影響とが影をおとしている。パーソンズは1924年にハイデルベルク大学に留学したとき，ウェーバーの存在を知り，それ以来，ウェーバーを「生涯の師」として，彼の著作と対話しつづけた。パーソンズが，ウェーバー論を博士論文としたことや，ウェーバーの『プロテスタンティズムの倫理と資本主義の精神』の英訳を公刊（1930）したことは，ウェーバーに引きつけられたパーソンズの姿を，端的に示している。

だがこのことは，パーソンズがウェーバー学に，全面的に心服していたことを意味しない。むしろパーソンズは最初から，現代社会の将来展望についてのウェーバーのペシミズムに，強い疑問を抱いていた。ウェーバーが『プロテスタンティズムの倫理と資本主義の精神』の末尾で示した，官僚制的化石化（＝管理社会化）という悲観的展望は，正しいのであろうか。将来の社会において，「カリスマ的な真に創造的力の作用する余地は，存在しない」のであろうか。こうした疑問は，さらにウェーバーの理念型的方法・類型構成の方法にたいする批判へと，展開される。本書の第Ⅲ部では，こうしたウェーバー評価と批判とが，詳細に展開されている。

ヨーロッパの巨人たちに学びながらも，ヨーロッパの理論家たちが「主意主義的行為理論」に収斂しつつあるとする，「収斂テーゼ」そのものを発見したのは，パーソンズである。彼は，ヨーロッパの知的発展の最良のものを総合して引きつぎ，そうすることによって，後進的な地位にあったアメリカの社会理論を，一挙に世界的水準に引きあげようとしたのである。その意味で，本書の「収斂テーゼ」は，アメリカ社会理論のヨーロッパ思想からの「独立宣言」であり，アメリカ社会科学の「憲章」となったと，みることができる。事実，この「収斂テーゼ」は，パーソンズの生涯を貫く確信となるにいたる。パーソンズは生涯を通して，この収斂に，さらにフロイトをはじめとして，アメリカの社会学者であるミード，トーマス，クーリー，人類学のマリノフスキー，ラドクリフ＝ブラウン，クラックホーン，クリフォード・ギアーツ，心理学のピアジェ，さらにはサイバネティックスや近年の分子生物学をも，加えることができると考え，これらの知見の総合に尽力した。

本書は，アメリカ的社会科学の特質を知るうえで，欠くことのできない第一級の「古典」である。

高城和義

［書誌データ］Talcott Parsons, *The Structure of Social Action*, McGraw-Hill, 1937; 2nd ed., The Free Press, 1949（稲上毅・厚東洋輔・溝部明男訳『社会的行為の構造』1-5, 木鐸社, 1976-89）;Paperback ed., The Free Press, 1968.

■ホイジンガ Johan Huizinga (1872-1945)
『ホモ・ルーデンス』＊1938年刊

『中世の秋』(1919)などで知られるオランダの文化史家ヨハン・ホイジンガの晩年の著作。理性を強調する人間観(「ホモ・サピエンス」)や労働・生産活動を強調する人間観(「ホモ・ファベル」)に対して,ホイジンガは,遊びの重要性に注目して人間を「遊ぶ存在」ととらえ,「人間の文化は遊びのなかで,遊びとして,発生し展開してきた」ことを示そうとする。

第1章では,まず遊びの本質と意味が論じられる。遊びを,余剰エネルギーの放出,将来の実生活のための予備学習,不満足な現実の補償など,何らかの外的な原因や目的から説明する従来の考え方は不十分である。それは,人を夢中にさせる遊びそれ自体の「面白さ」を軽視している。しかし実はこの面白さこそが遊びの本質なのであり,遊びは「それ自体のうちに目的をもつ」活動,したがってまた,ほかの何物にも還元できない「無条件に根源的な生の範疇」なのである。

このような意味での遊びは,文化よりも古く,しかも文化の黎明期から現在まで,ずっと文化にともない,文化に浸透し続けてきた。この文化のなかでの遊びの機能をとらえるためには,まず遊びという「生の形式」をほかの諸形式から区別しなければならない。

こうしてホイジンガは,遊びという活動の形式的特徴の検討に進み,遊びは何よりもまず「自由な活動」であり,命令された遊びはもはや遊びではないことなどを指摘しながら,一応の結論として次のように述べる。「その外形から観察したとき,われわれは遊びを総括して,それは〈本気でそうしている〉のではないもの,日常生活の外にあると感じられているものだが,それにもかかわらず遊んでいる人を心の底まですっかり捉えてしまうことも可能な一つの自由な活動である,と呼ぶことができる。この行為はどんな物質的利害関係とも結びつかず,それからは何の利得も齎されることはない。それは規定された時間と空間のなかで決められた規則に従い,秩序正しく進行する」。

さらに,何かを求めての「闘争」の遊びと何かをあらわす「表現」(演技)の遊びとが区別されたあと,第1章の終わりの部分では,遊びと祭祀との深いつながりが論じられ,厳粛で真面目な祭祀が同時に遊びでもありうることから,遊びと真面目との対比は決して絶対的なものではないと指摘される。人間は,真面目な日常生活を逃れて気楽に遊ぶことも多いが,もっと高いレベルで,「聖なる真面目さ」をもって「美と神聖の遊び」を遊ぶこともできる。その好例が原始社会の祭祀であって,それは共同体の福祉にとって不可欠な聖事だが,同時に人びとを別世界へと連れ去る遊びでもある。

第2章では,はじめ言語学者として出発したホイジンガの造詣が生かされ,遊びに関する言語表現が扱われる。言語史の流れのなかで,またギリシア語,サンスクリット,日本語などを含む多くの異なる言語の間で,遊びをあらわすさまざまの語彙が比較検討され,それを通して前章で示されたいくつかの論点が補強され,また遊びと闘争との密接な関係が浮き彫りにされる。

次の第3章は「文化創造の機能としての遊びと競技」がテーマである。遊びの文化創造機能は,人びとが一緒におこなう「社会的遊び」のなかに,とりわけ神聖な行事の上演と,祝祭にともなう競技という2つの形式のなかに,はっきりとあらわれている。一般に「社会的遊び」は対抗的な性格をもつことが多く,競技はもちろん,祭礼の行列や踊り,劇の上演などでさえ,闘争の性質をおびやすい。闘争の遊びには常に勝敗がともなう。勝つということは,遊びの世界における優越性の証明だが,往々にして,遊び以外の領域においても秀れていることを示すかのように考えられやすく,勝者には大きな名誉と尊敬が与えら

れることになる。しかも、この名誉と尊敬は、すぐさま勝者の属する集団や関係者の全体にまで及ぼされていく。

もちろん闘争の遊びは、スポーツ的な競技にかぎらず、さまざまな形をとる。たとえば、M. モースやB. マリノフスキーらの研究によって知られるポトラッチやクラの制度から、悪口合戦、ほらふき競争、浪費または破損の競争、暴飲暴食競争、譲り合いの競争、苦痛に耐える競争などにいたるまで。この種の遊びは、しばしば宗教的・呪術的祭儀と密接に結びつきながら、原始・古代社会に広く分布し、「文化の遊び要素」となっていた。ここでホイジンガは、人間の多様な文化活動のうちの重要なものの1つが遊びであるとか、もともと遊びであったものが文化と呼びうる別のものに発展したとか、いっているのではない。そうではなくて、「文化は遊びの形式のなかに成立したのであり、文化は原初から遊ばれるものであった」というのが、ホイジンガの主張の核心である。

ここまでがいわば「総論」的な部分で、以下、第4章から第10章までは、文化のそれぞれの機能分野に即した「各論」的な考察に当てられる。法律（裁判）、戦争、知識、詩、哲学、芸術などと遊びとのつながりが縦横に論じられ、「競技としての訴訟」「裁判と賭け」「古代の戦争の祭儀性と闘技性」「謎解き遊びと哲学」「詩的形式と遊びの形式」「学問の闘技的性格」「音楽と遊び」「純粋な遊びとしての舞踊」など、多くの興味深いトピックスがとりあげられる。

続く第11章では、歴史の流れにそって、古代から19世紀にいたる人類文化の変遷が「遊びの相のもとに」鳥瞰される。ローマ時代から中世、ルネサンスを経て、バロック、ロココ、そしてロマン主義の時代にいたるまで、文化がどのように「遊ば」れてきたかが考察されたのち、章末で「19世紀における真面目の支配」、つまり「ほとんどすべての文化のあらわれのなかで遊びの因子が大きく後退をとげていく」ことが指摘される。

では、現代の状況はどうか。最後の第12章では、現代文化における遊びの要素の全般的な衰退が論じられる。たしかにスポーツなどはむしろ隆盛をきわめているようにみえるかもしれない。しかし、一方では組織化の進展、規則の厳格化、記録へのこだわり、訓練の強化、プロとアマの分離などによって、現代スポーツは「真面目になりすぎ」ており、他方では祭祀とのつながりの喪失によって文化的創造力を失っている。つまりそれは、ほんらいの遊びの精神を失い、純粋な遊びの領域から遠ざかりつつある。

スポーツについていえることは、非体育的な競技をはじめ、現代文化のあらゆる領域について当てはまる。ここでホイジンガは、ナチズムの伸張を念頭に置きながら、国際関係や戦争のような政治文化における遊びの喪失にも言及している。とにかく「現代文化はもうほとんど〈遊ば〉れていない」のである。そして、文化が「遊ば」れないならば、それは衰退するほかない。なぜなら、文化は「ある種の自制と克己を前提」とし、規則の尊重と「フェア・プレイを要求」するものであり、「真の文化は何らかの遊びの内容をもたずには存続してゆくことができない」からである。

独創的な発想と博識に支えられ、独自の文明批評をも含む本書は、単にレジャーやスポーツの社会学だけでなく、広く文明と人間に関する社会学的考察にも有益な示唆を与えた。また、R. カイヨワによって、デュルケーム以来の聖‐俗理論と組み合わされ、聖‐俗‐遊の三元論へと展開されたこともつけ加えておく必要があろう。

井上 俊

[書誌データ] Johan Huizinga, *Homo Ludens: Proeve eener bepaling van het spel-element der cultuur*, Tjeenk Willink & Zoon, 1938（『ホモ・ルーデンス』里見元一郎訳、河出書房新社、1971）；独語版、Rowohlt Verlag, 1956（高橋英夫訳、中央公論社、1963；中公文庫、1973）.

■エリアス Norbert Elias (1897-1990)
『文明化の過程』＊1939年刊

(1)この２巻からなる大著の扉には，こう書かれている。——「わが両親ヘルマン・エリアス（1940年ブレスラウで死す），ゾフィー・エリアス（1941年？ アウシュヴィッツで死す）の思い出に捧ぐ」。

ユダヤ人を両親にドイツ・ブレスラウ（現ポーランド）で生まれた著者ノルベルト・エリアスは，1930年代後半，ナチス支配下のドイツを逃れ（両親はとどまった），亡命先のロンドンでこの本を書いた。1939年にスイスで刊行されたこの本は，その後忘れられていたが，1969年，新しく書かれた序論つきで再版され，高い評価を得る（扉の言葉はもちろん第２版以降に書き加えられたものだ）。

この本は，ヨーロッパを覆う「暴力」の時代に，「暴力」から逃れた場所で書かれた。その内容は以下のようなものである。

(2)エリアスは，ヨーロッパ人が使う「文明化」という言葉を問題にする。過去の時代と比べ，あるいは他の民族と比べて，自分たちは「文明化」されている，と言うことがある。でもそれはどういう事態を指して言っているのだろうか。「文明化」を生きられた経験として，実際に観察可能な事実から記述すること，これがこの本の上巻の課題である。

そのためのデータとして彼が選ぶのは，「礼儀作法」というありふれた，それゆえに変化が意識されにくい事象である。彼によれば，「礼儀作法」という概念が重視されるのは，「戦士社会」が崩壊し「宮廷社会」が成立するころであり，ベストセラーになったエラスムスの『少年礼儀作法論』(1530)はその過渡期を示すものだった。エリアスは，このパンフレットをはじめ膨大な数の「礼儀作法書」を蒐集し，その内容を歴史的に比較検討する。それは，食事の仕方，排泄の仕方，はなをかむ，つばを吐く，セックスする，暴力をふるう，などの項目にわたるじつに微細なものだ。

この微細な検討から，彼はおおまかな「長期的な変動の傾向」を抜き出す。それは，「以前は許されたことが今は非難される」(15世紀末の礼儀作法書)不快感や羞恥心の基準の上昇とも，人間の情感や暴力を公共生活からその舞台裏へと移動させる傾向とも記述できよう（たとえば，肉を食べるさい，動物の死体とわかる肉塊を鋭利で危険な刃物で切り分ける作業は，徐々に食卓から厨房へと移される）。エリアスは，行動を制御する技法が，「外的強制」から「自己抑制」へと比重を移す過程として，「文明化の過程」をとらえる。

この過程のなかで，ある人間の種類が登場する。情感や暴力を制御する「舞台裏」として，他人に隠し，他人のそれを読み，自ら反省する「心理」という装置を備えつけた人間。「自己」の内面と外界との境界線を明確に意識し，外界や他者から「壁」や「殻」によって孤立していると感じる人間。エリアスは，これを「閉ざされた人間 (homo clausus)」と呼ぶ。私たち近代人の「自己経験」にはなじみのこの感覚は，「自己抑制」という技法への変動がなければ存在しようがない歴史的な生成物だということを，彼の蒐集した事実は指し示すことになるのだ。

(3)このように記述される行動や情感制御の様式の変化は，では，なぜ生じたのであろうか。その説明にあてられる下巻において，エリアスの視線は一転して「国家の社会発生」へと向け変えられる。そして，そこで用いられる鍵概念は「図柄 (Figuration)」である。

小さな領土を支配する戦士たちが割拠する社会では，彼らはそれほど多くの人と複雑な相互依存関係を結んでいるわけではない。このような相互依存の編み合わせ（これをエリアスは「図柄」と呼ぶ）のなかでは，彼らは自らの情感や暴力を自己抑制する必要はない。いや，他の戦士をはじめとする他者の暴力に脅かされる可能性があるなかで，自分の情感や暴力をつねに発動できるようにしておくこ

とは，むしろ必要なことである。

ところが，こうした暴力による「自由競争」の結果，ある者が勝ち，ある者は負けて，領土や武力が集積されるようになる。また，相互に均衡する勢力が拮抗しあいながら妥協にも抗争にも至らないとき，こうした集積された権力に「最高の調整者」として依存するという事態も生じる。「王という仕組み」が形成され，戦士たちのもつ暴力は，中央機構に独占・集権化されるようになるのだ。

西欧では11，12世紀から17，18世紀にかけて生じたというこの過程のなかで，「図柄」は大きく変化する。独り立ちの戦士の生活とは対照的に，王のもとで多くの人々が複雑に相互依存しあう「宮廷」が成立して，そのなかで生きるにはどの人も情感を抑制することを余儀なくされる。また，肉体的暴力の発動は王に（「国家」に）独占されるのだから，各人の身体は暴力を行使しなくても平穏に生きられるし，行使すると逆に制裁を受ける。

こうして，人と人との依存の編み合わせの変動によって，一方で暴力を独占する国家が発生し，他方で「自己抑制」の技法が可能かつ必要となって「ホモ・クラウスス」が誕生するというのだ。いわば「図柄の社会学」を介して，この「礼儀の社会学」は「暴力の社会学」と結びつき，「自己の社会学」は「国家の社会学」と繋がることになるのである。

(4)本書から引き継ぐべき点はなんだろうか。
エリアスは，1969年の第2版に寄せた序論で，従来の「社会学」（とくにパーソンズが言及される）を厳しく批判する。そこでは，個人と社会がまず切り離されて存在し，どちらが実在するかという議論がされたり，その相互浸透が論じられたりする。しかし，この立論は，他から独立した「私」＝「ホモ・クラウスス」の経験（近代社会に生きる社会学者自身になじみの「自己経験」）を自明の出発点としていて，この経験自体どう成立してきたかをけっして問うことができない。しかしこれこそを，「疑問点としてきっぱりと議論の対象とする」必要があると彼はいう。

この問いは，「私」（社会学者の「私」を含めて）と「社会」をア・プリオリな実在とするのではなく，ある「過程」によって生成・発生する相に置き戻すことを要請する。彼は，「心理発生」と「社会発生」を同時に描きうる「過程の社会学」を提唱するのだ。そして，この社会学の出発点は，もちろん個人の心理でも社会構造や社会体系でもなく，人と人とが織りなす「図柄」に置かれることになる。

この方法論上の主張は，次の問いに貫かれているといってよい。なぜ「文明化」したはずのヨーロッパ人が，極端な「暴力」をふるう事態が起こっているのか。――「私」もまたいつ他者に暴力を行使する存在になるかわからない。人にそれを制御させるのは，いかなる「過程」によるのか。人がそれを発動させるのは，どういう「図柄」においてなのか。

1984年，87歳の彼はインタヴューに答えて，当時の暴力がこの本と関係あることは疑いないが，この本では学者として距離をとって検証可能な理論を描きたかったのだ，と述べる。実際，この本にはほぼフランス革命までの，制御が高度化していく局面しか描かれず，近代における革命や戦争での暴力の激発は登場しない。しかしその後の彼は，たとえば冷戦状態を生む国家間の図柄を検討し（『参加と距離化』1983），まさにドイツにおける暴力を考察しつづける（『ドイツ人論』1989）。

「暴力」とその制御。――本書は，この問題構制から，「図柄」「過程」を方法論的拠点として，「自己」と「社会」の発生を歴史的に描こうとするものだ。そしておそらく，この問題構制も方法論も，エリアス以降の社会学が十分に展開してきたとはいいがたいのである。

奥村　隆

[書誌データ] Norbert Elias, *Über den Prozeß der Zivilisation: Soziogenetische und psychogenetische Untersuchungen*, 2 Bände, 1939: Zweite Auflage, Francke Verlag, 1969（『文明化の過程』（上・下）赤井慧爾他訳，法政大学出版局，1977-78）．

鈴木榮太郎 (1894-1966)
『日本農村社会学原理』 *1940年刊

　本書は，日本農村に関する社会学的研究の基礎をきずいたものとして，また農業経済学とも農政学とも，人文地理学や民俗学とも異なる，日本農村社会学の樹立を意図し実現させたものとして，日本の社会学の古典に列せられる書である。

　本書において鈴木榮太郎が第1にめざしたことは，日本農村における基本的地域社会を社会学的概念として析出し規定することであった。そのために鈴木は，ル・プレー派の地域研究，ギャルピン，ソローキン，ジンマーマンらアメリカ農村社会学の研究成果，とりわけアーバン・コミュニティ論等を貪欲にかつ批判的に摂取する。しかし，海外の成果の検討はあくまでも日本の農村社会の基礎的構造を体系的かつ社会学的に明らかにするためにおこなわれている。たとえばソローキンの集団累積体に関する概念からヒントは得るものの，日本の村落社会を単なる集団累積体とは捉えず，累積の上に出現する統一体として捉えるように。

　さらに日本農村の基礎的地域社会を地域的に画定し，また，そこでの社会構造の分析に関する指針を作り出す作業が，実証的に確認しつつおこなわれている点も注目に値する。先端理論のつなぎあわせであるならば海外の先行研究を摂取し参考とすることで可能であるかもしれない。しかし，鈴木榮太郎は，日本農村社会学の樹立を意図していた。自ら，日本農村を対象とする実証研究を積み重ねるだけでなく，新しい視点と方法によってデータを収集し，そのデータに含まれる意味を確認し練り上げ，日本農村に関するオリジナルで説明力をもつ理論を構築しようとしたのである。本書の第1章および2章をはじめとする各所に，この孤独にしてすさまじい努力のあとを読みとることができる。この当時の，すなわち昭和初期の日本の社会学は，実証研究を軽視する風潮が支配的であったから，鈴木榮太郎のこのような研究態度は一層驚くべきものであった。

　本書の中心をなす章は，第3，4，5，6，7の5章であり，とくに第7章「自然村の統一性とその社会意識」が最も重要な位置を占める。これらのなかで鈴木榮太郎は日本農村の基本的地域社会単位を，自然村として析出し概念化する。第3章と第6章では社会過程を，個人間の相互作用過程として捉え，この相互作用がさまざまな社会集団や社会圏へひろがり，組みあわさってゆく様相を網の目と表現し，この網の目に付着する村の精神——村の共同的な社会意識——が，個人の意識と相互作用の方向を制御し，村の統一性の基底を形づくると指摘する。鈴木において，村の精神と社会過程とのこのような関連は，自然村の統一性の基底に息づく最も重要な関係とみなされているのである。また第4章では，社会集団の基本的単位として日本の家および家族を考察し，家のなかの家長を中心とする位座関係に家の秩序を見出し，またいち早く，家族周期に注目するなど興味深い家族論を展開する。

　では，本書の最大の成果である自然村概念の定立はどのようになされたのだろうか。鈴木榮太郎は，第1から第3の3つの社会地区を区分し，第2社会地区に社会集団，個人間の社会関係，関心共同の地域的累積がとくに濃密であることを見出す。しかも，この第2社会地区は，その多くが幕藩体制期には行政村であったことを示したのである。市町村制施行以前に行政村であり，今では，行政村ではない地域空間，つまり，旧村としての空間が，基本的社会単位として機能していることを示し，これを自然村＝ムラと名付けた。

　長く続いた幕藩期に，しかも検地と本百姓体制を維持する目的で，旧村のように地域的行政的境界がきびしく定められていたところでは，人びとの社会関係も，集団もそのなかで閉鎖的に累積するほかなかった。旧村すな

わちかつての行政村としての境界が、今では自然なムラの境界に転じてしまっていたのである。これをふまえて鈴木は、行政村から自然村への転化という視点を打ち出す。この視点もきわめて独自の興味深いものである。ただここで注目するべき点は、旧村を集団と関係の累積をもって自然村としただけでなく、それ以上の存在として、自足的で自律的な社会的統一体として概念化した点である。

集団や社会関係の累積を前提条件としつつ、また同時に、この累積の基底に存在して村成員の行動の準拠となり、これを規制しているものがある。鈴木榮太郎は、これが作用するからこそ、村は1つの統一体として自然村として成立しうるし、成立していると考えた。すなわち、村の共同生活の規範ないし共同の社会意識の存在であり、作用である。鈴木榮太郎の言う村の精神とはまさしくこの共同意識をさす。本書で使われている「体系的行動原理」、「一組の意味の体系」などの言葉も、村の各種の規範や慣行、そして村の制度に作用する共同の社会意識を指示する言葉であり、村の共同生活の原則にかかわる意識を表す言葉として捉えることができるだろう。

鈴木榮太郎の自然村概念は、旧村を土台として第2社会地区を実証的に確認し、そのうえで、その地区の社会的統一の根源を村の長い歴史的な生活のなかで育まれてきた共同の社会意識ないし共同生活の原理の存在と作用に求めることによって、はじめて定立しえたのである。

では、なぜ鈴木榮太郎は、これほどに、共同の社会意識の作用にこだわったのであろうか。それこそが日本の農村社会を理解するカギであったからにほかならない。鈴木榮太郎が対象とした当時の日本農村は、アメリカ農村社会学が対象としていた流動的な農村の姿とは大きく異なっていた。資本主義社会成立のはるか以前から、その多くはおそらく南北朝期以降にあらわれる惣村的形態からあまり大きくは変わらずに現在に至っているような、定着の長い歴史をもち、共同生活の単位としても固定的であった村を対象としていたのである。この日本の農村社会の基本的地域社会を析出し概念化するには、どうしても長い定着と固定の歴史を背景として育まれてきた村の精神の作用を自然村における個々の社会過程のすみずみにまで浸透し、制御しているものとして、重視し取り上げる必要があったと言えよう。

いま1つは、鈴木榮太郎の時間に対する関心である。本書でもかいまみることのできる家族周期への関心の高さは、その端を示しているが、家の周期が、夫婦家族と異なり、世代を超えて絶えることなく繰り返されるという発見のなかに、家の永続性と村の長い歴史と祖先崇拝と、受け継がれ滲み通る村の精神とが、見事に結合してあらわれている。

本書は日本農村の社会生活全般に言及しようとする意欲にもとづいて書かれているため、対象が包括的である長所をもつ反面、時として読者によっては、考察の深みという点でものたらなさを感ずる箇所もあろう。また家族の考察などにみられるように、現在の家族社会学とは相当に異なる独特の視点と議論が展開されている面もある。しかし、日本農村の基本的単位の社会構造を、その基底において捉えた本書は、日本の近代のありようを、その質において、またその基底において把握しようとするとき、最も重要な知の貯水池としての役割をにないつづけることと思われる。なお、著作集Ⅱに載せられている喜多野清一の解説は、今でも、本書についての内的理解の深さを示す最もすぐれた解説である。

森岡清志

［書誌データ］鈴木榮太郎『日本農村社会学原理』日本評論社, 1940（『鈴木榮太郎著作集　Ⅰ・Ⅱ』未来社, 1968）.

フロム Erich Fromm (1900-80)
『自由からの逃走』*1941年刊

　社会心理学者エーリッヒ・フロムは，1900年ドイツのフランクフルトで生まれ，1980年アメリカで死去した。彼は，1920年代後半，すでにドイツで研究者として活動しはじめていたが，ナチス政権下のドイツから逃れ，パリを経てアメリカに亡命した。そしてついにドイツには戻らなかった。

　主著のひとつ『自由からの逃走』*Escape from Freedom*は，1941年ニューヨークで初版を発行する。そのころ，ヨーロッパでは第2次世界大戦がはじまっていた。そして著作の1章は，「ナチズムの心理学」として，ナチス・ドイツの社会心理学的分析にあてられていた。

　日本では1951年，すなわちサンフランシスコ講和条約の年に翻訳公刊された。

　いずれにせよ，20世紀最大の戦争とからんで本書が読まれたことは，当然の成り行きであったと思われる。それは学術書であると同時に，ひとつの時代批判の書でもあった。そのようなものとして，多くの読者に受けいれられたのである。

　フロムは序文のなかで，この著作は歴史のなかの「心理的要因と社会的要因との交互作用」を扱っていると述べている。歴史としては，まずルネッサンスと宗教改革の時代，次に資本主義社会の成立期，最後にナチス・ドイツの時期という，3つの時代が取りあげられている。理論的には，フロイト左派の立場（フランクフルト学派ともいわれる）から，「心理的要因」と「社会的要因」の交錯が追求されている。特殊と一般の2つの側面が見事にえぐりだされていると言ってよい。

　なお方法論としては，付録として巻末に置かれた「性格と社会過程」が興味深い。そこで彼は，人間の文化や社会を分析する視角として，3人の名をあげている。フロイトの「心理学的」接近，マルクスの「経済学的」接近，ウェーバーの「エトス的」接近。フロムは3人に敬意を表しながら，それぞれの「接近」の不十分さを指摘し，それらを修正したうえで3つの方法の〈綜合〉を示唆している。その提案はたいへん生産的であると思われる。

　3人の不十分さとはなにか。たとえば，フロムはフロイトを批判して，生物学的要因よりむしろ社会的要因を重視すべきだと主張する。あるいは，フロムはウェーバーと同じように，宗教改革のころのルッターやカルヴァンの役割に注意をはらいながら，彼らについての理解はウェーバーとかなりちがっている。マルクスについても，さまざまな批判を持っている。しかしそれはともかく，3人の「接近」方法の意味を評価し，さらにその〈綜合〉を求めていくべきことを，彼は主張した。

　フロムが本書で強調しているのは，〈自由〉という価値の「弁証法的」性格についてである。人間には，条件さえ許されるならば，〈自由〉を求める傾向がある。その〈自由〉とは，第1次的絆「からの」解放，さらにたとえば国家や教会の束縛「からの」解放である。

　しかし解放された個人が「……への自由」を発見できないとき，「……からの解放」は，個人にとっては，「孤独」感や「無力」感に変質することがある。そのとき〈自由〉はかえって重荷となり，むしろ自分が帰属できる「権威」を求めようとする。フロムは，歴史のなかでそうした数多くの具体例を指摘する。

　たとえば「資本主義」制度のプラスとマイナス。「……資本主義はたんに人間を伝統的な束縛から解放したばかりでなく，積極的な自由を大いに増加させ，能動的批判的な，責任をもった自我を成長させるのに貢献した。

　しかしこれは資本主義が，発展する自由の過程に及ぼした一つの結果であり，それは同時に個人をますます孤独な孤立したものにし，かれに無意味と無力の感情をあたえたのである。」

フロムはナチス権力の登場を分析する。ナチスに不信感を持っている「労働者階級や自由主義的およびカトリック的なブルジョアジィ」も存在していた。しかし彼らの抵抗の意志は決して強いものではなかった。さらに政治に強い関心を持っていない大衆は，恐慌や失業の時代のなかで，ナチスの「権威」礼讃の宣伝を簡単に受けいれた。すなわちワイマール憲法の〈自由〉よりも，ヒトラーのカリスマに魅せられた。1920年代から30年代にかけての，ドイツの社会・経済的状況，ナチズムのイデオロギー，そして権威になびきやすい下層中産階級の社会的性格。それらの結びつきのなかで，「自由からの逃走」が実現する。

フロムは〈自由〉あるいは〈自発性〉の問題は，「心理学の最も困難な問題の一つ」と書いている。たしかにナチズムに自発的に追随する大衆が存在するのである。そうした「自発性」は，普遍的な価値をめざそうする〈自発性〉と同じものなのだろうか。心理的には同質，社会的には異質の意味と役割をになっているのであろうか。

フロムは，強迫的な画一性やサド・マゾヒズム的なエセ自発性と，たとえば芸術家の創造性や幼児の遊びに見られるような内発的で真正の〈自発性〉とを区分している。彼の「心理学的」接近においては，この区分は重要である。彼の考えはよく理解できるが，しかし，〈自由〉あるいは〈自発性〉の心理学的分析の困難さは，いまもなお残っているように思われる。

ただしフロムが『自由からの逃走』のなかで，フロイトを生物的次元から社会的次元に解釈し直し，「社会的性格」という新しい概念を定立したことは，彼のひとつの大きな貢献だった。その概念は，ナチズムのような極端な権力主義社会においても，いちおう民主主義的な自由が認められているかのような現代社会においても，人々の思想と行動を分析するときに役立つと思われる。とくに古い共同体的感覚と新しい大衆社会的発想，アジア的感覚と西欧的発想とが混在している現代日本のなかで，民衆の複雑なさまざまの〈社会的性格〉を理解することは，日本社会の理解のための大前提であると思われる。

フロムは未来社会への道を次のようなものとして描いている。すなわち「……人間が自由となればなるほど，そしてまたかれがますます『個人』となればなるほど，人間に残された道は，愛や生産的な仕事のなかで外界と結ばれるか，でなければ，自由や個人的自我の統一性を破壊するような絆によって一種の安定感を求めるか，どちらかだということである。」

邦訳が発行されたとき，日本は敗戦による経済的貧困と価値の混乱という状況のなかにあった。そのとき，日本社会の分析と将来の展望については，マルクス主義的な社会構造・体制論的視角が主流となっていた。

しかし日本社会の分析と将来展望については，日本の民衆の心理や感情の内面にまで降りて考察することが必要だった。そしてそのような意見もあらわれはじめていた（たとえば丸山真男や鶴見俊輔など）。フロムは，フロイト左派の立場に立ちつつ，はっきりと社会心理学的接近の重要さを指摘した。それは敗戦後の日本の状況にたいしても示唆的だった。『自由からの逃走』が，かくれたベスト・セラーとして迎えられたことは，当時の歴史的状況と無関係ではなかった。同時にフロムの示唆は，現代の大量生産・大量消費社会や新しい情報社会の時代における人間と人間との関係，さらには自然破壊と環境問題が浮上している現代における人間と自然との関係についても，いまなお生きていると思われる。

訳者要約

［書誌データ］ Erich Fromm, *Escape from Freedom*, Farrar & Straus, 1941（『自由からの逃走』日高六郎訳，東京創元新社，1951）．

有賀喜左衛門 (1897-1979)
『日本家族制度と小作制度』*1943年刊

　この有賀の主著は、5年前に刊行されていた『農村社会の研究―名子の賦役』の改訂版であるとサブタイトルにも明示されているが、それは前著に対して、及川宏が論文「同族組織と婚姻及び葬送の儀礼」において示した批判を容れた結果、前者における有賀自身の「大家制」の理論に、「同族団体」略して「同族」の概念を採用することによって精密化された。たとえば、かつての「同居大家族制から分居大家族制へ」という説は、この主著では、「同居大家族制」は、「過渡的形態として極めて一時的な存在」である「分居大家族制」を経て、「大家族は例外なく同族団体に発展する」と改められた。

　前著を経て主著へと発展した有賀理論の展開は、初期の論文「名子の賦役―小作料の原義」(1933〜34年刊)において「小作」は「親方地主の親作経営に参加する子作」であり、「小作料の原義」は「賦役」に遡るとした鋭い理論的提言をもとに、『農村社会の研究』で「非血族的分居大家族制」の理論へ展開し、主著では、自己の『南部二戸郡石神村に於ける大家族制度と名子制度』(アチック・ミュウゼアム、東京、1939)なる優れた民族誌をも有力な事例として踏まえるなど大幅に改訂増補され、「家と同族」の概念枠組を活用して「小作制度」を解明することによって日本の村落社会構造に関する有賀理論が確立されるに至ったのである。

　主著は、まず(1)小作制度の研究方法を述べ、歴史的発展の各時期にみる諸形態は相互に社会的歴史的連関をもつという本質に着眼、また文書記録だけでなく生活伝承を重視し、過去の解釈は現在を通してのみ可能であるとの社会学(社会形態学)的方法をとり、村落の形態を家連合として見ると宣言する。

　そして(2)小作形態の社会学的研究資料はいかなるものであるべきかを、福岡・山口・岡山・京都・奈良・大阪・石川・富山・群馬・茨城・秋田・岩手・青森の各府県から、15の具体的事例に即して例証する。

　前記の具体的事例のうちから、(3)まず小作慣行が村落の発生と発展の形態に相応する第1の類型として、開発者の家とそれに従属する血縁分家および奉公人分家の一団により成立する場合をとりだし、そのように開発者自身の家が大家族形態をもつ場合と大家族形態をもたない場合の2類型があるとする。

　この大家族の意味を明らかにする前提として「日本の家族」すなわち「家」には次のような諸類型のあることを指摘する。すなわち

　1．単一家族(単一の家)(戸主の直系のみ配偶者をもつ場合)、これに配偶者をもたぬ傍系や非血縁の者をも成員として含む場合を合わせて次の4類型があり、

　　1ａ．直系の家
　　1ｂ．直系傍系の家
　　1ｃ．直系非血縁の家
　　1ｄ．直系傍系非血縁の家

　2．複合家族(複合の家)(戸主の直系のみならず傍系や非血縁も配偶者をもつ場合)これには次の3類型があるとする。

　　2ａ．直系傍系の家
　　2ｂ．直系非血縁の家
　　2ｃ．直系傍系非血縁の家

　ついで、(4)、大家族制には、同居大家族制と分居大家族制があり、それぞれに、血縁的と非血縁的(血縁と非血縁とを含む)とがあると4類型を立て、村落の発生には、これら大家族に始まる場合があるが、大家族は例外なく同族団体に発展すると指摘する。

　また(5)、江戸時代の小作形態の類型を、名田小作・質地小作・籔田小作に分けて詳論し、明治以降の小作形態を社会的歴史的関連において理解するための前提とする。以上のように自分の研究方法を述べたうえで、

　つぎに、(6)名子の名称を全国各地にわたって精査したのちに、名子を、血縁分家によるもの、主従関係(武士の土着・奉公人の分

家・余所者の親方取りをともなう土着によるもの)・土地家屋の質流れによるもの,永代売・飢饉に際しての救済によるもの,の4類型にわたって詳論している。

つぎには,(7)賦役の種類に,1.地主が貸与した田畑山林原野などの各地目各筆別に賦役を年何人または月何人と定めている場合,2.各地目各筆の全体を一括して賦役何人と定めている場合,3.貸与された土地の広狭にかかわらず無制限に賦役が徴収される場合,もしくは貸与された分に賦役何人と定まっていても,それ以外に労役を要求されたとき拒みえない場合を含む,の3類型があるとした。

また,(8)賦役と物納小作料(刈分・穀納・金納の3種)が併用されている場合について,物納小作料には刈分・穀納・金納の3種あるとし,岩手県では賦役と刈分の併存する傾向が顕著であるが,名子地を貸与される場合,名子地と小作地とはまったく別個で,名子地に関しては賦役だけを出す名子とまったく同様であるとし,名子が地主親方の大家族に従属するものであることを指摘している。

さらに,(9)刈分小作における地主と小作人との社会関係では,小作地の管理に地主が関与し,また地主から肥料や種子種苗,灌漑排水施設,土地改良費,害虫駆除薬などの提供,農具や役畜の提供貸与,資金の貸与,夫食米の提供,地主よりの労務の提供など,小作地への生産条件の提供があり,また刈分けには地主親方が立ち合うのが一般的であることなど地主の関与が見られ,他方,刈分けと無制限な賦役との深い関連性をも指摘している。

次に,(10)検見小作料は刈分けと類似しており,また定免小作(定額小作)の場合でも,不作の場合,小作人の嘆願によって検見を行い減免がなされるから,検見小作と定免小作とは本質的に異なるものではなく,程度の差に過ぎないとする。

そして,(11)これまでのような,賦役の本質が地代としての小作料の代用であるという説明は,労力を小作料(地代)としたり,小作料の一部の代用として労力を提供する場合に当てはまるが,そういう慣行は埼玉・富山・滋賀・大阪・兵庫・奈良・和歌山・香川の1府7県以外には稀にしか見られず,かつまた,一定面積に対する地代としての明確な意味をもたず,むしろ賦役は,大家族の経営において子方が親方に対して奉仕する形態として生じた。テツダイという言葉も農事賦役に限定されることなく,親方から子方への一切の給付に対する,子方から親方への給付を示す。これは,親方が子方を支配し保護を与えることにほかならず,親方の大経営に対し子方の提供する労力は,親方の経営の必要に応ずるもので,雑多なあらゆる労力使用の種類にわたる。これは主従の身分関係の結果で,労力提供の方法に区別をもうける必要がなく等しくテツダイと呼ばれるのである。

最後に,(12)小作の年季は,質地小作の場合を除いては,一般に比較的厳格ではなく,小作契約は口頭によるものがほとんどであって,年季の定めのない場合が非常に多く,年季の定めのある場合でさえ,1年を限っているものが非常に多く,契約書のある場合でさえ,書き替え時期が来ても,改めて書きなおさず,事実上,「無年季」となるものが多い。これらは,小作(子作)が地主親方との庇護隷属的な身分関係であるため,無年季なのを本質とすることを示していると述べ,家制度に規定された日本の小作制度に関するこの長大な論考が締め括られている。

なおこの主著(1943)が『有賀喜左衛門著作集Ⅰ～Ⅱ』(1966)へ収録された機会に,校正進行中にも有賀自身がさらに加筆していることをも指摘し,後日,研究史的検討に資しておきたい。　　　　　　　　　　　中野　卓

[書誌データ]　有賀喜左衛門『日本家族制度と小作制度─「農村社会の研究」改訂版』河出書房,1943(有賀喜左衛門著作集1・2,未来社,1966).

ホワイト, W. F.
William Foote Whyte (1914-2000)
『ストリート・コーナー・ソサイエティ』
*1943年刊

いわゆる参与観察（participant observation）の古典。本書は，ホワイトが1935年にスワスモア大学を卒業して，1940年までハーヴァード大学から研究費をもらって行った調査結果である。普通，調査研究というと，研究対象を冷静にかつ客観的に，いわばいじ悪く観察し，分析するものと思われがちであるが，若きホワイトは，イタリア系移民のスラム街コーナヴィルに住み込んで，そこのコミュニティの一員になって観察する。したがって，研究対象の若者だけではなく，研究者も相互に影響を受けて，お互いに成長していく。

ホワイトは，街頭にたむろするノートン組のチンピラたち，とくにそのボスのドック少年と親しくなって，当時，そういうスラムではコミュニティがうまく組織化されていないので，犯罪や少年非行が多発すると考えられていたのが，実態はそうではなくして，上流社会よりもみごとに組織化されていることを明らかにした。

「スラム街が問題なのは，コミュニティが組織化されていないからだという。コーナヴィルの場合は，こうした診断はまったく的はずれである。もちろん，コーナヴィル内には対立がある。街頭の若者たちと大学の若者たちとは，異なる行動規範をもち，お互いに理解しあわない。世代間の対立もある。そして，世代が交代するたびに社会は流動状態になる。しかし，流動状態になっても，その流動は組織化されているのである。」（422～423ページ）

参与観察の方法は，むしろドックに教えられる。あるとき，若者たちとトバクについて冗談まじりに話をしていて，不如意な発言をしてきまずい雰囲気になった。次の日，ドックが「だれが，何を，いつ，どこでという言葉には気をつけるんだなあ。あんたがこうした質問をすると，みんな口をつぐんじゃうさ。人びとがあんたを受け入れりゃ，ただまわりをほっついていりゃいいのさ。そうすりゃ，やがては質問しなくても答を手にするさ。」（34ページ）と諭してくれた。まさに，核心をついたデータ収集法を教えられたのである。

ホワイトが調べあげたノートン組の人間関係の構図は，図1のようになる。ロング・ジョンをトップに3人がサブ・リーダーたちで，その他が子分たちである。しかし，やがて，ノートン組は分裂し，新しくアンジェロを中心とするグループが形成される。変化したのが，図2である。

ホワイトは若者たちと親しく付き合いながら，調査をしていく。たとえば，ボーリング

図1　ノートン組（1937年春夏）

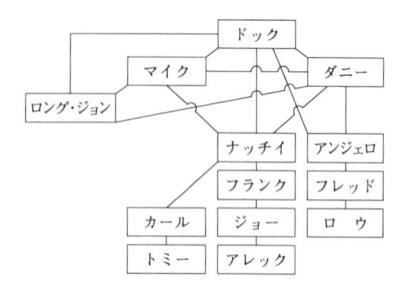

図2　アンジェロの子分たち

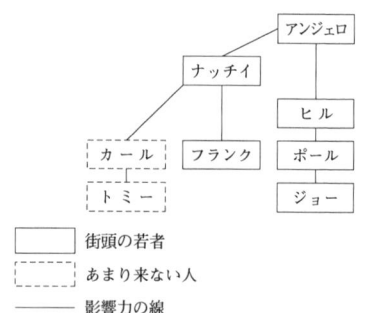

□ 街頭の若者
┆ ┆ あまり来ない人
── 影響力の線
ボックスの配置は，相対的な地位を示す

を一緒にしながら，こういうことを発見する。グループ内で上位にランクされている人は，ボーリングが下手でも，大事な試合になると好成績をあげられるのに，グループ内で下位にランクされている人は，たとえボーリングが上手であっても，やじられたりして，あまり良いスコアが出せない。ホワイトの観察はやがて集団療法（group therapy）につながっていく。「昨シーズン，グループ内の地位とボーリング大会での活躍のあいだに相関関係があることに気づいた。いままた，グループ内の地位，活躍，精神状態のあいだに三角関係があることに思い当たった。これは，ロング・ジョンの場合だけではない。ドックの頭痛も全く同じように説明しうるはずであった。これをもっと一般的に考えることができよう。個人が相互関係のあるパターンに慣れるとする。このパターンが急激に変化すれば，その個人の精神状態が悪化する。これはたいへん雑駁な理論である。もっとつっこんで，変化の程度を見きわめたり，他の社会面における相関関係の補完作用も調べなくてはならないが，ここでは，人間関係と精神状態の関係一つに限定することにする。さらにおしすすめれば，これは精神療法の実験のチャンスであった。もしわたしたちの診断が正しければ，その処方ははっきりしていた。ロング・ジョンがむかしもっていた相関関係のパターンを再構築すれば，神経性の病気は消える。これは，グループ構成に対するわたくしの結論をテストしてみるにはちょうどいいチャンスであった。わたくしは小躍りして，それに取り組んだ。わたくしは当然出てくる結果を信じていたが，ドックのたくみな治療計画によってロング・ジョンが神経性の病気をなおし，最終ボーリング大会で賞金までとってシーズンを飾ったことにびっくりしてしまった。もちろん，ボーリング大会の勝利によって，診断が正しかったということにはならない。トップ・ボーラーの一人にロング・ジョンが返り咲いたということの方が重要である。かれの賞金5ドルは，相関関係理論にたいするおまけにすぎなかったのである」(60〜61ページ)。

ホワイトのこうした小集団研究は，その後集団療法へと発展していく基礎となった。たとえば，モレノ（J. L. Moreno）の実験では，患者に演劇という集団のなかで一定の役割をあたえると，患者は自分の人生や病状を客観化し，その治療につながっていく（J. L. Moreno, *Who Shall Survive?*, Beacon Press, 1967）。

ホワイトは，自分の本がこの地域の人々の何かの役にたてばと願って出版した後で，再びコーナヴィルを訪れて，若者の多くが立派な社会人に成長しているのを知り，しかしながらややとまどいながらドックやその他の旧友たちの消息を伝えている。彼等は，ホワイトの本を読み，それぞれに感慨をもったようである。このように，参与観察という研究方法は，実際に生活している人々とどう折れあっていくかが大きな問題となる。

ホワイトは，『ストリート・コーナー・ソサイェティ』完成後，シカゴ大学で博士号をとり，オクラホマ大学やシカゴ大学で教鞭をとった後，1948年以来コーネル大学で社会学を講じ，経営学部長をつとめた。　　訳者要約

［書誌データ］ William Foote Whyte, *Street Corner Society: The Social Structure of an Italian Slum*, Chicago: University of Chicago Press, 1943（『ストリート・コーナー・ソサイエティ―アメリカ社会の小集団研究』寺谷弘壬訳, 垣内出版, 1974).

ポランニー，K. Karl Polanyi (1886-1964)
『大転換』 *1944年刊

　第1次大戦以降の世界経済の動きを観察していたポランニーは，そこに，ひとつの文明が終了し，新しい文明が非連続的に立ち上がる気配を感じ取っていた。本書でポランニーは，人間性の全否定を伴うファシズムに帰着した19世紀文明の正体を，徹底的に暴き出そうとしている。晩年の経済人類学研究につながる基本的論点もすでに提示されており，文字どおりポランニーの主著といってよい。

　本書は3部から構成されている。第1部は，19世紀文明の崩壊過程を市場社会とそれを支える国際システムに焦点を合わせて解明している。第2部は，19世紀文明の核心をなす市場経済の興亡を，自己調整的市場の拡大とそれに対抗して生じた社会の自己防衛という二重運動の構図によって描いている。第3部は，19世紀文明の後に生まれ出ようとしている産業文明の第2段階における，自由な社会の条件を展望している。

　まず第1部であるが，ポランニーは第1章で，19世紀文明の特色を，バランス・オブ・パワー・システム，国際金本位制，自己調整的市場，自由主義的国家の4つの制度にまとめている。一般に文明は特定の制度に還元できるものではないが，19世紀文明は自己調整的市場を中心に置いており，その機能を保障するために他の3制度を含む上記4制度によって社会を構成していたのである。第2章では，1920年代において自己調整的市場を擁護しようとした国際金融の動きが，結局，30年代において，19世紀文明そのものを破壊したことを明らかにする。

　本書の中心をなす第2部は，さらに2つのパートに分かれる（第3章から第10章までと第11章から第18章まで）。まず，第3章では，初期チューダー朝以来行われてきた土地の囲い込みによって，賃金に依存する労働者階層が現れたこと，そして18世紀産業革命が機械による商品生産を一般化し，それによって自然と人間との関係および人間関係が商品関係に置き換えられたことを概観する。ポランニーはそのユートピア的性格を明らかにするために，第4章で非市場経済の一般的特徴を説明する。19世紀以前には，市場交換は互酬や再分配と並ぶひとつの行動パターンにすぎず，決して経済全体を支配する原理ではなかったのである。そして第5章では，伝統的な経済社会において市場が補助的な役割を果たしていたことが強調される。市場の自生的な展開は，局地的市場や対外市場の発達をもたらすことはあっても，全国市場の創設に結びつくものではなかった。全国市場は，むしろ国家の介入によって初めて出現したのであった。続く第6章は，そのような全国市場を前提にして，やはり国家の干渉によって自己調整的市場が形成されたことを明らかにする。自己調整的市場は土地と労働力と貨幣の自由な売買を前提するものであるが，実際には，土地立法や工場法，中央銀行政策などの非市場的な介入なくして土地と労働力と貨幣の需給調節を行うことはできない。

　しかも，より深刻なのは，自己調整的市場を中心として組織される社会の文化的空白である。社会の実体をなす自然と人間が商品として扱われることは，社会が経済システムに従属することを意味している。第7章から第8章にかけて，ポランニーは飢えの恐怖と利得動機以外を認めない市場社会の出現が人間にもたらした害悪を暴き出す。そして，労働市場の創設を数十年間遅らせることになったスピーナムランド法の功罪を詳しく検討し，労働者が生活者としての権利を取り戻すためには，為政者の温情主義に頼るのではなく自らを労働者階級として組織する必要があったことを明らかにする。第9章，10章では，ポランニーは，政治経済学の発達過程において，経済的社会が政治的国家から独立して扱われるに至る過程を描き出し，それが19世紀の思想史を規定したことを明らかにする。経済と

政治，あるいは社会と国家という独立した領域からなる複合社会の出現である。ポランニーは，唯一ロバート・オーウェンのみが，この複合社会の意味を正しく理解し，労働者による社会の組織化と市場経済の制御を提唱したとして，彼を高く評価する。

第2部後半ではまず，第11章において，自己調整的市場と社会の自己防衛との二重運動が，経済的自由主義の原理と社会防衛の原理という2つの組織原理の闘いとして捉え直される。そして，第12章，13章では，経済的自由主義が自己調整的市場の維持を目的としており，そのためには政府による自由放任への干渉も辞さないこと，そしてむしろ，マルクス主義と同様に，諸階級の対立を経済的利害の対立と見ていたことが指摘される。第14章から第16章にかけては，社会防衛の運動が，経済以外の多様な利害を伴ったさまざまな社会的集団による自然発生的な動きであったことが，労働，土地，貨幣それぞれの市場をめぐる具体的な分析を通して明らかにされる。そして，第17章，18章では，以上のような二重運動の結果，西ヨーロッパ諸社会が，緊密に統合した諸単位に変化しつつ，市場文明そのものを崩壊に導いた経緯が改めて確認される。

第3部を構成する第19章，20章，21章において，ポランニーは，1930年代における社会主義，ニューディール，ファシズム等の実験を，ともに，機能しなくなった自己調整的市場に代わる社会的諸制度を創出するための与えられた選択肢として位置づける。そのうえで産業文明を新たな非市場的基盤の上に移行させる条件を追求する。その条件とは，市場経済から受け継いだ市民的自由を複合社会において拡大することであるが，それは同時に自由主義哲学の追求した市場ユートピアを放棄することではじめて可能になる。この苦渋に満ちた選択は，人々が社会の現実を諦念することによって達成される。ポランニーは，複合社会に生きる人々が，この諦念をとおしてより豊かな自由を創り出すことができるまでに成熟していると信じ，産業文明の将来に希望を託して本書を締めくくる。

『大転換』後，半世紀あまり過ぎた今，少なくとも2つの方向からの批判が想定される。1つは自由主義哲学からの巻き返しで，ポランニーは市場の持つ自生的秩序の形成能力を過小評価していたのではないかというもの，もう1つはエコロジー思想からの批判で，ポランニーは産業主義の環境破壊的側面を軽視していたのではないかというものである。前者に関しては，本書の第5章および第21章において，市場の多様な進化の可能性が示唆されている点で，十分に批判に耐えうるものと思われる。また，産業主義の問題については，確かにポランニーは，土地の商品化がもたらす環境破壊，文化の破壊に再三言及してはいるが，技術の進歩については楽観的であったように思われる。この主題に関しては，ポランニーは『大転換』の続編となるべき「自由と技術」において再検討する予定であったが，その試みは未完のままに終わった。

近年，ポランニーは制度派経済学ないし経済社会学の分野でしばしば言及され，高く評価されている。これは，ポランニーが，経済を支えている社会的制度のあり方を重視し，その根底に生身の生活者を位置づけたうえで，経済現象を社会現象として捉える視点を提供しているからにほかならない。ヴァーチャル・リアリティの横行する今日，社会のイメージをその上澄みのところで抽象化するのではなく，具体的な生活者のレベルで描きだそうとするポランニーの姿勢があらためて多くの共感を呼ぶのである。

丸山真人

［書誌データ］Karl Polanyi, *The Great Transformation*, 1944; Beacon Press, 1957（『大転換』吉沢英成・野口建彦・長尾史郎・杉村芳美訳，東洋経済新報社，1975）．

ベネディクト
Ruth Fulton Benedict (1887-1948)
『菊と刀』 *1946年刊

米国の文化人類学者ルース・ベネディクトによる，日本文化の研究書。第2次世界大戦後いち早く翻訳されて，当時は賛否さまざまな評価を得たが，その後，ロングセラーとなり日本文化研究の古典となっている。ベネディクトは1889年ニューヨーク市の医師の長女として誕生。父の死後母の実家で育ち教職についた母と共に各地で住み，のち母の母校でもあるバッサー女子大学を優秀な成績で卒業。女学校の英語教師をした後1914年にスタンレー・ベネディクトと結婚。夫はコーネル大学出身の生化学者で同大学教授。結婚後，詩作をしたりした後，1919年フランツ・ボアズの講義を聴いて文化人類学に進み，コロンビア大学大学院で学び，22年以来北米原住民調査に従事，23年「北米における守護霊の観念」で学位を得る。以後一貫してコロンビア大学を拠点に研究した。

その日本研究は，大戦中の米国の敵国研究の一環として，彼女がワシントンの戦時情報局海外情報部の一員として日本を担当したことに由来する。その研究報告が最近『日本人の行動パターン Japanese Behavior Patterns』として翻訳出版された（福井七子訳，NHKブックス，1997）。それには訳者とポーリン・ケント，および山折哲雄の解説がついている。『菊と刀』執筆にいたる当時のベネディクトをとりまく事情は，ケントの解説がくわしく紹介している。彼女はコロンビア大学で，師ボアズの退職後2年間は学科主任代理を勤めたが，ラルフ・リントンが主任として着任後，居心地が良くなく，39年夏から1年間有給休暇を取って，カリフォルニアのパサデナで『人種』を執筆する。その後，42年に戦時情報局からの招きに応じてワシントン入りをする。*Japanese Character Structure* (1942) を書いたジェフリー・ゴーラーの推薦という。タイ，ルーマニア，ドイツなどの研究の後，日本研究に着手。日本については限られた情報しかなく，その「神風」的な自殺も辞さない行動は米軍の理解を超えていた。30人ものスタッフをかかえた日本研究セクションの成果がこの「レポート25――日本人の行動パターン」となり，それは1945年の原爆投下直前にまとまったといわれる。ベネディクトはこれらの資料を土台にして，『菊と刀』を執筆した。福井七子はその経緯を，つぎのように「解説」に述べている。45年10月，彼女はホートン・ミフリン社に日本についての執筆をしたいと申し出て，はじめは"We and the Japanese"というタイトルを構想していたが，出版社とのやりとりのなかで「蓮と刀」，さらに「菊と刀」に変わった。そのために彼女は，最初と最後の章で「菊」と「刀」について加筆する必要があった。最後の章には杉本鉞子の自伝『武士の娘』（25年に米国でベストセラーになった）をもちいている。

さて本書は13章からなる。第1章「研究課題――日本」は相対主義的な文化比較の方法で，理解を超えるような行動もわかるという立場を示し，第2章「戦争中の日本人」は日本人の精神主義と天皇に対する絶対服従の態度をのべる。第3章「各々其ノ所ヲ得」は家族制度内の地位役割から，階層秩序がその社会制度の中心的な認識であり，第4章「明治維新」はそのような人間関係が，明治維新によって天皇を頂点とする階層秩序に単純化したと指摘する。第5章「過去と世界に負目を負う者」，第6章「万分の一の恩返し」，第7章「義理ほどつらいものはない」，第8章「汚名をすすぐ」，第9章「人情の世界」，第10章「徳のジレンマ」，第11章「修養」は，日本人の道徳意識，道徳規範を論じた中心的な部分で，そこでは恩と義理，恩返し，忠義，孝行，恥，誠実，自重などの徳目が紹介される。恩は目上の者や同等以上の者からうけた債務であり，恩返しが求められる。それには義務と義理があるが，忠義，孝行という無制限の義務があり，君の恩，天皇の恩（皇恩）や親の

恩は，これは全部を返しつくせないもの，他方，世間に対する義理と，名に対する義理がある。主君や近親，他人にたいする義理は返すことができるものであり，汚名はそそぐことができるものである。義理を果たさなければ世間から恩知らずとして「恥」をかく。第6章には，日本人の義務ならびに反対義務一覧表が掲げられている。日本には「義理ほどつらいものはない」という言葉があり，日本人が行動上のジレンマにぶつかるとかならず義理を口にすると指摘する。この義理によって拘束されている状態の日本人が救われるのは「人情の世界」であり，それが救いを作り出している。恩・義理・人情の世界に日本人は生きているが，その統一する徳目は「誠」であり，誠実がもっとも重要な徳目であるとする。忠臣蔵はその気持ちの表明である，という。主君の恥をそそぐために決起した四十七士の物語は，日本文化が恥を基調にする文化であり，それは罪を基調とするアメリカ文化とは対照的であると指摘する。この「恥の文化」については，のちに社会学者作田啓一が，恥には公恥と私恥があり，ベネディクトは公恥しか見ていないと批判としたが，日本人の他人志向は，その集団主義的性格に由来し，アメリカ人の個人主義的な内部志向と対照的であるという，比較は可能であろう。

第12章「子供は学ぶ」では，日本人の育児様式をアメリカのそれと対比したもので，当時のアメリカ文化人類学の「文化とパーソナリティ」理論の反映といえる。すなわち，育児様式がその社会の文化あるいは国民性，民族性を形成するという理論が盛んだった。この章は，先に述べたゴーラーの「日本人の性格構造」に拠って記述された，排泄行動のしつけなどの育児様式と，その日米対比で日本人は子ども期と老年期がもっとも自由が許され，青年期はきびしい規律が要求されるのに対して，アメリカ人は子どもの放縦は許されないが，青年期は自由な自立がむしろ求められるというテーマを提出した。しかし，福井七子も指摘するように，そこで杉本鉞子の事例が紹介されて，『菊と刀』のモチーフが結晶している。第13章「降伏後の日本人」は，本書によって敵国だった日本の文化が，独自の型をそなえた，優れたものであることを，読者たちに誠実に伝えようとする気迫が感じられる。

1947年に鶴見和子が書評を書いたのをはじめとして，訳書が出版された後，日本民族学会の学会誌『民族学研究』に49年には川島武宜，南博，有賀喜左衛門，和辻哲郎，柳田國男が揃って書評をおこなった。その後も津田左右吉，ダグラス・ラミス，西義之などが批判的あるいは擁護的な立場で『菊と刀』について論評している。最近は最初に紹介した福井七子やポーリン・ケントによる精力的な研究も続けられている。刊行されてから半世紀の現在も，その日本文化研究の先駆的成果としての古典的価値は，ジョン・エンブリーの『須恵村―ある日本の村』(1939) などと並んで不滅のものとなっている。

クリフォード・ギアツの著書である，『文化の読み方／書き方 Works and Lives: The Anthropologist as Author』1996 (1988) には，レヴィ＝ストロース，エヴァンス＝プリチャード，マリノフスキーとならんで，ベネディクトが取り上げられている。そこでギアツは戦勝の気分のなかで「真珠湾攻撃，バターン死の行進，ガダルカナル，および憎悪を舌たらずにわめき散らす近視眼的サディストたちが大勢出てくる無数のハリウッド映画から二，三年たったのちに彼女が書いた日本人論，思えばなんという並々ならぬ勇気であろう」とのべ，「この書物がこれまで書かれたもっとも辛辣な民族誌であることはまちがいない」と書いている。これは，この書物の半世紀後の評価，その時代的歴史的な意味づけとして重要な指摘であろう。日本語版の1997年3月30日の版は初版105刷である。　米山俊直

［書誌データ］Ruth Fulton Benedict, *The Chrysanthemum and the Sword: Patterns of Japanese Culture*, Houghton Mifflin, 1946 (『菊と刀―日本文化の型』長谷川松治訳, 社会思想社, 1948).

ホルクハイマー
Max Horkheimer (1895-1973),
アドルノ Theodor W. Adorno (1903-69)
『啓蒙の弁証法』*1947年刊

 いわゆるフランクフルト学派の前・後期の指導者だった2人の共著とされている本書は、それぞれの主著であり、また学派の代表作ということができる。40年代のはじめ、亡命先のカリフォルニアに隠棲しながら執筆された本書が、ユダヤ系亡命者の出版を手がけていたオランダの出版社から出版されたのは、1947年のことだったが、当時一般にはほとんど知られていなかった。50年代に著者たちがドイツに帰り、本格的に「社会研究所」の再建に着手してからも、永らくこの本は幻の名著とされ海賊版以外にはほとんど見ることはできなかった。フィッシャー社からドイツ語版が復刊されたのは1969年、岩波版徳永訳の日本語版が出たのは1990年になってからである。だが今日では20世紀思想の最重要文献の1つと目されている。

 60年代の初頭以来フランクフルト学派は、マルクスの基本的動機を受け継ぎながら、マルクス主義の正統派やソヴィエト体制にも仮借ない批判を加える「批判的左翼」として脚光を浴び、戦後の一時期ドイツのアカデミー哲学を支配していたハイデガー一門に代って多くの若手研究者や学生を集めつつあった。1964年ハイデルベルクで催されたマックス・ウェーバー生誕記念学会は、パーソンズやレイモン・アロンや広く海外の学者を集め、ドイツ社会学の威信を問う国際的対決の場となったが、そこでのマルクーゼやハーバーマスの活躍はこの学派を国際的にクローズ・アップすることになった。しかし60年代末の学生運動の昂揚のなかで、アメリカのマルクーゼが新左翼の教祖視される一方で、醒めた態度をとったアドルノたちは、かつての反体制派の体制内化として左翼ラディカリストたちの批判を浴び、逆に右翼ジャーナリズムからは「危険思想」視されることもあった。しかし69年アドルノの死の後、復刊された『啓蒙の弁証法』の影響が広まるにつれて、この本の深い意味と広い射程は、学生運動をめぐる一時的な熱狂や浮沈を超えて、着実に滲透していくことになった。

 啓蒙の弁証法とは時に誤解されるような、歴史上の啓蒙時代における弁証法思想のことではない。また啓蒙という漢語が持つ無知を啓発するという教育的意味、あるいは通俗的非学問的という意味とも無縁である。「啓蒙」とは、さしあたり「神話を解体し、知識によって空想の権威を失墜させること」、「人間から恐怖を取り除き、人間を（自然に対する）主人の地位」につかせることであり、マックス・ウェーバーの用語を借りれば、「世界の呪術からの解放」「普遍的な合理化の過程」にほかならない。強調して言えば、それはたんなるミュトスからロゴスへの移行（科学の進歩）ではなく、人間がロゴスをつうじて自己を主体として確立し、同時に自然ないし社会を客体として支配すること、そういう形で人間が自然支配をつうじて支配者の位置につくことである。こういう考えは18世紀の西欧におけるように進歩の目標として信じられ、啓蒙の理念として掲げられた。

 だがそういう啓蒙の理念はその後実現されていったのだろうか。すでに19世紀にロマン主義は、そういう素朴な理性の進歩信仰に疑念を抱いていたが、20世紀の中葉に至ってホルクハイマーとアドルノは、啓蒙がむしろそれと逆のものに転化している事態を目撃し、そもそものはじめから啓蒙には反啓蒙的な要素が含まれていたのではないか、というところまで反省を深めていく。「弁証法」とは、矛盾とその止揚をつうじて発展してゆく歴史の運動であり、またそれを全体として把握する方法であるとされるが、その具体的な一局面においては、対立物への転化という相を呈する。本書の著者たちが目撃しているのは、本来対立物であるはずの啓蒙が神話に、文明が野蛮に退化し逆転しているという歴史の趨

勢である。それを著者たちは「啓蒙の弁証法」と名付ける。「なぜに人間は真に人間的な状態に入っていく代りにむしろ野蛮へと顚落していくのか。」それが本書の主導的な問いであった。著者たちは，神話時代にさかのぼって主体性の原史を見届けつつ，現代のナチスの反ユダヤ主義やアメリカの大衆文化のなかに啓蒙から神話への，文明から野蛮への逆転を，本来主人であるはずの人間が，狂気やマス・コミの画一主義の奴隷に転落してゆく事態を見つめている。しかしこの現代文明へのラディカルな批判者たちは，他の「文化ペシミスト」たちのように，価値としての文化の没落を，古きよき時代と比べて詠嘆しているわけではなく，また「20世紀の神話」を謳歌するナチス・イデオロギーの美的先駆者とも言うべきネオ・ロマン主義の非合理主義者たちのように，現代から逃れて神話や中世を賛美しようとしているわけでもない。著者たちは，「啓蒙が神話に退化する」と同時に「神話がすでに啓蒙である」こと，合理化が不可逆的であることを見てとっている。この二重の局面を見て，はじめて充全な意味での啓蒙の弁証法が成り立つ。

著者たちは，この啓蒙の弁証法の含蓄深いアレゴリーを，オデュッセウスがセイレーンの誘いに耐えつつ海峡を乗り切ってゆくホメーロスの物語のうちに，あるいはまたカント，ニーチェ，サドと続く道徳的リゴリズムが，どのようにして無制限な無道徳性に陥るかを鮮やかに浮き彫りにしてみせる。ホメロースのうちに見出されるのは，自然との親和という童蒙状態への未練と誘惑を振り切って近代的自我へと成長してゆく過程で，どのようにして人は，労働と非労働，支配と服従，美への盲目と享受といった分業と分裂に陥るかであり，自然支配の主体が社会支配の客体へ転化していくかの物語である。サドのうちに見出されるのは，人間が「内なる自然」を道徳や教育によって支配し抑圧することによって，かえって人は自分の生の目的，自己保存や進歩の目的をさえ見失うという事態である。この絶望的状況を打破する希望はありうるのか。神話と啓蒙との矛盾を止揚する高次の総合はありうるのか。しかしあくまで非同一性に基づく「否定弁証法」に止まり，早まった総合を拒否する著者たちは，自然支配原理の止揚の彼岸に「文明と自然との宥和」というユートピアを，しかしあくまでユートピアとして暗示するだけに止めている。

こういう本書の姿勢はあまりにも美的であり暗くかつ不毛ではないか，「批判理論」を旗印としながら，批判はあっても理論が，とくに社会理論が欠如しているのではないか。こういう疑念に基づいて「未完のプロジェクト」としての近代の営み（たとえばデモクラシー）に信頼を置き，「コミュニケーション的合理性」の理論によって，諸科学に対して開かれたフランクフルト学派初期の「学際的唯物論」に帰ろうとするハーバーマスらの試みが生れてくる。あるいは内なる自然の抑圧から生れる「逃避のメカニズム」をネオ・フロイト主義の手法で分析し，攻撃性を克服し愛によって結ばれた自立者の連帯という形での「健全な社会」に希望を見出そうとするフロムの試みもある。しかしそういう何らかのオプティミズムの地平を開こうとする試みに対して，アドルノはフロイトのペシミズムこそが，現代では社会的なアクチュアリティを持つと反論するだろう。アドルノは60年代の「実証主義論争」において実証主義的方法への鋭い批判者として登場しているがアメリカ時代の「権威主義的性格」調査はもちろん，ドイツへの帰国以後，死の前年でさえ社会学の講義を続けている。一見異質的と見えるフロムや後期ハーバーマスの仕事も，じつは『啓蒙の弁証法』の補完的契機として，弁証法的に読むことができるのではあるまいか。

訳者要約

[書誌データ] Max Horkheimer & Th. W. Adorno, *Dialektik der Aufklärung*, Querido Verlag, 1947（『啓蒙の弁証法』徳永恂訳，岩波書店，1990）．

バタイユ Georges Bataille (1897-1962)
『呪われた部分 I 消尽』 *1949年刊

　バタイユは戦前の論考「濫費の観念」(1933)、「ファシズムの心理構造」(1933) などで開陳した諸テーマをさらに大きく展開するために、戦後『呪われた部分』という総題のもとにいくつかの著作を試みる。その第1巻として『呪われた部分 I 消尽』は、1949年に刊行される。第2巻『エロティシズムの歴史』、第3巻『至高性』は没後「全集版」で初めて刊行され、単行本としては出版されなかったため、通常は本書が『呪われた部分』と呼ばれている（本事典の項目参照）。

　「濫費の観念」において、バタイユは「物々交換」のような観念は、後代の商取引から逆向きに演繹した抽象であると批判しつつ、初期の人々が自分の生産した富をどういう原則に応じて消費したのかと問いかける。そして祝祭、供犠において富は、なにかに役立つ仕方でも「再生産が円滑に運ぶ」ように想定された仕方でもなく、もっぱらその消費がそれ自体のうちに究極性を持つ仕方で濫費されることを指摘している。

　「ファシズムの心理構造」のなかでバタイユは、同質性と異質性という重要な考え方を提起する。「同質性とは、共約しうるもののことであり、また共約可能性の意識である」。つまりあらゆる事象にもう既に、そしてつねに共通の評価の規準があると、暗黙のうちに信じられていることである。人々はその尺度をまず前提にして測り、評価しているのだが、自分ではそうとは気づいていない。なぜならその尺度は、各人にとって、「私の意思・思考・能力」のうちに溶け込み、一体化しているような尺度であるから。その理由としてバタイユは、一方で人々が、言葉の仕組みや作用に、その規範性・法則性に、そのまま従って思考し、意思し、語っていること、そして他方で、〈私〉という主観は統一されている、私は〈自己の意識、主体として〉、この世界やあらゆる事象たちを「私の対象」とすることができる、区切り、捉えることができると信じていることを、解明していく。バタイユの見方では、〈私〉が判明に区切り、言い表わすことのできるものは、同質的なのである。私はそれを共約できる（そう思える）のであり、同質性としての現実をなす。それに対し、異質性とは、私がはっきりと区切り、言い表わすことの難しいもの、うまく自分の対象として捉えられないものである。〈それ自身〉として充満した自己同一性をつねに欠いているものであって、私はそれを、現在としてのみは生きられない。〈私へと現前するもの〉としては経験できない部分、プレゼンスの関係によっては関係できない部分が、いつもある。異質性はだから私を、その能力（対象化する能力、言葉を語る能力）を超えてはみ出す部分、どうしても私へと結びつけられない、共約しえない部分を、つねに含んでいる。バタイユの見方では、聖なるもの、純粋な贈与、消尽がなしている「現実」は、こういう異質性としての現実である。

　これらの基本的観点から、バタイユは『呪われた部分』において、通常の意味における経済学を批判する。いわゆる経済学はあらゆる事象を「同質性としての現実」とのみみなして理解できると信じており、それゆえサクリファイスにおける犠牲の消失や、ポトラッチのような贈与も、結局のところ交換の一形態であるとみなす思考様式を破ることができない。「制限された、限定エコノミー」にほかならない。バタイユが強く批判するのは、等価なものの交換という観念である。近代資本主義社会は、暗黙のうちに貨幣（共通の尺度）による等価性の設定を前提にしているから、等価交換を自然なこととみなす。等価交換をまず前提にして考えると、本来的には等価ではないもの、対称性がなく、相互的でもないものを、シンメトリックである、対称的な相互性がある、と信じてしまう。バタイユは、モースの『贈与論』を解釈するなかで、

そういう誤解がありうることを指摘している。モースが考察している贈与においては，自分が産み出し，所有している貴重なものは，いったん手放されるけれども，迂回路をたどったあと，必ず返礼贈与によって回収され，また自己所有化される。こういう相互性は，心的恩義‐負債の感情によるものではあるにせよ，一種の「利子付きの信用貸し」のようなレヴェル，延期された領有化の次元に帰着する。だからこれらの贈与は，真の贈与ではなく，贈与の見かけ＝擬い物である。

しかしバタイユの考えでは，供犠および祝祭における贈与や消失は，本質的にはそうではない。原初的な宗教性の運動，聖なる瞬間をもたらした運動は，貴重な富を純粋に捧げること，消尽することであった。人間の労働が結晶した（つまり対象化された）生産物を，なにも役に立たない，再生産のためにという目的性を持たない，非生産的な仕方で濫費することである。回収されない仕方，再び自己へと回帰しない仕方で，放棄することである。そのようになんら「見返りなしに」消尽すること，有用性がつながった連鎖のなす円環を超え出た次元へと純粋に贈与することで初めて，〈聖なるもの〉の顕現に触れることができたのである。こういう供犠における消尽，贈与は，「労働し，生産する者」，有用性という価値を最優先して合理的にふるまい，交換し，消費する者としての人間を，その瞬間だけにせよ，のり超えるという〈至高な〉価値を持つ。ただこの聖なるものが純粋なまま維持されるのは，「後に来る時になれば，返礼贈与によってもっと有益なものが再領有でき，再び私へと結びつけられる」という暗黙の期待が，その贈与の運動そのものによって忘却されてしまう次元においてである。

バタイユは，アズテカ族における過激な供犠，ポトラッチのような「富の破壊」という形をとる競争的贈与の孕む問題系を考察しながら，こういう破壊の力，否定する力でさえも，一種の「精神的優位」として自分へと結びつけられ，より高い位，序列を所有するのに役立つというパラドックスを指摘する。つまり限定エコノミーの円環的回路のなかへ回収されてしまう。それゆえバタイユの考えでは，純粋な贈与，消尽という不可能なことに近づけるか否かは，そんなエコノミーのうちに人間を閉じ込めている〈知〉を根底から批判し，変えうるかどうかに連動している。なぜなら「知」的思考，言述可能なものの限界内にとどまる思考は，どうしても〈企図という観念〉を破って外へ出ることができず，どんな事象も「同質性としての現実」とみなして理解しようとするから。異質性の現実に近づくこと，その奥まで踏み込んでいくことができないから。人間においてなにかを獲得し，所有しようと目指しているのではない部分，どこかに到達し，完了して全体となろうと目指しているのでもない部分，なににも役に立たず，意味あるものにもなろうとしないのでこの世界においては「呪われた」部分に盲目となっており，それをよく価値づけられないからである。

バタイユの考えでは，人間の活動のうちの大きな領域，宗教性や〈エロス〉的な経験，文学，芸術，思想などの経験は，けっして等価交換に帰着することのない純粋な贈与，消尽を本質的モメントとしている。私にとって共約できない他なるもの，非対称的な他者に関わるという性質を持ち，けっしてシンメトリックな相互性ではありえず，どうしても共約しえない，異質性のままとどまる部分，私へと結びつけられない部分を内包した仕方でのみ経験される。

湯浅博雄

[書誌データ] Georges Bataille, *La part maudite*, Edition de Minuit, 1949（『呪われた部分』生田耕作訳，『バタイユ著作集6』二見書房，1973).

ボーヴォワール
Simone de Beauvoir (1908-86)
『第二の性』*1949年刊

 ボーヴォワールの代表作となった女性論の著作である。実存主義哲学に依拠しながら西欧文化の男性中心主義を暴き，その産物である〈女の神話〉の破壊作業をおこなった本書は，大胆な記述とも相俟って出版直後から世界的な反響を呼んだ。わが国においても53年には翻訳が刊行され，多くの読者を獲得したが，原著の第1巻・第2巻が訳書では逆になるという構成法がとられていた。97年，原著の構成に基づいた新訳が出版されるに至る。

 「事実と神話」，「体験」と題される2巻から本書は成っている。〈第二の性〉として劣位に置かれる女性の状況をつくり出した原因の理論的検討を目的とする第1巻は，序文および3部から構成される。序文は本書の概要を示すものとなっている。「女とは何か」という問いに，「男は〈主体〉であり，〈一者〉であるのに対し，女は〈他者〉なのだ」という答えを与えたうえで，なぜ女に他者の地位があてがわれたのか，また女がなぜそれに甘んじてきたのかを検証するための手順が示され，考察の基盤として実存主義の倫理の観点を採用することが宣言される。

 第1部「運命」は3章に分かれ，生物学，精神分析学，史的唯物論が，女性についてどのような見解を提供しているかの検討に充てられる。生物学が身体の，精神分析学が性欲(アリビド)の，史的唯物論が生産技術の，それぞれ重要性を明らかにした功績は認めつつ，しかしこれらの学によって女性の他者性が説明されるわけではない，と著者は考える。身体や性生活や技術が両性の一方を価値づけることになるとすれば，それは未来へ向けて超越する実存者の根源的な投企にこれらが関わるからである，と述べられる。

 それを受けて第2部「歴史」では，女が他者として形成される歴史的過程を辿る作業がおこなわれる。女の身体的条件――体力面での相対的弱さ，月経・妊娠・出産・授乳といった生殖機能による拘束――と，生殖の任務と唯一両立できた家事労働とは，女を種の再生産の場に釘づけにし，内在性に閉じ込めて，超越的な投企の可能性を女から奪いとってしまう。女が生命の反復を運命づけられる一方で，道具の発明により，生命の維持は男にとって行動と投企になった。男の投企は反復ではなく，世界に働きかけ，未来をつくりあげることである。「戦闘，狩猟，漁撈は，存在の拡張を，世界へ向けての自己超越を表わしている。」男の行動様式が価値観をつくりだし，男は投企をつうじて「自然と女を従属させた」のだ，とされる。

 歴史の黎明期に生じたこの事実は，男が自己を主体として立てるさいに必要とされる非自己・客体・他者として，女を位置づけたことを意味する。人類の内部で他者として定められた女の地位は，以後，時代によって具体相は変遷しながらも，基本的に変わることなくつづく。著者は，原始遊牧民，定住農耕民の時代を経て，家父長制の成立，そして古代から近代にいたるまでの西欧の歴史のなかに，他者としての女の種々相を探ってゆく。

 ところで，身体的条件や技術発展が女の状況をつくりだす基盤であったとしても，それだけで両性の階層性が決定づけられたわけではない。法や制度，慣習，教育を通じ，また諸々の象徴を通じて，男性中心の体制が確立され，強化・拡大されてゆくのである。女の他者性は文化的に形成されたものであることを，著者は強調する。第3部「神話」において，西欧古来の慣習，神話，宗教，文学等をとりあげ，女の永遠の本性とされてきたものは家父長制の文化が集団的につくりだしてきた神話に他ならないことを明らかにし，神話破壊を試みる。さらにD．H．ロレンス，ブルトン等5人の作家を対象に，集団的神話と共同しながら文学者が描きだした個別的神話にも，批判的分析を加えている。

 「ひとは女に生まれない，女になるのだ」という有名な言葉を冒頭にかかげた第2巻は，誕生から老年まで女が人生の各場面で体験す

る他者への道を，多数の具体的事例のなかに検証する。幼年期から女がいかに，男の優位を讃える文化に包囲されて育てられ，主体性の放棄と女らしさの習得を要求されるかを観察し，女が他者性をみずから内面化してゆく心的機制を，精神分析批判を交じえながら語る（第1部）。次いで，結婚制度をめぐる女の状況が論じられるが（第2部），性別役割分担を前提とする伝統的な結婚制度は，女を依存と自己欺瞞に陥らせ，内在性に閉じ込めるものであると批判し，また母性が女の究極的完成であるとする考えは錯覚にすぎないとして，母性神話の解体をおこなう。家父長制文化は，たんに女を被抑圧者にしているのみならず，そこから見返りの利益を得る共犯者にもしている。孤独のうちの自由な投企がもたらす不安から逃亡し，即自存在として生きようとする安易な道は，女を待ちうける罠であるという指摘は，夫や息子によって自分の生を代理してもらう女たちの自己欺瞞に向けられている。

女の自由の実現は，唯一，能動的な行動によって自己を社会に投企することにある（第3部）として，第4部「解放に向けて」へと繋げられる。女や母が自律的で能動的な主体であろうとすることは，矛盾と葛藤を招く。この分裂は決して女の本性からではなく，女の状況からくるものであることをあらためて強調したうえで，著者は，すべての人類がその性別を越えて，自由な実存という困難事を自己の尊厳となすことができるとき，女はみずからの歴史を人類のものとすることができるだろう，と述べる。対自存在として未来を創造する自立した女の像が，女の可能性はもとより，人類の可能性を拓くものとして提起される。両性の関係において著者がのぞむことは，互いが互いにとって主体であり他者である関係，つまり，男女のあいだの自＝他反転の相互性である。そのときはじめて，両性のあいだに真の友愛関係，〈共在〉がうちたてられ，平等における性差が実現され，自由の時代が勝利するだろう，と結論づける。

多岐にわたる膨大な資料を渉猟し，諸学の成果を駆使して著された本書は，18世紀末以来の近代フェミニズムに実存主義の立場から初めて哲学的基盤を与えたこと，女の隷属は文明・文化の産物であると明快に主張したこと，男たちと同列に社会と歴史に女が参加する必要を力強く肯定したことにおいて，近代フェミニズムの到達点を画す偉大な業績となっている。同世代，後続世代に与えた影響には多大なものがあり，これからも女性たちを励ましつづける書であることは疑いない。しかし同時に，近代的理性主義と同根の限界を有するものでもあることを指摘せざるをえない。その問題点は，(1)超越的投企という生の様式の至上視，(2)女の再生産活動への（否定とはいわないまでも）消極的評価，(3)他者の概念の不充分さ，に要約できよう。超越的投企による世界の能動的変容という男性様式が，現在，人類絶滅の危機や環境破壊といった深刻な問題を招いていることを考慮すれば，この生の様式のみを楽観的に称揚することはできない。歴史への女の参加の必要性は当然のこととして，女の再生産活動がもつ反復する円環的時間を歴史の直線的時間のなかに組み込む必要性もまた緊急を要している。また，著者が問題にした客体・対象としての他者とは別に，身体的な物質的現実としての他者——対象化されえない，まして主体に反転することのない，外部としての他者——を考察し，そのような他者との関連で女を捉えなおすことが不可欠である。それによってはじめて女性主体の新たな可能性が把捉できるように思われる。後続世代のフランスの精神分析派の女性論者たち，イリガライ，シクスー，クリステヴァ等は，上記の問題点が集約される場としての〈母〉をテーマに，女性の論理の構築にあたっているが，これらの作業は近代の知の乗り越えをはかるものとなっている。

西川直子

［書誌データ］ Simone de Beauvoir, *Le deuxième sexe I, II*, Edition Gallimard, 1949（『第二の性』生島遼一訳，新潮社，1953-55；『決定版，第二の性』Ⅰ：井上たか子・木村信子監訳，Ⅱ：中嶋公子・加藤康子監訳，新潮社，1997）．

■マートン Robert K. Merton (1910-2003)
『社会理論と社会構造』*1949年刊

　本書ではマートンの一貫した社会学的方針のもとに駆使された機略縦横な分析と，一見異なる諸主題整序の手法が遺憾なく発揮されている。本書の構成をまず目次によりみれば，第1部　社会理論（1．顕在的機能と潜在的機能——社会学における機能分析の系統的整理のために，2．社会学理論の経験的調査に対する意義，3．経験的調査の社会学理論に対する意義）
　第2部　社会的文化的構造の諸研究（1．社会構造のアノミー，2．同（つづき），3．ビューロクラシーとパーソナリティ，4．公的ビューロクラシーにおける知識人の役割，5．準拠集団（reference group）と社会行動の理論，6．同（つづき），7．影響の形式——ローカルな影響者とコスモポリタンな影響者，8．予言の自己成就）
　第3部　知識社会学とマスコミュニケーション（1．知識社会学，2．カール・マンハイムと知識社会学，3．ラジオと映画による宣伝の研究）
　第4部　科学の社会学（1．科学と社会秩序，2．科学と民主的社会構造，3．機械と労働者と技術者，4．清教主義・敬虔主義と科学，5．17世紀のイギリスの科学と経済）
　この本書の構成からみれば一見相互無関連のようであるが，いずれも機能分析を中心に社会学理論構築のためそれぞれ価値ある具体的な課題についての研究成果を収録した論文集である。本書は1946年の初版以後，57年と68年の2回にわたり大幅な増補改訂が行われた。
　本書に収められた多様な諸主題による研究は，とりわけ体系的な一般理論に拠って行われたものではない。むしろ一貫した理論的方針のもとに不断に生成発展させた累積的研究の成果といえる。また本書でマートンが無関連ともいえる具体的な個別的諸研究をつうじ最も深い関心を向けた中心的な課題は，現代社会の構造分析であり，その研究方法の基本は（とくにハーヴァード大学大学院で学んだ）機能分析である。そうして，そのような方法によるマートンの研究成果ともいえる本書を特徴づける第1の研究関心は，それまでの支配的な社会学の理論と個別的な経験的調査との大きなギャップを埋め，両者をいかに統合させるかという課題である。第2は，実質的な理論と社会学的分析の手続き，つまり理論と方法との具体的な整序が，いかに系統的に可能かという課題である。
　マートンは，この2つの課題関心を最も有効な仕方で実現できる準拠として「中範囲の理論」(theory of middle range) を提唱した。本書で述べられた定義によれば，中範囲の理論とは日常的な調査に必要な小さな作業仮説と，それらの包括的な体系をめざす統合——一般的な理論との中間的な理論である。それは単なる経験的一般化でもなければ，壮大な概念図式から導きだされた特殊な社会学的仮説でもない。重要なのは，それが理論と調査との相互作用をつうじて充分に経験科学的な根拠をもつ理論であることである。現段階では一挙に包括的な一般理論を求めても実現されないプログラムに終わりかねない。それゆえ，一定の限られた範囲の社会学的データに適用可能な特殊理論の構築が何より必要である。そうした特殊諸理論の統合をつうじ理論の一般化も可能なのである。
　本書では，そのように基本的な中範囲の理論にとり中心的な方針となる機能分析の系統的な整序がまず主題とされ，機能の概念にたいし，それを「一定のシステムの調整ないし適応に貢献する客観的結果」と定義する。そうして，そのような結果につきプラス的順機能とマイナス的逆機能を区別し，とくに後者がそれぞれの社会構造に内在するひずみや緊張，矛盾などを測定する手がかりとしてもつ意義が強調される。それにより逆機能を契機とする構造変動の諸泉源や社会動態のメカニズムにたいする理論的分析が可能とされ，とかく静態的な分析にとどまりがちといわれた機能

的方法により変動研究も容易なことになる。

また機能に顕在的と潜在的との概念的な区別により，客観的結果と主観的意向との一致如何を問題とすることができる。とくに潜在的機能に関し，本書では目的的な社会的行為の予測しない諸結果の重要性が論じられたほか，機能的な選択項目や等価項目とか諸機能の変異範囲や構造的拘束等の諸概念を明確にしながら関連づけることにより，機能分析においては多様な諸結果の正味差し引き勘定が問題となることが説かれてはなはだ精緻である。

本書は，このように機能分析の方法を体系的に整備することにより，さまざまな主題にたいし中範囲の諸理論を展開し拡充した自らの研究成果をおさめた業績集であるが，マートンは，その研究手順に関しまず戦略的に重要な特殊問題の研究から着手して理論的諸成果を確保することが必要であると説く。そのさい重要なのは「問題密度」の高い研究領域やテーマの発見であり，その選択には社会学的に充分訓練された想像力が不可欠である。問題を発見し定式化することのほうが，実は問題の解決よりも難しいのである。そのような問題設定に必要なこととして本書では，(1)事実の説明に先立つ当の事実の確認，(2)問題が科学的に問う価値があるか否かについての問題発見の正当性，(3)限定した問いにより問題を有効に展開できる経験的素材を探し出すことが強調される。

このような方針によって問題は偶然発見されることも，また熟慮した選択と設計から導き出されることもある。前者の例には，たまたま行われた移民の研究から「境界人」の問題が発見され，後者についてはビューロクラシーの研究から発見され解明された「同調過剰」とか規範的メカニズムの問題発見がある。本書には，そうしたさまざまな発見によるマートン自らの研究成果が収められている。

さらにマートンはストウファーほかが『アメリカ兵』(1949)のなかで解釈のための媒介変数として用いた「相対的不満」を手がかりに準拠集団＝レファレンス・グループ論を体系的に理論化し，同理論の機能的社会学の考えとの緊密な関連を明らかにした。準拠集団とは，人々が自己自身を関連づけることにより自己の態度や判断の形成と変容に影響を受ける集団を言い，それには現に所属する集団のほか非所属集団がある。とくに後者は相対的不満論との関係からも重要視される。マートンは，その準拠の積極的か消極的かの区別や準拠としての選択の決定諸要因のほか，集団を関連諸概念との関連で規定したのち集団類型論を展開してはなはだ精緻である。

本書の具体的な問題関心は，社会構造の動態分析と知識社会学に向けられているが，前者については「社会構造とアノミー」の分析がとりわけ重視される。それは社会構造と文化構造との区別にもとづき逸脱行動の主要なタイプを類別し，それの社会文化的な源泉を考察したものである。そこでマートンはアノミー現象の極端な例としてアメリカ社会を問題にとりあげ金銭的成功が平等に主要人生目標として強調されながら，それの達成の合法的手段の利用機会は平等とはいえず，その制限を受けた人々は目標への技術手段だけに配慮して行動し社会規範にたいする情緒的支持を喪失する。アノミーとは，このような規範的制御衰退の結果もたらされる社会状態のことである。本書では文化目標とそれの達成のための制度的手段との関連において5つの個人的適応の様式を類別し，アノミー論が自殺以外の種々の逸脱行動の統合的理解に役立つ論拠を提供した。本書では，さらに知識社会学を問題とし，マンハイムのイデオロギー論やラジオと映画による宣伝の研究のほか，科学の社会学等実に多くの諸論考の成果が収められている。われわれは本書の全体を通じきわめて多分野にわたる問題領域についての所論のうちに中範囲の理論の重要性を自らが立証したマートンの一貫した理論的方針をうかがうことができる。

中 久郎

[書誌データ] Robert K. Merton, *Social Theory and Social Structure*, Free Press, 1949 (『社会理論と社会構造』森東吾・森好夫・金沢実・中島竜太郎訳，みすず書房，1961).

レヴィ＝ストロース
Claude Lévi-Strauss (1908-2009)
『親族の基本構造』＊1949年刊

構造人類学の創始者C．レヴィ＝ストロースの，前期を代表する記念碑的著作。親族研究の新しい地平を切りひらくと同時に，構造主義をひとつの方法として確立した。

本書は，社会人類学の専門的な理論書（博士論文）である。その意義を理解するには，内容を正確におさえる必要がある。

目次は左右対称な構成をとっており，全29章。序説と結論に2章ずつを割き，残りは第1部「限定交換」，第2部「一般交換」に分かれる。前者は第1篇「交換の基礎」，第2篇「オーストラリア」。後者は第1篇「一般交換の単純な図式」，第2篇「漢民族のシステム」，第3篇「インド」に分かれる。

このうち理論的に重要なのは，序説ならびに第1部第1篇（第1章～第10章）である。この部分には，当時の人類学の到達点と，残る課題が要約されている。マリノフスキーにはじまる機能主義人類学は，アフリカをはじめ各地の実地調査で成果をあげ，親族研究の標準的な手法を確立していた。それは，父系／母系の出自（descent）原理，居住制度（locality），婚姻のタイプなどを調査して，親族組織の詳細な見取図をつくりあげ，それとそのほかの社会活動（農耕・狩猟や交換などの経済活動，祭祀，呪術，儀式など）との有機的な連関（＝機能）を明らかにするという手法である。こうして多くのことが明らかになったが，同時に，婚姻規則や近親相姦禁忌（incest taboo）をめぐって解決不可能ともみえる謎が浮かびあがってきた，とレヴィ＝ストロースは指摘する。

近親相姦禁忌をめぐる謎とはなにか。まずそれは，どんな社会にも必ず見出される。どんな社会も，ある範囲の親族メンバーを性交や婚姻の対象から除いている。つぎに，そのように近親相姦（incest）として除かれるメンバーの範囲は，社会ごとに実にまちまちであり，ある社会で禁忌される続柄が，ほかの社会ではむしろ好ましい結婚相手であったりする。それはなぜなのか？

しばしば近親相姦は，生物学的によくない影響を子孫に及ぼすので禁止されている，と信じられてきた。しかし，それでは説明できない事例が多い。また，生物学的な知識を現地の人々がもっている，という証拠もない。

近親相姦の禁忌は，それ以外の原因から説明されるものではなく，それ自身が社会の根底であるような基本的事実だ，とレヴィ＝ストロースは考える。彼は，近親相姦の禁忌を"自然と社会の境界"だとする。言葉を喋らない人間が考えられないように，近親相姦を禁忌しない人間は考えられない。交換（コミュニケーション）せよ，交換せよ。それは，社会が成り立つための根本原理なのである。あらゆる民族誌データをこの原理によって統一的に説明できる，とレヴィ＝ストロースは考える。

『親族の基本構造』の成果は，一連の婚姻のタイプ（局所の親族関係）が，どのような交換システム（社会全域の婚姻交換のメカニズム）に対応するかを論証したことである。

特定の続柄の人間を，ふさわしい結婚相手として指定したり選好したりする社会が少なくない。特定の続柄とは同年代の親戚，すなわちイトコ（cousin）である。イトコは，ある人物（便宜上男性とする）からみて，父のキョウダイ（sibling）の子である場合は，父方（patrilateral）のイトコ，母のキョウダイの子である場合は，母方（matrilateral）のイトコという。また，同性のキョウダイ（兄と弟，または姉と妹）の子同士である場合は平行（parallel）イトコ，異性のキョウダイ（姉と弟，または兄と妹）の子同士である場合は交叉（cross）イトコという。たとえば，母の兄弟の娘（MBD）は母方の交叉イトコ，父の兄弟の娘（FBD）は父方の平行イトコである。さらに，あるイトコがたまたま父方のイトコでありかつ母方のイトコで

もある場合には，両方（bilateral）イトコという。

さて，民族誌データを整理して，レヴィ＝ストロースはつぎのような事実に気づいた。第1に，平行イトコは一般に選好されない。第2に，あるタイプの社会は，両方交叉イトコを選好する。またあるタイプの社会は，母方交叉イトコを選好するいっぽう，父方交叉イトコを忌避する（父方／母方の非対称）。こうした現象は，同じ親等の片方を選好するのにもう片方を忌避するので，非合理的だと考えられてきた。これに対しレヴィ＝ストロースは，親族現象の全体をコミュニケーション（婚姻交換）のシステムと考えれば，すべてが合理的に説明できると考えた。

経済活動や階級分化が発達していない「単純社会」は，親族関係が社会の骨格になっている。レヴィ＝ストロースによればそれは，親族が女性の交換を主題にしているからである。女性を確実かつ安定的に交換するには，限定交換（女性を与えた集団からお返しに女性を受け取る，すなわち，A⇄B）か，一般交換（女性を与えた集団とは別の集団から女性を受け取る，すなわち，A→B→C……→A）か，いずれかしかない。前者，すなわち限定交換システムでは，結婚のタイプは典型的には姉妹交換婚（双方の男性が姉妹を互いの妻とする）となり，これを数世代にわたって繰り返せば，両方交叉イトコ婚となる。後者，すなわち一般交換システムでは，結婚のタイプは，典型的には母方交叉イトコ婚となり，平行イトコや父方交叉イトコは結婚の対象とならない。社会全域にわたる交換システム（限定交換／一般交換）と，局所の性質である婚姻のタイプ（両方交叉イトコ婚／父方交叉イトコ婚）とが対応する現象であるというのが，本書の中心的な主張である。

以上の結果を検証できるのが，オーストラリアの婚姻クラス・システムである。単純な半族システムや，アランダ，カリエラ，ムルンギン型など複雑な婚姻クラスをもつシステムを分析すると，上述のような交換システムと婚姻のタイプとの対応が裏づけられる。

いっぽう各地の民族誌データは不完全で，ある社会では婚姻規則のみが，別な社会では婚姻タイプのみが知られている。けれどもそれらのデータを，いまのべた対応を想定して補うと，一般交換システムが実は広範囲に分布している様子が判明する。それが，満州から中国，ビルマにかけての一帯である。最後にインドについても，データの整理と仮説の検証を試みる。

こうして本書は，最後にこう結論する。単純社会の婚姻交換のメカニズム（すなわち，親族の基本構造）は，限定交換／一般交換の2つに限られる。それぞれ，両方交叉イトコ婚，母方交叉イトコ婚に対応する。いっぽう父方交叉イトコ婚は，交換システムを生み出さない。それは現金取引き（与えた女性をすぐ取り返す），すなわち，交換相手への不信を意味するからである。

『親族の基本構造』は，英米系の機能主義人類学と異なる方法にもとづく，社会人類学の可能性を示した。レヴィ＝ストロースによれば，機能主義人類学が根本的であるとみなした系譜原理（父系／母系の違い）は，親族現象にとって二次的である。根本的なのは，社会を交換（コミュニケーション）のシステムととらえることである。この着眼は，親族以外の領域，たとえば神話研究に適用され，成功をおさめていく。

翻訳は本書の第2版にもとづく。初版に対して寄せられた批判を考慮して，一部に修正があるが，テキストに大きな異同はない。

橋爪大三郎

[書誌データ] Claude Lévi-Strauss, *Les structures élémentaires de la parenté*, P.U.F., 1949; rev. ed., Mouton, 1967（『親族の基本構造』上・下，馬淵東一他監訳，番町書房，1977-78）.

アドルノ
Theodor Wiesengrund Adorno (1903-69) 他
『権威主義的パーソナリティ』*1950年刊

本書は、フランクフルト社会研究所とカリフォルニア大学バークレー世論研究グループの協同作業の所産であり、権威主義的人間類型の生成を社会心理学的に解明した著作である。フランクフルト社会研究所はその設立当初から現代社会における権威の構造の問題に取り組んできたが、研究所のアメリカ亡命は批判理論とアメリカ社会学・社会心理学の経験主義的研究とを結びつけた。

本書は、23章から成り、5つの部に分けられている。第1章序論では、問題の所在、方法論、データ収集の手続き、が議論されている。まず本書全体の仮説は、個人に政治的・経済的・社会的確信は全体として首尾一貫した1つのパターンを作っており、そのパターンは彼のパーソナリティの深層にあるさまざまな傾向性を表現している、というものである。そして本書の主要な関心は、潜在的にファシスト的な個人に向けられる。またこの問題を解明するための基礎概念として、著者はイデオロギーの概念と欲求の概念を区別する。イデオロギーは、「いろいろな意見・態度および価値がひとつに組織されたもの」を言い、それはその担い手の欲求がどのようなものであり、それがどの程度充足あるいは阻害されているかによって、個人の心を動かす力を異にすることになる。こうして著者たちがまず注目した反ユダヤ主義はイデオロギーと捉えられ、ある個人がそのイデオロギーに引きつけられやすいのは、その個人の心理的欲求によると考えられたのである。

もちろん、イデオロギーも公然と言葉に表されるような表層レベルのもの、イデオロギーを受け入れやすくする内的準備態勢レベルのイデオロギー、行為レベルのイデオロギーなどさまざまなレベルのものがある。そこで各レベルのイデオロギーの内的構成を明らかにするだけではなく、レベル相互間の構成、すなわちイデオロギーの構造を明らかにしなければならない。そのためには、全体的パーソナリティの理論が必要である。パーソナリティとは、個人の内部にあるさまざまな力が永続的に組織されたものである。それは、個人がさまざまな場面で反応を決定するのを助け、行動の一貫性を保つ大きな要因である。そしてパーソナリティの力とは、基本的には欲求（動因、願望、情動）にほかならない。かくしてパーソナリティはイデオロギーを選択するさいの1つの規定要因なのである。以上のような理論的視角からこの研究を定式化すると、これはイデオロギーとその個人に過去に作用した社会学的要因の相関を、パーソナリティを媒介として発見する試みである。

以上のような問題を解明しようとすると、イデオロギーやパーソナリティの深層を明らかにするために、特別の方法が必要になる。それは臨床的研究によって得られよう。しかしその研究結果が一般化可能なものかどうかを判断するためにも、集団研究も欠かせない。そこで質問票をつかった研究が工夫された。技法的には、臨床法的研究においては面接と主題統覚検査が、質問票法においては事実に関する質問、投射的質問、意見‐態度尺度が駆使された。

第1部「イデオロギー的諸傾向の測定」は、8つの章から成り立っており、反ユダヤ主義イデオロギー、人種排外主義イデオロギー、政治‐経済的イデオロギーが検討され、それぞれ「反ユダヤ主義」尺度、「人種排外主義」尺度、「政治経済的保守主義」尺度が形成され、それらが合成されて「ファシズム」尺度が構築される過程が明らかにされている。

第2部「臨床的面接を通して明らかにされたパーソナリティ」は5つの章からなり、面接によって、当該個人の自己、希望、畏怖、目的、幼年期、両親、異性、人々一般に関する考えが引き出され、それらを注意深い批判的評価にかけることによって、被験者のなかの「反ユダヤ主義」スケールと「人種排外主

義」スケールにおける極度の高得点者と極度の低得点者間のパーソナリティ類型の対比が提示されている。ここにその一例を上げておくとすれば,「低得点者」(偏見を持たない人) のほうが「高得点者」に比して遙かに自己認知能力に優れ,「高得点者」は自我の内面的焦点を欠いているために, 絶えずなんらかの外面的基準に対する順応を繰り返す, といった対照である。

第3部「投射的資料を通して明らかにされたパーソナリティ」は2つの章から成り,「主題統覚検査」(T.A.T.) 法 (絵や図を示して被験者の対応を分析する) による分析結果や自由回答型の質問票の分析結果が論議されている。その分析によれば,「低得点者」は物語の登場人物によりよく同一化できるが,「高得点者」は登場人物の行動を権力の要望や統制への従属と解する傾向にある。また「低得点者」は, 内面化された価値意識に基づいた「達成価値」を志向するのに対して,「高得点者」は「因習的価値」への傾斜が支配的であった。

さて, これまでの章はさまざまな社会調査法を駆使して得られた結果を徹底的に量化する形で研究が進められてきたが, 第4部「イデオロギーの質的研究」は, 面接資料を質的, 理論的に読み解いて, イデオロギーとパーソナリティの統一的把握を促進するとともに, パーソナリティがさまざまなイデオロギーの具体的形態をとって表現されていく過程を解明し, あわせてこの研究を導いてきた理論をより一層精緻化することが行われている。この第4部は, すべてアドルノ個人の筆になり, 彼の意気込みが伺える。まずはじめにアドルノは, 偏見の問題を考える。偏見に囚われている人は, それが幻想の産物であり, 彼らの日常的経験とも矛盾していることもわかりながら, なおかつステレオタイプに固執する。なぜならば, 彼らは深層心理において権威主義への傾向性とそれに反対する傾向性とに引き裂かれながら, ステレオタイプに固着する

ことによって, その二律背反にかりそめの調和をもたらすことができるからである。反対に偏見を持たない人は, 自我を反映した内省的傾向を表し, 人種・民族問題などを社会的, 歴史的に捉える合理性を持ち合わせているのである。アドルノはさらに, 政治, 経済的イデオロギー, 宗教的イデオロギーを詳細に検討し, より一層十全なるイデオロギーとパーソナリティの統一的把握に邁進している。そして第5部「諸個人および特定の集団への応用分析」は3章からなり, 権威主義パーソナリティを持つ「マック」と非権威主義パーソナリティを持つ「ラリー」が登場して, 両者におけるイデオロギーとパーソナリティにおける基本的傾向性が対比的に明らかにされている。すなわち, ひとりの単一の個人のなかで諸変数パターンがどのように形成されるのかを検討しているのである。

第2次世界大戦後の民主社会の再建の原点にあって, 表層的には民主的と見えるその担い手達の間に広く権威主義的パーソナリティが浸透していることを明らかにした (ヒトラーの出現以前のドイツで表明されていた反ユダヤ主義は, この研究当時のアメリカに見られるそれより量的に少なかった) 本書は, 大きな衝撃を与え, 即座に批判的検討の書も編まれ, 偏見研究の古典になった。研究の過程で多くの若きアメリカの社会学者 (ベルやグールドナーら) を育てもした。もちろん本書は, 必ずしも積極的な評価だけを与えられているわけではないが (経験主義の立場からは, 批判理論の優位が, 批判理論の立場からすれば批判理論の実証主義化が問題にされる), イデオロギーとパーソナリティの統一的把握, 批判理論と実証的社会学の結合という本研究の意図は今日的展開を待っている。

訳者 (矢澤修次郎) 要約

[書誌データ] Theodor Wiesengrund Adorno, Else Frenkel-Brunswik, Daniel J. Levinson, R. Nevitt Sanford (in collaboration with Betty Aron, Maria Herz Levinson and William Morrow), *The Authoritarian Personality*, Harper and Brothers, 1950 (『権威主義的パーソナリティ』田中義久・矢澤修次郎・小林修一訳, 青木書店, 1980).

モース Marcel Mauss (1872-1950)
『社会学と人類学』 *1950年刊

　著者はフランス社会学派の社会学者・民族学者。デュルケームの甥で研究協力者，『社会学年報 *L'Annee Sociologique*』の編集に関わり，それを引き継いだ。レリス，ユベール，エルツなど同時代の民族学者と交流があり，のちにレヴィ=ストロースの構造人類学に大きな影響を与えた。「全体的社会的事実」や「贈与」「身体技法」など重要な概念を提示，自らは一度もフィールドワークに赴いたことのない「肘掛け椅子の人類学者」であったことを考えれば，その構想力は驚くべきものがある。本書はその代表作をレヴィ=ストロースの序文をつけて，死後刊行したもの。レヴィ=ストロースの序文は，それだけで独立した論文として読む価値がある。

　構成は「第1部　呪術の一般理論の素描，第2部　贈与論，第3部　心理学と社会学の現実的でしかも実践的な関係，第4部　集合体により示唆された死の観念の個人に対する肉体的効果，第5部　人間精神の一つの範疇・人格の概念，〈自我〉の概念，第6部　身体技法」となっており，日本語版はⅠ，Ⅱの2分冊に分かれている。このなかで最も有名なのは1922-24年に発表された「贈与論」，次に重要なのは「呪術の一般理論の素描」（ユベールと共著，1902-03），「身体技法」（1934）であろう。いずれも初出は『社会学年報』である。フランス語版の「第7部　社会形態学―エスキモー社会の季節的変化に関する試論，社会形態学の研究」（ブシャと共著）はべつに『エスキモー社会』（宮本卓也訳，1981）に訳出されている。モースの著作は，日本語では他に，『分類の未開形態』（デュルケームと共著，小関藤一郎訳，1980），『供犠』（小関藤一郎訳，1983），『〈死〉の民族学』（エルツと共著，内藤莞爾訳，1972）がある。

　「呪術の一般理論の素描」は「贈与論」のもとになった論文。「贈与論」までは20年の開きがある。「贈与論」は北米インディアン，ポリネシア，メラネシア等の民族誌をもとに，古代史を含む該博な知識と「比較的方法」とで「交換」の儀礼的性格を明らかにしたものである。「パプア人とメラネシア人は，買うことと売ること，貸すことと借りることを指す言葉をたった一つしか持たない。」モースはこの事実をもとに交換を「全体的社会的現象 phénomènes sociaux totaux」と呼び，「贈り物を与える義務，受け取る義務，返礼する義務」からなる体系を「全体的給付組織 système des prestations totales」と呼ぶ。なかでも北西アメリカのトリンギット族，ハイダ族に見られるポトラッチ potlatch を「競覇型の全体的給付」と名づける。相手を圧倒するために蓄積された富を破壊することも辞さない全体的給付は，もはや功利的・機能主義的な交換ではない。モースは，交換を社会的分業の結果と見るかわりに，社会の原初的現象と考え，逆に分業を交換の函数と見なす。1920年に『マン』誌に発表されたマリノフスキーのトロブリアンド島民によるクラ交易の民族誌から，モースは多くの示唆を受けたが，理論的にはイギリス社会人類学の構造機能主義を受け取らず，それを独自に「象徴交換」のシステムとして解釈することで，「一切の社会生活を諸集団間，個人間の交換システムと見なす」（有地）レヴィ=ストロースの構造主義人類学の出発点となった。マリノフスキーをモースに比べて「理論的退行」と呼ぶレヴィ=ストロースによれば，「マリノフスキーのもとでは，モースの函数の概念は素朴な経験主義的意味に変えられてしまって，単に慣習や制度が社会に与える実際的貢献しか意味しない」。「贈与論」はその後，バタイユの「蕩尽理論」，ポランニーやボールディング等の経済人類学に大きな影響を与えたが，それというのも交換の非市場的なあり方によって，市場交換が持つ特異性を示すことができるからである。

さらに霊的な呪力をさすインドネシア語のマナに相当する，北米原住民のハウ，ワカン，オレンダなどの概念が，未開人の非合理的観念ではなく，「象徴的思惟」のための記号——レヴィ＝ストロースの用語では「不定のものを意味するもの signifiant flottant」，「内容のない形式」，「ゼロの象徴価値」——であることを明らかにして，象徴理論，記号論，さらには貨幣論に大きな影響を与えた。

　「分類の原初的諸形態」「エスキモー社会」などの業績も，進化論的・西欧自民族中心主義的な民族学が，「未開人」のなかに非合理・非論理しか見ようとしないところに，「もうひとつの論理」を見ようとするものであった。レヴィ＝ストロースが後年サルトルとの論争のなかで，「科学」を「近代人の神話思考」と呼んだのも，その原型をモースに負っている。

　「身体技法」の論文は素描に終わったが，現在においても十分に探究されているとはいえない多くの示唆に富んでいる。モースは「身体こそは，人間の不可欠の，また，もっとも本来的な道具である」としたうえで，「有効な伝承的行為」を「技法」と呼ぶ。そして，歩き方，走り方，しゃがみ方，泳ぎ方などの「技法」に，「〈型〉habitus の社会性」があり，それが文化，性別，年齢などによって変化するという。モースにとって人類学の対象とは，生理的，心理的，社会学的な「三重の視点」からの「全体的人間 l'homme total」を指す。モースの「身体技法」は，今日，フーコーの身体論や身体の歴史学をめぐる新しい動きのなかで，再び脚光を浴びている。

　その観点から，彼は「人格（ペルソナ）」「自我」等々の観念を分析し，その文化的多様性を論証するとともに，その集団性を明らかにする（「人間精神の一つの範疇・人格の概念，〈自我〉の概念」）。「死」の観念についても，集団によって宣告された死が個人の肉体的な死を帰結するというように，生理＝心理的実在と社会的実在としての「全体的人間」がわかちがたく結びついていることを示す（「集合体により示唆された死の観念の個人に対する肉体的効果」）。したがって「痛みや熱さの感覚も文化によってその閾値が異なる」。「心理学と社会学の現実的でしかも実践的な関係」では，「心理的なものと社会的なものとの相互補完性」を強調して，社会学の分野における方法論的個人主義と方法論的集合主義との対立をめぐって，デュルケームの行きすぎた方法論的集合主義を調停しようとした。モースは「ヨーロッパの成人の理解力とは異質な」「非主知主義的心理学」を説明しようとしたが，それは「もうひとつの主知主義的心理学」となるべきはずのものであった。

　レヴィ＝ストロースはモースが定式化した「社会科学の方法，手段，ならびに究極の目的」を次のように引用している。

　「なによりもまず，諸々の範疇（カテゴリー）についてもっとも完備した目録を調製しなければならない。人間が用いたと知ることのできる一切の範疇から出発しなければならない。そうすれば，理性の天空には，なお多くの光なき月，あるいは光弱く，薄暗くしか照らさぬ月のあることを知りえよう。」「範疇」とは世界の切りわけ方，認識の型のことである。この「範疇の周期律表」は，イギリスの社会人類学が機能主義的に設定したマードックらの HRAF (Human Relation and Action Profile) とは大きく隔たっている。ここにはデリダの「脱構築」やブルデューの「ハビトゥス」概念につながる「カテゴリー」論がある。モース理論の先駆性，全体性はもっと再評価されてよい。

上野千鶴子

［書誌データ］ Marcel Mauss, *Sociologie et Anthropologie*, Press Universitaires de France, 1950（『社会学と人類学』Ⅰ・Ⅱ，有地亨・山口俊夫訳，弘文堂），邦訳は1968年刊の第4版を底本とする．

リースマン David Riesman (1909-2002)
『孤独な群衆』 *1950年刊

いまでは現代社会学の古典のひとつとなったこの書物を理解するにあたって、それが書かれた時代的背景をまず理解しておかなければなるまい。この本の初版は1950年だが、それに先行する1940年代のアメリカ社会学にはふたつの大きな傾向、ないしは潮流があった。その第1は、社会学に隣接する学問領域、とりわけ文化人類学・社会心理学とのクロス・オーバー現象である。元来、これらの学問は同一の対象、すなわち人間の社会・文化的行動をややことなった角度から研究するという宿命を担っていたから、それぞれの領域での研究はいずれ統合され、あるいは学際的共同作業に導かれるべきものであった。それが、たとえばハーヴァード大学における「社会関係学部」やエール大学の「人間関係学部」などの新学部の成立を動機づけた大きな理由であった、といってもよい。これらの学際的新学部編成は1950年代にはじまり、やがてはその運営上の問題から再び旧学部体制に戻ってゆくことになるのだが、こうした隣接学問分野の共同研究は50年代のアメリカの社会学にあたらしい地平をひらくこころみであった。

それにくわえて、もうひとつ、アメリカの社会学のみならず学問ぜんたいをとりまく歴史的環境があった。いうまでもなく、1940年代は第2次世界大戦の時代であり、アメリカはヨーロッパ戦線と太平洋戦線で連合国がわの中心勢力としての役割を担っていた。そして、その戦争をアメリカの勝利にみちびくために学問も動員された。プール (I. Pool)、ミード (M. Mead) などが「政策科学」(policy science) と名づけたいささか変則的な学問の形態がそれにあたる。「政策科学」とは、ひとことでいえば特定の国家目標(この場合には戦争における勝利)を達成するための手段として動員される学問という意味であって、理学、工学の領域では軍事用新素材、新兵器の開発などがその例であり、原子爆弾の開発もしょせんは「政策科学」の産物であった。社会科学の領域では軍隊における「士気」の研究や、さらには敵国の「国民性」の研究などがおこなわれるようになった。日本の「国民性」を探求したベネディクト (R. Benedict) の『菊と刀』もじつのところ、こうした一連の「軍事研究」の成果であった。

このような「政策科学」による学問の総動員態勢とさきにのべた学際的研究とは当然、深くかかわっている。特定の国民や民族の「国民性」や「民族性」についての研究は、単一の学問の方法論や技法によっておこなうことはできない。そこでは社会、人類、歴史、心理といった学問の壁をこえた共同研究が必要とされた。そして、そのような努力の結果、やがて「文化とパーソナリティ」という問題領域に焦点を結んでゆく。

リースマンがこの書物の準備にとりかかった時期、すなわち1940年代後半は、まさしくこの「文化とパーソナリティ」論がその最盛期に達しており、しかも1945年にはすでに戦争もアメリカの勝利によって終結していた。べつなことばでいえば、アメリカの社会科学は国家目的への奉仕という義務から解放されて、自由な研究環境がととのった。そして、そこには戦時中につくられた学際研究というのびやかな伝統がのこされていたのである。まえにのべたハーヴァードやエールでの学部再編成は、まさしくこのようなあらたな時代にむけての学問の姿勢を象徴するものであり、『孤独な群衆』はその時代背景のなかで生まれたのである。

この書物は「文化とパーソナリティ」論の成果をふまえながら、固定した「国民性」の議論を止揚し、そのかわりに「社会的性格」という概念を中心にして展開している。それはひとつの社会や文化での「平均」でもなく、「中位数」でもない。ひとことでいえば、それは「社会的適応の形式」なのである。そしてリースマンはその形式を3つの類型に分類

して考察する。有名な「伝統志向型」「内部志向型」「他人志向型」の3つがそれである。

「伝統指向型」というのは停滞的な社会に見られるものであって、そこでは歴史的に形成された価値や規範が適応と行動様式の基準になる。そこに用意されているのはもろもろの儀式、習慣、戒律などであり、個人はそうした前例にしたがって行動する。おおむねの行動は「伝統」によって規制されているから、全体的にみると「社会的逸脱」は発生することがほとんどない。このような社会的同調性、ないしは適応の形式は文字をもたない部族社会などでも見られるし、歴史的には中世社会はそのような性質のものであった。

それに対して、「内部志向型」は個人の内的な衝動や信念によって適応をはかってゆく人間たちに見られる形式である。そこでは個人の行動規範はみずからが内面的に決定する性質のものとなり、「わが道をゆく」タイプが出現してくる。歴史的にいえば、それはたとえば内面の声によって行動するプロテスタントなどによって代表されるものだし、いわゆる「近代個人主義」を支えるのも「内部指向」の精神であった。この心理的メカニズムをリースマンはジャイロスコープ（羅針盤）にたとえる。ちょうど船長が目標地点をさだめ、その目標にいたる航路を磁石の針だけをたよりにつき進むのだ。風が強くても波が荒くても、ジャイロスコープによって定められた航路はかわることがない。ウェーバーの名づけた「資本主義の精神」などはその典型といってよいだろう。

これら2つの適応様式と対照的に、現代アメリカ社会、すなわち「大衆社会」での人間行動は「他人志向型」である。大ざっぱにいえば、ここでの人間行動の基準は「他者」、とりわけ同時代の仲間たちである。たとえば流行という現象ひとつをとりあげてみてもよい。人間が身につけるもの、ことばづかい、そして接触するメディアなど、現代人の多くは「他者」に準拠する。「他人」を見ながらみずからの行動を決定してゆくのだから、それは「内部志向型」が「ジャイロスコープ」であったのと比較すれば、「レーダー型」といってもよい。

この3つの類型の基礎をなしているのは、人口動態を中心とするいくつかの変数である。リースマンはこうした一連の複雑な社会現象をみごとにまとめあげた。しかし、この書物は3つの類型を歴史的「段階」としてとらえているだけではない。それはどのような時代にも共存する3つの社会的適応、そして「同調性」のタイプでもある。また、この本が具体的な事例としてとりあげているのはアメリカ社会での観察にもとづいているから、「アメリカ研究」の書物としても大きな価値をもつが、それは全世界のあらゆる社会・文化にも適合しうる普遍性をもあわせ持っている。初版刊行後、半世紀を経たこんにち、なお世界各国で読みつづけられているのは、このような事情によるものであろう。

方法論的にいうと、この書物はいっさいの計量的手段を意識的に避けている。それは「類型学」にとって当然のことともいえるが、かれはあえて少数のアメリカ人との深いインタビュー記録からこの書物を構成した。また、共著者として、かつて『フォーチュン』誌の編集者であり、詩人・文明批評家のR. デニー、そして当時、大学院学生であったN. グレーザーをえらんでいる。そのことがこの書物を「社会科学の姿をとった文学」といわしめた原因でもあった。また、アメリカの日常生活、とりわけ大衆文化を通じての具体的エピソードがふんだんにちりばめられていることで、この書物は社会学という学問を学術書というせまい枠から解きはなち、「一般書」としての高い水準をつくりあげることにも成功している。

訳者（加藤秀俊）要約

［書誌データ］David Riesman, *The Lonely Crowd: a Study of Changing American Character*, with N. Glazer & R. Denney, 1950（『孤独なる群衆』佐々木徹郎・鈴木幸寿・谷田部文吉訳、みすず書房、1955）; rev. ed., 1961（『孤独な群衆』加藤秀俊訳、1964）.

■パーソンズ Talcott Parsons (1902-79)
『行為の総合理論をめざして』*1951年刊

　本書は，中期パーソンズの理論体系の最も基本的な概念枠組みを示した書物であり，同年に出版された『社会体系論』とあいまって，構造＝機能主義の理論的骨格を示した「宣言書」である。だが本書は，パーソンズひとりの作業ではなく，緊密に組織された，長期にわたる学際的な共同研究の所産であったことに，まずもって留意しなければならない。

　本書に結実する営みの基礎には，まず第1に，社会科学の多様な領域にまたがる学際的な教育改革の実践があった。学際的な教育・研究を推進するためには，各分野特有の専門用語の統一をはからなければならない。パーソンズは，第2次世界大戦中の1941年に，ハーヴァード大学教養学部の若きチューターであったダンロップ（経済学），ギルモア（歴史学），マウラー（教育心理学），クラックホーン（人類学），オルポート（心理学）と協力して，『社会科学分野の共通言語をめざして』（謄写版刷り）と題するテキストを作成した。「地位‐役割」概念を中軸としたこの営みの延長線上に，本書が誕生することになる。

　この第2次大戦期のアメリカは，兵器開発のみならず，敵国研究や占領政策策定の必要上，大規模な形で科学者を動員した時代であった。人文・社会科学者もまた，民主主義擁護・ファシズム打倒の使命感にもえて，政府当局に協力した。このような事態は，さらに大規模に学際的研究協力を推進することとなった。この経験から，アメリカの大学における初めての学際的組織＝「ハーヴァード大学社会関係学科」が誕生する。社会学・人類学・社会心理学・心理学の諸領域を統合した，画期的なこの学際的研究・教育を推進するため，その中心となって活躍していたパーソンズは，人文・社会諸科学共通の概念枠組みを定式化するため，共同研究を組織するにいたる。

　この企画のために，1949年，シカゴ大学の社会学者エドワード・シルズとカリフォルニア大学の心理学者エドワード・トールマンとがハーヴァード大学に招かれ，パーソンズと，社会人類学者のリチャード・シェルドン（ハーヴァード大学ロシア研究センター）とを加えた4人が専任となって，緊密な討論集団が組織された。この4人を核としつつ，さらに社会関係学科の中心メンバーであるオルポート（心理学），クラックホーン（人類学），マレー（教育心理学），ストウファー（社会学），シアーズ（発達心理学）の合計9人の署名を付して発表されたのが，本書の第1部「行為理論の若干の基礎範疇：一般宣言」である。これは，社会関係学科のスタッフ全員からなる，さらに大きな討論集団のたびかさなる討論によって，彫琢された結果でもあった。それゆえ本書は，ハーヴァード大学社会関係学科の，文字どおり学際的な集団の営為の産物であったとみることができる。

　厖大なエネルギーを投入したこの企画は，各専門分野や各学派に特有な専門用語が，相互のコミュニケーションを不可能にしている状態に抗して，共通に通用しうる専門用語を創出し，そうすることによって「学派の戦争」を排除し，学際的な共同研究の累積を可能にしようとする，野心的な企図であった。まさしくこれは，パーソンズを中心とした「統一社会科学運動」と呼ぶことのできる，知的運動の所産にほかならなかった。それゆえ本書では，特定の文化や時代・領域を分析対象とする個別理論ではなく，時代と文化と領域を異にするあらゆる人間行為を分析するための，「一般理論」（「総合理論」ではない）がめざされている。

　このような意図を実現するために，まず本書の第1部では，行為者が特定の状況に働きかける「志向」を中軸とした，「行為者‐状況図式」が採用され，行為分析のための基礎範疇が定式化されている。「認識的・カセク

シス的・評価的志向」という基本的な3志向の分類,「学習と努力」の重要性,「期待の相補性」と「葛藤のコントロール」など,中期パーソンズの基本範疇に,多くの専門を異にする著名な研究者が合意したことは,驚くべきことである。参加者のすべてに,「宣言」と異なった意見を記述する権利が認められていたにもかかわらず,この権利を行使したのが,シェルドンただひとりであったことを念頭におくならば,われわれは,この「宣言」によせられた合意の程度の高さを,ただちに知ることができる。

これに加えてパーソンズは,ウェーバー研究者としても著名なシカゴ大学のエドワード・シルズと共同で,本書の第2部をなす「価値・動機・行為体系」と題する長文の論文を執筆し,第1部の「宣言」を基礎に,さらに詳細に行為理論図式を展開している。この作業には,のちに脳生理学の専門家となったジェームズ・オルズが協力している。この第2部では,行為が組織される3つの様式として,「パーソナリティ体系・社会体系・文化体系」の内的構造が定式化されるとともに,これらを分析する中軸的概念として,「パターン変数」が提示されている。①「感情性-感情中立性」,②「自己志向-集合体志向」,③「普遍主義-個別主義」,④「所属本位-業績本位」(のちに「資質・遂行」と改称される)——わが国においては,丸山眞男がこの変数を巧みに用いて,「『である』ことと『する』こと」(『日本の思想』所収)と題する論文を書いている——,⑤「限定性-無限定性」の5組の二者択一のリストが,それである。このパターン変数は,行為者に「内面化」されている価値体系にもとづく「欲求性向」の変数であるとともに,社会体系に「制度化」されている社会的評価基準の変数でもある。ここに,初期パーソンズが『社会的行為の構造』(1937)で提起した「主意主義的行為理論」は,「行為者の主観的観点=志向」に照準をあわせて,1つの具体的理論図式となって結実したとみることができる。

本書の邦訳は,この第2部までの翻訳にとどまっているが,これは,本書の半分に満たない分量である。本書はさらに,カリフォルニア大学のエドワード・トールマンが執筆した第3部「心理学的モデル」と,「行為理論とその適用」と題する第4部の多くの個別論文とをふくんでいる。この第4部には,ゴードン・オルポート「心理的・社会的因果帰属の問題」,クライド・クラックホーン「行為理論における価値と価値志向:定義と分類の探求」,ロバート・シアーズ「社会行動とパーソナリティの発達」,サミュエル・ストウファー「役割義務分析における技術的問題の経験的研究」が収められている。まことに,壮大な成果であった。

本書は,短期間のうちに3版まで版をかさね,学界でも,大きな反響を呼ぶこととなった。本書を理論的基礎としつつ学際的訓練をうけた当時の大学院生は,クリフォード・ギアーツ,ロバート・ベラー,ニール・スメルサー,エズラ・ヴォーゲル,ダヴィド・シュナイダーをはじめとして,のちに学際的な広い守備範囲をもつ著名な研究者となった。こうしたパーソニアンの活躍もあって,本書の術語の多くは,こんにちではパーソンズの名をはなれ,社会理論の共同の遺産となっている。

ところで本書の邦訳は,パーソンズの書物の最初の邦訳であったという事情も加わって,誤訳や不適切な表現が散見され,残念ながら決して読みやすいものではない。本書が,正確さを不可欠とする概念定義集であることを考えるとき,改めて正確な翻訳書の公刊される日が切望される。現在の段階では,読者は,少なくとも原書と対照しながら読み進む労をとらなければならない。　　　　　　高城和義

[書誌データ] Talcott Parsons, *Toward a General Theory of Action*, edited with Edward A. Shils, Harvard University Press, 1951; Harper Torchbooks, 1962(部分訳:『行為の総合理論をめざして』永井道雄・作田啓一・橋本真訳, 日本評論社, 1960).

パーソンズ Talcott Parsons (1902-79)
『社会体系論』*1951年刊

本書は、中期パーソンズの理論体系を提示した代表的な著作であり、パーソンズの地位を世界的に確立することとなった書物である。これは、『社会的行為の構造』(1937) から、14年目にしてようやく著された、「理論的苦闘」の産物であった。このことは、本書の扉に掲げられた献辞のなかで、パーソンズがみずからを、「不治の理論病患者」と呼んでいることに、端的に示されている。本書は、これに先行して出版された共同研究『行為の総合［一般］理論をめざして』(1951) で展開されている行為理論を基礎としつつ、さらに詳細に、社会体系分析のための理論枠組みを提示しようとした著作である。

本書では、中期パーソンズの特徴となっている、つぎのような「構造＝機能分析」という方法がとられている。多様な変数が複雑に関連しつつ変化しつづけている社会体系を、直接丸ごと分析することはできない。そこで「次善の策」として、社会体系の比較的変化しにくい安定的要素＝構造を定数とみなし、これを体系的に記述し比較しうる諸範疇を、まず体系的に提示する。これらを用いて特定社会の構造分析に到達することができれば、つぎに、変化しやすい要素を変数として、これが、システムの構造の維持・発展に貢献するものか（＝機能）、それともシステムの統合や機能作用に阻止的に働くものか（＝逆機能）という観点から、変数と構造との諸関係の動態分析をおこなう。このような手続きが、構造＝機能分析と命名された分析方法である。

本書では、この方法にしたがって、まず第1に、初期パーソンズの「目的－手段図式」をより一般化した、「行為者－状況図式」が準拠枠とされる。行為者が、欲求充足（や欲求阻害の回避）をめざして、特定の状況に「志向」しておこなう行為を、行為者の「志向」に焦点をおいて分析しようとするのが、この図式特有の視角である。したがってこの準拠枠では、初期パーソンズの「目的－手段関係」のみならず、行為の意図せざる結果や非合理的・感情的行為もひとしく分析対象とされることとなり、行為の機能連関が追求されることになる。目的連関図式から機能連関図式への転換をめざしたこの準拠枠は、『行為の総合［一般］理論をめざして』で採用されたものであり、本書の第Ⅰ章は、その簡潔な要約となっている。

第Ⅱ章では、役割概念を基礎として、「行為の制度的統合」のモデルが提示される。このモデルは、2人の行為者が欲求充足を求めて相互行為しているケース（財・サーヴィスの交換や恋愛の事例を想起されたい）をとりあげ、この二者関係が安定的に営まれる条件を定式化したものである。そのポイントは、言語をふくむ共通の価値基準が、①自我と他我の両者に「内面化」されていることと、②両者の期待が相互にかみ合い（＝役割期待の相補性）、この役割期待＝サンクションが「制度化」されていることとに、置かれている。この価値基準は、5組のパターン変数（①感情性－感情中立性、②自己志向－集合体志向、③普遍主義－個別主義、④業績本位－所属本位、⑤限定性－無限定性）の組み合わせによって、分析されることとなる。丸山眞男の「『である』ことと『する』こと」（『日本の思想』岩波新書、所収）が、④所属本位－業績本位のパターン変数の展開であることは、よく知られている。

以上の分析枠組みのうえに、社会体系の構造分析のための準拠枠と社会構造の経験的多様性とを示したのが、本書の第Ⅲ・Ⅳ・Ⅴ章である。さらに第Ⅵ・Ⅶ章では、社会体系の過程分析として、社会化のメカニズムと、逸脱行動－社会的コントロールのメカニズムとについての分析図式が示され、社会体系と文化体系との関連（第Ⅷ・Ⅸ章）へと、展開されている。ベラーの『徳川時代の宗教』（岩波文庫）は、この理論図式を基礎とした日本

近代化の研究である。

この理論図式については，研究史上，まず第1に，初期パーソンズの「主意主義的観点」が放棄されたのか否かをめぐって，連続説と断絶論とが対立している。この「パーソンズ問題」を考えるとき，パーソンズのシステム論が，ベルタランフィらの「一般システム論」とは異なり，「行為理論を基礎にもつシステム論」であることに，留意しなければならない。行為者の「志向」を分析しようとする理論が，行為者の「主観的観点」や主体性を忘却しているはずはないからである。

第2に，本書が，「制度的統合モデル」に依拠した「統合論的偏向」を犯しており，安定的な構造を想定した「静態論的偏向」におちいっているとする批判が，あとをたたない。だが統合モデルは，現実が充分な統合状態にあることを意味しているわけではない。むしろ統合モデルは，現実がモデルからどの点でどのように乖離しているのかを測定する，分析道具にほかならない。現実の不統合が正確に確定されるとすれば，それは，動態分析の糸口となるはずである。マルクスの再生産過程表式分析が均衡モデルであるからといって，マルクスを，「統合論的偏向」を犯していると批判しうるであろうか。本書を丹念に読むならば，社会成層論やイデオロギー論をはじめとして，経験的動態分析のための豊富なヒントを，獲得することができる。

その意味で本書は，初期以来積み重ねてきた多面的領域にわたる多くの「中範囲理論」（マートン）を基礎としつつ，それらを「一般理論」へと練りあげていこうとする，貴重な作物であるとみなければならない。本書で一貫して，感情的行為と表出的シンボル体系とに光があてられているのも，ナチズムの非合理的・情動的エネルギーの組織化に直面した，第2次世界大戦期の思考の結果であった。

本書の第X章で，社会体系の動態分析を経験的に例証するために，医療がとりあげられていることにも，改めて注目しておきたい。この章は，こんにち欧米社会学界で最も盛況をきわめている「医療社会学」を，独自の専門分野として確立することに貢献した，古典的作品となっているからである。パーソンズは，主意主義的行為理論の方向を確立した理論史的著作＝『社会的行為の構造』(1937)を完成させた直後から，経験的な専門職研究に着手し，医師‐患者関係の参与観察を実施していた。精力的におこなわれたこの調査研究の成果は，不幸にして公刊されることなく終わったが，そこで得られた知見を集約したのが，本書の第X章である。そこでは，①病気には，病因論と快復過程との2つの点で，動機づけの要素がふくまれており，したがって病気は，社会的逸脱の一形態と考えられること，②それゆえ医療は，患者の健康快復をめざす社会的コントロールのメカニズムとみることができること，③医師‐患者関係は，社会的規範によって規定された役割関係として制度化されていること，④その構造は，パターン変数によって分析されること，これらの諸点が解明されている。中期パーソンズの中軸的概念であるパターン変数が考案されたのも，初発は，この医療社会学研究（＝「中範囲理論」）においてであった。医師‐患者関係を役割関係として把握することによって，医療への社会科学的アプローチを確立した点で，本章は画期的意義をもっている。

パーソンズが本書でめざした目的連関図式から機能連関図式への転換は，最終的には，機能それ自体を特定する四機能図式範疇＝AGIL図式の確立（『経済と社会』1956）を，待たなければならなかった。その意味で本書は，中期パーソンズという過渡期の産物であったとみなければならない。その意味で，パーソンズ理論の十全な理解のためには，後期の理論体系をも検討することが，不可欠である。

高城和義

［書誌データ］Talcott Parsons, *The Social System*, The Free Press, 1951（『社会体系論』佐藤勉訳，青木書店，1974).

■マルクス Karl Marx (1818-83)
■『経済学批判要綱（草稿）』＊1953年刊

1．1857—58年にマルクスはいくつかの草稿を書く。「バスティアとケアリー」、「経済学批判への序説」、「貨幣に関する章」、「資本に関する章」、この2つの章への「補足」、そして断片「価値」。これらの草稿の全体をまとめて1冊の書物にしたのが『経済学批判要綱（草稿）1857-58年』である。最初の刊本は1939年にモスクワで出版され、41年には補巻が出た。53年にベルリンのディーツ社から39年—41年を合本にした写真復刻本が出版された。本来の『要綱』は「貨幣に関する章」と「資本に関する章」であるが、広義には「序説」を含むすべての草稿が『要綱』（通称「グルントリッセ」）の内容とみなしてよい。

2．「経済学批判序説」。この「序説」はしばしば「1857年の序説」とも呼ばれて、他の草稿群から独立した論文として多くの学者によって註釈され解釈されてきた。「序説」は、㈠「生産」、㈡「生産の分配、交換、消費に対する一般的関係」、㈢「経済学の方法」、㈣「生産。生産諸手段と生産諸関係。生産諸関係と交易諸関係。生産諸関係と交易諸関係とに対する関係での国家形態と意識形態、法律形態、家族関係」からなる。なかでも「経済学の方法」はとくに有名であり、重要でもある。ここでマルクスはヘーゲル弁証法との対決を試み、マルクス独自の弁証法の展開を企てているので、マルクスの認識論を知るためには最良の文献である。「序説」全体のなかで注目すべき論点は、(イ)ここではじめて社会構造としての生産様式概念が素描されること、(ロ)構造とは異質な要素の種差的な編成体（グリーデルング）であること、(ハ)概念の構築がイデオロギー批判と一体であること、などである。

3．「貨幣に関する章」。この草稿のなかでマルクスがプルードン派のダリモン批判から開始していることは重要である。マルクスは40年代からプルードンの経済思想を乗り越える努力をし続けてきたが、ようやくこの草稿のなかで彼は貨幣問題に関してプルードンを乗り越える十分な理論的根拠をえた。しかし貨幣問題の完全な決着は『経済学批判』でもはたされず、『資本論』第1巻までもちこされる。商品からの貨幣の発生の問題は価値形式論なしには語りえない。『要綱』にはこの価値形式論はまだない。だが価値尺度としての貨幣に関するマルクスの議論はここでほぼ出そろっている。

4．「資本に関する章」。ここでマルクスが「資本の生産過程」の総体を素描したことが注目される。『要綱』における「資本の生産過程」論は「貨幣の資本への転化」からはじまり「資本と労働の交換」をへて労働過程と価値増殖過程、剰余価値と利潤の差異、資本の生産・蓄積過程、資本循環論、そして利潤・利子をうむ資本まで含む。これは後の『資本論』全3巻の範囲と同じである。まとまりは悪いが、『資本論』の基本構想を、各項目の内面的連関に即して教えてくれる。ひとつだけ例をあげよう。「資本制生産に先行する諸形態」が資本の再生産・蓄積論と資本循環論の間に位置づけられている事実は決定的に重要である。それは後の『資本論』第1巻第24章の原初的蓄積論の意味を照らしだす。『要綱』のおかげでわれわれは原始的蓄積論が歴史的記述ではなくて、理論的な意味をもつことが理解できる。すなわち、ひとたび自立した資本制生産様式は資本の歴史的出現の条件（直接生産者と生産手段との根源的分離）を構造の内部で反復することではじめて自己を維持することができる。自己の出現条件の内部化が構造の形成と再生産になることを『要綱』ははっきりと教える。

5．用語法上の問題。『要綱』は原資本論といってよい。ここでマルクスの経済学批判の理論的諸概念がほぼでそろっている。しかし基本的な用語の面で難点がある。(イ)労働力の概念——『要綱』でははじめて労働と労働力

の区別を確立した。『要綱』の「労働力」は Arbeitsvermögen であって，まだ Arbeitskraft ではない。一見どちらでも構わないかにみえるが，そうではない。Vermögen は潜在力（とその結果として財産）を意味する。「労働の潜在力」という用語はギリシャ（アリストテレス）的含蓄をもっている。そのとき「労働の潜在力」は可能態が現実態になるという構造を予測させる。事実『要綱』のマルクスはきわめてアリストテレス的（そしてヘーゲル的）であり，しきりにデュナメイ（デュナミス）という表現を愛用し，可能態としての力がエンテレケイア（現実態）として発現する論理を駆使する。だから「労働の潜在力」概念は，潜在／顕在，内在／外化または疎外の論理の文脈を誘発する。だから『要綱』の疎外論的解釈が登場しても当然である。またさらに労働者階級を革命的「潜在力」とみなして，『要綱』を革命の武器と解釈し，反対に『資本論』を『要綱』からの後退とみる論者が出てくるのも，ある意味では自然のなりゆきである。しかし『資本論』のマルクスはアリストテレス／ヘーゲル的な「労働の潜在力」を「労働の力」に置き換え，同時に疎外論的構図を廃棄する。どちらの用語をよしと見るかはマルクス解釈の方向づけを左右する。

6．剰余の概念。『要綱』では剰余にあたる用語は Surplus である。この言葉は本来は簿記会計上の用語であり，付加分または増加分を意味する。生産の結果のレベルでの計算用語としてサープラス用語は有益であろう。しかし資本の価値増殖は結果を生産する「原因」面での現象であり，それはまだ会計的計算の対象ではない。資本の価値増殖すなわち剰余価値は，計算技法上での付加価値ではなくて，人工的計算以前の，労働による新創造である。生きた労働は自分の労働力価値を創造するだけでなく，「それ以上」のものを創造し，同時に生産手段に沈殿する過去労働を現在化し，それを労働力価値部分とともに生産物に移転させる。この労働のふるまいの含蓄を表現するためにサープラス概念は不向きであり，むしろ増殖現象の理解をくもらせる。したがって，『資本論』は Surplus を Mehr に置き換える。生きた労働はその本性上「より多く」を創造する。「剰余」を表現するにはこの「より多く」を意味する Mehr がいっそうふさわしい。『要綱』は剰余理論形成にとって決定的な旋回点にたっている。

『要綱』はマルクスの経済学批判のための最初の理論的素描である。ここにはマルクスの深い問題関心と彼自身による概念組織の骨格がくっきりと現われている。大著『資本論』のなかでともすれば見失われがちな細部の組織的連関がここでは明瞭に把握できるように提示されている。そこに「原資本論」としての『要綱』のかぎりない学問的な意味がある。

今村仁司

［書誌データ］ Karl Marx, *Grundrisse der Kritik der politischen Ökonomie* (1857-58), 1953（マルクス資本論草稿集（1・2）『一八五七—五八年の経済学草稿』全2分冊，資本論草稿集翻訳委員会訳，大月書店，1981）．

大塚久雄 (1907-96)
『**共同体の基礎理論**』＊1955年刊

　近代社会の生成を近代以前の諸社会との対比から捉えようとするとき，共同体的な社会関係の変遷と解体というプロセスが，理論的・歴史的にひとつの中心問題になってくる。この問題は，「身分から契約へ」（メーン）とか「ゲマインシャフトからゲゼルシャフトへ」（テンニース）といった一般的な社会発展の図式に表現された事態と広く重なるものであるが，とりわけマルクスが『資本制生産に先行する諸形態』において共同体の類型的発展と生産様式の継起的諸段階を論じたことを受けて，社会学理論上でも重要なテーマとなってきた。本書は，このマルクスの所論を全面的に引き継ぎながら，それにウェーバー社会学の見地と人類学的・経済史学的な知見などを組み込んで再整理し，共同体の類型的な発展とその経済的基礎に一般理論的な見通しを与えた基礎研究である。これは，当初は東大大学院における経済史総論の講義案として出版されたものであったが，戦後日本の社会科学における「大塚史学」への一般的関心と相伴いつつ，社会学上の共同体理論にも大きな影響力を持つことになった。

　本書は3章の構成をもって成立している。第1章の序論では，まず，アジア的，古典古代的，封建的，資本主義的および社会主義的と続く生産様式の継起的な諸段階としての歴史の流れに共同体の問題が位置づけられる。そのなかで，とりわけ資本主義的生産様式の生成と共同体の終局的崩壊という局面に関心の焦点をあわせつつ，共同体一般の本質，その諸形態の成立と崩壊の条件などを整理し概説するという，本書の主題が提示される。

　第2章では，「共同体とその物質的基盤」という表題の下，「土地」と「共同体」との一般的関係が考察される。土地あるいは大地は，人間にとって，食糧その他の生活手段を貯蔵する大倉庫であり，生産活動を開始するための労働手段の武器庫であり，さらには労働主体である人間そのものを生み出す「天与の宝庫」である。それゆえ共同体は，自己の生活および社会関係の再生産の物質的基礎として一定の土地を占取するときに存在が可能になり，また，この土地の占取の仕方が共同体そのものの形態を規定する。

　このような土地の占取に始まる共同体の生活形式には，考えうる最も古い時代から，「固有の二元性」がすでに孕まれている。原始共同態における土地および生活手段の共同占取という状況下においてさえ，労働により加工された生産手段などについての私的占取が不可避に始まるからである。ここに生ずる原始的集団性と私的個人性の矛盾は，やがて共同的に占取された土地の真っ直中に私的に占取される「囲い込み地（ヘレディウム）」を生みだし，かくて先鋭化した内的矛盾が共同体の形態そのものを変動させてゆくことになる。ここから，「アジア的」，「古典古代的」，「ゲルマン的」と呼ばれる，共同体の3つの基本形態の継起的発展が始まる，とされる。

　そこで第3章では，「共同体と土地占取の諸形態」という表題の下，この3形態についての立ち入った理論的解明が課題となる。

(1)アジア的形態

　①土地の共同占取の主体は，部族あるいはその部分としての血縁集団である。この基本性格は，従属的共同体が家父長制「家族共同体」として重要度を増しても，変わらない。

　②だが，全体共同体により共同占取された土地の真っ直中にも，各家族により私的に占取される土地（ヘレディウム）は生まれ，これが成員たちの「私的」領域の基盤になる。

　③とはいえ，土地の主要部分は共同占取の下にあり，成員の私的占有は一時的である。

　④成員個人に対する部族的「共同態的規制」は圧倒的で，諸個人は共同体に従属する。

　⑤以上から，アジア的共同体のなかでは，一定程度の共同体内分業が発生するが，それは社会の変動にではなく固定的な化石化に働

く。
(2)古典古代的形態
　①アジア的形態と共通して、共同態的規制を支える平等の原理が「実質的平等」という形をとり、成員たちはその家族経済の能力と必要に応じて私的な占取を行なっている。
　②だが、アジア的形態と相違して、血縁制的関係の規制力が従属的なものとなり、かわって「戦士共同体」という集団形成が基本となる。私的諸個人の地位が共同態に対立して確立し、共同体は一面では自由かつ平等な私的所有者たちの間の関係になってくる。
　③ここでは私的占取の契機が格段に前進を遂げ、ヘレディウムは私的所有の性格をもつようになり、公有地の一部まで先占権によって私有持ち分＝「フンドゥス」とされる。これに対して、共同占取の土地は「公有地」となり、ここに「公有地」と「私有地」という2種類の土地占取形態の緊張関係が生じてくる。
　④このように成員の私的自立性が高まるにつれ、一方で、自由な私的諸個人の間での「自由な共同関係」（古代民主制）が生まれ、他方では、この成員が家父長権力として支配する「家」＝「オイコス」のなかでの奴隷労働の集積が進む。かくて、全体共同体は、「奴隷所有者としての私的土地所有者」（＝市民）を成員とする支配階級の組織となる。
(3)ゲルマン的形態
　①部族的＝血縁制的な関係の規制力が意義を失い、二次的な「誓約共同態」が新たに形づくられて、共同態は、土地占取者の隣人集団という意味での「村落共同体」の姿をとる。
　②この村落構成員たる個々の家族共同態は、基本的には「家父長制小家族」の姿をとる。家長権は、ローマのそれに比べて不徹底であり、「保護の権力」に「保護の義務」が伴っていて、家族の各成員は家長に対して相対的に独立した地位をもつ。しかも、オイコス経済のなかにある家父長制的奴隷の地位も、相対的に独立して「農奴」身分に上昇している。

　③村落全体によって共同に占取された土地は、その内部で各成員に残りなくすべて私的に占取され、所有され、相続される。とはいえ、これは完全に自由な私的所有なのではなく、共同態的規制の下におかれ、その内に「総有」としての共同地が含まれる。すなわち各成員は、「宅地および庭畑地」・「耕地」・「総有地持ち分」という3種の形で、土地を私的に占取する。これが「フーフェ」である。
　④標準成員である各村民には、原則的に平等に一定単位の土地が一フーフェとして分配されており、この平等の原理は、古い実質的平等ではなく、「形式的平等」である。
　⑤共同体内分業は、一般的には「デーミウルギー」と呼ばれる村抱えの形態で手工業者を抱える形態をとるが、部分的にはすでに局地内で自由な商品交換を行なう手工業者が現れてくる。これは、共同体の内部で、共同体成員たちの私的独立と私的活動力が大きく進展しているということを示している。このときに共同体は、もはや私的諸個人を押し包む「結合体（Verein）」ではなく、「結合関係（Vereinigung）」になっている。だからこの基盤の上に、その内部から、共同体一般を揚棄する商品＝貨幣関係が展開してくる、とされる。

　以上の議論を通じて大塚は、アジア的・古典古代的・ゲルマン的と称される各形態が、当該の地域や時代のみに特殊なものでないと強調する。すなわちこの3形態は、内的な発展の論理で連接している継起的諸段階として、近代社会の前史についての一般的な理論図式と見なされるのである。確かに明解なこの理論的一貫性は、本書の大きな魅力となってきた。だが同時にこれは、多様な歴史の展開を単線的発展の図式から裁断し、差異を「逸脱」や「遅れ」と見るような、歴史観の危険とも隣接していたことに注意したい。 中野敏男

［書誌データ］　大塚久雄『共同体の基礎理論―経済史総論講義案』岩波書店，1955（『大塚久雄著作集』第7巻，岩波書店，1969）．

ラドクリフ=ブラウン
Alfred Reginald Radcliffe-Brown (1881-1955)
『未開社会における構造と機能』
*1955年刊

1922年，ラドクリフ=ブラウンは『アンダマン諸島民』を発表し，同年に『西太平洋の遠洋航海者』を発表したマリノフスキーとともに，人類学の歴史に新しい時代を招来した。2人が提起したのは，従来の推論的な歴史再構成や伝播過程の研究を排して，フィールドワークという手法を重視し，理論的には機能主義の立場をとる（ラドクリフ=ブラウン自身は「機能主義」の標榜を好まなかったが）研究であった。これによって彼らは近代人類学への扉を開いたとされる。

しかし，50年にもおよぶ研究とその影響力にもかかわらず，ラドクリフ=ブラウン自身の著作はさほど多くはない。明晰さで知られた彼の論文と著作はごく短い書評のたぐいをいれても60編余を数えるにすぎず，さまざまな雑誌に分散している。この点で，晩年に自らの手でまとめた論文集である本書は，彼の多様な論考を参照する際の格好の著である。ちなみに，本書の他に単著としてあるのは，唯一の民族誌として先の『アンダマン諸島民』，理論的な著作としては『タブー』(1939，本書第7章に再録）と『社会の自然科学』(1948)，死後に編纂された論集として『社会人類学の方法』(1958)である。

本書には，1924年以降1949年までの論文12本が収められ，巻頭に序論として，彼が目指した「比較社会学」あるいは「社会の自然科学」としての人類学の基礎的な概念が説明されている。

序論では「理論と歴史」「社会過程」「文化」「社会体系」「静態と動態」「社会進化」「適応」「社会構造」「社会的機能」の各項目が論じられている。その基本的な枠組みは，個々人を要素としてそれらが相互に依存することで結ばれていく社会関係の束が，目に見える形で体系としての社会を形成し，一定の「構造」上に配置された個々の部分が発揮する「機能」が調和して社会を存続させていくというものである。その際，彼は社会を一個の生物個体との類推から繰り返し説明している。

同時にこの序論からは，少なくとも見通しとしてはラドクリフ=ブラウンが静的均衡的な社会ばかりを思い描いていたわけではないことも明らかになる。彼が研究の基本概念として挙げたのは「構造」，「機能」とともに「過程」であり，動態としての社会を認識しつつ，その変化と継続双方の研究による完成が唱えられている。ただし，「動態研究」については進化論における適応概念が有効であるという程度の目処を立てるにとどまっており，「文化」の概念に対する冷淡さや心理学的アプローチの排除と並んで，彼の研究の消極的な側面もこの序論に現れている。

本論の12本の論文が，いかなる意図に従って配列されたかは明言されていない。読み方は幾通りにも可能であろうが，暫定的に数章ずつまとめてその内容を簡単に紹介しよう。

第1章「南アフリカにおける母の兄弟」，第2章「父系的および母系的継承」，第3章「親族体系の研究」は親族関係をめぐる論考で，冗談関係，継承，親族名称の問題をそれぞれ取り上げている。出自に基づく社会関係を身近な人間との権利義務関係の延長としてとらえる視点が顕著である。「シブリング集団一体の原理」「リニイジ一体の原理」「隔世代合同の原理」など，社会比較の末に見いだされると彼が考えた一般法則の具体例が多数見いだされる章でもある。同時に，推測的な歴史再構成による説明の否定に力が入れられている。

第4章「冗談関係について」，第5章「冗談関係についての再考」は冗談関係に注目し，それを同盟的な社会関係の1つの形として，忌避の方式との対照のうえに考察している。取り上げた主題を，より一般的な社会関係の特殊な型として位置づけようという姿勢がも

っとも明らかな章と言える。第5章では社会の比較研究の重要性がとくに強調されている。

第6章「トーテミズムの社会学的理論」、第7章「タブー」、第8章「宗教と社会」は宗教の、とりわけ儀礼の社会的機能をめぐる論考である。デュルケームやフレーザーの業績を念頭に、「儀礼的関係」「儀礼的価値」の概念を提起して、宗教研究の重点をその効用にあるとし、そのために行為的側面に注目すべきことを主張している。ラドクリフ＝ブラウンにとっては、宗教は法や道徳と並んで人間の行為を統制する方法である。

第9章「社会科学における機能の概念について」と第10章「社会構造について」は理論的な考察である。第9章は、社会体系が部分の機能の調和によって全体として活動しているという「機能的一致の原則」を要約するとともに、社会形態学（構造研究）、社会生理学（機能研究）、発展の諸問題（動態研究）という区別を示している。第10章は比較から帰納的に一般法則にいたる見通しを力説しつつ、個人（individual）と人間（person）の区別など基本的な概念を次々と説明している。同時に、生物個体との類推が詳細に検討され、生物個体の病に対応するディスノミア（無秩序）の議論から、法人類学の基礎に関わる論考として、続く2つの小論、第11章「社会的制裁」、第12章「未開法」が導かれている。

本書に代表される、ラドクリフ＝ブラウン流の研究はしかし、残念ながらその後の人類学の流れのなかで隆盛の道をたどったとは言い難い。彼の理論をさらに発展させようとする試みももちろんなされたが、一方で比較分析の安易さや生物との類推の悪弊、「未開」概念の是非に対して批判が寄せられ、単系出自に重点をおく親族理論についても、後の縁組理論などによって、その偏りが指摘されることになった。機能的一致の原則にしても、社会は緊密な構造や機能的調和を備えているわけではなく、それこそが社会の抱える危うさと活力の源泉なのであることに、今日の人類学者は気づくようになった。研究の客観性についても、それが可能であるかに多くの疑義が呈され、むしろ近年では、人類学者の記述の主観性・政治性に対する積極的認識の必要が叫ばれるにいたっている。

だが、だからといってラドクリフ＝ブラウンの研究が今日の人類学にとって学説史上の価値しか持たなくなったと考えるのは早計である。たとえば、本書に盛られた数多くの分析概念が、現在も人類学者の間に共通の議論の場を作り出す基盤にある点を忘れることはできない。レヴィ＝ストロースがその理論の確立にあたって取り上げた諸々の題材の多くが、実はラドクリフ＝ブラウンによって明確に問題として提起されたものであることからわかるように、彼が人類学の問題発見とその整理に果たした業績に、人類学者はなお多くを負っているのである。

それらの延長上には、これまであまり注目されてはこなかったラドクリフ＝ブラウンの今日性もなお数多く見いだされると思われる。父権をめぐる彼の記述と現在のフェミニズム研究の関連、推論的歴史をめぐる記述と民族誌記述・歴史記述に関する今日の研究との連続、（リーチを先取りした）グリオールの批判に対する反論のなかでの比較研究の可能性の議論などが一読して気づかれるところであろう。機能論自体明確に廃棄されたわけでなく、全体として言えば、今日の人類学はいまだラドクリフ＝ブラウンを超克する過程上にあり、その意味で本書はなおも生きている古典なのである。

なお邦訳には蒲生正男による長文の解説と、ラドクリフ＝ブラウンの文献目録が添えられている。

赤堀雅幸

[書誌データ] Alfred Reginald Radcliffe-Brown, *Structure and Function in Primitive Society*, Oxford University Press, 1955（『未開社会における構造と機能』青柳まちこ訳, 蒲生正男解説, 新泉社, 1975 ; 新装版, 1981）.

■マルクーゼ Herbert Marcuse (1898-1979)
■『エロス的文明』*1956年刊

　著者ハーバート・マルクーゼは，ドイツに生まれ，哲学をベルリン，フライブルク両大学に学び，1933-34年にジュネーヴの社会研究所 (Institut für Sozialforschung) で社会哲学・政治哲学の研究に従った。のち，アメリカのブランダイス大学の政治学教授。

　本書は『ヘーゲルの存在論と歴史性理論の基礎』(1932)，『権威と家族の研究』(1936)，『理性と革命——ヘーゲルと社会理論の興隆』(1955) に次ぐ著書で，ワシントン精神医学校 (Washington School of Psychiatry) で，1950-51年度に行った講義を土台にしている。

　現代では，個人の心理が，社会的・政治的な生活によってますます深く支配される。そこで，心理学を社会的・政治的な現象の分析に適用するのではなく，逆に「心理学的な諸概念から，政治的，社会的な実態をひき出してくる」。つまり「心理学のカテゴリーを使うのは，それが政治的カテゴリーになってきたからである」という発想である。

　マルクーゼがフロイトの理論面を取り上げたのは以下2つの理由からである。

　第1に，エリヒ・フロムを代表者とする修正主義者，ネオ・フロイト主義者が，フロイトの理論的な側面を，不当にも無視していることに対する抗議である。それは，修正主義者がフロイトを「生物学主義」として割り切ったことへの批判である。

　第2に，フロムらの社会学派あるいは左派が示す見せかけの進歩主義に対する不満である。第1部「現実原則の支配の下に」では，フロイトの抑圧にもとづく文明理論を検討し，第2部「現実原則の彼方に」で現実原則を超えた非抑圧的な文明の可能性を説き，エピローグは，「ネオ・フロイト修正主義の批判」と題して，フロムたちに止めを刺した。

　第1章「精神分析学の底流」では，「人間の歴史は，抑圧の歴史である」というフロイトの基本命題を展開し，抑圧なき文明は実現不可能であるという考え方が，フロイト理論の土台石であるとする。

　第2章では，フロイトがはっきりさせなかった，本能の生物的および社会＝歴史的な変遷を区別するために，次のような新しいことばを使う。(1)過剰抑圧「社会的な支配の目的で加えられる諸制限」本来の抑圧。

　(2)実行原則「一定の歴史的な時代における支配的な現実原則の形態」。

　現実原則は，本能に，かなりの程度と範囲にわたって新しいコントロールを加える。これが過剰抑圧である。たとえば一夫一婦制・家父長制的な家族の永続，労力の階層分化などの過剰抑圧から，「社会的権威」として「個人の良心に無意識のうちに吸収される。」

　フロイトによれば，非性化は，エロスを弱め，タナトスの破壊力を解放するから，文明は自己破壊に向かう。このペシミズムに対して，著者は，次のように批判する。

　(a)すべての労働が非性化し，不快であるとはいえない。

　(b)文明による抑制は，死の本能もコントロールする。

　(c)労働は，大部分破壊本能の社会的利用で，それ自体がエロスに奉仕する。それは，労働する民衆の意識のコントロール，余暇活動の奨励，反知性的なイデオロギー，性タブーの弛緩による。

　「組織化された」資本主義では，コントロールが強化され「技術による個人の抹殺」がはじまる。個人に内在する自由と，社会の抑制からくる抑圧とのコンフリクトから累積した攻撃は，新しい「文明化された」方式で爆発する。たとえばそれが，強制収容所，植民地戦争，内乱等々となってあらわれる。

　ヘーゲル以後，西ヨーロッパ哲学の主流は枯れ果て，ニーチェの哲学だけが残る。

　第6章「確立された現実原則の歴史的な限界」は次頁に記したような図式で示されている。

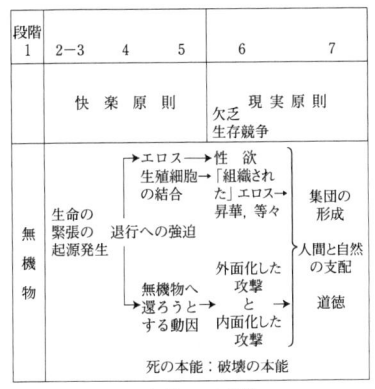

段階 1	2-3	4	5	6	7
	快楽原則			現実原則 欠乏 生存競争	
無機物	生命の緊張の起源発生	退行への強迫	→エロス→ 生殖細胞の結合 →無機物へ還ろうとする動因	「組織された」エロス→昇華、等々 外面化した攻撃 と 内面化した攻撃	性欲 集団の形成 人間と自然の支配 道徳
			死の本能:破壊の本能		
		ニルヴァーナ原則			

第7章「空想とユートピア」は、快楽原則と現実原則の調和した「理想国」のスケッチで、疎外された労働や辛苦がなくても、基本的な諸欲求が十分に満たされる社会が、実現できる。

第8章「オルフェウスとナルキッソス」で、彼らは完全なエロスの追求者として抑圧の秩序に対する反抗者とされる。

第9章「美の秩序」では、西ヨーロッパ美学に、快感原則と現実原則の調和をはかるこころみとして、シラーによる、感性が文明の抑制から解放される「美的国家」をあげる。

第10章「性のエロスへの変形」では、本能の組織化が社会的な問題になる。そこで、労働に使用されている肉体を「再生化」する。「性器の優位」が失われ、パーソナリティー全体が「エロス化」される。リビドーと労働の関係が変ってきて、「非性化を伴わぬ昇華」により、エロスを社会的に有用な労働にむすびつける。それは、フーリエがいう「魅力のある労働」に転化する。

第11章「エロスとタナトス」。ここでは、タナトスの目標は苦痛の消滅であり、快楽原則と涅槃原則とは1つに融合する。

理想社会では、死は「最終の解放」をもたらす、「自由の贈物」なのである。

エピローグで、マルクーゼはホルネイ、フロム、クラインなどを上げ、とくにフロムを強く批判した。

フロムでは結局、社会的な問題が、道徳の問題に還元され、フロイトの生物学主義を否定しながら、宗教的な「たましい」の救済が説かれている。

マルクーゼが、フロイト理論の「社会学的」な修正にかなり成功したのは、フロイトの「生物学主義」が現代文明に対する、社会的批判をふくんでいることを示したからである。

フロイトの現代文明批判が、その「非科学性」のために、かえって威力を発揮したということになる。

文明と抑制(抑圧)の関係に過剰抑圧、現実原則をつけ加え、フロイトの文明論よりも具体的な文明論を展開した。

マルクーゼは独占資本主義下の人間の全面的な疎外の実情を示した。そして、フロイトとちがって、社会の根本的な変革、エロスの新しい意味での復興が可能であることを結論した。

哲学と美学についての2章は、別に一書を要する豊かな内容をもつが、著者のオリジナルな貢献は、エロス的文明の創出可能性を主張した点に最もよく発揮されているのである。

訳者要約

[書誌データ] Herbert Marcuse, *Eros and Civilization: A Philosophical Inquiry into Freud*, The Beacon Press, 1956(『エロス的文明』南博訳、紀伊國屋書店, 1956).

ミルズ Charles Wright Mills (1916-62)
『パワー・エリート』 *1956年刊

本書は『新しい権力者達』,『ホワイト・カラー』と並んで,ミルズの階級3部作の一部を構成するものであり,大衆社会論争,国家論論争など,さまざまな論争を巻き起こした,戦後アメリカ社会学を代表する著作のひとつである。

本書の対象は,「社会構造の戦略的支配地位」を占める権力エリート層である。それを考察するためには,当事者の自分自身に対する信念や意識から出発するのではなくて,国家・企業・軍部のヒエラルヒーが権力の手段を構成し,それらの頂点に現代社会を支配する地位がある,と捉えるところから出発しなければならない。言い換えれば,全国的規模の権力の所在地はアメリカでは,経済・政治・軍事の3つの領域であり,その3つの領域の頂点に,経済的・政治的・軍事的エリートが出現するとともに,その3つの領域は相互に結合し,1つのまとまった権力エリートを形成するのである。彼らは多くのものの所有者であるだけではなく,主要制度の支配権を保持する者として,まさに権力エリートである。

この権力エリートは,全能と評価されたり,反対に無能と評価されたりすることがしばしばである。しかし「上下の序列を持った永続的な構造」と捉えられる現代アメリカの「権力状況」との関連において評価すれば,権力エリートはなによりもまず国家的影響を及ぼすような決定を下す人々であるが,この頂点に位置する小グループの下の段階に,政党政治家や専門官僚(権力の中間レベル)がおり,さらにこの権力の段階の底辺に未分化の被支配大衆が存在すると考えられるので,それらとの関連において権力エリートは全能でもなければ無能でもあり得ない。

ミルズは,地方,大都市の上流社会,有名人の分析をもって,本書をはじめている。それは,家系に対する誇りに基盤をおいた各種の上流社会や,全国的規模に拡大された威信の体系に土台をおく有名人をいくら検討してみても,現代アメリカの権力構造を十全に捉えることはできない,ことを示したいがためであろう。

ミルズは,経済領域のエリートは,かつてのような大富豪によって形成されているのでもなければ,企業最高幹部によって構成されているのでもない,と主張する。巨大な財産を所有する大富豪は,典型的には工業ではなく,金融業によって,企業の経営ではなく企業の創設と投機を通じて成り上がっていった,いわば経済界の政治家であった。しかし彼らが現代アメリカ社会において権力を維持しようとすれば,どうしても無数の企業の網の目の頂点に関わらざるを得なくなった。会社富豪は,大財産を支配することによって得た特権を,今日最も安定した私的制度である会社組織に結びつけることによって経済領域の権力エリートになっている。したがって少数の富豪家族がアメリカを支配している式の議論は,根本的に誤っていると言わざるを得ない。

また企業の経営者に権力が移動したとする経営者革命論にも多くの問題点が指摘できる。経営者一般が巨大な権力を獲得し,革命的な変化をもたらすことはあり得ない。たしかに大会社の複数の支配的地位を占める企業最高幹部は大きな権力を振るうが,それとても企業の統治者としてそうするのであって,決して真の経済エリートではない。それは,先の会社富豪によって担われる。

ところで20世紀は,文民の台頭に伴って軍人が後景に退いた時代といわれるが,戦後世界における東西冷戦の激化,政治的真空の蔓延も手伝って,アメリカでは軍事エリートが再登場した。もっとも彼らは単独でそうなったわけではなくて,経済エリート,政治エリートと利害を同じくすることによって,再び権力を持つことになったのである。

それでは政治的エリートは,誰によって構成されているのだろうか。政治的な権力エリートは,政党政治家や職業的行政官によって

は構成されず，政府行政部の頂点を占める政治幹部会（大統領，副大統領，閣僚，主要官庁の長官や委員会議長，大統領官房など）によって構成されている。この政治幹部会には，政府の行政機能の大部分を処理している各種機関，省，委員会の次官，副委員長も含めて良いであろう。これらの政治エリートに特徴的なことは，政党政治の専門家であったり，官僚制の内部で専門的な訓練を受けたことのない政治的なアウトサイダーの重要性が増しているということである。

これら3領域のエリートの相互依存によって作られるパワー・エリートの支配を強調する理論は，先のような威信に基づく階級論やアメリカの政治を諸利害の均衡によって作られる一種の自動機械とみる見方に対する根底的な挑戦であった。とりわけさまざまな均衡理論は，そのロマン性，心理主義，現状肯定，全体としての権力構造を捉えていないこと，などの諸点を批判されている。とりわけ均衡理論が権力の中間水準だけに眼を凝らしているとの指摘は注目に値する。

本書は，アメリカ大衆社会論の古典とも評価される。それは，本書が権力の頂点における権力エリートによるナショナルな決定権力の独占 - 権力の中間水準における半ば組織された手詰まり状態 - 権力の底辺における大衆社会の生成という3層モデルを提示したことによる。アメリカにおける第2次世界大戦後の権力エリートの形態と意味は，公衆による討論に基づく政治の形骸化，国家の拡大と軍事化，恒久的に戦時態勢にある軍事資本主義の台頭，といった3つの動向の一致点から捉えることによってのみ，理解しうる。要するに今日の権力エリートは，「主要生産手段を統制する人々と，最近大規模化した強制力手段を統制する人々との間の利害の一致にもとづいて形成された」のである。問題は，権力エリートを構成する3つのエリートの関係である。三者のうちどれがリードするかは，エリート層が規定する「その時期の課題」に依存している。本書の書かれた時においては，それは防衛と国際問題であった。したがって権力エリートの統一と形態が，軍部の台頭という点から説明されたのであった。なぜ支配階級という概念を使わずに権力エリートの概念を使うかと言えば，権力の真の保持者をアプリオリに措定してしまう過度に単純化された見解を避けるためである。

本書は，現代アメリカには古典的民主主義の理論がまったく妥当しないと主張する。それは，権力の底辺に大衆社会が生成しているからである。大衆社会台頭を促した重要な構造的要因の1つとしてミルズは，自発的結社の衰退を重視する。パワー・エリートが台頭して政治の比重が低下すれば政治的公衆の重要性も低下する。組織的には権力の主要単位として自発的結社の重みは増すが，自発的結社の大規模化は，逆説的に個人にたいするその影響力を削ぐことになる。大衆的人間とは，組織の行動基準と目的を自己のものとしていない，理性的意見を形成する場，理性的活動の場，他の権力組織にたいして影響を与える単位，を持たない人間のことである。そして大衆民主主義は，巨大な利害関係集団ないしは結社の闘争を意味するが，その集団や結社におけるリーダーと大衆の距離は著しく遠く，大衆は決定を売りつけられるばかりである。彼らは，統制，懐柔，操作，脅迫の対象になる。

現代のエリートは，従来の支配力に加えてメディアと教育制度を含んだ現代独特の心理的管理と操作の手段をも手にしている。メディアは，一種の心理的文盲を作り出す。すなわち，なにが現実であるかの基準さえ，メディアによって決定されるようになる。教育も，もう1つのマスメディアになってしまう。それは，個人的問題を社会問題に結びつけて洞察する力を与えるよりも，大衆的生活様式を受け入れるように奨励してしまう。中間水準は両者を媒介できず，大衆社会化は増大する。

矢澤修次郎

[書誌データ] Charles Wright Mills, *The Power Elite*, Oxford University Press, 1956（『パワー・エリート』鵜飼信成・綿貫譲治訳，東京大学出版会, 1958）.

丸山真男 (1914-96)
『**現代政治の思想と行動**』
*1956-57年刊，増補版1964年

本来，日本政治思想史を専攻していた丸山真男が，第2次大戦の敗戦後に，日本の「超国家主義」をはじめとする同時代の政治について論じた著作を集めた論文集。当初上下2冊で刊行され（1956-57），後に若干の論文の差し替えをしたうえで，合本され，増補版（1964）として刊行されている。以下，この増補版をもとに論じる。

ここに収められた論文のうち，第1部の最初の3編は敗戦後の数年に書かれた「日本ファシズム」（用語は他に「超国家主義」などが用いられ，一定していない）を扱うものである。これらの論文は，マルクス主義その他の図式的な説明にとらわれず，自前の範疇を駆使しつつ，事柄の具体性に即して包括的に日本社会の構造を描きわめて清新な試みであり，出版当時，あの戦争や支配が何であったのかを知ろうとする多数の読者の知的関心に答えた。これまで欧米の学説紹介を中心とする「学の学」に終始し，論じ方のうえでも「国家とは何ぞや」といった本質主義的な言説にとらわれていた日本の政治学にとっても，それは革命的なできごとであり，実質的に日本における近代的政治学の定礎となった。

やや細かく見ると，これら最初の3編にあっても接近方法はそれぞれ異なっている。第1論文は日本の近代国家が西欧の国家と異なって「中性国家」ではありえず，公と私の未分化のうえに成り立っていることを政治思想的方法によって批判する。公的権力が限度なく私的な道徳へ介入し，また私的利害が国家的なものの内部に侵入する結果，上から下への支配の根拠が天皇からの距離に比例する同心円を描く。第2論文はより具体的な次元で，ファシズム運動のイデオロギーとその担い手をめぐる社会学的分析が展開される。丸山によれば，まず日本ファシズムのイデオロギーを特徴づけているのは近代化の遅れであって，家族主義と農本主義の比重の大きさがこれを示しており，その結果「空想性，観念性，非計画性」で特徴づけられるものになった。またそれは運動の担い手の特徴とも結びついており，ドイツやイタリアとは異なって学生を含む知識階級から積極的に支持されることはなかった。かわって日本ファシズムを支えたのは，小地主，親方，学校教員，下級官吏，僧侶・神官などの地方の指導的階層から出た「擬似インテリ」であり，丸山は彼らが自らの支配する小宇宙で小天皇の権威を振るおうとした点に日本ファシズムの非合理性や矮小性を見いだしている。第3論文は対象が最も限定されており，東京裁判における被告人の口述を材料にして軍国支配者の精神形態を探求している。丸山によればナチの指導者がノーマルな社会意識から排斥される異常者の集団であり，自らの狂気の決断を堂々と表白する能動的ニヒリストであるのに対し，日本の戦争犯罪者は順調な出世を経た優等生的な官僚であって，自ら戦争責任を担うことができるような決断主体ではなく，「既成事実への屈伏」と「権限への逃避」に特徴づけられる弱い精神の持ち主にすぎなかった。さらに丸山はこれら「役人」を中心として，その上に「神輿」，下に「無法者」を置き，その三層構造から成る日本社会の「無責任の体系」を描いてみせた。

以上のように丸山が描きだそうとした日本ファシズムの特徴は，その前近代的性格，無計画性，矮小性であり，民主主義や自由主義と対比されるよりはむしろ，悪魔的な決断とニヒリズムによって特徴づけられるドイツ・ファシズムと対極にあるものとして描写されている。その結果丸山の分析から「民主主義革命を経ていないところでは，典型的なファシズム運動の下からの成長もまたありえない」という逆説が導かれるのである。

そうであるならば，民主主義もまた危険な要素を含む，ということになりはしないか。そのとおりであって，「あらゆる手段を駆使

して人間を政治の鋳型にはめこもうとする」(「人間と政治」本書所載)のは全体主義国家のみならず、デモクラシー国家にあっても程度の差はあれ同様なのだ、と丸山は指摘する。このように丸山は単純な民主主義の擁護者ではなかった。丸山の批判の対象は、日本ファシズムから冷戦下のイデオロギー政治へと推移していく。

丸山の政治学は、マルクス主義についての一定の敬意や関心とともに、それに対する批判を出発点のうちに持っていたが、スターリン批判の不徹底を批判して書かれた論文はマルクス主義者の思考様式に対する根底的な批判を意図するものであった。丸山が批判するのは、マルクス主義者にみられる「すべての問題を基底体制へ還元させ一元化する傾向」であり、たとえば個別的な組織次元での問題も、「本質的には」下部構造が顕現するものであるとするような思考である。丸山は「抽象的なイデオロギーや図式から天降り的に現実を考察している」ような方法を批判しているのであり、興味深いことに同様の批判は、共産主義の敵方である冷戦下の自由主義にも向けられている(「ある自由主義者への手紙」)。「僕は少くも政治的判断の世界においては高度のプラグマティストでありたい」と丸山は言う。ここでプラグマティズムと呼ばれる思考態度は、いわゆる「現実主義」との対決のなかで明らかにされている(「『現実』主義の陥穽」)。しばしば「現実」というのは既成事実と同一視され、また変更不可能な唯一性をもつと考えられる。しかし丸山によれば必ずしもそうではなく、現実はそれを解釈する視点の多様性によって可変的であり、かつ日々現実を造り出していく実践と無関係に論じられないものである。丸山はこうした道具立てによって、冷戦の論理に引きずられていく論調と対決しようとした。

丸山によれば、近代精神とはフィクション、すなわち媒介された現実を尊重する態度であって、しかもこのフィクションが自己目的化することを絶えず防止し、これを相対化することを要する営みであった(「肉体文学から肉体政治まで」)。人々が近代的なフィクションの意味を信じられず、政治の実体化を要求したことがナチズムを呼び寄せることにつながった。丸山にとって精神の自由は、全面的政治化の時代を生きるための必要な技法としてあった。「あらゆる政治的動向から無差別に逃れようとすれば、却って最悪の政治的支配を自らの頭上に招く結果となる」(「人間と政治」)。人は非政治的なものの価値を擁護するためにも、政治的決断を回避できないのである。

この書物は数多くの称賛とともに、また多くの批判にもさらされてきた。この書物の魅力を支えているのは、丸山が「科学としての政治学」を志向したにもかかわらず、分析の厳密さの追求であるよりは、一方でドイツ哲学などに由来する教養、他方でしばしば巧妙なレトリックを駆使する時事的感覚や評論のセンスであったといえよう。方法論的な問題(たとえば欧米の理念と日本の現実とを対比しているのではないか、という疑い)や共産主義に対する態度などをめぐってなされてきた批判には説得的なものも少なくない。しかし、政治の時代が遠ざかり経済の時代となったあと、あらためて日本の政治の貧困が問われるようになった今、丸山の著作が読み返されるのには、おそらく理由がある。その後の実証的な政治学が、政策過程や選挙分析、利益集団理論などの特定の領域に研究を限定していったのに対して、丸山には社会構造全体のなかで、また人間的諸価値のなかで政治の意味を問う視点があり、これが丸山の仕事を政治学というよりは社会科学全体の遺産としているからである。

森　政稔

[書誌データ] 丸山真男『現代政治の思想と行動』上・下、未来社、1956-57 (増補版、1964；『丸山眞男集』第6巻・第7巻、岩波書店、1995-96).

■エリアーデ Mircea Eliade (1907-86)
『聖と俗』 *1957年刊

ルーマニア生まれの宗教学者・エリアーデがその独自の宗教現象学の体系，エッセンスをコンパクトにまとめた著作。200頁程の小著であるが，比較宗教学の体系書『宗教学概論』（邦訳では『太陽と天空神』，『豊饒と再生』，『聖なる時間と空間』の3分冊構成）(1949)，神話論にあたる『永遠回帰の神話―祖型と反復』(1949)，イニシエーションを論じた『生と再生―イニシエーションの宗教的意義』(1958)，近代人における宗教性の残存を論じた『オカルティズム・魔術・文化流行』(1976) などで展開されている諸テーマが凝縮された形で包含されている。

全体は序言とそれに続く4章から構成されている。序言においては，まず「聖なるもの」の経験の本質について，著名なR．オットーの所説を検討しつつ，自らの課題を明らかにする。エリアーデは「聖なるもの」の経験における神威への恐怖と魅惑の並存，この世ならざる「絶対他者性」といったオットーの分析を基本的に引継ぐ。しかし彼が解明しようとするのは，聖なるものの現象の非合理的側面だけでなく，その多様な全貌だと述べる。そしてここでエリアーデの宗教現象学のキー概念の一つ，「聖なるものの現れ」(Hierophanie) なる用語を導入する。

「聖なるものの現れ」とは，この自然界，俗界の何らかの諸事物が我々に対し「聖なるもの」としてたち現れるという意味の語である。ある種の人間にとっては，特定の石や樹木が「聖なるものの現れ」となる。そうみれば，人類の宗教史はさまざまな人々がさまざまな自然や事物に「聖なるものの現れ」を見いだしてきた歴史と考えることができる。こうした観点からエリアーデは，どのような人々が，どのようなものに，どのように「聖なるものの現れ」を見いだしたのか，その意味を解読することを自らの宗教現象学の中心課題とする。

序言ではまた，アルカイックな社会の「宗教的人間」(homo religiosus) と近代の非宗教的人間を対置するエリアーデ流の宗教学的人間観が提示されている。伝統社会の人間が宗教的人間だというのは，生活行為（食事や性生活や労働），生活空間（家や都市），生活用具，自然環境など，生活の至るところで聖なるものとのかかわり合いがみられ，いわば聖化された宇宙のなかに生活しているとみられるからである。これに対し近代人にとってそれらは聖なる意義を失っているため，彼らは聖なるものを失った宇宙に生きる存在とみなされる。

第一章「聖なる空間と世界の浄化」では，空間をめぐる聖性の問題が取り上げられる。宗教的人間は自分をとりまく世界が秩序化されず混沌としていることに恐れをいだく。そこで神々の最も近くに居ることのできる宇宙発祥の原点，世界の中心に安住したいと願うという。そしてそのことは国土や都市，神殿や宮殿から，農民の住居，狩猟民や牧畜民の移動式の天幕に至るまで，世界の中心の象徴が強く刻印されていることから了解されるとする。また，それゆえある地域に定着することは神々の宇宙創造の模倣，反復の意味をもつと論じる。

第二章「聖なる時間と神話」では宗教的人間の時間意識の特徴が論じられる。エリアーデによれば，宗教的人間は次々と直線的に流れ去る俗なる時間と，聖なる暦に組み込まれた祝祭のなかでその都度回復される永遠の時間の2種類の時間を知っている。後者は閉じた円環をなしていて，年々繰り返される。そしてそれぞれの祝祭は，神々の世界創造など，太初の「聖なる歴史」の再演としての意義をもつ。そしてこうした祝祭に参与することを通して，宗教的人間は不動の時，永遠時に立ち返ることが可能になり，流れ去る時間がもたらす無や死の意識から救われるという。

第三章「自然の神聖と宇宙的宗教」では，

宗教的人間の自然とのかかわりの特徴が, 具体的な自然現象に即して解明される。さまざまな自然現象は, 自然現象であるがゆえに聖なるものとされるわけではない。聖なるもののさまざまな相を象徴するがゆえに, 聖なるものとされるという。例えば, 天であれば無限の遠さ, 神の超越を顕すがゆえに, また大地であれば万物を育む母として, 調和, 恒常性, 豊饒を顕すゆえに, 聖なる象徴となるといった具合である。

第四章「人間の生存と生命の浄化」では, 宗教的人間の人間観, およびその宗教的修練の問題が扱われる。宗教的人間にとって, 人間はしばしば聖なる宇宙と相同的な小宇宙として意識されるという。さらに人間 (器官) はそうした存在として宇宙的生命の営みに参与すると考えられている。例えば耕作に際し大地の豊饒を願って夫婦の結合が演じられるのは, そうした思考に基づくものである。

小宇宙としての人間にとって, 人生も宇宙の創造や更新のリズムと相同的である。そこで宇宙が開闢以来完成に至るまでさまざまな移行を経ているように, 人間存在も胎児の状態から成熟した人間になるまで, さまざまな移行が必要とされるという。それを担うのがイニシエーションである。一般にそれは小児的で, 俗なる生が死滅して, 新しい浄化された生へと再生する秘儀とみなされる。そしてイニシエーションでしばしば身体の毀損をふくむ厳しい肉体的, 精神的試練が課せられたり, 胎児の誕生を思わせる儀式をともなうのは, それがふるい存在の死と新しい存在への脱皮を示す儀礼であることと深くかかわっている。一方, 葬儀がイニシエーションのかたちをとるのは, 逆に人間が死を移行儀礼に変えることで, それを克服しようとしていることを物語ると指摘する。

このように宗教的人間の存在様式を論じた後, 最後にエリアーデは近代社会における非宗教的人間の出現の問題に触れる。彼によると非宗教的人間は近代ヨーロッパ社会に至って初めて完全に発達した。それは自らの力で自己を作ることをめざす人間であり, そうした自由を妨げる聖なるものを排し, 世界を非聖化しようとするという。

にもかかわらず, 他方で彼は全く非宗教的な人間は極度に非聖化された近代社会にも希であるとみる。表面上宗教を失った人間も, しばしば意識せずとも, 宗教的に振る舞う。さまざまな世俗的儀式, 映画や演劇や小説のなかに織り込まれた神話的主題, オカルティズムの流行, マルクス主義や性解放運動といった楽園回帰的な運動など, さまざまな局面にそれはみられるという。それゆえ近代人も生の宗教性を回復する可能性を無意識のなかに蔵していると最後に締めくくる。

エリアーデはもっぱら象徴の意味解釈の手法を用いて議論を進める。その解釈は「宗教的人間」なる彼独自の人間存在の把握に基づいており, 時に主観的, あるいは, 独断的にみえる。しかし, その聖なる象徴の解読は世界の諸民族の宗教習俗へのたいへん該博な知識に裏打ちされている。またその解釈の手際はおおむねたいへん鮮やかである。その「聖なるものの現れ」としての象徴の解読の技法と成果は, 解釈学的社会学・人類学などにとってなお利用価値は少なくない。

また, 彼の近代以前の宗教的人間の精神の分析は, 近代合理主義の目で迷信的, 呪術的と片づけられがちな近代以前の人間のもつ宇宙論的ともいうべき精神の豊饒さを垣間みさせてくれる。他方, その近代の非宗教的人間の分析は, M. ウェーバーの「世界の呪術からの解放」(世界の脱聖化) の議論などと重なり合う面も多く, 近代西洋人の精神構造の解明にも, 参考になろう。　　　　対馬路人

[書誌データ]　Mircea Eliade, *Das Heilige und das Profane: Vom Wesen des Religiosen*, Rowohlts, 1957 (『聖と俗―宗教的なるものの本質について』風間敏夫訳, 法政大学出版局, 1969).

▶**バタイユ** Georges Bataille (1897-1962)
『**エロティシズムの歴史**』
＊1951年執筆，刊行は没後全集版（1976年）
『**エロティシズム**』＊1957年刊

『エロティシズムの歴史』は『呪われた部分』の第2巻として，1951年の原稿，54年の原稿と練り上げられたが，生前には公刊されず，没後「全集版」に収められた（本事典の項目参照）。他方，1957年には，54年の原稿を基に書き改められたヴァージョンが，『エロティシズム』と題され，単行本として刊行された。

まず両者の目次を引いてみる。前者は次のとおりである。「一，序論．エロティシズムと精神界への宇宙の反映」，「二，近親婚の禁止」，「三，自然における禁止の対象」，「四，侵犯」，「五，エロティシズムの歴史―結婚，無制限な融合，欲望の対象，裸体」，「六，エロティシズムの複合的諸形態―個人的な愛，神への愛，制限なきエロティシズム」，「七，エピローグ」。それに対し，後者は次のとおりである。「序論」，「第一部，禁止と侵犯―内的経験におけるエロティシズム，死に結ばれた禁止，性に結ばれた禁止，性と死の類縁，違犯，殺害と狩猟と戦争，殺害と供犠，宗教的供犠からエロティシズムへ，性的充血と死，結婚とオルギアにおける違犯，キリスト教，欲望の対象および売淫，美」，「第二部，エロティシズムについての諸研究」。この対照からわかるように，前者は〈人間的な性〉としてのエロティシズムを広範に，総体的に取り上げ，解明しようと目指している。原始狩猟民たちが初めて知ったタブー，またトーテミズムにおける二大タブーである殺害の禁止と近親婚の禁止についての考察から始めて，もっと複合的で微妙な心的生活に関わる「個人的な愛」の問題，「神への愛」の問題まで考えようとする。後者も目指す狙いは同じであるが，とくに「禁止と侵犯」の問題系を中心にすえて，より詳細に分析し，解明を進めようとしている。ここでは，これら両書をともにバタイユの「エロティシズム論」とみなして，要点のみを解題することにする。

バタイユは民族学・社会人類学の成果を踏まえつつ，人間（ヒト）が人間化していくということは，それまでの自然的直接性（それを彼は動物性と呼ぶ）においては知らなかったタブーを，すなわち禁止（というかたちの規範・法）を知るようになることだと考える。殺害の禁止と性にまつわる禁止は，その最も重要なものである。バタイユはまず「殺害の禁止」が屍体のタブーと異なるものではなく，死という荒々しい力に触れたり，接したりすることへの怖れや嫌悪として，つまり死のタブーとしてまとめられることを指摘する。そして原初の人間は，こういう死への怖れや嫌悪という意識を基底として，動物性を，すなわち自然的直接性，無媒介性，内在性を抜け出し，自らを〈人間化〉していくことを論証する。その際，バタイユが活用しているのは，ヘーゲルの『精神現象学』におけるロジックと弁証法である。もともとは直接性であった人間は，死に特有な力を抽象して内面に含むことによって，否定する能力，媒介する能力，間接性＝代理性＝記号性の次元（シンボル的次元）に関わる能力としての人間へと飛躍する。「精神の生」を開始する。言い換えれば，死の意識こそが，〈自己の意識〉の基底であり，人間が〈主体へと定立される〉ための原動力である。自己と非自己との区別，主観的と客観的な区切りを知るようになった人間，ランガージュ（なにものかを無化，不在化し，その不在の現前として出現させる能力・機能）に関わるようになった人間，すなわち定立されつつある主体は，労働を開始し，合理的にふるまうすべを習得する。つまり与えられたままの自然に従わず，それを〈否定する〉やり方で対象化して，自分の役に立つ事物へと作り変えるようになる。つまり事物たちの領界，〈俗なる〉世界が形成されるようになったのである。

いま死のタブーに則して見たことは，実際

には性のタブーも内包し，それに結ばれつつ，起こることである。人間化していく人間は性を怖れ，嫌悪し始める。人間化するということは，自然的な所与から抜け出し，それに依存せず，自律性を高めることなのに，性はすぐに人間を所与に依存させ，本能図式に服させる荒々しさと感じられ，怖れられる。この嫌悪や怖れという心的抵抗，情念的な拘束が，〈禁じられたもの〉として現象する。動物性における性は自然（の法則）にそのまま従うこと，欲求の直接性に服して充足することである。それに対し，人間性としての性は直接的欲求に服することを嫌悪して拒み，それを制約づけ，規範化する。自然の法則には従わず，それを〈動物性的な〉荒々しさと怖れ，人為的・文化的な法に従おうとする。その最も重要な法が，近親婚のタブーである。バタイユはレヴィ＝ストロースの見解を評価しつつも，やはり近親性交の禁止は全般的に「性を制約づける動き」の一環として理解すべきだと考える。規範づけようとする動きが，もともと（動物性においては）漠然とした衝動的力に過ぎなかったものに，ある新しい意味を与える。人間化した性はもう欲求という直接性のレヴェルにはない。そうではなく，触れてはならない，厭わしい，怖ろしいと押し止める力が心的に抵抗するにもかかわらず，それをのり超える力の動きである。いったん拒否して〈禁じ〉，闇に隠した「動物性的な」荒々しさへと近づこうと〈欲望する〉ことである。禁止を，つまり自分で自らに禁じたことを破ろうとする動きである。規範・法に服したまとなるのを拒み，もう一度拒否しよう，存在の自律性をさらにいっそう高めようと欲望する運動である。この欲望の次元にエロティシズムは位置している。禁じる動きは，その運動のなかに，禁止を破り，侵犯する動きを内包してのみ起こる。すなわち互いに〈強さ〉を競っている力たちの組み合いをなしている。

こういう力たちの競い合い，その作用と反作用の運動は，バタイユの考えでは，一般的に俗なる活動と聖なるものの顕現の動きにもあてはまる。人間が合理的にふるまい，労働することによって産み出された生産物の領界，理に適った仕方でそれを交換し，消費する領界，人間もまたなによりもまず生産する者，合理的に行動する者として現象する領界，すなわち〈事物たちの世界〉を形成する動きと，逆にそういう〈俗なる〉世界を打ち消し，破り，のり超えようとする動き，〈聖なる〉瞬間に接近しようとする宗教性の動きとの競い合いと相同的である。

こうした基本的考察を踏まえて，バタイユはさらに，ひとりの人間の他のひとりの者への愛，神への愛（とりわけ神秘家たちの愛の経験），リミットを超えるエロティシズム（サドの文学・思想）などを究明しつつ，通常の意味での欲望においては隠されている次元，欲望の密かな，本質的次元を探ろうとしている。ふつう欲望と呼ばれているのは，欲求を延долす欲望，獲得し，自己へと結びつけることに関わる自己所有化の欲望である。しかし欲望にはもっと深い，隠された次元，自己（の富やエネルギーを）消失する方向へ傾いた次元がある。人間において至高な部分，どこかに到達しようとせず，完了して全体となろうとしない部分は，こういう消尽の欲望，純粋な贈与の欲望とつながれている。そして聖なるものへの愛の経験，宗教性，恋愛，文学－芸術，思想などは，その最も深い本質において，この消尽，純粋な贈与の領域なのである。

訳者（湯浅博雄）要約

[書誌データ] Georges Bataille, *L'histoire de l'érotisme*, Œuvres complètes de Bataille, tome VIII, Gallimard, 1976（『エロティシズムの歴史』湯浅博雄・中地義和訳，哲学書房，1987）; Georges Bataille, *L'érotisme*, Edition de Minuit, 1957（『エロティシズム』バタイユ著作集7，渋沢龍彦訳，二見書房，1973）.

■カイヨワ Roger Caillois (1913-78)
『遊びと人間』＊1958年刊

　本書は，1938年に出版されたホイジンガの『ホモ・ルーデンス』とならんで，今日に至るまで，遊びを論じるさいには必ず引用される，遊びにかんするもっとも基本的な文献のひとつである。ホイジンガによれば，いわゆるゲームに限らず，裁判も祭礼も，芸術も哲学も，さらには戦争までもが，知恵くらべや技くらべ，闘技といった「競技」の要素をもっているかぎりで，その起源においては遊びとしておこなわれた。こうしてかれは，「人間の文化は遊びにおいて，遊びとして，成立し，発展した」という，きわめて大胆で発見的なテーゼを主張する。カイヨワはホイジンガが，人間がつくりだした文化のなかでそれ以前にはだれも遊びの存在や影響を認めなかったところに遊びを発見した点で，これを高く評価している。だが一方でカイヨワは，ホイジンガがあつかったのはもっぱら「競技」の遊びでしかなかったと批判する。これに対してカイヨワは，遊びの多様性を包括的に把握しようとする。

　現実の日常行動と対立する遊びの一般的な特質にかんしては，カイヨワは若干の修正を加えつつも，ホイジンガが遊びに与えた定義に基本的には依拠している。遊びとは強制されない「自由」な活動であり，日常生活とは時間的・空間的に区別された「分離した」活動であり，またあらかじめ結果がきめられない「不確定」の活動であり，財貨や富をつくりださない「非生産的」な活動である。それはさらに現実の社会生活のルールとはことなった，それに固有の「ルール」をもった活動であり，あるいはルールをもたないばあいでも，非現実の意識をともなう「虚構的」活動として，現実生活とはっきりと対立する。このような定義にもとづきながらも，しかしカイヨワの遊び論の独自性はむしろ，一般的に遊びと呼ばれる多様な現象に対してかれがこころみた分類にある。

　カイヨワが遊びの多様性を分類するために用意した4つの基本カテゴリーとは，(1)競争（アゴーン——競技を意味する），(2)偶然（アレア——サイコロを意味する），(3)模擬（ミミクリー——物まねを意味する），(4)眩暈（イリンクス——渦巻きを意味する）である。かれはさらに遊び行動の様態のちがいに注目して，きまったルールもなく，たんに気晴らし，熱狂，自由な即興，気ままな発散に基づく，無秩序で気まぐれな遊びとしてのパイディア（子供らしさを意味する）と，こうした無秩序な行動に一定のルールを課して，このルールの窮屈な障害のもとで望みの結果を得るために努力するところに成立する遊びとしてのルドゥス（遊びを意味するラテン語）とを区別する。パイディアとルドゥスは，競争，偶然，模擬，眩暈という4つのカテゴリーそれぞれの内部で，ふたつの対立する極をなしている。

　競争の遊びは，たとえば幼児や動物などのばあい，まずは特別なルールなしにじゃれあったりがまんくらべをしたりするパイディアとしてあらわれるが，やがてアゴーンとしての完全な形態を，厳密な意味での競技やスポーツといったルドゥスにおいてとる。同様に偶然の遊びは，番きめ歌やじゃんけんのような単純なパイディアからルーレットやカード，宝くじといったルールに従うルドゥスへと形成される。模擬の遊びには，ごっこあそびから高度な演技・演劇までが，また眩暈の遊びには，幼児のくるくるまわりやブランコからジェットコースターやスキー，回教の旋回舞踊までがふくまれる。カイヨワはそれぞれの遊びに見られるパイディアからルドゥスへの展開，洗練に，子どもから大人へ，個人から社会存在へ，そして遊戯本能から文明への進化，発達を見ているのである。それは従来の遊びにかんする教育学や発達心理学のテーゼについての，カイヨワ流の表現といえるだろう。

　だが，カイヨワの遊び論の野心的な企ては，

遊びの現象を個人の行動とその発達にとどまらずに，社会や文化の類型とその進化，発達に結びつけようとするところにある。

カイヨワは，「すべては遊びから生まれた」というホイジンガの主張に与しない。かれはあくまでも呪術儀礼や戦争や投機のような現実の行動と，鬼ごっこや騎馬試合やルーレットのような遊びとを，同時に共存しうるふたつの異なった領域として区別する。そのうえでかれはむしろ，これら文化と遊びとのあいだに見られるある種の構造的同質性に注目する。一定の社会を構成する原動力がおなじである以上，遊びを通じて表現されるものは，文化を通じて表現されるものと同一である。こうして，遊びと風俗や諸制度のあいだに相互に反映しあう関係が存在するという大胆な仮説に基づいて，カイヨワは「ひとつの文明の診断を，そこで特に好まれている遊びによってこころみる」ことを企てる。それはたんなる遊びの社会学ではなく，遊びを出発点とする社会学の基礎づけの企てである。

これにはふたつの問題設定がある。ひとつは，それぞれの社会が競争，偶然，模擬，眩暈という4つの遊びの原理のうちのどれを特に優先するかによって，その社会の型を見きわめようとする類型論のこころみである。カイヨワはたとえば，もっともアングロ・サクソン的なスポーツがゴルフであるという事実に，一定の必然性を見いだす。ゴルフはいつでもインチキ可能なスポーツだが，インチキせずに遊ぶというふるまいは，ちょうど高度に発達した市民社会における市民の国家に対するフェアな義務に対応している，というのである。

さらにカイヨワは，原始社会から近代社会へといたる人類の文明の発達・進歩を，一方で模擬と眩暈，他方で競争と偶然というくみあわせによって説明しようとする。原始社会は集団による呪術的儀礼行動に見られるように，模擬と眩暈，あるいは仮面と憑依が支配する社会として，「混沌の社会」と呼ばれる。原始的な混沌のなかから高度の文化が出現するときには，必ず眩暈と模擬との力の著しい後退が見られる。これらの力はいまや周辺に追いやられ，かわって合理的な法や制度のもとでの個人の能力の発揮と一定の家柄や素質に生まれつく運命，つまりは競争と偶然とが支配する「会計の社会」がとってかわる。もっとも近代，そして現代の競争と偶然の社会にあっても，模擬と眩暈，仮面と憑依は人間にとってひとつの本能であることをやめない。ただこれらはあくまでも社会の合理性をおかさない範囲で，無害な満足や代償としてのみ解放される。たとえば現代におけるスターやヒーローへの大衆の同一化は模擬の本能の代償であり，遊園地やサーカスなどは眩暈の本能の代償だということになる。

カイヨワの野心的な企てには，問題がないわけではない。4つの基本カテゴリーのそれぞれは，それ自体で考えれば遊びのというよりは，一般に人間行動のカテゴリーである。そのためにカイヨワにあっては，たとえば模擬と眩暈に基づく呪術行動と遊びとは十分に区別できない。また遊びと文化の型との対応関係にどれほどの必然性があるかも疑わしい。もしもゴルフがカイヨワのいうようにもっともアングロ・サクソン的なスポーツであるとして，こんにちのわが国におけるゴルフの流行を，どう理解すればよいのか。われわれの文化が，それだけアングロ・サクソンの市民社会に近づいたということになるのだろうか。事実はむしろ逆に，遊びは文化の中心というよりは周辺的なことがらであるために，遊びこそは文化の特殊性を構成する要素からきりはなされて，さまざまにことなった文化のあいだでも，容易に受容される融通性をもつといえるのではないか。とはいえカイヨワの企ては，遊びに反映されたその時代や状況の集団的無意識や欲望やひずみを読み解く試みの可能性をひらくものとして，高く評価されるだろう。　　　　　　　　　　　　　西村清和

[書誌データ] Roger Caillois, *Les jeux et les hommes*, Gallimard, 1958（『遊びと人間』清水幾太郎・霧生和夫訳，岩波書店，1970；多田道太郎・塚崎幹夫訳，講談社学術文庫，1990）．

ガルブレイス
John Kenneth Galbraith (1908-2006)
『ゆたかな社会』 *1958年刊

1．著者はカナダ生まれのアメリカの経済学者である。正統的な経済学者とは異なり、精密な理論的分析よりむしろ、現実の問題を独特の観点から解明することを得意としていて、制度学派の延長線上に位置づけられている。著者は第2次大戦中に物価統制の実務に従事したり、1960年代に駐インド大使を務めるなど、学者以外の経験も豊富である。

本書の初版が出た1958年ころのアメリカは、第2次大戦で疲弊した諸国を尻目に、平和と繁栄を享受しており、絶頂期にあった。そうした時期に人々の思いも及ばぬ社会批判をやってのけたのが本書である。著者は非常に多作であることで知られているが、本書はその代表作であると一般に認められている。

2．本書の内容は多彩であり、叙述の仕方は難解であるが、主な議論の筋道を取り出して紹介すると、以下のとおりである。

昔の貧しい社会では、貧困、不平等、将来の生活への不安、という3つの問題が何より深刻な問題であり、経済学もこうした土壌の上に育ってきた。しかし今のアメリカの現実は、そのような貧しい社会とは非常に違ったゆたかな社会である。ところが経済に関する今の人々の考えは、相変わらず、昔の貧しい時代にできあがった経済学の古い観念に取りつかれている。本書の意図は、現実と観念との間のこの乖離を明らかにし、既成観念では捉えられなかった問題をえぐり出し、解決の方向を示唆することである。

貧しい社会における貧困、不平等、将来の生活への不安という3つの問題は、今では昔ほど真剣に議論されることがない。なぜそう変わったかというと、これらの問題は生産の増大によってほとんど解決されてしまったからである。そこで、生産の増大（経済成長）こそ社会の目標であり進歩の尺度である、とする考えが今でも幅をきかせている。

しかし実は、ここに落とし穴があるのだ。貧しい社会では、欲望とは、他人はどうあれ自分はこれが欲しいのだ、といった自発的なものだったのに、ゆたかな社会では、むしろ外から喚起された欲望が中心となっている。生産者は宣伝・広告によって欲望を刺激し、他方、生産の増加に対応する消費の増加は、見栄や流行を通じて欲望を広げる。この意味で、生産過程自体によって欲望が造り出されており、欲望が生産に依存するようになっている（こうした事情を著者は「依存効果」dependence effect と名づける）。

依存効果の存在は、生産が何より大切だとする通念に対する致命的な打撃である。なぜなら、欲望の充足が生産の目的であるはずなのに、その欲望が生産に依存するのであれば、生産を正当化するのは生産自体であるということになって、循環論法に陥ってしまうからである。そしてまた、依存効果に基づく欲望から買われる物が生産増加の主な内容を占めている以上、社会の生産物の限界効用はほとんどゼロであるとさえ言えるだろう。ただし、雇用を与えるものとしての生産の重要性は無視できない。

それにもかかわらず、生産の重要性という価値観が今でも横行しているのは、保守派もリベラル派もこの価値観に大きな既得利益を持っていて、それを放棄すると不都合が生じるからである。

生産が何より重要だと考える幻想が居坐り続けている結果、ゆたかな社会は3つの問題に悩まされている。第1は消費者負債が増加し続けていることである。これは経済の安定を危うくしている。第2はインフレーションの傾向がしつこく根づいていることである。インフレに対しては、金融政策は多くの難点を抱え、また緊縮的な財政政策は、政治的な困難を伴うから実行がむずかしい。

第3の問題は「社会的アンバランス」である。たとえば自動車の生産が増えれば鉄と石油の供給も増えなければならないように、産

業間のバランスが必要である。このようなバランスは,経済の民間部門と公共部門との間でも必要である（これを著者は「社会的バランス」social balance と呼ぶ）。ところが今日の人々は,民間部門の生産は重要であるが公的なサービスは重荷である,という考えに固執しているので,民間部門は依存効果に起因する需要に応じて余計な物の生産に熱中しているのに,公共部門は最も必要とされるサービスにさえ欠けている。

このような社会的アンバランスと類似したアンバランスは投資の面にも見られる。物的資本への投資は主として民間部門の仕事なので重要視されているのに,教育や研究などの人的資本への投資は主として公共部門の仕事なので,ないがしろにされている。実際は,社会全体から見れば,工場を造るより科学者や技術者の教育・訓練に投資する方が投資効率が良いかもしれないというのに。

ゆたかな社会の問題の解決策は何か。

第1に,生産はそれ自体としては重要でないが,雇用維持のためには重要であり,そのため完全雇用水準での経済成長が求められ,その結果としてインフレーションが慢性化している。このような状況を改める方策が必要である。第2に社会的バランスを改善しなければならない。なお,貧困は特殊なケースとして残存しているが,これは社会的バランスの改善によって解決されるであろう。

これまで生産の増加こそ経済・社会の目標であり,進歩の尺度であるとされてきたが,生産の緊要性という神話が打ち破られた今,古い目標に代わるべきものは何か。それは,余暇をより多くすること,労働をより快適なものにすること,そして何よりも,給料を得るためにのみ働くのではなく,仕事自体に楽しみを見出すような人々の数を増やすことでなければならない。生産の問題はすでに解決済みである。それを未解決であるかのように見損ない,さらに一歩進めて先のことを考えようとしないところに,ゆたかな社会の根本問題があるのだ。——以上が本書の要旨である。

3．初版から約10年後に出た第2版では,基本的な分析は変わっていないが,政策上の意見については,インフレ対策とか租税政策などの点で,かなり大きな修正がなされた。

第3版では,データのアップデートを中心とする細かな修正が数多くおこなわれた。

第4版はレーガン政権の確立の後（しかし東欧社会主義の崩壊より前）に出た。これには長文の序論が書き加えられていて,初版の頃に著者が考えていたことをその後の歴史の経過に照らして再検討している。この序論は環境問題や冷戦など広範なテーマにも触れている。そのなかでとくに注目されるのは,政治の流れが著者の期待に反して保守的な方向に傾いたことに関連して,ゆたかな社会は政治的には保守主義を助長する傾向がある,という認識を示していることである。

4．本書は,新しい角度から現代社会の特質を解明し,正統的な既成観念の非現実性を批判したことで注目を集めた。また,生活の質や環境を重視する後の時代の思想につながり,経済成長至上主義への批判の先駆となった。

初版が出たときから議論の的となったのは,著者の指摘するゆたかな社会の現状と問題がアメリカ以外の先進国にどの程度まで当てはまるか,また,依存効果に基づく欲望というものをこれほど否定的に見てよいか,といったようないくつかの点である。

なお,本書でもその後の著作でも,著者は格別な真剣さでインフレーションの問題に取り組んだのであるが,1979年を境に金融政策の基調が変更されたことにより,インフレは実際問題としては克服されることになる。

冷戦の終結によって資本主義は対立・競争の相手を失い,他方で環境問題などの深刻でグローバルな問題が登場してきた今日,本書は新しい観点から見直されてしかるべきであろう。

訳者要約

［書誌データ］John Kenneth Galbraith, *The Affluent Society*, Houghton Mifflin, 1958（『ゆたかな社会』鈴木哲太郎訳, 岩波書店, 1960；改訂第2版1969, 邦訳1970；改訂第3版1976, 邦訳1978；改訂第4版1984, 邦訳1985).

エリクソン Erik H. Erikson (1902-94)
『**自我同一性**』*1959年刊

　『幼児期と社会』『青年ルター』に続く、エリック・エリクソンの第3作。50歳を前後する時期に執筆された3つの論文を集めた論文集である。

　原題は、『アイデンティティとライフサイクル』。それが『自我同一性』という訳題で紹介された。ところが、エリクソンには、*Identity: Youth and Crisis* (1968) という著作があり、それが邦訳されるに際して、まず『主体性―青年と危機』（岩瀬庸理訳、北望社、1969）と紹介され、4年後に出版社をかえて、今度は『アイデンティティ―青年と危機』（同訳、金沢文庫、1973）という題名で再版された。しかも、その内容において、2冊のテクストは重複する。*Identity: Youth and Crisis* の前半は、この *Identity and the Life Cycle* に収録された3つの論文を、部分的に修復した繰り返しなのである。こうして、似通った内容の、似通った訳題を持った本が、訳語の統一も取られぬまま書店に並び、読者はよけいな混乱を負うはめになってしまった。

　しかし、それは、この本の理論的価値にはなんら関わりがない。やはり、エリクソンのものの見方の基本的構図が、最も明確な形で語られていると見てよい。

　まず、第1論文「自我の発達と歴史の変動」の冒頭は、「精神分析的自我心理学」と「社会科学とりわけ歴史学」について、こんなことを言う。自我心理学の側は、個人の発達が、その属する共同体の価値観に導かれてのみ成り立つことを見落としている。他方、歴史家たちは、すべての人が、一度は子どもであったこと、そして、社会は子どもから親へと発達し続ける過程にある人々から成り立っているという単純な事実を見落としている。重要なのは「共同体の歴史のなかに織り込まれたライフサイクル」を問い、「精神分析と社会科学とが協力しあう」場面を設定することである。

　それは、単に「社会のなかの個人」を見るということではない。まず、個人を、子どもから大人へと発達し続ける、自我の発達のプロセスとして見る。次に、社会の方も、時代の変化とともにあり、社会の変動・歴史の変化といった歴史的展開プロセスとして見る。この2つの視点を重ね合わせると、変化する2つの異なるプロセスがかみ合う。変動する歴史の一コマにおける個人の人生段階の一コマ。エリクソンの言葉では、「アインシュタインが好んで用いた譬えの1つ（2台の走っている列車の互いに対する関係）」。その相対的関係が「自我の発達と歴史の変動」を見る視点であり、その接点が「自我アイデンティティと社会のアイデンティティの関連」であったことになる。

　それは、『幼児期と社会』のなかでは、ネイティヴアメリカン・スー族の事例に則して、バッファローとともに生きた時代のスー族の子どもたちと、連邦政府の価値観を受け入れた時代の子どもたちとの対比として描かれ、『青年ルター』では、父親コンプレックスに縛られた「少年マルチン」が、「改革者ルター」に成長してゆく自我発達プロセスが、そのまま歴史の転換をもたらし、近代という時代の幕開けにつながった、その相互関係として語られている。

　第2論文「健康なパーソナリティの成長と危機」は、8段階のライフサイクル図表（エピジェネティック・チャート）の検討である。人生が葛藤の連続であり、危機の連続であることは、臨床家エリクソンにとって、当然自明のことである。にもかかわらず、必ずしもすべての人が病理的症状を起こすとは限らないのは、なぜか。一体、いかにして、健康なパーソナリティが成り立つのか。その問いを、8つのステージに分けて検討する。

　その青年期のところに「アイデンティティ vs. アイデンティティ拡散」と名前のつけられた「心理社会的危機」がある。人は、青年

期に至ってはじめて、自らの帰属すべき社会を選ぶ。それは、国家であったり、民族であったり、職業集団や言語共同体であったりする。自由な選択が可能なときもあれば、むしろ、強制的に押しつけられることもある。あらゆる多様な状況のなかで、社会的に承認されると同時に、自分自身でも納得し、自覚的に帰属意識を持ち、誇りを感じる、そうした恵まれた感覚をエリクソンは「アイデンティティの感覚」と呼ぶ。

そして、この感覚をこそ、人は青年期という人生の時期に、最も強く求める。正確には、この時期こそ、その感覚に対して最も感受性が強まり（センシブルになり）、その感覚が成り立たないことに対して痛みを感じる（ヴァルネラブルになる）。こうして、アイデンティティとは、〈社会・制度・歴史〉と〈青年の自我〉との接点であり、同時に、ライフサイクルのひとつの場面（ライフステージ）の主題であったことがはっきりする。

第3論文「アイデンティティの問題」は、まさに、こうしたアイデンティティを多様な角度から検討したものである。

まず、伝記研究の視点。70歳のバーナード・ショウが、20歳の頃を回顧した文章が題材になる。たとえば「私は知らぬ間に成功してしまった。職業が……私の自由を奪ってしまうことに気づいてすっかり慌ててしまった」という回顧を、エリクソンは「アイデンティティのない成功」とよんで、危機の姿を描き出す。2つ目が、発達の視点。子どもの頃の「同一化（identifications）」と「アイデンティティ（identity）」との心理的メカニズムの違いが明らかにされ、アイデンティティがさまざまな実験的同一化のまとめ直し、組み替えであると説明される。3つ目が、病理的視点。アイデンティティ拡散と名前のつけられた臨床例が、危機の切迫感、ネガティヴ・アイデンティティの選択、転移や抵抗といった、いくつかの項目によって整理され、最も精神病理学的な内容になっている。4つ目が、社会の視点。自我と環境というワンセットの「環境」を、対人関係・家庭環境・社会的価値・歴史という広がりのなかで捉えながら、その「中」における自我を捉えようとするとき、アイデンティティという言葉が要請されてくることになる。

なお、本書には、D. ラパポートの手になる「精神分析的自我心理学の歴史的展望」という論文が、つけ加えられている。それは、文字通り、自我心理学の歴史を整理したもので、S. フロイトから、A. フロイト、H. ハルトマンとたどり、エリクソンの理論枠組みを「自我発達の心理社会的理論」と位置付ける。エリクソン自身、このラパポートの論文によって、自らの理論形成を自我心理学の流れのなかにはっきりと自覚したというが、今日から見ると、エリクソンの理論展開は、はるかにその流れを越え出たスケールを持っていたというべきだろう。

エリクソンのアイデンティティ思想は、その後も更に展開し、アイデンティティの確立がもたらす閉鎖性・排他性について警告し、むしろ、それを乗り越えてゆく「より広い・より包括的な（wider・more inclusive）アイデンティティ」を追求し続けていた。

エリクソンの思想は、『青年ルター』『ガンディの真理』といった「サイコヒストリー」から、『幼児期と社会』『アイデンティティ―青年と危機』『大人であること（編著）』『老年期』と、人生の舞台を、順にゆっくり論じた著作、さらには『洞察と責任』『玩具と理性』といった、人間研究の理論的再検討まで、幅広く、そのすべてが、アイデンティティとライフサイクルという2つのものの見方によって貫かれている。　　　　　　　西平 直

［書誌データ］Erik H. Erikson, *Identity and the Life Cycle: Selected Papers*, Psychological issues, Vol.1, No. 1, International Universities Press, 1959 (A Reissue) W. W. Norton, 1980（『自我同一性』小此木啓吾他訳、誠信書房、1973).

ゴフマン Erving Goffman (1922-82)
『行為と演技』 *1959年刊

　ゴフマンの代表作のひとつである本書は，社会的状況における人々の行動を演劇論（ドラマトゥルギー）的メタファーのもとに記述・分析した書として知られている。その原形は1956年に英エジンバラ大学社会科学研究センターから発行されたモノグラフであり，本書はその増補改訂版にあたる。

　本書の記述の主要ターゲットは，社会組織における共在状況の「パフォーマンス」，つまり，特定の時間－空間的枠内で身体的に居合わせている人々の相互的営みである。ここでいうパフォーマンスとは，単に意図的・表面的な行為（演技）ではなく，共在する人々になんらかの形で影響を与えうるあらゆる動作・活動を指している。本書は，そうしたパフォーマンスの編成－組織化のありようを，"それがあたかもドラマであるかのようにして"記述－再構成しようとする。

　パフォーマンスの編成はある種の情報ゲームである。第1に，人は「状況の定義」を通して共在にかかわる。すなわち，そこがいかなる場で，どのような相互行為が予期されるか，どうふるまうのが適切で安全か，等々にかかわる行為指針とその維持が前提になる。

　第2に，状況の定義にもっとも影響を与えるのは，目の前の他者のパフォーマンスである。人々はこれを注視し，それぞれに指針を立てる。たとえば，なじみのものであれば，人々は既知のものになぞらえて理解し，"いつもどおり"を決め込むかもしれない。パフォーマンスの意図的部分と非意図的部分にギャップがあれば，パフォーマーの真意を探り，自分の優位を確保しようとするかもしれない。

　第3に，周囲の人々のそうした対応はパフォーマーにとって承知のことである。だから，パフォーマーもまた，非意図的とみなされそうな自分の表出に注意を払い，優位の確保を図るかもしれない。パフォーマーがどのような人物でいられるかは基本的にパフォーマンスの受け手しだいである。しかしパフォーマーは特定の人物でいる（自己呈示する）ために，意図的にせよ習慣的にせよ，さまざまな技法を動員して自分の印象を管理（操作）している。それは，詐欺師や自分をよく見せたがる人ばかりでなく，善良な日常人もまたそうあるためにしていることである。

　さて，パフォーマンスに個々の名人芸が発揮されるだろうことはもちろんだが，それがパフォーマンスとして成立するためには特定の慣習のなかに展開されなければならない。

　なかでもある種の標準化機能を発揮する慣習は「外面（front）」と呼ばれる。そこには背景としての舞台装置と，パフォーマー自身に帰属させられる個人的外面（外見と態度）とが含まれる。外面は制度化された社会的規格品である。たとえば類似の場面やふるまいや人物には類似の外面が選択・採用され，そのことによって呈示者・受容者双方が，過去の経験やステレオタイプ的思考を適用しながら共在を営むことができるようになる。人は外面を用いて，それぞれの役割・役柄に応じたふるまいを"それらしく"，あるいは理想的・典型的なそれとしてドラマ化する。外面を用いて，パフォーマンス遂行に不都合な事実を周囲の目から隠す。完璧なパフォーマーではありえないにせよ，綻びの露呈に細心の注意を払い，表出上の整合性の維持を図るとともに，ときには意図して偽りの呈示もする。

　またパフォーマンスは空間的－集合的に編成されている。

　一方でパフォーマンスは，共在の空間的編成を伴って進行する。すなわち，パフォーマンスがなされる「表局域」と，これを支える「裏局域（舞台裏）」とを分離させつつ展開する。表局域には特定の外面が維持されるよう，丁寧さと作法の規則が動員される。裏局域には，この外面と矛盾する情報，パフォーマンスの意図，あるいは技法の動員という事実そのものが隠される。

他方，パフォーマンスは，参加者たちの緊密な共同作業のもとに維持される状況の定義のなかで集合的に構成されることが多い。特定のパフォーマンスを共同して呈示する人々のことを「パフォーマンス・チーム」といい，呈示される側の人々のことを「オーディエンス」という。チームは裏局域とその秘密を共有し，協力して印象管理の技法運用を行う。オーディエンスは裏局域から排除されるが，パフォーマンスの展開にあたって両者の関係は対抗的であるよりむしろ協力的である。

そして，このような空間的‐集合的編成が綻びやすいことは，しばしばチームとオーディエンスの両者に通じた「分裂的役割」を果たす人たちが存在し，また，パフォーマーたちが「役柄をはずれたコミュニケーション」によって自分がパフォーマンスそのものでないと主張することからも明らかである。しかし，パフォーマーの何気ない仕草，オーディエンスの間の悪い侵入，パフォーマーの踏み越し，チーム内の揺らぎ，といったパフォーマンス攪乱の可能性は常にあり，そのことによって共在が揺らぎ，パフォーマーのみならずオーディエンスも当惑に陥る危険がある。

ここに双方が協力して互いの状況の定義を維持し，パフォーマンスの遂行を促す契機が生じる。パフォーマーたちは「防衛的措置」を講じながらパフォーマンスを維持し，オーディエンスはそれらを察してこれに「保護的措置」を講じる。さらに，パフォーマーはそうした察しを察して，双方の当惑を最大限除くようパフォーマンスの編成に努める。

このような記述が行き着く人間像はしばしば評判が悪い。個人は，パフォーマー，すなわち自分自身のパフォーマンスに腐心する者としての部分と，役柄，すなわちその結果具体化される登場人物としての部分とに二分される。日常的理解では，こうした役柄はその人物のパーソナリティに等置されている。彼／彼女がどのような人物であるかとは，彼／彼女の個性的・連続的・統一的な内なる存在を指し，共在に具体化されるその姿も内なる存在の現れとされる。しかし，本書の分析によれば，役柄のよりどころとされる個人ないし身体は，いわば自己を掛けるただの木釘である。自己は，共在のパフォーマンス全体に由来する演劇的な効果として与えられ，パフォーマンスがうまくいけば，パフォーマーに内在してそこから流れ出てきているようにみえる。共在における現実的な問題は，"本当に"特定の自己で"ある"か否かではなく，オーディエンスさらにはパフォーマー自身がそのように演劇的効果である自己に信を置くことができるか否かということになる。

もちろん，自己に関する本質論や実在論の以上のような否定は，"人はみな演技者だ"などという斜に構えた視線を意味するのではない。ゴフマンが演劇論のメタファーで到達したのは，共在が単一の状況の定義をたよりに維持されていること，そうした定義は表出的技法の動員によって維持されていること，しかもそれは潜在的攪乱のただなかで維持されているということであった。焦点は技法にある。詐欺師も善良な日常人も，共在で状況の定義を維持するために，同一の技法を動員する。意図や作為が問題なのではない。呈示された自己と隠された自己とどちらが"本当"かなどが問題なのでもない。どのような人であれ，本当の自分であれ偽の自分であれ，共在にいる限り人は状況の定義を維持するためにさまざまな技法を動員しており，またそのことによって共在は秩序を維持している，そうした事実が焦点なのである。

それはまさしく，慣習的技法の動員による共在の組織化論である。　　　　　　　　安川 一

[書誌データ] Erving Goffman, *The Presentation of Self in Everyday Life*, Doubleday Anchor, 1959（『行為と演技―日常生活における自己呈示』石黒毅訳，誠信書房，1974）．

■アリエス Philippe Ariès (1914-84)
『〈子供〉の誕生』*1960年刊

　フィリップ・アリエスはユニークな経歴をもつ歴史家だが，子供期という見方が近代の産物であると論じる著作『アンシアン・レジーム期における子供期と家族生活』は，その後社会学における子供期と家族研究に大きな影響を与えることになる。子供はいつの時代にも存在したわけだが，子供期が近代になって誕生したとアリエスがいうとき，中世までは幼児期と成人期の間に今日もたれている子供期・少年少女期・思春期というような見方はなくて，幼児期の段階を過ぎると小さな大人として扱われていた，ということである。この著作は1960年にフランスで出版されるがその時点では関心をもたれず，60年代のアメリカで社会学者や教育学者たちに注目され，その後でフランスの歴史学のなかでも地位を認められたのであった。

　子供期が近代の産物であるというテーマは3部構成からなるこの著作で，それぞれ違った角度から照らし出される。よく言及されるのは第1部の「子供期へのまなざし」である。中世が古代から引き継いだ著作や「人生の諸段階」のなかには乳児・幼児の語はあるが少年（少女）をさす言葉はない。12歳となると男児は一人前の働き手とみなされ，女児は結婚して家事を管理するもの，すでに大人と考えられていたからだ。アリエスはこのことを文献史料のみではなく図像史料からも確認する。聖書や祈祷書に付された細密画のなかに描かれる子供は，大人の服装をしていて背丈だけがそれより小さく描かれる。ところで16世紀以後，初めは王侯や貴族が後にはブルジョワたちも家族の肖像画を残すようになる。それらのなかで男の幼児は女性の服装，少年は大人の服装で描かれるのである。幼児でも大人でもなく少年や少女として子供が描かれるのは17世紀のことで，子供期へのまなざしの変化はここに確認される。

　また，子供期の遊びについても大人の遊びがたんなる簡略化されたものでなく子供だけの遊びが出現する。古い時代には民衆文化的な祝祭騒ぎのうちに大人も子供も交ざりあっていたのだが，それが分離してくるといってもよい。その分離は秩序や規律の確立にこの時代の為政者たちが配慮を払ったこととも関係している。だから子供にきちんとした躾をし礼儀作法を身につけさせるための書物がいくつも著されることになる。大人の社会から子供が分離される以前では，子供は大人によりかわいがられるといってもそれは動物のペットにたいするのに似たようなものであった。しかし，大人の世界から分離され民衆文化的なみだらさと遮断されるなかで，少年・少女には厳格な躾がなされ，アリエスはそこにまなざしの変化を認めている。

　第2部では「学校での生活」をテーマとしている。少年期の観念のない時代に子供は大人の社会に交ざっていたわけだが，このことは学校についても例外ではない。中世の学校といえばボローニャやパリ，あるいはオクスフォードなどの大学であるが，13世紀頃これらの学校の状態はどのようであったのか。学生たちの年齢は10代前半の少年から20代・30代の大人まで一緒に交ざって聴講していたのだ。それだけではない。今日では入門的講義から専門へとカリキュラムが編成されているが，中世の大学ではいきなりローマ時代末期の著作家たちの文献がテキストとされ難解な注釈が講じられ，学生たちは何年も反復して聴講することでその理解を深めていったのである。教育効率も悪いし，風俗的な影響もよいものではない。第1部でふれた子供期へのまなざしの変化は教育の場でその環境を再編し，近代へと連なる制度をつくり出していく。

　その始まりは寄宿制の学校である。学生たちの一部は宗教団体から給費をうけていたが，宗教団体はこれら学生を学寮の形で社会から切り離し囲い込む。このような学寮は次第に数を増し17世紀には各地の学院として成立するが，フランスの場合それは中等教育の大学

からの分離であった。学院は貴族とブルジョワの子弟のための制度であるが，ともかく少年期の子供たちを大人の社会から切り離し教育する。そして時代とともにその内部で，ほぼ同年齢の子供を集めた学級が編成され，難易度に応じたカリキュラムがつくられそれに従って教育が進められるようになり，18世紀末から19世紀はじめにはほぼ今日の学校に見られるものに近い学級が生まれるのである。他方でまた，生徒のこの囲いこみは規律化をともなっていて，アリエスの論じている例はフーコーが『監視と処罰』で論じるジェスイット会の学院の教育と，その議論の内容でも重なることが多い。

第3部では，アリエスはこの変化を近代家族の出現と関連させるが，この家庭は親と子供だけからなる核家族が濃密な街路の生活から，切り離された室内へと閉じこもることなのである。中世の貴族の城館や大商人の邸宅は，直系の親族に加え友人・寄食者・召使いなど多数の他人を抱え込んでいたし，また街路の人々の活動に大きく開放されていた。家屋の内部と街路の生活は連続していたが，それは子供が大人の社会に交ざり一緒に暮らしていたということでもある。子供の社会的あるいは技術的修業が家族のなかではなく外部の社会に委ねられていたこともあるし，下層の庶民たちは窓のひとつしかない部屋で暮らしていたから，大部分の時間を街路で過ごすしかなかったのだ。ところで，アリエスによると18世紀以後，家族はこの街路の生活にたいして距離を持ち始め，家族の内に入り込んでいた社会を家族の外へと押し返すようになる。そうなるのは親と子供だけからなる家族の内でそれまで知られなかった親密な家族感情が意識され重視されるからなのである。そしてこの変化に応じて家屋の構造も，家族の生活を外の社会から防衛し，他人がやたら親密な感情で結ばれる家族の内に入ってこられないものになった。すなわち，各室の入り口を廊下に面して設けることで各室の独立性を確保する近代的間取りの家屋の出現は，家族感情で結ばれた近代家族の出現と対応しており，それはまた子供にたいするまなざしの変化とも重なっているというのである。

子供期への見方，あるいは生と死を前にしての人間の態度などは，人間の生物学的身体と同じように変化しないものと思われていた。アリエスはこのような分野もまた文化的・社会的に規定されており，時間のなかで変化し，それゆえ歴史を持つことを鮮やかに示したのである。

フランスの社会史が数量分析の手法をさかんに取り入れた1960年代に，歴史家たちは結婚・死亡などの教会の記録（教区簿冊）から，年次や季節ごとの出生率や死亡率の変化，家族の規模と構造，子供が産まれてから次の子供が産まれるまでの期間，出生の順番と新生児の生き残る可能性の大きさなどについて情報を引き出した。そしてアンシアン・レジーム期の家族のもとでは多数の子供が産まれたが幼児死亡率も高かったのであるが，1750年頃になると，幼児死亡率の高さは緩やかに低下していく。そして貴族やブルジョワなどの家庭では避妊を実行し子供を多く作ることはしなくなるのを明らかにしている。アリエスの子供期へのまなざしの変化は子供への関心の少ない多産多死型の社会から少産少死型の社会への転換が示唆されているが，アリエスの考えは数量分析により裏付けられたのである。

とはいえ，中世には親と子のあいだに親密な家族感情が存在しなかったのかといえばル・ロワ・ラデュリーが『モンタイユー村』で示しているようにそれは存在したのである。アリエスのテーマは個別の例としてではなく，近代家族との関連で子供期へのまなざしを多面的に分析し，歴史のなかでのその出現を示すところにメリットがある。しかし，20世紀も終わり近い今日，子供は必ずしも家族の中心ではなくなりつつあるのではないだろうか。

訳者（杉山光信）要約

［書誌データ］ Philippe Ariès, *L'enfant et la vie familiale sous l'ancien régime*, Plon, 1960（『〈子供〉の誕生』杉山光信・杉山恵美子訳，みすず書房，1980）.

■ サルトル Jean-Paul Sartre (1905-80)
『弁証法的理性批判』＊1960年刊

　サルトルは第2次大戦以前に『想像力』(1936)，『自我の超越』(1937)，『情緒論素描』(1939)，『想像力の問題』(1940)，そして『存在と無』(1943)といった理論的著作を公刊したが，本書は戦後サルトルの理論的作品としては最も膨大かつ重要な位置を占めるものである。

　この作品は題名が示すようにカント（「理性批判」）とヘーゲル（「弁証法的理性」）の交差点に成立したものである。カントの認識論においては，当時の自然科学をモデルとした理論的認識の可能性の条件が問われ，「歴史」や「社会」は前景化していなかった。ヘーゲルにおいては「歴史」や「社会」は積極的に主題化されるが，カント的な意味での批判は後ろに退く。サルトルは我々が「歴史」や「社会」という現象を経験し，そしてそのことについて語るということを可能にしている条件を問うたのである。

　この作業を行うために前期で確立された存在論は変更を蒙ることなく可能な限り利用される。したがって『存在と無』と本書の関係は断絶あるいは変更ではなく，扱う対象の拡大とでも言えるようなものである。

　第1部はA，B，C，D，4つの部分に分かれる。その冒頭Aに置かれる「個人的実践」という概念は原理的に時間存在であり，それゆえ自己との一致を欠いた欠如存在であるとされる点でほぼ前期の「対自」に対応するものである。

　続くB「物質性のさまざまな分域間の媒体としての人間関係について」と題される部分では，まず「自己」と「他者」の関係が述べられる。「孤独」という経験さえ，それが可能になるためには他者の存在が前提にされるように，「自己」と「他者」との原理的な関係性が指摘される。しかしそれは同時に各々が互いの「統一化」に対して「逃走」の関係にあるような，存在論的複数性としての関係性である。

　互いに絶対で「他」である「自己」と「他者」を媒介するのは第三者である。サルトルはこのことを贈与と交換の例を採りながら説明する。つまり互いに他である二者の不均衡性を露にしてしまう贈与は第三者に媒介されることで制度化され，その結果交換の装いを纏うのである。

　Cにおいて核となる概念は「稀少性」と「物質性」である。「稀少性」とは，先に述べた存在論的複数性がもたらす否定的側面とも言うべきものである。それぞれ原理的に「他」である各人は第三者に媒介されるにしても，その不均衡性は絶えず潜在している。そして媒介の綻びは「暴力」として顕在化する。

　続いて「社会」と「歴史」が我々にとって存在するためには「物質性」が不可欠であるとサルトルは言う。ただしここでの「物質性」とは高度に抽象的な概念を意味する。たとえば言語である。つまり「社会」や「歴史」が可能であるためには，何らかの形で複数の「個人的実践」が媒介され，その記憶が蓄積される必要があるわけだがそのことが可能になるのは広い意味での言語を通じてでしかない。しかし同時に「物質性」に媒介されることで，諸々の実践は必然的にその意味を一義的に確定することが不可能になる。なぜなら1つの孤立した実践でさえ，意味を帯びるには言語を媒介とし，しかも言語とはサルトルによれば原理上一義的には意味を確定できないものだから。

　以上のことを前提にして，本書は「物質性としての社会的存在」，すなわち複数の諸実践の組織のされかたの考察に入る。まず「集団」と「集合態」という2つのカテゴリーが理念型として区別される。「集合態」は複数の諸実践が，ある一定の仕方で回路づけられており，かつその実践のパターンの変更可能性が成員にまったく意識されておらず，実際

に変更もされない状態のことを指す。それに対して「集団」とは実践のパターンの変更可能性を成員が明瞭に意識し、なんらかの程度で変更の事実が観察される状態のことを意味する。「集合態」は「集団」の可能性の条件を構成し、かついかなる事実上の「集団」も「集合態」としての要素を廃滅することはない。

第2部「集団から歴史へ」では「集合態」から「集団」への移行、および「集団」の「集合態」への回帰が現象学的に語られる。

この記述を追うにあたって注意すべきことは存在論的水準では「共同の実践」はなく、あるのは複数の個人的実践だけであるという確認が繰り返し行われていることである。

複数の諸個人に「共同性」を体験させるのは、「集合態」あるいは「集団」の外部の他者の眼差しである。このことによって意味されることは、たとえば諸個人に「日本人である」という体験を可能にさせるのは、「日本人でないもの」を媒介にすることによってであるということである。ここには「自己」が何らかの属性を帯びるのは「他者」の眼差しにおいてであるとする『存在と無』における立場との明白な連続性がある。

「集団」のカテゴリーとしては「溶解集団」、「誓約集団」、「組織集団」、「制度集団」の4つが提出される。

「溶解集団」は集団の構成員に実践のパターンの変更可能性が最大限に意識され、実際に変更が絶えず行われている状態であり、しばしば従来の「集合態」の急激な崩壊とともに現れるものとされる。いわばある種の革命＝祝祭状態であると言えようが、サルトルはその際も諸個人相互の不均衡は決して解消されることはないことに注意を促している。集団内での裏切り者への対処の際に露になるように友愛は常に暴力と裏腹なものとして存在する。ここでも「自己」と「他者」の相互性を常に両義的なものとする前期の視点は継続されている。

「集団」は長期にわたって存続するために、その構成員の実践の不確定性を縮減する傾向を示すものとされる。不確定性を縮減する装置が整うのに従って、集団は「誓約集団」、「組織集団」、「制度集団」という変化を辿り、最終的には「集合態」と同様な状態に至る。

以上のような概念を検討した後に、あくまでもこれらが形式的なもの、彼の言葉を使えば「構造的人間学」の水準にとどまるものであり、「歴史」という次元を分析するための予備作業であったことが述べられ、第1巻は閉じられる。しかし予告された第2巻はサルトルの生前には公刊されなかった。

本書は著者自身が執拗に確認しているように、一貫してカント的な批判の水準で語られている。したがってここでの試みは経験的な「歴史学、社会学、人類学」に直接介入するようなものではなく、また価値的に肯定する何らかの倫理的あるいは社会的秩序を提出しているものでもない。

とはいえ、そのことは決して本書が社会学的な思考にとって無縁なものであるということを意味するのではない。「自己への差異」としての時間、「自己」と「他者」との相互媒介的な成立、「第三者」の概念等、本書は現在の「社会システム論」的な語り方とおそらく共通するものを多く有するはずであり、そうした視点の下での本書の再読解はこれからの作業であろう。

また「集団」を考察するには「個人」―「共同体」図式ではなく、集団外の他者との関係に着目することの重要性を説いた箇所や「物質性」の概念等は経験的な意味での社会学にとっても多くの示唆を与えるものである。

三宅芳夫

［書誌データ］Jean-Paul Sartre, *Critique de la raison dialectique*, Tome I, Editions Gallimard, 1960（『弁証法的理性批判』I・II・III、竹内芳郎・平井啓之・森本和夫・足立和浩訳、人文書院、1962, 65, 73）.

■サルトル Jean-Paul Sartre (1905-80)
『方法の問題』*1960年刊

　本書は後期サルトルの理論的主著『弁証法的理性批判』の序論として執筆されたものであり、短い「総序」と3つの章、結論から構成されている。

　「総序」と第1章では主にヘーゲル哲学の批判が行われる。サルトルはJ．イポリットの研究に言及しながらヘーゲルの実存主義的読解が可能であることをとりあえず認める。しかしそれにもかかわらず、ヘーゲル哲学が「存在の認識への還元」という「主知主義」の地平に閉じ込められていることが指摘される。ヘーゲルにおいてはこの汎論理主義によってある特定の悲劇や事件が精神に媒介され、絶対に到り体系に併呑されることになる。

　サルトルによればヘーゲルを批判し、ラディカルに存在と認識が通約不可能であることを示したのはまずキルケゴールである。彼にとってはある特定の経験は決して全面的には知の対象となることはできない。その結果各人の個人的な事件や一度発生してしまった悲劇は知によって媒介され、止揚されることは不可能となる。ここにヘーゲル哲学からの切断としての実存主義の地平がある。

　次にマルクスが別の観点からであるにしてもやはりヘーゲル哲学における「認識の優位」を批判したことが指摘される。サルトルによれば唯物論による観念論の批判の名の下に、マルクスもまた存在が知に還元され得ないことを示したのである。本書におけるマルクス評価はまずこうした哲学的水準で行われる。その際の「認識論から存在論へ」という視点に、前期の『存在と無』との連続性を見出すことは容易であろう。

　しかしサルトルはここでマルクスが「認識の優位」を批判するとともに、具体的な歴史や社会を問題にしたことを指摘する。ここにキルケゴールのなし得なかったことがある。しかしその後のマルクス主義は再び体系としての知、いわば反復されたヘーゲル主義へと後退した。そのことによってマルクス主義はソ連に典型的に見られるように、各人の多元性を知に基礎づけられた全体へと積分する思想へと変貌した。それゆえ現在必要とされるのは、マルクスが提起したように歴史や社会の場において思考すると同時に、あくまで「認識」と「存在」との通約不可能性の地点にとどまることであるとされる。

　第2章では具体的な例を挙げながらマルクス主義理論の批判が試みられる。マルクス主義はしばしば文学テクストを作家の階級に還元して説明する。たとえばフローベールは第2帝政のプチ・ブル階級の社会的政治的進出と相互的象徴化の関係にあるとされる。しかしこれでは何故フローベールが「文学」への神経症的崇拝に取り憑かれていたか、何故彼はかくも激しいブルジョアへの憎悪を抱いていたか、そして何故彼は同じプチ・ブルであるゴンクールの書いたような小説ではなく、『ボヴァリー夫人』の著者としてのフローベールになったのかが一切不明のままである。確かにフローベールはある意味でプチ・ブルであるがすべてのプチ・ブルがフローベールであるわけではない。

　ここでサルトルはマルクス主義が大人にしか興味を払わないことを批判し、「幼年期」および「家族」の占める重要性を指摘し精神分析的方法を導入することを提唱する。たとえばフローベールは家庭内で母がそれなりの位置を占めていたボードレールやデュ・カンに比べて遙かに父権の強い家庭に育った。フローベールの父への両義的な「執着」はここに由来し、彼のブルジョア憎悪、「ヒステリー性の」発作、修道者的天職意識となるとサルトルは言う。

　またそれに付け加えて、家族以外で「階級」概念に回収しきれないような要素を考慮する必要性が強調される。とりわけ「生産」の場とは独立した「消費」の場や家族以外の中間集団を分析するために社会学的な方法が

要請される。ただし「集団」が実体的な存在を持つというサルトルから見た社会学の前提は批判される。この部分の集団論は『弁証法的理性批判』においてより詳しく展開される。

第3章では冒頭で時間存在として規定された「投企」についてより詳しく3つの部分に分けて語られる。第1に「投企」の与件としての環境のうち「幼年期」の持つ意味が確認される。我々は「幼年期」において家族を媒介として，「性格」という名の下にさまざまな社会的諸力を刻印される。第2に「投企」はある特定の装置によって媒介され，そのことによって必ずある偏差を被る。つまり「投企」は行為者自身の主観的な意味づけから絶えずはみ出るものとして捉えられる。いかなる思想家も自らの使用する概念装置の意味を完全に掌握することはない。第3に「投企」の構造が絶えず「自己自身の外」へと滑り出す脱自であることが述べられる。したがって「投企」は行為者の意志とも概念上区別される。意志はあくまで特定の行為を固定して目指すことを含んでおり，絶対的な「自己への差異」としての「投企」を抑圧することで成立する。この部分は『存在と無』における「対自」と意志との関係を記述した箇所にほぼそのまま対応する。

結論部ではまず「人間についての諸学」が「人間」という概念について疑問を抱いたことがなかったことが批判される。たとえば現代のある特定の文化のなかに生きている我々の間で通用している「人間」という概念に含まれる属性を別の文化に普遍的に適用することはできない。

しかし同時にそのような言明はある前提，すなわち別の文化に接触した際に我々は「人間」という概念を普遍的に適用することはできないという形で別の文化を「了解」する，という前提を含んでいることに注意が促される。つまり一般化すれば，我々は異文化間で共通のコードが存在しないということを何故か「了解」するのである。

最後にこの二律背反を通じてサルトルは「歴史」や「社会」を語ることを方法論的に問い直すことを提起する。

このいわゆる「文化相対主義」にも関わるであろう問題提起は，ある現象が「歴史的に」あるいは「社会的に」成立しているという言明を我々が他者に向かって発するとき，何が前提されているのか？　という『弁証法的理性批判』における問いにおいて反復される。

本書を『批判』との関係において位置付けることはもちろん正当なことであり，後者の手引きとして読むことは自然であろう。しかし本書全体を通じて繰り返されるフローベールに関する記述が後期のもう1つの主著『フローベール論』(1971) の枠組みへと発展していることもまた明らかであり，そうした方向での読解も可能である。

本書はサルトルの他の理論的著作と同様，あくまで哲学的性格が強いものであり，いわゆる経験的な社会学に直接的に交渉する部分は多くない。とはいえ，本書の記述を『弁証法的理性批判』とともに社会システム論的に再構成することは決して不可能ではない。その際「投企」と環境，「投企」と意志の関係などは興味深い論点になるであろう。

また「投企」が装置に媒介されることで必ずある偏差を蒙るという事実への着目は，具体的に従来とは異なる仕方で思想史や文芸社会学を記述することへと繋がるはずである。サルトル自身『文学とは何か』(1948)，『マラルメ論』(1979)，そして『フローベール論』の第3巻 (1988) において存在論的分析とは独立に装置としての文学の系譜学的考察を行っている。

三宅芳夫

［書誌データ］Jean-Paul Sartre, *Questions de méthode*, Edition Gallimard, 1960 (『方法の問題』平井啓之訳，人文書院，1962).

神島二郎(かみしまじろう) (1918-98)
『近代日本の精神構造』*1961年刊

本書は、序説「問題の所在」、第一部「天皇制ファシズムと庶民意識の問題」、第二部「『中間層』の形成過程」、第三部「日本の近代化と『家』意識の問題」という、3つの論文から成っている。執筆の順序は第三部が一番早く、第一部がこれに次ぎ、第二部が一番あとである。序説は本書をまとめるに当って書き下したものである。これらに「あとがき」があらたに書き下して付けてある。

もちろん本書は、第二次大戦の敗戦、それは取りも直さず大東亜戦争の敗北をふまえた日本の政治的現実を診断しようとするものであって、幕末維新の変革以来、日本の近代化過程を理論的に究明するために試みられたものであって、したがって、一定の政治学理論を前提にしていたことは言うまでもない。具体的にいえば、当時劃期的に新しい理論を提起した丸山真男の『政治の世界』(御茶の水書房、1952)を私は前提にしたが、これを直接そのまま適用するわけにはいかないことは十分承知していたから、丸山政治学を前提に、自分で中間理論を用意することにしたのである。そのさい、私が注目したのは、外国からあらたに導入された政治思想や法律制度ではなくて、前代の日本にあまねく在り来っていたところの、自らを維持しつつ国家社会を動かす起動力になりうるものとしての秩序感覚の所在とそのあり様であったから、第三部の冒頭に、「家」、「村」、「都」、「身分」の問題であるといったように、これらの特質とその変容過程に注目したわけである。

そこで私は、まず序説で、本書の主題である「精神構造」について、サムナー Sumner の *Folkways* を引用しながら、folkways やラテン語の mores と対照して説明したが、じつをいうと、丸山真男は「明治国家の思想」(丸山真男集 第4巻、1995年所収)で「精神的な雰囲気」といっているが、私の「精神構造」はこれから考えたもので、個人の思想でもなければ、普通よく使われる思想構造でもない。言語象徴だけでなく非言語象徴によって、個人レベルだけでなく、相互作レベル、およびシステム・レベルで表現されるものから成ることは、のちに拙著『政治の世界』(朝日新聞社、1977)で明示しておいたとおりである。「雰囲気」ではなく、「精神構造」と呼んだ方がよいのは、このようにその内容を合理的に明確に叙述できるようになるからである。

わが国の社会科学は、明治以降欧米の影響下に発達したのであり、その跡を追うことにいそがしく、社会科学としての基礎的な作業である、自国の現実に対する深い洞察を欠いていた。幸いに私はその点で2人の卓越した先人を持つことができた。柳田国男と丸山真男である。私が果そうとした役割は、2人を架橋することだといった。しかしこれは説明が足りなかったかもしれない。というのは、2人とも現実を洞察するための認識方法を持っていたから、方法論的に2人の仕事を私は結びつけることができると考えたのである。そしてそれはほかならぬ発想法である。

日本の近代化は、近代西欧の衝撃によって触発されたのであるから、近代化は西欧化であり、西欧の近代に学べば、それは都市化であり、「都市の空気は人を自由にする」といわれたように、都市モデルが想定されなければならない。しかし、私が第一部で秩序感覚の培養基と考えたのは、自然村である。というのは、近代の日本において急速に発達した都市は、秩序を創出するどころか、秩序を腐蝕するものであり、「群生社会」というべきものであり、自然村はその秩序原理に照らしても分かるとおり、「開かれた社会」ではなく「閉じられた社会」である。したがってそれがそのままの形で直接近代の国民国家の秩序の培養基になるはずはない。しかしながら、自然村は明治以後急速な都市化によって単身者本位に人口を都市に吸収され、急速に崩壊

に向っていった。そのため、「第一のムラ」は崩壊したが、都市化の過程で「第二のムラ」ができ、「第二のムラ」が秩序感覚の培養基を代位した。それは具体的には郷党閥であり、学校閥であった。そしてそれらが社会的に上昇運動を営む、ステータス・デモクラシーの担い手になった。

ファシズム期の分極と統合においては、自然村、擬制村および群生社会のさまざまの精神的諸要素が発想法によっておのずからクラスターがつくられたのであって、一定の分類が先にあって整序されたのではないことを注意する必要がある。

第二部においては、第一に擬制村成立の心理的機制が問題とされる。その前提となるのは、秩序のある社会と秩序のない社会との対比であり、落差である。自然村出郷者が群化社会としての都市に流入することによってその落差のために秩序ある社会としての自然村に集団的に"退行"することになるが、集団的退行のベースになるのは過去の記憶にある仮想の世界であって現実の世界ではない。現実の世界ではないが、集団的に"退行"のベースにされるため、現実と仮構が逆転してまさに白昼夢となることが注意されなければならぬ。このような転倒は郷党閥においても学校閥においても成立する。

次に、問題にされるのは、武士的エートスの変容の問題である。幕末維新の転換で、武士的エートスの核心であるところの忠の対象がパーソナルな主君の胸三寸から解放されて"公道"という概念に向けられることになったことである。この一歩は一歩にして千歩となる。というのは、ペルソナから解放された概念が忠誠対象とされることによって直接面接関係から君臣関係が解き放たれ、それによって概念としての天皇を中核とした天皇と国民というきわめて抽象的な君臣関係がはじめて成立することができた。忠誠対象が人ではなく概念になると、重大な変化が生ずる。それまでは忠の内容を主君が規定したが、今度はそれを臣下が自分で解釈する。それを私は忠誠者自身の欲望の潜入といった。忠の内容の解釈を最終的に決定する決裁者として絶対君主が出てくるのではなく、日本では忠誠の終束点として天皇で出てきた。それが特徴である。このように忠誠対象の概念化と欲望の潜入という段階で、「恋愛は人生の秘鑰」といった北村透谷の思想的衝撃が高山樗牛に「美的生活」として受けとめられ、欲望自然主義が成立した。そして献身対象としての欲望の総花化によって桃太郎主義が成立すると私は考えた。そして巖谷小波から藤井真澄へ。

第三部において私は「家」意識の問題を取り上げる。幕末一系型家族の分解が始まり、祭祀権分割の線に沿って靖国神社政策が維新政府によって開始される。神道国教化政策である。これは、私が敗戦後すぐに取りかかり、民俗学研究所の研究員として民俗学会をベースに全国的アンケート調査を試み、祖先祭祀の実態を調査した成果に基いた研究であって、政治思想史の研究としては異例のものである。靖国神社の前身の招魂社は幕末に始まり、御霊信仰の系統を引くものであり、祀り手のない亡魂を祀るものであったが、国のために生命を捧げることを勧奨するために始めたものである。しかしながら、徴兵令を施行して以後の軍隊はれっきとした祭祀権者の存在する戦死者の祭祀であったから、国民の中に強い抵抗が起った。最近のように反対はキリスト教信者だけではなかったのである。

したがって、靖国神社の祭祀が国民に受けいれられるのは、一系型祖先祭祀の祭祀権の観念が分解して以後のことである。奇妙なことに、一系型祭祀権は天皇家だけに明治以後伝統として確立された。現天皇家が北朝の系統であることでも分るように、伝統とは過去に遡ってではなく未来に向けてのものである。他方、国民の中の一系型祭祀権は靖国神社政策によってむしろ積極的に毀されてきたといわなければならない。歴史は意外と最近のことでも忘れ去られて湮滅さえしているのである。

著者要約

［書誌データ］　神島二郎『近代日本の精神構造』岩波書店、1961.

フーコー Michel Foucault (1926-84)
『狂気の歴史』 ＊1961年刊，増補版1972年刊

　近代社会は理性の名のもとに狂人を和解しえない他者とみなし，病院に監禁することを平然と行っているが，そのような排除や監禁の行為が「狂気じみていない」と誰が保証しうるのか。本書の根本的な問いはパスカルやドストエフスキーの頭を掠めたこの種の不安に呼応している。この問題を考えるためには，そのような排除と監禁が行われず，理性と狂気がまだ未分化の経験であった「狂気の零度」を歴史のなかに発見しなおす作業が必要である。何かある社会的なメカニズムが作動し，人間はこの零度を越え，理性と狂気を分割し，狂気を理性の他者として確立していったのである。本書は，理性と狂気が断絶せず，雑然と入り組みあい，対話を交わしていた時代にまでさかのぼり，そこから狂気と理性がもはや交流しあわない世界が生まれ，構造化されていく過程を明らかにしようとするのである。

　狂気の歴史はこれまで，狂気を閉じこめた理性の側から，つまり理性のモノローグでしかない精神医学の言語によって語られてきた。だが，本書はそのような歴史ではなく，理性の言語が包囲しようとした狂気そのもの，つまり理性の言語からすればある「沈黙」についての考古学をつくりだそうとするものであった。狂気とは営みの不在であり，そのありのままの野生状態は決して復元されえない。それゆえ本書は，狂気を捕えている歴史上の総体――さまざまの概念・さまざまの制度・法制面と治安面での処置・学問上のさまざまの見解――の構造論的な研究を試みるのである。

　本書の第1部では古典主義時代における理性と狂気の分割が分析される。西洋の中世末期に癩病の災厄は姿を消すが，それは隔離と監禁の空間がなくなることを意味したわけではなく，中世文化のなかで癩病の果たした役割を狂気が継承するのである。ルネサンスはこの狂気のいわば潜伏期間であり，そこで狂気は「阿呆船」の主題となって人びとの想像力のなかを横切る。そこで狂気は幻想的なイメージをもった悲劇的な形象であると同時に，道徳的な省察による批判の対象であった。だが，古典主義時代がはじまると，狂気についての悲劇的イメージは闇のなかに消え去り，狂気は批判的考察の対象になる。

　著者によれば，デカルトの省察において，考える我れ（コギト）は狂気ではありえず，狂気は理性の領域から排除される。この言説上の出来事は17世紀中葉の「大監禁」の動きと平行している。1656年にはパリで一般施療院の設立が布告され，1676年には勅令でフランス王国の各都市に一般施療院を1つ設置することが命じられ，狂人は大いなる監禁制度のもとに置かれることになる。一般施療院は大抵もとの癩施療院のなかに設置された。だが，一般施療院は純粋な医療施設ではなく，狂人のほかに，貧民や性病患者，放蕩者，浪費家，男色家，瀆神者，錬金術師，無宗教者なども収容する，なかば司法的な組織で，行政上の存在であった。この施設には，教会の側からの特権と，新しいブルジョワジーによる秩序と治安への配慮とが交錯していた。それは救済の施設であると同時に抑圧の施設であり，慈善の義務と同時に矯正への意志をもっていた。17世紀はこのように監禁の世紀となる。狂気は動物性への接近という点で区別される面もあったが，他の非理性の形態といっしょに監禁されたのである。この非理性の領域は理性の道徳的な価値との相関で設定され，監禁の制度のなかで沈黙を強いられたのである。

　第2部では18世紀の狂気経験とその変容の方向が分析される。ルネサンス期とともに狂人の悲劇的経験は姿を消していく。そして古典主義時代になると，狂気の形象は，①狂気を逸脱として告発する批判的な意識，②狂気の分割にかんする実際的な意識，③狂気の存

在をそれとして認知する陳述的な意識、④狂気の形態や現れ方を認識する分析的な意識、という4つの相互に依存する意識形態の均衡と交錯というかたちをとって現れる。これら4つの要素間の諸関係や均衡に応じて狂気の相貌は変化していく。ルネサンスから現代にいたる大きな変化をみると、狂気経験は意識の批判的形態から分析的形態へと重心を変えていくのである。古典主義時代には狂気について2つの自立的な分野が成立する。ひとつは狂気の経験について批判的意識と実際的意識、つまり監禁の実務と意識にかかわる領域（①、②）であり、それは第1部で探求された。もうひとつは、狂気の認知および認識にかかわる領域（③、④）であり、第2部は18世紀に重点をおき、この認知と認識の領域を復元しようとする。そのアプローチは、どのような知覚を通して、どのような確実さによって、どのような人が狂人として認知されえたのか、どのようにして狂気は否認しようのない徴表となって現れるのか、といった問題に立ち向かうものである。

第3部では、西欧の近代性がはじまる18世紀末に生じた重要な変化、つまり狂気が他の非理性の形態から分離することをめぐって詳細な分析が行われる。サディズムが象徴するように、監禁施設に閉じこめられ、沈黙を強いられてきた非理性の諸形態が言説として再びその姿を現すのであり、これとともに狂気はそれに固有の施設、つまり狂人専用の保護院に隔離される。狂気が自分の位置をずらし、監禁という古い排他的な領域のなかに新しい排他的な領域が成立するのである。古典主義時代に人間は錯誤を媒介にして狂気と交渉をもった。しかし、18世紀末以降の近代性の時代になると、狂気において人間は真理一般を失うのではなく、彼自身の真理を失うのである。近代の狂気経験において、人間は彼自身の本質にかんする法則から遠ざかるのであり、自分自身を見失った者として立ち現れるのである。

近代性の成立に当たって狂気をめぐる2つの動きがある。ひとつは監禁の空間の内部で狂気が非理性の雑然とした世界から独立性と個別性を手に入れることであり、もうひとつは社会・経済的な考察により病気が貧困や悲惨の形象から切り離されることである。悲惨は経済に内在する諸問題のなかで取りあげられるようになり、非理性は想像力をめぐる深刻な形姿のなかに呑みこまれていく。かつて狂気が位置を占めていた悲惨と非理性の結びつきが解け、狂気はそこから脱け出し、監禁の機能と医学的機能という問題系列のなかに再発見されることになる。この変化はもちろん人類愛の介入によるのでもないし、狂気の真実が科学的で実証的に認知されたからでもない。狂気をある隔たりとして浮かびあがらせる経験の構造が変わったのである。テュークやピネルが狂人保護院の世界を構築していくに当たっても、重要なのは彼らの動きを支えている経験の構造そのものなのである。

本書に一貫している基本的な視点はこの構造の水準にある。狂気とは人間の経験のある構造的な配置のなかに浮かびあがる形象であって、テュークやピネルは、彼らの意識がどのようなものであれ、このような狂気の経験の再構造化の動きに従事していたのである。そしてその再構造化の起源は古典主義時代における狂気経験に内在する不均衡のなかにすでに隠されていたのである。この意味で本書の視点は構造主義的な分析に近接している。だが、本書は狂気を理解可能な構造に還元するものではない。レヴィ＝ストロースは未開のなかに文明を再発見するが、本書は狂気のなかに西欧的理性を再発見するものではないのだ。また、デリダは本書のデカルト解釈にかんして、理性と狂気の対立の零度にあるコギトを、古典的理性の構造のなかに監禁するものだと批判したが、これについては増補版付録にフーコーの反論がある。　　　　内田隆三

［書誌データ］ Michel Foucault, *Histoire de la folie à l'âge classique*, Plon, 1961; Gallimard, 1972（『狂気の歴史―古典主義時代における』田村俶訳、新潮社、1975）。

クーン, T. S.
Thomas Samuel Kuhn (1922-96)
『科学革命の構造』*1962年刊

クーンが「パラダイム paradigm」概念をひっさげて論壇に登場した著作。パラダイムとは「広く人々に受け入れられている業績で、一定の期間、科学者に、自然に対する問い方と答え方の手本を与えるもの」と定義される。アリストテレスの「フィジカ」やニュートンの「プリンキピア・マテマティカ」などはパラダイムの代表的な例である。あるパラダイムを真似ながら科学者が行う研究を「通常科学」といい、大部分の科学者が従事しているパズル解き活動である。パラダイムが変わると「科学革命 scientific revolutions」となる。クーンが本書で導入した用語で科学の発展を述べると、科学革命が起こって科学者たちは新しいパラダイムの下に通常科学の伝統を拓き、その伝統のなかで「変則性」が目立ってくるなど、パラダイムの「危機」がおとずれると、科学者は別のパラダイムに移るべく、次の科学革命の準備をする、ということになる。

この本が世に出た当時は、科学論の主流はポパー（Karl Popper）やラカトシュ（Imre Lakatos）などの科学研究の論理的手続きを重んじ、科学者に規範を与えようとする科学哲学者によって占められていた。それに対してクーンは現場の科学者の感覚と科学史のうえで一般化された広い視野から、科学研究の現実に密着した科学論をもってチャレンジした。クーンの科学論では、科学研究をパラダイムを作る革命的な仕事と通常科学の日常的な活動との2種に分けたところに特徴がある。ところが、ポパーにとっては、科学は絶えずその基礎を問い直すべきものであるのに、「通常科学」とは科学の道に外れた科学者の堕落として攻撃される。ポパーは科学界を理想化して Sollen を言うのに対し、クーンは巨大化した科学者集団の Sein を語るので、議論はかみ合わない。

それもパラダイムは「一定の期間」しか通用しないもので、やがて科学革命となって通常科学の路線が変わるというのは、絶対的な真理探究の道の存在を認めない「相対主義者」だとしてクーンは非難される。クーンはそれに対して、「絶対主義」の方がよいのか、とその価値的議論の不毛さを突いている。

訳者の私は日本にいてその論争の文脈がよくつかめなかったので、日本語版を出すに当たって、クーンに注文して初版出版以後の論争の状況を彼自身に語らせようとした。それが「後書き Postscript—1969」である。もっとも、日本語版は出版社の事情で出版が遅れ、「後書き」をつけた英語の第2版が1970年に出たその翌年の71年に世に出ることになった。

第2版の影響は初版よりも大きかった。1960年代にはクーンのこの初版はおもに科学哲学者や科学史家の専門家間で議論されていたが、第2版が出たあとは、60年代末から起こった科学批判・学問の問い直しの思想潮流のなかにあって、クーンのパラダイム概念がとくに社会科学者によって、また一般知識人によって拡張使用され、俗用され、一世を風靡した。つまりそれは、たとえば新憲法パラダイムや社会主義パラダイムというように、「思考の枠組み」やイデオロギーや政治体制の「路線」を意味するものとして使われ、またとくに何かまったく新しい方向を模索するときに、パラダイム変換の必要を説くというような使い方をされるようになったのである。

初版に出ていたパラダイム概念は認識論的位相と社会学的位相と両者を兼ね備え、意味が多様で漠然として曖昧であると攻撃されていた。そのため、「後書き」ではクーンは自らつくったパラダイム概念を以後使用することを戒め、「模範例 exemplar」と「専門母胎 disciplinary matrix」に分けて説明した。

また、「後書き」でクーンは彼の議論の社会学的方面への展開を示唆して、「この書を書き直すならば、科学者の集団構造の議論から始めることになるだろう。このトピックは

最近，科学的研究の重要な問題となり，科学史家も真剣に取り上げるようになっている。」と言ったので，それに鼓舞されて，B．バーンズやD．ブルアのように徹底した相対主義を唱えてクーン派科学社会学者を標榜する一連の若い科学社会学者の世代が出現した。クーン自身は社会学に手を染めなかったが，彼ら若手はクーンとは独立に1つの研究伝統を築いていった。ロバート・マートン（Robert Merton）一派の既存の科学社会学が外から見た科学者集団のエトスや行動パターンのみを問題にしたのに対して，彼らのアプローチは科学者による科学知識形成のダイナミズムを科学者集団の内部構造に立ち入って分析するものである。またこのクーンの影響のもとに，科学を社会的文脈のなかで教えようとする科学教育運動が出発し，今日STS（科学技術と社会）運動と総称されるものにつながっている。

数学や自然科学の分野では，こうした方法論論議は高度に様式化された研究論文のうえでは引用されることはまずないが，学問の基礎が弱い，つまり心身医学や心理学などでは，クーンが引用されることがしばしばある。自然科学のなかでもクーンがその立論の場とした物理科学の分野では，パラダイム論が自明として受け入れられ，量子力学の解釈のような基本を論じる際にのみ引用される。生物科学の分野ではパラダイムと通常科学の対置区別がはっきりし過ぎるというような反論があった。地質学では，プレートテクトニクスが新パラダイムとして論じられた。一般に，現場の自然科学者は，クーンの用語を科学業績の評価基準としてとらえ，「パラダイム」を大業績として評価し，その反面「通常科学」をつまらない二流の仕事とする，というような扱い方をする。

数学の歴史ではメールテンスがクーン説の数学史への適用可能性を論じて，数学史に照らしてクーンの諸概念を検討し，「革命」や「危機」が状況の表現であっても，歴史的分析の概念装置として強力なものではないことを批判しながらも，数学史のうえでパラダイムの「厳密性」よりも「実り多さ」を強調したことを評価している。つまり業績を評価するうえで，論理的整合性によってのみ評価することはできないとするようになった。

数学では自然科学の何が真実であるかという評価基準から開放されている度合いが強いから，つまり公理系として相対化する視点があるから，ポパー流の科学哲学者がクーンを相対主義者であるとして非難する感覚はあまりない。しかし，それだけ「危機」意識も乏しいということになろうか。

「後書き」を書いた後のクーンはこれ以上哲学者との論争は不毛なりとして，ひとたび物理学史に沈潜したが，晩年はふたたび哲学に帰って，哲学者の科学観をただす論文を書いている。哲学者との論争に際しては，科学者の生産物である科学論文がどういうものであるか，知らずに科学を論じているが，読んでから議論してほしい，という。また，研究経験のない学生は，パラダイムを数学の公理系，あるいは公理に基づく体系のように捉えるが，そこに欠けているのは，研究者集団の動社会学的な感覚である。

『科学革命の構造』の初版以来，35年たとうとしている。一方哲学では相変わらずクーンのパラダイムについての論文が現れるが，それは科学哲学者なら自己の立場を明らかにするために，パラダイムに対してだれしも何か一言なければならないからであろう。

一般にはパラダイムは流行語として使われ，すでに定着した観がある。パラダイムを書物のタイトルに入れている著書は世界で数千，日本語でも数百を数える。こうして『科学革命の構造』は版を重ねて，英語原著は100万部，日本語は10万部以上を重ね，多くの言葉に翻訳され，世紀の古典となった。　　訳者要約

［書誌データ］Thomas Samuel Kuhn, *Structure of Scientific Revolutions*, University of Chicago Press, 1962; 2nd ed., 1970（『科学革命の構造』中山茂訳，みすず書房，1971）．

■**スメルサー** Neil Smelser (1930-)
『**集合行動の理論**』*1962年刊

　英国産業革命史は，機械打ち壊しから工場立法をめぐるストライキに至るまで，労働者のさまざまな集合行動に彩られている。スメルサーは「構造分化モデル」と名づけた独自の社会学理論を適用して，産業革命期の社会変動の研究に大きな一石を投じた。伝統的な労働者コミュニティやそこでの相互扶助組織であった友愛協会は，多くの機能を未分化に含む安定的な構造をもっていたが，都市化や産業化の波に洗われて，新しい歴史的状況に不適合になったので，未分化な構造を単機能をもつ複数の構造に分化することによって，たとえば，友愛協会は労働組合，協同組合，保険会社，学校などに構造分化することによって，状況に適合するように変化していった。そして分化した構造を統合するための労働者政党を創出するなどして，いっそう分化を促しつつ，統合をはかったのである。

　しかし，分化と統合は連続的に進むわけではない。構造分化は資源の再配分を伴うので生活防衛のためのリアクションとして，集合行動を含む擾乱（disturbances）を生み出す。そして分化と統合と擾乱という3つのプロセスの交互作用が社会変動のコースを条件づけるとスメルサーは考えた。こうして彼は産業革命の研究に引き続いて，集合行動論を体系化するという課題に取り組むことになった。

　『集合行動の理論』は複雑な理論構成をもつ大著であるが，その基本命題はつぎのように簡潔に要約される。すなわち，「ストレン下にある人びとは，社会的行為の構成素のどれかを再構成しさえすれば危機を解決し得るという一般化された信念に基づいて非制度的な動員を行う。」この基本命題をめぐって，社会行為構成素論と価値付加プロセス論という2つの支柱となる考え方が提起される。

(1)社会行為構成素論

　なぜ社会行為の構成素（components）が問題となるのか。人々の社会行為を組み立てている構成素のすべてが期待通りに通常の働きをしているかぎり，社会生活は通常に営まれているといってよい。しかし，もしストレンが生じて構成素のどれかが損傷を蒙って，その結果，期待通りの社会行為が行えなくなる場合，社会的に無秩序や危機の状態になるであろう。そしてこれに対する反応として集合行動が発生するであろう。このような理由で，最初にまず社会行為構成素が問題とされるわけである。スメルサーによれば，構成素は4つある。①価値，②規範，③組織行為への動機の動員，④状況の便益，がそれである。③は集団・役割およびその資源配分構造を指しており，④は行為の手段となる資源や情報を指している。構成素は「一般－特定」という関係において①②③④の順でハイアラーキをなしている。たとえば，価値は行為を一般的に方向づけ，規範はその可能性のうちで行為を特定化して方向づける。このようにして構成素のハイアラーキに規定されて，特定の社会行為が出現するのである。

　したがって，構成素にストレンが生じた場合，つまり①価値不協和，②アノミー，③正当な報酬の剥奪，④行為手段の欠如・あいまいさ，といったストレンが生じた場合，そのストレンの源泉がどこであろうと，構成素のハイアラーキの下方にストレンが影響を及ぼして，期待通りの特定化された行為の出現が不可能になってしまう。そしてこの危機的な状況で不満が蓄積される。そこで，ストレンの源泉を探し，危機の解決をもとめて，構成素ハイアラーキを昇りながら探索が行われる。そして，ある1つの構成素を革新し再構成しさえすれば一挙に危機が解決するという一般化された信念（a generalized belief）が形成され，それが短絡反応をおこして，非制度的な動員としての集合行動が発生する。

　以上の社会行為構成素論を基にして集合行動の類型がつくられる。すなわち，①あいまいな状況を絶対的脅威とみるヒステリカルな

信念によって動員されるパニック，たとえば軍隊の敗走，②絶対有効な資源を獲得しさえすれば危機が解決できるという願望成就の信念によって動員されるクレーズ (craze)，たとえば土地投機ブーム，③危機の有責主体を罰することによって危機解決ができるという敵対的信念によって動員される敵意噴出，たとえば暴動，④規範を再構成しようとする規範志向の信念によって動員される規範志向運動，たとえば各種の改良運動，⑤価値体系を再構成しようとする価値志向の信念によって動員される価値志向運動，たとえば千年王国運動，政治革命，がそれである。

(2)価値付加プロセス論

なぜ特定の類型の集合行動が発生するのか。行為構成素論は類型設定には力を発揮するけれども，ある類型の集合行動の発生がどのような規定要因の連鎖によるかを説明できない。これを説明するための工夫が価値付加プロセス論，あるいは価値付加の論理と呼ばれるものである。これは生産工程のアナロジーで，順次に特定の段階で特定の規定要因群がつぎつぎに付加され，最終的には特定の類型の集合行動の必要十分条件が出そろって，その集合行動（完成品）が出現するとみる考え方である。規定諸要因は存在はしていたとしても，特定の段階でのみ活性化して付加されるので，その段階に来るまでは，その要因は「眠っている」わけである。価値付加プロセスは規定要因群の配列の「論理的パターニング」である。スメルサーは次のように整理している。

①構造的誘発性（ある類型の集合行動を誘発しやすい一般的な背景諸条件，たとえば，高度に構造分化がすすんだ社会で規範志向運動が発生しやすい等），②構造的ストレン，③一般化された信念の発達，④キッカケ要因（災害，失政，物価騰貴などのようにストレンを先鋭化し，一般化された信念を正当化するもの），⑤動員（なんらかの行動モデルやリーダーシップに影響されて非制度的な動員を促進するような要因群），⑥社会統制の作動。以上，①から⑤までが順次に付加され活性化することによって，ある類型の集合行動の発生の必要十分条件が揃う。預言者がある「一般化された信念」を予言として叫んでいても，②の構造的ストレンがすでに存在しているのでなければ，その声はむなしく虚空に消え，活性的要因とはならないのである。⑥の社会統制は別枠の規定要因であって，①から⑤までの要因の作用を抑止する対抗要因なのである。したがって，価値付加プロセスの進展が，社会統制の対抗コントロールによって，あるところで抑止されるならば，集合行動は発生するには至らない。もしコントロールをくぐり抜けて価値付加プロセスが終着段階の動員に達するならば，その集合行動の発生が説明されたことになるわけである。

本書の大部分を占める記述は，スメルサーが社会行為構成素論にもとづいて設定した5つの集合行動類型のひとつひとつについて，価値付加プロセス論で整理された規定諸要因を詳細に精査することに当てられている。この意味で本書は集合行動の体系的な比較理論になっている。

集合行動論はロバート・パーク以来，シカゴ学派のお家芸であったが，実践的関心の高さに比して，理論的には低調だったといわざるを得なかった。本書はシカゴ学派とは別個につくられた記念碑的業績であって，これによってアメリカ育ちの集合行動論は一挙に理論的体系性を獲得した。それゆえにまた，スメルサー以後の集合行動論および社会運動論にとって，本書は批判的に乗り越えるべき巨峰になっている。集合行動は「1つの一般化された信念にもとづく動員である」と定義するスメルサーは，集合行動が非合理的であると予断しているとして，それを批判する資源動員論が1980年前後から新しいパラダイムとして抬頭した。　　　　　　　塩原　勉

[書誌データ] Neil Joseph Smelser, *Theory of Collective Behavior*, Free Press, 1962（『集合行動の理論』会田彰・木原孝訳，誠信書房，1973）．

ハーバーマス Jürgen Habermas (1929-)
『**公共性の構造転換**』*1962年刊

　ユルゲン・ハーバーマスの名を世に知らしめた実質的なデビュー作。本書は，社会学や政治学，法学，経済学，社会史，思想史等の学問領域を自在に横断する形で書かれているが，その一貫したテーマは，「市民的公共性」(bürgerliche Öffentlichkeit) のカテゴリー，より正確にいえば「市民的公共性の自由主義モデルの構造と機能，その成立と変貌」である。民主主義の規範的側面をコミュニケーション的行為の理論や討議倫理学で基礎づけようとする後のハーバーマスの実践的関心の所在を具体的に鮮やかに示している一書ではあるが，1990年の新版に付された長文の序文でハーバーマス自身が述べているように，本書が多くの読者に熱心に読まれたのが公刊当初よりも，むしろ60年代後半の学生叛乱とそれに対する70年代以降の新保守主義的反動の時代であったことを考えるなら，さらに「中欧と東欧での〈おくればせの革命〉（ハーバーマスは，80年代後半の旧東ドイツや東欧での民主化運動をこのように呼んでいる）が公共性の構造転換にアクチュアリティをあたえた」とするならば，本書は，それ自体，システムに抗する民主的意思形成の可能性を歴史的に呈示したという点で，若書きの萌芽的著作という位置づけをはるかに越えた意義を持っていると言えよう。また，とくに1989年の英訳の刊行を機に，本書に関しては，英米圏でもカルチュラル・スタディーズやフェミニズム等から活発な批判や論議が展開されている。

　本書は，全体が7章で構成されており，第1章の「序論」と第2章「公共性の社会的構造」，第3章「公共性の政治的機能」では，公共性のカテゴリー的分類や市民的公共性の概念的定義，ならびにその歴史的成立の経緯等がイギリス，フランス，ドイツの事例に即して説明されている。

　まず，ハーバーマスは，市民的公共性を中世封建社会における「具現的公共性」(repräsentative Öffentlichkeit) から区別する。近代以前の具現的公共性は，国王や封建領主や聖職者が自らの支配権や威光を民衆に向かって公的に表現することを通じて機能する。そこでは，さまざまな儀礼を通じて，支配的地位にある人物が身をもって徳や高貴さを民衆の前で顕示するのである。しかし，中央集権的近代国家の成立と展開，ならびに商業資本，後には産業資本の成長に伴って，このような具現的公共性が発動される余地が次第になくなっていく。私的領域と公的領域，社会と国家が分離するにつれて，すなわち商品交易と社会的労働の領域，ならびに小家族的親密領域が自立するにつれて，「公衆として集合した私人たちの生活圏」としての自律的な市民的公共性が誕生する。

　市民的公共性は，まずはじめに「文芸的公共性」(literarische Öffentlichkeit) として姿を現わす。おおよそイギリスでは17世紀後半から，フランスでは18世紀初頭，ドイツでは18世紀後半に，それぞれコーヒー・ハウス（喫茶店），社交サロン，読書サークルにおいて，自律的かつ継続的に文化や芸術について活発に討論する公衆が現われる。そこでは，基本的に社会的地位が度外視され，論議する私人としての対等性が理念的に保証されており，また文化批評や芸術批評の雑誌の広範な流通にも後押しされて，論議の公開性も高まっていく。そして，初期資本主義的市場経済の圏域が拡大していくにつれて，論議の主題も政治的なものにも及んでいき，次第に，文芸的公共性のなかから「政治的公共性」(politische Öffentlichkeit) が姿を現わしてくるのである。政治的機能をもつ公共性は，私的自律の圏としての商品交易と社会的労働の領域を国家による支配や統制から守るために，公衆や「公論」(öffentliche Meinung) という新たな審廷に訴えるようになる。為政者は，公衆や「公論」の前で，自らの支配の正

当性を証示するよう求められるのである。

しかし、元来市民的公共性は、「財産と教養をもった人々」が織りなす公共性であるにもかかわらず、私有財産主の利害関心が普遍的な個人的自由への関心と同一視されるという擬制に基づいていた。第4章「市民的公共性　イデーとイデオロギー」では、このような理念と現実との乖離に関して、思想史的な検討が行なわれる。カントが、「理性の公的使用」を保証するものとしての公開性(Publizität)の原理にもとづく市民的公共性を擁護し、そこに政治と道徳を媒介し、支配を理性化する道を楽観的に展望したのに対して、ヘーゲルとマルクスが、市民社会の敵対的分裂を指摘することによって自由主義の擬制を暴露し、それぞれ「公論」を単なる「私見」あるいは「虚偽意識」の圏へと放逐してしまった経緯等が述べられる。実際に、19世紀の後半の自由主義的資本主義の時代の終焉とともに、市民的公共性の構造と機能は変質していくことになる。第5章「公共性の社会的構造変化」、第6章「公共性の政治的機能変化」、第7章「公論の概念のために」では、自由主義的な市民的公共性が崩壊していく経緯が扱われている。

市民的公共性とは、元来、国家と社会の間の緊張場面において展開され、それ自体としては私的領域に属していたのだが、19世紀後半以降の自由主義的法治国家から「社会国家」(Sozialstaat ≒ 福祉国家)への転換のなかで、国家が以前は私的自律の圏域であった領域に積極的に介入していくことにより、国家と社会、公的領域と私的領域が交錯、融合していき、大衆民主主義の進展と相まって私人たちの自律的な論議の場としての公共圏が掘りくずされていくことになる。

かつての文芸的公共性に、文化消費という擬似公共的、もしくは擬似私的な生活圏がとってかわり、文化を論議する公衆にかわって、文化を消費する公衆が現われる。マスメディアによって伝達、普及させられる「文化」は、公衆に対する操作、統合の機能を引き受けるのである。同様のことが、政治的公共性についてもあてはまる。社会国家においては、政治的意志決定は、従属された公衆の頭越しに各種の管理機関や民間団体、政党などの公的とも私的ともつかない領域で、私的利害間の集団的妥協という形で行なわれる。さまざまな「広報活動」(public relations)や議会でのパフォーマンスを通じて公共性が操作、造成され、そこでは、公論ではなく拍手喝采の気風、ムード的意見の気風がみなぎるようになり、また人々の選挙行動は、人気投票的な形態を帯びるようになる。

先に言及した1990年の新版序文では、ハーバーマスは、本書に対していくつかの修正を行なっているが、市民的公共性の今日的再生という点に関しては、多様に分化した大衆からなる公衆がもつ抵抗力や批判的ポテンシャルについて悲観的にすぎた点に触れると同時に、それに対応して、社会、および社会的自己組織化についての全体性概念にもとづく社会全体のラディカルな民主的再組織化というヴィジョンにかえて、生活世界の領域を植民地化しようとするシステム命令の干渉を民主主義的に制御するという課題を前面に押し出している。また、そのための理論的枠組みとして、本書に見られるようなイデオロギー批判的アプローチから、批判的社会理論の規範的基礎づけの試みへの移行(70年代以降にハーバーマスが実際に行なった作業)の必要性も唱えられている。

辰巳伸知

[書誌データ] Jürgen Habermas, *Strukturwandel der Öffentlichkeit: Untersuchungen zu einer Kategorie der bürgerlichen Gesellschaft*, Luchterhand Verlag, 1962 (『公共性の構造転換』細谷貞雄訳、未来社、1973) ; rev. ed., Suhrkamp Taschenbuch Wissenschaft 891, 1990 (『公共性の構造転換―市民社会の一カテゴリーの研究』細谷貞雄・山田正行訳、1994).

マクルーハン Marshall McLuhan (1911–80)
『グーテンベルクの銀河系』 *1962年刊

　グーテンベルクによる印刷技術の発明が人間の感覚と社会にもたらした根底的な変容を主題とするマクルーハンの主著である。メディアが人間の経験と社会関係を形成する基底的な力であることを示したメディア論の古典である。

　メディアを，人類の歴史を規定する基礎的な要因とみなすメディア史の構想を，マクルーハンは，トロント大学の同僚であった古典学者のハヴロックや経済学者のイニスから受け継いでいる。マクルーハンは，印刷技術の多面的な影響を描くのに，因果関係を精密にたどっていく経験科学的なアプローチをとらない。これにかわって，マクルーハンは「モザイク的アプローチ」をとる。すなわち，グーテンベルクの印刷技術と関連するさまざまな出来事をモザイク的にちりばめ，それらの出来事がかたちづくる「グーテンベルクの銀河系」を描きだす。

　このアプローチは本書の形式のうちに現われている。本書の分量の約半分は引用である。本書そのものが，引用と，マクルーハンがそれに付けた，かならずしも引用文と有機的に関連しているとはいえない解説からなる巨大なモザイク画である。

　また本書には，ふつうの書物にみられるような章立てや節立てがない。序章と終章のあいだに，番号の付けられていない108の節が並んでいるが，これらの節は，前の節を受けて，次の節が展開されていくという線形的なつながりをもっていない。節の位置を入れ替えても，ほとんど影響はない。それらは因果連鎖を構成するひとつの鎖というより，モザイクの一片である。

　要するに，本書は本を主題とする本でありながら，著者が，固定した視点から，一定の調子で，最初の頁から最後の頁まで線形的・連続的に論旨を展開していくという，印刷技術以降の本の要件を備えていない。むしろ多くの著者の声が多声的に響き，それらが非線形的・非連続的・モザイク的に並列させられている。これは，本というより，マクルーハンが賞讃してやまない新聞あるいはテレビの形式である。この本は，本について反・本的な形式で書かれた「アンチブック」（スタイナー）だといえる。

　この形式は読者を少なからずいらだたせる。しかし，このいらだちを通して，読者は，自明のものとみなしていた本という形式にあらためて気づくと同時に，「活字人間」としての自らの感覚の編成にも気づかされる。本の文化の成立とその終焉を論じた本にふさわしい巧妙な仕掛けである。

　マクルーハンは，本（文字）の文化を，話し言葉の文化，電気の文化と対比して論じている。

　マクルーハンによれば，あらゆる技術は人間の感覚器官の拡張である。人間の感覚を拡張して外化した技術は，こんどは逆に人間の感覚に反作用して，感覚と感覚のあいだの比率を変え，新しい感覚の編成をつくりだす。人類の歴史は，技術による感覚の外化と，それにともなう感覚の変容の歴史である。そして，人類の歴史は大きく話し言葉，文字，電気の3つの段階に分けられる。

　人間の最初の技術である話し言葉は，五感すべてを外化したものであり，感覚と感覚のあいだの相互作用をうみだし，包括的な経験をつくりだす。また，話される言葉を人々が同時に同じ空間で聴くことによって，人々のあいだに親密な相互依存関係がつくりだされる。

　文字の出現によって，人間の感覚の編成は大きく変化する。文字は言葉を目に見えるものにすることによって，視覚を強調する。とくに表音文字であるアルファベットは，文字を意味や音から切り離すことによって，視覚を他の感覚から切り離す。

　ただし，印刷技術の登場以前の写本文化は

まだ口語的な性格を強く帯びていた。写本は声に出して音読されたため、視覚が他の感覚から完全に切り離されることはなかった。

活版印刷技術の登場とともに、アルファベットのもつ潜勢力は全面的に開花する。印刷された本は黙読されるようになり、視覚が他の感覚から完全に切り離される。視覚を中心とする新しい感覚の編成がつくりだされ、これにともなって人間の経験と社会関係の全体が再編成されていく。

同じ規格の活字が整然と並ぶ印刷された書物を読むという経験は、均質性・画一性・線形性・連続性・反復可能性などを特徴とする視覚的な経験の形式をつくりだす。

印刷された書物は、固定した視点からながめられた事物が遠近関係にしたがって連続的に配列される遠近法的な空間経験をつくりだす。

また印刷された書物は、出来事が時間的な前後関係にしたがって線形的に並べられるクロノロジカルな時間経験もつくりだす。因果関係という観念はこの時間経験とともに生じたものである。

このような視覚的な経験の形式を備えた人間が「活字人間」である。「活字人間」はこの新しい経験の形式にもとづいて、新しい社会関係の形式をつくりだし、社会と文化の各領域を再編成していく。

印刷技術は、視覚を他の感覚から切り離すだけでなく、個人を共同体から切り離す。話し言葉が、それをともに聴く人々を親密な関係に結びつけるのに対して、印刷された書物は、その携帯可能性によって、各人が好きな時に好きな場所で好きな本を読むことを可能にし、人間をそのような親密な関係から解き放つ。この意味で印刷は「個人主義の技術」である。この技術とともに、プライバシーや著者という観念もうまれる。

印刷技術は人間を近くの人々から引き離す一方で、同じ言葉を読み書きする遠くの人々に結びつける。言葉が印刷されるようになると、正確な綴りや正確な文法が求められるようになり、方言のなかから「国語」がかたちづくられる。そして、国語を目で見るという経験を通して国民的な統合がつくりだされる。印刷された本を読むことによって、人間は個人になると同時に国民となる。個人主義とナショナリズムとは印刷技術の双子の産物である。中央集権的な国家組織や国民軍、学校教育もまた印刷技術の産物である。

印刷技術はまた近代的な産業と市場をつくりだした。印刷技術は最初の大量生産方式であり、印刷された本は最初の規格化された商品である。また印刷された本は定価をもつ最初の商品であり、この商品によって市場が形成された。

印刷技術によってつくりだされた視覚的な経験の形式は、文化の領域においては、透視画法という絵画形式や小説という文学形式、科学的な世界像などを生んだ。

このように印刷技術は、視覚的な経験の形式をつくりだすとともに、この形式にしたがって政治・経済・文化など社会の全領域をつくりかえていった。このようにしてつくりだされた「グーテンベルクの銀河系」とは近代社会そのものである。この意味で、本書はメディアの変化という視点から論じられたモダニティ論であるといえる。

そして、マクルーハンによれば、今日電気技術によってふたたび人間の経験と社会関係の全体が再編成されつつある。電気技術はふたたび感覚と感覚の相互作用をうみだすとともに、人間と人間の相互依存関係をつくりだす。この電気技術による人間と社会の変容がマクルーハンの次の著作『メディア論』(1964)の主題となる。

浜日出夫

[書誌データ] Marshall McLuhan, *The Gutenberg Galaxy: The Making of Typographic Man*, University of Toronto Press, 1962 (『グーテンベルクの銀河系―活字的人間の形成』高儀進訳, 竹内書店, 1968;『グーテンベルクの銀河系―活字人間の形成』森常治訳, みすず書房, 1986).

レヴィ゠ストロース
Claude Lévi-Strauss (1908-2009)
『野生の思考』*1962年刊

『親族の基本構造』(1949)と『神話論』(1964〜71)という大著の間にあって、やや小さめのこの本は、レヴィ゠ストロースによる構造主義の転換点を示す第2の峰をなし、今後、20世紀の人文科学にとって構造主義が果たした役割の見直しがおこなわれてゆく時、いっそう重要さをましてゆくと思われる。

本書には、神話の創造を支える思考の活動をひとつの体系として取り出し、『神話論』への序論とするというモチーフとともに、ほぼ同時に出版された『今日のトーテミスム』とあわせて、その思考体系の視点から『親族の基本構造』の主題にさかのぼって再検討するというモチーフがある。そのことが、本書を長さの割に内容の密度の高い、やや錯綜した印象を与える本にしている。また巻末におかれたサルトルの『弁証法的理性批判』への厳しい批判が、構造主義のマニフェストと受け取られ議論を呼んだことも、この本がより冷静に評価されることを妨げたともいえるかもしれない。

刊行された講義要録集『与えられた言葉』(1984)を見ると、『今日のトーテミスム』と『野生の思考』は着任2年目のコレージュ・ド・フランスで1年の間に一続きで講義されたことが分かるが、前者の章立ては講義の構成に一致するのに対し、全9章にわたる後者の内容は講義では、「具体の科学と論理」「変異形の方法」「食物禁忌と外婚制」「トーテム集団と機能的カースト」「範疇，元素，種，名」の5部からなり、少し異同がある。その章立てと構成は次のように理解される。最初の部分を2章に分け「具体の科学」を序とし、「トーテム的分類の論理」と、中間部をまとめた「変換の体系」「トーテムとカースト」の3章を前半とし、後半は「範疇，元素，種，数」に「普遍化と特殊化」「種としての個体」を加えた3章によって構成し、さらに「再び見出された時」というしめくくりと「歴史と弁証法」というサルトル批判の章を追加して全体が成ったと推測される。サルトル批判は高等研究院での講読の場で用意されたことが序文に記されている。

『今日のトーテミスム』は、動植物を祖先とみなす親族集団に婚姻規制や食物禁忌が結びついている「トーテム体系」という「未開人」に特有な思考法とされるものを、19世紀の人文科学が異文化研究に託してでっちあげた幻想にすぎないものとして解体する、いわば否定的な作業であった。ただその幻想の核心には、自然との感覚的親和性のなかで人間の思考が開花したという、ルソーやベルクソンが直観していた事実も確認される。

『野生の思考』はこの自然と親和的な思考の活動を、ポジティヴな形でとりだすことを目的としている。その出発点には、民族誌に報告された狩猟民、農耕民などの自然への細心の注意力にもとづく「具体の科学」とも呼べる思考が、具体的な感覚データを直接の素材として組み立てられ、感覚性を切り捨てることで成立する近代科学とは一見異質な構成原理をもつと指摘されている。この「野生の思考」の素材は、抽象概念ではなくむしろ記憶を宿した知覚の断片であり、それが万華鏡のように不断に組み立て直されて世界の解釈のための枠組みとしての神話が構築される。この構築の過程は、ありあわせの素材から作品を組み立てる創作活動になぞらえて器用仕事（ブリコラージュ）という新鮮なイメージで示され、神話と芸術作品との対比という視点とともに人々に鮮やかな印象を残した。

思考の素材としての感覚データは、自然の多様な動植物の観察から得られるものであり、観察の結果は基本的に二項対立の原理による緻密な民俗分類法によって体系化されている。しかしこうした「トーテム分類の論理」の全体像の把握はたいへんむずかしい。一社会におけるその細部にまで一人の研究者が精通することはむずかしく、また対象社会が自然種

のどの側面を取り出して体系化するか画一的な基準があるわけではないからである。それだけでなく，民俗分類がいわゆる「トーテム集団」という「生きられた分類」の形をとるとき，分類体系に内在する構造の論理は，集団の人口構成の変化をもたらす歴史過程，すなわち「出来事」の痕跡を消去しつつ自らを再構成する。つまり分類体系の変化を歴史的に再構成するてがかりは，原理上存在しないのである。

しかし歴史的出来事を構造に吸収してしまうトーテム分類の論理は，けっして凝固したものではなく，歴史変化とは異なる多様な構造変換の可能性を開いている。この「変換の体系」というありかたこそ，トーテム分類が自然と文化の関係づけの媒介項となることを可能にするのであり，オーストラリアのアボリジニー社会の伝統的な社会，宗教体系に見られたきわめて多彩な社会の変異形を生みだし，また世界中の文化で観察される食物規制や婚姻規則の創出を可能にしたのである。『親族の基本構造』は，こうした変換群のごく限られた一部を成すにすぎない親族関係の構造を分析の対象としたのであった。また社会構造のひとつの極限的な形ともいえるカースト体系も，一定の構造変換を加えることでトーテム体系から導きだすことが可能なのである。

こうして本書の前半で，歴史変化とは別の視点から，異なる社会を一連の構造変換として見る視点の可能性が確かめられる。そして後半では，トーテム分類の論理がいわば一社会内での集団と個体の媒介をも可能にすることが主題となる。それは「種」の概念をトーテム分類の思考の手段である種操作子として利用することによって可能となる。「種」は個体と範疇の中間にあって，「多数性の統一体」つまり多様な種からなる自然と，「統一体の多様性」つまり種としての人間の多様性を媒介し，さらに「普遍化と特殊化」という思考過程の特性によって体系の下限に固有名を作りだし，命名という操作によって個体をも包摂することができるのである。種操作子を利用して命名された個体は「種としての個体」として体系に組みこまれる。多様な民族誌的事実をてがかりにしたトーテム分類と命名体系の検討は本書の特長ともなっている。

自然と文化を媒介して多様な社会構造の生成を可能にし，また集団と個体を媒介する種操作子によって成り立つトーテム分類の体系は，それとは異質なふたつの体系と対比される。ひとつは，自然と文化のふたつの系の対応と相同性を基礎とするトーテム分類とは異なり，神と人との垂直的な関係のなかでの一連の隣接性，代替可能性による関係づけを基礎とする供犠の体系である。ふたつの体系は混同されてはならない。もうひとつは共時態として成立するトーテム分類に対する通時態すなわち歴史の問題である。基本的に「出来事」は構造に吸収されるが，通時態が共時態のなかでひとつの表現をあたえられることで後者に組みこまれることもある。オーストラリアのアボリジニーたちにとってのチュリンガと呼ばれる「聖なる物体」は，こうしてトーテム分類の優越する世界において表現を与えられた通時態すなわち「再び見出された時」であると解釈されるのである。

歴史意識の優越する現代社会においては，社会の変化は共時的な構造変換ではなく通時的な歴史変化として理解され，また集団としての社会と個体も，自然から断絶し人間の世界だけに閉じこもった歴史によって媒介されることになる。こうした歴史以外の媒体を容認しないことを理論づけようとするサルトルの『弁証法的理性批判』への反論が最後に置かれ，「種操作媒体」をキーワードに自然と親和的な思考活動のなかに歴史と社会を吸収しようと試みたともいえる『野生の思考』は閉じられている。

渡辺公三

［書誌データ］ Claude Lévi-Strauss, *La pensée sauvage*, Plon, 1962（『野生の思考』大橋保夫訳，みすず書房，1976).

ゴフマン Erving Goffman (1922-82)
『スティグマの社会学』*1963年刊

　共在におけるスティグマ，すなわち，それをもっていると否定的な意味でフツウでない——劣勢，汚れ，不完全，等々——と見なされてしまう，ないし見なされてしまいうる印を題材に，人に関する社会的情報の相互行為的構成を考察したのが本書である。

　スティグマとは「社会的アイデンティティ」の問題である。社会的アイデンティティは，人が個々の状況でどのような社会的カテゴリーに属する人物として分類できるか，ということにかかわる。つまり，スティグマ者とは，共在において否定的な社会的アイデンティティをもつ者として分類される人である。そして，社会的アイデンティティはその2局面として，問題が起こらない限り通用し続ける「実効の（virtual：訳書では「対他的」）」それと，要求がなければ示さないかもしれない「実際の（actual：同「対自的」）」それとに区別されるが，これに応じてスティグマも，自明なそれと，表向きは見えないそれとに区別される。

　自明なスティグマ者の社会的アイデンティティは実効-実際で一致している。彼／彼女は，社会化の過程で所属集団である同類集団と一般社会との間で帰属感を振幅させながら，スティグマに対する社会の一般的視角のなかで自分のスティグマを認知し，スティグマ者としての自分自身の位置を理解するに至る（精神的遍歴）。そうした彼／彼女の日常的課題は，ノーマル者との共在に生じる緊張をどう処理するかということである。彼／彼女は自分のふるまいがすべてスティグマとのかかわりで解釈され，その解釈が過去にも未来にも押し広げられて，まるで「舞台に上っている」ように感じつつ，なお"本当は"どう思われているか不安状態におかれる。しかも，自分のスティグマを前にしたノーマル者たちの相互行為上の戸惑いや気詰まりを配慮しないでもいられない。スティグマ者は，目立つスティグマのカバーリング等，ノーマル者の視角にそった共在管理に心を砕くことになる。

　他方，表向きはスティグマ者であることが見えない人がいる。社会的アイデンティティが実効-実際で食い違うケースである。この場合の彼／彼女（潜在的スティグマ者）の課題は，周囲に明かせば評判を失うことになりかねない自分の社会的情報をどのように管理し続けるか（パッシング），ということである。パッシングはまず，「実効の社会的アイデンティティ」の維持によってなされる。つまり潜在的スティグマ者は，行動空間を区分けし，オーディエンスを分離して，印象管理しながら，自分が「実際の社会的アイデンティティ」で分類されないよう工夫する。

　ただし，パッシングは「個人的アイデンティティ」の問題である。社会的アイデンティティに関する情報管理の仕方は，カテゴライズされる個人のそれこそ個人的なあり方である。ここで個人的アイデンティティはその個人の特定にかかわり，たとえていえば，氏名や社会保障番号や身体のように個人を他のすべての人から区別する手掛かり（アイデンティティ・ペグ）のまわりに，ふたつとない組み合わせでさまざまな経験や社会的遍歴を配列した記録文書（生活誌）が絡み付いたもの，そう表現される。

　さて，潜在的スティグマ者は，社会生活において自分が知られる範囲と程度のコントロールを図る。人々との間に概して一定の距離をとり，さらに自分の実際の社会的アイデンティティを知る人たちを遠ざけることで，不慮の出来事が生じて自分がスティグマ者とみられる危険を除こうとする。また彼／彼女は，ノーマル者ならふだん気にも止めずにしていることを，注意深く切り抜けていかなければならない。周囲に違和感をおぼえさせスティグマ・シンボルになりそうなものを隠すとともに，アイデンティティの同定を回避する情報管理の営みそのものの存在を隠す。そして，

スティグマの開示をせざるをえない場合も（親密化の進展は一定の秘密の開示を伴う），それは一定の「告発の作法」に則って行われ，共在がたちまち気詰まりに陥ることのないように細心の注意が払われる。秘密の露呈の回避は，共在の揺らぎの回避でもある。

最後に，スティグマはスティグマ者の集団帰属と主観的アイデンティティを問題化する。同類集団に対するスティグマ者の態度は両価的でありうる。同じスティグマを持ち，それゆえ同類と括ることのできる人々との交流は，スティグマ者をその日常的課題から解き放ち，寛がせる。しかし，スティグマ者は，同類たちをそのスティグマの目立ち方に応じて層別化し，あるいは同類のいかにもスティグマ者らしい紋切り型のふるまいに距離を感じて，自分をむしろノーマル者寄りに位置付けようとすることがある。彼／彼女は，一般社会の視角を規範的に受け入れているからだ。

ここでの焦点はノーマル者との共在における自分自身の扱い方である。スティグマ者は概して，自分自身のスティグマ者的側面をステレオタイプ的に強調して周囲の否定的態度を全面的に受け入れることも，完全にパッシングしたりノーマルを装ったりすることも抑制される。ノーマル者と共在したスティグマ者は，ノーマル者の当惑を察してこれを助け，共在の緊張を解消するようふるまう，つまり，「よい適応」が求められることになる。共在のスティグマ者は，スティグマを負うことの困難や苦痛をいささかも示さずにふるまい，同時に，ノーマル者側の対処が困難なところからは自発的に身を引いて，ノーマル者の「人並みな相互行為者」という自己像の維持に力を貸す。スティグマ者はノーマル者との共在において，いわばその内なる他者／集団の声に"おまえは他の誰とも同じだが同じではない"といわれ続け，しかしその限度内でふるまう限りは社会的利得を最大限にできるというアイロニーのなかにいることになるのだ。

さて，このような"スティグマ論"には実は評判の悪いところがある。それは，スティグマがなぜいかにしてそうなったか，いかにしてそうでなくなるか，等々，生成＝変容を主題化するものでないし，スティグマの構造論でもない。スティグマ者の境遇や苦しみを直視するものでもないし，人々のスティグマ観を分析ないし告発するものでもない。が，多くを求めすぎてはいけない。なによりゴフマンのスティグマ論とは，スティグマを題材にして，アイデンティティの相互行為的構成と，その過程にはたらく"ヒト"に関する非反省的仮定の分析を意図している。

あらためて実効‐実際の社会的アイデンティティの不一致に注目しよう。この不一致は，スティグマ者特有の問題ではなく，多かれ少なかれ誰にでも起こりうる。私たちは概してノーマルな逸脱者である。つまり，ノーマル者とスティグマ者は連続体上にあり，"スティグマ"とは共在の営みを通してこの連続体上に確認／構成される区分けである。それゆえ，スティグマとは特定の人々の実体的な属性を意味するものではなく，共在がその都度現実化するパースペクティヴである。ノーマル者は，このパースペクティヴを通してノーマルなアイデンティティに対する"ありふれた"規範的期待を確認し，スティグマ者は社会全体の視角を確認してそこに包含されていくことになる。しかも，その成否は先に述べたように両者の共同作業いかんである。

共在する異なるアイデンティティが，印象管理の共同作業を通して，一方はそれまで続いた自明性に安心し続ける形で，他方は社会から支持されていないにもかかわらず社会を支持するような形で，相補的に構成されていくのである。

安川 一

[書誌データ] Erving Goffman, *Stigma: Notes on the Management of Spoiled Identity*, Prentice-Hall, 1963（『スティグマの社会学─烙印を押されたアイデンティティ』石黒毅訳, せりか書房, 1970）.

中野卓 (1920-2014)
『商家同族団の研究』*1964年刊

　これは有賀がその主著の末尾にある追記で，明治初年の豪商が大会社へ発展したことに発足する日本資本主義経済を知るため，「いまや商家が問題とならねばならぬ」としたのを受けて，中野が商家とその同族組織を研究対象とし，農家の場合のような研究蓄積のまったくなかった商家の場合は，豪商や同族財閥に先立って，まず普通の零細な商家を対象とすべきだと考え，京都を中心として大阪，奈良，滋賀，愛知，東京にも少し及ぶ地域で，呉服商，生地商，法衣商や薬種商，砂糖商，お茶屋など，各種の中小商家を対象とした民俗学的な聞き取り調査（1942～43）を出発点として始まる研究であるが，それを戦後は，薬種卸小売商だけに焦点を絞った集中的な現地調査に切り替える。「都市における同族と親類」(1949)・「同業街における同族組織」(1948) の両論文となった初期の現地調査と，同族研究史の文献研究（1956，第1章と同名の論文）を基盤として以後の現地調査の継続や第一次的文献資料による研究によって蓄積された研究成果にもとづいて拡充し，1963年に完成した結果が『商家同族団の研究』である。

　「第一章，同族団研究の起点と課題」では日本農村社会学における有賀喜左衛門・及川宏・喜多野清一らによる家と同族の実証的理論的研究を起点として検討継承し，この研究史が残した課題を指摘し，それを解明すべき日本近代の都市商家同族研究の出発点とする。

　「第二章，商家同族団『暖簾内』と親類」において，農家の場合と区別される商家とその同族団の特徴と同族概念の共通性とに即して，商家における家と同族および親類の概念枠組を提示する。すなわち分家（親族分家）・別家（奉公人分家）にはそれぞれ本家の店へ通勤して番頭を勤める「通い分家・通い別家」および「出店」とも呼ばれる自営の店を営む「店持ち分家・店持ち別家」があり，これらが本家とその店の「暖簾」を中心として「暖簾内」を構成する。分家も別家も「通い」も「店持ち」も本家から家を設立してもらうに際して「暖簾分け」を受ける（別家，店持ちだけに暖簾分けがあるかのように考えるのは広く見られる誤認である）。「暖簾分け」・「暖簾内」は，「暖簾」の共同によって本家以下同族諸家における社会的経済的な信用の連帯に基づく庇護奉仕を象徴している。

　ある家の「親類」は，本家と親族分家および両者と姻戚関係をもつ家々よりなる。それは同族（同族団）のような団体ではなく，ある家から見て親戚（親類）関係にある家々の，視野的な構造をもつネットワークである。別家はその本家の親類ではない。しかし別家もまた別家初代と生家やそれらの家の姻戚の家々とは「親類」ネットワークをなしている。

　「第三章，家の構造と意識およびその変容」では，商人社会における家の原型を近世後期に成立した「暖簾」をめぐる商家に求め，その本質と意識を検討したうえで，商家から企業経営が分化し始めることによって生じた「家の先駆的変容」，それに続いて，明治の民法やこれをめぐる家のイデオロギーの変容を検討し，次に明治末年における「丁稚制度」の実態，およびそれに対応したイデオロギーの変容形態，次に，大正から昭和初期にかけて「家＝家族」制度と「経営家族主義」の展開までを論ずる。

　第四章では二条通り・五条通りの事例的な統計資料，とくに後者では1831～68年の間の年々の宗門人別改帳に即して，家長とその家族員および男女住込奉公人別に「近世商家の構成とその推移」を検討した後に，第五章「同業街における同族連合組織」で，「二条組薬種屋仲間」のうちその本拠たる「二条通り薬種卸商同業街」の社会構造について慶応2年および明治初期におけるその同族連合的な構成を概観し，そのうち井筒屋暖簾内および薬屋暖簾内の動的構造を精査，さらに第六章

で「脇店」の一事例「大和屋暖簾内」について，近世から昭和の大戦後にかけての動態に即し詳述することによって商家同族の理論を実証している。

京都二条の薬種屋仲間の同業街は，まずその歴史的沿革や，和漢薬における長崎問屋，大阪道修町問屋などとの間の流通関係について述べたうえで，慶応2年（1866）書上帳に記載された123軒の「店持ち商家」が，19の屋号別同族系統を示している同族連合をなしており（「通いの分家・別家」など通勤商家は別），井忠系井筒屋・井長系井筒屋・薬宗系薬屋・薬甚系薬屋・小新系小西屋・小久系小西屋・近徳系近江屋・沈香屋・舛屋・万屋・吉野屋・木屋・海老屋・松屋・池田屋・小田原屋・伊勢屋などによる同族連合のうち，原戸籍簿で明治初期に二条通り薬業街に属していた家々を調べ，とくに詳細な把握の可能な井長系井筒屋および薬甚系薬屋について，その本家・分家・別家の家連合の構造と動態の事例を詳述している。井長（殿村）本家（明治30年廃絶）は，近世後期に店持ち別家井安（半井）を，明治4年に店持ち別家井政（山本）を出し，前者は弘化4年に店持ち分家井万（半井）を，明治後期に店持ち別家近藤を出し，分家井万は，明治25年に店持ち別家中川安と，大正期に通い別家3軒を出し，中川安は大正10年に店持ち別家島路を出した。井万家については初代の生家以降の家族史を，薬甚本家の別家薬万初代以降のそれを詳述する（以上が新版「上」巻所収）。

第六章は「大和屋暖簾内とこれをめぐる家連合―異業混在地域の或る同族団」であるが，その本家大和屋忠八家の初代忠一（1759年没）は江戸金杉町の米商伊豆屋与兵衛の非後嗣として生まれ，京都の大和屋屋号の主家に奉公して別家したらしく，京都の伊勢屋治兵衛の娘を娶り，大和大路五条下ルに開業したという本家の成立から，昭和の大戦前後にわたる家長七世忠八まで，代々本家の継承を概観した後，近世における店持ち分家，通い別家，店持ち別家を検討し，また本家住込奉公人の構成と推移，とくに丁稚手代と別家創設を検討したうえで，明治以降の別家経過について本家五世忠八の日誌に基づき詳述し，さらに，本家の葬送をめぐる家連合の役割を検討，次には，本家の月並行事と年中行事における家と家連合の機能を検討した後，明治初期の本家五世の正月行事をめぐる生活組織とその変化について日誌を資料に詳述する。

また，五世忠八日誌その他第一次的資料に基づき維新前夜の「お札降り」と「ええじゃないか踊り」の乱衆行動において，その基盤となっている各種の家連合について述べる。

さらに，五世忠八日誌と関係資料によって本家における家政の危機と家政改革によるその打開の推移を，明治17年度の収支とこれにもとづく18年度の支出予算を検討し，ようやく「祖貯古金」で救われるまでを述べる。

最後に，明治より大正，昭和にかけての本家とその暖簾内の推移を概観して，末期の暖簾内として通い別家と店持ち別家について述べるが，明治後期以降の分家は，高等教育を受け月給取りの専門学校教員や海軍将校となり商家同族には留まらなかったこと，昭和の15年戦争で徒弟奉公人は兵役に取られて暖簾分けに至らず，本家店自体が統制経済で閉店した。さらに戦後は徒弟的雇用が不可能となるから別家制度は成り立たなくなったなど敗戦直後に及んで完結する。

以上が，1964年刊の旧版の内容であるが，2分冊となった第2版「下」巻には，旧版刊行以降に執筆された「補論」2篇，「商業経営の主体―商家とその同族組織」（1965年の社会経済史学会シムポジウムで発表，1966年刊）および「家と同族―社会人類学と社会学の協力のために」（1968年稿）が追加されている。

著者要約

［書誌データ］中野卓『商家同族団の研究―暖簾をめぐる家研究』未来社，1964（第2版：上，1978，下，1981）．

■メルロ゠ポンティ
Maurice Merleau-Ponty (1908-61)
『眼と精神』 *1964年刊

　この論考はメルロ゠ポンティの生前に出版された著作としては最後のものであり、彼の最晩年の課題をなす「自然」についての体系的考察の一部をなすはずであった。彼は最初これを『アール・ドゥ・フランス』誌第1号（1961年1月）に発表したが、その後ほどなく心臓麻痺で急逝したために（5月）、この論文が『レ・タン・モデルヌ』誌のメルロ゠ポンティ追悼号（184〜185号）に転載され、さらに1964年にガリマール書店から単行本として刊行されたのである。

　メルロ゠ポンティは初期の『行動の構造』や『知覚の現象学』以来、一貫して西洋哲学に特徴的な二元論的世界把握を拒否し、われわれの行動や知覚が「世界内存在」(être au monde) としてのみ可能であることを明らかにしてきた。その「世界」は、主観のあらゆる構成作業に先立ってすでに前提されている前述定的世界であったが、他方の主観自身も受肉した身体的主観でなければならなかった。彼はいわゆる「現象学的還元」についても、そうした還元不可能な世界や主観の在り方に気づくための手段に過ぎないと考えたのである。ただし、前述定的世界と言っても、それは実在論で言われるような世界ではなく、きわめて人間的な世界であったし、身体も何よりも「主観-身体」、つまり「自己の身体」であった。そのような世界と人間との根源的な関わりについての考察を、絵画に即しながら一層深化させたのが本書なのである。というのも、画家が描くのは「目に見える感覚的世界」にほかならないが、この感覚的世界の可視性こそが、個々の知覚や行動を基礎づける「存在」の第一次元とみなされたからである。この可視性の秘密をメルロ゠ポンティは、「画家がその身体を貸すことによって、世界を画像（タブロー）に変える」ことと言い表している。

　目に見える線や光・色・起伏などが「物自体」の実在的性質でないことは、哲学史上でもそれらが「第二次性質」とされていたことからもうかがえる。事実、たとえば岡のなだらかな起伏の線を直接に捉えようとして、岡の上に登ってみても、かえって稜線は消えてしまうだろう。しかし、だからと言って、その把握がデカルト的「精神」の判断によるのでないことも、稜線の視覚には岡との間のある距離が必要なことからもわかる。物が見えるということは「離れてもつ」ことであり、したがって「奥行き」のないところでは、物を見るということ自体がそもそも成り立たないのである。「動き」の場合も同様であって、実在していると考えられるどんな瞬間的動作の描写も、物の動きを止めてしまうだろう。眼に見える動きの表現には、身体が時間という「奥行き」のなかで移行する姿を画面のなかに取り込む暴挙が必要なのである。物の可視性は、世界を公平に俯瞰する上空飛行的精神にではなく、距離を隔てながら斜めに世界を所有する身体としての私に開かれてくる出来事でなければならない。

　その際、「身体」ということでメルロ゠ポンティがたえず考えていたのは、「見るもの」「触れるもの」であると同時に「見えるもの」「触れられるもの」でもあるような、言いかえれば主観であると同時に客観でもあるような両義的存在であった。もっと正確に言えば、それはフッサールが『イデーン』第2巻（§36以下）で分析しているような触覚の担い手としての身体である。というのも、フッサールにとっては、触覚は「原感官」(Ur-Sinn) とも言うべきもので、それが生きた自然の構成にとって最も基底的なものとみなされていたからである。たとえば、視覚の場合、眼が眼自身を見るということはないし、眼で見たものが眼のどこかに位置づけられるということもない。聴覚においても、耳が耳自身を対象にしたり、耳で聞いた音を耳のどこかに局在化するということはない。その意

味で，これらの感覚は，いわば世界の上を漂うような感覚にすぎない。他方，触覚においては，感覚は対象の特性を告知すると同時に，その感覚が自分の感じた感触（Empfindnis・感じられたもの）として，身体自身の上に位置づけられる。たとえば，右手で石に触れると，石がざらざらしたものなどとして把握されるが，また同時に，その感覚が右手の上の感触として，右手に局在化される。つまり，触覚は物を感じている限りでは主観であるが，その感覚が身体のなかに局在化されるという限りでは客観となり，そのようにして主客の重なり合いが起こる。これがフッサールにとっては，私が「自分の身体」をもち，世界が「私の世界」になるということの現象学的意味であった。メルロ＝ポンティはすでに『知覚の現象学』のなかでも，こうした触覚の二重性格に注目していたが，後期の彼はそれをさらに存在論的に解釈し直し，そこに自然の根源的在り方を求めたのである。

実際，画家が何かを描くというとき，彼はそれを見たから描いたという限りでは，その画像は「あちら」にあったはずである。しかし，その像が普通の人には見えなかったという意味では，それはむしろ画家の「こちら」にあったものである。すべての絵画のもつこうした逆説に，メルロ＝ポンティは触覚的身体のもつ二重性の反映を見たのである。物が見えるということ自身がすでに，フッサールが触覚のこととして摘出したのと同じ事態を含んでいるというわけである。だから，メルロ＝ポンティにとっては，視覚といえども，ぜひとも世界の「上で」ではなく，その「ただ中で」起こらざるをえない。そして，この側面を強調して言えば，画家と世界との関係は，画家が物を見るというよりも，むしろ物によって見られるという関係になってくる。物にはすでに「人間以前の眼差し」が備わっていて，物自身が自分を見るように自らを形象化し，おのれをタブローに「変身」させるのであって，画家はただ物自身の変身を媒介するだけの存在ということになる。こうして，絵画を突き詰めていくと，世界が身体の単なる相関者ではなく，身体と同じ生地でできたいわば身体の裏面であり，そこにこそ存在の「組成（キメ）」があることが明らかになるというわけである。

ところで，そのような意味での世界の可能的画像は，色や形についてだけではなく，音や匂いなど，いろいろなレベルに存在しているはずであるから，それらの諸形象がある体系をなしている様を考えることができる。メルロ＝ポンティは，その体系にいわゆる「ロゴス」の所在を見届け，そしてそれらすべてを自らの現象として放射しているものがまさに「存在」（Être）だと考えたのである。

このような考えは，彼の死後に残された未完の大著『見えるものと見えないもの』のなかでも，後期ハイデガーなどと対決しながら，「肉」(chaire) や「交叉配列」(chiasme)，「絡み合い」(entrelacs) などというキーワードとともに繰り返し説かれている。たとえば，「世界とは肉だ」とか「肉は存在のエレメントだ」などと言われているが，これは，世界が身体と「転換可能」(réversible) だということの別な言い方にすぎない。彼はさらに，「すべての視覚には，根本的なナルシシズムがある」とも言い，また自然の精神分析ということまで言い出している。こうして，ほとんどアニミズム的とも言えるような野生のままの自然を描き出そうとするところに，彼の最晩年の思想的営為があったのである。

訳者〔滝浦静雄〕要約

[書誌データ] Maurice Merleau-Ponty, *L'œil et l'esprit*, Editions Gallimard, 1964（『眼と精神』滝浦静雄・木田元訳，みすず書房，1966）．

■アルチュセール Louis Althusser (1918-90),
バリバール Etienne Balibar (1942-),
ランシエール Jacques Rancière (1940-),
マシュレー Pierre Macherey (1938-),
エスタブレ Roger Establet (1940-)
『資本論を読む』(全2巻) *1965年刊

本書は1965年に行われた高等師範学校における『資本論』セミナーの記録である。1968年にポケット版の訂正新版が出たが，それはアルチュセールの2論文とバリバールの論文を合本にしたものでしかない。1974年に他の諸論文も2冊のポケット版の形式で出版された。1996年には前記の訂正新版と他の諸論文を合わせた1冊本が出版された。本書の諸論文は，アルチュセールの『マルクスのために』のなかで提案された理論的概念（認識論的切断，重層的決定，理論的実践，複合的全体性，反人間主義）を出発点にして，『資本論』全体を哲学的に読む試みである。各論文の骨子は以下の通りである。

第1巻の内容：

アルチュセール「『資本論』からマルクスの哲学へ」——この論文での中心的な問いは，『資本論』の理論的対象とは何かである。この対象の本性を解明するためには回り道をしなくてはならない。『資本論』と著者マルクスとの関係，つまりマルクス自身が自分の著作の対象をどう考えていたか，どう定義していたかを明らかにしなくてはならない。この解明は著者と著作の認識関係の分析になる。この関係を「読む」ためにはその「読み」の理論が不可欠である。この読み方の理論が徴候的読解とよばれる。マルクスは自分の対象を説明するときに，しばしば曖昧であり，多くの空所，空白を残す。これらの欠如は単なる言説の欠陥ではなくて，そのなかで複数の問いの構造がひそかに争う事態を表現する言説上の「徴候」である。空白のある言説は虚ろにひびく。空白から聞こえてくる空虚な響きに耳を傾け，その声を聞き取るのが徴候的読解である。徴候としての空白や空所は，理論的難点の場所であり，同時に真実の理論的概念が生成する場所でもある。徴候的読解によってはじめてマルクスの理論的対象の可能性の条件が読み取られ，本来の対象の構築への道が切り拓かれる。

ランシエール「『1844年の草稿』から『資本論』までの批判の概念と経済学批判」——この論文はアルチュセールの認識論的切断のテーゼに従って，初期マルクスと後期マルクスの哲学的地平の根源的差異を明らかにする。とくに，用語法の働きの差異に注目した分析が重要である。初期マルクスのテクストと後期マルクスのテクストでは，同じ用語（疎外，外化，物象化，本質，現象など）が頻出するが，問いの構造の文脈が相違するに応じて同じ用語でもまったく違う役割をはたすことが跡付けられる。精緻な用語分析によって，ランシエールは『資本論』における科学と批判の概念の輪郭を明確にする。そして彼はマルクスの科学的認識における概念的組織様式を「換喩的因果性」とよぶ。

マシュレー「『資本論』の叙述過程について」——マシュレーは『資本論』第1巻第1章の最初の数ページ（商品の価値形式に関する箇所）を素材にして，マルクスの叙述の特質を明らかにしようとする。マルクスの商品分析における「分析」は，デカルト的な機械論的分解論とはちがって，最初の言明が次の言明によって批判され，そのなかで新しい言明（概念）が生産される過程を意味する。これはアルチュセールが『マルクスのために』のなかで提案した一般性I／一般性II／一般性IIIの不連続過程の理論をマルクスのテクストに即して実証するものである。「叙述」とは現象の提示ではなくて，概念を構築する理論的実践なのである。

第2巻の内容：

アルチュセール「『資本論』の対象」——これは1冊の書物になるほどの長大な論文であり，本書中の圧巻である。いくつかの重要論点が扱われる——マルクスと古典経済学に

おける対象概念の差異，マルクスの全体性概念，マルクスとヘーゲルにおける歴史概念の差異，マルクスの科学的発見と哲学的革命，等々。とくにマルクスにふさわしい理論的対象のアルチュセール的定義とその科学性の証明は重要である。剰余価値という用語に凝縮される生産様式の概念は，新しい全体性の概念を含意するもので，それを可能にする問いの構造が明確に定義されなくてはならない。この問いの構造は諸概念を組織する独自の因果性の概念を要求する。それが構造因果性（結果のなかに不在的に内在する構造）とよばれる。この因果関係の概念はマルクス以前ではスピノザを除いてまったく存在しない。マルクスはこの概念を社会構造の認識に即して提出したことに着目して，マルクスによる哲学（認識論）的革命とよばれる。マルクスは新しい科学（歴史の科学）を創設することで，同時に哲学革命を実現した。この二重革命のなかにマルクスの歴史的に決定的な意味があるというのが，この論文の結論である。

バリバール「史的唯物論の根本概念について」——前記のアルチュセール論文とならぶ本書の白眉。バリバールは，マルクスの多くのテクストを比較対照させて，マルクスの「生産様式」概念を定義しようとする。彼によれば，生産様式は，生産方法でも生産技術のことでもなく，社会的構造である。すなわち，生産様式は2つの構造から成り立つ。(1)生産諸力の構造。これは労働対象，労働手段，労働力の結合であり，人間による自然の獲得様式である。『資本論』では労働過程にあたる。(2)生産関係の構造。これは生産手段の所有関係（階級関係）のもとでの生産要素（生産手段，労働者，非労働者の再結合）である。これは『資本論』では生産過程論にあたる。2つの構造の結合としての生産様式は，構造の構造であり，複合構造である。ここではヘーゲル的な本質／現象の因果関係は妥当しない。重層的決定と構造因果性のみが生産様式の複合構造を説明できる。アルチュセール学派の歴史理論はこのバリバールの理論にほかならない。

エスタブレ「『資本論』のプランの考察」——エスタブレのいうプランは経済学批判体系のプランではない。それは『資本論』の構造，つまりその巻別構成と編別構成（さらには章別構成）の論理的仕組みがプランとよばれる。彼は巻別・編別・章別構成の角度から『資本論』の認識論的構成を問題にしている。これによって，『資本論』は，理念型でもなく，経済学のもうひとつのモデルでもなくて，商品，貨幣，資本の諸形式の概念，資本の蓄積と再生産の概念，利潤，利子，地代の概念などの理論的構築の認識論的実践過程であることが強調される。これもまた『資本論』の科学性を証明する試みである。

『資本論を読む』は論者の観点が違っても，すべてが2つの問題に収斂していく。ひとつは『資本論』がいかなる条件で科学であるのかという科学性の証明の問題であり，これを厳密に語ることではじめて，マルクスの「歴史の科学」（いわゆる史的唯物論）がもつ科学史上の画期的事件性が確定できる。もうひとつはマルクスの哲学的革命の証明の問題である。この革命は新しい認識様式（世界を記述する概念組織の理論）の提出である。科学性と哲学革命という2つの問いは，マルクス以後ではアルチュセール学派だけがはじめて提起した。その意味で本書はマルクス研究史上で画期的な業績である。　訳者〔今村仁司〕要約

［書誌データ］Louis Althusser, Etienne Balibar, Jacques Rancière, Pierre Macherey, Roger Establet, *Lire le Capital*, tome I, II, Maspero, 1965（『資本論を読む』権寧他訳，合同出版，1974；ちくま学芸文庫，上・中・下，今村仁司訳，1996-97）．

バーガー, P. Peter L. Berger (1929-2017),
ルックマン Thomas Luckmann (1927-2016)
『日常世界の構成』*1966年刊

　1960年代の欧米における現象学の興隆に呼応する形で登場した現象学的社会学の流れを汲みながら，しかも一方で哲学や社会学における古典や伝統的アプローチをも継承しつつ，独自の概念折衷法によって社会学理論に1つの新生面をきり開き，60年代に最も大きな影響力をもった社会学書の1つとして準古典の評価を得ているもの。

　著者によれば，本書は知識社会学の体系的・理論的論文として書かれたという。しかしここでいう「知識社会学」は従来のそれとはいささか趣を異にする。というのも，伝統的な理解では，知識社会学は意識の存在拘束性（Seinsgebundenheit）の学問として，人間の観念や思考が社会的要因によっていかに決定され，規定されるかを研究する学問とされてきた。つまりそれは人間の意識よりも社会的存在の方に優先的な存在論的地位を与え，意識や観念を社会構造の派生物，流出物と考える傾向が強かった。これに対し，バーガーらは主体（意識）による現実構成という側面に力点をおく。つまり社会的現実は主体による構成とその意味づけという契機を欠いては存在し得ない人間的活動の所産として捉えることによって，社会的決定論とのバランスを図ろうとするわけである。

　第2に，従来の知識社会学では，関心の対象は主として理論的な思考や観念（イデオロギー）におかれてきた。しかし，著者たちによれば，こうした理論的思考や観念は社会において「知識」として通用しているものの一部を占めるにすぎず，またそれらは理論化以前の日常的で常識的な知識に支えられてこそ，はじめてその機能を全うする。したがって，知識社会学はまずそうした意味での常識的知識のあり方，つまりそうした知識が社会状況のなかで発達し，伝達され，維持されていく過程を通して日常的現実が構成されていく機制を明らかにすることを必要とする。著者たちによれば，知識社会学の課題は現実の社会的構成を分析することにあるわけである。

　以上2つの再定義から導き出されるのは，知識社会学は社会学における従来の周縁的一研究分野から社会学理論の中心そのものへ移行する，ということである。

　序論において知識社会学の問題をこのように規定しなおした著者たちは，本書を3部に分けて議論を展開する。まず第1部「日常生活における知識の基礎」では，シュッツに依拠しながら常識的知識によって体験される日常的世界の構造が分析される。ここでは日常生活の現実が秩序性を伴う至上の現実として経験されること，またそれが私の「ここといま」を中心に組織化された時間的・空間的地平から成り立っており，私はプラグマティックな関心に基づいてこの世界とかかわりをもつこと，また日常生活の現実は間主観的な世界であり，私の意味と他者の意味との間には不断の照応関係が存することを私は知っており，常識的知識とは日常生活の自明的なルーティンのなかで私が他者とともに共有している知識であることが指摘される。さらにまた，日常生活の現実が人々の主観的意味が対象化されたものであることが強調される。とりわけ言語は主観性の直接的表現から分離可能であることによって，すべての日常的出来事を意味的に秩序づける「知識の社会的在庫」の最も基本的な構成要素をなしていることが指摘される。

　日常生活における知識の構造について分析した著者たちは，次にこうした知識がどのように構成され，維持されていくのかを明らかにする。ここで著者たちが強調するのが社会的決定論に代わる知識の構成の弁証法的プロセスである。著者の概念折衷法はここで遺憾なく発揮される。ヘーゲル，マルクスに由来する人間学的アプリオリに関する学説やミードの社会心理学がとり入れられる一方で，デュルケームとウェーバーの一見矛盾する学説

が弁証法的視点の下で統合される。とりわけここで強調されるのが，人間が人間であるためのアプリオリに不可欠な過程としての3つの契機――外在化，対象化（客体化），内在化――である。

「外在化」(externalization) は人間がその肉体的および精神的活動を通じて世界に働きかけ，自己を実現していく過程のことをいう。「対象化」(objectivation) とはこうした活動の所産として，当初の生産者に外在する事実性として客観的な現実が成立することをいう。「内在化」(internalization) とはそうした現実を意識の内にとり入れ，それを主観的現実へと変換することによって，人間が現実を再びわがものにする過程のことをいう。これら3つの契機が主体と客体，個人と社会の弁証法的関係をつくり上げている。社会が人間の産物であるのは外在化によってであり，社会が独特の客観的現実であるのは対象化によってであり，人間が社会の産物であるのは内在化によってなのである。

第2部「客観的現実としての社会」では，上でみた外在化と対象化の過程を通して，主観的に意図された意味が客観的な社会的事実に構成されていく機制が明らかにされる。著者によれば，人間には他の動物にみられるような種に固有の環境は存在しない。人はその行動に安定性をもたらすのに必要な生物学的手段を欠いており，この欠落を自らの行為による社会秩序の創造によって補っている。これが外在化であり，社会秩序は人間の活動の産物として以外のいかなる存在論的地位も有しない。しかし，このように絶対的基礎を欠く限り，社会秩序は本質的に不安定で，カオスに陥る危険から自由ではあり得ない。この不安定で壊れやすい社会秩序を安定化させ，維持し，後続世代に伝えていくのが「制度化」という仕組みであり，これは活動の習慣化からはじまり，後続世代への引き継ぎによる対象化の完成で終る。しかし，さまざまな制度は全体として意味的に統合されているとは限らず，個人の内でも相互に調整されているとは限らない。こうした弱点を補い，社会制度を客観的に妥当なものにすると同時に，主観的にも納得のいくものにするのが「正当化」のメカニズムである。このための最も重要な概念装置が宗教である，と著者は言う。

第3部「主観的現実としての社会」では先にみた内在化のプロセスが検討される。内在化には客観的な出来事が他者の主観的意図の表現であることの理解からはじまる。一般的には，内在化は周囲の人々を理解し，世界が意味ある現実であることを理解するための基礎をなしている。著者たちはこの内在化の過程を「社会化」論に沿って説き明かしていく。ミードの社会心理学を引き合いに出しつつ，ここでは「第1次的社会化」と「第2次的社会化」が区別され，この社会化過程のなかで社会的現実の内在化とアイデンティティの主観的確立が同時に行なわれることが指摘される。正当化や宗教とならび，会話を含む他者との何気ない交流が，日常世界の自明性の維持・保証と自己のアイデンティティの確証に大きな役割を果たすことを著者は強調する。

人間の生物学的構造のなかに無秩序を見，これを社会文化的装置によって一定方向に閉じこめることに社会秩序の意味を見出す著者の立場には批判も多い。しかし，さまざまな学説の統合によって人間と社会の弁証法を平明に説き明かしていくその手法は鮮やかであり，弱点は弱点として，新鮮な知的刺激に充ちた書ではある。

訳者要約

［書誌データ］ Peter L. Berger & Thomas Luckmann, *The Social Construction of Reality: A Treatise in the Sociology of Knowledge*, Doubleday & Co., 1966 (『日常世界の構成―アイデンティティと社会の弁証法』山口節郎訳，新曜社，1977).

フーコー Michel Foucault (1926-84)
『言葉と物』＊1966年刊

本書はミシェル・フーコーの歴史的な研究のなかで『狂気の歴史』(1961),『臨床医学の誕生』(1963)に続く3番目の著作である。『狂気の歴史』で構造論的な分析を成功させたフーコーは,本書によってその地位を不動のものとするが,同時に世間からはレヴィ＝ストロースやJ．ラカン,R．バルトらとともに「構造主義者」の代表,あるいはマルクス主義に対抗するブルジョワ・イデオローグと見られるなど,多くの誤解を受けることにもなった。たしかに本書の内容は近代のヒューマニズムや人間中心主義を宙吊りにするものであり,その終章を飾った「人間の終焉」にかんする記述は左翼からキリスト教にいたるまで広範な反響を呼んだのである。

本書は序と,第1部,第2部から成っている。「序」はフーコーの躍動する文体と思考の核心が結晶している部分である。そこでフーコーはこの書物の出生地がある不思議な「笑い」の経験にあったという。彼は西欧的な思考の場を宙空に浮かせ,どこかに逸走させてしまうような「空虚」の流出を想像しながら笑っていたのである。ここにはフーコーの挑戦的でスリリングな思考を作動させる原点のようなものが露呈しているといえよう。

フーコーはこの書物で,西欧の思考を支えてきた「認識論的な場」,つまりエピステーメーの歴史について,彼のいう「考古学」的な調査を企てる。そしてその結果,西欧のエピステーメーの歴史に2つの大きな「不連続」を見いだす。それは,①17世紀中葉に生じたルネサンスと古典主義時代とのあいだの断層と,②19世紀初頭に生じた古典主義時代と新しい近代性とのあいだの断層である。重要なのは,これらの断層の前と後で,人びとの思考の秩序が異なった存在様態を見せることである。本書では,この第1の不連続の摘出が「第1部」の主題となり,そして第2の不連続の摘出が「第2部」の主題となる。

第1部は6つの章から構成されている。まず第1章では,ベラスケスの絵画「侍女たち」を素材にして古典主義時代におけるエピステーメーの特徴的な構造が分析される。その絵には1つの本質的な空白がある。それはその絵の表象関係の中心にあるべき王の不在である。そこでは表象を基礎づけるものが不在であるが,そのような表象の主体から自律した「表象関係」こそ,古典主義時代のエピステーメーの特異性を物語っているのである。

しかし,ルネサンスの後期,16世紀の西欧文化においては「表象」ではなく,むしろ「類似」が物と記号を結びつけ,「世界という散文」を織りなし,知を構築する主要な役割を果たしてきたという。そこで,第2章では,この「類似」にもとづく思考の形態や言語の活動が浮き彫りにされるのである。

第3章では,類似にもとづくルネサンス的思考の終焉を象徴する人物としてドン・キホーテが登場する。彼は類似によって物と記号が交錯するルネサンス的平原を英雄のように走り抜けるが,その姿は誤った「類似」による取り違えや錯乱の悲劇にしか見えない。だが,そういう視線はドン・キホーテがすでに書物の世界の住人であるというもう1つの事実を見逃している。ドン・キホーテはすでに物から離れ,自律した「表象の空間」のなかに生きているからである。第3章では,こうしてひらかれた古典主義時代のエピステーメーの場がそのもっとも一般的な布置において,マテシス,タクシノミア,発生論的分析によって分節されることが明らかにされる。

これに続く第4章,第5章,第6章では,古典主義時代における知の存在様態が具体的に取りあげられ,①一般文法,②博物学,③富の分析という,3つの領域の言説において図解される。これらの領域では,事物を表象する名称の秩序をつくり,また表象の発生過程の分析をめざしつつ,その認識を1つの分類体系として構築することが試みられる。重

要なのは，これらの異なる領域の言説が同一の構造的な布置にしたがって分節されることである。だが，18世紀末，古典主義時代の終末を告げるようにサドが現れる。彼の物語では，表象的な言説のタブローのなかに，そのタブローを破りかねない，生ける肉体の欲望や意志や力が導入されるのである。

第2部の冒頭，第7章「表象の限界」では，博物学や富の分析や一般文法にみられた言説の配置が崩される過程が描かれる。還元不可能な尺度としての労働，生物の内的な原理としての組織，そして言語の純粋に文法的なメカニズムなど，表象作用に還元されない要素が導入されるからである。だが，それは必ずしも表象の空間から脱出するためというわけではなかった。この両義性は同じ時期における哲学の言説にも示されている。ド・トラシーのイデオロギーが古典主義時代の最後の哲学だとすれば，カントの批判哲学はむしろ西欧の近代性の発端をしるすものであった。批判哲学はまさに表象の権利上の限界から出発して表象に問いかけたのである。

こうして表象の外部がひらかれ，有限な「実存」，つまり労働し，生き，語る，主体としての「人間」が新しい思考の台座として登場する。第8章は，18世紀末に西欧のエピステーメーに生じたこの変化を，リカードの経済学，キュビエの生物学，そしてシュレーゲルやボップの文献学的な探求のうちに確認する。第9章では，近代の思考が，知の客体であると同時に主体であるような人間を登場させ，この人間の「有限性」をめぐる分析論として成立することが説明される。

最終章では心理学，社会学から文学と神話の分析にまでいたる「人文科学」(sciences humaines) とその限界が描かれる。近代のエピステーメーの場は，数学と物理学のような演繹的科学，生命，経済，言語にかんする経験的科学，哲学的反省という3つの次元にひらいている。人文科学はこの知の三面角のあいだに成立する不安定な中間物であり，生物学，経済学，文献学・言語学を基本モデルとしながら展開していった。だが，人文科学にはそれに批判的な制約を与える歴史主義が同伴している。しかも，人文科学の限界＝形態を明らかにするように，現代の文化人類学や精神分析や言語学が立ち現れる。これらの新しい分析は人文科学の台座としての人間を解体し，人間そのものについて語らないような関心の出現を示唆しているのである。

おそらく本書のもっとも基本的な主題は，西欧文化のなかで「人間」の存在と「言語」の存在とがけっして両立したことがないという展望にある。実際，古典主義時代の表象的な言説の分析が崩れることによって，人間の存在をその有限性において分析することが可能となったのである。また，本書の方法的な特徴は，エピステーメーの不連続をまったく異質な思考の出現ではなく，むしろある基本的な構図の「形態変化」としてとらえる点にある。たとえば近代の有限性にかかわる4つの分析軸は，古典主義時代の言語の一般理論を構成していた4つの従属的領域からの変形やずれにおいて浮上するのである。

フーコーの仕事には，①真理の問題系，②権力の問題系，③倫理の問題系という3つの系列があり，いずれにおいても人間を「主体」として構成する形式が分析の焦点になる。本書はそのうち真理の問題系に入るものであり，フーコーはこれに続く『知の考古学』(1969) を経て，権力分析の問題系に移行していく。権力と相関する言説概念の精錬はまだ見られないが，本書はフーコーの歴史的な展望や分析枠組を理解するうえでもっとも基本的な座標軸を与えるものだといえよう。

内田隆三

［書誌データ］ Michel Foucault, *Les mots et les choses: une archéologie des sciences humaines*, Editions Gallimard, 1966 (『言葉と物―人文科学の考古学』渡辺一民・佐々木明訳，新潮社，1974).

ガーフィンケル Harold Garfinkel (1917-2011)
『エスノメソドロジー』 *1967年刊

本書は1967年に出版され、文字通りエスノメソドロジーという学派の創立を宣言した記念碑的著作である。内容構成は「前書き」から始まり、第1章「エスノメソドロジーとは何か？」、第2章「日常活動の基盤」、第3章「社会構造についての常識的知識」、第4章「陪審員の尊重する正しい意志決定ルール」、第5章「性転換における性別地位のパッシングと日常的管理」、第6章「粗悪な病院カルテが病院組織運営上、充分に機能する理由」、第7章「精神科外来の患者選別基準と選別の実際に関する量的調査の方法論的適合性」、第8章「科学的活動の合理性と常識的活動の合理性」、そして最後に第5章の補章がくる。

本書の有名な「前書き」はデュルケームの研究指針を逆転させ、「社会的事実の客観的現実は日常生活の協働的活動を通して進行的に達成されたもの」であることを高らかに宣言している。社会的事実が人々の実践的な活動（プラクティス）を通して、どのように産出されるのか、その人々の方法を具体的状況に即して解明することがエスノメソドロジーの課題である。第1章には、従来社会学で残余カテゴリーとされてきた日常生活こそ研究の中心であることが主張され、エスノメソドロジーの中心概念であるインデックス性（indexicality）と相互反映性（reflexivity）が紹介される。ある文脈においてなされる表現や行為がそれだけでは意味をなさず、不完全であることがインデックス性である。しかも重要なことは、意味の不完全性は人々にとってはまったく問題として認識されず、それどころかしごく当然のこととして、何らかの方法を通してつねに修復されていくのである。これが相互反映性である。人々はある言語コミュニティのメンバーとして、世界の相互反映性をあたりまえのものとして前提しているだけでなく、表現や行為の意味（合理的諸特徴）を、お互いに認識し、提示し、観察できるものに、つまり「説明可能（accountable）」にしている。これがしろうとであれプロであれ、日常生活者であれば誰でも従事している「実践的社会学的推論」、つまり「人々の方法（エスノメソッド）」である。

第2章では「実践的推論」の絶え間ないはたらきを可視化する手段として、有名な「違背実験」が示される。それは日常世界の「背後期待」を一時的に攪乱する実験である。たとえば自宅に帰って「下宿人」のように行動するとどうなるか実験させたり、通常の会話のなかで、ことばの意味を厳密に定義するよう求めたりする実験を行ったりした。その結果明らかになったことは、背後期待が一時攪乱されても、私たちはいつもどおりの社会を協働で発見し、産出し、維持するということである。私たちは何らかの社会規則に従って行為する「判断力喪失者」ではなく、実践的社会学者なのである。それに続く第3章では、マンハイムの「ドキュメント的解釈法」がラディカルに形を変えて現れる。それはもともとは、さまざまに異なった表現の背後に、共通のパターンを読み取っていく解釈法のことだったが、いまやそれは私たちが日常世界を他者とともに発見し、産出するために常に使っている方法の1つである。この章でも、擬似的なカウンセリングの実験が紹介される。それは被験者に自分の悩みなどを「はい」と「いいえ」で答えられるような「問い」の形に表現してもらい、その問いに対して無作為抽出で選んだ答えをつぎつぎと与えるというものである。私たちはこの実験手続きがでたらめであることに驚くが、それよりもっと刮目に値するのは、被験者がでたらめであるはずの答えを、自分に対する適切な答えとして理解し、1つ1つの回答のなかからカウンセラーの意図を読みとることに何の困難も感じなかったことである。

「カウンセリングの内容が正常な価値として知覚されるのは、それを確証したり、テストしたり、再検討したり、意味を持続させたり、貯蔵したり、つまり一言でいえば、それ

を巧みに処理することによって達成されるのである。したがって（中略）ドキュメント的解釈法はカウンセリングの内容を展開することによって、それに絶え間なく『正当なカウンセリングとしての地位を与え続けている』のである」(Garfinkel, 1967, p.94)。つまりカウンセリングは社会的に産出される。

第4章は、エスノメソドロジーの命名の由来ともなった陪審員たちの「合法性」の研究である。ここでは陪審員たちの決定が徹底的に状況的なものであることが明らかにされる。ふつうの市民が陪審員になるとき、彼らはたてまえでは陪審員が取るべき公式的態度を採用したと答える。つまりそこでの意志決定モデルは合理的選択モデルである。ところが、陪審員たちのインタビューによって、彼らが実際にはたてまえ通りに行動しなかったことが明らかになる。つまり、意志決定はそのつど当該の状況に即してなされ、しかも当の行為が正しかったかどうかは、審議が終わって振り返ってみて、初めて明らかになる。つまり、ある選択肢のなかから事前に合理的に選択するというモデルは捨てられ、実際になされていることは、各状況ごとになされる意志決定を「法に則った」ものであるとして正当化する協働作業なのである。こうした陪審員たちの意志決定過程の最大の特徴は「あいまいさ」である。

第5章は性転換をしたアグネス（仮名）の物語である。ガーフィンケルがアグネスとの膨大なインタビューを通して示したのは、アグネスは自分の日常生活のさまざまな活動において「ふつうの」女性が備えているはずの文化的特徴を絶えず呈示しなければならないということである。ここから得られるのは、性別は自然なものではなく、社会的に産出されるという結論である。これは、現在のジェンダー論の原型とでも言うべきだろう。女性であることとは、あらゆる実践的な目的にとって絶え間なく日常的に達成することである。つづく第6章と第7章は精神科外来のカルテの問題と、カルテをもとに患者のキャリアパターンをコーディングする作業の研究である。ここでは最初に、情報が欠損している「粗悪な」カルテがなぜ充分に機能するのか問題にされる。その理由は、カルテを読み取る作業が規範的な医者─患者関係を念頭において、カルテの作成に関わる病院運営についての知識を動員しながら、背後にあるはずのパターンをドキュメントしているからである。同様に、患者の来院から治療までのキャリアパターンを調査者がコーディングするとき、カルテ内容があいまいであるかどうかには関係なく、病院についての知識がいつも動員され、そのつどアドホックな考察を通して、コーディングが完成される。最後の第8章はガーフィンケルの博士論文『他者の知覚』のテーマと連続する。それはパーソンズの行為論の根底にある科学的合理性は、もし実際に日常世界に導入されれば、日常の協働行為を攪乱するものであり、行為の理念型として役に立たないと結論する。以上が本書の概観である。

ガーフィンケルが提起した問題は、社会的行為についてラディカルな見直しをせまる。つまり、行為者は何らかの規範や価値に従って行為するのではない。むしろ私たちは常識というリソースを暗黙裡に、しかも熟練して使用することによって、規範や価値を「道徳的に適切なかたちで」協働で読みとっていく。この考え方はシュッツの現象学に基づいたものだが、それだけではない。具体的状況に即した協働行為の微細な分析は、新しいエスノグラフィーと現在の会話分析 (Conversation Analysis) を導いた。そしてこの方向性はメルロ＝ポンティの身体論やウィトゲンシュタインの言語哲学に多くを負っている。

本書は現代社会学理論の古典とも言うべき地位を占めるだけでなく、ギデンズやブルデュー、あるいはハーバーマスやルーマンといった社会学者たちに大きなインスピレーションを与え続けている。

訳者（山田富秋）要約

［書誌データ］ Harold Garfinkel, *Studies in Ethnomethodology*, Prentice-Hall, 1967（『エスノメソドロジー』山田富秋・好井裕明・山崎敬一編訳、せりか書房、1987；『日常性の解剖学』北澤裕・西阪仰、マルジュ社、1989）．

バルト Roland Barthes (1915-80)
『**モードの体系**』*1967年刊

『神話作用』(1957)でプチ・ブルジョワジーのさまざまな神話形態を分析，批判した著者が，ソシュールによって先鞭をつけられた記号学とレヴィ=ストロースを代表的論客とする構造主義人類学の成果を踏まえたうえで執筆された大著。フランスの歴史家を論じた最初期の著書『ミシュレ』(1954)をバルトは学位論文として構想していたと言われるが，本書もまた当初は学位論文になる予定であった。

1957年以来，「衣服の歴史と社会学」をはじめとするモードに関する論文が発表され，著者の衣服の社会学に対する関心は年期が入っていた。はじめレヴィ=ストロースの指導を仰ぐことも考えられたというが，結果としては，学術書の体裁を取りながら著者の記号学的思考を集大成した本書は，10年の準備期間を経て完成し，著者の代表作とみなされるにいたった。学位論文として構想されたということからもわかるように，学術的，科学的論調が強く，ある種のアカデミックな言葉遣いが用いられている。しかしながら，この本が刊行された当時，著者はそうした「科学性の夢」を通過していて，「まえがき」で述べられるように刊行時においてすでに著者自身によって「古びている」と判断されたことも忘れるべきではないだろう。

レヴィ=ストロースはバルトが本書を準備するに当たって，資料体を均一なものとし，「書かれた」衣服，すなわちモード雑誌が衣服について語る言説に論点を絞るよう助言したと言われる。著者は本書の公刊後のインタビューで，レヴィ=ストロースのこの助言に触れながら，「混交したいくつかの体系，すなわち製造技術や映像（写真という形態での）や書かれた言葉が介入する対象を，唯一の運動で研究することはできない，という確信を持った」と述べている。そのようにして著者はモードの体系の分析をファッション誌に読まれる文章に限り，学術的な知と人文諸科学の知が渾然一体となって統一された書物が構想されたのである。

現実の衣服ではなく，衣服に関するジャーナリズムの言説を分析するというこの姿勢には，フーコーが『言葉と物』の末尾で述べたような，言語が実在し，その構造のなかで人間の主体が解体される，という60年代構造主義の思想が背景にある。これはソシュールの提言，「言語学は記号学の一部をなす」を転倒し，「記号学は言語学の一部なのだ」とする，本書の「まえがき」の提言をみちびき出した。バルトは衣服をテクストとして読んだのであり，その後，彼がテクストを織物（ティシュ）と結びつけて展開するテクスト理論を予感させるものだろう。

しかし，言語学，あるいはそれに包摂される記号学の適用される対象が，なぜ女性の衣服であったか，という疑問は残る。バルトはその実生活においてホモセクシャルであり，女性には関心を示さなかったと言われる。この点に関して『ロラン・バルト伝』でL.-J. カルヴェは「女性の肉体は，この書かれた衣服のうちには存在せず，その口実，媒体になっているにすぎない」と書いている。女性でもなく，女性の衣服でもなく，女性の衣服について書かれた文章を，1つの体系的な学問の対象にするについては，単に当時の言語学，記号学の隆盛という時代的趨勢のみならず，1人のホモセクシャルとして多分に女性的資質を有していた著者の，生身の女性に対して距離を置く姿勢が反映している。この距離はバルトがブレヒトの芝居『肝っ玉おっ母』に触れて論じた「異化」を思わせるものがあり，女性の衣服とそれに関する言語の様態は，バルトにとって批評の同義語である「異化」を有効に行使する読解格子として用いられたのである。

著者はモードの言説を分析するに当たって，ソシュールの周知の区分，言語体系 (langue)

と個人言語（parole），さらに言語活動（langage）の3区分を適用する。言語体系とは国語のように体系化され制度化された言語，個人言語とは個人が言語体系に立脚しながら用いる実際の言葉，言語活動とは両者を合わせた総称的な用語である。この区分を衣服に援用するなら，言語体系に相当するものが制度的，社会的な衣服であり，これをバルトはコスチュームと名づけ，個人言語に相当するものが個々人の服装であり，これは身なり（habillement）と名づけられる。そして最後にコスチュームと身なりを合わせたものを衣服（vêtement）と呼ぶ。言うまでもなくこのような分類は，言語のような抽象的な記号ではなく衣服のような流動する現実の事象に適用されるとき恣意的な性格を免れえないが，バルトには分類することに対する強い関心が存していて，これは分類することによって流動する現実を静態的に観察するという構造主義の知が要請するものであった。

ソシュールは言語の歴史的に変化する側面を通時性（diachronie）と呼び，その静態的な構造を共時性（synchronie）と呼んだ。これも衣服に関して言えば，前者を個々人の身なり，後者を制度的な衣服に当てはめることができる。しかしここでもバルトにとっての問題は通時的なものと共時的なものを弁証法的に交差させることであり，両者を結びつけることによって生じる新たな歴史的，社会学的な視野——構造主義の視野と言ってもよい——が重要だったのである。衣服の神話作用を分析するためには，レヴィ＝ストロースにおけると同様，そこに一種の格子を嵌め，その神話作用から記号学者が身を引き離す必要があったのだ。「印刷されたモードは，記号学的に言って，衣服の文字通りの神話学として機能する」というバルトの言葉はそのように理解される。つまり，モードではなくモードの言葉は，衣服を読み取るための読解格子として機能するということである。

バルトの記号学はすぐれた批判の方法であるが，モードの言説が生み出す神話に対しては，まずそれを「読む」という立場から出発する。それは神話を消費するという意味ではなく，「神話に対抗する最良の武器は，おそらく今度はこちらが神話を神話化し，人工的な神話を創造すること」（『神話作用』）なのである。つまり疑似―自然を装う神話から自由になるためには，自然をもってしても神話をもってしても有効ではなく，神話が作られたものであることを明るみに出す「人工的な神話」のみが有効であると言うのである。バルトにあってはそれが神話の読解であった。

その意味でモード雑誌に流通する言葉はまさに疑似-自然を装う神話の最たるものだろう。「〈モード〉は暴君的なものであり，その記号が恣意的なものであるからこそ，〈モード〉は記号を自然な事実に変換する必要がある。「恣意的（arbitraire）」とはソシュールの用語で，記号表現（signifiant）と記号内容（signifié）の結びつきは「恣意的」であると言われた。モードはこの恣意性を暴君のごとく専制的に行使する。モードは意味内容を欠いた空虚な言説である。これを換言すれば，純粋にシニフィアンの戯れからなる形式，と言うこともできよう。内容のない形式，衣服という表層の戯れ，——これはバルトがロブ＝グリエの客観文学について語ったことに等しい。

バルトは衣服というテクストに「文学」を見たのだろうか？　ある種の文学をそこに見通したことは確かだろう。しかしモードを文学として評価したなどと曲解してはなるまい。根底的にはこの書はモード批判であり，バルトが「テクストの快楽」を見出した文学は，モードのようには「自然」を装わない点が重要だったのである。

鈴村和成

［書誌データ］Roland Barthes, *Système de la Mode*, Seuil, 1967（『モードの体系』佐藤信夫訳，みすず書房，1972）.

■モラン Edgar Morin (1921-)
『オルレアンのうわさ』 *1969年刊

　1969年の4月末から5月初めにかけてフランス中部の都市オルレアンで，女性誘拐のうわさ事件が生じる。社会学者のエドガール・モランは調査のため研究グループを組織しオルレアンに乗り込み，その調査報告をまとめたのが『オルレアンのうわさ』である。この時期にモランは，フランス社会で進行していた現代化の動き，とくにブルターニュなどの地方での現代化とその対流現象の研究をしていたこともあり，この事件もフランスの地方都市の人々が現代化にたいして示した反応としてとらえている。しかし，その反応はきわめて多面的な形でおさえられるし，うわさ事件の直後に現地に入りこみインタビュー調査したことで，うわさの発生・伝搬・拡大・反撃・消滅のサイクルを具体的な形でとらえるのに成功している。うわさの伝搬の経路となった人々（＝流言集団）が完全に突き止められることは少ないが，これを復元してみせたため流言研究にとっても貴重な資料となっている。

　流言集団の核となったリセの女生徒たちにとって現代化はどのように受けとられたか，あるいは人々のもとに古くから残る反ユダヤ主義の雰囲気，あるいは昔ながらのフォークロア的な都市のイメージなどを神話ととらえ，その神話が人々のうわさへの信憑を支え培ったとする分析の手法は斬新であり，またその洗練されたスタイルとあいまって，読み物としても魅力あるものとなっているが，このことが本書をして社会学をこえて一般の人々にも広く読まれるものにしている。

　事件の生じたのが辞任したドゴール大統領の後任者を選出する運動期間中で落ちつかない時期であったことが留意されてよいだろう。オルレアンの町の中心部で流行の先端をいく婦人服のブティックで，そのうちでも経営者がユダヤ人である6軒の店で女性誘拐をやっているとのうわさが流れるのである。女性客が店に入り，気に入った服を試してみようと試着室に入りカーテンを閉じると，店の人間に薬物を注射され眠らされてしまう。そして，夜の間にロワール河を船で上がってきた誘拐仲間に渡されついには外国の売春街へと売られてしまうのだという。完全に口コミだけの話で新聞やテレビ，ビラやポスターには一切あらわれない。警察に行方不明者の届け出もなかったのである。うわさは16歳から18歳のリセの女生徒たちの間でまず広まり，家庭や職場を介して年輩の女性たちにまで広まった。初めのうちはうわさを耳にしても信じなかった男性たちも，うわさがもっとも力を持った時点では巻き込まれ，名指しされた店の前には人だかりを作り威嚇の仕草をすることになる。その後，町のユダヤ人社会の活動家や左翼政党，人権団体などが立ち上がり，マス・メディアもそれがたんなるうわさに過ぎないと書くようになって，うわさは衰えていった。しかし，町中の人に敵意とともに取り囲まれた体験をした店主たちの傷は大きく，かれらはオルレアンを去ることを考えるに至る。

　事件はこのようだとして，どのように考えればよいのか。うわさの始まりは女生徒たち，そして若い女性向けの雑誌のそのころ出た号に女性誘拐の小説が掲載されていたという。発生点はそこにあり女生徒たちの教育が孵化・共鳴の装置をなしたとして，なぜオルレアンでだけ生じたのか問う必要があるだろう。いくつかのモチーフが浮かび上がる。1960年代のフランス経済の高度成長のなかで，人々は生活の全般にわたり現代化が進むのを，驚きと戸惑いの感情を持って受けとめている。都市の中心部は再開発され，外側はそのままでも内部はすっかり変わって，洗練されたしゃれたブティックが出現する。店内に並べてある服もファッション雑誌から抜け出したもののようにすばらしい。このような演出のうちで，現実と夢との境界もあいまいになってくる。ブティックの試着室のなかでうっとり

するような服を身につけてみることは，そのまま夢の世界にはいっていくことではないか。試着室で脱いだり着たりすることはさまざまな性的な妄想をかき立てることになり，これが女生徒たちを流言集団の核にする。

現代化はその対流としてオルレアンの町のアルカイックなイメージも生き返らせる。ブティックのひとつはいかにもそれらしい演出で「地下牢」と名づけるという具合。この町には古代の石切場跡や地下墳墓，あるいはジャンヌ・ダルクの時代につくられた秘密の地下通路がいくつもあるのだという話を人々は思い出す。その記憶がよみがえり，うわさに現実感をあたえ，とくにこの町の老婦人たちの不安をかき立てる。さらにまたユダヤ人のテーマ，第2次大戦の経験から反ユダヤ的な言辞は取り締まられるけれど淡い雰囲気まではどうしようもない。ただ人種差別的な態度の対象となるのは近年北アフリカから移住してきたユダヤ人のような人たちではなくて，すっかり同化してフランス人と見分けがつかず，しかも流行の先端を行くような仕事をしている人たちなのである。反ユダヤ主義もまた現代の刻印をうけている。

これらのモチーフをモランは流言集団に人々を結びつけた神話であるという。人権団体，ユダヤ人活動家，左翼の人々はうわさにさまざまに反論するわけだが，モランはこれを対抗神話と考えている。対抗神話は必ずしも神話を押さえ込むわけではなく，神話の側からの新たな対抗を呼び起こし，部分的にはうわさを活発化させてしまうのである。この書物より少し後に現われるミシェル・ルイ・ルケートの小著『うわさ』(1975) では，うわさの拡大と展開の過程を，うわさのメッセージにおける主語部分と述語部分の不釣り合いに求め，うわさの真実さはその釣り合いを求めるから，そこで尾ひれを付けたり反論にさらに反論することが物語を膨らませ人々を惹きつけるとされるが，モランも神話と対抗神話の関係をそのようなものとして見ている。うわさ・流言を非合理的な現象とし，それに反論し終息させようとして提出されるものを科学的・合理的というように考えるわけでは必ずしもない。

現代化のなかで現実と夢，あるいは神話と対抗神話がいつのまにかその境界をあいまいにしているというモランの分析は，これに先立つ彼の研究を貫いているテーマである。『人間と死』，『映画　想像のなかの人間』などをひもとくとすぐ明らかなことだが，人間は想像を生み出し，その想像を現実としていきるという部分を生活のうちに必ず持っている。石器時代の埋葬跡をみると葬送の仕方は明らかに死後の生や再生を意識している。これまで人間はホモ・サピエンスないしホモ・ファーベルとして現実にそくして合理的に行動するものとしてもっぱら考えられてきたけれど，想像と神話をもつねに生み出し増殖させてきたのでもある。道具を作り合理的に行動することは，神話や想像により非合理なものをふくらませ，それにより死をこえようと試みてきたのである。そのことは否定的にだけ考えるべきではないし，現代社会のなかではたとえば映画を見るという体験のなかでも生じている。映画のヒーローたちと一体化しカタルシスを体験するときの核心をなしている。それでモランは映画を見ている私たちのうちで身分ないしアルター・エゴが動き出すといい，「死者の王国と映画の王国は深部でつながっている」というのである。この見方がオルレアンでのうわさの見方とつながっているのがわかるだろう。

「オルレアンのうわさ」と同じ時期にブルターニュ地方での現代化についてなされた調査記録『プロデメ村の変貌』を著したあと，モランは社会学の研究からはずれ，複雑性や自己組織性などのきわめて現代的なテーマを語り続けることになる。しかし，そこでもノイズによる自己組織化を強調するとき，このうわさ事件の調査での考え方とは深部でつながっているのである。

訳者要約

［書誌データ］Edgar Morin, *La rumeur d'Orléans*, Seuil, 1969 (『オルレアンのうわさ』杉山光信訳，みすず書房, 1973).

ブルデュー Pierre Bourdieu (1930-2002),
パスロン Jean-Claude Passeron (1930-)
『再生産』 *1970年刊

社会的地位の再生産において文化の演じる役割を解明しようとする理論的志向を文化的再生産論とよぶならば、この理論の体系化の中心的企てをなすのが、本書である。2つの部分からなり、第1部は「象徴的暴力の理論の基礎」と題され、教育という作用を「象徴的暴力」(violence symbolique) と捉え、その命題化につとめ、第2部は「秩序の維持」と銘打ち、主にフランスの教育世界を対象にしながら象徴的暴力についての分析をおこなっている。ブルデューたちの分析の中心は教育システムと階級関係の間の諸関係に置かれている。また、本書中の議論の経験的基礎としてかれらが1960年代の初めに実施したフランスの学生の言語と文化の実態調査がある。

[第Ⅰ部　象徴的暴力の理論の基礎]

教育的働きかけ (action pédagogique, AP) のコミュニケーションは、いかに自発的にみえようとも、恣意性を受け入れさせる象徴の押しつけから成っている以上、象徴的暴力と言わざるをえない（ただし生の暴力とはあくまで区別される）。第1部では80余に及ぶ命題が立てられ、注解が付されている。それらの要点を示せば次のようになろう。

教育的働きかけは、直接的な力の行使に決して還元できないが、押しつけと教えこみにより一定の意味を受容させる点で力の関係を含意するもので、客観的には象徴的暴力をなす。そしてこの力の関係を覆い隠すことで、固有の象徴的な作用を発揮することができる。APが一定の意味を教えこむ際、意味の選択、排除、画定をつねに行っているのであり、恣意性を行使している。およそ文化の意味というものは普遍的原理とか「事物の本性」などから導けない以上その意味づけは恣意的になされるのであり、また文化の意味を押しつける力は集団間、階級間の力関係にもとづいており、その点でも恣意性を特徴とする。

APは、教育的権威（AuP）と相対的に自律的な機関を伴うことで有効に行使される。AuPは押しつけを覆い隠し誤認させることで、自らの恣意的な力を補強する。APはそもそもからしてAuPを備えているため、教育的コミュニケーションの受け手ははじめからそのメッセージを受け入れるように性向づけられている。ある社会組織における正統性をおびたAPは、押しつけの力関係が誤認されているかぎり、支配的な文化（文化的恣意）の恣意的な押しつけを行う。APを行使するすべての機関は、集団または階級の委任者という資格でAuPをもち、その集団または階級の再生産に寄与する。

教育的労働（TP）とはハビトゥスを生み出すように持続して行われる教えこみのことであり、ハビトゥスはいったん形成されると慣習行動（Pratique）に内面化される。TPの生産性は、それが生み出すハビトゥスがどれだけ持続性をもち、多様な行動を生み出す置き換え可能性をもつかによって測られる。TPはその正統な名宛人に持続的に知覚、思考、振る舞い方を教えこむことで、集団や階級の知的・道徳的統合を再生産する。学校以前の第1次TPは、一集団または階級の特徴をおびた第1次ハビトゥスを生み出すが、これが学校教育の第2次TPのうむハビトゥスと近いほどその生産性は高くなる。TPがより早期に行使されると、慣習行動はより実際的に習得されることができる。

教育システム（SE）は、文化的恣意の再生産のために必要で、それによって階級関係の再生産に寄与するが、制度としての自らをも生産、再生産しなければならない。それゆえ教育を担当する者に同質的な教育をほどこし、学校的メッセージを体系化する。SEは、2段階の委任にもとづいて制度化され、相対的自律性をおび、TPをTPとして行使させ、（「中立性」といった）誤認を生み出すことができる。またSEは、職務に付随する権威を特定の人格（カリスマ）に転移させて、TS行使の社会的条件からの独立性という幻想を

はぐくむ。けっきょく，SEは，中立性の見かけの下に象徴的暴力の正統的行使の独占者となり，文化の再生産につとめている集団または階級に役立つことができるのである。

[第Ⅱ部　秩序の維持]

人は学校で出自，性別等により不均等に選別されるが，就学以前に選別があることも見逃してはならない。民衆階級出の子どもは過去にたとえば言語能力という基準によって多大の選別を被っているのであり，高等教育段階では選り抜かれた少数者にすぎなくなっている。またパリ出身者は地方出身者よりも文化環境に恵まれ，有利さを表示している。

近年すべての階級の就学率は上昇を示したが，言語的相続財産の不平等はなくなったわけではなく，就学チャンスの階級ごとの配分構造は上方に移行したものの，その形はあまり変わっていない。また民衆階級出の学生にとっていちばん可能性の高いコースの選択も相変わらずで，あまり変わっていない。進学率の上昇，新しい大学教員の補充というような目に見える変化はあっても，教育的関係の根本的変化を意味するものではない。

教授たちは大学の特殊語を相変わらず用いる。学生たちはこうした教授の言葉がよく理解できなくとも，言葉をさえぎったり，質問することは滅多になく，制度のなかで理解されるという幻想と理解するという幻想のなかに身を置いている。教授は自分の言葉が学生にどれほど理解されたかを正確に測ろうとせず，学生は講義で聞いた言葉と見かけ上似たものを小論文のなかで用いることで自分の理解の水準が暴露されるのを避ける。

このような教育システムのあり方は大学独特の言語活動と無関係ではない。大学の言語は多くの階級の言語と隔たっており，家庭内で身につけた言語をさらに学校で学者的に操る能力へと変換できた者だけがこれをマスターできる。ところで，言語の習得は，言語活動への関係，すなわち話し方の習得なしには行われえない。この点，上層出身の学生は闊達さ，余裕，自然さを身につけ，一方中間階級や民衆階級の出の学生にはぎこちなさがみられ，学校における前者の優位をうみだしている。フランスの教育システムは，上層階級がその習得の条件を独占している文化を価値づけている。たとえばラテン語の引用語を辞典で調べることもなく理解できることは，上層の子どもの普段の意識せざる慣れ親しみの結果であるが，これは彼らを有利にしている。

フランスの教育では試験が重要な位置を占める。試験は知に形式を課し，支配的文化を規範化し，文体や話し方のモデルをも規定する。ここには社会的選別にあたって人間的資質，職業的熟練を重視しようとする教師たち特有の性向が反映しているが，ただしその人間的資質や職業的熟練は当のシステムが聖別しているものなのである。フランスのシステムは今なおヒエラルヒーの学校的崇拝や実生活から切り離された知識の教授という特徴をもち，その教育方法や試験において教師団の自己存続と自己防衛に重要な役割を認めている。だが選別がすべて試験で行われるわけではない。教育の課程では絶えずドロップアウトがあるし，試験の際もその選別の隠れた基準が何であるかは問われない。また，民衆階級の者がしばしば受ける「欠席裁判」も考慮にいれなければいけない。こうした自己排除，延期された排除は社会的不平等を意識させずにすむという効果はもっている。

教育システムは相対的自律性を示すことで，実は外部の要求を利用できているということを見逃してはならない。教育システムのもつ形式的合理性と経済システムの要求の間には明瞭な対応関係があるわけではない。といって，前者が社会的要求に応えていないわけではない。これまで見てきたように教育システムは与えられた階級関係の維持の機能を果たしているわけであるが，それは学校が「独立」「自律性」をたもつことではじめて引き受けることができるものなのである。訳者要約

[書誌データ]　Pierre Bourdieu & Jean-Claude Passeron, *La reproduction: éléments pour une theorie du système d'enseignement*, 1970（『再生産―教育・社会・文化』宮島喬訳，藤原書店，1991）.

ボードリヤール Jean Baudrillard (1929-2007)
『消費社会の神話と構造』*1970年刊

欧米先進国における経済成長は高度大衆消費の段階に到達し、広範な人びとがそのゆたかさの恩恵に浴するようになる。このゆたかな社会にも独自な矛盾や不安があり、リースマンやガルブレイスらはリベラルな主体の立場から、ゆたかな社会の疎外や貧困にかんする批判を試みてきた。しかし、ゆたかな社会のもっている問題性は、これらのリベラルでモラリスティックな批判や、またマルクス主義の側からの批判によっても十分にとらえきれるものではなかった。本書は、この閉塞状況のなかで、「消費の社会」という視点から、ゆたかな社会の現実についてそのイデオロギーや構造を含め、徹底的な批判を試みたものである。

「消費」の問題については、ヴェブレンやデューゼンベリーなどが、消費の欲望が「他者との関係」にかかわっていることを示唆していた。著者は、この他者との関係性を、社会を構造化する論理にまで還元し、この構造的な「社会論理」の水準から消費の現象をとらえなおそうとしたのである。すなわち著者は、生命についてのニーチェのヴィジョン、モースの贈与論、バタイユの消尽の理論、レヴィ=ストロースの構造分析の手法などを下敷きにしながら、「消費」を社会形成の活動として把握しなおし、その根底にある論理をえぐりだそうとするのである。

本書は3部に分かたれる。第1部の「モノの形式的儀礼」では、現代人の日常生活がモノの消費を軸にして組織化され、かつ均質化されているとし、この消費の本質について検討がなされる。消費社会の大衆は、経済成長という奇蹟の恩恵を受け、自分たちはゆたかさへの正当な、譲渡できない権利を有していると思っている。彼らは毎日テレビの広告を見て、自分もそのような消費の恩恵に浴すべきだという信仰を抱くのである。それは夢の国の幻覚的な記号によって日常生活を意味づけることである。そこでモノは、労働の産物であるというよりも、むしろひとつの記号として存在しており、この記号操作の秩序に人びとの欲望が従属しているのである。現代の消費とはこのような記号操作の世界を日々織りなおすことであり、現実的・社会的・歴史的世界のリアリティを後景に退けることなのである。しかも、このような消費社会の記号論的なゆたかさには不平等、公害、宣伝など、さまざまな浪費の形態がともなっている。だが、それらの浪費はどれほど批判されようとも、ゆたかな社会に内在的なものであり、その生産システムの維持に結びついた機能的な浪費なのである。それらはかつての貧しい社会が祭りや供犠のときに行ってきた象徴的な破壊としての浪費ではない。ゆたかな消費社会はこうした象徴的な交流=コミュニケーションの回路を閉塞させているのである。

第2部の「消費の理論」は、このような消費の社会的論理を明らかにしようとする。ゆたかな社会は、消費をゆたかさの証明とみなし、ゆたかさは民主主義であるというイデオロギーを信奉している。しかし、ゆたかな社会には取り除くことのできない貧困や公害が存在する。リベラリストはこれをシステムの機能障害とみなしている。だが著者によれば、それらはゆたかな社会の成長の論理そのものに内在する構造的なひずみであり、システムはむしろこのひずみのまわりに安定しているのである。消費活動もまたこのシステムの存続と成長に機能的な要素としてシステムに接続されている。著者はこの消費の過程を分析するとき、2つの社会的なレヴェルを設定する。すなわち消費活動は、①コードによる意味づけとコミュニケーションの過程として、②社会的なヒエラルヒーにおける地位上の差異化の過程として存在しているというのである。前者において消費は構造分析の対象となり、後者において消費は戦略的な分析の対象になるというわけである。

この視点からすれば，消費の行為は，ホモ・エコノミクスとしての主体が効用極大化を求める行動でもなければ，ホモ・プシコ・エコノミクスとしての主体が規範への順応を求める活動でもない。著者が求めているのは，消費の活動を，個人主体の目的合理的あるいは価値合理的な行為と見るのではなく，社会的事実として，つまりひとつの構造論的な事実としてとらえかえすことである。

著者によれば，現在行われている体系的で組織された消費に対する訓練は，19世紀を通じて行われた農村人口の産業労働に向けての大がかりな訓練の20世紀における等価物であり，延長にほかならない。人びとは，消費を通じて，欲望の解放や，個性の開花，ゆたかさなどを表象するように仕向けられているが，消費とは，新しい生産力の出現に対応してそのコントロールを行うための操作媒体にすぎないのである。それゆえ消費には，欲望の解放や個性の開花とは逆に，むしろ二重の強制がはたらいていることになる。すなわち，①構造分析のレヴェルでの意味作用にともなう強制，②戦略的分析のレヴェルにおける生産と生産循環にともなう強制である。この二重の強制のなかで差異の産業的生産と消費が行われているのである。以上の観点からみたとき，消費とは，もはや個人によるモノの機能的な使用でもなければ，個人や集団のたんなる権威づけの機能でもない。それは「コミュニケーションと交換のシステムとして，たえず発せられ受け取られ再生される記号のコードとして，つまり言語活動として定義される」のである。

第3部の「マス・メディア，セックス，余暇」は，消費社会の文化にかんする具体的な分析になっている。まず，マス・メディア化された消費文化の特徴がルシクラージュやモードという視点でとらえられ，そのなかでキッチュやガジェットが生み出され，疑似イベントやネオ・リアリティ，あるいはシミュレーションによる真偽の二分法を超えた現実がひらかれていることが明らかにされる。次に，消費社会では救済という道徳的イデオロギーの対象が霊魂から肉体に変わったこと，その意味で「肉体」とそのセックスが消費の特権的対象になっていることが明らかにされる。また，余暇は生産のための機能的な関数になり，「時間」の浪費の不可能性が強調される。さらに，消費社会における気づかいやサーヴィス，制度化された微笑のありようが分析される。人間関係が記号のかたちで社会的回路に再投入され，人間的な温かさが消費されるが，それは消費社会が現実的あるいは象徴的な人間関係を喪失していることの裏返しなのである。それゆえ消費社会は気づかいの社会であると同時に抑圧の社会でもある。なぜなら象徴機能の喪失により蓄積された苦悩の潜勢力は，アノミー的で制御不能な暴力に転化する可能性をもっているからである。消費社会は気づかいの審級を増加させてこの苦悩を吸収しようとする。こうして皮肉なことに，欲求の限りない充足を生み出すゆたかな社会は，この充足から生まれた苦悩を和らげようとして全力を使い果たしてしまい，社会全体に，原因不明の，いわば超越論的な疲労が蓄積されていくのである。

著者は，消費の主体は個人ではなく，記号の秩序であるとみなす。この記号の秩序のなかには主体という超越論的な審級が特権的な位置を占める場所はない。リベラルな批判が考える主体とその疎外にかんする物語は神話にすぎない。消費社会には主体がその同一性を確認する鏡はなく，その代わりに大量の記号化されたモノを眺め，その記号の秩序に包まれて存在するしかないのである。この記号の秩序こそ消費社会であり，消費社会は自分についての批判や物語をすべて嘘臭い神話として無効にする。それは消費社会それ自身がありうる唯一の神話だからである。

内田隆三

[書誌データ] Jean Baudrillard, *La société de consommation: ses mythes, ses structures*, Editions Planète, 1970（『消費社会の神話と構造』今村仁司・塚原史訳，紀伊國屋書店，1979）．

作田啓一(さくたけいいち) (1922-2016)
『**価値の社会学**』*1972年刊

　本書は著者の価値についての論考が集められ，修正のうえ加筆されたものである。ふつう価値は欲求を引き起こす対象もしくは対象のグループと定義されているが，この定義に従うと，価値は欲求の対象面を指示するにとどまるので，ことさら価値という語を用いる必要はない。そこで著者はG．ジンメルに従い，目標選択にあたって選ばれなかった可能な目標の犠牲（コスト）から発生すると見る。たとえば登山の価値は他の目標へ振り向けられたはずの力と時間からくる。目標選択に先立って目標系列の選択がある。目標系列とは目標（goal）を位置づける文脈を指す。それらは「目的（purpose）にとっての手段」「一貫的な理念」「適切な欲求充足」の3つとされる。したがって目標の究極の選択原理は「手段としての有効性」「価値の一貫性」「欲求充足の適切性」である。2番目で言う価値は狭義の価値であり，第1の有用性，第3の適切性から生じる2価値とともに，価値の3系列を構成する。本書は狭義の価値すなわち理念的価値が社会体系（現実）に制度化されてゆくという視点を基本として設定し，状況超越的な理念と状況内の葛藤を最小限にしようとする現実とのあいだの緊張の分析を主要な課題としている。有用価値は近代においては理念価値と化し，社会体系の合理化を推進する。第3の充足価値は現実と理念の拘束から離れた自由あるいは遊びの世界にある。しかし本書では充足価値の問題は周辺に位置づけられている。というのは「あとがき」によれば，本書は社会体系とパーソナリティ体系の体系としての相同性を強調するT．パーソンズふうの概念枠組に従っているからである。したがって充足価値の立ち入った考察は両体系の差異に着目する著者の後の研究に委ねられる。

　本書は2編に分かれている。第1編は一般理論に関する論考を集めており，第2編はその理論を日本社会に適用した論考から成る。第1編では前述の価値概念の定義に続いてパーソンズのAGIL図式を多少修正した社会体系のモデル構成が行なわれている。著者はL（潜在）次元において成員資格の形成の活動が行なわれると見る。その資格は行動パターンの習得と過不足のない動機づけの調達によって得られる。したがってL次元において文化体系とパーソナリティ体系とが社会体系に接合する。社会体系の存続の要件を満たす「適応」「目標達成」「結合」「動機調整」の4活動は，業績（営為）本位―属性（状態）本位，普遍主義―個別主義（パーソンズのパターン変数）という価値の縦横両軸の交錯によって得られた4つの価値に規定される。4つの価値はまた社会化の活動を導く。その観点からO．H．マウラーの発達同一化と防衛同一化，J．ピアジェの協同，S．フロイトの昇華はそれぞれ社会化のIGALの諸局面にかかわる学習活動であるとされる。

　前近代社会から近代社会への移行は，責任帰属の制度の変遷においてとらえることができる。それは分析的には属性本位から業績本位へ，個別主義から普遍主義への移行である。この責任進化論において，刑法学説における客観責任論と主観責任論の対立を，著者は被害が重大であればあるほど，加害行動の背後になんらかの人間的意志を仮定せざるをえない生の必要という概念によって調停できると主張している。この概念によって著者は被害の事実だけに非合理的に反作用するというデュルケーム学派の刑罰理論に対し，一定の距離を保つ。

　著者は同じパターン変数を近代と現代の区別に適用する。近代から現代への移行に伴って，個人と国家の中間にある自発的結社の対外的防衛力と対内的結合力が弱まり，多元主義的権力の布置が崩れて，国家の個人に対する一元論的操縦とそれに対する「砂のような大衆」の多少とも無組織的な反抗という流動

的な状況が出現した（W. コーンハウザー）。著者はこの状況を次のように分析している。普遍主義と個別主義の軸上に個人と中間集団を置くと，個人の営為本位の側面が個人主義，状態本位の側面が万民平等主義となる一方，中間集団の営為本位の側面が機能代表制，状態本位の側面が集団自治制となる。近代においては集団の自立性が個人の自律性を支えていた。そのことにより，個人主義と集団自治制，万民平等主義と機能代表制はそれぞれ矛盾しながら両立してバランスを保ち，社会に活力を与えていた。中間集団が弱まった大衆社会においては2つのバランスが崩れ，機能代表制が形骸化して集団との絆を断たれた大衆が氾濫する一方（C. W. ミルズ），個人主義が衰弱して集団への過剰同調が優勢となった（D. リースマン）。したがってこの論文（「市民社会と大衆社会」）は大衆社会論の整理にもつながる。

第2編冒頭の「価値体系の戦前と戦後」においては，まず日本社会の価値体系の社会体系との接合の仕方が論じられている。理論上社会体系の外側にある価値が社会体系に制度化される場合，どの社会においても制度化は完全ではないので，理念の命令と現実の要請とのあいだに不一致が生じる。これがいわゆるタテマエとホンネのずれである。日本ではこのズレがはなはだしいと言われてきた。しかし著者によれば日本での両体系の接合の特徴はその点にあるのではなく，タテマエとホンネが浸透し合う点にある。両者の極は別として，両者は相互に相手を取り入れる。こうしてたとえば義理が人情化され，人情が義理化される。この日本的特徴は理念の外在性（超越性）の弱さに根ざしている。次いで，著者はパーソンズ=ベラーの4価値の類型論にほぼ依拠しながら，戦前から戦後への価値体系の変動を論じている。戦前においては個別主義的な両価値，「政治」価値と「統合」価値，とくに「政治」価値が優位を占めていた。戦後，かつては二次的な位置にあった「経済」価値と「充足」（ベラーの用語では「文化」）価値が他の2価値に代わって優位を占めるにいたる。とりわけ公への献身（「政治」）価値へのコミットメントの急速な弱化は，それと対蹠的な私的充足の価値を一気に上昇させた。戦前の価値体系は「政治」価値に他が従属する形で体系としての一元性をそれなりに保っていたが，それに代わって優位を占めるにいたった「充足」価値は，このような至上性の役割を当然のことながら演じることはできない。そのために価値の多元性が生じたのである。続く「恥と羞恥」「戦犯受刑者の死生観」はそれぞれに対応する『恥の文化再考』（1967）中の論考と同じモティーフとデータにもとづきながら，やや評論ふうに書かれたこれらを理論的に整備することをめざしている。

本書中の多くの論考はパターン変数を価値論の用具としているが，それに時には接合するもう1つの用具がある。それは集団の自立性の観点から社会構造を見る装置である。「日本人の連続観」において著者は，幕藩体制いらい日本の家族は外界から成員を護る壁が弱いという持説にもとづき，日本社会は中間集団への弱い所属を経て中央志向性の強い社会構造を構築してきたと見る。家族のなかで優位を占める父―息子関係がモデルとなって中間集団の親分子分関係が形成され，さらに天皇と臣民の関係にもこのモデルは適用される。夫婦関係が優位を占める西欧の社会では，それが中間集団以上の集団において模倣されることはない。日本での父―息子関係の優位が失われることで，連続観にひび割れが生じるだろう。

本書は50～60年代のシステム論と中間集団論の影響下でまとめられたものではあるが，その影響から離脱する傾向も読み取れなくはない。

著者要約

［書誌データ］　作田啓一『価値の社会学』岩波書店，1972.

▶**ドゥルーズ** Gilles Deleuze (1924-95),
ガタリ Félixe Guattari (1930-92)
『**アンチ・オイディプス**』*1972年刊

この書物は『アンチ・オイディプス』として有名になってしまったが，もともとは『資本主義と分裂症』という書物の第1巻として出版された。このときには，第2巻は『分裂者分析』として出されることになっていた。第2巻が出版されたのは80年であり，書名は『ミル・プラトー』[千の高原]に変更されている。本書は特異な観点から展開された独自な見解が注目を集めて，出版されると同時にフランスのみならず世界の思想界に認められることになった。74年には早くもズーアカンプ社から独訳が，77年にはヴァイキング社から英訳が出ている。この書物の面目は，独自な無意識の概念を掲げて，この視点から現代世界の一切の問題を切り開く視野を提起したところにある。この無意識が社会を形成し歴史的に展開する過程にまなこを据えて，物心両面にわたる近代世界の問題点が世界史的視野から解析されている。フロイトやマルクスの見解の難点が指摘されるのも，こうした壮大雄渾な観点からである。思想史的には，静的な分析に主軸をおいていた構造主義に動的な観点を導入したことで，ポスト構造主義（あるいは，ポスト・モダン）への道を開いた書物といわれている。

本書は4つの章から構成されている。第1章は「欲望する諸機械」(machines désirantes)，第2章は「精神分析と家庭主義，神聖家族」，第3章は「野生人，野蛮人，文明人」，第4章は「分裂者分析への道」。

第1章は本書が提起した「無意識」の内容を説明している。この無意識の世界を構成しているものが「欲望する諸機械」である。機械が欲望するのであるから，この概念は奇妙な概念であるが，これは常人の世界から見てのことである。日常の世界では，我々は塩を10グラムなり100グラムなりの単位で扱う。が，この塩はじつは10万個なり100万個なりの塩の粒子である。この粒子の世界は日常の我々には無縁である。この世界を生きるには異常な世界に入るほかはない。欲望する諸機械の世界とは，こうした粒子が種々に結びつき，さまざまな仕方で一切の実在を生産している世界のことである。これらの粒子は用語としては「部分対象」と呼ばれている。この微小次元においては，もはや欲望と機械との区別も存在しない。ちょうど，男と女とがそうであるように，欲望とは互いに異なるものが自在に結びつき，ものを産みだしてゆく働きである。機械とは相互に異なる部品が思いもかけない仕方で結びつき，次々に事物を生産してゆく装置である。無意識の世界においては，こうした部分対象が縦横にコミュニケイトして欲望する諸機械が随時随所に形成され，融通無碍に実在が生産される。この書物はこの世界に範を求めて，こうした仕方で一切のものが自由に交流して，何ものにも抑圧抑制されることなく欲望が作動するところに，世界の究極の解放を見てとっている。この章では，分裂症の症例に即して，欲望する諸機械の自在なる生産活動があれこれとりあげられている。

欲望する諸機械による生産には，自然的過程と社会的過程があるが，そのいずれにも反生産の働きが纏いついている。自然の欲望する生産のなかには，無意識的な心理的抑圧 (refoulement) が，歴史的な社会的生産のなかには，意識的な社会的抑制 (repression) が絶えず生起する。第2章は，現代の抑圧抑制の中核をなすオイディプス・コンプレックスの問題をとりあげている。フロイトによって主張されたこのコンプレックスは，じつは必ずしも人間に普遍的なる抑圧抑制なのではない。元来，欲望する諸機械が連結を繰り返してさまざまに生産の綜合を行うところに欲望する生産が生起した。が，この綜合がなさるべきなのは，どこまでも内在的に部分対象の次元においてである。カントにおいては，内在的たるべき理性の使用が超越的な

次元にまで拡大されると、超越論的仮象が生起した。同様に、無意識の綜合の働きが超越的に日常普通の対象にまで及ぶと、欲望を家庭の〈父母子〉の枠内に閉じこめるこのコンプレックスが生ずる。が、この超越的使用は資本主義社会に特有の現象にすぎない。オイディプスの出現はある社会体制に固有なものでしかない。この章では、この出現を可能ならしめる5つの誤謬推理が指摘されている。『アンチ・オイディプス』の書名は、こうした事態に由来する。

このコンプレックスが歴史的なものでしかないとすれば、異なる社会体制における欲望する生産は、どうであるのか。第3章はこの生産の歴史的発展をとりあげている。この発展は「社会機械」(machines sociales) を通じて行われる。欲望する諸機械が大きく纏って社会的生産を実現するに至ったとき、これらの諸機械は社会機械と呼ばれる。欲望する機械が無意識の次元のものとすれば、社会機械は意識の次元のものである。この事態は、一方における反生産が無意識的抑圧であったのに対して、他方のそれが意識的抑制であったことに対応している。世界の歴史とは、総じて欲望する生産が規制を逃れて脱コード化してゆく過程である。この過程は、「野生」(sauvage)「野蛮」(barbare)「文明」(civilisé) の3段階に区分され、それぞれに「土地機械」(machines territoriales)「専制君主機械」(machines despotiques)「資本機械」(machines capitalistes) の3つの社会機械が割り当てられている。これらの社会機械がこう命名されているのは、その一切の生産体制がそれぞれ土地、専制君主、資本に所属し、それらに支えられているからである (territoriales は法律用語で、裁判権が〈土地に属している〉という意味である)。欲望する生産の流れが始めに「コード化」されて最初に出現する社会機械が原始「土地機械」である。ところが、この機械が爛熟するとともに、これによる欲望する生産の流れが次第に脱コード化する事態が生ずる。この機械がこの脱コード化に耐えきれなくなると、この脱コード化の流れを強大なる力をもって改めて「超コード化」する事態が起る。野蛮「専制君主機械」が登場してくる。が、脱コード化がさらに進展すると、遂にはコードが消滅する。つまり、異質なる人間や事物を交流連結せしめる個々のコードが消滅する。文明「資本機械」が出現する。ここでは一切の欲望の流れが質を等しくして、貨幣を介して自在に流通する。元来、一切が自由に結びつくことが欲望であった。資本機械においては、欲望がすべて解放されたともいえる。この事態は、欲望が自在に流動する分裂症の世界に通じているかに見える。ところが、個々のコードに代って、じつはすべての流れが資本の「公理系」の枠内に繰込まれる。今度は貨幣の有無が流通の絶対の制約となってくる。この限り欲望の解放は十全なるものではない。マルクスの指摘した問題点はこの点に関係している。

第4章は、こうした問題点がマルクスの見解によっては解決されえないことを明らかにして、完全なる欲望の解放を約束する方策を「分裂者分析」(schizo-analyse) に求めている。欲望する生産においては、個々の欲望する諸機械はいかに働き、いかなる綜合を行うべきなのか。いかなる仕方で、その作動は促進されるのか。社会機械は個人の欲望する生産にいかなる場所を残し、いかなる役割を与えるのか。欲望する生産と社会的生産との和解はいかなる形態において実現するのか。人間の一切の欲望の解放はいかにして達成されるのか。分裂者の欲望の様相にそくして、解決の糸口が素描されている。

訳者要約

[書誌データ] Gilles Deleuze & Félixe Guattari, *L'Anti-Œdipe: Capitalisme et schizophrénie I*, Editions sociales, 1972 (『アンチ・オイディプス』市倉宏祐訳, 河出書房新社, 1986).

■ イリイチ Ivan Illich (1926-2002)
『コンヴィヴィアリティのための道具』
＊1973年刊

　本書はイヴァン・イリイチの産業主義社会批判の著作のなかで、『社会を脱学校化する』(1971, 邦題『脱学校の社会』)に続くものである。前著において産業主義的制度の範例としての教育制度を批判したイリイチは『エネルギーと公正』(1974)で交通の問題を取り上げ、加速化がもたらす社会への破壊的影響について論じ、『医療への制限』(1976, 邦題『脱病院化社会』)では過度の医療サービスがもたらす逆機能を分析する。これら3つの著作が教育、交通、医療という主要な制度的サービスに対する産業主義社会批判の各論であるのに対し、本書は彼の理論的立場の全体像を示す総論の位置を占めるといえるだろう。

　本書は序文と本文5章から成る。序文冒頭においてイリイチは、「産業主義時代の終焉」というテーマに取り組んでいくと宣言する。それは現代の産業的諸制度による商品やサービスの限りない産出が、人間をそれらの飽くなき「消費者」の地位に貶め、他の人々や世界と交感しそこから自らの喜びや満足をつくり出す自立的能力を衰退させるという認識に基づいている。諸制度が自立的能力を弱めるのでなくそれを補佐するものであるためには、これらの産出する商品・サービスに一定の限界値を課すことが不可欠となる。本書は、人間と道具との節度ある関係を理論的に提示することを主題とし、そうした道具を用いて人々が互いに交感しあう社会を表す言葉として、本来は「仲間同士の饗宴」を意味する「コンヴィヴィアリティ」の語を用いている。

　第1章では、主要な産業主義的制度として医療サービス制度を取り上げ、その限界値をこえた過剰な産出がもたらす社会への負の機能を分析する。この章のテーマは『医療の復讐』において全面的に展開される。第2章は技術論である。イリイチは道具という語によって、手で用いる簡単なものから大型の機械、生産施設、さらに「健康」「知識」「意志決定」などのようなソフトウェアの生産システムまでを含意する。道具は社会関係にとって本質的である。なぜなら人はその道具を使いこなすことで世界を意味づけ、逆に道具に操作されるのに応じて道具にあわせて自己イメージが形作られるからである。コンヴィヴィアルな道具とは、人が自分の想像力の結果として環境を豊かにする最大の機会を与える道具のことである。それに対して産業主義的道具は、無制限に発達すれば操作的かつ強制的になり、人々を階層化する。しかしながらコンヴィヴィアルな社会というのは、産業主義的制度や商品をまったく排除した社会ではなく両者のバランスの取れた社会であり、そのバランスの取り方は地域社会それぞれの歴史や政治的理想さらに物質的資源に応じてさまざまであり得る。

　第3章では、産業主義的道具の過剰生産が人々の生活の脅威となる6つの側面が論じられる。第1の側面は生態学的バランスに関するもので、一般には環境危機として論じているものであるが、その背後にある我々の産業化された期待を逆倒しない限り、環境問題に対する技術的対応は人間のいっそうの工学的計画化へつながる。第2の側面はイリイチが根源的独占と呼ぶもので、彼の思想の中核的概念の1つである。それはある産業が人間の必要を満たす行為に対して排他的な支配を及ぼし、産業的でない活動を閉め出す作用で、たとえば車による移動は、それが自ら移動する人間の能力を排除するように働くとき根源的独占となる。人々は生まれながらにして、治療したり、慰めたり、移動したり、学んだり、死者を葬ったりといった、生きていくうえでの必要を満たす能力を持っている。しかし産業化によって社会環境が変形されるにつれ、こうした生来の能力に基づく活動は制度の産出する標準的商品のパッケージによって置き換えられ、稀少なものとなる。第3の側面は計画化の過剰である。教育は、産業

主義的諸制度による根源的独占のための条件付けを行っており，その脅威を感じる能力を麻痺させている。第4の側面は，産業主義的な産出と投入が大きな単位の形をとることによって起きる，力の分極化である。それは産業の産出物を高度に消費するエリートへの特権の集中をもたらす。第5の側面である廃用化は，絶え間のない技術革新が旧来のモデルを常に時代遅れにしていくことを指す。強制的かつ無制限な変化は，社会における変化と伝統とのバランスを転倒し，過去の経験の蓄積としての法に支えられた共同社会（コミュニティ）を無意味化する。第6の側面は欲求不満，すなわち手段と目的のバランスの転倒である。目的が手段（道具）に従属するようになると，その手段を使用するものは欲求不満に陥る。

第4章では，産業主義的道具のもたらすこうした多元的脅威に制限を課そうとする際克服すべき3つの障害が示される。第1は科学への偶像崇拝である。科学は「よりよい知識」を生産する制度的事業となり，人々をその依存者に変え，カリキュラム，セラピー，裁判などといった制度的メニューの際限ない消費に向かわせる。無限成長という神話を支える科学は，成長に上限を課すことができない。受忍すべき限度は，科学を非神話化し，各人が主体的に選択することによってしか決められないのである。第2の障害は，ふつうの言葉への産業主義的知覚の浸透である。産業化された人々の言語は，自らの創造的な活動の成果を産業の産出物と同一視し，「学ぶ」ことは「教育」を受けることに置きかわる。「教育」「健康」「交通」など，名詞形で知覚したものを求めて人々は競争する。こうした人間の産業化を逆転するには，言葉のコンヴィヴィアルな働きを取り戻すしかない。第3の障害は，社会的意志決定がなされる公的過程への敬意の喪失である。今日の政治と法律の既成構造は産業主義社会に奉仕するものとなっている。産業主義的諸制度は，個人や地域社会がそれを使用する能力を堕落させることでその地位を築いてきたのである。しかし法律は，本来歴史的に形成されてきた深層構造に基づく共有の手続きであり，そうした形式手続きとしての法はコンヴィヴィアルなしかたで用いることができるとイリイチは言う。

第5章では，産業主義的諸制度の危機に際し，それを明確に言葉で表現することの重要性が指摘される。言語は近年の産業主義的な使用にもかかわらず，コンヴィヴィアルな働きを失うことのなかった道具である。歴史からとり戻された言葉だけが，災厄をくいとめる武器として我々に残されているというイリイチの言葉には痛恨の思いが込められている。

本書においてイリイチは，その産業主義社会批判を全面的に展開し，その逆倒のための具体的処方箋を示さんとした。その際イリイチは，地域の文化や伝統に根ざしたふつうの人々の健全な生活感覚に信頼を寄せ，危機にあたって彼らが政治的プロセスを通じて正しい判断を下すことを期待する。しかし本書ではこうした人々のエトス（内面的規範）の問題には触れられておらず，それは『シャドウワーク』(1981)『ジェンダー』(1982)『H₂Oと水』(1985)と続く後期の著作の主要テーマとなる。後期のイリイチの分析は，民衆のエトスへの産業主義の浸透に向けられ，世界のなかに自らを位置づけようとする人間の詩的かつ神話的営みを，均質化し解体したことこそが産業化社会の到来を水路づけたのだという視点に達する。本書のなかでイリイチは，道具への限界設定は今なお提起できない論点だと述べている。その思考の徹底性ゆえに彼の主張は「反近代」の相貌を帯びさえするが，その思想の全貌と真の意義を明らかにするためにも本書は重要な位置にある。

訳者（山田梨佐）要約

[書誌データ] Ivan Illich, *Tools for Conviviality*, Harper & Row, 1973（『コンヴィヴィアリティのための道具』渡辺京二・渡辺梨佐訳，日本エディタースクール出版部，1989）.

ウォーラーステイン
Immanuel Wallerstein (1930-2019)
『近代世界システム』
*第1巻1974年，第2巻1980年，第3巻1989年刊

16世紀に西ヨーロッパを中核として生まれた大規模な国際分業体制（近代世界システム）が，その後全世界を吸収していったとする見方を提示し，一国史的な視点や国別の比較史の視点とはまったく異なる，「世界」を主語とする近代史の理解を確立した。その理論的前提としては，国別の発展段階論を拒否し，中心‐辺境（周辺）関係で結ばれた世界の一体性を説く「従属理論」があった。複数の文化を包摂する分業体制を世界システムとよぶとすると，近代以前にも，政治的に統合された「帝国」としての世界システムがあちこちにみられた。しかし，16世紀に成立した「近代世界システム」は，それが明確な政治的統合を欠いた分業体制である「世界経済」であり，また，結局，地球全体を覆うことになった点で，きわめてユニークなものである。本書は，16世紀から現代に至る，このような近代世界システムの全史の理論的叙述をめざしており，1997年現在，1840年代を扱った第3巻までが刊行されている。第1巻刊行時は，なお，社会主義崩壊のはるか以前であったが，社会主義圏をも資本主義的世界システムの一部としてとらえ，また，中核による周辺の搾取の必然性を解明して，南北問題の歴史的構造を明らかにした点で，衝撃的であった。

第1巻は，近代世界システムの基本構造と，「長期の16世紀」，すなわち15世紀末から17世紀初頭までの時期におけるその成立過程を扱っている。封建制の危機への対応策として対外進出を行なった「中核」西ヨーロッパは，東ヨーロッパとラテンアメリカを主な「辺境」として，グローバルな分業体制，つまり世界システムをつくりあげた。前者では，自由な賃金労働が比較的優越し，製造工業が盛んになったのに対し，後者では，奴隷制や「再版農奴」制のような強制的な労働形態が主流となり，中核の工業製品と同じく，世界市場をめあてとする農・鉱産物のモノカルチャー（プランテーション）がひろがった。ここでいう強制的な労働は，賃金労働と同じ資本主義的世界システムの，周辺部における労働形態であり，発展段階論でいう古代や封建社会の生き残りでも，その復活を意味するものでもまったくない。したがって，「再版農奴制」は，東ヨーロッパが西ヨーロッパに「遅れていた」ことを示す指標ではなく，世界資本主義の「辺境部」の指標である。同様に，「再版農奴制」によって穀物を大量に生産し，西ヨーロッパに輸出した東ドイツやポーランドの領主も，カリブ海のプランターたちも，封建貴族などではなく，概念上，資本主義的世界システムの辺境における「資本家」層なのである。この中間には，南フランスやイベリア両国など，「分益小作」制の世界があり，辺境から中核に余剰を送るベルトコンヴェアとなっていた。

近代世界システムは，政治的には統合されていないことが特徴であった。これを統合し帝国化しようとする試みは，カール5世のそれをはじめ，すべて失敗した。世界を政治的に支配することは，費用がかかりすぎるのである。しかし，世界システムの政治的上部構造といえる，ゆるやかな構造は存在していた（インターステイト・システム）。この時代に中核の国家は強力となり，「絶対王政」として主権国家の概念さえ成立するが，実際には，個々の国家が自由に動けたわけではない。とりわけ，辺境部では，国家は脆弱となり，多くは植民地状態となる。

このような構造をもつ近代世界システムは，成立後，コンドラティエフ循環に示される「17世紀の全般的危機」は，この世界システムの収縮局面（いわゆるシミアンのB局面）を意味した。この時代を扱ったのが，第2巻である。この時代は，ヨーロッパを中核とする世界システムがほとんど地理的にも，交易量としても拡大しなかった時代であり，それ

だけに，中核諸国は世界の余剰を奪い合うことになった。その闘争の手段となったのが戦争と重商主義という政策体系であった。

このような中核諸国の熾烈な競争の結果，中核諸国のなかでも他を圧倒し，その国の製品が他の中核諸国内でも十分に競争力をもちうるような状態（ヘゲモニー状態）に至る国が現われた。すなわち，オランダである。このようなヘゲモニー状態は，この17世紀中ごろのオランダのほか，19世紀イギリスと20世紀中ごろのアメリカについて認められる。近代世界システムのヘゲモニーは，まず生産（農業・工業・漁業）において他の中核諸国に圧倒的に優越することからはじまる。ついで，海軍力を背景として世界商業を壟断することで，流通面で優位を確立し，最後に，金融の側面で世界支配を確立する。ヘゲモニー状態はそれほど長期的には続かず，1620年代に成立したオランダの場合も，1670年代には崩壊にむかった。ヘゲモニーの崩壊もまた，生産面での競争力の相対的低下からはじまり，商業権の喪失に至る。金融面でのヘゲモニーが最後まで残ることは，ポンドやドルの支配力がイギリスやアメリカの経済力の低下のずっとのちまで続いたことでもわかる。オランダの場合も，アムステルダムの金融ヘゲモニーは，1770年代にロンドンに代位されるまで継続する。

第3巻は，イギリス産業革命とフランス革命（いわゆる二重革命）とハイチおよびアメリカ合衆国とラテンアメリカ諸国の独立などを扱っている。これらの革命と前後して，それまで世界システムの「外延部」（貿易などの関係はあるが，世界システムの分業体制に組み込まれてはいない地域）となっていたロシア，インド，トルコおよび西アフリカが「組み込まれ」，「辺境化」する。その結果，これらの地域は独自性を失い，中核諸国むけの原材料供給地と化した。綿織物を西欧や中国に輸出していたインドが，イギリス産綿織物を輸入し，原綿を輸出するようになったことや，西アフリカが奴隷輸出からパームオイル輸出に転じたのは，その典型である。大西洋奴隷貿易の廃止は，西アフリカがシステムに吸収された結果，それがシステム内の労働力移動にすぎなくなり，利益が薄れたためである。

中核諸国のヘゲモニー争いは，パリ条約（1763年）で決着がつき，それまでほぼ同程度の経済水準にあった英仏に格差が生じた。フランス革命は，格差解消のために不可欠であったが，当面は経済発展を阻害することになった。他方，イギリスはパリ条約で世界システムのヘゲモニーを握った結果，産業革命の過程に入った。同じ世界システムの地政学的変動が，定住白人の独立をもたらし，黒人革命としてのハイチ革命をも生み出した。これらの革命を，一国史的に「ブルジョワ」革命としたり，産業資本主義段階などというのは，間違いである。

訳者要約

[書誌データ] Immanuel Wallerstein, *The Modern World System: Capitalist Agriculture and the Origins of the European World-Economy in the Sixteenth Century*, Academic Press, Inc., 1974（『近代世界システム―農業資本主義と「ヨーロッパ世界経済」の成立』Ⅰ・Ⅱ，川北稔訳，岩波書店，1981）．Id., *The Modern World System II: Mercantilism and the Consolidation of the European World-Economy, 1600-1750*, Academic Press, Inc., 1980（『近代世界システム 1600-1750―重商主義と「ヨーロッパ世界経済」の凝集』川北稔訳，名古屋大学出版会，1993）．Id., *The Modern World System Ⅲ: The Second Era of Great Expansion of the Capitalist World-Economy, 1730-1840s*, Academic Press, Inc., 1989（『近代世界システム 1730-1840年代―「大西洋革命」の時代』川北稔訳，名古屋大学出版会，1997）．

フーコー　Michel Foucault (1926-84)
『監獄の誕生』＊1975年刊

著者は西欧における近代的人間の存立を総合的なかたちで研究している。1つは，西欧的人間が1人の個人＝実存として成立する認識の構造を医学の歴史を媒介にして明らかにし，さらにそのような認識の布置を可能にする「知」のシステムとその変遷を明らかにする研究である。2つは，西欧の人間の同一性をその他者である狂気，犯罪，性的逸脱を媒介にして明らかにする「権力」の問題系にかんする研究であり，3番目は「自己」にかんする美的＝倫理的な可能性の系譜を古典古代から明らかにしていく研究である。

そのうち本書は『性の歴史』第1巻（1976）とともに，権力分析の時代の著作である。そこで著者は身体の政治技術論という概念を提示し，社会や文化の根底ではたらいている政治学や権力の関係を抉り出し，それが社会構成の基本的な土壌を生み出していることを明らかにする。本書も歴史的な分析のスタイルを取っており，刑罰の様態が古典主義時代から近代性の時代へ移行していく変化のプロセスに照明が当てられている。

第1部「身体刑」では，冒頭にダミヤンの公開処刑場面と少年院の日課を対比しているように，身体刑から監獄の時代への移行に照準を合わせ，研究の基本方向を設定している。18世紀末から19世紀初頭にかけての国法典に見られるように，刑罰による抑圧の対象としての身体は消えていき，刑罰は根本的に矯正的な性格をもつようになる。処罰行為はそこで非日常的な苦痛を知覚するための華々しい舞台を離れる。つまり，処罰行為は諸権利の停止という経済策に帰属し，抽象的な意識の領域に入りこむようになるのである。

そこで著者は処罰機構の研究における4つの規準を明確にする。すなわち，①処罰機構をその抑圧的効果や制裁面でのみ理解するのではなく，ある複合的な社会的機能において把握すること。②処罰の手段を法規の帰結や社会構造の指標と見るのではなく，権力の政治技術論という視点から把握すること。③権力の技術論を刑罰制度の人間化および近代的人間にかんする認識と原理的な水準で結びつけること。④刑事司法への近代精神の登場や司法活動への科学的な知の挿入が，権力による身体の掌握手段の変化がもたらす結果なのかどうかを探求すること。

この4つの規準に結びつく要素はルーシェとキルヒハイマーの『刑罰と社会構造』（1939）にも見られる。彼らは具体的な刑罰制度を探求したからである。ただ彼らは処罰体制を生産力の諸様式との対応関係で分析した。だが，本書は処罰制度を身体をめぐる政治学とそのエコノミーに関連づけようとするのである。処罰の制度においては，身体にたいして一定の知に結びついた権力が行使されるが，その権力技術は国家の制度や装置に還元されるものではない。むしろ国家権力こそこの権力技術論がもつ諸方式を活用しているのである。本書の重要な問題提起は，この権力技術の特異性を明らかにし，それを把握する方法にある。この権力技術は国家制度と身体の物質性とのあいだに仕掛けられ，微視物理学的な水準で固有の機能と効果をもっている。本書はこの微視的な権力技術をとらえるために既成の権力概念を転回させるのである。

この微視的権力（micro-pouvoir）は，①誰かに所有される実体ではなく，ある戦略のなかで行使されるものであり，②支配階級が占有する特権ではなく，彼らもそのなかにいる戦略的な関係を通じて作用するものであり，③上からの否定的な禁止や義務の強制ではなく，個人，身体，身振り，行動などの水準に根を下ろす活動の網の目のなかに存在しており，④固定した契約や征服の状態ではなく，力関係の逆転をはらんだ果てしない戦いのモデルで考えねばならないものである。しかも，この権力はある知の領域と相関関係に立つことにより機能する。権力の関係はある知の様

式を生み出し,ありうべき認識の形態と領域を規定する過程となっているのである。この微視的権力の概念は『性の歴史』第1巻でさらに精練されるが,G. ドゥルーズが評価しているように,著者の権力分析を構造主義による静態的な記号論のモデルから大きく差異づけるものだといえよう。

こうして著者は人間の身体にかかわる権力と知の連関を視野に収めつつ,監獄にいたる処罰制度の実際について探求を試みる。監獄は精神をその矯正作用の対象とするが,探求の基本線は,精神を,身体のまわりで,その表面で,その内部で,微視的な権力の作用によって生み出されたものと見なすことにある。監獄の制度を通じて人びとが解放しようとしている人間的な精神は,その精神よりもはるか深部で営まれる服従＝主体化 (assujettissement) の一成果だというわけである。

第2部「処罰」では,まず啓蒙の時代が取りあげられる。刑罰が残忍な身体刑から離れ,人間性 (humanité) の尺度に適合すべきだといわれるようになるが,それは積極的な知の主題ではなく,法的な限度として主張されているのである。ここでは違法行為にたいする処罰を,社会全体にわたる普遍性と必然性をもった機能に変えようとする点が重要である。刑罰の改革計画は処罰権力をいわば制限するために一般化しており,社会の奥深くに埋めこむものとなっているのである。それは観念学派の言説に依拠して,処罰の規則を表象＝記号の体系にまとめあげる技術論となっており,処罰権力の組織化との関連で犯罪を分類し明瞭にしていくのである。

第3部「規律訓練」では,身体刑も,表象＝記号の体系もとらえていない身体の存在が問題になる。身体刑ではないが,身体中心の処罰権力が監獄というかたちで導入されるのであり,それがJ. ベンサムの考えた一望監視施設（パノプティコン）である。パノプティコンは近代的な規律訓練の権力関係が行使されるときの基本原理を図解しており,監獄だけでなく,学校,軍隊,工場,病院などにも適用可能である。それは建物と幾何学的配置を用い,そこに閉じこめられた人間が自分を監視する権力の視線を内面化し,自ら自己を主体化させるような装置になっている。

第4部「監獄」はこのような監獄の機能を社会全体との相関で問いなおすものである。ここで重要なのが,監獄が生み出す「非行者」(délinquant) という存在である。司法の懲罰はある人物の違法行為を対象としているが,監獄という行刑装置が実際に問題にしているのは同じ人物の生活態度であり,この生活態度の水準に現れるのが非行者である。彼の非行性はその犯罪行為以前から存在し,場合によっては犯罪行為と別個に存在する属性であり,ある生活史的な単位をかたちづくっている。それは危険で有害な個人という概念を可能にするものであり,それこそ処罰＝矯正を正当化する条件になるものである。

監獄の逆説は,その矯正効果において失敗しているにもかかわらず,存続していることにある。そこには監獄が違法行為を分解して,非行性という新たな形式を創出しているというメカニズムがある。監獄はさまざまな違法行為の裏側に非行性を客体化し,強固なものにし,この非行性と戦っているという構図を保持しているのである。しかも非行性は監獄から流出して社会を循環することにより,警察権力が違法行為を管理する道具として,また社会を全般的に監視するための媒体としても役に立つ。そこには司法も1つの中継点である警察‐監獄‐非行性の相互に依存する機構が作動している。監獄はこの監禁的なるもの,つまり非行性にたいする規律訓練の権力を,ある一般性において社会全体に移植することに寄与しているのである。監獄の機構は,社会が処罰する権力を受け入れるメカニズムそのものを日々具体的に構成している。ここにおいて著者は社会契約の理論を根底から相対化する道筋を築いたといえよう。　内田隆三

［書誌データ］ Michel Foucault, *Surveiller et punir: Naissance de la prison*, Gallimard, 1975 (『監獄の誕生―監視と処罰』田村俶訳, 新潮社, 1977).

フーコー Michel Foucault (1926-84)
『性の歴史』 *1976-84年刊

1984年に同時に刊行された本連作の第2巻『快楽の活用』および第3巻『自己への配慮』は，ほとんど著者の死の直前に完成されたものであり，生前最後の著作となった。シリーズの第1巻『知への意志』(1976)が刊行されて以来，8年間待ち続けた読者は，古代ギリシア・ローマ時代の「生の技法」を扱った両巻の出現に戸惑った。というのも，当初の計画では，第2巻以降には，それぞれ『肉と身体』，『少年十字軍』，『女性・母・ヒステリー患者』，『倒錯者たち』，『人口と人種』の表題が予告され，全体として18・19世紀，つまり近代における，性を介した統治の諸相を解明するものであり，『知への意志』はその序論となるはずだったからである。表題からも明らかなように，この一連の研究は，『狂気の歴史』(1961)，『監視と刑罰』(1975)（邦題はその副題『監獄の誕生』を採用）に続く，「生権力」の系譜学的探究に属するものであり，コレージュ・ド・フランスの講義概要も，70年代以降，「知への意志」(1970/71)，「刑罰の理論と機関」(71/72)，「刑罰社会」(72/73)，「精神分析的権力」(73/74)，「異常者たち」(74/75)，「《社会を守る必要》」(75/76)，「安全・領土・人口」(77/78)，「生・政治学の誕生」(78/79)と，この計画の内容とほぼ対応するものであったことを示している。それは，主体化＝隷属化を生のさまざまな局面で辿ることによって，近代の「生・政治学 (biopolitique)」の起源の解明を目指すものであったことが分かる。

しかし，80年代になると，一つの変化が生じる。転機となったのは，自他の統御に関わる，「自己のテクノロジー」という問題系の出現である。再度の予告にもかかわらず，著者の死によって未刊に終わった第4巻『肉の告白』は，その表題の対応から推測されるように，先の本来の第2巻『肉と身体』と密接に関連しており，ある意味では，その間の関心の推移がこの計画全体の変更の原因となったと考えられる。というのも当初そこでは，近代の性事象の前史としての初期のキリスト教における「告解」の儀式の意味が，精神分析の一種の方法的先駆として解明されるはずだったが，それが次第に，それ以前の肉体と欲望をめぐる実践的な諸様式の解明へと変化し，さらには，ヘレニズムから古代末期における「自己との関係」の諸様式へとその関心は遡っていったからである。このことは，講義概要においても，80年代に入ると，「生者たちの統治」(79/80)，「主体性と真理」(80/81)，「主体の解釈学」(81/82)，「自己と他者の統治」(82/83)，「真理への勇気」(83/84)へと次第に，自他の統御を通した「倫理的主体の形成」への関心の移行を示していることによっても跡づけられる。また，この間の著作上の沈黙にもかかわらず，膨大な時評，書評，自著以外の著作への序文，インタヴュー，討議録などのさまざまな形式の活動の記録を通して，現在ではこの間の経緯を知るのに必要な資料には事欠かない（それらは，著者の死後10年に集成・公刊された大冊4巻本の *Dits et écrits* (1994) 中のほぼ2巻分，約1600頁を占めている）。

このように本書の成立事情に関してやや立ち入って紹介してきたのは，それがまさに本書の主題に関連するからである。というのも，抑圧的な性への関わりは，西欧の長い伝統における多様で錯綜した変容の結果であり，決してキリスト教による発明ではないということを，系譜学的に探究する過程で，その起源の追及は，次第に計画そのものの変更を余儀なくしたからである。それゆえその変容の過程そのものが，第2・3巻の主題である。それはちょうど著者の探究の過程の順序と逆に，辿り着いた地点から始められる。すなわち，第2巻『快楽の活用』は，クセノポン，イソクラテス，プラトン，アリストテレス，そしてヒッポクラテス文書といった紀元前5・4

世紀の哲学思想や医学，弁論術の諸文献を典拠として，「養生」，「家政」，「若者」，「真理探究」という4つの生の諸相に関して，自己自身をそれらとの関係において主体として形成する諸様式が問題とされる。それらの諸関係において，性の問題は，何か特別の抑圧すべき対象ではなく，ある点では，食事や飲酒，睡眠，身体の鍛錬といった「暮らし(diaita)」の一部であり，生殖という点では，家政の一部であるが，男女の情緒的関係はこの家政の役割分担に埋没して，後のローマ時代のような「恋愛術」という洗練された形式を取りえない。むしろ，この恋愛術は，成人男子と同性の年少者との間に認められるが，これは今日の意味での異性愛に対立する「同性愛」という概念によっては捉えられず，「能動性と受動性」「節度と過度」という2つの対立軸において，「自己自身への自己統御を確保しつつ，他者の力に対処する」方法を学ぶものとして位置付けられる。この点で，対等な市民としての，文字通り真の意味での政治的な「通過儀礼」の役割を果たすものである。

これに対して，第3巻『自己への配慮』は，セネカ，エピクテトス，マルクス・アウレリウスといったローマ期のストアの哲人や，プルタルコス，またソラヌス，アルテミードロス，ガレノスといった医学関連の諸文献を典拠に，紀元前1・2世紀における先の身体，家族，年少者，真理の4つの生の諸相全般にわたる変容の過程を辿るものである。それは端的に，それらの諸領域において，同時並行的に進行する専門化と規則化の動向である。身体に関して，かつての養生術は，病気の治癒よりもむしろ予防や日常的配慮を主眼とするものから，生理学的な病因追求を中心とするものとなり，また，性に関しても，ガレノスに典型的なように，勃起を癲癇による痙攣の一種とするなど，病理現象として捉えられるようになる。また，女性との関係も，相互的な共感関係と社会的・法的義務とを基礎と

した排他的な婚姻関係へと変貌し，それからの逸脱は社会的な非難の対象となる。あるいはさらに，これと連動して，若者との関係も，本来の通過儀礼的な市民教育的要素よりも，単なる肉体的側面へと歪曲化されて，反自然的なものと見なされ，かつての恋愛術は，男女間のものとして再編されるようになる。

フーコーのこの最後の著作は，歴史学や古典学において，全体としてその研究動向を変化させた。また，フーコー自身は，ゲイ・スタディーズの基礎理論として受け取られることを望まなかったが，彼の死後，フェミニストを含めて，さまざまな論議の起爆剤であり続けた。こうして，従来の，例えばマルクスとフロイトを融合させたライヒに代表されるような，性に関する抑圧とその権力関係の分析に基づく解放ではなく，行為の様式を通して浸潤する微細な権力の解明を主題化することによって始まったこの探究はさらに，従来の性事象を抑圧や禁止という観点から捉え，その元凶をキリスト教に求めるという単線的な理解を退け，ローマ帝政期の諸思潮，特にストア派や，あるいは古代末期の新プラトン主義者の禁欲的・現世離脱的態度にそれを求める探究に繋がる。しかし，ある意味で，この書は，それが主題とする「自己への関係」の（離脱をも含めた）諸相を，死に臨む自己自身を範型として，追求し解き明かしたという点で，セネカに対するタキトゥスの，そしてそれがさらに手本としたソクラテスに対する『パイドン』の著者の役割をも，自ら同時に果たしたということもできよう。彼の最後の講義が，「告解」とは異なる「パレーシア」，つまり真理を語ることの勇気というソクラテス的主題で終わっているのは，偶然ではない。

神崎　繁

[書誌データ]　Michel Foucault, *Histoire de la sexualité* 1-La volonté de savoir, Editions Gallimard, 1976 (『性の歴史Ⅰ知への意志』渡辺守章訳，新潮社，1986)，id. 2-L'usage des plaisirs, 1984 (『Ⅱ快楽の活用』田村俶訳，新潮社，1986)，id. 3-Le souci de soi, 1984 (『Ⅲ自己への配慮』田村俶訳，新潮社，1987).

サイード Edward Said (1935-2003)
『オリエンタリズム』 *1978年刊

　異文化とは何か。他者を理解するとはどんなことなのか。この最も根源的な問いを,オリエンタリズムという,西洋による一般的でヘゲモニー的なコンテクストのなかで明らかにした本書は,さまざまな知的領域に大きな波紋を投じ,その余波は現在も各方面にわたっている。

　オリエンタリズムは何よりも文化的にイデオロギー的に確固とした態様をもった言説(discourse)として,さまざまな制度や学術的な機関,学問的な語彙や文学的な形象,図像やメディア,さらには植民地官僚制や植民地的様式などに支えられながら,東洋(人)を西洋(人)にとって制御可能な他者として表象する厖大なコードの体系である。著者のサイードは,この西洋と東洋の間にもうけられた存在論的・認識論的な区別にもとづく思考様式が,広大な言説空間のなかで細部の描写にターゲットを絞りながら,東洋(人)の表象を練り上げていくプロセスを博覧強記のような引用をちりばめながら明らかにしていく。

　本書の序説は,このテキストの始まりとともにその限定をも明らかにしてくれる最もまとまった導入部である。英国委任統治下のパレスチナに生まれ,カイロで教育を受けるとともに,現代オリエンタリズムの中心であるアメリカに渡って学究生活に入ったサイードのパーソナル・ヒストリーが暗示しているように,東洋人を東洋化し,その具体的な現実を隠蔽,抹殺して東洋人に代わって彼らを表象=代表するオリエンタリズムの知と権力の装置は,単なる学問上の問題にとどまらず,著者のより深い人間的な部分と繋がっている。そのような文化的支配の作用を歴史的に遡り,その知識の深化を通じて西洋と東洋という人為的な区別そのものを消滅させてしまうような新たな知の次元をさぐること,これがサイードの究極的な意図である。

　今日のパレスチナ問題を決定づけた「バルフォア宣言」でよく知られているあのバルフォアの演説ではじまる第1章は,バルフォアやクローマー卿に代表される典型的な植民地帝国主義者の言説が,オリエンタリズムという文化的な力の行使の有力な形態として意識されていたことをそのプロジェクトに即して余すところなく暴き出している。とくにこの章で印象深いのは,ガストン・バシュラールの『空間の詩学』を敷衍しつつ,想像上の「心象地理」(imaginative geography)を通じて西洋と東洋の地理的境界線が社会的・文化的・エスニックな境界線によって引かれていく心的メカニズムを明らかにしている箇所である。この心象地理が,膨大なテキストを通じて反復,継承,強化され,やがてそうしたインターテクスチュアリティー(テクスト連関)のなかで東洋(人)が創造され,その実在と関係なく独自の内的な一貫性の弁証法を展開していくことになるのである。サイードがここでも触れ,また第3章のオリエンタリズムの最新の局面でも取り上げているとおり,英仏のオリエンタリズムの正統な継承者である米国のキッシンジャーなどは,さしずめバルフォアの知的=権力的な相続人でもあるのだ。

　第2章では,近代オリエンタリズムがどのような知と権力との結びつきのなかから再構成され,東洋の人と領土に関するパノラマ的な規律=訓練のネットワークを押し広げるとともに,東洋を表象=代弁するために,言説にもとづく一種の通貨を文化的に流通させるようになったのか,その経緯が描かれている。サイードは,近代オリエンタリズムに可能性を与えた最初の経験としてナポレオンのエジプト遠征をあげているが,それはナポレオンこそ,規律=訓練権力によって細部をあまねく管理し,国家という広大な機械装置を把握したいと願った「新しいニュートン」(フーコー『監獄の誕生』)であったからである。このナポレオンによる歴史的な出来事を皮切りに,博物学や人類学,さらには文献学などを通じて東洋(人)に関する決定的な特徴をそなえた類型化のシステムが「捏造」され,

東洋（人）という対象がそのようなシステムによってはじめてある現実性を与えられることになるのである。シルヴェストル・ド・サシとエルネスト・ルナンが際だった「英雄的な」東洋学者としてあげられているのも、そのような近代の科学的なテクニックによって東洋（人）の一覧表（タブロー）が形成され、このベンサム式の一望監視施設（パノプティコン）のもとで生きた他者（東洋人）は実験室の標本のように観察され、分類され、そして制御されるようになったからである。こうした近代オリエンタリズムを支える帝国主義的な支配のもとで、東洋は文学的なテキストの集積のなかに回収され、「正常化」されていくことになった。

第3章ではまず、西洋の帝国支配領域のなかに東洋を引きずり込むことになった表象の体系としてのオリエンタリズムが、その内部でどのようなヴィジョンを東洋に強要し、それを語るためにどんな知の様式を採用することになったのか、その高度に洗練され精緻化された知と権力のテクノロジーが取り上げられている。次にそうしたテクノロジーを実際の植民地経営のなかに生かそうとした英国とフランス、さらにその現代における最大の遺産相続者であるアメリカの例が取り上げられている。この章でとくに関心をそそるのは、東洋を俯瞰するパノラマ的なヴィジョンが、歴史的な語りの可能性を押し殺して異文化や他者を固定的な「共時的本質主義」のシステムに封じ込めてしまうことになるという指摘である。ここに東洋人やセム人、ホモ・シニックスやホモ・アラビクスさらにはアジア的人間類型などが、東洋的気質や風土、その心性や慣習と組み合わさって再生産されるようになった。かくして、オリエンタリズムの最新の局面では、アメリカのマス・メディアが大量に垂れ流す東洋化された東洋人のステレオ・タイプが消費イデオロギーの浸透とともに社会の広大な領域に根を下ろしていくことになるのである。

以上が本書のあらましであるが、最後にサイードは、再び最初の問いにもどって異文化を表象するとはどんなことなのか、そのときに文化という概念は果たして有効なのかどうか、を問いただしている。もっとも本書ではオリエンタリズムに代わりうる新しい知の体系が提示されているわけではないし、また領域的にも西南アジアや東アジアについては触れられていない。その点でこうした問題に取り組んでいる『帝国主義と文化』（1993）が本書と併読されるべきであろう。

ただ本書に限って言うと、東洋と西洋の非対称的な二項対立に力点が置かれているため、西洋のなかの他者の問題がほとんど深められないままに終わっているという印象は否めない。もちろんサイードは、序説でも言及しているように反ユダヤ主義とオリエンタリズムとが、歴史的・文化的・政治的に互いによく似ていることを自覚していた。だが西洋の境界線の内なる東洋と、外在性によって規定された境界線の外側に広がる異質な世界としての東洋との関係についてはまとまった見解が述べられているわけではない。フーコーが、『監獄の誕生』で述べているとおり、身体の表面と内側に浸透して近代の精神を生み出した権力の作用は、狂人や幼児、ユダヤ人や「ジプシー」といった監視され、矯正されるべき人々に向けられていたのであり、それはやがて被植民者に対する規律＝訓練権力へと組織化されていったのだ。このように、西洋の内部の異質な他者の個々の身体に権力を刻み込み、その主観性の最深部を忍耐強く図表化する働きこそが、サイードが瞠目せざるをえなかったオリエンタリズムの絶大な文化的ヘゲモニーの出生の秘密だったのである。

とはいえ、本書は、これまで経済や軍事的な領域に偏っていた帝国主義や植民地研究に対して新しい視座を切り開くことになった。その意義は、今日のカルチュラル・スタディーズやポスト・コロニアル批評にとってはかり知れない影響を与えていると言えるだろう。

姜尚中

［書誌データ］ Edward Said, *Orientalism*, Georges Borchardt Inc., 1978（『オリエンタリズム』板垣雄三・杉田英明監修、今沢紀子訳、平凡社、1986）.

ブルデュー Pierre Bourdieu (1930-2002)
『ディスタンクシオン』 *1979年刊

ピエール・ブルデューの仕事は，①アルジェリア研究，②教育社会学，③文化社会学，④社会学認識論の4系列に大別できるが，本書はそのうち，文化社会学関係の業績を代表する大著である。タイトルの「ディスタンクシオン」(区別＝品位)とは，ここでは自己をよりすぐれた存在として他者から「差別化」し，「卓越化」することを意味する。趣味判断という一見したところ個人の自由にゆだねられているかに見える領域において，このメカニズムがいかなる形で発動し，不可視の階級構造を生産・再生産しているのか，それを膨大な統計資料の綿密な解読作業を通して明らかにしようとしたのが本書である。

全体は序文，第Ⅰ部（1章），第Ⅱ部（2章〜4章），第Ⅲ部（5章〜8章），および結論と追記から成る。序文で全体の構想を端的に要約した後，著者はまず第Ⅰ部「趣味判断の社会的批判」において，現代社会を階層化する主要なファクターのひとつとして文化資本 (capital culturel) という概念を導入する。これは家庭環境を通して親から子へと相続される趣味の良さや洗練された立ち居振舞い，あるいは学校教育を通して獲得される知識や教養など，いわゆる経済資本とは別のレベルで自己卓越化を可能にする目に見えない諸要素を指す。有名大学の卒業資格などの「学歴資本」は，これが制度化された形と考えることができよう。そして文化資本を自然に身につけた人々を，著者は血統によってその肩書と地位が保証される貴族階級とのアナロジーで「文化貴族」と呼び，具体的に音楽や写真の好みを調査した資料を参照しながら，彼らの趣味判断が文化的正統性を獲得する仕組みを緻密に分析する（1章）。

続く第Ⅱ部「慣習行動のエコノミー」では，まず文化資本と経済資本の両者を指標として描きだされる社会空間 (espace social) の構図が提示される。これは差異の体系にほかならない社会を一種の座標平面としてとらえ，縦軸に資本総量（上にいくほど2種類の資本の合計が大きい），横軸に資産構造（右にいくほど経済資本，左にいくほど文化資本が優位を占める）をとって，さまざまな職業カテゴリーが相対的にどのあたりに位置づけられるかを視覚的に表したものである。たとえば大企業の経営者は資本総量が大きく，一般に経済資本のほうが優位を占めているので，空間の上方右寄りに位置するのにたいし，小学校の教員は資本総量が中位で，一般に文化資本が優位を占めているため，空間の中ほど左寄りに位置する，といった具合である。こうして得られた「社会的位置空間」に，著者は食事やスポーツ，レジャーや服装など，数々の具体的な慣習行動＝実践 (pratiques) から構成される「生活様式空間」を重ね合わせる。これら2枚の図表をいわば二重写しにしてみることで，職業カテゴリーとライフスタイルの対応関係，すなわち階級の趣味空間とでも言うべきものが浮かび上がってくる。もちろんこの構造は固定的なものではなく，時間軸に沿って絶えず変容する通時的ダイナミズムをはらんでおり，ブルデューもこの点を強調することを忘れてはいない。彼の立場が構造主義からは一線を画する「生成論的構造主義」であると言われるのも，その意味においてである（2章）。

続いて著者は，さまざまな慣習行動を統一する原理としてのハビトゥス (habitus) の概念を導入する。これは行為者を規定するもろもろの「性向」の体系として定義され，個人レベルで身体化された知覚・評価図式を指すと同時に，ある集団を特徴づける階級的行動原理としての側面ももっている。客観的な社会構造が心的構造へと内在化されたものという意味では「構造化された構造」であるが，種々の慣習行動を臨機応変に生み出す柔軟な生産性を発揮するという意味では「構造化する構造」でもあると言えよう。そこにハビト

ゥスの積極的な機能を見る著者は,日常生活の多様な局面をこの観点からとらえ直し,さまざまな趣味世界を構造化する「贅沢趣味」と「必要趣味」の対立図式を抽出したうえで,異なる空間同士のあいだに相同性が成り立つことを論証してみせる(3章)。

ところで社会空間は,特定の行為者や価値観,制度などから成る複数の下位集団,すなわち場(champ)へとさらに分割される。これはそれぞれ固有の歴史をもち,相対的に自律性を備えた社会的ミクロコスモスであるが,とくに本書では演劇およびジャーナリズムの世界が「場」としてとらえられ,ここを舞台として階級間・階級内集団間で文化的正統性をめぐる象徴レベルでの闘争が展開されていることが明らかにされる。かくしてあらゆる文化的慣習行動は,諸集団がディスタンクシオンをめざして繰り広げる「象徴闘争」の賭金となっていることが確認される(4章)。

ここまでを総論とすれば,第Ⅲ部「階級の趣味と生活様式」はいわば各論に相当する部分で,支配階級,中間階級,庶民階級のそれぞれについて,集団を特徴づけるハビトゥスの実態が具体例をまじえながら詳細に記述されてゆく。まず社会空間の上方に位置する支配階級は,大きく言って文化資本が優位を占める中等・高等教育教授,経済資本が優位を占める商・工業経営者,両者ともに豊かな医者・弁護士などの自由業の3種類に分けられるが,彼らはいずれも差し迫った経済的要請からは解放されているので,資産構造に応じて微妙に趣味傾向を異にしながらも,自分に適合する芸術作品やライフスタイルをほとんど無条件に選択し,余裕をもってこれを所有化してゆく(5章)。

次に社会空間の中央部を占める中間階級は,旧式の職人・小商人を中心とした下降プチブル,一般管理職・事務労働者などから成る実働プチブル,文化媒介者など新種の職業を含む新興プチブルの3者に分類され,各々社会的軌道に応じて固有のハビトゥスを示すが,全体としては支配階級に到達したいという上昇志向を強くもち,その限りでは支配的文化の正統性を暗黙のうちに承認する結果になることが多い(6章)。

そして社会空間の下層部に位置する庶民階級は,いわゆる農民や労働者を主たる構成員とするが,彼らは一般に経済的必要からやむをえず選択したものをあたかも自発的選択であるかのように思いこむ傾向があり,基本的に形式よりは実質,外見よりは機能を重視する現実主義的側面をもっているため,とにかく手近なもので満足しようとする「順応の原理」に従うことになる(7章)。

以上の観察を踏まえたうえで,著者は政治に関するアンケート調査に基づきながら,政治的意見がいかにして階級的言説として誘導され形成されてゆくのかを,第Ⅲ部の最後で分析している(8章)。

本書の結論において,ブルデューは階級闘争ならぬ「分類闘争」という概念を提示しているが,社会的世界をいかなる差異化原理によって分割するかということは,確かに今日最も尖鋭な象徴闘争の賭金であるように思われる。私たちは分類する主体であると同時に,みずからの分類行為そのものによって分類される対象でもあるという認識は,不断の差別化によって社会が絶えず織り直されつつある現代にあっては不可欠のものであろう。

いずれにせよ,趣味という独自の視角から社会構造を照射した本書は,既成の社会学の枠にはおさまりきらない射程とスケールをもった書物であり,ブルデューが構築しようとしている総合的人間学のまとまった成果であることは疑う余地がない。 訳者要約

[書誌データ] Pierre Bourdieu, *La distinction: critique sociale du jugement*, Editions de Minuit, 1979(『ディスタンクシオン―社会的判断力批判Ⅰ,Ⅱ』石井洋二郎訳,藤原書店,1990).

イリイチ Ivan Illich (1926-2002)
『シャドウ・ワーク』 *1981年刊

イリイチはイタリアとオーストリアで自然科学，神学，哲学，歴史学を修め，1951年，カトリックの聖職者として渡米した。60年代にメキシコに移り，ラテン・アメリカの社会変革を阻止しようとするローマ・カトリックに異議申し立てを行なって，ヨルダン・ビショップ，カミロ・トーレスと共にラテン・アメリカの三ラディカル・カトリック僧と呼ばれた。後に彼は聖職を捨てる。メキシコのクエルナバカに国際文化資料センターを創設して国際的な研究交流を組織し，現代産業文明への鋭い警告を発信してきた。『自覚の祝祭』(1969)，『脱学校の社会』(71)，私はセンターを70年代半ばに訪ねたが，イリイチの主宰する国際的セミナーは祝祭にみちていた。行動的な対話的思索の中から生まれた『コンヴィヴィアリティのための道具』(73)，『脱病院化社会』(76)，『ジェンダー』(82)，『ＡＢＣ』(88)，『テクストのぶどう畑で』(93)等の数多くの著作の中で，『シャドウ・ワーク』は，イリイチの思想の精髄を伝える主著といえる。

イリイチの著作に一貫して見られ，とりわけ本書の基調低音をなすものは，人間の自律と尊厳と平和な生活を根底から奪うものとしての現代産業文明への激しい批判である。彼が核兵器や原発を絶対的に拒絶するのは，それらが「進歩と開発」の到達点であって，専門家権力の管理のシステムに人間の生存を隷属させる道具だからである。

「核の平和利用」といった使い方で今日流通している「平和」は，近代に発明された平和であって，「民衆の（地域の）平和」とは異なる。「民衆の平和」は，ヴァナキュラーな (vernacular 母から学んだ，その土地の) 自治，共用環境，自律と自存の生活，またそれらを再生産する多様なパターンだった。これに対して，新しい平和は，民衆の文化，コモンズ（共用地），女性の位置を侵犯しつつ，サーヴィスと財貨を拡大する市場を専ら防衛する「パックス・エコノミカ」（経済的平和）と言える。

イリイチは，産業的生産様式，「進歩と開発」を導いたものとして，近代西欧における稀少性の発明に目をとめる。需要に対して稀少であることが商品の前提となる。イリイチは，稀少性の歴史の出発点を，教えられる言語の発明に求める。

11世紀まで中世ヨーロッパの民衆はたいてい2，3種以上の俗語を話していた。12世紀に突然「母語」という用語が出現した。それは，農業の技術革新を進め，民衆への「世話」を中心に地域の生活を組織化しつつあったゴルツの修道院の説教壇に現れた。クリュニー出身の修道士が布教の境界線を超境し始めると，ゴルツ修道院の修道士は自らの支配領域を確保するために，古フランコニア語を「母なる教会」の使う「母語」として説教に用い，また人々に教えた。教えられる母語への依存は，商品で定義されるニーズの時代の人間に典型的な，全てを他者に依存するパラダイムの先駆といえる。

イリイチは，ネブリハの文法の物語を通して，近代の端初に，「母国語」，教育，国家，植民地の同時的編制へ連動する社会的パフォーマンスを巧みに描き出している。スペイン人エリオ・アントニオ・ネブリハは，1492年コロンブスが新大陸を求めて出帆して間もなく，スペイン女王イサベラに『カスティリア語文法』を献呈して，この言葉を母国語として採用し，義務教育によって教えることを説いた。ネブリハは主張する。民衆のヴァナキュラーな言葉は野卑で放縦で反秩序的であって王と国家に対する挑戦となるから，文法学者が規格化した人工語を国家の言語と定めて，教師がこの言語を教えることによって「野蛮人」や異教徒を国民に仕立て，キリスト教と文明と国家の方へ連れてくることができる。もとより国家語の普及と，国民国家および教

育の形成とはフランス革命を経なければならなかったが，ネブリハの文法は，人々が自律・自存の生活を失い，依存のイデオロギーに包摂されていく近代の風景の出発点に位置するといえる。

現代の公的な選択の主戦場は，政治上の「保守」「革新」の選択（X軸）でも，技術上の「ハード」「ソフト」（Y軸）でもなく，人間の欲望充足のパターンをめぐる第三の次元（Z軸）になった。Z軸上の下限には産業労働一色の商品集中社会が置かれ，上限にはヴァナキュラーな仕事の支えるサブシスタンス（subsistence 生存に本源的な自律・自存の生活）の社会が置かれる。サブシスタンスはカール・ポランニーが重視した用語で，市場経済に対置されて，地域の民衆が自律的に生存を支える基盤を意味する。

西欧近代社会は，西欧の外部を措定しつつ「進歩と開発」のニーズを定立してきた。イリイチは外部の設定に沿う開発の6段階を指摘している。すなわち(1)母なる教会による異国人の救済，(2)異教徒への洗礼，(3)反キリスト的な不信心者の教化，(4)未開人の文明化，(5)「原住民」へのニーズの植えつけ，(6)低開発国民への開発の推進，である。

絶対主義国家と，後には産業国家がヴァナキュラーな共同体を破壊したところではどこでも，支配的な生産形態としての賃金労働と，その隷属的な補足物としての，家事や通勤などの支払われないシャドウ・ワーク（影の仕事）が増大した。従来，経済分析は賃金労働に専ら関心を集中させて，シャドウ・ワークは射程の外だった。しかし完全雇用を目標にするケインズ的な福祉国家であれ，福祉の切りつめと自助を説くネオリベラリズム国家であれ，シャドウ・ワークが成長しないような社会はどこにもなかった。

「ホモ・エコノミクス」は「生産男と家事女」というジェンダーの2分割を土台に，男に特権を，女に隷属を割り振るカップルとして創られた。女性が賃金労働力に参入しても，ジェンダー・ニュートラルな「個人」が増大しても，シャドウ・ワークは増大する。シャドウ・ワークが世界中にあまねく拡大したのは，近代的な個人が一生を通して教育や保健サーヴィスや交通に依存せざるを得なくなり，また産業的な制度が備えているさまざまな供給装置がもたらすパッケージに人々が依存することによってしか暮していけなくなったからである。イリイチは，シャドウ・ワークの概念を，家事や通勤ばかりでなく，教育や治療をめぐる触知されない産業サービスを消費する行為にまで拡張して用い，そこに現代産業社会を特徴づける他律性のイデオロギーの基盤を見出す。

同じ支払われない仕事であっても，シャドウ・ワークとヴァナキュラーな仕事とは区別されなければならない。賃労働とシャドウ・ワークのワン・セットが，Z軸上で，人々の日々の自律・自存の生活を養うものとしてのヴァナキュラーな仕事に対立している。

イリイチは，シャドウ・ワークに抗してヴァナキュラーな領域を拡大するための戦略を提案する。市民社会の中の産業的な制度に限界設定を施し，コンヴィヴィアル（convivial 共生的）な領域を拡充する政治行動が定式化された。コンヴィヴィアリティは，イリイチが住むメキシコの村の市や共用地に見られる祝祭的な共生が原型となっている用語だ。

中世のユーグ・ド・サン・ヴィクトール（1096-1141）はイリイチの最も好む思想家である。ユーグは，技術革新とエコロジー的侵害が始まった12世紀に，民衆による（「民衆のための」でなく）共生を求める探究行為が人間の生活を自律の方へ革新する可能性があるという理論的な命題と，自らの存在の弱さを癒し自己回復するサイエンスについて語った。イリイチの探究行為とサイエンスもユーグのそれに重なる。再三来日して，水俣，沖縄と交流をもった。　　　　訳者（栗原　彬）要約

[書誌データ] Ivan Illich, *Shadow Work*, Marion Boyars, 1981; *Le travail fantôme*, Edition du Seuil, 1981 (『シャドウ・ワーク―生活のあり方を問う』玉野井芳郎・栗原彬訳，岩波書店，1982；同時代ライブラリー版，1990).

ハーバーマス Jürgen Habermas (1929-)
『コミュニケーション的行為の理論』
＊1981年刊

本書はフランクフルト学派の第2世代とされるユルゲン・ハーバーマスの学問的・思想的活動の集大成であり，主著である。70年代の著作の序言にあるように，このころから彼は批判理論の「コミュニケーション論的転回」の必要性を認識する。つまり，彼はカントとヘーゲルに由来する伝統的な意識哲学的な概念構成を脱却し，言語やコミュニケーションというパラダイムを用いた社会科学の言語論的基礎づけという課題に解釈学，現象学，社会学，分析哲学などの批判的受容を通じて取り組むようになる。そこではまず社会科学における意味理解の問題が取り扱われた。しかし本書の序文にもあるように，『コミュニケーション的行為の理論』はこの問題設定の延長線上にあるのではない。彼の関心は，方法論，認識論のレベルを越えて，社会の問題に対する自らの批判的基準の解明を試みる社会理論の構築にあったのである。ハーバーマスによれば『コミュニケーション的行為の理論』はこの批判理論の端緒なのである。

原著は「行為の合理性と社会的合理化」，「機能主義的理性批判」とそれぞれ題された2部，全8章からなる2巻本である。

本書においてハーバーマスは，コミュニケーション的合理性を社会理論における重要な尺度として導入する。この合理性概念の分析のために彼が依拠するのがコミュニケーション的行為である。この行為概念をハーバーマスは，行為調整の媒体としての言語による了解を関心の中心におく了解志向的な相互行為として，成果志向的な戦略的行為から区別する。ここで用いられるのが後期ヴィトゲンシュタインからオースティンにいたる言語哲学の流れを踏まえた「普遍的語用論」である。ここで彼は，コミュニケーション的行為において参加者が了解に到達するための普遍的条件を解明する。それによればコミュニケーション的行為において，話し手は批判可能な妥当要求を常に掲げている。すなわち，必要とあらば批判に対して，自らの発話の規範的正当性，真理性，誠実性のそれぞれについて，論拠を示さなければならない。それでも合意がえられぬ場合には討議に移行し，一致を目指すことになる。対話に参加する言語能力と行為能力を持つ発話者のパースペクティヴから見れば，了解に志向する限りでこの「理想的対話状況」が暗黙の内に先取りされ，前提されているのである。ハーバーマスが合理性概念を導き出すのはこのコミュニケーション的行為からである。言明の意味内容，妥当性の条件，根拠の3つのあいだに内的連関があり，そしてそれをめぐって言語能力と行為能力を持つ主体が妥当要求を伴うコミュニケーション的行為を通じて合意へといたること，この手続きそのものによって発話や行為に付与されるのが合理性なのである。それに対して，了解ではなく目的や成果に志向する行為を彼は戦略的行為と呼ぶ。

このように合理性概念の拡充をはかったうえで，ハーバーマスは従来の社会科学における近代化をめぐる議論の再検討を開始し，みずからの近代の理論を構築していく。まず俎上に載せられるのはマックス・ウェーバーの西洋合理主義論である。ウェーバーが西洋の近代化現象に特徴的なものとして分析したのは近代国家の官僚制化と資本主義的経済であった。しかし，ウェーバーはそうした社会的合理化とは別に科学や技術，芸術，法と道徳の領域で可能になった文化的合理化の諸現象も視野に入れていたはずである。ここにハーバーマスは，ウェーバーが近代化分析において，合理性概念を認知的・道具的合理性に切り詰めていることを指摘する。確かに，認知的・道具的合理性もまたコミュニケーション的行為を通じて再生産，蓄積されるが，それは包括的な合理性の一部にすぎない。

マルクスからルカーチを経てホルクハイマーとアドルノへと続く理性批判の系譜もまた，

ハーバーマスによれば，ウェーバーと同様に近代化過程を目的合理的なシステムの自己展開と解釈したがためにアポリアに陥ってしまった。その理性批判は『啓蒙の弁証法』において最もラディカルな結論を導き出す。啓蒙によって文明化を推進し野蛮を克服してきた人類は，今や新しい野蛮の状態に落ち込んでいる。理性は資本主義社会の自己保存にのみ奉仕する道具的理性として機能し，人間を社会化過程を通じて社会に隷属させ，狡猾に管理する。外的自然支配として開始された文明化の過程は，人間そのものの衝動＝内的自然の支配と表裏一体なのである。ハーバーマスは，このような理性批判はみずからの批判の基底までも掘り崩すという点で遂行論的矛盾に陥っていると論じる。

近代の病理として指摘されてきた諸現象——疎外，鋼鉄の檻，物象化——をハーバーマスは独自の合理論において捉え直す。ハーバーマスはまず社会は生活世界とシステムから成り立つという2段階の社会概念を提示する。生活世界とはハーバーマスが後期フッサールからシュッツを経由して導入した概念であり，文化，社会，人格という構造を持つ。また生活世界とコミュニケーション的行為とは，生活世界が行為者の共通の意味の基盤であると同時に，コミュニケーションの行為によって再生産もされるという意味で，相互補完的な関係にある。生活世界の諸構造が文化的再生産，社会的統合，社会化という形で再生産され，相互行為もまたますます合理的に動機づけられた了解に基づいて行われていく過程をハーバーマスは生活世界の合理化と定義する。そこでは社会の象徴的再生産が行われる。他方で生活世界の合理化がある水準に達した状況で，負担免除として生活世界からシステムは分極化し，それぞれの分化を遂げるようになる。それは，合理化の推進により社会の複合性が増大し，コミュニケーションの失敗や浪費などの危険も高まり，社会全体に機能不全をもたらす可能性があるからである。資本主義社会では経済と国家というシステムが分化し，それぞれ非言語的な貨幣と権力という媒体によって制御される。そこではもっぱら戦略的な行為が行われ，社会の物質的再生産に奉仕する。このように生活世界とシステムは，それぞれ社会的統合，システム統合という形で社会における行為連関においてその帰結と志向を調和させ，社会の統合を果たすのである。この2段階の社会的進化の過程をハーバーマスは合理化過程と見なすのである。

生活世界の合理化現象は社会を伝統から解放すると同時に，物象化を誘導するシステムをも解放した。しかし近代の病理的現象の原因は生活世界とシステムとの分化にあるのではない。それは文化や社会的統合や教育のために行為調整の媒体として了解に依存してきた生活世界に，貨幣や権力という媒体が入り込み経済的・行政的合理性が侵入してきたことにある。ハーバーマスはこの現象を「生活世界の植民地化」と呼び，従来の物象化論の対案として提示する。このように彼は一方で対話による批判的潜勢力を近代化から救い出しつつ，それに対する批判を遂行するという戦略を取るのである。

本書は広範な学問領域において大きな反響をもって迎えられた。以降ハーバーマスは本書で構築した理論を携え，ポストモダン，新保守主義，ドイツ統一，歴史修正主義をめぐる論争に身を投じて行く。討議倫理学を経て90年代には民主主義的法理論に戦線が拡大される。学界，言論界を問わず積極的に発言する独特のスタイルは，一方では本書の確かさを証立てるために，他方ではその充実のために，継続されている。こうした観点からも本書は，ハーバーマスの理論的核心を知るためにもっとも優れた著作と言える。

宮本真也

[書誌データ] Jürgen Habermas, *Theorie des Kommunikativen Handelns*, Suhrkamp, 1981（『コミュニケーション的行為の理論』上・中・下，河上倫逸・M. フーブリヒト・平井俊彦・徳永恂・脇圭平他訳，未来社，1985）.

真木悠介（1937- ）
『時間の比較社会学』 ＊1981年刊

5つの章と，序章，結章から構成されている。

序章「時間意識と社会構造」は，問題提起の章であり，〈死の恐怖〉および〈生の虚無〉／〈現在する過去〉と〈過去する現在〉／具象の時間と抽象の時間，の3節から成る。第1節では，近代的自我にとっての「虚無」の淵源ともされる「時間」の，暗黙の基礎感覚として，〈虚無化してゆく不可逆性としての時間了解〉および，〈抽象的に無限化されてゆく時間関心〉が析出される。第2節では，この第1の要因の存在しない社会を，方法の鏡として対照することをとおして，われわれの近代社会における，〈虚無化してゆく不可逆性としての時間了解〉の，存立の根拠についての理論仮説を提起する。第3節では，第2の要因の存在しない社会を方法の鏡として対照することをとおして，われわれの社会における，〈抽象的に無限化されてゆく時間関心〉の，存立の根拠についての理論仮説を提起する。

第1章「原始共同体の時間意識」は，「聖と俗」—意味としての過去／共同時間性・対・共通時間性／ザマニの解体—意味としての未来，の3節から成る。序章の問題提起を受けて，近代，現代社会とは最も遠い対極にある原始諸社会の時間感覚について，文化人類学，比較宗教学等の資料に即して，トーテミズム，エコロジカル・タイム，構造的時間，様相的時間，〈聖なる時間〉，等のさまざまな形態と，その理論的な意味が検討される。

第2章「古代日本の時間意識」は，神話の時間と歴史の時間／氏族の時間と国家の時間／世間の時間と実存の時間，の3節から成る。初期万葉，後期万葉，古今集の作品とその社会的な背景を解析しながら，原始的な共同体から，古代律令国家の形成と氏族共同体の再編，古代的な都市社会と官僚制の成熟，初期的な貨幣経済の荒々しい浸透，等と相関する，時間意識の析出と変容の仕方を追跡して，その比較社会学的な意味を考察している。

第3章「時間意識の4つの形態」は，時間意識の4つの形態／ヘレニズム—数量性としての時間／ヘブライズム—不可逆性としての時間，の3節から成る。第1節では，「円環する時間と直進する時間」という，時間の比較論の定型的な図式を批判し，人類学，宗教学の知見を基礎に，可逆性／不可逆性，および，質として／量としての時間イメージ，という2対の「型の変数」の合成として，下記のような時間コンセプトの4つの理念型を設定している。（2，3節をふまえての完成された図の方をここには提示）

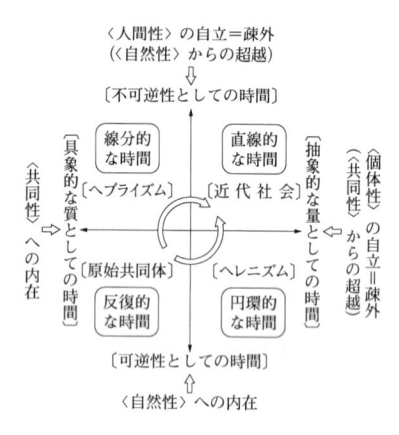

〈人間性〉の自立＝疎外
（〈自然性〉からの超越）
⇓
〔不可逆性としての時間〕

線分的な時間	直線的な時間
〔ヘブライズム〕	〔近代社会〕
〔原始共同体〕	〔ヘレニズム〕
反復的な時間	円環的な時間

〈共同性〉への内在　〈個体性〉（〈共同性〉からの超越）の自立＝疎外
〔具象的な質としての時間〕　〔抽象的な量としての時間〕

⇑
〔可逆性としての時間〕
〈自然性〉への内在

第2節では，ヘレニズムの特質とされる「円環する時間」というイメージが，ホメロスやヘシオドスの諸世紀には未だ存在しなかったという事実をふまえて，この時間コンセプトの起源と存立の機制とを追求している。「円環」というイメージのうち「可逆的」という契機は原始共同体以来のものであるから，ヘレニズムにおいて新しい特質はその数量的な連続性にある。このような時間コンセプトの数量的な連続性という契機（近代の時間意

識の一方の契機）が，古代ギリシャの都市国家の形成，氏族共同体間の集列・相剋を解決する市民社会的な規範システムの要請，交易・貨幣経済の急激な展開と成熟，等と相関しながら，新しい社会の形態を存立せしめる不可欠のメディアとして析出してくる論理とダイナミズムとをこの節では追跡している。第3節では，ヘブライズムの特質とされる「直進する時間」というイメージ（近代の時間意識のもう一方の契機である「不可逆性」としての時間の概念）が，旧約の古い層には未だ存在しなかったという事実をふまえて，この時間コンセプトの起源と存立の機制とを追求している。このような不可逆性としての時間のコンセプトが，古代ユダヤ人の経験した過酷な歴史の試練のなかで，「自然なもの」「事実あるもの」「現に存在するもの」に対する原的な否定の感覚を基礎に，価値の反・存在的な定立，理念の反・現実的な定立を可能なものとすることをとおして，現在にも過去にも存在しなかったような形の「救済」の最終性（不可逆性）を可能なものとする唯一の時間形式として，立ち現れてくる経緯をこの節では追跡している。

第4章「近代社会の時間意識(1)」は，〈失われた時〉—カルヴァンの地獄／〈見出された時〉—自我の神話／時間への疎外と時間からの疎外，の3節から成る。カルヴァンとプロテスタンティズム，デカルトの懐疑とパスカルの信仰を共軛する「不安」，近代のロマンティシズムの，今ここに「ないもの」への指向（過去憧憬／未来憧憬），プルーストの〈記憶〉とサルトルの〈企投〉（過去という根拠／未来という根拠）。これらの考察をとおして，共同性から自立し／疎外する〈近代的自我〉が，失われた「根拠」の感覚をその個我の「自己」の内部に，次第に純化されてゆく形式で再び見出し，打ち建ててゆく論理とダイナミズムを，近代の時間意識の歴史として追跡することをとおして，それがこの時代の構造のなかで，根を求めながら翼を求める近代的自我の，そこに自分をおくことのでき

る原理的な時間の感覚であるものとして把握している。

第5章「近代社会の時間意識(2)」は，内的な合唱と外的な合唱／時計化された生—時間の物神化／時間のニヒリズム—時間意識の疎外と物象化，の3節からなる。定量音譜（♩♪等）の使用は，デカルトの抽象化された空間座標系の確立と呼応して発達しながら，音楽のなかに標準化された計量可能な時間を導入することによって，近代の複雑な多声音楽から大管弦楽等々を可能なものとした。同様に近代の工場や企業や官庁，証券取引所や都市交通，都市間交通，国際通信のシステム，等々は，このような数量化された時間のシステムをメディアとして初めて存立する。われわれの生きる世界の産業と経済と政治，教育とマス・メディアのシステムのすべてを通約して規制している，物象化された時間のシステムが，「スケジュール化された生」（進学準備，昇進体系，住宅ローン，年金と保険，等々）としての，現代社会の「時計化された身体」たちに与える作用のさまざまな相が，この章では主題化される。

結章「ニヒリズムからの解放」では，本論各章で積み上げられてきた認識と考察をふまえて，序章で提起された問題が応答される。

「あとがき」には，比較社会学の全体的な構想が付記されている。

本書と直接に関連する論文等としては，次の3点がある。真木「狂気としての近代—時間の比較社会学・序」（同『旅のノートから』岩波書店，1994，所収）1978年初稿，本書に先立つ初発の問題意識が，メキシコ等の経験を素材として記されている。見田宗介＋小阪修平『現代社会批判』（作品社，1986），本書の主題が，著者の問題意識の全体のなかで位置づけられている。見田「時間と空間の社会学」（岩波講座現代社会学第2巻『時間と空間の社会学』1996，序章）本書の理論の，空間の比較社会学への展開が試みられている。

著者要約

[書誌データ] 真木悠介『時間の比較社会学』岩波書店，1981；同時代ライブラリー版，1997．

オング Walter J. Ong (1912-2003)
『声の文化と文字の文化』 *1982年刊

　本書の著者の博士論文「ラムス，方法および対話の衰退」(1958) は，16世紀フランスのユマニスト，ペトルス・ラムスに関する先駆的研究であり，その研究は，マクルーハンの『グーテンベルクの銀河系』(1962) のなかで広汎に利用されている。著者のラムス論の特徴は，ベーコンやデカルトに影響を与えたラムス主義を，知識の空間化という点で，印刷文化の所産として位置づけることにある。この点からもわかるように，ことばの主要な媒体（声，手書き文字，印刷，電子メディア）の変化にともなって人びとの考えや意識がどのように変化してきたかということが，初期からの著者の一貫した関心であり，本書はそうした方向でのかれの研究の集大成である。マクルーハンは（かれがメディア論を発表しはじめる前に）セントルイス大学で，G. M. ホプキンスの詩に関する著者の修士論文 (1949) を指導している。ただし，ハーヴァードで著者の上記博士論文を指導したのはペリー・ミラーである。マクルーハンと著者は，師弟関係にあったとはいえ，一方向的というよりむしろ相互に影響しあっていた。また，マクルーハンが，おもに印刷と電子メディアがもたらした社会的・文化的変容に光を当てたのに対し，著者が注目するのは，声の文化 (orality) と文字の文化 (literacy) の対立であり，その対立がもたらす人びとの意識の変化である。声の文化と文字の文化の対立を軸とする本書の立場が，マクルーハン以上の説得力をもつとすれば，それは，師の立場やかれ自身のラムス研究に加え，A. B. ロード『物語の歌い手』(1960) や E. A. ハヴロック『プラトン序説』(1963) のような多くの個別的研究の成果に依拠しているからである。ロードは，『イリアス』のような口承（にもとづく）作品の大部分が，きまり文句 (formula) によって組み立てられていることを示し，ハヴロックの研究は，ギリシア人における母音アルファベットの内面化とプラトンの時代の抽象的思考の成立が深く関連していることを示した。著者は，これらの研究から，声の文化のなかで生きる人びとの思考のエコノミーと，文字の文化によってもたらされるそうしたエコノミーの変貌の有様をとりだすのである。こうして，本書においては，ことばの主たる媒体の変化とともに起こる人びとの意識と文化の変容は，つぎの4つの段階においてあとづけられることになる。(1)一次的な声の文化 (primary orality)。(2)手書き文字の文化 (chirographic culture)。(3)印刷文化 (typographic culture)。(4)二次的な声の文化 (secondary orality)。

　本書の第1章では，一次的な声の文化，すなわち，ことばがもっぱら声であるような文化を理解することの難しさが示される。たとえば，民話や昔話のような文字によらない伝承を「口承文学」と呼ぶことの奇妙さにわれわれはふつう気づかない。それは，すべての発話は，文字に置き換えることができ，発話に含まれているなにものもそれによって失われない，という文字文化に固有の偏見があるからである。しかし，声の文化のことばと思考は，ことばがどんな痕跡も残さないという前提のもとに組み立てられているのであって，文字に置き換えられれば，それらを支えていた緊張の糸は失われてしまうのである。

　本書第2章では，上記のロードらの研究が，このような声の文化のことばに固有のエコノミーの存在をわれわれに気づかせてくれた経緯が示され，さらに第3章において，そうしたエコノミーの根底に，記憶への重圧があることが示される。すなわち，一次的な声の文化では，人と人との直接的関係がコミュニケーションの単位であり，知識もまた，人間の内部に記憶として蓄えられるほかはない。記憶の必要が，声の文化のことばと思考のエコノミーの大部分を支配しているのである。口承的な作品を特徴づける表現，すなわち，韻

律やきまり文句，繰り返し，紋切り型，誇張された表現などはすべて，記憶を助ける。思考もまた，そうした記憶されやすい形式でしか働かない。なぜなら，複雑で，分析的な思考がたとえ可能であったとしても，記憶されないかぎり意味をもたないからである。

本書第4章では，筆記具や紙とそれらを使いこなすノウハウからなる「書く技術」の登場によって，われわれの意識の構造がどのように変化するかが示される。一次的な声の文化におけるコミュニケーションには，時，場所のようなコンテクストがつねに色濃く反映される。それに対して「書くこと」がつくりだすのは，コンテクストなしの「それだけで独立した話し（autonomous discourse）」の世界である。プラトンのイデア論のように，いかなるコンテクストからも自由な抽象的な概念（たとえば「正義」）の存在を考えることも，そうした世界への感覚がなければ不可能である。ハヴロックとともに著者は，ギリシアの母音アルファベットがことばの視覚化のうえではたした役割の大きさを強調する。プラトンの時代はまさに，アルファベットの定着が効果をあらわしはじめた時代だった。書くことは，コンテクストから自由な「話し」をつくりだすことによって，情報の伝え手と受け手との関係を変化させ，伝えられる情報の密度を濃密化する。しかし，印刷が発明されるまでの約2000年間，手書き文字が支配的であるあいだは，文字の文化は，その周縁の声の文化から完全に切り離されることはけっしてなかった。なぜなら，手書き文字の文化において，読むことは（多くの場合，大勢のまえで）声に出して読むことだったし，聴衆の大部分は，読み書きのできない人びとだったから。手書き文字の文化の多くの特徴（レトリックの重視など）は，文字の文化のなかでの声の文化の残存から説明される。

視覚空間にうつされたことばが，その出自である声の文化から完全に切り離され，「目で」読まれるある閉じた世界を形成するようになるのは，印刷の登場以後である。本書の第5章は，印刷によるこうした閉じた空間の形成を主題とする。印刷は，空間のなかに置かれたことばという感覚を強化することによって，「閉じられたテクスト」という観念を生み出す。「独自性」とか「創造性」といったロマン主義的観念，そして，ことばの私有（著作権）と，その裏返しである他人のテクストに影響されているかもしれないという不安（間テクスト性）もまた，著者によれば，こうした閉じられたテクストという観念なしには生じえない。電話，ラジオ，テレビなど，印刷以後の電子メディアについても著者はわずかながら触れている。それらは二次的な声の文化をつくりだす。しかし，それは印刷文化を基底にもち，「閉じられたテクスト」という観念も共有するがゆえに，もはやたんなる一次的な声の文化への復帰ではない。

本書の第6章は，言語芸術に現れた声の文化から文字の文化への移行を，物語を例に説明している。著者によれば，物語は，その組み立てと筋立てにおいて，挿話のよせあつめという形態から，ますます，1つのクライマックスをもつピラミッド型の構造へと，また，登場人物についても，類型的な「平面的」人物から，ますます，心理的な陰影をもつ「立体的」人物へと変化している。これらのことは，閉じられたテクストの登場と，印刷本の書き手と読み手の実践がつくりだす個人的で私的な世界の出現なしには考えられない。

最後に，第7章では，声の文化と文字の文化という対立軸が，今日の文学理論や哲学理論にどのような光をあてるかが概観され，構造主義やディコンストラクション理論などがいかにテクストにとらわれた視点にもとづいているかが示されている。 訳者（桜井直文）要約

[書誌データ] Walter J. Ong, *Orality and Literacy: The Technologizing of the Word*, Methuen, 1982; Routledge, 1989（『声の文化と文字の文化』桜井直文・林正寛・糟谷啓介訳，藤原書店，1991）.

ベンヤミン　Walter Benjamin (1892-1940)
『パサージュ論』＊1982年刊

　この未完の厖大な断章は，1940年のベンヤミンの死後に残された草稿である。1982年にロルフ・ティーデマンによって編集，出版されるまで謎に包まれていた。それは夥しい書物からの引用と彼自身の短い省察からなり，AからZにいたる26の大文字，aから飛び飛びに10個の小文字，合計36項目に分類がなされた引用と断章の複合体である。これに2つの時期に書かれた「概要」2編（『パリ―十九世紀の首都』）が含まれる。

　現在，草稿の成立過程は次のように解明されている。この研究に取りかかった1926年から1927年までにパサージュについての短いテキストが纏められるが，同時に1927年から断章と引用からなる『パサージュ論』草稿がスタートする。『パサージュ論』は休止を挟んで3つの時期に書かれたとされる。第1は1927年から1929年まで，第2は1934年から記号を振って分類をはじめる時期で，史的唯物論にもっとも近づいた時期。この時期にドイツ語による「概要」が書かれる。第3は1939年以後死にいたるまでの時期で，その間にフランス語による「概要」が書かれる。そこではじめてブランキが『パサージュ論』に入ってくるし，ボードレールを巡る考察はすべてこの時期に属している。

　『パサージュ論』とはなにか？　われわれはそれがなんであるかを簡潔には言い表せない。ベンヤミンはこれらの断章と引用の山を築きつつ，瓦礫を縫ってわれわれが容易には見つけにくい哲学探究の道を歩いていた。最終的にどんな形態をとったかはわからない，未完のままの哲学的プロジェクトであった。『パサージュ論』に着手して間もない1928年4月のゲルショム・ショーレム宛の手紙によると，哲学の歴史との関係で人はいかに具体的でありうるかを試すことであったようである。これほどの具体的思考の広がりを見せた草稿は汲みつくせないほど豊穣な思考の萌芽を孕んで存在しているが，それを従来の哲学の規範で語っていいかどうかは疑問である。おそらく哲学そのものが転調すると見るべきであろう。

　方法論的にはいくつかの点がはっきりしている。まず『パサージュ論』が生まれてくるにはベンヤミンの都市経験が関わっている。彼は1924年に『ナポリ』，1927年に『モスクワ』についてのエッセイを書き，『パサージュ論』を書きつつあった1932年には故郷『ベルリン』についての2つのエッセイを書いている。「パサージュ」とは19世紀のはじめにパリのいたるところで，建物と建物の間に光を透す低いガラス屋根を架けてできた流行品の商店街で，その後，規模や様式を変えながらヨーロッパのあらゆる都市に広まった19世紀都市のビルディング・タイプのひとつである。このパサージュは，商品のファンタスマゴリーが花開き，娼婦たちが群れ，遊歩者，いかがわしい男たちが集う，19世紀パリの都市生活の焦点となった。

　だがこのパサージュにしても『パサージュ論』全体から見るとAシリーズで取り上げられたひとつの素材に過ぎない。ベンヤミンはモード，オースマン式都市改造，博覧会，広告，蒐集家，室内，売春，賭博，その他の19世紀の都市にあらわれる実に多様で雑多な文化現象をとりあげている。ベンヤミンが対象としたのは決して高級な文化ではない。文化の屑のようなこれらの素材から彼はなにを見いだそうとしたのか。彼がそこに見たのは集団の夢，願望の形象であった。都市は，彼を19世紀に深く入り込むあたらしい対象へ導きつつあたらしい方法を発展させることになった。都市は対象であるというよりあくまで方法であった。彼の哲学はこの夢からの覚醒というかたちをとる。

　こうした点を解読するために『パサージュ論』のなかに認識論的に重要な項目がいくつかある。たとえばN「認識論に関して，進歩

の理論」および，K「夢の街と夢の家，未来の空間，人間学的ニヒリズム，ユング」の2つのシリーズなどである。これらの断章のなかにベンヤミンが『パサージュ論』で目論んだ意図が読み取れる。断章の集積を貫く最も重要な概念「根源の歴史」，「集団の夢」，「覚醒」，さらに史的唯物論が浮かびあがる。

「根源」とは彼が『パサージュ論』のAシリーズに着手した頃に出版した『ドイツ悲劇の根源』(1928) で用いた概念である。それはゲーテの真理概念である自然を歴史の領域に移したもの，つまり内発的に歴史上の一連の形態を自分自身のなかから出現させることを指していた。「十九世紀の根源の歴史という概念が意味をもつのは，十九世紀がこの根源の歴史の本源的な形式として描かれたときである」(N3a, 2)。彼は『パサージュ論』でも「根源」の探究を行おうとしていた。これがどのように史的唯物論に結びつくか。ベンヤミンの大きな課題であった。

彼はKシリーズのなかで「歴史のコペルニクス的転回」について述べる。それは「現在こそが弁証法的転換の場となり，目覚めた意識が突然出現する場となる」ことだ。「〔歴史的なものの次元において〕既在についてのいまだ意識されざる知が存在するのであり，こうした知の掘り出しは，目覚めという構造をもっている」(K1, 2)。こうしてベンヤミンの探究にとって「夢と覚醒」が主要な方法であることがわかる。ベンヤミンが提供するのは「目覚めの技法についての試論である」(K1, 1)。

ベンヤミンにとって集団的夢と覚醒とは次のような関係にある。「集団はまずもっておのれの生活条件を表現するのだが，この生活条件は，夢において表現され，目覚めにおいて解釈されるのである」(K2, 5)。この集団的生活の重視からどうしてパサージュをはじめとするけっして高級でない文化に集団の夢を発見していたかが理解できる。「夢——それは十九世紀の根源の歴史（ウルゲシヒテ）について証言してくれるような発掘が行われる大地である」(C2a, 11)。こうしてベンヤミンは「夢と覚醒」によって願望の形象を見いだし，そこから根源の歴史にいたろうとする。以上はベンヤミンが『パサージュ論』で用いたユニークな方法の図式化である。

ベンヤミンは「根源」という概念をゲーテとの関係で説明しているが，その内容はむしろユダヤ的と言ってよかろう。彼はカタストロフは論じるが，終末やメシアについては本当は考えていない。友人ショーレムが浩大な研究によってあきらかにしたように，15世紀末の大迫害の後，ルリアなどのカバラ学者によって変わったユダヤ思想は終末に向かうのではなく，創造の始原に立ち返った。ベンヤミンの「根源」の思想はこの意味でのユダヤ思想に近いのである。

『パサージュ論』でベンヤミンはボードレールを重視する。ベンヤミンにとって重要なのは，ボードレールの現代性でありアレゴリーの使用であった。アレゴリーもベンヤミンが『ドイツ悲劇の根源』であらたな解釈を施した概念である。このアレゴリーは19世紀の現在に浸透した商品の見せかけを世界から浮き上がらせてしまう役割をする。「ボードレールのアレゴリーには，彼を取り巻く世界の調和のとれたファサードを取り壊すのに必要だった暴力の痕跡がつきまとっている」(J55a, 3)。アレゴリーは「集団の夢」からの「目覚めの技法」として機能した。

『パサージュ論』が，現在の断章形式から歴史哲学的著作に纏まったかどうかを想像することはあまり意味がない。最後の著作『歴史の概念について』(1940) は，『パサージュ論』の歴史概念にさしあたりひとつの要約を試みたものであろう。彼はそこで「歴史は，同質的で空疎な時間でなく今という時に満たされた時間を形成している構造そのものである」と述べている。

多木浩二

［書誌データ］Walter Benjamin, *Gesammelte Schriften*, Bänden V.1 und V.2, Suhrkamp Verlag, Frankfurt am Main, 1982（『パサージュ論』全5巻，三島憲一・今村仁司ほか訳，岩波書店，1993-95).

アンダーソン, B.
Benedict Anderson (1936-2015)
『想像の共同体』*1983年刊

　今日, 国民国家 nation-state は我々の政治生活の基本的枠組みをなし, 国民国家に存在論的根拠を与える国民 nation はその自明の前提である。しかし, 国民とナショナリズム nationalism にはなおはなはだしい概念的混乱が見られる。本書はそのなかで, 国民を「想像の共同体」ととらえ, こうした新しい想像の共同体が人々の心の中にいかにして生まれ, また世界に普及するに至ったのか, その世界史的過程の説明を試みる。

　ではナショナリズムはなぜ生まれたのか。なぜあるときあるところで国民を想像するということが可能となったのか。それは簡単に言えば, 古くからの想像の共同体, 宗教共同体と王朝を支えた基本的観念がもはや人間の精神を支配することができなくなったからであった。かつて聖書のラテン語, コーランのアラビア語といった「聖なる言語」はそれ自体, 存在論的真理に至る途と観念され, これがキリスト教世界, イスラム共同体のような宗教共同体を支えていた。また社会は, 高くそびえたつ中心（＝他から隔絶した存在としてなんらかの宇宙論的摂理によって支配する王）の下で, その周りに, 自然に組織されていると観念された。そしてまたそうした時代には, 神は時間に遍在し, 「いま」と「ここ」とは地上の出来事の連鎖のたんなる結節点ではなくこれまでもずっとそうであったこと, そして同時に未来にも成就されるであろうことと観念された（メシア的時間）。かつてはこれらの観念によって人間存在の日常的宿命性に一定の意味が付与され, またそこからの救済の途も示された。しかし, そうした観念はまずヨーロッパで, そしてやがては他の地域においても, 経済的変化, 科学的社会的発見, コミュニケーションの発達によってしだいにその意味を失っていった。共同体と権力と時間を新しい仕方でつなげようという模索はこのとき始まった。国民を想像することはそうした模索のなかで可能となった。そしてここで決定的役割をはたしたのが出版資本主義（プリント・キャピタリズム）だった。つまりごく単純化して言えば, 人間の宿命的な言語的多様性, ここに資本主義と印刷技術が収斂することによって新しい想像の共同体の可能性が生み出されたのだった。

　しかし, そうはいっても, 現代の国民国家は特定の出版語の流通範囲と同形ではない。出版語, 国民意識, 国民国家のあいだの連結の不連続を理解するには, 国民国家が歴史的にいかにして登場し, またいかなるものとしてモデルとされたか, その世界史的過程を見る必要がある。国民国家は歴史的にはまず南北アメリカに成立した。それではなぜアメリカのクレオールはかくも早熟に「我々国民」という観念を発展させたのか。それはひとつにはアメリカにおいて新しい意味創出の「旅」が生みだされたからであった。絶対主義王制の抬頭, さらにはヨーロッパを中心とする世界帝国の建設は, 意味創造の旅に大きな変化をもたらした。封建時代には, 貴族の相続人は父親の死に際し, 叙任のための中心への旅と先祖伝来の領地への帰郷の旅, そういう行って戻る旅を行った。これに対し, 絶対主義王制における役人の旅は行って戻らぬ旅, 中心ではなく頂上を望み, 何重にも円弧を描きながら登っていく上昇らせんの旅であった。役人はこの旅において巡礼の仲間, 同僚の役人たちと出会う。そしてかれらのあいだにはやがて「なぜ我々はいま, ここに, 共にいるのか」という共同性の意識が芽生える。これが絶対主義のイデオロギーを生み出した。しかし, このモデルは大西洋をまたぐ世界帝国においてはそのままでは通用しなかった。スペイン領アメリカのクレオールの役人がスペインにおいて重要な官職に就くなどまずありえないことであり, 「メキシコ人」クレオール, 「チリ人」クレオールの旅は植民地メキシコ, 植民地チリの領域に限られていた。しかし, この旅はやはりかれらのあいだに「なぜ我々はいま, ここに, 共にいるのか」

という共同性の意識をもたらし，やがて出版資本主義の到来とともにかれらの旅の領域的広がりが国民的なものと想像されるようになると，これが決定的な政治的帰結をもつことになった。それが南北アメリカにおける革命，独立共和国の成立であった。

ついでヨーロッパにナショナリズムの時代が到来した。この新しいナショナリズムはアメリカのクレオール・ナショナリズムとは2つの点で違っていた。まずアメリカの革命においてスペイン語，英語が争点とならなかったのに対し，ヨーロッパでは「国民的出版語」がイデオロギー的，政治的にきわめて重要な意味をもち，ナショナリズムはなによりもまず民衆の言語ナショナリズムとして現われた。またこのナショナリズムにはすでにモデルがあり，そのためさまざまな人々によりさまざまに「国民」の海賊版が作成された。

このあと19世紀半ばに至って公定ナショナリズムがまずヨーロッパに到来した。これはナショナリズムの成立によってその権力的地位を脅かされた王朝，貴族による応戦であり，新しい国民的原理と古い王朝原理の溶接を試みる保守的政策であった。しかし，公定ナショナリズムもひとたび成立すればモデルとして海賊版の作成が可能となり，やがてアジア，アフリカの広大な地域でこうした公定ナショナリズムの政策が実施されることになった。こうしてウクライナ人の「ロシア化」と同様，インド人の「イギリス化」，朝鮮人の「日本化」が試みられた。しかし，インド人，朝鮮人には英国人，日本人を統治する地位に就くような巡礼は許されなかった。ナショナリズムの「最後の波」はこの矛盾から生まれた。こうして20世紀に入り「最後の波」がアジア，アフリカの植民地に打ち寄せた。これはナショナリズムの世界史的過程をすべて受け継ぐものだった。公定ナショナリズムの下，帝国の植民地には中央集権的学校教育制度が導入され，植民地の首都はそうした中央集権的学校制度の「ローマ」となった。こうした学校制度によってもたらされた新しい旅，そしてこれと並行する新しい行政の旅，この組み合わせが新しい想像の共同体に領土的基盤を提供した。と同時に，そうした新しい旅を行った植民地の住民に帝国の中心での栄達はありえず，それどころか，植民地においても「土民」はいかに教育を受けようと「土民」だった。こうして洋式教育を受けた二重言語のインテリゲンチアがナショナリズムの主たる代弁者となった。そしてかれらは20世紀の二重言語のインテリゲンチアとして，アメリカとヨーロッパの歴史的経験から蒸留された国民と国民主義のモデルをすでに教室の内外で学んでいた。これらのモデルが無数の夢にかたちを与えた。クレオール・ナショナリズム，言語ナショナリズム，公定ナショナリズムはさまざまに組み合わされ，複写され，翻案され，改良を加えられて「最後の波」を構成した。

これがアンダーソンのナショナリズム論の骨子である。アンダーソンはこれによってナショナリズム研究に新たな理論的地平を切り開き，また本書でアンダーソンが使った概念，「想像する imagine」「聖なる共同体」「メシアの時間」「空虚で均質な時間」「巡礼」「言語学・辞書編纂革命」「海賊版の作成」などは文化的に構築されたものを分析する標準的な概念装置となった。

しかし，ナショナリズム研究はこれで終わったわけではない。アンダーソンは20世紀前半の植民地ナショナリズムを「最後の波」と呼び，これでそのナショナリズム論を終える。しかし，われわれは「最後の波」のあとに憂鬱なセルビアのミローシェヴィッチの精神にもとづくエスニック・ナショナリズムの到来したことを知っている。そうしたナショナリズムのさらなる冒険についてはなお新たな研究が必要とされる。

訳者（白石　隆・白石さや）要約

[書誌データ] Benedict Anderson, *Imagined Communities: Reflections on the Origin and Spread of Nationalism*, Verso, 1983（『想像の共同体―ナショナリズムの起源と流行』白石隆・白石さや訳，リブロポート，1987）；rev. ed., 1991（『増補　想像の共同体』白石さや・白石隆訳，NTT出版，1997）．

■ルーマン Niklas Luhmann (1927-98)
『社会システム理論』*1984年刊

　ルーマンの代表的な著作。ルーマンは、パーソンズの社会システム論を継承しつつも、現象学やサイバネティックスの知見を援用することによってパーソンズとは異なる機能主義的な社会システム論を構築してきた。80年代に入ると、さらにH．R．マツラナとF．J．バレラが提唱したオートポイエシス論を独自の仕方で導入し、社会学的に展開した。本書は、自己準拠的システム論の立場に立って、それまでのルーマンの考え方を総括的に述べたものである。

　まず序章では、システム論の歴史が概観され、2度のパラダイム転換を経て、システムが自己準拠的システムとして捉えられるようになったことが示される。自己準拠的システムというのは、環境とのかかわりをもつオープン・システムであると同時に、環境との境界をみずから創出・維持するクローズド・システムでもある。社会システムがいかにして自らの閉鎖性に基づいて開放性を実現しているのか、それを明らかにすることが本書の基本的な課題である。

　第1章では、差異概念を基礎にしてシステムと機能が説明される。自己準拠的システムは、システムと環境との差異、要素と関係の差異を手がかりにして、自らを構成する諸要素を自分自身で再生産している。社会システムや心理システムの場合、そうした諸要素のオートポイエティックな再生産は、システムの自己観察に媒介されている。観察とは、区別された2つのうちの一方を表示する操作であり、差異を前提にしている。これらのシステムは、自己観察を行なう際、意味を用いている点で、同じオートポイエティックな再生産を営む神経生理学的なシステムから区別される。第2章では、複合性（Komplexität）の処理様式としての意味が取り上げられ、社会システムや心理システムの自己準拠性がともに意味の自己準拠的形式に基づいていることが明らかにされる。意味は、同時に他の意味を指示するという操作を繰り返すことによって再び当の意味を指示しうる。世界の際限のない開放性は、このような意味の循環的な閉鎖性と相関している。

　第3章に入ると、ダブル・コンティンジェンシーの問題が導入され、社会システムと心理システムの相互関係を理解するための端緒が与えられる。社会的相互行為の場面では、自己と他者は、ダブル・コンティンジェンシーに由来する二重の不確実さに直面するが、この二重の不確実さが結合したとき、新たな確実さが生まれる。それは、「我が欲するものを汝が為すなら、我は汝の欲するものをなす」という循環の確実さである。相互行為は、各自我が構成する基礎的自己準拠と社会システムが構成する社会的自己準拠が組合わさることによって成立する。ただしこの段階では、2つの自己準拠が相互の構成条件となっていることが示されるものの、まだ社会システムと心理システムは定義されてはいない。

　社会システムに関する基本的な記述は、第4章でコミュニケーションと行為の関係が論じられるなかでなされる。コミュニケーションは、単なる情報伝達ではなく、①情報、②伝達、③理解という3つの選択の総合的統一であることから、コミュニケーションを確定するには、つねに後続のコミュニケーションが必要となる。社会システムは、コミュニケーションによってコミュニケーションを再生産するオートポイエティック・システムであり、このような再生産は、コミュニケーションを行為へと縮減していく社会システムの自己観察に媒介されている。

　第5章では、再びシステムと環境の関係が取り上げられ、システムと環境を「インプット／アウトプット」関係で捉えてきた従来の図式を乗り越える必要性が強調される。そのことを踏まえて、第6章では、社会システムと心理システムの関係が規定される。人間に

は，生体システムと心理システムという2つの側面があるが，社会システムと心理システムは，相互浸透の関係にある。つまり，2つのシステムは，前者がコミュニケーションによるオートポイエシスを営み，後者が意識によるオートポイエシスを営む点で互いに相手の環境をなしている反面，互いに相手のシステム編成のために自らの複合性を提供しあう関係にある。そして，心理システムも，自己観察を行ないながら意識によって意識を再生産する自己準拠的システムであることが，第7章で述べられる。

本書の後半では，社会構造，コンフリクトなど，社会システムに固有な問題が主題化される。第8章では，社会システムの構造が時間との係わりにおいて論じられる。社会システムの構造は，時間的・事象的・社会的に一般化された期待（Erwartung）構造というかたちをとるが，その際，構造の維持と変動は，「不変／可変」といった二分法では捉えられない。というのも，社会システムは，絶えず生成しては消滅する出来事を要素にしているからである。期待構造は，そうした出来事を選択的に産出する働きをつうじてオートポイエティックな再生産に寄与している。そして，このような再生産を可能にしているものは，期待構造だけではないことが，矛盾とコンフリクトをテーマにした第9章で述べられる。自己準拠の特定の形式である矛盾は，構造を破壊しうるが，免疫システムを発展させることによってオートポイエティックな再生産を維持するのである。

続く2章では，社会システムの水準にかかわる問題が取り上げられる。第10章では，対面的な相互作用システムと，あらゆる社会システムを包括した社会システムとしての社会が質的に異なること，そして両者の差異の歴史的展開をとおして，相互作用と社会のそれぞれの選択可能性が拡大されてきたことが示される。第11章では，自己準拠の形式として，①（要素と関係の区別に基づく）基底的自己準拠，②（出来事の事前と事後の区別に基づく）過程的自己準拠，③（システムと環境の区別に基づく）再帰という3つの形式が指摘されたうえで，自己準拠と合理性の関係が説明される。そして最終章において，自己準拠的システム論の認識論的な帰結が考察されて，本書は締めくくられる。

以上のように，ルーマンの自己準拠的システム論は，「差異（区別）」の概念を基軸にして展開されている。「自己は自己である」というトートロジーが自己準拠の端的な形式であるが，自己準拠的システムは，自己を指示するだけでなく，自己以外の他のものを指示する脱トートロジー化をつうじて作動する。システムと環境との差異は，システムのなかに再び導入されることによって，システムの分化を惹き起こす。機能的に分化した各システムは，社会を環境とした自律的なシステムである。自己準拠的システムは，自己充足的な同一性を備えた実体ではなく，自ら創出した差異のもとで作動するシステムなのである。

本書においては，「人間と社会」「構造の維持と変動」をはじめ，社会学がこれまで扱ってきた主要な問題が俎上にのせられているが，その底流にある機能主義的な考え方は，社会秩序の予定調和を想定する機能主義や，効率優先を説く機能主義と無縁であるだけでなく，人間の主体性を最初から前提にして社会を説明する人間主義とも無縁である。「社会性と個体性」「機能と意味」「存続と変動」を二項対立的に捉える伝統的な認識そのものを揚棄することが目論まれており，そこに本書の特徴があるといえよう。

正村俊之

[書誌データ] Niklas Luhmann, *Soziale Systeme: Grundriß einer allgemeinen Theorie*, Suhrkamp Verlag, 1984（『社会システム』上・下，佐藤勉監訳，恒星社厚生閣，1992-95）.

第 II 部

重要文献

［項目の配列は，原著者の50音順］

青井和夫 (1920-2011)
『小集団の社会学』 *1980年刊

「小集団」とは，(1)その成員が対面的な関係にあり，(2)成員間に相互作用が行われ，(3)成員が互いに個人的な印象や知覚を有するような集団をいう。そのなかには，家族・近隣・職場集団・学級などの制度的な集団もあれば，学習サークルや友人仲間などのインフォーマルな集団もあり，実験集団などの一時的な集団もある。だがいずれにせよ，人間生活の最後の一線を支え，社会生活の単位をなし，個人的パーソナリティ形成の基盤であるとともに，人類最古の集団であり，社会構成原理を体現するものが，小集団であった。

そこで本書では，「小集団の社会学」として次の諸理論を取りあげている。(1)報酬と費用により社会的相互作用の発生・存続・消滅を説明しようとする交換理論（The Exchange Theory）。それは，反応の習得には強化が必須であるとする，1つの学習理論である。(2)人間は認知や態度の一貫性・斉合性を求めるがゆえに，認知的に調和した状態に向かおうとする傾向をもつと主張するバランス理論（The Balance Theory）。(3)以上のような意識の表層理論に対して，小集団研究にも個人の精神分析のようなアプローチが必要だと主張する深層理論（The Depth Theory）。(4)日常生活世界は無自覚的な自明性の上にうち建てられているので，その分析には現象学的社会学（The Phenomenological Sociology）も必要だという主張。(5)こうして「小集団の社会学」は，超越の意味，超越の過程，超越の境位を分析する超越社会学（The Transcendental Sociology）にまで辿り着く。その1つの事例が「禅の社会学」にほかならない。

著者要約

[書誌データ] 青井和夫『小集団の社会学―深層理論への展開』東京大学出版会，1980（なお，青井和夫『社会学原理』サイエンス社，1987も参照せよ）．

青井和夫 (1920-2011)・松原治郎 (1930-84)・副田義也 (1934-) 編
『生活構造の理論』 *1971年刊

生活諸行為の相対的に安定したパターンないし規則を生活構造（structure of living）というが，生活構造論なるものは，経済学においては，籠山京・江口英一・中鉢正美らによって貧困層や労働者階級の生活時間・家計構造に分析の焦点をあてる理論であった。社会学においては，農村と対照的な都市的生活様式や脱落層の生活の型など，地域別・職業別・階層別の生活構造の比較から出発した。

本書は第Ⅰ部理論篇と第Ⅱ部生活実態調査篇から成る。第Ⅰ部には，(1)従来の多種多様な生活構造論を整理し概観した「生活構造概念の把握」（大村好久），(2)生活の循環式を生活水準・生活関係・生活時間・生活空間の4側面から分析した「生活構造の基礎理論」（副田義也），(3)時間的には将来社会に，空間的にはコミュニティにまで視界を拡げて生活を再考しようとした「生活体系と生活環境」（松原治郎），(4)一般システム理論（the general system theory）の立場から眺めると，どのような理論的枠組ができあがるかを示した「生活体系論の展開」（青井和夫）が含まれている。

第Ⅱ部（高橋紘士が参加）は，自由・安全・健康・快適・利便・創造・奉仕・自己実現のために，近代的都市として東京都が当然備えるべき最小限度の物的施設・制度・サービスの「シビル・ミニマム」をつくるための基礎的な生活調査であった。生活水準・生活環境・生活関係・生活時間・生活空間という5項目だけではなく，それら相互の間にどのような関連が見られるかまでを追究したものである。したがって，本書は社会学的な生活構造論の魁をなすものと言ってもよいものであろう。

編者（青井和夫）要約

[書誌データ] 青井和夫・松原治郎・副田義也編『生活構造の理論』有斐閣，1971．

青木 保 (あおき たもつ) （1938- ）
『「日本文化論」の変容』 *1990年刊

　「日本文化論」とは、「日本とは何か」という問題をめぐって、さまざまな角度から論ずる研究・議論の総称である。ルース・ベネディクトは『菊と刀』の中で、「日本をして日本人の国たらしめているところのもの」を取り扱うと主張しているが、いわばそうした全体論的な見方の中に個別論を併せて、「日本とは何か」を問うのが「日本文化論」である。この本ではとくに戦後日本に限定して、「日本文化論」の私にとって代表的な議論と思われるものを選んで、その特徴を分析してみた。

　60年代初めから70年代にかけて文化人類学の学生として過ごした者にとってこの分野はとくに親しいものであった。この本でも取り上げた代表的な論者のいく人か、ベネディクトも含め梅棹忠夫、中根千枝、石田英一郎といった人たちは文化人類学者であった。

　本書の特徴は、前述した代表的な論考を並べてみると、日本をとらえる視点が時代によって変わっていることに気づく。その変化を戦後の日本社会の発展ないし変容に重ね合わせてみると、そこに副題の「戦後日本の文化とアイデンティティ」を問う形が鮮やかに浮かび上がってくる。その形は自ずと4つの時期に分かれることを指摘したことにある。それらは「否定的特殊性の認識」（1945～54）、「歴史的相対性の認識」（1955～63）、「肯定的特殊性の認識」前期（1964～76）、後期（1977～83）、「特殊から普遍」（1984～）、の4つの時期であり、こうした形で敗戦の混乱と廃墟の中から復興期、経済の高度成長へと登りつめ、空洞化にゆれてバブルを迎える日本の姿が、「日本文化論」の論点の推移となって現れて定着していることが解る。本書の特色はあくまで私なりの「日本文化論」論であって、その盛況期に研究者として出発した文化人類学者としての応答でもある。　　　　著者要約

［書誌データ］　青木保『「日本文化論」の変容―戦後日本の文化とアイデンティティ』中央公論社, 1990.

赤坂憲雄 (あかさか のりお) （1953- ）
『異人論序説』 *1985年刊

　異人（stranger）とは、定住／漂泊のはざまに生きる人々である。その棲み処は、ある社会集団や共同体にとって、何らかの周縁性を帯びた場所であり、それゆえ、内部／外部が曖昧に溶けあう境界領域である。

　漂泊／定住という視座からは、次のような異人の分類が考えられる。①一時的に交渉をもつ漂泊民、②定住の場を外に確保している来訪者、③永続的な定住を志す移住者、④秩序の周縁部にあるマージナル・マン、⑤外なる世界からの帰郷者、⑥境外の民としてのバルバロス、といったものである。しかも、これら異人として現われる存在は、実体概念ではなく、すぐれて関係概念であることに注意しなければならない。

　そうした異人の全体像を描くために、本書では大きく、「民俗社会のなかの異人」「歴史的な存在としての異人」「現象として生起する異人」について論じている。異人はそこでは、社会的な関係の結ぼれとして浮上してくるが、その解読のためには、供犠論的な視座が求められる。ある社会集団や共同体が、みずからのアイデンティティを確立する過程には、つねに第三項＝生け贄の排除という、隠された運動が貼りついている。内なる他者としての異人の表象と産出をめぐって、供犠のメカニズムが働くのである。

　異人にかかわる考察はそれゆえ、境界論と供犠論を抜きにしては成立しがたい。それはあらゆる境界領域に見いだされる、内なる他者の排除の運動であり、そこに生成と消滅をくりかえす物語の一群なのである。異人論はそうして、避けがたく差別という問題と交叉する。倫理的な裁きを越えて、存在論的に差別を問う方法への示唆が、異人論のなかには埋もれている。　　　　著者要約

［書誌データ］　赤坂憲雄『異人論序説』砂子屋書房, 1985（ちくま学芸文庫, 1992）.

秋元律郎（1931-2004）
『現代都市の権力構造』 *1971年刊

　大衆デモクラシーと産業化にともなう現代社会の構造的変化に視点をおき，地域政治における権力構造の理論と実証研究の成果について分析を行った著作。

　本書の内容は，2編から構成されており，第1編では，1950年代からアメリカで展開されてきた「権力エリート論」と「権力多元主義理論」をめぐる論争を中心に，コミュニティの権力構造研究の争点と課題がとり上げられ，その方法論とこれまで行われてきた諸研究の検討をとおして，両者の理論および実証的分析の成果が検討されている。これまでコミュニティの権力構造研究においては，この対立的な立場から，経験的検証のための仮説および分析アプローチが論議の的となり，前者のとる「声価によるアプローチ」と後者の「政策決定アプローチ」の方法論上の妥当性に論議が集中してきたが，本書はこれにたいして総括的な検討を試みたものである。

　第2編では，日本の地域権力構造が主題とされており，ここでは戦前の地方制度の確立と歴史的な変貌を背景とする地域社会における権力媒体とリーダーの構成を中心とした歴史的分析と同時に，戦後の地域政治における権力構造の変容とその実態研究がなされている。とくにその現状分析においては，伝統的産業都市，単一産業都市，および複合的産業都市の3類型の地方都市をそれぞれ対象として，戦前における地域名望家層と地域リーダーの形成と同時に，戦後の産業化過程における企業・労働組合・地域リーダーの構成と変化，および権力媒体を形成する集団・組織の変容が分析され，政策決定をめぐる権力構造の変容の問題がとり扱われている。コミュニティ権力構造の理論的検討とともに，実証的な分析によって産業化と都市化にともなう地域政治の実態をあきらかにしていった研究である。
著者要約

［書誌データ］　秋元律郎『現代都市の権力構造』青木書店，1971.

秋元律郎（1931-2004）
『都市社会学の源流』 *1989年刊

　シカゴ学派の展開を中心としてアメリカにおける都市社会学の形成および発展の過程と同時に，そこに内在する問題性と理論的展開を主題とした著作。

　本書では，とくにシカゴ学派の形成の基盤をなす都市問題と人種・文化葛藤の理論を起点として，同学派第1世代のA．W．スモール，C．R．ヘンダーソンから，W．I．トマスをへて，R．E．パーク，E．W．バージェスおよびL．ワースをはじめとする第2世代，第3世代の問題意識と方法論の展開をとり上げており，アメリカ都市社会学のもつ理論的特質と問題性を明らかにしようとしたところに特色がある。

　本書の内容は，社会事業とつよく関連した社会改良主義を基盤とする初期シカゴ学派のもつ問題，ついで人種と移民を対象とした適応と同化の問題をめぐるトマスの理論と分析方法の意義，パークとバージェスによる競争・葛藤・応化・同化を基軸とする社会過程論，都市研究としての人間生態学の理論的特徴，都市問題にかんする実証的調査研究のモノグラフ，およびワースによる都市化とアーバニズムの理論とその批判といった問題を中心に構成されており，同時にシカゴ学派における集合行動論の理論的展開と，その現代的な意義にかんする検討が行われている。

　シカゴ学派の成立と展開を体系的にとり上げ，そこにみられる都市社会学の理論と方法論，および実証研究の成果の分析を試みるとともに，アメリカの実証的社会学の形成の基盤と現実的課題をあきらかにしようとした社会学史的性格をもつ研究である。本書の目的は，あくまでも戦後のあらたな都市社会学の展開のなかでシカゴ学派がはたしてきた理論的役割と実証研究の成果を再評価し，改めてその方法論のもつ意味と現代的な課題を問い直そうとしたところにある。
著者要約

［書誌データ］　秋元律郎『都市社会学の源流―シカゴ・ソシオロジーの復権』有斐閣，1989.

アギュロン Maurice Agulhon (1926-2014)
『フランス共和国の肖像』*1979年刊

　フランス革命で登場した「自由の女神」が19世紀フランスの政治変動（帝制，君主制，共和制）のなかで「共和国」の象徴として定着するプロセスを図像学と心性史の手法で分析したアナール派政治史の傑作である。

　大衆の政治参加とともに国家の視覚化が開始されるが，原題の「闘うマリアンヌ」とはフランス共和国の視覚的表現として考案された女性像を意味する。マリアンヌはコイン・切手の図案から7月革命を描いて名高いドラクロワの絵画「民衆を導く自由の女神」，さらには片田舎の広場に立つ記念碑にまで登場し，自由主義や共和主義，やがては社会主義さえも表現するシンボルとなる。アギュロンは，革新と伝統，パリと地方，エリート文化と民衆文化という二項対立的な軸を措定しつつマリアンヌ像を分析し，民衆がフランス共和国に統合されていく過程を生き生きと描き出している。「女神」と「娼婦」のイメージの間を揺れ動いたマリアンヌが共和国像として一般に承認されるのは，ようやく1880年代になってのことである。革命期やパリ・コミューン時において乳房を露出していたマリアンヌは正装した淑女に変身した。この著作は，権力の象徴作用を解明する社会史の模範とされている。続編として，フリジア帽（ジャコバン帽）さえ革命的意味合いを失いフランスそのものの記号へと変化する第3共和制期前半を描いた『権力についたマリアンヌ――1880年から1914年における共和国の図像と象徴』(Maurice Agulhon, *Marianne au pouvoir; l'imagerie et la symbolique republicaines de 1880 à 1914*, Flammarion, 1989.) も刊行されている。
　　　　　　　　　　　　　　　　　　佐藤卓己

［書誌データ］Maurice Agulhon, *Marianne au combat: l'imagerie et la symbolique republicaines de 1789 à 1880*, Flammarion, 1979（『フランス共和国の肖像――闘うマリアンヌ　1789-1880年』阿河雄二郎・加藤克夫・上垣豊・長倉敏訳，ミネルヴァ書房，1989）．

アクセルロッド Robert Axelrod (1943-)
『つきあい方の科学』*1984年刊

　協調関係や秩序の形成問題へのゲーム理論の応用は社会学・経済学・政治学・生物学等さまざまな分野で行われているが，本書で行われた，コンピュータ・シミュレーションによる研究は，その後多くのシミュレーション研究の嚆矢となったものである。

　1回限りの囚人のジレンマゲームにおいては，自己利益追求は相互裏切りを招来するが同じ相手との「反復囚人のジレンマゲーム」では，将来のことを考えて選択を行うため，必ずしも裏切り合いになるとは限らない。ただし，反復囚人のジレンマゲームの戦略は無数に存在し，網羅的に検討するわけにはいかない。そこで，アクセルロッドはゲーム理論の専門家に向けて反復囚人のジレンマゲームの戦略プログラムを募集し，戦略同士で総当たりのリーグ戦を行うことでどのような戦略が優れているのかを調べようとした。リーグ戦の結果，最も高い平均得点をあげたのは初回は協調し2回目以降は前回の相手の手を出す，「しっぺ返し Tit for Tat」戦略であった。

　自分からは裏切らず，裏切られたら直ちに報復するが，恨みを持ち続けることなく，相手から見てわかりやすい，というしっぺ返し戦略の特徴が，相互協力関係を築くのに有効で，高得点に結びついたのである。また，しっぺ返し戦略は，高得点の戦略ほど子孫が増える進化論的シミュレーションでも好成績をあげ，集団を占有すれば他の戦略に侵入されないという集団安定性を持つことも明らかにされた。このようにしっぺ返し戦略は中央権力なしで秩序を形成する1つの可能性を示すものであり，具体例として第1次大戦の塹壕戦での敵同士の協調関係や生物界における協調関係が取り上げられている。
　　　　　　　　　　　　　　　　　　織田輝哉

［書誌データ］Robert Axelrod, *The Evolution of Cooperation*, Basic Books, 1984（『つきあい方の科学』松田裕之訳，HBJ出版局，1987）．

アグニュー Jean-Christophe Agnew (1946-)
『市場と劇場』*1986年刊

　本書のテーマは市場と劇場の観念史。商業性と劇場性という観念を相互に照らし合わせて考察することで英米市場文化の歴史的な発生を解明しようというもの。この目的のため第1章で市場という概念が古代ギリシャと中世イングランドにまで遡って「歴史化」される。第2章では社会が交換価値という原理に支配されるようになるにつれて生じた文化的危機が近代初期のイングランドの多種多様なパンフレットを題材に描写される。第3章で近代世界の代理関係を反映し市場の流動性に注釈を加えた英国ルネサンス劇場が活写され第4章で演劇から小説へと移動した18世紀イギリスの文化的実験が「スペクテイターシップ」という語を手がかりに解明される。エピローグで取り上げられるのは劇場性と商業性が血の気の失せたカーニヴァルの世界を繰り広げているメルヴィルの『信用詐欺師』。

　社会の市場化が進み交換価値が社会全体の原理となることで未曾有の文化的危機が生じ劇場がこの文化的危機を表象し誤表象することでその危機を拡大したり緩和したりする役目を果たすとされるが，市場は市場性へ劇場は劇場性へとずらされて概念化され，市場と劇場の物質的条件はそれらの概念の歴史的変遷や展開の背景に追いやられているという批判も成り立つ。本書はしかし根本的には選び取られた意識の批評。ギアーツのモノの象徴的世界の「厚みのある記述」を意識しつつ文学テクストと非文学テクストの区別を疑問視し両者の「交渉」を大胆に押し進めた70〜80年代にかけての英米批評の大きな流れのなかにある。ブローデルの市場概念とケインズの流動性選好説に大きく依拠しているが，新歴史主義の批評方法とも類似する。　　　訳者要約

［書誌データ］ Jean-Christophe Agnew, *Worlds Apart: The Market and the Theater in Anglo-American Thought, 1550-1750*, Cambridge University Press, 1986（『市場と劇場──資本主義・文化・表象の危機1550-1750年』中里壽明訳, 平凡社, 1995).

浅田彰 (1957-)
『構造と力』*1983年刊

　1983年に初版が出て以来1997年現在で41刷を重ねている本書は，「ニュー・アカデミズム」，略称「ニューアカ」ブームを生み出した。本書は既成のアカデミズムに対する新しい知のあり方を提唱したとされる。それは，学問的には階層構造，人的には徒弟制を採って，その階梯を登りつめるというかたちでアカデミズムを志向する者に動機づけを与えるシステムに対する批判である。

　本書の意義は難解とされる構造主義（特にラカンの精神分析）を明快に解説した上で，さらに難解であるともいえるドゥルーズ゠ガタリの理論をわかりやすく紹介したところにある。それは構造とその外部（構造にとっての過剰なもの）との弁証法という図式から，そのような二項対立とは別の論理への移行として示される。その論理とは，ドゥルーズとガタリが，その共著『アンチ・エディプス』で提示した「欲望機械」という概念である。

　欲望機械という概念の特徴は，無意識を工場として捉え，劇場として考えないところにある。つまり，何か外にある実体を表象するのではなく，そこにおいて生産が行われるのである。たとえば，構造主義は構造の統一性を前提にするが，個々の要素を全体の中に位置づけうるのは全体を表象するからである。実際の生産の現場では全体は表象されることなく，ただ，諸機械の隣接的な関係によってだけ機械の作動は決まるのである。

　諸機械の作動が表象を媒介にして調整されるのがツリー構造であるとするなら，隣接関係だけによって定義されるのがリゾーム（根茎）である。また，そのような表象に取り憑かれているのがパラノイアであるとするなら，表象なしに微分的な関係だけで生きているのがスキゾフレニー（分裂病）である。リゾーム／ツリー，スキゾ／パラノという対概念が本書をきっかけにして流行した。　　　田崎英明

［書誌データ］ 浅田彰『構造と力──記号論を超えて』勁草書房, 1983.

▶**アタリ** Jacques Attali (1943-)
『**ノイズ**』*1977年刊

　ミッテラン前フランス大統領の特別補佐官を務めていたジャック・アタリは、西欧先進資本主義社会の分析を通して新しい社会主義社会の可能性を探る経済学者として注目を集めた。「商品が語り、人間が沈黙する」商品社会から、自立した諸個人の相互交通社会への展望を語ったのが、デビュー作『言葉と道具』(1976) である。そこでは、商品社会のキー概念がエネルギーであるのに対して、新しい社会のそれは情報になるという彼独自の情報論が展開され、社会形成とはノイズの組織化にほかならないと結論づけられる。

　そしてまさしく、このノイズの組織化をもっぱらにしてきたのが音楽であり、だとすれば、音楽の歴史を通して、社会形成の歴史が解読され得るはずである。『ノイズ』はそうした自身の仮説を検証するための野心的で独創的な音楽史である。ここで、アタリがもっとも力説していることは、音楽が実際の社会形成よりもつねに2、3世紀先駆けて、ノイズを組織化し続けてきたという、音楽と社会との時差含みの並行的歴史性である。そこから、「音楽はいつの時代にもその原理のうちに来たるべき時代の告知を含んでいる」というテーゼが導き出される。20世紀の政治世界が18世紀の音楽に聴き取れるというわけだ。そしていま、音楽が情報商品として大量に消費され、人々を沈黙させつつあると同時に、そこに、一人一人が自ら発信源となる新たな音楽、それゆえ、新たな社会がノイズとして聞こえはじめているというのが、アタリの結論である。本書は、こうして、音楽の社会学というより、むしろ音楽をして世界を認識するための道具たらしめるという試みであると言えよう。　　　　　　　　　　　訳者要約

［書誌データ］Jacques Attali, *Bruits:Essai sur l'économie politique de la musique*, PUF, 1977 (『ノイズ―音楽／貨幣／雑音』金塚貞文訳、みすず書房、1985).

▶**アドルノ**
Theodor Wiesengrund Adorno (1903-69)
『**新音楽の哲学**』*1949年刊

　アドルノの音楽哲学の総括である。アドルノにとってモダニズム以降の芸術は、歪んだ社会への抗議の叫びであると同時に、現状とは違った状態が可能であることを示す「幸福の約束」であった。それゆえ彼は俗流マルクス主義に見られるような下部構造＝上部構造という図式を拒み、芸術作品は一個の閉じたモナドであり、そうしたモナドとして社会の全体を、つまり芸術でないものを映し出すと考える。本書の前半（「シェーンベルクと進歩」）では12音階音楽が、後半（「ストラヴィンスキーと反動」）では新古典主義への移行がモダニズムの老化として論じられている。キーになるのは音楽のマテリアルという概念である。ベートーヴェンのようなヴィーン古典派のマテリアルは平均律、調性、あるいはソナタやシンフォニーといった形式であり、それらは市民社会の完成の理念を映し出していた。だが晩年のベートーヴェンにすでに見られる不協和音の「傾向」こそが、シェーンベルクにおける調性の放棄、つまり自由な無調音楽を生み出した。しかし、この発展は、作曲家がマテリアルそのものの原理に、マテリアルに潜む合理性に従ったためであるとされる。マテリアルの優位は、アドルノの哲学にとって重要な「客観の優位」や「自然の救済」という考え方と深く関わっている。芸術の自立性を維持しつつ、社会の変化と芸術との関連を論じうる立場をこのように確保しつつ、シェーンベルクにおける無調から12音階への移行をアドルノは、非常に逡巡しながらであるが、合理性の過剰による自由の放棄として描き出そうとする。不協和音の意義をアドルノが説くのは、「批判的な耳の自発的活力」の養成を通じて、啓蒙の弁証法の袋小路を抜け出る希望のためである。　　三島憲一

［書誌データ］Theodor Wiesengrund Adorno, *Philosophie der neuen Musik*, J. C. B. Mohr, 1949 (『新音楽の哲学』渡辺健訳、音楽之友社、1973).

アドルノ
Theodor Wiesengrund Adorno (1903-69)
『プリズメン』＊1955年刊

　アドルノが亡命中の1937年から戦後の1953年にかけて書いた計12本の文化論的なエッセイを集めて1955年に出版した論文集。

　とくに重要なのは，前世紀の終わりから1920年代にかけて流行した，ブルジョアジー出身のインテリによる文化批判の問題点が出発になっている「文化批判と社会」と題した巻頭論文。大衆の時代，西欧の没落，教養の皮相化，価値の解体，エゴイズムの跳梁といったキャッチフレーズによる文化批判がいかに体制と共犯関係にあるかが論じられている。背景にあるのはいっさいの文化活動が，資本の計算下にある事態である。実際には社会への完璧な従属を越える機能を文化は持っているのに，文化を握っている人々は，「文化消費者の名前において」そうした要素を抑圧し，悪しき全体のよりよき機能のために文化を利用する。そのなかでは「遠くの高等文化への感激ですら，珍しい品物への投資という感激にふるえている」ほどである。「大変な犠牲を払いつつきしみながら動いている歯車」としての社会というシステム全体が見せかけの批判を必要としているのである。

　こうした観点から，バッハのように当時として古くなった手法を使うことが持っている革新性を似非バッハ好きに対して強調した「バッハの愛好者からバッハを守る」なども読むべきであろう。また，美術館のもつ二律背反をプルーストとヴァレリーの美術館論から展開した論文からも，具体的なテーマに即してアドルノの文化観が読みとれる。『プリズメン』はなによりも，「アウシュヴィッツの後に詩を書くことは野蛮である」という挑発的な一文で歴史に残る。これはやがて『否定弁証法』における「アウシュヴィッツの後に生きることは許されるのか」という問題となる。

三島憲一

[書誌データ] Theodor Wiesengrund Adorno, *Prismen*, Suhrkamp Verlag, 1955（『プリズメン——文化批判と社会』渡辺祐邦・三原弟平訳，ちくま学芸文庫，1996）．

アドルノ
Theodor Wiesengrund Adorno (1903-69)
『否定弁証法』＊1966年刊

　20世紀ドイツの代表的思想家テオドール・アドルノの主著。1966年に出版された。人間に対する人間の支配，自然に対する人間の支配，自己内部の自然（欲望）に対する人間の支配の3者は密接に絡み合っており，神話と啓蒙を切り離すことができず，現代において啓蒙の暴力はナチスによる虐殺やアメリカの文化産業として回帰しているという状況認識のなかで書かれている。「かつて乗り越えられたかに見えた哲学が生命を保っているのは，それが実現する瞬間が逸されてしまったからである」という書き出しにあるように，マルクシズムの実践がいっさい崩壊した事実が出発点である。概念のような一般的もしくは普遍的なものの前に，一回限りの特殊な経験や芸術の美は包摂され，その特殊性が生かされることはないという認識が，主体による同一化の暴力，つまり自然の客観性に対して暴力が行使され続けている事態と同列におかれ，そのなかで新たな自然との和解，客観性の救済を追求することが目標である。概念によって捉えられないものを「非同一的なもの」とアドルノは呼び，その非同一的なものを，いかにしたら損壊せずに，同時に我々の近代社会のなかで復権させうるかを，そのことの不可能性を終始念頭に置きつつ，考えた著作とも言える。西欧の理性がアウシュヴィッツと無縁でないという悲痛な認識のなかで，実現し得ないユートピアについて語ることが，唯一の希望の証であるという，否定性の弁証法は，実証主義，消費社会，管理社会への強い批判，ハイデガー的ニヒリズム概念への激しい言葉のゆえもあって多くの読者を引きつけた。またウェーバーの近代社会論から脱魔術化をはじめ，多くを吸収しており，その意味では哲学と社会学を結びつけた戦後では数少ない著作のひとつである。

三島憲一

[書誌データ] Theodor Wiesengrund Adorno, *Negative Dialektik*, Suhrkamp Verlag, 1966（『否定弁証法』木田元・徳永恂他訳，作品社，1996）．

アドルノ
Theodor Wiesengrund Adorno (1903-69) 他
『ソシオロジカ』 *1962年刊

　フランクフルト大学付属社会研究所刊行の『フランクフルト社会学紀要』第10巻としてアドルノおよびホルクハイマーの講演や論文を集めて1962年に出版された論文集。現代社会の歴史的位置，社会研究における理論と経験，文化産業に象徴されるような高度資本主義下における，個人に敵対的な社会統合などをめぐる諸論考が収められている。象徴的なのは，前書きをめぐって明らかになったホルクハイマーとアドルノの微妙な相違である。ホルクハイマーは本書にまとまった理論的統一性がない理由として大学での教育に時間が割かれたことや現代社会の複雑性を挙げているのに対して，アドルノは，社会全体の非合理性のゆえに理論が難しくなったのであり，体系的理論は欺瞞であると論じている。
　文化産業的管理に関しては，「文化と管理」という論文が示すとおり，アドルノにとっては，19世紀的なリベラリズムは，いかに批判すべきところがあろうと，管理社会への発展に一時的ストップをかける役割を持っていたのであり，そのときに可能であった文化の場の喪失を反省することが要求されている。現代の管理社会においては，「似非教養の理論」という論文が論じるとおり，人々はスポーツとテレビとノンフィクション小説によって味わうかりそめの自由のなかで，悪しき全体を肯定しているだけであり，リベラリズムの時代にあった批判的なポテンシャルの可能性は奪われてしまった。また実証主義論争につながる議論としては，「社会学と経験的研究」が重要である。全体の理論を支え，ときには修正する手段としての経験的研究は認められているが，当時アメリカから入ってきた経験調査的な社会学は，社会のある局面を対象化することによって全体の固定化に役立ち，本質的な認識とは無縁であると論じる。三島憲一

［書誌データ］ Theodor Wiesengrund Adorno, *Sociologica*, Europäische Verlagsanstalt, 1962 (『ゾチオロギカ』三光晴治・市村仁訳，イザラ書房，1970).

天野郁夫 (あまのいくお) (1936-)
『試験の社会史』 *1983年刊

　近代社会を支える主要な制度的装置のひとつである試験の制度化の過程を，明治期の日本をケースに包括的に分析した歴史社会学的研究。
　中国の古代帝国に「科挙」の名で，官僚の選抜・任用手段として出現した試験の制度は，近代に至ってヨーロッパに伝播し，そこで多様な発展をみるに至った。試験は官僚の任用や職業資格の認定など，職業の世界で広く利用されるようになっただけでなく，形成途上にあった学校教育システムにも導入され，学習者の学力判定，管理・統制，入学・卒業の資格認定など，さまざまな目的に役立てられることになった。この発達した試験制度は，急速な近代化・産業化をめざす明治期の日本に，近代社会の基本的な装置のひとつとして積極的に導入され，定着し，たちまち欧米諸国を上まわる重要性を，教育と職業の世界でもつようになる。
　事実上の処女地であった明治初年の日本に移植された試験の制度は学校教育システムに始まり，医師・弁護士等の専門的職業，さらには官僚の世界へと浸透し，20世紀に入る頃には，現在に至る試験の社会，試験の時代の基本的な構造が形成される。その間，試験の制度は学校教育のシステム化と発展，さらには人材の選抜・育成，社会的な上昇移動ルートの形成に重要な役割をはたすが，半面過熱的な受験競争や学歴獲得競争など，現代に通ずるさまざまな病理現象をうみ出していく。その過程が，欧米諸国にはみられぬ日本に独自の試験の制度としての，きびしい入学試験制度の生成と展開を中心に，多様な史資料を駆使して克明に分析されており，近代日本の社会構造を，教育と職業の2つの世界の接点から描き出している。　　　　　　著者要約

［書誌データ］ 天野郁夫『試験の社会史―近代日本の試験・教育・社会』東京大学出版会，1983.

天野義智 (あまのよしとも) (1960-)
『繭の中のユートピア』 *1992年刊

本書は「〈私〉をめぐる冒険」をテーマとして、現代社会における自我の変容を理論化した研究である。アイデンティティの「自閉化」と愛情関係の変化、リアリティの「虚構化」、時間と空間の「脱領域化」などの現象が考察される。

本書によれば、自閉化に向かう自我には2つの様態が見出される。第1の様態は同化への欲求が優越するもので「繭化体」と名付けられる。これは異質な他者との関係を回避し、一人だけの世界、または特定の他者との双数的な関係を求める。第2の様態は、異化への欲求に支配されるもので「独身者の機械」と呼ばれている。これは特定のアイデンティティや関係への固着を拒否し、自己と関係を絶えず異化し分裂させる。愛情関係についても、同化／異化の2つの様態に対応する変容が現れる。

リアリティの変容については、関係の疎隔性による現実の「稀薄化」、関係の過剰な近接性による現実の「溶融化」という2つの様態がとりあげられ、さらに他者の世界との交錯的な移行を体験する第3の様態として「変幻化」があげられている。変幻化は、稀薄化と溶融化を入れ子状に包含する経験として現れる。

本書の記述は、これらの変容を先取的に表現した近代の著述家（ルソー、カフカ、プルーストなど）の文章を主な題材としている。今後の課題として、自我の変容とその基礎になる社会変動の相互連関のより緻密な分析や、ここで構築された概念を現代的な社会現象に対してさらに具体的に応用していく試みが求められている。

著者要約

[書誌データ] 天野義智『繭の中のユートピア』弘文堂、1992.

網野善彦 (あみのよしひこ) (1928-2004)
『無縁・公界・楽』 *1978年刊

エンガチョなど何気ない子供の遊びのうちに今なお残る、人と人とを結ぶ普遍的な原理は何か。売買・貸借など商取引の根底にある私的所有、大名と家臣の主従関係、朝廷・幕府による寺社の庇護、これらの秩序や権力につながる社会関係とは違った、別種の社会関係はないのか。

人類史にとって根源的ともいえる、この問題の解答を求めて、筆者は江戸時代の縁切寺を発端に、若狭の無縁所、公界所江嶋、大湊・堺らの自治都市……と、中世社会の「無縁」空間を歴訪する。そこに浮かび上がるのは、鋳物師・鍛冶・番匠ら手工業民、猿楽・白拍子ら芸能民、さらに博奕打・勧進聖など、各地を遍歴しながら世を渡る非農業民を中心に、主人の手から逃れた下人・所従、一揆を結んで権力に対抗する農民、聖と賤とを担う非人集団、自治と自由を確立した都市住人など、従来の歴史学の視野からは外れがちな人びとの、生命の危険と背中合わせに、しかしたたかに生き抜く「自由」な姿であった。

これらの人びとを絶えず支配に組み込もうとする権力の存在を一方に見据えつつ、彼らを結ぶ原理を、西欧近代を想起させる自由・平和などの抽象的な概念ではなく、日本人の歴史のなかで生み出された「無縁」「公界」「楽」といった言葉によって捉え直し、原始・古代にまでさかのぼる、その本質を究明しようとした画期的な書。

読みやすい記述と斬新な内容によって広範な階層に反響を呼んだが、反面、「自由」の発展に関しては、近世以降の社会がむしろそれ以前より後退的に描かれており、発展段階説的な進歩史観とは対立する要素が強いため、日本史学界には今なお根強い批判が見受けられる。

山本幸司

[書誌データ] 網野善彦『無縁・公界・楽—日本中世の自由と平和』平凡社、1978（増補版、1987；平凡社ライブラリー版、1996）.

アミン Samir Amin (1931-2018)
『不均等発展』 *1973年刊

　大著『世界的規模での蓄積』(1970) で，第三世界出身の気鋭の理論家として登場したアミンが，同書の内容をコンパクトにまとめ，さらにそれに社会構成体の歴史を組み替えて提出することで，低開発の形成を世界史的な展望のなかで捉えようとしたのが本書である。ここで試みられているのは，従属論の立場に立っての，南の側からの史的唯物論の全面的な見直しであり，複線的な歴史発展への理論的・実証的な寄与である。

　アミンは資本主義の発展において，前資本制社会の構造が大きな規定要因となったことを簡単に述べたあと，中枢部と周辺部とへの資本制世界の分割の歴史的な軌跡を追い，周辺部でそれが従属という形態を必然的に取ることを明らかにする。彼は特に力を注いだのは，周辺的資本主義の形成過程の解明である。中枢部が資本財と大衆消費財との組み合わせを実現したのに対して，周辺部は奢侈財と輸出品への特化を強要され，それがいびつな産業構造を生み出すとともに，従属からの脱却を困難にしている。

　こうした分析のあと，彼は周辺部の社会構成体の性質に触れ，さらにそこから，社会主義への移行によってのみ従属的低発展からの脱却が可能だと結論づけている。

　従属論は周辺部資本主義の分析に大きな影響を与え，議論の活性化をうながした。『不均等発展』は，現在からすると訂正されるべき命題をいくつも抱えているが，第三世界から出発した経済・社会理論を知るためには，いまだに古典的な重要性を持っている。

山崎カヲル

[書誌データ] Samir Amin, *Le developpemnent inegal*, Minuit, 1973 (『不均等発展——周辺資本主義の社会構成体に関する試論』西川潤訳，東洋経済新報社，1983).

アミン Samir Amin (1931-2018)
『階級と民族』 *1979年刊

　第三世界のダイナミックな経済分析に寄与してきたアミンが，その第三世界，特にアフリカとアラブ世界を射程に入れて，世界史の組み替えを試みた野心的な労作である。彼は伝統的なマルクス主義の発展図式にあきたらず，より複合的な歴史把握によって，現代世界における発展と低発展の歴史的原因を明らかにするとともに，社会主義への独自の展望を述べている。

　アミンが注目するのは貢納的社会である。それは国家が貢納という形態で農民から剰余を収奪する社会で，資本主義以前に世界各地に広く存在した。ヨーロッパや日本の封建制は，その弱い形態にほかならない。封建制は脆弱であったがゆえに，商品関係の浸透によって急速に分解したが，強固な貢納制社会では解体は緩慢であり，このため資本主義発展において遅れをとった。これが資本主義体制における中枢部と周辺部の関係を生み出したのである。両者の関係は不等価交換に支配されている。

　このような資本主義世界システムは，不均等発展の結果，周辺部では社会主義へと移行するが，それは不安定であって，国家的生産様式か共産主義かのいずれかを結果することになる。

　民族問題は資本主義段階ではじめて発生する。それはまず中枢部で，ついで周辺部で先鋭なものになり，社会主義への展望は民族解放と重なってくる。

　本書はアミンの歴史観を凝縮したものであり，西洋中心的な歴史図式からの脱却のための試みのひとつである。

訳者要約

[書誌データ] Samir Amin, *Classe et nation dans l'histoire et la crise contemporaine*, Minuit, 1979 (『階級と民族』山崎カヲル訳，新評論，1983).

アメリカ合衆国政府調査会
『西暦2000年の地球』*1980年刊

これは，1977年当時のカーター大統領の要請により，アメリカ政府の環境問題委員会および国務省が組織した専門家によって書かれた。このプログラム・マネージャーは，ゲラルド・バーニー博士（Gerald O. Barney）である。この原調査報告書は膨大なもので4部および付録からなり，作業に関わった専門家も直接の作業に携わったものだけで100名近くになる。1996年に来日したバーニー博士の講演によれば，「まず，プログラム・マネージャーに任命されたとき，手元には何もなかった。一部屋与えられただけで，予算も部下もない状態だった」という。彼は関連すると思われる各部局から人を集め，研究資金を集めた。「どの立場にも偏らない，ということを示すために，お金の使途には非常に気を遣った。1セントたりとも私的な用途に使ったり，使途不明となったものはない」という。

この調査報告書が後の環境政策に与えた影響は計り知れない。日本においては，この報告書がもとになって当時の大来佐武郎元外務大臣を座長として「地球規模の環境問題に関する懇談会」が発足し，今日の地球環境問題への対応の先駆けとなった。さらに日本が国連に提案して，WCED（World Commission of Environment and Development：環境と開発に関する世界委員会，通称ブルントラント委員会）が設置され，『我ら共有の未来（Our Common Future）』を出版するもととなった。

青柳みどり

[書誌データ] Government of United States of America, *The Global 2000 Report to the President-Entering the Twenty-First Century*, 1980（『西暦2000年の地球 1 人口・資源・食糧編』『同2 環境編』逸見謙三・立花一雄監訳，家の光協会，1980）．

アリエス Philippe Ariès (1914-84)
『死を前にした人間』*1977年刊

1977年にアリエスの著した著作。すでに小著『死と歴史』（1975）でその輪郭を示している。

アリエスによると中世以後今日に至るまで，死を前にしての人間の態度として4つの類型ないし段階が見られるという。その4つの態度とは，飼い慣らされた死，己の死，汝の死，タブー視される死である。

古い時代の記録に見られる死では，人は自分の死の時期の到来を自然の兆候とか内心の確信により知ることができた。そのときが訪れたと感じると周囲に家族と親しい人を呼び集め，すべてをゆるし，終油の秘蹟をうけて死んでいったのである。この態度においては死はなんら恐怖されるものではない。最後の審判の日まで眠りにつくと素朴に思われていた。

己の死になると，死のときと最後の審判の間の隔たりはなくなり，「審判」は室内の死にゆく人間の床の周りで，その魂の所有をめぐり天上界と悪魔たちの間で争われると考えられるようになる。人の全生涯の意味がそこで問われ，個人的な不安が全面にでるし，死の儀式における己の役割が強まる。

18世紀以後の西欧社会は人間の死に新たな意味をあたえる。自分の死よりも身近にいる他人の死のことを思い悲しむ。飼い慣らされた死では結びついていた生者と死者がここでは断絶として感じられ，生者には限りない悲しみが強制される。そして，その後今日見られるのは死をなにか人前から隠すべきものとして病院の密室に閉じこめてしまう態度の一般化である。

これらの態度は類型であり，古い段階の態度が今日でも社会的な周縁でも見られることを排除しない。しかし，アリエスはその説明の妥当性をキリスト教文化圏に限定していることを忘れてはならない。

杉山光信

[書誌データ] Philippe Ariès, *L'Homme devant la Mort*, 1977（『死を前にした人間』成瀬駒男訳，みすず書房，1990）．

アリストテレス Aristoteles (B.C.384-22)
『政治学』

　アリストテレスの「政治学」の意味するところは「ポリスについての学」である。彼は人間を政治的（ポリス的）動物と定義しているが，この定義は，ポリスの一員である限りで人間を人間と見なしていたことを含意する。

　倫理学と政治学は，友愛についての議論を媒介にして，接続している。友愛こそが，共同体が己と敵を分割する原理だからである。

　アリストテレスによれば，完全で自足的な共同体としての国家（ポリス）の成立は，人間の自然=本性によって必然である。その国家の目的因は，単なる生存を越えた善き生活にある。最高・終極の共同体としての国家は，他のすべての下級の共同体をその中に包括する共同体として定位されているのだ。

　政治学において，アリストテレスは，理想的な国家のための諸条件を提示している。市民が有徳であること，肉体労働や賤業（商工業）に係わらないこと等がその条件である。

　政治学で最も有名な部分は，政治体制についての議論である。市民共通の利益を追求する体制には，①君主制，②貴族制（優秀者制），③国制の3種がある。それぞれ支配者が，①1人，②2人以上，③多数である。これらが，支配者が自身の利益だけを追求する形態に堕落したものが，①′潜主制，②′寡頭制，③′民主制である。①→③と善さが減り，①′→③′へと悪さが減るとされている。

　社会秩序の可能条件を問う社会学の基本主題の1つの柱は，個人と全体としての社会の関係の解明にある。アリストテレスの政治学は，こうした探究の萌芽と見なしうる。だが社会秩序が理想的ポリスに目的論的に方向づけられていると前提にしている点で，また社会の本質が社会的ヒエラルキーの頂点に集約されて表現されていると見なしている点で，彼の議論は，当時の社会の現実に規定された独断から完全には解放されていない。　大澤真幸

　[書誌データ]　Aristoteles, *Politica*（『政治学』アリストテレス全集15, 山本光雄訳, 岩波文庫, 1969）.

アリストテレス Aristoteles (B.C.384-22)
『ニコマコス倫理学』

　アリストテレスにとっては，倫理学と政治学は一体のものである。つまり，倫理学は政治学への序説なのだ。倫理学・政治学を一貫する主題は，幸福をいかにして手に入れることができるかにある。そして，幸福は，「完全なる徳に即した完全なる生の現実活動」として定義されている。

　それゆえ倫理学では，人間の徳についてさまざまに議論される。徳は，人間の魂の構造との関係で，思惟的徳と性格的徳に分けられる。思惟的徳は，知恵や思慮のことであり，性格的徳は，節制や温和のことである。多様な性格的徳についての議論する中で示されることは，徳は中庸のうちにある，ということである。

　倫理学の中で特に有名なのは，正義についての議論である。まず全体的正義は徳と同一なものであるとした後，個別の特殊的徳としての正義を，分配の正義（名誉や財貨等の，諸個人の価値に比例した分配を定める正義），匡正の正義（侵害された平等を匡正する正義），交換の正義（異なる職業の個人の間の――特に貨幣による――交換についての正義）に分類する。

　社会関係の議論としては，倫理学の基礎概念は友愛である。友愛関係は，有用のための友愛，快楽のための友愛，完全な友愛に分けられる。あらゆる友愛関係は，完全な友愛に目的論的に方向づけられている，とされる。完全な友愛のメルクマールは，関係者の魂がいわば自己準拠性を備えており，かつ互いに他者として対峙しあう独立の関係者の間に完全な平等があるということである。

　社会学の基本主題は，社会秩序の可能性の条件の探究にある。その1つの柱は，個人と個人の間にいかにして秩序が成り立つか，ということである。アリストテレスの倫理学は，個人間の秩序についての社会学的省察の萌芽とも言うべきものである。　大澤真幸

　[書誌データ]　Aristoteles, *Ethica Nicomachea*（『ニコマコス倫理学』高田三郎訳, 岩波文庫, 1971-73）.

アルヴァクス
Maurice Halbwachs (1877-1945)
『集合的記憶』 *1950年刊

対独レジスタンスに加わり、強制収容所で命を断ったアルヴァクスの記憶の3部作(『記憶の社会的枠組』(1925)、『聖地における福音の伝承的地誌』(1941))の最後を飾る作品で、没後に遺稿集として刊行された。

本書のいう集合的記憶とは、部族社会を斉一的に染めあげているような神話や伝説の類いではなく、階級や社会集団を複雑に分化させた近代都市生活において各集団が共有している「その集団に固有の記憶とその集団にのみ属する時間の表象」のことである。家族やリセ時代の友人、居住区の隣人や勤め先の同僚など、濃密な接触と情緒的繋がりによって結ばれた各集団は、共通の体験に基づいた生きいきと躍動する記憶をもっている。それらは想起のたびに修正や再構成をこうむりつつ更新される「生きられた歴史」にほかならない。

こうした集合的時間の多様性のテーゼは、集団ごとに異なる時間の表象や記憶が、集団のアイデンティティの重要な要素であることを示す一方で、そのように集団によって生きられている具体的時間が、歴史記述に用いられる抽象的で均一化された時間区分の網の目からは、いとも簡単にこぼれおちてしまっているという重い指摘を投げかけている。

このようにアルヴァクスの仕事は、社会科学や歴史記述における体験された時間の復権という意味をもっている。なお、その未完部分には、当該「集団は同じままであり変わらなかった」という信念をもっぱら強化しようとする集合的記憶の政治的性格に光をあてるという、おそらくは民族主義や保守主義の分析へとおもむくはずであった次なる課題も暗示されていた。

三浦耕吉郎

[書誌データ] Maurice Halbwachs, *La Mémoire Collective*, P. U. F., 1950 (『集合的記憶』小関藤一郎訳、行路社、1989).

有賀喜左衛門 (1897-1979)
『一つの日本文化論』 *1976年刊

日本文化には「無限抱擁」的「雑居性」があるなどと言われるけれども、外国文明の受け入れには多様な取捨選択を経て、日本文化の伝統に結び付いて日本化し土着したと見る観点に立ち、特有な日本的統一性を示しているように思われることを実証的に検討しようとするのがこの論文集の意図である。

1「ホトケという言葉について」と、2の「盆とほかひ」の2論文は共に「日本仏教史の一側面」を取上げ、柳田論文「先祖の話」のホトキ説の評価と批判から出発して、仏教は天皇制を媒介とした氏寺信仰に始まり、氏の先祖のカミの信仰と結びついて、また死のけがれや死霊のたたりを去るとともに、先祖を供養する宗教として土着したと指摘する。

次に、第3論文では柳田の「婿入考」が当時の古文書本位の日本史学界への宣戦布告の意味をもっていたが、のち民俗学を史学の一方法論と認めるに至ったことを批判し、柳田民俗学が現在を通して過去を見る観点をもつことを高く評価し、第4論文「柳田国男の研究方法について」では方言周圏論・重出立証法や生活資料の重視などの指摘へ展開している。第5論文では「柳田国男の一国民俗学」を評価し、柳田が比較民俗学を否定しているわけではないと指摘し、第6論文で「渋沢敬三と柳田国男・柳宗悦」のそれぞれの学風を比較評価している。

以上が1976年版の内容であるが、1981年刊の新版では、第7論文「親類方言について―オヤコとイトコ」を追加し、これも柳田論文「オヤコと労働」の親類方言の一覧表を出発点とし、オヤコとイトコだけに限定して各地の具体的な実態をあげつつ論じ、中国および日本古代の親類表現にも言及、日本の先祖信仰の古さを論拠に、イトコをより古いと見た柳田に反論している。

中野 卓

[書誌データ] 有賀喜左衛門『一つの日本文化論―柳田國男と関連して』未来社、1976 (新版:1981).

アルチュセール Louis Althusser (1918-90)
『マルクスのために』*1965年刊

本書は、ヘーゲルとマルクスの連続的継承関係を中心とするマルクス研究とはまったく異なる観点からマルクスを読む見地を開拓した。アルチュセールのマルクス読解の理論装置は、およそ4つある。(1)認識論的切断。この概念は、一個の思想体系を深部から構成する認識論的な「問いの構造（プロブレマティク）」の根本的な変動をさす。新しい「問いの構造」の出現は新しい理論の創造を意味する。マルクスは1845年ごろに認識論的切断をおこなう。マルクスはヘーゲルとフォイエルバッハの「問いの構造」、つまり理論的人間主義と疎外論から、「社会関係のアンサンブルで」という社会構造論に移行する。(2)重層的決定の理論。複数の矛盾は出自を異にし、しかも矛盾のなかには主要面と副次面をもっているばかりでなく、特定の空間のなかで凝縮され相互浸透しあう。矛盾は他の諸矛盾に限定されるだけではなく、社会的全体の効果によっても限定される。水平的相互限定と全体による垂直的限定の複合が重層的決定である。(3)理論的実践の理論。理論は特定の歴史的に限定された空間のなかで行われる。理論的主体がかかわる最初の対象はイデオロギー的知（「一般性Ⅰ」）である。このイデオロギー的対象は、現存する理論的道具（「一般性Ⅱ」）をもって解体される。そこから理論的概念（「一般性Ⅲ」）が生産される。3つの一般性は相互に不連続であり、この不連続は不断の認識論的切断でもある。(4)反人間主義。近代の主体（意識）は世界構成の原理ではなく、社会構造の担い手でしかない。人間主義的主体と疎外のイデオロギーを切り捨てることから、歴史の科学が誕生する。　　　今村仁司

[書誌データ] Louis Althusser, *Pour Marx*, Maspero, 1965（『マルクスのために』河野健二・田村俶・西川長夫訳, 平凡社, 1994）.

アルチュセール Louis Althusser (1918-90)
『イデオロギーと国家のイデオロギー装置』*1970年刊

これは1970年に雑誌『パンセ』に発表された論文であるが、ただちに全世界に反響と論争をよびおこし、一論文でありながらあたかも一冊の書物に匹敵する思想的役割をはたすことになった。この論文は、もともと未発表草稿『再生産について』の別々の部分を抜きだして一本の論文の形式にしたものであって、議論の流れが中断しているが、アルチュセールの新しいイデオロギー論のエッセンスを見るには十分である。ここで語られるイデオロギーの理論は、マルクス自身の著作とは独立の独創的な理論である。

(1)イデオロギー一般の概念。人間は本性において自己と世界との関係を想像的に表象しつつ生きる。人間が「ある」こととイデオロギーを「もつ」ことは同義である。このレベルでのイデオロギーは、具体的な個人によびかけて社会的構造の担い手としての「主体」に変換し構成する。社会構造が再生産されるためには、イデオロギーによって「主体」が制作されなくてはならない。(2)国家のイデオロギー装置の概念。この装置は、具体的には、学校、家族、マスメディア、政治組織など、要するに市民社会のすべての制度である。各制度は、それぞれのイデオロギー（今度は知識人や理論家が作るイデオロギー）をもっており、各装置固有の言説をもって個人によびかけて、各装置にふさわしい「主体」を構成する。ここから、自己を自由であると確信しながら、自発的に現存の政治的秩序に服従し、国家権力の正統性を承認する主体を生産するという事実が生じる。　　　今村仁司

[書誌データ] Louis Althusser, Idéologie et Appareils idéologiques d'Etat, in Althusser, *Sur reproduction*, PUF, 1995（アルチュセール「イデオロギーと国家のイデオロギー装置」『国家とイデオロギー』西川長夫訳, 福村出版, 1974, 所収）.

▎アルトー Antonin Artaud (1896-1948)
『演劇とその分身』*1938年刊

　はじめシュールレアリストの一員としてアンドレ・ブルトンとともに詩的革命の試みに加わったアルトーは，やがて俳優，演出家として独自の演劇運動を展開するようになる。この本は，実験的演劇のマニフェストとして，またその方法論として書かれたエッセーを集めたものだが，決して1冊の演劇論の枠にとどまらない大きな射程をもっている。

　まず演劇論としてこの本は，演劇を文学の一ジャンルとしての「戯曲」から解放し，言語と物語に，あるいはこれと不可分のレアリスムや心理主義にしたがってきた演劇を，舞台上の出来事や身振りによる自立的な創造，実験とみなすことを提唱する。バリ島演劇にアルトーは，精妙に調律され，決して停滞することのない，異なる演劇の実例を発見する。彼はこのような提言によって，誰よりも大胆にまた明確に，現代演劇の観念をうちたてたのである。

　この演劇の観念は，アルトー独自の思考の体験と不可分な形であらわれた。初期の散文詩に，異様な苦痛と思考の崩壊過程をつぶさにしるしたアルトーは，形式や表象や理性に属する古典的な秩序から離脱して，まったく異なる生の様態を模索していた。異なる生の様態とは，心身の分割を越える異なる身体のあり方でもあった。彼の演劇はそのための実験として構想され実践されたという意味で，まさに存在の実験であった。身体そのものに歴史的社会的な限定が深く浸透していることはアルトーにとって一生の問題となった。その限定は身体器官そのものに及んでいる。だから演劇とは，「器官なき身体」という分身の探究でもあった。こうしてアルトーは，生命と身体にまで浸透する権力を先駆的に洞察したのである。
　　　　　　　　　　　　　　　　　　宇野邦一

［書誌データ］Antonin Artaud, *Le théâtre et son double*, Gallimard, 1938（『演劇とその分身』安藤信也訳，アルトー著作集1，白水社，1996）．

▎アレン Frederick Lewis Allen (1890-1954)
『オンリー・イエスタデイ』*1931年刊

　1920年代に，アメリカ人の日常生活は激変した。今日の大衆社会，消費社会にみられる諸要素が，生活のあらゆる局面に具体的にその萌芽を見せた。本書は，第1次大戦後のアメリカ社会に，20世紀の人びとの生活原型が生成していく過程を，至近距離から記述した同時代史である。

　この20年代史は1931年に書かれた。体験的記述であり，時代の報告書でもある。映画，ラジオ，タブロイド新聞などマス・メディアの隆盛。自動車や電気製品の普及および広告やローン販売の日常化。性風俗，モラルの開放と無軌道。ピューリタニズムの変容。土地，株式をめぐるバブル現象。人びとは流行に興じ，飛行家やスポーツ選手が英雄視され，シカゴ・ギャングは跳梁する。著者は戦時の緊張から解き放たれた人びとが平和を享受しながら，一種の弛緩と頽廃に陥ったという事実を克明に記録すると同時に，それら愚行の波間を浮遊するかにみえる人びとに潜在する本来的な願いを信じる筆致で，自身の歴史に託す思いを語っている。「歴史家の伝統的な見方からすれば，まるでとるに足らぬ」瑣事のなかにひそむ歴史的本質を，筆者はジャーナリストの感覚で掬いとり，活写した。ジャーナリズム活動の真髄とは何かを明示し，同時代史記述の一方法を提示したという意味で，20世紀の古典と言っていい。

　著者は続篇ともいうべき30年代史 *Since Yesterday* を39年に刊行し，さらに52年には，1900年から1950年にいたる半世紀のアメリカ社会の変貌に着目した *The Big Change* を著わして，本書を加えた3部作により，20世紀前半史を概括している。
　　　　　　　　　　　　　　　訳者（藤久ミネ）要約

［書誌データ］Frederick Lewis Allen, *Only Yesterday: an informal history of the 1920's*, Harper & Brothers Publishers, 1931（『米国現代史』福田実訳，改造社，1940）; rev. ed., 1950（『オンリー・イエスタデイ』藤久ミネ訳，研究社，1975；改訂版，ちくま文庫，1993）．

アーレント Hannah Arendt (1906-75)
『全体主義の起原』 *1951年刊

アーレントの主著の1つにしてナチズム研究草創期の代表作の1つ。本書全体は、「反ユダヤ主義」、「帝国主義」、「全体主義」の3部から構成されている。第1部では、19世紀以降の欧州における反ユダヤ主義が、それ以前の歴史的な反ユダヤ主義とは異なる性格を持つものであることを、ユダヤ人と国民国家や社会とりわけ上流社会との間の特異な関係の叙述を通じて、描き出している。第2部では、19世紀後半以降の帝国主義の膨張の時代に生み出された、欧州の国民国家の国内統治の形態とは異質な、植民地支配のための官僚制的支配体制が、欧州に逆輸入されたことが、全体主義の成立に大きな役割をはたしたと論じられている。

第3部では、ナチズムとスターリニズムそのものが論じられる。彼女は、この両者を、イデオロギーの支配と組織的「合理的」なテロルによって特色づけられる、まったく新しい統治形態としての「全体主義」という共通の概念に包摂する。こうした統治が成立した背景には、大衆社会化等に象徴される社会の急激な変化のなかで、社会的に共有された現実感覚を人々に与えてきた共通感覚が失われたということがあり、その現実感覚喪失の空隙を埋めたのが、論理的構築物としてのイデオロギーであった。そして、強制収容所を頂点とする組織的テロルは、人間の多様性や自発性を根絶することを目指す全体主義的支配の究極の実験室だったというのである。

本書は、ナチズム論を超えて、20世紀の経験を考えるうえでも、国民国家の相対化や民族・国籍といった今日的問題への洞察としても、新たな読み方に開かれており、その政治哲学的意義は今なお失われていない。　川崎　修

[書誌データ] Hannah Arendt, *The Origins of Totalitarianism*, Harcourt Brace Javanovich, 1951, 2nd ed., 1958, 3rd ed., 1966-68 (分冊版), 3rd ed., 1973 (合本版) (『全体主義の起原 1～3』大久保和郎・大島通義・大島かおり訳, みすず書房, 1972-74).

アーレント Hannah Arendt (1906-75)
『人間の条件』 *1958年刊

アーレントの代表作の1つ。本書は、彼女が古典古代ギリシャ人の自己理解のなかから再構成したと称する「活動 action」・「仕事 work」・「労働 labor」という人間の行為形態、「活動的生活」(vita activa ちなみに本書のドイツ語版の題名はこれである) の3つの類型についての考察であり、別の見方をすれば、アリストテレス的実践哲学の実存主義的再解釈という性格を有している。

この類型論のなかでとりわけ重要なのが「活動」の概念である。「活動」とは、一言で言えば、複数の人間の間でなされる、主として言語的な相互行為のことである。つまり、「労働」や「仕事」が人と物との間の非言語的な関係における行為形態であるのに対して、「活動」だけが、本質的に、人と人との間でのみ成立する、シンボルを媒介とした相互主観的な行為形態なのである。そしてそれゆえに「活動」は、各個人が自己のユニークさを表出するのにふさわしい行為形態だとされる。

彼女によれば、政治に本来ふさわしい行為形態は「労働」や「仕事」ではなく、「活動」である。つまり、政治は本来、何かのための手段であるよりも、それ自身固有の意義を持つものだというのである。かくして彼女は、個人の利益の擁護・実現などといった外在的な目的のための手段という「近代的」な政治理解とは異質な、古典古代共和主義的な政治観、すなわち、政治に参加することが人間にとって固有の重要な意義を持つという観念を展開する。

本書は、政治理論の世界において今なお大きな影響力を持ち続けているだけでなく、80年代東欧の反体制運動の一部に影響を与えたとも言われている。　川崎　修

[書誌データ] Hannah Arendt, *The Human Condition*, Univ. of Chicago Press, 1958 (『人間の条件』志水速雄訳, ちくま学芸文庫, 1995).

アロー　Kenneth J. Arrow (1921-2017)
『社会的選択と個人的評価』＊1951年刊

　民主制にかんする「一般可能性定理（General Possibility Theorem）」通称「一般不可能性定理」を公にし，社会的選択理論という分野を確立した記念碑的名著であり，1972年にノーベル経済学賞が与えられる理由の1つともなった。

　アローは個々人の選好（preferences）および社会的な価値判断を社会状態の選択肢集合のうえで定義される順序（ordering）と数学的に定式化したうえで，集合的な意志決定手続きを順序の組（個人選好の組）に1つの順序（社会の価値判断）を対応させる社会的厚生関数（social welfare function）であるとした。ところが，民主的決定手続きであるための必要条件：①定義域の広範性；②パレート原理；③無関係選択肢からの独立性；④非独裁制の4条件を同時に満足する社会的厚生関数は存在しないことが示された（1951年の初版では類似する5条件であったが，証明にごくわずかな誤りがあったために1963年の第2版で上の4条件に修正された）。すなわち，いかなる決定手続きも何らかの意味で非民主的な性格を持たざるをえず，民主的な決定手続きが存在しない以上，民主主義もまた不可能であることが数学的に示されたことになる。これが不可能性定理である。

　1785年のコンドルセによる「投票のパラドックス（Voting Paradox）」の指摘以来，多数の個人の判断を集計して社会的価値判断を与える投票や選挙などの一般的可能性と，厚生経済学の主要な問題であった個々人の効用判断の集計による社会的厚生水準の判定の可能性という2つの問題について否定的ながら明瞭な解決を与えるものである。　　志田基与師

［書誌データ］　Kenneth J. Arrow, *Social Choice and Individual Values*, Yale University Press, 1951; 2nd ed., Yale University Press, 1963（『社会的選択と個人的評価』長名寛明訳，日本経済新聞社，1977）.

アロン　Raymond Aron (1905-83)
『変貌する産業社会』＊1962年刊

　1962年に刊行される『産業社会にかんする18講』の邦訳。

　アロンは産業社会という用語を資本主義体制と社会主義体制を比較するのに利用する。2つの体制の相違は生産手段が私的所有か国家所有であるかが決定的なものであるとされていた。しかしアロンはこの相違をかっこに入れる。2つの体制で共通する側面は，生産の主要部分が企業・大組織において行われ働く人々の大部分は被雇用者となっており，さらにこれら被雇用者の内部に技術的な分業が導入されていることである。

　アロンによると，企業あるいは大組織で被雇用者と雇用者のあいだでは，企業の収益をどのように配分するかをめぐって対立が生じる。これはマルクスの論じた階級闘争に似ているが異なる性格のものである。西欧型の産業社会では上記のような闘争は公開され，制度的な枠組みのなかで進められ，それが産業社会を活発化させる。雇用者と被雇用者間だけでなく諸々の利益集団間の水平的な衝突もあるが，それは西欧型社会では正常なことと考えられている。これに対して東欧型の産業社会では一見したところこのような対立はない。

　しかしそれは社会が均質化され利害対立がないからではなく，ここでは労働組合は要求を表明する労働者をイデオロギー的支配のもとに閉じこめ，また党機構が諸社会集団を沈黙させているためであり，禁止されているゆえにストライキは東欧でのように労働者反乱となるしかない。このようにアロンは産業社会として東側の体制が非合理的であることを指摘したが，この主張はマルクス主義の影響がまだ大きかった当時では大いに批判を受けることになった。　　杉山光信

［書誌データ］　Raymond Aron, *Dix-huit leçons sur la société industrielle*, Gallimard, 1962（『変貌する産業社会』長塚隆二訳，荒地出版社，1970）.

アンダーソン, B.
Benedict Anderson (1936-2015)
『言語と力』*1990年刊

本書は，力（power），言語（language），意識（consciousness）の 3 部からなり，第 1 部には「ジャワ文化における力の概念」，「カリスマのさらなる冒険」，「古い国家，新しい社会─インドネシア新秩序の比較史」の 3 論文，第 2 部には「インドネシア政治の言語」，「マンガと記念碑─新秩序体制下における政治的コミュニケーションの展開」，「跪拝と誓い─言語の政治とジャワ文化」の 3 論文，そして第 3 部には「闇の時代と光の時代─インドネシア初期国民主義思想における移調」と「玄人の夢─二つのジャワ古典についての考察」の 2 論文が収められている。第 1 部「力」では社会科学的「権力」概念の拡張が試みられ，これとの関連でスカルノの「カリスマ」の解読，スハルト新秩序の「機構の支配」の分析が行われる。ついで第 2 部では，マンガ，絵，記念碑などをもふくめた広い意味での言語と政治の関係が論じられ，最後に第 3 部「意識」では，国民主義（ナショナリズム）成立以前の「政治」意識のありようが，ジャワ人＝インドネシア人国民主義者の自伝，ジャワ語古典の分析によって試みられる。本書に収められている作品はすべてインドネシア研究の古典である。またアンダーソンはこれらの作品においてインドネシアの政治・政治史を論じるだけでなく，地域研究者として社会科学概念の拡張を試みる。こうした趣旨からすれば，中島成久訳の日本語版『言葉と権力』はそのタイトルからしてかぎりなく誤訳に近い。なおアンダーソンは1936年，昆明の生まれ，ケンブリッジ大学で古典を学んだあと，コーネル大学で政治学，東南アジア研究を専攻，1997年現在，コーネル大学教授。

白石 隆

［書誌データ］ Benedict R. O'G. Anderson, *Language and Power: Exploring Political Cultures in Indonesia*, Cornell University Press, 1990（『言葉と権力─インドネシアの政治文化探究』中島成久訳, 日本エディタースクール出版部, 1995）.

飯島伸子（いいじまのぶこ）(1938-2001)
『環境問題と被害者運動』*1984年刊

本書は，日本における公害問題や労働災害・職業病の問題（本書では，これらをまとめて環境問題と称している）と，その被害者による抗議運動，権利回復運動，裁判提起など，さまざまな方法で展開された集団的対抗行動に関する社会史的視点からの分析の書である。特定して被害者に焦点をあてて研究される例は，数多くの環境関係の専門書のなかでも珍しく，本書の独自性の 1 つはこの点に求められる。筆者は，1977年に，江戸時代から現代にいたる公害問題と労災・職業病に関する500年間にわたる「読む公害年表」を作成しており，年表を編纂する過程で収集した膨大な資料が本書を執筆する際にふんだんに使われている。本書は，さらに，筆者が日本各地の公害被害地や労災・職業病被害の発生で知られた地域で聞き取り調査や量的調査を実施して得た情報も踏まえて執筆されている。序章を含めて 3 篇10章で構成されており，第 I 篇環境問題の歴史的・社会的実態，第 II 篇被害構造論，第 III 篇被害者運動篇となっている。第 I 篇では，明治開国以来現代に至るまでの日本における環境問題を社会史的に分析しており，とくに，最大の環境破壊源として戦争の問題を重視し，その記述に 1 章分を当てている。日本の環境問題の歴史が要点をおさえて簡潔にまとめられている篇である。第 II 篇被害構造論の篇では，筆者自身が実施してきた公害と労災，薬害被害者に対する量的，質的調査の知見から「被害構造」概念を抽出し，被害の社会構造論を展開している。豊富な実地調査を踏まえた理論枠組みの提示は説得的である。第 III 篇は，被害の社会構造に対して，被害者たちが展開してきた集団の対抗行動とその歴史的位置づけが分析されている。本書は一言で言えば，環境問題が弱者に被害を集中させる社会構造への問題提起の書である。

著者要約

［書誌データ］ 飯島伸子『環境問題と被害者運動』学文社, 1984（改訂版, 1993）.

飯島伸子（いいじまのぶこ）(1938-2001) 編
『環境社会学』 *1993年刊

　本書は，序章で述べられているように，環境社会学に関して，日本の社会学者が執筆した初めてのテキストである。序章を含む11章から構成されており，執筆は，環境社会学会の設立に際して中心的な役割をにない，すでに環境社会学領域でまとまった研究成果を発表してきた社会学者が分担している。編者は環境社会学会の前身の環境社会学研究会の代表であり，また，環境社会学会の初代会長でもある。環境社会学という領域は，名称の提唱からで20年，実質的研究の発足からでも40年と，その歴史は短い。しかし，19世紀における社会学の誕生が時代の要請を反映したものであったように，環境社会学の誕生にも同時代が社会学に求めているものに応じようとの意思が多分に働いている。そして本書もまた，日本の環境実態や環境運動を踏まえたテキストが必要だとの若い研究者たちの要請があって編まれた経緯がある。そのため，冒頭にも述べたように，日本の環境問題の社会的実態や社会運動から具体的な事例をふんだんに取り上げて分析している。しかし，事例を基本的に日本の実態から採用しているが，本書の視野は日本にのみ限定されてはいない。日本の環境実態を，社会学的により掘り下げて知るのに必要な事態については外国の事例を積極的に取り上げている。たとえば，第8章は，開発途上国の環境問題の章である。この章は，日本の開発・環境政策と開発途上国の環境破壊の実態とが深く関連しており，そのことを読者に伝えたいとの目的で設けられ，開発途上国の環境実態の記述にかなりのページをさいている。その他の章でも，必要な限りにおいて，最小限ではあるが諸外国の環境実態や事例に目配りをした執筆がなされている。日本の環境実態および諸外国と日本の環境状況との関係に関する社会学的視点を学ぶうえで最適の構成と内容の書である。　編者要約

［書誌データ］飯島伸子編『環境社会学』有斐閣, 1993.

イエイツ Frances A. Yates (1899-1981)
『記憶術』 *1966年刊

　記憶術 ars memoriae は，古典古代に発明された独特の技芸であり，古代ギリシアから中世，ルネサンスにいたるまで，西欧の学芸にとって欠くことのできない技術であった。記憶術とは，ある特定の観念を視覚的・空間的なイメージに変形し，持続的にそれを保持して自由に再生させようとするものだが，これは印刷術の発明以前には必要不可欠の技術であった。とくに記憶の場として時代ごとの建築イメージを用い，記憶すべき事柄を特定の部屋に配置することで，体系的な記憶の構築をめざしている点に特徴がある。イエイツは，本書でこの記憶術に関する総体的な歴史記述を試みているが，その作業は彼女の主著である『ジョルダーノ・ブルーノとヘルメス主義の伝統』(1964) に深く連接している。

　イエイツは，キケロ，クィンティリアヌスなどラテン語の著作に見られる古典的記憶術の伝統を検証したうえで，ギリシアから中世にわたって広がるさまざまな記憶術文献を調査し，ルネサンスにおける記憶術の意味を位置づけようとする。とりわけルネサンス期にあっては，記憶を収納する建築が「劇場」として構想され，いわば記憶されたイメージが必要にしたがって上演される，そのメカニズムの解明に彼女の議論の力点がある。カバラ思想に基礎をおいてジュリオ・カミッロが構想した「記憶の劇場」，イスラム神秘主義の影響をも引き受けたルルの記憶術，そして彼自身が記憶術の達人として知られたジョルダーノ・ブルーノの多彩な記憶論考，さらにはロバート・フラッドの記憶の劇場とシェイクスピアのグローブ座の関係へと議論を進めることで，イエイツは「ヨーロッパの伝統の大いなる神経中枢」における記憶術の意味を明らかな姿で復元したといえよう。　松枝　到

［書誌データ］Frances A. Yates, *The Art of Memory*, Routledge & Kegan Paul, 1966 (『記憶術』玉泉八州男訳, 水声社, 1993).

イエイツ Frances A. Yates (1899-1981)
『世界劇場』 *1969年刊

本書は、ウィリアム・シェイクスピアのグローブ座 (the Globe Theatre = 地球座) の構想にこめられた古代宇宙観の反映と、エリザベス朝における前1世紀ローマの建築家ウィトルウィウスの復興運動の流れを追うものである。その核となる研究対象は、イギリスの数学者にして錬金術師であったジョン・ディー John Dee (1527-1608)、および哲学者ロバート・フラッド Robert Fludd (1574-1637) であって、ルネサンスのヘルメス的伝統を引き受けたこれらの人物が、劇場建築のなかにどのような思想的系譜を流し込んだのかを明らかにしようとする労作である。その点で、本書はグローブ座の復元をめざすものではなく、ルネサンスにおける宇宙観の実現に向けた観念の運動に光を当てようとする作業なのであり、劇場なるものの意味の解釈に主眼が存するのである。シェイクスピア「お気に召すまま」の有名な台詞「世界全体はひとつの舞台/すべての男ども女どもはただの役者にすぎぬ」に見るように、世界を一個の劇場と見る発想は古代以来のものであった。したがって、世界としての劇場を構成する建築術は、そのまま世界のもつ神秘的な比率を体現すべきである。また「公衆劇場」public theatre というフラッドの思想もウィトルウィウス以来の世界観を引き受けるもので、世界の記憶を収めるべき舞台だったと考えられるのである。ジョン・ディーが実際に舞台演出を試み、その展開にあたってウィトルウィウスの研究を進めたというイエイツの指摘は、古代建築そのものが哲学と芸術の真髄を体現するテクストであり、演劇の上演はそのまま思想運動であったという事実を教えてくれるものである。だからこそ劇場はそのまま「人間を祀る神殿」(アルベルティ) であり、天界 (天蓋) と地獄 (奈落) にはさまれた人間世界の象徴なのである。

松枝 到

[書誌データ] Frances A. Yates, *Theatre of the World*, 1969 (『世界劇場』藤田実訳、晶文社、1978).

イェリネク Georg Jellinek (1851-1911)
『一般国家学』 *1900年刊

イェリネクはハイデルベルク大学教授、副学長。ライプチヒに生まれ、ウィーンで長じた。ウィーン、ハイデルベルク、ライプチヒ大学に哲学、法学を学ぶ。とくにライプチヒでヴィンデルバントの影響を受け、新カント派の二元論的世界観を決定づけられた。その主著である本書は、古代以来19世紀に至る公法学、政治学を、社会学的視点から整序し、幅広い壮大な国家科学として体系化し、20世紀の国家学を方向づけ、問題点を提示した。国家の歴史類型、特質、社会機能等の研究者にとって必読の重要文献とされる。

本書は3編22章よりなる。第1編序論は、国家学の課題、歴史、諸科学類型論、第2編一般国家社会学は、国家の本質、国家の正当性、国家目的、国家と法、第3編一般国法学は、公法区分、国家要素、権力、憲法、国家機関、国家作用、国家連合等を扱う。

第2編が特徴的である。伝統的国家論が国家を〈社会〉から超越または対立した独自の自然的構成体 (家産国家、君権神授、国家有機体等) とみるに対し、一般国家社会学では、国家は心理的機能であり、多数人が共通の目的意思に基づき結合し定住して成立する統一体 (社会) とみる。この国家の整序は、他律的 (例、君権的) 強制や命令ではなく、〈社会的事実たる慣習〉に発する。つまり国家は自己規律する権利主体である (国家法人論)。君主議会官僚等は法人の機関である (よって旧憲法下、反天皇制論として弾圧された一天皇機関説事件)。国家主権説は君権支配を退ける一方、民主的な国民主権も認めがたい。19世紀後期帝政ドイツの専制と近代的自由思想との妥協理論と評される所以である。

訳者 (小林孝輔) 要約

[書誌データ] Georg Jellinek, *Allgemeine Staatslehre*, 1. Aufl., Verlag von Haling Berlin, 1900; 2. Aufl., 1905; 3. Aufl., 1914 (『一般国家学』芦部信喜・小林孝輔・和田英夫他訳、学陽書房、1974).

■イーグルトン Terry Eagleton (1943-)
『クラリッサの凌辱』＊1982年刊

 本書は、18世紀英国の小説家サミュエル・リチャードソンの書簡体小説を扱った文学批評書だが、現代の先端的な批評理論を、社会的・政治的・歴史的地平において駆使した実践例でもある。

 作品の内容そのものではなく、作品の社会的歴史的コンテクストあるいは作品の行為遂行面を重視する著者は、リチャードソンの小説を、ブルジョワ文化のヘゲモニー確立戦略とみなし、代表的長編『クラリッサ』におけるテクストと政治の交錯を、脱構築批評や精神分析理論等を縦横に駆使して分析する。

 ブルジョワ女性が、放蕩貴族の男性に凌辱され自殺する事件を物語る大長編『クラリッサ』には、一見私的・心理的次元が顕著だが、著者はそこにすでにある公的・社会的次元をみる。なかでも圧巻なのは手紙における私的・公的次元の交錯を、女性の肉体のセクシュアリティと重ねる議論、あるいは手紙＝女性を統禦横領せんとする男性側の欲望をレイプの心理と重ねあわせ、自己同一性を最後まで維持する女性に自滅へと追い込まれる男性主体の不安をめぐる議論である。

 18世紀において言説と文化の女性化＝ブルジョワ化をめざすリチャードソンが、悲劇的運命に陥る女性を物語るなか、ブルジョワ階級のみならず全般的社会構造にみられる父権制の告発にいたるという歴史的観点を提示する本書は、フェミニズム批評のすぐれた実践ともなりえている。

 本書を契機に、男性によるフェミニズム批評の是非とその危険性をめぐる議論が80年代英米圏で噴出したが、フェミニズム批評に対する本書の功績は広く認められている。

訳者要約

[書誌データ] Terry Eagleton, *The Rape of Clarissa: Writing, Sexuality and Class Struggle in Samuel Richardson*, Blackwell, 1982(『クラリッサの凌辱—エクリチュール、セクシュアリティ、階級闘争』大橋洋一訳、岩波書店、1987).

■イーグルトン Terry Eagleton (1943-)
『イデオロギーとは何か』＊1991年刊

 イデオロギー理論の入門書。第1章でイデオロギーの定義(とその混乱)、第2章でイデオロギー戦略を確認し、以下、「観念学」の発案者ド・トラシーの議論を出発点としてイデオロギー論の歴史が辿られる。

 その記述は、独自の定義なり観点を提出するのではなく、多様で複雑多岐にわたるイデオロギー定義を可能な限り配慮し整理することを目指すもので、著者はイデオロギー論の系譜で根幹をなす5つの観点を想定する。(1)観念体系。これは、観念が、社会を決定せず、社会に決定されるというマルクスによるイデオロギー定義の転換へと発展する。(2)意識。虚偽意識や階級意識を軸に、物象化とその解決としての全体化意識を問題とするルカーチに発する議論で、グラムシのヘゲモニー論がこの系譜に接続される。(3)同一化思考。多様性と差異を同一化へと回収し、主体を社会に組み込む装置としてイデオロギーを捉えるフランクフルト学派からアルチュセールへと発展する議論。(4)欲望の抑圧装置。理性すらも欲望の擬装とみる反啓蒙的・非合理主義の流れ。ここにニーチェ、フロイト、ソレル、ポストモダン的思考が位置づけられる。そして(5)言語。ここに記号論・ディスクール論が位置づけられる。

 第4章と第5章((2)と(3)を扱う)の評価が高いが、啓蒙主義以後の思想史の主題がイデオロギー論と思えてしまうほどのスケールの大きさが本書の特色である。またイデオロギー論の限界や矛盾を突く冷静な議論も著者の特色であり、不必要だが必要という矛盾したありようを示すイデオロギーに対し、どう現実的・政治的に対処するかについて、本書は数多くの示唆に富んでいる。

訳者要約

[書誌データ] Terry Eagleton, *Ideology: An Introduction*, Verso, 1991(『イデオロギーとは何か』大橋洋一訳、平凡社、1996).

石川准（いしかわじゅん）（1956- ）
『アイデンティティ・ゲーム』 *1992年刊

人は価値あるアイデンティティを獲得し、負のアイデンティティを返上しようとしてあらゆる方法を駆使する。本書はそれを存在証明と呼ぶ。存在証明は証明である以上、他者による承認を必要とする。だが、存在証明が他者に依存するからといって、調和的社会関係がただちに成立するわけではない。他者は他者自身の存在証明のために私を定義するし、私も自分の存在証明のために他者を定義しなければならないからである。こうして存在証明をめぐる政治＝アイデンティティ・ゲームが日々至るところで繰りひろげられる。

ところで、そもそも人が存在証明に躍起になるのは、社会が存在証明を要求するからである。社会は、存在証明の内容はもとより、方法、形式、手続きなどにいたるまで事細かく価値づけすることで、社会成員の行動を動機付け、管理し、秩序を調達している。信仰、愛国心、忠誠心、正義、有能、愛情はいずれも社会が要求してきた存在証明である。

存在証明という説明形式を提示したうえで、本書は所属、能力、関係という3つのアイデンティティ項目に議論を絞る。そして、米国の人種民族問題、障害者の自立生活運動、自己啓発セミナをフィールドにしながら、所属、能力、関係といったアイデンティティ項目にかかわる固有の様相を析出する。そして、最後に再び議論の抽象度をあげ、逸脱の政治の理論枠組を提示する。そこでは、逸脱研究の系譜をレビューしながら、スティグマを貼られたマイノリティが、私的戦略として日常的に行う印象操作から、集合財としての肯定的アイデンティティの確立をめざす集合行為までを、統一的に理解するための枠組が提案されている。

著者要約

［書誌データ］石川准『アイデンティティ・ゲーム―存在証明の社会学』新評論、1992.

石田雄（いしだたけし）（1923- ）
『日本の政治文化』 *1970年刊

1960年代までの日本の急速な発展を可能にしたと同時にその過程で多くの困難を生み出した基礎をなす政治文化の特徴を著者は同調と競争の結合にみた。この一見矛盾した二要素が結合した歴史的背景と現代的様相を明らかにすることが本書の課題であった。

同調の要素は外との競争のために集団内の団結を強めただけではない。集団内における2つの要素の結合は同調社会内の忠誠競争を生み出し、集団目的達成の効率を高めた。しかし外に対する競争と結びついた同調性は閉鎖的価値志向により対外道徳と対内道徳の二元性を生み出すだけでなく、内において少数意見を村八分的に排除することによって集団目的決定過程における弾力性を失わせることになった。それによって集団目的を修正することが困難になった点が日本を破局的戦争に導いた重要な原因の1つであり、戦後の経済発展で多くの公害などの困難をひきおこす促進要因でもあった。

同調と競争の結合が示すこのような欠陥を克服する途として、著者は集団をこえる普遍的価値によって同調社会の閉鎖性を打破し、内において少数意見の尊重により意思決定手続を民主化し、競争についてはゼロ・サム的なものでなく蓄積的な精神的競争の型を重視する方向にむけて変えることを示唆する。

著者は文化的決定論に陥ることのないように日本の政治文化のなかで一見対立する要素と、その歴史的変化に注目した。しかし著者自身4分の1世紀後の時点で反省すると、本書執筆当時はなお国民国家の枠組を当然の前提とし、「日本等質社会論」の神話に拘束されていた面があったことを認めざるをえない。最近ジェンダーやエスニシティの視点が強調されていることを考えに入れれば、日本社会のなかにある異質的要素の多様性により多くの注意を払うべきであったと思う。　著者要約

［書誌データ］石田雄『日本の政治文化―同調と競争』東京大学出版会、1970.

石弘之(いしひろゆき)（1940- ）
『地球環境報告』 *1988年刊

　1960年代後半から，米国次いで欧州や日本で環境汚染が社会問題化し各地で公害反対運動が起こされた。それが，80年代半ば以後，地球の平均気温の急上昇やオゾン層破壊の顕在化などとともに，環境を地球規模でとらえる動きが急になってきた。とくに，1988年は米国の熱波による大被害，バングラデシュでの大洪水など各地で異常気象が多発し，しかも北海でアザラシの大量死が発生するなど，地球規模で環境への不安が高まった年となった。

　本書はこの年に出版され，熱帯林の破壊，土壌侵食，広域汚染，公害輸出など地球環境の直面する実態を提示するとともに，発展途上国を中心に環境破壊がどう社会的な影響を及ぼしているかを述べている。たとえば，人口過剰や自然破壊などによって農業が衰退して農村から都市への人口の流入が激しくなり，スラムが膨張して新たな都市環境問題を引き起こしている実態，さらに森林や山岳地帯の破壊によって洪水や旱魃などの自然災害の被害が急増している現状など，環境悪化が最終的に農業システムを荒廃させ，飢餓という形で人間側に跳ね返ってくる実例を数多く報告している。ちなみに「地球環境」という用語が独立して使われるようになったのは，本書がきっかけとなった。

　本書の提起した問題は，地球環境の容量としての限界である。世界人口は96年には58億人に達し，しかも経済の拡大とそれに伴う食糧や資源エネルギーの大量消費が続き，地球環境への圧力をますます強めている。この圧力の低減こそが地球環境の解決の第一歩であると著者は繰り返し力説している。

著者要約

[書誌データ]　石弘之『地球環境報告』岩波新書，1988．

石牟礼道子(いしむれみちこ)（1927-2018）
『苦海浄土』 *1969年刊

　1956年，水俣病の公式発見。59年，病因としてチッソ水俣工場が水俣湾にたれ流した廃液中のメチル水銀を特定。にも拘らず，60年代半ばまでチッソはたれ流しを続け，国家行政もそれを黙認した。水俣病患者は10万とも30万ともいわれ，その全貌は明らかでない。

　作家石牟礼道子は，水俣病患者の生死に同行して，さまよう「苦海」がそのまま至福の「浄土」であるような内的世界を小説に描いた。日本資本主義が辺境の村落共同体を根こそぎ破壊して，共同体も市民社会も受苦者を下層民として差別してきた歴史の構図が，不知火海の美しい風景の中に鮮明に浮び上る。

　水俣病患者の受苦は，石牟礼道子が幼時同じ水俣の共同体で共有した癒し難い受苦に重なる。そこに患者の「魂の移入」という語り部の方法論の基盤があって，患者内面の受苦を深く包んだ豊饒な生命世界が，美しい幻想的な語りを通して映し出された。ゆきの語りの一節。「人間な死ねばまた人間に生まれてくっとじゃろうか。うちゃやっぱり，ほかのもんに生まれ替らず，人間に生まれ替わってきたがよか。うちゃもういっぺん，じいちゃんと舟で海にゆこうごたる。」

　『苦海浄土』は，近代の病いを超えて，人間はこの世でついに交り合うことがないという絶望と，煩悩の無間地獄の底から輝き出す魂の深さに届いた屈指の世界文学である。レイチェル・カーソンの『沈黙の春』(1962)とともに生命系と環境問題の深みへ人々を誘った。石牟礼はいう。チッソが植民地朝鮮で消滅させた湖南里(いざな)は，水俣と同じくショアーであると。この小説はポスト植民地文学およびホロコースト文学という側面をもつ。

栗原　彬

[書誌データ]　石牟礼道子『苦海浄土』講談社，1969（講談社文庫，1972）．初稿は「海と空のあいだに」の題で『熊本風土記』に連載（1965年）．

磯村英一(いそむらえいいち) (1903-97)
『**都市社会学**』 *1953年刊

　人間はその発展の段階において，自然社会と共生しながら，次第に生活の方法で集団化し人間社会を形成する。歴史は農業にその基礎を置くが，次第に技術を習得して人間の文化を創生する。学問的には農業社会が先行するが工業化への進展は都市という巨大な集団にまで発展し，やがてその地域も，逸脱する空間の生活も予見される。

　現代の都市社会学は，以上のような人間の生活の"拠点"（主として地上）から宇宙社会への"創造"（宇宙都市の建設）までの"過程"においての人間の"生活の様式""その変化"を追求する科学といえる。

　したがって都市社会学は，既存の地域社会に"変化・変動"があったときに展開する。現代でも追求される"オリンピック"の"ゲーム"は人間の有史以来，くりかえされる民族の闘争を抑止しようとした方法。自然の災害の始末は現代でも存在する。都市社会学の近代的発生は北米合衆国のシカゴ市，異民族の転入が，"スラム"（slum）をつくり，シカゴ大学に都市社会学を開講させる。

　日本列島の関東大震災，太平洋戦争，いずれも日本人の生活様式，その形態を大きく変えるに至った。1997年7月には，日本の属するアジアの社会に都市の"変動"が"予見"される。"香港"の中国への"帰属"，その影響はアジア地域の都市のみではない。

　都市の形成が人類文化の発展につながる発見は，都市社会学自体の新しい展開である。したがって，文献も都市の文化・機能の構想史誌のなかに発見すべきである。1996年に発生した南米ペルーの人質事件などは新しい課題である。

著者要約

［書誌データ］　磯村英一『都市社会学』有斐閣，1953．

磯村英一(いそむらえいいち) (1903-97)
『**社会病理学**』 *1954年刊

　社会を形成しているのが人間，その人間に疾病というものがあり"生死"という限界がある限り，人間の集団である"社会"に疾病があることは否定できない。自殺に始まって心中，暴力，災害などが具体的にあげられる。

　人間の病気が黴菌により，時や所によってその発生を異にすると同じように，人間の集団である社会自体も一様ではない。"病理"という言葉が使われるのはそこに理由がある。

　しかし"貧困"という現象は，現代の社会においても存在し，"東西"という言葉に対して"南北"は地球上の社会に上下の差別の存在していることを示している。ただ貧困現象などは，その規模の大小もあり，現代社会病理の重要な課題であるが，いわゆる社会病理学の重要な課題であるかどうか定かではない。たとえば南部の住民には黒人が多い。その生活は必ずしも平均的ではない。その黒人が生活向上のために首都ワシントンで"デモ"を行った。アメリカ人の多くは，これを"poor march"と呼んだことは歴史上では有名である。わが国の同和問題（部落問題）は，「社会問題」といわれているが，"社会病理"とはいわない。最近では「人権問題」といわれている。一般的には，貧困（slum は slumber からの略語）といわれ，1900年当初のシカゴ市の地名に由来する"gold coast & slum"という題名の著書さえある。すなわち貧困につながる売春・窃盗・麻薬などの小犯罪等がその代表ともいわれた。わが国でも，東京・大阪などの"下町地域"には，その名をいえばスラムとわかるような都市の地域がある。しかし社会病理現象は"学問"としての主体性は，必ずしも明らかでない。日本にもその名の学会があり，年報などを出している。その名称が"都市病理講座"となっているように，主として都市問題が対象となる。

著者要約

［書誌データ］　磯村英一『社会病理学』有斐閣，1954．

磯村英一『都市社会学』補注

わが国で「都市社会学」のタイトルの最初の書。戦後日本の都市社会学の誕生期を記すが、家族と農村社会学中心の社会学界において「都市」とは何かを、未だ敗戦直後の疲弊著しい東京の下層社会をフィールドとして、「都市社会の理論」「都市社会の実態」「都市の社会病理現象」の3部構成において問うた。実証篇は1954年の『社会病理学』に引き継がれたが、理論篇では都市人口の動態、都市生成のメカニズム、具体的には都市への人口集中と離散、都市コミュニティの生成・発展のメカニズムを都市の理論、同書では「本態的」という用語をあてたために、都市本能説として学界の批判を浴びる。しかしその真意は、都市は外圧的な権力や政策意図で一方的に規定されるものでなく、都市独自の生成の論理があることを問うたのだ。この都市観は、『都市社会学』から『未来の都市への挑戦』(1997)に至る主旋律をなしている。

磯村英一『社会病理学』補注

「社会病理学の概念」を序章として、「血縁的病理現象」(精神病者、離婚、未亡人、親子心中、里子、非行少年、混血児、としより、浮浪者、人身売買)、「地縁的病理現象」(スラム、仮小屋生活、ドヤ街、赤線区域、売春、ヒロポン中毒者、水上生活)、「職能的病理現象」(日雇労働者―ニコヨン、バタヤ、テキヤ、射倖集団、輪タク、質屋、内職)、「社会病理学の展開」の各構成。1940-50年代の東京を中心とした都市社会病理現象が、自らの実証的、体験的データを添えて展開されている。横山源之助の『日本之下層社会』の続編を意図したが、内容的には社会事業論よりも都市社会病理論のアメリカ社会病理学 (social pathology) の性格が濃い。当初予定されていた「未解放部落」等が本書では削除されているが、1960年代以降の磯村都市社会学の本格的展開にあって中心課題となる同和と人権・差別問題がこの削除項目に根ざしており、同時に「社会病理学」のタイトルが磯村都市社会学から消えていくことに注意したい。

奥田道大

[書誌データ] 磯村英一編『磯村英一都市論集』全3巻、有斐閣、1987.

伊谷 純一郎 (いたにじゅんいちろう) (1926-2001)
『霊長類社会の進化』 *1987年刊

20世紀後半にわが国で独自の発展をとげた霊長類研究のなかで、社会構造の進化を追った著者の論文を1巻に収めたのが本書で、1967~86年の20年間の8篇からなる。本研究の背景には、今西錦司の種社会論と比較社会学的研究という指針があった。これを具現化したのが、ニホンザル、チンパンジー等の個体識別に基づく野外での長期観察であった。設問とも言うべき第1章には生態学的関心も窺われるが、後章では環境決定論的思考は排され、社会構造の進化の模索に徹している。第3章「霊長類の社会構造」は、1972年時点までに得られた成果の総説で、種社会は半閉鎖的な集団と単独行動をする個体からなるとし、通時的構造として捉えることを提唱している。集団をもたない要素的社会、ペア型の集団をもつ社会、母系の群れ型の集団をもつ社会の3類型がのちの理論化の基礎となった。本論の結末は第8章「霊長類社会構造の進化」で、1984年のトーマス・ハクスリー記念講演論文の邦訳である。霊長類の基本的単位集団の特性を論じ、単婚、双系、多夫一妻、一夫多妻、母系、父系に類別し、夜行性原猿類の要素的社会を加えて霊長類の種社会を7類型とし、それらの系統関係を論じている。また人間社会の淵源をチンパンジー型の父系の複雄複雌の集団に求め、家族はその単位集団内に析出した下位単位だとしている。

この一連の社会構造論と並行して、第5、7章は「社会構造をつくる行動」「霊長類における共存のための不平等原則と平等原則」となっており、社会の形成と維持の機構を行動面から追っている。前者は「許す・許さぬ」という行動の二分律に着目したもの、後者はルソーの『人間不平等起原論』の現代の資料に基づく再構築を試みたものである。

著者要約

[書誌データ] 伊谷純一郎『霊長類社会の進化』平凡社、1987 (Junichiro Itani, "The Evolution of Primate Social Structures", *Man*, 20:593-611, 1985. の邦訳を含む).

市川浩 (いちかわひろし) (1931-2002)
『精神としての身体』 *1975年刊

　近代の哲学的思考の主流からは疎外されてきた身体を，人間と世界のあり方の原点と見なす，包括的な哲学的考察。

　第一章では，身体を，具体的な体験に即して現象学的に考察する。現象としての身体を，主体としての身体，客体としての身体，私にとっての私の対他身体，他者の身体の各層位に分けて順次分析した後に，ヴァレリーの指摘に導かれて，それらの背後にある錯綜体としての身体が考察される。主体としての身体は，身体の生理的境界とは独立の可動性を有すること，他者の身体もまた，皮膚の限界を越えて主体としての身体へと超出してくること等が示される。錯綜体としての身体とは，身体の現実的な統合を保証する潜在的な統合可能性の総体のことである。

　第二章は，身体の外部作用的／自己作用的なはたらきの構造の分析にあてられる。意識されない向性的構造，意識される志向的構造，および自他関係の中での構造の様態を分析した後に，構造が生成してくる多様な仕方（図化，私への中心化，他者への脱中心化，他者との同調等）が説明される。その上で，いわゆる「精神」は生成的構造の統合度の高い水準であり，「身体」は統合度の低い場合だとし，両者の区別の相対性を示し，最も精神的なはたらきである認識ですら世界との身体的なかかわりなしにはありえないのであって，身体こそ精神と見なすべきだとの結論に至る。

　第三章の主題は，身体の機能構造と〈世界〉との互いに限定しあう関係を分析することである。原初的な生理的な反応から始まり，シンボル的形態の行動にまで上向する。

　本書は，戦後日本の思想の中で，身体についての哲学的研究の普及の端緒となった。あとがきによると，社会的身体の分析や身体と自然の交叉関係の考察が課題として残された。

大澤真幸

［書誌データ］　市川浩『精神としての身体』勁草書房，1975（講談社学術文庫：1992）．

伊藤整 (いとうせい) (1905-69)
『近代日本人の発想の諸形式』 *1953年刊

　まず日本人の「調和的発想法」に関して，島崎藤村の文体が日本語の挨拶の表現に根ざすという卓抜な指摘からはじまり，与えられた秩序を守りながら，そのなかで自分の生活を築いていく「調和型」の系譜が，漱石，鷗外から志賀直哉，白樺派へと辿られる。これに対して，家庭や社会の秩序の外に自由で潔癖な生活を求めようとするのが「逃避型」や「破滅型」であり，しばしば人生の危機や不幸をみずからつくりだしながら，そのような生活を演じ，物語るのが「私小説」である。

　著者によれば，文学とは「物語りまたは叙述による生命の表現方法」であるが，生命の認識には2つの基本型がある。すなわち，社会の実生活から下降し，逃走または破滅することによって生命感を味わうような場合（「下降型」）と，死の意識などを契機として生きることの意味を肯定的に捉え直すような場合（「上昇型」，たとえば正岡子規，堀辰雄など）である。そして両者の根底には「東洋的な無の思想」がある。

　遁世的破滅思想や無の思想はさらに，芸の錬磨による自己救済と立身という一種の「芸術至上主義」にも結びつく。芸(術)のためには，社会生活や家庭の幸福，人間らしさは犠牲にされる。また，社会的な相互性の感覚が希薄なので，たとえば『源氏物語』や『細雪』などにみられるように，日本文学の登場人物たちは並列的にとらえられることが多く，その人間的変容は，他者との関係のダイナミズムからではなく，ただ時の経過によってもたらされる。

　文学を通して近代日本人の精神構造に光を当てた論考。作家・文芸批評家としての著者の洞察が随所に生かされている。

井上俊

［書誌データ］　伊藤整「近代日本人の発想の諸形式」『思想』344, 345号，1953（『小説の認識』河出書房，1955；『近代日本人の発想の諸形式　他四編』岩波文庫，1981）．

伊藤俊治 (1953-)
『写真都市』 *1984年刊

本書は映像メディア論と都市論を融合させ，そのどちらをも包括する近代特有の精神の位相を提示しようとしたものである。

写真は言うまでもなく都市のメディアであった。写真が都市を挑発し，拡散させ，生成させ，同時に都市の変容が写真の意味や機能や性質を転換させていった。都市と自然という二分法があるのではなく，都市と人間という対立があるのでもなく，あるのは都市の感受性を背負ったイメージであり，都市の無意識に浸透されたメディアである。

19世紀前半の写真の成立というのは，そうした意味で，都市の無意識層の成立と同じものの別様なあらわれであったと考えることもできる。我々は，見も知らぬ写真によってでさえ，我々の知らなかった記憶や意識下のものを呼びさますことができる。

写真はまさに近代都市の変容の枠組みから生みだされ，人々のなかに都市の感受性としてすべり込み，都市の形態となっていった。写真のなかに都市を成立させるシステムがおさめられている。

写真という高度な自律性を持った複製産業の堆積のなかで，都市と人間はその内面を同じようにつくり，都市空間をそのルールに従って忠実に構成してきたのだ。写真は，人間のなかにも，都市のなかにも，個と世界が複雑に入り組む新しい感覚中枢を用意させた。都市の構造と人間の精神の構造との間には本質的な類似が潜んでいる。人間の感受性というより，人間を越えた，あるいは個を無化してしまうような都市そのものの感受性，そうした精神の流れを肖像写真，風景写真，バウハウス写真，「ライフ」などのグラフジャーナリズム，セルフポートレイトなどの19世紀から20世紀にかけての写真表現のなかで多元的に分析しようとしたのが本書である。

著者要約

[書誌データ] 伊藤俊治『写真都市』冬樹社，1984（増補新装版：トレヴィル，1988）．

稲上毅 (1944-)
『現代社会学と歴史意識』 *1973年刊

M．ウェーバーのマクロ社会変動理論とその方法論（とくに理念型論とイデオロギー批判）にかんする吟味を踏まえて，パーソンズによって代表される目的論的機能主義，高田保馬の社会学理論（第6章）をそれぞれその理論的下部構造にまで遡って分析し，一方では理想主義的実証主義（現実的，日常批判的，人間変革的，相対的，精確さ，確実性という7つの属性からなる）を，他方ではK．マンハイムの媒介原理（Principia Media）の構想力を復権させることによって現代マクロ社会学のあるべき姿を提示しようとした方法論的作品である。

パーソンズの歴史意識については，それが環境適応のための社会分化という古典的図式に傾いた進化論的インダストリアリズムという基本的性格をもっていること（第1章），またパーソンズによるウェーバー理念型批判には多くの誤解と問題点があること（第2章），ウェーバーの「理念の理念型」論にかれの科学方法論のエッセンスが埋め込まれていること（第3章），さらにはサン・シモンやコントの社会学的実証主義（第4章）にまで視野を広げることによって方法としての理想主義的実証主義を提唱し，同時に社会学的機能主義をめぐる論争史（第5章）を跡づけながら目的論的機能主義の抱える諸困難についても整理している。

第2部では，マンハイムの媒介原理を素材にして，マクロ社会学的研究のための概念の望ましい抽象性とはいかなるものかという難問について検討を加え（実質的には，R．K．マートンの中範囲の理論のもつ抽象度にも疑問を提し），また媒介原理が計画時代，計画人に適合的な思考様式であることに注目して制度形成と社会計画（第7章）にかんする基礎的考察を行っている。

著者要約

[書誌データ] 稲上毅『現代社会学と歴史意識』木鐸社，1973．

稲上毅（いながみたけし）(1944-)
『労使関係の社会学』*1981年刊

　日本の「豊かな労働者」、産業組織と労使関係、組合民主主義とユニオン・リーダー、職場共同体と仕事の規制といったテーマにそって、現代日本の労使関係の変わりゆく姿を電機、鉄鋼、情報通信、鉄道という4つの産業を対象とした大量観察調査と詳細な事例分析を通じて浮き彫りにしようとした作品。

　日本の「豊かな労働者」は、ゴールドソープらがイギリスの「豊かな労働者」について明らかにした手段主義的な労働志向（労働は経済的報酬のための手段であり、企業や組合への関与は限定的・感情中立的であり、中心的生活関心は仕事や職場の外に求められる）とは異なり、官僚主義的労働志向（労働はキャリアであり、その将来見通しがかれらの社会的アイデンティティの源泉となり、中心的生活関心は労働生活に傾き、企業への関与も感情的、私生活と職業生活との境界線が曖昧なライフスタイル）が強いこと、その意味で現代日本のブルーカラー労働者はホワイトカラー化していること、石油ショック以降は企業別労使関係の限界が露呈し、労働戦線の統一を踏まえた労働組合による行政府にたいする政策・制度要求へのニーズの高まりがみられたことなどを膨大な労働者意識調査を駆使して明らかにした（第1章）。他方これとは対照的に、マル生反対闘争（勝利）後の旧国鉄職場では、分割民営化までの短期間ではあったが、連帯主義的労働志向（労働は手段でありながらも、労働組織は忠誠対象とみなされ、濃密な職場コミュニティーは職場外にまで拡張される）がみられたことを現場の実態調査を通じて解明し（第4章）、全体としては、連帯主義的な職場共同体の衰弱と企業共同体の形成、さらにはネオ・コーポラティズム的政策参加による企業別労使関係の補完という現代的労使関係の鳥瞰図が描き出された。
〈著者要約〉

［書誌データ］　稲上毅『労使関係の社会学』東京大学出版会，1981.

井上俊（いのうえしゅん）(1938-)
『死にがいの喪失』*1973年刊

　主として1960年代後半から70年代初頭にかけての文化状況を扱った10編ほどのエッセイを、I「若者」、II「あそび」、III「愛と性」、IV「大衆文化と大衆社会」の4部に分けて収録した論集である。

　巻頭に置かれた「〈死にがい〉の喪失」は、「戦前派」「戦中派」に対して「戦無派」と呼ばれた若者たちの死生観を分析したものであり、次の「若者たちの反エタティスム」は、彼らの国家に対する態度を扱ったものである。続く「離脱の文化」では、日常的現実からの「離脱」において青年文化を特徴づける視点が示される。この離脱は「まじめ」（理想）と「あそび」（自由）の両方向にむかうが、60年代後半以後、後者への離脱傾向が強まった。これに関連して、II部では、現代の若者文化のなかに「あそび」の態度の実生活への持ち込みがみられることが指摘され（「〈あそび〉としてのニヒリズム」）、またシラーやスペンサーからホイジンガ、カイヨワにいたる「あそび」の理論の系譜とその思想的意味が論じられる（「遊びの思想」）。

　III部では、当時の若者文化の主張の1つであった「フリー・セックス」をめぐって、性の「解放」がさまざまな形での「合理化」をともなうことによって無害化され、統制されていくメカニズムが考察される（「愛と性と秩序」）。また、「〈恋愛結婚〉の誕生―知識社会学的考察」では、恋愛のエネルギーを結婚という社会制度のなかに組み込むことで馴化する、近代市民社会のイデオロギーとして「恋愛結婚」の理念が分析される。

　なおIV部は、「〈低俗〉と〈良識〉」「木枯し紋次郎の世界」など、大衆文化をめぐる時評的な文章を主として集めているが、ほかに「大衆社会―その社会構造と精神構造」も収録。
〈著者要約〉

［書誌データ］　井上俊『死にがいの喪失』筑摩書房，1973.

井上俊 (いのうえしゅん) (1938-)
『遊びの社会学』 *1977年刊

広い意味での「遊び」に関する15編ほどのエッセイを収録した論集。全体は大きく2つのパートに分かれ、Ⅰ部は「遊びへのアプローチ」、Ⅱ部は「遊びからのアプローチ」と題されている。

Ⅰ部には、「ゲームの世界」「推理小説と現実」「解説機構としてのテレビ」「オカルト・ブーム考」など、ポピュラー文化やマス・メディアを扱ったエッセイが集められ、最後に「娯楽研究の姿勢——権田保之助の民衆娯楽論」が収録されている。

主として遊びの具体的な現象形態をとりあげ、それらに多少とも社会学的な視点からアプローチしたⅠ部に対して、Ⅱ部には、遊びについての考察が逆に社会学にはね返り、社会学の視野を拡げてゆく側面にかかわる論考が集められている。

Ⅱ部の冒頭の「パースペクティブとしての遊び」では、デュルケーム以来の聖-俗理論からカイヨワ流の聖-俗-遊の三元論への展開が跡づけられ、その社会学的含意が論じられる。次いで、この枠組みを日本のユース・カルチャーの分析に適用した「青年の文化」では、「聖」(理想)および「遊」(自由)への離脱という視点から、とくに1960年代後半以降の若者文化の変容が考察される。続く「ドラマとしての社会」は、H. D. ダンカンのコミュニケーション論を手がかりにして「ドラマ主義」的なアプローチの可能性にふれたものであるが、最後の「日常生活における解釈の問題」では、この観点がさらに拡張され、J.-P. サルトルの「まなざし」論やC. W. ミルズの「動機のボキャブラリー」論などとも連結されて、日常的相互作用過程の分析に活用される。

なお本書は、第18回城戸浩太郎賞を受賞した。

著者要約

[書誌データ] 井上俊『遊びの社会学』世界思想社、1977.

井上輝子 (いのうえてるこ) (1942-) ＋女性雑誌研究会
『女性雑誌を解読する』 *1989年刊

本書は1980年代の女性雑誌を、紙面構成・広告・登場人物・語彙・文体等のデータ処理を通して、詳細に比較分析した本で、第11回日本出版学会賞を受賞した。

『ノンノ』『コスモポリタン』『主婦の友』などの日本誌と、世界の女性雑誌文化の発信地アメリカ、第三世界の女性雑誌界の特徴を典型的に示すメキシコの雑誌を、和光大学に拠点をおく女性雑誌研究会と、エル・コレヒオ・デ・メヒコおよびハワイ大学の研究者が共同で比較研究した成果が本書である。

70年代以後、日本では女性雑誌の新旧交替が著しく、読者の年齢やライフスタイルに応じて細分化し、アルファベット名前でビジュアルな紙面づくりを図った。アメリカでは在来誌が時代の変化に巧みに適応する一方で、働く女性や女性解放を軸とする新雑誌も勃興した。メキシコでは女性雑誌は、多国籍でアメリカ資本の影響下にあり、庶民の生活から遊離しているなどの特徴がある。

だが3国とも、①若い女性向けのおしゃれ雑誌、料理に重点をおく主婦向け誌、恋愛・結婚を指南する生き方中心誌の3種に分類され、政治・経済・科学などへの言及がない、②紙面の1/3(メキシコ)〜1/2(日米)が、広告を含むページになっていて、女性雑誌は広告メディアとしての機能を果している、③化粧品やファッションで装い、整形手術やエステ、ダイエットで身体を美しく改造するなど「外見の美」が新たな女性役割として強調されているなどの点で共通している。

本書は以上の諸点をデータによって裏付け女性雑誌が消費の勧めと性役割の再編成とを通じて、現代資本主義の文化装置として機能していることを明らかにした。

著者(井上輝子)要約

[書誌データ] 井上輝子＋女性雑誌研究会『女性雑誌を解読する』垣内出版、1989.

今井賢一(いまいけんいち)(1931-),金子郁容(かねこいくよう)(1948-)
『ネットワーク組織論』 *1988年刊

　市場の理想が人々の自由な経済活動だとすれば,組織とは人々の関係に何らかの制約が加わった世界である。一方の極が完全な自由経済であり,一方の極が完全に制約された官僚的ヒエラルキーである。しかし,それは両極であり,現実はその中間のどこかに位置し,人々の間の関係には強弱さまざまな制約があらわれる。本書では,その意味での人々の関係,取引のかたちを捉える方法を「ネットワーク」と考え,市場と組織の二分法をこえた第3の軸としてネットワークを位置付ける。

　市場と組織は,それぞれみずからの失敗を多少とも緩和するために相手の長所を取り入れる。それゆえに市場と組織は相互に浸透しあう。日本の系列と呼ばれる企業グループも,市場と組織が相互浸透したネットワークである。しかし,本書では,市場と組織が欠点を補完し合うだけではなく,その長所を重ね合わせるという積極的な捉え方を強調する。

　着眼点は経済における不確実性への対処の仕方である。将来が本質的に不確実な経済社会では,市場というものは,単なる需給調整の場としてよりは,不確実な世界で人々の期待が調整される場としての機能が重要になる。他方,組織もまた,いかに不確実性に対処し,情報処理を行うかということがその本質的な課題である。とすれば,不確実性という難問に取り組むために,市場と組織の長所を重ね合わせるという発想が生まれてくる。

　不確実性に対処する具体的な手段は情報の蓄積である。市場は動的情報のなかにあるが,市場自体にはそれは蓄積されない。企業は情報の蓄積にはすぐれているが,それは静的情報の蓄積になりがちである。したがって,動的情報に対処し,それを蓄積しつつ,現代の問題に取り組んでゆく仕組みこそが,著者たちのいう「ネットワーク」にほかならない。

著者〔今井賢一〕要約

［書誌データ］　今井賢一・金子郁容『ネットワーク組織論』岩波書店,1988.

今田高俊(いまだたかとし)(1948-)
『自己組織性』 *1986年刊

　社会が変動の主語となるのではなく,人間が主語であり,社会はあくまで目的語にすぎないという立場から,自然科学における自己組織性(self-organization)をキーワードに掲げて,従来の科学観の脱構築と新たな社会理論づくりを試みた草分けの書である。

　自己組織性とは,システムが環境との相互作用を営むなかで,みずからの手でみずからの組織を変える性質を総称したもので,そのポイントは論理学での「自己言及」,社会科学での「自省作用」の問題,および「ゆらぎ」の問題にある。近代理性はこれらを長らく墓解に葬り続けてきたが,本書ではこれらを社会理論に取り込む挑戦がなされている。

　《変換理性の科学哲学》を提唱する第1部では,科学の方法を「認識の存在接続」と定義したうえで,演繹法・帰納法・解釈法を同等の方法手続きとして相対化し,これらをメソドロジーの三角形に統合している。科学はこれらの方法手続きを自由に移行する変換理性で成り立ち,これが自己組織性を扱う科学観となる。《自省的機能主義》を提唱する第2部では,「行為を介した構造の自己言及性」の定式化によって,機能主義の立場から自省作用を取り込む作業が展開される。社会理論の基礎概念である構造・機能・意味を対立的に捉えるのではなく,各々が互いに他によって問われるシステム螺旋運動のモデルを考えるとともに,慣習的・合理的・自省的の各行為が互いに他に変換されていく行為螺旋運動のモデルを考え,両者が共鳴しあう複合螺旋運動モデルによって,行為を媒介とした構造の自己言及性が理論化される。

　本書によれば,自己組織性論とは構造主義・機能主義・意味学派の3つのパラダイムを総合する試みにほかならない。

著者要約

［書誌データ］　今田高俊『自己組織性—社会理論の復活』創文社,1986.

今西錦司 (1902-92)
『生物の世界』 *1941年刊

　徴兵への予感から，遺書代わりに書き下ろされた本書は，今西の生物に対する考え方のエッセンスが詰め込まれており，そのぶん抽象度が高く，その後展開される今西学派による生物社会研究の出発点でもある。その章だては「相似と相違」，「構造について」，「環境について」，「社会について」，「歴史について」という，およそ生物学らしからぬ構成になっているが，その核心は，著者が前書きでも言うように，第4章の社会論にある。

　今西の思想はこうである。環境とは生物が主体的に認識するところのものが環境であり，その意味で生物の数だけ異なった環境がある。そして同一の生活環境を要求するものが同種の個体であり，これらが構成する血縁地縁関係の全体が種社会である。別の種は，また別の生活環境にあることになる。そして似た環境には互いに類縁の種の生活があることに着目し，これを同位社会と呼び，進化とはこれらの同位社会がより多層化していくことだと考えた。これは，今西が提唱した棲み分け概念による進化のイメージを，より一般化したものと言ってよい。

　今西は，社会という言葉を動物や昆虫だけではなく，植物にまで適用して論じたが，この執拗なまでの種社会の強調は，当時の欧米型の生物学に対する強い批判が込められていた。第1に，社会という概念を人間にしか認めないキリスト教の影響下にあった生態学への批判であり，第2に，種への関心が生物の形態に集中し，環境についても物理的測定に焦点が合わせられ，個体間どうしのやりとりも機械的なものとみなす，当時のアカデミズム本流の要素還元論への批判であった。死体の分析から，主体的に生活するものへと，研究対象を転換させたところに，今西理論の真価があったのである。

米本昌平

[書誌データ]　今西錦司『生物の世界』弘文堂，1941（講談社文庫，1972；『今西錦司全集』第一巻，講談社，1974；同・増補版，1993）．

今福龍太 (1955-)
『クレオール主義』 *1991年刊

　文化が特定の民族性・言語・国家と自明の帰属関係によって結ばれる本質主義的な世界観を解体し，同時に私たちひとりひとりの主体が民族・言語・国家とのあいだに無意識に想定する自己同一化の認識を解除したときにあらわれる，政治的でもあり倫理的でもある，人間の生存と共同性をめぐる新しい意識の風景を描写することが，本書の主題である。こうした非本質主義的，混淆的な文化観に立つことは，20世紀において文化・社会のボーダーラインを不断に越境する経験が生み出してきた思想・科学的認識論・文学・造形芸術・映像作品といった表現の根拠を，郷土・国家・母語・民族性といった固定的な指標のなかに見いだすことの不可能性の地点から思考することでもある。したがってここでいう「クレオール主義」とは，そうした批判的思考の地平に求められる，ハイブリッドな混成体として浮上する自己／他者をめぐる言語・身体意識のことなのである。

　本書で広範な枠組みとして提示された「クレオール」は，文化にたいする非属地主義的・非領域的想像力，文化の混成性，多言語主義，ポストコロニアル批評，ボーダー論，ディアスポラ・パラダイム等を含み込んだ戦略的な方法論的概念である。その意味で，70年代以降注目されてきた，植民地的言語接触が言語混淆を経てある種の普遍性を獲得する，言語学上の概念としての「クレオール語」は，本書の問題系のごく一部にすぎない。

　植民地主義，ナショナリズム，資本主義それぞれの政治学的表象システム批判として方法論的に提示されたクレオール主義は，その本性上，記述として固定化され得ない。本書が数年ごとに増補改訂され，新たなテクストの集成として更新されてゆく所以である。

著者要約

[書誌データ]　今福龍太『クレオール主義』青土社，1991（新装版，1994；平凡社ライブラリー増補新版，1998）．

今村仁司（いまむらひとし）(1942-2007)
『排除の構造』*1985年刊

本書は前著『暴力のオントロギー』(勁草書房, 1982) のなかで提出された暴力の概念（排除の概念）をさらに詳細に展開する。社会形成の原動力をなす暴力とは供犠（サクリファイス）による犠牲者の制作を意味し，社会の原初的秩序はこの犠牲の空間から発生する。ただひとりの犠牲者が生まれてはじめて，彼を除くすべての成員はその犠牲者に照らして相互承認を実現する。この役割をする犠牲者を第三項と名付ける。そして犠牲の空間を作る過程は第三項排除過程と呼ばれる。そこでひとつの問題が提起される——犠牲を暴力的に作る人間の根源的経験とは何か。複数の他人と一緒に生き，そして相互に対面するとき，各人は自分を「人間的な価値」（たとえば自己尊厳）をもちたいと欲望するだけでなく，この尊厳価値を他人によって承認してもらいたいと欲望する。社会的存在としての人間は，他人の欲望が向かう対象（価値）を自分の対象（価値）として獲得したいと願望し，ついには他人の欲望を欲望するまでにいたる。単なる自己確信ではなくて，事実として自己の価値を証明するためには，各人は自分の自然的身体（生物的生命）を否定する行為にでる。他人もまた同様に行為する。ここにヘーゲルが教えたように，生命を危険にさらす覚悟で相互承認を求める闘争が生まれる。自然的生命を否定する行為のみが人間を人間へと生成させる。この闘争は極限的にはとも倒れになる。承認が成立するためには，一方が勝利し他方が敗北するときである。これが社会形成の闘争原理である。「二人」関係は原則として多数者関係にも妥当する。このとき，唯一の犠牲者を作りだし，犠牲者に照らしてその他の成員が相互承認を実現するメカニズムが働きだす。第三項の位置から政治権力がたちあがる。あらゆる権力は第三項排除の身振りを反復する。

著者要約

[書誌データ] 今村仁司『排除の構造』青土社, 1985（ちくま学芸文庫, 1993）.

イリイチ Ivan Illich (1926-2002)
『脱学校の社会』*1970年刊

本書は近代社会批判・制度転換論・オルターナティヴ社会論をめぐるイリイチの一連の研究の最初の論稿で，その根源的な教育批判によって人々に衝撃を与え，1970年代以降の教育改革論簇生の引き金となった。

イリイチは人間の生から自律と共生を奪ってきた支配的な近代の制度一般の本質を明らかにするパラダイムづくりのための，一つのしかし重要な素材として学校を選んだ。

学び（learning）という人間の本源的な価値が産業的な生産様式としての教育（education）に制度化されると，我々はこの制度の活動を価値そのものと同一視してしまい，価値の代りに学校の装置からひたすら教育サービスを受け取る他律的な消費者に転落する。学校は産業社会の神話の貯蔵庫，現実と神話の矛盾の再生産，矛盾を隠蔽する儀礼の執行という3つの機能を果す。こうして教育ばかりか社会全体が学校化される。

イリイチは，手仕事，電話，自転車，市場などのコンビビアル（convivial 共生的）で自律的に使用可能な制度を左の極に，学校，巨大企業，軍隊，病院などの強圧的で操作的な制度を右の極に置いて，諸制度をその間に配列する制度スペクトルを描く。より自由な左側から一種の中毒症状に入る右側へ，現代社会は分水嶺を越えてきた。もし自律と共生を回復しようとするなら，分水嶺は逆向きに越え直されねばならない。制度とエートスをコンビビアルな限界の方へ向け直す身体のパフォーマンスとしての政治が呼び出される。

社会の非学校化を進めつつ，自発的な学びのための網の目を社会の至る所に設置すること。本書は学校廃止論ではない。生き生きした学びの甦りが目ざされている。

栗原 彬

[書誌データ] Ivan Illich, *Deschooling Society*, Harper & Row, 1970（『脱学校の社会』東洋・小澤周三訳，東京創元社, 1977）.

イリイチ Ivan Illich (1926-2002)
『脱病院化社会』 *1975年刊

今日, 肥大化した医療制度そのものが健康に対する主要な脅威になりつつある。医療に限界を設定して, 人間の奢りに対するネメシス (復讐の女神) の怒りを鎮めよ。

本書はこの論旨を支える4層の論理構成をもつ。第1は社会の医療化についての分析, 第2は教育, 交通, 医療などの触知できない商品を生み出すサービス生産の制度化理論, 第3は管理社会論である。第4に, これら3層に非医療化, 非専門化, 非管理化の政治学がそれぞれ対応している。

前著『脱学校の社会』で, 学び (自律・共生的な行為), 教育 (産業的制度), 学校 (装置) の変容が究明されたように, 本書では癒し・医療・病院が分析の焦点となる。高度成長した健康管理制度は3つの水準で医原病つまり医療それ自体を原因とする病気を生み出す。第1に医療は臨床的な治癒効果以上に多大の臨床的損害を生む。第2に健康政策が産業組織を強化して環境を破壊する上に, 医療制度は, 官僚制, 独占, 予算の医療化, 「診断の帝国主義」などの社会的な回路によって病気を発生させる。第3に医療文明が伝統的な文化を植民地化して人間の自己治癒能力を奪い, 生命の自律的な活動に制限を加える。すなわち臨床的医原病, 社会的医原病, 文化的医原病である。同時にそれらは社会が全般的に医療化されることによって引き起される病症の3段階でもある。

医療, 専門家, 管理者の生への介入を最小限にとどめて, 痛み, 病気, 死と自律的に闘う能力を確保すること。管理の極まる医療は産業社会の転換を企てる政治行動の第1の標的といえる。　　　　　　　　　　栗原 彬

[書誌データ] Ivan Illich, *Medical Nemesis: The Expropriation of Health*, Marion Boyars, 1975; rev. ed., *Limits to Medicine: Medical Nemesis*, 1976 (『脱病院化社会——医療の限界』金子嗣郎訳, 晶文社, 1979).

イリイチ Ivan Illich (1926-2002)
『ジェンダー』 *1983年刊

イリイチは, 「ジェンダーなきセックス」という命題によって近代産業社会を根元的に批判しようとする。イリイチはいう。産業社会のイデオロギーは, セックスはジェンダーを継承するという神話, 男女は中性化することで平等に近づけるという神話を作り出すことで, 近代の差別構造を覆い隠してきた。セックスとジェンダーの間に切断を認めよ。

イリイチのいうジェンダーとは, 専らヴァナキュラーなそれを意味する。ヴァナキュラーな社会ではどこでも, 男に関わる場所, 時間, 道具, 活動, 言葉と, 女に関わるそれらが区別されることで, コンヴィヴィアルな (共生的・祝祭的な) 生活が営まれてきた。干し草を刈るのは男, 熊手で集めるのは女, それを束ねるのは男, 積むのは女, というような, その地域に固有のモザイク状の性別のふりわけ。ジェンダーの母体は共用地である。サブシスタンスな (生存に本源的な自律・自存の) 生活では, ジェンダーは, 右手と左手のように両義的な対照的相互補完性をなす。

それに対して, イリイチのいうセックスは, 18世紀に作成された経済的中性者であって, 賃労働とシャドウ・ワークの担い手である。資本主義的生産様式の進展は, 新参者である人間 (＝男) や個人という中性的な主体＝労働力が「生産男と家事女」つまり「第一の性と第二の性」という支配‐従属的なワン・セットのセックスに編成されることによって支えられてきた。セックスは, ヴァナキュラーなジェンダーの喪失の上に, ジェンダーとは異なる母体, 学校に育った。

本書は, 批判と非難の集中砲火をあびたが, 近代の制度, 学問, 運動の社会的構成を明かす, ラディカルな近代批判の書だ。　　　栗原 彬

[書誌データ] Ivan Illich, *Gender*, Marion Boyars, 1983 (『ジェンダー——女と男の世界』玉野井芳郎訳, 岩波書店, 1984).

イリガライ Luce Irigaray
『性的差異のエチカ』 *1984年刊

本書は，フランスのフェミニスト，リュス・イリガライが1982年にロッテルダムのエラスムス大学で行った講義をもとにしている。そのテーマは性的差異という観点からの哲学史の読み直しである。

ハイデガーの存在論的差異とレヴィナスの第一哲学としての倫理学という2つの議論が本書に大きく影響している。つまり，哲学の歴史において忘却されてきたものとして性的差異を位置づける。たとえば，アリストテレスの空間の概念を考えてみよう。空間はモノがモノとして存在するのには不可欠な存在ではあるが，しかし，もしも，空間自体がモノであるとしたら，全てのモノは空間の中にあるのであるから，その空間がそこに存在するための空間が必要になり，またその空間のための空間……という具合に無限に続く。アリストテレスは無限を認めないので，そこから空間はモノではないと結論される。

このように事物を事物たらしめるにもかかわらず，それ自身の存在は抹消されてしまう包み＝覆いのようなものが形而上学を可能にしたのであり，その典型は，子宮＝母としての女性である。それに包まれた赤ん坊が男性なのである。男性が存在するための場所（子宮，家庭等）としての女性としての性差とは違ったかたちで性的差異を考えるために彼女は，レヴィナスの倫理を参照する。他者を同一性に還元しないものとして，レヴィナスのエロスの現象学の主題から「愛撫」を採り上げる。彼女は，レヴィナスの男性中心的，異性愛中心的な傾向（レヴィナスは女性的なものをすぐに息子に置き換えてしまう）を批判するが，愛撫では他者は他者のままで享受される点を評価する。

田崎英明

［書誌データ］ Luce Irigaray, *Éthique de la Différence Sexuelle*, Éditions de Minuit, 1984（『性的差異のエチカ』浜名優美訳，産業図書，1986）．

色川大吉 (いろかわだいきち) （1925- ）
『新編明治精神史』 *1973年刊

民衆思想史研究の古典的な著書とされた『明治精神史』（黄河書房，1964）に新稿を加えて編集しなおしたもの。著者が自由民権期の三多摩地方の農村文書を掘り起こして発見した困民党事件の史料群や，民権運動家の徹底した土蔵調査をとおして捉えた民衆思想史の研究方法にもとづいて底辺の多様な思想の在り方や人間像をいきいきと叙述している。これまでの概念的，図式的な民衆理解を深いものにした。その新鮮さが当時，支配的だった唯物史観の枠を破るものとして評価された。その後，1970年代に盛行した「民衆史」はここに源流の1つを持つといえる。絶版となった黄河書房版の『明治精神史』と『新編明治精神史』との間には『明治の文化』（1970）がある。ここには柳田國男の常民の史学への共感や，民衆の内面世界の分析を踏まえての明治の文化の捉え直しの試みがあった。

時代は戦後マルクス主義全能の幻想が崩れて，1960年安保闘争の敗北から69年学生闘争の挫折にいたる経験をへて，「近代」の価値を根本から問い直す時期にあたっていた。また戦後民主主義の擬制や天皇制の呪縛力も新しい視点から再検討される必要に迫られていた。上記のような歴史書が専門家にではなく，一般読者や青年，学生に広く読まれたのは，彼らの魂に響く何かや，時代の内的要請に応えるものがあったからだと考えられる。

内容は，第1部「民衆の精神動態」として10余人の多摩の民権家や困民党の農民指導者の精神史的分析を生涯にわたっておこない，第2部「歴史的展開」で維新期から明治30年代にかけてのエリート思想家の思想の軌跡を対照的に叙述した。第3部「方法と総括」では歴史叙述の方法，民衆思想史の意図，さらに明治精神史への批判への応答など理論的な数編が収められている。

著者要約

［書誌データ］ 色川大吉『新編明治精神史』中央公論社，1973（『色川大吉著作集』第1巻，筑摩書房，1995）．

岩井克人（1947- ）
『ヴェニスの商人の資本論』 *1985年刊

　岩井克人の最初の日本語の著作である。
　巻頭に置かれた表題エッセイは，シェイクスピアの喜劇『ヴェニスの商人』を新たに読み直すことによって，「資本主義とは何か」という古くからの問いに答えようという試みである。だが，それはシェークスピアが資本主義に関して直接語った言葉を拾い集めることによってではなく，この喜劇全体の動態構造と資本主義の動態構造との間の驚くべき対応関係を示すことによってである。
　そこではたとえば，ユダヤ人シャイロックとキリスト教徒アントニオとの対立は，悪と善との対立としてではなく，異なった価値体系の間の交換関係として読み直されている。また，アントニオの友人バッサーニオの求婚相手ポーシャは，たんに機知に富んだ美しき女主人公としてではなく，男同士の連帯によって成立している共同体から排除された女性であることによって，まさにその共同体にとっての異物である貨幣の役割をはたしていく存在として読み直されている。そして，そのポーシャが男の法律家に扮し，危機一髪のところでアントニオの命をシャイロックの刃から救うあの有名な人肉裁判の場面は，勧善懲悪の教訓劇としてではなく，貨幣の媒介によって2つの価値体系の間に交換が成立し，その間の差異性から剰余価値，すなわち利潤が生み出されていくという資本主義の成立を語る物語として読み解かれる。
　貨幣の媒介によって価値体系と価値体系の間の差異性が利潤に転化する——これは，まさに本書によって最初に提示された資本主義の基本原理である。
　本書には，他に，「キャベツ人形の資本主義」，「媒介が媒介を媒介する話」，「ホンモノのお金の作り方」，「広告の形而上学」，「パンダの親指と経済人類学」，「知識と経済不均衡」等のエッセイが収録されている。　著者要約

［書誌データ］　岩井克人『ヴェニスの商人の資本論』筑摩書房，1985.

岩井克人（1947- ）
『貨幣論』 *1993年刊

　本書は，マルクスが『資本論』で展開した「価値形態論」を新たに読み直すことによって，「貨幣とは何か」という問いに答えようという試みである。だが，それはマルクスの価値形態論を，完成された思考の体系として読むのではなく，未来に開かれた思考の方法として読み直してみることによってである。
　「貨幣とは何か」という問いに対して，太古から今日まで人々は，貨幣の背後に貨幣を貨幣たらしめる「何か」として具体的なモノや具体的なコトを見いだそうとしてきた。悠久千年にわたって対立してきた貨幣商品説と貨幣法制説は，その点では同罪であると本書は言う。代わりに本書が提示するのは，「貨幣とは貨幣であるから貨幣である」という貨幣の自己循環論法である。貨幣とは，商品としての価値によって貨幣として使われるのでも，法律によって貨幣として使われるのでもなく，すべての人間によって貨幣として使われるからすべての人間によって貨幣として使われるにすぎないというのである。
　この自己循環論法から出発して，本書は，資本主義にとって，何が根源的な危機なのかという問いを発する。日常的経験の次元では，何でも買える貨幣をもつ方が，特定の用途にしかもたない商品をもつよりも，はるかに安心である。このことから，マルクス以降大多数の社会科学者は，人々が商品よりも貨幣を欲する恐慌という事態に，資本主義の危機を見いだしてきた。だが，本書は，ひとたび視点を貨幣の存立構造全体に引き上げれば，結論は全く逆転してしまうことを示す。人々が貨幣から遁走していくハイパーインフレーションこそ，貨幣を貨幣とする自己循環論法を崩壊させ，貨幣を媒介とした商品交換を基礎としている資本主義に本質的な危機をもたらしてしまうのだというのである。　著者要約

［書誌データ］　岩井克人『貨幣論』筑摩書房，1993.

岩井弘融(いわい ひろあき)(1919-2013)
『病理集団の構造』 *1963年刊

　本書は，親分・乾分の結合を基本的な連結軸として構成される諸集団の集団論的研究で，博徒集団，的屋（香具師）集団，土建・港湾・炭坑等の寄生暴力団，壮士・院外団等の長年の探求調査の結果が素材となっている。

　その分析の方法論としては，集団組織を焦点に据え，内部構造，人間関係，制度的行動様式と集団統制，集団の運動法則，そして諸集団間の相互関係，外的環境が分析されている。とりわけ，人間関係の中心となるオヤブン・コブン結合の分析においては，旧時農村における親方（分）・子方（分）関係との共通点と差異点を明らかにしている。また，親方・子方の制度は農村のみならず，広く職人社会等にも存していたのであり，その関連においてヨーロッパの徒弟制度や杜氏，石工，床屋等にも，その目を延伸している。制度的行動様式としての仁義，旅人制度，義理廻状，破門，等の諸慣行は，かつてこれらの職人社会のものでもあった。また，やくざ暴力団との連関で，一般の過去の土建業，港湾労働，筑豊炭坑地帯における親方制等についても論及されている。さらに，集団の運動ならびに集団間関係の面においては，閉鎖と対抗，セクショナリズムとは異なる運動原理としての縄張主義の集団境域拡大，緊張緩和のシステム，対立の再生，等が論じられている。

　集団の存立を基底から支える社会的条件の4つの柱として経済，政治，文化，精神心理の各側面が取上げられて，その関連が考察されている。経済，政治に関しては，主に第2次大戦後の十数年間の変動状況に即してながめている。政治的面では往時の三多摩壮士，北九州の大親分の伝記分析もある。文化・精神心理の部門では，とりわけ，やくざ気質といわれるその価値観と精神心理構造の包絡的関係が分析されている。最終部では，日本の親分型リーダーシップの具体例も，のべられている。　**著者要約**

[書誌データ]　岩井弘融『病理集団の構造―親分乾分集団の研究』誠信書房，1963.

岩崎信彦(いわさきのぶひこ)(1944-)他編
『町内会の研究』 *1989年刊

　町内会は「（居住と社交という）一般的な共同関心に対応するアソシエーション」として，町コミュニティの基礎器官である。

　第1部「歴史的考察」では，町内会の源流を中世後期の，惣中の平和，自検断の掟をもつ惣村，惣町に見る。その後，近世の統一権力が惣町（都市）の自治機能を解体し，各町を行政支配の末端単位とする。各町は生活の共同保障と行政請負の機能を二重に担っていく。近世後期には貨幣経済が進展して借家人の役割が増大し，町は土地所有者団体から居住者アソシエーションへの変化を始める。明治を迎え，22年の市制施行によって町・町組は公的な制度ではなくなるが，都市集住が進むなかで町内会は存続し，また新たに結成されていった。しかし，15年戦争が始まり，昭和15年には戦時国家体制の末端機構とされた。敗戦後，昭和22年の「政令15号」により町内会は禁止されたが多様な形で存続し，講和条約の発効後は急速に再生した。これらが京都，東京，大阪等において分析される。

　第2部「戦後日本の経済成長と町内会の展開」では，急激な工業化のなかで公害や共同消費手段不充足という都市問題に取り組み，さらにまちづくりへと進んでいく神戸市真野地区等，10都市における実態を分析している。「伝統型」「解体型」「混住型」「新住宅街型」「集合住宅型」等の町内会の多様なあり方が示される。

　第3部「町内会の基本的特質と今日的課題」では，AGIL図式による機能分析や生活自治と行政下請けの二重性の分析がなされる。そして，町内会＝「住縁アソシエーション」が他のさまざまなアソシエーションと連携して住民自治を発展させるべきことが示される。

編者（岩崎信彦）要約

[書誌データ]　岩崎信彦・上田惟一・広原盛明・鰺坂学・高木正朗・吉原直樹編『町内会の研究』御茶の水書房，1989.

■ イングルハート Ronald Inglehart (1934-)
『静かなる革命』*1977年刊

　ヨーロッパ諸国の社会的・政治的亀裂が，階級，宗教，民族の対立であることはよく知られている事実である。最近，先進工業国家が，脱工業化社会へ移行するにつれて，工業化社会の価値観から脱工業化社会の価値観への変容が起こる。この価値観の変容はヨーロッパにおける新しい社会的・政治的亀裂の生成であり，静かなる革命に値するとする論著が，本書である。

　彼の理論はマズローの基本的欲求の階層理論，政治世代論，脱工業化社会論のユニークな総合であるといってよい。戦争と物資不足を経験した世代は，マズローの言う安全欲求，つまり経済の安定と国防に高い優先順位を置くだろう。戦争のない繁栄の時代に育った若い世代は，安全は当然のものとして享受し，帰属欲求や美的，知的欲求に高い優先順位を与えるだろう。こうして工業化価値観対脱工業化価値観の対立，彼の用語を使えば，物質主義対脱物質主義の対立は，世代間の政治対立となる。現在のところ脱物質主義者は少数だが，世代の交代に従って物質主義者を圧倒するに至るだろうと説く。

　彼の第2著『カルチャーシフトと政治変動』(1993) では，データベースが時間的空間的に広げられているばかりでなく，変容する価値観が政治的態度だけでなくカルチャー全般に拡大されている。最近，世界価値観調査を主宰して，彼のデータベースは猛烈な勢いで広がりつつある。先進工業国だけでなく，開発途上国をも対象とした彼の第3の著 *Modernization and Postmodernization* が1997年に刊行された。　　　　　訳者（三宅一郎）要約

［書誌データ］Ronald Inglehart, *The Silent Revolution: Changing Values and Political Styles Among Western Publics*, Princeton University Press, 1977 (『静かなる革命——政治意識と行動様式の変化』三宅一郎・金丸輝男・富沢克訳，東洋経済新報社，1978).

■ ウィークス Jeffrey Weeks (1945-)
『セクシュアリティ』*1986年刊

　同性愛の社会史家ジェフリー・ウィークスは，性が遺伝子，本能，ホルモンといった生物学的な要因によって決定されるという「本質主義」を最大の仮想敵としつつ，「セクシュアリティの社会的構成」を主張する。

　「セクシュアリティの社会的構成」というテーゼには，3つの含意がある。第1に，セクシュアリティが，先に挙げたような生物学的要因よりも，社会化を行う親族・家族のシステム，性生活に影響を与える経済的状況，宗教・国家・地域社会などによる社会的規制といった社会的要因によって，より多く決定されているということである。もちろんウィークス自身は生物学的要因の重要性を否定していない。「生物学的要因がすべてを決定する」という本質主義を否定するだけである。

　第2に，私たちがセクシュアリティに与える意味や知識が，言説として社会的に編成されているということである。このとき，「生物学的決定論・対・社会学的決定論」の二元論は疑似問題として乗り越えられ，「意味」や「知識」を構成する言説の社会性が分析の対象となる。

　第3に，セクシュアリティについての言説は，単なる知識に留まることなく，人々の実践に影響を与える。その結果，社会の制度が織りあげられている。その意味で，セクシュアリティはつねに政治的な問題を含んでいる。セクシュアリティの社会学もまた，国家レベルから私生活のレベルに至るまで，政治学的分析と無縁ではありえない。ウィークスは，1960年代以降浮上した性に関する「自由至上主義」と，その反動として1980年代に勢力を得た「道徳的保守主義」の両者から一歩距離をとり，「セックスそれ自体は良くも悪くもなく，可能性と潜在性の場である」とする「道徳的多元主義」を提唱する。　　　赤川　学

［書誌データ］Jeffrey Weeks, *Sexuality*, Routledge, 1986; 2nd ed., 1989 (『セクシュアリティ』上野千鶴子監訳，河出書房新社，1996).

宇井純（うぃじゅん）(1932-2006) 編
『公害原論』*1971-72年刊

東大工学部都市工学科で1970年に開かれた自主講座の講義録を出版したもの。60年代に進行, 激化した日本の産業公害は, 70年に入って大きな政治問題と化した。水俣病からはじまって産業公害の歴史を学んでいた編者は, 学生に研究結果を講義しようとしたが, 助手にはその権限がないと禁止された。そこでコレージュ・ド・フランスにならって夜あいている教室を使って市民向けの公開講座を開いたが, 大成功となり1985年までつづいた。本書はその最初の1年半の記録を聴講者が整理したものである。前世紀末の足尾鉱毒事件からの公害の歴史のなかで, 政治と行政は常に公害を発生する企業の側に立ち, 企業保護の政策をとった。企業は公害対策を省略し, あとまわしにすることで資本を蓄積し, 高度経済成長の条件を用意した。アカデミズム科学も公害を看過し, ときには否定さえした。国民の意識に残る前近代性が, 公害激化の根底にある。政治イデオロギーも公害防止には役立たなかった。公害という行政用語には加害者責任をあいまいにする作為がある。被害者運動の強化と市民による支援, 地域自治の強化が最終的に公害防止に導く路であろう。科学技術の効用にはあまり多くを期待できない。公害は社会的現象の比重が大きく, 科学技術のかかわる部分は大きくない。世界全体から見ても日本の公害はずばぬけて先行している。このような分析はほとんどが経験的なプラグマチズムの枠内でなされたものだが, 全国の公害反対運動で利用され, 相当の効果をあげた。東大闘争が圧殺された後の教育運動の性格も持っていて, 各地の大学で開かれた自主講座の先駆であった。また運営に当った市民の実行委員会は東大を利用して全国の住民運動のネットワークを作りあげた。　　編者要約

[書誌データ] 宇井純編『公害原論Ⅰ・Ⅱ・Ⅲ, 補冊Ⅰ・Ⅱ・Ⅲ』亜紀書房, 1971. 『公害原論第2学期Ⅰ・Ⅱ・Ⅲ・Ⅳ』勁草書房, 1972.

ウィトゲンシュタイン
Ludwig Wittgenstein (1889-1951)
『哲学探究』*1953年刊

いわゆる前期の主著『論理哲学論考』(1921) に対して後期ウィトゲンシュタインの主著とされる遺作。第Ⅰ部693節, 第Ⅱ部14分節から成る原文350ページほどの諸考察のなかに, さまざまな言語ゲームの記述や比較が行われており, 「語の文法」「家族的類似」「言語ゲーム」「規則 (に従う)」「痛み」「私的言語」「アスペクト」といった諸概念の吟味が含まれている。その骨子は伝統的な意味論や『論考』における言語の写像説 (ないし意味の対象説) に対して, 意味なるものを言語行為に内在するものと見なす意味＝使用説を説くことにあったから, この著作は言語ゲーム論という行為論を提唱したともいえる。言語ゲームとは「言語とそれが織りこまれた諸活動の全体」(Ⅰ-7) のことであるが, 人間が「ことばを話すということは人間の活動ないしは生活形式の一部分」(Ⅰ-23) なのであるから, その所説は, 命令の授受といった原初的な言葉のやりとりから特定文明のありかたにいたるまで, 人間の諸活動を広く展望できるような新たな視点を拓き, ポストモダンの言語哲学・数学基礎論・心の哲学・行為論など広汎な領域に多大な影響を与えた。

たとえば特定の意識内容が特定の共同体内部で学習された言語によって公共的に理解されるようになるのと同様に, 特定の社会や宗教や文化の内的特性はそれぞれの集団のなかで行われる特定の言語ゲームによって特徴づけられる。ウィトゲンシュタイン自身も, 自らの言語ゲーム論によって, 自らの属する現代欧米社会の科学技術文明を哲学的に批判した。狭義の哲学界のみならず, 現代思想全般に影響の及ぶ所以である。　訳者 (藤本隆志) 要約

[書誌データ] Ludwig Wittgenstein, *Philosophische Untersuchungen/Philosophical Investigations*, Basil Blackwell, 1953 (『哲学探究』藤本隆志訳, 大修館書店, 1976 ; 『哲学的探求』第Ⅰ部・第Ⅱ部, 黒崎宏訳・解説, 産業図書, 1994-95).

ウィーナー　Norbert Wiener (1894-1964)
『サイバネティックス』＊1948年刊

　動物と機械における通信，制御，情報処理の問題をフィードバック機構という視点から統一的に扱う総合科学を提唱した書物。目的を持った有機体の行動を機械論により定式化して脚光を浴びた。タイトルのサイバネティックス（Cybernetics）は，ギリシャ語で「舵取り人」を意味する言葉に由来する。

　人類は古くより自動機械つくりの夢を持ってきたが，ニュートン時代のそれは人力を巻きねじに移し替える「時計仕掛け」であり，産業革命後にはそれが「蒸気機関」に置き換わった。しかし，どちらも物質とエネルギーを基本とする自動機械に過ぎず，動作の遂行と修正を取り込んだものではなかった。サイバネティックスでは情報とその処理に焦点をあてて，「通信と制御」の視点から自動機械づくりを試みる。

　制御の基本原理をなすフィードバック制御とは，ある定められた目標を達成するために，まず環境への働きかけをおこない，次にその結果情報を蒐集して目標値からの偏差を計測し，この偏差を最小にするようなアクションをおこす一連の過程を表わす。このような制御メカニズムは，家庭の電化製品についているサーモスタット，人体における血糖濃度の調節，捕食動物が獲物を追うときの行動など，個々の特定の対象に固有なものではなく，機械や有機体，自然や人間社会に共通にみられる一般性の高いものであるとされ，その影響は広く社会科学におよんでいる。

　本書の意義は，通信と制御の概念によって，有機体に典型的な目標指向性・適応・安定性等の性質に関する機械論を打ち立てたこと，また情報を物質・エネルギーと同等の重要性を持つ概念に高めたことにある。　　　　今田高俊

［書誌データ］Norbert Wiener, *Cybernetics: or Control and Communication in the Animal and the Machine*, MIT Press, 1948; 2nd. ed., 1961（『サイバネティックス―動物と機械における通信と制御』池原止戈夫他訳，第2版，岩波書店，1962）.

ウィリアムズ　Raymond Williams (1921-88)
『文化と社会』＊1958年刊

　50年代末からの英国での文化研究の発展に基礎を与えることになった記念碑的著作。

　著者は，文化の観念と用法が，イギリス人の思考の中に根を下したのは，産業革命期からのことであったという発見から出発する。それまで自然の手入れを意味し，転じて人間の訓練を意味する言葉であった「カルチュア」は，18世紀以降，精神の一般的状態，社会における知的発展の状態，学芸の総体などの意味を持つようになり，やがて物質的・精神的な生活の仕方総体も含意するようになっていった。この変化は，インダストリー，デモクラシー，クラスなどの概念の形成とも結びついており，産業革命期の知のエピステーメーの変化の一部をなしていた。

　著者が示すのは，こうして18世紀末以降，社会的実践の総体から特定の道徳的・知的実践の領域が「文化」として離脱し，他領域の上部に置かれ，やがて逆に生活全体を覆っていく過程である。これは単にインダストリー（経済）との関係だけでなく，デモクラシー（政治）やクラス（社会）との関係を含む，根本的な変容の一部として生じていた。

　こうして彼は，①1790年代～1870年代（産業主義と民主主義の抬頭に対する反応の諸様式），②1870年代～1914年（芸術の専門化と政治への没頭），③1914年以降（マスメディアの発展に伴う新しい争点の浮上）を分け，各時代の思想家たちの言説が，文化概念をどう構成していたかを詳細に検討していく。何らかの文化概念を所与の前提とするのではなく，そうした文化概念（例えば大衆文化）そのものの社会歴史的な構成を問題にしていったのである。現代の文化研究の根底にある視座を示す名著といっていい。　　　　吉見俊哉

［書誌データ］Raymond Williams, *Culture and Society: 1780-1950*, Chatto & Windus, 1958（『文化と社会』若松繁信・長谷川光昭訳，ミネルヴァ書房，1973）.

ウィリアムズ Raymond Williams (1921-88)
『田舎と都会』 *1973年刊

　本書は，田舎と都会のイメージがイギリスの文学や社会思想の中でどのように捉えられてきたかを広範に検討し，とりわけ18世紀後半から19世紀を通じた両者のイメージの変化と持続を，囲い込みやロンドンの大都市化，階級対立の激化といった資本主義の展開とを結びつけながら明らかにしている。

　一方で著者は，中世からの牧歌的な田園イメージが，18世紀以降，どう変質していったのかを考察する。田舎の風景についての牧歌的イメージは，農村の労働や差別，都市による農村の収奪といった契機をすべて捨象した上に成立していた。田園風景に労働する者の視線を取り込むことは，詩人がよって立つ場の意識的変更を含んでいたのだ。クラッブやコベットなどの農村出身の作家の反牧歌的な作品を通じ，著者はこうした牧歌意識に走る亀裂を浮かび上がらせていく。

　他方，本書のもう１つのテーマは都会イメージの変化である。著者は，17世紀までは都会はきまって金や法律と結びつけられていたが，18世紀には富や贅沢と結びつくようになり，19世紀以降は流動化や孤立化と結びついていったという。こうした大枠のもとで，著者は18, 19世紀における都会観念の変容をより詳細に示していく。たとえば，巨大化する18世紀のロンドンに対し，ポープやスウィフトは新しい都会性の出現を認め，ホガースやフィールディング，デフォーはもっと暗い現実に目を向けていった。19世紀になると，巨大な塊として群衆のイメージが作家たちを圧倒していく。さらに20世紀，都市の非連続性や原子化が語られていくようになり，アイデンティティの問題が正面に浮上してくる。

　本書では，変化の背後に大英帝国の発展も見通されており，サイードの『文化と帝国主義』につながる視座も認められよう。　吉見俊哉

［書誌データ］Raymond Williams, *The Country and the City*, Chatto & Windus, 1973（『田舎と都会』山本和平・増田秀男・小川雅魚訳，晶文社，1985）．

ウィリアムズ Rosalind H. Williams (1944-)
『夢の消費革命』 *1982年刊

　本書は，19世紀後半のフランスに焦点をあて，万国博覧会の開催，デパートの興隆，電気照明や映画の登場といった技術と消費のスペクタクルが，いかなる人々の心性の変容と結びつき，どのような新しい言説や思想を浮上させていったのかを明らかにしている。

　著者はまず，19世紀後半のフランスが，小売りと広告のパイオニアとなり，すでに消費社会の特徴を示していた点を強調する。

　こうして前半では，19世紀のフランスに現れた４つの消費のモデルが考察される。第１は，18世紀の宮廷型消費を引きずった上流ブルジョワジーの消費形態であり，第２は，万国博からデパート，映画までのスペクタクルが膨大な大衆を巻き込んでいく大衆消費の世界であり，第３は，これらの消費形態に反発して，日常から遮断された世界のなかで洗練された消費のスタイルを練り上げるエリート的消費であり，第４が，美的であると同時により平等な新しい消費スタイルを，日常的な消費財のデザインの改良を通じて創造していこうとする民主的消費の運動である。

　後半では，こうした消費社会状況に，世紀転換期の経済学者や社会学者がどう反応し，消費者の連帯の可能性をどう構想し，消費心理をめぐる知をどのように描いていったのかが，ルロワ＝ボーリュー兄弟やシャルル・ジッド，タルドやデュルケームの消費をめぐる議論に焦点を当てながら考察されている。

　本書の意義は，何といっても19世紀末フランスの消費社会状況の重要性を示し，文学からデザイン運動，経済学や社会学の学説までに通底する消費をめぐる問題構制を明らかにした点に求められる。レイチェル・ボウルビーの『ちょっと見るだけ』などと同様，消費社会論の必読書の１つと言えよう。　吉見俊哉

［書誌データ］Rosalind H. Williams, *Mass Consumption in Late Nineteenth-Century France*, University of California Press, 1982（『夢の消費革命―パリ万博と大衆消費の興隆』吉田典子・田村真理訳，工作舎，1996）．

ウィリアムスン
Judith Williamson (1954-)
『広告の記号論』 *1982年刊

現代社会において広告が果たしている役割について，記号論からアプローチした本は少なくない。しかし，本書ほど徹底した批判的な分析はいまだに現れてはいない。著者は主に雑誌広告を大量に（100種類以上）利用し，そのひとつひとつを丁寧に解読しながら，同時に作業に必要とされる記号論の知識を概説している。従来の広告批判が，主に内容分析に基づいてなされてきたのに対して，ここで企てられているのは，広告の魅力そのものを見据えて，それをどう脱構築するか，という課題である。

ウィリアムスンはフロイトの「夢作業」にならって，広告の作用を「広告作業」と名づける。この作業を単に共時的に解釈するだけでなく，そこにラカンの鏡像段階論やアルチュセールのイデオロギー論を導入し，広告の呼びかけが私たちを集団として，また個人として構成してしまうことを問題にする。それは差異を構築すると同時に，均質化のメカニズムを発動させる。この主体形成にかかわるプロセスを広告解読に持ち込んだ点が，本書の意義のひとつである。

この解読によって明らかになるのは，広告表現において多様に展開されている自然化のメカニズムであり，消費者を魔術的な変容にいざなう仕掛けである。

最後にウィリアムスンは，広告が批判をつねに吸収し，それを組み入れてしまう力を持つこと，このために広告批判は大きな困難をかかえながら行なわれざるをえないことを力説している。　訳者（山崎カヲル）要約

［書誌データ］ Judith Williamson, *Decoding Advertisements: Ideology and Meaning in Advertising*, Marion Boyars, 1982（『広告の記号論―記号生成過程とイデオロギー』2巻，山崎カヲル・三神弘子訳，柘植書房，1985）.

ウィリス Paul Willis
『ハマータウンの野郎ども』 *1977年刊

英国中部の工業都市の中学校で，学校の権威に逆らい，独自の反学校文化を形づくる男子生徒たちについて綿密なエスノグラフィー。教育社会学的にのみならず，1970年代後半のカルチュラル・スタディーズを代表する成果としてきわめて重要である。

自らを「野郎ども」と呼ぶこの男子生徒たちは，スタイルの誇示を通じて学校的な権威への反逆を劇化していた。彼らの反学校文化は言語の支配への拒絶を含み，言語的な手段よりも服装やふるまいの象徴的形式によって表明される。少年たちからするならば，体系化された言葉の世界は，もっぱら学校文化のひ弱な表現手段にすぎなかったのだ。

彼らの抵抗は，学校の「規則をかいくぐって，インフォーマルな独自の空間を象徴的にも具体的にも確保し，『勤勉』というこの制度公認の大目標を台無しにしてしまう所業」に集中して現れた。教師たちは，彼らが「貴重な時間を台無しにする」と非難する。事実，彼らにとって時間とは，将来の希望を実現するために細かく節約するものではなく，この現在の自己確認のために自分たちの掌中になければならないのだった。

こうした野郎どもの視座は，学校側が示す人生の展望を超えていた。だが，彼らがこうした視座を獲得していく過程は，まさに彼ら自身が「自分の将来をすすんで筋肉労働者と位置づけ」ていく過程に他ならなかった。学校文化からの自由が，資本制への自発的な従属をもたらしているのだ。本書はこうした何重もの逆説を綿密に捉えている。しかも，これを単なる階級の文化的再生産モデルに還元するのではなく，むしろここに絶えざる抵抗や闘争の契機を見いだしている点に，本書の真に傑作たる所以がある。　吉見俊哉

［書誌データ］ Paul Willis, *Learning To Labour: How Working Class Kids Get Working Class Jobs*, Saxon House, 1977（『ハマータウンの野郎ども』熊沢誠・山田潤訳，筑摩書房，1985）.

ウィルソン，B.
Bryan R. Wilson (1926-2004)
『セクト』 *1970年刊

　セクトは既存の正統派宗教や世俗社会に宗教的に反抗し，分離した自発的な少数者の宗教運動である。キリスト教をはじめとする諸宗教もまずセクトとして発生した。西欧社会ではセクトは，教会・セクトの二分法で教会との対比において捉えられてきたが，本書では，宗教の多元的なアメリカ，さらに，日本を含むアジア，アフリカなどの社会における複雑で多様な宗教運動にも適用できるセクトの分析枠組みが構想される。

　ところで，セクトが発生するのは，社会秩序を崩壊させるような産業化，都市化，文化的接触など非常に多様な類型の社会変動の状況，さまざまの相対的剥奪が生じる状況である。このような状況における新しい救済の探求こそは，セクト運動の推進力なのである。救済はあらゆる宗教の中心的問題であるが，セクトにおいても，新しい救済についての考え方や救済達成の方法が，セクトの全体的特質を決定し，とくに世俗社会に対するそれぞれの応答の仕方を生み出す。世俗およびその制度（正統派の宗教も含む）は邪悪なものとされ，それらに対する応答の仕方によって，回心主義派，革命主義派，内省主義派，マニピュレーショニスト派，奇蹟派，改革主義派，ユートピア主義派の7類型のセクトに分類される。そして，これらの類型の諸セクトについて，その運動の教義や起源，その応答の変化や複合，運動の発展や衰退，社会の構成などが具体的に詳細に検討される。本書は元来一般の読者向けに書かれたものであるが，セクト研究の権威によるすぐれたセクト論の概説となっている。　　　　　　　　　山口素光

［書誌データ］ Bryan R. Wilson, *Religious Sects: A Sociological Study*, Weidenfeld & Nicolson, 1970（『セクト―その宗教社会学』池田昭訳，平凡社，1972；改訂版，恒星社厚生閣，1991）.

ウィルソン，B.
Bryan R. Wilson (1926-2004)
『カリスマの社会学』 *1975年刊

　カリスマが出現し，活発に存続しつづけるのは前近代社会，とくに，この概念を社会学に導入したM. ウェーバーはあまり言及しなかった未開社会である。本書で取り上げられた北米やアフリカなど，発展途上の諸社会の事例が示すように，自然的大災害，飢饉，疫病，戦争，西洋人の侵入や西洋文化との急激な接触などによる社会の変動，解体，人々の間にひろがる不安は，カリスマが出現する絶好の契機である。しかも，未分化で，単純な未開社会に支配的な原始的神話的思考とゲマインシャフト的，全人格的な人間関係が，カリスマの指導者への信憑性を支えるのに，もっとも適合的な社会的文脈である。

　カリスマの成立に決定的に重要なのは，神授の超自然的力を有するというカリスマ的主張に対する服従者の側からの自発的な承認である。それには主張を裏付けるしるしや主張の内容への共鳴も必要であろうが，この承認の関係に不可欠であるのは，一人の人物を信頼する以外には，苦難克服の道はないという信念に支えられた，超人間的な個人への全人格的な至高の信頼である。そこから生じる未開人の希求する超人間的，超自然的な気高さこそ，まさに本来のカリスマなのである。

　ところで近代化による合理的思考や科学の発達，社会の民主化，とりわけゲゼルシャフト化は，今日，カリスマが出現する社会的文脈を失わせ，その稀釈化と衰微は免れることができない。たとえカリスマが存続するとしても，社会の周辺的，間隙的な領域に残存するにすぎないと著者はみる。　　　訳者要約

［書誌データ］ Bryan R. Wilson, *The Noble Savages: The Primitive Origins of Charisma and its Contemporary Survival*, University of California Press, 1975（『カリスマの社会学―気高き未開人』山口素光訳，世界思想社，1982）.

ウィルソン, E.
Edward O. Wilson (1929-)
『社会生物学』 *1975年刊

　生物の社会構造，社会行動の進化を研究する生物学の新分野社会生物学 Sociobiology（英国学者は同じ領域を行動生態学 Behavioural ecology と呼ぶことを好む）を確立した大判697ページの大著。著者は長くハーヴァード大学比較動物学博物館教授を勤めてきた著名なアリの研究者。

　生物の社会進化をめぐる重要な難問は，『種の起原』でダーウィンを悩ませた問い「働きアリのように自らが子を産まずに他個体を助ける"利他行為"がなぜ進化したか」だった。長い間これは「個体にとって悪い性質でも種の繁栄のために役立つなら進化できる」と説明されてきたが，この説明は突然変異と自然淘汰を中心原理とする現代進化論と矛盾する。これを破ったのは，もし利他行為によって自ら作る子の数が減っても，それにより多くの子を残せるようになった個体が血縁者であるならば，血縁者というバイパスを通って利他行為の遺伝子は子孫に広がりうるというハミルトン（1964）の血縁淘汰説であった。これによりはじめて生物社会進化論が現代進化学と一体となる可能性が出てきた。

　本書でウィルソンは，血縁淘汰説やダーウィンが正しく指摘しながら確認が遅れていた性淘汰説を主要命題とし，広範な動物社会の事例を紹介しつつ，社会進化論を完成させた。

　本書では社会生物学により動物の行動学と人間の社会学を統一し，人間社会の進化もこの理論の線上でその多くを説明できるとしているが，これには一時強い批判が寄せられた。しかし現在は，人間の動物的側面と学習が重要な役を果たす人間行動の特性とをどう量的に評価するかが重要だという意見が強まっている。

伊藤嘉昭

［書誌データ］ Edward O. Wilson, *Sociobiology: The New Synthesis*, Belknap Press of Harvard University Press, 1975（『社会生物学1-5』伊藤嘉昭監訳，思索社，1983-85；新思索社より98年中に1巻本として再版の予定）.

上野千鶴子 (1948-)
『構造主義の冒険』 *1985年刊

　レヴィ＝ストロースの構造主義を中心とした理論社会学の著作。構成は「1．構造主義入門，2．カオス・コスモス・ノモス——聖俗理論の展開，3．異人・まれびと・外来王または『野生の権力理論』，4．異常の通文化的分析，5．バーガー——われらがシャーマン，6．構造主義の認識論，7．レヴィ＝ストロースの社会フロイディズム批判，8．発生的構造主義へ向けて」。日本語で書かれた構造主義の入門書としては橋爪大三郎の『はじめての構造主義』（講談社）とともに有益であろう。レヴィ＝ストロース構造主義の批判的再構成を経て，さらに宗教社会学の理論的展開，人類学的な文化理論，さらに応用問題としての首長制と国家の発生に関わる民俗学的な権力理論を論じる。理論的にはリュシアン・ゴルドマンおよびジャン・ピアジェの発生的構造主義の視点をレヴィ＝ストロースの先験的構造論に統合し，歴史的変動を扱えないとする構造主義批判に応えようとする。さらに日本民俗学のハレ・ケ・ケガレの概念や，柳田国男の「異人」，折口信夫の「まれびと」概念を構造主義的なパラダイムで読みとこうとする試みに先鞭をつけた。「説明」と「理解」とが社会に対してどのような「了解可能性 intelligibility」を提供するかを論じて，知識人論にも及ぶ。社会学，人類学，宗教学，民俗学などの境界領域にまたがる文化理論の構築である。日本をフィールドとした民俗学，神話学への構造主義の応用は，その後日本神話の構造主義的分析である「記紀の神話論理学」（桜井好朗編『神と仏』春秋社）へと発展した。

著者要約

［書誌データ］ 上野千鶴子『構造主義の冒険』勁草書房，1985.

上野千鶴子 (1948-)
『家父長制と資本制』*1990年刊

　マルクス主義フェミニズムの理論的達成。「マルクス主義はセックス・ブラインドである」という批判。70年代以降の欧米圏のマルクス主義フェミニズム理論を批判的に整理し、「資本制＝階級支配」一元論の社会主義婦人解放論と「家父長制＝性支配」一元論のラディカル・フェミニズムを統合しようとしたもの。資本制と家父長制の弁証法的な関係からなる「二元論」の立場に立つ。ナタリー・ソコロフの後期マルクス主義フェミニズムを継承し、クリスティーヌ・デルフィの唯物論的フェミニズム（「家父長制には物質的基盤がある」）を共有する。

　第1部理論編、第2部分析編からなる。マルクス主義フェミニズムの理論的功績は以下のようなものである。市場の〈外部〉にある家族という私的領域が、公的領域と同時にその「影」としてそれを支えるためにつくり出されたこと、資本制的市場は私的領域における女性の再生産労働なしには成り立たないこと、「家事労働」と呼ばれる女性に割り当てられた労働は「不払い労働」であること、この「不払い労働」は第1に「労働」であり、かつ第2に不当に経済的に評価されない割の悪い労働であること、この「不払い労働」の女性への排他的配当があるからこそ、女性は市場で「二流の労働力」としか扱われないこと、などである。上野のこの分野における貢献は、1．統一理論に対して二元論を立てたこと、2．家父長制の概念を公的領域に拡張したこと、および3．不払い労働を「再生産労働」として定式化したことである。第2部分析編では、産業化の過程で家族と市場が、いいかえれば家父長制と資本制が相互に弁証法的に同調と矛盾をくりかえしてきたプロセスを、とりわけ戦後日本の女子労働の動向を中心に、歴史的に論じている。理論的限界としては公的領域におけるアクターとしての国家を、過小評価したことであろう。　著者要約

［書誌データ］　上野千鶴子『家父長制と資本制』岩波書店，1990．

上野千鶴子 (1948-)
『近代家族の成立と終焉』*1994年刊

　家族史の知見にもとづいて日本型近代家族の成立の歴史にさかのぼり、かつその今日におけるゆらぎを論じたもの。構成はⅠ．近代家族のゆらぎ，Ⅱ．近代と女性，Ⅲ．家庭学の展開，Ⅳ．高度成長と家族，Ⅴ．性差別の逆説、となっている。85年以降に書かれた論文の集成であるが、近代家族と女性への関心は一貫している。「ファミリィ・アイデンティティのゆくえ」ではFI（ファミリィ・アイデンティティ）という新しい分析概念を導入し、「生きられた家族」と制度とのあいだのずれを実証的に記述する。「日本型近代家族の成立」では明治民法にさかのぼって、「家」制度が封建遺制ではなく近代国民国家の発明品であったと論じて、のちに比較家族史学会で「近代家族」論争を生んだ。「技術革新と家事労働」では家庭を装置系ととらえ、技術革新と家族内の勢力関係との連関を論じる。「『母』の戦後史」では江藤淳の『成熟と喪失――「母」の崩壊』をてがかりに、戦後の文学作品の変遷から「母性社会＝日本文化論」を批判する。「夫婦別姓の罠」では夫婦別姓の持つ人類学的な意味を論じ、「性差別の逆説――異文化適応と性差」では性差別が女性の異文化適応を促進する逆説的な効果を論じる。「『女縁』の可能性」ではフィールドワークにもとづいて、著者が「女縁」と名づける都市型の女性の草の根ネットワーク活動を分析的にレポートする。アプローチは実証的なケーススタディ、歴史的分析、フェミニスト文学批評、ジェンダー理論など多岐にわたる。理論的には日本型近代家族の歴史的な位置づけをめぐって論争を招き、また、方法論的にも「当事者のカテゴリー」による家族への定性的なアプローチにおいて、斬新な提起をもたらした。1994年度サントリー学芸賞受賞。　著者要約

［書誌データ］　上野千鶴子『近代家族の成立と終焉』岩波書店，1994．

上野千鶴子（うえのちづこ）(1948-) 編
『主婦論争を読む・全資料』Ⅰ・Ⅱ
＊1982年刊

　戦後、3次にわたってくりかえされた「主婦論争」の主要な論文を採録し、研究誌とともに解説を加えたもの。第1次主婦論争は、1955年、評論家石垣綾子の「主婦という第二職業論」を皮切りとして『婦人公論』誌上を中心に、嶋津千利世、平塚らいてうなどの女性解放論者だけなく、福田恒存、邱永漢など保守派の男性論客を交えて闘わされた。家事は成人女性が専従するべき仕事ではない、と主張する石垣に対し、保守派の論者が家庭を守る主婦の仕事の大切さを説くいっぽうで、大熊信行、都留重人らの経済学者は家事を経済評価しない資本主義の不合理に迫った。梅棹忠夫は家事の技術革新によって性差が縮小することを予見した。第2次主婦論争は、1960年、磯野富士子の「婦人解放論の混迷」を発端に、『朝日ジャーナル』および共産党系の媒体で、「家事労働の経済評価」をめぐって「家事労働論争」の様相を呈した。「家事労働はなぜ無償なのか」という磯野の問いに対し、水田珠枝が「主婦労働の値段」で「主婦年金制」を提起したが、経済学者は「家事労働は不生産労働である、したがって価値を生まない」とマルクス主義のジャーゴンをくりかえすに終わった。第3次主婦論争は1970年、武田京子の「主婦こそ解放された人間像」をきっかけに、特権的な「専業主婦」の「幸福」と「自由」が論争の的になった。

　第1次主婦論争は主婦の社会的地位をめぐって、第2次主婦論争は家事労働の経済評価をめぐって、第3次主婦論争は、少数派になりつつあった専業主婦のアイデンティティのゆらぎを反映している。第2次主婦論争は70年代のイギリスにおける「家事労働論争」に匹敵する論点の先取りと水準の高さを持っており、その時期の早さでも特筆に値する。

　他に編者による「主婦の戦後史」（Ⅰ）「主婦論争を解読する」（Ⅱ）を収録。　　編者要約

［書誌データ］上野千鶴子編『主婦論争を読む・全資料』Ⅰ・Ⅱ, 勁草書房, 1982.

ウェーバー　Max Weber (1864-1920)
『理解社会学のカテゴリー』＊1913年刊

　ウェーバーの理解社会学の構想が最初に提示された論文で、のちに『経済と社会』という名で集成された研究業績（ヴィンケルマンの編集に従えば第2部としてまとめられた）のための方法論的な序説として、執筆され公刊された。

　前半の3つの章では、心理学および法教義学との違いを際立たす形で、理解社会学の対象と方法の独自性が論じられる。行為の「非合理的な」経過を研究する心理学に対して、理解社会学は主観的な目的合理性、客観的な整合合理性を手がかりに、行為の動機を意味的に理解し、行為の経過を因果的に説明する。また概念を例にとると、法教義学ではひとつの法人格として規範的に扱われるのに対して、理解社会学では国家は諸個人の行為へと分解されることによって経験的に取り扱われることが可能になる。後半の4つの章では理解社会学の基礎概念が論じられる。他者に有意味的に定位した行為は「ゲマインシャフト行為」と名づけられ、こうした社会行為の中に、目的合理的に制定された秩序に準拠する「ゲゼルシャフト行為」と、諒解に準拠する「諒解行為」とが区別される。合理的に制定された秩序に定位したゲゼルシャフト関係のうち、自由な協定に由来するのが「目的結社」で、制定律の外的な適用によって生ずるのが「アンシュタルト」である。また諒解行為から生み出される諒解関係のうち、所属が客観的な事実によって決まる社会関係は「団体」と呼ばれている。『社会学の根本概念』と同じように社会形象を行為の連鎖へと再構成するが、同じ言葉でも意味内容が異なる点があることに注意を要する。　　浜日出夫・厚東洋輔

［書誌データ］Max Weber, Über einige Kategorien der verstehenden Soziologie, *Logos*, 4, 1913; in *Gesammelte Aufsätze zur Wissenschaftslehre*, J. C. B. Mohr, 1922（『理解社会学のカテゴリー』林道義訳, 岩波文庫, 1968；『理解社会学のカテゴリー』海老原明夫・中野敏男訳, 未来社, 1990).

ウェーバー Max Weber (1864-1920)
『儒教と道教』 ＊1916年刊

儒教と道教を手がかりに，中国社会を比較社会学的に研究し，その構造的特質を明らかにした。中国において近代に特有な合理的資本主義が自生的に成立しなかったゆえんが，儒教と道教のもたらす独特の生活態度＝エートスに求められる。「世界宗教の経済倫理」の最初の作品。3つの部分よりなる。

「社会学的基礎」と名づけられた最初の4つの章では，貨幣制度や都市，支配階層や国家，行政・軍隊組織や農業制度，氏族や村落法律制度等々に着目し，中国の社会構造が描き出される。氏族（＝宗族）組織を基底に家産制的官僚制がそびえ立つ社会，これが中国社会の基本イメージである。西欧との比較で，資本主義に適合的な要素が数多く存在していたことが強調される。ではなぜ資本主義が欠如したのか。その秘密は宗教にある。中間部をなす2つの章では，中国を長年にわたり支配してきた「読書人身分」の宗教である儒教が，どのような生活指針を内包していたかが分析される。

最後の第七章では，エリートの担う儒教が大衆の宗教意識に与えた影響が検討される。国家宗教である儒教は，個人の救いを取り扱う道教を必要とし，大衆を道教の影響圏のなかに置き去りにした。儒教はそれ自体呪術を救いの手段とみなしたわけではないが，結果として「呪術の園」を打破することに失敗した。世界を呪術から解放し得なかった故に，中国における自生的な資本主義化の道は挫折したのである。本書の初出の雑誌論文は，19年に徹底的に改訂された後，『宗教社会学論集』の第1巻におさめられている。　厚東洋輔

［書誌データ］Max Weber, Konfuzianismus und Taoismus, 1916, Archiv für Sozialwissenschaft und Sozialpolitik, 41, In, *Gesammelte Aufsätze zur Religionssoziologie*, I, J. C. B. Mohr, 1920（『儒教と道教』木全徳雄訳，創文社，1973；細谷徳三郎訳，清水弘文堂，1967）．

ウェーバー Max Weber (1864-1920)
『ヒンドゥー教と仏教』 ＊1916年刊

ヒンドゥー教と仏教を手がかりにインド社会を比較社会学的に分析し，その構造的な特質を明らかにした。インドにおいて近代に特有な合理的な資本主義が自生的に成立しなかったゆえんが，ヒンドゥー教と仏教がもたらす独特な生活態度＝エートスに求められる。3つの部分よりなる。

第一部「ヒンドゥー教の社会制度」では，インドの経済・政治・社会構造が分析される。インド社会の骨格をなすカースト制度が，20世紀初頭に行われた国勢調査という統計的なデータから歴史学的文献まで駆使して簡明な姿で描き出される。インドは，西洋に対比すれば商業の国であり，交易，都市，財政，学問等々の面で，資本主義に適合的な要素が数多く存在していた。ではなぜ資本主義が欠如したのか。その秘密は宗教にある。第二部では，カースト制度の頂点に立つバラモンの担う正統派と，カーストを否定する仏教のような異端派の宗教意識が分析される。両者はカースト評価では真っ向から対立するが，知識人の救済に指向するという共通点を持つ。第三部ではこうしたエリート層の宗教が大衆に与えた影響が検討される。大衆にとっては，バラモン思想も仏教も高級に過ぎ，「グル」がつかさどる救世主的宗教が唯一の救いとなる。人類史の初期に普遍的に見られる「呪術の園」は打破されることなく存続し，資本主義の形成は阻害され続けることになる。結論部ではアジアの宗教の一般的性格が興味深く論じられている。インドの宗教は，儒教に比べれば，現世拒否という点でキリスト教と地平を同じくするが，世俗内禁欲を軽視する点では，西欧の宗教とは根本的に異なる。

厚東洋輔

［書誌データ］Max Weber, Hinduismus und Buddhismus, 1916, Archiv für Sozialwissenschaft und Sozialpolitik, 41; In, *Gesammelte Aufsätze zur Religionssoziologie*, II, J. C. B. Mohr, 1921（『ヒンドゥー教と仏教』深沢宏訳，日貿出版社，1983）．

ウェーバー Max Weber (1864-1920)
『古代ユダヤ教』 ＊1917年刊

　古代ユダヤ教を手がかりに、ユダヤ民族社会の全体的特性を比較社会学的手法で描き出す。「世界宗教の経済倫理」の3番目の著作で、その枠組みの中では、ユダヤ教は二重の意味を持つ。古代ユダヤ教は、近代資本主義の成立を可能にした西欧合理主義の出発点を形作るものであると同時に、他方では、ユダヤ人に近代資本主義の直接の担い手になることを妨げ、彼らの活動の舞台を金融業など周辺的な業務に限らせる元凶をなすものであった。ユダヤ民族が持つ、資本主義に対する相反する2つの関係性の起源を解き明かすのが本書の課題をなす。2つの章よりなる。

　第一章では、古代イスラエル社会の本質が神との契約により生み出された「誓約共同体」と規定できる所以が述べられる。「誓約共同体」が生成する根拠が、風土的条件に始まり、社会階層、親族組織、法制度などを経て、神の観念、祭司組織といった順に論じられ、宗教的要素の決定的意義が明らかにされる。第二章では、こうした特有の社会構造を共鳴盤として出現する予言者たちの活動のありさまが活写される。近い将来神の指導の下で政治的および社会的革命が到来するのだ、という切迫した予言の圧力により、一方では宗教倫理から呪術による救済の要素が解き放たれ、他方では周囲の異教徒からの儀礼的遮断が敢行される。2つの流れの合流地点に成立するのが「パーリア民族としてのユダヤ人」という独特の存在形態である。古代ユダヤ教研究は、未完に終わったウェーバーの西欧キリスト教論の序論部とも見ることができる。

厚東洋輔

［書誌データ］ Max Weber, Das antike Judentum, 1917, Archiv für Sozialwissenschaft und Sozialpolitik, 44, in, *Gesammelte Aufsätze zur Religionssoziologie*, Ⅲ, J. C. B. Mohr, 1921 (『古代ユダヤ教』内田芳明訳、Ⅰ・Ⅱ、みすず書房、1962-64；岩波文庫、全3冊、1996).

ウェーバー Max Weber (1864-1920)
『職業としての学問』 ＊1919年刊

　呪術から解放された近代的な世界のなかで生きてゆかざるをえない私たち人間にとって、科学（学問）研究はいったいどのような意味をもつのか。ウェーバーは、合理化に関する比較社会学的研究を背景に、近代科学の人間的意義を問い直す。1917年にミュンヘンで行われた学生に対する講演をまとめたもの。

　講演は、ドイツとアメリカの大学の比較論から始められる。学問研究が人格的ではあるが、偶然性と恣意性に左右されがちなドイツの体制も、いまやアメリカ的な官僚制的組織へと転換せざるをえない。合理化に伴う学問の職業的な制度化を所与として、ウェーバーの学問観は語り出される。客観的な真・善・美の観念と学問との関連を歴史的にたどり直しながら、学問がいかなる超越的真理も教示しえないのが、「世界の呪術からの解放」の帰結であると断言される。学問に世界の意味の開示を、学者に預言者的指導者を求める、当時の学生たちお気に入りのネオ・ロマン主義的学問観を、近代の宿命を直視しえない人間の弱さとして退ける。では学問は人間に何を与えるのか。それが明晰性である。行為の手段と結果について、あるいは行為の究極の意味についての明確な知識は、人間が自己に対して責任を持った主体となるための必須不可欠な前提をなす。学問は、方法論的に厳密に制御された専門的な事実認識に徹し切ることによって、人間に知的誠実性を与えるという、倫理的な意義を身にまとうことが初めて可能となる。学問の人間的意味を問う点でロマン主義的問題設定を引き継ぐ一方、他方では、認識と概念を重んじる主知主義的解答を用意し、多くの論争を引き起こした。

厚東洋輔・廳　茂

［書誌データ］ Max Weber, Wissenschaft als Beruf, 1 Aufl., 1919, in *Gesamtausgabe* I/17, 1992, Mohr (『職業としての学問』尾高邦雄訳、岩波書店、1936；改訳：1980).

ウェーバー Max Weber (1864-1920)
『**音楽社会学**』*1921年刊

　1911年から12年頃に書かれたと推測される論文。ウェーバーの死後に，いったん独立した書物として出版された。現在は『経済と社会』に付論として収められている。
　西欧の音楽の特徴は，主和音・属和音・下属和音の主要3和音に立脚した合理的な和声音楽であるところにある。多声音楽は世界各地で発達したが，和音和声法によるホモフォニー音楽が発展したのは西欧だけである。ウェーバーはなぜ西欧においてのみ合理的な和声音楽が発展したのかを問う。
　西欧に特有な音楽の合理化を可能にした技術的な条件は楽譜と楽器のうちにある。3度間隔の譜線のうえに音の高さと長さを表す音記号を配列する合理的記譜法によってはじめて多声音楽を「書く」ことが可能となった。また楽器の発達，とくに音律の固定した鍵盤楽器によって，オクターヴを12等分して音程を定める十二平均律が生まれた。この十二平均律によってピュタゴラス・コンマが追放され，合理的な和声音楽が完成する。そして，合理的記譜法も鍵盤楽器も修道院を舞台として発達したという事実の発見がウェーバーを興奮させたという。
　音楽という領域における合理化を主題としていること，西欧に特有の音楽の合理化の特徴とそれを生み出した条件を，日本・中国・インド・オリエントなどにおける音楽の合理化と比較することによって明らかにしようとしていること，さらにその条件を宗教のうちにみいだした点で，同じ時期にウェーバーが準備を進めていた「世界宗教の経済倫理」に関する研究と共通のモチーフをもっている。

浜日出夫・厚東洋輔

［書誌データ］Max Weber, *Die rationalen und soziologischen Grundlagen der Musik*, Drei-Masken-Verlag, 19 21, *Wirtschaft und Gesellschaft*, Marianne Weber, Hg., 2 Aufl., J. C. B. Mohr, 1925; J. Winckelmann, Hg., 4 Aufl., J. C. B. Mohr, 1956 (『音楽社会学』安藤英治・池宮英才・角倉一朗訳解，創文社，1967).

ウェーバー Max Weber (1864-1920)
『**都市の類型学**』*1920-21年刊

　古代のギリシャのポリスに連なる西欧独特の都市の内部構成や全体社会に対する役割を研究テーマとする本書は，都市社会学のヨーロッパ的伝統の創設に貢献した古典である。
　第1項「都市の概念と種類」では都市の本質規定が試みられ，この規定に合致するさまざまな都市の類型化が提示される。こうした都市類型論を用いると，西欧都市の個性を端的に浮き彫りすることができる。語の完全な意味での「都市ゲマインデ」と「市民身分」を知っていたのは西洋のみである。ではどうして西洋においてのみこのことが可能であったのか。第2項「西洋の都市」では，その根拠として「兄弟盟約」が摘出される。議論の焦点が西洋の都市ゲマインデにはっきりと絞られた第3項「門閥都市」，第4項「平民都市」では，古典古代と中世において並行して見られる，門閥支配として形成された初期の都市が，歴史の流れのなかで，平民支配へと変質していく「民主化」の過程が跡づけられる。最後の第5項「古典古代と中世の民主制」では，同じ平民都市といっても，古代と中世では，どのような構造的な差異をもっているかが追究される。近代資本主義と近代国家が，古典古代の都市ではなく中世の都市を前提として初めて成立しえた所以が，南欧都市と北欧都市の対比を通して，分析される。
　『都市の類型学』は，単独の著作ではなく，『支配の社会学』の最終章の「非正当的支配」に当たるものとして刊行されている。正当性なしに支配は存立し得ないとすれば，西洋都市は，「非正当的」というより「没支配的」な団体行政の典型に位置付けられるべきであろう。

厚東洋輔

［書誌データ］Max Weber, Die Stadt, Eine soziologische Untersuchung, in Archiv für Sozialwissenschaft und Sozialpolitik, 47, 1920-21, Typologie der Städte, J. Winckelmann, hg., *Wirtschaft und Gesellschaft*, 4 Aufl., Mohr, 1956 (『都市の類型学』世良晃志郎訳，創文社，1964).

ウェーバー Max Weber (1864-1920)
『宗教社会学』 *1922年刊

　1911年から13年頃に書かれたと推測される未完の論文。現在は『経済と社会』第2部に収められている。宗教の合理化（呪術からの解放）の体系的な類型学が展開されている。

　ウェーバーはまず呪術と宗教を区別する。呪術が超感性的な力を強制して現世的な利益を得ようとするのに対して、宗教はその力（神）を崇拝することによって救済財を追求する。この区別に対応して、呪術師から祭司と預言者が区別される。祭司は一定の集団に仕えて報酬を得て定期的に祭儀を行う。預言者は個人的なカリスマにもとづいて無報酬で啓示を告知する。預言には、神の委託により神の意志を告げ服従を要求する倫理的預言と、救済にいたる道の模範をみずから示す模範預言がある。預言者と祭司は信徒を得て教団を構成する場合がある。このとき信徒の属する身分や階級が追求される救済財の性格を規定するとともに、この救済財の性格が逆に信徒の生活態度を規定する。この救済財は、「神の道具」として神の意志にかなう行為を行う禁欲と、「神の容器」として神との神秘的合一をめざす観照とに分けられ、さらにそれぞれが現世内で追求されるか、現世外で追求されるかによって、4種類に分類される。救済財の作り出す信徒の生活態度が文化全体の合理化の方向を規定する。

　『宗教社会学』では世界各地のさまざまな宗教を素材として体系的に理念型が構成されている。これに対して、同じ時期に準備が進められていた「世界宗教の経済倫理」では、これらの理念型を適用して個別の宗教についての記述がなされている。この意味で、『宗教社会学』と「世界宗教の経済倫理」は相互補完的な関係に立っている。　浜日出夫・厚東洋輔

［書誌データ］ Max Weber, Religionssoziologie, in, *Wirtschaft und Gesellschaft*, Marianne Weber, Hg., 1 Aufl., J. C. B. Mohr, 1922; J. Winckelmann, Hg., 4 Aufl., J. C. B. Mohr, 1956（『宗教社会学』武藤一雄・薗田宗人・薗田担訳、創文社、1976）.

ヴェーユ Simone Weil (1909-43)
『根をもつこと』 *1949年刊

　フランスの対独敗戦後の1942年、ロンドンのフランス亡命政権から、解放後のフランスの社会構想を命じられて着手され、翌年彼女の死により未完のまま遺された著作。時代の極限的な不幸の体験と神の完全さの認識との間の強度の緊張感に貫かれ、歴史、宗教思想、時局の分析、未来社会の構想などが縦横に論じられる。3部からなる。第1部「魂の要求するもの」は社会構想の基礎研究であり、人間の魂の本質的要求のリストとして、秩序、自由、服従、平等、階級制、真実などが、個人の権利の観念から出発した近代社会思想の根本的な反省のうえに、人間の他者に対する永遠の義務から出発して内容規定される。第2部「根こぎ」では、魂が糧を得るために、それ自体は相対的な何らかの集団に根づくことの重要性と、現実に進行している軍事的征服や金銭や近代教育による根こぎが論じられ、根づきを得た工場労働や農業労働の霊性を中心的価値とした、資本主義的でも社会主義的でもない社会生活形態が構想される。つぎにフランスが占領下にあるという根こぎ状況が国家論的に論じられるが、近代国家自体が、高度な精神性を育んでいた固有の文化をもつ地方から人々を根こぎにし、それに代わる根つぎの場所とは決してなれないなど、近代国家を相対化する視点をもこの早い時期に驚くべき的確さで示し、愛国心の適切な形や解放後の国家形態を論じている。第3部「根をもつこと」では、根づきを得たその先の課題、近代思想のほとんどすべてが忘却した課題である、人々が霊性を吹き込まれるための方法が考察されており、科学と宗教、労働の霊性などをめぐり清冽無類の思索が展開される。

平山満紀

［書誌データ］ Simone Weil, *L'enracinement*, Gallimard, 1949（『シモーヌ・ヴェーユ著作集Ⅴ』山崎庸一郎訳、春秋社、1969）.

■ヴェーユ Simone Weil (1909-43)
『労働と人生についての省察』*1951年刊

　ヴェーユは個人的調査を理由に，高等中学(lycée)を休職，1934年12月4日から35年3月までアルストム工場，4月11日から5月7日までカルノ工場，6月5日から8月初めまでルノー工場で労働者として働いた。

　この書の前半は4通の手紙と工場日記で，製造工程，収入明細，労働組織に関する意見，同僚との付き合いなどをかなり詳細に記録している。しかし生来病弱の彼女にとって肉体労働は苦痛に満ちたものだった。《奴隷的感情》，《恐ろしいような頭痛》，《ほとんど全くの虚脱状態》，というような絶望的表現が頻出する。文章の中断，7月20日金曜，7月22日日曜というような誤記も多く，苦痛の強さが窺われる。しかしそのような状態でも上役や官僚に対する激しい非難の言葉や社会主義者への不満と失望の表明など旺盛な批判精神は失っていない。1936年レオン・ブルムの人民戦線内閣が成立し，罷業や工場占拠などもたびたび見られるようになった。労働者の意識も高まり，解放感も芽生えてきた。36年以前と以後の変化は彼女もかなり評価していた。この時期，36年から41年の論文と公開状がこの書の後半を占めている。解雇，職業養成，合理化とくにテーラーシステムなどに関するものである。マルクス主義，インターナショナルなどにも関心を示しているが同調はできなかった。奴隷的でない労働，それ自体が楽しみで，詩であるような労働を理想とする彼女は，搾取のない労働を求めるマルクス主義とは一致できなかった。社会主義に失望した彼女は結局宗教に救いを求める方向に変わっていった。その転機の苦しみがこの書の中心であり，生涯の苦悩の出発点でもあったと言えるだろう。

訳者〈黒木義典〉要約

［書誌データ］Simone Weil, *La condition ouvrière*, Gallimard, 1951（『労働と人生についての省察』黒木義典・田辺保訳，勁草書房，1967）．

■ヴェンチューリ Robert Venturi (1925-2018)，
ブラウン Denise Scott Brown (1931-)，
アイゼナワー Steven Izenour (1940-)
『ラスベガス』*1972年刊

　モダニズム建築が建築や都市から排除しようとした装飾や象徴的な要素の存在と意味を，実際の都市のフィールドワークを通じて明らかにし，ネオン・サインや看板，カジノやホテルなどの建築をめぐる大衆の趣味のなかに現代建築の発想の源泉を求めた，ポストモダン建築理論の「古典」。

　「A＆P駐車場の意味，またはラスベガスから学ぶこと」と題された第1部では，著者らは，ラスベガスのホテルやカジノなどに見られる装飾やサインを，自動車による移動という社会技術的な要因と，都市での社会活動における記号とのコミュニケーションという点から分析し，現代の都市においては近代建築が追求してきた建築空間の形態よりも，建物の表層で人びととコミュニケートする象徴や記号が重要であるとする。そして「醜くて平凡な建築，または装飾された小屋」と題された第2部では，第1部での考察をもとに，建築空間のユニークな形態が含蓄的な象徴性を示す「堂々として独創的」な近代建築よりも，紋切り型の装飾や記号による明示的な象徴性をもった「醜くて平凡な建築」こそが，現実の都市生活に即した現代の建築であると論じられる。

　本書はモダニズム建築批判の文脈で書かれた建築デザインをめぐる書物であるが，そこでなされた都市観察や建築思想をめぐる検討は，現代における都市生活や大衆文化と，そこに内在する社会意識に関する試論として，社会学的にも示唆に富んでいる。

若林幹夫

［書誌データ］Robert Venturi, Denise Scott Brown and Steven Izenour, *Learning from Las Vegas: The Forgotten Symbolism of Architectural Form*, 1972; rev. ed., 1977（『ラスベガス』石井和紘・伊藤公文訳，鹿島出版会，1988）．

ウォーカー John A. Walker (1938-)
『マスメディア時代のアート』*1983年刊

　現在でも，芸術が社会や経済，そして政治から離れて独立した世界を形成しており，したがって，それは一切の社会的・政治的言説から逃れて自由であると信じている人たちがどれほどいるのだろうか。ウォーカーは「われわれの文化は純粋芸術によってではなく，マス・メディアによって支配されている」と述べている。そうした現代の状況を前提に，本書は「マス・メディアによって支配されている事態において，純粋芸術に対しては，……重要な役割が残されているのか，もし残されているとすればそれは何か」という問題が中心に置かれている。

　マス・カルチャーと芸術との問題を早くから扱ったのは，アドルノに代表されるフランクフルト学派の批評家たちである。アドルノのマス・カルチャーに対する批判は，それが，いわゆるハイ・カルチャーとないまぜにされ，資本主義的市場の論理を文化として蔓延させるという現象に向けられている。ウォーカーは，こうしたフランクフルト学派による批判は，理論の理解を深めるという意味においては重要だが，実際の芸術活動に関しては有効ではないとしている。ただし，複製技術と芸術を対象に，マス・カルチャーの有効性を見出そうとしたベンヤミンだけは，明確な答えを用意しようとしていたと評価する。

　また，現代の広告がいかにヨーロッパ的伝統芸術から，そのレトリックを受け継いでいるかということを論じている。マス・カルチャーについて，ウォーカーは，ジョン・バージャーの議論に敬意をはらいつつ，そこで扱われなかった現代芸術を本書では対象にしているのだとも述べている。本書は，現代芸術におけるイデオロギー，政治性，市場経済とのかかわりなどについて，緻密に議論を構築しているといえるだろう。

柏木　博

［書誌データ］John A. Walker, *Art in the Age of Mass Media*, Pluto Press, 1983（『マス・メディア時代のアート』梅田一穂訳，柘植書房，1987）.

ヴォーゲル Ezra F. Vogel (1930-2020)
『日本の新中間階級』*1963年刊

　日本が近代化の過程において，社会的混乱がなく，秩序正しく，成果を収めてきたのは何故か。東京近郊で住宅を借り，家族ぐるみで近所の人々と交際し，この問題を究明した。

　著者は新しい社会層としてのサラリーマンに着目した。サラリーマンとなるための第一歩は受験である。社会的に上昇する機会が人生の一定の短期間に極端に圧縮されている。入試に関しては家庭は学校とならんで責任を持つ。日本には明確に体系づけられ一般に受け入れられている価値体系はないが，集団への忠誠と能力重視さらに芸術価値の是認について基本的合意がある。この基本的合意を育むのは，家族や学校，地域社会である。家族は夫と妻の分業と権限の分割，強い母子の相互依存関係という性格を持っている。このなかで母親は子供を従わせるために微妙な技を利用する。

　日本が急激な変化のなかでの秩序を保っているのは，直系家族制度と社会移動の集団統制があるからである。社会移動は一定の決まった経路を通しての1つの集団からほかの集団への移動である。集団からの離脱や変化が統制される。サラリーマンたちは，社会に対して，現代的生活のモデルを提供することによって西欧化や産業化の直接的な衝撃をうまく伝えるという仲介の役をとっている。

　本書は，潜在機能や潜在意識にまで立ち入って分析したもので日本社会の研究として重要な成果である。なお，著者はその後官僚や企業の組織についても，近代化の要因や問題点を指摘している。理論がないとも批判されているが，現実社会の重要な問題を多元的に分析することも社会学の任務である。

編訳者要約

［書誌データ］Ezra F. Vogel, *Japan's New Middle Class: The Salary Man and His Family in a Tokyo Suburb*, University of California Press, 1963（『日本の新中間階級——サラリーマンとその家族』佐々木徹郎編訳，誠信書房，1968；新装版，1979）.

ウォード Lester Frank Ward (1841-1913), サムナー William Graham Sumner (1840-1910)
『社会進化論』 *1975年刊

スペンサーが体系化した社会進化論は，発祥の地イギリスでは忘れさられるが，19世紀末から20世紀初頭のアメリカで受容され，熱烈な支持を得る。本書には，そのようなアメリカの代表的な社会進化論者サムナーとウォードの主要著作と，世界一の鉄鋼王になったカーネギーの著作が収められている。

スペンサーを継承し，社会進化の自然法則性を強調したサムナーは，人間が集団を構成する際の感情には，産業主義（平和愛好性）と闘争性（好戦性）との2つがある。この2つの感情がそれぞれ，生存の手段を自然から勝ち取る競争と，限られた供給を勝ち取ろうとする人間同士の競争という2つの生存競争を生み出し，この2つの生存競争によって社会は進化していくとした。サムナーはスペンサーを受容して不干渉主義と自由主義を称揚したが，生物進化と異なる社会進化に固有なものとして文化に着目して，スペンサーの考えを一歩進めた。そのような文化としてサムナーはフォークウェイズを抽出し，フォークウェイズから生み出される技術が社会進化の原動力であるとした。これに対しスペンサー，サムナーの不干渉主義と自由主義を批判し，社会進化における精神の力の重要性を主張したのがウォードだった。彼によれば，社会進化と人間の福祉との間には必然的な調和はないから，教育を通しての知識の普及と科学・技術の進歩が重要であり，これを社会遺伝と呼び，社会遺伝によって社会進化は達成されるとした。また一代で巨額の富を築き，「アメリカの夢」を実現したカーネギーは，富める者がその富を社会に還元してこそ，社会進化は実現されるとした。本書は，19世紀にイギリスで生まれた社会進化論が，アメリカで多くの人々の心をとらえ，一大思想になっていったことを浮き彫りにしている。　　　友枝敏雄

[書誌データ] Lester F. Ward and William G. Sumner, *Dynamic Sociology*, D. Appleton, 1975（『社会進化論』後藤昭次訳，研究社，1975）.

ウォーラーステイン
Immanuel Wallerstein (1930-2019)
『史的システムとしての資本主義』 *1983年刊

世界システム論の理論的背景を簡潔に明らかにした著作。近代資本主義を世界システムとしてとらえ，そこから現代社会や未来を，大胆に見通した。まず，壮大な商品連鎖としての世界システムのなかで，土地や労働の商品化がどのように進行するかを論じ，もろもろの生産活動を統合する場として近代世界システムを見る。労働力も商品化されるが，「自由な賃金労働」は，いまも世界の労働力のほんの一部をしか構成していないという。

ついで，あくなき資本蓄積の衝動が，必ずしも労働者の生活水準の向上をもたらさず，やがて必然的に，反システム運動としてのナショナリズム（辺境による反中核運動）や労働・社会主義運動（中核における反体制運動）を引き起こす論理も説明される。また，それぞれの国内におけるエスニック集団の形成が，特定の労働力形成の過程の反映であるとし，人種差別，性差別などを含む差別の問題を，労働力形成の過程から説明する。

近代世界システムのイデオロギーである「真理の探求」や「自由・平等」，「合理主義」や「普遍主義」・「能力主義」などは，中核の利害を代弁していたにすぎない。近代世界システムは，伝統的・迷信的なものを打破し，普遍的な真理を基礎とする科学技術や，自由と平等を前提とする能力主義によって「進歩」してきたという見方は間違いである。近代の世界史は，全体として世界人口のほんの一部の上層部にしか，改善をもたらさなかったとし，いまやこのシステムが発展の頂点をむかえ，危機に陥っていることを示唆する。

訳者要約

[書誌データ] Immanuel Wallerstein, *Historical Capitalism*, Verso Editions, 1983（『史的システムとしての資本主義』川北稔，岩波書店，1985）. id., *Historical Capitalism with Capitalist Civilization*, Verso Editions, 1995（『新版・史的システムとしての資本主義』川北稔，岩波書店，1997）.

ヴォルフェンスベルガー
Wolf Wolfensberger (1934-)
『ノーマリゼーション』 *1981年刊

　ヴォルフェンスベルガーは，北欧の知的障害児の親の運動のなかで提唱されてきたノーマリゼーション原理を，米国やカナダに紹介し，知的障害児への対人サービスの改善を実践してきた人である。本書において著者はまず，伝統的に障害者は，疑似人間，脅威，哀れみ，聖なる子，病人，嘲笑の対象，永遠の子などとみなされ逸脱視されてきたが，じつは現行の障害者福祉サービスにも，依然そうした障害者観が根強く影を落としているといきる。そして障害者が，可能なかぎり通常の，あるいは価値あるとされる生活様式や行動様式を確立していくことと，そのための方法と手段を社会が保証することを正義と考える思想が必要であり，それがまさしくノーマリゼーション原理であるという。

　そして著者は，このノーマリゼーション原理に基づき，住居建築，介護，保護工場での労働，性生活，自己決定権，リスクを犯す権利，市民代弁制，施設監査などといった主題を詳細に論じ，大規模隔離収容施設中心の処遇から，小規模グループホーム，地域・在宅ケアへの福祉政策の転換の必要を訴える。

　わが国ではノーマリゼーションは，障害者と健常者がともに暮らし，ともに生きる社会こそノーマルである，というような意味に漠然と理解されているが，著者のいうノーマリゼーション原理は，社会による障害の克服保障と，異化された身体の受容をともに進めることで，障害者は逸脱者でない社会の普通の成員になる，とする考えであることに注意したい。　　　　　　　　　　　　　　　石川准

[書誌データ] Wolf Wolfensberger, *The Principle of Normalization in Human Services: National Institute on Mental Retardation*, 1981（『ノーマリゼーション』中園康夫・清水貞夫訳，学苑社，1982）．

ウォルフレン
Karel van Wolferen (1941-)
『日本／権力構造の謎』上・下 *1989年刊

　オランダ生まれの在日ジャーナリスト，カレル・ヴァン・ウォルフレンが，政治家や官界，財界，言論界の人々多数に面接し，調査を重ねて著した日本研究書。膨大なデータを駆使して，日本的な権力のありかを描き出している。発売と同時に世界的なベストセラーとなり，日本見直し論者（リビジョニスト）のバイブルとしてもてはやされた。

　本書の中心となる概念は，〈システム〉である。〈システム〉は，欧米のような民主主義・法治国家を支配する，明確な原則の反対物。表だった組織や制度の背後ではたらく，明確に規定できない，日本社会の暗黙の運動メカニズムのことである。このメカニズムは学閥や人脈，慣例，既得権，利権や行政指導や系列や談合を通じて作動するから，それを描き出すには，具体的な組織や人名をあげ，実例を通じて論証していく必要があった。本書を通じて，日本は，欧米と異なるルールによって経済を運営し，外国の参入を拒んでいるアンフェアで閉鎖的な社会だという印象が広まった。90年代に相ついで表面化した，証券銀行不祥事，中央官庁の不祥事は，本書の指摘を裏づけたと言える。

　本書がメスを入れたのは，自民党，官庁，財界，マスコミ，警察などの実態である。著者は，戦後日本のスタート時点で，旧内務省や警察官僚が社会の中枢に深く喰いこんだと指摘する。政財官やマスメディアにネットワークを広げる〈システム〉の内実をあばく本書は，とくに海外の日本研究者にとって，必読の入門書となっている。　　　　橋爪大三郎

[書誌データ] Karel van Wolferen, *The Enigma of Japanese Power: People and Politics in a Stateless Nation*, Macmillan, 1989（『日本／権力構造の謎』上・下，篠原勝訳，早川書房，1990；早川文庫，1994）．

宇沢弘文 (1928-2014)
『自動車の社会的費用』 *1974年刊

　自動車はときとしては，文明の利器といわれる。しかし自動車がもたらす害毒，被害の大きさは，銃とならんで，人類の発明のなかでもっとも大きなものといってもよいであろう。自動車の利用によって，自然的，社会的環境が汚染，破壊されるだけでなく，直接，人間の生命，健康が脅かされ，大きな被害が発生するが，自動車を所有し，利用する人々が負担しているのは，そのごく一部分にすぎない。

　一般に，ある行動によって，第三者あるいは社会全体に与える被害のうち，本人が負担していない部分を，社会的費用といって，通例なんらかの形で金銭的表示が与えられる。社会的費用の大きさは，どのような考え方によって被害の大きさを計測するかによって異なるが，およそ考え得る人間の行動のなかで，自動車ほど，その社会的費用が大きいものはない。日本における自動車通行の特徴を一言でいえば，市民の基本的権利を侵害するような形で，自動車の通行が認められ，社会的に許容されていることである。この傾向は，高度経済成長期を通じて，いっそう加速化されたが，その後の低成長期に入っても，修正されることはなかった。

　自動車の社会的費用の計測について，現在用いられているもっとも標準的な方法は，ソースタイン・ヴェブレン (Thorstein Veblen) による制度主義の考え方によるものである。それは，自動車の利用によって市民の基本的権利が侵害されないような形で，道路をはじめとする社会的共通資本を整備したとするとき，どれだけの公共投資を必要とするかによって，自動車の社会的費用の大きさを計測しようとするものである。たとえば，東京都の場合，1973年のデータを基にして計測すると，どんなに少なく見積もっても，自動車1台当たり，毎年200万円となる。　著者要約

［書誌データ］　宇沢弘文『自動車の社会的費用』岩波新書，1974.

内田義彦 (1913-89)
『経済学の生誕』 *1953年刊

　本書は，アダム・スミスが生きた時代の問題状況と主著『国富論』の体系を対象に分析しながら，近代社会の原像として「市民社会」という概念の意義を広く明らかにしたものとして，戦後日本の社会科学に大きな影響を与えてきた書物である。

　スミスの社会科学体系は，経済＝価値法則の自律（神の見えざる手）を基調とし，それに対し外から加わる強制や制限を「独占」として排撃する。このときスミスが見ていた独占とは，前期的商人の特権や絶対主義による規制であるよりは，むしろ「公共的利益」と称して生産者に独占的利潤を与えた原蓄国家の重商主義政策であった。それゆえスミスは，外国貿易と植民地経営による貿易上の利得（貨幣というニセの富）から，自由な土地所有と国内市場の均衡を基礎にした自由な貿易関係の豊かさ（分業による生産力がもたらす本当の富）へと，「富」概念を根本的に転換することから自らの学問を出発させてゆくのである。この観点からスミスを一貫して理解することで，本書は，自由主義に立つ経済の歴史的前提を明らかにするとともに，それを捉える〈経済学〉の生誕の意味を表情豊かに教えている。

　また本書は，スミスの学問が，その対象たる市民社会を，階級的な搾取の存在にもかかわらず分業に基づく生産力の発展により他の社会に比べて相対的な富裕を大衆にもたらす社会として，この意味で社会発展の一定の歴史的段階に現れる社会として捉えていると見る。この見地を明瞭に示すことで，本書は，侵略的で半封建的な戦前の体制から脱してまずは平和的で自立した国民経済の再建を求めようとした，戦後社会科学の一潮流＝市民社会派を代表する作品となっている。　中野敏男

［書誌データ］　内田義彦『経済学の生誕』未来社，1953（増補版：未来社，1962；『内田義彦著作集』第1巻，岩波書店，1988）.

内田隆三 (1949-)
『消費社会と権力』 *1987年刊

本書は現代社会の社会変容の過程についての分析からなっている。社会変容という視角は，従来の社会変動にかんする議論では今日生じている変化の位相をとらえることが困難だという観点から考えだしたものである。というのも，弁証法的唯物論のように下部構造の生産関係における変化に準拠して社会の変化を考えたり，機能主義やリベラリズムのように経済成長や技術革新など生産力における変化に準拠して社会の変化を考えたりする議論はいずれも，社会形成や社会的事実の深い位相で起こっている変化をとらえることができないと考えるからである。

重要なのは，社会における経験の構造の変化であり，社会変容論はこのような経験の再構造化に照準している。また，その経験構造の変化は連続的でしかも断層のあるカタストロフのかたちをとる。それは古い構造のカタストロフであると同時に新しい構造の形態形成なのである。そしてこの経験構造の実態，つまり社会的な実定性の形態は，モノ，記号，身体のフォーマットとその連関によって与えられる。社会変容とはこの実定性の形態の変容のことをいうのである。

本書が社会変容の分析を設定するのは20世紀の消費社会の成立に関連してである。消費社会は産業システムにおける生産の論理のモデュレーションによって生みだされたものであり，そこには自己準拠的なシステムの戦略がはたらいている。このモデュレーションに連関して環境世界の構成要素であるモノ，記号，身体のフォーマットや意味＝感覚が変容していく過程が分析される。それは身体技術論として規定される権力の関係の変容にもつながっている。具体的素材としてはマネー，性，死の意味＝感覚について，そして権力の変容について，人間の身体空間にかんする変化について分析が行われ，現代性とは何かを問うたものとなっている。　　　　著者要約

［書誌データ］　内田隆三『消費社会と権力』岩波書店，1987．

内田隆三 (1949-)
『柳田国男と事件の記録』 *1995年刊

近代社会の形成期において日本の同一性という主題が反省的な思考の核心にはらまれるようになる。柳田国男の民俗学もそのような思考の1つだが，それは知識社会学的なイデオロギー批判によって解消できる問題ではない。本書は柳田国男の民俗学的な記述において日本という同一性についての思考の場がどのようなかたちで分節されているのかを問い，その同一性を分節した彼の言説や文体のありようを明らかにしようとするものである。

柳田における民俗の記述は常民という主体を想定している。常民は個人の生と死を超えて累積する時間のなかに生きている抽象的な主体であり，また同一性という点では歴史的な可変性をもった主体である。民俗の諸事実はこの主体との相関で構造化され，実定性を帯びてくるのである。この主体の輪郭をとらえ記述する文体のなかに柳田的な方法の核心がある。柳田は田山花袋らの自然主義的な事実の観念を批判し，ある抽象する視線の対象として事実の水準を確定していく。抽象する視線がもつ距離感のなかで文体は一定の自律を獲得し，また記述すべき主体とその事実の輪郭を発見するのである。

本書は柳田の文体の秘密を『遠野物語』から『山の人生』にいたる過程で検証していく。とくに小林秀雄，三島由紀夫，吉本隆明，桑原武夫，岡本太郎，花田清輝，柄谷行人らがそれぞれに感銘した『山の人生』の第1節に書かれた一家心中事件にかんして，柳田の言語と文体が彫り出した事実のありようを検証する。それはいわゆる客観的な事実ではなく，言語表現が出来事の空隙に自分を織りこみながら1つのシミュラークルの圏域として成立したものである。また，そこで設定されている事実の概念は，常民の実存の仕方と行為の動機にかんする柳田の民俗学的な思考や理解の仕方の深層にかかわっている。　　著者要約

［書誌データ］　内田隆三『柳田国男と事件の記録』講談社，1995．

内田隆三 (1949-)
『テレビCMを読み解く』 *1997年刊

テレビ・コマーシャルの放送は1953年に日本テレビ放送網が最初の民放として開局したことによりはじまるが，その第1号は精工舎の「時報スポット」であった。それからほぼ45年間，CM表現の可能性はさまざまなかたちで追求される。本書はこのCM表現の空間を「テクスト」（言語）と「イメージ」（映像）という2つのベクトルを軸にして分析したものである。

本書において音楽の要素がほとんど省略されているのは，多くの場合それが映像イメージの主題にたいして補助的な機能にとどまり，また，本書が映像表現における身体像の変遷に分析の焦点を置いているからでもある。

CM表現はイメージとテクストのたわむれだが，そのたわむれが織りなす表現の焦点として商品と人間（の身体）という2つの要素が問題になる。どのCMも何らかのかたちで商品について言及し，同時にその商品を消費する人間の身体を映像化している。商品（あるいは企業・ブランドなど）が明示的な訴求点になるのは当然だが，それは同時にわれわれの身体にかんする了解や運用についての社会的な無意識を表現しているのである。

本書が分析しようとするのは，この人間的な身体像にかんする社会的な了解の図式がどのように布置づけられ，また変遷していくのかという問題である。

この身体像の変遷に大きな影響を与えているのは，資本主義のシステム変容の表現としての消費社会の全般的な進行である。消費社会はそれが駆使するメディア・テクノロジーと相関しながら，人間の身体像にかんするさまざまなモードを生み出し，CM表現の可能性を次々に使い尽くしていく。本書はCM表現の可能性の空間を分析し，身体を視軸にしてその表現のモードの変遷を体系的なかたちで定式化しようと試みている。　　　　著者要約

［書誌データ］　内田隆三『テレビCMを読み解く』講談社，1997．

宇野弘蔵 (1897-1977)
『経済原論』 *1950-52年刊

宇野の思考のベースには，マルクス『資本論』の科学的再構成がある。それに基づいて宇野は，修正主義論争，スターリニズム評価，現代資本主義論争，ことに日本資本主義論争を総括し，欧米の思想を基盤としつつ，独自の経済学体系を構築したのである。

宇野は，経済学体系が原理論，段階論，現状分析からなるとしたが，この三段階論は，産業革命期の資本主義の純粋化傾向，大不況以降のその逆転，ロシア革命を契機とする社会主義時代への過渡という歴史認識に基づく方法であって，原理論を確定した『経済原論』は，資本主義の基本性格，その特殊歴史性を論理的に与えるものとしてある。

宇野原理論の特徴は次の点にある。①原理論は，対象としての純粋資本主義自体のもつ論理を経済学の論理として展開することにより，資本主義的商品経済の基本的関係を解明し，その歴史性をも論証する。②資本主義の社会関係を包摂する商品・貨幣・資本の形態規定を重視する。生産過程に対して外的な形態たる商品・貨幣と異なり，資本は労働・生産過程を包摂し，それを根拠に自立する形態として現れる。③労働・生産過程が労働力の商品化をとおした商品の生産という形をもって行われることにより，価値法則が論証されうるものとなる。④資本蓄積2形態のうちに人口法則を説くべきで，窮乏化法則は否定される。⑤剰余価値の利潤・地代・利子形態への分化とともに，資本主義的商品経済の現実形態を明らかにし，競争・信用の具体的機構や産業循環の総過程を解明しうる。

本書は，市場メカニズムをその極限まで分析してみせることにより，非市場要因の解明に資するものとなっている。　　　　杉浦克己

［書誌データ］　宇野弘蔵『経済原論』岩波書店，1950-52（岩波全書，1964；『宇野弘蔵著作集第一巻』岩波書店，1973）．

海野道郎（うみのみちお）(1945-) 他編
『数理社会学の展開』 *1988年刊

数理社会学会の前身が原・海野編『数理社会学の現在』に続いて刊行した第2論文集。6部，29論文，2文献リストからなり，各部の主な内容は次の通りである。第1部「理論と概念のフォーマライゼーション」：地位の自己配置，社会的分業，結合定量の法則，対抗的分業論，ミクロ命題からマクロ命題への変換法則などの概念や論理構造の明解な定式化。第2部「社会的ジレンマの数理解析」：ミクロマクロ問題の中心問題である社会的ジレンマについて，解決の意味，種々のモデルと現実の対応関係，成員の異質性の効果，入会地問題，フリーライダー問題，などを検討（文献リスト付）。第3部「社会的の決定と公正」：社会的決定の歴史的検討から，民主的な決定方法，入試制度の方法，公正の推論，などの検討。第4部「権力現象の数理的解析」：社会学の基礎概念である権力について，個人主義的権力理論のような枠組みの提唱やリーダーシップのジレンマなど個別事象の数理分析（文献リスト付）。第5部「社会的ネットワークの理論と応用」：差別的交際など社会関係・社会過程・社会構造などに関する数理分析。第6部「データ処理基礎論」：日記などの文章に代表される非定型データ，職歴などの定型非定長データ，歴史的データなどの分析法の検討。

本論文集は，出版時におけるわが国の数理社会学の興味の在処と到達点を示しており，その一部は発展し単行本として刊行されている（平松闊編著『社会ネットワーク』福村出版，1990．盛山和夫・海野道郎編『秩序問題と社会的ジレンマ』ハーベスト社，1991など）。また，その後の展開については，数理社会学会機関誌『理論と方法』（ハーベスト社刊）などを参照。 編者（海野道郎）要約

［書誌データ］ 海野道郎・原純輔・和田修一編『数理社会学の展開』数理社会学研究会（東北大学文学部行動科学研究室気付），1988.

梅棹忠夫（うめさおただお）(1920-2010)
『文明の生態史観』 *1967年刊

ユーラシア大陸の両端に位置する日本文明と西ヨーロッパの文明には，おおくの類似点がある。このふたつの社会は，高度文明社会として相似のものである。それに対して，ユーラシア大陸のその他の部分は，高度文明社会とはいえない。前者を第1地域と名づけ，後者を第2地域と名づけよう。

第1地域，すなわち日本と西ヨーロッパのあいだには，歴史的にもかずかずの平行現象がみられる。どちらも古代において，第2地域の古典的文明の影響をうけながら後進地域として発展をはじめ，中世において封建制を発達させ，近世において近代主義革命をへて，高度資本主義文明による現代世界を形成するにいたった。

それに対して第2地域は，中国世界，インド世界，ロシア世界，イスラーム世界の4つの部分からなるが，それらはいずれも古代における先進文明地域である。中世においては封建制を発達させることはなく，近世においては巨大専制帝国を成立させたが，近代においては，第1地域によって植民地ないしは半植民地の状態におかれることがおおかった。

このような歴史上の差異は，ユーラシア大陸の生態学的構造から，かなりの程度に説明することができる。この大陸を東北から西南にかけて大乾燥地帯がはしっている。その周辺部からくりだす暴力によって，第2地域はくりかえし破壊された。第1地域はその距離ゆえに破壊からまぬがれ，自生的に発展をとげることができたのである。

第2地域には上にあげた4つの世界のほかに，東においては東南アジア諸国が存在する。それの西の対応物としては，東ヨーロッパ諸国をあげることができるであろう。 著者要約

［書誌データ］ 梅棹忠夫『文明の生態史観』中央公論社，1967（中公文庫，1974）；『梅棹忠夫著作集 第5巻 比較文明学研究』中央公論社，1989）．

ヴント　Wilhelm Max Wundt (1832-1920)
『民族心理学』＊1900-20年刊

　ヴントはドイツの心理学者で，近代心理学の創設者と称せられる人物である。かれは生理学から心理学に入り，実験心理学の基礎を固めた。それは実験を通して，精神現象を支配する法則を明らかにすることを目的とするものであった。

　しかしまたヴントは，後年民族心理学の構築に努めた。それは個人の精神作用よりも高度な精神作用を対象とする研究領域で，実験心理学とともに心理学の2大部門の1つをなすというのがそこでのかれの意図であった。第1・2巻「言語」，第3巻「芸術」，第4・5・6巻「神話と宗教」，第7・8巻「社会」，第9巻「法律」，第10巻「文化と歴史」からなる本書は，その領域でのかれの主著にあたるものである。

　ヴントはそこで，民族精神の所産としての文化の発展の法則を明らかにしようとした。各巻の表題にある言語・芸術・神話・宗教・社会・法律・歴史などが，そこでのかれの具体的な考察の対象となっている。

　ヴントは民族精神を，個人精神の相互作用から生じるものととらえている。必ずしもそれは，個人精神から独立した実体ではない。しかしそれは，同時に個人精神にも還元できないとするそこでのヴントの見解は社会学的にも興味深いものである。そしてまた本書のなかで，社会学と最も深い関連をもつのは第7・8巻である。そこでは部族から国家へ，習俗から法律への転換のなかに，原始社会から近代社会までの社会の発展を支配する法則が見て取られている。

奥井智之

[書誌データ] Wilhelm Max Wundt, *Völkerpsychologie*, Bde. 10, 1900-20 (『民族心理より見たる政治的社会』平野義太郎訳, 日本評論社, 1938, 第8巻の訳 ; 『文化と歴史』高沖陽造訳, 霞ヶ関書房, 1946, 第10巻第1部の訳).

エヴァンズ゠プリチャード
Edward Evan Evans-Pritchard (1902-73)
『ヌアー族』＊1940年刊

　副題を「ナイル系一民族の生業形態と政治制度の調査記録」とする本書は，続刊の『ヌアー族の親族と結婚』(1951)，『ヌアー族の宗教』(1965)と合わせてヌアー三部作を構成する。本書は6つの章から構成されるが，各章は独立した論文としてみることができるほど統合度が高く，またそれぞれの章が扱うテーマは当該分野における後の研究に影響を与えてきたので，ここでは各章のテーマを簡単に紹介する。第1章では牛と人間のかかわり，とくに牛と人間で構成するヌアー独自の世界が描出され，牛を通した認識・分類の体系が紹介される。第2章はナイル川上流域での厳しい環境における生存戦略が検討されている。第3章では時間と空間がテーマとなっている。ヌアー人は異なった性質をもつ二つの時間・空間体系のなかに生きていることが考察される。一つは生態学的時空間で，もう一つは集団間の距離を基盤にした構造的時空間である。第4章は本書の主題である政治体系の分析である。一切の束縛を嫌い，「自らを神の創り給うたもっとも高貴な創造物」と考えるヌアー人は強制権をもつ政治指導者や制度を認めなかった。にもかかわらず必要に応じた政治的凝集が見られ，著者はその凝集の背後に父系親族組織に基づく分節原理を見出した。第5章ではこうした政治的凝集を支え枠組みを与えているものとしてリニッジ体系を抽出する。そして第6章では年齢組体系がとりあげられるが，ここでも分節原理が作用していることが分析される。生きている古典として現代でも必読の民族誌となっている本書は多岐にわたるテーマを扱いながらも，ヌアー社会の全体像を鮮明に描き出している。

訳者要約

[書誌データ] Edward E. Evans-Pritchard, *The Nuer*, 1940 (『ヌアー族』向井元子訳, 岩波書店, 1978 ; 平凡社ライブラリー, 1997).

エヴレイノフ　Nikolas Evreinov (1879-1953)
『生の劇場』 *1927年刊

著者は，1920年代半ばにフランスに亡命するまで，革命期ロシアで活躍した劇作家・演劇理論家である。スタニスラフスキーのリアリズムとも，メイエルホリドのフォルマリズムとも異なり，人間の生そのものの演劇性に関心を向けた。本書には，そうした著者の生＝演劇論が戯曲と共にまとめられている。

著者は，我々の日常生活と思考のすべてに「生の果てしなき演劇化」が認められると強調する。部族社会では，子どもの誕生，教育，狩猟，結婚，戦争，葬儀はすべて，「演劇的スペクタクルを生むための機会」であった。それだけでなく，人々のごく日常的なふるまいも，長い年月をかけて習得され，無意識化された演技術なのだ。しかも，我々は他人に見られて「役を演じる」だけでなく，独りでも劇作家，演出家，役者，観客として自分自身を演じている。我々は，いつも物理的にそこにある以上の何者かなのである。

このような意味で，我々の日常生活は，絶えざる「演劇政治（theatrocracy）」の中にある。著者は，「この演劇政治は唯一の永遠の〈体制〉であり，それはあらゆる政治体制の上に君臨し，あらゆる政治体制のなかに姿を現わし，いかなる革命によっても覆されず，あらゆる革命を越えて存続する」と述べる。ここには，後に論じられる劇場的な権力への視座が先取りされている。

エヴレイノフは，単に演技概念を社会の諸領域に拡張したのでも，演劇を世界認識のメタファーとしたのでもなく，〈演じること〉は人生そのもの，ホイジンガが〈遊び〉で論じたのにも似て，生と文化の根源的なカテゴリーであると考えていた。そうした意味で，本書は，20世紀後半に人類学や社会学，修辞学などの諸領域で展開されていく上演論的アプローチの先駆をなすとともに，そこからも溢れ出る実践的関心を内包している。　吉見俊哉

[書誌データ]　Nicolas Evreinoff, *The Life in theatre*, 1927（『生の劇場』清水град訳, 新曜社, 1973).

エチオーニ　Amitai Etzioni (1929-)
『組織の社会学的分析』 *1961年刊

1950年代までの組織研究は人間関係論や，官僚制組織の逆機能の研究など，所与の構造のもとでの人間の行動に関心を置くものが中心であった。そしてそれらの研究スタイルは，単独もしくは少数の組織についての集中的な事例研究が主流であった。本書は，そのような当時の状況を批判しながら社会学本来の問題としての組織の構造的側面への注目を促し，さらに複数組織を比較して理論命題を提出することの重要性を主張し，以後の組織研究の主流となる方向を示唆した画期的な著作である。

全体は4部にわかれ，第1部では組織を比較する際の基準として服従関係による類型化が提案される。服従関係は権力と関与から構成される。組織における権力には強制的・報酬的・規範的の3種が考えられ，参加者が組織に関与するかたちとしては疎外的・打算的・道徳的の3種が考えられる。したがって組織の服従関係としては3かける3の9種類が考えられるが，適合的なのは強制的＝疎外的，報酬的＝打算的，規範的＝道徳的の組合せである。

第2部では，服従関係と，組織目標，有効性，エリートのあり方，合意，コミュニケーション，社会化，組織環境，凝集性などの諸変数との関連について論じられる。

第3部では，組織の中のエリートの服従構造について，カリスマ概念を鍵に解明がなされ，第4部では，服従関係自体の変化と安定についての比較が問題にされ，環境との関連や，組織の文化間比較への展望が述べられている。　高瀬武典

[書誌データ]　Amitai Etzioni, *A Comparative Analysis of Complex Organizations*, Free Press, 1961 (『組織の社会学的分析』綿貫譲治監訳, 培風館, 1966)；revised and enlarged ed., 1975.

江原由美子（えはらゆみこ）(1952-)
『女性解放という思想』 *1985年刊

　著者の女性問題に関する最初の論集。現代日本の女性解放論における近代主義と反近代主義を論じた「女性解放論の現在」、差別の根拠を差異に見出す論の錯誤を論じた「『差別の論理』とその批判」、70年代ウーマンリブ運動の主張とその意義を論じた「リブ運動の軌跡」、ウーマンリブ運動に向けられた「からかい」の政治的効果を論じた「からかいの政治学」などを収録。

　60年代半ばに始まったフェミニズム運動第2の波は、日本においても70年代初頭におけるウーマンリブ運動の台頭や後半における女性学運動などを生み出した。80年代に入ると、雇用機会均等法などの男女平等な社会の建設に向けての法整備などの動きとともに、ジャーナリズムにおいてもフェミニズム論が取り上げられるようになった。本書は、このようなフェミニズム論の興隆状況に対し、社会学による寄与の可能性を探求した著作であり、その後の日本のフェミニズム論における社会学者の活躍の1つの端緒となった。また70年代初頭におけるウーマンリブ運動の社会思想的意義を高く評価することによって、その後のウーマンリブ運動再評価の1つのきっかけを与えた。「女性解放論の現在」においては、青木・上野両氏によるエコロジカル・フェミニズム論争（1985）における上野氏を支持する論が展開されるとともに、当時の論壇において強い影響力を持っていたイヴァン・イリイチの「ジェンダー論」が批判的に考察されている。また「からかいの政治学」においては、ゴフマンの相互行為論を利用した「からかい」の相互行為論的分析が展開されている。後者は、80年代後半におけるセクシュアル・ハラスメント問題の社会問題化の先駆けの分析としても評価される。　　　　　　　　著者要約

［書誌データ］　江原由美子『女性解放という思想』勁草書房, 1985.

江原由美子（えはらゆみこ）(1952-)
『生活世界の社会学』 *1985年刊

　現象学的社会学に関連する理論社会学的論文を収録した論文集。生活世界の多元的リアリティを多様な角度から論じた第1部、シュッツ社会学の意義を考察した第2部、生活世界論と社会学の関連を論じた第3部からなる。

　第1部においては、多元的リアリティ論を、意識状態の多様性／意味領域における世界の対比的・対立的な分節／異なる「知識」を持つ集団の存在という3根拠に整理する。意識状態の多様性に基づく多元的リアリティについては、発達心理学に基づいて、身体性の世界／象徴性の世界／日常生活の世界／論理的認識の世界という4つの認知様式を導出し、その移行様式を考察する。その他、生活世界の分化と疎外、社会的リアリティの産出メカニズムなどが論じられる。

　第2部においては、A．シュッツの社会理論の意義を、「主観主義的アプローチ」にではなく「脱中心化的分析」に求める主張が展開される。シュッツ社会学において重要な位置を占めるレリヴァンス問題とは、「思考の問われない前提」であるところの「間主観的世界」を問う問題であったとし、シュッツ社会学には「主観主義」的側面以外に、「間主観的世界」としての社会的世界の探求に向かう側面があったことを明確にする。そしてその方向を受け継いだのがエスノメソドロジーであるとし、社会理論としてのシュッツ理論の意義はそこにこそあると主張する。

　第3部においては、社会学と生活世界との関連性の考察と、「リアリティ構成論」の意義の再検討を行うことによって、社会学的営為とは何であるかを反省的に検討し、社会学的営為の意義を、社会の根源的演劇性を垣間見せる演技的実践活動に求めることを提起している。　　　　　　　　　　　　　著者要約

［書誌データ］　江原由美子『生活世界の社会学』勁草書房, 1985.

江原由美子 (えはらゆみこ) (1952-)
『ラディカル・フェミニズム再興』
*1991年刊

　『女性解放という思想』『フェミニズムと権力作用』に続く，著者の女性問題に関する第3論集。「性支配一元論」「個人的なことは政治的である」などのラディカル・フェミニズムの理論的主張を，「主体と社会構造」「主観主義と客観主義」等の二元論の乗り越えを目指す現代社会理論の文脈で読むことを主張する「ラディカル・フェミニズムの再興」，フェミニズムと労働中心主義との関連を論じた「フェミニストは労働がお好き？」，セクシュアル・ハラスメントの社会問題化に一石を投じた「セクシュアル・ハラスメント分析講座入門」などを含む。

　本書のはしがきその他には，1980年代末の「フェミニズム論争の時代」におけるさまざまな熱っぽい論争の影響が見え隠れしている。そのような論争の1つの争点が，フェミニズム諸理論の評価であった。本書はこのような争点に関して，ラディカル・フェミニズム理論の新たな解釈と再評価を提起している。当時，一部のフェミニストのなかに，女性問題を「労働搾取」として論じるマルクス主義フェミニズムのみを「唯一のフェミニズム」と位置づけようという動きがあったのに抗し，本書は女性問題を「支配-被支配問題」「権力問題」として論じるラディカル・フェミニズムの理論的可能性を擁護している。ラディカル・フェミニズムが端緒を開いたこの「広義の政治概念」に基づく「性の政治学」は，現代社会理論における「知識と権力」「言説論」「文化と支配」などをめぐる議論と問題関心を共有しており，それゆえその文脈に即して再定式化するならば，未だ広大な理論的可能性が残されているという主張が展開され，その視点に基づく具体的な分析がなされている。

著者要約

［書誌データ］江原由美子『ラディカル・フェミニズム再興』勁草書房，1991.

エリアス　Norbert Elias (1897-1990)
『宮廷社会』 *1969年刊

　どうして人は服従するのだろう？　それもあんな平凡な人間に！——本書は，1930年代前半にドイツ・フランクフルトで書かれたエリアスの大学教授資格論文を，のちに序論と補遺2篇をつけて公刊したものである。そして，この問いが，本書を主導する問いである。

　たとえばウェーバーによる支配の「理念型」を作成する試みは，エリアスには不十分に見えた。彼は綿密な「個別的研究」こそ必要だとする。その対象に彼が選ぶのは，17・18世紀のフランス宮廷，とくに平凡な人物でありながら偉大な王となったルイ14世の宮廷である。

　そこで見いだされるのは，緊張状態にありながら互いに均衡しあっていて自らはその関係を解きえない貴族同士の相互依存関係（エリアスの用語では「図柄」）である。この図柄のなかで，彼らは威信を求めて競争しあう。儀式や礼儀作法上の序列がそれを表示するものであり，これを王から授けられるために彼らは自らの行動を制御していくのだ。

　そして，王は，礼儀作法や儀式を「支配」の道具とする。すなわち，こうした機会を通して巧妙に威信を配分し，被支配者たちの間に嫉妬や対立や緊張を作りだして自分に有利な図柄を維持していくのである。しかし，そのためには王も「自由」ではありえない。自らの起床さえも「いたましいほどの厳密さ」で儀式のルールに従うことで，王は他人からの「服従」を得ることができるのだ。エリアスの徹細な記述は，こうして，宮廷の「仕組み」にだれもが編み込まれる姿を描きだす。

　公刊時の短い補遺で，彼は本書のナチス理解への意味を論ずる。本書はエリアス的な「支配と服従の社会学」なのである。

奥村　隆

［書誌データ］Norbert Elias, *Die höfische Gesellschaft*, Luchterhand Verlag, 1969（『宮廷社会』波田節夫・中埜芳之・吉田正勝訳，法政大学出版局，1981).

■エリアーデ Mircea Eliade (1097-86)
『永遠回帰の神話』*1949年刊

　西洋近代の人間中心的な進歩発展史観に対し，アルカイックな社会の祖型 - 反復的時間・歴史意識を対置し，その人間学的意義を探った宗教学者エリアーデの歴史哲学の著作。
　エリアーデによると，前近代のアルカイックな社会は現実の歴史的時代というものを拒否する社会であるとされる。そのかわり，彼らは事物の始源の時代，神話的な「偉大なりし時代」へ周期的に回帰しようとする強いノスタルジアをもつ。それはけっして単なる保守的心性といったもので説明されるのでなく，むしろある事実や行為が「真実なるもの」とされるのは模範的モデル，即ち神話的「祖型」を模倣するか，繰り返す限りだという原始的存在論を彼らが根強く抱いているからだと，彼は指摘する。また，その根底には俗なる時間の無意味さに打ちのめされることへの恐れと，聖なる時にたち帰ることで自己を周期的に再生させたいという願いがあるという。
　こうした意識に対し，一回的な歴史的な出来事が神の意志によって決定される限り，それ自らの価値を有するという思想が，ユダヤの預言者たちが歴史的災厄をユダヤの民の不信に対する返報と説くなかで育っていった。そしてさらにこうした歴史意識はヘーゲル以降，歴史的事件はそれ自身で必然的な意味をもつという歴史主義へと展開していった。これは自分自身で自己を形成しようとする人間の自由，自律性の意識の高まりに対応するという。しかし，歴史的出来事がそれ自身で正当化されるなら，それが災厄をもたらしたとき，人はどのようにそれに耐えるのかと，近代の「歴史的人間」に対してエリアーデは問いかける。

対馬路人

［書誌データ］ Mircea Eliade, Le mythe de l'eternel retour: archétypes et répétition, Gallimard, 1949（『永遠回帰の神話―祖型と反復』堀一郎訳，未来社，1963）.

■エリクソン Erik H. Erikson (1902-94)
『幼児期と社会』*1950年刊

　エリクソンの第1作。幼児期研究の名著であり，臨床の知 (clinical science) をめぐる方法論の書でもある。しかし，研究史的な意味をはるかに越えて，多くの読者に読み継がれた。とりわけ60年代米国，黒人解放運動や学生の異議申し立ての頃，南部の監獄には，ペーパーバックの『幼児期と社会』が，たくさんころがっていたという。
　自我と社会の接点で生じる「アイデンティティの感覚」。それが，幼年期における小さな体験と深く結びついている。母との関係，家庭のなかの出来事，時代の変化に伴う地域の変化。たとえば，ネイティヴアメリカン，スー族・ユーロック族の子どもたちと，部族のコスモロジーとの密接な関連。プレイセラピーで出会った子どもたちの，自発的な遊びに見られる自己治癒的傾向。A. ヒトラーの伝記における幼年期。ドイツ中産階級家庭に見られる父親と息子の葛藤。
　そうした多様な事例の最後，「結章」が「不安を越えて」となっている。直面するさまざまな対立。支配者と被支配者。白い肌と黒い肌。古い世代と新しい世代。エリクソンは，その対立が成り立ってくるプロセスを見る。人は皆，かつて一度は子どもであった。不安のなかにいた。そこから，互いの違いは認めつつ，相互補完的なパートナーシップを求める試み。その相対的＝関係的 (relative) なものの見方こそ，解放のための戦いを続けた人々に受け入れられ，生きる手がかりとして監獄の中で読み継がれた理由であったに違いない。

西平 直

［書誌データ］ Erik H. Erikson, Childhood and Society, New York: W. W. Norton, 1st. ed., 1950; 2nd, enlarged ed., 1963（『幼児期と社会（初版）』上・中・下，草野栄三良訳，1954-56，日本教文社 ；『幼児期と社会（第2版）』1・2, 仁科弥生訳，1977-80, みすず書房）.

社会学文献事典——265

エルダー Glen H. Elder Jr. (1934-)
『大恐慌の子どもたち』＊1974年刊

社会変動がその渦中にある集団や個人にどのような影響を与えるか――これは社会学や心理学にとって大きな研究テーマである。本書は、1920-21年にカリフォルニア州オークランド市に生まれた167人の男女とその家族を対象として、1929年の大恐慌が彼らの家族や彼らの人生に与えた影響を30年以上（1931-64年）にわたる縦断的な調査データに基づいて分析したものである。

具体的には、家族が被った経済的剥奪の有無（世帯収入が35％以下に減少した家族とそうでない家族）と、家族の階級（中流階級と労働者階級）という2変数の組み合わせから167家族を4つの下位集団に分類したうえで、家族役割の変化（父親の失業、母親の就業、子どもの家事参加や就業）、家族の情緒構造や勢力関係の変化、子どものパーソナリティ発達、さらには成人後の職業経歴や家族経歴への影響を分析し、①中流階級の男子では経済的剥奪を経験した者の方がパーソナリティの安定度が高く、職業的地位も高い、②労働者階級の男子では経済的剥奪を経験した者の方が、達成欲求は高いものの、早くから就業せざるを得なかったため職業的地位は低い、③女子の場合は経済的剥奪を経験した者の方が家庭志向が強く、早婚で、パーソナリティの安定度が高い（とくに中流階級の場合）、といった知見を導き出している。

家族適応や社会化の分野に本格的なライフコース・アプローチを初めて導入し、社会変動が個々人の人生に及ぼす影響の多様性とそのメカニズムを明らかにした研究としてきわめて高い評価を得ている。　　　　大久保孝治

[書誌データ] Glen H. Elder Jr., *Children of the Great Depression: Social Change in Life Experience*, The University of Chicago, 1974（『大恐慌の子どもたち――社会変動と人間発達』本田時雄他訳、明石書店、1986；新版；1991）．

エールリッヒ Eugen Ehrlich (1862-1922)
『法社会学の基礎理論』＊1913年刊

エールリッヒは、ウェーバーやデュルケームと並んで、「社会学の開拓者」としばしば評されてきた。とくに、その主著である本書と『法律的論理 (*Die juristische Logik*, 1. Aufl.)』は、いわば2冊セットで、法社会学の源流となっており、我が国でも大正デモクラシー期以降の法学、なかんずく私法学にきわめて大きな影響を与えた。古典的名著として法学関係者にはあまねく知られてきた。たびたび邦訳も試みられたが、本書に引用されている原資料がきわめて多岐にわたり、また法制史上の膨大な知識を前提としているため、近年まで信頼できる完訳書は長らく存在しなかったのだが、近年、完訳が実現した。

『基礎理論』は、全21章中、10章までの法社会学的分析と、11-14章までの法の歴史社会学的分析、および、15-19章までの、国家法、法書法、慣習法に関する分析、20-21章の法社会学の方法に関する分析とに、分かたれる。本書は古典であるが、それに留まらず、現代の裁判過程にのみ強く傾斜して、「歴史性」「社会性」を失ってしまった「法社会学」に対しては、むしろ批判的な理論としての意味をも獲得しつつある。専門法学者以外の研究者の理解と評価に耐えうる数少ない法学作品と言える。邦訳の出る前は、名のみ高く、その真の全体像は意外と知られてはおらず、それを「前近代社会に適合する法理論」とする解釈も有力であったのだが、労働争議の発生、カルテル・トラストなどの企業組織の成立、証券市場、商取り引きの高度化に伴う法問題等を分析の視野に収めたその先見性が知られてくるに従い、再評価されつつある。

これに対して、『論理』の方は、著者の最晩年の集中度のきわめて高い作品であり、専門性がきわめて強い。　　訳者（河上倫逸）要約

[書誌データ] Eugen Ehrlich, *Gründlegung der Soziologie des Rechts*, 1. Aufl., 1913（『法社会学の基礎理論』河上倫逸・M. フーブリヒト訳、みすず書房、1984）．

■エンゲルス Friedrich Engels (1820-95)
『イギリスにおける労働者階級の状態』
*1845年刊

若きエンゲルスは,資本主義的発展の最先進国だったイギリスの繊維工業都市マンチェスターに滞在したが,そこでの労働者階級の労働条件や生活の実態を調査した結果と資料に基づいて,本書を執筆した。

産業革命によって近代的な工場制度が発展するとともに,労働者階級が急激に増大して大工業地へと集中した。巨大な産業都市が形成され,工場が建ち並び,貧民街に労働者が溢れた。

エンゲルスは,こうしたマンチェスターの事例を中心に労働者階級の過酷な労働や惨めな衣食住の実態を明らかにした。大都市への集中とアイルランド人の移住によって,労働者相互の競争が激化し,彼らが肉体的,精神的に最低の状態に陥っているさまを具体的に描写している。また,女性や児童が過酷な労働を強いられ,不衛生で無規律な生活をおくらざるをえないと告発している。けれども,こうした悲惨な状況のなかから労働者の組織化がはかられることを明らかにし,オーエン派社会主義運動やチャーティスト運動が,資本家階級との政治闘争へと発展していく当時の労働運動を分析している。さらに,マルサスの人口理論や救貧法を,資本家階級からの労働者階級への抑圧を正当化するものと批判している。そして,労働者階級への慈善によるのではなく,労働者階級自身の自立的発展によってこそ将来社会が切り開かれると展望している。

本書は,近代的な労働者階級の抑圧と貧困が生み出される原因を資本主義的な大工業の発展そのもののうちに検証し,労働運動と社会主義の発展の歴史的な必然性を詳細な観察調査と資料分析によって示した古典とされている。 小林一穂

[書誌データ] Friedrich Engels, *Die Lage der arbeitenden Klasse in England*, 1845; MEW, Bd. 2, 1957 (『イギリスにおける労働者階級の状態』マルクス=エンゲルス全集第2巻,大内兵衛・細川嘉六監訳,大月書店,1960).

■エンゲルス Friedrich Engels (1820-95)
『空想から科学へ』 *1880年刊

本書は,当時のドイツ思想家を批判した『反デューリング論』のなかから概説的な3章分が抜粋されて,科学的社会主義の入門書として1冊にまとめられたものである。刊行の狙いは,ユートピアを描く空想的社会主義への批判を通して,現実の根拠に基づく科学的社会主義の立場を明らかにすることにあった。

サン=シモン,フーリエ,オーエンらのユートピア社会主義は,資本主義社会における資本家と労働者との階級対立,生産における無政府状態を解決すべきものとしたが,資本主義そのものがいまだ未成熟だったために,社会的な害悪に対して空想的な理念を掲げるにとどまっていた。

科学的社会主義は,イギリスとフランスにおける発展した経済的・政治的諸関係を分析し,それに基づきながらドイツ古典哲学由来の弁証法的批判を加えて成立した。

科学的社会主義は,人類社会の歴史的発展法則を示した「唯物史観」と資本主義社会の経済的運動法則を分析した「剰余価値論」とに立脚して,資本主義社会の歴史的必然性とその歴史的限界を明らかにする。資本主義は生産力を飛躍的に発展させるが,その発展のなかで生産の社会的性格と取得の私的性格との矛盾を拡大させる。資本家と労働者との階級闘争が激化し,生産手段の私的所有から社会的所有への転化の必然性が醸成される。こうして,資本主義社会はそれ自身の内部から社会主義社会への移行の条件を生み出す。それが現実に遂行されるのは,労働者階級の国家権力の掌握によってである。

本書は,小冊子ながら科学的社会主義の主要な諸命題を簡潔に述べて,その後の社会主義運動に大きな影響を与えた。 小林一穂

[書誌データ] Friedrich Engels, *Die Entwicklung des Sozialismus von der Utopie Zur Wissenschaft*, 1880; MEW, Bd. 19, 1962 (『空想から科学への社会主義の発展』マルクス=エンゲルス全集第19巻,大内兵衛・細川嘉六監訳,大月書店,1968).

エンゲルス Friedrich Engels (1820-95)
『家族,私有財産および国家の起源』
*1884年刊

マルクスはモルガンの『古代社会』を高く評価するとともに,その成果を継承しさらに発展させようとした。エンゲルスはマルクスの死後,彼の「遺言の執行」として本書を刊行した。

歴史の究極の規定要因は,一方では生活資料の生産すなわち衣食住の諸対象とそれに必要な道具との生産であり,他方では人間そのものの生産すなわち種の繁殖である。この基本命題にしたがって,人類の歴史は野蛮・未開・文明の3時代に区分され,さらに野蛮と未開はそれぞれ低段階,中段階,高段階に分けられる。

人類史の発展段階に照応して家族の形態も変化する。最も原始の時代には乱婚があったと推論されるが,野蛮では血縁婚家族とプナルア家族,未開では対偶婚家族,文明にあっては一夫一婦婚家族と発展してきた。

労働の生産性の発展につれて私有財産が発生し,それに伴って富者と貧者の階級対立が展開すると,国家が階級対立を抑制する必要から成立した。そして国家は,支配階級による被支配階級の抑圧と搾取の手段となった。したがって,将来社会において資本主義が止揚され私有財産や階級が消滅すると,国家もまた廃止される。

本書は,家族形態の発展に関する「モルガン＝エンゲルスの図式」という世界史的な社会進化論として,古代社会研究はもちろんのこと,女性解放運動にも大きな影響を与えた。しかし今日では,集団婚そのものを否定して,人類社会には常に普遍的に核家族が存在すると主張するマードックの「核家族説」が主流となっている。

〈小林一穂〉

[書誌データ] Friedrich Engels, *Der Ursprung der Familie, des Privateigentum und des Staats*, 1884; MEW, Bd. 21, 1962 (『家族,私有財産および国家の起源』マルクス＝エンゲルス全集第21巻,大内兵衛・細川嘉六監訳,大月書店,1971).

エンツェンスベルガー
Hans Magnus Enzensberger (1929-)
『意識産業』*1962年刊

所与の支配関係を固定化するという課題にそった支配の戦術的考慮のもとで,意識を産業的に媒介し,誘導する機能をもつ「意識産業」に,「知識人」はどのようにかかわるべきか? 評論集『細目』の第1部をなす本書の主題は,この「問いかけ」にある。

「意識産業」にとって重要なのは意識の生産ではなく,つねにその媒介である。そこでは意識が産業的に再生産されたり,誘導されたりするが,けっして生産されることはない。この機構のもとでひとびとに供給されるのは,モノとしての商品ではなく,あらゆる種類の意識内容だが,その意識の生産にたずさわるものは,「意識産業」にとって,「除去することを委託された,ほかならぬあの少数者たち」,つまり「パートナーであると同時に敵」なのだ。これら「生産的な少数者」によることなしには「意識産業」はその「根源的エネルギー」を手にすることができないのだから。「知識人」が「意識産業」に能動的にかかわることの論拠は,この「二重性」のなかにある。

本書では,こうした問題提起につづけて,たとえば,「情報」と「情報解釈」を意識的に混同しつつ,一定の傾向性にそって読者を誘導する日刊紙のマヌーヴァ(「タマゴ踊りとしてのジャーナリズム」),情報の叙述をストーリー化し,独特の雑誌ジャルゴンをちりばめることによって,叙述の対象を均質化するだけでなく「雑誌そのもののために読者をも均質化」する週刊報道誌の文体(「『シュピーゲル』のことば」),「ツーリズム」のはたすイデオロギー機能の分析(「旅行の理論」)などが,各論として具体的に分析・検討されている。

〈訳者要約〉

[書誌データ] Hans Magnus Enzensberger, *Einzelheiten* I. *Bewußtseins-Industrie*, Suhrkamp Verlag, 1962 (『意識産業』石黒英男訳,晶文社,1970).

及川 宏(おいかわひろし) (1911-45)
『同族組織と村落生活』＊1967年刊

「旧仙台領増沢村慣行調査報告」というサブタイトルのある3論文「分家と耕地の分与」「同族組織と婚姻及び葬送の儀礼」「所謂『まいりのほとけ』の俗信について」を巻頭に掲げた論文集。なかでも第2論文「同族組織と婚姻及び葬送の儀礼」は、いずれも家を単位とする地縁的結合たる組と同族組織の交錯し対蹠的な機能を分析した第1論文で初めて提出した同族組織なる概念を中心に、家と同族の両概念を駆使して、戸田貞三の『家族構成』における「家族」の概念と、有賀喜左衛門の『農村社会の研究』における「大家族制」の概念の双方に鋭い批判を加え、その結果、有賀の『日本家族制度と小作制度』への理論的展開をもたらした。及川はこの第2論文において各人の血縁的親近性によってではなく所属する「家」を媒介としてのみ相互に同族者たる関係にあると「同族組織」を規定し、この「同族」は「姻戚」と同時的に成立する観念であり、後者は双系的血縁紐帯をもつが、婚姻当事者を媒介とした家と家の関係であるから、婚姻によるその成立は当事者の死による消滅を予想する。同族組織と姻戚関係は構成原理において対蹠的であるが、経と緯のように交叉する関係である。この意味において婚姻と葬送の習俗を検討することにより両者を解明した。

末子相続の事例を検討した「信州諏訪塚原村に於ける分家」、米国の機能主義的な民俗社会の研究を検討した「社会人類学派の村落調査について」、ジンマーマンらのル・プレーの方法によるアルカンサス州の「オザーク高地人の家族生活」の研究を紹介した論文、最後に同じくル・プレーの方法により及川自身が「大工場従業員の農業兼営について」調査した報告を掲載、さらに及川宏の略歴と著述目録および古野清人・喜多野清一の追悼文、喜多野による解説を加えている。　中野　卓

[書誌データ]　及川宏『同族組織と村落生活』未来社、1967.

OECD
『福祉国家の危機』＊1981年刊

1970年代以降、経済の停滞にともなって先進諸国では、福祉国家に対する合意が確固たるものではなくなってきた。このためOECDでは、1980年10月に、各国の政治家、研究者、労働組合代表、事業主、国家公務員、国際公務員を招いて「1980年代の社会政策に関する会議」を開催した。このときの報告書が本書である。

この会議では、(1)1980年代の社会政策の試練：外観、(2)経済政策と社会政策との関係、(3)平等と効率、(4)価値観と選好の変化、その政策との関連、(5)労働、余暇、雇用、(6)責任と役割に関する新しい見方、(7)1980年代の社会政策の立案と変化といった7つのセッションが設けられた。各セッションでは1～4本の論文が提出され、これに基づいて討論が行なわれた。本書は、各セッションに提出された論文と討議内容の要旨が掲載されている。

この会議が開催される背景には、ニューライトや新保守主義と呼ばれる福祉国家に批判的な潮流の台頭がある。また、会議の前年にはイギリスでサッチャー政府が成立し、1981年にはアメリカでレーガン政府が成立し、従来の福祉国家路線を変更した。このため、本書のタイトルに用いられた「福祉国家の危機」という言葉は人口に膾炙し、1980年代前半の流行語の1つとなった。とはいえ1980年代後半は世界的に経済が好調だったこともあり、この言葉は次第にあまり用いられなくなった。

本書は「福祉国家の危機」時代を切り拓いたというよりは、そうした時代の直接的な反映だった。　武川正吾

[書誌データ]　OECD (Organization for Economic Co-operation and Development), *The Welfare State in Crisis*, OECD, 1981 (『福祉国家の危機―経済・社会・労働の活路を求めて』厚生省政策調査室・経済企画庁国民生活政策課・労働省国際労働課監訳、ぎょうせい、1983).

オーウェル George Orwell (1903-51)
『一九八四年』 *1949年刊

全体主義と管理社会の恐怖を描いた小説。

西暦1984年，世界は互いに戦争と連合を繰り返すオセアニア，ユーラシア，イースタシアの3国家に分割されている。主人公ウィンストン・スミスの暮らすオセアニアでは「偉大な兄弟（ビッグブラザー）」が指導する「イングソック（＝英国社会主義）」党の指導の下，中流階級である「党員」は思想警察等の監視機構の不断の監視下に置かれ，労働者階級である「プロレ」は無知と貧困の暮らしを送っている。「ニュー・スピーク」と呼ばれる新言語により，人びとの思考は党の理念以外考えることが不可能なものへと改変されつつあり，「真理省」による絶えざる歴史の書き換えや，「二重思考」と呼ばれる思考の切替え技術等により，「偉大な兄弟」と党は独裁的管理社会を作り上げている。この体制に疑問をもつスミスは，建前だけは党を信じつつ性的自由を享受する女性ジュリアと出会い恋愛関係をもち，また地下抵抗組織にも加わるが，当局側の罠に落ちて思想警察に逮捕される。「愛情省」における拷問と自己批判の後，生ける屍のようになった彼が「偉大な兄弟」への愛情の念を抱きつつ，自らが党によって射殺される日が来ることを待望する場面で物語は閉じられる。

本書はそもそも20世紀半ばのスターリン主義的な全体主義を批判するものとして書かれたが，その射程はそこに止まらず，たとえば一望監視と規律訓練，知と言説の社会的編制，真理や性と権力との関係といったミシェル・フーコーの権力分析の諸主題等とも通底している。

若林幹夫

［書誌データ］George Orwell, *Nineteen Eighty-Four*, Secker & Warburg, 1949（『一九八四年』吉田健一・滝口直太郎訳，出版協同社，1958；「一九八四年」新庄哲夫訳『世界SF全集10 ハックスリィ・オーウェル』早川書房，1969；早川文庫，1972）．

オーエン Robert Owen (1771-1858)
『社会にかんする新見解』 *1813-14年刊

綿紡績工場の経営者オーエンは，啓蒙思想から人間の性格にかんする環境決定論の思想を，また，功利主義思想から「最大多数の最大幸福」の原理とを継承して，労務管理思想を形成し，急進的な社会改革論へと展開した。

本書は4つの「エッセイ」からなる。第1エッセイでは，最も基礎的な命題「性格形成の原理」を示す。よく手入れされた機械と同様に，「生きた機械」たる労働者も労働環境を改善するならば，その経費を超えた十分な利潤を生みだすとの経営思想から，(1)どのような性格も適切な手段を用いれば，どの社会でも形成できる，(2)その手段は社会に影響力をもつ上流階級・中産階級の人々が統制しているとの原理をみちびき，自然法則のごとき真理であると主張する。

第2・3エッセイで，この原理を工場経営に応用してめざましい成果をあげたと報告し，性格の改善は限界を定めずすすみ，人間は真理を理性的に認識し，博愛的に行動する合理的な存在となるとの人間論をしめす。第4エッセイでは，工場の枠を越えて，この原理は広く社会に適用される。上流・中流階級の人々が真理を認識するならば，社会への適用は容易であると楽観的な姿勢で，政府にたいし法律の改廃，救貧制度の改革，教育の改善，雇用創出政策の採用などを，また，イギリス国教会にたいして上記の原理を基礎とした「純粋な宗教」として再生すべきであると訴える。

この時期まだ『ラナーク州への報告』(1820)で描いたコミュニティ論も，オーエン主義を教義とする「新宗教」の樹立も提唱していないが，急進的な社会改革論となった。この新見解をオーエンの追従者たちのちに社会主義とみるようになる。

土方直史

［書誌データ］Robert Owen, *A New Vew of Society: or, Essays on the Principle of the Formation of the Human Character*, 1813-14（『社会にかんする新見解』白井厚訳，世界の名著，続8，中央公論社，1975）．

オーエン Robert Owen (1771-1858)
『ラナーク州への報告』＊1820年刊

　スコットランドのラナーク州は英仏戦争後，大量に発生した失業者を救済するための対策をオーエンに諮問した。その報告書は社会改革のためのユートピア構想となった。
　300-2000人規模の農業と製造業とをあわせ営み，必需品・慰安品を自給し，平等な分配をめざすコミュニティの計画がそれである。1500-3000エーカーの土地の中央に平行四辺形の建物をたて，個人の居室，共同の調理場・食堂，学校，病院，教会などの施設を用意する。周辺を庭園と耕地で囲み，緑地の外に工場，作業場，倉庫を配置する。彼が『社会にかんする新見解』で提示した原理によって人間を導けば，彼らはこれを自主的に管理でき，すべての労働者に安楽な生活を保障するにたる必需品・慰安品を生産し，なお十分な余剰を生みだす能力をもつと楽観する。
　不況と失業が発生するのは，生産力の増大にみあった交換手段の不足により富が過剰に生産され，市場が不足するからであると。そこでつぎの提案がされている。１．農耕に犂にかえて鋤を導入すること。鋤は多人数を要し，深耕により十分な水分を土壌に供給するので，生産と雇用の増大につながる。２．商品交換の価値尺度として，貨幣（人為的価値標準）を廃止して，生産に要した労働時間を表示した労働紙幣（自然的価値標準）を採用すること。それは生産物にふくまれている労働量を正確に測定し，原価による公正な交換を可能とするから，生産量に等しい交換手段が供給され，過剰生産が解消されると。
　このユートピア構想は，1825年，アメリカのニュー・ハーモニーなどで試みられ，失敗するが，社会主義，協同思想，公正な経済学の形成に示唆をあたえてきた。　　　　土方直史

［書誌データ］Robert Owen, *Report to the County of Lanark*, 1820（『ラナーク州への報告』永井義雄訳，未来社，1970；『世界大思想全集（社会・宗教・科学篇10）』永井義雄訳，河出書房新社，1959（合本）；『社会変革と教育』渡辺義晴訳，明治図書，1963（合本）．

大河内一男（おおこうちかずお）(1905-84)
『社会政策の基本問題』＊1940年刊

　本書は大河内社会政策理論の基軸となる論文集である。戦時下の1940年に刊行されたが，時局の展開をふまえ，いくつかの論稿を加えて1944年増訂版が刊行された。前編は理論編，後編では具体的な時局・諸施策に応じた諸論稿が展開されている。
　当時，社会政策については，それを労働者保護政策とするもの，階級協調策とするもの，「分配」策と論ずるもの，いずれにしろ「経済外的」統制として社会政策を捉える説が主流であった。それに対して大河内は，社会政策が経済機構にとって「内在的」な経済合理的な策であることを立証しようとする。前編に収録されている「労働保護立法の理論に就て」(1933)は大河内社会政策論の出発点をなすとされる論稿であるが，繊維産業下の「工女」を中心に分析が進められてゆく。低賃金，過度労働，身分強制的労働関係によって特徴づけられる「原生的労働関係」は，個別資本にとってはともあれ，国民経済・総資本の観点からすれば，労働力の摩滅を招き，ひいては資本の再生産自体を危機におとしめることになる。ここに「労働力」の「保全」と「配置」の策としての社会政策の経済内的必然性があるというのである。後編には，福利施設，社会事業等，具体的な諸施策に応じて社会政策との関連を論じた論稿が並ぶ。
　1944年に増訂版が出版されたのは，大河内が戦時下にあって社会政策の経済合理性がますます明らかになりつつあると，自らの理論展開に確信を強めたからであった。それについてはさらに『戦時社会政策論』(1940)，『国民生活の理論』(1948)で展開されることになる。それにしても，加えられた論文が「経営社会政策」に関する論稿と並んで，「『休養』の社会的意義」「娯楽に就て」であることは，知識人が時代にいかに屹立し得るかを伝えてあまりある。　　　　天木志保美

［書誌データ］大河内一男『社会政策の基本問題』日本評論社，1940（増訂版，1944）．

大河内一男 (1905-84)
『黎明期の日本労働運動』 *1952年刊

本書は明治時代における労働運動の成立と発展，その解体とを分析したものである。大河内は，日本の労働運動の第一歩を記すこの時代の労働運動を形作っている要因や運命はそのまま大正以降の労働運動を規定し，それにひとつの型を与えているとする。

賃労働の圧倒的部分を占めるのは女子労働者＝「工女」たちであり，男子労働者は遥かに数が少なかった。彼らの大部分はいわゆる「次三男」，農村における過剰人口の流出部分である。明治30年代まで日本の労働者は，横山源之助の言う「下層社会」を構成していたに過ぎなかった。労働運動の出発点をなすとされるのは，明治30年発起した「労働組合期成会」である。労働組合期成会は労働組合結成の啓蒙団体であるとともに，鉄工組合等の成立に重要な役割を果たした。多数の出稼ぎ女子労働者の無知と無組織の一方，少数ではあるが意識の進んだ男子労働者の組織と運動が見られたのである。しかし日露戦争への気運と治安維持法に代表される警察的弾圧は，正常な労働運動が育成されないままにそれを社会主義運動へと一挙に結びつけ，さらに社会主義運動を反戦運動として開花させることとなる。運動の基軸は「平民新聞」に移った。反戦の旗印のもと社会主義への啓蒙と普通選挙という合法議会主義による方針を展開したが，しだいに非合法主義的権力闘争派が主流を占めるようになる。その行き着いた先が「赤旗事件」「大逆事件」であった。

大河内は日本の労働運動を，その基盤である日本の労働者層の特殊性＝出稼ぎ型から解明する。そこに日本の労働運動が知識人層の運動として開花せざるを得なかったこと，彼らの理念闘争は激しい弾圧の前に急進化し現実からの遊離を招くばかりであったことが説明される。日本近代を貫く悲劇とも言えよう。

天木志保美

[書誌データ] 大河内一男『黎明期の日本労働運動』岩波書店, 1952.

大澤真幸 (1958-)
『行為の代数学』 *1988年刊

スペンサー＝ブラウンが考案した指し示しの算法の解釈を媒介にして，行為論と社会システム論に同時に基礎を与える試み。存在者の存在は，存在者への指し示しとともに始まる。指し示しは，空間に区別＝囲いを設定する操作である。指し示しの算法は，このことのみを前提にして構築されている。ところで行為の本質もまた，意味を媒介にした指し示しにある。だから指し示しの可能条件の探究は，行為の可能条件の探究に換位させうる。

任意の指し示し＝行為は，潜在的な「書かれざる囲い」の内部でしか有効ではない。これは，任意の行為が何らかの規範に従属している，という事態に対応している。ところで潜在的な囲い自身もまた，指し示される限りで有効である。したがって，それは，自己準拠的な指し示し＝行為によってのみ可能なのだ。算法がここで力を発揮する。それは，「真／偽」に対応する現実的状態に加えて想像的状態を導入することで，論理学が排除してきた自己準拠的形式を導入したからである。

自己準拠的な形式の実践の領域での対応物は，身体の本源的な社会性である。任意の身体的な志向作用には，事象を「今・ここ」へと求心的に配備する作用と遠心的に配備する作用とが備わっている。求心化－遠心化する身体は，不可避に他者に直面せざるをえず，他者たちとの相互作用を媒介にして，ときに，自らの経験の現在に論理的に先立つ場所に，超越的な「第三者の審級」を投射することになる。第三者の審級の「先向的投射」こそが，行為の自己準拠性の本態であり，社会システムが成立するための最小限の条件でもある。

さらに行為とシステムの自己準拠性がもたらす帰結が探究される。重要なのは，自己準拠的な形式の実現とともに時間が生成される，ということである。最後にシステムの自己準拠性が重層した場合が考察される。

著者要約

[書誌データ] 大澤真幸『行為の代数学―スペンサー・ブラウンから社会システム論へ』青土社, 1988.

■大澤真幸（おおさわ まさち）(1958-)
『身体の比較社会学』Ⅰ・Ⅱ ＊1990-92年刊

　物質的・内在的な身体が意味と規範の超越的秩序を生成・解体する機序を，比較社会学的視野の中で考察する試み。3巻構成を予定。
　まず身体の物質内在性の極点に，外囲の自然的領域と完全に合致している身体としての〈原身体的平面〉と，志向作用の求心化／遠心化を同時的にかつ無秩序に活性化させている身体である〈過程身体〉が，仮定される。端緒のこうした仮定は，哲学的な反省と発達心理学や精神医学の知見を援用することで正当化される。身体のこれら2つの内在的位相を前提にして，意味と規範の秩序の帰属点となる超越的身体の座——第三者の審級——が生成される機序が，論理的に導出されていく。
　原身体的平面上での〈過程身体〉の相互作用は，原初的な第三者の審級としての〈抑圧身体〉を生成する蓋然性を有する。〈抑圧身体〉の存在を前提にして可能になる社会システムが，理念型としての原始共同体である。
　〈抑圧身体〉と〈過程身体〉の相互依存関係は，共同体を外部へと開放する。この傾向から構成される共同体間の関係を基礎にして，ときに，諸共同体を統括する超越的な第三者の審級としての〈集権身体〉が析出される。〈集権身体〉の社会的対応物は王の身体である。
　さらに〈集権身体〉と〈過程身体〉の背反関係から，〈集権身体〉を否定する超越性が投射されうる。それは，自らの物質的具象性の否定を存立の必要条件とする第三者の審級なので，〈抽象身体〉と呼ばれる。〈抽象身体〉は，それに従属する個人の内面に，「主観性」を産出する。〈抽象身体〉の存在を前提に営まれるのが近代社会である。
　Ⅰは，理論的考察によって，比較社会学のための座標軸を構築する作業にあてられている。Ⅱは，原始共同体と王権を分析することで，理論に実質を与える。Ⅲでは，近代社会の存立機制が考察される予定。　　　著者要約

［書誌データ］　大澤真幸『身体の比較社会学』Ⅰ・Ⅱ，勁草書房，1990-92．

■大澤真幸（おおさわ まさち）(1958-)
『虚構の時代の果て』 ＊1996年刊

　1995年のオウム真理教事件の社会的コンテクストの分析を媒介にした現代社会論。
　日本の戦後50年は，理想の時代から虚構の時代への展開として把握しうる。理想の時代とは現実の参照点となる反現実が理想であった段階であり，虚構の時代はそれが虚構になる段階である。オウム事件は虚構の時代の極限を象徴する出来事なのだ。だが虚構の時代の極限において，虚構が理想へと反転する。
　しかし虚構から反転してきた理想は，伝統的な理想の完全なネガである。任意の理想が必然的に排除せざるをえない像，世界の全的な破壊（世界最終戦争）が，今や理想となるのだ。世界の終末が理想化される理由は，資本制を帰結した近代的時間意識のもたらす逆説として説明される。資本の循環は，社会秩序の原点となる〈超越性〉を消耗していく過程である。このとき，世界を絶対的に否定する力としてのみ，〈超越性〉が回帰するのだ。
　〈超越性〉の性質の変容は，信者の身体感覚に反響している。彼らが希求している身体は，「今・ここ」の束縛から解放された身体である。だから信者は，身体を微分し，その個体としてのまとまりを解除する必要がある。最後には，身体は気体やエネルギーの波動として実感されるまでに至る。このとき，身体がここにおりかつそこにいると見なしてもよいような事態が獲得される。これが可能にするのは，極限的に直接的なコミュニケーション，つまり他者（そこ）の自己（ここ）への内在である。自己に内在してくる他者は，主に教祖麻原である。こうして，本来は隔絶性をその要件としていた〈超越性〉が，逆に近接性の実感とともに君臨することになるのだ。
　かつて連合赤軍事件の悲劇は，絶対化された善はそれ自身，悪である，ということを教えた。オウム事件は逆に，過激な悪が最高善に転化しうることを教えている。　　著者要約

［書誌データ］　大澤真幸『虚構の時代の果て—オウムと世界最終戦争』筑摩書房，1996．

大沢真理（おおさわまり）(1953-)
『企業中心社会を超えて』 *1993年刊

1992年6月末に閣議決定された「生活大国5カ年計画」は，第2次大戦後初めて，日本政府の経済計画として経済成長よりも生活を優先することを謳った。現代日本社会があまりにも大企業中心であることにたいして，80年代後半から表れてきた反省や批判が，そこには反映されていた。本書は，生活大国5カ年計画を政策分析し，とくにジェンダーの視角から計画の不十分さを解明する。

第1に，企業中心社会では，青壮年の男性を中心とする性別・年齢別分業－家父長制的ジェンダー関係が基軸であることを指摘する。まず，80年代末の断面図として，雇用労働などの収入をもたらす労働ばかりでなく，家事労働のような無収入労働についても，そうした「分業」を検討する（第2章）。つづいて73年の石油危機以降の変動を，雇用構造の再編とジェンダーとの関連にしぼって追跡する（第3章）。

第2に，戦後日本の社会政策が「家族だのみ」・「大企業本位」・「男性本位」という特徴をもつこと，いいかえれば家父長制的ジェンダー関係を大前提とし利用してきたことを明らかにする。とくに80年代の「日本型福祉社会」政策は，そうした家父長制を維持強化することによって，企業中心社会を総仕上げした（第4章）。

生活大国5カ年計画は，第1の点を的確にとらえず，ジェンダー自体を変革の対象としない。この計画はまた，第2点を無視するため，80年代の社会政策を延長する政策手段を採用した。しかし，企業中心社会を変革し，個人尊重・生活者重視の経済社会を構築するためには，家父長制的ジェンダー関係の廃棄にとりくむことこそが不可欠である。

95年にハングル訳が刊行。　　　　　著者要約

［書誌データ］　大沢真理『企業中心社会を超えて―現代日本を〈ジェンダー〉で読む』時事通信社，1993．

大塚英志（おおつかえいじ）(1958-)
『たそがれ時に見つけたもの』 *1991年刊

70年代初頭に大塚が〈かわいいカルチャー〉と呼ぶ，少女文化の"ビッグバン"があったことを受けて70年代後半の少女まんが誌『りぼん』を題材に，同誌に掲載された少女まんが，および付録類の検証を通じて，記号としてのモノとそれを消費することで自己実現する女性たちとの関係が成立していく過程を雑誌という場を通じて徹底的に描き出す。大塚の関心は80年代の消費社会の発生から結末までを戦後史のなかに接ぎ木することにあるが，その前史として，70年代後半の時期を近代を通じて少女小説や少女まんがなどの物語のなかに描き出されてきた〈かわいい〉という表象が現実の側に越境していく時代として位置づける。『りぼん』の付録は，雑誌の付録というまさに物語とモノの中間領域で，〈かわいい〉が現実化していくにふさわしいメディアであった。付録として登場したのは当初はノートなどの文具類だったがやがて生活雑貨全領域に及び，70年代末には紙製のキャビネットまで登場する。雑誌の付録という物理的限界を越えてまで，『りぼん』は〈かわいい〉という記号をまとったモノを送りだし続ける。これらの付録は，読者である10代の少女たちに欲望されながら，しかし未だ現実の商品としては存在しない，あるいは大衆化されていなかったモノであり，付録は読者たちの欲望を具体的にデザインする役割を果たしたともいえる。また，これらの〈かわいい〉モノは受け手の内なる私と深く結びついていたことを当時の読者との対面調査を通じて確認している。なお，本文献は『少女民俗学』(1989)および『「彼女たち」の連合赤軍』(1996)とともに大塚の少女文化史3部作を構成する。

著者要約

［書誌データ］　大塚英志『たそがれ時に見つけたもの』太田出版，1991（改題『『りぼん』のふろくと乙女ちっくの時代』ちくま文庫，1995）．

大塚久雄（1907-96）
『**近代欧州経済史序説**』＊1944年刊

　近代資本主義の歴史的形成における「農村工業」と「中産的生産者層」の意義を強調する、いわゆる「大塚史学」が、はじめてその全体の骨格を示した書である。初版は上巻と付記されていたが、下巻の刊行を見ないまま『著作集』に上巻の2字が削られ収録された。

　本書は、「近世経済史における西欧諸国の隆盛と毛織物工業の地位」と題される第1編と、「毛織物工業を支柱とするイギリス初期資本主義の展開」と題される第2編から成っている。第1編でまず追跡されるのは、スペイン、オランダ、フランス、イギリスと引き継がれてゆく西欧諸国の国際的商業戦における覇権の興亡と、それの基礎にあった各国における毛織物工業の隆替という史実である。ここから大塚は、一国の経済的勢力圏の世界的拡延を基礎づけるのは当該国の毛織物工業を中心とした「国民的生産力」であったと捉え、勝者となったイギリスにおいてその国民的生産力をもたらした初期資本主義の歴史的性格を、第2編で問う。それゆえ第2編では、イギリスにおいて「国民的産業」たる地位を確立してゆく毛織物工業の展開に考察の焦点が絞られ、そこに現れた問屋制的商業資本たる「都市の織元」とマニュファクチャーを経営する産業資本たる「農村の織元」との利害対立、および、後者の「国民的」な中産的生産者層としての自立と展開が明らかにされてゆく。

　本書が近代資本主義の「正常」な生成と発展のコースを描き教えるものと理解されたのは、日本の現実を近代化の遅れと見なす特殊「戦後」的な問題状況が大きく関わっている。だが、国際的商業戦における覇権の帰趨とそれを左右する国民的生産力という初発の問題関心は、本書が成立した40年代前半の戦時の時代状況と切り離すことはできない。　中野敏男

［書誌データ］　大塚久雄『近代欧州経済史序説・上巻』時潮社、1944（再版：日本評論社、1946；改訂版二分冊：弘文堂、1951-52；『大塚久雄著作集』第2巻、岩波書店、1969）．

大塚久雄（1907-96）
『**近代化の人間的基礎**』＊1948年刊

　丸山真男と並んでいわゆる「戦後啓蒙」の中心人物とされる大塚久雄が、敗戦直後の時期に発表した啓蒙的な諸論文の集成である。ここで大塚は、戦後日本の再建の方向を「民主革命」と性格づけ、その中心に位置づけられるべき「人間変革」の課題を「近代的人間類型の創出」として提示している。

　大塚によれば、民主主義的な社会秩序を作り上げそれを支えてゆく人間的主体とは、自発性と合理性を備え、個人の自由に先立って社会連帯性を自覚し、その基礎である経済生活には勤勉と質素という徳性をもって臨む、そのようなエートス（倫理的生活態度）をもった人間たちである。敗戦とポツダム宣言の受諾によって、封建的旧秩序の打破と民主的レジームの形成を他律的に開始することになった日本においてはとりわけ、人々のこのエートスを備えた人間類型への意識的計画的な「教育」が急務であり、ここに戦後日本の第1の課題があるとされる。

　大塚がこの近代的人間類型の範型として捉えたのは、マックス・ウェーバーが『プロテスタンティズムの倫理と資本主義の精神』において明らかにしたとされる、禁欲的プロテスタンティズムの職業義務の倫理に従う禁欲的生活態度である。この理解によって、本書は、近代主義的な啓蒙家としての大塚の地位を確定したばかりでなく、「大塚＝ヴェーバー」と称される学問像をもって、戦後日本における社会理論研究全体に大きな影響を与えてきた。もっとも、近年では、このようなヴェーバー像の根本的な見直しも進み、また、この「戦後」思想と「戦時」の総動員体制下における大塚自身の言説との関わりにも注意が向くようになってきている。　中野敏男

［書誌データ］　大塚久雄『近代化の人間的基礎』白日書院、1948（新版：筑摩書房、1968；『大塚久雄著作集』第8巻、岩波書店、1969）．

大塚久雄 (1907-96)
『社会科学の方法』 *1966年刊

別々になされた4つの講演の記録(「I 社会科学の方法―ヴェーバーとマルクス」,「II 経済人ロビンソン・クルーソウ」,「III ヴェーバーの『儒教とピュウリタニズム』をめぐって」,「IV ヴェーバー社会学における思想と経済」)を一書にまとめ新書として公刊したものだが,全体として「大塚自身が語る大塚‐ヴェーバーの世界」とも題されるべき見通しのよい入門書になっている。

まずIでは,人間の行為をその動機の意味解明を通じて理解し,この理解を社会現象の因果的説明に組み込んでゆくという,ヴェーバー理解社会学の方法が,唯物史観に立つマルクス経済学との対比において解説される。そして,この方法が,歴史における理念や思想の役割を,利害状況との緊張を孕んだ相関のなかで捉えうる構成になっている点が強調され,文化や宗教意識の相違を自覚的に問題にしうる社会科学への道が説かれる。

そのうえでIIでは,「ロビンソン・クルーソウ」に素材を取りながら,そこにイギリスの近代をリードした中産層の人々の生活様式が理想的かつ教育的に示されていることが明らかにされ,IIIで,それをヴェーバーの「儒教とピュウリタニズム」に実現された比較文化史的な社会学の論述読解に結びつけてゆく。そしてIVで,再びヴェーバー社会学の方法に立ち戻り,「思想と経済」というかたちで理念と利害状況の歴史形成力を主題化するその方法的特質の意義が語り直されることになる。

このような展開を通して大塚が一貫して語るのは,宗教・思想・文化・民族などを社会科学が問題にする道とは何かであるが,この大塚の問題意識には,一方で経済決定論に引きずられるようなマルクス主義への批判が含まれていると共に,他方では戦後という時代状況の中でそのような社会科学がもつ国民形成の力への期待が込められている。　中野敏男

[書誌データ]　大塚久雄『社会科学の方法』岩波新書,1966(『大塚久雄著作集』第9巻,岩波書店,1969).

大平健 (1949-)
『豊かさの精神病理』 *1990年刊

精神科医である著者が仮に〈モノ語り〉の人々と名付けた病気でない患者たちについての報告書。

80年代の半ば頃より,精神科に病気ではない人びとが日常生活あるいは人生上の悩みを相談に来ることが多くなってきた。そのなかに自分についてであれ他人についてであれ,人そのものを描写し説明するのが苦手な人びとがおり,たとえば,「私ですか……えーと,まあ普通だと思います。明るいところも暗いところもあるし……」とか「その人は,何て言うか,いじわるな人です。どういじわるかって言われても……とにかくいじわるなんですよ」といった言い方しかできない。ところが,持ちモノなどのことを尋ねると急に雄弁になり,生彩を帯びた人物描写をする。

このように,モノを媒介にすると生き生きと語り出すがゆえに〈モノ語り〉と名付けられた人びと二十数例が本書では紹介されている。

「カタログ時代のパーソナリティ」「グルメ・ブームの精神病理」「不倫ゲームの構造」「ペットの両義性」「幸せに似合う家族」の各章において,〈モノ語り〉の人びとの生活と意見が分析され,彼らが自分あるいは他人をモノのように取扱い,また,他人と直接に係わる代わりにモノを介して付き合っている様子が浮き彫りにされる。

終章「ジャパニーズ・ドリーム」では,ブランド品にアイデンティティを求め,マネキンのような恋人に囲まれ,人の心を味わうために高価な料理を食べにいくといった豊かな社会特有の病理が〈モノ語り〉の人びとのみに限定されるわけでないことが示唆されている。　著者要約

[書誌データ]　大平健『豊かさの精神病理』岩波新書,1990.

大室幹雄（おおむろみきお）(1937-)
『**劇場都市**』＊1981年刊

著者の企図からすれば，本書はこれ一冊が単独で読まれるのは必ずしも仕合せではない。本書は『桃源の夢想』(84)，『園林都市』(85)，『干潟幻想』(92)，『檻獄都市』(94)，『遊蕩都市』(96，すべて三省堂刊)とつづき，しかも未完の連作の第1巻だからである。

とはいえ，本巻も独立して読むことができるのは無論であって，古代中国における都市化現象の発生と展開を，文献学・考古学・民族学・歴史学・宗教学・社会学などを用いて記号論的また構造論的に解読し，この社会の都市化が文明化とシナ化 chinicization の経過であって，漢帝国の世界で頂点に達し，「漢代バロック」と呼ぶべき都市文明を形成したことを叙述した。解読の焦点は都市化の経過における象徴性，機能性および遊戯性に定められており，世界解釈と宇宙論，皇帝の祭祀と儀礼，知識人の発生と官僚化，都市の日常生活と祝祭，遊俠と道化など，都市の文化を形づくる諸位相を綜合的に解明して，古代中国都市にみられる生のたぎりの結晶を「劇場都市」と命名した。

記号論を援用する著者の解読はたぶんに分析的であるが，記号論や構造論の陥りがちな還元主義を避ける意図から，より以上に叙述的である。本書から『園林都市』等をへて『遊蕩都市』にいたる連作は，「歴史の中の都市の肖像」なる副題の示すとおり，中国の「都市の肖像」を，都市化の歴史現象の一事例として提示することを企図しており，肖像とは，分析によると同時に，より以上に叙述によって了解されるにふさわしい。のみならず，歴史とは物語であり，本来的に叙述されるべき世界だからである。　　　　　著者要約

［書誌データ］　大室幹雄『劇場都市―古代中国の世界像』三省堂，1981（ちくま学芸文庫，1994）．

小川博司（おがわひろし）(1952-)
『**音楽する社会**』＊1988年刊

本書は，音楽という切り口からの現代社会論の試みである。社会的コミュニケーションのなかで，音楽の占める部分が増大する過程にある社会を音楽化社会と呼ぶ。現代社会の音楽化が進行しているとすれば，いったい何が原因で，何が変わっているのか，これに答えようという試みが音楽化社会論である。音楽化社会論は，音楽化の進行の基盤と音楽化社会における人間コミュニケーションの変容の特質を明らかにしようとする。

本書は3部からなる。

第1部「音楽化社会の構図」では，第1章「装置との共生」と題し，メディアとサウンドスケープ（音風景）との関連を軸に，装置（メディア）と人間と音・音楽との関係を考察する。前半では，マクルーハンのメディア論を，ケージ，シェーファーという2人の音楽家の思想を通して解釈する。後半では，20世紀のメディアとサウンドスケープの変容を考察する。

第2部「音楽化社会の諸相」では，音楽そのもののもつ特質を考察し，現代における音楽化の具体的な展開を把握し，音楽化の現代的意義を明らかにする。音楽の特質としてあげられるのが，音によるコミュニケーション，ノリ，時間芸術であり，それぞれ，第2章「サウンド志向」，第3章「ノリの体験」，第4章「時間の浪費」において考察する。

第3部「音楽化社会の展開」では，現代社会において，見出される顕著な現象，アイドル歌手と広告音楽について考察する。第5章「アイドル現象の展開」と第7章「サウンドスケープとしての広告音楽」とをつなぐブリッジとして第6章「松田聖子―消費社会のアイドル」をおく。　　　　　著者要約

［書誌データ］　小川博司『音楽する社会』勁草書房，1988．

小木新造 (1924-2007)
『東京庶民生活史研究』 *1979年刊

民衆がどのように歴史を支え時代を切り開いてきたか，その動きを生活の場からとらえ直そうとする試みは年々活気をおびてきた。こうした気運を背景に「東京江戸」と呼ばれた明治初期の東京庶民の様態を統計資料や原史料を駆使して丹念に描き出したのが本書である。

多くの人にとってこの耳慣れない「東京時代」とは江戸から東京へ回転する重要な結び目である。そこに展開された地域の庶民文化の担い手である諸職人・小商人・雑業者ら東京人の生産・労働・娯楽・教育等々が，江戸からの伝統をどのように受け継ぎ，またどのように断絶していったかを，日常生活の営みのなかに浮き彫りにしようとした。

まず，土地利用図を作成し市街地域の推移や住民構成等々の基礎データを整え再編成し，東京人の生活苦の極限を，火災等の災害，コレラ等伝染病の重圧，物価変動と諸職の労賃変化のアヤのなかで実証する一方，庶民の高い娯楽要求と合わせて，当時の食料品の生産状況と流通事情とにより地域社会の生産力を追求して，東京時代の転換と発展の諸相を明らかにすることができた。

従来，ドラスティックな明治維新の変革は，西欧に範をとる文明開化によって日本の近代が創出され，東京はその実験場と位置づけられてきた。そのためか，庶民の生活・意識までが西欧文明の影響下にさらされたかの印象を受けてしまいがちだが，事実はそうではない。宗教観の変質からなる廃仏毀釈や権力による江戸文化の抹消が時代の潮流となるなかで，民俗的慣習や伝統文化への根強い庶民感覚が，徐々に徐々に変化を遂げる実態を明らかにして歴史認識の多角化を提唱した。いわば時代転換期の多重構造と，価値観の変化の過程（東京時代）について解明することが本書の意図である。

著者要約

［書誌データ］　小木新造『東京庶民生活史研究』日本放送出版協会，1979．

荻野恒一 (1921-91)
『文化精神医学入門』 *1976年刊

文化に基づく精神疾患像の違いに関しては，生物学的傾向の強い正統精神医学の基礎を築いたクレペリンも注目していたが，本格的に多元的文化的側面から研究が蓄積されたのは1920年代後半以降のアメリカにおいてで，文化人類学や精神分析学との協同作業であった。さらに現在では，欧米文化・白人中心主義を相対化しながら（比較）文化精神医学というジャンルが形成されつつある。

著者は精神科医としての活動を通した参与観察のもと東ニューギニア（現パプア・ニューギニア）で行った調査で，生まれ育った集落から都市へやって来て発病した人々が語る妄想を分析し，シャーマニズムと憑依性精神病のように固有の文化的状況と密接に関連している狂気だけでなく，急速に侵入してくる外来文化への反応としての狂気に着目するようになった。その後，篠島と日間賀島（愛知県），能登，沖縄などにおける調査を重ねて，進学や就職といった理由で，ある文化圏から他の文化圏に移動して現代文化に触れたり，従来の文化とは異質の現代文化が侵入してきたりすること，つまり異文化接触の経験によって人々に生じる文化的動揺が精神疾患として表現されることを明らかにした。

異なる文化圏における特殊な精神疾患の病像だけでなく，我々自身がおかれた現代社会における精神疾患へも比較文化的アプローチの射程を広げると，頻繁な社会移動によって急激な文化変容の過程にある現代社会では，社会的地位のたえざる動揺と他者との競争関係のなかでの孤独という新たな状況が加わり，従来とは異なる病像が現れてくることが理解できる。こうした考察は，社会変動や都市化，異文化摩擦，文化変容を扱う社会学にとっても大いに刺激的である。

高橋涼子

［書誌データ］　荻野恒一『文化精神医学入門』星和書店，1976．

荻野恒一 (1921-91)
『過疎地帯の文化と狂気』 *1977年刊

　精神医学者である著者が過疎化の進む昭和40年代後半の奥能登地方で出会ったさまざまな症例を分析した本書は，この地域の古代から現代に至る歴史，宗教風土と文化の形成，個別集落の地理的特徴をふまえた優れたフィールドワーク報告であるとともに，日本における文化精神医学の成立を示す古典である。

　奥能登の歴史は日本海の海運拠点として栄え開放的，進歩的になるときとこれが衰え陸路の悪条件が強調されて閉鎖的，孤立的になるときを繰り返しており，古代より一貫して辺地であったのではない。現在の閉鎖性や過疎は鉄道路線の伸長で海運業が衰退した明治30年代以降の沈滞によるいわば近代化の所産である。また中世以降は，仏教，とくに浄土真宗が深く浸透したためシャーマニズムと結びついた憑依状態を示す病者は少ない。こうしたデータから，周囲から孤立し古い因習が支配する地域には特異な憑依状態を示す精神病像があるはずだという先入見が正される。

　外部との交流の頻度や都市的性格の有無が集落間で異なり病者の病型の傾向にも反映されることから著者は，病者として疎外される形態には，生まれ育った故郷の文化のなかにあってしかも故郷に生きる人々とは異質の価値基準に依拠して生きているがゆえに「異邦人」となる場合と，今まで生きてきた故郷の文化から離れて異質の文化圏に入っていったがゆえにそこで「異邦人」にならざるをえない場合があることを指摘する。後者は現代文化の侵入，教育の普及と世代間の断絶，若い世代の出稼ぎと都市部への移住，流入先の大都市の過密と孤独といった諸要因が絡み合う今日，広く見られる現象であることを明示した本書は過疎と過密という表裏一体の現象を背景とした現代社会における疎外についての優れた論考ともなっている。
　　　　　　　　　　　　　　　　　　　　高橋涼子

[書誌データ]　荻野恒一『過疎地帯の文化と狂気—奥能登の社会精神病理』新泉社，1977.

奥田道大 (1932-2014)
『都市コミュニティの理論』 *1983年刊

　1960・70年代の日本の社会構造の変容過程を織りこんだ都市コミュニティの定義と実証分析のコレクションズを体系的に整序した都市社会学モノグラフ。4部12章（序を含む）構成。巨大都市化の系譜と発展類型中心の高度成長期，東京・関西都市圏の新郊外化過程，とくにニューカマーズの地域に根ざす価値意識とゆるやかな絆に着目，旧来型の「共同性と個」のテーマのジレンマ性をこえるコミュニティ・モデルを提案した。コミュニティの現実化の契機を郊外地住民運動に求めたが，ニューカマーズにとって新しい意味創造の「空間」観念を媒介にまちづくり運動への生成事例が，コミュニティ・リアリティの検証の場をなした。

　郊外化の発展期から成熟期への移行にあって，都市コミュニティを支える仕掛けとして，(1)公権力との対抗的相補性，関西都市圏の内発的まちづくり運動事例の新しい読みと発見，「さまざまな意味での異質・多様性への許容度の幅」に見る共生の作法は，運動の都市的体験（urban experience）に学んだ，(2)計画論のパラダイム・シフト（計画のない計画，逆説的プラン・メーキング），(3)まちづくり推進計画等を検討した。

　本書後半では，郊外化過程とひきかえに中枢管理空間へと特化した大都市中心地を，大都市市街地居住（再居住）の可能性から批判検討，郊外地型と結ぶ中心地型の都市コミュニティの複合類型を提示した。より大きな都市コミュニティの枠組みと都市コミュニティの再定義が最終章をなすが，都市コミュニティの条件として，(1)外へ外へとひろがる外延化の個と，内へ内へとこもる内包化の共同性との脈絡，(2)多様性にむけて，(3)個別と普遍の諸点が，1990年代に引き継ぐ宿題であることに変わりはない。
　　　　　　　　　　　　　　　　　　　　著者要約

[書誌データ]　奥田道大『都市コミュニティの理論』東京大学出版会，1983.

奥田道大 (1932-2014)
『大都市の再生』 *1985年刊

　本書は,『都市コミュニティの理論』(1983)が大都市新郊外化過程に発想したのに対して,大都市中心地のコミュニティ恢復の可能性と条件を追求するなかで,大都市再生のモデルをモノグラフィックに叙述した書。問題意識の所在としては,1970年代以降のアメリカ大都市の衰退化の現実と相互レファレンスするかたちで,大都市市街地居住(再居住)と結ぶ再生の可能性と条件を追求した。本書を貫くメソドロジカル・ノートを序章として,次の問題領域から構成される。

　(1)大都市郊外地のスプロール的展開とひきかえに,CBDとしての中心地の自己運動化の先に,「世界都市」仮説が時代の思潮となるなかで,複層的な地域と織り成す錯綜体都市ともいうべき都市再生モデルの提示。

　(2)「地域における生活と文化の再生」の観点から,①都心人口動態調査,都心居住の可能性を,さまざまなタイプの居住者のライフスタイル,住まい空間の実態を事例的に解明,②CBDの市街地空間に埋もれた神田三崎町その他の「町」の系譜と構造の解読,③大型再開発事業に抗して,地元の教会を事務局に内発的都市再生プログラムに携わる建築家,都市計画プランナー,地元住民らとの自主研究会を組織,旧宿場町を祖型とした中層の都市型住宅団地をコアとする北品川再生のシナリオを提案。

　(3)大都市衰退期にこそコミュニティ恢復力に繋がる都市再生のモデルを多様化させたアメリカ大都市と,バブル期に「世界都市」化の前に地域を衰徴・空洞化させた日本大都市との違いをどう見るか。課題を次著(『都市と地域の文脈を求めて—21世紀システムとしての都市社会学』1993)に引き継いだ。

　(4)都市モノグラフ編集の様式化にさいして,初期シカゴ学派の都市解読力に学ぶ。　　　　　著者要約

［書誌データ］奥田道大『大都市の再生—都市社会学の現代的視点』有斐閣, 1985.

奥田道大 (1932-2014)
『都市と地域の文脈を求めて』 *1993年刊

　本書では都市と都市社会学にとっての1990年代とは何かを理論と現実の解明を通じて問うている。90年代は20世紀と21世紀を繋ぐ位置にあるが,本書の構成は1960-80年代の都市と都市社会学の批判的検討に主点がある。60年代以降,巨大都市化の系譜と発展類型を1本の太い流れとしてきた都市社会学の行く末は何であったか。大都市の内部は肥大化した「都心」と疲弊著しい「郊外地コミュニティ」との分極化が顕著化した。そして,80年代後期に見た巨大都市化の総仕上げとしての「都心」の自己運動化の先に,「グローバル・シティ」「世界都市」が相次いで構想,提示された。都市が都市でなくなる状況認識にあって,改めて地域との文脈において社会学的意味での「都市」とは何かを検討した。序章「都市社会学の知とは」をはじめ7章構成。

　パーク(Robert E. Park)らの初期シカゴ学派の立場が本書の背景にあるが,本来「social diversity」を社会学的に問うた初期シカゴ学派が日本では1960年代以降の都市社会学のinstitutionalizationにおいて紹介されたため,ワースのアーバニズム三重図式が都市的生活様式,都市社会システムのモデルに接続して理解された。国境をこえるニューカマーズ外国人の地域社会の受容と変容を通じて,「コミュニティとエスニシティ」のテーマ化と都市エスノグラフィの編集が日本都市社会学にも日程化しているが,ローカル・エスニック・コミュニティを「大都市の中のムラ」ではなくて,21世紀に繋ぐ都市型社会の拡がりと重層性あるネットワーク生成として「都市」の内的発展を図ったアメリカと,受け入れの日本型システム,居住地コミュニティの文脈で受容と拒絶がテーマの日本との違いを明らかにする。　　　　　著者要約

［書誌データ］奥田道大『都市と地域の文脈を求めて—21世紀システムとしての都市社会学』有信堂, 1993.

奥田道大 (1932-2014)
田嶋淳子 (1954-) 編
『池袋のアジア系外国人』 *1991年刊

1980年代後半、東京が世界都市へと転換をとげ、日本の国家社会レベルの「地殻変動」が進むなかで、地域社会は最も先端的な変化を担う部分であった。本書は都市社会学の視点から、こうした変化の諸相を東京・豊島区池袋地区に居住するアジア系外国人156人ならびに地元住民105人に対する地域社会調査を通じて示した社会学的実態報告である。

外国人対象の調査に限らず、地域社会研究は調査者による徹底したフィールドワークが要請される。本書では一定範域に限定した集合住宅の悉皆調査法を採用し、訓練を受けた学生による丹念な面接調査により、実態の把握を進めた。日本の社会学的調査で、ニューカマーズとしてのアジア系外国人を対象としたものとしては嚆矢となる研究である。

本書は、調査枠組みの提示、調査データおよびケース・スタディとその分析により構成されている。多くの回答例を含む詳細な調査データの提示が1つの特徴である。データとケース・スタディとを組み合わせることにより、アジア系外国人をとりまく生活と意識の全容が示される。また、ニューカマーズの流入と定着とは受け入れとしての地域社会の変容を伴うと同時に、これまで地域に埋め込まれてきた基層としての「定住外国人」問題を浮かび上がらせることになった。

いわゆる「外国人労働者問題」の視点とは異なり、ニューカマーズとしてのアジア系外国人というカテゴリーは、半定住・定住化をも視野に入れている。このカテゴリーは幅広いエスニック研究に不可欠のものとして、外国人問題の位相の変化を示すことになった。

本書はその後『新宿のアジア系外国人』『新版・池袋のアジア系外国人』等一連の地域調査に引き継がれ、都市社会学分野でのエスニック研究の起点となった。　編者(田嶋淳子)要約

[書誌データ] 奥田道大・田嶋淳子編『池袋のアジア系外国人』めこん, 1991.

オークレー Ann Oakley (1944-)
『家事の社会学』 *1974年刊

本書は、女性学的研究の位置づけという重要な作業から始まっている。オークレーは、従来の社会学は、男性中心主義できわめて性差別的であり、女性や「家事労働」などを無視してきたと、厳しく批判し、こうした偏りを是正する家事研究の意味を説明する。そして、40人の主婦を対象に行った調査に基づく家事研究を展開している。

オークレーは、自分自身の経験や思いを重ね合わせ、当事者としての情熱をこめて、この「主婦」「家事労働」のテーマに取り組んでいる。5歳以下の子どもをもつ20歳代から30歳代の労働者階級の主婦20人、中流階級の主婦20人という、サンプル数からいえばむしろ少ないが、年齢、環境など比較的均質な人々を対象とし、個々の発言サンプルを多く収録することによって、主婦の日常、家事労働に関わる実感を、生き生きと浮かび上がらせることに成功している。また、オークレーは、調査の分析に際して、家事に関する感想と主婦の役割への志向性という、2つの観点を峻別することを提案する。彼女によれば、家事に関する感想については、労働者階級と中流階級に差異は見られず、家事への不満が同様にあるが、主婦の役割への志向性については違いが見られ、概して労働者階級の方が積極的に志向しているという。家事労働を労働として考えれば、無給で孤独で社会的地位が低く、休日がなく、長時間に及ぶという性質上、嫌われるのはうなずける。一方、「女の役割」に合致する主婦の役割に強く志向するというのは、女性に他の選択肢がないことや社会的な居場所がないことと関係がある。現在の女性たちが置かれている状況と未だ「女の役割」が強固に維持される事情を考察する場合に、大いに示唆的な問題の提起となると思われる。　桂　容子

[書誌データ] Ann Oakley, *The Sociology of Housework*, Martin Robertson & Company Ltd., 1974 (『家事の社会学』佐藤和枝・渡辺潤訳, 松籟社, 1980).

オークレー Ann Oakley (1944-)
『主婦の誕生』 *1974年刊

　オークレーは，主婦とは何か，ということを，産業革命以前には職業をもって独立した生計を営んでいた女性たちが，産業革命による工場生産の発達によって職業を奪われ，家庭内で家事と育児に専念する無償労働の担い手として期待されるようになっていった経過を通して説明する。この，主婦の創出をとりまく状況には，憩いの場としての家庭観，慈しむべき侵さざるべき存在としての子ども観の出現があり，それに伴う母性神話，性別役割の神話がつくられていく社会背景があり，それらがモラルとして人々の生き方を規制するようになる価値観の形成がある。オークレーは，性別役割の価値観を支え，強化している専門的権威として，比較行動学，人類学，社会学の3つを挙げて，それぞれの矛盾や欠点を指摘し，男性優位の視点に立った偏見であると批判している。また，母性神話についても細かな考察を行い，性別役割とともに，女性にとって抑圧の根源であると主張する。オークレーは，主婦を解放するためには，(1)主婦役割を廃止すべし。主婦の労働に賃金を保障しても，女性を主婦という従属的地位から救うことにはならない。(2)家庭を廃止すべし。主婦役割を娘に伝授し，現状の夫婦役割を維持するのでなく，もっと解放的で多様な人間関係が必要である。(3)性別役割を廃止すべし。あらゆる生活領域において，「性別ではなく，人」が必要とされるのでなければならない，と主張している。

　無償労働と有償労働のジェンダー配分の不均衡が，公的な認知事項となる今日まで，多くの主婦論，家事労働論が書かれ，フェミニズム運動が展開されてきた。本書は，そうしたなかで，「主婦とは何か」というテーマに正面から取り組んだ意欲的な一書であった。

桂　容子

[書誌データ] Ann Oakley, *Housewife*, Deborah Rogers Ltd., 1974（『主婦の誕生』岡島茅花訳，三省堂，1986）.

オースティン
John Langshaw Austin (1911-60)
『言語と行為』 *1960年刊

　オースティンは「日常言語学派」の流れに位置する英国の言語哲学者であり，本書は彼が1955年にハーヴァード大学で行なったウィリアム・ジェームズ記念講義を彼の没後アームソンが編集したものである。本書は，言語の機能を事実の描写のみに一面化してきたそれまでの哲学を批判し，ことばを語ることが同時に約束，命令，依頼といった行為の遂行であることを明らかにした点で言語哲学史上大きな意味をもつ。

　彼は「明日来ることを約束する」等の発言が，しかるべき状況下でなされた場合，事態を記述するにとどまらずある種の社会性を帯びた行為を遂行していると分析し，これを「行為遂行的発言」と名付け，記述中心の機能を果たす「事実確認的発言」と区別した。言語の記述的側面に対する評価基準には「真偽」があるが，遂行的側面には適切／不適切という基準が適用される。さらに彼は，記述性と遂行性は，実はすべての発言が内包する局面であるし，我々は発話によって，文法にかなった文を構成する「発語行為」を行ないつつ，同時に，聞き手にある種の力（force）を行使する「発語内行為」を遂行し，その発言によって相手に影響を及ぼす「発語媒介行為」を遂行していると分析した。

　言語行為論はその後，アメリカの言語哲学者サールによって体系化され，チョムスキーの流れを汲む生成文法学者にも積極的にとりいれられた。また，社会学では会話分析や行為論の枠組みとして，心理学では言語の獲得過程や了解機制の説明装置として，有用な分析道具として期待され，その他，文化人類学や文学理論でも援用が試みられている。

橋元良明

[書誌データ] John Langshaw Austin, *How To Do Things with Words*, Harvard University Press, 1960（『言語と行為』坂本百大訳，大修館書店，1978）.

オズーフ Mona Ozouf (1931-)
『革命祭典』 *1976年刊

　フランス革命はわずか10年の間におびただしい数の祭典を生み出した。緊迫した状況下にありながら，権力を掌握したグループはいずれも，休むことなく祭典を企画し，あるべき祭りの形態を議論し，技師や建築家を動員し，演出を工夫した。それは，祭りによって新たな統一性を創出しようとする革命家たちの情熱の産物でもあった。

　フランス革命の長い研究史において，祭典が歴史家たちの関心をひかなかったわけではない。だが1人の例外（ミシュレ）を除けば，彼らはそれをもっぱら党派のプロパガンダの手段としてとりあげていた。たとえば共和派の歴史家オラールによれば，「理性の祭典」はエベール派の，「最高存在の祭典」はロベスピエール派の政治的デモンストレーションであった。オズーフは，こうした祭典＝党派という関係を切断しようとする。「これほどまでに異なる政治的意図が，これほどまでに似かよった祭典を生み出すのはどうしてなのか」。かくしてオズーフは，政治史や社会経済史から訣別し，革命祭典を心性と政治文化の視点から見つめなおす。すなわち，「祭りそれ自体」へと目を向ける。

　党派を越えて存在する革命祭典のコンセンサスという見方は，ミシュレの革命史にも通ずるが，著者自身が回想しているように，1968年パリの「5月革命」の影響もある。あの出来事は，現代における「祭りの貧困化に対するひとつの報復」であった。革命祭典は，暴力への呼びかけではなく，「再生」への願望を表明している。それは，生まれたばかりの新しい国民共同体に「聖性」（sacralité）を賦与するものなのである。　　　　　訳者要約

[書誌データ] Mona Ozouf, *La fête révolutionnaire 1789-1799*, Gallimard, 1976（『革命祭典』立川孝一抄訳，岩波書店，1988）.

尾高邦雄 (1908-93)
『職業社会学』 *1941年刊

　職業を個性発揮，連帯実現，生計維持の3つを目指す継続的人間の行動様式と規定する。今まで主要な職業研究には3つあり，職業人口の数量的把握を意図する職業統計は，職業社会学に不可欠であるが，職業人口そのものは社会学の問題ではなく，適性分析を行う職業心理学も社会を度外視する点で問題で，職業道徳も社会学が経験科学で，規範学でない点で異なる。職業社会学の関心は共同で，それは連帯実現の根本範疇として職業をとらえ，職業生活の全面把握を志すものという。

　そして社会学に古来多い職業分化を論じた後，欧米の職業構成の推移を分析して職業の盛衰を問題にし，職業を共同要件とする職業団体としてギルド，座，株仲間を論じ，真の意味では職業団体といえぬが，身分，階級も職業を基盤に構成されるとして取り上げる。また各職業には独自の気質，自職業への愛着，他職業への冷淡，無理解等内面的特質が発生するとして，職業気質，職業意識，職業道徳を研究課題として論ずる。そして安定的な伝統社会で重視される職業世襲と，転換期に重視されがちな自由制を問題とし，後者では個性は尊重されるが，連帯が没却されがちだと問題点を指摘する。

　だが最近では企業が大規模化し，多くの職業が同一企業内で共同しはじめる。昔の職業団体は同職者で構成されたが，これは異職者集団でその意義が重要化する。かくして職業原理のみでは分業を云々することが不適当となり，産業原理からの把握も不可欠となる。また職場も機械化，分業化，合理化が進み，作業の断片化，画一化は個性の発揮を困難にし，労働の喜びはなくなって，最短労働と最高賃金を欲する気風が強まり，こうした現実の分析が新たな課題となるという。　　　　松島静雄

[書誌データ] 尾高邦雄『職業社会学』岩波書店，1941（改訂版1，2分冊，福村書店，1953；3分冊未刊）.

尾高邦雄（おだかくにお）(1908-93) 編
『鋳物の町』 *1956年刊

　1948-51年の川口鋳物業調査の報告で，序説の後に4論文が掲載される。「地域社会と工場」では1947年の臨時国勢調査で人口11万6千，内2万3千が工業に従事し，その6，7割は鋳物の従業者，他に仕上げの機械工や木型工等がおり，商業も有力者は製品や原料の仲買・販売者で，市民の4分の1は鋳物に関係して生計を立てている。市民も鋳物が市の存続に不可欠だと認識し，業者は技術を尊重するが金銭に恬淡で，働きさえすれば金は何とかなるという川口気質を持つという。

　「事業主の系譜と性格」　市には約500の鋳物業主がいて，大方は30人未満で初代45％，2代と3代目各20％である。工場主は自分も鋳物の腕を持ち，工場内か隣接地に住居を構え，従弟を居住させ面倒をみている。工場の60％に家族従業者，80％に自家従弟がおり，従業員1人1人をよく知っている。経営は組織立たず，事務は妻や家族，時に働き番頭がやり，工場主は生産に専念して妻が得意先を廻って支払いや集金を行うのが典型的だ。

　「従業員の構成と態度」　かかる川口でも資本主義は高度化し，労働組合は強まっている。そこで規模と組合の性格から68工場を選び，従業員1054人の態度調査を行う。結果は家業従業者，事業主との特殊関係者，自家従弟はモラールが高く，企業や仕事への態度は積極的で，年齢・勤続・学歴・賃金が高いものと低いものでモラールは高く，中間で低い傾向を持ち，事業主の態度と仲間の融和がとくに態度に強い影響力を持つ。だが川口鋳物業は全般的に帰属感が強く，事業主との特殊関係者が多いこともあり態度は積極的である。

　「労働組合における人間関係」　川口では技術が尊重されると，企業の技術導承の流れが組合活動にも持ち越され，役員選挙等に影響する実態を明らかにする。

松島静雄

［書誌データ］　尾高邦雄編『鋳物の町』有斐閣，1956.

小田亮（おだまこと）(1954-)
『性』 *1996年刊

　100頁ほどの本書のねらいは，川村邦光や上野千鶴子，成田龍一，古川誠らによる近代日本の性の言説の研究を踏まえて，日本近代の「性欲＝セクシュアリティの装置」（M. フーコー）の創出とそれが内包するずれからなる「性欲の歴史」を素描することにあった。

　近代の性欲の装置は，個人の内面にある性欲というものを発明することによって，それを自覚する主体としての自己のアイデンティティを創り出す効果をもつ。それ以前の色情がその場限りのものだったのと違い，近代では性欲の正しい活用や性欲の性差および正常／異常の区分が，その個人のアイデンティティとされる。たとえば，性欲の装置は，同性愛者を異常な性欲を所有する個人の本来的なアイデンティティとして創り出したが，それ以前の男色は，個人の内面にある性欲としてではなく，男同士の盟約（アライアンス）を創る，場によって変わる行為として存在していた。日本では，性欲の装置は明治以降にもたらされたが，明治初頭に西欧の性医学書の翻訳として出版された「造化機論」は，民衆文化において春画に連なるものとして「流用」されて，性欲の装置を創り出せなかった。日本における性という領域の成立は，性欲という語を普及させた1910年前後の自然派小説や1920年前後の通俗性科学の流行からである。それ以降，男たちは，正しく性欲を所有し活用する首尾一貫した欲望の主体として主体化されるようになった。

　また，本書では，近代日本での性欲の装置の確立の素描だけではなく，その装置が主体化から除外していた女性の性欲による主体化の問題や，民衆文化での流用が首尾一貫した欲望の体系を一貫しない快楽へとずらす可能性といった，装置自身が生み出した装置への抵抗にも注目している。

著者要約

［書誌データ］　小田亮『〈一語の辞典〉性』三省堂，1996.

落合恵美子 (1958-)
『近代家族とフェミニズム』 *1989年刊

　日本の家族研究とフェミニズムへの近代家族論導入に先鞭をつけた諸論考を集めた論文集。「近代家族」(modern family) とはアリエス、ショーターらの社会史家が用い始めた概念で、本書の巻頭論文（初出1984）では、(1)家内領域と公共領域の分離、(2)家族成員相互の強い情緒的関係、(3)子ども中心主義、(4)男は公共領域・女は家内領域という性別分業、(5)家族の集団性の強化、(6)社交の衰退、(7)非親族の排除、(8)核家族、といった特徴をもつとしている。この8項目は近代家族のメルクマールとしてしばしば引用されてきた。

　近代家族の諸特徴は家族一般の性質と考えられてきたことと重なるが、それが実は近代という一時代の家族の特徴でしかないと暴露することで、一般常識のみならず社会科学においても自明視されてきた家族像を相対化する道を開いたことが、本書の最大の理論的貢献と言えよう。こうした見地から、第6章「家族社会学のパラダイム転換」では従来の家族社会学の支配的枠組みを「集団論的パラダイム」と名付け、それが近代家族的家族観を暗黙の前提としていることを批判して、家族社会学におけるパラダイム論争の口火を切った。

　また、フェミニズム理論にも近代家族論の視点を取り入れ、主婦や母であることを中核とする女性役割は近代家族とともに成立したにすぎないこと、公的領域における人間の平等と家内領域に属する女子供の平等からの排除という規範の齟齬が性差別とフェミニズムを生んだことなどを論じている。

　本書にはまた、出産の社会史的変容と近代家族・近代国家成立との関係を分析した論文や、現代家族の育児ネットワークをめぐる調査研究、「アグネス論争」に関わる論考などが収められている。
著者要約

[書誌データ]　落合恵美子『近代家族とフェミニズム』勁草書房, 1989.

オッフェ　Claus Offe (1940-)
『後期資本制社会システム』 *1987年刊

　本書は1960年代後半から80年代中期までに著した論文のなかから、著者自らが日本の読者のために独自に編集した論文集の翻訳である。本著を貫く根源的な目的意識、それは「自分の階級的性格を実現すると同時に眼に見えないように」する後期資本制国家の構造的諸問題である。

　国家は、「構造・イデオロギー・手続き・暴力装置」といった「フィルター・システム」を通じて行使される構造的選択作用、そしてそれとは反対方向に働き、それを否定する対抗的選択作用、この2つの選択作用により、調整と抑圧という統御行為を行い、外見上の階級的中立性を保持するのであるが、この概念を導入することでオッフェは、政治諸制度のもつ抑圧機能にもっぱら焦点を当て、経験的に確定できる主体に対象を限定してしまう伝統的なマルクス主義国家論、およびシステムの維持と安定を主要命題と見なし、要素間の均衡諸条件の分析を中心課題とするがゆえに、国家の階級性や構造変革主体の問題を軽視するシステム理論、この両者の問題点を克服し、無政府的な競争に終始する個別資本と労働者階級から資本の社会的存在条件を保護し、実現する国家装置の批判的分析に成功する。

　著者自身も序文において認めているように、本書は「歴史的唯物論、システム理論、合理的選択の理論に源をもち……ハーバーマスが展開し修正した批判理論に由来する論拠と仮設の折衷」的な色彩が強い。しかしながら、資本家対労働者の階級対立という単純な図式ではもはや語ることが不可能な後期資本制社会における主体のあり方を探す点で、オッフェの理論的枠組みは新たな方向性を示している。
編訳者要約

[書誌データ]　Claus Offe, *Anthology of The Works*, 1987（後期資本制社会システム）壽福眞美編訳, 法政大学出版局, 1988).

■**オートナー** Sherry B. Ortner (1941-) 他
『男は文化で，女は自然か？』 *1987年刊

　1960年代に抬頭した第二波フェミニズムは，少なくとも英語圏では，多様な研究領域に深く浸透して，その伝統的な構造の背後に潜んでいる男中心主義をあぶりだした。人類学も例外ではなかった。フェミニスト人類学は，男の観察者によっては見えないでいた現実を明らかにしただけでなく，フェミニズムが提起した問題そのものに答えようとしている。

　とりわけ重要なのは，女の従属的な位置がほとんど普遍的だという事実を，どのように説明できるか，という問いであった。エドウィン・アードナーは1972年の論文で，レヴィ＝ストロースの自然と文化という用語法を使い，女性が自然の近くに位置づけられる点にその劣位化の原因を求めた。議論はオートナーやマチウたちがそこに参加することで，活発に展開されるようになった。特にオートナーは女性の肉体的・社会的・精神的な状況が，女性＝自然という観念を生み出したと主張し，大きな反響を呼んだ。この論点はさらに，ミシェル・ロサルドたちによって，公的領域と家族的領域の分割とも関連させられている。本書はアードナー，オートナー，ロサルドたちのこの論争にかかわる基本的な論文を集めて翻訳したものである。そこでは自然／文化という区別を前提しても，女性を自然の側に分類しない文化，さらには自然と文化という二項対立そのものが不在な文化の存在も指摘されている。女性の普遍的劣位化というテーゼ自体への批判もなされており，活発な論争が現在も継続中である。
　　　　　　　　　　　　　　　　編訳者要約

［書誌データ］オートナー『男が文化で，女は自然か？』山崎カヲル編訳，晶文社，1987 (Edwin Ardener, *Belief and the Problem of Women*, 1972; Sherry B. Ortner, *Is Female to Male as Nature is to Culture?*, その他).

■**オームス** Herman Ooms (1937-)
『徳川イデオロギー』 *1985年刊

　江戸前期を中心とする近世日本イデオロギー研究。従来の徳川思想史，例えば丸山真男『日本政治思想史研究』(1951) では，徳川幕府の朱子学採用に近世日本イデオロギーの確立をとらえる。しかし，オームスは本書の前半で，その朱子学中心化神話に異を唱える。近世日本イデオロギーは，朱子学専一的なものではなく，仏教，儒教，神道等の諸言説，また儀礼，法制，物語，コスモロジーなどの複合的な構成物であり，その構成によって，権力の根拠を隠蔽した体系なのだという。このうち，とくに問題になるのは，神道＝神話的言説と儒教的理論との癒着であるが，その典型的構造を本書は山崎闇斎に見出し，後半でこれを分析する。解釈学をふくみつつ個々人を主体化する闇斎の論が，「イデオロギー的完結」を構築し，それが日本イデオロギーの成立であると共に将来にわたる基本形をなしていると論じる。イデオロギーの実践的構造を明らかにすると共に，日本イデオロギーの本質を〈神儒習合〉など神話的言説と理論との癒着構造にあるとするわけであり，近代の日本国家イデオロギー分析にも示唆が多い。戦後日本の幕藩国家イデオロギー論では天皇・神道・儀礼等のイデオロギー的機能は隠蔽し無視する傾向があったが，本書は，その欠如面を外国の日本学の視野から暴いた結果になっている。また，個々の実証に入り込んで，大きな史的・社会的構造の提示や理論的吟味をあまり行なわない日本人の歴史・思想研究に対する，対案の提起にもなっている。理論的には，フーコー，ハーバーマス，ジェイムソンなどの展開例としても興味深い。題名は，近代化論的な視野から徳川社会を肯定的・楽観的に論じたベラー『徳川宗教』への批判をも込めている。
　　　　　　　　　　　訳者（黒住　真）要約

［書誌データ］Herman Ooms, *Tokugawa Ideology: Early Constructs, 1570-1680*, Princeton University Press, 1985 (『徳川イデオロギー』黒住真・豊澤一他訳，ぺりかん社，1990).

折口信夫 (1887-1953)
『大嘗祭の本義』 *1928年刊

　天皇の即位に際して執り行われる大嘗祭の本義を解析することで，古代天皇制のあり方を浮き彫りにしようとした論考。冒瀆的と映りかねないほどまでに，天皇制を背後で支える猥褻さを暴露してみせている。

　大嘗祭とは，新天皇が神を迎え，神から魂（天皇霊）を授かる儀式である。つまり天皇の身体は魂の容れ物なのだ。身体に外来魂を付着させる方法が，たまふり（鎮魂）である。

　大嘗祭は食の隠喩を核にしている。儀式の最も重要な要素の一つが，外来した神に，天皇が「にへ（調理された食物）」を差し出して食べてもらうことにあったからである。諸国に人を遣わし穀物（食物）がよくできるようにすることが，天皇による食国（アスクニ）のまつりごとであり，大嘗祭には，その穀物の実りの報告としての意義もあった。稲穂は神であり，魂であると見なされていたので，諸国がこれを宮廷に贈与することは，宮廷とその神への絶対服従の態度を表示するものだった。

　食の隠喩に性の隠喩が重ね合わさっている。大嘗祭の時の悠紀（ユキ）・主基（スキ）両殿には，寝床が設けられ，衾（フスマ）・衾（アスクニ）といった寝具が置かれている。この事実を指摘することで，折口は，たまふりとは天皇が神の嫁になることだ，ということを暗示している。天皇自身も，水によって天皇を清め，天皇が物忌み（禁欲）のために身につけている褌を解く「水の神の娘」を，嫁とする。天皇は，食物を神へと贈与しつつ他方で諸国から食物の贈与を受けたのと同様に，自らの身体を嫁として神に与えつつ他方で女を受け取ったのである。

　折口の最大の主題は，文学・言語・道徳等の「発生」である。折口にとって，天皇を反復的に発生させる大嘗祭はあらゆる発生の儀礼の元型だった，と言えるだろう。　　　大澤真幸

［書誌データ］　折口信夫『大嘗祭の本義』『國學院雑誌』34巻8/11号，1928（『新編集決定版　折口信夫全集3』中央公論社，1995）．

折口信夫 (1887-1953)
『国文学の発生』 *1929年刊

　折口信夫は「国文学の発生」と題する論考を4篇書いている（第1稿：1925，第2稿：1925，第3稿：1929，第4稿：1927）。その他，若干ニュアンスを異にするが，「日本文学の発生」という題の文章もある。これらの事実は，国文学の発生という論題が折口のライフ・ワークの1つであったことを示している。4篇の「国文学の発生」の内，第3稿が，『古代研究（国文学篇）』の劈頭に置かれたことから判断して，折口にとって中心的な論考であったと考えられる（発表年が第4稿より新しいのに第3稿とされているのは，執筆時がより古いからであろう）。

　一連の「国文学の発生」が論証しようとしていることは，まれびとの発声に帰することができる信仰の詞章として，国文学が発生した，ということである。まれびとの意味については，特に第3稿に詳しい。まれびととは，外部から共同体に来訪してくる神のことである。ここで主題化されている「古代」は，通時的には主として王朝成立以前を指すが，折口自身が採訪した民間伝承や習俗を重要な論拠にしていることから，後の文学表現をも規定し，現在までも持続的・共時的に潜在している原初的要素とも見なすべきだろう。

　第1稿では，たとえば，古代の叙事詩の三人称表現に一人称が混入していることに注目する。それは，叙事詩が本来は神の独言であったことの痕跡とされる。実際に神の言葉を代行したのは語部である。第2稿では，語部の零落過程についても論述されている。

　このように，折口は，文学の起源をまれびとへの信仰に求めた。第4稿によれば，文字をもたない音声のみの発想が，当座に消滅することなく保存され，文学意識を分化させるためには，主観的な感情の強さだけでは足りず，口頭の表現が信仰に関連していたはずだからだ。　　　大澤真幸

［書誌データ］　折口信夫『古代研究（国文学篇）』折口信夫全集1，中央公論社，1929（中公文庫：1975）．

折原浩 (1935-)
『デュルケームとウェーバー』上・下
*1981年刊

　本書は，エミール・デュルケームの『自殺論』という著作を，まずは，その論述構成に沿いながら徹底して内在的に読解し解釈してゆく，コメンタール風の構成をもったひとつの古典研究である。そのことでこれは，第1に，大学のゼミなどで『自殺論』という〈古典〉を教材として取りあげ学んでゆく際に指針となる，社会学の古典教材研究たることを目指している。しかも同時にこれは，デュルケームという著者の方法論上の著作（とくに『社会学的方法の諸規準』）を絶えず参照しながら，論理的に主張された方法論が経験的モノグラフである『自殺論』にどのように実現されているのかを問い，この社会学的方法の個性とメリット・デメリットを実例に沿いながら検証するという，独自なスタイルの古典学説研究でもあるのである。

　他方で本書は，このデュルケームの方法を，社会学史上のもう一人の古典的代表者たるマックス・ウェーバーの方法と，これも『プロテスタンティズムの倫理と資本主義の精神』という経験的モノグラフの論述に徹底して沿いながら対比してゆくことで，社会学史の広い見通しのなかに2つの個性ある方法を具体的に位置づける，趣向に富んだ学説史研究にもなっている。そのことにより本書は，第2に，デュルケームとウェーバーに関する専門研究に深くコミットするのである。

　『自殺論』の構成に即した篇・章・節の構成に，いくつかの補説と膨大な注記を組み込んだ本書は，至るところに独自な主張や問題提起が仕掛けられていて読者に知的緊張の持続を要求するが，それを通じて著者が一貫して提示しようとしているのは，社会科学的に厳密な思考とは何かであろう。この意味で本書は，これはこれで独立した社会科学の論理学の書となっている。

〈中野敏男〉

［書誌データ］　折原浩『デュルケームとウェーバー』上・下，三一書房，1981.

折原浩 (1935-)
『マックス・ウェーバー基礎研究序説』
*1988年刊

　社会学の古典中の古典と認められてきているマックス・ウェーバー『経済と社会』は，実は，ウェーバーの死後に他者の手で編集・刊行された遺稿であり，その編纂になお問題を残している著作である。本書は，この編纂問題に本格的に立ち入り，原著者ウェーバーの構想通りにそれを復元・再構成することにより，その巨視的な比較宗教社会学と社会学理論をあらためて十全な姿において見直そうという大きな計画のための基礎研究である。

　1911〜13草稿と称されうるこの遺稿は，刊行に結びつかないままウェーバー自身によってしばらく放置され，死後の刊行本は初版から現行第5版に至るまで編纂者側の解釈によってテキストが並べかえられて編集されてきたゆえに，これを原型に復するには多大な困難が伴わざるをえないものとなっている。この困難に本書は，まず，テキストのなかに緊密に張り巡らされた前後参照指示からテキストの元の順序を推定し復元するという基本方針を提起する。そしてその方針の下に，現行第5版で採られている「2部構成」の編纂を批判し，同時期の論文「理解社会学のカテゴリー」を組み込んだ1部構成（『世界宗教の経済倫理』諸論文との著作間2部構成）の編纂方針が提示されている。この編纂方針は，その後の折原の著作『ウェーバー『経済と社会』の再構成　トルソの頭』（東京大学出版会，1996）でさらに具体化され展開されて，部分的には既に内容的にも実現されている。

　ウェーバーのテキスト研究である本書は，同時に，現在の学問状況への著者自身の厳しい問題提起でもある。本書により著者は，学問の生命であるべき〈論拠の確実さ〉と〈論証の厳密さ〉とは何かを，一貫して問い自ら示そうとしているのである。

〈中野敏男〉

［書誌データ］　折原浩『マックス・ウェーバー基礎研究序説』未来社，1988.

オルソン Mancur Olson (1932-98)
『集合行為論』 *1965年刊

本書は，合理的選択論の代表的な古典である。したがって，本書を読むことで，合理的選択理論が何を目指しているのかを知ることができる。

集団は，成員の共通利益を実現するために，すなわち公共財を供給するために，組織化されていると考えられている。しかし，オルソンは，このような見解が大集団においては誤っていることを主張している。大集団では，一個人の行動が公共財の供給の成否に関係なくなるほどまで，全体に及ぼす一個人の影響が微少になる。そして，公共財が供給されないことがわかっているときにわざわざ費用を負担することも，公共財が供給されることがわかっているときにわざわざ費用を負担することも，ともに合理的でない。つまり，大集団では，すべての個人が公共財を供給するための費用を負担しようとしないために，結果として，公共財は供給されない。

確かに，組織化された大集団は存在するし，その大集団が公共財の供給に成功している場合もある。しかしその場合でも，個人は，集団の組織化に貢献することで個人的な利益を得ることを目的にしており，公共財を享受することを主目的にして集団の組織化に貢献しているわけではない。つまり，直接には公共財と関係のない選択的誘因を成員に提供できる大集団のみが，公共財を供給できるのだ。公共財の供給は，その大集団にとって単に「副産物」であるに過ぎない。つまり，大集団と小集団の規模の違いは，量的な差異だけでなく，質的な差異でもある。このことを明晰な論理によって明らかにしたことが本書の最大の貢献であろう。

数土直紀

［書誌データ］Mancur Olson, *The Logic of Collective Action: Public Goods and the Theory of Groups*, Harvard University Press, 1965（『集合行為論―公共財と集団理論』依田博・森脇俊雅訳，ミネルヴァ書房，1983）.

オールティック Richard Daniel Altick (1915-2008)
『ロンドンの見世物』 *1978年刊

著者はアメリカの大学教授で英文学の研究家であるが，今日「大衆文化研究」と呼ばれるものの先駆者で，『英国の一般読者』『ヴィクトリア朝の緋色の研究』（犯罪の社会・文化的研究）などの著書もある。

本書はロンドンのショービジネスの歴史的研究であるが，単なる「見世物」に限定することなく，人間の「見る」好奇心を利用した金儲け事業すべてに対象を広げている。14世紀に寺院や修道院が聖人の死体その他の遺物（と称するもの）を展示して，善男善女の金をしぼり取ったあたりから始まり，17世紀の歴史的遺物の展示と，宗教的休日（つまり縁日 fair）における珍品の展示で，ひとつの頂点に達する。

18・19世紀になって市民階級が金と社会的地位を獲得するに伴って，ロンドンのショービジネスはその量と多様性が激増する。今日の大英博物館の前身である個人コレクションや，ロンドン塔（ここの目玉は歴史的遺品ではなく，イギリスで唯一匹の生きた象）から，下はサーカス，フリーク・ショーに及ぶ。学問的に貴重な収集もあれば，未開人や奇形人や精神病患者までも金目当ての見世物にする人間の醜い欲望をむき出しにした恥知らずの企業もあった。また科学の発達による光学奇術（パノラマ，ジオラマ，自動人形，天文学ショー）などが，珍しもの好きの大衆を集め，財布の紐をゆるめさせた。

本書はその時代の文献，証言，絵図によって具体的に語らせることを主眼としている。詳細な註，文献註，索引がついている。

監訳者要約

［書誌データ］Richard D. Altick, *The Shows of London*, The Belknap Press of Harvard University Press, 1978（『ロンドンの見世物』小池滋監訳，全3巻，国書刊行会，1989-90）.

オルポート Gordon W. Allport (1897-1967)
『心理科学における個人的記録の利用法』 *1942年刊

社会意識の研究には、大きく分けて、数量的データに立脚するものと質的データに立脚するものがある。個人的ドキュメントとは、質的データの中核をしめるものであり、第三者によってではなく、本人自身によって表現された、その個人の精神生活の諸側面の情報をもたらす、いっさいの自己表示的記録を意味する。具体的には、自叙伝、インタビューの逐語的記録、日記、手紙などをさす。

本書は、数量的アプローチこそが科学的方法であるとの考え方が強まっていくなかで、そのような個人的ドキュメントの価値を擁護すべく書かれた。オルポートは、個人的ドキュメントという単一事例を個性記述的な観点から解釈するアプローチには、数量的データの法則定立的な分析にひけをとらない固有の価値があるという確信のもとに、主観的な記録からなる単一事例をデータとして扱うことへのさまざまな批判、代表性、妥当性、信頼性、欺瞞、自己欺瞞、記憶の誤謬、概念化の恣意性などの論点をめぐって逐一反批判を展開した。

オルポートの反批判のすべてが説得的なものとは言いがたいが、こんにち、ライフヒストリー研究の隆盛のなかで質的データの活用にはめざましいものがあり、質的データの価値を頭から否定する研究者はもはやいまい。そうであればこそ、数量的アプローチと質的アプローチそれぞれの射程と限界をより明確にする作業が必要だ。本書は、その議論をつきつめていくさいに、立ち返るべき論点を豊富に含んでいよう。

訳者要約

[書誌データ] Gordon W. Allport, *The Use of Personal Documents in Psychological Science*, Social Science Research Council, 1942 (『心理科学における個人的記録の利用法』大場安則訳、培風館、1970).

オルポート Gordon W. Allport (1897-1967)
『偏見の心理』 *1954年刊

オルポートは、偏見を、ある人がある集団に所属しているから、その集団のもつ嫌な特質をもっているはずだという理由だけで、その人に対して向けられる嫌悪の態度もしくは敵意ある態度、と定義する。

人間の思考には、なんらかのカテゴリー化が不可欠である。しかし、それが「過度のカテゴリー化」となるとき、予断に、そして偏見に転化していく。偏見にとらわれた人は、ある集団に属する他者を、あるがままの個人として見ようとはせずに、まちがった一般化と敵意の対象としてしまう。そのような偏見は、柔軟性を欠いた一般化に基づいているために、誤った判断の修正を求める新たな知識が現れても、容易に改められない。

そして、オルポートは、このような民族的偏見は、行為としては、「誹謗」「回避」「差別」「身体的攻撃」「絶滅」という5つの様相をとると、定式化した。

オルポートは、偏見の本質に迫る際の方法論的前提として、偏見の原因をなにかあるひとつの根源的な要因に、たとえば、経済的搾取とか社会構造とか習俗とか恐怖とか攻撃心とか性的葛藤等々のいずれかひとつに求めることはできず、多元的な要因によって形成されるものだと考えている。つまり、多元的な諸要因の連鎖のなかでのパーソナリティ形成の過程で、偏見がつくられていくとする。それゆえ、オルポートの議論は多岐にわたっているが、具体的事例を豊富に援用しつつ展開されているので、読んで厭きることはない。偏見研究の古典とされるゆえんであろう。

福岡安則

[書誌データ] Gordon W. Allport, *The Nature of Prejudice*, Addison-Wesley, 1954 (『偏見の心理』原谷達夫・野村昭訳、培風館、1961).

■ オルポート Gordon W. Allport (1897-1967),
ポストマン Leo Joseph Postman (1918-2004)
■『デマの心理学』*1946年刊

　ハーヴァード大学の心理学教授，オルポートとその門弟ポストマンによる本書は，デマ，あるいは流言に関する先駆的な著書である。この研究の発端となったのは，第2次世界大戦中に，アメリカ国内でひろがった，出所も証拠も明らかでないデマによる，軍事上の損害に対してその防止策をつくる手引きとなった。戦時に限らず，災害，大事故の際に発生するデマの基本法則として，デマの強さを次のような方式であらわしている。「R～i×a」Rはrumor（流言）のR，iはimportance（重要性），この公式の意味を言葉でいうと，デマの流布量Rは当事者にとっての問題の重要性と，その論題についての証拠のあいまいさa（ambiguity）との積に比例するとした。この原則から出発して，オルポートは1枚の絵を見せて，それに関する記憶がどんなに間違って，他人に伝えられるかを実験した。その結果によれば，デマは多くの人に流されていくうちに，次第に短くなり，要約され，平易になっていくという傾向をもっている。さらに一部分が強調されたり，記憶から生まれる観念の連想によって，話が歪められていく。

　さらにデマは誇張，圧縮などによって最終的には社会全体に広がる危険性を持っている。オルポート達はデマの実例を主として第2次大戦中の例によって論じているが，人々がデマに対する免疫力を高めるために，デマの予防機関（Rumor clinic）の設立によって，拡大を阻止することを提言しそれを各地に実現させた。
　　　　　　　　　　　　　　　　　　訳者要約

[書誌データ] Gordon Willard Allport and Leo Joseph Postman, *The Psychology of Rumor*, Henry Holt, 1946 (『デマの心理学』南博訳, 岩波書店, 1952).

■戒能通孝（かいのうみちたか）(1908-75)
■『入会の研究（いりあい）』*1943年刊

　戒能通孝の入会権に関する研究は昭和10年代に始まった。当時の入会権の研究では，中田薫による入会地総有権理論が通説としての地位を確立していた。戒能は，入会権を土地所有の観点から展開する総有権説を批判し，「所有権」観念がまだ確立をしていない段階での，「進退」「所轄」「占有」の対象となる，共同収益権であるとした。この主張の背景には，(1)明治初年の地租改正等は，上部かつ外部からの強制によって，入会地に官民有の区分をして形式的に所有名義を与えたものであること，(2)大正4年3月16日の大審院判決に代表される，官有地に編入された入会地が編入と同時に当然消滅するかのような理論構成に反対し，(3)民有地に編入せられた入会地についても，実態とは乖離した形式的所有名義（個人有・記名共有・村持等の名義）の違いにより権利の帰属関係までが曖昧なものになったことを批判し，(4)入会地をめぐる農民の共同収益関係のなかに，「町村の精神的団結性を促進させる具体的根拠」がある，とする認識があった。そして，この認識は農民の生存権としての入会権をいかに守るかという実践的課題を前提としたものであったし，この実践性は小繋事件に代表されるように氏の現実の行動にもつながっていた。また，戒能は，入会地を通じた精神的団結性のなかに，「日常生活に於ける団体的協同者意識の発現形態」を見いだし，自らの力で自らを支配する「国民」（マイネッケ）創出の母胎をそこに発見しようとした。戦後日本の法社会学は近代化＝民主化を掲げ日本社会の改革を担う実践的な学問として登場してきた。この実践性は戒能理論の伝統でもあったし，戒能理論が「日常生活に於ける団体的協同者意識」の意義を確かめるものであったとすれば，近代化論の枠組みを超えた新しい共同体論の萌芽をここに見いだすことができるだろう。　森　謙二

[書誌データ] 戒能通孝『入会の研究』日本評論社, 1943（増補版：一粒社, 1958）.

梶田孝道 (1947-2006)
『エスニシティと社会変動』 *1988年刊

本書では、西欧諸国におけるエスニシティの問題や移民・外国人の問題が扱われている。現代ではエスニシティやナショナリズムの問題を社会学的に扱うことはきわめてポピュラーとなり、概念装置も精密化され細分化されるに至っている。本書が扱ったのは、70年代以降、予想外の形で発生しつつあったエスニシティの問題であり、フランスやベルギー等の地域を事例として分析した。第1部「エスニシティと現代社会」では、エスニック問題の特徴やエスニックな主体類型について理論面から分析がなされた。第2部「外国人問題と現代国家」では、フランス、イギリスなどで当時顕在化していた移民(外国人)問題が、社会学的に分析された。同じ外国人問題といっても、彼らが位置している国家の類型によって、その扱われ方は大きく異なる点が強調された。第3部「地域主義運動の現段階」では、ホームランドをもった少数民族、たとえばフランスのブルターニュ、コルシカ、ベルギーのフランドル、ワロニーといった文化や言語を異にする地域=民族の事例が扱われた。高度経済成長期以降、国内政治が安定化するなかでこうした運動が発生していたが、これらの運動の意味を、一部ではEC統合も絡めて考察した。付論の「業績主義社会のなかの属性主義」では、業績主義化が進めば進むほどエスニシティに代表される属性主義が後退するのではなく、一方では、業績主義の属性への転化(たとえば学歴主義)が、他方では、属性に支えられた業績主義が生まれるとし、業績主義と属性主義との絡みがむしろ大きな問題となりやすい点を強調した。　　　著者要約

[書誌データ] 梶田孝道『エスニシティと社会変動』有信堂, 1988.

柏木博 (1946-)
『近代日本の産業デザイン思想』 *1979年刊

戦後、日本のデザインは、1960年代の高度経済成長期をとおして、産業技術と市場経済の拡大のなかで、自らの表現の方法を確立していった。つまり、一方には生産の技術、そして他方にはマーケティングの手法を背景にして、広告(グラフィック・デザイン)や製品デザイン(インダストリアル・デザイン)が、確実に大きなビジネスとして成立するとともに、マス・カルチャーとして認識されるようになっていった。しかし、社会的脈絡のなかでデザインの持つ力がどのようなものであり、どのような構造を持っているのかということが、なかなか問われることがなかった。

本書では、デザインが単なる道具の意匠であることを越えて、わたしたちの思考や感覚にどのような影響を与え、社会を変容させるのかということに目をむけ、戦後デザインだけではなく、明治以降、日本の近代のデザインを歴史的に振り返って検討することが中心的なテーマとなった。

また、明治以来、日本のデザインについて語られた言説を対象として、デザインがいったいどのようなものとして捉えられ考えられてきたのかを本書では検討した。この言説は、デザイナー自身の言説、デザインの周辺に存在する批評家によるもの、そしてデザインに関わる行政の言説を対象にしている。さまざまな言説をとおして、日本の近代デザインは、和と洋との接合、市場の論理と理念との接合、国家的要請と産業の論理などの間で揺れ動いてきたことがわかる。こうした作業によって、近代日本のデザインがどのように実践されてきたかということだけではなく、どのように受け取られてきたかを明らかにしたかった。したがって、本書では、個別のデザイナーや作品について議論するのではなく、デザインという現象の文化社会的問題を議論することを主題にしている。　　　著者要約

[書誌データ] 柏木博『近代日本の産業デザイン思想』晶文社, 1979.

春日キスヨ（かすがきすよ）(1943-)
『父子家庭を生きる』＊1989年刊

　男性＝公的・職業的役割，女性＝私的・家庭的役割とされた性別役割分担，「男らしさ」「女らしさ」の二分法的性別特性，母性という観念などで維持される性別分業システムは，男性が女性を下位者として得ている間は男性に有利に作動する。しかし，女性という支え手なしで，男性が親として生きる人生を引き受けようとすると，その同じシステムが女性以上に男性に過酷に作用する側面を持つ。そうした事実を父子家庭の日常生活の実態に即して明らかにしたのが本書である。

　内容は2部構成である。第Ⅰ部「男の生きる世界」では，まず，父子家庭男性が子育て（家族）中心の生き方を選択したとき生じる経済的窮乏，諸社会関係からの孤立の実態が描かれる。さらに，男性優位社会において妻の支配に失敗した男というスティグマによって父子家庭男性が日常生活の相互行為場面で排除されていく過程をみる。それは，二分法的性別価値の多元的操作によって可能とされる。第Ⅱ部「父子の生きる世界」では両親家庭（ふたおや）を「正常」なものとして成立させている性別役割分担，性別二分法的価値，支配的母性観などが，男性から親能力を奪い，男性が父子家庭になるやいなや，それらが家事能力の欠如，コミュニケーション能力の欠如として露呈し，親子関係をつき崩していく側面が描かれる。それとともに，困難な状況のなかで，親であることをひき受け，子どもとともに生きる過程で父子家庭男性たちは性別分業社会のひずみをも相対視する「翻身」を成しとげる存在ともなる。

　方法論的には，父子家庭男性たちの自助グループへの4年間にわたる参与観察，会合の会話記録の分析，個人インタビューによっている。社会的弱者の視点から現実を再構成するフェミニスト・エスノグラフの方法である。

著者要約

［書誌データ］　春日キスヨ『父子家庭を生きる―男と親の間』勁草書房, 1989.

カステル　Manuel Castells (1942-)
『都市問題』＊1972年刊

　本書は，新都市社会学の旗手として登場したスペイン・カタロニア出身のカステルが発表した最初の主著であり，その後の都市研究の展開に対して世界的な影響を与えることになった画期的な作品である。

　理論と実証をともに含んだ豊かな内容をもつ本書は，まず第1に都市イデオロギー批判の書として読まれなければならない。シカゴ学派をはじめとする諸研究において都市はそれまで，生活様式として，文化として，また社会関係の枠組みとして多様に理解されてきた。しかし，異なる諸現象，諸問題をあいまいなまま「都市」の名のもとに一括することは，かえって矛盾の本質から人々の目をそらす結果を招いてしまう。カステルは，既存の都市社会学がこうした意味での都市イデオロギーとして作用していることを，徹底的に批判する。そして「都市的なもの」を真に厳密なものとして再定義したうえで，空間を都市の社会構造の歴史的表現として分析しようと試みる。

　ここで，「都市的なもの」の中核としてカステルが着目したのが，国家介入によって特徴づけられる集合的消費過程である。また，社会構造を分析する手法として彼が依拠したのが，アルチュセールやプーランツァスによって展開された構造主義的マルクス主義のアプローチであった。

　この2つの選択に対しては，本書刊行後，さまざまな批判が寄せられ，それに対する応答が増補版には加えられた。カステル自身の論調は，本書以降の研究において大きな転換を示していくことになる。しかし本書で示された都市イデオロギー批判の精神は，その後の著作においても一貫している。

町村敬志

［書誌データ］　Manuel Castells, *La question urbaine*, Maspero, 1972; rev. ed., 1975（増補版の翻訳『都市問題―科学的理論と分析』山田操訳, 恒星社厚生閣, 1984).

カステル Manuel Castells (1942-)
『都市・階級・権力』 *1978年刊

　カステルは，1972年に刊行された『都市問題』において，シカゴ学派以来の既存の都市社会学批判と構造主義的マルクス主義の方法論に準拠した，新しい都市社会学の課題を提示した。1970年代に書かれた論文を集めた本書は，前著で展開された基本的テーマを，おもにフランス都市における都市計画，再開発，社会運動を対象としながら，より具体的な形で展開している。

　本書の基本的なポイントは，次の2つの点に要約できる。第1に，労働者の空間的集積によって生じた矛盾を処理するため，国家は集合的消費の領域（住宅や交通，医療など各種社会サービス）へと介入していくことを余儀なくされる。だがその結果，新たな矛盾や社会問題が発生することになる。第2に，「都市的なもの」の具体的形態は，社会的諸階級間の矛盾や対立の表現として姿を現すのであって，資本の再生産といった要因によって一方的に決定されるわけではない。国家もまた，そうした社会諸関係の表現のひとつである。台頭する社会運動は，諸階級間の力関係の変化を基礎に，社会組織に変化をもたらす集団的営為と見なすことができる。

　こうした研究の背景には，都市問題・都市危機の深刻化，都市政府の財政危機，エコロジー運動の台頭，そして革新的自治体の隆盛という，世界各地の先進資本主義社会に共通した，きわめて1970年代的な状況があった。

　なお研究史的にみると，構造主義的マルクス主義の厳密な適用から出発したカステルが次第に行為主体の側へと力点を移していく途上の作品として，本書は位置づけられる。やがてその作業は，都市社会運動を扱う次の主著『都市とグラスルーツ』として結実する。

町村敬志

［書誌データ］ Manuel Castells, *City, Class and Power*, Macmillan, 1978（『都市・階級・権力』石川淳志監訳，吉原直樹・橋本和孝・大澤善信・坂幸夫訳，法政大学出版局，1989）．

カステル Manuel Castells (1942-),
メラー Julia Rosemary Mellor (1943-),
フィッシャー Claude Serge Fischer (1948-)
『都市の理論のために』 *1983年刊

　本書は，地域研究誌 Comparative Urban Research 誌上で行われた都市研究のパラダイム論争とM．カステルらの都市社会学批判の諸論文を一冊に収めたものである。

　1960年代後半から70年代にかけて顕在化したいわゆる「都市危機（urban crisis）」を引き金に，従来の「シカゴ学派都市社会学」のそれとは異なる方法や関心から，都市問題に取り組もうとする研究潮流（いわゆる新都市社会学）が脚光を浴びた。そして，その研究潮流の旗手であったのが，本訳書にも論文が収録されているM．カステルやR．メラーやD．ハーヴェイそしてI．セレニーたちであった。彼らはその依って立つ理論的立場から，マルクス主義者的都市研究者とかウェーバー主義の都市社会学者といった呼び方をされたが，ともに都市危機に象徴されるような現代都市問題の理解のためには，これまでの都市社会学が前提にしてきたとされる，いわば「独立変数としての都市（urban）」「自律する都市」等の諸前提を外さなければならないと主張し，それぞれ「共同消費手段としての都市」「資源の再配分メカニズムとしての都市」等のモデルを提示した。これに対し，同シンポジウムに論文を寄せた，C．S．フィッシャーやT．クラーク，J．ベンスマンらのいわゆる「伝統的都市社会学者」たちは，都市社会学のパラダイムの多様性や複雑性に注目しつつ，上記のパラダイムもその1つとする，新しい都市社会学のパラダイムがつくられなければならないことを主張し，以降，都市の社会学は新たな研究段階へと突入することになった。その意味でこの都市社会学論争の意義は大きかったといわねばならない。

編訳者（広田康生）要約

［書誌データ］ Manuel Castells, Julia R. Mellor and Claude S. Fischer, *Urban Sociology in Urbanized Society*, 1977（『都市の理論のために』奥田道大・広田康生編訳，多賀出版，1983）．

■カーソン Rachel Carson (1907-64)
『沈黙の春』 *1962年刊

　第2次世界大戦後広く一般に使われるようになった農薬の残留毒性を，植物，動物，人間という多種多様な生物に対する影響として美しくわかりやすい文章で詳細に描き出し，米国だけでなく世界全体に警告を与え，自然に対する考え方を変えさせた名著。著者は動物学を専攻，『われらを囲む海』などの作品がある。62年から本書を『ニューヨーカー』誌に連載をはじめる。春になっても鳥の声が聞かれない，その原因は農薬の空中散布であった。殺虫剤，除草剤などの用途に，戦後どのような化合物が使われてきたか，その多くは合成された天然にはない化合物であり，自然界では分解されにくく，標的の虫や草も殺すがそれを食べる虫や鳥にも蓄積してゆき，天敵も殺してしまう。多くの場合標的の生物は薬品に抵抗性をもつようになり，さらに強い薬品を大量に使わなければ効果がなくなる。自然界のなかの生物は複雑にからみ合っていて，そこに投入された薬品は食物連鎖のなかで魚や鳥に濃縮し，最後に人間に影響を及ぼす。この人災をさけるためには，自然界の構造を理解し，薬品だけにたよらない総合防除の手法を探さなければならない。この主張に対し農薬業界や化学工業，食品工業などは猛然と反論した。しかしケネディ大統領は諮問委員会を作り著者の主張を支持し，以来残留性の強い農薬は規制された。この本によって生態系，食物連鎖，生物濃縮といった概念が生活のなかに定着した。原著は豊富な科学文献を集成し，自然の詳細な観察のうえに衝撃的な現実を記述しており，科学啓蒙書の範とすべきであろう。発行から三十数年たった今日でも彼女の警告がほとんどそのままではまる状況が，日本を先頭に東アジアで進行している事態は深刻である。

宇井　純

［書誌データ］Rachel Carson, *Silent Spring*, Fawcett World Library, 1962（『生と死の妙薬』青木簗一訳，新潮社，1964；改題文庫版『沈黙の春―生と死の妙薬』新潮文庫，1974）．

■ガダマー Hans-Georg Gadamer (1900-2002)
『真理と方法』 *1960年刊

　精神科学基礎論を講じていたガダマーは，近代科学の客観化を旨とした方法論によって疎外されてきた人間の本源的な経験に注目することこそ精神科学の役割と考え，法則定立的認識から非合理的・主観的とされてきた芸術経験を手がかりに，経験の認識の根底に働く「理解」行為を解明した。これが「哲学的解釈学の要綱」を副題にもつ本書である。
　精神科学では，対象の解釈を通じて認識に至る。主体は自らの対象を完全な客体とすることはできず，つねにすでに「対象」との関連のなかにある。そこには対象とされる芸術・言語作品などと同じく，人間存在の歴史性が反映されている。歴史性は理解の原理である。われわれが時代や地理的な隔たりを越え理解し，真理を求めようとするのは，まず意味の予期に導かれるからである。予期はまさしく啓蒙主義以来公正な判断の妨げとして排除されてきた「先入見」も多く含んでいる。理解が先入見に導かれていることを意識して初めて，対象はその独自の他者性のなかに現れる。つまり，解釈者は対象に直接相対しているように思えても，媒介を経ている。多数のなかから特定のものを選びとるのも，作用史の作用による。作用史は私の評価，認識，判断の背景，「地平」であり，個々の解釈学的状況を支えている。現在の私の地平は過去の地平を背後にもつ。「理解とは一見独立して存在しているような地平が融合する過程」であり，過去や異質な文化に根ざすものとの対話の関係によって維持されている。
　本書は，近代の科学的方法論がとる普遍性の要求，それにともなう生活世界における経験の軽視に反省をせまる働きをした。

訳者（轡田　收）要約

［書誌データ］Hans-Georg Gadamer, *Wahrheit und methode: Grundzüge einer philosophischen Hermeneutik*, J. C. B. Mohr, 1960（『真理と方法 I』轡田收他訳，法政大学出版局，1986）．

■ガタリ Félix Guattari (1930-92)
『分子革命』*1977年刊

　『分子革命』を構成する諸論考は，ドゥルーズ／ガタリの『アンチ・オイディプス』から『千のプラトー』に至る1970年代に書き継がれ，発表されたものであって，70年代的状況を色濃く反映している。本書は，ドゥルーズ／ガタリへと流入するガタリ的側面の生成の局面を活き活きと示すものといえよう。

　ガタリは，本書の諸論考を精神医療やさまざまな社会的闘争の日常的実践の場から発信している。ガタリが分析の照準とする欲望のミクロ政治学は，確かに当時の状況に規定されてはいるが，それ自体状況を超え出た問題提起ともなっている。

　本書においてガタリは，現代社会に深く浸透するミクロ・ファシズムを分析しつつ，精神医療，性（同性愛），子ども，教育，ギャング，麻薬，貧困，犯罪，メディアといった多様なテーマを取り上げ，そこにおける横断的な連接を分析し，アウトノミアや自由ラジオといった新しい実践の場を紹介する。

　こうした具体的状況の分析を通して，理論面では，記号論や精神分析的主体論の組み換えが試みられる。記号の実質と形式の対立を超えた記号の物質性に着目し，シニフィアンの記号学と非シニフィアン的記号論が区別される。前者は，意味作用に準拠し，主観性の個人化という効果を伴うのに対し，後者は，ダイアグラム的相互作用の枠組みのなかで，物質的流れと直接的に接続関係に入る。主体や対象に先立つ「流れ」，生成や強度に関係する「分子」「機械」「脱領土化」といったガタリの主要概念は，記号論や精神分析的主体論の組み換えのために駆使されている。

亘　明志

［書誌データ］ Félix Guattari, *La Révolution Moléculaire*, Edition Recherches, 1977（『分子革命』杉村昌昭訳，法政大学出版局，1988；『精神と記号』杉村昌昭訳，法政大学出版局，1996）.

■カーチス Richard Curtis (1937-)，
ホーガン Elizabeth Hogan
『原子力』*1980年刊

　核兵器の製造という発端から，原子力開発は秘密の壁にとりまかれ，その壁の厚さに応じて，いくつもの「神話」（絶対に事故は起こさない，安い，ほとんど無尽蔵のエネルギーなどなど）をつくり出してきた。本書は，その神話の崩壊の過程を，アメリカの現実において検証したものである。

　日本でも，次々と続く動燃（動力炉核燃料開発事業団）の事故や事故隠し，新潟県巻町の住民投票で原発ノーの結果が出たことなどによって，20世紀も終わりが見えてきた頃になって，神話が音を立てて崩れてきた。

　本書でカーチスとホーガンが明らかにするアメリカの状況は，驚くほど90年代末の日本の状況に近いが，実際に本書が書かれたのは，1970年代末である。アイゼンハワー大統領の「平和のための原子」（1953年12月）の国連演説をスタートに原子力商業開発が始まったアメリカだが，大量殺戮の技術を日常的なエネルギー源として商業化することには，当初予想された以上の困難があった。その困難を克服するための，いわば政治主導のスローガンとして，安全性，経済性，クリーンさなどに関わる神話が生み出された。

　つとに1970年代に，アメリカではこれらの神話が現実によって打ち崩されていく過程があり，1979年に起こったスリーマイル島原発事故がその過程にとどめを刺した。その過程を検証していく本書は，その翻訳が出た1981年には，よくある反原発の主張の1つとして日本で受け止められたきらいがあるが，いま読み返すと，現に我々の前に生起する問題が，20年前のアメリカの現実としてすべて提示されていたという意味において，新鮮に読める。

訳者（高木仁三郎）要約

［書誌データ］ Richard Curtis and Elizabeth Hogan, *Nuclear Lessons: An Examination of Nuclear Power's Safety, Economic and Political Record*, Stackpole Books, 1980（『原子力―その神話と現実』高木仁三郎・近藤和子・阿木幸男訳，紀伊國屋書店，1981）.

■カッツ Elihu Katz (1926- ），ラザースフェルド Paul Felix Lazarsfeld (1901-76)
『パーソナル・インフルエンス』
*1955年刊

1920年代から40年代にかけて，マス・メディアは大衆化された受け手個々人に直接的な影響を及ぼす強力な存在と考えられてきた。しかし実証的な効果研究の蓄積とともに，マス・コミュニケーション過程に介在する多様な要因の働きが次第に明らかになり，40年代半ば以降マス・メディアが人々の態度や行動に与える影響力は限定的なものであるという説が，有力視されるようになった。本書はそうしたパラダイム転換に重要な一石を投じた研究業績のひとつである。

全体は2部に分かれ，第1部では，マスコミによるキャンペーン効果の研究において，メディアと受け手の反応との間に介在する要因が発見されてきた経緯を跡づけ，さらに社会学の他の研究分野でも小集団の重要性が再発見されている事実を引照しながら，集団規範と対人コミュニケーションが人びとの意志決定に対してもつ影響力の強さを，理論的に一般化しようと試みている。

第2部では，1940年の大統領選挙における投票行動の調査から導かれた「コミュニケーションの2段の流れ」仮説が，選挙という政治領域以外の日常行動においても妥当するかどうかを検証するために，日用品の買いもの，ファッション，映画観覧などをめぐる意志決定を対象として，1945年に実施された調査を詳細に分析している。その結果，「いろいろな観念はラジオや印刷物からオピニオン・リーダーに流れ，そして彼らから活動性のもっとも少ない人びとに流れてゆくことが多い」という仮説命題が，さらに確認されることになった。
訳者要約

［書誌データ］ Elihu Katz and Paul F. Lazarsfeld, *Personal Influence: The Part Played by People in the Flow of Mass Communication*, Free Press, 1955（『パーソナル・インフルエンス――オピニオン・リーダーと人びとの意志決定』竹内郁郎訳，培風館，1965）．

■カップ Karl William Kapp (1910-76)
『環境破壊と社会的費用』*1975年刊

本書はまず第1部「経済学批判」で，従来の経済学が商品の価格変動や利潤追求活動のみを対象とし，人間生活に不可欠だが値札のつかない空気・水や自然環境を考慮に入れてこなかったと強く批判する。

第2部「社会的費用」において，とくに第2次大戦からの技術革新，生産性拡大にともない，私企業は営業活動による利潤を内部化させるが，その過程で煙突から排出の煤煙，排水口からの汚水や，騒音，大量廃棄物等外部へのマイナス要因――社会的費用――を無視するとする。つまり「伝統的な原価計算には記録されないが生産活動ときわめて大きな関連をもち，潜在的に破壊的な，生産活動の影響に注意を」払わないと非難する。

第3部「経済発展のコスト」で，社会的費用はとかく社会的弱者あるいは低開発国に，より重く転嫁されるとしつつ，著者が自身で調査し体験した社会的費用の実際例をいくつか紹介する。

インドでは，人口急増にたいする食糧増産をはかるため，ダム建設を進めるが，農民は乾燥地農法に慣れてきたため，水供給過多から，浸水，河川増水等を起こし，マラリアの蔓延，ダム内沈泥の早期堆積等をもたらす。またフィリピン経済でも，経済発展政策が，土壌の消耗と侵食，森林伐採と浸水や塩害，そして人口の大都市集中による水質汚濁や大気汚染がひろがるとする。

著者は『私的企業と社会的費用』でその研究や主張が日本に紹介されたが，1970年東京で開催の環境破壊の国際会議に参加し，さらに四日市等のひどい公害に接し，「日本は最も急速なテンポで工業化と経済発展を行い，環境への破壊的結果がすべてそろう」と最終章で結ぶ。
編訳者（柴田徳衛）要約

［書誌データ］ Karl William Kapp, *Environmental Disruption and Social Costs*, 1975（『環境破壊と社会的費用』柴田徳衛・鈴木正俊編訳，岩波書店，1975）．

加藤 周一 (かとうしゅういち) (1919-2008)
『雑種文化』 *1956年刊

　この本は，著者が1951年から1954年までヨーロッパ（主としてフランス）に滞在し，帰国後しばらくして日本文化について書いた論文を集めたものである。その内容は，主として次の3つの要点から成る。

　第1に，近代日本の文化は，近代ヨーロッパ（ことに英仏）のそれと比較して，"雑種"であるということ。

　第2に，その功罪。

　第3に，以上の2点は，われわれにとっての与件であり，日本文化の未来に希望があるとすれば，その希望はその積極面を伸ばし，否定面を抑える仕事から生れるだろう，ということである。

　第一点，"雑種"の概念は，外来の要素と内発的な要素との併存または混在とは，ちがう。雑種は文化の根本に係り，環境の変化によって容易には変らない，いわばgenotypeである。混在の割合は，状況に応じて変り，いわばphenotypeであって，操作することができる。

　たとえば近代日本の法体系とその基本的な概念は，もと外来の要素であり，日本に定着して文化の基底となった。それを除けば文化が成りたたぬほどの決定的な要素が，外から来たという意味で，日本文化は雑種であり，それが内から発したという意味で，近代の英仏文化は純粋種である。

　第二点については，雑種性の積極面として，多様な文化へ向って開かれた視点を指摘し，同時に否定的な面として，"西洋化"と"国粋化"という相反する方向への純粋化運動が交代してあらわれた歴史を述べ，その不毛を強調する。

　第三点は，歴史的に与えられた条件を超えるための方向を示している。希望はあるかないかではなく，なければならぬものである。

著者要約

［書誌データ］　加藤周一『雑種文化—日本の小さな希望』講談社，1956（講談社文庫，1974）．

加藤 典洋 (かとうのりひろ) (1948-2019)
『日本という身体』 *1994年刊

　戦後，日本の思想風土の抱える問題は，およそ外来思想を「作為」の所産と見て「自然」の下位におく，丸山真男の造型した本居宣長像を原型として，これをどう克服するか，というように定言化されてきた。そこでは自然は作為（ノモス）に対するピュシス的原理として捉えられている。しかし，日本的自然の本質は作為への不信にあるより，身体への信にある。むしろ作為に対する還元が不徹底であるために生じた中途半端な作為と見た方がいい。これを克服する道は，これに作為を対置することではなく，むしろ日本的自然をも作為として還元する，私的身体性ともいうべきものを対置することではないか，というのが，本書の起点におかれた着眼の形である。

　この観点に立てば，日本の近代は，膨張してやまない共同身体性への共同体成員の無意識の信に基づく身体性把握の3種の動態の推移として取り出される。著者はこの3種を帝国主義の時代に近代化を図る日本の国際社会の力関係のなかでの動態と位置づけたうえで，総合雑誌『中央公論』の目次に現れた形容語「大・新・高」の使用頻度の変遷をヒントに，1910年，41年，72年という3つの時点を結節点とする，野放図な拡大（大），制約下での上方への伸長（新），閉塞下での高密化（高）という3種の動態からなる日本近代の31年周期説を提示している。

　大逆事件での武者小路実篤，永井荷風の対応，経済新体制，高度国防国家体制の時期の坂口安吾，花田清輝の対応，戦後の「中立国家」全盛から高度成長にいたる時期の大江健三郎，石原慎太郎の対応などをもとに，各時期における共同身体性の現れと，これを内側から克服する可能性が分析，考察されている。

著者要約

［書誌データ］　加藤典洋『日本という身体—「大・新・高」の精神史』講談社，1994．

加藤秀俊（1930- ）
『見世物からテレビへ』＊1965年刊

1950年代後半になって、日本にも「テレビ時代」が到来した。マス・メディアの世界では、それまでの伝統的メディアとしての新聞に対して、テレビのもつ視聴覚的なインパクトが論議されはじめた。たしかにテレビはメディア地図を塗りかえただけではなく、われわれの日常生活そのものを大きく変貌させるだけの力をもっていた。しかし、「視聴覚メディア」による外界の認識や人間相互間のコミュニケーションはべつだん「テレビ革命」によって突如もたらされたものではない。古くは石器時代の洞窟壁画から、人類はゆたかな視覚表現の歴史をもってきているのである。

この書物は、あらたなメディアとしてのテレビを考察するにあたって、日本の文化史、とりわけ近世庶民文化史のなかにどのような視聴覚手段があったのかを随想的にとりまとめたものであった。さいわい、日本の近世、すなわち江戸時代は喜多村信節の『嬉遊笑覧』をはじめ、多くの庶民文化の記録を残していてくれる。それら近世文学を中心にして、この本は日本文化史のなかでの視聴覚メディアの「連続性」の探求をこころみた。合計13章に分けられたこの書物には、とくに系統性はない。それは元来、雑誌連載をまとめたことから生まれる当然の帰結でもあったが、見世物、演歌、菊人形、旅芸人といった、いまはすでに忘れられようとしている芸能の歴史と意味をあらためて確認し、記録しておきたいという意図がそこにははたらいていた。

それに加えて、この本はたんに視聴覚文化史をたどるだけではなく、その表現の諸形態を通じて、現代の日本文化、および日本人の行動様式についても考察と解釈をくだしている。1950年代から60年代にかけての視聴覚文化論がどのようなものであったかをふりかえるための、ひとつのサンプルとして理解されてよい。

著者要約

［書誌データ］ 加藤秀俊『見世物からテレビへ』岩波書店、1965（『加藤秀俊著作集』第4巻、中央公論社、1980）．

加藤秀俊（1930- ），前田愛（1932-87）
『明治メディア考』＊1980年刊

社会学者と文学史研究者が、明治期の人と人とのかかわりの諸様式について、メディア論的な立場から話題にした書物。全体の構成は6章に2編の論文。「江戸と明治の間で」では、近代のマスメディアである新聞から、コミュニケーションの場へと話題を拡げ、演説・町内社会・女性読者に触れ、「耳と目の間で」では、手紙・うわさ・投書などを検討し、口言葉の変容の問題を中心に、対談を展開させている。「モノとコトバの間で」では、博覧会という実物によるコミュニケーションの入り口から入って、石井研堂『明治事物起原』が記録するような事物、マッチや時計、人力車などを通じての文化受容が論じられ、またその担い手たちに及ぶ。「道具と文筆の間で」では、紙と鉛筆という知的生産用具の群れを検討して、眼鏡や机の生活、随筆という文化、当用日記や手帳という道具がもたらした意識、本棚や百科辞典をあげて、人間の主体性をモチーフに話しあい、「中央と地方の間で」では、地方新聞の問題をとりあげ、近世から連続する中央志向の動態を話題に、立身出世のエネルギーや修養文化の根に近づく。最後の「メディアとメディアの間で」では、双六や番付、カルタ、雑誌付録、絵はがき、ミニコミ雑誌、銅像から肖像写真・御真影、地図、洋службといった論点を、自由に提起している。対談という形式が、かえってさまざまな事物をとりあげる便利と、多様な視点を浮かびあがらせる仕掛けの役割を果たして、論文とは異なる発想と展開とを作りあげている。補論として、加藤が見ることによって実物に触れる「「見物」の精神」を、前田が文明の威容を誇示する都市装置を論じた「塔の思想」をくわえている。80年代後半の社会学における都市論の出現に対して、大きな刺激をあたえた。高田宏編集の『エナジー対話』第13号が初出。

佐藤健二

［書誌データ］ 加藤秀俊・前田愛『明治メディア考』中央公論社、1980（中公文庫、1983）．

加納実紀代（かのうみきよ）(1940-2019) 編
『女性と天皇制』 *1979年刊

　天皇制を論じた本はおびただしい。しかし女性によって，女性にとっての天皇制を問題にしたのはこれが最初である。茨木のり子・河野信子・郡山吉江・牧瀬菊枝・吉武輝子ら18人の女性が執筆しているが，そのなかには西表島で農業に従事する女性や肉体労働のパートタイマーもいる。年齢も20代から70代と幅広い。

　こうした多彩な女性たちが織りなす天皇制論は当然多彩な様相を示す。しかし反天皇制の立場は共通している。そしてその大方が政治体制としてではなく日常にしみこんだものとして天皇制をとらえ，自分の体験を通して書いている。

　それはすでに言われていた「内なる天皇制」論に重なるものだが，ジェンダーの視角は鮮やかにみえる。その1つは女の身体性である。常世田令子は天皇制の表象として女学校の廊下に落ちていた「屈辱の紅い花（血まみれの脱脂綿）」をあげる。それは少女たちに〈女の汚れ〉の内面化を迫るものだった。10歳から地主の家で働いた山本リエも，初潮を汚れとする女主人に天皇制をみている。

　もう1つは家族との関係である。駒尺喜美はズバリ女にとっての天皇は家長としての父だという。天皇は遠い存在だが，父は日夜女子どもに権力を振るう。しかもそこには女の共犯性があるという。それに対して寺井美奈子や加納実紀代は天皇と国民の関係を母子関係になぞらえる。それが日本民衆の非自立性や天皇の戦争責任免罪につながったというのだ。

　井上輝子は戦後の一見民主的なマイホーム天皇制に切り込む。それは私生活のもつ政治性を明らかにすることでもあり，70年代女性運動が発見した「個人的なことは政治的」がしっかり踏まえられているといえる。**編者要約**

［書誌データ］　加納実紀代編『女性と天皇制』思想の科学社，1979（『思想の科学』1977年1月～78年6月に連載）．

加納実紀代（かのうみきよ）(1940-2019)
『女たちの〈銃後〉』 *1987年刊

　女性の戦争体験といえば，まずは飢餓に買出し，疎開や空襲である。それぞれに胸えぐられる体験なのだが，生意気な娘たちは反問する。じゃあなぜ戦争に反対しなかったの？本書はその反問を共有しつつ母たちの沈黙の背後にあるものを明らかにしようとする。

　第1章では，エロ・グロ・ナンセンスに浮かれる一方，三原山での自殺が多発する1930年代前半の不安の時代を検証する。つづく2章では，それがひといろの「銃後の女」に収斂されていく過程を国防婦人会を中心に跡づける。1932年春，大阪で発足した国防婦人会は10年後には1000万近くの大集団となって活発に活動した。出征兵士が通ると聞けば真夜中であろうが駅に駆けつけ，遺骨の出迎え，傷病兵の慰問と寝食を忘れて働いた女性は多い。しかもその日々は彼女たちにとって最も輝かしい思い出なのだ。戦争はけっして最初から戦争の顔をしてはやってこない。それどころか解放や生きがいやで人々の心をくすぐりつつじわじわとしのびこんでくる——とはあとがきの弁。

　しかしそのあげくが敗戦である。最後の章では，夫と4人の子どもを亡くした「満州」からの引き揚げ女性や空っぽの次男の骨箱に号泣した国防婦人会活動家などの哀切きわまりない体験とともに，8・15前後の家計簿から国破れてもつづく女の日常のしたたかさを浮き彫りにしている。

　ほかに高群逸枝・長谷川テルなどの人物論，敗戦直後の反天皇制運動についても書かれているが，本書の意義は，まずは侵略戦争において女性が背負わされた加害と被害の二重性に目をそそぎ，戦争を日常にしのびいる過程として跡づけているところにあると言えよう。

著者要約

［書誌データ］　加納実紀代『女たちの〈銃後〉』筑摩書房，1987（増補新版：インパクト出版会，1995）．

鹿野政直（かのまさなお）（1931- ）
『日本近代化の思想』＊1972年刊

　序説として「富国強兵の論理」を置き，日本の近代化を，1「近代化と伝統」，2「集権化と自治」，3「大国化と公理」という3つの局面から，検討しようとした本である。初め研究社叢書の1冊として刊行された。

　著者をそのような構想に導いたのは，高度経済成長によって戦後日本が，ほぼ完全に復権をなしとげ，大国路線を驀進しはじめたという状況と，それへの告発としてのいわゆる大学紛争であった。著者はその告発を「文明への問いかけ」と受けとめ，もう1つの近代への想いを高めた。そのとき降伏以来の4半世紀が，維新後4半世紀の富国強兵路線にたいしての，戦後版富国強兵路線と重ねられ，そのなかで圧しつぶされた可能性という角度から，19世紀後半－20世紀初の日本を対象として，近代の姿をみようとした。直接には言及していないが，日本近代化論の提示する近代化にたいして，べつの近代化構想を，という気持があった。

　序説で，富国強兵のもとの二重構造の発生を，日本の近代の特徴としたのち，「近代化と伝統」では，近代化＝西欧化にたいして，伝統のなかから自前の変革への営為が，どのようにあったかを探った。「集権化と自治」では，近代とともに集権性・画一性がいかに深まったかを，帝都と辺境の創出や天皇制と教育をとおして考え，「自治」の精神がいかに根こそぎされていったかをみた。「大国化と公理」では，日本のナショナリズムを主題として，その達成と陥穽を追い，脱亜がアジア分割の，興亜がアジア独占のイデオロギーと化してしまったかと論じた。

　現在から顧みると，そののち著者は，もう1つの近代を求めて，女性史や沖縄史に分け入ったような気がする。

著者要約

［書誌データ］鹿野政直『日本近代化の思想』研究社出版，1972（講談社学術文庫，1986）．

鹿野政直（かのまさなお）（1931- ）
『戦前・「家」の思想』＊1983年刊

　編集者相川養三によって，「叢書　身体の思想」の「戦前」の巻として企画された。その主題に「家」を選んだのは，当時，家族崩壊が誰の眼にもはっきり映じるようになり，それを承けて家庭見直しが声高に唱えられてきていて，それを機会に，これまで著者を捉えて離さなかった「家」の問題と向いあおう，と思いたったことによる。

　もっとも取りかかってみると，「家」についての仕事は，社会学・民俗学・法学・教育学・女性史や文学を中心に，おびただしく積み重ねられていて，何かを付加することは到底不可能との念に，頻々と襲われ，結局，わが「家」体験から出発することで，ようやく視界が開けた記憶がある。

　「家」を主人公として日本の近代を通観することを，目的とし，1「解体される実体と強化される理念」，2「再編される実体と理念」の2章から構成した。「家」への思想史的接近とみなされた。1ではほぼいわゆる明治期を対象とし，国家が「家」の解体を事実上推進しつつも，あるいは推進するがゆえに，擬制化された理念的な「家」の構築へと向ったことを跡づけた。2ではその「家」が，資本主義の成熟や総力戦体制のなかで，否応なく，いかに動揺しさらに再編に直面したかを追求した。そのなかでは，『主婦之友』と「よみうり婦人附録」を用いて都市中流主婦の析出を論じた箇所や，総力戦下で「母性」の聖化の行われたことをのべた箇所などが，比較的に注意を引いた。

　書き進めながら，企業社会化とともに「母性」が，矛盾の投げすて場所として，ふたたび称揚されていることを痛感せざるをえなかった。またドメス出版の『日本婦人問題資料集成』には，さんざんお世話になった。

著者要約

［書誌データ］鹿野政直『戦前・「家」の思想』創文社，1983．

鎌田慧（かまたさとし）(1938-)
『自動車絶望工場』 *1973年刊

　この本は，サブタイトルに「ある季節工の日記」とあるように，著者が6カ月間（72年9月〜73年2月まで），トヨタ自動車（愛知県豊田市）の工場で，トランスミッション組立てのコンベア労働に従事した記録である。

　著者の狙いは，合理化の極限としてのコンベア労働が，労働者にとってどのような精神的，肉体的苦痛を与えるか，を実際に自分で体験し，記録しようというものであった。それは人間にたいして，想像をはるかに上回る苦悩をもたらすものだった。「日本的生産方式」のエッセンスといえる「かんばん方式」が，「同調化」をキーワードとして，生産ばかりか寮や社宅に住む労働者の生活と下請け，孫請けの生産をすべて完全にコントロールする実態を記録することができた。

　もうひとつの狙いは，自動車生産を担う「期間工」（主力は出稼ぎ労働者，のちにブラジルなど外国人労働者が加わる）の生活と意見を労働現場から引きだすことだった。記述を日記形式にして，出稼ぎ労働者の去就（病気で倒れるなど）を同時進行的に描き，さらに本工との対話によって労働強化の進行と疎外感の深化とを具体的に描いた。

　6カ月たって「期間満了」（解雇）のあと，知り合った出稼ぎ仲間を出身地に訪ね，さらに豊田を再訪して，トヨタの地域支配と合理化の歴史を「補章」にまとめた。「支配」がこの本のテーマである。単行本の発行後，オイルショック，資本の海外移転，バブル経済，雇用の空洞化，不況などを迎えたが，コンベア労働の本質と出稼ぎ（不安定就労者）依存に変化はない。このあと，おなじ方法によって，旭硝子のブラウン管工場での出稼ぎ労働の実態を書いた『逃げる民』（『追われゆく労働者』ちくま文庫）がある。
著者要約

［書誌データ］　鎌田慧『自動車絶望工場』現代史出版会，1973 (Kamata Satoshi, *Toyota l'usine désespoir*, Les Editions Ouvrières, 1976; *Japan in the passing lane*, Pantheon Books, 1983; 講談社文庫, 1983).

柄谷行人（からたにこうじん）(1941-)
『マルクスその可能性の中心』 *1978年刊

　本書はマルクスをマルクス主義的にではなく読む可能性を，『資本論』を中心とするマルクス自身のテクスト群に求め，その固有性を抽出した画期的論考である。

　本書はマルクスの固有性を，学位論文以来一貫する，ある姿勢に見る。それは体系においては必然的に蔽い隠されるような差異を見出そうとするマルクスの姿勢である。この姿勢は『資本論』の「価値形態論」で最も尖鋭化する。なぜならマルクスはそこで，同一性の下に差異を隠蔽する体系を体系たらしめる条件を問うたからである。あたかも商品に内在するかにみえる価値という同一性を，それを可能にする体系（貨幣形態）の条件から問うことによって。そこで見いだされるのは次の認識である。すなわち，貨幣は差異の戯れの関係を抹消する体系においてしか在り得ず，また人はその差異が抹消された体系においてのみ意識を持つ，という認識である。そして本書は「価値形態論」で見いだされた意識をめぐるマルクスの認識を，『ドイツ・イデオロギー』や『ブリュメール18日』といったテクストのイデオロギー批判の姿勢の根底にも見出す。すなわち，イデオロギーとはある体系における真理あるいは自明なものとして意識されるものであるから，その批判はただその真なる意識を成り立たせる体系の条件を問うことから始めなければならない，という認識である。

　本書の視点からマルクスのテクスト群を読むとき，それは商品からドイツ哲学に至るまで，ある体系に囚われたものとして疑う，終わりなき運動として映る。本書は我々も自身の立脚点を疑う運動に入るときこそ新たにマルクスを読み得ることを示唆しているようだ。
秋元健太郎

［書誌データ］　柄谷行人『マルクスその可能性の中心』講談社，1978 (講談社文庫，1985；講談社学術文庫，1990).

柄谷行人 (1941-)
『日本近代文学の起源』*1980年刊

　日本における近代文学の成立を制度論的な視点から分析した画期的な論考。近代文学を支える諸制度が，ある認識上の布置の転換のなかで明治20年代に集中的に立ち上がる過程をさまざまな角度から論じており，その射程は文学の歴史的研究という水準をはるかに越えている。日本をケース・スタディにする形で，近代に確立された知の制度によって隠蔽されたものが鋭く問題化されているのである。

　本書では，「転倒」という概念をキィーにして，今日では自明なものとして疑われることのない「風景」「内面」「告白」「病」「児童」といったものがどのように発見され制度化されるのかが論じられていく。柄谷によれば，近代以前には先験的な概念（歴史的・宗教的な主題）を表象するものでしかなかった表現としての風景は，明治20年代には「人間から疎遠化された風景としての風景」として文学のなかに現れるが，それは外界にまったく関心を持たずに内面に閉じこもる人間の出現によって可能になったものである。また，近代文学における内面（近代的自我）は「言文一致」という言語表現上の形式とキリスト教の影響下で形成された「告白」という制度によって作られたものであり，明治期の文学に認められる結核という「病」の文学的な美化は近代的医学の確立によって可能になったものである。保護されるべき対象としての「児童」も，国民教育制度の確立のなか，風景や内面，近代文学の成立と相即的に発見されたものにほかならない。最終章では2つの文学論争が取り上げられ，文学や文学史を語ることを可能にした「転倒」が見事に分析されている。

　本書の刊行は，国内にとどまらず世界的なレベルで，日本文学に関する批評・研究に転回を招くにいたった。　　　　　　　　李　孝徳

［書誌データ］　柄谷行人『日本近代文学の起源』講談社，1980.

ガルブレイス
John Kenneth Galbraith (1908-2006)
『新しい産業国家』*1967年刊

　本書は『ゆたかな社会』および『経済学と公共目的』とともに著者による現代資本主義分析の3部作をなす。本書の要旨は次のとおり。

　現代のアメリカ経済のなかで支配的な地位にあるのは，数にして1000社程度の巨大企業の一群である。巨大企業は複雑・高度な技術と巨額の資本を使用することから，その存立と発展のために多くの面で計画を必要とする。（よって，経済のなかで巨大企業から成るこの部分は「計画化体制」planning system と呼ばれる。本書の題名である「産業国家」とは計画化体制を含む経済全体を指す。）

　計画化体制では，企業の実権を握っているのは経営者および各種の専門家の集団であり，資本家ではない。企業が価格や需要を管理しており，正統派経済学が想定するような市場メカニズムは有効に作用しない。経済の主権は生産者にあり，消費者にはない。労働組合も弱体化する。

　計画化体制の影響力は国家にも及ぼされ，国の政策（たとえば国防政策）は計画化体制の希望と利益に奉仕するものとなる。さらに，計画化体制の経済的な目標（とくに経済成長）は国全体の目標と同一視されるようになり，経済的価値から逸脱したものは軽視される。

　著者は，以上のような点を詳細に分析しており，その現状診断はかなり暗いものとなっている。しかし他方では，計画化体制は技術革新による経済進歩に大きく貢献しているとの評価を与えている。結論としては，将来の社会がもっと高い次元の目標を見出すには，学者や教育者の階層が奮起することが必要だとしている。
　　　　　　　　　　　訳者（鈴木哲太郎）要約

［書誌データ］　John Kenneth Galbraith, *The New Industrial State*, Houghton Mifflin, 1967（『新しい産業国家』都留重人監訳，宮崎勇・石川通達・鈴木哲太郎訳，河出書房，1968；改訂第2版1971，河出書房新社，1972；改訂第3版1978，TBSブリタニカ，1980）.

河合隼雄 (1928-2007)
『昔話と日本人の心』 *1982年刊

昔話は深層心理学，とくにユング派においては，人間の意識の深層の内容を反映しているものとして重視されている。ヨーロッパの昔話は，西洋近代の自我の確立を基にした自己実現の過程を物語るものとして解釈されやすい。本書の著者もそのような観点に立って，グリムの昔話を対象とする分析を行い，『昔話の深層』(1994)として発表した。

しかし，日本の昔話はそのようなパターンに当てはまらないものが多い。たとえば，グリムの物語であれば，結婚をもってハッピーエンドとなるのが多いのに対して，日本では周知の「夕鶴」（鶴女房）の物語のように，最後は悲劇になるものが多い。このことと，著者が心理療法家として日本人に接した経験を基にして，日本人の意識の在り方は，欧米人とは異なると考えた。そして，日本人の意識の在り方を日本の昔話の分析を通じて明らかにすることを目的として本書が書かれた。

端的に区別するなら，西洋の意識は「男性の意識」と呼べるのに対し，日本の意識は「女性の意識」としての特性をもつ。前者は，ものごとを判然と区別し，他から区別された自我が自立性を獲得することに基礎をおく。これに対して，後者は，あくまで全体的な関係の存在を前提とし，内部に矛盾を内包させつつも，一個の存在であることを保とうとする。そのような女性の意識も簡単に形成されるのではなく，それなりの発展の過程をもつ。それを日本の昔話の「うぐいすの里」より「炭焼長者」に至る9つの物語における女性の主人公の像に注目して論じている。

ここに明らかにした「女性の意識」は，日本のこととしてのみならず，近代自我を乗りこえようとするときに，世界全体にとっても意味のあることではないかと考えられる。このようなこともあって，本書は英訳出版され，現在も版を重ねて読まれている。　　著者要約

［書誌データ］河合隼雄『昔話と日本人の心』岩波書店，1982 (*Japanese Psyche*, Spring Publication Inc., 1988).

河合雅雄 (1924-)
『人間の由来』 *1992年刊

サルからヒトへの進化過程 (hominization, ヒト化) を，霊長類の生態，行動，社会の進化を通じて論考したものである。ヒトの成立のための条件として，1) 直立二足歩行（自然のレベル），2) 家族という社会的単位集団の形成（社会のレベル），3) 言葉（音声言語）の獲得（文化，コミュニケーションのレベル）の3つをあげ，これら3要因は相互に関連しあいながら複合的に生成したとする。本書は主として家族の生成について論述した。

第Ⅰ部は生態進化について論じた。サル類がヒトという特殊な動物を生み出した理由は，熱帯多雨林での樹上生活というニッチを獲得したからである。熱帯多雨林は動物に対する植物の防衛機構が張りめぐらされた森であるが，サル類はその特異な生息環境への形態的・生態的適応を成し遂げ，ヒト化への基礎が構築された。森林の樹上生活という楽園に留まる限り，ヒト化は起こらなかった。ヒト化はサバンナという苛酷で異質な環境への進出により完成した。森林の中で発達させた道具使用・製作，狩猟，分配・交換，文化的行動などを踏台に，捕食者への対抗手段の発達，育児方法の改良，社会的連帯など，サバンナ生活への適応を通じて家族生成への道が開かれた。

第Ⅱ部は霊長類の社会進化を通じて，家族生成への過程を論じたものである。夜行性，昆虫・果実食，単独生活，雌優位の原猿社会から，昼行性，葉食雑食，集団生活，雄優位の真猿社会への転換が論じられる。真猿社会に見られる単独生活型，ペア型，単雄群型，複雄群型，重層型の各社会型について詳述し，父系，母系，双系社会の存在を明示し，霊長類の社会構造の進化を軸に，ヒト化からみた「家族」の定義を試み，それを基に人類家族の生成を論考した。1992年毎日出版文化賞受賞。　　著者要約

［書誌データ］河合雅雄『人間の由来』上・下，小学館，1992（『河合雅雄著作集』第5巻・6巻，小学館，1997）．

川崎賢一（1953- ）
『情報社会と現代日本文化』＊1994年刊

ジョン・リー（John Lie）によると，「現代日本における，メディアと情報技術の役割について分析をしたパイオニア的作品」（Sociology of Contemporary Japan, *Current Sociology,* Vol.44, No.1, 1996, p.49）であり，1980年代初頭からの論文を集めている。分析のポイントは，第1に，情報社会（Information Society）についてその内容を整理した点である。従来の分析では，曖昧なままにされている点を明らかにした。第2に，情報化（Informatization）が現代文化に与える影響や結果を分析した点である。1960年代の「価値革命」から始まった，地球社会レベルの変化は，個人・集団・組織・制度などだけではなく，広く文化の変化をもたらしてきた。それらの変化を，一般論のレベルでまとめ，さらにその整理を具体的なメディア（機械翻訳・バーチャルリアリティ等）にあてはめた。第3に，青年文化や現代日本文化を取り上げて分析しようとした点である。青年文化は，時代を映す鏡であり，彼らの行動や態度は情報化の影響を敏感に反映している。また，現代日本文化とくに東京文化が情報化と強く関連しているかを，インターナショナル・ポピュラー・カルチャーやグローバルカルチャーの観点から分析した。最後に，現代日本文化が，高度な「情報文化」を，地球社会に対して，どうポジティブな方向でつくっていけるのか，その可能性を分析した。

この本の特色は，現代日本文化をベースにして，他の文化に共通する理論を作り上げようとする努力にある。具体的には，生成／変形・自己組織性／混合，という基本的原理を指摘し，並立と付加・客観・連続・圧縮等の特色を提案している。分析で最も重要なのは，情報中産階級（Info-middle Class）が成立しつつあり，その健全な文化の創造が今のところ困難であるという点である。　　　著者要約

［書誌データ］　川崎賢一『情報社会と現代日本文化』東京大学出版会，1994.

川島武宜（1909-92）
『日本社会の家族的構成』＊1948年刊

川島は，戦後日本の課題を「民主化」であると考え，生活の経済的・社会的・政治的・文化的な各領域における改革・革命を主張した。そのなかでも，とりわけ生活の根幹をなし，「民族の絶対的信仰の対象」であった家族制度を考察の対象としている。

本書は，この川島の問題意識にもとづき，家族制度をテーマとして発表された全7論文からなる論文集である。家族制度と日本の社会についてのみならず，家族制度における規範意識，家族制度と民法についても考察されている。とくに表題となっている「日本社会の家族的構成」（1947）が有名である。

川島は，日本の家族制度を2つの類型に分けている。ひとつは明治民法にみられるような「権威」と「恭順」に基づく封建武士的＝儒教的家族であり，もうひとつは「人情的情緒的性質」をおびた庶民家族である。両者とも，民主的＝近代的な社会原理とは対立するものであり，「個人的責任」といった意識を生じさせない点において，共通性をもつ。これら非近代的＝非民主的な家族制度の生活原理は，家族生活の内部に存在するのみならず，その外部にまで自らを反射し，家族生活の外部においても擬制的な親子関係を生んでいる。それは，権威による支配と権威への無条件的服従，個人的行動の欠如とそれに由来する個人的責任感の欠如，一切の自主的な批判・反省を許さぬ社会規範，セクショナリズムといったものである。川島はこれら社会生活の革命のために，民法の家族法の改正と土地制度の近代化，近代的な生産関係の導入，そして非近代的な家族意識の否定といった精神的内面的な「革命」を主張した。

千田有紀

［書誌データ］　川島武宜『日本社会の家族的構成』学生書房，1948（川島武宜著作集10，岩波書店，1983）.

川島武宜 (1909-92)
『イデオロギーとしての家族制度』
*1957年刊

　当時有力であった家族制度復活論に反対し，明治以来の家族制度を，単に道徳問題としてのみならず，法律問題・政治問題としてもとらえる川島の家族制度に関する法社会学的論文集である．本書においては，家族制度のイデオロギーの形成と発展，またそれが政治にとってもつ意味を明らかにすることが目標とされている．

　第1部「家族制度イデオロギーと法」には，家族制度に関する6本の論文が収められている．第1章「家族制度イデオロギーの構造と機能」は，いわゆる「イデオロギーとしての家族制度」論文である．そこにおいて川島は，家族制度を世帯の共同とは関係のない血縁集団であり，その同一性を保持し，存続していくものだという信念を伴う「家」と，家長と家族構成員のあいだの支配命令や服従といった社会関係である家父長制の2つの要素の結合からなる「家的家父長制」としてとらえる立場をうちだしている．この立場から，明治期の家族制度イデオロギーの成立と戦争による再編成，戦後の民法改正が考察された．そして新民法における親の扶養義務の消滅と共同分割相続制による農地の細分化といった家族制度復活論者の主張が根拠のないものであることを示し，家族制度復活論を批判した．

　第2部「志摩漁村の寝屋婚・つまどい婚について」は，家族制度イデオロギーとは全く逆の価値体系の習俗である漁村の自由結婚・つまどい婚についての論考である．

　第3部「家元制度」においては，家元制度における家族制度イデオロギーの機能の分析を通じ，家族制度イデオロギーが日本の社会秩序を支える普遍的な構成要素であるという「日本社会の家族的構成」を明らかにすることがめざされている．

千田有紀

［書誌データ］　川島武宜『イデオロギーとしての家族制度』岩波書店，1957（川島武宜著作集10，岩波書店，1983）．

川田順造 (1934-)
『無文字社会の歴史』*1976年刊

　本書は，1971年日本人のアフリカ研究としては初めてパリ第五大学に提出された学位論文の，方法論に関する部分を，日本語で展開したものである．はじめ岩波書店の月刊誌『思想』に1971年から4年間，著者の3年半のアフリカ滞在をはさんで断続して連載され，著者の帰国後，1976年単行本の形で岩波書店から発行された．西アフリカ内陸（現ブルキナファソ）に，おそらく15世紀なかばに形成されたモシ王国は，サハラ以南アフリカの他の社会と同様，文字をもたなかった．口頭および太鼓による歴史伝承や政治組織や儀礼の，関連する地域間の比較検討によって，この集権的政治組織が形成された過程と，植民地化以後の変化を明らかにすることが，著者の現地調査の目的だった．

　本書では，無文字社会における歴史の意味と性格，研究方法，歴史における発展段階，文字と文明の関係等，現在も重要性を失っていない，社会・歴史・文明にとっての基本的な問題への問いかけが，初心研究者であった著者の現地調査での体験を通じて，明快になされている．当時アフリカの歴史研究そのものが始められたばかりで，著者の調査もその先駆的研究の一翼を担って，他の研究者との連携で進められた．著者の指導教授バランディエの「植民地的状況」を見据えた批判的・動態的人類学，新マルクス主義者のアジア的生産様式論，レヴィ＝ストロースとサルトルの構造と歴史をめぐる論争など，知的活力に満ちていた1960年代のパリの思想・学問状況も反映されている．第17章「"伝統的"社会という虚像」（初出『思想』1974年7月号）では，その後有名になったホブズボームの『創られた伝統』（1983）の基本的問題が，すでに具体例に基づいて提示されている．

著者要約

［書誌データ］　川田順造『無文字社会の歴史―西アフリカ・モシ族の事例を中心に』岩波書店，1976（同時代ライブラリー，1990）．

川村邦光（かわむらくにみつ）(1950-)
『巫女の民俗学』＊1991年刊

巫女の研究は柳田國男をはじめとして，民俗学者や人類学者によって行われてきた。女性司祭の古代的形態の探究から東アジアの巫者（シャーマン）の比較研究まで多岐にわたるが，本書は盲目巫女が近代社会でどのような境遇に置かれ，どのような社会的・文化的な状況で巫女となり，どのような営みをしているのかを調査した，エスノグラフィである。

東北地方にはイタコ，オガミサマ，ワカと呼ばれる盲目の巫女とカミサマと呼ばれる晴眼の巫女がいる。両者の成巫過程はまったく異なっている。前者はカミツケという成巫儀礼において，神が憑依して初めて巫女として認められる。後者にはそのような儀礼はなく，神が憑依しても霊能を証明しなければ巫女にはなれない。失明した少女が10歳前後に師匠のもとに弟子入りし一定の修行を経た後，成巫儀礼が執行される。少女は白装束＝死装束になり，米俵で後と両脇の三方を囲まれ，師匠の膝の上に乗る。祭文や経文が唱えられ，太鼓や鈴，鉦などが鳴らされるなか，少女は神が憑依すると，失神し昏倒する。目覚めた後，巫女としての名が授けられ，先祖の霊の口寄せをして，御祝儀といい巫女の披露宴が催される。このときには花嫁衣装となる。これで成巫儀礼は終了し，礼奉公した後，身上がりとなり，独立して巫業を営む。盲目の巫女の成巫過程は職人が一人前になる過程と同じであるが，成巫儀礼には盲目の少女が娘から女になる成女儀礼と神の花嫁になる神婚儀礼がある。死と再生のイニシエーションが二重に行われ，一人前になるとはみなされず，厄介者とされる盲人の負の社会的・文化的な地位を逆転させる儀礼となり，世間のなかに盲目の巫女は生者と死者を媒介する霊能者として受け入れられることになる。　著者要約

［書誌データ］川村邦光『巫女の民俗学―〈女の力〉の近代』青弓社，1991.

カーン　Stephen Kern (1943-)
『空間の文化史』＊1983年刊

カーンの『時間と空間の文化：1880-1918年』の後半にあたる「空間論」が本書である。

19世紀末期から第1次世界大戦の終結までの時期に，自然科学と技術において飛躍的な革新が生じ，それに触発されるようにして人びとの空間について（時間についても）の経験と認識が根本的に変化したのだが，それは人類が経験する未曾有の文化的変容だった。

人間の営みとしてのあらゆる文化現象を空間（と時間）の機能と見るところからカーンは出発しているから，彼の視野は，人間の認識と感性が届くほとんどの分野に及んでいる。

この「空間論」では，「形状」，「距離」，「方向」の3つの位相において空間認識の変容が論じられる。「形状」ではたとえば，ジンメル，ニーチェ，アインシュタインなどの思想，ピカソのキュビズム，ライトの建築において伝統的な形状が壊されてゆき，カメラや電話によって私的空間（プライバシー）が公的時間に侵害され，「田園都市」構想が都市／田舎という古い形状にとって代わる，といった変化が辿られる。

「距離」では，鉄道，自動車，電話によって距離が克服され，世界が狭くなるような新しい空間感覚が生じたと述べられ，「方向」では，飛行機が実用化されて上下軸という新しい方向感覚が生まれたとともに，従来の水平の方向感覚は，国家がもつ外向きの方向感覚として帝国主義の拡大につながってゆく，とされる。空間（と時間）認識の変容のそのゆきつく先としての第1次大戦の経緯が克明に辿られる2つの章もある。

訳者〈浅野敏夫〉要約

［書誌データ］Stephen Kern, *The Culture of Time and Space 1880-1918*, Harvard University Press, 1983（『空間の文化史―時間と空間の文化：1880-1918年／下巻』浅野敏夫・久郷丈夫訳，法政大学出版局，1993).

■カーン Stephen Kern (1943-)
『時間の文化史』*1983年刊

　本書は『時間と空間の文化：1880-1918年』の前半をなす「時間論」の部分である。

　19世紀末期から第1次世界大戦の終結にかけて自然科学と人文・社会（文化）の分野に飛躍的に大きな変化が生じ，連動するように人の生活のありようが変わり，それにつれて時間についての（空間についても，だが）人びとの認識と経験が根本的に変化した，というのがカーンの基本的視点になっている。

　科学，技術，哲学，芸術，文学，から社会，政治にいたるあらゆる文化現象を時間という契機から見つめることで，時間にかかわる認識の変容を，カーンは広範な証拠資料を提出しつつ，克明に跡付けている。

　その証拠資料の一部を記せば，科学・技術畑では，相対性理論，電話，高層ビル，自転車，映画，X線，蓄音機，芸術・思想では，「意識の流れ」の文学，キュビズム，未来派，精神分析，時間論の哲学（ベルクソンなど），社会現象としては，流れ作業による労働管理，都市化現象，世界標準時の設定，など。

　時間（と空間）についての認識と経験が変容するにともない，さまざまな分野にあったヒエラルキーが平準化に向かった，とするカーンの指摘は重要である。標準時（普遍的時間）の設定によって，私的時間から公的時間になる，貴族制社会から民主主義に向かう，などがその例である。

　20世紀への転換点を真ん中にした40年間におけるさまざまな事象を時間という契機で読み解こうとするきわめて壮大な構想をもった本書は「時間論」の基本的文献と言えるだろう。
訳者要約

［書誌データ］ Stephen Kern, *The Culture of Time and Space 1880-1918*, Harvard University Press, 1983（『時間の文化史―時間と空間の文化：1880-1918年／上巻』浅野敏夫訳，法政大学出版局，1993）.

■姜尚中（かんさんじゅん）(1950-)
『マックス・ウェーバーと近代』
*1986年刊

　本書は大きく分けるとふたつの部分からなりたっている。前半では，ウェーバーの宗教社会学の業績を中心的なテーマに据えて，近代（モダニティー）のいわば批判的再構成を試み，ラディカルな近代批判者としてのウェーバー像の定立を目指している。このモティーフの背景には，国民国家や国民経済あるいは国民文化を社会と同一化し，その歴史的な発展を展望しようとする発展主義的なアプローチに内在する西洋中心の価値序列の意識に対する批判意識が働いている。

　こうした近代西洋に焦点を結ぶ世界史の構成からすれば，たとえ多系的な発展のプロセスが容認されているようにみえても，基本的には単一の普遍主義的な近代化のプロクルステスの寝床に差異にあふれた社会を呪縛してしまうことになると思われたのである。ウェーバーの厖大な宗教社会学の体系は，まさしくそうした近代に対する根源的な懐疑から出発しているとみなされるべきであり，このウェーバー像の転換が本書の前半の主旋律をなしている。

　後半では，世紀末から第1次世界大戦にいたる近代的な知の危機を背景に，その再建をめぐってどんな思想的な星座が広がっていったのか，この点をウェーバーの学問論などを中心に論じている。その場合とくに「職業としての学問」をめぐるポレミカルな思想状況をあぶりだすことで，理性の腐食とその再生の最も劇的なせめぎ合いを経験することになった第1次世界大戦前後の思想史的な可能性を再確認しようとする意図があった。ポスト・モダンの思想が風靡していた80年代にあらためてその可能性を発掘しておくことがアクチュアルな意味をもつと思われたのである。明示的に述べられてはいないが，ウェーバーにおけるニーチェの問題がそこには隠されている。
著者要約

［書誌データ］ 姜尚中『マックス・ウェーバーと近代―合理化論のプロブレマティーク』御茶の水書房，1986.

姜尚中（かんさんじゅん）(1950-)
『オリエンタリズムの彼方へ』＊1996年刊

本書の基本的なモティーフは，近代日本における学問的オリエンタリズムの言説を批判的に検討し，社会科学の支配的な知のパラダイムである「近代主義」のアジア認識の構造をえぐり出すことにある。著者は，フーコーの『言葉と物』や『監獄の誕生』，さらにサイードの『オリエンタリズム』の成果を手がかりに，比較経済史や東洋史学，植民地政策学のアジアに関する学問的言説を批判的に再構成しつつ，その帝国的な支配のコンテクストを明らかにしている。

そうした学問的な言説は，知と権力のテクノロジーによって支えられながら，隠された自己としてのアジアを疎外することによって近代的な国民的アイデンティティとその力を構成しようとする意図に導かれていた。その遺産は，戦後の批判的断絶をくぐりぬけて近代主義のパラダイムとしてその命脈を保ってきた。本書は，そのような断絶のなかに織り込まれていた連続の歴史に光をあて，ポスト・コロニアルとしての戦後の知的位相とその問題点を浮き彫りにしようとするものである。

ただその場合，著者は日本とアジアとの非対称的な関係と両者を分かつナショナルな境界を固定化して脱植民地的なナショナリズムのなかに再び回収しようと意図しているわけではない。本書の最終章である「脱オリエンタリズムの思考」が示唆しているとおり，本書は支配的・威圧的な知の体系としてのオリエンタリズムの終焉をめざしつつ，文化本質主義的な対立関係のなかに潜在している混在的な社会的空間のなかに分裂した経験の新たな統合の可能性をさぐろうとしているのである。それは，境界の政治とその文化的ヘゲモニーの拡大にあらがう非敵対的な共同性を模索する試みである。

著者要約

［書誌データ］　姜尚中『オリエンタリズムの彼方へ』岩波書店，1996.

カント　Immanuel Kant (1724-1804)
『純粋理性批判』＊1781年刊

西洋近代哲学の基本文献のひとつ。ドイツ啓蒙の「合理主義」とフランス革命以後のロマン主義ないしドイツ観念論を橋渡しする時期に書かれ，以後今日にいたる哲学・思想に直接間接の大きな影響を与えつつある。

カントは，本書とまた『論理学』(1800)の序論で，(専門哲学者のみならず)「世界市民」の立場から見た哲学は，つぎの3ないし4つの問いに集約されるという。

1．私は何を知りうるか？
2．私は何を為すべきか？
3．私は何を希望してよいか？
4．人間とは何か？

第1の問いには形而上学が答え，第2の問いには，道徳（学）が，第3の問いには宗教（論）が答える。しかし，これら3つの問いはつまるところすべて人間に関係するので，第4の問いに帰着し，この問いには人間学が答える，とカントはいう。『純粋理性批判』は，してみれば，カントの考える広義の「人間学」の一環として，そのなかでもとりわけ上の第1の問いの形而上学，理論哲学の領域に関係するものとして位置づけられていたことがわかる。

人間の理性の限界を問い，知の枠組みを根本から組み替えることによって，神学的形而上学の人間学への転換をはかるところに，カントの意図があった。そのことは，そこで近代的な人間主体の基礎づけがなされることを意味する。そのことにカントが成功していると見るか，むしろ逆に期せずして人間主体の限界が露呈されていると見るか，読み方と評価はそこで大きく分かれる。ハイデガーなどは反人間中心主義的な読み方を打ち出す代表者の一人である。

坂部　恵

［書誌データ］　Immanuel Kant, *Kritik der reinen Vernunft*, Riga Hartknoch, 1781（『純粋理性批判』天野貞祐訳，岩波文庫，1937；原佑訳，理想社，1973；高峯一愚訳，河出書房，1956；篠田英雄訳，岩波文庫，1962).

社会学文献事典——309

■カント Immanuel Kant (1724-1804)
『実践理性批判』*1787年刊

　『純粋理性批判』(1781)につづく，カントの第2の批判書。近代の人間理性の限界の画定とあらためての基礎づけという批判哲学の展開の一環として，実践哲学，社会哲学の基本原理の探求をおこない，今日にいたるまで多くの影響を及ぼしている。

　近代の自由で自律的な行為主体のありかたを，カントは，道徳の根本原則，(善なる)意志，(無私的な)動機の諸側面にわたってあきらかにする。この探求のうちでは，とりわけ，道徳の原則に関するもの，すなわち，利害得失への関わりと独立に端的にある行為を命ずる「定言命法」(定言命令とも)の考え方が有名でもあり重要でもある。この考えは，ときにプロイセン下士官の倫理とか厳格主義とか揶揄・批判される側面をたしかにもつ反面で，功利的配慮に対する道徳的正義の基底性という，ロールズこのかたの社会哲学の議論に大きく影響してもいるからである。

　本書後半の「純粋実践理性の弁証論」において，カントは，自由，魂の不死，神の存在といった形而上学的問題を論じ，これらの問題は理論理性によってはどちらとも解決不能であるが，実践の観点からは，肯定的に解決されうるとする，有名な「純粋実践理性の要請」の考えを述べる。のちに，ファイヒンガーによる『かのようにの哲学』(1911)での展開を承けて森鷗外が小説「かのやうに」で，明治の国家体制への適用をこころみた発想である。カント自身にはたしてこのようなニヒリズムすれすれのシニカルな考えがあったかどうか，カントの行為の命法にサドの欲望の命法の裏面を見とどけるラカンをはじめとする今日の解釈は肯定の側に傾いている。

坂部 恵

［書誌データ］Immanuel Kant, *Kritik der praktischen Vernunft*, Riga Hartknoch, 1788 (『実践理性批判』波多野精一・宮本和吉・篠田英雄訳，岩波文庫，1927；改訳，1959；深作守文訳，理想社，1965).

■カント Immanuel Kant (1724-1804)
『判断力批判』*1790年刊

　『純粋理性批判』，『実践理性批判』につづく第3の批判書として，カントの理性批判の哲学の完結編を為す西洋近代哲学の古典。第1批判による理論理性の限界画定，形而上学批判と，第2批判による実践理性の超感性的世界への視界拡大の間に生じた「裂目」を埋めて批判哲学の体系を完結すべき位置を占めるものとカント自身によってその性格を規定される。

　全体は，「美的判断力の批判」と「目的論的判断力の批判」に二分され，前半では，美や崇高の認識・享受・判断を可能ならしめる生活の感情的基層のありかたの解明がこころみられ，後半では，有機的・生命的認識の特徴と限界が，当時有力な機械論的自然観との位置関係においてあきらかにされる。カントは，こうして，感情と生命という2大領域を，理論と実践にあい渉りまた両者の共通の基底をなす領野として見定め，ニュートンの名に象徴される機械論的自然観のパラダイムとその「構成的」体系知によっては究め尽くしえないものとして性格づけたのである。

　「判断力」という概念は，ラテン語のiudiciumに由来し，遠くキケロらのレトリックでもキー・コンセプトの位置を占めた用語であった。それは，元来，理論的判断に限られるものではなく，普遍的規範と個別的適用の場面を媒介する発見的・創造的な「分別」を意味したのである。「感情」「崇高」「生命」「分別知」といったテーマとのかかわりが，今日リオタールらのポストモダニズムあるいは新しいレトリック等々の書物への多方面からの関心を呼ぶもととなっている。

坂部 恵

［書誌データ］Immanuel Kant, *Kritik der Urteilskraft*, Berlin und Libau, bey Lagarde und Friedrich, 1790 (『判断力批判』大西克礼訳，岩波文庫，1940；坂田徳男訳，三笠書房，1947；篠田英雄訳，岩波文庫，1964；原佑訳，理想社，1965).

■カントロヴィッツ
Ernst Hartwig Kantorowicz (1895-1963)
『王の二つの身体』*1957年刊

　王が帯びる二重の性格，自然的で可死的な個人であると同時に不可死の政治的身体でもある王の双生の存在様態の変遷を論じ，特異な観点から近代国家の形成を跡づけた中世政治思想史の古典的著作。史料として文献以外に絵画，貨幣，墓廟，戴冠式や葬儀の式次第などが豊富に利用されていることが他に類をみない本書の大きな特色である。国王二体論は16世紀イングランドの法学において完全なかたちをとるに至るが（第1章），この理論の起源はキリストの神性と人性を王の二重性へと転移させた10世紀の「キリストを中心とする王権」論（第3章）にある。このキリスト論的王権論は12世紀になると中世ローマ法学の影響のもとに王を法ないし正義の体現者，正義それ自体であると同時に正義の下僕である存在者として理解する「法を中心とする王権」論（第4章）へと変容し，さらに13世紀にはキリストの神秘体という教会論上の観念が世俗権力の領域へと転移されることを通じ，王を国家という神秘体の頭として捉える有機体論的な「政体を中心とした王権」論（第5章）が登場する。そしてさらに有機体論的国家観念に時間の契機が導入された結果，構成メンバーの交代を通して同一であり続ける永遠の団体という観念が形成され，過去から未来へと続く王の連続体である王朝が王の政治的身体として，そして個々の王は王朝を体現する単独法人のような存在者として理解されるに至る（第6・7章）。本書は王権観念一般の分析として文化人類学などの分野でも高い評価を得ている。
　　　　　　　　　　　　　　　　訳者要約

［書誌データ］Ernst H. Kantorowicz, *The King's Two Bodies: A Study in Medieval Political Theology*, Princeton University Press, 1957（『王の二つの身体—中世政治神学研究』小林公訳，平凡社，1992）．

■ギアツ　Clifford Geertz (1926-2006)
『文化の解釈学』*1973年刊

　現代の人文社会科学の展開に巨大な影響を与えてきた人類学者クリフォード・ギアツが，プリンストン高等研究所社会科学部門創設の後間もなく出版した論文集であり，ギアツの著作として最も重要な位置を占めている。それまでに発表された論文が本書のかたちにまとめられ，「厚い記述」と題する序章で解釈人類学的アプローチの展望が新たに与えられたことによって，本書は人文社会科学における解釈学的転回の大きな原動力となり，現代における古典としての地位を確立した。
　ギアツの解釈理論の根本を最もよく表現するのは，「人間は自ら紡ぎ出した意味の網の目［織物］に支えられた動物である」という，序章のなかの一節であろう。ギアツは文化とはそのような意味の織物であるとし，そうした意味を「運ぶ」象徴を個別文化のなかに経験的に求め観察し民族誌のうちに描きとる作業が「人類学」であるとした。この立場から書かれた本書は，主にインドネシアでのフィールドワークによる資料に依存し，全5部から構成されている。上記の序章（第1部）の後，人間研究における文化の概念の捉え方についての2論文（第2部），意味のシステム（「文化システム」）として理解したときの宗教に関する4つの考察（第3部），やはり意味のシステムとして捉えたイデオロギー，そして新興国におけるナショナリズムについての5つの論考（第4部），またレヴィ=ストロースの構造主義に対する批判，「人」と「時」の概念を通じた文化分析の方法，バリにおける闘鶏の社会的意味の分析（第5部）など，どの論文においてもきわめて濃密で複雑で独創的な議論が展開されている。　小泉潤二

［書誌データ］Clifford Geertz, *The Interpretation of Cultures: Selected Essays*, Basic Books, 1973（『文化の解釈学』Ⅰ・Ⅱ，吉田禎吾・柳川啓一・中牧弘允・板橋作美訳，岩波書店，1987）．

■ギアツ Clifford Geertz (1926-2006)
『ヌガラ』*1980年刊

　現代を代表する人類学者クリフォード・ギアツによるモノグラフ。バリ島でのフィールドワークに基づく民族誌であり，膨大な史料に基づく歴史研究であり，また，とりわけ西洋の政治学的言説に対する解釈人類学的象徴論からの批判でもある。ギアツの複雑かつ流麗な文体により，経験的な資料が細部まで鮮やかに描き出されると同時に，社会科学における広汎かつ重大な理論的問題が提起されている。

　「ヌガラ」は「国家・都・文明」を意味し，ギアツはこれに〈劇場国家〉(theatre state) という語をあてた。(本書の副題は「19世紀バリの劇場国家」である。) 劇場国家は，支配や統治よりは表現性を目指す国家であり，バリ文化における地位の誇りを，模範的中央における儀礼を通じて演劇化する国家である。ヌガラは，「王と君主が興行主，僧侶が監督，農民が脇役と舞台装置係と観客であるような劇場国家であった。」ここでは権力が祭儀に仕え，国家が集団儀礼上演のための仕掛けとなるという。

　〈劇場国家〉という枠組のなかで検討されるのは，親族構造や位階制，村落組織や灌漑農業や通商形態，国家儀礼や寺院建築やヒンドゥー的な宗教世界である。このようなバリの事例における政治・経済・社会・宗教の綿密な分析によって，封建制国家や官僚制国家や家産制国家とは異なる理念型としての，〈劇場国家〉のモデルが提示される。これを通じて，国家の記号論的側面が「現実」を創ること，象徴はそれ自身が秩序をもたらす力を持つことが示される。国家というものを，支配権力や階級対立や利害調整に還元する類いの政治学的分析への，強烈な批判である。

訳者要約

[書誌データ] Clifford Geertz, *Negara: The Theatre State in Nineteenth-Century Bali*, Princeton University Press, 1980 (『ヌガラ―19世紀バリの劇場国家』小泉潤二訳，みすず書房，1990).

■ギアツ Clifford Geertz (1926-2006)
『ローカル・ノレッジ』*1983年刊

　「個別文化に特有の知」を意味する「ローカル・ノレッジ」を表題とし，「解釈人類学」という語を初めて副題に用いた本書は，人類学者クリフォード・ギアツが『文化の解釈[学]』の公刊後10年を経て出版した論文集である。ここでは，象徴と意味と解釈に焦点を合わせる解釈人類学のアプローチが前面に出るとともに，ギアツの議論に特徴的な自由かつ錯綜した多様性がむき出しになっている。

　(1)現代の人文社会科学の諸分野が混淆し，そこに重大な変動が起きていることを描く，「薄れゆくジャンル」。(2)文芸評論と人類学的民族誌の親縁性を指摘し，はるかに遠く隔たるものの想像力と感受性について語る「翻訳に見出す」。(3)人類学者による〈翻訳〉はいかにして可能となるか，人類学的理解とは何かという問題を，〈自己概念〉の比較を通じて問いかけた「『住民の視点から』」。(4)〈常識〉や〈芸術〉を，文化ごとに異なる枠組みや個別の社会的文脈のなかに位置づけると同時に，それらの一般性について論じた「文化システムとしての常識」(5)並びに「文化システムとしての芸術」。(6)権力の象徴的次元とカリスマの問題に焦点を合わせ，イギリスとジャワとモロッコ (またアメリカ) の事例を比較した「中心，王，カリスマ」(7)現代の多様な学問分野における，研究者たちの思想自体に対して民族誌的アプローチを取ることの有用性を論じた「われわれの思考はいま」。(8)異なる法伝統における〈事実〉と〈法〉，〈である〉と〈であるべき〉の関わり方を比較した「ローカル・ノレッジ」――以上の諸論文が本書を構成している。

訳者 (小泉潤二) 要約

[書誌データ] Clifford Geertz, *Local Knowledge: Further Essays in Interpretive Anthropology*, Basic Books, 1983 (『ローカル・ノレッジ―解釈人類学論集』梶原景昭・小泉潤二・山下晋司・山下淑美訳，岩波書店，1991).

北一輝 (1883-1937)
『日本改造法案大綱』 *1923年刊

　原著は1919年上海で執筆された『国家改造案原理大綱』。第1次世界大戦によってもたらされた国内外の激動と混迷を背景に，強い危機感に貫かれた具体的な改造提案であり，戦間期の日本政治に大きな衝撃を与えた。本文は8つの巻からなる。巻1は政治改革，巻2・3・4は経済改革，巻5・6は社会改革を扱い，巻7・8は対外政策の改革を論じている。

　結言と緒言は日本改造の必要性とその目的を明らかにする。東の文明を代表する「大乗的宝蔵」の国日本が，「東西文明の融合」を実現するため強力な指導的国家になるべきこと，そのためには日本独自の革新的指導原理が必要であると説く。対外的にまず必要なことは，激烈な国家間競争を戦い抜く体制の確立であり，朝鮮などの領土経営策を改革しなければならない。対外政策の改革の前提は日本そのものの国内改造である。社会的弱者（労働者，児童，婦人など）の保護，人権保障の強化，国民教育の充実が強調される。社会福祉の充実のためには経済制度の改造が不可欠となる。大資本を要し，強い対外競争力を必要とする分野は国営とする。民間の富の偏在（財閥の独占）を避けるため，資本と私有財産に制限を加えた独自の混合経済体制が提案される。

　以上すべての改造の成否を握るのは政治改革である。天皇を頂くクーデタという急進的手段をもって3年間憲法を停止し，その間に貴族院など「保守反動」の拠点となった政治制度を改廃する。本書は戦後「日本ファシズムの経典」などと呼ばれ一面的な評価をされてきたが，その根本思想は，北が独自の国家社会主義を説いた『国体論及び純正社会主義』(1905) に，対外策・政治改造方策は『支那革命外史』(1921) に由来している。

岡本幸治

［書誌データ］　北一輝『日本改造法案大綱』猶存社, 1923（『北一輝著作集』第2巻, みすず書房, 1959).

喜多野清一 (1900-82)
『家と同族の基礎理論』 *1976年刊

　1949年のシンポジウム「封建遺制」に参加した論文「同族組織と封建遺制」とこれに続く2論文，「同族における系譜関係の意味」・「同族の相互扶助」よりなる第「Ⅰ」部と，「日本の家と家族」以下，有賀喜左衛門・鈴木栄太郎・戸田貞三・及川宏の「家」「家族」論をめぐる論考よりなる第「Ⅱ」部で構成された論文集であり，ここでは有賀の論文「家族と家」で「日本の家族」は「家」であるとし，戸田と喜多野を批判したのに反論するのが主目的となっている。

　第「Ⅰ」部の始めの2論文では，同族結合の本質は「系譜の本源」が本家にありとする伝統的権威への承服にもとづく本家分家間の「系譜関係」，「各自の出自に関して本幹と分枝の関係にあること」を「相互承認，相互認知」することと，これにともなう生活連関による家の連合体であると規定する。

　同族組織の構成単位たる「家」は，現実には「核としての小家族」ないし「その複数の結合」によって「荷担されて存立している」。しかし，「非血縁者も家として取り立てられ，系譜に連繫されることによって同族団に摂取され得る」。本家も分家も同様に「家」であり，ともに世代を超えて存続するから，系譜関係も同様に存続すると述べる。

　喜多野は，マックス・ウェーバーのいう家父長制とその発展としての家産制が「同族団と極めてよく類似している」とし，また封建制の下部組織として家産制が存在していたように日本の封建社会にもその機構と結合して同族団が存在したとするが，日欧の封建社会の異同や封建遺制との関係は論じていない。

　「同族の相互扶助」は「本家の家権威にもとづく扶養行為の体系に属する」。「分家取立て自体が本家の扶養行為である」。「本家庇護，分家奉仕」は「本家権威にもとづく分家扶養」の関係であるとする。

中野　卓

［書誌データ］　喜多野清一『家と同族の基礎理論』未来社, 1976.

社会学文献事典——313

きだみのる (1895-1975)
『日本文化の根底に潜むもの』 *1957年刊

　村という一種の連合体ではなく，それよりも小さい範囲の地域集団としての部落が，日本という大きな社会のもつ特質のすべての萌芽を含んでいる統一体であると同時に，潜在意識となって日本の文化の根底をささえている。その現われを部落生活の諸側面から，批評的に描写した参与的観察。部落における性にまつわる会話の位相や，親類の重要性，内側に対しては出し抜きあう競争関係にあっても，外に対してはむしろ仲間として感じ行動する不思議，お返しのなかに潜む相互強制の論理，香典のもつ保険料的な要素，言語を変えることで現実をも変えうると思う呪術性，隠し畑や延び畑の現実や密猟をめぐる考えにみられる国に対する意識，選挙をめぐる現実，正義をめぐる部落の考えかたなど，切り口は多方面におよぶ。反法的であっても反社会的ではない部落の掟の論理の指摘は，当時の共同体論議と重なりあうけれども，徹底した実利主義の生活実態を鋭く指摘している点では，封建遺制論と視点が異なる。金銭面において「自分は損をしないように」だけでなく「相手に儲けさせるのは癪にさわる」とまで感じる小宇宙のエゴイズムと相互搾取の関係など，規制や相互扶助だけではなく競争の側面をえぐり出している。そこには分業を成立させるような信頼はなく，一方における抜けがけの精神と，他方において衆を頼む姿勢とのアマルガムのような精神構造が再生産される。『太陽の季節』など当時のベストセラーを，部落の青年の伝統と実際やヤクザ・壮士の理解にむすびつけ，部落の感情が都会の社会意識のなかに現われだしたにすぎないとみる見方などは，日本文化の根底という把握を象徴している。部落の精神生活を未開社会の論理を枠組みにして説明している部分が多いが，著者（本名：山田吉彦）はレヴィ゠ブリュール『未開社会の思惟』（岩波文庫）の訳者。　佐藤健二

[書誌データ]　きだみのる『日本文化の根底に潜むもの』講談社, 1957.

ギーディオン　Siegfried Giedion (1893-1968)
『機械化の文化史』 *1948年刊

　ギーディオンは，ものあるいは道具は「世界に対する人間の基本的産物である」という視点から，道具がどのような過程をへて機械化されたのかを歴史的かつ具体的に見ていく。

　本書では，機械化がギリシャ時代から始まっていることを指摘しつつも，そこでは機械化の原理的議論にとどめている。複雑な手工業技術を機械に変換することは，産業革命以降のことであり，とりわけアメリカで，19世紀後半に起こった機械化はきわめて高度なものであった。全面的機械化はアッセンブリーラインによって引き起こされる。工場の中の装置が相互に有機的に関係しあって，巨大なシステムを形成する。したがって，本書は，19世紀，20世紀の機械化が議論の中心的テーマになっている。そうした機械化が，農業，食品，家具職人そして家庭の主婦たちの仕事のなかでどのような形で浸透し，仕事のあり方を変化させたのかが検討される。

　また，機械化が引き起こされると，わたしたちの生活環境にどのような変化が引き起こされるのか。ギーディオンは中世以降近代にいたるまでの室内生活における「快適さ」の概念がどのように変容してきたのかを見る。家具と身体の関係がどうなっているのか。たとえば，座ることの近代の快適性は，ロココに始まるとする。装飾もまた，機能とは別の快適性をあらわすものとして注目する。

　そして，20世紀において，洗濯，掃除，料理，入浴などがどのように機械化されたのかが検討される。近代においては，人間の行為の分節化が行われ，それが機械に対応させられる。ギーディオンは本書で，ものがデザイナー個人の観念ではなく，テクノロジーと社会的な価値観とによって決定づけられてきたことを歴史的に捉えてみせたといえよう。　柏木　博

[書誌データ]　Siegfried Giedion, *Mechanization Takes Command*, Oxford University Press, 1948（『機械化の文化史──ものいわぬものの歴史』ＧＫ研究所・永久庵祥二訳, 鹿島出版会, 1977).

■ ギデンズ Anthony Giddens (1938-)
『先進社会の階級構造』*1973年刊

　ギデンズの著作としては比較的初期のものに属する本書は，そのタイトルが伝える以上のものを含む，深みをもった書物であると言うことができる。

　著述の順に従って論を進めよう。まずギデンズはマルクス以降の階級に関する社会学的諸概念を丹念に追い，これらに批判的かつ慎重な検討を加えていく（第1-5章）。次いでこの検討をもとに第6-7章において，「階級関係の構造化」，および「権力の制度的媒介」と「支配の媒介」という考え方を中核とする現代世界の階級関係と権力構造を分析する理論的装置が精密に組み立てられ，続く第8-13章で資本主義社会の歴史的発展に関するマルクスの誤った想定に修正を加えつつ，ギデンズは彼の呼ぶところの「新資本主義社会」，および国家社会主義社会の現状（当時）に対して自己の理論を経験的事例をふまえつつ説得的な仕方で適用していく。そして最後に当時優勢を誇っていた論客——いわゆる「脱産業社会」論者および実はその陰面に過ぎない一部のラディカルたち——とギデンズ自身の立場の違いが述べられ，本書での著述がもつ一般的な含意が著者の思想的立場を示唆するかたちで論じられる（第14-15章）。

　ギデンズの他の著作と同様本書を特徴づけているのは，このような総合的なアプローチであり，現在から振り返ってみると時代的な制約による欠点（著者自身も後に論を修正している）もいくらか目につくものの，『史的唯物論の現代的批判』，『国民国家と暴力』と同様，実質的な論点を扱ったギデンズ社会学の初期作品として学説史に残り得る著作であることは疑いない。　　　　　　　森元大輔

［書誌データ］Anthony Giddens, *The Class Structure of the Advanced Societies*, Hutchinson, 1973（『先進社会の階級構造』市川統洋訳，みすず書房，1977）.

■ ギデンズ Anthony Giddens (1938-)
『社会学の新しい方法基準』*1976年刊

　理解社会学の「ポジティヴな」批判との副題をもつ本書の主題を最も簡潔に述べるとすれば，それは次のようになるだろう。社会学の研究対象は社会の成員が行う能動的な意味の構成であるという解釈的アプローチ（現象学的社会学など）の主張は全面的に放棄されるべきものではない。だが彼らの認識には社会学理論としてはきわめて重大な欠落があり，その欠落は埋められねばならぬものであるが，それが本書の目的である。

　こうした認識に立つギデンズのさまざまな試み——「行為作用 agency」の観念を基軸とする行為概念の精緻化，社会生活における「権力」の次元の重視，そして規則と資源の体系としてとらえられる「構造」概念の定式化など——は行為と構造の弁証法的関係をとらえる「構造化 structuration」の観念のもとに総合され，この構造化理論は彼の社会学の代名詞ともなった。本書は後の『社会理論の中心的問題』とともに，構造化理論の全貌を知るうえで不可欠の著作である。折衷的と称されることもあるがきわめて複雑な彼の社会学理論の全体像を本欄で示すことは到底不可能である。ここではこの理論とも密接に関連する論点であるが，彼の言う「二重の解釈学」という方法論的問題について触れるに留めよう。

　二重の解釈学のテーゼは社会学者の研究（解釈）は社会の成員によってあらかじめ解釈された世界を対象としているということを意味しているが，ギデンズの言わんとしていることはそれ以上である。社会学の諸観念が逆に研究対象である社会に流れ込むということも有り得る。きわめて不明瞭なままであるが，ギデンズはここに批判理論としての社会学の可能性を見ているのである。　　森元大輔

［書誌データ］Anthony Giddens, *New Rules of Sociological Method*, Hutchinson, 1976（『社会学の新しい方法基準』松尾精文他訳，而立書房，1987）.

■ギデンズ Anthony Giddens (1938-)
『親密性の変容』*1992年刊

『モダニティーの諸帰結』の刊行以降，ギデンズの研究テーマは従来のそれとは若干方向性を異にする（だが微妙なしかし決定的な繋がりがある）新たな次元へと進んだ。そこで問題とされているのは近代という時代に生きる人々の主観的経験の在り方であり，本書もまたそのような立場から書かれたものである。

本書でギデンズが検討の対象とするのは主に男女間での（しかしそれに限定されない）性愛の経験の在り方が歴史的に変容していく様であり，その議論の出発点は近代初頭における「ロマンティックな愛」の出現である。ロマンティックな愛の観念は夫婦を親族関係から切り離された自律的な紐帯によって結びつけ，それに伴い再生産と世代の継承から解放された「プラスティック・セクシュアリティ」が創出される。男女のロマンティックな関係は「純粋な関係 pure-relationship」（それ自身のために営まれる関係）の初期形態であるが，ここでは親密性の領域（近代的な「家庭」として制度化された）をめぐる男女間の経験の在り方の相違に伴う矛盾が生じていた。他方，より現代的な「合流する愛 confluent love」には対等の他者とのリフレクシヴな語り，およびエロス的なものが含まれており，ギデンズによればこうした変容は個人生活の領域を民主化するための，さらにはより広範な倫理的枠組みを用意するための現実的な基盤となり得るものである。

性愛の経験というテーマを社会学的に論じたのみならず，性的ラディカリズムの政治学の現代的再生を試みているという意味でも，本書は論争的であると同時にきわめて示唆に富んだ著作であると言うことができよう。

森元大輔

［書誌データ］ Anthony Giddens, *The Transformation of Intimacy*, Stanford, 1992（『親密性の変容』松尾精文・松川昭子訳，而立書房，1995）.

■木村敏（きむらびん）(1931-)
『自覚の精神病理』*1970年刊

「私」「ぼく」，その他さまざまに言い表される自分自身とは何なのか，これは哲学上の問題であるだけでなく，ほとんどの精神疾患で患者自身が深刻に捜し求めている難問である。本書ではこの問題を「自己の存在の否定」としての離人症（1章），「自己の来歴の否認」としての家族否認症候群（2章），「自己の個別化の危機」としての精神分裂病（3章）の3つの側面から論究している。

自分とは意識のノエマ的対象として見いだされるような「もの」ではなく，私が世界を意識しているいまここで世界が私に現れ出ているという「こと」以外のなにものでもない。「自分というもの」ではなく「自分ということ」の成立しなくなっている状態が離人症である。第1章に紹介されている症例は，著者のその後の精神病理学的思索全体の出発点となったまれにみる典型的な離人神経症である。

第2章で考察されている「家族否認症候群」は，自分の家族が真実の家族ではないという「家族否認」ないし「貰い子妄想」，身近にいる他人が偽物だという「替え玉妄想」，それに「恋愛妄想」に代表される受動的な愛の主題などが複合して症候群の形を取ったもので，従来の文献には記載されていないが，日本人にはかなり多く認められる精神症状として，著者が1968年に学会誌に報告したものである。ここには自己の来歴の変更によって将来の意味を改変しようとする妄想機制が認められる。

第3章では自分が他のだれでもない自分自身だという「自己の個別化」が危機に陥った病態として精神分裂病が取り上げられている。しかし本章の考察は，著者自身のその後の思索の基盤になっているとはいえ，まだかなり不十分である。

著者要約

［書誌データ］ 木村敏『自覚の精神病理』紀伊國屋新書，1970（新装版，紀伊國屋書店，1978）.

木村敏（きむらびん）(1931-)
『人と人との間』 *1972年刊

本書の出発点となったのは著者がドイツで行った日独の鬱病罪責体験の比較研究である。患者が自己を罪あるものとみなすとき審判者（インスタンツ）として意識されるのは，多くのドイツ人では神やそれを内在化した良心であるのに対し，多くの日本人では身近な他者との間柄である。

自己のありかたを人と人との間に見るこの日本人特有の自己意識は，しばしば排他的と誤解される「われわれ日本人」という表現，義理と人情の概念，罪の文化と恥の文化の対比（R．ベネディクト），日本語の自称詞と他称詞の特異性，「甘え」や「気」の語などに現れているほか，対人恐怖症や貰い子妄想など日本特有の精神症状にも反映している。

人間が自己を見いだすのはつねに環境との生命的関係においてであるという観点から，著者は日本人と西洋人の自己意識の相違の根源にそれぞれの自然との出会いかたの違いを想定し，これを和辻哲郎が提唱した「風土」という人間学的概念を援用して解釈した。日本の風土はその非合理的な矛盾構造のために，適当な距離をとってその客観的法則性を探るという科学的接近を困難とし，自然と一体化して自然のなかに自己自身を見いだす生き方を強いる。「自然」を人間学的概念として解すればそれは当然人間関係の自然をも含むから，ここから日本人が他人との間で自己を見いだすという特異性が理解できることになる。

しかし精神医学においては，このような日本的精神構造の特徴の発見がたんに西洋人との相違の指摘に終わってはならず，この相違を変数とする人類共通の精神構造の発掘に通じなければならない。こうして「文化を超えた精神医学」が要請される。　　　　**著者要約**

[書誌データ]　木村敏『人と人との間』弘文堂，1972 (Kimura Bin, *Zwischen Mensch und Mensch*, Wissenschaftliche Buchgesellschaft, 1995).

喜安朗（きやすあきら）(1931-)
『フランス近代民衆の〈個と共同性〉』 *1994年刊

社会空間や時間の制度化と規律化は，近代においてはその密度を高めるだけでなく，人々の欲求に即応した社会的権力として人間の内面をとらえるものになっていく。だが人々の日常的実践は流動性を失なうわけではなく，人々はこの制度の網の目を横断しそれをかいくぐる技芸にも似た「独特のやり方」を保持し発展させる。

このような日常的実践の在り方を歴史的に検討しようと試みるときに，方法的な操作概念として，人的結合関係としてのソシアビリテがとり上げられることになる。人々の日常的実践はこの人と人の絆たるソシアビリテによって，その社会的また歴史的な性格が明らかになっていく。

フランスの歴史家M．アギュロンのソシアビリテ研究は18〜19世紀にかけてそれが変化するものとして検証したのであったが，その際にソシアビリテにもとづく共同性と個人との緊張をはらむ相互関係を充分にとらえきれていなかった。しかしこの〈個と共同性〉の緊張をはらんだ関係に焦点を定めないと，ソシアビリテのダイナミックな変化は明らかにできないというのが，本書の基本的な視点である。

そのうえで検討の対象は18〜19世紀のフランスの職人層に置かれている。この階層は当時もっとも社会的上昇と下降をくり返したものであり，それゆえに〈個と共同性〉の関係に鋭敏に反応していた。読み書きの習得と独自の出版文化，居酒屋や職人宿，アソシアシオンの増大といった諸契機の検討を通して，〈個と共同性〉の関係の在り方と，それに支えられた日常的実践における「独特のやり方」が拡張し発展していく様相を見定めようとしたところに本書の特徴がある。　　　　**著者要約**

[書誌データ]　喜安朗『フランス近代民衆の〈個と共同性〉』平凡社，1994．

■キャントリル Hadley A. Cantril (1906-69)
『火星からの侵入』 *1940年刊

　1938年10月30日，東部標準時間午後8時，アメリカ・コロンビア放送はオーソン・ウェルズによるH．G．ウェルズ原作『宇宙戦争』を1時間のラジオドラマで放送した。全米で少なくとも600万人が聴き，約100万人がパニックに陥ったと推定された。パニックになった人々は，ドラマをほんとうの出来事と間違って判断した。人類は危機に直面していると考え，おびえ，不安になり，逃げようとしたり，愛する人を助けようとした。電話で別れを告げたり，危機を知らせようともした。近所の人々にラジオを聴くように教えたり，新聞社や放送局に問い合わせ，救急車を呼んだり警察に助けを求めたりした。

　著者の関心は，人々はどうして，このような知的ではない反応を起こすのかを，明らかにすることにあった。それはまた，当時，もっとも現代的なタイプの社会集団であったラジオ聴取者の行動を研究することでもあった。著者はパニックの主要な原因を，被暗示性に求めている。被暗示性は批判能力の欠如とも相関している。これらの人々は驚きが大きく，かつ持続していたために，ラジオで聴いた情報を他の手段で確かめること（情報追求行動）をしなかったり，一応はしてみたものの，結局は失敗してパニックに走った。

　著者は，他人やメディアからの情報に疑いを持つ態度が必要なことを説くとともに，このドラマのもつリアリズムが，当時のアメリカ社会を覆っていた不安心理もかきたてて，それが人々にドラマをほんとうのことと思わせた点をも強調する。本書は，社会的規模でパニックが生じた原因を，当時利用できた調査手法を駆使して解明したパニック研究の成果であり，ラジオ研究の古典である。　藤竹　暁

［書誌データ］Hadley A. Cantril, *The Invasion from Mars: a study in the psychology of panic*, Princeton University Press, 1940（『火星からの侵入』斉藤耕三・菊地章夫訳，川島書店，1971）.

■ギュルヴィッチ
Georges Gurvitch (1894-1965)
『法社会学』 *1942年刊

　著者の法社会学への視座は，法を国家の一定の体系性・合理性を備えた実定法，裁判規範，法規──「組織された法」──をもっぱら意味したり，国家を全体社会と同一化したり，超機能性をもつと考える姿勢を批判することにある。法の体系化は「文明の所産」ではあるが，その基底で法は「生ける法」として一定の集合的法体験を源泉とする。この視点から，著者は古代からE．エールリッヒ，E．デュルケーム，M．ウェーバー，さらに現代の法学・社会学にわたる多数の先駆的業績を批判的に分析し，進んで著者独自の社会学パラダイムに従って人間の法生活の内容と変動の歩みの解読を試みた。

　法は，集合的価値の一部である「正義」価値の定量的・限定的な実現に応えるとき，はじめて「規範的事実」となる。それゆえ，法の根源にある秘められた集合的法体験の諸相にたいする深層社会学的意味の追求を要する。これと同時に正義価値の理念の現実化は，所与の社会的枠組に規定される以上，著者は法形成プロセスを社会的交渉・集団・全体社会というレベルでの微視的・巨視的分析の的とすることを主張した。社会的交渉の優越するタイプいかんによって「法の種類」が規定される。とくに能動的・自発的な社会的交渉は「社会法」，「他人関係」は，「個人法」（契約）の源泉となる。ついで集団は社会的交渉の諸形態が交錯し秩序化される小宇宙として実効的な法産出の基盤である。全体社会（集団の大宇宙）は集団のヒエラルキーと社会構造，そして社会的規制の序列を生み，その変動の歴史的・社会的決定要因連関を内蔵する。現代は「社会法」優位への変動を示すとした。

訳者（壽里　茂）要約

［書誌データ］Georges Gurvitch, *Sociology of Law*, Philosophical Library, 1942（『法社会学』潮見俊隆・壽里茂訳，日本評論新社，1956）.

ギュルヴィッチ
Georges Gurvitch (1894-1965)
『社会学の現代的課題』*1950年刊

本書は，戦後社会学の発展のひとつの引き金となった。著者は，現代社会学の課題——使命は社会の危機・変動の意味の追求にあり，既成社会学——とくに「秩序の社会学」や「進歩の社会学」に内包される「虚偽問題」を批判する。社会学は，高度に複合的で歴史性と不連続性に満ちた社会的現実のうちに秘められている不断に自己を構造化し脱構造化する自己生産という「現動し」(en acte)，沸騰するドラマの解析の必要を強調した。

社会的現実とは全体社会という社会的枠組に規定された「全体的社会現象」である。その分析には高度に深層的かつ多元的な透視を要する。そのため，まず「深さの社会学」——結晶化・表層化された現象の基底の「隠された部分」——もっとも深層的な集合的経験である集合的心性・態度や意欲のレベルにまで及ぶ変動へのまなざしを基本的姿勢とする。しかし，深層の諸位相も，社会的現実の現動に媒介されることで表出される。そこで，深層分析を微視的・巨視的社会学という視座と交錯させることが不可欠である。社会的現実の最小構成単位——「社会的交渉」(sociabilité) の存在諸形態，そのヒエラルキーとバランスを構造化し統合するような集団世界 (社会的交渉の小宇宙)，多数の集団間のヒエラルキーや絶えず緊張を含む現実の諸位相の序列の一時的なバランスとしての社会構造をも枠づける具体的・歴史的な全体社会という大宇宙の3つの次元の類型学が展開される。こうした手続きを通じ，最後に，著者は過去の決定論批判とともに全体社会の変動要因を分析し，現代の競合・闘争する多元的な全体社会の構造変動と「自由」の確保の志向の意味を論じた。

訳者要約

［書誌データ］Georges Gurvitch, *La vocation actuelle de la sociologie*, 1950 (『社会学の現代的課題』壽里茂訳，青木書店，1970).

京極純一 (1924-2016)
『政治意識の分析』*1968年刊

第2次大戦における日本の敗北とそれに伴う政治転換のなかで，日本の政治学も，それぞれの研究部門で，新しい前進を始めた。1948年100人ほどの会員で出発した日本政治学会は，96年現在，1,300人をこえる会員をもつ。

同時代の日本の現実政治を研究することが自由となり，1947年から52年まで大学院特別研究生であった著者は，政治意識論，政治行動論という新しい研究分野に着手し，やがて次第に同学の参加をえた。

研究資料は(1)国，都道府県，市町村レベルの選挙における運動状況と開票結果表，(2)確率抽出された標本個人に同じ質問をする面接調査の回答を整理計算した結果表，(3)雑誌，新聞，テレビなどが伝える，各種政治運動の情報である。著者は，党派の政治宣伝とは無関係な，統計的数量的な，その意味で客観的な研究方法を多く用いた。

本書は1952年から62年の間に著者が公表した6篇の論文と報告を収録した論文集である。政治意識論，政治行動論の草創期の研究状況の実情を示す，研究史の史料でもある。

第4章は，衆議院議員選挙区を大都市型から農村型に4区分して都市—農村軸にのせ，分散分析という古典的手法を用いて，投票行動の特性差を比較検出している。

第2章は，県知事選挙の実況を報告し，素封家支配の自然村型秩序という政治意識・政治行動の理論模型を提示している。

第3章は，開票結果，世論調査結果，各種の社会統計などを多用して，敗戦以来12年間の政治意識の変化を辿っている。また，〈利益〉の民主政治という行動様式のモデルを取出している。

第5章はリーダーシップを取上げている。

著者要約

［書誌データ］京極純一『政治意識の分析』東京大学出版会，1968.

京極純一 (1924-2016)
『日本の政治』 *1983年刊

著者は1971年東京大学法学部に配置換え，政治過程論講座担任となった。過程は構造の動態であり，政治過程は政治構造の動態過程である。そのとき，政治構造論，政治過程論は政治学の新しい研究部門であった。著者は法学部2年生に〈日本政治─構造と過程〉といった内容の授業を13年続け，年々の努力と工夫の所産を本書に整理し，停年退職の前年出版した。幸いに広い読者層に歓迎された。

本書は，第1部政治の構造，第2部秩序の構図，第3部権力の運用の3部構成である。

第1部は，まず，立憲国家，議院内閣制，政党政治，平和主義，積極的輸出傾斜などの制度を説明する。ついで，政治関与，政治知識，政治心理，人間の性格類型など，議会政治の起動力について説明する。

第2部は，日本の伝統と文化の中核信仰，霊力霊能者信仰，イエ・ムラ・勤め先の集合体信仰，実在と現象の相即信仰，3通りの信仰と内側の和と外側の競争という行動基準から，日本の秩序像を説明する。現世の転変は宇宙の大生命の躍動，正邪善悪以前であり，人間万華色と欲の実現である。

第3部は議会政治の3側面を説明する。第1は地元の面倒と票を交換し，富を再分配する親心の政治，第2は真理を盾に糾弾する正論派と常識に訴える俗論派が抗争する正論の政治，第3は乱の演出と馴れ合いの運用で進行する権勢の政治である。

こうして，本書は政治学の専門書に止まらず，日本の社会と文化，常識と作法の解説書という面ももつ。1985年東京海上各務記念財団優秀著書賞を受け，また，丸谷才一氏ら5氏著『近代日本の百冊を選ぶ』（講談社，1994）のなかで第百冊目として選ばれた。

著者要約

［書誌データ］ 京極純一『日本の政治』東京大学出版会，1983．

キルケゴール Søren Kierkegaard (1813-55)
『死にいたる病』 *1849年刊

本書の第1篇は「死にいたる病とは絶望のことである」，第2篇は「絶望は［神の前では］罪である」を主題とする。本書の問題は「いかにして真のキリスト者になるか」であり，本書はキリスト教的人間学としての絶望の現象学と言える。絶望とは人間が神から自己疎外している状態のことである。近代人の病弊たるこの状態を周到厳密に分析し，覚醒を促すところに本書の現代的意義が存する。

キリスト教的には死は生への移行であるが，死にいたる病とは死が終局である病としての絶望であり，しかも絶望の苦悩は，死ぬことができないこと，死という最後の希望までも失っていることである。そして絶望とは精神としての自己における病であり，非本来的絶望と本来的絶望とが区別される。前者は，絶望して自己をもっていることを自覚していない場合，後者は絶望して自己自身であろうと欲しない場合と，絶望して自己自身であろうと欲する場合とである。ところで自己とは1つの関係がそれ自身に関係する，この関係そのものであり，そしてこの関係そのもの，すなわち自己は，自分で自己自身を措定したのであるか，それとも結局は神によって措定されたのであるかのいずれかであり，それに応じて本来的な絶望の2つの場合が区別される。他方，1つの関係とは無限性と有限性との，時間的なものと永遠的なものとの，自由と必然との関係である。この1つの関係がそれ自身に関係するとは，人間の実践的な自覚のことであり，この自覚の極端な不均衡が絶望である。

吉澤伝三郎

［書誌データ］ Sygdommen til Døden. En christelig psychologisk Udvikling til Opbyggelse og Opvækkelse, Af Anti-Climacus. Udgivet af S. Kierkegaard. Kjebenhavn, 1849（『死にいたる病─教化と覚醒のためのキリスト教的,心理学的論述，アンティ・クリマクス著，セーレン・キルケゴール刊，コペンハーゲン・1849年』桝田啓三郎訳，筑摩書房，キルケゴール全集24, 1963).

■キンゼイ Alfred Kinsey (1894-1956) 他
『人間に於ける男性の性行為』*1948年刊

「キンゼイ報告」の名で知られる本書は，アメリカ人男性の「性の実態」を大規模なサンプル調査に基づいて活写した，第2次世界大戦後の「性解放」を象徴するテクストである。

インディアナ大学・動物学講座で昆虫の生態を研究していたキンゼイは，それまでの性研究が，個別事例を対象に，性の「常態」ではなく「変態」を研究していることに批判的であった。そこでキンゼイは分類学的，統計学的手法に基づいて，1938～47年にかけて，合衆国のほぼ全域に及ぶ約6300人の男性（うち約5300人が白人男性）に対して，面接による性歴（ヒストリー）調査を行った。質問事項は性夢から，自慰，婚姻前性交，婚姻内性交，婚姻外性交，売春，性交技法，避妊法，同性愛閲歴，獣姦歴に至るまで，総計521項目に及ぶ。「射精」を基準に据えることで，それまで道徳的にも質的にも異なる行為と考えられてきた性行為群が，「性的はけ口」という同一平面上に配置し直された。

「性に関して，事実の社会的乃至道徳的解釈を厳密に排除し，ただ客観的に決定した一群の事実を集積」することを目的としたキンゼイ報告だが，その結果は驚くべきものとして受けとめられた。自慰経験率は92％，25歳時点での結婚前性交の経験率は83.3％，同性愛的経験を有しているのは37％。合衆国でも日本でも，この結果はたびたび引用され，さまざまな性行動の自然性と，（優劣のない）多様性を主張する際の根拠となった。

しかし現代では，ランダム・サンプリングが行われていない点からデータの代表性が疑問視され，また，「はけ口を必要とする性」という認識枠組みに対しても異議申立てが行われている。　　　　　　　　　　　　　赤川 学

［書誌データ］Alfred Kinsey, Wardell Pomeroy and Clyde Martin, *Sexual Behavior in the Human Male*, W. B. Saunders Company, 1948（『人間に於ける男性の性行為』上・下，永井潜・安藤画一訳，コスモポリタン社，1950）．

■キンゼイ Alfred Kinsey (1894-1956) 他
『人間女性における性行動』*1953年刊

『キンゼイ報告』の女性版。1938年から1953年の間に，合衆国全域に居住する5940人の白人女性を対象に調査がなされている。被調査者の社会的属性として想定・測定されたのは，年齢・コーホート（2－90歳），学歴（教育年数），婚姻状態（既婚／未婚／離死別），宗教（プロテスタント／カトリック／ユダヤ，それぞれ熱心／中位／関心薄に分類），両親・本人の職業，居住地域（都市／農村）などである。性行動の分布を社会的属性の差異によって説明しようと試みている点で，この調査は本質的に社会学的なパースペクティブを有している。

『男性版』では，射精が性行動全体の基準とされたが，女性の性行動を計測する基準となるのは，オーガズムである。オーガズムをもとにして，性行動を6つの可能なタイプ，すなわち，①マスターベーション，②夜の性夢，③結婚前のペッティング，④結婚前性交，⑤夫婦間性交，⑥夫婦外の性交が比較される。そして「大多数の女性が結婚前に耽るのは異性間ペッティングであり，結婚後に行うのは夫婦間性交である」とか，「女性が一番多くオーガズムに達するのはマスターベーションである」といった結論が導かれる。

『女性版』では，性行動における男女の差異にも関心が払われている。たとえばマスターベーションの経験率は，男性93％に対して女性62％。45歳までの，オーガズムに至る同性愛の経験率は，男性37％に対して女性13％。40歳までの婚姻外性交の経験率は，男性28％に対して女性17％。いずれの結果をみても相当に男女差があり，性行動が男女によって，いかに異なって経験されているかを示唆する結果となっている。　　　　　　　　赤川 学

［書誌データ］Alfred Kinsey, Wardell Pomeroy, Clyde Martin and Paul Gabhard, *Sexual Behavior in the Human Female*, W.B. Saunders Company, 1953（『人間女性における性行動』上・下，朝山新一・石田周三・柘植秀臣・南博訳，コスモポリタン社，1954）．

九鬼周造 (1888-1941)
『「いき」の構造』 *1930年刊

「偶然性」の哲学者九鬼周造の代表的な文化論。解釈学的現象学の手法によって、「いき」の構造分析をおこない、特異な日本文化論を提示している。

本書はまず、異性間の二元的関係における「媚態」、そこに張りをもたらす「意気地」、執着を離れた「諦め」という3契機によって、「いき」の内包的構造を示している。運命によって「諦め」を得た「媚態」が「意気地」の自由に生きること、それが「いき」なのである。また、「いき」を上品、派手、渋味などから区別して、外延的構造を分析している。そして、姿勢・身振りなどの身体的表現や、模様・建築・音楽などの芸術的表現にあらわれた「いき」に考察をくわえている。

このような分析は、言語において表現された民族文化の生きられた経験を、意味の構造分析を通じて明るみにだし、解釈学的に自覚してゆく営みとして提示されている。それによって、近世の文化・文政期に洗練された美意識が抽出され、西洋文化に場所をもたない独自の生の形式として照明があてられている。

本書は初め、留学中にパリで執筆された（1926年「いきの本質」）。西洋文化における「野暮」な「媚態」と対比しながら、chic とも異なる独自の意識現象として「いき」を開示し、そこに武士道（意気地）や仏教（諦め）などの影響を読みこんでゆく本書の分析には、日本文化を東洋文化の粋の集約として提示し、西洋文化と対峙しようとする九鬼の自負がこめられている。本書は、それを花柳界で磨かれた「いき」の美意識に集約させて記述している点で、特異な日本文化論となりえている。そしてそこには、「独立なる二元の邂逅」を核心とする、独自の「偶然性」の哲学が射影されているのである。

米谷匡史

［書誌データ］　九鬼周造『「いき」の構造』岩波書店、1930（『九鬼周造全集1』岩波書店、1981）．

草間八十雄 (1875-1946)
『浮浪者と売笑婦の研究』 *1928年刊

論文集ともいうべき全体は上下に分かれ、上編が浮浪者についての調査研究、下編が売笑婦についての研究である。上編は、「浮浪者概観」「数的に見た浮浪者の態容」「最近に於ける浅草公園の浮浪者とその内面観」からなる。中心は第2論文で、1922年2月25日の真夜中に行われた東京市社会局の野宿者調査の報告書という側面をもつ。全体で253人の野宿者の分布状態、性別年齢、配偶関係、収入、健康状態、出生地、教育程度、浮浪期間、浮浪を離脱できない理由などについて、表に整理している。第3論文は、浅草の乞食の隠語にふみこんで、場所が決まっているケンタと、流し乞食のツブ、ただ捨てられた食べ物を拾って歩くヒロイという3種類があることを述べている。下編は、主として文献調査に基づく「売笑婦の歴史及び員数」、警視庁の調査および統計を利用した「売笑婦の生活事情」「売笑婦の稼業実態」の3編からなる。調査では、芸妓1万0195人、娼婦4977人、私娼653人が、年齢、出生地、教育程度、生育関係、前借金、稼ぎ高、健康、さらに廃業・住み替え等の動態の点から分析されている。おそらく警察の取り締まりに関連した登録関係の統計に基づくゆえの一定の網羅性と限界とを有するものであろうけれども、著者の調査経験を生かした説明には独自の特色があり、芸妓を仕込・丸抱・分け・七三・逆七・看板・自前の7種に分け、私娼を主人出方・通い出方・仕込出方に分けるなどの分類、さらには住み替えなどという売笑婦社会における移動のメカニズムなどは、そうした実地の知識に基づく。草間は、寄子・浮浪者・売笑婦など、下層社会を構成している生活形態に対する大正および昭和前期を代表する研究者のひとり。「身を以てそれらの実社会に近接し」ている点で、実証的な社会問題研究の系譜に属する。

佐藤健二

［書誌データ］　草間八十雄『浮浪者と売笑婦の研究』文明書院、1928．

草間八十雄 (1875-1946)
『どん底の人達』 *1936年刊

　この著書の「どん底」は，社会事業の法的な整備のなかでやがて「要保護者」とよばれるようになった，貧民・細民の生活空間をさす。全体は大きく4つに分かれ，第1編「総説」では江戸期から大正時代までの細民街の変遷およびその地域における特殊な職業生活について論じ，第2編「細民の職業及び経済一斑」では収入・支出に注目し，第3編「精神的生活とその事情」では教育事情と賀川豊彦が論じたような貧民心理について述べている。第4編「物質欠乏の生活に及ぼせる事象」と題された部分はたいへんに短く，売笑婦や捨子，家出の問題などをごく簡単にとりあげている。子供に焦点をあてた『不良児』と女性に焦点をあてた『灯の女・闇の女』と3部作をなすなかの，概説的な著作であることと関連があろう。草間が長年かかわってきた対象について，比較的体系的に整理しようとしたもので，先行する松原岩五郎や横山源之助らの研究を参照しながら，自らがかかわったさまざまな調査を交え，近代東京の貧民社会の変化と現状を描きだしている。東京市社会局の調査をはじめ，当時利用できた貧民実査資料や統計類を豊富に引用し，自分自身のフィールド観察からの資料を多くおり混ぜ，貧民の生活の実態の描写，たとえば残飯屋という職業や教育の実態，葬儀や家計などを論ずる。理論的把握にかけるところはあるものの，記述の具体性に特色がある。犯罪学的な時代の傾向から抜け出しきれてはいないものの，ジャーナリスティックな興味関心にはとどまらず，実際の数字や観察にもとづいて取り上げた点で，社会学の忘れられた先駆である。草間八十雄は，東京市社会局の嘱託をつとめ，昭和初年に同局で調査の仕事に従事していた磯村英一の『社会病理学』『都市社会学』にも，大きな影響を与えている。
　　　　　　　　　　　　　　　　　　　　佐藤健二

［書誌データ］　草間八十雄『どん底の人達』玄林社，1936．

久慈利武 (1945-)
『交換理論と社会学の方法』 *1984年刊

　本書は，読者には本邦初の交換理論の解説書として迎えられた。著者は本来の守備はホーマンズの方法論的個人主義，個人主義研究プログラムにあったのだが，専門的著作の性格を前面に出すことは出版社の望むところでなかった。本書が社会学の交換理論と方法論的個人主義の2部構成であるのはそのような事情である。
　交換理論の部では，60年代に登場したアメリカの社会学者ホーマンズとブラウの交換理論学説が紹介されている。両者の交換理論の比較では，ブラウの方に軍配をあげ，ホーマンズにたいして批判的である。しかし交換理論の意義を社会学の社会過程論，社会学理論としてのそれに限定し過ぎていたため，事実や現象としての交換がわずかしかとりあげられていない。人類学，民俗学の贈与交換，日本の恩・義理などとこの交換理論の関連づけより，交換理論が当時風靡していた機能主義への対抗理論としてとか，権力，権威論への貢献に偏していたと反省される。外国産の理論の解説だけにとどまらず，日本の対象への適用，日本の学者の受容，オリジナルな日本の交換理論の発掘などの必要を感じ，4年後に著者は『現代の交換理論』を著している。
　方法論的個人主義の部では，ホーマンズ，オッブに依拠し「心理学還元主義」のラベルによる憶測を払拭し，演繹的説明という正統な科学的理論観の視点からみる必要を強調した。ここで行われた社会学の命題の個人命題からの演繹は，最近の注目を浴びるマイクロ・マクロ・リンクの先駆けとして評価されるものである。ホーマンズの提唱は，30年を経て，アメリカにとどまらず，オランダ，ドイツ，イギリスなどの合理的選択理論家の間で，社会学理論の個人理論からの演繹として開花している。
　　　　　　　　　　　　　　　　　　　　著者要約

［書誌データ］　久慈利武『交換理論と社会学の方法』新泉社，1984．

■**クーパー** David Cooper (1931-86)
『反精神医学』＊1967年刊

　従来の精神医療の閉鎖性と権力性に対して1960年代に起こった批判運動を総称して反精神医学と呼び，クーパーはR. D. レインとともにイギリスでの中心人物の一人であった。

　正常／狂気という二分法を徹底的に批判し，周囲から患者とされ精神病院に入院させられるに至る病者の経歴を社会的無効化と捉えるラベリング論的視点は同時代の微視的社会学と共通するものである。また，精神分裂病を引き起こす原因の1つとしてベイトソンのダブルバインド理論を取り入れて家族のコミュニケーション研究を行い，家族のなかでダブルバインド状況がつくり出されていく相互作用を面接記録から分析して家族療法を試みている。固定的な治療者／患者の役割構造を極力排するために，大病院の一病棟を試験的に運営する形で行われた治療的ユニット Villa 21 の活動は，レインによるキングスレイホールの運営とともに反精神医学の実践例として名高い。この活動を無秩序だとして攻撃する病院内の他スタッフからの攻撃や葛藤，役割構造内で相互依存するスタッフと患者が再生産する権力関係，その権力関係から降りようとするときのスタッフの不安や衝突などを次々と露にすると同時に，病棟内だけで病者を支えることの限界をも示した。

　反精神医学は，マルクス主義や実存主義の影響を強く受けた1960年代の異議申し立てと連動しており，本書もこうした時代背景を反映している。同時に，その主張の過程で取り上げられた近代家族が内包するコミュニケーションの問題や医療の専門職支配の問題は，なおも今日的課題であり，本書の問題提起の意義はまだ薄れていないと言えよう。　髙橋涼子

［書誌データ］David Cooper, *Psychiatry and Anti-Psychiatry*, Tavistock Publications, 1967（『反精神医学』野口昌也・橋本雅雄・今井典子訳，岩崎学術出版社，1974）．

■**クライン** Melany Klein (1882-1960)
『児童の精神分析』＊1932年刊

　この著作でクラインは，子どもの遊戯が大人の心的現実の言明と同等の精神分析のメディアたりうるという考えから，さまざまな分析技法をあみだした。この新たな諸技法は，(1)精神分析の領野を子どもに拡大しつつ，(2)新たな知見の発見を導き，(3)その発見に基づく理論的な革新をもたらした。

　(1)従来子どもは，言語能力の不備・転移神経症の発症不能・分析への不十分な参加動機などのため，精神分析には不向きとされていた。しかしクラインは，子どもの遊戯を言語による成人の心的現実の表現と同等に扱うことで，子どもに対しても成人と同等の本格的な精神分析が可能だとした。

　(2)このような認識からクラインは，原初的な不安や攻撃性に対する防衛として投影と取り入れがめまぐるしく変転するダイナミックなメカニズム，従来説よりはるかに早期に生じる苛酷な超自我とエディプス葛藤，など多様な部分対象関係の世界の展開を，子どもの遊戯のなかに発見した。彼女はそれを，母親の身体内部における父親の男根や赤ん坊などに対するサディズム幻想として記述した。

　(3)これらの発見は，精神分析学の基軸である発達論の革新を意味していた。この革新的な発見が明確に主張されたのは後の著作群であるが，その内実のほとんどが，具体的な症例に即してすでにこの本に現れている。

　クラインがここで論じた，「内的心的な過程を外的世界に置き換え，それらの過程を外界において」（訳書212頁）具現しようと振る舞うという側面は，子どもに限らず成人も有している。クライン派精神分析学のこうした視点は，「感情的」「非合理的」とされる社会的行為についての社会学的理解にとって示唆的なものである。　内藤朝雄

［書誌データ］Melany Klein, *Die Psychoanalyse des Kindes*, Internat. Psychoanal. Verlag, 1932 → *The Psycho-Anaysis of Children*, Hogarth Press, 1932（『児童の精神分析』衣笠隆幸訳，誠信書房，1997）．

クラウゼヴィッツ
Karl von Clausewitz (1780-1831)
『戦争論』 *1832-34年刊

　ナポレオン戦争の衝撃から生まれ，戦記でも戦術論でもなく，初めて戦争を本質的対象として論じた書。プロイセン軍の将校としていくつかの戦役に参加し，捕虜の体験もあるクラウゼヴィッツは，ナポレオン軍の圧倒的な強さを根本から考察することで，近代戦争の本質を明るみに出した。

　第1編で戦争の本質を論じ，第2編以下，戦争の理論，戦略一般，戦闘，戦闘力，防御，攻撃，戦争計画を考察して，全8編からなるが，もっとも興味深く時代的な制約を超えた射程をもつのは第1編と第8編。

　フランス革命は国王を廃絶し，それまで国王と一体だった国家と，それを担う国民を自立させた。それ以降，戦争は国王の利害のための特定階級による行為ではなく，国民の国民による国民のための戦争となる。ナポレオンの軍隊はもはや傭兵ではなく，自分のために戦うことを自覚した国民であり，それがこの軍隊の無類の強さの秘密だった。この国民の戦争は，戦争を万人に関わるものとし，以後の国民国家同士の戦争の原型になった。

　まず戦争の目的は「相手に自分の意志を強要すること」だが，その具体的な目標は敵の撃滅である。そして戦争とは「別の手段をもってする政治の延長」であり，基本的には政治的目標に従属するとされる。だが戦争はまたそれ自身に内在的な論理をもっている。そこには競り上げの傾向が働き，相手が屈服しなければ破壊はエスカレートし，国民国家ではそれが国民経済が許す限界まで高まることになる。それを著者は「現実の戦争」に対して「絶対的戦争」と呼ぶが，いわば理念型としての「絶対的戦争」は産業システムによって組織化された国民国家同士の戦争では不可避の傾向となる。ここにはすでに，来るべき世界戦争の「総力戦」が予見されている。

　　　　　　　　　　　　　　　西谷　修

[書誌データ]　Karl von Clausewitz, *Vom Kriege*, 1832-34 (『戦争論』篠田英雄訳，岩波文庫，1968).

蔵内数太 (1896-1988)
『社会学』 *1962年刊，増補版1966年刊

　第1部学論（史論・方法論-領域論と研究法），第2部社会学の基礎概念，付録からなるが，その関心の焦点は，地域的・複合的であるとともに包括的かつもっとも歴史的な全体社会である。その考察は社会認識に重点をおく文化研究を前提とし，その概念規定は変動に直結している。ここで，理論社会学，集団と文化の社会学，全体社会の学-歴史社会学が社会学の領域となる。その領域の広さ，対象の規模の大きさと複雑さから，複数の研究法-自然科学的・理論的・現象学的方法の相互補完を説いたうえで，社会を体験事実として捉える基本的立場から，第2部では，社会の3つのレベル（本質的社会・集団・全体社会）について統一的な理論体系を構築した。

　全体社会は，共同体-命を素とし，そこではじめて意義をもつ心的潮流-勢と全体的構造（分業-理，階層・階級，国家-法）による独自な統合である（これは集団における成員，自我融合-同，全体の成員への規制-制に対応）。人間と社会は所与であり，環境と心理の法則に先行されている。命-運命と理-法則は人間と社会に超越して，法-規範と勢-潮流は社会的事実としてそれらを規定する力である。これら統合原理は，社会の目的論的構造ではなく，多次元的な現実構造分析のための緊張を孕む概念装置であり，全体社会の変動と文化型，変動を担う集団類型（前・現・後集団），さらに人間の意志決定や文化区分にもわたる分析枠である。歴史的社会への関心とその分析枠の着想，日本における社会学成立史の通説批判や数々の思想・文化研究にみられる和漢への造詣の深さ，近代西洋の社会学的知のそれとの結合による展開と深化に本書の独自性と意義がある。　六車進子

[書誌データ]　蔵内数太『社会学』培風館, 1962 (『社会学概論』培風館, 1953；『社会学　増補版』培風館, 1966；『蔵内数太著作集第1巻』関西学院大学生活協同組合出版会, 1978).

クラカウアー
Siegfried Kracauer (1889-1966)
『カリガリからヒットラーへ』 *1947年刊

1つの国の映画は,他の芸術媒体よりも直接的にその国民の心理状態を反映している。こうした理論的前提に立ってクラカウアーは,第1次世界大戦直後(1918)からヒトラー政権成立時(1933)までの膨大なドイツ映画作品を詳細に分析し,ドイツになぜナチズムが成立したかを大衆心理学的に考察した。

クラカウアーによれば,大戦後(1918-24)に現れたR.ヴィーネの『カリガリ博士』やF.ラングらの表現主義的作品は,専制的支配への服従か本能に支配された混沌状態のどちらかしかないという絶望的なジレンマに囚われていた当時のドイツ人の心理状態を表現したものであり,安定期(1924-29)に現れたW.ルットマンの『伯林大都会交響楽』やG.W.パプストらの新即物主義的作品は,特定の立場に立つことを回避して中立的な立場に逃げ込んでいた,この時期の人びとの無気力な精神状態を反映したものであり,ヒトラー直前期(1930-33)に現れた,霊感を受けた総統や反逆者に支配される国民の姿を描いた山岳映画や国民叙事詩的作品は,権威主義的な総統の出現を期待する人びとの心理の反映だった。こうして彼は,独裁者への服従に至るドイツ人の集団心理の変遷を,映画作品のなかに見事に読み取ったのである。

だが同時に,彼がこれらの作品にナチスそれ自体の特徴(催眠術による犯罪の指令,孤独でサディズム的な人造人間による独裁,群衆の装飾的利用等)を読み取ったことも忘れてはならない。つまり彼は,ナチズム体制を全盛期のドイツ映画が現実化したものとも捉えたのだ。

長谷正人

[書誌データ] Siegfried Kracauer, *From Caligari to Hitler: A Psychological History of the German Film*, Princeton Univ. Press, 1947(『カリガリからヒットラーへ』丸尾定訳,みすず書房,1970;『カリガリからヒットラーまで』平井正訳,せりか書房,1971;増補改訂版,1980).

クラーク Colin Grant Clark (1905-89)
『経済進歩の諸条件』 *1951年刊

近代以降の経済発展を,各国別のマクロ経済データによって実証的にあとづけ,国際比較を試みた論考。各国の経済データを可能な限り収集し,数量データのみによって経済発展の段階を比較している点に本書の最大の特色がある。具体的には,第2章,第3章のタイトルがそれぞれ,貨幣購買力の国際比較,1人1労働時間当り実質国民生産額の国際比較とあることからわかるように,貨幣購買力,実質国民生産額といった経済指標によって国民経済の発展の度合いが比較されている。

本書が今日でも注目されるのは,現在では常識となっている第1次産業,第2次産業,第3次産業という産業構造の分類を,クラークが第9章産業間の労働の分布で提唱したからである。クラークによれば,第1次産業とは,農林漁業,牧畜業,狩猟業であり,第2次産業とは,製造工業,建築業,公共事業,ガスおよび電気供給業であり,第3次産業とは,運輸業,行政,家事労務などである。クラークは世界30カ国強のデータを比較して,経済発展によって国民経済は第1次産業中心の社会から第2次産業中心の社会へと移行し,さらに第3次産業中心の社会へと移行するというトレンドを発見した。この産業構造の変化をひきおこす要因として,クラークは,第1に経済発展による国民所得の上昇が消費者の需要を変化させ,国民所得に占める第2次,第3次産業の割合が大きくなること,第2に第1次産業における生産性の向上が,第1次産業における相対的に余剰な労働力を生み出し,この余剰な労働力が第2次,第3次産業に吸収されるため,第2次,第3次産業が拡大することを指摘している。クラークが定式化した産業構造の変化についての命題は,コーリン・クラークの法則と呼ばれている。

友枝敏雄

[書誌データ] Colin Grant Clark, *The Conditions of Economic Progress*, Macmillan, 1951(『経済進歩の諸条件』2巻,大川・高橋・山田訳,勁草書房,1953-55).

倉沢進 (1934-2019)、秋元律郎 (1931-2004) 編
『町内会と地域集団』 *1990年刊

　町内会は日本全国のほとんどの地域で組織され，ほとんどすべての世帯が組織されている集団として，他に類例を見ない組織である。また世帯を単位とし，地区内の全世帯が自動的に加入し，地域の共同問題の処理から親睦活動に至る包括的な機能を果たすなどの先進社会に例を見ない組織上の特性を持つこと，戦後マッカーサー司令部によって解散を命じられながら，独立後全面的に復活したことなどから，この組織が日本社会の文化型をなすという議論（近江哲男）も生まれた。都市社会学のなかでは，日本型都市社会理解の鍵を握る組織として注目され，町内会研究は早くから研究の1つの焦点をなしてきた。

　本書は日本都市社会学会の第3回・第4回大会（1985，86年）のシンポジウムの登壇者を中心に，学会の総力を結集した紙上シンポジウムの形をとる。戦前から戦時中に至る国家総動員体制の一環として，行政側によって組織された行政末端組織と見る見解から，日本独自の住民相互扶助組織・自治組織と見る見解に至る，多様な理解がそれぞれの論拠とともに提示され，この毀誉褒貶の評価の分かれる集団を対象とする討論が展開される。また組織特性や包括的活動内容の再吟味がなされ，町内会を単独の集団としてよりも町内ないし町内社会の1エージェントとしてとらえるという方向が示されるなど，従来の町内会論の一層の深化が図られているほか，ボランタリー・アソシエーションとの相互作用による文化変容の可能性，さらにはコミュニティ形成の担い手としての適格性の吟味に至る，広範な検討が行われている。全体として戦後都市社会学の蓄積してきた町内会研究の総決算というべき書である。　　編者（倉沢　進）要約

［書誌データ］倉沢進・秋元律郎編著『町内会と地域集団』ミネルヴァ書房, 1990.

クラストル　Pierre Clastres (1935-77)
『国家に抗する社会』 *1974年刊

　1970年代，ポスト構造主義が語られ始めたころ，人類学の領域ではレヴィ＝ストロース的構造主義の「思考されぬもの」を補うかのように「政治」を主題とする研究が浮上した。なかでもクラストルの研究は，構造主義の論理をつきつめることでそれを越えるという逆説をはらんだ志向によってきわだっていた。権力の原初形態への詩的な接近ともいえる著者の資質を反映した，張りつめて荒々しく叙情的な文体も読者をひきつけた。

　複数の妻をもつナンビクワラ族の首長の特権は，首長による集団の安全の保証と財の贈与の代償でありこの互酬関係に原初契約があるとする，『悲しき熱帯』で師のレヴィ＝ストロースが展開した首長権論を，クラストルは師自身の議論を厳密に適用し，自らのグアヤキ族の調査データに照らして再検討する。その批判の核心は，コミュニケーションが財と女性と言葉の交換から成るという構造論を唱える師が，力に満ちていながら権力には転化しえない首長の「言葉」の意味をとらえきれていないという指摘にある。

　首長の言葉という主題は，もともと政治哲学の領域でホッブズ研究などに手を染めたクラストルが，人類の社会に普遍的に権力が存在しながら，インディアン社会には強制力をもった権力は存在しないという展望から人類学に方向転換した動機に直接結びついていた。強制力なき権力という主題はさらに，グアラニ族における予言者の言葉という主題，インディアン社会を国家の至上権力を認めない自立した戦争機械と見る戦争論の主題に展開したが，その完成はクラストルの事故死によって中断された。

訳者要約

［書誌データ］Pierre Clastres, *La Société contre l'Etat: Recherches d'anthropologie politique*, Minuit, 1974（『国家に抗する社会―政治人類学的研究』渡辺公三訳，水声社, 1987）.

■**クラッパー** Joseph T. Klapper (1917-84)
『**マス・コミュニケーションの効果**』
＊1960年刊

　本書はマス・コミュニケーションの効果研究における従来の皮下注射的アプローチに代わって、現象論的アプローチを提起し、新しい展望を開いた。説得コミュニケーションの効果の方向として、1．新しい意見や態度の創造、2．既存の態度の補強、3．変改を伴うことなしに既存の態度の強度を減ずる、4．既存の見解と反対の方向への変改、5．効果なしの5つを考えた。

　著者は効果に関する5つの一般化を提出する。1．マス・コミュニケーションは通常、受け手の必要かつ十分な原因としては作用しない。マスコミは媒介的要因と影響力の連鎖のなかで機能する。2．このような媒介的要因のために、マスコミは現存する諸条件を補強する過程において、唯一の原因ではなく、すぐれて一つの寄与的な作用因となる。メディアは変化を引き起こすけれども、補強の方向に作用する傾向が大である。とくに著者は、選択的メカニズムと対人ネットワークの2つの媒介的要因に注目した。3．マスコミが変化を生み出す方向に機能する場合は、ア．媒介的要因が無効で、メディアの効果が直接的に作用する場合か、イ．補強を促すように作用する媒介的諸要因が、変化を促進する方向に働く場合である。4．マスコミが直接的な効果を生み出すか、あるいは直接的にそれ自身で、特定の心理的、生理的機能を果たす状況が存在する。5．寄与的な作用因、あるいは直接的な効果の作用因としてのマスコミの効力は、メディアとコミュニケーションそれ自体、あるいはコミュニケーション状況のさまざまな側面によって影響を受ける。

　従来の膨大な研究を整理して、効果研究の成果を体系づけ、いわゆる限定効果論のテキストとなった。　　　　　　　　　　藤竹　暁

［書誌データ］Joseph T. Klapper, *The Effects of Mass Communication*, The Free Press of Glencoe, 1960（『マス・コミュニケーションの効果』NHK放送学研究室訳、日本放送出版協会、1966）．

■**グラムシ** Antonio Gramsci (1891-1937)
『**グラムシ　獄中からの手紙**』＊1953年刊

　グラムシが1926年に投獄されてから37年の死に至るまで、妻のユーリア（ジュリア、ユルカ）、息子のデリオとジュリアーノ、ユーリアの姉タティアーナ（タチャーナ、タニア）、母親のジュゼッピーナ、姉グラツィエッタ、妹テレジーナ、弟カルロ、友人のズラッファ、ベルティらに書いた428通の手紙を年代順に編集したもの。

　手紙の内容は実に多岐にわたるが、大別して3つに分類できる。第1は、パレルモ沖のウスティカ島での比較的自由な監獄生活、ミラーノ拘置所の放射棟監房での規則的な生活、監獄図書館の利用法、最も長期のトゥーリ特別監獄での健康状態の起伏など、獄中生活の観察やそれへの意見に関するものである。第2は、この獄中での闇夜のカラスでない唯一の領域「頭脳生活」に関するものであり、読書を通じての歴史、政治、経済などについての多彩な考察の記録である。そのなかにはイタリアの知識人、国家とヘゲモニー、マキアヴェッリ、クローチェなどの考察があり、それらはこの書が『獄中ノート』と表裏をなす文献であることを示している。第3は、近親者への愛情といたわりに満ちた部分であり、そのなかにはスクルツォーネやハリネズミの木などの少年時代の想い出、モスクワにいる妻や子どもたちへの夫・父親としての配慮と励ましなど、グラムシの人間性を彷彿とさせるものが含まれている。　　　　　　　古城利明

［書誌データ］Antonio Gramsci, *Lettere dal Carcere*, Einaudi, 1953（『愛と思想と人間と―獄中からの手紙』上杉聡彦訳、合同出版、1962）; rev. a cura di Sergio Caprioglio e Elsa Fubini, 1965（『グラムシ＝獄中からの手紙』〔部分訳〕上杉聡彦訳、合同出版、1978；『グラムシ　獄中からの手紙　愛よ知よ永遠なれ』4分冊、大久保昭男・坂井信義訳、大月書店、1982）．

■**グラムシ** Antonio Gramsci (1891-1937)
『**現代の君主**』＊1964年刊

　グラムシが1929年から35年まで獄中で書いた33冊の『獄中ノート』から，政治に関する部分を抜き出して日本で編纂した書。マルクス主義の政治理論として注目されている。

　とくに注目されているのは以下の5点である。その第1は，自立的科学としての政治学の主張。かれは新しい国家を創出しようとするマキアヴェッリの『君主論』のなかに政治の学をみいだし，これを「実践の哲学」（マルクス主義）に結びつけようとしたのである。ところで，その際の「君主」とはこの国家創出の政治的首領であるが，それは現代におき直せば政党である。それは政治と経済を結びつけ，未来の国家の萌芽をなす軸であり，それこそが「現代の君主」にほかならない。こうした政党論が第2点目。その第3は，同じく政治と経済を結びつける国家論である。それは政治社会＋市民社会，強制の鎧をつけたヘゲモニーと定義される。強制力はヘゲモニーを行使することで合意を組織し，国家たりうるのである。しかし，それは市民社会のヘゲモニーが逆に合意を組織して国家を変革しうることも意味する。その接点にたつのが政党であることはいうまでもない。だが，こうした国家論が成り立つのは西方の世界だけであり，東方の世界では市民社会が原生的でゼラチン状にあるため，国家がすべてである。そこでの変革はまた別様である。こうした比較論が4点目。そして最後は，機動戦と陣地戦の対比による政治闘争論である。西方の世界では国家は第1塹壕であって，その背後に要塞と砲台の頑丈な系列がある。したがって，そこでは華々しい機動戦ではなく，ヘゲモニーによって陣地を構築していく闘いが重要になるのである。　　　　　　　　　　古城利明

［書誌データ］グラムシ『現代の君主』石堂清倫・前野良編訳，青木書店，1964（新編：上村忠男編訳，1994）．

■**クーリー** Charles Horton Cooley (1864-1929)
『**社会組織論**』＊1909年刊

　本書において「社会組織」（social organization）とは，企業などの組織体を指すのではなく，人間のより広い集合である全体社会を表わしている。そして，そのイメージは「第1次集団」（primary group）をモデルとして形づくられている。

　「第1次集団」とは，フェイス・トゥ・フェイスな親密な結び付きと協同によって特徴づけられる集団であり，具体的には家族，子供の遊び仲間，大人の近隣集団や地域集団を指している。この「第1次集団」は人間の自我の社会性と第1次的理想を形成するうえで基本的なものである。第1次的理想とは愛，自由，正義，忠誠，真実，奉仕，援助，親切などを意味している。そして，このような理想はコミュニケーションを通じて，より大きな社会である「社会組織」の理想となる。クーリーによれば，コミュニケーション・メディアの発達は人間の思考や感情を大きく広げかつ深め，より自由な社会の基礎を提供し，その拡大と活性化を引き起こすものである。そこに自由，平等，博愛によって特徴づけられる「デモクラシー」が生み出される。

　クーリーにおいて，真の「デモクラシー」とは「第1次集団」において正しいと考えられた原理を大規模に適用することから生じる社会のことである。「デモクラシー」の実現にとって最大の障害は「カースト」であり，「カースト」は職業が世襲的に相続される度合の強い階級であり，差異性，固定性，およびコミュニケーションや啓発の欠如によって特徴づけられる。ここから，クーリーは成員が等質で，流動性が高く，コミュニケーションや啓発が積極的に行なわれる社会，すなわち，世襲ではなく競争，また差別ではなく機会の均等が存在する「開かれた社会」の形成を考えた。　　　　　　　　　　　　船津　衛

［書誌データ］Charles Horton Cooley, *Social Organization*, Charles Scribner's Sons, 1909（『社会組織論』大橋幸・菊池美代志訳，青木書店，1970）．

■**クリステヴァ** Julia Kristeva (1941-)
『**詩的言語の革命**』＊1974年刊

「19世紀末の前衛：ロートレアモンとマラルメ」を副題とするこの博士論文は，ヘーゲルやマルクスはもとより，記号論，精神分析をはじめとする当時の最新の学問成果を援用しながら，記号・意味・主体の生成面に焦点を当てた，構造主義からポスト構造主義への展開を画する一書である。

この大著の第1部「理論的前提」では，「意味生成過程 procès de la signifiance」の概念のもとに，欲動が言語記号に分節される過程を捉える。「意味生成」は，定立した記号の次元に属する「記号象徴態 le symbolique」と欲動を推力とする「原記号態 le sémiotique」の2つの異質な様態からなる。前者は後者を抑圧・排除することによって成立するが，逆に後者は否定性として前者のなかに噴出し，その解体を促す。これは精神分析的には，父性原理（社会・文化的な象徴秩序）内への享楽を開放する母性原理（自然と結びつく母の欲動的身体）の流入とも解釈しうる。こうした生成＝解体の弁証法的作用に応じて，主体もまたこの流動過程にあるものとして動態化され，デカルト的な自己同一的主体は粉砕される。

第2部「テクストの原記号装置」では，マラルメ，ロートレアモンの具体的な作品分析を通して，原記号的な欲動が記号象徴的なテクストのなかにいかにして分節されるか，その統合と抑圧の諸相が究明される。

第3部「国家と神秘」においては，19世紀末フランスに現出した「言語・主体・社会の危機」を背景に，「意味生成過程」が歴史的社会的諸条件のなかでいかなる展開をたどるか，言い換えると，当該前衛詩人による意味生成的な詩的実践が法，国家，家族とぶつかる態様が描き出される。

枝川昌雄

［書誌データ］ Julia Kristeva, *La révolution du langage poétique*, Seuil, 1974（『詩的言語の革命 第一部 理論的前提』原田邦夫訳，勁草書房，1991）．

■**クリステヴァ** Julia Kristeva (1941-)
『**恐怖の権力**』＊1980年刊

本書は「アブジェクシオン abjection」という中軸概念によって，精神分析，文化人類学，宗教，文学の各領野に一貫するある理論的問題を究明しようとする試みである。

この概念は，構造論的には主体と客体の自己同一性の不確定な，境界線上の両義性を意味し，意味論的には，「アブジェクト abject」，つまり「おぞましきもの」であると同時に，快楽をも与えうる両価的なもの，究極には「母なるもの」に収斂する様態をさす。恐怖症と境界例の症例を基礎に構築されたこの概念をもとに，個と共同体の各レヴェルにおいて，主・客未分の母子融合状態（欲動の支配する〈自然〉状態）を離脱して父性的象徴秩序（言語記号による差異の統御する〈文化〉）が確立する過程が，母をアブジェクトとしてアブジェクシオン（棄却）する機制として説明される。

つぎに，宗教，文化によるアブジェクトの処理方法に応じての，カタルシスの装置の歴史的展開の追求がくる。まず，多神教にあっては，母への回帰の歯止めとしての「穢れたもの」の排除は，「聖なるもの」の樹立の要因となる。ユダヤ一神教の旧約聖書の世界においては，不浄とは論理的適合性への違反であり，分類秩序の攪乱であるというM．ダグラスの人類学説を土台に，浄／不浄の徹底した分離の論理が抽出され，意味づけされる。さらにキリスト教になると，アブジェクトの内面化・精神化により，穢れは罪となる。

最後に現代文学が宗教の危機を受けて登場する。フロイトの昇華理論を説明原理として，セリーヌの激烈な反ユダヤ主義の核心は，死の欲動に言語表現を与えてその攻撃性を昇華・解除し，現実的な制度に転化するのを防衛する，という点に求められる。

訳者要約

［書誌データ］ Julia Kristeva, *Pouvoirs de l'horreur*, Seuil, 1980（『恐怖の権力』枝川昌雄訳，法政大学出版局，1984）．

栗原彬（くりはらあきら）(1936-)
『やさしさのゆくえ＝現代青年論』
*1981年刊

　1960年代末から青年に共有されてきた価値意識としてのやさしさの変遷を分析する。

　やさしさは，産業社会が逆説的に生み出した価値意識である。それが逆説的であるのは，産業社会のもたらした「豊かさ」が，やさしさの苗床となるモラトリアムをつくり出しながら，他方で当のやさしさは，60年代以降に支配的な生産力ナショナリズムつまり他のいかなる価値にも増して産業的生産を優先させる生産価値への対抗価値として形成されたからである。やさしさは，イデオロギーから生活感覚やアイデンティティへの傾斜，政治から脱政治への移行，天家国家から私生活への関心の移行，生産労働から遊びや消費への志向性の変化に支えられている。

　管理社会の二重拘束の中で青年が己れ自身であろうとしたら，青年は何者であってもならないのだ。果しなく自我が拡散していき，透明な存在，影になることによって，青年は管理社会の在庫目録に分類し得ず，管理社会のコードに実体化され得ぬもの，むしろコードそれ自体への潜在的な攪乱要因となることが析出された。青年のアイデンティティを読むことは政治の差異性を見取ること。青年への問いは，管理社会の規範と技術規則に貫かれた社会統合としての政治とライフ・スタイルとしてのアイデンティティ政治との力学の解読に導かれる。E．H．エリクソンのアイデンティティの概念を補助線としながら，アイデンティティは未成であることによってしか成り立たないという逆説，更にはアイデンティティの概念を自我の領域から救い出して，多層的な潜勢力，空無の共同の力として，開かれた共同性の場に解き放つべきことが指摘された。『やさしさの存在証明』『やさしさの闘い』と共に三部作をなす。　　　著者要約

［書誌データ］　栗原彬『やさしさのゆくえ＝現代青年論』筑摩書房，1981（ちくま学芸文庫，1994）．

栗原彬（くりはらあきら）(1936-)
『管理社会と民衆理性』*1982年刊

　「管理社会の社会意識」「管理社会を超えるもの」「野生の社会学を求めて」の3部構成からなる。

　管理社会とは，管理－被管理関係が新しい支配と抑圧の形式として成立している社会のことを指す。本書は，日本の産業社会が管理社会を生み出すダイナミクスを分析し，日本型管理の核心に自発的服従を見出した。管理社会が，ファシズムやスターリニズムの繰り返しでなく，すぐれて現代的なものとして現われるためには，政・官・財三位一体の管理センターによる社会支配の成立ばかりでなく，市民社会における管理の浸透，マス・メディアによる意識操作と新しい情報のテクノロジーによる私生活管理，産業の技術規則としての合理化原則と生産価値の内面化，およびそれに伴う自発的服従の成立が必要である。

　日本型管理社会の特徴は，市民社会での管理が肥大化していて，管理の抑圧移譲が行われていることである。官僚制，教育，医療などの専門装置，および企業によって，管理－被管理の関係は持続的に日常生活に繰りこまれる。管理社会の概念を日本の現実のただなかに鋳直して，目に見えない「内面支配」のメカニズムを指摘したことが本書のポイントである。

　「内面支配」のメカニズムを解除するものは，抑圧された生の地層にアイデンティティの回復を求めてひそやかに，だがしたたかに息づく民衆理性の声である。水俣，三里塚，山谷，釜ヶ崎に，その声を聞く。

　自己の転生をはかり，「野槌の声を聞く」そして政治的なものへの感受性を磨ぎすます「野生の社会学」が探究されている。ゴフマンに特訓を受けた「上演の社会学」も記録されている。　　　著者要約

［書誌データ］　栗原彬『管理社会と民衆理性―日常意識の政治社会学』新曜社，1982．

栗原彬 (1936-)
『歴史とアイデンティティ』 *1982年刊

　一人の青年が自分とは何者かという問いを解こうとする。そのアイデンティティの求め方は、どのように歴史と社会に規定されつつ、しかもどのように歴史と社会を変えるか。本書を貫ぬく領域仮説はこの問いである。

　最初にエリクソンのアイデンティティ理論を導きの糸に、心理＝歴史研究の分析枠組が提示される。アイデンティティ問題の解き方が時代のテクノロジーの革新と結びついて、社会的共鳴盤に響き合いながら社会変動を導く過程が定式化されている。

　この分析枠組に即して、近代日本の政治的意思決定レベルにおけるアイデンティティの分析が事例研究を通して行われる。近衛文麿が、どのようにアイデンティティ実験を重ねて、「中間的存在者」という政治的スタイルを獲得し、そのことが新体制の性格をどのように規定したかが分析されている。続いて、民衆レベルの集合的アイデンティティの探究が大本教の事例研究を通して行われている。

　次いで日本人の世界像と自己像、外国像とアジア像の記述、および近代化の価値標識の分析を通して、近代日本のアイデンティティの類型が探究されている。とりわけ属性価値と達成価値の2項対立を超えて連帯価値が指摘され、日本近代化史をそれらの価値の葛藤の歴史として捉える視座が提示されている点が重要である。連帯価値は共生価値と言い換えることができる。

　こうした事例研究および探究作業を通して、アイデンティティ概念が「多層的な他者と社会関係が交差し、往き交い、また係留する場」「個体の自己実現が共同体の自己実現と重なり合う時」として再定義され、「存在証明の政治社会学」への展望が語られる。

著者要約

[書誌データ] 栗原彬『歴史とアイデンティティ―近代日本の心理＝歴史研究』新曜社, 1982.

クリプキ Saul Aaron Kripke (1940-)
『ウィトゲンシュタインのパラドックス』 *1982年刊

　本書は、ウィトゲンシュタインの後期の主著『探究』(『哲学探究』のこと)をいかに理解すべきかについて、決定的な影響を与えた本である。従来『探究』は、規則論の部分は軽く扱われ、それに続く私的言語論の部分が熱心に論じられた。これに対しクリプキは、『探究』の核心は規則論の部分であり、それ以前の部分は、前期の主著『論理哲学論考』の言語論に代わる新しい言語観の素描であり、それ以後の私的言語論の部分は、規則論の系にすぎない、としたのである。ただしこの本は、クリプキの心を打った限りでのウィトゲンシュタインの議論の解説であり、クリプキ自身の哲学を語っているわけではない。

　ウィトゲンシュタインは、『探究』の第201節において、こう言っている。「我々のパラドックスは、こうであった：規則は行為の仕方を決定できない、何故なら、如何なる行為の仕方もその規則に一致させられ得るから。」要するに行為は、根拠なし理由なし正当化なしに、まさに行われるのだ、というのである。クリプキは行為のこの特性を「暗闇における跳躍」と言って表現する。そしてクリプキは、このパラドックスこそが『探究』の中心問題であると考えて、それを彼独自の仕方で構成し解決してゆく。彼はこのパラドックスを、論理的には確かにその通りであるとはいえ、現実には何の役割も演じないのみならず、また何の障害にもならない、ということを示すことによって、解消するのである。いわば、その無意味性を示すことによって、解消するのである。彼のこの解決は「懐疑的解決」と言われる。これは、哲学的諸問題を解消する仕方の一典型である。

訳者要約

[書誌データ] Saul Aaron Kripke, *Wittgenstein on Rules and Private Language: An Elementary Exposition*, Basil Blackwell, 1982 (『ウィトゲンシュタインのパラドックス―規則・私的言語・他人の心』黒崎宏訳, 産業図書, 1983).

グリーンブラット
Stephen Greenblatt (1943-)
『ルネサンスの自己成型』 *1980年刊

人は文化の総体たる世界のなかでいかに自己を形作ってゆくのか,文芸とそれを生み出す状況との動的な関わりとはいかなるものか,といった問題を,文化人類学や社会科学のさまざまな成果を取り入れつつ,イギリスのルネサンスを舞台に考察したもので,英米の文芸批評に新生面を拓いただけでなく,広く歴史や文化,社会の研究にも多大な影響を与えている。

伝統的なキリスト教的世界観や封建体制の崩壊とともに,既存の自己同一化の形式が失われる一方で,人が生来の境遇に束縛されずに未知の環境で自分の才覚を頼りに生きてゆくという流動的な状況も生まれてくると,自己も世界も固定した不変なものではなく,より可塑的なもの,単なる虚構と見なす発想が広がってゆく。このような状況下では,常に観客と劇的な効果を意識し表現が実体に先行する劇的な人間類型,表層の演技を重視する劇的な文化が育まれる。こういった考えを基礎に,著者は,6人の人物について,生の状況と著作という2つの象徴構造の相互作用に着目して,文化のなかでの自己同一化の様式を探ってゆく。取り上げられた人物に共通するのは,狭い境遇から政治や文化の中枢へと移行してゆき,その際に,とりわけ権力との関係において,きわめて意識的な自己成型を迫られるということである。

自己や状況を虚構と見なす人物たちの発想は,また,歴史とはその生きられたレヴェルにおいて既に言語化されたテクストなのだという著者や新しい歴史記述の考えとも深く共鳴しあって,本書の内容をいっそう示唆に富んだものにしている。

訳者要約

[書誌データ] Stephen Greenblatt, *Renaissance Self-Fashioning: From More to Shakespeare*, Chicago Univ. Press, 1980 (『ルネサンスの自己成型―モアからシェイクスピアまで』高田茂樹訳,みすず書房,1992).

グールドナー
Alvin Ward Gouldner (1920-80)
『産業における官僚制』 *1955年刊

それまでの官僚制研究の限界を克服すべく,現代の工場管理を経験的に調査し,官僚制を社会システムとして分析することによって,官僚制をそれを推進しようとする者と抵抗しようとする者との緊張をはらんだ組織・変動過程と捉えようとした。

「社会関係の分裂に対する一つの反応」にほかならない規則の制定に焦点を絞って官僚制を分析すると,ウェーバーの理論においても明確に区別されていない,さまざまな官僚制の類型を区別することができる。第1の類型は,その創始が合意により,しかも特別な資格をもつ人物によって専門的に正当化され管理され,さらにそれに対する服従が自発的に行われるような規則にもとづく「代表」官僚制である。第2の類型は,賦課 (imposition) によって作られ,それに対する服従が「服従のための服従」であるような規則にもとづく「懲罰」官僚制である。第3の類型は,外部の機関によって制定され,官僚制を構成する対立主体双方ともにそれを自分たちのものと感じない規則にもとづく「模擬」官僚制である。

そこで官僚制の分析は,以下の諸点を巡って展開された。(1) 3つの類型の分岐。抵抗者が官僚制の推進者の期待に沿うように行為しないことを無知の結果とみるか意図的なものとみなすかによって,代表官僚制か懲罰官僚制かの分岐がおこる。(2) 意思決定のプロセス。官僚制規則が実効性と正当性という2つの条件を満たすときに,その制定努力が行われる。(3) 官僚制化がもたらす抵抗の条件(官僚制化によって侵害される価値,抵抗の正当性,実効性など)と強度。(4) 官僚制規則の諸機能。ただしこの官僚制分析では,その背後にある制度的な諸要因はほとんど考慮の外に置かれている。

矢澤修次郎

[書誌データ] Alvin Ward Gouldner, *Pattern of Industrial Bureaucracy*, The Free Press of Glencoe, Inc., 1955 (『産業における官僚制―組織過程と緊張の研究』岡本秀昭・塩原勉訳,ダイヤモンド社,1963).

グールドナー
Alvin Ward Gouldner (1920-80)
『社会学の再生を求めて』 *1970年刊

　歴史的脈絡をもつ社会理論の社会学に寄与するために、1960年代後半の社会的な矛盾と紛争の文脈を社会理論によって省察しようとしたものである。

　新しい感情が現れていたものの、依然として旧い理論が支配的であるという感情と理論の「不適合」状況が支配的ななかで、若いラディカルたちは理論をとおして理論家までをも考察し、アカデミックな社会学と社会理論を現状維持のイデオロギーに過ぎないと批判した。しかしこうした批判は、一面性を免れていない。なぜならば、社会学や社会理論が現状維持のイデオロギーであると批判するラディカルたちを育てるのも社会学や社会理論であることが見落とされているからである。そこで本書の課題は、社会理論とその下部構造、感情構造の関係を解明し、豊かな歴史的視座のもとに社会理論や社会学の複雑性を摘出し、そのラディカルな性格を育てていくことのできる社会学批判の方法の確立である。そしてその方法を用いて、パーソンズ社会学の世界、福祉国家への移行に伴う機能主義とマルクス主義の収斂とその危機、機能主義の解体と新理論の台頭などの諸現象が解明された。

　社会学を再生するために、グールドナーは自己反省の社会学の重要性を提唱する。その歴史的使命は、「社会学者を変換させて、彼の日常生活および仕事に深く降り立たせ、新しい感受性をもたらし、社会学者の自覚を新しい歴史的水準にまで引き上げること」であり、その目的は社会的世界における自分の位置についての人間の明識を高める知識の獲得である。　　　　　　　　　訳者〔矢澤修次郎〕要約

[書誌データ] Alvin Ward Gouldner, *The Coming Crisis of Western Sociology*, Basic Books, 1970〔『社会学の再生を求めて』岡田直之・田中義久・矢澤修次郎・矢澤澄子・瀬田明子・杉山光信・山口節郎・栗原彬訳, 新曜社, 1978〕.

クローチェ　Benedetto Croce (1866-1952)
『歴史の理論と歴史』 *1915年刊

　本書は初め、ドイツ語で出版された。そして次いで、著者の『精神の学としての哲学』全4巻（第1巻＝美学、第2巻＝論理学、第3巻＝経済学および倫理学）の第4巻として母国語のイタリア語で出版された。

　本書のなかで有名なのは、「すべての歴史は現代史である」という著者クローチェの歴史の概念である。第1部「歴史叙述の理論」の第1章「歴史と記録」のなかでクローチェは、「歴史とは生きた歴史であり、記録とは死んだ歴史である。歴史とは現在の歴史であり、記録とは過去の歴史である」と説く。歴史は現在の思考と関係をもつとき、固有の生命をもつ。そしてそれが、年代記録と区別される歴史叙述の特性であるというのがそこでのクローチェの歴史の概念である。

　それは第1部と第2部とからなる、本書の全体を貫くライトモティーフといってよい。たとえばクローチェは、古代・中世・近代という時代区分が固有の現代性をもつことを主張する（第1部第7章「事実の選択と時代区分」）。

　第2部「歴史叙述の歴史」は総じて、歴史叙述の思想あるいは理論の歴史として展開されている。そこでは古代ギリシア・ローマから現代にいたるまでの西洋の歴史叙述の思想あるいは理論の歴史が、「歴史と哲学は一致する」という強烈な信念のもとに広範かつ大胆に記述されている。　　　　　　　　奥井智之

[書誌データ] Benedetto Croce, *Zur Theorie und Geschichte der Historiographie*, Tübingen, Mohr, 1915〔ドイツ語版〕; *Filosofia come scienza dello spirito*, Ⅳ, Teoria e storia della storiografia, Bari, Laterza, 1917〔イタリア語版〕; 2. ed. riv., 1920〔イタリア語改訂版〕（『歴史叙述の理論及び歴史』羽仁五郎訳, 岩波文庫, 1926; 改版改題『歴史の理論と歴史』岩波文庫, 1952〕.

クロポトキン
Пётр Алексе=евич Кропоткин (1842-1921)
『相互扶助論』*1955年刊

　生物進化の主要な要因は生存競争だけでなく、むしろ相互扶助にあると主張した本書は大杉栄が大正年間に訳出して以来、わが国ではもっぱらアナキズムの古典とみなされ、クロポトキンの著書のなかでは『ある革命家の思い出』とならんで、最も広く読まれた。

　けれども7年の歳月をかけてイギリスの高級誌『19世紀』に連載された論文を主体とする本書は、決してアナキズムの理論的基礎固めをめざして書かれたものではない。ゲーテのエッケルマンとの対話やロシアの動物学者ケスラーの講演に触発された著者は、J．ハックスリーらによって通俗化され、流布されていたダーウィン主義の是正をめざしたのである。ハックスリーらが強調してやまない生存競争が進化の有力な要因であることを著者は否定はしない。だがそれはあくまでもひとつの要因であって、生物の進化にはもっと有力な要因が作用している。それが相互扶助である。ダーウィンは『人間の由来』でそれに触れはしたが、十分には展開せず、ダーウィンの後継者の大半はそれをまったく無視してきた。この欠落を埋めるべく本書は書かれたのである。

　動物間の相互扶助にはじまり、野蛮人間の相互扶助、未開人間の相互扶助、西欧中世の自由都市の相互扶助、そして近代の相互扶助で結ばれる本書は、いかに生物の進化にとって、また人類の歴史にとって相互扶助が重要な要因として働いていたかを教えてくれる。だがそれだけではない。最近、注目されているエコロジー、社会史、中世の再評価、相互主義等々の新しい知的活動の先駆としても、本書は省みられつつある。

〔訳者要約〕

［書誌データ］ Peter Kropotkin, *Mutual Aid, A Factor of Evolution*, Extending Horizons Books, 1955（『相互扶助論』大澤正道訳、三一書房、1970）．

クーン Annette Kuhn,
ウォルプ AnnMarie Wolpe 編
『マルクス主義フェミニズムの挑戦』*1978年刊

　従来のマルクス主義的分析は女性を階級関係などの一般的なカテゴリーに解消し、女性抑圧の特殊性を見逃してきた。本書は唯物論の立場から女性の社会的抑圧に関する分析を試みるが、フェミニズムの視点からマルクス主義の欠点を批判し、その超克をはかって、あらたなフェミニズム理論の構築をめざす。

　女性の従属の分析に用いられるのは、フェミニズムの中心概念である家父長制である。本書は、以下の2点を指摘する。第1に家父長制は生産様式から相対的に自律しており、家族が家父長制の作用する主要な場であること。そして女性の従属に及ぼす家族の自律的役割に注目し、フロイトの精神分析に依拠して家族のなかでの性主体形成メカニズムを明らかにする。第2に家父長制を超歴史的、通文化的な普遍概念ととらえる見解を批判し、その特徴は支配的な生産様式との関連のなかで歴史的に特殊に形成されること。

　こうして資本制と家父長制は2つの別個な独立変数という設定をしたうえで、次に両者がどのように相互に関係するのかについて具体的に考察する。家父長制の特徴が資本制に取り入れられた例としての看護婦労働の成立過程の実証的分析、資本制における女性の賃労働の特殊な位置が性分業と家族から説明されること、階級内部での女性の位置に性分業が関係していることなどである。

　マルクス主義フェミニズムは、数多い女性解放理論のなかで不可欠な位置を占めている。本書はその理論形成期に執筆されたパイオニア的なもので、その後のフェミニズム理論発展の基礎を作った古典的著作である。

姫岡とし子

［書誌データ］ Annette Kuhn and AnnMarie Wolpe, eds., *Feminism and Materialism woman and modes of production*, Routledge & Kegan Paul, 1978（『マルクス主義フェミニズムの挑戦』上野千鶴子他訳、勁草書房、1984）．

ケインズ　John Maynard Keynes (1883-1946)
『雇用・利子および貨幣の一般理論』
*1936年刊

　ケインズ以前の古典派経済学においては，「供給はそれ自らの需要を創り出す」という「セーの法則」が支配的であったが，ケインズは，これに対して，「有効需要の原理」に立脚した新しい経済学を提示し，経済学の一大変革を成し遂げた。

　有効需要とは，「実際の貨幣の支出に裏づけられた需要」の意だが，ケインズは，1930年代の世界的大不況を背景に，社会全体としての有効需要の不足が産出量を低い水準に決めているために，現行の賃金率で働きたくても働けない「非自発的失業者」が生まれるのだと直観的に把握した。彼の『雇用・利子および貨幣の一般理論』（しばしば，『一般理論』と略称される）は，その直観を1つの明確なモデルにまで結晶させた傑作である。

　外国貿易と政府の活動が捨象された「封鎖経済」と「短期」（人口・資本設備・技術が所与）の想定の下では，有効需要は消費需要と投資需要の合計に等しくなるが，消費需要は国民所得の安定的な関数なので，投資需要が決まれば国民所得と消費需要の大きさも同時に決まる（「乗数理論」）。次に，投資需要は，「資本の限界効率」（予想利潤率）と利子率の関係で決まるが，いま前者を所与とすれば，後者すなわち利子率の高さいかんによって決まる。では，利子率はどう決まるかといえば，貨幣供給量と流動性選好の関係であるという（「流動性選好説」）。すなわち，人々の貨幣愛が利子率を高止まりにし，それと大衆心理に動かされる不安定な資本の限界効率が結び付くことによって不況が生じるというのである。

　ケインズ経済学は，しばしば反革命の嵐にさらされながらも，今日に至るまで強靱な生命力を保ち続けている。

根井雅弘

［書誌データ］John Maynard Keynes, *The General Theory of Employment, Interest and Money*, Macmillan, 1936（『雇用・利子および貨幣の一般理論』塩野谷祐一訳，東洋経済新報社，1983）．

ケトレー
Lambert Adolphe Jacques Quetelet (1796-1874)
『人間について』*1835年刊

　ベルギーの統計学者アドルフ・ケトレーの代表的著作。S．ラプラス以来のフランス古典確率論に基づいて，人間集団に対して統計的観察法を用いた最初の試み。デュルケームの『自殺論』の基本構想に多大な影響を与え，また，K．ピアソン，F．ゴルトンの数理統計学理論の基礎付けとなった。正式な書名は『人間とその諸能力の発展とに就いて，若しくは社会物理学論』で，冒頭にS．ラプラスの言葉「政治並びに道徳科学に観察と計算に基礎を置く方法——自然科学に於いて大いに我々に役立った方法——を適用しよう」を掲げていることからもわかるように，人間の身体的特徴の把握とその類型化から，人間社会の法則を帰納することを目ざしている。緒論に「確率計算法の示すところによれば，すべて他の事情が一定ならば，個人の多数を観察すればするほど……真理若くは法則に近づくものである」（大数の法則，中心極限定理），「我々の研究対象は社会団体であって，これを構成する各個人を特色づける特性ではない」と述べられている。人間を「精神人」「身体（肉体）人」と概念化し，身体的性質については，「平均人」（homme moyen）を提案する。平均人は，正規分布の中心の部分のみに注目し，そこからの偏差（例えば本書でも例証として出てくる犯罪現象）を「誤差」と同一視する概念であり，この点が批判されることがある。しかし大集団としての社会に対して，初めて正面からの確な計量的方法を適用した本書の価値は不朽のものがある。

松原望

［書誌データ］Lambert Adolphe Jacques Quetelet, *Sur l'homme et le developpement de se facultes*, 1835（『人間について』高野岩三郎校閲，平貞蔵・山村喬訳，岩波文庫，1939-40）．

■ケネー François Quesnay (1694-1774)
『経済表』 *1758年刊

18世紀フランス重農主義経済学者フランソワ・ケネーの代表的著作。表およびその解説より成る。「重農主義」（フィジオクラシー）とは，国内における貨幣の蓄積を以て国富とする重商主義（マーカンティリズム，あるいは推進者の名を取ってコルベルティズム）に対し，富の源泉は自然（フュシス）から生産的労働によってもたらされる所得にあるとする経済思想である。「経済表」の説くエッセンスは，この所得が消費と支出に回り，その一部は生産的階級（農業者階級）の次の生産の原資として環流し投入され，このプロセスが等比級数的に蓄積して，かくして国民経済が拡大再生産と循環過程により運行されることが説明されるというものである。ケネーは，地主階級（所得が帰属する階級），農業者階級（生産の階級），商工階級（非生産的階級とされる）の3階級を結ぶ財・貨幣の流れのジグザグ線を用いて，これら経済循環のメカニズムを示し，この思想を1枚の表とその解説に表現した。宮廷外科医であったケネーの分析的かつ綜合的な科学精神のあらわれといえよう。科学史的に見ても，当時人体のイメージは政治哲学者ホッブズに典型的に見るごとく，多くの社会科学の新しい発想を生み出している。

「経済表」の発想は，多くの形をとって現代の経済学の基本的枠組になっており，マルクスの「再生産表式」「剰余価値学説」，ワルラスの「一般均衡理論」，レオンチェフの「産業連関分析」（「投入産出分析」），サミュエルソンの乗数理論，「国民経済計算」（SNA）などの経済統計，経済サイバネティクスは，みなその淵源を「経済表」に見出すことができる。その意味で，科学としての経済学の歴史的始まりを告げるものであるとしても言い過ぎではない。

松原 望

[書誌データ] François Quesnay, *Tableau économique*, 1758（『経済表』増井幸雄・戸田正雄訳, 岩波文庫, 1933).

■ケルゼン Hans Kelsen (1881-1973)
『一般国家学』 *1925年刊

「世紀末ウィーン」の知的産物の1つにケルゼンの国家論がある。それは「市民社会の上にそびえ立つ超越的実体・神的人格としての国家」の尊厳を説くヘーゲル以来のドイツ「国家哲学」を，マッハ的現象主義によって徹底的に解体したものである。彼によれば，国家はアニミズム的擬人概念であり，国家という実体は存在しない。国家を実体化する諸々の国家論を，手玉にとってからかうのが彼の国家論で，ケルゼンはこの「からかい」の精神がわからないとわからない（邦訳は，その点で不充分である）。

姉妹編『法学的国家概念と社会学的国家概念』（1922）は，ジンメル，スペンサー，デュルケーム，ウェーバー，イェリネクなどの国家論を，論者ごとに俎上に載せたが，本書は体系的な国家論批判である。ケルゼン自身の哲学は，①人間の思考は，当為のカテゴリーを具有しており，人間的秩序は規範的秩序である，②人間性は攻撃衝動を具有し，人間的秩序の成立には強制が不可避で，法は強制を正当化する規範である，③強制規範体系としての実定法秩序を擬人化したものが国家である，というものである。①はカント的先験主義，②はホッブズ的性悪説，③はマッハ的現象主義と結びつく。この前提より，全体意志説，有機体説，国家・社会二元論，マルクス主義国家論，無政府主義，契約説，承認説，主権概念等々が批判される。

最終章「国家形態論」は，『民主制の本質と価値』（1929）の末尾と同様，キリスト裁判の場面で閉じられている。原告ユダヤ教徒のメシア到来信仰とも，被告イエスがメシアであるとする信仰とも無縁なピラトは，民主的制度に依拠し，多数意志に決定を委ねて，イエス処刑を裁可する。実質的正義に対する不可知論者は，その時々の人間たちの多数意志以上のものをもちえなかった，という。

彼は，さまざまな思想的立場から攻撃された。あらゆる規範体系は仮説的根拠しかもちえず，自然法や絶対主義への信仰は神話で，神観念も世界秩序の擬人化に過ぎない，とする彼の思想はニヒリズム的だと評されている。1930年ウィーン大学より，ほどなくナチ政権の迫害が待っているドイツに去ることを余儀なくされた理由にも，反ユダヤ主義の他に，思想的立場に対する攻撃がある。

日本でも戦前より，美濃部達吉，田中耕太郎などが，敵意ある批判を加えているが，彼をニヒリズムより救うのは，リベラルで国際主義的な心情であろう。横田喜三郎は，国際主義的傾向のゆえに，宮沢俊義は，自由主義的心情のゆえに，ケルゼンの理解者であった。彼の偶像破壊性に共感したのは，鵜飼信成・碧海純一などである。

長尾龍一

[書誌データ] Hans Kelsen, *Allgemeine Staatslehre*, Verlag von Julius Springer, 1925 (『一般国家学』清宮四郎訳, 岩波書店, 1971).

ケルゼン Hans Kelsen (1881-1973)
『法と国家の一般理論』*1945年刊

第2次大戦中米国に亡命したケルゼンが，自己の法理論を英語圏に紹介した著作。ドイツ語で著され，Anders Wedberg によって英訳された。『一般国家学』『純粋法学』『国際公法の一般理論』など，かつての独仏語の著書を基礎に，ジョン・オースティン，J．C．グレイなど英米法学界の理論家たちと対決し，英米の判例法体系と自己の法理論とを関係づけ，国際連合以後の国際法発展を視野に入れている。基本的な理論的立場はヨーロッパ時代と同一であるように見えるが，認識対象としての法とそれを認識する法学の関係に関する立場が，カントの構成主義から変化したとの解釈もある。本書が英米法学界で充分理解されたとは思われず，最初の出版社 Harvard University Press は1銭の印税も払わなかったという。

長尾龍一

[書誌データ] Hans Kelsen, *General Theory of Low and State*, Russell & Russel, 1945 (『法と国家の一般理論』尾吹善人訳, 木鐸社, 1991).

香内三郎 (1931-2006)
『活字文化の誕生』*1982年刊

古代・中世の口頭文化から，活字文化が形成されてくる過程を対象にする。I部「西洋印刷者伝説」は，グーテンベルク（職人的印刷者），カックストン（商人的），プランタン（人文的），初期印刷者の3類型を検討しヨーロッパ世界に活版印刷が拡散していく過程を解明しようと試みている。

II部「ピューリタン革命における『説教』」は，17世紀思想伝達，意識改造に最も効力のあった媒体と思われる「説教」の位置づけを考察する。それは，近代世界における「演説」と連続してはいるが，一面では異質の，口頭文化の末尾をかざるものである。「説教」の威力の衰退は，ほぼ活字文化の定着と並行する。III部「イギリス・ジャーナリズムの誕生」は，「言論と諷刺」，「事実とは何か」の2つに分けられる。同じようなジャーナリズム活動に従事しながら，思想，経歴の著しく違うスウィフト，デフォーの交錯を通じて，この時期「諷刺」の意味，様式，効力について検討しているのが前の部分。後の部分は，当時有名だった「幽霊」事件を扱ったデフォーのパンフレットを素材に，その出現を論証するデフォーの記述方法が，明らかに「科学的」なこと，論証の当否はともかく，事実とフィクションを峻別するのが近代ジャーナリズムの基本原則の1つだとすれば，その意識はこのパンフに見られることを解明している。

IV部「政治的『言論』の形成」では，主としてイギリス，18世紀初頭における「文士」と政治家との関係様式の分析から始められ，政治家が，こうした「言論」の生産者を見ている視線と，文士の自己意識とのズレから，どのような言論が生み出されるかを探っている。この本は第5回日本出版学会賞を受けた。

著者要約

[書誌データ] 香内三郎『活字文化の誕生』晶文社, 1982 (4版：1997).

厚東洋輔（こうとうようすけ）(1945-)
『ヴェーバー社会理論の研究』*1977年刊

ウェーバーのさまざまな業績のなかから，「社会学」にかかわる理論体系を抽出し，こうした理論システムを用いて，ウェーバーの現代社会論を，改めて首尾一貫した形で導出したい，というのが本書のテーマをなす。当時のウェーバー研究を顧みると，現代社会論に関しては，現代を「鉄の檻」とみなす社会像がポピュラーになるにつれ，それを復唱する風潮が顕著であり，他方社会学理論については，『基礎概念』さらにまた『経済と社会』が孕む体系性を専門的に解明した研究は皆無であった。日本のウェーバー理解に関するかぎり『経済と社会』が「主著」と遇されていたとはとうてい言えない。こうした現状に抗して，社会学理論の体系化と現代社会像の整合化という2つの視角から，ウェーバーの社会学的達成の内実が明らかにされている。

序章では，鉄の檻という「秩序過剰な」社会像の対極に，「神々の闘争」を不可避とみなす「闘争過剰な」現代社会像が存在することが指摘される。価値の平面での「神々の闘争」と欲求の平面での「利害の闘争」とが，徹底的に合理化された現代社会のなかで，どのような固有法則性を身にまとうのかが，2つの章のなかで緻密に追究された後，『社会学の基礎概念』が「闘争と秩序の交錯」という観点から体系的に読解される。終章では，闘争と秩序の反転性を注視するこうしたウェーバー的視座の生成過程が，ホッブズとニーチェを両極にして，歴史的に考察されている。

意識的に「社会学」であろうとしたウェーバー研究として依然としてユニークであるが，論理整合性を重んずるあまりテクストの扱いに柔軟性が欠け，「鉄の檻」という社会像を相対化する試みも不徹底に終わっている，という2点が反省点としてあげられよう。

著者要約

［書誌データ］　厚東洋輔『ヴェーバー社会理論の研究』東京大学出版会，1977.

厚東洋輔（こうとうようすけ）(1945-)
『社会認識と想像力』*1991年刊

本書は，「想像力」という，どちらかといえば哲学的・文学的な概念を，社会認識のための基本概念として認知し，社会科学の領域に明確に定位することを目指している。

主として前半の理論篇（第Ⅰ，Ⅱ，Ⅳ部）においては，1960年代後半以降に見られる学問の「記号学的転換」によって達成された，世界制作論，メタファー論，物語論などに含まれる近年の知見と，ヨーロッパ的知性によって育まれた社会科学の伝統との交流が図られている。その作業のなかで，単なる綱領的マニフェストにとどまらない実質的な理論的考察が展開され，日本語の「社会」あるいは英語のSocietyといった用語に集約的に示されるこれまでの社会科学の通念や，政治学／経済学／法律学／人類学／社会学，といった慣例的な専門区分の相対化が試みられている。

後半の歴史篇（第Ⅲ部）では，市民社会的／人類学的／民俗学的，という社会学的想像力の3つの類型が提示され，ホッブズ，スミス，デュルケーム，マリノフスキー，柳田国男らの社会認識が取り上げられている。こうした社会認識の学説史的な考察は，学説研究をフィールドにして，想像力が実際にどのように働いてきたかを，一種のケース・スタディーとして発掘し分析する試みであり，またそれは，社会科学の「現場」で行われている作業の追思惟的再構成の試みでもある。こうして理論篇において構築された理論枠組みの具体的な肉付けが図られている。

「個人と社会」問題を解決するためには「想像力」が必要である，と述べたC.W.ミルズの問題提起を継受するオリジナルな試みであるが，科学主義と方法論的アナーキズムとの挟撃にあって，今までのところ，十分な批判的検討の対象にされてはいない。

著者要約

［書誌データ］　厚東洋輔『社会認識と想像力』ハーベスト社，1991.

紅野謙介（こうのけんすけ）(1956-)
『**書物の近代**』*1992年刊

19世紀後半，活字印刷技術の輸入とともに日本の書物形態も木版による版本から活字印刷による洋装本へ変わった。それはたんに形態の変化にとどまらず，著作から読書にいたるまでの書物の生産／受容にも深く関与していた。近代小説の発生も書物の変容と錯綜した関係を取り結んでおり，それら文学書を対象に「モノ＝記号である書物と人の関係の歴史的な変容のプロセスを，書物それ自体の内と外の境界から明らかにしていくこと」を目指したのが本書である。

これまでの文学史が内容や表現の変遷に焦点を当てていたのに対し，本書は物質としての書物形態や活字の組，レイアウト，挿絵や写真，装幀，さらにはその書物の流通や享受のあり方をあらためて問題化した。その意味で前田愛や小森陽一の読者論・読書論を時間軸に即して継承し，普遍的にとらえられがちな文学を，歴史的社会的なさまざまな力によって規定され，種々異なる現象をとる物質的な台座に置き直したところに意義がある。

全体に8つの章から構成されている。まず近世の書物から活版印刷・洋装本への変化を追い，そのなかで二葉亭四迷の『浮雲』が位置づけられる。ついで尾崎紅葉による近世的書物様式のモダン化がたどられ，夏目漱石のテクストと書物の優雅にして孤独な関係が指摘される。また島崎藤村『破戒』の「リアリズム」が内容的には書物と読者をめぐる関係を軸に展開し，書物形態そのものによっても支えられていることを解明。書物に肖像写真が侵入することによって起きたまなざしの変容，印刷工たちの政治運動と徳永直のプロレタリア小説『太陽のない街』，書物への愛着を政治的な創作活動に結びつけた中野重治の書物論と小説『空想家とシナリオ』，戦時下における紙の統制と太宰治ら文学者たちの対応などをとりあげている。
　　　　　　　　　　　　　　　　　　著者要約

［書誌データ］紅野謙介『書物の近代―メディアの文学史』筑摩書房，1992．

コーエン Abner Cohen
『**二次元的人間**』*1974年刊

マルクーゼの『一次元的人間』の向うを張る意図は著者にはない。社会人類学者の立場から現代複合社会の「政治」と「象徴」の弁証法的相互作用のあり方を，種々のインフォーマルな利益諸集団の組織機能に焦点を求めつつ研究する新たな政治人類学を樹立すること，それが本書の企図するところである。

社会人類学者が未開社会にみいだしてきたエキゾチックでグロテスクな慣習や社会行動は，未開社会の専売特許なのではない。ウェーバーのいう「目的合理性」を看板としている現代産業社会にも，そうした行動や慣習はしっかり根を張っており，権力関係や権力秩序を維持し発展させるにあたって重要な役割を果たしている，と著者はいう。

さまざまな理由からフォーマルにはみずからを組織しえない利益諸集団が種々の象徴戦略，出自・人種・婚姻・宗教・儀礼・生活様式等々を用いて集団の独自性や排他性，コミュニケーションや意志決定機能，権威・リーダーシップ過程，イデオロギーや信念体系を分節・統一・創出する諸過程が精細に分析されている。その分析は，アフリカや近東の人種集団，エリート集団，宗教集団，秘密を建前とする儀式集団，イトコ関係集団，あるいはまたロンドンのシティー等についての，広範で要を得たケース・スタディーを通じて，具体的で充分な説得力をもつものとなった。

象徴を操作する「象徴的人間」は同時に「政治的人間」でもあるとする著者の政治人類学的アプローチは，今日ますます重要性を増してきていると言えよう。著者はロンドン大学人類学教授である。その間，1966〜67年にかけてコーネル大学の，また1971年にはニューヨーク州立大学の客員教授をつとめた。
　　　　　　　　　　　　　　訳者（山川偉也）要約

［書誌データ］Abner Cohen, *Two-Dimensional Man: An essay on the anthropology of power and symbolism in complex society*, Univ. of California Press, 1974（『二次元的人間』山川偉也・辰巳浅嗣訳，法律文化社，1976）．

コシーク Karel Kosík (1926-)
『具体的なものの弁証法』
*チェコ語初版1963年，ドイツ語版1967年刊

　コシークはチェコの哲学者。彼は本書で，マルクス主義哲学の実践の原理と弁証法論理に立脚して，人間と世界の関係を具体的総体性として，すなわち構造を持った，自己発展し，自己形成する全体として，表象し，分析し，精神的に再生産する認識の理論を展開している。

　彼は人間が経済の諸現象についての科学的知識を得る前に，経済的現実の一定の前理論的了解を持っていること，その了解に依拠してこそ経済が持つ働きを，人間にとっての現実の具体的総体性のうちに位置づける認識を獲得することができるとし，経済が人々に対して現存する原初的で基本的な仕方は，「憂い」であるとする。憂いとは，社会的個人がその功利的実践，世話，配慮という形態で社会的関係のシステムに巻き込まれていることを意味する。「配慮」と「操縦」は，19世紀の「労働」概念にとって変わる20世紀の物象化された労働概念である。日常生活，科学と理性，文化はその下では形而上学に転倒される。偽の具体性の批判である『資本論』は具体的総体性の思索として哲学史上に位置づけられる。その思索は，主体は自己自身を発見するために世界を遍歴して，認識において世界を自己の内部としなければならないという啓蒙の理性主義のモティーフを，ヘーゲルの『精神現象学』と共有している。

　実践は人間の現実創造的な存在規定に根ざしており，労働の契機のみならず実存の契機を含んでいる哲学的存在論のカテゴリーであることが強調されている。
　　　　　　　　　　　　　　　　　訳者要約

［書誌データ］　Karel Kosík, *Die Dialektik des Konkreten, Eine Studie zur Problematik des Menschen und der Welt*, Suhrkamp, 1967（『具体的なものの弁証法―人間と世界の問題体系についての研究』花崎皋平訳，せりか書房，1977）．

コックス Harvey G. Cox (1929-)
『世俗都市の宗教』 *1984年刊

　コックスは前著『世俗都市』（1965）において，近代社会の世俗化を肯定的に捉えて宗教と神学の果たすべき積極的役割を追求したのだが，その続編ともいうべき本書では，世俗都市のなかで衰退に向かっていると多くの人にみなされてきた宗教が有力な社会的勢力として予期せぬ復帰をとげつつあるという新たな現象を考察し，その意味を探っている。

　考察の中心は，公的領域への宗教の再登場を最も鮮明に印象づけた2つの対極的なキリスト教運動で，1つは，アメリカ合衆国でマス・メディアを駆使して政治的右派勢力として抬頭してきたプロテスタント・ファンダメンタリズム，もう1つは，カトリックのラテン・アメリカに発して第三世界にひろがった「解放の神学」と草の根の「基礎共同体」の運動。両者ともに，既成の教会に抗して社会の底辺と周縁から起こり，過激な近代性批判と政治性を示しているという共通点をもつ。しかし著者が，既成宗教の衰弱した中心部を解体してポスト近代の宗教の可能性を開きうる周縁からの力として期待を寄せているのは，その反近代主義にもかかわらず近代テクノロジーおよび資本主義と馴れ合うファンダメンタリズムではなく，抑圧された者たちの「解放の神学」と参加民主主義型の共同体における福音と社会変革の実践の結合，その民衆的敬虔のもつ革命的潜在力であって，そこから，「貧しき神 dios pobre」を中心的理念とする新たな宗教改革が生まれるかもしれないことを示唆している。
　　　　　　　　　　　　　　　　　訳者要約

［書誌データ］　Harvey Cox, *Religion in the Secular City: Toward a Post-modern Theology*, Simon and Schuster, 1984（『世俗都市の宗教』大島かおり訳，新教出版社，1986）．

ゴットマン Jean Gottmann (1915-94)
『メガロポリス』 *1961年刊

　ウクライナ出身でフランスで地理学を学んだゴットマンは，第 2 次大戦中に米国に渡り，北東部のプリンストンやジョンズ・ホプキンス大学に滞在した。その際，大都市が帯状に続いていることに強い印象を受けたゴットマンが，後に米国の財団から資金的援助を受け，まとめ上げたのが本書『メガロポリス』である。原書の副題にもあるとおり，本書がメガロポリスとして分析を行っているのは，ボストンからワシントンにかけての米国北東部沿岸の地域である。メガロポリスとは単なる大都市圏ではない。それは，複数の大都市がハイウェイや鉄道，通信手段などによって緊密に結びつけられながら，ヒエラルキー的関係ではなく「星雲状」に統合されている巨大な都市圏をさす。本書は，こうしたメガロポリスの成立を都市化の歴史から説き起こし，自然条件，土地利用，経済活動，社会組織に至るまで詳細なデータを駆使しながら，新しい都市の形態，その可能性と問題を多面的に浮き彫りにしようとしている。

　本書じたいは，事実を丹念に積み重ねるむしろ比較的地味な作品といえるが，しかしそのネーミングの鮮やかさにより，高度成長華やかなりし頃の日本に紹介されるや，たちまち大きな反響を巻き起こした。なかでも東海道メガロポリス論は，当時進められていた臨海型の地域開発政策とも関連して，議論の的となった（訳書解説に詳しい）。なお，本書刊行後のゴットマンの仕事をまとめた著書『メガロポリスを超えて』（原書1990，邦訳1993，鹿島出版会）も邦訳されており，テレコミュニケーションの発達など新しい変化の影響が論じられている。
　　　　　　　　　　　　　　　　町村敬志

［書誌データ］Jean Gottmann, *Megalopolis: The Urbanized Northwestern Seaboard of the United States*, The Twentieth Century Fund, 1961（『メガロポリス』木内信蔵・石水照雄訳（部分訳），鹿島出版会, 1967）.

ゴフマン Erving Goffman (1922-82)
『アサイラム』 *1961年刊

　本書所収の 4 つの論文はそれぞれに「全制的施設」に収容された人たちの施設内的世界を記述する。全制的施設（total institution）とは，具体的には精神病院，刑務所，兵営，修道院，等々を指す。すなわち，外の世界から遮断されて，類似の境遇にある多くの人々が，一定期間，閉鎖的・形式的・画一的に一括管理された生活を送る施設である。

　被収容者たちはアイデンティティ（自己）の再編成を経験する。つまり，常用のアイデンティティ・キット（髪や衣服や名前）をすべて剥奪され，規格品支給や番号づけなどのトリミングを施されて，その自己イメージを陵辱（無力化）される。また，そこには施設スタッフや他の被収容者たちの視線から逃れうる私秘的空間はない。外の世界でなら尊重されるはずの対人儀礼も平然と破られる。こうして，被収容者たちは生活の全面にわたって細部まで圧制され，侵犯される。

　ただし，被収容者たちはこのような圧制と無力化をそのまま受け入れて，無防備で従順な対象でのみい続けるわけではない。彼／彼女たちは「二次的適応」，すなわち，様々な便法（秘密の場所，共謀，取り入り，等々）を用いて，周囲から要求される役割や自己と距離をとることがある。施設の裏面生活の形成・運用である。それはある種の抵抗として，あたかも被収容者たちの自己をそれぞれの仕方で表現するかのようである。

　けれども，これを制度に統制され尽くされえない人間存在の賛歌と読むのは誤りである。本書は，特定の施設・組織的文脈において，自己が個人の帰属物として与えられるものではなく，なんらかの社会的道具立て・社会的統制を得て初めて具体化するものであることを記述しているのだ。
　　　　　　　　　　　　　　　　安川　一

［書誌データ］Erving Goffman, *Asylums: Essays on the Social Situation of Mental Patients and Other Inmates*, Doubleday Anchor, 1961（『アサイラム―施設被収容者の日常世界』石黒毅訳，誠信書房, 1984）.

ゴフマン Erving Goffman (1922-82)
『**出会い**』＊1961年刊

　ふたつの論文からなる本書は、対面的相互行為の秩序維持の過程と、その過程に組み込まれながら構成されていく個別経験のあり方を論じている。中心トピックは「出会い(encounter)」、つまり身体的に居合わせた人々の「焦点のある相互行為」である。人々が互いに相互行為チャネルを開きあい、そのことを認知しあい、互いの行為を緊密に関係づけあって、一個の共同的営みとしての視覚的・認知的焦点を維持している状態である。

　論文「ゲームの面白さ」は、ゲームを素材に、出会いを包む「膜」とそのリアリティ構成力を記述する。出会いでは一連の「変換ルール」が出会いの内外を区分けし、内の出来事群を意味あるそれらとして組織化して、人々の関与を実現させている。変換ルールの実際は微細な相互行為儀礼の数々だが、人々はそうした脆い慣習的行為に信をよせ、従うことで、出会いに没入し、その内に自分自身の存在と自然なリアリティを感じることができる。そしてそうした事実の積み重ねがまた膜の力を強化することになる。

　論文「役割距離」は、出会いにおける個人の振舞いを状況内的な役割遂行管理のあり方として記述する。個人は社会的位置に応じて単一の規範的役割を遂行するのではない。実際の個人は同時多元的な役割遂行者であり、状況活動システムの一部として典型的役割を遂行しつつ、同時にこれと矛盾したりする複数の役割を遂行している。役割距離とは、そのように同時遂行される複数の役割の間で起こりうる食い違いである（例：外科医の冷静沈着な手術と下品なユーモア）。私たちはそれを人間臭さの現れのように読みがちだが、要は多元的役割遂行があるスタイルのもとで管理されているということである。　安川 一

［書誌データ］Erving Goffman, *Encounters: Two Studies in the Sociology of Interaction*, Bobbs-Merrill, 1961(『出会い—相互行為の社会学』佐藤毅・折橋徹彦訳、誠信書房、1985).

ゴフマン Erving Goffman (1922-82)
『**集まりの構造**』＊1963年刊

　本書は、公共的場所における共在の秩序構成・維持のあり方を、「状況適合性」という観点から記述する。状況適合性とは、ある人の行為が当該状況にふさわしいか否か、をいう。状況適合性は、共在における道徳的要請である。通常、人はこの要請も実現手段も意識することはないが、非適合行為に出会うとひどく当惑する。その点、本書で言及される精神病院は、非適合的行為を隔離して人々の適合的日常を保護していることになる。

　状況適合性の実際は、共在における「関与配分」という課題である。関与 (involvement) とは人が共在の行為に対して一定の認知的・情緒的かかわりをもつことをいう。しかもそれは多重的である。本筋である主要関与とこれに並行する副次関与、共在の義務である支配関与とこれを離れた従属関与——人はある行為に義務として関与しながら、関心を副次的作業に注ぎ続けられる。つまり状況適合性は、そのように多重的な関与の配分を適切に維持することにほかならない。人は必要最小限の主要関与を維持しつつそれぞれ適正に関与配分しなければならない。過剰関与も離脱も不可解な執着もいけない。

　そして、適正な関与配分は表出されなければならない。慣習的にパターン化された表現様式において適正な関与配分がなされ、彼／彼女がノーマルな一人前の相互行為者であること、共在が適正に営まれていることを周囲に知らしめなければならない。表出された関与配分を通して、結果として人は帰属意識を示し、秩序ある世界を実現させることになる。共在の慣習的な表出行為の交換が、個人の個別世界と集団の秩序世界とをそれぞれに噛み合わせつつ具体化していくのである。　安川 一

［書誌データ］Erving Goffman, *Behavior in Public Places: Notes on the Social Organization of Gatherings*, Free Press, 1963 (『集まりの構造—新しい日常行動論を求めて』丸木恵祐・本名信行訳、誠信書房、1980).

小松和彦 (1947-)
『憑霊信仰論』 *1982年刊, 増補版1984年刊

　「憑きもの」と呼ばれてきた信仰・社会現象を，文化人類学的な視点から考察し直した論文を中心とした論文集。増補版には，その後の研究の方向性を示唆するために「妖怪研究への試み」という副題を付す。中心となる論文は「『憑きもの』と民俗社会」で，従来の民俗学では「憑きもの」は人間に害をなす狐憑きや犬神憑きなどの動物霊や生霊に限定して研究がなされてきたが，この論文ではこの枠組みを押し広げ，社会のなかで生起する特定の現象を指示する概念にまでさかのぼって考察する必要性を説いている。

　日常生活のさまざまなコンテキストにおいて異常と認識された状態を，ツキとかツイていると表現する。このツキに着目し，この現象を，ツキを引き起こす原因となっているもの，ツキを引き起こしているもの，ツキが生起している状態，の3つの要素の組み合わせから構成されており，これらの組み合わせの全体を「憑霊信仰」として把握すべきであると提唱する。この結果，善霊憑きと悪霊憑き，神秘的力の発現・人格変換を伴わない精霊憑依・人格変換を伴った精霊憑依，個人以外の社会集団や事物への憑依など，これまで無視されがちな多様な構成要素がクローズアップされ，その機能・構造論的分析の可能性が切り拓かれることになった。

　本書では，こうした広い視野のもとで，具体的事例として，閉鎖的な民俗社会内での富の蓄積・偏差が「憑きもの」信仰の発現を促すことや，高知県物部村の式神・呪詛信仰の実態，平安時代の護法・物ყ信仰，山姥やつくも神などの民俗的妖怪伝承の紹介と再分析が試みられている。とくに，物部村の民間宗教者が伝える「いざなぎ流」の呪術・祭文類を古代陰陽道等との関連で論じた論文は，その後，民俗学のみならず多方面に影響をもたらすことになった。

著者要約

［書誌データ］　小松和彦『憑霊信仰論』伝統と現代社，1982（増補版：ありな書房，1984；講談社学術文庫，1994）．

小松和彦 (1947-)
『異人論』 *1985年刊

　前著『憑霊信仰論』以後発表の主要論文をまとめた論文で，具体的な素材の分析を踏まえ，これまでの民俗学的研究に対する批判が織り込まれている。

　「異人殺しのフォークロア」では，それまで支配的な見解であった「異人歓待」説に対して，憑きもの信仰の研究の延長上に現れてきた「異人殺し」と呼ぶ伝承を手がかりに，民俗資料の分析を通じて，民俗社会が巧みに隠蔽している「異人虐待」の言説を引き出し，民俗社会が内包する複雑でダイナミックな側面を構造・機能的に把握することを提案した。金品強奪と特定の家の盛衰が結びついていると説く「異人殺し」伝承は，外部との交流を背景に生まれた伝承であって，しかも貨幣への特別な態度から，村落社会が貨幣経済体系のなかに組み込まれていくさまが描き出されている。この伝承はさらに，昔話ジャンルでいう「こんな晩」（異人虐待説話）から「大年の客」（異人歓待説話）への変換の問題や，村落に生じた災厄の原因をシャーマンが託宣に説き明かし，その託宣の内容として語り出される「異人殺し」が「真実の話」として受け入れられていくさまもリアルに描き出している。

　「蓑笠をめぐるフォークロア」では，折口の指摘以降自明のものとなっていた「マレビト」と「蓑笠」の象徴的結合を，誕生，婚姻，葬送という通過儀礼（人生儀礼）において用いられる「蓑・笠」の分析を通じて，「切断」してみる必要性を説き，「異人と妖怪」では，その後展開する「妖怪研究」への見取り図が示されている。本書には予想をはるかに越える反響があり，扱っているテーマの問題の大きさを改めて自覚したが，同時に民俗学の抱えている多くの問題点も浮かび上がってきた。

著者要約

［書誌データ］　小松和彦『異人論—民俗社会の心性』青土社，1985（ちくま学芸文庫，1995）．

ゴーラー　Geoffrey Gorer (1905-)
『死と悲しみの社会学』*1965年刊

　著者のG．ゴーラーはM．ミードやR．ベネディクトの下で文化人類学を学んだこともあるイギリスの社会学者。アフリカのゴロ族やチベットのレプチャ族に関するフィールド・ワーク，あるいはアメリカ，ソビエト，自国のイギリスに関する文化論も著しているが，文化人類学で学んだエスノグラフィーの手法を用いて，現代のイギリス社会における死生観と喪のあり方を描いた本書，とりわけ付論の「死のポルノグラフィー」(1955) は，フランスの歴史家 Ph. アリエスなど多くの研究者に示唆を与え，ゴーラーの名を広く知らしめた著作である。

　ゴーラーの出発点にあるのは，かつてヴィクトリア朝時代にタブーとされた性に代わって，今日では死が公の場では口にできないものとして抑圧されているという直感である。しかし，それは単に死が否定されているということではなく，「死のポルノグラフィー」という彼の卓越した表現が示しているように，死が公的な空間から排斥されると同時に，「マスターベーションと同じように独りでこっそり耽ればよい」ものとして私秘的な空間へと配分されているという二重の事態を意味する。かつてデュルケームが，社会的連帯＝集合感情を強化する重要な装置と捉えた喪の儀礼は，今日その意味を失い，人びとは親しき者の死に際して「悲哀の仕事」(フロイト)をたった一人で孤独に遂行しなければならず，しかもそれは失敗に終わることも少なくない。その例としてゴーラーは，死別の悲しみを忘れるために仕事に没頭することや，その逆に，悲しみに縛りつけられたまま絶望に陥ることなどをあげている。

市野川容孝

[書誌データ] Geoffrey Gorer, *Death, Grief and Mourning in Contemporary Britain*, Cresset Press, 1965 (『死と悲しみの社会学』宇都宮輝夫訳, ヨルダン社, 1986).

ゴルツ　André Gorz (1924-2007)
『困難な革命』*1967年刊

　本書は1963〜66年に「さまざまな機会に」書かれた論文の集成である。主として第1章「労働組合運動と政治」，第3章「改良と革命」，第5章「内と外の植民地主義」では当代の高度に発達した欧米資本主義諸国の政治・経済・社会体制を「反」資本主義的な大衆的革命運動の見地から分析する。この新しいマルクス主義分析（サルトルの方法に依拠した）は本質上，現在の消費・余暇文明社会あるいは福祉社会・高度情報化社会，要するに巷間で好んで言われているような「豊かな社会」にも十分適用することができよう。

　著者によれば，成熟した資本主義経済は科学・技術の驚異的進歩にも助けられて利潤追求のための生産力を著増させ，資本主義経済の枠組を崩さない限りで生産の「余剰」を労働者＝勤労者大衆に分与することによって彼らに「豊かな」消費生活，余暇文明（たとえば各種スポーツ，テレビ，ゲーム，娯楽，旅行等々）の享受を保証することができるようになった。しかしこれは資本主義国家の政治・経済等の決定中枢をそのままにした「労働外における解放」にすぎない。生産労働自体は「労働の後で個人消費の天国に近づくために通過しなければならない煉獄」であり続け，同時に大衆的改良・革命運動は体制内化される。こうした分析は現在の豊かな社会での精神的荒廃の隠れた根源をも照射している。

　さらに第4章「困難な社会主義」（原著の題名）は当時の社会主義国が資本主義国と異なる消費・文明モデルを提示できず，労働の「疎外」が続いていることを分析している。

　全体として人間解放の革命がきわめて困難であることを指摘したのが本書である。

訳者要約

[書誌データ] André Gorz, *Le socialisme difficile*, Editions du Seuil, 1967 (『困難な革命』上杉聰彦訳, 合同出版, 1969).

ゴルツ André Gorz (1924-2007)
『エコロジスト宣言』 *1975-77年刊

　フランスの実存主義的マルクス主義の理論家ゴルツが，ジャーナリズム向けに筆名として用いてきたボスケと同一人物であることを初めて明示して刊行したエコロジーをめぐる論文集。

　資本主義も「実在の社会主義」も，原発に象徴されるテクノファシズムと企業の多国籍化によって現代のエコロジー危機を乗り越えようとしているが，危機の真の克服は，経済的合理性の止揚と更新不可能な資源の節約・物質的消費の減少を内包する新しい生産様式によってのみ可能であると論ずる。「より少なく働き，より少なく消費することによって，よりよく生きることができる」というスローガンが端的に示すように，社会的に必要とされる生産労働の総量が減少している分だけ，自主管理的で自由な活動の領域を拡大する可能性が飛躍的に増大していると説いた。画期的なのは，その場を基礎共同体における市民の自律的諸活動に求めただけでなく，そこから出発して，商品関係の衰微と市民社会の拡大＝国家の衰滅までも展望に入れた，自主管理社会主義的エコロジー論を構想した点にあろう。巻末の，主としてイリイチに触発された医療化社会批判も鋭い。

　この後ゴルツは「新しい労働の質」の探求へと向かうが，本書はフランスはもとより，日本を含む先進諸国のエコロジストたちに骨太の社会理論の枠組みを与える重要な一冊となったといえよう。

訳者要約

[書誌データ] André Gorz & Michel Bosquet, *Ecologie et politique*, Galilée, 1975 ; *Ecologie et liberté*, Galilée, 1977 ; 両書の合本・増補版：*Ecologie et politique*, Seuil, 1978 (『エコロジスト宣言』高橋武智訳，技術と人間，1980 ; 緑風出版，1983).

ゴールドソープ John H. Goldthorpe (1935-) 編
『収斂の終焉』 *1984年刊

　マルクス主義の社会理論と多元主義的インダストリアリズムに共通しているのは，ゴールドソープによれば，技術を牽引力とするマクロ社会構造にかんする長期的な国際的収斂という見方である。しかし1970年代以降の西欧社会の基礎経験にてらしていえば，こうした収斂現象は生じていない。アメリカやイギリスなどアングロサクソン世界ではデュアリズム（非組織セクターに市場の力を拡張することを通じて組織セクターの影響力を低減させようとする思想と行動）が，またスウェーデン，ドイツ，オーストリアなど大陸ヨーロッパ世界ではネオ・コーポラティズム（職能団体が自らの私益を抑制する代償として，政府が担う公益への優先的発言力を保障されるような利益表明と意思決定の協調的システム）がそれぞれ大きな影響力を発揮することになったからである。

　一方のネオ・コーポラティズムは一国の政治経済システムのなかに組織化された労働者の利害を取り込もうとし，他方のデュアリズムは組織労働には直接手を染めずむしろ非組織セクターの有効活用という戦略を掲げている。

　この収斂の終焉という図式のなかに現代日本はどう位置づけられるか。経営エゴイズム，ミクロ・コーポラティズム，企業単位の「生産性連合」（Productivity Coalition）といった表現がめだつ。さらにW．ストリークはドイツの従業員代表組織（Betriebsrat）の影響力の高まりに注目して，それがドイツ労使関係の「日本化」を促す可能性について言及している。

訳者（稲上 毅）要約

[書誌データ] John H. Goldthorpe ed., *Order and Conflict in Contemporary Capitalism*, Oxford Univ. Press, 1984 (『収斂の終焉』稲上毅・下平好博・武川正吾・平岡公一訳，有信堂，1987).

ゴルドマン Lucien Goldmann (1913-70)
『隠れたる神』 *1955年刊

「パスカルのパンセとラシーヌの劇における悲劇的世界観の研究」という副題があるが，パスカル論が大半を占めている。著者は「すべてのものは目に見えない自然のつながりによって関わり合っているものであるから，全体を知らずに部分を知ることはできないし，部分を知らずに全体を知ることもできない」(Pensées, fr. 199, Lafuma) とある『パンセ』の一節から出発して，個人と個人が所属する社会的集団もしくは階級との関係を追究して「世界観」(vision du monde) の概念に到達し，世界観というのは社会学的に見れば1つの社会的集団が全体として抱懐し得る理想，思想，感情の総体，すなわち「可能意識の最大限」(maximum de la conscience possible) にほかならないとする。それゆえに優れた著作家とは，このような集団の世界観を概念的もしくは想像的な面においてもっとも整合的に表現し得るものであるということになって，およそ次のような著者の分析が展開される。フランス王国がようやく秩序を回復した17世紀前半から町人階級出身の法曹家たちが抬頭して後に「法服貴族」(noblesse de robe) と呼ばれる特殊な階級を構成するようになったが，この階層の人々は当時最高の学識を具えながら，国王直属の国務会議には登用されず，町人階級に戻ることも好まない不安定な中間階級となった。この中間階級の閉塞感が，正しい人間はつねに世俗に迫害されながら，不可知の神秘のうちに「隠れたる神」(Deus absconditus) の救いを待つほかはないとする原始キリスト教的な信仰と結びつきながら，およそ1637年から1677年にかけてもっとも悲劇的な世界観を成立させ，それが『パンセ』とラシーヌ劇に結晶したとしている。

川俣晃自

[書誌データ] Lucien Goldmann, *Le dieu caché: étude sur la vision tragique dans les Pensées de Pascal et dans le théâtre de Racine*, Gallimard, 1955 (『隠れたる神』山形頼洋・名田丈夫訳, 社会思想社, 1972).

ゴルドマン Lucien Goldmann (1913-70)
『小説社会学』 *1964年刊

4部に分かれているが，著者の小説社会学の方法はほぼ第1部に尽くされている。マルクスとルカーチに深く学んだ著者は，社会における小説の構造と経済における交換の構造とは厳密に等質であり，おなじ1つの構造が2つの異なる面に現れたものにほかならないとする前提から出発して，次のような理論を提示している。従来の社会学的文学論は，ある文学作品とある社会的集団の集団的意識とは相関関係にあるという図式を立てただけでそれより先へ進まなかったが，優れた文学作品とはある社会的集団の集団的意識の単なる反映ではなくて，その集団的意識に特有の諸傾向を整合的に表現しているものであり，このような集団的意識はある均衡状態に向かいつつあるダイナミックなものとして把握されなければならない。それゆえに社会的集団の現実的な意識ではなくて，その「可能的な意識」と呼ぶべき「構造化された」(zugerechnet) 概念を核心とすることによって，はじめて正しい文学社会学が成立し得る。こうして社会的集団の集団的意識と優れた文学作品との関係は，両者の内容の合一性にあるのではなくて，その内容の突き詰められた整合性にあることになるが，このような整合性は集団的意識の現実的内容とは異なる想像的内容によって表現され得る。以上が著者の小説社会学の要点であるが，さらに著者が重視しているのはマルクスも予測しなかった経済構造の激動による社会的集団の複雑化，巨大産業の急激な進展による物象化社会の深刻化である。自由主義的個人が人格を持たない組織的人間に転化してゆく過程でマルローの小説が書かれ，さらに人間の主体が次第に稀薄化して物象の世界が急速に自律化してゆく過程でヌーヴォー・ロマンが書かれたとしている。

訳者要約

[書誌データ] Lucien Goldmann, *Pour une sociologie du roman*, Gallimard, 1964 (『小説社会学』川俣晃自訳, 合同出版, 1969).

■コルバン Alain Corbin (1936-)
『においの歴史』*1982年刊

　アラン・コルバンは、アナール派の歴史学者のなかでもリュシアン・フェーブルが提起した「感性の歴史」をもっとも忠実かつ創造的にうけつぎ、嗅覚、聴覚、視覚など、文字通り感性の歴史書を精力的に手がけている。
　『においの歴史』は、18世紀から19世紀にかけての嗅覚の変容をとおして近代ブルジョア社会の生成をとらえかえした画期的な書物。6カ国語以上の言語圏に翻訳され、「感性の歴史家」コルバンの名を一躍世界に広めた代表作である。
　近代は、労働する下層階級の体臭と生活臭にたいして不寛容な感性がめざめ、これが排斥された社会である。それまでは何とも思われなかった汚物の臭いや体臭が、ある時点からにわかに人びとの嫌疑の念を呼び、嫌悪と排斥の対象となる。「清潔」や「衛生」や「消臭」といった衛生観念は、ブルジョワジーが労働者階級にたいしてみずからを区別しようとする欲求とともに生まれた、きわめて近代的なイデオロギーなのだ。悪臭は無秩序の危険をひそめているのである。こうして「危険な階級」と「労働階級」を同一視したうえで、これを排斥し、他者の匂いを遠ざけようとするブルジョワジーは、私生活空間を価値化して、ナルシスティックな芳香を愛好する。
　近代にたち起こったこの嗅覚革命は、現代消費都市の特徴である無臭の生活環境の前史をあざやかにとらえたものだと言えよう。

訳者（山田登世子）要約

［書誌データ］ Alain Corbin, Le Miasme et la Jonquille: L'odorat et l'imaginaire social 18ᵉ~19ᵉ siècles, Editions Aubier- Montaigne, 1982（『においの歴史——嗅覚と社会的想像力』山田登世子・鹿島茂訳、新評論、1988；新版：藤原書店、1990）.

■コント Auguste Comte (1798-1857)
『社会再組織の科学的基礎』*1822年刊

　この書物が書かれた1822年は、フランス革命から30年余、その間、革命の動乱、ナポレオン戦争の栄光と悲惨、王政復古へと政治的にも社会的にもフランスは激しく揺れ動いた。混乱のなかで、人々は社会がどのような方向に向かって行くのか自問した。この時期は、空想社会主義からマルクス主義にいたる多くの歴史的決定論が次々と発表された時期である。「一つの社会組織が消滅し、もう一つの新しい組織が完全な成熟期に達して、形成されようとしている」という言葉で始まるこの著作は、サン・シモンの秘書としてサン・シモン主義の影響下にあったコントが独自の思想を展開した最初の著述である（2年後にサン・シモンと決別）。
　コントは旧組織を復興しようとする国王の側の試みも、旧組織を破壊しようとする人民の側の試みも、どちらも現在の無政府状態を招いたとして批判する。国王の側の企ては、神学的段階に留まり、人民の側は形而上学的な思想に基づいている。新しい社会は、実証的な政治によって築かれるべきである。そのための具体的作業としては、まず政治の科学を実証科学にしなければならない。天文学や物理学など、無機物を対象とする諸科学がすでに到達しているこの段階を、最高度に複雑な有機体である政治・社会を対象とする学問も目指さなければならない。そのためには、想像に対する観察の優位を確立することである。

訳者要約

［書誌データ］ Auguste Comte, Plan des travaux scientifiques nécessaires pour réorganiser la société, Paris, 1822（「社会再組織に必要な科学的作業のプラン」霧生和夫訳『世界の名著』第36巻、中央公論社、1970）.

コント　Auguste Comte (1798-1857)
『社会静学と社会動学』 *1839年刊

　コントの主著『実証哲学講義』の第4巻所収の第50講『社会静学，すなわち人間社会の自然的秩序に関する一般理論の予備的考察』ならびに第51講『社会動学の根本法則，すなわち人類の自然的進歩の一般理論』を併せて訳出したもの。

　タイトルから推測できるように，社会静学の部分において，経時的な社会理論の基礎，社会動学の部分において通時的理論を展開している。静学的考察は，連続する3つの主要な段階に従って行われる。個人，次に家族，最後に固有の意味での社会についての考察である。個人が集合して社会を形成するのは，打算，利害によるものではなく自然発生的なものである。それは人間性に固有のもの，本能的に共同生活を愛好する人間性に基づく。

　一方すべてのシステムが自己と同質的な部分によって構成されなければならない以上，社会を構成するのは個人ではなく，家族である。家族のなかでは，男女，親子がそれぞれの役割を果たしている。これは人間社会を特徴づける分業と協力の萌芽的段階である。ここにおいて，両性は平等ではなく，男性が優位にある。

　社会進歩の根本は，「3段階の法則」である。人間社会は，人間精神の発達と同様，必然的に神学的段階，形而上学的段階，そして実証的段階を辿って進歩する。　　　訳者要約

［書誌データ］Auguste Comte, 50e Leçon.-Considérations préliminaires sur la statique sociale, ou théorie générale de l'ordre spontané des sociétés humaines & 51e Leçon.-Lois fondamentales de la dynamique sociale, ou théorie générale du progrès naturel de l'humanité, Cours de philosophie positive, tome IV, Bachelier, 1839 (「社会静学と社会動学」霧生和夫訳『世界の名著』第36巻，中央公論社，1970)．

コンドルセ　Marquis de Condorcet (1743-94)
『人間精神進歩の歴史』 *1847-49年刊

　フランス革命期に，百科全書派の1人コンドルセによって書かれた啓蒙主義思想の代表的著作。タイトルにあるように，人間精神の進歩の歴史を論じた本書は，第Ⅰ部と第Ⅱ部からなり，第Ⅰ部では人類の誕生以来，現在（フランス革命）をへて未来に至るまでの人類史を10期に区分して，人間精神の進歩の歴史が論じられ，第Ⅱ部では5つの断章を通して，さらに詳細な歴史的考察を試みている。

　コンドルセは，社会が文明化していくのと同様に人間の精神も進歩していくものと考える。彼によれば，人間の精神の進歩とは，理性が強化され，科学および技術が進歩し，社会から迷信や偏見がとり除かれていく過程にほかならず，その結果，自由は拡大し，道徳は進歩し，人間の自然権は尊重されるようになるとした。科学と技術の進歩は，人間の生活を便利にするという意味で有用であるにとどまらない。その知識の普遍性によって，階級間，国民間の相互理解を高め，人間を非合理的な世界から解放していくのだ。つまり社会を合理的な知識でおおうことにあり，そのような知識としてコンドルセは，数学・物理学・化学・生物学・建築学・医学・薬学などの自然科学と，経済学・政治学などの社会科学をあげている。本書には，啓蒙主義思想の真髄である進歩の観念と，近代科学の思想的基盤をなす実証主義と経験主義とが表明されている。

　本書はジャコバン恐怖政治の最中に執筆され，執筆後ジロンド派だったコンドルセは捕えられ，獄中で自死するという最期をとげる。このような歴史に翻弄されたコンドルセの姿を本書に重ねあわせることもまた，本書を理解する一助となるであろう。　　友枝敏雄

［書誌データ］Marie-Jean-Antoine Nicolas Caritat, Marquis de Condorcet, Esquisse d'un tableau historique des progrès de l'esprit humain, Librainé Firmin Didot Frères, 1847-49 (『人間精神進歩史』2巻，渡辺誠訳，岩波文庫，1951)．

コーンハウザー
William Alan Kornhauser (1925-)
『大衆社会の政治』*1959年刊

本書の序論でコーンハウザーは，本書の主題がリベラル・デモクラシーが大衆社会 (mass society) ではなく多元社会 (pluralistic society) を基礎にもつことを提示することにあるという。したがって本書は，1つの実践的関心に基づく著作といってよい。

しかしまた本書の最大の社会学的な貢献は，大衆社会と多元社会を含む4つの社会類型を理論的に区分したということにある。

本書は大衆社会の一般理論を提示した第1部と，大衆運動の発生要因や階級基盤を分析した第2・3部とから構成されている。このうちここでは，第1部を主題的に取り上げたいと思う。

そこでのコーンハウザーの主張の1つは，貴族主義的批判と民主主義的批判という大衆社会論の2つの分類である。前者（具体的には，ル・ボン，オルテガなど）が貴族主義に基づく民主主義の批判であるのに対して，後者（具体的にはレーデラー，アーレントなど）は民主主義に基づく全体主義の批判であるというのがそこでの著者の意図である。

著者はさらに，非エリートの操縦可能性／エリートへの接近可能性という2つの変数の組み合わせから，下の図のように4つの社会類型を区分している。

奥井智之

		非エリートの操縦可能性	
		低い	高い
エリートへの接近可能性	低い	共同体的社会	全体主義社会
	高い	多元社会	大衆社会

［書誌データ］ William Alan Kornhauser, *The Politics of Mass Society*, Free Press, 1959（『大衆社会の政治』辻村明訳，東京創元社，1961）．

今和次郎 (1888-1973),
吉田謙吉 (1897-1982) 編
『モデルノロヂオ（考現学）』*1930年刊
『考現学採集〔モデルノロヂオ〕』
*1931年刊

民俗学の習俗考古学化に対抗して，生活風俗の横断面に対する徹底した観察・記録を通じて，現代という時代のあらわれを分析的に記述しようとした学問のマニュフェスト。スケッチや図示をその方法に大胆にとりいれた観察法に特質を有する。人文地理学，生物学，生態学，建築論などは考現学の思想形成の源流を構成しうるもの。舞台芸術への関与もまた重要な補助線である。生活者の行為を，広義の「演技」ととらえ，その無意識の動因までを読み取ろうとする志向が，こうした関与をつうじて発展していった。「一九二五初夏東京銀座街風俗記録」の街頭調査は，大正12 (1923) 年の震災後，変容しつつある都市と生活とを対象とした採集運動の原点。銀座は，モダニズムを代表するように思われていた空間で，下層労働者街であった本所に焦点をあてた「本所深川貧民窟付近風俗採集」や，住宅地高円寺に焦点をあてた「郊外風俗雑景」などと対比するとき，この3つの空間の比較によって，都市東京の生活をとらえようとしていた意図が浮かびあがる。その採集は街頭の外見からは見えにくい住居のプライベートな位相にまでおよび，人々の行動形態とそれを満たす「気分」の解明に向かった。考現学が開発してきた採集記述の方法は，まだ理論的に整理されたものではない。しかし記号論的な分析を内在させた分類統計や，社会地図の系譜につらなる生態分布図，舞台上での演技を分析記述するプロセスを思わせる生態尾行の図示，さらに生態学的な問題設定の徹底としての所有全品の調査などは特徴的。考現学は手で記録し目で考える能力を向上させる訓練を，調査者に課した。

佐藤健二

［書誌データ］ 今和次郎・吉田謙吉編『モデルノロヂオ（考現学）』春陽堂，1930（復刻版：学陽書房，1986）．今和次郎・吉田謙吉編『考現学採集〔モデルノロヂオ〕』建設社，1931（復刻版：学陽書房，1986）．

■**サイモン** Herbert Alexander Simon (1916-2001)
『経営行動』*1947年刊

のちに「組織における意思決定過程の研究」によって1989年ノーベル経済学賞を受賞したサイモンの初期の代表作で，近代組織論の流れを決定づけた。本書は，バーナードが『経営者の役割』で展開した諸問題を，実証科学的な意思決定論の枠組みで再定式化したものとして位置づけられる。サイモン自身は社会学者と呼ばれることはないが，意思決定における合理性の限界の指摘などが，行為理論家にひろく注目されてきた。

第1章は全体の概略であり，第2章では従来の経営管理論の諸命題の意味の曖昧さが批判され，曖昧さを防ぐ枠組みとして「意思決定の諸前提」の研究が推奨される。第3章ではすべての決定には「事実的」要素と「価値的」要素が含まれることを指摘し，実証科学が組織をどのように分析できるかが論じられる。4章から6章まででは組織における意思決定が，経済学的人間モデルが仮定したような完全な合理性ではなく，限定された合理性の枠内で行われることが主張され，組織に参加する意思決定を組織均衡の考え方から論じている。7章から11章まででは，権威，コミュニケーション，能率，忠誠心，計画と統制等のテーマについて意思決定分析の枠組みから論じている。

1945年の予備出版と47年の初版刊行以来内容は変更されていない。第3版では新たに6本の論文が第2部として追加されたが，第4版では再びもとの章構成に戻り，各章ごとに補論が加えられた。　　　　　　　　**高瀬武典**

［書誌データ］Herbert Alexander Simon, *Administrative Behavior*, Macmillan, 1947; 2nd ed., 1957（『経営行動』松田武彦・高柳暁・二村敏子訳，ダイヤモンド社，1965）; 3rd ed., 1976（『経営行動』松田武彦・高柳暁・二村敏子訳，ダイヤモンド社，1989）; 4th. ed., 1997.

■**サイモン** Herbert Alexander Simon (1916-2001),
スミスバーグ Donald W. Smithberg,
トンプソン Victor A. Thompson
『組織と管理の基礎理論』*1950年刊

近代組織理論の典型的な業績である。行政学の学生向け教科書としての色合いが強いために，今日の社会学者の研究に引用されることは少ないが，サイモン流組織理論の標準モデルが提示されている。私企業組織に応用できる論点も多く，行政学のみならず経営学の組織論においても広く読まれた。

最初に意思決定論の枠組みから「管理」概念を論じ，組織における人間行動を，諸前提を通じて影響を受けた意思決定としてとらえる枠組みが提示される。以下は，その枠組みを用いて集団の形成や分業，権威，コミュニケーション，組織内コンフリクト，計画と実行，管理者による統制などの諸問題が論じられている。

理論的にはサイモンが前に著していた『経営行動』の枠内にとどまってとくに目新しい点はないが，アメリカの行政組織からの具体的な事例が豊富に用いられわかりやすくなっている。

組織管理の観点からは，組織を構成する諸集団のレベルでの意思決定や，それにまつわる集団間コンフリクトなどの話題についても多く論じられ，組織管理研究への意思決定論の応用可能性を広げた点が重要である。

のちの組織論では組織における情報処理を重視する傾向が強まるが，その素地は，本書による意思決定論の普及によって準備されたといえる。　　　　　　　　　　　　　　**高瀬武典**

［書誌データ］Herbert Alexander Simon, Donald W. Smithberg & Victor A. Thompson, *Public Administration*, Alfred A. Knopf, 1950（『組織と管理の基礎理論』岡本康雄・河合忠彦・増田孝治訳，ダイヤモンド社，1977）.

坂部恵 (さかべめぐみ) (1936-2009)
『仮面の解釈学』 *1976年刊

　現象学，解釈学，知の考古学，デコンストラクションといった，とりわけ1960年代以降の西洋哲学の新しい方法を，単に祖述・紹介するというのではなく，具体的問題に関して適用・検証することを目標として書かれた試論。先行モデルとしては，九鬼周造の『「いき」の構造』が念頭にあった（標題は，最初『「おもて」の解釈学』を予定していたが，文意不明瞭とする編集者の意見を容れて現在の形になった）。

　具体的展開にあたっての基本方針ないし戦略は2つ。①仮面あるいは「おもて」を人間関係においてある人の基本的な存在様態としてとらえること。いいかえれば人格（ペルソナ）や自我の二重構造を，性急に本音と建前，あるいは逆に公と私というように価値序列的に階層化することなく，ありのままにとらえること。②従来哲学的思索にあまり向かぬとされた日本語，とりわけ大和言葉という千数百年来日本人の血肉と化したことばで，あえて最新の哲学の問題を考えてみること。

　①の問題は，当然，和辻哲郎以来の日本人の「人間」理解とその共同体のあり方の特殊性という問題にたいして，共同性のフェティッシュ化の諸相をにらみながら，一定の批判的見通しを立てることにつながり，②の問題は，時枝誠記や三上章の日本語の内側からする言語論に即しつつ，日本語の得失を批判的に検討する作業にまでつながる（フランス語にくらべて日本語は非論理的な劣等言語であるとする森有正の当時は有力であった説がここでの仮想敵であった）。

　この書物で述べられた著者の所説は，その後，『〈ふるまい〉の詩学』（岩波書店，1997）にいたる一連の著作で，さらなる展開がこころみられている。

著者要約

［書誌データ］　坂部恵『仮面の解釈学』東京大学出版会, 1976.

作田啓一 (さくたけいいち) (1922-2016)
『恥の文化再考』 *1967年刊

　本書は日本人の内面に焦点を置いた日本社会に関する論集である。「恥の文化再考」は，罪は内面的制裁，恥は外面的制裁と見るR.ベネディクトの類型を横断し，内面的な恥としての羞恥の概念を構成する。恥が所属集団の視線から発生するのに対し，羞恥は所属集団と準拠集団の両方の視線の交錯から発生する。そして日本人の特性である羞恥は封建制いらいの日本の社会構造における中間集団の自立性の弱さに起因する，とされる。家族や教団のような中間集団の自立性が弱いと，それは外界に抗して成員を保護することがむつかしい。それは権力や世論につねに従順であった。自立性の弱い集団のなかでは強い超自我は育ちにくい。それが育ちやすいのは原則が容易には曲げられない生活空間においてだからである。西欧における超越神信仰と強い超自我とのあいだには親和性がある。日本においては超越者への負い目としての罪の意識は弱く，その代わりに主体と同水準の仲間に対する負い目としての罪の意識が強い。この観点からBC級戦争犯罪者の3つのケースと，その法廷で裁かれた受刑者の遺文の分析が行なわれている。集団心理の力が意思決定者の責任を曖昧にし，被告の範囲が広がるところに，著者は日本人の戦争犯罪の1特徴を見る。一方，遺文の多くは刑死の受容に傾いており，著者はその論理を探求している。大衆社会化により集団から切り離された個人は自我に沈潜して純粋経験に到達する。この経験に拠りどころを求めた小林秀雄は，それと類似する経験を運命への自己放棄のなかに見いだす。ところで昭和10年代に運命を司っていたのは国家であったから，中間の社会を排除する個人と国家の「超近代」的提携の思想をそこに見届けることができる。

著者要約

［書誌データ］　作田啓一『恥の文化再考』筑摩書房, 1967.

作田啓一（さくたけいいち）(1922-2016)
『**個人主義の運命**』＊1981年刊

　本書はまず近代の個人主義が社会構造の変動から発生した過程を考察している。中世の社会構造においては封建領主領，大家族，自治都市，ギルドなどの集団が強い自立と連帯を維持しており，個人はこれらの中間集団にほぼ完全に吸収されていた。しだいに勢力を強めた国家とブルジョアジーは，個体性の強い中間集団はみずからの勢力を伸ばすにあたっての障害となるので，両者は手を結んで中間集団を解体させようとした。これが近代化の過程であり，こうしてナショナリズムと個人主義とが同時に成立するにいたった。資本主義が高度化するにつれ，理性と個性の古典的個人主義は欲望の個人主義へと変質してゆく。それは物そのものへの欲望ではなく優越（差異化）への欲望である。しかし他者に対する優越は他者の評価によって証明されるから，他者からの独立と他者への依存のパラドックスが生じる。欲望の個人主義の段階においてこのパラドックスが露呈されたが，もともとそれは古典的な個人主義に内在していたのだ。著者はR．ジラールのモデル＝ライバル理論に従い，ライバルとはなりえない超越的存在をモデルとすることで，個人主義はこの困難を乗り越えうる，と説く。なお本書は主体－モデル－客体の3者関係を枠組として用いることで，主体－客体の2項図式を越えようとしている。主体は直接に客体を欲望するのではなく，主体はモデルの欲望する対象をみずからの客体として選択するのである。この3項図式に従って著者は夏目漱石，三島由紀夫，武田泰淳，太宰治の文学作品を分析することにより，文学の社会学の1パラダイムを提供している。　　　　　　　　**著者要約**

［**書誌データ**］　作田啓一『個人主義の運命―近代小説と社会学』岩波新書, 1981.

作田啓一（さくたけいいち）(1922-2016)
『**生成の社会学をめざして**』＊1993年刊

　本書はいわゆる現代哲学において広がっている存在と存在者の区別を，社会学理論へ導入しようとする試みである。今日の社会学を成立させたと言われるE．デュルケームが境界のない存在を境界のある集合的存在者に還元していらい，存在の経験を語ることは社会学においてはいくらかタブー視されてきた。しかし存在者だけしか視野に入れない社会学は，経済や政治はともかく，宗教や芸術を扱う場合，深層に達しないもどかしさの感を一般読者に与える。存在はたえず生成しているが，存在者はその流れを定着させるので，存在者の定着の論理を生成の世界に適用することに無理があるからだ。本書はこのような観点から集合的存在者の自我を社会我と呼び，存在に溶解する自我を超個体我と名づけて両者を峻別している。前者は存在から遠く，後者は存在に近い。社会我の範囲は家族から国家へと広がってゆくが，どこまで広がっても外部との境界は残る。これに対して超個体我は境界そのものを知らない。一方，自我の第3の側面は独立我であり，これは前自我を浮上させる原因および結果とされている。独立我は社会我と超個体我の両方にかかり合う。ついで上記の3自我への3つの価値観の対応が論じられている。3自我はすべての性格に備わっているが，性格のなかでのそれぞれの相対的な強度の観点から，性格の6類型が導き出される。最後に性格論の1ケース・スタディとして，ワイマール体制への反動であるナチス体制のもとでのエリートと大衆の性格布置が論じられている。なお本書の姉妹編に『三次元の人間―生成の思想を語る』（行路社, 1995）がある。　　　　　　　　**著者要約**

［**書誌データ**］　作田啓一『生成の社会学をめざして―価値観と性格』有斐閣, 1993.

桜井哲夫 (1949-)
『「近代」の意味』 *1984年刊

　西欧近代は，日本の近代化の模範として位置づけられてきた。西欧の民主主義，議会制度，教育制度，工場システム，それを支える市民社会という図式は，疑うことのないプラスの価値として受けとめられてきた。だが1960年代以降の構造主義や新しい歴史学の登場のなかで，近代的価値観の相対化ともいうべき動きがあらわれた。本書は，そうした新しい「知」の潮流に影響を受けて書かれた。

　本書は，近代化を，「均質化」と「群衆化」という2つのキーワードで特徴づける。均質化（平等化）は，産業社会の同質化原理と同じであり，すべてが貨幣，商品，資本という形式のなかに組み込まれ，同質化される社会状況を意味する。群衆化は，かつての共同体を失って都市へ流れ込み続けた人の群れが，さまざまな社会的現象を生み出すに至った状況を意味している。近代的群衆は，メンバー相互間の平等の要求とそれを満たす指導者を求めて，ファシズム，ナチズム，スターリニズムなどの全体主義を生み出すことになる。

　本書は，こうした近代社会を歴史的にとらえるために，近代的学校制度と近代的工場制度の形成過程を分析している。前者ではフランスの近代的学校制度の成立過程を論じつつ，ルイ・アルチュセールの言う「学校制度のイデオロギー装置」がどのように機能していったのかを具体的な資料を通じて叙述している。後者に関しては，アメリカのテーラーシステムの登場が，どのようにそれまでの労働の世界を改変し，労働空間と時間の均質化を実現したのかを分析している。そしてその延長上のテクノロジー信仰が，知識や情報を握ったエリートたちの社会制御というテクノクラシーの夢想を生んだ事実を指摘している。

　本書の価値は，西欧と日本の近代化の意味を新しい視角から整理し，日本の歴史社会学の先駆けとなった点にある。

著者要約

［書誌データ］　桜井哲夫『「近代」の意味―制度としての学校・工場』日本放送出版協会，1984.

佐藤郁哉 (1955-)
『暴走族のエスノグラフィー』 *1984年刊

　京都の暴走族グループを対象とする参与観察を主体としたフィールドワークの体験をもとにして書かれた民族誌的モノグラフ。暴走族活動の象徴的意味や主観的体験およびその社会的背景について，心理学，人類学，社会学の理論と知見を援用して分析している。

　暴走族とは，二輪車や乗用車を用いた青少年のギャング活動およびその構成メンバーを指し，1970年代中期いらい使われるようになった呼称である。80年代当時，暴走族活動に対しては，これを参加メンバーの学歴や社会的地位の低さに由来するフラストレーションないしコンプレックスに帰する説明や解釈が主流であった。これに対して，本書では，暴走族活動の基本的な性格を「遊び」としてとらえ，このギャング活動に含まれるさまざまな遊びを「スピードとスリル」「ファッションとスタイル」「ドラマとドラマ化」の3つのジャンルに分けて論じる。スピードとスリルとは死のリスクを含む高速走行のもたらす「快感」と充実感を指し，ファッションとスタイルとは，奇矯なファッションや車両に加えられる極端な改造などによる仮構的自己呈示と集合的アイデンティティの確認，ドラマとドラマ化とは，マスメディア報道を利用したヒロイックな自己像の呈示を指す。これらの遊びは，より深層のレベルでは，家庭，学校，地域社会，職場などによる社会統制の枠から一時的にはみ出した若者たちが自らの生活に一定の秩序と意味を与えていこうとする試みの表れとしてとらえることができる。

　本書の直接的な分析対象は暴走族活動であるが，著者は，本書で用いられた理論的枠組みが，さまざまなタイプの逸脱行為に本質的に含まれる遊戯的側面の分析にとっても有効であると考えている。

著者要約

［書誌データ］　佐藤郁哉『暴走族のエスノグラフィー』新曜社，1984.

佐藤健二（1957- ）
『読書空間の近代』 *1987年刊

　柳田国男の歴史社会学の方法の考察を通じて、日本近代をどのように解読し、読者という主体の位相からどうたちあげ直すかについて考察している。活字メディアの考察は、その重要な補助線。無文字伝承の探究法であるとされている柳田民俗学の基礎に、メディアとしての書物および複製文字の力に対する、徹底した認識とその戦略的利用とがあったことを論じた。全体は6章からなり、それがプロローグとエピローグに挟まれている。第1章「近代の意識化」は1970年代後半からの社会史のインパクトの理論的整理で、第2章「敗戦の解明」は柳田の方法にとってのことばの重要性に光をあて、第3章「読書童子の宇宙」は書物メディアがつくりあげた知と読者の主体性とが、いかに柳田国男の形成にとって本質的であったかを論じている。第4章「遍歴する読者たち」はミヒャエル・エンデの物語を借りつつ、読書のもつ力とその病と治癒のダイナミズムという、もうひとつの補助線を引いて読者に焦点をあて、第5章「メディアの近代」では書物が組織した読書空間における近代の力と病とを論じて、さらに書物テクストの拡大としての社会調査の実践の位置づけにおよぶ。第6章「読者の批判力」では、常民論議に関与しながら、主体としての読者の身体に問題をすえ直している。無告の民衆文化に対するロマン主義の価値信仰にではなく、書物の政治学ともいうべき冷静な洞察の方にこそ、柳田の可能性の中心があるのではないかという論点は、それなりに新しい問題提起であった。書誌学という読書空間を統御する読者の技術もまた、この著作の方法意識を支えている。そこにおいて歴史社会学は、テクスト批判の書誌学的想像力の歴史的・社会的空間への質的な拡大という側面をもつ。ちなみに柱や目次など書物の形式も、柳田からの引用である。　　　　　　　　**著者要約**

［書誌データ］　佐藤健二『読書空間の近代―方法としての柳田国男』弘文堂, 1987.

佐藤健二（1957- ）
『風景の生産・風景の解放』 *1994年刊

　風景を近代の発見ととらえ、そこに内在する生活する身体が切り取る、集合的なテクストと設定しなおしたうえで、その存立にかかわるメディアと感覚の歴史性・社会性を考察した。第1章「絵はがき覚書」は、視覚的な複製技術の近代日本における起源と展開を発掘して、そこに結節するさまざまなコミュニケーション形態、ナショナリズムや大衆社会の視覚等々を指摘している。モノを素材にした歴史社会学的な分析の試み。第2章「遊歩者の科学」は、考現学という未発達に終わった記述の実験を素材に、その徹底した目の方法の可能性を論ずる。社会調査におけるデータ分析の論理と重ねあわせながら、その分類統計の特質や悉皆記述の役割、生態学的な認識論、図化と記述の意義等を抽出している。研究主体と研究対象とを切断したままに調査方法論を位置づける近代主義を退け、むしろ採集主体の感受性を媒介としながら、記述を反省する仕組みとして、その実験的な実践を評価した。第3章「挿絵の光景から」は、買鼠券という小さな資料から衛生化する身体について触れた間奏曲。第4章「風景の生産」と第5章「言語・交通・複製技術」は柳田国男の風景論を論じながら、近代風景意識の存立構造を分析したもの。その風景論は人間中心主義を相対化し、自然至上主義に陥らない社会学の実質を有する、歴史的な変容の考察をふまえたメディア論でもあり、そこから風景記述のステロタイプ化を批判しうる立場が現われると論ずる。解放の語が示唆する風景批判におけるメディア－身体の重層構造の解明は、今日の環境問題の社会文化的側面に対しても、ひとつの補助線。序は、テクスト、メディア、感覚、社会調査という、隠れたキーワード群の付属連関に触れている。　**著者要約**

［書誌データ］　佐藤健二『風景の生産・風景の解放』講談社, 1994.

佐藤健二 (1957-)
『流言蜚語』 *1995年刊

うわさ話をどのような問題設定のもとで,歴史社会学的分析の素材にしうるかについて論じている。全体は4つの個別論文からなり,全体を鳥瞰する「はじめに」が付けられている。資料篇には,本文の論拠となった資料などが集められている。特徴的なのは第2章「資料の形態を読む」で,素材としての戦時下流言資料をとりあげて,現実の資料そのものをささえている形式やそれが生み出された社会における生態学的な位置ともいうべきものが,内容分析とは別な課題をもつものとして分析されなければならないという主張。すなわち資料をささえている制度性の解読である。これに対して,第1章「民話の対抗力」は今日のうわさ話に通じるような,奇妙な話を抜き出して,そこにあらわれた要素を考察した内容分析。流言蜚語を単なる群衆の言語とするような単純も,抵抗の言論とするようなイデオロギーも,ともに退けられているが,その問題を正面から論じたのは第3章「うわさ話研究のフォーマット」である。民間伝承論,実験社会心理学,精神分析,民衆思想的な問題設定の利点欠点とともに,社会学・人類学的な多次元的解読の一例として,オルレアンのうわさ等の方法意識を位置づけ,関東大震災の事例のなかに潜む課題を考察している。第4章「クダンの誕生」は,現代のうわさ現象の解釈にも影響をあたえている民間伝承論的なうわさ話研究のもつ問題点を意識しつつ,ひとつのうわさ話にしぼった,歴史社会学的なケーススタディ。クダンという化け物の表象の由来と行く末を論じながら,文字の文化と声の文化がからみあうメディア・コミュニケーション史の地層分析にふみこんでいる。視覚的な素材を使って,切りとられた話の内容分析より,話される声の現場が社会学的に解明されなければならないという問題提起を行っている。

著者要約

[書誌データ] 佐藤健二『流言蜚語』有信堂高文社,1995.

佐藤毅 (1932-97)
『マスコミの受容理論』 *1990年刊

本書は今日までの内外のマス・コミュニケーションの受容過程に関する諸理論を包括的に検討し,かつ現代日本社会のメディア状況を批判的に論じ,さらにマス・メディアの受け手をメディア言説の読み手として把える視点から,メディアと読み手の間の「異化媒介的コミュニケーション」論という新しい独自の主張を提示したものである。

全体は3部から成っている。第1部「マスコミ理論の展開と課題」では,まず欧米のマスコミ理論,とくに1970年以降の議題設定機能仮説や培養理論などをふくむ経験学派とカルチュラル・スタディーズなどの批判学派とを大別しつつ,マスコミ受容理論の到達点と問題点をまとめ,続いて戦後日本のマスコミ理論の流れを紹介・検討し,今後の研究課題を展望している。

第2部「メディアの世界」では,前半で戦後日本の文化装置としての学校,家族,メディアのあり方を実証的に論じ,後半で"交わり"としてのコミュニケーションを求めつつ,現代のメディア状況を問い直している。

第3部「メディアの読み手」では,従来の受け手論から新しい「読み手」論への転換という視点が著者独自の異化媒介的コミュニケーション論として提起されている。異化媒介的コミュニケーション論は,劇作家ブレヒトの異化論に触発されつつ,能動的読みを同化と異化という分析概念によって再構築する試みであり,本書全体の核心となっている。そこでは,メディア言説の読み手が支配的読みに対抗して,その読みを深化させつつ,異化媒介的変換をとげる契機が探求されている。こうして本書は,従来のマスコミ受容理論とコミュニケーション論に新境地を開き,そのパラダイム転換を迫るものとなっている。

著者要約

[書誌データ] 佐藤毅『マスコミの受容理論』法政大学出版局,1990.

佐藤勉（さとうつとむ）(1932-)
『社会学的機能主義の研究』＊1971年刊

　社会学的機能主義の基本的性格を見定めたうえで、その展開の可能性が探求された。社会学的機能主義は、社会的なものを方法論的集合主義から分析する企てである。社会学的機能主義の仮想敵として方法論的個人主義を取り上げて、それを批判的に検討したうえで社会学的機能主義の有効性と妥当性が追求された。

　個々人のヴォランタリーな行為に対して真摯にアプローチするのであれば、社会の構造的要因に着目する必要のあることが究明された。行為の意図性と社会の構造的要因との相互連関の分析が、社会学的機能主義の重要な課題であることが明確にされた。その他面では、行為者の見地との接合を十分に果たしうる社会学的機能主義は、全体論的傾向を完全に払拭する必要があるとした。さらに、主意主義を根幹とするパーソンズ理論には、構造的アプローチのもとで行為者の見地を生かしうる可能性のあることが指摘された。ただし、パーソンズ理論が、規範主義的偏向を断ち切れず、社会学的機能主義の可能性を十分に展開しつくしていないこともあわせて明らかにされた。以上の分析から、これまでの社会学的機能主義のなかで生かすべきものとそうでないものとの腑分けを企図して、社会学的機能主義をめぐる多様な論点を検討したうえで、今日における社会学的機能主義の到達地点を明らかにし、さらに今後の展開の方向性を見定めた。本書は、方法論的個人主義の諸論考についての着実なコメントを試みたほかに、はやくもルーマンの社会システム理論に注目している。本書で解き明かされた社会学的機能主義の可能性は、その後、とくにルーマンの社会システム理論によって具体化されているといってよいだろう。　　　　　　　　　著者要約

　［書誌データ］　佐藤勉『社会学的機能主義の研究』恒星社厚生閣、1971.

佐藤慶幸（さとうよしゆき）(1933-)
『官僚制の社会学』＊1966年刊

　本書の第1部では、ウェーバー社会学において歴史の基本的分析軸となっている官僚制あるいは官僚制化概念を整理しながら、市民社会における近代官僚制成立史論が展開されている。その場合、近代官僚制との比較において家産官僚制が論じられている。この両官僚制を根本的に区別する基本的概念が、形式合理性と実質合理性である。家産官僚制国家においては、国家があらゆる価値の源泉であったが、近代官僚制国家においては、国家は価値や道徳の源泉ではありえず、国家は形式的な組織として、価値や道徳は市民社会の自律的形成に委ねられるのである。このような視点から、「合法的支配」と近代官僚制の形式合理性が論及されている。さらにドイツ、アメリカ、日本の官僚制がいかなる宗教的価値と適合的関係にあったかが論じられている。

　第2部では、組織論の立場から、ホーソン実験やメイヨーの思想にまで論及しながら、戦後アメリカ社会学においてなされた官僚制組織の実証的・機能主義的研究の成果が検討されている。対象になった研究は、マートン、グールドナー、ブラウ、セルズニックなどの研究である。これらの研究は、ウェーバーが官僚制の歴史的研究のなかで呈示した近代官僚制の理念型的要素への行為者の志向が現実にどのようなリアリティをつくりだしているかを明らかにしている。官僚制組織の実証的社会学的研究からの所見は、官僚制的合理性は非官僚制的要素によって促進されたり、歪曲されたりするということである。官僚制組織の現実の運行に影響を与える要素は、フォーマルには規定できないインフォーマルな人間関係やその関係の背後にある社会的価値であることが明らかにされている。　　著者要約

　［書誌データ］　佐藤慶幸『官僚制の社会学』ダイヤモンド社、1966（『新版　官僚制の社会学』文真堂、1991).

サムナー
William Graham Sumner (1840-1910)
『フォークウェイズ』 *1906年刊

　サムナーはスペンサー (H. Spencer) の影響を強く受けた社会進化論的社会学者であり、本書は膨大な文献資料研究により、集団の慣習の進化的起源、性質、機能および持続を、社会ダーウィニズム流に説明しようとするひとつの試みである。

　しかしながらサムナーは、進化に関しては、すべての起源は神秘のなかに失われているとし、とくに貨幣、言語、家族、国家、宗教、権利の起源については、それを探ることを断念している。彼がいわゆる未開社会の考察に多くの頁を割いている理由は、進化的起源を探るというよりはフォークウェイズ生成の過程を重視するからである。

　「フォークウェイズは欲求を充足しようとする努力からおこってくる個人の習慣であり、社会の慣習」(翻訳本4頁) である。それは習慣や慣習として、その範囲内にある個人に対して規制力として機能し、権威として存在する。フォークウェイズと並んで本著の中心概念として扱われているのがモーレス (mores) である。それは社会生活の福祉に役立つという信念に基づく行為であり、その信念がフォークウェイズに加わるときに、そこにモーレスが生じる。また、モーレスには正しさと真なるものという要素が含まれており、それゆえにこそモーレスは社会の安寧と福祉に資する。このモーレスが基盤となって、道徳、社会的権利・義務、法律、社会制度が形成される。両概念は結局のところ社会の安定や惰性を説明するのに役立っている。

訳者 (青柳清孝) 要約

[書誌データ] William G. Sumner, *Folkways*, 1906 (『フォークウェイズ』青柳清孝・園田恭一・山本英治訳, 青木書店, 1975).

サーリンズ　Marshall Sahlins (1930-)
『石器時代の経済学』 *1972年刊

　貨幣が存在しない場所や時代にも「経済」の存在を認め、その実態を明らかにする試みである経済人類学の理論書。未開社会の経済を理解するにあたってサーリンズは、正統派経済学の既成モデルがあらまし当てはまるとする形式主義ではなく、未開社会は原理的に異なるあり方の社会であるとする実体=実在論的立場をとる。最初の3章は、採集狩猟社会から首長制社会にいたる未開社会の経済の実体を素描するが、そこで論じられるのが、採集狩猟民が従来の「文明人」の思い込みに反してある種の物質的潤沢さをもっていること、しかしながらまた、家族制生産様式が、ぎりぎりしか生産しない過少性生産構造をもつこと、生産性を押し上げるシステムは、社会構造の政治経済的な仕組みであることをさまざまな未開社会のデータをとりあげつつ論じる。

　その後の3章は未開交換のいくつかの問題点の議論となる。第4章では、モースが『贈与論』のなかでとりあげている、マオリ族の「贈与の霊」ハウという概念の新たな解釈を導入として、ホッブズの「社会契約」と対比しつつ、モースが相互性 (互酬性) =交換を未開社会を成り立たせる原理として考えていたことを論ずる。未開社会においてそれは、脆弱ながら戦争を回避し互いの関係をとり結ぶものであったのだ。第5章には、未開交換全般の見取り図が示される。第6章では、未開社会での商品交換である交易を論じる。交易は商品交換であるが、市場社会でおこる競争原理はここでは働かず、代わりに、交易は長期的な関係に基づくパートナー間で行われ、異なる社会間を接合するのである。サーリンズはここにも相互性の原理が働いていることを論証している。

山本真鳥

[書誌データ] Marshall Sahlins, *Stone Age Economics*, Aldine, 1972; Tavistock, 1974 (『石器時代の経済学』山内昶訳, 法政大学出版局, 1984).

サーリンズ Marshall Sahlins (1930-)
『歴史の島々』 *1985年刊

人類学のドグマ的方法論である《民族誌的現在》や実際の史料不足から，人類学者は歴史研究を行わないばかりか，対象社会には歴史など存在しないかの如くに議論するのを常としていた。一方で，構造主義も時間軸のなかでの歴史過程の考察に不向きであると一般に考えられている。本書は，互いに異質に見える構造主義と歴史を結びつけ，構造主義的歴史人類学を提唱する新しい試みである。各々独立した5章からなる本書が扱うのは主にハワイ，ニュージーランド，フィジーで，西欧との接触時において，島民たちがいかに西欧の存在や新しくもちこんだ文化やモノを解釈して，対応したか，またそれがいかなる歴史をつくることになったかを検討している。

第3章ではハワイが西欧と最初に接触した時のできごとを検証する。ハワイを初めて訪れた西欧人クックは，祭りの季節に訪れるロノ神として祭り立てられ崇められるが，出帆後に嵐に遭遇してハワイ島に帰ってきて，今度は冷遇される。季節外に現れた「ロノ神」に当惑するハワイ人によって，ついに伝承をなぞるようにクックは殺害されるのである。サーリンズはここで「できごと」を，生起したことを構造（文化的枠組）に結びつけるものとし，さらにできごとと構造の間に「状況の構造」という概念を置く。状況の構造は特有の歴史的文脈での文化カテゴリーの実践的理解のことで，それは歴史の登場人物の利害をめぐる行為に表現されている。ハワイ人の間にもさまざまな利害対立があり，そこからサーリンズはクックの殺害者を推理する。

またこの書は，現地の人々が権力を外部から来るものと想定した外来王の観念（西欧と接触したときしばしば西欧人を崇めた原因）や，英雄時代の時間の観念についても詳細な検討を行っている。

訳者要約

[書誌データ] Marshall Sahlins, *Islands of History*, University of Chicago Press, 1985（『歴史の島々』山本真鳥訳, 法政大学出版局, 1993）.

サール John R. Searle (1932-)
『言語行為』 *1969年刊

この書において，サールは，J. L. オースティンの議論を継承し体系化した。彼はまずオースティンの発語行為と発語内行為を，語や文を発する「発話行為」，指示・述定からなる命題を表現する「命題行為」，陳述・質問・依頼・約束等を行う「発語内行為」の3局面に再構成した。"I will come" も "Will I come?" も，ともに "I" についての述定であり，命題行為としては同じであるが，前者では陳述ないし約束がなされているのに対し，後者では質問という異なる発語内行為がなされている。このように，彼は言語行為の一般形式を，命題内容的な部分（p）と，発語内効力表示装置部分Fの複合，すなわちF(p)として理解する。「常に発語内の力を顕在化させることは可能」という前提に立つこうした再構成は，文の深層構造に抽象的遂行動詞を仮定したキャッツ＆ポスタルなどの言語学者と相互に影響しあって展開されてきたものであり，その後も生成文法学者に大きな影響を及ぼしていく。

彼のもう1つの貢献は，オースティンが発語内行為と発語媒介行為の峻別基準に用いた「慣習的」という概念を，「規則支配」という概念で置き換えたことである。発語内行為は構成的規則（ゲームの規則のように，その存在自体によって行為が成立しうる規則）に従って行為を遂行することであるとし，個々の言語行為を構成する必要十分条件として「本質規則」ほか4つを列挙した。

オースティンを受けたサールの言語行為論は，それまでの言語学者の基本的立場である没社会性，意図の無視，字義的解釈至上主義，脈絡の遮断などの根底から疑問を呈し，語用論展開の糸口を作った。

橋元良明

[書誌データ] John R. Searle, *Speech Acts: An Essay in the Philosophy of Language*, Cambridge University Press, 1969（『言語行為―言語哲学への試論』坂本百大・土屋俊訳, 勁草書房, 1986）.

■**サルトル** Jean-Paul Sartre (1905-80)
『**存在と無**』＊1943年刊

　認識論から存在論への展開，およびそれに伴って浮上した時間性への問いという20世紀前半の哲学的思考の系譜のなかに現れた書物。

　第1部，第2部では時間性の地平そのものである「対自存在 être-pour-soi」を「自己への差異」として捉える分析を行った後に，質と量，潜在性，道具性といった世界のカテゴリー的な要素を「対自」との関わりから生成的に説明することが試みられる。

　社会学的な問題設定とより直接的に関わるであろう第3部では「他者」との関係が扱われる。独我論批判の文脈で「他者」は「対自」の経験の可能性の条件として考察される。サルトルによれば「私の感情」や「私の欲望」が相互主観的に構成されているということを示しただけでは独我論批判としては充分ではない。そのように構成された「私の感情」や「私の欲望」が経験的な「私」とは区別され得る超越論的な自己性を有した「場」に現れ，経験可能なものになるということ，それ自体が他者との関係によって可能になっていることが示されねばならない。そのような他者は原理的には認識し得ないものとして経験される，つまり「自己」が与える規定からは絶えずはみ出る可能性を有した偶有性の中心として与えられるとサルトルは主張する。

　第4部では以上のような存在論的前提に基づいて「我有化 appropriation」という概念を軸に据えながら，精神分析的な議論が行われる。

　本書はG．ドゥルーズ等の後の世代の哲学者のみでなく，E．ゴフマン等の社会学者，R．D．レイン等の精神医学に携わる人々にも強い影響を及ぼした。
〔三宅芳夫〕

［書誌データ］Jean-Paul Sartre, *L'Être et le néant*, Editions Gallimard, 1943（『存在と無』松浪信三郎訳，人文書院，1956, 58, 60）．

■**サルトル** Jean-Paul Sartre (1905-80)
『**聖ジュネ**』＊1952年刊

　本書は『存在と無』において確立された存在論および言語論を駆使しつつ，作家ジャン・ジュネの一連の作品を分析した膨大な論述である。

　娼婦の母から生まれた私生児ジュネは7歳のとき，貧民救済所から地方の農家に里子に出される。台所で遊んでいた子供はふと引き出しに手を伸ばす。財布の中の手が捕まえられ，宣告が下される。「お前は泥棒だ」。そのとき彼は10歳だった。サルトルによれば我々のすべての属性は他者から来る。子供の無邪気さでさえそうだ。ジュネに与えられた役割は「泥棒」であり，「人間の屑」であり，「悪人」であった。「我とは他者である」というテーゼを彼はこのようにして知る。10歳の子供ジュネはこの「悪人」という意味づけに対して何ら異議を申し立てる術を持たない。彼は「存在する価値がない屑」としてのジャン以外のジャンを想像することもできない。出口はない。しかしそれにもかかわらず彼は生きなければならないのだ。

　ここでジュネはある選択を行う。彼は他者から与えられた「悪人」としての役割に甘んじるのではなく，自ら「悪人」になることを決める。このことによってジュネは辛うじて生き延びることができた。

　本書はその後，「悪」を選択したジュネが「聖性」に取り憑かれつつ「審美者」，そして「作家」へ変貌していく様を言語に対する態度とともに克明に追跡していく。

　その際，サルトルは自ら現代詩の2つの流れと呼ぶもののうち，ランボーではなくマラルメに連なるものとしてジュネを位置づけている。
〔三宅芳夫〕

［書誌データ］Jean-Paul Sartre, *Saint Genet: comédien et martyr*, Edition Gallimard, 1952（『聖ジュネ』Ⅰ・Ⅱ，白井浩司・平井啓之訳，人文書院，1958）．

サン゠シモン
Claude Henri de Saint-Simon (1760-1825)
『産業者の教理問答』*1823-24年刊

　サン゠シモンの最晩年の著作で産業社会体制の樹立について問答風に論じたもので全4分冊から成る（第3分冊は弟子A．コントの「社会を再組織するために必要な科学的作業のプラン」と題する論文）。

　問「産業者とは何か」，答「産業者とは，社会の成員たちの物質的欲求や趣好を満たさせる一つないしいくつかの物的手段を生産したり，それらを彼らの手に入れさせるために働いている人たちである。したがって，麦を播き，家畜を飼う農耕者は産業者である。車大工，蹄鉄工，指物師は産業者である。……これらの産業者は農業者，製造業者，商人と呼ばれる三大部類をなしている。」と書き出されるこの『教理問答』は，産業者は他のすべての階級の生活を維持しているのだから社会第1等の階級であり，社会の舵取り人となってしかるべきであると論じ，しかるに現実には社会最劣等の地位に置かれている，逆立した世界であるがゆえに，これを大転換（レボリューション）して「産業者の，産業者による，産業者のための」社会体制を作り上げようと主張する。大革命といっても，暴力的なものではない。全種類の産業者が一致団結して進めば，事態は平和的におこなわれる。そのためにはまず全産業者が一致団結しなければならない。「団結こそが力である。今まで産業者が団結しなかったからこそ，このようなみじめな状態に置かれ続けたのである」。産業者が団結すれば，できないことは何もない。産業者が全員揃って国王に宛て請願書を出し，国王に産業体制社会の先頭に立つ産業的国王になれと要請すれば足りるのだ。「万国の産業者よ団結せよ！」とサン゠シモンは叫ぶ。
編訳者（森　博）要約

　[書誌データ]　Claude Henri de Saint-Simon, *Catéchisme des Industriels*, 1823（『産業者の教理問答』森博編訳，『サン゠シモン著作集』第5巻，恒星社厚生閣，1988）．

シヴェルブシュ
Wolfgang Schivelbusch (1942-)
『鉄道旅行の歴史』*1977年刊

　鉄道旅行の誕生は，単に旅の不便や危険を取り除いただけでなく，旅という経験の構造全体を変容させていく契機であった。本書はこの経験の変容がいかに生じたのかを丹念にたどり，近代の空間と時間のテクノロジーに通底する社会的作用に鋭く迫っている。

　なかでも重要なのは，パノラマ的知覚をめぐる議論である。かつて旅人は，自分が過ぎゆく風景の一部であることを知っていた。前景が，旅人を風景の中にとけ込ませる媒介の役割を果たしていたのである。だが，弾丸のように自然を突っ切る鉄道に乗った旅行者には，もはやこうした前景は許されない。列車の窓越しに外を眺める目は，知覚される風景と同じ空間に属していないのだ。本書が示すのは，この奥行きを失った風景こそが，旅人の新しい視覚となっていく過程である。

　シヴェルブシュは，こうした経験の変容を，万国博やデパートにおける空間知覚とも結びつけている。鉄道が旅人から奪ったのが前景なら，これらの空間が客から奪うのは空間の陰影である。それらは一様に明るくて光と影のコントラストがないために，伝統的な知覚を当惑させる。買い物客は，鉄道旅行客が速度の純粋空間を旅したのと同じように，商品が並ぶ光の空間を旅して回るのだ。

　本書はまた，旅行者が車室に閉ざされることによる談笑の終焉や，車中での読書の習慣の拡大，鉄道事故をめぐるイメージなどにも鋭い考察を加えている。新しい技術の意味を，それを受容していく人々の経験の側から捉え返したパイオニア的研究である。
吉見俊哉

　[書誌データ]　Wolfgang Schivelbusch, *Geschichte der Eisenbahnreise: Zur Industrialisierung von Raum und Zeit im 19. Jahrhundert*, Hanser Verlag, 1977（『鉄道旅行の歴史－十九世紀における空間と時間の工業化』加藤二郎訳，法政大学出版局，1982）．

シヴェルブシュ
Wolfgang Schivelbusch (1942-)
『闇をひらく光』*1983年刊

本書は，近代における照明技術の発展とその社会的受容の諸過程を，街頭，室内，劇場などの場面に焦点を当てながらたどっている。『鉄道旅行の歴史』で「速さ」の技術が人々の感覚秩序をいかに変容させたのかを見事に捉えた著者の手腕が，本書では「明るさ」の技術をめぐる分析に生かされている。

著者によれば，あくまで個別に燃料を補給し，使用する道具であった灯油ランプとは異なり，ガス製造工場から導管が縦横に伸びて燃料を集中的に供給していくガス灯のシステムは，近代産業が「明るさ」の分野までも支配し始めたことを意味していた。灯油ランプからガス灯への移行は，ちょうど郵便馬車が鉄道に主導権を奪われたのと同様の印象を人々に与え，「個人が灯油ランプや蠟燭の『個人的』な焔を夢想にふけりながら見つめることを不可能にしてしまった」のである。

だが，こうして19世紀半ばに全盛を誇ったガス灯も，世紀末には急速に電気照明にとって代わられていく。爆発やガス中毒の危険性が絶えずつきまとっていたガス灯と違い，清潔，無臭の電気は，健康に有益ですらある一種のビタミン剤と見なされていったのだ。

著者はまた，街灯が帯びていた政治的イメージについても非常に興味深い洞察を示している。組織された公共照明が実現するのは17世紀後半，絶対主義国家が都市の街路を厳格な管轄下に収めていく動きの中でのことであった。この頃から街灯は，人々を監視する国家のまなざしとして受けとめられていた。こうして19世紀半ばまでの都市反乱で，街灯はくり返し攻撃の対象とされていった。街灯破壊による暗がりの復活は，国家の監視するまなざしからの自由を意味していたのだ。

吉見俊哉

［書誌データ］ Wolfgang Schivelbusch, *Lichtblicke: Zur Geschichte der Künstlichen Helligkeit des 19. Jahrhunderts*, Carl Hanser Verlag, 1983（『闇をひらく光』小川さくえ訳，法政大学出版局，1988）．

ジェイムズ William James (1842-1910)
『宗教的経験の諸相』*1901-02年刊

「意識の流れ」を直接経験として重視する根源的経験論を主張し，プラグマチックな多元主義の立場にたち，「信ずる意志」の宗教哲学を展開したジェイムズが，いわばその哲学，心理学の3要素を総合するかたちで示した宗教心理学の講義録で，スターバックの『宗教心理学』とともに，20世紀初頭，アメリカ合衆国で一斉に花開いた宗教心理学の研究の潮流を代表する業績。

この研究でジェイムズが取り上げている宗教心理学的テーマは，「見えない実在」の現前の感じを伴う宗教的経験，分裂した自己の統合としての回心，霊的感情を人格エネルギーの中心に置いている心理状態，意識の神秘的状態などである。いずれも日常的意識を越えた宗教的経験の核心部，内奥部に属しており，その心理学的扱いは容易ではないが，彼は個人の宗教経験に関する多量の手記や伝記的記述の比較分析を通して，それらの心理的特質やメカニズムに接近する。その分析の手さばきは慎重かつ繊細であり，性急な決めつけや強引な理論化は避けつつ，共通の傾向を浮かびあがらせ，その人間的意味を掘り下げてゆく。

万物を善であるととらえ，何事にも楽観的に対処しようとする一度生まれの「健全な心」の宗教意識と，人生における悪や挫折に敏感でそれらを深刻かつ悲観的に考えがちな二度生まれの「病める魂」の宗教意識の比較，及び後者の回心との関係の分析，神秘体験の意識状態の分析（体験の時間は短く，言い表し難く，受動的と感じられるが，何か深い真理を啓示されたという認識を伴う）など多くの有意義な論点が提起されている。

対馬路人

［書誌データ］ William James, *The Varieties of Religious Experience: A Study of Human Nature*, Longmans, Green & Co., 1901-02（『宗教経験の諸相』比屋根安定訳，誠信書房，1958；『宗教的経験の諸相』桝田啓三郎訳，日本教文社，1962；岩波書店，1969-70）．

ジェコブス　Jane Jacobs (1916-2006)
『アメリカ大都市の死と生』＊1961年刊

ハワードの『明日の田園都市』やル・コルビュジエの『輝く都市』に代表される大規模な区画・街路による街区や地域の機能的組織化と再編を，実際には都市の活力を損ねるものとして批判し，現実の都市生活の観察と分析を通じて新たな計画と再開発の指針を示そうと試みた，現代都市論の古典。

第Ⅰ部では，歩道や近隣公園における人間の社会的習性が考察・分析され，歩道や公園におけるさまざまな人びとの行き来や接触，近隣住区の多様性が，都市に安全と活気をもたらすと論じられる。そして第Ⅱ部では，都市に活気をもたらす多様性を可能にするための条件として，①近隣地区は1つの基本的機能だけではなく2つ以上の機能を果たすべきであること，②街区のブロックは小規模で，街路が入り組んでいるべきであること，③さまざまな年代に建てられた建物が混在しているべきであること，④地域には，来訪者と居住者の双方を含む人口の十分に密な集中が必要であることが挙げられる。第Ⅲ部では，実際のアメリカ都市の崩壊とその再生のいくつかの側面に関して，社会生活における都市の活用のされ方と，人びとの習慣が論じられ，第Ⅳ部では，これまでの議論をふまえて，住宅・交通・デザイン・計画・行政などが，どのようにして「計画された複雑さ」を取り扱うことが可能になるのかが論じられる。

機能主義的な近代都市計画理論を批判し，現実の都市生活の観察から出発して，「スラム」と呼ばれるような近隣住区の示す多様性に都市の「本質」を見いだす筆者の視点は，単に計画論としてだけでなく，都市社会誌としても見るべき点が多い。　　　　　若林幹夫

[書誌データ] Jane Jacobs, *The Death and Life of Great American Cities*, Random House, 1961 (第Ⅰ・Ⅱ部のみの翻訳『アメリカ大都市の死と生』黒川紀章訳, 鹿島出版会, 1977).

ジェボンズ　William Stanley Jevons (1835-82)
『経済学の理論』＊1871年刊

古典派と新古典派を分かつ「限界効用」概念の発見は，ジェボンズ（そのほかワルラスとメンガーも相互独立に）によって1862年に送付され1866年に発表された論文のなかで論じられ，本書で詳しく展開された。

ベンサムの功利主義の影響を受けたジェボンズは，経済学の問題を快楽的効用の最大化とする。効用は財固有の性質から生まれるのではなく，人間の要求との相対関係において現れる。古典派は，価値を財に固有の使用価値と交換価値に区別したが，ジェボンズは，使用価値を主観的な「全部効用」とし，交換価値を交換比率におきかえた。さらに，評価ないし欲求の強度を測るものとして，財をもう1つ追加することから得られる追加の効用，すなわち「最終効用度（いわゆる限界効用）」という考えを導入した。これが限界革命の引金である。いま，2つの用途（x, y）をもつある財貨をもった人が，この財貨をxとyに最適配分するとしよう。最適な配分は，xから得られる限界効用と，yから得られる限界効用が等しくなるような点で与えられる。限界効用は，個人レベルでは気まぐれでも，大多数の平均的消費においては連続的で観測可能である。この想定から，二財二集団による交換の均衡モデルが導かれる。

A．スミスによれば，水は使用価値をもつが交換価値をもたないのに対して，ダイヤモンドは微小の使用価値と大きな交換価値をもつ。この逆説は，しかし交換価値と限界効用のあいだには成立しない。交換価値を決定するのは直接には使用価値や労働ではない。生産費が供給を決定し，供給が限界効用を決定する。そしてこの限界効用が，交換価値を決定する。　　　　　橋本　努

[書誌データ] William Stanley Jevons, *The Theory of Political Economy*, Macmillan, 1871; 4th ed., 1970 (『経済学の理論』近代経済学古典選集4, 小泉信三他訳, 寺尾琢磨改訳, 日本経済評論社, 1981).

シェリフ, M. Muzafer Sherif (1906-88)
シェリフ, C. W. Carolyn W. Sherif
『準拠集団』 *1964年刊

　社会学・人類学の伝統にそったフィールド調査や参与観察と，ソシオメトリーやグループ・ダイナミクスなどの実験心理学的手法とを併用する独自のアプローチによって，青少年の逸脱行動を彼らの準拠集団との関連において解明しようとした労作である。

　本書の主たるデータは，アメリカ南西部のいくつかの都市で実施された，青少年のピア・グループに関する大規模な調査に基づくが，とくに，社会・経済的水準を異にする（上流・中流・下層の）近隣社会から選ばれた12のグループが中心的にとりあげられている。若い観察者がごく自然な形で青少年に近づき，いわば「兄貴分」として参与観察をおこなうという方法がとられ，心理学的テストなどの実験的調査は，原則として観察終了後におこなわれた。

　本書の前半部は，主として方法論的考察と調査の手続きの説明に当てられている。後半部ではデータがくわしく分析され，この種の仲間集団の構造化の過程，集団内における地位と人気の相関の有無，集団規範と個人行動の容認範囲，その範囲の広狭と集団内での地位の高低との相関，近隣社会の階層格差と集団規範や成員のアスピレーション・レベルとの関係，近隣社会内における他の諸集団との関係や警察当局に対する態度などに関して多くの知見が示され，またいくつかの実践的提言もなされている。

　青少年の逸脱はしばしば準拠集団への同調の結果であることを，豊富なデータと学際的方法を用いて実証的に解明した研究として高い評価をえた。　　　　　訳者（井上　俊）要約

［書誌データ］ Muzafer Sherif & Carolyn W. Sherif, *Reference Groups: Exploration into Conformity and Deviation of Adolescents*, Harper & Row, 1964（『準拠集団—青少年の同調と逸脱』重松俊明監訳，黎明書房，1968）.

塩原 勉 （しおばらつとむ）(1931-)
『組織と運動の理論』 *1976年刊

　組織分析の考え方として，官僚制理論のように，専門分化と規律による合理的編成を強調する機械モデル，環境に順応してゆく生き物のように，組織の環境適応的な自己維持性を強調する適応システム・モデルなどがあるが，本書は矛盾モデルを提唱している。組織の存立にとっていずれも不可欠な要件が相互に両立困難であるというような種々の矛盾が組織には固有に内在しており，それゆえ，なんらかの媒介物ないし媒介過程をとおして両立困難な要件を相互浸透させ，それによって矛盾を近似的に解決してゆくという，組織の弁証法的な展開に注目している。要するに，矛盾の媒介的解決の過程として組織は存立するという考え方である。

　イノベーションと制度化を重視するシカゴ学派の集合行動論と，構造的対立と闘争を重視するヨーロッパ社会科学の社会運動論という2つの系譜を総合して，運動の社会学を体系化することは本書の中心のテーマである。どちらの系譜も，運動を社会の変動エージェントと見る点では一致している。そこで，運動とは，社会変動の原因ないし結果として生起する危機を，特定の構造構成素の革新という新秩序志向に基づいて解決することを意図して行われる，集合的または組織的，非制度的または制度的な動員，と定義される。

　社会変動と運動とを接合するために，スメルサーの「価値付加プロセス論」を修正拡張した運動総過程論が提起されている。(1)構造的ストレンによる社会システムの要件不充足，(2)特定範囲の生活主体の生活要件不充足，(3)相対的剥奪による社会的不満と社会的不安の起動，(4)新秩序志向の形成，(5)集合化・組織化過程の発動，(6)諸主体間の社会過程の展開，(7)受容と拒否の社会的選択，(1)変動による新たな要件不充足，……という循環図式がそれである。　　　　　　　　　　　著者要約

［書誌データ］ 塩原勉『組織と運動の理論—矛盾媒介過程の社会学』新曜社，1976.

篠田浩一郎（しのだこういちろう）(1929-)
『**形象と文明**』＊1977年刊

　人間はいつの時代から、どういう理由でものを書くにいたったのか。またそもそも、ものを書くとは、どういう意味をもっているのか。以上が本書執筆の基本的動機である。

　そこで本書はまず、家畜など財産の数を記録する実利的な〈書くこと〉から始め、ついで遠く旧石器時代の現存人類〈ホモ・サピエンス〉の祖先がフランスからスペインへかけての洞窟の壁に絵書き残した動物の絵と、付随する記号の意味を問うことによって〈書くこと〉の根源に到達する。次に新石器時代のフランスのカルナック地方（ブルターニュ半島）の列石の列の数から、イギリスのストーンヘッジ同様、この遺跡が暦と関連しているものであり、〈書くこと〉はここで意味を拡大して、〈人間が空間内に参入した、加工したもの〉の意となる。そうした空間には必ず何かの意味があるのである。

　本書の全体は13章から成るが、初めて文字が登場するのは第4章においてである。そこで古代エジプトの聖刻文字の発想や構造が、中国の漢字と基本において同一であることが指摘される。ギリシアで完成されたヨーロッパの表音文字の体系をも視野において、文字のあり方はそれを使用する人間の思考に重大な影響を及ぼさずにはいない。

　ところでひとたび文字にまで到達してしまえば、先ほどの〈書くこと〉についての広い定義づけに従って、形象をめぐる人間の働きのさまざまの分野をこの視点から捉え直すことが可能となる。本書は歴史的順序に従って文明の諸相を追っているが、以下にギリシア哲学、人称と仮面（ともにパーソン）、ゴシック建築、演劇として見た魔女の宴、キリシタンの宗教、ルネッサンス絵画（遠近法の問題）、フランス革命と言語、19世紀の写真術と小説、今世紀の映画をはじめとする映像言語に考察は及ぶ。
　　　　　　　　　　　　　　　著者要約

［書誌データ］　篠田浩一郎『形象と文明―書くことの歴史』白水社, 1977.

柴田三千雄（しばたみちお）(1926-2011)
『**近代世界と民衆運動**』＊1983年刊

　1960年代から戦後歴史学への反省・批判がおこるが、個別分散傾向が強まって、戦後歴史学のすぐれた問題意識であった世界史の構成意欲が希薄になった。この風潮に抗して、近代に関する戦後歴史学の代替理論をめざした試論である。近代ヨーロッパを主な対象とするが、他の地域をも念頭に置いている。

　本書における「近代」の設定は、世界が資本主義的に一体化するマクロな過程と、民衆の日常世界がそれに巻き込まれて変容するミクロな過程を、国家を媒介項におくことによって全体的に捉えようとしている。すなわち、資本主義世界体制は経済連関がグローバル化するほど、その政治単位は凝集力の強い国家に構造化しようとする傾向にあり、その成否が資本主義的世界体制における諸地域・諸民族の位置づけに決定的な意味をもった。国家の凝集力の強化とは、民衆の世界にたいするヘゲモニーの再編成であり、ヨーロッパを素材に「社団国家」「名望家国家」「国民国家」の3段階をおいている。そこでは、一国単位の単線発展段階論にたいするウォーラーステインの「世界システム論」、経済還元主義にたいしては、民衆世界の自律性を強調するフランス史学の「下からの歴史」、国家の構造化的役割としては、イギリス・ニューレフトの「ヘゲモニー論」が批判的に摂取されている。

　ソ連を資本主義的世界体制の外においていないので、現在でも枠組みをかえる必要はないとかんがえるが、歴史研究としては、近現代世界を構成する各地域世界の国家システムと国家構造の個性、また文化的要因の導入方法に問題が残されている。
　　　　　　　　　　　　　　　著者要約

［書誌データ］　柴田三千雄『近代世界と民衆運動』岩波書店, 1983.

シブタニ Tamotsu Shibutani (1920-2004)
『流言と社会』 *1966年刊

シブタニはG．H．ミードに端を発し，H．G．ブルーマー，R．H．ターナーらによって展開された象徴的相互作用論の流れの上に位置する。

流言の研究としては，1950年代までは，流言伝達の心理的機制と伝播過程での内容の歪みに焦点をあてる心理学的観点からの研究がリードしていた。G．W．オルポート＆L．ポストマンの研究がその代表例である。本書は流言発生の社会状況や集合行動的側面に分析の目を向けた社会学的観点からの流言研究の嚆矢といってよい。

彼はまず，流言の発生を規定する社会的条件として，情報供給と需要のバランスの崩壊を指摘する。事態に大きな変化が生じ，恐怖や不安の増大などにより集合的緊張が高まった場合，人々の間に，事態の意味を知り適切に行動するための情報需要が高まるが，公的な発表やニュース報道など「制度的情報」の供給が不十分であれば，人々は口頭コミュニケーションという補助チャネルの情報に依存して状況を定義づけようと試みる。流言とは「曖昧な状況にともに巻き込まれた人々がお互いに知的資源を出し合って，その状況に関する有意義な解釈を作り上げようと試みる反復的なコミュニケーション形態」であり，病理的な現象ではなく，社会過程の必要不可欠な部分である。

このシブタニの流言分析枠組みに対しては，人々の合理性を強調しすぎる，必ずしも流言発生に曖昧状況は必要でない，マスメディア情報が助長要因となる現代社会の多くの好奇流言には適用できない，等の批判はあるが，膨大なフィールドワークに裏付けされた彼の考察はいまだに社会学的流言理論の最重要文献である。

訳者（橋元良明）要約

［書誌データ］Tamotsu Shibutani, *Improvised News: A Sociological Study of Rumor*, Bobbs-Merrill Company, 1966（『流言と社会』広井脩・橋元良明・後藤将之訳，東京創元社，1985）．

シブレイ David Sibley (1940-)
『都市社会のアウトサイダー』 *1981年刊

本書は英国の都市に住む「ジプシー」や周辺的な集団の日常生活がどのように成り立っているかについて人類学的・社会学的に取り組んだ書物である。その際に，一方では，トラベラーとしてのジプシーの人々との親密な交流を通して，彼らが今日の社会のなかでどのような生き方を強いられ，あるいは選択しているかについて事例研究を中心に展開すると同時に，他方ではそのような特定の集団のみを扱う実証的な研究に留まることなく先進資本主義社会における少数者集団（土着の少数民族や，女性，子どもといった集団）をも視野に入れて，都市社会のアウトサイダー一般について国際的，比較文化的観点から理論的な考察をも行い，ミクロな研究とマクロな研究が相互補完的に本書の各章を埋める形式をとっている。

筆者の基本的な視点は，「アウトサイダー問題」を構成する生活の諸側面，すなわち社会的，経済的，政治的次元は相互に絡み合っているために，それらの一面的な考察を避け，周辺的なコミュニティを歴史的基軸のうえに包括的にとらえることである。この立場を最もよく表す言葉として筆者は「社会構成体」（social formation）を用いる。それは，経済的行動や社会的行動がイデオロギーによって構造化されるということを示しているからである。

都市に住むジプシーや周辺的な集団と都市の他の住民との間には種々の紛争が生じている。とくに地域レベルにおいて生活のさまざまな場面でのトラブル（日常的なゴミ・環境，学校，医療，住宅など）をめぐる政治的課題は常に選挙のテーマになってきた。筆者は具体的な問題に関心を向け，それらの間の共通性・異質性を整理し，そこから一般化への試みを行う。

訳者要約

［書誌データ］David Sibley, *Outsiders in Urban Societies*, Blackwell, 1981（『都市社会のアウトサイダー』細井洋子訳，新泉社，1986）．

島崎稔 (1924-89)
『日本農村社会の構造と論理』 *1965年刊

　本書は、戦後の農地改革後の昭和30年代以降の農業＝農村問題の根底をなす、農業生産力の発展にもかかわらず、同時に進行する「農民層分解」の様相としての農家経済の広範な解体過程という「矛盾」と、それへの農民の政治的対応を明らかにする新潟県中頸城郡吉川町の調査研究と、生産力要因としての「農業労働力の自立」が、自作中農層の存在基盤を根底から掘り崩し、「農民層分解」深化に作用し、従って農民層の階級的編成のモメントを構成していることを明らかにしようとした、新潟県燕市近郊農村の調査研究をとりまとめたものである。この書では、この期の農村支配の構造と論理を、基盤整備、機械化という生産力要因の客観的条件と、近代的雇用の地域的展開、商品生産の発展等による地域経済構造の再編成といういう条件が、農家の家族労働力の自己評価の向上、とによって明らかに「農業労働力の自立化」傾向を強いた。このことは、「いえ」－「むら」を取り結ぶ、「共同体的無償労働原理」を基盤から掘り崩し、それによって支えられていた、自作中農層を、工業部門の労働力市場に低賃金としてつなぎ止めることが検討された。「共同体の解体」と「農民層分解」はこうした、主体的な生産力要因としての労働力自立によって引き起こされることを検証しようとした。にもかかわらず労働評価を求めてやまない農民は、その矛盾を意識しつつ実践的関係に参加する、政治的主体性の可能性をこの調査は探った。そこから農民組合の組織のあり方がもっとも重要な課題として提起された。この書は、島崎稔・安原茂・島崎美代子「分解する農民層の政治意識」（『エコノミスト』）1961年に6回掲載されたもの、「農民層分解と農業労働力の性格」（『土地制度史学』第16号、御茶の水書房、1962）等に加筆修正のもとに構成された。

似田貝香門

［書誌データ］　島崎稔『日本農村社会の構造と論理』東京大学出版会、1965（島崎稔・美代子著作集、時潮社、1994）．

島薗進 (1948-)
『現代救済宗教論』 *1992年刊

　日本で「新宗教」とよばれている宗教運動、宗教集団について、世界宗教史のなかに位置づけつつ、その特徴を描き出そうとした研究書で、宗教学・宗教社会学の領域に属する。まず、新宗教とは何かを理解するためのより包括的な概念として「救済宗教」を示し、その主要な特徴と、それが人類文化史に占める位置について論じる。続いて、同じ救済宗教でありながら、キリスト教、仏教、イスラムなど「世界宗教」とか「歴史宗教」とよばれるものと区別され、現世救済・大衆参加などによって特徴づけられるものとして「新宗教」をとらえる。

　以上の理論的大枠に基づき、本論では19世紀初期以来の歴史をもつ日本の新宗教について、その全体像が描き出される。世界のなかでも日本は新宗教が多い国であるが、その背景として大乗仏教の伝統や、民俗宗教の根強い存在があることが論じられる。また、日本の新宗教の世界観は「生命主義的救済観」として要約されるが、そうした宗教がどのように成立したか、近代世界の思想動向のなかでどのような位置を占めるかについても考察されている。

　加えて、現代社会では先進国を中心に、救済宗教を「超える」と主張する、新宗教よりさらに新しいタイプの宗教運動が台頭してきているとする。アメリカで「ニューエイジ」、日本で「精神世界」などとよばれるこの運動を「新霊性運動」とよび、現代世界では救済宗教、合理主義（近代科学）、新霊性運動（科学＝宗教複合的世界観）の3つの世界観が競い合う状況になっていると論じている。なお、新霊性運動については、同じ著者の『精神世界のゆくえ』（東京堂出版、1996）でさらに立ち入った論述がなされている。

著者要約

［書誌データ］　島薗進『現代救済宗教論』青弓社、1992．

清水昭俊 (1942-)
『家・身体・社会』 *1987年刊

　どのような社会でも，家族は人々の生活の拠点であり，家族の機能不全や社会の福祉機能との齟齬は，解決すべき課題を提起する。家族は社会に関する実践的思考にとって不可欠な概念群に属してきた。1つの社会内で思考する限り，家族を自明の存在と前提しても，さして問題なく具体的課題に取り組むことができる。現代日本のように産業化・都市化した社会では，核家族観を出発点として実践的な思考を展開させることができる。

　しかし，人類学の知見によれば，核家族は普遍的ではなく，家族の特殊な一形態にすぎない。さまざまの民族社会が示す家族・親族形態は多様であるが，それでも必ず家族・親族が存在する。この事実は改めて家族の存立条件の理論的解明を要求する。本書はこの課題に応えようとする試みである。

　さまざまの民族社会の家族事例は，家族がより大規模な親族組織の構成要素であることを示す。家族にとって性と生殖による身体的関係は重要であるが，親族組織は単なるその拡大延長ではなく，宗教的シンボルなどを媒介として定義される文化的複合体であり，そこに身体的関係はシンボルとして参与する。

　シンボル化された形であれ，身体性が家族に関わる鍵は，「社会の二重分節」に求められる。諸個人は小単位（親族分節）に組織され，そのうえで，この分節間に成立する関係の場に参加していく。そこで弁別される分節の外（表）と内（裏）の区別は，身体に関わる行為を「汚れ，恥」として表領域から排除し，内の空間へ，そのなかでもさらに狭い内部分節へと隔離する。本書は家族を，このようにして表の社会空間から排除された身体性を共有する場として定義する。

著者要約

［書誌データ］　清水昭俊『家・身体・社会―家族の社会人類学』弘文堂，1987.

清水幾太郎 (1907-88)
『流言蜚語』 *1937年刊

　著者は2・26事件の直後，『中央公論』と『文藝春秋』両誌4月号に，前者に「流言蜚語の社会性」，後者に「デマの社会性」を書いた。そして翌年，本書を刊行した。流言蜚語に関する日本で最初の社会学の著作であり，また本格的に流言蜚語を論じた，おそらく世界でも最初の著作である。

　旧版は日本評論社から刊行された。現在入手可能な1947年の新版（岩波書店）の「序」で著者が述べているように，旧版を書き改めようと思ったが断念して，小さな変更を加えただけで，新版は出版された。流言蜚語についての社会心理的著作で，1952年に翻訳の出たオルポートとポストマン『デマの心理学』（南博訳，岩波書店）では，流言蜚語の展開を主としてある証言内容の，口から口への連鎖的な伝達過程としてとらえ，この伝達過程に参加する人々によって，内容が歪められて伝えられる点に，分析の焦点を置いていた。

　これに対して本書は，流言蜚語の展開に見られるコミュニケーション的特質として，連鎖的な伝達過程を重視しながら，さらにその後の研究において定式化される流言蜚語のもつ集合的な状況の定義づけの側面に注目して論じた点で，社会学的であり，かつ先駆的であった。流言蜚語は，人々が曖昧そして不安な状況に納得のいく説明を行う企てであり，この流れに参加する人々は，自分たちの置かれた状況に関する定義づけを，自然発生的なコミュニケーションを通して集合的に行う。十分な情報が提供されていない事態において，人々は流言蜚語を生み出すことで，かえって状況を正しく定義する側面があることに，著者は注目した。この側面についての体系的研究であるタモツ・シブタニ『流言の研究』（広井脩他訳，東京創元社，1985）が刊行されたのは1966年であるから，著者の洞察がいかに優れたものであったかがうかがえる。

藤竹　暁

［書誌データ］　清水幾太郎『流言蜚語』日本評論社，1937（新版：岩波書店，1947）.

清水幾太郎 (1907-88)
『社會學講義』 *1948年刊

本書は前篇「社會學論」、後篇「社會集團論」の2部構成である。前篇では社会学の性格、問題、方法、意義について、社会学の歴史的発展の流れのなかで、オーギュスト・コント風の社会学の古典的形態とアメリカ的な社会学の特質とを対比させる。この論述の根底を流れているのは、社会的人間における集団の問題である。個体として生まれた人間を社会的人間へと育てるのは集団であるし、人間は新しい無数の集団の創造者となる。

著者によれば、コント以来の社会学の発展のなかから生み出され、最初は人類として曖昧なままに問題となり、次には社会として漠然と理解されてきた問題は、最後は集団として社会学的に理解されなければならない。後篇では、社会的集団の理論が展開される。集団を2つの型に分類し、歴史的発展における2つの段階として、前近代的集団と近代的集団を位置づけ、その特徴を論じ、社会的人間にとって近代的集団のもつ意義を強調する。

もちろん近代以前にも第2の型の集団はみられるが、それは基本的なものではない。また近代においても第1の型は存在し、活動しているが、ある意味において前代の残滓であり、近代にのみ固有な集団は第2の型である。人間は集団によって社会的人間として形成されながら、その人間は自分の力で新しい集団を形成する。しかし人間はすべての集団から自由になり、自らの手で作る近代的集団によって生きることはできない。著者は人間がその願望と理想にもとづき、欲するままに集団を形成し、現実を変化させることができる可能性を近代的集団に見出し、その典型を政党に求めた。著者は「政党は最も人為的な集團であって、或る欲求乃至願望がこれに先行し、實にその達成の手段として形成せられる」と述べている。著者のいう政党は、今日風に考えればネットワークになろう。　　　　藤竹 暁

［書誌データ］　清水幾太郎『社會學講義』日本評論社、1948（新版：岩波書店、1950）．

清水幾太郎 (1907-88)
『現代思想』 *1966年刊

平和運動から第1次安保闘争へと運動の渦中にあり、その思想的指導者であった著者が、自らの歩みを振り返り、いままで自分を支えてきた思想を20世紀の思想的展開のなかで概観し、その意味を問いながら、自分を見つめ直した書物である。それは著者が巻末の「文献解題」で述べるように、20世紀の初めの10年間に生まれたことを、著者が「小さな誇り」として生きてきたこととも関係している。20世紀思想の歴史は、著者の人生と重なっている。こうして本書は、第2次大戦後の日本社会を精神的に覆っていた支配的な思想に対して、その存在理由を問いかけ、思想的転換を迫るものであり、時代を劃する書物ともなった。

著者は本書を20世紀思想のスケッチと述べているが、もちろん著者が書くように、マルクス主義、プラグマティズム、実存主義などの著名な思想についての解説書ではない。著者にとって興味があるのは「二十世紀が、十九世紀風の大思想体系の崩壊過程であるという事実」であった。本書は見事な3部構成による書物で、さまざまな思想をあたかも登場人物のように扱い、その出現と変容、それらが織りなす関係、それに対する疑問の登場、そして次の思想へのバトンタッチを、ドラマのように描いている。

まず第一章「二十世紀初頭」では、「この時期の芸術家を先頭とする天才たちの精神的冒険」を浮き彫りにする。第二章「一九三〇年代」では、20世紀が経験する大事件がつきつける問題に対して、さまざまな思想がその問題解決能力をテストされる様相が述べられる。第三章「一九六〇年代」は、20世紀思想の決算と新しい思想的展望の時代としてとらえられ、いわゆるポストモダニズム思想への予感を漂わせながら終わる。

「二十世紀の全体を私のもの」と考える著者による20世紀思想の総括ともいうべき書物である。　　　　藤竹 暁

［書誌データ］　清水幾太郎『現代思想』岩波書店、1966．

シャー Edwin Michael Schur (1930-)
『被害者なき犯罪』*1965年刊

　加害者と被害者の存在によって犯罪が構成されるという前提に立てば，被害者なき犯罪という表現はことばの矛盾である。しかし，それに対応する現象として，堕胎，同性愛，麻薬常用癖が取り上げられる。堕胎は，私的な合意に基づいて提供される（不法な）サービスに対して自発的に代金を支払う取引として定義される。法律を自由化すれば，堕胎率は増加するが，堕胎への対処は適切な条件で遂行されるという。同性愛は，私的に合意された成人間の行為に限定され，その自由化は，未成年者との行為が減少するかもしれないという。麻薬常用癖では，それを「犯罪」ではなく「病気」とみなすことによって，麻薬がそれを必要とする人々に合法的に入手できる環境を保障することによって，不法な犯罪化を防止できるという。イギリスは，その政策によって成功している。

　被害者なき犯罪は，ある人間が別の人間との直接的な交換において，社会的に承認されておらず，しかも法的にも禁止されている商品や個人的サービスを獲得する状況に限定して使用される。交換に基づく取引であること，他者に対して明白な害悪がないことの2要件を満たしていることが概念の中核である。

　この概念には，他者に害悪を及ぼさないかぎり，個人が自発的にあるいは同意のうえで行う行為は個人に委ねるべきであるという主張やラベリング論によるスティグマや人種・階層による選択的統制の問題に対する問題提起が含まれている。加えて，先進諸国においては，私事の自由の肥大化と規範の希薄化という傾向とも相俟って，この概念の適用可能性は増大している。
　　　　　　　　　　　　　訳者〔畠中宗一〕要約

［書誌データ］Edwin Michael Schur, *Crimes without Victims:Deviant Behavior and Public Policy: Abortion, Homosexuality, and Drug Addiction*, Prentice-Hall, 1965（『被害者なき犯罪―堕胎・同性愛・麻薬の社会学』畠中宗一・畠中郁子訳，新泉社，1981）．

社会福祉調査研究会編
『戦前日本の社会事業調査』*1983年刊

　1975年に一番ヶ瀬康子らが発足した社会福祉調査研究会は，散逸・紛失を防ぐため，貧困や生活問題を対象とした，戦前の社会事業調査を蒐集してきた。本書はこのプロジェクトの成果である。

　本書は4部構成となっており，第1部は，各社会事業調査の実施された背景を，貧困史（吉田久一），労働調査（藤本武），社会事業調査史（一番ヶ瀬），社会調査と政策形成（佐藤進）といった観点から，各分野の大家が総論的に素描している。

　第2部は，社会事業調査の通史を各論的に概観する。取り上げられている分野は，(1)貧困（ここでは例外的に戦後の生活保護法下における調査も扱っている），(2)児童・婦人，(3)医療・障害・老齢，(4)その他であり，若手および中堅の研究者が，それぞれていねいな解説を試みている。著名な調査に関しては，調査項目や調査結果が紹介され，また，場合によっては，調査票も掲載されている。

　第3部は，主要な128調査について，(1)調査の概要と(2)調査の結果を抄録する。例えば，1920（大正9）年の「東京市内の細民に関する調査」では，東京市が「部落を為せる客観的細民」に対して悉皆調査を実施している。彼らの大部分は平屋建ての普通長屋に住んでおり，職業は人夫，職工，人力車夫，荷車輓などが中心である。生計や生活事情に関する紹介もある。

　第4部は，1868（明治元）年から1945（昭和20）年に至る社会事業調査文献およびその関連事項の年表となっている。

　本書は，戦前の社会事業調査の集大成であり，都市下層民の生活に関する貴重な資料集である。
　　　　　　　　　　　　　　　　　武川正吾

［書誌データ］社会福祉調査研究会編『戦前日本の社会事業調査―貧困・生活問題調査史研究』勁草書房，1983．

▎シャノン Claude E. Shannon (1916-2001),
▎ウィーバー Warren Weaver (1894-1978)
▎『コミュニケーションの数学的理論』
＊1949年刊

　シャノンが1948年にBell System Technical Journalの第27巻に書いた同じタイトル（ただし最初の単語はTheでなくAだった）の論文がたいそう評判になったので，ウィーバーがシャノンと連名で翌年出版したのが本書である。情報理論の金字塔といえる。

　シャノンは通信工学者である。情報という概念を通信工学のなかで扱うには，これを定量的に扱わねばならない。シャノンはモールスやハートレーの研究成果を踏まえ，確率論を用いて情報量を定義し，さらに一般的な数学理論として情報理論を創り上げた。本書では情報やエントロピーなどが抽象的な基礎概念として扱われていたことから，きわめて広い分野の学者の興味を引いた。すなわち通信工学にとどまらず，情報理論が人文社会科学を含む一般的かつ普遍的な知のモデルになるのではないかと期待されたわけである。たとえば記号学者ウンベルト・エーコによる『開かれた作品』(1967)は，評価は分かれるにせよ，美学と情報理論を結ぶ試みとして名高い。

　しかし実は，情報理論は情報から「意味」という側面を捨象し記号の効率的伝達のみに着目した理論であって，その核心はあくまで通信工学の範囲にとどまる。本書は通信工学の理論としては驚くほど創意にあふれているが，意味作用を含む情報をあつかう人文社会科学分野への応用は，きわめて部分的なものにならざるをえない。

　情報という概念については，本書をふまえて今後さらに理論的な展開が望まれる。

西垣　通

［書誌データ］ C. Shannon and W. Weaver, *The Mathematical Theory of Communication*, Univ. of Illinois Press, Urbana, 1949（『コミュニケーションの数学的理論―情報理論の基礎』長谷川淳・井上光洋訳，明治図書，1969）．

▎シャルチエ Roger Chartier (1945-　)
▎『読書と読者』＊1987年刊

　フランス歴史学の新世代の旗手シャルチエの論文集。著者は，文化的なモノの所有・分布の記述ではなく，モノをわがものとする行為に着目する。モノは差異や卓越化（ディスタンクシオン）を伴いつつ，社会的な亀裂を越えて変容していく。しかし受け手は，共同体・性差等の拘束とあらがいつつ，主体的にモノを領有する。このダイナミズムの分析こそシャルチエの目標である。

　こうして従来の社会史の乗り越えを提唱する理論家の実践編が本書だといえよう。その研究対象は主として「書物」をめぐる文化である。「読み」の世界は，①テクスト，②モノとしての書物，③読書のプラチックという三極のせめぎあいのうちにたち現れる。これを受けて，読者がテクストを「密猟者」として領有・表象していく様相が描かれている。

　祝祭も，礼儀作法書や瓦版も，往生術もこの視点から論じられて，その用法の多様性が説かれる。都市や農村における印刷物の受容も，同じスタンスから考察される。本書の白眉をなす「青本論争」への発言でも，知識人文化・民衆文化といった二項対立は意識的に排除される。テクスト改変のプロセスに焦点があてられ，たとえば「乞食文学」が対抗宗教改革シンパの版元の手で，カーニヴァル的な要素を失っていく姿が活写されるのだ。「夜の集い」における読書の実在性に疑問が呈されていることも注目にあたいする。とはいえシャルチエの文化史が，抑圧されつつもよみがえる民衆文化への愛情と信頼によって成立していることも忘れてはなるまい。さまざまなメディアやプラチックの錯綜体であったアンシャン・レジーム，本書はその文化構造全体をしっかりと射程にとらえている。

訳者（宮下志朗）要約

［書誌データ］ Roger Chartier, *Lectures et lecteurs dans la France d'Ancien Régime*, Éditions du Seuil, 1987（『読書と読者―アンシャン・レジーム期フランスにおける』長谷川輝夫・宮下志朗訳，みすず書房，1994）．

シャルチエ Roger Chartier (1945-) 編
『書物から読書へ』 *1985年刊

　原題は『読書のプラチック』。「読書」という文化的行為をめぐる研究集会の記録である。アンシャン・レジーム期の都市、19世紀の農村社会といった時空間における、今日では失われた読書のプラチックの考察である。

　編者の論文「書物から読書へ」が、基本的な立場を示す。それは印刷物の生産・流通・所有に比重を置いてきた、従来の研究方法への反措定である。つまり読み手がいかなるプラチックによってテクストをわがものとするのかを、いわば文化的な財の領有形態を標的とすべきことが説かれる。

　こうして、さまざまな読書行為とその意味作用が検討される。まず第1部「習得」では、制度化されたプラチックとしての読み書きの本質が論じられて、教育の必然性が説かれ（ブレッソン）、議論は一人の独学者をめぐるケーススタディ（エブラール）へと移る。第2部では上記シャルチエ論文に続いて、意味生産行為としての読書、自分自身を読むこととしての読書へのアプローチがなされる（グールモ）。ところで文字の記されたページを読むことと、絵画（タブロー）を読むこととの差異はどこにあるのか？　著名な記号学者が画家プッサン自身が顧客に宛てた書簡を手がかりに、この問題に挑む（ルイ・マラン）。第3部は「平均的読者」と題され、①都市の文字文化に関する系列史寄りの研究（ロッシュ）、②一商人による、ルソーのテクストの「領有」（ダーントン）、③農村の読書に関する民俗学的接近（ファーブル）と、対象・方法を異とする3論文が競いあう。巻末にはシャルチエが影響を受けているブルデューとの対談が置かれ、歴史学と社会学との眼差しが交錯する。いわゆる「書物の文化史」の最良の手引きといえよう。
宮下志朗

［書誌データ］ Roger Chartier, *Pratiques de la lecture, sous la direction de Roger Chartier*, Éditions Rivages, 1985（『書物から読書へ』水林章・泉利明・露崎俊和訳、みすず書房、1992）.

ジャンセン Marius B. Janzen (1922-2000) 編
『日本における近代化の問題』 *1965年刊

　第2次大戦における敗戦から10有余年たち、わが国が高度経済成長の緒につきはじめた時期に、日米の社会科学者が日本の近代化について考察した書物。第1章「日本の近代化にかんする概念の変遷」（ホール）で、近代化を西欧化、民主化、工業化として捉えるという近代化論についての共通理解が示された後、第2章から第9章では、江戸時代から明治維新をへて第2次大戦へと至る過程におけるさまざまなトピックに焦点をあてている。第3章「徳川期教育の遺産」（ドーア）、第4章「徳川時代の日本における科学と儒教」（クレイグ）では、江戸時代における読み書き能力の普及が明治以降のスムーズな近代化を可能にしたし、自然の秩序と社会の秩序は一致するという朱子学的世界観がしだいに打破され、西洋の「理」を受容する余地が生まれたことが、明治以降の西欧近代科学の導入を可能にしたと論じられている。また第8章「近代化と日本の知識人」（パッシン）では、近代的知識人の階級がどのように形成されていったかということが、第9章「個人析出のさまざまなパターン」（丸山真男）では、ヨーロッパ生まれの個人主義がわが国に受容され変質していく過程が検討されている。

　本書が登場するまでのわが国の社会科学は、マルクス主義の強い影響下にあり、戦前の日本資本主義論争にみられるように、明治維新はもっぱら史的唯物論という共通の土台のもとに考察されてきた。ところが資本主義、社会主義という経済体制の違いに関係なく、近代化というキーワードのもとに日本の近代化を論じた本書は、日本の近代化を肯定的に捉える歴史観を生み出すとともに、わが国の社会科学において近代化論が市民権を得る契機になった点で、今なお注目に値する。
友枝敏雄

［書誌データ］ Marius B. Janzen (ed.), *Changing Japanese Attitudes Toward Modernization*, Princeton University Press, 1965（『日本における近代化の問題』細谷千博編訳、岩波書店、1968）.

シュー Francis L. K. Hsu （許烺光）
（シュー・ラン・クワン）
(1909-99)
『比較文明社会論』*1963/70年刊

著者は，心理人類学の観点から，中国，インド，アメリカ（欧米諸国），および日本という，4つの文明社会の特性を比較検討した。これらの文明システムでの代表的な集団形態（原組織）を，それぞれクラン・カースト・クラブ・イエモトと名づけ，それらを構成する要因をいくつかの変項に分けて説明した。

独立変項としては，まず心理・文化的指向を挙げ，中国・日本の状況中心指向，インドの超自然中心指向，アメリカの個人中心指向を対比する。次に親族体系での優性関係とその属性に注目し，中国の父─息子，インドの母─息子，アメリカの夫─妻，日本の父─嗣子の関係特性が比較される。主たる媒介変項としては，世界観における求心・遠心性では，中国は求心的，インド・アメリカは遠心的，日本はその中間とし，生活世界の転換可能性に関しては，中国は親族が不可能，インドはアートマを除き可能，アメリカは自己とその延長のクラブが不可能，日本は親族は可能だがイエモトは不可能とする。行動指向性については，中国・日本は交互的依存，インドは一方的依存，アメリカは自己依頼だと想定する。さらに社会的連帯の原理としては，中国は親族の原理，インドはヒエラルヒーの原理，アメリカは契約の原理，日本は中国とアメリカのそれを折衷した形の「縁約の原理（kintract principle）」を挙げる。

これらの比較検討においてシューは，親族体系（とくにマードックの言うような核家族）での優性関係と，その属性内容が当該社会の基本的な文化的構造を規定するという「親族と文化」仮説を強調している。1970年論文の拡張版として，*IEMOTO: The Heart of Japan,* Schenkman, 1975. がある。

訳者（濱口惠俊）要約

［書誌データ］ Francis L. K. Hsu, *Clan, Caste, and Club,* 1963; *Japanese Kinship and Iemoto,* 1970（『比較文明社会論─クラン・カスト・クラブ・家元』作田啓一・濱口惠俊訳，培風館，1971）．

シュヴァリエ Louis Chevalier (1911-2001)
『労働階級と危険な階級』*1958年刊

19世紀前半のパリの都市下層を社会史的また歴史社会学的に分析した古典的な文献。

まず研究の基軸にこの時期の重要なテーマであった犯罪をすえることの妥当性が強調される。それは犯罪が旧来のように一般社会に対し閉ざされた犯罪者集団（危険な階級）によるものから，都市下層の労働階級の犯す行為と区別のつけにくいものへと変化し，労働階級と危険な階級は重なり合い，また同一視されるようになったと認識されるからである。この点から19世紀前半の犯罪はこの都市の「病理学的状態」を表現するという，この研究の基本的な枠組が提起されるのである。

この「病理学的状態」を究明する手がかりを得るために，当時パリ市が作成した人口統計の人口学的分析がおこなわれ，それがパリの社会的諸集団の物的，精神的な変化を表象していることが示される。その一方で同時代の医学や公衆衛生学の調査や論文，多様なパンフレット，著名な小説だけでなく通俗文学やピトレスクなスケッチ，日刊新聞の雑報欄や民衆新聞の論議など，大量の文書がふんだんに利用され，統計史料と交差される。

この場合，統計も文書も事象を表現するというよりも，その時代の言説を示すテキストなのであって，こうした言説を幾重にも重ねることによって，それらは間テキスト性をもったものとして，それ自身がもつ一定の規則性と形式性が浮き彫りにされる。だがそうすることで言説には空白の部分もあり，その亀裂から言説の外にある一定の構造をもった事象を探り出す手がかりもまた発見される。このようにして提出される文明のパリとは異なるもう1つの都市像はきわめて刺激的である。

訳者（喜安 朗）要約

［書誌データ］ Louis Chevalier, *Classes laborieuses et classes dangereuses à Paris, pendant la première moitié du XIXe siècle,* 1958（『労働階級と危険な階級─19世紀前半のパリ』喜安朗・木下賢一・相良匡俊訳，みすず書房，1993）．

シュペングラー
Oswald Spengler (1880-1936)
『西洋の没落』 *1918-22年刊

シュペングラーはドイツの文化哲学者で，ハルレ，ミュンヘン，ベルリンなどの大学で数学，哲学，歴史などを学んだ。そして鉱山技師，数学教師などを経て，在野の文筆家となった。このような経歴はかれが，既存のアカデミズムの枠外にある人物であることを示している。『西洋の没落』はかれの出世作であるとともに，代表作でもある。

本書のなかでシュペングラーは，「世界史の形態学」(Morphologie der Weltgeschichte) を提唱した。かれは歴史が，（古代-中世-近代というように）直線的に進歩・発展するという図式を否定する。歴史はむしろ，有機体的な類推によって理解できる。すなわち歴史は，多数の文化の生誕・成長・成熟・死滅の過程であるというのが，そこでのかれの基本概念である。

その際シュペングラーは，有機的・精神的な「文化」の無機的・物質的な「文明」への不可避的な没落の過程を指摘する。そして西洋文化が，すでに文明への没落の過程にあることを主張した。「西洋の没落」という本書の表題は，そのことに対応している。

第1次世界大戦後に刊行された本書は，同時代の哲学として大きな反響を呼んだ。そしてまた著者の「世界史の形態学」は，トインビーなどの文明論的世界史の先駆的業績としての意味をもっている。

奥井智之

[書誌データ] Oswald Spengler, *Der Untergang des Abendlandes: Umrisse einer Morphologie der Weltgeschichte*, 2Bde., C. H. Becksche Verlag, 1918-22 (『西洋の没落』村松正俊訳，批評社，1926；改訂版，桜井書店，1944；林書店，1967 [以上原著第1巻の訳]；『西洋の没落』全2巻，村松正俊訳，五月書房，1971；同改訂版，1977；同新装版，1989 [以上完訳]；同縮訳版，1976；同新装縮訳普及版，1996).

シューマッハー
Ernst Friedrich Schumacher (1911-77)
『人間復興の経済』 *1973年刊

原著 *Small is Beautiful* は，「人類は経済成長崇拝によって歪められている」とのテーゼに基づく西欧近代思想に対する挑戦の書である。あくなき経済拡大と物質崇拝によって歪曲された人間社会を改革し，かねでは買いえない非物質的価値―美と健康と永続性のある人間生活を復興させるのが将来に対する古い世代の義務であると言う。

本書は，第1部の「近代世界」，第2部の「資源」，第3部の「第三世界」，第4部の「組織と所有権」で構成されている。近代世界に内在する問題として，自然を支配しようとする生産と規模の問題をとりあげ，近代経済学の誤謬を指摘し，仏教経済学の中道の生命観に注目する。資源問題では，人間の教育こそが最大の資源であり，人間の顔を持つ技術開発の重要性を強調する。第三世界の開発については，飛躍より地道な進化を図る「農・工構造」の中間技術論を展開。組織と所有権の問題では，秩序の「規律」と創造の「自由」の葛藤，「私的自由と公的管理の調和」という社会体制の根本命題にメスを入れている。

シューマッハーの脱近代の価値観は，教育による「全人的自己実現」を基礎とし，伝統的な「ホモ・エコノミックス（経済人）」に代わる「ヒューマニスティック・エコノミー」によって，物理的効用より精神的永続性を重視するところに特徴がある。これは，伝統的経済学を基礎づける「経済人」の利己的で，効用を最大化しようとする非人間的な巨大主義を批判し，「小さくても美しい」等身大の規模に戻り，人間の基本的ニーズに応える「人間主義経済学（ヒューマノミックス）」にほかならない。

訳者要約

[書誌データ] Ernst Friedrich Schumacher, *Small is Beautiful: a Study of Economics as if People Mattered*, Blond & Briggs, London, 1973 (『人間復興の経済』斎藤志郎訳，佑学社，1976).

▎**シュミット** Carl Schmitt (1888-1986)
『政治神学』＊1922年刊

　シュミットは，第1次大戦後のドイツの危機的状況をみて，欧米流の議会制民主主義方式では，プロレタリアートの独裁を唱える新しい社会階級には対抗できないと考え，すでに『政治的ロマン主義』(1919)，『独裁』(1921)のなかで，プロレタリアートの独裁に対抗できる保守独裁（危機克服のために一時的に権力を集中する）方式を提唱していた。これを受けて，かれは本書冒頭において，「主権者とは例外状態において決定を下す者」と定義して，欧米流の国民（人民）主権論を否定している。ここでかれは主権者とは誰かは指定していないが，ドイツ大統領を想定していたことは明白である。

　次にかれはマルクス主義に対しては，それはブルジョア政治思想と同じく合理主義的思想であり，変革のエネルギーは非合理的思考のなかからしか生まれてこないと述べ，神学に奇蹟の観念があるように，すぐれた政治学者は変革＝革命という奇蹟を想定しているとして，ホッブズやルソーの名前をあげている。したがって，いまでは階級概念よりも非合理的民族観念が優位しているとして，1922年10月のムッソリーニの政権掌握を新時代の到来として賛美している。

　もともとシュミットは，旧来のドイツ保守支配層のイデオローグであり，いずれこの階層出身の大統領の出現を確信していた（当時は社民党のエーベルト，1925年保守派のヒンデンブルグ）。しかし1929年の世界大恐慌の発生により保守支配層が統治能力を失ないナチ党と吻合したときシュミットの保守独裁論はヒトラーの独裁を正当化する理論として活用されることになった。　　訳者（田中　浩）要約

［書誌データ］ Carl Schmitt, *Politische Theologie*, Verlag von Duncker & Humblot, Zwite Ausgabe, 1922 (『政治神学』田中浩・原田武雄訳，未来社，1971).

▎**シュミット** Carl Schmitt (1888-1986)
『政治的なものの概念』＊1932年刊

　イギリスのラスキ，ロシアのレーニンと並んで20世紀前半における最も著名な政治学者・政治思想家の主著。

　本書の主旨は，政治の本質は「敵・味方関係」にあり，政治学は「敵・味方関係」を識別する学問である，というもの。シュミットはすでに1922年の『政治神学』冒頭で，「主権者とは例外状態（危機状況）において決定を下す者」と定義し，欧米流の国民（人民）主権論とは異なる独裁論を提起して人々を驚かせたが，今回の著書では，「敵は誰か」「味方は誰か」を決定するのは主権者であるとして，主権者の権限・役割をさらに具体化した点で注目される。この時点でもまだシュミットは主権者が誰かは明言していないが，主権者をドイツ大統領（当時はヒンデンブルグ）と考えていたことはまちがいない。なぜなら，かれは，のちの『国家・運動・国民』(1933)のなかで，主権者はヒトラー総統，敵はドイツ共産党である，と明示しているからである。ところで，シュミットのいう敵とは政治的な敵であり，絶対にその存在を許してはならないもので，かれが議会制民主主義を批判したのは，議会内に共産党が議席を占めることを容認しているからであった。ここに全体主義・ファシズムに特徴的な非民主主義・反共産主義の姿勢が明確にみてとれる。

　本書は，日本では1930年代の戦前日本の政治学者の間での「政治概念論争」を通じて有名となり，全体主義の高揚のなかで喧伝された。戦後は1970年代中葉の大学闘争期に日本の議会政治を批判する論拠として学生たちの間でシュミット理論がもてはやされた。

　　訳者（田中　浩）要約

［書誌データ］ Carl Schmitt, *Der Begriff des Politischen*, Dunker & Humblot, 1932 (『政治的なものの概念』田中浩・原田武雄訳，未来社，1970).

シュラム Wilbur Schramm (1907-87)
『マス・コミュニケーション』 *1949年刊

　原本第2版（1960）の訳書（東京創元新社，1968）は現在『新版マス・コミュニケーション――マス・メディアの総合的研究』として刊行されている。原本第1版の訳書と区別して新版と呼ばれ，旧版の増補改訂版である。新旧版いずれも，日本における問題および研究状況との関連で，とくに適切と思われるものを選んで翻訳された。原本第2版の主な特徴は，テレビにかなりのページ数がさかれた点である。原本第1版の刊行は，アメリカでテレビが目覚ましい普及をとげる時期以前であったため，テレビにはほとんど言及されていなかった。

　アメリカにおいてもそうであったが，日本においても，マスコミ研究の入門書として，初学者が学ぶべき基本的文献が要領よく配置され，研究のほぼ全貌が理解しやすく編集されている点で，本書は最高の水準を示している。この分野での研究はその後大きく発展し，新しい研究視角が開けたけれども，伝統的なマスコミ研究を鳥瞰するうえでは，恰好の書物である。

　とくに日本のマスコミ研究の発展にとって，本書（旧版および新版）が果たした役割は見逃せない。旧版刊行当時，本書はアメリカの研究を翻訳によって概観し，勉強できる唯一の書物であったし，新版もまたアメリカの研究に興味をもつ初学者にとって，必須の論文が収録されている。本書によって"マスコミ"を勉強し，学会，マスコミ界で活躍している人物は多い。本訳書（旧版，新版）は50年代から70年代にかけて，日本における代表的入門書となった。
〔藤竹 暁〕

［書誌データ］ Wilbur Schramm, *Mass Communications*, The University of Illinois Press, 1949 (『マス・コミュニケーション』学習院社会学研究室訳，創元社，1954).

シュルフター Wolfgang Schluchter (1938-)
『近代合理主義の成立』 *1979年刊

　「現世支配の合理主義」の成立を説明するため，著者はM. ウェーバーの合理化論を改善して独自の「西洋の発展史理論」を構築しようと試みる。出発点は，制度化された客観的意味構造としての生活秩序の概念である。とくに自然，経済，政治および文化・宗教の部分的秩序に着目し，この諸秩序の配置つまり社会構造と，秩序間の機能連関とが説明される。社会構造は，各部分的秩序と同様，倫理的意味構造と制度構造からなり，この両成分は相互に規定し合い独自に発展する。社会構造は構造原理，核（非日常性）および一般的行為（日常性）の各水準に区分され，各水準はこの順序でそれぞれ前者から基礎づけられる。政治的秩序は文化・宗教的秩序によって解釈され内的保証を与えられた倫理的意味構造を法的秩序として制度化し，これに外的保証を与えるが，法的秩序は逆に政治的秩序を法的体制化によって支配的秩序たらしめる。

　倫理的構造原理は行為，規範，原理および反省の原理の順番で発展する妥当性基盤に応じて，前倫理的評価，律法倫理，心情倫理および責任倫理の順番で発展する。この原理は核および一般的行為の水準では正当化原理として機能し，前者では使命として，後者ではピエテート原理および合法性原理としてそれぞれカリスマ的支配，伝統的支配および合理的支配を正当化する。制度的構造原理は政治的秩序の機能様式の分化に応じて血統原理，帝国原理およびアンシュタルト原理の順番で発展する。社会構造の発展力学的動因は，部分的秩序間および各秩序内諸成分の葛藤である。
〔訳者要約〕

［書誌データ］ Wolfgang Schluchter, *Die Entwicklung des okzidentalen Rationalismus. Eine Analyse von Max Webers Gesellschaftsgeschichte*, J. C. B. Mohr (Paul Siebeck), 1979 (『近代合理主義の成立――マックス・ヴェーバーの西洋発展史の分析』嘉目克彦訳，未来社，1989).

シュルロ Evelyne Sullerot (1924-) 編
『女性とは何か』＊1978年刊

1976年パリで開催された学際的で国際的なシンポジウム「女性であること―女性とは何か」の記録。企画は生物学者モノーの発案でもあったが，実現直前に亡くなった。第Ⅰ部「身体」には，生物学，医学，発生学，遺伝学他の自然科学の各分野，第Ⅱ部「個体」には，心理学と精神医学，第Ⅲ部「社会」には社会学，人類学，歴史学の報告と討論が収められている。アリエス，ラスレット，ペローなどの新しい歴史学からの発言がある。

性差の科学は性差を直視しながら性差を相対化する。女性の運命を宿命としてうけいれさせるために貢献してきたと言われる自然科学であるが，選択の人生を支援する可能性があることが注目されている。その一方で，生殖にテクノロジーが介入することによって生じる人口の男女比均衡の崩壊他の深刻な問題にたいする警告が発せられている。シンポジウムを通して不動の生物学的基盤の上に社会的文化的性差が構築されるのではなく，生物学的性差を含む個体のプログラミング全体が文化として変化しうるという認識が生まれている。伝統的な性差二元論は，各方面から揺さぶりをかけられた。現在では，諸科学の新しい情報を集めた文献というより，1つの思想的事件の記録として読むことができよう。

編者は，この本には象徴の世界や欲望の世界における性差，また性差そのものの変化などについての研究が不足していると述べ，ジェンダー研究のその後の展開を予想するかのようである。しかし，その後まだこのシンポジウムほど大規模な自然科学と人文・社会科学の総合研究はなされていない。　　西川祐子

[書誌データ] *Le Fait Féminin*, Ouvrage collectif sous la diréction de Evelyne Sullerot avec la collaboration de Odette Thibault, Librairie Fayard, 1978（『女性とは何か』上・下，西川祐子・天羽すぎ子・宇野賀津子訳，人文書院，1983）．

シュンペーター
Joseph Alois Schumpeter (1883-1950)
『経済発展の理論』＊1912年刊

経済発展をもたらす要因としては，シュンペーターの時代の正統派経済学（なかんずくマーシャル経済学）では，人口・貯蓄・生産手段の入手可能量の増大などが挙げられていたが，それに対して，シュンペーターは，「企業者」による「新結合」（イノベーション）の遂行こそが経済発展の根本的要因であると主張した。

『経済発展の理論』の出発点は，産出量の水準に変化がなく，生産・交換・消費などがつねに同じ規模で循環している状態としての「静態」であるが，この世界では，経済主体は与件（資源・人口・技術・社会組織）に対して受動的に適応しているに過ぎない。しかも，静態における経済主体としては，本源的生産要素（労働と土地）の所有者（労働者と地主）を数えるのみで，真の企業者と資本家は，「動態」（たえず資本蓄積や技術革新が行なわれる状態）においてのみ現われるという。静態では，企業者と資本家が不在なので，彼らに特有の所得（企業者利潤と利子）も存在せず，すべての生産物価値は労働用役と土地用役の合計に等しくなる。

ところが，この静態の世界は，ごく一握りの天賦の才能に恵まれた人物が企業者となり，新結合を遂行することによって破壊される。そして，企業者の新結合の遂行を資金面でバックアップするのが「銀行家」（すなわち，資本家）の役割である。

新結合の成功によって初めて労働者にも地主にも帰属しない所得（企業者利潤）が発生し，そこから資本家に対して利子が支払われるので，企業者利潤も利子も動態的現象であるという独自の考え方が提示された。　　根井雅弘

[書誌データ] Joseph Alois Schumpeter, *Theorie der wirtschaftlichen Entwicklung*, Duncker & Humblot, 1912; 2 Aufl., 1926（『経済発展の理論』上・下，塩野谷祐一・中山伊知郎・東畑精一訳，岩波文庫，1977）．

シュンペーター
Joseph Alois Schumpeter (1883-1950)
『資本主義・社会主義・民主主義』
*1942年刊

　経済発展の根本的要因としての企業者精神を謳い上げた名著『経済発展の理論』によって世界的名声を得たシュンペーターであったが，逆説的にも，彼によれば，資本主義は長期的には衰退していくという。しかし，シュンペーターの資本主義衰退論は，資本主義がそれ自体の客観的な矛盾によって崩壊するというマルクスのそれとは明確に区別される。

　第1に，企業者機能は，資本主義の歴史的な発展とともに次第に無用化してきた。すなわち，「競争的資本主義」から「トラスト化された資本主義」への発展とともに，新結合の担い手も天才的な企業者から大企業における官僚化された「一群の専門家」へと移行してしまったので，いまや新結合そのものが「日常的業務」となり，その自動化が生じたこと。第2に，資本主義的な活動が合理的な考え方を広めたために，それがかえって資本主義の擁護階層（封建社会から続く王侯や貴族）まで衰退させてしまった。すなわち，「元帳と原価計算」にのみ熱中しがちなブルジョアジーは，政治的な無力さゆえに他の階層によってその階層利益を擁護される必要があったが，いまやその擁護階層が衰退したこと。第3に，資本主義の発展とともに，直接，資本主義的な活動に携わらない知識階級が台頭し，彼らの反資本主義的な言動が官僚や労働運動の指導者にも及ぶようになった。以上の結果，資本主義社会の価値の図式（「不平等と家族財産の文明」）は，次第に影響力を失っていくというのである。

　社会主義崩壊後の今日では，シュンペーターの「予言」それ自体よりも，経済と社会の間の長期的な相互交渉を論じた経済社会学の1つの試みとして評価されることが多い。　　根井雅弘

［書誌データ］Joseph Alois Schumpeter, *Capitalism, Socialism, and Democracy*, Harper & Brothers, 1942; 3rd ed., 1950（『資本主義・社会主義・民主主義』上・中・下，中山伊知郎・東畑精一訳，1962）．

庄司興吉（しょうじこうきち）（1942-　）
『現代日本社会科学史序説』*1975年刊

　「マルクス主義と近代主義」という副題をもつこの小著は，1970年代半ばの時点で，現代日本社会科学の到達点を社会学の立場から明らかにしようとした試みである。日本における現代社会科学は，それが天皇制を視野の中心に取り込み，それを軸として形成されてきた近代日本の国家社会体制すなわち天皇制的国家社会体制を全体として（as a whole）視界に包摂したという意味で，1920年代の日本マルクス主義の日本資本主義分析に端を発するという立場に立つ。日本マルクス主義は，この分析をつうじて，天皇制国家の絶対主義的性格とその基礎としての「半封建的」生産関係を強調する講座派の政治主義と，経済発展の奔流を見れば日本でも資本主義が急速に進んできていると見る労農派の経済主義とに分かれたが，いずれの側も社会形成の基礎に横たわる人間の問題を主題化するにいたらなかった。それを行ったのは，戦前・戦中にM.ウェーバーやアメリカのプラグマティズムの影響を受けつつ形成された日本の近代主義であるが，それも戦後になると，前者に依拠するエートス論的近代主義と，後者からアメリカ社会学全般に典拠を広げていった社会心理学的近代主義とに分岐し，これらに戦前マルクス主義の反省から出た実存主義的人間論とが加わって戦後の主体性論争が展開されたとする。さらに日本の社会学そのものは，こうした日本資本主義分析や主体性論をふまえつつ，ファシズム批判から農民意識，労働者意識，さらには社会意識一般へと調査研究を進め，その過程をつうじて理論的方法論的反省を行いつつ高度経済成長以後の日本の社会意識状況を全体的に把握する地点まで到達した。それらの成果をふまえて，1970年代後半以降の社会学の国際的かつ国民的な課題を展望しようとしている。　　著者要約

［書誌データ］庄司興吉『現代日本社会科学史序説』法政大学出版局，1975．

庄司興吉 (しょうじこうきち) (1942-)
『現代化と現代社会の理論』 *1977年刊

柔軟なマルクス主義の立場から社会学の現代社会論を批判的に総括し、対論として独自の現代社会分析を提示したもので、現代社会論の系譜と課題、現代社会の歴史性と現実、および現代化と現代社会の理論の3部からなる。第1部では社会学の歴史をふまえて、現代社会論が「大衆社会」論、「産業社会」論、「知識社会」論、「管理社会」論と展開されてきた経過を追い、悲観論と楽観論とのあいだの揺れに示されている視座の不備を指摘する。第2部はそれをふまえて、科学・技術の発達、60年代末の「学生反乱」、および70年の大阪万国博に表現された日本社会現代化の諸相などから、現代社会の肯定面と否定面の両方を具体的に分析し、独自の理論を準備。それらをふまえて第3部で、マルクス主義の現代資本主義論を科学・技術革命の理論を加味して批判的に改造し、現代社会の肯定・否定の両面を透視する知識・管理社会論をそのうえに展開できると主張、マルクス主義の社会構成(体)論にまでさかのぼって、それを国民社会すなわち国民的社会構成の理論にまで具体化しつつ、経済構造と政治的文化的構造とのあいだに媒体としての社会構造を位置づけ、その枠組を使って第2次世界大戦後の日本の経済復興と高度成長の過程を一貫した論理で分析している。現代資本主義の「科学的」性格から環境問題出現の必然性を導出していることや、大衆社会論の社会形態論を社会構成(体)論のなかに明確に位置づけていることに加え、戦後日本の高度経済成長が農村部から引き出した労働力を都市部の日本的企業(共同体)で効率的に消費し、世界市場に商品を輸出しつつ日本社会を消費化かつ情報化していった過程を、農村部と都市部とでそれぞれ独自に成立した社会過程(ループ)の絡み合いとして分析していることなどが、主な功績であろう。

著者要約

[書誌データ] 庄司興吉『現代化と現代社会の理論』東京大学出版会, 1977.

ショウバーク Gideon Sjoberg (1922-)
『前産業型都市』 *1960年刊

都市は、紀元前数千年の昔から現代に至る、そして洋の東西に渡る、多様な存在形態を示す。その理解のためには、比較類型学的考察を必要とする。この要請に応える類型論としては、ウェーバーの『都市』とともに、本書がある。ウェーバーは、理念型の方法を用いて、市民自治都市の概念を提示し、市民による自律的・自主的な都市が西欧においてのみ成立したこと、この基盤の上に合理的精神と資本主義、そして近代市民社会が生まれたことを明らかにした。

これに対しショウバークは、構成型の方法を用いて、産業化以前の都市は洋の東西を問わず共通の特性を持つこと、そして産業都市とは対照的な社会構造を持つことを明らかにした。他方アメリカ都市社会学が自己中心主義的な偏向から、産業社会の都市を、都市一般と置き換えていることを批判し、過去と現在の都市を比較することの必要性を説く。

社会を発展段階に対応し3つの型に区別する。第1に民俗社会——文字以前の社会、第2に封建社会——前産業型文明社会、そして第3に産業化した都市社会である。都市は第2、第3の型の社会にのみ存在する。それぞれ前産業型都市と産業型都市である。つまり前産業型都市とは文明は持っているが、産業化は経験していない社会の都市を意味する。

この型の都市は、古代中世に存在したほか、現在も産業化していない地域の都市として存在している。時代と洋の東西を異にする前産業型都市が、その生態学的構造、階層構造、政治・経済構造のうえで共通の特性を持つことを、古今東西広範なデータを駆使して証明していく構成的方法は、読者を引きつける。

訳者要約

[書誌データ] Gideon Sjoberg, *The Preindustrial City: Past and Present*, The Free Press, 1960 (『前産業型都市』倉沢進訳, 鹿島出版会, 1968).

ショエ Françoise Choay
『近代都市』＊1969年刊

　19世紀ヨーロッパにおける近代都市計画の成立を，産業革命と近代化に基づく都市と都市社会の物質的・社会的変化と相関した，都市をめぐる言説・実践の再組織化の動きとして捉え，分析した書物。

　19世紀，産業革命以降の急速な経済的成長とそれに伴う新たな都市住民の都市への流入，鉄道・新聞・電信のような新しい移動と情報のシステムによるコミュニケーション環境の変化とモビリティの増大は，都市の空間的な形態を変えたと同時に，都市という場と社会を意味付けてきたそれまでの社会的・文化的なコードを無効化してしまった。近代都市計画は，近代の都市を見舞ったこの意味論上の不毛化に対する批評的な介入として形成されてゆく。この「批評のプランニング」には，オースマンのパリ改造に代表される「整序化」，ユートピア主義者たちによる理想都市の夢想である「プレ・ユルバニスム」，職業的な都市計画家による「ユルバニスム」の3つのタイプがあり，さらに後二者には進歩主義的な急進派のモデルと，外見上ノスタルジックで文化的コミュニティを指向する文化派のモデルが存在する。これら「批評のプランニング」は，意味論的な還元を通じて都市空間を客体化し，自然科学から借用した認識論や統計学，有機体論や機能主義，進化論などを通じて都市を思考してゆくことで，都市をめぐる意識や言説に歴史的な切断線を引くものであった。こうした思考は都市計画のみならず，当時の社会学，地理学，都市生態学などとも通底しており，20世紀まで都市計画をめぐる思考を支配してゆくのである。　若林幹夫

［書誌データ］ Françoise Choay, *Modern City: Planning in the Nineteenth Century*, George Braziller, 1969（『近代都市—19世紀のプランニング』彦坂裕訳，井上書院，1983）．原書はもともとフランス語からの英訳として出版された。

ジョージ Susan George (1934-)
『なぜ世界の半分が飢えるのか』＊1976年刊

　1974-75年，アフリカのサヘル地域を中心に飢餓が広がったとき，欧米のマスメディアでは，食料危機を旱ばつ等の偶然的な自然現象，または貧しい人口がむやみに子どもを増やした天罰だとする論調が支配的だった。この見方からするならば，飢餓への対策は，人口抑制や「緑の革命」のような多収穫品種の導入による農業近代化，生産性向上にある。

　著者スーザン・ジョージは，アムステルダムのトランスナショナル研究所の研究員として，農業関連多国籍企業（アグリビジネス）や世界銀行など多国籍機関の研究調査を行ってきた。1974年に開かれた世界食料会議に提出されたＮＧＯ報告が，本書の土台となっている。上述のような権力者やマスメディアがつくり上げた通説は，飢えの問題を解決するどころか，むしろ飢えの問題の本質を隠蔽することによって飢えをますます拡大する，というのが本書の主張である。

　現代世界には，地球人口を養うに十分足りる資源も食料の技術も存在する。問題は人口増加や技術不足にあるのではなく，資源の分配が不平等なこと，利潤目当ての多国籍アグリビジネスが価格操作，穀物投機や豊かな国の市場目当ての輸出食料生産を行い，貧しい人々の手に十分な食料が行きわたらないことにこそある。先進国や世界銀行のすすめる開発や食料援助も結局のところは貧富の格差を固定し，貧しい人々を飢えた状態にはりつける現在の不平等な国際分業体制と権力構造を維持するために行われているのだ。

　本書は「金持，権力者をこそ調査するべきだ」とする民衆の立場に立つ「参加型研究」の最初のものの1つとして，現代社会科学における古典的な地位を早くも占めているといえる。　西川潤

［書誌データ］ Susan George, *How the Other Half Dies: The Real Reasons for World Hunger*, Pelican Books, 1976（小南祐一郎・谷口真理子訳『なぜ世界の半分が飢えるのか—食糧危機の構造』朝日新聞社，1984）．

ショーター Edward Shorter
『近代家族の形成』*1975年刊

「近代家族 modern family」の性格とその歴史的成立について大胆な仮説を提出し，近代家族概念の世界的普及に力のあった心性史の話題作。ただし批判も多く評価は二分される。著者のショーターはカナダの歴史家。

ショーターは家族のタイプを心の状態により区別する。「古き悪しき時代」の伝統家族は親族や共同体に結びついていたが，やがて自らその絆を断ち切り，プライバシーの壁に守られた近代家族へと変化した。この変化をもたらしたのは，男女関係におけるロマンチック・ラブの成立，母子関係における母性愛の出現，核家族の一体感をあらわす家庭愛の誕生という「感情革命」であったという。

ショーターにとって近代家族の時代とは2つの性革命にはさまれた時代である。18世紀後半から19世紀前半にかけての非嫡出子と婚前妊娠の増加を，彼は第1次性革命の証拠とするが，これは工業プロレタリアート（特に女性）がロマンスによる婚前セックスに踏み切るようになったからとする。

すなわちショーターは，感情革命の原因は市場資本主義の発達による個人主義と自由への希求の高まりにあると見る。母性愛とそれを中核とする家庭愛は，ロマンスとは異なって中産階級にまず現れたが，これも資本主義による生活水準の上昇により性別分業が可能になったためという。こうして成立した心理的核家族は，1950年代半ば以降に起きた第2次性革命により解体に向かいつつある。

本書への批判は，ラスレット，フランドランなどの社会史家からも，スコット，ティリー，ゴードンなどのフェミニストからも寄せられた。家族の変化を認めない立場からの批判，資料の用法や解釈の不適切さの指摘，近代を絶賛するイデオロギー的立場への違和感などが批判の主な論点である。

落合恵美子

[書誌データ] Edward Shorter, *The Making of the Modern Family*, Basic Books, 1975（『近代家族の形成』田中俊宏他訳, 昭和堂, 1987）．

ジラール René Girard (1923-2015)
『欲望の現象学』*1961年刊

セルバンテスの描くドン・キホーテが諸国遍歴の旅に出たのは，それまで読みふけっていた騎士道小説の登場人物に導かれてのことであったように，人間の欲望は他者の欲望の模倣として成立する，という命題を出発点とする本書は，こうした観点からの小説作品の秘密の解明であると同時に，この命題自体が文学から示唆されたものであるという意味で，二重の文学社会学の試みである。

行為主体と行為の対象に両者を媒介する手本を加えた三角形による欲望の理解は，まず主体から対象へと向かう単純な直線として欲望を捉えてきた人間・社会科学に新たな道を開くものである。もっとも，社会関係における模倣にたいする注目は，すでにタルドをはじめとするいく人かによりなされてきたとすれば，著者の真の独創は欲望の媒介を外的なものと内的なものとに区別した点にある。

主体と手本が現実に交錯しない外的媒介とはちがい，内的な媒介は同一の対象への2つ以上の欲望の存在を，したがって主体と手本との競争関係を準備する。ドストエフスキーやプルーストが描くのは，この競争関係に由来する嫉妬，憎悪，屈辱などであり，そうした問題を扱う本書は従来の感情社会学では捉えきれない複雑な感情の解明にも大きく寄与した。

なお『欲望の現象学』という題は訳者によるもの。訳書では副題にまわった原題は，欲望の模倣を否認し主体の自発性に固執する，したがって人間関係の悪循環から脱却できないロマン主義と，媒介された欲望の存在を認める文学の区別，さらに欲望や苦悩に向けたある種の倫理的態度を示唆しており，これが本書のもう1つの特徴でもある。

富永茂樹

[書誌データ] René Girard, *Mensonge romantique et vérité romanesque*, Grasset, 1961（『欲望の現象学――ロマンティックの虚偽とロマネスクの真実』古田幸男訳, 法政大学出版局, 1971）．

ジラール René Girard (1923-2015)
『暴力と聖なるもの』 *1972年刊

ある共同体で秩序が弛緩し、成員間の差異が稀薄になるにつれて、欲望の相互模倣の度合いは高まるが、それはまた欲望対象の獲得をめぐる競争と対立、相互の暴力の昂進をもたらす。欲望は他者の欲望の模倣であるというジラールの基本的な命題によれば、欲望対象の数はいつも欲望主体のそれよりも少ないからだ。だが相互暴力の激化は共同体の存立それ自体を危うくする。ここで、いけにえが選ばれて全員一致の暴力（集合暴力）が彼に加えられると、暴力は共同体の外部へ放出されると同時に、成員間の敵対は新たな結束に、解体の危機は平和へと変貌する。

ソポクレスの『オイディプス王』をはじめとするギリシャ悲劇を題材にとりながら、集合暴力による共同体の秩序の再生の過程を明らかにするジラールは、こうして社会の基礎は暴力をとおしてもたらされるとした。また、集合暴力の対象となり結果として共同体に平和をもたらしたいけにえは、その死後に神聖化され、供犠などの儀礼が繰り返され、神話伝説もまたここから生まれる。暴力は聖なるものを産出する宗教の起源でもある。

ジラールのこの主張はあまりにもスキャンダラスに映るのか、本書の刊行直後はいうまでもなく、25年後の現在でもまだ経験科学の世界に定着したとはいいがたいが、他方で『暴力と聖なるもの』に依拠してアフリカの部族の研究を始めたシモン・シモンズなどの業績に注目してもよい。また、レヴィ＝ストロースの構造人類学への批判や、とりわけフロイトの「エディプス・コンプレックス」の概念の、模倣と暴力の観点からの批判的な検討によって、本書は社会科学に少なからず貢献した。

富永茂樹

[書誌データ] René Girard, *La violence et le sacré*, Grasset, 1972（『暴力と聖なるもの』古田幸男訳、法政大学出版局、1982）.

陣内秀信 （1947- ）
『東京の空間人類学』 *1985年刊

震災や戦災で破壊され、近代の改造を繰り返し巨大に膨張した東京は、歴史を完全に失った、マスタープランもない無秩序な都市とみなされてきた。その東京をフィールド調査の対象とし、古地図をもって今の都市空間を徹底的に歩くことによって、東京の基層に江戸から受け継がれた歴史的な構造が今なお存続し、この都市に豊かな個性を与えていることを示したのが本書である。また、欧米の都市とは異なる、地形や自然と深く結びついた独自の空間秩序が存在していることを示した。

江戸・東京は異なる原理をもつ山の手と下町からなる。近代の主役となった山の手だが、古地図を使って分析すると、日本の都市ならではの特徴が浮かび上がる。起伏に富んだ地形を利用し、土地の相を巧みに利用しながら道路網（尾根道‐谷道）と寺社空間、大名屋敷、中下級武家地、町人地などの土地利用システムがつくられた。明治以降も、こうした敷地の器を受け継ぎながら、中身を新時代にふさわしいものに置換する独自の近代化を遂げた。

一方、下町は掘割り、河川の巡る水の都であった。都市にとって重要な場所の多くは水辺に集中し、流通・経済活動の拠点ばかりか、宗教空間、盛り場、行楽地も水の近くに発達した。水は単に日常の実利的な面を越えて、聖なるもの、非日常的なものとも深く結びつき、都市を構造化するうえで、根源的な次元で大きな役割を果たしていた。本書はモノを扱う建築史から出発しながら、その形態、機能の背後にある場所の意味を常に探っている。

本書はこうして東京の従来のイメージを一転させ、その再評価に一石を投じたばかりか今後の都市づくりの方向性をも示している。

著者要約

[書誌データ] 陣内秀信『東京の空間人類学』筑摩書房、1985（ちくま学芸文庫、1992；英訳 *Tokyo: A Spatial Anthropology*, University of California Press, 1995）.

新明正道(しんめいまさみち) (1898-1984)
『綜合社会学の構想』 *1968年刊

「綜合社会学」の立場にたつ新明正道の社会学体系論は、1939年の『社会学の基礎問題』、1942年の『社会本質論』においてほぼ確立したが、第2次大戦後、1948年に論文集『社会学の立場』を刊行して、自己の立場をさらに鮮明にしようと試みている。ここにとりあげる『綜合社会学の構想』は、上の第3の著作の改定増補版であり、新明の立場のほぼ完成された姿を示すものといってよい。

新明が社会学研究を開始した第1次世界大戦後の頃は、ジンメルの「形式社会学」など「特殊的社会学」が隆盛をきわめ、日本でも高田保馬が結合の概念を中心とした特殊社会学の体系を提示していた。新明もはじめ「形式社会学」の研究にとりくんだが、「もともと私が社会問題に強い関心をもっていたせいか」、次第にこれに満足できなくなったという。こうして研究の結果たどりついたのが、「形式」と「内容」を統一する「行為」の概念を基軸とし、社会を「行為連関」としてとらえる「綜合社会学」の立場だったのである。

このような立場から新明は、この著において、(1)普遍化的認識をめざす一般社会学のほかに歴史社会学の部門が、また(2)これら基幹的部門のほかに社会の特殊的現象を研究する特殊社会学が成立しうること、(3)価値判断の要素を含む実践社会学をも否定すべきでないこと、(4)マルクス主義の学問的成果をもとりいれてゆくべきこと、を主張している。

このような新明の社会学体系論は、たとえば高田保馬の精緻な体系にくらべるとなお素描の域をでていないとの評価も可能であろう。しかし、新明が指導しておこなわれた東北大学社会学研究室の「釜石調査」などが示すように、この立場が実証研究に生かされていったことをも忘れてはならない。　　　　　細谷 昂

[書誌データ]　新明正道『綜合社会学の構想』恒星社厚生閣, 1968.

ジンメル Georg Simmel (1858-1918)
『社会学の根本問題』 *1917年刊

ゲオルク・ジンメルの社会学研究の簡潔な集大成。彼は「形式社会学」の立場を提唱し、大著『社会学』にそれを示したが、1910年のドイツ社会学会第1回大会の「社交」についての講演をきっかけに、「社会化の形式」がたんなる「内容」を実現するための「形式」にとどまらず、固有の意義と価値をもつことを知り、これは「形式」の抽象的な考察によってのみでは把握できず、現実にそくして考察しなければならないと考え、これを死の前年にまとめたのが本書である。

まず第1章「社会学の領域」は以上の点を社会的現実からの抽象の差によって説明し、社会学の領域を「一般社会学」と「純粋社会学」と「哲学的社会学」に分ける。従来の形式社会学が純粋社会学と改名されたのは、一般社会学がいわば「現実の」形式を対象とするのにたいし、純粋社会学は「純粋な」形式を対象とするからであろう。第2章「社会的水準と個人的水準(一般社会学の例)」はすでに『社会分化論』第4章の大衆社会の問題を「悲劇」という言葉で示し、第3章「社交(純粋社会学の例)」は、「実際的な目的も内容ももたない」社交によって社会生活が意義と価値をもつことを示し、第4章「18世紀および19世紀の人生観における個人と社会(哲学的社会学の例)」では主として量的個人主義から質的個人主義への発展が説明される。要するに第2章で大衆社会の悲劇の問題が指摘され、第3章ではそれにもかかわらず社会生活は意義と価値をもつことが強調され、第4章では大衆社会への対応としての質的個人主義の台頭が説明される。　　　　　居安 正

[書誌データ]　Georg Simmel, *Grundfragen der Soziologie* (Individuum und Gesellschaft), 1917, 3. Auf., 1970 (『社会学の根本問題』清水幾太郎訳, 岩波書店, 1979 ; 阿閉吉男訳, 社会思想社, 1996).

スウィージー　Paul Sweezy (1910-2004)
『資本主義発展の理論』 ＊1942年刊

　世界恐慌の社会的インパクトを受けて，1940年代のアメリカ合衆国において結実したマルクス派の理論的著作。1970年代にラディカル社会科学運動が台頭するまでは，合衆国においてスウィージーたちのグループ（雑誌『マンスリー・レヴュー』を主催していた人々）の活動は，マルクス派に属するものとして孤高の存在であった。

　本書においてスウィージーは，『資本論』の基礎概念を丹念に咀嚼し，その論理を再現することに成功している。言及される内容は，マルクスの方法論や価値概念といった「原論」的なものから国家・帝国主義・ファシズムといった具体的・歴史的な対象にまで広範にわたっている。

　今日においても重要な示唆を与える議論としては，「原論」部分に該当する「転形問題」の解決案や恐慌発生メカニズムの解明を指摘できよう。『資本論』における大きな「難点」としてしばしば指摘される価値から価格への転形の問題に関して，スウィージーは生産に用いられる資本や生産物それ自体にも価格概念を使用することによって，再生産論の前提に抵触せずに価値と価格との関連づけができることを示した。

　恐慌の発生メカニズムについては，再生産表式に依拠することによって，「第1部門」の生産が労働者の賃金を低下させることを目的とした技術革新の結果，恒常的に「第2部門」の生産を上回る傾向（「過剰生産」）が発生するとともに，労働者の賃金は低く押さえられるために消費が滞る傾向（「過少消費」）も発生する。このような部門間の不比例によって，スウィージーは実現恐慌が発生することを主張した。

山田信行

［書誌データ］Paul Sweezy, *The Theory of Capitalist Development*, 1942（『資本主義発展の理論』都留重人訳，新評論，1967）．

杉本良夫（すぎもとよしお）(1939-)，マオア，R．(1944-) 編
『日本人論に関する12章』 ＊1982年刊

　いわゆる日本人論のイデオロギー性や方法論的問題点を，内外社会科学者12人が縦横に論じた書である。1980年代以後，活発になった日本人論に関する批判的分析の先駆的役割を果たした。社会学だけではなく，人類学・歴史学・政治学などの視点からの学際的研究で，日本人そのものを社会科学的に考察する道を開いた。

　批判の主要な対象とされたのは，「日本人は集団主義的である」とする「グループイズム・モデル」である。この枠組みは「タテ社会」論や「甘え」論などによって大衆化され，「日本特殊独特論」の中核をなしてきた。本書の論者たちは，日本社会が単一の国民性や均質な文化のうえに成り立っているという通論に挑戦し，社会内の多様性や階層性を指摘しつつ，一見調和的に見える行動様式の裏に潜む拘束や操作の姿に光を当てた。

　別府晴海は，日本人論における内部調和の神話やタテマエとホンネの混同などに照準を当て，イデオロギー批判を展開した。J．V．ネウストプニーは，異国趣味志向の「ジャパノロジー・パラダイム」や細分化志向の「日本研究型パラダイム」を越える体系として，バリエーションやコンフリクトに目を据えた「現代型パラダイム」の定式化を試みた。

　執筆者の多くは，国籍や永住地を変更した体験を持つ研究者である。彼らが当時根拠なく豪州入国を拒否された社会学者・日高六郎（本書の序文執筆）の入国許可を求める社会運動の中心となったのは，偶然ではない。その点をも含めて，本書は独自のマルチカルチュラリズムを推進するオーストラリアの学問風土を反映しているといえよう。

編者（杉本良夫）要約

［書誌データ］杉本良夫，ロス・マオア編『日本人論に関する12章―通説に異議あり』学陽書房，1982（英文学術雑誌版：*Social Analysis*, nos 5/6, University of Adelaide, 1980）．

スコット Joan Wallach Scott (1941-)
『ジェンダーと歴史学』 *1988年刊

本書の功績は大きく2点あげられる。1つは、フェミニズムが学問世界に持ち込んだジェンダー概念を、ポスト構造主義理論の助けを借りてさらに精緻化したこと。第2は、性差に関する知であるジェンダーが過去においていかに産出されたかだけでなく、歴史学が過去を語るという学問的営為を通じていかにジェンダー秩序の再生産に参与してきたかを、具体的に明らかにしてみせたことである。

女性史研究は、歴史学のなかでなぜ周縁的位置にとどまっているのか。スコットは、それは分析概念としてのジェンダーの可能性が十分活用されていないためだと言う。ジェンダーとは家族や男女の直接的関係だけに関わるものではなく、経済や政治も含めた社会関係全般において、世界認識や意味構築の基本的よりどころとなっている。同時にジェンダーは、不平等な関係、すなわち権力関係を表現する第一義的な場であり、したがって政治的である。ジェンダーをこのように定義することにより、男と女、国家と家族、公と私、労働とセクシャリティといった二項対立的区分は溶解し、世界を新しい観点から読み直すことが可能となる。それはまた必然的に、従来の歴史叙述における女の不可視性、「階級」のように一見中立的な概念の持つジェンダーの政治性、さらに特定のジェンダー観を無意識に再生産する歴史家や歴史学界に対する批判的検討へとつながっていくのである。

実証への志向が強い歴史学界には、スコットのポスト構造主義への傾斜に対する批判もあるが、本書が提示した明晰で洗練されたジェンダー理論は、歴史学の境界を超えて多くの分野で評価され、ジェンダーを論じる際の必読書となっている。

訳者要約

［書誌データ］ Joan Wallach Scott, *Gender and the Politics of History*, Columbia University Press, 1988（『ジェンダーと歴史学』荻野美穂訳、平凡社、1992）．

鈴木榮太郎(すずきえいたろう) (1894-1966)
『都市社会学原理』 *1957年刊

シカゴ学派都市社会学は、都市という集落を人口の集中する空間と捉え、この都市集落の効果が逸脱的ライフスタイルと社会解体的現象に典型的にあらわれると言明した。このシカゴ学派の確信に対し、鈴木榮太郎は真っ向から異議を唱える。本書は、都市社会学が研究の対象とするべき都市的現象を明確化し、実証研究の確認にもとづく理論を提示することによって、シカゴ学派の諸業績と並ぶ、日本の都市社会学の古典の1つとなった。本書において都市集落ははじめて、結節機関の集積地と規定される。結節機関とは、人、モノ、情報の社会的交流を結節させる機能を有する機関であり、商業機関、行政機関等、9種の機関があげられる。これらの機関は職場として人を集めるだけではなく、機関としての活動を通して多数の人びとに関与してもいる。この結節機関説の他にも、本書は、たとえば都市のメディア性にはじめて注目している点、機関の格位にもとづく都市格位説（機関の上下関係にもとづく都市序列の説明）を展開する点、正常人口の正常生活説（正常人口とはライフサイクルのなかで就学期と就労期にある人びと、つまり結節機関で働き学ぶ人びとをさし、正常生活とは、その生活の型を続けることによって、社会生活の存続が可能となるような生活の型を言い、これを都市社会学の研究対象とする説）によってシカゴ学派とは異なる対象にアプローチする意味を明確にした点など、多くの成果を含んでいる。さらに、都市生活の時間的周期と都市生活空間の律動への関心から、独自の時間-空間論を実証的視点から展開している点なども、再評価されてしかるべき点である。

森岡清志

［書誌データ］ 鈴木榮太郎『都市社会学原理』有斐閣、1957（増補版：有斐閣、1965；『鈴木榮太郎著作集 Ⅵ』未来社、1969）．

鈴木広 (1931-2014)
『都市的世界』 ＊1970年刊

本書に対して似田貝香門氏が書かれた書評を見て，読む人が読めば十二分に理解して頂けるのだ，とその正確な読みと深い洞察力とに驚嘆した。本書の意図は，この書評をぜひ参照して評価してほしい（『社会学評論』93号，1973）。

本書に収録した論文は次のとおりである。

1 都市研究における中範囲理論の試み
2 社会的移動論の諸問題
3 離島社会における土着と流動
4 都市化と政治意識の変質過程
5 創価学会と都市的世界
6 戦後日本社会学の問題状況

このうち第6章は1965年日本社会学会大会のシンポジウムで報告した論考である。その第2節冒頭に私の社会学史方法論を要約した。とくに「学説史」研究者に一読してほしい。第1章はいわゆる「釜石調査」の総括論文で，私の都市研究の原点をなしている。その理論軸は〈中央＝地方〉であるが，その間を社会移動論によって媒介しようとしたのが第2論文（1963）で，主張はSSMのような移動の客観的側面とともに，「行為としての移動」の側面をも統一的に対象化することにあった。私の都市化研究の形は，〈共同体世界→都市化・過疎化・混住化→アーバニズム〉となり，第3・4・5章はこの図式に沿っている。しかも対象に日本社会の底辺（第5章）と辺境（第3章）からアプローチすることを構想していた。換言すれば，都市の社会学というより，都市的世界としての日本社会の研究を目指すのである。創価学会研究（第5章）は，移動論を内容とする都市分析という，新しい視界に導くこととなった。その帰結として1963年に書いたのが「社会的移動論の諸問題」である。

著者要約

［書誌データ］ 鈴木広『都市的世界』誠信書房，1970.

鈴木広 (1931-2014)
『都市化の研究』 ＊1986年刊

552＋xiv（＝566ページ）の私の主著，学位論文でもある。6部（18章に補論6点を加えて）24章構成で，第1部 序説，第2部 都市化の理論，第3部 都市化と生活構造，第4部 都市化と社会構造，第5部 都市化とシンボル形成，第6部 結論，という内容である。都市社会学を都市化する全体社会（社会体制）の研究と考え，全6部に6篇の補説の章を置き，その考え方を示した。順に列挙すると，体制崩壊の可能性，コミュニティ・モラールと社会移動の分析図式，生活構造論の方法的意味をめぐって，私にとって階級とは何か，生きがいの社会学的構造，たえず全体化する全体性とたえず私化する私性，である。

各章とも時代の文化意義において重要な主題を解明している。とくにⅢ・Ⅳ・Ⅷ・Ⅻ・ⅩⅣ・ⅩⅥ・ⅩⅧの各章を精読してほしい。コミュニティ分析と社会移動論とを統合する都市社会学の到達点を示す。第6部結論の命題に対して，ようやく最近若手研究者たちが批判的に追試を発表しはじめた。本書のバックデータの多くは1978年に発表した『コミュニティ・モラールと社会移動の研究』（アカデミア出版会，590ページ）に負うている。

産業化・都市化という社会変動が，各地域社会で具体的にどう貫徹するか，住民の意識変容はどう把握されるかを実証する研究である。「コミュニティ・モラール」とは，住民のコミュニティ意識にモラール次元とノルム次元とを分析的に区別することによって，地域社会変容と住民のコミュニティ行動とを，より正しく把握することができるという概念分析に由来する。社会移動概念の拡張・一般化によって，全体社会の変化と個別コミュニティ変容とを，統一的に把握している。

著者要約

［書誌データ］ 鈴木広『都市化の研究—社会移動とコミュニティ』恒星社厚生閣，1986.

鈴木広(すずきひろし) (1931-2014) 編
『都市化の社会学』 *1965年刊

　本書は都市社会学の外国の基本文献を14篇精選し訳出したもので，1978年に新たに4篇を追加して増補版を刊行した。最小限の必読文献を網羅しているので，非常に有効なテキストとして好評を得，この種の出版物としては異例の発行部数となった。その事情は目次によって理解されよう。

Ⅰ　M．ウェーバー　都市の概念と諸範疇
Ⅱ　ゾンバルト　都市的居住―都市の概念
Ⅲ　パーク　都市
Ⅳ　ジンメル　大都市と心的生活
Ⅴ　バージェス　都市の発展―調査計画序論
Ⅵ　ワース　生活様式としてのアーバニズム
Ⅶ　リプセット　社会的移動と都市化
Ⅷ　レゲット　労働者階級意識と根なし層
Ⅸ　ブラウ　社会的移動と人間関係
Ⅹ　ミルズ　中都市の中間階級
Ⅺ　アクセルロッド　都市構造と集団参加
Ⅻ　ロッシ　地域社会の政策決定
ⅩⅢ　ダンカン　都市の最適規模
ⅩⅣ　デューイ　近隣・都市生態学・都市計画家
ⅩⅤ　ウォレン　コミュニティの非ユートピア的規範モデルを求めて
ⅩⅥ　ヒラリー　コミュニティの定義
ⅩⅦ　リース　コミュニティの社会学的研究
ⅩⅧ　パーソンズ　コミュニティの基本構造

　本書を企画したのは，いわゆる都市化の時代だが，私はそれを社会移動論アプローチによって解明すべきだと考えていた。高度経済成長期が過ぎて安定期に入ると，時代はコミュニティ志向を強める。編集内容に鮮やかに時代が反映している。とくにシカゴ学派の核心をなすパーク，ワース，バージェスの3論文と，移動論のリプセット，ブラウ，さらにネットワーク分析の原点たるアクセルロッドなどは著名。この1冊で都市社会学のプロ入門が可能。訳者に奥田道大・高橋勇悦・倉田和四生らの碩学を揃えている。　　　編者要約

[書誌データ]　鈴木広編『都市化の社会学』誠信書房，1965（増補版：1978）．

スタイナー　George Steiner (1929-)
『悲劇の死』 *1961年刊

　現実の悲劇性は増大しているのに，西洋文芸の最も重要なジャンルのひとつである悲劇は17世紀を境として衰退の一途を辿ったという仮説を証明しようとした本で，単なる文芸論を越えた大規模な文明論になっている。著者はオーストリア系のユダヤ人を両親とし，フランスとアメリカで教育を受け，イギリスとスイスを主な活動場所としている批評家で英独仏伊の4カ国語を自由に操り，古今の西洋文芸はもちろん，哲学や言語学にも精通しているが，論じようとする主題を危機的な様相において捉えるところに特徴がある。

　著者はまず，悲劇を支えているのはユダヤ的世界観ではなくてギリシア的世界観なのだと主張する。それは，この世には理性によって捉えうる窮極の正義は存在しないとする世界観だが，同時にそれは人間の尊厳を認める世界観でもある。こういう世界観に支えられたものとしての悲劇の歴史的変遷を辿ったのが，本書の内容だ。たとえばルネサンスの悲劇は新古典主義が提出した「理性に基づく新しい世界像」によって脅かされた。次いで，こういう世界像を提示するフランス新古典主義悲劇，またそれに続くロマン派の劇作品を著者は分析し，さらにロマン派の文人がギリシア悲劇やシェイクスピア悲劇といった過去の作品に対してとった態度を吟味する。そして近代においては，散文的形式としての小説が韻文的形式としての悲劇にとって代わった経緯や，音楽が悲劇を脅かし，オペラが悲劇の優位を奪おうとした経緯を跡づける。最後に現代における悲劇の復活の可能性が探られるが，それは文明の本質に関わる問題であるがゆえに，著者は断定的な発言を避けようとしている。

訳者（喜志哲雄）要約

[書誌データ]　George Steiner, *The Death of Tragedy*, Faber, 1961（『悲劇の死』喜志哲雄・蜂谷昭雄訳，筑摩書房，1979）．

スタベンハーゲン
Rodolfo Stavenhagen (1932-)
『開発と農民社会』 *1981年刊

スタベンハーゲンは現代メキシコの代表的な農村社会学者であり，発展途上地域一般およびラテンアメリカにおける経済開発にともなう農村社会の変動の分析で知られている。本書は訳者の要請に応じて著者スタベンハーゲンが彼の数多い論文のなかからみずから選んだ8編の論文を翻訳した論文集である。したがって，この訳書には原本はなく，この日本語版があるだけである。

本書所収の8論文中，もっともよく知られかつ彼の理論的立場を鮮明に打ち出しているのは，冒頭の「ラテンアメリカについての七つの謬論」（初出1965）である。この論文で彼は発展途上国の農村を国内植民地と特徴づけ，その視点から，発展途上社会を近代・前近代の2セクターからなる二重社会ととらえる通説を痛烈に批判した。彼はこの論文で，発展途上地域の社会学的研究で従属論を明快に展開した先駆者となった。「ラテンアメリカにおける複合社会」(1973)「民衆文化と知的創造」(1978) の2つの論文は主にインディヘナ問題を論じている。彼は，エスニック・グループ間の社会成層関係と階級構造との関連を発展途上地域の社会構造上の特徴的問題として重視し，国民文化への同化・融合による被支配的エスニック・グループの文化破壊ではなく，彼らの固有の文化を尊重し，諸文化の共存をめざすべきと主張する。末尾の方法論的提言「応用社会科学の非植民地化」(1971) は，発展途上国の左派社会学者，人類学者の立場を鮮明に示している。これらの点でも彼は先駆的であった。他にラテンアメリカ，メキシコの農業問題にかんする良き手引きとなる論文4編を含む。

訳者（山崎春成）要約

[書誌データ] スタベンハーゲン『開発と農民社会―ラテンアメリカ社会の構造と変動』山崎春成・原田金一郎・青木芳夫訳，岩波書店，1981 (Rodolfo Stavenhagen, *Peasant Societies and Development*).

スタロバンスキー Jean Starobinski (1920-2019)
『ジャン＝ジャック・ルソー』 *1971年刊

ルソーの思想は，極端な個人主義と共同体主義，歴史的な先鋭性と回帰性の共存など，一見矛盾する多様な面を持っている。本書は「透明性への願望」を主題として，多様なルソー像を統合する視点を示した研究である。

透明性の問題は，『告白』において，外観と内面の分裂として現れる。他人に差し出される自己の外観は，内面の思考や感情と一致しない。「外観から見れば，わたしは有罪なのだ。」内部は自分にとって透明な領域であるが，外部の他者にとっては常に不透明である。この自覚を契機として，ルソーは隠棲的な著述家の生き方を選び，自己の内部を可能なかぎり正確に記述する文章によって人々に語りかける。彼は書き言葉という媒介を通じて，失われた直接性を逆説的に回復しようとするのである。彼の著作にあっては，このような透明なコミュニケーションへの欲求が，ときには『新エロイーズ』における特異な愛情関係の理想として，あるいは『不平等起原論』や『社会契約論』における近代社会批判として表現される。その思索の到達点は，晩年の『孤独な散歩者の夢想』における湖の水辺の夢想として描かれる。

常に闇と暗がりを恐れ，透明な光を愛したルソー。本書に描かれたルソー像は，不透明な外部に対する不安，異質な他者を排した自己の内部性への愛着，孤独者の叙情的な救済など，現代社会における自我像を先駆的に表現するものとして，読者の思考を喚起するアクチュアリティを持っている。

天野義智

[書誌データ] Jean Starobinski, *Jean-Jacques Rousseau: la transparence et la obstacle*, Gallimard, 1971（『J.-J. ルソー―透明と障害』松本勤訳，思索社，1973；『透明と障害―ルソーの世界』山路昭訳，みすず書房，1973).

スタロバンスキー Jean Starobinski (1920-2019)
『フランス革命と芸術』 *1973年刊

　本書は，フランチェスコ・グヮゥアルディやモーツァルトからダヴィド，フュスリ，カノーヴァ，ブレイク，ゴヤまで，フランス革命の起源から結末にあたる時期のヨーロッパ芸術を概観している。この時期は，ロココの終焉，新古典主義の最盛期，ロマン主義の生成の時代であるが，著者は，こうした芸術様式の継起の全体を革命史の展開との関連において展望する1つの解釈を提示している。

　スタロバンスキーは，フランス革命の過程を「啓蒙の栄光と苦難」の歴史としてとらえる。啓蒙の理性の原理は，国民議会議員たちの不退転の意志に担われて現実のなかに降り立つが，その実現を阻もうとする反革命と闘うために，民衆の暴力と結びつかなければならなかった。理性の原理は，この「受肉」によってのみ現実化されうるのであるが，同時に，それは，それが打ち勝とうとしていた迷妄な民衆の暴力の闇の力に捕らえられてしまう。革命の光明は，次第にその内部から暗黒に冒され，理性支配は，恐怖政治の暴力に転化していく。

　この「革命の運命の見取り図」は，もちろん革命の現実の過程に対応するものであるが，同時に，フランス革命を，肉体の超克と支配を企てて挫折した精神の悲劇として，いわば普遍の相においてとらえようとするものである。スタロバンスキーは，同様に，芸術様式の変遷を，精神と物質，光と闇，存在と外観，建築物の用途・目的と形態，絵画におけるデッサンと色彩などの拮抗としてとらえることにより，革命と芸術様式の展開の間に存在する深い精神史的な照応の存在を説いている。

訳者要約

[書誌データ] Jean Starobinski, *1789 Les Emblèmes de la Raison*, Instituto Editoriale Italiano/Flammarion, 1973; rev. ed., Flammarion, Coll. 〈Champs〉, 1979 (『フランス革命と芸術』井上堯裕訳, 法政大学出版局, 1989).

ストリブラス Peter Stallybrass (1952-), ホワイト Allon White (1951-88)
『境界侵犯』 *1986年刊

　本書は17世紀から19世紀末に至る「ブルジョワ階級」の文化的想像界の形成を主題としながら，文学，肉体，心理，階級といった領域で，境界とその侵犯を追及する試みである。ルネサンス以降のヨーロッパ文化は，「自己」を清潔で啓蒙されたものとして構築する過程で，「他者」として「下層」や「汚穢」といった社会的変域を周縁化し，「グロテスクな身体」を差異化してきた。著者が注目するのは，カーニヴァル的侵犯が保守的か革新的かといった二項対立的な「転倒」の政治性ではなく，むしろ階級秩序が形成されるさいに必然的に生じる矛盾や両面価値性である。社会的には排除される「他者」が，文化を支配する共同幻想においては象徴的中心を占める——忌避は常にすでに欲望の印を背負っているのだ。「下」のものは否定と嫌悪の徴候を帯びながら「上」のなかに内面化される。豚や大食，植民地の野蛮人，大衆の雑音に満ちた劇場やスラム，転覆の儀式に溢れた祭やサーカス，性の魅惑と恐怖を体現する女中や娼婦，それらは「他者」として追放されたかに見えながら，ブルジョワの憧れと耽溺の対象としていつでも帰還するのである。

　「カーニヴァレスク」を普遍的理念として本質化したり，滅びた過去の祭典として理想化するのではなく，むしろ時代に特有の「下層の他者」の痕跡をブルジョワの文化表象のなかに探ること。バフチン，ベン・ジョンソン，フロイト，マルクス，エンゲルス，ベンヤミンから，衛生論者チャドウィック，掃除婦ハンナ・カルウィックにいたるまで広範なテクストを読み解きながら，アイデンティティ構築の裂け目を暴き出す本書は，近年の文化研究の最良の成果のひとつである。

訳者要約

[書誌データ] Peter Stallybrass & Allon White, *The Politics & Poetics of Transgression*, Methuen, 1986 (『境界侵犯—その詩学と政治学』本橋哲也訳, ありな書房, 1995).

ストーン Lawrence Stone (1919-99)
『家族・性・結婚の社会史』 *1977年刊

　本書は，欧米における「新しい家族史」研究の嚆矢となり，家族史研究の方法，時代区分，近代家族の位置づけ等の点で重要な問題提起を行うとともに，各国の社会史，教育史，女性史，人口動態史，文学の社会史研究などにも影響を及ぼしたストーンの主著のひとつである。著者は，かつて「ジェントリー論争」で知られたイギリスの経済史家で，1960年代にアメリカのプリンストン大学に移動後，高等教育史，家族史・離婚史などの分野で顕著な研究をすすめてきている。本書は，近代化過程における文化変容の具体的な生成空間としての家族に注目し，ヨーロッパの過去1000年間における革命的変化が，18世紀を頂点とする近代家族がもたらした人間関係の変化にあるとして，その結婚観，性意識，夫婦と親子の情愛，子育てと教育，死への態度など，家族をめぐるさまざまな価値観・深層意識の社会史的変容の起源と展開のダイナミズムを，「文化の層状伝播」「情愛的個人主義」「ロマン主義恋愛」などのコンセプトの展開に沿って，近代以降の人口動態，家族構造，宗教倫理，生活意識，活字文化の諸相に探るという手法を採っている。主な資料源は，日記，書簡，文学，遺言状，礼儀作法書，宗教資料などの文字資料に加えて，家族の肖像画，墓石碑文，建築構造，交通形態，求愛行動，産育習俗，消費行動なども分析の視野に入れている。全体は，開放的血統家族の時代（1450-1630），限定的家父長制核家族の時代（1550-1700），閉鎖的家庭内的核家族の時代（1640-1800）という3つの家族類型を，主として上流貴族階級，上層中産階級に即して重畳的に時代区分している。

訳者要約

[書誌データ] Lawrence Stone, *The Family, Sex, and Marriage in England, 1500-1800*, 1977, abridged edition, 1979（『家族・性・結婚の社会史―1500〜1800年のイギリス』北本正章訳，勁草書房，1991）．邦訳の底本は1979年刊の簡約版．

スピヴァック
Gayatri Chakravorty Spivak (1942-)
『文化としての他者』 *1987年刊

　スピヴァックは，フェミニズム批評，マルクス主義，デリダの脱構築の方法を参照しながら，独自の手法で，文学，思想を解読する。それは，作者の意図とは別に作品自体が持っている，読者の安易な理解や，学問的な解釈を拒否する過剰な部分に着目することで，既存の作品理解の方法に疑問を呈していくものである。

　スピヴァックの独創性は，乳母としての生活を続けるため，子供をつくり続ける「職業的母親」ジャショーダを主人公とする，ベンガル語の小説『乳を与える女』の読解に典型的に現われている。スピヴァックは，『乳を与える女』の細部の記述そのものが，特権的な地位にある西洋，支配階級，男性の視点に立つ伝統的な作品解釈の方法だけでなく，既存のフェミニズム理論や，作者であるマハスウェータ自身による作品解説の限界さえ示しているという。作品は，批評家はもちろん，作者自身を超えた自立的なものであり，決してひとつの理論によって，一義的な解釈を与えることはできない。反対に，作品を通じて，世界を説明しようとするあらゆる理論の限界を照らし出そうとするのが，スピヴァックの脱構築の方法である。

　このような方法をスピヴァックが用いるのは，他の文学理論とは異なり，西洋，支配階級，男性が持っている普遍的真理へのあくなき願望を明確に拒否して，こうした真理への志向に風穴を開けるため，「周縁」「サバルタン（副次的存在）」の側に，常に自らを置こうとしているからである。もちろん，ここでサバルタンは，サバルタンスタディーズで一般に言われているような実体ではなく，あくまで方法的に浮き彫りにされるべきものである。

荻野昌弘

[書誌データ] Gayatri Chakravorty Spivak, *In Other Worlds : Essays in Cultural Politics*, Methuen, 1987（『文化としての他者』鈴木聡・大野雅子・鵜飼信光・片岡信抄訳，紀伊國屋書店，1990）．

スピノザ Baruch de Spinoza (1632-77)
『エチカ』 *1677年遺稿

「幾何学的秩序によって論証された」という副題が示すように、近代初期の西欧知の総体を解析し、人間の存在論的倫理的自由を再構築したスピノザの主著。ユダヤ・キリスト教的人格神からの訣別と神＝自然＝唯一実体の命題を根本原理とし、無限の属性〔能産的自然〕としての延長と思惟、所産的自然としての様態、心身の同一性、表象〔感情〕・理性〔共通概念〕・直観知の各々の認識様式の相違、道徳論、国家論、感情への隷属とそこからの解放などが順次論じられ、神に対する永遠の知的愛と人間の自由が結論される。

思想史上のスピノザ哲学は無神論や啓蒙的ユダヤ哲学の代表と目されるとともに、そのデカルト的合理主義は18世紀啓蒙思想に、またその汎神論はレッシング、ヘルダー、ゲーテなどのロマン主義からシェリング、ヘーゲルにいたるドイツ観念論に大きな影響を与えた。今日では仏教・禅やイスラム思想との類似性も注目される。

「ポストモダン」の思想潮流のなかでは、ヘーゲル弁証法に対立する唯物論的重層的決定（アルチュセール）、西欧形而上学とキリスト教倫理のニーチェ的脱構築（ドゥルーズ）、身体へのミクロな権力（フーコー）、サド以降の社会契約論批判、そしてディープ・エコロジーなど、数々の新たな論点が『エチカ』から析出されている。また『エチカ』における自己保存力 conatus とその機能・法則による感情分析・療法の議論は、フロイトのリビドーや無意識の理論、フロムによる真の自己肯定としての「生産的性格」の概念、ブルデューにおけるハビトゥス論など、社会心理学の分野でも応用されている。　柴田寿子

［書誌データ］ Baruch de Spinoza, *Ethica Ordine Geometrico Demonstrata. Spinoza Opera*, Bd. II, im Auftrag der Heidelberger Akademie der Wissenschaften herausgegeben von Carl Gebhardt, Carl Winters Universitätsbuchhandlung, Heidelberg, 1925 (『エチカ―倫理学』上・下、畠中尚志訳、岩波文庫、1975).

スペクター Malcolm Spector (1943-)、キツセ John I. Kitsuse (1923-)
『社会問題の構築』 *1977年刊

社会学は草創以来、社会問題（社会病理）を「望ましくない社会の状態」として定義し、そうした状態を見つけ、その原因を調べ、そうした状態を解消する処方箋を書こうと試みつづけてきた。そんな伝統に対して真正面から挑戦したのが本書である。

スペクターとキツセは、機能や規範を基準にして社会問題を「客観的に」同定しようとする従来の社会問題研究は、方法論上の困難を抱えていると主張する。価値判断抜きの客観的な機能分析などありえないし、また価値をめぐって社会にコンセンサスがあるともいえない。そもそも、社会の人びとの言説から独立して客観的な社会の状態という「もの」があり、専門家としての社会学者はそれについて素人よりよく知りうる立場にあるという思い込み自体に根拠がない。スペクターとキツセはそうした思い込みから逃れるため、問題とされる「社会の状態」そのものを研究関心から外し、社会問題を「社会の状態」をめぐるクレイム（苦情や主張）の申し立てと、それに対する多様な反応とが織りなす相互作用の過程と考えることを提案した。つまり、社会問題を言語行為に媒介された動的なポリティクスとして再定義したのだ。この提案から構築主義と呼ばれる社会問題の研究プログラムと、それに依拠した多くの調査研究が生まれた。

本書は、ある意味では、1960年代に栄えた逸脱のレイベリング理論の社会問題の領域でのリターンマッチなのだが、しかし単なる反復ではない。経験的な調査可能性にあくまでこだわりながら、いわゆる社会科学の言語論的転回の流れを踏まえてレイベリング理論を純化したところに、本書の功績があるといえる。　訳者（中河伸俊）要約

［書誌データ］ Malcolm Spector and John I. Kitsuse, *Constructing Social Problems*, Cummings, 1977 (『社会問題の構築―ラベリング理論をこえて』村上直之・中河伸俊・鮎川潤・森俊太訳、マルジュ社、1990).

スペンサー Herbert Spencer (1820-1903)
『社会学の原理』＊1876-96年刊

　イギリスの社会進化論者スペンサーの代表的著作。全3巻2224頁からなる大著であり、スペンサーの社会有機体論が詳細に論じられている。本書でスペンサーは、社会と生物有機体との類似点として、①生物有機体が成長するように社会も成長すること、②成長によって、生物有機体も社会もその構造が単純なものから複雑なものになること、③生物有機体の諸部分に相互依存があるように、社会の諸集団、諸組織の間には相互依存があること、④生物有機体も社会も、全体の生命および発展が、構成単位の生命および発展から独立すること、の4つをあげている。そして社会の構造は、生物有機体とのアナロジーを用いて、内的システム、分配システム、外的システムの3つからなるものとしてモデル化される。内的システムとは、社会の生命を維持するためのさまざまな生産活動を担うシステムのことである。外的システムとは、システムを制御するものであり、社会では立法府や行政機関がこれにあたる。分配システムとは、この2大システムに介在するシステムであり、社会では道路網や交換のシステムがこれにあたる。さらに環境への社会の適応の仕方には、社会が主として他の社会に対して自己を保持していく軍事型社会と、主として自然界に対して自己を保持していく産業型社会とがあり、社会は「軍事型社会から産業型社会へ」と進化するとした。

　社会有機体論は、今世紀に入って心理学的社会学の登場によって衰退したが、第2次大戦後社会システム論の台頭とともに復権した。スペンサーの社会進化論は、今日、社会システム論の一源流として位置づけられている。

友枝敏雄

［書誌データ］ Herbert Spencer, *The Principles of Sociology*, Vol Ⅰ, Ⅱ, Ⅲ, Williams and Norgate, 1876-96 (『政治哲学』浜野定四郎・渡辺治訳、石川半次郎刊、1884-85；『社会学の原理』乗竹孝太郎訳、経済雑誌社、1882).

スミス，A. Adam Smith (1723-90)
『道徳感情論』＊1759年刊

　本書は、人間の自己中心性と共感 sympathy とに基づいて、社会哲学を構築した著作である。共感は、慈恵的という意味で利他的な感情ではなくて、ヒュームによって規定されていたように、コミュニケーションを可能にする人間の本源的情念としてとらえられ、自己中心性と相まって、社会の倫理・道徳を決定していく。

　他者の行為の適宜性 propriety は、当事他者の想像上の感情に対する共感による。他者の行為が報償に値するか処罰に値するかを決定するのも、その行為を受ける者への共感と行為者の動機への共感との複合的な感情による。ただ、慈恵的行為が、人々を幸福にするのと違って、他者に害をなす行為は、社会の存立そのものにかかわる。その侵犯が処罰の的となる徳性としての正義は、慈恵の徳と異なって、社会という大建築の全体を支持する主柱である。

　こうしてスミスの倫理学は、社会の主柱たる正義の規則に焦点を合わせ、道徳的経験を通ずる一般的道徳規則の成立とか、また、この規則の内面化としての義務の感覚あるいは自己規制の形成と現実の観察者の存在による外的強制との関係とかについて論じていく。

　スミスは、徳性は適宜性にあって、共感を明確な是認の原理とする道徳・社会哲学体系を構成した。スミスはこの体系を基礎として、そのうえに法学・経済学体系を構築していくのである。社会学の意義が、専門化された政治学や経済学を超越するところにあるとすれば、本書は、その理論的展開に当たってまず参照されるべき社会科学体系基礎論と言うべきであろう。

杉浦克己

［書誌データ］ Adam Smith, *Theory of Moral Sentiments*, 1759 (『道徳情操論』米林富男訳、日光書院、1948-49；『道徳感情論』水田洋訳、筑摩書房、1973).

スミス, R. Robert J. Smith (1927-), ウィスウェル Ella L. Wiswell (1908-)
『須恵村の女たち』 *1982年刊

　1935年から36年にかけて，アメリカの人類学者のジョン・エンブリーは，妻のエラ・エンブリーを連れて，日本の農村調査をおこなった．その成果は1939年にシカゴ大学出版会から出版され，1955年に日本語に翻訳された．本書は，エラ・エンブリーが独自につけていた日録を人類学者のロバート・スミスが編集し，1982年に同じくシカゴ大学出版会から出版された．内容は，プロローグ—回想の須恵村，(1)女たちの特徴とその世界，(2)正規の婦人団体，(3)対人関係，(4)性—公と私，(5)生活の実態，(6)若い男女，(7)結婚・離婚・養子，(8)妻と夫，(9)母と父，(10)少年と少女，(11)心身障害者と不適応者・放浪者・魔女，(12)結論である．ジョン・エンブリーのものは，当時のシカゴ大学の人類学研究室で，ロバート・レッドフィールドらの影響が大きかったことを反映して，村落の構造分析に焦点があてられていた．農村社会学者の鈴木栄太郎は，この本を評価し，シカゴ大の人類学の村落研究の方法が，日本の農村社会学の方法と似ているのを発見して「異郷に知己を得たような喜び」を感じていた．また，夫の描いているムラと，妻の描いているムラは，同じムラとは思えないほど異なっている．エラ・エンブリーは10歳のときにロシアから家族とともに日本に来たので，日常会話では日本語を使用でき，しかも女性の視点から，村人の日常生活をとらえている．この点で，本書は，戦前の日本の村落社会についての，優れたモノグラフになっている．まず，理性的，観察主体としての研究者が存在し，その研究，観察の対象として村落構造ないし村落生活があるという前提に本書はたっていない．読者は，戦後の福武直らの村落研究で欠落している視点を，本書から学ぶことができる． 訳者〔河村 望〕要約

［書誌データ］Robert J. Smith & Ella L. Wiswell, *The Women of Sue Mura*, Univ. of Chicago Press, 1982（『須恵村の女たち』河村望・斎藤尚文訳，御茶の水書房，1987）．

住谷一彦 (1925-)
『共同体の史的構造論』 *1963年刊

　共同体の語義は，人間の共属感情に基礎をおく集団であるゲマインシャフト Gemeinschaft，土地の占取集団ないし地域の支配団体であるゲマインデ Gemeinde，あるいは人と人との交渉関係一般を表象するゲマインヴェーゼン Gemeinwesen，また地域的共同生活圏を意味するコミュニティ Community など多義にわたっている．本書で私はゲマインデに焦点を当て，とくにそのゲマインシャフト的側面の解明に力点をおいた．それは戦後日本の再建を方向づける基礎要因は農地改革の動向にあり，それには共同体の解体＝再編如何が決定的であると認識したからであった．したがって，共同体の一般的特質，その歴史的形態と発展傾向が分析の対象となる．前篇はマルクスとウェーバーの共同体論の解明にあてられ，後篇は歴史学，文化人類学の諸成果を援用しつつ，共同体の歴史的諸形態の具体的な検討にむけられている．そして，最後に日本農村社会学の業績の共同体論の視点からする分析と，その意義が明示される構成となっている．

　マルクスとウェーバーは，その世界観においても事実認識の方法においても全く異なっている．ところが，両者は近代化過程において共同体の解体が決定的に重要であるという歴史認識においては驚くほど一致していた．それを最初に指摘したのは大塚久雄であった．私はその業績を継承しつつ，大塚の共同体論ではなお抽象的なレヴェルにとどまったゲマインシャフト的な側面（家族および親族ならびに地縁的な諸組織）について少しく立ち入った検討を試みた．こうしたゲマインシャフト的結合に関する問題視角では，日本農村社会学の業績が重要なことを強調したのが最終論文であり，その延長線上に原田敏明の宮座論を位置づけるべく提示したのが拙著『日本の意識』（岩波書店，1982．同時代ライブラリー叢書）である． 著者要約

［書誌データ］住谷一彦『共同体の史的構造論』有斐閣，1963（増補版：1994）．

盛山和夫（せいやまかずお） (1948-)
『制度論の構図』 *1995年刊

社会は個人および行為によって構成されており，行為を解明し理解することによって社会は理解しうるという行為論および方法論的個人主義は，ウェーバー以来の社会学の正統的立場であって，これはパーソンズのようなシステム論者，シュッツのような意味世界論者，そして無数の実証的社会学者において，疑うべからざる自明の真理として保持されてきた。本書は，新制度学派における組織の概念化問題，ホッブズ的秩序問題，合理性のパラドックス，ルールへの懐疑論，集合主義と個人主義の対立，そして間主観性の問題などに関する批判的吟味を通じて，この自明の前提が成立しえないことを論証し，それに代わる「仮説としての社会」論を提示する。

制度とは理念的実在であって人々の主観的な意味世界（これを本書は「一次理論」と呼ぶ）によって根拠づけられており，この主観的な意味世界（の内容ではなく）それ自体は経験的で客観的な存在である。そして，社会的世界は人々の行為によって構成されているのではなく，人々が世界に対して賦与している意味によって構成されている。人々が賦与している意味はあくまで諸個人の主観的なものであって，何らかの超越的な根拠によって間主観化されているわけではない。しかし，諸個人が世界のなかに見出している意味はその本性上超個人的で普遍なものと映じており，そのことによって制度は一次理論的に客観的なものとして立ち現れることになる。

社会科学方法論としての本書の主張はユニークである。それは行為論的客観主義と対立するだけでなく，人々の想念それ自体の経験的実在性とともに，社会科学における「真理」としての二次理論的客観性を，主観的意味世界に対する理念的な「仮説的超越的視点」に想定する点において，あらゆる主観主義とも対立している。
著者要約

［書誌データ］ 盛山和夫『制度論の構図』創文社，1995．

瀬川清子（せがわきよこ） (1895-1984)
『若者と娘をめぐる民俗』 *1972年刊

柳田国男門下の民俗学者。海女，販女（ひさぎめ）など労働する女性を対象に調査。『女の民俗史』(1956) で第20回柳田国男賞受賞。

500頁を超える大部な本書は，8章に分かれている。1．成年式の方式，2．成年式を行った村，3．成年式の諸形態，4．若者組，5．若者組と宿の生活，6．若者仲間と婚姻，7．年齢階層と同齢感覚と同年講，8．子ども組。前近代の村落共同体は，家や同族結合，姻戚関係のほかに子ども組，若者組，大人組，若年寄組，年寄り組などの年齢階梯制による横断的な構造をもっており，家父長権に対する共同体規制がつよく働いた。

成年式とは一人前の労働力の持ち主であり結婚の資格を持った者と見なされることである。男子は14-15歳，女子は初潮をきっかけにそれぞれ若者組，娘組に加入する。かれらは若者宿，娘宿に同宿し，宿親の監督のもとに同齢者のあいだで社会化を受ける。そのなかにはつまどいや夜這いと呼ばれる性慣行も含まれる。村落に婚姻前に複数の異性と性交渉をともなう自由恋愛が行われていたことは，「女大学」的な日本女性観を覆す。婚姻は当事者同士の合意によって行われ，同年齢集団の同意が伴った。若者仲間が同意した婚姻には，親も反対することができなかった。夜這い慣行は，アジア・オセアニア圏に広く分布する「制度化された婚前自由交渉」と似ているが，西欧の人類学者が「乱交」と呼んだのに対して，むしろ共同体規制下の性交渉と考えたほうがよい。各地の若者組，娘組には厳しい組規則が残っている。夜這い慣行の起源を古代の歌垣（うたがい）などに求める人もいるが，瀬川によれば比較的新しいようである。若者組，娘組は明治末期に解体していくが，夜這い習俗は村落共同体の最終的な解体が起きる1950年代まで一部の地域に確認されている。
上野千鶴子

［書誌データ］ 瀬川清子『若者と娘をめぐる民俗』未来社，1972．

■セネット Richard Sennet (1943-)
『無秩序の活用』*1970年刊

　郊外化による家族の内閉化と都市計画による空間の秩序化に反対して、都市が本来持っていた無秩序を再評価し、異質なものの接触項を現代都市の中に多様に導入することを提唱した本書は、近代都市計画を批判して1970年前後から展開されていったラディカルな都市思想を代表するものの1つである。

　本書の特徴は、こうした20世紀における都市生活の変容を、青年期における純粋なアイデンティティの追及という精神的傾向と結びつけている点にある。エリクソンのアイデンティティ論に基づきながら、著者は青年期に現れる純粋性への願望を、一種の防衛機制として捉えていく。社会との厄介な相互作用が自分たちを押し潰してしまうのではないかという怖れが、若者たちを首尾一貫した固定的アイデンティティの追及へと導くのだ。

　著者は、こうした「青年期の回避のパターンをただ引き延ばすだけでなく、結果的にはこのパターンに成人の生活を凍結させるように絶えず作用しているは、まさに豊かな現代の都市コミュニティの社会構造」なのだと論じている。この原因は、ここでは幻想の同質的な連帯の中で、異質なもの同士が日常的に衝突し、交渉し、出来事に不確定性を与えていく可能性が最大限排除されてしまっている点にある。結果的に、現代の都市コミュニティは、人々が他者のいない世界に閉じこもり続けることを可能にしているのである。

　これに対して著者は、都市計画における秩序概念を転換し、都市を諸部分の多様で不安定な接触の場として捉え直していく必要があると主張する。同じ頃、都市はツリーではなくセミラティスであると論じたC・アレクサンダーの主張とも重なるこの観点は、70年代以降の都市論の重要な一角をなしていく。

　　　　　　　　　　　　　　　　吉見俊哉

［書誌データ］Richard Sennett, *The Use of Disorder: Personal Identity & City Life*, Alfred A. Knopf, Inc., 1970（『無秩序の活用』今田高俊訳、中央公論社、1975）．

■セルトー Michel de Certeau (1925-86)
『日常的実践のポイエティーク』
*1980年刊

　イエズス会士であったセルトーは、フロイト学派から民俗学から神秘学まで、きわめて幅広い領域を横断した知性であり、特異な歴史家である。

　『日常的実践のポイエティーク』の原題は『もののやりかた』。日常的実践にひそむ「発明」（創発性）を主題にしながら、料理から読書から街の歩き方、話のしかたにいたるまで、「ごく普通の文化」をおりなすさまざまな実践の意味をあきらかにしてゆく。読書をとっても街の歩き方をとっても、あるいは日常的な話のしかた1つにしても、セルトーの関心は、一貫して、社会のうちに「固有の場」を占めている生産（既成のシステム）にたいして、「固有の場」をもたない消費の実践の意味にむけられている。

　たとえば読書という実践は、「書く」という固有の場をもったシステム（書物の生産）にたいして密猟を働くことであり、システムの裏をかくことだ。同じように、都市空間についても、既存の都市空間にたいし、歩行者はそのシステムを好き勝手に利用することによって解読不能な意味を織りあげてゆく。固有の場をもたない消費者は、弱者の立場を逆手に取ってシステムをおびやかすのである。

　「消費者の実践」をこのようにとらえるセルトーは、専門家的理性にたいして民衆的知恵の立場に立つ。こうした立場は、既成の歴史記述を問うことでもあり、いかなる固有の言語も持たない民衆的知恵をいかに語るかという問いこそ、この歴史家の終生の問いであった。歴史記述の方法論を問う主著『歴史のエクリチュール』は、それを鮮明にうかがわせる。

　　　　　　　　　　　　　　　　訳者要約

［書誌データ］Michel de Certeau, *Art de faire*, Union Générale d'Editions, 1980（『日常的実践のポイエティーク』山田登世子訳、国文社、1987）．

セン Amartya Sen (1933-)
『合理的な愚か者』*1982年刊

　インド生まれの経済学者アマルティア・センの1960年代後半から70年代の作品20本を集めたもので，原題は『選択・厚生・計測』。邦訳はその中から6つをセレクトした。

　「パレート派リベラルの不可能性」(1970)は，K．アローの不可能性定理（『社会的選択と個人的評価』1951）を先鋭化し，①定義域の非限定性（個人はどんな選好を持ってもかまわない），②パレート原理（全員が一致して示す選好に社会的決定を必ず従わせる），③最小限のリベラリズム（当人の選好がそのまま実現される自己決定の領域を確保する）という3つの条件を満たす「社会的決定関数」が存在しないことを数理的に証明した卓論。彼の問題提起には，哲学者R．ノージックらからの応答が寄せられたため，センは「自由・全員一致・権利」(1976)を書いて，一連の論争文献を吟味した。そこで彼は，大半の論者がパレート原理自体には疑念を抱いていない点を問題化し，個人の選好の背後にある動機づけや選好形成の因果関係にまで立ち入った解明が必要だと示唆している。

　「合理的な愚か者」(1977)は，利己心の追求＝効用最大化だけを動機とする「ホモ・エコノミクス」が社会的に見れば愚者に等しく，新古典派経済学の人間理解がいかに狭隘であるかを暴きだした講演で，「共感」および「コミットメント」という道徳感情が利己心への対抗軸に据えられている。「何の平等か？」(1980)では，功利主義とロールズの正義論の欠陥を克服する「基本的潜在能力の平等」という路線が構想されている。これは効用や財ではなく〈当人が選べる生き方の幅〉である「潜在能力」をこそ当人の「福祉」の指標にすべきだとの持論を，平等論に応用したもの。
　　　　　　　　　　　　訳者（川本隆史）要約

[書誌データ] Amartya Sen, *Choice, Welfare and Measurement*, Basil Blackwell, 1982（『合理的な愚か者―経済学＝倫理学的探究』大庭健・川本隆史〔部分〕訳，勁草書房，1989).

ソコロフ Natalie J. Sokoloff
『お金と愛情の間』*1980年刊

　市場労働における女性の位置と，家庭における女性の家事労働が，社会的経済的にどのような相互影響関係にあるかを考察し，後期マルクス主義フェミニズムの理論的立場を擁護するフェミニズム理論書。ソコロフは，労働市場における女性の位置を説明する既存の諸理論，すなわち社会学における地位達成理論・経済学における二重労働市場論・マルクス理論・独占資本主義論・前期マルクス主義フェミニズム・後期マルクス主義フェミニズムを順次批判的に検討し，後期マルクス主義フェミニズムをもっとも優れた理論と規定する。すなわち，労働市場における女性の位置を解明するためには，資本主義という要因以外に，家父制（男性の女性支配を可能にする一連の権力的社会関係）という要因を導入することが不可欠であると主張する。

　ここからソコロフは，資本主義と家父長制は，それぞれ市場と家庭の双方の社会領域に影響を与えているという論を展開し，市場と資本主義・家庭と家父長制の関係だけでなく，家庭と資本主義・市場と家父長制の関係をも考察する必要があることを指摘する。家庭における女性の家事労働は階級関係を再生産する機能を果たしている。また女性は，家庭において家父長制的社会関係にさらされているだけでなく，労働市場においても家父長制的統制にさらされている。職業の性別分離などはそのあらわれである。ソコロフは，現代社会における女性の位置を解明し未来を展望するためには，このような資本主義と家父長制／市場労働と家事労働の，複雑な相互影響関係（女性労働の弁証法的諸関係）を考察することが，不可欠であると結論づける。
　　　　　　　　　　　　訳者（江原由美子）要約

[書誌データ] Natalie J. Sokoloff, *Between Money and Love: The Dialectics of Women's Home and Market Work*, Praeger Publishers, New York, 1980（『お金と愛情の間』江原由美子他訳，勁草書房，1987).

ソシュール
Ferdinand de Saussure (1857-1913)
『一般言語学講義』*1916年刊

　本書が出版されたのは、ソシュールの死後3年ほど経ってからであり、実際にはソシュールが書いた書物と言うことはできない。この本の基礎となっている資料は、1907年から11年にかけて、ジュネーヴ大学で彼が行なった講義についての何人かの学生の筆記録と、彼自身が偶然捨て忘れていた一般言語学に関する若干の草稿類である。これらの資料を、加筆、変更、行刻みの再編成などによって、きわめて整然とした1冊の概論書にまとめ上げたのは、ソシュールの若いころの教え子であり、この本が出る頃には、すでに著名な言語学者となっていたシャルル・バイイとアルベール・セシュエの2人だった。

　この本が、20世紀の諸科学に与えてきた影響の骨子は、ほぼ次のようなものである。言語は、それを使用する行為とは異なる水準に、純粋に形式的な差異のシステムを形成している。このシステムは、社会内での言語の個人的使用に伴って生じるもろもろの言語変化とは無関係に、それ自身において記述されなくてはならない。そうした記述によって、言語は、社会を成立させる可能的な形式性の最大の基盤であること、〈音〉と〈思考〉とを意味的関係によって結合させる唯一の社会的機能であることが明らかにされる。この機能は、〈社会的なもの〉の発生と同じ瞬間に、しかも不断に発生している。このような考えかたは、構造主義と呼ばれる思潮の人文科学的展開に大きな貢献をもたらしたと言える。また、本書に関しては、刊行当時から今日に至るまで、さまざまな視点からの批判が激しく渦巻いており、それらの批判は、20世紀思想におけるいくつかの主要な系譜を形成しているほどである。

前田英樹

［書誌データ］Ferdinand de Saussure, *Cours de linguistique générale*, Payot, 1916（『一般言語学講義』小林英夫訳、岩波書店、1940；改訳版、1972）.

園田恭一（そのだきょういち）（1932-2010）
『現代コミュニティ論』*1978年刊

　本書は現代コミュニティの理論と現実とを分析し、解明することを主題としている。

　そこではまず第1に、さまざまな意味で用いられているコミュニティの概念や理論を検討し、整理することが試みられ、そのなかで、コミュニティといわれているものには、地域社会と共同社会という2つの意味内容が含まれていることを明らかにし、それらを通して、コミュニティにおける地域社会という内容を充分に踏まえつつも、共同社会としての意味をより重視する必要があるという見解を示している。

　たしかに今日の社会では、人々の多くは個人的あるいは私的な利益の追求にのみはしり、全体的なものや共通するものへの配慮が弱まっており、それゆえにこそその反面において、共同社会としてのコミュニティへの関心や必要性を叫ぶ声も高まってきている。とはいえ、今日、このコミュニティをはじめとして、さまざまな形で、共同とか公的なものとして追求され、呼ばれているものが、果たして真の意味で全体の利益に合致しているものなのか、あるいはその名前やタテマエのもとで、特定のものの利益を擁護し、隠蔽するものとして機能しているのかということは、現実に即して充分に明らかにしなければならないという。そしてまた、コミュニティというものを、主観的、情緒的、観念的なレベルでだけ取りあげ、態度や心のもち方だけで現実の問題の解決や対立の解消を図るという議論や動きにも警戒の目がむけられなければならないとしている。

　このような文脈のなかで、本書では、現実にある問題や課題や利害の差異や対立を回避することなく、それらを直視し、正面から受けとめ、打開する過程とのかかわりで、共同社会を実現することの必要性が明示され、強調されている。

著者要約

［書誌データ］園田恭一『現代コミュニティ論』東京大学出版会、1978.

ソレル Georges Sorel (1847-1922)
『暴力論』 *1908年刊

19世紀の労働運動が，一方で経済闘争中心へと衰退していき，他方で議会内改良主義の社会主義に吸収されていく実情に抗して，ソレルは革命的労働運動を再建しようとした。マルクスとプルードンから革命的精神を受け継ぎながら革命的労働運動を蘇生させようとするとき，彼が多面的にねりあげて提案する思想の武器が「神話としての暴力」であった。それは具体的にはゼネラル・ストライキに代表される激しい行動である。ゼネストは物理的暴力ではなく，むしろ一切の生産行為を停止する静かな激情である。ソレル的「暴力」は物理的強制力でも破壊力でもなくて，行動と精神の激しさを意味する。この暴力が神話であると言われるゆえんは，この激情的な荒ぶる力が古代ギリシャ的な叙事詩的神話として機能するからである。神話が多様な機能をもつようにソレルの神話的暴力も次のような多面的な側面をもつ。(1)意志としての暴力。これはニーチェの力への意志，ベルグソンのエラン・ヴィタール（生命の躍動）に類似する生命力である。(2)英雄的行為としての暴力。叙事詩の英雄の行為に見られるような行動のなかで発現する激しさ（ヒロイズム）。(3)創造としての暴力。自由な人間を創造する「努力」。(4)モラル（自己犠牲）としての暴力。(5)労働または生産としての暴力。(6)徳（勇気）としての暴力。総じて『暴力論』は現存社会を革命する使命をもつ生産者（と技術者）を勇気ある人間として励まし再生させる意図から書かれた。革命的サンディカリスムの基本文献でもある。 今村仁司

［書誌データ］ Georges Sorel, *Refléxions sur la violence*, 1908 (『暴力論』木下半治訳, 岩波文庫, 1933).

ソンタグ Susan Sontag (1933-2004)
『写真論』 *1977年刊

写真が外界の「現実」を「ありのままに」写すというのはあまりにも素朴な理解である。その「ありのまま」は少なくとも以下の2点であやしい。第1に，「ありのまま」の「真実」を伝えるというフォト・ジャーナリズムに代表される映像の大量流通の側面において，その映像が身に纏っている客観性や価値中立性の外観は，何らかの動機や利害の偽装である可能性がつねにある。第2に，「ありのまま」の映像に人々が誘惑され，憑かれたように写真を写してまわるということの出来事性の水準を考えなくてはならない。本書はこうした問題を表象批判として展開するタイプの写真論の代表的著作である。

子供時代にベルゲン＝ベルゼンとダッハウの写真を眼にしたときの衝撃，映像に刻印された人間の苦悩とその映像を所有することとの根源的なずれの経験を出発点として，写真という装置の現代社会における作動ぶりが批判されていく。それは中産階級の世界所有，眼による略奪であり，所有によって苦悩そのものに向き合うことを非倫理的に回避するものとして機能してしまっている。社会の「暗部」や死という「リアル」に満ちた戦争状態をつけねらうフォト・ジャーナリズムは，中産階級的な階級横断の代償的な冒険行為を提供しているわけだし，「過去」の写真は人々に心地よい郷愁（ノスタルジー）を与える商品と化す。

アーバスの写真をめぐる思考や，シュルレアリスムを介してベンヤミンの地平に触れようとする点など，ブルジョワ・イデオロギー批判をはみ出す部分も抱えこんでいるが，全体としては写真映像の社会的使用をめぐる批判理論であり，その水準に関しては今なお有益な数々の論点を含んでいる。 遠藤知巳

［書誌データ］ Susan Sontag, *On Photography*, Farrar, Straus & Giroux, 1977 (『写真論』近藤耕人訳, 晶文社, 1979).

ソンタグ　Susan Sontag (1933-2004)
『隠喩としての病い』＊1978年刊

病人は、病気そのものよりも、その病気に刻印されたイメージ（＝隠喩）によって苦しむのではないか——自らの癌体験を下敷きとした本書は、ソンタグのこの洞察から出発する。病いに付着する隠喩ゆえに病人は、いわれのない差別や偏見に苦しむ場合がある。本書に続く『エイズとその隠喩』(1989)で詳述されるように、たとえばエイズは、その初期の流行が異性間のセックスによるものであったにもかかわらず、アメリカでは同性愛者に下された天罰と吹聴された。また、ナチスがユダヤ人を梅毒や癌にたとえながら、その根絶を訴えたように、病いの隠喩は既存の差別や偏見を強化するためにも利用される。こうした隠喩を病いから一掃する必要を説きながら、ソンタグは病いに堅くまとわりつく、この隠喩の力を明らかにしていく。

本書でソンタグは、結核と癌という同じように致命的で、かつては区別さえ困難だった病気が、しかし互いに異なるイメージを喚起する点に注目する。「顔が蒼いた、肺病で死にたいものだ」という詩人バイロンの言葉に象徴されるように、19世紀の西洋社会において結核 (consumption) は、心置きない消費 (consumption) を享受できる上層階級が、自らの個性を確認する経験としてロマン化されることさえあったのに対し、癌は、いくつかの点で結核と重なる部分をもちつつも、「ロマン化することのできない苦痛」としてもっぱら否定的に語られる。自分の身体から生まれる細胞でありながら、身体そのものを破壊する癌は、結核とは対照的に、個性や自己を解体する、統御不能な内なる他者として表象されるとソンタグは言う。

市野川容孝

［書誌データ］　Susan Sontag, *Illness as Metaphor*, Farrar, Straus and Giroux, 1978（『隠喩としての病い』富山太佳夫訳、みすず書房、1982）.

ゾンバルト　Werner Sombart (1863-1941)
『近代資本主義』＊1902-28年刊

『近代資本主義』は原書で3巻6冊、3,200ページを超える大著である。

それは最初、1902年に刊行された。そして全面的な改訂の末に、1916年に第2版が刊行された。そこでは「端緒より現代にいたる全ヨーロッパ経済生活の歴史的・体系的叙述」という副題の下に、第1巻では前資本主義経済と近代資本主義の歴史的基礎に関する記述が、第2巻では初期資本主義に関する記述が行われている。

ここで最も注目されるのは、近代資本主義の起源に関する解放説である。すなわちゾンバルトは、近代資本主義の成立において欲望の解放が果たした役割を強調する（この説は別著『恋愛と贅沢と資本主義』などで主題的に展開されている）。それは近代資本主義の起源について、禁欲説に立つマックス・ウェーバーとの対抗関係において興味深い。

『近代資本主義』は1928年、第3巻の高度資本主義に関する記述が増刊されることで完結した。ゾンバルトのいう高度資本主義とは、産業革命期から第1次世界大戦までの資本主義をさす。そしてかれは、それ以前／以後の資本主義をそれぞれ初期資本主義／後期資本主義と呼ぶ。

ここで最も注目されるのは、後期資本主義という概念の提示である。すなわちゾンバルトは、同時代的に高度資本主義が後期資本主義に転換したと主張する。それは競争の原理に対する協調の原理などを特徴とするもので、資本主義の衰弱を含意している。この概念はのちに、マックス・ホルクハイマー、ユルゲン・ハーバーマスなどに継承されていく。

奥井智之

［書誌データ］　Werner Sombart, *Der moderne Kapitalismus*, 2Bde., 1902; 2. Aufl., 1916; Bd. 3, 1928（『近世資本主義』第1巻第1・2部、岡崎次郎訳、生活社、1942-43、第1巻の部分訳；『高度資本主義』Ⅰ、梶山力訳、有斐閣、1940、第3巻の部分訳）.

ダーウィン　Charles Darwin (1809-82)
『種の起原』＊1859年刊

　進化論という考え方自体は、「存在の連鎖」という西洋の伝統的な空間的位階秩序が時間化される過程で、18世紀後半以降、しだいに醸成されたものである。したがって、『種の起原』において展開された進化論（ダーウィニズム）の独創性は、種の進化という観念自体を呈示したところにあるのではなく、それが呈示した進化のメカニズム（「自然選択」）とプロセス（「分岐」）のなかにあった。

　それは、当時すでに知られていたふたつの観察のうえに築かれていた。(1)生物には変異があり、そしてその変異は（少なくとも部分的には）子に遺伝される。(2)生物は生き残れる以上に多くの子や卵を生む、したがってその結果として同種内（の個体間）に、あるいは異種間に、「生存闘争」が生じる。

　この観察からダーウィンは「自然選択」と「分岐」というふたつの観念を演繹する。(1)生存闘争のなかでは少しでも環境に適した有利な変異をもつ個体が存続していくので（「自然選択」）、有利な変異は遺伝によって種の内部にしだいに蓄積されていき、そこに最終的にはそれぞれの環境により適応した新しい種が生成されていく。(2)進化という過程が種が自然環境への適応度を高めていくことをとおして進んでいくとするならば、それぞれの種は、偶然住みつくことになった環境に合わせて特殊化していくのであり、そしてそれに応じて生物全体は偶発的に不規則に分岐していく（「分岐の原理」）。

　自然選択という唯物論的メカニズムによって神という超自然主義的存在を無用にし、分岐の原理によって「存在の連鎖」を解体した本書は、西洋の思想的基盤を掘り崩す可能性を秘めた革命的事件であった。

丹治　愛

［書誌データ］Charles Darwin, *The Origin of Species*, John Murray, 1859（『種の起原』全3巻、八杉竜一訳、岩波文庫、1963-71）．

高田保馬（たかたやすま）(1883-1972)
『社会学原理』＊1919年刊

　社会の本質とは「有情者の結合」「望まれたる共存」であるとして、「特殊社会科学としての社会学」「社会科学界の一平民としての社会学」という形式社会学の観点に立脚しつつ、ひとつの法則科学として理論社会学を構築しようとした1385頁からなる浩瀚かつ独創的な作品である。

　「欲望の平行」（同種の欲望の共有）にねざす社会結合には、自発的な積極的結合と強制的な消極的結合があり、その積極的結合には類似を基礎とした同質結合と「差異ある者を結合させる」あるいは「異質の協働」である異質結合のふたつがある。その結合と心理的メカニズムの対応関係を明らかにしたうえで（社会意識論）、社会結合の形態と類型、歴史的変遷について検討し（社会形態論）、さらにその形態と変化が人間生活にいかなる影響を与えるか（社会結果論）にかんして考察している。

　このうち、社会形態論では人口の増加と結合定量の法則（「社会の結合的傾向の総量」は一定である）にもとづいて、基礎社会の拡大縮小の法則（たとえば民族・国家の拡大と並行した家族の縮小）、中間社会消失の法則（中間社会の重要性は大小社会によって奪われる）、派生社会錯綜の法則、社会関係・団体の交易化（「犠牲的」要素の減少あるいは利益社会化）の法則、さらに間接社会化・交易化の極致としての社会的原始化について理論的に推論した。その「社会的原始化」とは、一方で利益社会化と個性の発達が極端に押し進められ、それと並行して社会結合の対象が国家と家族を超えて人類一般にまで無媒介に拡散してしまった状態を意味する。高田はそれを「悲しむべきもの」とみなしていた。

稲上　毅

［書誌データ］高田保馬『社会学原理』岩波書店、1919．

高田保馬 (1883-1972)
『社会学概論』
*1922年刊（初版），1950年刊（全面改訂版）

　『社会学原理』が公刊された1919年，高田は広島高等師範学校教授となり，そこで社会学と経済学を講じた。本書（初版）はその社会学の講義録とされ，晩年の高田自らがその英語版の翻訳に取り組んだほどの会心の作であった。

　本書は『原理』の要約版ではないが（大きな紙幅ではないが，社会学の方法，全体社会の構造変動などの新しい記述がある），4篇の構成といいその骨子といい，内容的にみて重複するところが少なくない。高田は改訂版の序で旧版との異同に触れたのち，本書の内容をこう要約している。「全巻を貫く思想は単純である。構造の理論としては，群居性による同質化と力の欲望（「能力において他人に超え勝たんとし，またその優勝を認められんとする欲望」）による異質化とを相補完する二原理とした。変動の説明においては人口の増加と結合定量の法則とを所与の二前提として，その結合からの必然の結論を求め，以て変動の全過程を理解しようとした。初版の構想に変革を加えたるところはない」と。このように，『概論』でも第3篇「社会の形態」がその中核を構成している。そこでは，『原理』での議論と用語を大幅に整理しながら，結合定量の法則，基礎社会の発達方向（基礎社会の拡大縮小の法則，中間社会消失の法則，基礎社会衰耗の法則），派生社会の発達方向（社会分散の法則，錯綜の法則，利益社会化の法則），全体社会の変容（利益社会化，社会の理知化あるいは合理化，世界社会化）などが述べられている。「社会の個性は個人の個性の増加につれて減少する」以上，個性の発達は世界社会化を促すという将来展望も『原理』と変わらない。　　　　稲上 毅

［書誌データ］　高田保馬『社会学概論』岩波書店，1922（初版）；1950（全面改訂版）．

高田保馬 (1883-1972)
『勢力論』
*1940年刊

　高田は，社会学を「結合の科学」として位置づける一方で，経済学をその勢力理論から再構築しようと試みた研究者として知られる。『勢力論』はこの2つの科学を結び付ける結節点としての役割を果たす重要な著作である。

　本書ではまず，勢力の定義，勢力の諸形態が明らかにされる。勢力はつねに社会関係を予想し，勢力欲求を充たそうとする者と，それに従属する者との間において成立する。いま，勢力関係をこのように捉えると，勢力は強制によって従属が成立する外的勢力と，従属者が自発的に服従する内的勢力との2つに分かれ，両者は相互補完的に勢力関係を支えているとみることができる。また勢力関係の成立に深くかかわる外的勢力の強制手段として高田は，武力・権力・富力・文化力の4つをあげるが，これらの間にも，1つの獲得が他のものの獲得を容易にするという関係があり，したがって，1つの勢力が拡張あるいは衰退するときには必ず，「勢力加速度の法則」が働くとしている。

　さらに高田は，勢力がいかにして分配されるかという問いを立て，そこから「相応の法則」「吸収の法則」「対等接近の法則」をそれぞれ導き出し，勢力において等しきものが同じ階級を形成することを明らかにする。

　しかし何よりも高田にとって重要な問いは，近代化とともに，この勢力＝階級関係がどの方向にむかうかにあった。高田は，近代化に伴う人口の増加に注目し，それに伴う社会的結合の弛緩，そしてそれにもとづく階級懸隔の短縮，階級組織の水準化という方向を見いだした。近代化とともに，階級組織がより開放的になると展望していた点で，高田は文字通り近代化論者であったといえる。　　下平好博

［書誌データ］　高田保馬『勢力論』日本評論社，1940．

高取正男 (1926-81)
『神道の成立』 *1979年刊

ここで言われている「神道」は、民俗的な諸信仰に根ざしつつも、伝統的な神々に対する意識的・自覚的信仰であり、学派神道や教派神道などは、これを基盤にして生み出されたとされる。この神道の成立は奈良末、平安初期であったとする。『仏教土着』『宗教以前』（橋本峰雄との共著）などの書と同様、神仏に対する古来からの態度を分析し、日本人の信仰のあり方の特質を考察している。

全体は「本来的な世俗宗教」「神仏隔離の論拠」「神道の自覚過程」「浄穢と吉凶、女性司祭」の4部に分かれる。第1部では、仏教をとりいれた日本人が仏教に対してかなり曖昧な態度を示してきたことを問題にする。神と仏は厳密な意味ではシンクレティズム（習合宗教）を成立させなかったとする。この点は第2部における「神仏隔離」という用語のなかにより明確に議論される。『続日本紀』の大嘗祭についての記述や『延喜式』の内容などを分析して、仏教を受け入れながらも、日本伝来の信仰形態へ固執したことに着目する。仏教という当時にあっての普遍的宗教を受け入れはしたが、それらが逆に自分たちの特殊の領域に足を踏み入れてくることには強い忌避の観念をもったとする。

第3部では神祇信仰が仏教と習合したのみならず、儒教や陰陽道の影響を強く受けたため、神道における禁忌意識が肥大化する効果がもたらされ、これがより自覚化された神祇信仰の成立につながるとみてる。第4部ではその意識された禁忌類を前提にして祭式の整備が進み、それが意識された宗教としての「神道」が成立する時点であると論じられる。このとき祭祀組織も変動し、宮司という新しい祭祀職が出現し、女性司祭の伝統は後退していったとする。

井上順孝

[書誌データ] 高取正男『神道の成立』平凡社、1979（平凡社ライブラリー、1993）.

高橋徹 (1926-2004)
『現代アメリカ知識人論』 *1987年刊

本書を貫流する問題意識は二重である。第一に、後期資本主義国家において、新しい市民社会の創建を目ざして展開されてきたシステム変革とアイデンティティ変革の二重螺旋運動としての新しい社会運動の「現場」への、高橋自身の言葉を使えば「注目と執着」である。第二に、新しい社会運動のパラダイムに迫るために、自己反省社会学の視座から従来の運動の社会学の理論モデルの批判的検討を行ない、構造決定主義モデルとヴォランタリスムモデルとの統合を企てる、という方法論的課題である。

本書が主として取り上げるのは、1960年代後半から70年代前半にかけての新左翼運動である。高橋は、新しい社会運動の展開は70年代後半以降というクラウス・オッフェの説を拒ける。運動の現場に立ち合った者の目から、新左翼運動は、歪みと逸脱を招いたにせよ、「詩人にして工作者」たらんとした自覚的な実験的実践という点において、まぎれもなく新しい社会運動の創始者であるという。

アイデンティティ変革という実存主義的な側面と、社会秩序の根元的な変革という側面との間に不断の緊張をはらみつつ進められる人間復権運動。「組織の中の人間」から「人間の中の組織」へという転換を経験する自律運動。これが高橋が新左翼運動の中に見た新しい社会運動の骨格である。新左翼運動と対抗文化運動に並走した「ラディカル社会学」をも、高橋は運動として分析している。

高橋は1960年代半ば、アメリカに留学して若きラディカルズと交わった。本書は、人間復権運動の現場への共感、飽くなき社会学的探究、青年の自己実現への共振、そして高橋自身のアイデンティティ回復への希求が響き合う、美しいコスモスである。

栗原彬

[書誌データ] 高橋徹『現代アメリカ知識人論―文化社会学のために』新泉社、1987.

高橋哲哉（1956- ）
『記憶のエチカ』 *1995年刊

「戦争・哲学・アウシュヴィッツ」という副題が示すように，20世紀が経験した世界戦争とホロコーストという未曾有の暴力の「記憶」について哲学的考察を加える。ホロコーストのユダヤ人生存者や元「従軍慰安婦」の証言に注目し，「忘却の政治」によって脅かされた記憶に対して，政治的・倫理的責任の問いを提起する。

まず第1章では，ハンナ・アーレントの全体主義論と映画『ショアー』（C．ランズマン）の解読から，物語的記憶の古典的空間が崩壊した後の，記憶と証言の限界状況が明らかにされる。アーレントの記憶論も，表象可能性の次元にとどまるかぎり，アウシュヴィッツの経験を逸してしまうとされる。第2章でも，ひきつづきアーレントの政治哲学が問題とされ，記憶，歴史，法を有する「民族」を特権化し，アフリカに対する人種主義的表象を内包する点が批判される。

第3章は，ホロコーストのユダヤ人生存者の証言に即して，ヘーゲル弁証法に典型をみるような赦し，和解，宥和，贖いの地平がもはや成り立たない記憶のあり方を論じる。第4章は，エマニュエル・レヴィナスの証言論の批判的考察をとおして，元「従軍慰安婦」の証言が提起した，民族と性を越境する記憶の可能性を探究する。第5章は，京都学派の代表的論客であった高山岩男の「世界史の哲学」を，今日に通じる日本の哲学的ナショナリズムの論理として分析し，批判する。

本書は，第2次世界大戦終結後半世紀をへて，世界各地で歴史的記憶を動員した民族紛争が激化し，日本でもナショナル・ヒストリーの復権要求が高まるなか，記憶のアイデンティティ・ポリティクスへのラディカルな批判として書かれた。　　　　　著者要約

［書誌データ］　高橋哲哉『記憶のエチカ』岩波書店，1995.

高畠通敏（1933-2004）
『政治の発見』 *1983年刊

著者の初期論文集『政治の論理と市民』，『自由とポリティーク』などから，市民運動の政治学的考察に関わりの深い文章を集めて刊行しなおされた論文集。岩波書店の同時代ライブラリーに収められたとき，若干，手直しされている。

著者がここで取り組んでいるのは，1960年以降日本でも広がりはじめた市民運動が，現代政治の世界にどのような意味をもつかを，理論的に明らかにしようということだった。標題論文「政治の発見」（1965）は，日本人の政治観が，政治を〈戦い〉，〈乱〉そして〈治〉としてみる封建時代の身分的治者の見方や〈ムラ〉的な共同体的統合の伝統から未だ脱しきれていない現状を分析し，政治を〈自治〉的な秩序の形成とそのための政治技術として考える市民的政治観を樹立する必要を説いている。著者のこのような主張は，戦後の保守と革新両陣営がともに見失っていた市民自治という課題を，政治に対する認識の枠組みから作り直そうという発想に基づくもので，その後の革新地方自治や新市民革命の流れを先取りしつつ市民運動の政治的成熟を説くものだった。

このような視点は，60年代末からの全共闘の問いかけに対し，日常からの発想の重要性を説いた「日常の思想」，社会科学者や政治学者が象牙の塔内の知識人の地位に安住せずに市民運動や住民運動の同伴的観察から新たな学問を構築することを論じた「社会科学の転回」「職業としての政治学者」，そして市民政治学の本来の課題である「政治的共同社会の論理」やその担い手としての「運動の政治学」の考察などにも一貫して貫かれている。

著者要約

［書誌データ］　高畠通敏『政治の発見―市民政治理論序説』三一書房，1983（同時代ライブラリー，岩波書店，1997）.

多木浩二 (1928-2011)
『眼の隠喩』 *1982年刊

本書を貫く主題は「視線」である。この視線とは生理学的視覚をさすのではない。第1章を例にとると、ニューヨークの「自由の女神」の図像学のためにどうして世界史規模の認識の変動を考察しなければならなかったのか。古代から人間には世界を自己と他者それぞれの領域に差異化し分割するまなざしが存在し、その分割の変貌とともに図像が変化していることがわかったからである。古代ギリシャにおける文化/非文化という分割における他者の象徴としての東方の怪物にまでいったんは遡り、そこから下って旧世界/新世界という分割に到り、その変動に応じて今の「自由の女神」が生まれてきた。

人びとはなんらかの「まなざし」を方法として世界に出現する。本書はこの意味でのまなざしの変動を都市、劇場、写真その他の例によって探究した。E. パノフスキーはルネサンスの遠近法をその時代の西欧文化に固有な象徴形式だとしたが、遠近法とはコペルニクス、コロンブス、グーテンベルクを含めたルネサンス・パラダイムに対応していた。まなざしの探究とは、われわれの住む世界を、すでになんらかのまなざしが織り上げている文化のテクストとして読み開くことである。

こうした視線の出現や崩壊を見るには、高級な文化より雑多なテクストの方がいい。たとえば「人形の家」を教育玩具として登場させるのは、家政学と女性の従属的位置を固定させかつ子供の存在が明確になる17世紀のパラダイムであり、19世紀の近代都市とパノプティコンの関連、写真からはじまって身体計測や司法写真にいたる一連の現象からは近代固有のパラダイムが見える。

『眼の隠喩』とは、世界を認識する方法の発見を指していたのである。　　　　著者要約

[書誌データ] 多木浩二『眼の隠喩―視線の現象学』青土社、1982（新装版：1992）.

多木浩二 (1928-2011)
『生きられた家』 *1984年刊

この本は、1975年にある写真集のために書いた長編のエッセイを1976年に単行本として出版したものがもとになっている。その時点での内容は人間によって住まわれた家についての現象学的な考察であり、対象と人間によって経験された対象とはことなるという認識のうえでの居住空間の意味論であり、ハイデガーの『建てること、住むこと、生きること』（1951年のダルムシュタット講演）がひとつの基盤になっていた。しかし同じくハイデガーから出発するボルノオやノルベルク＝シュルツのような楽天的な方向に対する批判に基づいている。

こうした現象学的空間は構造化され神話的な空間に変貌していくという視点によって完全に書き改めたものが現在の本書であり「経験と象徴」という副題をつけた。もちろん最初の現象学的空間論は残っているが、むしろ文化モデルとしての空間図式、ユング的な原形論を中心とした象徴的空間論、宇宙論と居住空間の対応などが思考の中心となり、人間が生きる空間の意味論的組織の全面的な再構成を試みた。当時の文化人類学の影響を強く受け、比喩論としては隠喩から換喩に力点を移行する以前の隠喩中心主義であった。

同時にこうした宇宙論的な思考の限界を感じつつあった。共同体は解体し、神話という言葉の意味するものも変化した。現象学的空間から神話的構造へという過程は、歴史的なある時期に経過する議論であった。一般化していうと本書は人間の集住体のモルフォジェネーズ（形態形成）とトポジェネーズ（場所形成）を巡る議論であった。あるいはこうも言えようか。ここで検討したことはおそらく今、変容していく都市を論じることにとって予備的な思考であった、と。おそらくはここで論じたいかなる経験や古層も、現代都市の深層に埋もれているからである。　　著者要約

[書誌データ] 多木浩二『生きられた家―経験と象徴』青土社、1984；新装版、1993.

多木浩二（1928-2011）
『「もの」の詩学』*1984年刊

　本書で「もの」と呼んだものは，家具，建築，芸術作品などであるが，いずれも人間の行為が関与して歴史のなかに組みこまれ，実体的な形式としての輪郭を消失していわば歴史の無意識の深さに沈殿してしまう物体である。「もの」は歴史の無意識と隠喩関係にあるのではなく換喩的関係にある。この換喩的関係を読み広げることで，意識化されていない領域としての歴史の力動的エネルギーの考察が可能になる。

　本書は「もの」を巡る人間の関与の差異，それに応じて変わる素材としての「もの」の差異がある4つの性格のことなる事象を取り出した。第1章は家具との関係で生じる身体の快楽が文明にひそかに及ぼした力，第2章はヴンダーカマーから美術館，博物館が発生し，そこから商品を展示する祝祭たる博覧会までの19世紀ブルジョワジーの歴史感覚，第3章はキッチュな城を建てることに幻想の王国を夢見たバイエルンのルートヴィッヒ2世の自滅的ディープ・プレイ，第4章ではヒトラーの都市と建築への異様な執着の深部にある帝国の権力を見ようとした。

　分析は細部に生じた出来事の意味から始まる。ひとつだけ例を挙げておこう。第1章の最初の手掛かりは，それまでは垂直だった西欧の椅子の背もたれが17世紀にわずかに後ろに倒れはじめた。社会学や歴史学の目から逃れ去るこのような変化は換喩的に身体を読むきっかけになる。身体の寛ぎにたいする配慮が生じ，快楽の感情が身体から文化に投影され始めたことが見える。そこから人間の生きる環境を再構成する複雑な記号論的技術の解読がはじまる。

　他の章も同様に細部に生じる変化からはじめ，歴史の無意識としての「もの」の変化を換喩的に読むことから世界をテキストとして分析している。
　　　　　　　　　　　　　　　　著者要約

［書誌データ］　多木浩二『「もの」の詩学―ルイ十四世からヒトラーまで』岩波現代選書102，1984.

多木浩二（1928-2011）
『天皇の肖像』*1988年刊

　本書は権力は可視的かつ空間化されて成立されるという視点から，明治初期に樹立されたあたらしい権力が必然的に天皇の肖像写真の政治的な利用に到達し，その下付と礼拝儀礼の創出という，巧妙な方法でひびとの生きる出口のない政治的道徳的空間，すなわち天皇制国家をつくりあげるまでの展開を分析した権力論のひとつの例証である。

　日本の近代化と天皇制国家の成立期に新政府は天皇の身体の可視化の必要性を痛感していた。旧幕藩体制は崩壊したが，あたらしい権力の中心たるべき天皇は見えない存在であった。岩倉具視，大久保利通らは天皇を可視化する施策として明治元年の東幸，明治5年から同18年までに6度にわたる全国巡幸などを実施した。この間に民衆の視線が天皇に集中する権力空間が成立していった。巡幸が終わる頃にはこの権力空間の中心を実身体から写真に置きかえても権威を保持するのに必要な天皇の呪術的効果は失われない条件ができていた。

　19世紀の最大の発明のひとつである写真が天皇に到達するのは時間の問題であった。外交上の必要から天皇が正式に写真に撮られたのは明治5年（和装）同6年（洋装）の2度であり，6年の写真が対外的な儀礼としての元首の肖像交換に使われたが，その後長く天皇の写真は撮影されることがなく，外国との交換にも支障を来すようになった。宮内省は大蔵省紙幣寮のお雇い外人で似顔絵に長けたエドアルト・キョッソーネにひそかにスケッチさせそれに基づいた堂々たる軍人君主の肖像画を作成，それを複写して「写真」として軍隊，地方官庁，学校に下付して礼拝儀礼をおこなわせるにいたった。その時期が大日本帝国憲法，教育勅語の発布とほぼ重なっていたのは偶然ではない。たった1枚の天皇の写真には天皇制国家と民衆を臣民化する政治を担う機能があった。
　　　　　　　　　　　　　　　　著者要約

［書誌データ］　多木浩二『天皇の肖像』岩波新書，1988.

田口卯吉 (1855-1905)
『日本開化小史』 *1877-82年刊

田口卯吉は徳川幕臣の下級武士の家に生まれ, 10代前半に明治維新に遭遇した。かれは苦学の末に, 大蔵省に出仕する。そして最初の著書『日本開化小史』第1冊の刊行の翌年, 官職を辞する。以後かれは, 歴史学者ならびに経済学者として活躍する。そしてまたジャーナリスト, 実業家, 政治家としても活躍する。要するにかれは, 明治初年の百科全書派的思想家の一人であった。そしてかれの思想の基調をなすのは, 古典派経済学的な自由主義であった。それはここで取り上げる, 『日本開化小史』をも貫くものである。

本書のなかで田口は, 人間の本性を「生を保ち死を避くる」ことにおく。そのために衣食住その他の領域における, 各種の経済的要求が生まれる。そして「この望みを達せんがために, 人々はその智力を働かさざるを得ず。ゆえに貨財のありさま進歩するや, 人心の内部同時に進歩す」と, 田口は説く。要するに「開化」=文化の発展は, 経済の発展に基づくものであるというのである。田口はそれを, 「社会の理」=社会進化の法則と呼んでいる。

このような理論的視点のもとに古代から近代 (具体的には徳川幕府の倒壊) までの日本史を分析したのが, 『日本開化小史』である。そこではたとえば, 神道の発生や仏教の普及が, 平安時代の地方武士から徳川時代の勤皇武士にいたるまでの各時代の武士の思想や風俗が, あるいは日本文学の起源や変遷などが, それぞれ「開化史」の文脈でユニークに分析されている。　　　　　　　　　　奥井智之

[書誌データ] 田口卯吉『日本開化小史』和綴6冊, 著者発行, 1877-82 (縮刷版, 洋綴1冊, 経済雑誌社, 1917;『鼎軒田口卯吉全集』第2巻, 同人社, 1927; 改造文庫, 1929; 岩波文庫, 1934; 岩波文庫改版, 1964; 講談社学術文庫, 1981; 前記全集復刊第2巻, 吉川弘文館, 1990).

ダグラス Mary Douglas (1921-2007)
『汚穢と禁忌』 *1966年刊

本書はさまざまな社会における「汚穢」もしくは「不浄」の考察を通して, 「秩序と無秩序, 存在と非存在, 生と死」といった対立の相互関係を明らかにしようとする研究である。

著者はまず, 未開人の宗教では神聖なるものと不浄なるものとが混同されるとか, 不浄の観念はもっぱら古代の衛生法に由来するとか, 未開社会はいわば肛門性欲期に対応する成長段階にあるとかいう解釈を排し, 不浄ないし神聖の観念は, それらを生み出した体系的宇宙観, さらには社会構造との関連においてのみ理解可能であるとする。この意味で著者のアプローチはデュルケーム的である。

著者によれば, 汚物とは本質的に秩序ないし構造のなかに組みこむことができない物の謂であり, 異例なる物に対する未開人の反応は, 汚物に対するわれわれの反応と基本的に同一である。穢れとは, 精神が識別作用によって秩序を創出する際の副産物であって, それは識別作用以前の状態に端を発し, 識別作用を通して既存の秩序を脅かすという任務を担う。同時に, 不浄の観念は儀式的象徴を通して, 侵されやすい社会体系の外縁を保護するとともに, 体系の内部における秩序を保とうとする。

だがそれは, やがて識別作用以前の混沌に戻っていくから, 水と同じく崩壊と再生との象徴にもなる。未開人の祭式において不浄なるものがしばしば神聖なる目的のために用いられるのは, 第1にはこのような理由からであり, 第2に, 祭式とは, 人間存在の根底にあって体系に組み込み得ない諸矛盾を直視し, それらを統一しようとする形而上学的観念の表現でもあるからである。　　　訳者要約

[書誌データ] Mary Douglas, *Purity and Danger: an Analysis of Concepts of Pollution and Taboo*, Routledge & Kegan Paul, 1966 (『汚穢と禁忌』塚本利明訳, 思潮社, 1972).

竹内敏晴（たけうちとしはる）(1925-2009)
『ことばが劈かれるとき』＊1975年刊

　著者は生来の難聴による言語障害に苦しむが，10歳台の終りに新薬の投与により聴力が回復しかけ，生涯にわたる話しことばの自己訓練が始まる。しかし第2次大戦の日本敗戦において20歳の青年は再びことばを失う。やがて新劇の集団創造に参加。

　——人は変ることができるか。どこから変り始めるか。それを探る方法が演劇であるならば，ここで生きることができる——

　だが，せりふの解釈に従って精密に肉体と音声をコントロールする，近代の心身二元論的演技法はかれを満足させない。真に創造する主体たる喜びを模索するかれはメルロ＝ポンティの哲学に出会い，身体の多義性に目を開かれる。

　スタニスラフスキー最晩年の，無意識が働き出すまで精密に身体的行動を準備する演技方式と結合して，「主体としてのからだ」に目覚めたかれは，野口三千三の体操と統合した前衛劇のレッスン中に，突如声が「劈かれ」る。40歳台の半ばであった。

　——声が相手のからだにふれ，内に沈んでゆき，相手のからだが動き始め，やがて声＝ことばとなって「わたし」のからだにふれて来る，その躍り上るような喜び——そのときから日々はそのまま祝祭となった。

　しかし「祝祭としてのレッスン」は思いもかけず，空に散るのみで相手に決してふれない声たちや，身内に戻って閉じこもる声たちをも気付かせた。ふれあえぬからだ，閉じたからだの発見。

　「吐くということ」「引き裂かれたからだ」「こえの治癒」「自閉症児とのふれあい」「体育をからだそだてと読む」等，展開する項目は演劇のレッスンが「治癒のレッスン」へと変貌しつつ，現代社会の強いる「からだ」と声の歪みを超え，人間を回復しようとする努力の軌跡である。　　　　　　　　　著者要約

［書誌データ］　竹内敏晴『ことばが劈かれるとき』思想の科学社，1975．

竹内 好（たけうちよしみ）(1910-77)
『近代の超克』＊1983年刊

　竹内の同名の論文「近代の超克」を含む評論集『近代の超克』は，そのほかに「近代とは何か」「方法としてのアジア」などアジア／近代をめぐる重要な論文および戦時戦後の文章から中国にかかわる発言，日本近代の特異な中国・アジア認識者をめぐる論及を抜粋して収めている。「近代とは何か（日本と中国の場合）」（初出『東洋文化講座』第3巻，1948）は，戦後の思想的な再出発のために書かれた「近代」への反省的な論及である。ヨーロッパは東洋への侵入によって自己を実現し，それへの抵抗を通じて東洋は自己を近代化する，という竹内の認識は，ヨーロッパも東洋も非実体的な歴史的概念として提示している。その認識は，抵抗する東洋の底からの近代の主体的な創出を望み見るとともに，抵抗のない，非アジアとしての日本の近代への絶望感を語り出す。この竹内の東洋概念の非実体化は，のちに「方法としてのアジア」（初出『思想史の方法と対象』1961）という西欧を巻き返し，包み直す方法的な，西欧外部的な視点としての「アジア」を構成することになる。「近代の超克」（初出『近代日本思想史講座』第7巻，1959）は，太平洋戦争時の日本知識人の言説「近代超克」論を戦後史の転換点で再検討したものである。開戦を契機に奔出する西欧近代に対する日本知識人の「近代の超克」的言説を追跡し，その議論がアジアの一国として非アジア化のコースをとった日本近代史の難問に発するものであることを明らかにする。だがアジアを捨象し，隠蔽する日本近代と知識人から「近代の超克」は真の思想闘争の課題としては提起されないと竹内はいう。そこから竹内によって西欧を巻き返す方法的視座「方法としてのアジア」が構成されてくる。　　　　　子安宣邦

［書誌データ］　『近代の超克』筑摩叢書285，筑摩書房，1983（「近代の超克」『竹内好全集』第8巻所収，筑摩書房）．

竹内芳郎（たけうちよしろう）(1924-2016)
『文化の理論のために』*1981年刊

現代人類文明への強い危機意識から発して、「アウシュヴィッツの虐殺」と「詩を書くこと」とを不可分のものとして同時に産出してくるような人間文化の基底構造を明らかにしようとして執筆されたもの。数年にわたって雑誌に連載されたものを一書に集約。

第1部・文化とは何か（序章・文化の悲惨を知ること、第1章・狂気としての文化の誕生）で明らかにしたことは、〈野獣の光学〉をもって照射された人間の実相は homo sapiens［知能のヒト］でも homo fabor［工作のヒト］でもなく、はたまた homo loquens［話すヒト］でもない、それらに先だって何よりもまず homo demens［狂えるヒト］であること、人間は生物学的には〈欠陥動物〉であり、その欠陥を補償しようとして己の生産的想像力でもって自ら環境と自分との間に張り巡らせた幻想の網——それが〈文化〉だということ etc. であった。

このように、〈想像力〉を最も基底的な人間活動と見たうえで人間固有の言語並びに記号活動を考察したのが第2部・言語と記号（第2章・言語と想像力、第3章・記号の構図、第4章・言語意味論）。想像力のもたらす image と rhetoric を基盤とした新たな言語・記号論とその構造変革をめざす新たな文化記号学の提唱。

第3部は、この文化記号学から見た人間文化の深層にある運動法則を〈chaos と cosmos との弁証法〉と押え、〈cosmo への chaos の叛乱〉＝ communitas 運動の諸様相を詳細に考察。終章で、人間至上主義、言語至上主義、近代合理主義をたち超えた地平に人類のめざすべき〈文化の paradigm 変換〉の新たな方向性を示唆して終わる。　　著者要約

［書誌データ］　竹内芳郎『文化の理論のために―文化記号学への道』岩波書店、1981.

武川正吾（たけがわしょうご）(1955-)
『福祉国家と市民社会』*1992年刊

高齢者福祉を取り上げながら、イギリス型福祉国家について論じた書物である。タイトルが「福祉国家と市民社会」となっているのは、この問題を正面から論じているからではなく、副題のイギリスの高齢者福祉を見ていくうちに、著者の頭のなかで、おのずと福祉国家と市民社会との関係が問題として浮かび上がってきた、ということに由来する。

本書は制度解説とルポルタージュという2つの方法を用いて、上記テーマに取り組む。また、イギリス型福祉国家の歴史・現状・展望を示す。

サッチャー政府の出現以来、イギリスが福祉国家の典型だと考える人はほとんどいないだろうが、第2次大戦後、ながらくイギリスは福祉国家の祖国であった。しかし1970年代以前から、イギリスの社会支出はドイツやフランスに比べると低水準にあった。にもかかわらずイギリスが福祉国家であるのは、低成長のなかにあってなお社会支出の努力をしてきたからであり、また何よりも、voluntary sector と呼ばれる民間非営利部門が積極的な福祉活動を展開してきたからである。

本書は民間非営利部門の活躍にイギリス型福祉国家の特徴の1つを見ている。今でこそ NGO や NPO などの民間団体がわが国でも注目され、また、その活動が期待されているが、本書に収録された論文が書かれた当時（1986-90年）は、このことに注目する人は少なかった（と思う）。民間非営利部門はボランティアの一種か何かであり、ボランティアというのは例外的な人が行うものだと考えられるのが落ちだった。民間非営利部門への注意を喚起したという意味で、本書にも多少の先駆性があったのではないかと思う。　　著者要約

［書誌データ］　武川正吾『福祉国家と市民社会―イギリスの高齢者福祉』法律文化社、1992.

竹田青嗣 (1947-)
『〈在日〉という根拠』 *1983年刊

　かつて在日社会には「帰化か同化か」、「北か南か」という、青年の生き方の決定を迫る二者択一の問いがあった。だが、それはまた、一方が他方を認めない強固で排他的な「信念」と結びついていた。このような互いに排斥しあう信念をどう了解できるか、それが本書のテーマの一つだ。ユングによれば、ある種の信念は時に個人の「暗い激情」に由来する。在日の民族主義も日本人が思うほど自明のものではなく、じつはそこに、世代間の心の闇に由来する諸問題がからんでいる。

　在日一世世代の民族主義は自明かつ自然なものだ。しかし、二世世代の場合事情は違っている。彼らはまず日本人のなかで自分を"後ろめたく"感じ、その打ち消しとして「自分は日本人と同じ」が現われる。だがこの試みは挫折し、つぎに「わが民族こそ誇らしい」がやってくる。つまりこの民族主義は、後ろめたさの打ち消しという心理的動機に強く支えられているのである。このような在日二世の民族的アイデンティティの必然性を鮮やかに文学化したのは、二世作家李恢成である。

　しかし同じ二世の金鶴泳は、在日の苦しみを自分の吃音の「不遇」の意識と重ねて描くことで、独自のモチーフを示した。吃音者の不遇は"誇り"といったもので打ち消しえない。ここから彼が取り出したのはつぎのことだ。差別される者にとって核心の問題は「自己の負の存在設定をいかに回復しうるか」であり、在日の民族主義も、この欠損を埋めるための多くの「物語」の1つにすぎない。

　こうして金鶴泳の文学は、在日文学という枠を越えてむしろ、人間の不遇性一般についてのカフカ的感覚の表現に近づいている。

著者要約

［書誌データ］　竹田青嗣『〈在日〉という根拠―李恢成・金石範・金鶴泳』国文社，1983（ちくま学芸文庫，1995）．

竹田青嗣 (1947-)
『意味とエロス』 *1986年刊

　本書の柱は2点ある。1つはフッサール現象学に対する独我論や真理主義という批判を検討し、その誤解を解くこと。もう1つは現象学の方法を徹底して、そこから「エロス論」や「欲望論」の可能性を取り出すことである。

　前者については、主として、ジャック・デリダが『声と現象』で行った有名な現象学批判が検討される。現象学が諸認識の絶対的な根拠とする「ありありとした現在」は、じつは「過去」の反復可能性に依存しており、絶対的な根拠とは言えない。これがデリダの批判の要点で、多くの現象学批判のプロトタイプをなしている。だがこのような批判は、そもそも現象学は"厳密な認識の基礎づけの学"であるという予断を前提としている。

　本書では、現象学がむしろ「確信成立の条件」を基礎づける学であることを明らかにすることで、この批判に答える。このことは、現象学の核心を、「正しい認識」の学ではなく「意味生成」の学として示すからだ。実際、後期現象学の中心モチーフは、生活世界における意味生成とその連関を学的に探求する点にある。

　さて、フッサールでは、その起点は「ありありした直観」（＝知覚）におかれる。だが「意味」の原理論は、認識の諸問題からは決して導かれず、必ず「価値」の原理論を前提とする。そのためには、知覚－認識の現象学ではなく、「エロス性」（情動，感情等）および「欲望」の現象学が、基礎理論として設定されなくならない。ニーチェ、ハイデガー、バタイユといった思想家たちの諸説を検討しながら、エロス論、欲望論の新しい可能性を、身体性と情動の理論として構想すること。これが本書の中心テーマである。

著者要約

［書誌データ］　竹田青嗣『意味とエロス―欲望論の現象学』作品社，1986（ちくま学芸文庫，1993）．

竹田青嗣 (1947-)
『陽水の快楽』 *1986年刊

　この本には、音楽論、天才論、叙情論などいくつかのモチーフがあるが、何より中心になるのは、人間の超越的な欲望についての論であるという点だ。

　超越的な欲望を象徴するのは、まず恋愛である。ポップミュージックはつねに恋愛をその主題とする。近代西洋のいわゆるクラシック音楽のテーマが、宗教から啓蒙的な教養にいたる精神の型だったとすると、現代ポップスのそれは恋愛のリリシズムである。ともに現実生活を越えたある超越的なものへの憧れが表現の核をなしているのである。

　70年代から日本のポップミュージック界に、井上陽水、中島みゆき、桑田佳祐、松任谷由実という4人の卓越したアーチストが現われた。彼らの音楽は日本の音楽シーンを革命的に刷新したが、それはまた、この時代に生じた戦後的な社会イメージの根本的な変容を深く表現した。とくに陽水の音楽には、初期以来その響きの持続的な変容が鮮やかに見られ、そこに、現代社会において人間のロマン性がたどるリリシズムの変容の必然が深く表現されている。

　人間のロマン性は、まず一方でナイーヴなセンチメンタリズムとして表現され、もう一方で過激な理想主義（プラトニズム）の形をとる。しかしやがてそれは現実世界での挫折を経験し、何らかの仕方でリアリズムを抱え込む。そして、エロティシズム、シニシズム、ニヒリズムという叙情性の範型を辿ることになる。陽水の音楽は、一面でこのリリシズムの範型を典型的に歩むが、もう一面で、その響きの底に絶えず超越的な欲望を滲ませる。この独自性によって、それは、人間の欲望の本性についての象徴的な表現たりえている。

著者要約

［書誌データ］　竹田青嗣『陽水の快楽―井上陽水論』河出書房新社，1986（河出文庫，1990）．

竹山昭子 (1928-)
『玉音放送』 *1989年刊

　1945（昭和20）年8月15日正午の玉音放送は、日本の歴史に放送が深くかかわった瞬間であった。それは日本の敗北による太平洋戦争の終結を国民が受け入れるかどうかの瀬戸際での役割を放送が担ったからである。本書は、天皇自らが終戦の詔書をラジオで放送した玉音放送を、日本国民はどのように受け入れたのか、玉音放送はどのようなプロセスを経て実現したのか、玉音放送とはどういう放送であったのか等について解明するとともに、終戦関連ニュースの分析を行ったものである。

　戦前・戦中、"天皇は神聖にして侵すべからず"とされ、天皇の声を国民に聞かすことはなかった。国の式典の実況中継では天皇の勅語の部分は中継スイッチが切られ無音で放送されていた。したがって、1945年8月15日、国民ははじめて"玉音"を耳にしたのである。しかしその放送は「ガーガーという雑音の中から天皇の声がトギレトギレに聞こえてきて、何といわれたかわからない」状態だった。それにもかかわらず国民が敗戦を平静に受け入れたのは、天皇が国民をどのように説得したのかという詔書の内容ではなく、天皇のナマの声がラジオで放送されたからである。戦前、天皇の声を国民に聞かせることはタブーとされ電波に乗ることはなかった。それゆえに"玉音"は国民に衝撃を与え劇的な効果をもたらしたのである。さらに、玉音放送はどういう放送であったかといえば、終戦決定の儀式空間をもたらしたものといえよう。そのときラジオの受信機は御真影と同じ意味を持つものとなり、人びとはラジオの前に威儀を正して立ち、頭を下げて謹聴し、あたかも儀式に参列しているように振舞った。このようにラジオの送り手と受け手によって降伏の儀式を執り行ったのである。

著者要約

［書誌データ］　竹山昭子『玉音放送』晩聲社，1989（『戦争と放送』社会思想社，1994に一部所収）．

多田道太郎 (1924-2007)
『複製芸術論』 *1962年刊

多田は,オリジナルがなく,すべてが複製であるような芸術(たとえば映画)を「複製芸術」と呼ぶ。大衆的な娯楽が目覚ましい勢いで拡大した敗戦後の日本社会において,ネガティブな位置におとしめられがちだった「複製芸術」を,多田は積極的に評価する。

複製芸術は「特権を許さぬ芸術」である。万人が等しくオリジナルに接することができ,同じ資格で批判者となる可能性が開かれる。しかしながら,大衆文化状況において多くの人が芸術体験のチャンスに恵まれたという点のみで評価されるのではない。コミュニケーション技術の規格化により,古いワクにとらわれない自由な表現手段が生まれ,大衆に参加の機会が与えられたことがむしろ重要である。

「複製芸術論」は,高度経済成長を通じて顕著になっていく「複製文化(コピー文化)」の芸術的側面にいちはやく注意を向けた論考である。オリジナル対コピーというセット概念を用いる場合,芸術の本質はオリジナルのもつ力にあり,複製が氾濫するのは物質文明の堕落であると論じるのが批評家たちに多く見られる立場であった。たとえばベンヤミンは『複製技術時代の芸術』において,オリジナルのもつ聖なる力を「アウラ」と呼び,複製技術の発達によって芸術にそなわるアウラが消失すると指摘した。

「複製芸術論」執筆後にベンヤミンの著作を知ったという多田は,アウラ消失論とは異なる独自の論を展開した。他方,敗戦後のインテリたちにありがちだった,高所に立って大衆文化を見下ろすというスタンスにも違和感を抱いていた。顔の見えない大衆が文化の担い手になると表現の質が低下するという説から一線を画そうとしたところに,多田の「複製芸術論」の特色がある。　　　　永井良和

[書誌データ] 多田道太郎『複製芸術論』勁草書房, 1962(「複製芸術について」『人文学報』第8号, 1958;講談社学術文庫, 1985;『多田道太郎著作集2 複製のある社会』筑摩書房, 1994).

ターナー Victor W. Turner (1920-83)
『儀礼の過程』 *1969年刊

宗教儀礼の研究は,人類学の誕生以来重要な研究テーマのひとつであった。にもかかわらずその研究は,儀礼の社会的機能の解明に終始することが多く,儀礼そのものの意味,儀礼が感情をゆり動かす動的側面など,その総体を正面から捉える視点に欠けるところがあった。ターナーのこの作品は,その欠を補い,象徴人類学的な儀礼研究を展開させたものと評価できる。

本書の前半部は,ザンビア北西部のンデンブ社会での詳細なフィールド調査にもとづく,ンデンブ族の儀礼の意味と構造の民族誌的な分析となっている。ターナーはモニカ・ウィルソンに倣って,儀礼が人間の奥底にある深い価値を表出し,その研究こそ人間社会の本質を理解するための鍵であると述べている。この点は,当時社会組織や社会構造など,いわば「ハード」な側面に偏りを強めていた人類学の趨勢に対し,「非合理」と片付けられがちな宗教儀礼の重要性を再認識させるうえで大きな影響力を与えた。

後半では,儀礼の過程における境界性とコミュニタスについて,民族誌的文脈をこえて,より一般的な論考をくり広げている。もとよりターナーの所論はファン・ヘネップの通過儀礼論を発展させたものであるが,書中彼は,ヒッピー,フランシスコ会などの修行集団,シェイクスピアの作品も手がかりとして,社会構造としての人間の社会的地位関係のはざまに出現する過渡的状態について,その意義を強調している。構造的劣性,否定性のもつ意味と創造性に注目することによって,社会的なるものが,構造と反構造の2つの関係性から構成され,弁証法的過程としての社会を形造ることを彼は明らかにしている。　梶原景昭

[書誌データ] Victor W. Turner, *The Ritual Process-Structure and Anti-Structure*, Aldine Publishing Company, 1969 (『儀礼の過程』富倉光雄訳, 思索社, 1976).

ターナー　Victor W. Turner (1920-83)
『象徴と社会』 *1974年刊

　人びとが頭のなかに抱くメタファーやパラダイムこそが、人間の社会的行為を生み出す原動力であるとして、象徴のもつ動的な力を明らかにしようとしたのが本書である。ターナーは、社会のダイナミクスとは、既定の設計図どおりに作動するものではなく、といって偶然や「自由意志」が決定できるものでもないと述べている。すなわち象徴とは、静的な標徴にとどまるものではなく、また人間は、固定した象徴・文化体系の既存の見取り図に沿って動くものでもないことを、部族社会の儀礼、歴史上の事件、現代社会の現象など、時空を超えたさまざまな事例のなかに見出した点は大きく評価できる。

　彼が注目する具体的な事例とは、巡礼にしろカーニヴァルにしろ、いずれも境界と周縁に関わっており、そこでは人間のあり方、社会の様態が濃密な象徴を通して、凝縮されたかたちで露わになる時空といってよい。こうした時空は彼によると、「秩序づけられた世界の裂け目」であり、そこではなにごとでも起りうる場ということになる。この社会・文化的な場は、反秩序、混乱、逆転が横溢する一方、そこに人間の解放や創造性の高揚が実現するところでもある。実はこの点が、矛盾と複雑さを本質とする「文化」を考えるうえできわめて大きな示唆を与えてくれるのである。

　象徴の動的な性格、社会過程およびできごとの推移を「社会劇」として捉えた点は、本書が象徴の一般論に偏り過ぎるとか、あるいは象徴と権力関係の関係性の認識が希薄であるといった俗流批判をこえて、本書をして人間と文化の研究としてひとつの水準を示す作品たらしめている。

訳者要約

［書誌データ］ Victor W. Turner, *Dramas, Fields, and Metaphors: Symbolic Action in Human Society*, Cornell University Press, 1974 (『象徴と社会』(部分訳) 梶原景昭訳, 紀伊國屋書店, 1981).

田中克彦 (1934-)
『ことばと国家』 *1981年刊

　人間は生まれてくると、まずまわりのことばを無自覚のうちに身につける。これを母語というが、母語には選択の余地がない。人類の歴史において、母語が書きことばになったのは、わずかな例外を別とすれば、ごく新しいできごとである。ヨーロッパでは14〜16世紀に、ダンテがラテン語によらず俗語（母語）によって書きはじめ、ネブリハがカスティーリャの俗語文法を編み、ルターが聖書を俗語に翻訳するなどして、各地の母語が書きことばとして姿を現わした。このようにして準備された、書かれる母語に、フランス革命は「国語」の名を与えて、ここにことばと国家との切り離しがたい結びつきが成立した。

　国語の成立過程で、それを母語としない民族集団は自らの母語を捨てるよう迫られ、かれらの上に国語は国家語として君臨する。国語の権威づけと讃美のために文法家と作家が動員され、国語の純粋さと美しさを強調した。19世紀の比較言語学は、同系の諸言語が分かれ出た祖語を仮定し、言語はたがいにまじりあわないことを前提とした。この学問上の必要は、政治の要求とも一致した。

　ところがクレオール諸語を対象とするクレオール学の出現によって、純粋言語は観念の上でしか存在しないものとして相対化され、さらにH. クロスによって、あらゆる国語はアウスバウ（造成）の結果であることが明らかにされた。

　本書は、言語を、それを話す共同体からきりはなし、閉じられた体系としてのみ研究してきた正統言語学も、言語をまったく視野の外に置いてきた社会科学のいずれもが不毛であるとする立場から書かれた。ことばと人間との関係は、ことば（母語）という自然と、国家という権力との緊張関係のなかで、はじめて明らかになるものだと訴えている。

著者要約

［書誌データ］ 田中克彦『ことばと国家』岩波新書, 1981.

田中美津 (たなかみつ) (1943-)
『いのちの女たちへ』 *1972年刊

　日本のウーマン・リブこと70年代の第2波フェミニズムを代表する声。70年10月国際反戦デーに初めての女だけのデモを組織，その場で記念碑的な「リブ宣言」とも言うべき「便所からの解放」のビラをまく。その後新宿リブ・センターを拠点に，75年国際女性年世界大会に参加するためメキシコへ渡航するまで，リブの中心的な担い手となる。本書は70年から72年にかけてミニコミその他に発表されたエッセイを収録したもの。

　幼児期に性的虐待を受けて，大人になってからたまたま梅毒に罹っていることを発見した著者は，自分が汚れた存在だという自己否定意識から必死に自己回復を遂げる。そこではだめな自分，男に媚びたい自分，あぐらをかく自分など，どの自分をもその「取り乱し」のままるごと受け容れようとする著者の自己肯定と同性への呼びかけがある。第二波フェミニズムは「おんな性」を肯定するところから出発し，「妻・母」と「便所（娼婦）」への生身の女性の分断を告発した。当時新聞をにぎわせていた子殺しの母には「子殺しの母はわたしだ」と母性の闇を引き受け，優生保護法の改悪には「産める社会を，産みたい社会を」と切り返し，72年の連合赤軍事件に対しては「男に向けて尻尾をふる女はみな永田洋子だ」と新左翼の性差別性を批判した。「情緒的」「わかりにくい」という批判に対して「わかってもらおうと思うは乞食の心」と開き直り，特権的な立場からの男性のリブ批判を返す刀で斬った。日本のフェミニズム思想の達成を知るには必読の文献である。「便所からの解放」は本書には収録されていないが，『資料ウーマン・リブ史』（松香堂ウィメンズブックストア）および『日本のフェミニズム』1「リブとフェミニズム」（岩波書店）に採録。　　　　　　　　　上野千鶴子

［書誌データ］　田中美津『いのちの女たちへ——とり乱しウーマン・リブ論』田畑書店，1972（河出文庫，1992）．

田中義久 (たなかよしひさ) (1940-)
『私生活主義批判』 *1974年刊

　日本人の社会意識を分析しようとするとき，〈私〉と〈公〉という基軸は，依然として，最も重要な「切り口」のひとつである。この本は『人間的自然と社会構造——文化社会学序説』と同年に刊行されており，姉妹篇の関係にある。あえて言えば，『人間的自然と社会構造』が社会学の視座からの原理篇であり，この本は，当代の日本社会を念頭に置いた応用篇であり，分析篇である。

　内容的には，Ⅰ．現代文明における人間の位置，Ⅱ．A私生活主義批判　B私的生活の構造　C岐路にある《私》状況，Ⅲ．A権力・民衆・知識人　B歴史の運動と日常生活，Ⅳ．A大学闘争と現代の意識　B報道における合理と非合理，という4部構成をとっている。中心を成すのは第Ⅱ部の3篇であり，それらに最も深く連接する倍音の位置に立つのが第Ⅲ部の2篇である。

　第Ⅱ部の3篇は，一方において，1960年代後半の「高度経済成長」の所産としての私生活主義——私生活中心主義——という社会意識の理論的・実践的可能性を追究し，他方で，没歴史的な〈パーソナリティ〉という基礎概念を〈人間的自然〉(Human Nature)のそれへと転生させようと試みている。前者の契機は，〈市民〉の一歩手前のところに位置する〈私民〉たちの生活防衛の意識とそこから生成してくる住民運動の展開に光をあて，後者の契機は，次第に肥大し膨張してくる欲望と感性を「内的自然」の発展としてとらえ，その「量」から「質」への転換——自然権(Natural Right)の主体の成立——の方途を逐っている。　　　　　　　　　　著者要約

［書誌データ］　田中義久『私生活主義批判——人間的自然の復権を求めて』筑摩書房，1974．

ダラ・コスタ Mariarosa Dalla Costa (1943-)
『家事労働に賃金を』 *1986年刊

「女性の力と社会の転覆」(1971)によって労働力再生産労働としての家事労働論を提起したイタリアのフェミニスト，ダラ・コスタのその後80年代初頭までの論文集である。

70年代イタリアはフェミニズム運動が高揚し，離婚，中絶の権利，雇用平等法などが獲得されたが，本書では家事労働の観点から，このようなイタリア・フェミニズムの問題提起が分析されている。家事労働の概念はさらにラディカルに拡大し，出生率の低下，売春，レズビアニズム，中絶，嬰児殺しなどが，女性による無償の家事労働の拒否として位置づけられる。またこのような女性の労働の拒否に対する対策として移民政策を分析しながら，移民労働を通じて南の女性たちもまた闘いを促進させていくことを指摘している。

ダラ・コスタは従来左翼の領域では女性問題が主要に女性労働者の観点から議論されてきたことに異議を唱え，主婦の観点からの議論の見直しを提案してきた。彼女によれば女性の家庭外での就労も，無償の家事労働の拒否の1つの形態として位置づけられなければならない。"労働の拒否"は，70年代イタリアで展開されたアウトノミア運動というユニークな労働運動の戦略である。常勤労働から疎外された学生，失業者，パート労働者，障害者，そして主婦などの，賃金を受け取らない人々は賃金労働者以上の搾取をこうむっており，こうした人々を含めて，従来の労働者の概念を越える「社会的労働者」という概念を提起している。

「家事労働に賃金を」というスローガンは性別役割の固定化につながるという批判に常にさらされてきたが，こうした批判へのダラ・コスタの応答の論文も収録されている。

訳者（伊田久美子）要約

[書誌データ] ダラ・コスタ『家事労働に賃金を—フェミニズムの新たな展望』伊田久美子・伊藤公雄訳，インパクト出版会，1986（日本語版論文集として著者自身が選択，編集したものである。）

ダール Robert A. Dahl (1915-2014)
『統治するのはだれか』 *1961年刊

イエール大学でH．D．ラスウェルの影響の下，権力の多元的な構成について操作的な概念をまとめ (The Concept of Power)，C．W．ミルズやF．ハンターら左翼系の理論家の支配エリート論や階級支配論に対して論争をいどんだ (A Critique of the Ruling Elite Model) ダールは，イエール大学のある New England の地方都市 New Haven での実態分析によって，アメリカ社会における権力の多元的な構成を実証しようとした。これは，その報告書である。争点法 (issue approach) を用いて行われたこの実態分析を通じて，ダールは，New Haven において，政治権力，経済権力，教育・文化権力などが，ほぼ人種的なラインに沿って分有されお互いに拮抗している現実を証明し，一元的な支配エリートが存在していないと論じた。このダールの分析は，その後のコミュニティ権力構造 (CPS) 論争に大きな一石を投じるものだった。

しかし，地方都市で権力が分散しているという事実は，ミルズが主張するように，連邦国家レベルで，エリート層が政治権力を中心に連携しあう可能性を必ずしも否定するものではない。また，後期のダールが認めたように，エリートに対抗する世論や一般市民の活動の影響力が，今日ではさらに強まっている。その意味で，支配エリートやエスタブリッシュメントに関する議論は，現在，さらに複雑性を増しているというべきだろう。 高畠通敏

[書誌データ] Robert A. Dahl, *Who Governs?: Democracy and Power in an American City*, 1961（『統治するのはだれか—アメリカの一都市における民主主義と権力』河村望・高橋和宏監訳，行人社，1988).

ダール Robert A. Dahl (1915-2014)
『ポリアーキー』*1971年刊

　ポリアーキーとは多数による支配のことで，定義が一定しない民主政（democracy）に代えて，現代において実際に機能している自由民主政の政治体制を指していうダールの用語である。前著 *A Preface to Democratic Theory*（邦訳『民主主義理論の基礎』）で詳細に論じたこの概念を使って，世界の諸国を比較調査したのが，この書である。彼が public contestation（公的異議申し立て）と呼ぶ政治的自由の保障と inclusiveness（包括性）と呼ぶ政治的民主化の2つの次元で一定以上のレベルに達した政治体制をポリアーキー（その対概念は hegemony 抑圧体制）と呼んでいるが，それは1969年の段階で世界で26国に達していると彼はする。

　ここで彼がもっとも力を入れているのは，当時，イェール大学が収集していた世界諸国の統計データを駆使してのポリアーキーの歴史的成立過程についての分析である。ここで彼は，経済的な発展に伴う「豊かな社会」が自由化を導くとの近代化理論の通説に反して，ポリアーキーは，政治的自由の信念や社会的な伝統が早くから成立していた諸国がその後民主化に向かうなかで成立したケースが多いこと，また，その背景として分裂を導かない程度の社会内の多元的対立があり，寛容と自由についての信念体系が一般化していることが重要だと指摘している。これに対し，権威主義的な支配の下で表面的な民主化（政治参加）が進んだ国が，経済発展とともにスムースにポリアーキーに向かった例は少ない。なお彼によれば，戦後の日本は，外国支配の影響によってポリアーキーが成立した例外的な国の1つだとされている。

訳者（高畠通敏）要約

［書誌データ］Robert A. Dahl, *Poliarchy: participation and opposition*, Yale Univ. Press, 1971（『ポリアーキー』高畠通敏・前田脩訳，三一書房，1981）．

タルド Gabriel Tarde (1843-1904)
『世論と群集』*1901年刊

　19世紀末フランスの政治社会状況を観察して，「現代は公衆の時代だ」と提唱したことで知られる論文集。第1章の「公衆と群集」は1898年に，第2章「世論と会話」は1899年に，第3章「犯罪群集と犯罪結社」は1893年に，それぞれ雑誌論文として発表された。

　第1章の標題「公衆と群集」が示す公衆と群集との対比には，「現代は群集の時代だ」としたル・ボンへの対抗意識がうかがえる。その際タルドが着目したのは，集団形成のきっかけ，きずなの変化である。18世紀末にはじまったフランス大革命の時期はまさに「群集の時代」で，リーダーは自分を取り巻く群集に，直接語りかけ，働きかけた。すなわち群集では，リーダーと集団員も，集団員相互も，直接接触で結ばれていた。

　ところが，1世紀後にフランス第3共和政が直面した3つの政治危機（ブーランジェ運動，パナマ疑獄，ドレフュース事件）では，リーダーは大量に印刷されて安く販売される新聞という新メディアで発言するから，リーダーと公衆（読者）の間にも，公衆相互の間にも直接の接触はない。公衆を結びつけているきずなは，メディア（媒介者）である。このように，コミュニケーション・メディアの発達と社会集団の変質とを関連づけたところに，タルドの功績がある。

　第2章では，まず公衆の意見，すなわち世論（願望の総体というより状況への判断の総体としての）づくりにおける新聞の役割が分析される。つづいて，人間の歴史とともに古い会話の歴史をたどった後で，社交界に目を向けて，そこで新聞の登場以後に生じた会話の進化，会話の役割の変化などを論じている。第3章では，犯罪という領域を設定したうえで，社会心理学の観点からの社会集団論を展開している。

訳者要約

［書誌データ］Gabriel Tarde, *L' Opinion et la Foule*, Félix Alcan, 1901（『世論と群集』稲葉三千男訳，未来社，1964）．

ダーレンドルフ Ralf Dahrendorf (1929-2009)
『産業社会における階級および階級闘争』
*1959年刊

　ダーレンドルフはドイツ社会学の戦後世代を代表する1人で，本書は彼の最初の著作であるとともに主著でもある。本書の第1版はドイツ語で1957年に出され，改訂増補版は著者が自分で英訳して1959年に出されているから，初版は彼の28歳のときの作品である。

　私は本書のドイツ語版を手にしたとき，マルクス『資本論』の書かれざる第3部第52章を自分が完成してみせる，というダーレンドルフの冒頭の問題設定をたいへん新鮮に感じ，ドイツ語文献の翻訳をひとつやっておこうという気持もあって，本書の翻訳を思い立った。しかしまもなく英語の改訂増補版が出て，翻訳の興味を失った。ところがダイヤモンド社が熱心に言ってきたので，若い人たちとの勉強会で彼らの訳文に手を入れるというかたちで引き受けたが，それらの訳文はほとんど役に立たず，結局私の訳として出版された。

　本書は，マルクス階級論の検討と批判を主題とする第1部と，コンフリクトの社会学理論の提示を主題とする第2部からなる。第1部では，階級理論をコンフリクト理論として立てた点でマルクスは正しかったが，階級理論におけるマルクスの諸テーゼは，その後における産業社会の歴史的変動の事実に照らしてすべて誤っていた，とする。第2部では，社会理論には「統合理論」（合意モデル）と「支配理論」（コンフリクト・モデル）の2種類があるとし，統合理論は社会変動を説明することができず，それができるのは支配理論のみであるとし，統合理論を体系化したパーソンズに対抗して，コンフリクトの社会学理論を体系化しようとする。第1部のマルクス論は有意義であるが，第2部でダーレンドルフが力んで主張しているコンフリクト理論は，理論としての出来そのものが未熟である。　訳者要約

[書誌データ] Ralf Dahrendorf, *Class and Class Conflict in Industrial Society*, Stanford Univ. Press, 1959（『産業社会における階級および階級闘争』富永健一訳，ダイヤモンド社，1964）.

ダーントン Robert Darnton (1939-)
『猫の大虐殺』*1984年刊

　本書は18世紀のフランス人がいかなる心性（mentalité）の所有者であったかを探り，その再現を試みた著作である。調査対象はさまざまであって，パリの印刷職人，三文文士，啓蒙思想家，地方の農民，モンペリエ市のブルジョワジー，ラ・ロシェル市の読書好きの商人など，多岐にわたっている。

　本書の属する解釈学が英米の学界では十分な認知を得ていないこともあって，著者は自己の目的と方法を解説かつ弁護しながら資料の解読を進めているが，そのことが本書の魅力の重要部分を形成していることを指摘しておきたい。元来著者は方法論に旺盛な関心を抱く研究者で，アナール派が蛇蝎視する事件史（histoire événementielle）にも意義を認めるなど，その姿勢は柔軟性に富んでいる。本書の場合，人類学的方法を利用したと称しているが，まず著者は一見無意味な現象に着目し，その背景をなす諸事実を確定したあと，一気呵成に問題の核心に迫る。導き出される18世紀フランス人の心性は，従来説かれてきた啓蒙の時代とは異質の世界に属するといえよう。たとえば表題をなすエッセー「猫の大虐殺」では，著者は最初に無名の印刷職人の回想録から奇っ怪な猫の虐殺事件を摘出し，周到な考察を経て，最後にこの事件をシャリヴァリの一種，すなわち親方にたいする職人と徒弟の嫌がらせの儀式と結論する。鮮やかな推理に読者は感服するほかはないが，著者自身は必ずしも全面的には納得していないことを言い添えておこう。方法論にたいする著者の旺盛な意欲は，実は自己の方法にたいする絶えざる疑問に発しているのである。

訳者（海保眞夫）要約

[書誌データ] Robert Darnton, *The Great Cat Massacre and Other Episodes in French Cultural History*, Basic Books, Inc., 1984（『猫の大虐殺』海保眞夫・鷲見洋一訳，岩波書店，1986；同時代ライブラリー所収，1990）.

中鉢正美（ちゅうばちまさよし）(1920-2013)
『生活構造論』 *1956年刊

　生活構造論という日本独自の生活研究の分野をはじめて自覚的に開拓していった先駆的著作。それ以前にすでに、永野順三「綴り方教室の生活構造」（『国民生活の分析』1939）や篭山京『国民生活の構造』（1943）などでこの言葉は用いられてきたが、「生命と社会とのあいだ」にある固有の領域として人間生活を位置づけ、それが社会・経済的環境の変化に対して動態的に対応していく過程を構造的に把握するための概念として生活構造という言葉を用いたのは、本書が最初であった。

　出発点は、敗戦直後の日本の労働者家計にみられたエンゲル法則の停止あるいは逆転現象であった。所得の急激な低下に対して、飲食物費への支出を切り詰めてでも、社会的・文化的費用への支出を固守せんとするこの現象をどのように理解するかが問題の焦点であった。中鉢は、エネルギー代謝という生理学的視点から労働者生活の構造を把握しようとした篭山理論および生活態度という心理学的視点から労働の人間的構造に接近しようとした藤林（敬三）理論を土台として、この現象を、ある一定の環境条件の下で家族内の人間関係およびその生活経験の蓄積をつうじて形成された生活構造が、環境条件の急激な変化に抵抗しつつ、従来の構造類型を固守せんとして惹き起されるものと考え、履歴現象と呼んだ。

　この履歴現象仮説を中核として、労働生理学などをつうじて明らかにされるエネルギー代謝のシステムと経済学の分析対象である資本の価値増殖のシステムとに基本的に規定されながら、それとは相対的に独自な法則性をもって貫徹していく人間生活の再生産の構造への解き口が提示されていったのである。

寺出浩司

［書誌データ］　中鉢正美『生活構造論』好学社, 1956.

中鉢正美（ちゅうばちまさよし）(1920-2013)
『現代日本の生活体系』 *1975年刊

　『生活構造論』（1956）でもって労働力循環の微視的理論を展開していった中鉢が、生活構造論の巨視的体系化をもくろんだ著作。中鉢自らが巨視的生活構造論あるいはマクロの生活構造論と呼んだ本書の試みは、2つの側面をもっている。

　第1の側面は、「地球＝生態系の中に位置づけられた種としての人間生活の構造理論」の構築への志向。その背景には、宇宙船地球号という言葉に象徴される地球環境系に対する危機意識の深まり、そしてローマクラブの『成長の限界』に代表される近代産業文明の成熟化についての認識の成立があった。このような文明史的転換に対して、ヒトという種が地球環境系のなかでどのように再生産されていくのかが問題とされた。多様性の共存と機会の平等が、量的拡大をこえた人間生活の質的創造の根本的原理として強調される。さらに経済成長に対してマイナスのフィードバックのかかりにくくなった社会体制の下で、システムの発展に対する制御の法則が問題とされ、成長に対してプラスのフィードバックしかかけなくなった政治システムに対して、マイナスのフィードバックをかけるものとしての余暇システムが重視されていく。

　第2の側面は、第1次オイルショックを契機とする経済成長の減速とそれと並行して進展する日本社会の高齢化を前にして、日本近代の帰結を問おうとする意欲の下に進められていった生活体系の歴史的変動の分析であった。家計調査資料を中心とする社会統計の丹念な分析をつうじて、近・現代のきわめて激しい社会変動に対して、日本人が、そして特定の人口集団（世代）がどのように適応あるいは適応への失敗を積み重ねていったかが考察されている。

寺出浩司

［書誌データ］　中鉢正美『現代日本の生活体系』ミネルヴァ書房, 1975.

津田左右吉 (1873-1961)
『文学に現はれたる我が国民思想の研究』
*1916-21年刊

　古事記・日本書紀の文献批判などで活躍した歴史学者津田左右吉の代表作。文学作品を素材としながら、その担い手となる社会層の変遷とともに「国民思想」の歩みを描いた、包括的な日本文化史・日本思想史の著作である。貴族文学の時代・武士文学の時代・平民文学の時代の3部作からなるが、平民文学の時代の下巻は未刊に終わった。

　その第1冊の『貴族文学の時代』は、万葉集や古事記などの上代文学を、貴族階層が中国文化を外形的に模倣した机上の文学にすぎず、国民の実生活から遊離しており、「国民文学」とはいえないと否定的に評価するものであった。そのため、国学に由来する復古的なナショナリズムを批判する議論として注目を浴び、大きな影響をおよぼした。

　しかし、津田の狙いはナショナリズムの否定ではなく、その再編成に向けられていた。本書の底流には、国民の実生活に根ざした思想の発展史を叙述する「国民思想史」という視座が貫かれている。そこでは、儒教や仏教などの外来思想の影響は、表層的なものにすぎないと低くみつもられ、国民の実生活に由来する内発的な思想発展史が描かれる。これは、日本社会を中国社会やインド社会とは異質なものとみなす、脱亜論的な議論でもある。

　また、本書のなかでは天皇論も再編成されている。天皇を「国民的精神の生ける象徴」（序）とみなす議論は、復古的な国体論を批判しながら、非政治的な国民文化の中心として天皇をとらえなおすものであり、象徴天皇制の正当化論の源流にもなった。　　米谷匡史

［書誌データ］　津田左右吉『文学に現はれたる我が国民思想の研究』貴族文学の時代・武士文学の時代・平民文学の時代　上・中、洛陽堂、1916-21（『津田左右吉全集　別巻2-5』岩波書店、1966）。戦後に改訂され、『文学に現はれたる国民思想の研究』4冊、岩波書店、1951-55（没後に論文を集成して『平民文学の時代　下』が増補され、『全集　4-8』、1964）.

筒井清忠 (1948-)
『昭和期日本の構造』*1984年刊

　丸山真男の「日本ファシズム」研究は戦後社会科学の1つの重要な成果であるが、それが近代主義的な制約に縛られたものであったことも否定できない。本書はそうした呪縛をとき放ち、昭和前期の日本の政治・社会についての新しい歴史社会学的見方を提示した書物である。

　まず、丸山の「日本ファシズム」論のどこに問題があるのかが明らかにされる。続いて第1次大戦から第2次大戦にかけての日本社会の変化が、平準化のプロセスとして分析されていく。そこでは、平準化の物質的─制度的基盤がまず明らかにされ、続いて平準化の思想的原型として、社会主義・総力戦思想・一君万民主義の3つがとり出される。そしてこの3つの原型の反発・交錯・合流の様態として両大戦間期が分析されていくのである。それは、アナキズム・マルクス主義・超国家主義・社会民主主義・陸軍総力戦派・革新官僚という6つの思想集団の展開のダイナミックスとなる。

　両大戦間期の時代は、最終的には昭和の軍国主義の体制を迎えることになるが、その意味で最も重要な軍部とくに陸軍の官僚制の内部過程については本書ではさらに詳しい検討が行なわれていく。また、丸山の「日本ファシズム」論の1つのキー・ストーンであったクーデター・2・26事件についても、それが単純な暴発のようなものではなく、さまざまなダイナミズムを秘めたものであったことが明らかにされる。そこからは、日本のエリート養成システムや天皇型政治文化の問題が導き出されるであろう。

　本書は橋川文三の『昭和ナショナリズムの諸相』の問題意識をうけつぎつつ発展させ、新しい研究の地平をきり開いたものといえよう。　　　　　　　　　　　　　　著者要約

［書誌データ］　筒井清忠『昭和期日本の構造─その歴史社会的考察』有斐閣、1984（『昭和期日本の構造─二・二六事件とその時代』講談社学術文庫、1996）.

鶴見和子（つるみかずこ）(1918-2006)，市井三郎（いちいさぶろう）(1922-89) 編
『思想の冒険』 *1974年刊

　社会学者の鶴見和子と哲学者の市井三郎が中心になって欧米生れの近代化論の再検討を行った共同研究の成果である。10人の筆者は専攻も違い，思想的立場も異にするが，欧米モデルの近代化理論の非西欧への適用の妥当性を疑い，さらに非西欧の歴史と社会の変動理論を構築しようという点で一致していた。とくに日本や中国やロシアの経験にもとづいて，近代化の理論を組み直そうとした。鶴見は柳田國男の仕事を理論化して西欧の理論と対照し，柳田パラダイムを軸とした社会変動の新しいパラダイムを提示してみせた。山田慶児は中国の工業化過程の検討から独得な極構造理論を抽出し，これによって中国の発展のパターンを分析した。桜井徳太郎は歴史民俗学の観点から日本社会におけるタテ原理とヨコ原理の相関性や，ハレとケとケガレの循環構造に注目したし，色川大吉は近代日本の共同体の歴史的な諸相とその原理を提示し，当時，有力な学説であった丸山政治学派の共同体論や中根千枝らの「タテ社会論」を批判した。三輪公忠は地方主義を欠落させた日本近代にメスを入れている。宇野重昭と菊地昌典は中国とロシア，ソ連の近代を検討し直し，その「民主主義」概念，「進歩」の概念が，いかに独自に捉え直されているかを解明した。政治学者の内山秀夫は，まず「意味のある政治」とは何かを問い，「参加と動員の政治動学」を提起した。市井三郎と宗像巌は共に価値理念の問題，人間の内的な問題に固執した。宗像の近代化の究極的関心は，その後，水俣の調査を通じて深い洞察にいたる。この人々は『思想の冒険』刊行後，その理論の検証の場を水俣に求め，1976年から不知火海総合学術調査団の主メンバーとなり，8年後の1983年に『水俣の啓示』上・下（筑摩書房）を世に送った。この仕事は今なお高い評価を受けている。

色川大吉

［書誌データ］　鶴見和子・市井三郎編『思想の冒険』筑摩書房，1974.

鶴見俊輔（つるみしゅんすけ）(1922-2015)
『限界芸術論』 *1967年刊

　漫才の記号論的分析に熱中した鶴見俊輔は，55年の秋ごろ「限界芸術」という言葉を思いつく。60年安保闘争の直後『講座現代芸術』第1巻に発表した論文「芸術の発展」は，その着想を展開したもので，関連エッセイを加えて1967年に出版されたのが本書である。

　芸術を「美的経験を直接的につくり出す記号」だと端的に定義し，「経験全体の中にとけこむような仕方で美的経験があり，また美的経験の広大な領域の中のほんのわずかな部分として芸術がある」と説き起こす。そこで鶴見は，①専門的芸術家が専門的享受者を相手に創出する「純粋芸術」と②企業家と専門的芸術家が合作して享受者である大衆におくりつける「大衆芸術」との間にあって，③芸術と生活との境界線にありながら〈非専門家によってつくられ非専門的享受者をもつ芸術〉を「限界芸術」(Marginal Art) と呼ぶ。そして「祭りという儀式のかたちをかりた限界芸術が…集団生活の実態の集約的表現」であることを見抜き，村や町の「小祭」の復興を求めた柳田国男の民俗学。「日韓併合以後，朝鮮文化の自律性を日本の官僚が破壊していく作業に反発」し，朝鮮の陶工や日本の無名の工人たちの手仕事に「個人的天才の仕事をはるかにこえる」美の伝統を見いだした柳宗悦の民芸論。柳田と柳に共通する「保守主義，現状維持主義，実証主義，傍観主義とはちがった地点から，変革的に新しい限界芸術への道をひらく努力」を続けた宮沢賢治の「農民芸術概論」(1926)。以上の3人がそれぞれ限界芸術の研究，批評，創作の先駆者として位置づけられる。

　芸術の営みを集団生活および記号論の文脈で読み解こうとした本書は，サブカルチャーへの鶴見の暖かい眼差しとあいまって，文化社会学の傑作の地位を保っている。

川本隆史

［書誌データ］　鶴見俊輔『限界芸術論』勁草書房，1967（『限界芸術』講談社学術文庫，1976；『鶴見俊輔集6』筑摩書房，1991）.

■鶴見俊輔（つるみしゅんすけ）(1922-2015)
『戦時期日本の精神史　1931〜1945年』
＊1982年刊

1979年9月から80年3月までの半年間、著者がカナダのマッギル大学で講義した日本思想史の前半部を日本語に直したもの。中日戦争の開始から日本の無条件降伏までの戦時期をカバーしており、続く後半部が『戦後日本の大衆文化史』（別項）である。

13回にわたる講義では、「転向」（国家の強制力にさらされた個人ないし集団が、自発的に思想の変化を選択する現象）および「鎖国性」（日本人は孤立した島国に住み続けており、より普遍的な文化から隔てられているとの自己意識）という方法的視座から、「国体」思想、「大アジア」観念、明石順三らの非転向者、柳宗悦の民芸運動、スターリン主義の克服、「玉砕」の思想、戦時下の日常生活（配給制度や隣組）、被爆体験、沖縄戦と敗戦……といった順番で戦時期の思想が読み解かれる。最終回では、在日コリア人、沖縄住民、被爆者の思想を手助けにして、鎖国状態の伝統をつくりかえるという展望が語られる──「目前の具体的な問題に集中して取り組むことを通して、私たちは地球上のちがう民族のあいだの思想の受け渡しに向かって日本人らしい流儀で、日本の伝統に沿ったやり方で働くことができるでしょう」。

本書（およびその続編）の英語版に対しては、古代から現代までを一貫する日本民衆の伝統を想定することで、かえって日本の支配層への批判を困難にしているとのH. D. ハルトゥーニアンの論（*Journal of Japanese Studies*, Vol. 15, No.1, 1989所収）がある。鶴見が依拠しようとする「生き方のスタイルを通してお互いに伝えられるまともさの感覚」の内実を究明する必要がある。　川本隆史

［書誌データ］　鶴見俊輔『戦時期日本の精神史 1931〜1945年』岩波書店、1982（同時代ライブラリー82、岩波書店、1991；『鶴見俊輔集5』筑摩書房、1991；英訳 *An Intellectual History of Wartime Japan, 1931-1945*, Kegan Paul International, 1986）。

■鶴見俊輔（つるみしゅんすけ）(1922-2015)
『戦後日本の大衆文化史　1945〜1980年』＊1984年刊

カナダのマッギル大学における日本思想史講義（1979年9月から80年3月）の後半部。

占領軍による戦後改革の文化史的意義を、食糧不足および公衆衛生の改善、自由な男女交際のスタイルの浸透といった方面から捉え返す作業から始める。他方で日本の民衆は、東京裁判を「避けることのできない自然の災害」のように受け入れながらも、裁判官が主張した「正義の基準」をそのまま承認したわけではなく、戦争裁判の判決への深い不信感を持ち続けた。そして1960年代に登場した漫画家たち（白土三平、水木しげる、つげ義春）は、自己満足した社会の雰囲気の中で「やり切れない思いで生きている読者たちに強く訴える力」をもっていた。寄席から生まれた漫才は政治家・官僚などの指導者層への不信と大衆の欲望の直接的表現とを特徴としており、NHKテレビの朝の連続ドラマが「共通文化を育てる物語」の一例である。長谷川町子の連載漫画「サザエさん」は、普通の市民の社会思想を表わしており、そこには軍国主義を嫌悪し立身出世主義を嘲笑うとともに「人間はすべて法の前に平等であるという信念」が貫かれている。以上の分析をふまえて鶴見は、民衆各人の自己への配慮（戦後エゴイズム）と天皇不謬の国家神話への疑いとが軍事膨張思想を復活させない抑止力として働いてきており、公害の時代において俳諧歳時記に示された単純な生活の理想が新たな意味をもつようになったと診断する。

カルチュラル・スタディーズの安直な移入に飛びつく前に、戦後の大衆文化史の中から経済成長への自己吟味・自己抑制を立ち上げようとする鶴見の姿勢に学ぶべきものがある。

　川本隆史

［書誌データ］　鶴見俊輔『戦後日本の大衆文化史 1945〜1980年』岩波書店、1984（同時代ライブラリー85、岩波書店、1991；『鶴見俊輔集5』筑摩書房、1991；英訳 *A Cultural History of Postwar Japan 1945-1980*, Kegan Paul International, 1987）。

鶴見俊輔（つるみしゅんすけ）(1922-2015) 他編
『日本の百年』全10巻 ＊1961-64年刊

　記録によって構成された1861年から1960年にわたる同時代社会史。それは大衆の体験や実感と密接につながった歴史叙述の方法とスタイルの模索であり、そこには「昭和史論争」以来の構造史と人間史の溝を埋めるという問題意識があった。またそれは思想の科学研究会編『「戦後派」の研究』（養徳社、1951）などの新聞・雑誌記事による記録モンタージュの方法を近現代史に拡張したものであった。

　編集のねらいとしては、第1に「小さな人」（大衆）が同時代を生きた根拠を知り、その内側から同時代を見ること。第2に「空を飛ぶ鳥の眼からみた歴史の見取り図と対照になるような、地を歩く人の眼から見た現代日本の案内図」であり、これを基本に、架空の眼として老人（過去の眼）と子ども（未来の眼）の対話によって時代の構造の道案内が行なわれるように構成すること。第3は法則にしばられた歴史ではなく、読者が自由に自分の同時代体験を組み込み、それによって相互批判が可能になる「余白のある歴史」を創ること。ここにこの本の方法の冒険があった。

　子どもと老人の対話によって、安保闘争から100年昔の漂流民の明治維新まで、ゆっくりと語られていく大衆の経験の歴史は、多くの斬新な視点と批評を組み込むことによって、既成の歴史学の通史の枠を越え、学際的研究や在野学に伸びる社会史研究への重要な起点となった。しかし今日からみれば、70年代以後の地域史・女性史などで発掘された多様な大衆の記録、この本で比較的不備であった国際的記録（在外日本人など）、さらに沖縄・アイヌ・在日朝鮮人など、国家の周辺の人々の記録などによって補正される必要があり、また「高度経済成長」の同時代社会史がこの方法で書かれ、語り伝えられていくことが大切だ。それは歴史の忘却に対する民衆の記憶の貴重なよりどころとなる。　　　　安田常雄

［書誌データ］　鶴見俊輔・橋川文三・今井清一・松本三之介・神島二郎『日本の百年』全10巻、筑摩書房、1961-64.

鶴見良行（つるみよしゆき）(1926-94)
『バナナと日本人』 ＊1982年刊

　戦前から戦後にかけて高級品だったバナナは、1970年代よりフィリピンからの輸入が急増し、安価な果実として日本人の食生活に定着した。本書は、このバナナについて、フィリピンのミンダナオ島から日本へ大量に輸入されるに至った歴史と、その生産―流通における重層的な不平等構造を明らかにし、日本の消費社会が、発展途上国の住民に対して抑圧的な構造になっていると警鐘を鳴らした。

　もともとミンダナオ島には、先住民族およびイスラム教徒に改宗した諸民族が住んでいたが、19世紀末に始まる米国のフィリピン統治政策のなかで、ルソン島やビサヤ地方の土地なし農民（クリスチャン・フィリピーノ）が多く入植して、先住民族の多くは山へ追いやられた。また、20世紀初頭から日本人（その6割は沖縄人）が入植して麻農園を拓き（麻はロープの原料）、クリスチャン・フィリピーノを労働者として雇った。

　戦後、アメリカ資本がこの地を日本向け輸出バナナのプランテーションにした。ドールなど3つのアメリカ資本および1つの日本資本がフィリピン政府やフィリピン資本、そして大地主と結びつく形で、バナナ農園を広げていった。とくにドールは、自営農家を契約農家として傘下に入れていくが、その結果、もともと自給用作物中心だった農家の多くが、モノカルチャー化し、しかも会社からの莫大な借金を抱える羽目になる。その下で働く労働者（やはりクリスチャン・フィリピーノ）は、さらに不安定な収入と身分のもとで、企業や農園側の暴力装置に脅えながら、きつい労働にさらされている。

　鶴見が本書で強調したことは、現在における不平等構造だけではなく、先住民族、クリスチャン・フィリピーノ、戦前の日本人移民、地主、多国籍企業などが歴史的に作ってきた重層的な不平等構造であった。　　　　宮内泰介

［書誌データ］　鶴見良行『バナナと日本人』岩波新書、1982.

デイヴィス Natalie Zemon Davis (1928-)
『愚者の王国　異端の都市』*1975年刊

　アメリカの歴史家ナタリ・デイヴィスの最初の著書にして、もっとも影響の大きな作品。少なくとも8カ国語に翻訳されている。原題は「近世フランスにおける社会と文化」。彼女は文献実証的な歴史家であるが、欧米における社会史・文化史・女性史・歴史人類学の展開と時を同じくして、方法的革新の旗手でもあった。

　本書は序と8章からなる。第1～3章は、プロテスタントの印刷職人がカトリック聖職者にたいしてもつ敵愾心と経済的利害対立との関係、都市行政における弱者救済へのスタンスと信仰の違い、女性のさまざまの社会経験とプロテスタンティズムといった、博士論文にもとづく社会文化史である。方法的な斬新さは、むしろ68年以降の大学における経験を反芻した以下の論文でより明白となる。第4～6章では、カーニヴァル的な祝祭・儀礼における社会的上下関係や性役割の逆転をあつかい、その象徴分析によって青年の社会化、統合の機能を論じる。また宗教戦争中の民衆の暴力の意味も理解しようとする。第7～8章では、読み書き能力がテーマとなり、知識人と民衆、農村と都市の関係のなかで「ことわざ」や医療をめぐる「迷信」を検討するなかで、過去の解釈者としての歴史研究者の役割も論じられる。

　この著書の段階でデイヴィスはフランスの文書館の古文書ではなく、アメリカの図書館にあった稀覯本にもとづき、方法的反省をくわえながら解釈していた。本書は、若者組、暴力と儀礼、愚行、倒錯といった象徴・演劇にこめられた文化コードを解読した歴史人類学の最初の重要な著作といえる。歴史家の仕事は過去の社会と文化の再創造、と考えられている。

近藤和彦

［書誌データ］ Natalie Zemon Davis, *Society and Culture in Early Modern France*, Stanford Univ. Press, 1975（成瀬駒男・宮下志朗・高橋由美子訳『愚者の王国　異端の都市』平凡社，1987）．

デイヴィドソン Donald Davidson (1917-2003)
『行為と出来事』*1980年刊

　本書はデイヴィドソン哲学の2つの柱，すなわち意味論と行為論のうち後者に関する主要論文を集めたものであり、行為論の一方を代表する因果説の現代の古典となっている。

　本書においてデイヴィドソンがなしたことは、大まかに言って3つある。第1は、行為の理由と原因を異なるカテゴリーに分類する当時有力であったウィトゲンシュタイン的な反因果説に抗して、「行為理由は行為の原因である」とする行為の因果説を復活させたことである。行為説明は原因に訴える法則的説明ではありえないとする批判に対処するために、彼は、行為と行為記述を峻別し、それによって行為説明に非法則的な因果的説明という独特の身分を与えた。第2は、「アリスはそっと猫を撫でた」と「アリスは猫を撫でた」といった行為文相互の含意関係が一階の述語論理で保存されるような、行為文の論理形式を与えたことである。これは、自然言語の意味論をタルスキ・タイプの真理理論で実現するために意味の合成性を確保せねばならないからだが、このために彼は、普通の行為文や出来事文を出来事という存在者に対する量化文だと分析する。たとえば後者の論理形式は、(∃e)（撫でた（アリス，猫，e））となる。それゆえ第3に、彼は、心的出来事と物的出来事を含めた出来事一般の存在論に関する見通しを、先の2つの企てと斉合的な仕方で与えねばならなかった。それを果たすのは、心的出来事と物的出来事は同一であるがその両者を繋ぐ厳密な心理物理的法則は存在しない、とする非法則論的一元論 (anomalous monism) の主張であり、それは心身問題に関する心脳のトークン同一説を含意する。

訳者（柴田正良）要約

［書誌データ］ Donald Davidson, *Essays on Actions and Events*, Oxford University Press, 1980（『行為と出来事』服部裕幸・柴田正良訳，勁草書房，1990）．

■ディクソン David Dickson (1947-)
『オルターナティブ・テクノロジー』
*1974年刊

　1960年代中盤のシュマッハーによる中間技術の提唱を先駆として，70年代には，近代的工業技術に対抗し，それを代替する技術を生みだそうとする運動が活発となるが，ディクソンの『オルターナティブ・テクノロジー』は，そのような動きに呼応する論考のなかでもひときわ精彩をはなっている。ディクソンは，技術そのものは政治的に中立であるとする「神話」に対し，技術の存在形態そのものが，すでにその社会の権力構造や経済的要因を色濃く反映しつつ現象しているものであり，そのようなものとしての現代技術が，ひるがえっては権力の集中や人間の疎外をもたらしているとする。したがって，それに替わる技術の提案も，単に生態学的側面での適合性にとどまらず，個人に充足をもたらすもの，小規模で分散的なものとして提案されることになる。すなわちディクソンによれば，テクノロジーの望ましい変革は，必然的に社会的・政治的変革をともなうものなのである。第三世界に適合的とされる中間技術も，いかなる社会構造をつくりあげるか，という政治的構想と組み合わせて導入されないと，単に先進国の工業化のイデオロギーの矛盾を導入した結果に終わるということになる。現在のテクノロジーに代わるものとして，エネルギーや食糧，住居，輸送などの分野の技術が，一定の具体性をもって提案されている。　　田中　直

[書誌データ] David Dickson, *Alternative Technology and the Politics of Technical Change*, William Collins & Sons Co. Ltd., 1974(『オルターナティブ・テクノロジー』田深雅文訳，時事通信社，1980).

■ティトマス Richard M. Titmuss (1907-73)
『福祉国家の理想と現実』*1958年刊

　著者ティトマスは，T. H. マーシャルとともに，戦後の一時期，イギリスの社会政策研究の指導的立場にあった。本書は彼の代表的論文集の1つであり，11の論考を収録する（初版では10）。

　本書は多大な影響力を持った多数のアイデアを含んでいるが，それらのなかで最も重要なのは「福祉の社会的分業」に関するものであろう（第2章）。ティトマスによると，個人の必要に対する集団的な対応には，3つの方法がある。第1は政府によって行われる「社会福祉」であり，通常，人びとによって福祉サービスと考えられているものがこれに当たる。第2は「財政福祉」であり，税制上の諸控除がこれに当たる。第3は「職域福祉」であり，通常，フリンジベネフィットと呼ばれているものがこれに相当する。これらの3つは目的が重なっており，現代社会のなかで分業関係にある。しかし再分配効果という点で三者は異なっており，これらがうまく調整されないと，社会的公正を損なう結果となる。

　このほか本書は，社会行政という学問の成立事情，高齢化が年金に及ぼす影響，戦争による社会政策の発展，女性の地位の変化が社会政策に突きつける課題，産業化にともなう家族の変化，病院における患者の扱い，イギリスの保健医療制度の抱える問題，無責任な権力の台頭などに関する論考を採録している。

　本書は体系的な書物ではなく，どちらかというと社会政策に関する断片的なアイデアの集積である。しかし初版の刊行からすでに40年以上経過しているにもかかわらず，それらの多くはいまなお新鮮であり，示唆的であり，その輝きを失っていない。　　武川正吾

[書誌データ] Richard M. Titmuss, *Essays on 'the Welfare State'*, George Allen and Unwin, 1958; 2nd ed., 1963 (『福祉国家の理想と現実』谷昌恒訳，東京大学出版会，1967).

ディドロ Denis Diderot (1713-84), ダランベール Jean le Rond d'Alembert (1717-83)
『百科全書』 *1751-72年刊

　ルネサンス以来の知識を集大成し，18世紀に知の革命をもたらした百科事典。質量ともにフランス啓蒙思想の頂点を極めると言われる。本文17巻，図版11巻。後年7巻の補遺・索引を加える。英国のチェンバーズ『サイクロピーディア』(1728年) 仏訳の企画が，やがてディドロとダランベールを編集主幹とするフランス独自の大百科事典となり，空前の商業的成功をおさめた。本文はヴォルテールやモンテスキュー，ルソーをはじめ，「文芸共和国」の旗印の下に集う大勢の執筆者が協力。政治，宗教関係項目でイエズス会をはじめとする反対派から攻撃され，発禁処分の憂き目も見たが，支持者も多く，予約購読者は4千人を数えた。アルファベット順で構成されているものの，全項目は英国のベーコンから着想をえた「人間知識の体系詳述」(本文第1巻冒頭) による参照システムで結ばれあい，壮大な知の宇宙を形成している。ディドロたちの構想になる人間知性を中軸に据えた分類体系の中で，知性の3機能である記憶力，理性，想像力が，それぞれ「歴史」，「哲学」，「詩」を生みだし，かくして知の全領域が展望される。とりわけ「歴史」に属する「自然の利用」が扱う技芸関係の項目は，当時の閉鎖的な職人の工房に光を当てて現場の技術を詳説し，全巻中の白眉と言われる。図版は無名の画家と彫版師とが協力した，数千枚におよぶ精緻な銅版画の傑作で，詳細な説明文が付き，当時の社会や技術を知る一級の図像資料である。『百科全書』の刊行はヨーロッパ思想界・出版界の大事件であった。ただちにスイスやイタリアでより安価な普及版が制作されたが，現在ではパリ版と異なるこれらの外国版にまで研究者の関心は向かい始めている。

鷲見洋一

[書誌データ] Denis Diderot et Jean le Rond d'Alembert, *Encyclopédie ou Dictionnaire raisonné des sciences, des arts et des métiers, par une société de gens de lettres*, 1751-72 (『百科全書』桑原武夫編訳，岩波文庫，1971).

テイラー
Frederick Winslow Taylor (1856-1915)
『科学的管理法』 *1911年刊

　科学的管理法とは，人間が生理的・心理的存在であることに起因する個人間のバラツキや集団的結合性を排除し，能率向上をはかるために，F. W. テイラーによって体系化された管理法である。当時，アメリカでは機械技師協会を中心として能率増進運動が展開されていた。一方で労務費を低く抑制しつつ，他方で労働者の組織的怠業を防止する方法は何か，ということが研究された。テイラーの目指したものは，低い労務費と高い賃金の両立であった。テイラーによれば，当時一般的であった(1)賃金制度（日給制や「普通の」出来高制）や(2)工場組織（「軍隊組織」）は，こうした要請によくこたえるものでない。(1)日給制ではモラールが刺激されず，また出来高制では，生産性向上分がピンハネされることからどうしても労働者が怠業してしまう。また(2)軍隊組織の下では，職長の権限や役割が不明確であるために，恣意性が強く賃金支払のピンハネがしばしば行われていた。こういった欠点の克服方法として，(1)労働者の1日の標準作業量（課業）を確定するために「動作研究」と「時間研究」が導入された。そして，この標準作業量（課業）を質的にも量的にも達成した者には高い賃率を，達成しえない者には低い賃率しか適用しないような，刺激性の強い「異率出来高給制度」が提唱された。(2)さらに，工場組織に「計画部」を設け，準備，速度，検査，修繕などの「機能別職長制度」を導入することで，職長の恣意性を排除し，労働者と管理者とが職分におうじて協働する体制を整備した（計画と実行の分離）。これらの結果，労使協働の精神革命をもたらすことが期待された。テイラーの科学的管理法は実際の工場管理に多大な影響を与え，今日の経営工学，IE，人間工学等の発展の道を開いた。

佐藤 厚

[書誌データ] Frederick W. Taylor, *The Principles of Scientific Management*, Harper & Brothers, 1911 (『科学的管理法』上野陽一訳，産業能率短期大学出版部，1957).

■ディルタイ Wilhelm Dilthey (1833-1911)
『**精神科学序説**』＊1883年刊

　精神科学の認識論を主題とする第1書と精神科学の形而上学からの分離・独立の過程を歴史的に跡づける第2書からなる。社会学に大きな影響を与えたのは第1書。ディルタイは，意識と思考一般の性格の究明からはじまり，精神科学固有の方法と体系の根拠づけにいたる壮大な規模の認識論的企図を構想していたが，第1書は，このプランの結論部のパートをなす。彼の精神科学概念は，後年，体験・表現・理解からなる芸術経験を模範とした美学主義的意味あいを強めていくが，この時点では，初期以来の道徳科学的指向をなおつよく保持しており，結果としては，哲学のみならず社会科学の基礎にも深くかかわる諸問題が提起されることとなった。その問題とは，以下のように整理できる。(1)歴史的思考と抽象的思考の，前者に立脚しての綜合の試み。このモチーフは，その後の歴史主義的で反実証主義的な学問論の潮流の重要な基礎となった。(2)自然主義的歴史哲学としての社会学の否定。この否定が，ジンメル以降の綜合社会学批判と個別科学としての社会学論の契機となる。(3)歴史・社会的現実の性格の究明とそれを対象とする精神科学の心理学主義的基礎づけを掲げたことにより，心的単位（個人）と社会の関係の問題，相互作用や意志の結合体としての組織概念など，その後の社会理論の重要な基礎となる問題や概念が提示される。(4)自然科学的な説明的構成以前の体験された心的連関の第1次的与件性の主張。このテーゼは，方法論的には内的経験の記述的自己省察と他者「理解」の問題につながるとともに，社会観としては実質的に社会的現実の前科学的な先構成の問題位相を開いたことにもより，両者相俟って現代の解釈学的，現象学的な「意味の社会学」の重要な出発点を用意することとなった。　　　　　　廳　茂

[書誌データ] Wilhelm Dilthey, *Einleitung in die Geisteswissenschaften*, 1883 (GS. 1 Bd. Vandenhoeck & R.)『精神科学序説』上・下，山本英一・上田武訳，1979-81).

■デカルト René Descartes (1596-1650)
『**方法序説**』＊1637年刊

　原題は『理性をよく導き，諸学において真理を探究するための方法序説』である。方法の試論である「屈折光学」「気象学」「幾何学」とあわせて刊行された。
　第1部では万人に共通の良識によって既成学問が批判される。変革幻想を生む歴史物語，公用語を特権化する修辞学，利益を求める法学・医学，救済に役立たない神学，蓋然的意見の哲学が，人生には無用として退けられる。第2部では炉部屋の思索が再現される。立法者的理性によって公的機構を破壊して建築する政治神学が批判され，理性によって思想を破壊する道が選ばれる。そして論理学・幾何学・代数を総合した方法が提示される。それは4つの準則・推論原則・適用対象からなる新しい論理学の理念である。第3部では新ストア派に対抗して本来のストア派を復権させる道徳が提示される。契約原理批判，行動の原則，秩序と運命に対する態度，哲学者の意義が述べられる。第4部ではオランダでの形而上学的省察が再現される。コギト命題を経て，神・世界・人間を方法的に把握する諸学に基礎が与えられる。第5部は「世界論」の概要である。世界生成，血液循環，動物機械，魂の不死性が論じられる。第6部ではガリレイ事件後に本書を公刊したのは，自然の主人・所有者となって万人の幸福を促進するためであると宣言される。そして本書を俗語で書いたのは，自然研究の成果を不均等に配分せずに万人で共有すべきことを，公衆の良識に訴えるためであると述べられる。　　　小泉義之

[書誌データ] René Descartes, *Discours de la méthode*, Jan Maire, 1637 (『方法序説』落合太郎訳，岩波書店，1953；小場瀬卓三訳，角川書店，1963；野田又夫訳，中央公論社，1967；『方法叙説』三宅徳嘉・小池健男訳，白水社，1973；『「方法序説」を読む』山田弘明訳，世界思想社，1995；『方法序説』谷川多佳子訳，岩波書店，1997).

デュヴェルジェ Maurice Duverger (1917-2014)
『ヤヌス』 *1972年刊

著者はフランスの政治学者。1970年代初頭の西欧の社会，政治を考察し，未来展望も含めて著した西欧政治構造論である。

現代西欧は，ローマの双面神ヤヌスのごとく異質であり相補的でもある2つの相貌をみせ，それが体制の基本性格をなしている。それは多元主義，自由選挙などからなる民主主義と，巨大工業・商業・金融企業の支配であり，政治決定はしばしば両者の合力のなかで行われる。この意味で同体制は「金権民主制」(plutodemocratie) と呼ばれよう。歴史的にみると，欧米民主主義は人民主権，選挙，議会，独立した司法，複数政党の緊密に結びついたシステムをなし，偏向や腐敗などの問題をもちながらも，根を下ろしてきた。一方，資本主義は時代とともに経済的寡頭制に移行し，政治を直接支配するわけではないが，政治家，官僚，世論操縦者など「媒介階級」を通じ，影響力を行使し，その支配はマスコミ，教育，宗教にまで及んできた。両大戦間の危機を経て，戦後の西欧的体制は「テクノデモクラシー」なる新しい寡頭制の形をとる。それは，もはや集合的にしか管理されない複雑な経済活動と，これを支えながらも非営利的事業，公共サービス，福祉をも提供する国家との結びつきからなる。他方注目すべきは，過去への教訓と豊かさの享受ゆえに西欧のあらゆる市民が政治的自由に重きをおくようになり，社会主義も西欧体制内に統合されてきたことである。今日「一次元的」管理社会や利潤優先の環境破壊等への異議申し立てが行われ，西欧は量的発達と質的悪化という根本的矛盾をまぬがれていない。この問題の解決への社会主義の寄与が考えられるが，それは万能薬ではありえないだろう。また，西欧の社会主義は西欧の条件と課題に対応した固有の形態を見いださなければならない。 訳者要約

［書誌データ］ Maurice Duverger, *Janus: les deux faces de l'Occident*, Fayard, 1972（『ヤヌス』宮島喬訳，木鐸社，1975）．

デュモン Louis Dumont (1911-98)
『個人主義論考』 *1983年刊

『ホモ・ヒエラルキクス（階層的人間）』(1967) でインドのカースト制度について理論的な考察を総合した著者が，カースト制度の対極とみなされた西洋近代の個人主義の生成過程について試みた考察をまとめた論文集。

16世紀のインド航路の開拓以来，インドは複雑な社会構成によって西洋を魅了し，反発させ，また印欧語の起源地として郷愁を与えてきた。デュモンはこうした西洋的インド観のバイアスが発生する過程への社会学的反省を組みこんだ視点を探究し，カースト体系を経済関係に還元したり，王権を中心とした権力関係に還元する見方を，西洋の自民族中心主義として批判した。そしてそこから脱却する方向を，浄‐不浄の対立原理にもとづく全体社会への個人の包摂の構造すなわちヒエラルキーの構造という視点に求めた。

ヒエラルキーの論理が西洋にとって理解しがたいのは，西洋近代の思考体系が，個人を価値の中心に置く個人主義の体系へと構造変容したからであるとデュモンは考える。それはとりわけ神と一対一の関係にある信徒共同体の「世俗外個人」が，世俗社会の教会化ともいえる宗教改革によって「世俗内個人」に変容したこと，フランス革命によって個人主義が全体を包摂する逆説が成立したことなどから生じた。本書はこうした思考体系変容の歴史過程にかかわるキリスト教教義の発展，英，独，仏における歴史過程の差異，自らの視点と師であるマルセル・モースとの関係の考察を主題とする論文の集成であり，西洋の思考カテゴリーの形成を主題とした『ホモ・エクアリス（平等的人間）Ⅰ』(1977)，『ホモ・エクアリスⅡ』(1991) の展開と直結している。 訳者（渡辺公三）要約

［書誌データ］ Louis Dumont, *Essai sur l'individualisme*, Seuil, 1983（『個人主義論考―近代イデオロギーについての人類学的展望』渡辺公三・浅野房一訳，言叢社，1993）．

デュルケーム Emile Durkheim (1858-1917)
『**教育と社会学**』*1922年刊

　デュルケームは教育の社会的意義を重視し，教育の科学的な研究を要請し，教育方法学（ペダゴジー）と区別された教育科学（science de l'éducation）を唱道した。本書は生前いくつかの機会に公にした論文等を，P. フォコネらが編み，死後出版したものである。

　教育とは何か。デュルケームは社会生活に習熟していない世代に成人世代の行使する作用と規定する。それは一方で，政治社会（国民社会）の要求する価値を，他方ではより特殊的環境の要求する価値，知識を子どものなかに実現しようとするものである。したがって教育は時代，国家，民族等によって異なるのであり，たとえば体育はスパルタでは人を困苦に耐えさせるためであるのに対し，アテナイでは肉体を見た目に美しくするための教育であり，近代ではそれは健康，衛生の教育となっている。このように教育は社会と密接な関係にある。教育は，一定の権威をもって，忍耐づよく持続的に行われなければならず，子どもの自己本位主義を抑え，社会的なより高い目的に従わせるものである。人はよく教育において自由と権威の背反を語るが，自由とは気ままにふるまうことではなく自己を支配し理性に従って行動することである以上，教師の権威は子どもを自由にするために必要である。

　上述の教育科学についてデュルケームは，観察を重視し，教育を他の社会的事実と同様に実践，行為様式，慣習等の総体として研究すべきものとする。教育は社会的事象であり，教育なしに社会は存続しえない（ただし，社会成員の間に同質性を生みだすだけではなく，人々の必要な専門性，異質性を持続させるかぎりにおいて）。それゆえ教育科学と社会学は切っても切れない関係にある。本書は冒頭にフォコネの解題を収める。
　　　　　　　　　　　　　　　　　　宮島　喬

［書誌データ］ Emile Durkheim, *L'éducation et sociologie*, Félix Alcan, 1922（『教育と社会学』佐々木交賢訳，誠信書房，1976）．

デュルケーム Emile Durkheim (1858-1917)
『**道徳教育論**』*1925年刊

　デュルケームはフランス共和制の秩序の確立を望み，そのため道徳教育の定礎に腐心し，非宗教性原則に立ついわゆる「神なき」道徳教育の定式化に取り組んだ。本書は1902～03年にソルボンヌで行った講義をP. フォコネが編集し，死後出版したものである。

　そもそも世俗的（laïque）道徳教育は可能であろうか。可能だ，というのが著者の答えであるが，そのためには徹底した理性重視の合理主義的教育，人間理性をもって説明しえないものはないとの確信に立つ教育が目ざされなければならない。道徳性の第1要素は規律の精神（esprit de discipline）である。道徳とは行為を定めている規則体系にほかならず，行動に個人的恣意に左右されぬ規則性を与えるためにこれが必要なのである。とはいえ規則に盲従すべきでなく，知性を援用し何のために従うかを自覚しなければいけない。第2要素は社会集団への愛着（attachement aux groupes sociaux）である。個人は自己のみを目的とせず，非個人的社会的目的を追求するとき道徳的たりうる。これは社会への服従を意味するのではなく，人は社会化されることではじめて本性を実現できるということからの帰結でもある。道徳性の第3要素は意志の自律（autonomie de la volonté）である。今日人間の人格の価値がこのうえもなく神聖視され，良心に反するものは不道徳とみなされるようになっている。他律的にではなく，道徳規則の性質を知り，自律的意志によってこれを受け入れることが重要なのである。本書は道徳教育の実践方法まで論じていて，そこでは学校規律や教師の権威が語られるが，他方子どもの自由の保護の必要や教師の権威乱用への戒めも説かれている。道徳性の諸要素への考察がここにも反映している。
　　　　　　　　　　　　　　　　　　宮島　喬

［書誌データ］ Emile Durkheim, *L'éducation morale*, Félix Alcan, 1925（『道徳教育論』麻生誠・山村賢明訳，明治図書，1964）．

デリダ Jacques Derrida (1930-2004)
『エクリチュールと差異』 *1967年刊

　初期デリダの論文集。ルッセ，フーコー，ジャベス，レヴィナス，フッサール，アルトー，フロイト，バタイユ，レヴィ＝ストロースを論じる11本のテクストから成る。

　「コギトと『狂気の歴史』」は，フーコーの『狂気と錯乱―古典主義時代における狂気の歴史』(1961)におけるデカルト解釈に疑義を呈し，両者の間で論争を生じた。デカルトは方法的懐疑の過程で，フーコーのいうようにコギトから狂気を排除したのではなく，コギトは狂気の可能性を含んで成り立つのであり，狂気の排除は古典主義時代の限界を超えて，コギトの言語化，ロゴス化にともなう普遍的問題なのだ，とデリダは言う。

　「暴力と形而上学」は，以後くりかえされるレヴィナスとの対話の出発点であり，脱構築と倫理の関係を考えるうえで重要である。デリダはここで，ギリシャ的・哲学的ロゴスの暴力性を暴露し，その他者を求めるレヴィナスのモチーフを受けとめながらも，ロゴスの他者もまたロゴスに巻きこまれざるをえないこと，暴力の批判は暴力のエコノミー（経済＝節約）のそとでは可能でないことを指摘し，ギリシャ的同一性とユダヤ的他者性の二項対立を脱構築する。

　「フロイトとエクリチュールの舞台」は，ラカンによるパロール中心のフロイト解釈に対して，心的事象全体をエクリチュールないしテクストと見るフロイトの思考の独自性を明らかにする。この議論は，現代の電子メディア状況を背景にフロイト的記憶の問題を論じる『アルシーヴの悪』(1995)にまでつながっていく。　　　　　　　　　　　　　　高橋哲哉

［書誌データ］Jacques Derrida, *L'Ecriture et la différence*, Seuil, 1967（『エクリチュールと差異』上・下，若桑毅他訳，法政大学出版局，1977-83）．

デリダ Jacques Derrida (1930-2004)
『グラマトロジーについて』 *1967年刊

　初期デリダの主著の1つ。脱構築（ディコンストラクション）の理論的見取り図というべき第1部と，テクスト読解の実践である第2部から成る。

　第1部では，プラトンからハイデガーに至る西洋哲学と現代言語学に共通の形而上学的前提として，パロール（声，音声言語）を特権視し，エクリチュール（文字，書記言語）を貶めるロゴス中心主義を批判。言語と意味一般の可能性の条件として，諸差異の設定の働きである原エクリチュール(archi-écriture)を導入する。

　「ロゴス中心主義の歴史におけるジャン＝ジャック・ルソーの特権」を扱う第2部は，まず「現代のルソー主義者」レヴィ＝ストロースを俎上に上げる。『悲しき熱帯』におけるナンビクワラ族の記述は，エクリチュールを無垢で善良な共同体に外部から侵入する悪と見なしている点で，依然として形而上学的だからである。『言語起源論』に光を当てたルソー論で確認されるのは，「根源的自然」なるものはどこにも存在せず，根源に見いだされるのはつねにすでに，エクリチュール，教育，自慰，技術，政治的代表制といった，根源の消失としての代補(supplément)であるという，パラドキシカルな事態である。

　ヨーロッパ中心主義を，「単なる歴史的相対主義には接近不可能な」「このうえなく独自かつ強力な自民族中心主義」として問題化し，その本格的批判に着手する本書は，植民地帝国の終焉，第三世界の台頭など60年代に定着した世界史的状況に定位しつつ，その意味を問い直す試みでもある。　　　　高橋哲哉

［書誌データ］Jacques Derrida, *De la grammatologie*, Minuit, 1967（『グラマトロジーについて―根源の彼方に』上・下，足立和浩訳，現代思潮社，1976-77）．

デリダ Jacques Derrida (1930-2004)
『声と現象』 *1967年刊

　デリダのフッサール論の1つ。西洋形而上学の脱構築（ディコンストラクション）を推進した初期の著作のなかでも，「古典的な哲学的建築術からすれば第一のもの」と著者自身が述べている重要な著作。

　戦後フランス思想界を領導したサルトル，メルロ＝ポンティらの実存主義的，人間主義的現象学に対して，デリダのフッサール論の特徴は，学知（シアンス）の可能性の条件をめぐるフッサールの超越論的考察の厳密性を維持しつつ，そこに潜む形而上学的前提を暴露することにある。

　デリダによれば，フッサールの超越論的現象学は，「形而上学の最も現代的な，最も批判的な，最も細心な形態」である。本書でデリダは，言語の本質をコミュニケーションにおける他者との関係から切り離し，「孤独な心的生活」における純粋にイデア的な意味の表現に求めるフッサールの分析のうちに，内的，非物質的，意志的な記号としてパロール（音声言語）を特権化し，外的，物質的，空間的な記号としてエクリチュール（書記言語）を貶めてきた，ロゴス中心主義と「現前の形而上学」の誤りを見いだす。

　本書に見られる差延（différance）の思想は，構造主義的な「差異の原理」を徹底させた側面もあるが，この時期のデリダはまた，コードとしての構造，体系といった構造主義のモデルをも脱構築しようとしていたことを忘れてはならない。
高橋哲哉

［書誌データ］ Jacques Derrida, *La voix et le phénomène: Introduction au problème du signe dans la phénoménologie de Husserl*, Presses universitaires de France, 1967（『声と現象—フッサール現象学における記号の問題への序論』高橋允昭訳, 理想社, 1970）.

ドーア Ronald Philip Dore (1925-2018)
『都市の日本人』 *1958年刊

　江戸時代の教育史を専攻していた著者が，福武直の門下に入り，焼け残った東京下町の住民生活実態調査を試みたのが本書である。

　まだ日本人全体が食うや食わずの状態だった1951年の調査のこととて，下町の日本人の家に下宿し，日本語を流暢にしゃべりながら，大学生の調査員を使って一般庶民の生活を微に入り細にわたって聞き歩いているイギリス人は，町内の人気の的であった。支配者として日本人と隔離されていたアメリカの進駐軍とはまったくちがった印象を，彼が与えたからだろう。本書の読者は，日本の家族制度，家族・親族生活，立身出世主義，政治的態度，近隣・町内会でのつきあい，家族儀礼，宗教，社会と個人の関係などにつき，著者のするどい質問と，読みの深い分析に舌をまくにちがいない。

　著者もまた，ロンドンの下町労働者の生活とは対照的な，日本都市の社会的ぬくもり（銭湯，赤ちょうちん，下町気風など）に心打たれたのであろう。東京の庶民生活を体験した彼は，日本人の基本的パーソナリティの原型を求めて，イエとムラの調査を「農地改革」の分析を通じて行い，次に「日本の工場とイギリスの工場」の比較調査を試みた。その後近代化と教育の関係を分析して，「学歴病」なるものは近代化の後発国に共通の現象だとし，後発国も条件により有利にもなれば不利にもなるという「後発効果理論 theory of late development effect」を唱えるのである。ドーアは戦後日本の発展を高く評価しつつも，他方で個人の「主体性のなさ」に一抹の懸念を表明していたが，事実バブル崩壊後の日本はまさに八方塞がりの状態にある。
訳者（青井和夫）要約

［書誌データ］ Ronald Philip Dore, *City Life in Japan: A Study of a Tokyo Ward*, Routledge and Kegan Paul, 1958（『都市の日本人』青井和夫・塚本哲人訳, 岩波書店, 1962）.

ドーア Ronald P. Dore (1925-2018)
『学歴社会　新しい文明病』 *1976年刊

　近代社会の学校教育システムのもつ，人間形成と社会的選別の2つの機能のうち，後者が肥大して学歴インフレーションを結果し，教育が学歴稼ぎに堕していくメカニズムを解明した，比較教育社会学の代表的著作。イギリス・日本・スリランカの3国での調査研究の成果を基礎に開発途上国，ひいては先進諸国をふくむ産業社会が共通に抱える，新しい文明病としての学歴病の生成・発展過程に鋭く切り込み，その打開策についての提言を試みている。

　第2次大戦後に独立した第三世界の開発途上国は先進諸国にならって，近代化・産業化の推進に不可欠の装置として，学校教育システムの創出と発展につとめてきた。しかし，1970年代に入る頃から，近代化・産業化の進度や構造にかかわりなく，上級学校への進学者の急増や職業の世界での学歴インフレーション化が進み，その結果として，人間形成よりも試験合格と学歴取得が自己目的化するという，教育の「学歴稼ぎ」化が顕著になった。早くから日本社会における学歴主義の問題に着目してきたドーアは，それを産業社会の「文明病」とみなし，病理現象が開発途上国に先鋭な形で顕在化するのは，産業化の「後発効果」(late development effect) のゆえであるとした。その打開策としてドーアが提言するのは，他の近代教育批判論者にも共通した，学校教育システムのもつ社会的選別機能の縮小ないし排除である。なお，ドーアの提言の特徴は個人の才能に生得的な差異が存在することを前提にし，しかもその才能と威信，権力，富などの社会的資源との対応的な配分関係を断ち切り，社会的に操作する必要のあることを認めている点にある。　　　天野郁夫

［書誌データ］Ronald P. Dore, *The Diploma Disease: Education, Qualification and Development*, George Allen & Unwin, 1976（『学歴社会　新しい文明病』松居弘道訳，岩波書店，1978；同時代ライブラリー，1990）．

土居健郎（どいたけお）(1920-2009)
『「甘え」の構造』 *1971年刊

　本書は，「甘え」の着想と題された第1章にのべられているように，著者が米国留学に際して経験したカルチャ・ショックが契機となって生まれた。しかし著者が「甘え」概念に到達するのは最初の渡米から数年後のことであって，このことは次の2つのことを意味する。第1に，「甘え」としてとらえられる現象はふつう言語を媒介としないので，日本語のように「甘え」並びにそれに連なる一連の語彙がないとその現象が見過ごされやすいことである。まさにそうであればこそ著者は米国留学に際し彼我の生活感覚の差異を感じながら，すぐにはそれを「甘え」と関係づけることができなかったのである。第2に，日本語にしかない「甘え」の語を概念化したのは，著者が欧米の学問の借り物だけで満足せず，自国語で学問しようとしたことを示す。もっとも自国語で考えるといっても，学問的営みとして普遍性が意図されなければならぬ。著者がこの点かなりの程度成功したことは，本書が英語をはじめ8カ国語に翻訳されている事実が証明している。

　本書の第2章以下の見出しは，「甘え」の世界，「甘え」の論理，「甘え」の病理，「甘え」と現代社会，である。著者は本書を通じ一貫して「甘え」概念を中心とする日本語の意味世界を描きだすことに努めているが，しかし著者の念頭にはそれと並行して欧米の学問成果が浮かんでいるのであって，単に日本の特殊性を謳うことが本書執筆の目的であったわけではない。むしろ日本の特殊性と見えるものが日本以外の世界に通用する問題提起となっていることを示すことに著者の真の意図があったということができる。その意味で最後の章は著者が混乱する現代にとくに訴えたい重要なメッセージとなっている。　著者要約

［書誌データ］土居健郎『「甘え」の構造』弘文堂，1971．

トインビー
Arnold Joseph Toynbee (1889-1975)
『歴史の研究』 *1934-61年刊

『歴史の研究』全12巻の構想の萌芽は，1914年，オクスフォード大学で，トゥキュディデスを講義していた最中に始まるという。ペロポネソス戦争の勃発と，第1次世界大戦の勃発とは，哲学的に同時代である，という一種の直観が彼の心にひらめき，ここから生まれた全文明の「哲学的同時代性」の予想が全巻を貫く。オスワルト・シュペングラー『西欧の没落』の影響も顕著である。

第6巻までは，大作のいわば第1部であって，エジプト文明をはじめとする21の文明が，共通して経過する発生，成長，衰退，解体の過程を丹念にたどる。D.C.サマヴェルによる縮刷版は好評を博し本書を一躍有名にした。

第10巻までの第2部で，特に我々の関心を呼ぶのは第9巻『文明の時間的接触』で展開された彼独特のルネッサンス論である。ルネッサンスとは，特定の時期のイタリアに限定されたものではなく，子文明が危機に直面して親文明を蘇らせようとする局面に生ずるものであり，ビザンツにも，中国の宋の時代にも見られ，それが完全に成功すると，その文明の創造的発展の息の根がとめられてしまう，と彼は考える。宋代の朱子学がその例である。

第2部は，きびしい批判をあびるが，そのうちのフィリップ・バグビーの批判を生かしたのが第12巻『再考察』で展開される「衛星文明」の考え方である。21の文明のうち，ロシア文明，日本文明などは「衛星文明」に格下げされる。また，二分されていた中国文明は一元化され，中国についてのルネッサンス論は破綻をきたし，修復されずに終った。

三宅正樹

[書誌データ] Arnold J. Toynbee, *A Study of History*, 12 Vols.(vol.1-3, 1934; vol.4-6, 1939; vol.7-10, 1951; vol.11, 1959; vol.12, 1961), Oxford University Press, 1934-61 (『歴史の研究』全25巻，『歴史の研究』刊行会訳，1969-72，経済往来社．縮刷版の完訳は長谷川松治訳，『トインビー著作集』1-3巻，社会思想社，1967，抄訳は長谷川訳，蠟山政道編『トインビー』中央公論社，1979).

トゥアン Yi-Fu Tuan (1930-)
『空間の経験』 *1977年刊

中国生まれで，欧米で教育を受け，アメリカの大学で教鞭をとるイーフー・トゥアンによる本書は，1970年代に盛んになった現象学的地理学の古典的著作といえる。原題が示すように，本書は，人間にとって場所と空間がどのような意味をもち，人間が場所と空間をどのように理解するかを考察したものである。この考察の軸となり，手がかりとなるのは，感情と思考の複合作用としての，人間の「経験」であり，「経験」は本書のキーワードとなっている。

まずトゥアンは，幼児が自己の身体の上下前後左右に広がる環境をいかにして空間として把握し理解していくかをあとづけ，幼児の身体の周囲に広がる空間が建築物や都市の構造と相似性をもつことを明らかにする。次いでトゥアンは，空間の広がりは開放性や自由を意味することもあれば，反対に脅威を意味することもあると指摘し，そのような空間の見方から，空間の広がりと空間における密集が人間に及ぼす影響について考察している。さらに，トゥアンは，空間の能力と空間の知識との関係を明らかにしながら，神話的空間が人間にとってもつ意味と，建築的空間を人間が形成していく過程を解明する。

トゥアンにとって，場所は，我が家，故郷，母国などに見られるように，親密さ，安定性，安全性を意味している。本書の終わりの部分では，人間はどのようにしてそのような場所を集落や都市といったかたちで形成していくかが明らかにされ，最後に，空間と場所との関係において時間が果たす役割が考察されている。

訳者要約

[書誌データ] Yi-Fu Tuan, *Space and Place: The Perspective of Experience*, Univ. of Minnesota Press, 1977 (『空間の経験―身体から都市へ』山本浩訳, 筑摩書房, 1988；ちくま学芸文庫, 1993).

ドゥ・ヴァール
Frans B. M. de Waal (1948-)
『政治をするサル』 *1982年刊

多くの霊長類は集団で生活している。しかし大型の集団を飼育するのは困難だから、隔離された個体をあつかう行動研究が実験室では主流であった。複雄複雌の集団生活を基本とするチンパンジーを、本来の姿に近い状態のまま、広い放飼場で観察するという初めての試みのなかから生まれた成果がこの本である。

チンパンジーのおとな雄の間では、直線的な順位が明確である場合が多い。本書の集団のように雄が3頭だけだと、第1位雄は発情雌との交尾をほとんど独占する。しかし順位の落差が小さくなると、第3位雄の支援を受けた第2位雄は第1位雄の性の独占権をゆるがすことができるので、上位の雄たちは第3位雄を粗略にあつかえなくなる。一対一の関係では最下位の個体がキャスティング・ボートを握ることになり、彼との連合が権力の行方を左右する。ご都合主義的に同盟相手がかわる不安定な状況は、強い順位上昇志向を背景とした雄間関係の合理的な特徴とみなせる。

雄間の葛藤はほかの構成員にコストをもたらすだけなので、集団の安定を志向する傾向が強い雌のふるまいは雄とは対照的である。より親しい個体に味方して争いに介入するのを基本とする雌が、雄たちを和解させるためにときにはすすんで触媒的機能をはたす。第三者を含む個体間関係を認識し操作するこのような戦略的能力（社会的知能）は、まさに集団生活のなかから進化してきたと考えられる。

訳者の西田は1981年に野生でのよく似た三者間関係をすでに報告していた（『野生チンパンジー観察記』中公新書）。ただし、いつでも離合集散の可能な野外では、雌は雄たちの争いに影響力を発揮しない。　　　　上原重男

[書誌データ] Frans B. M. de Waal, *Chimpanzee Politics: Power and Sex among Apes*, Jonathan Cape, 1982（『政治をするサル――チンパンジーの権力と性』西田利貞訳、どうぶつ社、1984；平凡社ライブラリー、1994）．

ドゥウォーキン Ronald Dworkin (1931-2013)
『権利論』 *1978年刊

功利主義に対抗して権利の優位を説き、法実証主義が前提とする「社会的ルール理論」を批判して独自の法規範論を展開した戦後の英米法哲学を代表する著作。功利主義は各人の選好充足の総和の最大化をルールの正当化根拠と考えるのに対し、ドゥウォーキンは個人が抱く選好を、他者へと向けられた外的選好と自分自身の状態に向けられた個人的選好に区別し、前者を排除したうえで各人の選好に同等の重みを与えることにより選好充足の総和の最大化をもたらすことがルールの正当化根拠であると主張し、これを「平等な尊重と配慮を受ける権利」に基礎づける。正当な権利の根源はこの抽象的平等権にあり、信教の自由や表現の自由などの基本的自由権もこの平等権の派生態にすぎない。権利の意義は個人がこれを「切り札」として特定の集団的目標に対抗できる点にある。社会全体の効用を最大化しても権利を侵害する社会的決定は無効であり、最高裁の違憲立法審査権もこのことに基礎づけられている。

さらに本書でドゥウォーキンは法命題の真理値を一定の社会的事実に依存させる法実証主義の「社会的ルール理論」を批判する。この立場によれば社会には法規範を他の諸規範から峻別する規準が人々の行動パターンとして存在し、この規準に合致した法的ルールが存在しない場合は法は不存在であり、裁判官は自由裁量により判決を下すものとされる。これに対しドゥウォーキンは法的権利義務関係はこの種の社会的事実とは独立に規範的世界の中に存立すること、裁判官の意見が対立するハード・ケイスにおいても常に正しい判決が存在することを主張している。

訳者（小林　公）要約

[書誌データ] Ronald Dworkin, *Taking Rights Seriously*, Duckworth, 1978（『権利論』木下毅・小林公・野坂泰司訳、木鐸社、1986）．

ドウォーキン Andrea Dworkin (1946-2005)
『インターコース』 *1987年刊

　性差別の原因が社会制度にあり，差別的制度の変更によって平等が達成されると見て，制度変更を求めてきたのが1960年代までのフェミニズム運動であるのに対し，60年代から登場したラディカル・フェミニズムは，なぜそのような不平等な制度が生み出されたのかという，より根本的な問題の追求を出発点とする。この派の代表的な論者の一人がドウォーキンである。ドウォーキンは『インターコース』において，さまざまな文学作品および宗教的・世俗的な思想の解明を通して，性交を巡る強迫観念の実相を明確にし，さらにこうした強迫観念が現状の人間文化全体の基盤をなしていることを詳細に論証する。具体的に言えば，性愛が男女の愛情の発露たる「自然」なことである，セックスは社会や他者が介入し得ない最もプライヴェートなことであるという，現状の文化の根本をなしている常識を覆し，「自然」が何であるのかは，実は自然ならぬ社会が決定した人為的なイデオロギーであるのに，それが「自然」という言葉によって，改変不能な人間本性であるかのように偽装され，さらにそれが個々人の内に内在化させられているのが現実であることで，それを「内在化」させている男と女の性関係には，社会制度や社会の価値観が確乎として介入しており，性的営みは必然的に個人的・私的ではあり得ず，支配・服従という政治的な関係性が浸透しきった性の政治の表出にほかならず，男に対する女の政治的・経済的・市民権的な劣位が，まさに性行為自体のなかで確認・強化されていること，差別とは無縁の「ヒューマニズム」的と見える文化的諸制度も，この劣位を確認する機能を持つという現状文化の本質が，大胆に暴き出されている。
　　　　　　　　　　　　　　　　訳者要約

[書誌データ] Andrea Dworkin, *Intercourse*, The Free Press, 1987（『インターコース―性的行為の政治学』寺沢みづほ訳，青土社，1989）.

統計数理研究所国民性調査委員会編
『日本人の国民性』 *1961-92年刊

　この調査は，1953年（昭和28）に文部省統計数理研究所が，敗戦による日本人の自信の喪失，これまでの価値基準と新しい近代的な価値観との葛藤と混乱という精神的混迷のなかで，日本人のアイデンティティを求めて実施した。目的は日本人の「国民性」の概念を明らかにしようとするよりは，ありふれた日常場面での日本人のものの考え方，価値観，生活心情の特徴について客観的なデータを集め，日本人の国民性を実証的に解明しようとしたものである。以後5年ごとに実施され，1993年までの40年間に9回の調査が積み重ねられており，日本における時系列意識調査の草分け的存在である。

　同時に，この調査を通じてサンプリングや回答法など社会調査法の種々の技法を研究開発してきていることも特徴である。さらにこの調査データを素材に，質的データの構造を見いだすための数量化，意見の変化が時代・加齢・世代のうちのどの要因によるのかを識別するためのコーホート分析，最適な説明変数の自動探索のためのCATDAPなど，日本人の物の考え方をより構造的に把握するための解析法が開発されている。

　加えて，1971年から，ハワイ日系人，アメリカ合衆国，ハワイ，ドイツ，フランス，イギリス，イタリア，オランダ，ブラジルなどを対象として国際比較調査も実施している。

　これらのデータは，日本人の国民性の"特殊と普遍"を追究する計量的日本人研究の貴重な資料として，各方面で活用されている。1992年に出版された『第5日本人の国民性』は「戦後昭和期総集」として日本人の国民性研究の歩みと成果が総括されている。
　　　　　　　　　　　　　　　　秋山登代子

[書誌データ] 統計数理研究所国民性調査委員会編『日本人の国民性』『第2日本人の国民性』『第3日本人の国民性』『第4日本人の国民性』『第5日本人の国民性』至誠堂（第3まで），出光書店（第4と第5），1961-92.

ドゥボール Guy Debord (1931-94)
『スペクタクルの社会』*1967年刊

「近代的生産条件が支配的な社会では，生活全体がスペクタクルの膨大な蓄積として現れる。かつて直接に生きられていたものはすべて，表象のうちに追いやられてしまった。」マルクスの『資本論』を「転用」したこのようなテーゼで始まる本書は，大量消費社会の主要矛盾を「商品」ではなく「スペクタクル」のなかに見ることによって，生活全体が「表象」によって支配されている現代の社会を批判する有効な理論を与える。

ドゥボールの言う「スペクタクル」とは，メディアや資本，政治権力が作り出す単なるイメージではなく，そうしたイメージによって媒介された「諸個人の社会的関係」であり，「現実の社会の非現実性の核心」である。フーコー流に言うなら「ミクロな権力関係」として，「スペクタクル」は日常生活の隅々にまで貫徹され，人々は「スペクタクル的な秩序に積極的な支持を与える」ことで，それを内面化してしまっている。また，ドゥボールの言う「表象」とは，媒介されたイメージであると同時に，人間関係の「代理」的なシステムでもある。消費のスターと政治のスターが社会生活の代理モデルとしてこの社会を主導し，それを批判する側でも，既存のマルクス主義者や官僚的な組合は代理的な組織によって，批判活動を押し止める力と化している。

そこから，ドゥボールは「スペクタクル」と「表象＝代理」システムに支配された関係性を統一的に批判する実践的活動の必要性を説き，57年から72年まで「シチュアシオニスト・インタナショナル」という運動体のなかでそれを行った。文化・芸術・哲学・政治の領域を横断し，欧・米を中心に10数ヵ国に広がったこの運動は，本書とともに，68年フランスの5月革命に大きな影響を与えた。

訳者要約

［書誌データ］ Guy Debord, *La société du spectacle*, Buchet-chastel, 1967（『スペクタクルの社会』木下誠訳，平凡社，1993）.

ドゥルーズ Gilles Deleuze (1925-95)
『差異と反復』*1968年刊

ドゥルーズの博士論文であり，その後彼がフェリックス・ガタリとの共著『アンチ・オイディプス』や『千のプラトー』において展開する壮大な実験的思考の哲学的原論として読むことができる。

「差異」をとらえる方法としては，アリストテレスのカテゴリー論（種・類の分割）に典型的に見られるように，同一性や類似性をあくまで前提として，事物の無限の差異を，制限され媒介された形でとらえることが通例であった。ヘーゲルの弁証法やライプニッツによる無限小の差異の発見でさえも，最終的には差異を総合や調和のうちに収拾する方法にすぎなかった，とこの本は批判している。どんな統一性にも同一性にも還元することなく差異をとらえることは，また時間における反復においても，〈同じもの〉に還元されない反復を見いだす，というまったく逆説的な思考に結びつく。反復をめぐるこのような思考は，同時に独自の時間論を構成する。人間は，習慣や記憶のようにすでに複雑な反復の形態を生きているが，反復はそれにとどまらず，フロイトの「死の衝動」として示されたような奇妙な次元も含んでいる。

ドゥルーズはさらに，彼の哲学の核心的概念の1つである「強度」について考えている。強度とは差異の感覚的様態にほかならないが，それは，しばしば「外延」や「質」として翻訳され隠蔽される。強度は同一の単位に分割しえない，同一性以前の差異の様態そのものである。

いたるところ逆説にみちたこの本は，「差異」と「強度」の概念によって哲学に何か怪物的なものや暴力的なものを注入するが，その思考はあくまで精密である。

宇野邦一

［書誌データ］ Gilles Deleuze, *Différence et répétition*, P. U. F., 1968（『差異と反復』財津理訳，河出書房新社，1992）.

ドゥルーズ Gilles Deleuze (1925-95)
『フーコー』＊1986年刊

　フーコーがドゥルーズを讃えて「きたるべき世紀はドゥルーズ的だろう」と言ったことはよく知られている。この本は，そのフーコーの死後まもなく喪の言葉として書かれた。

　ドゥルーズは，フーコーの主題を形式化の度合によって区別した。最も形式化の度合の高い領域は〈知〉と呼ばれる。〈知〉は言葉と物を対象とする。言葉と物は，それぞれ言表（言説的形成）と，可視性（非言説的形成）とも呼ばれる。可視性とは，物の配置，監獄における囚人と看守の位置，あるいは身体そのものに対する医学の視線などにかかわり，言表の方は，狂気や性，生物や経済あるいは言語そのものに関して形成される。そして可視性も言表も，それぞれの時代に固有の仕方で形成され，2つが複合されて〈知〉の地層を形作る。この2つの間の裂け目が露呈するときには，それぞれの知の限界が現れる。

　知ほど高度に形式化されていない領野は〈権力〉とよばれる。権力は，無形で，いくつもの中心からなる力関係の束であり，微細な単位でたえず変化する流動的な次元である。流動的とはいっても，やはり一定の時代にその配置を決定する図式（ダイアグラム）が存在する。『監獄の誕生』以来のフーコーの権力論は，このダイアグラムの分析にささげられた。けれども知と権力に比べて，さらに形式を受けつけず，思考することの困難な〈外〉が存在する。晩年のフーコーは古代ギリシャにおける性道徳の変遷を研究し，これに固有の〈自己〉の創造を見たが，この自己は，知にも権力にも属さない〈外〉とじかに連結していたというドゥルーズは，最後のフーコーの謎めいた探究にいち早く本質的な肯定的理解を与えたのだった。

訳者要約

［書誌データ］Gilles Deleuze, *Foucault*, Minuit, 1986（『フーコー』宇野邦一訳，河出書房新社，1987）.

ドゥルーズ Gilles Deleuze (1925-95),
ガタリ Felix Guattari (1930-92)
『千のプラトー』＊1980年刊

　プラトーとは，中心も超越も序列も分割も拒否する生き生きした緊張状態を示す。しかしそれは単なる無秩序やカオスではない。生命の形態発生の過程そのものに，すでにプラトーに似たものがある。この本は，プラトーを自然から社会にいたるさまざまな場面に発見し，歴史と社会のなかで形成された人間固有の形態を次々ときほぐすようにして，あらゆる領域を横断する思考を貫いている。

　はじめに秩序一般に通用するモデルとして，中心の幹から対称的な二項対立によって枝分かれし，末端にまで同じパターンを作り上げる樹木状の構造が問題となる。リゾームは，このような等質的な階層構造に対して，中心をもたず非等質的で，突然変異や異種交配によって成長する一見無秩序な秩序である。リゾームはプラトーにきわめて近いが，リゾームは連結されるものの間の非連続性と外部性を強調し，プラトーは生成される組織の連続性と，強度や集中性を強調している。この本は，あらゆる事象を単数として考えるのではなく，複数要素のアレンジメントとしてとらえ，さまざまな強度と速度をもつ微粒子の集合と考える。言語や記号の領域も，物質や身体から相対的に分離して固定したコードを形成しているだけで，素材も形態もたえず変化し，異なる力関係や主体を生み出している。だから領土化，脱領土化，再領土化という概念が，あらゆる事象の分析に欠かせない。

　マイノリティ（非白人，女性，子供……）は1つの固定した領土ではなく，最もよく脱領土化し，知覚しがたいほど生き生きとした分子を生成しうるからこそ，この本の第1の主人公となっている。

訳者（宇野邦一）要約

［書誌データ］Gilles Deleuze & Felix Guattari, *Mille plateaux*, Minuit, 1980（『千のプラトー』宇野邦一他訳，河出書房新社，1996）

■ トゥレーヌ　Alain Touraine (1925-)
『脱工業化の社会』＊1969年刊

　本書は，D．ベルの『脱産業社会の到来』に代表される未来学的志向をもった保守派のそれを強く意識しながら，新しい脱産業社会の内実を，革新の側から分析したものである。1968年には，トゥレーヌが社会学教授を勤めていたパリ大学ナンテール分校に端を発して5月運動が発生し，彼は，この5月危機の分析を行った『五月運動またはユートピア的コミューン主義』を著した。彼の脱産業社会論の特徴は，むしろ社会紛争や社会運動を理論の中心におく形で，来るべき社会の階級関係，紛争形態，社会運動を明らかにした点にある。産業社会の支配階級／被支配階級がブルジョアジー／プロレタリアートであるとすれば，脱産業社会のそれはテクノクラート／全民衆であり，産業社会の階級対立が資本／労働の正面戦であるとすれば，脱産業社会のそれは中心機構／周辺地域の対立という形をとる。産業社会の社会紛争が顕現する場が企業や工場であるとすれば，脱産業社会のそれは社会の全領域へと拡大する。脱産業社会の階級闘争を知るために，トゥレーヌは，地域主義運動，エコロジー運動，ジェンダーの問題，若者たちの運動，移民問題等の「新しい社会運動」の社会学的調査に没頭する。

　産業社会から脱産業社会への本格的な移行が進行しており，脱産業社会では「新しい社会運動」という形で階級闘争が登場するという。その意味でトゥレーヌは，単純な近代主義にもマルクス主義にも反対し，独自な社会学的視角から新しい現代社会論を提示した。しかし，1つの社会／1つの社会運動という彼の実態的な把握に疑問をもつ研究者も存在し（たとえば，A．メルッチ），社会運動をめぐる論争は今日も続いている。

梶田孝道

［書誌データ］　Alain Touraine, *La société post-industrielle*, 1969（『脱工業化の社会』寿里茂・西川潤訳，河出書房新社，1970）．

■ トゥレーヌ　Alain Touraine (1925-)
『社会学へのイマージュ』＊1974年刊

　原題は『社会学のために』。本書は，現代フランスを代表する社会学者であり，脱産業社会論および新しい社会運動論という領域をきりひらいたA．トゥレーヌによる，比較的コンパクトな社会学的理論である。彼の理論はアクシオナリスムと呼ばれる。彼は『社会の（自己）生産』(1973) で社会学の一般理論を体系づけたが，そこでは歴史性，すなわち社会が社会自身の社会的・文化的場，歴史的行為の場を創出する能力を理論の中心に据えた。つまり，価値や規範をア・プリオリに措定するのではなく，価値の生成を，社会的行為へと立ち戻ることによって明らかにしようとした。当初，社会的行為は産業社会における労働を基礎にして把握されていたが，脱産業社会では，生産は，より広範囲な社会関係や生産関係のなかで把握されることになる。彼の理論的敵手であったパーソンズの機能主義社会学が，社会的統合，秩序の維持を主要な関心事として理論形成を進めていたため，社会のもつ社会的・文化的方向性の選択，歴史を創る行為の形成，それがつきあたる社会紛争や権力の性格を正面から扱えない点をトゥレーヌは批判した。トゥレーヌは，その後，新しい社会運動の実証的かつ理論的解明に向けて精力的に取り組むことになる。しかし，その一方で，1980年代以降の先進産業社会では，むしろ社会運動の後退が現実面では顕著となった。しかし，トゥレーヌ学派の第2世代も彼の社会運動論を受け継いで活躍している。第2世代の特徴は，トゥレーヌ理論を継承しながら，移民，失業者に代表される社会的に排除されやすい主体に着目し，そうした問題を脱産業社会の転換期と結び付けて論じている点にある。

訳者要約

［書誌データ］　Alain Touraine, *Pour la sociologie*, Seuil, 1974（『社会学へのイマージュ』梶田孝道訳，新泉社，1978）．

■**トゥレーヌ** Alain Touraine (1925-)
『**声とまなざし**』＊1978年刊

　現代フランスを代表する社会学者であるA.トゥレーヌの主著のひとつ。彼は，機能主義社会学に対抗する形でアクシオナリスムの理論を打ち立て，それは大著『社会の（自己）生産』(1973)や『社会学のために』(1974)として世に問われた。その後トゥレーヌは，社会の価値や文化的場を産出する主体である社会運動の研究に転じた。『声とまなざし』の出版以降，一連の具体的な新しい社会運動の分析が開始される。1976年のフランスの学生のストライキを扱った『学生闘争』(1978)，反原子力発電所闘争を扱った『反原子力という予言』(1980)，南仏オクシタニーの地域主義運動を扱った『国家に反逆する地方』(1981)，ポーランドにおける運動である「連帯」を扱った『連帯』(1982)などがそれである。『声とまなざし』は，こうした社会運動を分析するための理論やツールを提示するために書かれた。題名は，社会運動（声）と社会学的介入（まなざし）との間の結びつきを示している。社会運動と社会学的分析という，論理と性格を異にする2つの視点の対立をはらんだ結びつきと往復運動こそが，社会運動の発展には不可欠とした。しかし，本書で書かれている社会学的介入という調査方法の是非については，さまざまな議論がある。またA.メルッチが述べているように，現代先進社会には，トゥレーヌが想定するような大文字の社会運動，すなわちかつての労働運動のような単一の社会運動は存在しうるのかといった疑問もある。トゥレーヌ学派の第2世代は，こうした社会学的介入を一部では使用しながら，現代の社会問題，すなわち移民の問題や社会から疎外された若者の問題に脚光をあて，鋭い分析を行っている。
　　　　　　　　　　　　　　　　訳者要約

[書誌データ] Alain Touraine, *La voix et le regard*, Seuil, 1978（『声とまなざし』梶田孝道訳，新泉社，1983).

■**ドーキンス** Richard Dawkins (1943-)
『**利己的な遺伝子**』＊1976年刊

　1970年代に入って，動物行動学の認識はローレンツ時代とはがらりと変わった。動物たちが目指しているのは種（種族）の維持ではなく，それぞれの個体の適応度増大，すなわちその個体の遺伝子をもった子孫をできるだけ多く後代に残すことだという見方になったのである。ドーキンスはこれをさらに進め，生き残って殖えていきたいと"願って"いるのは個体ではなく遺伝子である，という論を展開した。遺伝子は自分が生き残りたいために自分の宿る個体を生かし，自分が殖えていく（コピーをつくる）ために個体を操って子どもをつくらせる。その意味をこめてドーキンスは，「利己的な遺伝子 (The Selfish Gene)」というキャッチ・フレーズを作り，このことばが世界じゅうに広まった。もちろん彼は遺伝子の分子生物学的なことを言っているのではない。また，彼が問題にしているのは個々の遺伝子のことではない。選り抜きの漕ぎ手を集めたボートのクルーのような，遺伝子の集団である。すぐれた遺伝子のクルーはそれが宿る個体をうまく操作し，生き残って殖えていく。それによって進化もおこる。このように遺伝子に操作されている"個体"はいわば遺伝子のための生存機械であり，極言すれば遺伝子に操られたロボットである。もちろんわれわれ人間の個人も同じことである。ドーキンスのこの表現はきわめてショッキングな人間観をもたらす。だとすれば，自我とはいったい何なのか？　われわれの人間観ががらりと変わってしまう。最後にドーキンスはミーム（meme）という概念を提唱し，人間は遺伝子ばかりでなく，自分の"名"すなわちミームも後代に残そうとすることを指摘した。
　　　　　　　　　　　　　訳者（日高敏隆）要約

[書誌データ] Richard Dawkins, *The Selfish Gene*, Oxford, 1976（『生物＝生存機械論』日高敏隆・岸由二・羽田節子訳，紀伊國屋書店，1980）; new ed., 1989（改題『利己的な遺伝子』日高敏隆・岸由二・羽田節子・垂水雄二訳，紀伊國屋書店，1991).

トクヴィル Alexis de Tocqueville (1805-59)
『**アメリカの民主政治**』*1835-40年刊

　西ヨーロッパ人にとってアメリカ合衆国は，長く文化人類学的対象であった。西ヨーロッパ起源の制度や文化が独自の展開を見せたからである。そこに「近代」の純粋培養形を見出した人も多く，なかでもアメリカ的な組織（団体）の特異性はくり返し注目されてきた。ウェーバーを筆頭に，J. S. ミル，ホイジンガから1990年代の日本のインターネット論まで連なるその系譜の祖が，トクヴィルである。

　題名から政治学に分類されやすいが，井伊玄太郎が的確に指摘しているように，この著作の中心的な主題はきわめて社会学的なものである。後にテンニースが「ゲゼルシャフト」とよび，マッキーヴァーが「アソシエーション」とよんだ，近代組織の理念型＝自発的結社（voluntary association）の集合体としての社会を，トクヴィルはアメリカに見出した。その「近代」の姿は，デュルケームに『分業論』で独自の社団論を展開させた，個人以外の社会的単位の徹底的な排除をめざしたフランス的な近代社会と，鋭い対照を見せていた。

　トクヴィルはとくにニューイングランドのコミュニティ（community）制度に注目して，プロテスタンティズムの宗教的伝統にふれている。その点でも，ウェーバーの先駆者というにふさわしい。事実，近代組織（法人）の原型がつくられたのは17世紀のマサチューセッツ植民地であり，そこには当時の宗教・法・経済・自然環境などが複雑にかかわっていたのである（佐藤俊樹『近代・組織・資本主義』ミネルヴァ書房，参照）。　佐藤俊樹

［書誌データ］Alexis de Tocqueville, *De la Democratie en Amerique*, 1835-40（『アメリカにおけるデモクラシー』岩永健吉郎・松本礼二訳，研究社出版，1972；『アメリカの民主政治』上・中・下，井伊玄太郎訳，講談社学術文庫，1987）．

戸坂潤（とさかじゅん）(1900-45)
『**日本イデオロギー論**』*1935年刊

　科学論・学問論を背景として多彩なイデオロギー批判をくりひろげた哲学者戸坂潤の代表的評論集。日本主義，自由主義，唯物論の思想対立の構図を鋭く分析し，唯物論の立場から批判をおこなった。当時は，唯物論が弾圧によって退潮期に入り，かわって日本主義が台頭した時代であり，そのなかで自由主義が左右両翼から批判され，河合栄治郎を中心に自由主義論争が展開していた。本書は，こうした思想の分布図をあくまでも国際的な現象の一環としてえがいており，台頭する日本主義をファシズムの一環ととらえている。

　戸坂は，単なる観念ではなく客観的な社会的勢力として思想をとらえ，社会的連関の下に分析をくわえ，諸思想の動的な覇権闘争を立体的にえがいた。その鍵となるのは，思想をささえる方法・論理への着目である。彼は，思想対立の狭間で埋没する自由主義が日本主義へ移行し，吸収されてゆく根拠を，自由主義をささえる解釈学から，日本主義をささえる文献学への移行の分析をつうじて示そうとした。その批判の焦点は西田哲学であり，また日本主義への移行の典型としての和辻倫理学である。さらに，新しいヒューマニズムを唱えて自由主義の再生を期していた三木清や，小林秀雄などの文芸批評家を念頭に，「文学的自由主義」をも批判している。

　戸坂は，大衆から遊離した自由主義的知識人を批判し，唯物論の大衆化を実現することによって，日本主義に対抗しようとしていた。本書は，時評集『現代日本の思想対立』(1936) や，「時代の評論」を自認する『世界の一環としての日本』(1937) とともに，「日本ファシズム」の台頭をめぐる同時代的分析と批判を構成している。　米谷匡史

［書誌データ］戸坂潤『日本イデオロギー論』白揚社，1935（増補版：1936；『戸坂潤全集2』勁草書房，1966）．

戸田貞三 (1887-1955)
『社会調査』 *1933年刊

　本書は、戦前の社会学における社会調査の先駆的な理論書である。日本においても、20世紀初頭には活発に行われた調査の進展を背景として、本書は書かれた。

　戸田は、社会調査を広義のそれと狭義のそれとに二分した。狭義の社会調査とは、社会改良事業の流れを汲むものであって、社会改良のための資料獲得といった意味をもっている。これに対して、広義の社会調査は、社会改良に限定されず、一般に人々の社会生活、具体的には職業と生計の調査であり、「科学的」なものである。戸田は、従来の「対症療法的」な社会改良の意味においてなされる調査に一定の意義を認めながらも、社会調査を「原因療法的」なものとして位置づけ、「科学的」に確立することを主張した。

　戸田は、社会調査を社会学との関係において位置づける際に、テンニースにならって、社会学を理論社会学、経験社会学、応用社会学の3つの部門に分けている。哲学的な理論社会学や応用社会学に対し、経験社会学の任務は、現実の社会生活に関し経験的、帰納的にえられた知識によって社会学を科学の領域に留めることである。この経験社会学に密接に結びついたものが社会調査であり、これによって、社会学は「科学的学問」になる。

　本書においては、社会調査の方法として、全体調査、部分調査、個別調査があげられ、それぞれの調査項目が詳しく述べられている。家族、衛生、人口、家計、宗教、性に関する調査項目は、それ自体が日本の近代を解明する際の重要な資料といえる。近年、近代国民国家における社会調査の進展を視野にいれた日本の近代社会分析が行われているが、その意味でも本書は注目に価する。　　　千田有紀

［書誌データ］　戸田貞三『社会調査』時潮社, 1933 (戸田貞三著作集10, 大空社, 1993).

戸田貞三 (1887-1955)
『家族構成』 *1937年刊

　本書は、進化論的な社会理論の応用や法制度上の論議にとどまっていた日本の家族研究に対して、「実証的」な家族研究を行ったものであり、当時の日本社会学における家族研究の金字塔であると評されている。

　本書では、「家族の集団的特質」と「わが国の家族構成」という、理論編と分析編の2章構成がとられている。

　理論編において、戸田は家族の特質を「集団」である点に求め、家族を夫婦、親子ならびにその近親者の愛情にもとづく人格的融合と、それをもとにして成立する従属関係、共産の関係と定義している。このように、感情的融合を重視し、同居人や雇い人を排する戸田の家族定義の妥当性が、戦後の有賀喜左衛門と喜多野清一の論争点のひとつとなった。また、欧米の近代的家族に対して、日本の家族を家長的家族と定義したという点においても、それ以降の日本の家族社会学における理論的方向性を決定づけたといえる。

　分析編においては、1920（大正9）年10月に行われた第1回国勢調査の国勢調査抽出写し（調査原票から1000通ごとに1通ずつ抽出されたもの）、合計1万1216世帯分を分析することによって、日本の家族構成分析が行われている。それによると、当時の内地日本においては、7割が一世代か二世代の「単純なる家族」を形成しており、三世代以上が同居している家族は3割弱に過ぎなかった。この戸田の実証分析は、大家族が多数であると考えられていた当時の家族に関する信念を、覆した。また戸田の小家族論は、戦後のマードックの核家族論を先取りしていたと評されている。　　　千田有紀

［書誌データ］　戸田貞三『家族構成』弘文堂, 1937 (新泉社, 1970 ; 戸田貞三著作集4, 大空社, 1993).

トドロフ Tzvetan Todorov (1939-2017)
『他者の記号学』 *1982年刊

 本書は，アメリカ大陸の「発見」と征服をめぐるヨーロッパの諸テクストの分析を通じ，他者が他者として意識にのぼらないモノローグ型文化認識（コロンブス）から他者との不断の対話にもとづく異文化解読（聖職者サアグン）にいたる，ヨーロッパ対他認識の変遷を追跡する。他者認識を発話者の内在性以上に他者との関係性において捉えた点で本書は画期的であり，文化人類学，歴史学など多方面に大きな影響を与えた。

 著者はコミュニケーションに，人間対人間（ヨーロッパ），人間対自然（アメリカ大陸先住民社会）のふたつの形式を見る。そして，後者に勝利した前者は後者を徹底して抑圧してしまい，みずからが他者に開かれていく可能性の芽を摘んでしまったとする。そして相対主義の立場から他者を肯定し，似て非なる人間のあいだに声の相互浸透の可能性を探ったサアグンに，新たなコミュニケーション形式ダイアローグ（対話）の萌芽を見いだす。

 近代世界において征服やコロニアリズムが生み出した社会的不平等の言説的根源を告発するトドロフだが，相対主義や平等主義の必要性を論じているのではない。後著『歴史のモラル』(1991)においてトドロフは，相対主義・平等主義の行きつく果てはニヒリズムであるとし，主体としての他者性の相互認知を前提にした，高次の普遍的規範や共通真理をめざす共同運動として他者理解を捉えている。コミュニケーションとは，自他に探究さるべき共通真理を加えた三者による共同行為であるとトドロフは言う。『他者の記号学』自体，真理を問うトドロフと歴史テクストのダイアローグにほかならない。　　　落合一泰

［書誌データ］Tzvetan Todorov, La conquête de l'Amérique, Seuil, 1982（『他者の記号学―アメリカ大陸の征服』及川馥・大谷尚文・菊地良夫訳，法政大学出版局，1986）.

トーニー
Richard Henry Tawney (1880-1962)
『宗教と資本主義の興隆』 *1947年刊

 トーニーは，プロテスタンティズムと資本主義の関連性を認めつつ，プロテスタンティズムの歴史的変遷をおい，その経済倫理が「資本家」という社会階層の利害関心から影響をうけたと主張した。その点で，「産業的中間者層」に注目し，宗教から経済への影響を重視した大塚久雄とは対照的である。大塚はトーニーを激しく批判したが，疑問も多い（椎名重明『プロテスタンティズムと資本主義』東京大学出版会など参照）。むしろ，実証的研究が進むにつれ，問題の深さと複雑さが再認識されているのが現状である。

 ウェーバーのいう「禁欲的プロテスタンティズム」が最も純粋に展開したニューイングランドの社会でも，千年王国論的な反律法主義や理神論的なアルミニウス派の間で強い相互作用があった。他方，通常「資本主義の精神」とされる勤勉さや信頼性，数量化などは，ある程度商業経済が発達した社会には広く見られる。現時点でプロテスタンティズムと近代資本主義の関係を論じるには，最低限，これらの点を考慮すべきである。たとえば，佐藤俊樹『近代・組織・資本主義』（ミネルヴァ書房）は，両者の媒介項として近代組織的な経営体（法人）の論理をおくことで，近代資本主義のみならず，近代的な国家形態との関連性まで視野にいれている。日本の社会学ではウェーバーや大塚の議論を素朴に事実だと信じる傾向がまだ強いが，トーニーが述べているように，「結局，重要な問題は，ウェーバーが事実についてどう書いた…ではなく，…事実がどうであったか」なのである（訳p.21）。　　　佐藤俊樹

［書誌データ］Richard Henry Tawney, Religion and the Rise of Capitalism: a Historical Study, New American Library, 1947（『宗教と資本主義の興隆―歴史的研究』上・下，出口勇蔵・越智武臣訳，岩波文庫，1956-59；『キリスト教と資本主義の興隆―その史的研究』阿部行蔵訳，河出書房新社，1963）.

とみながけんいち
富永健一（1931-2019）
『**社会変動の理論**』*1965年刊

　日本の戦後社会学は、ドイツと違って戦前から切れ目なく連続しており、1960年代前半くらいまでは戦前世代によって担われていた。1960年代後半くらいから、やっと戦後世代の仕事が本格的に登場し始める。本書はその最初のものとして位置づけられよう。

　この本は、主題としての「社会変動」を、1960年代に世界の社会学を主導した機能主義理論の綿密な解釈のうえに立脚して理論化し、これを同じく1960年代に世界の社会学の中心テーマの1つであった「近代化理論」と結びつけた初めての著作であった。機能主義理論（社会システム理論）はパーソンズによって創始されたが、パーソンズは孤立して存在していたのではなく、デュルケーム、ウェーバー、パレートという流れを受け継ぐことによって形成された。しかし日本では、それまでパーソンズの諸著作の紹介だけがあって、機能主義を思想潮流としてとらえていなかったし、ましてその潮流を消化したうえで独自の社会学理論を体系化するということを誰もやっていなかった。本書は、そういう日本社会学の状況批判のうえに立って、社会変動が産業化と近代化によってどのようにして引き起こされたかを説明し、それを命題化することを試みたものである。

　しかし実は、本書の位置づけにとって最も重要なのは、以上のようなことよりも、本書が戦後日本の1960年代を中心とする高度経済成長を社会学的にとらえる枠組みをつくったということである。本書は、1960年代の高度経済成長の真最中に書かれた。本書はマルクス主義との対決というかたちで書かれているが、それは当時の日本の知識人を支配していたマルクス主義では、日本の戦後史はとらえられないということを主張することこそが、本書の中心テーマであったことを示すものである。

著者要約

［書誌データ］富永健一『社会変動の理論』岩波書店、1965.

とみながけんいち
富永健一（1931-2019）
『**社会学原理**』*1986年刊

　日本の戦後世代による社会学は、農村社会学や都市社会学や産業社会学など、個別領域ごとの特殊研究と調査報告に分解し、それらの個別領域を超える一般理論というようなものには誰も取り組まなくなった。社会学の一般理論をつくることを生涯のテーマとしたパーソンズが、1970年代に新左翼からイデオロギー的攻撃を受けるや、それ以後の世代はパーソンズを読まなくなり、「理論なき社会学」という状態はますますひどくなった。

　本書は、そういう戦後世代の大きな欠落を埋めることを目標にして書かれた。「原理」とは、個別の領域社会学を横に貫いて、社会学的思考の基準になるものを提示することである。本書は第1章「社会学の科学理論」で、社会学の研究対象としての「社会」は「狭義の社会」（「広義の社会」から区別された）であるとし、狭義の社会の基本類型として、家族、組織、地域社会、社会階層、国家と国民社会の5つをあげた。そこで第3章「社会のマクロ理論」と第4章「社会の変動理論」でこの5つを2度循環させることにより、少なくとも家族社会学、組織社会学、地域（都市・農村）社会学、社会階層の社会学、国家と国民社会の社会学の5分野が、共通の「原理」によってカバーされている。

　本書のもう1つの主要テーマは、社会学理論をミクロとマクロに2分することである。ミクロ社会学は「個人は社会を必要とする」という視点であり、マクロ社会学は「社会は環境に適応しつつ存続する」という視点である。マクロ社会学が社会システムの理論であるのに対して、ミクロ理論は行為と相互行為の理論である。そこで本書はマクロ理論を扱う前に第2章「社会のミクロ理論」をおいて、行為理論、自我形成と役割形成、相互行為と社会関係の諸類型、という3つの主題を論じている。

著者要約

［書誌データ］富永健一『社会学原理』岩波書店、1986.

富永茂樹（1950- ）
『都市の憂鬱』 *1996年刊

齟齬，とりわけ自己と外部世界とのあいだの不一致が本書の第1の主題である。ひとは身体をとおして世界に内属している。内属の様式はまず《身体図式》として成立するが，身体はさらに世界の環境へとつうじているから，それは《環境図式》と言いかえてもよい。ところで，環境図式と現実の環境とはいつも一致するわけではない。この齟齬からさまざまな感情経験が生じるが，その典型的な例がオスマンによるパリの都市改造のさなかでボードレールのいだいた憂鬱であった。

同じ憂鬱は，しかし19世紀初頭のいわゆる《世紀病》にも，さらには18世紀後半の廃墟趣味のうちにも見いだされる。また20世紀になっても病状はおさまるどころか，いくつもの文学作品で描かれるように，むしろ激しいものとなる。ひとと環境のあいだの不一致が拡大し定着する時代としての近代，場所としての都市社会が本書の第2の主題である。

近代都市で不一致の感情が消しがたいのは，身体にそぐわない外部の環境の増加によると同時に，自我＝主体の幻想が拡がるからでもある。だが独自の自我観を保っていた18世紀のひとびとは憂鬱を甘美なものとして経験してきた。他方でマラマッドの主人公の場合のように，不一致が極点にまで達することで，逆接的に苦悩からの解放が実現する。憂鬱からの離脱の可能性が本書の第3の主題である。

以上のような主題はただちに抽象的な大理論の構築に向かうにはあまりにも具体的すぎる。むしろ憂鬱などいくつかの感情を描く文学作品，逆に環境図式に不一致な環境を産出する個々の言説こそが，問題の所在を明確にしてくれるだろう。そうした言説をできるかぎり細かく読み解くこと，これが本書を構成する各論考で試みたことだった。　　　著者要約

［書誌データ］富永茂樹『都市の憂鬱―感情の社会学のために』新曜社，1996．

冨山一郎（1957- ）
『近代日本社会と「沖縄人」』 *1990年刊

沖縄の近代を考えたとき，沖縄は植民地なのか日本の一地方なのかという2つの問いが，いつも存在している。こうした問いには，植民地主義と国民国家を，国境線をはさんで地政学的に分割しようとする思考が前提にされている。また，こうした国境自身は，戦後沖縄を外国のように日本から切り放し，その後に領土権を再び主張してきた戦後日本のナショナリズムとも深くかかわっている。だが本書では，沖縄を国民国家の内か外かに分類してしまうのではなく，分類できない非決定性自身を問題にしようとしているのである。

本書がとりあげたのは，戦前から戦後直後にかけての，大阪を中心とする沖縄出身者の社会運動である。「チョーレー」（兄弟）という沖縄語で呼びかけられた1920年代における関西沖縄県人会の運動，「日本人になる」ということがスローガンとして掲げられた1930年代の生活改善運動，そして敗戦直後の沖縄人連盟の活動などを通して明らかにされたのは，「日本人」，「沖縄人」という表象の内部に存在し続ける「生活」という領域のもつ力である。大阪を舞台に沖縄出身者たちは，ときには戦略的に，またときには慣習的に，生活のなかで自己を見いだし，また主張していく。本書は，ナショナルなアイデンティティや文化の問題として整理されがちな「日本人」，「沖縄人」といった表象の背後に，日々の生活を構成していこうとする人々の力の場を見いだしているのである。

だが，こうした生活という領域は，本書においては，労働力という身体性の問題としてまずは議論されている。そこには，国境線や文化の境界を揺り動かし，新たな定義を与えていく力としての資本主義の問題が，横たわっているのである。　　　著者要約

［書誌データ］冨山一郎『近代日本社会と「沖縄人」』日本経済評論社，1990．

トムリンソン　John Tomlinson (1949-)
『文化帝国主義』＊1991年刊

「文化帝国主義」という用語は，欧米の資本主義文化が世界中に拡散し，浸透していく状況を批判する文脈で，近年しばしば使われるようになったものである。しかし，本書において著者が批判するのは，この欧米文化による世界支配という「事実」そのものではなく，こうした事実を「文化帝国主義」としてとらえる「言説」なのである。

明らかにフーコーを意識したこの手法で，著者は，文化帝国主義を語る言説として以下の4つを俎上にのせ，それぞれに綿密な批判をくわえる。(1)メディア帝国主義としての文化帝国主義，(2)国家のアイデンティティを脅かすものとしての文化帝国主義，(3)資本主義を批判するものとしての文化帝国主義，(4)近代性批判としての文化帝国主義。この4つの言説に共通して著者が批判するのは，それぞれが「文化の自律性」というものを軽視しているという点である。もし第三世界の大衆が，画一的な資本主義文化の受け入れを自主的に選択しているのであれば，その状況を「文化帝国主義」という言葉で片づけてしまうのは，支配者側に立つ者の傲慢な偏見なのではないかと著者は言う。

著者は，70年代以降の世界の文化状況を，かつての「帝国主義」と区別して「グローバリゼーション」という言葉でよぶ。そこで彼が問題にするのは，文化の画一性ではなく，その無目的性である。この問題を突きつめれば，結局近代とは何かという問題にまでいきつくことになるだろうが，それに対し，著者が何らかの具体的な答えを提示してくれているわけではない。しかし本書における諸議論が，西洋の近代的発展概念を見直すうえでの重要な契機となることは確かである。　訳者要約

[書誌データ] John Tomlinson, *Cultural Imperialism*, Pinter Publishers, 1991（『文化帝国主義』片岡信訳, 青土社, 1993）.

ドラッカー　Peter F. Drucker (1909-2005)
『変貌する産業社会』＊1957年刊

経営学者（ニューヨーク大学大学院教授）で評論家であるとともに経営コンサルタント（ジェネラル・モーターズほか）でもあるドラッカーは，ユニークな経歴（墺で生まれ，墺・英で学び，ナチスに追われて渡英し，続いて渡米後帰化し永住，その間に記者・特派員・コンサルタント・学者などを経験）を背景に，実証研究に基づく独自の立場に立った経営学的視点から産業文明を分析している。

本書の内容は大きく3つに分かれ，章としては10の章で構成されている。第1のパートは第1章から第3章の3つの章で構成され，新しい世界観，新しい概念，人間の新しい能力について論じている。第2のパートは第4章から第9章までの6つの章で構成され，新しいフロンティア，新しい課題と機会について論じている。第3のパートは第10章で，社会における人間の地位について論じている。

産業社会に対するドラッカーの基本的な姿勢は，テーラー（F. W. Taylor）による合理性中心の管理とメイヨー（E. Mayo）やレスリスバーガー（J. Roethlisberger）による人間関係中心の管理の両者を調和させ，新しい経営管理のアプローチを構築することにある。すなわち，生産性を向上させて利潤を上げることは企業の存続にとっての必要条件ではあるが，究極の目的ではない。企業および企業文明の究極の目的は個人，社会，企業の3者の利害を調和させることである。このような新しい役割をもつ企業とは，投資を最も効果的に利用できる能力を備えた人間をもち，社会に対して物質的満足を与えるだけでなく，精神的満足までを与えることを期待できる企業のことであると彼は述べている。

高橋武則

[書誌データ] Peter F. Drucker, *The Landmarks of Tomorrow*, Harper & Brothers, 1957（『変貌する産業社会』現在経営研究会訳, ダイヤモンド社, 1959）.

■鳥越皓之 (とりごえひろゆき) (1944-)・
■嘉田由紀子 (かだゆきこ) (1950-) 編
『水と人の環境史』*1984年刊

　京阪神の水需要が大幅に伸びるという予想のもとに，1972年から琵琶湖総合開発が行われた。それは1991年に終了したが，事業費だけで1兆8600億円をかけるという巨大な公共事業であった。この琵琶湖総合開発は名称からも容易に想像されるように，琵琶湖そのものに大幅に人工の手を加えるということであり，早い段階から自然環境破壊を危惧する声が高かった。そして開発事業を行った20年の間に多様な環境保全運動が展開された。本書はそのような開発事業のまっただなかで20～30歳代の若手の社会学者を中心にして調査され執筆されたものである。

　本書は方法論的には環境史という考え方をとっている。それはアメリカの西部開拓史がインディアンの立場に立つと西部滅亡史であると主張するアメリカの環境史研究の流れを汲んでいる。したがって，琵琶湖周辺で生活する居住者の立場に立って分析をするのであって，第三者の（客観的な）立場をとらないと明言している。基本的には水と関わってきた歴史を記述しているのであるが，人間が自然をどのように利用してきたり，愛着を持ったり，恐れたりしてきて，それぞれに対して，どのように知恵を巡らしてきたかを述べている。それは人びとの生活実態の分析であったので，環境政策にたいして，いくつかの具体的な修正提案を示すことになった。

　本書の研究は，この研究グループがのちに人びとの「生活システム」保全に焦点を定めた「生活環境主義」という環境社会学理論を展開させていく契機となったものである。また日本の環境社会学の分野でのもっとも早い研究書のひとつとなった。　編者（鳥越皓之）要約

［書誌データ］鳥越皓之・嘉田由紀子編『水と人の環境史——琵琶湖報告書』御茶の水書房，1984（増補版，1991）.

■ドルフマン Ariel Dorfman (1942-)，
■マトゥラール Armand Mattelart (1936-)
『ドナルド・ダックを読む』*1972年刊

　チリはアジェンデ大統領の時（1970-73年）に，文化批判の領域で優れた仕事がなされた。本書はその時代の記念碑的な作品で，このため73年の軍部クーデタのあとは禁書扱いを受けたほどである。このため，71年の初版は入手不可能になっている。現在でも，ポピュラー文化の解読にとってなくてはならない古典のひとつと認められている。

　ドルフマンたちはチリでも熱狂的に読まれているディズニー・コミックスのなかから，特にドナルド・ダックを主人公にしたものを取り上げ，このアヒルの活躍する世界が，文化における帝国主義そのものであることを厳しく断罪する。例えば，ディズニーが繰り広げる物語には，まったく両親が，したがってセックスや生殖にかかわる領域が無化されている。子供の世界から性を完全に抜き取ることで，ディズニーは現実に立ち向かう力を子供から奪ってしまう。また，ストーリーの多くは，「未開」の土地における冒険を扱っており，そこには戯画化された第三世界の人々が登場する。それを第三世界の人々が「楽しむ」という皮肉を，著者たちは痛烈に批判する。

　その他，ディズニーにおける労働のまったき不在，貨幣が物語のなかで果たしている抑圧的な働き，女性の従属的な扱い，歴史の自然化など，多くのテーマがドナルド・ダックを材料に分析される。

　結論的に指摘されるのは，ディズニーによる日常生活の植民地化である。それはすべてを巨大な消費マシンのなかに組み入れ，そのなかで私たちが永遠に回転するという悪夢にほかならない。　訳者要約

［書誌データ］Ariel Dorfman & Armand Mattelart, *Para leer al Pato Donaldo*, Siglo XXI, 1972（『ドナルド・ダックを読む』山崎カヲル訳，晶文社，1984）.

ドンズロ Jacques Donzelot (1943-)
『家族に介入する社会』 *1977年刊

副題に明らかなとおり、家族を、近代国家が社会を掌握し再編成する際の戦略的装置としてとらえ、その具体的プロセスを家族をめぐる近代における変容のなかに検証する。

ドンズロによれば、18世紀以降のフランスにおいて、都市化と工業化の進行とともに、父親の権威の弱体化、私生児・捨て子の増加など家族の変質が進み、家族の自律性は失われ、家族の担っていた社会的秩序維持能力は失われていく。しかし家族はその機能を減じさせたのではない。逆に、家族は、生産単位としての力の低下にもかかわらず、地域的・職能的共同体が零落したなかで最重要の地位を占めることになる。「科学的」・「道徳的」装いを凝らした衛生や医学、司法・教育・福祉などの各種の社会的装置による介入を通じて、近代国家は個を国家に結びつける装置として家族を活用していくことになる。そしてそれは決して強制的あるいは抑圧的管理としてあらわれるのではない。それは、女性や子どもを核とした家族を保護・救済し、生活の質を向上させ道徳的・正常な姿へ導くものとしてはたらき、家族はそれに「主体的」「自発的」に応えるのである。

この分析のバックボーンとなっているのは、フーコーやドゥルーズの分析概念である。フーコーは、近代のヨーロッパ諸国での、身体・健康、食事・住居のあり方、生活の諸条件など、生活の全領域にわたる「政治化」に着目し、これを「生に関する政治（ビオ・ポリティク）」と呼んだ。ドンズロは、それをアナール派の社会史の研究の蓄積と結びつけ、いわば家族の歴史政治学をうちたてることに成功した。

牟田和恵

［書誌データ］Jacques Donzelot, *La police des familles*, Editions de Minuit, 1977（『家族に介入する社会——近代家族と国家の管理装置』宇波彰訳、新曜社、1991）.

内務省衛生局編
『東京市京橋区月島に於ける実地調査報告第一輯』 *1909年刊

ブース (Charles Booth) やロウントリー (B. S. Rowntree) の影響を受けて試みられた組織的な最初の労働者生活調査である、いわゆる「月島調査」（1906年11月～08年11月）の報告書。全体は3冊に分かれ、第1冊は調査参加者がまとめた報告を主とし地図1枚と写真11葉を有する、いわば報告書の本体、第2冊は「付録一」と位置づけられたもので統計表の集成、第3冊の「付録二」は月島社会地図と写真集である。予告されていた第2輯（小学校教員家計調査）は公刊されていない。なお収録の地図および写真を除いた第1冊だけが、関谷耕一の解説を付して復刻されている。第1冊の構成は、第1編「総説」（高野岩三郎）、第2編「月島と其の労働者生活」（権田保之助）、第3編「月島に於ける労働者の衛生状態」（星野鉄男）、第4編「月島の労働事情」（山名義鶴）の4つからなる。高野の総説は、月島調査の成立事情や実施プロセスについて、詳細に述べており、この都市地域社会調査が、熟練職工の居住状態および家計状態の把握を目的に、衛生調査の枠組みを利用して行われたことがわかる。とりわけ力を入れたのは、社会地図の技法の採用および家計簿記入の手法で実施された家計調査であるが、それ以外にも人口動態統計小票の再集計など、さまざまな試みがなされている。権田論文がもっとも包括的であり、地理沿革にはじまって、職業、社会階級、住居分布、人口および人口動態、工場、労働者家族、家計、娯楽、教育などの領域を概説。復刻版の家計簿記入期間表（115頁）は、縮小コピーのため、もともと線の太さだけの表示で見にくかった期間がまったく不明になってしまっているけれども、この記入された家計簿の現物は、現在法政大学大原社会問題研究所に所蔵されている。

佐藤健二

［書誌データ］内務省衛生局編『東京市京橋区月島に於ける実地調査報告第一輯』1909.『月島調査』（生活古典叢書第6巻、光生館、1970）.

中井正一 (1900-52)
『美学的空間』 *1959年刊

この論文集に見られる中井のユニークな思想は美的な体験を，人が社会生活のなかで持つ「自分がなにか本当の自分から隔たったところにいる」ところに求め，そのように体験される空間のなかでその隔たりを乗り越え，本来の自分に立ち戻ろうとするところに芸術を考えるものである。カントの『判断力批判』から出発し新カント派美学への沈潜を経て，この着想はハイデガーから得ることになるのだが，中井の機能主義美学にとってそれもひとつのモチーフに過ぎない。

20世紀の芸術は独占段階に達した生産機構に対応して，機械的・集団的なものとなっている。この状況で美を個人的に探求することは魂の病的発熱と退廃にしか導かないであろう。美の体験は集団的主体の活動のなかに求められるというのである。とはいえ，中井の活動する1930年代中頃には日本やドイツでは労働運動はすでに解体させられており，生協運動のような市民活動の余地しかなかった。この時期の中井は映画美学の理論についてよく論じるが，その理由は映画が機械を用い集団作業のなかで創造されることに加え，生産における独占化に対抗しうる集団主体の形成のモデルがそこに見られると考えられているからなのである。

美学的空間のなかで本来の自分と感じられない自分が本来のものに立ち戻ろうとすることはさまざまな形で模索される。「委員会の論理」は集団活動のための認識論であり組織論であるし，サイレント映画においてカット編集が民衆的観衆の「胸先三寸の思い」を前提にその働きにより進められるというミッテル＝動的媒介の理論は今日でも示唆するところは大きい。「気(き・け)の日本語としての変遷」でも，中井美学のこのねらいは変わらないのである。

杉山光信

[書誌データ] 中井正一『美学的空間』鈴木正編，弘文堂，1959 (増補版：鈴木正編集解説，新泉社，1982).

中江兆民 (1847-1901)
『三酔人経綸問答』 *1887年刊

中江兆民は東洋のルソーといわれ，自由民権運動の思想的リーダーとして名高いが，他方では大陸進出をめざす近衛篤麿の国民同盟会にも加入するなど矛盾をはらんだ人であった。その兆民が自らの矛盾をそのままさらけ出した，であるがゆえに傑作となったのが，本書である。

西洋近代の民主主義的理想主義を崇拝するスマートな哲学者洋学紳士，和服を着た壮士風のいでたちで大陸進出を説く豪傑君，そして理想をもちつつもその実現には時空間の規定性に十分配慮しなければならないとする南海先生，この3人が酒を飲みつつ日本と世界の進路を論じあう，という趣向を本書はとっている。

紳士君はいう。民主制度は最高の制度であり，弱小国は，すみやかにこの制度をとり，陸海軍備を撤廃して，自国を一個の芸術作品のようなものとして他国も侵略するにしのびないようなものにしよう，と。

豪傑君はいう。欧州諸国は軍事競争に専心しており，その脅威はいつアジアの弱小国に及ぶかわからない。国中の壮丁を全部武装させかの大国の征伐に出かけ広大な新領土を拓くべし。国内改革を妨害する昔なつかしの人々をとり除くためにもこの方法は必要なのである，と。

南海先生は最後にいう。紳士君の説は西欧の学者の頭の中にあるものにすぎず，豪傑君の説は昔の偉人だけがなしえた政治的手品のようなものだ。現下の日本では，立憲制度をとり，最低限の防衛力をもち，言論の自由を次第に増加させ，教育・経済を活発にしていくのが良いのだ，と。

兆民の真意を穿鑿することは虚しい。大事なことは，こうした多面的発想のゆえに中江兆民は近代日本の左翼と右翼双方の源流となったということである。

筒井清忠

[書誌データ] 中江兆民『三酔人経綸問答』東京集成社，1887 (桑原武夫・島田虔次訳・校注，岩波文庫，1965).

中岡哲郎（なかおかてつろう）(1928-)
『工場の哲学』 *1971年刊

　オートメーションが，技術革新のシンボルとしてもてはやされていた高度成長初期に，技術進歩と人間の問題を「組織と人間」という角度から解いてみたいと考えて，著者はいくつかの工場を調べ，さらにある工場で技術者として働く。彼が見たものは，ごく一握りのオートメーション工場が無数の中小工場と単純労働の大海に囲まれて，合理的なシステムを形成している姿であった。そのようなシステムのなかでの技術と人間の労働を分析した本である。

　本書では，当時流行の未来論者の技術進歩イメージ批判から始まり，オートメーションを生産の無人化，人間の生産過程からの自立，労働の科学化と結び付ける左翼の意見も批判される。オートメーションは，オートメ化された工場や事務所を主導要素とする社会（世界）的な規模のシステム化の出発点なので，人間の労働はその社会的規模のシステムのなかに組み込まれ，システムの効率と経済に従属させられる場所ではむしろ大量の単純労働が生まれる。システムを管理し自己の力として使うものと，システムのなかに組み込まれその機能を補助するものとの対立が新しい矛盾としてあらわれる。この傾向は現代の技術進歩の性質なのであり，体制が資本主義であっても社会主義であっても変わらないと，当時の労働現場の観察にもとづいて主張されている。

　高度成長初期の単純労働の大海は，当時の日本の発展途上国的条件と，オートメーション技術の，重なりのなかから生み出されたものであった。それを技術の分析だけで説明しようとした点にこの本の弱点がある。しかしそのことを考慮に入れて読めば，この本の熟練の分析，機械と人間の相補性の考察，品質管理や医師の労働についての観察などは，まだ十分現代的意味を持っている。　　　著者要約

［書誌データ］　中岡哲郎『工場の哲学』平凡社，1971.

中川清（なかがわきよし）(1947-)
『日本の都市下層』 *1985年刊

　近代日本の遅れや矛盾が集約されていると考えられてきた都市「下層社会」の生活が，20世紀に入って劇的に変容したことを実証して，近代の生活変動の特徴を振り返ろうとした著作。操作的には，都市人口の最下層から10％を対象とすることによって，「下層社会」という用語ではなく，都市下層という比較可能な概念を用いた。資料的には，各種の貧困調査が結果として記録した生活指標を時系列的に比較して，貧困の深化を示そうとした諸調査の意図とは逆に，都市下層の生活構造の急速な変化を浮かび上がらせた。

　事実，都市下層は，取り残され下方に沈殿するのではなく，むしろ社会変動にさらされるがゆえに，近代の生活規範を過剰にすら内面化してきた。20世紀に入ると「下層社会」は解体し始め，1920年代には，男性稼ぎ手システムを軸とする近代家族の生活枠組みが形作られ，固有の集住性に依存してきた都市下層は，地域に分散して個別的な生活を営み始めると同時に，近代都市の社会システムにしっかりと組み込まれることになった。「要保護世帯」という今日までつづく政策把握は，この動きの1つの帰結でもあった。本書では，このように生活実態，社会権力さらには生活言説が相互に変化する様相を，生活構造論の方法によって分析しようとした。

　もっとも，東京以外の都市の状況，衛生や教育の視点，20世紀以前の都市下層のあり方（この点は後に，中川編『明治東京下層生活誌』岩波文庫，1994としてまとめられた），生活変動の結果が現代に及ぼす影響などについては，なお不十分なままである。これらの課題を残しながらも，近代の生活変動を下から見晴かす試みを，本書は提示しえたのではないだろうか。矛盾の焦点において近代を振り返ろうとする手法自体が，団塊の世代特有の姿勢だったのかもしれないが。　　　著者要約

［書誌データ］　中川清『日本の都市下層』勁草書房，1985.

中根千枝 (1926-)
『タテ社会の人間関係』 *1967年刊

本書は日本社会におけるあらゆる集団に共通してみられる人間関係の分析をとおして、日本社会に内在する諸要素のうちで最も基本的な部分に注目し、それを整合性のある理論として構築したものである。

まず、日本人の集団形成には、属性（資格）を同じくするということよりも、場の共有が顕著にみられることを指摘する。たとえば職種が同じであるということよりも、同じ会社（職場）に属しているということが何よりも強く意識される。このように場によって形成される集団は他の集団に対して明確な枠をつくることになり、そこから「ウチの者」「ヨソ者」といった強い意識が生ずる。集団の内部構造は個人の集団への加入時期によって序列が形成され、「先輩」、「後輩」として認識され、そのつながりが集団の秩序を形成する。これが筆者の提示する「タテ」の関係である。

集団のリーダーは、この序列の頂点にある者であり、それに直結する下位の者（1人とは限らない）が幹部であり、さらにその次の下位の者とつながる。つまり最上位から最下位に列する者までそれぞれタテにつながる二者関係によって数珠つなぎの構造となっている。この構造ではリーダーは集団の一部にすぎず、その権限は大いに制約される。また、能力差よりも順位に重きをおく序列意識の背後には、人々はすべて平等であるという価値観が存在する。

タテの関係は集団と集団の関係にもみられるもので、「系列」などはそのよい例である。全体としてタテの機能の高い日本社会は、明確な階層差を生むことなく、階級社会などとは異なる構造をもっているのである。　著者要約

［書誌データ］中根千枝『タテ社会の人間関係』講談社現代新書, 1967（同書の英語版 *Japanese Society*, London, 1970は12ヵ国語に翻訳されている）.

中野収 (1933-2006), 平野秀秋 (1932-)
『コピー体験の文化』 *1975年刊

この「作品」は、端的にいって、大学闘争の産物である。当時著者は、学生側と直接接触する教授会の「窓口」の任にあった。研究にいそしむ時間など前後数年間なかった。つまり、作品は、帰宅もままならない状態にあったふたりの、わずかばかり解放された瞬間の、ぼやき・つぶやき・おしゃべりをいくらか整理したものにすぎない。論文ともエッセイともいえないスタイル（文体を含めて）はそのせいである。おそらくは最初にして最後の大学大混乱のなかで、30代の社会学者がふたり、なにをどう考えたか、そこを読んでほしい。

こうした著者の側の「条件」とは無関係に、この作品は、さしたる強い理由もなく使用した「カプセル人間」で一部に評価された。「闘争」の尖端にいた学生（セクト関係者が多かった）のみならず、その背後にいたいわゆる一般学生、彼らが、闘争のときも、日常の生活時空間でも、先行世代とは相当に違ったライフスタイルの持主であることを指摘したからだろう。

環境（社会）・外部世界についてのイメージ、自己に関する観念、闘争観、自己表現についての方法的意識、知識・情報観、教育・大学・学問観、さらには生活行動、人間関係、コミュニケーション行動において、違っていた。その違いぶりに、当時はまだ未使用なのだけれど、「ポストモダン」は大変にふさわしい。その彼らの、個人的・個性的たたずまいをとりあえず説明する、いうならば操作概念としての「カプセル人間」であった。70年代以降、操作概念から実体概念に成長させられたようなのだが。

60年代後半には、情報化が本格化する。彼らは、情報とメディアの氾濫に親和し、情報・メディアの身体化に積極的だった。イデオロギー・価値観を超えて。書名の由来である。　著者（中野 収）要約

［書誌データ］中野収・平野秀秋『コピー体験の文化—孤独な群衆の後裔』時事通信社, 1975.

中野卓 (1920-2014)
『口述の生活史』 *1977年刊

「或る女の愛と呪いの日本近代」とサブタイトルがあるように，これは，「口述生活史（Oral life history）」の日本における最初の研究事例を提出したものである。

明治26年に岡山県の農家に生まれた女，内海松代の父方の祖父とその姉たる母方の曾祖母から話し始め，離別された入婿の父のあと3度目に母は土木請負師森下に嫁ぎ，幼い松代をともない神戸に住む。独学で平仮名を覚え，盗み見で裁縫を覚えた松代は，吹雪の夜，神秘的経験で救われ，「ああ神さまにも習いたい」と志をたて，祖母に水ごりの修業を教わり，稲荷に祈って神示を得て人のために尽くそうとする。森下の以前の息子居中の妻となり，彼らとともに南満の鉄道工事の飯場で働くうち，居中の情婦の呪いを受け，母の帰国中に義父に迫られという苦難の末，祖母のもとへ逃げ帰るが，再婚の相手，沼田も変態性欲者とわかり，朝鮮の旅先から命からがら再び祖母のもとへ逃げ帰る。3度目にようやく杜氏の立派な夫内海とともに倉敷の呼松村で平穏に暮すにいたるが，夫の死後は，魚の行商や畑仕事のほか，村の人々のために稲荷の神示を教え，また大師講を組織して大師堂の集まりなどで村の老人仲間を指導している。

「まえがき」と「あとがき」で少々方法論を述べるが，この本の全体で「個人の社会学的研究」を提唱している。同時代の社会史のなかで個人が一主体としてつくりだされ，どう生きぬいてきたかの自分史を，調査者と出会い，付合うなかで物語ってもらい，録音テープを文字に起し，時系列順に編集し最小限必要な註記を付けて仕上げる。個人の社会的自己形成と，そういう主体が変転する状況にどのように対処するかを研究する同様な事例として，1981～82年に『離島トカラに生きた男』，1983年には『日系女性立川サヱの生活史』を続刊した。

著者要約

［書誌データ］ 中野卓『口述の生活史―或る女の愛と呪いの日本近代』御茶の水書房，1977.

中村桂子 (1936-)
『自己創出する生命』 *1993年刊

20世紀は，生命現象の科学が急速に進展した世紀であり，その成果は，新しい生命観，人間観，自然観を生んでいる。21世紀は「生命」が重要な概念になるに違いないという実感から，今，生命科学から見える生命像を提示したのが本書である。

現代生物学は，地球上の全生物はDNAを遺伝子としていることを明らかにし，全生物に共通な構造と機能を解明してきた。科学の基本である"普遍性"の追求が徹底して行なわれたのである。しかし，日常眼にする生物は多様，同じDNAを遺伝子としながらヒトはヒト，イヌはイヌなのはなぜか。ここで"ゲノム"が登場する。ゲノムは，ある生物のもつ細胞の核内に存在するDNA（機能で見れば遺伝子の総体）であり，ヒトゲノムはヒトという生物をつくり，はたらかせる。

ゲノムが，生命を知るみごとな切り口となることを示そう。(1)多様性。DNAという共通の物質を使いながら多様性を示す。(2)歴史性。ゲノムには，生命の起源以来，各個体が生れるまでの歴史が書きこまれている。(3)関係性。ゲノムを比べると生物間の類似・相違が明らかになる。(4)時間。個体が生じる発生は，ゲノムに書かれた指令を時間とともに読みほぐしていく作業である。ゲノムは生物のなかにある時間の重要性を示す。(5)階層性。生物界には階層性がある。生命の理解も，分子，細胞，個体，種など階層が異なると異なり全体を把握しにくかった。ゲノムはこれらをつなぐものとしてある。(6)個の創出。生物は自己複製系とされてきたが，ゲノムで見ると，生物は常に唯一無二の個を産む自己創出系である。

こうして科学から見える生命像が日常のそれと重なり始めていることが重要である。

著者要約

［書誌データ］ 中村桂子『自己創出する生命―普遍と個の物語』哲学書房，1993.

中村八朗 (1925-99)
『都市コミュニティの社会学』*1973年刊

本書では中心部で(1)多義的で曖昧なコミュニティ概念の整理，(2)これとは別に日本で唱えられるコミュニティの問題点摘出が試みられ，続く部分には(3)関連するいくつかの経験的調査報告が収録されている。

(1)では本来この概念は①一定範囲の地域，②内部での住民の生活の完結性，③住民の間の共属感，④以上が相即関係を保って形成する統合的実体性，を意味していたが，これでは現代の都市に適用できないので，そのバリエーションとして①，②，③のうちのいずれか1つのみを意味する概念として再規定されていることに触れ，さらに新たな流れとして，従来のようにある地域の上のあらゆる社会現象を指す包括的規定ではなく，その地域に共住することを契機として生じている社会集団や社会関係のみを意味させようとする限定的規定が試みられており，これは住民運動のような動態的過程に着目させる規定であると説く。(2)においては，都市の現況を「人は孤独感，無力感に陥っている」と認知する過度に悲観的診断，狭い近隣社会に対する「人間性回復の最後の場所」といった過大な期待，さらに都市住民が地域の意志決定に必ず参加するといった安易な前提などの問題点に分析を加えている。(3)の部分では，地域住民が意思決定に積極的に参加するのはいくつかの特定条件の下でのみ見られること，ニュータウンのような大規模開発住宅団地が都市計画家の理想とする物的配置構想通りに完成されたとしても，そこに入居した住民の間の定住意志がかなり低いこと，児童の生活時間と生活空間の関係として，児童は起床中のほとんどの時間を自宅，自宅の庭，そこに直接接する路地のようなきわめて狭い空間で過ごしていること，などが報告されている。　　　著者要約

[書誌データ]　中村八朗『都市コミュニティの社会学』有斐閣，1973．

中村雄二郎 (1925-2017)
『共通感覚論』*1979年刊

「知の組みかえのために」を副題としているように，感覚というもっとも直接的な次元から哲学の再建を図った企てである。

アリストテレスに由来する「共通感覚」sensus communis（五感を統合するもの）を手がかりにしたのは，これが理性と感性を媒介するものだからである。著者は，構造主義などの多くの言語論が流行したなかで，自分の納得のいく言語論を考えていく過程で，言語と同じ位相にあるこの概念に着目した。

全体の構成は，(I)共通感覚の再発見，(II)視覚の神話をこえて，(III)共通感覚と言語，(IV)記憶・時間・場所および終章の5つの章から成っている。第I章では，いわゆるコモンセンスと共通感覚との異同，日本でのこの考え方の先駆者，精神医学での問題性，五感の組みかえなどが扱われる。第II章では，近代において高等感覚として独走した視覚の働きを再検討し，触覚や体性感覚の働きが見直される。

第III章では，イメージ・理性・常識などが新しく捉えられた言語の観点から見直され，近代におけるレトリックの喪失が何をもたらしたか，弁証法や構造論はどのように言語と関わるのか，などが扱われる。また，第IV章では，記憶・時間・場所という基本的な問題が共通感覚の観点から問い直される。

終章では，それまでの4つの章をまとめて「開かれた展望」を示すとともに，「残された問題」として，痛み（パテーマ），リズム，場所（トポス）などが示される。これらはいずれも，著者の以後の諸著作において主題化されることになる。　　　著者要約

[書誌データ]　中村雄二郎『共通感覚論』岩波現代選書27，1979（中村雄二郎著作集全10巻，岩波書店，1993の第V巻『共通感覚』には，『共通感覚論』のほか「二人の先行者」「改稿・共通感覚的人間像の展開—バリ島と南イタリアへの知の旅をかえりみて」が収められている）．

波平恵美子 (1942-)
『医療人類学入門』 *1994年刊

　本書は1970年以来アメリカで発達し、現在世界各地でも研究者が育ちつつある「医療人類学（medical anthropology）」と呼ばれる領域を紹介する入門書である。

　本書は3つの部分から成る。第1は医療人類学が成立した背景、研究の方法や目的などの概説である。第2は、医療人類学の研究目的の1つである現代医療の相対化である。「伝統的医療」の内容は多様性に富み、ひと括りにはできないが、それにもかかわらず現代医療と比較するとき、「伝統的医療対現代医療」という対置の構図が浮び上ってくる。それほど、現代医療はその技術、病気観、身体観において特異な傾向を持っている。現代医療が世界規模で普及しつつある現在、その相対化は人間の生存のあり方を考えるときわめて重要であることを述べる。第3は、医療人類学の具体的な研究内容を示そうとする。そのため、この領域で従来取上げられたテーマ、たとえば心火症や文化結合症候群と呼ばれる文化が作り出すともいえる精神障害、あるいは摂食行動などの研究を紹介し、また医療人類学や医療社会学の分析概念を概説して読者の理解を得ようとする。

　本書の最終章は、医療人類学はさまざまな目的を持ち、問題解決をめざす学問領域であるが、その最大の目的は、身体という場に存在する個としての人間が一体どのような存在であるかを、人間自らがよく理解するためであることを示す。すなわち、麻痺が進行する自分の身体を「他者」とみなすことに努めたが結局はその身体にしか存在できない自己を発見する文化人類学者、ロバート・マーフィーの著書『ボディ・サイレント』を、医療人類学という領域を理解するうえで最良の書のひとつとして紹介することで、著者自らの医療人類学との取り組みの姿勢を明らかにしている。

著者要約

［書誌データ］　波平恵美子『医療人類学入門』朝日新聞社，1994．

西川潤 (1936-2018)
『飢えの構造』 *1974年刊

　近代化や経済開発がすべての国、すべての人に恩恵をもたらすといったバラ色の世界観が、高度成長期の日本にも拡がっていた。本書は1970年代初め、高度成長の末期に東南アジアやアフリカで起こった飢餓、旱ばつ問題を取り上げ、飢えの本質は人口増加や異常気象によるものではなく、むしろ、世界経済システムの周辺部における低開発状態や貧困の増大こそが飢えや異常気象、人口‐食料のアンバランスをもたらしていることを論証した。すなわち、飢えは人口抑制や「緑の革命」といった農業近代化によって解決されるものではなく、世界経済の構造的原因に発している以上、この構造の是正、すなわち経済自立、地方分権と住民自治、民衆参加によってはじめて克服される。

　本書はさらにすすんで、アジアの人々が憧れる西欧的な近代と福祉国家体制が、非西欧地域に対する支配とそれに基づく国際分業構造の上に成り立っていること、発展途上地域の内部にも世界市場と結び付いた支配と分業構造が貫徹していること、このような支配・分業構造は人種・民族差別の上に成り立っていること、を示した。このような人権・民族差別は明治以来の日本の近代化にもつきまとっており、西欧起源の発展段階説を受容した日本人のアジア観はこのような特殊なイデオロギーに彩られているのだ。

　本書が公けにされた直後、「石油ショック」が起こり、西欧が営々と築き上げてきた国際分業・福祉国家体制の崩壊が始まり、先進国は低成長期に移行した。本書はこのような時代的転換の意味を南北問題の視角から解明し、その歴史的意味を読みとるためには自らが支配的秩序のイデオロギーから解放される要を説いた。80年代のアフリカ飢饉が同じ世界構造に発することを分析した章を加えた増補改訂版が'85年に刊行された。

著者要約

［書誌データ］　西川潤『飢えの構造―近代と非ヨーロッパ世界』ダイヤモンド社，1974（増補改訂版：1985）．

西川長夫（にしかわながお）(1934-2013)
『国境の越え方』＊1992年刊

　比較文化論序説という副題が付され，世界地図，オリエンタリズム，文明文化概念，日本文化論などが扱われているが，本書が究極的に目指しているのは，明確に区別される民族や国民性，国民文化の存在を前提にした現在の比較文化論や文化論の根底的な批判である。そのために著者がとった戦略は，まずそうした論議の基礎にある文明／文化概念のイデオロギー性を明らかにすることであった。この一対の概念は西欧の国民国家形成の一連の動きのなかで，国民概念とともに，国民統合のイデオロギー（ルソーの言う「鉄鎖の花飾り」）として生みだされた。文明／文化は18世紀後半の新語であり新概念である。

　文明／文化はまた背中合わせの双生児のような対抗概念である。人類の進歩と普遍性を強調する文明概念は当時の先進国であったフランス，イギリス，アメリカに，民族の個別的価値の尊重を唱える文化概念はドイツなどの後発国にひろがった。2つの概念は世界の国家間システムの展開とともに世界にひろがり，日本でも文明開化や文化的独自性（天皇制＝国民文化）の主張となって現われた。文明は植民地主義の口実（「文明の使命」）となり，文化はナチズムという極端な例をもつが，類似の現象は今もなお世界の各地に認められる（アメリカの世界政策や民族浄化など）。

　文化概念のモデルは国民国家（国境で区切られた共同体）と国民文化（純粋文化）であり，日本文化論はその際立った一例だ。文化論は外的国境に合わせて内的国境を作る。本書はそうした文化の国境を越える試みとして，変容し交流する動態的な文化モデル（それを最初に提示したのは坂口安吾「日本文化私観」だ）と個人の選択にもとづく私文化の構築を提案している。国民国家の時代の支配的イデオロギーからの自己解放が本書の主題である。
　　　　　　　　　　　　　　　　　著者要約

［書誌データ］　西川長夫『国境の越え方―比較文化論序説』筑摩書房，1992．

西川長夫（にしかわながお）(1934-2013)・松宮秀治（まつみやひではる）(1941-) 編
『幕末・明治期の国民国家形成と文化変容』＊1995年刊

　本書は立命館大学国際言語文化研究所における共同研究の成果であり，25篇の論考が収められている。ここでその多様性を述べることはできないので，共通のテーマであった国民国家とは何かという問いに焦点をしぼって紹介したい。本書の序論と各論を通じて描きだされている国民国家の特色として次の4点が指摘できるであろう。

　第1に，国民国家を世界システムのなかに位置づけられた競争的で相互模倣的な国家形態として考察した。国民国家形成という観点から眺めるとき，明治維新はフランス革命と驚くほど類似している。また本書には台湾と朝鮮にかんする論文が収められているが，国民国家は必然的に植民地を必要とし潜在的に戦争状態にある，と言えよう。第2に，本書ではモジュール的な諸国家装置の形成と装置間の相互連関を通して国家形成と国民統合が考察され，第Ⅰ部「国民国家の諸装置」では，天皇制，軍隊，監獄，戸籍，家族，博物館，等々が扱われている。第3に，国民創出を諸装置を通しての国民化（広義の教育＝文明化）として捉えている。国民とは新しいタイプの感覚，身体，言語，価値観を強制された存在である。国民化は解放と抑圧の両面を含み，国内においても植民地化といった現象を伴う。第4に，国民国家の形成は文化変容の問題でもある。本書の第Ⅱ部「文化の受容と変容」では近代的知識人の形成，さまざまなイデオロギー装置や習俗の変化が考察されている。諸装置の移植と国民形成は，革命的な文化変容をもたらし，また必要とした。

　形成期の国民国家の人工的な性格を明らかにして，国家の脱神秘化，脱自然化を図った本書は，同時に国家がいかに矛盾に満ちた不安定な形態であるかをも示している。

　　　　　　　　　　　　　編者（西川長夫）要約

［書誌データ］　西川長夫・松宮秀治編『幕末・明治期の国民国家形成と文化変容』新曜社，1995．

■西田幾多郎 (1870-1945)
『善の研究』*1911年刊

　金沢の第四高等学校で教鞭をとっていた時代の講義草稿をもとに書かれた西田哲学の第1作である。マッハの「現象学」やジェイムズの「根本的経験論」との批判的対話のなかで形成された〈純粋経験〉の考えが体系的に展開されている。〈純粋経験〉とは主観／客観の分離や意識と物体の区別に先行する「知意融合の状態」のなかで捉えられた直接的な経験の世界のことをいい、これが唯一絶対の実在であるとされる。つまり、一方では「個人あつて経験あるにあらず、経験あつて個人あるのである」と言われ、他方では客観的な世界もこの直接的な経験と比べれば、「思惟の要求よりいでたる仮定にすぎない」とされる。〈純粋経験〉は本書ではもっぱら意識現象として捉えられるが、この概念はのちに、経験の行為的な契機を強調しつつ、より実践的、より歴史的なものの存在論のなかで、「場所」や「行為的直観」の概念として深められてゆくことになる。

　この著作に示された思想は、実体主義を乗り越えて、生き生きとした経験の世界に帰還するという意味で、同時代のフッサールやベルクソンの哲学的思考に共鳴するものであったが、同時に、日本における近代的な「個」、西田のいう「真の自己」の理論的な構築をはじめてこの地で試みたものであり、いわば哲学的なビルドゥングスロマンとして受けとめられるという面もあった。実際、昭和25年にこの本が岩波文庫の一冊として再版されたとき、書店の前には徹夜の行列ができた。思想が流行になったという意味では、本書は社会学的存在でもあった。

鷲田清一

［書誌データ］　西田幾多郎『善の研究』弘道館, 1911（『西田幾多郎全集』第1巻, 岩波書店, 1947；『善の研究』岩波文庫, 1950).

■似田貝香門 (1943-　),
蓮見音彦 (1933-　)
『都市政策と市民生活』*1993年刊

　本書は広島県福山市の調査研究である。この研究は、先行された第1次福山調査・神戸調査と併せて1つのシリーズを構成している。市民生活の研究を社会構造と生活の関わる行政の意思決定と財源配分過程を集団と諸階層の全体として把握する方法的構築の自覚のもとに行なわれ、従来の構造分析から社会過程分析という方法を構築する事が期待された。第1次福山調査では、60年代から70年代の「工業化」「脱工業化」が扱われたが、80年代のこの調査は、「再産業化」「財政危機」に対応する地方工業都市を扱っている。地方の「再産業化」は、国家財政危機を回避する総抑制政策のもとでは、十分に形成されることはできなかった。地方自治体の「再産業化」政策は逆に地元企業間の格差を産みだした。「再工業化」政策は結果として都市問題・地域問題・環境問題引き起こし、その矛盾を解決すべく、都市社会の諸階層＝諸団体への公共財の積極的配分と、それによる都市社会を社会的に統合・編成するシステムとしての都市官僚制は部統制機能の弱体化と、生活関連部局の圧縮・機能縮小をもたらした。それは地方自治体官僚機構の弱体化をもたらした。地方「民間活力活用」路線としての行財政改革は、市場性に乏しい地方都市では、市民諸団体への公共機能の一部が下請け化された。80年代の地方行政改革は、多元的要求にもとづく住民参加と政治的多元主義は伝統的な都市官僚制の末端機能としての団体統合（下請け化）へと後退した。こうした動向から、本書は、70年代の地方革新自治体の崩壊はもとより、「自治と参加」という潮流自体が消失し、社会的基盤として保守回帰現象は、伝統的団体統合という潮流による地方政治の伝統的保守手再編をもたらした、と結論した。

編者（似田貝香門）要約

［書誌データ］　似田貝香門・蓮見音彦編『都市政策と市民生活』東京大学出版会, 1993.

■ニーダム，J. Joseph Needham (1900-95)
『中国の科学と文明』 *1954- 年刊

　生化学者で，『発生学史』のような科学史の著作のある，恐ろしく多作なニーダムが『中国の科学と文明』という巨大プロジェクトを思いついたのは，戦時下の中国滞在中であり，それが実現して，第1巻が出たのは1954年のことである。はじめ7巻7冊で済むつもりであったが，巻を重ねるにつれて，第4巻は3冊，第5巻は13冊（内8冊既刊）と末広がりに大きくなり，1995年に彼が亡くなったときは，15冊が出版され，いまだプロジェクトは総冊数において半ばであった。実際には後には各巻執筆は協力者に割り当てていたが，彼の死後1997年の時点でさらに1冊出，2冊が出版準備中である。なお，邦訳はニーダムの原著の第4巻「物理と物理技術」まで6冊を11冊（思索社刊）にして出ている。

　ニーダムはこのプロジェクトを始める前に，「なぜ中国で近代科学は起こらなかったか」，という問いから出発し，後には今ひとつの「14世紀まではなぜ中国の技術の方が西洋より進んでいたか」の問いに至った。これらをニーダム・パズルという。

　彼の大著は，後輩にとって中国科学の研究の出発点となり，とかく百科事典のように使われるが，彼は研究者であり，自分の疑問と仮説を大胆に大著のなかに自由に取り入れている。もっとも有名な仮説は体制的な儒教よりも錬金・錬丹術のような民間の道教的な科学の方を買っている。だから第5巻にとくに大きいスペースを割いた。しかし，彼の道教科学はいまだに明確なものではない。

　しかし，その巨大な仕事の存在感のために，かつて西洋世界では科学史といえば西洋科学のことを指していたが，ニーダム以後は「西洋科学史」とわざわざ断らねばならなくなった。
　　　　　　　　　　　　　　　　　中山　茂

［書誌データ］Joseph Needham, *Science and Civilization in China*, Cambridge Univ. Press, 1954-（『中国の科学と文明』藪内清・東畑精一監my，思索社，1974-79；新版，1991）.

■ニーダム，R. Rodney Needham (1923-2006)
『構造と感情』 *1962年刊

　ニーダムは，本書によって，1950年代後半から1960年頃まで通説であった，母方交叉イトコ婚（母の兄弟の娘との婚姻）に関するホーマンズとシュナイダーの説を実証的に，また理論的に痛烈に批判し，レヴィ＝ストロースの説を支持した。母方交叉イトコ婚が優先されたり，義務づけられたりしている一方，父方交叉イトコ婚が禁じられている社会がいくつもあり，これを説明するために，ホーマンズとシュナイダーは，父系社会では，父が権威をもっているので子供は父には尊敬と慎みをもち，母にはうちとけた感情をもつので，この違いが父方の親族と母方の親族にそれぞれ拡大されると考えた。つまり自己の母の兄弟とは親しくなり，そのためその娘とも親しくなるはずで，彼女との結婚が「情意的に適当な」ことになり，逆に父の姉妹の娘との婚姻が優先され，母の兄弟の娘との婚姻が禁じられているのは母系社会であるという仮説を示した。母系社会では，父はやさしい存在であるが，母の兄弟が法的権威をもっているので，母の兄弟の娘との結婚が情意的・感情的に不適当であるのに対して，父の姉妹の娘との婚姻が適当であるということになるという。この説によってホーマンズとシュナイダーはレヴィ＝ストロースの母方交叉イトコ婚が父方交叉イトコ婚より多いことの構造論的解釈を批判した。この批判をさらに批判してレヴィ＝ストロースを支持したのがニーダムである。たしかに母系社会でも，父の姉妹はやさしい存在であるところ（トロブリアンド島民など）もあるが，父の姉妹には畏敬の念をもって接するところ（アシャンティ族）もある。ホーマンズとシュナイダーは母系社会では母の兄弟の娘との婚姻が情意的に不適当であるはずであり，父の姉妹の娘との婚姻が情意的に適当であろうと言っているが，ニーダムは，例えば，ソロモン群島の母系的なシウアイ族

のデータは彼らの仮説の反証となると主張する。ニーダムは，シウアイの事例は，母はやさしいが母の兄弟が権威的である点において，また父はやさしい存在だが，父の姉妹が慣習的に忌避される点において，さらに法的権威をもつ母方のオジの娘との婚姻が優先される点において，すべてホーマンズとシュナイダーの仮説は間違っていると論じた。またニーダムは，ベネズエラの母系的なヤルロ族においても，権威をもつ母方のオジの娘との婚姻が望まれ，父の姉妹の娘との婚姻は禁じられているという反証を挙げている。レヴィ＝ストロースは，母方交叉イトコ婚においては，婚姻のときの娘の移動が世代が代わっても変わらないのに対して，父方交叉イトコ婚では，娘の移動が世代ごとに変わる。したがって，前者が社会に均衡状態を維持するのに対し，後者は不均衡な状態をもたらす。父の姉妹の娘との婚姻が母の兄弟の娘との婚姻ほど多くないとすれば，それは母方交叉イトコ婚が社会の統合を促進するのに対して，父方交叉イトコ婚は社会に不安定な状態をもたらすからであると論じた。ニーダムはインドのプルム族が母の兄弟の娘との婚姻を義務づけ，父の姉妹の娘との婚姻を禁じているのは，個人の感情がそれに適当かどうかということによるのではなく，これを守らないと，婚姻のさいの娘の移動だけでなく，それに関連した婚資のやりとり，嫁を与える側と貰う側の上下関係，出自集団全体の体系の規則がおびやかされることになるからであると論じ，この点を示唆したレヴィ＝ストロースの解釈を賞賛した。こうしてニーダムはホーマンズとシュナイダーの説を説得力をもって退け，社会人類学全体に大きな影響を与えた。　　　　吉田禎吾

［書誌データ］Rodney Needham, *Structure and Sentiment: A Test Case in Social Anthropology*, Chicago: The University of Chicago Press, 1962（三上暁子訳『構造と感情』弘文堂, 1977）.

ニーチェ　Friedrich Nietzsche (1844-1900)
『悲劇の誕生』 *1872年刊

芸術の発展はアポロン的なものとディオニュソス的なものとの二元性に結びついているという言葉とともに本書は始まる。アポロン的なものは造形美術家的な能力であると同時に内面的な空想世界の美しい仮象を支配する予言の能力である。それが夢みる形成の能力であるとすれば，ディオニュソス的なものは陶酔に比すべき忘却と破壊の能力であり，前者が個別化の原理であるのに対応して，後者は統一化の原理である。

ギリシャ悲劇は合唱団のディオニュソス讃歌から発生し，そして合唱団のアポロン的幻想の投影として舞台や所作が成立した。これが本書の第1の主題である。三大悲劇詩人の最後に位置するエウリピデスに至って，悲劇のディオニュソス的要素が減退するに応じて悲劇は横死する。エウリピデスを操った後見人こそ合理的な弁証法的論理を駆使するソクラテスにほかならず，彼の合理的精神はアレクサンドリア的文化を貫徹したうえで，近代文化をも支配する。これが本書の第2の主題である。最後に第3の主題は，ヴァーグナーの楽劇を，近代の楽天主義的なオペラと対比して，ドイツ精神の復興，古代悲劇の再生として謳歌することである。本書は当時の古典文献学界においては概して不評であり，とくにヴィラモーヴィッツ・メレンドルフから痛烈な批判を受けた。だが，いかに突飛な点があるにせよ，本書が古代ギリシャ精神についての洞察力豊かな解釈を具体化していることは今や広く認められている。　　　　吉澤伝三郎

［書誌データ］Friedrich Nietzsche, *Die Geburt der Tragödie aus dem Geiste der Musik*. Leipzig. Verlag von E. W. Fritzsch, 1872; Friedrich Nietzsche, *Die Geburt der Tragödie, Oder: Griechenthum und Pessimismus*, Neue Ausgabe mit dem Versuch einer Selbstkritik. Leipzig. Verlag von E. W. Fritzsch, 1886（『音楽の精神からの悲劇の誕生』『悲劇の誕生―あるいはギリシア精神と悲観主義』秋山英夫訳, 岩波文庫, 1966；塩屋竹男訳, ちくま学芸文庫版ニーチェ全集2, 1993）.

ニーチェ　Friedrich Nietzsche (1844-1900)
『ツァラトゥストラ』 *1883-85年刊

　本書はニーチェが神の死という現代のニヒリズム的状況を超克する方途を模索してそれを永遠回帰思想の体験に基づく超人思想として結晶させた哲学的散文詩である。彼の死後、近代精神に対して画期的衝撃を与えるに至り、近代ヒューマニズムの超克を志向するその精神史的意義が広く承認されるようになった。

　本書は4部から成る。主人公のツァラトゥストラは第1部の序説では民衆に向かって、第1部および第2部の説話では少数の弟子たちに向かって語り、そして第3部ではただ自分自身に対してのみ語り、あるいは歌う。第1部の主題は神の死を背景とする超人思想であり、第2部の主題は権力への意志という思想である。この思想は現代のニヒリズム的状況をそのあるがままに確認しようとするニーチェの実存的誠実さから生まれた思想であり、超人思想の意義もまた人間の実存的なあり方を私たち各人に訴えかけている点にある。第3部の主題はニーチェがこの著作の根本構想と呼ぶ永遠回帰思想である。この思想もまたニヒリズムとその超克という両面をもつ。すべては同じ無意義なことの繰り返しであるという絶望がニヒリズム的な面である。他方、人生のただ1つの瞬間にせよ、それが永遠に繰り返されることを願わざるを得ないほど有意義に生きること、そこからしてこの瞬間が存在するために必要とされるその他のあらゆる耐えがたい瞬間に関してもその永遠回帰を意欲するに至るとき、この思想の含むニヒリズムは超克される。第4部では、絶望した高等な人間たちとの交渉を通じてツァラトゥストラが永遠回帰思想の教師にまで成熟する次第が叙述される。

訳者要約

[書誌データ] Friedrich Nietzsche, *Also sprach Zarathustra. Ein Buch für Alle und Keinen*, 1883-85 (『このようにツァラトゥストラは語った―万人のための、そして何びとのためのものでもない一冊の書』吉澤伝三郎訳、ちくま学芸文庫版ニーチェ全集9-10, 1993).

ニーチェ　Friedrich Nietzsche (1844-1900)
『善悪の彼岸』 *1886年刊

　本書は『ツァラトゥストラ』の執筆の時期とほぼ同じ時期に執筆された諸断章を取りまとめた著作であり、ニーチェの自由精神の哲学の円熟期を代表するアフォリズム的著作の1つである。『ツァラトゥストラ』という哲学的散文詩が「詩作」したところを、本書は理論的に「思索」しているという並行関係が何ほどか認められる。そのかぎりでは、本書は結果的には、世間から誤解された『ツァラトゥストラ』という著作の一種の注釈書という性格をもつものとなったが、元来は「権力への意志」あるいは「生成の無垢」という主題で「未来の哲学」の体系化を志向する理論的な主著の構想が頓挫した結果、あとに残された諸断章のある部分を1冊のアフォリズム集として編集したものであり、そのことが「未来の哲学の序曲」という副題によって暗示されている。他方、ニーチェの旧著との関係で見れば、本書の編集には『人間的、あまりに人間的』の増補改訂版を出そうという彼の最初のプランの影響が反映しており、その点は9章から成る本書の構成が『人間的、あまりに人間的』第1部のそれとよく対応しているところに示されている。

　第1章から第9章までの表題は次の通りである。「哲学者の先入見について」「自由なる精神」「宗教的なるもの」「箴言と間奏曲」「道徳の博物学について」「われわれ学者たち」「われわれの徳」「民族と祖国」「高貴とは何か」。これら諸章の複雑多様な内容をあえて一言にして要約すれば、現実の仮象性と精神の虚構性という価値転換的観点から、権力意志の道徳と知的良心の立場を叙述したものと言えよう。

吉澤伝三郎

[書誌データ] Friedrich Nietzsche, *Jenseits von Gut und Böse. Vorspiel einer Philosophie der Zukunft*, Leipzig Druck und Verlag von C. G. Naumann, 1886 (『善悪の彼岸―未来の哲学の序曲』信太正三訳、ちくま学芸文庫版ニーチェ全集11, 1993).

ニーチェ Friedrich Nietzsche (1844-1900)
『道徳の系譜』*1887年刊

　本書は『善悪の彼岸』の「補遺及び解説」たることを意図した研究論文形式の著作である。その根本的内容は，『善悪の彼岸』の道徳批判，とくにその第9章「高貴とは何か」で論述された支配者道徳と奴隷道徳の，より精細な論述とその発生論的解釈である。支配者道徳とは古代国家の主体性を担う貴族団体の高貴な道徳であるのに対して，奴隷道徳とは支配者に対する恐怖心の道徳である。そして同様な対比は，現代の精神的貴族たる先覚者の道徳と，多数者の権力を恐れる現代の卑俗な民衆の道徳との間にも認められる。

　第1論文の表題は「《善と悪》，《優良と劣悪》」であり，前者は被支配者が自らを善とし相手を悪とする評価であり，後者は支配者が自らを優良とし相手を劣悪とする評価である。この第1論文はキリスト教の心理学であり，ルサンチマンの精神からキリスト教は誕生したこと，キリスト教は高貴な価値の支配に対する反対運動であることを論述する。第2論文の表題は「《負い目》，《良心の疚しさ》，及びその類いのことども」であり，良心の心理学を提示する。良心はもはや外部に向かって発散できなくなった残忍の本能である。第3論文の表題は「禁欲主義的理想は何を意味するか？」であり，禁欲主義的理想という僧侶的な理想が現世無視の有害きわまりないデカダンスの理想であるにもかかわらず，どこからその巨大な権力を入手したかという疑問に答えている。すなわち，この理想が虚無への意志でありながら巨大な権力を得たのは対抗理想がなかったからであること，人間は何も意欲しないよりはむしろ虚無を意欲することを論述する。総じて本書は価値転換のための心理学的準備作業である。

吉澤伝三郎

[書誌データ] Friedrich Nietzsche, *Zur Genealogie der Moral. Eine Streitschrift*, Leipzig Verlag von C. G. Naumann, 1887（『道徳の系譜――一つの論駁書』信太正三訳，ちくま学芸文庫版ニーチェ全集11, 1993）.

ニーバー
Helmut Richard Niebuhr (1894-1962)
『アメリカ型キリスト教の社会的起源』*1929年刊

　キリスト教は，命がけの純粋な信仰に基づく信仰共同体として出発しながら，十字架の教えを蔑ろにし，世代交替と社会的条件の変化を通して，特定の世俗的集団と結びつき，その普遍的な宗教的情熱を世俗文明に譲歩させることによって繁栄してきた。そのような教会に反発した者たちは，より純粋な信仰のために新たな信仰共同体（セクト）を形成する。しかし，その宗教的情熱は，成員の社会的性質によって限定され，掲げた宗教的理想のなかから都合の良いものを取捨選択して，特殊な関心を代弁する宗教集団の形をとることになる。たとえばヨーロッパでは，セクトは廃嫡者や中産階級のなかから起こってきた。また，宗教的情熱は，ナショナリズムと結合して新たな組織を形成した。アメリカでは，セクトは地域ごとに形成され，出身国（または民族，言語）とアメリカへの適応の度合いの違いによって形成され，人種的理由によって形成されてきた。つまり，教会もセクトも，成員に対して世俗的価値への忠誠をも要求することによって組織を保持してきたのである。このような神以外のものに向けられた忠誠心，すなわち教派的精神を克服し，諸教会のうちに愛における交わりとしての教会を築くことが，神の国への道である。

　本書においてニーバーは，当時の教会一致運動を反映して，教派の分裂の克服を訴えることを意図したが，本書は彼のそうした目論見を越えて，ヨーロッパの教会型，セクト型に対してアメリカのキリスト教を教派型と特徴づけるものとして，ウェーバー，トレルチの研究を継承する教団類型論の古典の1つとされている。

訳者要約

[書誌データ] Helmut Richard Niebuhr, *The Social Sources of Denominationalism*, 1929（『アメリカ型キリスト教の社会的起源』柴田史子訳，ヨルダン社, 1984）.

日本放送協会放送世論調査所編
『日本人の意識』*1975-80年刊

　近代日本において大きな歴史的変革をもたらした1945年の「民主化」，そして60年代から70年代にかけての産業の構造的変化，さらに80年代以降の情報化の進展や人口の高齢化は現代日本人の意識に大きなインパクトを与え，日本人の意識の変容をもたらした。これは，その意識変容がいかなる領域，いかなる社会階層でみられるのかという領域的特性，社会階層的特徴を，世論調査という道具を使って，長期的・継続的に追跡し，調査時点ごとの特徴とあわせて，現代日本人の意識の歴史的重層性に迫ろうとするものである。

　調査データはいかに多量の質問を重ねても，単発では意識の歴史的重層性に迫ることは難しい。この「日本人の意識調査」は，時代を経て変化するであろう（あるいは時代を経ても変化しない）日本人の意識を，「5年ごと」に，「同じ質問内容」を「同一の方法」で調査するという「時系列調査」として企画・実施されているため，変化を読み取るための安定したデータが蓄積されており，資料としての価値が高い。

　本書は1973年（1回目）の調査結果，1回と2回目の調査結果を分析した論文集である。

　1973年の調査データの分析からは，高度経済成長を経験した日本人の生活意識，政治意識の全体的像を概観する調査報告と，「女性の意識の諸相」「世代形成の二重構造」「政党支持の世代差」をテーマとする個別論文が，また1973年と78年の時系列調査の結果からは，「70年代における青年像の変貌」「現代青年の政治的無関心の形成」「政党支持の構造分析」「職業・学歴階層差とその構造的分析」という個別論文がまとめられており，現代日本人の価値観の変容と世代，社会階層のかかわりを実証的に捉える意欲的論文が収められている。

秋山登代子

［書誌データ］日本放送協会放送世論調査所編『日本人の意識—NHK世論調査』『第2日本人の意識—NHK世論調査』至誠堂，1975-80.

ニューカム他
Theodore M. Newcomb (1903-84)
『社会心理学』*1965年刊

　本書は斯界の第一人者だった主著者セオドア・M・ニューカム，および共著者ラルフ・H・ターナー，フィリップ・E・コンヴァースによる代表的社会心理学のテキストブックである。本書は，ニューカムの単著『社会心理学』(1950) の改訂版として出発したが，その後の目覚しい研究の進展，自身の研究の蓄積を踏まえ，構成も内容も一新し，全く新しい著作になったのである。「人間の相互作用の研究」という副題は，相互作用の観点から，社会 - 心理学的問題を構成しようとしたからである。社会心理学の諸問題に対し，個人的なものでも，集団的なものでも，心理学的または社会学的なアプローチのいずれか一方だけをとるのではない立場を貫き通している。

　本書はⅣ部，15章から成っている。まず人間の相互作用の観察と理解の要を展望する。ついで第Ⅰ部は個人の態度に焦点をあてる。社会心理学のキー概念としての態度の性質・体制・変化を，実証的成果に即して論じる。第Ⅱ部は相互作用過程にあてられる。対人知覚，コミュニケーション行動，集団規範の形成，対人反応などがその主題である。第Ⅲ部は集団の構造・機能・過程へと拡がる。対人関係の構造の基本，役割関係，集団の属性などの吟味から成る。第Ⅳ部では，さらに拡張して集団場面での相互作用を考察する。役割葛藤，集団間葛藤とその低減，集団目標の達成などが論じられる。さらに付説として，態度の測定，世論の測定，相互作用分析法などが当時の最新の資料に基づき論述されている。各章ごとに，代表的研究例が精選して収められ，理解の促進に資するようになっている。

訳者要約

［書誌データ］Theodore M. Newcomb, Ralph H. Turner & Philip E. Converse, *Social Psychology: The Study of Human Interaction*, Holt, Rinehart and Winston, Inc., 1965 (『社会心理学—人間の相互作用の研究』古畑和孝訳，岩波書店，1973).

ノエル゠ノイマン
Elisabeth Noelle-Neumann (1916-2010)
『沈黙の螺旋理論』 *1980年刊(第2版, 93年)

　沈黙の螺旋理論は，著者自身の戦後西ドイツ半世紀の世論調査データの分析を背景に発展したが，その理論的な淵源は古くギリシャ古典からマキャヴェッリ，ルソー，ロック，トクヴィルにまで求められる。著者は世論の動態に，争点の討論による合理的な世論形成の側面と，社会心理学的な同調と逸脱のダイナミックスの側面とが存在することに注目し，とくに後者が果たす社会的統合の機能を強調した。沈黙の螺旋とは，世論の形成期において，勢いを得た立場がますます公然と自己主張しやすくなる一方で，立場を失う側が公の目のなかで沈黙を強いられ，その過程が自己増幅することによって特定の立場が「正しい世論」として正統性を得ていく過程を指す。その中心的前提は，自律的人間という近代的市民像の仮定に反する人間行動が世論動態中に生じていること（その動機的基礎は孤立の恐怖），またその動機下で個々人が社会全体の動向を見通す視点を得ていること（意見風土を認知する能力の存在），の2点である。

　本書の功績は，世論過程という社会現象を個人レベルの社会心理的メカニズムによって説明すると同時に，そのメカニズムを社会全体の世論の変化へと結びつけるマイクロ゠マクロのリンクを含むダイナミックな理論を構築した点にある。また，世論過程内のマスメディアの機能に関しても，世論の分節化，公衆の注目の割当，二重の意見風土の存在など，見るべき主張は多い。さらに，これらの論点を実証するために世論調査上で種々のテストを行っている点にも大きな価値がある。

　ただし理論的な厳密さや調査による実証の点では問題もある。　　　訳者（池田謙一）要約

[書誌データ] Elisabeth Noelle-Neumann, *Die Schweigespirale: Öffentliche Meinung-unsere soziale Haut*, R. Piper & Co. Verlag, 1980（『沈黙の螺旋理論―世論形成過程の社会心理学』池田謙一・安野智子訳，ブレーン出版，1988；第2版，1997）.

ノージック　Robert Nozick (1938-2002)
『アナーキー・国家・ユートピア』
*1974年刊

　現代版夜警国家思想ともいうべきリバタリアニズム（自由至上主義）の立場を切り開いた本である。第1部（アナーキー）では，各人の所有権を前提とするロック流の自然状態から，（全員による社会契約ではなく）誰の権利も侵害しない過程を経て最小国家を導くことで，無政府主義を否定する。第2部（国家）では，主にロールズの『正義論』を中心とする拡張国家擁護論を論駁して，最小国家を越える国家の正当性を否定する。第3部（ユートピア）では，最小国家の下でさまざまな随意加入の共同体のアイデアが試みられる像を描いて，この国家像の意義を語る。

　この本の魅力は，議論の骨組みもだが，途中で次々に提示される意表をつく概念・造語・推論と，その語り口の面白さにもある。第1部では，人間の権利論から派生して，動物にも一定の権利を認める可能性が論じられ，菜食主義が擁護される。快苦計算に焦点を当てる功利主義を否定する場面では，「経験機械」の思考実験が提示される。何でも自由に（しかし架空に）経験できる機械によって思うままの人生を送る気分が味わえればそれで十分か，と問うことで，実際の人生のなかで主観的経験以外に重要なものがあることを論証しよう，とするのである。

　第2部では，一定の分配状態を正義とする理論（結果状態原理）はすべて，自由な財産処分によって混乱させられるから，（拡張国家による）強制的な再分配が不可欠になる，と論じる。奴隷制の拘束を徐々にゆるめていく過程で，一段階として福祉国家を登場させる，という思考実験も行われる。第3部は，多様で個性的な人々が1つの社会理想に収まることは不可能だとして，様々な社会実験が並行する枠として，最小国家を推賞する。

　　　　　　　　　　　　　　　　　嶋津　格

[書誌データ] Robert Nozick, *Anarchy, State, and Utopia*, Basic Books, 1974（『アナーキー・国家・ユートピア』上・下，嶋津格訳，木鐸社，1985-89；合本1992）.

野田正彰 (のだまさあき) (1944-)
『喪の途上にて』 *1992年刊

「大事故遺族の悲哀の研究」と副題のつく本書は、90年9月号から91年12月号まで、1年半にわたって雑誌『世界』に連載された。1985年8月12日の日本航空機の墜落事故を中心に、それ以前、72年の大阪千日前デパート火災、82年の日航機羽田沖墜落事故、88年の上海列車事故、91年の信楽高原鉄道の列車事故を取材し、思いがけない死別のあと、遺族は悲哀をどのように受けとめていくかを分析している。

70年代、成人病の増加とともに癌死や尊厳死が死の主要なテーマになっていた。そこでは自分の死の苦しみや不安が問題であり、死別の悲哀は抜け落ちていた。人は愛する人の後に生き残ることよりも、先に死ぬことを望む。それは、死者が一緒に生きるはずだった時間を奪い取ったからであり、遺族は自分を「生き残った者」としか考えられない。本書は死別後の急性悲哀の経過を「悲しみの時間学」として整理し、子供、若い人、中年、老人によって悲哀の質が異なることを明らかにする。同時に、遺族に対して事故をおこした企業、マスコミ、法律家がどのように対応しているか、悲哀の過程をいかに歪めているか、長期間の遺族との付きあいによって指摘している。

遺族はショック、否認、怒り、抑うつの時期をへて、「故人が死に臨んで何を望んだか」と問いかけ、故人の「遺志の社会化」を試みることによって、なお生き残る力を得る。事故による死別だけでなく、病死、災害などによる死別に直面した遺族は、本書によって悲哀もまた生にとって重要な意味があることを知るだろう。本書はノンフィクション文学作品であるとともに、精神病理学や社会学の研究書として記述されている。

著書要約

[書誌データ] 野田正彰『喪の途上にて―大事故遺族の悲哀の研究』岩波書店, 1992.

ノーマン E. Herbert Norman (1909-57)
『日本における近代国家の成立』 *1940年刊

英語で書かれた最初の本格的な明治維新論。宣教師の子として日本で生れ育ち、カナダや英米の大学で学んだ新進のアジア研究者＝外交官の特色がよくでている。戦後直ちに翻訳され、同じ著者の『日本における兵士と農民』『クリオの顔』などとともに日本の戦後歴史学に大きな影響を与えた。著者がマッカーシズムの犠牲者として悲劇的な最期を遂げたことがこの書物の運命に微妙な陰りをみせている。ノーマンは膨大な資料と先行研究に依拠しながらも、当時支配的であった講座派と労農派から等しく距離をとり、自由で独自な維新観を展開した。資本主義という世界史的普遍性のなかで遅れて来た日本近代の特殊性を際立たせ、同時にその弱点が長所に転化しえたことも見逃さない。対象を内と外から同時に眺める複眼的思考、歴史の多様性や複雑さの微妙な陰影をとらえる柔軟な感受性と文体、ノーマンの歴史記述は、科学を標榜する歴史学とは異質なものであった。

本書でノーマンがとくに注目しているのは、近代日本への移行の速度と、変革を達成した指導者たちの社会的性格であるが、近代化の犠牲者であった農民や都市の下層民への視線も忘れてはいない。速度を説明するのは、封建制の崩壊過程と西欧列強の圧力である。また商人資本の未発達と下層の武士が改革の主導権をとったことが、絶対主義的中央集権の性格を規定した、とする。「国民的独立のための闘争から膨脹主義政策への不可避的発展」という問題設定に、日本帝国主義を導いた世界資本主義批判が読みとれる。世界システム論や国民国家論の先駆的著作である。

西川長夫

[書誌データ] E. Herbert Norman, *Japan's Emergence as a Modern State, Political and Economic Problems of the Meiji Period*, I. P. R. Inquiry Series, International Secretariat, Institute of Pacific Relations, New York, 1940 (『ハーバート・ノーマン全集』第1巻『日本における近代国家の成立』大窪愿二訳, 岩波書店, 1977).

野呂榮太郎（の ろえいたろう）(1900-34)
『日本資本主義発達史』 *1930年刊

　いわゆる「日本資本主義論争」の先駆けとなった著作であり，論争の一方の当事者であった「講座派」における主要著作の1つ。ヨーロッパ起源のマルクス派の社会科学を，ヨーロッパとは異なった，「後発国」である日本の資本主義発展の分析に応用しようとした優れた試みの1つとして評価できよう。

　「日本資本主義論争」における本書の位置は，概括的にいえば「プチ帝国主義」論争と「現段階」論争への関与にあったといえる。「プチ帝国主義」論争においては，高橋亀吉が1920年代の日本資本主義の「行き詰まり」を背景にして，日本の帝国主義が完全な意味での帝国主義段階に到達していないこと，つまり「プチ帝国主義」という段階にとどまっていることを主張したのに対して，野呂は日本がレーニンのいう帝国主義の指標を経験的に満たしていることと，帝国主義の概念的把握は一国レベルで行われるべきではなく，世界的レベルで行われるべきであることを強調している。「現段階」論争においては，「労農派」の猪俣津南雄が日本資本主義の「現段階」は「絶対主義勢力」が「階級的物質的基礎」を喪失して「イデオロギーとしての残存」に過ぎないものとなったことを説いたのに対して，野呂は「封建的勢力」は小作人を「経済外強制」を通じて搾取し続けていることを強調するとともに，そのような勢力の頂点に位置づけられるものとして天皇制国家をあげ，「国家＝最高地主説」を提起する。

　日本共産党の革命戦略の一環としてコミンテルンの「32年テーゼ」を具体化しようとしたとされる本書は，長らくイデオロギー的評価の対象となってきたが，今日のNIEsを含めた発展途上国の社会変動を理解するうえで大きな示唆を与えると思われる。　　　　山田信行

［書誌データ］　野呂榮太郎『日本資本主義発達史』鉄塔書院，1930（岩波文庫，1954；73；83）．

ハイエク
Friedrich August von Hayek (1899-1992)
『市場・知識・自由』 *1949-78年刊

　ハイエクの3つの論文集のなかから，両編訳者が選抜した8編の論文を訳出したものである。マンデヴィル，ヒューム，メンガー，ケインズ（ただし個人的回想が中心の短いもの）と，編者の専門を反映して，経済思想史に関するものが多く選ばれている。まだ全体の翻訳がない後の二つの論文集のなかで「哲学」として分類されている部分から，思想史以外一編も選ばれていないのは残念である。

　「社会における知識の利用」（第2章）と「競争の意味」（第3章）は，ハイエクの市場理解を知るうえで重要な論文である。社会主義経済の原理上の困難を論じることから市場の必要性を論じ始めたハイエクは，明確に知識（情報）の発見と伝達のメカニズムとして，市場とそこでの競争を論じている。市場は，だれも全体の機能の細部を把握する者がないまま，商品の相対価格を通して，複雑な自然的・社会的条件の変化を個人に伝え，それに対応する行動へと個々人を導く。そしてその結果生じる分配は，理解可能な単純な「分配的正義」の枠には収まらない。

　「真の個人主義と偽の個人主義」（第1章）と「自由主義」（第8章）はハイエクの政治哲学を扱う。前者で「偽の」といわれるのは，原子論的社会理論としての個人主義である。「真の」といわれるそれは，人間の社会性を当然の前提にし，国家の権力は抑圧的な社会関係から個人を自由にするために行使されるもののみが正当だ，とする立場のことである。後者はイタリア語の事典のために書かれたもので，平易にハイエク流の自由主義（個人主義とほぼ同じ）を要約している。　　　嶋津　格

［書誌データ］　Friedrich August von Hayek, *Individualism and Economic Order*, Routledge, 1949; *Studies in Philosophy, Politics and Economics*, Routledge, 1967; *New Studies in Philosophy, Politics, Economics and History of Ideas*, Routledge, 1978（『市場・知識・自由—自由主義の経済思想』田中真晴・田中秀夫訳，ミネルヴァ書房，1986）．

ハイエク
Friedrich August von Hayek (1899-1992)
『法と立法と自由』Ⅰ-Ⅲ *1973-79年刊

　ハイエクの社会理論が到達した1つの頂点といえる。本来の構想では全体として1つの書物であり，通読してはじめて彼の諸理論の有機的な相互関連と構想の全体像が得られる。

　第1巻は社会諸制度の生成についての進化論的説明を軸にする認識論・方法論を展開し，単純な合理主義（設計主義）を全面的に批判する。議論の主要な目的は，設計主義的枠組に収まらない（ある意味で古い）法の概念を再建することにある。人間の企図に従って構成される秩序としての「組織」とその法である「テシス」を一方の極に，人間の行動の結果ではあるが企図の結果ではない秩序としての「自生的秩序」とその法である「ノモス」を他方の極にする二分法が打ち出される。

　第2巻は，社会的正義の概念自体の論駁と市場メカニズムの機能の積極的評価を行う。市場が実現する無数の人間行動の間の秩序は，自生的秩序の典型であり「カタラクシー」と呼ばれる。そのなかで各人が手にする報酬の意義は，人々の次の行動を導くことにあり，それが個々には何らの理解可能な正義の型に収まらないのは当然なのだ，とする。

　第3巻は利益分配型の民主主義に対する批判を中心とする政治論と，その弊害を回避して法の支配を確保するためのモデル憲法論を提示する。議論の基礎は，人間の能力として，利益を計算しそれを追求する能力と同等のものとして，（意図せずに）ルールに従い，後でそれを認識する能力を考える点にあり，後者に基づく立法を論じる。

嶋津　格

［書誌データ］ F. A. Hayek, Law, Legislation and Liberty: A New Statement of the Liberal Principles of Justice and Political Economy, Vol. 1: *Rules and Order*, Routledge & Kegan Paul, 1973; Vol. 2: *The Mirage of Social Justice*, 1976; Vol. 3: *The Political Order of a Free People*, 1979（『法と立法と自由 Ⅰ ルールと秩序』ハイエク全集第8巻，矢島鈞次・水吉俊彦訳，春秋社，1987；『同 Ⅱ 社会正義の幻想』第9巻，篠塚慎吾訳，1987；『同 Ⅲ 自由人の政治的秩序』第10巻，渡部茂訳，1988）．

パイク　Burton Pike (1930-)
『近代文学と都市』 *1981年刊

　近代文学において言語化された都市像（＝言語都市）を，ボードレールやディケンズ，ドストエフスキー，カフカ，ホーソン，カルヴィーノ等の19世紀から20世紀にいたる欧米の作家や作品を主な素材として，フロイトやベンヤミン，ニスベット，ゴンブリッチなどの議論に言及しつつ分析した書物。

　西洋文明の始めから今日まで，都市は文明の精華としてそれを肯定する価値観と，腐敗や堕落の場としてそれを否定する価値観との双方と結びついた，アンビヴァレントな存在として言語化されてきた。18世紀から20世紀のヨーロッパとアメリカの文学では，それまで空間的に固定された「静的都市」として言語化されてきた都市が，断片化し，時間のなかを移動し続ける，主観的で万華鏡的な「流動する都市」へと変容してゆく。このことと並行して，パイクがホーソンを引きつつ「舗道の孤独感」と呼ぶように，都市は社会から疎外された個人の居場所であると同時に，画一化された大衆や群集の存在する場所でもある，両義的な場として描写されてゆく。さらに，世界を時間的な枠組みによって把握するという近代の文化的コンヴェンションと，近代都市の巨大化・分散化のなかで，文芸作品における都市は空間的な実在感を稀薄にし，時間の従属物として常に変化し続ける非定型なイメージとして描かれるようになっていったことが示される。

　本書は文学研究であると同時に，小説をデータとした都市と社会をめぐる社会意識分析でもあり，また，都市という社会を近代欧米人がどのように思考してきたかをめぐる知識社会学的な文化研究としても出色である。

若林幹夫

［書誌データ］ Burton Pike, *The Image of the City in Modern Literature*, Princeton University Press, 1981（『近代文学と都市』松村昌家訳，研究社出版，1987）．

ハイデガー　Martin Heidegger (1889-1976)
『存在と時間』＊1927年刊

ハイデガーが自らの思索を，存在の意味についての問いの提起と追究という形で最も体系的に叙述することを試みた著作。

1910年代末から，ハイデガーは，根源的な存在経験がすでにギリシャにおいて変容，固定化し，それが西洋の歴史全体を支配し続ける，という構図のもとに，浩瀚なアリストテレス論の完成を目指していたが，22年秋にその考察のための方法論的な検討を含む序論と内容梗概とを執筆したことをきっかけに，人間存在の歴史的な構造の分析へと関心を転じ，『存在と時間』の執筆へと至った。

まず，在るということを漠然とながら理解している存在者という意味で，人間は現存在と呼ばれ，存在の解明は，この現存在をその在り方に関して分析することで着手される。そして，この在り方が「世界内存在」として規定され，それを構成する各契機の分析を通して，人間存在はまず関心（Sorge）へ，ついで時間性という動的構造へ「還元」される。時間性とは具体的には歴史性であり，それは，人が現下の事物と関わり合う際にも，そこでは常に何らかの意味や可能性への志向と，過去に由来するさまざまな見地による規定が作用していることを意味する。日常に埋没した者が，既成の世界構図に無自覚的に依拠しているのに対し，それを自覚的に背負い受け，その授受に参画することが「本来的歴史性」と見なされる。当初，現存在を時間性へと「還元」したうえで，この時間性から，存在の諸様態が生じる機制を解明する「構築」，さらにその成果に基づいて，西洋哲学史の存在理解を批判的に検証する「解体」の諸部分を含む「後半」が予定されていたが，この企図は実現せず『存在と時間』は未完に終わる。

高田珠樹

［書誌データ］Martin Heidegger, Sein und Zeit, 1927（邦訳は『存在と時間』原佑・渡辺二郎訳，中央公論社，1971など）．

ハイト　Shere Hite (1943-)
『ハイト・レポート』＊1976年刊

「女性のセクシュアリティに与えられた定義づけを改め，女性としてのわたしたちのアイデンティティを強化すること」を目的として掲げる『ハイト・レポート』は，70年代のウーマン・リブの雰囲気が色濃く反映されている。

ハイトは，複雑な性質を有する女性のセクシュアリティが男性のセクシュアリティの付属品としか想定されてこなかったことを批判し，1972年以降，全米女性連盟，中絶禁止法反対グループ，女子学生センターなど女性団体に質問票を配布し，『ウイ』『ビレッジ・ヴォイス』『ミズ』などの雑誌に質問票を公示した。結果，3000強の回答が寄せられた。

これらの回答はマスターベーション，オーガズム，性交，クリトリスへの刺激，レスビアンといった項目に応じてチャート化され，以降，性の奴隷，性の革命，新しい女性の性の行方といった，従来の性調査にない，女と男の関係性を問うフェミニズムの視点が強調される。

女性たちの膨大な証言から明らかになる事実のうち，ハイトが強調するのは，①異性間の性交はオーガズムを得るうえで有効な方法ではないこと，②マスターベーションはほとんどの女性にとってオーガズムを得るための簡便な方法であること，③膣への刺激ではなく，クリトリスへの刺激こそが本物のオーガズムを導くこと，④女性が同性に性的感情を持つ可能性があることを知ることの重要性（政治的レズビアニズム），などである。これらはいずれも，女性のセクシュアリティの自律というテーマと密接に関わった論点であり，ハイトのフェミニストとしての政治的メッセージが行間から滲み出ている。なお『ハイト・レポート』には男性版も存在する。

赤川　学

［書誌データ］Shere Hite, The Hite Report: A Nationwide Study of Female Sexuality, Macmillan, 1976（『ハイト・レポート／Part 1, 2』石川弘義訳，パシフィカ，1977）．

■ハーヴェイ David Harvey (1935-)
『都市と社会的不平等』*1973年刊

　世紀転換期のこんにち，進歩主義の黄昏がいわれ，それをささえてきた，資源の効率的配分と物質的な繁栄の最大化を説く新古典派パラダイムの虚構が白日のもとにさらされている。私たちが日常的に目のあたりにしているのは，社会のさまざまな場で膿を吹き出している不公正かつ不平等の諸相である。本書はこうした事態を，これまでの社会的公正の本質に関する自由主義的・新古典派派的な規定の限界を踏まえたうえで，「社会の他の諸側面が映し出される鏡」としての都市的生活様式のなかにいち早く見いだしている。そしてそれらに対する解決を提示する実践的課題の文脈において，オルタナティブとしてのマルクス主義的理論枠組の優位を主張するのである。

　本書においてとくに光芒を放っているのは，新古典派パラダイムによって導かれてきた，演繹的論理に基づく理論モデルが結果として現状維持の立場に終始してきたことに対する反省的視角であり，そこには著者ハーヴェイの新古典派パラダイムに訣別し，マルクス主義を選んだ，苦渋にみちた「転向」の航跡を読み取ることができる。

　本書は刊行後，さまざまな立場からの手厳しい批判に遭遇したが，地理学におけるヒューマニスティック・アプローチの流れを確固たるものにし，ラディカル地理学の嚆矢を成した点で，さらに地理学を超えて「新しい都市社会学 (new urban sociology)」の普及に貢献した点で，画期的な意義を有する。またここで提示された自由で創造的なマルクス主義の立場がその後のハーヴェイの理論的航跡に深い影響を及ぼすことになったという点でも，本書は刮目に値する。　　　　吉原直樹

［書誌データ］　David Harvey, *Social Justice and the City*, Edward Arnold, 1973（『都市と社会的不平等』竹内啓一・松本正美訳，日本ブリタニカ，1980）．

■バーガー，P.　Petert L. Berger (1929-2017)
『社会学への招待』*1963年刊

　社会学というものを西洋近代に固有な意識形態として位置づけたうえで，社会学的に思考することの意味と意義をめぐって，大変な皮肉とユーモアの精神に満ちあふれた文体で非常に小気味よく書き綴った社会学入門書。バーガーは本書で，1960年代前半，アメリカ社会学界でT．パーソンズの構造機能主義の支配がいまだ優勢ななか，一方でM．ウェーバーやE．デュルケームに代表される社会学の古典的伝統に棹さしながら，他方で後に《現象学的社会学》と呼ばれることになる流れの哲学的基盤をつくったA．シュッツの，とりわけ自明性を問い直すという発想を継承する形で，社会学的思考様式の基本線を鮮やかに描き出している。

　本書の主要な議論は次の4点にまとめあげることができる。第1は，あくまで物事の裏を読み取ろうとするバーガー社会学の基本発想とでも言えるもので，〈現実暴露・体裁の剝ぎ取り・相対化〉という3つの《社会学の動機》が析出されている。第2は，《社会的位置づけ》の論理の提示とその分節化である。これは，《社会の中の人間》のありようと《人間の中の社会》の特質の双方を浮き彫りにする形で，個人の行為と存在の社会的被拘束性の問題を〈個人の置かれている社会的位置〉との関連で読み解こうとするものである。第3は，《現実とは定義の問題である》という基本認識の下になされる《生ま身の役者たちがうごめく舞台》としての社会像の提示である。第4は，責任意識をもった自由な実存主体たらんとする個人を，あるいは自由からの逃走に口実を与える形で，あるいは実存の恐怖に対する防衛という形で，いわばなし崩し的にからめとってくるメカニズムとしての社会の論理の暴露である。　訳者〈水野節夫〉要約

［書誌データ］　Peter L. Berger, *Invitation to Sociology: A Humanistic Perspective*, Doubleday Anchor Books, 1963（『社会学への招待』水野節夫・村山研一訳，思索社，1979；新思索社，新装版，1995）．

バーガー, P. Peter L. Berger (1929-2017)
『聖なる天蓋』*1967年刊

社会が人間の営みの所産としてある限り、一見堅固な日常生活の至高の現実も、たえずカオスと意味喪失の危険にさらされている。社会的に構成された規範秩序に潜在する規範喪失という不断の危険から秩序と意味を防禦する包括的な神聖コスモスとして宗教を捉え、近代の世俗化過程におけるその機能の変化を追ったのが本書である。

バーガーによれば、宗教は人間の活動の所産でありながら、その由来が忘れ去られることによって、自然の事実性にも似た客体性を伴って人々に対峙する絶対的他者としてあらわれる。それは疎外の産物なのである。しかしそれは超人間的な事実に変容することによって、逆に本来不安定な社会秩序に究極的な存在論的根拠を与え、それを正当化するはたらきをする。社会文化的世界を非人間化する過程は、この世界を人間にとって意味あるものにしたいという人間の根本的な願望に根ざしているわけである。

バーガーによれば、社会の近代化とともに進行する世俗化とは、伝統的宗教が社会全体を覆う意味のシンボルとしての独占的地位を喪失し、信憑構造の多元的状況の下で私化され、個人の心理学的、あるいは道徳的・精神治療的欲求に奉仕するようになる過程のことをいう。ここでは宗教もまた消費者のための商品となり、その選択の力学と市場経済の論理に服することを余儀なくされるのである。

体系論と歴史論から成る本書は、バーガー独自の知識社会学的視点を宗教現象に適用したものでありながら、現代社会意識論としても通用する好著である。

山口節郎

[書誌データ] Peter L. Berger, *The Sacred Canopy: Elements of a Sociological Theory of Religion*, Doubleday & Co., 1967（『聖なる天蓋―神聖世界の社会学』園田稔訳、新曜社、1979）.

バーガー, P. Peter L. Berger (1929-2017),
バーガー, B. Brigitte Berger,
ケルナー Hansfried Kellner
『故郷喪失者たち』*1973年刊

社会制度と人々の意識との間には内在的関係があるという知識社会学の前提に基づき、近代という社会的現実を人々がどのように主観的に体験しつつあるかを現象学の手法をとり入れて解明しようというのが本書の狙い。

著者たちによれば、近代人の意識を特徴づけるのは「安住の地の喪失」（homelessness）状態である。近代化とともにかつて宗教が提供していた現実定義と規範の統一的枠組は崩壊し、人々は世界の自明性の消失とその「万華鏡」化に直面させられる。こうした変化は絶えず個人に決断、選択、計画を迫り、その生活とアイデンティティの流動化と不安定化をもたらす。人々は実存的で形而上学的な「安住の地」の喪失感に悩まされるのである。

著者たちによれば、近代人にこうした疎外感をもたらしている制度的要因が、近代化の主要な担い手である工業生産と官僚制である。前者は寄木細工性、抽象性、多相関性、等々の、そして後者は秩序整然性、分類癖、道義的匿名性、等々の「認知スタイル」を招来し、これらは制度的過程と結合して1つの「パッケージ」を形づくるようになる。

第三世界における反近代化や先進諸国の青年文化における脱近代化をめざす思想や運動を、このパッケージの波及の阻止、あるいは組みかえによる全体認識と安住の地の奪還のための模索として捉える著者たちの指摘は興味深い。

山口節郎

[書誌データ] Peter L. Berger, Brigitte Berger, Hansfried Kellner, *The Homeless Mind: Modernization and Consciousness*, Random House, 1973（『故郷喪失者たち―近代化と日常意識』高山真知子・馬場伸也・馬場恭子訳、新曜社、1977）.

バーク Kenneth Burke (1897-1993)
『文学形式の哲学』＊1941年刊

　ケネス・バークが行った最大の貢献は文学と（社会の共有物である）言語の関係に光を当てたところにある。バークによれば，作者の個性はなにごとにも代えがたいとはしても，すでに彼の精神自体が言語に支えられながら形成されてきたのであり，彼の心に生まれる特定な霊感や思想がなんらかの意味をもつかぎり，すでに言語による加工過程を通過してきたものにすぎない。とすると作家は主体というよりも，現象と言語を互いに通わせる媒体でしかなく，創作活動とは，言語・意味と，非言語・非意味とのインターフェイスにあって行われるインターラクティヴな精神，言語行動なのである。そしてそのような行動をバークは「姿勢の舞踏」（舞踏とは個々の静止姿勢の連続運動であるので）と呼ぶ。たとえば，嫌悪感情も‘f’音や‘ph’音のようにすでに音韻システムのなかにある音を採用し，英語なら英語のリズムに乗ることで，舞踏家が音楽に乗るように内なる感情を（他者のものでもある）言語表現とすることができる。「姿勢の舞踏」はまた同時に「象徴的行為」としての機能をもち，対象を慰撫する呪術行為，さらには内なる罪を言語上で激しく演出することでその悪へのポテンシャリティーを解消する贖罪の儀式でもある。なお，本書はアリストテレスのカタルシス論，イエスを贖罪のヤギとして見るキリスト教のミサの伝統（その文化人類学的解釈），T. S. エリオットの「詩は個人的感情からの逃亡」であり，イメージという「客観的相関物」による客体化であるという詩論，そしてI. A. リチャーズの「美は諸衝動間の均衡である」という審美論と深い関わりをもち，現代英米文学批評の樹立に大きな役割を果たした。

訳者要約

［書誌データ］Kenneth Burke, *The Philosophy of Literary Form: Studies in Symbolic Action*, New York Vintage Books, 1941; rev. ed., 1957（『文学形式の哲学』森常治訳，国文社，1974；改訂版，1983）．

バーク Kenneth Burke (1897-1993)
『動機の文法』＊1945年刊

　普通，動機というとき，フロイトらの精神分析によって開拓された潜在意識による動機づけか，あるいはさまざまな社会的・個人的配慮や状況判断による行動への促しが意味される。しかしながら，バークのいう動機はそのいずれでもなく，言語自体のなかにインプットされている超個人的な動機づけである。たとえば，「面白いから」ことを行う場合があるが，「面白さ」の経験的意味はすでに言語体系のなかで位置づけられている。こうした言語主義には反論もあろうが，反論に使用される当の言語自体が言語体系のなかですでに価値づけられている。たとえば，宗教倫理からの批判にせよ，唯物弁証法からの批判にせよ，それぞれ言語体系内で公的な性格を承認されてきたからこそ反論として有効なのだ。バークの動機論はその説明が真であるか，偽りであるかの問題を故意に回避する。「真」や「偽り」の認知自体が言語の影響の下にあるからである。言語に内在する動機要因を問題にし，言語レベルの下位にあるものには判断停止を行うこの立場は，フッサールの現象学にたいし言語現象学とも呼びうるかもしれない。伝達された動機の真偽が重要なのではなく，人間が自分の行為を他人に説明し，また，他人にある行動をとるよう促すとき，必ず言語（内動機）によってその理由を説明する行為自体が重要なのである。動機の説明には，ペンタッド・5つ組（DNAの四塩基の比喩も可能か）と呼ばれる動機極が使われ，それらは「行為」，「行為者」，「場面」，「媒体」，「意図」である。さらにそれぞれの極の分析を続行するとある時点で対極に出る（たとえば，「行為者」である神は，ある時点で全宇宙，つまり「場面」に変貌する）という逆転現象も観察される。

訳者要約

［書誌データ］Kenneth Burke, *A Grammar of Motives*, Prentice-Hall, 1945 ［なお Berkeley and Los Angeles: University of California Press 版 (1974) が入手しやすい］（『動機の文法』森常治訳，晶文社，1982）．

パーク Robert E. Park (1864-1944)
『実験室としての都市』*1926-52年刊

パークというと日本では，シカゴ学派都市社会学の創始者としてのイメージがきわめて強い。だがパークが，専門社会学者としてシカゴ大学でポストを得たのは49歳のときであり，それまでに彼は新聞記者，黒人教化事業など多彩な経験を積んでいた。本書は，パークの取り組んだ問題の広がりと深さを示すため，記者により，彼の主要な作品を集めて編まれた論文集である。自らの研究遍歴を綴った「自伝的ノート」のほか，有名な「実験室としての都市」を含む都市研究，日系アメリカ人差別を扱った「仮面の背後にあるもの」などを含む偏見・差別研究，新聞研究などのテーマをカバーしている。

本書に収められた論文から見えてくるパークの基本的関心は，次の一点に収束していく。すなわち，異なる人種や民族，生活様式や宗教によって特徴づけられる2つ以上の「世界」の狭間にあって，両者を同時に生きることを迫られる境界人（マージナル・マン）は，苦難のなかでいかにして自らの生き方を見つけだしていくのか。またその過程で，どのような社会的制度，態度や価値の類型が形成されていくのか。

「人間の移動とマージナル・マン」と題された所収論文でもしばしば言及されているように，こうした問題意識の背後には，パークがドイツで教えを受けたジンメルの影響が色濃く見られる。ただしパークの著作では，境界人の生き方を通じて生み出される普遍的な価値や制度，そしてそれらが保証する社会進化へのゆるぎない信頼感が，絶えず底流として流れていることに注意を要する。

なお，巻末には，2名の訳者それぞれによる解説論文が付されている。

訳者〔町村敬志〕要約

［書誌データ］Robert E. Park, *Human Communities*, Free Press, 他, 1926-52（『実験室としての都市――パーク社会学論文選』町村敬志・好井裕明編訳, 御茶の水書房, 1986).

朴慶植 박경식 (1922-98)
『朝鮮人強制連行の記録』*1965年刊

朴慶植は，本書において，日本による植民地支配の下での朝鮮人強制連行の実態を明らかにすることによって，日本帝国主義が朝鮮人民にたいして犯した残虐性をうきぼりにしている。

まず，丹念な資料収集と当事者からの聞き取りによって，1910年の韓国併合以降，土地や食糧を奪われた朝鮮人が日本への渡航をよぎなくされるに至り，さらに，1939年の「国民徴用令」発布から1945年の日本の敗戦までのあいだに，膨大な人数の朝鮮人が強制連行され，炭鉱などでの苛酷な労務管理下での強制労働に従事させられた実態を詳細に記述している。朴慶植によれば，日本に徴用された者100万人，朝鮮国内での動員450万人，軍人・軍属37万人を数え，このうち，軍人・軍属で復員しなかった者15万人，徴用で死亡した者が最低にみつもっても6万人はいるという。

さらに，朴慶植は，強制連行の体験者からの聞き書きや，朝鮮人が徴用で連行された日本各地の現場を訪ね歩くことをとおして，酷使・飢え・酷寒のなかでの，また，抗議や逃亡への見せしめとしてなされた，数々の虐殺の事例を描きだしている。

朴慶植は「他民族を圧迫する民族は自由ではありえない」と言う。この労作をまとめたのは，朝鮮と日本の友好と連帯を求めるからこそだ，というのである。本来，このような研究は，日本人の研究者によってこそなされるべきであったろう。また，日本政府がどのように釈明しようと，戦後補償がいまだにきちんとなされていないことは，誰の目にも明らかである。その意味でも，本書は歴史的記憶をよびおこすものとして，大きな意義をもっていよう。

福岡安則

［書誌データ］朴慶植『朝鮮人強制連行の記録』未来社, 1965.

ハーグリーブス John Hargreaves (1933-)
『スポーツ・権力・文化』 *1986年刊

統計的実証主義と構造‐機能主義の退潮とともに、1970年代の英国およびフランスを中心とする社会史研究の豊かな成果を生かした新たなスポーツ研究が1980年代に台頭した。それは、従来の社会的中心勢力による支配装置としてのスポーツの一元的・決定論的意味付けを離れ、スポーツを諸階級・集団の理念と利害をめぐる対抗・順応の場としてとらえ、その歴史社会的なダイナミズムを説明しようとするものである。本書はこうした視点から英国における近・現代スポーツの権力作用を分析した代表的な著作の1つである。

本書の中心テーマは、近代における英国ブルジョワ権力の確立にスポーツはどのように関わり、その権力作用をめぐって諸階級・諸集団がどのように対抗・順応したか、現代におけるスポーツと権力作用の結びつきはどのように展開されているかである。そのため本書は、スポーツを相対的自律性を有する文化としてとらえ、支配‐従属関係を構成するその権力作用をヘゲモニー論を用いて分析する。つまり、スポーツが民衆文化のエネルギーを諸階級・集団の社会的分割を促進することによってどのように制御し、彼らの社会秩序への自発的同意を確立する過程でいかに有効に作用したかを示そうとする。本書の前半は産業革命期から第2次大戦期までの歴史的分析であり、ブルジョワ・モデルの確立と労働者階級再編成の過程が示される。後半は商品化、メディア・スポーツ、身体訓練、国家介入等の視点から、消費文化化する現代スポーツの権力作用を階級に加えて性、人種・民族等の分割と関わらせて分析する。ポピュラーカルチャー分析が重要となっている現在、本書はスポーツ研究でのその先駆的な業績である。

訳者（佐伯聰夫）要約

[書誌データ] John Hargreaves, *Sport, Power and Culture*, Polity Press, 1986（『スポーツ・権力・文化』佐伯聰夫・阿部生雄訳, 不昧堂, 1993).

橋川文三 (1922-83)
『ナショナリズム』 *1968年刊

ナショナリズムの理念および、日本のネーション形成の過程について、考察した書。

序章では、ナショナリズムは、「何でないか」を示すことで概念規定されている。即ち、見たこともない町・村を包含する祖国は抽象的実体であり、これを愛するナショナリズムは、パトリオティズムやトライバリズムとは区別されなくてはならない、とされるのだ。こうしたナショナリズムの源流は、ルソーの一般意志の思想に求められる。

本文を成す2つの章で、日本におけるネーション形成の端緒となった時期が主題化される。第一章は、幕末・維新期の西欧（黒船）の衝撃への反応形態を、社会階層ごとに分析していく。まず封建的支配層の攘夷論は、封建的身分秩序の維持を眼目とするものであり、平等な共同体としてのネーションの探求には直接つながらなかった、とされる。だが同時に、吉田松陰を例にとって、封建的忠誠心は、徹底されたときに、逆説的に封建体制を否定する心情に繋がりうる、との見解も示される。中間層は、生産者たる民衆を尊厳化している点で、支配層とは異なる。だが中間層の教義的基礎となった国学は、社会変革の政治論を与えはしなかった。一般民衆に関しては、慶応4年の隠岐コンミューンを論じ、これが自由と平等を原則とするネーションの純粋培養形態であった、とする。しかし、類似のコンミューンが各所に現れたわけではなかった。第二章では、維新政府の政策とそれに対する人々の反応が分析される。重要な論点のひとつは、民衆の国民化が家族の権威主義的再編成を媒介にしてなされたという指摘である。

本来、少なくとも明治20年代までは分析する予定だったと思われるが、実際には、自由民権運動を論じたところまでで終わっている。本書はこのように未完の試みだが、随所に興味深い洞見が示されてもいる。

大澤真幸

[書誌データ] 橋川文三『ナショナリズム』紀伊國屋書店, 1968.

橋川文三 (1922-83)
『昭和ナショナリズムの諸相』 *1994年刊

　昭和期における日本のナショナリズム（超国家主義）が，明治以来の伝統的なナショナリズムとは区別され，また西欧におけるファシズムとも異質な特徴をもっていたことを鋭敏な視点から明らかにした橋川の論文集。

　戦前までのナショナリズムを明治から大正・昭和に至るまで一貫した連続性をもつものとしてとらえる丸山真男に代表される「日本ファシズム」研究に対して，橋川は違和感を表明し，そうした認識は昭和ナショナリズムの特質をとらえそこねていると批判する。橋川によれば，昭和ナショナリズムは，「人間らしく生きること」を希求していた点で日本の平等思想・個人主義と共通する心性をもっていたのであり，明治以来の政府・地主・資本家・政党などの特権層からなる伝統的国家体制を変革する衝動を秘めた一種の「革命」運動であった，という。

　したがって，身分意識を母体とした旧士族・豪農層的明治ナショナリズムから下層中産階級型の大正・昭和ナショナリズムへと，近代日本のナショナリズムは非連続的シフトが行なわれたということになる。こうした大正・昭和ナショナリストは，和田久太郎らのアナキストや倉田百三らの求道者たちと同じタイプの青年たちだったと橋川はいう。そして，最終的には，権藤成卿や石原莞爾の東亜連盟論の検討を通して，昭和の超国家主義には，現実の国家を超える視点があったという破天荒の結論が導かれる。

　昭和ナショナリズムにおけるネイティヴな要素と大衆社会的問題とを等しく抉り出したものとして本書は戦後日本社会科学の生み出した日本ナショナリズム研究の最高の成果といえよう。

筒井清忠

[書誌データ] 橋川文三『昭和ナショナリズムの諸相』筒井清忠編・解説，名古屋大学出版会，1994.

橋爪大三郎 (1948-)
『言語ゲームと社会理論』 *1985年刊

　20世紀の哲学者L．ヴィトゲンシュタインの，言語ゲーム (language game) の思想を要約し，それを基礎に社会理論を組み立てた論考。続編の『仏教の言説戦略』(1986) はその構想をさらに発展させている。

　全体は3章からなる。第1章は『論理哲学論考』『哲学探究』ほかを参照しつつ，初期／後期のヴィトゲンシュタインを対照し，言語ゲームがどのように画期的なアイデアかが紹介される。すなわち言語ゲームは，ルールに従った人間のあらゆるふるまいのことであり，社会はそれによって成立していると考えられる。第2章は，英国の法理学者H．L．A．ハートの『法の概念』(1961) を，言語ゲームのモデルにより再構成する。ハートは，法を「一次ルールと二次ルールの結合」と定義したが，これはそれに対応する言語ゲームの結合と解釈できる。第3章は，N．ルーマンの『法社会学』を批判的に検討する。ルーマンは規範的予期から法規範が導かれると考えたが，論理に飛躍があり，予期によって法を基礎づけることはできない。

　本書の要点は，言語ゲームに関する次のような主張にある。(1)言語ゲームとルールは1対1に対応する。(2)ルールの記述は，もとの言語ゲームと異なる言語ゲーム（論理学）である。(3)ルールへの言及による結合のほかにも，さまざまなかたちで言語ゲームは複合する可能性がある。(4)社会は，言語ゲームの複合の総体として記述できる。これに対して，ルールが一義的に存在するか，言語ゲームと対応するかという疑問・批判が寄せられ，論争が継続している。

著者要約

[書誌データ] 橋爪大三郎『言語ゲームと社会理論——ヴィトゲンシュタイン・ハート・ルーマン』勁草書房，1985.

■バシュラール Gaston Bachelard (1884-1962)
『新しい科学的精神』*1934年刊

　本書は40代に遅まきな学問的経歴を始めたバシュラールが，約10年間にわたり，自国のフランス科学認識論の伝統を受け継いで科学論を書いていた時期の一応の頂点をなす著作である。彼の科学論のなかでは最も大きな大衆的成功を勝ちえた著作でもある。まずバシュラールは比較的抽象度の高い哲学的序論からその記述を始める。哲学的には背反する合理論も実在論も，まさにその極端さによって自壊する性向をそもそもその議論の立て方のなかに潜ませたものであることが確認される。実際の科学的作業においてはその両者をともに考慮に入れざるをえない。ただしこれは平凡な折衷主義ではない。より綿密に読みとけばその両方ともに等しい価値が認められているのではなく，合理論の方に重心がおかれていることは明らかである。しかもその際科学的合理性の代表格としての数理的認識や論理的認識自体よりも，その数理的認識に基づいて物を実現すること，つまり合理的工学性のなかに枢軸的な重要性が認知される。数理に基づいて作ること。技術的な活動がもつ哲学的意味という，かなり特殊な問題系がここでさりげなく提示されている。その後，各論においては具体的な科学史的事例に基づき，非ユークリッド幾何学，相対性理論，量子力学などが検討される。相対性理論における質量や同時性などの基底概念の意味の変化，量子論における数理的位相の重要性などが次々に確認される。そして最終章では非デカルト的認識論という挑発的な総題の下に，デカルトが開陳していた厳密知への到達のための一連の処方が既に失効していることが確認されている。
　　　　　　　　　　　　　　　　　金森　修

［書誌データ］ Gaston Bachelard, Le nouvel esprit scientifique, P. U. F., 1934（『新しい科学的精神』関根克彦訳，中央公論社，1976）．

■バシュラール Gaston Bachelard (1884-1962)
『空間の詩学』*1957年刊

　バシュラールは40代から50代半ばにかけて相対性理論や量子力学など同時代の科学理論に鋭敏に反応した科学論をものした後，50代終盤から約10年間，いわゆる物質的想像力論に基づく一連の詩論を発表する。それによって多くの一般読者を獲得する。その後60代後半に再び3冊の科学論を書いた後，ソルボンヌ大学を70歳で引退する。この『空間の詩学』は引退後の彼が最初に公刊した著作であり，しかもその後死に至るまで基本的に続けられるいわゆる現象学的転回の嚆矢をなす，重要文献である。それは科学論から詩論へと基本的には流れてきた自らのそれまでの経歴をさらに超克しようとする意欲的なものだった。その序論で，現象学的転回の骨子が宣言されている。詩論ではいまだに残存していた客観主義的残滓を抜き去り，詩的イメージに現在的に密着して味読し尽くすこと。それは詩的イメージと読書体験との同時的生成をもたらす特殊な存在論にもなっていた。だがその理論的提示はあまりに簡略にすぎ，またそれまでの彼の経歴をほとんど破壊するほどの方向転回であるわりには，理論的肉付けが乏しすぎるので，反省的視点からみたときそれが成功しているとは必ずしも言いがたい。ただし伝統的にわが国の文芸評論家たちには高い評価を与えられたという事実はある。むしろ本書の利点はその序論よりも，本文で提示される空間をめぐる具体的イメージの分析の妙にあるといった方がいいように思える。それは家屋，地下室，巣，小箱，片隅，貝殻などを含む広義の空間に関する心理的かつ哲学的分析である。その手並みは鮮やかの一言に尽きる。
　　　　　　　　　　　　　　　　　金森　修

［書誌データ］ Gaston Bachelard, La poétique de l'espace, P. U. F., 1957（『空間の詩学』岩村行雄訳，思潮社，1969）．

パスカル Blaise Pascal (1623-62)
『パンセ』*1670年刊

　本書はパスカルが生前に書きためていたキリスト教弁証論の作成のための覚え書きを集めたもので、『パンセ』という表題はその原稿が発表されたときつけられた名前である。市販の初版は1670年に出されたポール・ロワイヤル版と呼ばれるもので、19世紀前半頃まで『パンセ』はこの版を基本としていた。だが、原本および写本2種がパリの国立図書館に残っており、それとの照合で新しい版が相次ぎ、1897年にブランシュヴィック版が出て、その後のスタンダードになったのである。

　本書はルネサンスと宗教戦争を経て、フランス古典主義が隆盛に向かう過程で、ポール・ロワイヤル運動の強い影響を受けながら書かれ、長短合わせて900を超える断章からなっている。デカルトの方法に見られるように、理性と信仰の分離へと動く合理主義の揺籃時代に育ち、幾何学や科学に通じたパスカルだが、キリスト者としての回心を経験し、人間の宗教的な真理の探求という観点から本書の執筆が重ねられた。そこには現実に生きる人間の姿を見きわめ、その精緻な観察を通じてオネットム（正直な人）を評価し、善と悪、生の目標、人間としての普遍的なあり方を考察する態度が一貫しており、ヴォルテールやヴァレリーらの思索にも深い影響を与えた。

　本書は人間性についての断片的な記述の集積のように見えるが、人間の精神を自然あるいは物質との関係や、宗教的な真理との関係ないし愛の秩序から考察することにより人間性の全体的な条件を描き出している。パスカルは自然の秩序や真理あるいは物質的な幸福の秩序よりもさらに重要なものとして、人間の惨めさとの相関で見えてくる愛の秩序としてのキリストの教えとその基礎を聖書を通じて考察していくが、その考察は人間の存在の全体性を覆うものとなっている。　　内田隆三

［書誌データ］ Blaise Pascal, Pensées, 1st ed., 1670（前田陽一・由木康訳『パンセ』『世界の名著』29, 中央公論社, 1978）.

蓮見音彦 (はすみ おとひこ)(1933-)
『現代農村の社会理論』*1970年刊

　1960年代の日本農村社会の変動を前にして、新しい農村社会学の課題と体系を提示した。零細な家族経営による日本農業は、資本主義経済の下できびしい矛盾に直面している。その矛盾には基本的に、資本主義社会における農業・農村の問題と、先進諸国におくれて資本主義化をすすめ、いまや高度な資本主義の段階にある我が国に特殊的な農業・農村問題との2つがあり、これらの矛盾の克服を通じて、農村社会の変革と農民の幸福の実現をはかることに、農村社会学の究極の課題がある。

　この課題の下に農村社会学の体系を、農民生活の矛盾を解明する階級構造論、矛盾の顕在化を妨げることも、また農民の主体的行動の組織ともなる農民をめぐる社会関係・社会集団の体系としての農村の諸集団や支配の問題を考察する社会集団論・支配構造論、農民における階級意識の形成と主体的運動について考察する農民意識論・農民運動論としてまとめ、それぞれに農村の実情をふまえて理論的に整理した。

　このうち、階級構造については、今日の農民は、前資本制的な自給農民としての特質を持ちつつ、資本主義体制における旧中間層として没落化の過程を辿っているが、こうした階級構造の分析には、階級分析に適用できる生活構造の概念を工夫して農家生活の詳細な分析を行う必要があることを指摘している。

　集団構造については、個々の経営の自立性の弱さを基盤に、土地の私的所有と共同所有の併存として、村落共同体が維持されているが、社会学的研究にとっては、土地の共同所有の組織としての共同体とともに、多くの共同組織が、共同体の存在に基づいて潤色されて「みせかけの共同体」ともいうべき状況を生んでいることも考察の対象とする必要のあることを指摘している。　　著者要約

［書誌データ］ 蓮見音彦『現代農村の社会理論』時潮社, 1970.

蓮實重彦 (はすみしげひこ) (1936-)
『凡庸な芸術家の肖像』 *1988年刊

 生前には時代を代表する芸術家として知られながら、現在では「フローベールの才能を欠いた友人」という程度にしか知られてないマクシム・デュ・カン (1822-94)。この芸術家の生涯を膨大な資料を用いて描いた長編評伝であると同時に、当時のフランスにおける芸術・権力・テクノロジー・都市・社会意識などをも、デュ・カンの人生に重ねて描き出した「社会史」とも言える書物。

 鉄道や機械を題材とした詩集『現代の歌』を出版し、写真家になり、小説を書き、『両世界評論』の編集発行人として「ボヴァリー夫人」が世に出る手助けをし、全5巻からなる都市論の書物によってアカデミー・フランセーズの会員となったデュ・カンは、相対的な聡明さのゆえに時代の気分や流行をいち早く摑み、それゆえに結局はきわめて典型的な近代の「芸術家」や「知識人」の振る舞いを凡庸に演じてしまった人物であるという点で、たとえばその「愚鈍さ」によって傑出した作家となった友人フローベール以上に、近代という時代における人間や知識人、芸術家のあり方を典型的に示しており、また「近代」という時代の精神を体現しているというのが、本書を貫く視点である。こうした視点の下、芸術・文学・写真・都市・権力・狂気・大衆等、さまざまな主題や題材をめぐって繰り返されるデュ・カンの凡庸な振る舞いが、第2帝政期のパリという「19世紀の首都」を主たる背景として分析され、当時の社会とその精神の相貌が描かれてゆく。それはマクシムという凡庸な芸術家と彼が生きた特定の時代の物語であると同時に、依然として近代という社会を生きる私たちとその社会の物語でもある。

若林幹夫

[書誌データ] 蓮實重彦『凡庸な芸術家の肖像―マクシム・デュ・カン論』青土社, 1988 (ちくま学芸文庫, 上・下, 1995).

パーソンズ Talcott Parsons (1902-79), スメルサー Neil Joseph Smelser (1930-)
『経済と社会』 *1956年刊

 パーソンズは、主著『社会システム』において、社会システムの「均衡」理論を展開したが、このパーソンズの均衡概念は、ミクロ経済学の一般均衡の概念とどう関連しているかが問題であった。私はその解明を期待して本書を翻訳した。

 実際には、本書に出てくる経済学は主としてマーシャルとシュンペーターとケインズに限られ、この期待は満たされなかった。しかし社会学者であるパーソンズが経済学の内部に切り込んで、これをパーソンズ自身のタームによって定式化しなおそうと努力したことは、評価されるべきである。

 本書がパーソンズの著作系列中においてもつ何よりの意義はAGIL図式を縦横に駆使して社会システム分析を展開したということにある。本書の中心テーマは、経済を広義の社会システムの4セクター中のA部門に位置づけ、AGIL相互間、および経済より上位のシステム、ならびにより下位のサブシステムとのあいだの相互依存関係を、「境界相互交換」のタームによって分析することであった。これは、それまで誰もやらなかったユニークな分析であり、それを可能にしたのはAGIL図式であったといえよう。ただ本書の分析がどこまで行ってもAGIL図式ばかりなのは、図式主義に過ぎるという面もある。

 私が本書を訳したのは、後年のウェーバー『経済と社会』第1部第2章の翻訳と並んで、経済社会学に関心があったからで、パーソンズを日本に紹介するということは目的ではなかったが、本書は日本において、パーソンズの著作の翻訳における第1号となった。

訳者要約

[書誌データ] Talcott Parsons and Neil J. Smelser, *Economy and Society: a study in the integration of economic and society theory*, Routledge & Kegan Paul, 1956 (『経済と社会』I・II, 富永健一訳, 岩波書店, 1958-59).

パーソンズ Talcott Parsons (1902-79), ベールズ Robert Freed Bales (1916-2004) 他
『核家族と子どもの社会化』
(合本『家族』) *1956年刊

1950年代パーソンズ理論の主流をなしたパラダイムを核家族にあてはめ，社会化と相互作用を分析したもの。ベールズが小集団研究で見出した，しごとの遂行に共通するパターン，AGILを社会化プロセスに当てはめている。A (adaptation) 適応とは集団が外界との調整をはかるパターン，G (goal-attainment) 目標達成は集団が目標を達成しようとするパターン，I (integration) 統合とは集団内の統合維持におけるパターン，L (latency) 潜在性では活動は一見休止しているが，メンバー相互の緊張緩和がはかられている。パーソンズはこれら行為パターンの順序を逆にして時系列的な位相 (phase) と見，LIGAという各位相を経ながら社会化が進行するとした。L位相では乳児と母親は一体化する。I位相では子の態度は親への愛着であり，親はようやく自立的になり始めた子の行為を支持する。ここに子と親との分化（それぞれが役割をもつものとして）が始まる。G位相はおおむね児童期で，家族メンバーはそれぞれ役割を取得して独立し相互の密着融合は否定され始める。A位相は青年・成人期にあたるが，(性的)成熟は次第に完成し，父＝夫，母＝妻，息子＝兄・弟，娘＝姉・妹の役割は，家族内およびより上位の体系のなかで，力とリーダーシップとの関係でさらに複雑に分化する。このさい主要な準拠枠となるのは，いかなる集団にも認められる役割分化，道具的 (instrumental) リーダーと表出的 (expressive) リーダーへの分化であり，前者は父＝夫，後者は母＝妻がそれにあたる。(本書では別の主要なカテゴリーとして，パターン変数 (pattern variables) も用いられている。 訳者（橋爪貞雄）要約

[書誌データ] T. Parsons, R. F. Bales and Others, *Family: Socialization and Interaction Process*, RKP, 1956（『核家族と子どもの社会化』橋爪貞雄他訳，上・下，黎明書房，1970-71；合本『家族』1981）.

バタイユ Georges Bataille (1897-1962)
『至高性，呪われた部分Ⅲ』*主に1953-54年に執筆。没後全集版で刊行。

供犠，祝祭における消尽，純粋な贈与，（禁止＝法の）侵犯，エロティシズム的欲望などは，人間において「なにかを獲得・所有しよう」と目指している部分に対抗する至高な部分の表れにほかならない。しかし原初の供犠＝祝祭はやがて豊饒の祈願を目指した，なんらかの神性に捧げられる宗教儀礼であると制度化されていく。留保のない消尽ではなく，太初にあったそういう純粋な贈与を繰り返し模倣する「虚構の」儀礼であるとみなされ，聖なる時間が終われば，俗なる時間が再開し，循環すると位置づけられる。純粋な聖なるものの次元，主観とその対象との区別が破られ，両義的な連続性を生きる次元は，制限される。並行して，至高であろうとする願望も，神々への信仰として固定される。さらには神の子孫であり，神性（連続性）と人性（対象性）を併せ持つ神聖な王，至高な王への信仰，愛として制度づけられる。こういう王権はどんな地域でも発生した普遍的なものであり，国家の原初的形態である。バタイユは国家の批判の一環として，至高な王を頭部に戴く共同体の心的構造を探り，その無自覚なメカニズムを抉り出す。至高であるかのごとき王への信仰とは，一種の〈対象〉として，客観的に認識しうる性格をおびて出現した至高性というパラドックスである。至高性はけっして対象にはなりえないにもかかわらず，人間はほぼ不可避的にそこに対象性を求めてしまう。たとえ君主制が廃棄されても，こういうメカニズムは民族国家のような共同体において，意識されないまま作動している。後半部では，スターリン主義下のソ連社会が，一方で国家，党，主導者という擬い物の至高性に大衆を服させつつ，他方で個々の人間を完全に生産する者，すなわち有用性という価値へと還元してしまう点を分析している。 訳者（湯浅博雄）要約

[書誌データ] Georges Bataille, *La Souveraineté*, Œuvres complètes de Bataille, tome VIII, Gallimard, 1976（『至高性』湯浅博雄・中地義和・酒井健訳, 人文書院, 1990).

▶**バダンテール** Elisabeth Badinter (1944-)
『**プラス・ラブ**』*1980年刊

　母性愛を超歴史的・普遍的なものとする根強い見方に異議を唱え，母性愛は近代になってうみだされた神話である，というテーゼを提出した研究。

　アリエス，ショーターらの歴史社会学の成果をふまえ，過去4世紀にわたるフランス女性の母親としての意識と行動が豊富な史料の検討を通じてたどられる。

　子どもを手元に置かず里子に出す習慣は，17世紀のブルジョワジーの間にまず広まり，18世紀の都市部では広汎な階級に浸透した。1780年には，パリで1年間に産まれた2万1千人の子どものうち，母親の手で育てられたのは千人に過ぎなかったことが確認されている。里子の受け入れ状態は総じて劣悪で，里子に出された子どもの死亡率は高かった。このような状況で，経済的には自分で子育てをすることが可能であった富裕な階層の母親たちまでもが子どもを里子に出していた事実は，子どもに対する無関心によってしか説明できないと著者は指摘する。

　こうした母親のイメージに根本的な変化が見られるようになったのは18世紀末であった。ルソーをはじめとする思想家や医師らによって，母乳での子育てが称賛され，母親の子どもへの献身的で自己犠牲的な愛が本能として神秘化されるようになる。そして，子どもの生存と幸福の責任者として，女性の領域は家庭に限定されていった。

　哲学者の著者は，母親の態度の歴史的な変遷を論拠に，母性愛は歴史の産物であり，偶発的な感情の1つにすぎないことを主張する。

　母性愛の観念がその特徴的な要素の1つと考えられる「近代家族」の研究において，ひろく参照されている文献。　　　　　石井素子

[書誌データ] Elisabeth Badinter, *L'amour en plus: histoire de l'amour maternel, XVIIe-XXe siècle*, Flammarion, 1980（『プラス・ラブ―母性本能という神話の終焉』鈴木晶訳，サンリオ，1981；『母性という神話』同訳者，筑摩書房，1991）.

▶**バッハオーフェン**
Johann Jacob Bachofen (1815-87)
『**母権論**』*1861年刊

　本書は，歴史法学の流れを汲む，正統的なローマ法学者にして，バーゼル控訴裁判所の判事であったバッハオーフェンによって執筆された，サヴィニー以来の19世紀ロマニスティクの学問的到達点を示す画期的な業績である。著者の死後，ユング，ヘッセ，ベンヤミン等に強い影響を与え，あるいは初期にエンゲルスが『家族・私有財産・国家の起源』で取り上げたために，「現代思想」の分野でジャーナリスティックな捕え方をされてしまっているが，実は，古代のギリシア，インド，中央アジアに関する膨大な資料を渉猟したアカデミックな研究書である。当然のことながら，原書には，古典語文献が多数引用されており，全体を読み切ることには多大の困難を伴う。ただし，幸いにも，西洋法制史研究者と西洋古典文献学者の共同の成果として，信頼できる邦訳が存在している。なお，著者には，『母権論』以外にも『古代墳墓の象徴的装飾について』，『タナクィル伝承』，『西洋と東洋の神話』等の優れた研究がある。

　本書は，大著であるがゆえに，全体の紹介はここではできないが，その副題が「古代世界の女性支配に関する研究―その宗教的および法的研究」とされていることからも明らかなように，父権制以前の母権制の存在を宗教と法の見地から説いたものである。ヘロドトス，ホメロス，アイスキュロス，エウリピデスなどの文献に現われる神話伝承を歴史叙述として読み替え，アーブロディティー女神の自由な性交渉から，大地母神ディーマニメーテールに象徴される母権制，アポローン男神に象徴される父権制への歴史的転換を説いている。

　神話学，社会学，法学，民族学，女性学，家族史，精神分析学，等々の分野の必読古典である。　　　　監訳者（河上倫逸）要約

[書誌データ] Johann Jacob Bachofen, *Das Mutter Recht*, 1. Aufl., 1861, 2. Aufl., 1897（『母権論』全3巻，岡田信男・河上倫逸監訳，みすず書房，1991-95）.

ハート
Herbert Lionel Adolphus Hart (1907-92)
『法の概念』 *1961年刊

現代英米法をリードするイギリスの法理学者ハートの代表作。法理学（jurisprudence）は法律の専門家を対象に，法とは何かを哲学的・道徳的基礎にもとづいて教育する，実際的な学問である。

本書は全部で10章からなるが，内容からみて3つの部分に大別される。第1に，法が外的強制により生まれるとした法学者J．オースティンの学説を批判する部分。第2に，法を「一次ルールと二次ルールの結合」であると定式化する部分。第3に，法と道徳とが重なりながらどう異なるかを解明する部分。以上のように本書は，慣習法に立脚する英米法の立場から，法規範のあり方についてのもっとも原理的で一貫した考察を展開している。

ハートによれば，人びとは自発的にルールに従う能力をそなえている。そうしたルールのうち，責務を課すルールを一次ルールとして発展した二次ルール（承認のルール，裁定のルール，変更のルール）が，いわゆる法であるという。この定式は難解と考えられてきたが，橋爪の『言語ゲームと社会理論』は，これをヴィトゲンシュタインの言語ゲームのアイデアにもとづいて整合的に解釈した。また，言語哲学者J．L．オースティンのハートに対する影響を重視する見方もある。

ハートは，権威や正統性とは何か，法はなにゆえに従われるのか，悪法も法であるか，道徳は法を基礎づけるか，といった基本的な問題に解答を与えた。また本書は，ドゥウォーキン，カドーゾら多くの法学者，哲学者によって批判的な検討の対象となり，20世紀法学の発展のひとつの源となった。　橋爪大三郎

［書誌データ］ H. L. A. Hart, *The Concept of Law*, Clarendon Press, 1961（『法の概念』矢崎光圀監訳，みすず書房，1976）．

花崎皋平 (はなざきこうへい) (1931-)
『アイデンティティと共生の哲学』 *1993年刊

1989年に，アジア太平洋地域の多様な民衆運動体と日本の民衆運動グループが共催して「ピープルズ・プラン21世紀・国際民衆行事」という会議，シンポジウム，祭りなどのイベントが開催され，「水俣宣言」という文書が採択された。その宣言の起草に加わった著者が，そこに盛られた思想を掘り下げ，20世紀末の世界構造とそれをささえる価値理念である「国民国家システム」，「民主主義」，「人権の普遍主義」，「近代化と開発」など既成の価値を問い直し，ジェンダー，エスニシティ，文化などの差異を活かす視点から，ピープルとしての生き方，共生の倫理について論じている。端緒的理念は，国境による分断を越えて民衆が出会い，1つの共通の次元を開く民衆自治の民主主義として立てられ，その担い手の質として「ピープル」として生きるという要請が掲げられた。その理念と要請は，これまでの普遍主義が持つ西欧・男性中心主義への批判に耐える質を獲得する必要がある。その意味で，アイヌ民族との共生を実践的な軸とした先住民族の復権運動の主張，日本のウーマンリブの運動が持っていた思想の創造性とその後のジェンダー論の理論的検討に力を注いだ。また，日本列島の周辺部各地で闘われた「反開発」住民闘争において表明されたオルタナティブな価値観を取り上げ，それら1970年代初頭からの社会思想を結ぶ理論構築を試みた。「反差別」の論理と倫理では，差異あるものの間の共生への「内発的義務」の着想を紹介し，それを基礎づける人間存在の把握として「傷つきやすさ」を重視すべきことを説いた。結論として，「ピープルになる」とは，私と他者との関係がつねに加害と受苦の関係や構造になりうることに敏感になり，「共に生きる」関係をめざすことだとのべている。　著者要約

［書誌データ］ 花崎皋平『アイデンティティと共生の哲学』筑摩書房，1993．

バーナード
Chester Irving Barnard (1886-1961)
『新訳 経営者の役割』 *1938年刊

バーナード自身の経営者としての経験を,有機体システム論を基礎に,人間論,協働論,公式組織論,管理論と,体系的かつ包括的に概念化した組織理論の代表的古典.

人間は,物的,生物的,(意味への応答など)社会的な制約要因を統合して純粋な能動性としての活動(activity)の領域を形成し,動機,自由意志および目的の形成を媒介に活動を具体的な行動へと外化することを通じて,制約と自由を統合し,自己統合を遂げる.

制約を克服し目的を達成するために協働が生じ,個人の統合はそのなかで進行する.具体的協働状況全体を表わす協働システムも,物的,生物的,(目的や動機の満足など意味に媒介される)個人的・社会的制約要因が,活動の領域によって統合され成立する.この領域が,2人以上の人々の意識的に調整された諸活動のシステムとしての公式組織に他ならず,目的,貢献意欲,コミュニケーションの3要素の形成により成立する.

社会的要因,すなわち意味を媒介に,公式組織が個人に働きかけ個人がそれに応答する過程を通じて,協働システムの統合と個人の統合が複合的に進行する.バーナードの主題である協働と個人の同時発展のためには,適切な共通目的の達成(有効性)と貢献意欲の継続に足る満足の分配(能率)が実現されねばならず,究極的には個人準則と組織準則とが一致しているという確信を与え協働へと活動を供給させる組織道徳,すなわち組織の意味の創造こそが最高の管理責任となる.

この構図のなかで,今日の組織理論の基礎概念の多くが位置づけられ,複合システムの統合や自己組織性など,きわめて現代的な問題が論じられているのである.

奥山敏雄

[書誌データ] Chester I. Barnard, *The Functions of the Executive*, Harvard University Press, 1938 (『経営者の役割』田杉競監訳,ダイヤモンド社,1956;『新訳 経営者の役割』山本安次郎・田杉競・飯野春樹訳,ダイヤモンド社,1968).

バナール John Desmond Bernal (1901-71)
『科学の社会的機能』 *1939年刊

科学は人類の生活に進歩をもたらすものであるという素朴な考えは斥けられねばならない.第1次世界大戦は科学が破壊的な役割をも果たすことを強く印象づけ,ファシズムの台頭によって科学は政治体制と無関係なわけではないことも認識されるようになったからである.こうした認識に基づいて書かれた本書は,さまざまな社会的・経済的状況と科学がどのように関連しているのかを分析している.

まず第1部「科学の現状」では,科学の歴史から説き起こし,研究組織,教育,研究開発体制の構造,科学の応用,科学と戦争などさまざまな側面から科学者の実像に迫っている.さらに第2部「科学の可能性」では,現状分析を踏まえつつ,科学の計画化を提起し,人類の福祉に奉仕する科学のあり方を模索している.

本書で提起された科学の計画化は,後に論争を引き起こすことになる問題であったが,マルクス主義者であるバナールは,中央集権的な社会主義体制下での科学の計画化を理想視しており,時代的制約を感じさせる.

科学者の社会的責任を問うた本書は,民主主義を追求する戦後日本の科学者運動にとってバイブル的書物となった.科学と社会の関係を広範に扱っていて,現代にも通じる論点が多くちりばめられている本書は,科学を社会的文脈のもとで考察するべき科学社会学にとって,古典のひとつとして挙げられる一冊である.

柿原 泰

[書誌データ] John Desmond Bernal, *The Social Function of Science*, George Routledge & Sons, 1939 (『科学の社会的機能』坂田昌一・星野芳郎・龍岡誠訳,創元社,1951;勁草書房,1981).

▍バナール John Desmond Bernal (1901-71)
『歴史における科学』*1954年刊

　1931年の第2回国際科学史学会で，ソ連の代表団が示した唯物史観科学史は，当時の科学史学会にショックを与え，以後J. ニーダム，J. G. クラウザー，S. リリー，S. メイソンなど，イギリスを中心として，一群のマルクス主義科学史の仕事を生んだが，マルクス主義科学者の指導的位置にあったJ. D. バナールがそれらの仕事を集大成した大著が，この著書である。だから，唯物史観ではどう見るか，を尋ねるには恰好の書である。

　科学史の通史といえば，ふつうは近代科学が成立する17世紀までが前半で，その後の半分を近代科学に当てるが，バナールの著ではその比は1対2くらいになる。バナールは物理学者ではあるが，その研究は生物学への広がりを持つものであり，生物学史では当時発見されたばかりのDNAにまで筆をのばしている。その近代科学には社会科学の歴史に「歴史における社会科学」と「第1次大戦後の社会科学」の2章を当て，社会主義社会における科学にかなりの比重を与えているところに特徴がある。

　バナール自身も『19世紀における科学と産業』などを著し，科学が下部構造に根ざすことを証明しようとしたが，20世紀の部分はまだあまり成果も出ていなかったためか，57年と65年と2度も改訂を試みたにもかかわらず，あまり評価されていない。

　日本語では鎮目恭男の訳で，みすず書房から出て，版を重ねた。その最終版では，T. クーンのパラダイム論を支持する注「科学の歴史に対するこの弁証法的見解は，彼自身はマルクス主義的だと自認してはいないが，私の見解と大いに，一致しており，」をつけたので，それがクーン『科学革命の構造』の邦訳の刊行を実現するきっかけになった。

中山　茂

　［書誌データ］John Desmond Bernal, *Science in History*, C. A. Watts & Co., 1954（『歴史における科学』鎮目恭男訳，みすず書房，1966）．

▍ハーバーマス Jürgen Habermas (1929-　)
『イデオロギーとしての技術と学問』
*1968年刊

　ハーバーマスが1960年代から70年代にかけて，いわゆる「コミュニケーション論的転回」と言われる転回を遂げたことは知られていよう。本書は表題と同名の論文をはじめ，「労働と相互行為」「技術の進歩と社会的生活世界」「政治の科学化と世論」「認識と利害」といった60年代の諸論文を集めた小論集であるが，彼の転回の動機と移行過程を示し，前後期それぞれの大著をつなぐものとして重要な意味を持っている。表題とされた第2論文は，1964年のウェーバー生誕100年記念ドイツ社会学会でのマルクーゼの報告，つまりウェーバーの「合理化」概念の二面性を指摘し，技術的合理性の持つイデオロギー的側面と解放的側面との分裂，現代における前者の優越を批判したテーゼを受け継ぎつつ，技術的合理性と質的に異なる新しい合理性の創出は，マルクーゼの言うような人間の主体的（政治的）投企によって一挙に行うことはできないと主張し，コミュニケーション的合理性という新しい考えを示唆している。第1論文は，その理論的準備として，ヘーゲルにおける言語・労働・相互行為の関係を再検討し，他の論文では，労働をキーワードとする従来の理論枠に代わって，「相互行為」モデルによって「生活世界」における民主的討論にもとづく合理性の具体的基盤を模索している。したがって本書は，「脱イデオロギー」の時代と言われ，ともすれば中立的と考えられている科学や技術も，じつはイデオロギー性を持つことを指摘しつつ，さらに，イデオロギーとイデオロギー批判の循環を超える新しい合理性批判の地平を開拓することを目指している。マルクス主義理論の凋落後の新しい理論パラダイムの転換をめざす記念碑と言えよう。

徳永　恂

　［書誌データ］Jürgen Habermas, *Technik und Wissenschaft als 〉Ideologie〈*, Suhrkamp, 1968（『イデオロギーとしての技術と学問』長谷川宏・北原章子訳，紀伊國屋書店，1970）．

ハーバーマス Jürgen Habermas (1929-)
『晩期資本主義における正統化の諸問題』
*1973年刊

ハーバーマスが，シュタルンベルクのマックス・プランク研究所における共同研究，およびルーマンとのシステム理論をめぐる論争を経て，システム理論を大幅に取り入れる形で晩期資本主義（Spätkapitalismus）社会のさまざまな危機傾向を理論的に分析した一書。ここで導入されている「システム」と「生活世界」（Lebenswelt）の概念は，後の『コミュニケイション的行為の理論』において，批判的社会理論の基本的枠組みとして本格的に展開されることになる。

19世紀的な自由主義的資本主義とは区別された晩期資本主義（「組織された資本主義」）においては，国家行政システムが経済システムの矛盾や機能不全を制御すべく，それに対して補償的，代行的に干渉するのだが，そのことによって国家行政システムの側は，矛盾した過剰な制御要請を課せられて「合理性の危機」に見舞われる。賃労働と資本の不均等な交換関係に相変わらず規定されていることによって生ずる経済的な危機傾向は，今度は国家装置に転移されるわけである。そのことはまた，政治システムが大衆の忠誠心を調達する際の「正統化の危機」を招き寄せることになる。また，伝統との自明な絆が絶たれた社会文化的システムの側でも，国家や社会的労働のシステムに対して提供する支持力が低下していく（「動機づけの危機」）。

そうした事態に対して，ハーバーマスは，「理性への党派性」を標榜しつつ，システム相互の制御問題に還元できない，生活世界の側での実践的コミュニケーションによる規範的諸構造の再生産に，あくまで活路を見いだそうとしている。

辰巳伸知

［書誌データ］Jürgen Habermas, *Legitimationsprobleme im Spätkapitalismus*, Suhrkamp Verlag, 1973（『晩期資本主義における正統化の諸問題』岩波現代選書29，細谷貞雄訳，1979）．

ハーバーマス Jürgen Habermas (1929-)，ルーマン Niklas Luhmann (1927-98)
『批判理論と社会システム理論』 *1971年刊

戦後ドイツ社会学における主要な論争書の1つで，批判理論を代表するハーバーマスと社会システム理論を代表するルーマンとの対決をまとめたもの。社会を全体として把握する理論をめざし，社会構造と社会発展を視野に収めつつ，理論と実践の統一を図る，という点では共通しながら，両者は正反対の理論戦略を掲げている。主要な対立点はサイバネティックスの基本概念を社会のシステム理論へ適用することの是非，意味の意味，真理問題，社会進化の問題，それに社会システム理論のイデオロギー性の問題，等，多岐にわたるが，「意味」問題の比重が大きい。社会科学にとって意味が基本概念であることで両者は一致するが，ハーバーマスにとって意味の意味は，相互に承認し合う主体の予期の相互反照性のなかで同一の意義として形成されるところに見出されるのに対し，ルーマンの場合には，「複雑性の縮減」という社会システムがもつ根源的な秩序形成機能との関連から，体験加工の戦略図式として捉えられている。ハーバーマスの場合，意味は，間主観的にではあれ，伝統的に主体によって構成されるものであるのに対し，ルーマンの場合には，主体自身が意味的に構成された自同性として，すでに意味を前提するものとして捉えられている。成員の合意に基づく理性的社会の実現をめざす理論と，そうした試みをも「複雑性の縮減」というより抽象的な準拠枠組の下で捉えようとする理論との対立がここにも現われている。

訳者（山口節郎）要約

［書誌データ］Jürgen Habermas & Niklas Luhmann, *Theorie der Gesellschaft oder Sozialtechnologie: Was leistet die Systemforschung?*, Suhrkamp, 1971（『批判理論と社会システム理論』佐藤嘉一・山口節郎・藤沢賢一郎訳，木鐸社，1984-87）．

▶バブコック Barbara A. Babcock 編
『さかさまの世界』*1978年刊

　文化は、社会組織であれ、慣習的行為であれ、世界観であれ、それ自体が秩序化された形式であるが、同時にさまざまな形でその文化自身を否定する諸要素をもっている。

　本書は一般の文化記述では取上げないこの現象をテーマとし、その意味を考察しようとした論文集である。

　編者バブコックは文化のこの否定的側面を「象徴的逆転」Symbolic inversion と名づけているが、これはあらゆる社会に見られるものである。その「象徴的逆転」は絵画や小説、芸能や儀礼といったさまざまな場面に登場するが、そこでは、権力が逆転して、下僕が主人に命令し、動物が人間狩りをしており、あるいは男が女の格好をし、食や性の制限や禁止が実行され、「はい」と答えるべきときに「いいえ」と言うべき強制が行われたりしている。

　文化は人間に、生きる形式を教えてくれるし、彼の経験を秩序化してくれもする。しかし同時にそれ以外の生き方や経験の秩序化を拒否するという形で人間を束縛することにより、文化は硬直し、その活力を失う危険性をもつ。それを活性化するにはさまざまな面からのその文化への否定がなければならない。人間の専横には動物の力を、男の支配には女の暴力を、しかつめらしい秩序にはカーニヴァル的なものを置く必要があるということである。これによって人間は文化を客観化する余裕をもち、文化自体もまた活力を取り戻す。こうした見解が各論文を通じて示されている。

　本書は文化を、その否定的側面から見ることによって動態的に理解できることを示した点で刺戟的なものである。　訳者（井上兼行）要約

［書誌データ］Barbara A. Babcock(ed.), *The Reversible World: Symbolic Inversion in Art and Society*, 1978（『さかさまの世界——芸能と社会における象徴的逆転』岩崎宗治・井上兼行訳, 岩波書店, 1984）.

▶バフチン
Михаил Михайлович Бахтин (1895-1975)
『マルクス主義と言語哲学』*1929年刊

　本書の第1の特徴は、「イデオロギー学としての記号学」の必要性をいちはやく提唱した点にある。バフチンによれば、芸術、宗教、道徳、日常生活の交通その他のような「すべてのイデオロギー的なるものには意味がそなわって」おり、「記号のないところにはイデオロギーもない」。したがって「イデオロギー学」は「記号学」というかたちをとることになる。

　ただし60年代以降の記号論の多くとは異なりバフチンは、記号が「社会的に組織された人びとのあいだの相互作用の過程でつくられる」ものであってつねに生成状態にあると同時に、そこにはさまざまな社会的アクセントが交差していることを重視している。また、意識も内言という記号であり、その意味で「社会的・イデオロギー的」であるとみなしている。こうした基本的前提にもとづいて本書では、まずは言語の「現実のありようの解明」がめざされており、具体的には、ソシュールに代表される「抽象的客観論」やフォスラーに代表される「個人的主観論」に対する批判と、とりわけ他者の言葉を含んだ種々のタイプの発話（自由間接話法など）の分析が中心を占めている。その際にバフチンが独自の対話の哲学を背景に説いている、社会的交通重視の発話論は、ディスクールとイデオロギーの関係の分析の先駆としても十分に注目に値しよう。なお原著出版当時の著者名はバフチン・サークルの一員であったヴォロシノフとなっているが、今日では事実上バフチンの著作であるとみなす立場が有力である。

訳者要約

［書誌データ］В. Н. Волошинов, *Марксизм и философия языка: Основные проблемы социологического метода в науке о языке*, Ленинград, 1929（『マルクス主義と言語哲学——言語学における社会学的方法の基本的問題［改訳版］』桑野隆訳, 未来社, 1989）.

バフチン
Михаил Михайлович Бахтин (1895-1975)
『ドストエフスキーの詩学』 *1963年刊

『ドストエフスキーの創作の諸問題』(1929)の増補改訂版である本書は，その2大コンセプトともいえる「ポリフォニー」と「カーニヴァル」でもって大いに関心を集める一方，ドストエフスキー解釈の妥当性をめぐっても活発な論議を呼んだ。

ポリフォニー論のほうは，すでに29年版で展開されていたものであるが，その眼目は，よく言われるような「多声性」とか「テクスト相互関連性」にはなく，作者と主人公が対等な立場で対話を交わしている点にある。このことは作者が受動的であることを意味するわけではなく，ポリフォニー論の根底には，論争や対話を不要としたり許さない相対主義や教条主義，これらいずれのモノローグとも異なるバフチン特有の対話的能動性がある。他方，カーニヴァル論を展開している第4章は増補改訂にあたって新たに追加されたものであるが，ここでは，ドストエフスキーの小説はジャンルとしての源泉を「カーニヴァル文学」に有するとの論が展開されている。ここでいうカーニヴァル文学とは，民衆の笑いの文化がもつカーニヴァル的諸形式を文学に移調したものを指している。こうした「文学のカーニヴァル化」の基本的機能は文化的意味の原初的両義性を復活させ，人為的なモノローグ的障壁を破壊することにあるとされている。

このようにバフチンは，カーニヴァル論を追加することによって，ドストエフスキーの小説世界の非完結性は永遠に未完の存在である人間を描こうとする作者の能動的な姿勢とむすびついているという持論に，いっそうの説得力をもたせようとした。

桑野 隆

[書誌データ] Михаил Михайлович Бахтин, *Проблемы поэтики Достоевского*, Москва, 1963（『ドストエフスキーの詩学』望月哲男・鈴木淳一訳，ちくま学芸文庫，1995）．

バフチン
Михаил Михайлович Бахтин (1895-1975)
『フランソワ・ラブレーの作品と中世・ルネッサンスの民衆文化』 *1965年刊

本書で展開されているカーニヴァル論や民衆の笑い論が，文学研究のみならず歴史学，民俗学，文化人類学，社会学その他に大きな影響を与えたことは広く知られるところであるが，じつは本書は，すでに30年代初頭より書きはじめられ40年には学位請求論文「リアリズム史上におけるラブレー」として提出されていたものであった。このため，時代状況からして『ラブレー論』をスターリニズムと関係づける者も少なくない。

本書においてバフチンは，文学に対する「近代化解釈」の狭隘さを批判すると同時に，公式文化と非公式文化（民衆文化）の区別の必要性，さらには後者の豊穣さを強調している。それによれば，たとえば民衆文化特有の笑いは，近代の風刺の笑いのように個人を嘲笑するのではなく，皆がともに笑い笑われることによって世界そのものを滑稽な姿にする。また，「物質的・身体的原理」を社会や宇宙と不可分のものとして肯定的にとらえる「民衆的リアリズム」は，異様な組み合わせでもって別の世界，別の生き方の可能性を示す。こうした笑いやグロテスクに満ちあふれたカーニヴァルは，「公式の祝祭に対立しつつ……あらゆる恒久化，完成，終結に敵対していた」。

「陽気な相対性」のなかで生まれる「人と人との相互関係の新しいあり方」を説いた本書は，その際に駆使されている該博な知識と動的な記号論的アプローチも相俟って，近代の文化観の一面性を衝いた名著となっている。

桑野 隆

[書誌データ] Михаил Михайлович Бахтин, *Творчество Франсуа Рабле и народная культура средневековья и Ренессанса*, Москва, 1965（『フランソワ・ラブレーの作品と中世・ルネッサンスの民衆文化』川端香男里訳，せりか書房，1974）．

濱口惠俊 (はまぐち えしゅん) (1931-2008)
『「日本らしさ」の再発見』*1977年刊

本書は、日本人の基本的な社会心理・生活原理である「日本らしさ」を、主として心理人類学の立場から、行動特性や国民性、文化の型、社会構造（組織）などに関して追究している。従来は欧米側の視点からの日本論が多かったが、本書は、日本人自身の内在的立場、すなわちエミックス（emics）の観点から、日本の特性を再発見しようとしている。

行為論レベルのⅠ章では、事例観察に基づいて、欧米人の定型化された規範型行為に対して、日本人の行為パターンが状況中心の標準型行為であることが示される。人間論にかかわるⅡ章では、「個人」モデルに代わる関係集約型人間の「間人（the contextual）」が提起され、「間人主義（contextualism）」が「個人主義」と対比される。関係論としてのⅢ章においては、「間人」間の連係が「縁」に基礎づけられた「間柄（human nexus）」として措定され、その心理と論理が「恥」「甘え」「恩・義理」などとの連関で論じられる。Ⅳ章の組織論の領域では、シューの理論に準拠しながら、日本の家・同族・イエモト（芸道の家元制度を典型例とする原組織）が取り上げられ、また日本社会の編成原理としての「縁約の原理」も検討される。最終のⅤ章では、「日本らしさ」の公準とでも言うべきものは、志向に際して他者の側に基準系を設定する「アウトサイド・イン（outside-in）」原理であるとする。

これまでの日本論では、個体的自律性の欠如としての「集団主義」が日本の基本属性であるかのような議論が多かった。これは欧米起源の「方法論的個別体主義（methodological individuum-ism）」に基づいている。「間人」や「間柄」をキー・コンセプトとする本書の分析パラダイムは、むしろ「方法論的関係体主義（methodological relatum-ism）」だと言えよう。

著者要約

［書誌データ］濱口惠俊『「日本らしさ」の再発見』日本経済新聞社、1977（改訂版：講談社学術文庫、1988）.

ハムフェリー Craig R. Humphrey (1942-),
バトル Frederick R. Buttel (1948-2005)
『環境・エネルギー・社会』*1982年刊

本書は米国における最初の環境社会学の総括的研究書である。人間社会と自然環境との複雑な相互関連を含め、環境問題の社会的次元を解明するために新たに定立した環境社会学を、その成立の社会的、学問的背景を明らかにすることで、より明確に定義づけている。とくに1970年代後半のキャットンとダンラップのパラダイム論争（「人間特例主義パラダイム」対「新エコロジカル・パラダイム」）を取り上げ、従来の主流社会学が人間存在の物理的・生物的環境への関心を欠いてきた点を指摘し、環境社会学は近代社会学のもつモダニティや人間中心主義への根源的な批判からはじまったとしている。

しかしこの論争が、理論仮説やパラダイム転換の議論に終始し、環境事象に関する新たな知見を示せなかったことに対して、その有効性に懐疑の念を示しながら、デュルケーム、ウェーバー、マルクスの古典的社会学理論を基礎に、それぞれ「保守的」、「リベラル」、「ラディカル」な3つの環境社会学パラダイムを提示する。そして、それぞれの観点から人口、資源、エネルギー、食糧、汚染などの環境問題を分析している。さらに米国の環境運動の歴史と現状についても論述している。

本書では、主に『成長の限界』論に準拠しながら、近代社会が環境的制約によって際限のない悪循環に陥ることを理論的、実証的に明示する一方、近代社会を超えるオルタナティヴな社会を構想し、とくに、新しい社会の担い手はだれか、また、いかに創造するかについて論究している。この議論は、92年の地球サミットで合意された「持続可能な開発」を考えるうえで、数多くの示唆を与える。

訳者（満田久義）要約

［書誌データ］Craig R. Humphrey and Frederick R. Buttel, *Environment, Energy, and Society*, Wadsworth Publishing Co., 1982（『環境・エネルギー・社会──環境社会学を求めて』満田久義・寺田良一・三浦耕吉郎・安立清史訳、ミネルヴァ書房、1991）.

林 知己夫 (1918-2002), 鈴木達三 (1930-)
『社会調査と数量化』 *1986年刊

社会調査による意識の国際比較方法について述べたものである。国際比較の方法論・方法およびそれに基づく実証的研究が記述されている。本書で取扱われている意識の国際比較は，各国の人々，異なる文化圏に属する人々の「ものの考え方，見方，感じ方」(belief systems, the way of thinking and sentiments)の同じところ・似たところと異なっているところ，普遍と特殊を明らかにしようとするものである。これを可能にするためには，データの比較可能性の確保が肝要であり，また普遍と特殊を実証的に分析，表現する方法が研究されなければならない。この点についての考察が中心となっている。

ここでは，連鎖的調査比較分析法 (Cultural Link Analysis, CLA と略称) が提唱されている。これは似たところと異なるところを鎖の輪で繋げて調査を構築しようとするもの。

(i)地域選択のCLA

日本人とアメリカ人を繋ぐ鎖としてハワイの日系人，ハワイ生れの日系人，アメリカ本土生れのアメリカ人を考える等。

(ii)調査票構成のための質問の連鎖

高度産業社会に共通して通用する質問，人間としての共通の基本的質問，各国に固有の質問の組み合わせによる調査票の構成。

(iii)時間の鎖（時系列調査）

これは基本的方法論であるが，このほか，サンプリング調査の問題（クォータ法とランダム法），質問文の翻訳に関する諸問題のさまざまな角度からする検討，データ分析法の問題が詳細に研究され，こうした方法論構築のための実証的研究が示されている。増補版においては，CLA による7カ国調査のサンプリングと多次元データ分析の結果が記述されている。
著者（林知己夫）要約

[書誌データ] 林知己夫・鈴木達三『社会調査と数量化―国際比較における数量化』岩波書店, 1986 (増補版, 1997).

バラージュ Béla Bálazs (1884-1949)
『視覚的人間』 *1924年刊

本書は，無声映画がまさにその輝かしい絶頂を迎えようとする前夜に，新たな芸術としての映画の原理的可能性（「人間の根本的に新しい示現」）を証明しようとした先駆的な試みである。

原題の sichtbare Mensch とは，視覚能力の発達した人間（観客）ではなく，キャメラによってとらえられスクリーンに映し出された「眼に見える精神」または「直接に形象となった魂」である。しかしそれは俳優だけを指すのではなく，動物，無機物，風景でもある。映画においてはすべての事物が「意味」をもつのである。この場合の「意味」とは，印刷術の発明以後失われていた非言語的・非概念的な豊かな情動表現のことであり，外面に現われた内面，すなわち「相貌」である。すべての事物のこうした具体的な相貌を，クロース・アップや映像構成の技法を駆使することであらわにし，「言葉の文化」が奪った精神の「物質性」を取り戻させること，この点に，著者が希望を託した映画の力がある。

本書には，モンタージュ以前という映画理論上の古さ以外にも，優生学的な人種偏見のような限界さえ見られる。それは，著者が準拠した観相学的言説に由来するものだが，むしろ，そのような言説にとって過剰なものである映像固有の力を思考しようと試みている点に，現在の映像論がなお参照すべき本書の意義がある。のちに著者自身が発展させ，さらにドゥルーズが洗練した，顔のクロース・アップの分析はとくに有名だが，無声であることによる人間と事物との等価性や「風景の眼」についての洞察など，新しい読者が触発される箇所は少なくないだろう。
中村秀之

[書誌データ] Béla Bálazs, *Der sichtbare Mensch oder Die Kultur des Films*, Deutsch-Österreich Verlag, 1924 (『視覚的人間』佐々木基一・高村宏訳, 岩波文庫, 1986).

原広司 (1936-) 　はらひろし
『空間〈機能から様相へ〉』 *1987年刊

現代日本を代表する建築家の一人，原広司の論文集。1975年から1986年にかけて発表された，「均質空間論」「〈部分と全体の論理〉についてのブリコラージュ」「境界論」「空間図式論」「機能から様相へ」「〈非ず非ず〉と日本の空間的伝統」の6つの論文が収録されている。

「均質空間論」では，ミース・ファン・デル・ローエが生み出した「ユニヴァーサル・スペース」を物的な表現として定式化される「均質空間」の理念が近代の建築と都市を支配する基本的な空間意識であり，それを現実化した高層建築が近代を代表し，表現する空間形態であることが論じられる。続く2つの論文では，建築や都市の空間を構成する仕掛けである部分と全体の関係づけや境界のあり方が，近代的な建築や空間概念とそれ以外の建築や集落，空間概念との比較を通じて比較社会学的に考察され，「空間図式論」では人間の空間経験のあり方が，人間と環境との関係を了解する図式である「空間図式」という概念から考察される。さらに「機能から様相へ」では，近代建築を支配してきた概念である「機能」に対して「様相」が，建築空間を思考し構成する新たな概念として提起され，最後の論文では日本の伝統的な建築空間や芸術論の基底にある空間概念が，継起する命題や要素の否定の重なりあいとして全体が現れる〈非ず非ず〉の論理として分析される。

このように本書は，近代建築や都市計画を支配してきた機能主義をはじめとする論理や空間理解を批判する建築論だが，近代建築や世界の多様な集落，空間論などに示された空間概念や空間図式を分析した社会意識論・比較社会学としても，きわめてすぐれた分析を示している。

　　　　　　　　　　　　　　　　若林幹夫

[書誌データ] 原広司『空間〈機能から様相へ〉』岩波書店, 1987.

バランディエ Georges Balandier (1920-2016)
『舞台の上の権力』 *1980年刊

構造主義人類学の指導者レヴィ=ストロース自身，フランス五月革命（1968）を境に構造主義は思想の世界の前景からしりぞいたと述べているが，そのことは人類学においては静態的構造ではなく動態をとらえると主張する政治人類学の台頭として表れた。『黒アフリカ社会の研究』(1955, 井上兼行抄訳, 紀伊國屋書店, 1983) に見られるとおり，もともとアフリカ社会の現状の社会学的研究に専念していたバランディエは，構造主義批判としての『政治人類学』(1967, 中原喜一郎訳, 合同出版, 1971) を刊行することでいち早くその立場を確立した。

バランディエは，自ら「第三世界」という言葉の創唱者だという通り植民地体制下でのアフリカ社会の変容と動態に関心を注ぎ，その知見を基礎に年齢差，性差，宗教，親族関係などを組みこみ，独立後の第三世界をも対象とし得る動態的政治研究を目指した。その動態論が含む一種の逆説は「権力」の普遍性を「あらゆる社会にとって，無秩序によってその存立を脅かすエントロピーに対して戦う必要」によって基礎づけるところにある。あらゆる社会の動態の源泉としての権力は，動態の対極ともいえる「秩序維持」の機能として定義されているのである。動態と秩序維持という権力の両義性の視点は，よりポジティヴに政治を特徴づけようとした『舞台の上の権力』では，権力は演劇モデルによって行使されるという主題に展開されている。権力の演劇性は「芝居」の章で提示され「まぜ返し」「裏返し」「画面」という章によって古今東西の人類学データを動員して例示され，現代のメディア政治にまで敷衍されている。人への働きかけという動態作用であると同時に，印象と情報の操作による秩序維持の一面ももっている権力の両義性は演劇モデルによって的確に把握されるのである。

　　　　　　　　　　　　　　　　訳者要約

[書誌データ] Georges Balandier, *Le pouvoir sur scène*, 1980 (『舞台の上の権力』渡辺公三訳, 平凡社, 1982).

▶**バーリ** Adolf A. Berle, Jr. (1895-1971),
ミーンズ Gardiner C. Means (1896-1988)
『**近代株式会社と私有財産**』*1932年刊

　本書は法律学者バーリと経済学者ミーンズによる1920年代末のアメリカの大規模株式会社に関する研究の成果で，所有権と支配権の統一的存在である私有財産は，株式会社の大規模化に伴ってその所有（出資）権と支配（経営）権とを分離させ，資本主義経済制度に革命的変革をもたらしたというのがその主張である。

　本書は，「第1編　財産の変革」で，1930年現在のアメリカの大規模非銀行業株式会社200社について多角的な統計的分析を行い，その88％に当る会社では，所有権を示す株式は多数の小規模株主に分散的に所有され，また，会社の経営権はほとんど株式を持たない少数の経営者集団に集中的に掌握されているとする。

　「第2編　諸権利の再編成」では，株式会社に関する法律的変遷を辿り，新株引受権の削除，株式の種別化などによって株主の諸権利の弱体化が，また，委任状制度，議決権信託などによって経営支配権の強化が進んだ過程を考察し，株主と経営者の信託関係について論考している。

　「第3編　証券市場における財産」では，株主の所有権は証券市場との接触を通じて発揮され，このことが株式会社の所有と支配の分離を促進することを示唆し，株主の権利は適正な情報公開によって保護されるとする。

　「第4編　企業の改組」では，これら株式会社をめぐる変革が，今までの財産・利潤・競争などに関する伝統的理論の改革を要求し，近代株式会社は私的欲求からではなく公的政策の立場からその存在を論ずべきであるとしている。

訳者要約

［書誌データ］Adolf A. Berle, Jr. and Gardiner C. Means, *The Modern Corporation and Private Property*, 1932（『近代株式会社と私有財産』北島忠男訳，文雅堂銀行研究社，1957）．

▶**バルザック** Honoré de Balzac (1799-1850)
『**風俗研究**』*1980-39年刊

　バルザックは19世紀フランスの代表的小説家だが，新聞や雑誌などメディアの場で活躍したジャーナリストでもある。『風俗研究』（原題『社会生活の病理学』）は，そうした「ジャーナリスト」バルザックの代表作。エスプリのきいたアフォリズムをまじえながら，鋭い時代観察を綴る。もともと別のメディアに書かれた3篇からなっている。

　1つは『優雅な生活論』。当時の先端的なモード雑誌に連載されたものだけに，ダンディズム論をはじめ，機知あふれる近代モード論を展開する。「服装は社会の表現である」というアフォリズムにもあるとおり，バルザックは服装の記号的価値（ディスタンクシオン）を論じているのである。バルザックのこの認識は，現代消費社会を先取りしている。

　もう1つは『歩きかたの理論』。当時のトレンディ・スポットであるブールヴァールに陣どって，街行く人びとの歩きかたを観察し，文明がいかに人間の歩行を歪めるか，当時流行した「生理学もの」のスタイルを借りながら展開した文明批評。

　第3は『近代興奮剤考』。バルザックはたいへんなコーヒー狂として有名だが，そのコーヒーをはじめ，酒，タバコなど，さまざまな嗜好品を論じながら，現代生活の特色であるたえざる「刺激」を考察したユニークな現代都市論。

　このジャーナリスティックな作品の邦訳は，文化史研究の先鞭をつけることにもなった。

訳者要約

［書誌データ］Honoré de Balzac, *Pathologie de la vie social*, 1830-39（『風俗研究』山田登世子訳，旧版題『風俗のパトロジー』新評論，1982；新版：藤原書店，1992）．『優雅な生活論』1830（『モード』誌），『歩き方の理論』1833（『ヨーロッパ文芸』），『近代興奮剤考』(1839)．

バルト Roland Barthes (1915-80)
『神話作用』*1957年刊

　『零度のエクリチュール』で文学の神話作用を分析した著者が、広く社会事象一般にわたってプチ・ブルジョワジーの神話作用を分析、批判した書物。2部構成で、後半の「今日における神話」が理論篇とすれば、前半は応用篇。こちらはエッセイ風の軽妙な書き方がされている。バルト本来の面目は第1部に明らかで、これによって彼の名は広く知られることになった。

　バルトが神話批判の理論を応用する対象は、プロレスからヴァカンスの作家、火星人、女優ガルボの顔、広告、ストリップ、シトロエン、占星術とランダムに並べられ、著者の百科全書的な列挙による断章形式の記述への嗜好がこの初期作品からも窺われる。

　後半の「今日における神話」は戦闘的な論客、バルトの一面が端的に表れている。彼の理論の新しさは、神話は言葉であると考え、そこにソシュールが創始した記号学の方法を適用した点に求められる。彼が突くのは、プチ・ブルジョワの神話が、事実から歴史的経緯を抜き去り、それを無垢なものとし「自然化」するプロセスである。この操作によってプチ・ブルジョワ社会は他者を排除し、自己同一の原理におのれを持して、すべてを本質的なるもの、永遠なるものに還元しようとする。これはマルクスの物神批判やサルトルが自己欺瞞と呼ぶブルジョワ社会の神秘化に向けた批判と軌を一にするが、バルトには、神話学者である彼自身が、神話作用を免れた現実そのものと向かい合うことはできない、という認識がある。そこから神話に汚染されていない言語の形式、「零度のエクリチュール」を探る方途が探られるのである。　　鈴村和成

[書誌データ] Roland Barthes, *Mythologies*, Seuil, 1957(『神話作用』篠沢秀夫訳, 現代思潮社, 1967).

バルト Roland Barthes (1915-80)
『エッセ・クリティック』*1964年刊

　処女作『零度のエクリチュール』以来2冊目の重要な文芸評論。著者が指導的立場にあったヌーヴェル・クリティックと構造主義の思想が最高潮にあった時期に上梓されたものであるだけに、バルトのもっとも尖鋭な批評活動が集成されている。

　ロブ゠グリエをはじめとするヌーヴォー・ロマンを論じた客観文学の理論はフランスの伝統的な心理主義小説を一掃するほどのインパクトを持った。バルトが心理主義を解体するために用いた武器は言語であり、なかでも言語の（意味内容ではなく）フォルムである。スイスの言語学者ソシュールを始祖とする記号学が文芸評論の分野で縦横に活用されている。加えてレヴィ゠ストロースの文化人類学、ラカンの精神分析等が援用され、「外の思考」（フーコー）が文学を対象化してゆくプロセスは、かつて文芸批評に類を見ない景観を呈している。

　論集であるからミシュレ、バタイユ、フーコー、カフカと論点は多岐にわたるが、一貫しているのは構造主義的な視点である。従来の作家や作品を中心とする文学史的考察は退けられ、言語を舞台に上げたテクストの場が観察される。バルトの批評の演劇的性格は本書においてもすでに顕著に表れていて、その最大の成果は数篇のブレヒト論であろう。

　バルトは批評家に終始しているだけではない。ブレヒトの「異化」の方法はバルトの批評の方法でもあった。それは彼がオルフェウスの流儀と呼ぶ、愛する対象——ここでは文学——を振り返らない流儀、すなわち距離において成就される「知」の視線の行使に表れている。　　鈴村和成

[書誌データ] Roland Barthes, *Essais critiques*, Seuil, 1964(『エッセ・クリティック』篠田浩一郎・高坂和彦・渡瀬嘉朗訳, 晶文社, 1972).

バルト Roland Barthes (1915-80)
『明るい部屋』 *1980年刊

　バルトの遺著となったこの本は写真論として執筆された。これ以前にベンヤミンの『写真小史』、ソンタグの『写真論』など先駆的著作はあったが、本書ほど後の写真批評に決定的な影響を与えた書物はない。

　著者は写真を芸術に限って考察するのではない。確かに本書の第1部はナダールをはじめとする写真家の作品論にあてられ、ストゥディウム（教養の体系に収まる感動）とプンクトゥム（教養の体系を危うくさせる感動）の類別がなされる。しかしバルトが貴重なものと考えるプンクトゥムにしても、審美的感動が語られるのではなく、写真はそこに写されたもの（指向対象）から切り離すことができないという、「かつてあったもの」の痕跡、その心霊体（エクトプラズマ）がもたらす驚きが問題となる。

　写真は映像でもなく現実でもない、まったく新しい存在である、という規定は、芸術論を越えて社会学的なメディア論にまで本書の射程を拡げた。

　第2部で論じられるのはバルトが「特殊性の科学」と呼ぶ個人的な体験である。ここで本書は写真論の枠を越えて、バルトによる自伝の試みへと変貌する。2年前に最愛の母を亡くしたバルトは遺されたアルバムのなかに温室で撮った少女の頃の母の写真を見出し、第1部で論じられたプンクトゥムを覆すようなプンクトゥムと出会う。考察の対象に二分法を施し、最初対立させた二項を、二項のうち上位に属する項（プンクトゥム）によって覆すのはバルトの批評の真骨頂だが、ここで写真は死の主題、「私」の主題と結ばれて、その再帰する亡霊的性格が浮き彫りにされるのである。

鈴村和成

［書誌データ］ Roland Barthes, *La chambre claire*, Cahiers du Cinéma, Gallimard, Seuil, 1980（『明るい部屋』花輪光訳、みすず書房、1985）.

パレート Vilfredo Pareto (1848-1923)
『一般社会学大綱』 *1916年刊

　M. ウェーバーやE. デュルケームらとともに社会学の第2世代に属するイタリアの社会学者パレートの社会学的研究の集大成。原著は2000頁におよぶ大作で、合計13章からなる。章別編成は恣意的であるが、第1章から第5章までは主に論理実験的方法と呼ばれるパレートの社会学の方法論と社会学的分析のための基軸となる行為論（論理的行為と非論理的行為）の説明が占める。第6章から第11章までは人間行為を誘導する「残基」の定義と分類、および「派生体」の類型と機能についての記述が占める。最終の12、13章で、残基の類型Ⅰ「結合の残基」と類型Ⅱ「集合体の維持」を駆使して、「社会システム」の変動と均衡、エリートの周流、政府の諸類型、社会的効用、「宗教」、「理想」、「道徳」の果たす役割、経済変動と社会変動の関係などが、ギリシャ、ローマ時代から19世紀までの「戦争」から「革命」にいたるさまざまな事例を題材に、自らの方法とモデルの正しさを例証するために分析される。この著作でのパレートの叙述は、理論モデルと経験（実験）による例証が堂々めぐりをしており、彼の唱える禁欲的な「論理実験的」方法に忠実とは言い難い。しかし彼がなぜ、厳密な方法論にもとづく経済学から当時方法的基盤が脆弱であった社会学に転身せざるをえなかったかを、当時のイタリアの時代的背景と合わせて考えるとこの著作の事例分析には、方法的未熟さを越えて、底知れない興味が湧いてくる。

川崎嘉元

［書誌データ］ Vilfredo Pareto, *Trattato di Sociologia Generale*, 2 tomi, Barbera, 1916 ; 決定版、3 tomi, Barbera, 1923（『社会学体系』井伊玄太郎抄訳、白揚社、1939；『歴史と社会均衡』部分訳、三笠書房、1939；『一般社会学提要』姫岡勤館版抜訳、刀江書院、1941；『現代社会学体系6・パレート、社会学大綱』（12・13章の訳）北川隆吉・広田明・板倉達文訳、青木書店、1987).

ハント Lynn Hunt (1945-)
『フランス革命の政治文化』 *1984年刊

本書は，フランス革命の固有の成果は，レトリックやシンボルや儀礼の実践によって構成される新しい「政治文化」の創造であったことを説得的にしめして，革命史研究に新時代を画した。これは，革命＝政治をその社会的・経済的基盤から説明してきた従来の革命解釈を批判し，革命政治を正面から検討したことから生まれた成果だった。

革命期のレトリックにおいては，不平等に基礎をおく過去のフランスを拒否して国民を再生することが強調されたため，国民内部に不平等をもちこむ政党による政治が拒否され，政治がシンボルや儀礼の領域（日常生活の領域）に拡張した。衣服，印章や貨幣の図像，暦，自由の木，そして祭典，いずれもが政治的意味をもち，政治闘争の場をなしたのである。たとえば1790年10月のヴェルサイユ行進は，ルイ16世が三色の帽章を侮辱したといううわさによってひきおこされた。また，自由の木は，革命支持者によって植えられ，革命の敵対者によって引き抜かれたり破壊されたりしたのである。

本書は，革命政治をこのようなかたちで論じている。そして現在「政治文化」が革命史研究のあらたな強調点となっているのは，本書と無関係ではない。だが本書のメリットとして，革命を遂行した政治階級の問題に実証の光をあて，革命史研究の欠落部分を埋めた点がもっと強調されてよい。また，文化や日常生活に表現された政治の活力や権力性という，きわめて現代的な問題が見据えられている点も重要であろう。　　　　訳者要約

[書誌データ] Lynn Hunt, *Politics, Culture, and Class in the French Revolution*, University of California Press, 1984 (『フランス革命の政治文化』松浦義弘訳, 平凡社, 1989).

ピアジェ Jean Piaget (1896-1980)
『児童道徳判断の発達』 *1932年刊

子どもは善悪を道徳的実在論にもとづいて判断する。すなわち，おとなから課せられた規則や命令を，自分の外の世界に実在し，絶対不変であり，決して侵すことのできないものとみなすのである。このことは子どもがおとなに依存する生活のなかで，おとなの権威を絶対とみなして，おとなに対し一方的な尊敬を向けていることを示している。この道徳的実在論は，既存の道徳を受け入れて，おとなによる賞罰を行為の拠り所とする他律的道徳（拘束の道徳）に結びつく。そこで子どもは，規則や命令への従順・不従順とか賞罰の程度とかに応じて，善悪を判断する。行為の動機を考慮することなく，もっぱら行為の客観的結果だけで善悪を判断してしまう子ども特有の道徳観（結果論）も，ここから生じる。

一方，子どもが集団生活の経験を積み，対等な仲間同士での交渉が豊かになるにつれて，相互的尊敬が生まれてくる。その結果，規則や命令は便宜的なものであって，仲間の同意があれば変更できるし，規則は各自が自己の良心に従って守られるべきものだという自律的道徳（協同の道徳）へと発達していく。行為の善悪を判断するさいも，その結果に目を向けるのではなく，動機や意図を推察する道徳観（動機論）に立つようになる。

ピアジェは，このことを実証するために，ゲームの規則，過失，盗み，嘘言，懲罰，責任，正義などに対する子どもの考えを，面接による直接質問の方法（臨床法）により探っている。本書は，認知発達の視点から子どもの道徳意識を実証的に解明した先駆的業績であり，これによってこんにちの道徳性発達理論の基礎が確立されたといえる。　　滝沢武久

[書誌データ] Jean Piaget, *Le jugement moral chez l'enfant*, Alcan, 1932 (『児童道徳判断の発達』大伴茂訳, 同文書院, 1957).

ピアジェ Jean Piaget (1896-1980)
『知能の心理学』*1947年刊

本書は、子どもの知能の発達について、ピアジェの理論的視点を組織的に概観した著作である。彼によれば、知能とは一種の生物学的適応のはたらきである。したがってそれは生得的な行動様式が基盤となっている。しかし子どもが環境との間で効果的な相互作用を続けていくうちに、環境の変化にいっそううまく適応できる行動様式が順次作られていく。まず、「感覚運動的知能」の構造ができ上がり、それが内面化されて「表象的思考」の構造へと発展し、さらにこれが論理的に組織化されることにより、「操作的思考」が仕上げられる。この視点から彼は、知能の発達の過程と、そこに出現する諸段階を明らかにした。

また彼は、知能の発達を生物学的に究明するだけでなく、その認識論的接近にも関心を向け、子どもの時間、空間、因果、数量、論理などの科学的概念の発達について、彼の豊富な実験的資料にもとづいて、綿密に記述している。

さらに、知能が個人と社会環境との関わりを通して発達していく事実にも着目し、各発達段階特有の知能の社会化の過程を、詳細に分析する。とりわけ、操作的思考は、自己中心的思考からの脱却（脱中心化）を前提とするが、それには、他者の見地に立つ操作（個人間の協働）が不可欠であることを指摘する。すなわち、操作的思考は、個人内部の操作の体系（協応操作 co-opération）であり、協働（coopération）は、個人同士が協力して実行される操作の体系をなしているという点で、操作的思考と社会化された知能とは相補的な二面にすぎないというのである。この立場は、現代の社会的認知発達理論の基礎となっている。　訳者（滝沢武久）要約

［書誌データ］Jean Piaget, *La psychologie de l'intelligence*, A. Colin, 1947（『知能の心理学』波多野完治・滝沢武久訳、みすず書房、1960）.

ピカート Max Picard (1888-1965)
『われわれ自身のなかのヒトラー』*1946年刊

これはマックス・ピカートの一連の批判の著作の3番目に公にされた怖るべき現代批判の書である。今日から明日へと、一見多彩にみえながら実は単調に、しかも急激に推移している現代社会の流れのなかに生きている現代人は、本来的に人間的なるものを急速にうしないつつある。そこには内的連続性も、連関性もない。このような世界のなかでは、万事が浮かびあがったかと思えば、次の瞬間には消えてゆく。「明確な生活をどこにも持たないこのような人間が、ともかくも一つの明確な現実を提供してくれる独裁者の命令に附和雷同しやすいのは明白である。」ヒトラーを生んだドイツへのピカートの批判はきびしい。しかし、ヒトラー的なものの潜在性は現代世界の到る所にある。この連続性を喪失した大群集の混沌の実相を描きだしたのが本書である。

その明敏な洞察と厳しい警告のために、ピカートは現代の最もすぐれた文明批評家の一人と目されているが、彼の業績を文明批判と見なすのはおそらく正しくない。ここにはとくに鋭利な分析がなされているわけではない。一人の稀有な観相家が、喧噪とアトム化によって占領された現代世界のなかに立っている。そしてこの人の驚くべき観照の光にてらされて、現代世界という怪物がその醜い腸を露呈するのである。そこでは現代人と現代世界とが一挙に「像」として把握される。この把握の特徴を強いて名づけるなら、それを詩的把握と呼ばねばなるまい。ピカートの初期の作品「最期の人間」を愛読した詩人リルケは、それが「一見情容赦のないものであるが、実はそれも、愛の充溢から生まれたもの」であることを見逃さなかった。ピカートの作品のなかに慰めが蔵されているのは、そのためである。　訳者要約

［書誌データ］Max Picard, *Hitler in uns selbst*, 1946（『われわれ自身のなかのヒトラー』佐野利勝訳、みすず書房、1965）.

ピグー Arthur Cecil Pigou (1877-1959)
『ピグウ厚生経済学』 *1920年刊

　ある経済主体が他の経済主体に対して意図せず損害や利益を与える場合,「外部性」があるという。一般に市場経済は外部性をもち,その結果,私的費用-便益と社会的費用-便益は乖離する。ピグーはこの外部(不)経済に対処するための政府の介入政策について,功利主義的な一般理論を構築した。

　厚生＝福祉(welfare)を増進するための実際の方法を容易にするために,ピグーは貨幣尺度を適用しやすい経済的厚生に研究課題を限定する。その場合,概括的には,主観的な満足度(効用)は,貨幣尺度によって客観的に計測しうると想定できる。この点でピグーは「旧」厚生経済学に分類されるが,ここから2つの主要命題が導かれる。①貧者への分配分が減少しないとすれば,国民分配分の増大は経済的厚生を増加させる。②国民分配分の貧者に有利な分配は,経済的厚生を増加させる。

　もっとも,将来を配慮する主観の能力は適切さを欠いているので,諸個人の能力不足を補うために,政府は貯蓄奨励政策を積極的に行う正当な理由をもつ。

　この他ピグーは,私的費用-便益と社会的費用-便益が乖離する例を多く挙げて類型化し,常識的で客観的な判断基準に頼りつつ,奨励金と課税という政府介入の必要性を正当化した。介入は,権威的な統制を必要とする場合もあれば,地方的な愛郷心によって中央統制を無用にする場合もある。ただし,どんな「みえざる手」に頼っても,その部分的な取り扱いの結合から,全体のすぐれた配置を得ることはできないと主張する。

　なお,第2版(1924)において大幅に改訂された。　　　　　　　　　　　　　橋本　努

[書誌データ] Arthur Cecil Pigou, *The Economics of Welfare*, Macmillan, 1920; 4th ed., 1932(『ピグウ厚生経済学(全4冊)』気賀健三他訳,東洋経済新報社,1948-51,改訂重版;1965).

ピックヴァンス
Chris Pickvance (1944-) 編
『都市社会学』 *1977年刊

　本書は,1968年から1972年にかけて仏語で発表された都市社会学関係の諸論文を,イギリスの社会学者ピックヴァンスが選択のうえ,英訳したアンソロジーである。当時フランスでは,マルクス主義の多様な影響下で都市社会研究が独自の展開を示しつつあった。本書は,こうしたフランス都市研究を英米の読者へ紹介した仕事として,後に「新都市社会学」と呼ばれることになる一群の研究を促進するきっかけを作った。

　収められている論文は,都市社会学の科学的位置を検討したもの(カステル),不動産開発や都市計画,集合的消費手段を素材に都市空間の形成過程を史的唯物論の立場から論じたもの(ラマルシュ,ロジュキン),そして構造的な効果という観点から都市社会運動の生成を論じたもの(カステル,オリーブ)という3つのグループに分けられる。なかでも,アメリカを中心に発展をした都市社会学がもつイデオロギー性を指摘し,そのうえで空間の生産と集合的消費を軸とした新しい社会学的研究の方向を示したカステルの2論文(「都市社会学は存在するか」「都市社会学における理論とイデオロギー」)は,つよい衝撃を与えた。これらの論点は,やがてカステルの著書『都市問題』のなかでさらに展開されることになる。

　なお,欧州大陸と同様,マルクス主義の影響が色濃かった日本でも,1960年代後半から70年代前半にかけて,革新自治体や住民運動が台頭し,マルクス主義をもとにした都市論(たとえば宮本憲一の『社会資本論』)が大きな成果を残した。同時代の都市,都市問題を扱った作品として,本書と日本の諸著作の間には互いに響き合う部分が多い。
　　　　　　　　　　　　　　　町村敬志

[書誌データ] Chris Pickvance, ed., *Urban Sociology: Critical Essays*, Tavistock, 1977(『都市社会学―新しい理論的展望』山田操・吉原直樹・鯵坂学訳,恒星社厚生閣,1982).

ヒックス John Richard Hicks (1904-89)
『価値と資本』 *1939年刊

　本書は，ワルラスやパレートの一般均衡理論とマーシャルの均衡の時間的構造論を結びつけ，過去の分析を集大成しつつ，経済の動的過程を比較静学（与件変化前後の均衡点の比較）によって体系的に分析した，現代経済学の名著である。

　前半は，交換と生産の一般均衡理論を静学的に体系化している。今日の経済学の基本道具が多く発案され，随所にヒックス独自の貢献が光る。基数的効用の計測を必要としない序数的効用関数，代替効果と所得効果による消費者需要の理論，財の集計（合成）に関する新定理，外的与件が変化する場合の均衡安定条件，および均衡価格の変化方向に関する法則，などである。

　後半は，真に独創的な理論として，経済変動の過程を「週」単位に区別した比較静学の理論であり，資本・利子・貨幣について展開される。週とは，価格が変化せずに供給を調整できる期間のこと。月曜日だけに市場が開かれ，価格が設定される。市場当事者は将来の価格，収入，支出などを予想して，今週の支出を決定する。そして次週には，新たな情報に照らして再計画が行われる。将来の市場に対して，「予想」を通じて間接的に影響を与える現在の市場は，「一時的均衡」にある。市場が毎期ごとに均衡しながら変動するというこのモデルは，ケインズの貨幣経済問題，マーシャルの短期・長期の理論，オーストリア学派の資本理論などの成果を総合する道を切り開いた。

　なおタイトルにある価値とは経済主体の最適行動理論であり，資本とは異時点間の投入産出関係である。

橋本 努

［書誌データ］ John Hicks, *Value and Capital: an inquiry into some fundamental principles of economic theory*, 1939; 2nd ed., Clarendon Press, 1974（『価値と資本—経済理論の若干の基本原理に関する研究』安井琢磨・熊谷尚夫訳，岩波文庫，1995）．

ヒューム Peter Hulme (1948-)
『征服の修辞学』 *1986年刊

　英国で最初に文学理論をカリキュラムに取り入れたエセックス大学での議論から生まれた本書は，イデオロギー的要請と生産されたテクストとの間に必然的に生ずる矛盾を，テクストが言い澱む箇所に注目して切開するL.アルチュセール，P.マシュレーの手法（徴候的読解）を，カリブ原住民絶滅とアフリカ黒人移送・奴隷労働収奪の隠蔽・変形の場，言い換えれば，それらを首尾よく消去して立ち現れてきたコロンブス以降500年の西洋の「歴史」「文学」の場に適用し，その隠蔽・捏造メカニズムを暴いたものである。

　本書の分析対象は，ラス・カサスが要約したコロンブスの『日誌』（1，2章），シェイクスピアの『テンペスト』（3章），キャプテン・スミスによるポカホンタス物語（4章），デフォーの『ロビンソン・クルーソー』（5章），インクルとヤリコの物語（6章）に限られるが，それらを「真実」を表記した「資料」や自立的「作品」と見なさず，いまなお頑迷な人種的二分法ステレオタイプ（その基本型はカリブ（抵抗する他者）／アラワク（従順な他者））が奇妙な形で作動した「植民地言説」として，のみならず，そのもとで分析する「主体」が成立するような他者の黙殺・捏造の言説として扱い，西欧人の他者表象が自己成型にほかならないことを読み抜く。丹念な分析作業は，S.グリーンブラットらの「新歴史主義」と共通するが，消去・変形されつつも「現在の議事日程」であり続ける植民地問題にこだわり，F.ファノン，E.サイードを正面から受け継ぎ，M.フーコーの理論を，その政治性を失わずに駆使する点で，「ポストコロニアル批評」の一翼を担う。

訳者（岩尾龍太郎）要約

［書誌データ］ Peter Hulme, *Colonial Encounters: Europe and the Native Caribbean, 1492-1797*, Methuen, 1986（『征服の修辞学』岩尾龍太郎・正木恒夫・本橋哲也訳，法政大学出版局，1995）．

ビュルガー Peter Bürger (1936-)
『アヴァンギャルドの理論』 *1974年刊

本書は，作品分析を主旨とする先著『フランス・シュルレアリスム』(1971)に内包されていた，芸術作品の社会的作用についての理論的側面を，より広くヨーロッパ・アヴァンギャルドという包括的観点のもとに捉え直し，新たに展開したものである。

その内容は，本書の構成に即して，次のように要約できる——「批判的解釈学」の方法の学問論的基礎づけ（序論），この方法の市民社会芸術への適用（第Ⅰ章），アヴァンギャルド（歴史的アヴァンギャルド）運動の志向性の歴史的定位（第Ⅱ章），アヴァンギャルドの作品の形態的諸特性の定位（第Ⅲ章），新しいタイプの社会参加芸術およびこれに対応すべき唯物論的美学の要請（第Ⅳ章）。

本書の理論展開を支えているのは，歴史的アヴァンギャルド運動によってはじめて，芸術の自己批判として，市民社会の自律的芸術——制度〈芸術〉——の止揚が志向された，という基本認識である。ここで制度〈芸術〉の止揚とは，「生活実践における芸術の止揚」を意味している。つまり，歴史的アヴァンギャルドは芸術を生活実践のなかへ取り戻そうとした（これに対して，「ネオアヴァンギャルドは，芸術としてのアヴァンギャルドを制度化し，これによって，真にアヴァンギャルド的な志向を否定する」）。その批判的意味を今日的に担うべきものとして，「新しいタイプの社会参加芸術」と唯物論的美学が要請されるのである。

本書は刊行後ただちに多くの議論を呼んだ。その批判的部分に対する著者の返答は，「第二版のためのあとがき」や，ハーバーマスに献げられた後著『媒介—受容—機能』(1979) などに見られる。　　　　　　　　　訳者要約

[書誌データ] Peter Bürger, *Theorie der Avantgarde*, Suhrkamp Verlag, 1974（『アヴァンギャルドの理論』浅井健二郎訳，1987）．

平田清明（ひらた きよあき）(1922-95)
『市民社会と社会主義』 *1969年刊

平田節とも言うべきエッセイ風のスタイルも手伝って，広範な層の読者を獲得した。その点でも，戦後日本においてマルクス系統の社会科学が全盛期にあった頃の一記念碑と言えよう。収録された論稿7本はすべて，1968年と69年に『展望』『世界』などの雑誌に発表されている。主著『経済学と歴史認識』と併せて，平田の学問上の生産力が最も充実していた時期の作品である。

本書の主題は，西ヨーロッパの産物である「市民社会」の概念と内実を再検討するなかで，新しい社会形成に役立つものを取り出すことにある。それゆえ，第1のキーワードは「市民社会」であるが，読者の記憶と印象に残っているのは「市民社会から資本家社会への不断の転成」「個体的所有の再建」というフレーズであろう。「転成」とは，生産様式に即していえば「市民的生産様式から資本家的生産様式への転変」のことであり，『資本論』第1巻第1篇商品・貨幣論とそれ以降の諸篇とにそれぞれ対応する。また，所有権法に即していえば「市民的所有権から資本家的領有権への転変」のことである。「個体的所有」については，これを「私的所有」と概念区分して見せたところが新鮮な注意をひいた。

「不断の」という語が目立たぬキーワードと言えるかもしれない。「市民社会から資本家社会への不断の転成」とは，「資本家社会から市民社会への不断の転成」でもあるだろう。前者は階級性が表立つ局面であり，後者は階級性が後景に退く局面である。家庭と職場を行ったり来たり，というイメージになる。著者は，「同市民関係」としての「市民社会」を温存しつつ，階級関係としての「資本家社会」を止揚することによって社会主義社会を展望しようとしたのだ。この「市民社会」へのこだわり自体は，新しい社会形成を目指す際に今も有益な視座である。　　　高橋洋児

[書誌データ] 平田清明『市民社会と社会主義』岩波書店，1969．

平田清明 (1922-95)
『経済学と歴史認識』 *1971年刊

　著者の代表作と目される。1966年から71年にかけて，主として雑誌『思想』に発表された論稿の集成で，考察対象は『経済学批判要綱』『経済学批判』および『資本論』にまたがる。本書の第1の特長は，わが国における初の（世界的に見ても最初期の）本格的な『要綱』研究であるという点にある。考察の綿密さと質の高さという点で，今に至るも不滅の業績たりえている。たとえば，世界市場の創造は資本の内的必然性に基づくこと，したがって，剰余価値のたえざる増大は他の諸地点における剰余価値のたえざる増大を要件とすることを，マルクスの叙述から明示的に取り出したところなどは，今日の経済グローバル化の根本動因を理論的に突き止めるうえでも大いに有効である。

　第2の特長は，『資本論』フランス語版の独自の意義を明らかにした先駆的業績であること。順不同ながら第3の特長は，マルクスの「物象化」「物神性」論を，これまた先駆的に内在的な検討に付したこと。物象化論といえば今では廣松渉のものがよく知られているが，両者を比較対照することによって，把握内容の違いやそれぞれの持ち味が浮き彫りになるとともに，物象化論・物神性論の理解がいっそう深まるであろう。

　総じて，本書は終始マルクスの「歴史認識」に固執する視座から経済学の把握を行っているのであって，その点，「歴史」の側面を捨象しがちであった宇野経済学などとは際だった対照を見せている。学問のノーマル・サイエンス期には，もっぱら理論の世界に視野を囲い特定の論議方式に依拠したアプローチの方が大きな生産力を発揮することができるが，パラダイム・チェンジ期には，否応なしに，「歴史」を再点検して「歴史認識」を立て直すことが求められる。そこに，本書がもつ主要な今日的意義もある。

高橋洋児

[書誌データ]　平田清明『経済学と歴史認識』岩波書店，1971.

ヒルファディング
Rudolf Hilferding (1877-1941)
『金融資本論』 *1910年刊

　ヒルファディングはドイツの経済学者・政治家で，第1次世界大戦前の社会民主党に属した。本書はマルクス主義理論家としての，かれの名を一躍高めたものである。

　「資本主義の最近の発展に関する一研究」という副題をもつ本書は，資本主義の今日的段階の理論的解明を試みたものであった。その際著者が注目したのが，資本の最も高度な存在形態としての「金融資本」であった。

　第1篇「貨幣と信用」，第2篇「資本の動員．擬制資本」，第3篇「金融資本と自由競争の制限」，第4篇「金融資本と恐慌」，第5篇「金融資本の経済政策」からなる本書で，著者は資本の集中の過程を問題にする。そして（信用制度や株式会社を前提とする）産業資本の銀行資本への依存という意味で，「金融資本」を規定する。著者は本書で，さらに「金融資本」の完成形態にも論ずる。それは少数の強大な資本諸団体の（経済的のみならず政治的）支配としての，資本寡頭制をさしている。

　レーニンは『帝国主義論』(1917)のなかで，本書にたびたび言及している。本書はイギリスの経済学者ホブソンの『帝国主義論』(1902)とともに，レーニンの『帝国主義論』の重要な前提をなしている。

　なお著者は，第1次世界大戦後2度蔵相に就任した。そして第2次世界大戦中に，亡命先のフランスで獄死した。

奥井智之

[書誌データ]　Rudolf Hilferding, *Das Finanzkapital: Eine Studie über die jüngste Entwicklung des Kapitalismus*, 1910（『金融資本論』林要訳，弘文堂，1927；改造文庫，1929；世界評論社，1947；大月書店，1952；国民文庫，全2冊，1955；大月書店改訳版，1961；改造文庫覆刻版，改造図書出版販売，1977〔以上林訳〕；『金融資本論』全3冊，岡崎次郎訳，岩波文庫，1955-56；岩波文庫改版，1982〔以上岡崎訳〕).

■ピレンヌ Henri Pirenne (1862-1935)
『中世都市』*1927年刊

　ヨーロッパ中世における都市共同体の成立とその社会の特徴を，11～12世紀の「商業の復活」を契機とする商工業者の集住化と，彼らによる"コミューン"の形成から説明した，中世都市成立論の古典。

　8世紀までのヨーロッパ世界は地中海商業に支えられていたが，9世紀のイスラムの侵入によってそれが衰退し，シテやブールと呼ばれる都市的施設が，農業的文明の直中に，市民的住民と自治的都市組織を欠いた行政的中心としてのみ残された。だが，10世紀から12世紀にいたる開墾の時代に，ヨーロッパの内陸で商業が「復活」し，遠隔地交易に従事する商人や，商品生産に従事する職人が，交通の要衝に位置していたシテやブールの近傍にフォブール，ポルトゥス等と呼ばれる定住を形成し始める。商人はその移動性ゆえに封建領主の支配に服さず，王法の保護の下に封建領主からの自由を獲得していた。定住地の形成に伴って商人たちは自由と自治を定住単位で獲得すべく，宣誓によってコミューンを形成し，革命的な闘争や領主の承認により，市民的住民と自治的組織と独自の法をもつ「都市共同体」が11～12世紀を中心として各地に形成されていった。

　このように中世における都市共同体と市民の起源を遠隔地交易商人のコミューンの形成に求める理論は，ピレンヌともう一人の主唱者であるハンス・プラーニッツの名をとって「ピレンヌ＝プラーニッツ説」と呼ばれ，今日ではさまざまな批判もあるが，依然としてヨーロッパの都市と市民の起源をめぐる古典的な学説となっている。

若林幹夫

［書誌データ］ Henri Pirenne, *Les villes du moyen âge: Essai d'histoire économique et sociale*, Bruxelles, 1927（『西洋中世都市発達史—都市の起源と商業の復活』今来陸郎訳，白揚社，1943；『中世都市—社会経済史的試論』佐々木克巳訳，創文社，1970）．

■廣重徹（ひろしげてつ）(1928-75)
『科学の社会史』*1973年刊

　19世紀中葉以降科学と技術が一体化する様子，科学技術と社会がかかわる様子を近代以降の日本を舞台に世界史的なスケールで克明に描きだした，科学技術の社会史の古典。実質的に科学技術の社会史を開拓した，記念碑的作品。もとの論文は，雑誌『自然』誌上に1971年5月から1972年7月にかけて掲載された。1975年に夭折する廣重は，この最後の著作で，根強い影響力をもつ科学の中心地移行発展モデルをいちはやく乗りこえ，その後の科学技術の社会史研究にパラダイムを提供した。すなわち，あくまでも19世紀の「制度化」を分水嶺とする科学技術の社会史の世界標準のもと，一国（例，明治以降の日本）の科学技術と社会の調和例と不調和例を価値中立的にひとしく記述する。

　その後の日本の科学技術の社会史にかかわる研究は，多かれ少なかれこのパラダイム内部のパズル解きとして展開してきた趣をもつ。著者は，もともと，ローレンツ電子論の形成における相対論前史としての古典電磁場概念の確立のテーマで学位を取得した物理学史出身の研究者。

　立脚する史料細目に関するかぎり，同書はすでに過去の研究に属す。いっぽう，その構想力（例，「体制化」論）は，史料批判とは別だての基準で評価する必要がある。たとえば，一元的な常識による価値判断を排して科学技術体制と総力戦体制の共存を価値中立的にとらえ，戦争の意図せざる結果として，動員によって生まれた科学技術体制が戦後へもちこされる軍民転換（spin-off）の社会過程を構造的に見通す社会学的な視点を打ちだしているからである。残念ながら，現在にいたるまで同書は実質的に社会学の知的財産にならず，理論的，実証的批判によるその社会学的な含みの彫琢は，なお今後に残されている。

松本三和夫

［書誌データ］ 廣重徹『科学の社会史—近代日本の科学体制』中央公論社，1973．

廣松渉 (1933-94)
『マルクス主義の地平』 *1969年刊

本書は，マルクスを，近代思想史上に登場する多数のなかのひとりではなくて，近代思想の地平（構図）を端的にのりこえる哲学的革命を実現した希有な思想家として位置づける。マルクスの仕事を学問の歴史のなかでの巨大な歴史的事件としてみなし，その歴史的意味と広がりを証明するために，廣松は一方で初期マルクスの思想形成を文献考証的に再現しつつ，マルクスの青年期におけるパラダイム・チェンジの出現を実証し，他方でマルクスが格闘しのりこえた近代思想の諸類型を明晰に取り出していく。マルクスの思想形成史から取り出された帰結は，マルクスによる疎外論の放棄と物象化論への転換という事実である。これが有名な「疎外論から物象化論へ」というテーゼである。他方，マルクス的物象化論の哲学的地平は，古代と中世以来の有機的世界像をしりぞけるだけでなく，近代に登場した種々の哲学類型（主体／客体関係を共有し，その地平に共存する合理論と経験論，観念論と唯物論など）をすべて原理上解体することのできる地平である。この哲学は，主体／客体のシーソーゲームが物象化的錯覚を生み出すメカニズムを解明しつつ，同時にそれをのりこえる関係性の哲学（主体と客体がそれぞれ二重化しつつ関係する四肢構造）である。本書のなかではさらに，この関係の哲学に基づいて人間的自由，歴史法則，実践と革命，等々の懸案の諸問題が一挙に解決される。廣松はマルクスの仕事から物象化論と四肢構造の理論へ通じる可能性を読み取った。それによっては彼はマルクスの画期的な哲学意味をあざやかに摘出した。本書は日本におけるマルクス研究のなかで出色のものであり，国際的にみても第一級の労作である。　今村仁司

[書誌データ]　廣松渉『マルクス主義の地平』勁草書房，1969（『廣松渉著作集』第10巻，岩波書店，1996）．

廣松渉 (1933-94)
『世界の共同主観的存在構造』 *1972年刊

わが国の戦後哲学界に独自の光彩を放った廣松渉の代表作。既発表の論文数編を再編集したものであるが，いわゆる「廣松哲学」の基本線が明確に描き出されており，主著『存在と意味』への序説としての意義をもつ。

本書の照準は，近代的世界観の破綻を確認し，それが淵源する「主観-客観」図式を解体し超克することに定められている。そのために廣松はまず「現象的（フェノメナル）世界」に定位することから出発し，その基礎的存在構造を「フェノメナルな世界は"所与がそれ以上の或るものとして『誰』かとしての或る者に対してある"」という四肢的構造連関として捉え直す。つまり，対象の側も主体の側もイデアール・レアールな統一体という二肢的二重性をもつのである。だが，4つの契機は函数的連関態の項としてのみ存立するのであり，項を連関から切り離して実体化するとき「物象化的錯視」が生じる。

とくに主体の側の二重性は，「私」が同時に「われわれ」，すなわち「私以上の私」であることを意味する。しかも，認識主観の「同型性」はアプリオリなものではなく，社会的交通や社会的協働を通じて「共同主観化」された歴史的所産なのである。

以上のような概念装置を駆使して，廣松は言語的世界および歴史的世界の存立構造を解明し，さらに実践的主体としての人間を「役柄存在」として捉えることによって，間主体的協働の所産である習慣や制度が「物象化」されるメカニズムを明らかにする。この点で廣松がデュルケームの倫理学説を批判的に継承しようとしていることは注目に値する。本書が社会学をはじめとする各方面に影響を与えたゆえんである。　野家啓一

[書誌データ]　廣松渉『世界の共同主観的存在構造』勁草書房，1972（講談社学術文庫，1991；廣松渉著作集1，岩波書店，1996）．

廣松渉 (1933-94)
『資本論の哲学』 *1974年刊

　『資本論』の「商品世界」論を、廣松が独自に発掘し再構成した「後期マルクスの物象化論」の視座から分析してみせた論争の書。

　以下に、本書によって明らかにされた廣松「商品世界」論の要点を示す。

　(1)マルクス価値形態論は、一方でのリカード流の価値実体論と他方でのベイリー流の価値唯名論の双方に対する両刃的批判を意図したものであったこと。

　(2)したがって、通説によって喧伝されている抽象的人間的労働をいわゆる"生理学的エネルギー支出"とみなす説は、マルクス本人の最終的断案ではないこと。

　(3)マルクス本人の価値概念は、価値形態論における「等価表現こそが……異種の諸労働を……人間労働一般に還元する」との文言を中軸に据えて再構成されねばならないこと。

　(4)価値形態論は、「当事主体の視座」を欠落させてはおよそ成立不可能であること。

　(5)また、第二形態から第三形態への移行に関するいわゆる「逆関係」問題もまた、同じ事態を両交換当事主体のどちらの側の視座から見るのか、ということに対応するものとして解決可能であること。

　(6)また(4)(5)は、『ヨハン・モスト原著、マルクス改訂　資本論入門』(岩波書店)の当該箇所によって、権利づけられうること。

　(7)廣松は、自らの「四肢的聯関構造」論を援用したと推察される「価値形態の対自・対他的四肢構造」論において、マルクスの抽象的人間的労働を"商品経済的に"編成された特殊歴史的な社会諸関係」の「反照規定」として再構成してみせていること。

　(8)(2)で述べたごとき実体主義的な価値規定は、抽象的人間的労働規定と価値形態の解明とが相互前提の循環に陥ることを免れるための暫定的な規定にすぎないこと。　　　吉田憲夫

　[書誌データ]　廣松渉『資本論の哲学』現代評論社，1974(『資本論の哲学』(増補新版)，勁草書房，1987；『廣松渉著作集』12，岩波書店，1996).

廣松渉 (1933-94)
『存在と意味』 *1982／93年刊

　四肢構造論ならびに物象化論の視座から近代の「物的世界像」を批判し、「事的世界観」を展開しようとした、著者の哲学上の主著。

　私に対して現れるがままの「世界現相」、つまり私にとって「存在」する限りでの世界内部の存在者は、ことごとく「意味」を帯びて現れる。目の前の立方体が、端的にマッチ箱として知覚されているようにである。ここにはすでに「所与・所識」という「二肢的な構造成態」が認められる。

　だが、立方体をマッチ箱「として」認知する私は、単なる人称的で個体的な私であろうか。そうではない。私は、たとえば、マッチを摺り、タバコに火を点けるという文化に属する限りで、立方体を端的にマッチ箱として認識している。その意味では、存在者(「現相的所与」)を意味(「意味的所識」)において捉える私自身が、単なる「能知的誰某」であると同時に「能識的或者」でもあるという、「二肢的二重性」においてある。世界現相は総じて、所与が、能識的或者である能知的誰某に対して、単なる所与を超えたイデアールな所識として存在するという、四肢的な構造連関において現出しているのである。

　こうした四肢的構造を離れて四肢のいずれかの分肢を単独に実体視するところに、主観‐客観図式の錯誤が生じ、さまざまな難問が発生する。それらはすべて「物象化的錯視」の所産にほかならないのだ。著者は、このような視点から、第1巻で「認識的世界」を、第2巻では「実践的世界」を、第3巻にあっては「文化的世界」を考察する予定であったが、著者の死によって、構想は第2巻の中途での挫折を余儀なくされることになった。

　　　　　　　　　　　　　　　　熊野純彦

　[書誌データ]　廣松渉『存在と意味』第1巻，岩波書店，1982(『廣松渉著作集』15，1996)．廣松渉『存在と意味』第2巻，岩波書店，1993(『廣松渉著作集』16，1997)．

ビンスワンガー
Ludwig Binswanger (1881-1966)
『現象学的人間学』＊1947年刊

ビンスワンガーには「講演と論文選集」という前後2巻の著作があって，主要なものはおおむね収録されている。このうち最初の1巻に表記のタイトルがあり，なかでも代表的な「現象学について」(1922)，「生命機能と内的生活史」(1927)，「夢と実存」(1930)，「ヘラクレイトスの人間理解」(1934)，「精神療法について」(1934)，「人間学の光に照らして見たフロイトの人間理解」(1936)そして「精神医学における現存在分析的研究方向」(1945)の7篇からなる。これらは，20世紀精神医学に現存在分析 Daseinsanalyse という新しい道を切りひらきつつ，具体的な臨床活動のさなかで同時代の人間研究を執拗につづけたその成果をはらんでいる。著者の現象学はフッサールと，その人間学はハイデガーとの深いかかわりを示すが，これにより「自然主義的白内障」(ビンスワンガー)が決定的にとりのぞかれ，こうして本書にみる諸研究が可能になるとともに，今日的な精神療法の活況へとみちびかれている感がある。ちなみに「講演と論文選集」の第2巻はまだ訳出されていない。　　　　　　訳者〈宮本忠雄〉要約

［書誌データ］Ludwig Binswanger, *Ausgewählte Vorträge und Aufsätze*, Band I, Zur Phänomenologischen Anthropologie, Francke Verlag, Bern, 1947（『現象学的人間―講演と論文 1』荻野恒一・宮本忠雄・木村敏訳，みすず書房，1967）.

ファイアストーン
Shulamith Firestone (1946-2012)
『性の弁証法』＊1970年刊

著者は，1960年代後半，アメリカを中心に世界中に広がった急進的な女性解放運動（ウーマン・リブ）のなかでも，50年代にマルクス主義に基づく自己変革を目指して誕生したニューレフト思想を継承して展開された新左翼思想につながる最もラディカルな女性解放運動の創始者の一人であり，本書はその理論的指導書として注目を集めた。

男性と女性という性の生物学的区分のなかにこそ階級制度の根があり，「性の弁証法」，つまり，歴史を通じての男性と女性の相関関係が，あらゆる階級発生の基礎となり，文化史の流れを決定づけていると分析する。マルクスとエンゲルスの弁証法的唯物論，なかでもエンゲルスの階級分析を高く評価しながらも，経済的構造を土台において「性」を分析しているために限界があり，むしろ「性」そのものを土台に置いた唯物史観を展開しなければならないと提唱した。経済的階級制度の廃止のためには，プロレタリアートによる革命と生産手段の独占が必要なように，性的階級制度の廃止のためには，下層階級（女性）による革命と生殖のコントロールの独占が必要とし，人工生殖も肯定している。

また，初期の女性解放運動と同じく家族中心主義で性的抑圧が高まったビクトリア時代への反動から発生したフロイト主義の業績は，「性」の再発見にあったが，家父長的核家族を前提としており，後に女性を抑圧する臨床心理学に堕落させられた。女性解放革命のみが，マルクスとフロイトの間の「欠けた環」を繋いで政治的なものと人間的なものを結合し，社会的・文化的病の病根である性的階級制度を撤廃できると主張した。
　　　　　　　　　　　　　　　訳者要約

［書誌データ］Shulamith Firestone, *The Dialectic of Sex: The Case for Feminist Revolution*, William Morrow & Co. Inc., 1970（『性の弁証法―女性解放革命の場合』林弘子訳，評論社，1972）.

■ファイヤーアーベント
Paul Karl Feyerabend (1924-94)
『方法への挑戦』 *1975年刊

　ファイヤーアーベントはウィーン生まれ，第2次世界大戦後アメリカに渡り，カリフォルニア大学バークレイ校教授などを歴任した科学哲学者。原著者の証言によれば，本書は既発表の論考の「コラージュ」とのことだが，彼の最初の著書で，内容は一貫した強い主張に貫かれている。

　科学は独特の方法によって特徴付けられ，かつそのゆえに他の知識領域に比べて特権性を持つ，という一般の理解に真っ向から挑戦し，科学的成果を導く現場に，特定の方法論は存在しない，むしろ「アナーキズム」こそが，「方法」というに相応しい，という主張を，歴史的事例の分析と，認識論的な分析を通じて展開したものである。

　K. ポパーの合理的反証主義を意識して書かれており，彼の後継者としてイギリスで活躍していたラカトシュ (Imre Lakatos, 1922-74) と親交のあった原著者が二人で，合理主義攻撃と擁護の立場から論戦を戦わせる書物を書くという企画を立てた。この企画はラカトシュの突然の死によって頓挫し，その結果原著者の挑戦的な合理主義攻撃だけの書物となった，という経緯がある。

　それだけに，本書が刊行されるや，反応はすさまじく，たとえばドイツのズーアカンプ社は原著者批判の論考からなる2巻の書物 (H. P. Duerr(ed.): *Versuchungen, Aufsätze zur Philosophie Paul Feyerabends*, I, II, 1981/82) を刊行している。原著者もこれに応えるようにその後次々に著作を発表したが，死の床で書いた自伝的回想 (*Killing Time*, Univ. of Chicago Press, 1995) を最後に，1994年没した。　　　訳者〔村上陽一郎〕要約

［書誌データ］Paul Karl Feyerabend, *Against Method: outline of anarchistic theory of knowledge*, New Left Books, 1975（『方法への挑戦』村上陽一郎・渡辺博訳，新曜社，1981）．

■ブーアスティン Daniel J. Boorstin (1914-2004)
『幻影の時代』 *1962年刊

　実物を視覚的に再現し，また，現実にないものをもあたかもあるかのように視覚的に表現することを可能にする技術の発達で起こってきた事象をブーアスティンは複製技術革命 (Graphic Revolution) と呼ぶ。この複製技術革命の進展で20世紀後半，アメリカを中心に彼が疑似イベント (pseudo-event) と呼ぶ現象がマス・コミュニケーションから国家理想まで広く覆うこととなった。本書は疑似イベント現象がいかにこんにちの「アメリカ的経験を支配しているか」を，さまざまの領域の数多い事例を挙げて，独自のスタイルをもつアメリカ史学者らしく巧みに描いてみせたものである。

　疑似イベントは自然発生的ではなく仕組まれ演出され，マスコミに乗りやすいようにつくられるもので現実との関係は曖昧だが本物でもない替わりにまったくの偽物というものでもない。したがってしばしば自己成就的予言の性格となる。このような疑似イベントの代表はマスコミの報道であり，ニュースは取材されるものから製造されるものに変質する。英雄は人間の疑似イベントである有名人となり，旅行者は観光客に変ずる。芸術作品は解体されて大衆向けの商品となり，あらゆる領域に疑似イベントのスターシステムがはびこる。価値尺度は理想ではなくイメージとなる。マスコミが疑似イベントで満たされるので世論までも疑似イベントに変質する。疑似イベントの幻影の霧をいくらかでも晴らすのがブーアスティンの狙いである。マスコミのメディアの種類もそれぞれのメディアのチャンネルの数も急速に拡大し，更に情報の映像化が進行しつつある今日の状況がもたらすであろう影響についての早い時期の問題提起としていまなお新しい。　　　訳者〔後藤和彦〕要約

［書誌データ］Daniel J. Boorstin, *The Image: or, What Happened to the American Dream*, Atheneum, 1962（『幻影の時代―マスコミが製造する事実』星野郁美・後藤和彦訳，東京創元社，1964）．

ファノン Frantz Fanon (1925-61)
『黒い皮膚・白い仮面』*1952年刊

　フランツ・ファノンの第1作である同書では、植民地主義・人種主義において黒人の内部に生み出される精神病理が、精神科医としてのファノンの臨床研究にもとづいて考察されている。こうした同書においては、自己同一化への欲望と同時に、植民者／被植民者、白人／黒人という二項対立ではなく、白人にも黒人にも自己同一化できないアンビバレントな精神に論点が定められており、こうした点は、後にポスト・コロニアリズムをめぐる議論においても、しばしば言及されることになる。

　だが、本書の刊行の後、アルジェリア民族解放戦線（FLN）に参加していくファノンの軌跡を考えたとき、次の3つの点が留意されなければならない。第1は、研究書の体裁をとりながら、同書の記述は精神科医という固定された立場からなされているのではなく、マルチニック島人、黒人、私、私たちなど複数の発話の位置が挿入されているという点である。すなわち、臨床研究という方法をとりながら、発話自身が学的言説からはみだし、解体、変容しているのであり、そこでは、誰が自己を定義するのかという基本的な問いが、ファノン自身の精神科医という立場と関連しながら提出されている。第2に、同書の議論はアイデンティティを問題にしつつも、最終的には、「私」は「ある」という実在へと遡行していくという点である。この点は、『地に呪われたる者』（1961）におけるファノンの暴力論への展開と深く関係している。第3に、後に革命家として活動するファノンは、解放闘争のなかにあっても臨床治療に立ちつづけるのであり、そうした展開も含めて、本書の「臨床研究」は読まれなければならない。

冨山一郎

［書誌データ］Frantz Fanon, *Peau noire, masques blancs*, Seuil, 1952（『黒い皮膚・白い仮面』海老坂武・加藤晴久訳、みすず書房、1970）.

フィスク John Fiske (1941-)
『テレビジョンカルチャー』*1987年刊

　著者のフィスクは、カルチュラル・スタディーズの理論的成果を、テレビ・ドラマ、テレビ・ニュース、映画、雑誌広告などのポピュラー・カルチャーのテクスト分析にいちはやく応用した代表的研究者である。

　フィスクの『テレビジョンカルチャー』は、記号論、読者論（受容理論）、脱構築批評、フェミニズム理論など人文・社会科学諸分野の理論を駆使することによって、テレビ番組、視聴者などテレビ文化全般に関する考察を試みた著作である。しかし、本書の叙述は、決して難解な方法論的議論に終始することなく、アメリカの人気テレビ番組など具体的な事例の分析が多数盛り込まれている。

　フィスクの議論の特徴は、以下のように整理できるだろう。テレビジョンのテクストとは、制作者と視聴者の権力が拮抗する場（競技場）である。制作者は、自分なりの「現実」を再生産するリアリズム装置としてテレビジョンを使おうとする。一方、視聴者の権力とは、「能動的な視聴者」(active audience) として、制作者がテクストに込めた意味とは別の意味を読み取る権力である。視聴者の読解によって、テレビジョンのテクストは、多元的な意味をもつ「開かれたテクスト」となる。

　本書のなかでフィスクは、記号論や文芸批評の概念装置を使いながら、テレビ文化の能動的な読解を自ら実践しているといえよう。配役分析、テレビにおける「女性的なもの」「男性的なもの」、祝祭、クイズの快楽、ニュース読解などが分析の焦点として取り上げられている。最終章では、テレビジョンが「ポピュラー文化経済」という新しいシステムの舞台となることを論じる。　訳者（藤田真文）要約

［書誌データ］John Fiske, *Television Culture: popular pleasure and politics*, London: Methuen, 1987（『テレビジョンカルチャー』伊藤守・藤田真文・常木暎生・吉岡至・小林直毅・高橋徹訳、梓出版社、1996）.

フィッシュマン Robert Fishman (1946-)
『ブルジョワ・ユートピア』 *1987年刊

　近代資本主義社会における郊外住宅地は，都市中産階級の理想とイデオロギーを体現する「ユートピア」であるという視点から，イギリスにおけるその起源とアメリカにおける変容を分析した，郊外住宅地の社会史。

　近代的な郊外住宅地は，18世紀のイギリスで，都市の喧騒と環境悪化から逃れるためにブルジョワ階級が都市周辺の田園地帯に形成した住宅地を起源としている。それは特権的な中産階級の生活を，空間的には都心から，社会的には労働者階級や低所得層から切り離した。このように郊外住宅地ははじめから，産業化による近代都市の成立と対をなす，中流階級の生活の理想の追求の場として形成された。19世紀半ば以降，産業化と大都市化に伴って郊外住宅地はアメリカにも導入され，都市への通勤鉄道の沿線に中流階級のための「鉄道郊外」が形成されていった。さらに20世紀における自動車の普及は，ロサンゼルスに典型的に見いだされるような，住宅地と工業地区や産業地区，オフィス街などが広大な領域に道路のネットワークに結ばれて分散する「郊外メトロポリス」を生み出した。しかし郊外メトロポリスの成立は，都心とそこに通勤する中流階級の住宅地という，都市とサバービアとの古典的な関係を終わらせる。フィッシュマンが「テクノバーブ」と呼ぶ先端産業の郊外立地に典型的に見られる都市の新しい形態である「テクノ−シティ」の成立は，古典的な都市−郊外関係の終焉であると同時に，サバービアというブルジョワ・ユートピアの歴史の終わりをも示している。郊外住宅地は前産業的田園時代と脱産業的情報時代の間で，人間と自然のバランスの理想を保持してきたものとして評価できると，著者は結論している。

若林幹夫

[書誌データ] Robert Fishman, *Bourgeois Utopias: The Rise and Fall of Suburbia*, Basic Books, 1987 (『ブルジョワ・ユートピア―郊外住宅地の盛衰』小池和子訳, 勁草書房, 1990).

フェアリス Robert E. Lee Faris (1907-)
『シカゴ・ソシオロジー　1920-1932』 *1967年刊

　アメリカ都市社会学の祖型をなす初期シカゴ学派 (1920-32) のアカデミック・マインド, 調査研究の指導体制, フィールドワーク中心の実証主義, 都市エスノグラフィの業績のシリーズとしての刊行その他, シカゴ社会学の社会史ともいうべき基本テキスト。著者のフェアリスはシカゴ出身者だが, 父親もパーク (Robert E. Park), バージェス (Ernest W. Burgess), ワース (Louis Wirth) らと並んでシカゴ社会学創設期の一人であったので, 人と組織のネットワークを通じて, 制度化時代 (institutionalization) のシカゴ社会学ではなく, 脱制度化時代の異質・多様性認識 (social diversity) のシカゴ・スタイルを, ヒヤリングやパーソナル・ドキュメント等の情報収集を通じて, 新しい読みと発見に努める。「世紀転換期におけるアメリカ社会学」「背景としてのシカゴと新学部」「パークとバージェスのテキスト」等の8章構成。

　1980・90年代に及んでシカゴ再見のテーマと研究書の刊行が相次ぐが, シリーズとしての都市エスノグラフィの古典が, いずれもPh. D論文を底本としており, 参与観察法等へのコミットメント, 都市エスノグラフィ作成過程と指導体制, とくにパークのあくなき学問的情熱と包容力が, すぐれた都市研究者輩出の苗床をなしたことを知る。パークは自著を残さなかったが, 没後, 晩年の講義を受けた元学生らの手でパークのパーソナル・ヒストリーと重ねた初期シカゴ学派の解読が, 都市社会学というよりも, アーバン・スタディーズとカルチュラル・スタディーズとが交差する都市論の社会史として刊行されている。本書はこのような都市論の底本をなすシカゴ・テキストとして位置づけられる。

訳者 (奥田道大) 要約

[書誌データ] Robert E. Lee Faris, *Chicago Sociology 1920-1932*, Chandler Publishing Company, 1967 (『シカゴ・ソシオロジー　1920-1932』奥田道大・広田康生訳, ハーベスト社, 1990).

フェーヴル Lucien Febvre (1878-1956)
『歴史のための闘い』 *1953年刊

　フェーヴルは20世紀フランスを代表する歴史家の一人。『ある運命——マルチン・ルター』(1928)，『十六世紀の無信仰の問題——ラブレーの宗教』(1942) 等，16世紀ヨーロッパの精神史・思想史の名著を残す。他方，マルク・ブロックとともに史学雑誌『アナール』を創刊 (1929)，爾来同誌を主宰し，没するまでフランス史学界の指導者的地位にあり，その影響は今日まで及んでいる。

　本書は歴史学の概念と方法論に関するフェーヴルの論文・講演・書評を集めたものである。フェーヴルは19世紀から20世紀初頭にかけて主流となっていた考証学的研究偏重の実証主義的歴史学，外交史・政治史中心の事件史を厳しく批判し，「新しい歴史学」の構築をめざす。「新しい歴史学」とは，過去の事実をありのままに記述するのではなく，現代的な問題意識の下に過去に問いかける歴史学，仮説を立て，検証し，事実を作り上げる主体的な歴史学，過去の人間の営みを，政治・経済・社会・文化・宗教と関連づけて総体的に把握しようとする歴史学にほかならない。「歴史学とは，過去の人びとを，彼らが次々と地上に作り上げた極めて多様だが比較可能な諸社会の枠の中に時間的に位置づけたうえで，彼らのさまざまな活動と創造を対象にして科学的に行う研究である。」

　また，ナチスの犠牲となって悲劇的な最期を遂げた盟友マルク・ブロックへの感動的な追悼文は，『アナール』創刊の経緯と初期の「アナール学派」の活躍をつぶさに紹介している。

訳者要約

［書誌データ］ Lucien Febvre, *Combats pour l'Histoire*, 1953 (『歴史のための闘い』長谷川輝夫抄訳，創文社，1977；平凡社ライブラリー，1995).

フェーヴル Lucien Febvre (1878-1956), マルタン Henri-Jean Martin (1924-)
『書物の出現』 *1958年刊

　「アナール学派」の今日の隆盛の基礎を築いたフランス史学界の長老フェーヴルと，当時パリ国立図書館司書で出版史の専門家マルタンの共著。前者が全体のプランを作成し，後者が幾人かの司書の協力を得て執筆したもので，まさしく，「新しい歴史学」(フェーヴル) 緻密な考証学 (マルタン) との理想的な結合の成果である。

　15世紀中葉のヨーロッパで金属活字印刷術の考案と実用化を可能にした技術的・経済的・社会的・文化的諸条件は何か。印刷工房での労働の実態，新技術の特質，活字本の出版・流通システム，教会や国家などの諸権力との関係は何か。いかに読者層が形成されたか。ルネサンス・宗教改革・諸国語の発達において活字本はどのような役割を演じたか。一言で言って，活字本が文化に及ぼした影響は何か。以上の問題に関し本書は，印刷工房の数と分布，活字本の刊行点数とジャンルの変遷，さまざまな社会階層の書物保有状況などの統計的データを挙げて検討する。と同時に，活字本を媒介として結ばれる人びとの関係を，さらには社会の多様な側面を照射し，本書は出版業を中心とした，近世ヨーロッパの「全体史」となっている。1960年代において「書物の社会史」なる歴史学の新分野の誕生を促したのは本書であり，現在ロジェ・シャルチエが中心となって推進している「読書の文化史・社会史」にしても，本書を貫く問題意識から派生したものといってよい。

訳者 (長谷川輝夫) 要約

［書誌データ］ Lucien Febvre et Henri-Jean Martin, *L'apparition du Livre*, Paris, 1958 (『書物の出現』関根素子・長谷川輝夫・宮下志朗・月村辰雄訳，筑摩書房，1985).

フォスター Hal Foster 編
『反美学』 *1983年刊

　ジャン=フランソワ・リオタールの『ポストモダンの条件』と並ぶ，ポストモダン文化論における代表的な論文集。

　とりわけ，本書所収のユルゲン・ハーバーマス「近代―未完のプロジェクト」とフレドリック・ジェームソン「ポストモダニズムと消費社会」は，ポストモダンというテーマを考えるうえで欠かせない基本文献である。

　全体の構成は，ハル・フォスター「序文／ポストモダニズム」，ユルゲン・ハーバーマス「近代―未完のプロジェクト」，ケネス・フランプトン「批判的地域主義に向けて」，ロザリンド・クラウス「彫刻とポストモダン」，ダグラス・クリンプ「美術館の廃墟に」，クレイグ・オーウェンス「他者の言説」，グレゴリー・L．ウルマー「ポスト批評の対象」，フレドリック・ジェームソン「ポストモダニズムと消費社会」，ジャン・ボードリヤール「コミュニケーションの恍惚」，エドワード・W．サイード「敵対者，聴衆，構成員，そして共同体」となっており，ポストモダン文化の諸相が，アート，ジェンダー，ポップカルチャー，地域，政治，メディアなどのさまざまな視点から論じられている。

　現在ではポストモダン文化論は，ポストコロニアリズムやフェミニズム，カルチュラル・スタディーズなどの新しい理論的潮流のなかで，より広い視点から組み直され，主題化されるようになってきているが，本書が提起している「抵抗のポストモダニズム」の射程は，その有効性をいささかも減じてはいない。また，80年代以降の芸術・文化の状況を理解するためにもきわめて役に立つ一冊である。
　　　　　　　　　　　訳者（室井 尚）要約

［書誌データ］ Hal Foster(ed.), *The Antiaesthetics*, Bay Press, 1983（『反美学』室井尚・吉岡洋訳，勁草書房，1987）.

フォックス R. W. Fox，
リアーズ T. J. Jackson Lears 編
『消費の文化』 *1983年刊

　本書には6篇のエッセーが収められており，19世紀後期にはじまるアメリカの消費中心の生活あるいは消費者の文化（consumer culture）を分析の主題にしている。編者によれば，20世紀のアメリカ文化における消費の重要性は誰もが認めることだが，これまではそれを称賛したり，批判したりするだけで，「正確な意味で消費者の文化とは何か」ということは明らかにならなかった。消費者の文化はたんにテレビや自動車をもった豊かさや余暇の文化として理解できるものではないし，また広告によって人びとを誘惑するエリートの陰謀とみなすこともできない。本書は，こうした反省のもとに，19世紀の仕事と犠牲と節約にもとづくシステムである「生産者の倫理」が，20世紀に「消費者の倫理」に発展した過程とは何だったのかという問題を設定し，それに具体的に答えようとしたものである。

　消費が20世紀アメリカの支配的なものの見方になったのを分析する本書の方法は，そのようなものの見方や理想を発想し，定式化し，説き教えた有力な個人や制度に注目することにあった。それは階層や権威，権力の構造を見据えながら，アメリカにおける消費者の文化の懐胎・形成に照明を与えるものになっている。具体的には，①リアーズが広告の制度の社会心理的な意味を，②C．ウィルソンが消費市場のメディアとなった雑誌のレトリックを，③J.-C．アグニューがヘンリ・ジェームズの消費のビジョンを，④フォックスがロバート・リンドによる消費者の文化の批評を，⑤R．ウェストブルックが政治や選挙のマーチャンダイジングを，⑥M．スミスが有人宇宙飛行計画など政府スポンサーの科学を，それぞれ取り上げ，分析している。
　　　　　　　　　　　　　　内田隆三

［書誌データ］ R. W. Fox & T. J. Jackson Lears (eds.), *The Culture of Consumption: Critical Essays in American History 1880–1980*, Pantheon Books, 1983（『消費の文化』小池和子訳，勁草書房，1985）.

フォーティ Adrian Forty
『欲望のオブジェ』*1986年刊

ヨーロッパのデザイン史の本として最も読まれているのはN．ペブスナーの『モダンデザインの展開』であろう。ペブスナーはこの本で，19世紀のアーツ・アンド・クラフツ運動を生みだしたウイリアム・モリスからバウハウスのヴァルター・グロピウスまでの流れを語っている。つまり，ペブスナーは，近代のデザイン史をデザイナーを中心に捉えつつデザイン思潮のメインストリームを描き出したといえるだろう。

ペブスナーの方法論について，フォーティは「デザインは個々のデザイナーの経歴や公けにされた言明だけを参照しながらつくられたものを検討することによって満足に理解しうる，という仮説」に立っているのであり，その仮説を成り立たせている前提がきわめて不当なものであると批判する。

フォーティはデザインが，デザイナーの仕事だけではなく，社会的価値観，市場の論理，企業家の意識，テクノロジー，イデオロギーなどの複雑な関係のなかで成り立ってきたことを前提にして，その歴史を描き出そうとする。したがって，問題が出現するいくつかのテーマから捉え，その複雑な関係性のなかでデザインが決定される場面をみていく。

たとえば，進歩のイメージ，デザインと機械，デザインと差異づけ，オフィス，そしてそれに対する家庭，衛生と清潔，エネルギーといったテーマからデザインの変化を議論する。それらのテーマはまさに近代社会がかかえてきた観念，イデオロギー，市場の論理，そしてテクノロジーとかかわっている。デザインと差異というテーマで，フォーティは「ジェンダー」「おとなと子供」「階級」「多様性」という観念に結びつけて，デザインがどのように決定されてきたかを検討する。　　　　柏木 博

［書誌データ］Adrian Forty, *Objects of Desier, Design and Society 1750-1980*, Thams and Hudson, 1986（『欲望のオブジェ―デザインと社会1750〜1980』高島平吾訳，鹿島出版会，1992）．

フォン・ノイマン John von Neumann (1903-57)，モルゲンシュテルン
Oskar Morgenstern (1902-77)
『ゲームの理論と経済行動』*1944年刊

20世紀を代表する数学者と経済学者が，ゲーム理論を提唱した記念碑的著作。経済システムは，効用を最大化しようと相互行為を繰り広げる個人によって構成されるシステムであり，その最大の特徴は互いに自分の決定が他者の決定に依存してしか定められないことにあり，その本質はポーカーのようなゲームに似ている。このようなシステム（ゲーム）およびその参加者（プレイヤー）の一般的な挙動（均衡分析）および行動原理（戦略の決定）にかんして，概念規定および理論構築を試みている。

まず第1にゲームのプレイヤーにかんして効用と戦略という概念を与える。戦略とはプレイヤーの選択の対象となる選択肢であり，全プレイヤーの戦略が出そろうことによって効用が与えられる。プレイヤーは自己の効用を最大化するように戦略を選択する。

この著作で与えられたもっとも大きな業績は，いくつかの戦略の組に適当な確率を割り振って構成される「混合戦略」の存在を許せば2人零和ゲームには必ず均衡点（各プレイヤーには均衡戦略）が存在するという「ミニマックス定理」の証明に成功したことである。この結論はn人零和ゲームに拡張されたが，非零和ゲームにかんする展開はナッシュなどによる後続の研究を待たざるをえなかった。

社会学が想定する複数の行為者による相互行為モデルに，もっとも単純ながら数学的に明示的な定式化を与えたゲーム理論は，合理的選択理論にとりわけ重要な影響を与えた。
　　　　　　　　　　　　　　　　志田基与師

［書誌データ］John von Neumann & Oskar Morgenstern, *Theory of Games and Economic Behavior*, Princeton University Press, 1944; 3rd ed., 1953（『ゲームの理論と経済行動―経済行動の数学的定式化』1-5，銀林浩・橋本和美・宮本敏雄監訳，東京図書，1972-73）．

福岡安則(ふくおかやすのり)（1947- ）
『在日韓国・朝鮮人』*1993年刊

　日本による植民地支配下に渡日をよぎなくされ，諸般の事情で戦後も日本に在留せざるをえなかった在日韓国・朝鮮人は，世代を重ね，若者たちは3世を中心とするに至っている。本書は，若い世代を中心に150名余の在日韓国・朝鮮人からの生活史の聞き取り調査をもとにしている。

　その調査によって確認できたことは，2点ある。ひとつは，さほど問題なく日本社会に適応しているかのように言われる在日韓国・朝鮮人の若者たちであっても，じつは，その多くが成長の過程で日本人側の偏見と差別ゆえに，さまざまな悩みや葛藤を体験しているということである。

　いまひとつは，彼ら／彼女らの生き方の模索のありようが，多様化しているということである。私は，その多様性を記述するために，あえて，生き方の志向性を5つのタイプとして構成してみた。違いを認めあったうえで共に生きられる社会の実現をめざす「共生志向」タイプ，在日同胞のために尽力しようとする「同胞志向」タイプ，在外公民として祖国のために寄与することを願う「祖国志向」タイプ，個人主義的な意味あいで自己実現を追求する「個人志向」タイプ，そして，日本人になることを希求する「帰化志向」タイプである。各タイプの典型的な生活史事例を紹介してあるので，そこからそれぞれのタイプの具体的なイメージを読み取ってほしい。

　従来，生活史調査は少数事例しか扱ってこなかったきらいがあるが，私としては，聞き取りの対象者を広げることによって，在日韓国・朝鮮人の若い世代のアイデンティティ問題の全体像に，一定程度迫りえたのではないかと思っている。
著者要約

［書誌データ］　福岡安則『在日韓国・朝鮮人—若い世代のアイデンティティ』中公新書，1993.

福岡安則(ふくおかやすのり)（1947- ），
金 明秀(キムミョンス) 김명수（1968- ）
『在日韓国人青年の生活と意識』
*1997年刊

　「日本生まれ，韓国籍，18～30歳の者」を母集団として1993年に実施された質問紙調査が，本書のもとになっている。史上初の全国的規模でのランダムサンプリング調査が可能となったのは，民団傘下の在日韓国青年会のメンバーとの共同研究として，この調査がなされたからである。

　在日韓国人青年にあっては，同世代の日本人とのあいだに教育達成に格差はみられないこと，母国よりも日本への愛着度が著しいこと，にもかかわらず，民族差別ゆえに成育過程で民族的劣等感を抱かせられている者が多数いること，通名使用者が多数を占めるが，それは差別回避のためよりも，日本名になじんでいることに由来する傾向にあること，など貴重な発見が数多くなされた。

　とりわけ注目してほしいのは，在日韓国人青年をめぐるエスニシティ形成のメカニズムにかんする発見である。すなわち，同胞民族集団との情緒的な紐帯を重視する「関係志向的エスニシティ」が家庭内民族的伝統性によって継承されるのにたいして，認知的・手段的な側面である「主体志向的エスニシティ」が広い意味での民族教育や民族団体への参加によって獲得されるものであることが明らかにされた。また，被差別体験はエスニシティ形成にたいして相対的剥奪感と民族的劣等感を媒介とする間接的な影響力をわずかながらもつものの，相殺されあうことで明確な直接的影響力をもたないという発見もなされた。

　従来，在日韓国・朝鮮人問題をめぐる議論は，えてしてイデオロギー的な主張から自由になりにくかったが，本書の刊行により，客観的な実態把握をふまえた議論が可能になったと思う。
著者（福岡安則）要約

［書誌データ］　福岡安則・金明秀『在日韓国人青年の生活と意識』東京大学出版会，1997.

福沢諭吉 (1834-1901)
『文明論之概略』 *1875年刊

　本書の「緒言」で福沢は，自分の経歴を「一身にして二生を経る」と表現している。それは西洋の文明に遭遇した，日本のなかの自分という文脈においてである。そしてそれは，本書の関心の所在を端的に示している。

　本書で福沢は，文明か野蛮かという問題を設定する。それは西洋の文明に遭遇した，日本の進路についてである。そして日本は，西洋の文明に学ぶべきであるというのがそこでの福沢の主張である。

　その際福沢は，日本が学ぶべきは（文明の事物よりも）文明の精神であると説く。ここで精神というのは，人民の気風とも言い換えられている。福沢はさらに，人民の気風を人民の智徳の現象ととらえている。そして文明の進歩が，人民の智徳の発生によるものであると説く。

　明らかにここには，1つの社会の概念がある（本書のなかで社会にあたる言葉は，「人間の交際」である）。しかし本書のなかで，社会の概念が十分に彫琢されているわけではない。ここではもっぱら，人民の自立が問題にされている。そしてまた日本が西洋の文明に学ぶべきであるというのも，日本の独立が問題であるからである。その意味では本書は，明治初年における社会学的論考としての制約を濃厚にもっている。

　しかしまた本書が，日本における最初の社会学的論考としての栄誉を担うことにかわりはない。

奥井智之

［書誌データ］　福沢諭吉『文明論之概略』木版6冊，著者蔵版，1875（活版1冊，著者蔵版，1877；『福沢全集』第3巻，時事新報社，1898；『福沢全集』第4巻，国民図書，1926；岩波文庫，1931；『福沢諭吉選集』第2巻，岩波書店，1951；『福沢諭吉全集』第4巻，岩波書店，1959；岩波文庫改版，1962；『福沢諭吉』日本の名著33，中央公論社，1969；『福沢諭吉集』近代日本思想大系2，筑摩書房，1975；中公バックス日本の名著33，中央公論社，1984).

福武 直 (1917-89)
『日本農村の社会的性格』 *1949年刊

　農村の「民主化」というテーマに対して，それを阻む条件をもつ農村について，強固に「民主化」や変動そのものを生じさせない農民の「社会的性格」を明らかにし，「民主化」への途を探ろうとした調査報告。農村社会の結合の諸形態の「東北型農村と西南型農村」という類型や「同族結合と講組結合」という概念はこの書に収められた調査によって発案された。中国農村の調査を通じて農村研究をはじめた福武は，戦後すぐにエネルギッシュに日本の農村を調査研究して刊行したもの。農村社会学の課題は，民主化を阻む条件の克服の方法に設定し，「変動し難い社会的性格」として，部落（集落）の結合構造と家族主義を指摘する。「家族主義的原則は家族から部落にまで延長され，部落の生活はかかる家族の拡大されたものとして濃厚な家父長性的色彩」を帯び，こうした「同族的結合」原則が程度と規模に差異はあるものの日本農村に残存していることを問題とした。そして，日本農村の部落には同族結合と講組結合の2つの基本類型が観察しうることを検証した。この講組結合をこえ，個人の主体的な自由を確保しうる新しい生産的な社会結合，を展望しようとした。戦前の農村研究は，いえの結合形式を重視した。その意味では，村落の社会構造論にはなっていなかったのである。福武は，「いえ」の結合形式からの村落の社会構造の把握を類推した方法から，いえの社会的結合が，村落の社会・経済的条件によって同族結合が強い「東北型村落」と講組結合が強い「西南型村落」とに類型化した。社会構造論としての農村研究がここから始まることになった。福武のこのモチーフは，60年代の高度経済成長期に広範に農村経済と家族が解体していく中で，改めて「近代的」農業＝農村のあり方を模索するまで引き継がれた。

似田貝香門

［書誌データ］　福武直『日本農村の社会的性格』東京大学協同組合出版部，1949.

福武 直（ふくたけただし）(1917-89)
『社会調査』 *1958年刊

　さまざまな社会調査法の展開があるが，本書は，戦後わが国では初めての体系的な，データ蒐集法として最も完成された社会調査法の教科書である。この書では，社会科学としての社会学が成立するには，経験的実在の客観的組織的な知識として形成されなければならないこと主張している。つまり理論性と実証性を併せ持つ必要を説いた。それには具体的には，社会事象に科学的にアプローチする方法と，科学的なデータを蒐集整理する手段と技術を不可欠とする。戦後日本の社会学は，経験的研究としての社会科学として，主としてアメリカ社会学の影響を最も多く受けた。この書も多くの影響を受けている。社会調査は諸社会事象を分析するから，調査そのものが多様である。従って多くの対象に対してそれに応じたさまざまな手法が必要とされる。特に標本調査（アンケート調査）における標本抽出の方法としての，無作為抽出のさまざまな方法や，標本抽出の手続，社会測定の技術としての各尺度法，ソシオメトリー，また調査結果の処理としての方法，特に，統計的調査の整理法やデータの分析と解析の方法等が，それにあたる。こうしたアメリカ社会学の調査方法の技法は，ランドバーグの『社会調査』の福武らの紹介によって普及した。本書においては，福武とともに共訳した安田三郎（のちにわが国に社会学における社会統計の方法を確立した）の協力が大きい。福武はこの書において，単にアメリカ社会学の研究方法を導入したのではなく，これまで日本の社会学に影響を与えていた主としてドイツの社会科学の科学論への目配りもしている。社会科学の研究方法としての社会調査法は，論理的には社会科学の出発点にすぎない。社会科学的認識を実証科学的知識にするために，社会的現実を切り取る道具として社会調査があることが力説される。

〔書誌データ〕　福武直『社会調査』岩波書店，1958（補訂版，1984）．

　　　　　　　　　　　　　　　　　　似田貝香門

福武 直（ふくたけただし）(1917-89)
『日本村落の社会構造』 *1959年刊

　戦後初めて日本の農村社会学の方法と課題について本格的・体系的に展開した書。この書は，多くの調査報告からなる「農地改革後の日本農村の社会構造の解明」と，「体系的な農村社会理論の構成」とから成る。当時は農地改革後の農村の現状分析から農地改革そのものの評価がなされ，一向に「民主化」しない農村に対して，理論的には，「地主制の残存論」から，新たな理論的視角として，村落構造論としての「共同体論」がテーマ化されつつあった。この「共同体」解体論＝「民主化」の実相がどのように現れるのか，その可能性は存在するのか，が「日本社会の民主的再建」として執拗にこの書で問われた。この書の緒論は，農村社会学が「農村における人間と社会を中心的課題とする」ことを自覚し，「人間と社会の変革の方向と方法を探求」すべしと主張している。そのため，農民の社会的性格を明らかにしようとした。そのため「人間類型変革の道」を探り，家族や「いえ」-「いえ」の社会結合や社会の分析をすることによって，共同体規制の残存程度，新たな結合原理の発見，支配構造の様相，農民運動の動向，農民文化等から，日本全体のあり方を実証的理論として構築しようとした。その理論的結実が，村落構造論や村落共同体の議論である。それは戦前の農村研究をいえの結合形式の形態論的把握から，経済的構造基礎構造や階級階層，政治を重視することにより，農村社会学の農村研究を飛躍的に「社会科学化」したといえよう。そしてそのため他分野の社会科学との交流を深めていった。第二部は「村落社会の諸相」と題された諸調査報告である。ここでは，親分子分制村落，本家の分家支配が解体していく諸相や，水稲単作地帯大地主地帯の村落構造等を扱っている。第三部は農民の政治的実践や農民の組合運動を分析している。

　　　　　　　　　　　　　　　　　　似田貝香門

〔書誌データ〕　福武直『日本村落の社会構造』東京大学出版会，1959（福武直著作集，東京大学出版会，1976）．

福武直 (1917-89)
『戦後日本の農村調査』 *1977年刊

　本書は，1970年代農村が高度経済成長によって農工格差が一層拡大し，戦後の農地改革以降の「農村社会の解体」とまで言われた時期までの，戦後30年の期間に行われた，戦後農村の現状分析としての調査研究を，主として農村社会学に限定して可能な限り資料を収集し，できるだけ多くの調査研究主体とのヒアリングを行いつつ研究された。参加研究者は，福武直を中心とした調査グループ（蓮見音彦・山本英治・高橋明善・似田貝香門）と島崎稔を中心としたグループ（皆川勇一・安原茂・吉沢四郎）。先行研究としては，東京大学社会科学研究所『戦後日本の労働調査』（東京大学出版会，1970）がある。序章「研究の課題と経過」では本書の問題意識と研究課題が記述され，農村の変動の様相をどのように把握し，何が明らかになったのか，何が失敗したのか，今後どのように調査研究すべきなのか，といった問題が検討された。第一部「戦後日本の農村調査」は，戦後日本資本主義の展開と農村社会が分析された。それを前提に，戦後の農村研究を規定した諸条件としての，戦前の農村研究の系譜と遺産，戦後の社会科学の農村研究，戦後の社会学研究や農村社会学の展開のあり方を分析し，ここから社会学における戦後農村調査の展開と特質を改めて農村問題を見直す方法が，都市と農村の関連，地域論や農村自治論の提起が必要でありしかし社会学の社会科学的な足腰の強化が不可欠，という総括がなされた。第二部は戦後各時期における農村調査の事例研究を，個別調査と総合調査の両面にわたって具体的に選択し，当該の調査グループとできうる限りヒアリングや討論を行い，その結果に，検討と評価を加えている。第三部は，収集した調査報告をもとに，調査報告書・論文，研究者別に分類，文献目録分類と都道府県別分類が行なわれている。　　　　　　　　似田貝香門

［書誌データ］　福武直編『戦後日本の農村調査』東京大学出版会，1977．

フーコー　Michel Foucault (1926-84)
『臨床医学の誕生』 *1963年刊

　大革命期のフランスにおける医療改革をテーマとしたフーコーのこの著作は，比類なき医学史研究であると同時に，知識社会学にとっても重要な書物である。ここでフーコーは，知（上部構造）を特定の社会的生産形態（下部構造）に還元する単純なイデオロギー分析から距離をとりつつ，ある知が生成されていく「偶然性の必然性」（アルチュセール），つまり偶然的に結び付きつつ，しかし結合した以上はある知の生成を基礎づけずにはおかない，そういう諸条件の束を見事に描き出している。

　その条件の1つとしてあげられるのは，革命期のホスピタル（病院）の再編成である。キリスト教的な隣人愛の実践の場として中世に生まれ，さまざまな福祉機能を果してきたホスピタルは，しかし革命期に，病を再生産する無秩序な空間として批判され，また経済的自由主義（重農主義）を背景にその全面閉鎖さえ説かれたが，カバニスらはホスピタルから福祉的機能を削ぎ落としつつ，これを純粋に医学的な空間に，つまり治療と医学研究・教育のみを目的とした「病院」に作りかえていく。同時に，病院に収容される貧しい患者たちは，社会的恩恵によって生かされ癒される存在である以上，自らを標本として医学の眼差しに晒すべしという権力関係が「社会性」の理念を媒介に生み出される。だが，臨床医学の誕生は，そうしたいわば外的な諸条件には還元不能な，医学的知覚そのものの内的変容，すなわち，見ることと語ることが別であった疾病分類学の終焉と，見ることが同時に語ることでもあるような，そして死を病と生の根幹に据えるような新たな知覚の形成をも必要としたのである。　　市野川容孝

［書誌データ］　Michel Foucault, *Naissance de la clinique*, Presses Universitaires de France, 1963（『臨床医学の誕生』神谷美恵子訳，みすず書房，1969）．

フーコー Michel Foucault (1926-84)
『知の考古学』 *1969年刊

　フーコーにとって本書は，それまでの著作に対する方法論的な反省であると同時に，本格的な言説分析への道を切りひらくものであり，思想的な画期をなしている。このような反省と問題構成の革新の契機として，1968年の5月革命と，それに関連する『エスプリ』誌や『カイエ・プール・ラナリーズ』誌から提起された質問をあげることができる。

　『言葉と物』は，西欧思想の歴史におけるエピステーメーの支配を，ある種の体系的な拘束力として描いた。そしてそれは，精神の歴史にシステムの拘束力と非連続性を導き入れるものであり，システムの受容か暴力かという不毛な二者択一を招くだけではないかという疑念を呼び起こしたのである。これに対して本書は，退けるべきは近代的な主体=主観性の概念であって，そのことは必ずしも体系の支配や構造主義に帰着するわけではないということを主張したのである。

　フーコーは，本書でさまざまな言語表現の存在条件を探求する。そして，「言説」(discours) や，その基本要素である「言表」(enoncé) の概念を定式化し，それらが文や，命題や，言語行為とも異なるリアリティをもっていること，またそれらの言語学的単位が根づくことができるのも，「言説」の歴史的な空間においてであることを明らかにしようとしたのである。

　これまでの知やエピステーメーや考古学などの概念も，この言表，言説の概念に準拠して再構成されることになる。本書は言説が出現する諸条件を確定し，言説分析の準拠枠を明らかにするが，それは権力の関係を言説を支える相関項として導入することにつながっていた。ここでは知の問題が主題化されているが，それは同時に知と権力の関係を分析する視点を用意したのである。　　　内田隆三

[書誌データ] Michel Foucault, *L'archéologie du savoir*, Gallimard, 1969 (『知の考古学』中村雄二郎訳，河出書房新社，1981).

藤田省三 (ふじたしょうぞう) (1927-2003)
『天皇制国家の支配原理』
*1966年刊，第2版1974年

　丸山真男らとともに戦後日本の政治学を指導した藤田省三の論文集。未完のまま収録された同名の主論文「天皇制国家の支配原理」を中心に，天皇制とファシズムを扱った4編の論文によって構成される。藤田によれば，近代国家は「人格的支配から非人格的な客観的機構支配への移行」として特徴づけられる。主論文では明治国家がこのような近代国家を志向しつつも，社会一般のあらゆる対立を調和すべく「郷党社会」や家族的温情主義のような共同体原理に妥協せざるをえず，その結果権力は共同体をとおして日常化することになり，結局「君主の無主権性と官僚制の早熟的肥大」に帰結したことが示される。

　藤田の分析枠組みがとりわけ生彩を放つのは第2次大戦下の総力戦体制の叙述においてである。徹底した機能合理性にたつメカニズムの支配としての近代国家がようやく日本に姿を現わすのは，人間を「人的資源」として扱い，その動員や配置を考えることを余儀なくされた戦時体制においてであった。しかしここでもまた現実の国防国家は官僚主義と自発性の矛盾を免れない。職業のモラルの基礎にあった伝統的な家業は動員体制のなかで解体され，内面的規範性は失われて，動員は非合理的な恫喝と監視，怒号の政治に終わるほかはなかったのである。

　藤田によれば，メカニズムが社会全体を蔽い，支配が非人格化すればするほど，その全体的メカニズムの上にたつ決断が必要になるというパラドックスからのがれられないが，日本の政治に欠けていたのはこのような決断を担う強力な支配人格であった。このように藤田の立場は，しばしば危険なものも含め，政治におけるモダニズムの貫徹についての極限像を示している。最近の，戦時体制論にもとづいて戦中と戦後とを連続的にとらえる史観にも影響を与えている。　　　森　政稔

[書誌データ] 藤田省三『天皇制国家の支配原理』未来社，1966 (第2版，1974).

フッサール Edmund Husserl (1859-1938)
『ヨーロッパ諸学の危機と超越論的現象学』*1954年刊

現象学の創始者フッサールの後期思想を代表する著作。もとになったのは1935年にプラハで行われた講演であり、翌年『フィロソフィア』第1巻に前半部が発表された。当時フッサールはナチスのユダヤ人弾圧によって学者生命を脅かされており、本書全体が時代的危機を背景にした緊迫感に貫かれている。彼はまず、学問の危機を実証主義的傾向の蔓延によって学問が生に対する意義を喪失した点に見定め（第1部）、その克服の方途を「歴史の目的論」（第2部）と「生活世界の存在論」（第3部）の展開のなかに求める。

古代ギリシアに出現した哲学的理性はルネサンスにおいて再生したが、近代の物理学的客観主義の渦に呑み込まれて再び方向を見失った。人間理性に対する信頼の回復は、近代ヨーロッパの歴史に内在する理性の自己実現を目指す目的論的運動を顕在化させること、ひいては超越論的現象学の完成によって実現されねばならない（ヨーロッパ的理性の特権化にフッサールのエスノセントリズムを見る批判もある）。

物理学的客観主義はガリレオによる自然の数学化に淵源する。単なる方法を真の存在と思い込ませ、直観的自然を理念化された自然ですりかえる科学の専横に抗するためには、第1の「還元」を通じて科学の意味基底として働く「生活世界」に還帰し、さらに第2の「還元」を通じて世界を構成する超越論的主観性の働きを開示せねばならない。

本書の刊行は戦後の「現象学ルネサンス」をもたらし、とくに生活世界の概念はシュッツやハーバーマスにおいて新たな展開を見せ、社会学にも大きな影響を与えた。

野家啓一

［書誌データ］ Edmund Husserl, *Die Krisis der europäischen Wissenschaften und die transzendentale Phänomenologie*, M. Nijhoff, 1954（『ヨーロッパ諸学の危機と超越論的現象学』細谷恒夫・木田元訳, 中央公論社, 1974；中公文庫, 1995）.

舩橋晴俊 (1948-2014)・長谷川公一 (1954-)・畠中宗一 (1951-)・梶田孝道 (1947-2006)
『高速文明の地域問題』*1988年刊

本書は、新全国総合開発計画（1969）以来、四全総（1987）に至るまで推進されてきた高速交通網の柱としての新幹線建設が、それに関係する諸地域にどのような地域問題と紛争を引き起こしてきたのかを、東北新幹線を中心対象として実証的に研究し、それを通して、大規模開発プロジェクトを分析する理論的諸概念と視点の析出を目指したものである。

東北新幹線は、遠距離の交通便益を提供するが日常的交通網でないこと、巨大な空間を硬直的に占有すること、騒音・振動等の環境破壊、地域社会の分断、大量の移転の必要性があいまって、埼玉県や東京都の人口集中地域で、長期的かつ激しい地域紛争を引き起こしてきた。このような事態はフランスのTGV建設には見られない日本社会特有の現象である。この事業は、先鋭な受益格差をもたらし社会的合意形成が欠如しているゆえに、「未熟型」公共事業という性格を持つ。それが生み出される根拠は、住民の要求提出とそれをふまえての利害調整の機会を排除している意志決定手続きの欠陥にある。

10年以上の地域紛争を通して、公害対策の徹底や埼京線やニューシャトルという形での日常交通網の併設・改善によって、事業は成熟化の方向に向かった。しかし、それは、当面する問題を解決しようとする努力自体がつぎつぎと新たな問題を引き起こすという構造的緊張の連鎖的転移を伴うものであった。さらに完成後の東北地方各県への影響を見ると、新幹線建設は地方分散や地域格差の是正に貢献するというよりも、むしろ東京への集中化現象と地域間格差を拡大し続けている。1970年代に露呈した大規模公共事業の欠陥は、今日でも未解決の問題として残っている。

著者（舩橋晴俊）要約

［書誌データ］ 舩橋晴俊・長谷川公一・畠中宗一・梶田孝道『高速文明の地域問題—東北新幹線の建設・紛争と社会的影響』有斐閣, 1988.

**舩橋晴俊(1948-2014)・長谷川公一(1954-)
・畠中宗一(1951-)・勝田晴美(1949-)
『新幹線公害』*1985年刊**

　本書は，高度経済成長期に発生した代表的な交通公害問題としての新幹線公害の全体像を，わが国でもっとも激しい被害を生じた名古屋市を中心対象として，実証的かつ理論的に把握しようとした環境社会学的著作である。その方法的志向は，この公害問題に関与するあらゆる立場の当事者（被害住民，加害企業としての国鉄，その労働組合，自治体等）に対する体系的な聞き取りを行い，それを基盤にしたモノグラフを提示すると同時に，マートンの言う意味での「中範囲」のレベルでの概念用具の整備と社会学的意味発見を目指すものである。

　新幹線公害は，1964年の東海道新幹線の開業と同時に発生したが，住民運動の形成による社会紛争化が可能になったのは1971年である。被害者団体は公害差し止め請求を提訴したが（1974年），一審判決（1980年）および控訴審判決（1985年）は共に慰謝料を認めたものの差し止めは棄却した。この問題には，「高速文明」対「生活の質」という価値対立とともに，多数の受益者（拡散した受益圏）と特定少数の被害者（局地化した受苦圏）の間での利害対立が存在し，加害メカニズムの非人格性や責任の拡散性という大規模公共事業の現代的特質が露呈している。

　本書の各章は，新幹線公害を引き起こした諸要因は何か，なぜ長期にわたって未解決状態が継続してきたのか，住民運動と裁判闘争はどういう意義を持ちどういう教訓を残したか，提訴自体がいかなる問題改善機能を果たしたか，解決の道をどこに求めたら良いのかという諸テーマを探究し，意思決定過程における硬直性，司法消極主義，公共性概念，受忍限度論等について批判的検討を行っている。

〔著者（舩橋晴俊）要約〕

［書誌データ］　舩橋晴俊・長谷川公一・畠中宗一・勝田晴美『新幹線公害—高速文明の社会問題』有斐閣，1985.

**フュステル・ド・クーランジュ
Numa-Denis Fustel de Coulange (1830-89)
『古代都市』*1864年刊**

　古代ギリシア・ローマ社会の構成とその変貌を，信仰と社会の組織原理の関係から分析した歴史研究。

　「古代人の制度を知るためには，その最古の信仰を研究する必要があることについて」という緒言に始まり，第1編「古代の信仰」では，古代社会の信仰は祖先と聖火の崇拝であったとし，第2編「家族」ではこの信仰に基づく社会組織として「家族」を捉え，そこにおける所有や相続の制度をその信仰によって説明する。第3編「都市」では，複数の家族を結びつけた社会としての都市の成立とそこでの社会制度が，祖先崇拝から自然宗教への移行という点から説明され，「革命」と題された第4編では，都市の成立を可能にした信仰の変化に伴う古代社会の変貌が分析される。第5編「都市政体の消滅」で，古代哲学による信仰の変化と，古代都市とは異なる組織形態をもつ社会であるローマの制覇，そしてそれを完成するキリスト教の勝利から，古代都市政体の消滅が説明される。かくして，信仰の確立により社会が構成され，信仰の変化に伴って革命が生じ，信仰の消滅が社会の相貌を一変させるのが，古代を律する法則であると結論される。

　本書は，史料批判の問題など今日の歴史学の水準から見ればさまざまな問題点をもっているが，信仰を社会の組織原理として捉え，そこから社会の制度的構造とその変貌を明らかにしようとする方法は，デュルケームやウェーバーの社会学における「宗教」と「社会」との関係をめぐる思考や，近代化と世俗化との関係をめぐる議論と通底するものとして，現在でもなお古典的意義をもっている。

〔若林幹夫〕

［書誌データ］　Numa-Denis Fustel de Coulange, *La cité antique*, 1864（『古代家族』中川善之助，弘文堂，部分訳，1927；『古代都市』田辺貞之助訳，白水社，1944；同，新訳，1961）．

ブラウ Peter Michael Blau (1918-2002)
『現代社会の官僚制』 *1956年刊

　本書は，M. ウェーバーの理念型としての官僚制の概念図式（官僚制の組織的諸特徴）を，ブラウが行った2つの政府機関（職業安定所と労働基準局）の事例研究（『官僚制の動態』1955）をはじめ，数多くの調査結果に依拠して批判的に検討し，現実型としての官僚制の中範囲理論を提示した社会学テキストとして評価されている。たとえば，ホーソン実験で知られる人間関係のフォーマル・インフォーマルな側面の関係，P. セルズニックの『TVAとグラス・ルーツ』（1949）で得られた「意図せざる結果」（潜在的機能）の組織活動に対する帰結，A. W. グールドナーの『産業における官僚制』（1954）の知見に見られる官僚制化の構造的諸条件を体系的に整理して官僚制理論に組み入れている。

　本書のもう1つの特徴は，組織改革・民主主義と官僚制の関係に関する見解に見られる。組織改革との関係では，儀礼主義・繁文縟礼（官僚主義）の官僚制の消極面と，改革の道具としての積極面が検討され，前者は「手段的価値が究極の価値となる」目標の転移，後者は「組織目標の達成と次の改革への努力」という目標の連続を引き起こす組織の構造的要請の結果であることが指摘される。また，民主主義との関係では，R. ミヘルスが社会主義政党の官僚制化の分析から得た寡頭制の鉄則を批判し，自治的団体や自発的結社が果たす民主的役割に注意を向ける。法の下における平等，職業の機会均等，労働時間の短縮，教育水準の向上など，官僚制がもたらす利益が認められるからこそ，官僚制が民主主義を脅かす危険は不可避な運命でなく，その脅威を制御する民主的な方法の発見を促す挑戦と見なされるのである。

間場寿一

［書誌データ］Peter Michael Blau, *Bureaucracy in Modern Society*, Random House, 1956（『現代社会の官僚制』阿利莫二訳，岩波書店，1958）．

ブラウ Peter Michael Blau (1918-2002)
『交換と権力』 *1964年刊

　本書は「交換」をキーワードにして，個人間の結合から集団関係まで社会過程全般に派生する創発特性に注目し，社会構造の統合と分化の過程を解明する「社会構造の理論の序章」に当たる文献である。ブラウの交換理論の特徴は，単純な対人関係の分析を複雑な集団構造の解明に活用すること，言い換えると，交換概念を軸にミクロな構造からマクロな構造へ分析の射程を一貫して拡大させているところにあり，その点で，G. C. ホマンズやH. H. ケリーらの対人過程における心理学的還元主義の交換理論より視野が広く，社会学の理論として成功している。

　社会生活における互酬的な交換は社会的支持（是認と誘引）を生み出し，非互酬的な交換（一方的交換）は権力の分化をもたらす。集団における権力行使は社会的是認，正当化，組織化を促すとともに，反抗力，闘争，再組織化，変動を引き起こす。つまり均衡を回復する過程そのものが新しい不均衡を生み出す力なのである。社会的期待（公正の規範）は，これら諸力が交差・葛藤する過程で権力構造や交換関係を変容させ，新しい社会過程を創発させる基本線として作用する。硬直化した社会構造は反抗の運動量を集積させるので，社会の構造変動は持続的に調整される均衡状態の回復というより，断続的な再組織化の弁証法的様式をとる傾向がある。

　ブラウの弁証法社会学は機能主義の保守主義的偏向を是正し，経験的研究の知見を基礎に中範囲命題を構築することによって，機能分析と社会過程論の関連を明らかにしている。

訳者（間場寿一）要約

［書誌データ］Peter Michael Blau, *Exchange and Power in Social Life*, John Wiley & Sons, 1964（『交換と権力―社会過程の弁証法社会学』間場寿一・居安正・塩原勉訳，新曜社，1974；限定復刊：1996）．

ブラウン Lester R. Brown (1934-) 他
『地球白書』 *1984年創刊, 以後毎年1回発行

　レスター・R．ブラウンが所長をつとめるワールドウォッチ研究所による地球環境に関する包括的なレポートであり，環境問題解決への提言の書である。ほとんどの主要言語に翻訳されて全世界的に出版されており，環境問題に関する標準的テキストの位置を得ているといえる。内容は地球環境総論，人口問題，農業・漁業と食糧，生態系のみならず，経済システム，軍縮と平和，人権，環境政策等多岐にわたる。年度によってとりあげられるテーマが異なり，また同じテーマでも毎年新しく書き下ろされている。

　豊富な情報収集力と解析力を駆使して，環境問題の前線を総合的かつ定量的に論じていくこと，それをもとに，今後予測される問題に関する的確な警告を発していくことが，本書の面目といえる。1994年頃からはとくに将来の世界的な食糧問題の深刻さが指摘されているが，ブラウンは米国農務省に勤務していた1965年にインドの穀物生産の不作を未然に察知し，飢饉による被害を軽減させた経験があることからも，その指摘は現実味をもっている。単に警告を発するばかりでなく，今後いかなる技術や経済システムを採用すれば持続可能性が獲得できるか，あるいはいかなる政策をとれば環境問題の解決に寄与しうるか，という代案を提出することにも力がそそがれている。

田中　直

［書誌データ］Lester R. Brown et al., *State of the World*, 1984-（『地球白書』84年版, 実業之日本社；85年版, 福武書店；87年版〜, ダイヤモンド社）．

プラマー Ken Plummer (1946-)
『生活記録の社会学』 *1983年刊

　本書は，人々のさまざまな生活経験を，あくまで当事者の観点から調べて理解していく研究方法のスタイルを考察し，その生活史研究をめぐって生じる困難と問題点を検討している入門書である。

　プラマーは，「人間の喜びや苦痛の表現は社会学からいとも簡単に排除されてしまった」という問題意識から，①人間の主体性と創造性，②人間のさまざまな具体的経験，③人間の諸経験への親しみとその内容の詳細な吟味，④人間生活への根源的な問いかけを基準とする「人間主体の社会学」の必要性を説く。社会構造中心的な実証主義的研究志向に対して，人間のさまざまな経験を表現する個人的な「生活記録」(Documents of Life)を基礎にして人間中心的研究志向を意図している。

　広く社会学上の資料としての「さまざまな生活記録」，シカゴ学派を中心とした「生活史方法の形成」，生活記録の「活用」が論じられていく。人間の経験や生活を根源的にどのように理解し把握していくのか。境界をはるかに越えて広く「生の記録」がとらえ直され，その「活用」は研究上・教育上・実践上の活用に及ぶ。

　しかし，生活史調査を試みていくうえでもさまざまの問題に直面せざるをえない。とくに実際に調査を進めるうえでの準備，データの収集，資料整理，分析，生活史を書き提示する作業にかかわる技術上の課題，生活記録の理論化にかかわる課題，個人的倫理的な課題が論じられている。生活史研究に関して豊富な情報を提供しているイギリスの現代社会調査シリーズの1冊でもある。

監訳者（川合隆男）要約

［書誌データ］Ken Plummer, *Documents of Life : An Introduction to the Problems and Literature of a Humanistic Method*, George Allen & Unwin, 1983（『生活記録の社会学—方法としての生活史研究案内』原田勝弘・川合隆男・下田平裕身監訳, 光生館, 1991）．

■フランカステル Pierre Francastel (1900-70)
『絵画と社会』＊1951年刊

　絵画は、いわゆる美術であり、また芸術であって、それら作品個々の優劣や価値、あるいは作品相互の関係や、時代的・地域的な繋がりや特質などを対象にした美術評論、美学（芸術学）、美術史（世界・西洋・東洋・日本美術等）などが必然的に生れてきているが、本書は、そうした絵画の芸術性を前提にした思考のスタンスから全く離れて、ある社会集団がある芸術的表現の体系を産み出していく過程のなかには、集団そのものの社会的変化の相貌が反映しており、したがって、逆に芸術体系の社会的変容をさまざまな角度から精査していけば、社会そのものの変容やその特質が浮び上ってくるはずである、という独創的な見解を打ち出して、「芸術社会学」の新しい可能性を立証したフランカステルの代表的著作である。

　本書が発刊された1950-60年代のパリを中心とする騒然とした状況は、知的な文芸活動が政治・民族・文化（教育制度）に対する根元的な見直しを求めて、社会全体が懊悩していたと言えるが、美術の分野でも、いわゆるアンフォルメル運動が、アメリカの「熱い抽象」と呼応して、全世界を革命的な動乱のなかに捲き込んでいた。その大変動に遭遇して著者は、中世からルネサンス期にかける、とくに絵画表現の急激な変貌に着目し、その過程におけるユークリッド幾何学的な線遠近法の成立に精細な調査と思考を加えている。結局は科学的なメカニズムによる写真の映像によるレアリズムにまで発展してくるのだが、そのルネサンス的な絵画表現体系そのものの崩壊が当時始っていたわけで、その意味するものはまさに現代の問題でもある、ということだろう。40年も前の著作ながら、彼の「芸術社会学」の方法論は、依然として効力を失っていない。
〔訳者要約〕

［書誌データ］Pierre Francastel, *Peinture et Société*, Gallimard, 1951; 2nd ed., 1965（『絵画と社会』大島清次訳、岩崎美術社、1968）．

■フランク Andre Gunder Frank (1929-2005)
『従属的蓄積と低開発』＊1978年刊

　1960年代半ばにラテンアメリカに生まれた従属理論は、戦後に成立した「近代化論」パラダイムによる第三世界の経済発展が挫折したことへの内在的反省から生まれた。それは、一方で、これら諸国がその中に位置付けられた枠組みである近代の国際経済システムの本質的性格を問わない近代化論の一国資本主義分析への批判（その源泉は、プレビッシュとラテンアメリカ構造学派の「中心／周辺理論」にあった）と、他方で、正統派マルクス主義の単線的発展史観（予定調和的「資本の文明化作用」論）への批判（その源泉は、スウィージーやバランらのネオ・マルクス主義にあった）の両方の性格を持ち、その「世界資本主義」概念や「中枢／衛星」図式や「周辺から中心への経済余剰の移転」といったタームは、開発論の分野だけでなく、社会科学全体に大きな影響を与えた。

　フランクは、本書で、従属理論の代表的命題となった彼の「低開発の発展」テーゼのラテンアメリカから全世界的規模への拡張とその理論的歴史的実証的論証を試みている。つまり、1500年から1930年に至る「資本蓄積の世界的過程内部における生産と交換の従属的諸関係の分析を通して低開発の説明に接近しよう」とした。その意味で、本書は、雄大な構想を持った書であった。しかし、1980年代に入り、東アジア NIES の「輸出指向型工業化」の成功があり、また「新古典派復興」＝新自由主義の台頭と全盛期がやってきて、従属理論は、衰退した。つまり、歴史的役割を終えたが、その理論的意味合いは、不滅のものと言うことができ、ウォーラーステインらの世界システム論などに、そのアプローチは継承されている。
〔訳者要約〕

［書誌データ］Andre Gunder Frank, *Dependent Development and Underdevelopment*, Macmillan, 1978（『従属的蓄積と低開発』吾郷健二訳、岩波書店、1980）．

■ブランケンブルク
Wolfgang Blankenburg (1928-2002)
『**自明性の喪失**』*1971年刊

　著者はビンスワンガーの現存在分析的分裂病論を継承し，これをより精緻なフッサール現象学的論究によって深めることにより，現象学的分裂病論のモニュメンタルな名著である本書を生み出した。

　人間の世界内存在（ハイデガー）は世界への親しみを基盤にして成立している。分裂病におけるこの親しさの喪失を分析したのはビンスワンガーである。ブランケンブルクはこの喪失を（本書の中心症例である女性患者アンネの言葉を借りて）「自然な自明性の喪失」として捉えている。

　アンネは妄想や幻覚をほとんどまったく示さない寡症状性の単純型分裂病者である。彼女の苦痛は「だれにでもわかるはずの当たり前のことがわからない」，「それなしでは生きて行けない大切なこと」つまり生活の基本ルールがわからないということに尽きる。従来の精神病理学は分裂病の前景症状である妄想や幻覚を主として論じてきた。しかしそのような前景症状は人間存在の根底につながる自明性の問題をむしろ覆い隠してしまう。著者が臨床的にはきわめて地味な単純型分裂病を分析の対象としたのはそのためである。

　自明性 Selbstverständlichkeit という無名の自発性（おのずから von selbst）と自己の自立性 Selbständigkeit（みずから Selbst）は互いに弁証法的相補関係にある。自明性は「だれにでもわかる」という間主観性あるいはコモン・センスの問題に通底している。分裂病者の自己の対他存在を論じるためにはこのような共通感覚（コモン・センス）への視点が重要である。

訳者（木村　敏）要約

［書誌データ］Wolfgang Blankenburg, *Der Verlust der natürlichen Selbstverständlichkeit*, Enke Verlag, 1971（『自明性の喪失』木村敏・岡本進・島弘嗣訳，みすず書房，1978）．

■プーランザス　Nicos Poulantzas (1936-79)
『**資本主義国家の構造**』*1968年刊

　この本は，第2次大戦後，独自の問題設定（アルチュセールの構造主義に負う）のもとに体系的に書かれたマルクス主義資本主義国家論の最初の本であり，「マルクス主義国家論のルネッサンス」の嚆矢となった。全体は簡単な序論に続いて，5部構成よりなる。第1部「一般的諸問題」では，政治概念，社会諸階級の概念，権力概念が定立される。第2部「資本主義国家」では同国家の類型学と型，絶対主義国家，ブルジョア革命のモデルが論じられる。第3部「資本主義国家の基本的諸特性」では資本主義国家とa．被支配階級の利益，b．イデオロギー，c．強力，d．支配階級との関係が分析されるが，その4章での権力ブロック等の問題提起は独創的である。第4部「権力の統一性と資本主義国家の相対的自立性」は，この2つの問題についての詳細な論述であり，その第5章では，国家形態とレジームの形態の問題が論じられている。第5部「官僚制とエリート」では，エリート理論を斥けつつ，社会的カテゴリーとしての官僚および官僚制が分析される。

　本書はアルチュセール的な審級理論（経済・政治・イデオロギー等）とこれらの審級の構造と社会的実践（階級闘争）の領域への分割とそれらの相互関係の体系的分析という視点からの，政治リージョン（資本主義国家と階級闘争）の体系的構築を目指した労作である。国家装置と国家権力の区別，孤立化作用，資本主義国家の相対的自律性などについての独創的見解を含み，彼の死後，イギリスのB．ジェソップによって発展させられている。

訳者（田口富久治）要約

［書誌データ］Nicos Poulantzas, *Pouvoir Politique et Classes Sociales*, François Maspero, 1968（『資本主義国家の構造―政治権力と社会階級』田口富久治他訳，未来社，第Ⅰ巻：1978，第Ⅱ巻：1981）．

ブランショ Maurice Blanchot (1907-2003)
『文学空間』 *1950年刊

　マラルメの詩やカフカの小説に示された現代文学の限界状況から、〈書く〉という行為ならざる行為をテーマ化し、文学作品の生まれる場所を社会的実際的関係の外部にある〈文学空間〉として定義。作品を作家主体の創作物とみなす旧来の文学観を一新し、〈作家の死〉とそれによる作品の自立性を強調して、20世紀後半の文学理論のみならず哲学的思考に深い影響を与えた。

　ブランショは〈書く〉ことを〈死〉の体験になぞらえる。人はだれも自分の死を体験できず、死ぬときにはしだいに死に近づきながら、死を手にすることなく消滅してゆく。〈書く〉ことはこの体験に似て、作家は作品を目指して書きながらも、書くことのうちで主体としての支配力を失い、目的に達しないままそのまわりを彷徨する。作品はその彷徨から、もはや誰のものでもない漂着物のようにして、読む者の岸辺に送り届けられる。〈文学空間〉とはそのように、〈書く〉ことで作家が人称性を失い、来るべき作品の主権のもとにおかれる、〈作家の死〉の空間だとされる。

　〈私〉が誰でもない〈ひと〉になるという着想は、明らかにハイデガーの現存在の分析を踏まえており、ハイデガーが頽落として描く〈ひと〉のありようを、ある積極的なものへと転化する試みがそこには認められる。

　この論は作家に「死を潜る書き手」というオルフェウス的形象を与える一方、世界戦争の時代の文学の言葉の出所を問い直すと同時に、個人の創作に帰された文学に、無名の死者たちの語りという神話的次元を取り戻させる。また〈文学空間〉の考えは、書物(聖書)のみを住処として大地に帰属しないユダヤ的存在様態と通い合うが、それによって、ショアーを現出した近代西欧の世界構成のあり方に根本的な批判を投げかけてもいる。

西谷　修

[書誌データ] Maurice Blanchot, *L'espace littéraire*, Gallimard, 1950 (『文学空間』粟津則雄・出口裕弘訳, 現代思潮社, 1962).

フーリエ Charles Fourier (1772-1837)
『四運動の理論』 *1808年刊

　19世紀前半のフランスの社会主義者、シャルル・フーリエの初期の主著。徹底した社会批判と奇想とに満ち、ユートピア思想の系譜においても貴重な作品である。フーリエがここで4つの運動というのは、社会的、動物的、有機的、物質的の各運動である。このうち詳述されているのは社会的運動であるが、フーリエによれば、この運動は、上昇と下降、調和と不調和によって4つの段階に分けられ、現在の地球社会は最初の上昇不統一の段階にある。さらにこの段階は次の時期に区分される。①混成セクト、②未開、③家父長制、④野蛮、⑤文明、⑥保証、⑦粗成セクト。

　フーリエによれば、情念は決して抑圧されるべきではなく、神に次いで高貴なものであって、その情念相互の調和が幸福の条件となる。西欧諸国が達した「文明」の段階は、孤立的な生産とそれらを結び付ける商業の発展によって特徴づけられるが、諸情念の間の調和が達成されていないゆえに、十分に豊かであるとは言えず、商業の放縦の体系をつくりあげてしまう。商業の批判と並んで特徴的なものは男性と女性の関係であり、「文明」を特徴づける家族制度である一夫一妻制は情念の自由な展開を致命的に制約する。

　「文明」を超える新しい時期への移行は、生産者たちによる自発的なアソシアシオンの形成によって「突然に」生じるものとされ、労働と消費(とりわけ美食)を共同化するファランジュの構想が示される。この著作は文明社会の常識を覆す奇想のゆえに、同時代の人々から拒絶や軽蔑を受けたが、社会主義思想や実験的ユートピア運動に影響をあたえ、また20世紀になってからも、「遊び」としての労働観や多様な性のあり方などにおいて、先駆的な思想としてしばしば参照されている。

森　政稔

[書誌データ] Charles Fourier, *Théorie des quatre mouvements et des destinées générales*, 1808 (『四運動の理論』巖谷國士訳, 現代思潮社, 1970).

フリス Simon Frith (1946-)
『サウンドの力』 *1983年刊

　イギリスのマルクス＝グラムシ主義的な思想，また長い労働者文化研究を基盤に，今世紀後半，世界中で最も広く深い影響を与えた音楽，ロックの歴史と現状を分析した書で，ロック以外の大衆音楽・大衆文化を考えるうえでも貴重なアイデアを与えてくれる。

　第1部「ロックの意味」ではロックがレコードやコンサートを代表とする商品経済に必然的に組み込まれながら，商業主義を拒絶する芸術（自己表現）というイデオロギーによって解釈される矛盾を指摘する。第2部「ロック生産」ではこの矛盾の核心にある作り手の側の構造を，音楽制作の現場からレコード会社，著作権や出版業，コンサート主催者，マスメディアなど業界全体にめくばりをしながら分析する。そして音楽家と彼らの経済的な基盤を保証しながら，音楽的な冒険を抑圧するレコード業界の間の葛藤に焦点があてられる。またメジャー・レーベル＝商業主義，インディーズ＝前衛という図式にも疑問が投げかけられる。

　第3部「ロック消費」は聴き手の側の構造を扱う。まずロックと不可分な「若者」という社会的集団が，「10代」とは違い，まさにロックを生み出した60年代の歴史的な所産であることを述べ，続いて「若者」が一枚岩ではなく，階級性や性別によってロックに対する意味づけが異なることに言及する。ロック・サウンド自体も女性的な身体性を強調するディスコ，男性性（「男根ロック」とフリスは呼ぶ）を内包するパンクというように，性的な枠組みによって解釈される。本書はこのように幅広い視野で巨大な大衆音楽の領域に踏み込んだ古典的な著書である。　訳者要約

［書誌データ］Simon Frith, *Sound Effects, Youth, Leisure, and the Politics of Rock'n'roll*, Constable, 1983（『サウンドの力』細川周平訳，晶文社，1991）.

フリーダン Betty Friedan (1921-2006)
『新しい女性の創造』 *1963年刊

　1950年代の米国では，郊外住宅に住み，健康で美しく学歴の高い中産階級の専業主婦が，「女らしさ」を賛美する風潮のなかで理想の女性のイメージとされていた。だがフリーダンは本書において，その幸せであるはずの女性たちが理想とされた生活のなかで何ともいえぬ虚しさにとらわれ，自尊心を失っていることを指摘し，女性を主婦と母親役割に限定するこの「女らしさ」の神話に異議を唱えた。そして，女性たちの満たされない思いを「名づけようのない問題」と呼び，この問題は，女性が一人の人間として能力を十分伸ばすことを阻まれていることから生じるのであり，単なる個人的な問題ではなく，まさに社会問題なのだと告発。女性が人間として自己を確立するには，この「女らしさ」の神話を打ち破り，家庭の外に出て創造的に仕事をすべきであると主張し，新たな女性像を提起した。彼女のこの訴えは，女性解放の思想と運動に大きな影響を与えた。本書は発売されると，たちまちベストセラーとなり，「女性運動のバイブル」ともいわれた。その後，フリーダンは全米女性機構（NOW）を設立し，第二波フェミニズムの中心的存在となった。このように，女性に対する固定観念を打ち破り，性別役割分業を乗り越えた男性と女性の新たな関係のあり方を示した本書の意義は大きい。だが，フリーダンが対象とした女性は，高学歴の中産階級（となれば大半が白人である）の専業主婦という一部の恵まれた女性であって，人種，エスニシティ，階層，セクシュアリティなどを射程に入れたものではなかった。したがって，本書が説く女性の解放・自立は限られた女性のためのものであったともいえよう。　寺澤恵美子

［書誌データ］Betty Friedan, *The Feminine Mystique*, W. W. Norton & Company Inc., 1963（『新しい女性の創造』三浦冨美子訳，大和書房，1965；増補版，1977）.

フリードベルグ Erhard Friedberg (1942-)
『組織の戦略分析』 *1972年刊

本書は組織社会学における戦略分析学派の理論形成を推進した中心的な3著作のなかで，M. クロジエ (Michel Crozier) の *Le Phénomène Bureaucratique* (1964, 『官僚制の現象』日本語では未訳) と，クロジエおよびフリードベルグの共著であり理論的集大成としての *L'Acteur et le Système* (1977, 『行為者とシステム』日本語では未訳) をつなぐ位置にある。戦略分析学派の創設期の指導者クロジエは，『官僚制の現象』において，2つの組織についての精緻な事例研究を通して，戦略分析の基本視点を提出するとともに，フランス社会の固有の硬直性を官僚制に焦点をあてて分析した。1975年にクロジエを中心とした組織社会学者集団の研究拠点として，組織社会学研究所 (CSO) がパリに開設される。それに至る過程で，組織社会学の教材として，戦略分析を体系的にはじめて説明したのが本書である。

戦略分析の根底にあるのは，状況から課せられる諸制約を被り，「構造化された場」に置かれながらも，常に「自由な選択範囲」を持つという人間観である。組織過程は，それぞれの主体が，自分の利害関心に基づいて戦略を展開し，勢力関係における不確実性を交渉手段によって操作する過程である。このような視点によって戦略分析は，科学的管理法と人間関係論の限界を乗り越える。また戦略分析は，閉ざされた概念枠組に安住することを拒否し，事実についての詳細な記述から出発し，個々の対象に即してそのつど説明力を持つ要因と論理を新しく発見していくという方法意識を持つ。それゆえ，戦略分析は，組織と絡まり合う形で生起している現代のさまざまな社会問題と政策過程の解明に，有効性を発揮するのである。　　　訳者（舩橋晴俊）要約

[書誌データ] Erhard Friedberg, *L'Analyse Sociologique des Organisations*, GREP, 1972 (『組織の戦略分析—不確実性とゲームの社会学』舩橋晴俊・クロード・レヴィ＝アルヴァレス訳, 新泉社, 1989).

ブルデュー Pierre Bourdieu (1930-2002)
『実践感覚』 *1980年刊

20世紀後半のフランス社会学を代表する理論家ブルデューは，フィールドワークや社会調査と社会理論の構築とを，並行的にこなしてきた。本書は彼の代表作の1つであるとともに，このような特質をも明示している。

全体は2部構成で，第1部の「理論理性批判」は彼の社会学の基本概念を駆使した理論篇であり，第2部「プラチックの論理」は，フランスのベアルン地方における結婚戦略や，アルジェリアのカビリア地方の生活世界の実際的かつ象徴的な仕組みについて分析した実例である。いわば理論構築のもとになったフィールドワーク篇である。

本書に示される基本的な認識姿勢は，第1部冒頭の「客観化を客観化する」という章や，第2部冒頭の序言に明示されている。客観主義と主観主義，西欧の近代学問体系が基盤にしてきた主客二元論をいかに乗り超えるか。より具体的には，構造主義の客観主義的認識を成立させている根拠を批判的に問い直すと同時に，主体によるプラクシス（実践）を特権化するサルトル的な実存主義的主観主義をも乗り超える道を探り当てなければならない。そう，ブルデューはいう。本書は，1950年代，60年代の思想的な課題との真摯な格闘の成果，という位置をもしめている。

そのときに鍵となる基本的な考え方が，人々が生存のなかで実際に行なっている行為であるプラチック（邦訳書では「実践」）と，それを個々人の意識外部で秩序化しているハビトゥスとの関係性の解明であり，換言すれば，構造化された構造と構造化する構造とのダイナミズムを，実体と象徴の2重のレベルでつかむことである。　　　訳者（福井憲彦）要約

[書誌データ] Pierre Bourdieu, *Le Sens pratique*, Editions de Minuit, 1980 (『実践感覚』1・2, 今村仁司・福井憲彦・塚原史・港道隆訳, みすず書房, 1989-90).

■ブルーマー Herbert Blumer (1900-87)
『シンボリック相互作用論』*1969年刊

　本書はシンボリック相互作用論（symbolic interactionism）の命名者であり，その実質的推進者であるH．ブルーマーの論文集であり，シンボリック相互作用論の理論と方法について明確な定式化がなされている。
　ブルーマーは「シンボリックな相互作用」（symbolic interaction）を言葉を中心とするシンボルを媒介とする人間の相互作用として特徴づけ，そこにおいて既存のものの修正・変更・再構成がなされ，新たなものが形成されることを強調する。そして，①人間はものごとそれ自体というよりも，ものごとに対して付与する意味にもとづいて行為すること，②意味は社会的相互作用過程において生み出されること，③意味は人間によって解釈されることをシンボリック相互作用論の3つの前提としてあげている。
　ブルーマーによると，人間は自我を持つことによって「自分自身との相互作用」（self interaction）を行ない，対象を自分に表示し，それを解釈することができる。解釈によって意味が選択され，チェックされ，留保され，再分類され，変容される。ここから，人間は対象に対して積極的に働きかける主体的存在となり，社会は人間によって構成され，変化・変容する動的で過程的なものとなる。
　ブルーマーはこのような観点から，機能主義社会学が人間を社会体系や社会構造などの力に単に反応する受け身的な有機体とし，また，社会を固定的，静的なものとしていると批判する。ブルーマーはまた，人間の「解釈」を考慮していない実証主義的方法を批判し，行為者の見地をとり，行為者の内側を明らかにするために，「感受概念」（sensitizing concept）を用い，参与観察を行ない，質的資料を活用するという人文科学的方法の提示を行なっている。
　　　　　　　　　　　　　　　　　　　船津　衛
［書誌データ］ Herbert Blumer, *Symbolic Interactionism*, Prentice-Hall, 1969（『シンボリック相互作用論』後藤将之訳，勁草書房，1991）．

■ブルンヴァン Jan Harold Brunvand (1933-　)
『消えるヒッチハイカー』*1981年刊

　ヒッチハイクの女性を乗せて目的地に到着すると，彼女が消えていたという話。フライド・チキンのなかに鼠の唐揚げが混じっていたという話。本書は，日本にも類例があるこうした話を都市伝説と名付けて民俗学の研究領域に登録した。そして現代の，主に若者たちが語る都市伝説を提示し，それまで"民俗"に纏綿していた，現代より昔，都会より田舎，若者より老人のものという印象を反転させることに成功した。
　本書は"都市"については何も規定しようとしないが，収録された多くの話群は，都市的環境における人とモノ，人と人の関わり方から材料を得ている。自動車やファースト・フード店はもとより，濡れたペットや赤ん坊が入れられたと語られる電子レンジ，捨てられたペットの鰐が成長して潜む下水溝，毒蛇がもぐり込んでいたという東洋から輸入された毛布。いずれも複雑な道具やシステムにより媒介された生活の間接的リアリティを語る要素だ。また，自動車から消えた見知らぬ人や，不特定の人々の手を渡っていく猫の死体入りのバッグは，匿名の人間関係を前提にしている。都市伝説の背景にはこうした"仕組みとしての都市"の経験が存在している。
　また都市伝説は，必ずしも"口承"の場のみに現出するわけではない。それはしばしばマス・メディアを通して流布する。そしてマス・メディアの情報は，受け手に解釈され再び流通していく。本書は，都市伝説研究はこうして受け手が情報を再生産し，話し手として主体化される場をも射程に入れる必要があることを示したといえる。
　　　　　　　　　　　　　　訳者（重信幸彦）要約
［書誌データ］ Jan Harold Brunvand, *The Vanishing Hitchhiker: American Urban Legend and Their Meanings*, W. W. Norton, 1981（『消えるヒッチハイカー』大月隆寛・菅谷裕子・重信幸彦訳，新宿書房，1988）．

フレイレ Paulo Freire (1921-97)
『被抑圧者の教育学』*1970年刊

フレイレは1962年にブラジル東北部で成人を相手に識字サークルを作り，生活の改革および被抑圧者の解放と結びついた識字教育を始めた。これは人びとの共感を得て，ブラジル全土に広がった。この識字活動の意義と方法を理論化したのが本書である。各国語に訳され（アジアでは日本語，韓国語，タイ語など），世界各地において成人の識字教育に取りくむ者の必読文献になっている。

本書でフレイレは従来の識字の方法を問いなおし，改革すると同時に，その土台である西洋近代教育の方法を批判し，改造の道を示している。

識字と教育には二通りの方法がある。銀行型教育と課題提起型教育である。

銀行型教育は教師が生徒に知識を一方的にインプット（預金）する教育であり，識字においては生徒の年齢にかかわりなくＡＢＣから教える。文字から出発する教育。これを習って，生徒は教える側・治める側の意識を内面化する。近代教育の支配的な方法である。

これを課題提起型教育に組み替える。学習者が自分や地域の生活を議論し，問題点を洗いだし，それを表す単語から学び始める。農村であれば，地主，小作料，井戸などの単語を選ぶ。生活から出発する識字。このなかで学習者は文字を読むことは世界を読み，世界に働きかけていく営みであることに気づいていく。学ぶとは世界を改革の対象として意識化することである。このような識字の方法を学校に活かすと，これは課題提起型教育になる。

本書は西洋近代教育の押しつけにたいするラテンアメリカ民衆の異議申立であると同時に，自立をめざす教育を設計したものである。

訳者（小沢有作）要約

[書誌データ] Paulo Freire, *Pedagogy of the Oppressed*, Herder and Herder, 1970（『被抑圧者の教育学』小沢有作・楠原彰・柿沼秀雄・伊藤周訳，亜紀書房，1979）.

フレーザー
James George Frazer (1854-1941)
『金枝篇』*1898年刊

イギリス人類学の母とも言われる，ジェームズ・Ｇ．フレーザーの代表作。1898年，ロンドンのマクミラン社から初版2巻本が刊行されて以来，1900年（3巻），1911年（11巻），1914年（12巻，索引・文献目録含む）と，版を重ねる毎に巻数も増やしていった。そして，1922年に全1巻の簡約版が出た後，1936年には，補遺を加えて，ついに全13巻からなる大著の完成をみるまでになる。

《たれかターナーの描く「金枝」という絵を知らぬ者があろう》という，きわめて印象深い言挙げから始まるこの書の目的は，ローマの南東，今もなお鬱蒼とした栗と樫に囲まれているネミ湖北岸の古代の森で，女神ディアーナ（ダイアナ）の祭司職がいかにして継承されていったかを解明するところにある。ここネミの聖域には金枝の木があり，その枝は何人たりとも手折ることが許されなかった。ところが，逃亡奴隷だけがそれを1本だけ折ることができ，これに成功すれば，祭司と闘い，首尾よく相手を倒せば，「森の王」と呼ばれて，祭司職を継承したという。

フレーザーはこの儀礼的に殺される「祭司王」にすぐれて古代的な神聖王権の原型を想定し，それが呪術的な世界観に起因かつ通底するとして，世界各地のさまざまな民俗慣行，すなわち樹木崇拝や霊魂・豊饒信仰，トーテミズム，タブー，スケープ・ゴート，火祭りなどを検討していく。独創的な共感呪術論や供犠論によって，呪術から宗教への変遷を跡づけようとするフレーザーの意図を体現した『金枝篇』は，現地調査に基づかない，文献資料の集成との批判を浴びつつも，各国語に翻訳され，人類・民族学者のみならず，Ｔ．Ｓ．エリオットやジェームズ・ジョイス，さらにはフロイトにも影響を与えた。 蔵持不三也

[書誌データ] James George Frazer, *The Golden Bough: A Study in Magic and Religion*, Macmillan, 1898（『金枝篇』（簡約版）1～5巻，永橋卓介訳，岩波文庫，1951-52）.

ブレンターノ　Lujo Brentano (1844-1931)
『近代資本主義の起源』 *1916年刊

　本書の日本語版の訳者は'moderne Kapitalismus'を,「近世資本主義」と訳している。しかしここでは,著者の意図にそって「近代資本主義」と訳すことにする。

　本書の基礎になったのは,1913年にブレンターノがミュンヘンで行った講演「近代資本主義の起源」である。ブレンターノはそこで,資本主義を「最大利潤の追求」という意味に理解する。そして近代資本主義の起源を,中世の商業・利子付き貸金・戦争の3つに見て取っている。

　この講演を付論とともに出版したのが,1916年刊の本書である。そして本書収録の講演と論文は,1923年刊の著者の別の論文集に再録されている。1923年刊の論文集でのさきの講演には近代資本主義が,古代資本主義の継続・伝播・発展したものにすぎない(具体的にはフェニキア・ギリシア・ローマなどからビザンティン帝国を通じてイタリアその他の西洋諸国に)とする興味深い脚注が増補されている。

　本書が有名であるのは,それが1920年刊のマックス・ウェーバーの『プロテスタンティズムの倫理と資本主義の精神』(1905年論文初出)の脚注で徹底的な批判の対象になっているからである。近代資本主義の起源として宗教改革に関心をもつウェーバーに対して,ブレンターノはむしろルネッサンスに関心をもつ。近代資本主義の精神がウェーバーの説く職業精神であるのか,それともブレンターノの説く営利精神であるのかは,現代資本主義の文脈においても興味深い主題である。

奥井智之

[書誌データ] Lujo Brentano, *Die Anfänge des modernen Kapitalismus*, 1916; *Der wirtschaftende Mensch in der Geschichte*, 1923 (『近世資本主義の起源』田中善治郎抄訳, 有斐閣, 1941).

フロイト,S.　Sigmund Freud (1856-1939)
『自我論』 *1900-33年刊

　フロイトは『夢判断』における自我論,『ナルシシズム入門』『集団心理学と自我の分析』『自我とエス』などにおいて「自我」を論じた。『夢判断』の無意識・前意識・意識という枠組み(第一局所論)においては,「自我」は意識と結びつき,抑圧されたものと対立して抑圧や検閲を行なう組織とされた。当初,無意識を意識にもたらす分析の営みは快感原則と現実原則の対立に立脚していた。ところが,外傷神経症や,症状の治癒そのものに抵抗する陰性治療反応に直面して後,彼はこの対立を越えた「死の欲動」が自我のなかにあると仮定した(『快感原則の彼岸』)。

　彼はそれ以降自我の無意識的本質を重視し,第二局所論を構想した。『自我とエス』では,欲動の貯蔵庫というべき始原的な状態をグロデックの「エス」という用語で表わし,エスと外界との接点から自我が発生するとした。自我は外界知覚と言語表象を照合することによって対象を再発見する。また,『ナルシシズム入門』で完全性を備えた同一化の対象とされていた自我理想を,ここでは「超自我」として再定式化した。自我は,エスと超自我,さらに現実という3人の主君に仕える哀れな存在に擬せられ,とりわけエスについて何も知らない。『集団心理学と自我の分析』以後,とくに『続精神分析入門』(1933)において,自我は自我理想への同一化という症状から身を遠ざけて,エスのあったところへ赴かねばならないとされた。

椿田貴史・新宮一成

[書誌データ] Sigmund Freud, *Die Traumdeutung*, Verlag Deuticke (1900), G. W. II/III, 1942, 著 II; *Zur Einführung des Narzißmus*, Verlag Franz Deuticke (1914), G. W. X, 1946, 著 VI; *Jenseits des Lustprinzips*, Internationaler Psychoanalytischer Verlag (1920), G. W. XIII, 1940, 著 VI; *Massenpsychologie und Ich-Analyse*, Internationaler Psychoanalytischer Verlag (1921), G. W. XIII, 1940, 著 VI; *Das Ich und das Es*, Internationaler Psychoanalytischer Verlag (1923), G. W. XIII, 1940, 著 VI (G. W.=Gesammelte Werke, 著 = 人文書院版フロイト著作集).

フロイト，S. Sigmund Freud (1856-1939)
『性欲論三篇』 *1905年刊

性倒錯の由来を精神分析的に解明しながら，人間の性の特異性を明らかにした著作。フロイトは性衝動が症状として発現する際，欲動の相対的な量的側面が決定的であることに着目し，それをリビドーという概念で記述した。リビドーは幼児期には部分欲動として，口唇から肛門そして男根・陰核へと作用し，各身体部位において対象との関係を段階的に成立させる。

フロイトは精神分析によって，発達の初期段階におけるリビドー備給の軌跡が身体に記録され，その記録が神経症や性倒錯において絶えず参照されること，また，幼児期における知識欲が性の探究によって開花し，幼児がその時期に得た認識が後年の性生活の参照点となることも発見した。これらの参照点における欲動満足に対し，神経症ではそれを怖れ症状によって代理するが，倒錯ではそれを性愛化し希求する。この点でフロイトは，「神経症は倒錯のネガである」という定式を提出している。通常の愛の対象は，発達の初期段階で身体器官に結びついていた失われた対象の代理にほかならない。「対象発見は実は対象の再発見である」というテーゼには，神経症者や性倒錯者の分析経験から導き出された，失われた対象を求める人間の無意識の欲望のあり方が表現されている。すなわち，欲望とは，人間の生命的生活から決定的に失われたものに向けられつつ，しかも次々とその代理物を見いだしてゆくような働きである。性欲論が精神分析に理論的な基礎を与えるのはこの点においてである。　　　椿田貴史・新宮一成

[書誌データ] Sigmund Freud, *Drei Abhandlungen zur Sexualtheorie*, Deuticke, Leipzig und Wien, 1905; Gesammelte Werke, V, S. Fischer, 1942（『性欲論三篇』フロイト著作集5，懸田克躬・吉村博次訳，人文書院，1969；『性に関する三つの論文』フロイト選集5，懸田克躬訳，日本教文社，1969；「性理論三篇」『エロス論集』中山元訳，ちくま学芸文庫，1997）．

フロイト，S. Sigmund Freud (1856-1939)
『精神分析入門』 *1916-17年刊

1915-16年および1916-17年の2学期間，フロイトはウィーン大学で精神分析の入門講義を行ったが，その講義内容を集成したのが本書である。その構成は第1部の「錯誤行為」に始まり，第2部「夢」，第3部「神経症総論」となっている。神経症の起源は，日常生活に見られる錯誤行為や夢などの正常な現象から理解しうる，すなわち，精神現象の正常なものも異常なものも，同じ1つの合法則性によって支配されているという認識が，本書の根本主張になっている。それによれば，幼児には性生活についての独自の認識と経験があり，それはやがて忘却によって意識から隔てられる。ここから発展した無意識の欲望が言語的な表現を通じて後年の症状を作り出す。こうして，フロイトは神経症理論を，新たな人間理解の範疇に加えた。

しかしこのことによってフロイトは，症状のなかに隠された意味を見いだす分析的解釈が，人間と世界の関係をいったいどのように再構成しようとするものなのか，という根本問題に直面することになった。すなわち精神分析自体は分析の営みによって世界観を提示しうるのか，それはそれまでの科学の世界観とどう関係するのかが問われることとなった。このような問題意識のもとに続編が書かれた。ここでは，フロイトは世界観を求めること自体が神経症的な症状にほかならないことを示唆して，世界における自我の位置の不決定性や女性という概念の曖昧さなど，人間の認識能力一般の避けがたい隙間を明確化することが，科学の内部において精神分析が果たす役割であることを述べている。　　　椿田貴史・新宮一成

[書誌データ] Sigmund Freud, *Vorlesungen zur Einführung in die Psychoanalyse*, Hugo Heller & Cie., Leipzig und Wien, 1916; Gesammelte Werke, XI, S. Fischer Verlag, 1944; Sigmund Freud, *Neue Folge der Vorlesungen zur Einführung in die Psychoanalyse*, Int. Psa. Verl., Leipzig, Wien, 1933; Gesammelte Werke, XV, S. Fischer Verlag, 1944（『精神分析入門（正・続）』フロイト著作集1，懸田克躬・高橋義孝訳，人文書院，1971他）．

■ ブロッホ　Ernst Bloch (1885-1977)
『希望の原理』全3巻 ＊1954-59年刊

　ユダヤ系ドイツ人としてナチ時代アメリカ亡命中に書かれたこのブロッホ畢生の大著は，世俗的啓蒙主義の理性中心の近代化潮流（マルクス主義に及ぶ）が盲点とする人間主体の根源的な神秘感覚・情念・願望・欲動に通底する現状変革の夢想・憧憬・希望を含蓄している未定形な歴史表象，時代表象，人類古来の伝承諸相を果敢に広く渉猟再確認し，社会現実と多彩にきりむすぶ切り口を明示して，20世紀世界の，未来形成への展望をきりひらく壮大な百科全書的見取図を，いわば預言的に描き出している。預言は人心に火をつける。

　人類を根本からつき動かしてやまないこの燃焼は，ゲーテがすでに「デモーニッシュ」とよんだものである。ブロッホは第1次世界大戦後の表現主義時代に，その時代の象徴的体現者として処女作『ユートピアの精神』(1918) を書き，ベンヤミンその他の次世代に深甚な影響を与えた。本書はその発展的な総括集大成であり，詩的哲学的夢想の脈々たる実現である。人間の産みだしたあらゆる表象が万華鏡のようにここに網羅され，くりかえしユートピア，未だ存在しないもの，希望，新事象 Novum のキーワードがあらわれ，抵抗と平和，反体制と救済の姿勢が首尾一貫す。「大切なのは希望を学ぶことである」「考えるとは，踏み越えることである」と彼は語り，その行きつくところが「故郷」だと言う。アメリカ亡命からライプチヒ（東独）に帰った彼は，再びテュービンゲンの大学町（西独）に亡命し，そこで『自然法と人間的尊厳』(1961) を著し，そこに死んだ。彼の生地ルートヴィヒスハーフェンにブロッホ学会および記念館が設立されている。

訳者〈山下　肇〉要約

［書誌データ］　Ernst Bloch, Das Prinzip Hoffnung, 1954-59（『希望の原理』全3巻，山下・瀬戸・片岡・沼崎・石丸・保坂共訳，白水社，1982）．

■ ブローデル　Fernand Braudel (1902-85)
『物質文明・経済・資本主義／15-18世紀』＊1979年刊

　『日常性の構造』『交換のはたらき』『世界時間』の3巻からなる。前産業化時代から産業革命以後にかけての経済史を世界的規模において総括している。著者によれば人類の生活を貫流する時間は単一ではなく，その底流をなす「長期持続」はほとんど動きがない。第1巻は，この緩慢な流れに浸った，衣食住を基本とする「物質文明」を対象とする。この段階には，自給自足の活動，ごく狭い範囲内での生産物とサービスとの物々交換など，無定形で不透明な下部経済が存する。建物でいえば1階に相当する。第2巻は2，3階を対象とする。2階には「中期持続」の歴史的時間が流れ，農村活動・作業場・商店・取引所・銀行などが市(いち)と大市(おおいち)と結びついて，生産および交換のシステムたる市場経済の場をなす。その上側に，「反＝市場の地帯」である資本主義が君臨する。著者は18世紀末以前の旧体制社会のうちに，周囲の全体とは異質の，まさに資本主義的経済活動の端緒が見られるのを認めた。第3巻では，主導的「世界＝経済(エコノミーモンド)」（経済的自律性があり，自給自足でき，有機的統一を有する地域）の中心地が，西欧ではヴェネツィアからアムステルダムなどを経てロンドンに移りゆく過程を辿る。ついでアメリカ大陸，インド，極東へ目を移し，さらに産業革命が連続的成長を可能にしたことを確認する。巻末は，資本主義の実相と今日の現実との考察で締め括っている。著者は本労作で，時空を駆けめぐって計量し，比較しつつ，経済の視点から全世界を一望に収めた。

訳者〈村上光彦〉要約

［書誌データ］　Fernand Braudel, Civilisation matérielle, économie et capitalisme, XVe–XVIIIe siècle. Tome 1, Les structures du quotidien: Le possible et l'impossible. Tome 2, Les jeux de l'échange. Tome 3, Le temps du monde, 1979（Ⅰ『日常性の構造』1・2，村上光彦訳，みすず書房，1985．Ⅱ『交換のはたらき』1・2，山本淳一訳，みすず書房，1986-88．Ⅲ『世界時間』1，村上光彦訳，みすず書房，1996）．

■ベイトソン　Gregory Bateson (1904-80)
『精神の生態学』＊1972年刊

　ユニークな世界認識を開示する深く学際的な探求の書。家族・部族・国家・文明とさまざまなレベルの人間社会を包み，動物のコミュニケーションと遺伝と学習と生態系を丸ごと含む「生きた世界」の全体に自然観察者の目を向け，そこから緻密な論理の思考を展開したベイトソンの，30余年間に及ぶ主要論文と講演のすべてを収めている。若き人類学者としてニューギニアの一部族社会の「関係のダイナミクス」を論じていた1930年代から，サイバネティックスの成果をいち早く社会学に応用した40年代，B. ラッセルらによるパラドックスの論理学を分裂症生成的な家族のコミュニケーションの分析にぶつけた（ダブルバインド理論）50年代，論理階型論に基づいて学習・進化・遺伝についての統一的な説明を完成させた60年代──さまざまな領域を通り過ぎて，自ら「精神の生態学 ecology of mind」と呼ぶに至った，生きた宇宙全体についての認識論の完成までの思考の足取りが，本書には濃密に記録されている。

　メタ人類学・映像人類学の開祖の一人として，また精神分裂病の家族療法の理論的支柱として，学者うちではそこそこ知られていたベイトソンは本書刊行後，「反西洋近代」の思潮が盛りあがるなか，「もう１つの別な科学」の可能性を示した智者として名声を得ることになったが，その広範な思索の全貌が十分な理解を得ているとは言い難い。単独の執筆書としては，人類学の方法論をめぐる『ナヴェン Naven』(1936) と，晩年に著した啓蒙書『精神と自然 Mind and Nature』(1979) しかないベイトソンの，滔々たる探求の全貌を知るための，本書は唯一の重厚な資料である。
〔訳者要約〕

〔書誌データ〕 *Gregory Bateson, Steps to an Ecology of Mind*, Chandler, 1972（『精神の生態学』改訳版，佐藤良明訳，思索社，1990）.

■ベヴァリジ　William Beveridge (1897-1963)
『ベヴァリジ報告　社会保険および関連サービス』＊1942年刊

　第２次大戦中のイギリス政府部内にベヴァリジを委員長とする省庁間委員会が設置され，社会保険および関連サービスに関する調査と勧告が付託された。その報告書が本書である。

　同委員会は以下のような３つの指導原則に基づいて任務を遂行した。(1)継ぎ接ぎ措置ではなく革命を行う。(2)社会保険は窮乏への対策であり，社会政策の一部に過ぎない。(3)社会保障は国と個人の協力によって行われるものであり，ナショナルミニマムを超える分に関しては，個人の自発的行動が奨励される。

　ベヴァリジは所得保障には社会保険，国民扶助，任意保険という３つの方法があると考えているが，このなかで中心的な役割を果たすのは社会保険である。失業，疾病，災害などのリスクに由来する基本的必要をカバーするのが社会保険であり，国民扶助は特別な必要を扱い，任意保険は上乗せを行う。また社会保険が機能するためには，(1)児童手当，(2)保健・医療，(3)完全雇用の３つが不可欠だ，というのが彼の考え方である。

　本書は社会保険が成熟すれば国民扶助はやがて例外的となると考えたが，実際にはそうならなかった。均一拠出均一給付という本書が提唱する社会保険上の原則は所得比例給付の導入にともない後に放棄された。最近では，フェミニストたちのあいだから，本書は家父長制を強化するものだとの批判も出されるようになった。

　とはいえ第２次大戦後，本書が，イギリスに限らず，多くの国々の社会保障制度に及ぼした影響ははかりしれない。
〔武川正吾〕

〔書誌データ〕 *Social Insurance and Allied Services, Report by Sir William Beveridge*, Presented to Parliament by Command of His Majesty, Cmd. 6404, 1942（『ベヴァリジ報告　社会保険および関連サービス』山田雄三監訳，至誠堂，1969）.

■ベーコン Francis Bacon (1561-1626)
『ニュー・アトランティス』*1627年刊

　架空の島国ベンセレムを舞台に、ベーコンの構想する経験主義的で実用的な学問を推進するソロモン館を中心とする理想社会を描いたこの作品は、トマス・モアに代表されるユートピア文学、しかも現代社会につながるような、科学技術による人間生活の向上という理想をいち早く描いた作品として、読まれることが多い。しかし17世紀初頭という書かれた時代の文脈に即して読むと、また別の意味も発見できる。現代の科学技術が宗教から独立した世俗的なものであるのに対し、ベーコンの学問はキリスト教と不可分であり、ベンセレムの人々も聖書の権威を重視する新教徒として描かれている。世界征服の野望のために滅亡した大アトランティス文明との対比でベンセレムの体制が描かれているのは、大航海時代に世界征服をめざしたカトリックやスペインから自立しつつある新教国イギリスのめざすべき理念を描いた作品だからなのだ。

　全世界に拡大しようとする帝国との対比で描かれる理想は、国民の海外渡航を原則として禁じた自給自足的な島国であり、まさに同時期にスペイン・ポルトガルと断交して鎖国をめざしていた日本が現実に志向した道である。イギリスと日本がユーラシア大陸両端の島国であり、帝国の理念が兄弟平等の相続制度と結びつきがちであるのに対して、両国では一子単独相続制度（ベンセレムの「葡萄の息子」）が普及しているように、大陸的な大帝国とは異なる社会が独自性を強く主張しはじめた17世紀初頭の、孤立主義的な島国の自己表現として、ベンセレムと鎖国はパラレルな現象なのであり、ウォーラーステインが世界帝国と対比させている世界経済が、北西ヨーロッパ中心のものの他に極東にも同じころ1つ生まれたことを示している。　　　　平山朝治

[書誌データ] Francis Bacon, *New Atlantis*, 1627（『ニュー・アトランティス』成田成寿訳、世界の名著20『ベーコン』中央公論社、1970；中公バックス、1979）.

■ベッカー Howard S. Becker (1928-)
『アウトサイダーズ』*1963年刊

　シカゴ学派に属するH．S．ベッカーの第1作である本書は、次のような一節によって、ラベリング理論の宣言書といわれる。「社会集団はこれを犯せば逸脱となるような規則をもうけ、それを特定の人びとに適用し、彼らにアウトサイダーのレッテルを貼ることによって逸脱を生みだすのである。」

　機能主義を中心とする従来の犯罪・非行の逸脱理論が原因論的言説の枠組にとらわれていたのに対して、ラベリング理論は統制する側と統制される側の相互作用過程に照準をあわせて逸脱の社会学の構築をめざすことで、その後のJ．I．キツセらの社会問題のコンストラクショニスト・アプローチの展開を準備するものであった。

　しかしながら、本書の意義は、そうした社会学理論史上の位置づけとは別に、参与観察法（participant observation）の模範的な社会学的作品として幅広く読まれてきた事実にうかがうことができる。まだ大学院在籍の若い社会学研究者だったベッカーは、ダンス・ミュージシャンのバンドの一員として演奏旅行に参加しながら、彼らの思考と行動をつぶさに観察し記述する。しかし、ベッカーの分析の焦点は彼らミュージシャンの特異性にではなく、あくまでも彼らにとってのアウトサイダーつまり聴衆や一般市民との相互交渉のプロセスにある。この点が他の社会学的モノグラフやドキュメンタリーと一線を画する本書の特徴といえる。彼の有名な逆説、「動機が行動を導くのではなく、逆なのだ」という一節も、本書のコンテキストのなかではきわめて自然に理解されるであろう。逸脱の社会学においてラベリング理論が果たした役割はすでに終わったが、すぐれた社会学的作品はその理論的立場のいかんにかかわらず読み継がれるという一例を本書にみることができる。　　訳者要約

[書誌データ] Howard S. Becker, *Outsiders: studies in the sociology of Deviance*, Free Press, 1963（『アウトサイダーズ』村上直之訳、新泉社、1978）.

ベッテルハイム Bruno Bettelheim (1903-90)
『自閉症・うつろな砦』 *1967年刊

　本書は，小児自閉症の症例研究を中心としてその病因と治療について述べた著作である。

　本書を特徴づけるのは，小さな患者たちの行動の鮮やかな記述である。症例のなかで，自己の身体を機械と化した少年ジョイの例はとくに印象的である。ジョイは架空の電線を床に敷く仕草をして，機械と見なした自分の体にプラグを差し込み，彼専用の電源に接続する。彼はあらゆる行動の前に「プリベンション」としてこのような架空の電気接続を必要とした。ジョイは別の惑星に住む者として，壊れやすいガラスの真空管のなかの住人としての自己を語り，自分のベッドを奇妙な小型の機械装置で覆いつくして，他者との交流を可能なかぎり隔絶したのである。

　本書に描かれた特異な行動様式は，感情の消失，防衛機制と常同行為，他者との関係の限定的な取り結び方など，現代社会における自我の性格傾向と類似した面を持っており，社会学的な自我研究にとっても示唆的である。

　著者による治療は，強制や懲罰を退け，患者の内発的な関係欲求を待ち受ける態度で一貫している。その徹底した忍耐と寛容，それを支える強靱な意志には，著者が第2次大戦期にユダヤ系ヨーロッパ人として経験した過酷な体験が影響を与えている。

　一方，本書は小児自閉症の病因を家族関係上の障害に帰する見地に立脚しており，その点については生得的な器質性の障害を病因とする立場からの批判がある。この論争は，患者とその家族に対する差別観の解消という社会的な課題と密接に関連している。　天野義智

［書誌データ］ Bruno Bettelheim, *The Empty Fortress: Infantile Autism and the Birth of the Self*, The Free Press, 1967 (『自閉症・うつろな砦1・2』黒丸正四郎・岡田幸夫・花田雅憲・島田照三訳，みすず書房，1975).

ベッテルハイム Bruno Bettelheim (1903-90)
『昔話の魔力』 *1976年刊

　ベッテルハイムはウィーンに生まれ，心理学と精神分析学を学んだのち，アメリカで精神医学を講じる。かたわら，情緒障害児の教育と治療にあたった。かれは自閉症の主たる原因を，幼児期の母子関係の不全にあるとみなし，その治療には昔話が有効だとした。本書は，昔話がなぜ子どもの内的成長に大きな役割を果たすかを明らかにしようとするものである。たとえば『ヘンゼルとグレーテル』は以下のように分析される――多くの昔話と同じく，この話も逆境（貧困，飢え，親からの遺棄）からはじまる。逆境・脅威に対しては，退行・拒否（家へ帰る）はなんの解決にもならない。子どもたちは最初エスへの屈伏（お菓子の家を食べる）を見せるが，やがて知恵を出して口唇的不安を乗り越え，ついにはエディプス的問題も克服して（魔女＝母親を竈で焼く），より高い段階へと成熟し（宝石を得，川を越える），しかも分離不安をも解消しえた（家に戻り，父親とずっと幸せに暮らす）。このように，昔話とは，子どもの成長に伴う心理学的諸問題の解決と，パーソナリティ（エス，自我，超自我）の統合に力を貸すものだというわけである。本書の重要性は，昔話がイメージによって無意識に働きかけるものであり，それにより，子どもは自分の知恵と勇気で自主的に困難を解決する力を得るとした点にある。しかし，幼児性欲を過大視するフロイト的解釈や，社会や家族を固定的に捉えている点などが批判された。また，近年ではグリム童話を19世紀的市民道徳を映して創作されたものとするレレケらの研究を受けて，これを他の昔話と同列に，人間に普遍的にあてはまるとする点が批判されている。　今泉文子

［書誌データ］ Bruno Bettelheim, *The Uses of Enchantment Meaning and Importance of Fairy Tales*, Knopf, 1976 (『昔話の魔力』波多野完治・乾侑美子訳，評論社，1978).

ペティー　William Petty (1623-87)
『政治算術』 *1690年刊

17世紀イギリスの統計学者・経済学者ウィリアム・ペティーが，今日でいう統計的方法によって，一国（英国）の国力の増進を詳細に論証した代表的著作。その副題「土地の大いさおよび価値・人民・建築物，農業・製造業・商業・漁業・工匠・海員・兵士，出収入・利子・租税・剰余利得・登記制度・銀行，人間の評価・海員および民兵の増加・港・位置・船舶・海上権力，等々に関する一論説」は，著者が何を富の要素すなわち国力の基礎としたのかを明示している。当時，イギリスの仮想敵国はオランダからフランスに移りつつあり，本書も対蘭，対仏の国力比較を行っている。しかし，本書が単なる国力増進論の実証に終わらず，経済思想史上の重要文献となったのは，重商主義の時代に書かれながら，至る個所に労働が価値の源泉であるとの主張や前提が見られる（労働価値説の生成）からである。

著者が「比較級や最上級のことばのみを用いたり，思弁的な議論をするかわりに，（私がずっと以前からねらいさだめていた政治算術の一つの見本として，）自分のいわんとするところを数（Number）・重量（Weight）または尺度（Measure）を用いて表現し，感覚にうったえる議論のみを用い，自然のなかに実見しうる基礎をもつような諸原因のみを考察するという手つづき（Course）をとった」ことも注目される。それまでの社会科学方法論の歴史において，これほどに自覚した数量的方法態度がとられたことはなく，本書が統計学の源の一つとされる所以である。ただし，思弁を排するといいながら，公式統計の利用は少なく，経験のみによる観察・計数によっている部分が多いが，本書の意義を損じるものではない。　　　　　　　　　松原　望

［書誌データ］William Petty, *Political Arithmetic,* 1690（『政治算術』大内兵衛・松川七郎訳，岩波文庫，1955）．

ベネディクト
Ruth Fulton Benedict (1887-1948)
『文化の型』 *1934年刊

米国の文化人類学者ルース・ベネディクトの主著であり，彼女の声価を決定した書物である。その第2次世界大戦後の著作『菊と刀—日本文化の型』(1946)によって，ベネディクトは知られているが，それはいわば彼女の文化の型—文化統合 cultural configuration の理論の日本への適用である。

1919年フランツ・ボアズの講義を聴いて文化人類学に進み，コロンビア大学の大学院でボアズのもとで学び，22年以来アメリカ原住民の調査に従事して，23年に『北米における守護霊の観念』で学位を得る。そして34年本書を発表して，一躍人類学のみならず思想界に大きい影響をあたえることとなった。

本書は8章からなり，まず「慣習の科学」としての人類学の相対主義的立場を鮮明にうちだし，文化の多様性，個別文化の相対的統合を論じ，ブエブロ文化のアポロ性，ドブ人の文化とクゥキュウトル文化のディオニソス性という類型化によって，個別文化の特色を説明する。アポロ性とは秩序，慎み，まとまりをもった明るい文化，ディオニソス性とは陶酔，興奮，奇矯，破綻を特徴とする文化を指し，この対概念はニイチェの『悲劇の誕生』に由来する。最後の2章は社会の性格と個人と文化の関係を論じている。

このように本書は，相対主義的な立場を具体的な民族誌にもとづいて明晰に示し，個別文化を尊重すべきものとして，単に進化史的な優劣・先後関係で序列化する進化主義や，伝播主義あるいは歴史主義とは異なる相対主義の立場を明らかに主張した書物である。当時の新カント派的思潮の影響下に独創的な類型化をおこない，のちの文化とパーソナリティ学派にも大きい影響を残し，なによりも文化人類学を世界思想のなかに位置付けた古典的な文献といえる。　　　訳者〈米山俊直〉要約

［書誌データ］Ruth Fulton Benedict, *Patterns of Culture,* Houghton Mifflin, 1934（『文化の型』米山俊直訳，社会思想社，1973）．

ヘブディジ Dick Hebdige
『サブカルチャー』*1979年刊

1960，70年代の音楽文化のなかでの若者たちの対抗的なスタイルに焦点を当てた本書は，『ハマータウンの野郎ども』とともに，カルチュラル・スタディーズのサブカルチャー研究を代表する成果として影響を与えてきた。

ヘブディジは，支配的な公式文化に対するサブカルチャーの非公式性を強調するところから出発し，バルトの記号論とアルチュセールのイデオロギー論を結合させながら，スタイル＝記号における意味作用の重層性とその社会的文脈を把握していこうとする。

彼によれば，サブカルチャーはモノの従来の使用法を破壊し，記号を変形して新しい文脈のなかに据え，現実に対する異物として自分たちの解釈を表明する。テッズ，モッズ，パンクなどの若者のスタイルを記述しつつ，ヘブディジは，彼らの文化のなかに重層する意味の対立や調整のプロセスを英国社会の具体的文脈のなかで浮かび上がらせていった。

さらに彼は，若者たちの階級意識が，移民労働者が増大していくロンドンの労働者居住区で人種やエスニシティの境界線とどう交差していったのかを論じていく。「英国人社会と移住者社会の間の拒絶と同化のパターンを，白人労働者階級の若者文化がつくり出すあざやかな境界線に沿って，地図のように描き出すことができる」と彼はいう。

こうして著者は，英国社会の若者たちが置かれた文脈のなかで，階級の境界線と人種の境界線がどう交差し，黒人移民文化との対話がなされ，それぞれのサブカルチャーのスタイルをつくり上げてきたのかを示していった。また，ここでの若者文化と消費社会やアメリカナイゼーションをめぐる議論は，ほぼ10年後に出された『ハイディング・イン・ザ・ライト』（1988）でさらに深められている。

吉見俊哉

［書誌データ］ Dick Hebdige, *Subculture: The Meaning of Style*, Methuen & Co. Ltd., 1979（『サブカルチャー』山口淑子訳，未来社，1986）．

ベーベル August Bebel (1840-1913)
『婦人論』*1879年刊

ドイツ社会民主党の創設者が書いた社会主義婦人論の古典的著作で，原題は『女性と社会主義』。長年の発禁をくぐり抜けて何回も増補改訂され25カ国以上で翻訳出版された。日本では1919年から邦訳が出版され，戦前から戦後にかけて，多くの女性たちに読み継がれ，大きな影響を与えた。

女性解放のためには，女性抑圧の原因である階級制度の廃棄，つまり社会主義社会の実現が必要であるとする，社会主義婦人論の体系化をめざして書かれた本書は，エンゲルスらによる人類婚姻史の発展段階仮説を下敷きとして，女性の歴史を概観した後，女性の置かれた抑圧的な現状を分析し，社会主義社会における女性と家族の未来像を，情熱をこめて語る。

第2波フェミニズムの勃興と社会主義圏の崩壊を経験した現在，本書の記述をそのまま肯定することはできない。けれども，①男女の関係や家族の形態が歴史とともに変化してきたし，今後も変化するであろうことを示した点で，②近代の婚姻制度が，性道徳の二重基準を前提にしていること，中・上流階級の女性にとって婚姻が「衣食の道」になっていること等を指摘した点で，③19世紀〜20世紀初頭の欧米諸国の婚姻，出産，離婚等の実情を，階級による違いを含めて，具体的データに即して分析している点で，歴史的書物として今でも一読の価値がある。

井上輝子

［書誌データ］ August Bebel, *Die Frau und der Sozialismus*, 1879（『社会主義と婦人』村上正彦抄訳，三田出版，1919；『婦人論』山川菊栄訳，アルス出版，1923；改造文庫，1929；『婦人と社会主義』牧山正彦訳，弘文堂，1922-24；『婦人論』加藤一夫訳，春秋社，1928；『婦人論』草間平作訳，岩波文庫，1929；復刊1946；改訳版1952；『婦人論』森下修一訳，角川文庫，1955；『婦人論』伊東勉・土屋保男訳，大月書店，1958）．

■ベラー　Robert N. Bellah (1927-2013)
『徳川時代の宗教』 *1957年刊

　日本はなぜ非西洋社会で初めて近代的な経済発展を達成したのか。こうした問題を，宗教倫理と経済活動の関係に関するM．ウェーバーの宗教社会学的分析にならって，近世日本人の行動や生活態度の宗教倫理的方向付けにさかのぼって解明しようとした著作。

　日本の近世宗教を分析するにあたり，ベラーはT．パーソンズの社会体系分析の枠組みを利用する。そして日本をパターン変数の上で「特殊主義」と「業績本位」を重視する，その意味で「政治価値」を優先する価値体系をもつ社会と特徴づける。「特殊主義」とみなされるのは，家族（「家」），藩，国など，集団の成員が属している特殊な集団に忠誠を尽くすことが，真理や正義といった普遍的価値に献身することより優先される傾向があるためである。身分制や世襲制が根強いにもかかわらず「業績本位」とされるのは，無能な実子の廃嫡や養子縁組による有能な非血縁者の取り立てにみられるように，実質的に厳しく業績が問われるからである。

　ベラーはこうした価値体系を恩と報恩の意識，忠や孝の倫理観，無私の境地などの宗教・倫理的背景と関連づけて説明するとともに，さらにそれらの近世日本の政治や経済に対する影響を分析する。そしてこうした宗教・倫理が近代日本の政治主導型の経済発展を後押ししたと結論づける。

　ベラーの分析は日本の経済発展や近代化の負の側面を無視しすぎるとの批判がある。しかし日本の発展の西洋型とは異なる個性を詳細かつ体系的に描き出している点で，日本社会の宗教社会学的分析としても，ウェーバー的観点からの比較近代論の業績としても高く評価される。
　　　　　　　　　　　　　　　　　対馬路人

［書誌データ］Robert N. Bellah, *Tokugawa Religion*, Free Press, 1957（『日本近代化と宗教倫理―日本近世宗教論』堀一郎・池田昭共訳，未来社，1962）; rev. ed., 1985（『徳川時代の宗教』池田昭訳，岩波書店，1996）．

■ベラー　Robert N. Bellah (1927-2013) 他
『心の習慣』 *1985年刊

　現代アメリカ白人中産階級のモーレス（習律）をインタビュー調査に基づいて明らかにしようとした共同研究。「心の習慣」はアメリカの民主主義が，ゆきすぎた個人主義によって内から崩壊してしまう危険を指摘したトクヴィルの用語。そうした社会と人間の断片化と，それに歯止めをかけるはずの絆や公共心の現代的な現れを描き出そうとしている。

　著者らは現代社会の主要な方向として，公的論議を回避し，官僚制にすべてを委ねてしまう柔らかい専制への動きを見る。この動きをゆきすぎた個人主義が支える。そうした個人主義を体現する典型的人物像として，経営管理者やセラピストがあげられる。たとえばブライアン・パーマー（仮名）は猛烈に働く成功志向の経営管理者であったが，中年の危機を経て，家庭の慰めを優先する人生観へと転換する。この人物は功利的個人主義から表現的個人主義への転換の例だが，結局個人を超えたものへのコミットメントを見いだしかねている。そうした状態を甘んじて受け入れさせ，私的な心理的満足を約束するセラピストも何人か登場する。

　しかし私的満足を超えた記憶の共同体や公共性への道筋を見いだしえている人も少なくない。そうした道筋を提供し，ゆきすぎた個人主義の破壊的作用を押しとどめる心の習慣の有力な源泉として，聖書的伝統と共和主義的伝統があげられる。たとえば自己について，愛について，友情について，地域社会について，宗教について人々がどのように語るか，その語り口を通して現代アメリカの白人の生活思想が浮き彫りにされている。
　　　　　　　　　　　　訳者（島薗　進）要約

［書誌データ］Robert N. Bellah, Richard Madsen, William M. Sullivan, Ann Swidler and Steven Tipton, *Habits of the Heart: Individualism and Commitment in American Life*, University of California Press, 1985（『心の習慣―アメリカ個人主義のゆくえ』島薗進・中村圭志訳，みすず書房，1991）．

■ペリー Clarence A. Perry
『近隣住区論』*1929年刊

　ペリーはスタンフォード大学，コロンビア大学等に学び，社会福祉，教育問題について研究を深めた後，ニューヨーク州のロチェスターを中心に展開されたコミュニティ・センター運動のリーダーをつとめた。

　1907年，ラッセルセージ財団のニューヨーク地域研究所に迎えられ，レクリエーション部門の副部長の職にあった。1910年には同財団の住宅会社によって開発された郊外住宅に入居したが，ここでの生活経験がペリーの近隣住区論の形成に大きな影響を与えている。

　ペリーの近隣住区計画の目的は大都市において衰退する近隣関係を回復し，コミュニティをどのように形成するかという課題に答え，同時に児童を自動車事故から守る対策を提示することであった。

　この課題への回答としてペリーが提示した近隣住区計画の要点は，①温かいコミュニティを形成するため，大都市を人口平均6000人程度の小地域に分割し，これを単位として町づくりをはかる，②住区の中心に小学校を配置し，児童の生活を基本にした町づくり，③住民の関心を地区の中心に向けるため，地区の中央に魅力的な広場と公共施設を設け，その利用を通して住民のふれあいを促進する，④（市街地では）幹線道路を境界として車の通過を促し，また⑤住区内の道路は細く運転しにくいものとして通過交通の侵入を防ぐ，⑥オープンスペースを広く，⑦店舗は住区の周辺（後に中心）に置くこと，等である。

　さらに建築上の設計工夫に加え，住民のふれあいをいやが上にも高めるため各種のイベントの例や住民組織のあり方，内部規制のやり方など，住民のコミュニティ活動などについても多くの有益な示唆を含んでいる。

訳者要約

［書誌データ］ Clarence A. Perry, *The Neighborhood Unit*, Committee on Regional Plan of New York and Its Environs, 1929（『近隣住区論』倉田和四生訳，鹿島出版会，1975）．

■ベル Daniel Bell (1919-2011)
『イデオロギーの終焉』*1960年刊

　本書は社会学的問題関心に裏うちされた論集であるけれども，4つの「共通の織糸」で編まれた，とベルは語っている。すなわち，(1)知識人の役割に関する社会学的検討，(2)歴史的文脈と関連させつつ，情熱と信念を動員する宗教の役割と対比したイデオロギーの見方，(3)マルクス主義から派生する多くの分析カテゴリー，とりわけ「階級」の概念がなぜアメリカ社会の分析に不十分であったかの社会学的究明，(4)次世代の知識人への「戒め」という4つの主題である。

　「イデオロギーの終焉」テーゼに関する総括的かつ核心的な理論命題を摘出するとすれば，エピローグのつぎの一節を挙げることにまず異存がないだろう。「欧米の世界では今日，政治的争点をめぐって，おおまかな合意が知識人のあいだに存在する。すなわち，福祉国家の容認，権力の分権化の望ましさ，混合経済体制ならびに多元的政治体制への合意にほかならない」（訳書，262頁）。

　ベルは本書への主要な批判を，(1)現状維持擁護論，(2)政策決定過程におけるテクノクラートの主導性，(3)政治における倫理的言説のプラグマチックな言説への置換，(4)冷戦の道具，(5)1960年代後半から70年代に及ぶラディカリズムとイデオロギーの新たなうねりを根拠とした否定論にまとめ，いずれも見当ちがいの批判であった，と1988年版の長文の後書きで決然と反論している。

　本書はベルみずから認めているように，社会学的著作の域にとどまらず，「政治的な書物」としての火種をはらみ，そのことがこの書物を絶えざる論争の渦中に巻きこみ，かれをその巨擘に押し立てたのである。

訳者要約

［書誌データ］ Daniel Bell, *The End of Ideology: On the Exhaustion of Political Ideas in the Fifties*, Free Press，1960; With a New Afterword, Harvard Univ. Press, 1988（『イデオロギーの終焉―1950年代における政治思想の涸渇について』岡田直之訳，東京創元社，1969）．

■ベル　Daniel Bell (1919-2011)
『脱工業社会の到来』＊1973年刊

　工業社会の次の産業社会の段階である「脱工業社会 (Post-Industrial Society)」の構造的特徴とその変動プロセスについて議論したもので，現代の科学技術革命で生まれた技術革新や政策決定に関わる知識成長が社会発展の新たな基本要因であるとしている。現代の情報社会論の理論的基盤となっている。

　ベルは，産業社会の発展段階を技術的次元から「前工業社会」，「工業社会」，「脱工業社会」と3区分し，その対比で脱工業社会の特徴を示した。「工業社会」は，大規模機械化工業により成長した。知識・サービス産業が中心の脱工業社会は知識社会であり，政策決定や技術革新に関わる理論的知識が社会を変動させる。知識の生産・流通・利用に関わる活動がGNPでも雇用でも大きな比重を持つようになってくる。脱工業社会への変化は，5次元で示される。①経済部門は財貨生産部門からサービス経済部門へと比重が移る。②職業分布では専門職・技術職階層が優位となり，③社会の「基軸原理」では，技術革新と政策決定の根幹としての理論的知識が社会にとって中心性をもつようになる。④技術の成長について社会的に計画・管理し「将来の方向付け」を行うために技術管理と技術評価を行うようになる。⑤意思決定は，確率理論やゲーム＝決定理論などの新しい「知的技術」を用いたシステム分析に基づくようになる。ただ政治が「諸利害の調停の場」という性格を持つために，知識の保有者であり専門家であるテクノクラート・科学者が社会の支配者になるには限界があり補完的な役割にとどまる。
　　　　　　　　　　　　　　　　若林直樹

［書誌データ］Daniel Bell, *The Coming of Post-Industrial Society: A Venture in Social Forecasting*, Basic Books, 1973（『脱工業社会の到来』上・下，内田忠男・嘉治元郎・城塚登・馬場修一・村上泰亮・谷嶋喬四郎訳，ダイヤモンド社，1975）．

■ベル　Daniel Bell (1919-2011)
『資本主義の文化的矛盾』＊1976年刊

　現代の資本主義は，発達するにつれて，その発達を支えた近代ブルジョア社会の価値観と文化の否定と崩壊を進ませる「文化的矛盾」を拡大させたために，文化的な社会分裂が進んだ。そうした認識と分析をもとに脱工業社会段階での社会的統合の確立を行う理念と方策を示そうとした議論である。

　プロテスタンティズムによる近代資本主義では，資本が蓄積され，拡大再生産に再投資されていく仕組みが倫理的に支えられた。しかし資本主義の発達プロセスでは，それを支えた禁欲と労働の価値観と経済活動との絆を徐々に崩し，社会的分裂をすすめる別の文化的要因が働いた。それは，第1に文化的には近代主義自体の破壊性である。近代主義は，前衛文化に見るように自己実現のために現在のスタイルを常に肯定せず飽くなきまでに新しさへの欲望を追求するために，価値観を含めて従来の文化全体を否定し新しいものに変えていこうとする。第2に，クレジット利用の普及に見るように経済的には大量生産大量販売の体制の発展が，人々に倹約や労働を尊ぶよりもむしろ大量消費の生活スタイルを普及させ自らの欲望を無限に追求する快楽主義をすすめた。

　ベルはこうした文化的危機に対して現代の「聖と俗」の秩序を再確立させる処方箋を提示する。まず擬似的な「宗教の復権」による，文化的な社会統合の再構築である。次に多元的社会での公共的利益について異なる利害の調停原則を作るために，公共哲学を確立すべきとした。

　1960年代の多元的なアメリカ社会の分裂を基に現代の文化統合を検討する「脱工業社会論」の文化編である。
　　　　　　　　　　　　　　　　若林直樹

［書誌データ］Daniel Bell, *The Cultural Contradictions of Capitalism*, Basic Books, 1976（『資本主義の文化的矛盾』林雄二郎訳，講談社，1977）．

■ベルクソン　Henri Bergson (1859-1941)
『創造的進化』 *1907年刊

『意識の直接与件についての試論』(『時間と自由』),『物質と記憶』につぐベルクソン第3の主著。意識,そして意識と身体の関係を論じた前2著における「持続」や「緊張」の概念を敷衍・発展させ,進化説における機械論と目的論を斥けつつ,人類へといたる生命の進化を,絶えざる生成としての「生の躍動(エラン・ヴィタール)」の観点から論じた。

生そのものはいわば爆発のごときものであり,生命体はこの爆発の残滓に喩えられる。こうした生物進化は,はじめに植物的麻痺状態と動物的本能との2つに大きく分岐し,後者の進化の最後に人類とその知性が出現する。しかし,知性は個体的物質を対象として形成されたものであり,生そのものを直観することができない。これに対して,本能はそもそも生の共感であり,知性の助けを借りてその局限性を克服し,生の直観へと高まることができる,とされる。

本書の後半では,実在を生成として捉えるベルクソンの哲学的立場がさらに掘り下げられ,同時にそうした実在を捉えられなかった従来の哲学の誤謬に対する理論的考察が展開されている。

ベルクソンが若くして影響を受けたスペンサーの進化論が認識論なき生命論であったとすれば,たとえばカントの認識論に示されているのは,生を把握することのできない知性の限界である。これに対して本書は生命論と認識論の融合した進化論を目指すものであったといえる。生物学の見識に裏付けられたベルクソンの生の哲学のひとつの完成をここに見ることが許されるだろう。

安川慶治

[書誌データ] Henri Bergson, L'évolution créatrice, Félix Alcan, 1907; P.U.F., 1941-（『創造的進化』真方敬道訳,岩波文庫,1954；新版,1979；松浪信三郎・高橋允昭訳「ベルクソン全集」第4巻,白水社,1965).

■ベルクソン　Henri Bergson (1859-1941)
『道徳と宗教の二源泉』 *1932年刊

ベルクソンの第4の主著。前著『創造的進化』で彼は人類へと至る生命の進化を論じたが,本書は,そうした進化の頂点に立つ人類を,その社会性に焦点を当てて取り上げ直したものといえる。

人間の社会を特徴づけるもののひとつに,いわゆる道徳がある。普通の意味での道徳は個人に対する社会的な圧力であり,社会はさまざまな道徳的禁止によって自己の存続をはかる。それは生命の自然の要求であり,この意味での社会は「閉じた社会」をなす。これに対して,人類愛の上に成立する道徳がある。それは道徳的英雄によって生み出され,超社会的な引力によって人々に獲得されるものであり,これが「開いた社会」を作る,とされる。

宗教についても同様のことがいえる。一方には,生命や社会に対して破壊的な作用を及ぼしかねない人間の知性に対する社会的防御としての「静的宗教」がある。これに対して,生命体としての人類の閉鎖性を打ち破り,生命を無限の創造的行為へと導くのが「動的宗教」である。創造の歓喜,生の歓喜を与える「動的宗教」は偉大な宗教的神秘家たちによって創造され,愛によって実現される。こうして,生物的世界における「生の躍動(エラン・ヴィタール)」は「愛の躍動(エラン・ダムール)」へと継承されることになる。

現代の文明の物質的・機械的性格に対して,精神的・神秘的立場を強調する本書は,ベルクソンのキリスト教への傾斜を示すとともに,その生の哲学の精神的意味を伝える著作となっている。

安川慶治

[書誌データ] Henri Bergson, Les deux sources de la morale et de la religion, Félix Alcan, 1932; P.U.F., 1941-（『道徳と宗教の二源泉』平山高次訳,岩波文庫,1953；同,中村雄二郎訳『ベルクソン全集』第6巻所収,白水社,1965；『道徳と宗教の二つの源泉』森口美都男訳『世界の名著64 ベルクソン』所収,中央公論社,1979).

ベルセ　Yves-Marie Bercé (1936-)
『祭りと叛乱』＊1976年刊

　原書は、アシェット社が出版した「時代と人間シリーズ」(Le Temps et les Hommes)のなかの1冊である。その末尾には、当時の民衆生活実態に関する貴重な参考史料が載っているが、翻訳では割愛している。

　祭りと民衆生活との関係については、監訳者故井上幸治氏が、新評論社の旧版で、つぎのように記している。「これまでわが国の歴史学においては、民衆の問題はせいぜい運動史の次元で扱われていたにすぎなかった。最近ようやく若干の先駆的研究があらわれたところであるが、とくに一見非論理的、非理性的にみえるような民衆集団の意識や行動様式、それらの時々刻々の変化や集団内部の対立などの問題に取り組もうとするとき、マンドルー、ベルセやヴォヴェルをはじめとする人類学、民俗学の研究は、より精緻な民衆史を可能にするような方法をつくりだす手がかりとなるようにおもわれる。」

　本書は「叛乱」と「祭り」との関係に注目する運動史ではない。民衆の生活と文化が近代化の過程でどのように変化していったのか、という生活文化の歴史に関する試論として読むべきものであろう。そこでは、生活のなかにある非日常的なものが、教会の規制や政治権力の圧力によるだけでなく、本質的には民衆の生活意識や共同実態の変化によって変質していった過程が、きわめてよく浮き彫りにされている。祭りは、権力の弾圧によって崩壊したのではなく、社会変動の波にのみこまれて変質していったのである。

　また、民衆文化としての祭りが、叛乱という形をとって政治と縺れ合いながら、それとは常に別の次元へと乖離していく問題も、ベルセの提起した課題として重要である。

松平　誠

［書誌データ］Yves-Marie Bercé, *Fête et Révolte: de mentalités populaires du XVIᵉ au XVIIIᵉ siècle, Essai*, Hachette, 1976（『祭りと叛乱』井上幸治監訳、藤原書店、1992）．

ベルタランフィ
Ludwig von Bertalanffy (1901-72)
『一般システム理論』＊1968年刊

　ウィーン生まれの理論生物学者フォン・ベルタランフィは、機械論的なシステム理論を批判し、開放系としてシステムをとらえる有機体論を唱えて、生物学だけでなく社会学、経済学など社会科学に大きな影響を与えた。『一般システム理論』は、多面にわたる彼の論稿の総集篇である。

　有機体論の考察対象である開放系としてのシステムは、その特徴として、①部分の単なる総和以上の特性を発揮し、②「動的平衡」にもとづく自己調節の能力を有し、③刺激＝反応のみに依存しない創発的な振舞いを示すという。この理論を、彼は『形態形成の批判的理論』(1928)のなかで最初に提出した。胚発生の初期過程を部分の総和と見る機械論と、全体は部分を超えた調節力を示すとする全体論の対立の打開を目指したのである。こうした有機体論の基本観点を、心理学や社会の諸現象にも適用しつつ発展させたものが、一般システム理論である。システムの特性の考察にあたっては、階層性ということも、特に初期の理論では強調されている。

　一般システム理論の「人間主義的な関心」を著者は強調する。「機械論に傾斜したシステム理論家……はもっぱら数学やフィードバックや工学の言葉でシステムを語る。」けれども「数学とか純粋および応用科学の側面もそれはそれでわかるし、その重要性は強調する一方、こうした人間的な側面を見逃すことはできない。」本書は、新しい分野を確立した古典であるとともに、その後の発展で乗り越えられた側面をもつという意味でも古典であるが、いまなお社会学や経済学までひろい範囲の研究者の視野に大きく映じている理由は、人間主義的な関心という基本姿勢が共感を呼ぶのであろう。

訳者（長野　敬）要約

［書誌データ］Ludwig von Bertalanffy, *General System Theory: Foundations, Development, Applications*, George Braziller, 1968（『一般システム理論』長野敬・太田邦昌訳、みすず書房、1973）．

ベンサム Jeremy Bentham (1748-1832)
『道徳と立法の諸原理序説』*1789年刊

「自然は人類を苦痛（pain）と快楽（pleasure）という、2つの主権者の支配のもとにおいてきた」という有名な功利主義の宣言を含む本書は、幸福を快楽と苦痛に関する強さ・持続性・確実性・遠近性の基準によって量化し、計算可能であるとする。ベンサムは続いて、禁欲主義、共感と反感の原理など、功利主義に反対する諸々の道徳の基礎付けに反駁を加えている。

しかしベンサムにとって何より重要なのは功利性の原理を立法の普遍的原理とすることであった。彼によれば政府の任務は、賞罰を用いて社会の幸福の総和を最大化することにもとめられるが、本書において特徴的なことは、彼の関心の大半が、犯罪の詳細な分類など、罰すなわち刑法の体系化に向けられている点である。ベンサムは、法によって執行される権力の一元化と主権者への権力の集中、法の明確化を要求し、ブラクストンに代表される既存の法学に挑戦している。

このようなベンサムの着想そのものは、必ずしも独創的とはいえない。法とは主権者の命令であるとしたホッブズ、合理的な計算にもとづく啓蒙的な刑法学の創始者ベッカリーア、立法者が与える賞罰によって民衆を教育し私的利益を公共の利益に一致させようとしたエルヴェシウス、彼ら先駆者の思想を功利主義のもとに体系化し、かつ実践に移そうとした点にベンサムの特徴が見いだされる。彼が終生の情熱を注いだ、有名な監視の装置である円形監獄パノプティコンの構想とともに、社会的幸福と安全を理由とする規律化や社会への介入は、この時代の自由主義のもうひとつの側面を示している。

森 政稔

[書誌データ] Jeremy Bentham, *An Introduction to the Principles of Morals and Legislation*, 1789; J. H. Burns ed., The Collected Works of Jeremy Bentham, University of London, 1970（「道徳および立法の諸原理序説」山下重一抄訳『世界の名著 ベンサム・J．S．ミル』中央公論社、1979）．

ベンディクス Reinhard Bendix (1916-91)
『産業における労働と権限』*1956年刊

本書は、工業化の過程のなかで培われてきた、企業内における雇用者と労働者との権限関係を正当化する経営イデオロギーに注目し、そこに①自由主義的形態と②集団主義的形態とがあることを明らかにする。そして、工業化の初期に築かれた経営イデオロギーが、20世紀の大規模工業化の時代にどう変貌していったのかを克明に描いている。

初期の企業家たちは、工業化に抵抗する旧勢力に打ち勝つために、自由放任思想に支えられた経営イデオロギーを発展させたが、20世紀に入ると、事態は一変する。工業化の賛否が争われることがなくなった一方で、企業の規模と複雑性が増大した結果、経営者たちは、官僚化した企業のなかで労働者の自発性をいかに引き出すかという新しい課題に直面した。いま、この過程を振り返ると、自由主義体制の下では、経営イデオロギーが、産業心理学による人間関係論的アプローチを中心に発展をみたのに対して、ツァーによる独裁体制を引き継いだ社会主義体制では、外部官僚制を使って工業化が推進されたとみることができる。すなわち、労働者と経営者に対し、すべての命令系統に沿って、政治と行政による二重の統制機構が敷かれ、この場合、経営イデオロギーは、下からの人民の意思を代表する党の支配に、労働者と経営者とが服するという形をとった。

著者は、経営イデオロギーの2つの形態を示しながら、それがたんなる企業家の階級利害の表明ではないとする。すなわち、企業内の権限関係に関する経営者の解釈が、時代とともに変化し、国によって異なる階級関係をつくり出す。その意味で、経営イデオロギーとは、歴史的背景や政治体制の異なる社会における支配とその正当性の根拠を映し出す鏡であるといえる。

下平好博

[書誌データ] Reinhard Bendix, *Work and Authority in Industry: Ideologies of Management in the Course of Industrialization*, 1956（『産業における労働と権限』大東英祐・鈴木良隆訳、東洋経済新報社、1980）．

ベンディクス Reinhard Bendix (1916-91)
『マックス・ウェーバー』＊1960年刊

社会学史上の巨人マックス・ウェーバーについての研究書として画期的著作であり，社会学者としてのウェーバーの「包括的一肖像」を呈示している。

ウェーバーの作品は複雑に絡みあって難解であることで知られているが，ベンディクスは彼の学問の肖像を経験科学的著作に力点をおきながら描き上げている。本書の大部分はウェーバーの著作の要約であるが，一部分ベンディクス独自の解釈がはっきりそれとことわって示されているだけでなく，引用された文献の選択や配列からベンディクス独自の解釈がうかがえる。

たとえば第2部の『世界宗教の経済倫理』についての説明では，身分と階級，宗教指導者と大衆の宗教意識という視点が設定され，中国・インド・古代パレスティナという3つの文明が近代ヨーロッパと比較されている。このようにベンディクスは，理念と利害状況をともに強調するパースペクティブに基づきながら，比較の視点と歴史的視点を取り入れた古典的モデルとしてウェーバーの経験的著作を解釈したのである。このような意味で本書は「比較歴史社会学としてのウェーバー社会学」を打ち出した代表的研究といえる。

またベンディクスはウェーバーの祖述に終わらず，ウェーバーの遺産を生かしながら『産業における労働と権限』(1956)，『国民国家と市民的権利』(1964)，『国王か人民か』(1978)といった比較歴史社会学の傑作を残している。　　　　　　　　　　　　　　大川清丈

[書誌データ] Reinhard Bendix, *Max Weber: An Intellectual Portrait*, Doubleday, 1960; 2nd ed., 1962(『マックス・ウェーバー——その学問の全体像』折原浩訳，中央公論社，1965；改訳再版『マックス・ウェーバー——その学問の包括的一肖像』上・下，折原浩訳，三一書房，1987-88).

ベン＝デービッド
Joseph Ben-David (1920-86)
『科学の社会学』＊1971年刊

「科学活動はいかに発達し，いかにして今日のような構造をもつようになったか」という問題設定で，古代文明社会から現代科学の成立までを分析した古典である。

古代や中世の社会，主にヨーロッパのそれから叙述を始めるのには理由がある。「一体いかなる条件が，科学が価値ある社会活動となるのを妨げてきたのか」を探るのと同時に，ルネサンス期ヨーロッパにそのような科学活動が出現した条件を問うためである。その条件を制度のなかに埋め込まれた「科学役割」の出現に求める。そのうえで科学中心地移動モデルに従って，17世紀以後の各時代においてそれぞれの国がなぜ中心地たり得たのかを学術組織や政治体制，思想状況などの制度的要因に由来する科学役割によって説明する。

本書は刊行当初，19世紀以前の分析に矛盾が見られたり，事実と食い違いがあるとの批判が科学史家から出された。また科学活動を理念的に捉え過ぎていると同時に，科学知識の形成要因を考察対象としていないなどという批判が彼に近い立場の社会学者たちに対して浴びせられたこともある。彼のように制度的側面から科学を研究するアプローチは，科学技術社会学の前線では廃れて久しい。彼の中心地移動モデルが既に日本の科学史家によって提唱済みであったことも加えておく。

しかし19世紀から20世紀初頭のドイツ科学の成立や20世紀アメリカ科学の興隆に関する分析は制度としての科学を国家間比較するうえでの範例である。また科学技術の社会学だけでなく，高等教育や専門職の社会学にとっても重要な古典だと言えよう。　　　　小川慎一

[書誌データ] Joseph Ben-David, *The Scientist's Role in Society: A Comparative Study*, Prentice-Hall, 1971(『科学の社会学』潮木守一・天野郁夫訳，至誠堂，1974).

ベンヤミン Walter Benjamin (1892-1940)
『ドイツ悲劇の根源』 *1928年刊

ベンヤミンは本書で、長いあいだ忘れられていた17世紀ドイツ・バロック時代の悲劇を題材に取り上げながら、そこで用いられている「アレゴリー（寓意）」という表現手法に光を当てようとする。そしてベンヤミンは、「特殊のうちに普遍を見る」シンボルに比べ「普遍に対する特殊」を求めるアレゴリーは劣っているとするゲーテの評価の修正を目ざすのだが、それはたんに表現手法としての「アレゴリー」の評価の修正のためだけではない。本書の冒頭に「認識批判的序説」と題された長大な序論が置かれているが、そこにおける現象と真理の関係についての認識論的な展開と、本書第1部におけるギリシア悲劇の「シンボル」性とバロック悲劇の「アレゴリー」性の対比の議論および第2部における「アレゴリー」論を重ね合わせてみるとき、「アレゴリー」再評価にこめられたベンヤミンの歴史哲学的モティーフが明らかになる。ベンヤミンによれば、歴史はその真理内容からの絶えざる凋落の過程である。したがって歴史の推移のなかでは、個々の現象が十全なかたちで真理内容を体現する「シンボル」となることは不可能である。個々の現象は真理内容の断片、廃墟としてのみ現れうるのである。この真理内容の断片化・廃墟化の過程をベンヤミンは歴史の「アレゴリー」化として捉える。だが同時にそこには歴史が真理内容にむけて救済される可能性もまた存在する。ベンヤミンはその可能性を、歴史を構成している個々の現象の断片性から真理内容（理念）がちょうど「星座」のように描き出されることに求める。こうした歴史の「アレゴリー」的認識と歴史の救済史的枠組みにおける把握に本書の基本的な視座が見出されるのである。

高橋順一

［書誌データ］ Walter Benjamin, *Ursprung des deutschen Trauerspiels*, Rowohlt, 1928（『ドイツ悲劇の根源』川村二郎・三城満禧訳, 法政大学出版局, 1975).

宝月 誠（ほうげつまこと）(1941-)
『逸脱論の研究』 *1990年刊

シカゴ学派以来、逸脱研究は長い歴史を有するが、1960年代にベッカー、レマート、キツセ、シェフなどによって新たな逸脱理論が展開された。レイベリング（ラベリング）論と呼ばれるこの理論は、逸脱の定義をラベルの付与に求めたり、逸脱の増幅を「予言の自己成就」で説明するなど斬新な視点で注目されたが、多くの曖昧さと理論的難点を有していた。ラベル付与がすべて恣意的ではないし、ラベルで逸脱が常に増幅するとは限らない。

過度に単純化された逸脱の捉え方を修正するには、逸脱のラベルに抵抗する人々の一連の適応様式、たとえば「修正」や「よりましなアイデンティティとの交換」などの戦術に注目する必要がある。また、ラベルの付与を警察による法執行の実際の状況で把握するならば、その付与は裁量を伴うが、恣意的というよりも、法執行の「能率」と「公正」のバランスを保つ必要性からなされていることが判明する。さらに、『ジャックローラ』のスタンレーの生活史の記録の解釈によって、逸脱の増幅は、生活の問題状況に適応するなかで形成され、とくに少年をとりまく人々との相互作用が問題解決にとって重要であることが明らかになる。以上の点を踏まえた新たな逸脱論には、反作用のみに注目するのではなく、社会生活の意味世界や相互作用や共働活動と関連させて逸脱を捉える視点が必要となる。

このように本書はレイベリング論の問題点を克服して、よりふさわしい逸脱理論の展開を目ざしたものである。レイベリング論に関する紹介や研究は日本でもかなり蓄積されているが、本書の特徴は具体的な事例を活用しながら、理論的に精緻化した点である。

著者要約

［書誌データ］ 宝月誠『逸脱論の研究』恒星社厚生閣, 1990.

■ボウルビー Rachel Bowlby (1957-)
『ちょっと見るだけ』*1985年刊

　19世紀末がデパート商法を中心にする新商業（nouveau commerce）の登場によって経済環境、とくに男女の社会的関係が一変したことを巧みに整理したうえ、それを反映する文学ジャンルとして自然主義小説（と俗称されるもの）を取りあげた英語圏では先駆的な作品である。英国のギッシング、米国のドライサー、フランスのゾラ3人の6作を取りあげて丹念に精読してみせる作業が骨格。
　19世紀末商業革命の全体的チャートが素晴らしい。万国博覧会とデパートの出発がほぼ同時期であることが象徴するように、商業が視覚的魅惑を通して新たに購買意欲を産出していく「商品のスペクタクル」化（ギー・ドゥボール）が急進行してショッピングの習慣、「衝動買い」や「クレプトマニア（デパート性万引）」などが次々とうまれてくる。商業が「売り」の産業と化す一方で、人の目を魅了するアートとなって、買い手の役割を押しつけられ始めた女性心理につけこむ。ボウルビーの指摘の面白いのは、新商業が消費者を煽動する営みが男による女の誘惑という性差イデオロギー的パラダイムに見事に一致することの指摘で、ゾラの『御婦人方のパラダイス』(1883)なるデパート小説はじめ自然主義小説中の男による女の誘惑の問題を消費資本主義的構造として読み直す。
　初めてと言って良い強度で市場の中での自分の位置を意識させられたのが自然主義小説の作家だったという視点もあり、そうした女性と商業の関係を追う作家がみな男であることの問題性も突いており、いずれにしろマルクス主義的フェミニズム批評の模範作である。
訳者要約

［書誌データ］Rachel Bowlby, *Just Looking: Consumer Culture in Dreiser, Gissing and Zola*, Methuen, 1985（『ちょっと見るだけ』高山宏訳、ありな書房、1989）.

■ホガート Richard Hoggart (1918-2014)
『読み書き能力の効用』*1957年刊

　現在多く行なわれている「文化研究」の起点の1つに数えられる画期的な仕事である。著者はリーズ生まれ、奨学金を貰って大学を卒業、ずっと労働者階級のコミュニティに育った。第1部「より古い秩序」では、自身の経験を基礎（決して自己体験をそのまま表現しているわけではない）に、労働者階級の日常生活と結びついた文化、母親、父親、隣近所などのイメージ、「やつら」と「おれたち」といった社会的区分の仕方など、かれらの日常意識の世界が、分析・記述される。自身労働者階級の出身だけに、中産階級、あるいはそれ以上の階層出身の物書きにみられる、ロマンチックな、多かれ少なかれ「民衆」生活を美化する視点を鋭く批判し、あくまで等身大の、生活・文化・意識像を描こうとしているところに、その特色がある。
　こうした生活に根を置いた、伝統的な文化の世界が、いわゆる大衆文化の日常生活への浸透によって、どう変っていくかを検討したのが、第2部「新しい態度に席をゆずる過程」である。「緊張感のないスケプティシズム」、あるいは独特の「シニシズム」を、受け手の内部に生じさせる、と言ったように、ホガートの大衆文化影響分析は細かく、かつ慎重である。かれがよく手法を学んでいると思われる前代のリーヴィス、あるいはアドルノのようにマス・メディア効果を悪いものときめつけずに、よい側面と悪い側面とを、なんとか区別しようと努力していることが、本書の特徴である。以後の大衆文化、メディア研究に大きな影響を及ぼす。著者自身は、近年のカルチュラル・スタディーズについて、基準のない相対主義だとして、批判的である。
訳者要約

［書誌データ］Richard Hoggart, *The Uses of Literacy*, Chatto & Windus, 1957; Pelican Books, 1958（『読み書き能力の効用』香内三郎訳、晶文社、1974；新装版、1986）.

ボガトゥイリョフ
Петр Григорьевич Богатырев (1893-1971)
『民衆演劇の機能と構造』
*1938年刊＋1971年刊

本書は、ボガトゥイリョフの主著『チェコ人とスロヴァキア人の民衆演劇』(1971)と論文「演劇の記号」(1938)の編訳である。前者は、1940年にチェコ語で公刊されていたものに著者自身が若干手を加えたロシア語版から訳されている。双方を合わせて、「構造」「機能」「記号」をキー・コンセプトとするボガトゥイリョフや彼が属していたプラハ言語学サークルの芸術記号論の特徴が十分に理解されるよう構成されている。

ボガトゥイリョフは、『モラヴィア・スロヴァキアの民俗衣裳の機能』(1937)などを通して記号論の開拓者のひとりとして知られているが、むしろ注目されるべきは、その先駆的な方法を駆使して民衆演劇をはじめとする民衆文化に迫り、民衆の想像力の世界がはらむ豊かな同時代的可能性を剔出している点である。本書では、記号体系としての民衆演劇という観点から演劇性、変身、舞台と客席の関係、衣裳・仮面、せりふ、即興、グロテスクその他に分析が加えられているが、そこから引き出されてくる事実や結論は明らかに当時のロシアやチェコの前衛演劇に呼応しており、メイエルホリドやブリアンらがめざしていた前近代的なるものの批判的摂取のためのモデルを提供している。

このようにして本書は、民族学的事実だけでなく、30年代に運動として展開されていたプラハ言語学サークルの記号論がいかなるものであったかについても、豊富な具体例をもって示している。 訳者要約

[書誌データ] Петр Григорьевич Богатырев, *Народный театр чехов и словаков*, Москва, 1971 (「チェコ人とスロヴァキア人の民衆演劇」) + Znaky divadeiní Praha, 1938 (「演劇の記号」) (『民衆演劇の機能と構造』桑野隆訳、未来社、1982).

ポスター Mark Poster (1941-2012)
『情報様式論』*1990年刊

このユニークな表題はマルクスの「生産様式」をもじったものであり、ポスターは本書で、歴史を象徴交換の構造の変化として捉えることによって、現在における電子的コミュニケーションの特徴を批判的に理解しようとした。

それぞれの歴史的な情報様式のなかで、言語と社会、理念と行動、自己と他者の関係は異なった形で分節されている。ポスターは本書においてポストモダンにおける脱中心化され、散乱した現在の主体のあり方を電子的情報様式の分析を通して生き生きと描き出している。

内容は、序章「何も指示しない言葉」、第1章「ポスト産業化社会の概念」、第2章「ボードリヤールとテレビCM」、第3章「フーコーとデータベース」、第4章「デリダと電子的エクリチュール」、第5章「リオタールとコンピュータ科学」という構成になっており、ダニエル・ベル、ジャン・ボードリヤール、ミシェル・フーコー、ジャック・デリダ、J.-F.リオタールらのテクストの批判的検討を通して、ポスト産業化社会、テレビCM、データベース、電子テクストなどを論じている。全体としては電子的情報様式という視点による批判理論的なポストモダン文化論となっており、新しい主体の政治学の可能性を探求したものである。

本書はポストモダン文化論と電子メディア論とを結合させた早い段階におけるパイオニア的著作としてきわめて重要であり、著者はその後も、*The Second Media Age,* 1995, Polity Press など複数の著書を発表しており、またWWWのホームページ上 (http://hnet.uci.edu/mposter/) でも新しい論考を意欲的に発表している。 訳者(室井 尚)要約

[書誌データ] Mark Poster, *The Mode of Information*, Polity Press, 1990 (『情報様式論』室井尚・吉岡洋訳、岩波書店、1991).

細川周平(ほそかわしゅうへい) (1955-)
『ウォークマンの修辞学』*1981年刊

1979年、ソニーが市販したヘッドホン・ステレオ（商品名ウォークマン）をフランスの社会学者ジャン・ボードリヤールの『物の体系』『消費社会の神話と構造』を出発点に考察した書で、ウォークマンがいまだ最新流行であった時代の興奮を伝えている。

著者はまず音楽の消費が紋切型の扱いしか受けてこなかった原因を音楽研究を支配してきた生産中心主義に求め、アドルノら音楽社会学の先駆者もまた、聴取にかかわる技術や消費を取り巻く諸条件について統計学や表面的な観察にもとづく理論しか提起してこなかったことを批判する。著者は消費者が受動的な立場にあるのではなく、生産者と共謀関係にあり、コードを変換して解読し意味を生産させる立場にあると主張する。

ウォークマンは聴取の道具としては決して最新テクノロジーの粋を集めたものとはいえず、半ばおもちゃ（ガジェット）のようなところがある。既存の技術であるヘッドホンと小型カセット再生装置を組み合わせた点に唯一、開発者の独創性が見られる。もっと正確にいえば公共空間を移動しながら一人で音楽を聴くことを欲望の対象とした点にこそ、この機械の独創性が発揮されている。意味の生産過程の場が街路であるということが重要で、ラジカセを巨大音量で流しながら闊歩し、周囲と音を共有して一種のサウンド共同体を構築するアメリカ黒人（ゲットー・ブラスター）や、移動性では共通するが、やはり車内という空間を聴き手が共有するカーステレオとは異なり、周囲と隔絶した個的で私的な移動する音空間を作りだす。またこれは歩行を演劇化し、公共空間のなかに私的な陥没地帯を生み出す装置である。　　　　　著者要約

［書誌データ］　細川周平『ウォークマンの修辞学』朝日出版社，1981.

細谷昂(ほそやたかし) (1934-)
『マルクス社会理論の研究』*1979年刊

本書は、1960年代以降世界的にひろがったいわゆる「マルクス・ルネッサンス」の流れに棹さすものであったが、他方また筆者としては、東北大学の院生有志とともにおこなってきたマルクス、エンゲルス読みの研究会が本書を醸成してくれたことが忘れられない。

まず、青年期マルクスの思想形成を追跡した第1章の後、第2章においては『経済学・哲学草稿』などのパリ時代の草稿をとりあげ、そこにおける疎外概念が私的所有の主体的とらえかえしを可能にし、この立場が、資本の存立構造をその再生産過程においてとらえる「市民社会の解剖学」の基本視点を準備するとともに、将来社会を人間の活動の解放とみる立場を与えたことを指摘している。

マルクスとエンゲルスとの唯物史観への道を対比的に分析した第3章の後、第4章においては「ドイツ・イデオロギー」をとりあげ、とくにマルクスによって将来社会が近代市民社会をふまえてはじめて展望できるものとして提示されていること、人間を生産する動物として、人間の社会を生産活動のシステムとしてとらえる基底的人間観が、唯物史観の出発点をなしていることを明らかにしている。

そして第5章においては、中期の『経済学批判要綱』と他方数多く書かれた時事論文をとりあげ、本書の総括として「市民社会の解剖学」と具体的な現状分析を含むマルクス社会理論の総体的な視座と方法を解明している。

なお、本書において必ずしも具体的に明らかにできなかったマルクスの将来社会像について、筆者は最近の論文（「将来社会についてのマルクス」1997）において、所有論に傾斜しがちであった従来の理解に対し、マルクスが多用した「アソシアシオン」概念を基軸にその再構成をこころみている。　　　著者要約

［書誌データ］　細谷昂『マルクス社会理論の研究─視座と方法』東京大学出版会，1979.

ホッファー　Eric Hoffer (1902-83)
『大衆運動』＊1951年刊

　「沖仲仕の哲学者」ともいわれたホッファーは，宗教運動，ナショナリズム，ファシズム，共産主義など，あらゆる種類の大衆運動に共通の特性を，true believer というキーワードを使って明らかにしようとした。この「忠実な確信者」とは聖なる大義によって回心し大義のために献身する熱狂的な運動参加者のことである。潜在的な回心者たちは，なんらかの理由で自己の人生や生活が損なわれ浪費されていると感じている人びとである。比較的最近の転落者，改善が見込める貧困者，自由が重荷になっている人びと，創造力があるが貧しい人びと，失われた集団連帯を求める人びと，マイノリティ，退屈する人びと等々，がそれである。これらの人びとは自己の伸長を求めるのではなく，逆に，運動の聖なる大義および集合的全体に同一化することによって「必要とされない自己」を放棄し，「完全な自己」の代用物を求めようとする。それゆえ自己犠牲，無私を厭わない。

　自己がスポイルされたと感ずる人びとが忠実な確信者へと回心することを促進する要因は，共通の敵への憎悪，解決の近道となる模倣，強制力を伴う説得，疑心暗鬼から逃れるための同調，身体的規律，カリスマ的指導などである。これらの要因は個々人の独自性を減退させる要因であるから，個人の運動への合体統一は「加算ではなく引き算の過程である」。このような確信者が活動するのは大衆運動の膨張期である。運動が確信者を助長すると同時に，確信者が運動を発展させる。ただし，大衆運動には①扇動家の段階，②熱狂的確信者の段階，③実務家の段階というライフサイクルがあるので，確信者が運動の全体を通じて主役を演ずるわけではない。

　ホッファーの大衆運動論は1980年代フランスの群衆論と重なるところが少なくない。

塩原　勉

［書誌データ］Eric Hoffer, *The True Believer*, Harper, 1951（『大衆運動』高根正昭訳, 紀伊國屋書店, 1969）.

ボードリヤール　Jean Baudrillard (1929-2007)
『物の体系』＊1968年刊

　現代の都市文明は製品，道具，ガジェットなど膨大な数の物を次々と加速されたリズムで生み出している。本書はこのような物の世界の体系的な分析を試みたものである。もちろん歴史的な観点から物の機能や，形態や，構造を分析した試みもあるが，それらは「物はどのように体験されるのか」，「物は機能するという要求以外にどのような要求に答えているのか」といった問いに十分答えていない。本書の課題は，機能の観点からする物の体系の分類ではなく，人間が物にかかわるプロセスや，そこに生じる人間の行動や関係の体系を分析することにある。

　物には2つの側面がある。ひとつは物について語られる意味作用の体系であり，いわば社会学的なプロセスである。もうひとつは物の構造を転換させていく技術のプロセスである。だが，物にとっては技術の領域で起こることが本質的であって，意味作用の領域で起こることは非本質的である。物に基本的な整合性や合理性が設定されるとすれば，それは技術的な構造化の面にあると見るのである。だが現代の工業製品の世界では，物の本質的な技術の秩序や，物の客観的な状態は，非本質的要求によって危険にさらされている。生産システムがこうした非本質的な要求をとりこみ，それを固有の目的性として設定しているからである。本書はそこで技術の整合的な体系がどのようにして不整合な生活の体系に溶けこむのかを検討しようとするのである。

　方法的にみれば，本書はマルクス主義的なイデオロギー批判の視点と構造主義的なモデルによる分析手法を微妙に組み合わせている。また物の体系を通じて「消費社会」の存在を浮かびあがらせ，消費の概念を検討することにより，『消費社会の神話と構造』(1970)の前段階をなすものとなっている。

内田隆三

［書誌データ］Jean Baudrillard, *Le système des objets*, Edition Gallimard, 1968（『物の体系』宇波彰訳, 法政大学出版局, 1980）.

■ボードリヤール Jean Baudrillard (1929-2007)
『象徴交換と死』*1975年刊

　本書は著者の社会理論をもっとも体系的なかたちで提示したものとなっている。著者からみれば、①マルクス主義は物質的生産の経済から、また、②精神分析は欲望の生産にかかわるリビドーの経済から、それぞれ近代社会の限界をとらえ、批判的に相対化しようとしたものである。西欧の近代社会を主導したのはたしかに「生産」の論理であり、マルクス主義や精神分析は位相こそ違え、この生産の経済という水準で、近代の現実と社会形成を批判的にとらえたのである。

　しかし、それらの批判もまだ制約のもとにある。なぜなら社会形成ということの本質を考えてみると、生産の論理そのものを相対化し、超え出るような理論的水準があり、そのことをソシュールのアナグラム論やモースの贈与論は示しているからである。重要なのは、これらの理論が射程に入れている、生産の論理よりももっと本質的な水準から近代の社会形成をとらえなおすことである。

　近代社会とは、モノであれ、欲望であれ、それらを価値という形態のもとに生産し、蓄積することを至上命令とする社会であり、そこには価値法則が貫いている。近代社会では、価値という形態を付与されず、等価交換の体系に包摂されないモノや欲望は排除される。

　しかしながら、「価値の死滅」にもとづく社会関係によって成立する社会もある。そのような社会関係の1つとして贈与交換があり、未開社会はそれを社会形成の基本的な論理としている。死や破壊やアナグラムも同じように、生産の論理を超えた象徴交換の可能性をひらく形式である。本書はこれらの形式を媒介にして、権力や身体の関係をはじめとする現代の社会形成の諸相をとらえなおすことをその重要な課題としている。　　　　内田隆三

［書誌データ］Jean Baudrillard, *L'échange symbolique et la mort*, Gallimard, 1975（『象徴交換と死』今村仁司・塚原史訳, 筑摩書房, 1982）.

■ボードリヤール Jean Baudrillard (1929-2007)
『シミュラークルとシミュレーション』
*1981年刊

　本書の内容は1976年から79年にかけての論文や講演などを集めたもので、それらの根底にはクールなニヒリズムの色調が流れている。本書の基本的なアイディアは、現代社会においては、現実とか現実性についての感覚が決定的な変化を遂げているというものであり、それゆえ本書は、権力であれ下部構造であれ、現実という決定的な審級に依拠して何かを説明する議論にたいして、根本的な批判を提起するものとなっている。

　著者によれば、「表象」（représentation）とは、ある記号がある現実を表象＝代行していることであり、そこでの記号は何かある現実を指示し、何かある現実に準拠していることになる。しかし「シミュラークル」（simulacre）の場合、それは何かある現実を表象＝代行しているのではない。シミュラークルとは、もはや代行すべき現実が不在であることを前提しており、かつその不在を隠すような記号なのである。

　たとえばディズニーランドがそうしたシミュラークルの例である。著者によれば、ディズニーランドとは、それ以外の場所がすべて夢ではなく現実だと思わせるために空想として設置されたのだが、それはすでに現実が不在であり、ディズニーランドを取り囲むアメリカ社会そのものがすでにハイパーリアルな世界となっているからである。問題は、このハイパーリアルな世界に固有の論理を具体的に明らかにしていくことであり、著者はホロコースト、広告やメディア、クローン、ホログラム、クラッシュなど現代社会の諸問題をとりあげ、それらの現象をシミュレーション＝シミュラークルの論理によって解読していくのである。　　　　内田隆三

［書誌データ］Jean Baudrillard, *Simulacres et simulation*, Editions Galilée, 1981（『シミュラークルとシミュレーション』竹原あき子訳, 法政大学出版局, 1984）.

ポパー Karl Raimund Popper (1902-94)
『開かれた社会とその敵』 *1945年刊

　本書はポパーが第2次大戦のただなかで書き続けた，全体主義ならびに権威主義的思想に対して自由を防衛し「歴史信仰」的迷信の危険に対して警告するという意図をもつ政治哲学の書であった。本書の理論的骨格は，処女作『科学的発見の論理』の科学論の基本的思想を社会的世界へと発展させたものと言えるが，『論理』自体がマルクス理論の科学性への疑問を重要な執筆動機としており，両者は『歴史主義の貧困』とともに，1919年以来のポパーの幅広い問題意識の展開として，独断を排し批判を重視するという方法において共通するとともに内容において相互に補い合う意味をもっている。

　第1部「プラトンの呪文」は10章から成るが，歴史変化には法則性があり予言可能な特定の終末に至るとする歴史信仰の特徴的教説やヘラクレイトスの思想が略述された後，主としてプラトンの全体主義的，歴史信仰的思想が批判される。そのなかで「自然と規約」や「社会工学」を巡る議論は，彼の知識理論や倫理思想の特質をよく示している。

　第2部「予言の大潮―ヘーゲル，マルクスとその余波」は15章から成り，現代歴史信仰の背景，および源として，アリストテレス，ヘーゲルが概観された後，マルクスの方法，予言，倫理学が詳細に検討される。ポパーはマルクスの人道主義的衝動や知的誠実さを認めつつも，歴史予言を社会問題への科学的アプローチと信じ込ませ人々を誤らせた点を重大視するのである。　訳者（内田詔夫）要約

[書誌データ] Karl R. Popper, *The Open Society and Its Enemies*, vol. I, vol. II, George Routledge & Sons, 1945; rev. ed. in one volume, Princeton U. P., 1950 (『開かれた社会とその敵』第1部・第2部，内田詔夫・小河原誠訳，未来社，1980)；5th ed., 1966 (『自由社会の哲学とその論敵』武田弘道訳，世界思想社，1973).

ポープ Daniel Pope
『説得のビジネス』 *1983年刊

　冒頭の「20世紀は広告の時代」という宣言をうけて，本書は19世紀末から今世紀にかけてのアメリカ国内市場の発達と「全国広告の成立」から話が始まる。そして，それらナショナル・クライアントたちの市場戦略，ブランド戦略の求めに応じた広告代理店システムの発生。新聞や雑誌など全国的な広告メディアの動向。虚偽広告の排除や，単純な"お知らせ"広告からの脱皮のなかでの，広告制作者の地位確立，および広告心理学者たちの登場……。要するに「説得のビジネス＝現代広告」の誕生から発展への軌跡が辿られているのである。

　そして最終章においては，1980年代の広告情況にまで話が及び，広告は「隠れた説得者」（V. パッカード）として非難される一方で，同時に広告主からは説得の効果の証明を迫られており，その社会的な役割を「説得」だけに単純化することはできなくなっている，という現状が描かれている。

　しかし，やはりこの本の見どころは，20世紀の早い段階で「広告はすでに物を欲しがっている人を対象にしてはいない」といった具合に「需要の創造」が云々され始め，商品開発においては「マーケティングからの要求が技術面のそれを上まわり始めた」と指摘されるなど，いわゆる消費社会的な情況が立ち上がるまさにその瞬間を，広告ビジネスの紆余曲折を通して捉えようとしている点にある。

　本書は，筆者がビジネススクールにおいて経営史の研究生として過ごした時期に書かれたものだが，その内容は手堅い歴史学の著述であり，近年盛んになりつつある，「消費社会のテイクオフ」を扱った社会史研究への手頃な入門書と言える。　難波功士

[書誌データ] Daniel Pope, *The Making of Modern Advertising*, Basic books, 1983 (『説得のビジネス―現代広告の誕生』伊藤長正・大平檀・西田俊子・伊藤清訳，電通，1986).

■ホブズボーム　Eric Hobsbawm (1917-2012),
レンジャー　Terence Ranger 編
『創られた伝統』＊1983年刊

　1980年代以降，歴史学と人類学の交差領域で，近代国家における伝統と文化，記憶の創出過程についての研究が非常に活発化していった。本書はそうした動きの先駆けとなり，それを大いに刺激もした論集である。

　本書はまず，今日では長い年月を経てきたように思われている「伝統」の多くが，実は19世紀以降の発明物にすぎないことを強調する。著者らは，この近代が過去を参照しながら実現していく象徴化と儀礼化の過程を「伝統の発明 (Invention of Tradition)」という用語で要約する。近代は「伝統」を，それまでの慣行や儀礼の言語，象徴体系を組み替えながら創出してきたのである。

　編者のホブズボームは，ヨーロッパでは1870年代から第1次大戦までの間，ナショナリズムと結びついた伝統の大量生産が行われていったという。フランスでは，第三共和制下で初等教育を通じた農民の組織化と公的儀礼の創出，公共記念碑の大量の建設が進められた。これらはいずれも選挙制民主主義の普及を通じた大衆政治の出現という状況下で，国民的な文化統合を支える新たな世俗宗教を創出しようとする試みであった。同様の動きはドイツやアメリカでも見られ，さらに社会主義労働運動までもが，メーデーの組織化などを通じて「伝統の発明」を行っていた。

　こうした中でも本書の焦点は，大英帝国における19世紀を通じた「伝統の発明」に向けられている。英国王室儀礼の創出過程を文脈の変化の中で丹念に追った分析やスコットランドやウェールズ，インドやアフリカの事例を扱ったものなど刺激的な論文が多い。アナール派の歴史人類学から新しい文化史や文化研究への転回点を示す画期的論集である。

吉見俊哉

[書誌データ] Eric Hobsbawm and Terence Ranger, eds., *The Invention of Tradition*, Press of University of Cambridge, 1983 (『創られた伝統』前川啓治・梶原景昭他訳，紀伊國屋書店，1992).

■ホマンズ　George C. Homans (1910-89)
『ヒューマン・グループ』＊1950年刊

　直接顔を合わせてコミュニケーションを交わせる範囲の集団を対象に，一般理論の構築を目指した研究で，ジンメルの著作と並び称される，小集団研究の著名な業績である。

　人間の行動は「活動」「相互作用」「感情」の3つの要素からなりたち，これらの3つの要素は，相互に依存しあってシステムを形成している。この枠組みの下に，5つの社会集団研究を例にとって理論が構築される。

　まず，ホーソン研究で名高いアメリカのウエスタン・エレクトリック社における巻線作業観察室の例を用いて社会体系としての集団のとらえ方が示される。社会体系は外部体系と内部体系とからなる。外部体系は環境から直接に条件づけられて集団の存続にかかわる行動の体系であるのに対して，内部体系は外部体系への反作用として，各行動要素の相互依存の力によって加工されていく集団行動を指している。内部体系は外部体系にフィードバックして全体の社会体系を形成する。

　つぎにW. F. ホワイトの『ストリート・コーナー・ソサエティ』の不良集団やファースによるポリネシアの小島チコピアの未開親族関係の研究をとりあげ，行動の諸要素間の相互依存，内部体系の反作用などを例証した。

　そのうえで時間をとりいれた分析つまり社会変動の問題が検討される。まず，ニューイングランドの町ヒルタウンの歴史を追って，外部体系の凋落が内部体系の凋落を招き社会統制が弱体化するという経路から社会的不統合の過程が論じられた。最後に，電気設備会社の事例から，下位集団間あるいは下位集団と全体集団との争いである社会闘争の過程が検討された。

高瀬武典

[書誌データ] George C. Homans, *The Human Group*, Harcourt, Brace & Co. Inc., 1950 (『ヒューマン・グループ』馬場明男・早川浩一訳，誠信書房，1959).

ポランニー, K. Karl Polanyi (1886-1964)
『経済と文明』 *1966年刊

18世紀西アフリカに栄えたダホメ王国は，好戦的な近隣諸国と奴隷貿易を求めるヨーロッパ商人たちとの狭間にあって，巧みにバランスを取りながら地域社会の平和を維持していた。本書は，このダホメ社会における人々の暮らしを，経済人類学の手法を用いて鮮やかに描き出した作品である。

儀礼的に仕掛けられる戦争と奴隷狩り，アマゾン軍団など，軍事的でしかも高度に中央集権的な統治機構をもった18世紀ダホメ王国は，また他方で豊かな農業国でもあった。その国内は，国家的領域と非国家的領域に截然と分かれていた。まず国家的領域では，毎年恒例の貢租大祭に見られるように，諸地域の産物が王のもとに集められ，あらためて人々に贈与される。こうした再分配機構を通して，王は国の経済を掌握し，管理していたのである。ところが，人々の生活には，王の干渉を受けない自由な領域があった。ひとつは，地域社会における互酬ないし相互扶助であり，もう1つは家の経済であった。ともに，地域に住む人々が日々の暮らしを組織する基本原理であり，国家の介入は許されなかった。

ダホメの平和は，こうした二重構造を持った社会を交易港制度によって外部から遮断することで保たれた。不正取引をもくろむヨーロッパ商人たちの用いた計算貨幣「貿易オンス」のトリックも，ダホメ側に見破られ，その社会への影響は最小限に留められた。

なお，本書の序章部分でポランニーは，過去から教訓が引き出せるとしても，後発地域の理想化には気をつけねばならない，と忠告している。ポランニーを理解するうえで重要な箇所であるが，邦訳では意味が逆になっている。誤解を招き残念である。 丸山真人

［書誌データ］Karl Polanyi, *Dahomey and the Slave Trade*, University of Washington Press, 1966（『経済と文明』栗本慎一郎・端信行訳，サイマル出版会，1975；新版，1981）．

ポランニー, K. Karl Polanyi (1886-1964)
『人間の経済』 *1977年刊

ポランニーは『大転換』執筆後，非市場社会の普遍性を明らかにすべく，普遍的経済史の構築に取り組んだ。本書はそうしたポランニーの晩年の研究の集大成であり，弟子の一人，ハリー・ピアソンの手によってポランニー没後に編集された。ポランニーの経済人類学を知るうえでも重要な文献である。

本書でポランニーは，非市場社会の経済を分析するにあたり，経済合理性を自明の前提とする形式的経済学の枠組みそのものを批判し，人間の物的な生活過程とそれを支える社会的制度とをトータルに捉える実体＝実在的な経済学を提唱する。すなわち，人間の経済は，社会が市場構造を持つか，対称的構造を持つか，中心的構造を持つかに対応して，それぞれ，市場交換，互酬，再分配といった基本パターンをとる。形式的経済学はこのうち第1のパターンを説明するに過ぎないのであり，第2，第3のパターンを説明しうる新しい分析枠組みが求められねばならない。

以上の点を確認したポランニーは，市場経済において三位一体となって現れる交易，貨幣，市場の3要素それぞれについて，非市場社会の文脈に即した機能の説明を試みる。そして，この3要素が非市場社会では別個の起源を持ち，互いに独立して現れることを示す。とくに貨幣については，その諸機能それぞれがさらにまた別個の起源を持っており，それらの融合した近代貨幣がきわめて特殊なものであることを指摘した。

本書の後半は，古代ギリシャを対象とした実体＝実在的経済学の具体的適用である。経済計画と市場の要求するものとの調和をはかる古代人の知恵が余すところなく描き出されていて，読み物としても面白い。 丸山真人

［書誌データ］Karl Polanyi, *The Livelihood of Man*, Academic Press, 1977（『人間の経済』Ⅰ・Ⅱ，玉野井芳郎・栗本慎一郎・中野忠訳，岩波書店，1980）．

ポランニー, M.
Michael Polanyi (1891-1976)
『暗黙知の次元』 *1967年刊

本書は，優れた科学者として活躍しながらとくに1940年代以降は科学哲学の分野に転じ，暗黙知の説をもとに洞察に富む議論を展開した著者の思想を集約したもので，3部からなる。その主眼は，認識とは対象の徹底的な部分への分解とすべての部分の詳細な記述であるとする，極端な明晰性を求める思想が，不十分なだけではなく，いかに悪しき影響を広範に及ぼしているかを明らかにし，暗黙知の概念によりその是正を試みることにある。

第1部「暗黙知」は，「我々は語りうるより多くのことを知ることができる」ことに注目し，言語で明示的に表現されぬ知識としての暗黙知，特に，細部の詳述なしに全体を捉えうるその特性と構造を分析する。これは，同じ彼が「個人的知」(Personal Knowledge) についても語り，知る人間主体の能動的関与を強調したことと重なるが，さらに，これらが客観的実在の認識を可能にするとも説く。

第2部「創発」は，認識の領域で全体の把握がなされることに対応し，対象の領域で，下位の諸要素により形成される上位の全体において，要素の各々に見られぬ全体的特性が創発することを述べ，物理法則に還元されない生物の特性や，生命の原理に還元されない人間精神の固有の特性などを確認する。

第3部「探求者たちの社会」は，科学者の社会が合理主義や中央集権的機構で支配されることはなく，暗黙知を備えた隣接する成員間の相互制御に支えられると論じ，とくに，この世界で伝統や権威が働きながら，なぜ革新的発見がなされうるのかを説明する。全編を通じ，知ることを基本に人間や社会をいかに捉えるかが分析され，その内容は哲学，言語学，社会学等々，広い分野に及んでいる。

訳者要約

[書誌データ] Michael Polanyi, *The Tacit Dimension*, 1967 (『暗黙知の次元』佐藤敬三訳, 紀伊國屋書店, 1980).

ホーリー Amos H. Hawley (1910-)
『都市社会の人間生態学』 *1971年刊

人間生態学の始祖パーク (R. E. Park), バージェス (E. W. Burgess) は生物界を動物および植物の相互依存の関係として Web of life が一定範囲を占めて存在し，種々な有機体間における相互依存関係のなす自然的均衡関係をコミュニティと呼んだ。彼らによればコミュニティは個体を結びつけるものが自然的な分業に基づく自由な経済によって空間的に構成されたもので，この構成原理は意識的,慣習的,制度的に構成されるソサエティではなく，無意識な自由な競争から生ずる分業のなすシステムである。彼らはこの立場からコミュニティを分析し生態的過程としての競争のうえにソサエティとしての闘争,適応，同化の過程を置いて生態学的決定論と言うべき立場から都市社会現象の分析を行った。

ホーリーは始祖人間生態学者のコミュニティとソサエティの区分に基礎を置く理論とやや異なった彼の師マッケンジー (R. D. Mckenzie) に従い生態学の主題を環境の選択的，分析的，適応的力による人間の空間的，時間的関係であるとした。彼は動植物生態学と組織的に一貫した人間生態学の建設を試み，人間生態学を人間のコミュニティの形式と発展を研究する方法として組織立てた。

ホーリーは始祖生態学者が生態的決定論に立つために生ずる分析の局地性あるいは無歴史性の限界を克服して，コミュニティは機能的に分化した諸部分の相互に関連した関係の空間的に認知されたものと考えた。そして人間生態学は先進諸国は言うまでもなく第3世界の諸都市をも含んだ国家的，世界的範囲にわたる都市を分析し，組織化することを可能にし，それら諸都市の歴史的変動過程を研究する方法を発展した。

かくて従来の社会学の方法に経験的，理論的に深い影響を与えた。

監訳者要約

[書誌データ] Amos H. Hawley, *Urban Society: An Ecological Approach*, John Wiley & Sons, 1971 (『都市社会の人間生態学』矢崎武夫監訳, 時潮社, 1980).

ホール Edward T. Hall (1914-2009)
『かくれた次元』 *1966年刊

この著書の問題意識はその著者まえがきに次のように述べられている。「異なる文化システムの間にあつれきが生じるのは，国際関係だけに限られたことではない。たとえばアメリカを作りあげている多くの異なった集団は，それぞれの独自性を驚くほど強固に維持していくことがわかってきたからである。表面的には，これらの集団はみな似たようにみえるかもしれない。けれどもその表面の下には，時間，空間，物質，関係を構造化する際の，多様な，表面に現われず，形式にも現われない差違が横たわっている。」表面に現われず，形式にも現われない。この差違――これが「かくれた次元」である。ホールはこのかくれた次元を，「人間が自分自身と友人との間に保っている空間，自分の家庭やオフィスで自分のまわりにきずいている空間，そしてこのような空間を人間がどのように利用しているか」について調べ，それをこの本で展開した。彼はこの問題を動物における距離の調節から始めている。スイスの動物学者ヘーディガーによる逃走距離，臨界距離，攻撃距離といった概念から出発して，人口調節という当時流行の問題に進む。個体間の距離が保証されない混みあいの状態では社会行動が乱れ，シンク状態になって繁殖も妨げられる。ついで視覚空間と他の空間の知覚。そして知覚への鍵としての美術や文学にホールらしく話は飛ぶ。さらに空間の人類学，人間における距離とコミュニケーションの問題から，ホールの造語によるプロクセミックス（遠近学？）という新しい学問分野を提唱する。そしていろいろな文化における比較が繰り広げられる。彼が提示した空間の問題は，多くの分野の人々に強力なインパクトを与え，今も与えつづけている。

訳者（日高敏隆）要約

[書誌データ] Edward T. Hall, *The Hidden Dimension*, Doubleday, 1966（『かくれた次元』日高敏隆・佐藤信行訳，みすず書房，1970）.

ホルクハイマー
Max Horkheimer (1895-1973)
『理性の腐蝕』 *1947年刊

本書は題名が示すように，現代の西欧，とりわけ20世紀中葉におけるアメリカ産業社会における理性の衰退，腐蝕状況への鋭い批判告発の書と言うことができる。第2次大戦中カリフォルニアの亡命先でアドルノとともに『啓蒙の弁証法』の仕事にかかりきっていたホルクハイマーは44年春コロンビア大学に招かれて連続講義を行った。本書の主要部分はその原稿にもとづいており，『啓蒙の弁証法』と同時期に執筆されたものとして，そのホルクハイマー版ということができよう。

かつて理念がまだ生きた力を持っていた頃，人間に人生と世界の目的を指し示すものだった理性は，今や与えられた任意の目的に対する手段の適合性を測るだけの「道具的理性」に成り下っている。それはたんに「プラグマティズム」に見られる現象ではなく，客観的理性への信頼を失って，真理の主観的・形式的性格を強調する現代の「実証主義」的風潮一般に通じる普遍的傾向である。こうして理性が，実証主義・科学主義におけるように主観化されようと，ネオ・トミズムの形而上学におけるように一見客観的なものとしてドグマ化されようと，じつは理性は真の自律性を失って，実利や自己保存や信仰や，場合によっては支配の道具となっている。こういう現状を批判しつつ理性の自己批判を通じての自律的哲学の復権を訴えるところに本書の主眼点が置かれている。しかしやや古風な感じを与える理性の権威にもとづく現代の知的風潮やイデオロギーの告発よりも，現代の理性によって抑圧された「内なる自然」の叛乱に，大衆社会における非合理的要素を見出すフロイト的な発想の方が60年代末のドイツ語訳出版時におけるようにアクチュアルなものとして受けとられたようである。

徳永 恂

[書誌データ] Max Horkheimer, *Eclipse of Reason*, Oxford Univ. Press, 1947; ドイツ語版 *Zur Kritik der instrumentellen Vernunft*, 1967 (『理性の腐蝕』山口祐弘訳，せりか書房，1970；第2版：1987).

ホルクハイマー
Max Horkheimer (1895-1973)
『哲学の社会的機能』 *1974年刊

　フランクフルト学派の総帥ホルクハイマーも，晩年に論文集『批判理論』上下2巻，『道具的理性批判』がまとめて出版されるまでは，単著は意外に少なく，むしろ「社会研究所」の機関誌『社会研究』（Zeitschrift für Sozialforschung 1932-41）の編集や共同研究『権威と家族』のまとめ役として知られていた。『哲学の社会的機能』という著書は，戦前からのホルクハイマーの紹介者久野収が『社会研究』誌に発表された4本の論文に，戦後のエッセー，インタビュー等を加えて翻訳を出したとき，その巻頭論文の題名を本全体の表題とした日本語版編集にすぎない。論文「哲学の社会的機能」は，機関誌が英語で発刊されるようになった1940年号に発表されたがアメリカの読者を意識しながら，プラグマティズムに抗して理想主義（イデアリスムス）の持つ社会批判を哲学の社会的使命として力説したもので，啓蒙的色彩が濃い。それに対して「伝統的理論と批判的理論」とその補論は，フランクフルト学派の旗印である「批判的理論」の基本姿勢を，伝統的な観照的形式的理論に対して，実践的批判的なものとして特徴づけた綱領的なものと言えよう。戦後に行われた戦争の原因をめぐる国際シンポジウムの報告「ファッシズムの教訓」および60年代末の学生運動昂揚期のインタビュー「ラディカリズムについて」は，その時々のアクチュアルな状況への応答であり，学生運動のラディカリズムに自制を求める冷静さが目につく。「神信仰と無神仰」（Theismus und Atheismus）はホルクハイマー最晩年の宗教的時期に属するものであり，共に反権力を称してきた有神論と無神論がいかに妥協を繰り返してきたかを批判しつつ「まったく別の世界」へ希望を託しているが，やや別の問題圏に属するもので，他の論文と同日には理解しにくいだろう。

〔徳永　恂〕

［書誌データ］ホルクハイマー著／久野収編訳『哲学の社会的機能』晶文社，1974.

ボルケナウ Franz Borkenau (1900-57)
『封建的世界像から市民的世界像へ』 *1934年刊

　原書の副題が「マニュファクチュア時代の哲学にかんする諸研究」となっていることからもわかるように，本書は17世紀前半西ヨーロッパの哲学（デカルト，ガセンディ，ホッブズ，パスカル）とその前史（スコラ学，ルネサンス，宗教改革）の研究である。

　著者は，17世紀前半の自然科学の諸成果がマニュファクチュアの生産技術に影響を与えたという通説を否定し，逆に後者において労働が，中世的な職人労働の質ではなく，分業によって単純化された労働の量としてとらえられたことが，自然科学における力学的（機械論的）思考を規定したと主張する。この思考は，自然像だけでなく社会像をも規定するのであり，著者はむしろ後者に力点をおく。そのために本書は，トマス・アクィナスにおける神の掟としての自然法への人間理性の一致が崩壊して，近代自然権思想が成立する過程の思想史となっている。

　しかしこの時期には，中世の唯名論をうけつぐ近代自然権思想は，マキアヴェッリやカルヴァンに見られるような萌芽状態にあり，個々人の活動のなかから統一的な社会像を構築できなかった。こうしたペシミズムと前述の機械論的世界像をむすびつけるのは，旧社会のなかの近代的要素としての，ジェントリあるいは法服貴族であり，デカルトはそのうちのオプティミズムを，パスカルはペシミズムを代表すると，著者はいう。

　著者はウィーン大学卒業，共産党員としての活動ののち，主流からはなれ，フランクフルト社会研究所の依嘱によって本書を書いた。

訳者〔水田洋〕要約

［書誌データ］Franz Borkenau, *Der Übergang vom feudalen zum bürgerlichen Weltbid. Studien zur Geschichte der Philosophie des Manufacturperiode*, Schriften des Instituts für Sozialforschung, Felix Alcan, 1934（『封建的世界像から市民的世界像へ』水田洋他訳，みすず書房，1959）.

ボワイエ Robert Boyer (1943-)
『レギュラシオン理論』 *1986年刊

　ミシェル・アグリエッタの『資本主義のレギュラシオン理論』(1976)がレギュラシオン理論の生誕を告げる書だとしたら，本書は生誕後10年の時点で，レギュラシオン理論の視角，方法，これまでの成果および今後の研究プログラムを整理して，この理論のいっそうの発展可能性を展望した古典的書物である。

　ここでボワイエは，正統派経済学（新古典派）における近年の展開が，結局はあいかわらず均衡論という静態論に陥り，また市場万能論という楽観論に終わっていて，現実の動きを捉ええないことを批判しつつ，経済学が「レギュラシオン（調整）」という概念や視角をもつことの重要性を強調する。それはまた経済学説史のなかでは，ケインズやマルクスの観点を継承することでもある。

　こうした反省のうえに立って，本書はレギュラシオン理論の中心課題は「経済的・社会的動態の時間的・空間的可変性」の分析にあると宣言する。すなわち資本主義をその歴史的動態性と各国別多様性において把握することであり，しかもそのさい重要なのは，たんに経済としての経済の分析でなく，制度などの社会的動態を視野にいれた経済分析をしていくことである。そしてこれを実現するためには，「蓄積体制」「調整様式」「制度諸形態」「危機」など，最低限の基礎概念が必要とされるが，本書は，レギュラシオン学派のなかでも論者によってまちまちに使われていたこれら諸概念を整理した。また「フォード主義」という現代資本主義認識についても，それはけっしてたんなる描写でなく，きちんと定式化されたものであることを強調し，こうして共通の討論のための基盤を提供した。

訳者要約

［書誌データ］Robert Boyer, *La théorie de la régulation: Une analyse critique*, La Découverte, 1986（『レギュラシオン理論―危機に挑む経済学』山田鋭夫訳，新評論，1989；新版：藤原書店，1990）.

ホワイト，W. H.
William Hollingsworth Whyte, Jr. (1917-)
『組織のなかの人間』 *1956年刊

　本書の表題にある「オーガニゼーション・マン」とは，著者が現代アメリカ社会の基本的な人間類型をなすととらえているものである。著者はそれを，全人格的に組織に帰属・服従・献身する人間類型として提示している。階級的にはかれないしかの女は，アメリカ社会の中核をなす中産階級に属する。より具体的には会社社員が，著者のいう「オーガニゼーション・マン」の典型をなす。しかしそれは，会社以外の組織にも一般的に認められるものであると著者はいう。

　本書で著者は，「オーガニゼーション・マン」の生態をさまざまな角度から分析している。そこでの著者の分析の基礎にあるのは，「社会の倫理」(social ethics)という概念である。それは20世紀のアメリカ社会に特有のイデオロギーで，集団の個人に対する優位を原則としている。著者はそれを，プロテスタントの倫理と対比している。後者から前者への移行が社会の集団化・組織化・管理化に対応する，というのが著者の理解である。

　著者の「オーガニゼーション・マン」という概念は，同時代のリースマンの「他人志向型」やミルズの「ホワイト・カラー」などの概念に通じる一面をもつ。ホワイトは組織と個人との間には（協調だけではなく）対立が必要であるとして，個人主義の復権を唱えている。

　1950年代のアメリカという現代社会の「古典時代」における，現代社会分析の古典の1つに数えられる著作である。

奥井智之

［書誌データ］William Hollingsworth Whyte, Jr., *The Organization Man*, Simon and Schuster Inc., 1956（『組織のなかの人間―オーガニゼーション・マン』上・下，上巻＝岡部慶三・藤永保訳，下巻＝辻村明・佐田一彦訳，東京創元社，1959）.

ホワイトヘッド
Alfred North Whitehead (1861-1947)
『科学と近代世界』*1925年刊

近代科学の歴史的意味を分析した初期文献の一つ。著者ホワイトヘッドはイギリスにおける数理論理学者として，すでに令名を馳せていたが，1924年に63歳でアメリカに渡り，ハーヴァード大学で哲学，思想史の領域に活躍の場を広げた。本書は25年の刊行だから，イギリス時代に培われた研究を土台にしているが，そうしたホワイトヘッドの最初の，そして最もポピュラーになった著作である。

本書第3章には「天才の世紀」という標題が与えられており，17世紀に登場した「科学者」たちの事績が語られる。現代から見ると，その枠組みの立て方や評価には問題がある。たとえばニュートンを，唯物論的近代科学の創始者のように描くことには留保があってしかるべきであったろう。というのも，ホワイトヘッド自身は，そうした近代科学の唯物論的傾向にはっきりと一線を画する哲学的姿勢を，後の著作で明らかにしており，またそうした姿勢の片鱗は，本書でも読みとることができる。それはしばしば言及されるベルクソンに対する強い共感にも現れており，終わりの方の数章にも明らかである。そして，そうした観点に立ってニュートンの著作を多少とも読み込んだなら，おそらく彼のニュートン評価は変わっていたはずだからである。

そのへんに，不満は残るものの，本書は，単に近代自然科学の展開を，「内在史的」に記述するのではなく，ヨーロッパの伝統的哲学との関連，および新しい哲学的伝統の創造の経過として捉えるという，優れて哲学的な方法によって，明らかにしようとする点で独創的である一方，科学的唯物論に替わるべき有機体的な自然観を提唱することにおいても独創的と言える。現代の科学思想の領域にしばしば登場する「反近代主義」的発想の，ごく初期の例として，支持者も多い。 村上陽一郎

[書誌データ] Alfred North Whitehead, *Science and the Modern World*, 1925（『科学と近代世界』ホワイトヘッド著作集第6巻，上田泰治・村上至孝訳，松籟社，1981）．

ポンス Philippe Pons (1942-)
『江戸から東京へ』*1992年刊

ポンスのねらいは日本的な近代性をつくり出している記憶の部分を明確にすることである。近代に「生き残った」慣習の総体を分類するのではなく，忘却と郷愁とのあいだ，残存感覚と潔白とのあいだを揺れ動いている「記憶」のつぶやきに耳を傾けている。個人が「庶民文化」からしばしば活力を汲み上げつつ，どうやって管理の網を逃れ，のしかかる圧力をかわすかを理解することだ。要するに，民衆の「態度，実践，動作など，日々の〈さいなこと〉のうちに表われる慎み深い社会性に養分を与えている，含み多く絶えることのない〈日常文化〉を明確にする試み」である。

日本の近代化は，ただ西欧の近代化をくりかえしたものではなく，日本のなかに「西欧の近代に匹敵する，かつそれと競合しようとする近代が生まれた」。西欧をつまみぐいする日本は，「根元的に自分自身でありつづけている」のだ。「英国やヨーロッパの工業化が進化であるとしたら，日本のは，文字通り〈革命〉であった」。日本の近代化のオリジナルな点は，「たしかに西欧の思想や価値観を輸入することによってなされたものであるが，また外国の影響にも消えることがないほど強靭な文明の同化作用とともになされた」ことであり，「それはおそらく日本の近代性に特殊な性格を与えた錬金術である」。

本書は江戸東京を連続して研究し，日本の生き方，日本の精神構造を理解しようとした新しい日本文明論である。フランスでは「この作品は今世紀のすぐれて〈都市〉を論じた，また同時に〈都市〉がその温床であった，そして今もそうである都市の庶民の〈反文化〉を論じた最初の体系的研究」と評された。

訳者要約

[書誌データ] Philippe Pons, *D'Edo à Tokyo; mémoires et modernités*, Gallimard, 1988（『江戸から東京へ——町人文化と庶民文化』神谷幹夫訳，筑摩書房，1992）．

本田和子(ほんだますこ) (1931-)
『異文化としての子ども』 *1982年刊

　近代的心性が「子ども」を発見し,彼らが,時代の視野に「保護」と「教育」の対象と意味付けられつつ浮上して以来,子どもを巡る諸行為は,それを前提としてのみ展開可能なものと化した。その結果として,彼らの保護と教育にかかわる合目的的な言説だけが,子ども論あるいは子ども研究として場所を与えられてきたのである。

　ところで,1970年代の後半から,メディア社会の変貌と連動しつつ,子どもらの言動に既存の言説を無化する傾向が現れ始め,子ども論の衰退とその限界が指摘されるようになった。文化人類学や民族学的子ども研究が,にわかに脚光を浴びたのもこの動きと連動している。前近代的文化のなかで,子どもは,しばしば日常性を超えた異質の価値において徴付けられ,大人集団と拮抗する存在として位置させられてきた。しかし,彼らを同質文化の後継者と見なした近代の心性によって,「子ども」は自ずから文化的劣位者と位置付けられ,大人という教育者によって伝達される文化を,被教育者として享受すべき存在と化したため,伝統的子ども観は排除されざるを得なかったのである。

　本書は,子どもを異文化として解読することで彼らを文化的劣位者の位置から解放し,また,自由な語り口において規範性の強い教育学的言辞を無化した企てである。この試みが,予想外の反響を呼び,諸分野からの賛否両論に晒されたのは,上記の動きと同様,既存の子ども観・子ども論の相対化を志向する時代の心性の反映であろう。本書は,その内容的価値以上に,変化する大人-子ども関係の指標として云々され,また,従前の教育的言説とは異質の新しい子ども論に場所を用意したことで話題を呼んだ。　　　　　　著者要約

[書誌データ]　本田和子『異文化としての子ども』紀伊國屋書店, 1982(ちくま学芸文庫, 1992).

マイネッケ Friedrich Meinecke (1862-1954)
『近代史における国家理性の理念』 *1924年刊

　「国家理性」という言葉は,16世紀の中葉に現れたイタリア語の ragione di stato に端を発している。それは以後,ラテン語では ratio status,フランス語では raison d'Etat,ドイツ語では Staatsräson などと表されるようになった。

　マイネッケは「国家理性」を,「国家行動の基本原則」と規定する。内容的にはそれは,「各国家が自己の利益という利己主義に駆り立てられ,他の一切の動機を容赦なく沈黙させるという,一般的な規則」をさす。したがってそれは,今日の「国益 national interest」という言葉に通じるものである。

　本書のなかでマイネッケは,西洋の近代史における「国家理性」の理念の展開の過程をたどっている。それは16世紀のイタリアから,同時代の第1次世界大戦後の祖国ドイツにいたる広範な歴史的過程と対応している。

　そのなかでマイネッケが,「国家理性」の理念史の「3つの最高峰」と呼ぶのが,マキアヴェッリ,フリードリッヒ大王,ヘーゲルの3者である。とりわけマキアヴェッリは,「国家理性」の発見者として最も重要な位置をしめている。「国家理性」の理念史そのものが,マキアヴェリズムをめぐる論争史としての性格をもつからである。それは政治と倫理,権力と理性,自然と精神といった二元論的対立を基調とするものである。

　理念史という独自の視角から,政治権力という「魔神 Dämon」に接近した現代歴史学の古典である。　　　　　　　　　　奥井智之

[書誌データ]　Friedrich Meinecke, *Die Idee der Staatsräson in der neueren Geschichte*, 1924(『近代史における国家理性の理念』菊盛英夫・生松敬三訳, みすず書房, 1960;岸田達也抄訳, 世界の名著54『マイネッケ』所収, 中央公論社, 1969;中公バックス世界の名著65『マイネッケ』所収, 中央公論社, 1980).

前田愛（まえだあい）（1932-87）
『近代読者の成立』 *1973年刊

　出版をめぐるテクノロジーの問題，出版資本の特質，造本の形態，印刷物の流通機構，読者の階層，特定個人の読書傾向，ベストセラーをめぐる社会的・文化的状況，そして，読書形態の変容といった，社会学的な調査をふまえた，読者の社会学が本書では打ち立てられている。

　それまでの文学研究が，文学作品の生産者である作家と，生み出された作品だけを問題にしていた状況からみれば，前田の実践は画期的な発想の転換を提示したことになる。それは，近世と近代，江戸と明治という2つの時代の間で自らの仕事を展開していた前田だからこそ可能だったのだ。しかし，その成果は当時の日本文学研究内部では十分受けとめられず，一部の社会学者の反応があっただけで，この方向における前田の仕事はそれ以後最晩年まで継続されることはなかった。

　『近代読者の成立』のなかで，唯一文学研究の側から受け入れられたのは，「音読から黙読へ」という論文であった。ラジオの深夜放送の女性パーソナリティの囁くような声から着想したと，著者自身が告白している「音読から黙読へ」は，黙読優位の現代において，あらためて声をあげて文字を読む，「読者の身体」を復原する実践であったのだ。

　日本文学研究の内部では，この観点は，明治20年代の「言文一致体」の確立をめぐる議論に，重要な影響を与え，研究状況を飛躍的に前進させた。しかし前田が提起した「読者の身体」をめぐる問題は，書物や文字の空間性と読書行為の時間性との関係，印刷や活字の種類によって異なる読む速度と文体との関係，読書行為の連続と切断，あるいは記憶と読書過程のかかわりといった，多様な問題系を浮かびあがらせている。遺稿となった『文字テクスト入門』はその1つの答を出そうとした試みであろう。

小森陽一

［書誌データ］　前田愛『近代読者の成立』有精堂出版，1973．

前田愛（まえだあい）（1932-87）
『都市空間のなかの文学』 *1982年刊

　建築を中心とした都市空間の配置の変容とその象徴性，家屋としての居住空間とそこに棲まう人々の身体の相互作用，それらの隅々にまでゆきわたろうとする近代的権力の視線とそれを見返す視線の交錯，といった問題系を，歴史的・文化的・社会的文脈に即して分析する方法を確立した書である。

　半ば無意識のうちに，都市空間を生きる人々に浸透し，彼らの意識を内側から規制する，近代の規律・訓練的な権力と制度の不可視の領域を，空間を構成する微細な諸要素の分析的解読によって可視化する実践が展開されていく。著者の方法の独自性は，近代における都市を実体としてではなく，テクストとしてとらえ，原理的にはそれと等価な記号表象である文学作品を，そのメタテクストないしはサブテクストとして操作しうる方向を切り拓いたことにある。こうした認識は，「作者や作中人物の内面」を特権化してきた文学研究の遠近法の外へ出て，歴史学や社会学の領域と横断的な関係をもつことを可能にした。そして，すべての現象が，都市空間・モノ・身体・言葉が相互関係をつくる網の目のなかで，重層的に決定されていることを明らかにしえたのである。

　表象としての近代建築と視線の関係をとらえた「塔の思想」と「獄舎のユートピア」，錦絵や地図から開化期における視線の欲望とその変容を追った「開化のパノラマ」，あるいは著者自身が歩くことによってテクスト化した都市を，文学作品とかかわらせた「BERLIN1888」や「SHANGHAI1925」は，テクストやメタテクストとしての文学作品の作者たちが，実はテクストとしての都市のすぐれた読者であったことを明らかにしている。その意味で本書は，より空間論的かつ身体論的な近代読者論と言うことができるのだ。

小森陽一

［書誌データ］　前田愛『都市空間のなかの文学』筑摩書房，1982（ちくま学芸文庫，1992）．

マキアヴェッリ
Niccolò Machiavelli (1469-1527)
『君主論』 *1532年刊

　この有名な（悪名高い）作品はマキアヴェッリがメディチ家によって共和国書記官の職を追われ、フィレンツェ郊外に隠棲を余儀なくされていた1513年に完成した。そして教皇の許可を得ていったん公刊されたが、1559年にはカトリック教会の禁書目録に入れられた。この作品は理想君主論を論ずる君主論という伝統的なジャンルを形の上で継承しながら、それと多くの点で対照的な君主像を描いた点で衝撃的であった。彼の議論は一方で人間の利己的で野心的な姿を踏まえながら、権力をいかにして獲得し、維持し、拡大すべきかを論じたものであった。伝統的な君主論が君主と臣民との相互信頼と倫理的紐帯を踏まえた君主像を展開したのに対し、彼は相互不信と非道徳的な社会環境のなかで悪戦苦闘する「新しい君主」に焦点を合わせた。そこではさまざまな術策が説かれ、あるいは力による強制の必要が説かれることになったが、とくに、倫理的な徳目が政治の世界ではいかに適用不可能であるかを赤裸々に語ったことが激しい反発を招く原因となった。しかし同時に注目すべきは、イタリアの政治的没落と外国による侵略に対する強い危機感が全体に漲っていることである。このようにマキアヴェッリの権力論は平和の実現という目的につながっており、人間の内面的統制を前提にしない外面的平和・秩序という構想が見られる。彼の議論は近代の政治論の始まりといわれてきたが、それまでの政治学とは多くの点で鋭い対立と断絶が見られる。なお、彼が共和国に仕え、同じ時期に『リヴィウス論』という共和国論を執筆していたにもかかわらず、何故、君主論を展開したのか、彼の真意はどこにあったかについては、古来、多くの論争がある。

訳者（佐々木毅）要約

［書誌データ］ Niccolò Machiavelli, *Il Principe*, 1532（『君主論』池田廉訳，中央公論社，1966；『マキアヴェッリと「君主論」』佐々木毅訳，講談社，1995）.

真木悠介 (1937-)
『現代社会の存立構造』 *1977年刊

　近代市民社会の原理的な構造とその展開のダイナミズムを、基礎理論として凝縮して定着しておいたもの。抽象度の高い水準で研究ノートとして記されたので、難解である、という批判をしばしば受けたが、認めざるを得ない。
　構成は次のようである。
　Ⅰ．現代社会の存立構造
　一　社会諸形象の〈客観的〉存立の機制
　二　疎外＝物神化の上向的次元累進
　三　経済形態・組織形態・意識形態
　Ⅱ．疎外と内化の基礎理論
　序　外化をとおしての内化
　一　外化の疎外への転回
　二　共同体的な回路の転回―第1水準論
　三　商品世界の存立構造――第2水準論
　四　市民社会的回路の転回―第3水準論
　五　資本制社会の存立構造―第4水準論
　40頁の図表とその前後の記述（36～49頁）は、資本論全体の論理の骨格を明晰に把握するうえで役立つと思われる（廣松渉との対談「物象化社会」、廣松『知のインターフェイス』青土社，1990所収，で解説されている。）
　書の表題は「現代社会」が、近代市民社会一般の、必然的な展開の形態であり、その基礎において、近代社会一般のダイナミズムが作動しつづけているという把握に立っている。この把握は基本的に正しいけれども、「現代社会」において、この近代社会一般の構造と論理が、種々の「反転」をも含む、まったく新しい展開を示しているという様相は、本書では、示唆的にしか言及されていない。この新しい展開が全面的に主題化されるのは、20年後の、『現代社会の理論―情報化・消費化社会の現在と未来』においてである。 著者要約

［書誌データ］ 真木悠介『現代社会の存立構造』筑摩書房，1977.

真木悠介（まきゆうすけ）(1937-)
『自我の起原』 *1993年刊

〈自我の比較社会学〉を，著者は次のような5部構成として構想している。
I　動物社会における個体と個体間関係
II　原始共同体における個我と個我間関係
III　文明諸社会における個我と個我間関係
IV　近代社会における自我と自我間関係
V　現代社会における自我と自我間関係

動物として，／人間という文化・内・動物として，／ある型の文明を構成し・構成される人間として，／「近代」という普遍化する世界を生きる人間として，／「現代」と呼ばれる近代の局面を生きる人間として，われわれの自我は，重層的に規定されている。

本書は，このような5部構想の第1部として，生物社会学的な水準における自我の起原と，生成の論理を明確につきとめることをとおして，現在に至るわれわれの「自己」という現象の重層する規定のうちの，基底的な位相を明晰に把握しておこうとするものである。

本論部分は次の9章から構成されている。
序　キャラバンサライ：自我という都市
1　動物の「利己／利他」行動
2　〈利己的な遺伝子〉理論
3　生成子の旅——〈個の起原〉の問い
4　共生系としての個体——個体性の起原
5　〈創造主に反逆する者〉——主体性の起原
6　〈かけがえのない個〉という感覚——自己意識の起原
7　誘惑の磁場——エクスタシー論
結　テレオノミーの開放系——個の自己裂開的な構造

補論「性現象と宗教現象—自我の地平線」では，自我の核心にありながら，自我をその他者に向かって裂開してしまう力としての，性現象と宗教現象の力学が追求される。

著者要約

[書誌データ] 真木悠介『自我の起原—愛とエゴイズムの動物社会学』岩波書店，1993．

マクウェール Denis McQuail (1935-)
『マス・コミュニケーションの理論』 *1983年刊

著者のマクウェールは，イギリスで学び，しばらく教壇生活を送った後，オランダのアムステルダム大学に移った。そうした経歴を反映してか，本書はアメリカのマスコミ理論書や概説書にくらべて，社会構造や制度を重視した社会学的色彩の濃い内容をもっている。

すなわち，マスコミ理論の範域を，メディア内部の組織，メッセージ内容，受け手の反応，メディアの効果など，マスコミ過程に密着した研究だけにとどめることなく，社会構造や階級に関するマクロ理論，メディアをとりまく社会の歴史的・文化的背景やメディア制度の研究，社会変動とメディアの関連性の解明などにまで拡大する必要があることを，全編を通じて強く示唆しているのである。

本書のもうひとつの特徴は，規範理論に対する志向の強さである。著者によれば，メディアと社会の結びつきに関する主要な問題は，メディアが現実にどのような社会的機能を果たしているかということとならんで，メディアはどのような機能を果たすべきかという問いかけのうちにあるという。つまり，客観的・実証的研究を導き，また，それらの研究結果に基づいて構築される理論のみでなく，それぞれの社会におけるメディアへの期待の集約であり，また，現実のメディアの活動に対する評価基準を提供する，理念としての規範理論の重要性を強調しているのである。

著者のこの姿勢は，本書の最終章のなかの次の言葉のなかに端的に示されている。「メディア理論は本質的に規範的なものである。価値や目的を定数とみなして，客観的命題を提示したりテストしたりできるのは，ごく限られた狭い範囲においてだけである」。

訳者（竹内郁郎）要約

[書誌データ] Denis McQuail, *Mass Communication Theory: An Introduction*, Sage Publication, 1983（『マス・コミュニケーションの理論』竹内郁郎・三上俊治・竹下俊郎・水野博介訳，新曜社，1985）．

マクルーハン Marshall McLuhan (1911-80)
『機械の花嫁』 *1951年刊

　カナダのマニトバ大学を卒業したあと，ケンブリッジ大学に留学したマクルーハンは，そこで，作品の内容よりも，作品が読者に与える効果に注意を向けることを主張するI. A. リチャーズの文学批評に出会い，強い影響を受けた。本書は，リチャーズの文学批評の手法を広告などの批評に応用した，マクルーハンの最初のメディア論の著作である。広告・漫画・新聞記事などをテクストとして，これに分析を加えた59の短い章からなっている。

　いずれの章も，テクストが受け手に与える効果，とくに受け手の意識にのぼらない無意識の効果に注目している。マクルーハンは多様なテクストがもっている共通の効果（「産業社会のフォークロア」）を取り出す。その効果は両義的である。

　マクルーハンは，一方で，広告が大衆を無意識のうちに操作して，画一的な人間を作り出していることを批判する。たとえば，女性向けファッションの広告は規格化された「機械の花嫁」を生み出しているとされる。

　他方で，マクルーハンは，これらのテクストのうちのあるものが人類の調和を生み出す可能性をもっていることを指摘している。たとえば，新聞の第一面はひとつの街としての地球のイメージをつくりだしているとされる。この見解はのちの電気メディア論に受け継がれていく。

　本書は，古典的な産業社会が，広告によって人為的に消費をうみだす消費社会へと変容していく「繁栄の50年代」の徴候に早い時点で注目した先駆的な消費社会論として読むことができる。　　　　　　　　　　　　浜日出夫

[書誌データ] Marshall McLuhan, *The Mechanical Bride: Folklore of Industrial Man*, Vanguard Press, 1951（『機械の花嫁―産業社会のフォークロア』井坂学訳，竹内書店，1968）．

マクルーハン Marshall McLuhan (1911-80)
『メディア論』 *1964年刊

　印刷技術が人間と社会に与えた影響について論じた『グーテンベルクの銀河系』（1962）につづいて，電気技術による人間と社会の変容を主題とした著作である。マクルーハンのメディア論の基本的な枠組を示した第1部と，26（アルファベットの数と同じ）のさまざまなメディアについて論じた第2部からなる。

　マクルーハンはメディアを「人間の拡張」，すなわち人間の感覚能力や運動能力を外化したものとしてとらえる。たとえば，衣服は皮膚の，車輪は足の拡張である。したがって，マクルーハンのメディア概念は一般的なマス・メディアの概念よりも広い。

　外化したメディアは，それがどういうメッセージを運ぶかにかかわりなく，人間の感覚に反作用して，新しい経験と社会関係の形式をつくりだす（「メディアはメッセージ」）。

　メディアは2種類に大別される。情報の精細度が高く，受け手の参加度が低い「ホット・メディア」と，逆に情報の精細度が低く，受け手の参加度が高い「クール・メディア」である。

　そして，人類の歴史は，メディアの交替にともなう，人間の経験と社会関係の変容の歴史としてとらえられる。

　印刷技術は視覚を他の感覚から切り離すとともに，個人を共同体から切り離した。

　電気メディアはふたたび感覚と感覚の相互作用を取り戻し，人間と人間の相互依存関係を回復させる。しかも空間を越えた地球規模の同時的相互依存関係をつくりだす。マクルーハンはこれを「地球村」と呼ぶ。　　浜日出夫

[書誌データ] Marshall McLuhan, *Understanding Media: The Extensions of Man*, McGraw-Hill, 1964（『人間拡張の原理―メディアの理解』後藤和彦・高儀進訳，竹内書店，1967；『メディア論―人間の拡張の諸相』栗原裕・河本仲聖訳，みすず書房，1987）．

正岡寛司（1935- ）
『家族』*1981年刊

　戦後におけるアメリカやヨーロッパの家族理論は，構造機能主義によって導かれた。人類学におけるG．P．マードックおよびT．パーソンズの「核家族理論」である。彼らは核家族をそれ以下に分解・還元のできない家族の最小単位（生物学的機能の単位）と仮定した。

　戦後日本の家族研究は特殊な社会状況に置かれていた。家族研究者は，「家からの解放」を民主化の推進・個人の解放への方途と認識した。こうした状況において，家族研究者は新しい家族，あるべき民主家族の理想像を「核家族」に同定した。本書における問題意識は核家族論批判であり，核家族＝民主主義家族という短絡した思考に対する批判である。

　家族を発生的に考えてみようとしたのが本書の特徴といえる。そのため，夫婦の間に子どもが生まれるという事象を可能にする条件から考察する方法に取り組んだ。その事象を可能にするためには，少なくとも5つの条件を仮定しなければならないと提起した。第1に，女性が子どもを産む，第2に，女性の妊娠には男性との性的交渉が先行する，第3に，生まれた子どもはだれかによって育てられなければならない，第4に，性的交渉をもつことのできない男女の範囲が社会規範によって決められている，そして最後に，男女の性的分業の存在と，組織体の管理運営権がもっぱら男性に帰属する，の5つである。これら5つの条件は必然的に核家族集団を帰結しない。核家族以外のさまざまな家族形態が理論的に成り立つ。1つだけ明確な事実がある。それは母子関係である。

　本書は，母子関係の周りにいかなる男性が配置されるかは，文化的・社会的コンテクストとの関係において条件適合的であると結論づけた。

著者要約

［書誌データ］　正岡寛司『家族―その社会史と将来』学文社，1981．

マーシャル　Alfred Marshall (1842-1924)
『経済学原理』*1890年刊

　限界革命（1871）の時点ですでに同じ限界効用理論を構想していたマーシャルは，本書において限界効用理論と古典派理論を綜合する原理を与えた。価格が効用で決まるか生産費で決まるかという議論は，紙を切るのはハサミの上刃か下刃かを争うに等しい。つまり両方によって決まる。ただし歴史的に言えば，人間発達の初期段階では欲望（効用）が活動を引き起こし，経済が発達するにつれて生産活動（努力）が活動を導くようになる。この点では，消費に基礎をおく限界効用理論よりも，生産に基礎をおく古典派理論に軍配がある。

　経済活動を欲求充足（消費）のためのたんなる手段だとすれば，経済の発展は「安楽水準」を上昇させるにすぎない。しかし経済活動の供給態度それ自体が意義をもち，活動において人間性が形成されるなら，「生活水準」が上昇する。この上昇は，新しい企業組織の創出，利潤の準地代への転化，準地代の賃金への移動，供給価格の向上などをつうじて，経済の有機的成長をもたらす。この社会観は古典派の自然法的社会観に代わるものであり，またその過程を支える倫理として，経済騎士道が提示される。

　分析道具の創案も多い。economics概念をはじめて導入した純粋理論，経済生物学と均衡理論の融合をはかる企業理論（費用逓増・費用逓減産業の区別，規模に関する内部経済・外部経済，代表的企業），経済行動の計量分析のための道具（需要の価格弾力性，部分均衡分析，短期と長期の4段階の区別，均衡の安定条件の分析，消費者／生産者余剰，準地代），貨幣の限界効用などがある。

橋本　努

［書誌データ］　Alfred Marshall, *Principles of Economics*, Macmillan, 1890（『経済学原理（全4冊）』馬場啓之助訳，東洋経済新報社，1965-67；永沢越郎訳，岩波ブックサービスセンター，1985）．

マズロー Abraham Maslow (1908-70)
『人間性の心理学』 *1970年刊

　人間性についてのヒューマニスティックな見解を提案している。人間性の基本が邪悪とか堕落などである、というそれまでの心理学における前提を拒否して、人間には建設的な方向への成長、あるいは「自己実現」(self-actualization) の傾向があるとする。

　全人類に共通する基本的欲求は、人間性それ自体の構造に内在し、あらゆる人間が充足を求め、その充足が欠乏すると、病理現象が発生する。基本的欲求間には優先序列の階層があり、生理的欲求、安全の欲求、所属の欲求と愛の欲求、承認の欲求、の順に充足され、それを基礎にして、自己実現の欲求が出現する。低次の欲求ほど優勢であるが、充足されると、もはや動機づけの要因ではなくなり、より高次の次の欲求が出現する。これらの基本的欲求の出現のために、「共働」(synergy) と呼ばれている文化を強調する。

　人間が自己実現することによって、戦争やファシズムなどを否定し、どこまで心理学的な「健康」でありうるか、について科学的に追究することを課題とする心理学こそ、真に科学的と呼ばれるに値する心理学であることを主張する。しかし、従来の心理学の体系を否定しているのではなく、方法論の不備な点について、鋭く指摘しているのである。すなわち、行動主義や精神分析学の原子論的-分析的アプローチに対して、人間を究極的に支えている基本的な人間性の全体的性質を強調し、全体的-力動的アプローチを提案する。世界の心理学界に、人間性についての新風を導入し、産業界、教育界、医療界などにおける研究への貢献の功績は大きい。

　本書の初版 (1954) 以後の、マズローの主要な発想は、すでにその初版のうちに芽生えており、生涯の最後の著作になる改訂された本書でも、本質は変わっていない。　　　訳者要約

[書誌データ] Abraham Maslow, *Motivation and Personality*, 2nd ed., 1970 (『人間性の心理学』小口忠彦訳, 産能大学出版部, 1978).

マーチ James G. March (1928-2018),
サイモン Herbert A. Simon (1916-2001)
『オーガニゼーションズ』 *1958年刊

　経済活動の主体が、個人活動というより、組織活動としてなされる傾向が顕著になったのは、20世紀になってからのことである。組織のなかの人間行動についての研究も、さまざまの分野でなされてきた。たとえば、大量生産の現場における労働者の仕事への動機付けの問題は、経営学や社会心理学で実証研究が繰り返された。組織のなかで官僚制の弊害が生ずるメカニズムは、アメリカ社会学の主要テーマのひとつであった。本書はさまざまの分野でなされていた「組織の中の人間行動」に関する諸研究の成果を、一定の視点から整理したうえで、組織研究の新しい地平を開いたものであった。

　さまざまの視点が混在した組織研究のなかで、人間を受動的な道具としてみる視点に立った研究を、著者たちは古典的組織理論と呼び、組織編成の議論や官僚制の研究を、これに含めた。ついで、さまざまの動機付けの理論を、人間の感情を重視した視点に立つとして、仕事への動機付けと組織参加への動機付けに分けて整理した。社会心理学の分野でなされていた行動科学の成果の多くは、この中に含められた。

　本書の研究史上の積極的な貢献は、認知的な限界はあるが主観的には合理的に行動しようとする意思決定主体、ないしは問題解決者として組織のなかの人間を見る視点に立った、動的な組織理論を提唱したことにある。組織のなかの人間行動は、情報の偏りによる認知的制約のために、軋轢（コンフリクト）を生じさせるが、その解消を通じて組織のなかでの革新的行動が生ずるメカニズムが、モデル化されている。著者たちの研究は、いわゆる「近代的組織理論」として、組織動態を説明するマーチなどによる諸研究に引き継がれた。

訳者要約

[書誌データ] James G. March & Herbert A. Simon, *Organizations*, John Wiley & Sons, Inc., 1958 (『オーガニゼーションズ』土屋守章訳, ダイヤモンド社, 1977).

町村敬志（1956- ）
『「世界都市」東京の構造転換』＊1994年刊

　1980年代以降，多国籍企業の発達，国際金融・資本市場の急成長，情報通信技術の革新，国際労働力移動などによって，経済のグローバル化が急速に進んだ。こうした一連の変動に見合った社会－空間構造はどのような形をとるのか。社会－空間の再構造化過程はどのような政治過程とイデオロギー過程によって支えられ，またどのような新たな紛争を巻き起こしていくのか。フリードマンやサッセンらによって新しい命を吹き込まれた「世界都市」（global city, world city）概念は，グローバル化が引き起こす社会変動の形態を，都市を舞台にいち早く切り取って提示しようとした。本書は，この過程を1980年代以降のバブル期東京に即して検証した作品である。

　本書のなかで「世界都市」は，次のような多層的な社会過程をともなう都市として概念化されている。第1にグローバル経済の結節点形成としての「グローバル・センター化」，第2に都市再活性化の手段として政治的に選択される「世界都市戦略」，そして第3に移民労働力を巻き込みながら新たな階層分化を引き起こす「世界の縮図化」，である。各章はこれらの点を順に実証している。

　結論だけを要約すると，グローバル化とは，都市に関わるローカルやナショナルな主体により，都市再構築の条件として多くの要因のなかから選択されたときに初めて，都市を構造化する要因として大きな力を発揮する。世界都市形成とは，グローバル化する資本制世界経済と，都市内外を取り巻くきわめてローカルな諸力とが，主体間の連合や衝突の過程を通じて1つの変動へと編み上げられるなかで実現する，ダイナミックでかつ緊張に充ちた社会過程である。　　　　　　　著者要約

［書誌データ］　町村敬志『「世界都市」東京の構造転換―都市リストラクチャリングの社会学』東京大学出版会, 1994.

松下圭一（1929-2015）
『現代政治の条件』＊1959年刊

　1950年代の日本は，戦争による資源消耗，さらに戦後復興のため貧しい時代であるとともに，中国革命，朝鮮戦争というアジアの緊張も極大化して，冷戦のきびしい段階であった。戦前以来つづく「階級闘争」論もこのような背景で強化されていた。

　いわゆる近代化をめぐっては，一般に
　近代化Ⅰ型段階＝国家統一→国家主権論
　近代化Ⅱ型段階＝資本蓄積→階級闘争論
　近代化Ⅲ型段階＝富の再配分→生活保障論
という3段階をへていくが，日本の1950年代はⅡ型段階の争点が鋭くなり，1960年代以降Ⅲ型段階に移行する前夜だった。

　政治では，戦前型オールドライトの鳩山・岸内閣による改憲がめざされ，これが「警職法」「安保」をめぐる国民運動となる。だが，1960年以降，ようやく池田内閣のニューライト政策による護憲型経済成長の追求となって，「大衆社会」の成熟条件をむかえる。

　1950年代に書かれた本書は，1960年代以降の大衆社会の成熟を予見して書かれている。もちろん，当時，社会学者清水幾太郎，南博らによる大衆社会論の紹介はみられたが，本書は「社会形態」論の提起による「階級闘争」の形態変化を提起したため，1956年，本書第Ⅰ論文はマルクス主義対大衆社会論というかたちで〈大衆社会論争〉をひきおこした。

　本書は，Ⅰ．大衆国家の成立とその問題性，Ⅱ．史的唯物論と大衆社会，Ⅲ．民主主義の歴史的形成，Ⅳ．マルクス主義理論の歴史的転換，Ⅴ．社会民主主義の危機，Ⅵ．国家的利益と階級・集団，Ⅶ．巨大社会における集団理論，Ⅷ．現代政治における自由の条件，Ⅸ．忘れられた抵抗権，Ⅹ．日本における大衆社会論の意義からなり，ほぼ20世紀の問題性を網羅している。くわしくは，拙著『戦後政治の歴史と思想』解説（ちくま学芸文庫，1994）参照。　　　　　　　著者要約

［書誌データ］　松下圭一『現代政治の条件』中央公論社, 1959（増補版：1976）．

松下圭一（まつしたけいいち）(1929-2015)
『シビル・ミニマムの思想』 *1971年刊

1965年に提起したシビル・ミニマムとは，都市型社会における市民政策公準をいう。ようやく日本が大衆社会ないし都市型社会にはいりはじめた1960年代は，まだ旧保守・革新のイデオロギー対立がつよくのこり，都市型社会独自の政策公準論を当時の保守・革新ともに考えていなかった。

シビル・ミニマムは，イギリスの都市社会主義フェビアニズムによるナショナル・ミニマムの発想をふまえ，次を加えている。

(1)国レベルのナショナル・ミニマムに対置し，自治体レベルからの市民生活基準を提起して自治体の地域個性をいかすこと。

(2)ナショナル・ミニマムが「社会保障」を中心課題としたのにたいして，さらに「社会資本」「社会保健」をふくめ，ひろく都市型社会に対応させたこと。

(3)インターナショナル（グローバル）・ミニマムも設定して，今日の世界政策基準の国際立法を予示したこと。

このシビル・ミニマムの提起は，①当時，農村型社会の発想にとどまっていた旧保守・革新の社会科学を「都市型社会」に対応させる理論転換，②日本の社会科学を外国理論の翻訳・崇拝型から，日本の現実課題にとりくみうる「政策研究」への改造を誘導，③都市型社会で登場する市民活動に政策公準を提起して，「市民自治」型のルール策定を明示するという意義をもち，自治体改革，分権化・国際化の理論枠組をかたちづくった。

その基本論点は，社会学の課題をなす都市型社会における生活様式・生活構造の変化を定式化し，これを政策構成の土台においたことにある。なお，1980年代以降，重点はシビル・ミニマムの量充足から質整備にうつる。この移行については拙著『日本の自治・分権』（岩波新書，1996）参照。　　　　著者要約

［書誌データ］松下圭一『シビル・ミニマムの思想』東京大学出版会，1971.

松島静雄（まつしましずお）(1921-2007)
『労務管理の日本的特質と変遷』 *1962年刊

本書は日本で発達した農村調査の技法を，企業調査に適用したという特色を持つ。1956年から62年の7年間に発表した調査報告を，テーマを追って配列したものであるが，書かれた順序は必ずしも配列と一致せず，書かれた順序に従い読むと意図は分かりやすい。

本書の基本になるのは第1論文で，4500人の金属鉱山で雇用の安定重視，上下幅の少ない生活保証的賃金，無料の社宅や電車，1銭の浴場（100回券1円），完全原価の物品供給所，はては劇場，病院，塵芥処理所等の厚生施設の整備で，従業員に強い企業意識を生み出し，協力的な労使関係を構成している。最初はそれを鉱山業の特色として調査を始めたが，次第に日本に一般的な管理の特質との認識に至る。第6論文は日本の企業一般の管理的特質を，縁故採用，終身雇用，生活保証的賃金，福利厚生，従業員の教育等として捉え，始める前から終わる日の分かった争議等，日本の労使関係との関係を考える。

では何がそれを変えるのか。第2論文では炭労の中核として活動していた労組を取り上げ，一般企業の施策にそった形で組合の要求が行われ，結果的には日本の管理に近似した形が生まれて，根本的変革を与える条件とはなり難いこと。第3論文ではダム建設，第4論文では石油化学のオートメーション，第7論文ではそれらを一般化して，技術革新の日本的管理への影響を取り上げ，労働の質が変るから労働者の属性や組織，教育等が変るのは当然として，雇用保証，賃金，福利厚生等生活に密着した部分ではあまり変らないこと。さらに第5論文は製紙業で，賃金の合理化として職務給を導入した際にも，多くの日本的修正が行われ，それなくして定着しえないことなどが主張せられている。　　著者要約

［書誌データ］松島静雄『労務管理の日本的特質と変遷』ダイヤモンド社，1962.

松平　誠 (まつだいらまこと) (1930-2017)
『**都市祝祭の社会学**』＊1990年刊

　本書の特色は，都市祝祭に準拠して，日本の都市社会における生活・文化の構成原理をさぐろうとするところにある。日本都市のなかに展開される祝祭的行為に依拠し，そこに反映される都市生活実態のなかから，社会文化的な特性をみいだし，現代都市社会とその文化に関する本質的な理解に役だてようとしたものである。

　ここでは，祝祭を「日常世界の反転，それからの脱却と変身によって，日常的な現実を客観化・対象化し，それによって感性の世界を復活させ，社会的な共感を生みだす共同行為」とし，思いきった概念の拡張によって現代の祝祭的な行為を幅広く包みこみ，その社会的な性格を類型化しようとする。そこで用いられている基本的なキイ概念のひとつは，「社会解体期」である。社会変容の過程には，社会統合が緩み，社会の求心的な凝集力が弱まって，集団の解体と個人への回帰がおこる。筆者は，現代を社会解体期のひとつとしてとらえ，現代祝祭をこの枠組みのなかでとらえようとする。

　すなわち，江戸後期に形成され，20世紀初頭に完成された凝集的・集団的な社会安定期の祝祭として伝統型都市祝祭を「伝統型」と措定し，これに対して産業社会が解体しはじめ，脱産業化の時代への志向性がたかまりつつある現代の祝祭類型を「合衆型」と名づけ，現代都市祝祭の論理を展開する。伝統からの乖離がはじまり，不特定多数の個人がその意思で選択した，さまざまな縁に繋がって一時的に結び付き，個人が「合」して「衆」をなすという発想である。筆者は，そのうえで伝統型祝祭と非伝統型祝祭とを，典型として対比し，東京阿波おどりのなかに，さまざまな縁で結ばれ，開かれた社会空間のなかに離陸する社会解体期都市祝祭の論理を実証的に示そうとしている。

著者要約

［**書誌データ**］　松平誠『都市祝祭の社会学』有斐閣, 1990.

松原岩五郎 (まつばらいわごろう) (1866-1935)
『**最暗黒之東京**』＊1893年刊

　1890年代の日本では，数多くの「下層社会」の実状に関するルポルタージュが出されたが，そのなかでの代表的作品。松原岩五郎は，『国民新聞』の記者として「下層社会」のルポルタージュ記事を掲載していたが，1893年に乾坤一布衣の名前で連載した「探検実記　東京の最下層」「東京　最暗黒の生活」などの一部に新稿を加えて，単行本『最暗黒之東京』を刊行した。

　本書は，東京の「貧街」「貧天地」の様相を，木賃宿，残飯屋，飯屋など「下層社会」に特有な場所と，そこに集う「貧民」の生態を軸に描き出す。日雇や人力車夫を中心に，「祭文語り」「縁日小商人」から「楊枝削り」など実に多様な「貧街の稼業」や，「傾斜して殆ど転覆せんとする」彼らの家屋，「残飯残菜」を食する彼らの食生活，あるいは，少ない労賃の大部分が家賃に消え，したがって質屋をはじめとする「融通」を必要とする彼らの生活がいきいきと描き出される。

　このとき，松原の関心は「最暗黒の東京」という，文明の届かぬ「最暗黒裡の生活」の「真状」を描くことにあった。「下層社会」はあらゆる点において文明社会と異なっており，「怪人種」による「奇態の事実」の集合体とみなされる。常ならぬものを食し，ボロを着，「廃物」を利用し生活する「下層社会」の住民は，「混雑喧騒」の無秩序のなかに暮らしているといい，松原はことごとに，「下層社会」にただよう「悪臭」を書きとめている。

　『最暗黒之東京』は，したがって，「暗黒の世界」を「探検」しその風俗・習慣を文明世界に報告するという著作となっている。

成田龍一

［**書誌データ**］　松原岩五郎『最暗黒之東京』民友社, 1893（『最暗黒の東京』『民友社思想文学叢書　第5巻　民友社文学集(一)』三一書房，1984；『最暗黒の東京』岩波書店, 1988).

松原謙一 (1934-)、中村桂子 (1936-)
『ゲノムを読む』 *1996年刊

20世紀の生物学は、メンデルの遺伝の法則の再発見から始まり、その中間（1953年）でDNAの二重らせん構造の発見があり、ヒトゲノムのヌクレオチド分析完結を目前にして終ろうとしている。なんとも急速な展開だ。

本書は、ゲノムの解読が、現代生物学のなかで占める位置を明確にし、さらにそれが広く人間を知るための知としてどのように展開していこうとしているかを示している。ゲノムは、実体としては細胞の核内にあるDNAのすべて、機能としてはある生物をその生物たらしめる遺伝情報の総体をさす。DNAを遺伝子として研究する時代からゲノム研究への移行には3つの大きな意味がある。(1)生物学にプロジェクト型研究が必要になった、(2)個別の生命現象ではなく、個体の生老病死全体を捉える科学が生まれつつある、(3)生命・人間・自然を見る眼を変化させ、文化・文明を見る眼も変えようとしている。生物研究そのものとそれの社会との関わりの両方が変っているのだ。

ゲノム研究の本質は、たとえばヒトはどのようにしてヒトになり、今どのような生物として生きているかを知ることであり、地球上の全生物の関係を知ることだ。しかし、現代社会では、役に立つことが要求される。当面、ヒトゲノム研究は、主として病気の遺伝子探しに集中しているが、それは役に立つという視点からのことである。がん、アルツハイマーなどを含め、病気の診断・予防・治療につながる研究が行なわれている。しかし、これは一面、個人情報の管理、特許など社会問題も抱えており、新しい社会システムを必要とする。一方、ヒト以外の生物（マウス、ショウジョウバエ、藍藻、酵母など）のゲノム解析も進み、そこからヒトの特徴を知る手だても生れている。

著者（中村桂子）要約

[書誌データ] 松原謙一・中村桂子『ゲノムを読む―人間を知るために』紀伊國屋書店, 1996.

松原治郎 (1930-84)、似田貝香門 (1943-) 編
『住民運動の論理』 *1976年刊

本書は、高度経済成長期における全国的な「地域開発」政策によって、環境問題を生活問題を主とする住民運動が文字通り激発していた時期に、社会科学の中で初めて本格的・組織的に扱った社会学の住民運動研究の調査報告である。住民運動は一体何であるのか、また住民運研究がどのような意味で社会学の研究対象なのか等、当時は全く未開拓の領域であった。本書は全国の可能な限りの資料から、1566の運動団体のリストを作り、これに統計的分析を加えたものである。そしてその中から、40の運動団体を選びインテンシブな事例調査を行ったものである。第1部は、この調査の中から収録された事例研究で、扱われたのは、原子力発電所反対運動、バイパス建設反対運動、有機金属による水田被害の鉱害反対運動、上越新幹線反対運動、大都市住宅地域の幹線道路公害反対運動、ドライブイン型ショッピング建設反対運動等である。第2部は住民運動が、現代社会の構造にとっていかなる問題提起をしているのかを、社会学的に考察したもの。そこでは住民運動の成立と展開図式、運動過程における住民運動体の諸類型、住民参加論の吟味、計画に対す「対抗的公共性」の概念の提起、が論じられている。今日の多くの論点がほぼここですでに問題提起された。終章は「住民運動の理論的課題と展望」として、住民運動が、高度経済成長の結果、生産現場の運動（労働運動）でなく、生活の場での、労働力再生産をめぐる運動であることを指摘し、社会学の運動研究が生活の場からの変革理論を形成する時期が来たことを主張した。その上で「生活過程からの社会変革との課題」として、「生活のための論理」「住むための論理」に内在する理論的モメントとして、社会学的所有論の必要性を論じている。

編者（似田貝香門）要約

[書誌データ] 松原治郎・似田貝香門編『住民運動の論理―運動の展開過程・課題と展望』学陽書房, 1976.

松本三之介(まつもとさんのすけ)(1926-)
『**天皇制国家と政治思想**』*1969年刊

近代天皇制国家の形成を支えた主要な思想の特質とその政治的意味を分析した5篇の論考から成る論文集。徳川時代における国学思想を扱った第1篇「国学の成立」は，儒教道徳の支配に対して私的な文学の世界の自立を主張した国学が，幕藩体制の矛盾の拡大するなかで，被治者に対して体制への無条件的服従を日本の道と説く神道思想を生み出した過程を分析，天皇制国家を下から支えた国民道徳論の源流としての意味を解明している。

第2篇「尊攘運動における近代的政治意識の形成」と第3篇「幕末における正統性観念の存在形態」は，ともに幕末という権力変動期における新しい政治意識の成長を扱ったものである。前者は維新変革のリーダーに必要な政治的リアリズムの成長を尊王攘夷運動の担い手を対象に跡づけ，後者は天皇制国家の形成にあたって，その正統性的根拠を一方では天皇に，他方では民心に求める思考方法のもつ歴史的意義を分析している。

第4篇「天皇制法思想」は，法と権力と権利という3つの観念の相互関係を中心に明治初期の天皇制国家思想の特色を考察したものである。そこでは王政復古後の公論主義における公論の意味，法治主義における法と権力の関係，国際観念と規範の意識，民権思想における国家意識と権利の観念などが対象とされている。

第5篇「日本憲法学における国家論の展開」は，上杉慎吉と美濃部達吉を中心に行われた明治末年の憲法論争を手がかりにして，当時の代表的憲法学者穂積八束と上杉および美濃部の憲法学に見られた国家論の政治思想史的意味を論じたものである。そこではとくに天皇制国家における権力の法的性格，および天皇主権と立憲主義との関係をめぐる問題などが主たる検討の対象となっている。

著者要約

［書誌データ］ 松本三之介『天皇制国家と政治思想』未来社，1969．

マテラルト Armand Mattelart (1936-)
『**多国籍企業としての文化**』*1974年刊

グローバルな規模で拡散する大衆文化（コミックス，映画，テレビ，観光など）を，マテラルト（マトゥラール）は文化現象として独立して取り上げるのではなく，それが多国籍企業による第三世界支配の問題と密接に結びついている点に分析を集中している。

彼はとりわけ米国の政界や軍部が，大企業とさまざまに関連しながら，宇宙衛星やエレクトロニクスといった最新の技術を駆使したマスメディアを使って，第三世界に多面的に入り込み，そこでの文化状況に決定的な影響を与えていることを，詳細な資料によって明らかにする。また，『セサミ・ストリート』のような一見すると非商業的なテレビ番組が，実は大企業が幼児教育を市場のターゲットにして，心理学者や教育学者の協力のもとに，子供に特定の価値観を注入することを目標にしている。特にラテンアメリカ向けに編集されたものにおいて，保守的・反動的なイデオロギーに彩られていることを批判する。

本書は大衆文化が第三世界において，文化の名のもとに多国籍企業が，政治・軍事，科学研究等とかかわりながら，人々の意識をどのように操作しているかについて，社会学の側からなされた徹底した批判であり，また，メディアと，企業集団や軍産共同体といったその下部構造のかかわりを自覚的に追求した労作である。ホテルやスーパーマンでさえ，「国境の南」では異様な変容をとげ，民衆支配に直接に寄与するのである。

なお，邦訳には1990年に書かれた序文がつけ加えられている。

山崎カヲル

［書誌データ］ Armand Mattelart, *La cultura como empresa multinacional*, Era, 1974（『多国籍企業としての文化』阿波弓夫訳，日本エディタースクール出版部，1991）．

マトゥラーナ
Humberto R. Maturana (1928-),
ヴァレラ Francisco J. Varela (1946-2001)
『オートポイエーシス』*1980年刊

　オートポイエーシスの機構を定式化し、現代システム論の理論的典拠のひとつとなっている。後にルーマンによって一般システム論へと拡大され、河本英夫によってシステム哲学へと展開された。

　この理論のきっかけとなったのは、視神経の働きが外界の刺激とまったく対応していないことであり、システムは自分自身との関係で作動していることである。当初事例となったのは、細胞、神経、免疫の各システムである。車のエンジンのように他の部品との関係ではじめて意味をもち、観察者が外からその関係を判別しているものを、アロポイエーシス・システムという。これに対してオートポイエーシスでは、一貫してシステムの在り方は、自己関係で決定される。ところが自己関係というさいの自己がどのようにして決まったのかが問題になる。自己そのものの形成を機構として提示したのが、オート（自己）ポイエーシス（制作）である。自己が形成されて以降の自己関係を、自己言及という。オートポイエーシスの特徴となるのは、因果関係ではなく、産出関係を軸にすることであり、そのためシステムには入力も出力もない。また環境との影響関係をとらえる進化論的な発想をとることができず、システムが自己産出の関係を満たす限り十全であるので、進歩も成長もない。環境や他のシステムとの関係は、構造的カップリングとして、新たに定式化されている。システムの作動のモードを変更するため、既存の経験科学に対して新たなコードを要求するとともに、外に立って観察することのできないシステムの分析に、新たな回路を開いている。 訳者要約

［書誌データ］Humberto R. Maturana and Francisco J. Varela, *Autopoiesis and Cognition*, D. Reidel P. C., 1980（『オートポイエーシス―生命システムとは何か』河本英夫訳、国文社、1991）。

マードック
George Peter Murdock (1897-1985)
『社会構造』*1949年刊

　世界各地の民族の資料、また歴史的に記録の残る社会の資料に関して、さまざまな文化項目についてのデータを洗い出し、通文化的（クロス＝カルチュラル）に共通項目に関する数値データを求めるイェール大学人間関係研究所のHRAF (Human Relations Area Files) プロジェクトの成果の1つ。HRAFのなかでも、家族、親族、親族集団、地縁集団、結婚、性行動に関する綿密な文献調査を行ったマードックが最終的に用いたのは、250の社会のデータである。これらのデータの統計的数値を用いて、さまざまな家族や親族の形態の間の相関関係を、社会学・人類学・行動心理学・精神分析の多元的理論を用いつつ考察していくのがマードックの手法である。本書を有名にしたのは、家族を通文化的に分析する際に用いられた「核家族」の概念である。核家族は、一組の夫婦とその子どもたちからなるユニットであるが、夫婦を数組含む大家族も核家族の集合として考えることができるというのが彼の主張である。これに基づき、さらにいかなる系譜関係の核家族が集まるかに応じて、いくつかの大家族の型を抽出することができる。また、父系、母系の出自システムと、婚姻後の住居の相関、相続の仕方、親族呼称やインセストの範囲等の相関を実証的に検証している。彼の統計データを用いたエティックな社会構造の通文化的比較研究は、一社会ないし限られた数の社会の民族誌的記述を重視しエミックな分析を行う手法が一般的な今日の人類学の分野では、必ずしも人気を集めてはいないが、社会学や教育学、心理学などの学際分野には大きな影響力を及ぼした。 山本真鳥

［書誌データ］George Peter Murdock, *Social Structure*, Macmillan, 1949; Free Press, 1965（『社会構造―核家族の社会人類学』内藤莞爾監訳、新泉社、1978）。

マートン Robert K. Merton (1910-2003)
『大衆説得』*1946年刊

1942年9月21日，ラジオスターのケイト・スミスは朝8時から翌朝2時まで，18時間にわたってコロンビア放送局を通してアメリカ国民に戦争債券購入を呼びかけた。ケイト・スミスのマラソン放送と呼ばれ，彼女は15分ごとに，1〜2分間の短いスピーチを合計65回繰り返した。彼女のほかにも何人かのスターが，ラジオで戦争債券の購入を呼びかけ，彼女もこの日が3回目であった。第1回の申し込み金額が100万ドル，第2回が200万ドルで，第3回目は900万ドルに達した。

この成功に大衆説得の典型例を見出し，その秘密を分析したのが本書である。1．スミスが行ったアピールの内容分析，2．スミスの放送を聴いた人々に対する焦点面接法調査，3．ニューヨーク市民に対する質問紙調査をもとに，スミスの社会的イメージ，スミスのアピール，マラソン放送の構造，聴取者の先有傾向，スミスのパーソナリティが効果を発揮した社会的背景などを分析した。

スミスは犠牲的献身のテーマを中心に，共同参加，肉親愛，親密さ，競争，簡便使の6つのテーマで訴えた。スミスのアピールの中心は犠牲的献身であり，それは献身の三角形を作りあげた。戦地における兵士の献身，戦争債券を購入した人々の献身，そしてスミスの献身である。この三方からの圧力が，まだ債券の申し込みをしていない聴取者に強い自己嫌悪と罪障感を作りあげた。そして自分も債券購入という自己犠牲を払うことで，この緊張から解放された。著者はこうしたスミスの説得に注目し，マラソン放送におけるアピールを，感情のエンジニアリングと名付けている。　　　　　　　　　　　　藤竹 暁

［書誌データ］Robert K. Merton, *Mass Persuasion: The Social Psychology of a War Bond Drive*, Harper & Brothers Publishers, 1946（『大衆説得—マス・コミュニケーションの社会心理学』柳井道夫訳，桜楓社，1973）．

マネー John Money (1921-2006),
タッカー Patricia Tucker
『性の署名』*1975年刊

男女の性別や性差（sex difference）に関わる最大の論点は，「私は女（あるいは男）である」という自己認識が何に由来するのか，である。マネーは，「私は女（あるいは男）である」という認識を「性自認 gender identity」と呼び，それが，性別に応じてなされる言動，すなわち「性役割 gender role」と分かち難く結びついているとする。

性差を決定する生物学的な要因としては，①性染色体，②性ホルモン，③内性器の構造，④外性器の構造，などがある。だが，マネーはそうした要因よりも，文化的に学習される性自認・性役割が決定的な影響力を与えるとする。また性自認は，「私は……である」という自己認識の様式のなかで最も根本的なものである。それは，話し言葉の習得とほぼ同時に確立され，遅くとも思春期に達するまでには「門を閉じてしまう」。それ以降，性自認を強制的に変更させることは不可能だとマネーはいう。

その例証となるのは，「半陰陽」である。外性器による性別判定が困難なため，出生時に性染色体や内性器の構造が示す性別とは異なる性別を与えられて育った人間は，思春期に「本来の」性別に合わせるために外科手術やホルモン注射を試みても，強い拒絶反応を示したり，再判定された性別に適応できない場合が多い。つまり生物学的性別よりも，社会的・文化的性別のほうが，人間の性自認にとっては決定的な要因となるのである。

マネーが示した結論は，生物学的決定論の常識を打ち破るものであり，また，ジェンダーやセクシュアリティが社会的に構成されるとする「社会構成主義」の立場にとっては，現在でも重要な理論的根拠であり続けている。
　　　　　　　　　　　　　　　　　　赤川 学

［書誌データ］John Money and Patricia Tucker, *Sexual Signatures: On Being a Man or a Woman*, 1975（『性の署名—問い直される男と女の意味』朝山新一・朝山春江・朝山耿吉訳，人文書院，1979）．

■マラン Louis Marin (1931-92)
『ユートピア的なもの』*1973年刊

　ユートピア的なものは，想像的であるにもかかわらず，具体的なかたちにおいてしか現れない。その両者を遊戯性が仲介する。本書はその遊戯性をイメージと文字表現のなかで追求し，それらをつうじてユートピアを生み出す歴史的・テキスト的な力の特殊性と，それの現実社会にたいする批判力とを明らかにしようとする。

　本書は3部構成になっている。ユートピアを複数性をもった中性，常なる隔たりとして規定したうえで，そのもっとも原理的な特性を明らかにする「序論」，モアの『ユートピア』を歴史的・方法的・構造的視点から検討し，その世界がいかにしてできているかを説明しながら，その基本原理に光をあててゆく「モアの世界」，および原理の応用されている作品をとりあげた「ユートピア雑録」で，この最後の部分ではエル・グレコ，メリアン，ゴンブストらの都市図から，ディズニーランドのコンセプトやクセナキスの垂直宇宙都市までの，ユートピア的空間を内包する諸テキスト，および1840年代に理想都市建設をめざして移民を呼びかけ，結果的に失敗したカベの例などが論じられている。したがってこの第3部は，ユートピア的実践とは形象的様式としてのテキストを生み出すことで，その批判力は中性のうちにこそあるという，著者の基本の考えをかたちにおいて実証するものになっている。

　1968年の5月事件の自己超越的時空が，簡単に歴史の連続性に吸収された現実を根底の問題意識としてもつ本書は，想像と現実の接点をさぐり，不在の存在の魅惑を記号論的手法で解き，理論づけた。　　　　　　　訳者要約

［書誌データ］Louis Marin, *Upopiques: jeux d'espaces*, Les Editions de Minuit, 1973（『ユートピア的なもの─空間の遊戯』梶野吉郎訳，法政大学出版局，1995）．

■マリノフスキー
Bronislaw Malinowski (1884-1942)
『西太平洋の遠洋航海者』*1922年刊

　トロブリアンド諸島での調査から，参与観察というフィールドワークの方法を編み出したマリノフスキーの最初のモノグラフ。ニューギニア島の東，トロブリアンド諸島を含むマッシム諸島の島々を環状に結び繰り広げられるクラ交換の報告は，各方面に大きな反響をもたらし，モースは『贈与論』でこれを大きく取り上げた。言語も文化も互いに異なるこの諸島の人々は，船を仕立てて財の交換のために隣の島へと遠征に出かけ，個々の参加者の間に結ばれたパートナーシップに基づき，ウミギクの首飾りと，シャコ貝の腕輪の2種類の財を贈り合う。結果として，前者の財は環状に結ばれたネットワークを時計回りに，また後者の財は反時計回りに緩慢に移動していくのである。クラ交換の財は使用価値をまったくもたず，単に人々の手から手へと渡されていくだけであるので，これが経済的利益を生む活動とはとても思えない。クラの財はまた，われわれの貨幣とはまったく異なり，儀礼的意味を賦与されるものであり，クラ以外の取引に用いられることはない。彼は，従来の経済学の枠組では未開人の経済的営みを解明することができないことを主張しつつ，未開人の慣習や世界像の研究の必要性を強調した。クラ交換が何のために行われるのかという議論は現在に至るまで終結していない。また，クラの議論の陰に隠れて見過ごされがちであるが，トロブリアンド諸島内部での交換システムについての詳細な記述分析も行われており，この点でも重要なモノグラフといえよう。　　　　　　　　　　　　　山本真鳥

［書誌データ］Bronislaw Malinowski, *Argonauts of the Western Pacific*, Dutton, 1922（「西太平洋の遠洋航海者」（抄訳）『世界の名著59　マリノフスキー／レヴィ=ストロース』寺田和夫・増田義郎訳，中央公論社，1967）．

マリノフスキー
Bronislaw Malinowski (1884-1942)
『未開社会における犯罪と慣習』 *1926年刊

　成文法のない未開社会の社会秩序はいかなるものかという議論は、人類学の研究が始まる当初からの課題であった。マリノフスキーは、かつて根強く存在していた、未開社会は放縦、つまり無法状態であるという、ヨーロッパ社会の側の幻想を否定する。その議論は、当時の人類学が未開社会に豊富に見出した数々の慣習による規範の発見により既に否定されていたが、一般には普及した意見であった。一方で人類学者の側では、規範の発見により、未開人はおのれの欲するところに従っても法をこえることのない存在であるという見方が支配的になってきていたが、彼はこれも否定する。彼は、入念なフィールドワークなしに、単に現地の人々に規範を尋ねることによって描かれた機械的モデルのような慣習法体系の整合性に疑念を挟むのである。トロブリアンド諸島での観察によれば、未開人は、法規範をもちながら、それと自らの欲望との間の桎梏に悩み、規範から逸脱することもある。彼はその例証として、外婚性による性的タブーの違反、および母系制と矛盾する「父親の息子への愛情」をとりあげる。両者ともに、理念的法体系には矛盾する個人の欲求を貫くことがあり得る。周囲の人々はそれをある程度看過するのであるが、個人同士の葛藤が高まると、一方が違反を告発することにより法が適用されることになる。しかしその場合も強制力で罰が与えられるというより、違反者自身の自殺や自主的な退去という形での事態の収拾が図られる。マリノフスキーの意図した議論が必ずしも成功しているかどうか評価は分かれるが、法体系に矛盾する個人の行為の顛末を生き生きと描いた点で、彼らしい民族誌的佳作といってよい。　　　山本真鳥

　[書誌データ] Bronislaw Malinowski, *Crime and Custom in Savage Society*, London: K. Paul, New York: Harcourt, 1926（『未開社会における犯罪と慣習』青山道夫訳、日本評論社, 1942；1955；新泉社；1967）.

マリノフスキー
Bronislaw Malinowski (1884-1942)
『未開社会における性と抑圧』 *1927年刊

　フロイトが提唱し、人間に普遍的に存在するとされたエディプス・コンプレックスを、母系社会であるトロブリアンド社会のフィールドワークに基づき検証した書。マリノフスキーは、精神分析により発見された性の衝動という概念とそれによる家族関係の枠組のなかでの人間の基本的衝動という考え方から大きく影響されたことを認めつつも、エディプス・コンプレックスそのものの普遍性を否定する。トロブリアンド社会にはまず、性を抑圧する文化的な背景が存在していないことは大きな要因であるが、それと同時に、母系社会であるために、父親は子どもに対して権威をもたず、優しく子どもに接するのであって、息子は父に対して、何ら抑圧的感情を抱くことはない。この社会でエゴがさまざまな権利義務の束を継承するのは母親を通じてであり、また実際に親族の財を管理する母の兄弟は、親族の要としてエゴに対して権威的・抑圧的な存在となるのである。マリノフスキーはこれを、母系制コンプレックスと呼んだ。エディプス・コンプレックスが父を殺して母と結婚したいという願望なら、母系制社会には姉妹と結婚して母方オジを殺したいという願望があるといってもよい。フロイトの時代には暗黙の了解であった西欧社会の家族関係が、普遍的なものではなく、様々な形があり得ることを示したのは人類学の大きな成果である。今日の精神分析学が人類に普遍的な衝動を追求するのではなく、親族・家族構造の違い、つまりは文化に応じてのヴァリエーションを留保する方向性に向かっていることを考慮するなら、その方向性を導いた先駆的な業績といえよう。　　　山本真鳥

　[書誌データ] Bronislaw Malinowski, *Sex and Repression in Savage Society*, London: K. Paul, New York: Harcourt, 1927（『未開社会における性と抑圧』阿部年晴・真崎義博訳, 社会思想社, 1972）.

マリノフスキー
Bronislaw Malinowski (1884-1942)
『未開人の性生活』*1929年刊

『西太平洋の遠洋航海者』に続くトロブリアンド諸島人に関する精密な民族誌。広い意味での性生活全体を覆うこのモノグラフは、ジェンダーによる分業や諸権利の相違といったことから、青少年の性行動や、縁組のケース・スタディ、結婚を軸とする双方の親族の権利・義務、姦通や離婚、好まれる異性のタイプ、具体的な性行為の体位や、性的な夢や神話に至る種々の事項に関する詳細なインタヴュー記録や観察からなっている。この社会での父方交叉イトコ婚が好まれる理由を、母系社会のなかでの父親の息子に対する愛情の発現であるとする部分、青少年の婚前交渉がおおっぴらに許されているという報告、および彼らが生殖における父親の生理的役割を認識していないという報告はしばしば引用され、また多くの議論を呼び起こす点としてよく知られている。ただし、いくつかの議論の的となった問題とは別に、マリノフスキーの主張は、性生活の社会文化的な相違というものがあり、たとえトロブリアンド人の性生活がいかに西欧人の目から無秩序に見えようとも、そこには一定の秩序があり、人々はそれに従っているということであり、それはボアズの文化相対主義にも似たテーゼである。実際、自由気ままな（といってもここにも一定のルールがある）青少年期を過ごした後で、人々が配偶者を見つけて結婚生活に入ると、貞節を守ることが期待される。またその際の縁組は社会構造を維持継続することからそうかけ離れたものとはならないのである。　山本真鳥

［書誌データ］ Bronislaw Malinowski, *The Sexual Life of Savages in North-Western Melanesia*, London: Routledge, New York: Liveright, 1929（『未開人の性生活』(抄訳) 泉靖一・蒲生正男・島澄抄訳, 河出書房, 1957 ; 新泉社, 1971）.

マルクス　Karl Marx (1818-83)
『ルイ・ボナパルトのブリュメール十八日』*1852年刊

1851年12月から52年にかけて執筆され、ニューヨークの不定期雑誌『ディー・レヴォルチオン』（1852年第1号）に発表された。この論文を補正した第2版は56年にハンブルクで出版され、これが定本になる。『ブリュメール十八日』は48年2月革命からルイ・ボナパルトの大統領就任ならびにクーデタによるナポレオン3世の登場までの歴史を描く。分析のあざやかさと名文句のおかげでマルクスの歴史記述のなかで最高傑作と言われる。

『哲学の貧困』（1847）と『共産党宣言』（1848）のなかで確立した一般歴史理論（生産様式と階級闘争の理論）をふまえつつも、本書が扱うのは社会構造ではなく、種々の党派と諸個人の行動である。階級的諸党派と個人たちが抱く観念（思想）が、彼らの政治的実践とくいちがう事態の分析が、イデオロギー分析の模範である。「ヘーゲルはどこかで、すべて世界史上の大事件と大人物は、いわば二度現われると言っている。ただ彼は、一度は悲劇として、二度めは茶番として、と付け加えるのを忘れた」。この冒頭の名文句が暗示しているように、マルクスは2月革命からルイ・ボナパルトのクーデタまでの歴史をフランス革命の茶番とみなす。この茶番は人間の意識から生まれるのではなくて、歴史の構造から生まれる。「人間は自分で自分の歴史をつくる。しかし人間は自由自在に自分でかってに選んだ事情のもとで歴史をつくるのではなくて、あるがままの、与えられた、過去からうけついだ事情のもとでつくるのである。あらゆる死んだ世代の伝統が、生きている人間の頭のうえに悪夢のようにのしかかっている」。人間は過去の亡霊を呼び出し、その亡霊の衣裳を借りて世界史の新しい場面を演じるほかはない。本書の分析全体はこの命題の論証である。　今村仁司

［書誌データ］ Karl Marx, *Der achtzehnte Brumaire des Louis Bonaparte*, 1852（ルイ・ボナパルトのブリュメール十八日）『マルクス・エンゲルス全集』第8巻, 大内兵衛・細川嘉六監訳, 大月書店, 1962）.

マルクス　Karl Marx (1818-83)
『経済学批判』＊1859年刊

　マルクスは1857年—58年に経済学草稿（『経済学批判要綱』）を書き上げ，これを素材にして『経済学批判』に仕上げるつもりであった。しかし実際に実現したのは第1分冊だけであり，その内容は「第1部資本について，第1篇資本一般」のうちの「第1章商品」と「第2章貨幣または単純流通」である。この2つの章は内容面では『資本論』第1巻の第1，2章と重なる。けれども，この時期のマルクスにおいては価値形式分析も，価値形式論と交換過程論の区別もない。また『経済学批判』は理論的叙述と学説史的叙述を同時並行的に進めるスタイルをとる予定であったが，この時期のマルクスはあらゆる論点に関して学説批判の用意はなかった。のこされた課題は61年—63年の草稿（『剰余価値に関する諸理論』）をまたなくてはならなかった。

　『経済学批判』はマルクスの最初の経済学批判の理論的提案であり，それ自体で独立の価値をもつし，後の『資本論』（第1巻）の理解にとって最良のテクストであることは言うまでもない。なお『批判』の「序言」はマルクスの経済分析の方法と歴史理論が要約されていることでも有名である。「人間は，彼らの生命の社会的生産において，一定の，必然的な，彼らの意識から独立した諸関係を，すなわち彼らの物質的生産諸力の一定の発展段階に照応する生産諸関係を受け入れる。これらの生産諸関係の総体は，社会の経済的構造を形成する。それが実在的土台であり，その上に一つの法的かつ政治的上部構造がそびえたち，そしてこの土台に一定の社会的意識の諸形態が照応する。物質的生産様式が，社会的，政治的および精神的生活過程一般の条件を与える。人間の意識が彼らの存在を規定するのではなく，逆に彼らの社会的存在が彼らの意識を規定するのである」。　　今村仁司

［書誌データ］Karl Marx, *Zur Kritik der Politischen Ökonomie*, 1859（「経済学批判」『経済学草稿・著作　一八五八―一八六一年』大月書店，1984）．

マルクス　Karl Marx (1818-83)
『フランスの内乱』＊1871年刊

　1864年9月に「国際労働者協会」（第1インターナショナル）が成立する。70年7月19日に普仏戦争が勃発する。同年7月23日にインターナショナル総務委員会はマルクスが起草した「第一宣言」を発表する。9月1日，ナポレオン3世がセダンで降伏し，9月4日に共和制が宣言される。このとき，インターナショナル総務委員会は「第二宣言」を発表する。71年3月18日，パリ・コミューンの布告。パリ・コミューンは72日間の闘争の末に5月28日に悲劇的な敗北を喫する。5月30日，マルクスはインターナショナル総務委員会において「第三宣言」を読み上げる。これは『フランスの内乱』のタイトルで7月上旬にロンドンで出版された。

　『内乱』はナポレオン3世の没落，パリ・コミューンの成立とその歴史的成果を分析し評価したものである。政治思想の観点からはパリ・コミューンについてのマルクスの歴史的解釈がもっとも重要である。「パリ・コミューンは本質的に労働者階級の政府であり，所有階級に対する生産階級の闘争の所産であり，そのもとで労働の経済的解放を達成しうるような，ついに発見された政治形態である」。未来の社会のための新しい要素を解放し，基本的生産手段を労働する人間の共同管理下におき，私的所有ではなくて個人的所有を実現する政治形態，それがパリ・コミューンであった。この統治形態の内容は次のようであった——コミューン議会のメンバーは普通選挙で選ばれ，必要に応じて解任される。コミューンは代議体ではなくて，執行権であり立法権である。これらのコミューン原則は後にレーニンによってソヴィエト権力の原則として採用される。　　今村仁司

［書誌データ］Karl Marx, *The Civil War in France* (Address of the General Council of the International Working-Men's Association, to all the Members of the Association in Europe and in the United States), 1871（『フランスの内乱』木下半治訳，岩波文庫，1952）．

■マルクス Karl Marx (1818-83)
『資本主義的生産に先行する諸形態』(草稿) *1952年刊

このテクスト(『諸形態』と略記する)は独立の論文でも著作でもない。それはもともと『経済学批判要綱』のなかの「第Ⅲ部　資本に関する章」の一節である。『諸形態』のなかには資本主義的生産以前の古い生産共同体の3つの類型(アジア的，ギリシャ=ローマ的，ゲルマン的)が記述されているので，歴史学者たちによって注目され，これだけを取り出して単独の著作であるかのように出版された。

けれども『諸形態』を『要綱』における本来の文脈に置きなおしてみると，それが単に歴史記述の文書ではないことがわかる。『要綱』の「資本に関する章」の文脈では，『諸形態』は「資本の再生産と蓄積」と「資本の循環」という2つのテクストの間に位置づけられている。したがって『諸形態』は資本蓄積論と資本循環論をつなぐ決定的な役割をしている。資本論体系に即して言えば，それは第1巻と第2巻をつなぐ結節点なのである。『諸形態』はカテゴリー論では「貨幣の資本への転化」に対応し，資本の系譜論では「資本の原始的蓄積」に対応する。実質的な内容から見るとそれは『資本論』第1巻の第24章の先駆である。事実，『諸形態』は「資本の本源的形成」を問題にしていて，資本(または資本制生産)の歴史的形成の場面に狙いをさだめている。「資本の本源的形成は……貨幣財産として存在している価値が，古い生産様式の解体という歴史的過程を通じて，一方では労働の客体的諸条件を買うことができるようになり，他方では生きた労働そのものを，自由になった労働者から貨幣と引き替えに交換を通じて手に入れることができるようになる，ということによって」可能になる。

今村仁司

[書誌データ] Karl Marx, Formen, die der kapitalistischen Produktion vorhergehen, MEW, Dietz, 1952 (『資本主義的生産に先行する諸形態』(草稿)『一八五七─五八年の経済学草稿Ⅱ』資本論草稿集翻訳委員会訳，大月書店，1993).

■マルクス Karl Marx (1818-83),
エンゲルス Friedrich Engels (1820-95)
『ドイツ・イデオロギー』
*1845-46年に執筆された草稿

1845年秋に執筆開始，46年春に終了。もっとも有名な冒頭原稿「フォイエルバッハに関する章」は未完のまま放置される。1924年にソ連邦で第1章のみがロシア語訳で発表，26年にそのドイツ語原文が発表。32年にドイツ語で全体が公表された。しかし原稿の配列などに問題があり，55年の『マルクス・エンゲルス著作集』で一応の決着をみたが，その後欠落していた原稿が発見されたり，批判的校訂の作業が前進したこともあって現在進行中の『マルクス・エンゲルス全集』では新『ドイツ・イデオロギー』が発表された。日本では廣松渉の独自の編集による日独対照の日本版(第1章に限る)も発表された(河出書房新社，1974)。

第1章「フォイエルバッハ」はマルクスとエンゲルスの歴史理論を最初に定式化したものとして重要である。思想形成期にありがちな星雲状態で書かれたこともあって用語法が十分に確立していないとはいえ，ここにマルクスの歴史観(いわゆる史的唯物論)の確かな基礎が据えられた。生産関係と生産力と交通関係による構造論的歴史把握，所有形態の転換としての歴史論，イデオロギー論の展開，幻想共同体としての国家論，革命の理論などが首尾一貫して提案された。

とはいえ『ドイツ・イデオロギー』の思想史的意義は第1章で尽きるのではない。草稿の大部分はヘーゲル左派との論戦のテクストであり，バウアー兄弟やシュティルナーなどを批判するなかでマルクスとエンゲルスはかつての自分たちの立場を清算し，新たな思想的立場を確立していった。近代意識哲学の土台が解体され，同時に伝統的形而上学の外部への道が模索されている。

今村仁司

[書誌データ] Marx & Engels, Die deutsche Ideologie, 1845-46 (『ドイツ・イデオロギー』『マルクス・エンゲルス全集』第3巻，真下信一・藤野渉・竹内良知訳，大月書店，1963).

マルクス Karl Marx (1818-83),
エンゲルス Friedrich Engels (1820-95)
『**共産党宣言**』*1848年刊

　共産主義者同盟は1847年にロンドンで大会を開き，同盟の政治綱領となるべき理論的文書の起草をマルクスとエンゲルスに依頼した。この綱領文書が『共産党宣言』である。『宣言』にはマルクスとエンゲルスが共同署名しているが，実質的にはマルクスが書き下ろした。47年12月から48年1月にかけて書かれ，48年2月にロンドンで印刷され公表された。

　「ひとつの妖怪がヨーロッパを徘徊している――共産主義という妖怪が」という有名な文章をもってはじまる『宣言』は，共産主義の理論と実践的方針を全面的に明らかにした歴史的文書である。第1章「ブルジョワとプロレタリア」では，「これまでの社会史は階級闘争の歴史である」という歴史理論を簡潔に具体例をもって論証する。これまでの人類史は，自由民と奴隷，貴族と平民，領主と農奴の階級闘争の歴史であったが，いまやブルジョワジーとプロレタリアートの階級闘争が最後の闘争になるだろう，そしてプロレタリアートの勝利をもって階級社会の歴史は終わるであろうと宣言される。「階級と階級対立のうえに立つ旧ブルジョワ社会に代わって，各人の自由な発展が万人の自由な発展の条件であるようなひとつの結合社会が現われる」。そして『宣言』の末尾ではこう書かれている――「プロレタリアは，この革命によって鉄鎖のほかに失うものはない。彼らが獲得するのは全世界である。万国のプロレタリアよ，団結せよ！」

　『宣言』は，社会と歴史の理論を明解に定式化しただけでなく，この理論からひきだされる政治的実践の展望を誤解の余地のない仕方で提出した。ここで登場した思想はそのまま『資本論』まで引き継がれていく。　今村仁司

[書誌データ] Marx/Engels, *Manifest der Kommunistischen Partei*, 1848（『マルクス・エンゲルス全集』第4巻，大内兵衛・細川嘉六監訳，大月書店，1960；『共産党宣言』大内兵衛訳，岩波文庫，1971）．

マルクーゼ Herbert Marcuse (1898-1979)
『**一次元的人間**』*1964年刊

　本書は，マルクーゼの現代社会論が最も体系的に展開された著作で，批判的理論の立場から，先進産業社会の管理社会的状況の人間疎外を鋭く批判している。

　第1部「一次元の社会」では，先進産業社会が，生産と分配の技術的機構を通して個人の私的な欲求や願望をトータルに操作する新しい社会統制を発達させるという観点から，その下での人びとの消費欲求の肥大，オートメ化した生産のリズムや熟練労働の変化，福祉国家の管理的特質などが社会変動の抑制要因として作用し，労資対立の終焉，労働者の体制内化をもたらしたと指摘されている。

　更に，こうした体制内統合は文化領域にも及び，技術的合理性の進歩が生み出した抑圧的な「脱昇華」によって高級文化の否定的次元が消滅し，芸術は既成秩序の一部となり，言語もマス・メディアの操作主義的な用語法による意味の矮小化を通じて，「全体主義的」支配の道具と化していると説かれる。

　第2部「一次元的な思惟」では，西欧哲学史における批判の論理としての「否定的思惟」と支配の論理としての「肯定的思惟」の対立という構図に沿って，後者の現代的形態である科学哲学，分析哲学が検討され，そして既成の現実への埋没からの脱出，真の人間解放の可能性が第3部「もう一つの選択」で示唆されている。

　社会システムの一様性・組織性・制御性を過大視し誇張しているなどの批判が寄せられているとはいえ，本書は，管理社会の問題性について考える際には欠かせない重要文献である。　訳者（三沢謙一）要約

[書誌データ] Herbert Marcuse, *One Dimensional Man: studies in the advanced industrial society*, Beacon Press, 1964（『一次元的人間』生松敬三・三沢謙一訳，河出書房新社，1974）．

マルサス
Thomas Robert Malthus (1766-1834)
『人口論』 *1798年刊

　貧困の要因を社会制度ではなく過剰人口に求めた本書は、以後「人口」を社会的事物、すなわち新たな分析対象として広く認識させることになった。「人口は幾何級数的に、食糧は算術級数的に増加する」という一文が有名であるが、著者の真意を理解するためには膨大な加筆修正のあった2版(1803)以降を参照すべきであろう。初版（匿名で刊行）は、人口増加を楽観視する急進思想家ゴドウィンや理性の進歩に絶対的信頼をおくコンドルセへの反論に主眼がおかれており、過剰人口による不幸の必然性が強調された。しかし2版以降では後の産児制限運動に多大な影響を与える「道徳的抑制（晩婚と禁欲）」が導入され、それによる人口抑止の可能性および倫理的正当性が示唆されることになる。

　最終6版の前半では「人口が絶えず増加する傾向を有する一方で、過剰になると窮乏や罪悪等の不幸を伴い抑止される」という初版以来の人口法則が帰納的に導かれ、その抑止形態を、「積極的妨げ（死亡の増加）」と「予防的妨げ（出生の抑制）」に分類する。後半では救貧法等の平等主義的施策に対する論駁を展開し、個人の自立を重んじた道徳的人口抑止案を提示する。理性への過剰期待を否定しつつも社会改善への努力を称揚するなど、世に言う悲観論者マルサスとは異なる側面がここに見られる。本書は19世紀の諸学問領域、特に進化論やスペンサー社会学に多大な影響を与える一方で、絶対的過剰人口を否定したマルクスによって批判された。本書への評価は現在でも毀誉褒貶様々だが、昨今の中絶論争や地球環境問題の議論にもしばしば登場するなど、今なお色あせることのない古典である。　　　　　　　　　　　　　岩澤美帆

［書誌データ］ Thomas Robert Malthus, *An Essay on the Principle of Population*, 1st ed., London, 1798（『人口論』永井義雄訳、中央公論社、1973）; 6th ed., 1826（『人口の原理［第6版］』南亮三郎監修、大淵寛・森岡仁・吉田忠雄・水野朝夫訳、中央大学出版部、1985）.

丸山圭三郎 (まるやまけいざぶろう) (1933-93)
『ソシュールの思想』 *1981年刊

　20世紀言語学の扉を開き、構造主義の祖として知られるソシュールを、現代においていかに評価すべきかを探った著作である。すでに日本におけるソシュール研究の古典というべき位置を占めている。

　本書は、同時に2つの課題を密接不可分なものとして追究している点で注目される。

　まず第1に、綿密な読解に基づくソシュールの言語思想の再構成である。『一般言語学講義』は、これまでソシュール言語学の原典として広く読まれ、論争の対象ともなってきた。しかし、原資料（ソシュール自身の草稿や学生のノート）の発見以降、『講義』が必ずしもソシュールの考えを示すものではないことが明らかとなった。そこで丸山は、ゴデルやエングラーの研究を踏まえ、原資料をつきあわせて、ソシュールの思想的展開をあとづけた。とくに、これまで誤解の多かった「ランガージュ／ラング／パロール」「体系」「言語記号の恣意性」などの概念のダイナミックで多面的な性格を明らかにしている。

　第2に、ソシュールの思想を、現代思想のなかに位置づけなおすという作業が試みられている。一方で、ソシュールからヤコブソンを介してレヴィ＝ストロースによって確立された構造人類学とそこからの構造主義的方法や記号学の広範な展開の思想的意義に注目しつつ、他方で構造主義の批判者でもあったサルトルやメルロ＝ポンティにも見られるソシュールの影響を検討している。

　本書は、ソシュールの言語思想の忠実な再構成と新たな思想的可能性の発掘という性格とを合わせもつことで、言語学を超えて、多くの分野に広く深い影響を与えた。　　亘　明志

［書誌データ］ 丸山圭三郎『ソシュールの思想』岩波書店、1981.

丸山圭三郎 (1933-93)
『文化のフェティシズム』 *1984年刊

ソシュールの言語思想の再構成とその現代的意義の解明を踏まえて，本書はそれを文化領域全般にまで押し進めた著作である。

丸山圭三郎はソシュールの丹念な読解を通して，言語を可能にする人間に固有の意味生成の能力に注目する。それは，〈過剰〉としての広義のコトバという視点から，文化記号学の可能性を探ることにほかならない。そのためには，超越的客体の現前を疑わない〈現前の記号学〉を解体する必要がある。

この点について丸山圭三郎は，ソシュールが記号を対象とした5段階のディコンストラクションを試みたと理解する。すなわち，第1段階では，言語に先立って指向対象が実在するという〈言語名称目録〉観が批判された。第2段階では，言語記号が〈シニフィエ=意味／シニフィアン=表現〉という2項からなるという図式が解体され，第3段階では，言語とは記号体系であるとして，記号が個として自存することが否定される。さらに，第4段階では，記号の積極的存在そのものまでが否定される。記号や記号体系があるのではなく，記号と記号の間の〈差異〉のみがあるからである。そして，第5段階に至って，〈実体なき差異〉論すら解体される。そこに見出されるのは，合目的性のない〈動き〉としての差異化現象だけだからである。

こうしてソシュールによる記号のディコンストラクションを根拠に，丸山圭三郎は，「構成する構造」の記号学を独自に展開する。本書におけるカオス・コスモス・ノモス，身分け構造と言分け構造の二重分節，欲求・欲望・欲動といった概念装置は，ダイナミックな文化記号学を展開するために編み出されたものにほかならない。

　　　　　　　　　　　　　　　　亘　明志

[書誌データ]　丸山圭三郎『文化のフェティシズム』勁草書房，1984.

丸山真男 (1914-96)
『日本政治思想史研究』 *1952年刊

第2次大戦の戦中に書かれた，徳川期の思想に関する3編の論文を収める本書は，日本政治思想史という学問のジャンルそのものを確立した作品である。丸山の基本的な考え方は，日本の近代的思惟の発展は明治期以前に，徳川儒教の解体過程のなかにすでに準備されていたというものである。丸山はこれを幕府の正統朱子学に対する山鹿素行，貝原益軒，伊藤仁斎らの批判，そして荻生徂徠の古文辞学および本居宣長の国学へと朱子学的思考様式の解体をたどる仕方で叙述する。

丸山によれば，朱子学的思考様式にあっては，自然法則が規範から分離することなく規範に従属し，かつ規範が自然化されるゆえに，「修身斉家治国平天下」のように権力を道徳に従属させる考え方がでてくる。

このような理と性の一致の想定にもとづくリゴリズムが成り立たないことは，すでに仁斎において，道徳論の形而上学からの自律という仕方で論じられていたが，丸山が最も高い評価を与えているのは徂徠である。徂徠にあっては，社会秩序は自然から切れ，道は聖人によって作為された礼楽刑政として純粋に外面化される。「公」と「私」とは分離し，政治的な思惟が限定されるが，そのことによって政治は道徳の拘束から解放され自律化する。丸山は徂徠に，スコラ哲学の支配に抗し政治の論理を自律させたマキァヴェッリやホッブズを重ね合わせる。

ボルケナウの思想史の方法に学び，「近代の超克」の大合唱に抗して書かれたこの著作は，近代の根源を「自然」から「作為」への移行としてとらえ，これを擁護している。徳川期の朱子学のあり方や徂徠の読解などをめぐって，本書には多数の批判がなされているが，思想的な構えの大きさゆえに，今なお論争の焦点でありつづけている。

　　　　　　　　　　　　　　　　森　政稔

[書誌データ]　丸山真男『日本政治思想史研究』東京大学出版会，1952（『丸山眞男集』第1巻・第2巻・第5巻，岩波書店，1995-96）.

丸山真男 (1914-96)
『日本の思想』 *1961年刊

　岩波講座『現代思想』に発表された同名の論文「日本の思想」(1957)を中心とし，他3編の論文や講演によって構成された論文集。丸山真男の思想史学の方法や構想を知るうえで好適な一冊。

　主論文は日本の思想の内容というよりは，外来思想の摂取の仕方や思想と社会との関係など，日本における思想のあり方に議論の焦点をしぼっている。とりあげられる事例は歴史観，明治憲法，家族国家観など多様であるが，共通する問題は「思想が対決と蓄積の上に歴史的に構造化されないという伝統」を明らかにすることである。たとえば神道が時代ごとに有力な宗教と習合してその教義内容を埋めてきたように，「国体」イデオロギーは無限定な抱擁性を持ち，また進化論や弁証法などが新しいという理由によってのみ摂取され，前近代的なイデオロギーに奉仕するといった，超近代と前近代とが独特に結合されるようなあり方を呈してきた。そして欧米の思想や制度が丸ごと輸入されることにより，一方で限界を知らぬ制度の物神化や「理論信仰」が生じるとともに，他方ではこれを批判する側のシニシズムが「実感信仰」に堕して大勢に順応するというような対立構図をつくりだしている。「近代日本の思想と文学」では文学と政治の相克というテーマを戦前の日本思想史のなかで扱い，両者が立場の違いを相互に承認しつつ，人類共通の精神に立って協力しあう希望を述べている。知性の共通性は「思想のあり方について」の主要なテーマでもあり，この講演では後に有名になった「タコツボ」型と「ササラ」型という対比を用いて，知の異なる領域の間でのコミュニケーションの必要性を説く。末尾に収録された「「である」ことと「する」こと」は，政治的ラディカリズムと文化的貴族主義の結合を説く著名な講演である。　　　　　森　政稔

[書誌データ]　丸山真男『日本の思想』岩波新書，1961 (『丸山眞男集』第7巻，岩波書店，1996)．

丸山真男 (1914-96) 他
『日本のナショナリズム』 *1953年刊

　本書は日本近代史叢書の一冊として発刊され，丸山真男をはじめとする政治学者や，江口朴郎，遠山茂樹らマルクス主義に立つ歴史学者など計6名の論文を収録する。一方で冷戦下のいわゆる「逆コース」が強まり，今度はアメリカの世界支配のもとにファシズムが復活するのではないか，という懸念と，他方でこのアメリカを中心とする帝国主義に対する抵抗の核として，途上国をはじめとするナショナリズムが評価されるという経緯があり，肯定，否定の両面を含むものとして，ナショナリズムの概念の再検討が求められた。

　ナショナリズムと呼ばれるもののなかには，国家主義や超国家主義だけではなく，むしろそれらに対抗する「国民」の自覚にもとづく「健全なナショナリズム」が存在し，それが歴史の原動力となる，というのが本書においてほぼ共有された立場だと言えよう。問題は，このような望ましいナショナリズムが日本においてどこまで存在しえたかであり，巻頭の丸山論文によれば，日本のナショナリズムは「西欧の古典的ナショナリズムのような人民主権ないし一般にブルジョア・デモクラシーの諸原則との幸福な結婚の歴史」をほとんど知ることなく，郷土愛のような非合理的感情の延長でしかなかった。一方，奈良本辰也は，幕末社会に農民や在郷商人を担い手として，封建的支配を内部から批判するナショナリズムの萌芽をみとめ，また江口は，前近代的要素と近代の帝国主義的頽廃の結合に反動化の要因を見いだし，それを克服する日本人の民族的結集を求めている。

　本書のナショナリズム観は，たとえば日本人の国民的同一性を想定するなど，今日からすれば問題の多いものであるが，ナショナリズムについて「進歩派」が真摯に取り組んだひとつの記録として，今なお参照される価値があるといえよう。　　　　　森　政稔

[書誌データ]　丸山真男他『日本のナショナリズム』河出書房，1953．

マンデヴィル Bernard de Mandeville (1670-1733)
『蜂の寓話』*1714年刊

人間は本来，情念につき動かされた邪悪で卑劣な存在である。しかしその悪しき本能に従い利己的に行動することによって，かえって社会は繁栄し強国となる。社会は，私欲や悪徳という低俗な部分を巧みに用いて，高雅で壮麗な全体を築いている。反対に，正直や高潔さや慈悲が普及すると，社会は停滞する。最良の美徳を生みだすためには最悪の悪徳の助力が必要であり，人間を卓越にするためには，卑俗な欲望を奮起させなければならない。

たとえば，社会は卑俗な欲求に対する羞恥感を煽りつつ，これを回避すべく自己修養と自負心を植えつける。国家は，飲酒や売春宿という悪を促進しつつ，これに課税して国庫を豊かにし，また貞節な女性の美徳を保護する。社会は羨望や虚栄によって人々に競争させることで全体として繁栄し，逆に人々が美徳を持って倹約すれば失業を生む。このように，経済的繁栄，礼儀作法の洗練，および悪徳と欲望の増大は，すべて正の相関をもつ。

政治とは，人間の弱点を知り尽くし，これを公共の利益に変える技術である。国家が富裕で強大になるためには，①悪徳である奢侈と自由貿易を許し，②産業を育成して雇用機会を創出し，③下層民を窮乏状態において強欲にさせ，彼らに読み書き作法の慈善教育を与えない。また，欲望を無害化して平和を維持するために，恐れという情念で人間を教化し，社会と人格を洗練することができる。

本書は，1705年の詩「ブンブンうなる蜂の巣」に，他の考察を追加して1714年に出版された。1723年に増補された正編は社会に衝撃を与え，非難・告発をあびる。1729年に対話形式の続編を出版，1732年に対話の続き『名誉の起源』を刊行。

橋本　努

[書誌データ] Bernard de Mandeville, *The Fable of the Bees : or, Private Vices, Publick Benefits I-II*, Oxford University Press, 1924（『蜂の寓話』『続・蜂の寓話』泉谷治訳，岩波書店，1985/93）．

マンドルー Robert Mandrou (1921-84)
『民衆本の世界』*1964年刊

エリートの文化とは区別された民衆文化の独自性に注目し，その実態を探ろうとする研究は1960年代から活発になるが，著者はフランスにおけるその中心的な担い手のひとりであった。本書は，著者の代表作のひとつであり，民衆文化を捉える手がかりとして，アンシアン・レジーム下のフランスで，青っぽい表紙をつけて刊行された「青本」と呼ばれる廉価なパンフレットに着目し，その分析を行ったものである。著者は「青本」を，もっぱら民衆向けに民衆の好みに応じて刊行され，行商人によって売りさばかれ，農村の「夜の集い」などで声を出して読まれたのであり，まさに民衆の心性を表現したものとみなす。

著者は，17・18世紀のフランスにおける「青本」の出版状況を広く検討したのち，その最大の拠点であったトロワの出版業者が刊行した「青本」約450点を対象に，内容の分析を試みているが，そこに見られる民衆の表象世界には，超自然的な奇跡や驚異への趣向，ふるめかしい社会観，大勢順応型の処世訓といった傾向が顕著であり，政治批判や社会風刺などはほとんど含まれていない。そこから著者は，「青本」を空想的逃避の手段，疎外の文学にほかならなかったと結論づける。

著者のこのような評価に対しては，その後の「書物の社会史」研究の進展のなかでさまざまな批判が提起されたが（巻末解題を参照），民衆本研究を社会史研究の中心的テーマとし，イギリスのチャップブック，さらには江戸時代の黄表紙との比較研究をうながすなど，著者の果たした功績は大きい。

訳者（二宮宏之）要約

[書誌データ] Robert Mandrou, *De la culture populaire aux XVIIe et XVIIIe siècles*. La Bibliothèque bleue de Troyes, Stock, 1964; Editions Imago, 1985（二宮宏之・長谷川輝夫訳『民衆本の世界—17・18世紀フランスの民衆文化』人文書院，1988）．

マンハイム Karl Mannheim (1893-1947)
『変革期における人間と社会』＊1940年刊

1929年の『イデオロギーとユートピア』によって一躍脚光を浴びたマンハイムは、しかし1933年のナチスの政権掌握によって亡命を余儀なくされ、ロンドンスクール・オブ・エコノミクスに移る。本書はマンハイムがイギリスに移って以後の経験にもとづき、新しい視野の下で、副題にあるように、「現代社会の構造の研究」をめざしたものである。20年代のドイツにおけるマンハイムの仕事が、イデオロギーとイデオロギー批判の循環状況を超える「知識社会学」の建設を志向していたとすれば、30年代から40年代にかけて、イギリスへ移ってからの彼の関心は、より実践的な「時代診断」へ、さらに社会再建のための計画や提言へと向っていった。彼はまず現代社会の危機的状況を、自由主義と民主主義との危機という形で捉え、その主要原因を「自由放任」原理と無計画な統制との衝突に見出す。そこから出てくる「再建」の方向は自由放任と統制とを計画的に媒介させ調整すること、つまり「自由のための計画」である。そしてそういう新しい方向への社会の転換を担うパーソナリティの育成、つまり民主的教育である。本書はイギリスの読者を念頭に書かれたものであるだけに、30年代後半というナチスの制覇の時期にありながら、それへの尖鋭な批判は見られず、その中立性、穏温性は、たとえば同時期に同じくイギリスに亡命していたアドルノから、社会的計画の奨励に終り、その社会的根拠には肉迫しない等の批判を浴びた。たしかに亡命以後のマンハイムの著作は、ドイツ時代に比べて冗漫な感じを免れないが、「機能的合理性」と「実質合理性」の対比やエリート教育の問題など、大衆社会の分析として注目されるべきだろう。　徳永　恂

[書誌データ] Karl Mannheim, *Man and Society in an Age of Reconstruction*, 英語版，1940；ドイツ語版，1935（『変革期における人間と社会』上・下，福武直訳，みすず書房，1953）．

マンフォード Lewis Mumford (1895-1990)
『ユートピアの系譜』＊1922年刊

マンフォードの最初の著書で、プラトンの『国家』からH．G．ウェルズの『モダン・ユートピア』にいたるまで、さまざまなユートピア物語を分析している。文明批評家としてのマンフォードは、古代から現代にいたる建築や都市の歴史を、技術史的観点を中心としつつも、社会・政治・経済、さらには人間の思想・想像力・夢想という広い視角から考察したが、彼の総合的構想力やその基底にある理想主義的態度はまさにユートピアン的であり、その原点はこの処女作『ユートピアの系譜』にあると言ってよい。

マンフォードにとってユートピアは単なる空理空論ではない。欲求不満にみちているこの世界にあっては、「われわれは精神生活の大部分をユートピアにおいて過ごさなければならないからである」。それゆえ彼のユートピア論には具体的で明確な方向性がある。彼は、外部世界を捨て去り個人的夢想や「地球の裏側へ逃げこむ」逃避のユートピアと、自分の生きている社会を分析し、それに基づいて利用できるあらゆる感性、知識をもって理想に近い社会を組織し構成するリコンストラクション（改造・再建）のユートピアとを区別する。彼はまたプラトンからトマス・モアにいたる人文主義的伝統のうえに立つ歴史家でもあって、技術の進歩に楽観的な期待をよせる未来学の徒とは一線を画しており、その文脈でカンパネッラやベーコンは否定的評価をうけることとなる。基本的にマンフォードはユートピアを全体的な幸福を保証する理想社会の計画案であると考えているが、この著作はその原題『ユートピアの物語』が示しているように、ユートピア・ジャンル全体の豊かな再話でもある。　川端香男里

[書誌データ] Lewis Mumford, *The Story of Utopia*, 1922（『ユートピアの系譜』関裕三郎訳，新泉社，1971）．

マンフォード　Lewis Mumford (1895-1990)
『都市の文化』 *1938年刊

　『技術と文明』(1934)の続編として，都市の本質，機能，目的，歴史的役割，未来への展望を文明論的な視点から論じた本書は，『歴史の都市，明日の都市』(1961)と並ぶマンフォードの都市論の代表作であり，技術文明論，社会計画論でもある。

　全部で7つの章からなり，最初の4章では中世都市からはじまり，バロック都市，近代の産業都市，現代の巨大都市へと，欧米世界における都市の歴史的変遷が，社会・経済・政治・文化などの諸側面から多面的に論じられる。中世の都市は，教会や修道院を文化的な核として，人びとが外部からの侵略や賦課から保護される場所として成立した。だが，重商資本主義経済や集権的専制政治を核とする新しい文化的複合体が出現すると，中世都市は解体され，法・秩序・画一性という国家的威信を体現し，交通に対して開かれたバロック都市が現れる。産業革命が生じると，鉄と蒸気機関という「旧技術」を核として工場と貧民街を基本要素とする産業都市が現れ，さらに独占資本主義の段階になると，政治的・経済的・文化的な管理中枢であるメトロポリスが出現する。こうした都市の変遷をマンフォードは，「原ポリス」から「ポリス」，「メトロポリス」を経て，「メガロポリス（巨大都市）」，「ネクロポリス（死者の都市）」にいたる発展と衰退の輪廻として捉える。第5章以降では，こうした都市文明観を踏まえ，電気と合金とプラスチックの技術複合体である現代の「新技術期」の理想的目標である，生や有機体と人間の調和を特徴とする「生技術期」のための都市開発，地域計画，住宅計画のための指針が示される。　　　　　　若林幹夫

［書誌データ］Lewis Mumford, *The Culture of Cities*, Harcourt Brace Javanovich, 1938（『都市の文化』生田勉・森茂介訳，丸善，1965；『都市の文化』生田勉訳，鹿島出版会，1974）.

マンフォード　Lewis Mumford (1895-1990)
『機械の神話』 *1967年刊

　人間の歴史において技術が果たした役割を主題とする文明論。マンフォードはここで，ホモ・ファーベル（道具を作る人）として人間を捉える技術史観に反対し，ホモ・サピエンス（思考する人）としての人間がもつ象徴を操作する能力を人間の本質的な能力として捉える。この能力によって人間は自然的な生物から脱して固有の精神の世界をもった存在となるだけでなく，道具の制作や農耕といった技術も初めて可能になったのだと，考古学や人類学の知見によりつつマンフォードは論じる。やがてこの能力は，王の人格を宇宙の秩序と重ね合わせて考える王権の思想を生み出すことによって，王権の下に中央集権化され，階級化され，官僚化され，労働力が組織された社会機構を作りだした。これをマンフォードは「見えない機械」，「巨大機械(メガマシン)」と名づける。巨大機械の成立とともに人類の歴史は「文明」の段階に入り，この「機械」は集団的企画にもとづいて仕事をする「労働機械」や，集団的な強制と破壊を行う「戦争機械」としてさまざまな規模や形態をとってゆくが，ルネサンス以降の科学技術の発達は，かつての「見えない機械」とは異なる，人間の参加と協力をわずかしか必要としない巨大機械を可能にし，それが巨大技術の時代としての近代の幕を開くことになる。それ以降，機械はあらゆる有機的活動を説明し，制御するためのモデルとして考えられてゆくようになる。

　本書では人間の精神の展開から巨大機械の誕生を経てルネサンスまでの人間精神と機械との関係が考察され，それ以降の時代については第2部『権力のペンタゴン』(1970)で論じられることになる。　　　　　　若林幹夫

［書誌データ］Lewis Mumford, *The Myth of the Macine: Technics & Human Development*, Harcourt, Brace & World, 1967（『機械の神話―技術と人類の発達』樋口清訳，河出書房新社，1971）.

三木清 (1897-1945)
『構想力の論理』 *1939/46年刊

　哲学者三木清の未完の主著。「神話」「制度」「技術」「経験」の4章からなる。予告された次章「言語」は，著者の獄死のため，執筆されることはなかった。

　三木は，『唯物史観と現代の意識』(1928)において，実存哲学とマルクス主義をつなぐ理論を提示し，ついで『歴史哲学』(1932)において，歴史的現在における行為の立場に立脚する歴史哲学を構想した。本書では，それをさらに具体化するための基礎づけとして，「構想力の論理」を提示している。

　三木は，カントが悟性と感性を結合するものとして提示した「構想力」を手がかりとしながら，それを歴史的世界において形を作りだしてゆく行為の論理としてとらえなおしている。その形とは，歴史的社会的に作られる文化形式としての神話（ミュトス）や制度（ノモス）であり，その創造は「技術」をつうじて具体化される。

　三木は，具体的な形をうみだす歴史的社会的な実践の根底に「構想力の論理」を見出すことで，観想の立場におちいりがちな「弁証法の論理」をのりこえ，創造的な実践の立場に立とうとしたのである。また三木は，自然と歴史を「構想力の論理」によって統合することで，経済決定論的な唯物史観をのりこえ，主体と環境が否定的に媒介しあう実践的世界を描こうとしていた。

　本書の執筆と並行して三木は，「支那事変の世界史的意義」を説く「世界史の哲学」を唱え，近衛文麿のブレーン組織である昭和研究会に参加し，「協同主義」の理念を掲げて東亜協同体と新体制の実現をはかった。本書は，こうした実践のための基礎論というべきものでもあった。

米谷匡史

［書誌データ］三木清『構想力の論理　第一』岩波書店，1939；『構想力の論理　第二』1946（『三木清全集8』岩波書店，1967）．

ミース Maria Mies (1938-) 他
『世界システムと女性』 *1988年刊

　3人の著者はインドとラテン・アメリカでの実証的研究をふまえ，資本主義世界経済システムが「女性」「植民地」「自然」の領有を必然的にともなってきたとする。

　世界資本主義経済は，世界中の多くの人口を土地や生きるための生産手段から切り離して周辺化しつつ包摂することによって拡大し富を蓄積してきたが，それは，ヨーロッパを発展モデルとし，自然を征服の対象とみなす近代主義的開発政策によって具体化されてきた。その過程は顕在的・潜在的暴力をともない，多くの労働力を強制的に「主婦化」「農民化」「植民地化」（無賃労働者化・無権利化）して世界規模での分業構造のなかに位置づけるとともに，中心部と周辺部の双方で性やエスニシティによる従属的関係をつくりだし，自然破壊をもたらしてきた。

　著者たちはこのような蓄積のメカニズムをローザ・ルクセンブルクの着想を発展させて「継続的本源的蓄積」とよび，『資本論』において資本主義的蓄積過程とされる「労使関係における剰余価値の搾取」は世界資本主義システムの蓄積過程の一側面に過ぎないとした。また，従来の「賃金」にとらわれた労働者概念を廃して，世界規模の分業構造は家事労働者も含めた「無償労働者」から先進国の白人男性を典型とする「プロレタリア」までのさまざまな労働条件の連続体からなっているとした。

　本書の学説は，エコロジー，フェミニズム，世界システム論を統合した視角にたつ痛烈な近代主義批判，資本主義批判であると同時に，世界経済の最底辺から世界資本主義像を描きなおすことで既存の社会理論に対して根本的な批判をなげかけている。

訳者（古田睦美）要約

［書誌データ］Maria Mies, Veronika Benholdt-Thomsen, Claudia von Werlhof, *Women: The Last Colony*, Zed Books, 1988; 1991（『世界システムと女性』古田睦美・善本裕子訳，藤原書店，1995）．

見田宗介（みたむねすけ）(1937-)
『現代日本の精神構造』
*1965年刊，新版1984年刊

初版「まえがき」に記されている本書のモチーフは，下記のようである。

「一つの人類史的な転回点にある〈現代〉の歴史的社会の機構が，その中に生きる諸個人の内面をどのように浸しているか，とくにその中で，われわれの人間的な創造力や愛や生き甲斐がどのような屈折を示しているか。」

1984年新版では初版の第3部（方法論）を削除し（他書に移し），新しい第3部として「現代青年の意識構造」を追加している。

第1部「現代における不幸の諸類型」は，新聞の人生相談欄の系統的な分析をとおして，現代社会の日常性の社会学的な解析を行ったもの。第2部「現代日本の精神状況」は，数量的な意識調査データ，ベストセラー，伝記資料，面接調査，等の分析をとおして，この時代（60年代「高度経済成長」期）の日本人の精神状況のさまざまな様相を考察したもの。第3部「現代青年の意識構造」は，著者が設計に関わったNHKの全国意識調査（「日本人の意識」調査）の方法的な再集計データを基礎に，70年代の日本人の意識の変容とその構造的な意味を解析したもの。

現代日本の精神構造を主題とする仕事は本書の後，60年代の「新しい望郷の歌」「ホワイトカラーの分解と意識」（『現代日本の心情と論理』筑摩書房，1971)，70年代の「まなざしの地獄」（『現代社会の社会意識』弘文堂，1979)，80，90年代の「現代日本の感覚変容―夢の時代と虚構の時代」（『現代日本の感覚と思想』講談社，1995）において展開されている。

本書の英訳は，*Social Psychology of Modern Japan*, Kegan Paul International, 1992, Parts Ⅲ，Ⅳ，に収録されている。

著者要約

［書誌データ］　見田宗介『現代日本の精神構造』弘文堂，1965（新版：1984)．

見田宗介（みたむねすけ）(1937-)
『価値意識の理論』*1966年刊

「価値意識」というコンセプト，および本書の基本的なモチーフについては，「まえがき」にこう記されている。「人間の〈幸福〉とか〈善〉の問題，社会の〈理想像〉の問題，あるいはまた社会の中で諸個人の行為を方向づけるとともに，彼らの人生に『意味』を与える内面的な要因群の問題は，およそ人間と社会を扱う学問および実践にとって根元的な問題である。／これら一連の目のくらむような問題群を，統一的な分析の枠組みのなかに組み入れ，着実な経験科学の方法によってできるかぎり追求し解明していくための核となる要因として〈価値意識〉の概念はある。それは第1に，個々の行為の『動機』や『目的』に関する微視的なアプローチと，『文化のエトス』や『イデオロギー』に関する巨視的なアプローチとを統合し，第2に，人びとの行為や人生における駆動的な側面（『欲望』その他）の研究と，規制的な側面（『道徳』その他）の研究とを包括し，そして第3に，『真・善・美』『幸福』等々に関する『哲学的』な考察と，経験諸科学の成果とを媒介するための『橋わたしの概念』bridging concept となりうるであろう。」

本書のボディーをなす第2章～第5章は，経験科学のさまざまな分野を走る数多くの理論的鉱脈のうちから，このような問題群の解明にとって寄与をなしうると考えられた問題提起や図式や仮説を発掘し，精錬して首尾一貫したタームによって体系化する努力がされた。第2章は行為の理論，第3章はパーソナリティ論，第4章は文化の理論，第5章は社会の理論における価値研究の総括にあてられた。第1章は価値，価値意識の概念と，類型論等の理論図式に，第6章は具体的な調査研究の方法論にあてられている。

著者要約

［書誌データ］　見田宗介『価値意識の理論―欲望と道徳の社会学理論』弘文堂，1966（新装版：1996)．

見田宗介 (1937-)
『近代日本の心情の歴史』 *1967年刊

　明治維新から1963年までの約百年の年ごとの代表的な流行歌451曲について，数量的，および質的な分析を行って，近代化のさまざまな局面の，日本人の心情の歴史を跡づけたもの。

　社会心理史の史料としての流行歌について方法論的な考察を行った「まえがき」と，「怒りの歴史」「かなしみの歴史」「よろこびの歴史」「慕情の歴史」「義俠の歴史」「未練の歴史」「おどけの歴史」「孤独の歴史」「郷愁とあこがれの歴史」「無常感と漂泊感の歴史」の10章，および補論「近代日本の心情のシンボルの辞典」から構成されている。

　本書の分析は1963年までしかカバーしていない。その後の日本の流行歌，ヒットソングの分析は，小川博司，久慈利武，宮台真司，石原英樹，大塚明子，竹田青嗣，等によって，それぞれの方法と問題意識から行われている。

　本書の英訳は，*Social Psychology of Modern Japan,* Kegan Paul International, 1992, Part I. として，またスペイン語訳は，*Psicologia Social del Japón Moderno,* El Colegio de Mexico, 1997, Primera Parte として収録されている。　　　　　　**著者要約**

［書誌データ］　見田宗介『近代日本の心情の歴史―流行歌の社会心理史』講談社, 1967（講談社学術文庫版：1978）.

見田宗介 (1937-)
『現代社会の社会意識』 *1979年刊

　「まなざしの地獄―現代社会の実存構造」「現代社会の社会意識」「社会意識の理論図式」「社会意識分析の方法」「ユートピアの理論」「価値空間と行動決定」の6論文が収録されている。

　「まなざしの地獄」は，〈実存の社会学〉の方法としての，「全体化的モノグラフ」の実践事例。〈実存の社会学〉とは，現代社会の（あるいは非現代社会の）構造を構成し／構成される個々人の側に視点を定め，その具体的な生の条件，愛と憎悪，孤独と共感，関係の苦悩，野心や怨恨や幸福や絶望や倦怠の諸相，エゴイズムやニヒリズムや死の恐怖について，社会の文脈のうちで解明してゆくことを課題とする領野である。

　「社会意識分析の方法」の第3節「『質的』なデータ分析の方法論」は，日記や自伝や歌や広告や文学作品等のテキストやイメージを，社会分析のデータとして扱うことの理論的な根拠と，そのときの方法論的な諸問題について，体系的に検討したもの。その後の数量主義的な社会学の内部でなされた，「質的なデータ」の扱いについての理論の精緻化はすべて，この論文による批判の射程内にある。

　「ユートピアの理論」は，マンハイムのユートピア理論の徹底批判を媒介として，「ユートピズム」と「現実主義」の双方を批判しながら，未来形成的な実践の契機としての，「ユートピア」の意味と限界を確定しておこうとしたもの。

　「価値空間と行動決定」は，社会の方向を選択し構想する基準，個人の行動を選択し決定する基準について，数理論的な方法で追求すると同時に，この方法の射程と限界を確定しておこうとしたもの。　　　　　**著者要約**

［書誌データ］　見田宗介『現代社会の社会意識』弘文堂, 1979.

見田宗介 (1937-)
『現代社会の理論』 *1996年刊

I. 現代社会の特質とされる,「豊かな」社会, 消費社会, 管理社会, 脱産業化社会, 情報化社会, 等の側面は, どのように関連し合うものとして全体的に把握することができるか. II. 一方で現代社会の危機的な様相とされる, 環境・公害問題, 資源・エネルギー問題,「世界の半分」の人々の貧困と飢餓の問題は,「豊かな社会」のシステムと, どのような構造的な関連にあるか. III. この危機的な様相を,〈自由な社会〉というわれわれの社会の理想を手放さないままで, どのように解決することができるか. 現代社会論のこの3つの基本問題を, 一貫した統合的な理論の展開として把握するための, 骨格を素描したものである.

第1章「情報化/消費化社会の展開」では, 現代の情報消費社会が, デザインと広告とモードの運動を媒介として, 欲望の自由な空間を開放することをとおして, 人間の歴史のなかでの相対的な卓越と魅力性とを獲得し, 旺盛に展開しつづけることのダイナミズムと, 根拠が示される.

第2章「環境の臨界/資源の臨界」, 第3章「南の貧困/北の貧困」では, 同時にこの社会が直面する「限界」問題として, 環境, 公害, 資源, エネルギー問題の危機的な性格と, 南北の飢餓と貧困の悲惨という現実を直視し, これがこの情報消費社会の, 現在あるような形式の必然の帰結であることの機制と, ダイナミズムを理論として明確化する.

第4章「情報化/消費化社会の転回」では, 現代の限界問題の克服の方向が探究される.〈情報化〉〈消費化〉ということの論理と思想の核心を透明に把握することを通して, 情報化/消費化社会の方向を転回するという仕方で, 自由な未来の社会の方向が構想される.

著者要約

[書誌データ] 見田宗介『現代社会の理論―情報化・消費化社会の現在と未来』岩波書店, 1996.

ミッテラウアー Michael Mitterauer (1937-)
『歴史人類学の家族研究』 *1990年刊

歴史人類学は, 自然と文化の間にある人間の歴史的究明をめざす. 一方ではミクロ生活世界への集中によって, しかし他方では時間と空間の幅を大きく取る比較により, 歴史学と人類学との対話をめざす試みである. 本書に収録された諸論文は, そうした新しい研究領域の開拓作業をなす.

ウィーンを拠点に著者は1980年代以来, フィールド研究と結びついたオーラル・ヒストリー体験,「民衆自叙伝」の発掘と収集, 老人が自らの歴史を語るラジオ放送の企画など, 現在から過去へと普通の人びとの「生の声」を引き出す作業を積み重ねてきた. この成果のうえに, 個人史への参与観察から得られる内面的データを, 歴史人口学の「固いデータ」に重ね合わせ, たとえば奉公人の生活史が克明に描き出されている.

同時に, 親族システムと家族形態との関連, 家族構造の基盤としてのエコロジーと労働組織, 性別分業の歴史的諸条件, 宗教的伝統と近親婚規制など, 人類が普遍的に共有する家族の諸問題がテーマ化される. そうした人類学的な諸問題にたいし, 11, 12世紀から近代にいたる中欧社会を基軸に据え, 空間的にはロシアやイスラム圏, また時間的には古代世界へとさかのぼる比較がなされている.

かくて本書は, 自己の生活圏に足場を置きつつも, 西洋の自己中心主義を離れて人類学的な歴史の感知をめざす, 現代歴史学の最前線の営みを示すものである. なお, 補論として収録された「ヨーロッパ家族史の特色」(1991年京都講演)で, 著者の家族史研究がまとめて提示されている.

訳者(若尾祐司)要約

[書誌データ] Michael Mitterauer, *Historisch-anthropologische Familienforschung: Fragestellungen und Zugangsweisen*, Böhlau Verlag, 1990(『歴史人類学の家族研究―ヨーロッパ比較家族史の課題と方法』若尾祐司・服部良久・森明子・肥前栄一・森謙二訳, 新曜社, 1994).

ミッテラウアー Michael Mitterauer (1937-), ジーダー Reinhard Sieder (1950-)
『ヨーロッパ家族社会史』 *1977年刊

　1970年代の欧米では，フェミニズムとエコロジー問題に象徴される，新しい時代の価値意識が形成された。この時代意識にそって，本書は家族社会学のテーマ領域を歴史学のなかへ取り込み，家族社会史を基礎づけた。

　近代的な意味での家族という言葉の登場は，職住の分離によって私生活圏が形成される，17，18世紀以降のことである。これに対し前近代的な家族形態は，親族関係の外にある奉公人や住込み人など，多様な世帯メンバーの出入りによって特徴づけられる。労働組織としての家共同体では，家族経済の労働力需要に対応し，人員の編成が行なわれたからである。この経済機能の喪失とともに，家族メンバーの長期にわたる固定性が特徴となり，近代的な家族サイクルが出現してくる。

　もちろん家共同体は本来，経済機能のみならず，祭祀・裁判・保護・社会化・生殖・文化機能といった，多様な諸機能の包括的な担い手であった。歴史的プロセスのなかで，これら諸機能は，家族関係から社会関係の領域へと移され，最終的に文化機能の比重が増していく。これら諸機能の解除と平行し，家父長制からパートナー関係へという，家族の構造転換を展望することができるのである。

　こうした展望から，さらに若者時代，結婚関係，老人扶養など，ライフサイクルの諸段階が系統的に叙述される。このマクロ歴史的な家族史の整理によって，本書は比較家族史への最良の入門書となっている。すなわち，現在的な諸問題への志向性，学際性，いくつかの時代にまたがる縦断面での歴史への深度，マクロ構造とミクロ構造の結合といった，家族史の方法態度である。

訳者〔若尾祐司〕要約

［書誌データ］Michael Mitterauer and Reinhard Sieder, *Vom Patriarchat zur Partnerschaft: Zum Strukturwandel der Familie*, C. H. Beck, 1977（『ヨーロッパ家族社会史―家父長制からパートナー関係へ』若尾祐司・若尾典子訳，名古屋大学出版会，1993）．

ミード，M. Margaret Mead (1901-79)
『サモアの思春期』 *1928年刊

　思春期には，心身ともに急激な成長が起き，また子どもから大人へという役割転換の時期にさしかかるために，さまざまな精神的不安定や動揺が生じるものである，というのは定説であったが，それが人類一般の真理ではないことを，サモアの思春期の少女たちについての調査を基に検証した書。さまざまな社会の文化を観察することで人間の普遍性を考察する手法としての人類学の名を一般に普及するにあたって大きく貢献したミードの初めての著作。南太平洋のサモアでは，成長を促されることなく，個々の成長に合わせて体験を重ね，人生に必要なことを徐々に学んでいく。また性や死についてのタブーが少ないことも，少女たちの自然で葛藤のない成長をうながすことに寄与しているというのがミードの考えである。そもそも人類学の専門書というよりは，一般向けの啓蒙書として書かれた本書は，少女たちの体験を中心に，サモアの生活様式が生き生きと描かれており，異文化をわかりやすく叙述してあること，またその導かれる結論ゆえに，たちまちベスト・セラーとなり，版を重ねた。名声の隠れた理由の1つとして，この書が当時タブーであった性の問題をとりあげ，サモア人の性生活（ミードの目には，自由奔放であるように映った）を赤裸々に描いたことにも由来すると思われる。この点に関しては，ミードの死の直後，オーストラリア国立大学名誉教授デレク・フリーマンが『マーガレット・ミードとサモア』（木村洋二訳，みすず書房，1995）を著して批判し，英米の人類学界全体を巻き込んだ，一大論争へと発展した。

訳者〔山本真鳥〕要約

［書誌データ］Margaret Mead, *The Coming of Age in Samoa*, New York: W. Morrow, 1928; 1961; Penguin, 1943; Modern Library, 1953; American Museum of Natural History, 1973（『サモアの思春期』畑中幸子・山本真鳥訳，蒼樹書房，1976）．

ミード, M. Margaret Mead (1901-79)
『男性と女性』*1949年刊

　ミードがそれまで調査してきた7つの社会，サモア，マヌス，アラペシュ，ムンドゥグモル，イアトムル，チャンブリ，バリのデータを基に，今日的意味でのジェンダーの問題を検討した書。先に著したニューギニアの3部族，アラペシュ，ムンドゥグモル，チャンブリに関する『三つの社会における性と性格』の延長をなすものである。彼女は，これら7つの社会における男女に付せられた性格や役割分担が多種多様であることを示し，もともと存在する男女の生物学的な差異が，さらに社会によって対照的に規定され，生育の過程で増幅されていくことを示した。つまり，われわれが男女のそれぞれの性格や役割と考えていることの多くは，文化ないしは社会の所産であるということである。しかし同時に彼女は，いずれの社会でも，いかなる役割であれ，男性のものとされる役割がその社会で最重要とされていることも示している。この書は，フェミニズムの先駆的業績として位置づけられると同時に，ジェンダーの概念が未だ成立する以前にジェンダー的思考を導入した書としての重要性をもつ。また，アメリカ社会の価値多元的状況や，グローバリゼーションといった現代に特有の現象を的確に把握していることも注目できる点である。しかし同時に，ミードがアメリカにおける男女の役割の無性化的傾向に警鐘を鳴らしていることは興味深い。
山本真鳥

［書誌データ］ Margaret Mead, *Male & Female: A Study of the Sexes in a Changing World*, New York: W. Morrow, 1949; 1967; London: Gollancz, 1950; Pelican, 1962（『男性と女性―移りゆく世界における両性の研究』上・下，加藤秀俊・田中寿美子訳，創元社，1961）.

南　博 (1914-2001)　＋社会心理研究所
『大正文化』*1965年刊

　本書は社会心理学を歴史に適用する社会心理史の，最初の試みの1つであり，当時，社会心理研究所に集まった研究グループが，各自の専門的なテーマに沿って，大正時代の文化を，次のような構成で書いたものである。時期的には1．明治から大正へ，2．世界の中の日本文化，3．革命と退廃，4．マス文化の成立，付録．社会心理史の対象と方法，の5部から成っている。

　明治と大正の文化を区別するには，前者の富国強兵，殖産興業の「文明」であり，後者の個人主義，消費生活的「文化」である。

　大正時代には，外来文明が一応定着して，科学技術の発達による合理主義と，封建的な明治文明から脱却しようとする個人主義が，台頭した。

　国際的にも，第1次大戦で勝利の側につき，経済的にも，明治の生産文明から大正的な消費文化への移動がみられる。社会生活一般にも，物質的な文明生活から，文化生活へという推移が始まった。

　大正7年に第1次大戦が終わり，それまでを第1期とし，それ以後大正12年の関東大震災までを第2期とした。

　第2期では，初めてマスコミの社会的な影響がみられるようになる。映画，漫画，流行歌，ベストセラー，週刊誌――などが数多く生まれ，文化の大衆化もこの時期から始まる。

　大正12年の関東大震災以後を第3期とすると，そこでは大正文化の分裂と崩壊が始まる。不況の慢性化，社会運動の進出と並んで西洋文化の影響がモダニズム文化を生んだ。
著者（南　博）要約

［書誌データ］ 南博＋社会心理研究所『大正文化―1905～1927』勁草書房，1965（新装版，1987）.

三橋修 (1936-2015)
『差別論ノート』 *1973年刊

在日朝鮮人（韓国籍を含む）に対する差別意識を，その土台となった被差別部落に対する意識にまで遡って分析し，差別を考えるための大きな仮説を提示したもの。

基本的な分析枠組みは，柳田民俗学からヒントを得た定着性／漂泊性の二項対立である。ただし，柳田は被差別者としての漂泊者の源流に宗教者を求めるが，本書ではその関係を逆転させ，定着者からみた漂泊者という観念に，差別意識の醸成される根幹をみた。この定着する意識から見ると，漂泊者とは，オソレ（異人歓呼）と忌避の対象に見えてくる。本書ではさらにこの定着性を広義に捉えて，物理的な定着性ばかりではなく，自らの社会的位置に定着しようとする意識をも含めて現代の意識を分析することができるとした。

古代的権力のシステムが発動して，漂泊者の神話・説話・祭儀が分割統合されると，彼らは「賎しき民」となる。近世の被差別集団の定住化も，彼らの行刑末端業務や斃牛馬処理の断片化された労働と社会外への位置付けは，定着者から見れば蔑みの対象とみえる。

人間平等原理の近代に入っても，この原理は差別を不当として課題化することを可能にしたが，一方で職業の貴賎観は，聖／賎の対立を維持した。近代の抽象的人間観は，細分化された社会的分業を相互に結合させる「知的なるもの」を「聖なるもの」として捉える意識を消去できず，聖なる職業への定着意識が生れる。近代的身体観はまた，それにまつわる呪術性をはぎとるが，個々人の固有の身体の意味を疎外する。そこからの安易な固有性の回復の試みのなかで，自らの身体性の領域の聖化と，身体の呪術的力への渇望の転倒した畏怖観とが，定着する意識では捉えられない集団を差別の対象として求めるに至る。

著者要約

[書誌データ] 三橋修『差別論ノート』新泉社，1973（増補版：1986）．

三宅一郎 (1931-)・木下富雄 (1930-)・間場寿一 (1933-)
『異なるレベルの選挙における投票行動の研究』 *1967年刊

第2次大戦後，選挙や投票の行動科学的研究が盛んになったが，本書はこの領域における最初の広範で総合的な研究書である。1961年から62年にかけ，京都府宇治市の有権者を対象として実施した面接調査データに基づく本書は，投票行動の背景にあってこれを大きく規定している意識や態度の構造はいかなるものか，投票を決める要因は何か，政治的態度や投票意図がどのように形成され変化するかを明らかにしようとする。

さらに，本書の特徴として(1)5回に及ぶパネル調査，(2)書名通り，異なるレベルの選挙における投票行動の比較研究，(3)広範囲の説明変数の収集とその構造分析，(4)統計分析における数量化理論の一貫的使用があげられる。

調査は府知事選挙の5カ月前の政治意識調査から始まる。府知事選挙はその前後調査，参議院選挙と市長選挙市議補欠選挙は選挙後調査で，計5回に及ぶ。有効サンプル数は第1回調査でも561ケースで少ないが，パネル調査のため当時の水準ではきわめて豊富なデータとなっている。対象となった4選挙の投票行動を体系的に比較しその異同を明らかにするばかりでなく，その背後にある基本的態度構造に注目する。とくに政党支持の投票決定因としての重要性と政党支持関連項目間の構造の確認が，本書の成果の1つである。本書冒頭の理論モデルでは，候補者と政策に対する態度が直接投票に関連するとされたが，実証的には，これらの要因をコントロールしてもなお，政党支持の効果が大きいことが明らかにされた。

著者（三宅一郎）要約

[書誌データ] 三宅一郎・木下富雄・間場寿一『異なるレベルの選挙における投票行動の研究』創文社，1967．

宮島喬(みやじまたかし) (1940-)
『デュルケム社会理論の研究』 *1977年刊

　本書は，デュルケムの社会理論の理解において従来無視ないし軽視されていた社会変動への視座，個人主義の問題，経済と国家の再組織化の課題意識などに目を向け，理論の現代性を明らかにしようとするものである。

　デュルケームは近代社会の危機の認識を出発点とし，近代的個人主義の両義性（自立と孤立および功利主義）を追究し，さまざまな社会問題に取り組むにいたった。第1章では，デュルケームの社会変動モデルに検討が加えられ，分業による漸進的進化の初期モデルが，アノミー認識を媒介として危機的変動のモデルに取って代わられていくプロセスが究明されている。第2章は，本書の中心をなすもので，デュルケーム理論における「個人主義」の占める枢要な位置が確認され，功利的個人主義とは区別された社会化された個人主義が彼の立場であること，その見地から彼が国家や産業社会への批判的認識を組み立てていることを論証している。第3章はデュルケームの経済学批判がどのような含意をもっていたかが検討され，ドイツ歴史学派への関心，アノミー批判，社会主義への接近等がその関連で捉えられるべきであるとする。デュルケームの政治社会学を扱った第5章は，現代国家を官僚制化と個人の原子化という両面から批判する彼の視点が，2次集団の再組織化という政治改革の構想に帰着していることを指摘している。第5章は，デュルケームにおけるアノミー論が，個人の欲求の解放，および産業社会における欲望の疎外という両面を考察しようとする射程をもっていることを論じ，現代社会批判のいくつかの論点を先取りしているとした。

　「付論　ドレフュス事件とデュルケム」は，デュルケームの個人主義の実践的意義を具体的に明らかにしている。
著者要約

[書誌データ]　宮島喬『デュルケム社会理論の研究』東京大学出版会, 1977.

宮島喬(みやじまたかし) (1940-)
『文化的再生産の社会学』 *1994年刊

　地位の不平等などを含む社会構造の再生産において文化的要因の演じる役割を明らかにしようとする理論を文化的再生産論とよび，P．ブルデューのそれを中心に同理論の可能性を検討するのが本書のねらいである。1960年代という文化的再生産論成立の事情にふれ，本書は進学率上昇が醸す平等幻想にもかかわらず再生産過程が進行しているという見えざる不平等への認識が背景にあった，とする。

　宮島は，ブルデューらは教育における選別過程を客観的-主観的両面からトータルに追究し，文化資本，進学に関する主観的表象，社会関係資本，等の全体的作用が階層ごとの有利，不利を導いているとし，さらに，学校外でも目にみえない選別基準として正統的文化的趣味というべきものがあり，それが上層の経済的条件と結びついていることを明らかにし，教育社会学，文化社会学に新生面を切り開いたとする。本書がいま1つ主題としているのはハビトゥス論であり，ブルデューが構造の再生産におけるハビトゥスの機能にダイナミックな変換や調整の作用を含めていることを指摘し，評価している。

　本書後半はブルデュー理論の展開と応用に充てられ，ブルデューの言語交換論を，力の関係を含んだ社会的コミュニケーション論として読まれうることを論証し，婚姻戦略論の検討では，ほとんど無意識のうちに作動するハビトゥスを単に機能的にだけでなく，社会システムの変容力として捉える視点があることを強調する。「文化的再生産論の動的な再構成」（7章）は本書の中心をなすもので，宮島はここで文化資本を所与としてではなく，獲得され動員されうるものとして考察する動的な見方を提示し，文化的再生産論のフロンティアを拡大しようとする。エスニシティおよび日本の文化的再生産過程への接近も同理論の可能性を具体的に問う試みである。
著者要約

[書誌データ]　宮島喬『文化的再生産の社会学——ブルデュー理論からの展開』原書房, 1994.

宮台真司（みやだいしんじ）（1959- ）
『権力の予期理論』＊1989年刊

　本書は，権力についての理論的思考の土台形成を目的とし，権力について思考を深めたい人々を分野を問わず読者として想定する。
　構成を紹介すると，比較的単純な相互行為から出発して，論理的な契機を次第に追加しながら，社会システムへと上昇していく。その途中で，権力についての思考伝統のなかにある，権力の正当性・正統性・公式性・合法性といった概念の差異と関係，法権力と政治権力の差異と関係，などの問題が，1つの統一された理論的視座から扱われる。
　権力についての思考伝統は必ずしも十分なものとは言えず，権力の概念は何度も登場しているのに，いまだに体系的な理論が存在していない。過去の業績を一覧しても，個別の主題についての積み重ねはあるものの，統一的な土台が欠けた状況にある。
　いったん成立した資本制では，人々は自由を制約する倫理や道徳や超越的審級によってゲームを続けるわけではない。人々が自由であることを基礎にして選択圧力をかけ，社会システムの定常性維持に必要な行為の配置を首尾よく実現するメカニズムこそが，きわめて重要な働きをなす。本書ではこのメカニズムを「権力装置」と呼んでいる。
　なお「予期理論」とは，社会システムを，予期の配置，および予期を可能にする社会的文脈の配置という観点から記述する理論を指し，現代社会の運行メカニズムを全体として把握するという最終目標を目指す。
　予期理論は，社会システムの定常性を前提循環として記述する。株式の暴落がないという予期を前提にして投資することは，前提自体の維持に関係する。社会はこうした予期的前提を相互に循環的に提供し合う意味論的装置として描かれる。だから社会システムは，予期の前提形成メカニズムの総体と見なされる。権力装置はその一種である。　　　著者要約

［書誌データ］　宮台真司『権力の予期理論——了解を媒介にした作動形式』勁草書房，1989．

宮台真司（みやだいしんじ）(1959-)，石原英樹（いしはらひでき）(1962-)，大塚明子（おおつかめいこ）(1965-)
『サブカルチャー神話解体』＊1993年刊

　本書は，戦後以降のメディア・コミュニケーションの変化を手がかりに，社会の全域に及ぶ大がかりな変容を描き出し，私たちの現在の居場所を明確につかみ取ることを目的とする。扱われる材料には，幾つかの本質的な理由から，少女メディア・音楽メディア・青少年マンガ・性的メディアが選ばれている。
　誰もがお茶の間で同じテレビやマンガに狂喜した時代は遠い過去になった。皆が共通のメディア体験を持っていた時代が懐かしまれ，現に多くの「回顧メディア」が流通する。だが本書は「回顧の安楽」でなくむしろ「殺伐とした居心地の悪さ」を与えるはずだ。なぜなら，人々をそうした回顧に差し向ける今日の複雑性それ自体を，真正面から主題にしているからである。
　メディアの送り手や受け手は「自由に」振る舞うにもかかわらず，そのコミュニケーションのあり方に時代に応じた定型が見出されるということは，既に誰もが認める事実だ。しかし本書の立場は，従来の反映説や上部構造論とは違う。かといって因果性を逆向きにしただけの観念論や，観念と物質の双方向的な因果性を志向する弁証法とも異なる。
　今日のシステム理論においては，社会とはコミュニケーションの全体であり，その変化は，コミュニケーションによってだけ成り立つシステムの，進化的展開として描かれざるを得ないことが明らかにされている。
　コミュニケーションが暗黙に当てにする意味的前提をコードと呼ぶが，本書は綿密な検討を経て，各メディア領域に共通するコード進化を描き出せることを明らかにする。とりわけ重要なのは，73年頃，各種のメディアは，「これってあたし」という具合に，受け手が自分と世界の関係を解釈するときに使える〈関係性モデル〉を成立させることだ。

著者（宮台真司）要約

［書誌データ］　宮台真司・石原英樹・大塚明子『サブカルチャー神話解体』パルコ出版，1993．

宮田登 (1936-2000)
『ミロク信仰の研究』 *1970年刊

　本書は，日本の宗教社会に，歴史的かつ民俗的に展開するミロク信仰の実態を分析し，伝統的な日本人が潜在的にいだいてきたメシアニズムやミレニアム (messianism and millennium) の観念の特徴を究明している。

　ミロクと仮名で表記しているのは，日本の民俗文化のなかに，仏教上の弥勒仏への信仰の枠組みに入れられない土着の要素を想定しているからである。仏教上の弥勒仏は，56億7千万年後に，衆生救済のために現世に出現するという救世主信仰を伴っている。これがインドに発し，東南アジア・中国・朝鮮を経て，日本に伝播した。その過程で各民族のもつ伝統的世界観の差異にもとづいて，発現する型には相違が生じる。本書は，そうした前提に立って，仏教上の弥勒信仰が，日本人の伝統的思考とどのように混融しミロクの日本的な型を形成させているか追究している。

　本書では，「ミロクの世」待望の思考をとらえた。弥勒仏が現世に下生する信仰は，中世末期の東国に集中しており，その中心に鹿島信仰がある。鹿島踊，弥勒踊は，稲の豊穣な「ミロクの世」に憧れている。一方中世の弘法大師信仰は，各地で奇蹟を行うメシアとしての弘法大師が，「ミロクの世」をもたらしてくれると期待された。真言行者が入定自殺してミイラ化することが，「ミロク世」出現と結びついた。近世の富士講や，近代の大本教などは，ミロクを軸にした宗教運動として位置づけられる。日本の「ミロクの世」は，明確なイメージがなくメシアの観念は終末論の欠如に対応して乏しい。したがってミレニアム（千年王国論・至福千年運動）は十分な社会性を帯びてこない。それは何故なのかを究明することが今後の課題になっている。

著者要約

［書誌データ］　宮田登『ミロク信仰の研究―日本における伝統的なメシアニズム』未来社，1970（『ミロク信仰の研究』新訂版，未来社，1975）．

宮本憲一 (1930-)
『環境経済学』 *1989年刊

　これまで経済の外部性とされてきた環境問題を経済学の理論体系のなかにくみこんだ日本最初の政治経済学の業績．本書では環境経済学の対象領域を環境と経済発展，環境問題，環境政策の3局面とし，それを体系的に総合している．環境経済学の方法論としては，従来素材面と体制面という2つの方法，それらを結合する方法があったが，本書は中間システム論という独自の分析方法を提唱している．すなわち，環境問題を規定するのは次の7つの政治経済構造によっているとしている．

　(1)資本形成の構造（安全・自然保全の投資の質と量），(2)産業構造（資源多消費型・環境汚染型産業の寄与度），(3)地域構造（汚染・環境破壊を集積する都市化の状況），(4)交通体系（自動車交通に依存する体系），(5)生活様式（大量消費生活様式か自給自足かなどの消費構造），(6)国家の公共的介入の態様，(7)国際化のあり方．各国・各地域の環境問題はこの7つの局面を総合的に分析することによって解明できる．

　環境は公共信託財産（コモンズ）であるが，市場制度によって私有化され，環境問題は市場の欠陥として発生する．環境問題は地球生態系の変化を土台として，自然の破壊，景観などのアメニティの欠如，そして公害問題を総合的にかつ連続的にふくむものである．環境問題の特徴は，生物的弱者と社会的弱者から被害がはじまり，それは経済的に私的に補償の不可能な不可逆的絶対的損失をふくんでいることである．したがって，被害の実態調査，救済，汚染規制，予防などの環境政策が必要であり，直接規制と経済的手段という方法がつかわれる．しかし，旧ソ連や日本にみられるように「政府の欠陥」によって環境政策はすすまぬことがあり，環境教育と内発的発展の必要が提唱されている．

著者要約

［書誌データ］　宮本憲一『環境経済学』岩波書店，1989．

宮本常一 (1907-81)
『忘れられた日本人』 *1960年刊

　宮本常一が旅のなかで出会い，その語りに耳を傾けた老人たちの人生のいくつかが，ここには鮮やかな文体をもって書き留められている。そこに収められた，たとえば「土佐源氏」「梶田富五郎翁」「世間師（二）」など，幾篇かの文章は，すぐれた聞き書きの結晶である。そして，この個性的な民俗学者の仕事のなかでも，これはとりわけ記念碑的な意味合いを帯びた著書であった。

　「あとがき」には，宮本の民俗調査の方法が簡略に辿られている。目的の村へゆくと，まず村のなかをひと通りまわる，役場・森林組合・農協を訪ね，明治以来の資料を調べる，旧家の古文書を書き写す，何戸かの農家を選んで個別調査をする，村の古老から聞き取りをする，主婦や若者たちと座談会の形式で話を聞く，といった具体的な調査の手順が示されている。古老からの聞き書きが，いわば村の全体像を知るための作業の一環であったことが，そこからは知られる。

　この著書が実践的に開いてみせたのは，小さな人生に根差した生活誌の叙述の可能性である。民俗的なデータを拾い集め，それをあらかじめあるマニュアルに沿って整理・配列し，分析を加える民俗誌にたいする批判が，宮本にはあった。村に暮らす人々，そこに日々営まれている生きられた生活の襞々の内側に向けて，視線を潜らせてゆくこと。民俗誌という抽象に搦め捕られることのない，生活誌という具体への欲望が，宮本の方法を支えていたと想像される。

　しかも，これはあきらかに，一篇のすぐれた文学作品でもある。この書とは限らず，すぐれた民俗誌や生活誌の記述が，つねに濃密な文学性を漂わせていることは，幾重にも暗示的である。民俗学にとって資料とは何か，という問いにたいするひそかな応答が，そこに隠されている。

赤坂憲雄

［書誌データ］宮本常一『忘れられた日本人』未来社，1960（宮本常一集，未来社，1971；岩波文庫，1984）．

ミュルダール
Karl Gunnar Myrdal (1898-1987)
『福祉国家を越えて』 *1960年刊

　スウェーデンのノーベル賞経済学者ミュルダールの福祉国家論．

　本書は2部構成となっており，第1部では「計画化への趨勢」が分析される。西欧諸国では，世界戦争という国際的危機やさまざまな国内的諸要因によって，なしくずし的に計画化が進んだ（「計画なしの展開としての計画」）。その結果進んだ市場の組織化は，国家によってなされるため，大衆の政治参加が重要となる。西欧の福祉国家では利害や意見の「創造された調和」が生まれている。福祉国家のより発展した段階では，直接的な国家介入は漸減する。計画と民主主義を両立させるためには教育水準の向上が必要である。ソ連や低開発国では西欧とは異なる計画化が進んでいる。

　「国民計画の国際的意味関連」と題する第2部では，各国の計画のナショナリズム的性格とその克服が展望される。南北格差や冷戦のため第2次大戦後の世界は分裂状態にあり，西欧の福祉国家はアウタルキー的性格を強め，心理的および制度的な理由からも国民主義的となっている。しかし「国際協力と相互調整とによって福祉世界の建設に着手」しなければならない。他方，低開発国の計画もまたナショナリズム的である。西欧福祉国家の理想を国際化するために低開発国への援助は合理的な優先順位に基づいて実施されなければならない。国際化のための組織はすでに存在しており，福祉世界の利益をひとびとに啓発することが不可欠である。

　グローバル化の今日，本書の意義はますます大きくなっている。

武川正吾

［書誌データ］Karl Gunnar Myrdal, *Beyond the Welfare State*, Gerald Duckworth & Co., 1960（『福祉国家を越えて』北川一雄監訳，ダイヤモンド社，1970）．

ミリバンド Ralph Miliband (1924-94)
『現代資本主義国家論』*1969年刊

　ミリバンドはLSEにおけるラスキの愛弟子で，アメリカのC. W. ミルズとも親交があった。本書はミルズの『パワー・エリート』の国際版を企図した本とも見られうる。本書に対して在仏のニコス・プーランザスが『新左翼評論』誌上で書評を書くことをきっかけとして始まった両者の論争が1970年代におけるマルクス主義国家論のルネッサンスのはじまりを告げることになる。

　本書は欧米における政治的多元主義理論，より具体的には先進資本主義社会における単一の資本主義的支配階級の存在の否定および国家の階級的性格の否定に対するポレミークを社会学的アプローチによって展開したものであるが，方法論的には，グラムシの広義の国家概念（「強制の鎧を着たヘゲモニー」）を受容し，「国家体系」と「政府体系」を区別し，経済エリートと政治エリートとの社会的関係のみならず，「市民社会」における「正統化過程」（ヘゲモニー装置）——保守政党，教会，企業集団，マス・コミ，学校教育，大学などの役割を分析している。全体は9章から構成されており，第1章は先進資本主義社会の主要な経済的・社会的特徴，第2章はそこでの経済権力の雛型，第3章は国家体系の主要制度と「国家エリート」，第4章は政府の目的と役割，第5章は公務員制度・軍部・司法部の役割，第6章は諸利益間の不完全競争，第7・8章は前述の「正統化機構」を扱い，第9章では先進資本主義の政治体制の傾向が改革と抑圧のからみ合いから分析されている。本書はしばしば道具主義的アプローチの代表のようにいわれるが，そこには鋭い構造的分析も見られる。　　　　　　　訳者要約

［書誌データ］Ralph Miliband, *The State in Capitalist Society*, Weidenfeld & Nicolson, 1969（『現代資本主義国家論——西欧権力体系の一分析』田口富久治訳，未来社，1970）．

ミル John Stuart Mill (1806-73)
『自由論』*1859年刊

　『自由論』は，民主主義社会における自由の確保を課題としていた。そのためには，政治制度上の工夫だけでは不十分であり，世論や習慣の専制に対処する必要がある，とミルは考えた。社会的次元の専制から自由を守るには，社会の有力部分の好悪に依存しない公正な基準が社会規範とならなければならない。その規範としてミルは，個人の行為に対する干渉は，その行為が他者や社会全般に対して直接かつ明白な危害を与える場合にのみ正当化される，という自由原理を提唱した。

　すでに先進社会ではほぼ確立している出版の自由を正当に根拠づけるのは，この自由原理にほかならないという見地から，ミルは次に，思想と討論の自由を取り上げている。他者や社会に直接的危害を与えない思想や言論の領域では，真偽にかかわりなく多様な見解に対し自由を認めることで，真理の発見と真理への生き生きとした確信の双方が助長される，とミルは主張した。

　ミルはさらに，一般に認められている思想の自由と同様に，他者や社会に危害を与えないような個人的行為全般の自由も，自由原理で正当化されるはずだ，と論を進めている。ところが画一化・凡庸化の進行している現代社会では，個性や自発性が固有の価値を持ち個人の幸福にとって不可欠の要素であることが，理解されにくい。だからこそ，自由は現代において危機に瀕しているのである。そこでミルは，行為者自身にとって自発性が貴重な価値であることを強調したばかりでなく，個性的個人の存在が画一的社会の停滞を打破する社会的価値をも持つことを力説したのであった。　　　　　　　　　　　　関口正司

［書誌データ］John Stuart Mill, *On Liberty*, Parker, 1859（『自由論』塩尻公明・木村健康訳，岩波文庫，1971；『世界の名著・38』早坂忠訳，中央公論社，1967；『自由について』世界の大思想・Ⅱ-6，水田洋訳，河出書房，1967）．

ミルズ Charles Wright Mills (1916-62)
『ホワイト・カラー』 *1951年刊

　20世紀において主役をつとめることになったホワイト・カラーを分析することによって、現代社会の動態を把握しようとしたミルズの出世作。あらゆる角度からアメリカの中間階級の性格が究明されている。

　ホワイト・カラーを旧中流階級の後継者として位置づければ、中流階級は過去100年の間に、大別して2つの点で危機に直面させられることになった。1つは財産を奪われたことであり、もう1つはその生活様式と野心が大きく変形されたことである。この後者を理解することがホワイト・カラーを理解するための鍵となる。そこで管理組織、専門職、知識階級、大販売組織、事務機構などにおけるホワイト・カラーの生活が探求され、かれらが生活の支えとなるべき基盤もなければ、全幅の信頼を捧げて忠誠を尽くすにたるだけの対象も持たない存在として、把握されている。

　ホワイト・カラーの生活様式は、労働疎外の極限形態を現している。かれらは何ひとつ生産せず、財貨の流れの媒介者としてあるのみであるから、自己の労働の生産物として喜びをもって眺められる生産品をもたず、連日の書類事務の繰り返しに飽きて、安っぽい娯楽に気を紛らわすことにならざるをえない。またかれらは、自己の所属する組織内部の職業生活において、自己のパーソナリティや身につけた道徳や態度をも生活手段の1つとして使用せざるを得ないために、自我からも疎外された極限状態にある。ホワイト・カラーの生活様式がこのようなものであってみれば、ホワイト・カラーは主に教育に支えられた権威にしがみつきながら、絶えず自己の社会的位置の喪失におびえて恐慌をきたし、政治的に後衛の位置を占める。　　　　　矢澤修次郎

[書誌データ] Charles Wright Mills, *White Collar: The American Middle Class*, Oxford University Press, Inc., 1951（『ホワイト・カラー――中流階級の生活探求』杉政孝訳、創元社、1957）.

ミルズ Charles Wright Mills (1916-62)
『社会学的想像力』 *1959年刊

　ライト・ミルズは『パワー・エリート』で最もよく知られているが、この壮大な実証的研究を貫徹している彼の哲学ないし理念を誠実に告白しているのが本書である。社会学的想像力（sociological imagination）とは、第1章「約束」で述べられている通り、「人間と社会との、個人生活史と歴史との、自己と世界との相互滲透を把握するのに欠くことのできない精神の資質」である。この資質によって、「個人的問題の背後にいつも横たわっている構造的変化を、主体的に制御するような方向で、その問題に対処することが可能となる。」この資質はスペンサー、コント、マルクス、デュルケーム、ウェーバー、マンハイム、ヴェブレン、シュンペーターなど、社会科学の古典的伝統の中心を流れているという。

　西欧の古典的社会学の特質としての社会学的想像力を活性化させて、現代アメリカ社会学の諸潮流を徹底的に批判しているのが本書である。第2章ではパーソンズの『社会体系』をとり出して、そのイデオロギー的特質を分析し、「誇大理論（Grand Theory）」というラベルを提示した。第3章は逆に、ラザースフェルドを代表とする「抽象化された経験主義」の批判である。大規模な標本調査をやり、結果を統計的に解析して、社会学的想像力の欠落した「真理」を抽出し、統計分析以外の方法に対して禁制を課するものとして。

　ミルズ自身の社会学的想像力を十分に生かした調査研究こそ『パワー・エリート』だったのであり、その調査法は本書付録「知的職人論」に詳説されている。研究といえば受験勉強しか知らず、何のための社会学かにまったく無関心な学生・教師にとっても本書は必読の入門書となる。　　　　　　　　　訳者要約

[書誌データ] Charles Wright Mills, *The Sociological Imagination*, Oxford University Press, 1959（『社会学的想像力』鈴木広訳、紀伊國屋書店、1965；新装版：1995）.

ミレット　Kate Millet (1934-2017)
『性の政治学』 *1970年刊

著者の博士論文である本書において，政治は「権力構造的諸関係，すなわちある集団が別の集団によって統制される仕組み」に関わるものとされ，著者はこの定義を両性関係に適用して，両性間に存在する政治的・権力的関係を「性の政治 sexual politics」とよんだ。

「愛」を媒介としたもっとも私的かつ親密な場とされる性関係をひとつの「社会的行為」とし，それが「権力構造に基づく関係であるがゆえに政治的意味をもつ」と論じた本書は，米国社会に大きな衝撃を与えた。とりわけ1960年代後半の米国女性解放運動に与えた影響は大きかった。運動初期，錯綜と混乱のなかで無数のテキストが書かれたが，これら文書の全体的統合をはかり，運動が求めていた1つの理論的根拠を提供する役割を担ったのが本書である。ゆえに運動の「バイブル」とされ，米国以外にも多大の影響を及ぼした。

文学批評を通じて文化批評を展開した本書は，ボーヴォワールの『第二の性』(1949) の系譜に属している。どちらも男性中心文化における女の抑圧・拘束を普遍的現象として一般化したが，『第二の性』から20年後に書かれた本書では欧米都市中産階級白人女性の経験を基礎としつつも，人種・民族・異文化への目配りの点ではより広がりをみせている。著者は，反動的性の政治家として位置づける D. H. ロレンス，ミラー，N. メイラーとの対比で，仏のゲイ作家ジャン・ジュネを取りあげ，彼の描いたゲイの世界における権力秩序の視点から両性関係における身分階層性を照らし，ジェンダーによる抑圧と，そうした抑圧の根絶を訴えた点でも先見性を示した。

訳者（藤枝澪子）要約

［書誌データ］ Kate Millet, *Sexual Politics*, Doubleday, 1970（『性の政治学』藤枝澪子・加地永都子・滝沢海南子・横山貞子訳，自由国民社，1973；ドメス出版，1985）.

ミンコフスキー
Eugène Minkowski (1885-1972)
『精神分裂病』 *1929年刊

精神分裂病の基本障碍を「現実との生命的接触の喪失」として捉えた著作。ミンコフスキーは，分裂病という概念を明確に定義した師ブロイラーの精神病理学を現象学的な方向で継承した。

彼は本書において，分裂病，躁鬱病，てんかんなどの諸疾患を発現せしめる人間の基本的な精神状態をクレッチュマーやブロイラー以来指摘されてきた「分裂性（理性型）」，「同調性（共調型）」「粘着性（感覚型）」の対立に求める。ミンコフスキーによれば，「分裂性」は現実との生命的接触を断ち，その極端なあり方は「病的合理主義」や「病的幾何学主義」へと陥る。「同調性」は現実との接触を保つが，現実を超克しようとする「生の飛躍」が欠如している。「粘着性」は「同調性」に見られる，事物や出来事に対する同調よりも深い次元で世界に親和性を持ち，宇宙的で全体的な表象や妄想が発作とともに現れる。彼は「分裂病」という概念が，「早発性痴呆」という概念と異なり，治療的意味を含み持つことを強調する。病名は疾病に対する他者の態度や雰囲気，さらには疾病の経過にまで影響を与える。チューリヒに始まる作業療法の有効性はこのような治療可能性への確信に基づくという。彼は現実との生命的接触の基礎を，より良きものを求めて創造し，前進しようとする人格的活動の周期性として捉えるが，その方法論的基盤は，生命の本質を生成として直観的に捉えるベルクソン哲学である。

椿田貴史・新宮一成

［書誌データ］ Eugène Minkowski, *La Schizophrénie, Psychopathologie des Schizoïdes et des Schizophrènes*, Payot: Paris, 1929; 2e éd., Desclée de Brouwer: Paris, 1953（『精神分裂病』村上仁訳，みすず書房，1954）.

ミンジオーネ　Enzo Mingione (1947-)
『都市と社会紛争』＊1981年刊

　ミンジオーネは1960年代の後半，ミラノの都心の再開発と社会運動の調査に従事していた。かれが本書で展開している概念のほとんどは，そこでの調査と作業経験から得られたものである。

　かれは問いかける。経済発展は領土的 (territorial) 社会関係にどのような影響を与えるのか。政治権力のあり方は土地利用にどんな影響を及ぼすのか。また，資源や人口の分布にどのように関連するのか。資本主義と社会主義は地域発展に関して，どこが異なりどこが似ているのか。

　ミンジオーネは〈領土〉の概念を導入することで，都市的，地域的発展の分析と「一般理論」とを結びつけようとする。かれはこうした観点のもと，過剰都市化，住宅問題，大都市の財政的危機，地域の不均等発展などの問題を検討する。かれはこれらの矛盾が，現代社会に噴出するさまざまな社会的闘争の原因となっているという。その際，かれはグラムシの〈ヘゲモニー〉の概念によって，政治的状況や国家介入の論理を説明する。そこで，かれは社会主義がこれらの問題の解決に，どのような役割を果たしているのかを問う。ミンジオーネは都市や地域の問題を，社会経済史の研究を踏まえながら可能な限り全体社会の動向のなかでとらえようとする。こうして，資本蓄積の型と都市的発展，本源的蓄積と工業的離陸，本源的蓄積とアーバニゼーション，資本主義の危機と領土的矛盾などが議論の俎上に乗せられる。

　本書は都市的，地域的発展に随伴する社会闘争についての独自の解釈である。議論はイタリアを中心にしながらも，ヨーロッパ，ソ連，中国，第3世界へと広がっている。

訳者要約

［書誌データ］ Enzo Mingione, *Social Conflict and the City*, Basil Blackwell, 1981（『都市と社会紛争』藤田弘夫訳，新泉社，1985）.

村上信彦（むらかみのぶひこ）(1909-83)
『明治女性史』＊1969-72年刊

　「文明開化」(上)，「女権と家」(中・前)，「女の職業」(中・後)，「愛と解放の胎動」(下) の4巻よりなり，全巻を通じて明治を舞台とした包括的な女性の歴史が描かれている。上巻では，幕末から明治初期の，士族の娘から地方の農村女性まで，また津田梅子のような著名人から無名の女工まで，未曾有の社会変動のなかでの多様な立場の女性たちの生に光を当てる。中巻では，民権運動における女性の位置づけと働きを述べることに始まり，明治に始まる女性の職業と家制度との二重の関係が語られ，職業が女性を解放する側面ばかりでなくそれを通じて家への新たな奉仕を女性に強いたことが鋭く分析される。最終巻では，廃娼運動と平塚らいてうらの『青鞜』を中心とする大正に続く女性たちをめぐる新しい時代の動きを軸として，社会運動を鍵にして歴史が読み解かれる。

　日本においては女性史は，戦後，唯物史観の強い影響のもと，「女性解放史」として発展をみた。本書の第1の貢献は，このような「解放史観」からの女性史の解放であったといえる。村上は，解放史観が，目的論的で単線的な歴史の再構成に陥って歴史的な実感に乏しく，そのために女性史を低次元のものにとどめてしまったと批判する。本書で村上がとった，女性の歴史を複線的に，生活史の視点から把握する斬新な理論的立場は，方法論等においての洗練の度合いはともかく，生活史・社会史のパイオニアとされるフランスのアナール派と比肩しうる。本書を含む彼の斬新な生活史の観点から女性史をとらえる諸業績はその後，地方に埋もれた無名の女性たちや売春女性などからの聞き書きやさまざまな散逸資料を駆使しての「地方女性史」や「底辺女性史」の興隆を促すことにもなった。

牟田和恵

［書誌データ］　村上信彦『明治女性史』全4巻，理論社，1969-72（講談社学術文庫，1977）.

■村上泰亮 (1931-93)
『産業社会の病理』*1975年刊

　社会的選択理論および経済体制論から出発した村上が，社会学から歴史学に至る社会諸科学の成果を踏まえて，現代日本の産業社会を分析する視点を確立した作品。
　1930年代以降の資本主義経済は，経営者支配（バーリ＝ミーンズ），経済システムと政治システムの接合（ケインズ），所得革命と福祉国家化（クズネッツ，ゴールドスミス），さらには技術革新にもとづく経済成長やその帰結としての高度消費社会化などの点で古典的な市場経済とは異なるとされてきた。けれどもこれらの主張は，市場システムだけを分析の対象としている。村上は，むしろ市場システムを支える文化システムが資本主義の変貌によって攪乱され破壊されつつある点にこそ現代の産業文明の病理があると指摘する。
　村上によれば，資本主義社会は，文化システムにおいて「手段的能動主義 instrumental activism」を価値として共有している。産業社会においては組織や技術を用いるに当たって手段的な合理性が要請され，また不確実性に満ちた外的世界を冒険的に作り変えようとする能動性が必要となるからである。ところが手段的合理主義と能動主義という両価値の結合には，不安定が伴っている。前者はなんらかの目的を前提するものだが，後者はその目標が無限遠に存するとみなしており，結局は目的喪失の不安を招くだろうからである。また，「豊かさ」は，実現されれば目的たりえなくなってゆく。そして豊かな消費社会において大衆的な広がりを見せた個人主義は，人々の自己主張を尖鋭化・多様化させ，目的喪失の不安を現実のものとするのである。
　産業社会が豊かな消費社会の達成というその成功の頂点において没落の危機に瀕しているという診断は，同時期に著されたD. ベルの『資本主義の文化的矛盾』（1976）にも共有されている。
　　　　　　　　　　　　　　　　松原隆一郎

［書誌データ］　村上泰亮『産業社会の病理』中央公論社，1975（『村上泰亮著作集3』1997）.

■村上泰亮 (1931-93)
『新中間大衆の時代』*1984年刊

　『産業社会の病理』（1975）では資本主義社会を統合する価値である「手段的能動主義」のもつ原理的な不安定性について分析し，また公文俊平・佐藤誠三郎との共著『文明としてのイエ社会』（1979）では日本において手段的能動主義を発生せしめたイエ社会について，その歴史的由来を描いた村上が，戦後日本の政治・経済システムがいかにして高度経済成長を現出し，またオイル・ショック後に選挙民を保守回帰させたかを分析した書。
　わが国の戦後の経済成長の担い手は鉄鋼・化学・自動車など資本集約的な重化学工業であった。豊富な労働力と低賃金がその原因であるとすれば，国際貿易にかんする比較優位説からすれば労働集約的な産業が繁栄したはずであろう。そこで村上は，「長期平均費用逓減説」を唱える。この説が正しければ，企業が利潤を最大化しようとすると生産量は無限に拡大し，いわゆる過当競争が生じる。その結果，好況期には設備投資競争が起き，不況時には集中豪雨的な輸出が図られる。日本的経営は，こうした経済環境に応じた経営形態であった。村上は，過当競争を避けるために通産省が講じたのが，産業ごとに外国企業の参入を規制する設備投資規制と，不況カルテルを指導する行政指導だったとみる。「仕切られた競争 compartmentalized competition」によって，日本は追いつき型の経済成長を達成したというのである。
　ところが高度成長の後半から，手段的（まじめ）でなく即自的（あそび）な価値を求め，行政や日本の経営に懐疑を抱き，しかし既得権益には敏感な人々が登場した。70年代末に自民党支持に回った「新中間大衆 new middle mass」である。彼らは手段的能動主義から離反し，わが国の産業社会にゆらぎをもたらしている。
　　　　　　　　　　　　　　　　松原隆一郎

［書誌データ］　村上泰亮『新中間大衆の時代』中央公論社，1984（『新中間大衆の時代―戦後日本の解剖学』中央公論社，1987；『村上泰亮著作集5』1997）.

村上泰亮 (1931-93)
『反古典の政治経済学』上・下
*1992年刊

　高度経済成長を達成した日本は、欧米諸国から経済構造の異質性を批判されるようになった。これに対し村上は、晩年の大作である本書において、日本経済は異質ではないが、産業先進国となった今日、経済自由主義に服さねばならないと主張した。

　村上のいう「古典」的観念とは、経済自由主義と国民国家システムから成る世界像のことである。その背後には、後発国経済についても費用逓増を想定し、経済自由主義に従えば国際経済秩序がもたらされ、また国民国家を前提し、そのバランス・オブ・パワーによって国際紛争も解決されるという仮定がある。けれども産業化とナショナリズムのさらなる進展のもとで、経済のボーダーレス化や情報化、アメリカ経済の衰退、NIES諸国の台頭そして冷戦体制の崩壊といった古典的な世界像とは異なる現実が現われた。

　村上によれば、そもそも後発国経済は費用逓減の状態にあり、そこで政府は産業政策を講じ製造業界に「仕切られた競争」を導入する。また分配の平等化を図り大衆消費にもとづく国内需要を育成する。こうした「開発主義」は、日本や近年の東アジア諸国のみならず、イギリスですら高度経済成長を実現するに際してとられたものである。ところが開発主義は、国民国家間の紛争も引き起こす。それゆえ産業において先進国となれば、経済自由主義に切り替えるべきなのである。

　古典的観念は、欧米を理想として歴史は一元的に進歩すると想定している。それに対し以上の「新しい経済自由主義のルール」は、多元的な文化や理念にもとづく多系的な発展がありうるとみなす。そこで村上は、唯一の正義を求める「超越論的反省」でなく、他の文化や理念に対する理解と寛容をめざす「解釈学的反省」を思想の自由の基礎にすえている。

松原隆一郎

［書誌データ］　村上泰亮『反古典の政治経済学』上・下，中央公論社，1992（『村上泰亮著作集』6・7，1997）．

村上泰亮 (1931-93)・公文俊平 (1935-)・佐藤誠三郎 (1932-99)
『文明としてのイエ社会』*1979年刊

　多系的発展論の立場から、西洋の個人主義的産業化とは異なる集団主義的産業化の事例として日本をとりあげた本書は、文明史的なスケールのもとに日本社会の個性を明らかにしようとした点で、画期的な試みであり、その分野の出発点となる古典として評価の高いものである。本書の特色は、畿内の血線主義的ウジ社会から関東武士団を起源とする業績主義的イエ社会へ、という集団形成原則の交代として日本の歴史をとらえ、日本的経営を武家の軍制や官僚制をモデルに理解しようとする点にある。それに対しては、西洋と個人主義、日本と集団主義を単純に結びつけることができるのか、西洋にも集団主義、日本にも個人主義の伝統があり、集団や個人の具体的なあり方として各社会の個性をとらえる必要があるのではないかという批判がしばしばなされてきた。

　具体的には次のような議論がある。日本のイエ制度は、ウジ社会の基層のうえに仏教や律令制という外来の新層が重なるという、伝統と外来文化の相互作用のなかから、院政期の畿内公家社会において形成されたものであり、集団形成原則であるとともに個人主義を育むものでもあったことが明らかにされた（平山朝治『イエ社会と個人主義』日本経済新聞社，1995）。また、中世以来、武士は自立的所領支配を基盤とする個人主義的存在であり、近世・近代に至るまで武士道には個人主義が色濃く見られることも明らかになってきた（Eiko Ikegami, *The Taming of the Samurai*, Harvard University Press, 1995, 笠谷和比古『士（サムライ）の思想』岩波書店，1997）。重厚長大から軽薄短小・情報化へという産業構造の変化とともに、ピラミッド型大組織が時代遅れとなり、個人主義の伝統が再評価されつつある。

平山朝治

［書誌データ］　村上泰亮・公文俊平・佐藤誠三郎『文明としてのイエ社会』中央公論社，1979．

村上陽一郎 (1936-)
『近代科学と聖俗革命』 *1975年刊

原著者は科学史家，科学哲学者。上智大学，東京大学で教えた後，現在国際基督教大学教授。

科学史の「ヒストリオグラフィ」の変革に一石を投じた書物として受けとめられている。それまでの科学史の歴史記述は，現存の科学という概念を既成の前提として，その痕跡を過去に探し当てる，あるいは西欧以外の地域にも探し当てる，という方法に依存してきた。したがって，西欧の歴史のなかでも，過去を遡れば遡るほど，そうした科学は貧しくなっていくことになる。

著者の姿勢は，通age史的に科学が存在したという前提を捨てることを基本にしている。それは一方では，科学という現代社会における概念の規定に関わる。他方で，従来の記述法では科学として扱われてきた，過去の知識活動の捉え方にも影響する。

本書における著者は，通常は科学的活動として理解されてきた17世紀西欧の知識活動を，科学の規定から外すことを主張する。具体的には，コペルニクス，ケプラー，ガリレオからニュートンに到る「近代科学者」たちの仕事を科学として位置付けることに反対する。その最大の理由は，彼らの知的営為が，常にキリスト教の枠組みの内部で進められていることにあり，その点で現在の科学との間には，本質的な不連続面があるというところにあった。もう一つの理由は，そうした知識活動は，今日の科学のように社会的に制度化されていない，というものであった。著者が本書で提案した「聖俗革命」という概念は，第一の理由に応えたもので，17世紀までの知的活動から，キリスト教的な世界解釈の枠組みを破壊して剥奪し，知識の世俗化を標榜したものとして，18世紀啓蒙の歴史的な位置を定めたものと考えられる。　　　　　　　　**著者要約**

[書誌データ] 村上陽一郎『近代科学と聖俗革命』新曜社，1975.

メイヨー George Elton Mayo (1880-1949)
『産業文明における人間問題』 *1933年刊

メイヨーは「産業社会学の父」と呼ばれているが，それは彼の指導のもとに1927年から1932年まで行われたホーソン実験が人間関係論的アプローチを生み出し，それがそれまでの科学的管理論に代って，経営管理・労務管理に画期的な転換をもたらし，また第2次大戦後のアメリカにおける産業社会学の興隆に貢献したことによる。

本書ではまず，「疲労」と「単調」に関する所論が述べられ，産業における人間の生理学的研究よりも人間関係の問題がより重要であることが指摘されている。そのうえにたって，ホーソン工場における実験のなかから，「継電器（リレー）組立実験」，「雲母剝離作業実験」，「面接調査計画」についての経過を説明し，そこで論理的・経済的要因にもまして非論理的・感情的要因が人間の作業能率に大きな影響力を持つこと，つまり産業における人間行動を規定するものは金銭や物的作業条件だけではなく，むしろ感情的動物としての人間の持つ動機・満足などの心理，人間相互間の社会関係の作用などのほうが重要だということを述べている。

したがって本書の内容は経済上の問題から社会的名誉の問題にまでおよび，しかも臨床上の実験についてもふれられており，医学の分野から社会学，心理学，経済学，政治問題など多くの分野にわたっている。メイヨーはその後も，共同研究によって，そうした人間関係の問題を，単に企業経営体内の問題のみでなく，児童心理，教育心理，文化現象，産業社会の変遷といった広い分野の問題として展開していった。　　　　　　　　**鈴木春男**

[書誌データ] George Elton Mayor, *The Human Problems of an Industrial Civilization*, The Macmillan Company, 1933（『新訳・産業文明における人間問題—ホーソン実験とその展開』村本栄一訳，日本能率協会，1967).

メドウズ Dennis L. Meadows 他
『成長の限界』 *1972年刊

　本書は，世界各国の著名な実業家，政治家，科学者等をメンバーとして1970年に設立されたローマ・クラブが，MIT（マサチューセッツ工科大学）のシステム・ダイナミック・グループに依頼した研究の報告書である。加速度的に成長していく世界システムの限界と，その限界が人間とその活動に課する制約を，人口，資本，食糧，工業生産，資源，汚染等の要因の動態的相互作用を数式化した世界モデルを用いて，コンピュータ解析している。

　その主要な結論は，既存の世界システムの成長率に大きな変化がないとすれば，来るべき100年以内に地球上の成長は限界点に達し，人口と工業力の制御不可能な減少を招くだろう，しかもその破局は突然にやってくる性格をもっている，ということである。著者たちは，人々は通常，成長を線型の過程として考える傾向があるが，現実に生じつつある人口や工業生産の成長は幾何級数的成長であることに強い警告を発している。資源量，汚染が人間に与える影響，新技術の開発等に関する不確定要因も，幾何級数的成長の圧力の前には，副次的要因として飲み込まれてしまうのである。

　著者たちは，成長をコントロールすることで持続的安定性の樹立は可能とするが，その後の世界の趨勢はそのようには動かず，20年後の1992年には『限界を超えて』が同じグループにより出版されることとなる。そこでは，成長傾向が改まらないまま時間だけが経過したため，多くの資源や汚染のフローがすでに持続可能性の限界を越えてしまっていることが指摘されている。しかし，それでもなお持続可能な社会は実現可能，というのが著者たちの立場である。

田中　直

[書誌データ] Dennis L. Meadows et al., *The Limits to Growth: A Report for THE CLUB OF ROME'S Project on the Predicament of Mankind*, Universe Books, 1972（『成長の限界』大来佐武郎監訳，ダイヤモンド社，1972）.

メルロ＝ポンティ
Maurice Merleau-Ponty (1908-61)
『知覚の現象学』 *1945年刊

　本書は，西欧の近代哲学を長く規定してきた主観と客観，精神と物体，理念性と事実性といった二項対立を超えて，〈身体性〉という視点から，知覚的世界の生成とその意味の源泉としての身体的実存の運動性を論じている。身体性や間主観性，生活世界や受動的綜合といった現象学の主題，あるいは構造や両義性や可逆性といった概念が現代哲学のなかでもつ深い意義を明らかにした戦後現象学の記念碑的な書物であるとともに，現代の身体論においてつねに参照される基本文献でもある。

　メルロ＝ポンティは本書第2部において，社会的なものの次元，つまりあらゆる真理がそこにおいて生成するところの複数の主観性の匿名的な〈共存〉の構造を，〈間主観性〉（intersubjectivité）という視点から論じている。間主観性の概念と社会学との関係については1951年の論文「哲学者と社会学」で主題的に論じられる。間主観性の概念はのちに「間身体性」（intercorporéité）とか，「歴史の肉」，「制度化」（institution）といった概念としてさらに深化させられ，シュッツ以降の現象学的社会学（とくにJ．オニール）や，フランスの社会思想や政治哲学，とりわけC．カストリアディス，C．ルフォールらのそれに大きな影響を与えた。近年は，本書第1部で扱われた性的身体についての議論や晩年の〈肉〉の思考を踏まえて，セクシュアリティの現象学に取り組む研究者も現れている。

鷲田清一

[書誌データ] Maurice Merleau-Ponty, *Phénoménologie de la perception*, Gallimard, 1945（『知覚の現象学・1』竹内芳郎・小木貞孝訳，みすず書房，1967；『知覚の現象学・2』竹内芳郎・木田元・宮本忠雄訳，みすず書房，1974；『知覚の現象学』中島盛夫訳，法政大学出版局，1982）.

■メルロ=ポンティ
Maurice Merleau-Ponty (1908-61)
『見えるものと見えないもの』*1964年刊

　M．メルロ=ポンティは1961年5月3日に53歳で急逝したが，彼の死後には，2年ほど前から執筆されていた『見えるものと見えないもの』と題される大部の未定稿と，その前年の1958年末から日記のように書きつけられていたこの著の準備らしき多数の覚え書きが残されていた。その未定稿をクロード・ルフォールが編集し，後者を取捨選択しながら「研究ノート」として合わせて公刊したのが本書である。また，本書中の「問いかけと直観」なる章は1960年11月以後に書き改められたものなので，それ以前に書かれていた原草稿も「補遺」として収められている。ルフォールの紹介では，この著作の全体の構想は何度も変転したようであり，本書はほぼ最後の計画に沿って編まれた。

　メルロ=ポンティの思想は大略，初期の行動や知覚の分析による「受肉せる主観」=身体の確立から，言語を意味経験全体のモデルと見る中期の言語論を経て，後期の自然存在論の企てへと跡づけられる。そして後期には，初期の「身体」に代わって「肉」の概念が多用されるが，それは「見るもの」と「見えるもの」，「触れるもの」と「触れられるもの」が同じ生地でできていて，相互に「転換可能」であることを含意していた。というのも，メルロ=ポンティにとっては，私自身が見えるものでありつつ，物を見えるもののただなかに見るという物の可視性の謎は，まさに主客の転換可能な関係によってのみ解かれうるはずだったからである。この関係は「交叉配列」とか「絡み合い」などとも言われるが，ともかくも，そのような関係こそが，最も野生的な「自然」の存在意味だったのである。

訳者（滝浦静雄）要約

［書誌データ］Maurice Merleau-Ponty, *Le visible et l' invisible, suivi de notes de travail*, Éditions Gallimard, 1964（『見えるものと見えないもの』滝浦静雄・木田元訳，みすず書房，1989）．

■メンミ　Albert Memmi (1920-2020)
『差別の構造』*1968年刊

　本書は原題『支配された人々』にあるように黒人，植民地人，ユダヤ人，女性など，差別社会のなかで支配抑圧をうけている人々の肖像を描き出す。著者自身も当時フランスの植民地であったチュニジアで生まれ，ユダヤ人，植民地人として過ごすが，論述からは著者自身の体験がにじみだし，本書はいわば被差別の立場からの体験的差別論といえる。

　本書は差別論の基本を明らかにする。当時のフランスの政治状況や左翼が植民地問題にどのような立場をとったのかという歴史的な事実を参照しつつ著者は，差別抑圧が単に経済構造から決定されるのではないこと，また政治的イデオロギーが差別からの解放に具体的効果をおよぼすのではなく，むしろ教条主義的イデオロギーは現実の差別を強化維持する装置となり得ること，そして差別する現実の構成には，人々の生活全般や意識が関連し，被差別者が総体として抑圧されていくという事実を明確に主張する。とくに，差別主義とは，現実あるいは架空の差異を強調し普遍化し決定的に価値づけることであり，この価値づけは，被害者の犠牲は顧みず，己れの特権や攻撃を正当化するためにのみ行使される，という有名な定義がある最終章「差別主義と抑圧」は，差別とは何か，反差別の実践とは何かを考えるうえで必読である。そこでは差別主義は抑圧の最高のシンボルであり，その態度は，人々のなかに最も普遍的に見られる1つの社会現象であると明言される。さらに反差別の闘いには，差別主義を打倒すべく差異の概念を再検討する情宣・教育活動と固有の政治闘争が必要であることが主張される。この主張は，現在の反差別運動・解放運動や社会啓発，解放教育の意義と直結する。

好井裕明

［書誌データ］Albert Memmi, *L'homme Dominé*, 1968（『差別の構造』白井成雄・菊地昌実訳，合同出版，1971；『人種差別』法政大学出版局，1996）．

モア Sir Thomas More (1478-1535)
『ユートピア』 *1516年ラテン語原本刊,1551年ロビンスンによる英訳本刊

　アメリゴ・ヴェスプッチに同行したという架空の航海者ヒュトロダエウスが,新世界で見聞した国々,とくにユートピア島について,トマス・モアと語り合うという形で書かれている政治的・社会的空想物語。ユートピアはモアの造語で「どこにもない場所」を意味するが,この著作の題名『社会の最善政体とユートピア新島についての楽しいと同じほどに有益な黄金の小著』から,この語は理想郷を示す用語として使われるようになった。

　第1巻は,ヒュトロダエウスの口をかりた当時のイギリスおよびヨーロッパ社会の批判である。「羊が人間を食い殺す」エンクロージャー(囲い込み)によって土地を奪われ,無一物になった農民は都会に集まり,牛馬よりひどい労働を強いられる。モアは当時の国家・社会の不正,腐敗をキリスト教的人文主義者の立場から批判したが,これらすべての悪の根源は貨幣経済,私有財産制にあると考えた。彼の「社会主義的」発想は人文主義の古典発見と密接にかかわっている。第2巻では叙述の仕方ががらりと変わる。社会改造プランをドグマ的に展開するという方法をとらず,すでに建設されているとされる理想国家の社会生活を,ギリシア以来のさまざまな文学伝統をとりいれつつ「楽しく」描き出す。この特質によってこの作品はユートピア文学という近代の文学ジャンルを創始した。私有財産と貨幣のない社会がこの島では実現しているが,この社会の特徴は労働の重視にある。ユートピア島は労働によって半島から切断され,ルネッサンス時代の特徴をなす理想都市プランの精神で建設されているのである。

川端香男里

[書誌データ] Sir Thomas More, *De optimo reipublicae statu, deque nova insula Utopia*, 1516 (『ユートピア』沢田昭夫訳,中公文庫,1978;改版,1993).

MORE編集部編
『モア・リポート』 *1983年刊

　女性向けの雑誌『モア』が,1980年7月号誌上で呼びかけ回収した,5422通の回答(女性のみ),ならびに,1981年10月号で質問文を掲載し,自由回答が寄せられた348通の回答をもとにつくられた,女性の性の実態報告。『キンゼイ報告』・『マスターズ報告』など合衆国における「性の実態報告」の伝統,とりわけ『ハイト・リポート』が強く意識されており,「〈性〉を語ることは自らの〈生〉を語ることである」,「女性の性意識,性行動を調査することから,現在,日本の女性が置かれている状況,抱えている問題などを逆照射する」という立場が表明されている。

　質問項目としては,性体験やセックス・パートナーの有無,オーガズムの様態,マスターベーションの様態,セックス・パートナーとの関係などが中心となっている(総計90項目,ただしかなりの部分が重複する)。もとより統計学的な代表性は期待すべくもないが,自由回答で寄せられた,20代を中心とする女性たちの生の声からは,それまで公然と語られてこなかった,女性の「生と性」の多様性・複雑性を聞きとることができる。

　『モア・リポート』では,同性愛/異性愛という線引きはあまり重視されていない。それらは一括して「セックス・パートナー」との関係として定義される。むしろ重要なのは,セックス・パートナーとの関係以上に,マスターベーションとオーガズムの深い関連性が主題化されていることである。それは女性たちの生の声を反映しているというよりは,編者自らが,マスターベーションとオーガズムの関連を中心として調査の骨子を組み立てていることの効果であろう。

　なお『モア・リポート』には男性版も存在するが,影が薄い。『モア・リポート』がいかに女性の「生と性」を中心に論じようとしたかを示す,格好のエピソードである。

赤川　学

[書誌データ] MORE編集部編『モア・リポート』集英社,1983.

モッセ George Lachmann Mosse (1918-99)
『大衆の国民化』*1975年刊

「ナポレオン戦争から第三帝国期に至るドイツの政治シンボルと大衆運動」を副題とする本書は、ナチズム研究にシンボル分析を導入してファシズム理解に新局面を開いた歴史社会学の古典である。モッセは第三帝国から亡命した体験を持つユダヤ人ドイツ史家で、ナチズムを18世紀後半にさかのぼる国民主義の発展の極致として考察している。

「大衆の国民化」というタイトルは、ヒトラーが国民社会主義運動の目標を述べた『わが闘争』第1巻(1925年)の言葉から引かれている。モッセは、大衆が国民として政治に参加する可能性を視覚的に提示する政治様式を「新しい政治」と呼ぶ。それは議会制民主主義者が理想とする合理的討論ではなく、国民的記念碑や公的祝祭などで表現された美意識に依拠する大衆政治の様式である。この「新しい政治」はルソーの一般意志、フランス革命の人民主権に端を発し、国民社会主義を極致とする国民主義運動において絶大な威力を発揮した。こうした視点からナチズムは宣伝操作の運動ではなく、危機の時代における共感と合意の運動として捉えられている。大衆の政治参加の感覚から民主主義を理解するならば、ヒトラーもまた民主主義者となる。資本主義を恐慌から発想することが許されるなら、民主主義をファシズムから思考実験することも許されよう。

本書は国民主義の政治美学を文学、美術、建築、演劇などから多角的に分析し、その担い手となった体操家や合唱団などの市民サークル、さらには労働者組織までもがナチズムの政治的祭祀に統合されていく過程をドラマチックに描き出している。　訳者(佐藤卓己)要約

［書誌データ］ George Lachmann Mosse, *The Nationalization of the Masses: Political Symbolism and Mass Movements in Germany from the Napoleonic Wars through the Third Reich*, Howard Fertig, Inc., 1975 (『大衆の国民化—ナチズムに至る政治シンボルと大衆文化』佐藤卓己・佐藤八寿子訳、柏書房、1994).

森岡清美(もりおかきよみ)(1923-)
『真宗教団と「家」制度』*1962年刊

総体として日本最大の規模をもつ浄土真宗諸教団に共通する社会構造を、真宗寺院住職の世襲相続制に鑑みて「家」制度の視点から分析する。この研究の出発点は家＝同族団研究であるが、これらにも貢献しうる諸概念、たとえば、第3章真宗門徒では地域門徒団(部落門徒団・広域門徒団)、第4章寺檀関係では寺門徒団、重層的寺檀関係、第5章末寺関係では組寺結合の3類型(組結合・主従結合・与力結合)、従属関係の2類型(上寺・下寺、本坊・寺中下道場)、第6章大坊をめぐる合力組織では本山－末寺－寺中下道場というタテの構造連関に対応して重層する法主権・住職権・住持権など、現地実態調査から錬成した新しい概念を駆使して、裾野の門徒から頂上の本山に至る教団の全体構造を解明し、また第7章本末関係では「血のみち」「一家衆」「猶子」など史料から取り出した概念を活用して、本山の宗教的権威の由来と展開を教義と社会関係の両面から考察する。

そのなかで、①本末制度と檀家制度に支えられた近世的教団構造の基本軸を究明し、②がんらい一体であった宗教制度と「家」制度が分化し本山から法主家と宗派が分離してゆく明治初期の近代的構造変動をつきとめ、③かつて末寺のうえに君臨した本山が宗派の根本道場・祖廟となる第2次大戦後の現代的変動を展望して、教団構造が「家」制度で規定されたことは、その歴史的変化によっても規定されたことであることを示す。あわせて第8章では、真宗の教義には「家」制度ととくに親和的な要素がないこと、家族制度を異にするアメリカでは真宗系仏教団も仏教会も「家」制度からまったく自由であることを指摘する。かくて、家研究の地平を拡げ仏教教団を体系的に解明するモデルを示す。　著者要約

［書誌データ］ 森岡清美『真宗教団と「家」制度』創文社、1962(増補版：1978).

森岡清美(もりおかきよみ)(1923-)
『**家族周期論**』＊1973年刊

　家族周期とは，加齢を動因とする家族の変化に規則性を探り出そうとする家族研究へのアプローチであり，かつこのアプローチによって組織的に解明された回帰的変化をさす，という立場から，この分野の内外の研究成果を集大成するとともに，理論化を推進し応用の可能性を確かめた書物である。

　Ⅰ．家族周期基礎論では，(1)家族研究の諸アプローチのなかでの発達（生活周期）アプローチの特色を論じ，(2)イギリスおよびロシアに発祥しアメリカを中継プールとして北半球の各国に拡がった家族周期の研究史をたどって現状を把握し，(3)横断分析，史的回想，反復面接などの研究法を論評する。

　Ⅱ．家族周期の実証的研究では，(1)20世紀に起きた家族周期パターンの変化を欧米および日本について論じた後，著者自身が実施したか参加した横断分析の手法による実証研究に基づいて，(2)子どもの教育費，(3)家族の生活費，(4)住宅利用，(5)寝室配分，(6)成員間の情緒関係が，周期段階によってどのように変化するかを考察する。これらの実態調査の企画とデータ解析の鍵をなす段階設定は，アメリカの手法を参考にしながら日本家族の分析に適合するよう著者独自のものを立てたが，(7)現代の家族変動のもとでは新しい段階設定が必要であるとして，調査に基づいて１つの試案を提示する。さらに，(8)反復面接法によって周期段階の進行と役割配分の修正との関連を解明し，この研究法の有効性を示す。

　Ⅲ．家族周期の理論と方法では，(1)理論化のために家族の類型と分類，生活構造および家族変動との関連，(2)応用のために生活設計および社会保障制度との関連を論ずる。このように，周期研究の集大成とともに体系化を図って研究の推進に貢献し，ライフコース研究の登場に備えることになった。　　　　著者要約

［書誌データ］　森岡清美『家族周期論』培風館，1973.

森崎和江(もりさきかずえ)(1927-)
『**第三の性**』＊1965年刊

　旧植民地朝鮮生まれで戦後引揚者の著者は，日本に根を下ろせず居場所のない思いで筑豊の炭鉱地帯に住みつく。閉山間近のヤマで，底辺の炭坑労働者の女性たちのたくましさとやさしさに触れながら，詩を書き，ミニコミ誌『無名通信』を刊行。本書は年下で病身の女友達，「律子さん」にあてた書簡の形式をとって，女であること，性愛の機微，産むと生まれること，愛と労働についての思索を重ねた半ば自伝的な作品。植民地生まれの日本人としての罪責感，敗戦後の日本への不信と絶望，その思いを共有しながら自殺した弟への哀惜，恋愛と結婚，すでに夫と子ども２人を持つ身で同志として愛し合った男（三池争議の大正行動隊の組織者，詩人・思想家の谷川雁）との再出発などが語られる。最後は「律子さん」の死で閉じられる。男が女を買うことがあたりまえであった時代に結婚し，「女に性の快感があるのだろうか」という恋人の言葉に仰天する。からゆきさんを経験した女性に出会い，「子のない女は闇」と言う老女に，「子を持つことも闇」と応じる。妊娠と出産の経験から性を「単独者性の崩壊」ととらえ，男たちが単独者性にたてこもることを撃つ。「類を無視した個の性愛」のみみっちさを笑い，所有・被所有を超えたエロスのあたたかさを希求する。書名の『第三の性』はボーヴォワールの『第二の性』を意識しているが，「第一の性＝男」でも「第二の性＝女」でもない，妊娠と出産，世代の更新を含む性愛の時間的な拡がりを含意している。

　第２波フェミニズムの成立以前の日本で，単独者としての女性が「女であること」をその身体性と形而上性との広がりのなかで，自前のことばで思索したオリジナルな書物。著者のその後の思想の展開にとっても原点となる位置を占めている。リブ世代の若い女性読者に大きな影響を与えた。　　　　上野千鶴子

［書誌データ］　森崎和江『第三の性』三一書房，1965（改装版，1971；河出文庫，1992）．

森嶋通夫（1923-2004）
『マルクスの経済学』 *1973年刊

本書はマルクス経済学の諸問題のうちで理論経済学の領域に属するものを取上げ，現代的分析法を適用して論じている。主たる題目は生産価格論と再生産論である。これらは近代成長理論の2本柱でもあるから，本書で著者が試みたようにノイマン（John von Neumann）の眼でマルクスの理論を再構成することが可能である。

マルクスの生産価格論は価値概念を前提にしているが，価値が明瞭に規定できるのは，(1)結合生産の不存在，(2)一財を生産するのに一方法しかない，(3)異質労働の不存在の3条件が満たされる必要がある。これらのうち(3)がマルクスにとって決定的に必要である。(3)が満たされれば，所与の最終生産物ベクトル量を生産するのに使われる労働量を極小化する問題の影の価格（シャドー・プライス）として最適価値を決定でき，最適価値がマルクスが価値に期待したと同じ役割を果すことを証明できる。すなわち搾取率も明確に定義でき，利潤の成立を搾取で説明することができる。しかし異質労働がある場合には彼の価値論，搾取論，利潤論は成立しない。拡大再生産論では投資関数が必要だが，マルクスは暗黙のうちにセイの法則を仮定する特異な投資関数を前提にしている。この弱点は克服可能である。そのために必要な修正はマルクス理論のノイマン化である。

マルクス経済学は理論経済学と現在呼ばれるものよりもはるかに幅が広い。通常の経済理論が取扱わない分野で，マルクスが関心をもつ諸問題については下記の森嶋・カテフォレスの共著を参照されたい。M. Morishima and G. Catephores, *Value, Exploitation and Growth*, McGraw-Hill (UK), 1978.

著者要約

［書誌データ］Michio Morishima, *Marx's Economics: A dual theory of value and growth*, Cambridge University Press, 1973（『マルクスの経済学―価値と成長の二重の理論』高須賀義博訳，東洋経済新報社，1974）．

モルガン Lewis Henry Morgan (1818-81)
『古代社会』 *1877年刊

文化人類学の19世紀進化論を代表する著作の1つ。

モルガンは本書の前に刊行した『人類の血族と姻族の諸体系』(1870)において，父と父の兄弟に同一の親族名称を用いるなど，直系と傍系を区別しない親族分類法が世界各地の民族に見いだされることに注目し，それらを類別的体系（classificatory system）と呼んで，欧米人のように直系・傍系を区別する記述的体系（descriptive system）と対比させた。『古代社会』では，そうした親族名称の研究に加えて，生業形態の発展や生活技術の発明・発見，原始乱交，母系から父系制への移行など，さまざまな事項を視野に取り込み，蒙昧状態から野蛮を経て文明段階に至る人間社会のパノラマ的な進化図式を描いた。その中心にあるのは，血縁家族―プナルア家族―対偶婚家族―家父長制家族―単婚（一夫一妻）家族という家族形態の発展段階論である。人間社会における家族の形成を進化の所産とみなすこの理論は，核家族普遍説のような今日の有力な家族理論とは相容れないものと言える。

本書で示された進化の理論は，エンゲルスの『家族，私有財産および国家の起源』(1884)を通じて史的唯物論にも多大な影響を与えたが，その後は学説としての実証性や方法上の難点を厳しく批判されて，大方の支持を失うことになった。むしろ文化人類学でいま評価が高いのは，親族研究の創始者としてのモルガンであり，ここ20年来，モルガンにゆかりの深いアメリカのロチェスター大学では彼を記念する「ルイス・ヘンリー・モルガン講座」が継続して開かれている。

笠原政治

［書誌データ］Lewis Henry Morgan, *Ancient Society, or Researches in the Lines of Human Progress from Savagery through Barbarism to Civilization*, Holt, 1877（『古代社会』上・下，青山道夫訳，岩波文庫，1958-61；荒畑寒村訳，角川文庫，1954）．

モンテスキュー
Charles Montesquieu (1689-1755)
『法の精神』 *1748年刊

　この政治・法・社会思想史上の古典は，何よりも三権分立の定礎として著名であり，ついでユニークな風土論の著作として知られるが，いずれもこの書物の基本構図をなすものとはいえない。『法の精神』の骨格をなすものは古代以来の枠組みを大幅に作り替えた政体論にある。モンテスキューは3つの政体（共和政，君主政，専制政）を区別するが，彼によれば，各々の政体は，その定義にあたる「本性」のほか，政体を活動させる人間の情念である「原理」を有している。共和政は国家への個人の献身を中心とする「徳」を，君主政は貴族層に担われる「名誉」を原理として持つのに対し，専制政では「恐怖」が原理となり，支配者の鞭がなければ秩序が維持されない，自由をまったく欠いた政体である。

　これらの政体はまた，それぞれ空間的・時間的な拡がりへの関係をもって配置されている。共和政は，古代ギリシア・ローマをモデルとし，都市国家など小規模な国家にふさわしいのに対し，専制政には東洋の巨大専制帝国が当てはまる。このような西と東，自由と隷属の対比は古代ギリシア以来存在するが，モンテスキューの独創的な視点は，この両者の間に中間的な規模をもつ君主政のヨーロッパを新たに発見したことに見いだされる。この君主政にあっては，君主と平民とのあいだに中間的権力としての貴族団体が介在して，権力が専制化することを阻んでいる。

　モンテスキューは方法のうえでも新機軸を打ち出した。当時の政治学がホッブズの社会契約などに典型的にみられるように，主権の正当化の弁証に力を注いでいたのに対し，彼は，さまざまな社会に内在する法（法則）とその比較に焦点を当てた。この方向はデュルケームが指摘するように，社会学的思考の源流のひとつにもなった。
　　　　　　　　　　　　　　　　森　政稔

［書誌データ］ Charles Montesquieu, *De l'esprit des lois*, 1748（『法の精神』宮沢俊義訳, 岩波文庫, 1928-30；野田良之他訳, 1989）．

ヤウス　Hans Robert Jauß (1921-97)
『挑発としての文学史』 *1967年刊

　文学史は，ことに19世紀に国民文学史の形態をとるようになってからは，歴史の形ではあっても，文学現象相互の歴史的継起はほとんど見られず，18世紀になるまではまず読まれもしなかった中世までの作品が文化財として陳列され，近代以降は作家の伝記と作品を年代順に並べるだけの記述である。その一方で，作品の価値評価も修史には関与していない。このように文学と歴史，歴史的認識と美的認識との間に越えがたい隔たりがあったのは，文学を生み出す側にのみ目を向ける生産ないし叙述の美学が文学研究の王道であったからだ，というのがヤウスの端緒である。在来の研究では，作品の受け手，読者，聴衆，観客の存在が見落とされ，文学の受容および作用の次元が切り詰められている。

　文学の歴史は，美的な受容と生産の過程である。文学的テクストが受容者，批評家，作家の三者三極によって現前化されるところから歴史が生起する。それはガダマーのいう作用史にあたる。しかもその作用史の状況は，時代や文化によって異なる，文学とはどのようなものであるかという「期待の地平」（文学の制度とルール）のなかにある。この地平を背景に，特定作品の評価，評判，人気，あるいは拒絶，忘却等々を考察すると，芸術性の面での期待とのギャップ（「美的懸隔」）が記述しうる。1857年の文学的センセーション『ボヴァリー夫人』の文体原理が典型的な例であり，表現法の変移が「地平の変更」を起こすことが示される。このように受容美学的研究では，読書経験が受容者の解釈図式を変動しうること，さらに社会行為や態度に影響を与えることまでが射程に入り，コミュニケーション過程としての文学がもつ社会形成機能の再構成が試みられる。
　　　　　　　　　　　　　　　訳者要約

［書誌データ］ Hans Robert Jauß, *Literaturgeschichte als Provokation der Literaturwissenschaft*, Konstanzer Universitätsreden, 1967（『挑発としての文学史』轡田收訳, 岩波書店, 1976）．

安田三郎（やすだ さぶろう）(1925-90)
『社会調査ハンドブック』 *1960年刊
第二版：1969年刊　第三版：1982年刊

　プラグマティックに徹底した関心から編まれた社会調査の具体的・実践的知識の索引的な集成。シンプルで実際的な社会調査の実用書として、日本の社会調査法に新しい境地を開いた。安田のこの試みは、1958年5月の序文をもつ謄写版刷の『社会調査ハンドブック』（B5判、326頁）に始まっている。この学生用の1冊の基本的発想が、官庁指定統計などを含めた1950年代における日本の調査票調査において、実際に使用された具体的な質問文の一覧および分類索引的再構成にあったことは明らかで、ハンドブックを貫く実践性の原点もまたそこにある。活版印刷での公刊第1版では、これに「社会調査概説」と「社会調査文献解題」が加わり、不十分だった「テスト」「尺度の作り方」「計算法」「数表」「用語解説および索引」が増補された。社会調査概説における「事例研究法」対「統計研究法」の対立の終結宣言は、楽観論との批判を招いたが、安田自身の立場は明確でひとつの見識。むしろ文献解題における文庫作業の力は、下手な事例研究法主義者をはるかに凌駕する。しかしながら第2版（新版）への削除加筆のなかで、収録文献が増えながら位置づけとしては付録化され、さらに第3版において完全に削除された点は、社会調査の領域の拡大からして無理からぬこととはいえ、事例研究法との接点において論議なしとしない。その意味において、このハンドブックそのものの変遷は、1950年代末から1980年代にいたる間の、質問紙調査を中心とした社会調査の方法の制度化・通常科学化の方向を物語っている。社会調査を学ぶ人のマニュアルとして作られたその教育的な一面は、同じ安田の謄写版の『社会調査実験マニュアル』（第1版、1961）の諸版を経て、原純輔・海野道郎編『社会調査演習』（東京大学出版会、1984）に受け継がれた。

佐藤健二

［書誌データ］　安田三郎『社会調査ハンドブック』有斐閣、1960（新版：1969、第3版：安田三郎・原純輔編、1982）．

安丸良夫（やすまる よしお）(1934-2016)
『日本の近代化と民衆思想』 *1974年刊

　本書は、明治維新をはさむ日本の近代化過程を、民衆の思想ないし意識の展開という視点から捉えようとするもので、日本の歴史学界では、「民衆史」ないし「民衆思想史」の立場からの著作のひとつとされている。

　本書はまず勤勉、倹約、和合、孝行などの「通俗道徳」が、近世（江戸時代）後期から近代初頭にかけて民衆の生活規範として自覚化されたものであることを強調し、それを前近代的とか伝統的とかと考えやすい通念を批判している。「通俗道徳」は、近代形成期における日本の民衆の自己形成・自己鍛練の一般的な様式であり、そこにはまたこうした様式のなかへ人びとの意識を閉じこめる抑圧の内面化がある。社会的現実への批判、とりわけ「世直し」型の社会批判もまた、世界観的なまとまりをもつためには、「通俗道徳」を跳躍台とする必要があり、それがさらに宗教と結びつくときに大きな影響力をもちえた、と本書は主張している。

　だがより一般的にいえば、「通俗道徳」型の自己規律は、それが有効に達成されるとなにほどかの安定性をもった生活秩序を形成し、社会秩序を下から支える役割を果すことになる。しかし、こうした秩序が地域社会で支配的になるのは明治中期以降のことで、それ以前の民衆意識にはまたべつの意識形成の方向が顕著に見られた。本書の後半部は、こうした視角から百姓一揆を論じたもので、百姓一揆を全体として観察すると、そこにはその時代に特有の蜂起する民衆に固有の意識の展開が見られる、とする。

　民衆の問題を、社会的意識形態の動態的分析によって捉えることで歴史研究の活性化をはかる、というのが著者の立場といえようか。

著者要約

［書誌データ］　安丸良夫『日本の近代化と民衆思想』青木書店、1974．

柳田国男 (1875-1962)
『遠野物語』 *1910年刊

　著者は近代的な農政学の研究を続け、また農政官僚として日本の中小農が経済的な主体として自立する道を模索する過程で、ひとつの壁として日本の農民の存在を底辺から支える習俗やその倫理に直面する。近代農政学のこの難局に、柳田民俗学の成立を媒介する重要な契機があり、そこで柳田は農民の生活の実質を「民俗」として把握する方向に転じていく。本書は『後狩詞記』や『石神問答』とともにその民俗学初期の代表作である。

　本書は岩手県の上閉伊郡、遠野郷一帯に伝わる口碑を、著者が独自の観点から集めたものである。著者はそれらのハナシを土地の人である佐々木鏡石から聞き、標準語の文語体で書いている。しかも「一字一句をも加減せず感じたるままを書きたり」というように、聞いたままではなく、独自の抽象を行い、推敲を重ね、簡潔な文体で書き記したのである。その文体は三島由紀夫が指摘したように、ある種のインディフェランス（無関心）を基調に淡々と事実を記述するものであり、文学作品としても高く評価されている。

　内容的には、土地の自然や信仰、伝説、民話、生活、事件などの記述を含むが、とくに注目されるのは、土地の若い娘の神隠しなどに現れる山男、山女などの怪異譚である。後に「山人」の実在説は後退するが、本書には山人というオペレーターを媒介にして平地に住む常民の共同幻覚の世界が分節されるという構造が見事に映し出されている。本書からは、吉本隆明の『共同幻想論』のように、日本の村落共同体の時空間が内包する想像力や関心の構造を読み取ることができるが、同時に「この書は現在の事実なり」といわれるように、明治近代の社会変容の文脈を考慮し、歴史的な言説として本書を理解することも必要である。なお1935年には『遠野物語拾遺』を加え、増補版が刊行されている。　内田隆三

［書誌データ］　柳田国男『遠野物語』聚精堂, 1910.

柳田国男 (1875-1962)
『山の人生』 *1926年刊

　「山の人生」は『朝日グラフ』に連載されたもので、全国に伝わる山人譚を集め、村落共同体に住む人たちの山人にかかわる共同幻覚の様態を検討したものである。柳田は『遠野物語』以降、「山人外伝資料」(1913〜17)や「山人考」(1917の講演)などを発表していたが、『山の人生』は「山の人生」と「山人考」を併せて1926年に郷土研究社第二叢書の1冊として刊行されている。「山人考」では山人が日本の先住民族の末裔であり、その実在が考えられた。古代の国津神が別れ、一方は里に下って常民に混同するが、他方は山中にとどまり、近世に山男山女、山童山姫、山丈山姥など、「山人」になったとみるのである。だが、山人実在説は南方熊楠の批判にあうなど、その実証は困難であった。山人論のイデオロギー的な批判もあるが、山人論にはハイネの『諸神流竄記』の影響や構造主義的な視点もあり、興味深いものとなっている。

　「山の人生」では山人の実在を直截に主張するというより、むしろ山人譚を常民の共同幻覚としてとらえる視点が浮上する。「山の人生」は山人論から常民論へと主題が転回していく位置にある。とはいえ共同幻覚というのはたんなる狂気や錯覚ではない。それは村落共同体の集合的な幻覚であり、しかも日本のほとんどの地域に分布する社会的な事実なのである。著者はこの事実の普遍的な拘束力について問いかけているのであり、単純な実在説も、単純な幻覚説もともに、この拘束力の存在をとらえきれないのである。また「山の人生」の冒頭には「山に埋もれたる人生ある事」という一節があり、ある炭焼きの親子の一家心中事件を書いたくだりがある。それは柳田の自然主義批判と結びつき、柳田的な視線や文体、方法とからめてしばしば取りあげられたが、内田隆三『柳田国男と事件の記録』がこの文体問題を再考している。　内田隆三

［書誌データ］　柳田国男『山の人生』郷土研究社, 1926.

柳田国男 (1875-1962)
『都市と農村』 *1929年刊

　都市の社会問題と農村の疲弊とが論じられていた昭和初期に書かれた概説書。第1章「都市成長と農民」では，都とは異なる中小の都市が農村の生活と繋がっていることや，都会生活への道徳的批判の不十分を指摘し，それが同時に農村問題でもあることを論じている。第2章「農村衰徴の実相」では一律に衰徴をとなえる紋切型が，村の構造の違いや資本の動態を認識せず，人口の離村をもって衰徴を論じている不備を指摘する。第3章「文化の中央集権」は，行政上の中央集権と異なる文化の中央集権問題の重要性を，国際関係と重ねあわせつつ論じ，第4章「町風田舎風」では都市の眼でみたとらえ方が問題把握の基本となっている軸を切り替え，村独特の経験の内側から問題をとらえる視点の重要性を提出する。第5章「農民離村の歴史」では移動の不自由を常識視する議論を制し，久しい以前からつづく出稼ぎの機能とその気風のもつ欠点について論じ，第6章「水呑百姓の増加」では土地相続および家族制度の推移を，第7章「小作問題の前途」ではかつて『時代ト農政』で論じた小作料金納化・自作農創設の問題をふたたび論じなおして，第8章「指導せられざる組合心」ではかつて『産業組合通解』等で論じた組合の功罪，とりわけエゴイズムや指導に対する従順の問題を批判し，公共性の議論へと展開している。第9章「自治教育の欠陥とその補充」では，親分気質の指導者による農村一致を批判しながら，自尊心すなわち自立と平等・扶助のエートスの教育について述べ，第10章「予言よりも計画」では土地利用方法の改革や流通の問題，さらに消費の計画という文化の基準におよんで分権の必要を説き，都市と農村の新しい分業関係を構想している。都市・農村関係を，農村内発的にまた歴史的厚みにおいてとらえなおす農村社会学の先駆である。　　佐藤健二

［書誌データ］　柳田国男『都市と農村』朝日新聞社，1929（柳田國男全集29，ちくま文庫，1991）．

柳田国男 (1875-1962)
『民間伝承論』 *1934年刊

　1935年に刊行された『郷土生活の研究法』と並んで，柳田が構想した新しい学問の骨格を概説した書物。序および第1章以外は，講義を後藤興善が筆記してまとめた。序は「民間伝承論」と名づけた学のマニュフェストで，学問の目的と範囲，領域分類について簡潔に述べると同時に，社会科学，歴史学，神話学，宗教史学，人類学，地理学などが新たに総括され提携する境地が展望されている。本論の全体は，10章にわかれ，「一国民俗学」「殊俗誌の新使命」「書契以前」「郷土研究の意義」「文庫作業の用意」「採集と分類」「生活諸相」「言語芸術」「伝説と説話」「心意諸現象」と題されている。第1章から第4章までは，いわば学問論。まずフォークロアの世界的発達を押さえつつ歴史学の欠陥を指摘し，エスノグラフィーとの重なりあいと違いを明確にしながら，文字以外のいわば「史外史」の領域の重要性を述べて，郷土研究の可能性と現状批判におよぶ。第5章以下は具体的な方法論の領域に論をすすめるもので，一般に文書資料との対立が強調されることの多い民間伝承の学問にとって，なお文庫作業の方法の革新が重要で，採集・分類・索引・比較・総合といった作業の組み立ての必要について述べている。第7章からは外部に現われ目にみえる物質文化すなわち生活外形と，ことばによって表象され耳に聞こえる言語芸術すなわち生活解説，死後のとらえかたなど無形の精神文化である心意現象すなわち生活意識とを分けた，いわゆる三部分類論に対応する。とりわけ重視していた言語芸術の領域については，第8・9章の2章を使い，それぞれ実例をあげながら，研究の意義について述べている。この部分は，『郷土生活の研究法』の「民俗資料の分類」とも対応している。さまざまな自分の著書を関連づけている点でも，見取図をあたえてくれる。　　佐藤健二

［書誌データ］　柳田国男『民間伝承論』共立社，1934（柳田國男全集28，ちくま文庫，1990）．

柳田国男 (1875-1962)
『木綿以前の事』 *1939年刊

収録されているのは全部で19編，長短不揃いの論考集であるが，女性が深くかかわってきた日常生活史をテーマに，俳諧という民間文芸の記録を説き口にした点での共通性を有する。木綿の生活への影響を論じた「木綿以前の事」や「何を着ていたか」，生活改善の考えかたをとりあげた「昔風と当世風」，「働く人の着物」「国民服の問題」はいずれも仕事着の改良を論じている。衣生活につづいて「団子と昔話」「餅と白と擂鉢」では，モチやダンゴの歴史をとりあげている。これが晴の日の感覚や観念を映しだしうると同時に，杵臼の技術改良の両面をみている点は特徴的。「家の光」「囲炉俚談」「火吹竹のことなど」は住生活の大問題である火の歴史にかかわる。「女と煙草」「酒の飲みようの変遷」の2編以下は，衣食住という分類以上に，女性の歴史としての色合いがつよい。「凡人文芸」では家の女性が酒の管理権を喪失し，職業的専門家にゆだねるようになったのが芸術衰退のもとと説き，「古宇利島の物語」「遊行女婦のこと」では，そうした職業の女性と恋愛の変化について考えていく。センバコキの経済史をとりあげた「寡婦と農業」，俳諧を資料とする歴史学を考えた「山伏と島流し」「生活の俳諧」をはさんで，概論ともいうべき「女性史学」という論考が置かれている。そのなかで女性が歴史学に参与していくことの意義と効果や，社会生活における婦人の位置の認識の問題などが，婚姻や労働作業，消費生活，信仰等々の具体的領域において考察すべきことを提言している。家という空間を前提としてそこに考察の中心をおいた説きかたの時代的・思想的な限界もまた容易に指摘しうる。しかしながら問題のありかを現代の社会空間に拡げたとしてなお，書かれ考えられたことのない歴史領域をさぐる方法そのものは意味をもつ。　　　　　　　　　　　　　　　佐藤健二

[書誌データ]　柳田国男『木綿以前の事』創元社，1939（柳田國男全集17，ちくま文庫，1990）．

柳田国男 (1875-1962)
『先祖の話』 *1946年刊

昭和20年の前半に書き下ろされた，家意識の変化と改革の問題について論じた書物。先祖の語には2つの対照的な理解があり，第1の意味は家系図の筆始めの最初のただ1人だけ，第2の意味は家として祭るべき人々の霊を指す。前者を文字が定着させた表面的な考えとして退け，民間の理解の基本は「御先祖になる」という用法にうかがえるように，新しい家をたてるにたる根本の財産（家督）を創造した人々のことで，それを祭る側の実践を強調。その意図は，国土開発を進めてきた家のエートスを死後の意識をも含めた内側からみようとしたもの。葬法のなかで次第に強化された個人の記念という意識や新しい荒忌の死者だけに儀礼が集中している現状，さらに無縁の外精霊を差別して祭る形式等々は，仏教の他界観念を部分的に受容したための日本的変形。かえって盆を寂しい感傷の日にしたのみならず，人々の家の永続の願いに対しても，重大な逆機能を生みだした。そのような仏教の受容と宗教的な専門家の関与とが助長した家エゴイズムを，盆や正月の民間行事の細部から再構成しうる「固有信仰」の可能性の発掘から相対化し，家意識の再建と改革の手がかりをさぐるという志こそが，この書物の眼目。「二つの実際問題」は，この書物の動機に触れている。すなわち第1は，近代の海外移民や移住者，すなわち村の土地の連続から出ていって生きる人たちに，世代を超えた安心をどうもたらすことができるのか。もうひとつは，家も作らず子も無くして死んだ今度の戦死者たちを，現代の直系祭祀観念のまま，国が祭るだけの無縁ぼとけに疎外しておくわけにはいかないという問題である。その自覚的な改造の方向をさぐるためにこそ，これまでの事実の変化を知らなければならない，という実証の思想こそ，この難解な書物のなお中心にすえられている。　　佐藤健二

[書誌データ]　柳田国男『先祖の話』筑摩書房，1946（柳田國男全集13，ちくま文庫，1990）．

柳田国男 (1875-1962)
『口承文芸史考』 *1947年刊

郷土生活研究・民間伝承研究の第2部とされた言語芸術領域について，体系的に論じている。『民謡覚書』『方言覚書』『木思石語』『昔話覚書』『国語史新語篇』などの著書で，それぞれにテーマ化されていく諸分野の包括的な概説。第1論文「口承文芸とは何か」(原題「口承文芸大意」)が，岩波講座の『日本文学』のために1932年に書かれた，かなり早い時期の概論だということと関連している。第2論文の「昔話と伝説と神話」(原題「昔話覚書」)は，そこで語り残した不十分を，昔話という言語現象を中心に補足したもの。この2つの長い論文を中心に，ほぼ同じ1930年代頃に書かれた3つの小篇「夢と文芸」「文芸と趣向」「文芸とフォクロア」を加え，新たな序文を加えて出された。この書物が，戦後の歴史教育における神話・対・歴史の単純かつ平板な二項対立を，その論議の前提から批判する意識をもって編纂されたことは，序文に明らかである。口承文芸の語にひそむ声と文字の矛盾の問題を糸口にしながら，文学というものの歴史を，作者として現われる主体の飛び石のつなぎあわせにおいてではなく，読者・享受者たちの身体を含みこむ場の，連続と変容とにおいて描きなおそうとした。命名という新しい名づけの実践そのものを言語芸術の原点とした構想は深く，その洞察こそが，文学史そのものを語り手(書き手)と聞き手(読み手)との関係において生成する文化現象ととらえる徹底を用意した。そこから謎や諺，唱えごと，児童語彙，手毬唄，子守唄，仕事唄，恋唄，くどき，語りもの，昔話，童話，伝説，神話，笑話等々の諸ジャンルを，専門化した分野として分断することなく，生活者の限界芸術として同一の生成基盤のうえで論じようとしている。文学文芸を素材とした社会学的な実践の先駆的な試みと考えることができる。　　　　　　　　　佐藤健二

[書誌データ] 柳田国男『口承文芸史考』中央公論社，1947(柳田國男全集8，ちくま文庫，1990).

柳田国男 (1875-1962)
『海上の道』 *1961年刊

柳田国男の最後の単行本で，昭和20年代の後半に講演したり書いたりしたものを集めて構成した，日本民族形成起源論。「海上の道」(1952年10-12月)「海神宮考」(1950年11月)「みろくの船」(1951年10月)「根の国の話」(1955年9月)「鼠の浄土」(1960年10月)「宝貝のこと」(1950年10月)「人とズズダマ」(1953年11月)「稲の産屋」(1953年11月)「知りたいと思うこと二，三」(1951年7月)の9編からなる。末尾の論考は，喜寿記念のために『民間伝承』誌上で企画された特集のための問いかけとしてだされたもので，柳田は，海からの寄物，イルカの参詣の言い伝え，子安貝と信仰との関わり，みろく信仰，鼠の移住，クロモジの用途および地方名と由来，小豆を食べる日，稲米収穫祭の8つを，知りたいと思うことに挙げた。この著作の基礎にあるのは，それらの探究の補助線を使って，記録以前の日本への渡来移住の歴史を探ることができるという方法意識である。概説ともいうべき第1論文では，かつての風の名の研究とヤシの実という寄物(漂着物)をつなげ，記録以前の人々は，東方を浄土と信仰する考えに支えられつつ，宝貝の利徳を望んで，稲栽培の適地を探しながら，すでに忘れられた海の道を船をむすび連ねて，移住してきたのではないかという仮説を提出する。「海神宮考」における海底の異郷をめぐる昔話群や「鼠の浄土」における鼠移住や隠れ里の昔話の諸要素の比較，「みろくの船」における仏教に基礎をもたない世直し信仰，「根の国の話」における地名の背後の浄土観念，「宝貝のこと」「人とズズダマ」における方言の重なりあい，「稲の産屋」における小豆粥の意味の分析をふくむ稲作儀礼と時間観念の摘出，いずれもが日本の未知の起源を探るための新たな比較検討を刺激しようと出された「新しい仮説」の位置にある。　　　　　　　佐藤健二

[書誌データ] 柳田国男『海上の道』筑摩書房，1961(柳田國男全集1，ちくま文庫，1989).

山口節郎 (1940-)
『社会と意味』 *1982年刊

　社会学におけるイデオロギー論および現象学的アプローチに関係する論稿を集めた論文集で，第1部「『イデオロギー』概念の失われた意味を求めて」と第2部「社会の超越論的理論に寄せて」から成る。

　第1部では「イデオロギー」概念の操作化，あるいは中性化に抗して，その原義的な虚偽意識という規定に帰行しつつ，その虚偽性を世界と自己自身とを物象化して捉える意識の歪みに求め，この認識論的な歪みが疎外という存在論的条件によって規定されていることを示す。社会学的な意識批判のためのこの方法は，意識の物象化のラディカルな形態を表わす精神病理現象としての狂気の分析にも応用することができ，ともに社会的存在と意識との間には相互媒介的関係が存在することを明らかにする。

　第2部では現象学的社会学の批判的検討がテーマとなる。現象学的社会学は社会的現実の客観性を自明視せず，その存在論的根拠をそれらを意味的に構成する主体の作に求める点において社会学的物象化を免れてはいるものの，逆に「自然的態度の構成的現象学」の立場にとどまる限り，現実構成を可能にする先所与的条件を看過することによって，偏った構成主義や主観主義に傾く危険があることを指摘している。この弊を脱するには，行為者の主観的意味に内在しつつ，その現実構成過程を再構成する「解釈的パラダイム」から，行為者に意識されず，しかも彼を背後からつき動かしている客観的意味連関を解読する「解釈学的パラダイム」への転換が必要であることを説く。

　本書を貫く「社会的なるもの」のもつ存在論的次元の強調が副題に「メタ社会学的アプローチ」と付した所以である。

著者要約

［書誌データ］　山口節郎『社会と意味—メタ社会学的アプローチ』勁草書房，1982．

山口昌男 (1931-2013)
『道化の民俗学』 *1975年刊

　道化＝知識人論を意図して書かれた本書の構成は以下のとおりである。
　　第1章　アルレッキーノの周辺
　　第2章　アルレッキーノとヘルメス
　　第3章　アフリカ文化と道化
　　第4章　黒き英雄神クリシュナ
　　第5章　アメリカ・インディアンと道化の伝統

　英文学者高山宏は後に，毎月全共闘のバリケードのなかでコピーをむさぼり読んだと言ってくれた。つまりこの連載論文（『文学』1969年1～8月号に連載されたものが本書の第1章～第4章。第5章は『辺境』1970年9月号に掲載）は，いちばん幸せな読まれ方をしたわけである。

　連載を始めて3月ほど経ったある日，北沢書店の書棚の一隅でM．バフチンの『ラブレーとその世界』という書物を見付けた。これは私のバフチンとの最初の出会いだった。もちろんこの書物の方法は私のものとほとんど同じであると考えたことはすぐに私の記述に反映した。西欧世界人類学の中では私の反応は最も早いものの1つであった。高山氏はこの本を通してウィルフォードの『道化とその錫杖』などとともに68・69年は世界的同時性で道化と身体性の問題が前面に出たと書いている。

　連載の途中で岩波書店から単行本化をすすめられたが，この種の本は当時の岩波書店の刊行物の間に収まっては意味が薄れるという理由で遠慮して，一番先に申し込みのあった新潮社から出ることになった。正しい決断だったと思っている。

　1997年来日した歴史学者ナタリー・ゼーモン・デビスと対談した折，彼女はこの本のことを知り，彼女の30年前の関心と私の関心とまったく併行していると大いに喜んだ。

著者要約

［書誌データ］　山口昌男『道化の民俗学』新潮社，1975（筑摩叢書，1985；ちくま学芸文庫，1993）．

山之内 靖 (やまのうちやすし) (1933-2014)
『マックス・ヴェーバー入門』 *1997年刊

　この本が見ようとするのは近代知の限界点としてのウェーバーである。「客観的運動法則」の把握をめざす近代社会科学の下，彼の合理化論も定方向的進化論として読まれてきたが，むしろウェーバーは，古プロテスタンティズムもふくめキリスト教一般への批判的姿勢にたち，中世-近代が古代と同様，戦士的市民の社会から官僚制化をへてライトゥルギー国家への途を歩むという，「循環する歴史」を見ていた。その「近代の呪われた運命」としての「普遍的な合理化の軌道」の発見こそ合理化論の真意だとして，ニーチェ-ウェーバーという近代知批判の系譜を描く。

　その学説研究史的評価はともかく，近代-プロテスタンティズムの独自性に収斂しがちな社会学のウェーバー論のなかで，古代・中世史家の面に着目した啓蒙的試みは興味ぶかい。だが，そこに著者のいうような「現代」性があるかは疑問である。現時点の研究水準からみてウェーバーの宗教論や組織論，戦士論はどこまで妥当かという実証的問題もさることながら（佐藤俊樹『近代・組織・資本主義』ミネルヴァ書房，参照），何より，著者が読み込んだ「普遍的な合理化の軌道」と近代社会科学の「客観的運動法則」に本質的な差異はない。精神か身体か，直線的か循環的かにかかわりなく，何かの力あるいは論理の不可抗な展開過程という歴史の語り方自体がそもそもヘーゲル的なのである。そうした歴史の語りをいかに無効化するか，あるいはそれが無効化した地平で何を語りうるのかこそ，フーコーの系譜学や脱構築が示唆する社会科学の現代的課題ではなかろうか。そしてそれは，著者が曖昧にしている主観／客観の区別をふくめ，実は近代社会科学内部の問いなのである（佐藤俊樹「近代を語る視線と文体」『講座社会学1　理論と方法』東京大学出版会，参照）。

〈佐藤俊樹〉

［書誌データ］　山之内靖『マックス・ヴェーバー入門』岩波新書，1997．

山本武利 (やまもとたけとし) (1940-)
『近代日本の新聞読者層』 *1981年刊

　本書は3部構成から成る。まず第1部は「新聞読者層研究序説」である。文学史，思想史など隣接領域で若干読者層研究はなされてきたが，日本の新聞読者層の研究は皆無に近かった。読者層研究は興亡史的な新聞史研究を克服し，新聞の社会的機能やイデオロギーを把握するために不可欠であると述べる。

　第2部は「新聞読者層の歴史」である。第1章「明治前期の新聞読者層」では，「大新聞」，「小新聞」の読者層の相違，自由民権運動の衰退期での「大新聞」の衰退，「小新聞」の隆盛，報道新聞の台頭を扱う。第2章「明治後期の新聞読者層」は本書の中核部分である。『万朝報』，『報知新聞』，『読売新聞』，『東京朝日新聞』，『時事新報』，『日本』，『平民新聞』の読者層を個別に分析する。また明治後期の各種リテラシーのデータを紹介する。商工業者を中心に経済的情報への関心が高まり，社会問題の発生とともに下層読者や社会主義イデオロギーの読者が誕生したことを実証する。第3章「明治期の階層別読者」では，商工業者，農民，知識人，下層，家庭，兵士の各階層ごとの明治前後期を通じた変遷を追求する。第4章「大正・昭和戦前期の新聞読者層」では，この期になされた各種の社会調査の報告書を中心に読者層の変遷をたどる。またこの期の『都新聞』，『東京毎夕新聞』の読者層の底辺への拡大過程を追った。

　第3部「新聞読者層からみた日本新聞史の特質」では，第1章「新聞の企業的発展と読者層」で大阪系紙による全国制覇，新聞社イベントの開催などを扱い，第2章「新聞読者と紙面参加」で新聞投書や読者の反論権についてまとめた。

　本書全体で，紙面分析，発行部数，リテラシー，同時代人の回想など多種多様な史料を使いながら，読者層の実態把握を試みた。

〈著者要約〉

［書誌データ］　山本武利『近代日本の新聞読者層』法政大学出版局，1981．

山本泰 (1951-), **山本真鳥** (1950-)
『儀礼としての経済』 *1996年刊

　ポリネシアのサモア社会の儀礼交換についての社会学者と人類学者の共同研究。M. モースやマリノフスキーなどの視点から，交換という制度が日々の生産と消費，男女の関係，政治関係をどのように形成し，サモア社会のミクロなリアリティとマクロな構造をどう構成しているかを解明している。
　第Ⅰ部「儀礼の構造」では，結婚式，葬式，称号就任式などの機会に婚姻関係にある親族集団間でおこなわれる儀礼交換（ファアラベラベ）に関する本格的な民族誌的記述がおこなわれる。ファアラペラペをポランニーのいう再分配の儀礼とする従来の説を批判し，結婚式に典型的にみられる集団間の互酬が基本構造であり，それぞれの儀礼の内容に応じて再分配が付加されることが明らかにされる。
　第Ⅱ部「儀礼の実践」では，当事者のミクロな視点から儀礼の過程を再構成している。交換の関係は多くの局面にまたがり多様で錯綜している。人々の行動も主体的な意味づけも局面ごとに変容するが，人々の能動性の契機と，ルールにしたがうという従属性の契機を，ゲームにおける「規則と戦略」という観点から理論化している。
　第Ⅲ部「儀礼としての経済」では，人々のミクロな実践が生み出すマクロな構造について，構造主義の手法を用いた分析がおこなわれる。物の消費，性的関係，政治的言語の発話の3点について，誰が誰に対しておこなってもよいかという許容と禁止の関係がサモア社会の基本的な社会関係を形作っている。
　これまでの経済人類学の研究は貨幣や労働力という市場社会の虚構性を明らかにしてきたが，本書は，互酬社会の虚構性を消費・性・言説に関する「禁止」に即して明らかにしている。人間社会の存立の基盤にある根本的な制度の論理を記述したところに本書の意義がある。
　　　　　　　　　　　　著者（山本　泰）要約

［書誌データ］山本泰・山本真鳥『儀礼としての経済——サモア社会の贈与・権力・セクシュアリティ』弘文堂, 1996.

ユーウエン, S. & ユーウエン, E.
Stuart & Elizabeth Ewen
『欲望と消費』 *1982年刊

　ユーウエンはニューヨーク市立大学ハンター・カレッジに所属する社会学者。
　本書は現代の消費主義に焦点をあてたかれの最初の著作であり，ヴェトナム戦争と60年代カウンターカルチャー後の世代による最初の本格的マスカルチャー研究の1つとなった。広告，新聞，映画，ファッション，テレビなどあらゆるメディアによる浪費の制度化が，現代人の精神の深部に巨大な影響を及ぼしていること，大量生産商品とマスメディアの両輪の回転こそが現代の個人主義，民主主義の建て前の空疎な内容と化していること，しかもこれらが社会的に重要な建て前であればあるほど，あたかも当然の倫理のように人々を支配すること，このような消費主義はアメリカンドリームの栄光に飾られて地球中に波及すること，などを論じている。ひとことでいえば社会道徳と化した消費である。最近刊でPRの成立・発展と米国デモクラシーの空洞化が同時進行するメディア史を活写。
　ユーウエンの後続研究はすべて，この問題設定を独自の感性によってより困難な対象に絞り込み，イメージやスタイル，PRという社会活動，など我々が自明のこととしてこんにち生活を共にする社会現象・社会活動を捉え，綿密な資料収集とともに理論的成熟度を高めつつ全体としてメディアを社会史研究の対象とすることに成功している。ズナニエツキ，リンド，C. ライト・ミルズ，リースマン，ベラーなど良質な米国社会学の伝統を継ぐ次世代の社会学者による一冊。以下はこの続編：*All Consuming Images: The Politics of Style in Contemporary Culture*, Basic Books, 1988（『浪費の政治学——商品としてのスタイル』平野・中江訳, 晶文社, 1990). *Pr!: A Social History Of Spin*, Basic Books, 1996.　　　　　　　　　　　平野秀秋

［書誌データ］Stuart & Elizabeth Ewen, *Channels of Desire*, McGraw Hill, 1982（『欲望と消費——トレンドはいかに形づくられるか』小沢瑞穂訳, 晶文社, 1988).

ユング Carl Gustav Jung (1875-1961)
『タイプ論』*1920年刊

　人間をタイプに分けるという試みは，古代ギリシアのヒッポクラテスの4原液説やガレノスの気質説に始まって，体格と性格とを関連づけた近代のクレッチマーに至るまで，繰り返しなされてきた。しかしそれらはすべて科学的客観的な根拠がないという理由によって退けられてきた。事実，一人の人間が昼間は快活で社交的なのに家に帰ると分裂気質になったり，ふさぎこむという例が無数に見られる。こうして人間をタイプに分けることは学問的には不可能だと思われていた。それに対して方法論的な考察を加えながら，さらに意識と無意識の対立と補償という観点を持ち込むことによって，この難点を解決したのがユングの『タイプ論』である。

　ユングはまず「内向」と「外向」に大きく分け，それぞれを「思考」「感情」「感覚」「直観」の4機能に分けた。「思考」と「感情」，「感覚」と「直観」は互いに否定し合い，対立している。したがってたとえば「内向的思考」と「外向的感情」は最も対極にある心的機能である。

　対立し合う心的機能同士が，意識の構えと無意識の構えに分配される。たとえば「内向的思考型」の人は「内向的思考」が意識の構えであり，「外向的感情」が無意識の構えとなる。他人に対するときは意識の構えをだしているが，親しい家族や仲間のなかにいると無意識の構えが出やすい。意識の構えは優越機能で洗練されているが，無意識の構えは劣等機能で醜い現れ方をする。

　この精密な方法によって，一人の人が正反対の性格をもつことの意味が明らかになり，人間を心理的なタイプに分けることの有効性が学問的に実証されたと言える。　　　　訳者要約

[書誌データ] Carl G. Jung, *Psychologische Typen*, Zürich, 1920（『タイプ論』林道義訳，みすず書房，1987）．

ユング Carl Gustav Jung (1875-1961)
『元型論』*1954年刊

　ユングは人間の心を意識と無意識に分け，さらに無意識を個人的無意識と集合的無意識に分けた。前者は人間が生まれてから経験したことが抑圧されたり忘れたりして無意識のなかに蓄積したものであり，コンプレックスに対応している。後者は人間が生まれながらに持っている心の働きである。この部分は人類的規模で共通であり，普遍的な部分だとされる。

　集合的無意識の心の働き方にはパターンがあり，そのパターンをユングは「元型」と名づけた。元型は生まれながらに備わっている心の働きであるが，しかし初めから全部が出てくるわけではなく，自我の発達に呼応して，必要な元型が現れる。

　元型の働きは，人生の要所要所で行動を導くものとして現れる場合と，自我があまりに一面的になったときに，自我と正反対の性質の元型が補償作用として現れる場合とがある。

　元型はイメージやシンボルによって表現されることが多く，「母元型」「父元型」「童児元型」「アニマ」「アニムス」「精神元型」「自己」などがよく論じられる。「精神元型」「自己」は神や老賢者としてイメージされる。

　『元型論』のなかには，元型の発見と証明を論じた第1論文と，元型について総括的に論じた第2論文のほかに，とくにアニマについて論じた第3論文と，とくに母元型について論じた第4論文が収録されている。なお『続・元型論』では「母娘元型」「童児元型」「トリックスター元型」「精神元型」について具体的に論じられている。　　　　訳者要約

[書誌データ] Carl G. Jung, *Die Archetypen und das kollektive Unbewußte*, Gesammelte Werke, 9-I, Zürich, 1954（『元型論』『続・元型論』林道義訳，紀伊國屋書店，1982-83）．なお1998年に『元型論』『続・元型論』その他を合本した改訂版が出る予定．

横山源之助 (1871-1935)
『日本之下層社会』*1899年刊

　日本における19世紀末期の「下層社会」を調査・分析した古典的作品．すでに1890年代には多くの「下層社会」のルポルタージュが提出されていたが，これらはいずれも「下層社会」を文明社会とは異なった世界として描き出し，調査の方法も「下層社会」を「探検」—「探訪」するというものであった．横山源之助は，このとき，「下層社会」を社会構造のなかに位置づけるとともに，総合的に「下層社会」を分析する姿勢をみせ，『日本之下層社会』を著した．

　横山は，1896年ごろから「貧民」をはじめ，労働者，職人，小作人などの調査をおこない，結果を『毎日新聞』『国民之友』などの新聞・雑誌に掲載していたが，それらの調査をもとに本書を構成する．本書は，「東京貧民の状態」「職人社会」「手工業の現状」「機械工場の労働者」「小作人生活事情」という編成となっている．「下層社会」を，「貧民」にとどめず職人・労働者をくみこみ，都市に加えて農村の小作人にも目を配り把握してみせた．調査を軸としつつ，統計をもあわせて使用し，賃金，労働時間，休日，労働条件や雇主との関係から，労働者の「風俗」にまで関心を拡げる一方，「貧民」は「日稼人足」「人力車夫」「くずひろい」「芸人社会」，「手工業者」は「織物業」「燐寸事業」「生糸業」などのように分類し，さらに男工／女工の差異にも目をむけ，「下層社会」を描こうとする．

　本書のもうひとつの特徴は，附録として「日本の社会運動」が附されている点で，横山は，「下層社会」の存在は「社会問題」とみ，「社会運動」によって解決すべきものとして認識していた．

成田龍一

[書誌データ] 横山源之助『日本之下層社会』教文館, 1899 (『日本之下層社会』岩波書店, 1949；「日本之下層社会」『横山源之助全集』第1巻, 明治文献, 1972).

吉澤夏子 (1955-)
『フェミニズムの困難』*1993年刊

　現代社会における性差別は「差別の二重化」という現象によって構成されている．まず男性の女性に対する構造的アドヴァンテージがあり，それを基盤にして女性たちの間に，相対的に優位に立つものとそうではないもの，というもう1つの差別が生じる．女性たちは，女性であるということだけで劣位に置かれると同時に，どのような女性であるか（「女であること」の効果）によって，「序列化」という差別にも直面している．そして現代社会ではこの第2の差別が時に第1の基本的な差別に抗して表面化することがあり，それがフェミニズムの現代的「困難」を構成している．本書は，この「困難」がどのようなものであるのか，を理論的・現代社会論的に明らかにするものである．

　I「モダニティとフェミニズム」では，近代社会の成立とフェミニズムの思想との必然的な結びつき，およびフェミニズムの近代主義的な戦略の射程と限界が明らかにされる．差別する／差別されるという二項対立を男性／女性という二項対立に対応させるという従来の戦略では，もはや現代的な性差別の実態を十分に把握することはできないのである．II「性愛という問題」では，アンドレア・ドウォーキンの仕事に徹底的に内在することによって，その思想の革新性が評価され，その限界（困難）が剔出・批判される．「性関係はすべて性差別である」という世界観の完成を最後に挫く「裂け目」が，ほかならぬラディカル・フェミニズムの思想の内部に穿たれていることが論理的に示される点が重要である．III「〈女〉というリアリティ」では「アグネス論争」，若い女性の恋愛−結婚観や服装などの具体的な現象に焦点をあわせた社会学的分析が行なわれる．

著者要約

[書誌データ] 吉澤夏子『フェミニズムの困難』勁草書房, 1993.

吉澤夏子（よしざわなつこ）(1955-)
『女であることの希望』＊1997年刊

「個人的なことは政治的である」というラディカル・フェミニズムのテーゼに抗して，「個人的なものの領域」を，あくまで個人的なままにとどめておくという選択をいかに説得的に呈示することができるか，これが本書を貫く基本的なモチーフである。前著『フェミニズムの困難』で，思想内在的・理論的に展開したラディカル・フェミニズムの評価・批判を基盤に，より具体的な社会現象の現代社会論的な分析を通じて，その議論の有効性を示そうとする論集である。

序章では，ジェンダーのもっとも基底的な層である「性別という規範」が，社会のなかでいかに絶対的な規定力をもっているかが論じられ，ラディカル・フェミニズムについての逆説的な評価の意味が明らかにされる。第1章「家族」では，「個人的なものの領域」の1つの形態である家族が，近代社会の変容とともに，どのような現代的な様相を呈するようになったか，が論じられる。現代家族は，「高度の選択性」と「運命の呪縛」という相反する2つの方向性をその内に孕んだ「趣味としての家族」として位置づけられる。第2章「選択」では，主婦の位置を「選択という名の強制」と捉えるフェミニズムの転倒した論理の誤謬が厳しく批判され，あわせて夫婦別姓の問題が，女性の権利の問題だけに回収されるものではないことが明らかにされる。第3章「美の呪縛」では，ミス・コンテスト批判がフェミニズムの正統的な戦略としての有効性を失いつつあるのはなぜか，が論じられる。第4章「身体」では，ジェンダーという男性と女性の関係性が社会的に構成される過程が理論的に明らかにされ，現代の女性たちが美をめぐってどのような「苦境」に陥っているかが示される。　　　　　　　著者要約

[書誌データ]　吉澤夏子『女であることの希望』勁草書房，1997.

吉田民人（よしだたみと）(1931-2009)
『情報と自己組織性の理論』＊1990年刊

1960年から1988年にわたる11編の論文から構成された論文集。タイトルの示すとおり，著者の理論社会学者としての中心的課題「情報と自己組織性」にかんする思索をあとづける内容になっている。

第1章から第4章までは第4章「行動科学における〈機能〉連関のモデル」(1964)として一般化される機能分析の立場からの一般理論モデルの提示であるが，通称「吉田理論」と呼ばれる〈情報－資源処理パラダイム〉は第5章から第7章に集中的に展開されている。とりわけ第7章「社会体系の一般変動理論」(1974)は，構造－機能分析には社会変動が取り扱えないという批判を払拭する，日本における機能理論の独自の発展を代表する社会変動理論の1つである。

吉田の〈情報－資源処理パラダイム〉とは，行為を情報処理によって制御された資源処理と一般化したうえで，社会システムをそうした情報による資源の処理のシステムと把握することであり，1967年の『情報科学の構想』によって与えられたきわめて一般化された意味での情報論的視座と進化論およびサイバネティックスの統合とが，社会システム理論における構造―機能分析の立場に一致するという大胆な発想によるものである。これにより，社会システムにかんするあらゆる局面（ミクロとマクロ，定常と変動など）に統一的な説明を与えると同時に，情報，自己組織性，進化などをキーワードとする他分野との対話を可能にしようという壮大な試みである。

第8章以降では，〈情報－資源処理パラダイム〉の立場ないしはより一般化された〈自己組織パラダイム〉の立場から他のパラダイムと議論の応酬をはかった論考が収録されている。　　　　　　　　　　　　志田基与師

[書誌データ]　吉田民人『情報と自己組織性の理論』東京大学出版会，1990.

吉田民人（よしだみと）(1931-2009)
『主体性と所有構造の理論』＊1991年刊

1959年から1988年にわたる11編の論文を編んだ論文集である。全体のテーマは大きく2つに分かれ、第1編が「主体性の理論」（全7章）、第2編が「所有構造の理論」（全4章）と名付けられている。両編ともに吉田の『情報と自己組織性の理論』あるいは『情報科学の構想』で展開された、機能分析、〈情報－資源処理パラダイム〉あるいは〈自己組織パラダイム〉という理論的な立場を縦糸とし、いわゆるシステム理論的な立場から、あるときは他パラダイムとの対話、またあるときは他パラダイムからの批判に答えるという形で、自己の理論的な立場の有効性を示した論考である。

たとえば主体性にかんする代表論文である「ある社会学徒の原認識」では、現象学的社会学などの、〈意味学派〉パラダイムや〈批判社会学〉などによる反システム論的言説に対抗するなかで、自らの理論的な立場が疎外や解放といったテーマによりよく対処できることを主張している。他方でこうした検討を通じて吉田は一般にいわれる「主体性」の概念が自己組織システムの発達段階の固有のレベルで生じてきた歴史的な存在であることを指摘し、進化史のなかに位置づけている（「主体性分析のための一連の視角」）。

同様に所有構造にかんしてはマルクス主義所有論との対決のなか、「生産力史観と生産関係史観」においては自己の理論的立場のなかに史的唯物論の諸言明を記述しうることを示し、「所有構造の理論」においてはマルクス主義の所有理論を一般化して〈制御能構造の理論〉へと変換することによって〈所有論なき近代社会科学〉という批判の払拭に成功している。　　　　　　　　　　　　志田基与師

［書誌データ］　吉田民人『主体性と所有構造の理論』東京大学出版会，1991.

吉原直樹（よしはらなおき）(1948-)
『都市社会学の基本問題』＊1983年刊

1970年代に先進社会をゆるがした「都市の危機（urban crisis）」は、微視的な社会事象の記述に終始し、テーマの拡散と相俟って、それぞれのテーマを通底する共通の時代認識とか問題把握の意図を不明にしてきた、それまでの支配的な都市社会学のありようを鋭く問うことになった。そしてこうした都市社会学の再審の動きの只中から、資本主義国家論に定礎し、階級論とか社会紛争論と深く交錯しながら、都市社会の全体性認識を獲得しようとする「新都市社会学（new urban sociology）」が生まれた。

本書はこうした都市社会学の地殻変動に鋭敏に反応しながら、都市の危機に対応できない「都市社会学の危機」の淵源を社会的統合のイデオロギー、すなわち「都市イデオロギー」にもとめる。そしてアメリカ都市社会学の系譜を、こうした都市イデオロギーの拡大適応や置き換えの過程に即してひもとくのである。そこではアメリカ都市社会学の〈継承性〉の中身が、単なる学説史的基調の抽出という次元を超えて社会体制的文脈において示される。結局、さまざまな系譜を貫流する都市イデオロギーの基本的な性格は、それらが常に資本主義的都市化の必然性（の理論）によって裏打ちされた「統合の社会学」としてあったという点にもとめられるのである。同時に、本書はこうした立論構成の立場が構造主義的マルクス主義と親和性を有することを隠さない。

本書はそのポレミークな性格により刊行当時から賛否両様の評価を招いたが、そこでの都市社会学批判としての一貫した立場に加えてその向こう側に一種の都市の歴史社会学を構想していた点で、またわが国における新都市社会学の事実上の導入の契機を成したという点で記念碑的な作品となった。　　　著者要約

［書誌データ］　吉原直樹『都市社会学の基本問題—アメリカ都市論の系譜と特質』青木書店，1983.

吉見俊哉（1957- ）
『都市のドラマトゥルギー』 *1987年刊

本書は、盛り場への人々の集まり方の変化を分析することを通じ、近代日本の都市化の中での集合的なアイデンティティや身体感覚の変容を捉えようとしたものである。

冒頭では、「盛り場」を、商店街や繁華街と同様の施設として機能的に捉えるのではなく、そこに集う人々の心性の側から捉えることで、「祭り」や「巡礼」に連なる社会史的対象として理解すべき点が強調される。その上で、先行研究として、(1)大正期の権田保之助による民衆娯楽論、(2)昭和初期の今和次郎らによる考現学、(3)戦後の磯村英一による第三空間論の3つが検討され、本書の視座として、諸々の主体によってドラマが演出され、生きられる「劇場」として盛り場を捉えていく上演論的アプローチが提示される。

後半では、この観点からの事例として、(a)1910～30年代の東京における「浅草」と「銀座」、(b)1960～80年代の東京における「新宿」と「渋谷」という4つの盛り場が取り上げられ、それぞれの人々の集合形式や演じられるドラマの特徴が分析される。そして、1920年代半ばに生じた「浅草」から「銀座」への賑わいの中心の移行と、1970年代半ばに生じた若者たちの関心の焦点の「新宿」から「渋谷」への移行の間に同型性が認められることが示される。この同型性は、(1)「田舎」から「都会」への人口流入、(2)都市の中での人々のアイデンティティの「都会人」として組織化という、日本の都市化を構成する2つの局面が交差する中で解釈されている。

本書はしかし、(1)メディアの作用による都市の脱場所化を十分捉えきれていないこと、(2)ジェンダー論の視点を欠いていること、(3)階級論の視点の有効性と限界についての考察が不徹底なこと、(4)「盛り場」の上演におけるドラマの多声性を捉えきれていないことなど、多くの不完全な点を残している。　著者要約

［書誌データ］　吉見俊哉『都市のドラマトゥルギー——東京、盛り場の社会史』弘文堂、1987.

吉見俊哉（1957- ）
『博覧会の政治学』 *1992年刊

本書は、1851年のロンドン万博から1970年の大阪万博までの国内外の博覧会を、ナショナルな動員の諸戦略とそこに集った人々の社会的経験の側から捉え返している。博覧会の会場で、どのような世界像が誰によって演出され、またそれが誰にどう生きられていったのか。こうした問いから、「博覧会＝上演」の文脈的な分析が目指されている。

そのため、次の3つの観点が分析の柱とされる。第1に、博覧会は19世紀の大衆が近代の商品世界に最初に出会った場所であった。まだマス・メディアや広告産業が発達途上にあった時代、人々はまず博覧会を通して近代の商品世界の何たるかを知ったのであり、博覧会も様々な商品の展示技術を開発した。それらはやがて、都市の中に百貨店として定着し、また近代広告を発展させてもいく。

第2に、博覧会は帝国主義の巧妙で大規模なプロパガンダ装置であった。この傾向は1880年代以降より顕著になり、多くの植民地館が建てられ、植民地の人々が「展示」され、植民地戦争の戦利品が展示された。同様のことは日露戦争前後から日本の博覧会でも見られるようになり、朝鮮館や台湾館の他、戦利品や先住民の「展示」も行われた。

第3は、見世物としての博覧会という視点である。博覧会は、その発展を通じて、19世紀初頭まで多様にうごめいていた都市の大衆娯楽の世界を飼い慣らし、自らの一部に取り込んでいった。日本でも明治末以降、博覧会の興行物化が進み、ランカイ屋と呼ばれる博覧会専門の見世物師が活躍していく。

以上の3つの観点を柱としつつ、本書では不十分ながら、オリエンタリズムの視線の下での「日本」の屈折した表象化戦略や、近代国家が演出していくスペクタクルと規律訓練的な権力の関係についても考えている。

著者要約

［書誌データ］　吉見俊哉『博覧会の政治学——まなざしの近代』中公新書、1992.

吉見俊哉（1957- ）
『メディア時代の文化社会学』＊1994年刊

　本書は、現代のメディア文化や大衆文化をめぐり、批判的な社会理論としてどのようなアプローチが可能なのかを模索している。

　第Ⅰ章では、人類が経験してきたメディア変容を、口承、筆記、活字、電子という4つの形式が積層したものとして把握し、19世紀末から登場する電子メディアが、一方では機械的複製の技術として印刷術の延長線上に位置しながらも、全感覚的な相互作用を機械的に複製可能なものにし、我々の身体性を決定的に変容させていくことが示される。

　第Ⅱ章では、こうした現代のメディア変容を歴史の文脈の中で捉え直している。技術決定論的な視座を批判し、メディアを社会的な欲望の編制の中で構成されていくものと考えている。我々はメディア変容を、〈読む〉〈見る〉〈聞く〉ことの身体技術論的な変容の側から捉え返していく必要がある。

　以上を踏まえ、第Ⅲ章ではオリンピックや大統領選挙、王室儀礼などのメディア・イベントを捉えるアプローチが、第Ⅳ章では現代資本主義の根幹をなす言説戦略である広告へのアプローチが導入的に模索される。また、盛り場の文化変容を分析した第Ⅴ章は、『都市のドラマトゥルギー』の基礎となった論文である。第Ⅵ章では、現代日本における大衆文化研究の系譜を、権田保之助の民衆娯楽論と思想の科学研究会の大衆芸術論、1970年代以降の展開に焦点を当てながら考察し、終章では一連の議論の背景にある上演論的なパースペクティヴについて論じている。

　本書は著者が、都市論からメディア論、文化研究へと関心を拡大させていく中で書いた諸論文を集めている。とりわけ本書の各所で示されていく文化研究への関心は、著者が本書の後で向かおうとしている方向を示している。そうした意味で、本書はまだ著者にとって中間報告的な成果物にすぎない。　著者要約

［書誌データ］　吉見俊哉『メディア時代の文化社会学』新曜社、1994.

吉見俊哉（1957- ）・若林幹夫（1962- ）・水越伸（1963- ）
『メディアとしての電話』＊1992年刊

　電話というメディアが私たちの社会生活に何をもたらし、私たちの社会をどう変えたのかを、身体論・自我論・若者文化論・空間論・メディア社会史・メディア産業論といった多面的な視点から総合的に考察した書物。

　第1・2章では、電話の出現及び普及が社会にどのような変容をもたらしたのかが、電話が生み出す新しい関係のモードやパターンという点と、それが戦後日本の家庭・地域社会・都市でどのような関係の場を生み出していったのかが考察される。続く第3・4章では、「物理的には遠いのに身体的には近い」という、電話が可能にする身体感覚・自他感覚の両義性が、電話を通じて出会う自己と他者の間にどのような経験の位相を開くのかが検討され、そのような感覚が現代の日本社会でどのように生きられているのかが、伝言ダイヤルをはじめとする現代の電話文化を素材として論じられる。最後に第5・6章では、社会にこのような変容をもたらした電話というメディアの「起源」が、その開発・発明当初のアメリカ社会におけるメディアをめぐる想像力や社会的なビジョンと、それをとりまく社会的・制度的な環境という点からメディア社会史的に分析されるとともに、1980年代以降の電話の新たな変容が、現代のテクノロジーや情報産業をめぐる構造的な状況を背景として検討される。

　こうして本書は、互いに重なりながらも異なる分析視点をもつ3人の著者の共同作業によって、今日ではすでに日常的で自明なものとなった電話というメディアが社会にもたらしたものを再考し、メディアと社会との関係の多面性と歴史性を複合的な観点から明らかにしている。

　　　　　　　　　　　著者　（若林幹夫）要約

［書誌データ］　吉見俊哉・若林幹夫・水越伸『メディアとしての電話』弘文堂、1992.

よしもとたかあき
吉本隆明（1924-2012）
『言語にとって美とはなにか』 ＊1965年刊

「文学は言語で作った芸術である」という視点から出発する本書の理論的射程は，言語そのものの本質認識から始まって，発生史的考察，言語表現の歴史的推移についての考察，さらに言語表現として捉えられた文学における諸ジャンルの原理的考察にまで及んでおり，その文学理論としての包括性・徹底性において他に類のないものである。

本書の考察の基礎になっているのは，言語を「自己表出」の対自性と「指示表出」の対他性の2つの契機から捉えようとする視点である。前者は言語表現の「価値」性に，後者は「意味」性に対応する。こうした吉本の視点は，構造言語学に見られるような言語を構造化された記号体系として捉える立場とは異なる，彼の疎外・表出論的な立場にもとづいている。この立場にたって吉本は，言語表現は表出された価値と意味の複合的な成体としてある特定の表現平面の水準を形成するという考え方を提起するのである。こうした吉本の視点の持つ意味がもっとも際立つのは，本書第1巻第Ⅳ章の「表現転移論」においてである。ここで吉本は近代日本の文学表現の歴史を，「話体」と「文学体」という2つの文体概念を使って「近代表出史」という観点から再構成する。そしてそれぞれの文学作品において言語表現の外的・形式的側面と表出意識の内在性がどう接合されてゆくのかをたどりながら，「話体」と「文学体」のあいだで生じる言語表現の先端の転移と変容という問題を追求していくのである。この吉本の試みは，近代日本文学史の構想として見た場合にも高く評価されるべきものである。　　　高橋順一

［書誌データ］　吉本隆明『言語にとって美とはなにか』全2巻，勁草書房，1965（『吉本隆明全著作集』第6巻，勁草書房，1970）．

よしもとたかあき
吉本隆明（1924-2012）
『共同幻想論』 ＊1968年刊

『言語にとって美とは何か』から『心的現象論』を経て，ヘーゲル精神現象学の影響のもとに，著者はまったくオリジナルに〈共同〉幻想，〈対〉幻想，〈自己〉幻想の三元図式を構想。それを展開したものが本書である。国家や共同体が「幻想領域」であるという発見は，フッサールやメルロ＝ポンティの現象学的哲学の「間主観性」の概念とも対応し，ネーミングのうまさともあいまって，岸田秀の「唯幻論」など多くの追随者を産んだ。さらに忘れることのできないもうひとつの重要な貢献は，集団対個人という伝統的な二項対立図式に〈対〉幻想という独自な概念をつけ加えることで，性愛と親族の領域を，思想が「考えるに値すること」としてうちたてたことである。著者によれば〈対なる幻想〉とは「社会の共同幻想とも個人の持つ幻想ともちがって，つねに異性の意識をともなってしか存在しえない幻想性の領域をさす」。親子は時間軸に成立した〈対〉幻想である。この概念装置を駆使して，著者は〈共同〉幻想は〈自己〉幻想と同致し，〈対〉幻想と逆立する，など数々の重要な命題を立てた。

内容は柳田国男の『遠野物語』を対象に，共同体の心的機制をその原理にさかのぼって分析したあと，さらに折口信夫をてがかりに『古事記』における人倫と国家秩序の発生を論じている。フロイト，ヘーゲル，エンゲルス，ニーチェなどが参照されるが，分析の対象は民俗伝承，神話的過去から夏目漱石，大岡昇平など近代文学を自由に渉猟し，共同体と家族とのあいだの本源的な矛盾と倫理＝禁制の発生を説得的に論じる。〈世代〉の概念とともに近親姦の禁止（タブー）が成立した，という議論などはレヴィ＝ストロースの『親族の基本構造』が日本に紹介される以前のことであったことを考えれば，その原理的な思考の水準は群を抜いている。　　　上野千鶴子

［書誌データ］　吉本隆明『共同幻想論』河出書房新社，1968（改訂新版：角川文庫，1982）．

吉本隆明（1924-2012）
『**マス・イメージ論**』*1984年刊

　本書は，高次化する消費社会の「共同幻想」の析出の試みであり，吉本のいう幻想領域を，身体・言語・イメージの統合的な分析が可能な対象領域として創出しようとする。その方法的な中核は，言語美学の「表出」の概念である。消費社会の神話分析としての記号論的分析（J．ボードリヤール）とも，解釈学的分析（社会意識論，サブ・カルチャー論）ともことなり，いわば時代の診断として，現在を「マス・イメージ」の段階として指示する。

　最初の論考「変成論」ではカフカの『変身』がとりあげられ，変成のイメージの分裂病的身体の特性が指摘される。それを作者の文学理念に還元するのではなく，「現在のイメージの一般性」，マス・イメージの様式に転換させる。「一匹の毒虫はグレーゴルとして人間である」という指示表出の像をイメージの自己表出としてうけとめ，「虫の身体表出としてしか行動していない」画像（イメージ）を，「現在が人間という概念のうえに附加した，交換不可能な交換価値」として位置づける。吉本の分析は，「人間」の概念の消失の様々な仕方の現在に見据えられている。

　最終論考「語相論」では，萩尾望都らのコミック画像が分析され，画像に与えられる言語的な様相が微分化されて多層化されて，言語の意味論的な強度を減衰させて画像の像論的な流れを強化する現在の段階が示される。これは，言語の概念が像（イメージ）の位置へと陥入していく段階を明示するものであり，本書に続く『ハイ・イメージ論』で精緻に分析される。

　このようなマス・イメージの段階が出現する社会システムの理論的な像を，吉本は独自の消費社会の画像として描いているが，社会学はこうした諸洞察の実定的諸条件の分析にあたるべきではないか，と思われる。　　森反章夫

［書誌データ］　吉本隆明『マス・イメージ論』福武書店，1984（福武文庫，1988）．

米本昌平（1946- ）
『**遺伝管理社会**』*1989年刊

　20世紀を語る場合，ナチズムは絶対不可欠の対象であるが，これが犯した悪があまりに凄惨であったため，第2次大戦直後しばらくはナチス論にとっては沈黙期があった。これに続いて，悪の極北であるナチズムの来歴をあばく告発史的研究が始まった。これを追うようにナチズム＝優生社会とする解釈が一般化し，科学史の分野でも優生学を糾弾する視点からの研究が始まった。

　これに対して本書は，過去を善悪の立場から裁断するのではなく，優生政策を冷静な歴史研究の対象とすることを試みたものである。著者は，ヒトラーの思想を，生物学至上主義的人間観と国家を融合させた特異な政治体制論であったとし，ナチス国家を優生社会とみるよりは，人種主義に立脚した超医療管理国家であったとみなす方がより真実に近い，と主張した。戦後しばらく，優生政策という言葉によって断種政策，人種政策，障害者の殺害などのナチス政策を漠然と指してきたが，この点本書は，ナチス優生政策の細部や，アメリカの移民制限や断種法については，概説にとどめている。むしろ本書の科学史上の成果としては，20世紀初頭のA．プレッツを中心としたドイツ民族衛生学の成立過程を，新興の生物学と科学的政策論との融合として論じた点にある。またイギリス社会学会の成立期におけるF．ゴルトンやK．ピアソンら優生学派の役割や，初期ドイツ社会学会におけるプレッツとF．テンニースやM．ウェーバーとの論争の意味や，社会主義と優生学との関係など，社会学史にとっても大きな課題がなお伏在していることも示唆している。

　近年，人間のDNA研究や遺伝子治療などの研究が進み，優生学の再来の危険が改めて議論され始めており，これからの医療政策を考えるうえで手掛かりになる一書でもある。1989年，毎日出版文化賞を受賞。　　著者要約

［書誌データ］　米本昌平『遺伝管理社会―ナチスと近未来』弘文堂，1989．

ライシュ Robert B. Reich (1946-)
『ザ・ワーク・オブ・ネーションズ』
＊1991年刊

　本書においてライシュは、グローバリゼーションの進展に伴って、国家を中心に据えたものの考え方や行動パターンがいかにアナクロニズムに陥っているかということ、現代のようなグローバル化が急速に進展するなかで、我々はどのような考え方を採るべきであるのかについて、分析している。

　たとえば、世界の大企業はますます無国籍化しており、その発展は国家の発展と無関係になってきた。この考えに立てば、自国国籍をもった企業を保護するという伝統的な保護貿易、産業政策の考え方は無意味である。なぜなら、企業の国籍はどこであれ、自国内で付加価値を生み出してくれる企業こそ、自国で雇用を生み出し、経済を発展させる原動力になるからである。

　本書に出てくる基本概念でおもしろいのは、グローバル・ウェブとシンボリック・アナリストである。グローバル化した世界では、地球大に張り巡らされたビジネスチャンスの網の目（グローバル・ウェブ）があり、その網の目を解きほぐし、連結し、大きな事業機会を次々に作り出す人材（シンボリック・アナリスト）こそ、資本力に代わってグローバル企業発展の真の力になる。

　このような考え方に関連して出てくる結論は、第1に、シンボリック・アナリストのようなグローバルに活動できる人材の重要性であり、第2に、そのような人材とグローバル化に対応できない人たちの間に発生する所得の二極化現象である。このような人材養成の問題と、不平等化する所得分配の問題にこそ、21世紀の国家は重大な関心を寄せるべきだというのが本書の結論である。

訳者要約

［書誌データ］ Robert B. Reich, *The Work of Nations: Preparing Ourselves for 21st Century Capitalism*, Alfred A. Knopf, 1991（『ザ・ワーク・オブ・ネーションズ』中谷巌訳、ダイヤモンド社、1991）．

ライヒ Wilhelm Reich (1897-1957)
『性道徳の出現』 ＊1932年刊

　マリノフスキーのトロブリアンド諸島での人類学的研究『未開人の性生活』によってライヒ自身の「性経済」理論が裏づけられたとするこの著作は、機能主義にたった当時最新の民族誌的成果を、いわば精神分析的マルクス主義ともいえるライヒの主張の文脈へと解釈しなおそうとしたものである。

　ライヒは社会による性抑圧、とりわけ若者にたいするそれが、神経症、性倒錯そしてまたファシズムのような大衆的病理の源泉であるという彼自身の「性経済」論を支持する有力な資料として、性欲の潜伏期もなくエディプス・コンプレックスも認められない社会文化を描写するマリノフスキーの報告を取りあげる。

　それは、この実地調査による人類学の発見をマルクス主義の側から受けとめ、モルガンの『古代社会』をほぼそのまま取りいれたエンゲルスの『家族、私有財産、および国家の起源』の史的唯物論を修正・補強しようとする試みでもあった。が、父権社会は母権社会から進化し登場するという想定はそのまま維持され、トロブリアンドの民族誌はその前提に合致するよう解釈される。

　ライヒは、母権的組織と家父長制や一夫多妻婚の混合形態を、母権から父権への移行段階を目のあたりにしたのだと考える。とりわけ首長の経済的特権がその息子に引き継がれる父方交叉イトコ婚に着目し、婚資の慣行が父権とそれに伴う萌芽的階級分化を押し進める中心的メカニズムであると論じ、この父方交叉イトコ婚を定められている場合（幼児婚約）にトロブリアンドでは唯一の例外として婚前の純潔が強いられる事実を、経済利害による性否定的な道徳の登場と読み解いた。

中尾ハジメ

［書誌データ］ Wilhelm Reich, *Der Einbruch der Sexualmoral*, Sexual-politik Verlag, 1932（『性道徳の出現』片岡啓治訳、情況出版、1972；改訳：太平出版社、1976）．

ライヒ Wilhelm Reich (1897-1957)
『性と文化の革命』 *1945年刊

　精神分析から出発し、大衆的な性解放の必要を唱えウィーンに「性衛生相談所」を開設、運動の一環として一般むけの冊子『性的成熟、禁欲、結婚道徳』(1929)を書いたライヒは、希望的に思えた革命後のモスクワに旅行、ソ連での性や結婚をめぐる状況を見聞し、権威主義への後退であるとの批判をつけくわえた『文化闘争のなかの性』(1930)を出版する。

　これに改訂を重ねたものが本書である。以上のなりたちにも見られるよう実践的側面が強く、内容は以下のような警告と提案であるといえる。

　性科学や性衛生学の多くは純潔イデオロギーあるいは結婚道徳の守護者で、二重規範や性的不安を増大させるものである。女性が生産過程に加わる現代では家族の役割は権威主義的人格イデオロギーの教育装置になりはじめている。思春期の禁欲やマスタベーションの禁止は文化的成就のために有益であるのではなく、神経症などをまねく有害であり、若者に性活動を保証できるよう住宅問題などで社会援助があってしかるべきだ。性的結合にもとづく情緒的な絆が重要だが、経済利害にしばられ他律的・道徳主義的な結婚にかえ、内的責任にもとづく「ながつづきする性関係」を社会に根づかせるべきだ。その必要条件は、女性の経済的独立と社会による子どもの養育だ。しかしソ連における後退に見られるように、子どもにたいする性肯定的な教育によって非権威主義的な心の構造がつくりだされなければ、また家族にかわり自発的に働く人びとによる共営集団がなければ、この性と文化の革命は成功しない。

訳者(中尾ハジメ)要約

[書誌データ] Wilhelm Reich, *The Sexual Revolution*, Orgone Institute Press, 1945 (『性と文化の革命』中尾ハジメ訳, 勁草書房, 1969；『セクシュアル・レボリューション』小野泰博・藤沢敏雄訳, 現代思潮社, 1970).

ラヴロック Jim E. Lovelock (1919-)
『地球生命圏』 *1979年刊

　土壌、河川と海、大気圏などにまたがって動植物の生息する生命圏 (biosphere) が、全体として生命の存続に最適な物理化学環境を追求するフィードバック・システムを形成しているという「ガイア仮説」を提唱した著作。

　1960年代にNASAの技術顧問として、無人探査機で火星に生命の存否を探る方法を求められたとき、ラヴロックは大気組成から生命現象特有のエントロピー減少を読み取れることに気づいた。これによると、火星や金星の大気組成は平衡状態 (homeostasis) に近く、生命の存在する可能性は薄いが、同じ方法を地球の大気に適用してみると、その組成は化学的平衡から大幅に逸脱している。

　現に生命が存在する以上当然とはいえ、ただならぬ逸脱の大きさに、ラヴロックは何者かの積極的介在を嗅ぎ取った。そして生命発祥以来36億年間、各種大気ガスのほか、地表気温、海水塩分濃度などを一見不可解なほど安定させてきた調節メカニズムが、生命圏自体の総合作用にあると考え、その「何者か」をギリシャ神話の大地の女神にちなんでガイア (Gaia) と名づけた。

　従来の科学では、地球の物理化学的進化と生命進化とは切り離されてきた。また、工学者フラー (Buckminster Fuller) が新しい描像として提唱した「宇宙船地球号」でも、地球は人間の操縦する機械仕掛けであった。それに対して、人間を地球大の生命システムの対等な一員とみなすガイア説は、今日の複雑系研究に先駆けたシナジー (synergy) モデルとともに、科学者と一般人とを問わず世界観・生命観の大きな見直しを迫った。

訳者要約

[書誌データ] Jim E. Lovelock, *Gaia: A New Look at Life on Earth*, Oxford University Press, 1979 (『地球生命圏―ガイアの科学』星川淳訳, 工作舎, 1984).

■ラカトシュ Imre Lakatos (1922-74) 他編
『批判と知識の成長』*1970年刊

　ラカトシュがアラン・ムスグレイヴと共に編集した知識の発展をめぐるカール・ポパーとトマス・クーンの対立する説を巡って1965年にベドフォード大学でおこなわれたコロキウムの集約である。

　ポパーはすべての知識は絶対的なものでなく、絶えざる不断の批判を通じての修正と変革によって成長・進化し真理に接近するものだと主張するのに対し、クーンは知識の体系としてのノーマルな科学理論には研究者集団内に一定の承認された基準的理論（パラダイム）があって、これに基づいて研究が進められているのであり、若干の不都合が生じても部分的修正でパラダイムを維持し、どうしても駄目になったときにはじめてパラダイム転換（科学革命）が生ずると主張する（『科学革命の構造』）。

　「批判的合理主義」といわれるポパーの立場とクーンの通常科学・「パラダイム」論を対決させるというベドフォード大学でのこの討論にはポパー派のラカトシュはじめワトキンス、ファイヤーアーベント、クーンを擁護するマスターマンの「パラダイムの本質」などが述べられ、激しい討論がおこなわれた。ポパー派ではあるがラカトシュは、かなり厳しくポパーを批判し、ポパーの反証主義の弱点を補強して、哲学的説明を科学史による批判に耐えうるものにしようとする意図をもって「リサーチ・プログラム」の方法論を提示し、ファイヤーアーベントは後に展開される方法論的アナーキズムへの方向を示した。やがて、これらのものが合流して「科学論のルネッサンス」と呼ばれるものを生み出す。

監訳者〔森　博〕要約

［書誌データ］Imre Lakatos & Alan Musugrave ed., *Criticism and the Growth of Knowledge*, Cambridge University Press, 1970（『批判と知識の成長』森博監訳、木鐸社, 1974）.

■ラカン Jacques Lacan (1901-81)
『エクリ』*1966年刊

　フランス構造主義における精神分析学の代表的存在であるジャック・ラカンの、唯一の「書かれた」著作であり、その題名も「エクリ（書かれたもの）」という挑発的なものである。ラカンの名とその学説を有名にしたのは、何よりも「鏡の段階 (le stade du miroir)」の理論であるが、これは、この著作に所収された「〈わたし〉の機能を形成するものとしての鏡像段階――精神分析の経験が我々に示すもの」という論文に展開されている。「鏡の段階」の理論は、謎めいた秘教的な言葉によって表現されていながら、フランス系精神分析の世界ではなぜか、厳密な科学的方則と錯覚されてしまった。ラプランシュ／ポンタリスの『精神分析用語辞典』などによれば、「鏡像段階」とは、生後6カ月から18カ月の間の幼児が、鏡のなかに自分の姿を見るという具体的経験において、「全体的な形態として同じ姿をもった人間の像への同一化」をおこない、「自分の身体の統一性を想像的に先取りして我がもの」とすることを言う。しかし、自我の原型を作り出すこのプロセスは、ラカン理論の受容のなか、安易にエディプス複合と結びつけて論じられ、そうした誤読は80年代現代思想ブームのなかで通念と化してしまった。

　また『エクリ』は、初期から中期までのラカン理論のエッセンスしか紹介されておらず、一方こうした皮相的な理解への反動もあり、後期ラカンばかりを対象にした秘教的研究に陥っていく傾向も目につく。『エクリ』の再読が放置されたままになっているのは、ひとえに翻訳の拙劣さによるものであり（"le stade du miroir" がどう訳せば「鏡像段階」になるのか、筆者にはいまだにわからない）、この面での改善が、開かれたラカン研究にとって必須であろう。

赤間啓之

［書誌データ］Jacques Lacan, *Ecrits*, Editions du Seuil, 1966（『エクリ』Ⅰ～Ⅲ、宮本忠雄・佐々木孝次他訳、弘文堂, 1972-81）.

ラカン Jacques Lacan (1901-81)
『精神病』 *1981年刊

フランス構造主義の精神分析学を代表するジャック・ラカンは，セミネールの形で彼の理論を伝え，聴講者である弟子が彼の話し言葉を「書かれたテキスト」の形に起こすのが常であった。『精神病』は，ラカンのセミネールとしては，1955年から1956年という比較的初期に行われたもので，ラカンの娘婿にして現在のラカン派のひとつコーズ・フロイディエンヌの総帥，ジャック＝アラン・ミレール編纂によるスーユ版では，シリーズ第3巻に相当している。このセミネールの特徴をふたつ挙げると，1) フロイトが『自伝的に記述されたパラノイア（妄想性痴呆）の一症例に関する精神分析学的考察』で論じたパラノイア患者，シュレーバー議長の妄想に関し，本格的な再分析がおこなわれていることであり，さらにまた 2) 近代言語学の祖，フェルディナン・ド・ソシュールの用語であり，構造主義の最も重要なキーワードとなった「シニフィアン」，「シニフィエ」が初めて本格的に使用された，ということである。しばしば閑却されがちなことだが，この2点の結びつきは決定的に深く，ラカンにおいて「シニフィアン」という観念は，精神病的事象を説明する機制としての「排除（forclusion）」なしに使用される必然性がまったくないことを示している。「排除」とは，基本的なシニフィアンが，抑圧とは異なり患者の無意識には組み込まれず，「象徴的なもの」の外部に棄却され，現実に幻覚として出現することを意味する。ラカンは，シュレーバー議長の主体と彼の妄想に登場する神との想像的な関係において，共時的に存在するとともに何ものにも還元され得ない，いわくいがたいシニフィアンのシステムを見いだしたのだった。　赤間啓之

[書誌データ] Jacques Lacan, Les psychose: le seminaire de Jacques Lacan, Seuil, 1981（『ジャック・ラカン　精神病』上・下，ジャック＝アラン・ミレール編，小出浩之他訳，岩波書店，1987）．

ラクラウ Ernesto Laclau (1935-2014), ムフ Chantal Mouffe (1943-)
『ポスト・マルクス主義と政治』 *1985年刊

ソ連・東欧での社会主義体制の崩壊と，社会主義思想がきちんと対応できないでいる多くの社会運動の発生は，マルクス主義に深刻な理論的反省を迫っている。

ラクラウたちはマルクス主義を現代思想に対して大胆に開くことで，この反省を遂行した。彼らはポスト構造主義の成果を取り入れ，それによってグラムシのヘゲモニー概念に新しい解釈を与え，階級関係には還元不可能な政治空間をマルクス主義のなかに確保しようとする。そのためにはフランス革命によって切り開かれた平等の主張が，社会的対立の複数性を拡大してきたことを大前提として，いかなる実定的な根拠も持たない主体相互のあいだでのありうべき接合を考えられる理論装置が必要になる。

本書のかなりの部分は，アルチュセール，ラカン，デリダたちによる，重層的決定，縫い留め点，脱構築，言説編成といった用語を，どのようにマルクス主義に組み入れたら，従来のマルクス主義からのズレを実現できるか，に費やされている。古典的な革命像を放棄して，根源的に複数的な民主主義という，困難ではあっても必要な方向へとマルクス主義を考え直すための刺激的な示唆に満ち溢れた分析である。

なお，本書の，とりわけ理論的全体性の断念というテーゼをめぐって，イギリスの雑誌『ニューレフト・レヴュー』で1987-88年に激しい論争が展開されている。

訳者（山崎カヲル）要約

[書誌データ] Ernesto Laclau & Chantal Mouffe, Hegemony and Socialist Strategy: Towards a Radical Democratic Politics, Verso, 1985（『ポスト・マルクス主義と政治—根源的民主主義のために』山崎カヲル・石澤武訳，大村書店，1992）．

ラザースフェルド
Paul Felix Lazarsfeld (1901-76) 他
『ピープルズ・チョイス』*1944年刊

　本書は，1940年のアメリカ大統領選挙における投票行動の形成，変容過程を統計調査によって分析した研究書である。その調査実施コミュニティがオハイオ州エリー郡であったところからエリー研究（Erie Study）とも呼ばれる。この研究の中心的成果は，投票行動，世論形成過程の解明，その形成過程におけるマス・コミュニケーション，パーソナル・コミュニケーションの役割の検証，そしてそれらを経験的に実証し一般化していく調査と理論の結合の方法的特質の3点である。この調査では同一の調査相手の投票意図とその関連要因等を7回にわたる面接調査から追跡した。そのなかで社会・経済的地位，宗教，居住地域から構成される「政治的先有傾向」や集団などの作用の方向の食い違いからくる「交差圧力」が投票意図と密接に関わることを明らかにした。さらに投票意図形成における4つの類型を導きだし，それとマスメディア効果との関連を探った。マスメディアの主要な効果は，「よろめき型」や「寝返り型」に対応する投票意図の新たな〈改変〉より，むしろ投票意図の安定した「固定型」に対応した，既成の意図の〈補強〉にあることを見いだした。これと併せてマスメディアへの「選択的接触」，「コミュニケーションの二段の流れ」仮説を提示し，マス・コミュニケーションの限定効果論の基礎を築いた。この成果は，Katz, E., & P. F. Lazarsfeld, *Personal Influence,* 1955（竹内郁郎訳『パーソナル・インフルエンス』培風館，1965）へと直接継承され発展した。　　　　　児島和人

［書誌データ］Paul F. Lazarsfeld, Bernard Berelson and Hazel Gaudet, *The People's Choice: How the Voter Makes up his Mind in a Presidential Campaign,* First Edition, 1944; Duell,Sloan and Pearce,Second Edition, Columbia University Press, 1948（『ピープルズ・チョイス――アメリカ人と大統領選挙』有吉広介監訳，芦書房，1987）．

ラスキ　Harold Laski (1893-1950)
『国家』*1935年刊

　ラスキは20世紀初頭のイギリスにおける政治的多元主義（多元的国家論）の代表的論者の一人であり，イギリス労働党の積極的党員であった。29年の大恐慌，30年代に入ってからのイタリアファシズムに加えて，ドイツにおけるナチズムの台頭に直面して，その初期の立場に修正を加え，マルクス主義の論潮に接近していった。本書はラスキがその国家論においてマルクス主義にもっとも接近した時期の労作と評価されている。全体は4章に分かれ，第1章「哲学的国家論」においては，従来の国家論，とくにヘーゲルの影響を受けたイギリス理想主義のボーズンキット等の国家論が現実の国家の実態の解明と無縁であることが痛烈に批判される。第2章「現実世界における国家と政府」においては，国家が生産手段の所有者の防衛機構であり，支配階級の階級的利益の擁護者であることが力説される。もっともラスキは，いわゆるブルジョア民主主義の形態をとる国家とファシズム独裁の国家の質的相違を認めているのであるが，前者における資本主義と民主主義の矛盾が，暴力革命のかたちで決済される危険が強まっていると見ていた。第3章「国家と国際社会」においては，迫りつつある第2次大戦の危険を察知しつつ，実効ある国際秩序を建設していくためには，近代社会の階級関係の改造＝資本主義社会の変革が前提となり，このような変革によってのみ，平和の根本を突き崩す形態の主権の放棄も可能となると論じた。第4章「現代の展望」においては，コミンテルンの社会ファシズム論の誤りが痛烈に批判され，暴力革命に代る「合意による革命」の方向性が示唆されている。　　　　田口富久治

［書誌データ］Harold Laski, *The State in Theory and Practice,* George Allen & Unwin, 1935（『国家―理論と現実』石上良平訳，岩波書店，1952）．

良知力（ら ちちから）(1930-85)
『青きドナウの乱痴気』 *1985年刊

1848年3月ウィーンに発生し、10月にこの都市を包囲した皇帝軍とクロアチア軍によって鎮圧された革命を、ウィーンの都市下層に焦点をあてて描いた社会史的叙述。

当時のウィーンは二重の市壁によって囲まれていた。内側の市壁の内部は中世以来の市街で、12の市門から外に出て空堀の橋を渡るとグラシという緑地帯がある。その外側は市外区と呼ばれ、小市民や職人の住む商工業の街である。そこを通って街道を進むとリーニエと呼ばれる外側の市門に至る。そこでは入市関税が徴収されており、都市はもう1つの土塁に囲まれている。

この「リーニエの外」は効外地であるが、主として都市下層の人々が住み、とくに西のはずれには「他国者」のスラヴ系の流民が集まっている。これら都市下層は「リーニエの外」という言葉によって差別視されていた。

まずもって記述されるのは都市下層の生活と文化、差別・被差別の構造である。彼らが生活の糧を得る零細な雑業、つまり駕籠かき、水売り、屑鉄拾い、楽師、走り使い、呼び売り、乞食などなどの詳細な描写は、たくまずして都市ウィーンの生活構造を浮き彫りにする。差別についてはとくにユダヤ人に対する規制や排除がその構造に内在していることが指摘されている。

中心部の市街で発生した3月の運動はドイツ人によるドイツ人のためのものと意識されたという指摘がある。だが運動は学生を介し「リーニエの外」の人々の暴動を呼びおこし革命となる。この過程でシャリヴァリという慣習的行動様式が多発したこと、運動に対する地域内秩序維持の機構として国民軍が重要だったことなども分析されている。　　　　喜安朗

［書誌データ］良知力『青きドナウの乱痴気——ウィーン1848年』平凡社、1985（平凡社ライブラリー、1993）．

ラパポート Anatol Rapoport (1911-2007) 他
『囚人のディレンマ』 *1965年刊

囚人のディレンマとは、2人のプレーヤーのそれぞれが2つの選択肢をもつ2×2の非ゼロ和・非協力ゲームの一種であり、協力し合うことが互いの利益になるにもかかわらず個々のプレーヤーにとっては非協力（ないしは裏切り）に対する誘因が存在する状況をモデル化したものである。そのような状況が自白すべきか否かのディレンマに直面する2人の囚人の状況に似ていることから、この名でよばれている。このゲームは、初め数学者のクーンによって提起され、ルース・レイファの『ゲームと決定』で紹介された。個人の合理性と集団の合理性との乖離を示す例として、その後社会科学の多くの分野に多大な影響を与えた。

形式的には、次の利得表（payoff matrix）において(1)(2)の条件が満たされるような2×2ゲームのことをいう。C、Dはそれぞれ cooperation（協力）、defection（裏切り）という戦略を表す。

	C_2	D_2
C_1	(R, R)	(S, T)
D_1	(T, S)	(P, P)

(1) $T > R > P > S$
(2) $2R \geq S + T$

1回限り（繰り返しのない）の場合、$D_1 D_2$が非協力ゲームとしての均衡解（ナッシュ解）であり、$C_1 C_2$がパレート最適な解である。

本書で、ラパポート等は、このゲームを繰り返したとき協力が生じる様子を実験心理学的に分析を行い、その後の研究の端緒となった。　　　　訳者（廣松 毅）要約

［書誌データ］Anatol Rapoport and Albert M. Chammah (with the Collaboration of Carol J. Orwant), *Prisoner's Dilemma: A Study in Conflict and Cooperation*, The University of Michigan Press, 1965（『囚人のディレンマ——紛争と協力に関する心理学的研究』廣松毅・平山朝治・田中辰雄訳、啓明社、1983）．

ラバン Jonathan Raban (1942-)
『住むための都市』*1981年刊

　ロンドン，ニューヨークなど，現代の英米大都市における都市生活のさまざまな側面を，カンパネッラの『太陽の都』から現代の都市社会学にいたるさまざまな都市論に言及しつつ論じた11の"エッセイ"からなり，現代都市のリアリティを活き活きと，かつ理論的に切り取ることに成功した，80年代の都市論の代表作。原題の『ソフトな都市 *Soft City*』は，都市社会学や人口学，建築などのアカデミックな都市論がトータルな社会的秩序や状態として捉えようとする「ハードな都市」とは異なる，都市に暮らす人びとの経験の諸断片，そこでの感情や感覚，それにまつわりつく願望や神話などからなる都市的な経験と，そうした経験の総体としての可塑性と多様性に富んだ関係と経験の場としての都市を意味している。

　都市に住むとは，互いに知らない者同士のコミュニティに住むことであるということを基本的な前提として，ラバンは現代大都市の生活を，未知のものとの遭遇，孤独，アイデンティティの多面化，スタイルによる自己と他者の表層的な演出，さまざまに異なる民族や嗜好をもった人びとからなる複数のコミュニティの共在，猥雑な都市空間の魔術的な解読，危険だが精神の解放に満ちた界隈の存在などといった点から，実際に観察した出来事や新聞に報道された事実などを素材に，ルポルタージュ風に論じてゆく。また，そうした「ソフトな都市」の現実のなかに，これまで「ハードな都市」を論じてきた多くの都市論に見られる善悪二元論的なモラルとは異なる想像力の自由と多元性が見出されると同時に，「ソフトな都市」を生きるための新しいモラルと想像力の必要性が主張される。　　若林幹夫

［書誌データ］Jonathan Raban, *Soft City*, William Collins sons, 1981（『住むための都市』高島平吾訳，晶文社，1991）.

ラプージュ Gilles Lapouge (1930-)
『ユートピアと文明』*1973年刊

　ユートピアは16世紀のトマス・モアによる造語である。原義はどこでもない場所。つまり現実には存在しない理想的な国のことであって，当時より2000年も前のプラトン以来，そうした社会を想像・描写する書物は数多くあった。今日なお未来都市論や SF 等々の形を借りて，あちこちでユートピアのイメージがふりまかれていることは周知のとおりだ。

　そんなユートピア文学・思想の系譜と本質を論じる研究もまた数多い。フランスではとくにいわゆる5月革命前後にユートピア論が輩出したが，放浪気質のジャーナリスト作家による本書は，「ユートピア=すばらしい新世界」という図式を一挙に覆し，同時に現代西欧型社会のありかたを痛烈に批判した画期的著作である。1973年度フェミナ賞受賞。

　著者によれば，西欧のユートピア社会像は古代ギリシア以来おどろくほど変化することが少なく，いずれも秩序と管理，規則性と画一性と合理性，自然の修正，城壁による囲いこみ，清潔さや明るさや便利さなどを追い求めてきたという。これは東方起源の楽園（自然の無秩序を保有する）とは似て非なるもので，人間に対してはもっぱら抑圧的に作用するシステムである。したがって20世紀にプラトンやモアの理想社会を思いえがくならば，それはむしろ地獄に近い逆ユートピアとして受けとられかねないだろう，と。

　そればかりではない。今日の高度資本主義社会そのものがユートピアに似てきている。コンピューター等の介在でこずみずみまで管理され，明るさや健康さや便利さを「病的」に求める世界が，特有の理想社会という強迫観念のゆえにかえって死に向おうとしていることさえ暗示するこの本は，戦後に現われたもっとも尖鋭かつ過激なユートピア論のひとつだといえよう。　　訳者（巖谷國士）要約

［書誌データ］Gilles Lapouge, *Utopie et civilisation*, Castermann, 1973（『ユートピアと文明』巖谷國士他訳，紀伊國屋書店出版部，1988）.

ランテルナーリ Vittorio Lanternari (1918-)
『虐げられた者の宗教』 *1960年刊

近代の植民地主義的状況下で発生した世界各地の宗教運動は枚挙にいとまがない。イタリアの宗教史家である著者は、それを虐げられた者の解放と救済という視点から、社会的・歴史的な脈絡のなかで比較・考察している。

欧米の植民地的支配に抵抗しておこった宗教運動は、往々にしてメシア運動（messianic cult）の形態をとり、伝統社会への訣別と大衆的刷新を意図していた。その意味でメシア運動は改革運動であると同時に大衆運動でもあり、虐げられた人びとと社会にとって緊急かつ死活的である。数多くの宗教運動がとりあげられているが、その代表的なものには、アフリカの独立教会やキンバンギズム、北米のゴースト・ダンスやペヨーテ・カルト、中南米ではジャマイカのラスタファリ運動、トゥピ・グアラニの民族移動、ブラジルのカヌードスやジュアゼイロの宗教的抵抗運動、さらにはメラネシアのカーゴ・カルトやポリネシア文化圏に属するニュージーランド・マオリのハウハウなどがあり、それ以外にも日本・中国・インドネシアなど東アジアや東南アジアの宗教運動にも一章がさかれている。

本書は主に民族学が対象としてきた社会に生起したメシア運動を独特の視座から概説的にあつかった労作であり、概念規定や引用資料にこまかい問題があるとはいえ、さまざまな言語に翻訳され、一般読者にも広く受け入れられてきた。 訳者（中牧弘允）要約

[書誌データ] Vittorio Lanternari, *Movimenti religiosi di libertà e di salvezza dei popoli oppressi*, Giangiacomo Feltrinelli Editore, 1960 (*The Religion of the Oppressed: A Study of Modern Messianic Cults*, Trans. by Lisa Sergio Alfred Knopf/Mac Gibbon & Kee, 1963. 『虐げられた者の宗教―近代メシア運動の研究』堀一郎・中牧弘允訳、新泉社、1976).

ランドバーグ
George Andrew Lundberg (1895-1966)
『社会調査』 *1929年刊

本書は、調査によって基礎的で有用なデータを得るための実際的な技術に関するテキストである。その理想とする方法は、自然科学的な方法である。自然科学は、実験などの方法によって集められたデータを用いて、その妥当性が検証される体系的な理論を持つ。しかし、社会科学においては、自然科学のような実験が不可能である。そこで、そのような障害を克服し、同じようにして科学的法則を定立していくためには、大量の観察に基づく量的・統計的な方法によらねばならないと主張される。それによって既知の変数の影響を測定することができ、さらに標本抽出、平均、相関などの手法を施すことによって、普遍化と因果的推論が可能となるのである。

また、本書ではすでにある程度発達していたデータの処理と分析に関してよりはむしろ、データを集め、記録するまでの段階における正確性、客観性を保持する手法に焦点があてられている。観察を客観的で、正確なものとする助けとして、調査票の果たす役割が強調される。また、意見や態度、制度的行動を測定するための道具として、尺度がきわめて重要なものとしてあげられ、その一般的要件や作成のための具体的手続きについて解説される。さらに調査の実際的問題に関しても、標本抽出をめぐる問題、現地調査のやり方などの問題などがそれぞれ章をたてて論じられている。

実証的基礎の弱かった戦後の日本社会学において、調査法全般にわたる解説書としてこの訳書が果たした役割は大きかったと考えられる。 川端 亮

[書誌データ] George Andrew Lundberg, *Social Research: A Study in Methods of Gathering Data*, 1929, 2nd ed., Longmans, Green & co., 1942 (『社会調査』福武直・安田三郎訳、東京大学出版会、1952).

リオタール
Jean-François Lyotard (1924-98)
『ポスト・モダンの条件』 *1979年刊

これは第2次世界大戦以後急速な発展を遂げた資本主義国における知の根本的な変化に対する哲学的なレポートである。さまざまな近代的な理念に対する不信が顕在化してきた時代の現状報告であり、「ポスト・モダン」と呼ばれる歴史的な概念をはじめて明確に定義した本である。とりわけ、《自由》や《解放》といった《大きな物語》の失墜という規定は、その後のポスト・モダンをめぐる議論の理論的な前提を与えるものであった。だが、この本は、言語行為論的な観点から、社会学から物理学に及ぶさまざまな学問領域を横断しつつ、知の《正当化》という問題を考えた哲学的な書でもある。すなわち、根本的な問題は、理念による、あるいは《主体》の概念に依拠した《大きな物語》による正当化が失われたときに、ポスト・モダンの社会が精妙にそれを機能させつつある《効率》による正当化以外の可能性があるだろうか、つまりはシステムの論理以外の論理がわれわれにあるだろうか、ということである。この点においてこの本は、ルーマンやハーバーマスの社会理論に対するフランス哲学からの応答という性格を帯びる。この答えは、暫定的なものだが、《パラロジー》というダイナミックな矛盾を孕んだ創造的な論理のうちに求められている。それは、異なる論理の出会い・衝突から《未知なるもの》を生み出す創造的な差異による正当化である。ここで重要なことは、このパラロジーなる理論が、カタストロフィーやフラクタルなどのように自然科学の先端理論から導きだされているということだ。すでに哲学の営みは、他のさまざまな領域との対話から《未知なるもの》を汲み上げている。その意味で、この本そのものが、ポスト・モダン的プロセスによって生み出されたものでもある。　　　　　　　　　　訳者要約

[書誌データ] Jean-François Lyotard, *La condition postmoderne*, Edition de Minuit, 1979 (『ポスト・モダンの条件』小林康夫訳, 書肆・風の薔薇, 1986).

リカード David Ricardo (1772-1823)
『経済学と課税の原理』 *1817年刊

記述によるものではあるが、きわめて緻密な理論展開を果たし、経済学を形式論理的に厳密な科学に作り上げた著作である。

功利主義の社会哲学においては、最大多数の最大幸福という究極の原理から、諸々の道徳的・政治的・経済的命題を演繹したのであるが、同様に本書においても、議論の対象を3大階級への分配問題に絞り込みつつ、商品の相対価値が、その生産に必要な労働の大きさによって決定されるという基本原理から他の命題を演繹する。この展開における論理必然性やその美しさが、その後の経済学のあり方に決定的な影響を残していく。

ここで基本原理から展開される命題には次のものが含まれている。①労賃と利潤は対抗的に変動する。すなわち、労賃上昇は利潤率を低下するのみで、商品の相対価格を変更するものではない。②地代は価格の構成要素には入らない。もっとも、人口増加に伴いより劣等な土地に耕作が広がるときには、地代への所得分配分がもっとも増大し、利潤率は低下し資本蓄積が停滞する。③労働移動に制限のある国際経済において、各国が比較優位を有する生産に特化すれば、それぞれが得る生産物が増大するという意味で国際分業の利益が生ずる。④一般的過剰生産はない。いわゆる、セイ法則が成り立つ。⑤不換紙幣が貴金属流通量をこえて過剰に発行されるときには、価格の全般的上昇、為替レートの下落、金価格の上昇が生ずる。

後に、ケインズにより拒否されるにいたった古典派の公準は、まさにリカード経済学の枠組みそのものであった。ただ、リカードは、究極的に成立する関係を問題としたのであって、短期分析に焦点を合わせたケインズとは視角を異にしたのである。

杉浦克己

[書誌データ] David Ricardo, *On the Principles of Political Economy and Taxation*, 1817 (『経済学と課税の原理』『リカードウ全集』I, 堀経夫訳, 雄松堂, 1972; 羽鳥卓也・吉沢芳樹訳, 岩波文庫, 1987).

リースマン David Riesman (1909-2002)
『何のための豊かさ』 *1964年刊

　本書はリースマンの現代社会論集である原著の第2部および第3部の全訳であるが、他の著者との共同執筆で書かれたものを多く含み、1950年代前半から60年代前半にかけてアメリカの豊かな社会に照準を当てた18本の論文と2つの序論から成っている。

　第Ⅰ部「何のための豊かさ」では消費行動、仕事と余暇、社交性、郊外生活、自動車、教育、生きがいなどのテーマが取りあげられ、アメリカ社会の豊かさが抱える問題が浮き彫りにされる。いずれの論考も含蓄に富み、理論社会学ではなかなか肉薄できない、ある社会のもつ微妙で深いリアリティを見事にとらえるものとなっている。また「アメリカにおける自動車」や「生きがいの探求」などの分析は消費社会論にたいしてきわめて大きな影響を与えたといえよう。消費社会論の実質は記号論的な形式それ自体ではなく、人びとの欲望のかたちとその変化、つまり欲望と幸福の政治学を見定めることにあるからである。

　第Ⅱ部「誰のための豊かさ」では豊かさの拡大とその不公平な分配の問題、いいかえれば希少性の問題が意識されている。豊かさの達成以前の困難を見てきた、禁欲的で実際的なソースタイン・ヴェブレンの問題意識を再吟味することにより、豊かな社会についての歴史意識を喚起し、また発展途上国との比較社会論的な視点を導入するなど、豊かな社会の相対化が行われている。最後に現在のアメリカ社会を文字以降の段階への移行期ととらえるメディア論的な視点も提出されている。

　本書は社会・文化にかんする深い理解に裏打ちされているが、同時に面接によるインタビュー調査を基礎資料とすることで、きわめて発見的でリアルな社会記述(ソシオグラフィ)となっている点が重要である。
　　　　　　　　　　　　　　　　　内田隆三

[書誌データ] David Riesman, *Abundance For What?: And Other Essays*, Doubleday & Company, 1964(『何のための豊かさ』加藤秀俊訳、みすず書房、1968).

リーチ Edmund Ronald Leach (1910-89)
『人類学再考』 *1961年刊

　本書の表題ともなった論文「人類学再考」を筆頭にして、これに先立って書かれた1940年代以降の関連論文を加え、7編を6章に分けて収録・再録した論文集。

　マリノフスキーとラドクリフ=ブラウン以降の機能主義の立場を、親族名称や縁組体系など主に親族研究に焦点をあてて批判し、人類学の目指すべき地平を比較分類から一般化による原理の発見へと転換することを訴えている。トートロジーに陥る無目的な分類作業を戒めた「バタフライ・コレクティング」の比喩はあまりにもよく知られている。

　本書は、マリノフスキーやフォーテスなど先人・同僚の業績に対する鋭い舌鋒でも際だっており、実際に彼らとの間に多くの論争を引き起こすことになった。自ら認めるように、本書の論考はレヴィ=ストロースに多くを負い、その立場は構造主義と言ってよいが、リーチ自身はトポロジーなど数学的思考との類比によって、独自のやり方でその方法論を説明している。第3章におけるカチンの縁組体系をめぐる議論は、後にレヴィ=ストロースとも論争を招いた。なお、邦訳はフォーテスによる反論を併録し、レヴィ=ストロースとの論争の経緯を簡潔に紹介する解説などが加えられている。

　本書、あるいは本書を受けて1971年にニーダムらによって刊行された『親族と婚姻の再考』の警鐘にもかかわらず、精細に富む親族研究がむしろ等閑視されている観がある今日、人類学の中心的主題の1つに対して本書が提起した議論は、理論面での功績と併せて、改めて真摯に受け止められる必要があるだろう。
　　　　　　　　　　　　　　　　　赤堀雅幸

[書誌データ] Edmund Ronald Leach, *Rethinking Anthropology*, Athrone Press, 1961(『人類学再考』青木保・井上兼行訳、思索社、1974;新装版、1990).

リーチ　Edmund Ronald Leach (1910-89)
『文化とコミュニケーション』＊1976年刊

　リーチは，本書を社会人類学の初学者のための導きの書と位置づけている。しかし，それが導く先は，一般の教科書などにありがちな人類学諸分野のおおまかな地図などではない。目的は，コミュニケーションとしての文化的事象を，構造主義人類学の手法によっていかに読み解くかの全体像を簡潔に示すことにある。

　この目的のために，リーチは図式化を多用し，読者にとって身近な事例を取り上げるように努めている。もっとも基本となるのは，隠喩と換喩という2つの概念であり，それらはさらに象徴／記号＝隠喩／換喩＝範列的連合／統辞的連鎖＝和声／旋律という対照と変換の枠組みに乗せられて展開する。

　概念規定を丹念に行う前半部は，やがてその枠組みによって神話，縁組，通過儀礼，供犠など，人類学におなじみの主題を手際よく読み解いていく後半へと進んでいく。最後にその流れがいたるのが，複数の情報の連鎖が相互に呼応しながら同時に伝えられることでコミュニケーションが実現されるという包括的かつ重層的な構図である。

　文化の細部と全体のダイナミズムをいかんなく示す点において，本書は人類学一般の楽しさをも伝える好著である。同時に，必ずしも入門書であるためばかりではない明晰さと平明さへの希求は，ときとして「職人芸」と称され難解とみなされる構造主義に対する，リーチ流の理解の一端をも開示するものと本書をなしている。

赤堀雅幸

［書誌データ］Edmund Leach, *Culture and Communication: The Logic by Which Symbols Are Connected: An Introduction to the Use of Structuralist Analysis in Social Anthropology*, Cambridge University Press, 1976（『文化とコミュニケーション―構造人類学入門』青木保・宮坂敬造訳，紀伊國屋書店，1981）．

リップマン　Walter Lippmann (1889-1974)
『世論』＊1922年刊

　20世紀アメリカのもっとも卓越したジャーナリスト，ウォルタ・リップマンは33歳の若さで政治・社会学の古典として名高い本書を著わしている。彼は豊かな識見と鋭い洞察力を備え，政治学者，思想家と称されても不思議ではない記念碑的業績を残した。

　本書で一貫して問いつづけられている主題は，第1次大戦後，人間の環境に根本的変化をもたらした「大社会」において，いかにすれば自律的な個人を核とする自己統治的なデモクラシーが存続可能かということであった。本書では前著 *Liberty and News* で提起した「疑似環境」（pseudo-environment）の概念の他に，新たに「ステレオタイプ」（stereotypes）という概念を理論の中心に据え，人間と環境の基本的関係をイメージの概念から明確に解明し，世論研究に画期的な認識枠組を提示した。人と人を取り巻く環境の間には疑似環境（頭の中に思い描く環境のイメージ）が入り込んでおり，人の行動はこのイメージに対する反応である，こと。人は見てから定義しないで定義してから見る，というようにある種の固定的画一的な観念や，固定化した認知習慣によって，現実を知覚しがちであり，「中立的事実」は自明ではないこと。それ故「世論は，主に少数のステレオタイプ化されたイメージ群から成り立っている」ことを幾多の例証で分析する。人が情報をいかに理解するかは，「われわれのステレオタイプによって大きく左右され」る。疑似環境構成に果すメディアの決定的役割の洞察，時代に先がけた情報公開の提唱など示唆的で独創的な思考を貫いているところが魅力的である。

訳者（掛川トミ子）要約

［書誌データ］Walter Lippmann, *Public Opinion*, New York: Harcourt Brace & Co., 1922（『輿論』中島行一・山崎勉治訳，大日本文明協会，1923；『世論』田中靖政・高根正昭・林進訳，世界大思想全集 社会・宗教・科学思想編25，河出書房新社，1963）；The Macmillan Co., 14th Printing, 1954（『世論』掛川トミ子訳，岩波文庫，上・下，1987）．

リプセット Seymour Martin Lipset (1922-2006), ベンディクス Reinhart Bendix (1916-91)
『産業社会の構造』 *1959年刊

もとの題は *Social Mobility in Industrial Society* (1959) で，使用したテキストはリプセットから直接頂いたペーパーバック版である。創価学会研究を素材として，都市社会学の基礎理論に社会移動概念の導入を考えていたので，当時のSSM調査は物たりなく，この本を読んではじめて光が見える思いがした。ベンディクスとの共著になっているが，リプセットが主役である。

社会移動というのは，人が社会（集団や階層やコミュニティ）と関わる接点（社会的地位とか位置）が，さまざまな事情から，変化する現象を指す。地位のなかでも歴史的に最も重視されてきたのは職業的地位で，親の職業と子の職業との差異などは，世代間移動として，移動分析の基本になる領域であった。国際的スケールで取組んだSSM研究は，各国別に世代間移動を比較することにより，各国社会構造の開放性・閉鎖性を分析する。本書も明らかにその系譜につながっているが，さらに移動現象を，社会の階級・階層構造の開放性の客観的な指標として扱うだけでなく，第2・9・10章を中心に，移動主体（個人や集団）の内面に入りこみ，動機にさかのぼって説明する行為論的アプローチが鮮明な点が評価される。また移動現象を階層だけについて問う傾向が世界的に認められたが，本書第2部では都市化（コミュニティ間移動）と階層間・集団（学校・家族）間移動との関係が総合的に扱われている点も指摘したい。日本のSSM研究が階層の外に視野を広げてくるのはずっと後である。解析方法がややシンプルなのはやむを得ない面もあるが，移動分析という分野で，これほど包括的に，しかも興味ぶかく解説している本は他にない。　訳者要約

[書誌データ] Seymour Martin Lipset and Reinhart Bendix, *Social Mobility in Industrial Society*, Univ. of California Press, 1959 (『産業社会の構造』鈴木広訳，サイマル出版会，1969).

リンチ Kevin Lynch (1918-84)
『都市のイメージ』 *1960年刊

都市を単に物的な施設の集積として考察するのではなく，そうした施設の集まりがそこに暮らす人びとの活動のなかで，どのようなイメージとして現れ，それらがどのように統合されて全体としての「都市のイメージ」を形作るのかを考察して，それまでの機能主義的な都市計画理論とは異なる視点を提示し，都市計画理論のみならず，文学批評や社会科学的な都市論にまで影響を与えた書物。著者は現代アメリカを代表する都市計画理論家。

リンチによれば，環境のイメージはアイデンティティ，ストラクチャー，ミーニングの，相互に関わり合う3つの成分からなるが，本書では主として都市を構成する要素のアイデンティティとストラクチャーから，都市の「わかりやすさ legibility」と「イメージしやすさ imageability」が分析される。具体的には，都市のイメージを構成する要素としてパス（道路），エッジ（縁），ディストリクト（地域），ノード（点），ランドマーク（景観上の目印）が取り上げられ，ボストン，ジャージー・シティ，ロサンゼルスの市民に対するインタビューや観察を通じて，都市生活においていかなる施設がこうした要素として機能し，全体としてどのような都市のイメージを作り上げているのかが分析され，さらにそこから，これらの要素の操作によって都市の形態とイメージがどのようにデザインしうるのかが検討される。

著者が本書で提示した概念は，都市計画や環境計画の分野ではいまや常識化しているが，ゲシュタルト心理学や現象学，記号論と通底するその方法が人文・社会科学分野での都市論に与えた意義はきわめて大きい。　若林幹夫

[書誌データ] Kevin Lynch, *The Image of the City*, The M. I. T. Press, 1960 (『都市のイメージ』丹下健三・富田玲子訳，岩波書店，1968).

ルイス Oscar Lewis (1914-70)
『貧困の文化』 *1959年刊

「貧困」という主題を扱うとき、私たちはそれが生み出す悲惨さやそれを生み出す構造に目を向けようとする。しかし、そこに生きる人々がじっさいになにを悩み、なにを楽しむのか、私たちはほとんど知らない。人類学にとって少数部族の文化を描くよりも重要な課題は、とくに第三世界に大量に存在する貧しい人々の「文化」を描きだすことだ、とアメリカの文化人類学者ルイスは主張する。

本書で彼は、メキシコの農村の一家族、メキシコシティのスラムに暮らす三家族、スラムから脱出した「成金」の一家族の生活を描いていく。その手法は、彼らと生活をともにし、ある普通の一日の出来事を速記によって詳細に記録するというもので、本書はごくわずかの背景説明のあと、この五家族の一日がただ記されるという構成をとる。しかし、そこから彼は、貧困な人々に共通する生活様式「貧困の文化 the culture of poverty」が、形成・継承される姿を浮き彫りにする。

彼らは経済的不足を補うために相互扶助を行い、スラム内で得られる仲間との生活によろこびを見いだす。中間階級のように将来の成功のために努力する生き方からはむしろ自由に、現在の快楽をのびのびと享受する能力を開花させる。「貧困」はたんなる「欠如」ではない。ルイスは、彼らが独自の「文化」を形成して「貧困」の状況を生ききっていく姿を描きだすのだ。しかし、この「文化」は、彼の表現によれば「射程の長い満足」のない「文化の貧しさ」という側面ももつ。そして、この「文化」を受け継いだ結果、彼らの「貧困」が世代的に再生産されるという逆説もまた、存在するのである。　　　　　奥村 隆

[書誌データ] Oscar Lewis, *Five Families: Mexican Case in the Culture of Poverty*, Basic Books, 1959（『貧困の文化―メキシコの〈五つの家族〉』高山智博訳、思索社、1985）.

ルイス Oscar Lewis (1914-70)
『サンチェスの子供たち』 *1961年刊

ルイス自ら「羅生門手法」と呼ぶこの「複合的自伝の方法 the method of multiple autobiography」は、ラテンアメリカの社会変動を都市下層民の複合的現実から微細に描き出して、人類学の古典となった。

主人公のヘスス・サンチェス（仮名・50）はメキシコ市中央部にあるカサ・グランデという下層階級向けの1階建て共同住宅の一間きりの住居に住む間借り人であり、レストランの仕入れ係として20年以上働いている。カサ・グランデは別名泥棒市場とも呼ばれるテピート地区にあり、住民の多くは地方出身の貧しい商人、職人、労働者などである。カサ・グランデには700人が住んでおり、姻戚関係や同郷関係を含めて共同体意識はすこぶる強い。ルイスが「貧困の文化」と呼ぶのは、都市下層民の間にある強い相互扶助を含む生存戦略のことである。ヘスス・サンチェスにはマヌエル（31）、ロベルト（29）、コンスエロ（27）、マルタ（25）の4人の子供がおり、彼らのライフ・ヒストリーをそれぞれの立場から聞き取ることでひとつの都市下層家族の複合的現実が、互いの葛藤や食い違いを含めていきいきと描かれる。また文字を書けない人々にテープレコーダーの助けを借りて口承という手段で、彼らに自己表現を可能にした。

本書には刊行当時から記述のみで分析がないという批判が寄せられたが、エスノグラフィーが人類学者とインフォーマントとの共同の「作品」であることを証明して、参与観察のモデルとなった。　　　　　上野千鶴子

[書誌データ] Oscar Lewis, *The Children of Sónchez: Autobiography of a Mexican Family*, Random House, 1961（『サンチェスの子供たち―メキシコの一家族の自伝』1・2、柴田稔彦・行方昭夫訳、みすず書房、1969；合本、1986）.

ルカーチ　Gyorgy Lukács (1885-1971)
『歴史と階級意識』＊1923年刊

　本書には「正統的マルクス主義とはなにか」「階級意識」「物象化とプロレタリアートの意識」など8つの論文が収められている。注目すべき第1点は、俗流マルクス主義によって平板化され、人間的実践という中核を骨抜きにされたマルクスの弁証法を、主体的人間の実践を貫くものとして再建していることである。「唯物弁証法は革命的弁証法である」という規定によって、思考と存在、理論と実践、主体と客体とを弁証法的に統一しようとする。

　第2点は、実証主義的な科学的認識が、事実を孤立化し抽象化するのに反対して、社会生活の個々の事実を、歴史的発展の契機として「総体性」のなかに組み込む必要を主張していることである。

　第3点は「物象化」の問題を提起していることである。マルクスは『資本論』のなかで「商品の物神性」を指摘した。すなわち、商品形態においては人間自身の労働の社会的性質が、労働生産物自身に具わった対象的性質としてあらわれ、生産者の総労働にたいする社会的関係が対象物の社会的関係としてあらわれること、つまり具体的な人間活動や人間関係が、物（商品）の自己運動、物的諸関係としてあらわれることが指摘された。ルカーチはこの物象化が生産過程の抽象化（合理化）をもたらし、政治の合理的組織化（官僚制）、法律制度の合理化、諸科学や哲学の合理主義的・実証的な孤立化・固定化をもたらすとし、ブルジョワ的な組織や思考や意識の根本的欠陥を指摘している。

訳者（城塚　登）要約

[書誌データ]　Georg Lukács, *Geschichte und Klassenbewußtsein: Studien über marxistische Dialektik*, 1923（『歴史と階級意識──マルクス弁証法の研究』城塚登・吉田光訳、白水社、1987）。

ル・ゴッフ　Jacques Le Goff (1924-2014)
『煉獄の誕生』＊1981年刊

　本書は天国と地獄に次ぐ第3の場所として「煉獄」が誕生した意義を、古代社会における煉獄前史から、煉獄が司牧の中枢を占め、ついにダンテの『神曲』に詩的結実を見るに至る長い展開のうちに、追究している。

　個人の死と最後の審判との間に、浄罪の試練を受けることで魂の救いを得る機会が存在するという信仰自体は、古代キリスト教徒の間に早くからあった。聖パウロには浄罪の火という思想があり（Ⅰコリント、3・10-15）、神学者たちの有力な拠り所となっている。しかし浄罪観念はあったが、浄罪の場所は確立していない。煉獄の誕生とは、要するに、浄罪思想が空間化され天国と地獄との間に定位置を持つようになる現象、死後世界の二項体系から三項体系への移行をいうのである。著者が12世紀後半に位置づけているこの現象は、端的に〈煉獄〉purgatoriumという名詞の誕生にトされている。形容詞〈浄化の〉purgatorius, -a, -um の傍らに、名詞として、purgatoriumが出現したという語史的事件を重大な徴候として把握し、死後世界における空間秩序の再編成が、現実世界を秩序づける論理的図式の変換のメカニズムと密接に関連していることを著者は精力的に論証してみせる。聖職者─信徒大衆、強者─貧者など、中世初期を決定する優劣型の二項対立的図式は、封建革命の進行や都市経済の飛躍的発展に伴って、聖職者─戦士─農民大衆、上層者─中層者─下層者といった三項図式にとって代られるが、時代のトータルな社会構造変化、発想枠の変換など、深刻な深層的変化を1つの神学概念の誕生にトする視点はユニークである。

訳者（渡辺香根夫）要約

[書誌データ]　Jacques Le Goff, *La naissance du Purgatoire*, Editions Gallimard, 1981（『煉獄の誕生』渡辺香根夫・内田洋訳、法政大学出版局、1988）。

ル・コルビュジエ Le Corbusier (1887-1965)
『輝く都市』 *1947年刊

『都市計画の考え方』を原題とする本書は、近代建築と近代都市計画の代表的な作家・論者であるル・コルビュジエが1920年代から取り組んできた「輝く都市」の理論の要約的な解説であると同時に、近代における技術と人間の関係や社会計画のあり方に対して、機能主義的、社会工学的な視点から解答を与え、その実現のための具体的プログラムを提示することを試みた「社会計画論」である。

本書でコルビュジエは現代社会を「機械主義文明」として捉え、それに適合した建築と都市を、建築家・社会学者・技師・思想家・教育家・企業家・政治家などの協力と指導の下に創造するべきであるとする。そこでは都市は人間の「生の喜び」を基本とし、人間の肢体の機械主義社会における延長である住居単位、仕事単位、休息・娯楽の単位、交通単位等の組合せとして構想される。また、機械交通によって高速移動が可能になったことに対応して、歩行による交通と機械交通の分離、街区の広さの拡大による光線と緑地の確保といった、近代都市計画の基本理念が示される。国土規模では、政治・経済・文化の中心である既存の都市的中心の間に、それらを結ぶ交通路にそって直線状工業都市が連なるというプランが提示され、それによって工業と農業の地域的なバランスを取ることができるとされる。さらに、こうしたプランを実現するために、土地法規をはじめとする法的制度の整備、企業の協力、〈住み方〉についての学校教育、民間伝承の保護などに取り組むことが必要であると論じられる。

本書は20世紀の合理主義、機能主義的な社会計画思想を典型的に示している点でも、近代都市計画論の「古典」ということができる。

若林幹夫

［書誌データ］ Le Corbusier, *Manière de penser l'urbanisme*, Edition de L'architecture d'Aujourd'hui, 1947 (『輝く都市』坂倉準三訳、丸善、1956 ; 『輝く都市』坂倉準三訳、鹿島出版会、1968).

ルソー Jean-Jacques Rousseau (1712-78)
『人間不平等起源論』 *1755年刊

ルソーの政治思想の4つの契機（→『社会契約論』）のうちの「社会的秩序の系譜学」を扱った著作が、『不平等論』である。ルソーは、存在と外観の乖離によって特徴づけられる文明化された社会の批判から、その歴史的生成の一般理論へと向かった。作品は、「ジュネーブ共和国への献辞」、序文および2部構成の本分からなる。序文では、とくに、自然によって与えられた人間の本源的構造とそれに付け加えられた人為的な要素とを識別することの重要性が説かれている。そして、ルソーは人間の本来の姿を求めて歴史のゼロ地点へと遡及し、「自然状態」の概念を抽出している。注意すべきは、ルソー自身がそう述べているように、自然状態が事実的範疇に属するものではなく、現在の社会的秩序を理解するための基準となるひとつの理論的虚構だという点である。

第1部は、自然状態に生きる人間の姿を生き生きと描き出している。言語さえ持たない始原の人は他者との持続的関係を欠く孤立的な存在であるが、それは同時に彼が本源的に自由であることを意味する。理性とは無縁の野生人が心に抱くのは「自己愛」と「憐れみ」だけだが、欲求とそれを満たす能力の不均衡を知らない彼は幸福である。ところが、人間は内に秘めた自己完成能力に導かれつつ、不可避的に原初の幸福な状態から引き離される。『不平等論』第2部の対象は、関係性の欠如した世界としての自然状態から究極的には主人／奴隷の服従関係に到る社会関係なるものが生成するプロセスにほかならない。人間がとどまるべきであった最も幸福だった時代をルソーが「誕生しつつある社会」に位置づけ、それを「世界の真の青年期」と呼んでいることは興味深い。

水林 章

［書誌データ］ Jean-Jacques Rousseau, *Discours sur l'origine et les fondements de l'inégalité parmi les hommes*, 1755, col. folio, Gallimard, 1985 (『人間不平等起源論』本田喜代治・平岡昇訳、岩波文庫、1972).

■ルソー Jean-Jacques Rousseau (1712-78)
『エミール,あるいは教育について』
*1762年刊

　ひとりの男の子が誕生してから夫,父,市民の三重の資格において政治社会に参入するまでの教育を小説的な虚構のなかで論じた作品。同時に執筆された『社会契約論』の対をなす。『社会契約論』は家長の資格を有する成人男子を構成員とする国家＝政治社会の創設を理論づける著作であるが,『エミール』の構想は,それではそのような成人男子はどのように養成するのかという問いに対応している。『社会契約論』の国家にふさわしい教育は市民となるべき人間を育てる公教育のはずであるが,しかしそれは現在の,祖国という名の真の国家＝政治社会を持たない腐敗した社会においては存在しえない。それゆえ,『エミール』は,家におけるどのような教育が「都市に住む未開人」を育てられるかという問題に照準を合わせている。ところが,社会関係のただなかで生きてゆく「自然人」をつくるには,子供をとりまく関係の一切をゼロから構築し直さなければならない。ひとりの教師によって育てられる孤児という設定は,そのような要請に応えるものであった。

　全体は5編からなる。第1編では言語を獲得する以前の自意識を欠いた段階が扱われ,第2編では感覚的理性の発達が見られる2～7歳の時期が考察されている。第3編は知性の発達に触れ,第4編は,性差,宗教,倫理といった主題をめぐって他者との関係を検討している。第5編ではエミールの妻となるべき女性ソフィーをとおして女性論が展開され,さらにはエミールの教育の完成として政治社会の理論(『社会契約論』の内容)が簡潔に示されている。教育の対象になるのは将来家長となり市民となる男子のエミールだけであり,ソフィーの姿は彼が成年に達したときになって初めて垣間見られるにすぎない。　　水林 章

[書誌データ] Jean-Jacques Rousseau, Emile ou de l'éducation, Œuvres complètes, Bibliothèque de la Pléiade, Gallimard, 1969 (『エミール』上・中・下,今野一雄訳,岩波文庫,1962-64).

■ルックマン Thomas Luckmann (1927-2016)
『見えない宗教』*1963年刊

　現象学的社会学の立場から,現代人の宗教意識を「見えない宗教」と特徴づけ,60年代当時西欧宗教社会学の中心テーマだった世俗化論議に大きなインパクトをあたえた著作。

　宗教の盛衰を制度化された宗教への関与の度合いと同一視しがちであった当時の世俗化論議に対し,ルックマンは,デュルケームやウェーバーにたち返り根本的に宗教を捉え直すことを通して,現代人の宗教意識の特性を解明しようとする。彼によると,宗教の人間学的条件は人が社会化の過程を通して有機体としての生物学的性格を超越し,アイデンティティを形成する社会過程そのものである。それを基盤に,社会ごとに個人を超越する意味の体系として「世界観」(宗教の原初的形態)が成立し,それは意味秩序の階層化を通して内部に究極的な「聖なるコスモス」(宗教の特殊歴史的形態)を分節化するという。

　こうした考察を踏まえ,彼は現代における社会と個人の関係の根本的な変化を指摘する。宗教が一層分化し制度的特殊化を遂げる一方,それまで「聖なるコスモス」に包摂されていた経済や政治など社会の公的諸制度がそれぞれの機能的合理性に従い自律化の動きを強めていった。そのため包括的な「聖なるコスモス」の下での一貫した個人の社会化が困難になり,各人が自分の私的経験や主観的嗜好に基づき自律的に究極的な意味を選び取り,構築する「見えない」私的宗教の時代となったとする。

　宗教の定義が広すぎ,経験的論議になじまないとの批判もあるが,現代宗教の問題を社会学の根本的問題として位置づけし直した点で,刺激的な研究である。　　対馬路人

[書誌データ] Thomas Luckmann, Das Problem der Religion in der modernen Gesellschaft, Rombach, 1963; The Invisible Religion, Macmillan, 1967 (『見えない宗教―現代宗教社会学入門』赤池憲昭・ヤン・スィンゲドー訳,ヨルダン社,1976).

ルフェーヴル, G.
Georges Lefebvre (1874-1959)
『革命的群衆』 *1934年刊

 フランス革命史研究の中心的存在であった著者が，1932年，アンリ・ベールの主催する綜合研究国際センターの「群衆」をテーマとするシンポジウムで行った報告。フランス革命期の民衆運動を例として採り上げながら，群衆を捉える独自の視点を打ち出した，射程距離のきわめて長い方法的考察である。

 批判の対象となっているのは，一方では，群衆を動物的本能に突き動かされる非理性的な存在とみなすギュスターヴ・ル・ボンの見解であり，他方では，民衆を明確な政治理念によって導かれ行動する理性的行為者と考える旧来の革命史家の見解である。

 著者は，この両者を批判しつつ論を展開するのだが，まず，一口に群衆といってもそこには3つのレベルがあると著者は言う。第1には多くの人間がただ集まっただけの「単純集合体」，第2には日々の生活のなかで育まれる共通の感覚・共通の発想によって結ばれている「半意識的集合体」，第3には共通の意思・共通の目的のもとに自覚的に形成される「結集体」である。そして著者は，具体的な歴史過程において重要なのは，単なる烏合の衆でもなければ理性的結集体でもなく，まさに第2のタイプの集合体であって，そこに見られる集合心性や社会的な絆のありようを解明することこそが，「群衆」現象なるものを解く鍵だと主張する。

 著者の見解は，民衆運動の自立性・自発性を鋭く見抜き，のちに社会史研究の中心的なテーマとなるマンタリテ（集合心性）やソシアビリテ（社会的結合）をめぐる議論をも先取りするものであって，今日の社会運動を考察するうえでもきわめて示唆的である。

訳者要約

［書誌データ］ Georges Lefebvre, Foules révolutionnaires, in Annales historique de la Révolution Française, 1934（『革命的群衆』二宮宏之訳，創文社，1982）.

ルフェーブル, H.
Henri Lefebvre (1901-91)
『日常生活批判序説』 *1957年刊

 マルクスの初期ノート『経済学＝哲学手稿』の発見とその公刊（1932）は，すでに共産党に入党していたルフェーブルにとっても衝撃的な事件であった。彼はここで「疎外」の概念と出会い，その後の研究と思索のなかでこの概念を成熟させてゆくことになるのだが，その成果こそがこの著作に他ならない。真の現実，それは「日常生活のなんの神秘もない深い場所であり，歴史も心理学も人間学もその研究でなければならない」とするルフェーブルは，この立場から，その「疎外」に他ならぬブルジョワ的哲学や宗教や政治を批判し，「真のヒューマニズムへの道を切り開く」ことを目指すのである。

 この著作は最初1947年にグラッセ社から刊行されたが，このときには，この著作に対する反応はきわめて冷たいものであったという。米ソ対立の二極構造がはっきりと姿を現しはじめていた当時，マルクスの豊かな弁証法的思考に目をむけようとすること自体，うさんくさい試みだったのであろう。それから10年，ハンガリー事件の直後に共産党を脱したルフェーブルは，不評であったこの著作に100ページにわたる長いまえがきを付けただけで，そのまま再刊した。それがスターリニズムに陥ってしまったソ連邦と共産党に対する批判の意味を持っていたことは言うまでもなかろう。このとき，彼はすでにこの1947年の著作の基礎の上に立って「『人はいかに生きているか』と題されるであろう大調査」を行うことを計画していた。彼がこの著作に「序説」の文字を加えたのはそのためである。この「大調査」はやがて1962年刊行の『日常生活批判―日常性の社会学の基礎』として実を結ぶことになる。

訳者要約

［書誌データ］ Henri Lefebvre, Critique de la vie quotidienne, L'Arche Editeur, 1962（『日常生活批判序説』田中仁彦訳，現代思潮社，1971）.

ルフェーブル, H.
Henri Lefebvre (1901-91)
『都市革命』 *1970年刊

本書は,1960年代末から70年代にかけてルフェーブルが展開した都市論の中でも,『都市への権利』と共に代表作の1つ。

ルフェーブルは,工業化の諸形式が支配する時代から,〈都市的なるもの〉の形式が決定的に勝利をおさめる時代への移行の可能性を都市革命という言葉で表現する。彼が主張するのは社会的生産様式と都市的空間形式の弁証法的な関係である。彼は,社会の完全な都市化が,工業化の所産でありながらその前提を突き崩していく可能性を内包していると考えるのだ。空間は生産関係を表現するが,同時にそれに逆作用を及ぼすのである。

この場合,〈都市的なるもの〉とは切断－縫合された異質な場の集中形式として定義される。それは寄せ集めの場所であり,出会いの点であり,街路にひしめく群衆,市場に積まれた収穫物,交渉する記号の運動である。それはその異種混交的な集中性において,総体的レベルでの国家による制度的空間システムとも,私的レベルでの居住地の広がりとも拮抗する混合的レベルの諸戦略がせめぎあう戦場なのである。したがって,〈都市的なるもの〉とは,歴史的時間と社会的空間の両面において危機的局面を構成している。

ルフェーブルはまた,都市を記述する方法論についても刺激的な議論を展開し,イゾトピー／ヘテロトピー／ユートピーといった場所性のカテゴリーを提起している。都市が意味作用に溢れた空間であることを認めつつ,それは単一の記号体系に属するわけではないし,すべてをテクスチュアルな平面に還元できるわけでもないことを強調する。また,現代の都市計画がいかなる空間の政治を実践しているのかにも言及していく。こうした本書の議論は,数年後の『空間の生産』で集大成されていくことになる。 吉見俊哉

[書誌データ] Henri Lefebvre, *La révolution urbaine*, Editions Gallimard, 1970（『都市革命』今井成美訳,晶文社,1974）.

ル・ボン Gustave Le Bon (1841-1931)
『群衆心理』 *1895年刊

群衆(群集)についての代表的著書として広く知られ,とくに群集心理によって大ぜいの人びとの異常な行動が発生したというような説明が,本書を拠り所として過剰に広められた。集団の状況が行動を変化させることに,当時研究者の関心が高まってきていた。

群集は集団の種類の1つであり,むしろ特異な種類であって,この特徴が一般的な社会生活に認められるわけではない。本書は,群集の状況では格別の付和雷同が生じることを指摘し,その記述が注目を集めた。通常の個人の状況とは異なる状況が,時代とともに増加するであろうとの見通しが述べられていることでは,社会運動ないし政治運動に対する忠告と警告が読み取られる。

序論の見出しである「群集の時代」は,本書のほかにも民族,革命,戦争などを論じた著書のあるル・ボンの社会観に出るものである。その後の社会心理学の発展からすれば,集団内行動というような概念が一般理論に役立っており,群集を論じている本書に人間の行動についての考え方を知ることが重要である。衝動,被暗示性,感情,想像力などの議論は,行動の情意的側面を追究する次代の傾向へつながるものであった。

しかし,個人の精神が群集の状況では突然に集団精神に変質するかのような説明は,最も批判を受けるところである。集団精神と称し得る主体は存在しない。付和雷同するのも個人の精神にほかならない。「群集心理」という用語は日常よく使われる日本語になっている。その意味は「群集心理によって買い手が殺到した」というように原因を説明することに当てられがちであるが,本書の内容は「人びとの単純で,誇張的な感情」から,乱暴,偏狭,献身,想像などの助長と改善を論じている。 亀山貞登

[書誌データ] Gustave Le Bon, *Psychologie de foules*, 1895（『群集心理』桜井成夫訳,講談社学術文庫,1993）.

ルーマン　Niklas Luhmann (1927-98)
『法社会学』＊1972年刊

　複雑性の縮減・増大という社会システムの機能に関連づけて法を分析した書。ここでは、法を当為としてア・プリオリに設定するのではなく、相互行為という基本的な場面にまで溯って法の原理的な形成やその歴史的な変容が明らかにされる。

　前半では、法とは何かが述べられる。社会的行為が成り立つためには、双方の当事者が相手の行動を予期するだけではなく、自分の行動に対する相手の予期（Erwartung）を予期することができなければならない。「予期の予期」というかたちをとる行動予期は、3つの次元でそれぞれ一般化されうる。時間次元では、予期が裏切られるたびに予期のあり方を変更する「認知的予期」と、予期が裏切られても予期を堅持する「規範的予期」との分離をつうじて、規範的予期が安定化される。社会次元では、第三者の予期が予期されることによって、合意が擬制的に想定される。意味次元では、予期連関が意味的に同定されることによって、相互の確認が可能になる。法というのは、この3つの行動予期の一般化を整合的な仕方で実現したものである。

　後半では、「原始的な法」から「高文化の法」を経て「実定法」へと至る法の歴史的な変容が説明される。法は、社会システムの構造として世界の複雑性（Komplexität）を縮減していると同時に、法の変化は、自己とその環境の複雑性を高める社会システムの変化と相関している。近代社会のもとで登場した実定法は、決定に基づいて定立・妥当する法であり、法の変更そのものが合法化されている。本書は、このように「合意」や「上位規範」によって法を基礎づける従来の見方を退ける立場をとっている。
正村俊之

［書誌データ］Niklas Luhmann, *Rechtssoziologie*, Rowohlt Taschenbuch Verlag GmbH, 1972（『法社会学』村上淳一・六本佳平訳, 岩波書店, 1977）.

ルーマン　Niklas Luhmann (1927-98)
『権力』＊1975年刊

　従来、権力は、相手の抵抗に逆らってでも結果を実現する作用として理解されてきたが、それとは異なる権力観を提示したのが本書である。ここでは、コミュニケーション・メディア論や社会システム論をベースにして権力が論じられている。ルーマンのいうコミュニケーション・メディアとは、マスメディアのように情報の伝達を容易にする媒体ではなく、選択の結果を相手に受容させることを容易にする媒体を指している。貨幣・真理・愛と同様、権力も、この種のメディアとして位置づけられている。

　権力過程では、権力保持者は、権力服従者に対して肯定的に評価した選択肢の組み合わせを否定的に評価した選択肢の組み合わせと結合させるかたちで提示する。否定的に評価された選択肢の極限的なケースは、物理的暴力であるが、そうした選択肢を選択することは、どちらの側にとっても好まれない。権力は、否定的に評価された選択肢の選択を回避するという迂回路を辿ることによって、肯定的に評価された選択肢を受容させるチャンスを高めている。それゆえ、物理的暴力という否定的な選択肢が選ばれることは、権力の崩壊を意味している。

　本書ではさらに、起こりそうもないことを起こす社会システムの進化の働きと関連づけて、権力の機能やその副次的な効果が説明されている。社会学には、ウェーバーに代表される強制型の権力論と、パーソンズに代表される合意型の権力論があるが、権力が自由と強制を相互に条件づけながら高めあっていくことを示したルーマンの権力論は、そのいずれとも異なる権力論を提起したものであり、そこに本書の意義がある。
正村俊之

［書誌データ］Niklas Luhmann, *Macht*, Ferdinand Enke Verlag, 1975（『権力』長岡克行訳, 勁草書房, 1986）.

ルロワ＝グーラン
André Leroi-Gourhan (1911-86)
『身ぶりと言葉』 *1964-65年刊

直立歩行，手の解放，咀嚼器官の縮小，大脳の発達という人類の生物学的進化は，道具の使用を基礎づけるとともに，言語活動をも可能にした。本書は，道具による環境との相互作用とその蓄積である技術の進化を生物の進化一般のうえに構想しつつ，きわめてマクロな視点から技術と言語活動の相関関係を明らかにしようとすることが試みられている。

人間が直立位を獲得して手が食物を適当な大きさに切り分けることができるようになると，不必要になった巨大な歯列は縮小し，後頭部，次いで前頭部が発達する余裕ができる。解放された手が身ぶりを形成する一方，食物の咀嚼，嚥下の重労働からほとんど解放された口は，身ぶりに伴う意味をもった音声，つまり言葉の形成を可能にする。

本書は，このような人類の生物学的進化の論理を，生物の起源から都市や工業社会の形成に至る歴史の全体に貫通させようとする。大脳皮質の発達は，一方で旧皮質を残しつつ，他方で前部に新しい統合装置を付加し，より高次の全体が形成される。統合装置は，脳の内部にとどまらず，しだいに音声，書字，書物，コンピュータなどの形で外化していく。このパターンが石器の発達から，現代社会のエレクトロニクス技術に至るまで貫通しているととらえられる。

本書は，こうした人類史的展望のなかで，言語活動を技術的身ぶりと音声的表象の2つの契機から理解し，さらに洞窟壁画から芸術としての絵画に至る形象としての言語という広い枠組みのなかでとらえようとしている点で注目される。

[書誌データ] André Leroi-Gourhan, *Le geste et la parole*, vol. 1: technique et langage, 1964, vol. 2: la mémoire et les rythmes, 1965 (『身ぶりと言葉』荒木亨訳, 新潮社, 1973).

亘 明志

レイン Ronald David Laing (1927-89)
『ひき裂かれた自己』 *1960年刊

後に反精神医学の旗手となった英国の精神科医レインが1960年に29歳で書いた，半ば専門的半ば啓発的な書物。内容は，すべての精神の障害を代表する分裂病という精神病と，そしてその未熟型というべき分裂病質（スキゾイド）についての相当に専門的な論述であるが「精神病と診断された人を理解することは一般に考えられているよりはるかに可能だ」という立場にたち，しかも英国で最初の実存主義的心理学書として終始平易な英語で語ろうとしたから，専門家を超えて多くの読者をえ，65年にはペリカン版にもなった。71年に出た邦訳もよく読まれた。

60年代から70年代にかけて先進諸国に現れた反科学運動の一環であった反精神医学 (antipsychiatry) は，19世紀以来の伝統的精神医学が精神現象を論じるのに過度の医学化 (medicalization) に身をゆだね，暗黙裡に狂気イコール病気と仮定してきた一面性への異議申立てであり，「狂気と正気」の問題を社会的政治的次元で見直すことを求めた。

この考え方は80年代以降の脳科学の進展とその精神医学への影響下にあって，急速に後景にしりぞいたが，病理とはいえ精神を取り扱う科学が「真の自由の側に，本当の人間的成長の側にたちうる学問でありながら，いとも簡単に洗脳の技術と化し，少しも傷害的でない拷問によって人間に社会適応的な行動をひこおこさせる技術となりうる」という警告は時代を超えて有効であろう。

本書はまた，病気についてではあるが，青年心理学的な「自己」と「にせ自己」を語ることによって，これまた20世紀後半の課題というべきアイデンティティ問題に説得的な話題を提供した。

訳者（笠原 嘉）要約

[書誌データ] Ronald David Laing, *The Divided Self: An Existential Study in Sanity and Madness*, Tavistock Publication, 1960 (『ひき裂かれた自己―分裂病と分裂病質の実存的研究』阪本健二・志貴春彦・笠原嘉訳, みすず書房, 1971).

レイン Ronald David Laing (1927-89)
『自己と他者』 *1961年刊

「自己と他者」の関係といってもいろいろあって，対人関係を円満に保つのに社交技術としてどうするかといったレベルもあれば，そもそも自と他の区別を成り立たせている基盤も問題にする場合もある。精神病理学がとりあげるのは後者で，それは「他人の声が頭の中に入ってきて考えを左右する」などといった病的体験に触れることが多いからである。ここには大きく分けて2つの流れがあり，1つはフッサール以来の哲学的現象学，もう1つは精神分析。前者は自と他の成り立つ存在の構造的深みをさぐり，後者は過去へと歴史的淵源を遡るといえようか。

レインのこの著作は両者の流れを含んでいる。『ひき裂かれた自己』がその副題とするように彼は実存主義的な心理学書の英国における最初の書き手を自負していたし，英国で彼が育った精神医学風土は対象関係論といって幼児期以来の母子関係の研究などで先進的なところであった。しかし，終始人間を社会体系ないしはネクサスの内なる存在としてみる点で，彼の自他論はすぐれて社会学的である。この見方は他の著作，たとえば『狂気と家族』などにも共通しているが，ここでは一段と微に入り，たとえば自分（P）を相手（O）がどうみていると自分（P）が思っていると相手（O）が思っていると自分（P）が思うか，といった具合に進む。

また自己と他者の関係のなかに愛と信頼の芽をみるよりも，曲解と盲信の，束縛と暴力の根をみ，愛という名にかくされた社会的欺瞞や共謀の部分に焦点を当てて捨むところがないのも，反精神医学者レインらしい。

さらにドストエフスキーを始め文学作品がいくつか引用されて本書を興味深いものにしていることも付記しよう。　訳者（笠原 嘉）要約

[書誌データ] Ronald David Laing, *Self and Others*, Tavistock Publication, 1961; 2nd ed., 1969 (『自己と他者』志貴春彦・笠原嘉訳，みすず書房，1975).

レイン Ronald David Laing (1927-89) 他
『狂気と家族』 *1964年刊

分裂病の人をその一員としてもつ家族の成員たちが日常家庭内でかわすコミュニケーションにどういう特徴があるか。アボット家からローソン家にいたる11の家庭について彼らの生のやりとりを面接記録として示す，というユニークな形をとった書物。「病人の体験や行動は，家族という文脈でみるとき，今まで考えられてきたよりはるかに社会的に了解可能になる」。入門書としてもよい。

こういう研究を精神医学は「家族研究」(family study) と呼ぶ。生物学的にしろ心理学的にしろ病気を「個人内部」的とみる常識を破って，家族という小社会レベルで了解可能性を探る。とはいえ，幼児期における母親との間の単因的な出来事にすべてを帰するような素朴な発想ではなく，家族を多様な人間たちからなるシステムとみて，外見的にはみえない成員間の微妙な心理やコミュニケーションに焦点を当て，素質とストレスとの間に構成される動的な相互関係を重視する。

こういう考え方は，症候や経過が心理的次元のみで展開される神経症や発達途上の児童や青年の障害に対してなら容易に適用されるが，分裂病という遺伝的生物的次元の関与も当然考慮にいれなければならない本格的な精神障害に対して用いるには慎重さを要する。「あまりに多くを見出だし過ぎるという非難」をあびる危険は当然ある。反精神医学的な発想を好む著者はこの点勇敢であるが，その背後には米国の研究，とくに1956年のベイトソンの二重拘束学説（double bind theory）が控えていると見るべきである。1997年現在，分裂病についてのこういう社会心理学説はシステム論的な了解論として命脈を保っている。

訳者（笠原 嘉）要約

[書誌データ] Ronald David Laing & A. Esterson, *Sanity, Madness and the Family: Families of Schizophrenics*, Tavistock Publication, London, 1964 (『狂気と家族』笠原嘉・辻和子訳，みすず書房，1972).

レイン Ronald David Laing (1927-89)
『家族の政治学』 *1971年刊

1964年に書かれた『狂気と家族』の理論編というべき書物。「狂気」とはここでは分裂病といわれる精神病のこと。ふつう生物学的次元か心理学的次元か、いずれにしろ「個人内部」にその原因が想定されるこの病気に対して「家族のなかの病人」という視点から社会学的了解可能性を探り、原因論の一角を主張しようとする。この種の研究は1960年代「家族研究」と称されて米国を中心に生まれたが、英国ではレインくらいしかなかった。

精神を扱う精神医学が過度に医学化し、明白あるいは暗黙に「狂気イコール脳病」とする常識を批判して登場し、社会や体制の影響を強く示唆したこの反精神医学徒は、その主張の根拠の1つを家族という小社会におき、もっぱら家族成員間のコミュニケーションを研究した。システム論ではあるが、現代流行のそれに比すると深層心理学的ニュアンスが強い点が特徴である。

「政治学」という表現が示すようにここでは主としてパワー・ポリティクスに焦点があたっている。家族成員の誰にとっても決して意図的でないが、しかし家族が家族としてのまとまりや体面を保つために無意識の欺瞞や策略から自由でありえない。現実の家族と幻想の家族、コミュニケーションとメタコミュニケーション、規則とメタ規則等々が葛藤や矛盾を隠蔽する。

ここに述べられている例はすべて分裂病という精神病のこととされているが、しかしむしろこれは今日のわれわれ家族に当たるのでないか。そういえば、分裂病の家族研究として一時代前に提示されていた社会心理学的知見は今日より広く社会的心理的困難の際の家族治療的処方箋として利用される。この事実をわれわれは喜ぶべきかどうか。

訳者〔笠原 嘉〕要約

[書誌データ] Ronald David Laing, *The Politics of the Family and other Essays*, Tavistock Publication, 1971(『家族の政治学』阪本良男・笠原嘉訳、みすず書房, 1979).

レヴィ＝ストロース
Claude Lévi-Strauss (1908-2009)
『悲しき熱帯』上・下 *1955年刊

「私は旅や探検家が嫌いだ」という言葉で始まり、「世界は人間なしに始まったし、人間なしに終わるだろう」という言葉を含む最終章で終わるこの旅行記は、20世紀前半の困難な時代における精神の旅の調書の傑作として読み継がれてゆくだろう。

そこには人類学に入る境界上のいわば無垢な眼で目撃されたブラジルの森やサバンナに生きるボロロ族やナンビクワラ族の民族誌を軸に、20代までの著者の精神形成やナチス支配から逃れるニューヨークへの厳しい船旅、ブラジル奥地探検中の所感、古典劇の主人公に自分を重ねて旅の合間に構想した劇のシノプシス、壮大な文明論的考察などが自由にコラージュされている。大西洋の夕空の刻々の変化を微細に描いた一節も、もともとコンラッド風の小説に使うつもりであったというように、作品全体に文学的な感覚が溢れている。

著者が遭遇した4つの社会についての民族誌的な記述は、定着民と半遊動民という生活形態や、造形表現の有無、社会構造の複雑さの度合い、あるいは研究上の文献資料の有無と直接観察の適否といった点で明確な対比をなし、ブラジル民族学の一断面図を作ろうとしたという著者の探検行の狙いをあざやかに示している。政治の原初形態をめぐるルソー的な考察を誘いだしたナンビクワラ族が、もともと、より恵まれた条件にあった社会の崩壊した姿だとする推察には、進化主義の対極として、文明化即ち堕落というルソー主義ともやや異なる著者の歴史へのペシミズムが滲み出ている。30年後刊行された写真集『ブラジルへの郷愁』には、この旅の情景が見事に定着されている。

渡辺公三

[書誌データ] Claude Lévi-Strauss, *Tristes Tropiques*, Plon, 1955(『悲しき南回帰線』上・下、室淳介訳、講談社, 1971；講談社学術文庫, 1985；『悲しき熱帯』上・下、川田順造訳、中央公論社, 1977).

レヴィ゠ストロース
Claude Lévi-Strauss (1908-2009)
『構造人類学』*1958年刊

　フランスの構造人類学者レヴィ゠ストロースの，初めての論文集。本書，ならびに随筆『悲しき熱帯』(1958)により，著者は新思潮，構造主義(structuralisme)の旗手として広く内外に知られることになった。

　本書は，3つの研究分野にまたがる。第1は，言語学と親族研究の内在的な連関を扱う論文。第2は，具体的な民族誌データから社会組織を扱う論文。第3は，呪術・宗教・芸術といった表象の形態を扱う論文。これらにより，前期の『親族の基本構造』(1949)から後期の神話研究への展開を見渡せる。

　本書は，構造人類学の方法を提示した書物として大きな意義をもつ。著者は，さまざまな種族の社会構造や文化が類似していることに興味をもった。この事実は従来，文化の伝播や発展段階から説明されてきた。著者はまず，そうした伝播主義，古典人類学，マルクス主義が無効だとする。むしろそれは，人間精神の隠された〈構造〉の発見であって，そうした〈構造〉は，親族の領域，社会構造や神話の領域に普遍的に見出されるという。こうした〈構造〉は，言語学（とくにR. ヤコブソンの音韻論）が開発した方法，すなわち一連の二項対立を取り出し，その代数学的関係をつきとめる作業を通じて浮き彫りになっていくのである。

　この議論が正しければ，マルクス主義の歴史観はまっこうから否定される。そこで，本書をきっかけに，左翼の立場から実存主義を構築していたサルトルと論争になった。その論争を通じて，構造主義の系譜は70年代以降の思想界の主役となり，来るべき社会主義崩壊の前奏となったのである。
　　　　　　　　　　　　　　　　橋爪大三郎

［書誌データ］ Claude Lévi-Strauss, *Anthropologie structurale*, Plon, 1958 (『構造人類学』荒川幾男他訳，みすず書房，1972).

レヴィ゠ストロース
Claude Lévi-Strauss (1908-2009)
『今日のトーテミスム』*1962年刊

　構造人類学を確立したレヴィ゠ストロースは，本書の執筆を境に，前期の親族研究から後期の神話研究へと移行していった。本書と『野生の思考』(1962)とは，ライフワークである『神話論』全4巻の序論にあたる。

　「今日の」とは，かつてオーストラリアのトーテミスムを考察したE. デュルケームの『宗教生活の原初形態』(1912)を意識したもの。本書はまず，フレーザー以来の古典人類学を再吟味し，それがなぜトーテミスムという誤った観念を生み出したのかを考える。つぎに，自らの親族研究の成果を踏まえ，オーストラリア原住民にみられる婚姻クラス・システムが「未開」などころか，無意識のうちに人類の普遍的なロジック（現代数学の代数学的構造）をそなえていることを指摘する。さらに，トーテムが世界を考えるのに都合のよい(good to think)道具であって，近代科学に匹敵するもうひとつの分類体系を形成していることを示唆する。

　本書は，野生を生きる人々の精神世界（コスモロジー）を対象にする。著者によれば，現代西欧社会のうみだした人類学（のトーテミズムの観念）は，野生の人々の精神世界と同等なものにすぎない。とすれば，トーテミズムは野生のコスモロジーを説明する，特権的な「理論」ではありえない。野生のコスモロジーはただ，親族研究の分野で有効であることが示された方法――二項対立などを駆使する構造言語学の方法によって，その構造をあぶり出されるしかないものなのだ。こうして，レヴィ゠ストロースの神話学の基本的アイデアが成立した。
　　　　　　　　　　　　　　　　橋爪大三郎

［書誌データ］ Claude Lévi-Strauss, *Le totémisme aujourd'hui*, Presses Universitaire de France, 1962 (『今日のトーテミスム』仲沢紀雄訳，みすず書房，1970).

レヴィ=ストロース
Claude Lévi-Strauss (1908-2009)
『やきもち焼きの土器つくり』*1985年刊

1971年に完結した4巻，数千ページにのぼる『神話論』の『生のものと火にかけたもの』『蜜から灰へ』『食卓作法の起源』『裸のひと』という各巻の表題にも，ヒトを人間に変え自然から文化へ移行させる媒体としての料理の火がいかに獲得されたか，という神話研究の全体を貫く重要なモチーフの1つが読みとれる。火は，もう1つの自然と文化の媒体である装身具の起源の神話とも共鳴しながら，最終巻でいわば失われた自然としての「裸のひと」を回想させるのである。

10年近くかけて神話研究を完成した後，まだ残されていた主題の1つが，すでに1964年の講義で素描された南北アメリカの先住民の土器の起源神話をめぐるこの神話論であり，20年の発酵の後書き上げられたのである。料理の火は器があって初めて意味をもつ。著者によれば，料理の火が天と地上と地下界とをまきこんだ宇宙的な戦いの対象として語られるのに対して，もう1つの媒体である土器は，天と地下の水界の戦いのいわば副産物として，偶然のように地上の人間にもたらされたと語られるという。そして食物を入れる土器は，食物を取りこむ器としての人間の身体の隠喩となり，その起源は，口からの摂取や肛門からの排出という身体機能を端的に喚起するヨタカやホエザルやナマケモノといった南北アメリカの多様な生物を神話素に用いて語られるとされる。土と火と水を素材として製作され，物を食物に変える土器，消化によって食物を糞すなわち土にかえす器としての身体，身体機能を象徴する動物といったイメージ群の連鎖は巻末のフロイト批判とともに著者の神話分析の特徴を凝縮したものとなっている。

訳者要約

[書誌データ] Claude Lévi-Strauss, *La potière jalouse*, Plon, 1985 (『やきもち焼きの土器つくり』渡辺公三訳，みすず書房，1990).

レヴィナス Emmanuel Levinas (1906-95)
『全体性と無限』*1961年刊

『時間と他なるもの』(1946)，『実存から実存者へ』(1947)で素描されたレヴィナスの思索を集大成した主著で，1958年に起草され，1961年にオランダのマルティヌス・ナイホフ社から出版されるとともに，国家博士号請求論文としてパリ大学文学部に提出された。序文，第1部〈同〉と〈他〉，第2部「内面性と家政」，第3部「顔と外部性」，第4部「顔の彼方」，結論から成る。レヴィナスによると，従来の西洋哲学は，ヘーゲル的全体性・内在性への他者性の同化吸収を本義とする「同一者」の哲学であった。と同時に，そこには，プラトンのいう「存在性の彼方」や，デカルトにおける「無限者の観念」など，全体性・内在性を断絶させる契機が孕まれてもいた。この観点からフッサールの現象学的分析を取り上げつつ，レヴィナスは，一方では，表象的指向性に先立つ「糧」の消費を，他方では，ノエマ化不能な非対称的で絶対的な他者性としての「顔」(visage)の観念を導出し，「顔」による自我の仮借なき審問のうちに，応えれば応えるほど重くなるような無限責任の倫理を看取している。内包不能な無限者を主体性が内包するわけで，倫理的主体性のこの逆説は，存在者に対して匿名の存在の優位を説くハイデガー的な存在論への痛烈な批判を含意してもいる。「顔」との「対面」の倫理を確立したうえで，レヴィナスは，男女の性愛と子供の誕生という現象を，「エロス」，「繁殖性」の名のもとに取り上げ，ヘーゲルやプラトンのいう国家には吸収されることなき独特な共同体として「部族・家族」とその無限の時間を描き出している。

訳者要約

[書誌データ] Emmanuel Levinas, *Totalité et infini: Essai sur l'extériorité*, Martinus Nijhoff, 1961 (『全体性と無限—外部性についての試論』合田正人訳，国文社，1989).

レヴィナス Emmanuel Levinas (1906-95)
『存在するとは別の仕方で あるいは存在することの彼方へ』*1974年刊

　1968年以降に書かれた5つの論文をもとに編まれたレヴィナスの第2の主著で，1章「存在することと内存在性からの超脱」，2章「志向性から感受することへ」，3章「感受性と近さ」，4章「身代わり」，5章「主体性と無限」，6章「外へ」から成る。『全体性と無限』(1961)で確立された無限責任の倫理が，本書では，「同と他」ではなく「同のなかの他」という視点から再考されているのだが，この視点の移動はまず「起源」から「無起源」への遡行を必然化し，「彼性」の「痕跡」とも，現在なき「隔時性」とも称される「記憶を絶した過去」の次元を開く。契約にも意志にも基づかず，それどころか，「ある」(il y a)の無意味に圧倒された，この無償の「自己贈与」，忌避不能な「身代わり」の次元，それが「存在するとは別の仕方で」という言葉で表現される事態にほかならない。その一方でレヴィナスは，私の隣人の傍らに存する「第三者」の観念を提起するとともに，隣人と「第三者」を比較する必要を説くことで，「慈愛」とは異質な「正義・公正」の秩序を，平等な市民の同時的共存として確立し，それをさらに，「存在すること」として，「顔」の「謎」に対する「現象性」として捉え直してもいる。存在論と現象学の不可避性が「正義」という観点から指摘されるわけで，かくして，「ある」の試練につねに脅かされながらも，「慈愛」と「正義」，「贈与」と「交換」が互いに審問し合うような往還によって倫理の全幅が描き出されるに至る。「懐疑的言説」と呼ばれる破格な文体で本書が綴られていることも忘れてはなるまい。

訳者要約

[書誌データ] Emmanuel Levinas, *Autrement qu'être ou au-delà de l'essence*, Martinus Nijhoff, 1974（『存在するとは別の仕方で あるいは存在することの彼方へ』合田正人訳，朝日出版社，1990）.

レヴィ＝ブリュール
Lucien Lévy-Bruhl (1857-1939)
『未開社会の思惟』*1910年刊

　ソルボンヌで近代哲学史を講じていたレヴィ＝ブリュールは哲学における主著『道徳と習俗の科学』(1903)の刊行後「未開心性」の研究に向かった。その最初のしかももっともよく知られた成果が本書である。

　彼の関心は西欧人の心性と「未開人」の心性は本質的に同一か異なるかという問題にあった。本書においてタイラーやフレーザーなど19世紀の進化主義人類学者の前提だった人間精神の同一性という仮定を拒否し，相対主義的立場をとった。また彼はイギリス人類学派に共通した，個人心理によって文化を説明する方法を批判して，社会と集合表象を重視した。「未開人」の集合表象において，たとえばボロロ族が自らを金剛インコだというように，矛盾律のような論理的な規則が成り立っていないのはなぜかと彼は問う。そして「未開心性」を近代の論理的，合理的，科学的な思考とはまったく異なる思考に基づいていると考え「前論理的心性」と呼んだ。ただし「前論理的」という語は「反論理」や「無論理」を意味しているのではない。それは一にして多，同一にして異なるといった，矛盾律とは別の独自の組織性ないし原理（これを「融即（分有）の法則」と名付けた）に基づいているのだという。

　彼の「未開心性」の議論はアナール学派をはじめ広い影響を与えたが，その後の文化人類学の研究史のなかで批判され忘れられてきた。レヴィ＝ブリュール自身も晩年には自分の考えを撤回した。しかしエヴァンズ＝プリチャードのように批判しながらも高く評価する人もいる。最近ではタンバイアがフロイトやベイトソン，ランガーらによる無意識の思考の表象過程における法則と関連させて議論している。

加藤 泰

[書誌データ] Lucien Lévy-Bruhl, *Les fonctions mentales dans les Sociétés inférieures*, Alcan, 1910（『未開社会の思惟』山田吉彦訳，小山書店，1935；改訂版上・下，岩波書店，1953）.

レヴィン Kurt Lewin (1890-1947)
『社会科学における場の理論』 *1951年刊

　場の理論（心理学的場と社会的場）に関するレヴィンの晩年約10年間の理論的論文10編を，弟子のダーウィン・カートライトが編集した論文集。ほぼ同時期における，現実の諸問題を考察した論文は，『社会的葛藤の解決：グループ・ダイナミックス論文集 (*Resolving Social Conflicts: Selected Papers on Group Dynamics,* Harper, 1948)』(末永俊郎訳，東京創元社，1954) に収められている。

　レヴィンの場の理論は，1つの理論というよりも，心理学や社会科学において現象を理論化するうえでの思考方法を示したものといえる。心理学的場（生活空間）とは，個人の行動に影響を与える個人的要因，環境的要因，および，それら諸要因の相互依存的関係の総体である。また，この定義の個人を集団に置き換えたものが，社会的場の定義である。特定時点の個人（あるいは，集団）の行動を規定するのは，その時点における心理学的場（あるいは，社会的場）のみであり，過去の心理学的場（あるいは，社会的場）は，直接的に行動を規定するのではなく，現時点の場の形成に関与することを通じて，間接的にのみ行動を規定するものとされる。レヴィンは，場の質的・量的両側面を記述するために，トポロジーやベクトル等の数学を援用した。

　また，レヴィンは，場の諸特性（場を構成する諸領域の布置，布置の変化，力，等）を，各種の現象（学習，退行現象，等）を説明する（理論を構成する）構成概念として位置づけ，構成概念の概念的次元を明確化し，構成概念の体系化に向けての考察を展開した。

杉万俊夫

[書誌データ] Kurt Lewin, *Field Theory in Social Science: Selected Theoretical Papers,* Harper & Brothers, 1951 (『社会科学における場の理論』猪股佐登留訳，誠信書房，1956).

レスリスバーガー
Fritz Jules Roethlisberger (1898-1974)
『経営と勤労意欲』 *1941年刊

　レスリスバーガーは，人間関係論の創始者であるメイヨーをリーダーにして始まったホーソン実験では，1927年の実験開始から32年の終了までの約6年間，つねにメイヨーの片腕としてホーソン工場で過ごした。彼の主な著作の内容はホーソン実験に全面的に依存しており，まさにホーソン実験から生まれた学者であるといってよく，実験の経過を総括し，産業における人間関係の科学の樹立と人間関係管理の諸方策の研究に貢献した。ディクソンとの共著である『経営と勤労者』(1939) は，ホーソン実験の総括として有名である。

　本書は，人間の社会生活における「協力」という問題について分析を加え，緊密なチーム・ワークを形成し人間管理に実り多い結果を得るための基本的視点を提示している。前半は講演の内容を中心とした章で構成され，後半はそこから視点を整理した章で構成されている。とくに前半の第1部ではメイヨーのホーソン実験の先駆けとなった1924年の照明実験の紹介，さらに継電器組立実験を経て面接調査計画が企てられた経緯と背景が説明され，さらにバンク巻線作業観察実験を通じてインフォーマル・グループの存在が明らかにされている。そうしたなかで，人間は経済人ではなく集団人であるという視点にたって，人間の協力の問題が論理の問題ではなく，感情の問題であることを述べている。そこでは，人間関係論の基本的な柱である経営参加の必要性と，フォーマルな職場集団を実り多い集団にするためには全人格的に結合したインフォーマルな人間関係を重視することの必要性が示唆されている。

鈴木春男

[書誌データ] Fritz J. Roethlisberger, *Management and Morale,* Harvard University Press, 1941 (『経営と勤労意欲』野田一夫・川村欣也訳，ダイヤモンド社，1954).

レーデラー　Emil Lederer (1882-1939)
『大衆の国家』 *1940年刊

　著者はドイツの理論経済学者・社会学者で，ハイデルベルク大学・ベルリン大学の教授。1923〜25年東京帝国大学経済学部で講義したこともある。ナチが政権を取った1933年アメリカへ亡命，ニューヨークの政治学・社会学学院の教授となる。1939年死亡したので，本書が彼の遺書となった。

　レーデラーによれば，「社会集団」とは同じ利害関心により一体化された人びとの集まりであり，国家の範囲がどうであれ，社会集団の集まりから社会は成り立っている。今までの革命では，全体社会の名の下に，巨大な集団や階層が噴出していたが，すべての社会集団を破壊しつくすものではなかった。だがファシズムやナチズムは階級・階層を含めてあらゆる社会集団を抹殺し破壊しつくし，これをアモルフな「群集」または「大衆」に変えてしまう。その結果，情動に動かされカリスマ的リーダーに動員されて非合理的に行動し，創造性も効率も失った受身的な「大衆の国家 state of the masses」が出現するのである。それは全体主義国家（totalitarian state）であり，社会集団を基盤とした国家ではない。レーデラーは，「社会主義」の民主性を高く評価しつつも，それが「共産主義」のように「階級なき社会」をめざす限り，ファシズムと同じ全体主義国家になると断言する。

　本書の「社会集団」「群集」「大衆」「社会」「階級」などの概念にはやや不明瞭な点もあるが，共産主義が姿を消した現在，彼の断言は輝いてくる。本書を「大衆社会論」の古典の1つにあげる所以である。

訳者（青井和夫）要約

［書誌データ］ Emil Lederer, *State of the Masses: The Threat of the Classless Society*, W. W. Norton & Company Publishers, 1940（『大衆の国家―階級なき社会の脅威』青井和夫・岩城完之訳，東京創元社，1961）.

レーニン
Владимир Ильич Ленин(Ульянов) (1870-1924)
『国家と革命』 *1917年刊

　この小冊子は「階級対立の産物，階級支配の機関としての国家」というマルクスの国家論を復権させ，「プロレタリアート独裁」の正当性，「国家死滅」の展望を説いたものである。1917年8月の時点でレーニンは，ロシアにおけるブルジョア民主主義革命の社会主義革命への強行転化，ヨーロッパ革命への波及を確信しており，このオプティミズムが議論を明快にするとともに単純化している。国家をシンジケートに，さらには一工場にさえ喩えて論じ，資本主義が発達すると国家機能が単純化されると主張することは，普通の労働者が国家統治の主体になれることを導くレトリックでもあるが，実際そう確信していたのである。

　小冊子はまた当然にも党派的で，それゆえの単純化も免れてはいない。カウツキー主義批判のあまり暴力革命，「ブルジョア国家機構の粉砕」が強調されすぎている（実際にはソヴィエト政権は旧官僚機構を引き継がざるを得なかった）。またアナーキズムの「国家の即時廃止」論を批判するあまり，プロ独裁樹立後の「国家死滅」を生産力発展の自然史的過程の帰結と描くことになり，「死滅」の契機の主体的準備という問題を後景に退け，スターリンによる「国家の最大限の強化」に道を開いた。

　もとより「国家は社会の寄生体」「国家が存在するあいだは自由は存在しない」というリベラリズム，アナーキズムとも相通ずる見方も含んでいるが，それは苛烈な内戦期（1918-21年）以降みられなくなる。

　『国家と革命』は世界戦争と革命の時代の開始期におけるユートピアであり，それゆえの迫力と限界を合わせ持っている。　富田　武

［書誌データ］ Владимир Ильич Ленин, Государство и революция, *Полное собрание сочинений* (изд.5), т.33, с.1-120, 1917（レーニン全集刊行委員会訳『国家と革命』レーニン全集，25，第4版410-533頁，大月書店，1957；宇高基輔訳，岩波文庫，1957）.

レルフ　Edward Relph (1944-)
『場所の現象学』*1976年刊

「場所」は、人間と地表空間との現象学的関係を探求する人間主義地理学のキー概念である。それは人間の意味付与によって分節化された部分空間であるが、その感取はその場所本来のありようを受け入れ、直接経験による理解の姿勢によって初めて可能になるという。本書は、前半でそのような場所に対する姿勢のあり方の整理を試みた後、それを現代の都市や農村の空間に重層している場所の解読に適用してみせたもので、トゥアンの著作と並ぶこの分野の古典の1つとなっている。

前段のテーマは「場所」の性格規定である。著者は、場所とは人間が意志の対象とするその仕方から把握されるものとの現象学的定義を確認する。次いで場所のidentityを論じ、「外側性（outsideness）」から「内側性（insideness）」までの一連の場所に対するかかわり方に、「個人－集団－公共－大衆」という場所の社会化のありようを重ねあわせて、多様な場所identityを見事に整理している。

後段のテーマは、場所景観づくりの諸相とその背後にある場所センスの解読である。著者はそれを「本物性（authenticity）－偽物性」と「意識－無意識」という対比をふまえ、古代から現代までの例を引いて描き出す。とくに終段では現代に蔓延する没場所的な偽物の場所づくりに焦点をあて、場所本来の価値に盲目な交換価値とキッチュなステレオタイプに染まって商品記号と化したその姿を、「ディズニー化」、「博物館化」、「未来化」などの新語を援用してシニカルに描き出す。

本書は、場所や景観という人文地理学の基礎概念と現代社会学の諸概念との接合を企てた優れた越境の試みでもある。

訳者〈高野岳彦〉要約

[書誌データ] Edward Relph, *Place and Placelessness*, Pion, 1976（『場所の現象学―没場所性を超えて』高野岳彦・阿部隆・石山美也子訳、筑摩書房、1991）.

ロウントリー
Benjamin Seebohm Rowntree (1871-1954)
『貧乏研究』*1901年刊

イギリスの産業都市ヨークにおいて1899年に行われた大規模な労働者生活調査にもとづいてまとめられた貧困研究の古典的著作。不熟練労働者を中心とする貧困層の膨大な存在を統計的に立証するとともに、丹念な調査をつうじて、貧困の原因が低賃金、多子、社会保障の不備などの社会的条件にあることを明らかにし、その社会政策的解決の必要性を主張している。

貧困研究における本書の歴史的意義は、のちにロウントリー方式と呼ばれるようになる最低生活費の算定の方法を開発し、それにもとづいて貧困層の科学的検出を試みていった点にある。ロウントリー自ら「貧困線」と呼んだこの最低生活費は、普通程度の労働に従事する成人男子労働者とその家族が、健康および能率を維持するのに必要と考えられる最低限度の飲食物費を中心とし、これに家賃、光熱、被服の最低費用と地方税を加えて算定されている。そしてこの貧困線を基準に、家計の総収入がこれに充たない状態を「第1次的貧困」、総収入の一部が他の費用に転用されないかぎり、かろうじてこれを充足する状態を「第2次的貧困」とした。

それと同時に、本書は、労働者の生涯生活において、本人が5～15歳の少年期、子どもが生まれ、そのいずれもがまだ年少で仕事に従事していない30歳代の中年期、および子どもがすべて離家し、本人の労働能力が失われた65歳以上の老年期の3度にわたって、貧困線以下の困窮状態に落ちこむことを明らかにし、ライフサイクル研究に最初の道を切り拓いたものとしても、生活研究の歴史のうえで重要な位置を占めている。

寺出浩司

[書誌データ] Benjamin Seebohm Rowntree, *Poverty: A Study of Town Life*, 1901（『貧乏研究』長沼弘毅訳、ダイヤモンド社、1959）.

■ロジャーズ　Everett M. Rogers (1931-2004)
『**技術革新の普及過程**』＊1962年刊

　著者はイノベーションを，個人によって新しいと知覚されたアイディアと定義する。本書では，さまざまなイノベーションの普及に関する研究成果を収集，整理して，イノベーションの採用と普及に関する一般化を提出した。

　イノベーションの普及には4つの要素がある。1．イノベーション，2．ある個人から他の個人へのコミュニケーション，3．イノベーション採用の是非を決める社会体系，4．時間の経過。イノベーションの普及は，ある時間的経過のなかで，ある社会体系において，ある個人から他の個人へとそのイノベーションがコミュニケートされ，その結果，その採否が決定される過程である。

　ある社会体系内でイノベーションが普及するためには，まず個人がイノベーションを採用しなければならない。個人がイノベーションの存在を知ってから，採用するまでの心的過程が採用過程である。社会体系のすべてのメンバーが，同時にイノベーションの採用を決めるわけではない。早く採用を決定する人，大勢に順応する人，最後に採用する人などさまざまであり，ここから個々人は採用者カテゴリーに分類できる。

　社会体系のもつ文化と規範も，イノベーションの社会への導入を左右する要素である。ある個人が採用を決定しても，文化や社会規範がそれを支持しなければ，社会体系への導入は困難である。また，イノベーションには，採用されやすい特質と採用されにくい特質がある。

　こうして本書は，対人的コミュニケーションを軸にしながら，社会における新しいアイディアの普及過程に関する一般化を提出して，コミュニケーション研究をはじめさまざまな分野に刺激を与えた。　　　　　　　訳者要約

［書誌データ］　Everett M. Rogers, *Diffusion of Innovations*, The Free Press of Glencoe, 1962（『技術革新の普及過程』藤竹暁訳，培風館，1966）．

■ロストウ　Walt Whitman Rostow (1916-2003)
『**経済成長の諸段階**』＊1960年刊

　アメリカの経済史家ロストウが，近代産業社会の誕生を経済成長の5段階によって説明した書物。ロストウのいう5段階とは，伝統社会，離陸のための先行条件期，離陸期，成熟への前進期，高度大衆消費社会である。17世紀末から18世紀初頭にかけてのイギリスを濫觴とする近代社会は，産業化を推進するために，企業の要求に合致した教育制度，株式市場に代表される資本を動員する制度，企業家精神，ナショナリズムにもとづく国民国家などを必要としたが，これらが誕生し確立するのが離陸のための先行条件期である。つぎに離陸期とは，経済成長が社会の正常な状態となり，国民所得の5％ないし10％程度が投資にふりむけられるようになる時期である。離陸後約60年で各国民社会は，広範な近代的技術を大量に用いた成熟への前進期を迎え，その後高度大衆消費社会に突入していくとした。

　本書は，米ソ冷戦構造下の1960年に出版された。副題が「1つの非共産主義宣言」であることに明らかなように，マルクス主義の発展段階論にかわって，資本主義，社会主義という経済体制の違いに関係なく，いずれの国民社会も経済成長によって高度大衆消費社会に到達するという収斂理論を主張した点において衝撃的であった。とくに経済成長への離陸を可能にするためには，国民所得の一定の割合を投資にふりむけねばならないという開発の処方箋を示したので脚光をあびた。ロストウの主張は，その後，『成長の限界』(1972) の指摘や，環境問題，開発途上国問題の深刻化によって批判にさらされたが，本書が第2次大戦後の先進諸国における高度大衆消費社会の出現を的確に捉えていたことは，高く評価されねばならない。　　　　　友枝敏雄

［書誌データ］　Walt Whitman Rostow, *The Stage of Economic Growth: A Non-Communist Manifesto*, Cambridge University Press, 1960（『経済成長の諸段階』木村健康・久保まち子・村上泰亮訳，ダイヤモンド社，1961）．

ロック, G. Georges Roque
『マグリットと広告』 *1983年刊

パイプの絵に「これはパイプではない」という言葉がそえられた絵。こうした見る人を「意味の宙吊り」状態へと誘い込む，特異な作風で知られたルネ・マグリットは，絵葉書・ポスターなど「大衆芸術の追憶」から多くの引用を試みた作家であると同時に，彼ほど広告など商業美術へとアプロプリエート（盗用・流用・借用）され続ける画家もいない。それは何故か。そこから著者の思索が始まる。

著者は，マグリット自身がポスター画家や広告デザイナーであった事実に注意を払うが，そこに安易に答えを見いだすことはしない。広告制作者としての彼と，「中性的なスタイルに常にこだわっていた」作家マグリットとは，区別して考えるべきだというのである。では，その中性的なスタイルとは何か。それは「自分のタブローは何も表象せず，何も象徴していないという考え」であり，彼のモチーフは「シニフィアンと言われるにしても，これは，いかなるシニフィエも指し示さない」というポリセミー（多義性）もしくはアセミー（無義性）にあった。そして「彼のタブローは，それが意味作用の支配から脱しているというまさにその理由によって，広告が容易に利用できるものとなっている」。つまり，「何かのメッセージをつけくわえるなら，それは簡単に記号になってしまう」のである。

本書は一見，美学や哲学の領域の議論のように思えるが，そうしたイメージの「トランスフィギュラリテ（形象変移性）」とメディアとの関係や，「ホモ・コンシュマンス（消費人間）」の登場と広告との関わりといった問題にも論が及んでおり，「広告の社会学」への示唆にも富んでいる。 難波功士

[書誌データ] Georges Roque, *Ceci n'est pas un Magritte: essai sur Magritte et la publicité*, Flammarion, 1983（『マグリットと広告―これはマグリットではない』日向あき子監修，小倉正史訳，リブロポート，1991）.

ロック, J. John Locke (1632-1704)
『統治論―第二篇』 *1689年刊

本書は，1670年代末ないし80年代初頭の政争のなかで執筆され名誉革命後に刊行された。フィルマーの族長主義的王権神授論を論駁する第1篇をうけ，第2篇は統治の一般理論を展開する。自然状態において個々の人間は，人類の保全を命じる自然法を自ら解釈し，その範囲内で自由に行動し，また自然法への違反者を処罰できる。社会関係の安定のために政治社会が形成されると，これに自然法の解釈，執行の権力が委ねられる。政治社会の権力は，立法権，執行権，対外関係を司る連合権からなり，これらの担い手のあり方に応じて多様な統治形態が生じうる。しかし国王が立法権と執行権を独占する絶対王政，国民の同意なき課税，法によらぬ統治などは，国民の諸権利を脅かすため許されない。為政者が権力を濫用して国民の諸権利を侵害するときは，人民全体が権力を取り戻し新たな統治形態や為政者を樹立できる。必要な武力の行使も許される。ただしその弊害を考慮して抵抗には慎重さが望まれる。このほか本書では，イングランドの統治形態を念頭に国王と議会の権力の均衡が論じられる。労働により私的所有権を基礎づけ，また貨幣や不平等な所有の起源を論じる第5章も名高い。

ロックは本書や『寛容書簡』において近代自由主義の諸要素（統治の態様を規定する個人の諸権利および平等性の原理，制度化された政治権力とコミュニケーションの分離，非政治的活動領域の政治権力からの自律性，穏健な政治参加など）を提示した。本書の当初の影響力は限定されていたが，時代の進行とともに，政治思想の諸潮流に大きな影響を与えるに至った。 辻 康夫

[書誌データ] John Locke, *Two Treatises of Government*, London, 1690; critical edition by Peter Laslett, 2nd ed., Cambridge, 1967（『市民政府論』鵜飼信成訳，岩波文庫，1968；『統治論』宮川透訳，世界の名著27『ロック・ヒューム』所収，中央公論社，1980）.

■ロビンズ　Amory B. Lovins (1947-)
『ソフト・エネルギー・パス』＊1977年刊

　70年代は，石油危機が起こり，資源や環境の有限性に対する警告が多々発せられ始めた時期であった。それは大量消費型の経済や技術のあり方に反省と転換をせまるものであったが，そうした風潮のなかにあって，定量的なデータに裏打ちされたロビンズによる現状への代替案は，広く各界の関心を集めた。ロビンズは，エネルギーの供給と消費のあり方を，ハードパスとソフトパスという，互いに相容れない2つの道の選択の問題として論じている。ハードパスとは，それまでのエネルギー消費の増加傾向を外挿して未来のエネルギー需要を求め，それに見合う量のエネルギーを，多大な資本投下と再生不可能な資源の消費によって調達していこうとするものである。それに対してソフトパスでは，まずエネルギー需要の構造を使用温度や使用形態別に明らかにし，最終需要に適合的な無駄のない供給を行おうとする。そしてその供給源としては，太陽や風や植物をはじめとする再生可能なエネルギーを中核とし，ソフトパスへ移行する過渡期には，化石燃料を利用した高効率技術も一定程度許容しようとする。ハードパスが資源的あるいは資金的にゆきづまるのは必至で，また中央集権的技術体系をもたらすのに対し，ソフトパスは永続的なものであり，分散型で参加型の社会の実現が可能とされる。さらにソフトパスは，原子力を不要なものとし，核拡散を防ぐこともできるともいわれる。その後の，地球環境問題がクローズアップされる時代にあっても，このロビンズの代替案は多くの示唆を与えるものである。

田中　直

［書誌データ］Amory B. Lovins, *Soft Energy Paths: Toward a Durable Peace*, Friends of the Earth Inc., 1977（『ソフト・エネルギーパス』室田泰弘・槌屋治紀訳，時事通信社, 1979).

■ロベール　Marthe Robert
『起源の小説と小説の起源』＊1972年刊

　家族の三角形を歪んだかたちで上演する神経症患者の幻想を「家族小説（Familienroman）」と呼んだのはフロイトだが，本書は小説（novel, roman）というジャンル全体にこの断片的発言を押し広げ，この特殊近代的な文芸形式に迫ろうとした名著である。現実の家族関係から退떲した自己愛の幻想の王国を制定しようとする，《ロビンソン・クルーソー》を代表とした《捨子》の物語，そして両親（父）から見捨てられた存在としての自己を引き受け，現実の社会関係のなかで彼（ら）を乗り越えるために，社会空間を横断していく冒険者たちの軌跡が形成する《私生児》の物語（『ドン・キホーテ』がその原型とされる）という2つの理念型が抽出され，この2つの軸のいくつかの水準での絡み合いとして小説の歴史が描かれる。バルザックとフローベールを中心とした19世紀小説の分析が，総じて《私生児》の物語の優勢として語られていることも注意を引く。

　精神分析的な「家族」の現実／幻想が，現実の社会関係とその表象に読み替えられ，さらに小説中の「主人公」の生の軌跡が，書記行為（ecriture）を媒介として「作者」の精神分析に繋げられる。力業ともいえるこの強引な重ね焼きによって，理念型とテクスト，そして理念型同士のあいだの関係は，いきおい錯綜したものとなる。精神分析批評の古典的代表作と呼ばれる本書だが，むしろこの錯綜ぶりが，形式的定義を許さないかたちで野放図に展開する小説というジャンル全体の運動をかなり模倣しえている点を積極的に評価するべきだろう。サイードの『始まり』に先だって，近代的言説形式としての小説の力動自体に注目した作品と言える。

遠藤知巳

［書誌データ］Marthe Robert, *Roman des origines et origines du roman*, Grasset, 1972（『起源の小説と小説の起源』岩崎力・永永良成訳，河出書房新社, 1975).

ロールズ John Rawls (1921-2002)
『正義論』*1971年刊

近年の正義論の歴史を作った本である。1971年にこの本が出るまで,正義論を含む欧米の倫理学は,その対象について規範的主張を行うよりも,客観的・学問的に正義その他を扱う可能性自体を懐疑的に論じるメタ倫理学上の論点に集中する傾向があった。しかし哲学上の議論の発展によって,常識と厳密な「実証的」学との峻別可能性という前提そのものがゆらぎ,このタブーも力を失いつつあった。そのような時期に登場した『正義論』は,規範的正義論の可能性を実例によって示すものとして受け入れられ,その後この本をめぐって多くの論文・著書が世に現れることになったのである。

本書は,いくつかの独自の理論装置を導入しながら,社会契約論の枠組みを採用する。自分の利益にしか関心をもたない人々が,「無知のヴェール」の下で,自分の生得的・社会的地位に関する情報を知らされない「原初状態」において,基本財(人生の目的設定にかかわらずより多いほど有利であるような財)の分配に関する基本原理群を全員一致で選ぶ。そのような場面では人々は,最悪の場合を考えて行動する(マクシミン・ルール)から,諸個人の平等な自由(第一原理)とともに,格差はもっとも恵まれない者が絶対的スケールにおいて有利になるような帰結を伴う場合にのみ認められる(第二原理),という「正義の二原理」が選択される。それゆえ,弱者保護のための財の社会的再分配は,自己利益を図るために結んだ約束の履行として,公正さ(フェアーネス)の名において要請される,というのである。第1部で基本原理を導いた後,第2部では憲法・立法・法適用という異なる抽象度のルールを順に経て,社会における正義の規範の全体像が論じられる。

嶋津 格

[書誌データ] John Rawls, *A Theory of Justice*, Harvard UP, 1971 (『正義論』矢島鈞次監訳,紀伊國屋書店, 1979).

ローレンス Paul R. Lawrence (1922-2011),
ローシュ Jay W. Lorsch (1932-)
『組織の条件適応理論』*1967年刊

1960年代以降,組織研究では,組織内部だけに注目するのではなく「組織と環境」の関連をとらえることの重要性が自覚されるようになった。この転換の契機として著名なのがコンティンジェンシー理論であるが,本書は,その代表的研究と評価されている。著者たちは,環境条件の相違を考慮せずに唯一最善の管理方法を追求する点に既存の組織研究の混乱の原因があると指摘し,環境へ適応する有機体として組織をとらえるよう提唱した。

市場的にも技術的にも急速な変化に直面しているプラスチック産業から高業績・中業績・低業績各2組織ずつ計6組織,安定的な環境をもつ容器産業,両者の中間として食品産業からも各業種ごとに高業績・低業績組織を1つずつ選んで比較調査が行われた。

いずれの産業でも統合は高度に達成する必要があるが,環境が急変しているプラスチック産業では,統合と同時に高度に分化した組織が要求されていた。要求される分化の度合いは,容器産業のように安定的で多様性の少ない環境では少なかった。どの業種でも,業績の高い組織は環境の要求に応えていたが,低業績組織ではそれらの条件を満たす度合いが低かった。

著者たちは,効果的な組織の内部状態(分化と統合の程度など)とプロセス(コンフリクト解決の仕方など)のちがいは,組織外部の環境条件のちがいにより説明できるとし,組織の業績を,環境と組織の適合関係によって説明するモデルを構築した。

高瀬武典

[書誌データ] Paul R. Lawrence and Jay W. Lorsh, *Organization and Environment: Managing Differentiation and Integration*, Harvard University Press, 1967 (『組織の条件適応理論』吉田博訳,産業能率大学出版部, 1977).

ローレンツ
Konrad Zacharias Lorenz (1903-89)
『攻撃』*1963年刊

攻撃性（aggression）とは，えものに対してではなく，同種の他個体に向けられる闘争的状態のことである。それは，キリスト教社会では"悪"である。ローレンツは動物行動学の視点から，この悪の問題について論じようとした。自然科学の方法は帰納的であると考えるローレンツは，攻撃性の個々の事例から立論しつつ，相互の攻撃によって個体が分散し，種が維持されやすくなること，したがって，攻撃性という悪は，じつは種にとっては善でもあるという，当時としては画期的な指摘がまずなされる。それゆえ攻撃性は学習や経験によって獲得されるものではなく，種維持のために進化の途上で遺伝的に組み込まれたものであり，内的で自発性をもった，動物にとっては基本的な衝動である。もし攻撃性がなくなったら，個人的友情というものも消失してしまうだろう。動物は攻撃行動の儀式化によって，攻撃性の悪の面を排除するように進化してきた。それは道徳や慣習によって曲りなりにも同じことを目指してきた人間の場合ともよく似ている。さらにローレンツは，「無名の群れ」，「愛なき社会」と彼の呼ぶ魚やゴイサギの社会体制やネズミの大家族，そして「連帯のきずな」をもつハイイロガンの社会体制における攻撃性の表われ方を論じたあと，人間社会における攻撃性の誤った働きについて説く。そして人間はいかにするべきかを提示して，この書を終えている。動物の行動の機能は種維持ではなく，それぞれの個体の子孫をより多く残すことにあるとする今日の動物行動学の認識からすると多くの問題を含んでいるとはいえ，1つの画期的見解であった。

訳者（日高敏隆）要約

[書誌データ] Konrad Lorenz, *Das sogenannte Böse Zur Naturgeschichte der Aggression*, Dr. G. Borotha-Schoeler, 1963（『攻撃―悪の自然誌』日高敏隆・久保和彦訳，みすず書房，1．1970，2．1970；のち1冊本として，みすず書房，1985）．

若林幹夫 (1962-)
『熱い都市 冷たい都市』*1992年刊

地理的・歴史的に異なるさまざまな都市の比較分析と，都市社会学をはじめとするさまざまな人文・社会諸科学から神話や文学にいたる多様な都市論の言説の検討によって，「都市とはどのような社会であるのか」を比較社会学的に考察した書物。

第1章では，古代における都市の起源をめぐる神話や，前近代的な社会における都市の存在形態の分析を通じて，都市が部族的な共同体や村落をはじめとする社会の他の領域間の交通を媒介する位相に成立する定住であることが，「二次的定住」という概念によって定式化されつつ明らかにされる。第2章では，古代・中世の日本における都市の成立と変容の分析を軸として，都市とは常に自身の社会状態に対する差異や異和を孕む社会であり，社会が「自然」ではなく「人為」であることが常に露呈する空間であることが示される。人間の社会にとって都市の成立とは，そのような二次的な外部を部分領域として組み込んだ「都市のある社会」への変容を意味している。第3章では，「熱い都市／冷たい都市」という概念によって，近代以前の都市と近代以降の都市の社会形態としての違いが考察される。近代以前の都市は，社会の二次的な位相を城壁などの物的な施設や，都市空間の神話的な秩序などによって構造化し，永遠化しようとする「冷たい都市」であった。だが近代以降，社会が二次的な外部を社会の全面へと展開させていくと，都市はあらかじめ構造化された全体性をもたず，その空間と秩序を通時的に拡張・変化させてゆく「熱い都市」へと変容する。近・現代における都市的なるものの横溢と，明確な対象としての都市の喪失は，都市の存在形態のこうした変容によっている。

著者要約

[書誌データ] 若林幹夫『熱い都市 冷たい都市』弘文堂，1992．

鷲田清一 (1949-)
『モードの迷宮』 *1989年刊

　20世紀は，そのとば口で，G．ジンメルやW．ベンヤミンらがすでにはっきりと予感していたように，モードの世紀であった。物もイメージもパフォーマンスも商品という形象として，モード（流行）という空気に浸された。この世紀にモードの波を被らなかったものを探すのはむずかしい。

　モードはこの意味でまずは流行としてある。そういうモードの交替がもっともはなはだしく現われるのが，ひとが身体をもった存在として他者たちの前に登場するときの，その外見の演出としての服装，つまりはファッションという現象である。本書は，このファッションという現象を，〈身体〉と〈記号〉の現象学という視角から論じた，ファッションの哲学批評とでもいうべき試みであり，1987年7月より16回にわたって，ファッション雑誌『マリ・クレール』に連載された。

　身体の保護とか個人の美しさの演出というには，あまりに錯綜した文化装置としてファッションはある。著者の議論はファッションを〈可視性の変換〉として捉える。そのときポイントになるのは，個人にとって自己の身体というものがまずは〈像〉として経験されるとする点である。この意味で，身体こそわれわれが身にまとう第1の衣服であるという。ファッションはまさにこのセルフ・イメージのモデルが社会的に流通する現象である。モデルはメイクや衣服を核とする身体表面の変換モデルとして流通し，そこにはさまざまの社会的な無意識が表出される。著者はこの変換モデルを，身体の拘束・隠蔽・変形という3つの視点から分析している。この議論は，以後，モードの時間論やファッション・メディア論，都市のテクスチュア論，感覚とスタイルの政治学などへと拡張されていった。

著者要約

[書誌データ]　鷲田清一『モードの迷宮』中央公論社，1989（『モードの迷宮』ちくま学芸文庫，筑摩書房，1996）．

ワース　Louis Wirth (1897-1952)
『ゲットー』 *1928年刊

　ゲットーとは，もともと都市におけるユダヤ人居住区のことをさす。ゲットーという概念の詳細な検討から始まる本書は大きく2つの内容に分けられる。1つは西欧でのゲットーの歴史や典型的ゲットーの記述である。中世近世をへてゲットーが自発的形態から強制的形態へと変遷した経緯が詳細な資料引用から説明される。この形態の変化は外部社会との関連だけでなくユダヤ人社会と密接な関連があり，次にそこに住まうユダヤ人の生活，文化，精神とゲットーとの有機的な関連が語られる。いま1つはアメリカでのゲットーの歴史と分析である。アメリカへユダヤ人が入植し彼らの社会が形成される過程，アメリカン・ゲットーの生成消滅の歴史，また生活空間としてのゲットーにはいかなる問題が孕まれているのか等々。とくに当時，人種の坩堝である大都市シカゴ・ゲットーの記述はアーバンエスノグラフィーとしても興味深いものだ。本書はシカゴ社会学の古典であり，寄せ場等の都市問題や差別問題を考えるうえでの基本文献である。ワースはなぜゲットーを研究したのか。それは最終章「ゲットーの社会学的意義」で明らかにされる。確かに人種民族への排除，抑圧，偏見から社会病理，社会解体の現象が集積する空間としてゲットーは捉えられる。しかしゲットーは同時にそこに住まう人々の生活共同体であり固有の文化が生成される都市空間なのである。つまりゲットーとは抑圧された病理空間であるとともにそこに住まう人々が固有の文化や人間性を醸成する豊かな空間といえる。いわばゲットーから人間性を見抜くという視点，それは都市問題，差別問題を研究するうえでの基本であり，そのことを本書は説得的に呈示する。

好井裕明

[書誌データ]　Louis Wirth, *The Ghetto*, 1928（『ゲットー——ユダヤ人と疎外社会』今野敏彦訳，マルジュ社，1981）．

和辻哲郎（わつじてつろう）(1889-1960)
『風土』 *1935年刊

人間存在の構造契機としての「風土性」を，解釈学的現象学の手法によって考察したもの。ドイツ留学（1927～28年）のさいに得たさまざまな風土についての印象を，ハイデガー『存在と時間』に触発された方法論によってとらえかえしている。和辻のいう「風土」とは，自然科学的な認識の対象としての自然環境ではなく，あくまでも間主体的な人間存在の志向性の相関項をなす，生きられた自然を意味している。すなわち，風土における「間柄としてのわれわれ」の自覚を解釈学的に考察することが，本書の主題なのである。

本書は，「モンスーン」「沙漠」「牧場」の3類型によって知られ，比較文化論的見地による日本文化論のエッセイとしても著名になったが，副題の「人間学的考察」が示すように，元来は和辻倫理学とよばれる独自の人間学体系の一環をなすものである。それは，人と人との間主体的な行為連関から出発する近代批判の倫理学であり，「倫理」を個人性と社会性が相互媒介しあう動的構造としてとらえるものであった。このような人間存在の秩序は，歴史的・風土的な限定をうけ，特定の時代の固有の社会構造としてあらわれる。

こうした風土論の構想は，空間性・社会性を軽視するハイデガーや，風土的限定をうけた「国民性」を軽視するマルクス主義を批判する文脈から提示されたものであった（本書の原型となった1928～29年の講義ノート「国民性の考察」参照，全集別巻1に抄録）。また本書は，体系構築の途上で刊行されたものであり，最終的には，人間存在の歴史的・風土的構造を包括的に叙述した『倫理学』下巻（1949）に発展し，「ステッペ」「アメリカ」を加えた5類型として結実した。　米谷匡史

[書誌データ]　和辻哲郎『風土―人間学的考察』岩波書店，1935（改訂：1944；再改訂：1949；『和辻哲郎全集8』岩波書店，1962）．

ワルラス　Léon Walras (1834-1910)
『純粋経済学要論』
*1874年第1分冊，1877年第2分冊刊

同じ限界効用理論の発見者であるジェボンズやメンガーをこえて，一般市場均衡の多次元方程式モデルを構築した本書は，純粋力学を体系的に経済学へ導入した古典である。

まず二者二財モデルを構築する。財とは交換価値をもつ社会的富である。限界効用均等の法則から需要曲線を導出し，さらに供給曲線を導出する。次にモデルを多者多財市場に拡張する。完全競争，生産要素の完全移動性，および完全な価格弾力性という仮定のもとで，一般均衡モデルを構築。n人でm個の商品を市場交換する場合，方程式の数は，各人の収支均等式がn個，任意の2商品の各人における極大満足式が$n(m-1)$個，各商品の需給等式がm個で，計$mn+m$個である。これに対して決定すべき未知数は，価格が$m-1$個，交換量がmn個，計$mn+m-1$個である。この場合，方程式の数が未知数よりも1個多く，方程式が解ける。つまり，市場の一般均衡解の存在が証明できる。O. ランゲはこれをワルラス法則と呼んだ。この均衡は，①消費財と消費用役（交換理論），②原料と生産用役（生産理論），③固定資本財（資本形成の理論），④流動資本（流通・貨幣の理論）の4段階においてそれぞれ成立する。

不均衡状態から価格調整を通じて均衡に至る模索過程，すなわち均衡の安定条件は，せり人とニューメレール（価値尺度財）を想定して説明される。不均衡状態では，取引証書へ記入することで均衡価格が模索され，実際の取引は均衡価格の成立後になされる。ある市場の均衡値が成立すると，それは別の市場の与件となり，各市場が輪環的に調整される。

版を重ねるごとに大きく改訂増補。　橋本　努

[書誌データ]　Léon Walras, Eléments d'économie politique pure: ou Théorie de la richesse sociale, L. Corbaz, 1874-77（『純粋経済学要論―社会的富の理論』久武雅夫訳，岩波書店，1983）．

ワロン Henri Wallon (1879-1962)
『子どもの精神発達』 *1941年刊

　本書は、ワロンの児童心理学の理論を組織的に概観した著作である。ワロンは子どもの発達を生物学的要因と社会的要因との弁証法的発展としてみる。したがって伝統的な児童心理学のように、子どもは最初生物学的存在で、成長するに従って社会的存在となるという見方をとるのではなく、子どもは生まれたときから社会的存在だという。乳児は自立して生活を営むことができず、おとなの世話を絶対に必要とする。そのため子どもは生涯の最初の時期を、他者との共生によって過ごすこととなる。そこで生物学的機能も社会的機能に結びつきながら、子どもの発達が進行していく。

　その典型が、情動のはたらきである。叫びや泣き声のように最初は純粋な興奮にすぎなかった生理的器官のはたらきが、母親と関わるなかで情動表現として意味を持ち、それが意思伝達の道具になる。運動行為の発達に伴い、この機能がいっそうの発展をとげると、表象が出現し、とくに言葉という社会的手段によりそれの発達に拍車がかけられる。こうして認識のはたらきも飛躍的に広がり、深まっていく。また子どもは他者と共生し関わり合うなかで、あるときは対立し、あるときは融即しつつ、自我を芽生えさせ、これを次第に確実なものにしていく。

　このように生物学的発達と社会的発達とを切り離さずに、子どもとその生存条件を統一的に把握したところに、ワロンの発達理論の特色があり、この接近法は、従来の児童心理学研究の在り方に重要な問題を投げかけた。また、現代の発達研究の焦点となっている愛着理論は、R. A. スピッツの研究に負うているが、これは情動発達に関するワロンの理論から着想を得て形成されたものである。

滝沢武久

［書誌データ］ Henri Wallon, *L'évolution psychologique de l'enfant*, A. Colin, 1941（『子どもの精神発達』竹内良知訳、人文書院、1982）．

ワロン Henri Wallon (1879-1962)
『身体・自我・社会』 *1983年刊

　本書には、ワロンの発達観を直接知ることのできる8編の論文が、3つの分野に分類されて、訳出されている。第1部は、「私はいかにして私になるか？」の問いをめぐって、自我と他者との関係をとりあげた論文から成る。人間は他者との関係を離れては生きることのできない存在である。とりわけ乳児は無力であるだけに、周囲の人々との緊密な共生関係を持つことが不可欠である。発達とはこの共生段階から出発して、自我を確立していく過程にほかならないという視点に立って、その考察を進めていく。

　第2部は、心‐身、自‐他の弁証法についてとりあげた論文から成る。人間は、身体‐心‐社会の複合体である。その典型を情動のはたらきにみることができる。情動は、身体の中で生じる生理的反応であると同時に、他者に伝わり影響を与えるし、また他者を介して間接的に外界にはたらきかける。集団の安定性や力も、個人間の情動表現を通して与えられるし、無力な乳児も、情動表現のおかげで他者との共生関係を持つことができる。この意味で情動は、人間の社会生活の基盤をなしているのである。

　第3部の論文は、ワロンの発達段階論が、ピアジェとの比較で、とりあげられている。ピアジェが子どもの発達を認知機能の分野に限定して記述しているのに対し、ワロンは生理‐心理‐社会を総合した全体のなかで説明する。ここで彼は発達段階の区分をおこなっているが、それらの段階を固定的なものとしてとらえることなく、多面性や矛盾を包み込んだ現実をふまえて、発達段階論を展開する。

　本書には、これらの原著論文のほかに、各部に適切な解説もつけ加えられているので、ワロンの発達理論に接近するうえでの手頃な入門書になるだろう。

滝沢武久

［書誌データ］ ワロン『身体・自我・社会』浜田寿美男編訳、ミネルヴァ書房、1983．

第 III 部

講座・叢書・シリーズ・全集・著作集

［項目の配列は，刊行年順］

『明治文化全集』 *1927-30年刊
第一版：日本評論社，第二版：日本評論新社，第三版：日本評論社，第四版：日本評論社
編集者＝明治文化研究会

皇室篇　第一版全集：1928年11月（第一巻），第三版全集：1967年7月（第十七巻），第四版全集：1992年7月（第一巻）
雲上示正鑑（明治元年）
都仁志喜（同）
公私雑報　第五号　難波津御幸之記（同）
御親征行幸中　行在所日誌（同）
東巡日誌（同）
還幸日誌（同）
御東幸御供奉御行列附（同）
三月十一日　神祇官　行幸列帳（同）
御東幸御宿割帳之寫（明治二年）
随幸私記（児玉愛二郎著，明治卅一年）
雲上新聞（明治文化全集編集部編）
奥羽　御巡幸明細日誌（大塚禹吉編, 明治九年）
（＊第一版では「奥羽　御巡幸明細日誌」「雲上新聞」の順）
東北御巡幸記（岸田吟香編, 明治九年）
東巡録（明治九年）
從駕日記　十符の菅薦（近藤芳樹編,明治九年）
御巡行御行列並御供官員附（坂井友五郎編, 明治十一年）
行幸御警衛心得（明治十八年）
西田川郡御巡幸顛末記（青森県西田川郡役所編, 明治十四年）
奥羽　北海道　御巡幸鄙の都路　初号（田中龍臣編, 明治十四年）
西巡日乗
附録
明治行幸年表（尾佐竹猛）

正史篇　上巻　第一版全集：1928年5月（第二巻），第二版全集：1956年3月（第九巻），第三版全集：1968年2月（第九巻），第四版全集：1992年7月（第二巻）
明治政史　上篇（指原安三編）
序
緒言
目次
首編（慶応三年）
第一編（明治元年）
第二編（明治二年）
第三編（明治三年）
第四編（明治四年）
第五編（明治五年）
第六編（明治六年）
第七編（明治七年）
第八編（明治八年）
第九編（明治九年）
第十編（明治十年）
第十一編（明治十一年）
第十二編（明治十二年）
第十三編（明治十三年）
第十四編（明治十四年）
第十五編（明治十五年）
第十六編（明治十六年）
第十七編（明治十七年）
第十八編（明治十八年）
第十九編（明治十九年）
第二十編（明治二十年）
第二十一編（明治二十一年）
「見返し」解題（尾佐竹猛）（＊第一版のみ記載）

正史篇　下巻　第一版全集：1929年3月（第三巻），第二版全集：1956年5月（第十巻），第三版全集：1968年3月（第十巻），第四版全集：1992年7月（第三巻）
明治政史　下篇（指原安三編）
第二十二編（明治二十二年）
第二十三編（明治二十三年）
索引（吉野作造　高野忠男共編）
私擬国憲類纂（片山菊次郎編, 明治十四年）
日本国憲案（明治十四年）
内外政党事情（明治十四年）
大隈参議国会開設奏議（中村義三編, 明治十五年）
（＊第一版・第四版では「大隈参議国会開設奏議（明治十四年）」「内外政党事情（中村義三編, 明治十五年）」と記載）

名家意見書（明治二十年）
第一期　国会始末（議員集会所編，明治二十四年）
憲政篇　第一版全集：1928年7月（第四巻），第二版全集：1955年7月（第一巻），第三版全集：1967年12月（第一巻），第四版全集：1992年7月（第四巻）
公議所法則案（明治二年）
公議所日誌　附前編（明治二・三年）
官板議案録　附決議録（明治二・三年）
集議院日誌（明治二・三年）
議事章程（大蔵省，明治六年）
議院憲法並規則（明治八年）
地方官会議日誌（明治八年）
国憲編纂起原（宮島誠一郎編，明治卅八年）
民撰議院集説（明治文化全集編集部編）
憲法制定之由来（穂積八束著，大正元年）
西哲夢物語（明治二十年）
須多因氏講義筆記（明治廿二年）
附録
憲政文献年表（明治文化全集編集部編）
自由民権篇　第一版全集：1927年11月（第五巻），第二版全集：1955年1月（第二巻），第三版全集：1967年12月（第二巻），第四版全集：1992年7月（第五巻）
自由之理（彌爾著／中村敬太郎訳，明治四年）
真政大意（加藤弘之著，明治三年）
国体新論（加藤弘之著，明治七年）
上木自由論（トクヴィル著／小幡篤次郎訳，明治六年）
俗夢驚談（中島勝義編集，明治九年）
民権問答（児島彰二編集，明治十年）
民権自由論（植木枝盛著，明治十二年）
普通民権論（福本巴著，明治十二年）
民権弁惑（外山正一著，明治十三年）
社会平権論（斯邊瑣著／松島剛訳，明治十七年）
（＊第三版・第四版では明治十四年と記載）
民権家必読　主権論纂（長束宗太郎編，明治十五年）
人権新説（加藤弘之著，明治十五年）
人権新説駁論集（明治文化全集編集部編）

天賦人権論（馬場辰猪著，明治十六年）
天賦人権弁（植木枝盛著，明治十六年）
夢路の記（島本仲道著，明治二十四年）
附録
自由民権文献年表
外交篇　第一版全集：1928年1月（第六巻），第二版全集：1956年7月（第十一巻），第三版全集：1968年3月（第十一巻），第四版全集：1992年7月（第七巻）
大日本　合衆国　新定条約並附録草案（明治五年）
白露国馬俚亞老子船裁判記（佐和希児編，林道三郎訳，明治七年）
副島大使適清概略（明治六年）
使清弁理始末（金井之恭編，明治八年）
所蓄趣旨書（蓄地事務局編，明治八年）
下関償金　米国上下両院議事録（鈴木徳輔編，明治十六年）
朝鮮京城事変始末書（明治十八年）
井上特派全権大使　復命書（明治十八年）
井上特派全権大使　復命書附属書類（明治十八年）
伊藤特派全権大使　復命書（明治十八年）
条約改正論（馬場辰猪著，明治廿三年）
条約改正論（田口卯吉著，明治廿二年）
条約改正論（島田三郎著，明治廿二年）
条約改正論（小野梓著，明治二十年）
（＊第四版では馬場，小野，田口，島田の順序で記載）
ボアソナード外交意見（明治二十年）
内地雑居論（井上哲次郎著，明治廿二年）
内地雑居続論（井上哲次郎著，明治廿四年）
千島艦事件（福良虎雄編，明治廿六年）
附録
外交関係文献年表（高市慶雄）
政治篇　第一版全集：1929年11月（第七巻），第二版全集：昭和30年5月（第三巻），第三版全集：1967年12月（第三巻），第四版全集：1992年7月（第八巻）
鄰艸（加藤弘之著，文久二年）
立憲政体略（加藤弘之著，慶応四年）

社会学文献事典　653

英政如何（ホンブランク著，鈴木唯一訳，慶応四年）
代議政体（ミル著／永峰秀樹訳，明治八・十一年）
政治論略（エドマンド・ボルク著／金子堅太郎訳，明治十四年）
民約訳解（ルウソウ著／中江篤介訳，明治十五年）
通俗無上政法論（板垣退助述・和田稲積編，明治十六年）
主権論（ホッブス著／文部省編集局訳，明治十六年）
一局議院論（植木枝盛著，明治十七年）
君論（マキァヴェリー著／永井修平訳，明治十九年）
三酔人経綸問答（中江篤介著，明治二十一年）
平民の目さまし（中江篤介著，明治二十年）
国会組織　国民大会議（植木枝盛著，明治二十一年）
近事政論考（陸実著，明治二十四年）
原政（陸実著，明治二十四年）
附録
政治文献年表（吉野作造編）

法律篇　第一版全集：1929年5月（第八巻），第二版全集：1957年3月（第十三巻），第三版全集：1968年4月（第十三巻），第四版全集：1992年7月（第九巻）
性法略（畢洒林口授・神田孟恪訳，明治四年）
万国公法（畢洒林口授・西周助訳，明治元年）
泰西国法論（畢洒林口授・津田真一郎訳，明治元年）
違式註違図解（今江五郎解，明治六年）
法律独稽古（平山果編集，宮内貫一補閲，明治十年）
全国民事慣例類集（司法省，明治十三年）
情供証拠誤判録（フキリップ著／高橋健三訳，明治十四年）
性法講義抄　ボアソナード述，明治十四年）
附　相続制改革ニ関スル意見書
法典論（穂積陳重著，明治二十三年）
民法決議（太政官制度局，明治四年）（＊第一版で欠落）
附録
法律学文献年表（尾佐竹猛）

経済篇　第一版全集：1929年8月（第九巻），第二版全集：1957年1月（第十二巻），第三版全集：1968年3月（第十二巻），第四版全集：1992年7月（第十巻）
万国政表（福沢子囲閲，岡本約博卿訳，万延元年）
経済小学（神田孝平訳，慶応三年）
交易問答（加藤弘蔵著，明治二年）
蠶種説並蠶種商法（柳河春三訳，吉田屋表二郎述，明治二年）
官版会社弁（福地源一郎訳，明治四年）
官版立会略則（渋沢栄一著，明治四年）
造幣寮首長年報（立嘉度閲，島邨泰訳，明治五年）
墺国博覧会筆記並見聞録（明治六・七年）
聯邦商律（抵巴留孫著／藤田九二訳，明治六・七年）
表紀提綱（シモン・ヒツセリング著／津田真道訳，明治七年）
立会就産考（島邨泰撰，明治八年）
大隈君財政要覧（木瀧清類編，明治十四年）
銀行小言（富田鉄之助編，明治十八年）
生命保険論（藤沢利喜太郎著，明治二十二年）
賦税全廃　済世危言（城泉太郎編，明治二十四年）
情勢論（大島貞益著，明治二十四年）
経済問題雑纂（明治文化全集編集部編）
附録
経済文献年表（三橋猛雄）

教育篇　第一版全集：1928年3月（第十巻），第三版全集：1967年12月（第十八巻），第四版全集：1992年10月（第十一巻）
和蘭学制（内田正雄訳，明治二年）
大小学校建議（加藤有隣著，明治二年）
西洋学校軌範（小幡甚三郎訳，明治三年）
仏国学制（佐沢太郎訳，明治六年）
日本教育策（森有礼編，不詳）
ダビット・モルレー申報　大鬪慕萊述（明治

六・七年)
彼日氏教授論（ダビット・ページ著／漢加斯底爾訳，明治九年）
日本教育史略（文部省編，明治十年）
教育令制定理由（明治十二年）
改正教育令制定理由（明治十三年）
斯氏教育論（スペンサー著／尺振八訳，明治十三年）
教育学（伊沢修二著，明治十五年）
小学読本　巻一（文部省，明治七年）
小学入門（文部省，明治八年）
幼稚園法　二十遊嬉（關信三著，明治十二年）
ノースロップ博士のこと
植栽日に就て（牧野伸顯著，明治二十八年）
Dr. Northrop's visit to Japan（神田乃武・山本信男訳，明治二十八年）
小学校樹栽日実施の方案（本多静六，明治三十一年）
植樹日
(＊「ノースロップ博士のこと」は第一版で欠落)
附録
教育文献年表（海後宗臣）

宗教篇　第一版全集：1928年9月（第十一巻），第三版全集：1967年8月（第十九巻），第四版全集：1992年10月（第十二巻）

―神道の部―
神教要旨略解（近藤忠房，千家尊福撰，明治五年）
三条演義（田中頼庸撰，明治六年）
三則教の捷徑（仮名垣魯文著，明治六年）

―天主教の部―
聖教日課（ベルナルド・プチジアン編，明治元年）
胡無知理佐牙の畧（ベルナルド・プチジアン編，明治二年）
科條規則（ベルナルド・プチジアン編，明治二年）
彌撒拝礼式（ベルナルド・プチジアン編，明治二年）
玫瑰花冠記録（ベルナルド・プチジアン編，明治二年）
夢醒真論（貞方良助著，明治二年）
聖教初学要理（ベルナルド・プチジアン編，明治五年）

―基督新教の部―
真理易知（ヘボン訳，元治元年）
さいはひのおとづれ　わらべてびきのとひこたへ（ヘボン口授，奥野昌綱著）
偶像非神論（バーム訳）
心の夜あけ（奥野昌綱著）
天道案内（ゴーブル撰，明治六年）
廟祝問答（バラ訳，明治七年）

―仏教の部―
明道協会要領解説（鳥尾得庵著，明治十七年）
真理金針　初篇（井上圓了著，明治十九年）
仏教活論序論（井上圓了著，明治二十年）
仏教一貫論（村上専精著，明治廿三年）
学仏南針（前田慧雲著，明治廿五年）
仏教大家論纂（明治文化全集編集部編）
英文　日本宗教自由論（森有礼著，明治五年）
附録
宗教関係文献年表（高市慶雄・松崎実・野々村戒三・苫米地一男）

文学芸術篇　第一版全集：1928年10月（第十二巻），第三版全集：1967年11月（第二十巻），第四版全集：1992年10月（第十三巻）

修辞及華文（菊池大麓訳，明治十二年）
ベリンスキーの芸術論（ベリンスキー著／長谷川二葉亭訳，明治十八年）
仮名の会の問答（大槻文彦著，明治十五年）
羅馬字早学び（矢田部良吉著，明治十八年）
羅馬字意見（田中館愛橘著，明治十八年）
言文一致（物集高見著，明治十九年）
人像画法（本多錦吉郎訳，明治十三年）
美術真説（フェノロサ演述，大森惟中筆記，明治十五年）
日本絵画ノ未来（外山正一著，明治廿三年）
附　外山博士ノ演説ヲ読ム（林忠正著）
演劇改良私考（外山正一著，明治十九年）
演劇改良意見（末松謙澄著，明治十九年）
演劇改良論駁議（守川丑之助編，明治十九年）

劇場改良法（中村善平編，明治十九年）
演劇論（高田早苗著，明治十九年）
谷間の姫百合絵番附（明治廿一年）
新体詩抄　初編（外山正一・谷田部良吉・井上哲次郎同撰，明治十五年）
新体詞選（山田武太郎著，明治十九年）
十二の石塚（湯浅吉郎著，明治十八年）
西国立志編巻之貳　其粉色陶器交易（佐橋富三郎著，明治六年）
西国立志編巻之十　鞋補童教学（佐橋富三郎著，明治六年）
日本美談（前田正名著，明治十三年）
満二十年息子鑑（河竹黙阿彌著，明治十七年）
東京現在　著作家案内（桜井徳太郎編，明治廿五年）
文学芸術雑纂（明治文化全集編集部編）
附録
明治初期文学年表（齋藤昌三）

時事小説篇　附『続翻訳文芸篇』　第一版全集：1928年4月（第十三巻），第三版全集：1967年11月（第二十一巻），第四版全集：1992年10月（第十四巻）
冠松真土夜暴動（武田交來著，明治十三年）
蓆旗群馬嘶（彩霞園柳香著，明治十四年）
自由艶舌女文章（小室案外堂著，明治十七年）
黒白染分鑵（高畠藍泉著，明治十八年）
保安条例後日之夢（岡本純著，明治廿一年）
女子参政蜃中樓（廣津柳浪著，明治廿二年）
張嬪　朝鮮宮中物語（福地櫻痴著，明治十七年）
開巻驚奇　暴夜物語（タチンスエンド著／永峰秀樹訳，明治八年）
虚無党実伝記　鬼啾啾（宮崎夢柳著，明治十八年）
独逸奇書　狐の裁判（シエクスピヤ著／井上勤訳，明治十七年）
仇結奇の赤縄　西洋娘節用（シエクスピヤ著／木下新三郎訳，明治十九年）
附録
時事小説年表（石川巖）

翻訳文芸篇　第一版全集：1927年10月（第十四巻），第三版全集：1967年11月（第二十二巻），第四版全集：1992年10月（第十五巻）
和蘭美政録（原著者不明，神田楽山訳，文久元年）
通俗　伊蘇普物語（伊蘇普著／渡部温訳，明治六年）
欧州奇事　花柳春話（ロウド・リットン著／丹羽純一郎訳，明治十一年）
哲烈禍福譚（フエヌロン著／宮島春松訳，明治十二年）
春風情話（ソル・ヲルタル・スコット著／橘顯三訳，明治十三年）
欧州情譚　群芳綺話（ボツカス著／大久保勘三郎訳，明治十五年）
人肉質入裁判（シエキスピヤー著／井上勤訳，明治十六年）（＊第一版では明治十五年）
該撒奇談　自由太刀餘波鋭鋒　シエクスピヤ著／坪内雄蔵訳，明治十七年）（＊第一版では明治十六年）
泰西活劇　春窓綺話（スコット原著／服部誠一纂述，明治十七年）
露妙樹利戯曲　春情浮世の夢（シエキスピヤー／河島敬蔵訳，明治十九年）
想夫戀（ボツカス著／佐野尚訳，明治十九年）
シエキスピーヤ筋書　一名　西洋歌舞伎種本（チヤーレス・ラム著／竹内余所次郎訳，明治十九年）
附録
明治初期翻訳文芸年表（柳田泉）

思想篇　第一版全集：1929年6月（第十五巻），第三版全集：1967年10月（第二十三巻），第四版全集：1992年10月（第十六巻）
新論（会沢安著，安政四年）
闢邪小言（大橋訥菴著，安政四年）
斥邪漫筆（深慨隠士著，慶応元年）
斥邪二筆（深慨隠士著，慶応二年）
新真公法論並附録（大国隆正著，慶応三年）
寒更戞語（深慨隠士著，明治元年）
辨妄和解（安井息軒原著／安藤定解，明治六年）
敬字先生上書是非（明治文化全集編集部編，明治五・六年）
百一新論（西周著，明治七年）

泰西　勧善訓蒙（ボヌ著／箕作麟祥訳，明治六年）
栽培経済論（佐田介石著，明治十一年）
倫理新説（井上哲次郎著，明治十六年）
真善美日本人（三宅雄二郎著，明治二十四年）
偽悪醜日本人（三宅雄二郎著，明治二十四年）
神道は祭天の古俗（久米邦武著，明治二十五年）
『東洋学芸雑誌』抄（明治文化全集編集部編，自明治十五年，至明治二十二年）
附録
思想文献年表（後後宗臣）

外国文化篇　第一版全集：1928年2月（第十六巻），第二版全集：1955年6月（第七巻），第三版全集：1968年2月（第七巻），第四版全集：1992年10月（第十七巻）
玉石志林（箕作阮甫訳，文久年間）
万国新話（三又漁史編，明治元年）
明治月刊（大阪府，明治元年）
飽菴十種　鉛筆紀聞　暁窓追録　暁窓追録補（栗本鋤雲著，明治二年）
西洋聞見録（村田文夫著，明治二年）
西洋紀行　航海新説（中井弘著，明治三年）
漫游記程（中井弘著，明治十年）
御雇外国人一覧（明治五年）
万国奇談　一名，世界七不思議（青木輔清訳，明治六年）
古川正雄の洋行漫筆（古川正雄著，明治七年）
航西日乗（成島柳北著，明治十四年）
明治五年　柳翁洋行会計録（成島柳北著，明治五年）
訳書読法（矢野文雄著，明治十六年）
北畠道龍師　天竺行路次所見（北畠道龍著，明治十八年）
附録
外国文化関係文献年表

新聞篇　第一版全集：1928年6月（第十七巻），第二版全集：1955年3月（第四巻），第三版全集：1968年1月（第四巻），第四版全集：1992年10月（第十八巻）
新聞紙実歴（福地源一郎著，明治二十七年）
日本新聞歴史（小池洋二郎著，明治十五年）
新聞経歴談（末広鉄腸著，明治二十年）
全国新聞雑誌評判記（高瀬紫峰著，明治十六年）
官板バタビヤ新聞（文久二年）
官板海外新聞（文久二年）
中外新聞　（慶応四年分）
中外新聞外篇（慶応四年）
准官中外新聞（明治二・三年）
内外新聞　（慶応四年）
都鄙新聞　（慶応四年）
崎陽雑報　（慶応四年）
附録
明治前期新聞創刊年表（宮武外骨稿，西田長壽補）（＊第一版全集では「明治新聞年表（廃姓外骨）」と記載）

雑誌篇　第一版全集：1928年12月（第十八巻），第二版全集：1955年12月（第五巻），第三版全集：1968年1月（第五巻），第四版全集：1992年10月（第十九巻）
西洋雑誌（柳川春三編集，慶応三年）
新塾月誌（山東一郎編集，明治二年）
明六雑誌（明六社編集，明治七年）
民間雑誌（小幡篤次郎・福沢諭吉等編集，明治七年）
講学余談（明治十年）
報四叢談（大内青巒編集，明治七年）（＊第一版のみ記載）
万国叢話（明治八年）
評論新聞（海老原穆主宰，明治八年）
七一雑報（村上俊吉編集，明治八年）
家庭叢談（箕浦勝人編集，明治九年）
（＊「七一雑報」「家庭叢談」は第一版のみ記載）
文部省雑誌（明治六年）
近事評論（林正明主宰，明治九年）
日々新聞（明治元年）
公私雑報（明治元年）
そよふく風（明治元年）
新聞日誌（明治元年）
諷歌新聞（明治元年）
博問新報（山本常五郎・川口常蔵編集，明治二年）
六合新聞（清水卯三郎編集，明治二年）

(＊「日々新聞」「公私雑報」「そよふく風」「新聞日誌」「諷歌新聞」「博問新報」「六合新聞」は第一版のみ記載)

草莽雑誌 (明治九年)

莽草雑誌 (明治九年)

草莽事情 (明治十年)

(＊「草莽雑誌」「莽草雑誌」「草莽事情」は第一版で欠落)

附録

明治雑誌年表 (廃姓外骨)

風俗篇 第一版全集：1928年2月 (第十九巻)，第二版全集：1955年2月 (第八巻)，第三版：1968年2月 (第八巻)，第四版：1992年10月 (第二十巻)

西洋将棊指南 (柳河春三著，明治二年)

西洋時計便覧 (柳河春三著，明治三年)

西俗一覧 (黒沢孫四郎訳，明治二年)

東京繁華一覧 (三代広重安藤徳兵衛画，明治二年)

牛店雑談　安愚楽鍋 (仮名垣魯文著,明治四年)

西洋料理通 (仮名垣魯文著，明治五年)

今昔較 (岡三慶著，明治七年)

東京開化繁昌誌 (萩原乙彦著，明治七年)

東京開化繁昌誌 (高見沢茂著，明治七年)

服製年中請負仕様書 (鈴木篤右衛門著，不詳)

画本　大阪新繁昌誌 (田中内記著，明治八年)

怪化百物語 (高畠藍泉述，明治八年)

西京繁昌記 (増山守正編，明治十年)

弄玉集 (宇津木信夫訳，明治十二年)

銀街小誌 (嵯盆子著，明治十五年)

東京流行細見記 (清水市次郎編，明治十八年)

洋式婦人束髪法 (村野徳三郎編，明治十八年)

横浜吉原細見記 (佐野屋亀五郎編，明治二年)

横浜新誌 (川井景一著，明治十年)

俗謡選集 (明治文化全集編集部編)

横はまお髭都々逸

附録

明治初期風俗年表 (石川巖)

文明開化篇 第一版全集：1929年4月 (第二十巻)，第三版全集：1967年8月 (第二十四巻)，第四版全集：1993年1月 (第二十一巻)

文明開化 (加藤祐一講釈，明治六・七年)

開化の入口 (横河秋濤著，明治六・七年)

開化のはなし (辻弘想著，明治十二年)

開化自慢 (山口又一郎著，明治七年)

開化問答 (小川爲治著，明治七年)

寄合ばなし (榊原伊裕著，明治七年)

明治の光　一名　高橋散史夜話 (石川富太郎編，明治八年)

舊習一新 (増山守正編，明治八年)

文明開化評林 (岡部啓五郎編，明治八年)

文明田舎問答 (松田敏足著，明治十一年)

開化本論 (吉岡徳明著，明治十二年)

文明開化雑纂 (明治文化全集編集部編)

童戯百人一首 (總生寛撰，明治六年)

日本開化詩 (平山果・宮内貫一編，明治九年)

開化世相の裏表 (明治文化全集編集部編)

附録

文明開化文献年表 (石川巖)

社会篇 第一版全集：1929年2月 (第二十一巻)，第二版全集：1955年10月 (第六巻)，第三版全集：1968年1月 (第六巻)，第四版全集：1993年1月 (第二十二巻)

高島炭坑問題 (雑誌『日本人』所載，明治廿一年)

社会論策 (外国通信) (酒井雄三郎稿，明治廿三年)

日本之社会軋轢並救済法 (下村房次郎著，明治廿六年)

社会外の社会　穢多非人 (柳瀬勁介著／権藤震二編，明治卅四年)

日本の労働運動 (片山潜・西川光二郎共著，明治卅四年)

土地均享　人類の大権 (宮崎民蔵著，明治卅九年)

日本社会主義史 (石川旭山編，幸徳秋水補，明治四十年)

現時の社会問題及び社会主義者 (山路愛山著，明治四十一年)

社会問題雑纂 (明治文化全集編集部編)

平民新聞抄(明治四十年) (＊第一版のみ記載)

米国ニ於ケル日本革命党ノ状況 (明治四十

年)(＊第一版で欠落)
附録
社会文献年表(下出隼吉)
雑史篇 第一版全集:1929年10月(第二十二巻),第三版全集:1967年10月(第二十五巻),第四版全集:1993年1月(第二十四巻)
耶蘇結末記(慶応四年)
附 崎陽茶話,邪教始末
樺太評論(佐田白芽編,明治八年)
征韓評論(佐田白芽編,明治八年)
征韓論の舊夢談(佐田白芽著,明治三十六年)
林有造氏舊夢談(坂崎斌編,明治二十四年)
グラント氏意見,ヨング氏筆記 琉球事件(郵便報知新聞所載,明治十二年)
琉球処分提綱(遠藤達・後藤敬臣著,明治十二年)
明治十三年記事本末(東京日々新聞所載,明治十四年)
国会開設論者密議探聞書(明治十三年)
北海廻瀾録(原田擣三編,明治十四年)
ロスレル氏答議(明治十五年)
無類保護 三菱会社内幕秘聞録(師岡國編,明治十五年)
近事奇談 内幕話(渡井新之助編,明治十六年)
明治十六年 各政党 盛衰記(酒井忠誠著,明治十七年)
後藤陸奥二氏去就論
薩長土肥(小林雄七郎著,明治二十二年)
政党評判記(利光鶴松著,明治二十三年)
朝鮮国遺使ニ付閣議分裂事件(宮島誠一郎著,明治四十一年)
竹内綱自叙伝
附竹内綱獄中日記抄録
雑纂(明治文化全集編集部編)
附録
『雑史篇』文献年表(明治文化全集編集部編)
軍事篇交通篇 第一版全集:1930年7月(第二十三巻),第三版全集:1967年10月(第二十六巻),第四版全集:1993年1月(第二十五巻)
軍事篇

兵士懐中便覧(福沢諭吉,慶応四年)
山田顯義『建白書』(山田顯義稿,明治六年)
軍制綱領(陸軍省,明治八年)
軍人訓誡(山県有朋,明治十一年)
陸軍省沿革史(堀内文次郎・平山正編,明治三十八年)
交通篇
驛逓明鑒
新増 大日本船路細見記(加藤祐一補訂,明治六年)
逓信史要(逓信省編,明治三十一年)
附録
軍事年表(陸軍之部)(藤田清)
交通年表(下出隼吉)
科学篇 第一版全集:1930年2月(第二十四巻),第三版全集:1967年9月(第二十七巻),第四版全集:1993年1月(第二十六巻)
写真鏡図説(ダグロン原著/柳河春三訳,慶応三・四年)
天変地異(小幡篤次郎著,明治元年)
舎密局開講之説(ハラタマ述,三崎嘯輔訳,明治三年)
西洋開拓新説(緒方正訳,明治三年)
西洋家作雛形(シー・ブリユス・アルレン著,ジヨン・ウキール増補,村田文夫・山田貢一郎共訳,明治五年)
航海夜話(ヘンレイ・ピッチングトン著/西江舎主人訳,明治五年)
防雷鍼略説(明石博高口述,竹岡友仙筆記,明治六年)
農業三事(津田仙撰,明治七年)
物理了案(宇田健齋著,明治十三年)
大森介墟古物編(エドワルド・エス・モールス撰著,明治十三年)
動物進化論(エドワルド・エス・モールス口述,石川千代松筆記,明治十六年)
百工開源(石川千代松著,明治十九年)
脳髄生理 精神啓微(英秀三著,明治二十二年)
精神病者の書態(呉秀三著,明治二十五年)
蘭疇(窪田昌編,明治三十五年)
附録

科学関係文献年表（高市慶雄）
自由民権篇（続）　第二版：1956年11月（第十四巻），第三版：1968年4月）（第十四巻），第四版：1992年7月（第六巻）
愛国志林（明治十三年）
愛国新誌（明治十三年）
植木枝盛自叙伝（明治二十三年）
暴民反跡（甲）（乙）（丙）（明治十六年）
馬場辰猪自叙伝（明治十八年‐二十年）
馬場辰猪日記「抄」（明治八年‐二十一年）
The Political Conditionof Japan（馬場辰猪）（摘訳）安永梧郎，1988年）
In a Japanese Cage（馬場辰猪）（訳文）安永梧郎，1987年）
（＊英文2編は第三版で別冊に収録，第四版のみに記載）
自由新聞社説目録（明治十五年‐十七年）
社会篇（続）　第二版：1957年12月（第十五巻），第三版：1968年5月（第十五巻），第四版：1993年1月（第二十三巻）
明治初期の社会主義論
社会党ノ原因及来勢（『東京曙新聞』，明治一二年）
闢邪論（『朝野新聞』，明治一二年）
読朝野新聞闢邪論（『東京曙新聞』，明治一二年）
重読朝野新聞闢邪論（『東京曙新聞』，明治一二年）
社会党ノ利害ヲ弁シ併テ其新聞社説ヲ駁ス（『東京曙新聞』，明治一二年）
論＝欧州社会党＝（城多虎雄『朝野新聞』，明治一五年）
貧富論雑纂
貧富論（箕浦勝人『郵便報知新聞』，明治八年）
（＊第三版・第四版では「貧富論雑纂（箕浦勝人『郵便報知新聞』，明治八年）」と記載）
貧富論（長尾爲秀『郵便報知新聞』，明治九年）
貧民救助法ヲ論ズ（矢野文雄『郵便報知新聞』，明治九年）
救貧金ハ国税県税ヲ偏用ス可ラサルヲ論ス（矢野文雄『郵便報知新聞』，明治九年）
凶荒予防ノ策（『郵便報知新聞』，明治九年）

貧富平均論（本山彦一『郵便報知新聞』，明治一〇年）
富ノ平均ハ国力ヲ萎靡スルノ論（奥平昌邁『郵便報知新聞』，明治一一年）
明治二十年代社会主義
社会党瑣聞（石谷齋蔵，明治二四年）
国家的社会論（斯波貞吉，明治二五年）
草芽危言　日本之社会（桜井吉松，明治二七年）
社会問題雑纂
社会問題は未た本邦識者の注意を惹くに至らさるか（『東京新報』明治二二年）
明治政府の社会主義（『国民新聞』明治二三年）
労働者の政治上に於ける勢力（『国民新聞』明治二五年）
農民同盟（『国民新聞』明治二五年）
政治上に於ける社会主義（『国民新聞』明治二五年）
政府と社会問題（『国民新聞』明治二五年）
平民主義は如何に行はれつつありや（『国民新聞』明治二五年）
聯合追放（『国民新聞』明治二五年）
社会問題の半面（『国民新聞』明治二五年）
労働問題（『国民新聞』明治二五年）
工場の立法（『国民新聞』明治二五年）
労働者の状態
高島炭坑の実況（犬養毅『朝野新聞』明治二一年）
足尾銅山坑夫の惨状（北公輔『読売新聞』明治二三年）
足尾銅山（礦夫の生活）（松原岩五郎『国民新聞』明治二九年）
工場巡覧記（商況子『東京日日新聞』明治二五年）
鐘ガ淵紡績会社
東京紡績会社
印刷局抄紙部
鐘淵紡績会社（エー・シビル『国民新聞』明治二六年）
地方下層社会（『郵便報知新聞』明治一八年）
埼玉県（加藤政之助）
岡山県（森田文蔵）

山口県（森田文蔵）
九州地方（久松義典）
高野房太郎労働問題論集
日本に於ける労働問題（『読売新聞』明治二四年）
金井博士及添田学士に周す（『国民新聞』明治二五年）
富国の策を論じて日本に於ける労働問題に及ぶ（『東京経済雑誌』明治二六年）
北米合衆国に於ける保護貿易主義（『太陽』明治二九年）
日本の労働問題（『太陽』明治二九年）
日本の労働（ヴァン・ビュレン・西田長寿訳『ジャパン・デイリー・ヘラルド』一八八一年（明治一四年））（＊第三版で別冊に収録，第四版のみに記載）

婦人問題篇　第二版全集：1959年2月（第十六巻），第三版全集：1968年5月（第十六巻），第四版全集：1993年1月（第二十七巻）
男女同権論（深間内基訳，明治十一年）
新説男女異権論（後藤房著，明治一八年）
日本婦人纂論（井上直褧，明治一九年）
（＊「新説男女異権論」「日本婦人纂論」は第三版で別冊に収録，第四版のみに記載）
婚姻論（横山雅男　明治二〇年）
日本女子進化論（河田鏻也，明治二二年）
東洋之婦女（植木枝盛，明治二二年）
廃娼論
売淫公許の事を論ず（植木枝盛，明治二一年）
公娼の害（島田三郎，明治二二年）
娼妓廃すへからず敢て世の廃娼論者に質す（長谷川泰，明治二三年）
廃娼論者存娼論者ニ告ク（外山正一，明治二三年）
婦人と職業
婦人と職業（渡辺爲蔵，明治二八年）
工場巡視記（牛山才治郎，明治三〇年）
文学界抄（明治二六－三一年）
附録
婦人問題文献目録（日本近代女性史研究会作成）
国憲汎論　第三版全集：1968年6月（第二十八巻）
国憲汎論　小野梓
国憲汎論再版附言（明治十六年七月）
例言（明治十五年十二月）
国憲汎論　上巻（明治十五年十二月）
国憲汎論　中巻（明治十六年四月）
国憲汎論　下巻（明治十八年九月）
小野梓の憲法立法論（田中忍）
小野梓―明治の知識人（S．T．W．デービス・山本信男訳）

維氏美学　第三版全集：1970年5月（補巻一）
維氏美学　上冊（中江篤介訳，明治十六年十一月）
維氏美学（自序）（中江篤介，明治十六年十一月）
維氏美学　下冊（中江篤介訳，明治十七年三月）
附　『維氏美学』と中江篤介（島本晴雄）

国法汎論　第三版全集：1971年7月（補巻二）
国法汎論（イ，カ，ブルンチュリ著／加藤弘之訳，明治九年五月）
国法汎論小引（加藤弘之，明治五年四月）
国法汎論　自第四巻ノ下　至第五巻（ブルンチュリー著／平田東助訳，明治二十一年八月）
国法汎論　下帙　自第十巻　至第十二巻（ブルンチュリー著／平田東助訳，明治二十三年三月）

農工篇　第三版全集：1974年3月（補巻三），第四版全集：1993年1月（第二十八巻）
造家必携（ジョサイヤ，コンドル口述，松田周次・曽禰達蔵筆記，明治十九年）
法国　築営課程図（陸軍省，明治七年）
工部大学校学課並諸規則　明治十年三月改正（工部大学校，明治十年）
Imperial College of Engineering, Calendar 1877.（工部大学校，明治十年）
札幌農黌第一年報（クラーク原撰　開拓使，明治十一年）
農業本論（新渡戸稲造著，明治三十一年）
編集後記『明治文化全集』終刊の言葉（木村毅）（＊第四版で欠落）

明治事物起原　第三版全集：1969年2月（別

巻），第四版全集：1993年1月（別巻）
増補改訂 明治事物起原 上巻 石井研堂著
（昭和十九年十一月）
序（尾佐竹猛，昭和十九年浅春）
第二版を出すまで（石井研堂，大正十五年十月）
Report of the Librarian of Congress
(Shio Sakanishi)
本書の編纂に就て（初版の巻頭例言）
石井研堂年譜
研堂著作書目
増補改訂 明治事物起原 下巻 石井研堂著
（昭和十九年十二月）
跋（高橋太華，昭和十九年十一月）
巻末に題す（濱田四郎，昭和十九年十一月）
索引

『社会学大系』 *1948-55年刊

国立書院（刊行確認分のみ）；社会学大系刊行会（石泉社）
編集者＝田邊壽利

1 家族（国立書院，1948年9月；石泉社，1953年10月）
2 都市と村落（国立書院，1948年12月；石泉社，1953年11月）
3 国家と階級（国立書院，1948年10月；石泉社，1954年10月）
4 人口と民族（国立書院，1948年9月；石泉社，1954年5月）
5 職業と組合（国立書院，1948年9月；石泉社，1954年2月）
6 宗教と神話（国立書院，1948年12月；石泉社，1954年1月）
7 習俗と道徳（石泉社，1954年7月）
8 科学と技術（石泉社，1954年6月）
9 思想と言語（国立書院，1948年12月；石泉社，1954年10月）
10 文学と芸術（石泉社，1954年8月）
11 経済と交通（国立書院，1948年12月；石泉社，1954年11月）
12 世論と政治（国立書院，1948年11月；石泉社，1954年4月）
13 法律と犯罪（石泉社，1953年12月）
14 教育（石泉社，1954年3月）
15 総括・索引（石泉社，1955年3月）

『マス・コミュニケーション講座』
*1954-55年刊
河出書房

1 マス・コミュニケーションの原理（1955年8月）編集責任者＝清水幾太郎
2 マス・コミュニケーションと政治・経済（1955年5月）編集責任者＝清水幾太郎
3 新聞・雑誌・出版（1954年11月）
編集責任者＝城戸又一
4 映画・ラジオ・テレビ（1954年12月）
編集責任者＝南博
5 現代社会とマス・コミュニケーション（1955年2月）編集責任者＝日高六郎
6 マス・コミュニケーション事典（1955年12月）編集責任者＝二十世紀研究所

『社会心理学講座』 *1956-60年刊
みすず書房
編集＝ガードナー，リンゼイ　監修＝清水幾太郎・日高六郎・池内一・高橋徹

1 **基礎理論Ⅰ**（全三分冊）（1956年12月）
社会心理学史（オールポート，高橋徹・本間康平訳）
精神分析理論—その社会科学との関係—（ホール＝リンゼイ，佐々木斐夫訳）
役割（ロール）の理論（サービン，土方文一郎訳）
2 **基礎理論Ⅱ**（全三分冊）（1957年8月）
刺激反応の連続及び強化説（ランバート，吉田正昭訳）
認知理論（シェーラー，池内一訳）
場の理論（ドイッチ，富永健一・柏木繁男訳）
3 **態度と偏見**（全四分冊）（1957年9月）
態度測定（グリーン，城戸浩太郎・富永健一訳）
面接法（E. E. マッコバイ，N. マッコバイ，塩入力・長島伸行訳）
ユーモアと笑い（フリューゲル，辻村明訳）

偏見と人種関係(ハーデイング,クウトナー,プロシャンスキイ,チェイン,田村栄一郎訳)
 4 実験と観察(全三分冊)(1958年3月)
実験―計画と実施―(エドワーヅ,青井和夫訳)
ソシオメトリーによる測定(リンゼイ,ボーガッタ,大塩俊介訳)
組織的観察法(ヘィンズ,リピット,中村陽吉訳)
 5 集団と指導(全三分冊)(1958年8月)
社会構造の心理的側面(リーケン,ホーマンズ,松原治郎訳)
リーダーシップ(ギップ,大橋幸訳)
集団の問題解決とその過程に関する実験的研究(ケリー,チボー,岡部慶三訳)
 6 文化とパーソナリティ(全三分冊)(1960年2月)
社会的動機づけ(マーフイー,東洋・永野重史訳)
文化と行動(クラックホーン,城戸浩太郎訳)
比較文化的研究法(ウィッティング,早川浩一訳)
 7 大衆とマス・コミュニケーション(全三分冊)(1957年1月)
大衆(ブラウン,青井和夫訳)
マス・メディアの効果(ホヴランド,竹内郁郎・谷山恒雄訳)
内容分析(ベレルソン,稲葉三千男・金圭煥訳)
 8 政治と経済(全三分冊)(1957年4月)
投票の心理―政治行動の分析―(リプセット,ラザースフェルド,バートン,リンツ,綿貫譲治訳)
民族的性格(インケルス,レヴィンスン,高橋徹訳)
産業社会心理学(ヘイアー,野田一夫・土方文一郎訳)

■『講座 社会学』 *1957-58年刊
東京大学出版会
■編集代表=福武直

 1 個人と社会(1958年1月)
序論 社会学の基本的構造(福武直)
第一章 行動の理論
第一節 社会学的分析の単位(富永健一)
第二節 個人の行動の社会的側面(永野重史)
第三節 行動の社会学的理論(富永健一)
第四節 社会的行動と社会体系―構造・機能的分析(塩入力)
第二章 パーソナリティの理論
第一節 パーソナリティと社会生活(横山定雄)
第二節 パーソナリティの構造(佐々木交賢・田原音和)
第三節 パーソナリティの機能(管野正・森博)
第四節 パーソナリティの形成と変容(佐々木徹郎・田野崎昭夫)
第五節 パーソナリティと社会的性格(鈴木広・斎藤吉雄)
 2 集団と社会(1958年3月)
第三章 集団の理論
第一節 社会構成と集団(中島竜太郎)
第二節 社会関係と社会集団(森好夫)
第三節 集団類型の歴史的展開―共同体論の視角から―(住谷一彦)
第四節 集団の構造
一 個人と集団(大塩俊介・大橋幸)
二 集団と集団(青井和夫)
三 集団と文化(佐藤智雄)
第五節 大社会と集団(谷田部文吉・鈴木幸寿)
 3 社会と文化(1958年5月)
第四章 文化の理論
第一節 文化の構成要素とメカニズム(堀喜望)
第二節 文化とパーソナリティ(森好夫)
第三節 文化の機能(作田啓一)
第四節 文化の諸形態
一 社会と言語―特に「コトバの魔術」を問題として(大久保忠利)
二 制度的文化と社会意識(松原治郎・真田是・竹内郁郎)
三 イデオロギー(高橋徹)
四 教育(木原健太郎)
五 テクノロジー(佐々木斐夫)
第五節 文化の変動(佐々木斐夫)
 4 家族・村落・都市(1957年11月)

第一章　家族
第一節　家族の歴史的発展（山室周平）
第二節　家族の構造と機能（森岡清美）
第三節　家族と親族（中野卓）
第四節　家族のイデオロギー（塚本哲人）
第五節　家族と社会（塚本哲人）
第六節　家族生活の諸問題（大橋薫）
第二章　村落
第一節　村落の歴史的発展（蓮見音彦）
第二節　農村社会の構造（松原治郎）
第三節　農村の文化と農民の社会的性格（福武直）
第四節　漁村の問題（三浦文夫）
第五節　村落と社会（島崎稔）
第六節　村落の諸問題（後藤和夫）
第三章　都市
第一節　都市の歴史的発展（安田三郎）
第二節　都市社会の構造（倉沢進）
第三節　都市の文化と市民の社会的性格（杉政孝）
第四節　都市の諸問題（岩井弘融）
5　民族と国家（1958年2月）
第一章　民族
第一節　民族の本質（河村十寸穂）
第二節　民族と階級（山口博一・北川隆吉）
第三節　民族的性格（竹内郁郎）
第四節　ナショナリズム（田村栄一郎）
第五節　民族問題の歴史的展開（岩男耕三）
第二章　国家
第一節　国家権力の構造と機能（佐藤功）
第二節　国家と社会計画（青井和夫）
第三章　政治集団
第一節　政党（藤原弘達）
第二節　圧力団体（田口富久治）
第三節　選挙（山手茂）
第四節　政治意識と政治行動（綿貫譲治）
6　階級と組合（1957年12月）
第一章　階級
第一節　階級の本質と意義—社会構造論の立場から（浜島朗）
第二節　階級構造・階級関係および階級行動
—その静態と動態（浜島朗）
第三節　階級の諸層とその意識
一　ブルジョアジーとプロレタリアート（田中清助）
二　中間階級とインテリゲンチャ（富田富士雄）
三　地主と農民（松原治郎）
第二章　経営と労働
第一節　労働市場の問題（江口英一）
第二節　経営組織の構造と機能（野田一夫）
第三節　職場集団（間宏）
第四節　労資関係（松島静雄）
第三章　組合
第一節　資本主義社会と労働組合（高橋洸）
第二節　労働組合の組織（平野秀秋・北川隆吉）
第三節　組合活動と組合意識（北川隆吉・石川淳志）
第四節　労働組合と社会
一　労働組合運動上の諸問題（北川隆吉）
二　農村と労働組合（島崎稔）
7　大衆社会（1957年10月）
第一章　大衆化と大衆社会
第一節　大衆化の諸条件（鈴木幸寿）
第二節　大衆化の社会的浸透（鈴木幸寿）
第二章　大衆の社会意識
第一節　大衆社会における社会心理の構造（綿貫譲治）
第二節　大衆心理の操作（高橋徹）
第三節　新しい人間像の形成（加藤秀俊）
第三章　集団の解体と再編成
第一節　大衆社会における集団構造（綿貫譲治）
第二節　大衆社会における指導体制（大橋幸）
一　大衆社会の病理的側面
二　リーダーシップの諸様相
第三節　新しい集団の形成（永井道雄）
第四章　大衆文化
第一節　文化の大衆化（稲葉三千男）
第二節　大衆文化とマス・コミュニケーション（佐藤智雄）
第三節　新しい文化の創造（佐々木斐夫）
結びにかえて—「大衆社会」研究の方向について（日高六郎）

8　社会体制と社会変動（1958年6月）
第一章　社会体制
第一節　社会体制の原理（芥川集一）
一　社会体制の概念と構造
二　社会体制の基礎
三　社会の土台＝下部構造と上部構造
四　体制の階級的構成と体制における集団と制度
第二節　資本主義体制と社会主義体制（青井和夫）
第二章　社会変動
第一節　変動の過程と図式（富田富士雄）
第一節　変動の動因（富田富士雄）
第三節　社会変動の現実的形態（青井和夫）
第三章　社会運動と大衆運動
第一節　大衆運動（佐藤智雄・小林丈児）
一　大衆運動の発生理由
二　概念規定
三　大衆運動の諸形態
四　リーダーシップ
第二節　社会運動の類型と組織（北川隆吉）
第三節　社会運動の展開と指導（北川隆吉）
第四章　変動期の諸問題
第一節　革命の諸形態（田中清助）
第二節　変革期における人間像―社会的性格との関連について―（日高六郎）
第三節　革命の現代的状況（田中清助）

9　社会学の歴史と方法（1958年7月）
第一章　社会学の発展とその系譜
第一節　社会学の発展（内藤莞爾）
第二節　現代社会学の潮流
一　社会学の一般的理論（富永健一）
二　文化社会学（鈴木幸寿）
三　農村社会学（蓮見音彦）
四　都市社会学（倉沢進）
五　産業社会学―その発生と展開―（土方文一郎）
六　マス・コミュニケーションの機能に関する研究―その方法と業績―（岡部慶三）
七　社会病理・社会福祉（大橋薫）
八　小集団研究―集団理論の一側面（青井和夫）

第二章　社会調査の意義と方法
第一節　方法論（甲田和衛）
第二節　質的測定（甲田和衛）
第三節　二次的分析（甲田和衛）
第四節　パネル法（甲田和衛）

別巻　隣接科学・用語解説・年表・総索引（1958年9月）
第一部　社会学と隣接科学（福武直）
一　文化人類学（堀喜望）
二　民族学（蒲生正男）
三　民俗学―歴史・課題・方法―（関敬吾）
四　心理学（佐藤毅）
五　政治学（永井陽之助）
六　経済学（伊東光晴）
七　経営学（野田一夫）
八　社会政策―「社会政策」論か「賃労働」論か―（大河内一男）
九　社会経済史学（松田智雄）
一〇　法律学（潮見俊隆）
一一　教育学（木ён健太郎）
一二　社会学と宗教学―ことに宗教社会学の体系化について―（内藤莞爾）
一三　言語学（岡部匠一）
一四　統計学（林周二）
一五　哲学―社会学の非哲学化の反面について―（徳永恂）
一六　マルクス主義（芝田進午）
第二部　社会学用語解説（福武直）
社会学年表
総索引
（大橋幸・佐藤守弘・塩入力・松原治郎・綿貫譲治）

『二十世紀の社会学』　*1958-60年刊
誠信書房
編集＝ギュルヴィッチ，ムーア

1　（1958年10月）
社会的因果関係と社会変動（マッキーヴァー，大道安次郎訳）
集団の社会誌学（ウィルソン，富田富士雄訳）
社会組織と制度（ズナニエッキ，馬場明男訳）

社会心理学（ウッダード，佐藤智雄訳）
イギリス社会学（ラムネイ，難波紋吉，溝口靖夫訳）
ドイツ社会学（ザロモン，樺俊雄訳）
2　（1960年6月）
東ヨーロッパ社会学Ⅰ―ポーランド社会学・チェッコスロヴァキヤ社会学―（E．M．ズナニエッキー，ルーコック，川越淳二訳）
東ヨーロッパ社会学Ⅱ―ルーマニア社会学・ユーゴスラヴィヤ社会学―（マノイル，ルーコック，小森哲郎訳）
宗教社会学（ヴァッハ，森東吾訳）
経済組織の社会学（ムーア，坂田太郎訳）
ロシア社会学（ラセルソン，安西文夫訳）
人間生態学（ルウエラー・ハウトン，渡辺洋二訳）
3　（1959年2月）
社会統制（ギュルヴィッチ，青沼吉松訳）
法社会学（パウンド，細野武雄訳）
犯罪学（ホール，那須宗一訳）
知識社会学（マートン，阿閉吉男訳）
ラテン・アメリカ社会学（バスティード，鈴木幸寿訳）
イタリア社会学（バヌンチオ，加茂儀一訳）
スペイン社会学（メンリサバル，鈴木二郎訳）
4　（1959年8月）
社会学と社会諸科学（ケアンズ，新明正道訳）
社会学研究法（バージェス，内藤莞爾訳）
社会学における体系的理論の現状と将来（パーソンズ，武田良三訳）
解釈社会学と構成類型学（ベッカー，斎藤正二訳）
社会文化的動学と進化主義（ソローキン，西村勝彦訳）
フランス社会学（レヴィストラウス，加藤正泰訳）
アメリカ社会学（フェアリス，早瀬利雄訳）

『現代社会心理学』 *1958-61年刊
中山書店
監修および編集＝尾高邦雄・小保内虎夫・兼子宙・川島武宜・岸本英夫・相良守次・戸川行男・宮城音弥

1　社会心理学の基礎（1959年10月）
2　社会的人間（1959年3月）
3　人間関係の心理（1958年12月）
4　大衆現象の心理（1959年2月）
5　異常社会の心理（1958年11月）
6　文化の心理（1959年4月）
7　経済と政治の心理（1961年6月）
8　階級社会と社会変動（1959年6月）

『応用社会心理学講座』 *1959年刊
光文社
編者＝南博

1　基礎技術（1959年10月）
2　調査方法（1959年7月）
3　人事管理（1959年9月）
4　宣伝・広告（1959年5月）

『近代日本思想史講座』 *1959-61年刊
筑摩書房
編集責任者＝伊藤整・家永三郎・小田切秀雄・加藤周一・亀井勝一郎・唐木順三・久野収・清水幾太郎・隅谷三喜男・竹内好・丸山真男

1　歴史的概観（1959年7月）
講座をはじめるに当って（竹内好）
序論　封建社会における近代思想の先駆（家永三郎）
第1編　近代思想の誕生と挫折
第1章　明治維新と近代思想（家永三郎）
第2章　最初の民主主義思想（家永三郎）
第3章　天皇制思想体制の確立（家永三郎）
第4章　平民主義から軍国主義へ（家永三郎）
第5章　浪漫主義から自然主義へ（猪野謙二）
第2編　屈折する近代思想の成長
第1章　労働組合主義・社会主義・無政府主義の発生（岸本英太郎・家永三郎）

第2章　明治末年の思想的状況（猪野謙二・久山康）
第3章　大正デモクラシーの勃興（松本三之介）
第4章　無産階級の理論（渡部徹）
第5章　大正期の思想的状況（久山康）
第3編　近代思想の窒息
第1章　小市民文化の成立と解体（安田武・鶴見俊輔）
第2章　昭和十年代の思想（橋川文三）
第3章　天皇制のファシズム化とその論理構造（藤田省三）
第4章　翼賛体制下の思想動向（山領健二）
第4編　戦後思想とその展開（荒瀬豊）
2 正統と異端（未刊）
3 発想の諸様式（1960年5月）
1　日本人の自然観（清水幾太郎）
2　自己超越の発想（武田清子）
3　反俗精神（武田泰淳）
4　進歩主義と反進歩主義（寺田透）
5　日本の折衷主義（鶴見俊輔）
6　政治的「未来図」の発想様式（香内三郎・日高六郎）
7　非政治的態度とその意義（荒瀬豊・佐藤忠男）
8　文体と思考様式（伊藤整）
4 知識人の生成と役割（1959年9月）
序一　日本の知識人（松田道雄）
序二　代表的知性の構造（久野収・上山春平・市井三郎）
1　維新の変革と近代的知識人の誕生（遠山茂樹）
2　知識人の生産ルート（永井道雄）
3　知識青年の諸類型（内田義彦・塩田庄兵衛）
4　職業的知識人—その意識と役割—（遠藤湘吉）
5　戦争と知識人（加藤周一）
5 指導者と大衆（1960年9月）
序　国民的ヴィジョンの統合と分解（隅谷三喜男）
1　指導者層の思想（久野収，ロバート・A.スカラピノ，今井清一，金原左門，隅谷三喜男，升味準之輔）
2　ジャーナリズムの思想的役割（桑原武夫・加藤秀俊・山田稔）
3　反体制の組織と思想（隅谷三喜男・松沢弘陽）
4　日本型ファシズム（小松茂夫）
5　戦後の問題（野間宏・田口富久治・多田道太郎）
6 自我と環境（1960年2月）
序論　日本における自我意識の特質と諸形態（小田切秀雄）
1　家と自我意識（磯野富士子）
2　性（荒正人）
3　金銭観の問題（多田道太郎）
4　都市化と機械文明（高橋徹）
5　社会的適応（平野謙・作田啓一）
6　組織と人間（福武直・綿貫譲治）
7　身分，階級と自我（中野重治）
8　忠誠と反逆（丸山真男）
7 近代化と伝統（1959年11月）
1　日本の近代化（中村光夫）
2　歴史意識の問題（橋川文三）
3　民族変貌期における伝統の意味（亀井勝一郎）
4　近代日本における「伝統」主義（小松茂夫）
5　芸術における近代化と伝統（猪野謙二）
6　近代の超克（竹内好）
7　日本の科学と思想（花田圭介・梅沢博臣・静間良次）
8 世界のなかの日本（1961年6月）
1　国民的独立と国家理性（岡義武）
2　国民的使命観（松本三之介・野村浩一）
3　体制の構想（藤田省三）
4　日本人の世界像（加藤周一）
5　外国人の日本観（唐木順三）
6　日本とアジア（竹内好）
別巻　近代日本思想史年表（未刊）

『マルクス＝エンゲルス全集』
*1959-91年刊
大月書店
監訳＝大内兵衞・細川嘉六

1　1839-1844（1959）
2　1844-1846（1960）
3　1845-1846（1963）
4　1846-1848（1960）
5　1848（1960）
6　1848-1849（1961）
7　1849-1851（1961）
8　1851-1853（1962）
9　1853（1962）
10　1854-1855（1963）
11　1855-1856（1963）
12　1856-1859（1964）
13　1859-1860（1964）
14　1857-1860（1964）
15　1860-1864（1965）
16　1864-1870（1966）
17　1870-1872（1966）
18　1872-1875（1967）
19　1875-1883（1968）
20　反デューリング論／自然の弁証法（1968）
21　1883-1889（1971）
22　1890-1895（1971）
23a　資本論Ⅰa（1965）
23b　資本論Ⅰb（1965）
24　資本論Ⅱ（1966）
25a　資本論Ⅲa（1966）
25b　資本論Ⅲb（1967）
26Ⅰ　剰余価値学説史Ⅰ（1969）
26Ⅱ　剰余価値学説史Ⅱ（1970）
26Ⅲ　剰余価値学説史Ⅲ（1970）
27　書簡集（1842-1851）（1971）
28　書簡集（1852-1855）（1971）
29　書簡集（1856-1859）（1972）
30　書簡集（1860-1864）（1972）
31　書簡集（1864-1867）（1973）
32　書簡集（1868-1870）（1973）
33　書簡集（1870-1874）（1973）
34　書簡集（1875-1880）（1974）
35　書簡集（1881-1883）（1974）
36　書簡集（1883-1887）（1975）
37　書簡集（1888-1890）（1975）
38　書簡集（1891-1892）（1975）
39　書簡集（1893-1895）（1975）
40　マルクス初期著作集（1973）
41　エンゲルス初期著作集（1973）
別巻1　著作索引（1976）
編集　全集刊行委員会
別巻2　書簡索引（1976）
編集　全集刊行委員会
別巻3　人名索引（1977）
編集　全集刊行委員会
別巻4　事項索引（1991）
編集　全集刊行委員会
補巻1　1833-1843（1980）
補巻2　「新ライン新聞」論説（1978）
補巻3　1849-1873（1981）
補巻4　「古代社会」摘要他（1977）

『マス・レジャー叢書』 *1961-63年刊
紀伊國屋書店

1　テレビジョンの功罪（1961年4月）
監修＝清水幾太郎
2　マス・レジャー論（1961年10月）
監修＝日高六郎
3　マス・カルチャー（1963年2月）
監修＝南博

『今日の社会心理学』 *1962-69年刊
培風館

1　社会心理学の形成（1965年7月）
産業主義と人間社会（富永健一）
社会心理学の方法と課題（佐藤毅）
日本における社会心理学の形成（高橋徹）
2　社会的行動（1969年5月）
社会的行動の理論（岡部慶三）
心理構造における静態と動態（岡田直之）
行動科学の基礎問題（土方文一郎）
3　集団・組織・リーダーシップ（1962年6月）

小集団の構造と機能（青井和夫）
組織構造と組織分析（綿貫譲治）
リーダーシップ（大橋幸）
4　社会的コミュニケーション（1967年10月）
情報科学の構想―エヴォルーショニストのウィーナー的自然観―（吉田民人）
コミュニケーション体系と社会体系（加藤秀俊）
マス・コミュニケーションの機能（竹内郁郎）
5　文化と行動（1963年6月）
価値と行動（作田啓一）
芸術行動（品川清治）
大衆文化（藤竹暁）
6　変動期における社会心理（1967年3月）
社会変動における運動過程―集合行動と社会運動の理論―（塩原勉）
明治維新の社会心理学―民衆の対応様式の諸類型―（見田宗介）
社会体制と社会心理（辻村明）

■『**定本柳田國男集**』 ＊1962-71年刊
■筑摩書房
1　（1963年9月）
海上の道　海南小記　島の人生　海女部史のエチュウド　瀬戸内海の海人　瀬戸内海の島々　伊豆大島の話　海上文化
2　（1962年1月）
雪国の春　秋風帖　東国古道記　豆の葉と太陽　旅中小景　丹波市記　樺太紀行　遊海島記
3　（1963年7月）
水曜手帖　北国紀行　五十年前の伊豆日記　瑞西日記　ジュネーブの思ひ出　その他　管江真澄
4　（1963年4月）
遠野物語　山の人生　史料としての伝説　妖怪談義　山神とヲコゼ　山人外伝資料　「イタカ」及び「サンカ」　山民の生活
5　（1962年9月）
伝説　一目小僧その他　木思石語　生石伝説　夜啼石の話　矢立杉の話　曽我兄弟の墳墓　伝説の系統及び分類　伝説とその蒐集　橋の名と伝説
6　（1963年10月）
口承文芸史考　昔話と文学　昔話覚書
7　（1962年11月）
物語と語り物　笑の本願　不幸なる芸術　東北文学の研究　世間話の研究　御伽噺と伽踊の今と昔　越前万歳のこと　二たび越前万歳に就きて　獅子舞考　掛け踊　風流と我面白　病める俳人への手紙　女性と俳諧　俳諧と俳諧観　喜談小信　七部集の話
8　（1962年2月）
桃太郎の誕生　女性と民間伝承　童話小考　昔話を愛する人に　昔話のこと
9　（1962年3月）
妹の力　巫女考　テテと称する家筋　立山中語考　一言主考　西行橋　細語の橋　毛坊主考　鬼の子孫　唱門師の話　俗山伏　桂女由来記
10　（1962年7月）
先祖の話　日本の祭　神道と民俗学　祭礼と世間　神道私見　神社のこと　人を神に祀る風習
11　（1963年5月）
神樹篇　祭日考　山宮考　氏神と氏子　氏子の特徴　田社考大要
12　（1963年11月）
石神問答　神を助けた話　大白神考　塚と森の話　十三塚　十三塚の分布及其伝説　境に塚を築く風習　七塚考　耳塚の由来に就て　民俗学上に於ける塚の価値
13　（1963年1月）
年中行事覚書　新たなる太陽　月曜通信　苗忌竹の話　御刀代田考　家の神の問題　浜弓考　神送りと人形
14　（1962年5月）
木綿以前の事　食物と心臓　手拭沿革　手巾序説　風呂の起源　臼の歴史　稗の未来　米櫃と糧と菜　親の膳　影膳の話　民俗覚書　小豆の話　塩雑談　民間事事
15　（1963年6月）
婚姻の話　家閑談　農村家族制度と慣習　親

方子方　小児生存権の歴史　童児と神　産婆を意味する方言　私生児を意味する方言　私生児の方言　私生児のこと　常民婚姻史料　狐の嫁取といふこと　耳たぶの穴　にが手の話　にが手と耳たぶの穴　耳たぶの穴の一例　葬制の沿革について　葬制沿革史料　魂の行くへ　幽霊思想の変遷　霊出現の地　広島へ煙草買ひに

16　（1962年10月）

時代ト農政　日本農民史　都市と農村　生産組合の性質に就いて　農民史研究の一部　農村雑話　行商と農村　農業と言葉

17　（1962年6月）

民謡覚書　民謡の今と昔　俳諧評釈　俳諧評釈続篇

18　（1963年8月）

蝸牛考　方言覚書　方言と昔　国語史　新語篇　標準語と方言

19　（1963年2月）

国語の将来　西は何方　毎日の言葉　幼言葉　分類の試み　村荘閑話　話の話　単語の年齢と性質

20　（1962年8月）

地名の研究　大唐田又は唐干田と云ふ地名　アテヌキといふ地名　和州地名談　水海道古称　風位考　名字の話　家の話　小さき者の声　少年と国語

21　（1962年12月）

こども風土記　なぞとことわざ　火の昔　村と学童　村のすがた

22　（1962年4月）

野草雑記　野鳥雑記　信州随筆　狐猿随筆　「黒」を憶ふ　狸とデモノロジー　狸とムジナ

23　（1964年2月）

退読書歴　老読書歴　ささやかなる昔　序跋・批評・自序集

24　（1963年3月）

国史と民俗学　明治大正史　世相篇　日本を知るために　歴史教育について　平凡と非凡　文化運搬の問題　文化と民俗学　文化政策といふこと　民俗学の話（一人座談）　民俗学の三十年

25　（1964年1月）

郷土誌論　青年と学問　郷土生活の研究法　民間伝承論　北小浦民俗誌　郷土科学に就いて　郷土研究の将来　東北と郷土研究　雑誌は採集者の栞　実験の史学　採集事業の一劃期　社会科教育と民間伝承　郡誌調査員会に就て　新郷土誌の目的と方法

26　（1964年7月）

日本の昔話　日本の伝説　辞書解説原稿　竹馬余事　「しがらみ草紙」より　第一高等学校「交友会雑誌」より　松楓集より　自選歌集　日記より　にひ草　連句手帖　赤頭巾の歌仙　青城亭五唫歌仙　文化・自由放談の折　栗の花　歌評　独唑記　小生ノリリク　小バーンス　干潟の霜　西樓記　すずみ台　旋風

27　（1964年4月）

後狩詞記　山島民譚集　山島民譚集（草案稿本）　俗聖沿革史　賽の河原の話　子安の石像　地蔵の新和讃　地蔵殿の苗字　水引地蔵　廻り地蔵　子安地蔵　黒地蔵白地蔵　掛神の信仰に就て　忌と物忌の話　勝善神　猿廻しの話　絵馬と馬　板絵沿革　龍王と水の神　片葉蘆考　諸国の片葉の蘆　七難の揃毛　民俗覚書　所謂特殊部落ノ種類　木地屋物語　木地屋土着の一二例　マタギと云ふ部落　竹籠を作る者　郷土研究小篇（二十三篇）

28　（1964年3月）

最新産業組合通解　日本産銅史略　農政学　農業政策学　農業政策

29　（1964年5月）

地方文化建設の序説　都市建設の技術　都市趣味の風靡　二階から見て居た世間　古臭い未来　特権階級の名　政治生活更新の期　普通選挙の準備作業　移民政策と生活安定　文化史上の日向　日本の人口問題　国際労働問題の一面　農村往来に題す　青年と語る　青年団の自覚を望む　国語史論　国語史のために　国語の管理者　日本が分担すべき任務　当面の国際語問題　今日の郷土研究　エクス

ブレッション其他　再婚の是非　人の顔　潟に関する聯想　佐渡の海府から　越中と民俗　小さい問題の登録　鋳輪区域　採集手帳のこと　村の個性　セビオの方法　感覚の記録　ことわざ採集の要領　新たなる目標　伝統と文化　信仰と学問　昔を尋ねる道　氏神様と教育者　教育の原始性　木曜dayより　民俗学研究所の成立ち　社会科教育と民間伝承　民俗学研究所の事業に就いて　垣内の話　採訪の新しい意味　人を喚ぶ力　祭礼名彙と其分類　服装語彙分類案　食料名彙　宅地の経済上の意義　屋敷地割の二様式　規則正しい屋敷地割　馬の寄託　人狸同盟将に成らんとす　鴻の巣　動物盛衰　若殿原　用水と航路　蟹嚙　山に住んだ武士　美濃紙現状　茨城県西茨城郡七会村　親のしつけ　日本の母性　狗の心　喜談小品　喜談日録　地方見聞集　文明の批評　準備なき外交　蒼海を望みて思ふ　国民性論　児童語彙解説

30　（1964年8月）

女性生活史　比較民俗学の問題　学問と民族結合　フィンランドの学問　学者の後　罪の文化と恥の文化　甲賀三郎　和泉式部　片目の魚　桃太郎根原記　みさき神考　行器考　習俗覚書　たのしい生活　知識と判断と　女性と文化　俳諧とFolk-Lore　序跋集　「郷土研究」小篇（一〇七篇）　「郷土研究」小通信　「郷土研究」方言欄　「郷土研究」の休刊　「民族」雑篇　「土俗と伝説」雑篇

31　（1964年11月）

現代科学といふこと　郷土研究の話　成長は自然　日本民族と自然　農村保健の今昔　おとら狐の話　飯鋼の話　山立と山臥　伝説のこと　富士と筑波　瑞穂国について　米の島考　倉稲魂考　農村と秋まつり　村を楽しくする方法　関東の民間信仰　新式占法伝授　前兆　アイヌの家の形　つぐら児の心　寄り物の問題　郷土舞踏の意義　舞と踊との差別　仮面に関する一二の所見　田植のはなし　歌と国語　歌のフォクロア　俳諧雑記　テルテルバウズについて　かぐやひめ　浪合記の背景と空気　方言覚書　江湖雑談　デアルとデス　今までの日本語　話し方と読み方　文章革新の道　春来にけらし　思ひ言葉　和歌の未来といふことなど　平瀬麦雨集小序　イブセン雑感　読書余談　伊頭園茶話から　翻訳は比較　「少年の悲み」などのこと　二階と青空　「ドルメン」を再刊します　「農家と人」審査感想　「孤島苦の琉球」　「朝鮮民俗誌」　「近畿民俗」　系図部を読みて　「村のすがた」と社会科教育　「遠野」序　旅と文章と人生　大嘗祭と国民　大嘗祭ニ関スル所感　史学興隆の機会　一つの歴史科教案　新たなる統一へ　中農養成策　保護論者が解決すべき一問題　産業組合の道徳的分子　農業用水ニ就テ　将来の農政問題　次の二十五年　塔の絵葉書　マッチ商標の採集　友食ひの犠牲　山帽子　山の休日　作之丞と未来　特攻精神をはぐくむ者　女の表現　教師は公人　通信の公私　読書人の眼　常民の生活知識　鷺も烏も　あなおもしろ　発見と埋没と大仏と子供　仙人の話　誰に見せう　夏祭進化　喜談小品　「野方」解　ツルウメモドキ　東北の芹の塩漬　故郷の味　梅についてのお願ひ　私の書斎　町の話題　泥棒公認　猿落しの実験　埼玉県知事に申す　御誕生を悦ぶ　あつい待遇　新しい統一のため　日本民俗学の前途　紙上談話会　創刊のことば　新しい光

別巻第1　（1963年12月）

朝日新聞論説

別巻第2　（1964年6月）

朝日新聞論説

別巻第3　（1964年9月）

故郷七十年（改訂版）
故郷七十年拾遺
人名索引

別巻第4　（1964年10月）

炭焼日記　柳田採訪　大正七年日記　大正十一年日記　書簡

別巻5　（1971年5月）

総索引　書誌　年譜　あとがき

■『現代社会学講座』 *1963-64年刊
有斐閣
監修＝福武直・日高六郎
1 体制の社会学（1964年4月）
編者＝濱島朗
Ⅰ 社会学と社会体制論（濱島朗）
Ⅱ 人間・労働・体制（田中清助）
Ⅲ 階級と社会体制―社会学的階級理論の批判を通して（小山陽一）
Ⅳ 体制維持のメカニズム（河村望）
Ⅴ 体制変革とその主体（細谷昂）
2 地域生活の社会学（1964年3月）
編者＝中野卓
Ⅰ 「地域」の問題と社会学の課題（中野卓）
Ⅱ 地域生活（宇津栄祐）
Ⅲ 農民生活における「地域」（柿崎京一）
Ⅳ 都市化過程と地域生活の構造（奥田道大）
Ⅴ 「地域開発」と社会変動（田原音和）
年表
3 組織の社会学（1964年1月）
編者＝青井和夫
Ⅰ 組織へのアプローチ（青井和夫）
Ⅱ 職場組織（高田佳利）
Ⅲ 旧中間層の組織と運動（高橋明善／松原治郎）
Ⅳ 日本官僚制の問題点（佐藤竺）
Ⅴ むすびにかえて（青井和夫）
4 コミュニケーションの社会学（1963年11月） 編者＝山田宗睦
Ⅰ コミュニケーション社会学の問題―コミュニケーション論史を中心として（佐藤毅）
Ⅱ コミュニケーションの構造（中野収）
Ⅲ マス・コミュニケーションの生産過程（稲葉三千男）
Ⅳ 文化創造（江藤文夫）
Ⅴ コミュニケーションの社会的機能（山田宗睦）
5 人間形成の社会学（1964年2月）
編者＝作田啓一
Ⅰ 人間の形成―序説（作田啓一）

Ⅱ 社会体制と人間像（1）―天皇制的人間（仲村祥一）
Ⅲ 社会体制と人間像（2）―現代国家独占のマンパワー・ポリシーを中心に（小関三平）
Ⅳ 生活空間の構造―機能分析―人間の生の行動学的理論（吉田民人）
Ⅴ 運動における主体性の形成過程（塩原勉）
6 疎外の社会学（1963年12月）
編者＝北川隆吉
Ⅰ 疎外論の現代的意味（北川隆吉）
Ⅱ 現代における不幸の諸類型―疎外―〈日常性〉の底にあるもの（見田宗介）
Ⅲ 疎外による苦悩の分析―戦後日本の自殺を手がかりとして（折原浩）
Ⅳ 現代における労働と疎外（三溝信）
Ⅴ 疎外克服の途―現代日本社会における問題（北川隆吉）

■『講座 現代社会学』 *1965年刊
青木書店
1 社会学方法論（1965年4月）
編者＝北川隆吉
2 集団論（1965年6月）編者＝芥川集一
3 社会意識論（1965年11月）
編者＝田中清助

■『高群逸枝全集』 *1965-67年刊
理論社
編者＝橋本憲三
1 母系制の研究（1966年9月）
2 招婿婚の研究一（1966年3月）
3 招婿婚の研究二（1966年6月）
4 女性の歴史一（1966年2月）
5 女性の歴史二（1966年3月）
6 日本婚姻史 恋愛論（1967年1月）
7 評論集（1967年2月）
8 全詩集（1966年7月）
9 小説 随筆 日記（1966年10月）
10 火の国の女の日記 三つの言葉：後記にかえて 高群逸枝年譜（1965年6月）

『有賀喜左衞門著作集』 *1966-71年刊
未来社
編集者＝中野卓・柿崎京一・米地実

1　日本家族制度と小作制度　上（1966年6月）
2　日本家族制度と小作制度　下（1966年10月）
3　大家族制度と名子制度（1967年5月）
4　封建遺制と近代化（1967年9月）
5　村の生活組織（1968年2月）
6　婚姻・労働・若者（1968年9月）
7　社会史の諸問題（1969年3月）
8　民俗学・社会学方法論（1969年8月）
9　家と親分子分（1970年5月）
10　同族と村落（1971年2月）
11　家の歴史・その他（1971年12月）

『鈴木榮太郎著作集』 *1968-77年刊
未来社
編集者＝笹森秀雄・富川盛道・藤木三千人・布施鉄治

1　日本農村社会学原理　上（1968年4月）
（解説＝喜多野清一）
2　日本農村社会学原理　下（1968年10月）
鈴木農村社会学における村と家
（解説＝喜多野清一）
3　家族と民俗（1971年8月）
探求の道程（解説＝竹内利美）
4　農村社会の研究（1970年10月）
鈴木農村社会学の生成（解説＝余田博通）
5　朝鮮農村社会の研究（1973年2月）
朝鮮の自然村を中心にして（解説＝牧野巽）
6　都市社会学原理（1969年9月）
都市社会学における鈴木理論の独自性
（解説＝近江哲男）
7　社会調査（1977年6月）
実証的〈凝視〉の基底と展開（解説＝安原茂）
8　国民社会学原理ノート（1975年6月）
鈴木社会学総体系化への志向
（解説＝塚本哲人）
別巻　鈴木榮太郎研究（未刊）

『ジョルジュ・バタイユ著作集』 *1969-75年刊
二見書房

1　（1971年4月）生田耕作訳
眼球譚（太陽肛門／供儀／「松毬の眼」）
解説＝生田耕作
2　（1975年10月）生田耕作訳
不可能なもの
訳者あとがき（生田耕作）
3　（1971年6月）若林真訳
C神父
訳者あとがき─《蠱惑の夜》を目指して（若林真）
4　（1971年8月）伊東守男訳
死者／空の青み
訳者あとがき（伊東守男）
5　（1969年4月）生田耕作訳
聖なる神
解説（生田耕作）
6　（1973年12月）生田耕作訳
呪われた部分
訳者あとがき（生田耕作）
7　（1973年4月）渋澤龍彦訳
エロティシズム
訳者あとがき（渋澤龍彦）
8　（1969年12月）伊東守男訳
ジル・ド・レ論─悪の論理─
訳者あとがき（伊東守男）
9　（1975年2月）出口裕弘訳
ラスコーの壁画
年代試表・地図・洞窟見取図
訳者あとがき（出口裕弘）
10　（1972年2月）宮川淳訳
沈黙の絵画
訳者あとがき（宮川淳）
11　（1974年9月）片山正樹訳
ドキュマン
訳者あとがき（片山正樹）
12　（1971年10月）山本功・古屋健三訳
言葉とエロス　作家論1
訳者あとがき（山本功）

13 (1971年12月)山本功・古屋健三訳
詩と聖性 作家論 2
訳者あとがき(山本功)
14 (1972年10月)山本功訳
戦争/政治/実存 社会科学論集 1
訳者あとがき(山本功)
15 (1973年5月)山本功訳
神秘/芸術/科学 社会科学論集 2
訳者あとがき(山本功)

『ヴァルター・ベンヤミン著作集』
*1969-81年刊
晶文社
1 暴力批判論(1969年5月)
編集解説=高原宏平・野村修
2 複製技術時代の芸術(1970年8月)
編集解説=佐々木基一
3 言語と社会(1981年12月)
編集解説=久野収・佐藤康彦
4 ドイツ・ロマン主義(1970年9月)
編集解説=大峯顕・高木久雄
5 ゲーテ 親和力(1972年8月)
編集解説=高木久雄
6 ボードレール(初版,1970年5月;新編増補,1975年9月)
編集解説=初版,川村二郎;新編増補,川村二郎・野村修
7 文学の危機(1969年6月)
編集解説=高木久雄
8 シュルレアリスム(1981年8月)
編集解説=針生一郎
9 ブレヒト(1971年5月)
編集解説=石黒英男
10 一方通行路(1979年6月)
編集解説=幅健志・山本雅昭
11 都市の肖像(1975年5月)
編集解説=川村二郎
12 ベルリンの幼年時代(1971年9月)
編集解説=小寺昭次郎
13 新しい天使(1979年8月)
編集解説=野村修

14 書簡Ⅰ 1910-1928(1975年7月)
編集解説=野村修
15 書簡Ⅱ(1972年6月)
編集解説=野村修

『現代社会学大系』 *1969-90年刊
青木書店
編集委員=日高六郎・岩井弘融・中野卓・浜島朗・田中清助・北川隆吉

1 ジンメル 社会分化論 社会学(1970年1月)
2 デュルケーム 社会分業論(1971年2月)
3 サムナー フォークウェイズ(1975年2月)
4 クーリー 社会組織論―拡大する意識の研究―(1970年9月)
5 ウェーバー 社会学論集―方法・宗教・政治―(1971年8月)
6 パレート 社会学大綱(1987年10月)
7 ブハーリン 史的唯物論(1974年7月)
8 マンハイム シェーラー 知識社会学(1973年1月)
9 リンド ミドゥルタウン(1990年1月)
10 ミード 精神・自我・社会(1973年12月)
11 ギュルヴィッチ 社会学の現代的課題(1970年6月)
12 アドルノ 権威主義的パーソナリティ(1980年10月)
13 マートン 社会理論と機能分析(1969年11月)
14 パーソンズ 社会体系論(1974年4月)
15 ガース ミルズ 性格と社会構造―社会制度の心理学―(1970年3月)

『講座 現代の社会学』 *1970-75年刊
法律文化社
編者=細野武男・堀喜望・中野清一・野久尾徳美・真田是

1 現代社会論(1970年9月)
2 社会学理論(1970年4月)
3 社会学的現実分析(1975年1月)
4 マルクス主義と社会学(1970年6月)

『南方熊楠全集』
*1971-75年刊
平凡社
監修＝岩村忍・入矢義高・岡本清造
1　十二支考（1971年2月）
南方学の系譜（解説＝金関丈夫）
2　南方閑話　南方随筆　続南方随筆（1971年4月）
こちら側の問題（解説＝益田勝実）
3　雑誌論考Ⅰ（1971年11月）
南方の学問的系譜と民族学（解説＝大林太良）
4　雑誌論考Ⅱ（1972年7月）
地球志向の比較学（解説＝鶴見和子）
5　雑誌論考Ⅲ（1972年11月）
南方翁と江戸文学（解説＝森銑三）
6　新聞随筆　未発表手稿（1973年6月）
南方翁と日照権（解説＝杉村武）
7　書簡Ⅰ（1971年8月）
南方熊楠と仏教（解説＝入矢義高）
8　書簡Ⅱ（1972年4月）
「縛られた巨人」のまなざし
（解説＝谷川健一）
9　書簡Ⅲ（1973年3月）
男色考余談（解説＝稲垣足穂）
10　初期文集　英文論考（1973年11月）
南方熊楠の英文著作（解説＝岩村忍）
別巻1　書簡補遺　論考補遺（1974年3月）
英文『燕石考』について（解説＝岩村忍）
別巻2　ロンドン日記　論考補遺　総索引
著述目録（1975年8月）

『講座・コミュニケーション』
*1972-73年刊
研究社
編集委員＝江藤文夫・鶴見俊輔・山本明
1　コミュニケーション思想史（1973年11月）
2　コミュニケーション史（1973年2月）
3　世界のコミュニケーション（1973年6月）
4　大衆文化の創造（1973年3月）
5　事件と報道（1972年11月）
6　コミュニケーションの典型（1973年12月）

『法社会学講座』　*1972-73年刊
岩波書店
編集＝川島武宜
1　法社会学の形成（1972年4月）
2　法社会学の現状（1972年6月）
3　法社会学の基礎1（1972年7月）
4　法社会学の基礎2（1972年9月）
5　紛争解決と法1（1972年10月）
6　紛争解決と法2（1972年11月）
7　社会と法1（1973年1月）
8　社会と法2（1973年2月）
9　歴史・文化と法1（1973年3月）
10　歴史・文化と法2（1973年4月）

『社会学セミナー』　*1972-75年刊
有斐閣
1　**社会学原論**（1975年2月）
編集＝富永健一・塩原勉
　　社会学研究法
Ⅰ
1　社会学とは何か（塩原勉）
2　理論・実証・政策（富永健一）
3　モデル構成（富永健一）
4　構造と機能（富永健一）
5　社会学における数学的方法（中山慶子）
Ⅱ　行為論
6　行為理論（佐藤勉）
7　行為の再組織化と集合行動（会田彰）
8　役割理論（新睦人）
9　意思決定（小室直樹）
Ⅲ　集団論
10　準拠集団論（船津衛）
11　官僚制と組織文化（吉田裕）
12　公式組織の比較分析（塩原勉）
Ⅳ　社会構造論
13　社会的資源とその配分（厚東洋輔）
14　属性原理と業績原理（浜口恵俊）
15　社会階層（直井優）
16　社会厚生と社会指標（富永健一）
Ⅴ　社会変動論

17 都市化と社会発展（鈴木広）
18 都市化と産業化（鈴木広）
19 産業化と官僚制化（佐藤慶幸）
20 発展途上社会の産業化（畠弘巳）
21 社会変動の推進主体（駒井洋）

2 地域・産業（1972年10月）
編集＝蓮見音彦・倉沢進・奥田道大・平野秀秋・吉田裕・石川晃弘
Ⅰ 地域
1 日本農村の社会的特質（蓮見音彦）
2 都市化・産業化過程とムラの解体（安原茂）
3 農民の組織化と農業の共同化（山本英治）
4 日本都市の社会構造—その概念枠組と分析視角—（倉沢進・似田貝香門）
5 近代都市の形成と類型（高橋勇悦）
6 地方都市の社会構成（高橋勇悦）
7 都市近郊の変容（中村八朗）
8 都市における住民組織と市民意識（奥田道大）
9 地域社会における権力構造（古城利明）
10 現代における地域社会変動の構造（布施鉄治）
11 社会計画としての地域計画（園田恭一）
Ⅱ 産業
12 戦後日本における産業・労働の社会学的調査研究（石川晃弘）
13 日本社会の階層的構造と社会的移動（石川晃弘）
14 労使関係の日本的特質—その形成過程と将来—（元島邦夫）
15 日本の大企業経営者の社会的給源とその性格（川崎嘉元）
16 労働組合の構造と機能（清野正義）
17 組合分裂の力学（八木正）
18 雇用従業者の職場生活意識（本間康平）
19 技術革新と経営・労働の再編成（佐藤守弘）
20 企業における情報と管理（松平誠）
21 情報技術の進展とホワイトカラーの地位の変化（佐藤慶幸）
22 工業化・情報化・脱工業化（平野秀秋）

3 家族・福祉・教育（1972年9月）
編集＝湯沢雍彦・副田義也・松原治郎・麻生誠
Ⅰ 家族
1 家族制度と家族構成（山室周平）
2 現代家族における機能論の再検討（佐藤政雄）
3 家族周期と生活費との関連（森岡清美）
4 日本における伝統的結婚と近代的結婚（土田英雄）
5 戦後日本における夫婦関係の変容（布施晶子）
6 社会変動と現代の離婚原因（井上忠司）
7 家族構造と親子の病理（本村汎）
8 大都市における核家族化と老人の生活形態（老川寛）
9 日本の親族組織—同族と親類—（正岡寛司　藤見純子）
10 農家相続における農業地帯型と都市化地帯型（湯沢雍彦）
Ⅱ 福祉
11 生活問題の成立・類型・構成（副田義也）
12 疾病問題への社会学的アプローチ（園田恭一）
13 犯罪問題の成立と構造（所一彦）
14 身体障害者問題の構造（吉田恭爾）
15 老人問題と老人福祉（鎌田とし子）
16 児童問題の構造（古川孝順）
17 福祉国家論の終焉（横山和彦）
18 施設管理と福祉行政（竹中和郎）
19 福祉労働の性格と課題（副田義也）
20 社会福祉運動の成立と展開（高沢武司）
Ⅲ 教育
21 産業社会における教育計画（天野郁夫）
22 高等教育とエリート養成（麻生誠）
23 社会移動と教育機能（新堀通也）
24 集団としての学校（小野浩）
25 教師の社会的地位と教師集団（市川昭午）
26 現代社会と社会化過程（松原治郎）
27 地域変動と教育問題（小林文人）
28 マス・コミュニケーションの教育機能（阿久津喜弘）
29 少年非行の社会環境（松本良夫）

4　社会心理　マス・コミュニケーション（1972年10月）
編集＝佐藤毅・細谷昂・竹内郁郎・藤竹暁
Ⅰ　社会心理
1　人間性への視点（細谷昂）
2　社会心理とイデオロギー（田中義久）
3　プラグマティズムと記号行動論（佐藤毅）
4　日本人の国民性（米山俊直）
5　現代人の生活行動と生活意識（滝沢正樹）
6　日本人のコミュニケーション（佐藤毅）
7　合理化のなかの労働者とその階級意識（元島邦夫）
8　労働者階級の階層分化と階級意識（庄司興吉）
9　分解する農民層の意識（細谷昂）
10　投票行動と政治意識―政党支持を中心として（森博）
11　憲法意識の動態と現状（間場寿一）
Ⅱ　マス・コミュニケーション
12　コミュニケーション・メディアの発達と社会形態（林進）
13　マス・コミュニケーションによる環境造成（早川善治郎）
14　マス・コミュニケーションの社会的機能（竹内郁郎）
15　マス・コミュニケーションの制作過程における主要な矛盾（稲葉三千男）
16　マス・コミュニケーションとシンボル操作（藤竹暁）
17　マス・コミュニケーション受容者の接触実態（飽戸弘）
18　マス・コミュニケーション受容のプロセス（北村日出夫）
19　マス・コミュニケーション効果の類型（竹内郁郎）
20　コミュニケーションの流れ（広瀬英彦）
21　消費行動とマス・コミュニケーション（藤竹暁）
22　大衆文化とマス・コミュニケーション（山本明）

『社会学講座』　*1972-76年刊
東京大学出版会
監修者＝福武直
1　**理論社会学**（1974年6月）
編者＝青井和夫
第1章　序論（青井和夫）
第2章　構造―機能分析の論理と方法（小室直樹）
第3章　社会体系分析の行為論的基礎（富永健一）
第4章　社会体系の構造と過程（直井優）
第5章　社会体系の一般変動理論（吉田民人）
第6章　社会体系の深層理論（青井和夫）
第7章　社会体系の計画理論（稲上毅）
2　**社会学理論**（1975年2月）
編者＝濱島朗
第1章　序論（濱島朗）
第2章　共同体の再編と解体（河村望）
第3章　産業化と階級・階層問題（濱島朗）
第4章　分業と社会体制（平野秀秋）
第5章　価値と制度―聖-俗理論をめぐって―（井上俊）
第6章　組織過程と認識過程（北川隆吉）
第7章　主体としての人間（庄司興吉）
第8章　疎外論と社会学理論（勅使河原勝男・橋本敏雄）
3　**家族社会学**（1972年11月）
編者＝森岡清美
第1章　序論（森岡清美）
第2章　家族の形態と類型（森岡清美）
第3章　配偶者選択と結婚（望月嵩）
第4章　家族の内部過程（上子武次・増田光吉・田村健二）
第5章　家族の生活構造（岡村益・湯沢雍彦）
第6章　家族と社会（正岡寛司・布施晶子）
第7章　家族の変動（森岡清美）
第8章　家族社会学の展開（山根常男）
4　**農村社会学**（1973年5月）
編者＝蓮見音彦
第1章　農村社会学の課題と構成（蓮見音彦）
第2章　日本資本主義の展開と農村社会（河

村望)
第3章　農民層分解と農村社会の構成(安原茂)
第4章　農民生活の変動と農村家族(布施鉄治)
第5章　農村社会と農民組織集団(山本英治)
第6章　村落構造と農村の支配構造(蓮見音彦)
第7章　農民生活と農村の社会問題(高橋明善)
第8章　農民意識と農村社会の変革(細谷昂)
第9章　農村社会学の系譜―成立契機と基礎視角をめぐって―(似田貝香門)

5　都市社会学　(1973年6月)
編者＝倉沢進
第1章　都市社会学の問題と方法(倉沢進)
第2章　都市類型と発展(鈴木広・似田貝香門)
第3章　都市の社会構造(高橋勇悦・藤竹暁・菊池美代志・中村八朗)
第4章　都会人の生活と意識(高橋勇悦・奥田道大)
第5章　コミュニティと社会計画(渡辺博史)
第6章　わが国における都市社会学の史的展開(中村八朗)

6　産業社会学　(1973年2月)
編者＝松島静雄
第1章　産業社会学の課題と構成(松島静雄)
第2章　企業経営の組織(羽田新)
第3章　従業員の疎外(安藤喜久雄)
第4章　人間関係(鈴木春男)
第5章　リーダーシップ(杉政孝)
第6章　労働者の意識(副田義也)
第7章　労働組合の構造と機能(佐藤守弘)
第8章　労使関係(稲上毅)
第9章　技術革新と労働(間宏)
第10章　産業社会学の発達(岡本秀昭)

7　政治社会学　(1973年3月)
編者＝綿貫譲治
第1章　政治社会学の位置(綿貫譲治)
第2章　政治意識・投票行動・世論(直井道子・村松泰子)
第3章　政治組織と政治運動(間場寿一)
第4章　地域権力構造(矢沢澄子)
第5章　国家権力構造(森博)
第6章　高度産業社会の政治社会学(高橋昌二)
第7章　発展途上国の政治社会学(小倉充夫)
第8章　国際関係の政治社会学(馬場伸也)

8　経済社会学　(1974年10月)
編者＝富永健一
Ⅰ　経済社会学の視点
第1章　経済社会学の定義と主題(富永健一)
第2章　分析論理における社会学と経済学の相似性と非相似性(富永健一)
Ⅱ　経済行動
第3章　消費行動(非関利明)
第4章　貯蓄行動(直井優・長井正明)
第5章　企業行動(岡本康雄)
第6章　財政行動(若山浩士)
Ⅲ　経済体系の構造と機能
第7章　相互作用の基本類型(村上泰亮・公文俊平)
第8章　市場原理(村上泰亮・公文俊平)
第9章　組織原理(村上泰亮・公文俊平)
第10章　市場経済と計画経済(村上泰亮・公文俊平)
第11章　公共経済(貝塚啓明)
Ⅳ　経済体系の構造変動
第12章　経済発展と社会発展(直井優)
第13章　産業化の発展段階(松原洋三)
第14章　社会主義経済体制の変動(岩田昌征)
Ⅴ　経済社会政策論
第15章　価値標準としての福祉(直井優)
第16章　福祉指標の構築(盛山和夫)

9　法社会学　(1974年9月)
編者＝潮見俊隆
第1章　序論　法社会学の現状(潮見俊隆)
第2章　法社会学の方法(六本佳平・渡辺洋三・藤田勇)
第3章　法社会学の課題(武井正臣・湯沢雍彦・六本佳平)
第4章　社会学理論における法(細谷昂・宮島喬・塩原勉・佐藤節子・壽里茂・佐藤勉)
第5章　日本における法社会学の展開と文献(潮見俊隆)

10　教育社会学　(1974年5月)
編者＝麻生誠

第1章　序論（麻生誠）
第2章　方法と分析視角（小野浩・麻生誠）
第3章　教育構造（麻生誠・江原武一・原芳男）
第4章　教育過程（松原治郎・木原孝博・阿久津喜弘・松本良夫）
第5章　教育変動（潮木守一・天野郁夫・菊池城司）
第6章　教育社会学研究の展開（高橋均）

11　知識社会学（1976年3月）
編者＝徳永恂
第1章　序論（徳永恂）
第2章　知識社会学の展開（徳永恂・高坂健次・大野道邦）
第3章　イデオロギー論（田中義久）
第4章　科学論（浜井修・井上純一・奥雅博）
第5章　ユートピア論（見田宗介・青木保）

12　社会意識（1976年1月）
編者＝見田宗介
第1章　現代社会の社会意識（見田宗介）
第2章　私的所有と社会意識（田中義久）
第3章　現代労働者の社会意識（庄司興吉）
第4章　日本型管理社会の社会意識（栗原彬）
第5章　社会意識研究の発展と現状（宮島喬）
第6章　社会意識研究の現実的課題（田中義久）

13　現代社会論（1972年10月）
編者＝辻村明
第1章　序論（辻村明）
第2章　現代社会のとらえ方（稲葉三千男・辻村明）
第3章　現代社会の趨勢（倉沢進・後藤和彦・香山健一・黒川紀章）
第4章　現代社会の将来（加藤寛・志水速雄・辻村明）
第5章　日米ソ社会の比較分析（米ソ社会比較研究グループ）
付　基本文献解題（辻村明）

14　社会開発論（1973年10月）
編者＝松原治郎
第1章　序論（松原治郎）
第2章　社会開発論の展開（松原治郎）
第3章　生活構造と生活環境（雪江美久）
第4章　住民運動と社会開発（奥田道大）
第5章　住民参加と地域計画（佐藤暢男）
第6章　経済計画と社会発展（福士昌寿）
第7章　研究動向と文献解題（若林敬子）

15　社会福祉論（1974年3月）
編者＝三浦文夫
第1章　序論　社会保障と社会福祉（三浦文夫）
第2章　社会福祉論の課題（三浦文夫）
第3章　社会福祉事業の諸分野の動向（副田義也）
第4章　社会保障論の体系（真田是）
第5章　保健社会学の構想（園田恭一）
第6章　付論　社会福祉の海外動向（渡辺益男・前田大作・三浦文夫）

16　社会病理学（1973年11月）
編者＝岩井弘融
第1章　序論（岩井弘融）
第2章　犯罪・少年非行（橘偉仁）
第3章　自殺（岩井弘融）
第4章　精神不安と精神障害（田村健二）
第5章　性の病理―売春―（竹中和郎）
第6章　家族生活の病理（四方寿雄・星野周弘）
第7章　幻想への逃避（大橋薫・細井洋子）
第8章　貧困（石川淳志）
第9章　公害―その現状と現代的課題―（川崎嘉元）

17　数理社会学（1973年1月）
編者＝安田三郎
第1章　序論（安田三郎）
第2章　情報伝播の数理モデル（吉川栄一）
第3章　態度変化の数理モデル（鈴木達三）
第4章　マルコフ連鎖と社会移動（原純輔）
第5章　社会行動とゲームの理論（太田英昭）
第6章　群衆行動と群衆解析（戸川喜久二）
第7章　集団構造の数理分析―グラフと行列による表現―（池田央）
第8章　都市化社会のシステム分析―都市社会変動の追跡制御装置―（安田八十五）
第9章　数理社会学の展開と基本文献（安田三郎）

18　歴史と課題（1974年1月）

編者=福武直
第1章 序論 社会学の歴史（福武直）
第2章 フランス社会学（壽里茂）
第3章 ドイツ社会学（鈴木幸寿）
第4章 イギリス社会学（Jennifer Platt）
第5章 東欧の社会学（石川晃弘）
第6章 ソヴェト社会学(辻村明・渡辺良智)
第7章 アメリカ社会学（Koya Azumi）
第8章 南アメリカの社会学(Hiroshi Saito)
第9章 インド社会学
(Ramkrishna Mukherjee)
第10章 韓国社会学（李萬甲）
第11章 日本社会学（福武直）

『講座 現代日本のマス・コミュニケーション』 *1972-73年刊
青木書店
編集委員=北川隆吉・高木教典・田口富久治・中野収

1　コミュニケーション論（1972年6月）
2　政治過程とマス・コミュニケーション（1972年10月）
3　マス・メディア産業の構造（未刊）
4　マス・メディアの構造とマス・コミ労働者（1973年8月）
5　現代社会とマス・コミュニケーション（未刊）

『講座　家族』 *1973-74年刊
弘文堂
編者=青山道夫・竹田旦・有地亨・江守五夫・松原治郎

1　家族の歴史（1973年11月）
2　家族の構造と機能（1974年2月）
3　婚姻の成立（1973年12月）
4　婚姻の解消（1974年3月）
5　相続と継承（1974年4月）
6　家族・親族・同族（1974年5月）
7　家族問題と社会保障（1974年7月）
8　家族観の系譜（1974年9月）

『講座 現代の社会とコミュニケーション』
*1973-74年刊
東京大学出版会
編集=内川芳美・岡部慶三・竹内郁郎・辻村明

1　基礎理論（1973年12月）
2　情報社会（1974年1月）
3　言論の自由（1974年2月）
4　情報と政治（1974年4月）
5　情報と生活（1973年11月）

『権田保之助著作集』
*1974-75年刊
文和書房

1　民衆娯楽問題　民衆娯楽の基調（1974年12月）解説=仲村祥一
2　娯楽業者の群　民衆娯楽論（1974年12月）解説=井上俊
3　国民娯楽の問題　娯楽教育の研究（1975年4月）解説=津金沢聡広
4　主要論文　著書・著作一覧　略歴（1975年6月）解説=田村紀雄

『エリアーデ著作集』 *1974-77年刊
せりか書房
監修=堀一郎

1　太陽と天空神（宗教学概論1）（1974年4月）久米博訳
2　豊饒と再生（宗教学概論2）（1974年7月）久米博訳
3　聖なる空間と時間（宗教学概論3）（1974年10月）久米博訳
4　イメージとシンボル（1974年2月）前田耕作訳
5　鍛冶師と錬金術師（1973年10月）大室幹雄訳
6　悪魔と両性具有（1973年8月）宮治昭訳
7　神話と現実（1973年4月）中村恭子訳
8　宗教の歴史と意味（1973年12月）前田耕作訳
9　ヨーガ1（1975年4月）立川武蔵訳

10 ヨーガ２（1975年９月）立川武蔵訳
11 ザルモクシスからジンギスカンへ１（1976年５月）斎藤正二訳
12 ザルモクシスからジンギスカンへ２（1977年12月）斎藤正二・林隆訳
13 宗教学と芸術(1975年11月)中村恭子編訳

■『**現代教育社会学講座**』 *1975-76年刊
東京大学出版会
監修＝清水義弘
1 現代教育の診断（1975年12月）
編集＝大橋薫・山村健
2 社会変動と教育（1976年３月）
編集＝日比行一・木原孝博
3 現代社会の人間形成（1976年６月）
編集＝木原健太郎・松原治郎
4 現代学校の構造（1976年２月）
編集＝河野重男・新井郁男
5 現代社会の教育政策（1976年５月）
編集＝田村栄一郎・潮木守一

■『**福武直著作集**』 *1975-76年刊
東京大学出版会
1 社会学の現代的課題　社会科学と価値判断（1975年10月）
「社会学青年」としての福武さん
（解説＝高橋徹）
『社会科学と価値判断』解説（解説＝徳永恂）
2 社会学　社会調査（1975年11月）
『社会学』について（解説＝濱島朗）
『社会調査』と調査者―被調査者関係
（解説＝安田三郎）
3 社会学の方法と課題（1975年12月）
社会学における「価値判断」をめぐって
（解説＝青井和夫）
社会学研究法の展開と福武学説
（解説＝森岡清美）
4 日本農村の社会的性格　日本の農村社会（1976年１月）
『日本農村の社会的性格』について
（解説＝塚本哲人）

戦後民主主義と農村社会学―戦後農村社会学の出発点―（解説＝河村望）
5 日本村落の社会構造（1976年２月）
農村社会構造論の形成と展開
（解説＝高橋明善）
「現実科学」と「実証的理論」
（解説＝似田貝香門）
6 日本農村の社会問題　農村社会調査報告（1976年３月）
社会福祉と福武社会学（解説＝三浦文夫）
福武民主化論と実証主義―後発世代からの発言―（解説＝松原治郎）
7 日本の農村　農村社会論集(1976年４月)
農政と社会学者（解説＝島崎稔）
福武教授の共同社会論に寄せて
（解説＝園田恭一）
8 日本農村社会論　現代日本社会論（1976年５月）
経済成長と社会学（解説＝松島静雄）
『日本農村社会論』とその周辺
（解説＝蓮見音彦）
9 中国農村社会の構造（1976年６月）
『中国農村社会の構造』について
（解説＝中野卓）
福武社会学の秘められた可能性
（解説＝佐谷一彦）
10 中国・インドの農村社会　世界農村の旅（1976年９月）
Asian Rural Societyをめぐって
（解説＝R．P．ドーア）
福武社会学のスタイルと関心
（解説＝中根千枝）
別巻　社会学四十年　年譜　著作目録（1976年10月）
福武さんの仕事（解説＝後藤和夫）
福武社会学と社会学四十年(解説＝北川隆吉)

■『**ジンメル著作集**』 *1975-81年刊
白水社
1 歴史哲学の諸問題（1977年７月）
訳者＝生松敬三・亀尾利夫

2　貨幣の哲学（分析篇）（1981年2月）
訳者＝元浜清海・居安正・向井守
3　貨幣の哲学（綜合篇）（1978年7月）
訳者＝居安正
4　カント　カントの物理的単子論（1976年2月）訳者＝木田元
5　ショーペンハウアーとニーチェ（1975年12月）訳者＝吉村博次
6　哲学の根本問題　現代文化の葛藤（1976年9月）訳者＝生松敬三
7　文化の哲学（1976年6月）
訳者＝円子修平・大久保健治
8　レイブラント（1977年3月）
訳者＝浅井真男
9　生の哲学（1977年11月）
訳者＝茅野良男
10　芸術の哲学（1975年10月）
訳者＝川村二郎
11　断想（1976年12月）
訳者＝土肥美夫・堀田輝明
12　橋と扉（1976年7月）
訳者＝酒田健一・熊沢義宣・杉野正・居安正

■『新明正道著作集』　*1976-93年刊
■誠信書房
1　理論Ⅰ（1978年3月）
著作集第一巻序言　社会学序説　社会学　社会学序講　（解説＝田野崎昭夫）
2　理論Ⅱ（1976年9月）
著作集第二巻序言　社会学の基礎問題　社会本質論　（解説＝大道安次郎）
3　理論Ⅲ（1992年6月）
ゲマインシャフト　社会学の立場　（解説＝田原音和）
4　学史Ⅰ（1979年5月）
著作集第四巻序言　形式社会学論　独逸社会学　（解説＝菅野正）
5　学史Ⅱ（1983年7月）
著作集第五巻序言　社会学の発端　社会学史　社会学史補論　（解説＝森博）
6　知識社会学（1977年1月）
著作集第六巻序言　知識社会学の諸相　イデオロギー論考　（解説＝鈴木広）
7　政治社会学（1977年7月）
著作集第七巻序言　ファッシズムの社会観　ファッシズム国家論　ソフィストの政治学的研究　（解説＝鈴木幸寿）
8　民族社会学（1980年8月）
著作集第八巻序言　人種と社会　史的民族理論　（解説＝家坂和之）
9　群衆社会学（1993年6月）
著作集第九巻序言　群衆社会学　大衆および公衆の社会学　階級　社会学の輪郭　附録　（解説＝佐々木徹郎）
10　地域社会学（1985年5月）
著作集第十巻序言　地域社会学　都市社会学　市民意識　（解説＝斎藤吉雄）
別巻1　社会学辞典（未刊）

■『テキストブック　社会学』　*1977-79年刊
■有斐閣
編集者＝山根常男・森岡清美・本間康平・竹内郁郎・高橋勇悦・天野郁夫
1　入門社会学（1978年3月）
2　家族（1977年12月）
3　教育（1978年3月）
4　職業（1977年10月）
5　地域社会（1977年11月）
6　マス・コミュニケーション（1977年12月）
7　福祉（1977年10月）
8　社会心理（1979年4月）

■『基礎社会学』　*1980-81年刊
■東洋経済新報社
編者＝安田三郎・塩原勉・富永健一・吉田民人
1　社会的行為（1980年12月）
［基礎編］
第1章　行為の構造（安田三郎）
第2章　行為者としての個人（安田三郎）
第3章　行動文化（安田三郎）
［学説編］
第4章　主意主義的行為理論（厚東洋輔）

第5章 準拠集団論（船津衛）
第6章 認知的不協和理論と帰属理論（高木修・工藤力）
第7章 逸脱行動論（木村英昭）
第8章 イデオロギー論（庄司興吉）
［研究編］
第9章 「日本的自我」論（草津攻）
 2 社会過程（1981年4月）
［基礎編］
第1章 相互行為・役割・コミュニケーション（安田三郎）
第2章 結合関係と結合過程（安田三郎）
第3章 抗争関係と抗争過程（安田三郎）
第4章 支配関係と支配過程（安田三郎）
［学説編］
第5章 役割理論（佐藤勉）
第6章 交換理論（久慈利武）
第7章 抗争理論（新睦人）
第8章 エスノメソドロジー（加藤春恵子）
［研究編］
第9章 間主観性の社会学（山口節郎）
 3 社会集団（1981年2月）
［基礎編］
第1章 集団と組織（塩原勉）
第2章 集団の構造（日置弘一郎）
第3章 集団の過程（田尾雅夫）
第4章 組織と環境（岸田民樹）
第5章 集合現象と組織化（塩原勉）
［学説編］
第6章 小集団論（永田良昭）
第7章 官僚制理論（佐藤慶幸）
第8章 近代組織理論（河合忠彦）
第9章 コンティンジェンシー理論（加護野忠男）
［研究編］
第10章 ヴォランタリズムとアソシエーション（佐藤慶幸）
第11章 自治・参加組織の機能と要件（川喜多喬）
 4 社会構造（1981年4月）
［基礎編］
第1章 社会構造の基礎理論（富永健一）
第2章 階層構造論（原純輔）
第3章 地域構造論（倉沢進）
［学説編］
第4章 ゲマインシャフト・コミュニティ・共同体（中久郎）
第5章 地域権力構造論（秋元律郎）
第6章 階級学説（市川統洋・千石好郎）
第7章 エリート理論とエリート主義（居安正）
第8章 低開発国と従属理論（李時載）
［研究編］
第9章 所有構造の理論（吉田民人）
 5 社会変動（1981年3月）
［基礎編］
第1章 社会変動の基礎理論（富永健一）
第2章 社会変動の趨勢（直井優）
第3章 社会変動のメカニズム（間々田孝夫）
第4章 近代国家における計画と介入の思想（安藤文四郎）
［学説編］
第5章 発展段階論（庄司興吉）
第6章 社会進化論（友枝敏雄）
第7章 近代化論（友枝敏雄）
第8章 システム科学と社会変動の論理（今田高俊）
第9章 現代フランス社会学の社会変動論（杉山光信）
［研究編］
第10章 階層構造の変動設計と政策評価―移動マトリックスによるシュミレーション分析（今田高俊）
第11章 西洋科学の輸入と制度化の問題―洋学の場合― 金丸由雄

■**『講座 老年社会学』** ＊1981年刊
垣内出版株式会社
■編者＝副田義也
1 老年世代論（1981年5月）
2 老後問題論（1981年5月）
3 老齢保障論（1981年6月）

■『大宅壮一全集』
*1981-82年刊
蒼洋社
編集委員＝青地晨・井上靖・梅棹忠夫・扇谷正造・草柳大蔵・永井道雄・三鬼陽之助

1　文学的戦術論（1981年10月）
解説＝鶴見俊輔
2　モダン層とモダン相（1981年10月）
解説＝加藤秀俊
3　ジャーナリズム講話（1981年10月）
解説＝草柳大蔵
4　宗教をののしる（1981年10月）
解説＝山本七平
5　蛙のこえ（1981年8月）
解説＝青木雨彦
6　「無思想人」宣言（1981年10月）
解説＝青地晨
7　現代の盲点　人生旅行（1981年10月）
解説＝中野好夫
8　サンデー時評Ⅰ（1981年10月）
解説＝高原四郎
9　サンデー時評Ⅱ（1981年10月）
解説＝松岡英夫
10　日本の企業（1981年10月）
解説＝扇谷正造
11　日本の人物鉱脈（1982年4月）
解説＝丸山邦男
12　日本新おんな系図　女傑とその周辺（1982年2月）解説＝末永勝介
13　昭和怪物伝（1981年10月）
解説＝藤原弘達
14　大学の顔役（1981年10月）
解説＝永井道雄
15　人物料理教室（1982年6月）
解説＝村島健一
16　日本拝見　日本の裏街道を行く（1982年5月）解説＝扇谷正造
17　外地の魅惑（1982年3月）
解説＝尾崎秀樹
18　世界の裏街道を行くⅠ—中近東・ヨーロッパ・アフリカ編—（1981年10月）
解説＝深田祐介
19　世界の裏街道を行くⅡ—南北アメリカ編—（1981年10月）解説＝大森実
20　世界の裏街道を行くⅢ—東南アジア編—（1981年10月）解説＝梅棹忠夫
21　世界の裏街道を行くⅣ—ソビエト編—（1981年10月）解説＝田英夫
22　世界の裏街道を行くⅤ—東欧・小国編—（1981年10月）解説＝上前淳一郎
23　実録・天皇記（1982年8月）
解説＝草柳大蔵
24　炎は流れるⅠ（1981年10月）
25　炎は流れるⅡ（1981年9月）
26　炎は流れるⅢ（1981年11月）
27　炎は流れるⅣ（1981年12月）
解説＝猪木正道
28　日本の遺書（1982年1月）
解説＝村上兵衛
29　中学生日記Ⅰ（1982年7月）
30　中学生日記Ⅱ（1982年9月）
解説＝青地晨
別巻　大宅壮一読本（1982年9月）

■『講座　社会福祉』　*1981-86年刊
有斐閣
編集代表＝仲村優一・佐藤進・小倉襄二・一番ヶ瀬康子・三浦文夫

1　社会福祉の原理と思想（未刊）
2　社会福祉の歴史（1981年11月）
3　社会福祉の政策（1982年8月）
4　社会福祉実践の基礎（1981年9月）
5　社会福祉実践の方法と技術（1984年3月）
6　社会福祉の法と行財政（1982年6月）
7　現代家族と社会福祉—家族福祉・児童福祉・婦人保護—（1986年3月）
8　高齢化社会と社会福祉—老人福祉・障害者福祉・地域福祉—（1983年12月）
9　関連領域と社会福祉—医療福祉・労働福祉・教育福祉・司法福祉—（1983年7月）
10　現代の貧困と社会福祉—生活保護・低所得対策を中心として—（未刊）

『リーディングス　日本の社会学』
*1985-97年刊
東京大学出版会
企画委員＝上子武次・北川隆吉・斎藤吉雄・作田啓一・鈴木広・高橋徹・十時嚴周

1　社会学理論（1997年2月）
編集者＝塩原勉・井上俊・厚東洋輔
序論
概説　日本の社会学　社会学理論（厚東洋輔）
第1部　メタ社会学
解説（厚東洋輔）
1　情報と自己組織性の原理（吉田民人）
2　解釈的パラダイムから解釈学的パラダイムへ（山口節郎）
3　財のセミオロジ（上野千鶴子）
4　記号空間論の基本視座（橋爪大三郎）
5　変換理性の科学哲学（今田高俊）
第2部　ミクロ社会学
解説（井上俊）
6　社会過程と社会関係（安田三郎）
7　価値意識論の構想（見田宗介）
8　溶解志向（作田啓一）
9　性差別のエスノメソドロジー（江原由美子・好井裕明・山崎敬一）
第3部　メゾ社会学
解説（塩原勉）
10　集団の本質（清水盛光）
11　ヴァランタリズムとアソシエーション（佐藤慶幸）
12　組織の存立構造論（舩橋晴俊）
13　集団の深層理論（青井和夫）
14　社会過程分析の方法的基準（新睦人）
第4部　マクロ社会学
解説（厚東洋輔）
15　国民的社会構成と社会構造（庄司興吉）
16　日本の近代化と社会変動（富永健一）
17　消費社会と権力（内田隆三）
18　全体社会の文化型と体制変化（蔵内数太）
文献

2　社会学思想（1997年3月）
編集者＝佐藤勉・細谷昂・村中知子
序論
概説　日本の社会学　社会学思想（佐藤勉・村中知子）
第1部　戦後社会学思想の出発
1　社会学の現代的課題（福武直）
2　社会学に対する私の立場（尾高邦雄）
第2部　パーソンズ理論の受容と展開
解説（村中知子）
3　社会学における行為理論と社会学的機能主義（新明正道）
4　行為理論とそのパーソナリティ理論に対する社会学的意義（山崎達彦）
5　主意主義的行為理論の意義と課題（稲上毅）
6　社会体系分析の行為論的構成（富永健一）
7　構造機能分析の理論的構成（原山保）
8　社会体系の変動と歴史分析（田野崎昭夫）
9　行為理論とメディア論（村中知子）
第3部　マルクス／ウェーバー・ルネッサンス
解説（佐藤勉）
10　マルクスにおけるAssoziationの概念について（田中清助）
11　マルクス変革主体論の構成（元島邦夫）
12　マルクス社会理論の視座と方法（細谷昂）
13　マルクスにおける変革主体形成の視点（湯田勝）
14　マックス・ウェーバーと辺境革命の問題（折原浩）
15　ヴェーバーの予言としての現代（厚東洋輔）
16　M.ウェーバーの「家」原理と支配の諸問題（菅野正）
17　歴史認識と現代（佐久間孝正）
第4部　デュルケム・ジンメル研究の現代的展開
解説（佐藤勉）
18　社会と個人（宮島喬）
19　社会認識の視座構造（中久郎）
20　構造主義と社会学（田原音和）
21　ジンメル社会学と哲学（阿閉吉男）
22　ジンメル社会学の基本問題（佐藤智雄）
第5部　社会学思想の現代的状況

解説（佐藤勉）
23　社会認識における全体性問題（徳永恂）
24　歪められた意志疎通からの解放をめざして（山口節郎）
25　対抗的相補性の社会学（梶田孝道）
26　自己理解と他者理解（佐藤嘉一）
27　所有構造の理論（吉田民人）
28　行為理論かシステム理論か（佐藤勉）
文献

3　伝統家族（1986年8月）
編集者＝光吉利之・松本通晴・正岡寛司
序論
概説　日本の社会学　伝統家族（光吉利之）
第1部　伝統家族へのアプローチ
解説（光吉利之）
1　家族と家（有賀喜左衛門）
2　日本の家と家族（喜多野清一）
3　同族と親族（有賀喜左衛門）
4　同族組織と封建遺制（喜多野清一）
第2部　家の構造と変動
解説（正岡寛司）
5　家族形態の周期的変化（小山隆）
6　農民の家族関係とライフコース（正岡寛司）
7　近世の親子関係（姫岡勤）
8　「家」のイデオロギー（中野卓）
9　白川村大家族の生活構造（柿崎京一）
第3部　親族組織の構造と変動
解説（松本通晴）
10　検地と分家慣行（竹内利美）
11　同族組織と村落構造（松本通晴）
12　同族組織と親類関係（光吉利之）
13　商家同族団（中野卓）
14　漁船経営と親族組織（坂井達朗）
第4部　家族文化の多様性
解説（光吉利之）
15　志摩漁村の寝屋婚・自由婚（川島武宜）
16　別居隠居慣行（土田英雄）
17　末子相続慣行（内藤莞爾）
18　奄美大島与論島の親族組織（大山彦一）
文献

4　現代家族（1987年3月）
編集者＝望月嵩・目黒依子・石原邦雄
序論
概説　日本の社会学　現代家族（望月嵩）
第1部　現代家族の変動
解説（石原邦雄）
1　家族形態の変動（原田尚）
2　家族観の変容（青井和夫）
3　ライフサイクルと家族変動（石原邦雄）
4　家族外生活者（森岡清美）
第2部　家族と外部システム
解説（目黒依子）
5　都市家族の親族関係（大橋薫・清水新二）
6　現代家族の社会的ネットワーク（野尻（目黒）依子）
7　家族と地域社会（布施晶子）
第3部　家族の内部過程
解説＝（目黒依子）
8　配偶者選択（望月嵩）
9　家事分業（上子武次）
10　夫婦の勢力構造（増田光吉）
11　子どもの社会化（佐藤（牧野）カツコ）
第4部　家族危機
解説（望月嵩）
12　結婚生活の臨床的研究（田村健二・田村満喜枝）
13　夫婦間の紛争（佐竹洋人）
14　家族解体—再組織化過程（藤崎宏子）
文献

5　生活構造（1986年1月）
編集者＝三浦典子・森岡清志・佐々木衞
序論
概説　日本の社会学　生活構造（三浦典子）
第1部　生活構造の理論
解説（三浦典子）
1　生活構造の基本状態（篭山京）
2　生活構造論の基礎的問題点（中鉢正美）
3　家族の生活構造と生活周期（森岡清美）
4　生活体系論の展開（青井和夫）
第2部　階級・階層と生活構造
解説（三浦典子）
5　日本における階層の分布構造と貧困層の

形成過程（江口英一）
6 賃金労働者家族の生活周期（阿部（鎌田）とし子）
7 生活構造の循環式（副田義也）
8 階級的生活構造の解明に向けて（八木正）
9 権力構造と生活構造（宇津栄祐）
10 媒介過程（小山陽一）
第3部 地域社会と生活構造
解説（佐々木衞）
11 村の生活組織—新版の序（有賀喜左衞門）
12 生活構造としての農村集落（山本陽三）
13 都市の生活構造（鈴木栄太郎）
14 都市における社会関係に関する実証的研究（笹森秀雄）
15 コミュニティにおける土着と流動（三浦典子）
第4部 社会参加と生活様式
解説（森岡清志）
16 都市化と都会人の社会的性格（倉沢進）
17 都市的生活構造（森岡清志）
18 生活構造（鈴木広）
19 大都市近郊におけるコミュニティ形成（木下謙治）
資料
文献

6 農村（1986年5月）
編集者＝中田実・高橋明善・坂井達朗・岩崎信彦
序論
概説 日本の社会学 農村（中田実）
第1部 日本農村社会学の視角
解説（坂井達朗）
1 農村社会学の系譜（似田貝香門）
2 近代日本における村落構造の展開過程（河村望・蓮見音彦）
3 戦後日本農村社会学の展開と農民層の「生産・労働—生活過程」分析の視角（布施鉄治）
第2部 日本農村の形態と特質
解説（坂井達朗）
4 同族結合と講組結合（福武直）

5 組と講（竹内利美）
6 水利組織の論理構造（余田博通）
7 農業発展とムラの役割（川本彰）
8 年齢階梯制村落としてのトカラ列島（鳥越皓之）
第3部 戦後日本農村の形成
解説（高橋明善）
9 戦後における農民層の分化と農村社会構造の変化（栗原百壽）
10 本家の同族統制と村落構造（塚本哲人・松原治郎）
11 村と農政（川口諦）
12 給与者同盟会の成立とその条件（後藤和夫・神谷力）
第4部 日本農村の構造と変動
解説（岩崎信彦）
13 共同体秩序の解体と農民の政治的動向（島崎稔）
14 部落財政と部落結合（高橋明善）
15 鹿島開発における〈都市と農村〉（安原茂・吉沢四郎）
16 兼業農民の労働・生活過程と「家」の変容（白樫久）
17 集団栽培後の村の性格変化（細谷昂・小林一穂）
18 漁業協同組合と生活空間（益田庄三）
第5部 農村の再形成と農村社会学の課題
解説（中田実）
19 現代日本農村社会学の課題（中田実）
20 村落移転とコミュニティ再編成（斎藤吉雄）
21 日本農村の展開と村落の位置（蓮見音彦）
資料
文献

7 都市（1985年11月）
編集者＝鈴木広・高橋勇悦・篠原隆弘
序論
概説 日本の社会学 都市（鈴木広）
第1部 理論と方法
解説（鈴木広）
1 都市研究の原点（奥井復太郎）
2 都市の定義とアプローチ（鈴木栄太郎）

3 都心からの都市社会学（磯村英一）
4 行政都市の社会学的意義（新明正道）
5 都市研究における中範囲理論の試み（鈴木広）
6 日本都市の分類（倉沢進）
7 「都市」研究の課題（島崎稔）
8 都市的生活様式論序説（倉沢進）
9 都市化社会における移動型生活構造の分析（篠原隆弘）
第2部　構造と過程
解説（篠原隆弘）
10 東京の生態的形態（矢崎武夫）
11 地域類型と移動パターン（三浦典子）
12 都市の地域集団（近江哲男）
13 近隣関係と社会階層（渡邊洋二）
14 権力媒体とリーダーの構成（秋元律郎）
15 地域政策と都市の社会的編成（似田貝香門）
第3部　生活と意識
解説（高橋勇悦）
16 都市における住民類型（中村八朗）
17 都会人とその故郷（高橋勇悦）
18 隣人と友人（R. P. ドーア）
19 コミュニティ形成の論理と住民意識（奥田道大）
20 都市化とコミュニティ変動（鈴木広）
21 都市と娯楽―喫茶店（加藤秀俊）
第4部　計画と展望
解説（高橋勇悦）
22 地域開発のメカニズム（松原治郎）
23 コミュニティ形成のために（国民生活審議会）
24 コミュニティの核を形成する思想（越智昇）
25 社会指標論の基礎視角（山口弘光・金子勇）
26 発展途上国における都市政策（古屋野正伍）
資料（高橋勇悦）
文献（篠原隆弘）

8　社会階層・社会移動（1986年3月）
編集者＝直井優・原純輔・小林甫
序論
概説　日本の社会学　社会階層・社会移動（直井優）

第1部　階級・階層構造と変動
解説（直井優）
1 戦後日本の階級・階層関係とその動態（濱島朗）
2 日本の中間階級（尾高邦雄）
3 日本社会と労働移動（富永健一）
4 社会的地位の一貫性と非一貫性（今田高俊・原純輔）
5 職業の社会的評価の分析（直井優・鈴木達三）
第2部　地域社会の階級・階層構造
解説（小林甫）
6 地域社会と工場（杉政孝）
7 近代工業の発展と地域社会への影響（島崎稔）
8 地域社会の生活構造（北川隆吉・蓮見音彦・園田恭一・平野秀秋・石川晃弘）
9 産炭地域社会の階級・階層構造（布施鉄治・小林甫）
第3部　社会移動
解説（原純輔）
10 社会移動の概念と測定（安田三郎）
11 階層的地位形成過程の分析（富永健一・安藤文四郎）
12 職業移動のネットワーク（原純輔）
13 現代日本のおけるエリート形成（麻生誠）
第4部　階級・階層意識
解説（原純輔）
14 階級と政治的態度の形成（袖井孝子）
15 社会構造の認識（安田三郎）
16 階層意識と階級意識（直井道子）
17 現代日本の出世観（門脇厚司）
第5部　国際比較
解説（直井優）
18 社会移動の国際比較（安田三郎）
資料
文献

9　産業・労働（1987年12月）
編集者＝稲上毅・川喜多喬
序論
概説　日本の社会学　産業・労働（稲上毅）

第1部 「伝統的な」職縁社会―鉱山と町工場の社会学―
解説（稲上毅・川喜多喬）
1 職業と生活共同態（尾高邦雄）
2 鉱山労働者の営む共同生活体としての友子（松島静雄）
3 事業主の系譜と性格（中野卓）
第2部 日本的労務管理の系譜と変遷
解説（稲上毅・川喜多喬）
4 わが国における労務管理の特質とその限界（松島静雄・北川隆吉）
5 経営家族主義の論理とその形成過程（間宏）
6 労資関係（岡本秀昭）
7 日本の企業の社会組織（ロバート・M.マーシュ，萬成博）
8 経済社会の変化と人事労務管理（川喜多喬）
第3部 技術革新と労働者―昭和30年代の軌跡(1)―
解説（稲上毅・川喜多喬）
9 技術革新と労働者（佐藤守弘・宇津栄祐・山田稔・平野秀秋・北川隆吉）
10 オートメーションと労務管理（松島静雄・間宏）
第4部 「二重構造」の変容とスモール・ビジネス―昭和30年代の軌跡(2)―
解説（稲上毅・川喜多喬）
11 中小企業における労務管理の近代化（松島静雄・岡本秀昭）
12 労務管理と労使関係（岡本秀昭）
第5部 労働者意識の性格と変貌
解説（稲上毅・川喜多喬）
13 労働者意識の研究（松島静雄）
14 労働者の政治意識（日高六郎・高橋徹・城戸浩太郎・綿貫譲治）
15 組合意識と企業意識（尾高邦雄）
16 労働者の意識（間宏）
17 高度成長の展開と労働者意識（石川晃弘）
18 日本の「豊かな労働者」（稲上毅）
第6部 日本の労使関係と労働組合
解説（稲上毅・川喜多喬）
19 日本の工業化と労使関係（間宏）
20 少数派組合の理念・限界・成果（河西宏祐）
21 職場共同体と仕事の規制（稲上毅）
22 労働組合の「発言」と組合類型（佐藤博樹・梅澤隆）
文献

10 社会運動（1986年12月）
編集者＝似田貝香門・梶田孝道・福岡安則
序論
概説　日本の社会学　社会運動（似田貝香門）
第1部　社会運動の理論
解説（梶田孝道）
1 共同態と主体性（作田啓一）
2 社会運動の類型と組織（北川隆吉）
3 運動論パラダイムの整備（塩原勉）
4 コミューンと最適社会（真木悠介）
5 「自主管理」の構想と現実（川喜多喬）
6 「対抗的分業」の理論（舩橋晴俊・舩橋恵子）
第2部　市民運動・学生運動・反戦運動
解説（福岡安則）
7 市民と市民運動（日高六郎）
8 日本学生運動の思想と行動（高橋徹・大学問題研究会）
9 核兵器禁止運動の社会学的研究（芝田進午・木本喜美子）
10 戦後沖縄における土地闘争（新崎盛暉）
第3部　住民運動・反差別解放運動
解説（梶田孝道）
11 住民運動の理論的課題と展望(似田貝香門）
12 住民運動の社会学（庄司興吉）
13 紛争の社会学―「受益圏」と「受苦圏」（梶田孝道）
14 乱れた振子―リブ運動の軌跡（江原由美子）
文献

11 社会問題（1988年12月）
編集者＝三谷鉄夫・大山信義・中川勝雄
序論
概説　日本の社会学　社会問題（三谷鉄夫）
第1部　社会問題の理論
解説（大山信義）
1 社会問題への社会学的接近（田原音和）

2 社会体制と社会問題（真田是）
3 業績主義・属性主義と社会問題群（梶田孝道）
第2部 貧困問題
解説（中川勝雄・三谷鉄夫）
4 家族と貧困（関清秀）
5 貧困研究における社会階層の概念（鎌田とし子）
第3部 公害問題
解説（大山信義）
6 鉱害問題の地域社会性（島崎稔・金子載）
7 産業公害と住民の対応（飯島伸子）
第4部 婦人・高齢者問題
解説（三谷鉄夫・中川勝雄）
8 中高年婦人の労働問題（岡村清子）
9 離別・死別婦人の問題（直井道子）
10 老人扶養問題の構造と展開（湯沢雍彦）
第5部 被差別部落問題
解説（三谷鉄夫・大山信義）
11 地域性，職業，結婚（鈴木二郎）
12 身分制度と差別意識（山本登）
13 部落差別論（杉之原寿一）
文献

12 文化と社会意識（1985年12月）
編集者＝見田宗介・山本泰・佐藤健二
序論
概説 日本の社会学 文化と社会意識（見田宗介・山本泰・佐藤健二）
第1部 現代日本の社会意識（Ⅰ）
解説（見田宗介）
1 現代日本の社会意識（田中義久）
2 現代労働者の社会意識（庄司興吉）
3 社会意識の変化（宮島喬）
4 現代青年の意識の変貌（見田宗介）
第2部 現代日本の社会意識（Ⅱ）
解説（見田宗介）
5 まなざしの地獄（見田宗介）
6 「死にがい」の喪失（井上俊）
7 私生活主義批判（田中義久）
8 やさしさのゆくえ（栗原彬）
第3部 文化の社会学
解説（見田宗介）
9 価値体系の戦前と戦後（作田啓一）
10 恥の文化再考（作田啓一）
11 消費の禁止／性の禁止（山本泰・山本真鳥）
12 時間意識の四つの形態（真木悠介）
13 自我の社会理論（船津衛）
文献（佐藤健二）

13 社会病理（1986年10月）
編集者＝宝月誠・大村英昭・星野周弘
序論
概説 日本の社会学 社会病理（宝月誠・大村英昭）
第1部 「病理」現象への社会学的アプローチ
解説（大村英昭）
1 社会病理学の現代的課題（仲村祥一）
2 犯罪社会学の方法（星野周弘）
3 逸脱分析の基本視角（大村英昭）
4 ラベリング論の一視角（徳岡秀雄）
第2部 病理的諸行動
解説（星野周弘）
5 少年非行の生態学的構造（松本良夫）
6 日本人の自殺（中久郎）
7 戦後における心中の実態（姫岡勤）
8 老人の社会病理（那須宗一）
第3部 逸脱者の世界
解説（大村英昭）
9 精神病理と副次文化（岩井弘融）
10 街娼の職業型（渡邊祥二）
11 性の病理―売春（竹中和郎）
12 大都市スラムの現状と問題点（大藪寿一）
第4部 逸脱の影響と社会統制の諸相
解説（宝月誠）
13 犯罪者家族の病理（四方壽雄）
14 犯罪化・非犯罪化の実態（星野周弘）
15 刑事司法関係者の犯罪化・非犯罪化に対する考え方（高橋良彰・西村春夫）
16 傷ついたアイデンティティ（宝月誠）
文献

14 政治（1985年11月）
編集者＝秋元律郎・間場寿一
序論

概説　日本の社会学　政治（秋元律郎）
第1部　権力と支配
解説（秋元律郎）
1　国家権力構造論（森博）
2　コミュニティ権力構造論（秋元律郎）
3　エリーティズムの権力理論とマルクス主義（古城利明）
第2部　組織と運動
解説（秋元律郎）
4　政党と政策決定過程（間場寿一）
5　圧力団体の組織と機能（高島昌二）
6　官僚制と組織（塩原勉）
7　現代の行政官僚制（川崎嘉元）
8　寡頭制と民主制（居安正）
9　社会運動と「参加」のメカニズム（曽良中清司）
第3部　政治意識と参加
解説（間場寿一）
10　政治意識（綿貫譲治）
11　投票行動（三宅一郎・木下冨雄・間場寿一）
12　政治的社会化（直井道子）
第4部　政治文化と社会変動
解説（間場寿一）
13　政治文化概念の成立と展開（内山秀夫）
14　「媒介原理」の比較政治文化論（会田彰）
15　高度産業化とイデオロギーの終焉（矢澤修次郎）
文献（秋元律郎・間場寿一）

15　福祉と医療（1997年5月）
編集者＝袖井孝子・高橋紘士・平岡公一
序論
概説　日本の社会学　福祉と医療（袖井孝子・平岡公一・高橋紘士）
第1部　福祉への社会学的接近
解説（平岡公一）
1　福祉社会学の課題（松原治郎）
2　福祉と社会的資源の分配（直井優）
3　社会体系分析と社会計画論（富永健一）
4　社会指標構築の現状と課題（三重野卓）
5　社会学と社会政策（福武直）
第2部　社会福祉の諸相
解説（高橋紘士）
6　社会福祉改革の戦略的課題（三浦文夫）
7　福祉の社会組織（小林良二）
8　福祉労働論の基本的枠組（副田義也）
9　福祉意識と地域福祉（高橋紘士）
10　社会福祉思想の知識社会学的考察（杉森創吉）
第3部　保健・医療社会学
解説（袖井孝子）
11　保健・医療社会学の対象と方法（園田恭一）
12　看護社会学の対象領域と方法（米山桂三）
13　現代日本の医師（中野秀一郎）
14　「看護婦」不足論から「看護」不足論へ（宗像恒次）
15　難病患者の組織と行動（山手茂）
16　家族危機としての精神障害（袖井孝子）
17　地域医療とプライマリー・ヘルス・ケア（島内憲夫）
文献

16　教育（1986年6月）
編集者＝柴野昌山・麻生誠・池田秀男
序論
概説　日本の社会学　教育（柴野昌山）
第1部　教育の社会学―理論と方法―
解説（柴野昌山）
1　教育社会学の領域と課題（蔵内数太）
2　教育社会学の構造（清水義弘）
3　曖昧な教育社会学（渡邊祥二）
4　教育制度の社会学としての教育社会学（池田秀男）
第2部　人間形成の社会学
解説（柴野昌山）
5　価値習得の諸形態（作田啓一）
6　知名人にみる日本の母のコンセップションズ（山村賢明）
7　庶民家族におけるしつけ（徳岡秀雄）
8　初期社会化の過程（清矢良崇）
9　生徒のカリキュラム経験と教科（田中統治）
10　学歴移動の構造（竹内洋）
第3部　教育組織の社会学
解説（池田秀男）

11　教授学習課程の分析（末吉悌次）
12　日本史教科書におけるナショナリズムの構造と展開（馬場四郎）
13　高等学校における学習活動の組織と生徒の進路意識（耳塚寛明・苅谷剛彦・樋田大二郎）
14　大衆化過程における高等教育機会の構造（江原武一）
15　年長教員層の職務意識にみられる学校組織の二重構造性（河上婦志子）
16　高等教育制度論（天野郁夫）
第4部　教育体制の社会学
解説（麻生誠）
17　学歴主義と学歴意識（新堀通也）
18　農民の学歴取得の意味について（浜田陽太郎）
19　高等教育の国際比較（潮木守一）
20　教育達成過程とその地位形成効果（直井優・藤田英典）
21　教育政策決定の力学（熊谷一乗）
22　教育投資論の展開（菊池城司）
文献

17　体制と変動（1988年2月）
編集者＝庄司興吉・矢澤修次郎・武川正吾
序論
概説　日本の社会学　体制と変動（庄司興吉）
第1部　戦後改革と市民社会の理論
解説（矢澤修次郎）
1　社会結合の日本的特質（福武直）
2　「旧意識」とその原初形態（日高六郎）
第2部　経済成長と大衆社会の理論
解説（矢澤修次郎）
3　集団と組織の機械化（高橋徹・城戸浩太郎・綿貫譲治）
4　社会科学の今日的状況（松下圭一）
5　市民社会と大衆社会（作田啓一）
第3部　情報化と知識・管理社会の理論
解説（矢澤修次郎）
6　「大衆社会」論から「知識社会」論へ（庄司興吉）
7　知識・管理社会の矛盾と紛争（庄司興吉）
8　日本型管理社会の社会意識（栗原彬）
9　管理社会としての現代（矢澤修次郎）
第4部　転換期における再検討と再構成
解説（矢澤修次郎・庄司興吉）
10　現代社会の存立構造（真木悠介）
11　市民社会論（厚東洋輔）
第5部　世界社会のなかの日本社会
解説（矢澤修次郎・庄司興吉）
12　第三世界と現代社会学（小倉充夫）
13　現代社会論（稲上毅）
14　核時代の世界社会学（庄司興吉）
資料
文献

18　発展途上国研究（1997年6月）
編集者＝山口博一・加藤弘勝
序論
概説　日本の社会学　発展途上国研究（山口博一）
第1部　第1次集団
解説（山口博一）
1　核家族再考――マレー人の家族圏（坪内良博・前田（立本）成文）
2　韓国「財閥」の株式所有について（服部民夫）
3　タイ農村における耕地の所有と経営の構造（北原淳）
第2部　都市化
解説（山口博一）
4　1986年5月イラン（加納弘勝）
5　東南アジア都市化研究の総括（古屋野正伍）
6　ザンビアにおける農村・都市間労働移動（小倉充夫）
第3部　卑劣と衝突
解説（山口博一）
7　中東戦争とイスラエル（大岩川和正）
8　東南アジア近代化論とその課題（戸谷修）
9　現代マレーシアにおける政治的リーダーシップの史的特性分析（中野秀一郎）
10　アルジェリアの独立と国籍問題（林瑞枝）
第4部　国家と社会の動態
解説（山口博一）
11　フク団反乱の性格（浅野幸穂）

12　カーストと地域社会の交錯（山口博一）
第5部　近代化への視点
解説（山口博一）
13　ジャワ農村調査ノート（加納啓良）
14　アルゼンチンの政治社会学（松下洋）
15　方法としての東アジア（宮嶋博史）
文献（加納弘勝）

19　宗教（1986年2月）
編集者＝宮家準・孝本貢・西山茂
序論
概説　日本の社会学　宗教（宮家準）
第1部　宗教の社会的性格
解説（宮家準）
1　日本における宗教と社会（宮家準）
2　権威信仰の構造（小口偉一）
3　ハレとケとケガレの相関（桜井徳太郎）
4　祭の神学と祭の科学（柳川啓一）
5　新宗教における生命主義的救済観（対馬路人・西山茂・島薗進・白水寛子）
第2部　家・家族と宗教
解説（孝本貢）
6　日本における先祖の観念（有賀喜左衛門）
7　家と祖先崇拝（米村昭二）
8　都市家族における先祖祭祀観（孝本貢）
第3部　地域社会と宗教
解説（孝本貢）
9　近世村落の宮座と講（竹田聴洲）
10　日本農村における基督教の受容（森岡清美）
11　「被爆体験」に関するシンボリズムの分析（江嶋修作）
第4部　教団組織と宗教運動
解説（西山茂）
12　宗教組織（森岡清美）
13　宗教教団の成立過程（高木宏夫）
14　膨張期の宗教運動における思考様式と組織原理（塩原勉）
15　新新宗教の出現（西山茂）
第5部　宗教と社会変動
解説（西山茂）
16　1930年代の社会意識と大本（栗原彬）
17　都市下層の宗教集団（鈴木広）
18　千年王国論としてのカチ組の成立（前山隆）
19　宗教と社会変動（井門富二夫）
20　近代化と究極的関心（宗像巌）
資料
文献

20　マス・コミュニケーション（1987年5月）
編集者＝竹内郁郎・岡田直之・児島和人
序論
概説　日本の社会学　マス・コミュニケーション（竹内郁郎）
第1部　マス・コミュニケーション研究の方法論的視座
解説（岡田直之）
1　マス・コミュニケーション（清水幾太郎）
2　マス・コミュニケーション概論（日高六郎）
3　記号行動へのアプローチ（加藤春恵子）
4　マス・コミュニケーション（佐藤毅）
5　マス・コミュニケーション研究における3つの知的パラダイム（岡田直之）
第2部　コミュニケーションの構造と機能
解説（岡田直之）
6　コミュニケーションの構造（中野収）
7　コミュニケーション過程の社会学（田中義久）
8　マス・コミュニケーションの環境造成力（藤竹暁）
9　マス・コミュニケーションの政治的機能（辻村明）
第3部　マス・コミュニケーション過程
解説（児島和人）
10　マス・コミュニケーションの生産過程（稲葉三千男）
11　マス・メディアの制作過程（塚本三夫）
12　マス・コミュニケーションと個人的意見伝達（佐藤智雄）
13　ある家族のコミュニケイション生活（加藤秀俊）
14　テレビジョンと受け手の生活（南博）
15　テレビと大衆操作（高橋徹）
16　「利用と満足の研究」の現況（竹内郁郎）
17　政治過程とマス・コミュニケーション

(児島和人)
文献

『サン-シモン著作集』 *1987-88年刊
恒星社厚生閣
編集・訳＝森博

1　（1987年3月）
自伝断片
共和主義トランプについての手紙と趣意書（1795年）
リセの協会に（1802年）
同時代人に宛てたジュネーヴの一住民の手紙（1803年）
ヨーロッパ人への手紙（1803年頃，草稿）
社会組織についての試論（1804年頃，草稿）
十九世紀の科学的研究序説（1807-8年）
新百科全書素描（1810年）
百科全書についての覚書（1810年，草稿）
新百科全書（1810年）
百科全書の計画―第二趣意書（1810年，草稿）
サン-シモンとレーデルンとの往復書簡（1807年）
レーデルンへの手紙（1811年）
哲学的・愛情的書簡（1811年）
サン-シモンのレーデルンへの手紙（1811-12年）
レーデルン氏との紛争についての序説的覚書（1812年）
テキストおよび異文照合
サン-シモンの生涯と著作(1)（解説＝森博）
BIBLIOGRAPHIE DE CLAUDE-HENRI SAINT-SIMON (par HIROSHI MORI)

2　（1987年5月）
人間科学に関する覚書　第一部（1813年）
人間科学に関する覚書　献本リスト
人間科学に関する覚書　第二分冊（1813年）
ヨーロッパ社会の再組織について（1814年）
反対党の結成について（1815年）
国有地所有者協会の企画（1815年）
ナポレオン・ボナパルトによるフランス国土の侵犯についてのサン-シモン伯爵の所信表明（1815年）
公法の組織化について（1815年）
初等教育協会の総会に提出されたド・サン-シモン氏の若干の意見（1816年）
『産業』の趣意書(1)（1816年）
『産業』の趣意書(2)（1817年）
『産業』第二巻（1817年）
テキストおよび異文照合
サン-シモンの生涯と著作(2)（解説＝森博）

3　（1987年10月）
『産業』第三巻の趣意書（1817年6月）
『産業』の著者の回状（1817年7月-9月）
『産業』第三巻　第四分冊（1817年10月）
『産業』第四巻　第一部（1917年10月）
『フランス一般新聞』の編集者への手紙（1818年5月12日）
『産業』第四巻　第二部（1818年5月または6月）
産業の政治的利益（1818年頃，草稿）
コミュヌ（1818年末頃，草稿）
政治家（1819年1月-5月）
財政法に一条項の追加を要求するための請願に関する考察（1819年5月）
下院への請願書（1819年5月または6月）
『組織者』趣意書（1819年8月）
『組織者』第一分冊（1819年11月-12月）
『組織者』第二分冊（1820年1月-2月）
陪審員諸氏へのアンリ・サン-シモンの手紙（1820年3月）
『組織者』第三分冊に関する回状（1820年3月26日）
テキストおよび異文照合
サン-シモンの生涯と著作(3)（解説＝森博）

4　（1988年1月）
選挙法について（1820年）
産業体制論　第一部（1820-21年）
革命を終らせるためにとるべき諸方策についての考察―産業者諸氏との第一の文通―
産業者諸氏との第二の文通
産業体制論　第二部（1821年）
産業者の歌の曲（作詞・作曲＝ルジュ・ド・

リール)
プロレタリアの階級（1821年頃, 草稿)
ブルボン家とスチュアート家（1822年)
続ブルボン家とスチュアート家（1822年)
産業体制論　第三部（1822年)
社会契約論（1822年)
テキストおよび異文照合
サン-シモンの生涯と著作(4)（解説＝森博)
5　（1988年3月）
『産業者の教理問答』第一分冊（1823年12月)
『産業者の教理問答』第二分冊（1824年3月)
『産業者の教理問答』第三分冊（1824年4月)
『産業者の教理問答』第四分冊（1824年6月)
文学的，哲学的，産業的意見（1825年)
新キリスト教―保守主義者と革新者との対話（1825年4月)
付録(1)　アメリカの独立戦争に従軍中のサン‐シモンの父親への手紙（二通)
付録(2)　リュクサンブール獄から保安委員会に宛てたサン‐シモンの釈明書
付録(3)　「趣意書」（草稿）
付録(4)　公益のためにつくそうとする熱意あるイギリス人とフランス人に
付録(5)　アメリカ合衆国についての注記
付録(6)　社会制度の改善に応用された生理学について（エティエンヌ・バイイ)
テキストおよび異文照合
サン-シモンの生涯と著作(5)（解説＝森博)

『シリーズ　変貌する家族』 *1991-92年刊
岩波書店
編集委員＝上野千鶴子・鶴見俊輔・中井久夫・中村達也・宮田登・山田太一

1　家族の社会史（1991年7月)
2　セクシュアリティと家族（1991年8月)
3　システムとしての家族（1991年10月)
4　家族のフォークロア（1991年11月)
5　家族の解体と再生（1991年12月)
6　家族に侵入する社会（1992年2月)
7　メタファーとしての家族（1992年3月)
8　家族論の現在（1992年11月)

『都市社会学のフロンティア』 *1992年刊
日本評論社

1　構造・空間・方法
編者＝倉沢進・町村敬志（1992年2月）
テーマ1　「世界都市」化する東京―構造転換のメカニズム―（町村敬志）
コメント　「世界都市・仮説」再検（奥田道大）
テーマ2　変貌する下町―東京の脱工業化転換のインパクト―（園部雅久）
コメント　「インナーエリア形成」の分析軸（中林一樹）
テーマ3　空間の実践―都市社会学における空間概念の革新にむけて―（吉見俊哉）
コメント　空間の〈全体知〉をもとめて（吉原直樹）
テーマ4　都市社会学の社会史―方法分析からの問題提起―（佐藤健二）
コメント　都市社会学研究史の方法的視点（秋元律郎）

2　生活・関係・文化
編者＝森岡清志・松本康（1992年6月）
テーマ1　変動する都市社会―都市社会学のキイ・コンセプト―（森岡清志）
コメント　〈都市＝環境〉パラダイムとネオ規範主義（鈴木廣）
テーマ2　都市はなにを生みだすか―アーバニズム理論の革新―（松本康）
コメント　東京一極集中（今田高俊）
テーマ3　関係のなかに生きる都市人―生活構造分析―（安河内恵子）
コメント　都市における人間関係について（高橋勇悦）
テーマ4　団地の近所づきあい―コミュニティと近隣ネットワーク―（文屋俊子）
コメント　都市コミュニティ論の展開と課題（瀬戸一郎）
テーマ5　都市の新しいライフスタイル―社会層の分化と生活様式―（玉野和志）
コメント　個の生き方と社会層の形成（鳥越皓之）

テーマ6 下町の生活世界―重層的都市文化への生活史的アプローチ―（有末賢）
コメント 「都市文化への生活史的アプローチ」とは何か（江原由美子）
3 変動・居住・計画
編者＝金子勇・園部雅久（1992年4月）
テーマ1 都市はどう変わるか―現代都市変動の諸層―（金子勇）
コメント 社会変動としての高齢化（富永健一）
テーマ2 団地コミュニティを計画する―ニュータウンにおける住宅階層と生活様式―（竹中英紀）
コメント フィジカル・プランニングの立場から（森村直美）
テーマ3 都市再開発はコミュニティを破壊するか―都市更新の社会的影響評価―（園部雅久）
コメント 計画的リハウジングの社会学的接近（似田貝香門）
テーマ4 寄せ場のエスノグラフィー―不可視の共同性（西澤晃彦）―
コメント 「亡命」の現在（吉見俊哉）
テーマ5 コミュニティの「復権」は可能か―「公」と「私」に関連づけながら―（田中重好）
コメント 資本主義論の視点とコミュニティ（河村望）
テーマ6 都市のつくりかえを捉える―都市社会計画へのシステム論的アプローチ―（佐藤嘉倫）
コメント 社会的制御と社会的意思決定（長谷川公一）

『戸田貞三著作集』 *1993年刊
大空社
監修＝川合隆男

1 家族論（1993年4月）
2 家族論（1993年4月）
3 家族論（1993年4月）
4 家族論（1993年4月）
5 家族論（1993年4月）
6 家族論（1993年4月）
7 家族論（1993年4月）
8 私有財産 職業 社会的地位（1993年11月）
9 人口 地域社会論（1993年11月）
10 社会調査編（1993年11月）
11 社会学論（1993年11月）
12 社会学論（1993年11月）
13 学会活動 他（1993年11月）
14 学会活動 他（1993年11月）
別巻（1993年11月）
書評（穂積重遠・松本潤一郎・馬場明男・及川宏・福武直・武田良三・清水浩昭）
研究史（小山隆・大道安次郎・喜多野清一・山室周平・坂井達朗・宇野正道・牧野巽・岡田謙・那須宗一・森岡清美）
戸田先生のこと（米林富男・清水幾太郎・福武直）
思い出の記（青井和夫・磯村英一・岩井弘融・加藤正泰・倉沢進・関清秀・戸田千代・富永健一・中野卓・松島静雄・松本誠一・山根常男・山本登）
解題（坂井達郎・川合隆男）
履歴
著作目録

『岩波講座 現代社会学』 *1995-97年刊
岩波書店
編集委員＝井上俊・上野千鶴子・大澤真幸・見田宗介・吉見俊哉

1 現代社会の社会学（1997年6月）
声と耳 現代文化の理論への助走（見田宗介）
動機と物語（井上俊）
〈わたし〉のメタ社会学（上野千鶴子）
〈資本〉の想像力―精神分析の誕生―（大澤真幸）
アメリカナイゼーションと文化の政治学（吉見俊哉）

2 自我・主体・アイデンティティ（1995年12月）
序 自我・主体・アイデンティティ（見田宗介）

自己と他者（木村敏）
「自我」の社会学（船津衛）
「私」の構成―自己システムのソシオン・モデル―（木村洋二）
アイデンティティの社会学（草津攻）
近代的自我の系譜学　1―ピューリタニズム・スノビズム・ダンディズム―（浅野智彦）
近代的自我の系譜学　2―自己を物語る主体の形式―（葛山泰央）
現代社会と自我の変容（天野義智）
近代的自我の神話（三浦雅士）
自己の現象学（上田閑照）

3　他者・関係・コミュニケーション（1995年11月）
他者・関係・コミュニケーション（大澤真幸）
他我問題に訣別（大森荘蔵）
独našel論と他者―あるいは宇宙の選択の問題―（永井均）
関係・構造の源泉―構造論的現象学からみた自他関係―（小川侃）
言語行為の構造（橋元良明）
会話分析の方法（山田富秋）
性的他者の可能性（樫村愛子）
他者の経験―〈できごと〉としての愛（吉澤夏子）
異人論―「異人」から「他者」へ―（小松和彦）
異文化理解とコミュニケーション（青木保）
(ovewview) 他者と関係の社会学（西原和久）

4　身体と間身体の社会学（1996年1月）
身体の現象論（市川浩）
他者と超越―現象学的他者論の基礎づけのために―（竹田青嗣）
身体と間身体関係（湯浅泰雄）
とりかこむ見え・全身の視覚（佐々木正人）
からだと　ことば（竹内敏晴）
身体の表現（鳥山敏子）
身体と芸術―身体の脱秩序化と再秩序化―（尼ヶ崎彬）
スポーツの現代化と身体性の社会学（亀山佳明）
割礼と宦官―からだの歴史から現在へ―（樺山紘一）

「日本的身体」論（養老孟司）
メディアと身体（亘明志）
身体と死体（布施英利）
(overview) 身体と間身体の社会学（大澤真幸）

5　知の社会学／言語の社会学（1996年10月）
〈言語〉派社会学（橋爪大三郎）
知の社会学のために―フーコーの方法を準拠にして―（内田隆三）
ことばが生まれる場へ（熊野純彦）
世界制作における言葉と行為（野家啓一）
知と享楽の主体（赤間啓之）
声のコミュニケーション　文字のコミュニケーション（松岡正剛）
国語の形成（田中克彦）
文学表現の社会学（亀井秀雄）
近代知の形成（村上陽一郎）
(ovewview) 知／言語の社会学（大澤真幸）

6　時間と空間の社会学（1996年2月）
序　時間と空間の社会学（見田宗介）
空間の基礎概念と〈記号場〉―空間の比較社会学に向けて―（原広司）
都市空間と社会形態―熱い空間と冷たい空間―（若林幹夫）
観光の時間，観光の空間―新しい地球の認識―（山下晋司）
時間の比較文明論（三宅正樹）
時間の社会史―遊戯の時間へ―（樺山紘一）
現代社会の時間（長田攻一）
未完成態―現代芸術の時間と空間―（宇佐美圭司）

7　〈聖なるもの／呪われたもの〉の社会学（1996年6月）
聖（アニマ）と力（マナ）のあいだ―宗教の原初諸形態について―（佐々木宏幹）
聖なるものと社会形態―日本宗教社会論―（宮家準）
魔女狩りときつねつき―社会の近代化と聖呪観念の動態の比較―（椚島次郎）
聖なるもの／呪われたもの（湯浅博雄）
現代宗教と軸の時代―経済宗教の位置をめぐって（島薗進）

若者たちの神々（島田裕巳）
宗教でない宗教（中野民夫）
エクスタシーの行方（上田紀行）
宗教の現在―離脱を軸にして―（芹沢俊介）
(overview) 宗教社会学の現状と課題―プロ宗教の終焉―（大村英昭）

8 文学と芸術の社会学（1996年9月）
序　社会学と芸術（井上俊）
文学・芸術におけるエロスとタナトス（作田啓一）
分身と欲望（織田年和）
個人主義の困難と自我変容―夏目漱石『それから』を中心に―（亀山佳明）
都会のロビンソンたち―現代日本の小説における〈孤独〉と〈愛〉について―（清水学）
近代読者論―近代国民国家と活字を読む者―（小森陽一）
現代社会と音楽―〈複数形の音楽〉のために―（徳丸吉彦・北川純彦）
都市における視線の支配―都市空間におかれた女性ヌード―（若桑みどり）
物質的郷愁の彼岸へ―映像芸術の現在―（松浦寿輝）
(overview) 文学と芸術の社会学（長谷正人）

9 ライフコースの社会学（1996年3月）
ライフコースの視点（森岡清美）
物語としての人生（井上俊）
「子ども社会」の現在（斎藤次郎）
若者像の変遷（中野収）
青年期の社会学―グローバリゼーションと青年期・青年文化―（川崎賢一）
中年期の発見（石川実）
中年期の創造力―干刈あがたの世界から―（天野正子）
老年の理想（鶴見俊輔）
死の社会学―フレーム分析に向けて―（大村英昭）
(overview) ライフコース研究の課題（正岡寛司）

10 セクシュアリティの社会学（1996年2月）
セクシュアリティの社会学・序説（上野千鶴子）

性的他者とは誰か（水田宗子）
セクシュアリティと近代社会史
見られる性，見せる性ができるまで（井上章一）
セクシュアリティの編成と近代国家（牟田和恵）
オナニーの歴史社会学（赤川学）
同性愛の比較社会学―レズビアン／ゲイ・スタディーズの展開と男色概念（古川誠）
"処女"の近代―封印された肉体―（川村邦光）
視姦論―写真ヌードの近代―（笠原美智子）
「恋愛」の前近代・近代・脱近代（佐伯順子）
消費社会のセクシュアリティ
消費社会のセクシュアリティ―女のオーガニズムの「発見」―（金塚貞文）
「郊外化」と「近代の成熟」―性の低年齢化と売春化の背景―（宮台真司）
(overview) セクシュアリティ研究の現状と課題（斎藤光）

11 ジェンダーの社会学（1995年11月）
差異の政治学（上野千鶴子）
ジェンダーと知の再生産
ジェンダーと社会理論（江原由美子）
ジェンダーとテクスト生成―姉弟物語の変奏―（関礼子）
労働のジェンダー化（大沢真理）
「ジェンダーと政治」の未来図（天野正子）
ジェンダーとアイデンティティ・ポリティックス
ジェンダー化された身体を超えて―「男の」身体の政治性―（蔦森樹）
「きれいな体」の快楽―女性誌が編み上げる女性身体―（加藤まどか）
ジェンダー研究の射程
フェミニスト・エスノグラフの方法（春日キスヨ）
ジェンダーの困難―ポストモダニズムと〈ジェンダー〉の概念―（加藤秀一）
ジェンダー・階級・民族の相互関係―移住女性の状況を一つの手がかりとして―（伊藤るり）
(overview) ジェンダー研究の現状と課題（瀬地山角）

12 こどもと教育の社会学（1996年7月）

イノセンスという暴力（芹沢俊介）
家族―学校関係の社会史―しつけ・人間形成の担い手をめぐって―（広田照幸）
脱学校の子どもたち（滝川一廣）
学校=同化と排除の文化装置―被差別部落民の経験から―（志水宏吉）
ジェンダーの再生産と学校（木村涼子）
教育における自立と依存（最首悟）
障害児教育を超えて（安積遊歩）
越境者と学校文化（箕浦康子）
「学校」の比較社会学―南タイのイスラム道場「ポノ」を準拠点として―（尾中文哉）
「子ども」から「インファンス infans」へ―変貌するまなざし―（森田伸子）
教育とは何か―または育つ権利の擁護―（栗原彬）
「子どもの視点」による社会学は可能か（小玉亮子）
(overview) 子どもと教育の社会学的研究の現状と課題（汐見稔幸）

13　成熟と老いの社会学　(1997年2月)
白秋・玄冬の社会学（青井和夫）
老いの思想（松田道雄）
離脱の戦略（栗原彬）
文化にとっての老い―新しい異世代共存―（原ひろ子）
エイジズムまたは文明のスキャンダル（上村くにこ）
ポスト・フェミニズムの中の老い―B．フリーダンとB．マクドナルドをめぐって―（寺澤恵美子）
老いのセクシュアリティ―『瘋癲老人日記』注解（山折哲雄）
老いのセクシュアリティ―女にとってのいのちと性―（森崎和江）
新老年文化論―サブカルチャー化がもたらすもの（関沢英彦）
老いの危機管理―生きられた経験としての阪神大震災（池田啓子）
介護―愛の労働―（春日キスヨ）
(overview) 老年社会学の展望と批判（副田義也）

14　病と医療の社会学　(1996年3月)
医療倫理の歴史社会学的考察（市野川容孝）
先端医療政策論―現代社会における生と死の価値づけ―（橳島次郎）
誕生をめぐる「生命観」の変遷（柘植あづみ）
リプロダクティブ・ヘルス（綿貫礼子）
医療に介入する社会学・序説（立岩真也）
産業としての医療―公益・私益・集団益のトリレンマ―（西村周三）
エイズを通じた人類社会の新たな秩序（宗像恒次）
患者からユーザーへ―精神医療から考える患者―医療者関係とインフォームド・コンセント―（高橋涼子）
美と健康という病―ジェンダーと身体管理のオブセッション―（荻野美穂）
死にゆく者（中川米造）
死を看取る者たち（若林一美）
(overview)「死」と「生命」研究の現状（森岡正博）

15　差別と共生の社会学　(1996年4月)
アイデンティティを超えて（鄭暎惠）
常民の形成―「土佐源氏」を読む―（赤坂憲雄）
差別のエスノメソドロジー―場面の組織化とカテゴリーの組織化―（山崎敬一・山崎晶子）
能力主義を肯定する能力主義の否定の存在可能性について（立岩真也）
アイヌモシリの回復―日本の先住民族アイヌと日本国家の対アイヌ政策―（花崎皋平）
国民国家日本と日本人「移民」（キムチョンミ）
日本における外国人労働者の共生と統合（手塚和彰）
差別的表現と「表現の自由」論（湯浅俊彦）
アイデンティティの政治学（石川准）
いじめ―排除の政治学―（保坂展人）
複合差別論（上野千鶴子）
(overview) 差別研究の現状と課題（福岡安則）

16　権力と支配の社会学　(1996年6月)
権力の可能条件（橋爪大三郎）
支配の比較社会学に向けて（大澤真幸）

相互行為のなかの非対称性（西阪仰）
支配の正当性―権力と支配を新たに概念構成する視野から―（中野敏男）
心と帝国―「支配」の歴史社会学―（佐藤俊樹）
権力と対抗権力―ヘゲモニー論の射程―（伊藤公雄）
国家の生成（竹沢尚一郎）
権力の国際関係（猪口孝）
天皇制の支配構造（若森栄樹）
権力の記述と文体（亘明志）
権力論の言説分析―オーバービューにかえて―（志田基与師）

17 贈与と市場の社会学（1996年11月）
贈与と交換の今日的課題（伊藤幹治）
贈与と交換
贈与交換と社会構造―サモアとトロブリアンドの親族間社会交換（山本真鳥）
「貨幣」と「言語」―価値の起源をめぐって―（橋爪大三郎）
贈与・交換・権力（竹沢尚一郎）
システムの変容（前川啓治）
市場と非市場
対外援助をめぐる政治（草野厚）
市場とサブシステンス・エコノミー（足立眞理子）
贈与交換と文化変容（上野千鶴子）
(overview) 贈与交換から商品交換へ（山崎カヲル）

18 都市と都市化の社会学（1996年7月）
社会学的対象としての都市（若林幹夫）
都市への社会史の眼差し（福井憲彦）
現代都市定住と居住空間―住宅計画と都市再生―（似田貝香門）
都市の生活者ネットワーク（中村陽一）
演劇ブームと都市文化の社会的生産（佐藤郁哉・佐々木克己）
東京回游：語られた「タクシーの都市」（重信幸彦）
野宿者と現代都市―野宿者の形成と概念をめぐって―（青木秀男）
都市地域社会とアジア系外国人（田嶋淳子）

都市と文化変容―周縁都市の可能性―（松田素二）
グローバル化の都市的帰結―移動者視点から見た都市―（町村敬志）
(overview) 都市と都市化の社会学（吉見俊哉）

19 〈家族〉の社会学（1996年10月）
「家族」の世紀（上野千鶴子）
近代家族をめぐる言説（落合恵美子）
日本型近代家族の成立と陥穽（牟田和恵）
近代国家と家族―日本型近代家族の場合―（西川祐子）
家庭文化の歴史社会学にむけて（佐藤健二）
経営体としての家族（米村千代）
近代家族と家父長制（熊原理恵）
少産化と家族政策（田間泰子）
母性主義とナショナリズム（加納実紀代）
主婦の比較社会学（瀬地山角）
(overview) 家族研究の現状と課題（舩橋惠子）

20 仕事と遊びの社会学（1995年12月）
生活のなかの遊び（井上俊）
仕事と遊び―私社会学風に―（仲村祥一）
遊びの近代―「まじめ」「ふまじめ」の誕生―（橋爪紳也）
「遊び空間」の変容（永井良和）
会社文化のうちとそと（平川茂）
働く場の変容と再設計―情報化は在宅勤務を可能にするか―（塩沢由典）
音楽化社会における仕事と遊び（小川博司）
テクノロジーと遊びの間に（奥野卓司）
旅行という消費（竹内成明）
フェアプレーの夢（平野秀秋）
(overview) 仕事と遊びの社会学（藤村正之）

21 デザイン・モード・ファッション（1996年1月）
序　デザイン・モード・ファッション（吉見俊哉）
消費社会と思想の現在
消費社会の問題構成（内田隆三）
文化生産者としての資本主義（堤清二）
消費社会と表現文化―社会理論のアクティヴィズム的転回―（上野俊哉）

モード／デザイン／メディア
垂直のファッション，水平のファッション（鷲田清一）
モードの権力（北山晴一）
イメージとしての建築（片木篤）
産業デザインの政治学—近代のプロジェクトとしてのデザイン—（柏木博）
広告というコミュニケーション（難波功士）
少女まんがの消費社会史—「24年組」の発生と終焉—（大塚英志）
(overview) 消費社会論の系譜と現在（吉見俊哉）

22 メディアと情報化の社会学（1996年4月）
序　メディアと情報化の社会学（吉見俊哉）
メディア変容の地層
電子情報化とテクノロジーの政治学（吉見俊哉）
メディアと権力（亘明志）
印刷革命と読むことの近代（佐藤健二）
マクルーハンとグールド（浜日出夫）
マス・メディアと生活世界
グローバル・メディアと文化帝国主義（門奈直樹）
公共圏とマスメディアのアムビヴァレンツ—ハーバマスにおける非決定論—（花田達朗）
メディア時代の〈現実〉探しゲーム（石田佐恵子）
電子ネットワーク社会の行方
情報化とメディアの可能的様態の行方（水越伸）
意識通信の社会学—パソコン通信のコミュニケーション—（森岡正博）
ミニコミとしてのパソコン通信とインターネット（嘉田由紀子・大西行雄）
(overview) メディアと社会学（伊藤公雄）

23 日本文化の社会学（1996年8月）
序　日本文化の社会学（井上俊）
日本文化という神話（杉本良夫）
国際化のなかの日本文化（濱口惠俊）
中央と地方（橋本満）
「和の精神」の発明—聖徳太子像の変貌—（伊藤公雄）
〈子ども〉のイメージ—「童心」の修辞学—（河原和枝）
サラリーマンという社会的表徴（竹内洋）
映画のなかの日本とアジア（佐藤忠男）
比較限界芸術論（池井望）
日本文化の可能性（副田義也）
変容する日本文化（塩原勉）

24 民族・国家・エスニシティ（1996年9月）
ネーションとは何か—日本と欧米の非対称性—（山内昌之）
ネーションとエスニシティ（大澤真幸）
国家の正当性—権利・自由・正義—（川本隆史）
国民国家の形成（福井憲彦）
在日と対抗主義（竹田青嗣）
近代におけるnationの創出—滅亡の言説空間—（村井紀）
「瘠我慢の説」考—「民主主義とナショナリズム」の閉回路をめぐって（加藤典洋）
ファシスト的公共性—公共性の非自由主義モデル—（佐藤卓己）
ヨーロッパの統合と分離（宮島喬）
「最後の波」のあとに—二〇世紀ナショナリズムのさらなる冒険—（白石隆）
エスニック階層とエスニック共生（山本泰）
(overview)「民族・国家・エスニシティ」論の現状と課題（梶田孝道）

25 環境と生態系の社会学（1996年8月）
環境の社会学の扉に（見田宗介）
環境問題と現代社会—維持可能な発展と日本の経験—（宮本憲一）
生活のなかの公害と社会（市川定夫）
核の社会学（高木仁三郎）
エビの社会学—消費社会と第三世界—（宮内泰介）
アメリカ環境運動の経験—環境運動からコミュニティづくりの運動へ—（高田昭彦）
日本の環境運動の経験（飯島伸子）
エコロジー批判と反批判（丸山真人）
適正技術・代替技術（田中直）

26 社会構想の社会学（1996年11月）
社会構想と社会制御（舩橋晴俊）
社会福祉と社会政策（武川正吾）

自由論の系譜―二つの自由の《間》で―(川本隆史)
ユートピアの系譜―マンハイムの「ユートピアの終り」論をめぐって―(徳永恂)
「社会主義」解体の構造と遺産(和田春樹)
〈自由な社会〉の条件と課題(大澤真幸)
交響圏とルール圏―社会構造の重層理論―(見田宗介)

別巻 現代社会学の理論と方法(1997年3月)
社会学史と理論的構想力(厚東洋輔)
社会学におけるシステム理論のジレンマ―日本における構造―機能分析の発展と没落―(志田基与師)
マルクスと近代市民社会(細谷昂)
権力のエピステーメー(内田隆三)
「意味の社会学」の視圏―「忘れられた意味」から「語られない意味」へ―(西原和久)
合理的選択理論(盛山和夫)
批判理論の射程(三島憲一)
ルーマンの社会システム理論(清水太郎)
ブルデューの社会理論―不平等問題への文化社会学的接近―(宮島喬)
ギデンズの構造化理論(数土直紀)
フーコーのいう権力(宮原浩二郎)
新機能主義(佐藤勉)
社会秩序はいかにして可能か―社会学を社会学する―(大澤真幸)

社会学文献表

1. 理論・思想
2. 社会調査
3. 集団・組織
4. 家族
5. 都市
6. 農村
7. コミュニティ
8. 経済
9. 産業・労働
10. 法・政治
11. 民族・国家・エスニシティ
12. 科学・技術
13. 環境・資源
14. 差別
15. 犯罪・逸脱
16. 宗教
17. 文化・文学・芸術
18. メディアとコミュニケーション
19. 社会心理・社会意識
20. 社会運動・社会構想
21. 現代社会論
22. 日本社会論
23. 性・女性・男性
24. 子ども・教育
25. 福祉
26. 講座・叢書・シリーズ・全集・著作集

社会学文献表 凡例
Ⅰ．文献表の考え方
　1）文献表は，文献目録と年表の機能をかねそなえた「読む文献目録」として企画された。
　2）文献表の一つひとつの核となる，26の主題分野が設定され，そのそれぞれが当該主題をめぐる文献の年表となるように工夫されている。
　3）文献の選択範囲に関しては，単行本を主とし，論文は従とした。また，日本語以外の諸言語で書かれたものに関しては，日本語訳のあるものにかぎるという形で一定の限界をもうけた。
　4）主題分野内での文献目録としての充実度を高めるために，重複の機械的な削除という方針をとらず，むしろ重要な文献に関しては，いくつかの分野での重複をあえていとわなかった。
　5）本文で解説されている文献については，該当著作の行頭（刊行年の前）に，出現ページを掲げ，索引機能をもたせた。

Ⅱ．文献表の構成要素
　1）**刊行年**　年表の機能をはたすため，刊行年を最初に掲げた。原則として，当該の書物の初版刊行年をあげた。ただし，論文執筆年などの特別な年が意味をもつ場合は，その年に表記している。翻訳書の刊行年は，（　）内の適切な場所に表記した。
　2）**著者名**　原則として，フル・ネームであげている。ただし，ミドル・ネームは基本的に省略した。複数の著者・編者がいるケースについては○○他として省略している場合がある。翻訳書の訳者についても，基本的には同様である。
　3）**文献名**　書名については，欧文ではイタリックで，和文は『　』にくくって提示した。論文について，欧文では"　"で，和文は「　」にくくって提示した。副題は必要に応じて採った。叢書名が必要な場合は，書名のあとに補った。
　4）**発行所**　出版社は原則としてすべて掲げたが，比較的一般的な文庫・新書（たとえば岩波文庫など）は，通用している文庫・新書名のみとした。発行地は原則として省略したが，特別に意味をもつ場合には補っている。訳書の発行所についても，基本的には同様である。翻訳について，古典をのぞき，原著の発行所をできるかぎりあげるようにした。
　5）**訳書**　翻訳に関しては，原則として抄訳よりも全訳を優先した。翻訳が複数ある場合は，定評のあるもの，新しいもの，入手しやすいもの，歴史的に意義のあるものなどの基準で絞っている。
　6）**別版**　別の出版社から再版されたり，改訂版・増補版が発行されたり，あるいは著作集のなかに収められたりして，原著以外の別版に関する情報が必要な場合，そうした情報について，（　）を設定して記載している。複数ある場合には，；でつないでいる。

Ⅲ．文献の配列基準
　1）主題分野ごとに，初版刊行年順に配列した。
　2）刊行年が同じ場合は，和文文献を先に，欧文文献を後にすることを原則とした。
　3）同じ刊行年の和文文献のなかでは，著者名の50音順とし，外国語文献のなかでは，著者名のアルファベット順を原則とした。

1. 理論・思想

出現頁	刊行年	
215		Aristoteles, *Ethica Nicomachea* (『ニコマコス倫理学』アリストテレス全集13, 加藤信朗訳, 岩波書店；高田三郎訳, 岩波文庫, 1971-73).
215		Aristoteles, *Politica* (『政治学』アリストテレス全集15, 山本光雄訳, 岩波書店；岩波文庫, 1969).
	413-26	Aurelius Augustinus, *De Civitate Dei* (『神の国』服部英次郎・藤本雄三訳, 岩波文庫, 1991).
594	1516	Sir Thomas More, *De optimo reipublicae statu, deque nova insula Utopia* (『ユートピア』沢田昭夫訳, 中公文庫, 1978；改版, 1993).
550	1532	Niccolò Machiavelli, *Il Principe* (『君主論』池田廉訳, 中央公論社, 1966；『マキアヴェッリと「君主論」』佐々木毅訳, 講談社, 1995).
	1536	Jean Calvin, *Christianae religionis institutio* (『キリスト教綱要（初版）』久米あつみ訳, 教文館；渡辺信夫訳, 新教出版社, 1962-65).
	1623	Tomaso Campanella, *Civitas Solis Poetica* (『太陽の都・詩篇』坂本鉄男訳, 現代思潮社, 1984).
523	1627	Francis Bacon, *New Atlantis* (「ニュー・アトランティス」成田成寿訳『世界の名著20 ベーコン』中央公論社, 1970；中公バックス, 1979).
425	1637	René Descartes, *Discours de la méthode,* Jan Maire (『方法序説』落合太郎訳, 岩波書店, 1953；小場瀬卓三訳, 角川書店, 1963；野田又夫訳, 中央公論社, 1967；『方法叙説』三宅徳嘉・小池健男訳, 白水社, 1973；『「方法序説」を読む』山田弘明訳, 世界思想社, 1995；『方法序説』谷川多佳子訳, 岩波書店, 1997).
2	1651	Thomas Hobbes, *Leviathan: the matter, form and power of a common-wealth ecclesiasticall and civill* (『リヴァイアサン〈国家論〉』世界の大思想13, 水田洋・田中浩訳, 河出書房, 1966).
471	1670	Blaise Pascal, *Pensées,* 1st ed. (「パンセ」前田陽一・由木康訳『世界の名著29 パスカル』中央公論社, 1978).
391	1677	Baruch de Spinoza, *Ethica Ordine Geometrico Demonstrata. Spinoza Opera,* Bd. Ⅱ, im Auftrag der Heidelberger Akademie der Wissenschaften herausgegeben von Carl Gebhardt, Carl Winters Universitätsbuchhandlung, Heidelberg (『エチカ―倫理学』上・下, 畠中尚志訳, 岩波文庫, 1975).
644	1689	John Locke, *Two Treatises of Government,* London, 1690; critical edition by Peter Laslett, 2nd ed., Cambridge, 1967 (『市民政府論』鵜飼信成訳, 岩波文庫, 1968；「統治論」宮川透訳,『世界の名著27 ロック・ヒューム』中央公論社, 1980).
	1690	John Locke, *An Essay Concerning Human Understanding* (『人間知性論』大槻春彦訳, 岩波文庫, 1972；『世界の名著27 ロック・ヒューム』中央公論社, 1968).
525	1690	William Petty, *Political Arithmetic,* 1690 (『政治算術』大内兵衛・松川七郎訳, 岩波文庫, 1955).
	1747	de La Mettrie, *L'homme-machine* (『人間機械論』杉捷夫訳, 岩波文庫, 1957).
598	1748	Charles Montesquieu, *De l'esprit des lois* (『法の精神』宮沢俊義訳, 岩波文庫, 1928-30；野田良之他訳, 1989).
424	1751-72	Denis Diderot et Jean le Rond d'Alembert, *Encyclopédie ou Dictionnaire raisonné des sciences, des arts et des métiers, par une société de gens de lettres* (『百科全書』桑原武夫編訳, 岩波文庫, 1971).
	1752	David Hume, *Political Discourse* (『市民の国について』小松茂夫訳, 岩波文庫, 1952).
629	1755	Jean-Jacques Rousseau, *Discours sur l'origine et les fondements de l'inégalité parmi les*

1. 理論・思想

		hommes, 1775; col. folio, Gallimard, 1985 (『人間不平等起源論』本田喜治・平岡昇訳, 岩波文庫, 1972).
	1755	Jean-Jacques Rousseau, *Économie politique* (『政治経済論』河野健二訳, 岩波文庫, 1951).
337	1758	François Quesnay, *Tableau économique* (『経済表』増井幸雄・戸田正雄訳, 岩波文庫, 1933).
392	1759	Adam Smith, *Theory of Moral Sentiments* (『道徳情操論』全2冊, 米林富男訳, 日光書院, 1948-49; 未来社, 1969-70; 『道徳感情論』水田洋訳, 筑摩書房, 1973).
4	1762	Jean-Jacques Rousseau, *Du contrat social ou principes du droit politique*, 1762; *Œuvres complètes* de Jean-Jacques Rousseau, Bibliothèque de la Pléiade, Gallimard, 1964 (『社会契約論』桑原武夫・前川貞次郎訳, 岩波文庫, 1954).
	1764	Cesare Beccaria, *Dei delitti e delle pene* (『犯罪と刑罰』風早八十二訳, 岩波文庫, 1938).
	1769	Denis Diderot, *Le Rêve de d'Alembert* (『ダランベールの夢』新村猛訳, 岩波文庫, 1958).
309	1781	Immanuel Kant, *Kritik der reinen Vernunft*, Riga Hartknoch (『純粋理性批判』天野貞祐訳, 岩波文庫, 1937; 原佑訳, 理想社, 1973; 高峯一愚訳, 河出書房, 1956; 篠田英雄訳, 岩波文庫, 1962).
	1784	Immanuel Kant, *Was ist Aufklärung* (『啓蒙とは何か〔他四篇〕』篠田英雄訳, 岩波文庫, 1974).
	1785	Immanuel Kant, *Grundlegung zur Metaphysik der Sitten* (『道徳形而上学原論』篠田英雄訳, 岩波文庫, 1976).
310	1787	Immanuel Kant, *Kritik der praktischen Vernunft*, Riga Hartknoch (『実践理性批判』波多野精一・宮本和吉・篠田英雄訳, 岩波文庫, 1927; 改訳, 1959; 深作守文訳, 理想社, 1965).
532	1789	Jeremy Bentham, *An Introduction to the Principles of Morals and Legislation*, 1989; J. H. Burns ed., The Collected Works of Jeremy Bentham, Univ. of London, 1970 (「道徳および立法の諸原理序説」山下重一抄訳『世界の名著 ベンサム・J. S. ミル』中央公論社, 1979).
310	1790	Immanuel Kant, *Kritik der Urteilskraft*, Berlin und Libau, bey Lagarde und Friedrich (『判断力批判』大西克礼訳, 岩波文庫, 1940; 坂田徳男訳, 三笠書房, 1947; 篠田英雄訳, 岩波文庫, 1964; 原佑訳, 理想社, 1965).
	1795	Marquis de Sade, *La Philosophie dans le Boudoir* (『閨房哲学』澁澤龍彦訳, 角川文庫, 1976).
	1797	Immanuel Kant, *Metaphysik der Sitten* (『人倫の形而上学』加藤新平他訳, 中央公論社, 1967).
568	1798	Thomas Robert Malthus, *An Essay on the Principle of Population*, 1st ed., London, 1798 (『人口論』永井義雄訳, 中央公論社, 1973) ; 6th ed., 1826 (『人口の原理〔第6版〕』南亮三郎監修, 大淵寛・森岡仁・吉田忠雄・水野朝夫訳, 中央大学出版部, 1985).
8	1807	Georg Wilhelm Friedrich Hegel, *Phänomenologie des Geistes* (樫山欽四郎訳『精神現象学』河出書房, 1966; 『精神の現象学』上・下, ヘーゲル全集, 金子武蔵訳, 1978-79; 『精神の現象学』加藤尚武監訳, 河出書房, 1998).
514	1808	Charles Fourier, *Théorie des quatre mouvements et des destinées générales* (『四運動の理論』巖谷國士訳, 現代思潮社, 1970).
	1812	Robert Owen, *A New View of Society* (『社会に対する新見解』白井厚訳, 中央公論社, 1975).
10	1821	Georg Wilhelm Friedrich Hegel, *Grundlinien der Philosophie des Rechts oder Naturrecht und Staatswissenschaft im Grundrisse*. この書名で刊行されている書物には, ①ヘーゲルの執筆した本文, ②ヘーゲルの執筆したノート, ③講義の聴講生のノートを弟子のガンスが再編集した「補遺」, ④最近になって刊行された各種の聴講生のノート (一部の邦訳は雑誌『ヘーゲル研究』ヘーゲル研究会刊に掲載) という4種類がある. (「法の哲学」『世界の名著35 ヘーゲル』藤野渉・赤沢正敏訳, 中央公論社, 1967 (①②③の訳) ; 『法の哲学』高峰一愚訳, 論創社, 1983 (①③の訳) ; 『法権利の哲学』三浦和男・樺井正義・永井建晴・浅見正吾訳, 未知谷, 1991 (①の訳) ; 『法の哲学』上妻精訳, 岩波書店, 近刊).

348	1822	Auguste Comte, *Plan des travaux scientifiques nécessaires pour réorganiser la société*, Paris (「社会再組織に必要な科学的作業のプラン」霧生和夫訳『世界の名著36 コント』中央公論社, 1970).
361	1823-24	Claude Henri de Saint-Simon, *Catéchisme des Industriels* (『産業者の教理問答』森博編訳, 『サン-シモン著作集』第5巻, 恒星社厚生閣, 1988).
325	1832-34	Karl von Clausewitz, *Vom Kriege* (『戦争論』篠田英雄訳, 岩波文庫, 1968).
336	1835	Lambert Adolphe Jacques Quetelet, *Sur l'homme et le developpement de se facultes* (『人間について』高野岩三郎校閲, 平貞蔵・山村喬訳, 岩波文庫, 1939-40).
349	1839	Auguste Comte, 50ᵉ *Leçon:Considérations préliminaires sur la statique sociale, ou théorie générale de l'ordre spontané des sociétés humaines* & 51ᵉ *Leçon:Lois fondamentales de la dynamique sociale, ou théorie générale du progrès naturel de l'humanité, Cours de philosophie positive*, tome IV, Bachelier (「社会静学と社会動学」霧生和夫訳『世界の名著36 コント』中央公論社, 1970).
	1844	Auguste Comte, *Discours sur l'esprit positif* (『実証精神論』霧生和男訳, 中央公論社, 1970).
566	1845-46	Karl Marx & Friedrich Engels, *Die deutsche Ideologie* (「ドイツ・イデオロギー」『マルクス・エンゲルス全集』第3巻, 真下信一・藤野渉・竹内良知訳, 大月書店, 1963).
349	1847-49	Marie-Jean-Antoine Nicolas Caritat, Marquis de Condorcet, *Esquisse d'un tableau historique des progrès de l'esprit humain*, Librainé Firmin Didot Frères (『人間精神進歩史』2巻, 渡辺誠訳, 岩波文庫, 1951).
567	1848	Karl Marx & Friedrich Engels, *Manifest der Kommunistischen Partei* (『マルクス・エンゲルス全集』第4巻, 大内兵衛・細川嘉六監訳, 大月書店, 1960;『共産党宣言』大内兵衛訳, 岩波文庫, 1971).
320	1849	*Sygdommen til Døden. En christelig psychologisk Udvikling til Opbyggelse og Opvækkelse*, Af Anti-Climacus. Udgivet af S. Kierkegaard. Kjebenhavn (『死にいたる病—教化と覚醒のためのキリスト教的, 心理学的論述, アンティ・クリマクス著, セーレン・キルケゴール刊, コペンハーゲン・1849年』桝田啓三郎訳, 筑摩書房, キルケゴール全集24, 1963).
	1858	Karl Marx, *Formen, die der kapitalistischen Produktion vorhergehen* (『資本主義的生産に先行する諸形態』手島正毅訳, 大月書店, 1963).
400	1859	Charles Darwin, *The Origin of Species*, John Murray (『種の起原』全3巻, 八杉竜一訳, 岩波文庫, 1963-71).
585	1859	John Stuart Mill, *On Liberty*, Parker (『自由論』塩尻公明・木村健康訳, 岩波文庫, 1971;『世界の名著38 ミル』早坂忠訳, 中央公論社, 1967;『自由について』世界の大思想・Ⅱ-6, 水田洋訳, 河出書房, 1967).
565	1859	Karl Marx, *Zur Kritik der Politischen Ökonomie* (「経済学批判」『経済学草稿・著作 一八五八―一八六一年』大月書店, 1984).
	1865	John Stuart Mill, *August Comte and Positivism* (『コント実証哲学』波多野鼎・河野密訳, 而立社, 1923;『コント実証主義』村井久二訳, 木鐸社, 1978).
14	1867-94	Karl Marx, *Das Kapital*, Bd. 1, 2, 3 (『マルクス・エンゲルス全集』第23・24・25巻, 岡崎次郎・杉本俊朗訳, 大月書店, 1965;『資本論』1-9, 向坂逸郎, 岩波文庫, 1969-70).
	1869	John Stuart Mill, *The Subjection of Women* (『女性の解放』大内兵衛・大内節子訳, 岩波文庫, 1957).
	1870	加藤弘之『真政大意』.
	1871	西周『百学連環』.
	1873	Friedrich Engels, *Dialektik der Natur* (『自然の弁証法』田辺振太郎訳, 岩波文庫, 1956-57).
	1875	加藤弘之『国体新論』.
504	1875	福沢諭吉『文明論之概略』木版6冊, 著者蔵版 (活版1冊, 著者蔵版, 1877;『福沢全集』第3巻, 時事新報社, 1898;『福沢全集』第4巻, 国民図書, 1926;岩波文庫, 1931;『福沢諭

		吉選集』第2巻, 岩波書店, 1951；『福沢諭吉全集』第4巻, 岩波書店, 1959；岩波文庫改版, 1962；『福沢諭吉』日本の名著33, 中央公論社, 1969；『福沢諭吉集』近代日本思想大系2, 筑摩書房, 1975；中公バックス日本の名著33, 中央公論社, 1984).
392	1876-96	Herbert Spencer, *The Principles of Sociology,* Vol Ⅰ, Ⅱ, Ⅲ, Williams and Norgate (『政治哲学』浜野定四郎・渡辺治郎訳, 石川半次郎刊, 1884-85；『社会学の原理』乗竹孝太郎訳, 経済雑誌社, 1882).
267	1880	Friedrich Engels, *Die Entwicklung des Sozialismus von der Utopie Zur Wissenschaft,* 1880; MEW, Bd. 19, 1962 (『空想から科学への社会主義の発展』マルクス=エンゲルス全集第19巻, 大内兵衛・細川嘉六監訳, 大月書店, 1968).
425	1883	Wilhelm Dilthey, *Einleitung in die Geisteswissenschaften* (GS. 1 Bd. Vandenhoeck & R.) (『精神科学序説』上・下, 山本英一・上田武訳, 1979-81).
456	1883-85	Friedrich Nietzsche, *Also sprach Zarathustra. Ein Buch für Alle und Keinen* (『このようにツァラトゥストラは語った―万人のための，そして何びとのためのものでもない一冊の書』吉澤伝三郎訳, ちくま学芸文庫版ニーチェ全集9-10, 1993).
268	1884	Friedrich Engels, *Der Ursprung der Familie, des Privateigentum und des Staats,* 1844; MEW, Bd. 21, 1962 (『家族，私有財産および国家の起源』マルクス=エンゲルス全集第21巻, 大内兵衛・細川嘉六監訳, 大月書店, 1971).
456	1886	Friedrich Nietzsche, *Jenseits von Gut und Böse. Vorspiel einer Philosophie der Zukunft,* Leipzig Druck und Verlag von C. G. Naumann (『善悪の彼岸―未来の哲学の序曲』信太正三訳, ちくま学芸文庫版ニーチェ全集11, 1993).
446	1887	中江兆民『三酔人経綸問答』東京集成社 (桑原武夫・島田虔次訳・校注, 岩波文庫, 1965).
16	1887	Ferdinand Tönnies, *Gemeinschaft und Gesellschaft,* 1887; Wissenschaftliche Buchgesellschaft, 8 Aufl., 1979 (『ゲマインシャフトとゲゼルシャフト―純粋社会学の根本概念』上・下, 杉之原寿一訳, 岩波書店, 1957).
457	1887	Friedrich Nietzsche, *Zur Genealogie der Moral. Eine Streitschrift,* Leipzig Verlag von C. G. Naumann (『道徳の系譜――一つの論駁書』信太正三訳, ちくま学芸文庫版ニーチェ全集11, 1993).
18	1890	Georg Simmel, *Über soziale Differenzierung. Soziologische und psychologische Untersuchungen* (『社会分化論―社会学』居安正訳, 青木書店, 1970).
20	1893	Emile Durkheim, *De la division du travail social,* Félix Alcan (『社会分業論』現代社会学大系2, 田原音和訳, 青木書店, 1971；『社会分業論』上・下, 井伊玄太郎訳, 講談社学術文庫, 1989).
22	1895	Emile Durkheim, *Les règles de la méthode sociologique,* Félix Alcan (『社会学的方法の規準』宮島喬訳, 岩波書店, 1979).
24	1895-39	Sigmund Freud, *Studien über Hysterie*(1895), Verlag Franz Deuticke, G. W. Ⅰ, S. Fischer, 1952, 著Ⅶ; *Die Traumdeutung* (1900), Verlag Franz Deuticke, G. W. Ⅱ/Ⅲ, S. Fischer, 1942, 著Ⅱ; *über den Gegensinn der Urworte* (1910), Verlag Franz Deuticke, G. W. Ⅷ, 1945, 著Ⅹ; *Totem und Tabu* (1913), Verlag Hugo Heller & Cie., G. W. Ⅸ, S. Fischer, 1944, 著Ⅲ; *Der Moses des Michelangelo* (1914), "Imago", Band Ⅲ, G. W. Ⅹ, S. Fischer, 1946, 著Ⅲ; *Das Unheimliche* (1919), "Imago", Band Ⅴ, G. W. Ⅻ, S. Fischer, 1947, 著Ⅲ; *Massenpsychologie und Ich-Analyse* (1921), Internationaler Psychoanalytischer Verlag, G. W. ⅩⅢ, S. Fischer, 1940, 著Ⅵ; *Die Zukunft einer Illusion* (1927), Internationaler Psychoanalytischer Verlag, G. W. ⅩⅣ, 1948, 著Ⅲ; *Das Unbehagen in der Kultur* (1930), Internationaler Psychoanalytischer Verlag, Gesammelte Werke ⅩⅣ, 1948, 著Ⅲ; *Der Mann Moses und monotheitische Religion* (1939), Verlag Allert de Lange, G. W. ⅩⅥ, 1950, ⅩⅠ. (G. W.=Gesammelte Werke, 著=人文書院版フロイト著作集)
26	1897	Emile Durkheim, *Le suicide: Etude de sociologie,* Félix Alcan (『自殺論』宮島喬訳, 中公文庫, 1985).
	1900	Edmund Husserl, *Logische Untersuchungen* (『論理学研究』立松弘孝訳, みすず書房, 1968-

1. 理論・思想

30	1900	Georg Simmel, *Philosophie des Geldes*, 1900; 6. Auf., 1958 (『貨幣の哲学』居安正訳, 白水社, 1997).
32	1900	Sigmund Freud, *Die Traumdeutung*, Franz Deuticke, Leipzig und Wien, 1900; Gesammelte Werke, Ⅱ/Ⅲ, Fischer Verlag, 1942 (『夢判断』フロイト著作集Ⅱ, 高橋義孝訳, 人文書院, 1969;『夢判断 上・下』フロイド選集11・12, 高橋義孝訳, 日本教文社, 1969／1970;『夢判断 上・下』高橋義孝訳, 新潮文庫, 1957).
519	1900-33	Sigmund Freud, *Die Traumdeutung*, Verlag Deuticke (1900), G. W. Ⅱ/Ⅲ, 1942, 著Ⅱ; *Zur Einführung des Narzißmus*, Verlag Franz Deuticke (1914), G. W. Ⅹ, 1946, 著Ⅵ; *Jenseits des Lustprinzips*, Internationaler Psychoanalytischer Verlag (1920), G. W. ⅩⅢ, 1940, 著Ⅵ; *Massenpsychologie und Ich-Analyse*, Internationaler Psychoanalytischer Verlag (1921), G. W. ⅩⅢ, 1940, 著Ⅵ; *Das Ich und das Es*, Internationaler Psychoanalytischer Verlag (1923), G. W. ⅩⅢ, 1940, 著Ⅵ (G. W.=Gesammelte Werke, 著＝人文書院版フロイト著作集).
34	1902	Charles Horton Cooley, *Human Nature and the Social Order*, Charles Scribner's Sons (『社会と我―人間性と社会秩序』納武津訳, 日本評論社, 1921).
358	1906	William G. Sumner, *Folkways* (『フォークウェイズ』青柳清孝・園田恭一・山本英治訳, 青木書店, 1975).
530	1907	Henri Bergson, *L'évolution créatrice*, Félix Alcan, 1907; P.U.F., 1941- (『創造的進化』真方敬道訳, 岩波文庫, 1954;新版, 1979;松浪信三郎・高橋允昭訳『ベルクソン全集』第4巻, 白水社, 1965).
398	1908	Georges Sorel, *Refléxions sur la violence* (『暴力論』木下半治訳, 岩波文庫, 1933).
38	1908	Georg Simmel, *Soziologie. Untersuchungen über die Formen der Vergesellschaftung*, 1908; 5. Aufl (『社会学』上・下, 居安正訳, 白水社, 1994).
	1910	Ernst Cassirer, *Substanzbegriff und Funktionsbegriff* (『実体概念と関数概念』山本義隆訳, みすず書房, 1979).
639	1910	Lucien Lévy-Bruhl, *Les fonctions mentales dans les Sociétés inférieures*, Alcan (『未開社会の思惟』山田吉彦訳, 小山書店, 1935;改訂版上・下, 岩波書店, 1953).
	1910	Sigmund Freud, *Drei Abhandlungen zur Sexual-theorie*, Deuticke (『性欲論』フロイト選集, 懸田克躬訳, 日本教文社, 1953).
453	1911	西田幾多郎『善の研究』弘道館(『西田幾多郎全集』第1巻, 岩波書店, 1947;『善の研究』岩波文庫, 1950).
266	1913	Eugen Ehrlich, *Gründlegung der Soziologie des Rechts*, 1. Aufl. (『法社会学の基礎理論』河上倫逸・M. フーブリヒト訳, みすず書房, 1984).
	1913	Max Scheler, *Wesen und Formen der Sympathie* (『同情の本質と諸形式』シェーラー著作集, 青木茂・小林茂訳, 白水社, 1977).
248	1913	Max Weber, Über einige Kategorien der verstehenden Soziologie, *Logos*, 4, 1913; in *Gesammelte Aufsätze zur Wissenschaftslehre*, J. C. B. Mohr, 1922 (『理解社会学のカテゴリー』林道義訳, 岩波文庫, 1968;『理解社会学のカテゴリー』海老原明夫・中野敏男訳, 未来社, 1990).
334	1915	Benedetto Croce, *Zur Theorie und Geschichte der Historiographie*, Tübingen, Mohr, 1915〔ドイツ語版〕; *Filosofia come scienza dello spirito*, Ⅳ, Teoria e storia della storiografia, Bari, Laterza, 1917〔イタリア語版〕; 2. ed. riv., 1920〔イタリア語改訂版〕(『歴史叙述の理論及び歴史』羽仁五郎訳, 岩波文庫, 1926;改版改題『歴史の理論と歴史』岩波文庫, 1952).
397	1916	Ferdinand de Saussure, *Cours de linguistique générale*, Payot (『一般言語学講義』小林英夫訳, 岩波書店, 1940;改訂版, 1972).
486	1916	Vilfredo Pareto, *Trattato di Sociologia Generale*, 2 tomi, Barbera, 1916;決定版, 3 tomi, Barbera, 1923 (『社会学体系』井伊玄太郎抄訳, 白揚社, 1939;『歴史と社会均衡』部分訳,

1. 理論・思想

		三笠書房, 1939 ; 『一般社会学提要』姫岡勤縮刷版訳, 刀江書院, 1941 ; 『現代社会学体系 6・パレート, 社会学大綱』(12・13章の訳) 北川隆吉・広田明・板倉達文訳, 青木書店, 1987).
383	1917	Georg Simmel, *Grundfragen der Soziologie* (Individuum und Gesellschaft), 1917, 3. Auf., 1970 (『社会学の根本問題』清水幾太郎訳, 岩波書店, 1979 ; 阿閉吉男訳, 社会思想社, 1996).
250	1917	Max Weber, Das antike Judentum, 1917, Archiv für Sozialwissenschaft und Sozialpolitik, 44, in, *Gesammelte Aufsätze zur Religionssoziologie*, Ⅲ, J. C. B. Mohr, 1921 (『古代ユダヤ教』内田芳明訳, Ⅰ・Ⅱ, みすず書房, 1962-64 ; 岩波文庫, 全3冊, 1996).
42	1917	Max Weber, Der Sinn der »Wertfreiheit« der soziologischen und ökonomischen Wissenschaften, Logos, Bd. Ⅶ, 1917, 40-88; in: *Gesammelte Aufsätze zur Wissenschaftslehre*, 1. Aufl., 1922, Mohr, 4. Aufl., 1973 (『社会学・経済学の「価値自由」の意味』木本幸造監訳, 日本評論社, 1972 ; 『社会学および経済学の「価値自由」の意味』松代和郎訳, 創文社, 1976).
44	1917	Robert M. MacIver, *Community: A Sociological Study,* Macmillan (『コミュニティ』中久郎・松本通晴監訳, ミネルヴァ書房, 1975).
374	1918-22	Oswald Spengler, *Der Untergang des Abendlandes: Umrisse einer Morphologie der Weltgeschichte*, 2Bde., C. H. Beckshe Verlag (『西洋の没落』村松正俊訳, 批評社, 1926 ; 改訂版, 桜井書店, 1944 ; 林書店, 1967 〔以上原著第1巻の訳〕; 『西洋の没落』全2巻, 村松正俊訳, 五月書房, 1971 ; 同改訂版, 1977 ; 同新装版, 1989 〔以上完訳〕; 同縮訳版, 1976 ; 同新装縮訳普及版, 1996).
400	1919	高田保馬『社会学原理』岩波書店.
607	1920	Carl G. Jung, *Psychologische Typen*, Zürich (『タイプ論』林道義訳, みすず書房, 1987).
	1920	Sigmund Freud, *Jenseits des Lustprinzips,* Internationaler Psychoanalytischer Verlag (「快感原則の彼岸」『フロイト著作集Ⅵ』小此木啓吾訳, 人文書院, 1970).
48	1921	Max Weber, Soziologische Grundbegriffe, in, *Wirtschaft und Gesellschaft*, Marianne Weber, Hg., 1 Aufl., J. C. B. Mohr, 1921; J. Winckelmann, Hg., 4 Aufl., J. C. B. Mohr, 1956 (『社会学の基礎概念』阿閉吉男・内藤莞爾訳, 角川文庫, 1953 ; 同, 恒星社厚生閣, 1987 ;「社会学の基礎概念」濱島朗訳, ウェーバー『社会学論集』青木書店, 1971 ; 『社会学の根本概念』清水幾太郎訳, 岩波文庫, 1972).
401	1922	高田保馬『社会学概論』岩波書店 (初版) ; 1950 (全面改訂版).
	1922	Max Weber, Roscher und Knies und die logischen Probleme der historischen Nationalökonomie, *Gesammelte Aufsätze zur Wissenschaftslehre* (『ロッシャーとクニース』松井秀親訳, 未来社, 1955-56).
313	1923	北一輝『日本改造法案大綱』猶存社 (『北一輝著作集』第2巻, みすず書房, 1959).
463	1927	Martin Heidegger, *Sein und Zeit* (邦訳は『存在と時間』原佑・渡辺二郎訳, 中央公論社, 1971など).
479	1929	В. Н. Волошинов, *Марксизм и философия языка: Основные проблемы социологического метода в науке о языке,* Ленинград (『マルクス主義と言語哲学—言語学における社会学的方法の基本的問題 [改訳版]』桑野隆訳, 未来社, 1989).
54	1929	Karl Mannheim, *Ideologie und Utopie*, Schulte Bulmke (『イデオロギーとユートピア』徳永恂訳『世界の名著56 マンハイム』中央公論社, 1971).
	1931	Edmund Husserl, *Méditations Cartésiennes* (『デカルト的省察』船橋弘訳, 中央公論社, 1980).
62	1932	Alfred Schütz, *Der sinnhafte Aufbau der sozialen Welt,* Springer-Verlag (『社会的世界の意味構成』佐藤嘉一訳, 木鐸社, 1982).
530	1932	Henri Bergson, *Les deux sources de la morale et de la religion,* Félix Alcan, 1932; P.U.F., 1941- (『道徳と宗教の二源泉』平山高次訳, 岩波文庫, 1953 ; 同, 中村雄二郎訳『ベルクソン全集』第6巻, 白水社, 1965 ; 『道徳と宗教の二つの源泉』森口美都男訳『世界の名著64 ベルクソン』中央公論社, 1979).

487	1932	Jean Piaget, *Le jugement moral chez l'enfant,* Alcan (『児童道徳判断の発達』大伴茂訳, 同文書院, 1957).
	1934	和辻哲郎『人間の学としての倫理学』岩波書店.
431	1934-61	Arnold J. Toynbee, *A Study of History,* 12 Vols.(vol.1-3, 1934; vol.4-6, 1939; vol.7-10, 1951; vol.11, 1959; vol.12, 1961), Oxford Univ. Press (『歴史の研究』全25巻, 『歴史の研究』刊行会訳, 1969-72, 経済往来社. 縮刷版の完訳は長谷川松治訳, 『トインビー著作集』1-3巻, 社会思想社, 1967, 抄訳は長谷川訳, 蠟山政道編『世界の名著61 トインビー』中央公論社, 1967).
649	1935	和辻哲郎『風土――人間学的考察』岩波書店 (改訂：1944; 再改訂：1949;『和辻哲郎全集』8, 岩波書店, 1962).
66	1936	Walter Benjamin, *Gesammelte Schriften* Band 1, 2, Suhrkamp (『複製技術時代の芸術作品』ヴァルター・ベンヤミン著作集2, 高木久雄・高原宏平訳, 晶文社, 1970;『ボードレール他五篇』ベンヤミンの仕事2, 野村修編訳, 岩波文庫, 1994;『ベンヤミン・コレクション1』浅井健二郎編訳, ちくま学芸文庫, 1995).
68	1937	Talcott Parsons, *The Structure of Social Action,* McGraw-Hill, 1937; 2nd ed., The Free Press, 1949 (稲上毅・厚藤洋輔・溝部明男訳『社会的行為の構造』1-5, 木鐸社, 1976-89); Paperback ed., The Free Press, 1968.
574	1939-46	三木清『構想力の論理 第一』岩波書店, 1939;『構想力の論理 第二』1946 (『三木清全集』8, 岩波書店, 1967).
234	1941	今西錦司『生物の世界』弘文堂 (講談社文庫, 1972;『今西錦司全集』第1巻, 講談社, 1974; 同・増補版, 1993).
360	1943	Jean-Paul Sartre, *L'Être et le néant,* Editions Gallimard (『存在と無』松浪信三郎訳, 人文書院, 1956, 58, 60).
502	1944	John von Neumann & Oskar Morgenstern, *Theory of Games and Economic Behavior,* Princeton Univ. Press, 1944; 3rd ed., 1953 (『ゲームの理論と経済行動――経済行動の数学的定式化』1-5, 銀林浩・橋本和美・宮本敏雄監訳, 東京図書, 1972-73).
338	1945	Hans Kelsen, *General Theory of Low and State,* Russell & Russel (『法と国家の一般理論』尾吹善人訳, 木鐸社, 1991).
540	1945	Karl R. Popper, *The Open Society and Its Enemies,* vol. I, vol. II, George Routledge & Sons, 1945; rev. ed. in one volume, Princeton Univ. Press 1950 (『開かれた社会とその敵』第1部・第2部, 内田詔夫・小河原誠訳, 未来社, 1980); 5th ed., 1966 (『自由社会の哲学とその論敵』武田弘道訳, 世界思想社, 1973).
592	1945	Maurice Merleau-Ponty, *Phénoménologie de la perception,* Gallimard (『知覚の現象学・1』竹内芳郎・小木貞孝訳, みすず書房, 1967;『知覚の現象学・2』竹内芳郎・木田元・宮本忠雄訳, みすず書房, 1974;『知覚の現象学』中島盛夫訳, 法政大学出版局, 1982).
496	1947	Ludwig Binswanger, *Ausgewählte Vorträge und Aufsätze,* Band I, Zur Phänomenologischen Anthropologie, Francke Verlag, Bern (『現象学的人間――講演と論文 1』荻野恒一・宮本忠雄・木村敏訳, みすず書房, 1967).
86	1947	Max Horkheimer & Th. W. Adorno, *Dialektik der Aufklärung,* Querido Verlag (『啓蒙の弁証法』徳永恂訳, 岩波書店, 1990).
275	1948	大塚久雄『近代化の人間的基礎』白日書院 (新版：筑摩書房, 1968;『大塚久雄著作集』第8巻, 岩波書店, 1969).
369	1948	清水幾太郎『社會學講義』日本評論社 (新版：岩波書店, 1950).
242	1948	Norbert Wiener, *Cybernetics: or Control and Communication in the Animal and the Machine,* MIT Press, 1948; 2nd. ed., 1961 (『サイバネティックス――動物と機械における通信と制御』池原止戈夫・彌永昌吉訳, 第2版, 岩波書店, 1962).
94	1949	Claude Lévi-Strauss, *Les structures élémentaires de la parenté,* P.U.F. 1949; rev. ed., Mouton, 1967 (『親族の基本構造』上・下, 馬淵東一他監訳, 番町書房, 1977-78).
560	1949	George Peter Murdock, *Social Structure,* Macmillan, 1949; Free Press, 1965 (『社会構造

―核家族の社会人類学』内藤莞爾監訳,新泉社,1978).

88 | 1949 | Georges Bataille, *La part maudite*, Edition de Minuit (『呪われた部分』生田耕作訳,『バタイユ著作集』6,二見書房,1973).

92 | 1949 | Robert K. Merton, *Social Theory and Social Structure*, Free Press (『社会理論と社会構造』森東吾・森好夫・金沢実・中島竜太郎訳,みすず書房,1961).

 | 1950 | Claude Lévi-Strauss, *Introduction a l'œuvre de Marcel Mauss* (「モースへの序文」『社会学と人類学Ⅰ』有地亨他訳,弘文堂,1973所収).

 | 1950 | Emile Durkheim, *Leçons de Sociologie:physique des mœurs et du droit*, P. U. F. (『社会学講義』宮島喬・川喜多喬訳,みすず書房,1974).

319 | 1950 | Georges Gurvitch, *La vocation actuelle de la sociologie* (『社会学の現代的課題』壽里茂訳,青木書店,1970).

98 | 1950 | Marcel Mauss, *Sociologie et Anthropologie*, Press Universitaires de France (『社会学と人類学』Ⅰ・Ⅱ,有地亨・山口俊夫訳,弘文堂,1973-76).邦訳は1968年刊の第4版を底本とする.

220 | 1951 | Kenneth J. Arrow, *Social Choice and Individual Values*, Yale Univ. Press, 1951; 2nd ed., Yale Univ. Press, 1963 (『社会的選択と個人的評価』長名寛明訳,日本経済新聞社,1977).

241 | 1951 | Ludwig Wittgenstein, *Philosophische Untersuchungen/Philosophical Investigations*, Basil Blackwell (『哲学探究』藤本隆志訳,大修館書店,1976;『哲学的探求』第Ⅰ部・第Ⅱ部,黒崎宏訳・解説,産業図書,1994-95).

102 | 1951 | Talcott Parsons, *Toward a General Theory of Action*, edited with Edward A. Shils, Harvard Univ. Press, 1951; Harper Torchbooks, 1962 (部分訳:『行為の総合理論をめざして』永井道雄・作田啓一・橋本真訳,日本評論社,1960).

104 | 1951 | Talcott Parsons, *The Social System*, The Free Press (『社会体系論』佐藤勉訳,青木書店,1974).

569 | 1952 | 丸山真男『日本政治思想史研究』東京大学出版会 (『丸山眞男集』第1・2・5巻,岩波書店,1995-96).

566 | 1952 | Karl Marx, *Formen, die der kapitalistischen Produktion vorhergehen*, MEW, Dietz (「資本主義的生産に先行する諸形態(草稿)」『一八五七―五八年の経済学草稿Ⅱ』資本論草稿集翻訳委員会訳,大月書店,1993).

328 | 1953 | Antonio Gramsci, *Lettere dal Carcere*, Einaudi, 1953 (『愛と思想と人間と―獄中からの手紙』上杉聡彦訳,合同出版,1962); rev. a cura di Sergio Caprioglio e Elsa Fubini, 1965 (『グラムシ=獄中からの手紙』〔部分訳〕上杉聡彦訳,合同出版,1978;『グラムシ獄中からの手紙 愛よ知よ永遠なれ』4分冊,大久保昭男・坂井信義訳,大月書店,1982).

500 | 1953 | Lucien Febvre, *Combats pour l'Histoire* (『歴史のための闘い』長谷川輝夫抄訳,創文社,1977;平凡社ライブラリー,1995).

607 | 1954 | Carl G. Jung, *Die Archetypen und das kollektive Unbewuβte*, Gesammelte Werke, 9-Ⅰ, Zürich (『元型論』『続・元型論』林道義訳,紀伊國屋書店,1982-83).なお1998年に『元型論』『続・元型論』その他を合本した改訂版が出る予定.

508 | 1954 | Edmund Husserl, *Die Krisis der europäischen Wissenschaften und die transzendentale Phänomenologie*, M. Nijhoff (『ヨーロッパ諸学の危機と超越論的現象学』細谷恒夫・木田元訳,中央公論社,1974;中公文庫,1995).

108 | 1955 | 大塚久雄『共同体の基礎理論―経済史総論講義案』岩波書店 (『大塚久雄著作集』第7巻,岩波書店,1969).

 | 1956 | ヴィゴツキー『思考の言語』上・下,柴田義松訳,明治図書,1976.

112 | 1956 | Herbert Marcuse, *Eros and Civilization: A Philosophical Inquiry into Freud*, The Beacon Press (『エロス的文明』南博訳,紀伊國屋書店,1956).

116 | 1956-57 | 丸山真男『現代政治の思想と行動』上・下,未来社 (増補版,1964;『丸山眞男集』第6・7巻,岩波書店,1995-96).

1. 理論・思想

311	1957	Ernst H. Kantorowicz, *The King's Two Bodies: A Study in Medieval Political Theology*, Princeton Univ. Press (『王の二つの身体—中世政治神学研究』小林公訳, 平凡社, 1992).
470	1957	Gaston Bachelard, *La poétique de l'espace*, P. U. F. (『空間の詩学』岩村行雄訳, 思潮社, 1969).
120	1957	Georges Bataille, *L'histoire de l'érotisme*, Œuvres complètes de Bataille, tome VIII, Gallimard, 1976 (『エロティシズムの歴史』湯浅博雄・中地義和訳, 哲学書房, 1987)；Georges Bataille, *L'érotisme*, Edition de Minuit, 1957 (『エロティシズム』バタイユ著作集 7, 澁澤龍彥訳, 二見書房, 1973).
	1957	Karl R. Popper, *The Poverty Historicism*, Kegan Paul (『歴史主義の貧困』久野収・市井三郎訳, 中央公論社, 1961).
	1957	S. F. Nadel, *The Theory of Social Structure*, Cohen & West (『社会構造の理論—役割理論の展開』斎藤吉雄訳, 恒星社厚生閣, 1978).
	1957	Susanne K. Langer, *Philosophy in a New Key*, Harvard Univ. Press (『シンボルの哲学』矢野萬里他訳, 岩波書店, 1960).
637	1958	Claude Lévi-Strauss, *Anthropologie structurale*, Plon (『構造人類学』荒川幾男他訳, みすず書房, 1972).
219	1958	Hannah Arendt, *The Human Condition*, Univ. of Chicago Press (『人間の条件』志水速雄訳, ちくま学芸文庫, 1995).
	1958	Peter Winch, *The Idea of Social Science and its Relation to Philosophy*, Routledge & Kegan Paul (『社会科学の理念』森川真規雄訳, 新曜社, 1977).
586	1959	Charles Wright Mills, *The Sociological Imagination*, Oxford Univ. Press (『社会学的想像力』鈴木広訳, 紀伊國屋書店, 1965；新装版：1995).
128	1959	Erving Goffman, *The Presentation of Self in Everyday Life*, Doubleday Anchor (『行為と演技—日常生活における自己呈示』石黒毅訳, 誠信書房, 1974).
	1959	Ralf Dahrendorf, *Homo Sociologicus*, Westdeutscher Verlag (『ホモ・ソシオロジクス』橋本和幸訳, ミネルヴァ書房, 1973).
295	1960	Hans-Georg Gadamer, *Wahrheit und methode: Grundzüge einer philosophischen Hermeneutik*, J. C. B. Mohr (『真理と方法 I』轡田收他訳, 法政大学出版局, 1986).
132	1960	Jean-Paul Sartre, *Critique de la raison dialectique*, Tome I, Editions Gallimard (『弁証法的理性批判』I・II・III, 竹内芳郎・平井啓之・森本和夫・足立和浩訳, 人文書院, 1962, 65, 73).
134	1960	Jean-Paul Sartre, *Questions de méthode*, Edition Gallimard (『方法の問題』平井啓之訳, 人文書院, 1962).
282	1960	John Langshaw Austin, *How To Do Things with Words*, Harvard Univ. Press (『言語と行為』坂本百大訳, 大修館書店, 1978).
	1960	Maurice Merleau-Ponty, *Signe*, Gallimard (『シーニュ』1・2, 竹内芳郎他訳, みすず書房, 1967-70).
533	1960	Reinhard Bendix, *Max Weber: An Intellectual Portrait*, Doubleday, 1960; 2nd ed., 1962 (『マックス・ウェーバー—その学問の全体像』折原浩訳, 中央公論社, 1965；改訳再版『マックス・ウェーバー—その学問の包括的一肖像』上・下, 折原浩訳, 三一書房, 1987-88).
634	1960	Ronald David Laing, *The Divided Self: An Existential Study in Sanity and Madness*, Tavistock Publication (『ひき裂かれた自己—分裂病と分裂病質の実存的研究』阪本健二・志貴春彦・笠原嘉訳, みすず書房, 1971).
	1960	W. V. O. Quine, *Word and Object*, MIT Press (『ことばと対象』大出晁・宮館恵訳, 勁草書房, 1984).
638	1961	Emmanuel Levinas, *Totalité et infini: Essai sur l'extériorité*, Martinus Nijhoff (『全体性と無限—外部性についての試論』合田正人訳, 国文社, 1989).
343	1961	Erving Goffman, *Encounters: Two Studies in the Sociology of Interaction*, Bobbs-Merrill (『出会い—相互行為の社会学』佐藤毅・折橋徹彦訳, 誠信書房, 1985).

1. 理論・思想

475	1961	H. L. A. Hart, *The Concept of Law,* Clarendon Press (『法の概念』矢崎光圀監訳, みすず書房, 1976).
381	1961	René Girard, *Mensonge romantique et vérité romanesque,* Grasset (『欲望の現象学——ロマンティークの虚偽とロマネスクの真実』古田幸男訳, 法政大学出版局, 1971).
325	1962	蔵内数太『社会学』培風館 (『社会学概論』培風館, 1953 ; 『社会学 増補版』培風館, 1966 ; 『蔵内数太著作集』第1巻, 関西学院大学生活協同組合出版会, 1978).
148	1962	Claude Lévi-Strauss, *La pensée sauvage,* Plon (『野生の思考』大橋保夫訳, みすず書房, 1976).
144	1962	Jürgen Habermas, *Strukturwandel der Öffentlichkeit: Untersuchungen zu einer Kategorie der bürgerlichen Gesellschaft,* Luchterhand Verlag, 1962 (『公共性の構造転換』細谷貞雄訳, 未来社, 1973) ; rev. ed., Suhrkamp Taschenbuch Wissenschaft 891, 1990 (『公共性の構造転換——市民社会の一カテゴリーの研究』細谷貞雄・山田正行訳, 1994).
142	1962	Neil Joseph Smelser, *Theory of Collective Behavior,* Free Press (『集合行動の理論』会田彰・木原孝訳, 誠信書房, 1973).
454	1962	Rodney Needham, *Structure and Sentiment: A Test Case in Social Anthropology,* Chicago: The Univ. of Chicago Press (三上暁子訳『構造と感情』弘文堂, 1977).
211	1962	Theodor Wiesengrund Adorno, *Sociologica,* Europäische Verlagsanstalt (『ゾチオロギカ』三光長治・市村仁訳, イザラ書房, 1970).
140	1962	Thomas Samuel Kuhn, *Structure of Scientific Revolutions,* Univ. of Chicago Press, 1962; 2nd ed., 1970 (『科学革命の構造』中山茂訳, みすず書房, 1971).
	1962-66	Alfred Schütz, *Collected Papers,* The Hague, 1962-66; M. Nijhoff (『アルフレット・シュッツ著作集 社会的現実の問題〔I〕〔II〕』渡辺光・那須寿・西原和久訳, マルジュ社, 1983-85).
343	1963	Erving Goffman, *Behavior in Public Places: Notes on the Social Organization of Gatherings,* Free Press (『集まりの構造——新しい日常行動論を求めて』丸木恵祐・本名信行訳, 誠信書房, 1980).
341	1963	Karel Kosík, *Die Dialektik des Konkreten, Eine Studie zur Problematik des Menschen und der Welt,* Suhrkamp (『具体的なものの弁証法——人間と世界の問題体系についての研究』花崎皋平訳, せりか書房, 1977).
464	1963	Peter L. Berger, *Invitation to Sociology: A Humanistic Perspective,* Doubleday Anchor Books (『社会学への招待』水野節夫・村山研一訳, 思索社, 1979 ; 新思索社, 新装版, 1995).
567	1964	Herbert Marcuse, *One Dimensional Man: studies in the advanced industrial society,* Beacon Press (『一次元的人間』生松敬三・三沢謙一訳, 河出書房新社, 1974).
154	1964	Maurice Merleau-Ponty, *L'œil et l'esprit,* Editions Gallimard (『眼と精神』滝浦静雄・木田元訳, みすず書房, 1966).
593	1964	Maurice Merleau-Ponty, *Le visible et l'invisible, suivi de notes de travail,* Éditions Gallimard (『見えるものと見えないもの』滝浦静雄・木田元訳, みすず書房, 1989).
510	1964	Peter Michael Blau, *Exchange and Power in Social Life,* John Wiley & Sons (『交換と権力——社会過程の弁証法社会学』間場寿一・居安正・塩原勉訳, 新曜社, 1974 ; 限定復刊 : 1996).
	1964	Talcott Parsons, *Social Structure and Personality,* Free Press (『社会構造とパーソナリティ』武田良三訳, 新泉社, 1973).
	1965	大塚久雄他『マックス・ヴェーバー研究』岩波書店.
441	1965	富永健一『社会変動の理論——経済社会学的研究』岩波書店.
613	1965	吉本隆明『言語にとって美とはなにか』全2巻, 勁草書房 (『吉本隆明全著作集』第6巻, 勁草書房, 1970).
	1965	Alain Touraine, *Sociologie de l'action,* Seuil (『行動の社会学』大久保敏彦他訳, 合同出版, 1974).
156	1965	Louis Althusser, Etienne Balibar, Jacques Rancière, Pierre Macherey, Roger Establet,

1. 理論・思想

		Lire le Capital, tome I, II, Maspero (『資本論を読む』権寧他訳, 合同出版, 1974；ちくま学芸文庫, 上・中・下, 今村仁司訳, 1996-97).
217	1965	Louis Althusser, *Pour Marx,* Maspero (『マルクスのために』河野健二・田村俶・西川長夫訳, 平凡社, 1994).
	1965	Mancur Olson, *The Logic of Collective Actions: Public Goods and the Theory of Groups,* Harvard Univ. Press (『集合行為論―公共財と集団理論』依田博・森脇俊雅訳, ミネルヴァ書房, 1983).
	1965	Niklas Luhmann, *Grundrechte als Institution,* Duncker & Humblot (『制度としての基本権』今井弘道・大野達司訳, 木鐸社, 1989).
276	1966	大塚久雄『社会科学の方法』岩波新書 (『大塚久雄著作集』第9巻, 岩波書店, 1969).
369	1966	清水幾太郎『現代思想』岩波書店.
575	1966	見田宗介『価値意識の理論―欲望と道徳の社会学理論』弘文堂 (新装版:1996).
617	1966	Jacques Lacan, *Ecrits,* Editions du Seuil (『エクリ』Ⅰ～Ⅲ, 宮本忠雄・佐々木孝次他訳, 弘文堂, 1972-81).
160	1966	Michel Foucault, *Les mots et les choses: une archéologie des sciences humaines,* Editions Gallimard (『言葉と物―人文科学の考古学』渡辺一民・佐々木明訳, 新潮社, 1974).
	1966	Noam Chomsky, *Cartesian Linguistics,* Harper & Row (『デカルト派言学』川本茂雄訳, みすず書房, 1976).
158	1966	Peter L. Berger & Thomas Luckmann, *The Social Construction of Reality: A Treatise in the Sociology of Knowledge,* Doubleday & Co. (『日常世界の構成―アイデンティティと社会の弁証法』山口節郎訳, 新曜社, 1977).
210	1966	Theodor Wiesengrund Adorno, *Negative Dialektik,* Suhrkamp Verlag (『否定弁証法』木田元・徳永恂他訳, 作品社, 1996).
	1967	内田義彦『日本資本主義の思想像』岩波書店.
	1967	Erving Goffman, *Interaction Ritual* (『儀礼としての相互行為』広瀬英彦・安江孝司訳, 法政大学出版局, 1986).
	1967	Gilles Deleuze, *Présentation de Sacher-Masoch: Le froid et le cruel,* Minuit (『マゾッホとサド』蓮實重彦訳, 晶文社, 1973).
162	1967	Harold Garfinkel, *Studies in Ethnomethodology,* Prentice-Hall (『エスノメソドロジー』山田富秋・好井裕明・山崎敬一編訳, せりか書房, 1987；北澤裕・西阪仰『日常性の解剖学』マルジュ社, 1989).
428	1967	Jacques Derrida, *De la grammatologie,* Minuit (『グラマトロジーについて―根源の彼方に』上・下, 足立和浩訳, 現代思潮社, 1976-77).
429	1967	Jacques Derrida, *La voix et le phénomène: Introduction au problème du signe dans la phénoménologie de Husserl,* Presses universitaires de France (『声と現象―フッサール現象学における記号の問題への序論』高橋允昭訳, 理想社, 1970).
	1967	Theodor W. Adorno, *Negative Dialektik,* Suhrkamp (「否定弁証法」三島憲一訳『現代思想』15:13, 1987).
383	1968	新明正道『綜合社会学の構想』恒星社厚生閣.
613	1968	吉本隆明『共同幻想論』河出書房新社 (改訂新版:角川文庫, 1982).
434	1968	Gilles Deleuze, *Différence et répétition,* P.U.F. (『差異と反復』財津理訳, 河出書房新社, 1992).
538	1968	Jean Baudrillard, *Le système des objets,* Edition Gallimard (『物の体系』宇波彰訳, 法政大学出版局, 1980).
	1968	Jean Piaget, *Le structuralisme,* P.U.F. (『構造主義』滝沢武久・佐々木明訳, 白水社, 1970).
477	1968	Jürgen Habermas, *Technik und Wissenschaft als 〉Ideologie〈,* Suhrkamp (『イデオロギーとしての技術と学問』長谷川宏・北原章子訳, 紀伊國屋書店, 1970).
	1968	Jürgen Habermas, *Erkenntnis und Interesse,* Suhrkamp (『認識と関心』奥山次良・八木橋

貫他訳, 未来社, 1981).

| 531 | 1968 | Ludwig von Bertalanffy, *General System Theory: Foundations, Development, Applications,* Georg Braziller (『一般システム理論』長野敬・太田邦昌訳, みすず書房, 1973).
| | 1968 | Neil J. Smelser, *Essays in Sociological Explanation,* Prentice-Hall (『変動の社会学』橋本真訳, ミネルヴァ書房, 1974).
| | 1968 | Niklas Luhmann, *Zweckbegriff und Systemrationalität,* J. C. B. Mohr (『目的概念とシステム合理性―社会システムにおける目的の機能について』馬場靖雄・上村隆広訳, 勁草書房, 1990).
| | 1968 | Otto Brunner, *Neue Wege der Verfassungs-und Sozialgeschichte,* Vandenhoeck & Ruprecht (『ヨーロッパ その歴史と精神』石井紫郎他訳, 岩波書店, 1974).
| | 1969 | 折原浩『危機における人間と学問』未来社.
| | 1969 | 高島善哉『アダム・スミスの市民社会体系』岩波書店.
| 491 | 1969 | 平田清明『市民社会と社会主義』岩波書店.
| 494 | 1969 | 廣松渉『マルクス主義の地平』勁草書房(『廣松渉著作集』10, 岩波書店, 1996).
| | 1969 | George Spencer-Brown, *Laws of Form,* George Allen & Unwin (『形式の法則』山口昌哉監修, 大澤真幸・宮台真司訳, 朝日出版社, 1987).
| | 1969 | Gilles Deleuze, *Logique du sens,* Minuit (『意味の論理学』岡田弘他訳, 法政大学出版局, 1987).
| 517 | 1969 | Herbert Blumer, *Symbolic Interactionism,* Prentice-Hall (『シンボリック相互作用論―パースペクティヴと方法』後藤将之訳, 勁草書房, 1991).
| | 1969 | John Searle, *Speech Acts: An Essay in the Philosophy of Language* (『言語行為―言語哲学への試論』坂本百大・土屋俊訳, 勁草書房, 1986).
| | 1969 | Julia Kristeva, Σημειωτική: *recherches pour une sémanalyse,* Seuil (『記号の解体学 セメイオチケ1』原田邦夫訳, せりか書房, 1983;『記号の解体学 セメイオチケ2』中沢新一・原田邦夫・松浦寿夫・松枝到訳, せりか書房, 1984).
| 507 | 1969 | Michel Foucault, *L'archéologie du savoir,* Gallimard (『知の考古学』中村雄二郎訳, 河出書房新社, 1981).
| | 1969 | Talcott Parsons, *Politics and Social Structure,* Free Press (『政治と社会構造』上・下, 新明正道監訳, 誠信書房, 1973-74).
| | 1969 | Theodor W. Adorno et al., *Der Positivismusstreit in der deutschen Soziologie,* Hermann Luchterhand (『社会科学の論理』城塚登・浜井修訳, 河出書房新社, 1979).
| | 1969-80 | Michel Serres, *Hermes,* I - V (『コミュニケーション ヘルメスI』豊田彰・青木研二訳, 法政大学出版局, 1986).
| 316 | 1970 | 木村敏『自覚の精神病理』紀伊國屋新書(新装版:紀伊國屋書店, 1978).
| | 1970 | Alfred Schütz, *On Phenomenology and Social Relations,* Univ. of Chicago Press (『現象学的社会学』森川真規雄・浜日出夫訳, 紀伊國屋書店, 1980).
| 334 | 1970 | Alvin Ward Gouldner, *The Coming Crisis of Western Sociology,* Basic Books (『社会学の再生を求めて』岡田直之・田中義久・矢澤修次郎・矢澤澄子・瀬田明子・杉山光信・山口節郎・栗原彬訳, 新曜社, 1978).
| | 1970 | Jean Piaget, *Genetic Epistemology,* Columbia Univ. Press (『発生的認識論』芳賀純訳, 評論社, 1970).
| | 1970 | Niklas Luhmann, *Soziologische Aufklärung,* Westdeutscher Verlag (『法と社会システム―社会学的啓蒙』ニクラス・ルーマン論文集1, 土方昭監訳, 新泉社, 1983;『社会システムのメタ理論―社会学的啓蒙』ニクラス・ルーマン論文集2, 土方昭監訳, 新泉社, 1984).
| | 1971 | 宇賀博『社会学的ロマン主義』恒星社厚生閣.
| | 1971 | 内田義彦『社会認識の歩み』岩波書店.
| 357 | 1971 | 佐藤勉『社会学的機能主義の研究』恒星社厚生閣, 1971.
| | 1971 | 吉本隆明『心的現象論序説』北洋社.
| | 1971 | Anthony Giddens, *Capitalism and Modern Social Theory,* Cambridge (『資本主義と近代社

		会理論』犬塚先訳, 研究社, 1974).
646	1971	John Rawls, *A Theory of Justice*, Harvard Univ. Press (『正義論』矢島鈞次監訳, 紀伊國屋書店, 1979).
478	1971	Jürgen Habermas & Niklas Luhmann, *Theorie der Gesellschaft oder Sozialtechnologie: Was leistet die Systemforschung?*, Suhrkamp (『批判理論と社会システム理論』佐藤嘉一・山口節郎・藤沢賢一郎訳, 木鐸社, .1984-87).
	1971	Jürgen Habermas, *Theorie und Praxis: Sozialphilosophische Studien*, Suhrkamp (『理論と実践』細谷貞雄訳, 未来社, 1975).
	1971	Talcott Parsons, *The System of Modern Societies*, Prentice-Hall (『近代社会の体系』井門富士夫訳, 至誠堂, 1977).
513	1971	Wolfgang Blankenburg, *Der Verlust der natürlichen Selbstverständlichkeit*, Enke Verlag (『自明性の喪失』木村敏・岡本進・島弘嗣訳, みすず書房, 1978).
317	1972	木村敏『人と人との間―精神病理学的日本論』弘文堂 (Kimura Bin, *Zwischen Mensch und Mensch*, Wissenschaftliche Buchgesellschaft, 1995).
172	1972	作田啓一『価値の社会学』岩波書店.
494	1972	廣松渉『世界の共同主観的存在構造』勁草書房 (講談社学術文庫, 1991; 『廣松渉著作集』1, 岩波書店, 1996).
174	1972	Gilles Deleuze & Félixe Guattari, *L'Anti-Œdipe: Capitalisme et schizophrénie I*, Editions Sociales (『アンチ・オイディプス』市倉宏祐訳, 河出書房新社, 1986).
522	1972	Gregory Bateson, *Steps to an Ecology of Mind*, Chandler (『精神の生態学』改訳版, 佐藤良明訳, 思索社, 1990).
	1972	Karl Popper, *Objective Knowledge: An Evolutionary Approach*, Clarendon Press (『客観的知識―進化論的アプローチ』森博訳, 木鐸社, 1974).
633	1972	Niklas Luhmann, *Rechtssoziologie*, Rowohlt Taschenbuch Verlag GmbH (『法社会学』村上淳一・六本佳平訳, 岩波書店, 1977).
	1972	Peter Winch, *Ethics and Action*, Routledge & Kegan Paul (『倫理と行為』奥雅博・松本洋之訳, 勁草書房, 1987).
382	1972	René Girard, *La violence et le sacré*, Grasset (『暴力と聖なるもの』古田幸男訳, 法政大学出版局, 1982).
230	1973	稲上毅『現代社会学と歴史意識』木鐸社.
237	1973	色川大吉『新編明治精神史』中央公論社 (『色川大吉著作集』第1巻, 筑摩書房, 1995).
	1973	望月清司『マルクス歴史理論の研究』岩波書店.
	1973	Edgar Morin, *Le paradigme perdu: La nature humaine*, Seuil (『失われた範列』古田幸男訳, 法政大学出版局, 1975).
	1973	Jean Baudrillard, *Le miroir de la production*, Casterman (『生産の鏡』宇波彰・今村仁司訳, 法政大学出版局, 1981).
597	1973	Michio Morishima, *Marx's Economics: A dual theory of value and growth*, Cambridge Univ. Press (『マルクスの経済学―価値と成長の二重の理論』高須賀義博訳, 東洋経済新報社, 1974).
	1973	Niklas Luhmann, *Vertrauen*, Ferdinand Enke (『信頼』大庭健・正村俊之訳, 勁草書房, 1990).
462	1973-79	F. A. Hayek, *Law, Legislation and Liberty: A New Statement of the Liberal Principles of Justice and Political Economy*, Vol. 1: *Rules and Order*, Routledge & Kegan Paul, 1973; Vol. 2: *The Mirage of Social Justice*, 1976; Vol. 3: *The Political Order of a Free People*, 1979 (『法と立法と自由 I ルールと秩序』ハイエク全集第8巻, 矢島鈞次・水吉俊彦訳, 春秋社, 1987; 『同 II 社会正義の幻影』第9巻, 篠塚慎吾訳, 1987; 『同 III 自由人の政治的秩序』第10巻, 渡部茂訳, 1988).
	1974	小室直樹「構造機能分析の論理と方法」青井和夫編『理論社会学』東京大学出版会.
495	1974	廣松渉『資本論の哲学』現代評論社 (『資本論の哲学』(増補新版), 勁草書房, 1987; 『廣松

1. 理論・思想

	1974	渉著作集』12, 岩波書店, 1996).
	1974	廣松渉『マルクス主義の成立過程』至誠堂.
545	1974	ホルクハイマー『哲学の社会的機能』久野収編訳, 晶文社.
599	1974	安丸良夫『日本の近代化と民衆思想』青木書店.
	1974	吉田民人「社会体系の一般変動理論」青井和夫編『理論社会学』東京大学出版会.
436	1974	Alain Touraine, *Pour la sociologie,* Seuil (『社会学へのイマージュ』梶田孝道訳, 新泉社, 1978).
639	1974	Emmanuel Levinas, *Autrement qu'être ou au-delà de l'essence,* Martinus Nijhoff (『存在するとは別の仕方で あるいは存在することの彼方へ』合田正人訳, 朝日出版社, 1990).
	1974	Peter Ekeh, *Social Exchange Theory,* Heinemann (『社会的交換理論』小川浩一訳, 新泉社, 1980).
229	1975	市川浩『精神としての身体』勁草書房 (講談社学術文庫:1992).
378	1975	庄司興吉『現代日本社会科学史序説』法政大学出版局.
	1975	田野崎昭夫編『パーソンズの社会理論』誠信書房.
	1975	廣松渉『事的世界観への前哨』勁草書房.
539	1975	Jean Baudrillard, *L'échange symbolique et la mort,* Gallimard (『象徴交換と死』今村仁司・塚原史訳, 筑摩書房, 1982).
255	1975	Lester F. Ward and William G. Sumner, *Dynamic Sociology,* D. Appleton (『社会進化論』後藤昭次訳, 研究社, 1975).
180	1975	Michel Foucault, *Surveiller et punir: Naissance de la prison,* Gallimard (『監獄の誕生―監視と処罰』田村俶訳, 新潮社, 1977).
633	1975	Niklas Luhmann, *Macht,* Ferdinand Enke Verlag (『権力』長岡克行訳, 勁草書房, 1986).
	1976	秋元律郎『ドイツ社会学思想の形成と展開―市民社会論研究』早稲田大学出版部.
352	1976	坂部恵『仮面の解釈学』東京大学出版会.
	1976	佐藤慶幸『行為の社会学―ヴェーバー理論の現代的展開』新泉社.
364	1976	塩原勉『組織と運動の理論―矛盾媒介過程の社会学』新曜社.
315	1976	Anthony Giddens, *New Rules of Sociological Method,* Hutchinson (『社会学の新しい方法基準』松尾精文他訳, 而立書房, 1987).
473	1976	Georges Bataille, *La Souveraineté,* Œuvres complètes de Bataille, tome VIII, Gallimard (『至高性』湯浅博雄・中地義和・酒井健訳, 人文書院, 1990).
	1976	Gilles Deleuze et Félix Guattari, *Rhizome,* Minuit (『リゾーム』豊崎光一訳, 朝日出版社, 1977 ; 増補版, 1987).
	1976	Thomas A. Sebeok, *Contributions to the Doctrine of Signs,* Indiana Univ. Press (『自然と文化の記号論』池上嘉彦訳, 勁草書房, 1985).
182	1976-84	Michel Foucault, *Histoire de la sexualité* 1―La volonté de savoir, Editions Gallimard, 1976 (『性の歴史 I 知への意志』渡辺守章訳, 新潮社, 1986), id. 2―L'usage des plaisirs, 1984 (『II 快楽の活用』田村俶訳, 新潮社, 1986), id. 3―Le souci de soi, 1984 (『III 自己への配慮』田村俶訳, 新潮社, 1987).
339	1977	厚東洋輔『ヴェーバー社会理論の研究』東京大学出版会.
	1977	真木悠介『気流の鳴る音　交響するコミューン』筑摩書房 (ちくま文庫:1986).
550	1977	真木悠介『現代社会の存立構造』筑摩書房.
581	1977	宮島喬『デュルケム社会理論の研究』東京大学出版会.
	1977	Anthony Giddens, *Studies in Social and Political Theory,* Hutchinson (『社会理論の現代像―デュルケム・ヴェーバー・解釈学・エスノメソドロジー』宮島喬・江原由美子他訳, みすず書房, 1986).
296	1977	Félix Guattari, *La Révolution Moléculaire,* Edition Recherches (『分子革命』杉村昌昭訳, 法政大学出版局, 1988 ; 『精神と記号』杉村昌昭訳, 法政大学出版局, 1996).
	1977	Michel Foucault, *Le Jeu de Michel Foucault,* in Ornical 10 (『同性愛と生存の美学』増田一夫訳, 哲学書房, 1987).

	1977	Walter M. Spondel (Hrsg.), Alfred Schütz/Talcott Parsons, *Zur Theorie sozialen Handelns, Ein Briefwechsel* (『社会理論の構成』佐藤嘉一訳, 木鐸社, 1980).
212	1978	網野善彦『無縁・公界・楽—日本中世の自由と平和』平凡社(増補版, 1987；平凡社ライブラリー版, 1996).
302	1978	柄谷行人『マルクスその可能性の中心』講談社(講談社文庫, 1985；講談社学術文庫, 1990).
	1978	公文俊平『社会システム論』日本経済新聞社.
	1978	Mmacur Olson, *Logique de l'action collective*, P. U. F. (『集合行為論(改版)』依田博・森脇俊雄訳, ミネルヴァ書房, 1983).
	1978	Stefan Breuer, *Die Evolution der Disziplin* (『規律の進化』諸田実・吉田隆訳, 未来社, 1986).
450	1979	中村雄二郎『共通感覚論』岩波現代選書27(『中村雄二郎著作集』全10巻, 岩波書店, 1993の第Ⅴ巻『共通感覚』には,『共通感覚論』のほか「二人の先行者」「改稿・共通感覚的人間像の展開—バリ島と南イタリアへの知の旅をかえりみて」が収められている).
537	1979	細谷昂『マルクス社会理論の研究—視座と方法』東京大学出版会.
	1979	宮島喬『現代フランスと社会学』木鐸社.
	1979	Anthony Giddens, *Central Problems in Social Theory*, Macmillan (『社会理論の最前線』友枝敏雄・今田高俊・森重雄訳, ハーベスト社, 1989).
	1979	Gregory Bateson, *Mind and Nature*, John Brockman Associates (『精神と自然』佐藤良明訳, 思索社, 1982).
376	1979	Wolfgang Schluchter, *Die Entwicklung des okzidentalen Rationalismus. Eine Analyse von Max Webers Gesellschaftsgeschichte*, J. C. B. Mohr (Paul Siebeck) (『近代合理主義の成立—マックス・ヴェーバーの西洋発展史の分析』嘉目克彦訳, 未来社, 1989).
	1980	庄司興吉『社会変動と変革主体』東京大学出版会.
	1980	廣松渉『弁証法の論理』青土社.
	1980	Bernhard Waldenfels, *Der Spielraum des Verhaltens*, Suhrkamp (『行動の空間』新田義弘他訳, 白水社, 1987).
422	1980	Donald Davidson, *Essays on Actions and Events*, Oxford Univ. Press (『行為と出来事』服部裕幸・柴田正良訳, 勁草書房, 1990).
560	1980	Humberto R. Maturana and Francisco J. Varela, *Autopoiesis and Cognition*, D. Reidel P. C. (『オートポイエーシス—生命システムとは何か』河本英夫訳, 国文社, 1991).
516	1980	Pierre Bourdieu, *Le Sens pratique*, Editions de Minuit (『実践感覚』1・2, 今村仁司・福井憲彦・塚原史・港道隆訳, みすず書房, 1989-90).
486	1980	Roland Barthes, *La chambre claire*, Cahiers du Cinéma, Gallimard, Seuil (『明るい部屋』花輪光訳, みすず書房, 1985).
	1980	Saul A. Kripke, *Naming and Necessity*, Basil Blackwell and Harvard Univ. Press (『名指しと必然性』八木沢敬・野家啓一訳, 産業図書, 1985).
	1980-81	Niklas Luhmann, *Gesellschaftsstruktur und Semantik*, Suhrkamp (『社会システム論の視座』佐藤勉訳, 木鐸社, 1985).
288	1981	折原浩『デュルケームとウェーバー』上・下, 三一書房.
	1981	木村敏『自己・あいだ・時間』弘文堂.
568	1981	丸山圭三郎『ソシュールの思想』岩波書店.
	1981	山本啓『ハーバーマスの社会科学論』勁草書房.
	1982	片桐雅隆『日常世界の構成とシュッツ社会学』時潮社.
	1982	関廣野『プラトンと資本主義』北斗出版.
	1982	浜井修『ヴェーバーの社会哲学—価値・歴史・行為』東京大学出版会.
604	1982	山口節郎『社会と意味—メタ社会学的アプローチ』勁草書房.
	1982	Michael Ryan, *Marxism and Deconstruction*, Johns Hopkins Univ. Press (『デリダとマルクス』今村仁司他訳, 勁草書房, 1985).
	1982	Niklas Luhmann, *Soziologische Aufklärung 2: Aufsätze zur Theorie der Gesellschaft*, Suhr-

		kamp (『社会システムと時間論 社会学的啓蒙』ニクラス・ルーマン論文集3, 土方昭監訳, 新泉社, 1986).
	1982	Pierre Bourdieu, *Ce que parler veut dire* (『話すということ』稲賀繁美訳, 藤原書店, 1993).
	1982	René Girard, *Le bouc émissaire*, Grasset & Fasquelle (『身代わりの山羊』織田年和・富永茂樹訳, 法政大学出版局, 1985).
332	1982	Saul Aaron Kripke, *Wittgenstein on Rules and Private Language: An Elementary Exposition*, Basil Blackwell (『ウィトゲンシュタインのパラドックス―規則・私的言語・他人の心』黒崎宏訳, 産業図書, 1983).
440	1982	Tzvetan Todorov, *La conquête de l'Amérique*, Seuil (『他者の記号学―アメリカ大陸の征服』及川馥・大谷尚文・菊地良夫訳, 法政大学出版局, 1986).
196	1982	Walter Benjamin, *Gesammelte Schriften*, Bänden V.1 und V.2, Suhrkamp Verlag, Frankfurt am Main (『パサージュ論』全5巻, 三島憲一・今村仁司ほか訳, 岩波書店, 1993-95).
495	1982-93	廣松渉『存在と意味』第1巻, 岩波書店 (『廣松渉著作集』15, 1996). 廣松渉『存在と意味』第2巻, 岩波書店 (『廣松渉著作集』16, 1997).
208	1983	浅田彰『構造と力―記号論を超えて』勁草書房.
	1983	井筒俊彦『意識と本質』岩波書店 (岩波文庫：1991).
	1983	柄谷行人『隠喩としての建築』講談社 (講談社学術文庫：1989).
	1983	栗原彬『政治の詩学―眼の手法』新曜社.
	1983	田原音和『歴史のなかの社会学―デュルケームとデュルケミアン』木鐸社.
	1983	西部邁『経済倫理学序説』中央公論社.
	1983	廣松渉『物象化論の構図』岩波書店.
	1983	山下重一『スペンサーと日本近代』御茶の水書房.
198	1983	Benedict Anderson, *Imagined Communities: Reflections on the Origin and Spread of Nationalism*, Verso, 1983 (『想像の共同体―ナショナリズムの起源と流行』白石隆・白石さや訳, リブロポート, 1987) ; rev. ed., 1991 (『増補 想像の共同体』白石さや・白石隆訳, NTT出版, 1997).
254	1983	John A. Walker, *Art in the Age of Mass Media*, Pluto Press (『マス・メディア時代のアート』梅田一穂訳, 柘植書房, 1987).
	1983	John Kenneth Galbraith, *The Anatomy of Power*, Houghton Mifflin (『権力の解剖』山本七平訳, 日本経済新聞社, 1984).
426	1983	Louis Dumont, *Essai sur l'individualisme*, Seuil (『個人主義論考―近代イデオロギーについての人類学的展望』渡辺公三・浅野房一訳, 言叢社, 1993).
323	1984	久慈利武『交換理論と社会学の方法』新泉社.
	1984	Donald Davidson, *Inquiries into Truth and Interpretation* (『真理と解釈』野本和幸他訳, 勁草書房, 1991).
	1984	H. R. Maturana & F. Varela, *El arbol del conocimiento*, Editorial Universalis Santiago (『知恵の樹』管啓次郎訳, 朝日出版社, 1987).
200	1984	Niklas Luhmann, *Soziale Systeme: Grundriß einer allgemeinen Theorie*, Suhrkamp Verlag (『社会システム』上・下, 佐藤勉監訳, 恒星社厚生閣, 1992-95).
207	1984	Robert Axelrod, *The Evolution of Cooperation*, Basic Books (『つきあい方の科学』松田裕之訳, HBJ出版局, 1987).
	1985	阿閉吉男『ジンメルの方法』勁草書房.
246	1985	上野千鶴子『構造主義の冒険』勁草書房.
	1985	宇野邦一『意味の果てへの旅―境界の批評』青土社.
263	1985	江原由美子『女性解放という思想』勁草書房.
263	1985	江原由美子『生活世界の社会学』勁草書房.
	1985	江原由美子・山岸健編『現象学的社会学―意味へのまなざし』三和書房.
469	1985	橋爪大三郎『言語ゲームと社会理論―ヴィトゲンシュタイン・ハート・ルーマン』勁草書房.
359	1985	Marshall Sahlins, *Islands of History*, Univ. of Chicago Press (『歴史の島々』山本真鳥訳,

		法政大学出版局, 1993).
233	1986	今田高俊『自己組織性—社会理論の復活』創文社.
	1986	柄谷行人『探究Ⅰ』講談社(講談社学術文庫:1992).
308	1986	姜尚中『マックス・ウェーバーと近代—合理化論のプロブレマティーク』御茶の水書房.
	1986	高城和義『パーソンズの理論体系』日本評論社.
409	1986	竹田青嗣『意味とエロス—欲望論の現象学』作品社(ちくま学芸文庫:1993).
441	1986	富永健一『社会学原理』岩波書店.
	1986	橋爪大三郎『仏教の言説戦略』勁草書房.
	1986	廣松渉・増山真緒子『共同主観性の現象学』世界書院.
	1986	亘明志『記号論と社会学—記号論の彼方/外部としての権力』広島修道大学総合研究所.
435	1986	Gilles Deleuze, *Foucault*, Minuit (『フーコー』宇野邦一訳, 河出書房新社, 1987).
490	1986	Peter Hulme, *Colonial Encounters: Europe and the Native Caribbean, 1492-1797*, Methuen (『征服の修辞学』岩尾龍太郎・正木恒夫・本橋哲也訳, 法政大学出版局, 1995).
258	1987	内田隆三『消費社会と権力』岩波書店.
	1987	落合仁司『保守主義の社会理論』勁草書房.
	1987	藤原保信・三島憲一・木前利秋『ハーバーマスと現代』新評論.
260	1988	海野道郎・原純輔・和田修一編『数理社会学の展開』数理社会学研究会(東北大学文学部行動科学研究室気付).
	1988	江原由美子『フェミニズムと権力作用』勁草書房.
272	1988	大澤真幸『行為の代数学—スペンサー・ブラウンから社会システム論へ』青土社.
288	1988	折原浩『マックス・ウェーバー基礎研究序説』未来社.
	1988	橋爪大三郎『はじめての構造主義』講談社現代新書.
	1988	Michel Foucault, *Technologies of the Self* (『自己のテクノロジー』田村俶・雲和子訳, 岩波書店, 1990).
	1988	Raymond Murphy, *Social Closure*, Oxford Univ. Press (『社会的閉鎖の理論』辰巳伸知訳, 新曜社, 1994).
	1989	橋元良明『背理のコミュニケーション』勁草書房.
	1989	廣松渉『表情』弘文堂.
	1989	船津衛『ミード自我論の研究』恒星社厚生閣.
582	1989	宮台真司『権力の予期理論—了解を媒介にした作動形式』勁草書房.
	1989	Roger Penrose, *The Emperor's New Mind: Concerning Computers, Minds, and the Law of Physics*, Oxford Univ. Press (『皇帝の新しい心』林一訳, みすず書房, 1994).
	1989	Slavoj Zizek, *The Sublime Object of Ideologie*, Verso (『イデオロギーの崇高な対象』(部分訳)鈴木晶訳, 『批評空間』7 : 202-226).
247	1990	上野千鶴子『家父長制と資本制—マルクス主義フェミニズムの地平』岩波書店.
	1990	内田隆三『ミシェル・フーコー』講談社現代新書.
	1990	塩沢由典『市場の秩序学—反均衡から複雑系へ』筑摩書房.
609	1990	吉田民人『情報と自己組織性の理論』東京大学出版会.
273	1990-92	大澤真幸『身体の比較社会学』Ⅰ・Ⅱ, 勁草書房.
	1991	大澤真幸『資本主義のパラドックス—楕円幻想』新曜社.
	1991	大庭健『権力とはどんな力か』勁草書房.
	1991	落合仁司『トマス・アクィナスの言語ゲーム』勁草書房.
339	1991	厚東洋輔『社会認識と想像力』ハーベスト社.
	1991	西原和久編著『現象学的社会学への展開—A.シュッツ継承へ向けて』青土社.
	1991	橋爪大三郎『現代思想はいま何を考えればよいのか』勁草書房.
	1991	長谷正人『悪循環の現象学—「行為の意図せざる結果」をめぐって』ハーベスト社.
	1991	廣松渉『現象学的社会学の祖型—A.シュッツ研究ノート』青土社.
	1992	盛山和夫・海野道郎編『秩序問題と社会的ジレンマ』ハーベスト社.
238	1993	岩井克人『貨幣論』筑摩書房.

353	1993	作田啓一『生成の社会学をめざして―価値観と性格』有斐閣.
	1993	佐藤俊樹『近代・組織・資本主義―日本と西欧における近代の地平』ミネルヴァ書房.
	1993	橋爪大三郎『橋爪大三郎コレクションⅠ 身体論』『同Ⅱ 性空間論』『同Ⅲ 制度論』勁草書房.
551	1993	真木悠介『自我の起原―愛とエゴイズムの動物社会学』岩波書店.
608	1993	吉澤夏子『フェミニズムの困難』勁草書房.
	1994	大澤真幸『意味と他者性』勁草書房.
394	1995	盛山和夫『制度論の構図』創文社.
403	1995	高橋哲哉『記憶のエチカ』岩波書店.
	1995	橋爪大三郎『性愛論』岩波書店.
	1995	油井清光『主意主義行為理論』恒星社厚生閣.
577	1996	見田宗介『現代社会の理論―情報化・消費化社会の現在と未来』岩波書店.
	1997	立岩真也『私的所有論』勁草書房.
605	1997	山之内靖『マックス・ヴェーバー入門』岩波新書.

2. 社会調査

出現頁	刊行年	
	1777	John Howard, *State of the Prisons* (『監獄事情』湯浅猪平訳, 1972;『十八世紀ヨーロッパ監獄事情』川北稔・森本真美訳, 岩波文庫, 1994).
22	1895	Emile Durkheim, *Les règles de la méthode sociologique*, Félix Alcan (『社会学的方法の規準』宮島喬訳, 岩波書店, 1979).
46	1918-20	William I. Thomas & Florian Znaniecki, *The Polish Peasant in Europe and America*, five-volume edition, Univ. of Chicago Press (first two vol.), 1918; Badger Press (last three vol.), 1919-20; Two-volume edition. Knopf, 1927; Reprinted, Dover, 1958 (『生活史の社会学』桜井厚抄訳, 御茶の水書房, 1983).
	1924	Max Weber, *Gesammelte Aufsätze zur Soziologie und Sozialpolitik*, Mohr-Siebeck (『工業労働調査論』鼓肇雄訳, 日本労働研究機構, 1975).
622	1929	George Andrew Lundberg, *Social Research: A Study in Methods of Gathering Data*, 1929; 2nd ed., Longmans, Green & co., 1942 (『社会調査』福武直・安田三郎訳, 東京大学出版会, 1952).
350	1930-31	今和次郎・吉田謙吉編『モデルノロヂオ (考現学)』春陽堂, 1930 (復刻版:学陽書房, 1986). 今和次郎・吉田謙吉編『考現学採集[モデルノロヂオ]』建設社, 1931 (復刻版:学陽書房, 1986).
	1932	鈴木栄太郎『農村社会調査法』刀江書院.
	1932	Sidney & Beatrice Webb, *Method of Social Study*, Longmans (『社会調査の方法』川喜多喬訳, 東京大学出版会, 1982).
439	1933	戸田貞三『社会調査』時潮社. (『戸田貞三著作集』10, 大空社, 1993).
601	1934	柳田国男『民間伝承論』共立社 (『柳田國男全集』28, ちくま文庫, 1990).
	1934	Florian Znaniecki, *The Method of Sociology*, Farrar & Rinehert (『社会学の方法』下田直春訳, 新泉社, 1971).
	1935	柳田国男『郷土生活の研究法』刀江書院.
290	1942	Gordon Willard Allport, *The Use of Personal Documents in Psychological Science*, Social Science Research Council (『心理科学における個人的記録の利用法』大場安則訳, 培風館, 1970).
80	1943	William Foote Whyte, *Street Corner Society: The Social Structure of an Italian Slum*, Univ. of Chicago Press (『ストリート・コーナー・ソサイエティ―アメリカ社会の小集団研究』

		寺谷弘壬訳, 垣内出版, 1974).
92	1949	Robert K. Merton, *Social Theory and Social Structure,* Free Press (『社会理論と社会構造』森東吾・森好夫・金沢実・中島竜太郎訳, みすず書房, 1961).
	1950	林知己夫『サンプリング調査はどう行うか』東京大学出版会.
	1954	福武直編『社会調査の方法』有斐閣.
	1955	古島敏雄・福武直編『農村調査研究入門』東京大学出版会.
	1956	吉田洋一・西平重喜『世論調査』岩波新書.
505	1958	福武直『社会調査』岩波書店（補訂版：1984）.
599	1960	安田三郎『社会調査ハンドブック』有斐閣（新版：1969；第3版：安田三郎・原純輔編, 1982）.
	1964	Aaron V. Cicourel, *Method and Measurement in Sociology,* The Free Press of Glencoe (『社会学の方法と測定』下田直春監訳, 新泉社, 1981).
	1964	Maurice Duverger, *Méthodes des science sociales,* 3rd ed., Presses Universitaires de France (『社会科学の諸方法』深瀬忠一・樋田陽一訳, 勁草書房, 1968).
	1965	Hans L. Zetterberg, *On Theory and Verification in Sociology,* 3rd ed., The Bedminster Press (『社会学的思考法』安積仰也・金丸由雄訳, ミネルヴァ書房, 1973).
	1967	福武直・松原治郎編『社会調査法』有斐閣双書613, 有斐閣.
	1969	Raymond Boudon, *Les méthodes en sociologie,* Collection QUE SAIS-JE, Presses Universitaires de France (『社会学の方法』宮島喬訳, クセジュ文庫, 白水社, 1970).
	1970	労働調査論研究会編『戦後日本の労働調査』東京大学出版会.
	1972	Paul F. Lazarsfeld, *Qualitative Analysis: Historical and Critical Essays,* Allyn and Bacon, Inc. (『質的分析法―社会学論集』西田春彦他訳, 岩波書店, 1984).
	1973	川喜田二郎『野外科学の方法』中央公論社.
	1974	Gary Easthope, *A History of Social Research Methods,* Longman Group Limited (『社会調査方法史』川合隆男・霜野寿亮監訳, 慶応通信, 1982).
	1976	西田春彦・新睦人編『社会調査の理論と技法』Ⅰ・Ⅱ, 川島書店.
	1977	中野卓編著『口述の生活史―或る女の愛と呪いの近代』御茶の水書房.
506	1977	福武直編『戦後日本の農村調査』東京大学出版会.
	1979	島崎稔『社会科学としての社会調査』東京大学出版会.
370	1983	社会福祉調査研究会編『戦前日本の社会事業調査―貧困・生活問題調査史研究』勁草書房.
511	1983	Ken Plummer, *Documents of Life : An Introduction to the Problems and Literature of a Humanistic Method,* George Allen & Unwin (『生活記録の社会学―方法としての生活史研究案内』原田勝弘・川合隆男・下田平裕身監訳, 光生館, 1991).
	1985	大橋隆憲・宝光井顕雅・吉原直樹『社会調査論―社会科学としての社会調査』法律文化社.
482	1986	林知己夫・鈴木達三『社会調査と数量化―国際比較における数量化』岩波書店（増補版：1997）.
	1992	佐藤郁哉『フィールドワーク』新曜社.
	1995	中野卓・桜井厚編『ライフヒストリーの社会学』弘文堂.

3. 集団・組織

出現頁	刊行年	
	1908	Georg Simmel, *Die quantitative Bestimmtheit der Gruppe, Soziologie,* Dunker, Kap (『集団の社会学』堀喜望・居安正訳, ミネルヴァ書房, 1972).
329	1909	Charles Horton Cooley, *Social Organization,* Charles Scribner's Sons (『社会組織論』大橋幸・菊池美代志訳, 青木書店, 1970).
44	1917	Robert M. MacIver, *Community: A Sociological Study,* Macmillan (『コミュニティ』中久

3. 集団・組織

郎・松本通晴監訳, ミネルヴァ書房, 1975).

476 | 1938 | Chester I. Barnard, *The Functions of the Executive*, Harvard Univ. Press (『経営者の役割』田杉競監訳, ダイヤモンド社, 1956；『新訳 経営者の役割』山本安次郎・田杉競・飯野春樹訳, ダイヤモンド社, 1968).

401 | 1940 | 高田保馬『勢力論』日本評論社.

80 | 1943 | William Foote Whyte, *Street Corner Society: The Social Structure of an Italian Slum*, Univ. of Chicago Press (『ストリート・コーナー・ソサイエティ―アメリカ社会の小集団研究』寺谷弘壬訳, 垣内出版, 1974).

351 | 1947 | Herbert Alexander Simon, *Administrative Behavior*, Macmillan, 1947; 2nd ed., 1957 (『経営行動』松田武彦・高柳暁・二村敏子訳, ダイヤモンド社, 1965)；3rd ed., 1976 (『経営行動』松田武彦・高柳暁・二村敏子訳, ダイヤモンド社, 1989)；4th. ed., 1997.

541 | 1950 | George C. Homans, *The Human Group*, Harcourt, Brace & Co. Inc. (『ヒューマン・グループ』馬場明男・早川浩一訳, 誠信書房, 1959).

1950 | Robert F. Bales, *Interaction Process Analysis: a method for study of small group*, Addison-Wesley (『グループ研究の方法』手塚郁恵訳, 岩崎学術出版社, 1971).

640 | 1951 | Kurt Lewin, *Field Theory in Social Science: Selected Theoretical Papers*, Harper & Brothers (『社会科学における場の理論』猪股佐登留訳, 誠信書房, 1956).

1953 | Kenneth E. Boulding, *The Organizational Revolution*, Harper & Brothers (『組織革命』岡本康雄訳, 日本経済新聞社, 1972).

333 | 1955 | Alvin Ward Gouldner, *Pattern of Industrial Bureaucracy*, The Free Press of Glencoe, Inc. (『産業における官僚制―組織過程と緊張の研究』岡本秀昭・塩原勉訳, ダイヤモンド社, 1963).

510 | 1956 | Peter Michael Blau, *Bureaucracy in Modern Society*, Random House (『現代社会の官僚制』阿利莫二訳, 岩波書店, 1958).

546 | 1956 | William Hollingsworth Whyte, Jr., *The Organization Man*, Simon and Schuster Inc. (『組織のなかの人間―オーガニゼーション・マン』上・下, 上巻=岡部慶三・藤永保訳, 下巻=辻村明・佐田一彦訳, 東京創元社, 1959).

1957 | Philip Selznick, *Leadership in Administration*, Harper & Row (『組織とリーダーシップ』北野利信訳, ダイヤモンド社, 1963).

1959 | 青井和夫『小集団―社会技術とその問題点』誠信書房.

1959 | 日高六郎・北川隆吉編『現代社会集団論』東京大学出版会.

1960 | Dorwin P. Cartwright & A. Zander (eds.), *Group Dynamics: research and theory*, 2nd ed., Tavistock (『グループ・ダイナミクス』1・2, 三隅二不二・佐々木薫編訳, 誠信書房, 1969-70).

1961 | 石田雄『現代組織論―その政治的考察』岩波書店.

262 | 1961 | Amitai Etzioni, *A Comparative Analysis of Complex Organizations*, Free Press, 1961 (『組織の社会学的分析』綿貫譲治監訳, 培風館, 1966)；revised and enlarged ed., 1975.

1962 | Alfred D. Chandler, Jr., *Strategy and Structure*, MIT Press (『経営戦略と組織』三菱経済研究所, 実業之日本社, 1967).

142 | 1962 | Neil Joseph Smelser, *Theory of Collective Behavior*, Free Press (『集合行動の理論』会田彰・木原孝訳, 誠信書房, 1973).

343 | 1963 | Erving Goffman, *Behavior in Public Places: Notes on the Social Organization of Gatherings*, Free Press (『集まりの構造―新しい日常行動論を求めて』丸木恵祐・本名信行訳, 誠信書房, 1980).

364 | 1964 | Muzafer Sherif & Carolyn W. Sherif, *Reference Groups: Exploration into Conformity and Deviation of Adolescents*, Harper & Row (『準拠集団―青少年の同調と逸脱』重松俊明監訳, 黎明書房, 1968).

1964 | Niklas Luhmann, *Funktionen und Folgen formaler Organisation*, Duncker & Humblot (『公式組織の機能とその派生問題』上・下, 沢谷豊・関口光春・長谷川幸一訳, 新泉社,

	1992-93).
	1964	Robert Blauner, *Alienation and Freedom,* Univ. of Chicago Press (『労働における疎外と自由』佐藤慶幸監訳, 新泉社, 1971).
620	1965	Anatol Rapoport and Albert M. Chammah (with the Collaboration of Carol J. Orwant), *Prisoner's Dilemma: A Study in Conflict and Cooperation,* The Univ. of Michigan Press (『囚人のディレンマ―紛争と協力に関する心理学的研究』廣松毅・平山朝治・田中辰雄訳, 啓明社, 1983).
	1965	Edgar H. Schein, *Organizational Psychology,* Prentice-Hall (『組織心理学』松井賚夫訳, 岩波書店, 1981).
	1966	北川俊男『組織と情報』日本放送出版協会.
357	1966	佐藤慶幸『官僚制の社会学』ダイヤモンド社 (『新版 官僚制の社会学』文真堂, 1991).
	1967	Paul R. Lawrence & Jay W. Lorsch, *Organization and Environment,* Harvard Business School (『組織の条件適合理論』吉田博訳, 産業能率短期大学出版部, 1977).
	1967	Rennis Likert, *The Human Organization,* McGraw-Hill (『組織の行動科学』三隅二不二訳, ダイヤモンド社, 1968).
	1967	Theodore M. Mills, *The Sociology of Small Groups,* Prentice-Hall (『小集団社会学』片岡徳雄・森楙訳, 至誠堂, 1971).
	1970	細谷昂『現代社会学と組織論』誠信書房.
	1971	清水盛光『集団の一般理論』岩波書店.
	1971	田野崎昭夫『現代の社会集団』誠信書房.
	1972	福武直・青井和夫編『集団と社会心理』中央公論社.
	1972	Charles B. Perrow, *Complex Organizations,* Scott, Foresman & Co. (『現代組織論批判』佐藤慶幸監訳, 早稲田大学出版部, 1978).
516	1972	Erhard Friedberg, *L'Analyse Sociologique des Organisations,* GREP (『組織の戦略分析―不確実性とゲームの社会学』舩橋晴俊・クロード・レヴィ＝アルヴァレス訳, 新泉社, 1989).
	1974	野中郁次郎『組織と市場―組織の環境適合理論』千倉書房.
	1974	松本和良『組織変動の理論』学文社.
364	1976	塩原勉『組織と運動の理論―矛盾媒介過程の社会学』新曜社.
204	1980	青井和夫『小集団の社会学―深層理論への展開』東京大学出版会.
	1980	加護野忠男『経営組織の環境適応』白桃書房.
	1981	安田三郎・塩原勉・富永健一・吉田民人編『基礎社会学3 社会集団』東洋経済新報社.
	1982	金子勇『コミュニティの社会理論』アカデミア出版会.
	1982	森博・矢澤修次郎『官僚制の支配』有斐閣.
432	1982	Frans B. M. de Waal, *Chimpanzee Politics: Power and Sex among Apes,* Jonathan Cape (『政治をするサル―チンパンジーの権力と性』西田利貞訳, どうぶつ社, 1984；平凡社ライブラリー, 1994).
	1986	梅澤正『企業文化の創造』有斐閣.
	1986	金子郁容『ネットワーキングへの招待』中公新書.
	1987	青井和夫『社会学原理』サイエンス社.
233	1988	今井賢一・金子郁容『ネットワーク組織論』岩波書店.
	1988	小林幸一郎・梅澤正編『組織社会学』サイエンス社.
	1993	佐藤俊樹『近代・組織・資本主義―日本と西欧における近代の地平』ミネルヴァ書房.

4. 家族

出現頁	刊行年	
474	1861	Johann Jacob Bachofen, *Das Mutter Recht,* 1. Aufl., 1861; 2. Aufl., 1897 (『母権論』全

		3巻，岡道男・河上倫逸監訳，みすず書房，1991-95）．
597	1877	Lewis Henry Morgan, *Ancient Society, or Researches in the Lines of Human Progress from Savagery through Barbarism to Civilization,* Holt（『古代社会』上・下，青山道夫訳，岩波文庫，1958-61；荒畑寒村訳，角川文庫，1954）．
268	1884	Friedrich Engels, *Der Ursprung der Familie, des Privateigentum und des Staats,* 1844; MEW, Bd. 21, 1962（『家族，私有財産および国家の起源』マルクス＝エンゲルス全集第21巻，大内兵衛・細川嘉六監訳，大月書店，1971）．
16	1887	Ferdinand Tönnies, *Gemeinschaft und Gesellschaft,* 1887; Wissenschaftliche Buchgesell-schaft, 8 Aufl., 1979（『ゲマインシャフトとゲゼルシャフト—純粋社会学の根本概念』上・下，杉之原寿一訳，岩波書店，1957）．
439	1937	戸田貞三『家族構成』弘文堂（新泉社，1970；『戸田貞三著作集』4，大空社，1993）．
94	1949	Claude Lévi-Strauss, *Les structures élémentaires de la parenté,* P.U.F. 1949; rev. ed., Mouton, 1967（『親族の基本構造』上・下，馬淵東一他監訳，番町書房，1977-78）．
560	1949	George Peter Murdock, *Social Structure,* Macmillan, 1949; Free Press, 1965（『社会構造—核家族の社会人類学』内藤莞爾監訳，新泉社，1978）．
	1956	Talcott Parsons and Robert F. Bales, *Family, Socialization and Interaction Process,* Free Press（『核家族と子どもの社会化』全2巻，橋爪貞雄他訳，黎明書房，1970-71；『家族』黎明書房，1981）．
306	1957	川島武宜『イデオロギーとしての家族制度』岩波書店（『川島武宜著作集』10，岩波書店，1983）．
	1957-58	中川善之助・川島武宜他編『講座・家族問題と家族法』全7巻，酒井書店．
	1960	小山隆編『現代家族の研究—実態と調査』培風館．
152	1964	中野卓『商家同族団の研究—暖簾をめぐる家研究』未来社（第2版：上，1978；下，1981）．
	1966	有地亨『家族制度研究序説』法律文化社．
	1966	大橋薫・増田光吉編『家族社会学』川島書店．
	1967	小山隆編『現代家族の役割構造—夫婦親子の期待と現実』培風館．
	1969	竹内利美『家族慣行と家制度』恒星社厚生閣．
	1969	松原治郎『核家族時代』日本放送出版協会．
	1970	中根千枝『家族の構造—社会人類学的分析』東京大学出版会．
	1971	姫岡勤・上子武次編『家族—その理論と実態』川島書店．
	1971	山根常男訳編『家族の社会学理論』家族研究リーディングス1，誠信書房．
596	1973	森岡清美『家族周期論』培風館．
266	1974	Glen H. Elder Jr., *Children of the Great Depression: Social Change in Life Experience,* The Univ. of Chicago（『大恐慌の子どもたち—社会変動と人間発達』本田時雄他訳，明石書店，1986；新版：1991）．
381	1975	Edward Shorter, *The Making of the Modern Family,* Basic Books（『近代家族の形成』田中俊宏他訳，昭和堂，1987）．
	1975-81	福島正夫編『家族—政策と法』全6巻，東京大学出版会．
	1976	上子武次・増田光吉編著『三世代家族—世代間関係の実証的研究』垣内出版．
313	1976	喜多野清一『家と同族の基礎理論』未来社．
	1976	森岡清美・山根常男編『家と現代家族』培風館．
	1977	坪内良博・前田成文『核家族再考』弘文堂．
	1977	野々山久也『現代家族の論理』日本評論社．
445	1977	Jacques Donzelot, *La police des familles,* Editions de Minuit（『家族に介入する社会—近代家族と国家の管理装置』宇波彰訳，新曜社，1991）．
390	1977	Lawrence Stone, *The Family, Sex, and Marriage in England, 1500-1800,* 1977; abridged edition, 1979（『家族・性・結婚の社会史—1500～1800年のイギリス』北本正章訳，勁草書房，1991）．邦訳の底本は1979年刊の簡約版．
578	1977	Michael Mitterauer and Reinhard Sieder, *Vom Patriarchat zur Partnerschaft: Zum*

		Strukturwandel der Familie, C. H. Beck (『ヨーロッパ家族社会史―家父長制からパートナー関係へ』若尾祐司・若尾典子訳, 名古屋大学出版会, 1993).
	1979	上子武次『家族役割の研究』ミネルヴァ書房.
	1980	那須宗一・上子武次共編『家族病理の社会学』培風館.
	1980	望月嵩・木村汎編『家族の危機』有斐閣.
	1980	Michael Anderson, *Approaches to the History of the Western Family 1500-1914*, The Macmillan Press (『家族の構造・機能・感情―家族史研究の新展開』北本正章訳, 海鳴社, 1988).
553	1981	正岡寛司『家族―その社会史と将来』学文社.
	1981	Martine Segalen, *Sociologie de la Famille*, Librairie Armand Colin (『家族の歴史人類学』片岡昇子他訳, 新評論, 1987).
301	1983	鹿野政直『戦前・「家」の思想』創文社.
	1983	鎌田とし子・鎌田哲宏『社会諸階層と現代家族―重化学工業都市における労働者階級の状態 1』御茶の水書房.
	1984	春日純一『家族の経済社会学』文眞堂.
	1984	Jean-Louis Flandrin, *Famille: Parenté, maison, sexualité dans l'ancienne société*, Editions du Seuil (『フランスの家族―アンシャン・レジーム下の親族・家・性』森田伸子・小林亜子訳, 勁草書房, 1993).
	1985	NHK世論調査部『現代の家庭像―家庭は最後のよりどころか』日本放送出版協会.
	1985	森岡清美・青井和夫編著『ライフコースと世代』垣内出版.
	1985	Diana Gittins, *The Family in Question*, Macmillan (『家族をめぐる疑問』金井淑子・石川玲子訳, 新曜社, 1990).
	1986	原ひろ子編著『家族の文化誌』弘文堂.
	1986	望月嵩・木村汎編『現代家族の福祉―家族問題への対応』培風館.
	1986	森岡清美・青井和夫編『現代日本人のライフコース』日本学術振興会.
	1987	桜井陽子・桜井厚『幻想する家族』弘文堂.
368	1987	清水昭俊『家・身体・社会―家族の社会人類学』弘文堂.
	1987	目黒依子『個人化する家族』勁草書房.
	1988	斎藤修編著『家族と人口の歴史社会学―ケンブリッジ・グループの成果』リブロポート.
	1988	正岡寛司・望月嵩編『現代家族論』有斐閣.
	1989	有地亨編『現代家族の機能障害とその対策』ミネルヴァ書房.
285	1989	落合恵美子『近代家族とフェミニズム』勁草書房.
	1989	直井道子編『家事の社会学』サイエンス社.
	1990	飯田哲也・遠藤晃編著『家族政策と地域政策』多賀出版.
247	1990	上野千鶴子『家父長制と資本制―マルクス主義フェミニズムの地平』岩波書店.
	1990	岡崎陽一『家族のゆくえ―人口動態の変化のなかで』東京大学出版会.
	1990	荻野美穂他『制度としての〈女〉―性・産・家族の比較社会史』平凡社.
577	1990	Michael Mitterauer, *Historisch-anthropologische Familienforschung: Fragestellungen und Zugangsweisen*, Böhlau Verlag (『歴史人類学の家族研究―ヨーロッパ比較家族史の課題と方法』若尾祐司・服部良久・森明子・肥前栄一・森謙二訳, 新曜社, 1994).
	1991	上子武次・原田隆司・門野里栄子・田中正子・佐藤繁美『結婚相手の選択―社会学的研究』行路社.
304	1992	河合雅雄『人間の由来』上・下, 小学館 (『河合雅雄著作集』第5巻・6巻, 小学館, 1997).
	1992	清水浩昭『高齢化社会と家族構造の地域性―人口変動と文化伝統をめぐって』時潮社.
	1992	坪内玲子『日本の家族―「家」の連続と不連続』アカデミア出版会.
	1992	永原慶二・住谷一彦・鎌田浩編『家と家父長制』シリーズ比較家族1, 早稲田大学出版部.
	1992	野々山久也編著『家族福祉の視点―多様化するライフスタイルを生きる』ミネルヴァ書房.
	1992	布施晶子『結婚と家族』岩波書店.
	1992	布施晶子他編『現代家族のルネサンス』青木書店.

	1992	宮島洋『高齢化時代の社会経済学──家族・企業・政府』岩波書店.
	1993	有地亨『家族は変わったか』有斐閣.
	1993	石川実他編著『ターミナル家族──家族のゆらぎと新たな起点』NTT出版.
	1993	石原邦雄他編『家族社会学の展開』培風館.
	1993	大島真理夫『近世農民支配と家族・共同体』御茶の水書房.
	1993	大橋照枝『未婚化の社会学』日本放送出版協会.
	1993	直井道子『高齢者と家族──新しいつながりを求めて』サイエンス社.
	1993	前川和也編著『家族・世帯・家門──工業化以前の世界から』ミネルヴァ書房.
	1993	宮本益治編著『高齢化と家族の社会学』文化書房博文社.
	1993	森岡清美・望月嵩『新しい家族社会学』3訂版, 培風館.
	1993	森岡清美『現代家族変動論』ミネルヴァ書房.
247	1994	上野千鶴子『近代家族の成立と終焉』岩波書店.
	1994	落合恵美子『21世紀家族へ』有斐閣.
	1994	社会保障研究所編『現代家族と社会保障──結婚・出生・育児』東京大学出版会.
	1994	ニッセイ基礎研究所『日本の家族はどう変わったのか』日本放送出版協会.
	1994	三戸公『「家」としての日本社会』有斐閣.
	1994	山田昌弘『近代家族のゆくえ──家族と愛情のパラドックス』新曜社.
	1995	正岡寛司『家族過程論──現代家族のダイナミックス』放送大学教育振興会.

5. 都市

出現頁	刊行年	
509	1864	Numa-Denis Fustel de Coulange, *La cité antique* (『古代家族』中川善之助 (部分訳), 弘文堂, 1927;『古代都市』田辺貞之助訳, 白水社, 1944;同, 新訳, 1961).
251	1921-22	Max Weber, Die Stadt, Eine soziologische Untersuchung, in Archiv für Sozialwissenschaft und Sozialpolitik, 47, 1920-21, Typologie der Städte, J. Winckelmann, hg., *Wirtschaft und Gesellschaft*, 4 Aufl., Mohr, 1956 (『都市の類型学』世良晃志郎訳, 創文社, 1964).
	1923	Nels Anderson, *The Hobo: The sociology of homeless Man*, Univ. of Chicago Press (『ホボ』東京社会局抄訳, 1930).
52	1925	Robert E. Park, Ernest W. Burgess, Roderick D. McKenzie, *The City*, Univ. of Chicago Press (『都市──人間生態学とコミュニティ論』大道安次郎・倉田和四生訳, 鹿島出版会, 1972).
467	1926-52	Robert E. Park, *Human Communities*, Free Press, 他 (『実験室としての都市──パーク社会学論文選』町村敬志・好井裕明編訳, 御茶の水書房, 1986).
493	1927	Henri Pirenne, *Les villes du moyen âge: Essai d'histoire économique et sociale*, Bruxelles (『西洋中世都市発達史──都市の起源と商業の復活』今来陸郎訳, 白揚社, 1943;『中世都市──社会経済史的試論』佐々木克巳訳, 創文社, 1970).
648	1928	Louis Wirth, *The Ghetto* (『ゲットー──ユダヤ人と疎外社会』今野敏彦訳, マルジュ社, 1981).
601	1929	柳田国男『都市と農村』朝日新聞社 (『柳田國男全集』29, ちくま文庫, 1991).
	1929	Pitirim A. Sorokin and Carle C. Zimmerman, *Principles of Rural Urban Sociology*, Henry Hort (『都市と農村──その人口交流』京野正樹抄訳, 刀江書院, 1940;巌南堂書店, 1977).
56	1929	Robert Staughton Lynd & Helen Merrell Lynd, *Middletown: A Study in Modern American Culture*, Harcourt, Brace & World, 1929 (『リンド ミドゥルタウン』現代社会学大系9, 中村八朗抄訳, 青木書店, 1990); Robert Staughton Lynd & Helen Merrell Lynd, *Middletown in Transition: A Study in Cultural Conflict*, Harcourt, Brace & World, 1937 (抄訳:同上訳書〈この訳書では,『ミドゥルタウン』から研究の意図, 調査地の選定とその歴

5. 都市

		史，生活費獲得，家庭づくり，余暇利用，地域活動への参加，結論，調査法の各部分を，『変貌期のミドゥルタウン』から序章，生活費獲得，X家の一族までの最初の3章を訳出)).
350	1930-31	今和次郎・吉田謙吉編『モデルノロヂオ（考現学）』春陽堂，1930（復刻版：学陽書房，1986）．今和次郎・吉田謙吉編『考現学採集〔モデルノロヂオ〕』建設社，1931（復刻版：学陽書房，1986）．
573	1938	Lewis Mumford, *The Culture of Cities*, Harcourt Brace Javanovich（『都市の文化』生田勉・森茂介訳，丸善，1965；『都市の文化』生田勉訳，鹿島出版会，1974）．
80	1943	William Foote Whyte, *Street Corner Society: The Social Structure of an Italian Slum*, Univ. of Chicago Press（『ストリート・コーナー・ソサイエティーアメリカ社会の小集団研究』寺谷弘壬訳，垣内出版，1974）．
629	1947	Le Corbusier, *Manière de penser l'urbanisme*, Edition de L'architecture d'Aujourd'hui（『輝く都市』坂倉準三訳，丸善，1956；『輝く都市』坂倉準三訳，鹿島出版会，1968）．
	1951	今井登志喜『都市発達史研究』東京大学出版会．
227	1953	磯村英一『都市社会学』有斐閣．
228	1954	磯村英一編『磯村英一都市論集』全3巻，有斐閣．
385	1957	鈴木榮太郎『都市社会学原理』有斐閣（増補版：有斐閣，1965；『鈴木榮太郎著作集』Ⅵ，未来社，1969）．
429	1958	Ronald Philip Dore, *City Life in Japan: A Study of a Tokyo Ward*, Routledge and Kegan Paul（『都市の日本人』青井和夫・塚本哲人訳，岩波書店，1962）．
	1959	磯村英一『都市社会学研究』有斐閣．
379	1960	Gideon Sjoberg, *The Preindustrial City: Past and Present*, The Free Press（『前産業型都市』倉沢進訳，鹿島出版会，1968）．
626	1960	Kevin Lynch, *The Image of the City*, The M. I. T. Press（『都市のイメージ』丹下健三・富田玲子訳，岩波書店，1968）．
136	1961	神島二郎『近代日本の精神構造』岩波書店．
342	1961	Jean Gottmann, *Megalopolis: The Urbanized Northwestern Seaboard of the United States*, The Twentieth Century Fund（『メガロポリス』木内信蔵・石水照雄訳（部分訳），鹿島出版会，1967）．
	1961	Lewis Mumford, *City: myth and reality*, Free Press（『歴史の都市 明日の都市』生田勉訳，鹿島出版会，1969）．
	1962	矢崎武夫『日本都市の発展過程』弘文堂新社．
152	1964	中野卓『商家同族団の研究―暖簾をめぐる家研究』未来社（第2版：上，1978；下，1981）．
387	1965	鈴木広編『都市化の社会学』誠信書房（増補版：1978）．
	1966	黒沼稔・山鹿誠次・伊藤善市編『東京周辺都市の研究』大明堂．
499	1967	Robert E. Lee Faris, *Chicago Sociology 1920-1932*, Chandler Publishing Company（『シカゴ・ソシオロジー 1920-1932』奥田道大・広田康生訳，ハーベスト社，1990）．
	1968	羽仁五郎『都市の論理』勁草書房．
	1968	増田四郎『都市』筑摩書房（ちくま学芸文庫：1994）．
	1968	Henri Lefebvre, *Le droit a la ville*, Anthropos（『都市への権利』森本和夫訳，筑摩書房，1969）．
	1969	Clyde J. Michell, ed., *Social Networks in Urban Situations*, Manchester Univ. Press（『社会的ネットワーク』三雲正博訳，国文社，1983）．
380	1969	Françoise Choay, *Modern City: Planning in the Nineteenth Century*, George Braziller（『近代都市―19世紀のプランニング』彦坂裕訳，井上書院，1983）．原書はもともとフランス語からの英訳として出版された．
386	1970	鈴木広『都市的世界』誠信書房．
632	1970	Henri Lefebvre, *La révolution urbaine*, Editions Gallimard（『都市革命』今井成美訳，晶文社，1974）．
395	1970	Richard Sennett, *The Use of Disorder: Personal Identity & City Life*, Alfred A. Knopf,

5. 都市

		Inc. (『無秩序の活用―都市コミュニティの理論』今田高俊訳, 中央公論社, 1975).
206	1971	秋元律郎『現代都市の権力構造』青木書店.
556	1971	松下圭一『シビル・ミニマムの思想』東京大学出版会.
	1971	Roland Barthes, "Sémiologie et urbanisme", *L'architecture d'aujourd'hui*, n° 53 (「記号学と都市計画」『記号学の冒険』花輪光訳, みすず書房, 1988).
	1972	Henri Lefebvre, *Espace et politique: le droit a la ville II*, Anthropos (『空間と政治』今井成美訳, 晶文社, 1975).
293	1972	Manuel Castells, *La question urbaine*, Maspero; rev. ed., 1975 (増補版の翻訳『都市問題―科学的理論と分析』山田操訳, 恒星社厚生閣, 1984).
	1972	Mario Boffi et al., *Citta e conflitto sociale*, Feltrinelli (『現代都市論』山田操編訳, 恒星社厚生閣, 1981).
464	1973	David Harvey, *Social Justice and the City*, Edward Arnold (『都市と社会的不平等』竹内啓一・松本正美訳, 日本ブリタニカ, 1980).
243	1973	Raymond Williams, *The Country and the City*, Chatto & Windus (『田舎と都会』山本和平・増田秀男・小川稚魚訳, 晶文社, 1985).
	1975	奥井復太郎『都市の精神―生活論的分析』日本放送出版協会.
	1976	Richard Sennett, *The Fall of Public Man*, Alfred A. Knopf (『公共性の喪失』北山克彦・高階悟訳, 晶文社, 1991).
531	1976	Yves-Marie Bercé, *Fête et Révolte: de mentalités populaires du XVIe au XVIIIe siècle*, Essai, Hachette (『祭りと叛乱』井上幸治監訳, 藤原書店, 1992).
	1977	赤木須留喜『東京都政の研究―普選下の東京都制の構造』未来社.
	1977	石塚裕道『東京の社会経済史』紀伊國屋書店.
489	1977	Chris Pickvance, ed., *Urban Sociology: Critical Essays*, Tavistock (『都市社会学―新しい理論的展望』山田操・吉原直樹・鯵坂学訳, 恒星社厚生閣, 1982).
294	1978	Manuel Castells, *City, Class and Power*, Macmillan (『都市・階級・権力』石川淳志監訳, 吉原直樹・橋本和孝・大澤善信・坂幸夫訳, 法政大学出版局, 1989).
278	1979	小木新造『東京庶民生活史研究』日本放送出版協会.
	1980	槇文彦他『見えかくれする都市』鹿島出版会.
	1980	宮本憲一『都市経済論―共同生活条件の政治経済学』筑摩書房.
	1981	籠山京編『大都市における人間構造』東京大学出版会.
	1981	高橋勇悦『家郷喪失の時代―新しい地域文化のために』有斐閣.
462	1981	Burton Pike, *The Image of the City in Modern Literature*, Princeton Univ. Press (『近代文学と都市』松村昌家訳, 研究社出版, 1987).
588	1981	Enzo Mingione, *Social Conflict and the City*, Basil Blackwell (『都市と社会紛争』藤田弘夫訳, 新泉社, 1985).
517	1981	Jan Harold Brunvand, *The Vanishing Hitchhiker: American Urban Legend and Their Meanings*, W. W. Norton (『消えるヒッチハイカー』大月隆寛・菅谷裕子・重信幸彦訳, 新宿書房, 1988).
621	1981	Jonathan Raban, *Soft City*, William Collins sons (『住むための都市』高島平吾訳, 晶文社, 1991).
	1982	加藤秀俊『「東京」の社会学』PHP研究所 (PHP文庫: 1990).
549	1982	前田愛『都市空間のなかの文学』筑摩書房 (ちくま学芸文庫: 1992).
	1983	奥田道大・広田康生編『都市の理論のために』多賀出版.
279	1983	奥田道大『都市コミュニティの理論』東京大学出版会.
610	1983	吉原直樹『都市社会学の基本問題―アメリカ都市論の系譜と特質』青木書店.
294	1983	Manuel Castells, Julia R. Mellor and Claude S. Fischer, *Urban Sociology in Urbanized Society*, 1977 (『都市の理論のために』奥田道大・広田康生訳, 多賀出版, 1983).
362	1983	Wolfgang Schivelbusch, *Lichtblicke: Zur Geschichte der Künstlichen Helligkeit des 19. Jahrhunderts*, Carl Hanser Verlag (『闇をひらく光』小川さくえ訳, 法政大学出版局, 1988).

5. 都市

	1984	鈴木広・倉沢進『都市社会学』アカデミア出版会.
	1984	高橋勇悦『都市化社会の生活様式―新しい人間関係を求めて』学文社.
404	1984	多木浩二『生きられた家―経験と象徴』青土社（新装版：1993）.
	1984	御厨貴『首都計画の政治』山川出版社.
280	1985	奥田道大『大都市の再生―都市社会学の現代的視点』有斐閣.
	1985	川添登『都市空間の文化』岩波書店.
382	1985	陣内秀信『東京の空間人類学』筑摩書房（ちくま学芸文庫, 1992；英訳 *Tokyo: A Spatial Anthropology*, Univ. of California Press, 1995）.
	1985	鈴木広・高橋勇悦・篠原隆弘『都市』リーディングス日本の社会学7, 東京大学出版会.
	1985	二宮宏之・樺山紘一・福井憲彦編『都市空間の解剖』叢書・歴史を拓く―アナール論文選4, 新評論.
	1985	David Harvey, *The Urbanization of Capital: Studies in the History and Theory of Capitalist Urbanization*, Johns Hopkins Univ. Press（『都市の資本論―都市空間形成の歴史と理論』水岡不二雄監訳, 青木書店, 1991）.
	1986	倉沢進『東京の社会地図』東京大学出版会.
	1986	柴田徳衛・加藤弘勝編『第三世界の都市問題』アジア経済研究所.
386	1986	鈴木広『都市化の研究―社会移動とコミュニティ』恒星社厚生閣.
	1986	吉原直樹・岩崎信彦編『都市論のフロンティア』有斐閣.
	1987	鈴木広・倉沢進・秋元律郎編『都市化の社会理論―シカゴ派からの展開』ミネルヴァ書房.
483	1987	原広司『空間〈機能から様相へ〉』岩波書店.
611	1987	吉見俊哉『都市のドラマトゥルギー―東京・盛り場の社会史』弘文堂.
499	1987	Robert Fishman, *Bourgeois Utopias: The Rise and Fall of Suburbia*, Basic Books（『ブルジョワ・ユートピア―郊外住宅地の盛衰』小池和子訳, 勁草書房, 1990）.
	1988	米田佐代子編『巨大都市東京と家族』有信堂.
	1988	William H. Whyte, *City: Rediscovering the Centre*, Bantam Doubleday Dell Publishing（『都市という劇場―アメリカン・シティ・ライフの再発見』柿本照夫訳, 日本経済新聞社, 1994）.
206	1989	秋元律郎『都市社会学の源流―シカゴ・ソシオロジーの復権』有斐閣.
	1989	吉本隆明『像としての都市』弓立社.
	1990	井上純一他『東京―世界都市化の構図』青木書店.
	1990	藤田弘夫『都市と国家』ミネルヴァ書房.
557	1990	松平誠『都市祝祭の社会学』有斐閣.
	1991	石塚祐道『日本近代都市論 東京：1868-1923』東京大学出版会.
	1991	藤田弘夫『都市と権力』創文社.
	1992	倉沢進・町村敬志編『都市社会学のフロンティア1 構造・空間・方法』日本評論社.
	1992	森岡清志・松本康編『都市社会学のフロンティア2 生活・関係・文化』日本評論社.
	1992	金子勇・園部雅久編『都市社会学のフロンティア3 変動・居住・計画』日本評論社.
	1992	鈴木広『現代都市を解読する』ミネルヴァ書房.
	1992	高橋勇悦編『大都市社会のリストラクチャリング』日本評論社.
	1992	文化科学高等研究院編『都市化する力―都市はどのように都市になるか』三交社.
647	1992	若林幹夫『熱い都市 冷たい都市』弘文堂.
547	1992	Philippe Pons, *D'Edo à Tokyo; mémoires et modernités*, Gallimard（『江戸から東京へ―町人文化と庶民文化』神谷幹夫訳, 筑摩書房, 1992）.
280	1993	奥田道大『都市と地域の文脈を求めて―21世紀システムとしての都市社会学』有信堂.
	1993	中野収『都市の「私物語」―メディア社会を解読する』有信堂.
	1993	藤田弘夫『都市の論理―権力はなぜ都市を必要とするか』中公新書.
	1993	吉原直樹編著『都市の思想―空間論の再構成に向けて』青木書店.
	1994	高橋勇悦・菊池美代志編著『今日の都市社会学』学文社.
	1994	多木浩二『都市の政治学』岩波新書.

出現頁	刊行年	
555	1994	町村敬志『「世界都市」東京の構造転換—都市リストラクチャリングの社会学』東京大学出版会.
	1994	吉原直樹『都市空間の社会理論—ニュー・アーバン・ソシオロジーの射程』東京大学出版会.
	1995	芹沢俊介『眠らぬ都市の現象学』筑摩書房.
	1995	吉原直樹・藤田弘夫『都市とモダニティ—都市社会学コメンタール』ミネルヴァ書房.

6. 農村

出現頁	刊行年	
	1910	柳田国男『時代ト農政』聚精堂(『定本柳田国男集』16, 筑摩書房, 1969).
	1929	Pitirim A. Sorokin and Carle C. Zimmerman, *Principles of Rural Urban Sociology,* Henry Hort (『都市と農村—その人口交流』京野正樹抄訳, 刀江書院, 1940; 巌南堂書店, 1977).
	1931	柳田国男『日本農民史』刀江書院.
74	1940	鈴木榮太郎『日本農村社会学原理』日本評論社(『鈴木榮太郎著作集』Ⅰ・Ⅱ, 未来社, 1968).
	1942	野尻重雄『農民離村の実証的研究』岩波書店.
78	1943	有賀喜左衛門『日本家族制度と小作制度—「農村社会の研究」改訂版』河出書房(『有賀喜左衛門著作集』1・2, 未来社, 1966).
	1948	田邊壽利編『都市と村落』國立書院.
504	1949	福武直『日本農村の社会的性格』東京大学協同組合出版部.
108	1955	大塚久雄『共同体の基礎理論—経済史総論講義案』岩波書店(『大塚久雄著作集』第7巻, 岩波書店, 1969).
	1957	小酒勇『日本漁村の構造類型』東京大学出版会.
	1958	古島敏雄編『日本地主制研究』岩波書店.
505	1959	福武直『日本村落の社会構造』東京大学出版会(『福武直著作集』東京大学出版会, 1976).
	1959	Ronald P. Dore, *Land Reform in Japan,* Oxford Univ. Press (『日本の農地改革』蓮見音彦他訳, 岩波書店, 1965).
	1959	Thomas C. Smith, *The Agrarian Origins of Modern Japan,* Stanford Univ. Press (『近代日本の農村的起源』大塚久雄監訳, 岩波書店, 1970).
584	1960	宮本常一『忘れられた日本人』未来社(『宮本常一集』未来社, 1971; 岩波文庫, 1984).
393	1963	住谷一彦『共同体の史的構造論』有斐閣(増補版:1994).
	1963	竹内利美編『東北日本の社会変動』東京大学出版会.
367	1965	島崎稔『日本農村社会の構造と論理』東京大学出版会(『島崎稔・美代子著作集』時潮社, 1994).
269	1967	及川宏『同族組織と村落生活』未来社.
	1968	大石慎三郎『近世村落の構造と家制度』御茶の水書房.
	1968	松原治郎・蓮見音彦『農村社会と構造政策』東京大学出版会.
471	1970	蓮見音彦『現代農村の社会理論』時潮社.
	1970-72	益田庄三『漁村社会の基礎構造』上・下, 白川書院.
	1974	長谷川昭彦『農村社会の構造と変動』ミネルヴァ書房.
	1976	江守五夫『日本村落社会の構造』弘文堂.
	1977	大内力『日本における農民層の分解』東京大学出版会.
506	1977	福武直編『戦後日本の農村調査』東京大学出版会.
	1977	福武直編『農山村社会と地域開発—神奈川県大井町相和地区』東京大学出版会.
	1978	島崎稔編『現代日本の都市と農村』大月書店.
	1978	戸田貞三・鈴木栄太郎監修『家族と村落 1-2輯』御茶の水書房, 1978.
	1979	益田庄三編著『村落社会の変動と病理—過疎のむらの実態』垣内出版.
	1980	服部治則『農村社会の研究』御茶の水書房.
388	1981	スタベンハーゲン『開発と農民社会—ラテンアメリカ社会の構造と変動』山崎春成・原田金一

	郎・青木芳夫訳, 岩波書店 (Rodolfo Stavenhagen, *Peasant Societies and Development*).
1981	松原治郎・戸谷修・蓮見音彦『奄美農村の構造と変動』御茶の水書房.
1982	Robert J. Smith & Ella L. Wiswell, *The Women of Sue Mura,* Univ. of Chicago Press (『須恵村の女たち』河村望・斎藤尚文訳, 御茶の水書房, 1987).
1983	栢野晴夫『現代の農村社会―農村諸階層の構成』高文堂出版社.
1983	松尾幹之『村落社会の展開構造―日本的行動規範の系譜』御茶の水書房.
1985	君塚正義『村落社会の展開と農村生活』筑波書房.
1985	鳥越皓之『家と村の社会学』世界思想社.
1985	二宮哲雄他『混住化社会とコミュニティ』御茶の水書房.
1985	三上勝也・山本剛郎『与力制度と村落構造―大和高原村落の社会学的研究』多賀出版.
1986	新保満・松田苑子『現代日本農村社会の変動―岩手県志和地区の発展過程』御茶の水書房.
1986	二宮哲雄他編著『都市・農村コミュニティ』御茶の水書房.
1986	長谷川昭彦『農村の家族と地域社会―その論理と課題』御茶の水書房 (訂正・復刊: 1993).
1987	長谷川昭彦『地域の社会学―むらの再編と振興』日本経済評論社.
1987	満田久義『村落社会体系論』ミネルヴァ書房.
1987	山本正三他編『日本の農村空間―変貌する日本農村の地域構造』古今書院.
1988	村落社会研究会編『村落の変貌と土地利用形態』村落社会研究第24集, 農山漁村文化協会.
1988	岡田知弘『日本資本主義と農村開発』法律文化社.
1989	佐藤隆夫編著『農村(むら)と国際結婚』日本評論社.
1989	村落社会研究会編『現代農村の家と村落』村落社会研究第25集, 農山漁村文化協会.
1989	高木正朗『近代日本農村自治論―自治と協同の歴史社会学』多賀出版.
1989	光岡浩二『日本農村の結婚問題』時潮社.
1989	山中進『農村地域の工業化―変革期の地域変容』大明堂.
1990	内山正照『現代日本農村の社会問題―教育・マスコミ・後継者難・嫁不足・自殺』筑波書房.
1990	川本彰『農村社会論』明文書房.
1990	斎藤吉雄編著『コミュニティ再編成の研究―村落移転の実証分析』御茶の水書房.
1990	西村博行編著『都市化地域における農村の変貌―東南アジアとわが国の事例比較』多賀出版.
1990	蓮見音彦『苦悩する農村』有信堂.
1990	松本通晴『農村変動の研究』ミネルヴァ書房.
1991	相川良彦『農村集団の基本構造』御茶の水書房.
1991	大島真理夫『近世農民支配と家族・共同体』御茶の水書房.
1991	木下謙治『家族・農村・コミュニティ』恒星社厚生閣.
1991	庄司俊作『近代日本農村社会の展開―国家と農村』ミネルヴァ書房.
1991	長谷川善計他『日本社会の基層構造―家・同族・村落の研究』法律文化社.
1991	益田庄三編著『日韓漁村の比較研究―社会・経済・文化を中心に』行路社.
1991	松岡昌則『現代農村の生活互助―生活協同と地域社会関係』御茶の水書房.
1991	三上一夫『日本農村社会近代化の軌跡―福井県下の動向を中心に』御茶の水書房.
1992	曽我猛『農村における擬制的親子関係―法社会学的研究』御茶の水書房.
1992	高橋明善・蓮見音彦・山本英治編『農村社会の変貌と農民意識―30年間の変動分析』東京大学出版会.
1992	塚本哲人編著『現代農村における「いえ」と「むら」』未来社.
1993	川崎恵璋『村落・都市・宗教―実証的研究』法律文化社.
1993	細谷昂他『農民生活における個と集団』御茶の水書房.
1994	大門正克『近代日本と農村社会―農民世界の変容と国家』日本経済評論社.
1994	高橋統一『村落社会の近代化と文化伝統―共同体の存続と変容』岩田書院.

7. コミュニティ

出現頁	刊行年	
445	1909	内務省衛生局編『東京市京橋区月島に於ける実地調査報告第一輯』1909.『月島調査』(生活古典叢書第6巻, 光生館, 1970).
44	1917	Robert M. MacIver, *Community: A Sociological Study*, Macmillan (『コミュニティ』中久郎・松本通晴監訳, ミネルヴァ書房, 1975).
	1924	山口正『都市生活の研究』弘文堂書房.
528	1929	Clarence A. Perry, *The Neighborhood Unit*, Committee on Regional Plan of New York and Its Environs (『近隣住区論』倉田和四生訳, 鹿島出版会, 1975).
56	1929	Robert Staughton Lynd & Helen Merrell Lynd, *Middletown: A Study in Modern American Culture*, Harcourt, Brace & World, 1929 (『リンド ミドゥルタウン』現代社会学大系9, 中村八朗抄訳, 青木書店, 1990) ; Robert Staughton Lynd & Helen Merrell Lynd, *Middletown in Transition: A Study in Cultural Conflict*, Harcourt, Brace & World, 1937 (抄訳:同上訳書〈この訳書では, 『ミドゥルタウン』から研究の意図, 調査地の選定とその歴史, 生活費獲得, 家庭づくり, 余暇利用, 地域活動への参加, 結論, 調査法の各部分を, 『変貌期のミドゥルタウン』から序章, 生活費獲得, X家の一族までの最初の3章を訳出〉).
669	1935	柳田国男『郷土生活の研究法』刀江書院 (『定本柳田国男集』25, 筑摩書房, 1963).
80	1943	William Foote Whyte, *Street Corner Society: The Social Structure of an Italian Slum*, Univ. of Chicago Press (『ストリート・コーナー・ソサイエティ―アメリカ社会の小集団研究』寺谷弘壬訳, 垣内出版, 1974).
	1955	Murray G. Ross, *Community Organization: Theory and Principles* (『コミュニティ・オーガニゼーション―理論と実践』岡村重人訳, 全国社会福祉協議会, 1963).
417	1956	中鉢正美『生活構造論』好学社.
	1958	磯村英一・大塩俊介編『団地生活と住意識の形成』東京都立大学社会学研究室.
363	1961	Jane Jacobs, *The Death and Life of Great American Cities*, Random House (第Ⅰ・Ⅱ部のみの翻訳『アメリカ大都市の死と生』黒川紀章訳, 鹿島出版会, 1977).
	1962	磯村英一・大塩俊介編『団地生活と社会圏の形成』東京都立大学社会学研究室.
152	1964	中野卓『商家同族団の研究―暖簾をめぐる家研究』未来社 (第2版:上, 1978 ; 下, 1981).
	1967	宮本憲一『社会資本論』有斐閣 (改訂版:1976).
	1968	Brian Jackson, *Working Class Community*, Routledge & Kegan Paul (『コミュニティ』大石俊一訳, 晶文社, 1984).
	1969	国民生活審議会調査部会コミュニティ小委員会『コミュニティ―生活の場における人間性の回復』経済企画庁生活局.
	1970	倉田和四生『都市化の社会学』法律文化社.
395	1970	Richard Sennett, *The Use of Disorder: Personal Identity & City Life*, Alfred A. Knopf, Inc. (『無秩序の活用―都市コミュニティの理論』今田高俊訳, 中央公論社, 1975).
204	1971	青井和夫・松原治郎・副田義也編『生活構造の理論』有斐閣.
206	1971	秋元律郎『現代都市の権力構造』青木書店.
	1971	磯村英一・鵜飼信成・川野重任編『都市形成の論理と住民』東京大学出版会.
556	1971	松下圭一『シビル・ミニマムの思想』東京大学出版会.
543	1971	Amos H. Hawley, *Urban Society: An Ecological Approach*, John Wiley & Sons (『都市社会の人間生態学』矢崎武夫監訳, 時潮社, 1980).
	1972	新睦人『現代コミュニティ論―日本文化の社会学的基礎分析』ナカニシヤ出版.
	1972	田村紀雄『コミュニティ・メディア論―《地域》の復権と自立に』現代ジャーナリズム出版.
450	1973	中村八朗『都市コミュニティの社会学』有斐閣.
	1973	渡辺精一『ニュータウン』日本経済新聞社.
	1975	北川隆吉監修『社会・生活構造と地域社会』時潮社.

	1975	西尾勝『権力と参加―現代アメリカの都市行政』東京大学出版会.
	1975-92	日本生活学会編『生活学』ドメス出版.
642	1976	Edward Relph, *Place and Placelessness*, Pion (『場所の現象学―没場所性を超えて』高野岳彦・阿部隆・石山美也子訳, 筑摩書房, 1991).
	1977	篠原一『市民参加』現代都市政策叢書, 岩波書店.
	1977	田村明『都市を計画する』現代都市政策叢書, 岩波書店.
449	1977	中野卓『口述の生活史―或る女の愛と呪いの日本近代』御茶の水書房.
	1977	渡辺俊一『アメリカ都市計画とコミュニティ理念』技報堂.
	1977	Christopher Alexander, *A Pattern Language*, Oxford Univ. Press (『パタン・ランゲージ―環境設計の手引き』平田翰那訳, 鹿島出版会, 1984).
431	1977	Yi-Fu Tuan, *Space and Place: The Perspective of Experience*, Univ. of Minnesota Press (『空間の経験―身体から都市へ』山本浩訳, 筑摩書房, 1988；ちくま学芸文庫, 1993).
	1978	安藤元雄『居住点の思想―住民・運動・自治』晶文社.
	1978	鈴木広編『コミュニティ・モラールと社会移動の研究』アカデミア出版.
397	1978	園田恭一『現代コミュニティ論』東京大学出版会.
	1978	玉野井芳郎・清成忠男・中村尚司編『地域主義』学陽書房.
	1978	西山夘三『住み方の記』筑摩書房.
	1978	松原治郎『コミュニティの社会学』現代社会学叢書5, 東京大学出版会.
	1979	阿利莫二・一番ヶ瀬康子・持田栄一・寺脇隆夫編『子どものシビル・ミニマム―視点と生活実態』弘文堂.
	1979	地域社会研究会編『地域社会研究の現段階的課題』地域社会研究会年報第一集, 時潮社.
	1979	早川和男『住宅貧乏物語』岩波新書.
	1979	福武直・蓮見音彦編『企業進出と地域社会―第一生命本社移転後の大井町の展開』地域社会研究所コミュニティ叢書9, 東京大学出版会.
	1980	中川剛『町内会―日本人の自治感覚』中公新書.
	1980	蓮見音彦・奥田道大『地域社会論―住民生活と地域組織』有斐閣.
	1980	宮本憲一『都市経済論―共同生活条件の政治経済学』筑摩書房.
	1980	吉原直樹『地域社会と地域住民組織―戦後自治会への一視点』八千代出版.
	1981	籠山京編『大都市における人間構造』東京大学出版会.
	1981	蓮見音彦・山本英治・似田貝香門『地域形成の論理』学陽書房.
	1981	日笠端編『地区計画―都市計画の新しい展開』共立出版.
	1982	イタリアCdQ研究会『地区住民協議会―イタリアの分権・参加』自治体研究社.
	1982	奥田道大・大森彌・越智昇・金子勇・梶田孝道『コミュニティの社会設計―新しい《まちづくり》の思想』有斐閣選書.
	1982	金子勇『コミュニティの社会理論』アカデミア出版会.
	1982	蓮見音彦・安原茂編『地域生活の復権―自治と自立の条件』有斐閣選書.
	1982	藤田弘夫『日本都市の社会学的特質』時潮社.
	1982	宮本憲一・山田明編『公共事業と現代資本主義』公共性を考える1, 垣内出版.
	1982	山本英治編『現代社会と共同社会形成―公共性と共同性の社会学』公共性を考える2, 垣内出版.
	1982	米沢慧『〈住む〉という思想』冬樹社.
	1983	磯村英一編『コミュニティの理論と政策』東海大学出版会.
279	1983	奥田道大『都市コミュニティの理論』東京大学出版会.
	1983	都市研究懇話会・篠塚昭次・早川和男・宮本憲一編『都市の再生―日本とヨーロッパの住宅問題』NHKブックス, 日本放送出版協会.
	1983	布施鉄治・岩城完之・小林甫『社会学方法論―現代における生産・労働・生活分析』御茶の水書房.
	1984	近江哲男『都市と地域社会』早稲田大学出版部.
	1984	住田昌二編『日本のニュータウン開発』都市文化社.

	1984	守屋孝彦・古城利明編『地域社会と政治文化―市民自治をめぐる自治体と住民』有信堂.
280	1985	奥田道大『大都市の再生―都市社会学の現代的視点』有斐閣.
	1985	倉田和四生『都市コミュニティ論』法律文化社.
447	1985	中川清『日本の都市下層』勁草書房.
	1985	山本登『市民組織とコミュニティ』山本登著作集4, 明石書店.
	1986	五十嵐敬喜『都市再生の戦略―規制法から創造法へ』都市叢書, 日本経済評論社.
	1986	越智昇『都市化とボランタリー・アソシエーション』横浜市立大学.
	1987	五十嵐敬喜『都市法』ぎょうせい.
	1987	北川隆吉・蓮見音彦・山口博一『現代世界の地域社会―重層する実相の社会学的視座』有信堂.
	1987	小林茂・寺門征男・浦野正樹・店田廣文編『都市化と居住環境の変容』早稲田大学出版部.
	1987	日本都市計画学会編『アメニティ都市への途』ぎょうせい.
239	1989	岩崎信彦・上田惟一・広原盛明・鰺坂学・高木正朗・吉原直樹編『町内会の研究』御茶の水書房.
	1989	十時厳周編『大都市圏の拡大と地域変動』慶應通信.
	1989	中村雄二郎『場所〈トポス〉』弘文堂思想選書.
	1989	吉原直樹『戦後改革と地域住民組織』ミネルヴァ書房.
327	1990	倉沢進・秋元律郎編著『町内会と地域集団』ミネルヴァ書房.
	1990	早川和男『欧米住宅物語―人は住むためにいかに闘っているか』新潮選書.
281	1991	奥田道大・田嶋淳子編『池袋のアジア系外国人』めこん.
	1991	奥田道大・田嶋淳子編『新宿のアジア系外国人』めこん.
	1992	大野輝之・レイコ゠ハベ゠エバンズ『都市開発を考える―アメリカと日本』岩波新書.
280	1993	奥田道大『都市と地域の文脈を求めて―21世紀システムとしての都市社会学』有信堂.
	1993	金子勇『都市高齢社会と地域福祉』都市社会学研究叢書3, ミネルヴァ書房.
	1993	玉野和志『近代日本の都市化と町内会の成立』行人社.
	1993	中田実『地域共同管理の社会学』東信堂.
453	1993	似田貝香門・蓮見音彦編『都市政策と市民生活』東京大学出版会.
	1993	蓮見音彦・奥田道大編『21世紀日本のネオ・コミュニティ』東京大学出版会.
	1993	原品純孝・広渡清吾・吉田克己・戒能通厚・渡辺俊一編『現代の都市法―ドイツ・フランス・イギリス・アメリカ』東京大学出版会.
	1993	寄本勝美『自治の形成と市民―ピッツバーグ市政研究』東京大学出版会.
	1994	鳥越皓之『地域自治会の研究』ミネルヴァ書房.

8. 経済

出現頁	刊行年	
525	1690	William Petty, *Political Arithmetic*, 1690 (『政治算術』大内兵衛・松川七郎訳, 岩波文庫, 1955).
571	1714	Bernard de Mandeville, *The Fable of the Bees : or, Private Vices, Publick Benefits I-II*, Oxford Univ. Press (『蜂の寓話』『続・蜂の寓話』泉谷治訳, 岩波書店, 1985/93).
	1755	Richard Cantillon, *Essai sur la nature du commerce en général* (『商業論』戸田正雄訳, 日本評論社, 1943；『経済概論』同説, 春秋社, 1949).
337	1758	François Quesnay, *Tableau économique* (『経済表』増井幸雄・戸田正雄訳, 岩波文庫, 1933).
392	1759	Adam Smith, *Theory of Moral Sentiments* (『道徳情操論』全2冊, 米林富男訳, 日光書院, 1948-49；未来社, 1969-70；『道徳感情論』水田洋訳, 筑摩書房, 1973).
6	1776	Adam Smith, *An Inquiry into the Nature and Causes of the Wealth of Nations*, London (邦訳は多数.『富国論』石川暎作訳 (一部嵯峨正作との分訳), 1884-88；『全訳富国論』竹内謙二訳, 1921-23；『諸国民の富』大内兵衛・松川七郎訳, 1959-66；『国富論』大河内一男編

	1803	Jean B. Say, *Traité d'économie politique* (『経済学』上・下, 増井幸雄訳, 岩波書店, 1926-29).
623	1817	David Ricardo, *On the Principles of Political Economy and Taxation* (『経済学と課税の原理』『リカードウ全集』I, 堀経夫訳, 雄松堂, 1972；羽鳥卓也・吉沢芳樹訳, 岩波文庫, 1987).
	1847	Karl Marx, *Misère de la philosophie, réponse à la philosophie de la misère de M. Proudhon* (『哲学の貧困』山村喬訳, 岩波文庫, 1950).
	1858	Karl Marx, *Formen, die der kapitalistischen Produktion vorhergehen* (『資本主義的生産に先行する諸形態』手島正毅訳, 大月書店, 1963).
565	1859	Karl Marx, *Zur Kritik der Politischen Ökonomie* (「経済学批判」『経済学草稿・著作 一八五八一―一八六一年』大月書店, 1984).
14	1867-94	Karl Marx, *Das Kapital*, Bd., 1, 2, 3 (『マルクス・エンゲルス全集』第23・24・25巻, 岡崎次郎・杉本俊朗訳, 大月書店, 1965；『資本論』1-9, 向坂逸郎, 岩波文庫, 1969-70).
	1871	Carl Menger, *Grundsätze der Volkswirtschaftslehre*; 2 Aufl., 1923 (『国民経済学原理』安井琢磨訳, 日本評論社, 1937, 初版の訳；『一般理論経済学』1・2, 八木紀一郎他訳, みすず書房, 1982-84, 第2版の訳).
363	1871	William Stanley Jevons, *The Theory of Political Economy*, Macmillan, 1871；4th ed., 1970 (『経済学の理論』近代経済学古典選集4, 小泉信三他訳, 寺尾琢磨改訳, 日本経済評論社, 1981).
649	1874-77	Léon Walras, *Eléments d'économie politique pure: ou Théorie de la richesse sociale*, L. Corbaz (『純粋経済学要論―社会的富の理論』久武雅夫訳, 岩波書店, 1983).
	1883	Carl Menger, *Untersuchungen über die Methode der Sozialwissenschaften und der politischen ökonomie insbesondere* (『経済学の方法に関する研究』福井孝治・吉田昇三訳, 岩波文庫, 1939).
553	1890	Alfred Marshall, *Principles of Economics*, Macmillan (『経済学原理 (全4冊)』馬場啓之助訳, 東洋経済新報社, 1965-67；永沢越郎訳, 岩波ブックサービスセンター, 1985).
20	1893	Emile Durkheim, *De la division du travail social*, Félix Alcan (『社会分業論』現代社会学大系2, 田原音和訳, 青木書店, 1971；『社会分業論』上・下, 井伊玄太郎訳, 講談社学術文庫, 1989).
	1898	Johan G. K. Wicksell, *Geldzins und Güterpreise* (『金利と物価』尾崎稔訳, 高陽書院, 1937).
28	1899	Thorstein B. Veblen, *The Theory of Leisure Class: An Economic Study in the Evolution of Institutions*, Macmillan (『有閑階級の理論』小原敬士訳, 岩波文庫, 1961).
30	1900	Georg Simmel, *Philosophie des Geldes*, 1900；6. Auf., 1958 (『貨幣の哲学』居安正訳, 白水社, 1997).
399	1902-28	Werner Sombart, *Der moderne Kapitalismus*, 2Bde., 1902；2. Aufl., 1916；Bd. 3, 1928 (『近世資本主義』第1巻第1・2冊, 岡崎次郎訳, 生活社, 1942-43, 第1巻の部分訳；『高度資本主義』I, 梶山力訳, 有斐閣, 1940, 第3巻の部分訳).
36	1904-05	Max Weber, *Die protestantische Ethik und)Geist⟨ des Kapitalismus*, 1904-05, Archiv für Sozialwissenschaft und Sozialpolitik, Bd. 20-21; in Gesammelte Aufsätze zur Religionssoziologie, I, J. C. B. Mohr, 1920 (『プロテスタンティズムの倫理と資本主義の精神』梶山力・大塚久雄訳, 上・下, 岩波文庫, 1955；大塚久雄訳, 岩波書店, 1988；梶山力訳・安藤英治編, 未来社, 1994).
	1908	Joseph A. Schumpeter, *Das Wesen und der Hauptinhalt der theoretischen Nationalökonomie* (『理論経済学の本質と主要内容』上・下, 大野忠男他訳, 岩波文庫, 1983-84).
	1909	Max Weber, "Agrarverhältnisse im Altertum" (『古代社会経済史―古代農業事情』渡辺金一・弓削達訳, 東洋経済新報社, 1959).
492	1910	Rudolf Hilferding, *Das Finanzkapital: Eine Studie über die jüngste Entwicklung des Kapi-*

8. 経済

		talismus(『金融資本論』林要訳, 弘文堂, 1927；改造文庫, 1929；世界評論社, 1947；大月書店, 1952；国民文庫, 全2冊, 1955；大月書店改訳版, 1961；改造文庫覆刻版, 改造図書出版販売, 1977〔以上林訳〕；『金融資本論』全3冊, 岡崎次郎訳, 岩波文庫, 1955-56；岩波文庫改版, 1982〔以上岡崎訳〕).
	1911	Frederick W. Taylor, *Principles of Scientific Management*(『科学的管理法の原理』テイラー全集1, 上野陽一訳, 同文舘, 1932；『科学的管理法』同編訳, 産業能率大学出版部, 1969).
377	1912	Joseph Alois Schumpeter, *Theorie der wirtschaftlichen Entwicklung,* Duncker & Humblot, 1912; 2 Aufl., 1926 (『経済発展の理論』上・下, 塩野谷祐一・中山伊知郎・東畑精一訳, 岩波文庫, 1977).
	1913	Rosa Luxemburg, *Die Akkumulation des Kapitals* (『資本蓄積論』全3冊, 長谷部文雄訳, 岩波文庫, 1934-35；改訳版, 1952-55).
	1916	Henri Fayol, "Administration industrielle et générale", *Bulletin of the sociéte de l'industrie minérale* (『産業ならびに一般の管理』佐々木恒男訳, 未来社, 1972).
519	1916	Lujo Brentano, *Die Anfänge des modernen Kapitalismus, 1916; Der wirtschaftende Mensch in der Geschichte,* 1923 (『近世資本主義の起源』田中善治郎抄訳, 有斐閣, 1941).
489	1920	Arthur Cecil Pigou, *The Economics of Welfare,* Macmillan, 1920; 4th ed., 1932 (『ピグウ厚生経済学(全4冊)』気賀健三他訳, 東洋経済新報社, 1948-51, 改訂重版；1965).
	1923	Oliver Sheldon, *The Philosophy of Management,* Sir Isaac Pitman & Sons (『経営管理の哲学』田中義範訳, 未来社, 1974).
	1924	Max Weber, *Wirtschaftsgeschichte: Abriß der universalen Sozial-und Wirtschaftsgeschichte,* Duncker & Humblot (『一般社会経済史要論』上・下, 黒正巌・青山秀夫訳, 岩波書店, 1954-55).
	1929	Friedrich August von Hayek, *Geldtheorie und Konjunkturtheorie,* Hölder-Pichler-Tempsky; 2 erw., Aufl., 1976 (『景気と貨幣』野口弘毅訳, 森山書店, 1935).
	1930	John M. Keynes, *A Treatise on Money,* 2 vols. (『貨幣論』鬼頭仁三郎訳, 同文舘, 1932-34；『貨幣論Ⅰ 貨幣の純粋理論』ケインズ全集5, 小泉明・長澤惟恭訳；『貨幣論Ⅱ 貨幣の応用理論』ケインズ全集6, 長澤惟恭訳, 東洋経済新報社, 1979-80).
	1931	Friedrich August von Hayek, *Prises and Production,* Routledge & Kegan Paul (『貨幣と景気変動』尾崎稔訳, 高陽書院, 1934).
	1931	John M. Keynes, *Essays in Persuation* (『説得評論集』救仁郷繁訳, ぺりかん社, 1969；『説得論集』ケインズ全集9, 宮崎義一訳, 東洋経済新報社, 1981).
484	1932	Adolf A. Berle, Jr. and Gardiner C. Means, *The Modern Corporation and Private Property* (『近代株式会社と私有財産』北島忠男訳, 文雅堂銀行研究社, 1957).
	1932	Lionel C. Robbins, *An Essay on the Nature and Significance of Economic Science,* Macmillan (『経済学の本質と意義』中山伊知郎監修, 辻六兵衛訳, 東洋経済新報社, 1957).
	1936	高田保馬『経済と勢力』日本評論社.
336	1936	John Maynard Keynes, *The General Theory of Employment, Interest and Money,* Macmillan (『雇用・利子および貨幣の一般理論』塩野谷祐一訳, 東洋経済新報社, 1983).
490	1939	John Hicks, *Value and Capital: an inquiry into some fundamental principles of economic theory,* 1939; 2nd ed., Clarendon Press, 1974 (『価値と資本—経済理論の若干の基本原理に関する研究』安井琢磨・熊谷尚夫訳, 岩波書店, 1995).
	1940	Mary Parker Follet (Herry C. Metcalf and L. Urwick, eds.), *Dynamic Administration: the collected papers of Mary Parker Follet* (『組織行動の原理—動態的管理』米田清貴・三戸公訳, 未来社, 1972).
640	1941	Fritz J. Roethlisberger, *Management and Morale,* Harvard Univ. Press (『経営と勤労意欲』野田一夫・川村欣也訳, ダイヤモンド社, 1954).
384	1942	Paul Sweezy, *The Theory of Capitalist Development* (『資本主義発展の理論』都留重人訳, 新評論, 1967).

8. 経済

	1943	大河内一男『スミスとリスト―経済倫理と経済理論』日本評論社(『大河内一男著作集』3, 青林書院新社, 1969).
275	1944	大塚久雄『近代欧州経済史序説・上巻』時潮社(再版:日本評論社, 1946;改訂版二分冊:弘文堂, 1951-52;『大塚久雄著作集』第2巻, 岩波書店, 1969).
	1944	John von Neumann and Oskar Morgenstern, *Theory of Games and Economic Behavior*, 3d. ed., New York:Wiley(『ゲームの理論と経済行動』全5巻, 銀林浩・橋本和幸・宮本俊雄監訳, 東京図書, 1972-73).
82	1944	Karl Polanyi, *The Great Transformation*, 1944; Beacon Press, 1957(『大転換』吉沢英成・野口建彦・長尾史郎・杉村芳美訳, 東洋経済新報社, 1975).
351	1947	Herbert Alexander Simon, *Administrative Behavior*, Macmillan, 1947; 2nd ed., 1957(『経営行動』松田武彦・高柳暁・二村敏子訳, ダイヤモンド社, 1965); 3rd ed., 1976(『経営行動』松田武彦・高柳暁・二村敏子訳, ダイヤモンド社, 1989); 4th. ed., 1997.
440	1947	Richard Henry Tawney, *Religion and the Rise of Capitalism: a Historical Study*, New American Library(『宗教と資本主義の興隆―歴史的研究』上・下, 出口勇蔵・越智武臣訳, 岩波文庫, 1956-59;『キリスト教と資本主義の興隆―その史的研究』阿部正蔵訳, 河出書房新社, 1963).
275	1948	大塚久雄『近代化の人間的基礎』白日書院(新版:筑摩書房, 1968;『大塚久雄著作集』第8巻, 岩波書店, 1969).
461	1949-78	Friedrich August von Hayek, *Individualism and Economic Order*, Routledge, 1949; *Studies in Philosophy, Politics and Economics*, Routledge, 1967; *New Studies in Philosophy, Politics, Economics and History of Ideas*, Routledge, 1978(『市場・知識・自由―自由主義の経済思想』田中真晴・田中秀夫訳, ミネルヴァ書房, 1986).
351	1950	Herbert Alexander Simon, Donald W. Smithberg & Victor A. Thompson, *Public Administration*, Alfred A. Knopf(『組織と管理の基礎理論』岡本康雄・河合忠彦・増田孝治訳, ダイヤモンド社, 1977).
259	1950-52	宇野弘蔵『経済原論』岩波書店(岩波全書, 1964;『宇野弘蔵著作集』第1巻, 岩波書店, 1973).
326	1951	Colin Grant Clark, *The Conditions of Economic Progress*, Macmillan(『経済進歩の諸条件』2巻, 大川・高橋・山田訳, 勁草書房, 1953-55).
220	1951	Kenneth J. Arrow, *Social Choice and Individual Values*, Yale Univ. Press, 1951; 2nd ed., Yale Univ. Press, 1963(『社会的選択と個人的評価』長名寛明訳, 日本経済新聞社, 1977).
257	1953	内田義彦『経済学の生誕』未来社(増補版:未来社, 1962;『内田義彦著作集』第1巻, 岩波書店, 1988).
106	1953	Karl Marx, *Grundrisse der Kritik der politischen Ökonomie* (1857-58)(「経済学批判要綱(草稿)」マルクス資本論草稿集(1・2)『一八五七―五八年の経済学草稿』全2分冊, 資本論草稿集翻訳委員会訳, 大月書店, 1981).
	1954	馬場敬治『経営学と人間組織の問題』有斐閣.
108	1955	大塚久雄『共同体の基礎理論―経済史総論講義案』岩波書店(『大塚久雄著作集』第7巻, 岩波書店, 1969).
	1955	Karl G. Myrdal, *The Political Element in the Development of Economic Theory*(『経済学説と政治的要素』山田雄三・佐藤隆三訳, 春秋社, 1967).
532	1956	Reinhart Bendix, *Work and Authority in Industry: Ideologies of Management in the Course of Industrialization*, 1956(『産業における労働と権限―工業化過程における経営管理のイデオロギー』大東英祐・鈴木良隆訳, 東洋経済新報社, 1980).
472	1956	Talcott Parsons and Neil J. Smelser, *Economy and Society: a study in the integration of economic and society theory*, Routledge & Kegan Paul(『経済と社会』Ⅰ・Ⅱ, 富永健一訳, 岩波書店, 1958-59).
	1957	Philip Selznick, *Leadership in Administration*, Harper & Row(『組織とリーダーシップ』

8. 経済

	1958	北野利信訳, ダイヤモンド社, 1963).
	1958	James C. Abegglen, *The Japanese Factory: aspects of its social organization,* Free Press (『日本の経営』占部都美監訳, ダイヤモンド社, 1958).
554	1958	James G. March & Herbert A. Simon, *Organizations,* John Wiley & Sons, Inc. (『オーガニゼーションズ』土屋守章訳, ダイヤモンド社, 1977).
124	1958	John Kenneth Galbraith, *The Affluent Society,* Houghton Mifflin (『ゆたかな社会』鈴木哲太郎訳, 岩波書店, 1960; 改訂第2版1969, 邦訳1970; 改訂第3版1976, 邦訳1978; 改訂第4版1984, 邦訳1985).
	1959	Arthur H. Cole, *Business Enterprise in Its Social Setting,* Harvard Univ. Press (『経営と社会—企業者史学序説』中川敬一郎訳, ダイヤモンド社, 1965).
	1959	Edith T. Penrose, *The Theory of the Growth of the Firm,* Basil Blackwell (『会社成長の理論』末松玄六訳, ダイヤモンド社, 1962).
	1960	Douglas McGregor, *The Human Side of Enterprise,* McGraw-Hill (『新版 企業の人間的側面』高橋達男訳, 産業能率大学出版部, 1970).
	1960	Piero Sraffa, *Production of Commodities by Means of Commodities: prelude to a critique of economic theory* (『商品による商品の生産—経済理論批判序説』菱山泉・山下博訳, 有斐閣, 1962).
	1961	Rensis Likert, *New Patterns of Management,* McGraw-Hill (『経営の行動科学—新しいマネジメントの探求』三隅二不二訳, ダイヤモンド社, 1964).
	1962	Alfred D. Chandler, Jr., *Strategy and Structure,* MIT Press (『経営戦略と組織』三菱経済研究所訳, 実業之日本社, 1967).
	1962	Erich Gutenberg, *Unternehmungsführung, Organisation und Entscheidungen,* Th. Gebler (『企業の組織と意思決定』小川洌・二神恭一訳, ダイヤモンド社, 1964).
	1962	James Buchanan and Gordon Tulloch, *The Calculus of Consent* (『公共選択の理論—合意の経済理論』宇田川璋仁監訳, 東洋経済新報社, 1979).
	1963	Neil J. Smelser, *The Sociology of Economic Life,* Prentice-Hall (『経済社会学』加藤昭一訳, 勁草書房, 1965).
	1963	R. M. Cyert and James G. March, *A Behavioral Theory of the Firm,* Prentice-Hall (『企業の行動理論』松田武彦監訳, ダイヤモンド社, 1967).
	1964	G. S. Becker, *Human Capital* (『人的資本』佐野陽子訳, 東洋経済新報社, 1976).
	1965	青沼吉松『日本の経営層—その出身と性格』日本経済新聞社.
156	1965	Louis Althusser, Etienne Balibar, Jacques Rancière, Pierre Macherey, Roger Establet, *Lire le Capital,* tome I, II, Maspero (『資本論を読む』権寧他訳, 合同出版, 1974; ちくま学芸文庫, 上・中・下, 今村仁司訳, 1996-97).
448	1967	中根千枝『タテ社会の人間関係—単一社会の理論』講談社現代新書 (同書の英語版 *Japanese Society,* London, 1970 は12ヵ国語に翻訳されている).
	1967	James D. Thompson, *Organizations in Action,* McGraw-Harvard (『オーガニゼーション イン アクション』高宮晋監訳, 同文舘, 1987).
646	1967	Paul R. Lawrence and Jay W. Lorsh, *Organization and Environment: Managing Differentiation and Integration,* Harvard Univ. Press (『組織の条件適応理論』吉田博訳, 産業能率大学出版部, 1977).
	1968	津田真澂『年功的労使関係論』ミネルヴァ書房.
	1968	Kenneth E. Boulding, *Beyond Economics* (『経済学を越えて』公文俊平訳, 竹内書店, 1970).
	1969	John Child, *British Management Thought,* George Allen & Unwin (『経営管理思想』岡田和秀他訳, 文眞堂, 1982).
	1971	富永健一編著『経営と社会』現代経営学全集15, ダイヤモンド社.
492	1971	平田清明『経済学と歴史認識』岩波書店.
358	1972	Marshall Sahlins, *Stone Age Economics,* Aldine, 1972; Tavistock, 1974 (『石器時代の経済

| | 1973 | 学』山内昶訳，法政大学出版局，1984）．
| | 1973 | 富永健一『産業社会の動態』東洋経済新報社．
| | 1973 | 村上泰亮・熊谷尚夫・公文俊平『経済体制』岩波書店．
| 374 | 1973 | Ernst Friedrich Schumacher, *Small is Beautiful: a Study of Economics as if People Mattered*, Blond & Briggs, London（『人間復興の経済』斎藤志郎訳，佑学社，1976）．
| | 1973 | Ronald Dore, *British Factory-Japanese Factory: the origins of national diversity in industrial relations*, Univ. of California Press（『イギリスの工場日本の工場―労使関係の比較社会学』山之内靖・永易浩一訳，筑摩書房，1987）．
| | 1974 | 野中郁次郎『組織と市場―組織の環境適合理論』千倉書房．
| 495 | 1974 | 廣松渉『資本論の哲学』現代評論社（『資本論の哲学』（増補新版），勁草書房，1987；『廣松渉著作集』12，岩波書店，1996）．
| | 1975 | Oliver E. Williamson, *Markets and Hierarchies*, Free Press（『市場と企業組織』浅沼萬里・岩崎晃訳，日本評論社，1980）．
| | 1976 | 井森陸平・倉橋重史・大西正曹『経営理念の社会学的研究』晃洋書房．
| | 1976 | Harold Koontz and Cyril O'Donnel, *Management: a systems and contingency analysis of managerial functions* (6th ed.), McGraw-Hill（『経営管理の原則』1-5，高宮晋監修，大坪檀・中原伸之訳，好学社，1979）．
| | 1976 | James G. March and Johan P. Olsen, *Ambiguity and Choice in Organizations*, Universitetsforlagt（『組織におけるあいまいさと決定』遠田雄志・A.ユング訳，有斐閣，1986）．
| | 1977 | 古林喜楽編『日本経営学史―人と学説』1・2，千倉書房．
| | 1977 | Alfred D. Chandler, Jr., *The Visible Hand: the managerial revolution in American business*, Harvard Univ. Press（『経営者の時代―アメリカ産業における近代企業の成立』上・下，鳥羽欽一郎・小林袈裟治訳，東洋経済新報社，1979）．
| | 1978 | 村上泰亮・西部邁編『経済体制論第Ⅱ巻―社会学的基礎』東洋経済新報社．
| 512 | 1978 | Andre Gunder Frank, *Dependent Development and Underdevelopment*, Macmillan（『従属的蓄積と低開発』吾郷健二訳，岩波書店，1980）．
| | 1978 | Michio Morishima and George Catephores, *Value, Exploitation and Growth: Marx in the light of modern economic theory*, McGraw-Hill（『価値・搾取・成長―現代の経済理論から見たマルクス』高須賀義博・池尾和人訳，創文社，1980）．
| 521 | 1979 | Fernand Braudel, *Civilisation matérielle, économie et capitalisme, XVe-XVIIIe siècle*. Tome 1, Les structures du quotidien: Le possible et l'impossible. Tome 2, Les jeux de l'échange. Tome 3, Le temps du monde（Ⅰ『日常性の構造』1・2，村上光彦訳，みすず書房，1985．Ⅱ『交換のはたらき』1・2，山本淳一訳，みすず書房，1986-88．Ⅲ『世界時間』1，村上光彦訳，みすず書房，1996）．
| | 1979 | Gibson Burrell and Gareth Morgan, *Sociological Paradigms and Organizational Analysis*, Heinemann Educational Books（『組織理論のパラダイム―機能主義の分析枠組』部分訳：鎌田伸一他訳，千倉書房，1986）．
| | 1980 | 根岸隆『ケインズ経済学のミクロ理論』日本経済新聞社．
| | 1981 | ジョージェスク=レーゲン『経済学の神話―エネルギー・資源・環境に関する真実』小出厚之助・室田武・鹿島信吾編訳，東洋経済新報社．
| | 1981 | 吉沢英成『貨幣と象徴』日本経済新聞社．
| 188 | 1981 | Ivan Illich, *Shadow Work*, Marion Boyars, 1981; *Le travail fantôme*, Edition du Seuil, 1981（『シャドウ・ワーク―生活のあり方を問う』玉野井芳郎・栗原彬訳，岩波書店，1982；同時代ライブラリー版，1990）．
| | 1981 | Richard Tanner Pascale and Anthony G. Athos, *The Art of Japanese Management: applications for American executives*, Simon & Schuster（『ジャパニーズ・マネジメント』深田祐介訳，講談社文庫，1983）．
| | 1982 | 関曠野『プラトンと資本主義』北斗出版．
| 396 | 1982 | Amartya Sen, *Choice, Welfare and Measurement*, Basil Blackwell（『合理的な愚か者―経

		済学―倫理学的探究』大庭健・川本隆史〔部分〕訳, 勁草書房, 1989).
	1982	Bruce Caldwell, *Beyond Positivism* (『実証主義を超えて―20世紀経済科学方法論』堀田一善・渡辺directory監訳, 中央経済社, 1989).
	1983	加護野忠男他『日米企業の経営比較―戦略的環境適応の理論』日本経済新聞社.
	1983	根岸隆『経済学の歴史』東洋経済新報社.
	1983	山本哲士『消費のメタファー―男と女の政治経済学批判』冬樹社.
	1984	岩田龍子『「日本的経営」論争―その成果と新展開の方向を探る』日本経済新聞社.
	1984	塩野谷祐一『価値理念の構造―効用対権利』東洋経済新報社.
	1984	平山朝治『ホモ・エコノミクスの解体』啓明社.
	1985	石川晃弘・犬塚先編著『企業内の意思決定―だれが影響力を持っているか』有斐閣.
	1986	今井賢一編『イノベーションと組織』東洋経済新報社.
	1986	間宮陽介『モラル・サイエンスとしての経済学』ミネルヴァ書房.
	1986	Chester I. Barnard (William B. Wolf and Haruki Iino, eds.), *Philosophy for Managers: selected papers of Chester I. Barnard,* Bunshindo (『経営者の哲学』日本バーナード協会訳, 文眞堂, 1987).
546	1986	Robert Boyer, *La théorie de la régulation: Une analyse critique,* La Découverte (『レギュラシオン理論―危機に挑む経済学』山田鋭夫訳, 新評論, 1989;新版:藤原書店, 1990).
	1988	Akihiko Aoki, *Information, Incentives and Bargaining in the Japanese Economy,* Cambridge Univ. Press (『日本経済の制度分析―情報・インセンティヴ・交渉ゲーム』永島浩一訳, 筑摩書房, 1992).
	1988	Niklas Luhmann, *Die Wirtschaft der Gesellschaft,* Suhrkamp Verlag: Frankfurt am Main (『経済の社会』春田淳一訳, 文眞堂, 1994).
	1988	R. H. Coase, *The Firm, The Market, and The Law,* Univ. of Chicago: Illinois (『企業・市場・法』宮沢健一・後藤晃・藤垣芳文訳, 東洋経済新報社, 1992).
	1990	Douglass North, *Institutions, Institutional Change, and Economic Performance,* Cambridge Univ. Press (『制度, 制度変化, 経済成果』竹下公視訳, 晃洋書房, 1994).
	1990	R. M. Goodwin, *Chaotic Economic Dynamics,* Oxford Univ. Press (『カオス経済動学』有賀裕二訳, 多賀出版, 1992).
615	1991	Robert B. Reich, *The Work of Nations: Preparing Ourselves for 21st Century Capitalism,* Alfred A. Knopf (『ザ・ワーク・オブ・ネーションズ』中谷巌訳, ダイヤモンド社, 1991).
	1992	山内昶『経済人類学の対位法』世界書院.
	1992	山口重克編『市場システムの理論―市場と非市場』御茶の水書房.
238	1993	岩井克人『貨幣論』筑摩書房.
	1993	佐藤俊樹『近代・組織・資本主義―日本と西欧における近代の地平』ミネルヴァ書房.
	1993	平田清明『市民社会とレギュラシオン』岩波書店.
	1994	Michio Morishima, *Capital and Credit: a new formulation of general equilibrium theory* (『新しい一般均衡理論―資本と信用の経済学』安冨歩訳, 創文社).
	1994-95	宇沢弘文『宇沢弘文著作集』全12巻, 岩波書店.

9. 産業・労働

出現頁	刊行年	
12	1844	Karl Marx, *Ökonomisch-philosophische Manuskripte aus dem Jahre,* 1844; Karl Marx, Friedrich Engels historisch-kritische Gesamtausgabe, im Auftrage des Marx-Engels-Instituts, Moskau, Herausgegeben von V. Adoratskij, Erste Abteilung, Bd.3, Marx-Engels-Verlag G. M. B. H, Berlin, 1932 (『経済学・哲学草稿』城塚登・田中吉六訳, 岩波文庫,

9. 産業・労働

		1964).
267	1845	Friedrich Engels, *Die Lage der arbeitenden Klasse in England*, 1845; MEW, Bd. 2, 1957 (『イギリスにおける労働者階級の状態』マルクス=エンゲルス全集第2巻, 大内兵衛・細川嘉六監訳, 大月書店, 1960).
20	1893	Emile Durkheim, *De la division du travail social*, Félix Alcan (『社会分業論』現代社会学大系2, 田原音和訳, 青木書店, 1971;『社会分業論』上・下, 井伊玄太郎訳, 講談社学術文庫, 1989).
	1897	Sidney J. Webb & Beatrice P. Webb, *Industrial Democracy*, Longmans, Green & Co. (『産業民主制論』高野岩三郎監訳, 法政大学出版局, 1969).
608	1899	横山源之助『日本之下層社会』教文館 (『日本の下層社会』岩波書店, 1949;「日本之下層社会」『横山源之助全集』第1巻, 明治文献, 1972).
28	1899	Thorstein B. Veblen, *The Theory of Leisure Class: An Economic Study in the Evolution of Institutions*, Macmillan (『有閑階級の理論』小原敬士訳, 岩波文庫, 1961).
424	1911	Frederick W. Taylor, *The Principles of Scientific Management*, Harper & Brothers (『科学的管理法』上野陽一訳, 産業能率短期大学出版部, 1957).
	1924	Max Weber, *Gesammelte Aufsätze zur Soziologie und Sozialpolitik*, Mohr-Siebeck (『工業労働調査論』鼓肇雄訳, 日本労働研究機構, 1975).
56	1929	Robert Staughton Lynd & Helen Merrell Lynd, *Middletown: A Study in Modern American Culture*, Harcourt, Brace & World, 1929 (『リンド ミドゥルタウン』現代社会学大系9, 中村八朗抄訳, 青木書店, 1990); Robert Staughton Lynd & Helen Merrell Lynd, *Middletown in Transition: A Study in Cultural Conflict*, Harcourt, Brace & World, 1937 (抄訳:同上訳書〈この訳書では,『ミドゥルタウン』から研究の意図, 調査地の選定とその歴史, 生活費獲得, 家庭づくり, 余暇利用, 地域活動への参加, 結論, 調査法の各部分を,『変貌期のミドゥルタウン』から序章, 生活費獲得, X家の一族までの最初の3章を訳出〉).
591	1933	George Elton Mayor, *The Human Problems of an Industrial Civilization*, The Macmillan Company (『新訳・産業文明における人間問題—ホーソン実験とその展開』村本栄一訳, 日本能率協会, 1967).
283	1941	尾高邦雄『職業社会学』岩波書店 (改訂版1:2分冊, 福村書店, 1953;3分冊未刊).
640	1941	Fritz J. Roethlisberger, *Management and Morale*, Harvard Univ. Press (『経営と勤労意欲』野田一夫・川村欣也訳, ダイヤモンド社, 1954).
	1944	尾高邦雄『職業観の変革』河出書房.
	1948	尾高邦雄『職業と近代社会』要書房.
586	1951	Charles Wright Mills, *White Collar: The American Middle Class*, Oxford Univ. Press, Inc. (『ホワイト・カラー—中流階級の生活探求』杉政孝訳, 創元社, 1957).
326	1951	Colin Grant Clark, *The Conditions of Economic Progress*, Macmillan (『経済進歩の諸条件』2巻, 大川・高橋・山田訳, 勁草書房, 1953-55).
253	1951	Simone Weil, *La condition ouvrière*, Gallimard (『労働と人生についての省察』黒木義典・田辺保訳, 勁草書房, 1967).
	1954	尾高邦雄『産業における人間関係の科学』有斐閣.
333	1955	Alvin Ward Gouldner, *Pattern of Industrial Bureaucracy*, The Free Press of Glencoe, Inc. (『産業における官僚制—組織過程と緊張の研究』岡本秀昭・塩原勉訳, ダイヤモンド社, 1963).
284	1956	尾高邦雄編『鋳物の町』有斐閣.
	1956	Ralf Dahrendorf, *Industrie und Betriebssoziologie*, Walter de Gruyter (『ダーレンドルフ産業社会学』池内信行・鈴木英壽訳, 千倉書房, 1961).
532	1956	Reinhart Bendix, *Work and Authority in Industry: Ideologies of Management in the Course of Industrialization*, 1956 (『産業における労働と権限—工業化過程における経営管理のイデオロギー』大東英祐・鈴木良隆訳, 東洋経済新報社, 1980).
443	1957	Peter F. Drucker, *The Landmarks of Tomorrow*, Harper & Brothers (『変貌する産業社

		会』現在経営研究会訳,ダイヤモンド社,1959).
	1958	尾高邦雄編『職業と階層』毎日新聞社.
	1958	James C. Abegglen, *The Japanese Factory: aspects of its social organization*, Free Press (『日本の経営』占部都美監訳,ダイヤモンド社,1958).
	1959	大河内一男編『労働組合の構造と機能』東京大学出版会.
416	1959	Ralf Dahrendorf, *Class and Class Conflict in Industrial Society*, Stanford Univ. Press (『産業社会における階級および階級闘争』富永健一訳,ダイヤモンド社,1964).
626	1959	Seymour Martin Lipset and Reinhart Bendix, *Social Mobility in Industrial Society*, Univ. of California Press (『産業社会の構造』鈴木広訳,サイマル出版会,1969).
	1960	Clark Kerr, John T. Dunlop, Frederic H. Harbison & Charles C. Myers, *Industrialism and Industrial Man: the problems of labor and management in economic growth*, Harvard Univ. Press (『インダストリアリズム——工業化における経営者と労働者』中山伊知郎監修,川田寿訳,東洋経済新報社,1963).
643	1960	Walt Whitman Rostow, *The Stage of Economic Growth: A Non-Communist Manifesto*, Cambridge Univ. Press (『経済成長の諸段階』木村健康・久保まち子・村上泰亮訳,ダイヤモンド社,1961).
	1962	芝田進午『現代の精神的労働』三一書房.
556	1962	松島静雄『労務管理の日本的特質と変遷』ダイヤモンド社.
220	1962	Raymond Aron, *Dix-huit leçons sur la société industrielle*, Gallimard (『変貌する産業社会』長塚隆二訳,荒地出版社,1970).
	1963	大河内一男『労働組合』有斐閣.
	1963	尾高邦雄『産業社会学』ダイヤモンド社.
254	1963	Ezra F. Vogel, *Japan's New Middle Class: The Salary Man and His Family in a Tokyo Suburb*, Univ. of California Press (『日本の新中間階級——サラリーマンとその家族』佐々木徹郎編訳,誠信書房,1968 ; 新装版,1979).
	1964	間宏『日本労務管理史研究』ダイヤモンド社.
	1964	林知己夫・寿里茂・鈴木達三『日本のホワイトカラー』ダイヤモンド社.
	1964	André Gorz, *Stratégie ouvrière et néocapitalisme*, Seuil (『労働者戦略と新資本主義』小林正明・堀口牧子訳,合同出版,1970).
	1964	Georges Friedmann, *Le travail en miettes*, Gallimard (『細分化された労働』小関藤一郎訳,川島書店,1973).
	1964	Robert Blauner, *Alienation and Freedom*, Univ. of Chicago Press (『労働における疎外と自由』佐藤慶幸監訳,新泉社,1971).
	1965	北川隆吉『労働社会学入門』有斐閣.
441	1965	富永健一『社会変動の理論——経済社会学的研究』岩波書店.
	1965	萬成博『ビジネス・エリート』中央公論社.
	1965	Wilbert E. Moore, *The Impact of Industry*, Prentice-Hall (『産業化の社会的影響』井関利明訳,慶應通信,1971).
	1966	氏原正治郎『日本労働問題研究』東京大学出版会.
	1966	岡本秀昭『工業化と現場監督者』日本労働協会.
	1967	隅谷三喜男『日本の労使関係』日本評論社.
303	1967	John Kenneth Galbraith, *The New Industrial State*, Houghton Mifflin (『新しい産業国家』都留重人監訳,宮崎勇・石川通達・鈴木哲太郎訳,河出書房,1968 ; 改訂第2版,1971,河出書房新社,1972 ; 改訂第3版,1978,TBSブリタニカ,1980).
	1968	松島静雄・岡本秀昭編『産業社会学』川島書店.
436	1969	Alain Touraine, *La société post-industrielle* (『脱工業化の社会』壽里茂・西川潤訳,河出書房新社,1970).
	1970	石村善助『現代のプロフェッション』至誠堂.
	1970	尾高邦雄『職業の倫理』中央公論社.

| | 1970 | 中岡哲郎『人間と労働の未来』中公新書.
447 | 1971 | 中岡哲郎『工場の哲学』平凡社.
| 1971 | 藤本喜八『職業の世界』日本労働協会.
| 1971 | Bernard Mottez, *La sociologie industrielle,* Collection QUE SAIS-JE (『産業社会学』壽里茂訳, 白水社, 1972).
| 1972 | 八木正『現代の職業と労働』誠信書房.
302 | 1973 | 鎌田慧『自動車絶望工場』現代史出版会 (Kamata Satoshi, *Toyota l'usine désespoir,* Les Editions Ouvrières, 1976; *Japan in the passing lane,* Pantheon Books, 1983; 講談社文庫, 1983).
529 | 1973 | Daniel Bell, *The Coming of Post-Industrial Society: A Venture in Social Forecasting,* Basic Books (『脱工業社会の到来』上・下, 内田忠男・嘉治元郎・城塚登・馬場修一・村上泰亮・谷嶋喬四郎訳, ダイヤモンド社, 1975).
| 1974 | 岩田昌征『労働者自主管理』紀伊國屋書店.
| 1974 | 田中義久『人間的自然と社会構造』勁草書房.
| 1974 | Harry Braverman, *Labor and Monopoly Capital: the degradation of work in the twentieth century,* Monthly Review Press (『労働と独占資本』富沢賢治訳, 岩波書店, 1974).
| 1975 | 小関智弘『粋な旋盤工』風媒社.
589 | 1975 | 村上泰亮『産業社会の病理』中央公論社 (『村上泰亮著作集』3, 1997).
| 1976 | 内山節『労働過程論ノート』田畑書店.
| 1977 | 小池和男『職場の労働組合と参加』東洋経済新報社.
| 1979 | 中西洋『日本における「社会政策」・「労働問題」研究』東京大学出版会.
231 | 1981 | 稲上毅『労使関係の社会学』東京大学出版会.
| 1981 | 尾高邦雄『産業社会学講義』岩波書店.
| 1981 | 熊沢誠『日本の労働者像』筑摩書房.
188 | 1981 | Ivan Illich, *Shadow Work,* Marion Boyars, 1981; *Le travail fantôme,* Edition du Seuil, 1981 (『シャドウ・ワーク―生活のあり方を問う』玉野井芳郎・栗原彬訳, 岩波書店, 1982; 同時代ライブラリー版, 1990).
| 1982 | 布施鉄治編著『地域産業変動と階級・階層』御茶の水書房.
| 1983 | 熊沢誠『民主主義は工場の門前で立ちすくむ』田畑書店.
346 | 1984 | John H. Goldthorpe ed., *Order and Conflict in Contemporary Capitalism,* Oxford Univ. Press (『収斂の終焉』稲上毅・下平好博・武川正吾・平岡公一訳, 有信堂, 1987).
| 1984 | Michael J. Piore & Charles F. Sabel, *The Second Industrial Divide,* Basic Books (『第二の産業分水嶺』山之内靖・永易浩一・石田あつみ訳, 筑摩書房, 1993).
| 1985 | 上野千鶴子『資本制と家事労働―マルクス主義フェミニズムの問題構制』海鳴社.
| 1985 | 小山陽一編『巨大企業体制と労働者』御茶の水書房.
| 1985 | 斎藤修『プロト工業化の時代』日本評論社.
| 1985 | 間宏・北川隆吉編『経営と労働の社会学』東京大学出版会.
| 1986 | 鎌田慧『日本人の仕事』平凡社.
| 1987 | 稲上毅・川喜多喬編『リーディングス日本の社会学9 産業・労働』東京大学出版会.
| 1987 | 壽里茂『産業社会学』中央経済社.
| 1988 | 石川晃弘編『産業社会学』サイエンス社.
| 1988 | 稲上毅・川喜多喬『ユニオン・アイデンティティ』日本労働研究機構.
| 1989 | 稲上毅『転換期の労働世界』有信堂.
| 1989 | 川喜多喬『産業変動と労務管理』日本労働研究機構.
| 1989 | 篠田徹『世紀末の労働運動』岩波書店.
| 1990 | 岡本秀昭『経営と労働者』日本労働研究機構.
| 1990 | 関満博・加藤秀雄『現代日本の中小機械工業』新評論.
| 1993 | 尾高煌之助『企業内教育の時代』岩波書店.
| 1993 | 清成忠男『中小企業ルネサンス』有斐閣.

出現頁	刊行年	
	1993	小池和男『アメリカのホワイトカラー』東洋経済新報社.
	1993	野村正實『トヨティズム』ミネルヴァ書房.
	1994	栗田健『日本の労働社会』東京大学出版会.
	1995	稲上毅編『成熟社会のなかの企業別組合』日本労働研究機構.
	1995	奥田健二監修,今田幸子・平田周一著『ホワイトカラーの昇進構造』日本労働研究機構.

10. 法・政治

出現頁	刊行年	
10	1821	Georg Wilhelm Friedrich Hegel, *Grundlinien der Philosophie des Rechts oder Naturrecht und Staatswissenschaft im Grundrisse*. この書名で刊行されている書物には,①ヘーゲルの執筆した本文,②ヘーゲルの執筆したノート,③講義の聴講生のノートを弟子のガンスが再編集した「補遺」,④最近になって刊行された各種の聴講生のノート(一部の邦訳は雑誌『ヘーゲル研究』ヘーゲル研究会刊に掲載)という4種類がある.(『法の哲学』『世界の名著35 ヘーゲル』藤野渉・赤沢正敏訳,中央公論社,1967(①②③の訳);『法の哲学』高峰一愚訳,論創社,1983(①③の訳);『法権利の哲学』三浦和男・樺井正義・永井建晴・浅見正吾訳,未知谷,1991(①の訳);『法の哲学』上妻精訳,岩波書店,近刊).
438	1835-40	Alexis de Tocqueville, *De la Democratie en Amerique* (『アメリカにおけるデモクラシー』岩永健吉郎・松本礼二訳,研究社出版,1972;『アメリカの民主政治』上・中・下,井伊玄太郎訳,講談社学術文庫,1987).
267	1845	Friedrich Engels, *Die Lage der arbeitenden Klasse in England*, 1845; MEW, Bd. 2, 1957 (『イギリスにおける労働者階級の状態』マルクス=エンゲルス全集第2巻,大内兵衛・細川嘉六監訳,大月書店,1960).
564	1852	Karl Marx, *Der achtzehnte Brumaire des Louis Bonaparte* (「ルイ・ボナパルトのブリュメール十八日」『マルクス・エンゲルス全集』第8巻,大内兵衛・細川嘉六監訳,大月書店,1962).
	1860	Herbert Spencer, *The Social Organism*, Westminster Review (『個人対社会』鈴木栄太郎訳,社会学研究会,1923).
565	1871	Karl Marx, *The Civil War in France* (Address of the General Council of the International Working-Men's Association, to all the Members of the Association in Europe and in the United States) (『フランスの内乱』木下半治訳,岩波文庫,1952).
223	1900	Georg Jellinek, *Allgemeine Staatslehre*, 1. Aufl., Verlag von Haling Berlin, 1900; 2. Aufl., 1905; 3. Aufl., 1914 (『一般国家学』芦部信喜・小林孝輔・和田英夫他訳,学陽書房,1974).
415	1901	Gabriel Tarde, *L'Opinion et la Foule*, Félix Alcan (『世論と群集』稲葉三千男訳,未来社,1964).
266	1913	Eugen Ehrlich, *Gruendlegung der Soziologie des Rechts*, 1. Aufl. (『法社会学の基礎理論』河上倫逸・M. フーブリヒト訳,みすず書房,1984).
	1920	Max Weber, *Gesammelte Aufsätze zur Religionssoziologie*, Bd. 1, Zwischenbetrachtung, J. C. B. Mohr (『宗教社会学論選』中間考察,大塚久雄・生松敬三訳,みすず書房,1972).
	1921	Max Weber, *Gesammelte Politische Schriften*, J. C. B. Mohr (『政治論集』1・2,中村貞二他訳,みすず書房,1982).
	1921	Max Weber, *Wirtschaft und Gesellschaft*, 1 Aufl. [5Aufl., 1976], J. C. B. Mohr (『法社会学』世良晃志郎訳,創文社,1977).
50	1921-22	Max Weber, Soziologie der Herrschaft, Die Typen der Herrschaft, 1 Aufl., hg. Marianne Weber, 1921-22; in, J. Winckelmann, hg., *Wirtschaft und Gesellschaft*, 4 aufl., Mohr, 1956 (『支配の社会学』世良晃志郎訳,Ⅰ:1960;Ⅱ:1962;『支配の諸類型』1970,いずれも創文社).
375	1922	Carl Schmitt, *Politische Theologie*, Verlag von Duncker & Humblot, Zwite Ausgabe

10. 法・政治

		(『政治神学』田中浩・原田武雄訳, 未来社, 1971).
625	1922	Walter Lippmann, *Public Opinion,* New York: Harcourt Brace & Co., 1922 (『輿論』中島行一・山崎勉治訳, 大日本文明協会, 1923 ;『世論』田中靖政・高根正昭・林進訳, 世界大思想全集 社会・宗教・科学思想編25, 河出書房新社, 1963): The Macmillan Co., 14th Printing, 1954 (『世論』掛川トミ子訳, 岩波文庫, 上・下, 1987). 原著の初版は, Harcourt Brace, 1922 ; 以後 The Macmillan, 初刷1930 ; Penguin, 初刷1946 ; Free Press Paperback Edition, 初刷1965の各プリント版がある.
	1923	末弘厳太郎『嘘の効用』改造社.
628	1923	Georg Lukács, *Geschichte und Klassenbewußtsein: Studien über marxistische Dialektik* (『歴史と階級意識——マルクス主義弁証法の研究』城塚登・吉田光訳, 白水社, 1987).
	1924	Robert Michels, *Zur Soziologie des Parteiwesens in der modernen Demokratie* [2. Aufl., 1925], Kröner (『現代民主主義における政党の社会学』1・2, 森博・樋口晟子訳, 木鐸社, 1973).
	1925	平野義太郎『法律に於ける階級闘争』研進社.
	1925	Harold J. Laski, *Grammar of Politics,* G. Allen & Unwin (『政治学大綱』上・下, 堀越英一・日高明三訳, 法政大学出版局, 1952).
563	1926	Bronislaw Malinowski, *Crime and Custom in Savage Society,* London: K. Paul, New York: Harcourt (『未開社会における犯罪と慣習』青山道夫訳, 日本評論社, 1942 ; 1955 ; 新泉社 ; 1967).
	1928	Carl Schmitt, *Verfassungslehre,* Duncker & Humblot (『憲法論』阿部照哉・村上義弘訳, みすず書房, 1974).
	1929	Hans Kelsen, *Vom Wesen und Wert der Demokratie,* J. C. B. Mohr (『デモクラシーの本質と価値』西島芳二訳, 岩波文庫, 1966).
	1929	Karl Renner, *Die Rechtsinstitute des Privatrechts und ihre soziale Funktion: Ein Beitrag zur Kritik des bürgerlichen Rechts,* Mohr (『私法制度の社会的機能』加藤正男訳, 法律文化社, 1968).
58	1930	José Ortega y Gasset, *La Rebelión de las Masas* (『大衆の蜂起』樺俊雄訳, 創元社, 1953 ;『大衆の叛逆』佐野利勝訳, 筑摩書房, 1953 ;『大衆の反逆』神吉敬三訳, 角川文庫, 1967 ;『オルテガ著作集』第2巻, 桑名一博訳, 白水社, 1969 ;『世界の名著56 マンハイム・オルテガ』寺田和夫訳, 中央公論社, 1971 ; 桑名一博訳, 白水社, 1975 ;『中公バックス世界の名著68 マンハイム・オルテガ』中央公論社, 1979 ; 白水社, 新装版, 1985).
375	1932	Carl Schmitt, *Der Begriff des Politischen,* Dunker & Humblot (『政治的なものの概念』田中浩・原田武雄訳, 未来社, 1970).
	1934	Charles E. Merriam, *Political Power,* McGraw-Hill (『政治権力』斎藤真他訳, 東京大学出版会, 1974).
545	1934	Franz Borkenau, *Der Übergang vom feudalen zum modernen Weltbid. Studien zur Geschichte der Philosophie des Manufacturperiode,* Schriften des Instituts für Sozialforschung, Felix Alcan (『封建的世界像から市民的世界像へ』水田洋他訳, みすず書房, 1959).
	1939	Nicholas Sergeyvitch Timasheff, *An Introduction to the Sociology of Law,* Harvard Univ. Press (『法社会学』川島武宜・早川武夫・石村善助訳, 東京大学出版会, 1962).
76	1941	Erich Fromm, *Escape from Freedom,* Farrar & Straus (『自由からの逃走』日高六郎訳, 東京創元新社, 1951).
318	1942	Georges Gurvitch, *Sociology of Law,* Philosophical Library (『法社会学』潮見俊隆・壽里茂訳, 日本評論新社, 1956).
291	1943	戒能通孝『入会の研究』日本評論社 (増補版:一粒社, 1958).
	1943	戒能通孝『法律社会学の諸問題』日本評論社.
	1943	Alexander D. Lindsay, *The Modern Democratic State,* Oxford Univ. Press (『現代民主主義国家』紀蘇信義訳, 未来社, 1969).
	1945	Roscoe Pound, "Sociology of Law", G. Gurvitch and W. E. Moore (eds.), *20th Century*

	1947	Sociology (『法社会学』20世紀の社会学3, 細野武雄訳, 誠信書房, 1959).
	1947	毎日新聞社『民法改正に関する世論調査』毎日新聞社.
	1947	山中康雄『市民社会と民法』日本評論社.
	1947	Robert M. MacIver, *The Web of Government,* Macmillan (『政府論』秋永肇訳, 勁草書房, 1954).
305	1948	川島武宜『日本社会の家族的構成』学生書房 (『川島武宜著作集』10, 岩波書店, 1983).
	1948	中川善之助『新憲法と家族制度』国立書院.
	1948	平野義太郎『日本資本主義の機構と法律』明善書房.
	1949	川島武宜『所有権法の理論』岩波書店.
	1949	Jerome Frank, *Courts on Trial,* Princeton Univ. Press (『裁かれる裁判所』上・下, 古賀正義訳, 1960-61).
	1950	青島道夫『身分法概論』法律文化社.
	1950	川島武宜『法社会学における法の存立構造』日本評論新社.
	1950	民科法律部会編『法社会学文献解題ならびに目録—法社会学の諸問題』北隆館.
100	1950	David Riesman, *The Lonely Crowd: a Study of Changing American Character,* with N. Glazer & R. Denney (『孤独なる群衆』佐々木徹郎・鈴木幸寿・谷田部文吉訳, みすず書房, 1955); rev. ed., 1961 (『孤独な群衆』加藤秀俊訳, 1964).
98	1950	Marcel Mauss, *Sociologie et Anthropologie,* Press Universitaires de France (『社会学と人類学』Ⅰ・Ⅱ, 有地亨・山口俊夫訳, 弘文堂, 1973-76). 邦訳は1968年刊の第4版を底本とする.
219	1951	Hannah Arendt, *The Origins of Totalitarianism,* Harcourt Brace Javanovich, 1951; 2nd ed., 1958; 3rd ed., 1966-68 (分冊版), 3rd ed., 1973 (合本版) (『全体主義の起原 1〜3』大久保和郎・大島道義・大島かおり訳, みすず書房, 1972-74).
	1951	Harold Lasswell, *Politics: who gets what, when, how,* Free Press (『政治』久保田きぬ子訳, 岩波書店, 1959).
	1953	David Easton, *The Political System,* Knopf (『政治体系論』山川雄巳訳, ぺりかん社, 1976).
	1954	田邊壽利編『輿と政治』社会学大系12, 石泉社.
	1954	中村哲・丸山真男・辻清明編『政治学事典』平凡社.
	1955	川島武宜『科学としての法律学』弘文堂.
335	1955	Peter Kropotkin, *Mutual Aid, A Factor of Evolution,* Extending Horizons Books (『相互扶助論』大澤正道訳, 三一書房, 1970).
	1956	千葉正士『法社会学と村落構造論』日本評論社.
114	1956	Charles Wright Mills, *The Power Elite,* Oxford Univ. Press (『パワー・エリート』鵜飼信成・綿貫譲治訳, 東京大学出版会, 1958).
510	1956	Peter Michael Blau, *Bureaucracy in Modern Society,* Random House (『現代社会の官僚制』阿利莫二訳, 岩波書店, 1958).
116	1956-57	丸山真男『現代政治の思想と行動』上・下, 未来社 (増補版, 1964; 『丸山眞男集』第6・7巻, 岩波書店, 1995-96).
306	1957	川島武宜『イデオロギーとしての家族制度』岩波書店 (『川島武宜著作集』10, 岩波書店, 1983).
	1957	川島武宜『法社会学』上, 岩波書店.
	1957	高梨公之『日本婚姻法論』有斐閣.
	1957-58	中川善之助・川島武宜他編『講座・家族問題と家族法』全7巻, 酒井書店.
	1958	山主政幸『日本社会と家族法—戸籍法をとおして』日本評論社.
	1958-67	鵜飼信成・福島正夫他編『講座日本近代法発達史』全11巻, 勁草書房.
	1959	川島武宜『近代社会と法』岩波書店.
555	1959	松下圭一『現代政治の条件』中央公論社 (増補版:1976).
	1959	渡辺洋三『法社会学と法解釈学』岩波書店.

416	1959	Ralf Dahrendorf, *Class and Class Conflict in Industrial Society,* Stanford Univ. Press (『産業社会における階級および階級闘争』富永健一訳, ダイヤモンド社, 1964).
350	1959	William Alan Kornhauser, *The Politics of Mass Society,* Free Press (『大衆社会の政治』辻村明訳, 東京創元社, 1961).
	1960	潮見俊隆『農村と基地の法社会学』岩波書店.
	1960	日本政治学会編『日本の圧力団体 年報政治学1960』岩波書店.
414	1961	Robert A. Dahl, *Who Governs?: Democracy and Power in an American City* (『統治するのはだれか——アメリカの一都市における民主主義と権力』河村望・高橋和宏監訳, 行人社, 1988).
	1962	江守五夫『法社会学方法論序説』法律文化社.
	1962	長谷川正安・宮内裕・渡辺洋三編『日本の法律家』三一書房.
144	1962	Jürgen Habermas, *Strukturwandel der Öffentlichkeit: Untersuchungen zu einer Kategorie der bürgerlichen Gesellschaft,* Luchterhand Verlag, 1962 (『公共性の構造転換』細谷貞雄訳, 未来社, 1973) ; rev. ed., Suhrkamp Taschenbuch Wissenschaft 891, 1990 (『公共性の構造転換—市民社会の一カテゴリーの研究』細谷貞雄・山田正行訳, 1994).
	1962	M. Oakesott, *Rationalism in Politics and other Essays,* Methuen (『政治における合理主義』嶋津格・森村進他訳, 勁草書房, 1988).
	1963	長谷川正安・宮内裕・渡辺洋三編『日本人の法意識』三一書房.
	1964	Erwin O. Smigel, *The Wall Street Lawyer,* Free Press (『ウォール街の弁護士』桑畑昭・高橋勲訳, サイマル出版会, 1969).
567	1964	Herbert Marcuse, *One Dimensional Man: studies in the advanced industrial society,* Beacon Press (『一次元的人間』生松敬三・三沢謙一訳, 河出書房新社, 1974).
	1964	Lon L. Fuller, *The Morality of Law,* Yale Univ. Press (『法と道徳』稲垣良典訳, 有斐閣, 1970).
	1965	大内兵衛・我妻栄『日本の裁判制度』岩波書店.
	1965	三ケ月章他『各国弁護士制度の研究』有信堂.
	1965	Niklas Luhmann, *Grundrechte als Institution,* Duncker & Humblot (『制度としての基本権』今井弘道・大野達司訳, 木鐸社, 1989).
	1965	Niklas Luhmann, *Grundrechte als Institution: Ein Beitrag zur politischen Soziologie,* Duncker & Humblot (『制度としての基本権』今井弘道・大野達司訳, 木鐸社, 1989).
	1965-80	升味準之輔『日本政党史論』全7巻, 東京大学出版会.
	1966	阿部斉『民主主義と公共の概念』勁草書房.
	1966	横山桂一・大原光憲『現代日本の地域政治』三一書房.
	1966	David Easton, *Varieties of Political Theory,* Prentice-Hall (『現代政治理論の構想』大森彌他訳, 勁草書房, 1971).
	1966	Karl W. Deutsch, *The Nerves of Government,* Free Press (『サイバネティクスの政治理論』佐藤敬三他訳, 早稲田大学出版部, 1986).
	1967	川島武宜『日本人の法意識』岩波書店.
	1967	鈴木一郎『生活保護法の法社会学的研究』勁草書房.
580	1967	三宅一郎・木下富雄・間場寿一『異なるレベルの選挙における投票行動の研究』創文社.
319	1968	京極純一『政治意識の分析』東京大学出版会.
	1968	小林直樹編『日本人の憲法意識』東京大学出版会.
	1968	湯沢雍彦『家庭事件の法社会学』岩波書店.
	1968	Lon L. Fuller, *Anatomy of Law,* Frederick A. Praeger (『法と人間生活』藤倉皓一郎訳, エンサイクロペディア・ブリタニカ日本支社, 1968).
	1968	Peter Gay, *Weimar Culture,* Harper & Row (『ワイマール文化』亀嶋庸一訳, みすず書房, 1987).
	1969	田口富久治『社会集団の政治的機能』未来社.
	1969	千葉正士『現代・法人類学』北望社.

10. 法・政治

	1969	藤田勇・江守五夫編『文献研究―日本の法社会学』日本評論社.
	1969	升味準之輔『現代日本の政治体制』岩波書店.
	1969	源了円『義理と人情―日本的心情の一考察』中央公論社.
436	1969	Alain Touraine, *La société post-industrielle* (『脱工業化の社会』壽里茂・西川潤訳, 河出書房新社, 1970).
	1969	Karl W. Deutsch, *Nationalism and its Alternatives*, A. A. Knopf (『ナショナリズムとその将来』勝村茂・星野昭吉訳, 勁草書房, 1975).
	1969	Talcott Parsons, *Politics and Social Structure*, Free Press (『政治と社会構造』上・下, 新明正道監訳, 誠信書房, 1973-74).
	1970	石井成一・大野正男・古賀正義・釘沢一郎編『講座 現代の弁護士』全4巻, 日本評論社.
225	1970	石田雄『日本の政治文化―同調と競争』東京大学出版会.
	1970	潮見俊隆『法律家』岩波書店.
	1970	千葉正士『祭りの法社会学』弘文堂.
	1970	広瀬和子『紛争と法』勁草書房.
	1971	戒能通孝『公害の法社会学』三省堂.
	1971	永井陽之助『政治意識の研究』岩波書店.
	1971	広中俊雄『法と裁判』東京大学出版会.
556	1971	松下圭一『シビル・ミニマムの思想』東京大学出版会.
	1971	松下圭一編『市民参加』東洋経済新報社.
	1971	六本佳平『民事紛争の法的解決』岩波書店.
	1971	Graham T. Allison, *Essence of Decision: explaining the Cuban missile crises*, Little Brown (『決定の本質』宮里政玄訳, 中央公論社, 1977).
646	1971	John Rawls, *A Theory of Justice*, Harvard Univ. Press (『正義論』矢島鈞次監訳, 紀伊國屋書店, 1979).
415	1971	Robert A. Dahl, *Poliarchy:participation and opposition*, Yale Univ. Press (『ポリアーキー』高畠通敏・前田脩訳, 三一書房, 1981).
	1972	内山秀夫『政治発展の理論と構造』未来社.
	1972	渡辺洋三『入会と法』東京大学出版会.
	1972	渡辺洋三『農業と法』東京大学出版会.
426	1972	Maurice Duverger, *Janus: les deux faces de l'Occident*, Fayard (『ヤヌス』宮島喬訳, 木鐸社, 1975).
633	1972	Niklas Luhmann, *Rechtssoziologie*, Rowohlt Taschenbuch Verlag GmbH (『法社会学』村上淳一・六本佳平訳, 岩波書店, 1977).
	1972-73	高柳信一・藤田勇編『資本主義法の形成と展開』全3巻, 東京大学出版会.
	1972-81	渡辺洋三『法社会学研究』全8巻, 東京大学出版会.
	1973	明山和夫『扶養法と社会福祉』有斐閣.
	1973	日本文化会議編『日本人の法意識〈調査分析〉』至誠堂.
	1974	秋元律郎『政治社会学序説―現代社会における権力と参加』早稲田大学出版部.
	1974	岩永健吉郎編『政治学研究入門』東京大学出版会.
	1974	東京大学社会科学研究所『漁業紛争の法社会学的研究』調査報告15, 東京大学社会科学研究所.
	1974	広中俊雄『警備公安警察の研究』岩波書店.
	1974	渡辺洋三『法社会学の課題』法社会学研究7, 東京大学出版会.
340	1974	Abner Cohen, *Two-Dimensional Man: An essay on the anthropology of power and symbolism in complex society*, Univ. of California Press (『二次元的人間』山川偉也・辰巳浅嗣訳, 法律文化社, 1976).
	1974	Niklas Luhmann, *Rechtssystem und Rechtsdogmatik*, Kohlhammer (『法システムと法解釈学』土方透訳, 日本評論社, 1988).
459	1974	Robert Nozick, *Anarchy, State, and Utopia*, Basic Books (『アナーキー・国家・ユートピア』上・下, 嶋津格訳, 木鐸社, 1985-89 ; 合本1992).

	1975	磯村哲『社会法学の展開と構造』日本評論社.
	1975	西尾勝『権力と参加―現代アメリカの都市行政』東京大学出版会.
180	1975	Michel Foucault, *Surveiller et punir: Naissance de la prison*, Gallimard (『監獄の誕生―監視と処罰』田村俶訳, 新潮社, 1977).
633	1975	Niklas Luhmann, *Macht*, Ferdinand Enke Verlag (『権力』長岡克行訳, 勁草書房, 1986).
	1976	朝日新聞世論調査室編『日本人の政治意識―朝日新聞世論調査の30年』朝日新聞社.
	1976	石村善助・六本佳平編『教材法社会学』東京大学出版会.
	1976	上林良一『圧力団体論』有斐閣.
	1976	黒木三郎編『現代法社会学講義』青林書院新社.
	1976	広中俊雄『法社会学論集』東京大学出版会.
	1976	綿貫譲治『日本政治の分析視角』中央公論社.
	1977	古城利明『地方政治の社会学』東京大学出版会.
	1977	Lawrence M. Friedman, *Law and Society, an Introduction*, Prentice-Hall (『法と社会』石村善助訳, 至誠堂, 1980).
240	1977	Ronald Inglehart, *The Silent Revolution: Changing Values and Political Styles Among Western Publics*, Princeton Univ. Press (『静かなる革命―政治意識と行動様式の変化』三宅一郎・金丸輝男・富沢克訳, 東洋経済新報社, 1978).
	1978	Phillipe Nonet and Philip Selznik, *Law and Society in Transition*, Happer Colophon Books (『法と社会の変動理論』六本佳平訳, 岩波書店, 1981).
432	1978	Ronald Dworkin, *Taking Rights Seriously*, Duckworth (『権利論』木下毅・小林公・野坂泰司訳, 木鐸社, 1986).
	1979	田中成明『裁判をめぐる法と政治』有斐閣.
	1979	日本法社会学会『日本の法社会学』有斐閣.
	1979	村上淳一『近代法の形成』岩波書店.
	1980	高畠通敏『現代日本の政党と選挙』三一書房.
483	1980	Georges Balandier, *Le pouvoir sur scène* (『舞台の上の権力』渡辺公三訳, 平凡社, 1982).
	1980	Reginald J. Harrison, *Pluralism and Corporatism*, George Allen & Unwin (『プルーラリズムとコーポラティズム』内山秀夫訳, 勁草書房, 1983).
	1981	秋元律郎『権力の構造』有斐閣.
	1981	朝日新聞情報公開取材班『日本での情報公開』朝日新聞社.
	1981	大原光憲『現代政治過程論―国家と地域社会の政治』勁草書房.
	1981	川井健『民法判例と時代思潮』日本評論社.
412	1981	田中克彦『ことばと国家』岩波新書.
	1981	A. McIntyre, *After Virtue: A Study in Moral Theory*, Univ. of Notre Dame Press (『美徳なき時代』篠崎榮訳, みすず書房, 1993).
	1981	Christian Bay, *Strategies of Political Emancipation*, Univ. of Notre Dame Press (『解放の政治学』内山秀夫・丸山正次訳, 岩波書店, 1987).
331	1982	栗原彬『管理社会と民衆理性―日常意識の政治社会学』新曜社.
	1982	後藤孝典『現代損害賠償論』日本評論社.
	1982	日本文化会議編『現代日本人の法意識』第一法規.
	1982	林知己夫編『日本人の政治感覚』出光書店.
	1982	Gerhard Lehmbruch and Philippe C. Schmitter, *Patterns of Corporatist Policy Making* (『現代コーポラティズム』1・2, 高橋進他訳, 木鐸社, 1984-86).
	1983	石村善助『法社会学序説』岩波書店.
	1983	居安正『政党派閥の社会学』世界思想社.
	1983	大木雅夫『日本人の法観念』東京大学出版会.
320	1983	京極純一『日本の政治』東京大学出版会.
	1983	曾良中清司『権威主義的人間』有斐閣.
403	1983	高畠通敏『政治の発見―市民政治理論序説』三一書房（同時代ライブラリー, 岩波書店, 19

	1983	97).
	1983	蓮見音彦編『地方自治体と市民生活』東京大学出版会.
	1983	山口昌男『文化の詩学』1・2, 岩波書店.
	1983	R. A. Posner, *The Economics of Justice*, 2nd. ed., (『正義の経済学―規範的法律学への挑戦』馬場孝一・國武輝久監訳, 木鐸社, 1991).
	1984	及川伸『新訂法社会学入門』法律文化社.
	1984	田中成明『現代法理論』有斐閣.
	1984	星野英一編『隣人訴訟と法の役割』有斐閣.
	1984	Joseph Raz, *Law as Authority* (『権威としての法』深田三徳編訳, 勁草書房, 1994).
487	1984	Lynn Hunt, *Politics, Culture, and Class in the French Revolution*, Univ. of California Press (『フランス革命の政治文化』松浦義弘訳, 平凡社, 1989).
	1985	栗原彬・今防人・杉山光信・山本哲士編『文化のなかの政治』社会と社会学2, 新評論.
469	1985	橋爪大三郎『言語ゲームと社会理論―ヴィトゲンシュタイン・ハート・ルーマン』勁草書房.
	1985	福田歓一『政治学史』東京大学出版会.
	1985	三宅一郎『政党支持の分析』創文社.
	1986	井上達夫『共生の作法―会話としての正義』創文社.
	1986	栗原彬・今防人・杉山光信・山本哲士編『身体の政治技術』社会と社会学3, 新評論.
	1986	佐藤誠三郎・松崎哲久『自民党政権』中央公論社.
	1986	六本佳平『法社会学』有斐閣.
	1987	尾形典男『議会主義の政治理論』岩波書店.
	1987	矢崎光圀『日常世界の法構造』みすず書房.
	1987	Michael Taylor, *Possibility of Cooperation: Studies in Rationality and Social Change*, Cambridge Univ. Press (『協力の可能性―協力・国家・アナーキー』松原望訳, 木鐸社, 1995).
	1990	村上淳一『ドイツ現代法の基層』東京大学出版会.
	1991	樋渡展洋『戦後日本の市場と政治』東京大学出版会.
	1991	松下圭一『政策的思考と政治』東京大学出版会.
	1991-92	東京大学社会科学研究所『現代日本社会』全7巻, 東京大学出版会.
	1992	中野実『現代日本の政策過程』東京大学出版会.
590	1992	村上泰亮『反古典の政治経済学』上・下, 中央公論社 (『村上泰亮著作集』6・7, 1997).
	1993	飯尾潤『民営化の政治過程』東京大学出版会.
	1993	海老原明夫編『法の近代とポストモダン』東京大学出版会.
	1993	中野敏男『近代法システムと批判』弘文堂.
	1994	関根政美『エスニシティの政治社会学―民族紛争の制度化のために』名古屋大学出版会.
	1994	日本経済新聞社編『官僚―軋む巨大権力』日本経済新聞社.
	1994	平尾透『功利性原理』法律文化社.
	1994	宮川公男『政策科学の基礎』東洋経済新報社.

11. 民族・国家・エスニシティ

出現頁	刊行年	
2	1651	Thomas Hobbes, *Leviathan: the matter, form and power of a common-wealth ecclesiasticall and civill* (『リヴァイアサン〈国家論〉』世界の大思想13, 水田洋・田中浩訳, 河出書房, 1966).
644	1689	John Locke, *Two Treatises of Government*, London, 1690; critical edition by Peter Laslett, 2nd ed., Cambridge, 1967 (『市民政府論』鵜飼信成訳, 岩波文庫, 1968 ;「統治論」宮川透訳, 『世界の名著27 ロック・ヒューム』所収, 中央公論社, 1980).
4	1762	Jean-Jacques Rousseau, *Du contrat social ou principes du droit politique*, 1762; *Œuvres complètes* de Jean-Jacques Rousseau, Bibliothèque de la Pléiade, Gallimard, 1964 (『社

		会契約論』桑原武夫・前川貞次郎訳，岩波文庫，1954）．
10	1821	Georg Wilhelm Friedrich Hegel, *Grundlinien der Philosophie des Rechts oder Naturrecht und Staatswissenschaft im Grundrisse*. この書名で刊行されている書物には，①ヘーゲルの執筆した本文，②ヘーゲルの執筆したノート，③講義の聴講生のノートを弟子のガンスが再編集した「補遺」，④最近になって刊行された各種の聴講生のノート（一部の邦訳は雑誌『ヘーゲル研究』ヘーゲル研究会刊に掲載）という4種類がある．（『法の哲学』世界の名著35　ヘーゲル』藤野渉・赤沢正敏訳，中央公論社，1967（①②③の訳）；『法の哲学』高峰一愚訳，論創社，1983（①③の訳）；『法権利の哲学』三浦和男・樺井正義・永井建晴・浅見正吾訳，未知谷，1991（①の訳）；『法の哲学』上妻精訳，岩波書店，近刊）．
268	1884	Friedrich Engels, *Der Ursprung der Familie, des Privateigentum und des Staats*, 1844; MEW, Bd. 21, 1962（『家族，私有財産および国家の起源』マルクス＝エンゲルス全集第21巻，大内兵衛・細川嘉六監訳，大月書店，1971）．
	1894	徳富蘇峰『大日本膨張論』民友社．
223	1900	Georg Jellinek, *Allgemeine Staatslehre*, 1. Aufl., Verlag von Haling Berlin, 1900; 2. Aufl., 1905; 3. Aufl., 1914（『一般国家学』芦部信喜・小林孝輔・和田英夫他訳，学陽書房，1974）．
261	1900-20	Wilhelm Max Wundt, *Völkerpsychologie*, Bde. 10（『民族心理より見たる政治的社会』平野義太郎訳，日本評論社，1938，第8巻の訳；『文化と歴史』高沖陽造訳，霞ヶ関書房，1946，第10巻第1部の訳）．
641	1917	Владимир Ильич Ленин, Государство и революция, *Полное собрание сочинений*（изд.5), т. 33, c.1-120（『国家と革命』レーニン全集25，第4版410-533頁，レーニン全集刊行委員会訳，大月書店，1957；宇高基輔訳，岩波文庫，1957）．
	1922	田中智学『日本国体の研究』天業民報社．
313	1923	北一輝『日本改造法案大綱』猶存社（『北一輝著作集』第2巻，みすず書房，1959）．
548	1924	Friedrich Meinecke, *Die Idee der Staatsräson in der neueren Geschichte*（『近代史における国家理性の理念』菊盛英夫・生松敬三訳，みすず書房，1960；岸田達也抄訳『世界の名著54　マイネッケ』中央公論社，1969；中公バックス世界の名著65『マイネッケ』中央公論社，1980）．
	1925	上杉慎吉『国体論』有斐閣．
337	1925	Hans Kelsen, *Allgemeine Staatslehre*, Verlag von Julius Springer（『一般国家学』清宮四郎訳，岩波書店，1971）．
	1926	和辻哲郎『日本精神史研究』岩波書店．
	1927	高畠素之『マルキシズムと国家主義』改造社．
	1933	佐野学・鍋山貞親『転向声明』広文社．
	1933	中野正剛『国家改造計画綱領』千倉書房．
	1934	Hermann Heller, *Staatslehre*, Sijthoff（『国家学』安世舟訳，未来社，1971）．
619	1935	Harold Laski, *The State in Theory and Practice*, George Allen & Unwin（『国家—理論と現実』石上良平訳，岩波書店，1952）．
	1936	尾高朝雄『国家構造論』岩波書店．
	1936	矢内原忠雄『民族と平和』岩波書店．
	1939	大川周明『日本精神研究』明治書院（『大川周明全集』1，大川周明全集刊行会，1961）．
641	1940	Emil Lederer, *State of the Masses: The Threat of the Classless Society*, W. W. Norton & Company Publishers（『大衆の国家—階級なき社会の脅威』青井和夫・岩城完之訳，東京創元社，1961）．
	1943	和辻哲郎『尊皇思想とその伝統』岩波書店．
	1949	志賀義雄『国家論』ナウカ社．
	1950	弘文堂編集部編『近代国家論』1-3，弘文堂．
	1951	井上清『天皇制絶対主義の発展』中央公論社．
	1951	歴史学研究会編『歴史における民族の問題』岩波書店．
	1951	Jacques Maritain, *Man and the State*, Univ. of Chicago Press（『人間と国家』久保正幡・

		稲垣良典訳, 創文社, 1972).
	1952	木下半治『日本国家主義運動史』全2巻, 岩崎書店.
	1953	井上清『天皇制』東京大学出版会.
	1953	神山茂夫『天皇制に関する理論的諸問題』葦会.
570	1953	丸山真男他『日本のナショナリズム』河出書房.
	1954	岩崎卯一『国家の存在性』関西大学出版部.
	1954	田邊壽利編『国家と階級』社会学大系3, 石泉社.
	1956	Max Weber (Johannes Winckelmann hrsg.), *Wirtschaft und Gesellschaft*, 4 Aufl., Teil 2, Kap. 9, Abschn. 8, J. C. B. Mohr (『国家社会学』石尾芳久訳, 法律文化社, 1960).
	1957	大熊信行『国家悪』中央公論社.
	1957	明治資料研究連絡会編『民権論からナショナリズムへ』御茶の水書房.
603	1961	柳田国男『海上の道』筑摩書房 (『柳田國男全集』1, ちくま文庫, 1989).
	1962	和辻哲郎『日本精神史研究』岩波書店.
	1963	中瀬寿一『近代における天皇観』三一書房.
	1963	Seymour Martin Lipset, *The First New Nation: the United States in historical and comparative perspective*, Basic Books (『国民形成の歴史社会学—最初の新興国家』内山秀夫・宮沢健訳, 未来社, 1971).
	1965	呉主恵『民族社会学』明玄書房.
467	1965	朴慶植『朝鮮人強制連行の記録』未来社.
	1966	高倉新一郎『アイヌ研究』北海道大学生活協同組合.
507	1966	藤田省三『天皇制国家の支配原理』未来社 (第2版:1974).
	1967	玉城素『民族的責任の思想』御茶の水書房.
	1967	Alexander P. d'Entréve, *The Notion of the State*, Clarendon Press (『国家とは何か』石上良平訳, みすず書房, 1972).
303	1967	John Kenneth Galbraith, *The New Industrial State*, Houghton Mifflin (『新しい産業国家』都留重人監訳, 宮崎勇・石川通達・鈴木哲太郎訳, 河出書房, 1968;改訂第2版, 1971, 河出書房新社, 1972;改訂第3版, 1978, TBS ブリタニカ, 1980).
468	1968	橋川文三『ナショナリズム』紀伊國屋書店.
	1968	James Yaffe, *The American Jews*, Random House (『アメリカのユダヤ人』西尾忠久訳, 日本経済新聞社, 1972).
559	1969	松本三之介『天皇制国家と政治思想』未来社.
585	1969	Ralph Miliband, *The State in Capitalist Society*, Weidenfeld & Nicolson (『現代資本主義国家論—西欧権力体系の一分析』田口富久治訳, 未来社, 1970).
	1970	高島善哉『民族と階級—現代ナショナリズム批判の展開』現代評論社.
	1970	村上重良『国家神道』岩波書店.
	1970	Joseph R. Strayer, *On the Medieval Origins of the Modern State*, Princeton Univ. Press (『近代国家の起源』鷲見誠一訳, 岩波書店, 1975).
415	1971	Robert A. Dahl, *Poliarchy:participation and opposition*, Yale Univ. Press (『ポリアーキー』高畠通敏・前田脩訳, 三一書房, 1981).
	1971	Yehezkel Dror, *Crazy States: a counterventional strategic problem*, Heath Lexinton Books (『狂気の国家』奥村房夫他訳, 早稲田大学出版部, 1982).
	1972	埴原和郎他『シンポジウムアイヌ—その起源と文化形成』北海道大学図書刊行会.
	1973	河原宏『国家』現代日本の共同体5, 学陽書房.
	1973	和歌森太郎『天皇制の歴史心理』弘文堂.
451	1974	西川潤『飢えの構造—近代と非ヨーロッパ世界』ダイヤモンド社 (増補改訂版:1985).
327	1974	Pierre Clastres, *La Société contre l'Etat: Recherches d'anthropologie politique*, Minuit (『国家に抗する社会—政治人類学的研究』渡辺公三訳, 水声社, 1987).
	1975	Nathan Glazer and Daniel A. Moynihan, *Ethnicity: Theory and Experience*, Harvard Univ. Press (『民族とアイデンティティ』内山秀夫抄訳, 三嶺書房, 1984).

11. 民族・国家・エスニシティ

	1976	熊野聡『共同体と国家の歴史理論』青木書店.
380	1976	Susan George, *How the Other Half Dies: The Real Reasons for World Hunger*, Pelican Books(小南祐一郎・谷口真理子訳『なぜ世界の半分が飢えるのか──食糧危機の構造』朝日新聞社, 1984).
	1977	佐藤勝巳編『在日朝鮮人──その差別と処遇の実態』同成社.
184	1978	Edward W. Said, *Orientalism*, Georges Borchardt Inc.(『オリエンタリズム』板垣雄三・杉田英明監修, 今沢紀子訳, 平凡社, 1986).
	1979	大内英明・柴垣和夫編『現代の国家と経済』有斐閣.
	1979	Dov Ronen, *The Quest for Self-determination*, Yale Univ. Press(『自決とは何か──ナショナリズムからエスニック紛争へ』浦野起央・信夫高士訳, 刀水書房, 1988).
207	1979	Maurice Agulhon, *Marianne au combat: l'imagerie et la symbolique republicaines de 1789 à 1880*, Flammarion(『フランス共和国の肖像──闘うマリアンヌ 1789-1880年』阿河雄二郎・加藤克夫・上垣豊・長倉敏訳, ミネルヴァ書房, 1989).
213	1979	Samir Amin, *Classe et nation dans l'histoire et la crise contemporaine*, Minuit(『階級と民族』山崎カヲル訳, 新評論, 1983).
	1980	金原左門他編『講座現代資本主義国家』全4巻, 大月書店.
	1980-81	河野本道編『アイヌ史資料集』全8巻, 北海道出版企画センター(第2期:1983-85).
	1981	滝村隆一『国家の本質と起源』勁草書房.
412	1981	田中克彦『ことばと国家』岩波新書.
	1981	宮本憲一『現代資本主義と国家』岩波書店.
	1981	Joseph Rothschild, *Ethnopolitics: A Conceptual Framework*, Columbia Univ. Press(『エスノポリティクス』内山秀夫訳, 三省堂, 1989).
	1982	綾部恒雄編『アメリカ民族文化の研究──エスニシティとアイデンティティ』弘文堂.
	1982	岡田与好編『現代国家の歴史的源流』東京大学出版会.
332	1982	栗原彬『歴史とアイデンティティ──近代日本の心理=歴史研究』新曜社.
	1982	田口富久治『現代資本主義国家』御茶の水書房.
	1982	長尾龍一『日本国家思想史研究』創文社.
	1982	日本政治学会編『現代国家の位相と理論』岩波書店.
	1983	内山英夫『民族の基層』三嶺書房.
409	1983	竹田青嗣『〈在日〉という根拠──李恢成・金石範・金鶴泳』国文社(ちくま学芸文庫:1995).
	1983	畑中和夫・福井英雄編『現代国家』法律文化社.
198	1983	Benedict Anderson, *Imagined Communities: Reflections on the Origin and Spread of Nationalism*, Verso, 1983(『想像の共同体──ナショナリズムの起源と流行』白石隆・白石さや訳, リブロポート, 1987);rev. ed., 1991(『増補 想像の共同体』白石さや・白石隆訳, NTT出版, 1997).
541	1983	Eric Hobsbawm and Terence Ranger, eds., *The Invention of Tradition*, Press of Univ. of Cambridge(『創られた伝統』前川啓治・梶原景昭他訳, 紀伊國屋書店, 1992).
	1984	菅孝行『賤民文化と天皇制』明石書店.
	1984	鈴木静夫・横山真佳『新生国家日本とアジア──占領下の反日の原像』勁草書房.
	1984	長谷川正安他編『現代国家と参加』法律文化社.
	1984	E. E. Cashmore ed., *Dictionary of Race and Ethnic Relations*, Routledge and Kegan Paul(『世界差別問題辞典:民族・人種・エスニシティの解明』今野敏彦監訳, 日野健一他訳, 明石書店, 1988).
	1984	Romila Thapar, *From Lineage to State*, Oxford Univ. Press(『国家の起源と伝承』山崎元一・成沢光訳, 法政大学出版局, 1986).
	1987	姜信子『ごく普通の在日韓国人』朝日新聞社(朝日文庫:1990).
	1987	藤田勇編『権威的秩序と国家』東京大学出版会.
	1987	Eric J. Hobsbawm, *The Age of Empire: 1875-1914*, Weidenfeld and Nicolson(『帝国の時代:1875-1914』野口建彦・野口照子訳, みすず書房, 1993).

292	1988	梶田孝道『エスニシティと社会変動』有信堂.
	1988	川田順造・福井勝義編著『民族とは何か』岩波書店.
221	1990	Benedict R. O'G. Anderson, *Language and Power: Exploring Political Cultures in Indonesia*, Cornell Univ. Press (『言葉と権力——インドネシアの政治文化探究』中島成久訳, 日本エディタースクール出版部, 1995).
234	1991	今福龍太『クレオール主義』青土社（新装版, 1994；平凡社ライブラリー増補新版, 1998).
	1991	A. M. Schlesinger, Jr., *The Disuniting of America: Reflections on a Multicultural Society*, Whittle Books (『アメリカの分裂——多元文化社会についての所見』都留重人監訳, 岩波書店, 1992).
443	1991	John Tomlinson, *Cultural Imperialism*, Pinter Publishers (『文化帝国主義』片岡信訳, 青土社, 1993).
	1992	梶田孝道編『国際社会学——国家を超える現象をどうとらえるか』名古屋大学出版会.
	1992	荒野泰典・石井正敏・村井章介編『地域と民族（エトノス）』東京大学出版会.
452	1992	西川長夫『国境の越え方——比較文化論序説』筑摩書房.
	1992	Toni Morrison, *Playing in the Dark: Whiteness and the Literary Imagination*, Harvard Univ. Press (『白さと想像力』大社淑子訳, 朝日新聞社, 1994).
	1993	綾部恒雄『現代世界とエスニシティ』弘文堂.
475	1993	花崎皋平『アイデンティティと共生の哲学』筑摩書房.
	1994	尹健次『民族幻想の蹉跌——日本人の自己像』岩波書店.
	1994	関根政美『エスニシティの政治社会学——民族紛争の制度化のために』名古屋大学出版会.
	1994	竹沢泰子『日系アメリカ人のエスニシティ——強制収容と補償運動による変遷』東京大学出版会.
	1994	蓮實重彥・山内昌之編『いま、なぜ民族か』東京大学出版会.
	1995	小熊英二『単一民族神話の起源』新曜社.
452	1995	西川長夫・松宮秀治編『幕末・明治期の国民国家形成と文化変容』新曜社.
309	1996	姜尚中『オリエンタリズムの彼方へ』岩波書店.

12. 科学・技術

出現頁	刊行年	
547	1925	Alfred North Whitehead, *Science and the Modern World* (『科学と近代世界』ホワイトヘッド著作集第6巻, 上田泰治・村上至孝訳, 松籟社, 1981).
	1927	George Sarton, *Introduction to the History of Science*, The Williams & Wilkins Co., 3 vols. (『古代中世科学文化史』全5巻, 平田寛訳, 岩波書店, 1951-66).
	1931	B. Hessen, "The Social and Economic Roots of Newton's Principia" (『ニュートン力学の形成』秋間実他訳, 法政大学出版局, 1986).
470	1934	Gaston Bachelard, *Le nouvel esprit scientifique*, P. U. F. (『新しい科学的精神』関根克彦訳, 中央公論社, 1976).
	1939	Eugen Diesel, *Das Phänomen der Technik: Zeugnisse, Deutung und Wirklichkeit*, Philipp Reclam jun. Verlag und VDI-Verlag (『技術論』大澤峯雄訳, 天然社, 1942).
476	1939	John Desmond Bernal, *The Social Function of Science*, George Routledge & Sons (『科学の社会的機能』坂田昌一・星野芳郎・龍岡誠訳, 創元社, 1951；勁草書房, 1981).
	1947	Samuel A. Goudsmit, *ALSOS: The Failure in German Science*, Sigma Books (『ナチと原爆——アルソス：科学情報調査団の報告』山崎和夫・小沼通二訳, 海鳴社, 1977).
	1949	Herbert Butterfield, *Origins of Modern Science, 1300-1800*, G. Bell & Sons Ltd. (『近代科学の誕生』渡辺正雄訳, 講談社学術文庫, 1978).
92	1949	Robert K. Merton, *Social Theory and Social Structure*, Free Press (『社会理論と社会構造』森東吾・森好夫・金沢実・中島竜太郎訳, みすず書房, 1961).

477	1954	John Desmond Bernal, *Science in History*, C. A. Watts & Co. (『歴史における科学』鎮目恭男訳, みすず書房, 1966).
454	1954	Joseph Needham, *Science and Civilization in China*, Cambridge Univ. Press (『中国の科学と文明』藪内清・東畑精一監修, 思索社, 1974-79; 新版, 1991).
	1955	Rene Taton, *Causalités et accidents de la découverte scientifique*, Masson et Cie, Editeurs (『発見はいかに行なわれるか』渡辺正雄・伊藤幸子訳, 南窓社, 1968).
	1958	星野芳郎『技術革新の根本問題』勁草書房.
	1958	Michael Polanyi, *Personal Knowledge*, The Univ. of Chicago Press (『個人的知識―脱批判哲学をめざして』長尾史郎訳, ハーベスト社, 1985).
	1958	Norwood Russell Hanson, *Patterns of Discovery*, Cambridge Univ. Press (『科学的発見のパターン』村上陽一郎訳, 講談社学術文庫, 1986).
	1960	廣重徹『戦後日本の科学運動』中央公論社.
	1960	Arthur Koestler, *The Watershed: A Biography of Johannes Kepler*, Doubleday & Co. (『ヨハネス・ケプラー――近代宇宙観の夜明け』小尾信弥・木村博訳, 河出書房新社, 1977).
	1960	Charles G. Gillispie, *The Edge of Objectivity*, Princeton Univ. Press (『科学思想の歴史』島尾永康訳, みすず書房, 1965).
	1962	廣重徹『日本資本主義と科学技術』三一書房.
140	1962	Thomas Samuel Kuhn, *Structure of Scientific Revolutions*, Univ. of Chicago Press, 1962; 2nd ed., 1970 (『科学革命の構造』中山茂訳, みすず書房, 1971).
	1963	Derek J. de Solla Price, *Little Science, Big Science*, Columbia Univ. Press (『リトル・サイエンス ビッグ・サイエンス』島尾永康訳, 創元社, 1970).
647	1963	Konrad Lorenz, *Das sogenannte Böse Zur Naturgeschichte der Aggression*, Dr. G. Borotha-Schoeler (『攻撃―悪の自然誌』日高敏隆・久保和彦訳, みすず書房, 1. 1970, 2. 1970; のち1冊本として, みすず書房, 1985).
	1964	日本科学史学会編『日本科学技術史大系』全25巻, 別巻1, 第一法規.
	1964	Charles P. Snow, *The Two Cultures: A Second Look*, The Cambridge Univ. Press (『二つの文化と科学革命』松井巻之助訳, みすず書房, 1967).
	1964	Maurice Goldsmith & Alan Mackay (eds.), *The Science of Science : Society in the Technological Age*, Souvenir Press (『科学の科学』是永純弘訳, 法政大学出版局, 1969).
	1965	廣重徹『科学と歴史』みすず書房.
	1965	D. K. Price, *The Scientific Estate*, Harvard Univ. Press (『科学と民主制』中村陽一訳, みすず書房, 1969).
	1966	Georges Friedmann, *Sept études sur l'homme et la technique*, Denoël-Gonthier (『技術と人間』天野恒雄訳, サイマル出版会, 1973).
	1967	E. ツィルゼル『科学と社会』青木靖三訳, みすず書房.
573	1967	Lewis Mumford, *The Myth of the Macine: Technics & Human Development*, Harcourt, Brace & World (『機械の神話―技術と人類の発達』樋口清訳, 河出書房新社, 1971).
	1967	Lewis Mumford, *The Pentagon of Power: The Myth of the Machine* II (『権力のペンタゴン』生田勉・木原武一訳, 河出書房新社, 1973).
543	1967	Michael Polanyi, *The Tacit Dimension* (『暗黙知の次元』佐藤敬三訳, 紀伊國屋書店, 1980).
	1968	Jürgen Habermas, *Technik und Wissenschaft als Ideologie*, Suhrkamp (『イデオロギーとしての技術と科学』長谷川宏訳, 紀伊國屋書店, 1977).
	1969	Arthur Koestler & J. R. Smythies (eds.), *Beyond Reductionism: New Perspectives in Life-sciences*, Hutchinson Publishing Co. (『還元主義を超えて』池田善昭訳, 工作舎, 1984).
	1970	Alfred Sohn-Rethel, *Geistige und körperliche Arbeit. Zur Theorie der gesellschaftlichen Synthesis*, Suhrkamp Verlag (『精神労働と肉体労働―社会的統合の理論』寺田光雄・水田洋訳, 合同出版, 1975).
617	1970	Imre Lakatos & Alan Musugrave ed., *Criticism and the Growth of Knowledge*, Cam-

		bridge Univ. Press（『批判と知識の成長』森博監訳, 木鐸社, 1974）.
	1971	芝田進午『科学＝技術革命の理論』青木書店.
447	1971	中岡哲郎『工場の哲学』平凡社.
	1971	村上陽一郎『西欧近代科学』新曜社.
	1971	Jerome R. Ravetz, *Scientific Knowledge and Its Social Problems*, Clarendon Press（『批判的科学―産業化科学の批判のために』中山茂他訳, 秀潤社, 1977）.
533	1971	Joseph Ben-David, *The Scientist's Role in Society: A Comparative Study*, Prentice-Hall（『科学の社会学』潮木守一・天野郁夫訳, 至誠堂, 1974）.
	1972	Donald S. L. Cardwell, *Technology, Science and History*, Heinemann（『技術・科学・歴史』金子務訳, 河出書房新社, 1982）.
	1972	Donald S. L. Cardwell, *The Organization of Science in England*, revised ed., Heinemann（『科学の社会史』宮下晋吉・和田武編訳, 昭和堂, 1989）.
	1972	Karl Popper, *Objective Knowledge: An Evolutionary Approach*, Clarendon Press（『客観的知識―進化論的アプローチ』森博訳, 木鐸社, 1974）.
	1973	柴谷篤弘『反科学論』みすず書房.
493	1973	廣重徹『科学の社会史―近代日本の科学体制』中央公論社.
	1974	中山茂『歴史としての学問』中央公論社.
	1974	村上陽一郎『近代科学を超えて』日本経済新聞社.
423	1974	David Dickson, *Alternative Technology and the Politics of Technical Change*, William Collins & Sons Co. Ltd.（『オルターナティブ・テクノロジー』田深雅文訳, 時事通信社, 1980）.
	1974-77	武谷三男『武谷三男現代論集』全7巻, 勁草書房.
	1975	坂本賢三『機械の現象学』岩波書店.
	1975	林雄二郎・山田圭一『科学のライフサイクル』中央公論社.
591	1975	村上陽一郎『近代科学と聖俗革命』新曜社.
	1975	David Bloor, *Knowledge and Social Imagery*, Routledge & Kegan Paul（『数学の社会学』佐々木力・古川安訳, 培風館, 1985）.
497	1975	Paul Karl Feyerabend, *Against Method: outline of anarchistic theory of knowledge*, New Left Books（『方法への挑戦』村上陽一郎・渡辺博訳, 新曜社, 1981）.
	1976	伊東俊太郎『文明における科学』勁草書房.
	1976	中村禎里『危機に立つ科学者―1960年代の科学者運動』河出書房新社.
	1976	Hilary Rose, *The Radicalization of Science; Steven Peter and Russel Rose, The Political Economy of Science*, Macmillan（『ラディカル・サイエンス』里深文彦他訳, 社会思想社, 1980）.
	1976	John Ziman, *The Force of Knowledge: The Scientific Dimension of Society*, Cambridge Univ. Press（『社会における科学』上・下, 松井巻之助訳, 草思社, 1981）.
	1976	Peter Harper et al. (eds.), *Radical Technology*, Undercurrent（『ラジカルテクノロジー』槌屋治紀訳, 時事通信社, 1982）.
437	1976	Richard Dawkins, *The Selfish Gene*, Oxford, 1976（『生物＝生存機械論』日高敏隆・岸由二・羽田節子訳, 紀伊國屋書店, 1980）; new ed., 1989（改題『利己的な遺伝子』日高敏隆・岸由二・羽田節子・垂水雄二訳, 紀伊國屋書店, 1991）.
	1977	柴谷篤弘『あなたにとって科学とは何か』みすず書房.
	1977	Alan D. Beyerchen, *Scientists under Hitler*, Yale Univ. Press（『ヒトラー政権と科学者たち』常石敬一訳, 岩波書店, 1980）.
645	1977	Amory B. Lovins, *Soft Energy Paths: Toward a Durable Peace*, Friends of the Earth Inc.（『ソフト・エネルギーパス』室田泰弘・槌屋治紀訳, 時事通信社, 1979）.
	1977	H. Zuckerman, *Scientific Elite*, Free Press（『科学エリート』金子務訳, 玉川大学出版部, 1981）.
	1977	Ted Howard and Jeremy Rifkin, *Who Should Play God?*, Center for Urban Education

(『遺伝子工学の時代』磯野直秀訳, 岩波書店, 1979).
- 1977 Thomas S. Kuhn, *The Essential Tension: Selected Studies in Scientific Tradition and Change*, The Univ. of Chicago Press (『本質的緊張―科学における伝統と革新』Ⅰ・Ⅱ, 安孫子誠也・佐野正博訳, みすず書房, 1987/92).
- 1979 技術と人間編集部『コンピュータ化社会と人間』技術と人間.
- 1979 高木仁三郎『科学は変わる―巨大科学への批判』東洋経済新報社.
- 1979 中岡哲郎『技術を考える13章』日本評論社.
- 1979 廣重徹『近代科学再考』朝日新聞社.
- 1979 Michael Mulkay, *Science and the Sociology of Knowledge*, Georg Allen & Unwin (『科学と知識社会学』堀喜望他訳, 紀伊國屋書店, 1985).
- 1979 Roy Wallis (ed.), *On the Margins of Science: The Social Construction of Rejected Knowledge*, Routledge & Kegan Paul (『排除される知―社会的に認知されない科学』高田紀代志他訳, 青土社).
- 1980 村上陽一郎編『知の革命史』全7巻, 朝倉書店.
- 1980 Pierre Thuillier, *Le petit savant illustre*, Edition du Seuil (『反=科学史』小出昭一郎監訳, 新評論).
- 1980 Richard Curtis and Elizabeth Hogan, *Nuclear Lessons: An Examination of Nuclear Power's Safety, Economic and Political Record*, Stackpole Books (『原子力―その神話と現実』高木仁三郎・近藤和子・阿木幸男訳, 紀伊國屋書店, 1981).
- 1981 小林達也『技術移転―歴史からの考察・アメリカと日本』文眞堂.
- 1981 高木仁三郎『プルトニウムの恐怖』岩波新書.
- 1981 中山茂『科学と社会の現代史』岩波書店.
- 1981 Peter Pringle and James Spigelman, *The Nuclear Barons* (『核の栄光と挫折』浦田誠親監訳, 時事通信社, 1982).
- 1981 U. S. Office of Technology Assessment, Congressional Board of the 97th Congress, *Impacts of Applied Genetics: Micro-organisms, Plants, and Animals* (『遺伝子工学の現状と未来―アメリカ合衆国議会特別調査完訳版』農林水産省農林水産技術会議訳, 家の光協会, 1982).
- 1982 柴谷篤弘『バイオテクノロジー批判』社会評論社.
- 1982 田中靖政『原子力の社会学』現代エネルギー選書, 電力新報社.
- 1982 槌田敦『資源物理学入門』日本放送出版協会.
- 1982 山崎俊雄・内田星美・飯田賢一他編『技術の社会史』全6巻別巻1, 有斐閣.
- 1982 吉岡斉『テクノトピアをこえて』社会評論社.
- 1982 Carl J. Sindermann, *Winning the Games Scientists Play*, Plenum Publishing Co. (『サイエンティストゲーム』山崎昶訳, 学会出版センター, 1987).
- 1982 De Mey, *The Cognitive Paradigm*, D. Reidel Publishing Co. (『認知科学とパラダイム論』村上陽一郎・成定薫他訳, 産業図書, 1990).
- 1982 Sheldon Krimsky, *Genetic Alchemy: The Social History of the Recombinant DNA Controversy*, The Massachusetts Institute of Technology (『生命工学への警告』木村利人監訳, 家の光協会, 1984).
- 1982 William Broad & Nicholas Wade, *Betrayers of the Truth: Fraud and Deceit in the Halls of Science*, Simon & Schuster (『背信の科学者たち』牧野賢治訳, 化学同人, 1988).
- 1983 河宮信郎『エントロピーと工業社会の選択』海鳴社.
- 1983 倉橋重史『科学社会学』晃洋書房.
- 1983 David Bloor, *Wittgenstein: A Social Theory of Knowledge*, Macmillan (『ウィトゲンシュタイン―知識の社会理論』戸田山和久訳, 勁草書房, 1988).
- 1983 G. L. Simons, *Towards Fifth-Generation Computers*, National Computing Center (『知能コンピューター第五世代への挑戦』飯塚肇他訳, 岩波書店, 1984).
- 1984 中山茂編著『パラダイム再考』ミネルヴァ書房.

	1984	淵一博・広瀬健『第五世代コンピュータの計画』海鳴社.
	1985	佐々木力『科学革命の歴史構造』上・下, 岩波書店.
	1985	新堀通也編『学問業績の評価—科学におけるエポニミー現象』玉川大学出版部.
	1985	Barry Barnes, *About Science,* Basil Blackwell (『社会現象としての科学』川出由己訳, 吉岡書店, 1989).
	1985-86	情報問題研究集団編『コンピュータ革命と現代社会』全3冊, 大月書店.
	1986	内田星美・中岡哲郎・石井正編『近代日本の技術と技術政策』国連大学出版局.
	1986	日本科学者会議編『現代の技術と社会』青木書店.
	1986	日本科学者会議編『日本の科学と技術』大月書店.
	1986	星野芳郎『先端技術の根本問題』勁草書房.
	1986	山田圭一・塚原修一編著『科学研究のライフサイクル』東京大学出版会.
	1986	吉岡斉『科学社会学の構想』リブロポート.
	1986	Hanbury Brown, *The Wisdom of Science,* Cambridge Univ. Press (『知恵としての科学』吉田夏彦・奥田栄訳, 岩波書店, 1990).
	1986	Hubert L. Dreyfus and Stuart E. Dreyfus, *Mind Over Machine,* Free Press (『純粋人工知能批判』椋田直子訳, アスキー, 1987).
228	1987	伊谷純一郎『霊長類社会の進化』平凡社 (Junichiro Itani, "The Evolution of Primate Social Structures", *Man,* 20:593-611, 1985. の邦訳を含む).
	1987	坂本賢三『先端技術のゆくえ』岩波書店.
	1987	佐和隆光『文化としての技術』岩波書店.
	1987	吉岡斉『科学革命の政治学—科学からみた現代史』中公新書.
	1987	Carl J. Sindermann, *Survival Strategies for New Scientists,* Plenum Publishing Co. (『続サイエンティストゲーム』山崎昶訳, 学会出版センター, 1989).
	1988	鎌谷親善『技術大国百年の計—日本の近代化と国立研究機関』平凡社.
	1988	米本昌平『先端医療革命—その技術・思想・制度』中公新書.
	1989	大淀昇一『宮本武之輔と科学技術行政』東海大学出版会.
	1989	高木仁三郎『巨大事故の時代』弘文堂.
	1989	常石敬一『消えた細菌戦部隊—関東軍第731部隊 増補版』海鳴社 (ちくま文庫版, 1993; 海鳴社版初版, 1981).
	1989	成定薫他編著『制度としての科学—科学の社会学』木鐸社.
	1989	古川安『科学の社会史—ルネサンスから20世紀まで』南窓社.
	1989	丸山工作編『ノーベル賞ゲーム—科学的発見の神話と実話』岩波書店.
	1989	薬師寺泰蔵『テクノヘゲモニー』中公新書.
614	1989	米本昌平『遺伝管理社会—ナチスと近未来』弘文堂.
	1991	児玉文雄『ハイテク技術のパラダイム—マクロ技術学の体系』中央公論社.
	1991	吉岡斉『科学文明の暴走過程』海鳴社.
	1992	渡辺圧雄『科学の歩み・科学との出会い—世界観と近代科学』上・下, 培風館.
	1992-	松本三和夫・吉岡斉編『年報 科学・技術・社会』弘学出版.
	1993	田原音和『科学的知の社会学』藤原書店.
449	1993	中村桂子『自己創出する生命—普遍と個の物語』哲学書房.
	1993	水越伸『メディアの生成』同文舘.
	1994	今井隆吉『科学と外交』中公新書.
	1994	常石敬一『医学者たちの組織犯罪—関東軍第731部隊』朝日新聞社.
	1994	戸田清『環境的公正を求めて—環境破壊の構造とエリート主義』新曜社.
	1994	広井良典『生命と時間—科学・医療・文化の接点』勁草書房.
	1994	米本昌平『地球環境問題とは何か』岩波新書.
	1995	笹本征男『米軍占領下の原爆調査—原爆加害国になった日本』新幹社.
	1995	中山茂他編『通史 日本の科学技術』全4巻別巻1, 学陽書房.
	1995	松本三和夫『船の科学技術革命と産業社会—イギリスと日本の比較社会学』同文舘.

| | 1996 | 松原謙一・中村桂子『ゲノムを読む―人間を知るために』紀伊國屋書店.

13. 環境・資源

出現頁	刊行年	
	1911	南方熊楠『南方二書』柳田国男, 自費出版.
	1940	Jakob J. von Uexkull, *Bedeutungslehre*, J. A. Barth (『生物から見た世界』日高敏隆・野田保之訳, 思索社, 1973).
	1948	赤神良譲『環境社会学』竹井株式出版会.
	1955	日本人文科学会編『近代鉱工業と地域社会の展開』東京大学出版会.
	1959	日本人文科学会編『ダム建設の社会的影響』東京大学出版会.
295	1962	Rachel Carson, *Silent Spring*, Fawcett World Library (『生と死の妙薬』青木簗一訳, 新潮社, 1964 ; 改題文庫版『沈黙の春―生と死の妙薬』新潮文庫, 1974).
	1965	福武直編『地域開発の構想と現実』第3巻, 東京大学出版会.
	1966	東京大学公開講座『公害』東京大学公開講座7, 東京大学出版会.
	1967	関清秀『都市生活と公害』北海道庁企画部公害課.
	1968	飯島伸子『地域社会と公害―住民の反応を中心として』現代史研究会.
	1968	宇井純『公害の政治学―水俣病を追って』三省堂新書.
226	1969	石牟礼道子『苦海浄土―わが水俣病』講談社 (講談社文庫 : 1972). 初稿は「海と空のあいだに」の題で『熊本風土記』に連載 (1965年).
	1969	戒能通孝編『公害法の研究』日本評論社.
	1969	E. J. Mishan, *Growth: the Price We Pay*, Staples Press (『経済成長の代価』都留重人訳, 岩波書店, 1971).
	1970	飯島伸子編著『公害および労働災害年表』公害対策技術同友会 (全訂版, 1978 ; 改訂版, 1979 ; 英語版, Asahi Evening News, 1979).
	1970	Joseph L. Sax, *Defending the Environment: A Strategy for Citizen Action*, Knopf (『環境の保護―市民のための法的戦略』山川洋一郎・高橋一修訳, 岩波書店, 1974).
	1971	神岡浪子編『資料 近代日本の公害』新人物往来社.
	1971	松原治郎編『公害と地域社会―生活と住民運動の社会学』日本経済新聞社.
	1971	John McPhee, *Encounters with the Archdruid: Narratives about a Conservationist and Three of His Natural Enemies*, Farrar, Straus and Giroux (『森からの使者』竹内和世訳, 東京書籍, 1993).
241	1971-72	宇井純『公害原論Ⅰ・Ⅱ・Ⅲ, 補冊Ⅰ・Ⅱ・Ⅲ』亜紀書房.『公害原論第2学期Ⅰ・Ⅱ・Ⅲ・Ⅳ』勁草書房.
	1972	岡田真『ヒューマン・エコロジー―人間環境の一般理論』春秋社.
	1972	田尻宗昭『四日市・死の海と闘う』岩波新書.
	1972	都留重人『公害の政治経済学』岩波書店.
	1972	中野卓・柿崎京一・北原龍二・民秋言『水島臨海工業地帯に隣接する地区住民の生活の実態と将来に関する総合的調査報告』非売品.
	1972	原田正純『水俣病』岩波新書.
592	1972	Dennis L. Meadows et al., *The Limits to Growth: A Report for THE CLUB OF ROME'S Project on the Predicament of Mankind*, Universe Books (『成長の限界』大来佐武郎監訳, ダイヤモンド社, 1972).
	1972	Ken Coates, ed., *Socialism and the Environment*, Bertrand Russell Peace Foundation (『生活の質―環境問題と社会主義』華山謙訳, 岩波書店, 1981).
	1973	田村紀雄『鉱毒―渡良瀬農民の苦闘』新人物往来社 (改版 :『川俣事件―渡良瀬農民の苦闘』第三文明社, 1978).
374	1973	Ernst Friedrich Schumacher, *Small is Beautiful: a Study of Economics as if People Mattered*, Blond & Briggs, London (『人間復興の経済』斎藤志郎訳, 佑学社, 1976).

13. 環境・資源

257	1974	宇沢弘文『自動車の社会的費用』岩波新書.
	1974	鹿野政直編『足尾鉱毒事件研究』三一書房.
	1974	鈴木広『山陽新幹線の影響予測調査』福岡市役所.
	1975	有吉佐和子『複合汚染』上・下, 新潮社.
	1975	庄司光・宮本憲一『日本の公害』岩波新書.
297	1975	Karl William Kapp, *Environmental Disruption and Social Costs*（『環境破壊と社会的費用』柴田徳衛・鈴木正俊編訳, 岩波書店, 1975）.
	1976	柴田徳衛・松田雄孝『公害から環境問題へ』東海大学出版会（改訂版: 1979）.
	1976	Barry Commoner, *The Poverty of Power*, Bantam Books（『エネルギー——危機の実態と展望』松岡信夫訳, 時事通信社, 1977）.
	1977	環境庁編『日本の環境政策』日本環境協会.
	1977	高橋晄正他『食品・薬品公害（新版）』有斐閣.
	1977	宮本憲一編『公害都市の再生・水俣』筑摩書房.
645	1977	Amory B. Lovins, *Soft Energy Paths: Toward a Durable Peace*, Friends of the Earth Inc.（『ソフト・エネルギーパス』室田泰弘・槌屋治紀訳, 時事通信社, 1979）.
	1977-80	田中正造全集編纂会編『田中正造全集』全19巻＋別巻1, 岩波書店.
	1978	玉野井芳郎『エコノミーとエコロジー』みすず書房.
	1978	Hazel Henderson, *Creating Alternative Futures*, Putnam（『エントロピーの経済学』田中幸夫・土井利彦訳, ダイヤモンド社, 1983）.
	1979	有馬澄雄編『水俣病—20年の研究と今日の課題』青林舎.
	1979	中西準子『都市の再生と下水道』日本評論社.
616	1979	Jim E. Lovelock, *Gaia: A New Look at Life on Earth*, Oxford Univ. Press（『地球生命圏—ガイアの科学』星川淳訳, 工作舎, 1984）.
	1980	内山節『山里の釣りから』日本経済評論社（岩波同時代ライブラリー: 1995）.
214	1980	Government of United States of America, *The Global 2000 Report to the President-Entering the Twenty-First Century*（『西暦2000年の地球 1 人口・資源・食糧編』『同2 環境編』逸見謙三・立花一雄監訳, 家の光協会, 1980）.
296	1980	Richard Curtis and Elizabeth Hogan, *Nuclear Lessons: An Examination of Nuclear Power's Safety, Economic and Political Record*, Stackpole Books（『原子力—その神話と現実』高木仁三郎・近藤和子・阿大幸男訳, 紀伊國屋書店, 1981）.
	1981	観光資源保護財団編『歴史的町並み事典—ふるさとの町・その保存と再生のために』柏書房.
	1982	木原啓吉『歴史的環境—保存と再生』岩波新書.
	1982	室田武『水土の経済学』紀伊國屋書店.
481	1982	Craig R. Humphrey and Frederick R. Buttel, *Environment, Energy, and Society*, Wadsworth Publishing Co.（『環境・エネルギー・社会—環境社会学を求めて』満田久義・寺田良一・三浦耕吉郎・安立清史訳, ミネルヴァ書房, 1991）.
	1983	色川大吉編『水俣の啓示—不知火海総合調査報告』上・下, 筑摩書房（新版〔全1冊〕: 1995）.
221	1984	飯島伸子『環境問題と被害者運動』学文社（改訂版: 1993）.
	1984	佐久間充『ああダンプ街道』岩波新書.
	1984	東海林吉郎・菅井益郎『通史・足尾鉱毒事件 1877-1984』新曜社.
444	1984	鳥越皓之・嘉田由紀子編『水と人の環境史—琵琶湖報告書』御茶の水書房（増補版: 1991）.
511	1984	Lester R. Brown et al., *State of the World*（『地球白書』84年版, 実業之日本社；85年版, 福武書店；87年版〜, ダイヤモンド社）.
	1985	羽賀しげ子『不知火記—海辺の聞き書』新曜社.
	1985	原田正純『水俣病は終っていない』岩波新書.
509	1985	舩橋晴俊・長谷川公一・畠中宗一・勝田晴美『新幹線公害—高速文明の社会問題』有斐閣.
	1986	淡路剛久編『開発と環境—第一次産業の公害をめぐって』日本評論社.
	1986	山本武利『公害報道の原点—田中正造と世論形成』御茶の水書房.

	1987	小田康徳『都市公害の形成―近代大阪の成長と生活環境』世界思想社.
	1987	神岡浪子『日本の公害史』世界書院.
226	1988	石弘之『地球環境報告』岩波新書.
	1988	橋本道夫『私史環境行政』朝日新聞社.
508	1988	舩橋晴俊・長谷川公一・畠中宗一・梶田孝道『高速文明の地域問題―東北新幹線の建設・紛争と社会的影響』有斐閣選書.
	1989	鳥越皓之編『環境問題の社会理論―生活環境主義の立場から』御茶の水書房.
	1989	原田正純『水俣が映す世界』日本評論社.
583	1989	宮本憲一『環境経済学』岩波書店.
	1989	Jack Westoby, *Introduction to World Forestry: People and Their Trees*, Basil Blackwell (『森と人間の歴史』熊崎実訳, 築地館, 1990).
	1989-90	岡本達明・松崎次夫編『聞書・水俣民衆史』全5巻, 草風館.
	1990	岡島成行『アメリカの環境保護運動』岩波新書.
	1991	植田和弘他『環境経済学』有斐閣ブックス.
	1991	加藤尚武『環境倫理学のすすめ』丸善.
	1992	阿賀に生きる製作委員会『阿賀野川と新潟水俣病』阿賀に生きる製作委員会.
	1992	安藤精一『近世公害史の研究』吉川弘文館.
	1992	木原啓吉『暮らしの環境を守る―アメニティと住民運動』朝日新聞社.
	1992	槌田敦『環境保護運動はどこが間違っているのか?』JICC出版局.
	1992	寺西俊一『地球環境問題の政治経済学』東洋経済新報社.
	1992	原田正純『水俣の視図―弱者のための環境社会学』立風書房.
	1992	宮本憲一『環境と開発』岩波書店.
	1992	Riley E. Dunlap and Angela G. Mertig, eds., *American Environmentalism: The U. S. Environmental Movement, 1970-1990*, Taylor and Francis (『現代アメリカの環境主義―1970年から1990年の環境運動』満田久義・堀川三郎他訳, ミネルヴァ書房, 1993).
222	1993	飯島伸子編『環境社会学』有斐閣.
	1993	土呂久を記録する会編『記録・土呂久』本多企画.
	1994	芹澤清人『検証川崎公害―「産業優先」の時代は終わった』多摩新聞社.
	1994	高木仁三郎『プルトニウムの未来―2041年からのメッセージ』岩波新書.
	1994	武内和彦『環境創造の思想』東京大学出版会.
	1994	戸田清『環境的公正を求めて―環境破壊の構造とエリート主義』新曜社.
	1994	中西準子『水の環境戦略』岩波新書.
	1994	原田正純『慢性水俣病・何が病像論なのか』実教出版.
	1994	米本昌平『地球環境問題とは何か』岩波新書.
	1995	阿部泰隆・淡路剛久編『環境法』有斐閣ブックス.
	1995	飯島伸子『環境社会学のすすめ』丸善.
	1995	嘉田由起子『生活世界の環境学―琵琶湖からのメッセージ』農文協.
	1995	後藤孝典『沈黙と爆発―ドキュメント「水俣病事件」1873〜1995』集英社.
	1995	小原秀雄監修『環境思想の系譜』全3巻, 東海大学出版会.
	1995	清水みゆき『近代日本の反公害運動史論』日本経済評論社.
	1995	三戸公・佐藤慶幸編『環境破壊―社会諸科学の応答』文眞堂.

14. 差別

出現頁	刊行年	
267	1845	Friedrich Engels, *Die Lage der arbeitenden Klasse in England*, 1845; MEW, Bd. 2, 1957 (『イギリスにおける労働者階級の状態』マルクス=エンゲルス全集第2巻, 大内兵衛・細川嘉

14. 差別

		六監訳, 大月書店, 1960).
557	1893	松原岩五郎『最暗黒之東京』民友社 (「最暗黒の東京」『民友社思想文学叢書　第5巻　民友社文学集(一)』三一書房, 1984；『最暗黒の東京』岩波書店, 1988).
608	1899	横山源之助『日本之下層社会』教文館 (『日本の下層社会』岩波書店, 1949；「日本之下層社会」『横山源之助全集』第1巻, 明治文献, 1972).
642	1901	Benjamin Seebohm Rowntree, *Poverty: A Study of Town Life* (『貧乏研究』長沼弘毅訳, ダイヤモンド社, 1959).
445	1909	内務省衛生局編『東京市京橋区月島に於ける実地調査報告第一輯』1909.『月島調査』(生活古典叢書第6巻, 光生館, 1970).
	1919	賀川豊彦『貧乏心理の研究』警醒社書店.
322	1928	草間八十雄『浮浪者と売笑婦の研究』文明書院.
323	1936	草間八十雄『どん底の人達』玄林社.
96	1950	Theodor Wiesengrund Adorno, Else Frenkel-Brunswik, Daniel J. Levinson, R. Nevitt Sanford (in collaboration with Betty Aron, Maria Herz Levinson and William Morrow), *The Authoritarian Personality,* Harper and Brothers (『権威主義的パーソナリティ』田中義久・矢澤修次郎・小林修一訳, 青木書店, 1980).
498	1952	Frantz Fanon, *Peau noire, masques blancs,* Seuil (『黒い皮膚・白い仮面』海老坂武・加藤晴久訳, みすず書房, 1970).
290	1954	Gordon Willard Allport, *The Nature of Prejudice,* Addison-Wesley (『偏見の心理』原谷達夫・野村昭訳, 培風館, 1961).
627	1959	Oscar Lewis, *Five Families: Mexican Case in the Culture of Poverty,* Basic Books (『貧困の文化—メキシコの〈五つの家族〉』高山智博訳, 思索社, 1985).
	1961	磯村英一・木村武夫・孝橋正一編『釜ヶ崎—スラムの実態』ミネルヴァ書房.
627	1961	Oscar Lewis, *The Children of Sánchez: Autobiography of a Mexican Family,* Random House (『サンチェスの子供たち—メキシコの一家族の自伝』1・2, 柴田稔彦・行方昭夫訳, みすず書房, 1969；合本, 1986).
	1962	磯村英一『日本のスラム—その生態と分析』誠信書房.
	1962	大橋薫『都市の下層社会—社会病理学的研究』誠信書房.
	1966	山本登『部落差別の社会学的研究』部落問題研究所出版部.
406	1966	Mary Douglas, *Purity and Danger: an Analysis of Concepts of Pollution and Taboo,* Routledge & Kegan Paul (『汚穢と禁忌』塚本利明訳, 思潮社, 1972).
	1967	我妻洋・米山俊直『偏見の構造—日本人の人種観』日本放送出版協会.
593	1968	Albert Memmi, *L'homme Dominé* (『差別の構造』白井成雄・菊地昌実訳, 合同出版, 1971；『人種差別』法政大学出版局, 1996).
	1970	西田長寿解説『明治前期の都市下層社会』生活古典叢書2, 光生館.
	1972	柴田道子『被差別部落の伝承と生活』三一書房.
	1972	津田真澂『日本の都市下層社会』ミネルヴァ書房.
	1972	Grace Halsell, *Black/White Sex,* William Morrow & Co. (『黒い性・白い性—人種差別の根底をさぐる』北詰洋一訳, サイマル出版会, 1974).
	1973	原田伴彦『被差別部落の歴史』朝日新聞社.
580	1973	三橋修『差別論ノート』新泉社 (増補版：1986).
	1974	C. Vann Woodwarf, *The Strange Career of Jim Crow,* Oxford Univ. Press (『アメリカ人種差別の歴史』清水博他訳, 福村出版, 1977).
417	1975	中鉢正美『現代日本の生活体系』ミネルヴァ書房.
	1975	Bruno Bettelheim and Morris Janowitz, *Social Change and Prejudice,* Free Press (『社会変動と偏見』高坂健次訳, 新曜社, 1986).
	1976	籠山京『戦後日本における貧困層の創出過程』東京大学出版会.
	1977	野間宏・安岡章太郎『差別・その根源を問う』上・下, 朝日新聞社.
212	1978	網野善彦『無縁・公界・楽—日本中世の自由と平和』平凡社 (増補版, 1987；平凡社ライブラ

	1979	リー版, 1996).
	1979	江口英一・西岡幸泰・加藤佑治編『山谷—失業の現代的意味』未来社.
	1979	盛田嘉徳他『ある被差別部落の歴史—和泉国南王子村』岩波新書.
	1979-80	江口英一『現代の「低所得層」』上・中・下, 未来社.
	1981	江口英一編『社会福祉と貧困』法律文化社.
	1982	山本俊一『浮浪者収容所記』中公新書.
	1982	Thomas F. Pettigrew, et al., *Prejudice*, Harvard Univ. Press (『現代アメリカの偏見と差別』世界差別問題叢書2, 今野敏彦・大川正彦訳, 明石書店, 1985).
	1983	新泉社編集部編『現代反差別の思想と運動』新泉社.
	1983	杉之原寿一『現代部落差別の研究』部落問題研究所出版部.
	1983	野間宏・沖浦和光『アジアの聖と賤—被差別民の歴史と文化』人文書院.
	1984	磯村英一・福岡安則編『マスコミと差別語問題』解放社会学双書1, 明石書店.
	1984	山下恒男『差別の心的世界』現代書館.
	1985	赤坂憲雄・兵藤裕己・山本ひろ子『物語 差別 天皇制』フィールドワーク・シリーズ3, 五月社.
235	1985	今村仁司『排除の構造』青土社 (ちくま学芸文庫:1993).
	1985	江嶋修作編『社会「同和」教育変革期』解放社会学双書2, 明石書店.
344	1985	小松和彦『異人論—民俗社会の心性』青土社 (ちくま学芸文庫:1995).
	1985	鈴木清史『アボリジニー—オーストラリア先住民の昨日と今日』世界差別問題叢書5, 明石書店.
447	1985	中川清『日本の都市下層』勁草書房.
	1985	波平恵美子『ケガレ』東京堂出版.
	1985	成田得平他編『近代化の中のアイヌ差別の構造』世界差別問題叢書3, 明石書店.
	1985	野間宏・沖浦和光『日本の聖と賤—中世篇』人文書院.
	1986	新泉社編集部編『現代日本の偏見と差別』新泉社.
	1986	日本解放社会学会編『解放社会学研究』1, 明石書店 (以下続刊:『解放社会学研究』6, 1992より日本解放社会学会の自費出版).
	1986	野間宏・沖浦和光『日本の聖と賤—近世篇』人文書院.
	1987	上坂昇『アメリカ黒人のジレンマ—「逆差別」という新しい人種関係』明石書店.
	1987	福岡安則他編『被差別の文化・反差別の生きざま』解放社会学双書4, 明石書店.
	1988	鐘ヶ江晴彦他『差別社会と人権侵害』新幹社.
	1988	若宮啓文『ルポ 現代の被差別部落』朝日文庫.
	1989	青木秀男『寄せ場労働者の生と死』解放社会学双書5, 明石書店.
	1991	鐘ヶ江晴彦『「同和」教育への社会的視座』解放社会学双書6, 明石書店.
	1991	福岡安則・辻山ゆき子『ほんとうの私を求めて—「在日」二世三世の女性たち』新幹社.
	1991	福岡安則・辻山ゆき子『同化と異化のはざまで—「在日」若者世代のアイデンティティ葛藤』新幹社.
	1991	山田富秋・好井裕明『排除と差別のエスノメソドロジー—〈いま—ここ〉の権力作用を解読する』新曜社.
	1992	解放出版社編『水平社宣言と私』解放出版社.
	1992	柴谷篤弘・池田清彦編『差別ということば』明石書店.
	1992	高橋貞樹 (沖浦和光校注)『被差別部落一千年史』岩波文庫.
	1992	福岡安則『現代若者の差別する可能性』明石書店.
	1992	好井裕明編『エスノメソドロジーの現実—せめぎあう〈生〉と〈常〉』世界思想社.
	1992	差別を考える研究会編集『年報 差別問題研究1—差別の定義をめぐって』.
	1993	竹内章郎『「弱者」の哲学』大月書店.
	1993	中根光敏『「寄せ場」をめぐる差別の構造』広島修道大学総合研究所.
503	1993	福岡安則『在日韓国・朝鮮人—若い世代のアイデンティティ』中公新書.
	1994	中川清編『明治東京下層生活誌』岩波文庫.

	1995	斎藤洋一・大石慎三郎『身分差別社会の真実　新書・江戸時代』講談社現代新書.
	1995	西澤晃彦『隠蔽された外部―都市下層のエスノグラフィー』彩流社.
	1995	安積純子・岡原正幸・尾中文哉・立岩真也『増補改訂版　生の技法―家と施設を出て暮らす障害者の社会学』藤原書店.
	1996-97	栗原彬編『講座　差別の社会学』全4巻（1．差別の社会理論　2．日本社会の差別構造　3．現代世界の差別構造　4．共生の方へ), 弘文堂.
503	1997	福岡安則・金明秀『在日韓国人青年の生活と意識』東京大学出版会.

15. 犯罪・逸脱

出現頁	刊行年	
22	1895	Emile Durkheim, *Les règles de la méthode sociologique*, Félix Alcan（『社会学的方法の規準』宮島喬訳, 岩波書店, 1979）.
26	1897	Emile Durkheim, *Le suicide: Etude de sociologie*, Félix Alcan（『自殺論』宮島喬訳, 中公文庫, 1985）.
520	1916-17	Sigmund Freud, *Vorlesungen zur Einführung in die Psychoanalyse*, Hugo Heller & Cie., Leipzig und Wien, 1916; Gesammelte Werke, XI, S. Fischer Verlag, 1944; Sigmund Freud, *Neue Folge der Vorlesungen zur Einführung in die Psychoanalyse*, Int. Psa. Verl., Leipzig, Wien, 1933; Gesammelte Werke, XV, S. Fischer Verlag, 1944（『精神分析入門（正・続）』フロイト著作集I, 懸田克朗・高橋義孝訳, 人文書院, 1971他）.
	1937	Chic Cornell and Edwin H. Sutherland, *The Professional Thief*, Univ. of Chicago Press（『詐欺師コンウェル』佐藤郁哉訳, 新曜社, 1986）.
	1940	Harry S. Sullivan, *Conception of Modern Psychiatry*, W. W. Norton & Co.（『現代精神医学の概念』中井久夫・山口隆訳, みすず書房, 1976）.
	1949	Marion L. Starkey, *The Devil in Massachusetts: A Modern Enquiry into the Salem Witch Trials*, Alfred A. Knopf, Inc.（『少女たちの魔女狩り』市場泰男訳, 平凡社, 1994）.
92	1949	Robert K. Merton, *Social Theory and Social Structure*, Free Press（『社会理論と社会構造』森東吾・森好夫・金沢実・中島竜太郎訳, みすず書房, 1961）.
	1950	渡辺洋二『娼婦の社会学的研究』鳳弘社.
	1950	Marguerite Sechehaye, *Journal d'une schizophrène*, P. U. F.（『分裂病の少女の手記』村上仁・平野恵訳, みすず書房, 1955）.
360	1952	Jean-Paul Sartre, *Saint Genet: comédien et martyr*, Edition Gallimard（『聖ジュネ』 I・II, 白井浩司・平井啓之訳, 人文書院, 1958）.
227	1954	磯村英一『社会病理学』有斐閣.
	1956	Harry S. Sullivan, *Clinical Studies in Psychiatry*, W. W. Norton & Co.（『精神医学の臨床研究』中井久夫他訳, みすず書房, 1983）.
	1959	柏熊岬二『東京都における非行少年の生態学的研究』法曹会.
	1959	中村三郎『日本売春社会史』青蛙房.
	1960	E. H. Sutherland and D. R. Cressy, *Principles of Criminology*, 6th. ed., J. B. Lippincott Co.（『犯罪の原因―刑事学原論 I』平野龍一・所一彦訳, 有信堂, 1964）.
634	1960	Ronald David Laing, *The Divided Self: An Existential Study in Sanity and Madness*, Tavistock Publication（『ひき裂かれた自己―分裂病と分裂病質の実存的研究』阪本健二・志貴春彦・笠原嘉訳, みすず書房, 1971）.
342	1961	Erving Goffman, *Asylums: Essays on the Social Situation of Mental Patients and Other Inmates*, Doubleday Anchor（『アサイラム―施設被収容者の日常世界』石黒毅訳, 誠信書房, 1984）.
138	1961	Michel Foucault, *Histoire de la folie à l'âge classique*, Plon, 1961; Gallimard, 1972（『狂

		気の歴史―古典主義時代における』田村俶訳，新潮社，1975）．
635	1961	Ronald David Laing, *Self and Others,* Tavistock Publication, 1961; 2nd ed., 1969（『自己と他者』志貴春彦・笠原嘉訳，みすず書房，1975）．
	1962	Orrin E. Klapp, *Heroes, Villains and Fools,* Prentice-Hall（『英雄・悪漢・馬鹿』中村祥一・飯田義清訳，新泉社，1977）．
239	1963	岩井弘融『病理集団の構造―親分乾分集団の研究』誠信書房．
150	1963	Erving Goffman, *Stigma: Notes on the Management of Spoiled Identity,* Prentice-Hall（『スティグマの社会学―烙印を押されたアイデンティティ』石黒毅訳，せりか書房，1970）．
523	1963	Howard S. Becker, *Outsiders: studies in the sociology of Deviance,* Free Press（『アウトサイダーズ』村上直之訳，新泉社，1978）．
	1964	David Matza, *Delinquency and Drift,* John Wiley & Sons, Inc.（『漂流する少年―現代の少年非行論』非行理論研究会訳，成文堂，1986）．
635	1964	Ronald David Laing & A. Esterson, *Sanity, Madness and the Family: Families of Schizophrenics,* Tavistock Publication, London（『狂気と家族』笠原嘉・辻和子訳，みすず書房，1972）．
	1965	柏熊岬二『非行の青春―ある少女の転落過程とその分析』弘文堂．
370	1965	Edwin Michael Schur, *Crimes without Victims: Deviant Behavior and Public Policy: Abortion, Homosexuality, and Drug Addiction,* Prentice-Hall（『被害者なき犯罪―堕胎・同性愛・麻薬の社会学』畠中宗一・畠中郁子訳，新泉社，1981）．
	1966	大橋薫編『社会病理学』有斐閣．
	1966	紀田順一郎『日本のギャンブル―賭けごとの世界』桃源社．
	1966	宮本忠雄『精神分裂病の世界』紀伊國屋書店．
	1966	Albert K. Cohen, *Deviance and Control,* Englewood Cliffs（『逸脱と統制』細井洋子訳，至誠堂，1968）．
	1967	四方寿雄『現代社会病理学』ミネルヴァ書房．
324	1967	David Cooper, *Psychiatry and Anti-Psychiatry,* Tavistock Publications（『反精神医学』野口昌也・橋本雅雄・今井典子訳，岩崎学術出版社，1974）．
162	1967	Harold Garfinkel, *Studies in Ethnomethodology,* Prentice-Hall（『エスノメソドロジー』山田富秋・好井裕明・山崎敬一編訳，せりか書房，1987；北澤裕・西阪仰『日常性の解剖学』マルジュ社，1989）．
	1968	西丸四方『病める心の記録―ある精神分裂病者の世界』中央公論社．
	1968	Maxwell Jones, *Beyond the Therapeutic Community: social learning and social psychiatry,* Yale Univ. Press（『治療共同体を超えて』鈴木純一郎訳，岩崎学術出版社，1977）．
	1969	岩井弘融『犯罪社会学』弘文堂．
	1969	Robert A. Scott, *The Making of Blind Men: A Study of Adult Socialization,* Rassell Sage Foundation（『盲人はつくられる―大人の社会化の一研究』三橋修監訳・解説，金治憲訳，東信堂，1992）．
	1970	Maud Mannoni, *Le psychiatre, son "fou" et la psychanalyse,* Seuil（『反-精神医学と精神分析』松本雅彦訳，人文書院，1974）．
	1971	Iago Goldston, *The Interface between Psychiatry Anthropology,* Mazel（『精神医学と人類学』江草安彦監訳，星和書店，1981）．
	1971	Michel Phillipson, *Sociological Aspects of Crime and Delinquency,* Routledge and Kegan Paul（『犯罪と非行の社会学』藤田弘人訳，文化書房博文社，1984）．
	1972	大橋薫『都市病理の構造』川島書店．
	1972	精神科医全国共闘会議編『国家と狂気』田畑書店．
	1972	高橋勇悦『ギャンブル社会―「賭」の都市社会学』日本経済新聞社．
	1972	David Cooper, *The Death of the Family,* Allen Lane, Penguin Press（『家族の死』塚本嘉・笠原嘉訳，みすず書房，1978）．
	1973	木村敏『異常の構造』講談社現代新書．

15. 犯罪・逸脱

- 1973 野中乾・星野朗『バタヤ社会の研究』蒼海出版.
- 1973 Michel Foucault, *Moi, Pierre Riviere*, Gallimard（『ピエール・リヴィエールの犯罪』岸田秀・久米博訳, 河出書房新社, 1986）.
- 1973-76 那須宗一・岩井弘融・大橋薫・大藪寿一編『都市病理講座』全4巻, 誠信書房.
- 1974 小関三平『悪の社会史―「不自然な死」をめぐって』世界思想社.
- 1974 Spiro S. Crocetti, *Contemporary Attitude toward Mental Illness*, Univ. of Pittsburgh Press（『偏見・スティグマ・精神病』加藤正明監訳, 星和書店, 1978）.
- 1975 神崎清『売春』現代出版社.
- 1975 木村敏『分裂病の現象学』弘文堂.
- 1975 日本犯罪社会学会編『犯罪社会学』有斐閣.
- 1975 Michel Foucault, *Surveiller et punir: Naissance de la prison*, Gallimard（『監獄の誕生―監視と処罰』田村俶訳, 新潮社, 1977）.
- 1976 大橋薫『社会病理学研究』誠信書房.
- 1976 荻野恒一『文化精神医学入門』星和書店.
- 1977 荻野恒一『過疎地帯の文化と狂気―奥能登の社会精神病理』新泉社.
- 1977 Malcolm Spector and John I. Kitsuse, *Constructing Social Problems*, Cummings（『社会問題の構築―ラベリング理論をこえて』村上直之・中河伸俊・鮎川潤・森俊太訳, マルジュ社, 1990）.
- 1978 荻野恒一『「状況」の精神病理』弘文堂.
- 1978 Dorothy E. Smith, "K is mentally ill': the anatomy of a factual account", *Sociology*, 12:1（『エスノメソドロジー』山田富秋他編訳, せりか書房, 1987）.
- 1978 H. J. Eysenck and D. K. B. Nias, *Sex, Violence and The Media*, Carol Heaton Ltd.（『性・暴力・メディア―マスコミの影響力についての真実』岩脇三良訳, 新曜社, 1982）.
- 1978 Mordechai Rotenberg, *Domination and Deviance: the protestant ethic and the spirit of failure*, Free Press（『逸脱のアルケオロジー―プロテスタンティズムの倫理と〈失敗〉の精神』川村邦光訳, 平凡社）.
- 1978 Russel Barton, *Institutional Neurosis*, John Wright & Sons（『施設神経症―病院が精神病をつくる』正田亘訳, 晃洋書房, 1985）.
- 1979 石川信義『開かれている病棟』星和書店.
- 1979 岩井弘融・所一彦・星野周弘編『犯罪観の研究―現代社会の犯罪化・非犯罪化』大成出版社.
- 1979 大村英昭・宝月誠『逸脱の社会学』新曜社.
- 1980 青木薫久『保安処分と精神医療』批評社.
- 1980 大橋薫編『アルコール依存の社会病理』星和書店.
- 1980 大村英昭『非行の社会学』世界思想社.
- 1980 佐々木保行編『日本の子殺しの研究』高文堂出版社.
- 1980 吉田おさみ『"狂気"からの反撃―精神医療解体運動への視点』新泉社.
- 1981 岩井寛『ヒューマニズムとしての狂気』日本放送出版協会.
- 1981 大熊一夫『ルポ・精神病棟』朝日新聞社.
- 1981 仲村祥一『日常経験の社会学』世界思想社.
- 1981 David Ingleby (ed.), *Critical psychiatry: the politics of mental health*, Penguin Books（『批判的精神医学―反精神医学その後』宮崎隆吉他訳, 悠久書房, 1985）.
- 1981 David Sibley, *Outsiders in Urban Societies*, Blackwell（『都市社会のアウトサイダー』細井洋子他訳, 新泉社, 1986）.
- 1982 間庭充幸『犯罪の社会学』世界思想社.
- 1983 吉田おさみ『「精神障害者」の解放と連帯』新泉社.
- 1983 Ronald J. Troyer & Gerald E. Markle, *Cigarettes: The Battle over Smoking*, Rutgers Univ. Press（『タバコの社会学―紫煙をめぐる攻防戦』中河伸俊・鮎川潤訳, 世界思想社, 1992）.
- 1984 佐藤郁哉『暴走族のエスノグラフィー』新曜社.

| | 1984 | 細井洋子『犯罪社会学』高文堂出版社.
| | 1984 | 宗像恒久『精神医療の社会学』弘文堂.
| | 1984 | 矢野真二『病院精神医療を超えて―精神看護ひとつの試み』批評社.
| | 1984 | 山口昌男『笑いと逸脱』筑摩書房.
| | 1984 | Paul Spicker, *Stigma and Social Welfare*, Croom Helm, Ltd.(『スティグマと社会福祉』西尾祐吾訳, 誠信書房, 1987).
| 205 | 1985 | 赤坂憲雄『異人論序説』砂子屋書房(ちくま学芸文庫:1992).
| | 1985 | 石川准「逸脱の政治―スティグマを貼られた人々のアイデンティティ管理」『思想』736.
| | 1985 | 熊本日日新聞社編『ルポ 精神医療』日本評論社.
| | 1985 | 佐藤郁哉『ヤンキー・暴走族・社会人―逸脱的ライフスタイルの自然史』新曜社.
| | 1986 | 赤坂憲雄『排除の現象学』洋泉社(『新編 排除の現象学』筑摩書房, 1991).
| | 1986 | 池末美穂子他『「精神障害」のベクトル』ミネルヴァ書房.
| | 1986 | 遠藤豊吉編著『いじめからの脱出』日本放送出版協会.
| | 1986 | 菅野盾樹『いじめ=〈学級〉の人間学』新曜社.
| | 1987 | 徳岡秀雄『社会病理の分析視角―ラベリング論・再考』東京大学出版会.
| | 1987 | 山田富秋・好井裕明・山崎敬一訳『エスノメソドロジー』せりか書房.
| | 1988 | 仲村祥一編『犯罪とメディア文化』有斐閣選書.
| | 1990 | 間庭充幸『日本的集団の社会学―包摂と排斥の構造』河出書房新社.
| | 1990 | 石川信義『心病める人たち』岩波新書.
| 276 | 1990 | 大平健『豊かさの精神病理』岩波新書.
| | 1990 | 近藤晴美『聞け!いじめられっ子の叫びを』エール出版社.
| | 1990 | 長野英子『精神医療』現代書館.
| 534 | 1990 | 宝月誠『逸脱論の研究』恒星社厚生閣.
| | 1991 | 東雄司編『精神障害者・自立への道』ミネルヴァ書房.
| | 1991 | 大谷實『精神保健法』有斐閣.
| | 1991 | 吉岡一男『ラベリング論の諸相と犯罪学の課題』成文堂.
| 225 | 1992 | 石川准『アイデンティティ・ゲーム―存在証明の社会学』新評論.
| | 1992 | 浜田寿男男『自白の研究―取調べる者と取調べられる者の心的構図』三一書房.
| | 1993 | 桐田克利『苦悩の社会学』世界思想社.
| | 1993 | 佐藤直樹『大人の〈責任〉, 子どもの〈責任〉―刑事責任の現象学』青弓社.
| | 1993 | 徳岡秀雄『少年司法政策の社会学―アメリカ少年保護変遷史』東京大学出版会.
| | 1993 | 蜂矢英彦『心の病と社会復帰』岩波新書.
| | 1994 | 間庭充幸『現代犯罪の深層と文化―日米中比較社会学』世界思想社.
| | 1994 | 鮎川潤『少年非行の社会学』世界思想社.
| | 1994 | 春日武彦『私はなぜ狂わずにいるのか』大和書房.
| | 1994 | 木村敏『心の病理を考える』岩波新書.
| | 1994 | 土屋守『500人のいじめられ日記』青弓社.
| | 1994 | 土屋守編『いじめないで!』青弓社.
| | 1995 | 佐藤直樹『〈責任〉のゆくえ―システムに刑法は追いつくか』青弓社.

16. 宗教

出現頁 | 刊行年
362 | 1901-02 William James, *The Varieties of Religious Experience: A Study of Human Nature*, Longmans, Green & Co.(『宗教経験の諸相』比屋根安定訳, 誠信書房, 1958;『宗教的経験の諸相』桝田啓三郎訳, 日本教文社, 1962;岩波書店, 1969-70).
36 | 1904-05 Max Weber, *Die protestantische Ethik und 〉Geist〈 des Kapitalismus*, 1904-05, Archiv für

16. 宗教

		Sozialwissenschaft und Sozialpolitik, Bd. 20-21; in Gesammelte Aufsätze zur Religionssoziologie, I, J. C. B. Mohr, 1920 (『プロテスタンティズムの倫理と資本主義の精神』梶山力・大塚久雄訳, 上・下, 岩波文庫, 1955; 大塚久雄訳, 岩波書店, 1988; 梶山力訳・安藤英治編, 未来社, 1994).
40	1912	Emile Durkheim, *Les formes élémentaires de la vie religieuse: le système totémique en Australie*, Felix Alcan (『宗教生活の原初形態』上・下, 古野清人訳, 岩波書店, 1941-42; 改訳: 1975).
249	1916	Max Weber, Hinduismus und Buddhismus, 1916, Archiv für Sozialwissenschaft und Sozialpolitik, 41; In, *Gesammelte Aufsätze zur Religionssoziologie*, II, J. C. B. Mohr, 1921 (『ヒンドゥー教と仏教』深沢宏訳, 日貿出版社, 1983).
249	1916	Max Weber, Konfuzianismus und Taoismus, 1916, Archiv für Sozialwissenschaft und Sozialpolitik, 41, In, *Gesammelte Aufsätze zur Religionssoziologie*, I, J. C. B. Mohr, 1920 (『儒教と道教』木全徳雄訳, 創文社, 1973; 細谷徳三郎訳, 清水弘文堂, 1967).
250	1917	Max Weber, Das antike Judentum, 1917, Archiv für Sozialwissenschaft und Sozialpolitik, 44, in, *Gesammelte Aufsätze zur Religionssoziologie*, III, J. C. B. Mohr, 1921 (『古代ユダヤ教』内田芳明訳, I・II, みすず書房, 1962-64; 岩波文庫, 全3冊, 1996).
	1920	Max Weber, *Gesammelte Aufsätze zur Religionssoziologie*, Bd. 1, Zwischenbetrachtung, J. C. B. Mohr (『宗教社会学論選』中間考察, 大塚久雄・生松敬三訳, みすず書房, 1972).
	1920-21	Max Weber, "Vorbemerung", *Gesammelte Aufsätze zur Religionssoziologie*, Bd. I & "Einleitung", *Gesammelte Aufsätze zur Religionssoziologie*, Bd. I & "Zwischenbetrachtung", *Gesammelte Aufsätze zur Religionssoziologie*, Bd. I (『宗教社会学論選』大塚久雄・生松敬三訳, みすず書房, 1972).
252	1922	Max Weber, Religionssoziologie, in, *Wirtschaft und Gesellschaft*, Marianne Weber, Hg., 1 Aufl., J. C. B. Mohr, 1922; J. Winckelmann, Hg., 4 Aufl., J. C. B. Mohr, 1956 (『宗教社会学』武藤一雄・薗田宗人・薗田担訳, 創文社, 1976).
457	1929	Helmut Richard Niebuhr, *The Social Sources of Denominationalism* (『アメリカ型キリスト教の社会的起源』柴田史子訳, ヨルダン社, 1984).
602	1946	柳田国男『先祖の話』筑摩書房 (『柳田國男全集』13, ちくま文庫, 1990).
118	1957	Mircea Eliade, *Das Heilige und das Profane: Vom Wesen des Religiosen*, Rowohlts (『聖と俗—宗教的なるものの本質について』風間敏夫訳, 法政大学出版局, 1969).
527	1957	Robert N. Bellah, *Tokugawa Religion*, Free Press, 1957 (『日本近代化と宗教倫理—日本近世宗教論』堀一郎・池田昭共訳, 未来社, 1962); rev. ed., 1985 (『徳川時代の宗教』池田昭訳, 岩波書店, 1996).
622	1960	Vittorio Lanternari, *Movimenti religiosi di libertà e di salvezza dei popoli oppressi*, Giangiacomo Feltrinelli Editore, 1960 (*The Religion of the Oppressed: A Study of Modern Messianic Cults*, Trans. by Lisa Sergio Alfred Knopf/Mac Gibbon & Kee, 1963. 『虐げられた者の宗教—近代メシア運動の研究』堀一郎・中牧弘允訳, 新泉社, 1976).
136	1961	神島二郎『近代日本の精神構造』岩波書店.
595	1962	森岡清美『真宗教団と「家」制度』創文社 (増補版: 1978).
	1963	村上重良『近代民衆宗教史の研究』(増訂版) 法蔵館.
	1965	Robert N. Bellah ed., *Religion and Progress in Modern Asia*, The Free Press (『アジアの近代化と宗教』佐々木宏幹訳, 金花社, 1975).
406	1966	Mary Douglas, *Purity and Danger: an Analysis of Concepts of Pollution and Taboo*, Routledge & Kegan Paul (『汚穢と禁忌』塚本利明訳, 思潮社, 1972).
	1966	Thomas F. O'dea, *The Sociology of Religion*, Prentice-Hall (『宗教社会学』現代社会学入門 5, 宗像巌訳, 至誠堂, 1968).
	1967	H. MacFarland, *The Rush Hour of the Gods: A Study of New Religious Movements in Japan*, Macmillan Co. (『神々のラッシュアワー』内藤豊・杉本武之訳, 社会思想社, 1969).
465	1967	Peter L. Berger, *The Sacred Canopy: Elements of a Sociological Theory of Religion*, Dou-

16. 宗教

		bleday & Co.(『聖なる天蓋―神聖世界の社会学』薗田稔訳, 新曜社, 1979).
630	1967	Thomas Luckmann, *Das Problem der Religion in der modernen Gesellschaft*, Rombach, 1963; *The Invisible Religion*, Macmillan, 1967 (『見えない宗教―現代宗教社会学入門』赤池憲昭・ヤン・スィンゲドー訳, ヨルダン社, 1976).
226	1969	石牟礼道子『苦海浄土―わが水俣病』講談社(講談社文庫:1972). 初稿は「海と空のあいだに」の題で『熊本風土記』に連載(1965年).
	1969	小栗純子『日本の近代社会と天理教』評論社.
	1969	Peter L. Berger, *A Rumor of Angels*, Doubleday & Co. (『天使のうわさ―現代における神の再発見』荒井俊次訳, ヨルダン社, 1982).
	1970	宮家準『修験道儀礼の研究』春秋社.
245	1970	Bryan R. Wilson, *Religious Sects: A Sociological Study*, Weidenfeld & Nicolson (『セクト―その宗教社会学』池田昭訳, 平凡社, 1972; 改訂版, 恒星社厚生閣, 1991).
	1970	H. Byron Earhart, *A Religious Study of The Mount Haguro Sect of Shugendo, Monumenta Nipponica*, Sophia Univ. (『羽黒修験道』宮家準監訳, 鈴木正崇訳, 弘文堂, 1985).
	1970	J. Milton Yinger, *The Scientific Study of Religion*, Macmillan Publishing (『宗教社会学』Ⅰ-Ⅴ, 金井新二訳, ヨルダン社, 1989-).
	1970	Robert N. Bellah, *Beyond Belief*, Harper & Row (『社会変革と宗教倫理』河合秀和訳, 未来社, 1973).
	1970	Roland Robertson, *The Sociological Interpretation of Religion*, Basil Blackwell (『宗教の社会学―文化と組織としての宗教理解』田丸徳善監訳, 川島書店, 1983).
	1972	井門富二夫『世俗社会の宗教』日本基督教団出版局.
465	1973	Peter L. Berger, Brigitte Berger, Hansfried Kellner, *The Homeless Mind: Modernization and Consciousness*, Random House (『故郷喪失者たち―近代化と日常意識』高山真知子・馬場伸也・馬場恭子訳, 新曜社, 1977).
	1974	井門富二夫『神殺しの時代』日本経済新聞社.
	1974	藤井正雄『現代人の信仰構造―宗教浮動人口の行動と思想』評論社.
599	1974	安丸良夫『日本の近代化と民衆思想』青木書店.
	1974	Robert J. Smith, *Ancestor Worship in Contemporary Japan*, Stanford Univ. Press (『現代日本の祖先崇拝―文化人類学からのアプローチ』上・下, 前山隆訳, 御茶の水書房, 1981-82).
	1974	Werner Stark, *Grundriß der Religionssoziologie*, Rombach+Co GmbH (『宗教社会学』杉山忠平・杉田泰一訳, 未来社, 1979).
	1975	宮田登『生き神信仰』塙書房.
	1975	森岡清美『現代社会の民衆と宗教』評論社.
245	1975	Bryan R. Wilson, *The Noble Savages: The Primitive Origins of Charisma and its Contemporary Survival*, Univ. of California Press (『カリスマの社会学―気高き未開人』山口素光訳, 世界思想社, 1982).
	1976	竹田聴洲『日本人の「家」と宗教』評論社.
	1976	Bryan Wilson, *Contemporary Transformation of Religion*, Univ. of Newcastle upon Tyne (『現代宗教の変容』井門富二夫・中野毅訳, ヨルダン社, 1979).
	1977	真木悠介『気流の鳴る音―交響するコミューン』筑摩書房(ちくま文庫:1986).
	1978	井門富二夫編『講座宗教学3 秩序への挑戦』東京大学出版会.
	1978	宗教社会学研究会編『現代宗教への視角』雄山閣.
	1978	村上重良『現代宗教と政治』東京大学出版会.
	1978	森岡清美編『変動期における人間と宗教』未来社.
	1978	David Martin, *The Dilemmas of Contemporary Religion*, Basil Blackwell (『現代宗教のジレンマ―世俗化の社会論理』阿部美哉訳, ヨルダン社, 1981).
402	1979	高取正男『神道の成立』平凡社(平凡社ライブラリー:1993).
	1979	柳川啓一・安斎伸編『宗教と社会変動』東京大学出版会.
	1979	Peter L. Berger, *The Heretical Imperative*, Doubleday & Company, Inc. (『異端の時代―

		現代における宗教の可能性』薗田稔・金井新二訳, 新曜社, 1987).
	1980	佐々木宏幹『シャーマニズム―エクスタシーと憑霊の文化』中公新書.
	1980	宗教社会学研究会編『宗教の意味世界』雄山閣.
	1980	宮家準『生活の中の宗教』日本放送出版協会.
	1981	生駒孝彰『アメリカ生まれのキリスト教―モルモン教 エホバの証人 キリスト教 科学 過去と現況』旺史社.
	1981	井上順孝他『新宗教研究調査ハンドブック』雄山閣.
	1982	伊藤幹治『家族国家観の人類学』ミネルヴァ書房.
344	1982	小松和彦『憑霊信仰論』伝統と現代社 (増補版：ありな書房, 1984；講談社学術文庫, 1994).
	1982	桜井徳太郎『日本民俗宗教論』春秋社.
	1982	宗教社会学研究会編『宗教・その非日常性と日常性』雄山閣.
	1982	中牧弘允『神々の相剋―文化接触と土着主義』新泉社.
	1982	山折哲雄『日本人の心情―その根底を探る』日本放送出版協会.
	1983	山折哲雄『神と仏―日本人の宗教観』講談社.
	1983	Thomas Luckmann, *Life-World and Social Realities,* Heinemann Educational Books Ltd. (『現象学と宗教社会学―続・見えない宗教』D. リード・星川啓慈・山中弘訳, ヨルダン社, 1989).
	1984	安齋伸『南島におけるキリスト教の受容』南島文化叢書6, 第一書房.
	1984	NHK放送世論調査所編『日本人の宗教意識』日本放送出版協会.
	1984	森岡清美『家の変貌と先祖の祭』日本基督教団出版局.
341	1984	Harvey Cox, *Religion in the Secular City: Toward a Post-modern Theology,* Simon and Schuster (『世俗都市の宗教』大島かおり訳, 新教出版社, 1986).
	1985	井上順孝『海を渡った日本の宗教―移民社会の内と外』弘文堂.
	1985	小野泰博他編『日本宗教事典』弘文堂.
	1985	宗教社会学の会『生駒の神々―現代都市の民俗宗教』創元社.
527	1985	Robert N. Bellah, Richard Madsen, William M. Sullivan, Ann Swidler and Steven Tipton, *Habits of the Heart: Individualism and Commitment in American Life,* Univ. of California Press (『心の習慣―アメリカ個人主義のゆくえ』島薗進・中村圭志訳, みすず書房, 1991).
	1986	小笠原真『二十世紀の宗教社会学』世界思想社.
	1986	中牧弘允『新世界の日本宗教―日本の神々と異文明』平凡社.
	1986	森岡清美編『近現代における「家」の変貌と宗教』新地書房.
	1987	生駒孝彰『ブラウン管の神々』ヨルダン社.
	1987	宗教社会学研究会編『教祖とその周辺』雄山閣.
	1987	橳島次郎『神の比較社会学』弘文堂.
	1988	大村英昭・西山茂編『現代人の宗教』有斐閣.
	1988	孝本貢編『論集日本仏教史』9巻〔大正・昭和時代〕雄山閣.
	1988	沼田健哉『現代日本の新宗教―情報化社会における神々の再生』創元社.
	1989	上田紀行『覚醒のネットワーク』カタツムリ社.
	1989	森岡清美『新宗教運動の展開過程―教団ライフサイクル論の視点から』創文社.
	1989	柳川啓一『宗教学とは何か』法藏館.
	1990	井上順孝・孝本貢・対馬路人・中牧弘允・西山茂編『新宗教事典』弘文堂.
	1990	大村英昭『死ねない時代―いま、なぜ宗教か』有斐閣.
	1990	國學院大學日本文化研究所編『近代化と宗教ブーム』同朋舎出版.
	1990	成城大学民俗学研究所編『昭和期山村の民俗変化』名著出版.
557	1990	松平誠『都市祝祭の社会学』有斐閣.
307	1991	川村邦光『巫女の民俗学―〈女の力〉の近代』青弓社.
	1991	二澤雅喜・島田裕巳『洗脳体験』JICC出版局.
	1992	井門富二夫編『アメリカの宗教―多民族社会の世界観』USA GUIDE 8, 弘文堂.

	1992	池上良正『民俗宗教と救い―津軽・沖縄の民間巫者』淡交社.
	1992	井上順孝『新宗教の解読』筑摩書房.
	1992	岩波講座『宗教と科学 5 宗教と社会科学』岩波書店.
	1992	島薗進編『救いと徳―新宗教信仰者の生活と思想』弘文堂.
367	1992	島薗進『現代救済宗教論』青弓社.
	1992	島薗進『新宗教と宗教ブーム』岩波書店.
	1992	『宗教のダイナミックス―世俗社会の宗教社会学』ヤン・スィンゲドー, 石井研二訳, ヨルダン社, 1992 (Karl Dobbelaere, Secularization: A Multi-Dimensional Concept, *Current Sociology,* Vol. 29, No. 2 & Karl Dobbelaere, "Secularization Theories and Sociological Paradigms: A Reformulation of the Private-Public Dichotomy and the Problem of Social Integration", *Sociological Analysis,* Vol. 46, No. 4, pp. 377-387).
	1993	宗教社会学研究会編『いま宗教をどうとらえるか』海鳴社.
	1993	堀一郎他監修『宗教学辞典』東京大学出版会.
	1994	井上順孝編『現代日本の宗教社会学』世界思想社.
	1994	谷富夫『聖なるものの持続と変容―社会学的理解をめざして』恒星社厚生閣.
	1994	芳賀学・弓山達也『祈る ふれあう 感じる―自分探しのオデッセー』IPC.
	1995	宗教社会学の会『宗教ネットワーク―民俗宗教, 新宗教, 華僑, 在日コリアン』行路社.
	1995	新屋重彦・島薗進・田邊信太郎・弓山達也編著『癒しと和解―現代におけるCAREの諸相』ハーベスト社.
	1995	沼田健哉『宗教と科学のネオパラダイム―新新宗教を中心として』太洋社.

17. 文化・文学・芸術

出現頁 | 刊行年

	1750	Jean-Jacques Rousseau, *Discours sur les Sciences et les Arts* (『学問芸術論』前川貞次郎訳, 岩波文庫, 1968).
	1758	Jean-Jacques Rousseau, *La lettre à d'Alembert sur les spectacles* (『演劇について―ダランベールへの手紙』今野一雄訳, 岩波文庫, 1979).
310	1790	Immanuel Kant, *Kritik der Urteilskraft,* Berlin und Libau, bey Lagarde und Friedrich (『判断力批判』大西克礼訳, 岩波文庫, 1940;坂田徳男訳, 三笠書房, 1947;篠田英雄訳, 岩波文庫, 1964;原佑訳, 理想社, 1965).
455	1872	Friedrich Nietzsche, *Die Geburt der Tragödie aus dem Geiste der Musik.* Leipzig. Verlag von E. W. Fritzsch,1872; Friedrich Nietzsche, *Die Geburt der Tragödie, Oder: Griechenthum und Pessimismus,* Neue Ausgabe mit dem Versuch einer Selbstkritik. Leipzig. Verlag von E. W. Fritzsch, 1886 (『音楽の精神からの悲劇の誕生』『悲劇の誕生―あるいはギリシア精神と悲観主義』秋山英夫訳, 岩波文庫, 1966;塩屋竹男訳, ちくま学芸文庫版ニーチェ全集2, 1993).
518	1898	James George Frazer, *The Golden Bough: A Study in Magic and Religion,* Macmillan (『金枝篇』(簡約版) 1~5巻, 永橋卓介訳, 岩波文庫, 1951-52).
32	1900	Sigmund Freud, *Die Traumdeutung,* Franz Deuticke, Leipzig und Wien, 1900; Gesammelte Werke, Ⅱ/Ⅲ, Fischer Verlag, 1942 (『夢判断』フロイト著作集Ⅱ, 高橋義孝訳, 人文書院, 1969;『夢判断』上・下, フロイト選集11・12, 高橋義孝訳, 日本教文社, 1969／1970;『夢判断』上・下, 高橋義孝訳, 新潮文庫, 1957).
	1901	Sigmund Freud, *Zur Psychopathologie des Alltagslebens* (「日常生活の精神病理」『フロイト著作集Ⅳ』池白他訳, 人文書院, 1970).
	1908	Sigmund Freud, *Der Dichter und das Phantasieren* (「詩人と空想すること」『フロイト著作集Ⅲ』高橋義孝他訳, 人文書院, 1969).

17. 文化・文学・芸術

40	1912	Emile Durkheim, *Les formes élémentaires de la vie religieuse: le système totémique en Australie*, Felix Alcan (『宗教生活の原初形態』上・下，古野清人訳，岩波書店，1941-42；改訳：1975).
	1919	Sigmund Freud, *Das Unheimliche* (「無気味なもの」『フロイト著作集Ⅲ』高橋義孝訳，人文書院, 1969).
251	1921	Max Weber, *Die rationalen und soziologischen Grundlagen der Musik*, Drei-Masken-Verlag, 1921, *Wirtschaft und Gesellschaft*, Marianne Weber, Hg., 2 Aufl., J. C. B. Mohr, 1925; J. Winckelmann, Hg., 4 Aufl., J. C. B. Mohr, 1956 (『音楽社会学』安藤英治・池宮英才・角倉一朗訳解，創文社，1967).
562	1922	Bronislaw Malinowski, *Argonauts of the Western Pacific*, Dutton (「西太平洋の遠洋航海者」(抄訳)『世界の名著59　マリノフスキー／レヴィ＝ストロース』寺田和夫・増田義郎訳，中央公論社，1967).
482	1924	Béla Balázs, *Der sichtbare Mensch oder Die Kultur des Films*, Deutsch-Österreich Verlag (『視覚的人間』佐々木基一・高村宏訳，岩波文庫，1986).
262	1927	Nicolas Evreinoff, *The Life in theatre* (『生の劇場』清水博之訳，新曜社，1973).
287	1928	折口信夫「大嘗祭の本義」『國學院雑誌』34巻8/11号 (『新編集決定版　折口信夫全集 3』中央公論社，1995).
578	1928	Margaret Mead, *The Coming of Age in Samoa*, New York: W. Morrow, 1928; 1961; Penguin, 1943; Modern Library, 1953; American Museum of Natural History, 1973 (『サモアの思春期』畑中幸子・山本真鳥訳，蒼樹書房，1976).
534	1928	Walter Benjamin, *Ursprung des deutschen Trauerspiels*, Rowohlt (『ドイツ悲劇の根源』川村二郎・三城満禧訳，法政大学出版局，1975).
287	1929	折口信夫「古代研究 (国文学篇)」『折口信夫全集』 1, 中央公論社 (中公文庫：1975).
	1929	折口信夫「国文学の発生 (第三稿) まれびとの意義」『折口信夫全集』 1, 中央公論社.
322	1930	九鬼周造『「いき」の構造』岩波書店 (『九鬼周造全集』 1, 岩波書店, 1981).
	1933	柳田国男『桃太郎の誕生』三省堂 (角川文庫：1951).
525	1934	Ruth Fulton Benedict, *Patterns of Culture*, Houghton Mifflin (『文化の型』米山俊直訳，社会思想社，1973).
66	1936	Walter Benjamin, *Gesammelte Schriften* Band 1, 2, Suhrkamp (『複製技術時代の芸術作品』ヴァルター・ベンヤミン著作集 2, 高木久雄・高原宏平訳，晶文社，1970；『ボードレール他五篇』ベンヤミンの仕事 2, 野村修編訳，岩波文庫，1994；『ベンヤミン・コレクション 1』浅井健二郎編訳，ちくま学芸文庫，1995).
218	1938	Antonin Artaud, *Le théâtre et son double*, Gallimard (『演劇とその分身』安藤信也訳, アルトー著作集 1, 白水社，1996).
70	1938	Johan Huizinga, *Homo Ludens: Proeve eener bepaling van het spel-element der cultuur*, Tjeenk Willink & Zoon (『ホモ・ルーデンス』里見元一郎訳，河出書房新社，1971)；独語版, Rowohlt Verlag, 1956 (高橋英夫訳，中公公論社，1963；中公文庫，1973).
536	1938-71	Петр Григорьевич Богатырев, *Народный театр чехов и словаков*, Москва, 1971 (「チェコ人とスロヴァキア人の民衆演劇」) + Znaky divadeiní Praha, 1938 (「演劇の記号」) (『民衆演劇の機能と構造』桑野隆訳，未来社，1982).
261	1940	Edward E. Evans-Pritchard, *The Nuer* (『ヌアー族』向井元子訳，岩波書店，1978；平凡社ライブラリー，1997).
466	1941	Kenneth Burke, *The Philosophy of Literary Form: Studies in Symbolic Action*, New York Vintage Books, 1941; rev. ed., 1957 (『文学形式の哲学』森常治訳，国文社，1974；改訂版，1983).
466	1945	Kenneth Burke, *A Grammar of Motives*, Prentice-Hall [なお Berkley and Los Angeles,1945; [なお Berkeley and Los Angeles: Univ. of California Press 版 (1974) が入手しやすい] (『動機の文法』森常治訳，晶文社，1982).
84	1946	Ruth Fulton Benedict, *The Chrysanthemum and the Sword: Patterns of Japanese Culture*,

		Houghton Mifflin (『菊と刀―日本文化の型』長谷川松治訳, 社会思想社, 1948).
326	1947	Siegfried Kracauer, *From Caligari to Hitler: A Psychological History of the German Film*, Princeton Univ. Press (『カリガリからヒットラーへ』丸尾定訳, みすず書房, 1970 ; 『カリガリからヒットラーまで』平井正訳, せりか書房, 1971 ; 増補改訂版, 1980).
88	1949	Georges Bataille, *La part maudite*, Edition de Minuit (『呪われた部分』生田耕作訳, 『バタイユ著作集』6, 二見書房, 1973).
265	1949	Mircea Eliade, *Le mythe de l'eternel retour: archétypes et répétition*, Gallimard (『永遠回帰の神話―祖型と反復』堀一郎訳, 未来社, 1963).
209	1949	Theodor Wiesengrund Adorno, *Philosophie der neuen Musik*, J. C. B. Mohr (『新音楽の哲学』渡辺健訳, 音楽之友社, 1973).
	1950	Claude Lévi-Strauss, *Introduction a l'œuvre de Marcel Mauss* (「モースへの序文」『社会学と人類学Ⅰ』有地亨他訳, 弘文堂, 1973所収).
98	1950	Marcel Mauss, *Sociologie et Anthropologie*, Press Universitaires de France (『社会学と人類学』Ⅰ・Ⅱ, 有地亨・山口俊夫訳, 弘文堂, 1973-76). 邦訳は1968年刊の第4版を底本とする.
514	1950	Maurice Blanchot, *L'espace littéraire*, Gallimard (『文学空間』粟津則雄・出口祐弘訳, 現代思潮社, 1962).
512	1951	Pierre Francastel, *Peinture et Société*, Gallimard, 1951; 2nd ed., 1965 (『絵画と社会』大島清次訳, 岩崎美術社, 1968).
360	1952	Jean-Paul Sartre, *Saint Genet: comédien et martyr*, Edition Gallimard (『聖ジュネ』Ⅰ・Ⅱ, 白井浩司・平井啓之訳, 人文書院, 1958).
	1953	Roland Barthes, *Le degré zéro de l'écriture*, Seuil (『零度のエクリチュール』渡辺淳・沢村昂一訳, みすず書房, 1971).
	1955	津田左右吉『文学に現はれたる国民思想の研究』岩波書店.
110	1955	Alfred Reginald Radcliffe-Brown, *Structure and Function in Primitive Society*, Oxford Univ. Press (『未開社会における構造と機能』青柳まちこ訳, 蒲生正男解説, 新泉社, 1975 ; 新装版, 1981).
347	1955	Lucien Goldmann, *Le dieu caché: étude sur la vision tragique dans les Pensées de Pascal et dans le théâtre de Racine*, Gallimard (『隠れたる神』山形頼洋・名田丈夫訳, 社会思想社, 1972).
210	1955	Theodor Wiesengrund Adorno, *Prismen*, Suhrkamp Verlag (『プリズメン―文化批判と社会』渡辺祐邦・三原弟平訳, ちくま学芸文庫, 1996).
	1956	E. E. Evans-Pritchard, *Nuer Religion*, Clarendon (『ヌアー族の宗教』向井元子訳, 岩波書店, 1982).
485	1957	Roland Barthes, *Mythologies*, Seuil (『神話作用』篠沢秀夫訳, 現代思潮社, 1967).
	1957	Susanne K. Langer, *Philosophy in a New Key*, Harvard Univ. Press (『シンボルの哲学』矢野萬里他訳, 岩波書店, 1960).
500	1958	Lucien Febvre et Henri-Jean Martin, *L'apparition du Livre*, Paris (『書物の出現』関根素子・長谷川輝夫・宮下志朗・月村辰雄訳, 筑摩書房, 1985).
242	1958	Raymond Williams, *Culture and Society: 1780-1950*, Chatto & Windus (『文化と社会』若松繁info・長谷川光昭訳, ミネルヴァ書房, 1973).
122	1958	Roger Caillois, *Les jeux et les hommes*, Gallimard (『遊びと人間』清水幾太郎・霧生和夫訳, 岩波書店, 1970 ; 多田道太郎・塚崎幹夫訳, 講談社学術文庫, 1990).
446	1959	中井正一『美学的空間』鈴木正編, 弘文堂 (増補版 : 鈴木正編集解説, 新泉社, 1982).
295	1960	Hans-Georg Gadamer, *Wahrheit und methode: Grundzüge einer philosophischen Hermeneutik*, J. C. B. Mohr (『真理と方法Ⅰ』轡田収他訳, 法政大学出版局, 1986).
624	1961	Edmund Ronald Leach, *Rethinking Anthropology*, Athrone Press (『人類学再考』青木保・井上兼行訳, 思索社, 1974 ; 新装版, 1990).
387	1961	George Steiner, *The Death of Tragedy*, Faber (『悲劇の死』喜志哲雄・蜂谷昭雄訳, 筑摩

		書房,1979).
138	1961	Michel Foucault, *Histoire de la folie à l'âge classique*, Plon, 1961; Gallimard, 1972 (『狂気の歴史―古典主義時代における』田村俶訳, 新潮社, 1975).
	1961	Raymond Williams, *The Long Revolution* (『長い革命』若林繁信・姉尾剛光・長谷川光昭訳, ミネルヴァ書房, 1968).
381	1961	René Girard, *Mensonge romantique et vérité romanesque*, Grasset (『欲望の現象学――ロマンティークの虚偽とロマネスクの真実』古田幸男訳, 法政大学出版局, 1971).
411	1962	多田道太郎『複製芸術論』勁草書房(「複製芸術について」『人文学報』第8号, 1958; 講談社学術文庫, 1985; 『多田道太郎著作集2 複製のある社会』筑摩書房, 1994).
148	1962	Claude Lévi-Strauss, *La pensée sauvage*, Plon (『野生の思考』大橋保夫訳, みすず書房, 1976).
637	1962	Claude Lévi-Strauss, *Le totémisme aujourd'hui*, Presses Universitaires de France (『今日のトーテミスム』仲沢紀雄訳, みすず書房, 1970).
146	1962	Marshall McLuhan, *The Gutenberg Galaxy: The Making of Typographic Man*, Univ. of Toronto Press (『グーテンベルクの銀河系―活字的人間の形成』高儀進訳, 竹内書店, 1968; 『グーテンベルクの銀河系―活字人間の形成』森常治訳, みすず書房, 1986).
480	1963	Михаил Михайлович Бахтин, *Проблемы поэтики Достоевского*, Москва (『ドストエフスキーの詩学』望月哲男・鈴木淳一訳, ちくま学芸文庫, 1995).
347	1964	Lucien Goldmann, *Pour une sociologie du roman*, Gallimard (『小説社会学』川俣晃自訳, 合同出版, 1969).
154	1964	Maurice Merleau-Ponty, *L'œil et l'esprit*, Editions Gallimard (『眼と精神』滝浦静雄・木田元訳, みすず書房, 1966).
593	1964	Maurice Merleau-Ponty, *Le visible et l'invisible, suivi de notes de travail*, Éditions Gallimard (『見えるものと見えないもの』滝浦静雄・木田元訳, みすず書房, 1989).
571	1964	Robert Mandrou, *De la culture populaire aux XVIIᵉ et XVIIIᵉ siècles*. La Bibliothèque bleue de Troyes, Stock, 1964; Editions Imago, 1985 (二宮宏之・長谷川輝夫訳『民衆本の世界―17・18世紀フランスの民衆文化』人文書院, 1988).
485	1964	Roland Barthes, *Essais critiques*, Seuil (『エッセ・クリティック』篠田浩一郎・高坂和彦・渡瀬嘉朗訳, 晶文社, 1972).
634	1964-65	André Leroi-Gourhan, *Le geste et la parole*, vol. 1: technique et langage, 1964, vol. 2: la mémoire et les rythmes, 1965 (『身ぶりと言葉』荒木亨訳, 新潮社, 1973).
613	1965	吉本隆明『言語にとって美とはなにか』全2巻, 勁草書房(『吉本隆明全著作集』第6巻, 勁草書房, 1970).
480	1965	Михаил Михайлович Бахтин, *Творчество Франсуа Рабле и народная культура средневековья и Ренессанса*, Москва (『フランソワ・ラブレーの作品と中世・ルネッサンスの民衆文化』川端香男里訳, せりか書房, 1974).
544	1966	Edward T. Hall, *The Hidden Dimension*, Doubleday (『かくれた次元』日高敏隆・佐藤信行訳, みすず書房, 1970).
222	1966	Frances A. Yates, *The Art of Memory*, Routledge & Kegan Paul (『記憶術』玉泉八州男訳, 水声社, 1993).
542	1966	Karl Polanyi, *Dahomey and the Slave Trade*, Univ. of Washington Press (『経済と文明』栗本慎一郎・端信行訳, サイマル出版会, 1975; 新版, 1981).
406	1966	Mary Douglas, *Purity and Danger: an Analysis of Concepts of Pollution and Taboo*, Routledge & Kegan Paul (『汚穢と禁忌』塚本利明訳, 思潮社, 1972).
	1966	Pierre Macherey, *Pour une Théorie de la Production Littéraire*, Librairie François Maspero (『文学生産の理論』内藤陽哉訳, 合同出版, 1969).
352	1967	作田啓一『恥の文化再考』筑摩書房.
419	1967	鶴見俊輔『限界芸術論』勁草書房(『限界芸術』講談社学術文庫, 1976; 『鶴見俊輔集』6, 筑摩書房, 1991).

	1967	Gilles Deleuze, *Présentation de Sacher-Masoch: Le froid et le cruel,* Minuit (『マゾッホとサド』蓮實重彥訳, 晶文社, 1973).
434	1967	Guy Debord, *La société du spectacle,* Buchet-chastel (『スペクタクルの社会』木下誠訳, 平凡社, 1993).
598	1967	Hans Robert Jauß, *Literaturgeschichte als Provokation der Literaturwissenschaft,* Konstanzer Universitätsreden (『挑発としての文学史』轡田收訳, 岩波書店, 1976).
428	1967	Jacques Derrida, *De la grammatologie,* Minuit (『グラマトロジーについて—根源の彼方に』上・下, 足立和浩訳, 現代思潮社, 1976-77).
429	1967	Jacques Derrida, *La voix et le phénomène: Introduction au problème du signe dans la phénoménologie de Husserl,* Presses universitaires de France (『声と現象—フッサール現象学における記号の問題への序論』高橋允昭訳, 理想社, 1970).
428	1967	Jacques Derrida, *L'Ecriture et la différence,* Seuil (『エクリチュールと差異』上・下, 若桑毅他訳, 法政大学出版局, 1977-83).
	1967	Robert Weimann, *Shakespeare and the Popular Tradition in the Theatre,* Henschel (『シェイクスピアと民衆演劇の伝統』青山誠子・山田耕士訳, みすず書房, 1986).
613	1968	吉本隆明『共同幻想論』河出書房新社 (改訂新版: 角川文庫, 1982).
223	1969	Frances A. Yates, *Theatre of the World* (『世界劇場』藤田実訳, 晶文社, 1978).
411	1969	Victor W. Turner, *The Ritual Process-Structure and Anti-Structure,* Aldine Publishing Company (『儀礼の過程』富倉光雄訳, 思索社, 1976).
	1970	Mary Douglas, *Natural Symbols,* Penguin (『象徴としての身体』江河徹・塚本利明・木下卓訳, 紀伊國屋書店, 1983).
	1971	馬場あき子『鬼の研究』三一書房 (ちくま文庫: 1989).
	1971	吉本隆明『心的現象論序説』北洋社.
	1971	Donald W. Winnicott, *Playing and Reality,* Tavistock Publications Ltd. (『遊ぶことと現実』橋本雅雄訳, 岩崎学術出版社, 1979).
388	1971	Jean Starobinski, *Jean-Jacques Rousseau: la transparence et l'obstacle,* Gallimard (『J.-J. ルソー——透明と障害』松本勤訳, 思索社, 1973; 『透明と障害—ルソーの世界』山路昭訳, みすず書房, 1973).
	1971	Philippe Lejeune, *L'Autobiographie en France,* Armand Colin (『フランスの自伝—自伝文学の主題と構造』小倉孝誠訳, 法政大学出版局, 1995).
172	1972	作田啓一『価値の社会学』岩波書店.
444	1972	Ariel Dorfman & Armand Mattelart, *Para leer al Pato Donaldo,* Siglo XXI (『ドナルド・ダックを読む』山崎カヲル訳, 晶文社, 1984).
645	1972	Marthe Robert, *Roman des origines et origines du roman,* Grasset (『起源の小説と小説の起源』岩崎力・西永良成訳, 河出書房新社, 1975).
382	1972	René Girard, *La violence et le sacré,* Grasset (『暴力と聖なるもの』古田幸男訳, 法政大学出版局, 1982).
549	1973	前田愛『近代読者の成立』有精堂出版.
311	1973	Clifford Geertz, *The Interpretation of Cultures: Selected Essays,* Basic Books (『文化の解釈学』Ⅰ・Ⅱ, 吉田禎吾・柳川啓一・中牧弘允・板橋作美訳, 岩波書店, 1987).
621	1973	Gilles Lapouge, *Utopie et civilisation,* Castermann (『ユートピアと文明—輝く都市・虚無の都市』巖谷國士他訳, 紀伊國屋書店, 1988).
389	1973	Jean Starobinski, *1789 Les Emblèmes de la Raison,* Instituto Editoriale Italiano/Flammarion, 1973; rev. ed., Flammarion, Coll. 〈Champs〉, 1979 (『フランス革命と芸術』井上堯裕訳, 法政大学出版局, 1989).
	1973	Michel Foucault, *Ceci n'est pas une pipe,* Editions Fata Morgana (『これはパイプではない』豊崎光一・清水正訳, 哲学書房, 1986).
330	1974	Julia Kristeva, *La révolution du langage poétique,* Seuil (『詩的言語の革命 第一部 理論的前提』原田邦夫訳, 勁草書房, 1991).

17. 文化・文学・芸術

	1974	Julia Kristeva, *Des chinoises,* Ed. des femmes (『中国の女たち』丸山静・原田邦夫・山根重男訳, せりか書房, 1981).
491	1974	Peter Bürger, *Theorie der Avantgarde,* Suhrkamp Verlag (『アヴァンギャルドの理論』浅井健二郎訳, 1987).
327	1974	Pierre Clastres, *La Société contre l'Etat: Recherches d'anthropologie politique,* Minuit (『国家に抗する社会―政治人類学的研究』渡辺公三訳, 水声社, 1987).
412	1974	Victor W. Turner, *Dramas, Fields, and Metaphors: Symbolic Action in Human Society,* Cornell Univ. Press (『象徴と社会』(部分訳) 梶原景昭訳, 紀伊國屋書店, 1981).
407	1975	竹内敏晴『ことばが劈かれるとき』思想の科学社.
604	1975	山口昌男『道化の民俗学』新潮社 (筑摩叢書, 1985; ちくま学芸文庫, 1993).
	1975	山口昌男『文化と両義性』岩波書店.
	1975	Edward W. Said, *Beginnings,* Columbia Univ. Press (『始まりの現象―意図と方法』山形和美・小林昌夫訳, 法政大学出版局, 1992).
422	1975	Natalie Zemon Davis, *Society and Culture in Early Modern France,* Stanford Univ. Press (成瀬駒男・宮下志朗・高橋由美子訳『愚者の王国 異端の都市』平凡社, 1987).
	1975	Stephen Kern, *Anatomy and Destiny: A Cultural History of the Human Body,* Shirley Burke (『肉体の文化史』喜多迅鷹・喜多元子訳, 文化放送センター出版部, 1977).
216	1976	有賀喜左衛門『一つの日本文化論―柳田國男と関連して』未来社 (新版: 1981).
306	1976	川田順造『無文字社会の歴史―西アフリカ・モシ族の事例を中心に』岩波書店 (同時代ライブラリー: 1990).
352	1976	坂部恵『仮面の解釈学』東京大学出版会.
	1976	Beatrice Didier, *Le Journal Intime,* P. U. F. (『日記論』西川長夫・後平隆訳, 松籟社, 1987).
625	1976	Edmund Leach, *Culture and Communication: The Logic by Which Symbols Are Connected: An Introduction to the Use of Structuralist Analysis in Social Anthropology,* Cambridge Univ. Press (『文化とコミュニケーション―構造人類学入門』青木保・宮坂敬造訳, 紀伊國屋書店, 1981).
283	1976	Mona Ozouf, *La fête révolutionnaire 1789-1799,* Gallimard (『革命祭典』立川孝一抄訳, 岩波書店, 1988).
	1976	René Girard, *Critique dans un souterrain* (『地下室の批評家』織田年和訳, 白水社, 1984).
	1976	Richard Senett, *The Fall of Public Man,* Alfred A. Knopf (『公共性の喪失』北山克彦・高階悟訳, 晶文社, 1991).
	1976	Wolfgang Iser, *The Act of Reading: a theory of aestic response* (『行為としての読書』轡田收訳, 岩波書店, 1982).
232	1977	井上俊『遊びの社会学』世界思想社.
365	1977	篠田浩一郎『形象と文明―書くことの歴史』白水社.
	1977	真木悠介『気流の鳴る音―交響するコミューン』筑摩書房 (ちくま文庫: 1986).
	1977	Friedrich A. Kittler, Das Phantom unseres Ich's und die Literaturspsychologie, E. T. A. Hoffmann-Freud-Lacan, F. A. Kittler/Turk/Holst (Hrsg.), *Urszehen; literaturwissenschaft als Diskursanalyse und Diskurskritik,* Frankfurt/M. (「『われらの自我の幻想』と文学心理学 ホフマン・フロイト・ラカン」深見茂訳『ドイツロマン派全集 第10巻 ドイツロマン派論考』国書刊行会, 1984).
209	1977	Jacques Attali, *Bruits; Essai sur l'économie politique de la musique,* PUF (『ノイズ―音楽/貨幣/雑音』金塚貞文訳, みすず書房, 1985).
	1977	Leo Bersani, *Baudelaire and Freud,* Univ. of California Press (『ボードレールとフロイト』山懸直子訳, 法政大学出版局, 1984).
398	1977	Susan Sontag, *On Photography,* Farrar, Straus & Giroux (『写真論』近藤耕人訳, 晶文社, 1979).
361	1977	Wolfgang Schivelbusch, *Geschichte der Eisenbahnreise: Zur Industrialisierung von Raum*

		und Zeit im 19. Jahrhundert, Hanser Verlag(『鉄道旅行の歴史―十九世紀における空間と時間の工業化』加藤二郎訳,法政大学出版局,1982).
	1978	前田愛『幻影の明治』朝日新聞社.
	1978	渡辺守章『虚構の身体―演劇における神話と反神話』中央公論社.
479	1978	Barbara A. Babcock(ed.), *The Reversible World: Symbolic Inversion in Art and Society* (『さかさまの世界―芸能と社会における象徴的逆転』岩崎宗治・井上兼行訳,岩波書店,1984).
289	1978	Richard D. Altick, *The Shows of London*, The Belknap Press of Harvard Univ. Press (『ロンドンの見世物』小池滋監訳,全3巻,国書刊行会,1989-90).
399	1978	Susan Sontag, *Illness as Metaphor*, Farrar, Straus and Giroux(『隠喩としての病い』富山太佳夫訳,みすず書房,1982).
526	1979	Dick Hebdige, *Subculture: The Meaning of Style*, Methuen & Co. Ltd.(『サブカルチャー』山口淑子訳,未来社,1986).
186	1979	Pierre Bourdieu, *La distinction: critique sociale du jugement*, Editions de Minuit(『ディスタンクシオン―社会的判断力批判Ⅰ・Ⅱ』石井洋二郎訳,藤原書店,1990).
	1979	Tony Tanner, *Adultery in the Novel: Contract and Transgression*, Johns Hopkins Univ. Press(『姦通の文学―契約と違反』高橋和久・御輿哲也訳,朝日出版社,1986).
303	1980	柄谷行人『日本近代文学の起源』講談社.
312	1980	Clifford Geertz, *Negara: The Theatre State in Nineteenth-Century Bali*, Princeton Univ. Press(『ヌガラ―19世紀バリの劇場国家』小泉潤二訳,みすず書房,1990).
	1980	F. A. Kittler, *Autorschaft und Liebe*(「作者であることと愛」石光泰夫訳『現代思想』21-11,1993).
330	1980	Julia Kristeva, *Pouvoirs de l'horreur*, Seuil(『恐怖の権力』枝川昌雄訳,法政大学出版局,1984).
	1980	Schivelbusch, W., *Das Paradies, der Geschmack und die Vernunft-Eine Geschichte der Genussmittel*, Carl Hanser(『楽園・味覚・理性―嗜好品の歴史』福本義憲,法政大学出版局,1988).
333	1980	Stephen Greenblatt, *Renaissance Self-Fashioning: From More to Shakespeare*, Chicago Univ. Press(『ルネサンスの自己成型―モアからシェイクスピアまで』高田茂樹訳,みすず書房,1992).
277	1981	大室幹雄『劇場都市―古代中国の世界像』三省堂(ちくま学芸文庫:1994).
	1981	栗本慎一郎『光の都市・闇の都市』青土社.
353	1981	作田啓一『個人主義の運命―近代小説と社会学』岩波新書.
408	1981	竹内芳郎『文化の理論のために―文化記号学への道』岩波書店.
537	1981	細川周平『ウォークマンの修辞学』朝日出版社.
192	1981	真木悠介『時間の比較社会学』岩波書店(同時代ライブラリー版:1997).
628	1981	Jacques Le Goff, *La naissance du Purgatoire*, Editions Gallimard(『煉獄の誕生』渡辺香根夫・内田洋訳,法政大学出版局,1988).
	1981	Raymond Williams, *Culture*(『文化とは』小池民男訳,晶文社,1985).
	1981	W. J. T. Mitchell (ed.), *On Narrative*, The Univ. of Chicago(『物語について』ミッチェル編,海老根宏訳,平凡社,1987).
	1982	大塚貞文『オナニスムの秩序』みすず書房.
404	1982	多木浩二『眼の隠喩―視線の現象学』青土社(新装版:1992).
420	1982	鶴見俊輔『戦時期日本の精神史 1931~1945年』岩波書店(同時代ライブラリー82,岩波書店,1991;『鶴見俊輔集5』筑摩書房,1991;英訳 *An Intellectual History of Wartime Japan, 1931-1945*, Kegan Paul International, 1986).
549	1982	前田愛『都市空間のなかの文学』筑摩書房(ちくま学芸文庫:1992).
	1982	水野忠夫編『ロシア・フォルマリズム文学論集』1・2,せりか書房.
	1982	渡辺守章『劇場の思考』岩波書店.

17. 文化・文学・芸術

	1982	Roland Barthes, *L'obvie et l'obtus*, Seuil (『第三の意味』沢崎浩平訳, みすず書房, 1984).
194	1982	Walter J. Ong, *Orality and Literacy: The Technologizing of the Word*, Methuen, 1982; Routledge, 1989 (『声の文化と文字の文化』桜井直文・林正寛・糟谷啓介訳, 藤原書店, 1991).
	1983	前田愛『近代日本の文学空間―歴史・ことば・状況』新曜社.
	1983	山崎正和『演技する精神』中央公論社 (中公文庫:1988).
312	1983	Clifford Geertz, *Local Knowledge: Further Essays in Interpretive Anthropology*, Basic Books (『ローカル・ノレッジ―解釈人類学論集』梶原景昭・小泉潤二・山下晋司・山下淑美訳, 岩波書店, 1991).
501	1983	Hal Foster(ed.), *The Antiaesthetics*, Bay Press (『反美学』室井尚・吉岡洋訳, 勁草書房, 1987).
515	1983	Simon Frith, *Sound Effects, Youth, Leisure, and the Politics of Rock'n'roll*, Constable (『サウンドの力』細川周平訳, 晶文社, 1991).
307	1983	Stephen Kern, *The Culture of Time and Space 1880-1918*, Harvard Univ. Press (『空間の文化史―時間と空間の文化:1880-1918年/下巻』浅野敏夫・久郷丈夫訳, 法政大学出版局, 1993).
308	1983	Stephen Kern, *The Culture of Time and Space 1880-1918*, Harvard Univ. Press (『時間の文化史―時間と空間の文化:1880-1918年/上巻』浅野敏夫訳, 法政大学出版局, 1993).
230	1984	伊藤俊治『写真都市』冬樹社 (増補新装版:トレヴィル, 1988).
	1984	作田啓一・富永茂樹編『自尊と懐疑―文芸社会学をめざして』筑摩書房.
405	1984	多木浩二『「もの」の詩学―ルイ十四世からヒトラーまで』岩波現代選書102.
420	1984	鶴見俊輔『戦後日本の大衆文化史 1945〜1980年』岩波書店 (同時代ライブラリー85:岩波書店, 1991;『鶴見俊輔集5』筑摩書房, 1991;英訳 *A Cultural History of Postwar Japan 1945-1980*, Kegan Paul International, 1987).
569	1984	丸山圭三郎『文化のフェティシズム』勁草書房.
	1984	見田宗介『宮沢賢治―存在の祭の中へ』20世紀思想家文庫, 岩波書店 (同時代ライブラリー:岩波書店, 1991).
238	1985	岩井克人『ヴェニスの商人の資本論』筑摩書房.
246	1985	上野千鶴子『構造主義の冒険』勁草書房.
	1985	藤井貞和『物語の結婚』創樹社.
	1985	松浦寿輝『口唇論―記号と官能のトポス』青土社.
638	1985	Claude Lévi-Strauss, *La potière jalouse*, Plon (『やきもち焼きの土器つくり』渡辺公三訳, みすず書房, 1990).
535	1985	Rachel Bowlby, *Just Looking: Consumer Culture in Dreiser, Gissing and Zola*, Methuen (『ちょっと見るだけ』高山宏訳, ありな書房, 1989).
372	1985	Roger Chartier, *Pratiques de la lecture, sous la direction de Roger Chartier*, Éditions Rivages (『書物から読書へ』水林章・泉利明・露崎俊和訳, みすず書房, 1992).
	1986	網野善彦『異形の王権』平凡社.
410	1986	竹田青嗣『陽水の快楽―新井上陽水論』河出書房新社 (河出文庫:1990).
	1986	西田正規『定住革命―定住と遊動の人類史』新曜社.
	1986	Anne Vincent-Buffault, *Histoire des Larmes*, Editions Rivages (『涙の歴史』持田明子訳, 藤原書店, 1994).
	1986	Fredric Jameson, *The Ideologies of Theory; Essays 1971-1986*, The Univ. of Minnesota (『のちに生まれる者へ―ポストモダニズム批判への途 1971-1986』篠崎実訳, 紀伊國屋書店, 1993).
208	1986	Jean-Christophe Agnew, *Worlds Apart: The Market and the Theater in Anglo-American Thought, 1550-1750*, Cambridge Univ. Press (『市場と劇場―資本主義・文化・表象の危機 1550-1750年』中里壽明訳, 平凡社, 1995).
468	1986	John Hargreaves, *Sport, Power and Culture*, Polity Press (『スポーツ・権力・文化』佐伯

		聰夫・阿部生雄訳, 不昧堂, 1993).
389	1986	Peter Stallybrass & Allon White, *The Politics & Poetics of Transgression*, Methuen (『境界侵犯―その詩学と政治学』本橋哲也訳, ありな書房, 1995).
	1987	赤間啓之『ラカンもしくは小説の視線』弘文堂.
355	1987	佐藤健二『読書空間の近代―方法としての柳田国男』弘文堂.
	1987	竹沢尚一郎『象徴と権力―儀礼の一般理論』勁草書房.
	1987	橳島次郎『神の比較社会学』弘文堂.
	1987	丸山圭三郎『生命と過剰』河出書房新社.
611	1987	吉見俊哉『都市のドラマトゥルギー―東京・盛り場の社会史』弘文堂.
	1987	Mary A. Doane, *The Desire to Desire: The Women's Film of the 1940s* (『欲望への欲望―1940年代の女性映画』松田英男訳, 勁草書房, 1994).
	1987	Natalie Zemon Davis, *Fiction in the Archives*, Stanford Univ. Press (『古文書の中のフィクション―16世紀フランスの恩赦嘆願物語』成瀬駒男・宮下志朗訳, 平凡社, 1990).
371	1987	Roger Chartier, *Lectures et lecteurs dans la France d'Ancien Régime*, Éditions du Seuil (『読書と読者―アンシャン・レジーム期フランスにおける』長谷川輝夫・宮下志朗訳, みすず書房, 1994).
277	1988	小川博司『音楽する社会』勁草書房.
405	1988	多木浩二『天皇の肖像』岩波新書.
472	1988	蓮實重彦『凡庸な芸術家の肖像―マクシム・デュ・カン論』青土社 (ちくま学芸文庫:上・下, 1995).
	1988	亘明志・田邊信太郎『映像社会学序説』広島修道大学総合研究所.
	1988	Franco Moretti, *Signs Taken for Wonders*, Verso (『ドラキュラ・ホームズ・ジョイス―文学と社会』植松みどり・河内恵子・北代美和子・橋本順一・林完枝・本橋哲也訳, 新評論, 1992).
	1989	浅井香織『音楽の〈現代〉が始まったとき―第二帝政下の音楽家たち』中公新書.
	1989	西村清和『遊びの現象学』勁草書房.
	1989	三宅晶子「ヴァルター・ベンヤミン『パッサージュ論』の構造分析1―集団としての身体が見る夢」『都市』Ⅰ;「同2―歴史における覚醒と想起の弁証法」『都市』Ⅱ.
	1989	山口昌男『天皇制の文化人類学』立風書房.
	1989	渡辺裕『聴衆の誕生』春秋社.
	1990	大澤真幸『視覚の近代史』『感覚地理の発想』リブロポート.
	1990	鹿島茂『馬車が買いたい！』白水社.
536	1990	Mark Poster, *The Mode of Information*, Polity Press (『情報様式論』室井尚・吉岡洋訳, 岩波書店, 1991).
	1991	大澤真幸『資本主義のパラドックス―楕円幻想』新曜社.
	1991	鹿島茂『新聞王伝説』筑摩書房.
	1991	山田登世子『メディア都市パリ』青土社.
224	1991	Terry Eagleton, *Ideology: An Introduction*, Verso (『イデオロギーとは何か』大橋洋一訳, 平凡社, 1996).
	1992	小西嘉幸『テクストと表象』水声社.
	1992	作田啓一『増補 ルソー―個人と社会』筑摩書房.
611	1992	吉見俊哉『博覧会の政治学―まなざしの近代』中公新書.
	1992	Pierre Bourdieu, *Le Règle d'Art*, Editions de Seuil (『芸術の規則Ⅰ』石井洋二郎訳, 藤原書店, 1995；翻訳進行中).
	1993	西村清和『フィクションの現象学』勁草書房.
582	1993	宮台真司・石原英樹・大塚明子『サブカルチャー神話解体』パルコ出版.
	1993	森田伸子『テクストのこども』世織書房.
	1994	松浦寿輝『平面論』岩波書店.
	1994	水林章『幸福への意思―〈文明化〉のエクリチュール』みすず書房.

出現頁	刊行年	
581	1994	宮島喬『文化的再生産の社会学―ブルデュー理論からの展開』原書房.
612	1994	吉見俊哉『メディア時代の文化社会学』新曜社.
	1995	大澤真幸『電子メディア論―身体のメディア論的変容』新曜社.
442	1996	富永茂樹『都市の憂鬱―感情の社会学のために』新曜社.
606	1996	山本泰・山本真鳥『儀礼としての経済―サモア社会の贈与・権力・セクシュアリティ』弘文堂.

18. メディアとコミュニケーション

出現頁	刊行年	
329	1909	Charles Horton Cooley, *Social Organization*, Charles Scribner's Sons (『社会組織論』大橋幸・菊池美代志訳, 青木書店, 1970).
397	1916	Ferdinand de Saussure, *Cours de linguistique générale*, Payot (『一般言語学講義』小林英夫訳, 岩波書店, 1940；改訳版, 1972).
64	1934	George Herbert Mead, *Mind, Self and Society* (Charles W. Morris, ed.), Univ. of Chicago Press (『精神・自我・社会』稲葉三千男・滝沢正樹・中野収訳, 青木書店, 1973；『精神・自我・社会』河村望訳, 人間の科学社, 1995).
66	1936	Walter Benjamin, *Gesammelte Schriften* Band 1, 2, Suhrkamp (『複製技術時代の芸術作品』ヴァルター・ベンヤミン著作集2, 高木久雄・高原宏平訳, 晶文社, 1970；『ボードレール他五篇』ベンヤミンの仕事2, 野村修編訳, 岩波文庫, 1994；『ベンヤミン・コレクション1』浅井健二郎編訳, ちくま学芸文庫, 1995).
368	1937	清水幾太郎『流言蜚語』日本評論社 (新版：岩波書店, 1947).
318	1940	Hadley A. Cantril, *The Invasion from Mars: a study in the psychology of panic*, Princeton Univ. Press (『火星からの侵入』斉藤耕三・菊地章夫訳, 川島書店, 1971).
619	1944	Paul F. Lazarsfeld, Bernard Berelson and Hazel Gaudet, *The People's Choice: How the Voter Makes up his Mind in a Presidential Campaign*, First Edition, 1944; Duell,Sloan and Pearce,Second Edition, Columbia Univ. Press, 1948 (『ピープルズ・チョイス―アメリカ人と大統領選挙』有吉広介監訳, 芦書房, 1987).
291	1946	Gordon Willard Allport and Leo Joseph Postman, *The Psychology of Rumor*, Henry Holt (『デマの心理学』南博訳, 岩波書店, 1952).
561	1946	Robert K. Merton, *Mass Persuasion: The Social Psychology of a War Bond Drive*, Harper & Brothers Publishers (『大衆説得―マス・コミュニケーションの社会心理学』柳井道夫訳, 桜楓社, 1973).
242	1948	Norbert Wiener, *Cybernetics: or Control and Communication in the Animal and the Machine*, MIT Press, 1948; 2nd. ed., 1961 (『サイバネティックス―動物と機械における通信と制御』池原止戈夫・彌永昌吉訳, 第2版, 岩波書店, 1962).
314	1948	Siegfried Giedion, *Mechanization Takes Command*, Oxford Univ. Press (『機械化の文化史―ものいわぬものの歴史』GK研究所・永久庵祥二訳, 鹿島出版会, 1977).
371	1949	C. Shannon and W. Weaver, *The Mathematical Theory of Communication*, The Univ. of Illinois Press, Urbana (『コミュニケーションの数学的理論―情報理論の基礎』長谷川淳・井上光洋訳, 明治図書, 1969).
376	1949	Wilbur Schramm, *Mass Communications*, The Univ. of Illinois Press (『マス・コミュニケーション』学習院社会学研究室訳, 創元社, 1954).
552	1951	Marshall McLuhan, *The Mechanical Bride: Folklore of Industrial Man*, Vanguard Press (『機械の花嫁―産業社会のフォークロア』井坂学訳, 竹内書店, 1968).
297	1955	Elihu Katz and Paul F. Lazarsfeld, *Personal Influence: The Part Played by People in the Flow of Mass Communication*, Free Press (『パーソナル・インフルエンス―オピニオン・リーダーと人びとの意志決定』竹内郁郎訳, 培風館, 1965).

	1957	Noam Chomsky, *Syntactic structures*, Mouton(『文法の構造』勇康雄訳, 研究社, 1972).
535	1957	Richard Hoggart, *The Uses of Literacy*, Chatto & Windus, 1957; Pelican Books, 1958(『読み書き能力の効用』香内三郎訳, 晶文社, 1974;新装版, 1986).
	1959	Edward T. Hall, *The Silent Language*, Doubleday & Co.(『沈黙のことば』國弘正雄・長井善見・斎藤美津子訳, 南雲堂, 1966).
128	1959	Erving Goffman, *The Presentation of Self in Everyday Life*, Doubleday Anchor(『行為と演技―日常生活における自己呈示』石黒毅訳, 誠信書房, 1974).
282	1960	John Langshaw Austin, *How To Do Things with Words*, Harvard Univ. Press(『言語と行為』坂本百大訳, 大修館書店, 1978).
328	1960	Joseph T. Klapper, *The Effects of Mass Communication*, The Free Press of Glencoe(『マス・コミュニケーションの効果』NHK放送学研究室訳, 日本放送出版協会, 1966).
497	1962	Daniel J. Boorstin, *The Image: or, What Happened to the American Dream*, Atheneum(『幻影の時代―マスコミが製造する事実』星野郁美・後藤和彦訳, 東京創元社, 1964).
643	1962	Everett M. Rogers, *Diffusion of Innovations*, The Free Press of Glencoe(『技術革新の普及過程』藤竹暁訳, 培風館, 1966).
146	1962	Marshall McLuhan, *The Gutenberg Galaxy: The Making of Typographic Man*, Univ. of Toronto Press(『グーテンベルクの銀河系―活字的人間の形成』高儀進訳, 竹内書店, 1968;『グーテンベルクの銀河系―活字人間の形成』森常治訳, みすず書房, 1986).
343	1963	Erving Goffman, *Behavior in Public Places: Notes on the Social Organization of Gatherings*, Free Press(『集まりの構造―新しい日常行動論を求めて』丸木恵祐・本名信行訳, 誠信書房, 1980).
552	1964	Marshall McLuhan, *Understanding Media: The Extensions of Man*, McGraw-Hill(『人間拡張の原理―メディアの理解』後藤和彦・高儀進訳, 竹内書店, 1967;『メディア論―人間の拡張の諸相』栗原裕・河本仲聖訳, みすず書房, 1987).
299	1965	加藤秀俊『見世物からテレビへ』岩波書店(『加藤秀俊著作集』第4巻, 中央公論社, 1980).
544	1966	Edward T. Hall, *The Hidden Dimension*, Doubleday(『かくれた次元』日高敏隆・佐藤信行訳, みすず書房, 1970).
366	1966	Tamotsu Shibutani, *Improvised News: A Sociological Study of Rumor*, Bobbs-Merrill Company(『流言と社会』広井脩・橋元良明・後藤将之訳, 東京創元社, 1985).
	1967	日高六郎・佐藤毅・稲葉三千男編『マス・コミュニケーション入門』有斐閣.
	1967	山本明『現代ジャーナリズム』雄渾社.
	1967	吉田民人・加藤秀俊・竹内郁郎『社会的コミュニケーション』培風館.
164	1967	Roland Barthes, *Système de la Mode*, Seuil(『モードの体系』佐藤信夫訳, みすず書房, 1972).
166	1969	Edgar Morin, *La rumeur d'Orléans*, Seuil(『オルレアンのうわさ』杉山光信訳, みすず書房, 1973;第2版, 1980).
517	1969	Herbert Blumer, *Symbolic Interactionism*, Prentice-Hall(『シンボリック相互作用論―パースペクティヴと方法』後藤将之訳, 勁草書房, 1991).
359	1969	John R. Searle, *Speech Acts: An Essay in the Philosophy of Language*, Cambridge Univ. Press(『言語行為―言語哲学への試論』坂本百大・土屋俊訳, 勁草書房, 1986).
	1970	高木教典・中野収・早川善治郎・北川隆吉編『図説 現代のマス・コミュニケーション』青木書店.
	1970	山本文雄編『日本マス・コミュニケーション史』東海大学出版会.
	1972	Denis McQuail (ed.), *Sociology of Mass Communication*, Penguin Books(『マス・メディアの受け手分析』時野谷浩訳, 誠信書房, 1979).
253	1972	Robert Venturi, Denise Scott Brown and Steven Izenour, *Learning from Las Vegas: The Forgotten Symbolism of Architectural Form*, 1972; rev. ed., 1977(『ラスベガス』石井和紘・伊藤公文訳, 鹿島出版会, 1988).
448	1975	中野収・平野秀秋『コピー体験の文化―孤独な群衆の後裔』時事通信社.

18. メディアとコミュニケーション

- 1975 藤武暁『事件の社会学』中公新書.
- 1975 Denis McQuail, *Communication,* Longman (『コミュニケーションの社会学—その理論と今日的状況』山中正剛訳, 川島書店, 1979).
- 1976 Kogil S. Sitaram, *Foundations of International Communication,* C. E. Merrill Publishing Co. (『異文化間コミュニケーション—欧米中心主義からの脱却』御堂岡潔訳, 東京創元社, 1985).
- 1977 加藤秀俊『文化とコミュニケーション』思索社.
- 1977 Jacques Attali, *Bruits: Essai sur l'économie politique de la musique,* PUF (『ノイズ—音楽／貨幣／雑音』金塚貞文訳, みすず書房, 1985).
- 1978 早川善治郎・津金沢聡広編『マスコミを学ぶ人のために』世界思想社.
- 1979 柏木博『近代日本の産業デザイン思想』晶文社.
- 1979 早川善治郎・藤武暁・中野収・北村日出夫・岡田直之訳『マス・コミュニケーション入門』有斐閣新書.
- 1979 藤竹暁『電話コミュニケーションの世界』ダイアル社.
- 1980 加藤秀俊・前田愛『明治メディア考』中央公論社 (中公文庫：1983).
- 1980 中野収『現代人の情報行動』日本放送出版協会.
- 1980 Alvin Toffler, *The Third Wave,* William Morrow (『第三の波』徳山二郎監修, 鈴木健次他訳, 日本放送出版協会, 1980).
- 1980 Elisabeth Noelle-Neumann, *Die Schweigespirale: Öffentliche Meinung-unsere soziale Haut,* R. Piper & Co. Verlag (『沈黙の螺旋理論—世論形成過程の社会心理学』池田謙一・安野智子訳, ブレーン出版, 1988；第2版, 1997).
- 1981 山本武利『近代日本の新聞読者層』法政大学出版局.
- 1981 Jürgen Habermas, *Theorie des Kommunikativen Handelns,* Suhrkamp (『コミュニケーション的行為の理論』上・中・下, 河上倫逸・M. フーブリヒト・平井俊彦・徳永恂・脇圭平他訳, 未来社, 1985).
- 1982 香内三郎『活字文化の誕生』晶文社 (4版：1997).
- 1982 竹内郁郎・児島和人編『現代マス・コミュニケーション論—全体像の科学的理解をめざして』有斐閣.
- 1982 G. Dyer, *Advertising as Communication,* Methuen & Co. (『広告コミュニケーション』佐藤毅監訳, 紀伊國屋書店, 1985).
- 1982 Judith Williamson, *Decoding Advertisements: Ideology and Meaning in Advertising,* Marion Boyars (『広告の記号論—記号生成過程とイデオロギー』2巻, 山崎カヲル・三神弘子訳, 柘植書房, 1985).
- 1982 Walter J. Ong, *Orality and Literacy: The Technologizing of the Word,* Methuen, 1982; Routledge, 1989 (『声の文化と文字の文化』桜井直文・林正寛・糟谷啓介訳, 藤原書店, 1991).
- 1983 Daniel Pope, *The Making of Modern Advertising,* Basic books (『説得のビジネス—現代広告の誕生』伊藤長正・大平檀・西田俊子・伊藤清訳, 電通, 1986).
- 1983 Denis McQuail, *Mass Communication Theory: An Introduction,* Sage Publication (『マス・コミュニケーションの理論』竹内郁郎・三上俊治・竹下俊郎・水野博介訳, 新曜社, 1985).
- 1983 Georges Roque, *Ceci n'est pas un Magritte: essai sur Magritte et la publicité,* Flammarion (『マグリットと広告—これはマグリットではない』日向あき子監修, 小倉正史訳, リブロポート, 1991).
- 1984 林進・小川博司・吉井篤子『消費社会の広告と音楽—イメージ指向の感性文化』有斐閣.
- 1986 加藤春恵子『広場のコミュニケーションへ』勁草書房.
- 1986 中野収『メディアと人間』有信堂.
- 1986 Adrian Forty, *Objects of Desier, Design and Society 1750-1980,* Thams and Hudson (『欲望のオブジェ—デザインと社会1750〜1980』髙島平吾訳, 鹿島出版会, 1992).

18. メディアとコミュニケーション

	1987	Gary Gumpert, *Talking Tombstone and Other Tales of the Media Age*, Oxford Univ. Press (『メディアの時代』石丸正訳, 新潮選書, 1990).
498	1987	John Fiske, *Television Culture: popular pleasure and politics*, London: Methuen (『テレビジョンカルチャー』伊藤守・藤田真文・常木暎生・吉岡至・小林直毅・高橋徹訳, 梓出版社, 1996).
	1988	岡村黎明『テレビの社会史』朝日選書.
277	1988	小川博司『音楽する社会』勁草書房.
	1988	田野崎昭夫・広瀬英彦・林茂樹編『現代社会とコミュニケーションの理論』勁草書房.
	1988	林進編『コミュニケーション論』有斐閣.
	1988	室井尚『メディアの戦争機械―文化のインターフェイス』新曜社.
	1989	高橋勇悦・川崎賢一編『メディア革命と青年』恒星社厚生閣.
410	1989	竹山昭子『玉音放送』晩聲社 (『戦争と放送』社会思想社, 1994に一部所収).
648	1989	鷲田清一『モードの迷宮』中央公論社 (ちくま学芸文庫:1996).
	1989	渡辺潤『メディアのミクロ社会学』筑摩書房.
	1990	市川浩他編『交換と所有』現代哲学の冒険10, 岩波書店.
	1990	桂敬一『現代の新聞』岩波新書.
	1990	粉川哲夫『カフカと情報化社会』未来社.
356	1990	佐藤毅『マスコミの受容理論―言説の異文化媒介的変換』法政大学出版局.
	1990	東京大学新聞研究所編『高度情報化社会のコミュニケーション』東京大学出版会.
536	1990	Mark Poster, *The Mode of Information*, Polity Press (『情報様式論』室井尚・吉岡洋訳, 岩波書店, 1991).
	1991	有馬道子『心のかたち・文化のかたち』勁草書房.
	1991	稲増龍夫『フリッパーズ・テレビ』筑摩書房.
	1991	室井尚『情報宇宙論』岩波書店.
	1991	山田登世子『メディア都市パリ』青土社.
212	1992	天野義智『繭の中のユートピア』弘文堂.
340	1992	紅野謙介『書物の近代―メディアの文学史』筑摩書房.
	1992	粉川哲夫・武邑光裕・上野俊哉・今福龍太『ポスト・メディア論』洋泉社.
	1992	桜井哲夫『ボーダレス化社会―ことばが失われたあとで』新曜社.
	1992	田崎篤郎・児島和人編著『マス・コミュニケーションの効果研究の展開』北樹出版.
	1992	宮台真司他『ポップ・コミュニケーション全書―カルトからカラオケまでニッポン「新」現象を解明する』PARCO出版.
612	1992	吉見俊哉・若林幹夫・水越伸『メディアとしての電話』弘文堂.
	1993	岡村黎明『テレビの明日』岩波新書.
	1993	児島和人『マス・コミュニケーションの受容理論の展開』東京大学出版会.
	1993	水越伸『メディアの生成』同文舘.
	1993	森岡正博『意識通信―ドリーム・ナヴィゲイターの誕生』筑摩書房.
	1994	大澤真幸『意味と他者性』勁草書房.
	1994	川上和久『情報操作のトリック―その歴史と方法』講談社現代新書.
305	1994	川崎賢一『情報社会と現代日本文化』東京大学出版会.
	1994	桜井哲夫『TV 魔法のメディア』ちくま新書.
355	1994	佐藤健二『風景の生産・風景の解放』講談社.
612	1994	吉見俊哉『メディア時代の文化社会学』新曜社.
	1994	渡辺潤『メディアの欲望―情報とモノの文化社会学』新曜社.
	1995	大澤真幸『電子メディア論―身体のメディア論的変容』新曜社.
	1995	吉見俊哉『「声」の資本主義―電話・ラジオ・蓄音機の社会史』講談社選書メチエ.
	1995	渡辺武達『テレビ―「やらせ」と「情報操作」』三省堂選書.

19. 社会心理・社会意識

出現頁	刊行年	
484	1830-39	Honoré de Balzac, *Pathologie de la vie social*（『風俗研究』山田登世子訳、旧版題『風俗のパトロジー』新評論、1982；新版：藤原書店、1992）、『優雅な生活論』1830（『モード』誌）、『歩き方の理論』1833（『ヨーロッパ文芸』）、『近代興奮剤考』（1839）.
632	1895	Gustave Le Bon, *Psychologie des foules*（『群集心理』櫻井成夫訳、岡倉書房、1948；創元文庫、1952；講談社学術文庫、1993）.
	1901	Sigmund Freud, *Zur Psychopathologie des Alltagslebens*（「日常生活の精神病理」『フロイト著作集Ⅳ』池白他訳、人文書院、1970）.
600	1910	柳田国男『遠野物語』聚精堂.
600	1926	柳田国男『山の人生』郷土研究社.
60	1931	柳田国男『明治大正史世相篇』朝日新聞社（『柳田國男全集』26、ちくま文庫、1990）.
	1932	Jacques Lacan, *De la psychose paranoïaque dans ses rapports avec la personnalité*, Le François（『パラノイア性精神病』宮本忠雄・関忠盛訳、朝日出版社、1987）.
324	1932	Melany Klein, *Die Psychoanalyse des Kindes*, Internat. Psychoanal. Verlag, 1932 → *The Psycho-Anaysis of Children*, Hogarth Press, 1932（『児童の精神分析』衣笠隆幸訳、誠信書房、1997）.
64	1934	George Herbert Mead, *Mind, Self and Society* (Charles W. Morris, ed.), Univ. of Chicago Press（『精神・自我・社会』稲葉三千男・滝沢正樹・中野収訳、青木書店、1973；『精神・自我・社会』河村望訳、人間の科学社、1995）.
368	1937	清水幾太郎『流言蜚語』日本評論社（新版：岩波書店、1947）.
	1937	Sigmund Freud, *Der Mann Moses und die monotheistische Religion*（「人間モーゼと一神教」『フロイト選集6』吉田訳、日本教文社、1969）.
72	1939	Norbert Elias, *Über den Prozeß der Zivilisation: Soziogenetische und psychogenetische Untersuchungen*, 2 Bände, 1939; Zweite Auflage, Francke Verlag, 1969（『文明化の過程』上・下、赤井慧爾他訳、法政大学出版局、1977-78）.
76	1941	Erich Fromm, *Escape from Freedom*, Farrar & Straus（『自由からの逃走』日高六郎訳、東京創元新社、1951）.
360	1943	Jean-Paul Sartre, *L'Être et le néant*, Editions Gallimard（『存在と無』松浪信三郎訳、人文書院、1956, 58, 60）.
592	1945	Maurice Merleau-Ponty, *Phénoménologie de la perception*, Gallimard（『知覚の現象学 1』竹内芳郎・小木貞孝訳、みすず書房、1967；『知覚の現象学 2』竹内芳郎・木田元・宮本忠雄訳、みすず書房、1974；『知覚の現象学』中島盛夫訳、法政大学出版局、1982）.
603	1947	柳田国男『口承文芸史考』中央公論社（『柳田國男全集』8、ちくま文庫、1990）.
100	1950	David Riesman, *The Lonely Crowd: a Study of Changing American Character*, with N. Glazer & R. Denney（『孤独な群衆』佐々木徹郎・鈴木幸寿・谷田部文吉訳、みすず書房、1955）；rev. ed., 1961（『孤独な群衆』加藤秀俊訳、1964）.
216	1950	Maurice Halbwachs, *La Mémoire Collective*, P. U. F.（『集合的記憶』小関藤一郎訳、行路社、1989）.
96	1950	Theodore Wiesengrund Adorno, Else Frenkel-Brunswik, Daniel J. Levinson, R. Nevitt Sanford (in collaboration with Betty Aron, Maria Herz Levinson and William Morrow), *The Authoritarian Personality*, Harper and Brothers（『権威主義的パーソナリティ』田中義久・矢澤修次郎・小林修一訳、青木書店、1980）.
	1951	Marie Bonaparte, *La sexualité de la femme*, P. U. F.（『女性と性―その精神分析学的考察』佐々木孝次訳、弘文堂、1970）.
498	1952	Frantz Fanon, *Peau noire, masques blancs*, Seuil（『黒い皮膚・白い仮面』海老坂武・加藤晴久訳、みすず書房、1970）.

229	1953	伊藤整「近代日本人の発想の諸形式」『思想』344, 345号（『小説の認識』河出書房, 1955 ; 『近代日本人の発想の諸形式 他四編』岩波文庫, 1981）.
290	1954	Gordon Willard Allport, *The Nature of Prejudice*, Addison-Wesley（『偏見の心理』原谷達夫・野村昭訳, 培風館, 1961）.
	1954	H. S. Sullivan, *The Psychiatric Interview*（『精神医学的面接』中井久夫他訳, みすず書房, 1987）.
116	1956-57	丸山真男『現代政治の思想と行動』上・下, 未来社（増補版, 1964 ;『丸山眞男集』第6・7巻, 岩波書店, 1995-96）.
306	1957	川島武宜『イデオロギーとしての家族制度』岩波書店（『川島武宜著作集』10, 岩波書店, 1983）.
373	1958	Louis Chevalier, *Classes laborieuses et classes dangereuses à Paris, pendant la première moitié du XIXe siècle*（『労働階級と危険な階級—19世紀前半のパリ』喜安朗・木下賢一・相良匡俊訳, みすず書房, 1993）.
126	1959	Erik H. Erikson, *Identity and the Life Cycle: Selected Papers*, Psychological issues, Vol. 1, No.1, International Universities Press, 1959 (A Reissue) W. W. Norton, 1980（『自我同一性』小此木啓吾他訳, 誠信書房, 1973）.
627	1959	Oscar Lewis, *Five Families: Mexican Case in the Culture of Poverty*, Basic Books（『貧困の文化—メキシコの〈五つの家族〉』高山智博訳, 思索社, 1985）.
634	1960	Ronald David Laing, *The Divided Self: An Existential Study in Sanity and Madness*, Tavistock Publication（『ひき裂かれた自己—分裂病と分裂病質の実存的研究』阪本健二・志貴春彦・笠原嘉訳, みすず書房, 1971）.
136	1961	神島二郎『近代日本の精神構造』岩波書店.
635	1961	Ronald David Laing, *Self and Others*, Tavistock Publication, 1961; 2nd ed., 1969（『自己と他者』志貴春彦・笠原嘉訳, みすず書房, 1975）.
567	1964	Herbert Marcuse, *One Dimensional Man: studies in the advanced industrial society*, Beacon Press（『一次元的人間』生松敬三・三沢謙一訳, 河出書房新社, 1974）.
154	1964	Maurice Merleau-Ponty, *L'œil et l'esprit*, Editions Gallimard（『眼と精神』滝浦静雄・木田元訳, みすず書房, 1966）.
575	1965	見田宗介『現代日本の精神構造』弘文堂（新版：1984）.
579	1965	南博＋社会心理研究所『大正文化—1905〜1927』勁草書房（新装版：1987）.
458	1965	Theodore M. Newcomb, Ralph H. Turner & Philip E. Converse, *Social Psychology: The Study of Human Interaction*, Holt, Rinehart and Winston, Inc.（『社会心理学—人間の相互作用の研究』古畑和孝訳, 岩波書店, 1973）.
575	1966	見田宗介『価値意識の理論—欲望と道徳の社会学理論』弘文堂（新装版：1996）.
406	1966	Mary Douglas, *Purity and Danger: an Analysis of Concepts of Pollution and Taboo*, Routledge & Kegan Paul（『汚穢と禁忌』塚本利明訳, 思潮社, 1972）.
366	1966	Tamotsu Shibutani, *Improvised News: A Sociological Study of Rumor*, Bobbs-Merrill Company（『流言と社会』広井修・橋元良明・後藤将之訳, 東京創元社, 1985）.
	1966	Thomas J. Scheff, *Being Mentally Ill*（『狂気の烙印—精神病の社会学』市川孝一・真田孝昭訳, 誠信書房, 1979）.
576	1967	見田宗介『近代日本の心情の歴史—流行歌の社会心理史』講談社（講談社学術文庫版：1978）.
	1967	Jean Laplanche et J.-B. Pontalis, *Vocabulaire de la psychanalyse*, P. U. F.（『精神分析用語辞典』村上仁監訳, みすず書房, 1977）.
226	1969	石牟礼道子『苦海浄土—わが水俣病』講談社（講談社文庫：1972）. 初稿は「海と空のあいだに」の題で『熊本風土記』に連載（1965年）.
166	1969	Edgar Morin, *La rumeur d'Orléans*, Seuil（『オルレアンのうわさ』杉山光信訳, みすず書房, 1973 ; 第2版, 1980）.
	1969	G. Rosolato, *Essai sur le symbolique*, Gallimard（『精神分析における象徴界』佐々木孝次訳, 法政大学出版局, 1980）.

19. 社会心理・社会意識

264	1969	Norbert Elias, *Die höfische Gesellschaft,* Luchterhand Verlag(『宮廷社会』波田節夫・中埜芳之・吉田正勝訳, 法政大学出版局, 1981).
554	1970	Abraham Maslow, *Motivation and Personality,* 2nd ed.(『人間性の心理学』小口忠彦訳, 産能大学出版部, 1978).
	1970	H. F. Ellenberger, *The Discovery of the Unconscious*(『無意識の発見―力動精神医学発達史』木村敏・中井久夫監訳, 弘文堂, 1980).
	1971	永山則夫『無知の涙』合同出版(河出文庫:1990).
	1971	見田宗介『現代日本の心情と論理』筑摩書房, 1971.
231	1973	井上俊『死にがいの喪失』筑摩書房.
	1973	L. Chertok and R. Saussure, *Naissance de psychanalyste de Mesmer et Freud*(『精神分析学の誕生』長井真理訳, 岩波書店, 1987).
	1974	阿部謹也『ハーメルンの笛吹き男―伝説とその世界』平凡社.
413	1974	田中義久『私生活主義批判―人間的自然の復権を求めて』筑摩書房.
	1975	木村敏『分裂病の現象学』弘文堂.
	1975	藤田省三『転向の思想史的研究―その一側面』岩波書店.
246	1975	Edward O. Wilson, *Sociobiology: The New Synthesis,* Belknap Press of Harvard Univ. Press(『社会生物学1-5』伊藤嘉昭監訳, 思索社, 1983-85 ; 新思索社より98年中に1巻本として再版の予定).
381	1975	Edward Shorter, *The Making of the Modern Family,* Basic Books(『近代家族の形成』田中俊宏他訳, 昭和堂, 1987).
595	1975	George Lachmann Mosse, *The Nationalization of the Masses: Political Symbolism and Mass Movements in Germany from the Napoleonic Wars through the Third Reich,* Howard Fertig, Inc.(『大衆の国民化―ナチズムに至る政治シンボルと大衆文化』佐藤卓己・佐藤八寿子訳, 柏書房, 1994).
	1975	Philippe Ariès, *Essais sur l'histoire de la mort en occident du moyen âge à nos jours,* Seuil(『死と歴史』伊藤晃・成瀬駒男訳, みすず書房, 1983).
182	1976-84	Michel Foucault, *Histoire de la sexualité* 1:La volonté de savoir, Editions Gallimard, 1976(『性の歴史Ⅰ知への意志』渡辺守章訳, 新潮社, 1986), id. 2:L'usage des plaisirs, 1984(『Ⅱ快楽の活用』田村俶訳, 新潮社, 1986), id. 3:Le souci de soi, 1984(『Ⅲ自己への配慮』田村俶訳, 新潮社, 1987).
214	1977	Philippe Ariès, *L'Homme devant la Mort*(『死を前にした人間』成瀬駒男訳, みすず書房, 1990).
184	1978	Edward W. Said, *Orientalism,* Georges Borchardt Inc.(『オリエンタリズム』板垣雄三・杉田英明監修, 今沢紀子訳, 平凡社, 1986).
576	1979	見田宗介『現代社会の社会意識』弘文堂.
	1979	安丸良夫『神々の明治維新―神仏分離と廃仏毀釈』岩波新書.
395	1980	Michel de Certeau, *Art de faire,* Union Générale d'Editions(『日常的実践のポイエティーク』山田登世子訳, 国文社, 1987).
	1981	木村敏『自己・あいだ・時間』弘文堂.
331	1981	栗原彬『やさしさのゆくえ=現代青年論』筑摩書房(ちくま学芸文庫:1994).
	1981	辻村明『戦後日本の大衆心理―新聞・世論・ベストセラー』東京大学出版会.
	1981	山本七平・小室直樹『日本教の社会学』講談社.
618	1981	Jacques Lacan, *Les psychose: le seminaire de Jacques Lacan,* Seuil(『ジャック・ラカン精神病』上・下, ジャック=アラン・ミレール編, 小出浩之他訳, 岩波書店, 1987).
	1982	喜安朗『パリの聖月曜日―19世紀都市騒乱の舞台裏』平凡社.
331	1982	栗原彬『管理社会と民衆理性―日常意識の政治社会学』新曜社.
	1982	中井久夫『分裂病と人類』東京大学出版会.
	1982	藤田省三『精神史的考察―いくつかの断面に即して』平凡社.
348	1982	Alain Corbin, *Le Miasme et la Jonquille: L'odorat et l'imaginaire social $18^e \sim 19^e$ siècles,*

		Editions Aubier-Montaigne (『においの歴史―嗅覚と社会的想像力』山田登世子・鹿島茂訳, 新評論, 1988 ; 新版 : 藤原書店, 1990).
	1982	Judith Wechsler, *A Human Comedy: Physiognomy and Caricature in 19th Century Paris,* Thomas and Hudson (『人間喜劇―19世紀パリの観相学とカリカチュア』高山宏訳, ありな書房, 1987).
	1983	村上陽一郎『ペスト大流行―ヨーロッパ中世世界の崩壊』岩波新書.
650	1983	ワロン『身体・自我・社会』浜田寿美男編訳, ミネルヴァ書房.
198	1983	Benedict Anderson, *Imagined Communities: Reflections on the Origin and Spread of Nationalism,* Verso, 1983 (『想像の共同体―ナショナリズムの起源と流行』白石隆・白石さや訳, リブロポート, 1987) ; rev. ed., 1991 (『増補 想像の共同体』白石さや・白石隆訳, NTT出版, 1997).
541	1983	Eric Hobsbawm and Terence Ranger, eds., *The Invention of Tradition,* Press of Univ. of Cambridge (『創られた伝統』前川啓治・梶原景昭他訳, 紀伊國屋書店, 1992).
614	1984	吉本隆明『マス・イメージ論』福武書店 (福武文庫 : 1988).
416	1984	Robert Darnton, *The Great Cat Massacre and Other Episodes in French Cultural History,* Basic Books, Inc. (『猫の大虐殺』海保眞夫・鷲見洋一訳, 岩波書店, 1986 ; 同時代ライブラリー所収, 1990).
	1985	見田宗介・山本泰・佐藤健二編『文化と社会意識』リーディングス日本の社会学12, 東京大学出版会.
620	1985	良知力『青きドナウの乱痴気―ウィーン1848年』平凡社 (平凡社ライブラリー : 1993).
527	1985	Robert N. Bellah, Richard Madsen, William M. Sullivan, Ann Swidler and Steven Tipton, *Habits of the Heart: Individualism and Commitment in American Life,* Univ. of California Press (『心の習慣―アメリカ個人主義のゆくえ』島薗進・中村圭志訳, みすず書房, 1991).
	1986	黒田日出男『境界の中世 象徴の中世』東京大学出版会.
	1987	高橋徹『近代日本の社会意識』新曜社.
	1989	新村拓『死と病と看護の社会史』法政大学出版局.
	1990	間庭充幸『日本的集団の社会学―包摂と排斥の構造』河出書房新社.
	1990	筒井清忠編『「近代日本」の歴史社会学―心性と構造』木鐸社.
	1990	牟田和恵「明治期総合雑誌にみる家庭像―『家庭』の登場とそのパラドックス」『社会学評論』41-1.
	1991	小山静子『良妻賢母という思想』勁草書房.
	1991	竹内洋『立志・苦学・出世―受験生の社会史』講談社現代新書.
	1991	森岡清美『決死の世代と遺書』新地書房.
	1992	中野卓『「学徒出陣」前後―従軍学生の見た戦争』新曜社.
	1992	宮原浩二郎『貴人論』新曜社.
612	1992	吉見俊哉・若林幹夫・水越伸『メディアとしての電話』弘文堂.
	1992	Benedict Anderson, The New World Disorder, *New Left Review,* 193;3-13 (「遠隔地ナショナリズムの出現」関根政美訳『世界』586 : 179-90).
	1993	天野正子・桜井厚『モノと女の戦後史―身体性・家庭性・社会性を軸に』有信堂.
225	1993	石川准『アイデンティティ・ゲーム―存在証明の社会学』新評論.
	1993	川村邦光『オトメの祈り―近代女性イメージの誕生』紀伊國屋書店.
	1993	佐藤卓巳『大衆宣伝の神話―マルクスからヒトラーへのメディア史』弘文堂.
	1993	関一敏『聖母の出現』日本エディタースクール出版部.
	1993	常光徹『学校の怪談―口承文芸の展開と諸相』ミネルヴァ書房.
	1993	松山巖『うわさの遠近法』青土社.
	1994	川村邦光『オトメの身体―女の近代とセクシュアリティ』紀伊國屋書店.
317	1994	喜安朗『フランス近代民衆の〈個と共同性〉』平凡社.
258	1995	内田隆三『柳田国男と事件の記録』講談社.

356	1995	佐藤健二『流言蜚語』有信堂高文社.
1995	若林幹夫『地図の想像力』講談社選書メチエ.
259	1997	内田隆三『テレビCMを読み解く』講談社.

20. 社会運動・社会構想

出現頁	刊行年	
270	1813-14	Robert Owen, *A New View of Society: or, Essays on the Principle of the Formation of the Human Character* (「社会にかんする新見解」白井厚訳『世界の名著』続8, 中央公論社, 1975).
271	1820	Robert Owen, *Report to the County of Lanark* (『ラナーク州への報告』永井義雄訳, 未来社, 1970；『世界大思想全集 (社会・宗教・科学篇10)』永井義雄訳, 河出書房新社, 1959 (合本)；『社会変革と教育』渡辺義晴訳, 明治図書, 1963 (合本)).
632	1895	Gustave Le Bon, *Psychologie des foules* (『群集心理』櫻井成夫訳, 岡倉書房, 1948；創元文庫, 1952；講談社学術文庫, 1993).
	1897	Sidney J. Webb & Beatrice P. Webb, *Industrial Democracy*, Longmans, Green & Co. (『産業民主制論』高野岩三郎監訳, 法政大学出版局, 1969).
608	1899	横山源之助『日本之下層社会』教文館 (『日本の下層社会』岩波書店, 1949；「日本之下層社会」『横山源之助全集』第1巻, 明治文献, 1972).
	1901	Jean Gabriel Tarde, *L'Opinion et la Foule* (『世論と群衆』稲葉三千男訳, 未来社, 1958).
	1903	片山潜『我社会主義』社会主義出版部 (大河内一男編『社会主義』現代日本思想大系15, 筑摩書房, 1963).
	1906	河上肇『社会主義評論』(『河上肇全集』3, 岩波書店, 1982).
572	1922	Lewis Mumford, *The Story of Utopia* (『ユートピアの系譜』関裕三郎訳, 新泉社, 1971).
	1929	協調会『最近の社会運動』創立十周年記念出版 (塩田庄兵衛解題, 新興出版社, 1989).
631	1934	Georges Lefebvre, *Foules révolutionnaires*, in *Annales historique de la Révolution Française* (『革命的群衆』二宮宏之訳, 創文社, 1982).
	1941	Albert D. Cantril, *The Psychology of Social Movements*, Wiley (『社会運動の心理学』南博・石川弘義・滝沢正樹訳, 岩波書店, 1959).
	1944	George D. H. Cole, *A Century of Co-operation Union* (『協同組合運動の一世紀』中央協同組合学園コール研究会訳, 家の光協会, 1975).
252	1949	Simone Weil, *L'enracinement*, Gallimard (『シモーヌ・ヴェーユ著作集Ⅴ』山崎庸一郎訳, 春秋社, 1969).
	1950	末弘厳太郎『日本労働組合運動史』日本労働組合運動史刊行会.
538	1951	Eric Hoffer, *The True Believer*, Harper (『大衆運動』高根正昭訳, 紀伊國屋書店, 1969).
272	1952	大河内一男『黎明期の日本労働運動』岩波書店.
	1954	渡辺徹『日本労働組合運動史』青木書店.
	1955	大河内一男『戦後日本の労働運動』岩波書店.
	1956	渡辺義通・塩田庄兵衛編『日本社会運動史年表』大月書店.
	1959	Antonio Gramsci, *Œuvres Choisies*, Editions Sociales (『グラムシ選集』1-6巻, 山崎功監修, 合同出版, 1961-65).
416	1959	Ralf Dahrendorf, *Class and Class Conflict in Industrial Society*, Stanford Univ. Press (『産業社会における階級および階級闘争』富永健一訳, ダイヤモンド社, 1964).
	1961	Lewis Coser, *The Function of Social Conflict*, Free Press (『社会闘争の機能』新睦人訳, 新曜社, 1956).
142	1962	Neil Joseph Smelser, *Theory of Collective Behavior*, Free Press (『集合行動の理論』会田彰・木原孝訳, 誠信書房, 1973).

	1963	鶴見和子『生活記録運動のなかで』未来社.
	1964	伊部英男『社会計画』至誠堂.
329	1964	グラムシ『現代の君主』石堂清倫・前野良編訳,青木書店(新編:上村忠男編訳,1994).
	1964	綿貫譲治編『農村社会構造と農協組織』時潮社.
	1965	青井和夫・米林富男他『地域開発と住民運動』新生活運動協会.
	1965	佐藤竺『日本の地域開発』未来社.
	1965	Alain Touraine, *Sociologie de l'action*, Seuil(『行動の社会学』大久保敏彦他訳,合同出版,1974).
289	1965	Mancur Olson, *The Logic of Collective Action: Public Goods and the Theory of Groups*, Harvard Univ. Press(『集合行為論——公共財と集団理論』依田博・森脇俊雅訳,ミネルヴァ書房,1983).
	1967	青木虹二『明治農民騒擾の年次的研究』新生社.
345	1967	André Gorz, *Le socialisme difficile*, Editions du Seuil(『困難な革命』上杉聰彦訳,合同出版,1969).
	1968	小田実『市民運動とは何か——ベ平連の思想』徳間書店.
	1968	高橋徹編『反逆するスチューデント・パワー』講談社.
	1968	Henri Lefebvre, *L'irruption: de nanterre au sommet*(『「五月革命」論』森本和夫訳,筑摩書房,1969).
	1969	新堀通也『学生運動の論理』有信堂.
	1970	田中惣五郎『資料大正社会運動史』上・下,三一書房.
	1970	宮本憲一編『公害と住民運動』自治体研究社.
235	1970	Ivan Illich, *Deschooling Society*, Harper & Row(『脱学校の社会』東洋・小澤周三訳,東京創元社,1977).
	1971	島恭彦他監修『都市問題と住民運動』講座日本の都市問題8,汐文社.
	1971-72	内務省警保局編『社会運動の状況』復刻版,全14巻,三一書房,1971-72(荻野富士夫解題『社会運動の状況——大正15年版・昭和2年版』1・2,不二出版,1994).
	1972	石牟礼道子『水俣病闘争——わが死民』現代評論社.
	1973	法政大学大原社会問題研究所編『政治研究会・無産政党組織整備委員会』日本社会運動史料原資料篇——無産政党資料,法政大学出版局.
562	1973	Louis Marin, *Utopiques: jeux d'espaces*, Les Editions de Minuit(『ユートピア的なもの——空間の遊戯』梶野吉郎訳,法政大学出版局,1995).
	1974	石牟礼道子編『天の病む——実録・水俣病闘争』葦書房.
	1975	石川晃弘『社会変動と労働者意識——戦後日本における変容過程』日本労働協会.
346	1975-77	André Gorz & Michel Bosquet, *Ecologie et politique*, Galilée, 1975; *Ecologie et liberté*, Galilée, 1977;両書の合本・増補版:*Ecologie et politique*, Seuil, 1978(『エコロジスト宣言』高橋武智訳,技術と人間,1980;緑風出版,1983).
364	1976	塩原勉『組織と運動の理論——矛盾媒介過程の社会学』新曜社.
	1976	自治体問題研究所編『地域と自治体 第3集,転換期の住民運動』自治体研究社.
	1976	法政大学大原社会問題研究所編『労働農民党』日本社会運動史料原資料篇——無産政党資料1(1976), 2 (1983), 3 (1984), 4 (1985),法政大学出版局.
558	1976	松原治郎・似田貝香門編『住民運動の論理——運動の展開過程・課題と展望』学陽書房.
379	1977	庄司興吉『現代化と現代社会の理論』東京大学出版会.
	1977	真木悠介『気流の鳴る音——交響するコミューン』筑摩書房(ちくま文庫:1986).
	1977	Ivan Illich, *The Right to Useful Unemployment*, Marin Boyars(『エネルギーと公正』大久保直幹訳,晶文社,1979).
437	1978	Alain Touraine, *La voix et le regard*, Seuil(『声とまなざし』梶田孝道訳,新泉社,1983).
	1978	C. Tilly, *From Mobilization to Revolution*, Addison Wesley(『政治変動論』堀江湛監訳,芦書房).
	1978-86	運動史研究会『運動史研究』1-17,三一書房.

	1980	元島邦夫・庄司興吉編『地域開発と社会構造』東京大学出版会.
	1980	A. F. Laidlaw, *Co-operatives in the Year 2000*, ICA (『西暦二〇〇〇年における協同組合—レイドロー報告』日本協同組合学会訳編, 日本経済評論社, 1989).
	1980	Alain Touraine, Zsuzsa Hegedus, François Dubet, Michel Wieviorka, *La prophétie anti-nucléaire*, Seuil (『反原子力運動の社会学—未来を予言する人々』社会運動と社会学2, 伊藤るり訳, 新泉社, 1984).
	1981	石川晃弘編『現代資本主義と自主管理』合同出版.
	1981	国民生活センター編『消費者運動の現状と課題』.
	1981	花崎皋平『生きる場の哲学—共感からの出発』岩波新書.
	1981	Alain Touraine, François Dubet, Zsuzsa Hegedus, Michel Wieviorka, *La Pays contre l'État: Luttes Occitanes*, Seuil (『現代国家と地域闘争—フランスとオクシタニー』社会運動と社会学3, 宮島喬訳, 新泉社, 1984).
	1982	いいだもも『エコロジーとマルクス主義』緑風出版.
	1982	元島邦夫『大企業労働者の主体形成』青木書店.
	1982	Jessica Lipnack and Jeffrey Stamps, *Net Working* (『ネットワーキング』社会開発統計研究所, プレジデント社, 1984).
	1983	鎌田とし子・鎌田哲宏『社会諸階層と現代家族—重化学工業都市における労働者階級の状態 1』御茶の水書房.
365	1983	柴田三千雄『近代世界と民衆運動』岩波書店.
	1983	社会運動研究センター編『協同組合運動の新しい波』三一書房.
221	1984	飯島伸子『環境問題と被害者運動』学文社 (改訂版: 1993).
	1984	D. E. Apter and N. Sawa, *Against the State*, Harvard Univ. Press (『三里塚—もうひとつの日本』澤良世訳, 岩波書店, 1986).
509	1985	舩橋晴俊・長谷川公一・畠中宗一・勝田晴美『新幹線公害—高速文明の社会問題』有斐閣.
	1985	宮島喬・梶田孝道・伊藤るり『先進社会のジレンマ—現代フランス社会の実状をもとめて』有斐閣.
	1986	石見尚編『日本のワーカーズ・コレクティブ』学陽書房.
	1986	大阪社会労働運動史編集委員会編『大阪社会労働運動史』戦前篇・上, 戦前篇・下 (1989), 戦後篇 (1987), 高度成長期 (上) (1991), 有斐閣.
	1986	似田貝香門・梶田孝道・福岡安則編『社会運動』リーディングス日本の社会学10, 東京大学出版会.
	1986	法政大学大原社会問題研究所『社会・労働運動大年表』1-3, 別巻 (1987), 労働旬報社 (新版: 1995).
	1986	和田春樹・梶村秀樹編『韓国の民衆運動』勁草書房.
	1987	栗原彬・庄司興吉編『社会運動と文化形成』東京大学出版会.
	1987	今防人『コミューンを生きる若者たち』新曜社.
402	1987	高橋徹『現代アメリカ知識人論—文化社会学のために』新泉社.
	1987	和田春樹・梶村秀樹編『韓国の民衆—「新しい社会」へ』勁草書房.
	1988	梶田孝道『テクノクラシーと社会運動—対抗的相補性の社会学』東京大学出版会.
	1988	佐藤慶幸編『女性たちの生活ネットワーク—生活クラブに集う人びと』文眞堂.
508	1988	舩橋晴俊・長谷川公一・畠中宗一・梶田孝道『高速文明の地域問題—東北新幹線の建設・紛争と社会的影響』有斐閣選書.
	1989	塩原勉編『資源動員と組織戦略—運動論の新パラダイム』新曜社.
	1989	鶴見和子・川田侃編『内発的発展論』東京大学出版会.
	1989	矢澤修次郎・岩崎信彦編『地域と自治体, 第17集, 特集 都市社会運動の可能性』自治体研究社.
	1990	社会運動論研究会編『社会運動論の統合をめざして—理論と分析』成文堂.
442	1990	冨山一郎『近代日本社会と「沖縄人」』日本経済評論社.
610	1991	吉田民人『主体性と所有構造の理論』東京大学出版会.

| 1992 | 宇沢弘文『「成田」とは何か』岩波新書.
| 1992 | 横田克己『参加型市民社会論―オルタナティヴ市民社会宣言Ⅱ』現代の理論社.
| 1993 | 岩根邦雄『新しい社会運動の四半世紀―生活クラブ・代理人運動』協同図書サービス.
| 1993 | 鎌田哲宏・鎌田とし子『日鋼室蘭争議三〇年後の証言―重化学工業都市における労働者階級の状態2』御茶の水書房.
| 1994 | 社会運動研究会編『社会運動の現代的位相』成文堂.
| 1995 | 森元孝『モダンを問う―社会学の批判的系譜と手法』弘文堂.

21. 現代社会論

出現頁	刊行年	
	1790	Edmund Burke, *Reflections on the Revolution in France* (『フランス革命の省察』半沢孝麿訳, みすず書房, 1978；『フランス革命についての省察』水田洋訳, 中央公論社, 1980).
438	1835-40	Alexis de Tocqueville, *De la Democratie en Amerique* (『アメリカにおけるデモクラシー』岩永健吉郎・松本礼二訳, 研究社出版, 1972；『アメリカの民主政治』上・中・下, 井伊玄太郎訳, 講談社学術文庫, 1987).
267	1845	Friedrich Engels, *Die Lage der arbeitenden Klasse in England*, 1845; MEW, Bd. 2, 1957 (『イギリスにおける労働者階級の状態』マルクス=エンゲルス全集第2巻, 大内兵衛・細川嘉六監訳, 大月書店, 1960).
585	1859	John Stuart Mill, *On Liberty,* Parker (『自由論』塩尻公明・木村健康訳, 岩波文庫, 1971；『世界の名著』38, 早坂忠訳, 中央公論社, 1967；『自由について』世界の大思想・Ⅱ-6, 水田洋訳, 河出書房, 1967).
28	1899	Thorstein B. Veblen, *The Theory of Leisure Class: An Economic Study in the Evolution of Institutions,* Macmillan (『有閑階級の理論』小原敬士訳, 岩波文庫, 1961).
628	1923	Georg Lukács, *Geschichte und Klassenbewußtsein: Studien über marxistische Dialektik* (『歴史と階級意識―マルクス主義弁証法の研究』城塚登・吉田光訳, 白水社, 1987).
56	1929	Robert Staughton Lynd & Helen Merrell Lynd, *Middletown: A Study in Modern American Culture,* Harcourt, Brace & World, 1929 (『リンド ミドゥルタウン』現代社会学大系9, 中村八朗抄訳, 青木書店, 1990)；Robert Staughton Lynd & Helen Merrell Lynd, *Middletown in Transition: A Study in Cultural Conflict,* Harcourt, Brace & World, 1937 (抄訳：同上訳書〈この訳書では,『ミドゥルタウン』から研究の意図, 調査地の選定とその歴史, 生活費獲得, 家庭づくり, 余暇利用, 地域活動への参加, 結論, 調査法の各部分を,『変貌期のミドゥルタウン』から序章, 生活費獲得, X家の一族までの最初の3章を訳出〉).
58	1930	José Ortega y Gasset, *La Rebelión de las Masas* (『大衆の蜂起』樺俊雄訳, 創元社, 1953；『大衆の叛逆』佐野利勝訳, 筑摩書房, 1953；『大衆の反逆』神吉敬三訳, 角川文庫, 1967；『オルテガ著作集』第2巻, 桑名一博訳, 白水社, 1969；『世界の名著56 マンハイム・オルテガ』寺田和夫訳, 中央公論社, 1971；桑名一博訳, 白水社, 1975；『中公バックス世界の名著68 マンハイム・オルテガ』中央公論社, 1979；白水社, 新装版, 1985).
218	1931	Frederick Lewis Allen, *Only Yesterday: an informal history of the 1920's,* Harper & Brothers Publishers, 1931 (『米国現代史』福田実訳, 改造社, 1940)；rev. ed., 1950 (『オンリー・イエスタデイ』藤久ミネ訳, 研究社, 1975；改訂版：ちくま文庫, 1993).
438	1935	戸坂潤『日本イデオロギー論』白揚社（増補版：1936；『戸坂潤全集2』勁草書房, 1966).
378	1942	Joseph Alois Schumpeter, *Capitalism, Socialism, and Democracy,* Harper & Brothers, 1942; 3rd ed., 1950 (『資本主義・社会主義・民主主義』上・中・下, 中山伊知郎・東畑精一訳, 1962).
488	1946	Max Picard, *Hitler in uns selbst* (『われわれ自身のなかのヒトラー』佐野利勝訳, みすず書房, 1965).

21. 現代社会論

544	1947	Max Horkheimer, *Eclipse of Reason,* Oxford Univ. Press, 1947; ドイツ語版 *Zur Kritik der instrumentellen Vernunft,* 1967 (『理性の腐蝕』山口祐弘訳, せりか書房, 1970 ; 第2版 : 1987).
270	1949	George Orwell, *Nineteen Eighty-Four,* Secker & Warburg (『一九八四年』吉田健一・滝口直太朗訳, 出版協同社, 1958 ; 「一九八四年」新庄哲夫訳『世界SF全集10 ハックスリィ・オーウェル』早川書房, 1969 ; 早川文庫, 1972).
252	1949	Simone Weil, *L'enracinement,* Gallimard (『シモーヌ・ヴェーユ著作集V』山崎庸一郎訳, 春秋社, 1969).
100	1950	David Riesman, *The Lonely Crowd: a Study of Changing American Character,* with N. Glazer & R. Denney (『孤独なる群衆』佐々木徹郎・鈴木幸寿・谷田部文吉訳, みすず書房, 1955) ; rev. ed., 1961 (『孤独な群衆』加藤秀俊訳, 1964).
96	1950	Theodore Wiesengrund Adorno, Else Frenkel-Brunswik, Daniel J. Levinson, R. Nevitt Sanford (in collaboration with Betty Aron, Maria Herz Levinson and William Morrow), *The Authoritarian Personality,* Harper and Brothers (『権威主義的パーソナリティ』田中義久・矢澤修次郎・小林修一訳, 青木書店, 1980).
219	1951	Hannah Arendt, *The Origins of Totalitarianism,* Harcourt Brace Javanovich, 1951; 2nd ed., 1958; 3rd ed., 1966-68 (分冊版), 3rd ed., 1973 (合本版) (『全体主義の起原 1～3』大久保和郎・大島通義・大島かおり訳, みすず書房, 1972-74).
521	1954-59	Ernst Bloch, *Das Prinzip Hoffnung* (『希望の原理』全3巻, 山下・瀬戸・片岡・沼崎・石丸・保坂共同訳, 白水社, 1982).
636	1955	Claude Lévi-Strauss, *Tristes Tropiques,* Plon (『悲しき南回帰線』上・下, 室淳介訳, 講談社, 1971 ; 講談社学術文庫, 1985 ; 『悲しき熱帯』上・下, 川田順造訳, 中央公論社, 1977).
112	1956	Herbert Marcuse, *Eros and Civilization: A Philosophical Inquiry into Freud,* The Beacon Press (『エロス的文明』南博訳, 紀伊國屋書店, 1956).
631	1957	Henri Lefebvre, *Critique de la vie quotidienne,* L'Arche Editeur (『日常生活批判序説』田中仁彦訳, 現代思潮社, 1971).
219	1958	Hannah Arendt, *The Human Condition,* Univ. of Chicago Press (『人間の条件』志水速雄訳, ちくま学芸文庫, 1995).
124	1958	John Kenneth Galbraith, *The Affluent Society,* Houghton Mifflin (『ゆたかな社会』鈴木哲太郎訳, 岩波書店, 1960 ; 改訂第2版1969, 邦訳1970 ; 改訂第3版1976, 邦訳1978 ; 改訂第4版1984, 邦訳1985).
528	1960	Daniel Bell, *The End of Ideology: On the Exhaustion of Political Ideas in the Fifties,* Free Press, 1960; With a New Afterword, Harvard Univ. Press, 1988 (『イデオロギーの終焉―1950年代における政治思想の涸渇について』岡田直之訳, 東京創元社, 1969).
132	1960	Jean-Paul Sartre, *Critique de la raison dialectique,* Tome I, Editions Gallimard (『弁証法的理性批判』Ⅰ・Ⅱ・Ⅲ, 竹内芳郎・平井啓之・森本和夫・足立和浩訳, 人文書院, 1962, 65, 73).
342	1961	Erving Goffman, *Asylums: Essays on the Social Situation of Mental Patients and Other Inmates,* Doubleday Anchor (『アサイラム―施設被収容者の日常世界』石黒毅訳, 誠信書房, 1984).
268	1962	Hans Magnus Enzensberger, *Einzelheiten* Ⅰ, *Bewußtseins-Industrie,* Suhrkamp Verlag (『意識産業』石黒英男訳, 晶文社, 1970).
144	1962	Jürgen Habermas, *Strukturwandel der Öffentlichkeit: Untersuchungen zu einer Kategorie der bürgerlichen Gesellschaft,* Luchterhand Verlag, 1962 (『公共性の構造転換』細谷貞雄訳, 未来社, 1973) ; rev. ed., Suhrkamp Taschenbuch Wissenschaft 891, 1990 (『公共性の構造転換―市民社会の一カテゴリーの研究』細谷貞雄・山田正行訳, 1994).
373	1963-70	Francis L. K. Hsu, *Clan, Caste, and Club,* 1963; *Japanese Kinship and Iemoto,* 1970 (『比較文明社会論―クラン・カスト・クラブ・家元』作田啓一・濱口惠俊訳, 培風館, 1971).
624	1964	David Riesman, *Abundance For What?: And Other Essays,* Doubleday & Company (『何

		のための豊かさ』加藤秀俊訳, みすず書房, 1968).
567	1964	Herbert Marcuse, *One Dimensional Man: studies in the advanced industrial society*, Beacon Press (『一次元的人間』生松敬三・三沢謙一訳, 河出書房新社, 1974).
575	1965	見田宗介『現代日本の精神構造』弘文堂 (新版：1984).
434	1967	Guy Debord, *La société du spectacle*, Buchet-chastel (『スペクタクルの社会』木下誠訳, 平凡社, 1993).
513	1968	Nicos Poulantzas, *Pouvoir Politique et Classes Sociales*, François Maspero (『資本主義国家の構造——政治権力と社会階級』田口富久治他訳, 未来社, 第Ⅰ巻：1978, 第Ⅱ巻：1981).
235	1970	Ivan Illich, *Deschooling Society*, Harper & Row (『脱学校の社会』東洋・小澤周三訳, 東京創元社, 1977).
170	1970	Jean Baudrillard, *La société de consommation: ses mythes, ses structures*, Editions Planète (『消費社会の神話と構造』今村仁司・塚原史訳, 紀伊國屋書店, 1979).
217	1970	Louis Althusser, Idéologie et Appareils idéologiques d'Etat, in Althusser, *Sur reproduction*, PUF (アルチュセール「イデオロギーと国家のイデオロギー装置」『国家とイデオロギー』西川長夫訳, 福村出版, 1974, 所収).
447	1971	中岡哲郎『工場の哲学』平凡社.
	1971	永山則夫『無知の涙』合同出版 (河出文庫：1990).
	1971	真木悠介『人間解放の理論のために』筑摩書房.
	1971	見田宗介『現代日本の心情と論理』筑摩書房, 1971.
174	1972	Gilles Deleuze & Félixe Guattari, *L'Anti-Œdipe: Capitalisme et schizophrénie I*, Editions Sociales (『アンチ・オイディプス』市倉宏祐訳, 河出書房新社, 1986).
315	1973	Anthony Giddens, *The Class Structure of the Advanced Societies*, Hutchinson (『先進社会の階級構造』市川統洋訳, みすず書房, 1977).
176	1973	Ivan Illich, *Tools for Conviviality*, Harper & Row (『コンヴィヴィアリティのための道具』渡辺京二・渡辺梨佐訳, 日本エディタースクール出版部, 1989).
478	1973	Jürgen Habermas, *Legitimationsprobleme im Spätkapitalismus*, Suhrkamp Verlag (『晩期資本主義における正統化の諸問題』岩波現代選書29, 細谷貞雄訳, 1979).
213	1973	Samir Amin, *Le developpemnent inegal*, Minuit (『不均等発展—周辺資本主義の社会構成体に関する試論』西川潤訳, 東洋経済新報社, 1983).
559	1974	Armand Mattelart, *La cultura como empresa multinacional*, Era (『多国籍企業としての文化』阿波尚夫訳, 日本エディタースクール出版部, 1991).
178	1974-89	Immanuel Wallerstein, *The Modern World System: Capitalist Agriculture and the Origins of the European World-Economy in the Sixteenth Century*, Academic Press, Inc., 1974 (『近代世界システム—農業資本主義と「ヨーロッパ世界経済」の成立』Ⅰ・Ⅱ, 川北稔訳, 岩波書店, 1981). Id., *The Modern World System II: Mercantilism and the Consolidation of the European World-Economy, 1600-1750*, Academic Press, Inc., 1980 (『近代世界システム 1600-1750—重商主義と「ヨーロッパ世界経済」の凝集』川北稔訳, 名古屋大学出版会, 1993). Id., *The Modern World System Ⅲ: The Second Era of Great Expansion of the Capitalist World-Economy, 1730-1840s*, Academic Press, Inc., 1989 (『近代世界システム 1730-1840年代—「大西洋革命」の時代』川北稔訳, 名古屋大学出版会, 1997).
589	1975	村上泰亮『産業社会の病理』中央公論社 (『村上泰亮著作集』3, 1997).
236	1975	Ivan Illich, *Medical Nemesis: The Expropriation of Health*, Marion Boyars, 1975; rev. ed., *Limits to Medicine: Medical Nemesis*, 1976 (『脱病院化社会—医療の限界』金子嗣郎訳, 晶文社, 1979).
539	1975	Jean Baudrillard, *L'échange symbolique et la mort*, Gallimard (『象徴交換と死』今村仁司・塚原史訳, 筑摩書房, 1982).
180	1975	Michel Foucault, *Surveiller et punir: Naissance de la prison*, Gallimard (『監獄の誕生—監視と処罰』田村俶訳, 新潮社, 1977).
529	1976	Daniel Bell, *The Cultural Contradictions of Capitalism*, Basic Books (『資本主義の文化的

		矛盾』林雄二郎訳,講談社,1977).
182	1976-84	Michel Foucault, *Histoire de la sexualité* 1:La volonté de savoir, Editions Gallimard, 1976 (『性の歴史Ⅰ知への意志』渡辺守章訳,新潮社,1986), id. 2:L'usage des plaisirs, 1984 (『Ⅱ快楽の活用』田村俶訳,新潮社,1986), id. 3:Le souci de soi, 1984 (『Ⅲ自己への配慮』田村俶訳,新潮社,1987).
	1977	富永茂樹『健康論序説』河出書房新社.
550	1977	真木悠介『現代社会の存立構造』筑摩書房.
542	1977	Karl Polanyi, *The Livelihood of Man*, Academic Press (『人間の経済』Ⅰ・Ⅱ,玉野井芳郎・栗本慎一郎・中野忠訳,岩波書店,1980).
	1978	小此木啓吾『モラトリアム人間の時代』中央公論社.
	1978	岸本重陳『中流の幻想』講談社.
	1978	吉田民人「資本主義・社会主義パラダイムの終焉」『季刊・創造の世界』28,小学館.
	1978	Erik O. Wright, *Class, Crisis and the State*, New Left Books (『階級・危機・国家』江川潤訳,中央大学出版局,1986).
576	1979	見田宗介『現代社会の社会意識』弘文堂.
623	1979	Jean-François Lyotard, *La condition postmoderne*, Edition de Minuit (『ポスト・モダンの条件』小林康夫訳,書肆・風の薔薇,1986).
435	1980	Gilles Deleuze & Félix Guattari, *Mille plateaux*, Minuit (『千のプラトー』宇野邦一他訳,河出書房新社,1996).
	1981	栗本慎一郎『パンツをはいたサル―人間はどういう生物か』光文社.
539	1981	Jean Baudrillard, *Simulacres et simulation*, Editions Galilée (『シミュラークルとシミュレーション』竹原あき子訳,法政大学出版局,1984).
331	1982	栗原彬『管理社会と民衆理性―日常意識の政治社会学』新曜社.
421	1982	鶴見良行『バナナと日本人』岩波新書.
243	1982	Rosalind H. Williams, *Mass Consumption in Late Nineteenth-Century France*, Univ. of California Press (『夢の消費革命―パリ万博と大衆消費の興隆』吉田典子・田村真理訳,工作舎,1996).
606	1982	Stuart & Elizabeth Ewen, *Channels of Desire*, McGraw Hill (『欲望と消費―トレンドはいかに形づくられるか』小沢瑞穂訳,晶文社,1988).
255	1983	Immanuel Wallerstein, *Historical Capitalism*, Verso Editions, 1983 (『史的システムとしての資本主義』川北稔,岩波書店,1985). id., *Historical Capitalism with Capitalist Civilization*, Verso Editions, 1995 (『新版・史的システムとしての資本主義』川北稔,岩波書店,1997).
	1983	Michel Foucault, The Subject and Power, in Dreyfus, L. and Rabinow, P., *Michel Foucault: Beyond Structuralism and Hermeneutics*, Univ. of Chicago Press (「主体と権力」渥美和久訳,『思想』4,1984).
501	1983	R. W. Fox & T. J. Jackson Lears (eds.), *The Culture of Consumption: Critical Essays in American History 1880-1980*, Pantheon Books (『消費の文化』小池和子訳,勁草書房,1985).
	1984	浅田彰『逃走論』筑摩書房(ちくま文庫:1986).
354	1984	桜井哲夫『「近代」の意味―制度としての学校・工場』日本放送出版協会.
589	1984	村上泰亮『新中間大衆の時代』中央公論社(『新中間大衆の時代―戦後日本の解剖学』中央公論社,1987;『村上泰亮著作集』5,1997).
614	1984	吉本隆明『マス・イメージ論』福武書店(福武文庫:1988).
618	1985	Ernesto Laclau & Chantal Mouffe, *Hegemony and Socialist Strategy: Towards a Radical Democratic Politics*, Verso (『ポスト・マルクス主義と政治―根源的民主主義のために』山崎カヲル・石澤武訳,大村書店,1992).
	1986	Niklas Luhmann, *Ökologische Kommunikation*, Westdeutscher Verlag (『エコロジーの社会理論』土方昭監訳,新泉社,1992).

	1987	今田高俊『モダンの脱構築』中公新書.
	1987	上野千鶴子『〈私〉探しゲーム』筑摩書房（増補版：ちくま学芸文庫，1992）.
258	1987	内田隆三『消費社会と権力』岩波書店.
	1987	奥井智之『近代的世界の誕生』弘文堂.
	1987	松井やより『女たちのアジア』岩波新書.
	1987	見田宗介『白いお城と花咲く野原—現代日本の思想の全景』朝日新聞社.
	1987	C. Offe, *Contradiction of Welfare State,* Hutchinson（『後期資本制社会システム—資本制的民主制の諸制度』壽福眞美訳，法政大学出版局，1988）.
	1988	桜井哲夫『思想としての60年代』講談社（ちくま学芸文庫：1993）.
	1988	竹内洋『選抜社会—試験・昇進をめぐる加熱と冷却』リクルート出版.
	1989	吉本隆明『ハイ・イメージ論Ⅰ』福武書店.
614	1989	米本昌平『遺伝管理社会—ナチスと近未来』弘文堂.
247	1990	上野千鶴子『家父長制と資本制—マルクス主義フェミニズムの地平』岩波書店.
	1990	芹沢俊介『ブームの社会現象学』筑摩書房.
	1990	浜口晴彦・嵯峨座晴夫『大衆長寿時代の生き方』ミネルヴァ書房.
	1990	吉本隆明『ハイ・イメージ論Ⅱ』福武書店.
	1990	Anthony Giddens, *The Consequences of Modernity,* Stanford Univ. Press（『近代とはいかなる時代か?』松尾精文・小幡政敏訳，而立書房，1993）.
	1991	大澤真幸『資本主義のパラドックス—楕円幻想』新曜社.
	1991	桜井哲夫『メシアニズムの終焉—社会主義とは何だったのか』筑摩書房.
	1991	芹沢俊介編『消費資本主義論』新曜社.
	1991	橳島次郎『脳死・臓器移植と日本社会』弘文堂.
	1991	橋爪大三郎『現代思想はいま何を考えればよいのか』勁草書房.
	1992	Ｉ＆Ｓ／ポスト消費社会研究会編『消費の見えざる手』リブロポート.
	1992	桜井哲夫『ボーダーレス化社会』新曜社.
	1992	佐藤慶幸『新版 官僚制の社会学』文眞堂.
460	1992	野田正彰『喪の途上にて—大事故遺族の悲哀の研究』岩波書店.
316	1992	Anthony Giddens, *The Transformation of Intimacy,* Stanford（『親密性の変容』松尾精文・松川昭子訳，而立書房，1995）.
	1993	井上俊『悪夢の選択—文明の社会学』筑摩書房.
	1993	橋爪大三郎『民主主義は最高の政治制度である』現代書館.
	1993	山本泰「マイノリティと社会の再生産」『社会学評論』175：20-39.
273	1996	大澤真幸『虚構の時代の果て—オウムと世界最終戦争』筑摩書房.
577	1996	見田宗介『現代社会の理論—情報化・消費化社会の現在と未来』岩波書店.

22. 日本社会論

出現頁	刊行年	
504	1875	福沢諭吉『文明論之概略』木版6冊，著者蔵版（活版1冊，著者蔵版，1877；『福沢全集』第3巻，時事新報社，1898；『福沢全集』第4巻，国民図書，1926；岩波文庫，1931；『福沢諭吉選集』第2巻，岩波書店，1951；『福沢全集』第4巻，岩波書店，1959；岩波文庫改版，1962；『福沢諭吉』日本の名著33，中央公論社，1969；『福沢諭吉集』近代日本思想大系2，筑摩書房，1975；中公バックス日本の名著33，中央公論社，1984）.
406	1877-82	田口卯吉『日本開化小史』和綴6冊，著者発行（縮刷版，洋装1冊，経済雑誌社，1917；『鼎軒田口卯吉全集』第2巻，同人社，1927；改造文庫，1929；岩波文庫，1934；岩波文庫改版，1964；講談社学術文庫，1981；前記全集復刊第2巻，吉川弘文館，1990）.
418	1916-21	津田左右吉『文学に現はれたる我が国民思想の研究』貴族文学の時代・武士文学の時代・平民

22. 日本社会論

		文学の時代 上・中, 洛陽堂 (『津田左右吉全集 別巻2-5』岩波書店, 1966). 戦後に改訂され, 『文学に現はれたる国民思想の研究』4冊, 岩波書店, 1951-55 (没後に論文を集成して『平民文学の時代 下』が増補され, 『全集 4-8』, 1964).
	1929-30	折口信夫『古代研究』全3巻 (中公文庫:1975).
461	1930	野呂榮太郎『日本資本主義発達史』鉄塔書院 (岩波文庫, 1954 ; 1973 ; 1983).
	1934	平野義太郎『日本資本主義社会の機構』岩波書店.
	1934	山田盛太郎『日本資本主義分析—日本資本主義における再生産過程把握』(岩波文庫:1977).
460	1940	E. Herbert Norman, *Japan's Emergence as a Modern State, Political and Economic Problems of the Meiji Period*, I. P. R. Inquiry Series, International Secretariat, Institute of Pacific Relations, New York (『ハーバート・ノーマン全集』第1巻『日本における近代国家の成立』大窪愿二訳, 岩波書店, 1977).
	1942	坂口安吾『日本文化私観』(評論社, 1968).
78	1943	有賀喜左衞門『日本家族制度と小作制度—「農村社会の研究」改訂版』河出書房 (『有賀喜左衞門著作集』1・2, 未来社, 1966).
	1945	鈴木大拙『日本的霊性』(岩波文庫:1972).
84	1946	Ruth Fulton Benedict, *The Chrysanthemum and the Sword: Patterns of Japanese Culture*, Houghton Mifflin (『菊と刀—日本文化の型』長谷川松治訳, 社会思想社, 1948).
305	1948	川島武宜『日本社会の家族的構成』学生書房 (『川島武宜著作集』10, 岩波書店, 1983).
	1948	戸井田道三『能芸論—日本文化の遅れた性質と抑圧された人間』(勁草書房, 1965).
504	1949	福武直『日本農村の社会的性格』東京大学協同組合出版部.
	1950	George B. Sansom, *The Western World and Japan* (『西欧社会と日本』上・下, 金井圓他訳, 筑摩書房, 1966).
569	1952	丸山眞男『日本政治思想史研究』東京大学出版会 (『丸山眞男集』第1・2・5巻, 岩波書店, 1995-96).
298	1956	加藤周一『雑種文化—日本の小さな希望』講談社 (講談社文庫:1974).
116	1956-57	丸山真男『現代政治の思想と行動』上・下, 未来社 (増補版, 1964 ; 『丸山眞男集』第6・7巻, 岩波書店, 1995-96).
314	1957	きだみのる『日本文化の根底に潜むもの』講談社.
136	1961	神島二郎『近代日本の精神構造』岩波書店.
570	1961	丸山真男『日本の思想』岩波新書 (『丸山眞男集』第7巻, 岩波書店, 1996).
421	1961-64	鶴見俊輔・橋川文三・今井清一・松本三之介・神島二郎『日本の百年』全10巻, 筑摩書房.
433	1961-92	統計数理研究所国民性調査委員会編『日本人の国民性』『第2日本人の国民性』『第3日本人の国民性』『第4日本人の国民性』『第5日本人の国民性』至誠堂 (第3まで), 出光書店 (第4と第5).
595	1962	森岡清美『真宗教団と「家」制度』創文社 (増補版:1978).
	1962	和辻哲郎『日本精神史研究』岩波書店.
	1964	小田実『日本の知識人』(筑摩書房, 1969 ; 講談社文庫, 1980).
152	1964	中野卓『商家同族団の研究—暖簾をめぐる家研究』未来社 (第2版:上, 1978 ; 下, 1981).
372	1965	Marius B. Janzen (ed.), *Changing Japanese Attitudes Toward Modernization*, Princeton Univ. Press (『日本における近代化の問題』細谷千博編訳, 岩波書店, 1968).
507	1966	藤田省三『天皇制国家の支配原理』未来社 (第2版:1974).
260	1967	梅棹忠夫『文明の生態史観』中央公論社 (中公文庫, 1974 ; 『梅棹忠夫著作集』第5巻 比較文明学研究, 中央公論社, 1989).
	1967	江上波夫『騎馬民族国家—日本古代史へのアプローチ』中公新書.
	1967	岡潔『日本のこころ』講談社 (講談社文庫:1971).
352	1967	作田啓一『恥の文化再考』筑摩書房.
448	1967	中根千枝『タテ社会の人間関係—単一社会の理論』講談社現代新書 (同書の英語版 *Japanese Society*, London, 1970は12カ国語に翻訳されている).
	1968	上山春平『明治維新の分析視点』講談社.

	1968	篠原一『日本の政治的風土』岩波書店.
	1968	清水幾多郎『日本的なるもの』潮出版社.
613	1968	吉本隆明『共同幻想論』河出書房新社（改訂新版：角川文庫，1982）.
559	1969	松本三之介『天皇制国家と政治思想』未来社.
430	1971	土居健郎『「甘え」の構造』弘文堂.
	1971	Zbigniew K. Brzezinski, *The Fragile Blossom*, Harper & Row（『ひよわな花・日本』大朏人一訳，サイマル出版会，1972）.
	1972	上山春平『神々の体系』中公新書（続編：1975）.
301	1972	鹿野政直『日本近代化の思想』研究社出版（講談社学術文庫：1986）.
317	1972	木村敏『人と人との間―精神病理学的日本論』弘文堂（Kimura Bin, *Zwischen Mensch und Mensch*, Wissenschaftliche Buchgesellschaft, 1995）.
	1972	木村敏『人と人との間―精神病理学的日本論』弘文堂.
	1972	和歌森太郎他『日本人の再発見』弘文堂.
	1973	Ronald P. Dore, *British Factory-Japanese Factory: The Origins of National Diversity in Industrial Relations*, Univ. of California Press（『イギリスの工場，日本の工場』山之内靖・永易浩一訳，筑摩書房，1987）.
	1974	神島二郎編『近代化の精神構造』評論社.
419	1974	鶴見和子・市井三郎編『思想の冒険』筑摩書房.
599	1974	安丸良夫『日本の近代化と民衆思想』青木書店.
	1974	山本信良・今野俊彦『近代天皇制のイデオロギー』全3巻，新曜社.
458	1975-80	日本放送協会放送世論調査所編『日本人の意識―ＮＨＫ世論調査』『第2日本人の意識―ＮＨＫ世論調査』至誠堂.
	1976	平川祐弘『和魂洋才の系譜―内と外からの明治日本』河出書房新社.
481	1977	濱口惠俊『「日本らしさ」の再発見』日本経済新聞社（改訂版：講談社学術文庫，1988）.
	1978	中村隆英『日本経済―その成長と構造』東京大学出版会.
590	1979	村上泰亮・公文俊平・佐藤誠三郎『文明としてのイエ社会』中央公論社.
304	1982	河合隼雄『昔話と日本人の心』岩波書店（*Japanese Psyche*, Spring Publication Inc., 1988）.
384	1982	杉本良夫，ロス・マオア編『日本人論に関する12章―通説に異議あり』学陽書房（英文学術雑誌版：*Social Analysis*, nos 5/6, Univ. of Adelaide, 1980）.
	1982	住谷和彦『日本人の意識―思想における人間の研究』岩波書店.
	1982	李御寧『「縮み」志向の日本人』学生社（講談社文庫：1984）.
	1983	杉山光信『戦後啓蒙と社会科学の思想』新曜社.
407	1983	『近代の超克』筑摩叢書285，筑摩書房（「近代の超克」『竹内好全集』第8巻所収，筑摩書房）.
	1984	梅棹忠夫・石毛直道編『近代日本の文明学』中央公論社.
	1984	尾高邦雄『日本的経営―その神話と現実』中公新書.
	1984	加藤周一・木下順二・丸山真男・武田清子『日本文化のかくれた形』岩波書店.
418	1984	筒井清忠『昭和期日本の構造―その歴史社会的考察』有斐閣（『昭和期日本の構造―二・二六事件とその時代』講談社学術文庫，1996）.
286	1985	Herman Ooms, *Tokugawa Ideology: Early Constructs, 1570-1680*, Princeton Univ. Press（『徳川イデオロギー』黒住真・豊澤一他訳，ぺりかん社，1990）.
	1986	大石慎三郎・中根千枝他『江戸時代と近代化』筑摩書房.
	1987	杉本良男・R.マオア編著『個人間日本人』学陽書房.
	1987	対日貿易戦略基礎理論編集委員会編『公式日本人論―「菊と刀」貿易戦争編』テレコムパワー研究所.
	1988	Edwin O. Reischauer, *The Japanese Today: change and continuity*（『ザ・ジャパニーズ・トゥデイ』福島正光訳，文藝春秋，1990）.
256	1989	Karel van Wolferen, *The Enigma of Japanese Power: People and Politics in a Stateless Nation*, Macmillan（『日本／権力構造の謎』上・下，篠原勝訳，早川書房，1990；早川文庫，1994）.

	1990	間庭充幸『日本的集団の社会学―包摂と排斥の構造』河出書房新社.
205	1990	青木保『「日本文化論」の変容―戦後日本の文化とアイデンティティ』中央公論社.
	1990	渡辺治『「豊かな社会」日本の構造』労働旬報社.
	1990	Roger Goodman, *Japan's 'International Youth': The Emergence of a New Class of Schoolchildren* (『帰国子女―新しい特権層の出現』長島信弘・清水郷美訳, 岩波書店, 1992).
	1991	山下明子編『日本的セクシュアリティ―フェミニズムからの性風土批判』法蔵館.
274	1993	大沢真理『企業中心社会を超えて―現代日本を〈ジェンダー〉で読む』時事通信社.
	1993	直井優・盛山和夫・間々田孝夫『日本社会の新潮流(ニューウェーブ)』東京大学出版会.
298	1994	加藤典洋『日本という身体―「大・新・高」の精神史』講談社.
469	1994	橋川文三『昭和ナショナリズムの諸相』筒井清忠編・解説, 名古屋大学出版会.
	1994	南博『日本人論―明治から今日まで』岩波書店.
	1997	加藤典洋『敗戦後論』講談社.

23. 性・女性・男性

出現頁	刊行年
526	1879	August Bebel, *Die Frau und der Sozialismus* (『社会主義と婦人』村上正彦抄訳, 三田出版, 1919;『婦人論』山川菊栄訳, アルス出版, 1923; 改造文庫, 1929;『婦人と社会主義』牧山正彦訳, 弘文堂, 1922-24;『婦人論』加藤一夫訳, 春秋社, 1928;『婦人論』草間平作訳, 岩波文庫, 1929; 復刊1946; 改訳版1952;『婦人論』森下修一訳, 角川文庫, 1955;『婦人論』伊東勉・土屋保男訳, 大月書店, 1958).
520	1905	Sigmund Freud, *Drei Abhandlungen zur Sexualtheorie*, Deuticke, Leipzig und Wien, 1905; Gesammelte Werke, V, S. Fischer, 1942 (『性欲論三篇』フロイト著作集Ⅴ, 懸田克躬・吉村博次訳, 人文書院, 1969;『性に関する三つの論文』フロイド選集5, 懸田克躬訳, 日本教文社, 1969;「性理論三篇」『エロス論集』中山元訳, ちくま学芸文庫, 1997).
563	1927	Bronislaw Malinowski, *Sex and Repression in Savage Society*, London: K. Paul, New York: Harcourt (『未開社会における性と抑圧』阿部年晴・真崎義博訳, 社会思想社, 1972).
578	1928	Margaret Mead, *The Coming of Age in Samoa*, New York: W. Morrow, 1928; 1961; Penguin, 1943; Modern Library, 1953; American Museum of Natural History, 1973 (『サモアの思春期』畑中幸子・山本真鳥訳, 蒼樹書房, 1976).
564	1929	Bronislaw Malinowski, *The Sexual Life of Savages in North-Western Melanesia*, London: Routledge, New York: Liveright (『未開人の性生活』泉靖一・蒲生正男・島澄抄訳, 河出書房, 1957; 新泉社, 1971).
60	1931	柳田国男『明治大正世相篇』朝日新聞社(『柳田國男全集』26, ちくま文庫, 1990).
615	1932	Wilhelm Reich, *Der Einbruch der Sexualmoral*, Sexual-politik Verlag (『性道徳の出現』片岡啓治訳, 情況出版, 1972; 改訳: 太平出版社, 1976).
602	1939	柳田国男『木綿以前の事』創元社(『柳田國男全集』17, ちくま文庫, 1990).
669	1940	柳田国男『妹の力』創元社(『定本柳田国男集』9, 筑摩書房, 1960).
616	1945	Wilhelm Reich, *The Sexual Revolution*, Orgone Institute Press (『性と文化の革命』中尾ハジメ訳, 勁草書房, 1969;『セクシュアル・レボリューション』小野泰博・藤沢敏雄訳, 現代思潮社, 1970).
669	1948	柳田国男『婚姻の話』岩波書店(『定本柳田国男集』15, 筑摩書房, 1963).
321	1948	Alfred Kinsey, Wardell Pomeroy and Clyde Martin, *Sexual Behavior in the Human Male*, W. B. Saunders Company (『人間に於ける男性の性行為』上・下, 永井潜・安藤画一訳, コスモポリタン社, 1950).
579	1949	Margaret Mead, *Male & Female: A Study of the Sexes in a Changing World*, New York: W. Morrow, 1949; 1967; London: Gollancz, 1950; Pelican, 1962 (『男性と女性―移りゆく

		世界における両性の研究』上・下, 加藤秀俊・田中寿美子訳, 創元社, 1961).
90	1949	Simone de Beauvoir, *Le deuxième sexe I, II*, Edition Gallimard (『第二の性』生島遼一訳, 新潮社, 1953-55；『決定版, 第二の性』Ⅰ：井上たか子・木村信子監訳, Ⅱ：中嶋公子・加藤康子監訳, 新潮社, 1997).
	1951	C. S. Ford and F. A. Beach, *Patterns of Sexual Behavior*, Harper & Brothers (『性行動の世界』全2巻, 安田一郎訳, 至誠堂, 1968).
321	1953	Alfred Kinsey, Wardell Pomeroy, Clyde Martin and Paul Gabhard, *Sexual Behavior in the Human Female*, W.B. Saunders Company (『人間女性における性行動』上・下, 朝山新一・石田周三・柘植秀臣・南博訳, コスモポリタン社, 1954).
	1953	Erich Neumann, *Zur Psychologie des Weiblichen*, Raschen & Co. (『女性の深層』松代洋一・鎌田輝男訳, 紀伊國屋書店, 1980).
112	1956	Herbert Marcuse, *Eros and Civilization: A Philosophical Inquiry into Freud*, The Beacon Press (『エロス的文明』南博訳, 紀伊國屋書店, 1956).
120	1957	Georges Bataille, *L'histoire de l'érotisme*, Œuvres complètes de Bataille, tome VIII, Gallimard, 1976 (『エロティシズムの歴史』湯浅博雄・中地義和訳, 哲学書房, 1987)；Georges Bataille, *L'érotisme*, Edition de Minuit, 1957 (『エロティシズム』バタイユ著作集7, 澁澤龍彦訳, 二見書房, 1973).
652	1959	明治文化研究会編『婦人問題篇』明治文化全集16, 日本評論社.
	1962	J.-K. Mancini, *Prostitution et proxénétisme*, Collection QUE SAIS-JE?, P. U. F. (『売春の社会学』壽里茂訳, 白水社文庫クセジュ, 1964).
515	1963	Betty Friedan, *The Feminine Mystique*, W. W. Norton & Company Inc. (『新しい女性の創造』三浦冨美子訳, 大和書房, 1965；増補版, 1977).
596	1965	森崎和江『第三の性』三一書房 (改装版, 1971；河出文庫, 1992).
	1966	深谷昌志『良妻賢母主義の教育』黎明書房.
588	1969-72	村上信彦『明治女性史』全4巻, 理論社 (講談社学術文庫：1977).
583	1970	宮田登『ミロク信仰の研究―日本における伝統的なメシアニズム』未来社 (『ミロク信仰の研究』新訂版, 未来社, 1975).
	1970	Evelyne Sullerot, *La femme dans le monde moderne* (『変革期の女性』水田珠枝訳, 平凡社, 1972).
587	1970	Kate Millet, *Sexual Politics*, Doubleday (『性の政治学』藤枝澪子・加地永都子・滝沢海南子・横山貞子訳, 自由国民社, 1973；ドメス出版, 1985).
496	1970	Shulamith Firestone, *The Dialectic of Sex: The Case for Feminist Revolution*, William Morrow & Co. Inc. (『性の弁証法―女性解放革命の場合』林弘子訳, 評論社, 1972).
	1971	山村賢明『日本人と母―文化としての母の観念の研究』東洋館出版社.
394	1972	瀬川清子『若者と娘をめぐる民俗』未来社.
413	1972	田中美津『いのちの女たちへ―とり乱しウーマン・リブ論』田畑書店 (河出文庫：1992).
	1972	富岡多恵子『わたしのオンナ革命』大和書房 (ダイワアート (文庫版), 1982).
	1972-73	笠原一男編『日本女性史』全7巻, 評論社.
	1972-73	島本久恵他『講座 おんな』全6巻, 筑摩書房.
	1973	水田珠枝『女性解放思想の歩み』岩波新書.
282	1974	Ann Oakley, *Housewife*, Deborah Rogers Ltd. (『主婦の誕生』岡島茅花訳, 三省堂, 1986).
281	1974	Ann Oakley, *The Sociology of Housework*, Martin Robertson & Company Ltd. (『家事の社会学』佐藤和枝・渡辺潤訳, 松籟社, 1980).
	1974	Julia Kristeva, *Des chinoises*, Ed. des femmes (『中国の女たち』丸山静・原田邦夫・山根重男訳, せりか書房, 1981).
	1974	Juliet Mitchell, *Psychoanalysis and Feminism*, Random House (『精神分析と女の解放』上田昊訳, 合同出版, 1977).
	1975	田中寿美子編『女性解放の思想と行動』戦前編・戦後編, 時事通信社.
381	1975	Edward Shorter, *The Making of the Modern Family*, Basic Books (『近代家族の形成』田

		中俊彦他訳,昭和堂,1987).
561	1975	John Money and Patricia Tucker, *Sexual Signatures: On Being a Man or a Woman* (『性の署名―問い直される男と女の意味』朝山新一・朝山春江・朝山耿吉訳,人文書院,1979).
	1975	Robin Lakoff, *Language and Woman's Place*, Harper & Row (『言語と性―英語における女の地位』かつえ・あきば・れいのるず,川瀬裕子訳,有信堂,1985).
	1976	木本至『オナニーと日本人』インタナル出版.
	1976	Adrienne Rich, *Of Woman Born, motherhood as experience and institution*, W. W. Norton (『女から生まれる』高橋茅香子訳,晶文社,1990).
	1976	Herb Goldberg, *The Hazards of Being Male-Surviving the Myth of Masculine Privilege*, New American Library (『男が崩壊する』下村満子訳,PHP研究所,1982).
	1976	Jacques Sole, *L'amour en occident a l'époque moderne*, Albin Michel (『性愛の社会史―近代西欧における愛』西川長夫他訳,人文書院,1985).
463	1976	Shere Hite, *The Hite Report: A Nationwide Study of Female Sexuality*, Macmillan (『ハイト・レポート／Part 1, 2』石川弘義訳,パシフィカ,1977).
182	1976-84	Michel Foucault, *Histoire de la sexualité* 1:La volonté de savoir, Editions Gallimard, 1976 (『性の歴史Ⅰ知への意志』渡辺守章訳,新潮社,1986), id. 2:L'usage des plaisirs, 1984 (『Ⅱ快楽の活用』田村俶訳,新潮社,1986), id. 3:Le souci de soi, 1984 (『Ⅲ自己への配慮』田村俶訳,新潮社,1987).
	1977	Luce Irigaray, *Ce sexe qui n'en est pas un*, Editions de Minuit (『ひとつではない女の性』棚沢直子他訳,勁草書房,1987).
	1977	Roland Barthes, *Fragments d'un discours amoureux*, Editions du Seuil (『恋愛のディスクール・断章』三好郁朗訳,みすず書房,1980).
	1977-81	市川房枝・丸岡秀子・山口美代子他編『日本婦人問題資料集成』全10巻,ドメス出版.
	1978	黒川俊雄他編『講座 現代の婦人労働』全4巻,労働旬報社.
	1978	駒尺喜美『魔女の論理』エポナ出版.
335	1978	Annette Kuhn and AnnMarie Wolpe, eds., *Feminism and Materialism woman and modes of production*, Routledge & Kegan Paul (『マルクス主義フェミニズムの挑戦』上野千鶴子他訳,勁草書房,1984).
377	1978	*Le Fait Féminin*, Ouvrage collectif sous la diréction de Evelyne Sullerot avec la collaboration de Odette Thibault, Librairie Fayard (『女性とは何か』上・下,西川祐子・天羽すぎ子・宇野賀津子訳,人文書院,1983).
	1978	Nancy Chodorow, *The Reproduction of Mothering:Psychoanalysis and the Sociology of Gender*, Univ. of California Press (『母親業の再生産―性差別の心理・社会的基盤』大塚光子・大内菅子訳,新曜社,1981).
	1978-89	総理府編『婦人の現状と施策―国内行動計画報告書』ぎょうせい.
	1979	岩男寿美子・原ひろ子『女性学ことはじめ』講談社現代新書.
300	1979	加納実紀代編『女性と天皇制』思想の科学社 (『思想の科学』1977年1月〜78年6月に連載).
	1979	冨士谷あつ子編『女性学入門―女性研究の新しい夜明け』サイマル出版会.
	1979	水田珠枝『女性解放思想史』筑摩書房.
	1979	Julia A. Sherman & Evelyn T. Beck (eds.), *The Prism of Sex: Essays in the Sociology of Knowledge*, Univ. of Wisconsin Press (『性のプリズム―解放された知を求めて』田中和子編訳,勁草書房,1987).
	1979	Sandra M. Gilbert and Susan Gubar, *The Madwoman in the Attic*, Yale Univ. Press (『屋根裏の狂女』山田晴子・薗田美和子訳,朝日出版社,1987).
	1980	目黒依子『女役割―性支配の分析』垣内出版.
474	1980	Elisabeth Badinter, *L'amour en plus: histoire de l'amour maternel, XVIIe-XXe siècle*, Flammarion (『プラス・ラブ―母性本能という神話の終焉』鈴木晶訳,サンリオ,1981 ;『母性という神話』同訳者,筑摩書房,1991).

	1980	Natalie J. Sokoloff, *Between Money and Love: The Dialectics of Women's Home and Market Work*, Praeger Publishers, New York (『お金と愛情の間』江原由美子他訳, 勁草書房, 1987).
396		
	1981	女性学研究会編『女性学をつくる』勁草書房.
	1981	女性社会学研究会『女性社会学をめざして』垣内出版.
	1981	Dale Spender, *Man Made Language*, Routledge & Kegan Paul (『ことばは男が支配する――言語と性差』れいのるず・秋葉かつえ訳, 勁草書房, 1987).
188	1981	Ivan Illich, *Shadow Work*, Marion Boyars, 1981; *Le travail fantôme*, Editions du Seuil, 1981 (『シャドウ・ワーク――生活のあり方を問う』玉野井芳郎・栗原彬訳, 岩波書店, 1982; 同時代ライブラリー版, 1990).
	1981	Lydia Sargent (ed.), *Women and Revolution: A Discussion of the Unhappy Marriage of Marxism and Feminism*, Pluto Press (『マルクス主義とフェミニズムの不幸な結婚』田中かず子訳, 勁草書房, 1991).
	1981	Shere Hite, *The Hite Report on Male Sexuality*, Knopf (『ハイト・リポート・男性版』上・中・下, 中尾千鶴監訳, 中央公論社, 1982).
	1982	上野千鶴子『セクシィ・ギャルの大研究―女の読み方, 読まれ方, 読ませ方』光文社.
248	1982	上野千鶴子編『主婦論争を読む・全資料』Ⅰ・Ⅱ, 勁草書房.
	1982	金塚貞文『オナニスムの秩序』みすず書房.
	1982	駒尺喜美『魔女的文学論』三一書房.
	1982	斎藤茂男『妻たちの思秋期』共同通信社.
	1982	女性史総合研究会編『日本女性史』全5巻, 東京大学出版会.
	1982	橋本治『蓮と刀――どうして男は"男"をこわがるのか?』作品社 (河出文庫: 1986).
	1982	水田宗子『ヒロインからヒーローへ―女性の自我と表現』田畑書店.
	1982	Stephan Heath, *The Sexual Fix*, The Macmillan Press, Ltd. (『セクシュアリティ―性のテロリズム』川口喬一監訳, 勁草書房, 1988).
224	1982	Terry Eagleton, *The Rape of Clarissa: Writing, Sexuality and Class Struggle in Samuel Richardson*, Blackwell (『クラリッサの凌辱――エクリチュール, セクシュアリティ, 階級闘争』大橋洋一訳, 岩波書店, 1987).
	1983	青木やよひ編『フェミニズムの宇宙』新評論.
	1983	木下律子『王国の妻たち―企業城下町にて』径書房 (改題: 『妻たちの企業戦争』現代教養文庫, 1988).
594	1983	MORE編集部編『モア・リポート』集英社, 1983.
	1983	E. Ann Kaplan, *Woman and Film: Both Sides of the Camera*, Methuen (『フェミニスト映画―性幻想と映像表現』水田宗子訳, 田畑書店, 1985).
236	1983	Ivan Illich, *Gender*, Marion Boyars (『ジェンダー―女と男の世界』玉野井芳郎訳, 岩波書店, 1984).
	1983	Liz. Stanley & Sue Wise, *Breaking Out: Feminist Consciousness and Feminist Research*, Routledge & Kegan Paul (『フェミニズム社会科学に向って』矢野和江訳, 勁草書房, 1987).
	1983	P. Blumstein and P. Schwartz, *American Couples*, William Morrow & Co. (『アメリカン・カップルス』セックス編/マネー・ワーク編, 南博訳, 白水社, 1985).
	1983	Timothy Beneke, *Men on Rape*, Martin's Press (『レイプ―男からの発言』鈴木晶・幾島幸子訳, 筑摩書房, 1988).
	1984	香内信子編『資料母性保護論争』ドメス出版.
	1984	女性学研究会編『講座 女性学』全4巻, 勁草書房.
	1984	長谷川博子「女・男・子供の関係史にむけて―女性史研究の発展的解消」『思想』719, 岩波書店.
	1984	吉見周子『売娼の社会史』雄山閣出版.
	1984	Georges Duby, *L'amour et la sexualité*, Editions du Seuil (『愛とセクシュアリテの歴史』福井憲彦・松本雅弘訳, 新曜社, 1988).

23. 性・女性・男性

237	1984	Luce Irigaray, *Ethique de la Différence Sexuelle*, Editions de Minuit (『性的差異のエチカ』浜名優美訳, 産業図書, 1986).
263	1985	江原由美子『女性解放という思想』勁草書房.
	1985	駒尺喜美編『女を装う』勁草書房.
	1985	坪井洋文責任編集『家と女性―暮しの文化史』日本民族文化大系10, 小学館.
	1985	日本女性学研究会'85.5シンポジウム企画集団編『フェミニズムはどこへゆく―女性原理とエコロジー』ウィメンズブックストア松香堂.
	1985	松井やより『魂にふれるアジア』朝日新聞社.
	1985	脇田晴子編『母性を問う―歴史的変遷』上・下, 人文書院.
	1985	Elaine Showalter ed., *The New Feminist Criticism*, Pantheon Books (『新フェミニズム批評』青山誠子訳, 岩波書店, 1990).
	1985	Josephine Donovan, *Feminist Theory: The Intellectual Traditions of American Feminism*, Frederick Ungar Publishing Co. Inc. (『フェミニストの理論』小池和子訳, 勁草書房, 1987).
	1986	青木やよひ『フェミニズムとエコロジー』新評論.
	1986	上野千鶴子『女という快楽』勁草書房.
	1986	上野千鶴子『女は世界を救えるか』勁草書房.
	1986	斎藤学・波田あい子編『女らしさの病い―臨床精神医学と女性論』誠信書房.
414	1986	ダラ・コスタ『家事労働に賃金を―フェミニズムの新たな展望』伊田久美子・伊藤公雄訳, インパクト出版会 (日本語版論文集として著者自身が選択, 編集したものである.)
	1986	渡部恒夫『脱男性の時代―アンドロジナスをめざす文明学』勁草書房.
	1986	Adrienne Rich, *Blood, Bread, and Poetry-selected prose 1979-1985*, W. W. Norton (『血, パン, 詩.』大島かおり訳, 晶文社, 1989).
	1986	Hélène Cixous, *La venue à l'écriture*, Des Femmes (『メデューサの笑い』松本伊瑳子・国領苑子・藤倉恵子編訳, 紀伊國屋書店, 1993).
240	1986	Jeffrey Weeks, *Sexuality*, Routledge, 1986; 2nd ed., 1989 (『セクシュアリティ』上野千鶴子監訳, 河出書房新社, 1996).
	1986	Lisa Tuttle, *Encyclopedia of Feminism*, Longman Group Ltd. (『フェミニズム事典』渡辺和子監訳, 明石書店, 1991).
286	1987	オートナー『男が文化で, 女は自然か?』山崎カヲル編訳, 晶文社, 1987 (Edwin Ardener, *Belief and the Problem of Women*, 1972; Sherry B. Ortner, *Is Female to Male as Nature is to Culture?*, その他).
300	1987	加納実紀代『女たちの〈銃後〉』筑摩書房 (増補新版:インパクト出版会, 1995).
	1987	目黒依子『個人化する家族』勁草書房.
	1987	脇田晴子他編『日本女性史』吉川弘文館.
433	1987	Andrea Dworkin, *Intercourse*, The Free Press (『インターコース―性的行為の政治学』寺沢みづほ訳, 青土社, 1989).
	1987	Barbara Johnson, *A World of Difference*, The Johns Hopkins Univ. Press (『差異の世界』大橋洋一他訳, 紀伊國屋書店, 1990).
	1987	Catharine A. MacKinnon, *Feminism unmodified: discourses on life and law*, Harvard Univ. Press (『フェミニズムと表現の自由』奥田暁子他訳, 明石書店, 1993).
390	1987	Gayatri Chakravorty Spivak, *In Other Worlds : Essays in Cultural Politics*, Methuen (『文化としての他者』鈴木聡・大野雅子・鵜飼信光・片岡信抄訳, 紀伊國屋書店, 1990).
	1988	江原由美子『フェミニズムと権力作用』勁草書房.
	1988	小倉千加子『セックス神話解体新書』学陽書房.
	1988	織田元子『フェミニズム批評―理論化をめざして』勁草書房.
385	1988	Joan Wallach Scott, *Gender and the Politics of History*, Columbia Univ. Press (『ジェンダーと歴史学』荻野美穂訳, 平凡社, 1992).
574	1988	Maria Mies, Veronika Benholdt-Thomsen, Claudia von Werlhof, *Women: The Last Colo-*

		ny, Zed Books, 1988; 1991（『世界システムと女性』古田睦美・善本裕子訳, 藤原書店, 1995）.
	1989	井上輝子・女性雑誌研究会『女性雑誌を解読する—Comparepolitan 日・米・メキシコ比較研究』垣内出版.
232	1989	井上輝子＋女性雑誌研究会『女性雑誌を解読する』垣内出版.
	1989	江原由美子他『ジェンダーの社会学』新曜社.
285	1989	落合恵美子『近代家族とフェミニズム』勁草書房.
	1989	男も女も育児時間を！連絡会編『男と女で「半分こ」イズム』学陽書房.
293	1989	春日キスヨ『父子家庭を生きる—男と親の間』勁草書房.
	1989	金井淑子『ポストモダン・フェミニズム—差異と女性』勁草書房.
	1989	鹿野政直『婦人・女性・おんな—女性史の問い』岩波新書.
	1989	小浜逸郎『男がさばくアグネス論争』大和書房.
	1989	鈴木裕子『女性史を拓く』1・2, 未来社.
	1989	竹中恵美子『戦後女子労働史論』有斐閣.
247	1990	上野千鶴子『家父長制と資本制—マルクス主義フェミニズムの地平』岩波書店.
	1990	江原由美子編『フェミニズム論争』勁草書房.
	1990	荻野美穂他『制度としての〈女〉—性・産・家族の比較社会史』平凡社.
	1990	河野貴代美『性幻想—ベッドの中の戦場へ』学陽書房.
	1990	女性史総合研究会編『日本女性生活史』全5巻, 東京大学出版会.
	1990	Marie Duru-Bellat, *L'école des filles: Quelle formation pour quels rôles sociaux?*, editions L'Harmattan（『娘の学校—性差の社会的再生産』中野知律訳, 藤原書店, 1993）.
	1991	井上輝子・江原由美子編『女性のデータブック』有斐閣.
	1991	上野千鶴子『性愛論』河出書房新社.
264	1991	江原由美子『ラディカル・フェミニズム再興』勁草書房.
274	1991	大塚英志『たそがれ時に見つけたもの』太田出版（改題：『『りぼん』のふろくと乙女ちっくの時代』ちくま文庫, 1995）.
	1991	小山静子『良妻賢母という規範』勁草書房.
	1991	竹中恵美子編『新・女子労働論』有斐閣選書.
	1991	中下裕子・福島瑞穂・金子雅臣・鈴木まり子『セクシュアル・ハラスメント』有斐閣.
	1991	彦坂諦『男性神話』径書房.
	1991	水田宗子『フェミニズムの彼方—女性表現の深層』講談社.
	1991	横川寿美子『初潮という切り札—〈少女〉批評・序説』宝島社.
	1992	井上輝子『女性学への招待』有斐閣.
	1992	上野千鶴子・小倉千加子・富岡多惠子『男流文学論』筑摩書房.
	1992	江原由美子編『フェミニズムの主張』勁草書房.
	1992	掛札悠子『「レズビアン」である、ということ』河出書房新社.
	1992	加藤春恵子・津金澤聰廣編『女性とメディア』世界思想社.
	1992	金塚貞文『オナニスト宣言—性的欲望なんていらない！』青弓社.
	1992	武田美保子・大野光子・角田信恵・武田悠一・岩田和男・浜名優美『読むことのポリフォニー—フェミニズム批評の現在』ユニテ.
274	1993	大沢真理『企業中心社会を超えて—現代日本を〈ジェンダー〉で読む』時事通信社.
	1993	加藤秀一・坂本佳鶴惠・瀬地山角編『フェミニズム・コレクション』全3巻, 勁草書房.
	1993	斎藤学『生きるのが怖い少女たち—過食・拒食の病理をさぐる』光文社.
	1993	蔦森樹『男でもなく女でもなく—新時代のアンドロジナスたちへ』勁草書房.
582	1993	宮台真司・石原英樹・大塚明子『サブカルチャー神話解体』パルコ出版.
	1993	安積遊歩『癒しのセクシー・トリップ』太郎次郎社.
608	1993	吉澤夏子『フェミニズムの困難』勁草書房.
	1993	善積京子『婚外子の社会学』世界思想社.
247	1994	上野千鶴子『近代家族の成立と終焉』岩波書店.

	1994	荻野美穂『生殖の政治学』山川出版社.
	1994	川村邦光『オトメの身体―女の近代とセクシュアリティ』紀伊國屋書店.
	1994	原ひろ子・大沢真理・丸山真人・山本泰編『ライブラリ相関社会科学2 ジェンダー』新世社.
	1994	宮台真司『制服少女たちの選択』講談社.
	1994	脇田晴子・S.B.ハンレー (Hanley) 編『ジェンダーの日本史 上―宗教と民俗 身体と性愛』東京大学出版会.
	1994	渡辺和子編著『女性・暴力・人権』学陽書房.
	1994-95	井上輝子・上野千鶴子・江原由美子編『日本のフェミニズム』全7巻・別冊1巻, 岩波書店.
	1995	江原由美子『装置としての性支配』勁草書房.
	1995	江原由美子編『性の商品化―フェミニズムの主張2』勁草書房.
	1995	脇田晴子・S.B.ハンレー (Hanley) 編『ジェンダーの日本史 下―主体と表現 仕事と生活』東京大学出版会.
284	1996	小田亮『〈一語の辞典〉性』三省堂.
	1997	立岩真也『私的所有論』勁草書房.
609	1997	吉澤夏子『女であることの希望』勁草書房.

24. 子ども・教育

出現頁	刊行年	
	1762	Jean-Jacques Rousseau, *Emile ou de l'éducation*, *Œuvres complètes*, Bibliothèque de la Pléiade, Gallimard (『エミール』上・中・下, 今野一雄訳, 岩波文庫, 1962-64).
630	1900	Ellen Key, *Barnets arhundrade* (『児童の世紀』小野寺信・小野寺百合子訳, 冨山房, 1979).
250	1919	Max Weber, Wissenschaft als Beruf, 1 Aufl., 1919, in *Gesamtausgabe* I/17, 1992, Mohr (『職業としての学問』尾高邦雄訳, 岩波書店, 1936 ; 改訳 : 1980).
427	1922	Emile Durkheim, *L'éducation et sociologie*, Félix Alcan (『教育と社会学』佐々木交賢訳, 誠信書房, 1976).
	1923	Sigmund Freud, *Das Ich und das Es* (「自我とエス」『フロイト著作集VI 自我論／不安本能論』井村恒郎他訳, 人文書院, 1969).
427	1925	Emile Durkheim, *L'éducation morale*, Félix Alcan (『道徳教育論』麻生誠・山村賢明訳, 明治図書, 1964).
	1927	蔵内数太・綿貫哲雄『教育社会学』山海堂.
	1932	Willard Waller, *The Sociology of Teaching*, John Wiley & Sons (『学校集団』石山脩平・橋爪貞雄訳, 明治図書, 1952).
64	1934	George Herbert Mead, *Mind, Self and Society* (Charles W. Morris, ed.), Univ. of Chicago Press (『精神・自我・社会』稲葉三千男・滝沢正樹・中野収訳, 青木書店, 1973 ; 『精神・自我・社会』河村望訳, 人間の科学社, 1995).
	1938	Emile Durkheim, *L'évolution pédagogique en France*, 2vols. (『フランス教育思想史』上・下, 小関藤一郎訳, 普遍社, 1966 ; 行路社, 1981).
	1940	Harry S. Sullivan, *Conception of Modern Psychiatry*, W. W. Norton & Co. (『現代精神医学の概念』中井久夫・山口隆訳, みすず書房, 1976).
572	1940	Karl Mannheim, *Man and Society in an Age of Reconstruction*, 英語版 ; ドイツ語版, 1935 (『変革期における人間と社会』上・下, 福武直訳, みすず書房, 1953).
650	1941	Henri Wallon, *L'évolution psychologique de l'enfant*, A. Colin (『子どもの精神発達』竹内良知訳, 人文書院, 1982).
669	1942	柳田国男『子ども風土記』朝日新聞社 (『定本柳田国男集』21, 筑摩書房, 1962).
	1946	Anna Freud, *The Psychoanalytic treatment of children*, Imago (『児童分析』北見芳雄・佐藤紀子訳, 誠信書房, 1961).

488	1947	Jean Piaget, *La psychologie de l'intelligence,* A. Colin (『知能の心理学』波多野完治・滝沢武久訳, みすず書房, 1960).
	1949	Erich Neumann, *Ursprungsgeschichte des Bewußtseins* (『意識の起源史』上・下, 林道義訳, 紀伊國屋書店, 1984-85).
265	1950	Erik H. Erikson, *Childhood and Society,* New York: W. W. Norton, 1st. ed., 1950; 2nd, enlarged ed., 1963 (『幼児期と社会 (初版)』上・中・下, 草野栄三良訳, 1954-56, 日本教文社；『幼児期と社会 (第2版)』1・2, 仁科弥生訳, 1977-80, みすず書房).
	1951	Carl G. Jung and Karl Kerényi, *Einführung in das Wesen der Mythologie,* Rhein (『神話学入門』杉浦忠夫訳, 晶文社, 1975).
	1951	Karl Mannheim, *Freedom, Power and Democratic Planning* (『自由・権力・民主的計画』池田秀男訳, 未来社, 1971).
	1952	Maurice Debesse, *Les étapes de l'éducation,* P. U. F. (『教育の段階』堀尾輝久・斎藤佐和訳, 岩波書店, 1982).
	1956	Talcott Parsons and Robert F. Bales, *Family, Socialization and Interaction Process,* Free Press (『核家族と子どもの社会化』全2巻, 橋爪貞雄他訳, 黎明書房, 1970-71；『家族』黎明書房, 1981).
473	1956	T. Parsons, R. F. Bales and Others, *Family: Socialization and Interaction Process,* RKP (『核家族と子どもの社会化』橋爪貞雄他訳, 上・下, 黎明書房, 1970-71；合本『家族』1981).
	1957	宮本常一『日本の子供たち』岩崎書店 (『宮本常一著作集』8, 未来社, 1969).
	1957	Melanie Klein, *Envy and Gratitude,* Basic Books (『羨望と感謝』松本善男訳, みすず書房, 1975).
126	1959	Erik H. Erikson, *Identity and the Life Cycle: Selected Papers,* Psychological issues, Vol. 1, No.1, International Universities Press, 1959 (A Reissue) W. W. Norton, 1980 (『自我同一性』小此木啓吾他訳, 誠信書房, 1973).
130	1960	Philippe Ariès, *L'enfant et la vie familiale sous l'ancien régime,* Plon (『〈子供〉の誕生』杉山光信・杉山恵美子訳, みすず書房, 1980).
	1961	Albert H. Halsey, Jean E. Floud and Charles A. Anderson, *Education, Economy and Society: a reader in the sociology of education,* Free Press (『経済発展と教育―現代教育改革の方向』清水義弘監訳, 東京大学出版会, 1963).
	1962	Abraham H. Maslow, *Toward a Psychology of Being,* Nostrand (『完全なる人間』上田吉一訳, 誠信書房, 1964).
	1962	Karl Mannheim and W. A. C. Stewart, *An Introduction to the Sociology of Education* (『教育の社会学』末吉悌次・池田秀男訳, 黎明書房, 1964).
	1962	René A. Spitz, *Die Entstehung der Ersten Objektbeziehungen* (『母―子関係の成りたち』古賀行義訳, 同文書院, 1965).
	1964	池田秀男『人間形成の社会学』理想社.
154	1964	Maurice Merleau-Ponty, *L'œil et l'esprit,* Editions Gallimard (『眼と精神』滝浦静雄・木田元訳, みすず書房, 1966).
	1965	家永三郎『教科書検定』日本評論社.
	1965	木原健太郎・依田新・日高六郎編『マス・コミュニケーションと教育』全3巻, 明治図書.
	1965	Donald W. Winnicott, *Maturational Processes and Facilitating Environment,* Hogarth Press (『情緒発達の精神分析理論』牛島定信訳, 岩崎学術出版社, 1977).
617	1966	Jacques Lacan, *Ecrits,* Editions du Seuil (『エクリ』Ⅰ～Ⅲ, 宮本忠雄・佐々木孝次他訳, 弘文堂, 1972-81).
158	1966	Peter L. Berger & Thomas Luckmann, *The Social Construction of Reality: A Treatise in the Sociology of Knowledge,* Doubleday & Co. (『日常世界の構成―アイデンティティと社会の弁証法』山口節郎訳, 新曜社, 1977).
524	1967	Bruno Bettelheim, *The Empty Fortress: Infantile Autism and the Birth of the Self,* The Free Press (『自閉症・うつろな砦1・2』黒丸正四郎・岡田幸夫・花田雅憲・島田照三訳,

24. 子ども・教育

		みすず書房, 1975).
	1967	Patricia C. Sexton, *American School*, Prentice-Hall (『教育社会学』現代社会学入門11, 麻生誠・石田純訳, 至誠堂, 1971).
	1968	佐藤忠男編『教育の思想』戦後日本思想大系11, 筑摩書房.
	1968	姫岡勤・二関隆美編『教育社会学』有斐閣.
	1968	David Riesman and Christopher Jencks, *The Academic Revolution* (『大学革命』国弘正雄訳, サイマル出版会, 1969).
	1969	折原浩『危機における人間と学問』未来社.
	1969	永井道雄『近代化と教育』東京大学出版会.
	1969	Lawrence Kohlberg, "Stage and Sequence: the cognitive-developmental approach to socialization", David A. Goslin (ed.), *Handbook of Socialization Theory and Research*, Rand McNally (『道徳性の形成』永野重史監訳, 新曜社, 1987).
	1969	Phillippe Muller, *The Tasks of Childhood*, George Weidenfeld & Nicolson (『子どもの仕事』深田尚彦訳, 平凡社, 1971).
	1969	Walter Benjamin, *Über Kinder, Jugend und Erziehung*, Suhrkamp (『教育としての遊び』丘澤静也訳, 晶文社, 1981).
	1970	勝田守一『教育と教育学』岩波書店.
235	1970	Ivan Illich, *Deschooling Society*, Harper & Row (『脱学校の社会』東洋・小澤周三訳, 東京創元社, 1977).
	1970	Paul Lengrand, *Introduction a l'éducation permanente*, Unesco (『生涯教育入門』波多野完治訳, 全日本社会教育連合会, 1971).
518	1970	Paulo Freire, *Pedagogy of the Oppressed*, Herder and Herder (『被抑圧者の教育学』小沢有作・楠原彰・柿沼秀雄・伊藤周訳, 亜紀書房, 1979).
168	1970	Pierre Bourdieu & Jean-Claude Passeron, *La reproduction: éléments pour une theorie du système d'enseignement* (『再生産——教育・社会・文化』宮島喬訳, 藤原書店, 1991).
	1971	堀尾輝久『現代教育の思想と構造』岩波書店.
636	1971	Ronald David Laing, *The Politics of the Family and other Essays*, Tavistock Publication (『家族の政治学』阪本良男・笠原嘉訳, みすず書房, 1979).
172	1972	作田啓一『価値の社会学』岩波書店.
	1972	日本教育社会学会編『教育社会学の展開』東洋館出版社.
	1972	Christopher Jencks et al., *Inequality: a reassessment of the effect of family and schooling in America*, Basic Books (『不平等——学業成績を左右するものは何か』橋爪貞雄・高木正太郎訳, 黎明書房, 1978).
	1972	Philippe Ariès, "Problèmes de l'éducation" (「教育の問題」中内敏夫・森田伸子編訳『〈教育〉の誕生』新評論, 1983).
	1973	大田堯『教育の探求』東京大学出版会.
	1973	日本教育社会学会編『教育社会学の基本問題』東洋館出版社.
	1973	林竹二『授業・人間について』国土社.
	1973	藤永保編『児童心理学』有斐閣.
	1973	Morton Schatzman, *Soul Murder: persecution in the family*, Penguin Books (『魂の殺害者』岸田秀訳, 草思社, 1975).
	1974	藤本浩之輔『子供の遊び空間』日本放送出版協会.
	1974	我妻洋・原ひろ子編『しつけ』ふぉるく叢書1, 弘文堂.
	1974	Basil Bernstein, *Class, Codes and Control, Volume 1: theoretical studies towards a sociology of language*, Routledge & Kegan Paul (『言語社会化論』萩原元昭編訳, 明治図書, 1981).
407	1975	竹内敏晴『ことばが劈かれるとき』思想の科学社.
	1976	森岡清美・山根常男編『家と現代家族』培風館.
524	1976	Bruno Bettelheim, *The Uses of Enchantment Meaning and Importance of Fairy Tales*,

	1976	Knopf (『昔話の魔力』波多野完治・乾侑美子訳, 評論社, 1978).
430	1976	Ronald P. Dore, *The Diploma Disease: Education, Qualification and Development*, George Allen & Unwin (『学歴社会　新しい文明病』松居弘道訳, 岩波書店, 1978；同時代ライブラリー, 1990).
	1976	S. Bowles & H. Gintis, *Schooling in Capitalist America*, Basic Books (『アメリカ資本主義と学校教育』Ⅰ・Ⅱ, 宇沢弘文訳, 岩波書店, 1986-87).
	1977	森昭『人間形成論』著作集6, 黎明書房.
	1977	Françoise Dolto, *Lorsque l'enfant paraît*, 3vols., Seuil (『子どもが登場するとき』1-3, 村上光彦他訳, みすず書房, 1981-84).
	1977	Jerome Karabel and Albert H. Halsey (eds.), *Power and Ideology in Education*, Oxford Univ. Press (『教育と社会変動』上・下, 潮木守一・天野郁夫・藤田英典編訳, 東京大学出版会, 1980).
244	1977	Paul Willis, *Learning To Labour: How Working Class Kids Get Working Class Jobs*, Saxon House (『ハマータウンの野郎ども』熊沢誠・山田潤訳, 筑摩書房, 1985).
	1978	麻生誠・柴野昌山編『変革期の人間形成―社会学的アプローチ』アカデミア出版会.
	1978	大田堯編著『戦後日本教育史』岩波書店.
	1978	潮木守一『学歴社会の転換』東京大学出版会.
	1979	大田堯他編『子どもの発達と現代社会』岩波講座　子どもの発達と教育1, 岩波書店.
	1979	大田堯他編『子ども観と発達思想の展開』岩波講座　子どもの発達と教育2, 岩波書店.
	1979	加藤一郎他『子ども』東京大学公開講座30, 東京大学出版会.
	1979	斎藤茂男編著『父よ母よ！』太郎次郎社.
	1979	原ひろ子『子どもの文化人類学』晶文社.
	1979	毛利子来『新エミール』筑摩書房.
	1979	Ettore Gelpi, *A Future for Lifelong Education*, Manchester Monograph 13 (『生涯教育―抑圧と解放の弁証法』前平泰志訳, 東京創元社, 1983).
	1979	Jürg Jegge, *Angst macht krumm-Erziehen oder Zahnradschenschleifen*, Zytglogge Verlag (『学校は工場ではない』小川真一訳, みすず書房, 1991).
	1980	青井和夫他『国際比較　日本の子供と母親』総理府青少年対策本部.
	1980	NHK放送世論調査所編『日本の子どもたち―生活と意識』日本放送出版協会.
	1980	鶴見俊輔編『育てる』平凡カルチャーtoday 8, 平凡社.
	1980	Carl-Heinz Mallet, *Kennen Sie Kinder?*, Hoffmann & Campe (『〈子供〉の発見』小川真一訳, みすず書房, 1984).
	1982	上田閑照・柳田聖山『十牛図―自己の現象学』筑摩書房.
	1982	岡本夏木『子どもとことば』岩波新書.
304	1982	河合隼雄『昔話と日本人の心』岩波書店 (*Japanese Psyche*, Spring Publication Inc., 1988).
	1982	竹内敏晴『からだが語ることば』評論社.
	1982	友田泰正編『教育社会学』現代教育学2, 有信堂.
548	1982	本田和子『異文化としての子ども』紀伊國屋書店 (ちくま学芸文庫：1992).
211	1983	天野郁夫『試験の社会史―近代日本の試験・教育・社会』東京大学出版会.
	1983	子安美知子『シュタイナー教育を考える』学陽書房.
	1983	産育と教育の社会史編集委員会編『学校のない社会　学校のある社会』叢書1, 新評論.
	1983	産育と教育の社会史編集委員会編『民衆のカリキュラム　学校のカリキュラム』叢書2, 新評論.
	1983	高旗正人・讃岐幸治・住岡英毅編『人間発達の社会学』アカデミア出版会.
	1983	竹内敏晴『子どものからだとことば』晶文社.
	1983	深谷昌志『孤立化する子どもたち』日本放送出版協会.
	1983	E. Bass & L. Thornston, eds., *I Never Told Anyone: Writing by Women Survivors of Child Sexual Abuse*, Harper & Row (『誰にも言えなかった―子ども時代に性暴力を受けた女性たちの体験記』森田ゆり訳, 築地書館, 1991).

24. 子ども・教育

- 1983　Linda A. Pollock, *Forgotten Children: parent-child relations from 1500 to 1900*, Cambridge Univ. Press(『忘れられた子どもたち―1500-1900年の親子関係』中地克子訳, 勁草書房, 1988).
- 1983-87　林竹二『林竹二著作集』全10巻, 筑摩書房.
- 1984　桜井哲夫『「近代」の意味―制度としての学校・工場』日本放送出版協会.
- 1984　堀尾輝久『子どもを見なおす』子どもと教育を考える14, 岩波書店.
- 1984　村瀬学『子ども体験』大和書房.
- 1984　山口昌男他『挑発する子どもたち』駸々堂.
- 1985　青木悦『やっと見えてきた子どもたち―横浜「浮浪者」襲撃事件を追って』あすなろ書房.
- 1985　石川憲彦『子育ての社会学』朝日新聞社.
- 1985　岩田慶治編『子ども文化の原像』日本放送出版協会.
- 1985　NHK世論調査部編『いま, 小学生の世界は―続・日本の子どもたち』日本放送出版協会.
- 1985　柴野昌山編『教育社会学を学ぶ人のために』世界思想社.
- 1985　スタジオ・アヌー編『子供!』晶文社.
- 1985　鳥山敏子『からだが変わる　授業が変わる』晩成書房.
- 1985　堀尾輝久他編『教育の原理』1・2, 東京大学出版会.
- 1985　山本哲士『学校の幻想　幻想の学校』新曜社.
- 1985　Daniel N. Stern, *The Interpersonal World of the Infant: A View from Psychoanalysis and Developmental Psychology*, Basic Books(『乳児の対人世界』理論編・臨床編, 小此木啓吾・丸田俊彦監訳, 神庭靖子・神庭重信訳, 岩崎学術出版社, 理論編: 1989・臨床編: 1991).
- 1985-86　小林登他編『新しい子ども学』全3巻, 海鳴社.
- 1986　赤坂憲雄『排除の現象学』洋泉社(『新編　排除の現象学』筑摩書房, 1991).
- 1986　子安美知子『エンデと語る―作品・半生・世界観』朝日新聞社.
- 1986　柴野昌山・麻生誠・池田秀男編『教育』リーディングス日本の社会学16, 東京大学出版会.
- 1986　森田洋司・清永賢二『いじめの構造―教室の病い』金子書房.
- 1986　山中恒『少国民はどう作られたか―若い人たちのために』筑摩書房.
- 1986　山本哲士編『小さなテツガクシャたち―杉本治君・尾山奈々さんの自死から学ぶ』新曜社.
- 1986　山本信良・今野敏彦『大正・昭和教育の天皇制イデオロギー』1・2, 新泉社.
- 1987　東洋他編『学ぶことと子どもの発達』岩波講座　教育の方法2, 岩波書店.
- 1987　東洋他編『社会と歴史の教育』岩波講座　教育の方法5, 岩波書店.
- 1987　東洋他編『子どもの生活と人間形成』岩波講座　教育の方法9, 岩波書店.
- 1987　池田由子『児童虐待』中公新書.
- 1987　大田堯『教育研究の課題と方法』岩波書店.
- 1987　河合隼雄『子どもの宇宙』岩波書店.
- 1987　竹内常一『子どもの自分くずしと自分つくり』UP選書, 東京大学出版会.
- 1987　中内敏夫『新しい教育史―制度史から社会史への試み』新評論.
- 1987　無藤隆『テレビと子どもの発達』東京大学出版会.
- 1987　山住正巳『日本教育小史―近・現代』岩波新書.
- 1988　竹内洋『選抜社会―試験・昇進をめぐる加熱と冷却』リクルート出版.
- 1988　宮澤康人編『社会史のなかの子ども―アリエス以後の〈家族と学校の近代〉』新曜社.
- 1989　天野郁夫『かわる社会かわる教育』有信堂.
- 1989　斎藤学『家族依存症』誠信書房.
- 1989　阪井敏郎『いじめと恨み心』家政教育社.
- 1989　柴野昌山編『しつけの社会学』世界思想社.
- 1989　芹沢俊介『現代〈子ども〉暴力論』大和書房.
- 1989　堀尾輝久『教育入門』岩波書店.
- 1989　本田和子『フィクションとしての子ども』ノマド叢書, 新曜社.
- 1990　井ノ淳三・近藤郁夫・窪島務編著『子どもに学ぶ教育学』ミネルヴァ書房.
- 1990　柴野昌山『教育現実の社会的構成』高文堂.

	1990	第1巻編集委員会編『教育—誕生と終焉』叢書〈産む・育てる・教える—匿名の教育史〉11, 藤原書店.
	1990	箕浦康子『文化の中の子ども』シリーズ人間の発達6, 東京大学出版会.
	1990	三宅和夫『子どもの個性—生後2年間を中心に』シリーズ人間の発達5, 東京大学出版会.
	1990	横川和夫・保坂渉『かげろうの家—女子高生監禁殺人事件』共同通信社.
	1991	阿部謹也・原ひろ子・中内敏夫他『家族—自立と転生』叢書〈産む・育てる・教える—匿名の教育史〉2, 藤原書店.
	1991	池田由子『汝わが子を犯すなかれ—日本の近親姦と性的虐待』弘文堂.
	1991	館昭『子供観』放送大学教育振興会.
	1991	中島梓『コミュニケーション不全症候群』筑摩書房.
	1991	森田洋司『「不登校」現象の社会学』学文社.
	1992	天野郁夫『学歴の社会史—教育と日本の近代』新潮選書.
	1992	佐伯胖・汐見稔幸・佐藤学編『学校の再生をめざして』全3巻, 東京大学出版会.
	1992	佐瀬稔『いじめられて, さようなら』草思社.
	1992	柴野昌山・菊池城司・竹内洋編『教育社会学』有斐閣ブックス.
	1992	橘由子『子どもに手を上げたくなるとき』学陽書房.
	1992	宮澤康人・星薫編著『子供の世界』放送大学教育振興会.
	1992	横湯園子『アーベル指輪のおまじない』岩波書店.
	1993	M.W.アップル・長尾彰夫・池田寛編『学校文化への挑戦—批判的教育研究の最前線』東信堂.
	1993	小澤周三・影山昇・小澤滋子・今井重孝『教育思想史』有斐閣Sシリーズ.
	1993	塚本有美『あがないの時間割—ふたつの体罰死亡事件』勁草書房.
	1993	中河伸俊・永井良和編『子どもというレトリック—無垢の誘惑』青弓社.
	1993	真木悠介・鳥山敏子『創られながら創ること—身体のドラマトゥルギー』太郎次郎社.
	1993	横川和夫『仮面の家—先生夫婦はなぜ息子を殺したのか』共同通信社.
	1994	太田素子『江戸の親子』中公新書.
	1994	斎藤学編著『児童虐待—危機介入編』金剛出版.
	1994	鳥山敏子『みんなが孫悟空 子どもたちの"死と再生"の物語』太郎次郎社.
	1994	西山明・田中周紀『さなぎの家—いじめのパワーゲーム』共同通信社.
	1994	堀尾輝久『日本の教育』東京大学出版会.
	1995	中内敏夫・長島信弘他『叢書〈産む・育てる・教える—匿名の教育史〉5 社会規範—タブーと褒賞』藤原書店.

25. 福祉

出現頁	刊行年	
26	1897	Emile Durkheim, *Le suicide: Etude de sociologie,* Félix Alcan (『自殺論』宮島喬訳, 中公文庫, 1985).
587	1929	Eugène Minkowski, *La Schizophrénie, Psychopathologie des Schizoïdes et des Schizophrènes,* Payot: Paris, 1929; 2ᵉ éd., Desclée de Brouwer: Paris, 1953 (『精神分裂病』村上仁訳, みすず書房, 1954).
	1931	R. M. MacIver, *The Contribution of Sociology to Social Work,* Columbia Univ. Press (『ソーシャルワークと社会学—社会学のソーシャルワークへの貢献』小田兼三訳, 誠信書房, 1988).
271	1940	大河内一男『社会政策の基本問題』日本評論社 (増訂版: 1944).
	1942	ILO, *Approach to Social Security* (『ILO・社会保障への道』塩野谷九十九・平石長久訳, 東京大学出版会, 1972).
522	1942	*Social Insurance and Allied Services, Report by Sir William Beveridge,* Presented to Par-

25. 福祉

		liament by Command of His Majesty, Cmd. 6404(『ベヴァリジ報告　社会保険および関連サービス』山田雄三監訳, 至誠堂, 1969).
	1954	孝橋正一『社会事業の基本問題』ミネルヴァ書房(全訂版:1962).
423	1958	Richard M. Titmuss, *Essays on 'the Welfare State'*, George Allen and Unwin, 1958; 2nd ed., 1963(『福祉国家の理想と現実』谷昌恒訳, 東京大学出版会, 1967).
584	1960	Karl Gunnar Myrdal, *Beyond the Welfare State*, Gerald Duckworth & Co.(『福祉国家を越えて』北川一雄監訳, ダイヤモンド社, 1970).
342	1961	Erving Goffman, *Asylums: Essays on the Social Situation of Mental Patients and Other Inmates*, Doubleday Anchor(『アサイラム—施設被収容者の日常世界』石黒毅訳, 誠信書房, 1984).
506	1963	Michel Foucault, *Naissance de la clinique*, Presses Universitaires de France(『臨床医学の誕生』神谷美恵子訳, みすず書房, 1969).
	1964	小川政亮『権利としての社会保障』勁草書房.
	1965	真田是『現代社会学と社会問題』青木書店.
345	1965	Geoffrey Gorer, *Death, Grief and Mourning in Contemporary Britain*, Cresset Press(『死と悲しみの社会学』宇都宮輝夫訳, ヨルダン社, 1986).
	1966	大道安次郎『老人社会学の展開』ミネルヴァ書房.
	1967	塚本哲『老人社会福祉』ミネルヴァ書房.
	1968	岡村重夫『社会福祉学』(全訂版)柴田書店.
	1968	社会保障研究所編『戦後の社会保障』至誠堂.
	1968	副田義也『コミュニティー・オーガニゼーション』誠信書房.
	1968	R. M. Titmuss, *Commitment to Welfare*, George Allen & Unwin(『社会福祉と社会保障』三浦文夫監訳, 東京大学出版会, 1971).
	1969	厚生省社会局老人福祉課『全国老人実態調査結果報告書』.
	1970	一番ケ瀬康子『現代の家庭と福祉』ドメス出版.
	1970	Nesta Roberts, *Our Future Selves*, George Allen & Unwin(『老人問題』三浦文夫監訳, 東京大学出版会, 1972).
556	1971	松下圭一『シビル・ミニマムの思想』東京大学出版会.
	1971	Robert Pinker, *Social Theory and Social Policy*, Gower(『社会福祉学原論』岡田藤太郎・柏野健三訳, 黎明書房, 1985).
231	1973	井上俊『死にがいの喪失』筑摩書房.
	1973	総理府広報室『老人問題に関する世論調査』.
	1974	岡村重夫『地域福祉論』光生館.
	1975	小山路男・佐口卓『社会保障論』有斐閣.
	1975	H. L. Wilensky, *The Welfare State and Equality: Structural and Ideological Roots of Public Expenditures*, Univ. of California Press(『福祉国家と平等』下平好博訳, 木鐸社, 1984).
236	1975	Ivan Illich, *Medical Nemesis: The Expropriation of Health*, Marion Boyars, 1975; rev. ed., *Limits to Medicine: Medical Nemesis*, 1976(『脱病院化社会—医療の限界』金子嗣郎訳, 晶文社, 1979).
	1975	Philippe Ariès, *Essais sur l'histoire de la mort en occident du moyen âge à nos jours*, Seuil(『死と歴史』伊藤晃・成瀬駒男訳, みすず書房, 1983).
	1976	孝橋正一編『老後・老人問題』ミネルヴァ書房.
	1977	佐口卓『日本社会保険制度史』勁草書房.
	1977	古川孝順他編『社会福祉の歴史—政策と運動の展開』ドメス出版.
	1978	小山路男『西洋社会事業史論』光生館.
	1978	K. Judge, *Rationing Social Services: A Study of Resource Allocation and the Personal Social Services*, Heinemann Educational Books(『福祉サービスと財政—政策決定過程と費用徴収』高沢武司訳, 川島書店, 1984).
	1979	大工原秀子『老年期の性』ミネルヴァ書房.

| | 1979 | 宮川俊行『安楽死の論理と倫理』東京大学出版会.
| | 1980 | 小川政亮『社会保障裁判』ミネルヴァ書房.
| | 1980 | 保健・医療社会学研究会編『保健・医療と福祉の総合をめざして』垣内出版.
| | 1980 | Marcel Sendreil et als, *Histoire Culturelle de la Maladie,* Privat (『病の文化史』上・下, 中川米造・村上陽一郎訳, リブロポート, 1984).
| | 1981 | 大熊一夫『ルポ・精神病棟』朝日新聞社.
| | 1981 | 副田義也編『老年社会学』全3巻, 垣内出版.
| | 1981 | 武智秀夫『手足の不自由な人はどう歩んできたか―人権思想の変遷と義肢・装具の進歩』医歯薬出版.
| 618 | 1981 | Jacques Lacan, *Les psychose: le seminaire de Jacques Lacan,* Seuil (『ジャック・ラカン 精神病』上・下, ジャック゠アラン・ミレール編, 小出浩之他訳, 岩波書店, 1987).
| 269 | 1981 | OECD (Organization for Economic Co-operation and Development), *The Welfare State in Crisis,* OECD (『福祉国家の危機―経済・社会・労働の活路を求めて』厚生省政策調査室・経済企画庁国民生活政策課・労働省国際労働課監訳, ぎょうせい, 1983).
| | 1981 | T. H. Marshall, *The Right to Welfare and Other Essays,* Heinemann (『福祉国家・福祉社会の基礎理論』岡田藤太郎訳, 相川書房, 1989).
| 256 | 1981 | Wolf Wolfensberger, *The Principle of Normalization in Human Services: National Institute on Mental Retardation* (『ノーマリゼーション』中園康夫・清水貞夫訳, 学苑社, 1982).
| | 1982 | 大道安次郎『病院社会学の展開』医学書院.
| | 1982 | 内閣総理大臣官房老人対策室『老後の生活と介護に関する調査』.
| | 1982 | 内閣総理大臣官房老人対策室『老人の生活と意識に関する国際比較調査』.
| | 1982 | 古川孝順『子どもの権利―イギリス・アメリカ・日本の福祉政策史から』有斐閣.
| | 1983 | NHK取材班『日本の条件16 高齢化社会1 新シルバーエイジの選択』日本放送出版協会.
| | 1983 | NHK取材班『日本の条件17 高齢化社会2 誰が看る長い老後』日本放送出版協会.
| | 1983 | 社会保障研究所編『経済社会の変動と社会保障』東京大学出版会.
| | 1983 | 園田恭一・米林喜男編『保健医療の社会学』有斐閣.
| | 1983 | 内閣総理大臣官房老人対策室『老人の地域奉仕活動に関する調査』.
| | 1983 | 福武直『社会保障論断章』東京大学出版会.
| | 1984 | 内閣総理大臣官房老人対策室『高齢者問題の現状と施策』.
| | 1984 | Paul Spicker, *Stigma and Social Welfare,* Croom Helm, Ltd. (『スティグマと社会福祉』西尾祐吾訳, 誠信書房, 1987).
| | 1984 | R. Fulton (ed.), *Death and Dying,* Boyd & Fraser (『デス・エデュケーション―死生観への挑戦』斉藤武・若林一美訳, 現代出版, 1984).
| | 1984-85 | 東京大学社会科学研究所編『福祉国家』全6巻, 東京大学出版会.
| | 1984-86 | E. Younghusband, *Social work in Britain 1950-1975,* George Allen and Unwin (『英国ソーシャルワーク史』本出祐之監訳, 白沢政和訳, 誠信書房, 1984/86).
| | 1985 | 社会福祉調査研究会編『戦前期社会事業史料集成』1-20巻（復刻複製）, 日本図書センター.
| | 1985 | 福武直他編『21世紀高齢社会への対応』全3巻, 東京大学出版会.
| | 1985 | 丸尾直美『日本型福祉社会』NHKブックス.
| | 1985 | 三浦文夫『社会福祉政策研究』全国社会福祉協議会（増補版：1987）.
| | 1985 | V. George and P. Wilding, *Ideology and social welfare,* Routledge & Kegan Paul (『イデオロギーと社会福祉』美馬孝人・白沢久一訳, 勁草書房, 1989).
| | 1986 | 一番ヶ瀬康子・古川孝順編『現代家族と社会福祉―家族福祉・児童福祉・婦人保護』講座社会福祉第7巻, 有斐閣.
| | 1986 | 社会保障研究所編『社会保障研究の課題』東京大学出版会.
| | 1986 | 全国社会福祉協議会編『新しいコミュニティの創造―灘神戸生協の在宅福祉』全国社会福祉協議会.
| | 1986 | 福武直『福祉社会への道―協同と連帯を求めて』全国大学生活協同組合連合会.
| | 1987 | 大沢真理『イギリス社会政策史―救貧法と福祉国家』東京大学出版会.

	1987	社会保障研究所編『イギリスの社会保障』東京大学出版会.
	1987	社会保障研究所編『スウェーデンの社会保障』東京大学出版会.
	1987	多田富雄・今村仁司編『老いの様式』誠信書房.
	1987	仲村優一『生活福祉―生活問題と社会福祉の課題をさぐる』放送大学教育振興会.
	1987	三輪和雄編『脳死―死の概念は変わるか』東京書籍.
285	1987	Claus Offe, *Anthology of The Works*（『後期資本制社会システム―資本制的民主制の諸制度』壽福眞美編訳, 法政大学出版局, 1988）.
	1987	N. Johnson, *Welfare State in Transition: The Theory and Practice of Welfare Pluralism*, Harvester Wheatsheaf（『福祉国家のゆくえ―福祉多元主義の諸問題』青木郁夫・山本隆訳, 法律文化社, 1993）.
	1988	大熊一夫『ルポ 老人病棟』朝日新聞社.
	1988	大山博・濱野一郎編『パッチ・システム―イギリスの地域福祉改革』全国社会福祉協議会.
	1988	総務庁行政監察局『高齢者雇用対策の現状と問題点―総務庁の行政監察結果からみて』大蔵省印刷局.
	1988	寺久保光良『「福祉」が人を殺すとき―ルポルタージュ 飽食時代の餓死・自殺 相次ぐ生活保護行政の実態と背景』あけび書房.
	1988	東京大学社会科学研究所編『転換期の福祉国家』上・下, 東京大学社会科学研究所.
	1988	Harry Specht, *New Direction for Social Work Practice*, Prentice-Hall（『福祉実践の新方向―人間関係と相互作用の実践理論』京極高宣訳, 中央法規出版, 1991）.
	1989	浅野史郎『豊かな福祉社会への助走―障害福祉の新しい流れ』ぶどう社.
	1989	大塚達雄他編『社会福祉実践の思想』ミネルヴァ書房.
	1989	厚生省大臣官房老人福祉部老人保健課『寝たきり老人ゼロをめざして―寝たきり老人の現状分析並びに諸外国との比較に関する研究』中央法規出版.
	1989	社会保障研究所編『アメリカの社会保障』東京大学出版会.
	1989	社会保障研究所編『カナダの社会保障』東京大学出版会.
	1989	社会保障研究所編『フランスの社会保障』東京大学出版会.
	1989	社会保障研究所編『社会政策の社会学』東京大学出版会.
	1989	社会保障研究所編『西ドイツの社会保障』東京大学出版会.
	1989	生協福祉研究会編『協同による地域福祉のニューパワー―生協と福祉活動』ぎょうせい.
	1989	全国社会福祉協議会社会福祉研究情報センター編『介護費用のあり方―その社会的負担を考える』中央法規出版.
	1989	総合社会福祉研究所編『高齢者講座シリーズ』1-5, 総合社会福祉研究所.
	1989	総務庁行政監察局編『精神障害者の社会復帰をめざして―その現状と課題 総務庁の調査結果から』有斐閣.
	1989	仲村優一他編『社会福祉教室―健康で文化的な生活の原点を探る』増補改訂版, 有斐閣.
	1989	正村公宏編『福祉社会論』創文社.
	1989	右田紀久恵他編『福祉財政論』ミネルヴァ書房.
	1989	吉田久一『日本社会福祉思想史』川島書店.
	1990	M.N.オザワ・木村尚三郎・伊部英男『女性のライフサイクル―所得保障の日米比較』東京大学出版会.
	1990	岡本祐三『デンマークに学ぶ豊かな老後』朝日新聞社.
	1990	社会保障研究所編『住宅政策と社会保障』東京大学出版会.
	1990	白鳥令・Richard Rose（リチャード・ローズ）編『世界の福祉国家―課題と将来』新評論.
	1990	高林澄子編『専門職ボランティアの可能性と課題』勁草書房.
	1990	外山義『クリッパンの老人たち―スウェーデンの高齢者ケア』ドメス出版.
	1990	日本尊厳死協会編『尊厳死―充実した生を生きるためには』講談社.
	1990	早川和男『欧米住宅物語―人は住むためにいかに闘っているか』新潮選書.
	1990	毛利健三『イギリス福祉国家の研究―社会保障発達の諸画期』東京大学出版会.
	1991	大山博・武川正吾編『社会政策と社会行政―新たな福祉の理論の展開をめざして』法律文化社.

	1991	社会保障研究所編『外国人労働者と社会保障』東京大学出版会.
	1991	隅谷三喜男『社会保障の新しい理論を求めて』東京大学出版会.
	1991	日本保健医療社会学会編『都市化・国際化　保健医療の課題―都市生活の健康と福祉の充実をめざして』垣内出版.
	1992	青井和夫『長寿社会論』流通経済大学出版会.
	1992	金子郁容『ボランティア―もうひとつの情報社会』岩波書店.
	1992	京極高宣『日本の福祉士制度―日本ソーシャルワーク史序説』中央法規出版.
	1992	社会保障研究所編『福祉国家の政府間関係』東京大学出版会.
	1992	総務庁行政監察局編『社会福祉法人の現状と課題―総務庁の社会福祉法人の指導監督に関する行政監察結果から』大蔵省印刷局.
	1992	武川正吾『地域社会計画と住民生活』中央大学出版部.
408	1992	武川正吾『福祉国家と市民社会―イギリスの高齢者福祉』法律文化社.
	1992	林健久『福祉国家の財政学』有斐閣.
	1992	丸尾直美『スウェーデンの経済と福祉―現状と福祉国家の将来』中央経済社.
	1992	R. Headley, J. D. Smith, ed., *Volunteering and Society: Principles and Practice,* Bedford Squre Press (『市民生活とボランティア―ヨーロッパの現実』小田兼三・野上文夫監訳, 新教出版, 1993).
	1992	T. H. Marshall and Tom Bottomore, *Citizenship and Social Class,* Pluto Press (『シティズンシップと社会的階級』岩崎信彦・中村健吾訳, 法律文化社, 1993).
	1993	大森彌, 村川浩一編『保健福祉計画とまちづくり』第一法規出版.
	1993	金子勇『都市高齢社会と地域福祉』都市社会学研究叢書3, ミネルヴァ書房.
	1993	経済企画庁総合計画局編『参加型の長寿福祉社会に向けて―生活者優先の長寿福祉システム』ぎょうせい.
	1993	社会保障研究所編『女性と社会保障』東京大学出版会.
	1993	杉本貴代栄『社会福祉とフェミニズム』勁草書房.
	1993	三浦文夫編『社会福祉の現代的課題―地域・高齢化・福祉』ライブラリ社会学9, サイエンス社.
	1993	八木哲郎『ボランティアに生きる』東洋経済新報社.
	1993	Lester M. Salamon, *American's Nonprofit Sector,* The Foundation Center (『米国の「非営利セクター」入門』入山映訳, ダイヤモンド社, 1994).
	1994	一番ヶ瀬康子『一番ヶ瀬康子社会福祉著作集』全5巻, 労働旬報社.
	1994	『21世紀福祉ビジョン―少子・高齢社会に向けて』高齢社会福祉ビジョン懇談会.
451	1994	波平恵美子『医療人類学入門』朝日新聞社.
	1994	花島政三郎『教護院の子どもたち―学習権の保障をもとめて』ミネルヴァ書房.
	1994	針生誠吉・小林良二編『高齢社会と在宅福祉』日本評論社.
	1994	吉田久一『日本の社会福祉思想』勁草書房.
	1995	社会福祉調査研究会編『戦前日本社会事業調査資料集成』第1-8巻, 勁草書房.
	1995	萩原康夫編『アジアの社会福祉』中央法規出版.

26. 講座・叢書・シリーズ・全集・著作集

出現頁	刊行年	
652	1927-93	明治文化研究会編『明治文化全集』第一版：全24巻, 日本評論社, 第二版：全16巻, 日本評論新社, 第三版：全28巻・別巻3, 日本評論社, 第四版, 日本評論社.
662	1948	田邊壽利編『社会学大系』全15巻, 国立書院, 1948；石泉社.
228	1954	磯村英一編『磯村英一都市論集』全3巻, 有斐閣.
662	1954-55	清水幾太郎・城戸又一・南博・二十世紀研究所編『マス・コミュニケーション講座』全6巻,

		河出書房.
662	1956-60	ガードナー,リンゼイ編(清水幾太郎・日高六郎・池内一・高橋徹監修)『社会心理学講座』全8巻,みすず書房.
	1957-58	中川善之助・川島武宜他編『講座・家族問題と家族法』全7巻,酒井書店.
663	1957-58	福武直他編『講座 社会学』全9巻・別巻1,東京大学出版会.
665	1958-60	ギュルヴィッチ,ムーア編『二十世紀の社会学』全4巻,誠信書房.
666	1958-61	尾高邦雄・小保内虎夫・兼子宙・川島武宜・岸本英夫・相良守次・戸川行男・宮城音弥監修／編集『現代社会心理学』全8巻,中山書店.
	1958-67	鵜飼信成・福島正夫他編『講座日本近代法発達史』全11巻,勁草書房.
666	1959	南博編『応用社会心理学講座』全4巻,光文社.
666	1959-61	伊藤整・家永三郎・小田切秀雄・加藤周一・亀井勝一郎・唐木順三・久野収・清水幾太郎・隅谷三喜男・竹内好・丸山真男編『近代日本思想史講座』全8巻・別巻1,筑摩書房.
668	1959-91	マルクス,エンゲルス『マルクス=エンゲルス全集』全41巻・別巻4・補巻4,大月書店.
668	1961-63	清水幾太郎・日高六郎・南博監修『マス・レジャー叢書』全3巻,紀伊國屋書店.
	1962-66	Alfred Schütz, *Collected Papers,* The Hague, 1962-66; M. Nijhoff(『アルフレット・シュッツ著作集 社会的現実の問題〔Ⅰ〕〔Ⅱ〕』渡辺光・那須寿・西原和久訳,マルジュ社,1983-85).
668	1962-69	『今日の社会心理学』全6巻,培風館.
669	1962-71	柳田國男『定本柳田國男集』全31巻・別巻5,筑摩書房.
672	1963-64	福武直・日高六郎監修『現代社会学講座』全6巻,有斐閣.
	1964	日本科学史学会編『日本科学技術史大系』全25巻,別巻1,第一法規.
672	1965	北川隆吉・芥川集一・田中清助編『講座 現代社会学』全3巻,青木書店.
672	1965-67	橋本憲三編『高群逸枝全集』全10巻,理論社.
	1965-80	升味準之輔『日本政党史論』全7巻,東京大学出版会.
673	1966-71	中野卓・柿崎京一・米地実編『有賀喜左衛門著作集』全11巻,未来社.
673	1968-77	笹森秀雄・富川盛道・藤木三千人・布施鉄治編『鈴木榮太郎著作集』全8巻,未来社.
	1968-84	『フロイト著作集』全11巻,人文書院.
673	1969-73	『ジョルジュ・バタイユ著作集』全15巻,二見書房.
674	1969-81	『ヴァルター・ベンヤミン著作集』全15巻,晶文社.
674	1969-90	日高六郎・岩井弘融・中野卓・濱島朗・田中清助・北川隆吉編『現代社会学大系』全15巻,青木書店.
	1970	石井成一・大野正男・古賀正義・釘沢一郎編『講座 現代の弁護士』全4巻,日本評論社.
674	1970-75	細野武男・堀ühr望・中野清一・野久尾徳美・真田是編『講座 現代の社会学』全4巻,法律文化社.
675	1971-75	岩村忍・入矢義高・岡本清造監修『南方熊楠全集』全10巻・別巻2,平凡社.
675	1972-73	江藤文夫・鶴見俊輔・山本明編『講座・コミュニケーション』全6巻,研究社.
	1972-73	笠原一男編『日本女性史』全7巻,評論社.
675	1972-73	川島武宜編『法社会学講座』全10巻,岩波書店.
	1972-73	島本久恵他『講座 おんな』全6巻,筑摩書房.
675	1972-75	富永健一・塩原勉編『社会学セミナー』全4巻,有斐閣.
677	1972-76	福武直監修『社会学講座』全18巻,東京大学出版会.
	1972-81	渡辺洋三『法社会学研究』全8巻,東京大学出版会.
680	1972-73	北川隆吉・大教典・田口富久治・中野収編『講座 現代日本のマス・コミュニケーション』全5巻,青木書店.
680	1973-74	青山道夫・竹田旦・有地亨・江守五夫・松原治郎編『講座 家族』全8巻,弘文堂.
680	1973-74	内川芳美・岡部慶三・竹内郁郎・辻村明編『講座 現代の社会とコミュニケーション』全5巻,東京大学出版会.
	1973-76	那須宗一・岩井弘融・大橋薫・大藪寿一編『都市病理講座』全4巻,誠信書房.
680	1974-75	『權田保之助著作集』全4巻,文和書房.

26. 講座・叢書・シリーズ・全集・著作集

	1974-77	『武谷三男現代論集』全7巻, 勁草書房.
680	1974-77	堀一郎監修『エリアーデ著作集』全13巻, せりか書房.
681	1975-76	清水義弘監修『現代教育社会学講座』全5巻, 東京大学出版会.
681	1975-76	『福武直著作集』全10巻・別巻1, 東京大学出版会.
681	1975-81	『ジンメル著作集』全12巻, 白水社.
	1975-81	福島正夫編『家族―政策と法』全6巻, 東京大学出版会.
	1976-77	『筑土鈴寛著作集』全5巻, せりか書房.
682	1976-93	『新明正道著作集』全10巻・別巻1, 誠信書房.
682	1977-79	山根常男・森岡清美・本間康平・竹内郁郎・高橋勇悦・天野郁夫編『テキストブック 社会学』全8巻, 有斐閣.
	1977-80	田中正造全集編纂会編『田中正造全集』全19巻+別巻1, 岩波書店.
	1977-81	市川房枝・丸岡秀子・山口美代子他編『日本婦人問題資料集成』全10巻, ドメス出版.
	1978	黒川俊雄他編『講座 現代の婦人労働』全4巻, 労働旬報社.
	1980	金原左門他編『講座現代資本主義国家』全4巻, 大月書店.
	1980	村上陽一郎編『知の革命史』全7巻, 朝倉書店.
	1980-81	河野本道編『アイヌ史資料集』全8巻, 北海道出版企画センター(第2期: 1983-85).
682	1980-81	安田三郎・塩原勉・富永健一・吉田民人編『基礎社会学』全5巻, 東洋経済新報社.
	1981	副田義也編『老年社会学』全3巻, 垣内出版.
683	1981	副田義也編『講座 老年社会学』全3巻, 垣内出版株式会社.
684	1981-82	青地晨・井上靖・梅棹忠夫・扇谷正造・草柳大蔵・永井道雄・三鬼陽之助編『大宅壮一全集』全30巻・別巻1, 蒼洋社.
684	1981-86	仲村優一・佐藤進・小倉襄二・一番ケ瀬康子・三浦文夫編『講座 社会福祉』全10巻, 有斐閣.
	1982	女性史総合研究会編『日本女性史』全5巻, 東京大学出版会.
	1982	山崎俊雄・内田星美・飯田賢一他編『技術の社会史』全6巻別巻1, 有斐閣.
	1983-86	網野善彦他編『日本民俗文化大系』全14巻, 小学館.
	1983-87	林竹二『林竹二著作集』全10巻, 筑摩書房.
	1984	女性学研究会編『講座 女性学』全4巻, 勁草書房.
	1984-85	東京大学社会科学研究所編『福祉国家』全6巻, 東京大学出版会.
	1985	社会福祉調査研究会編『戦前期社会事業史料集成』1-20巻(復刻複製), 日本図書センター.
	1985-86	小林登他編『新しい子ども学』全3巻, 海鳴社.
685	1985-97	上子武次・北川隆吉・斎藤吉雄・作田敬一・鈴木広・高橋徹・十時嚴周企画『リーディングス 日本の社会学』全20巻, 東京大学出版会.
694	1987-88	森博翻訳『サン=シモン著作集』全5巻, 恒星社厚生閣.
	1988	孝本貢編『論集日本仏教史』9巻〔大正・昭和時代〕雄山閣.
	1989	総合社会福祉研究所編『高齢者講座シリーズ1-5』総合社会福祉研究所.
	1989-	阿部détails・大岡信・加賀乙彦・香原志勢・長尾龍一・米本昌平編『叢書 死の文化』(既刊20巻), 弘文堂.
	1990	女性史総合研究会編『日本女性生活史』全5巻, 東京大学出版会.
	1990-	長尾龍一・田中成明他『法哲学叢書』全16巻, 弘文堂.
695	1991-92	上野千鶴子・鶴見俊輔・中井久夫・中村達也・宮田登・山田太一編『シリーズ 変貌する家族』全8巻, 岩波書店.
	1991-92	東京大学社会科学研究所『現代日本社会』全7巻, 東京大学出版会.
695	1992	倉沢進・町村敬志・森岡清志・松本康・金子勇・園部雅久編『都市社会学のフロンティア』全3巻, 日本評論社.
	1993	加藤秀一・坂本佳鶴惠・瀬地山角編『フェミニズム・コレクション』全3巻, 勁草書房.
696	1993	河合隆男監修『戸田貞三著作集』全14巻・別巻1, 大空社.
	1994	一番ケ瀬康子『一番ケ瀬康子社会福祉著作集』全5巻, 労働旬報社.
	1994-95	井上輝子・上野千鶴子・江原由美子編『日本のフェミニズム』全7巻・別冊1巻, 岩波書店.
	1994-95	宇沢弘文『宇沢弘文著作集』全12巻, 岩波書店.

26. 講座・叢書・シリーズ・全集・著作集

1994- 樺山紘一・尾形勇・加藤友康・川北稔・岸本美緒・黒田日出男・佐藤次高・南塚信吾・山本博文編『歴史学事典』全15巻・別巻1，弘文堂．
1995 小原秀雄監修『環境思想の系譜』全3巻，東海大学出版会．
1995 社会福祉調査研究会編『戦前日本社会事業調査資料集成』第1-8巻，勁草書房．
1995 中山茂他編『通史 日本の科学技術』全4巻別巻1，学陽書房．
1995-97 井上俊・上野千鶴子・大澤真幸・見田宗介・吉見俊哉編『岩波講座 現代社会学』全26巻・別巻1，岩波書店．
1995-97 松沢弘陽・植手通有編『丸山眞男集』全16巻・別巻1，岩波書店．
1995- 杉原泰雄・兼子仁他『憲法問題双書』全10巻，弘文堂．
1996-97 栗原彬編『講座 差別の社会学』全4巻（1．差別の社会理論 2．日本社会の差別構造 3．現代世界の差別構造 4．共生の方へ），弘文堂．

索引

和文書名索引
外国語書名索引
和文主題・事項索引
外国語主題・事項索引
和文人名索引
外国語人名索引
執筆者索引

索引 凡例
 1) 全体を和文書名索引,外国語書名索引,和文主題・事項索引,外国語主題・事項索引,和文人名索引,外国語人名索引に分け,和文は50音順,外国語はアルファベット順に配列した。ただし,ロシア文字,ハングルは,Z の後にそれぞれ一括した。
 2) 数字は該当書名・事項・人名の掲載ページ, l, r はページのそれぞれ左欄,右欄を示す。
 3) 項目見出しとして掲載されている箇所は,ボールド体(太字)で記した。
 4) 末尾に執筆者索引を付した。

和文書名索引

ア

- 『アイデンティティ—青年と危機』……………127r
- 『アイデンティティ・ゲーム』……………225l
- 『アイデンティティと共生の哲学』……………475r
- 「愛と解放の胎動」……………588r
- 『アヴァンギャルドの理論』……………491l
- 『アウトサイダーズ』……………523r
- 『青きドナウの乱痴気』……………620l
- 『明るい部屋』……………486l
- 『アサイラム』……………342l
- 『明日の田園都市』……………363l
- 『遊びと人間』……………122l
- 『遊びの社会学』……………232l
- 『与えられた言葉』……………148l
- 『新しい科学的精神』……………470l
- 『新しい権力者達』……………114l
- 『新しい産業国家』……………303r
- 『新しい女性の創造』……………515r
- 『熱い都市 冷たい都市』……………647r
- 『集まりの構造』……………343l
- 『アナーキー・国家・ユートピア』……………459r
- 『アナール』……………500l
- 「「甘え」の構造」……………430r
- 『アメリカ型キリスト教の社会的起源』……………457r
- 『アメリカ大都市の死と生』……………363l
- 『アメリカの民主政治』……………59l, 438l
- 『アメリカ兵』……………93l
- 『ある運命—マルチン・ルター』……………500l
- 『有賀喜左衛門著作集』……………673l
- 『ある革命家の思い出』……………335l
- 『ある幻想の未来』……………25l
- 『アルシーヴの悪』……………428l
- 『アンダマン諸島民』……………110l
- 『アンチ・オイディプス』……………174l, 208r, 296l, 434r
- 『アンティゴネー』……………9l
- 『暗黙知の次元』……………543l

イ

- 『イエ社会と個人主義』……………590l
- 『家・身体・社会』……………368l
- 『家と同族の基礎理論』……………313r
- 『「いき」の構造』……………322l, 352l
- 『生きられた家』……………404r
- 『イギリスにおける労働者階級の状態』……………267l
- 『池袋のアジア系外国人』……………281l
- 『石神問答』……………600l
- 『意識産業』……………268r
- 『意識の直接与件についての試論』……………530l
- 『異人論』……………344r
- 『異人論序説』……………205r
- 『一次元的人間』……………567r
- 『逸脱論の研究』……………534r
- 『一般言語学講義』……………397l, 568r
- 『一般国家学』（イェリネク）……………223r
- 『一般国家学』（ケルゼン）……………337r, 338l
- 『一般システム理論』……………531r
- 『一般社会学体系』……………16r
- 『一般社会学大綱』……………486r
- 『イデオロギーと国家のイデオロギー装置』……………217r
- 『イデオロギーとしての家族制度』……………306l
- 『イデオロギーとしての技術と学問』……………477r
- 『イデオロギーとは何か』……………224l
- 『イデオロギーとユートピア』……………54l, 572l
- 『イデオロギーの終焉』……………528l
- 『イデーン』……………154r
- 『遺伝管理社会』……………614r
- 『田舎と都会』……………243l
- 『いのちの女たちへ』……………413l
- 「衣服の歴史と社会学」……………164l
- 『異文化としての子ども』……………548l
- 『意味とエロス』……………409r
- 『鋳物の町』……………284l
- 『入会の研究』……………291r
- 『イリアス』……………194l
- 『医療人類学入門』……………451l
- 『岩波講座 現代社会学』……………696r
- 『インクルとヤリコの物語』……………490r
- 『インターコース』……………433l
- 『隠喩としての病い』……………399l

ウ

- 『ヴァルター・ベンヤミン著作集』……………674l
- 『ヴィクトリア朝の緋色の研究』……………289r
- 『ウィトゲンシュタインのパラドックス』……………332r
- 『ヴェニスの商人』……………238l
- 『ヴェニスの商人の資本論』……………238l
- 『飢えの構造』……………451r
- 『ウェーバー『経済と社会』の再構成 トルソの頭』……………288r
- 『ウェーバー社会理論の研究』……………339l
- 『ウォークマンの修辞学』……………537l

『浮雲』……340*l*
「うぐいすの里」……304*l*
『宇宙戦争』……318*l*
『うわさ』……167*l*

エ

『永遠回帰の神話』……118*l*, 265*l*
『映画想像のなかの人間』……167*r*
『英国の一般読者』……289*r*
『エイズとその隠喩』……399*l*
『H₂Oと水』……177*l*
『エクリ』……617*r*
『エクリチュールと差異』……428*l*
『エコロジスト宣言』……346*l*
『エスキモー社会』……98*l*
『エスニシティと社会変動』……292*l*
『エスノメソドロジー』……162*l*
『エチカ』……391*l*
『エッセ・クリティック』……485*r*
『江戸から東京へ』……547*r*
『エネルギーと公正』……176*l*
『ABC』……188*l*
『エミール、あるいは教育について』……4*l*, 630*l*
『エリアーデ著作集』……680*r*
『エロス的文明』……112*l*
『エロティシズム』……120*l*
『エロティシズムの歴史』……88*l*, 120*l*
『延喜式』……402*l*
『演劇とその分身』……218*l*
『園林都市』……277*l*

オ

『オイディプス王』……382*l*
『王の二つの身体』……311*l*
『応用社会心理学講座』……666*r*
『大宅壮一全集』……684*l*
『オーガニゼーションズ』……554*r*
『お金と愛情の間』……396*r*
『オカルティズム・魔術・文化流行』……118*l*
『男は文化で,女は自然か?』……286*r*
『大人であること』……127*l*
『オートポイエーシス』……560*l*
『オリエンタリズム』……184*l*, 309*l*
『オリエンタリズムの彼方へ』……309*l*
『オルターナティブ・テクノロジー』……423*l*
『オルレアンのうわさ』……166*l*, 356*l*
『追われゆく労働者』……302*l*
『音楽社会学』……251*l*
『音楽する社会』……277*r*
『女たちの〈銃後〉』……300*r*

『女であることの希望』……609*l*
「女の職業」……588*r*
『女の民俗史』……394*r*
『オンリー・イエスタデイ』……218*l*

カ

『絵画と社会』……512*l*
『快感原則の彼岸』……519*r*
『階級と民族』……213*r*
『海上の道』……603*r*
『開発と農民社会』……388*l*
『快楽の活用』……182*l*
『科学革命の構造』……140*l*, 477*l*, 617*l*
『科学的管理法』……424*r*
『科学的発見の論理』……540*l*
『科学と近代世界』……547*l*
『科学の社会学』……533*r*
『科学の社会史』……493*r*
『科学の社会的機能』……476*r*
『輝く都市』……363*l*, 629*l*
『核家族と子どもの社会化』……473*l*
『学生闘争』……437*l*
『革命祭典』……283*l*
『革命的群衆』……631*l*
『学問・技芸についての論考』……4*l*
『学歴社会新しい文明病』……430*l*
『かくれた次元』……544*l*
『隠れたる神』……347*l*
『家事の社会学』……281*r*
『家事労働に賃金を』……414*l*
『カスティリア語文法』……188*r*
『火星からの侵入』……318*l*
『家族構成』……269*l*, 439*r*
『家族周期論』……596*l*
『家族,私有財産および国家の起源』……268*l*, 597*r*, 615*r*
『家族・性・結婚の社会史』……390*l*
『家族に介入する社会』……445*l*
『家族の政治学』……636*r*
『家族』(パーソンズ & ベールズ)……473*l*
『家族』(正岡寛司)……553*l*
『過疎地帯の文化と狂気』……279*l*
『価値意識の理論』……575*r*
『価値と資本』……490*l*
『価値の社会学』……172*l*
『活字文化の誕生』……338*l*
『悲しき熱帯』……327*r*, 428*l*, 636*r*, 637*l*
『「彼女たち」の連合赤軍』……274*r*
「かのやうに」……310*l*
『かのようにの哲学』……310*l*
『家父長制と資本制』……247*l*
『貨幣の哲学』……19*r*, 30*l*, 39*l*
『貨幣論』……238*l*

『神と仏』……246r
『仮面の解釈学』……352l
『カリガリからヒットラーへ』……326l
『カリガリ博士』……326l
『カリスマの社会学』……245r
『カルチャーシフトと政治変動』……240
『環境・エネルギー・社会』……481l
『環境経済学』……583r
『環境社会学』……222l
『環境破壊と社会的費用』……297r
『環境問題と被害者運動』……221l
『玩具と理性』……127l
『艦獄都市』……277l
『監獄の誕生』……180l, 182l, 184r, 309l, 435l
『監視と処罰』(『監視と刑罰』)……131l, 182l
『ガンディの真理』……127l
『寛容書簡』……644r
『管理社会と民衆理性』……331r
『官僚制の現象』……516l
『官僚制の社会学』……357r
『官僚制の動態』……510l

キ

『消えるヒッチハイカー』……517r
『記憶術』……222l
『記憶のエチカ』……403l
『記憶の社会的枠組』……216l
『機械化の文化史』……314r
『機械の神話』……573l
『機械の花嫁』……552l
『企業中心社会を超えて』……274l
『菊と刀』……84l, 100r, 205l, 525r
『起源の小説と小説の起源』……645l
『技術革新の普及過程』……643l
『技術と文明』……573l
『基礎社会学』……682l
『希望の原理』……521l
『肝っ玉おっ母』……164r
『嬉遊笑覧』……299l
『宮廷社会』……264r
『教育と社会学』……427l
『境界侵犯』……389r
『狂気と家族』……635l, 635r, 636l
『狂気の歴史』……138l, 160l, 182l, 428l
『共産党宣言』……30r, 564r, 567l
『共通感覚論』……450l
『共同幻想論』……600l, 613l
『共同体の基礎理論』……108l
『共同体の史的構造論』……393l
『郷土生活の研究法』……601l
『恐怖の権力』……330r
『玉音放送』……410r

『虚構の時代の果て』……273r
『儀礼としての経済』……606l
『儀礼の過程』……411r
『金枝篇』……518r
『キンゼイ報告』……321r, 594r
『近代・組織・資本主義』……438l, 440r, 605l
『近代欧州経済史序説』……275l
『近代科学と聖俗革命』……591l
『近代家族とフェミニズム』……285l
『近代家族の形成』……381l
『近代家族の成立と終焉』……247r
『近代化の人間的基礎』……275r
『近代株式会社と私有財産』……484l
『近代合理主義の成立』……376r
『近代史における国家理性の理念』……548r
『近代資本主義』……399r
『近代資本主義の起源』……519l
『近代世界システム』……178l
『近代世界と民衆運動』……365r
『近代読者の成立』……549l
『近代都市』……380l
『近代日本思想史講座』……407r, 666r
『近代日本社会と「沖縄人」』……442r
『近代日本人の発想の諸形式』……229r
『近代日本の産業デザイン思想』……292r
『近代日本の心情の歴史』……576l
『近代日本の新聞読者層』……605l
『近代日本の精神構造』……136l
『「近代」の意味』……354l
『近代の超克』……407r
『近代文学と都市』……462r
『金融資本論』……492r
『近隣住区論』……528l

ク

『空間〈機能から様相へ〉』……483l
『空間の経験』……431r
『空間の詩学』……184r, 470r
『空間の生産』……632l
『空間の文化史』……307r
『空想家とシナリオ』……340l
『空想から科学へ』……267r
『苦海浄土』……226r
『供犠』……98l
『愚者の王国異端の都市』……422l
『具体的なものの弁証法』……341l
『グーテンベルクの銀河系』……146l, 194l, 552l
『グラマトロジーについて』……428r
『グラムシ 獄中からの手紙』……328r
『クラリッサ』……224l
『クラリッサの凌辱』……224l
『クリオの顔』……460r

『クレオール主義』……234r
『黒アフリカ社会の研究』……483r
『黒い皮膚・白い仮面』……498l
『群衆心理』……58l, 632r
『君主論』……329l, 550l

ケ

『経営行動』……351l, 351r
『経営者の役割』……351l
『経営と勤労意欲』……640r
『経営と勤労者』……640r
『経済学原理』……553r
『経済学・哲学草稿』……12l, 537l, 631r
『経済学と課税の原理』……623r
『経済学と公共目的』……303r
『経済学と歴史認識』……491r, 492l
『経済学の生誕』……257r
『経済学の理論』……363r
『経済学批判』……106l, 492l, 565l
『経済学批判要綱（草稿）』……15l, 106l, 492l, 537l, 565l, 566l
『経済原論』……259r
『経済進歩の諸条件』……326r
『経済成長の諸段階』……643l
『経済と社会』……48l, 50l, 105r, 248l, 251l, 252l, 288l, 339l, 472l
『経済と文明』……542l
『経済発展の理論』……377r, 378l
『経済表』……337l
『形象と文明』……365l
『形態形成の批判的理論』……531r
『刑罰と社会構造』……180r
『啓蒙の弁証法』……86l, 191l, 544l
『汚穢と禁忌』……406r
『劇場都市』……277l
『ゲットー』……53r, 648r
『ゲノムを読む』……558l
『ゲマインシャフトとゲゼルシャフト』……16l
『ゲームと決定』……620r
『ゲームの理論と経済行動』……502r
『権威主義的パーソナリティ』……96l
『権威と家族』……545l
『権威と家族の研究』……112l
『幻影の時代』……497r
『限界芸術論』……419l
『限界を超えて』……592l
『元型論』……607r
『言語起源論』……428r
『言語ゲームと社会理論』……469r, 475l
『言語行為』……359r
『言語と行為』……282r
『言語と力』……221l
『言語にとって美とはなにか』……613l, 613r

『原始言語における単語の意味の相反性について』……24l
『源氏物語』……229r
『現象学的人間学』……496l
『原子力』……296r
『現代アメリカ知識人論』……402r
『現代化と現代社会の理論』……379l
『現代教済宗教論』……367r
『現代教育社会学講座』……681l
『現代コミュニティ論』……397r
『現代思想』……369r
『現代資本主義国家論』……585l
『現代社会学講座』……672l
『現代社会学大系』……674r
『現代社会学と歴史意識』……230r
『現代社会心理学』……666r
『現代社会の官僚制』……510l
『現代社会の社会意識』……575l, 576l
『現代社会の存立構造』……550l
『現代社会の理論』……550r, 577l
『現代社会批判』……193r
『現代政治の思想と行動』……116l
『現代政治の条件』……555l
『現代都市の権力構造』……206l
『現代日本社会科学史序説』……378r
『現代日本の感覚と思想』……575l
『現代日本の思想対立』……438l
『現代日本の心情と論理』……575l
『現代日本の生活体系』……417r
『現代日本の精神構造』……575l
『現代農村の社会理論』……471r
『現代の君主』……329l
『現代の交換理論』……323r
『権力』……633r
『権力についたマリアンヌ─1880年から1914年における共和国の図像と象徴』……207l
『権力のペンタゴン』……573r
『権力の予冷理論』……582l
『権利論』……432r

コ

『行為者とシステム』……516l
『行為と演技』……128l
『行為と出来事』……422r
『行為の総合理論をめざして』……102l, 104l
『行為の代数学』……272r
『公害原論』……241l
『交換と権力』……510r
『交換のはたらき』……521r
『交換理論と社会学の方法』……323r
『後期資本制社会システム』……285r
『公共性の構造転換』……144l
『攻撃』……647l

『考現学採集〔モデルノロヂオ〕』……350r
『広告の記号論』……244l
『講座・コミュニケーション』……675l
『講座 家族』……680l
『講座 現代社会学』……672r
『講座 現代日本のマス・コミュニケーション』……680l
『講座 現代の社会学』……674r
『講座 現代の社会とコミュニケーション』……680l
『講座 社会学』……663l
『講座 社会福祉』……684r
『講座 老年社会学』……683r
『口述の生活史』……449l
『工場の哲学』……447l
『口承文芸史考』……603l
『構造主義の冒険』……246r
『構造人類学』……637l
『構造と感情』……454r
『構造と力』……208r
『構想力の論理』……574l
『高速文明の地域問題』……508r
『行動の構造』……154l
『合理的な愚か者』……396l
『声と現象』……409r, 429l
『声とまなざし』……437l
『声の文化と文字の文化』……194l
『五月運動またはユートピア的コミューン主義』……436l
『故郷喪失者たち』……465r
『国王か人民か』……533l
『国語史新語篇』……603l
『国際公法の一般理論』……338l
『国体論及び純正社会主義』……37, 329l
『獄中ノート』……328r, 329l
『告白』……388r
『国富論』……6l, 257r
『国文学の発生』……287r
『国民国家と市民的権利』……533l
『国民国家と暴力』……315r
『国民生活の構造』……417l
『国民生活の分析』……417l
『国民生活の理論』……271r
『国民論』……2l
『心の習慣』……527r
『古事記』……613l
『個人主義の運命』……353l
『個人主義論考』……426r
『コスモポリタン』……232r
五世忠八日誌……153l
『古代研究（国文学篇）』……287r
『古代社会』……268l, 597r, 615r
『古代都市』……509r
『古代墳墓の象徴的装archery について』……474r
『古代ユダヤ教』……474r
『国家』……59l, 572r, 619r
『国家・運動・国民』……375r

『国家改造案原理大綱』……313l
『国家と革命』……641r
『国家に抗する社会』……327r
『国家に反抗する地方』……437l
『国境の越え方』……452l
『孤独な群衆』……100l
『孤独な散歩者の夢想』……388r
『異なるレベルの選挙における投票行動の研究』……580r
『ことばが劈かれるとき』……407l
『言葉と権力』→『言語と力』
『ことばと国家』……412r
『言葉と道具』……209l
『言葉と物』……160l, 164r, 309l, 507l
『子どもの精神発達』……650l
『〈子供〉の誕生』……130l
『コピー体験の文化』……448l
『コミュニケーション的行為の理論』……190l
『コミュニケーションの数学的理論』……371l
『コミュニティ』……44l
『コミュニティ・モラールと社会移動の研究』……386r
『雇用・利子および貨幣の一般理論』……336l
『ゴールドコーストとスラム』……53r
『コンヴィヴィアリティのための道具』……176l, 188l
『権田保之助著作集』……680r
『困難な革命』……345r
『今日の社会心理学』……668r
『今日のトーテミスム』……41r, 148l, 637l

サ

『最暗黒之東京』……557r
『サイクロピーディア』……424l
『再生産』……168l
『再生産について』……217r
『差異と反復』……434r
『在日韓国人青年の生活と意識』……503r
『在日韓国・朝鮮人』……503l
『〈在日〉という根拠』……409l
『サイバネティックス』……242l
『細目』……268l
『サウンドの力』……515l
『さかさまの世界』……479l
『サザエさん』……420r
『細雪』……229r
『雑種文化』……298l
『サブカルチャー』……526l
『サブカルチャー神話解体』……582r
『差別の構造』……593r
『差別論ノート』……580l
『士（サムライ）の思想』……590r
『サモアの思春期』……578r
『ザ・ワーク・オブ・ネーションズ』……615l
『参加と距離化』……73r

『産業組合通解』……601*l*
『産業社会における階級および階級闘争』……416*l*
『産業社会の構造』……626*l*
『産業社会の病理』……589*l*, 589*r*
『産業者の教理問答』……361*l*
『産業における官僚制』……333*r*, 510*l*
『産業における労働と権限』……532*r*, 533*l*
『産業文明における人間問題』……591*r*
『三次元の人間—生成の思想を語る』……353*r*
『サン‐シモン著作集』……694*l*
『三酔人経綸問答』……446*r*
『サンチェスの子供たち』……627*r*

シ

『虐げられた者の宗教』……622*l*
『ジェンダー』……177*r*, 188*l*, 236*r*
『ジェンダーと歴史学』……385*l*
『視覚的人間』……482*r*
『自覚の祝祭』……188*l*
『自覚の精神病理』……316*r*
『シカゴ・ソシオロジー　1920-1932』……499*r*
『自我同一性』……126*l*
『自我とエス』……519*r*
『自我の起原』……551*l*
『自我の超越』……132*l*
『自我論』……519*l*
『時間と空間の文化1880-1918年』……307*r*, 308*l*
『時間と自由』……530*l*
『時間と他なるもの』……638*r*
『時間の比較社会学』……192*l*
『時間の文化史』……308*l*
『試験の社会史』……211*r*
『至高性，呪われた部分Ⅲ』……88*l*, 473*r*
『自己創出する生命』……449*r*
『自己組織化』……233*r*
『自己と他者』……635*l*
『自己への配慮』……182*l*
『自殺論』……23*r*, 26*l*, 40*l*, 288*l*, 336*r*
『市場・知識・自由』……461*r*
『市場と劇場』……208*l*
『静かなる革命』……240*l*
『私生活主義批判』……413*r*
『自然法と人間的尊厳』……521*l*
『自然法の基礎』……8*r*
『思想史の方法と対象』……407*r*
『思想の冒険』……419*l*
『時代と農政』……601*l*
『実験室としての都市』……467*l*
『実証哲学講義』……349*l*
『実践感覚』……516*r*
『実践理性批判』……310*l*, 310*r*
『実存から実存者へ』……638*r*

『私的企業と社会的費用』……297*r*
『詩的言語の革命』……330*l*
『史的システムとしての資本主義』……255*r*
『史的唯物論の現代的批判』……315*l*
『自動車絶望工場』……302*l*
『自動車の社会的費用』……257*l*
『児童道徳判断の発達』……487*r*
『児童の精神分析』……324*r*
『死と悲しみの社会学』……345*l*
『死と歴史』……214*r*
『支那革命外史』……313*l*
『死にいたる病』……320*r*
『死にがいの喪失』……231*r*
「死のポルノグラフィー」……345*l*
『〈死〉の民族学』……98*l*
『支配の社会学』……50*l*, 251*l*
『支配の諸類型』……50*l*
『シビル・ミニマムの思想』……556*l*
『自閉症・うつろな砦』……524*l*
『資本主義国家の構造』……513*r*
『資本主義・社会主義・民主主義』……378*l*
『資本主義的生産に先行する諸形態』……566*l*
『資本主義と分裂症』……174*l*
『資本主義の文化的矛盾』……529*r*, 589*l*
『資本主義のレギュラシオン理論』……546*l*
『資本主義発展の理論』……384*l*
『資本制生産に先行する諸形態』……108*l*
『資本論』……14*l*, 30*r*, 106*r*, 156*l*, 238*r*, 259*r*, 302*r*, 341*l*, 384*l*, 416*l*, 434*l*, 491*r*, 492*l*, 495*l*, 550*r*, 565*l*, 566*l*, 567*l*, 628*l*
『資本論の哲学』……495*l*
『資本論を読む』……156*l*
『シミュラークルとシミュレーション』……539*l*
『市民社会と社会主義』……491*r*
『自明性の喪失』……513*l*
『社会科学における場の理論』……640*l*
『社会科学の方法』……276*l*
『社会科学分野の共通言語をめざして』……102*l*
『社会学』（蔵内数太）……325*r*
『社会学』（ジンメル）……38*l*, 383*r*
『社会学および経済学の「価値自由」の意味』……42*l*
『社会学概論』……401*l*
『社会学原理』（高田保馬）……400*r*, 401*l*
『社会学原理』（富永健一）……441*r*
『社會學講義』……369*l*
『社会学講座』……677*r*
『社会学セミナー』……675*l*
『社会学大系』……662*l*
「社会学的基礎」……249*l*
『社会学的機能主義の研究』……357*l*
『社会学的想像力』……586*r*
『社会学的方法の規準』……22*l*, 40*l*, 46*l*, 288*l*
『社会学と人類学』……98*l*
『社会学年報』……98*l*

『社会学の新しい方法基準』	315r
『社会学の基礎概念』	339l
『社会学の基礎理論』	383l
『社会学の現代的課題』	319l
『社会学の原理』	392l
『社会学の根本概念』	48l, 248r
『社会学の根本問題』	31r, 383r
『社会学の再生を求めて』	334l
『社会学の立場』	383l
『社会学のために』	437l
『社会学へのイマージュ』	436r
『社会学への招待』	464r
『社会過程論』	34l
『社会経済学講座』	48l
『社会契約論』	4l, 388r, 629r, 630l
『社会構造』	560r
『社会再組織の科学的基礎』	348l
『社会システム理論』	200l
『社会資本論』	489r
『社会進化論』	255l
『社会心理学』	458r
『社会心理学講座』	662r
『社会人類学の方法』	110l
『社会静学と社会動学』	349l
『社会政策の基本問題』	271r
『社会生物学』	246l
『社会組織論』	34l, 329r
『社会体系』	586r
『社会体系論』	102l, 104l
『社会調査』（戸田貞三）	439l
『社会調査』（福武直）	505l
『社会調査』（ランドバーグ）	622l
『社会調査演習』	599l
『社会調査実験マニュアル』	599l
『社会調査と数量化』	482l
『社会調査ハンドブック』	599l
『社会的葛藤の解決：グループ・ダイナミックス論文集』	640l
『社会的行為の構造』	68l, 103l, 104l, 105r
『社会的世界の意味構成』	62l
『社会的選択と個人的評価』	220l, 396l
『社会と意味』	604l
『社会と我』	34l
『社会にかんする新見解』	270r, 271l
『社会認識と想像力』	339r
『社会の（自己）生産』	436r, 437l
『社会の自然科学』	110l
『社会病理学』	227r, 323l
『社会分化論』	18l, 30l, 38l, 383l
『社会分業論』	20l, 40l
『社会変動の理論』	441l
『社会本質論』	383l
『社会問題の構築』	391l
『社会理論と社会構造』	92l

『社会理論の中心的問題』	315r
『写真小史』	66l, 486l
『写真都市』	230l
『写真論』	398r, 486l
『ジャックローラ』	534r
『シャドウ・ワーク』	177r, 188l
『ジャン＝ジャック・ルソー』	388r
『自由からの逃走』	76l
『19世紀における科学と産業』	477l
『宗教』	39r
『宗教以前』	402l
『宗教学概論』	118l
『宗教社会学』	252l
『宗教社会学論集』	37l, 40l, 49r, 249l
『宗教心理学』	362r
『宗教生活の原初形態』	23r, 40l, 637l
『宗教的経験の諸相』	362r
『宗教と資本主義の興隆』	440r
『集合行為論』	289l
『集合行動の理論』	142l
『集合的記憶』	216l
『囚人のディレンマ』	620r
『従属的蓄積と低開発』	512r
『集団心理学と自我の分析』	24r, 519l
『自由とポリティーク』	403r
『住民運動の論理』	558r
『収斂の終焉』	346r
『十六世紀の無信仰の問題―ラブレーの宗教』	500l
『自由論』	59l, 585l
『儒教と道教』	37r, 249l
『主体性と所有構造の理論』	610l
『シュッツ＝パーソンズ往復書簡集』	69l
『種の起原』	246l, 400l
『主婦の誕生』	282l
『主婦之友』	301r
『主婦の友』	232l
『主婦論争を読む・全資料』	248l
『準拠集団』	364l
『純粋経済学要論』	649l
『純粋法学』	338l
『純粋理性批判』	309r, 310l, 310r
『ショアー』	403l
『商家同族団の研究』	152l
『小集団の社会学』	204l
『少女民俗学』	274r
『小説社会学』	347r
『象徴交換と死』	539l
『象徴と社会』	412l
『情緒論素描』	132l
『少年礼儀作法論』	72l
『消費社会と権力』	258l
『消費社会の神話と構造』	170l, 537l, 538r
『消費の文化』	501l
『情報科学の構想』	609r, 610l

『情報社会と現代日本文化』 ………………………………305*l*
『情報と自己組織性の理論』 …………………………609*l*, 610*l*
『情報様式論』 ……………………………………………536*r*
『剰余価値に関する諸理論』 ……………………14*r*, 565*l*
『昭和期日本の構造』 ……………………………………418*r*
『昭和ナショナリズムの諸相』 …………………418*r*, 469*l*
『職業社会学』 ……………………………………………283*r*
『職業としての学問』 …………………………250*l*, 308*r*
『食卓作法の起源』 ………………………………………638*l*
『続日本紀』 ………………………………………………402*l*
『女権と家』 ………………………………………………588*r*
『諸神流竄記』 ……………………………………………600*r*
『女性解放という思想』 …………………………263*l*, 264*l*
『女性雑誌を解読する』 …………………………………232*r*
『女性と天皇制』 …………………………………………300*l*
『女性とは何か』 …………………………………………377*l*
『書物から読書へ』 ………………………………………372*l*
『書物の近代』 ……………………………………………340*l*
『書物の出現』 ……………………………………………500*r*
『ジョルジュ・バタイユ著作集』 ………………………673*l*
『ジョルダーノ・ブルーノとヘルメス主義の伝統』…222*r*
『シリーズ 変貌する家族』 ……………………………695*l*
『資料ウーマン・リブ史』 ………………………………413*l*
『死を前にした人間』 ……………………………………214*r*
『新エロイーズ』 ……………………………4*l*, 5*r*, 388*r*
『新音楽の哲学』 …………………………………………209*r*
『新幹線公害』 ……………………………………………509*l*
『神曲』 ……………………………………………………628*r*
『人口論』 …………………………………………………568*l*
『人種』 ……………………………………………………84*l*
『真宗教団と「家」制度』 ………………………………595*r*
『新宿のアジア系外国人』 ………………………………281*r*
『親族と婚姻の再考』 ……………………………………624*r*
『親族の基本構造』 ………………94*l*, 148*l*, 613*r*, 637*l*
『身体・自我・社会』 ……………………………………650*r*
『身体の比較社会学』 ……………………………………273*l*
『新中間大衆の時代』 ……………………………………589*r*
『心的現象論』 ……………………………………………613*l*
『神道の成立』 ……………………………………………402*l*
『新版・池袋のアジア系外国人』 ………………………281*r*
『新編明治精神史』 ………………………………………237*r*
『シンボリック相互作用論』 ……………………………517*l*
『親密性の変容』 …………………………………………316*l*
『新明正道著作集』 ………………………………………682*l*
『ジンメル著作集』 ………………………………………681*r*
『新訳経営者の役割』 ……………………………………476*l*
『信用詐欺師』 ……………………………………………208*l*
『心理科学における個人的記録の利用法』 ……………290*l*
『心理学草稿』 ……………………………………………32*l*
『真理と方法』 ……………………………………………295*r*
『人類学再考』 ……………………………………………624*r*
『人類の血族と姻族の諸体系』 …………………………597*r*
『神話作用』 …………………………………………164*l*, 485*l*
『神話論』 …………………………………148*l*, 637*r*, 638*l*

ス

『数理社会学の展開』 ……………………………………260*l*
『須恵村―ある日本の村』 ………………………………85*r*
『須恵村の女たち』 ………………………………………393*l*
『鈴木榮太郎著作集』 ……………………………………673*l*
『スティグマの社会学』 …………………………………150*l*
『ストリート・コーナー・ソサイェティ』…80*l*, 541*r*
『スペクタクルの社会』 …………………………………434*l*
『スポーツ・権力・文化』 ………………………………468*l*
『炭焼長者』 ………………………………………………304*l*
『住むための都市』 ………………………………………621*l*

セ

『性』 ………………………………………………………284*r*
『生活記録の社会学』 ……………………………………511*r*
『生活構造の理論』 ………………………………………204*r*
『生活構造論』 ……………………………………417*l*, 417*r*
『生活史の社会学』 ………………………………………46*l*
『生活世界の社会学』 ……………………………………263*r*
『正義論』 …………………………………………459*r*, 646*l*
『生産者としての作家』 …………………………………66*l*
『政治意識の分析』 ………………………………………319*r*
『政治学』 …………………………………………………215*r*
『政治算術』 ………………………………………………525*l*
『政治神学』 ………………………………………375*l*, 375*r*
『政治人類学』 ……………………………………………483*r*
『政治的なものの概念』 …………………………………375*r*
『政治的ロマン主義』 ……………………………………375*l*
『政治の世界』 (神島二郎) ……………………………136*l*
『政治の世界』 (丸山真男) ……………………………136*l*
『政治の発見』 ……………………………………………403*r*
『政治の論理と市民』 ……………………………………403*r*
『成熟と喪失―「母」の崩壊』 …………………………247*r*
『聖ジュネ』 ………………………………………………360*r*
『政治をするサル』 ………………………………………432*l*
『精神科学序説』 …………………………………………525*l*
『精神現象学』 …………………………8*l*, 12*l*, 120*r*, 341*l*
『精神・自我・社会』 ……………………………………64*l*
『精神世界のゆくえ』 ……………………………………367*r*
『精神と自然』 ……………………………………………522*r*
『精神としての身体』 ……………………………………229*l*
『精神の学としての哲学』 ………………………………334*r*
『精神の生態学』 …………………………………………522*r*
『精神病』 …………………………………………………618*l*
『精神分析入門』 …………………………………………520*r*
『精神分析用語辞典』 ……………………………………617*r*
『精神分裂病』 ……………………………………………587*r*
『生成の社会学をめざして』 ……………………………353*r*
『聖地における福音の伝承的地誌』 ……………………216*r*
『成長の限界』 ……………………417*r*, 481*r*, 592*l*, 643*r*

『性的差異のエチカ』	237*l*
『性的成熟，禁欲，結婚道徳』	616*l*
『青鞜』	588*r*
『性道徳の出現』	615*r*
『生と再生―イニシエーションの宗教的意義』	118*l*
『聖と俗』	118*l*
『性と文化の革命』	616*l*
『制度論の構図』	394*l*
『聖なる時間と空間』	118*l*
『聖なる天蓋』	465*l*
『青年ルター』	126*l*
『生の劇場』	262*l*
『性の署名』	561*r*
『性の政治学』	587*l*
『性の弁証法』	496*r*
『性の歴史』	180*l*, 182*l*
『征服の修辞学』	490*r*
『生物の世界』	234*l*
『西洋と東洋の神話』	474*r*
『西洋の没落』	59*r*, 374*l*
『性欲論三篇』	520*l*
『勢力論』	401*l*
『西暦2000年の地球』	214*l*
『世界劇場』	223*l*
『世界時間』	521*r*
『世界システムと女性』	574*r*
「世界宗教の経済倫理」	49*r*, 249*l*, 250*l*, 251*l*, 252*l*, 288*r*, 533*l*
『世界的規模での蓄積』	213*l*
『「世界都市」東京の構造転換』	555*l*
『世界の一環としての日本』	438*r*
『世界の共同主観的存在構造』	494*r*
『セクシュアリティ』	240*l*
『ゼクト論文』	37*r*
『セクト』	245*l*
『セサミ・ストリート』	559*r*
『世俗都市』	341*l*
『世俗都市の宗教』	341*l*
『石器時代の経済学』	358*r*
『説得のビジネス』	540*r*
『善悪の彼岸』	456*r*, 457*l*
『一九八四年』	270*l*
『先験的観念論の体系』	8*l*
『戦後政治の歴史と思想』	555*r*
『戦後日本の大衆文化史1945〜1980年』	420*l*, 420*r*
『戦後日本の農村調査』	506*l*
『戦後日本の労働調査』	506*l*
「戦後派」の研究』	421*l*
『前産業型都市』	379*l*
『戦史』	2*l*
『戦時期日本の精神史1931〜1945年』	420*l*
『戦時社会政策論』	271*r*
『先進社会の階級構造』	315*l*
『戦前・「家」の思想』	301*r*
『戦前日本の社会事業調査』	370*r*
『戦争論』	325*l*
『先祖の話』	602*r*
『全体主義の起原』	219*l*
『全体性と無限』	638*r*, 639*l*
『善の研究』	453*l*
『千のプラトー』	296*l*, 434*r*, 435*l*

ソ

『綜合社会学の構想』	383*l*
『相互扶助論』	335*l*
『創造的進化』	530*l*, 530*r*
『想像の共同体』	198*l*
『想像力』	132*l*
『想像力の問題』	132*l*
『贈与論』	88*r*, 98*l*, 358*r*, 562*r*
『続精神分析入門』	519*r*
『ソシオロジカ』	211*l*
『組織と運動の理論』	364*r*
『組織と管理の基礎理論』	351*r*
『組織の社会学的分析』	262*r*
『組織の条件適応理論』	646*r*
『組織の戦略分析』	516*l*
『組織のなかの人間』	546*r*
『ソシュールの思想』	568*r*
『ソフト・エネルギー・パス』	645*l*
『ソフトな都市』	621*l*
『存在するとは別の仕方で あるいは存在することの彼方へ』	639*l*
『存在と意味』	494*r*, 495*r*
『存在と時間』	463*l*, 649*l*
『存在と無』	132*l*, 134*l*, 360*l*, 360*r*

タ

『大恐慌の子どもたち』	266*l*
『第三の性』	596*r*
『大衆運動』	538*l*
『大衆社会の政治』	350*l*
『大衆説得』	561*l*
『大衆の国民化』	595*l*
『大衆の国家』	641*l*
『大衆の反逆』	58*l*
『大嘗祭の本義』	287*l*
『大正文化』	579*r*
『大転換』	82*l*, 542*r*
『大都市の再生』	280*l*
『第二の性』	90*l*, 587*l*, 596*r*
『タイプ論』	607*l*
『太陽と天空神』	118*l*
『太陽の季節』	314*l*

和文書名索引　タ－ト

『太陽のない街』......340*l*
『太陽の都』......621*l*
『高群逸枝全集』......**672***r*
『多国籍企業としての文化』......559*l*
『他者の記号学』......**440***l*
『他者の知覚』......163*r*
『たそがれ時に見つけたもの』......**274***r*
『脱学校の社会』......176*l*, 188*l*, **235***r*, 236*l*
『脱工業化の社会』......**436***l*
『脱工業社会の到来』......529*l*
『脱産業社会の到来』......**436***l*
『脱病院化の社会』......176*l*, 188*l*, 236*l*
『タテ社会の人間関係』......**448***l*
『建てること、住むこと、生きること』......404*r*
『タナキィル伝承』......474*r*
『タブー』......110*l*
『男性と女性』......**579***l*

チ

『チェコ人とスロヴァキア人の民衆演劇』......536*l*
『知覚の現象学』......154*l*, **592***r*
『地球環境報告』......226*l*
『地球生命圏』......**616***r*
『地球白書』......511*l*
『乳を与える女』......390*r*
『地に呪われたる者』......498*l*
『知能の心理学』......**488***l*
『知の考古学』......161*l*, 507*l*
『知への意志』......182*l*
『中央公論』......298*r*
『中国の科学と文明』......**454***r*
『中世都市』......493*l*
『中世の秋』......70*l*
『朝鮮人強制連行の記録』......467*r*
『町内会と地域集団』......327*l*
『町内会の研究』......239*l*
『挑発としての文学史』......**598***r*
『ちょっと見るだけ』......243*r*, **535***l*
『沈黙の春』......226*r*, 295*l*
『沈黙の螺旋理論』......459*l*

ツ

『ツァラトゥストラ』......**456***l*, 456*r*
『つきあい方の科学』......**207***r*
『創られた伝統』......306*r*, **541***l*

テ

『出会い』......343*l*

『帝国主義と文化』......185*r*
『帝国主義論』......492*r*
『ディスタンクシオン』......**186***l*
『TVAとグラス・ルーツ』......510*l*
『定本柳田國男集』......**669***l*
『テキストブック　社会学』......**682***l*
『テクストのぶどう畑で』......188*l*
『哲学探究』......241*r*, 332*r*, 469*l*
『哲学の社会的機能』......**545***l*
『哲学の貧困』......564*r*
『鉄道旅行の歴史』......**361***r*, 362*l*
『デマの心理学』......**291***l*, 368*r*
『デュルケム社会理論の研究』......**581***l*
『デュルケームとウェーバー』......288*l*
『テレビCMを読み解く』......**259***l*
『テレビジョンカルチャー』......498*r*
『天皇制国家と政治思想』......559*l*
『天皇制国家の支配原理』......**507***l*
『天皇の肖像』......**405***l*
『テンペスト』......490*r*

ト

『ドイツ・イデオロギー』......13*r*, 54*r*, 302*r*, 537*r*, 566*r*
『ドイツ人論』......73*r*
『ドイツ悲劇の根源』......197*l*, **534***l*
『動機の文法』......**466***r*
『東京市京橋区月島に於ける実地調査報告第一輯』......445*r*
『東京の空間人類学』......**382***r*
『道具的理性批判』......545*l*
『東京庶民生活史研究』......278*l*
『道化とその錫杖』......**604***l*
『道化の民俗学』......**604***r*
『桃源の夢想』......277*l*
『洞察と責任』......127*r*
『同族組織と婚姻及び葬送の儀礼』......78*l*
『同族組織と村落生活』......**269***l*
『統治するのはだれか』......**414***r*
『統治論―第二篇』......**644***r*
『道徳感情論』......6*l*, **392***r*
『道徳教育論』......**427***r*
『道徳と宗教の二源泉』......**530***r*
『道徳と習俗の科学』......639*l*
『道徳と立法の諸原理序説』......**532***l*
『道徳の系譜』......457*l*
『東洋文化講座』......407*r*
『遠野物語』......258*r*, **600***l*, 600*r*, 613*l*
『遠野物語拾遺』......600*l*
『徳川イデオロギー』......286*r*
『徳川時代の宗教』......104*r*, 286*r*, **527***l*
『独裁』......375*l*
『読書空間の近代』......**355***l*
『読書と読者』......371*r*

830――社会学文献事典

「土佐源氏」	584*l*
『都市』	52*l*, 379*r*
『都市・階級・権力』	294*l*
『都市革命』	632*l*
『都市化の研究』	386*r*
『都市化の社会学』	387*l*
『都市空間のなかの文学』	549*l*
『都市計画の考え方』	629*l*
『都市コミュニティの社会学』	450*l*
『都市コミュニティの理論』	279*r*, 280*l*
『都市社会学』（磯村英一）	227*l*, 323*l*
『都市社会学』（ビックヴァンス）	489*r*
『都市社会学原理』	385*r*
『都市社会学の基本問題』	610*r*
『都市社会学の源流』	206*r*
『都市社会学のフロンティア』	695*r*
『都市社会学のアウトサイダー』	366*r*
『都市社会の人間生態学』	543*r*
『都市祝祭の社会学』	557*l*
『都市政策と市民生活』	453*r*
『都市的世界』	386*r*
『都市とグラスルーツ』	294*l*
『都市と社会的不平等』	464*l*
『都市と社会紛争』	588*l*
『都市と地域の文脈を求めて』	280*l*, 280*r*
『都市と農村』	601*l*
『都市のイメージ』	626*r*
『都市のドラマトゥルギー』	611*l*, 612*l*
『都市の下人』	429*r*
『都市の文化』	573*l*
『都市の憂鬱』	442*l*
『都市の理論のために』	294*l*
『都市の類型学』	251*r*
『都市への権利』	632*l*
『都市問題』	293*r*, 294*l*, 489*r*
『ドストエフスキーの詩学』	480*l*
『ドストエフスキーの創作の諸問題』	480*l*
『戸田貞三著作集』	696*l*
『トーテムとタブー』	24*l*
『ドナルド・ダックを読む』	444*r*
『灯の女・闇の女』	323*l*
『ドン・キホーテ』	645*r*
『どん底の人達』	323*l*

ナ

『ナヴェン』	522*l*
『ナショナリズム』	468*r*
『なぜ世界の半分が飢えるのか』	380*r*
『ナポリ』	196*r*
『生のものと火にかけたもの』	638*l*
『ナルシシズム入門』	519*r*
『何のための豊かさ』	624*l*

『南部二戸郡石神村に於ける大家族制度と名子制度』	78*l*

ニ

『においの歴史』	348*l*
『逃げる民』	302*l*
『ニコマコス倫理学』	215*r*
『二次元的人間』	340*r*
『西太平洋の遠洋航海者』	562*r*, 564*l*
『二十世紀の社会学』	665*r*
『日常生活批判―日常性の社会学の基礎』	631*r*
『日常生活批判序説』	631*r*
『日常性の構造』	521*r*
『日常世界の構成』	158*l*
『日常的実践のポイエティーク』	395*r*
『日系女性立川サエの生活史』	449*l*
『日誌』（コロンブスの）	490*r*
『日本イデオロギー論』	438*r*
『日本開化小史』	406*l*
『日本改造法案大綱』	313*l*
『日本家族制度と小作制度』	78*l*, 269*l*
『日本近代化の思想』	301*l*
『日本近代文学の起源』	303*l*
『日本／権力構造の謎』	256*r*
『日本資本主義発達史』	461*l*
『日本社会の家族的構成』	305*r*
『日本人の意識』	458*l*
『日本人の行動パターン』	84*l*
『日本人の国民性』	433*r*
『日本人論に関する12章』	384*r*
『日本政治思想史研究』	286*r*, 569*l*
『日本村落の社会構造』	505*r*
『日本という身体』	298*l*
『日本における近代化の問題』	372*r*
『日本における近代国家の成立』	460*r*
『日本における兵士と農民』	460*r*
『日本の意識』	393*l*
『日本農村社会学原理』	74*l*
『日本農村社会の構造と論理』	367*l*
『日本農村の社会的性格』	504*r*
『日本之下層社会』	228*l*, 608*l*
『日本の近代化と民衆思想』	599*r*
『日本の思想』	104*r*, 570*l*
『日本の自治・分権』	556*r*
『日本の新中間階級』	254*r*
『日本の政治』	320*l*
『日本の政治文化』	225*r*
『日本の都市下層』	447*r*
『日本のナショナリズム』	570*r*
『日本の百年』	421*l*
『日本のフェミニズム』	413*l*
『日本婦人問題資料集成』	301*r*
『日本文化私観』	452*l*

『日本文化の根底に潜むもの』……314*l*
『「日本文化論」の変容』……205*l*
『「日本らしさ」の再発見』……481*l*
『ニュー・アトランティス』……523*l*
『ニュー・レフト・レヴュー』……618*r*
『人間女性における性行動』……321*r*
『人間精神進歩の歴史』……349*r*
『人間性の心理学』……554*l*
『人間的、あまりに人間的』……456*r*
『人間的自然と社会構造—文化社会学序説』……413*r*
『人間と死』……167*r*
『人間に於ける男性の性行為』……321*l*
『人間について』……336*l*
『人間の経済』……542*r*
『人間の条件』……219*l*
『人間の由来』……304*r*, 335*l*
『人間復興の経済』……374*r*
『人間不平等起原論』……4*l*, 228*r*, 388*r*, 629*l*
『人間モーセと一神教』……24*r*

ヌ

『ヌアー族』……261*l*
『ヌアー族の宗教』……261*r*
『ヌアー族の親族と結婚』……261*r*
『ヌガラ』……312*l*

ネ

『猫の大虐殺』……416*l*
『ネットワーク組織論』……233*l*
『根をもつこと』……252*r*

ノ

『ノイズ』……209*l*
『農村社会の研究』……78*l*, 269*l*
『後狩詞記』……600*l*
『ノーマリゼーション』……256*l*
『呪われた部分 Ⅰ消尽』……88*l*, 120*l*
『ノンノ』……232*r*

ハ

『ハイ・イメージ論』……614*l*
『媒介—受容—機能』……491*l*
『排除の構造』……235*l*
『ハイディング・イン・ザ・ライト』……526*l*
『ハイト・レポート』……463*r*, 594*r*
『ハイドン』……183*r*

『破戒』……340*l*
『破壊的性格』……66*l*
『幕末・明治期の国民国家形成と文化変容』……452*r*
『博覧会の政治学』……611*r*
『パサージュ論』……66*l*, 196*l*
『恥の文化再考』……173*r*, 352*l*
『始まり』……645*l*
『はじめての構造主義』……246*r*
『場所の現象学』……642*l*
『パーソナル・インフルエンス』……297*l*
『裸のひと』……638*l*
『蜂の寓話』……571*l*
『発生史学』……454*l*
『バナナと日本人』……421*l*
『ハマータウンの野郎ども』……244*r*, 526*l*
『パリ—十九世紀の首都』……196*l*
『パワー・エリート』……114*l*, 585*l*, 586*r*
『晩期資本主義における正統化の諸問題』……478*l*
『反原子力という予言』……437*l*
『反古典の政治経済学』……590*l*
『パンセ』……347*l*, 471*l*
『反精神医学』……324*l*
『判断力批判』……310*r*, 446*l*
『反デューリング論』……267*r*
『反美学』……501*l*

ヒ

『被害者なき犯罪』……370*l*
『美学的空間』……446*l*
『比較文明社会論』……373*l*
『干潟幻想』……277*l*
『ひき裂かれた自己』……634*r*, 635*l*
『ピグウ厚生経済学』……489*l*
『悲劇の死』……387*r*
『悲劇の誕生』……455*r*, 525*r*
『ヒステリー研究』……24*l*
『否定弁証法』……210*l*, 210*r*
『一つの日本文化論』……216*r*
『人と人との間』……317*l*
『批判と知識の成長』……617*l*
『批判理論』……545*l*
『批判理論と社会システム理論』……478*r*
『ピープルズ・チョイス』……619*l*
『百科全書』……424*l*
『ヒューマン・グループ』……541*l*
『病理集団の構造』……239*l*
『憑霊信仰論』……344*l*, 344*r*
『被抑圧者の教育学』……518*l*
『開かれた作品』……371*l*
『開かれた社会とその敵』……540*l*
『貧困の文化』……627*l*
『ヒンドゥー教と仏教』……37*r*, 249*r*

『貧乏研究』……642r

フ

『風景の生産・風景の解放』……355r
『風俗研究』……484r
『風土』……649l
『フェミニズムと権力作用』……264l
『フェミニズムの困難』……608r, 609l
『フォークウェイズ』……358l
『不気味なもの』……25l
『不均等発展』……213l
『福祉国家と市民社会』……408r
『福祉国家の危機』……269r
『福祉国家の理想と現実』……423r
『福祉国家を越えて』……584r
『複製技術時代の芸術作品』……66l, 411l
『複製芸術論』……411l
『福武直著作集』……681l
『フーコー』……435l
『父子家庭を生きる』……293l
『武士の娘』……84r
『婦人論』……526r
『舞台の上の権力』……483r
『仏教土着』……402l
『仏教の言説戦略』……469r
『物質と記憶』……530l
『物質文明・経済・資本主義／15-18世紀』……521r
『不適応少女』……46l
『ブラジルへの郷愁』……636r
『ブラス・ラブ』……474l
『プラトン序説』……194l
『フランス・シュルレアリスム』……491l
『フランス革命と芸術』……389l
『フランス革命についての省察』……59l
『フランス革命の政治文化』……487l
『フランス共和国の肖像』……207l
『フランス近代民衆の〈個と共同性〉』……317r
『フランスの内乱』……565r
『フランソワ・ラブレーの作品と中世・ルネッサンスの民衆文化』……480l
『ブリスメン』……210l
『不良児』……323l
『ブルジョワ・ユートピア』……499l
『〈ふるまい〉の詩学』……352l
『浮浪者と売笑婦の研究』……322r
『プロテスタンティズムと資本主義』……440l
『プロテスタンティズムの教派と資本主義の精神』……37r
『プロテスタンティズムの倫理と資本主義の精神』……36l, 69l, 275r, 288l, 519l
『ブロデメ村の変貌』……167r
『フローベール論』……135l
『文学空間』……514l

『文学形式の哲学』……466l
『文学とは何か』……135r
『文学に現はれたる我が国民思想の研究』……418l
『文化精神医学入門』……278r
『文化帝国主義』……443l
『文化的再生産の社会学』……581r
『文化闘争のなかの性』……616l
『文化とコミュニケーション』……625l
『文化としての他者』……390r
『文化と社会』……242r
『文化と帝国主義』……243l
『文化の解釈学』……311r, 312r
『文化の型』……525r
『文化の哲学』……39l
『文化の中の居心地悪さ』……25l
『文化のフェティシズム』……569l
『文化の読み方／書き方』……85r
『文化の理論のために』……408l
『文化論』……24l
『分業論』……438l
『分子革命』……296l
『ブンブンうなる蜂の巣』……571l
『文明開化』……588r
『文明化の過程』……72l
『文明としてのイエ社会』……589r, 590l
『文明の生態史観』……260r
『文明論之概略』……504l
『分類の未開形態』……98l

ヘ

『平民新聞』……272l
『平和のための原子』……296r
『ベヴァリジ報告社会保険および関連サービス』……522r
『ヘーゲルの存在論と歴史性理論の基礎』……112l
『ベルリン』……196r
『伯林大都会交響楽』……326l
『変革における人間と社会』……572l
『偏見の心理』……290r
『弁証法的理性批判』……132l, 134l, 148l
『便所からの解放』……413l
『変身』……614l
『ヘンゼルとグレーテル』……524r
『変貌期のミドゥルタウン』……56l
『変貌する産業社会』（アロン）……220r
『変貌する産業社会』（ドラッカー）……443r

ホ

『ボヴァリー夫人』……134r, 598l
『法学講義』……6l
『法学的国家概念と社会学的国家概念』……337r

和文書名索引　ホーム

『方言覚書』……603l
『封建的世界像から市民的世界像へ』……545r
『法社会学』(ギュルヴィッチ)……318r
『法社会学』(ルーマン)……469r, 633l
『法社会学講座』……675r
『法社会学の基礎理論』……266r
『豊饒と再生』……118l
『暴走族のエスノグラフィー』……354l
『法哲学要綱』……10l
『法と国家の一般理論』……338l
『法と立法と自由』……462l
『法の概念』……469r, 475l
『法の基礎』……2l
『法の精神』……598r
『方法序説』……425r
『方法の問題』……134l
『方法への挑戦』……497l
『法律的論理』……266r
『暴力と聖なるもの』……382l
『暴力のオントロギー』……235l
『暴力論』……398l
ポカホンタス物語……490r
『木思石語』……603l
『母権論』……474r
『ポスト・マルクス主義と政治』……618r
『ポスト・モダンの条件』……501l, 623l
『ボディ・サイレント』……451l
『ホボ』……53r
『ホモ・エクアリス(平等的人間)Ⅰ』……426r
『ホモ・エクアリスⅡ』……426r
『ホモ・ヒエラルキクス(階層的人間)』……426r
『ホモ・ルーデンス』……70l, 122l
『ポーランド農民』→『生活史の社会学』
『ポリアーキー』……415r
『ホワイト・カラー』……114l, 586l
『凡庸な芸術家の肖像』……472l

マ

『マーガレット・ミードとサモア』……578r
『マグリットと広告』……644l
『マス・コミュニケーション講座』……662r
『マス・レジャー叢書』……668r
『マス・イメージ論』……614r
『マスコミの受容理論』……356r
『マス・コミュニケーション』……376l
『マス・コミュニケーションの効果』……328l
『マス・コミュニケーションの理論』……551r
『マスターズ報告』……594r
『マスメディア時代のアート』……254l
『マックス・ウェーバー』……533l
『マックス・ウェーバー基礎研究序説』……288r
『マックス・ウェーバーと近代』……308r

『マックス・ヴェーバー入門』……605l
『祭りと叛乱』……531l
『繭の中のユートピア』……212l
『マラルメ論』……135r
『マルクス＝エンゲルス全集』……668l
『マルクス社会理論の研究』……537r
『マルクス主義と言語哲学』……479r
『マルクス主義の地平』……494l
『マルクス主義フェミニズムの挑戦』……335r
『マルクスその可能性の中心』……302r
『マルクスの経済学』……597l
『マルクスのために』……156l, 217l
『マンスリー・レヴュー』……384l

ミ

『見えない宗教』……630r
『見えるものと見えないもの』……155r, 593l
『未開社会における構造と機能』……110l
『未開社会における性と抑圧』……563r
『未開社会における犯罪と慣習』……563r
『未開社会の思惟』……314l, 639r
『未開人の性生活』……564l, 615r
『ミケランジェロのモーゼ像』……25r
『巫女の民俗学』……307l
『ミシュレ』……164l
『水と人の環境史』……444l
『見世物からテレビへ』……299l
『蜜から灰へ』……638l
『三つの社会における性と性格』……579l
『ミドゥルタウン』……56l
『南方熊楠全集』……675l
『水俣の啓示』……419l
『身ぶりと言葉』……634l
『未来の都市への挑戦』……228l
『ミル・プラトー』……174l
『ミロク信仰の研究』……583l
『民間伝承論』……601l
『民衆演劇の機能と構造』……536l
『民衆本の世界』……571r
『民主主義理論の基礎』……415l
『民主制の本質と価値』……337r
『民族心理学』……261l
『民謡覚書』……603l

ム

『無縁・公界・楽』……212r
『昔話覚書』……603l
『昔話と日本人の心』……304l
『昔話の深層』……304l
『昔話の魔力』……524r

メ

「明治国家の思想」 …………………………………136*l*
『明治事物起原』 …………………………………299*r*
『明治女性史』 …………………………………588*r*
『明治精神史』 …………………………………237*r*
『明治大正史世相篇』 …………………………………60*l*
『明治東京下層生活誌』 …………………………………447*r*
『明治の文化』 …………………………………237*r*
『明治文化全集』 …………………………………652*l*
『明治メディア考』 …………………………………299*r*
『名誉の起源』 …………………………………571*l*
『メガロポリス』 …………………………………342*l*
『メガロポリスを超えて』 …………………………………342*l*
『メディア時代の文化社会学』 …………………………………612*l*
『メディアとしての電話』 …………………………………612*r*
『メディア論』 …………………………………147*r*, 552*r*
『眼と精神』 …………………………………154*l*
『眼の隠喩』 …………………………………404*l*

モ

『モア・リポート』 …………………………………594*r*
『文字テクスト入門』 …………………………………549*l*
『モスクワ』 …………………………………196*r*
『モダニティーの諸帰結』 …………………………………316*l*
『モダン・ユートピア』 …………………………………572*r*
『モダンデザインの展開』 …………………………………502*l*
『モデルノロヂオ(考現学)』 …………………………………350*l*
『モードの体系』 …………………………………164*l*
『モードの迷宮』 …………………………………648*l*
『物語の歌い手』 …………………………………194*l*
『喪の途上にて』 …………………………………460*l*
『「もの」の詩学』 …………………………………405*l*
『物の体系』 …………………………………537*l*, 538*r*
『木綿以前の事』 …………………………………602*l*
『モラヴィア・スロヴァキアの民俗衣裳の機能』 …………………………………536*l*
『モンタイユー村』 …………………………………131*r*

ヤ

『やきもち焼きの土器つくり』 …………………………………638*l*
『やさしさの存在証明』 …………………………………331*l*
『やさしさの闘い』 …………………………………331*l*
『やさしさのゆくえ=現代青年論』 …………………………………331*l*
『野生チンパンジー観察記』 …………………………………432*l*
『野生の思考』 …………………………………41*r*, 148*l*, 637*l*
『柳田国男と事件の記録』 …………………………………258*r*, 600*r*

『ヤヌス』 …………………………………426*l*
『山の人生』 …………………………………258*r*, 600*r*
『闇をひらく光』 …………………………………362*l*

ユ

『唯物史観と現代の意識』 …………………………………574*l*
『有閑階級の理論』 …………………………………28*l*
『夕鶴』 …………………………………304*l*
『遊蕩都市』 …………………………………277*l*
『豊かさの精神病理』 …………………………………276*r*
『ゆたかな社会』 …………………………………124*l*, 303*r*
『ユートピア』 …………………………………562*l*, 594*l*
『ユートピア的なもの』 …………………………………562*l*
『ユートピアと文明』 …………………………………621*r*
『ユートピアの系譜』 …………………………………572*r*
『ユートピアの精神』 …………………………………521*l*
『夢の消費革命』 …………………………………243*r*
『夢判断』 …………………………………24*l*, 32*l*, 519*l*

ヨ

『幼児期と社会』 …………………………………126*l*, 265*r*
『陽水の快楽』 …………………………………410*l*
『欲望と消費』 …………………………………606*r*
『欲望のオブジェ』 …………………………………502*l*
『欲望の現象学』 …………………………………381*r*
『ヨブ記』 …………………………………2*l*
『よみうり婦人附録』 …………………………………301*r*
『読み書き能力の効用』 …………………………………535*r*
『ヨーロッパ家族社会史』 …………………………………578*l*
『ヨーロッパ諸学の危機と超越論的現象学』 …………………………………508*l*
『世論』 …………………………………625*r*
『世論と群集』 …………………………………58*l*, 415*l*
『四運動の理論』 …………………………………514*l*

ラ

『ラスベガス』 …………………………………253*r*
『ラディカル・フェミニズム再興』 …………………………………264*l*
『ラナーク州への報告』 …………………………………270*r*, 271*l*
『ラブレーとその世界』 …………………………………604*r*
『ラムス、方法および対話の衰退』 …………………………………194*l*
『ラモーの甥』 …………………………………9*l*

リ

『リヴァイアサン』 …………………………………2*l*, 8*r*, 68*l*
『理解社会学のカテゴリー』 …………………………………48*l*, 248*l*
『利己的な遺伝子』 …………………………………437*r*

『理性と革命―ヘーゲルと社会理論の興隆』……………112*l*
『理性の腐蝕』……………………………………………**544***r*
『リーディングス　日本の社会学』……………………**685***l*
『離島トカラに生きた男』………………………………449*l*
『流言と社会』……………………………………………366*r*
『流言の研究』……………………………………………368*r*
『流言蜚語』（佐藤健二）………………………………**356***l*
『流言蜚語』（清水幾太郎）……………………………**368***r*
『理論と方法』……………………………………………260*l*
『臨床医学の誕生』…………………………160*l*, 506*r*
『倫理学』…………………………………………………649*l*

ⓛ

『ルイ・ボナパルトのブリュメール十八日』………302*r*, 564*r*
『ルネサンスの自己成型』………………………………**333***l*

ⓛ

『霊長類社会の進化』……………………………………228*r*
『零度のエクリチュール』………………………485*l*, 485*r*
『黎明期の日本労働運動』………………………………272*l*
『歴史主義の貧困』………………………………………540*l*
『歴史人類学の家族研究』………………………………**577***r*
『歴史哲学』………………………………………………574*l*
『歴史とアイデンティティ』……………………………**332***l*
『歴史と階級意識』………………………………55*r*, 628*l*
『歴史における科学』……………………………………**477***l*
『歴史のエクリチュール』………………………………395*r*
『歴史の概念について』…………………………………197*l*
『歴史の研究』……………………………………………**431***l*
『歴史の島々』……………………………………………359*l*
『歴史のための闘い』……………………………………**500***l*
『歴史の都市，明日の都市』……………………………573*l*
『歴史のモラル』…………………………………………440*l*
『歴史の理論と歴史』……………………………………**334***r*
『レギュラシオン理論』…………………………………**546***l*
『恋愛と贅沢と資本主義』………………………………399*r*
『煉獄の誕生』……………………………………………**628***l*
『連帯』……………………………………………………437*l*

ⓛ

『労使関係の社会学』……………………………………**231***l*
『労働階級と危険な階級』………………………………**373***r*
『労働と人生についての省察』…………………………**253***l*
『老年期』…………………………………………………127*r*
『浪費の政治学―商品としてのスタイル』……………606*r*
『労務管理の日本的特質と変遷』………………………**556***r*
『ローカル・ノレッジ』…………………………………312*l*
『ロビンソン・クルーソー』………………………490*r*, 645*r*
『ロラン・バルト伝』……………………………………164*l*
『ロンドンの見世物』……………………………………289*r*
『論理学』…………………………………………………309*l*
『論理哲学論考』……………………………241*r*, 332*r*, 469*r*

ⓛ

『わが闘争』………………………………………………595*l*
『若者と娘の民俗』………………………………………**394***r*
『忘れられた日本人』……………………………………**584***l*
『我ら共有の未来』………………………………………214*l*
『われらを囲む海』………………………………………295*l*
『われわれ自身のなかのヒトラー』……………………**488***r*

外国語書名索引

A

Abundance For What?: And Other Essays ············624*l*
A Comparative Analysis of Complex Organizations ···262*r*
A Critique of the Ruling Elite Model ···············414*r*
Administrative Behavior ··································351*l*
Against Method: outline of anarchistic theory of knowledge ···497*l*
A Grammar of Motives ································466*r*
Allgemeine Staatslehre ·······················223*r*, 338*l*
Also sprach Zarathustra. Ein Buch für Alle und Keinen ···456*l*
Alternative Technology and the Politics of Technical Change ···423*l*
Anarchy, State, and Utopia ···························459*r*
Ancient Society, or Researches in the Lines of Human Progress from Savagery through Barbarism to Civilization ···597*l*
An Essay on the Principle of Population ···········568*l*
A New Veiw of Society: or, Essays on the Principle of the Formation of the Human Character ············270*r*
An Inquiry into the Nature and Causes of the Wealth of Nations ···7*r*
An Introduction to the Principles of Morals and Legislation ···532*l*
Annales historique de la Révolution Française ······631*l*
Anthology of The Works ·······························285*r*
Anthropologie structurale ·····························637*l*
A Preface to Democratic Theory ····················415*l*
Argonauts of the Western Pacific ····················562*r*
Art de faire ···395*r*
Art in the Age of Mass Media ························254*l*
A Study of History ······································431*l*
Asylums: Essays on the Social Situation of Mental Patients and Other Inmates ··························342*r*
A Theory of Justice ····································646*l*
Ausgewählte Vorträge und Aufsätze ···············496*l*
Autopoiesis and Cognition ····························560*l*
Autrement qu'être ou au-delà de l'essence ·········639*l*

B

Behavior in Public Places: Notes on the Social Organization of Gatherings ··························343*r*
Between Money and Love: The Dialectics of Women's Home and Market Work ····························396*r*

Beyond the Welfare State ·····························584*l*
Bourgeois Utopias: The Rise and Fall of Suburbia ······499*l*
Bruits:Essai sur l'économie politique de la musique ······209*l*
Bureaucracy in Modern Society ······················510*l*

C

Capitalism, Socialism, and Democracy ···············378*l*
Catéchisme des Industriels ····························361*l*
Ceci n'est pas un Magritte: essai sur Magritte et la publicité ···644*l*
Changing Japanese Attitudes Toward Modernization ····372*r*
Channels of Desire ·····································606*r*
Chicago Sociology 1920-1932 ·······················499*l*
Childhood and Society ·································265*r*
Children of the Great Depression: Social Change in Life Experience ······································266*l*
Chimpanzee Politics: Power and Sex among Apes ······432*l*
Choice, Welfare and Measurement ··················396*l*
City, Class and Power ·································294*l*
City Life in Japan: A Study of a Tokyo Ward ·········429*r*
Civilisation matérielle, économie et capitalisme, XVe-XVIIIe siècle ····································521*r*
Clan, Caste, and Club ·································373*l*
Class and Class Conflict in Industrial Society ············416*l*
Classe et nation dans l'histoire et la crise contemporaine ··213*r*
Classes laborieuses et classes dangereuses à Paris, pendant la première moitié du XIXe siècle ········373*r*
Colonial Encounters: Europe and the Native Caribbean, 1492-1797 ···490*r*
Combats pour l'Histoire ·······························500*l*
Community: A Sociological Study ····················45*r*
Constructing Social Problems ·························391*r*
Cours de linguistique générale ·······················397*l*
Crime and Custom in Savage Society ··············563*l*
Crimes without Victims: Deviant Behavior and Public Policy: Abotion, Homosexuality, and Drug Addiction ···370*l*
Criticism and the Growth of Knowledge ···········617*l*
Critique de la raison dialectique ······················133*r*
Critique de la vie quotidienne ·························631*r*
Cultural Imperialism ····································443*l*
Culture and Communication: The Logic by Which Symbols Are Connected: An Introduction to the Use of Structuralist Analysis in Social Anthropology ·······625*l*
Culture and Society: 1780-1950 ···················242*r*

C

Cybernetics: or Control and Communication in the Animal and the Machine ……242*l*

D

Dahomey and the Slave Trade ……542*l*
Das Finanzkapital: Eine Studie über die jüngste Entwicklung des Kapitalismus ……492*r*
Das Heilige und das Profane: Vom Wesen des Religiosen ……119*r*
Das Kapital ……15*r*
Das Mutter Recht ……474*r*
Das Prinzip Hoffnung ……521*l*
Das Problem der Religion in der modernen Gesellschaft ……630*r*
Das sogenannte Böse Zur Naturgeschichte der Aggression ……647*l*
Death, Grief and Mourning in Contemporary Britain ……345*l*
De cive ……2*l*
Decoding Advertisements: Ideology and Meaning in Advertising ……244*l*
D'Edo à Tokyo; mémoires et modernités ……547*r*
De la culture populaire aux XVII ……571*r*
De la Democratie en Amerique ……438*l*
De la division du travail social ……21*r*
De la grammatologie ……428*r*
De l'esprit des lois ……598*l*
De optimo reipublicae statu, deque nova insula Utopia ……594*l*
Dependent Development and Underdevelopment ……512*r*
Der achtzehnte Brumaire des Louis Bonaparte ……564*r*
Der Begriff des Politischen ……375*r*
Der Einbruch der Sexualmoral ……615*r*
Der moderne Kapitalismus ……399*r*
Der sichtbare Mensch oder Die Kultur des Films ……482*r*
Der sinnhafte Aufbau der sozialen Welt ……63*r*
Der Übergang vom feudalen zum bürgerlichen Weltbid. Studien zur Geschichte der Philosophie des Manufacturperiode ……545*l*
Der Untergang des Abendlandes: Umrisse einer Morphologie der Weltgeschichte ……374*l*
Der Ursprung der Familie, des Privateigentum und des Staats ……268*l*
Der Verlust der natürlichen Selbstverständlichkeit ……513*l*
Deschooling Society ……235*r*
Dialektik der Aufklärung ……87*r*
Die Anfänge des modernen Kapitalismus ……519*l*
Die Archetypen und das kollektive Unbewußte ……607*r*
Die deutsche Ideologie ……566*r*
Die Dialektik des Konkreten, Eine Studie zur Problematik des Menschen und der Welt ……341*l*
Die Entwicklung des okzidentalen Rationalismus. Eine Analyse von Max Webers Gesellschaftsgeschichte ……376*r*
Die Entwicklung des Sozialismus von der Utopie Zur Wissenschaft ……267*r*
Die Frau und der Sozialismus ……526*r*
Die Geburt der Tragödie aus dem Geiste der Musik ……455*r*
Die höfische Gesellschaft ……264*r*
Die Idee der Staatsräson in der neueren Geschichte ……548*l*
Die juristische Logik ……266*r*
Die Krisis der europäischen Wissenschaften und die transzendentale Phänomenologie ……508*l*
Die Lage der arbeitenden Klasse in England ……267*l*
Die protestantische Ethik und 〉Geist〈 des Kapitalismus ……37*l*
Die Psychoanalyse des Kindes ……324*r*
Die rationalen und soziologischen Grundlagen der Musik ……251*l*
Die Schweigespirale: Öffentliche Meinung-unsere soziale Haut ……459*l*
Die Traumdeutung ……33*r*, 519*r*
Différence et répétition ……434*r*
Diffusion of Innovations ……643*l*
Discours de la méthode ……425*r*
Discours sur l'origine et les fondements de l'inégalité parmi les hommes ……629*r*
Dits et écrits ……182*r*
Dix-huit leçons sur la société industrielle ……220*r*
1789 Les Emblèmes de la Raison ……389*l*
Documents of Life: An Introduction to the Problems and Literature of a Humanistic Method ……511*r*
Dramas, Fields, and Metaphors: Symbolic Action in Human Society ……412*l*
Drei Abhandlungen zur Sexualtheorie ……520*l*
Du contrat social ou principes du droit politique ……5*r*
Dynamic Sociology ……255*l*

E

Eclipse of Reason ……544*r*
Ecologie et politique ……346*l*
Economy and Society: a study in the integration of economic and society theory ……472*r*
Ecrits ……617*r*
Einleitung in die Geisteswissenschaften ……425*l*
Einzelheiten ……268*r*
Eléments d'économie politique pure: ou Théorie de la richesse sociale ……649*r*
Elements of Law ……2*l*
Emile ou de l'éducation, Œuvres complètes ……630*l*
Encounters: Two Studies in the Sociology of Interaction ……343*l*
Encyclopédie ou Dictionnaire raisonné des sciences, des arts et des métiers, par une société de gens de lettres ……424*l*
Environmental Disruption and Social Costs ……297*r*

Environment, Energy, and Society 481r
Eros and Civilization: A Philosophical Inquiry into Freud 113r
Escape from Freedom 77r
Esquisse d'un tableau historique des progrès de l'esprit humain 349r
Essais critiques 485r
Essai sur l'individualisme 426r
Essays on Actions and Events 422r
Essays on 'the Welfare State' 423r
Ethica Nicomachea 215r
Ethica Ordine Geometrico Demonstrata. Spinoza Opera 391l
Ethique de la Différence Sexuelle 237l
Exchange and Power in Social Life 510r

(F)

Family: Socialization and Interaction Process 473l
Feminism and Materialism woman and modes of production 335r
Fête et Révolte: de mentalités populaires du XVIe au XVIIIe siècle, Essai 531l
Field Theory in Social Science: Selected Theoretical Papers 640l
Five Families: Mexican Case in the Culture of Poverty 627l
Folkways 136l, 358l
Formen, die der kapitalistischen Produktion vorhergehen 566l
Foucault 435l
From Caligari to Hitler: A Psychological History of the German Film 326l

(G)

Gaia: A New Look at Life on Earth 616r
Gemeinschaft und Gesellschaft 17l
Gender 236r
Gender and the Politics of History 385l
General System Theory: Foundations, Development, Applications 531r
General Theory of Low and State 338l
Gesammelte Aufsätze zur Wissenschaftslehre 43r
Gesammelte Schriften 67r, 197l
Gesamtausgabe 250l
Geschichte der Eisenbahnreise: Zur Industrialisierung von Raum und Zeit im 19. Jahrhundert 361l
Geschichte und Klassenbewußtsein: Studien über marxistische Dialektik 628l
Gründlegung der Soziologie des Rechts 266r
Grundfragen der Soziologie 383r
Grundlinien der Philosophie des Rechts oder Naturrecht und Staatswissenschaft im Grundrisse 11r
Grundrisse der Kritik der politischen Ökonomie 107r

(H)

Habits of the Heart: Individualism and Commitment in American Life 527r
Hegemony and Socialist Strategy: Towards a Radical Democratic Politics 618r
Histoire de la folie à l'âge classique 139r
Histoire de la sexualité 183r
Historical Capitalism 255r
Historisch-anthropologische Familienforschung: Fragestellungen und Zugangsweisen 577r
Hitler in uns selbst 488r
Homo Ludens: Proeve eener bepaling van het spel-element der cultuur 71r
Housewife 282l
How the Other Half Dies: The Real Reasons for World Hunger 380r
How To Do Things with Words 282r
Human Communities 467l
Human Nature and the Social Order 35r

(I)

Identity and the Life Cycle: Selected Papers 127r
Ideologie und Utopie 55r
Ideology: An Introduction 224r
Illness as Metaphor 399l
Il Principe 550l
Imagined Communities: Reflections on the Origin and Spread of Nationalism 199r
Improvised News: A Sociological Study of Rumor 366l
Individualism and Economic Order 461l
In Other Worlds: Essays in Cultural Politics 390r
intelligence 488l
Intercourse 433l
Invitation to Sociology: A Humanistic Perspective 464r
Islands of History 359l

(J)

Janus: les deux faces de l'Occident 426l
Japanese Behavior Patterns 84l
Japanese Character Structure 84l
Japan's Emergence as a Modern State, Political and Economic Problems of the Meiji Period 460r
Japan's New Middle Class: The Salary Man and His Family in a Tokyo Suburb 254r

Jean-Jacques Rousseau: la transparence et la obstacle ……388r

Jenseits von Gut und Böse. Vorspiel einer Philosophie der Zukunft ……456r

Just Looking: Consumer Culture in Dreiser, Gissing and Zola ……535l

K

Kritik der praktischen Vernunft ……310l
Kritik der reinen Vernunft ……309r
Kritik der Urteilskraft ……310r

L

La chambre claire ……486l
La cité antique ……509r
La condition ouvrière ……253l
La condition postmoderne ……623l
La conquête de l'Amérique ……440l
L'Acteur et le Système ……516l
La cultura como empresa multinacional ……559r
La distinction: critique sociale du jugement ……187r
La fête révolutionnaire 1789-1799 ……283l
La Mémoire Collective ……216l
L'amour en plus: histoire de l'amour maternel, XVIIe-XXe siècle ……474l
La naissance du Purgatoire ……628r
L'Analyse Sociologique des Organisations ……516l
Language and Power: Exploring Political Cultures in Indonesia ……221l
L'Annee Sociologique ……98l
L'Anti-Œdipe: Capitalisme et schizophrénie I ……175r
La part maudite ……89l
La pensée sauvage ……149r
La poétique de l'espace ……470r
La police des familles ……445l
La potière jalouse ……638l
L'apparition du Livre ……500r
La psychologie de l'intelligence ……488l
La question urbaine ……293r
L'archéologie du savoir ……507l
La Rebelión de las Masas ……59r
La reproduction: éléments pour une theorie du système d'enseignement ……169r
La révolution du langage poétique ……330l
La Révolution Moléculaire ……296l
La révolution urbaine ……632l
La rumeur d'Orléans ……167r
La Schizophrénie, Psychopathologie des Schizoïdes et des Schizophrènes ……587r

La Société contre l'Etat: Recherches d'anthropologie politique ……327r
La société de consommation: ses mythes, ses structures ……171r
La société du spectacle ……434l
La société post-industrielle ……436l
La Souveraineté ……473r
La théorie de la régulation: Une analyse critique ……546l
La violence et le sacré ……382l
La vocation actuelle de la sociologie ……319l
La voix et le phénomène: Introduction au problème du signe dans la phénoménologie de Husserl ……429l
La voix et le regard ……437l
Learning from Las Vegas: The Forgotten Symbolism of Architectural Form ……253r
Learning To Labour: How Working Class Kids Get Working Class Jobs ……244r
L'échange symbolique et la mort ……539l
Leçon-Considérations préliminaires sur la statique sociale, ou théorie générale de l'ordre spontané des sociétés humaines ……349l
Leçon-Lois fondamentales de la dynamique sociale, ou théorie générale du progrès naturel de l'humanité, Cours de philosophie positive ……349l
L'ecriture et la différence ……428l
Lectures et lecteurs dans la France d'Ancien Régime ……371r
Le deuxième sexe I, II ……91l
Le developpemnent inegal ……213l
Le dieu caché: étude sur la vision tragique dans les Pensées de Pascal et dans le théâtre de Racine ……347l
L'éducation et sociologie ……427l
L'éducation morale ……427r
L'enfant et la vie familiale sous l'ancien régime ……131r
L'enracinement ……252l
L'espace littéraire ……514l
L'être et le néant ……360l
L'évolution créatrice ……530l
L'évolution psychologique de l'enfant ……650l
Le Fait Féminin ……377l
Le geste et la parole ……634l
Legitimationsprobleme im Spätkapitalismus ……478l
Le jugement moral chez l'enfant ……487r
Le Miasme et la Jonquille: L'odorat et l'imaginaire social 18e~19e siècles ……348l
Le mythe de l'eternel retour: archétypes et répétition ……265l
Le nouvel esprit scientifique ……470l
Le Phénomène Bureaucratique ……516l
Le pouvoir sur scène ……483r
Les deux sources de la morale et de la religion ……530r
Le Sens pratique ……516l
Les fonctions mentales dans les Sociétés inférieures ……639l
Les formes élémentaires de la vie religieuse: le système totémique en Australie ……41r
Les jeux et les hommes ……123r

Les mots et les choses: une archéologie des sciences humaines ··················161r
Le socialisme difficile ··················345r
Les psychose: le seminaire de Jacques Lacan ··················618l
Les règles de la méthode sociologique ··················23r
Les structures élémentaires de la parenté ··················95r
Le suicide: Etude de sociologie ··················27r
Les villes du moyen âge: Essai d'histoire économique et sociale ··················493l
Le système des objets ··················538r
Le théâtre et son double ··················218l
Le totémisme aujourd'hui ··················637r
Lettere dal Carcere ··················329l
Leviathan: the matter, form and power of a common-wealth ecclesiasticall and civill ··················3r
Le visible et l'invisible, suivi de notes de travail ··················593l
L'histoire de l'érotisme ··················121r
L'homme devant la Mort ··················214r
L'homme Dominé ··················593r
Liberty and News ··················625r
Lichtblicke: Zur Geschichte der Künstlichen Helligkeit des 19. Jahrhunderts ··················362l
Lire le Capital ··················157r
Literaturgeschichte als Provokation der Literaturwissenschaft ··················598r
Local Knowledge: Further Essays in Interpretive Anthropology ··················312r
L'œil et l'esprit ··················155r
Logos ··················248r
L'Opinion et la Foule ··················415r

M

Macht ··················633r
Male & Female: A Study of the Sexes in a Changing World ··················579l
Management and Morale ··················640r
Man and Society in an Age of Reconstruction ··················572l
Manière de penser l'urbanisme ··················629l
Manifest der Kommunistischen Partei ··················567l
Marianne au combat: l'imagerie et la symbolique republicaines de 1789 à 1880 ··················207l
Marx's Economics: A dual theory of value and growth ··················597l
Mass Communications ··················376l
Mass Communication Theory: An Introduction ··················551l
Mass Consumption in Late Nineteenth-Century France ··················243r
Mass Persuasion: The Social Psychology of a War Bond Drive ··················561l
Max Weber: An Intellectual Portrait ··················533l
Mechanization Takes Command ··················314r
Medical Nemesis: The Expropriation of Health ··················236l

Megalopolis: The Urbanized Northwestern Seaboard of the United States ··················342l
Mensonge romantique et vérité romanesque ··················381r
Middletown: A Study in Modern American Culture ··················57r
Mille plateaux ··················435r
Mind and Nature ··················522l
Mind, Self and Society ··················65r
Modern City: Planning in the Nineteenth Century ··················380l
Motivation and Personality ··················554l
Movimenti religiosi di libertà e di salvezza dei popoli oppressi ··················622l
Mutual Aid, A Factor of Evolution ··················335l
Mythologies ··················485l

N

Naissance de la clinique ··················506r
Naven ··················522l
Negara: The Theatre State in Nineteenth-Century Bali ··················312l
Negative Dialektik ··················210r
Neue Folge der Vorlesungen zur Einführung in die Psychoanalyse ··················520r
New Atlantis ··················523l
New Rules of Sociological Method ··················315r
New Studies in Philosophy, Politics, Economics and History of Ideas ··················461r
Nineteen Eighty-Four ··················270l
Nuclear Lessons, An Examination of Nuclear Power's Safety, Economic and Political Record ··················296r

O

Objects of Desier, Design and Society 1750-1980 ··················502l
Ökonomisch-philosophische Manuskripte aus dem Jahre ··················13r
One Dimensional Man: studies in the advanced industrial society ··················567r
On Liberty ··················585r
Only Yesterday: an informal history of the 1920's ··················218r
On Photography ··················398r
On the Principles of Political Economy and Taxation ··················623r
Orality and Literacy: The Technologizing of the Word ··················195r
Order and Conflict in Contemporary Capitalism ··················346r
Organization and Environment: Managing Differentiation and Integration ··················646r
Organizations ··················554r
Orientalism ··················185r
Our Common Future ··················214l
Outsiders in Urban Societies ··················366r
Outsiders: studies in the sociology of Deviance ··················523r

P

Para leer al Pato Donaldo 444r
Pathologie de la vie social 484r
Pattern of Industrial Bureaucracy 333r
Patterns of Culture 525r
Peau noire, masques blancs 498l
Pedagogy of the Oppressed 518l
Peinture et Société 512l
Pensées 471l
Personal Influence: The Part Played by People in the Flow of Mass Communication 297l
Phänomenologie des Geistes 9r
Phénoménologie de la perception 592r
Philosophie der neuen Musik 209r
Philosophie des Geldes 31r
Philosophische Untersuchungen/Philosophical Investigations 241r
Place and Placelessness 642l
Plan des travaux scientifiques nécessaires pour réorganiser la société 348r
Poliarchy 415l
Politica 215l
Political Arithmetic 525l
Politics, Culture, and Class in the French Revolution 487l
Politische Theologie 375l
Pour la sociologie 436r
Pour Marx 217l
Pour une sociologie du roman 347r
Pouvoir Politique et Classes Sociales 513r
Pouvoirs de l'horreur 330r
Poverty: A Study of Town Life 642r
Pratiques de la lecture, sous la direction de Roger Chartier 372l
Principles of Economics 553r
Prismen 210l
Prisoner's Dilemma: A Study in Conflict and Cooperation 620r
Psychiatry and Anti-Psychiatry 324l
Psychologie de foules 632l
Psychologische Typen 607l
Public Administration 351r
Public Opinion 625r
Purity and Danger: an Analysis of Concepts of Pollution and Taboo 406r

Q

Questions de méthode 135r

R

Rechtsoziologie 633l
Reference Groups: Exploration into Conformity and Deviation of Adolescents 364l
Refléxions sur la violence 398l
Religion and the Rise of Capitalism: a Historical Study 440r
Religion in the Secular City: Toward a Post-modern Theology 341r
Religious Sects: A Sociological Study 245l
Renaissance Self-Fashioning: From More to Shakespeare 333l
Report to the County of Lanark 271l
Resolving Social Conflicts: Selected Papers on Group Dynamics 640l
Rethinking Anthropology 624r
Roman des origines et origines du roman 645r
Rules and Order 462l

S

Saint Genet: comédien et martyr 360r
Sanity, Madness and the Family: Families of Schizophrenics 635r
Science and Civilization in China 454l
Science and the Modern World 547l
Science in History 477l
Sein und Zeit 463l
Self and Others 635l
Sex and Repression in Savage Society 563r
Sexual Behavior in the Human Female 321r
Sexual Behavior in the Human Male 321l
Sexuality 240r
Sexual Politics 587l
Sexual Signatures: On Being a Man or a Woman 561r
Shadow Work 189r
Silent Spring 295l
Simulacres et simulation 539r
Since Yesterday 218r
Small is Beautiful: a Study of Economics as if People Mattered 374r
Social Choice and Individual Values 220l
Social Conflict and the City 588l
Social Insurance and Allied Services, Report by Sir William Beveridge 522r
Social Justice and the City 464l
Social Mobility in Industrial Society 626l
Social Organization 329l
Social Psychology: The Study of Human Interaction 458r
Social Research: A Study in Methods of Gathering Data 622r

Social Structure	560r
Social Theory and Social Structure	93r
Society and Culture in Early Modern France	422l
Sociobiology: The New Synthesis	246l
Sociologica	211l
Sociologie et Anthropologie	99r
Sociology of Law	318r
Soft City	621l
Soft Energy Paths toward a Durable Peace	645l
Sound Effects, Youth, Leisure, and the Politics of Rock'n'roll	515l
Soziale Systeme: Grundriß einer allgemeinen Theorie	201l
Soziologie. Untersuchungen über die Formen der Vergesellschaftung	39r
Space and Place: The Perspective of Experience	431r
Speech Acts: An Essay in the Philosophy of Language	359r
Sport, Power and Culture	468l
State of the Masses: The Threat of the Classless Society	641l
State of the World	511l
Steps to an Ecology of Mind	522l
Stigma: Notes on the Management of Spoiled Identity	151l
Stone Age Economics	358l
Street Corner Society: The Social Structure of an Italian Slum	81l
Structure and Function in Primitive Society	111r
Structure and Sentiment: A Test Case in Social Anthropology	455l
Structure of Scientific Revolutions	141l
Strukturwandel der Öffentlichkeit: Untersuchungen zu einer Kategorie der bürgerlichen Gesellschaft	145l
Studien über Hysterie	25r
Studies in Ethnomethodology	163r
Studies in Philosophy, Politics and Economics	461r
Subculture: The Meaning of Style	526l
Sur l'homme et le developpement de se facultes	336r
Sur reproduction	217r
Surveiller et punir: Naissance de la prison	181r
Sygdommen til Døden. En christelig psychologisk Udvikling til Opbyggelse og Opvækkelse	320r
Symbolic Interactionism	517l
Système de la Mode	165r

(T)

Tableau économique	337l
Taking Rights Seriously	432l
Technik und Wissenschaft als ›Ideologie‹	477r
Television Culture: popular pleasure and politics	498r
The Affluent Society	125r
The Antiaesthetics	501l
The Art of Memory	222r
Theatre of the World	223l
The Authoritarian Personality	97r
The Big Change	218r
The Children of Sónchez: Autobiography of a Mexican Family	627r
The Chrysanthemum and the Sword: Patterns of Japanese Culture	85r
The City	53r
The Civil War in France	565r
The Class Structure of the Advanced Societies	315l
The Coming Crisis of Western Sociology	334l
The Coming of Age in Samoa	578r
The Coming of Post-Industrial Society: A Venture in Social Forecasting	529l
The Concept of Law	475l
The Concept of Power	414r
The Conditions of Economic Progress	326r
The Country and the City	243l
The Cultural Contradictions of Capitalism	529r
The Culture of Cities	573l
The Culture of Consumption: Critical Essays in American History 1880-1980	501l
The Culture of Time and Space 1880-1918	307r, 308l
The Death and Life of Great American Cities	363l
The Death of Tragedy	387r
The Dialectic of Sex: The Case for Feminist Revolution	496r
The Diploma Disease: Education, Qualification and Development	430l
The Divided Self: An Existential Study in Sanity and Madness	634r
The Economics of Welfare	489l
The Effects of Mass Communication	328l
The Empty Fortress: Infantile Autism and the Birth of the Self	524l
The End of Ideology: On the Exhaustion of Political Ideas in the Fifties	528r
The Enigma of Japanese Power: People and Politics in a Stateless Nation	256r
The Evolution of Cooperation	207r
The Fable of the Bees : or, Private Vices, Publick Benefits I-II	571l
The Family, Sex, and Marriage in England, 1500-1800	390l
The Feminine Mystique	515r
The Functions of the Executive	476l
The General Theory of Employment, Interest and Money	336l
The Ghetto	648r
The Global 2000 Report to the President-Entering the Twenty-First Century	214l
The Golden Bough: A Study in Magic and Religion	518r

The Great Cat Massacre and Other Episodes in French Cultural History	416r
The Great Transformation	83r
The Gutenberg Galaxy: The Making of Typographic Man	147r
The Hidden Dimension	544l
The Hite Report: A Nationwide Study of Female Sexuality	463r
The Homeless Mind: Modernization and Consciousness	465r
The Human Condition	219r
The Human Group	541r
The Human Problems of an Industrial Civilization	591r
The Image: or, What Happened to the American Dream	497r
The Image of the City	626r
The Image of the City in Modern Literature	462r
The Interpretation of Cultures: Selected Essays	311r
The Invasion from Mars: a study in the psychology of panic	318l
The Invention of Tradition	541l
The King's Two Bodies: A Study in Medieval Political Theology	311l
The Landmarks of Tomorrow	443r
The Life in theatre	262l
The Limits to Growth: A Report for THE CLUB OF ROME'S Project on the Predicament of Mankind	592l
The Livelihood of Man	542r
The Logic of Collective Action: Public Goods and the Theory of Groups	289l
The Lonely Crowd: a Study of Changing American Character	101r
The Making of Modern Advertising	540r
The Making of the Modern Family	381l
The Mathematical Theory of Communication	371l
The Mechanical Bride: Folklore of Industrial Man	552l
The Mirage of Social Justice	462l
The Mode of Information	536r
The Modern Corporation and Private Property	484l
The Modern World System: Capitalist Agriculture and the Origins of the European World-Economy in the Sixteenth Century	179r
The Myth of the Macine: Technics & Human Development	573r
The Nationalization of the Masses: Political Symbolism and Mass Movements in Germany from the Napoleonic Wars through the Third Reich	595l
The Nature of Prejudice	290r
The Neighborhood Unit	528l
The New Industrial State	303r
The Noble Savages: The Primitive Origins of Charisma and its Contemporary Survival	245r
The Nuer	261r
The Open Society and Its Enemies	540l
The Organization Man	546r
Theorie der Avantgarde	491l
Theorie der Gesellschaft oder Sozialtechnologie: Was leistet die Systemforschung?	478r
Theorie der wirtschaftlichen Entwicklung	377r
Theorie des Kommunikativen Handelns	191r
Théorie des quatre mouvements et des destinées générales	514r
The Origin of Species	400l
The Origins of Totalitarianism	219l
Theory of Collective Behavior	143r
Theory of Games and Economic Behavior	502r
Theory of Moral Sentiments	392r
The People's Choice: How the Voter Makes up his Mind in a Presidential Campaign	619l
The Philosophy of Literary Form: Studies in Symbolic Action	466l
The Polish Peasant in Europe and America	47r
The Political Order of a Free People	462l
The Politics & Poetics of Transgression	389r
The Politics of Mass Society	350l
The Politics of the Family and other Essays	636l
The Power Elite	115r
The Preindustrial City: Past and Present	379r
The Presentation of Self in Everyday Life	129r
The Principle of Normalization in Human Services: National Institute on Mental Retardation	256l
The Principles of Scientific Management	424r
The Principles of Sociology	392l
The Psychology of Rumor	291l
The Rape of Clarissa: Writing, Sexuality and Class Struggle in Samuel Richardson	224l
The Reversible World: Symbolic Inversion in Art and Society	479l
The Ritual Process-Structure and Anti-Structure	411r
The Sacred Canopy: Elements of a Sociological Theory of Religion	465l
The Scientist's Role in Society: A Comparative Study	533r
The Second Media Age	536r
The Selfish Gene	437r
The Sexual Life of Savages in North-Western Melanesia	564l
The Sexual Revolution	616l
The Shows of London	289r
The Silent Revolution: Changing Values and Political Styles Among Western Publics	240l
The Social Construction of Reality: A Treatise in the Sociology of Knowledge	159r
The Social Function of Science	476r
The Social Sources of Denominationalism	457r
The Social System	105r
The Sociological Imagination	586r
The Sociology of Housework	281r

The Stage of Economic Growth: A Non-Communist
　Manifesto ……………………………………………**643***r*
The State in Capitalist Society ………………………**585***l*
The State in Theory and Practice …………………**619***r*
The Story of Utopia …………………………………**572***r*
The Structure of Social Action ………………………**69***r*
The Tacit Dimension ………………………………**543***l*
The Taming of the Samurai ………………………**590***r*
The Theory of Capitalist Development ……………**384***l*
The Theory of Leisure Class: An Economic Study in
　the Evolution of Institutions ………………………**29***r*
The Theory of Political Economy …………………**363***r*
The Transformation of Intimacy ……………………**316***l*
The True Believer ……………………………………**538***l*
The Use of Disorder: Personal Identity & City Life ……**395***l*
The Use of Personal Documents in Psychological
　Science …………………………………………**290***l*
The Uses of Enchantment Meaning and Importance of
　Fairy Tales ………………………………………**524***r*
The Uses of Literacy ………………………………**535***r*
The Vanishing Hitchhiker: American Urban Legend
　and Their Meanings ……………………………**517***r*
The Varieties of Religious Experience: A Study of
　Human Nature …………………………………**362***r*
The Welfare State in Crisis ………………………**269***r*
The Women of Sue Mura …………………………**393***l*
The Work of Nations: Preparing Ourselves for 21st
　Century Capitalism ……………………………**615***l*
Tokugawa Ideology: Early Constructs, 1570-1680 ……**286***r*
Tokugawa Religion …………………………………**527***l*
Tools for Conviviality ………………………………**177***r*
Totalité et infini: Essai sur l'extériorité ……………**638***r*
Toward a General Theory of Action ………………**103***r*
Trattato di Sociologia Generale ……………………**486***r*
Tristes Tropiques ……………………………………**636***r*
Two-Dimensional Man: An essay on the anthropology
　of power and symbolism in complex society ……**340***l*
Two Treatises of Government ………………………**644***r*

(U)

Über den Prozeß der Zivilisation: Soziogenetische und
　psychogenetische Untersuchungen ………………**73***r*
Über soziale Differenzierung. Soziologische und
　psychologische Untersuchungen …………………**19***r*
Understanding Media: The Extensions of Man ……**552***r*
Upopiques: jeux d'espaces …………………………**562***l*
Urban Society: An Ecological Approach ……………**543***r*
Urban Sociology: Critical Essays ……………………**489***r*
Urban Sociology in Urbanized Society ……………**294***r*

Ursprung des deutschen Trauerspiels ………………**534***l*
Utopie et civilisation …………………………………**621***r*

(V)

Value and Capital: an inquiry into some fundamental
　principles of economic theory …………………**490***l*
Völkerpsychologie ……………………………………**261***l*
Vom Kriege …………………………………………**325***l*
Vom Patriarchat zur Partnerschaft: Zum
　Strukturwandel der Familie ……………………**578***l*
Vorlesungen zur Einführung in die Psychoanalyse ……**520***r*

(W)

Wahrheit und methode: Grundzüge einer
　philosophischen Hermeneutik …………………**295***r*
White Collar: The American Middle Class ………**586***l*
Who Governs?: Democracy and Power in an American
　City ………………………………………………**414***r*
Who Shall Survive? …………………………………**81***r*
Wirtschaft und Gesellschaft ……………**49***r*, **51***r*, **251***r*, **252***l*
Wittgenstein on Rules and Private Language: An
　Elementary Exposition …………………………**332***r*
Women: The Last Colony …………………………**574***r*
Work and Authority in Industry: Ideologies of
　Management in the Course of Industrialization ……**532***r*
Works and Lives: The Anthropologist as Author ……**85***r*
Worlds Apart: The Market and the Theater in
　Anglo-American Thought, 1550-1750 …………**208***l*

(Z)

Zur Genealogie der Moral. Eine Streitschrift ………**457***l*
Zur Kritik der Politischen Ökonomie ………………**565***l*
Zur Theorie und Geschichte der Historiographie ……**334***r*

ロシア文字

Марксизм и философия языка: Основные проблемы
　социологического метода в науке о языке ………**479***r*
Народный театр чехов и словаков ………………**536***l*
Полное собрание сочинений ………………………**641***r*
Проблемы поэтики Достоевского …………………**480***l*
Творчество Франсуа Рабле и народная культура
　средневековья и Ренессанса ……………………**480***r*

和文主題・事項索引

ア

愛·················316r, 520l, 635l
愛国心················252r
愛情関係···············212l
間柄················481l
愛着理論···············650l
アイディア··············643l
アイデンティティ······126r, 150r, 159r, 205r, 212l, 225l, 243l, 276r, 331l, 331r, 332l, 342r, 389l, 395l, 442r, 498l, 503l, 611l, 634l
アイデンティティ・ゲーム······225l
アイデンティティ拡散········127l
アイデンティティの感覚···127l, 265r
アイデンティティ変革········402r
I(integration) 統合·········473l
アイドル歌手············277l
アイヌ················421l, 475r
愛の躍動···············530r
愛撫·················237l
アヴァンギャルド··········491l
アウシュヴィッツ···210l, 210r, 403l, 408l
アウトサイダー·······366r, 523r
アウトサイド・イン········481l
アウトノミア··········296l, 414r
アウラ·············66l, 411l
青本·················571r
青本論争···············371r
アカデミズム············208l
赤旗事件···············272l
明るさ···············362l
諦め·················322l
悪················360r, 647l
アクシオナリズム······436r, 437l
悪徳·················571l
アグネス論争········285l, 608r
アグリビジネス···········380r
悪霊憑き···············344l
アゴーン···············122r
浅草·················611l
アジア················407r
アジア系外国人···········281l
アジア的共同体···········108r
アジア的生産様式論········306r
アジア認識··············309l

足尾鉱毒事件·············241l
アソシアシオン······317r, 514r, 537r
アソシエーション······44l, 239r, 438l
遊び········70l, 122l, 130r, 231r, 232l, 262l, 265r, 354r
あそび················231r
遊ぶ存在···············70l
新しい家族史············390l
新しい社会運動·····402r, 436l, 437l
新しい社会運動論··········436r
新しい政治··············595l
新しい都市社会学··········464r
新しい歴史学·····354l, 377l, 500l, 500r
アーツ・アンド・クラフツ運動···502l
厚い記述（厚みのある記述）
·················208l, 311r
熱い抽象···············512l
熱い都市···············647r
アナーキー··············459l
アナーキズム····335l, 418r, 497l, 641l
アナグラム論············539l
アナール学派······348l, 445l, 500l, 500r, 588r, 639r
アナール派政治史··········207l
アニマ················607r
アニムス···············607r
アノミー·········21l, 92l, 465l, 581l
アノミー的自殺···········26r
アーバニズム······206r, 280r, 386l
アーバン・コミュニティ論····74l
アーバン・スタディーズ······499r
アブジェクシオン··········330l
アブジェクト·············330l
アフリカ飢餓············451l
アフリカ研究············306r
アフリカ社会············483r
阿呆船················138l
アボリジニー·············40l
海女·················394r
甘え··············317r, 430r, 481l
「甘え」論··············384r
アメニティ··············583r
アメリカ・インディアン······604r
アメリカ経済············303r
アメリカ研究············101r
アメリカ産業社会··········544r
アメリカ社会·····28l, 56l, 101r, 218r, 528r, 546r, 624l

アメリカ社会学·······68l, 100l, 505l
アメリカ大衆社会論·········115l
アメリカ大統領選挙·········619l
アメリカ都市社会学···206r, 379r, 610r
アメリカナイゼーション······526l
アメリカ農村社会学·········74l
アメリカン・ゲットー·······648l
アメリカンドリーム·········606r
アラワク···············490l
アルカイックな社会·········265l
アルジェリア民族解放戦線
（FLN）···············498l
アルター・エゴ············167r
アルツハイマー············558l
アルファベット·······146r, 194r
アルミニウス派···········440l
アレア················122r
アレゴリー·········197r, 534l
アロポイエーシス・システム···560l
アンケート調査············505l
アンシャン・レジーム···371r, 372l
安住の地の喪失···········465r
アンシュタルト·······49r, 248r
アンシュタルト原理········376r
アンチブック············146r
アンフォルメル運動·········512l
安保·················555r
安保闘争·············369r, 421l
暗黙知················543l

イ

委員会の論理············446l
家······5r, 51l, 60r, 74r, 78l, 109l, 137r, 152l, 247r, 269l, 301r, 306l, 313r, 394l, 481l, 595r, 602r
イエ··············429r, 504r, 505l
イエ意識···············602r
家からの解放············553l
家共同体···············578l
イエ社会············589r, 590l
イエズス会··············424l
家制度··············588l, 595l
家の家父長制············306l
イエモト············373l, 481l
家元制度···············306l
家連合··············78l, 153l

異化	164r, 485r	
位階制	312l	
医学化	634r	
医学史	506l	
医学の歴史	180l	
異化された身体	256l	
異化媒介的コミュニケーション論	356r	
いき	322l	
生きがい	624l	
異議申し立て	324l	
生きられた歴史	216l	
イギリス型福祉国家	408r	
イギリス産業革命	179l	
育児	282l	
意気地	322l	
育児ネットワーク	285l	
生け贄	24r, 205r, 382l	
意見	96r	
医原病	236l	
違憲立法審査権	432r	
移行儀礼	119l	
居酒屋	317r	
位座関係	74r	
意志	135r	
医師‐患者関係	105r, 163r	
意識	8l, 62l, 268r, 519l, 530l, 604l, 607l, 607r	
意識産業	268r	
意識調査	458l, 575l	
意識の国際比較	482l	
意識の志向性	62r	
意識の流れ	308l, 362r	
意思決定	163l, 176r, 297l, 340r, 351l	
意思決定論	351l, 351r	
異質性	88l	
意思伝達	650l	
EC統合	292l	
意志としての暴力	398l	
意志の自律	427r	
移住者	205r	
衣裳	536l	
異常	246r	
異常気象	226l, 451r	
維新	559l	
異人	205r, 246r	
異人歓待	344r, 580l	
異人虐待	344r	
異人殺し	344r	
イスラム共同体	198l	
イスラム思想	391l	
イスラム神秘主義	222r	
遺族	460l	
イゾトピー	632l	
依存効果	124r	
イタコ	307l	
痛み	450r	
イタリア・フェミニズム	414l	
イタリアの知識人	328r	
一時的均衡	490l	
一次ルール	469r, 475l	
一望監視	270l	
一望監視施設	181l, 185l	
一揆	212r	
一君万民主義	418r	
一家衆	595r	
一子単独相続制度	523l	
逸脱	47r, 225l, 364l, 391l, 459l, 523r, 534r	
逸脱行為	354l	
逸脱行動	93l	
逸脱者	256l	
逸脱理論	523r	
一般意志	468r, 595l	
一般化された信念	142l	
一般化された他者	64r	
一般均衡モデル	649r	
一般均衡理論	337l, 490l	
一般交換	94l	
一般市場均衡	649r	
一般システム論	105l, 204r, 531r, 560l	
一般社会学	383r	
一般的道徳規則	392r	
一般不可能性定理	220l	
一夫一妻制	514r	
一夫一婦制家族	268l	
一夫多妻婚	615r	
イデアリスムス	145l	
イデア論	595r	
イデオロギー	96l, 140r, 158l, 217r, 219l, 224r, 311r, 340r, 477r, 502l, 528r, 572l, 604l	
イデオロギー学	479r	
イデオロギー装置	217r	
イデオロギーの終焉	528r	
イデオロギー批判	302r, 538l	
イデオロギー論	54l, 224r, 244l, 528l, 566r	
イデオロジー	54r, 161l	
遺伝	400l, 522l	
遺伝子	437r, 449r, 558l	
遺伝子治療	614r	
遺伝情報	558l	
遺伝の法則	558l	
意図	466r	
移動	626r	
田舎	243l	
稲作儀礼	603r	
イニシエーション	118l, 307l	
委任制制度	484l	
イノベーション	377r, 643l	
違背実験	162l	
衣服	164l, 487l	
異文化	184l, 548l, 578r	
異文化解読	440l	
異文化接触	278r	
異文化摩擦	278r	
イベント	528l	
未だ存在しないもの	521l	
意味	62l, 273l, 330l, 394l, 409r, 478r, 495r, 517l	
意味＝使用説	241r	
意味学派	47l, 233r, 610l	
意味経験	593l	
意味構築	385l	
意味作用	538r	
意味生成	409r	
意味生成過程	330l	
意味世界	534r	
意味世界論	394l	
意味適合性	48l	
意味のあるシンボル	65r	
意味のある他者	64r	
意味の意識	65l	
意味のシステム	311r	
意味の社会学	425l	
意味の対象説	241l	
意味論	241l	
移民	46r, 93l, 206r, 292l, 436r, 437l	
移民制限	614r	
移民政策	414l	
移民問題	436l	
移民労働	414l	
イメージ	259l, 399l, 450r, 466l, 524l, 606r, 607r, 614l	
癒し	236l	
賤しき民	580l	
入会権	291l	
入会地	260l, 291l	
入会地総有権理論	291l	
医療	176l, 236l, 324l	
医療化	236l	
医療化社会	346l	
医療改革	506l	
医療サービス	176l	
医療社会学	105r, 451l	
医療人類学	451l	
医療政策	614r	
医療制度	236l	
イリンクス	122r	
因果適合性	48r	

イ

印刷 ……………………………194*l*, 549*l*
印刷技術 ……………146*l*, 198*r*, 552*r*
印刷術 ………………………………222*r*
印刷物 …………………………371*r*, 372*l*
印刷文化 ……………………………194*l*
印章 …………………………………487*l*
印象管理 …………128*l*, 129*l*, 150*r*
印象操作 ……………………………225*l*
姻戚 …………………………………269*l*
姻戚関係 ……………………………394*r*
インセスト …………………………560*r*
インターステイト・システム ……178*l*
インダストリー ……………………242*r*
インダストリアリズム ……………346*r*
インダストリアル・デザイン ……292*r*
インターナショナル ………………253*l*
インターナショナル・ポピュラー・カルチャー …………………305*l*
インターナショナル（グローバル）・ミニマム ………………556*l*
インタビュー ………………47*l*, 290*l*
インタビュー調査 …………166*l*, 624*l*
インディーズ ………………………515*l*
インディヘナ問題 …………………388*l*
インデックス性 ……………………162*l*
インド観 ……………………………426*r*
インド社会 …………………………249*r*
インドネシアの政治 ………………221*l*
インフォーマル・グループ ………640*l*
インフォーマント …………………627*r*
インフレーション …………………124*r*
隠喩 …………………………399*l*, 625*l*

ウ

ヴァナキュラー ……………188*l*, 236*r*
ウィーン ……………………………620*l*
飢え ……………………………380*l*, 451*l*
ヴェトナム戦争 ……………………606*r*
ヴェルサイユ行進 …………………487*l*
ウォークマン ………………………537*l*
ヴォランタリズムモデル …………402*r*
ウジ社会 ……………………………590*l*
氏寺信仰 ……………………………216*l*
宇宙観 ………………………………406*r*
宇宙船地球号 ………………………616*l*
宇宙論 …………………………277*l*, 404*l*
鬱病罪責体験 ………………………317*l*
宇野経済学 …………………………492*l*
ウーマン・リブ …263*l*, 413*l*, 463*r*, 475*l*, 496*r*
裏局域 ………………………………128*l*
裏切り ………………………………620*l*

うわさ ………………………………166*l*
うわさ話 ……………………………356*l*
運動 …………………………………364*r*
運動総過程論 ………………………364*l*

エ

永遠回帰 ……………………………456*l*
映画 …66*r*, 167*r*, 243*r*, 308*l*, 326*l*, 411*l*, 482*r*, 579*r*
映画美学 ……………………………446*l*
英国ルネサンス劇場 ………………208*l*
嬰児殺し ……………………………414*l*
永住地 ………………………………384*r*
エイズ ………………………………399*l*
衛生 ……………………348*l*, 439*l*, 445*l*
衛生観念 ……………………………348*l*
衛生調査 ……………………………445*r*
衛星文明 ……………………………431*r*
衛生問題 ………………………………61*l*
映像 …………………………………398*l*
映像言語 ……………………………365*l*
映像人類学 …………………………522*l*
映像メディア論 ……………………230*l*
叡智的世界 ……………………………8*l*
英雄的行為としての暴力 …………398*l*
営利精神 ……………………………519*l*
ええじゃないか踊り ………………153*l*
エクスタシー ………………………551*l*
エクリチュール ………428*l*, 428*r*, 429*l*
economics概念 ……………………553*r*
エコロジー …83*r*, 335*l*, 346*l*, 574*r*, 577*l*, 578*l*
エコロジー運動 ……………294*l*, 436*l*
エコロジカル・タイム ……………192*l*
エコロジカル・フェミニズム論争 …………………………………263*l*
AGIL図式 …105*r*, 172*r*, 239*r*, 472*r*
エジプト遠征 ………………………184*r*
エジプト文明 ………………………431*l*
エス ……………………………519*l*, 524*r*
STS（科学技術と社会）運動 ……141*l*
エスニシティ …225*r*, 280*r*, 292*l*, 475*r*, 526*l*, 574*r*, 581*l*
エスニシティ形成 …………………503*r*
エスニック・グループ ……………388*l*
エスニック・ナショナリズム ……199*r*
エスニック研究 ……………………281*l*
エスニック集団 ……………………255*l*
エスノグラフィー …53*l*, 163*r*, 345*l*, 601*l*, 627*r*
エスノメソドロジー ……63*r*, 162*l*, 263*r*
X線 …………………………………308*l*

エッジ（縁） ………………………626*r*
エティック …………………………560*r*
エディプス・コンプレックス …24*r*, 32*l*, 324*r*, 382*l*, 563*r*
A (adaptation) 適応 ……………473*l*
江戸 …………………………………278*l*
エートス …………36*r*, 42*r*, 249*l*, 249*r*
江戸文化 ……………………………278*l*
エネルギー …209*l*, 423*l*, 481*l*, 645*l*
エネルギー代謝 ……………………417*l*
絵はがき ……………………………355*r*
エピジェネティック・チャート …126*r*
エピステーメー ……………160*l*, 507*l*
エミック ………………………481*l*, 560*l*
エラン・ヴィタール ………398*l*, 530*l*, 530*r*
エラン・ダムール …………………530*r*
エリー研究 …………………………619*l*
エリート ……114*l*, 262*r*, 350*l*, 353*r*, 418*l*
エリート教育 ………………………572*l*
エリートの周流 ……………………486*r*
エリート文化 ………………………207*l*
L (latency) 潜在性 ………………473*l*
エロス …………………………112*r*, 237*l*
エロス論 ……………………………409*r*
エロティシズム ………………120*l*, 410*l*
エロティシズム的欲望 ……………473*l*
演歌 …………………………………299*l*
円環する時間 ………………………192*r*
演技 ……………………70*r*, 128*l*, 350*r*
縁切寺 ………………………………212*l*
遠近法 …………………………365*l*, 404*l*
縁組 …………………………………625*l*
縁組体系 ……………………………624*l*
エンクロージャー …………………594*l*
演劇 …………………………………407*l*
演劇運動 ……………………………218*l*
演劇性 …………………………262*l*, 536*l*
演劇政治 ……………………………262*r*
演劇モデル …………………………483*r*
演劇論 …………………………128*l*, 218*l*
エンゲル法則 ………………………417*l*
演じること …………………………262*r*
遠心化 …………………………272*r*, 273*l*
演説 …………………………………338*l*
エントロピー ………………………371*l*
縁日 …………………………………289*l*
縁約の原理 ………………………373*l*, 481*l*

オ

オイコス ………………………5*r*, 51*l*, 109*l*
オイディプス・コンプレックス …174*l*
オイルショック ……………………302*l*

応化	206r	
王権	273l, 311l, 473l, 573r	
王権神授論	644r	
王権論	311l	
欧州連合	59r	
往生術	371r	
王政復古	559l	
オウム真理教事件	273l	
オーエン派社会主義運動	267l	
大きな物語	623l	
大阪万国博	379l, 611r	
大新聞	605r	
大塚史学	108l, 275l	
大本教	332l, 583l	
オーガニゼーション	321r, 463r, 594r	
オーガニゼーション・マン	546r	
オガミサマ	307r	
オカルティズム	119r	
隠岐コンミューン	468r	
沖縄	421l, 442r	
沖縄史	301l	
沖縄戦	420l	
汚水	297r	
オーストリア学派	490l	
オースマン式都市改造	196r	
汚染	481r, 583r, 592l	
オソレ	580l	
オゾン層破壊	226l	
オーディエンス	129l, 150r	
音空間	537l	
男中心主義	286r	
男らしさ	293l	
大人組	394r	
大人-子ども関係	548l	
オートポイエーシス	200l, 560l	
オートメーション	447l	
鬼ごっこ	123l	
お札降り	153l	
汚物	406r	
オペラ	387r, 455l	
表局域	128r	
親方	79r	
親方・子方関係	239l	
親方制度	61l, 239l	
親子関係	293l	
親分・子分関係	173r, 239l	
親分型リーダーシップ	239l	
親分・乾分	239l	
オーラル・ヒストリー	577r	
オリエンタリズム	184l, 309l, 452l, 611r	
オリジナル	66l, 411l	
オルターナティブ社会論	235l	
オルタナティブな価値観	475l	
オレンダ	99l	
恩	84r, 323r, 481l, 527l	
音韻論	637l	
音楽	209l, 251l, 277r, 387r, 515l, 537l	
音楽化社会	277r	
音楽史	209l	
音楽社会学	537l	
音楽哲学	209r	
音楽の合理化	251l	
音楽メディア	582r	
音声言語	428r, 429l	
音声ジェスチュア	65r	
音声の表象	634l	
音読	549l	
おんな性	413l	
女の神話	90l	
女の役割	281l	
女らしさ	293l, 515r	
陰陽道	402l	

カ

ガイア	616r
ガイア仮説	616r
開化	406r
絵画	66r, 512l
外化	156r, 550r
海外移転	302l
海外移民	602r
改革主義派	245l
絵画形式	147r
開化史	406r
絵画表現	512l
快感原則	33r, 519l
懐疑主義	8r
懐疑の解決	332l
階級	114l, 168l, 268l, 283r, 315l, 385l, 528l, 641l
階級意識	628l
階級関係	315l
階級構造	186r
階級構造論	471l
階級支配	641l
階級支配論	414r
階級制度	526l
階級対立	30l, 641l
階級的行動原理	186r
階級闘争	220r, 267l, 513r, 555r, 564r, 567l
階級闘争論	555r
階級なき社会	641l
階級の趣味空間	186r
階級分化	28r
階級分析	496r
階級理論	416l
階級論	610r
会計の社会	123r
解雇	253l
介護	256l
外国人問題	281l, 292l
外国人労働者	302l
外国人労働者問題	281l
回顧メディア	582r
外婚性	563l
外在化	159l
会社	448l
解釈学	190l, 295r, 352l, 416r, 425l, 438l
解釈学的現象学	322l, 649l
解釈学的社会学	119r
解釈学的パラダイム	604l
解釈人類学	311r, 312l, 312r
解釈のパラダイム	604l
外食	60l
回心	362l
回心主義派	245l
階層	370l, 641l
階層性	531l
階層理論	240l
外側性	642l
海賊版の作成	199r
外的システム	392l
外的勢力	401r
街灯	362l
街頭調査	350r
開発主義	590l
開発途上国	222l
開発途上国問題	643r
開発論	512l
回避	290r
海浜リゾート	28l
外部官僚制	532r
外部(不)経済	489l
外部性	489l
外部体系	541l
解放	76r, 610l
解放運動	593r
解放教育	593r
開放系	531r
解放史観	588r
解放の神学	341r
外来王	246r, 359l
快楽	284r, 405l, 532l
快楽原則	113l
快楽の効用	363r
快楽のための友愛	215r
改良運動	143l

カ

会話 …………………………159r, 415r
会話分析 ………………………163r, 282l
カウンセリング …………………………162r
カウンターカルチャー …………………606r
顔 ………………………482r, 638r, 639l
カオス ………………………246r, 569l
香り ………………………………………60l
価格 ………………………384l, 553r, 623r
科学 ………177l, 476r, 493r, 497l, 533r, 591l
科学革命 ………………………140l, 617l
科学活動 ………………………………533r
科学観 …………………………………233r
科学技術 ………………………………493r
科学技術社会学 ………………………533r
科学技術体制 …………………………493r
科学技術の社会史 ……………………493r
科学技術文明 …………………………241r
価格構成論 ………………………………7l
科学史 ………140l, 454l, 477l, 533r, 591l
科学者 …………………………140l, 476r
科学者運動 ……………………………476r
科学社会学 ……………………141l, 476r
科学者の社会的責任 …………………476r
価格弾力性 ……………………………649l
科学的管理法 …………………424l, 516l
科学的合理性 …………………………470l
科学的社会主義 ………………………267r
科学的政策論 …………………………614r
科学的唯物論 …………………………547l
科学哲学 ………140l, 497l, 543l, 591l
科学認識論 ……………………………470l
科学役割 ………………………………533r
科学理論 ………………………………617l
科学論 …………………………140l, 470l
鏡に映った自我 …………………34r, 64l
鏡の段階（鏡像段階） ………………617r
輝ける都市 ……………………………629l
書かれざる囲い ………………………272r
可逆性 …………………………………592r
科挙 ……………………………………211r
家業 ……………………………………507l
書く ……………………………………514l
家具 ……………………………314r, 405l
核拡散 …………………………………645l
核家族 ………131l, 268l, 285l, 368l, 373l, 381l, 473l, 553l, 560r, 597l
核家族論 ………………………439r, 553l
楽劇 ……………………………………455r
書くこと ………………………………365l
学習 ……………………………522l, 640l
学習理論 ………………………………204l
革新官僚 ………………………………418l
革新地方自治 …………………………403r
革新の自治体 …………………294l, 489l

覚醒 ……………………………………197l
隔世代合同の原理 ……………………110r
学生の異議申し立て …………………265r
学生反乱 ………………………144l, 379l
学生連盟 ………………………………10l
拡大再生産論 …………………………597l
学知 ……………………………………429l
拡張国家擁護論 ………………………459r
学派神道 ………………………………402l
学閥 ……………………………………256r
核兵器 …………………………………296r
革命 …………………………199l, 389l, 620l
革命家 …………………………………283l
革命祭典 ………………………………283l
革命史 ………………283l, 389l, 487l
革命主義派 ……………………………245l
革命政治 ………………………………487l
革命的サンディカリスム ……………398l
革命的の労働運動 ……………………398l
革命の理論 ……………………………566r
学問 ……………………………………250l
学問の危機 ……………………………508l
学問論 …………………………………601l
攪乱 ……………………………………142l
隔離 ……………………………………138l
学歴 ……………………………………211r
学歴インフレーション ………………430l
学歴資本 ………………………………186l
学歴主義 ………………………………292l
学歴病 …………………………429r, 430l
隠れたる神 ……………………………347l
家計 ……………………………………439l
家計構造 ………………………………204r
家系図 …………………………………602r
家計調査 ………………………417r, 445l
家計簿 …………………………300r, 445l
影の価格 ………………………………597l
カーゴ・カルト ………………………622l
囲い ……………………………………272r
囲い込み ………………………………594l
囲い込み地 ……………………………108l
下降型 …………………………………229l
過去完了時制的思考 …………………62r
過去把持 ………………………………62r
家産官僚制 ……………………………357r
家産国家 ………………………………223r
家産制 ……………………51l, 312r, 313r
家産制支配 ……………………………51l
家産制的官僚制 ………………………249l
家事 ……………………189l, 248l, 282l
ガジェット ………………171l, 537l, 538l
可視性 …………………………………435l
カジノ …………………………………253r
鹿島信仰 ………………………………583l

過剰 ……………………………………569l
過剰人口 ………………………………568l
過剰都市化 ……………………………588l
過剰抑圧 ………………………………112r
家事労働 ……90r, 247l, 247r, 248l, 274l, 281r, 396r, 414l
家事労働論争 …………………………248l
カーステレオ …………………………537l
カースト ………………………329r, 373l
カースト制度 …………………249l, 426r
カースト体系 …………………………149l
家政 ……………………………………183l
課税 ……………………………………644r
家政学 …………………………………404l
カセクシス ……………………………102l
仮説としての社会 ……………………394l
外面 ……………………………………128r
過疎 ……………………………………279l
画像 ……………………………………154l
下層社会 ………228l, 272l, 322r, 447r, 557r, 608l
過疎化 …………………………………386l
家族 ………10l, 74r, 131l, 134r, 173r, 183l, 217r, 228l, 240r, 247l, 247r, 254r, 266l, 268l, 269l, 276r, 285l, 304r, 313r, 324l, 335r, 349l, 352r, 368l, 381l, 385l, 390l, 439l, 439r, 445l, 452r, 468r, 522l, 526r, 553l, 560r, 577r, 578l, 596l, 609l, 613r, 616l, 635r, 636l, 638r, 645r
家族観 …………………………………285l
家族関係 ………………………524l, 578l
家族共同体 ……………………………108r
家族経済 ………………………………578l
家族形態 ………268l, 577l, 578l, 597r
家族研究 ………130l, 439r, 635r, 636l
家族構成 ………………………………439r
家族構造 ………………………………577l
家族国家観 ……………………………570l
家族サイクル …………………………578l
家族史 …………………247r, 390l, 578l
家族社会学 ……61l, 285l, 439l, 441r, 578l
家族社会史 ……………………………578l
家族周期 ………………………74r, 596l
家族主義 ………………………116l, 504r
家族小説 ………………………………645l
家族生成 ………………………………304r
家族制生産様式 ………………………358l
家族制度 ……305r, 306l, 429r, 595r, 601r
家族制度復活論 ………………………306l
家族中心主義 …………………………496r
家族適応 ………………………………266l
家族の領域 ……………………………286l
家族のなかの病人 ……………………636l

家族否認症候群	316r	
家族変動	596l	
家族法	305r	
家族崩壊	301r	
家族役割	266l	
家族療法	324l, 522l	
家族理論	553l, 597r	
家族論	74r	
固いデータ	577l	
カタストロフィー	623l	
カタラクシー	462l	
語り	584l	
語部	287r	
カタルシス	167r	
カタルシス論	466l	
カタログ	276r	
価値	30r, 42l, 172l, 238r, 302r, 384l, 409l, 495l, 575r, 597l	
価値・態度の理論	46l	
価値意識	331l, 575r	
価値解釈	43r	
価値革命	305r	
価値関係論	42l	
価値議論	43r	
価値形式論	14r, 106r	
価値形態の対自・対他的四肢構造	495l	
価値形態論	238r, 302r, 495l	
価値合理的	48r	
価値実体論	495l	
価値自由論	42l	
価値増殖	106r	
価値増殖過程論	15l	
価値体系	238l	
価値哲学	62l	
価値判断	42l	
価値判断排除	42l	
価値判断論争	42l	
価値付加プロセス論	142l, 364r	
価値唯名論	495l	
家長の家族	74r	
価値論	7l	
学校	130l, 181r, 217r, 235r, 236l, 244r, 254r	
学校化	235r	
学校教育	168r, 211r, 430l	
学校制度	199l	
学校閥	137l	
活字人間	146r	
活字文化	338l	
活字本	500r	
活字メディア	355l	
合衆型	557l	
活動	219r, 476l, 541r
葛藤	206r, 432l
活動的生活	219r
活版印刷	147l, 338r, 340l
過程	110r
家庭	301r, 474l
家庭愛	381l
家庭学	247r
家庭観	282l
過程身体	273l
過程の社会学	73r
カテゴリー	99r
寡頭制	215l
寡頭制の鉄則	510l
家内領域	285l
悲しみ	345l
悲しみの時間学	460l
カーニヴァル	371r, 412l, 422l, 479l, 480l, 480r
カーニヴァル的侵犯	389r
カーニヴァレスク	389r
カヌードス	622l
可能意識の最大限	347l
カバラ	197r
カバラ思想	222r
株式会社	484l
カプセル人間	448l
家父長制	90r, 247l, 306l, 313r, 335r, 396r, 578l, 597l
家父長制家族	597l
家父長制支配	51l
家父長制小家族	109l
家父長制的ジェンダー関係	274l
家父長的核家族	496l
株仲間	283l
株主	484l
貨幣	6r, 14r, 30l, 88r, 106r, 109r, 157r, 191r, 238l, 238r, 259r, 302r, 336l, 354l, 487l, 490l, 542r, 553l
貨幣供給量	336l
貨幣経済	31r, 594l
貨幣経済問題	490l
貨幣形態	302r
貨幣購買力	326r
貨幣商品説	238r
貨幣の自己循環論法	238l
貨幣法制説	238r
貨幣論	99l
釜ヶ崎	331r
神	287r
カミサマ	307l
過密	279r
神の死	456l
神の見えざる手	257r
カメラ	307r
仮面	123l, 352l, 536l
我有化	360l
からだ	407l
絡み合い	155r, 593l
からゆきさん	596l
カリキュラム	177l
カリスマ	50l, 168r, 221l, 245r, 262r, 312r
カリスマ支配	50r
カリスマ的支配	376r
カリブ	490r
刈分小作	79l
カルヴィニズム	36r
カールスバート決議	10l
カルチュア	242r
カルチュラル・スタディーズ	144l, 185r, 244r, 356r, 498r, 499r, 501l, 526l, 535r
カルテル	266r
加齢	596l
かわいいカルチャー	274r
川口鋳物業調査	284l
瓦版	371r
癌	399l, 558l
感覚	60l, 155l, 355r, 450r, 607l
感覚運動的知能	488l
感覚世界	8l
感覚的世界	154l
環境	135r, 226l, 236l, 257l, 583r, 645l
環境・公害問題	577l
環境運動	222l, 481l
環境汚染	226l
環境汚染型産業	583r
環境教育	583r
環境計画	626r
環境経済学	583r
環境決定論	228r, 270r
環境史	444l
環境社会学	222l, 444l, 481r, 509l
環境図式	442l
環境政策	214l, 222l, 444l, 511l, 583r
環境世界	258l
環境と開発に関する世界委員会	214l
環境破壊	83l, 221r, 222l, 226l, 297r, 508r, 583r
環境保全運動	444l
環境問題	125r, 176r, 221r, 222l, 226l, 355r, 379l, 453r, 481r, 511l, 558r, 583r, 643r
監禁	138l
関係	45l, 212l, 225l, 320r, 538l
関係志向的エスニシティ	503r
関係性の哲学	494l

関係性モデル……………582*l*	管理社会論………………51*l*	企業の多国籍化……………346*l*
関係のダイナミクス ………522*l*	官能………………………513*r*	企業別労使関係……………231*l*
関係欲求……………………524*l*	官僚主義……………………510*l*	企業理論……………………553*r*
監獄…………………180*l*, 452*r*	官僚制……49*r*, 312*l*, 333*r*, 357*r*, 510*l*, 513*r*, 516*l*, 590*l*	菊人形………………………299*l*
韓国併合……………………467*r*		技芸…………………………424*l*
観察…………………………622*r*	官僚制化…190*r*, 333*r*, 510*l*, 581*l*, 605*l*	議決権信託…………………484*l*
監視…………………………532*l*	官僚制支配…………………51*l*	起源…………………………639*l*
漢字…………………………365*l*	官僚制組織…………………262*r*	記号…170*r*, 258*l*, 330*l*, 365*l*, 536*l*, 539*r*, 625*l*, 648*l*
癌死…………………………460*l*	官僚制的支配体制…………219*l*	
慣習…………………358*l*, 427*l*	管理論………………………476*l*	記号学……164*l*, 479*r*, 485*l*, 485*r*, 568*r*, 569*l*
慣習行動……………168*r*, 186*r*	慣例…………………………256*r*	
慣習的行為…………………479*l*		記号象徴態…………………330*l*
感受概念……………………517*l*	**キ**	記号内容……………………165*r*
間主観性……394*l*, 513*l*, 592*r*, 613*r*		記号表現……………………165*r*
感情……22*l*, 310*r*, 442*l*, 541*r*, 591*l*, 607*l*, 640*r*	気……………………………317*l*	記号論……41*r*, 99*l*, 181*l*, 224*r*, 244*l*, 277*l*, 296*l*, 408*l*, 479*r*, 480*r*, 498*r*, 526*l*, 536*l*, 626*r*
	議院内閣制…………………320*l*	
感情革命……………………381*l*	記憶…32*l*, 193*l*, 194*r*, 216*l*, 223*l*, 230*l*, 403*l*, 450*r*, 547*r*, 549*l*	
感情経験……………………442*l*		疑似イベント………171*l*, 497*l*
感情社会学…………………381*r*	記憶術………………………222*r*	疑似環境……………………625*l*
感情的………………………48*r*	記憶の共同体………………527*r*	儀式…………………119*l*, 264*r*
感情的行為…………………105*l*	記憶の劇場…………………222*r*	寄宿制………………………130*l*
感情のエンジニアリング …561*l*	記憶の創出…………………541*l*	技術……423*l*, 493*r*, 538*r*, 573*r*, 574*l*, 634*l*
感情の社会学………………35*r*	記憶を絶した過去…………639*l*	
感情分析……………………391*l*	飢餓…………226*l*, 380*r*, 451*r*, 577*l*	技術革新…177*l*, 303*r*, 377*r*, 447*l*, 529*l*, 556*r*
感触…………………………155*l*		
関心…………………………463*l*	機械…………………………296*l*	技術進歩イメージ…………447*l*
間人…………………………481*l*	議会…………………………644*r*	記述的体系…………………597*l*
間人主義……………………481*l*	機械打ち壊し………………142*l*	技術的身ぶり………………634*l*
感性…………………………450*r*	機械化………………………314*r*	基準の理論…………………617*l*
感性の歴史…………………348*l*	機械主義文明………………629*l*	稀少性………………………132*r*
環節的社会…………………20*r*	議会政治……………………320*l*	基数の効用…………………490*l*
完全競争……………………649*l*	議会制度……………………354*l*	犠牲…………………88*r*, 235*l*
完全雇用……………………125*l*	議会制民主主義……375*l*, 375*r*	擬制村………………………137*l*
幹線道路公害反対運動……558*l*	機械的連帯…………………20*l*	奇蹟派………………………245*l*
完全な友愛…………………215*l*	機械と人間の相称性………447*l*	季節工………………………302*l*
観相学………………………482*r*	機械翻訳……………………305*l*	基礎共同体…………………341*r*
間テクスト性………………195*r*	機械論………………242*l*, 531*r*	規則…………………………487*r*
関東大震災…………………579*l*	機械論的自然観……………310*r*	帰属意識……………………343*r*
観念…………………………158*l*	機械論的世界像……………545*r*	規則支配……………………359*l*
観念学………………54*r*, 224*r*	帰化志向……………………503*l*	貴族主義……………………350*l*
換喩的因果性………………156*r*	期間工………………………302*l*	規則性………………………49*l*
早魃…………………………226*l*	器官なき身体………………218*l*	貴族制………………4*r*, 215*l*
早ばつ問題…………………451*r*	危機…………………………546*l*	貴族制社会…………………308*l*
看板…………………………253*r*	聞き書き……………………584*l*	規則と戦略…………………606*l*
かんばん方式………………302*l*	聞き取り調査………152*l*, 221*r*, 503*l*	基礎社会衰耗の法則………401*l*
願望……………………32*r*, 96*r*		基礎社会の拡大縮小の法則………400*r*, 401*l*
願望充足……………………33*l*	企業………………283*r*, 443*r*	
換喩…………………………625*l*	企業意識……………………556*r*	期待…………………………201*l*
関与…………………262*r*, 343*r*	企業グループ………………233*l*	期待構造……………………201*l*
関与配分……………………343*r*	帰郷者………………………205*r*	議題設定……………………356*r*
管理…………………………351*l*	企業者………………377*r*, 378*l*	キッチュ……………………171*l*
管理 – 被管理関係……………331*r*	企業社会化…………………301*r*	企投…………………………193*l*
管理社会…210*r*, 211*l*, 270*l*, 331*l*, 331*r*, 379*l*, 567*r*, 577*l*	企業者利潤…………………377*r*	既得権………………………256*l*
	企業中心社会………………274*l*	記念碑………………………595*l*
	企業調査……………………556*r*	機能…………110*l*, 200*l*, 536*l*

機能主義	41r, 110l, 200l, 233r, 323r, 334l, 436r, 437l, 441l, 483l, 510r, 523r, 624r, 629l	
機能主義心理学	64l	
機能主義人類学	94l, 95r	
機能主義美学	446l	
機能代表制	173l	
機能的一致の原則	111l	
機能的合理性	572l	
機能分析	92l, 239r, 510r, 609r, 610l	
騎馬試合	123l	
規範	27l, 273l	
規範志向運動	143l	
規範喪失	465l	
規範秩序	465l	
規範的正義論	646l	
規範の予期	633l	
黄表紙	571r	
希望	521l	
基本的欲求	240l	
義務の感覚	392r	
客我	34r, 64r	
逆コース	570r	
逆ユートピア	621r	
客観主義的認識	516r	
客観責任論	172r	
客観的の文化	31r	
客観文学	165r, 485r	
キャンペーン効果	297l	
嗅覚	60l, 348l	
救済	193l, 245l, 250l	
救済事業	61l	
救済宗教	367l	
吸収の法則	401r	
求心化	272r, 273l	
救世主信仰	583l	
宮廷	264r	
宮廷社会	72l	
救貧法	267l, 568l	
休養	271l	
キュビズム	307r, 308l	
教育	176l, 235r, 236l, 427l, 430l, 518l, 548l, 581l, 624l, 630l	
教育・文化権力	414r	
教育改革論	235l	
教育科学	427l	
教育システム	168l	
教育社会学	244r, 581r	
教育制度	115r, 354l	
教育の権威	168r	
教育的働きかけ	168l	
教育的労働	168l	
教育批判	235l	
境界	205r, 389r, 412l	

教会	40r, 48l, 49r, 457r	
教会一致運動	457r	
境界性	411r	
境界相互交換	472r	
境界人	93l, 467l	
境界例	330r	
共感	35l, 392r, 396l	
共感呪術論	518r	
共感のイントロスペクション	35l	
狂気	138l, 180l, 278r, 604l, 634r, 636l	
競技	70r, 122l	
狂気の零度	138l	
供給曲線	649r	
教権制	51l	
教権制団体	49r	
教権制的支配	51l	
恐慌	384l	
共在	128l, 150l, 343r	
行財政改革	453r	
共産主義	12r, 17l, 117r, 213r, 538l, 567r, 641l	
共産主義者同盟	567l	
器用仕事	148r	
共時性	165l	
共時世界	63l	
共時的本質主義	185l	
狂人	138l	
共生	189r, 235r, 279r, 475r, 551l, 650l, 650r	
強制	50r	
矯正	181r	
行政	6l	
共生価値	332l	
共生志向	503l	
行政下請け	239r	
行政指導	256r	
強制収容所	112r, 216l, 219l	
匡正の正義	215l	
強制力なき権力	327r	
強制労働	467r	
業績本位	172r, 527l	
競争	122r, 206r, 225r	
鏡像段階(鏡の段階)	617r	
鏡像段階論	244l	
共存在	91l	
兄弟盟約	251l	
教団	352l, 595l	
教団禁欲論	42l	
教団類型論	457l	
協調関係	207l	
共通感覚	219l, 450r, 513l	
共通文化	420l	
強度	434r, 435r	
協働	162l, 476l, 488l	

協同	172r	
共働	534r, 554l	
共同意識	21l	
共同幻覚	600l, 600r	
共同幻想	613r, 614l	
協同思想	271l	
郷党社会	507r	
共同社会	177l, 397r	
協同主義	574l	
共同身体性	298r	
共同性	16l, 44r, 133l, 198r, 317r	
共同生活	507l	
共同態	44r, 109l	
共同体	10l, 44l, 70r, 108l, 205r, 215l, 226r, 238l, 287r, 291r, 314l, 354l, 371r, 382l, 393r, 473r, 613r, 638r	
共同体原理	507r	
共同体としての国家	5r	
共同体の解体	367l	
共同体論	393r, 419l, 505r	
協同の道徳	487r	
郷党圏	137l	
協働論	476l	
郷土研究	601r	
郷土生活	603l	
教派神道	402l	
恐怖症	24r, 330r	
恐怖政治	389l	
共変法	23l, 27r	
教養	186l	
教養小説	8l	
協力	620r, 640r	
共和国	5l, 207l	
共和主義	219l	
共和政	598l	
漁業	511l	
玉音放送	410l	
極限的に直接的なコミュニケーション	273r	
極構造理論	419l	
玉砕の思想	420l	
虚構の時代	273l	
居住	280l	
居住空間	404r, 549r	
居住形態	22l	
居住者アソシエーション	239r	
居住地コミュニティ	280r	
巨大機械	573r	
巨大企業	303r	
巨大専制帝国	260r	
巨大都市	279r, 573l	
虚無	192l, 457l	
義理	84r, 173l, 317r, 323r, 481l	
義理廻状	239l	

ギリシア的世界観……………387r
ギリシア哲学…………………365l
ギリシア悲劇……382l, 387r, 455r, 534l
キリシタンの宗教……………365l
ギリシア的同一性……………428l
キリスト教………457l, 457r, 471l, 523l, 591l
キリスト教運動………………341r
キリスト教世界………………198l
キリスト教的人間学…………320r
キリスト教倫理………………391l
規律化…………………………532l
規律訓練………181l, 184r, 270l, 611r
規律の精神……………………427r
ギルド……………………283l, 353l
儀礼………41l, 111l, 411r, 422l, 487l
儀礼交換………………………606l
儀礼の価値……………………111l
儀礼の関係……………………111l
記録……………………………334r
禁忌……………………………402l
キングスレイホール…………324l
金権民主制……………………426l
均衡安定………………………490l
銀行家…………………………377r
均衡価格………………………490l
均衡の安定条件………………649r
均衡の時間的構造論…………490l
均衡分析………………………502l
均衡モデル……………………363r
均衡論……………115l, 546l, 553r
銀座……………………………611l
禁止………………40r, 183r, 473l
均質化…………………………354l
均質空間………………………483l
禁止と侵犯……………………120l
禁酒運動………………………60r
近親婚…………………………120l
近親婚規制……………………577r
近親相姦……………………24r, 94l
近親相姦禁忌……………94l, 613r
近世庶民文化史………………299l
近世日本イデオロギー………286r
キンゼイ報告…………………321l
近代………36l, 161l, 185r, 237r, 308r, 365r, 407r, 443l, 465r
近代化………136r, 190r, 211r, 254r, 332l, 353l, 354l, 430l, 441l, 547r, 555r
近代科学…………349r, 454r, 547l
近代家族……131l, 247r, 285l, 324l, 381l, 390l, 447r, 474l
近代化と開発…………………475r
近代化論………372r, 415r, 419l, 441l, 512r
近代官僚制成立史論…………357r

近代教育………………………252r
近代経済学……………………374r
近代建築……………483l, 629l
近代広告………………………611r
近代個人主義…………………101l
近代国家……252r, 311l, 445l, 507r, 541l
近代産業社会…………………643r
近代自然権思想………………545r
近代資本主義……255r, 275l, 399r, 519l
近代市民社会………379r, 550l
近代社会………27r, 36l, 108l, 147r, 172r, 211r, 261l, 273l, 481r, 550r
近代社会構造論………………20l
近代社会批判……………235r, 388r
近代主義………………309l, 378r, 529r
近代主義革命…………………260r
近代主義批判…………………574r
近代小説………………………340l
近代精神……………117l, 456l
近代成長理論…………………597l
近代性批判……………………443l
近代世界………………………174l
近代世界システム……178l, 255r
近代戦争………………………325l
近代知…………………………605l
近代超克論……………………407l
近代的学校制度………………354l
近代的工場制度………………354l
近代的自我………192l, 193l, 303l
近代的時間意識………………273l
近代的身体観…………………580l
近代的世界観…………………494r
近代的組織理論………………554r
近代的人間……………………180l
近代的人間類型の創出………275r
近代的発展概念………………443l
近代的理性主義………………91l
近代天皇制……………………559l
近代読者論……………………549l
近代都市……………404l, 447r
近代日本………………………298l
近代日本人の精神構造………229r
近代日本文学史………………613l
近代の空間と時間……………361r
近代の知………………………91r
近代の超克……………………569r
近代のデザイン史……………502l
近代の人間理性………………310l
近代批判………236r, 308r, 649l
近代ヒューマニズム…………456l
近代表出史……………………613l
近代ブルジョア社会…………348l
近代文学………………………303l
近代モード論…………………484r

緊張……………………………530l
キンバンギズム………………622l
金ぴか時代……………………28l
勤勉……………………………599r
金融資本………………………492l
金融政策………………………124l
禁欲………………………371l, 399r
禁欲的合理主義………………36l
禁欲的プロテスタンティズム…440r
近隣関係………………………528l
近隣社会………………………450l
近隣住区……………53l, 363l
近隣住区論……………………528l

ク

空間………………431r, 470r, 544l
空間図式……………404r, 483l
空間認識………………………307r
空虚で均質な時間……………199r
偶然……………………………122r
偶然性…………………………322l
空想社会主義……………267r, 348r
空洞化…………………………302l
クォータ法……………………482l
公界……………………………212r
公界所…………………………212r
供犠………88l, 149r, 205r, 235l, 382l, 473r, 625l
供犠論…………………………518r
具現的公共性…………………144r
愚行……………………………422l
草の根ネットワーク活動……247r
具体の科学……………………148r
口言葉…………………………299r
口コミ…………………………166r
苦痛……………………………532l
屈辱……………………………381r
クーデタ………………………313l
組合民主主義…………………231l
組寺結合………………………595l
クラ……………………………71l
クライン派精神分析学………324r
クラ交易（クラ交換）……98l, 562r
クラス…………………………242r
クラッシュ……………………539r
クラブ…………………………373l
グラフィック・デザイン……292r
クラン…………………………373l
クリスチャン・フィリピーノ…421r
グリム童話……………………524r
クール・メディア……………552r
グルービズム・モデル………384r

グループ・ダイナミクス……364*l*	経営者……484*l*	形而上学……309*r*, 391*l*
グループホーム……256*l*	経営社会政策……271*r*	芸術……254*l*, 446*l*, 455*r*, 491*l*
グルメ・ブーム……276*r*	経営者革命論……114*r*	芸術家……472*l*
クレオール……198*r*	経営者支配……589*l*	芸術記号論……536*l*
クレオール・ナショナリズム……199*l*	計画化体制……303*r*	芸術作品……405*l*
クレオール学……412*r*	計画と統制……351*l*	芸術社会学……512*l*
クレオール語……234*r*, 412*l*	景観……583*r*, 642*l*	芸術様式……389*l*
クレオール主義……234*l*	経験……431*r*	芸術論……66*l*
クレプトマニア……535*l*	経験構造……258*l*	継承……110*r*
クロース・アップ……482*r*	経験社会学……439*l*	警職法……555*r*
クロス=カルチュラル……560*r*	経験主義……349*r*, 523*l*	継続的本源的蓄積……574*r*
グロテスク……480*r*, 536*l*	経験的社会学……46*l*	形態形成……404*r*
グローバリゼーション……443*l*, 579*l*, 615*l*	敬虔派……36*r*	芸能……299*l*
グローバル・ウェブ……615*l*	経済……358*r*	芸能民……212*r*
グローバル・シティ……280*r*	経済エリート……114*r*, 585*l*	刑罰……180*l*
グローバル化……555*l*	経済開発……388*l*	系譜学……605*l*
グローバルカルチャー……305*l*	経済学……6*l*, 257*r*, 336*l*, 337*l*, 546*l*, 623*r*	刑務所……342*l*
グローバル企業……615*l*	経済学史……7*l*	啓蒙……86*r*, 389*l*
グローブ座……222*r*, 223*l*	経済学説史……546*l*	啓蒙思想……17*l*, 270*r*, 391*l*
クローン……539*l*	経済学批判……14*l*	啓蒙主義……349*r*, 521*l*
群化社会……136*r*	経済活動……527*l*, 553*r*	契約……20*r*, 318*l*
君権神授……223*r*	経済騎士道……553*l*	系列……233*l*, 256*r*, 448*l*
軍国主義……418*r*, 420*r*	経済計画……542*r*	汚穢(けがれ)……406*r*
軍事エリート……114*r*	経済権力……414*r*	ケガレ……246*r*, 419*l*
軍事型社会から産業型社会へ……392*l*	経済行為の合理性……6*l*	穢れ……406*r*
軍事資本主義……115*l*	経済構造……347*l*	穢れたもの……330*r*
群集……19*l*, 58*l*, 243*l*, 631*l*	経済サイバネティクス……337*l*	劇場……208*l*, 223*l*, 611*l*
群衆……415*r*, 488*r*, 641*l*	経済史……7*l*, 521*r*	劇場国家……312*l*
群衆化……354*l*	経済システム……502*r*, 511*l*	劇場的な権力……262*r*
群衆心理……632*r*	経済思想史……525*l*	劇場都市……277*l*
群衆論……538*l*	経済指標……326*r*	劇的な人間類型……333*l*
軍縮と平和……511*l*	経済史観……233*l*	劇的な文化……233*l*
君主制……3*l*, 4*r*, 215*l*	経済社会学……83*r*, 378*l*, 472*l*	ゲゼルシャフト……16*l*, 49*l*, 108*l*, 245*r*, 438*l*
君主政……598*l*	経済自由主義……590*l*	ゲゼルシャフト関係……49*l*
君主論……550*l*	経済循環……337*l*	ゲゼルシャフト行為……248*l*
軍制……590*l*	経済新体制……298*r*	ゲゼルシャフト的社会観……3*r*
軍隊……181*l*, 452*r*	経済人類学……82*l*, 98*l*, 358*r*, 542*l*, 542*r*, 606*l*	血縁家族……597*r*
軍隊の敗走……143*l*	経済成長……124*l*, 170*l*, 303*r*, 374*r*, 417*r*, 643*r*	血縁婚家族……268*l*
軍備……6*l*	経済成長至上主義……125*r*	血縁海汰説……246*l*
軍民転換……493*r*	経済生物学……553*r*	結核……399*l*
	経済的価値……30*r*	結合……383*l*
	経済的厚生……489*l*	結合定量の法則……260*l*, 400*r*, 401*l*
ケ	経済的剥奪……266*r*	結婚……231*r*, 560*r*, 564*l*
	経済統計……337*l*	結婚関係……578*l*
ケ……246*r*, 419*l*	経済の世界……30*r*	結婚制度……91*l*
ゲイ……587*l*	経済発展……297*r*, 326*r*, 377*r*, 378*l*, 583*r*, 588*l*	結社……49*l*, 115*r*
ゲイ・スタディーズ……183*r*	経済分析……546*l*	結節機関説……385*r*
経営イデオロギー……532*r*	経済変動……490*l*	ゲットー……648*l*
経営エゴイズム……346*r*	形式合理性……357*r*	ゲットー・ブラスター……537*l*
経営学……443*l*	形式社会学……19*r*, 30*l*, 38*l*, 383*l*, 383*r*, 400*r*	血統原理……376*r*
経営家族主義……152*r*		ゲノム……449*r*, 558*l*
経営管理……443*l*, 591*l*		ゲマインヴェーゼン……393*l*
経営工学……424*r*		

見出し	ページ
ゲマインシャフト	16*l*, 44*l*, 49*l*, 108*l*, 245*r*, 393*l*
ゲマインシャフト関係	49*l*
ゲマインシャフト行為	248*r*
ゲマインデ	393*r*
ゲーム	64*r*, 122*l*, 343*l*, 606*l*, 620*r*
ゲーム理論	207*r*, 502*l*
圏	18*r*
権威	76*r*, 96*l*, 323*r*, 340*r*, 351*l*, 351*r*, 475*l*
権威主義	97*l*
権威主義的人間類型	96*l*
権威主義パーソナリティ	97*r*
原エクリチュール	428*r*
検閲	32*r*, 519*l*
限界革命	363*r*, 553*r*
限界芸術	419*r*
限界効用	363*l*
限界効用均等の法則	649*r*
限界効用理論	553*r*, 649*r*
幻覚	513*l*
藏体	212*l*
原感官	154*r*
原記号態	330*l*
元型	607*r*
権限	532*r*
言語	132*r*, 190*l*, 234*r*, 397*l*, 412*r*, 429*l*, 466*l*, 466*r*, 613*l*
健康	176*r*, 236*l*, 445*l*
健康管理制度	236*l*
健康政策	236*l*
言語学	161*r*, 164*r*, 568*r*, 637*l*
言語学・辞書編纂革命	199*r*
言語活動	165*l*, 634*l*
言語記号の恣意性	568*r*
言語ゲーム	241*r*, 469*r*, 475*l*
言語ゲーム論	241*l*
言語現象学	466*r*
言語行為	241*l*, 359*r*, 391*l*
言語行為論	282*r*, 623*l*
言語交換論	581*r*
言語構造	24*l*
言語混淆	234*r*
言語思想	568*r*, 569*l*
言語体系	164*l*
言語哲学	241*r*, 282*l*
言語都市	462*r*
言語ナショナリズム	199*l*
言語能力	324*l*
言語の写像説	241*l*
言語表現	466*l*, 613*l*
言論	332*r*, 450*r*
原始共同体	273*l*
原始キリスト教	8*r*
原始社会	261*l*
現実	539*r*
現実原則	112*l*, 519*r*
現実性	539*r*
衒示的消費	28*l*
原始的蓄積	106*l*
原始的蓄積論	15*l*
衒示的余暇	28*l*
現象	155*r*, 156*r*
現象学	38*r*, 62*l*, 190*l*, 200*l*, 352*l*, 409*r*, 425*l*, 453*l*, 466*r*, 470*r*, 496*l*, 508*l*, 513*l*, 592*r*, 626*r*, 635*l*, 639*l*, 648*l*
現象学的還元	154*l*
現象学的空間論	404*r*
現象学的社会学	63*r*, 158*l*, 204*l*, 263*r*, 315*r*, 464*r*, 592*r*, 604*l*, 610*l*, 630*r*
現象学的地理学	431*r*
現象学的分析	638*r*
現象学的分裂病論	513*l*
現象主義	337*l*
現象の世界	494*r*
現状分析	259*r*
原始乱交	597*r*
原子力	645*l*
原子力開発	296*r*
原子力商業開発	296*r*
原子力発電所反対運動	558*r*
原身体的平面	273*r*
現世救済	367*r*
原生的労働関係	271*r*
言説	507*l*
言説形式	645*r*
言説分析	507*l*
言説編成	618*r*
幻想の家族	636*l*
幻想論	25*l*
原組織	373*l*, 481*l*
現存在	463*l*
現存在分析	496*l*, 513*l*, 514*l*
現代医療	451*l*
現代化	166*l*
現代家族	285*l*
現代芸術	254*l*
現代産業文明	188*l*
現代史	334*r*
現代資本主義	519*l*
現代資本主義分析	303*r*
現代資本主義論	379*l*
現代資本主義論争	259*r*
現代社会	550*r*
現代社会分析	379*l*, 546*r*
現代社会論	30*l*, 36*l*, 273*r*, 339*l*, 379*l*, 567*r*, 577*l*
現代性	258*l*
現代都市論	363*r*
現代日本文化	305*l*
現代文学	514*l*
現段階論争	259*r*
建築	67*r*, 405*l*, 483*l*, 549*r*
建築史	382*r*
建築思想	253*r*
建築的空間	431*r*
建築デザイン	253*r*
現地調査	622*r*
限定エコノミー	88*r*
限定効果論	328*l*
限定交換	94*l*
原発(原子力発電所)	296*l*
言表	435*l*, 507*l*
原父殺害	24*l*
言文一致体	303*l*, 549*l*
原ポリス	573*l*
倹約	599*r*
権利	10*l*, 432*l*
権利回復運動	221*r*
権力	114*l*, 161*r*, 180*l*, 191*r*, 221*l*, 235*l*, 258*l*, 260*l*, 262*r*, 312*r*, 315*r*, 323*r*, 327*r*, 333*l*, 340*r*, 352*l*, 359*l*, 405*l*, 405*r*, 423*l*, 435*l*, 457*l*, 483*r*, 506*r*, 507*l*, 539*l*, 549*r*, 559*l*, 582*l*, 611*r*, 633*r*, 644*l*
権力エリート	114*l*
権力エリート論	206*l*
権力技術	180*l*
権力構造	206*l*, 315*l*
権力作用	468*l*
権力装置	582*l*
権力多元主義理論	206*l*
権力の象徴作用	207*l*
権力の多元的な構成	414*r*
権力の分権化	528*r*
権力分割	50*l*
権力分析	180*l*, 270*l*
権力への意志	456*l*, 456*r*
権力理論	259*l*
権力論	405*r*, 550*l*, 633*l*
原理論	259*l*
言論	338*l*

コ

見出し	ページ
個	445*l*, 449*r*, 551*l*
孝	527*l*
興亜	301*l*

行為 ……48*l*, 48*r*, 64*l*, 128*l*, 190*l*, 200*r*, 248*l*, 332*r*, 394*l*, 422*r*, 441*r*, 466*r*, 575*r*, 609*r*
広域汚染 …………………………226*l*
行為作用 …………………………315*r*
行為者 …………………………466*r*
行為者－状況図式 …………102*r*, 104*l*
行為遂行的発言 …………………282*r*
行為的直観 ………………………453*l*
合意による革命 …………………619*r*
行為分析 …………………………102*r*
合意モデル ………………………416*l*
行為様式 ……………………22*l*, 427*l*
行為論 ……68*l*, 102*r*, 104*l*, 163*r*, 241*r*, 272*r*, 282*l*, 351*l*, 394*l*, 422*r*, 486*r*
交易 …………………………358*r*, 542*r*
交易港制度 ………………………542*l*
効果 ………………………………328*l*
公害 ……170*r*, 225*r*, 241*l*, 297*r*, 420*l*, 508*r*, 509*l*, 583*r*
郊外 …………………………53*l*, 280*l*
郊外化 ……………………279*r*, 395*l*
公害差し止め請求 ………………509*l*
郊外住宅地 ………………………499*l*
公開性 ……………………………145*l*
郊外生活 …………………………624*l*
郊外地コミュニティ ……………280*r*
郊外地住民運動 …………………279*r*
公害反対運動 ……………226*l*, 241*l*
鉱害反対運動 ……………………558*r*
郊外メトロポリス ………………499*l*
公害問題 …………………………221*l*
公害輸出 …………………………226*l*
交換 ……6*r*, 30*r*, 88*l*, 94*r*, 98*r*, 132*r*, 171*l*, 238*l*, 323*r*, 347*l*, 358*r*, 490*l*, 510*r*, 606*l*
交換価値 …………6*r*, 208*l*, 363*r*, 649*r*
交換過程 …………………………14*r*
交換システム ……………94*l*, 562*r*
交換志向 …………………………6*r*
交換の定義 ………………………215*r*
交換理論 ……39*l*, 204*l*, 323*r*, 649*r*
後期ウィトゲンシュタイン ……241*r*
後期資本主義 ……………………399*r*
後期資本制国家 …………………285*r*
合議制 ……………………………50*r*
後期マルクス ……………………156*r*
後期マルクス主義フェミニズム
 …………………………247*l*, 396*r*
後期マルクスの物象化論 ………495*l*
公共 ………………………………642*l*
工業化 ……372*r*, 423*l*, 453*r*, 532*r*, 632*l*
工業技術 …………………………423*l*
公共記念碑 ………………………541*l*

公共空間 …………………………537*l*
公共圏 ……………………………145*l*
公共財 ……………………………289*l*
公共事業 ……………………508*r*, 509*l*
工業社会 …………………………529*l*
公共信託財産 ……………………583*l*
公共性 ……………………509*l*, 527*l*
工業生産 …………………………592*l*
公共的 ……………………………343*r*
公共投資 …………………………257*l*
公共の利益 ………………………571*l*
公共領域 …………………………285*l*
講組結合 …………………………504*l*
攻撃距離 …………………………544*l*
攻撃性 ……………………………647*l*
考現学 ……………………350*l*, 355*r*, 611*l*
孝行 ………………………………599*r*
考古学 ……………………………507*l*
広告 ……67*r*, 196*r*, 244*l*, 254*l*, 292*r*, 501*r*, 539*r*, 540*r*, 552*l*, 577*l*, 612*l*, 644*l*
広告音楽 …………………………277*r*
広告作業 …………………………244*l*
広告代理店 ………………………540*r*
広告の社会学 ……………………644*l*
広告批判 …………………………244*l*
広告表現 …………………………244*l*
広告メディア ……………………540*r*
講座派 ……………378*r*, 460*r*, 461*l*
交叉配列 ……………………155*r*, 593*l*
公式組織論 ………………………476*l*
公衆 ………………………144*r*, 415*r*
公衆衛生 …………………………420*r*
公衆劇場 …………………………223*l*
公収入 ……………………………6*l*
口述生活史 ………………………449*l*
工女 ………………………271*r*, 272*l*
工承 ………………………………517*r*
工場 ………………………181*l*, 447*l*
工場管理 …………………………424*l*
工場システム ……………………354*l*
工場制度 …………………………267*l*
口承文学（口承文芸）…194*r*, 603*l*
工場法 ……………………………82*l*
工場立法 …………………………142*l*
洪水 ………………………………226*l*
厚生 ………………………………489*l*
厚生経済学 ………………220*l*, 489*l*
構成素 ……………………………142*l*
公正な経済学 ……………………271*l*
構造 ………110*r*, 160*l*, 208*r*, 315*r*, 411*r*, 429*l*, 536*l*, 592*r*, 637*l*
構造因果性 ………………………157*l*
構造化 ……………………………315*r*
構造化された構造 ………………516*r*

構造化する構造 …………………516*r*
構造化理論 ………………………315*r*
構造機能主義 ……98*l*, 102*l*, 464*r*, 553*l*
構造＝機能分析 …………104*l*, 609*r*
構造決定主義モデル ……………402*r*
構造言語学 ………………………637*r*
構造主義 ……41*l*, 94*l*, 98*r*, 139*r*, 148*l*, 160*l*, 164*r*, 174*l*, 181*l*, 186*r*, 195*r*, 208*r*, 233*r*, 246*r*, 311*r*, 327*r*, 330*l*, 354*l*, 359*l*, 397*l*, 429*l*, 450*r*, 485*r*, 507*l*, 513*r*, 516*r*, 538*r*, 568*r*, 600*r*, 606*l*, 617*r*, 618*l*, 624*r*, 625*l*, 637*l*
構造主義人類学 ……164*l*, 483*r*, 625*l*
構造主義的マルクス主義 …293*r*, 294*l*
構造主義の歴史人類学 …………359*l*
構造人類学 …94*l*, 98*l*, 382*l*, 568*r*, 637*l*, 637*r*
構造的カップリング ……………560*l*
構造的時間 ………………………192*l*
構造的選択作用 …………………285*l*
構造的人間学 ……………………133*r*
高層ビル …………………………308*l*
構造分化モデル …………………142*l*
構造分析 …………………92*r*, 170*l*
構造変換 …………………………149*l*
構造変動 …………………………92*r*
構想力 ……………………………574*l*
構想力の論理 ……………………574*l*
構造論 ……………………277*l*, 450*l*
高速交通網 ………………………508*r*
拘束の分業 ………………………21*l*
拘束の道徳 ………………………487*r*
高速文明 …………………………509*l*
高築主義 …………………………391*r*
交通 ………………………………176*l*
交通関係 …………………………566*r*
交通技術 …………………………60*r*
交通公害問題 ……………………509*l*
交通路 ……………………………22*l*
肯定的思惟 ………………………567*r*
公定ナショナリズム ……………199*l*
皇帝の祭祀 ………………………277*l*
公的異議申し立て ………………415*l*
公的時間 …………………………308*l*
公的領域 …………………………286*l*
鋼鉄の檻 …………………………191*l*
行動 ………128*l*, 154*l*, 538*l*, 593*l*, 632*r*
行動研究 …………………………432*l*
口頭コミュニケーション ………366*l*
行動主義 ……………………64*l*, 554*l*
行動生態学 ………………………246*l*
高度経済成長 …241*l*, 301*l*, 378*r*, 379*l*, 413*r*, 421*l*, 441*l*, 575*l*, 589*r*, 590*l*
高度国防国家体制 ………………298*r*

項目	頁
高度資本主義	399r
高度資本主義社会	621r
高度資本主義文明	260r
高度消費社会	589l
高度情報化社会	345r
高度成長	298r, 447l
高度大衆消費社会	643r
高度文明社会	260r
貢納的社会	213r
購買意欲	535l
後発効果	430l
後発効果理論	429r
後発国経済	590l
幸福	215r, 532l, 575r, 624l
広報活動	145r
合法支配	50r
弘法大師信仰	583l
合法的支配	357r
公民	5l
公有地	109l
効用	489l, 502r, 553r
合理化	250r, 253l, 283r, 302l, 477l
合理化論	43l, 191l, 376r, 605l
功利主義	270r, 363r, 396l, 432r, 532l, 623l
合理主義	16r, 37r, 250l, 255r, 309r, 391l, 497l
合理性	190r
合理性のパラドックス	394l
合理的工学性	470l
合理的支配	376r
合理的精神	379r
合理的選択	163l, 285r, 323r
合理的選択論	289l, 502r
合理的反証主義	497l
合流する愛	316l
合理論	470l
高齢化	417r, 458l
高齢者福祉	408r
公論	144r, 559l
声	194l, 356l, 407l, 428r, 549l, 603l
声の文化	194l
子方	79r
5月革命（5月運動，5月事件）	283l, 434l, 436l, 507l, 562l, 621r
コギト	138r, 425r, 428l
故郷	279r, 521l
国益	548r
国王二体論	311l
国学	418l, 468r, 559l, 569r
国語	147l, 412r, 500r
国際金本位制	82l
国際経済システム	512r
国際分業	451r, 623r
国際分業体制	178l
国際労働者協会	565r
黒人	498l
黒人移民文化	526l
黒人解放運動	265r
国粋化	298l
国制	215l
国勢調査	249r
国籍	219l, 384r
国体	570l
「国体」思想	420l
国内植民地	388l
告白	303l
告発の作法	151l
国防婦人会	300r
国民	198l, 291r, 325l, 452l, 487l, 570r
国民意識	198l
国民化	452l, 468r
国民教育制度	303l
国民共同体	283l
国民経済	308r, 326r, 337l
国民経済計算	337l
国民国家	16l, 136r, 198l, 219l, 308l, 325l, 365r, 442r, 452l, 452r, 590l, 643l
国民国家システム	475r
国民国家論	460r
国民思想	418l
国民思想史	418l
国民社会主義運動	595l
国民主義	199r, 595l
国民主権論	375l
国民所得	326r, 336l
国民性	100r, 433r, 452l, 649l
国民徴用令	467r
国民的statisticsの構成	379l
国民的生産力	275l
国民統合	452l
国民道徳論	559l
国民文化	308r, 452l
国民文学史	598r
穀物投機	380r
国力	525l
国力増進論	525l
心	607r
心の習慣	527l
心の哲学	241r
小作制度	78l
小作人	608l
小作問題	601l
乞食	322r
乞食文学	371r
ゴシック建築	365l
互酬	82r, 542l, 542r
互酬関係	327r
互酬社会	606l
互酬性	358r
個人	18r, 31l, 111l, 126l, 172r, 317r, 352r, 353l, 449l, 642l
個人意識	60l
御真影	410r
個人言語	165l
個人史	577r
個人志向	503l
個人主義	19l, 26r, 31r, 51l, 147r, 173l, 353l, 372r, 394l, 426r, 461r, 481l, 527l, 546r, 579r, 581l, 589l, 590l
個人情報	558l
個人的アイデンティティ	150l
個人的記録	46l
個人的実践	132l
個人的主観論	479r
個人的知	543l
個人的ドキュメント	290l
個人的無意識	607r
個人の原子化	581l
個人の権利	10l
小新聞	605r
個人法	318l
コスチューム	165l
ゴースト・ダンス	622l
コスモス	246r, 569l
コスモロジー	637l
個性	19l, 31l, 353l
悟性	8l
個性記述的	290l
戸籍	452r
子育て	293l
古代	287r
古代宇宙観	223l
古代ギリシアの都市国家	193l
古代キリスト教	628l
古代資本主義	519l
古代社会	268l, 509r
個体性	551l
古代中国	277l
古代中国都市	277l
古代の権力	580l
個体的所有	491l
古代天皇制	287l
古代悲劇	455r
古代民主制	109l
古代ユダヤ教	250l
古代ユダヤ人	193l
古代律令国家	192l
古地図	382r

国家 ……2r, 5l, 10l, 48l, 49r, 73l, 172r, 215l, 223r, 234r, 261l, 268l, 285r, 311l, 312l, 318r, 325l, 328r, 337r, 352r, 353l, 357r, 365r, 412r, 443l, 445l, 452r, 459r, 473r, 522l, 581l, 585l, 613r, 615l, 630l, 638r, 641r	子ども組……394l	孤立の恐怖……459l
告解……182r	子ども中心主義……285l	コーリン・クラークの法則……326r
国家エリート……585l	子どもの道徳意識……487r	ゴルフ……123l
国家科学……223r	子ども論……548l	コルベルティズム……337l
国家学……223r	言分け構造……569l	コロニアリズム……440l
国家儀礼……312l	コピー……66l	衣……60l, 602l
国家形成……452r	コピー文化……411l	婚姻……60r, 269l, 526r
国家契約……3l	古文辞学……569r	婚姻規則……94l, 149l
国家権力……217r, 513r	個別主義……172r	婚姻クラス・システム……95l, 637l
国家=最高地主説……461l	個別調査……439l	婚姻交換……95l
国家死滅……641r	護法・物怪信仰……344l	婚姻制度……526r
国家社会学……223r	コーホート分析……433r	婚姻戦略論……581l
国家社会主義……313l	コミック……614l	コンヴィヴィアリティ……176l, 189r
国家社会主義社会……315l	コミットメント……396l	コンヴィヴィアル……235r, 236r
国家主権論……555l	コミュニケーション……35l, 171l, 190l, 194r, 200r, 277r, 299r, 324l, 327l, 328l, 329r, 340r, 351l, 351r, 355r, 356l, 356r, 368r, 388l, 411l, 429l, 440l, 522l, 544l, 582r, 625l, 635r, 636l, 643l	根源……197l, 428r
国家所有……220r		根源的自然……428r
国家装置……513r		根源的独占……176r
国家総動員体制……327l		根源の歴史……197l
国家体系……585l		混合経済体制……528r
国家と国民社会の社会学……441r		コンサート……515l
国家とヘゲモニー……328r		混沌化……386l
国家の社会発生……72r	コミュニケーション・メディア……415r, 633l	コンティンジェンシー理論……646l
国家法人論……223l		コンドラティエフ循環……178r
国家有機体……223l	コミュニケーション過程……65l, 598r	混沌の社会……123l
国家理性……548l	コミュニケーション行動……458r	コンピュータ・シミュレーション……207r
国家…2l, 44l, 223l, 252r, 329l, 337r, 559l, 566r, 619r, 641l	コミュニケーション的行為……144l, 190l	
		コンフリクト……201l
国家論論争……114l	コミュニケーション的合理性……87r, 190l, 477r	コンフリクト・モデル……416l
国境……442r, 452l		コンフリクト理論……416l
ごっこあそび……122l	コミュニケーションの二段の流れ……297l, 619l	コンプレックス……174r, 607l
小繋事件……291r		コンベア労働……302l
コーディング……163r	コミュニケーション論……356l	根本の経験論……453l
古典経済学……156l	コミュニケーション論的転回……190l, 477r	困民党事件……237r
古典主義時代……160l		
古典的組織理論……554l	コミュニタス……411l	**サ**
古典派……363r	コミュニティ……44l, 53l, 64r, 80l, 177l, 206l, 270r, 271l, 279r, 280l, 280r, 387l, 393r, 397l, 450l, 528l, 543r	
古典派経済学……12l, 336l		
古典理論……553l		座……283r
コード……582r	コミュニティ・オーガニゼイション……53l	差異……371r, 397l, 428r, 429l, 434r, 569l, 593r
孤独……76r		
事の世界観……495l	コミュニティ・モラール……386l	財……649r
ことば……194l, 407l, 412r	コミュニティ活動……528l	災害……227r, 291l, 460l
言葉と物……327r, 634l	コミュニティ権力構造（CPS）論争……414r	在外日本人……421l
言葉と物……556l		再開発……294l
子ども……324l, 366r, 404l, 421l, 427l, 445l, 474l, 487l, 488l, 524r, 548l, 650l	コミュニティの権力構造……206l	祭儀……580l
	コミューン……493l	再居住……279r, 280l
	コミンテルン……461l, 619l	債権法……16r
	コモンズ……583l	再工業化……453r
子ども観……282l, 548l	コモンセンス……450r, 513l	最高存在の祭典……283l
子供期……130l	雇用……556l	最後の審判……214r, 628r
	雇用維持……125l	サイコヒストリー……127r
	雇用機会均等法……263l	財産……10l
	雇用平等法……414l	再産業化……453r
	暦……365l, 487l	
	娯楽……232l, 271r	祭祀……70l

祭祀権	137r
採集運動	350r
最終効用度	363r
採集狩猟社会	358r
最小国家	459r
財政学	7l
財政危機	453r
再生産	90q, 157l, 186l, 581r
再生産活動	91r
再生産表式	337l
再生産労働	247l
再生産論	15r, 384l, 597l
財政政策	124r
財政福祉	423r
再洗礼派	36r
最大多数の最大幸福	270r, 623r
最低生活費	642l
祭典	283l, 487l
在日韓国人	503r
在日韓国青年会	503r
在日韓国・朝鮮人	503l
在日韓国・朝鮮人問題	503l
在日朝鮮人	421l, 580l
財の合成	490l
財の集計	490l
サイバネティックス	69r, 200l, 242l, 478l, 522l, 609l
裁判	177l
裁判記録	46r
裁判提起	221r
再販農奴制	178l
再分配	82r, 542l, 542r
細胞	560l
催眠	24r
細民	323l
採用	643l
再領土化	435r
サイレント映画	446l
サウンド共同体	537l
サウンドスケープ	277r
差延	429l
サーカス	123r, 289r
盛り場	382r, 611l, 612l
作業療法	587r
作為	298r
錯誤行為	520l
作者	645l
搾取	597l
錯綜体としての身体	229l
錯綜の法則	401l
サクリファイス	88l, 235l
酒	60r, 602l
鎖国	523l
鎖国性	420l

指し示し	272r
指し示しの算法	272r
殺害	120l
作家の死	514l
雑誌	501r
雑誌広告	244l
殺虫剤	295l
サディズム	139l
サディズム幻想	324r
沙漠	649l
サバト（魔女の宴）	365l
サバービア	643r
サブカルチャー	419r, 526l
サブシスタンス	189l, 236r
差別	205r, 226r, 255r, 263l, 290r, 399l, 467l, 503l, 503r, 580l, 593r, 620l
差別意識	580l
差別構造	236r
差別社会	593l
差別主義	593l
差別の二重化	608r
差別問題	648l
サボタージュ	643l
作用史	295r, 598r
サラリーマン	254r
参加型研究	380r
参加と動員の政治動学	419l
残基	486r
産業	591r, 640r
産業化	206r, 211r, 254r, 430l, 441l
産業革命	30r, 82l, 142l, 179r, 267l, 380l, 521r, 573l
産業化社会	177l
産業型都市	379r
産業恐慌	21l
産業公害	241l
産業構造	326r
産業国家	303r
産業者	361l
産業社会	52l, 235r, 236l, 236r, 331l, 331r, 354l, 379l, 379r, 416l, 430l, 436l, 443r, 529l, 552l, 557l, 581l, 589l, 589r, 591r
産業社会学	591l
産業社会体制	361l
産業主義	83l, 176l
産業循環	259r
産業心理学	532l
産業組織	231l
産業的中間者層	440r
産業都市	379r, 573l
産業文明	443r, 589l

産業連関分析	337l
サンクション	104r
三権分立	598l
産児制限運動	568l
サン゠シモン主義	348l
32年テーゼ	461l
三色の帽章	487l
山人	600l, 600r
山人譚	600r
3段階の法則	349l
サンディカリズム	59l
サンプリング	482l
サンプリング調査	482l
山谷	331l
参与観察	56l, 80l, 105r, 354l, 364l, 499r, 517l, 562r, 577r, 627r
参与観察法	523r
三里塚	331r

シ

死	33r, 99l, 119l, 120r, 183r, 192l, 258l, 320r, 345l, 354r, 398r, 406r, 460l, 486l, 506r, 514l, 628r
慈愛	639l
幸せ	276r
シアンス	429l
恣意的	165r
思惟の徳	215r
シェイクスピア悲劇	387r
ジェスチュア	65l
CM表現	259l
ジェンダー	163l, 189l, 225r, 236r, 247r, 274l, 282l, 300l, 377l, 385l, 436l, 475r, 502l, 561r, 564l, 579l, 587l, 607r
ジェンダー論	263l
ジェントリ	545r
ジェントリ論争	390l
ジオラマ	289r
私化	465l
自我	33l, 34l, 62l, 64l, 99l, 126r, 212l, 265r, 304l, 329r, 331l, 352l, 352r, 353r, 388r, 437r, 442l, 517l, 573l, 520r, 524l, 524r, 551l, 586l, 607r, 617r, 638r, 650l, 650r
視覚	60l, 146r, 154r, 348l, 450r, 552l
自我形成	64r
シカゴ・ゲットー	648l
シカゴ学派	46l, 52l, 143r, 206r, 280l, 280r, 293r, 294l, 364r, 385r, 387l, 467l, 499r, 511r, 523r, 534r
シカゴ学派都市社会学	294r

シカゴ社会学	499r, 648r	
自我心理学	126l	
自我発達	126r	
自我理想	519r	
自我論	519r	
時間	192l, 272r, 307r, 308l, 431r, 450r	
時間意識	118r, 192l	
時間芸術	277r	
時間研究	424r	
時間性	360l, 463l	
時間の比較論	192r	
時間論	308l	
式神・呪詛信仰	344l	
識字教育	518l	
色情	284r	
自給自足	583r	
仕切られた競争	589r, 590l	
仕組みとしての都市	517r	
時系列意識調査	433r	
時系列調査	458l, 482l	
試験	211r	
資源	346l, 481r, 592l, 645l	
資源エネルギー	226l	
資源・エネルギー問題	577l	
事件史	416r	
試験制度	211l	
自己	129r, 132l, 180l, 316r, 317l, 319l, 320r, 333l, 551l, 560l, 607r, 634r, 635l	
事故	460l	
自己意識	8r, 317l, 551l	
自己イメージ	342r	
思考	607l	
至高性	473r	
思考の枠組み	140r	
嗜好品	484r	
自己概念	312r	
自己関係	560l	
自己規制	392r	
自己啓発セミナ	225l	
自己決定権	290l	
自己言及	233r, 560l	
〈自己〉幻想	613r	
自己実現	554l	
自己準拠性	272r	
自己準拠的システム	200l	
自己成型	333l	
自己生産	319l	
死後世界	628r	
自己創出	449r	
自己組織	610l	
自己組織性	167r, 233r, 476l, 609l	
自己尊厳	235l	
自己治癒	265r	
自己中心性	392r
自己中心的思考	488l
自己調整的市場	82l
自己呈示	128r
仕事	219r
自己同一化	333l
仕事と余暇	624l
自己のテクノロジー	182l
自己反省的社会学	402r
自己複製	449l
自己への関係	183r
自己への差異	133r, 135l, 360l
自己保存力	391l
自己本位的自殺	26l
自己抑制	72r
自殺	26l, 93r, 227r
自殺統計	27r
四肢構造	494l
四肢構造論	495r
『時事新報』	605r
事実	258r
四肢の構造	494r
四肢の聯関構造	495l
自主管理	346l
自主講座	241l
思春期	578r
市場	14r, 208l, 233l, 461r, 462l, 490l, 535l, 542r, 649r
市場価格	6r
市場経済	521r
市場交換	82r, 98r, 542r
市場システム	589l
市場社会	82l
私小説	229r
市場の論理	502l
市場万能論	546l
市場労働	396r
自助グループ	293l
自叙伝	290l
静かなる革命	240l
システム	145l, 170r, 200l, 233r, 256r, 447l, 478l
システム哲学	560l
システム変革	402r
システム変容	259l
システム論	105l, 285r, 394l, 478l, 560l, 582r, 610l, 635r
私生活管理	331r
私生活空間	348l
私生活圏	578l
私生活主義	413r
死生観	231r, 345l
自省作用	233r
私生児	445l, 645r
姿勢の舞踏	466r
施設	342l
施設監査	256l
視線	404l, 549r
自然	154l, 197l, 295l, 298r, 317l, 593l
自然化	244l
自然価格	6r
自然観	449r
自然環境	297r
自然環境破壊	444l
自然権	413r
自然言語	422r
自然災害	226l
自然支配	87l
自然宗教	509r
自然主義	13l, 258r
自然主義小説	535l
自然状態	629l
自然人	5r, 630l
自然生態学	53l
自然選択	400l
自然村	74r, 136r
自然存在論	593l
自然の身体	235l
自然的地域	53l
自然淘汰	246l
自然破壊	226l, 583r
自然法	2r, 4r, 16r, 545r, 644r
自然法的社会観	553r
思想の科学研究会	421l, 612l
思想の自由	585r
氏族	40r, 249l
持続	530l
持続可能な開発	481l
氏族共同体	192l
始祖生態学	543r
下請け	302l
下からの歴史	365r
下町	382r
自治	301l
自治体改革	556l
自治的団体	510l
自治都市	212r, 353l
シチュアシオニスト・インタナショナル	434l
視聴覚文化史	299l
視聴覚メディア	299l
視聴者	498r
悉皆調査	370r
悉皆調査法	281l
失業	271l
失業者	414l, 436r
実験社会心理学	356l
実験心理学	261l, 364l, 620r

実験的演劇	218*l*	
実験的ユートピア運動	514*r*	
実効	150*l*	
執行権	644*r*	
実際	150*l*	
実在論	470*l*	
実質合理性	357*r*, 572*l*	
実質国民生産額	326*r*	
実証主義	210*r*, 349*l*	
実証主義論争	87*r*, 211*l*	
実践	186*r*, 427*l*, 516*r*	
実践的推論	162*r*	
実践哲学	310*l*	
実存主義	90*l*, 134*l*, 219*r*, 635*l*, 637*l*	
実存主義的主観主義	516*r*	
実存主義的心理学	634*r*	
実存主義的マルクス主義	346*l*	
実存哲学	574*l*	
実存の社会学	576*r*	
質的個人主義	383*r*	
質的資料	517*l*	
質的調査	221*r*	
質的データ	290*l*, 433*r*, 576*l*	
嫉妬	381*r*	
室内	196*r*	
しっぺ返し戦略	207*r*	
質問紙調査	503*r*, 561*l*, 599*l*	
質問票	96*r*	
質問票法	96*r*	
質量	470*l*	
詩的イメージ	470*l*	
私的空間	307*r*	
私的空間	308*r*	
私的所有	12*r*, 220*l*, 491*l*, 537*l*	
私的所有権	644*r*	
私的費用・便益	489*l*	
史的唯物論	30*l*, 66*r*, 90*l*, 157*l*, 197*l*, 213*l*, 566*r*, 597*r*	
自伝	46*l*	
自転車	308*l*	
児童	303*r*	
自動機械	242*l*	
自動車	257*r*, 302*l*, 307*r*, 499*l*, 624*l*	
指導者民主制	50*r*	
児童心理学	650*l*	
自動人形	289*r*	
死と再生	307*l*	
シナジー (synergy) モデル	616*r*	
死にがい	231*r*	
シニシズム	410*l*	
シニフィアン	569*l*, 618*l*	
シニフィアンの記号学	296*l*	
シニフィエ	569*l*, 618*l*	
地主	6*r*, 79*l*	
地主制	505*r*	
死の儀式	214*r*	
死の衝動	434*r*	
死の本能	112*r*	
死の欲動	25*l*, 330*r*, 519*l*	
支配	50*r*, 264*r*, 268*r*, 302*l*, 507*l*, 532*r*	
支配エリート論	414*r*	
支配階級	187*l*	
支配関係	268*r*	
支配関与	343*r*	
支配権	484*l*	
支配構造論	471*r*	
支配者道徳	457*l*	
支配理論	416*l*	
自発性	77*l*	
自発的結社	115*r*, 172*r*, 438*l*, 510*l*	
シビル・ミニマム	204*r*, 556*l*	
至福千年運動	583*l*	
ジプシー	185*r*, 366*r*	
渋谷	611*l*	
シブリング集団一体の原理	110*r*	
自分史	449*l*	
自分自身との相互作用	517*l*	
自閉症	407*l*, 524*r*	
死別	460*l*	
司法写真	404*l*	
資本	14*r*, 30*l*, 106*r*, 157*r*, 259*r*, 354*l*, 490*l*, 566*l*, 592*l*, 643*r*	
資本家	6*r*, 377*r*, 440*r*	
資本寡頭制	492*r*	
資本形成の理論	649*l*	
資本主義	12*l*, 30*l*, 36*l*, 49*r*, 69*l*, 76*r*, 112*r*, 198*l*, 213*r*, 234*r*, 238*l*, 238*r*, 243*l*, 249*l*, 249*r*, 250*l*, 259*l*, 259*r*, 267*r*, 345*r*, 353*l*, 378*l*, 379*r*, 396*r*, 399*r*, 426*l*, 440*r*, 443*l*, 484*l*, 492*r*, 519*l*, 521*l*, 546*l*, 585*l*, 588*l*, 589*l*, 589*r*, 619*r*, 641*r*	
資本主義国家	513*r*	
資本主義国家論	610*r*	
資本主義社会	76*l*, 175*l*, 209*l*	
資本主義世界体制	365*r*	
資本主義体制	220*r*	
資本主義的経済	190*r*	
資本主義的生産様式	108*l*	
資本主義的世界システム	178*l*	
資本主義の精神	36*l*, 101*l*	
資本主義批判	574*r*	
資本循環論	106*r*, 566*l*	
資本制	247*l*, 335*r*, 582*l*	
資本制社会	550*l*	
資本制生産様式	15*l*	
資本蓄積	7*l*, 15*r*, 157*r*, 255*r*, 259*l*, 377*r*, 623*r*	
資本蓄積論	566*l*	
資本の限界効率	336*l*	
資本の利潤	12*l*	
資本理論	490*l*	
シミアンのB局面	178*l*	
シミュラークル	258*l*, 539*l*	
シミュレーション	171*l*, 207*r*, 539*l*	
市民	5*l*, 109*l*, 241*l*, 493*l*	
市民運動	403*r*	
市民活動	446*l*, 556*l*	
市民自治	403*l*, 556*l*	
市民自治都市	379*r*	
市民社会	5*r*, 10*l*, 123*l*, 145*l*, 209*r*, 217*r*, 226*r*, 257*r*, 329*l*, 331*r*, 346*l*, 354*l*, 357*r*, 408*r*, 491*r*, 537*r*, 550*r*, 585*l*	
市民生活	453*l*	
市民生活基準	556*l*	
市民政策公準	556*l*	
市民政治学	403*r*	
自民族中心主義	428*r*	
市民代弁制	256*l*	
市民的公共性	144*l*	
市民身分	251*r*	
自明性	513*l*	
G(goal - attainment) 目標達成	473*l*	
社会	18*l*, 36*l*, 38*r*, 132*l*, 135*r*, 339*r*, 575*r*, 641*l*	
社会意識	74*r*, 290*l*, 378*r*, 413*r*, 462*r*, 465*l*, 576*r*	
社会意識論	400*l*	
社会遺伝	255*l*	
社会移動	254*r*, 278*r*, 386*r*, 387*l*, 626*l*	
社会運動	222*l*, 294*l*, 436*l*, 436*r*, 437*l*, 442*r*, 579*l*, 588*l*, 588*r*, 608*l*, 618*r*, 631*l*, 632*r*	
社会運動論	143*r*, 364*r*	
社会化	30*l*, 38*l*, 104*r*, 150*l*, 159*r*, 383*r*, 473*l*	
社会我	353*r*	
社会改革	271*l*	
社会改革論	270*r*	
社会階層	458*l*	
社会階層の社会学	441*r*	
社会解体	46*l*	
社会解体期	557*l*	
社会改良	439*l*	
社会改良主義	206*r*	
社会科学的認識	63*r*	
社会学	36*l*, 190*l*	
社会学主義	23*l*	
社会学成立史	325*r*	
社会学的機能主義	230*r*, 357*l*	
社会学的行為論	27*r*	

社会学的実証主義	230r	
社会学的所有論	558r	
社会学的想像力	586r	
社会学的調査	281l	
社会学的方法	22l	
社会学批判	334l	
社会革命	59l	
社会学理論	288r	
社会過程	74r, 366l, 379l	
社会過程分析	453l	
社会過程論	206r, 510r	
社会関係	16l, 48l, 74r, 110r, 212r, 450l	
社会関係資本	581r	
社会関係・団体の交化の法則	400r	
社会機械	175l	
社会記述	624l	
社会教育	61l	
社会行政	423r	
社会空間	186l, 187l	
社会計画	230r	
社会計画論	629l	
社会形成	209l, 539l	
社会形態	555r	
社会形態学	22r, 78l, 111l	
社会形態論	379l, 400r	
社会啓発	593r	
社会契約	4r, 181r, 358r, 598l	
社会契約論	391l, 646l	
社会劇	412r	
社会結果論	400r	
社会圏	19l, 74r	
社会現象	22r	
社会行為構成素論	142l	
社会工学	540l, 629l	
社会構成主義	561r	
社会構成体	213l, 366r	
社会構成体論	379l	
社会講成論	379l	
社会構想	252l	
社会構造	15r, 20l, 26l, 92l, 104r, 173r, 186r, 192l, 201l, 228r, 246l, 293r, 352r, 353l, 376r, 406r, 478r, 510r, 551r, 581r, 595r	
社会構造論	217l, 221r, 504r	
社会行動	246l	
社会行動主義	64l	
社会国家	145l	
社会史	47r, 60l, 355l, 421l, 445l, 449l, 468l, 571l, 588r	
社会事業	61l, 206r, 271r, 323l	
社会事業調査	370r	
社会事業調査史	370r	
社会支出	408r	
社会システム	441r, 472r, 486r, 567r, 581r, 582r, 633l	
社会システム論	63r, 133l, 135r, 200l, 272r, 357l, 392l, 441l, 478r, 609r, 633l	
社会実在論	18l	
社会支配	331r	
社会資本	556l	
社会種	22r	
社会集団	16l, 18r, 74r, 205r, 216l, 415r, 450l, 641l	
社会集団への愛着	427r	
社会集団論	415r, 471l	
社会主義	13r, 16l, 83l, 213l, 213r, 267l, 270r, 271l, 345r, 418r, 426l, 491r, 588l, 641l	
社会主義運動	267r, 272l	
社会主義革命	641l	
社会主義経済	461l	
社会主義思想	514r	
社会主義社会	209l	
社会主義体制	220l	
社会主義婦人解放論	247l	
社会主義婦人論	526r	
社会主義労働運動	541l	
社会進化	255l	
社会進化論	246l, 255l, 268l, 358l, 392l	
社会心理学	458r, 459l, 635r	
社会心理史	579l	
社会人類学	95r, 455l, 625l	
社会性	65r	
社会静学	349l	
社会制御	354l	
社会政策	269r, 271r, 274l, 423r, 522r, 642r	
社会成層	56l	
社会生物学	246l	
社会生理学	111l	
社会創出	41l	
社会測定	505l	
社会組織	329r, 479l, 637l	
社会体系	104l, 172l, 541r, 643l	
社会ダーウィニズム	358l	
社会単位間の融合度	22l	
社会地図	350r, 445r	
社会秩序	68l, 215l, 215r, 599l	
社会調査	47l, 61r, 355l, 355r, 370r, 439l, 445r, 482l, 511r, 516r, 599l, 605r	
社会調査法	97l, 433r, 505l, 599l	
社会的アイデンティティ	150l	
社会的遊び	70r	
社会的アンバランス	124r	
社会的医原病	236l
社会的意識形態	599r
社会的位置空間	186r
社会的移動	386l, 387l
社会的カテゴリー	150l
社会的期待	510r
社会的共通資本	257l
社会的決定	260l
社会的決定関数	396l
社会的決定論	158l
社会的原始化	400r
社会的現実	319l
社会的行為	48r, 62l
社会的行為論	47r
社会的交渉	319l
社会的公正	464l
社会的厚生関数	220l
社会的合理化	190r
社会的コミュニケーション論	581r
社会的自我	34r, 64l
社会的自殺率	26l
社会的事実	22l
社会的集団	347l, 347r
社会的情報	150l
社会的ジレンマ	260l
社会的水準	19l
社会的性格	100r
社会的制裁	111l
社会的生産形態	506l
社会的生産様式	632l
社会的世界	62l
社会的選択理論	220l
社会的相互作用	204l
社会的地位	168l, 411r
社会的秩序	629r
社会的動態	546l
社会的なるもの	41r
社会的人間	369l
社会的認知発達理論	488l
社会的ネットワーク	260l
社会の場	640l
社会的パーソナリティ	46l
社会的発達	650l
社会的バランス	125l
社会的費用	257l, 297r
社会的費用 - 便益	489l
社会的分業	260l
社会的抑制	174r
社会的ルール理論	432r
社会の掟	345l
社会的労働者	414r
社会哲学	63r, 310l
社会動学	349l
社会統計	319r, 417r, 505l

社会統合	41*l*	
社会統制	143*l*, 541*r*, 567*r*	
社会闘争	588*l*	
社会動態	92*r*	
社会認識	339*r*	
社会の自然科学	110*l*	
社会の容積	23*l*	
社会の理知化	401*l*	
社会の倫理	546*r*	
社会発生	73*r*	
社会発展	478*r*	
社会病理	44*l*, 227*r*, 391*l*	
社会病理学	227*r*, 228*l*	
社会ファシズム論	619*r*	
社会福祉	423*l*	
社会分化	18*r*, 30*l*	
社会文化史	422*l*	
社会分散の法則	401*l*	
社会紛争	436*l*, 509*l*	
社会紛争論	610*r*	
社会変動	46*r*, 142*l*, 245*l*, 258*l*, 266*l*, 278*r*, 332*l*, 364*r*, 416*l*, 419*l*, 441*l*, 486*r*, 541*r*, 551*l*, 567*r*, 581*l*, 588*r*, 609*l*	
社会変容	258*l*	
社会法	318*l*	
社会保健	556*l*	
社会保険	522*r*	
社会保障	522*r*, 556*l*	
社会保障制度	596*l*	
社会民主主義	418*r*	
社会名目論	18*l*	
社会問題	47*l*, 227*r*, 322*r*, 391*l*, 516*l*, 601*l*, 608*l*	
社会有機体論	392*l*	
社会理論	334*l*	
借家人	239*l*	
社交	383*r*	
社交性	624*l*	
奢侈	571*l*	
写真	66*l*, 230*l*, 398*l*, 405*r*, 486*l*, 512*l*	
写真術	365*l*	
写真論	398*l*, 486*l*	
社宅	302*l*	
社団国家	365*r*	
社団論	438*l*	
シャドー・プライス	597*l*	
シャドウ・ワーク	189*l*, 236*r*	
ジャーナリズム	338*l*	
ジャパノロジー	384*r*	
写本文化	146*r*	
シャーマニズム	278*r*	
シャーマン	307*l*, 344*r*	
シャリヴァリ	416*r*, 620*l*	

ジャワ文化	221*l*	
種	149*l*, 647*l*	
主意主義的観点	105*l*	
主意主義的行為理論	68*l*, 103*l*	
自由	3*l*, 4*r*, 10*r*, 31*l*, 76*r*, 212*r*, 319*l*, 427*l*, 585*r*	
住	60*l*, 602*l*	
周縁	412*l*	
住縁アソシエーション	239*l*	
集会	22*l*	
就学率	169*l*	
習慣	358*l*, 585*r*	
週刊誌	579*r*	
住居	423*l*	
宗教	36*l*, 39*r*, 40*l*, 111*l*, 159*r*, 249*l*, 249*r*, 252*l*, 309*r*, 311*r*, 341*r*, 439*l*, 465*l*, 528*r*, 530*l*	
宗教意識	60*r*, 249*l*, 249*r*, 362*r*, 630*l*	
宗教運動	245*l*, 367*r*, 538*l*, 583*l*, 622*l*	
宗教改革	36*r*, 76*l*, 341*r*, 500*r*, 519*l*, 545*r*	
宗教学	367*r*	
宗教共同体	198*l*	
宗教儀礼	411*r*	
宗教現象	551*l*	
宗教現象学	118*l*	
宗教祭儀	41*l*	
宗教社会学	39*r*, 40*l*, 63*r*, 308*r*, 367*r*, 527*l*, 630*r*	
宗教集団	367*r*, 457*l*	
宗教心理学	362*r*	
宗教性	118*l*	
宗教制度	595*r*	
宗教の経験	362*r*	
宗教哲学	367*r*	
宗教的シンボル	368*l*	
宗教的情熱	457*l*	
宗教的抵抗運動	622*l*	
宗教的伝統	577*r*	
宗教的人間	118*l*	
宗教哲学	362*r*	
宗教の合理化	252*l*	
宗教倫理	527*l*	
従軍慰安婦	403*l*	
集権的権力	273*l*	
集権の専制政治	573*l*	
自由原理	585*r*	
銃後	300*r*	
集合意識	26*l*	
集合感情	345*l*	
集合行為	225*l*	
集合行動	142*l*, 366*l*	
集合行動論	143*l*, 206*r*, 364*r*	
集合財	225*l*	
習合宗教	402*l*	

集合主義	394*l*	
集合態	132*r*	
集合的アイデンティティ	332*l*, 354*r*	
集合的記憶	216*l*	
集合的時間	216*l*	
集合的責任	18*r*	
集合的存在者	353*r*	
集合的法体験	318*r*	
集合的無意識	607*l*	
集合沸騰	41*l*	
集合暴力	382*l*	
私有財産	12*r*, 13*l*, 268*l*, 484*l*	
私有財産制	594*l*	
住持権	595*r*	
自由至上主義	459*r*	
蒐集家	196*r*	
集住体	404*l*	
自由主義	117*l*, 145*l*, 255*l*, 257*r*, 438*l*, 461*r*, 532*l*, 644*r*	
自由主義の国家	82*l*	
自由主義論争	438*r*	
重商資本主義経済	573*l*	
重商主義	179*l*, 257*r*, 337*l*	
重商主義経済学	6*r*	
住職権	595*r*	
住職の世襲相続制	595*l*	
終身雇用	556*l*	
囚人のディレンマ	207*r*, 620*r*	
修正主義論争	259*l*	
自由精神の哲学	456*r*	
自由選挙	426*l*	
終戦の詔書	410*r*	
重層の決定	156*l*, 217*l*, 391*l*, 618*r*	
習俗	261*l*	
充足価値	172*l*	
従属関与	343*r*	
従属理論	178*l*, 512*r*	
従属論	213*l*, 388*l*	
住宅団地	450*l*	
住宅問題	60*l*, 588*l*	
集団	18*r*, 24*r*, 39*l*, 48*l*, 49*l*, 93*r*, 115*r*, 132*r*, 135*l*, 168*r*, 173*r*, 186*r*, 204*l*, 206*l*, 216*l*, 225*r*, 228*r*, 239*l*, 254*r*, 289*l*, 290*r*, 325*r*, 340*r*, 352*r*, 358*r*, 369*l*, 432*l*, 448*l*, 458*r*, 473*l*, 510*r*, 541*r*, 632*r*, 640*r*, 641*l*, 642*l*	
集団間葛藤	458*r*	
集団規範	297*l*, 364*l*, 458*r*	
集団婚	268*l*	
集団自治制	173*l*	
集団主義	384*r*, 481*l*	
集団主義的産業化	590*l*	
集団心理	326*l*, 352*r*	
集団精神	632*r*	

集団的対抗行動	221r	
集団的無意識	123r	
集団的夢	197l	
集団内行動	632r	
集団の夢	197l	
集団本位的自殺	26r	
集団目的	225r	
集団目標	458r	
集団療法	81l	
集団類型論	93l	
集団論	239l	
私有地	109l	
羞恥	352r	
修道院	342r	
自由な社会	577l	
12音階音楽	209r	
十二平均律	251l	
重農主義	7l, 337l, 506r	
自由の木	487l	
自由の女神	207l, 404l	
宗派	595r	
周辺から中心への経済余剰の移転	512r	
周辺資本主義	213l	
自由貿易	571l	
終末	197r	
住民運動	241l, 403r, 413r, 450l, 489r, 509l, 558r	
自由民権	237l	
自由民権運動	446r, 468r, 605r	
住民参加	453r, 558r	
住民自治	239r	
自由民主政	415l	
住民投票	296r	
修養文化	299r	
集落	431r, 483l	
自由ラジオ	296l	
習律	49l	
収斂テーゼ	69r	
収斂理論	643r	
収賄	31l	
受益圏	509l	
主我	34r, 64r	
主客二元論	516r	
主観	154l, 593l	
主観-客観図式	495r	
主観責任論	172r	
主観的アイデンティティ	151l	
主観的に思念された意味	62l	
主観的文化	31r	
儒教	249l, 286r, 402l, 418l	
修行集団	411r	
受苦	226r	

祝祭	41l, 70r, 88l, 130r, 277l, 371r, 422l, 473r, 480r, 557l, 595l	
宿命的自殺	26r	
熟練	447l	
受験	211r	
主権国家	178r	
主権者	5l, 375r	
主権的権力	5l	
手工業民	212r	
朱子学	286r, 569r	
種社会	234l	
種社会論	228r	
呪術	250l, 252l	
呪術からの解放	252l	
呪術儀礼	123l	
呪術の園	249l, 249r	
主人公	645r	
主人と奴隷	8r	
種操作媒体	149r	
主体	217r, 330l, 507l, 624l	
主体化	181l	
主体-客体	353l	
主体形成	244l	
主体志向的エスニシティ	503r	
主体性	551l, 610l	
主体性論争	378r	
主題統覚検査	96r	
主体としての身体	229l	
主体-モデル-客体	353l	
手段的能動主義	589l, 589r	
首長権論	327r	
首長制社会	358r	
出産	285l, 526r, 596r	
出生率の低下	414r	
出版	549l	
出版業	500r	
出版語	198r	
出版資本主義	198r	
出版の自由	585r	
出版文化	317r	
受動的綜合	592r	
種の進化	400r	
主婦	281l, 282l, 285l, 414l, 609l	
主婦化	574r	
主婦論争	248l	
趣味	186r	
趣味判断	186l	
樹木崇拝	518r	
主要関与	343r	
需要曲線	649r	
受容美学	598r	
受容理論	498r	
狩猟民	148r	
シュルレアリスム	398r	

春画	284r	
準拠集団（レファレンス・グループ）	92l, 93l, 352r, 364l	
巡幸	405r	
純粋経験	453l	
純粋芸術	254l, 419r	
純粋言語	412r	
純粋実践理性の要請	310l	
純粋社会学	17l, 383r	
純粋な関係	316r	
純粋な贈与	473r	
純粋法学	63r	
純粋力学	649r	
純粋理論	553r	
順応の原理	187r	
巡礼	198r, 199r, 412l, 611l	
ショアー	226r, 514l	
情愛的個人主義	390l	
攘夷論	468r	
上越新幹線反対運動	558r	
上演の社会学	331r	
上演論的アプローチ	262l, 611l	
上演論的なパースペクティヴ	612l	
商家	152l	
昇華	172r	
障害者	256l, 414l, 614r	
障害者観	256l	
障害者の自立生活運動	225l	
障害者福祉サービス	256l	
小家族論	439l	
使用価値	6r, 363r	
正月	602r	
昇華理論	330r	
情感	72r	
正気	634r	
蒸気機関	242l	
商業	7l, 535l	
商業革命	535l	
商業権	179l	
商業社会	6r	
商業主義	515r	
状況適合性	343r	
状況の構造	359l	
状況の定義	128l	
商業の復活	493l	
商業美術	644l	
消極的儀礼	41l	
証言	403r	
証券市場	266r, 484l	
証言論	403r	
招魂社	137r	
浄罪思想	628r	
少産少死型の社会	131r	
常識	450r	

消臭	348*l*
小集団	39*r*, 204*l*, 297*l*, 473*l*, 541*r*
小集団研究	81*r*
上昇型	229*r*
少女小説	274*r*
少女文化	274*r*
少女まんが	274*r*
少女メディア	582*r*
消尽	88*l*, 121*r*, 473*l*
消尽の理論	170*l*
少数者集団	366*r*
少数民族	292*l*, 366*r*
乗数理論	336*l*, 337*l*
小説	147*s*, 365*l*, 387*l*, 462*r*, 645*r*
肖像画	405*r*
肖像写真	340*l*, 405*r*
冗談関係	110*l*
象徴	119*r*, 311*r*, 312*r*, 340*r*, 406*r*, 412*l*, 422*l*, 625*l*
象徴交換	98*r*, 536*r*, 539*l*
象徴人類学	411*r*
象徴の逆転	479*l*
象徴の空間論	404*r*
象徴の思惟	99*l*
象徴的相互行為論	63*r*
象徴的相互作用論	366*l*
象徴の暴力	168*l*
象徴天皇制	418*l*
象徴闘争	187*l*
象徴理論	99*l*
象徴論	24*l*, 312*l*
情緒障害児	524*l*
焦点面接法調査	561*l*
情動	96*r*, 409*r*, 650*l*, 650*r*
衝動買い	535*l*
情動発達	650*l*
情動表現	650*l*
浄土観念	603*l*
浄土真宗	279*l*, 595*r*
商取り引き	266*r*
小児自閉症	524*l*
情念	514*r*, 571*l*
少年少女期	130*l*
少年非行	53*l*, 80*l*
消費	29*l*, 88*l*, 124*r*, 170*l*, 232*r*, 395*r*, 501*r*, 535*l*, 538*r*, 553*r*, 606*r*
消費化	379*l*, 577*l*
消費行動	28*r*, 624*l*
消費社会	28*l*, 170*l*, 210*r*, 218*r*, 258*l*, 259*l*, 274*r*, 421*l*, 526*l*, 538*r*, 540*r*, 552*l*, 577*l*, 614*l*
消費社会論	243*r*, 552*l*, 624*l*
消費者需要	490*l*
消費者の実践	395*r*
消費者の文化	501*r*
消費者の倫理	501*r*
消費者負債	124*r*
消費主義	606*r*
消費需要	336*l*
消費心理	243*r*
消費生活	345*r*
消費人間	644*l*
消費の社会	170*l*
消費・文明モデル	345*r*
商品	14*r*, 106*r*, 109*r*, 157*r*, 238*r*, 259*l*, 259*r*, 302*r*, 354*l*, 434*l*, 623*r*, 628*l*
商品関係	346*l*
商品経済	259*r*
商品交換	11*l*
商品社会	209*l*
商品世界	495*l*, 550*r*, 611*r*
商品のスペクタクル	535*l*
商品論	14*r*
浄 - 不浄	330*r*, 426*r*
情報	195*l*, 209*l*, 233*l*, 268*r*, 318*l*, 371*l*, 448*r*, 517*r*, 552*r*, 609*r*, 625*r*
情報化	305*l*, 379*l*, 448*r*, 458*l*, 577*l*
情報解釈	268*r*
情報化社会	577*l*
情報管理	150*r*
情報技術	305*l*
情報供給	366*l*
情報公開	484*l*
情報産業	612*r*
情報 - 資源処理	609*r*, 610*l*
情報需要	366*l*
情報消費社会	577*l*
情報処理	233*l*, 242*l*, 609*l*
情報中産階級	305*l*
情報様式	536*r*
情報理論	371*l*
情報論	609*l*
常民	237*r*, 258*l*, 355*l*, 600*l*, 600*r*
照明技術	362*l*
剰余	107*l*
剰余価値	15*r*, 106*r*, 157*l*, 238*l*, 259*r*, 492*l*
剰余価値学説	337*l*
剰余価値論への序論	267*r*
将来の生活への不安	124*l*
昭和史論争	421*l*
昭和ナショナリズム	469*l*
諸階級論	15*l*
書記言語	428*r*, 429*l*
書記行為	645*r*
初期資本主義	399*r*
初期マルクス	156*r*, 494*l*
食	60*l*, 287*l*
職域福祉	423*r*
職業	6*r*, 36*l*, 61*l*, 186*r*, 250*r*, 283*r*, 588*r*
職業安定所	510*l*
職業意識	283*r*
職業気質	283*r*
職業観念	36*l*
職業社会学	61*l*, 283*r*
職業集団	21*r*, 27*l*
職業人	36*l*
職業人口	283*r*
職業心理学	283*r*
職業精神	519*l*
職業世襲	283*r*
職業団体	283*r*
職業統計	283*r*
職業道徳	283*r*
職業の貴賤観	580*l*
職業病	221*r*
職業養成	253*l*
贖罪の儀礼	41*l*
職人	239*l*, 608*l*
職人宿	317*r*
職場共同体	231*l*
植民地	199*l*, 260*r*, 452*l*
植民地化	574*l*
植民地官僚制	184*l*
植民地研究	185*r*
植民地言説	490*r*
植民地支配	219*l*, 467*r*
植民地主義	234*r*, 345*l*, 442*r*, 452*l*, 498*l*, 628*l*
植民地政策学	309*l*
植民地戦争	112*r*
植民地帝国	428*r*
植民地帝国主義	184*r*
植民地的言語接触	234*l*
植民地的様式	184*l*
植民地ナショナリズム	199*l*
植民地問題	490*r*, 593*r*
食物規制	149*l*
食物連鎖	295*l*
食糧	226*l*, 423*l*, 481*r*, 511*l*, 592*l*
食糧援助	380*r*
食糧危機	380*r*
食糧不足	420*l*
食糧問題	511*l*
書誌学	355*l*
叙事詩	287*r*
女子労働	247*l*
女子労働者	272*l*
序数的効用関数	490*l*
女性	335*r*, 366*r*, 445*l*, 520*r*, 602*l*

女性運動	300*l*, 515*r*	
女性解放	232*r*, 515*r*, 526*r*	
女性解放運動	268*l*, 496*r*, 587*l*	
女性解放史	588*r*	
女性解放論	263*l*, 335*r*	
女性学	263*l*	
女性雑誌	232*r*	
女性史	301*l*, 385*l*, 390*l*, 421*l*, 588*r*	
女性の意識	304*l*	
女性の歴史	526*r*, 588*r*, 602*l*	
女性問題	263*l*, 264*l*, 414*l*	
女性役割	285*l*	
女性抑圧	526*r*	
女性論	90*l*, 630*l*	
除草剤	295*l*	
所属	225*l*	
所属集団	352*l*	
触覚	154*r*, 450*r*	
ショッピング	535*l*	
所得革命	589*l*	
所得効果	490*l*	
処罰	180*l*	
処罰機構	180*l*	
処罰制度	181*l*	
ショービジネス	289*r*	
庶民意識	136*l*	
庶民階級	187*l*	
庶民文化	278*l*, 299*l*, 547*r*	
書物	340*l*, 355*l*, 371*r*, 372*l*, 514*l*, 549*l*	
書物の社会史	500*r*, 571*r*	
書物の文化史	372*l*	
所有権	10*l*, 16*r*, 484*l*	
所有構造	610*l*	
序列	448*l*	
白樺派	229*r*	
自律	188*l*, 235*r*	
自律的道徳	487*r*	
資料	356*l*, 584*l*	
知ること	543*l*	
詩論	470*r*	
新エコロジカル・パラダイム	481*l*	
進化	234*l*, 304*r*, 522*l*	
進化学	246*l*	
神学	628*r*	
進学	581*r*	
人格(ペルソナ)	31*l*, 45*l*, 99*l*, 352*l*	
進学率	581*r*	
進化主義人類学	639*l*	
進化論	246*l*, 400*l*, 530*l*, 568*l*, 597*r*, 609*l*	
新幹線	508*r*	
新幹線公害	509*l*	
新カント学派	62*l*	
新カント派美学	446*l*	
仁義	239*l*	
神祇信仰	402*l*	
審査	513*l*	
シンクレティズム	402*l*	
神経	560*l*	
神経症	520*r*	
人権	511*l*	
人権・差別問題	228*l*	
人権の普遍主義	475*r*	
人権問題	227*r*	
信仰	39*r*, 287*r*, 509*l*	
人口	439*l*, 481*r*, 568*l*, 592*l*	
人口過剰	226*l*	
信仰共同体	457*r*	
人口集中	228*l*	
人工生殖	496*r*	
人口増加	451*l*	
人口調節	544*l*	
人口統計	373*r*	
人口動態	101*r*	
人口動態史	390*l*	
人口動態調査	280*l*	
人口動態統計	445*r*	
人口配置	22*l*	
人口問題	511*l*	
人口抑制	380*r*, 451*l*	
人口理論	267*l*	
新古典主義	209*r*, 387*r*, 389*l*	
新古典派	363*r*, 464*l*	
新古典派経済学	7*r*, 396*l*	
神婚儀礼	307*l*	
新左翼運動	402*r*	
新左翼思想	496*r*	
新事象	521*r*	
新資本主義社会	315*l*	
新市民革命	403*r*	
人種	206*r*, 370*l*, 526*l*	
心中	227*r*	
新宗教	367*r*	
新自由主義	512*r*	
新宿	611*r*	
人種差別	167*l*, 255*r*	
人種主義	498*l*, 614*r*	
人種政策	614*r*	
人種排外主義	96*r*	
人種・文化葛藤	206*r*	
人種民族問題	97*r*, 225*l*	
新商業	535*l*	
心象地理	184*r*	
心身医学	141*l*	
心身症	451*l*	
心身二元論	407*l*	
心身問題	422*r*	
信ずる意志	362*r*	
神聖	406*r*	
神性	40*r*	
心性	283*l*, 416*r*, 571*r*	
人生儀礼	344*r*	
心性史	207*l*, 381*l*	
人生相談	575*r*	
新制度学派	394*l*	
新全国総合開発計画	508*r*	
真・善・美	575*r*	
深層社会学	318*r*	
深層心理学	304*l*, 636*l*	
深層分析	319*l*	
深層理論	204*l*	
親族	240*r*, 368*l*, 560*r*, 613*r*	
親族関係	110*r*, 578*l*	
親族研究	94*l*, 597*r*, 624*r*, 637*l*, 637*r*	
親族構造	312*l*	
親族呼称	560*r*	
親族システム	577*r*	
親族集団	560*r*	
親族組織	368*l*	
親族体系	373*l*	
「親族と文化」仮説	373*l*	
新即物主義	326*l*	
親族分家	152*l*	
親族分類法	597*l*	
親族法	16*l*	
親族名称	110*r*, 597*r*, 624*r*	
身体	10*r*, 154*l*, 183*l*, 218*l*, 229*l*, 258*l*, 272*r*, 273*l*, 273*r*, 298*r*, 405*l*, 407*l*, 431*r*, 442*l*, 445*l*, 451*l*, 530*l*, 539*l*, 549*r*, 580*l*, 593*l*, 638*l*, 648*l*	
身体観	451*l*	
身体感覚	611*l*	
身体技術	612*l*	
身体技法	98*l*	
身体訓練	468*l*	
身体刑	180*l*	
身体計測	404*l*	
身体図式	442*l*	
身体性	368*l*, 409*r*, 580*l*, 592*r*, 604*r*, 612*l*	
身体像	259*l*	
身体の攻撃	290*r*	
身体的実存	592*r*	
身体(肉体)人	336*r*	
身体の政治技術	180*l*	
身体論	592*r*	
新中間大衆	589*r*	
心的構造	186*r*	
心的相互作用	38*r*	
神道	137*l*, 286*r*, 402*l*, 406*l*, 559*l*	
振動	508*r*	
新都市社会学	293*l*, 294*r*, 489*l*, 610*r*	

信念体系	340r
真の自己	453l
侵犯	389r, 473r
神秘体験	362r
神仏隔離	402l
新プラトン主義	183r
新聞	53l, 299l, 299r, 415r, 467l, 605r
人文科学	161l
新聞記事	46r, 552l
新聞史	605r
新聞社イベント	605r
人文主義	594l
人文地理学	642l
新聞投書	605r
新聞読者層	605r
新ヘーゲル派	45r
進歩	43l, 349r, 419l
新保守主義	144l, 269r
進歩と開発	188r
シンボリック・アナリスト	615l
シンボリック相互行為論	47l
シンボリック相互作用論	517l
シンボル	207l, 219r, 487l, 517l, 534l, 607r
シンボル分析	595l
人脈	256r
人民	5l
人民主権	595l
人民主権論	375l
人民の気風	504l
人民の自立	504l
人民の智徳	504l
信頼	39l
真理	183l
心理学	141l, 261l
心理学的場	640l
心理社会的危機	126r
真理主義	409r
心理主義	485r
心理人類学	373l, 481l
真理探究	183l
心理の核家族	381l
心理的抑圧	174r
心理発生	73r
心理＝歴史研究	332l
人倫	11r
森林伐採	297r
人類学	184r, 627r
人類学的理解	312r
人類史	349r
新霊性運動	367r
新歴史主義	208l, 490r
神話	148l, 167l, 574l, 580l, 625l
神話学	637r
神話研究	638l
神話作用	165l, 485l
神話的空間	431r
神話的思考	245r
神話としての暴力	398l
神話の時間	192l
神話分析	638l

ス

水質汚濁	297l
垂直宇宙都市	562l
数学基礎論	241l
数学史	141l
数理社会学	260l
数理的認識	470l
数理統計学理論	336r
数量的データ	290l
図化	229l
図柄	72r, 264r
スキゾイド	634l
スキゾフレニー	208l
スケープ・ゴート	518l
スコラ学	545r
図像学	207l, 404l
スター	123r
スタイル	606r
スターリニズム	219l, 259r, 354l, 480l, 631l
スターリン主義	473r
スターリン主義の克服	420l
スターリン批判	117l
スティグマ	150l, 225l, 370l
スティグマ・シンボル	150l
スティグマ者	150l
捨て子	445l, 645r
ステータス・デモクラシー	137l
ステレオタイプ	625r
ストア主義	8r
ストア派	183r, 425r
ストゥディウム	486l
ストライキ	59l, 220r
スピーナムランド法	82r
スプロール	280l
スペクタクル	434l, 611r
スペクテイターシップ	208l
スポーツ	71r, 122r, 468l
住込み人	578l
棲み分け	234l
スラム	80l, 226l, 227l, 227r, 363l, 627l
スリーマイル島原発事故	296l

セ

聖	40r
性	120l, 182l, 240r, 258l, 284r, 287l, 321l, 345l, 439l, 496r, 514r, 574r, 578r, 594r, 596r
生	31r, 262l, 406r
性愛	433l, 596r, 608r, 613r, 638r
性愛の経験	316l
性意識	594r
性衛生学	616r
西欧化	136r, 254r, 372r
西欧キリスト教論	250l
西欧政治構造論	426l
西欧の人間	180l
性解放	321l, 616l
性解放運動	119l
性科学	616l
性格	353l
性格の徳	215l
性革命	381l
生活意識	458l, 601r
生活外形	601r
生活解説	601r
生活改善	602l
生活改善運動	442r
生活感覚	331l
生活環境	204r, 234l, 348l
生活環境主義	444l
生活関係	204r
生活記録	511r
生活空間	204r, 450l
生活経験	511r
生活圏	145l
生活研究	417l
生活構造	204r, 417l, 471l, 596l
生活構造論	204r, 386r, 417l, 417r, 447r
生活史	46r, 60l, 503l, 511r, 534r, 538r, 588r
生活誌	150l, 584l
生活時間	204r, 450l
生活システム	444l
生活自治	239r
生活史調査	503l, 511l
生活実態調査	204r, 429l
生活指標	447r
生活周期	596r
生活水準	204r, 553r
生活世界	145l, 191l, 263r, 295r, 409r, 477r, 478l, 508l, 516r, 592r
生活世界論	63r
生活設計	596l
生活体系	204r

生活大国5ヵ年計画	274*l*	
生活態度	417*l*	
生活秩序	376*l*, 599*r*	
生活調査	204*r*	
生活伝承	78*l*	
生活の改革	518*l*	
生活の質	125*l*, 509*l*	
生活風俗	350*r*	
生活文化	531*l*	
生活保護法	370*l*	
生活保障論	555*r*	
生活様式空間	186*r*	
性関係	587*l*	
正義	215*r*, 311*l*, 318*r*, 392*r*, 639*l*, 646*l*	
正義の二原理	646*l*	
世紀病	442*l*	
制御	242*l*	
生協運動	446*l*	
制御能構造の理論	610*l*	
正義論	396*l*, 646*l*	
性経済	615*r*	
清潔	348*l*	
性現象	551*l*	
生権力	182*l*	
性交	433*l*	
性行為	321*l*	
整合合理性	248*r*	
性行動	321*l*, 321*l*, 560*l*, 594*l*	
聖刻文字	365*l*	
性差	91*l*, 247*r*, 248*l*, 284*r*, 371*r*, 377*l*, 385*l*, 535*l*, 561*l*	
政策科学	100*l*	
政策決定	206*l*, 529*l*	
政策研究	556*l*	
性差別	247*r*, 255*r*, 281*l*, 285*l*, 413*l*, 433*l*, 608*r*	
生産	12*r*, 106*r*, 124*l*, 186*l*, 254*l*, 395*r*, 490*l*, 539*l*, 553*r*	
生産価格論	597*l*	
生産過程	259*r*	
生産過程論	157*l*	
生産関係	305*r*, 566*r*	
生産システム	538*l*	
生産者の倫理	501*l*	
生産性連合	346*r*	
生産の労働者	6*l*	
生産の労働論	7*l*	
生産の無人化	447*l*	
生産様式	14*r*, 106*l*, 108*l*, 157*l*, 335*r*, 491*r*, 536*l*, 564*l*	
生産力	566*r*	
生産理論	649*r*	
政治	219*r*, 340*r*, 487*l*	
政治意識	458*l*, 559*l*, 580*r*	
政治意識論	319*r*	
政治運動	319*l*, 632*r*	
政治エリート	114*r*, 585*l*	
政治概念論争	375*r*	
政治学	44*l*, 215*l*, 215*r*, 320*l*, 329*l*, 550*l*	
政治革命	143*l*	
政治価値	527*l*	
政治過程論	320*l*	
政治関与	320*l*	
政治経済学	82*r*, 583*l*	
政治経済的保守主義	96*r*	
政治権力	44*l*, 414*r*, 548*r*, 588*l*	
政治構造論	320*l*	
政治行動論	319*l*	
政治参加	415*l*, 644*r*	
政治思想	629*r*	
政治思想史	137*l*	
政治社会	4*l*, 329*l*, 427*l*, 630*l*, 644*r*	
政治社会学	50*l*, 581*l*	
政治信念	22*l*	
政治シンボル	595*l*	
政治心理	320*l*	
政治人類学	340*r*, 483*r*	
政治世代論	240*l*	
政治組織	217*r*	
政治体	5*l*	
政治団体	49*r*	
政治知識	320*l*	
政治的公共性	144*r*	
政治的公衆	115*r*	
政治的支配	51*l*	
政治的自由	415*l*	
政治的身体	311*l*	
政治的態度	580*r*	
政治的多元主義	453*l*, 585*l*, 619*r*	
政治的民主化	415*l*	
政治哲学	2*l*, 219*l*, 327*r*	
政治闘争論	329*l*	
性自認	561*l*	
政治美学	595*l*	
政治文化	71*r*, 225*r*, 283*l*, 487*l*	
聖書	471*l*, 514*l*, 523*l*	
正常生活説	385*r*	
青少年マンガ	582*r*	
成女儀礼	307*l*	
生殖	496*l*	
政治理論	219*r*, 329*l*	
政治論	415*l*	
精神	8*l*, 229*l*, 320*l*	
精神医学	138*l*, 317*l*, 496*l*, 634*r*, 635*r*, 636*l*	
精神医療	296*l*, 324*l*	
精神科学	295*r*, 425*l*	
精神元型	607*r*
精神現象	261*l*
精神構造	136*l*, 317*l*
精神疾患	278*l*, 316*r*
精神障害	451*l*
精神人	336*r*
精神世界	367*r*
精神的自我	34*r*
精神の生態学	522*l*
精神病	618*l*, 634*r*
精神病院	342*l*, 343*l*
精神病理	276*r*
精神病理学	316*l*, 460*l*, 513*l*, 587*r*, 635*l*
精神分析	25*l*, 32*l*, 161*r*, 174*l*, 208*r*, 308*l*, 324*r*, 356*l*, 485*r*, 520*l*, 539*l*, 635*l*
精神分析学	90*l*, 112*l*, 554*l*, 563*r*, 617*r*, 618*l*
精神分析的自我心理学	126*l*
精神分析的主体論	296*r*
精神分析批評	645*r*
精神分析理論	224*l*
精神分裂病	316*l*, 324*l*, 587*r*
精神療法	496*l*
聖性	283*l*, 360*r*
性生活	564*l*
生・政治学	182*l*
生成の無垢	456*r*
生成文法	282*r*, 359*l*
生成論的構造主義	186*r*
聖/賤	580*l*
聖俗革命	591*l*
聖-俗-遊	71*r*, 232*l*
聖俗理論	71*r*, 232*l*, 246*l*
生存競争	255*l*, 335*l*
生存闘争	400*l*
生態学	228*r*, 234*l*, 260*r*
生態系	295*l*, 511*l*
生態進化	304*l*
生態の決定論	543*r*
生態尾行	350*l*
生態分布図	350*r*
政体論	3*l*, 598*l*
贅沢趣味	187*l*
性タブー	112*r*
成長	592*l*
性的逸脱	180*l*
性的階級制度	496*l*
性的差異	237*l*
静的宗教	530*l*
性的身体	592*r*
性的タブー	563*l*
静的都市	462*r*

性的なメディア	582r
性的分業	553l
性的ラディカリズムの政治学	316l
制度	394l
政党	328r, 369l, 487l
正当化	159r
性倒錯	520l
政党支持	580r
正当支配	50r
正統性	475l, 559l
正当性	50r, 251r
政党政治	320l
性淘汰説	246l
正当的秩序	49l
性道徳	526r
政党論	329l
制度化	159l, 592r
制度学派	124l
制度化時代	499r
制度集団	133l
制度主義	257l
制度諸形態	546l
制度転換論	235r
制度派経済学	83r
聖なる共同体	199r
聖なるコスモス	630r
聖なる時間	192l
聖なる時	265l
聖なるもの	118l, 330r, 580l
聖なるものの現れ	118l
聖なる歴史	118l
西南型農村	504r
生に関する政治	445l
青年	331l
青年期	127l, 395l
成年式	394r
青年心理学	634r
青年文化	231r, 305l
性の革命	463r
生の技法	182l
生の記録	511r
生の形式	70r
性の言説	284r
性の衝動	563r
性の政治	587r
生の哲学	62l, 530l, 530r
生の奴隷	463r
生の飛躍	587r
性の弁証法	496r
セイの法則	336l, 597l, 623r
生の躍動	530l, 530r
製品	538r
製品デザイン	292r
成巫儀礼	307l
征服	440l
政府体系	585l
生物科学	141l
生物学	234l, 246l, 449l, 558l, 614r
生物学史	477l
生物学主義	112l
生物学的決定論	561r
生物学的発達	650l
生物社会	234l
生物社会学	551l
生物社会進化論	246l
生物進化	335l
生物的生命	235l
生物濃縮	295l
性別	561r, 609l
性別特性	293l
性別分業(性分業,性別役割分業)	282l, 285l, 293l, 335l, 381l, 414l, 515r, 577r
生命	10r, 170l, 310r, 449l, 558l, 616r
生命科学	449r
生命観	449r, 616r
生命系	226r
生命圏	616r
生命現象	449r, 558l
生命主義的救済観	367r
生命の進化	530l
生命の躍動	398l
生命論	530l
誓約共同体	250l
誓約集団	133l
性役割	232r, 422l, 561l
西洋化	298l
西洋近代哲学	309r, 310r
性欲	90l, 284r
性欲の歴史	284r
勢力	401r
勢力加速度の法則	401r
精霊憑依	344l
性歴(ヒストリー)調査	321l
世界	154l
世界解釈	277l
世界価値観調査	240l
世界観	347l, 479l, 520r, 616r, 630r
世界恐慌	384l
世界銀行	380r
世界経済	82l, 178l
世界経済システム	451r
世界構成	514l
世界最終戦争	273r
世界市場	451r, 492l
世界システム	178l, 452r, 592l
世界システム論	255l, 365r, 460r, 512r, 574r
世界史の形態学	374l
世界史の哲学	403l, 574l
世界資本主義	460r, 512r
世界資本主義システム	574r
世界市民	309r
世界市民主義	19l
世界社会化	401l
世界宗教	367r
世界商業	179l
世界食料会議	380r
世界政策	452l
世界政策基準	556l
世界制作論	339r
世界征服	523l
世界戦争	325l, 403l
世界大恐慌	69l, 375l
世界地図	555l
世界都市	280l, 280r, 555l
世界都市戦略	555l
世界内存在	154l, 463l, 513l
世界認識	385l
世界の終末	273r
世界の縮図化	555l
世界の呪術からの解放	119l
世界標準時	308l
世界モデル	592l
世界論	425r
責任帰属	172r
石油危機	645l
セクシュアリテ(性欲)	90l
セクシュアリティ	224l, 385l, 561r, 592l
セクシュアル・ハラスメント	263l, 264l
ゼクテ	36r, 51r
セクト	245l, 457r
世相	60l
世相分析	60r
世俗化	465l, 630l
世俗外個人	426r
世俗内禁欲(世俗内の禁欲)	36r, 249r
世俗内個人	426r
世帯	327l
世代	417r, 613r
世代間移動	626r
説教	338l
積極的儀礼	41l
積極的輸出傾斜	320l
セックス	171r, 236l
摂食行動	451l
絶対王政	178r, 644l
絶対主義国家	513l
絶対他者性	118l

絶対知	9r	
絶対的戦争	325l	
窃盗	227r	
説得	540r	
説得コミュニケーション	328l	
絶望	320r	
絶滅	290r	
説話	580l	
ゼネラル・ストライキ	398l	
セミラティス	395l	
セラピー	177l	
せり人	649r	
禅	391l	
善悪	487r	
繊維産業	271r	
前意識	519r	
遷移地帯	53l	
前衛劇	407l	
先覚者の道徳	457l	
選挙	220l, 297l, 319r, 580r	
専業主婦	248l, 515r	
全共闘	403r	
選挙行動	145r	
選挙制民主主義	541l	
前近代社会	172r	
選好	220l	
前工業社会	529l	
先向的投射	272r	
戦後改革	420r	
全国意識調査	575r	
全国市場	82r	
戦後啓蒙	275r	
戦後補償	467r	
戦後民主主義	237r	
潜在機能	254r	
潜在的スティグマ者	150l	
前産業型都市	379r	
戦死	602r	
前自我	353r	
戦時下流言資料	356l	
戦士共同体	109l	
戦時国家体制	239r	
戦士の市民	605r	
前資本主義経済	399r	
前資本制社会	213l	
先住民族	475r	
潜主制	215l	
先進産業社会	567r	
専制政	598l	
全制の施設	342r	
先祖	602r	
戦争	67r, 71r, 123l, 179l, 221r, 325l, 358l, 403l, 476r, 493r	
戦争機械	327r	
戦争裁判	420r	
戦争責任	116r	
戦争体験	300r	
戦争犯罪	352r	
戦争犯罪者	116r	
戦争論	327r	
先祖信仰	216r	
全体史	500r	
全体社会	251r, 318r, 319l, 325r, 329r	
全体主義	219l, 270l, 350l, 354l, 375r, 540l	
全体主義国家	641l	
全体主義論	403l	
全体性	638l	
全体性概念	157l	
全体調査	439l	
全体的給付組織	98r	
全体的社会現象	98l, 319l	
全体的社会の事実	98l	
全体の人間	99l	
全体論	531r	
選択意志	16l	
選択の統制	370l	
選択的メカニズム	328l	
センチメンタリズム	410l	
宣伝	92l, 170r	
宣伝操作	595l	
千年王国運動	143l	
千年王国論	440r, 583l	
禅の社会学	204l	
全部効用	363r	
全米女性機構	515r	
戦無派	231r	
専門化	21l	
専門家権力	188l	
専門家集団	59l	
専門家支配	324l	
専門母胎	140r	
戦略的能力（社会的知能）	432l	
戦略の決定	502r	
戦略分析	516r	
占領軍	420l	
善霊憑き	344l	

ソ

ソヴィエト	565r	
ソヴィエト政権	641r	
憎悪	381r	
相応の法則	401r	
騒音	297r, 508r	
創価学会	386l	
相関主義	55l	
葬儀	41l
相互依存関係	543r
総合（綜合）社会学	18l, 383l
総合的人間学	187r
相互行為	128l, 150l, 343l, 441r, 477r, 582l
相互行為儀礼	343l
相互行為モデル	502r
相互行為論	263l
相互交通社会	209l
相互作用	18l, 38r, 458r, 473l, 534r, 541r
相互作用過程	458r, 523r
相互主義	335l
相互性	358r
相互反映性	162l
相互扶助	335l, 542l
操作的思考	488l
装飾	314r
装身具	638l
葬送	269l
想像する	199r
想像の状態	272r
創造としての暴力	398l
想像の共同体	198l
想像力	339r, 408l
宗族	249l
惣村	239r
相対主義	84r, 525r
相対性理論	308l, 470l
相対的剥奪感	503r
相対的不満	93l
惣中	239r
惣町	239r
争点法	414r
創発的特性	23r
創発的内省性	65l
贈与	88r, 98l, 121r, 132r
贈与・交換	323r, 539l
贈与の霊	358r
贈与論	170l, 539l
総力戦	325l
総力戦思想	418l
総力戦体制	301l, 493r, 507r
疎外	12r, 107l, 156r, 191l, 193r, 279l, 345r, 423l, 537r, 550r, 610l, 631r
疎外感	302l
疎外された労働	12l
疎外論	494l
俗	40l
俗語	412r
即自存在	91l
属性主義	292l
属性（状態）本位	172r

祖型 - 反復的時間・歴史意識……265*l*	大英帝国……………………………243*l*	大衆心理……………………………326*r*
祖国志向……………………………503*l*	大英博物館…………………………289*r*	大衆政治………………………541*l*, 595*l*
ソサエティ…………………………543*r*	大学…………………………………250*r*	大衆説得……………………………561*l*
ソシアビリティ…………………317*r*, 631*l*	大学紛争（闘争）………………301*l*, 448*r*	大衆の生活様式……………………115*r*
ソシオグラフィ……………………624*l*	大家族…………………………353*l*, 560*r*	大衆デモクラシー…………………206*l*
ソシオメトリー………………364*l*, 505*l*	大家族制…………………………78*l*, 269*l*	大衆の国家…………………………641*l*
組織…50*r*, 206*l*, 233*l*, 262*r*, 351*l*, 364*r*, 394*l*, 516*l*, 546*r*, 554*r*, 646*r*	大監禁………………………………138*l*	大衆文化…87*l*, 101*r*, 231*l*, 253*r*, 411*l*, 515*l*, 535*r*, 559*r*, 612*l*
組織管理……………………………351*r*	大管弦楽……………………………193*r*	大衆文化研究………………………289*r*
組織社会学………………50*l*, 51*l*, 441*r*, 516*l*	大気汚染……………………………297*r*	大衆文化史…………………………420*r*
組織社会学研究所…………………516*l*	大規模開発…………………………508*r*	大衆民主主義…………………115*r*, 145*l*
組織集団……………………………133*l*	大逆事件…………………………272*l*, 298*r*	対象化………………………………159*l*
組織動態……………………………554*r*	大恐慌……………………54*r*, 266*l*, 619*r*	対象関係論…………………………635*l*
組織と環境…………………………646*r*	大偶婚家族………………………268*l*, 597*r*	大嘗祭…………………………287*l*, 402*l*
組織と人間…………………………447*l*	体系…………………………………568*r*	大正時代……………………………579*l*
組織内コンフリクト………………351*l*	体験…………………………………62*l*	大正デモクラシー…………………266*r*
組織の中の人間行動………………554*r*	体験された時間……………………216*l*	対人関係……………………………510*r*
組織理論……………………………476*l*	大航海時代…………………………523*l*	対人恐怖症…………………………317*l*
組織論……………351*l*, 351*l*, 357*r*, 481*l*	退行現象……………………………640*l*	対人コミュニケーション…………297*l*
ソーシャルワーク…………………44*l*	対抗宗教改革………………………371*r*	対人知覚……………………………458*r*
祖先祭祀……………………………137*l*	対抗神話……………………………167*l*	対人ネットワーク…………………328*l*
祖先崇拝……………………………509*r*	対抗的公共性………………………558*r*	対人反応……………………………458*r*
外の思考……………………………485*r*	対抗的選択作用……………………285*r*	体性感覚……………………………450*l*
ソフトな都市………………………621*l*	対抗文化運動………………………402*r*	体制内統合…………………………567*r*
ソフトパス…………………………645*l*	第三空間論…………………………611*l*	代替効果……………………………490*l*
尊厳…………………………………188*l*	第三項………………………………205*r*	対他的………………………………150*l*
尊厳死………………………………460*l*	第三項排除…………………………235*l*	対他認識……………………………440*l*
存在…154*l*, 155*r*, 272*r*, 353*r*, 406*r*, 463*l*, 495*r*	第三次産業…………………………326*r*	態度………………46*l*, 96*r*, 458*r*
存在者……………………………272*r*, 353*r*	第3次主婦論争……………………248*l*	対等接近の法則……………………401*r*
存在証明……………………………225*l*	第三者………………………………639*l*	大都市………………………………16*l*
存在様式……………………………22*l*	第三者の審級………………272*r*, 273*l*	大都市再生…………………………280*l*
存在論……………………………134*l*, 639*l*	第三世界……213*l*, 213*r*, 428*l*, 444*r*, 483*r*, 627*l*	大都市新郊外化過程………………280*l*
存在論的差異………………………237*l*	第三世界支配………………………559*r*	大都市の財政的危機………………588*l*
尊王攘夷……………………………559*l*	対自…………………………132*l*, 360*l*	第二局所論…………………………519*r*
村落…………………………………393*l*	大事故………………………………291*l*	第2次産業…………………………326*r*
村落共同体……109*l*, 394*r*, 471*l*, 505*r*, 600*r*	対自存在……………………………91*l*, 360*l*	第2次主婦論争……………………248*l*
村落構造論…………………………505*r*	対自的………………………………150*l*	第2次の意味構成……………………63*r*
村落社会構造………………………78*l*	大社会………………………………625*l*	第2次の貧困…………………………642*l*
	大衆……19*l*, 58*l*, 67*l*, 77*l*, 172*r*, 353*r*, 411*l*, 421*l*, 641*l*, 642*l*	第2波フェミニズム………413*l*, 596*l*
タ	大衆運動……………………350*l*, 538*l*, 595*l*	代表官僚制…………………………333*r*
	大衆音楽……………………………515*l*	太平洋戦争…………………………410*r*
「大アジア」観念…………………420*l*	大衆芸術……………………………419*r*	代補…………………………………428*l*
大アトランティス文明……………523*l*	大衆芸術論…………………………612*l*	対面的相互行為……………………343*l*
体育…………………………………427*l*	大衆国家……………………………555*r*	大量消費……………………………645*l*
第1インターナショナル…………565*r*	大衆娯楽……………………………611*l*	大量消費社会………………………434*l*
第一局所論…………………………519*r*	大衆社会…101*l*, 115*r*, 173*l*, 218*r*, 219*l*, 231*l*, 350*l*, 355*r*, 379*l*, 383*r*, 352*r*, 555*r*, 556*l*, 572*l*	大量消費生活様式…………………583*l*
第1次産業…………………………326*r*	大衆社会論………173*l*, 350*l*, 555*r*, 641*l*	大量廃棄物…………………………297*r*
第1次主婦論争……………………248*l*	大衆社会論争………………114*l*, 555*r*	対話………………………479*r*, 480*l*
第1次世界大戦……………………431*l*	大衆ジャーナリズム………………28*l*	ダーウィニズム…………335*l*, 608*r*
第1次の意味構成……………………63*r*	大衆消費……………………………28*l*	他界観念……………………………602*r*
第1次の貧困…………………………642*l*	大衆人………………………………58*l*	他我の一般的定立……………………62*r*
		卓越化………………………………371*l*
		多系的発展論………………………590*r*
		多言語主義…………………………234*r*

多元社会	350*l*	
多元主義	426*l*	
多元主義的権力	172*r*	
多元的国家論	45*r*, 619*r*	
多元的政治体制	528*r*	
多元的リアリティ	263*r*	
多国籍企業	421*r*, 559*r*	
「タコツボ」型と「ササラ」型	570*l*	
多産多死型の社会	131*r*	
多次元データ分析	482*l*	
多次元方程式モデル	649*l*	
他者	34*r*, 48*r*, 64*l*, 101*l*, 132*l*, 184*l*, 205*r*, 225*l*, 237*l*, 272*r*, 273*r*, 317*l*, 353*l*, 360*l*, 360*r*, 389*r*, 429*l*, 440*l*, 451*l*, 490*r*, 524*l*, 635*l*, 650*l*	
他者性	90*l*, 440*l*, 638*r*	
他者との関係	170*l*	
他者との同調	229*l*	
他者の身体	229*l*	
他者への脱中心化	229*l*	
他者理解	62*l*, 440*l*	
多声音楽	193*r*, 251*l*	
多声性	480*l*	
ダダ	66*r*	
堕胎	370*l*	
闘うマリアンヌ	207*l*	
脱亜	301*l*	
脱近代（化）	374*l*, 465*r*	
脱工業化	453*l*	
脱工業社会	240*l*, 529*l*, 529*r*	
脱構築	99*r*, 390*l*, 428*l*, 428*r*, 429*l*, 605*l*, 618*r*	
脱構築批評	224*l*, 498*r*	
脱産業化	557*l*	
脱産業社会	315*l*, 436*l*, 577*l*	
脱産業社会論	436*r*	
脱政治	331*l*	
脱物質主義	240*l*	
脱魔術化	210*r*	
脱領土化	296*l*, 522*l*	
タテ原理	419*l*	
タテ社会論	384*r*, 419*l*	
タテマエ	384*r*	
タナトス	112*r*	
他人関係	318*r*	
他人志向（型）	85*l*, 101*l*, 546*r*	
旅	60*r*, 198*r*, 361*r*, 584*l*, 636*r*	
旅芸人	299*l*	
旅人制度	239*l*	
タブー	41*l*, 111*l*, 120*l*, 518*l*	
ダブル・コンティンジェンシー	200*r*	
ダブルバインド	324*l*, 522*l*	
タブロー	154*l*	
ダホメ王国	542*l*	
魂	252*r*, 628*r*	
魂の移入	226*r*	
他律性	189*r*	
他律的道徳	487*r*	
単一家族	78*r*	
単一支配制	50*r*, 51*l*	
段階論	259*r*	
檀家制度	595*l*	
短期・長期の理論	490*l*	
団結	61*l*	
探検	636*r*	
談合	256*r*	
単婚（一夫一妻）家族	597*l*	
男根ロック	515*l*	
断種政策	614*r*	
単純社会	95*l*	
単純労働	447*l*	
男女	385*l*	
誕生	119*l*	
男色	284*r*	
男性中心主義	90*l*, 281*r*, 475*r*	
単線発展段階論	365*r*	
団体	49*l*, 248*r*	
団体的協同者意識	291*r*	
単調	591*r*	
ダンディズム論	484*r*	

チ

知	180*l*, 435*l*, 506*r*, 507*l*	
治安維持法	272*l*	
地位	260*l*	
地域	450*l*, 588*l*	
地域開発	558*r*	
地域格差	508*r*	
地域活動	57*l*	
地域・在宅ケア	256*l*	
地域史	421*l*	
地域社会	227*l*, 254*r*, 281*l*, 397*r*, 508*r*	
地域（都市・農村）社会学	441*l*	
地域社会研究	56*l*	
地域社会調査	281*l*	
地域主義運動	436*l*, 437*l*	
地域政治	206*r*	
地域的共同生活圏	393*r*	
地域の不均等発展	588*l*	
地域紛争	508*r*	
地域問題	453*r*	
小さな政府	7*r*	
地位 - 役割	102*l*	
地縁集団	560*r*	
知覚	8*l*, 154*l*, 593*l*	
知覚的世界	592*r*	
知覚メディア	67*r*	
力への意志	398*l*	
地球環境	226*l*, 417*r*, 511*l*	
地球環境問題	214*l*, 645*l*	
地球サミット	481*r*	
地球村	552*r*	
蓄音機	308*l*	
蓄積	106*r*	
蓄積体制	546*l*	
知識	158*r*, 176*r*, 186*l*, 617*l*	
知識社会	379*l*, 529*l*	
知識社会学	54*l*, 63*r*, 92*l*, 158*l*, 462*r*, 465*l*, 465*r*, 506*r*, 572*l*	
知識人	16*l*, 268*r*, 472*l*, 528*r*, 604*r*	
知識人の発生	277*l*	
知識人文化	371*r*	
知識成ъ	529*l*	
地質学	141*l*	
地図	549*r*	
地代	12*l*, 157*r*, 259*r*, 623*r*	
父 - 息子関係	173*r*	
父方交叉イトコ婚	454*r*, 564*l*, 615*r*	
父元型	607*r*	
秩序	339*l*, 406*r*	
秩序の形成	207*r*	
知的障害児の親の運動	256*l*	
知能	488*l*	
知能の社会化	488*l*	
知能の発達	488*l*	
知の考古学	352*l*	
血のみち	595*r*	
地方女性史	588*r*	
チャップブック	571*r*	
チャーティスト運動	267*r*	
忠	137*l*, 527*l*	
中央銀行政策	82*r*	
中央志向	299*r*	
中間階級	187*l*, 586*l*	
中間技術	423*l*	
中間システム論	583*r*	
中間社会消失の法則	400*r*, 401*l*	
中間集団	173*l*, 352*r*, 353*l*	
中間的存在者	136*l*	
中間理論	136*l*	
中国科学	454*l*	
中国革命	555*r*	
中国語	249*l*	
中産階級	398*r*	
中産的生産者層	275*l*	
忠実な確信者	538*l*	
抽象身体	273*l*	
抽象的客観論	479*r*	
忠臣蔵	85*l*	

中心／周辺理論……………………512r
中心‐辺境（周ääー）関係…………178l
中枢／衛星…………………………512r
忠誠……………………………137l, 225r
中世社会……………………………212r
忠誠心…………………………351l, 468r
中世政治思想史……………………311l
中世都市……………………………573r
中世都市成立論……………………493l
中絶の権利…………………………414l
中道……………………………56l, 374r
中範囲…………………………509l, 510r
中範囲理論………92l, 105l, 386l, 510l
超医療管理国家……………………614r
超越社会学…………………………204l
超越神信仰…………………………352l
超越性………………………………273r
超越論的現象学………………429l, 508l
聴覚……………………………154r, 348l
長期平均費用逓減説………………589r
徴候的読解……………………156l, 490r
超個体我……………………………353r
超国家主義………………116l, 418r, 469l
調査……………………266l, 350r, 622r
調査研究………………………………80l
調査票…………………………482l, 622r
調査票調査…………………………599l
調査法………………………………622r
調査方法論……………………………46r
超自我………………324r, 352l, 519r, 524r
超自然…………………………………40r
超人思想……………………………456l
調整様式……………………………546l
朝鮮人強制連行……………………467r
朝鮮戦争……………………………555r
町内会…………………239r, 327l, 429r
懲罰…………………………………181r
懲罰官僚制…………………………333r
徴兵令………………………………137r
調和型………………………………229r
調和的発想法………………………229l
勅語…………………………………410r
直進する時間………………………193l
直接世界………………………………63l
著作権………………………………195r
著者…………………………………147l
直観…………………………………607l
直系家族制度………………………254r
治療…………………………………506r
賃金……………………………283r, 556r
賃金労働……………………………189l
チンパンジー………………………432l

ツ

〈対〉幻想……………………………613r
通過儀礼………………344r, 411r, 625l
通時性………………………………165l
通常科学……………………………140l
通信…………………………………242l
通信工学……………………………371l
通俗道徳……………………………599r
月島調査……………………………445r
憑きもの……………………………344l
憑きもの信仰………………………344r
つくも神……………………………344l
つまどい……………………………394r
罪………………………………317l, 352r
罪の文化……………………………317l
冷たい都市…………………………647l
ツリー構造…………………………208r

テ

出会い………………………………343l
ディアスポラ・パラダイム………234r
低開発………………………………213l
低開発の発展………………………512r
定言命法……………………………310l
定言命令……………………………310l
帝国……………………………178l, 199l
帝国原理……………………………376r
帝国主義………185r, 219l, 307r, 444r, 461l, 570r, 611r
ディコンストラクション
　…………195r, 352l, 428r, 429l
定住…………………………………205r
定住化………………………………580l
定住外国人…………………………281l
ディスクール………………………479r
ディスクール論……………………224r
ディスコ……………………………515l
ディスタンクシオン…186r, 371r, 484r
ディストリクト（地域）…………626r
ディズニー・コミックス…………444r
ディズニーランド………… 539r, 562l
定着者………………………………580l
定着性／漂泊性……………………580l
帝都とந்境…………………………301l
低発展………………………………213r
底辺女性史…………………………588r
定量音譜……………………………193l
手書き文字…………………………194l
出稼ぎ……………61l, 272r, 302l, 601l
手紙……………………………46r, 290l

適応……………………………43l, 206r
出来事…………………………149l, 422r
テクスト……164r, 195r, 259l, 355r, 371r, 372l, 428l, 428r, 485r, 549r, 645r
テクスト相互関連性………………480l
テクスト理論………………………164r
テクノ・シティ……………………499l
テクノデモクラシー………………426l
テクノパーブ………………………499l
テクノファシズム…………………346l
テクノロジー…………………423l, 502l
デザイン………………292r, 502l, 577l
デザイン運動………………………243l
テシス………………………………462l
データ………………………………622r
データ分析……………………355r, 482l
データベース…………………240l, 536r
哲学…………………………………450r
哲学革命……………………………157l
哲学的社会学………………………383r
哲学的同時代性……………………431l
テッズ………………………………526l
丁稚制度……………………………152r
鉄道……………………………307l, 361r
鉄道郊外……………………………499l
鉄道事故……………………………361r
鉄の檻………………………………339l
デパート………28l, 243r, 361r, 535l
デマ……………………………291l, 368r
デーミウルギー……………………109l
デモクラシー……58r, 242r, 329r
デュリアリズム……………………346l
デュルケーム学派…………………172r
テーラーシステム……………253l, 354l
テレコミュニケーション…………342l
テレビ…………………………299l, 376l
テレビ・コマーシャル………259l, 536r
テレビ番組…………………………498l
テレビ文化…………………………498r
テロル………………………………219l
田園…………………………………243l
田園都市……………………………307l
電気照明………………………243r, 362l
伝記資料……………………………575r
電気メディア論……………………552l
転向…………………………………420l
伝言ダイヤル………………………612r
展示…………………………………611r
電子的コミュニケーション………536r
電子的情報様式……………………536l
電子テクスト………………………536r
電子メディア………194l, 428l, 612l
電子メディア論……………………536r

天職……………………………36r	道具…176l, 299r, 314r, 538r, 573r, 634l	道徳哲学……………………………9l
伝達過程……………………………368r	道具の理性……………………………544r	道徳批判……………………………457l
転倒…………………………………303l	道具的（instrumental）リーダー	投入産出分析………………………337l
伝統…………………………………541l	…………………………………473l	動燃（動力炉核燃料開発事業団）
伝統志向型…………………………101l	道化…………………………277l, 604r	…………………………………296r
伝統支配……………………………50r	闘鶏…………………………………311r	党派…………………………………283l
伝統的………………………………48r	統計学………………………………525l	逃避型………………………………229r
伝統的医療…………………………451l	統計的観察法………………………336r	投票…………………………220l, 580r
伝統的支配…………………………376l	統計的調査（法）…………47l, 505l	投票意図……………………………580r
伝統の発明…………………………541l	統合理論……………………………416l	投票意図形成………………………619l
天皇…84r, 116l, 137l, 173r, 286r, 287l,	倒錯…………………………………422l	投票行動……………297l, 319r, 580r, 619l
313l, 405r, 410r, 418l, 559l	動作研究……………………………424r	投票のパラドックス………………220l
天皇型政治文化……………………418r	投資…………………………………125l	動物行動学……………246l, 437r, 647l
天皇制……216r, 237r, 287l, 300l, 301l,	透視図法……………………………147r	動物社会……………………………246l
378l, 452l, 452r, 507l, 559l	投資関数……………………………597l	同胞志向……………………………503l
天皇制国家…………………405r, 461l	童児元型……………………………607r	東北型農村…………………………504r
天皇制ファシズム…………………136l	投資需要……………………………336l	透明性への願望……………………388r
天文学ショー………………………289r	同時性………………………………470l	東洋…………………………184l, 407r
電話…………………307r, 308l, 612r	同質化原理…………………………354l	東洋史学……………………………309r
電話文化……………………………612r	同質性………………………………88l	討論の自由…………………………585r
	統辞的連鎖…………………………625l	同和問題……………………………227r
ト	投射…………………………………96r	都会…………………………………243l
	動植物生態学………………………543l	都会イメージ………………………243l
ドイツ・ファシズム………………116r	同心円型……………………………53l	土器…………………………………638l
ドイツ映画…………………………326l	薹尽理論……………………………98r	土器の起源神話……………………638l
ドイツ観念論………………309r, 391l	同性愛…183l, 240r, 284r, 296l, 321l,	ドキュメント的解釈法……………162l
ドイツ精神…………………………455r	370l	徳……………………………………215r
ドイツ民族衛生学…………………614r	闘争…………………………70r, 339l	独我論………………………360l, 409r
問いの構造…………………156r, 217l	逃走距離……………………………544l	徳川期の思想………………………569r
東亜協同体…………………………574l	闘争理論……………………………39r	徳川思想史…………………………286r
東亜連盟論…………………………469l	同族…………………78l, 152l, 313r, 481l	独裁…………………………326l, 375l
同位社会……………………………234l	同族結合……………………394r, 504l	独裁論………………………………375r
同一化………………………………127l	同族組織……………………………269l	読者…………………………355l, 549l
同一者………………………………638r	同族団（体）……78l, 152l, 313r, 595r	読者論………………………340l, 498r
動員…………………………493r, 507r	動態的人類学………………………306r	特殊主義……………………………527l
動因…………………………………96r	動態的政治研究……………………483r	特殊の社会学………………………383l
東欧の反体制運動…………………219r	東大闘争……………………………241l	読書…………361l, 371r, 372l, 395r, 549l
同化…………………………………206r	動態としての社会…………………110r	読書人身分…………………………249l
東海道メガロポリス論……………342l	統治…………………………………644r	読書の文化史・社会史……………500r
投企…………………………90l, 135l	同調…………………………225r, 459l	読者論………………………………340l
投機…………………………………123l	同調化………………………………302l	独者の機械…………………………212l
動機…………………………………466r	同調過剰……………………………93l	独占資本主義………………………573l
動機づけ……………466r, 554l, 554r	同調社会……………………………225r	徳（勇気）としての暴力…………398l
東京………………………278l, 281l, 382r	動的宗教……………………………530r	独立我………………………………353r
道教…………………………………249l	動的密度……………………………23l	独立教会……………………………622l
『東京朝日新聞』…………………605r	道徳…10l, 21l, 309r, 310l, 392r, 475l,	独立共和国…………………………199l
道教科学……………………………454l	530r, 532l, 575r	トークン同一説……………………422r
東京近郊……………………………254r	道徳科学……………………………425l	時計化された身体…………………193r
同業組合……………………………21r	道徳観………………………………487r	時計仕掛け…………………………242l
東京裁判……………………116r, 420r	道徳教育……………………………427r	閉ざされた人間……………………72r
東京文化……………………………305l	道徳性発達理論……………………487r	
『東京毎夕新聞』…………………605r	道徳的実在論………………………487r	
同居大家族制………………………78l	道徳的正義…………………………310l	

都市 …52*l*, 196*r*, 227*l*, 228*l*, 230*l*, 280*r*, 294*r*, 342*l*, 363*l*, 379*r*, 380*l*, 382*r*, 385*r*, 404*r*, 405*l*, 431*r*, 462*r*, 483*l*, 528*l*, 547*r*, 549*r*, 588*l*, 601*l*, 626*r*, 632*l*, 647*l*	都市的生活様式 …………………464*l*	トラベラー ……………………………366*r*
	都市的世界 ………………………386*l*	ドラマ化 ………………………………354*r*
	都市的体験 ……………………………279*r*	ドラマ主義 …………………………232*l*
	都市的なもの…………293*r*, 294*l*, 632*l*	ドラマトゥルギー ………………128*l*
	都市伝説 ………………………………517*r*	トリックスター元型 ……………607*r*
都市イデオロギー ……53*r*, 293*r*, 610*l*	都市のある社会 ……………………647*r*	奴隷道徳 ……………………………457*l*
都市エスノグラフィ ………280*r*, 499*l*	都市のイメージ ……………………626*r*	ドレフュース事件 …………………415*r*
都市化 …136*r*, 206*l*, 206*r*, 277*l*, 278*r*, 342*l*, 386*l*, 386*r*, 611*l*, 632*l*	都市–農村関係 ……………………601*l*	問屋制的商業資本 …………………275*l*
	都市の危機 ……………………………610*l*	
都市格位説 ……………………………385*r*	都市の権力構造 …………………………57*r*	**ナ**
都市革命 ………………………………632*l*	都市の調査 ……………………………56*l*	
都市化現象 ……………………………308*l*	都市の日常生活 ……………………277*l*	内化 ……………………………………550*l*
都市下層 ……………373*r*, 447*r*, 620*l*	都市のフィールドワーク …………253*r*	内在化 …………………………………159*l*
都市下層民 …………………370*r*, 627*l*	都市の文化 ……………………………277*l*	内在性 …………………………………638*l*
都市型社会 ……………………………556*l*	都市の理論 ……………………………228*l*	内省主義派 …………………………245*l*
都市環境問題 ………………………226*l*	都市反乱 ………………………………362*l*	内側性 …………………………………642*l*
都市観察 ………………………………253*r*	都市病理 ………………………………227*l*	内的行為 ………………………………64*l*
都市危機 …………………294*l*, 294*r*	都市文明 …………………277*l*, 538*r*	内的コミュニケーション …………65*r*
都市共同体 ……………………………493*l*	都市問題 ………206*l*, 227*r*, 239*r*, 294*l*, 294*r*, 453*r*, 489*r*, 648*r*	内的システム ………………………392*l*
都市空間 …………382*r*, 395*r*, 549*r*		内的自然 ………………………………413*r*
都市計画…280*l*, 294*l*, 380*l*, 395*l*, 450*l*, 483*l*, 489*l*, 626*r*, 629*l*, 632*l*	土壌侵食 ………………………………226*l*	内的持続現象 …………………………62*l*
	年寄り組 ………………………………394*r*	内的社会環境 …………………………23*l*
都市計画理論 ………………………626*r*	閉じられたテクスト ……………195*r*	内的勢力 ………………………………401*r*
都市ゲマインデ ……………………251*r*	都市類型論 …………………………380*r*	内部志向型 …………………………101*l*
都市圏 ……………………………………342*l*	都市論 ………230*l*, 299*r*, 395*l*, 499*r*, 573*l*, 621*l*, 626*l*, 632*l*, 647*r*	内部体系 ……………………………541*l*
都市研究 ………………………………206*r*		内面 ……………………………………303*l*
都市構造論 ………………………………53*l*	都心 ……………………………………280*r*	内面支配 ……………………………331*r*
都市国家 …………………………………5*l*	都心の再開発 ………………………588*l*	内面的データ ………………………577*r*
都市コミュニティ ……228*l*, 279*r*, 395*l*	土地 ……………………………………108*l*	内乱 ……………………………………112*l*
都市再活性化 ………………………555*l*	土地制度 ………………………………305*l*	流れ ……………………………………296*l*
都市思想 ………………………………395*l*	土地相続 ………………………………601*l*	流れ作業 ………………………………308*l*
都市社会 ………366*r*, 442*l*, 557*l*	土地投機ブーム ……………………143*l*	名子 ………………………………………78*l*
都市社会運動 ………………294*l*, 489*r*	土地立法 ………………………………82*l*	ナショナリズム ………147*l*, 198*l*, 234*r*, 255*r*, 301*l*, 309*l*, 311*r*, 353*l*, 355*r*, 418*l*, 442*r*, 457*l*, 468*r*, 469*l*, 538*l*, 541*l*
都市社会学………52*l*, 206*r*, 227*l*, 228*l*, 251*r*, 279*r*, 280*r*, 281*l*, 294*l*, 327*l*, 385*r*, 386*l*, 387*l*, 467*l*, 489*r*, 499*r*, 610*r*, 647*r*	突然変異 ………………………………246*l*	
	徒弟制度 ………………………………239*l*	
	トーテミズム ………40*l*, 111*l*, 120*l*, 192*l*, 518*r*, 637*r*	
		ナショナル・ヒストリー …………403*r*
都市社会学論争 ……………………294*r*	トーテム ………………………24*r*, 40*l*	ナショナル・ミニマム ……………556*l*
都市社会誌 ……………………………363*l*	トーテム集団 ………………………149*l*	ナチス …………54*r*, 72*l*, 87*l*, 210*r*, 264*r*, 399*l*
都市社会病理現象 …………………228*l*	トーテム体系 ………………………148*r*	
都市住民 ………………………………450*l*	トーテム分類 ………………………148*r*	ナチズム ………69*l*, 71*r*, 76*l*, 117*r*, 219*l*, 326*l*, 353*l*, 354*l*, 452*l*, 595*l*, 614*r*, 619*r*, 641*l*
都市集落 ………………………………385*r*	隣組 ……………………………………420*l*	
都市祝祭 ………………………………557*l*	ドナルド・ダック …………………444*r*	
都市人口 ………………………………228*l*	賭博 ……………………………………196*r*	ナチス論 ………………………………614*r*
都市図 …………………………………562*l*	トポジュネーズ ……………………404*r*	ナポレオン戦争 …………325*l*, 348*r*
都市生活 …………196*r*, 253*r*, 363*l*, 385*r*, 557*l*, 621*l*	トポス …………………………………450*l*	ナルシシズム …………………………25*l*
	トポロジー ………………624*l*, 640*l*	南欧都市 ………………………………251*r*
都市生活空間 ………………………385*r*	トマスの理論 ………………………206*r*	南北問題 …………………178*l*, 451*l*
都市政府 ………………………………294*l*	富 ………6*l*, 88*l*, 257*r*, 337*l*, 525*l*	
都市中産階級 ………………………499*l*	富の破壊 ………………………………89*l*	**ニ**
都市中流主婦 ………………………301*r*	トライバリズム ……………………468*r*	
都市づくり ……………………………382*r*	ドライブイン型ショッピング建設反対運動 …………………………558*r*	2月革命 ………………………………564*r*
都市の空間形式 ……………………632*l*		肉 ………………………………155*r*, 593*l*
都市の現象 ……………………………385*r*	トラスト ………………………………266*r*	

和文主題・事項索引　ニ—ネ

肉体	171r
錦絵	549r
西田哲学	438r, 453l
20世紀思想	369r
二次的定住	647l
二次的適応	342r
二者二財モデル	649r
二重革命	179l
二重拘束	635r
二重の解釈学	315r
二重らせん	558l
二次ルール	469r, 475l
二世界論	8l
にせ自己	634r
偽物性	642l
ニーダム・パズル	454l
日常言語学派	282r
日常性	575r
日常生活	61r, 158r, 162l, 487l
日常生活史	61r, 602l
日常世界	162r
日常的実践	317r, 395r
日常的相互作用過程	232l
日常文化	547r
日記	290l
日系アメリカ人差別	467l
2・26事件	368r, 418r
ニヒリズム	193r, 210r, 410l, 456l
『日本』	605r
日本学	286r
日本型管理	331r
日本型近代家族	247r
日本型都市社会	327l
日本型福祉社会	274l
日本近代	355l, 460r
日本近代化	104r
日本近代化史	332l
日本近代化論	301l
日本研究	84l, 256r, 384r
日本憲法学	559l
日本語	352l
日本思想史	418l, 420l, 420r, 570l
日本資本主義	226r
日本資本主義分析	378r
日本資本主義論争	259r, 372r, 461l
日本社会	172r, 225r, 254r, 256r, 352r, 369r, 448l, 590r
日本主義	438r
日本人	352r
日本人移民	421r
日本人のアイデンティティ	433r
日本人の意識	304l, 458l
「日本人の意識」調査	575l
日本人の信仰	402l
日本人の心情	576l
日本人論	384r
日本神話	246l
日本政治思想史	116l, 569r
日本帝国主義	460r
日本的管理	556r
日本的経営	590r
日本的自然	298r
日本的生産方式	302l
日本等質社会論	225r
日本農村	74l, 504r
日本農村社会学	74l, 152l, 393r
日本の近代	278l, 298r, 301r, 439l
日本の近代化	136l, 301l, 372r, 405r, 599r
日本の政治	117l, 507r
日本の政治学	116l, 319r
日本の戦後史	441l
日本の村落社会	74l
日本の秩序像	320l
日本の農村	393l
日本ファシズム	116l, 313l, 418r, 438r, 469l
日本文化	84l, 216r, 298l, 314l, 579r
日本文学	229r, 406l, 549l
日本文化史	418l
日本文化論	205l, 322l, 452l, 649l
日本文明	260r
日本文明論	547r
日本見直し論	256r
日本民族形成起源論	603l
日本らしさ	481l
日本論	481l
「ニューアカ」ブーム	208l
入学試験制度	211r
入試	254r
入試制度	260l
ニューエイジ	367l
ニューカマーズ	279r, 280r, 281l
ニュータウン	450l
ニューディール	83l
ニューメレール（価値尺度財）	649r
ニューライト	269r
ニューレフト思想	496r
人形の家	404l
人間	111l, 135l
人間以前の眼差し	155l
人間化	171l
人間解放	345r, 567r
人間学	309r
人間観	437r, 449l
人間関係	448l, 591r
人間関係管理	640r
人間関係論	262r, 516l, 532r, 591r, 640r
人間工学	424r
人間行動	246l, 591r
人間主義	13l
人間主義地理学	642l
人間主体の社会学	511r
人間性	181l, 471l, 554l
人間生態学	53r, 206r, 543r
「人間知識の体系詳述」	424l
人間中心主義	160l, 481r
人間的自然	413r
人間特例主義パラダイム	481r
人間の拡張	552r
人間の交際	504l
人間の終焉	160l
人間の性格類型	320l
人間の尊厳	387r
人間の存在	471l
人間平等原理	580l
人間復権運動	402r
人間論	476l
認識	42l, 180l
認識と人格	43r
認識論	134l, 425l, 530l
認識論的切断	156l, 217l
認識論的な場	160l
人情	85l, 173l, 317l
人称と仮面	365l
妊娠	596l
認知の予期	633l
認知発達	487r
認知理論	35l

ヌ

縫い留め点	618l
ヌーヴェル・クリティック	485r
ヌーヴォー・ロマン	485r

ネ

ネオ・コーポラティズム	231l, 346r
ネオ・フロイト主義	87r, 112l
ネオ・マルクス主義	512r
ネオ・リアリティ	171l
ネオ・リベラリズム国家	189l
ネオン・サイン	253r
ネクサス	635r
ネクロポリス	573l
根こぎ	252r
ネーション	468r

ネ

熱帯林の破壊	226*l*
ネットワーク	233*l*, 241*l*, 280*r*, 369*l*, 387*l*
涅槃原則	113*l*
年季	79*r*
年少者	183*l*
年代記録	334*r*
粘着性	587*r*
年齢階梯制	394*r*
年齢組体系	261*r*

ノ

ノイズ	167*r*, 209*l*
脳科学	634*r*
農業	7*l*, 226*l*, 511*l*
農業関連多国籍企業	380*r*
農業近代化問題	451*r*
農業＝農村問題	367*l*
農耕民	148*r*
農政学	600*l*
農村	7*l*, 388*l*, 601*l*
農村型社会	556*l*
農村工業	275*l*
農村支配	367*l*
農村社会	78*l*, 506*l*
農村社会学	228*l*, 388*l*, 393*l*, 471*r*, 504*r*, 505*r*, 506*l*, 601*l*
農村調査	506*l*, 556*r*
農村文書	237*r*
農村問題	601*l*
農地改革	367*l*, 393*l*, 429*l*, 505*r*
農奴	109*l*
農本主義	116*r*
農民意識論	471*r*
農民運動	505*r*
農民運動論	471*r*
農民化	574*r*
農民組合	367*l*
農民層分解	367*l*
農民文化	505*r*
農薬	295*l*
能率	351*l*
能率増進運動	424*r*
能力	225*l*
能力主義	255*r*
ノエマ	316*r*
野宿者	322*r*
ノード（点）	626*r*
ノーマリゼーション原理	256*l*
ノモス	246*l*, 462*l*, 465*l*, 569*l*, 574*l*
ノリ	277*r*
暖簾	152*l*
暖簾内	152*l*
暖簾分け	152*r*

ハ

場	187*l*
ハイ・カルチャー	254*l*
俳諧	602*l*
媒介原理	230*r*
配給制度	420*l*
廃墟趣味	442*l*
売春	31*l*, 196*r*, 227*r*, 414*l*, 588*r*
排除	138*l*, 205*r*, 235*l*, 618*l*
廃娼運動	588*r*
売笑婦	322*r*
敗戦	410*r*, 420*l*
媒体	466*r*
ハイチ革命	179*r*
バイディア	122*r*
梅毒	399*l*
ハイパーインフレーション	238*r*
バイパス建設反対運動	558*r*
ハイパーリアル	539*r*
廃仏毀釈	278*l*
培養理論	356*r*
ハウ	99*l*, 358*r*
ハウハウ	622*l*
バウハウス	502*l*
幕藩国家	286*r*
博物学	184*r*
博物館	452*r*
博覧会	196*r*, 299*r*, 405*l*, 611*r*
パサージュ	196*l*
恥	85*l*, 352*r*, 481*l*
恥の文化	85*l*, 317*l*
場所	431*l*, 450*r*, 453*l*, 642*l*
場所形成	404*r*
パス（道路）	626*r*
派生社会錯綜の法則	400*r*
派生体	486*r*
パーソナリティ	45*l*, 92*l*, 96*l*, 113*l*, 126*l*, 204*l*, 266*l*, 290*r*, 413*r*, 524*r*, 575*r*, 586*l*
パーソナリティ体系	172*l*
パーソナル・コミュニケーション	619*l*
パーソナル・ドキュメント	499*r*
働く女性	232*r*
パターン変数	103*l*, 104*l*, 172*r*, 173*r*, 473*l*
バーチャルリアリティ	305*l*
パックス・エコノミカ	188*r*
バック旅行	28*l*
発語行為	282*r*, 359*r*
発語内行為	282*r*, 359*r*
発語媒介行為	282*r*, 359*r*
末子相続	269*l*
バッシング	150*r*, 162*l*
発達	126*l*, 520*l*, 596*r*, 650*l*, 650*r*
発達段階論	650*r*
発達同一化	172*r*
発達論	324*l*
発展	213*r*
発展段階	306*r*
発展段階説	212*r*, 451*r*
発展段階論	178*l*
発展途上国	421*r*
発明	395*r*
発話	479*r*
発話行為	359*r*
発話論	479*r*
バテーマ	450*r*
ハードな都市	621*r*
ハードパス	645*l*
パトリオティズム	468*r*
パート労働者	414*l*
話し方	169*r*
話しことば	407*l*
パナマ疑獄	415*r*
パニック	143*l*, 318*l*
パノプティコン	181*l*, 185*l*, 404*l*, 532*l*
パノラマ	289*r*
パノラマ的知覚	361*r*
場の理論	640*l*
母	91*r*, 285*l*
母親	474*l*
母方交叉イトコ婚	95*l*, 454*l*
母元型	607*r*
母娘元型	607*r*
ハビトゥス	99*r*, 168*r*, 186*r*, 391*l*, 516*r*, 581*l*
パフォーマー	129*l*
パフォーマンス	128*l*
パフォーマンス・チーム	129*l*
バブル経済	302*l*
破滅型	229*r*
破滅思想	229*r*
場面	466*r*
破門	239*l*
パラダイム	140*l*, 412*l*, 617*l*
パラダイム転換	140*r*, 617*l*
パラダイム論	477*l*
パラダイム論争	481*l*
パラドックスの論理学	522*l*
パラノイア	208*r*, 618*l*
パラモン	249*r*
パラロジー	623*l*

| 和文主題・事項索引　ハ—ヒ |

バランス・オブ・パワー・システム……82*l*
バランス理論……204*l*
パリ……373*r*
パリ・コミューン……565*r*
パリ改造……380*l*
バリ島演劇……218*l*
パリ文化……312*l*
バルバロス……205*l*
バルフォア宣言……184*l*
ハレ……246*r*, 419*l*
パレーシア……183*r*
パレスチナ問題……184*l*
パレート原理……220*l*, 396*l*
パレート最適……620*r*
バロック都市……573*l*
バロック悲劇……534*l*
パロール……428*l*, 428*r*, 429*l*, 568*r*
パワー・エリート……115*l*
パワー・ポリティクス……636*l*
半陰陽……561*r*
反開発……475*r*
反科学運動……634*r*
反革命……389*l*
反学校文化……244*r*
ハンガリー革命……54*l*
晩期資本主義……478*l*
反近代化……465*r*
反近代主義……547*l*
バンク……515*l*, 526*l*
反原子力発電所闘争……437*l*
反構造……411*r*
万国博覧会……243*r*, 361*l*, 535*l*
犯罪……180*l*, 370*l*, 373*l*, 415*r*
犯罪学……26*l*
犯罪の社会・文化的研究……289*r*
反差別……475*r*, 593*r*
反差別運動……593*r*
反システム運動……255*r*
反実証主義……425*l*
汎神論……391*l*
反精神医学……324*l*, 634*r*, 635*l*, 635*r*, 636*l*
反戦運動……272*l*
判断力……310*r*
反天皇制運動……300*r*
反人間主義……156*l*, 217*l*
反復囚人のディレンマ……207*r*
反復的なコミュニケーション……366*l*
パンフレット……208*l*, 571*l*
万民平等主義……173*l*
反ユダヤ主義……87*l*, 96*l*, 166*l*, 185*r*, 219*l*, 330*r*
叛乱……531*l*

範列的連合……625*l*
反論権……605*r*

ヒ

火……638*l*
ピア・グループ……364*l*
悲哀……460*l*
悲哀の仕事……345*l*
被暗示性……318*l*
非医療化……236*l*
ヒエラルキー……426*r*
ビオ・ポリティク……445*l*
被害構造論……221*r*
被害者運動……221*r*
被害者の解釈学……221*r*
被害者による抗議運動……221*r*
比家族史……578*l*
比較教育社会学……430*r*
比較近代化論……527*l*
比較経済史……309*l*
比較言語学……412*r*
比較社会学……23*l*, 36*l*, 110*l*, 228*r*
比較宗教学……118*l*
比較宗教社会学……288*r*
比較静学……490*l*
比較文化論……452*l*
比較歴史社会学……533*l*
非管理化……236*l*
非学校化……235*r*
悲劇……387*r*, 455*r*, 534*l*
飛行機……307*r*
非行者……181*r*
非行少年……47*l*
貶女（ひさぎめ）……394*r*
被差別……593*r*, 620*l*
被差別集団……580*l*
被差別体験……503*l*
被差別部落……580*l*
微視社会学……38*r*
非市場社会……542*r*
微視的権力……180*r*
微視的社会学……324*l*
非シニフィアンの記号論……296*l*
非宗教的人間……118*r*
美術館……210*l*, 405*l*
美食……514*r*
非専門化……236*l*
非属地主義……234*r*
非存在……406*r*
媚態……322*l*
ヒットソング……576*l*
必要趣味……187*l*
否定性……210*r*

否定的思惟……567*r*
否定弁証法……87*r*
非デカルト的認識論……470*l*
美的経験……419*r*
美的国家……113*l*
ヒト……449*r*, 558*l*
ヒト化……304*r*
美徳……571*l*
ヒトゲノム……449*r*, 558*l*
避妊……131*r*
非農業民……212*r*
火の分裂……60*l*
火の歴史……602*l*
被爆体験……420*l*
批判社会学……610*l*
批判的解釈学……491*l*
批判的合理主義……617*l*
批判的社会理論……145*r*, 478*l*
批判的理論……545*l*, 567*r*
批判哲学……161*l*, 310*l*, 310*r*
批判理論……87*r*, 190*l*, 285*r*, 478*r*, 536*r*
ビーブル……475*r*
誹謗……290*r*
非法則論的一元論……422*r*
火祭り……518*r*
百姓一揆……599*l*
百科事典……424*l*
百科全書……349*r*
百貨店……611*r*
ヒヤリング……499*r*
非ユークリッド幾何学……470*l*
ヒューマニスティック・アプローチ……464*l*
ヒューマニスティック・エコノミー……374*r*
ヒューマニズム……160*l*
ビューロクラシー……92*l*
憑依……123*l*, 307*l*, 344*l*
憑依性精神病……278*r*
病院……181*r*, 214*r*, 236*l*, 506*r*
表音文字……365*l*
病気……399*l*
病気観……451*l*
表現……70*r*
表現主義……326*l*, 521*l*
表現派……66*r*
病死……460*l*
表出……614*r*
表出的シンボル体系……105*l*
表出的（expressive）リーダー……473*l*
標準時……308*r*
表象……160*r*, 539*l*
「表象＝代理」システム……434*l*
表象的思考……488*l*

表層の演技	333*l*
平等権	618*r*
平等権	432*r*
平等論	396*l*
漂泊	205*r*
漂泊者	580*l*
漂泊民	205*r*
標本抽出	505*l*, 622*r*
標本調査	505*l*
憑霊信仰	344*l*
被抑圧者の解放	518*l*
非領域	234*r*
ピレンヌ＝プラーニッツ説	493*l*
ヒーロー	123*r*
ヒロイズム	398*l*
疲労	591*r*
非論理的行為	486*r*
琵琶湖	444*l*
貧困	124*l*, 170*r*, 227*r*, 447*r*, 451*l*, 568*l*, 577*l*, 627*l*
貧困研究	642*r*
貧困史	370*l*
貧困線	642*r*
貧困調査	447*r*
貧困の文化	627*l*, 627*r*
品質管理	447*l*
ヒンドゥー教	249*r*
貧民	323*l*, 557*r*, 608*l*

フ

ファラベラベ	606*l*
ファシズム	59*l*, 67*r*, 83*l*, 96*r*, 354*l*, 375*r*, 438*r*, 469*l*, 476*r*, 507*r*, 538*l*, 570*r*, 595*l*, 619*r*, 641*l*
ファシズム運動	116*l*
ファッション	354*r*, 648*l*
ファッション誌	164*r*
ファミリー・アイデンティティ	247*r*
不安定就労者	302*l*
フィジオクラシー	337*l*
フィジカ	140*l*
フィードバック	531*r*
フィードバック機構	242*l*
フィールドワーク	110*l*, 311*r*, 312*l*, 354*r*, 364*l*, 516*r*, 562*r*
風景	60*r*, 303*l*, 355*r*, 361*r*
封建経済	336*l*
諷刺	338*r*
風土	317*l*
風土性	649*l*
夫婦関係	173*r*
夫婦別姓	247*r*, 609*l*

賦役	78*l*
フェティシズム	14*r*
フェビアニズム	556*l*
フェミニスト	183*r*
フェミニスト・エスノグラフ	293*l*
フェミニスト人類学	286*l*
フェミニズム	91*r*, 111*r*, 144*l*, 224*l*, 263*l*, 264*l*, 282*l*, 285*l*, 286*l*, 335*r*, 385*l*, 390*r*, 396*r*, 463*r*, 501*l*, 515*r*, 526*r*, 574*r*, 578*l*, 579*l*, 608*r*, 609*l*
フェミニズム運動	414*l*, 433*l*
フェミニズム理論	394*l*
フォークウェイズ	255*l*, 358*l*
フォークロア	601*l*
フォト・ジャーナリズム	398*l*
不確実性	233*l*
不可能性定理	396*l*
不干渉主義	255*l*
普及	643*l*
不況	56*l*, 271*l*, 302*l*, 336*l*
不均等発展	213*r*
複合家族	78*l*
複合システム	476*l*
複合社会	340*r*
複合性	200*l*
複合的自伝の方法	627*r*
複合的全体性	156*l*
複雑系	616*r*
複雑性	633*l*
福祉	44*l*, 358*l*, 396*l*, 445*l*, 489*l*
副次関与	343*r*
福祉国家	45*r*, 145*l*, 189*l*, 269*r*, 334*l*, 408*r*, 459*r*, 528*r*, 567*r*, 584*r*, 589*l*
福祉国家体制	451*l*
福祉サービス	423*r*
福祉社会	345*r*
福祉政策	256*l*
福祉の社会的分業	423*r*
服従	50*r*, 181*l*, 264*l*
服従関係	262*r*
複製	411*l*
複製技術	66*l*, 254*l*, 355*r*, 411*l*
複製技術革命	497*r*
複製芸術	411*l*
複製文化	411*l*
複製文字	355*l*
複線の歴史発展	213*r*
服装	484*r*
福利施設	271*r*
父系社会	454*r*
父系制	597*l*
父権社会	615*r*
父権制	224*l*, 474*r*
富国強兵	301*l*

武士	406*l*
父子家庭	293*l*
富士講	583*l*
武士的エートス	137*l*
武士会	322*l*, 590*r*
不浄	406*l*
婦人解放論	248*l*
父性原理	330*l*
部族	261*l*, 522*l*, 638*l*
舞台裏	72*r*
付帯現前	63*l*
プチ・ブルジョワジー	485*l*
「プチ帝国主義」論争	461*l*
普通選挙	272*l*
仏教	249*r*, 322*l*, 391*l*, 402*l*, 406*l*, 418*l*
仏教会	595*r*
仏教教団	595*l*
仏教経済学	374*r*
物質主義	240*l*
物質性	132*r*
物質的自我	34*r*
物質的想像力論	470*r*
物質文明	521*l*
物象化	14*r*, 156*r*, 191*l*, 193*r*, 492*l*, 494*r*, 628*l*
物象化社会	347*r*, 550*l*
物象化論	494*l*, 495*l*
物神化	550*l*
物神性	492*l*
物神批判	485*l*
物理科学	141*l*
不動産開発	489*r*
プナルア家族	268*l*, 597*l*
不平等	124*l*, 170*r*, 487*l*
フーフェ	109*r*
部分調査	439*l*
普遍主義	172*r*, 255*l*
普遍的語用論	190*l*
プライバシー	147*l*, 307*r*
部落	314*l*
プラクシス	516*r*
フラクタル	623*l*
プラクティス	162*l*
プラグマティズム	545*l*
部落問題	227*l*
ブラジル民族学	636*l*
プラスティック・セクシュアリティ	316*l*
プラチック	371*r*, 372*l*, 516*l*
プラトー	435*l*
プラハ言語学サークル	536*l*
フランクフルト学派	55*r*, 76*l*, 86*l*, 190*l*, 224*r*, 254*l*, 545*l*
ブーランジェ運動	415*r*

フ―ヘ

フランス革命……9*l*, 27*l*, 50*l*, 73*r*, 179*l*, 207*l*, 283*l*, 325*l*, 348*r*, 349*r*, 365*l*, 389*l*, 412*r*, 415*r*, 426*r*, 452*r*, 487*l*, 564*r*, 595*l*, 618*r*
フランス革命史……631*l*
フランス啓蒙思想……9*l*
フランス社会学……516*r*
プランテーション……178*r*, 421*r*
ブランド……276*r*
フリー・セックス……231*r*
フリーク・ショー……289*r*
ブリコラージュ……148*r*
フリーライダー……260*l*
不倫……276*r*
プリンキピア・マテマティカ……140*l*
フリンジベネフィット……423*r*
プリンストン高等研究所……311*r*
プリント・キャピタリズム……198*l*
ブルシェンシャフト……10*l*
ブルジョワ・イデオロギー……398*r*
ブルジョワ階級……389*l*
ブルジョワ革命……513*r*
ブルジョワジー……28*l*, 353*l*, 398*r*, 567*l*
ブルントラント委員会……214*l*
プレ・ユルバニスム……380*l*
プレイセラピー……265*r*
プレートテクトニクス……141*l*
フロイト左派……76*l*
フロイト主義……496*r*
浮浪者……322*r*
プロクセミックス……544*l*
プロテスタンティズム……36*l*, 193*l*, 422*l*, 438*l*, 440*r*
プロテスタンティズムの倫理……36*l*, 546*r*
プロテスタント・ファンダメンタリズム……341*l*
プロパガンダ……283*l*
プロブレマティク……217*l*
プロレタリアート……567*l*
プロレタリアート独裁……375*l*, 640*l*
雰囲気……22*l*
文化……24*l*, 31*r*, 71*l*, 242*r*, 298*l*, 325*r*, 374*l*, 408*r*, 412*l*, 452*l*, 479*l*, 575*r*, 579*r*
文化活動……71*l*
文化起源論……24*l*
文化記号学……408*l*, 569*l*
文化貴族……186*l*
文学……134*r*, 340*l*, 466*l*, 598*r*, 603*l*
文学空間……514*l*
文学作品……514*l*, 549*r*
文学社会学（文芸社会学）……135*l*, 347*r*, 381*r*

文学体……613*l*
文学の起源……287*r*
文学の社会学……353*l*
文学理論……390*r*, 490*r*, 514*l*, 613*l*
文化結合症候群……451*l*
文化圏……278*r*
文化研究……242*r*, 389*l*, 612*l*
文化産業……211*l*
文化システム……311*r*, 312*r*, 589*l*
文化資本……186*l*, 581*r*
分化社会……30*l*
文化社会学……186*l*, 419*r*, 581*r*
文化受容……299*r*
文化人類学……161*r*, 485*r*, 597*r*, 639*r*
文化生活……579*r*
文化精神医学……278*r*, 279*l*
文化創造……70*r*
文化相対主義……135*r*, 564*l*
文化体系……172*r*
文化多元主義……55*r*
分割民営化……231*l*
文化帝国主義……443*l*
文化的医原病……236*r*
文化的合理化……190*r*
文化的混血性……234*r*
文化的再生産論……168*l*, 581*l*
文化的支配……184*l*
文化的想像界……389*r*
文化的独自性……452*l*
文化哲学……17*l*
文化統合……525*r*, 541*l*
文化とパーソナリティ……85*l*, 100*r*, 525*r*
文化の概念……311*l*
文化の型……525*l*
文化の自律性……443*l*
文化の層状伝播……390*l*
文化の発展……261*l*
文化破壊……388*l*
文化比較……84*r*
文化批判……210*l*, 444*r*
文化変容……278*r*, 452*r*
文化本質主義……309*l*
分岐……400*l*
分業……6*r*, 20*l*, 31*r*, 98*r*, 274*l*, 581*l*
分居大家族制……78*l*
プンクトゥム……486*l*
分家……152*l*, 313*r*
分権化・国際化……556*r*
文献学……184*r*, 438*l*
分子……296*l*
分子生物学……69*l*
分身……218*l*

分析哲学……190*l*
文体……169*r*, 549*l*
フンドゥス……109*l*
分配システム……392*l*
分配の正義……215*r*
分別知……310*r*
文明……59*r*, 112*l*, 175*l*, 306*r*, 374*l*, 452*l*, 504*l*, 514*r*, 522*l*, 579*r*
文明化……72*l*
文明開化……278*l*, 452*l*
文明化の過程……4*l*
文明論的世界史……374*l*
分離……40*r*
分類闘争……187*l*
分裂者分析……175*r*
分裂症……174*r*
分裂性……587*r*
分裂病……513*l*, 634*r*, 635*r*, 636*l*
分裂病質……634*r*

ヘ

兵営……342*r*
平均人……58*r*, 336*r*
平衡状態……616*r*
閉鎖化……49*l*
『平民新聞』……605*r*
平民都市……251*r*
平和運動……369*r*
平和主義……320*l*
平和な生活……188*l*
ヘゲモニー……329*l*, 588*l*, 618*r*
ヘゲモニー装置……585*l*
ヘゲモニー論……224*r*, 365*r*, 468*l*
ヘーゲル左派……566*r*
ヘーゲル弁証法……12*l*
ベストセラー……549*l*, 575*l*, 579*r*
別家……152*l*
ベッド……276*r*
ヘッドホン・ステレオ……537*l*
ヘテロトピー……632*l*
ヘブライズム……193*l*
ペヨーテ・カルト……622*l*
ペルソナ……137*l*, 352*l*
ヘレディウム……108*r*
ヘレニズム……192*r*
ペロポネソス戦争……431*l*
辺境……178*l*
偏見……97*l*, 290*r*, 399*l*, 467*l*, 503*l*
弁証法……86*r*, 106*l*, 341*l*, 391*l*, 403*r*, 434*r*, 450*l*
弁証法社会学……510*r*
弁証法的唯物論……496*r*

弁証法的理性 …………………132*l*
変身 ………………………………536*l*
編成原理 …………………………481*l*
返礼贈与 …………………………89*l*

ホ

ボイコット ………………………59*l*
法 ……10*l*, 16*r*, 20*l*, 49*l*, 318*r*, 338*l*, 462*l*, 469*l*, 475*l*, 532*l*, 598*l*, 633*l*
防衛同一化 ………………………172*r*
報恩 ………………………………527*l*
法学 ………………………………338*l*
包括性 ……………………………415*l*
蜂起する民衆 ……………………599*r*
忘却 ………………………………403*l*
方言 ………………………………603*r*
封建遺制 …………………………313*r*
封建社会 …………………………313*r*
封建制 ………51*l*, 178*l*, 213*r*, 260*r*, 312*l*
封建領主観 ………………………353*l*
奉公人 ……………………………578*l*
奉公人の生活史 …………………577*r*
奉公人分家 ………………………152*l*
法社会学 ……………266*r*, 306*l*, 318*l*
法主権 ……………………………595*r*
放送 ………………………………410*r*
暴走族 ……………………………354*l*
法則定立的 ………………………290*l*
『報知新聞』 ………………………605*r*
暴動 …………………………143*l*, 620*l*
法服貴族 ……………………347*l*, 545*r*
方法としてのアジア ……………407*r*
方法論的アナーキズム …………617*l*
方法論的関係体主義 ……………481*l*
方法論的個人主義 …48*l*, 99*r*, 323*r*, 357*l*, 394*l*
方法論的個別体主義 ……………481*l*
方法論的集合主義 ………………99*r*
法理学 ……………………………475*l*
法律 ………………………………261*l*
暴力 …59*l*, 72*l*, 132*r*, 210*r*, 227*r*, 235*l*, 382*l*, 389*l*, 398*l*, 422*l*, 428*l*
暴力革命 ……………………619*r*, 641*l*
暴力団 ……………………………239*l*
暴力論 ……………………………498*l*
北欧都市 …………………………251*r*
牧場 ………………………………649*l*
母系 ………………………………597*r*
母系社会 ……………………454*l*, 564*l*
母系制 ……………………………563*l*
母系制コンプレックス …………563*l*
母系制社会 ………………………563*l*

母権社会 …………………………615*r*
母権制 ……………………………474*l*
保護 ………………………………548*l*
母語 …………………………188*r*, 412*r*
歩行 …………………………484*l*, 537*l*
母子関係 ……………………524*l*, 553*l*
保守回帰 …………………………589*r*
保守主義 …………………………125*r*
補償 …………………………607*l*, 607*r*
ポスト・コロニアリズム …498*l*, 501*l*
ポスト・コロニアル ……………309*l*
ポスト・コロニアル批評…185*r*, 234*r*, 490*r*
ポスト・モダン ……174*l*, 224*r*, 241*r*, 308*r*, 501*l*, 536*r*, 623*l*
ポスト構造主義 ……174*l*, 327*r*, 330*l*, 385*l*, 618*r*
ポスト産業化社会 ………………536*r*
ポスト植民地文学 ………………226*r*
ポスト・モダニズム ……………369*r*
ポスト・モダン建築理論 ………253*r*
ポスト・モダン文化論 …………536*r*
ホスピタル ………………………506*r*
母性 ………91*l*, 293*l*, 301*r*, 413*l*
母性愛 ………………………381*l*, 474*l*
母性原理 …………………………330*l*
母性神話 …………………………282*l*
ホーソン研究 ……………………541*l*
ホーソン実験 ……357*r*, 510*l*, 591*r*, 640*r*
ボーダー論 ………………………234*r*
ホット・メディア ………………552*l*
ホッブズ的秩序問題 ……………394*l*
ホップズ問題 ……………………68*l*
ポップミュージック ……………410*r*
ホテル ……………………………253*l*
ポトラッチ ……………71*l*, 88*r*, 98*r*
ポピュラー・カルチャー…468*l*, 498*r*, 232*l*, 444*r*
ホボ …………………………47*r*, 53*l*
ホモ・エコノミックス（経済人）
 ………………………………374*r*
ホモ・クラウスス ………………73*l*
ホモ・コンシュマンス …………644*l*
ホモ・サピエンス ………70*l*, 573*l*
ホモ・ファーベル ………70*l*, 573*l*
ホモ・セクシャル ………………164*l*
ポリアーキー ……………………415*l*
ポリス ………5*r*, 215*l*, 251*r*, 573*l*
ポリフォニー ……………………480*l*
掘割り ……………………………382*r*
ポール・ロワイヤル運動 ………471*l*
ホログラム ………………………539*r*
ホロコースト ………………403*l*, 539*r*
ホロコースト文学 ………………226*r*

ボロロ族 …………………………639*r*
ホワイト・カラー …………546*r*, 586*l*
本 …………………………………146*l*
盆 …………………………………602*r*
本家 …………………………152*l*, 313*r*
本質 ………………………………156*r*
本質意志 ……………………16*l*, 44*r*
本質的社会 ………………………325*r*
ホンネ ……………………………384*r*
本能 ………………………………112*r*
本末制度 …………………………595*r*
本物性 ……………………………642*l*
翻訳 …………………………312*r*, 482*l*

マ

マイクロ・マクロ・リンク ……323*r*
マイノリティ ………225*l*, 435*r*, 538*l*
マーカンティリズム ……………337*l*
マキアヴェリズム ………………548*r*
マクロ経済 ………………………326*r*
マクロ社会学 ………………230*r*, 441*r*
マクロ社会構造 …………………346*r*
マーケティング …………………540*r*
孫請け ……………………………302*l*
マージナル・マン ………205*l*, 467*l*
真面目（まじめ） ……………70*r*, 231*l*
マーシャル経済学 ………………377*r*
魔女の宴（サバト） ……………365*l*
マス・イメージ …………………614*l*
マス・カルチャー …………254*l*, 292*r*
マス・コミュニケーション
 ………92*l*, 328*l*, 497*r*, 619*l*
マス・コミュニケーション過程
 ……………………297*l*, 551*l*
マス・コミュニケーションの
 限定効果論 …………………619*l*
マス・コミュニケーションの
 受容過程 ……………………356*r*
マス・メディア ……166*r*, 171*l*, 217*r*, 232*l*, 254*l*, 297*l*, 354*r*, 356*r*, 376*l*, 459*l*, 517*r*, 606*l*
マス・メディア効果 ………535*r*, 619*l*
マス・カルチャー ………………606*r*
マスコミ研究 ……………………376*l*
マスコミ受容理論 ………………356*r*
マスコミ理論 ……………………551*l*
貧しい社会 ………………………124*l*
貧しき神 …………………………341*l*
マスターベーション ……………594*l*
マス文化 …………………………579*l*
町コミュニティ …………………239*r*
まちづくり ……………………239*r*, 279*r*

マッカーシズム……………………460r
祭り………………283l, 531l, 611l
マナ………………………………99l
まなざし………………404l, 576r
学び………………………235l, 236l
マニピュレーショニスト派……245l
マニュファクチャー………275l, 545r
麻薬………………………………227r
麻薬常用癖………………………370l
マルガレーテ悲劇…………………9l
マルクス・ルネッサンス………537r
マルクス経済学………………276l, 597l
マルクス主義……55l, 86l, 117l, 119r,
　　134l, 160l, 220r, 253l, 302r, 329l,
　　334l, 345r, 348r, 375l, 378r, 379l,
　　390r, 418r, 441l, 464l, 489r, 492r,
　　496r, 512r, 521l, 528r, 538r, 539l,
　　574l, 610l, 615r, 618r, 619l, 628l,
　　637l
マルクス主義科学史……………477l
マルクス主義国家論…285r, 513r, 585l
マルクス主義的フェミニズム批評
　………………………………535l
マルクス主義哲学………………341l
マルクス主義フェミニズム……247l,
　　264l, 335r
マル生反対闘争…………………231l
マルチカルチュラリズム………384l
まれびと（マレビト）
　…………………246r, 287r, 344r
漫画………………………552l, 579r
漫才………………………………420l
マンタリテ………………………631l

ミ

見えざる手…………………7l, 489l
見えない機械……………………573r
見えない実在……………………362r
見えない宗教……………………630l
未開交換…………………………358r
未開社会……245r, 314l, 358l, 563l
未開人……………………………639r
未開心性…………………………639l
未開法……………………………111l
ミクロ・コーポラティズム……346r
ミクロ・ファシズム……………296l
ミクロ社会学……………………441r
巫女………………………………307l
水…………………………………444l
ミス・コンテスト………………609l
見世物………………289r, 299l, 611l
御霊信仰…………………………137r

ミッテル＝動的媒介……………446l
ミッドデザイン……………………91l
ミドゥルタウン……………………56l
緑の革命……………………380r, 451r
水俣………………………331r, 419l
水俣宣言…………………………475r
水俣病………………………226r, 241l
身ぶり……………………………165l
身分………………………167r, 283r
身分から契約へ……………16r, 108l
身分制………………………………51l
ミミクリー………………………122r
ミーム……………………………437l
『都新聞』………………………605r
宮座論……………………………393r
ミュトス…………………………574l
未来完了時制的思考………………62r
未来派……………………67r, 308l
未来把持……………………………62r
ミレニアム………………………583l
ミロク信仰………………………583l
弥勒仏……………………………583l
身分け構造………………………569l
民間伝承…………………………603l
民間伝承論………………………356l
民間非営利部門…………………408r
民芸運動…………………………420l
民権運動…………………………588l
民権思想…………………………559l
民衆………207l, 237r, 278l, 365r, 389l,
　　422l, 480l, 480r, 531l, 535r, 547r,
　　599r, 631l
民衆意識…………………………599r
民衆運動……………………475r, 631l
民衆演劇…………………………536r
民衆娯楽論…………232l, 611l, 612l
民衆史………………237r, 531l, 599r
民衆自叙伝………………………577r
民衆思想…………………………356l
民衆思想史…………………237r, 599r
民衆自治…………………………475r
民衆支配…………………………559r
民衆生活…………………………531l
民衆世界…………………………365r
民衆的記憶………………………421l
民衆の知恵………………………395r
民衆のリアリズム………………480r
民衆の生活規範…………………599r
民衆の道徳………………………457l
民衆文化………130r, 207l, 284r, 355l,
　　371r, 468l, 480r, 531l, 536l, 571r
民衆本……………………………571r

民衆理性…………………………331r
民主化………………305r, 372r, 458l
民主化運動………………………144l
民主革命…………………………275r
民主主義……116r, 220l, 308l, 350l, 354l,
　　419l, 426l, 475r, 527l, 585r, 619l
民主制………………………3l, 4r, 220l
民主政……………………………415l
民俗………………………………600l
民族………219l, 234r, 403l, 452l, 467r
民族移動…………………………622l
民族解放…………………………213r
民俗学………216r, 258r, 517r, 584l
民俗教育…………………………503r
民俗共同体論………………………16l
民族国家…………………………473r
民族差別………………451r, 503r
民族誌………311r, 312l, 312r, 636r
民族誌記述………………………111l
民族誌の現在……………………359l
民俗社会…………………………344r
民俗宗教…………………………367r
民族主義…………………………409l
民族浄化…………………………452l
民族心理学………………………261l
民族精神…………………………261l
民俗調査…………………………584l
民族のアイデンティティ………409l
民族の偏見………………………290r
民族粉争…………………………403l
民族問題…………………………213l
民話………………………………194r

ム

無意識………25l, 32l, 174l, 208r, 391l,
　　519r, 520l, 520r, 524r, 607l, 607r,
　　639l
無縁………………………………212r
無縁所……………………………212r
昔話……………194r, 304l, 524r, 603l
無起源……………………………639l
無規制……………………………21l
無規制的分業……………………21l
無限者……………………………638l
無限責任の倫理……………638r, 639l
無国籍化…………………………615r
無作為抽出………………………505l
無私………………………………527l
無臭………………………………348l
矛盾………………………………364r
無償労働者………………………574r
無神論……………………………391l

娘組	394r	
娘宿	394r	
無声映画	482r	
無政府主義	459r	
無秩序	406r	
無調音楽	209r	
無の思想	229r	
無文字社会	306r	
ムラ	74r, 429r	
村の精神	74r	
無力	76r	

メ

明治維新	84r, 278l, 372r, 406l, 421l, 452r, 599r
明治維新論	460r
明治憲法	570l
明治大正史	60l
明治ナショナリズム	469l
明治の国家体制	310l
明治の文化	237r
命題行為	359r
名望家国家	365r
命名	603l
命名体系	149r
名誉革命	644r
命令	487r
メガロポリス	342l, 573l
メキシコの農業問題	388l
メシア	197r
メシア運動	622l
メシア的時間	198l
メシアニズム	583l
メジャー・レーベル	515l
メソジスト	36r
メソドロジー	233r
メタコミュニケーション	636l
メタ人類学	522l
メタファー	412l
メタファー論	339r
メーデー	541l
メディア	101l, 115r, 146l, 193r, 230l, 277r, 305l, 328l, 355r, 356l, 356r, 371r, 415r, 448r, 539l, 551r, 552r, 606r, 612l, 633r, 644l
メディア・イベント	612l
メディア・コミュニケーション	582l
メディア・スポーツ	468l
メディア・テクノロジー	259l
メディア研究	535r
メディア政治	483r
メディア体験	582l
メディア帝国主義	443l
メディア文化	612l
メディア変容	612l
メディア論	61r, 299r, 486l, 552l, 552r, 624l
メトロポリス	573l
メトロポリタン	53l
眩量	122r
免疫	560l
免疫システム	201l
面接	96r, 624l
面接調査	575l

モ

喪	345l
盲人	307l
妄想	278r, 316r, 513l, 618l
模擬	122r
目的‐手段図式	68r, 104l
目的結社	248r
目的合理性	248r, 340r
目的合理的	48r
目的の動機	62r
目的論的機能主義	230r
黙読	549l
目標選択	172l
文字	306l, 365l, 428r, 518l, 549l
文字の文化	194l
モダニズム	507l
モダニズム建築	253r
モダニズム文化	579r
モダニティー	308r, 481l
モダン	36l
モッズ	526l
モデル＝ライバル理論	353l
モデルネ	38l
モード	164l, 171l, 196r, 259l, 577l, 648l
モード雑誌	164l
物	538l
モノ	170l, 258l, 276r, 539l
モノ語り	276r
物語論	339r
モノカルチャー	178r, 421l
物的世界像	495r
物の体系	538l
モノローグ型文化認識	440l
模範預言	252l
模範例	140r
模倣	381l, 382l
木綿	602l
桃太郎主義	137l

貰い子妄想	316r, 317l
モラトリアム	331l
モラル（自己犠牲）としての暴力	398l
モルガン＝エンゲルスの図式	268l
モルフォジェネーズ	404l
モーレス	358l, 527l
モンスーン	649l
門閥都市	251r

ヤ

薬害	221r
役柄	129l
役柄存在	494r
やくざ気質	239l
薬品	295l
役割	104r, 343l, 473l
役割葛藤	458l
役割期待	104r
役割距離	343l
役割取得	35r, 64r
夜警国家	7r
ヤコブの梯子	8l
やさしさ	331l
靖国神社	137l
野生	175l
野生の社会学	331r
柳田民俗学	355l, 580l, 600l
野蛮	59r, 175l, 504l
野暮	322l
病	303l, 506r
山姥	344l
大和言葉	352l
山の手	382r

ユ

唯物史観	267r, 276l, 537r, 588r
唯物史観科学史	477l
唯物弁証法	628l
唯物論	438r
唯物論的フェミニズム	247l
友愛	215l, 215r
友愛協会	142l
憂鬱	442l
遊園地	123r
有閑階級	28l
遊戯	324l
遊戯性	562l
有機体システム論	476l
有機体論	531r

有機的連帯 …………………………20r
遊戯本能 ……………………………122r
遊俠 …………………………………277l
有効需要の原理 …………………336l
猶子 …………………………………595l
優生学 ………………………………614r
優生社会 ……………………………614r
優生政策 ……………………………614r
優生保護法 …………………………413l
融即（分有）の法則 ……………639r
有用価値 ……………………………172l
有用性 ………………………………473r
有用のための友愛 …………………215r
ユース・カルチャー ………………232l
輸送 …………………………………423l
豊かさ ……………………331l, 589l
豊かな社会 ……………124l, 170l,
345r, 415l, 577l, 624l
豊かな労働者 ………………………231l
ユダヤ思想 …………………………197r
ユダヤ人 ……………………219l, 620l
ユダヤ人居住区 ……………………648l
ユダヤ人生存者 ……………………403l
ユダヤ的世界観 ……………………387r
ユダヤ的他者性 ……………………428l
ユダヤ哲学 …………………………391l
ユダヤ民族社会 ……………………250l
ユートピー …………………………632l
ユートピア ……………210r, 267r, 271l, 459l,
521l, 523l, 562l, 572r, 576r, 594l,
621r
ユートピア思想 ……………………514r
ユートピア社会主義 ………………267r
ユートピア主義派 …………………245l
ユートピア文学 ……………………594l
ユートピア物語 ……………………572r
ユニヴァーサル・スペース ………483l
ユニオン・リーダー ………………231l
夢 …………………………24l, 32l, 520r
夢作業 ………………………………244l
夢と覚醒 ……………………………197l
ゆらぎ ………………………………233l
ユルバニスム ………………………380l
ユング派 ……………………………304l

ヨ

妖怪 …………………………344l, 344r
溶解集団 ……………………………133l
幼児期研究 …………………………265r
幼児死亡率 …………………………131r
幼児性欲 ……………………………524l
幼児性欲論 …………………………33l

養生 …………………………………183l
養生術 ………………………………183l
様相的時間 …………………………192l
洋装本 ………………………………340l
幼年期 ………………………………134r
余暇 …………28r, 57l, 125l, 171r, 417l
余暇活動 ……………………………112r
余暇文明 ……………………………345r
予期 …………………………………633l
予期理論 ……………………………582l
抑圧 ………………112l, 183r, 519r, 593r
抑圧身体 ……………………………273l
抑圧体制 ……………………………415l
欲動 ………………330l, 330r, 519r, 520l, 569r
欲望 ………26r, 32r, 121l, 123r, 124r, 174l,
235l, 296l, 353l, 381r, 382l, 399r,
410l, 520l, 520r, 539l, 569l, 571l,
575r, 577l, 581l, 624l
欲望する諸機械（欲望機械）……174l,
208r
欲望論 ………………………………409l
予言 …………………………………250l
預言 …………………………………252l
予言の自己成就 ……………………534r
ヨコ原理 ……………………………419l
寄せ場 ………………………………648l
予想利潤率 …………………………336l
欲求 ……………96l, 96r, 172l, 569l
欲求充足 ……………………………553r
4つの願望説 …………………………46l
世直し信仰 …………………………603r
夜這い ………………………………394r
『読売新聞』…………………………605r
読み書き ……………………317r, 372l
読み書き能力 ………………………422l
寄子 …………………………………322r
『万朝報』……………………………605r
ヨーロッパ …………………………59r
ヨーロッパ中心主義 ………………428r
世論 ……22l, 352r, 414r, 415r, 458r, 459l,
497r, 585r
世論過程 ……………………………459l
世論形成 ……………………………459l
世論形成過程 ………………………619l
世論研究 ……………………………625r
世論調査 ………………319r, 458l, 459l
四全総 ………………………………508r

ラ

ライトゥルギー国家 ………………605l
癩病 …………………………………138l
ライフ・ヒストリー ………………627r

ライフコース ………………………596l
ライフコース・アプローチ ………266l
ライフサイクル …………126l, 578l, 642r
ライフスタイル …………………186r, 448r
ライフステージ ……………………127l
ライフストーリー …………………47l
ライフヒストリー …………………290l
来訪者 ………………………………205r
楽 ……………………………………212r
楽園 …………………………………621l
ラジオ ………………318l, 410r, 561l
ラジカセ ……………………………537l
ラスタファリ運動 …………………622l
ラディカリズム ……………………528r
ラディカル・フェミニズム ………247l,
264l, 433l, 608r, 609l
ラディカル社会科学運動 …………384l
ラディカル社会学 …………………402l
ラディカル地理学 …………………464l
ラテンアメリカ ……………………388l
ラテンアメリカ構造学派 …………512r
ラテンアメリカの社会変動 ………627l
ラベリング …………………………534r
ラベリング論 ……35r, 324l, 370l, 391r,
523r, 534r
ラムス主義 …………………………194l
ランカイ屋 …………………………611r
ランガージュ ………………120r, 568r
ラング ………………………………568r
乱婚 …………………………………268l
ランダムサンプリング調査 ………503r
ランダム法 …………………………
ランドマーク（景観上の目印）…626r
濫費 …………………………………88l

リ

リアリティ …………………………212l
リアル ………………………………398r
〈利益〉の民主政治 ………………319r
利益社会化 …………………………401l
利益社会化の法則 …………………401l
理解 …………………………………62l
理解社会学 ……48l, 62l, 248l, 276l, 315r
理解論 ………………………………43l
リカード経済学 ……………………623r
陸軍総力戦派 ………………………418r
利権 …………………………………256r
利己的な遺伝子 ……………437r, 551l
離婚 …………………………414l, 526r
リサーチ・プログラム ……………617l
利子 ……………106r, 157r, 377r, 490l
利子形態 ……………………………259r

利潤 ……… 106*r*, 157*r*, 238*l*, 259*r*, 553*r*, 597*l*, 623*r*	量的調査 …………………… 221*r*	歴史意識 …………………… 265*l*
利子率 ……………………… 336*l*	領土 ………………………… 588*l*	歴史観 ……………………… 570*l*
離人症 ……………………… 316*r*	領土化 ……………………… 435*r*	歴史記述 …………………… 111*r*
リスクを犯す権利 ………… 256*r*	両方交叉イトコ婚 …………… 95*l*	歴史教育 …………………… 603*l*
リズム ……………………… 450*r*	料理 ………………………… 638*l*	歴史社会学 … 61*l*, 325*r*, 354*l*, 355*l*, 595*l*
理性 ……… 8*l*, 9*l*, 138*l*, 309*r*, 353*l*, 389*l*, 425*r*, 450*r*, 544*r*	旅行記 ……………………… 636*r*	歴史宗教 …………………… 367*r*
	リリシズム ………………… 410*l*	歴史主義 ……… 16*r*, 265*l*, 425*l*
理性の祭典 ………………… 283*l*	履歴現象 …………………… 417*l*	歴史叙述 …………………… 334*r*
理性批判 …………… 132*l*, 190*r*	理論経済学 ………………… 597*l*	歴史信仰 …………………… 540*l*
理想郷 ……………………… 594*l*	理論社会学 …………………… 36*l*	歴史人口学 ………………… 577*r*
理想国家 …………………… 594*l*	理論的実践 ………………… 156*l*	歴史人類学 ………… 422*l*, 577*r*
理想社会 …………… 523*l*, 621*l*	理論的実践の理論 ………… 217*l*	歴史政治学 ………………… 445*l*
理想主義 …………………… 545*l*	臨界距離 …………………… 544*l*	歴史的アヴァンギャルド運動 … 491*l*
理想主義的実証主義 ……… 230*r*	臨床医学 …………………… 506*r*	歴史的相対主義 …………… 428*l*
理想都市 …………… 380*l*, 594*l*	臨床の医原病 ……………… 236*l*	歴史的唯物論 ……………… 285*l*
理想の時代 ………………… 273*l*	臨床の知 …………………… 265*r*	歴史哲学 …………… 11*r*, 574*l*
リゾーム …………… 208*r*, 435*l*	隣人愛 ……………………… 506*l*	歴史認識 …………………… 492*l*
リーダーシップ … 260*l*, 319*r*, 340*r*	倫理 ………… 392*r*, 428*l*, 649*l*	歴史の科学 ………………… 157*l*
離脱 ………………………… 231*r*	倫理学 ……… 215*l*, 215*r*, 237*l*, 646*l*	歴史の時間 ………………… 192*l*
立憲国家 …………………… 320*l*	倫理的預言 ………………… 252*l*	歴史の肉 …………………… 592*r*
立身出世 …………………… 299*l*		レギュラシオン学派 ……… 546*l*
立身出世主義 ……… 420*l*, 429*r*	**ル**	レギュラシオン理論 ……… 546*l*
立法権 ……………………… 644*r*		レコード …………………… 515*l*
離島社会 …………………… 386*l*	類別的体系 ………………… 597*l*	レジャー ……………………… 71*r*
利得表 ……………………… 620*l*	ルサンチマン ……………… 457*r*	レズビアニズム …… 414*l*, 463*r*
リニィジ一体の原理 ……… 110*r*	ルシクラージュ …………… 171*l*	レトリック …… 195*l*, 450*r*, 487*l*
リニィジ体系 ……………… 261*r*	ルドゥス ……………………… 122*r*	レファレンス・グループ …… 93*l*
理念型 …… 48*l*, 63*r*, 230*r*, 252*l*, 264*r*, 312*l*, 379*l*, 510*l*, 645*l*	ルネサンス …… 76*l*, 160*l*, 387*r*, 500*r*, 519*l*, 545*r*	レリヴァンス ……………… 263*r*
		恋愛 ………………… 231*r*, 410*l*
理念史 ……………………… 548*r*	ルネサンス・パラダイム …… 404*l*	恋愛術 ……………………… 183*l*
理念的価値 ………………… 172*l*	ルネサンス絵画 …………… 365*l*	連合権 ……………………… 644*l*
リバタリアニズム ………… 459*r*	ルネサンスにおける宇宙観 … 223*l*	連合赤軍事件 ……………… 273*r*
リビジョニスト …………… 256*r*	ルネサンス論 ……………… 431*l*	煉獄 ………………………… 628*l*
リビドー …………… 113*l*, 391*l*, 520*l*	ルールへの懐疑論 ………… 394*l*	連鎖的調査比較分析法 …… 482*l*
リベラリズム ………………… 58*r*	ルーレット ………………… 123*l*	連帯 ………………………… 437*l*
リベラル・デモクラシー … 59*l*, 350*l*		連帯価値 …………………… 332*l*
流言 ………… 166*l*, 291*l*, 366*l*	**レ**	連帯主義的労働志向 ……… 231*l*
流言集団 …………………… 166*l*		
流言蜚語 …………… 356*l*, 368*l*	霊感 ………………………… 466*l*	**ロ**
流行 ………… 22*l*, 101*l*, 167*l*, 648*l*	礼儀作法 ……… 72*l*, 130*r*, 264*l*	
流行歌 ……………… 576*l*, 579*l*	礼儀作法書 ………… 72*l*, 371*r*	労使関係 …………… 231*l*, 556*r*
流通・貨幣の理論 ………… 649*r*	霊魂・豊饒信仰 …………… 518*r*	老人 ………………………… 421*l*
流動化する都市 …………… 462*r*	冷戦 ………… 125*r*, 528*r*, 555*r*	老人扶養 …………………… 578*l*
流動性選好 ………… 208*l*, 336*l*	冷戦の論理 ………………… 117*l*	労組 ………………………… 556*l*
理由の動機 …………………… 62*r*	霊長類 ……………… 304*r*, 432*l*	労賃 ………………………… 12*l*
寮 …………………………… 302*l*	霊長類研究 ………………… 228*r*	労働 …… 6*l*, 12*l*, 21*l*, 31*r*, 106*r*, 112*r*, 125*l*, 219*r*, 231*l*, 253*l*, 259*r*, 271*l*, 283*r*, 341*l*, 354*l*, 447*l*, 525*l*, 556*r*, 594*l*, 623*r*
了解可能性 ………………… 246*l*	霊的感情 …………………… 362*r*	
諒解行為 …………………… 248*l*	零度のエクリチュール …… 485*l*	
両義性 ……………………… 592*r*	霊能者 ……………………… 307*l*	
量子力学 …………… 141*l*, 470*l*	レイプ ……………………… 224*l*	労働移動 …………………… 623*l*
良心 ………………… 317*l*, 457*l*	レーエン封建制 ……………… 51*l*	労働運動 … 59*l*, 267*l*, 272*l*, 398*l*, 414*l*, 437*l*, 446*l*
両性関係 …………………… 587*l*	歴史 …… 132*l*, 135*r*, 333*l*, 334*r*, 374*l*, 534*l*	
量的個人主義 ……………… 383*l*		労働階級 …………………… 373*r*

労働価値説 525l	労働保護立法 271r	論理学 425r
労働過程論 15l	労働または生産としての暴力 398l	論理的行為 486r
労働観 514r	労働力 15l, 106r, 271r	
労働管理 308l	労働力循環 417r	**ワ**
労働基準局 510l	労農派 378r, 460r, 461l	
労働組合 220r, 231l	浪費 170r	ワイマール体制 353r
労働組合運動 59l, 345r	労務管理 591r	ワカ 307l
労働組合期成会 272l	ロウントリー方式 642r	若年寄組 394r
労働災害 221r	ローカル・エスニック・コミュニティ 280r	若者 183l, 354r, 515l
労働者 302l	ロココ 389l	若者組 394r, 422l
労働者意識調査 231l	ロゴス 155r, 428l	若者時代 578r
労働社会学 61l	ロゴス中心主義 428r, 429l	若者文化 231r, 232l, 526l
労働者階級 267l, 535l	ロシア革命 259r	若者宿 394r
労働者生活調査 445r, 642r	ロック 515l	ワカン 99l
労働者反乱 220l	ローマ・クラブ 417r, 592l	和合 599r
労働者文化 515l	ロマン主義 17l, 31r, 309r, 381r, 389l, 391l	和声音楽 251l
労働生産力 6l		話体 613l
労働争議 266r	ロマン主義恋愛 390l	私への中心化 229l
労働疎外 586r	ロマンチック・ラブ(ロマンティックな愛) 316l, 381l	和辻倫理学 438r, 649l
労働組織 577r		笑い 480l, 480r
労働中心主義 264l	ロマン派 9l, 387r	ワールドウォッチ研究所 511l
労働調査 370l	ロンドン塔 289r	ワルラス法則 649r
労働の科学化 447l	ロンドン万博 611r	われわれ関係 63l
労働の拒否 414l	論理階型論 522l	
労働の潜在力 107l		

外国語主題・事項索引

A

abject……332r
abjection……332r
action……220l
action pédagogique……168l
activity……479r
agency……317r
a generalized belief……142l
aggression……650r
AGIL……476r
anomalous monism……425r
antipsychiatry……638l
AP……168l
appropriation……362l
Arbeitskraft……107l
Arbeitsvermögen……107l
arbitraire……165r
archi-écriture……431r
ars memoriae……223l
association……44r
assujettissement……181l
attachement aux groupes sociaux……430r
AuP……168r
authenticity……645l
autonomie de la volonté……430r
autonomous discourse……195l

B

barbare……175l
Behavioural ecology……246r
Beruf……36r
Bildungsroman……8l
biopolitique……182l
biosphere……620l
bürgerliche Öffentlichkeit……144l

C

capital culturel……186l
CATDAP……436r
chaire……155r
champ……187l

chaos……411l
chiasme……155r
chirographic culture……194r
cité……5l
Citoyen……5l
civilisé……175l
CLA……485r
classificatory system……601l
clinical science……267l
commercial society……6r
communitas……411l
Community……396l
community power……57r
community study……56l
compartmentalized competition……593l
components……142l
conatus……393r
conduct……64l
confluent love……318l
consumer culture……505l
consumption……401r
contextualism……484r
convivial……189r, 236l
cooperation……624l
coopération……491r
corporation……21r
Corps politique……5l
cosmos……411l
CSO……519r
cultural configuration……529l
Cultural Link Analysis……485r
Cybernetics……242r

D

Daseinsanalyse……499r
defection……624l
délinquant……181r
democracy……418l
dependence effect……124r
descriptive system……601l
Deus absconditus……349l
diachronie……165l
différance……432l
dios pobre……343r
disciplinary matrix……140r

discours……510l
disturbances……142l
division du travail anomique……21l
division du travail contrainte……21l
division of labour……6r
DNA……452r, 480r, 561r, 618l
Documents of Life……515l
double bind theory……639l
droit politique……5r

E

ecology of mind……525r
ecriture……649l
education……236l
emergent reflectivity……65l
emics……484r
Empfindnis……155l
encounter……345l
enonce……510r
entrelacs……155r
Erie Study……622r
Erwartung……201l, 636l
espace social……186l
espèce sociale……22r
esprit de discipline……430r
Etat……5l
Être……155l
être au monde……154l
être-pour-soi……362l
EU……59r
exemplar……140l
externalization……159l

F

fair……291r
Familienroman……649l
family study……639l
Figuration……72r
folkways……136l
forclusion……621l

G

Gaia ································620*l*
Gemeinde ···························396*l*
Gemeinschaft ······················396*l*
Gemeinwesen ······················396*l*
gender identity ····················565*l*
gender role ························565*l*
generalized other ··················64*r*
Glauben ····························39*r*
global city, world city ············558*r*
Graphic Revolution ···············501*l*
group therapy ······················81*l*

H

habillement ························165*l*
habitus ·····························186*r*
hegemony ··························418*l*
Hierophanie ·······················118*l*
histoire événementielle ··········419*r*
homelessness ······················469*l*
homeostasis ·······················620*l*
hominization ······················306*r*
homme moyen ····················338*r*
homo clausus ······················72*r*
homo demens ·····················411*l*
homo religiosus ···················118*l*
humanité ··························181*l*
Human Nature ····················416*r*
human nexus ······················484*l*

I

I ·································34*r*, 64*r*
identifications ····················127*l*
identity ·····················127*l*, 645*r*
IE ··································427*r*
imaginative geography ··········184*l*
imagine ····························199*r*
incest ·······························94*l*
incest taboo ························94*l*
inclusiveness ······················418*l*
indexicality ·······················162*l*
Info-middle Class ················307*l*
Information Society ·············307*l*
Informatization ···················307*l*
insideness ··························645*r*
institution ·························596*l*
institutionalization ·······282*r*, 503*l*
instrumental activism ···········592*r*

intelligibility ······················247*l*
internalization ····················159*l*
intersubjectivité ··················596*l*
Invention of Tradition ··········544*r*
invisible hand ······················7*l*
involvement ·······················345*r*
issue approach ····················417*r*

J

jurisprudence ·····················478*r*

K

kintract principle ················375*r*
Komplexität ··············200*l*, 636*r*

L

labor ································220*l*
langage ·····························165*l*
language game ····················473*l*
langue ······························164*l*
late development effect ·········433*l*
learning ····························236*l*
Lebenswelt ·························481*r*
le sémiotique ······················332*l*
le stade du miroir ················621*l*
le symbolique ·····················332*l*
l'homme total ······················99*l*
literacy ····························194*l*
literalische Öffentlichkeit ······144*r*
looking-glass self ··················34*r*

M

machines désirantes ·············174*l*
machines sociales ·················175*l*
Marginal Art ······················422*r*
mass ································58*r*
mass society ·······················352*l*
maximum de la conscience
  possible ·························349*l*
Me ···························34*r*, 64*r*
medical anthropology ···········454*l*
medicalization ····················638*l*
Mehr ·······························107*l*
meme ······························440*r*
mentalité ··························419*r*
messianic cult ·····················625*r*

messianism ························586*r*
méthode des variations
  concomitantes ··················23*l*
methodological individuum-ism
  ······································484*r*
methodological relatum-ism ····484*r*
micro-pouvoir ·····················180*r*
middle-of-the-road ················56*l*
millennium ························586*r*
modern family ············287*l*, 383*r*
mores ······························360*l*
Morphologie der
  Weltgeschichte ··············376*r*
morphologie sociale ··············22*r*

N

nation ·······························198*l*
national interest ··················552*r*
nationalism ························198*l*
nation-state ·······················198*l*
natural area ························53*r*
Natural Right ·····················416*r*
new middle mass ·················593*l*
new urban sociology ····467*l*, 614*l*
NGO ································411*r*
noblesse de robe ··················349*l*
nouveau commerce ··············538*r*
novel ·······························649*l*
Novum ····························524*r*
NPO ································411*r*

O

objectivation ······················159*l*
OECD ······························271*l*
öffentliche Meinung ·············144*r*
orality ······························194*l*
Oral life history ··················452*l*
ordering ····························220*r*
outside-in ··························484*r*
outsideness ·························645*r*

P

paradigm ·················140*l*, 411*l*
parole ······························165*l*
participant observation ··80*l*, 527*l*
pattern variables ·················476*r*
payoff matrix ······················624*l*
Personal Knowledge ············546*r*

phénomènes sociaux totaux ……98r
planning system ……305r
pluralistic society ……352l
plutodemocratie ……429l
policy science ……100l
politische Öffentlichkeit ……144r
poor march ……228l
Post-Industrial Society ……532r
potlatch ……98r
PR ……610l
Pratique ……168r
pratiques ……186r
preferences ……220r
primary group ……331r
Principia Media ……231l
procès de la signifiance ……332l
Productivity Coalition ……348r
pseudo-environment ……629l
pseudo-event ……501l
public contestation ……418l
public relations ……145r
public theatre ……223r
Publizität ……145l
Puissance ……5l
pure-relationship ……318l

(R)

ragione di stato ……552l
raison d'Etat ……552l
Recht ……10l
reference group ……92l
reflexivity ……162l
refoulement ……174r
Relationismus ……55l
repräsentative Öffentlichkeit ……144r
représentation ……543l
repression ……174r
République ……5l
role taking ……64r
roman ……649l

(S)

sacralité ……285l
sauvage ……175l
schizo-analyse ……175r
science de l'éducation ……430l
sciences humaines ……161l
scientific revolutions ……140l
Selbstverständlichkeit ……516r
self-actualization ……557r

self-organization ……234l
self interaction ……520r
sensitizing concept ……520r
sensus communis ……453r
sex difference ……565l
sexual politics ……590r
signifiant ……165r
significant other ……64r
significant symbol ……65r
signifié ……165r
simulacre ……543l
slum ……227r, 228l
SNA ……339l
sociabilité ……321l
social balance ……125l
social diversity ……282r, 503l
social ethics ……550l
social formation ……368r
sociality ……65r
social organization ……331r
social pathology ……228r
social welfare function ……220r
Society ……341r
Sociobiology ……246r
sociological imagination ……590l
solidarité mécanique ……20l
solidarité organique ……20r
Sorge ……466r
Souverain ……5l
Sozialstaat ……145l
Spätkapitalismus ……481r
spin-off ……497l
SSM ……388r, 629r
Staatsräson ……552l
state of the masses ……644r
stereotypes ……629l
stranger ……205r
structuation ……317r
structuralisme ……640r
structure of living ……204r
subsistence ……189l
suicide altruiste ……26r
suicide anomique ……26r
suicide égoïste ……26l
suicide fataliste ……26r
Sujet ……5l
supplément ……431r
Surplus ……107l
symbolic interactionism ……520r
Symbolic inversion ……482r
sympathetic introspection ……35l
sympathy ……35l, 395l
synchronie ……165l
synergy ……557l

système des prestations totales
……98r

(T)

T.A.T. ……97l
theatre state ……314l
theatrocracy ……263r
The Balance Theory ……204l
the contextual ……484r
the culture of poverty ……630r
The Depth Theory ……204l
The Exchange Theory ……204l
the general system theory ……204r
the Globe Theatre ……223l
the method of multiple
  autobiography ……631l
theory of late development
  effect ……432l
theory of middle range ……92r
The Phenomenological
  Sociology ……204l
The Selfish Gene ……440r
The Transcendental Sociology
……204l
total institution ……344l
totalitarian state ……644r
TP ……168r
true believer ……541r
typographic culture ……194r

(U)

urban ……296r
urban crisis ……296r, 614l
urban experience ……281r
Ur-Sinn ……154r

(V)

vernacular ……188l
vêtement ……165l
Villa 21 ……326l
violence symbolique ……168l
visage ……642l
vision du monde ……349l
vita activa ……220l
vocal gesture ……65r
voluntary association ……441l
voluntary sector ……411r
Voting Paradox ……220r

W

WCED ······································214*l*

Web of life······························547*l*
work ······································220*l*
World Commission of Environment and Development ·········214*l*

Z

Zone in Transition····················53*l*

和文人名索引

ア

アイスキュロス……474r
アイゼンハワー……253r
アイゼンハワー大統領……296r
間場寿一……690r, 580l
アインシュタイン……307r
アウレリウス, マルクス……183l
青井和夫……204l, 204r, 672l, 677r
青木保……205l
青地晨……684l
碧海純一……338l
青山道夫……680l
赤坂憲雄……205r
明石順三……420l
秋元律郎……206l, 206r, 327l, 690r
アギュロン……207l, 317r
アクィナス, トマス……545r
アクセルロッド……207r, 387l
芥川集一……672r
アグニュー……208l, 501r
アグリエッタ, ミシェル……546r
浅田彰……208r
アジェンデ大統領……444r
麻生誠……676r, 678r, 691r
アタリ……209l
アードナー, エドウィン……286l
アドルノ……29r, 67r, 86l, 96l, 190r, 209r, 210l, 210r, 211l, 254l, 535r, 537l, 544r, 572l
アーバス……398r
アーベル, K. ……24l
アポロン……455r
天野郁夫……211r, 682r
天野義智……212l
網野善彦……212r
アミン……213l, 213r
アリエス……130l, 214r, 285l, 345l, 377l, 474l
アリストテレス……107l, 140l, 182r, 215l, 215r, 219r, 450r, 466l, 540l
有地亨……680l
アルヴァクス……216l
有賀喜左衛門……78l, 85r, 152l, 216r, 269l, 313r, 439r

アルチュセール……156l, 217l, 217r, 224r, 244l, 293r, 354l, 391l, 490r, 506r, 513r, 526l, 618r
アルテミドーロス……183l
アルトー……218l, 428l
アルレッキーノ……604r
アレクサンダー, C ……395l
アレン……218r
アーレント……219l, 219r, 350l, 403l
アロー……220l, 396l
アロン……86l, 220r
アンダーソン, B. ……198l, 221l
アンダーソン, N. ……53r

イ

井伊玄太郎……438l
飯島伸子……221r, 222l
イエイツ……222r, 223l
家永三郎……666r
イェリネク……223r, 337r
イーグルトン……224l, 224r
池内一……662r
池田秀男……691r
石井研堂……299r, 662l
石垣綾子……248l
石川晃弘……676l
石川巖……656l, 658r
石川准……225l
石川千代松……659r
石田英一郎……205l
石田雄……225r
石原莞爾……469l
石原邦雄……686r
石原慎太郎……298r
石原美樹……576l, 582r
石弘之……226l
石牟礼道子……226r
イソクラテス……182r
磯野富士子……248l
磯村英一……227l, 227r, 228l, 323l, 611l
伊谷純一郎……228r
市井三郎……419l
市川浩……229l
一番ヶ瀬康子……370r, 684r
伊藤仁斎……569l

伊藤整……229r, 666r
伊藤俊治……230l
稲上毅……230r, 231l, 688r
犬養毅……660r
井上圓了……655r
井上俊……231r, 232l, 685l, 686l
井上哲次郎……653r, 657l
井上輝子……300l
井上輝子+女性雑誌研究会……232r
井上靖……684l
井上陽水……410l
猪俣津南雄……461l
茨木のり子……300l
イポリット, J. ……134l
今井賢一……233l
今田高俊……233r
今西錦司……228r, 234l
今福龍太……234r
今村仁司……235l
イリイチ……176l, 188l, 235r, 236l, 236r, 263l, 346l
イリガライ……91r, 237l
入矢義高……675l
イルティング……10l
色川大吉……237r, 419l
岩井克人……238l, 238r
岩井弘融……239l, 674r, 679r
岩倉具視……405r
岩崎信彦……239r, 687l
岩村忍……675l
巖谷小波……137l
イングルハート……240l

ウ

ヴァーグナー……455r
ヴァレラ……560l
ヴァレリー……210l, 229l, 471l
ウィークス……240r
ヴィクトール, ユーグ・ド・サン……189l
宇井純……241l
ウィスウェル……393l
ヴィーゼ, L. v. ……16r
ウィトゲンシュタイン……163l, 190l, 241r, 332r, 422r, 469r, 475l
ウィトルウィウス……223l

和文人名索引　ウ—オ

ウィーナー……………………**242***l*	宇野重昭………………………419*l*	扇谷正造………………………684*l*
ウィーバー……………………**371***l*	海野道郎………………………**260***l*	近江哲男………………………327*l*
ウィリアムズ,R. ………**242***r*, **243***l*	梅棹忠夫………205*l*, 248*l*, **260***r*, 684*l*	オーエン………83*l*, 267*r*, **270***r*, **271***l*
ウィリアムズ,R.H. …………**243***r*	ウルマー,グレゴリー・L. ……501*l*	大内兵衛………………………668*l*
ウィリアムスン…………………**244***l*	ヴント……………………65*l*, **261***l*	大江健三郎……………………298*r*
ウィリス…………………………**244***r*		大岡昇平………………………613*r*
ウィルソン,B. ……………**245***l*, 245*l*	**エ**	大来佐武郎……………………214*l*
ウィルソン,C. …………………501*r*		大国隆正………………………656*r*
ウィルソン,E. …………………**246***l*	エヴァンズ゠プリチャード………85*r*,	大久保利通……………………405*r*
ウィルソン,モニカ……………411*r*	261*r*, 639*r*	大熊信行………………………248*l*
ウィルフォード…………………604*r*	エウリピデス………………455*r*, 474*r*	大河内一男………………**271***r*, 272*l*
ヴィンケルマン………………48*l*, 248*l*	エヴレイノフ……………………**262***l*	大澤真幸…………**272***r*, **273***l*, 273*r*, 696*r*
植木枝盛…………653*l*, 654*l*, 660*l*, 661*l*	江口英一………………………204*r*	大沢真理………………………**274***l*
上杉慎吉………………………559*l*	江口朴郎………………………570*r*	大島貞益………………………654*r*
ウェストブルック,R. ……………501*r*	エーコ,ウンベルト……………371*l*	大塚英志………………………**274***r*
ヴェスプッチ,アメリゴ…………594*l*	エスキロル………………………26*l*	大塚久雄………108*l*, **275***l*, 275*r*, **276***l*,
上野千鶴子………**246***r*, **247***l*, 247*r*, **248***l*,	エスタブレ………………………**156***l*	393*r*, 440*l*
284*r*, 695*l*, 696*r*	エチオーニ………………………**262***r*	大塚明子…………………576*l*, **582***r*
ウェーバー…7*r*, 31*r*, **36***l*, 39*r*, **40***l*, **42***l*,	エッケルマン……………………335*l*	大槻文彦………………………655*r*
48*l*, **50***l*, 62*l*, 68*r*, 76*r*, 86*r*, 101*l*,	江藤淳…………………………247*l*	大橋訥菴………………………656*r*
108*l*, 119*r*, 158*r*, 190*r*, 210*r*, 230*r*,	江藤文夫………………………675*l*	大平健…………………………**276***r*
245*r*, 248*r*, **249***l*, **249***r*, **250***l*, **250***r*,	江原由美子………**263***l*, 263*r*, 264*l*	大村英昭………………………690*r*
251*l*, 251*r*, 252*l*, 264*r*, 266*r*, 275*r*,	エピクテトス……………………183*l*	大室幹雄………………………**277***l*
276*l*, 281*l*, 288*r*, 308*r*, 313*r*, 318*r*,	エブラール………………………372*l*	大山信義………………………689*r*
333*r*, 337*l*, 340*r*, 357*r*, 376*r*, 378*r*,	エペール…………………………283*l*	岡田直之………………………693*l*
379*r*, 387*l*, 393*r*, 394*l*, 399*r*, 438*l*,	江守五夫………………………680*l*	岡部慶三………………………680*r*
440*r*, 441*r*, 457*r*, 464*r*, 472*r*, 477*r*,	エラスムス………………………72*l*	岡本純…………………………656*l*
481*r*, 487*r*, 509*r*, 510*l*, 519*l*, 527*l*,	エリアス………………4*l*, 72*l*, **264***r*	岡本清造………………………675*l*
533*l*, 586*r*, 614*r*, 630*r*, 633*r*	エリアーデ…………………118*l*, **265***l*	岡本太郎………………………**258***r*
ウェーバー,アルフレート…………54*l*	エリオット,T.S. ………466*l*, 518*r*	小川鼎治………………………658*r*
ヴェブレン……**28***l*, 170*l*, **257***l*, 586*r*, 624*l*	エリクソン…**126***l*, **265***r*, 331*l*, 332*l*,	小川博司…………………**277***r*, 576*l*
ヴェーユ……………………**252***r*, **253***l*	395*l*	小木新造………………………**278***l*
ウェルズ,H.G. ……………**318***l*, 572*r*	エル・グレコ……………………562*l*	荻野恒一…………………**278***r*, **279***l*
ウェルズ,オーソン……………318*r*	エルヴェシウス…………………532*l*	荻生徂徠………………………569*r*
ヴェンチューリ…………………**253***r*	エルダー………………………**266***l*	奥田道大……**279***r*, **280***l*, 280*r*, **281***l*, 676*l*
ヴォガル…………………………531*l*	エルツ……………………………98*l*	奥野昌綱………………………655*r*
ウォーカー……………………**254***l*	エールリッヒ…………………**266***r*, 318*l*	小倉襄二………………………684*r*
ヴォーゲル…………………103*r*, **254***r*	エングラー………………………568*r*	オークレー……………**281***r*, **282***l*
ウォード………………………**255***l*	エンゲルス………14*l*, **267***r*, 267*r*, **268***l*,	尾崎紅葉………………………340*l*
ウォーラーステイン………**178***l*, **255***r*,	389*r*, 474*r*, 496*r*, 526*r*, 537*r*, **566***r*,	尾佐竹猛………………654*r*, 662*l*
365*r*, 512*r*, 523*l*	**567***l*, 597*r*, 613*r*, 615*r*	オースティン…**190***l*, **282***r*, 338*l*, 359*r*,
ヴォルテール………………**424***l*, 471*l*	エンツェンスベルガー…………**268***r*	475*l*
ウォルブ………………………**335***r*	エンデ,ミヒャエル……………355*l*	オズーフ………………………**283***l*
ヴォルフェンスベルガー………**256***l*	遠藤達…………………………659*l*	オースマン……………………380*l*
ウォルフレン……………………**256***r*	エンブリー,エラ………………393*l*	尾高邦雄……………**283***r*, **284***l*, 666*r*
ウォレン…………………………387*l*	エンブリー,ジョン……………85*r*, 393*l*	小田切秀雄……………………666*r*
ヴォロシノフ……………………479*r*		小田亮…………………………**284***r*
鵜飼信成………………………338*l*	**オ**	落合恵美子……………………**285***l*
宇沢弘文………………………**257***l*		オットー,R. ……………………118*l*
内川芳美………………………680*r*	及川宏……………78*l*, 152*l*, **269***r*, 313*r*	オップ…………………………323*r*
内田義彦………………………**257***r*	オーウェル………………………**270***l*	オッフェ……………………**285***r*, 402*r*
内田隆三……………**258***l*, 258*r*, **259***l*, 620*r*	オーウェンス,クレイグ…………501*l*	オートナー……………………**286***l*
内山秀夫………………………419*l*		オニール,J. …………………592*l*
宇野弘蔵………………………**259***r*		小野梓……………………653*r*, 661*l*

社会学文献事典── 893

小幡篤次郎 ……………657*l*, 659*r*
小保内虎夫 ………………………666*r*
オームス ……………………………286*r*
オラール ……………………………283*l*
折口信夫 ……246*r*, 287*l*, 287*r*, 613*r*
折原浩 ………………………**288***l*, 288*r*
オリーブ ……………………………489*r*
オルズ, ジェームズ ………………103*l*
オルソン ……………………………289*l*
オールティック ……………………289*r*
オルテガ・イ・ガセット ……58*l*, 350*l*
オルポート ……102*l*, **290***l*, **290***r*, **291***l*, 366*l*, 368*l*
オング ………………………………194*l*

カ

海後宗臣 ………………655*l*, 657*l*
戒能通孝 ……………………………291*r*
貝原益軒 ……………………………569*r*
カイヨワ ……41*r*, 71*r*, **122***l*, 231*r*, 232*l*
カウツキー …………………………641*r*
賀川豊彦 ……………………………323*l*
柿崎京一 ……………………………673*l*
籠山京 …………………………204*r*, 417*l*
梶田孝道 ……………292*l*, 508*l*, 689*r*
柏木博 ………………………………292*r*
春日キスヨ …………………………293*l*
カステル ……53*r*, 293*l*, **294***l*, 294*r*, 489*l*
カストリアディス, C. ……………592*r*
ガセンディ …………………………545*r*
カーソン ………………………226*r*, 295*l*
ガダマー ………………**295***r*, 598*r*
カーター大統領 ……………………214*l*
ガタリ ……**174***l*, 208*l*, 296*l*, 434*l*, **435***r*
カーチス ……………………………296*r*
カックストン ………………………338*r*
ガッサンディ ………………………2*l*
カッシーラー ………………………54*l*
勝田晴美 ……………………………509*l*
カッツ ………………………………297*l*
カップ ………………………………297*r*
加藤弘蔵 ……………………………654*r*
加藤周一 ………………………**298***l*, 666*r*
加藤典洋 ……………………………298*r*
加藤秀俊 ……………………**299***l*, 299*r*
加藤弘勝 ……………………………692*l*
加藤弘之 ………………………653*l*, 653*r*
加藤祐 ………………………………658*r*
加藤有隣 ……………………………654*r*
カドーゾ ……………………………475*l*

カートライト, ダーウィン ………640*l*
仮名垣魯文 ……………………655*l*, 658*l*
カーネギー …………………………255*l*
金子郁容 ……………………………**233***l*
金子勇 ………………………………696*l*
兼子宙 ………………………………666*r*
加納実紀代 ……………………**300***l*, 300*r*
鹿野政直 ………………………**301***l*, 301*r*
カバニス ……………………………506*r*
ガーフィンケル ……………63*r*, **162***l*
カフカ ……212*l*, 409*l*, 462*r*, 485*r*, 514*l*, 614*l*
カベ …………………………………562*l*
鎌田慧 ………………………………302*l*
上子武次 ……………………………685*l*
神島二郎 ……………………………**136***l*
カミック, チャールズ ……………68*l*
カノーヴァ …………………………389*l*
亀井勝一郎 …………………………666*r*
唐木順三 ……………………………666*r*
柄谷行人 ……………258*r*, 302*r*, 303*l*
ガリレオ ……………………2*l*, 425*r*, 591*l*
カルヴァン ……………76*r*, 193*l*, 545*r*
カルヴィーノ ………………………462*r*
カルヴェ, L. - J. ……………………164*r*
ガルブレイス ……**124***l*, 170*l*, 303*r*
ガレンス …………………………183*l*, 607*l*
河合栄治郎 …………………………438*r*
川合隆男 ……………………………696*l*
河合隼雄 ……………………………304*l*
河竹黙阿彌 …………………………656*l*
川田順造 ……………………………306*r*
川喜多喬 ……………………………688*r*
川崎賢一 ……………………………**305***l*
川島武宜 ……85*r*, **305***r*, **306***l*, 666*r*, 675*r*
川村邦光 ………………………284*r*, 307*l*
河本英夫 ……………………………560*l*
カーン ………………………307*r*, **308***l*
姜尚中 ……………………………308*r*, 309*l*
カント ……8*l*, 25*l*, 39*l*, 87*l*, 132*l*, 145*l*, 161*l*, 174*r*, 190*l*, **309***r*, 310*l*, 310*r*, 337*r*, 446*l*, 530*l*, 574*l*
カントロヴィッツ …………………**311***l*
カンパネッラ ……………………572*r*, 621*l*

キ

ギアツ ……69*r*, 85*r*, 103*r*, 208*l*, **311***r*, **312***l*, **312***r*
菊地昌典 ……………………………419*l*
キケロ ………………………222*r*, 310*r*

岸本英夫 ……………………………666*r*
北一輝 ………………………………**313***l*
北川隆吉 ……672*r*, 674*r*, 680*l*, 685*l*
喜多野清一 ……75*r*, 152*l*, 269*l*, **313***r*, 439*l*
北畠道龍 ……………………………657*l*
きだみのる (山田吉彦) …………**314***l*
北村透谷 ……………………………137*r*
喜多村信節 …………………………299*l*
ギッシング …………………………535*l*
キッシンジャー ……………………184*r*
キツセ ………………**391***r*, 523*r*, 534*r*
ギーディオン ………………………**314***r*
ギデンズ ……163*r*, **315***l*, 315*r*, 316*l*
城戸又一 ……………………………662*r*
木下富雄 ……………………………580*l*
金鶴泳 ………………………………409*l*
金明秀 ………………………………503*l*
木村敏 ………………………316*r*, 317*l*
喜安朗 ………………………………317*r*
キャッツ ……………………………359*l*
キャットン …………………………481*r*
ギャルビン …………………………74*l*
キャントリル ………………………**318***l*
邱永漢 ………………………………248*r*
キュビエ ……………………………161*l*
ギュルヴィッチ ……………318*r*, 319*l*
京極純一 ……………………319*r*, 320*l*
キヨッソーネ, エドアルト ………405*r*
キルケゴール ………………134*l*, 320*l*
キルヒハイマー ……………………180*r*
ギルモア ……………………………102*l*
キンゼイ ………………………**321***l*, 321*r*

ク

クィンティリアヌス ……………222*r*
グゥアルディ, フランチェスコ …389*l*
九鬼周造 ……………………**322***l*, 352*l*
草間八十雄 …………………322*r*, 323*l*
草柳大蔵 ……………………………684*l*
久慈利武 ……………………323*r*, 576*l*
クズネッツ …………………………589*l*
クセナキス …………………………562*l*
クセノポン …………………………182*l*
クック ………………………………359*l*
グーテンベルク ……146*l*, 338*r*, 404*l*
久野収 ………………………545*l*, 666*r*
クーパー ……………………………**324***l*
久米邦武 ……………………………657*l*
公文俊平 ……………………589*r*, 590*r*
クライン ……………………113*r*, 324*r*
クラウザー, J. G. ………………477*l*

和文人名索引　ク―サ

クラウス, ロザリンド……501*l*
クラウゼヴィッツ……**325***l*
蔵内数太……**325***r*
クラカウアー……**326***l*
クラーク, C.G.……**326***r*
クラーク, T.……294*r*
倉沢進……**327***l*, 676*l*, 678*l*, 695*r*
クラストル……327*r*
倉田百三……469*l*
クラックホーン……69*r*, 102*l*
クラッパー……**328***l*
クラップ……243*l*
グラムシ……224*r*, **328***r*, **329***l*, 515*l*, 585*l*, 588*l*, 618*r*
クーリー……**34***l*, 64*l*, 69*r*, **329***r*
グリオール……111*r*
クリシュナ……604*r*
クリステヴァ……91*l*, **330***l*, **330***r*
栗原彬……**331***l*, 331*r*, 332*l*
クリブキ……332*r*
グリム……304*l*
栗本慎一郎……657*l*
クリンプ, ダグラス……501*l*
グリーンブラット……**333***l*, 490*r*
クルチウス……55*r*
グールドナー……97*l*, **333***r*, **334***l*, 357*r*, 510*l*
グレイ, J.C.……338*l*
クレイグ……372*r*
グレーザー, N.……101*r*
呉秀三……659*l*
クレッチュマー……587*l*, 607*l*
クロジエ, M.……516*l*
クロス, H.……412*r*
グロチウス……4*r*
クローチェ……328*l*, **334***r*
グロデック……519*l*
グロピウス, ヴァルター……502*l*
クロポトキン……**335***l*
クローマー卿……184*r*
クロムウェル……2*l*
桑原武夫……258*r*
クーン（数学者）……620*r*
クーン, A.……**335***r*
クーン, T.S.……**140***l*, 477*l*, 617*l*

ケ

ケインズ……208*l*, **336***l*, 461*r*, 472*r*, 490*l*, 546*l*, 589*l*, 623*r*
ケージ……277*r*
ケスラー……335*l*
ゲーテ……8*l*, 197*l*, 335*l*, 391*l*, 521*l*, 534*l*
ケトレー……**336***r*
ケネー……**337***l*
ケネディ大統領……295*l*
ケプラー……591*l*
ケリー, H.H.……510*r*
ケルゼン……63*r*, **337***r*, **338***l*
ケルナー……**465***r*
ケント, ポーリン……85*r*

コ

小池洋二郎……657*l*
香内三郎……**338***r*
厚東洋輔……**339***l*, 339*r*, 685*l*
幸徳秋水……658*r*
紅野謙介……**340***l*
河野信子……300*l*
孝本貢……693*l*
高山岩男……403*r*
コーエン……**340***r*
郡山吉江……300*l*
小阪修平……193*r*
コシーク……**341***l*
児島和人……693*r*
コックス……**341***r*
ゴットマン……**342***l*
ゴデル……568*l*
ゴドウィン……568*l*
後藤興善……601*r*
後藤敬臣……659*l*
ゴードン……381*l*
近衛文麿……332*l*, 574*l*
小林甫……688*l*
小林秀雄……258*r*, 352*r*, 438*l*
小林雄七郎……659*l*
ゴフマン……**128***l*, **150***l*, 263*l*, 331*r*, **342***r*, **343***l*, 343*r*, 360*l*
コペット……641*l*
コペルニクス……404*l*, 591*l*
駒尺喜美……300*l*
小松和彦……**344***l*, 344*r*
小室案外堂……656*l*
小森陽一……340*l*
ゴヤ……389*l*
ゴーラー……84*l*, **345***l*
コール……348*l*
ゴルツ……**345***r*, 346*l*
ゴールドスミス……589*l*
ゴールドソープ……231*l*, **346***r*
ゴルドン……246*r*, **347***l*, 347*r*
ゴルトン, F.……336*r*, 614*r*
コルバン……348*l*
コロンブス……404*l*, 440*l*, 490*r*
コンヴァース, フィリップ・E.……458*r*
ゴンクール……134*r*
権田保之助……232*l*, 445*r*, 611*l*, 612*l*
コント……18*l*, 21*l*, 230*r*, **348***r*, **349***l*, 361*l*, 369*l*, 586*r*
権藤成卿……469*l*
コンドルセ……220*l*, **349***r*, 568*l*
コーンハウザー……173*l*, **350***l*
ゴンブスト……562*l*
ゴンブリッチ……462*r*
今和次郎……**350***r*, 611*l*

サ

サアグン……440*l*
彩霞園柳香……656*l*
サイード……**184***l*, 243*l*, 309*l*, 490*r*, 501*l*, 645*r*
齋藤昌三……656*l*
斎藤吉雄……685*l*
サイモン……**351***l*, 351*r*, **554***r*
酒井忠誠……659*l*
坂井達朗……687*l*
榊原伊裕……658*r*
坂口安吾……298*r*, 452*l*
坂部恵……**352***l*
相良守次……666*r*
作田啓一……85*l*, **172***l*, 352*r*, **353***l*, 353*r*, 672*l*, 685*l*
桜井哲夫……**354***l*
桜井徳太郎……419*l*, 656*l*
佐々木鏡石……600*l*
佐々木衞……686*r*
笹森秀雄……673*l*
サシ, シルヴェストル・ド……185*l*
佐田介石……657*l*
貞方良助……659*l*
佐田白芽……659*l*
サッセン……555*l*
サド……87*l*, 121*r*, 161*l*, 391*l*
佐藤郁哉……**354***r*
佐藤健二……**355***l*, 355*r*, **356***l*, 690*l*
佐藤進……684*r*
佐藤誠三郎……589*r*, **590***l*
佐藤毅……**356***r*, 677*l*
佐藤勉……**357***l*, 685*l*
佐藤俊樹……438*l*, 440*l*
佐藤慶幸……**357***r*
真田是……674*r*
佐橋富三郎……656*l*
サミュエルソン……337*l*

サ—セ

サムナー……………136*l*, 255*l*, 358*l*
サーリンズ………………358*r*, 359*l*
サール……………………282*r*, 359*l*
サルトル……99*l*, 132*l*, 134*l*, 148*l*, 193*l*, 232*l*, 306*r*, 345*r*, 360*l*, 360*r*, 429*l*, 485*l*, 516*r*, 568*r*, 637*l*
サン=シモン……230*r*, 267*r*, 348*r*, 361*l*

シ

シアーズ………………………102*r*
椎名重明………………………440*r*
シヴェルブシュ…………361*r*, 362*l*
シェイクスピア……222*r*, 223*l*, 238*l*, 411*r*, 490*r*
ジェイムズ………34*r*, 64*l*, 362*r*, 453*l*
ジェイムソン……………286*r*, 501*l*
ジェコブス……………………363*l*
ジェソップ, B.………………513*l*
シェフ…………………………534*r*
シェーファー…………………277*r*
ジェボンズ………………363*r*, 649*l*
ジェームズ, ヘンリ…………501*l*
シェリフ, C. W.………………364*l*
シェリフ, M.…………………364*l*
シェリング………………………8*l*, 391*l*
シェルドン, リチャード………102*r*
シェーンベルク………………209*l*
塩原勉……………364*r*, 675*l*, 682*l*, 685*l*
潮見俊隆……………………678*r*
志賀直哉……………………229*r*
シクスー…………………………91*r*
ジーダー……………………578*l*
ジッド, シャルル……………243*r*
篠田浩一郎…………………365*l*
篠原隆弘……………………687*l*
柴田三千雄…………………365*r*
柴野昌山……………………691*r*
渋沢栄一……………………654*r*
渋沢敬三……………………216*r*
シブタニ…………………366*l*, 368*r*
シブレイ………………………366*r*
島崎藤村………………229*r*, 340*l*
島崎稔………………………367*l*
島崎美代子…………………367*l*
嶋津千利世…………………248*l*
島薗進………………………367*r*
島田三郎……………………653*r*
島本仲道……………………653*l*
清水昭俊……………………368*l*
清水幾太郎……368*r*, 369*l*, 369*r*, 555*r*, 662*r*, 666*r*, 668*r*
清水義弘……………………681*r*
下出隼吉……………………659*r*
下村房次郎…………………658*r*
シモンズ, シモン……………382*l*
シャー…………………………370*l*
シャノン………………………371*l*
ジャペス………………………428*l*
シャルチエ………………371*r*, 372*l*, 500*r*
ジャンセン…………………372*r*
シュー (許烺光)………373*l*, 481*l*
シュヴァリエ…………………373*r*
シュタイン, L. v. ……………17*l*
シュッツ………62*l*, 69*l*, 158*r*, 163*r*, 191*l*, 263*r*, 394*l*, 464*r*, 508*l*, 592*r*
シュティルナー………………566*r*
シュナイダー…………………454*r*
ジュネ, ジャン…………360*r*, 587*l*
シュペングラー………59*l*, 374*l*, 431*l*
シューマッハー…………374*r*, 423*l*
シュミット………………55*r*, 375*l*, 375*r*
シュラム………………………376*l*
シュルフター…………………376*r*
シュルロ………………………377*l*
シュレーゲル…………………161*l*
シュレーバー…………………618*l*
シュンペーター……377*r*, 378*l*, 472*r*, 586*r*
ジョイス, ジェームズ………518*l*
ショウ, バーナード…………127*l*
庄司興吉…………378*r*, 379*l*, 692*l*
ショウパーク…………………379*r*
ショエ…………………………380*l*
ジョージ………………………380*l*
ショーター………285*r*, 381*l*, 474*l*
ショルツ………………………32*l*
ショーレム, ゲルショム……196*l*
ジョンソン, ベン……………389*r*
シラー……………………113*l*, 231*l*
白土三平……………………420*l*
ジラール…………353*l*, 381*l*, 382*l*
シルズ, エドワード…………102*l*
深慨隠士……………………656*l*
陣内秀信……………………382*r*
ジンマーマン……………74*l*, 269*l*
新明正道……………………383*l*
ジンメル……18*l*, 30*l*, 38*l*, 54*l*, 172*l*, 307*r*, 337*l*, 383*l*, 383*r*, 387*l*, 467*l*, 541*r*, 648*l*

ス

スウィージー……………384*l*, 512*r*
スウィフト………………243*l*, 338*r*
末広鉄腸……………………657*r*
末松謙澄……………………655*r*
スカルノ……………………221*l*
杉本鉞子……………………84*r*
杉本良夫……………………384*r*
スコット…………………381*l*, 385*l*
鈴木榮太郎……74*l*, 313*r*, 385*r*, 393*l*
鈴木達三……………………482*l*
鈴木篤右衞門………………658*l*
鈴木広………386*l*, 386*r*, 387*l*, 685*l*, 687*r*
スタイナー………………146*r*, 387*r*
スタニスラフスキー……262*l*, 407*l*
スターバック………………362*r*
スタベンハーゲン…………388*l*
スターリン…………………641*r*
スタロバンスキー………388*r*, 389*l*
スタンレー…………………534*r*
スチュアート…………………6*r*
ストウファー………………93*l*, 102*r*
ストラヴィンスキー………209*r*
ストリーク, W.………………346*r*
ストリブラス………………389*r*
ストーン……………………390*l*
ズナニエツキ……………46*l*, 606*r*
スハルト……………………221*l*
スピヴァック………………390*r*
スピッツ, R. A.……………650*l*
スピノザ……………16*r*, 157*l*, 391*l*
スペクター…………………391*r*
スペンサー……18*l*, 231*r*, 255*l*, 337*r*, 358*l*, 392*l*, 530*l*, 568*l*, 586*r*
スペンサー=ブラウン………272*r*
スミス, A.……6*l*, 12*l*, 20*l*, 34*r*, 257*r*, 339*r*, 363*r*, 392*r*
スミス, M.…………………501*l*
スミス, R.…………………393*l*
スミス, キャプテン…………490*r*
スミスバーグ………………351*l*
住谷一彦……………………393*r*
隅谷三喜男…………………666*r*
スメルサー………103*r*, 142*l*, 364*r*, 472*r*
スモール, A. W.……………206*r*

セ

セイ……………………………12*l*
聖パウロ……………………628*r*
盛山和夫……………………394*l*
瀬川清子……………………394*r*
セシュエ, アルベール………397*l*
セネカ………………………183*l*
セネット……………………395*l*
セリーヌ……………………330*r*
セルズニック……………357*r*, 510*l*

和文人名索引　セ—テ

セルトー……………………**395***r*
セルバンテス………………381*r*
セレニー，I.………………294*r*
セン…………………………**396***l*

ソ

副田義也……………**204***r*, 676*r*, 683*r*
ソクラテス………………183*r*, 455*r*
ソコロフ……………………247*l*, **396***r*
ソシュール………164*l*, **397***l*, 479*r*, 485*l*,
　　　485*r*, 539*l*, 568*r*, 569*l*, 618*l*
袖井孝子……………………**691***l*
園田恭一……………………**397***r*
園部雅久……………………696*l*
ゾーボー……………………53*r*
ソポクレス…………………382*l*
ゾラ…………………………535*l*
ソラヌス……………………183*l*
ソレル………………………224*r*, **398***l*
ソローキン…………………74*l*
ソンタグ……………**398***l*, **399***l*, 486*l*
ゾンバルト…………………387*l*, **399***r*

タ

タイラー……………………639*l*
ダヴィッド…………………389*l*
ダーウィン……65*l*, 246*l*, 335*l*, **400***l*
高市慶雄……………………660*l*
高木教典……………………680*l*
高瀬紫峰……………………657*r*
高田早苗……………………656*l*
高田保馬…230*r*, 383*l*, **400***r*, **401***l*, **401***r*
高取正男……………………**402***l*
高野岩三郎…………………445*r*
高橋明善……………………506*l*, 687*l*
高橋徹……………**402***r*, 662*r*, 685*l*
高橋亀吉……………………461*l*
高橋哲哉……………………**403***l*
高橋紘士……………………**691***l*
高橋勇悦……………………682*r*, 687*r*
高畠通敏……………………**403***r*
高畠藍泉……………………656*l*, 658*l*
高見沢茂……………………658*l*
高群逸枝……………………300*r*
高山樗牛……………………137*r*
高山宏………………………604*r*
多木浩二…………**404***l*, 404*r*, **405***l*, **405***r*
タキトゥス…………………183*r*
田口卯吉……………**406***l*, 653*r*
田口富久治…………………680*l*

ダグラス……………………330*r*, **406***r*
竹内郁郎………677*l*, 680*r*, 682*r*, 693*r*
竹内敏晴……………………**407***l*
竹内好………………**407***r*, 666*r*
竹内芳郎……………………**408***l*
武川正吾……………………**408***r*, 692*l*
竹田旦………………………680*l*
武田京子……………………248*l*
武田交來……………………656*r*
竹田青嗣…………**409***l*, 409*r*, **410***l*, 576*l*
武田泰淳……………………353*l*
竹山昭子……………………**410***r*
太宰治………………………340*l*, 353*l*
田嶋淳子……………………**281***l*
多田道太郎…………………**411***l*
タッカー……………………**561***l*
ダッハウ……………………398*l*
ターナー，R.H.…………366*l*, 458*r*
ターナー，V.………………**411***r*, **412***l*
田中克彦……………………**412***r*
田中耕太郎…………………338*l*
田中清助…………672*r*, 674*r*
田中舘愛橘…………………655*r*
田中内記……………………658*l*
田中美津……………………**413***l*
田中美久……………………**413***r*
田邊壽利……………………662*l*
谷川雁………………………596*r*
田山花袋……………………258*l*
ダラ・コスタ………………**414***l*
ダランベール………………**424***l*
ダール………………**414***r*, **415***l*
タルド………58*l*, 243*r*, 381*r*, **415***r*
ダーレンドルフ……………**416***l*
ダンカン……………………232*l*, 387*l*
ダンテ………………**412***r*, 628*r*
ダーントン…………………372*l*, **416***r*
タンバイア…………………639*l*
ダンラップ…………………481*r*
ダンロップ…………………102*l*

チ

チェンバーズ………………**424***l*
チャドウィック……………389*r*
中鉢正美……………**204***r*, **417***l*, 417*r*
チョムスキー………………**282***r*

ツ

つげ義春……………………420*r*
辻弘想………………………658*r*

辻村明………………………679*l*, 680*r*
津田梅子……………………**588***r*
津田左右吉…………………85*r*, **418***l*
筒井清忠……………………**418***r*
都留重人……………………248*l*
鶴見和子……………………85*r*, **419***l*
鶴見俊輔……77*r*, **419***r*, **420***l*, **420***r*, **421***l*,
　　　675*l*, 695*l*
鶴見良行……………………**421***r*

テ

ディー，ジョン……………223*l*
デイヴィス…………………**422***l*
デイヴィドソン……………**422***r*
ディオニュソス……………455*r*
ディクソン…………………**423***l*, 640*l*
ディケンズ…………………462*r*
ディズニー…………………444*l*
ティトマス…………………**423***r*
ディドロ……………………9*l*, **424***l*
テイラー……………………**424***r*
ティリー……………………381*l*
ディルタイ………17*l*, 43*l*, 48*r*, **425***l*
デカルト……2*l*, 34*l*, 138*r*, 154*r*, 193*l*,
　　　194*l*, 330*l*, 391*l*, **425***r*, 428*l*, 470*l*,
　　　471*l*, 545*r*, 638*r*
デステュット・ド・トラシー
　　　………………55*l*, 161*l*, 224*r*
デニー，R.…………………101*r*
デビス，ナタリー・ゼーモン……604*r*
デフォー……………243*l*, 338*r*, 490*r*
デューイ……………………387*l*
デュヴェルジェ……………**426***l*
デュ・カン，マクシム……134*r*, 472*l*
テューク……………………139*r*
デューゼンベリー…………170*r*
デュモン……………………**427***l*
デュルケーム……7*r*, **20***l*, **22***l*, **26***l*, 35*r*,
　　　40*l*, 46*l*, 68*r*, 71*r*, 98*l*, 111*l*, 158*r*,
　　　162*l*, 232*l*, 243*r*, 266*r*, 288*l*, 318*r*,
　　　336*l*, 337*r*, 339*l*, 345*l*, 353*r*, 406*r*,
　　　427*l*, **427***r*, 438*l*, 441*l*, 464*r*, 481*l*,
　　　486*r*, 494*r*, 509*r*, 586*r*, 598*l*, 630*r*,
　　　637*l*
テーラー……………………443*r*
デリダ………99*r*, 139*r*, 390*r*, 409*r*, **428***l*,
　　　428*r*, **429***l*, 536*r*, 618*l*
デルフィ，クリスティーヌ……247*l*
デルベフ……………………32*l*
テンニース………3*r*, **16***l*, 44*r*, 49*l*, 108*l*,
　　　438*l*, 439*l*, 614*r*

ト

ドーア……………………372*r*, **429***r*, **430***l*
土居健郎……………………**430***r*
トインビー……………………374*l*, **431***l*
トゥアン……………………**431***r*, 642*l*
ドゥ・ヴァール……………………**432***l*
ドウォーキン，R．……………**432***r*, 475*r*
ドゥオーキン，A．……………**433***l*, 608*r*
トゥキュディデス……………………2*l*, 431*l*
ドゥボール……………………**434***l*, 535*l*
ドゥルーズ……174*l*, 181*l*, 208*r*, 296*l*, 360*l*, 391*l*, **434***r*, **435***l*, **435***r*, 445*l*, 482*r*
トゥレーヌ……………………**436***l*, **436***r*, **437***l*
遠山茂樹……………………570*l*
戸川行男……………………666*r*
時枝誠記……………………352*l*
ドーキンス……………………**437***l*
トクヴィル……59*l*, **438***l*, 459*l*, 527*r*, 653*l*
徳永直……………………340*l*
徳永恂……………………679*l*
常世田令子……………………300*l*
戸坂潤……………………**438***r*
利光鶴松……………………659*l*
ドストエフスキー……138*l*, 381*r*, 462*r*, 480*l*, 635*l*
戸田貞三……269*l*, 313*r*, **439***l*, **439***r*
十時嚴周……………………685*l*
トドロフ……………………**440***l*
トーニー……………………**440***r*
トマス，W．I．………………**46***l*, 69*r*, 206*r*
富川盛道……………………673*l*
富永健一……**441***l*, **441***r*, 675*r*, 678*r*, 682*r*
富永茂樹……………………**442***l*
冨山一郎……………………**442***r*
トムリンソン……………………**443***l*
外山正一……………………653*l*, 655*r*, 661*l*
ドライサー……………………535*l*
ドラクロワ……………………207*l*
ドラッカー……………………**443***r*
鳥尾得庵……………………655*r*
鳥越皓之……………………**444***l*
ドルフマン……………………**444***r*
トールマン，エドワード………102*r*
トレルチ……………………54*l*, 457*r*
ドン・キホーテ……………9*l*, 160*r*, 381*l*
ドンズロ……………………**445***l*
トンプソン……………………351*r*

ナ

直井優……………………688*l*
永井荷風……………………298*r*
中井久夫……………………695*l*
中井弘……………………657*l*
中井正一……………………**446***l*
永井道雄……………………684*l*
中江篤介……………………654*l*
中江兆民……………………**446***r*
中岡哲郎……………………**447***l*
中川勝雄……………………689*r*
中川清……………………**447***r*
中田薫……………………291*r*
中田実……………………**447***l*
中根千枝……………205*l*, 419*l*, **448***l*
中野収……………………**448***r*, 680*l*
中野重治……………………340*l*
永野順三……………………417*l*
中野清一……………………674*r*
中野卓……152*l*, **449***l*, 672*l*, 673*l*, 674*r*
中村桂子……………………**449***r*, 558*l*
中村達也……………………695*l*
中村八朗……………………**450***l*
仲村優……………………684*l*
中村雄二郎……………………**450***r*
ナダール……………………486*l*
夏目漱石……229*r*, 340*l*, 353*l*, 613*l*
ナポレオン……………………9*r*, 184*l*
ナポレオン 3 世………………564*r*, 565*r*
波平恵美子……………………**451***l*
奈良本辰也……………………570*r*
成田龍一……………………284*r*
成島柳北……………………657*l*

ニ

西周……………………656*r*
西川光二郎……………………658*r*
西川潤……………………**451***r*
西川長夫……………………**452***l*, **452***r*
西田幾多郎……………………**453***l*
西山茂……………………693*l*
西義之……………………85*l*
ニスベット……………………462*l*
似田貝香門……………**453***r*, 506*l*, 558*l*, 689*l*
ニーダム，J．…………………**454***l*, 477*l*
ニーダム，R．…………………**454***r*, 624*r*
ニーチェ……87*l*, 112*r*, 170*l*, 224*r*, 307*l*, 308*r*, 339*l*, 398*l*, 409*r*, **455***r*, **456***l*, **456***r*, **457***l*, 525*r*, 605*l*, 613*l*
新渡戸稲造……………………661*r*
ニーバー……………………**457***r*
ニューカム……………………**458***l*
ニュートン……140*l*, 242*l*, 310*r*, 547*l*, 591*l*

ネ

ネウストプニー，J．V．………384*r*
ネブリハ，エリオ・アントニオ
……………………188*r*, 412*r*

ノ

ノイマン……………………597*l*
ノエル＝ノイマン……………**459***l*
野口三千三……………………407*l*
野久尾徳美……………………674*r*
ノージック……………………396*l*, **459***r*
野田正彰……………………**460***l*
ノーマン……………………**460***r*
ノルベルク＝シュルツ……………404*r*
野呂榮太郎……………………**461***l*

ハ

バイイ, シャルル………………397*l*
ハイエク……………………**461***r*, **462***l*
パイク……………………**462***r*
ハイデガー……86*l*, 155*r*, 210*r*, 237*l*, 404*r*, 409*r*, 428*r*, 446*l*, **463***l*, 496*l*, 513*l*, 514*l*, 638*r*, 649*l*
ハイト……………………**463***r*
ハイネ……………………600*r*
バイロン……………………399*l*
バウアー兄弟……………………566*r*
ハーヴェイ……………………294*r*, **464***l*
ハヴロック，E．A．……………194*l*
バーガー，B．…………………**465***l*
バーガー，P．…63*r*, **158***l*, 246*r*, **464***r*, **465***l*, **465***r*
萩尾望都……………………614*l*
萩原二彦……………………658*l*
パーク……………………58*r*, **466***l*, **466***r*
バーク……47*r*, **52***l*, 143*r*, 206*r*, 280*r*, 387*l*, **467***l*, 499*r*, 543*r*
朴慶植……………………**467***r*
バクスター，リチャード………37*l*
ハクスリー，トーマス…………228*r*
パグビー，フィリップ…………431*l*
ハーグリーブス………………**468***l*

和文人名索引　ハーフ

バージェス……47r, **52**l, 206r, 387l, 499l, 543r	バラン…………………512l	ファイヤーアーベント……**497**l, 617l
橋川文三………418r, 468r, **469**l	バランディエ…………306r, **483**r	ファウスト………………9l
橋爪大三郎………246r, **469**r	バーリ……………**484**l, 589l	ファース………………541r
橋本憲三………………672r	バリバール……………**156**l	ブースティン……………**497**r
橋本峰雄………………402l	バルザック……484r, 645r	ファノン………490r, **498**l
バシュラール……184r, **470**l, 470r	バルト……160l, **164**l, 485l, 485r, **486**l, 526l	ファーブル………………372l
パスカル……138l, 193l, 347l, **471**l, 545r	ハルトゥーニアン, H. D.……420l	ファランジュ……………514r
蓮見音彦……**453**r, **471**r, 506l, 676l, 677l	ハルトマン, H. ……………127r	ファン・ヘネップ………411r
蓮實重彦………………**472**l	バルフォア………………184r	フィスク…………………**498**r
バスロン………………**168**l	パレート……68r, 441l, 486r, 490l	フィッシャー……………294r
長谷川公一…………**508**r, **509**l	バレラ, F. J. ………………200l	フィッシュマン…………**499**l
長谷川テル………………300r	ハワード………………363l	フィヒテ…………………8r
長谷川町子………………420r	バンヴェニスト……………24l	フィールディング………243l
パーソンズ……7r, 68l, 73l, 86l, **102**l, **104**l, 163r, 172l, 200l, 230r, 334l, 357l, 387l, 394l, 416l, 436r, 441l, 441l, 464r, **472**r, **473**l, 527l, 553l, 586r, 633r	バーンズ, B. ………………141l	フィルマー………………644r
	ハンター, F. ………………414r	フェアリス………………**499**r
	ハント……………………**487**l	フェーヴル……348l, **500**l, **500**r
		フェノロサ………………655r
バタイユ……41r, **88**l, 98r, **120**l, 170l, 409r, 428l, **473**r, 485r	**ヒ**	フォイエルバッハ………217l
畠中宗一…………**508**r, **509**l	ピアジェ…69r, 172r, 246r, **487**r, **488**l, 650r	フォコネ, P. ………**427**l, 427r
バダンテール…………**474**l	ビアソン, K. ………336r, 614r	フォスター………………**501**l
ハッカード, V. ……………540r	ピカソ……………………307r	フォスラー………………479r
ハックスリー, J. …………335l	ピカート………………**488**r	フォックス………………**501**r
バッシン………………372r	ビグー……………………**489**l	フォーティ………………**502**l
バッハ……………………210l	日高六郎……384r, 662r, 668r, 672l, 674r	フォーテース……………624r
バッハオーフェン………**474**r	ビックヴァンス…………**489**r	フォン・ノイマン………**502**r
ハート……………469r, **475**l	ヒックス…………………**490**l	福井七子…………………84r
バトル…………………**481**r	ヒッポクラテス……182r, 607l	福岡安則…………**503**l, 503r,
ハートレー……………371l	ヒトラー……77l, 97r, 265r, 326l, 375l, 375r, 405l, 488r, 595l, 614r	福沢諭吉………**504**l, 657r, 659r
花崎皋平……………**475**r		福武直……393l, 429r, **504**r, 505l, 505r, 506l, 663l, 672l, 677l, 680l
花田清輝…………258r, 298r	ビネル……………………139r	
バーナード………351l, **476**l	ヒューム……7r, 392r, 461r, **490**r	福田恒存………………248l
バナール………476r, **477**l	ビュルガー……………**491**l	福地櫻痴………………656l
バーニー, ゲラルド……214l	平岡公一………………**691**l	福地源一郎……………657l
パノフスキー, E. …………404l	平田清明…………**491**r, **492**l	福本巴…………………**653**l
馬場辰猪…………653l, 660l	平塚らいてう……248l, 588r	フーコー……99l, 131l, **138**l, 160l, 164r, **180**l, **182**l, 184r, 270l, 284r, 286r, 309l, 428l, 435l, 443l, 445l, 485r, 490r, 506r, 507l, 536r, 605l
ハーバーマス……63r, 86l, **144**l, 163r, **190**l, 285r, 286r, 399r, 477r, 478l, 478r, 491l, 501l, 508l, 623l	平野秀秋………448r, 676l	
	ヒラリー…………………387l	
	ヒルファディング………**492**r	
	ビレンヌ…………………**493**l	
	廣重徹…………………**493**r	
バブコック……………**479**l	廣津柳浪………………656l	藤井真澄………………137r
パプスト, G. W. ……………326l	廣松渉……492l, **494**l, 494r, **495**l, 495r, 550r, 566l	藤木三千人……………**673**l
パプキン……389r, 479r, 480l, 480r, 604r		藤沢利喜太郎……………654r
濱口惠俊………………**481**l		藤竹暁…………………**677**l
濱島朗………672l, 674r, 677l		藤田省三………………**507**r
ハミルトン……………246l	ビンスワンガー……**496**l, 513l	藤林敬三………………417l
ハムフリー……………**481**r		ブース……………………445l
林忠正…………………655l	**フ**	布施鉄治………………**673**l
林知己夫………………**482**l		二葉亭四迷……………340l
バラージュ……………**482**r		フッサール……**62**l, 154r, 191l, 409r, 428l, 429l, 453l, 466r, 496l, **508**l, 513l, 613l, 635l, 638l
原純輔…………………**688**l	ファイアストーン………**496**r	
原田敏明………………393l	ファイヒンガー…………310l	
原広司…………………**483**l		ブッサン………………372l
		舩橋晴俊…………**508**r, **509**l
		ブーフェンドルフ………4r, 7r
		フュステル・ド・クーランジュ…**509**r

社会学文献事典　899

フュスリ……………………389*l*
フラー………………………616*r*
ブラウ………323*r*, 357*l*, 387*l*, **510***l*, 510*r*
ブラウン，D．………………**253***r*
ブラウン，R．………………**511***l*
ブラクストン…………………532*l*
フラッド，ロバート………222*r*, 223*l*
プラトン……**8***l*, **59***l*, 182*r*, 195*l*, 428*r*, 540*l*, 572*r*, 621*r*, 638*r*
プラマー………………………**511***r*
フランカステル………………**512***l*
ブランキ………………………196*l*
フランク………………………**512***r*
フランクリン…………………36*l*
ブランケンブルク……………**513***l*
ブーランザス………293*r*, **513***r*, 585*l*
ブランショ……………………**514***l*
ブランタン……………………338*r*
フランドラン…………………381*l*
フランプトン，ケネス………501*l*
フーリエ……………113*l*, 267*r*, **514***l*
フリス…………………………**515***l*
フリーダン……………………**515***r*
フリードベルグ………………**516***l*
フリードマン…………………555*l*
フリードリッヒ大王…………548*l*
フリーマン，デレク…………578*r*
プール…………………………100*l*
ブルア，D．…………………141*l*
古川誠…………………………284*r*
古川正雄………………………657*l*
プルースト……193*l*, 210*l*, 212*l*, 381*r*
プルタルコス…………………183*l*
ブルデュー……99*r*, 163*r*, **168***l*, 186*l*, 372*l*, 391*l*, **516***r*, 581*r*
ブルトン………………………90*r*
ブルードン…………106*l*, 293*r*, 398*l*
ブルーノ，ジョルダーノ……222*r*
古野清人………………………269*l*
ブルーマー…………47*l*, 366*l*, 517*l*
ブルンヴァン…………………**517***r*
ブレイク………………………389*l*
フレイレ………………………**518***l*
フレーザー……111*l*, **518***r*, 637*r*, 639*r*
ブレッソン……………………372*l*
ブレッツ，A．………………614*r*
ブレビッシュ…………………512*r*
ブレヒト……………66*l*, 164*r*, 356*r*, 485*r*
プレンターノ…………………**519***l*
フロイト，A．………………127*r*

フロイト，S．…24*l*, **32***l*, 69*r*, 76*l*, 87*r*, 112*l*, 127*r*, 172*r*, 174*l*, 183*r*, 224*r*, 244*l*, 330*r*, 335*r*, 345*l*, 382*l*, 389*r*, 391*l*, 428*l*, 434*r*, 462*r*, 466*r*, 518*r*, 519*r*, **520***l*, **520***r*, 524*r*, 563*r*, 613*r*, 618*l*, 638*l*, 639*l*, 645*r*
ブロイラー……………………587*l*
ブロック，マルク……………500*l*
ブロッホ……………………55*r*, **521***l*
ブローデル……………208*l*, **521***r*
フローベール………134*l*, 472*l*, 645*r*
フロム…………13*r*, **76***l*, 87*r*, 112*l*, 391*l*

へ

ベイトソン………324*l*, **522***l*, 635*r*, 639*r*
ベイリー………………………495*l*
ベヴァリジ……………………**522***r*
ヘーゲル………**8***l*, **10***l*, 12*l*, 106*l*, 112*r*, 120*r*, 132*l*, 134*l*, 145*l*, 157*l*, 158*r*, 190*l*, 217*l*, 235*l*, 265*l*, 330*l*, 337*l*, 341*l*, 391*l*, 403*l*, 434*r*, 477*r*, 540*l*, 548*r*, 564*r*, 605*l*, 613*r*, 619*r*, 638*r*
ベーコン…………194*l*, 424*l*, **523***l*, 572*r*
ヘシオドス……………………192*l*
ベッカー………………35*r*, **523***r*, 534*r*
ベッカーリア…………………532*l*
ヘッセ…………………………474*r*
ベッテルハイム………**524***l*, 524*r*
別府晴海………………………384*l*
ペティ…………………………**525***l*
ヘーディガー…………………544*l*
ベートーヴェン………………209*l*
ベネディクト………**84***l*, 100*r*, 205*l*, 317*l*, 345*l*, 352*r*, **525***r*
ベブスナー，N．……………502*l*
ヘブディジ……………………**526***l*
ベーベル………………………**526***r*
ヘボン…………………………655*r*
ベラー……103*r*, 104*r*, 173*l*, 286*r*, **527***l*, 527*r*, 606*r*
ベラスケス……………………160*l*
ペリー…………………………**528***l*
ベル………97*r*, 436*l*, **528***r*, **529***l*, 529*r*, 536*r*, 589*l*
ペール，アンリ………………631*l*
ベルクソン……62*l*, 148*r*, 308*l*, 398*l*, 453*l*, **530***l*, 530*r*, 547*l*, 587*r*
ベルゲン＝ベルゼン…………398*l*
ベールズ………………………**473***l*
ベルセ…………………………**531***l*
ヘルダー………………………391*l*
ベルタランフィ………105*l*, **531***r*

ヘルメス………………………604*r*
ベロー…………………………377*l*
ヘーロドトス…………………474*r*
ベンサム…………181*l*, 185*l*, 363*r*, **532***l*
ベンスマン，J．……………294*r*
ヘンダーソン，C．R．………206*r*
ベンディクス………**532***r*, **533***l*, 626*l*
ベン＝デービッド……………**533***r*
ベンヤミン……**66***l*, **196***l*, 254*l*, 389*r*, 398*r*, 411*l*, 462*r*, 474*r*, 486*l*, 521*l*, **534***l*, 648*l*

ホ

ボアズ…………………………564*l*
ボアソナード…………………654*l*
ホイジンガ………70*l*, 122*l*, 231*r*, 262*l*, 438*l*
ボーヴォワール……90*l*, 587*l*, 596*r*
宝月誠………………………**534***r*, 690*r*
ボウルビー………………243*r*, **535***l*
ホガース………………………243*l*
ホガート………………………**535***r*
ボガトゥイリョフ……………**536***l*
ホーガン………………………296*r*
星野周弘………………………690*r*
星野鉄男………………………445*r*
ボスター………………………**536***r*
ポスタル………………………359*r*
ポストマン…………291*r*, 366*l*, 368*l*
ボーズンキット………………619*r*
細川嘉六………………………668*l*
細川周平………………………**537***l*
細野武男………………………674*r*
細谷昂………………**537***r*, 677*l*, 685*r*
ホーソン………………………462*r*
ポップ…………………………161*l*
ホッファー……………………**538***l*
ホッブズ………2*l*, 7*r*, 8*r*, 16*r*, 68*l*, 327*r*, 337*l*, 337*r*, 339*l*, 339*r*, 358*r*, 375*l*, 532*l*, 545*r*, 569*r*, 598*l*
穂積陳重………………………654*l*
穂積八束………………559*l*, 653*l*
ボードリヤール……170*l*, 501*l*, 536*r*, 537*l*, **538***r*, **539***l*, **539***r*, 614*l*
ボードレール……134*l*, 196*l*, 442*l*, 462*r*
ポパー…………………140*l*, 497*l*, **540***l*, 617*l*
ホッブ……………………243*l*, **540***r*
ホブズボーム………………306*r*, **541***l*
ホブソン………………………492*r*
ホマンズ………323*r*, 454*r*, 510*r*, **541***r*
ホメロス………………………192*r*, 474*r*
ポラン二ー，K．………**82***l*, 98*r*, 189*l*, **542***l*, **542***r*, 606*l*

ボランニー, M. ……543*l*	松平誠……557*l*	三浦文夫……679*r*, 684*r*
ホーリー……543*r*	松田敏足……658*r*	三上章……352*l*
堀一郎……680*r*	マッハ……337*r*, 453*l*	三木清……438*r*, 574*l*
堀辰雄……229*r*	松原岩五郎……323*l*, 557*r*, 660*r*	三鬼陽之助……684*l*
堀喜望……674*r*	松原謙一……558*l*	三島由紀夫……258*r*, 353*l*, 600*l*
ホール……372*r*, 544*l*	松原治郎……204*r*, 558*r*, 676*r*, 679*l*, 680*l*	ミシュレ……283*l*, 485*r*
ホルクハイマー……86*l*, 190*r*, 211*l*, 399*r*, 544*r*, 545*l*	松宮秀治……452*r*	ミース……574*r*
ボルケナウ……545*r*, 569*r*	松本三之介……559*l*	水木しげる……420*r*
ボールディング……98*l*	松本通晴……686*l*	水越伸……612*r*
ホルネイ……113*l*	松本康……695*r*	水田珠枝……248*l*
ボルノオ……404*r*	マツラナ, H. R. ……200*l*	ミーゼス……63*r*
ホワイエ……546*l*	マテラルト……559*l*	三谷鉄夫……689*r*
ホワイト, A. ……389*l*	マトゥラーナ……560*l*	見田宗介(真木悠介)……193*r*, 575*l*, 575*r*, 576*l*, 576*r*, 577*l*, 679*l*, 690*l*, 696*r*
ホワイト, W. F. ……80*l*, 541*l*	マトゥラール……444*r*	
ホワイト, W. H. ……546*r*	マードック……99*r*, 268*l*, 373*l*, 439*r*, 553*l*, 560*l*	ミッテラウアー……577*l*, 578*l*
ホワイトヘッド……547*l*	マートン……92*l*, 105*l*, 141*l*, 230*r*, 357*r*, 509*l*, 561*l*	光吉利之……686*l*
ポンス……547*r*		ミード, G. H. ……34*r*, 47*r*, 64*l*, 69*r*, 158*r*, 366*l*
本田和子……548*l*	マネー……561*l*	
本間康平……682*r*	マーフィー, ロバート……451*l*	ミード, M. ……100*l*, 345*l*, 578*r*, 579*l*
	マラマッド……506*l*	皆川勇一……506*l*
マ	マラルメ……330*l*, 360*r*, 514*l*	南方熊楠……600*r*
	マラン……372*l*, 562*l*	南博……85*r*, 555*r*, 579*r*, 662*r*, 666*r*, 668*r*
マイネッケ……291*l*, 548*l*	マリノフスキー……69*r*, 71*l*, 85*r*, 94*l*, 98*r*, 339*r*, 562*r*, 563*l*, 563*r*, 564*l*, 606*l*, 615*r*, 624*l*	
マウラー……102*l*, 172*r*		美濃部達吉……338*l*, 559*l*
前田愛……299*r*, 340*l*, 549*l*, 549*r*		三橋修……580*l*
前田慧雲……655*r*	マルクス……11*r*, 12*l*, 14*l*, 29*r*, 30*l*, 39*r*, 54*r*, 76*l*, 86*l*, 106*l*, 108*l*, 134*l*, 145*l*, 156*l*, 158*r*, 174*l*, 183*r*, 217*l*, 217*r*, 220*r*, 224*r*, 238*r*, 259*r*, 268*l*, 276*l*, 302*r*, 330*l*, 337*l*, 347*r*, 378*l*, 384*l*, 389*r*, 393*r*, 398*l*, 416*l*, 434*l*, 481*l*, 485*l*, 491*r*, 492*l*, 494*l*, 495*l*, 496*r*, 515*r*, 536*r*, 537*r*, 540*l*, 546*l*, 564*l*, 565*l*, 565*r*, 566*l*, 566*r*, 567*l*, 568*l*, 586*r*, 597*l*, 631*r*, 641*r*	三橋猛雄……654*r*
マオア, R. ……384*r*		ミヘルス, R. ……510*l*
マキァヴェッリ……328*r*, 329*l*, 459*l*, 545*r*, 548*l*, 550*l*, 569*r*		三宅一郎……580*l*
牧瀬菊枝……300*l*		宮川岳蔵……658*r*
真木悠介(見田宗介)……192*l*, 550*l*, 551*l*		宮家準……693*l*
		三宅雄二郎……657*l*
マクウェール……551*r*		宮城音弥……666*r*
マグリット, ルネ……644*l*		宮崎夢柳……656*l*
マクルーハン……146*l*, 194*l*, 277*r*, 552*l*, 552*r*		宮沢賢治……419*r*
		宮沢俊義……338*l*
正岡寛司……553*l*, 686*l*	マルクーゼ……13*r*, 86*l*, 112*l*, 477*r*, 567*r*	宮島誠一郎……659*l*
正岡子規……229*r*	マルサス……267*l*, 568*l*	宮島喬……581*l*, 581*r*
マーシャル, A. ……68*r*, 472*r*, 490*l*, 553*r*	マルタン……500*r*	宮台真司……576*l*, 582*l*, 582*r*
	丸山圭三郎……568*r*, 569*l*	宮田登……583*l*, 695*l*
マーシャル, T. H. ……423*r*	丸山真男……77*r*, 104*r*, 116*l*, 136*l*, 286*r*, 298*r*, 372*r*, 418*r*, 469*l*, 507*r*, 569*r*, 570*l*, 570*r*, 666*r*	宮本憲一……489*r*, 583*r*
マシュレー……156*l*, 490*r*		宮本常一……584*l*
マスターマン……617*r*		ミュルダール……584*r*
マズロー……240*l*, 554*l*	マレー……102*l*	ミラー, H. ……587*l*
マーチ……554*r*	マンデヴィル……461*r*, 571*l*	ミリバンド……585*l*
マチウ……286*l*	マンドルー……531*l*, 571*r*	ミル……59*l*, 438*l*, 585*r*
町村敬志……555*l*, 695*r*	マンハイム……54*l*, 92*l*, 93*r*, 162*r*, 230*r*, 572*l*, 576*r*, 586*r*	ミルズ……114*l*, 173*l*, 232*l*, 339*r*, 387*l*, 414*r*, 546*r*, 585*l*, 586*l*, 586*r*, 606*r*
マッカーサー……327*l*		
マッキーヴァー……44*l*, 438*r*	マンフォード……572*r*, 573*l*, 573*r*	ミレット……587*l*
マッケンジー……52*l*, 543*r*		ミローシェヴィッチ……199*r*
松下圭一……555*r*, 556*l*	**ミ**	三輪公忠……419*l*
松島静雄……556*r*, 678*l*		ミンコフスキー……587*r*
	三浦典子……686*r*	ミンジオーネ……588*l*
		ミーンズ……484*l*, 589*l*

ム

ムーア, ギュルヴィッチ……………665r
武者小路実篤………………298l
ムッソリーニ………………59l, 375l
陸実…………………………654l
宗像巌………………………419l
ムフ…………………………**618r**
村上専精……………………655r
村上信彦……………………**588r**
村上泰亮…………**589l**, 589r, 590l, 590r
村上陽一郎…………………**591l**
村田文夫……………………657l
村中知子……………………685r

メ

メイエルホリド……………262l
メイソン, S.………………477l
メイヨー……357r, 443r, **591r**, 640r
メイラー, N.………………587l
目黒依子……………………686r
メッテルニヒ………………10l
メドウズ……………………**592l**
メラー………………………**294r**
メリアン……………………562l
メルヴィル…………………208l
メルセンヌ…………………2l
メルッチ, A.………………436l, 437l
メールテンス………………141l
メルロ＝ポンティ……154l, 163r, 407l, 429l, 568r, **592r**, 593l, 613r
メーン………………………16r, 108l
メンガー……………………363r, 461r, 649l
メンデル……………………558l
メンミ………………………**593r**

モ

モア…………523l, 562l, 572r, **594l**, 621r
モース…71r, 88r, **98l**, 170l, 358r, 426r, 539l, 562r, 606l
物集高見……………………655l
望月嵩………………………686r
モーツァルト………………389l
モッセ………………………**595l**
本居宣長……………………298l, 569r
モノー………………………377l
モラン………………………**166l**
森有礼………………………654r
森有正………………………352l
森鴎外………………………229r, 310l
森岡清志……………………686r, 695r
森岡清美……………**595r, 596l**, 677r, 682r
森崎和江……………………**596r**
森嶋通夫……………………**597l**
モリス, ウイリアム………502l
森博…………………………**694l**
モルガン……………268l, **597r**, 615r
モルゲンシュテルン………502r
モールス……………………371l
モルセッリ…………………26l
モレノ………………………81r
モンテスキュー……………424l, **598l**

ヤ

ヤウス………………………**598r**
ヤコブソン…………………568r, 637l
矢澤修次郎…………………692l
安井息軒……………………656r
安田三郎……………505l, **599l**, 679r, 682r
安原茂………………………367l, 506l
安丸良夫……………………**599r**
矢田部良吉…………………655l
柳河春三……………………658l
柳田泉………………………656l
柳田国男……**60l**, 85r, 136r, 216r, 237r, 246r, 258r, 307l, 339r, 355l, 355r, 394r, 419l, 419r, **600l**, 600r, **601l**, **601r, 602l**, 602r, 603l, 603r, 613r
柳宗悦………………………216r, 419r, 420l
柳瀬勁介……………………658r
矢野文雄……………………657l
山鹿素行……………………569r
山県有朋……………………659r
山口節郎……………………**604l**
山口博一……………………692l
山口昌男……………………**604r**
山口又一郎…………………658r
山崎闇斎……………………286r
山路愛山……………………658l
山田慶児……………………419l
山田太一……………………695l
山田宗睦……………………672l
山田吉彦➡きだみのる
山名義鶴……………………445l
山根常男……………………682r
山之内靖……………………**605l**
山本明………………………675l
山本英治……………………506l
山本武利……………………**605r**
山本真鳥……………………606l
山本泰…………………**606l**, 690l
山本リエ……………………300l

ユ

湯浅吉郎……………………656l
ユーウエン, E.……………**606r**
ユーウエン, S.……………**606r**
湯沢雍彦……………………676r
ユベール……………………98l
ユング………409l, 474l, **607l**, 607r

ヨ

横河秋濤……………………658r
横田喜三郎…………………338l
横山源之助…………228r, 272l, 323l, **608l**
吉岡徳明……………………658r
吉沢四郎……………………506l
吉澤夏子……………………**608r, 609l**
吉武輝子……………………300l
吉田謙吉……………………**350r**
吉田松陰……………………468l
吉田民人……………**609l, 610l**, 682r
吉田裕………………………676l
吉野作造……………………654l
吉原直樹……………………**610r**
吉見俊哉…………**611l**, 611r, 612l, 612r, 696r
吉本隆明……………258r, 600l, **613l**, 613r, 614l
米地実………………………673l
米本昌平……………………**614r**

ラ

ライシュ……………………**615l**
ライト………………………307l
ライヒ………………183r, **615r**, 616l
ライプニッツ………………434r
ラヴロック…………………**595l**
ラカトシュ…………………140l, 497l, **617l**
ラカン………33r, 160l, 208r, 244l, 310l, 428l, 485r, **617l, 618l**, 618r
ラクラウ……………………**618r**
ラザースフェルド……**297l**, 586r, **619l**
ラシーヌ……………………347l
ラス・カサス………………490r
ラスウェル, H. D.………414r
ラスキ………45r, 375r, 585l, **619r**
ラスレット…………………377l, 381l
良知力………………………**620l**
ラッセル, B.………………522l

和文人名索引　ラ−ワ

ラドクリフ゠ブラウン……69r, **110l**, 624r
ラパポート……127r, **620r**
ラバン……**621l**
ラブージュ……**621r**
ラプラス, S. ……336r
ラブレー……480r
ラマルシュ……489r
ラミス, ダグラス……85l
ラムス, ペトルス……194l
ランガー……639r
ラング, F. ……326l
ラング, O. ……649r
ランシエール……**156l**
ランズマン, C. ……403l
ランテルナーリ……**622l**
ランドーバーグ……505l, **622r**
ランボー……360r

リ

リアーズ……**501r**
リーヴィス……535r
リオタール……310r, 501l, 536r, **623l**
李恢成……409l
リカード……7l, 12l, 161l, 495l, **623r**
リース……387l
リースマン……29r, **100l**, 170l, 173l, 546r, 606r, **624l**
リーチ……111r, **624r**, **625l**
リチャーズ, I. A. ……466l, 552l
リチャードソン, サミュエル……224l
リッカート, H. ……17l, 42r
リッケルト……48r
リップマン……**625r**
リプセット……387l, **626l**
リリー, S. ……477l
リルケ……488r
リンチ……**626r**
リンド, ロバート……501r, 606r
リンド夫妻……**56l**

ル

ルイ14世……264r
ルイ16世……487l
ルイス……**627l**, 627r
ルカーチ……31l, 54l, 190r, 224r, 347l, **628l**
ルクセンブルク, ローザ……574l
ルケート, ミシェル・ルイ……167l
ル・ゴフ……**628r**
ル・コルビュジエ……363l, **629l**
ルゴワ……26l
ルーシェ……180r
ルソー……**4l**, 148r, 212l, 228r, 372l, 375l, 388r, 424l, 428l, 452l, 459l, 468r, 474l, 595l, **629r**, **630l**
ルター……36r, 412r
ルックマン……41r, 63r, **158l**, **630r**
ルッセ……428l
ルッター……76r
ルットマン, W. ……326l
ルートヴィッヒ2世……405l
ルナン, エルネスト……185l
ルフェーヴル, G. ……**631r**
ルフェーヴル, H. ……**631r**, **632l**
ルフォール, C. ……592r
ル・プレー……74l, 269l
ル・ボン……58l, 350l, 415r, 631l, **632r**
ルーマン……63r, 163r, **200l**, 357l, 469r, 478l, **478r**, 560l, 623l, **633l**, **633r**
ルリア……197l
ルル……222r
ルロワ゠グーラン……**634l**
ルロワ゠ボーリュー兄弟……243r
ル・ロワ・ラデュリー……131r

レ

レイファ, ルース……620r
レイン……324l, 360l, **634l**, **635l**, 635r, **636l**
レヴィ゠ストロース……41r, 85r, **94l**, 98l, 111r, 121l, 139r, **148l**, 160l, 164l, 170l, 246r, 286l, 306r, 311r, 327r, 382l, 428l, 428r, 454r, 483r, 485r, 568r, 613r, 624l, **636l**, **637l**, **637r**, **638l**
レヴィナス……403l, 428l, **638r**, **639l**
レヴィ゠ブリュール……314l, **639r**
レヴィン……**640l**
レオンチェフ……337l
レゲット……387l
レスリスバーガー……443r, **640l**
レッシング……391l
レッドフィールド, ロバート……393l
レーデラー……**350l**, **641l**
レーニン……375r, 461l, 492r, 565r, **641r**
レマート……534r
レリス……98l
レルフ……**642l**
レレケ……524r
レンジャー……**541l**

ロ

ロウントリー……445r, **642r**
ローエ, ミース・ファン・デル……483l
ロジャーズ……**643l**
ローシュ……**646r**
ロジュキン……489r
ロストウ……**643r**
ロック, G. ……**644l**
ロック, J. ……459l, 459r, **644r**
ロッシ……387l
ロッシュ……372l
ロード, A. B. ……194l
ロートレアモン……330l
ロビンズ……**645l**
ロブ゠グリエ……165r, 485r
ロベスピエール……283l
ロベール……**645r**
ロラン, ロマン……25l
ロールズ……310l, 396l, 459r, **646l**
ローレンス, P. R. ……**646r**
ロレンス, D. H. ……90l, 587l
ローレンツ……437r, **647l**
ロワ……14l

ワ

若林幹夫……**612r**, 647r
鷲田清一……**648l**
ワース……53r, 206r, 280r, 387l, 469r, **648r**
綿貫譲治……678l
和田久太郎……469l
和辻哲郎……85r, 317l, 352l, **649l**
ワトキンス……617l
ワトソン, J. ……64l
ワルラス……337l, 363r, 490l, **649r**
ワロン……**650l**, 650r

外国語人名索引

A

Adorno, Theodor Wiesengrund
　　　　　　96*l*, 209*r*, 210*l*, 210*r*, 211*l*
Agnew, Jean-Christophe ········208*l*
Agulhon, Maurice ················207*l*
Allen, Frederick Lewis············218*r*
Allport, Gordon W.········290*l*, 290*r*, 291*l*
Althusser, Louis·······156*l*, 217*l*, 217*r*
Altick, Richard Daniel ············289*r*
Amin, Samir ···············213*l*, 213*r*
Anderson, Benedict ········198*l*, 221*l*
Arendt, Hannah·············219*l*, 219*r*
Ariès, Philippe ···········130*l*, 214*r*
Aristoteles ···················215*l*, 215*r*
Aron, Raymond ····················220*r*
Arrow, Kenneth J.·················220*l*
Artaud, Antonin ···················218*l*
Attali, Jacques ·····················209*l*
Austin, John Langshaw ···········282*r*
Axelrod, Robert····················207*r*

B

Babcock, Barbara A. ·············479*l*
Bachelard, Gaston··········470*l*, 470*r*
Bachofen, Johann Jacob··········474*r*
Bacon, Francis ····················523*l*
Badinter, Elisabeth ···············474*l*
Balandier, Georges················483*r*
Bálazs, Béla ························482*r*
Balzac, Honoré de·················484*r*
Barnard, Chester Irving···········476*l*
Barney, Gerald O. ·················214*l*
Barthes, Roland ······164*l*, 485*l*, 485*r*, 486*l*
Bataille, Georges·······88*l*, 120*l*, 473*r*
Bateson, Gregory ··················522*l*
Baudrillard, Jean·······170*l*, 538*r*, 539*l*, 539*r*
Beauvoir, Simone de···············90*l*
Bebel, August ······················526*l*
Becker, Howard S. ···············523*r*
Bell, Daniel············528*r*, 529*l*, 529*r*
Bellah, Robert N. ··········527*l*, 527*r*

Ben-David, Joseph ················533*r*
Bendix, Reinhard ···········532*r*, 533*l*
Benedict, Ruth Fulton······84*l*, 100*r*, 525*r*
Benjamin, Walter ······66*l*, 196*l*, 534*l*
Bentham, Jeremy ··················532*l*
Bercé, Yves-Marie ················531*l*
Berger, Peter L. ·····158*l*, 464*r*, 465*l*, 465*r*
Bergson, Henri ···········530*l*, 530*r*
Berle, Adolf A., Jr. ···············484*l*
Bernal, John Desmond ····476*r*, 477*l*
Bertalanffy, Ludwig von··········531*r*
Bettelheim, Bruno·········524*l*, 524*r*
Beveridge, William ···············522*r*
Binswanger, Ludwig···············496*l*
Blanchot, Maurice ·················514*l*
Blankenburg, Wolfgang ··········513*l*
Blau, Peter Michael ········510*l*, 510*r*
Bloch, Ernst ·······················521*l*
Blumer, Herbert ···················517*l*
Boorstin, Daniel J.·················497*r*
Booth, Charles ·····················445*l*
Borkenau, Franz···················545*l*
Bourdieu, Pierre······168*l*, 186*l*, 516*l*
Bowlby, Rachel ····················535*l*
Boyer, Robert·······················546*l*
Braudel, Fernand ··················521*r*
Brentano, Lujo·····················519*l*
Brown, Lester R.···················511*l*
Brunvand, Jan Harold ············517*r*
Bürger, Peter ······················491*l*
Burgess, Ernest W. ········543*r*, 499*r*
Burke, Kenneth··············466*l*, 466*r*

C

Caillois, Roger ·····················122*l*
Cantril, Hadley A. ·················318*l*
Carson, Rachel·····················295*l*
Castells, Manuel······293*r*, 294*l*, 294*r*
Certeau, Michel de ················395*r*
Chartier, Roger ············371*r*, 372*l*
Chevalier, Louis ···················373*r*
Choay, Françoise ··················380*l*
Clark, Colin Grant ················326*r*
Clastres, Pierre ····················327*r*

Clausewitz, Karl von ··············325*l*
Cohen, Abner······················340*r*
Comte, Auguste ···········348*r*, 349*l*
Condorcet, Marquis de ············349*r*
Cooley, Charles Horton ·····34*l*, 329*r*
Cooper, David ·····················324*l*
Corbin, Alain·······················348*l*
Costa, Mariarosa Dalla ···········414*l*
Cox, Harvey G.····················341*r*
Croce, Benedetto ··················334*l*
Crozier, Michel ····················516*l*
Curtis, Richard ····················296*r*

D

Dahl, Robert A. ············414*r*, 415*l*
Dahrendorf, Ralf ··················416*l*
Darnton, Robert ···················416*r*
Darwin, Charles ···················400*l*
Davidson, Donald ·················422*r*
Davis, Natalie Zemon ············422*l*
Dawkins, Richard··················437*r*
Debord, Guy·······················434*l*
Dee, John ··························223*l*
Deleuze, Gilles ······174*l*, 434*r*, 435*l*, 435*r*
Derrida, Jacques·······428*l*, 428*r*, 429*l*
Descartes, René····················425*r*
de Waal, Frans B. M. ·············432*l*
Dickson, David····················423*l*
Diderot, Denis ·····················424*l*
Dilthey, Wilhelm ··················425*l*
Donzelot, Jacques ·················445*l*
Dore, Ronald Philip ········429*r*, 430*l*
Dorfman, Ariel ····················444*r*
Douglas, Mary·····················406*r*
Drucker, Peter F.··················443*r*
Dumont, Louis ····················426*r*
Durkheim, Emile····20*l*, 22*l*, 26*l*, 40*l*, 427*l*, 427*r*
Duverger, Maurice ················426*l*
Dworkin, Andrea ··················433*l*
Dworkin, Ronald··················432*r*

E

Eagleton, Terry……224*l*, 224*r*
Ehrlich, Eugen……266*r*
Elder Jr., Glen H.……266*l*
Eliade, Mircea……118*l*, 265*l*
Elias, Norbert……72*l*, 264*r*
Engels, Friedrich……267*l*, 267*r*, 268*l*
Enzensberger, Hans Magnus……268*r*
Erikson, Erik H.……126*l*, 265*r*
Etzioni, Amitai……262*r*
Evans-Pritchard, Edward Evan
……261*r*
Evreinov, Nikolas……262*l*
Ewen, Stuart & Elizabeth……606*r*

F

Fanon, Frantz……498*l*
Faris, Robert E. Lee……499*r*
Febvre, Lucien……500*l*, 500*r*
Feyerabend, Paul Karl……497*l*
Firestone, Shulamith……496*r*
Fishman, Robert……499*l*
Fiske, John……498*r*
Fludd, Robert……223*l*
Forty, Adrian……502*l*
Foster, Hal……501*l*
Foucault, Michel……138*l*, 160*l*, 180*l*, 182*l*, 506*l*, 507*l*
Fourier, Charles……514*r*
Fox, R. W.……501*r*
Francastel, Pierre……512*l*
Frank, Andre Gunder……512*r*
Frazer, James George……518*r*
Freire, Paulo……518*l*
Freud, Sigmund……24*l*, 32*l*, 519*r*, 520*l*, 520*r*
Friedan, Betty……515*r*
Friedberg, Erhard……516*l*
Frith, Simon……515*l*
Fromm, Erich……76*l*
Fuller, Buckminster……616*r*
Fustel de Coulange, Numa-Denis……509*r*

G

Gadamer, Hans-Georg……295*r*
Galbraith, John Kenneth
……124*l*, 303*r*
Garfinkel, Harold……162*l*
Geertz, Clifford……311*r*, 312*l*, 312*r*
George, Susan……380*r*
Giddens, Anthony……315*l*, 315*r*, 316*l*
Giedion, Siegfried……314*r*
Girard, René……381*r*, 382*l*
Goffman, Erving……128*l*, 150*l*, 342*r*, 343*l*, 343*r*
Goldmann, Lucien……347*l*, 347*r*
Goldthorpe, John H.……346*r*
Gorer, Geoffrey……345*l*
Gorz, André……345*r*, 346*l*
Gottmann, Jean……342*l*
Gouldner, Alvin Ward……333*r*, 334*l*
Gramsci, Antonio……328*r*, 329*l*
Greenblatt, Stephen……333*l*
Guattari, Félix……296*l*
Gurvitch, Georges……318*r*, 319*l*

H

Habermas, Jürgen……144*l*, 190*l*, 477*r*, 478*l*, 478*r*
Halbwachs, Maurice……216*l*
Hall, Edward T.……544*l*
Hargreaves, John……468*l*
Hart, Herbert Lionel Adolphus
……475*l*
Harvey, David……464*l*
Hawley, Amos H.……543*r*
Hayek, Friedrich August von
……461*r*, 462*l*
Hebdige, Dick……526*l*
Hegel, Georg Wilhelm Friedrich……8*l*, 10*l*
Heidegger, Martin……463*l*
Hicks, John Richard……490*l*
Hilferding, Rudolf……492*r*
Hite, Shere……463*r*
Hobbes, Thomas……2*l*
Hobsbawm, Eric……541*l*
Hoffer, Eric……538*l*
Hoggart, Richard……535*r*
Homans, George C.……541*r*
Horkheimer, Max……86*l*, 544*r*, 545*l*
Hsu, Francis L. K.……373*l*
Huizinga, Johan……70*l*
Hulme, Peter……490*r*
Humphrey, Craig R.……481*r*
Hunt, Lynn……487*l*
Husserl, Edmund……508*l*

I

Illich, Ivan……176*l*, 188*l*, 235*r*, 236*l*, 236*r*
Inglehart, Ronald……240*l*
Irigaray, Luce……237*l*

J

Jacobs, Jane……363*l*
James, William……362*r*
Janzen, Marius B.……372*r*
Jauß, Hans Robert……598*r*
Jellinek, Georg……223*r*
Jevons, William Stanley……363*r*
Jung, Carl Gustav……607*l*, 607*r*

K

Kant, Immanuel……309*r*, 310*l*, 310*r*
Kantorowicz, Ernst Hartwig……311*l*
Kapp, Karl William……297*r*
Katz, Elihu……297*l*
Kelsen, Hans……337*r*, 338*l*
Kern, Stephen……307*r*, 308*l*
Keynes, John Maynard……336*l*
Kierkegaard, Søren……320*r*
Kinsey, Alfred……321*l*, 321*r*
Klapper, Joseph T.……328*l*
Klein, Melany……324*r*
Kornhauser, William Alan……350*l*
Kosík, Karel……341*l*
Kracauer, Siegfried……326*l*
Kripke, Saul Aaron……332*r*
Kristeva, Julia……330*l*, 330*r*
Kuhn, Annette……335*r*
Kuhn, Thomas Samuel……140*l*

L

Lacan, Jacques……617*r*, 618*l*
Laclau, Ernesto……618*r*
Laing, Ronald David……634*r*, 635*l*, 635*r*, 636*l*
Lakatos, Imre……140*l*, 497*l*, 617*l*
Lanternari, Vittorio……622*l*
Lapouge, Gilles……621*r*
Laski, Harold……619*r*
Lawrence, Paul R.……646*r*
Lazarsfeld, Paul Felix……619*l*

L

Leach, Edmund Ronald ····624r, 625l
Le Bon, Gustave ····632r
Le Corbusier ····629l
Lederer, Emil ····641l
Lefebvre, Georges ····631l
Lefebvre, Henri ····631r, 632l
Le Goff, Jacques ····628r
Leroi-Gourhan, André ····634l
Levinas, Emmanuel ····638r, 639l
Lévi-Strauss, Claude ····94l, 148l, 636r, 637l, 637r, 638l
Lévy-Bruhl, Lucien ····639r
Lewin, Kurt ····640l
Lewis, Oscar ····627l, 627r
Lippmann, Walter ····625r
Lipset, Seymour Martin ····626l
Locke, John ····644r
Lorenz, Konrad Zacharias ····647l
Lovelock, Jim E. ····616r
Lovins, Amory B. ····645l
Luckmann, Thomas ····630r
Luhmann, Niklas ····200l, 633l, 633r
Lukács, Gyorgy ····628l
Lundberg, George Andrew ····622r
Lynch, Kevin ····626r
Lynd, Helen Merrell ····56l
Lynd, Robert Staughton ····56l
Lyotard, Jean-François ····623l

M

Machiavelli, Niccolò ····550l
MacIver, Robert M. ····44l
Malinowski, Bronislaw ····562r, 563l, 563r, 564l
Malthus, Thomas Robert ····568l
Mandeville, Bernard de ····571l
Mandrou, Robert ····571r
Mannheim, Karl ····54l, 572l
March, James G. ····554r
Marcuse, Herbert ····112l, 567r
Marin, Louis ····562l
Marshall, Alfred ····553r
Marx, Karl ····12l, 14l, 106l, 564r, 565l, 565r, 566l, 566r, 567l
Maslow, Abraham ····554l
Mattelart, Armand ····559r
Maturana, Humberto R. ····560l
Mauss, Marcel ····98l
Mayo, George Elton ····443r, 591r
Mckenzie, R. D. ····543r
McLuhan, Marshall ····146l, 552l, 552r
McQuail, Denis ····551r

Mead, George Herbert ····64l
Mead, Margaret ····100l, 578r, 579l
Meadows, Dennis L. ····592l
Meinecke, Friedrich ····548r
Memmi, Albert ····593r
Merleau-Ponty, Maurice ····154l, 592r, 593l
Merton, Robert K. ····92l, 141l, 561l
Mies, Maria ····574r
Miliband, Ralph ····585l
Mill, John Stuart ····585r
Millet, Kate ····587l
Mills, Charles Wright ····114l, 586l
Mingione, Enzo ····588l
Minkowski, Eugène ····587r
Mitterauer, Michael ····577r, 578l
Money, John ····561r
Montesquieu, Charles ····598l
More, Sir Thomas ····594l
Moreno, J. L. ····81r
Morgan, Lewis Henry ····597l
Morin, Edgar ····166l
Mosse, George Lachmann ····595l
Mumford, Lewis ····572r, 573l, 573r
Murdock, George Peter ····560l
Myrdal, Karl Gunnar ····584r

N

Needham, Joseph ····454l
Needham, Rodney ····454r
Neumann, John von ····502r, 597l
Newcomb, Theodore M. ····458r
Niebuhr, Helmut Richard ····457r
Nietzsche, Friedrich ····455r, 456l, 456r, 457l
Noelle-Neumann, Elisabeth ····459l
Norman, E. Herbert ····460l
Nozick, Robert ····459r

O

Oakley, Ann ····281r, 282l
Offe, Claus ····285r
Olson, Mancur ····289l
Ong, Walter J. ····194l
Ooms, Herman ····286r
Ortega y Gasset, José ····58l
Ortner, Sherry B. ····286l
Orwell, George ····270l
Owen, Robert ····270r, 271l
Ozouf, Mona ····283l

P

Pareto, Vilfredo ····486r
Park, Robert E. ····52l, 280r, 467l, 499r, 543r
Parsons, Talcott ····68l, 102l, 104l, 472r, 473l
Pascal, Blaise ····471l
Perry, Clarence A. ····528l
Petty, William ····525l
Piaget, Jean ····487r, 488l
Picard, Max ····488r
Pickvance, Chris ····489r
Pigou, Arthur Cecil ····489l
Pike, Burton ····462r
Pirenne, Henri ····493l
Plummer, Ken ····511r
Polanyi, Karl ····82l, 542l, 542r
Polanyi, Michael ····543l
Pons, Philippe ····547r
Pool, I. ····100l
Pope, Daniel ····540r
Popper, Karl Raimund ····140l, 540l
Poster, Mark ····536r
Poulantzas, Nicos ····513r

Q

Quesnay, François ····337l
Quetelet, Lambert Adolphe Jacques ····336r

R

Raban, Jonathan ····621l
Radcliffe-Brown, Alfred Reginald ····110l
Rapoport, Anatol ····620r
Rawls, John ····646l
Reich, Robert B. ····615l
Reich, Wilhelm ····615r, 616l
Relph, Edward ····642l
Ricardo, David ····623r
Riesman, David ····100l, 624l
Robert, Marthe ····645r
Roethlisberger, Fritz Jules ····443r, 640r
Rogers, Everett M. ····643l
Roque, Georges ····644l
Rostow, Walt Whitman ····643r

Rousseau, Jean-Jacques ················4*l*, 629*r*, 630*l*
Rowntree, Benjamin Seebohm ················445*r*, 642*r*

ⓢ

Sahlins, Marshall ············358*l*, 359*l*
Said, Edward ················184*l*
Saint-Simon, Claude Henri de ················361*l*
Sartre, Jean-Paul ····132*l*, 134*l*, 360*l*, 360*r*
Saussure, Ferdinand de ···········397*l*
Schivelbusch, Wolfgang····361*r*, 362*l*
Schluchter, Wolfgang ·············376*r*
Schmitt, Carl··················375*l*, 375*r*
Schramm, Wilbur ·····················376*l*
Schumacher, Ernst Friedrich ···374*r*
Schumpeter, Joseph Alois ······377*r*, 378*l*
Schur, Edwin Michael·············370*l*
Schütz, Alfred ························62*l*
Scott, Joan Wallach···············385*l*
Searle, John R. ·····················359*r*
Sen, Amartya ························396*l*
Sennet, Richard ·····················395*l*
Shannon, Claude E. ················371*l*
Sherif, Muzafer····················364*l*
Shibutani, Tamotsu ···············366*l*
Shorter, Edward ·····················381*l*
Sibley, David ························366*r*
Simmel, Georg ······18*l*, 30*l*, 38*l*, 383*r*
Simon, Herbert Alexander······351*l*, 351*r*
Sjoberg, Gideon ·····················379*r*
Smelser, Neil·························142*l*
Smith, Adam··························6*l*, 392*r*
Smith, Robert J. ·····················393*l*
Sokoloff, Natalie J.·················396*r*
Sombart, Werner ·····················399*r*
Sontag, Susan ················398*r*, 399*l*
Sorel, Georges ·······················398*l*
Spector, Malcolm ····················391*r*
Spencer, Herbert ············358*l*, 392*l*
Spengler, Oswald ····················374*l*
Spinoza, Baruch de·················391*l*
Spivak, Gayatri Chakravorty ···390*r*
Stallybrass, Peter····················389*l*
Starobinski, Jean ············388*r*, 389*l*
Stavenhagen, Rodolfo ·············388*l*
Steiner, George ······················387*l*
Stone, Lawrence ·····················390*l*
Sullerot, Evelyne····················377*l*
Sumner, William Graham ·······136*l*, 358*l*
Sweezy, Paul ···························384*l*

ⓣ

Tarde, Gabriel ························415*r*
Tawney, Richard Henry ··········440*r*
Taylor, Frederick Winslow ····424*r*, 443*r*
Thomas, William Isaac··············46*l*
Titmuss, Richard M.················423*r*
Tocqueville, Alexis de ·············438*l*
Todorov, Tzvetan ····················440*l*
Tomlinson, John ·····················443*l*
Tönnies, Ferdinand ···················16*l*
Touraine, Alain········436*l*, 436*r*, 437*l*
Toynbee, Arnold Joseph ··········431*l*
Tuan, Yi-Fu ···························431*r*
Turner, Victor W. ············411*r*, 412*l*

ⓥ

Veblen, Thorstein··············28*l*, 257*l*
Venturi, Robert ······················253*r*
Vogel, Ezra F. ·······················254*l*
von Neumann, John·········502*r*, 597*l*

ⓦ

Walker, John A. ·····················254*l*
Wallerstein, Immanuel ·····178*l*, 255*r*
Wallon, Henri ················650*l*, 650*r*
Walras, Léon··························649*r*
Ward, Lester Frank ················255*l*
Weber, Max ···········36*l*, 42*l*, 48*l*, 50*l*, 248*r*, 249*l*, 249*r*, 250*l*, 250*r*, 251*l*, 251*r*, 252*l*
Weeks, Jeffrey ·······················240*r*
Weil, Simone ················252*r*, 253*l*
Whitehead, Alfred North ·········547*l*
Whyte, William Foote················80*l*
Whyte, William Hollingsworth, Jr.···································546*r*
Wiener, Norbert ·····················242*l*
Williams, Raymond ··········242*r*, 243*l*
Williams, Rosalind H. ·············243*r*
Williamson, Judith···················244*l*
Willis, Paul ···························244*r*
Wilson, Bryan R. ············245*l*, 245*r*
Wilson, Edward O.···················246*l*
Wirth, Louis ·················499*r*, 648*r*
Wittgenstein, Ludwig ··············241*l*
Wolfensberger, Wolf ···············256*l*
Wolferen, Karel van ···············256*r*
Wundt, Wilhelm Max ··············261*l*

ⓨ

Yates, Frances A. ··········222*r*, 223*l*

ロシア文字

Бахтин, Михаил Михайлович ················479*r*, 480*l*, 480*r*
Богатырев, Петр Григорьевич ···536*l*
Ленин(Ульянов), Владимир Ильич································641*r*

ハングル

박경식····································467*r*
김명수····································503*r*

執筆者索引

ア

間場寿一 …………………510l, 510r
青井和夫 …………204l, 204r, 429r, 641l
青木 保 ……………………205l
青柳清孝 ……………………358l
青柳みどり …………………214l
赤川 学 …………240r, 321l, 321r, 463r, 561l, 594r
赤坂憲雄 ………………205r, 584l
赤堀雅幸 ……………110l, 624r, 625l
赤間啓之 …………………617r, 618l
秋元健太郎 …………………302r
秋元律郎 …………………206l, 206r
穐山貞登 ……………………632l
秋山登代子 ………………433r, 458l
吾郷健二 ……………………512r
浅井049二郎 ………………491l
浅野敏夫 …………………307r, 308l
天木志保美 ………………271r, 272l
天野郁夫 …………………211r, 430l
天野義智 …………212l, 388r, 524l

イ

飯島伸子 …………………221r, 222l
池田謙一 ……………………459l
石井素子 ……………………474l
石井洋二郎 …………………186l
石川 准 …………………225l, 256l
石黒英男 ……………………268r
石田 雄 ……………………225r
石 弘之 ……………………227l, 227r
磯村英一 …………………227l, 227r
伊田久美子 …………………414l
伊谷純一郎 …………………228r
市倉宏祐 ……………………174l
市野川容孝 ………345l, 399l, 506l
伊藤俊治 ……………………230l
伊藤嘉昭 ……………………246l
稲上 毅 ………230r, 231l, 346r, 400r, 401l
稲葉三千男 …………………415l
井上兼行 ……………………479l
井上 俊 ……70l, 229r, 231r, 232l, 364l
井上堯裕 ……………………389l
井上輝子 …………………232r, 526l

井上順孝 ……………………402l
今井賢一 ……………………233l
今泉文子 ……………………524r
今田高俊 …………………233r, 242l
今福龍太 ……………………234r
今村仁司 ……14l, 106l, 156l, 217l, 217r, 235l, 398l, 494l, 564r, 565l, 565r, 566l, 566r, 567l
居安 正 …………18l, 30l, 38l, 383r
色川大吉 …………………237r, 419l
岩井克人 ……………………238l
岩井弘融 ……………………239l
岩尾龍太郎 …………………490r
岩崎信彦 ……………………239l
岩澤美帆 ……………………568l
巖谷國士 ……………………621l

ウ

宇井 純 …………………241l, 295l
上杉聰彦 ……………………345l
上野千鶴子 ……98l, 246r, 247l, 247r, 248l, 394r, 413l, 596r, 613r, 627r
上原重男 ……………………432l
宇沢弘文 ……………………257l
内田詔夫 ……………………540l
内田隆三 ……138l, 160l, 170l, 180l, 258l, 258r, 259l, 471l, 501l, 507l, 538r, 539l, 539r, 600l, 600r, 624l
宇野邦一 ………218l, 434r, 435l, 435r
海野道郎 ……………………260l
梅棹忠夫 ……………………260l

エ

枝川昌雄 …………………330l, 330r
江原由美子 ……263r, 263r, 264l, 396r
遠藤知巳 …………………398r, 645l

オ

大川清丈 ……………………533l
大久保孝治 …………………266l

大澤真幸 ……215l, 215r, 229l, 272r, 273l, 273r, 287l, 287r, 468r
大澤正道 ……………………335l
大沢真理 ……………………274l
大島かおり …………………341r
大島清次 ……………………512l
大塚英志 ……………………274r
大橋洋一 …………………224l, 224r
大平 健 ……………………276r
大室幹雄 ……………………277l
岡田直之 ……………………528r
岡本幸治 ……………………313l
小川慎一 ……………………533r
小川博司 ……………………277r
小木新造 ……………………278l
荻野昌弘 ……………………390r
荻野美穗 ……………………385l
奥井智之 ……58l, 261l, 334r, 350l, 374l, 399r, 406l, 492l, 504l, 519l, 546r, 548l
奥田道大 ……228l, 279r, 280l, 280r, 499l
小口忠彦 ……………………554l
奥村 隆 …………72l, 264r, 627l
奥山敏雄 ……………………476l
小沢有作 ……………………518l
織田輝哉 ……………………207r
小田 亮 ……………………284r
落合恵美子 ………………285l, 381l
落合一泰 ……………………440l

カ

海保眞夫 ……………………416r
柿原 泰 ……………………476r
掛川トミ子 …………………625l
笠原政治 ……………………597r
笠原 嘉 ………634r, 635l, 635r, 636l
梶田孝道 …………292r, 436l, 436r, 437l
梶野吉郎 ……………………562l
柏木 博 ……254l, 292r, 314r, 502l
梶原景昭 …………………411r, 412l
春日キスヨ …………………293l
片岡 信 ……………………443l
桂 容子 …………………281r, 282l
加藤周一 ……………………298l
加藤典洋 ……………………298r

加藤尚武	8*l*, 10*l*	
加藤秀俊	100*l*, 299*l*	
加藤泰	639*r*	
金森修	470*l*, 470*r*	
金塚貞文	209*l*	
加納実紀代	300*l*, 300*r*	
鹿野政直	301*l*, 301*r*	
鎌田慧	302*l*	
神島二郎	136*l*	
神谷幹夫	547*r*	
川合隆男	511*l*	
河合雅雄	304*l*	
河合隼雄	304*l*	
河上倫逸	266*r*, 474*l*	
川北稔	178*l*, 255*r*	
川崎賢一	219*l*, 219*r*	
川崎賢一	305*l*	
川崎嘉元	486*r*	
川田順造	306*l*	
川端亮	622*r*	
川端香男里	572*r*, 594*l*	
川俣晃自	347*l*, 347*r*	
川村邦光	307*l*	
河村望	393*l*	
川本隆史	396*l*, 419*r*, 420*l*, 420*r*	
河本英夫	560*l*	
神崎繁	182*l*	
姜尚中	184*l*, 308*r*, 309*l*	

キ

喜志哲雄	387*r*
北島忠男	484*l*
北本正章	390*l*
木下誠	434*l*
木村敏	316*r*, 317*l*, 513*l*
喜安朗	317*r*, 373*r*, 620*l*
京極純一	319*l*, 320*l*
霧生和夫	348*r*, 349*l*

ク

久慈利武	323*r*
櫟田收	295*l*, 598*r*
熊野純彦	495*l*
倉沢進	327*l*, 379*l*
倉田和四生	528*l*
蔵持不三也	518*l*
栗原彬	188*l*, 226*l*, 235*r*, 236*l*, 236*r*, 331*l*, 331*r*, 332*l*, 402*l*
黒木義典	253*l*

黒崎宏	332*r*
黒住真	286*r*
桑野隆	479*r*, 480*l*, 480*r*, 536*l*

コ

小池滋	289*l*
小泉潤二	311*r*, 312*l*, 312*r*
小泉義之	425*l*
香内三郎	338*r*, 535*l*
合田正人	638*r*, 639*l*
厚東洋輔	16*l*, 36*l*, 42*l*, 48*l*, 50*l*, 248*r*, 249*l*, 249*r*, 250*l*, 250*r*, 251*l*, 251*r*, 252*l*, 339*l*, 339*r*
紅野謙介	340*l*
児島和人	619*l*
後藤和彦	497*r*
小林公	311*l*, 432*r*
小林一穂	267*l*, 267*r*, 268*l*
小林孝輔	223*r*
小林康夫	623*l*
小松和彦	344*l*, 344*r*
小森陽一	549*l*, 549*r*
子安宣邦	407*r*
近藤和彦	422*l*

サ

斎藤志郎	374*l*
佐伯聰夫	468*l*
坂部恵	309*r*, 310*l*, 310*r*, 352*l*
作田啓一	172*l*, 352*l*, 353*l*, 353*r*
桜井厚	46*l*
桜井哲夫	354*l*
桜井直文	194*l*
佐々木毅	550*l*
佐々木徹郎	254*r*
佐藤厚	424*r*
佐藤郁哉	354*l*
佐藤敬三	543*l*
佐藤健二	60*l*, 299*r*, 314*l*, 322*r*, 323*l*, 350*r*, 355*l*, 355*r*, 356*l*, 445*l*, 599*l*, 601*l*, 601*r*, 602*l*, 602*r*, 603*l*, 603*r*
佐藤卓己	207*l*, 595*l*
佐藤毅	356*r*
佐藤勉	357*l*
佐藤俊樹	438*l*, 440*r*, 605*l*
佐藤良明	522*l*
佐藤嘉一	62*l*
佐藤慶幸	357*r*

佐野利勝	488*r*

シ

塩原勉	142*l*, 364*r*, 538*l*
重信幸彦	517*r*
志田基与師	220*l*, 502*r*, 609*r*, 610*l*
篠田浩一郎	365*l*
柴田徳衛	297*r*
柴田寿子	391*l*
柴田史子	457*r*
柴田正良	422*r*
柴田三千雄	365*r*
島薗進	367*r*, 527*l*
嶋津格	459*r*, 461*r*, 462*l*, 646*l*
清水昭俊	368*l*
下平好博	401*r*, 532*r*
壽福眞美	285*r*
庄司興吉	378*r*, 379*l*
白石さや	198*l*
白石隆	198*l*, 221*l*
城塚登	12*l*, 628*l*
新宮一成	24*l*, 32*l*, 519*r*, 520*l*, 520*r*, 587*r*
陣内秀信	382*r*

ス

杉浦克己	6*l*, 259*r*, 392*r*, 623*r*
杉万俊夫	640*l*
杉本良夫	384*r*
杉山光信	130*l*, 166*l*, 214*r*, 220*r*, 446*l*
壽里茂	318*r*, 319*l*
鈴木哲太郎	124*l*, 303*r*
鈴木春男	591*r*, 640*l*
鈴木広	386*l*, 386*r*, 387*l*, 586*r*, 626*l*
鈴村和成	164*l*, 485*l*, 485*r*, 486*l*
数土直紀	289*r*
住谷一彦	393*r*
鷲見洋一	424*l*

セ

盛山和夫	394*l*
関口正司	585*r*
千田有紀	305*r*, 306*l*, 439*l*, 439*r*

ソ

園田恭一……397r

タ

高城和義……68l, 102l, 104l
高木仁三郎……296r
高瀬武典……262r, 351l, 351r, 541r, 646r
高田茂樹……333l
高田珠樹……463l
高野岳彦……642l
高橋順一……534l, 613l
高橋武智……346l
高橋武則……443r
高橋哲哉……403l, 428l, 428r, 429l
高橋洋児……491r, 492l
高橋涼子……278r, 279l, 324l
高畠通敏……403r, 414r, 415l
高山 宏……535l
滝浦静雄……154l, 593l
多木浩二……66l, 196l, 404l, 404r, 405l, 405r
滝沢武久……487r, 488l, 650l, 650r
田口富久治……513r, 585l, 619r
竹内郁郎……297l, 551l
竹内敏晴……407l
竹内芳郎……408l
武川正吾……269r, 370r, 408r, 423r, 522r, 584r
竹田青嗣……409l, 409r, 410l
竹山昭子……410r
田崎英明……208r, 237l
田嶋淳子……281l
立川孝一……283l
辰巳伸知……144l, 478l
田中克彦……412r
田中 直……423l, 511l, 592l, 645l
田中仁彦……631r
田中 浩……375l, 375r
田中義久……413l
丹治 愛……400l

チ

廳 茂……16l, 42l, 250r, 425l

ツ

塚本利明……406r
対馬路人……40l, 118l, 265l, 362r, 527l, 630r
辻 康夫……644r
土屋守章……554r
筒井清忠……418r, 446r, 469l
椿田貴史……24l, 32l, 519r, 520l, 520r, 587r

テ

寺澤恵美子……515r
寺沢みづほ……433l
寺谷弘壬……80l
寺出浩司……417l, 417r, 642r

ト

土居健郎……430r
徳永 恂……54l, 86l, 477l, 544r, 545l, 572l
富田 武……641r
富永健一……416l, 441l, 441r, 472r
富永茂樹……381r, 382l, 442l
冨山一郎……442r, 498l
富山英彦……652～702
友枝敏雄……255l, 326r, 349l, 372r, 392l, 643r
鳥越皓之……444l

ナ

内藤朝雄……324r
永井良和……411l
中岡哲郎……447l
中尾ハジメ……615r, 616l
長尾龍一……2l, 337r, 338l
中川 清……447r
中河伸俊……391r
中里壽明……208l
中谷 巌……615l
中根千枝……448l
中野 収……448r
長野 敬……531r
中野 卓……78l, 152l, 216r, 269l, 313r, 449l
中野敏男……108l, 257r, 275l, 275r, 276l, 288l, 288r

中 久郎……44l, 92l
中牧弘允……622l
中村桂子……449r, 558l
中村八朗……56l, 450l
中村秀之……482r
中村雄二郎……450r
中山 茂……140l, 454l, 477l
波平恵美子……554r
成田龍一……557r, 608l
難波功士……540l, 644l

ニ

西垣 通……371l
西川 潤……380r, 451r
西川直子……90l
西川長夫……452l, 452r, 460r
西川祐子……377l
西谷 修……325l, 514l
西平 直……126l, 265r
西村清和……122l
似田貝香門……367l, 453r, 504r, 505l, 505r, 506l, 558r
二宮宏之……571r, 631l

ネ

根井雅弘……336l, 377r, 378l

ノ

野家啓一……494r, 508l
野田正彰……460l

ハ

橋爪貞雄……473l
橋爪大三郎……94l, 256r, 469r, 475l, 637l, 637r
橋本 努……363r, 489l, 490l, 553r, 571l, 649r
橋元良明……282r, 359r, 366l
蓮見音彦……471r
長谷川輝夫……500l, 500r
長谷正人……326l
畠中宗一……370l
花崎皋平……341l, 475r
濱口惠俊……373l, 481l
浜日出夫……146l, 248r, 552l, 552r
林知己夫……482l

ハ

林　弘子	496r
林　道義	607l, 607r

ヒ

土方直史	270r, 271l
日高敏隆	437l, 544l, 647l
日高六郎	76l
姫岡とし子	335r
平野秀秋	606r
平山朝治	523l, 590r
平山満紀	252r
広田康生	294r
廣松　毅	620r

フ

福井憲彦	516r
福岡安則	290l, 290r, 467r, 503l, 503r
藤枝澪子	587l
藤竹　暁	318l, 328l, 368r, 369l, 369r, 376l, 561l, 643l
藤田弘夫	588l
藤田真文	498r
藤久ミネ	218r
藤本隆志	241r
船津　衛	34l, 64l, 329r, 517l
舩橋晴俊	508r, 509l, 516l
古城利明	328r, 329l
古田睦美	574r
古畑和孝	458r

ホ

宝月　誠	534r
星川　淳	616r
細井洋子	366r
細川周平	515l, 537l
細谷　昂	383l, 537l
本田和子	548l

マ

前田英樹	397l
真木悠介	192l, 550r, 551l
正岡寛司	553l
正村俊之	200l, 633l, 633r
町村敬志	52l, 293r, 294l, 342l, 467l, 489r, 555l
松浦義弘	487l
松枝　到	222r, 223l
松下圭一	555r, 556l
松島静雄	283r, 284l, 556r
松平　誠	531l, 557l
松原　望	336r, 337l, 525l
松原隆一郎	589l, 589r, 590l
松本三之介	559l
松本三和夫	493r
丸山真人	82l, 542l, 542r

ミ

三浦耕吉郎	216l
三沢謙一	567r
三島憲一	209r, 210l, 210r, 211l
水田　洋	545r
水野節夫	464r
水林　章	4l, 629r, 630l
見田宗介	575l, 575r, 576l, 576r, 577l
満田久義	481l
南　博	112l, 291l, 579r
三橋　修	580l
宮内泰介	421l
三宅一郎	240l, 580r
三宅正樹	431l
三宅芳夫	132l, 134l, 360l, 360r
宮下志朗	371r, 372l
宮島　喬	20l, 22l, 26l, 168l, 426l, 427l, 427r, 581l, 581r
宮台真司	582l, 582r
宮田　登	583l
宮本憲一	583r
宮本真也	190l
宮本忠雄	496l

ム

向井元子	261r
六車進子	325r
牟田和恵	445l, 588l
村上直之	523r
村上光彦	521l
村上陽一郎	497l, 547l, 591l
室井　尚	501l, 536r

モ

本橋哲也	389l
森岡清志	74l, 385r
森岡清美	595r, 596l
森　謙二	291r
森嶋通夫	597l
森　常治	466l, 466r
森反章夫	614r
森　博	361l, 617l
森　政稔	116l, 507l, 514r, 532l, 569r, 570l, 570r, 598l
森元大輔	315l, 315r, 316l

ヤ

矢崎武夫	543r
矢澤修次郎	96l, 114l, 333r, 334l, 586l
安川慶治	530l, 530r
安川　一	128l, 150l, 342r, 343l, 343r
安田常雄	421l
安丸良夫	599l
山川偉也	340r
山口節郎	158l, 465l, 465r, 478r, 604l
山口素光	245l, 245r
山口昌男	604r
山崎カヲル	213l, 213r, 244l, 286l, 444r, 559r, 618r
山崎春成	388l
山下　肇	521l
山田鋭夫	546l
山田富秋	162l
山田登世子	348l, 395r, 484r
山田信行	384l, 461l
山田梨佐	176l
山本幸司	212r
山本武利	605l
山本　浩	431r
山本真鳥	358r, 359l, 560r, 562r, 563l, 563r, 564l, 578r, 579l
山本　泰	606l

ユ

湯浅博雄	88l, 120l, 473r

ヨ

好井裕明	593r, 648r
吉澤伝三郎	320l, 455r, 456l, 456r, 457l

吉澤夏子 ……………………608r, 609l
吉田禎吾 ……………………454r
吉田憲夫 ……………………495l
吉原直樹 ……………………464l, 610r
吉見俊哉 ……28l, 242r, 243l, 243r,
　　　　　　244r, 262l, 361r, 362l,
　　　　　　395l, 526l, 541l, 611l,
　　　　　　611r, 612l, 632l
嘉目克彦 ……………………376l
米谷匡史 ……322l, 418l, 438r, 574l,
　　　　　　649l
米本昌平 ……………………234l, 614r

米山俊直 ……………………84l, 525r

(リ)

李孝徳 ………………………303l

(ワ)

若尾祐司 ……………………577r, 578l
若林直樹 ……………………529l, 529r

若林幹夫 ……253r, 270l, 363l, 380l,
　　　　　　462r, 472l, 483l, 493l,
　　　　　　499l, 509r, 573l, 573r,
　　　　　　612r, 621l, 626r, 629l,
　　　　　　647r
鷲田清一 ……………………453l, 592r, 648l
渡辺香根夫 …………………628r
渡辺公三 ……148l, 327r, 426r, 483r,
　　　　　　636r, 638l
亘　明志 ……296l, 568r, 569l, 634l

縮刷版 社会学文献事典

2014(平成26)年6月15日 初版1刷発行
2021(令和3)年3月15日 同 2刷発行

編 者	見田宗介	上野千鶴子	内田隆三
	佐藤健二	吉見俊哉	大澤真幸
発行者	鯉渕友南		
発行所	株式会社 弘文堂	101-0062 東京都千代田区神田駿河台1の7 TEL 03(3294)4801 振替 00120-6-53909 https://www.koubundou.co.jp	

装 丁 青山修作

組版・印刷・製本 図書印刷株式会社

© 2014 Printed in Japan

JCOPY ＜(社)出版者著作権管理機構 委託出版物＞

本書の無断複写は著作権法上での例外を除き禁じられています。複写される場合は、そのつど事前に、(社)出版者著作権管理機構（電話 03-5244-5088、FAX 03-5244-5089、e-mail: info@jcopy.or.jp)の許諾を得てください。
また本書を代行業者等の第三者に依頼してスキャンやデジタル化することは、たとえ個人や家庭内の利用であっても一切認められておりません。

ISBN978-4-335-55164-2

縮刷版 カント事典

編集顧問 ▶ 有福孝岳・坂部 恵
編集委員 ▶ 石川文康・大橋容一郎・黒崎政男・中島義道・福谷 茂・牧野英二

カント哲学の基本概念、用語、関連人物、主要著作など650項目を第一線で活躍する内外の研究者150名余を結集して編み上げた最良の道しるべ。「今、カントを知る」ための恰好の手引。索引も充実。定価(本体3,500円+税)

縮刷版 ヘーゲル事典

編集委員 ▶ 加藤尚武・久保陽一・幸津國生・高山 守・滝口清栄・山口誠一

ヘーゲルの用語、伝記上の人物、研究史に関わる事項等約1000項目を収めて多角的にヘーゲル像に迫り、わが国の研究水準を刷新した本格的事典。和文、欧文、人名の索引も完備した格好の手引である。定価(本体3,500円+税)

縮刷版 ニーチェ事典

編集委員 ▶ 大石紀一郎・大貫敦子・木前利秋・高橋順一・三島憲一

一世紀に及ぶ解釈・受容の歴史と現在の思想・文化状況をふまえた本格的事典。ニーチェ思想のキーワードや様々な相互影響関係をもつ人物など500余の基礎項目をベースにニーチェの内と外を読み解く。定価(本体3,500円+税)

縮刷版 現象学事典

編集委員 ▶ 木田 元・野家啓一・村田純一・鷲田清一

20世紀最大の思想運動として各界に今なお幅広い影響を与え続けている「現象学」の全容に多角的な視座からアプローチする世界最高水準の事典。研究者の格好の便覧であり初学者の良き道標である。定価(本体3,500円+税)

縮刷版 社会学文献事典

編集委員 ▶ 見田宗介・上野千鶴子・内田隆三・佐藤健二・吉見俊哉・大澤真幸

古典から現代の名著・力作・話題作まで、現代社会を読むための必読文献を厳選。各分野を代表する456人の著者自身・訳者自身が解説。年表式書誌データ付き。研究者必携、読書人には座右のツール。定価(本体3,800円+税)

弘文堂